BROCK
HAUS

ENZYKLOPÄDIE

200 JAHRE
1805–2005
BROCK
HAUS

BROCKHAUS

ENZYKLOPÄDIE
in 30 Bänden

21., völlig neu bearbeitete Auflage

Band 8 **EMAS–FASY**

F. A. BROCKHAUS
Leipzig · Mannheim

Dieser Band enthält die Schlüsselbegriffe

- Energiepolitik
- Entwicklungspolitik
- Epidemie
- Erinnerungskultur
- Ernährung und Gesundheit
- erneuerbare Energien
- Erziehung
- Esoterik
- Esskultur
- Essstörungen
- Ethik
- ethnische Konflikte
- europäische Integration
- europäischer Hochschulraum
- Evolutionsbiologie
- Familie

Redaktionelle Leitung Dr. Annette Zwahr
Die Mitarbeiterinnen und Mitarbeiter der Brockhaus-Redaktion
sowie die Autorinnen und Autoren sind am Ende des letzten Bandes genannt.

Projektleitung Marion Winkenbach
Technische Koordination Dr. Joachim Weiß

Herstellung Jutta Herboth, Stefan Pauli
Typografisches Konzept Farnschläder & Mahlstedt Typografie, Hamburg
Einbandgestaltung factor design, Hamburg

Die Deutsche Bibliothek verzeichnet diese Publikation in der Deutschen
Nationalbibliografie; detaillierte bibliografische Daten sind im Internet
über http://dnb.ddb.de abrufbar.

Satz A–Z Satztechnik GmbH, Mannheim
(PageOne, alfa Media Partner GmbH)
Druck Appl, Wemding
Bindung Lachenmaier, Reutlingen, und Sigloch, Blaufelden

Papier UPM Finesse, matt gestrichen, 1,1-faches Volumen, holzfrei,
alterungsbeständig (DIN/ISO 9706), produziert mit Rohstoffen
aus nachhaltig bewirtschafteten Wäldern
Vor-/Nachsatz Nettuno Nero von Fedrigoni
Buchrücken Vlies aus 100% Lederfasern des Rinds,
Titellederschild aus Schafleder
Gewebe Textileinband aus Baumwollgewebe in Leinwandbindung
(€uroBuckram), zertifiziert entsprechend den Gütebestimmungen
für Bibliothekseinbände nach RAL-RG 495

Namen und Kennzeichen, die als Marke bekannt sind und entsprechenden
Schutz genießen, sind beim Stichwort durch das Zeichen ® gekennzeichnet.
Handelsnamen ohne Markencharakter sind nicht gekennzeichnet.
Aus dem Fehlen des Zeichens ® darf im Einzelfall nicht geschlossen werden,
dass ein Name oder Zeichen frei ist. Eine Haftung für ein etwaiges Fehlen
des Zeichens ® wird ausgeschlossen.

Das Wort BROCKHAUS ist für den Verlag F. A. Brockhaus GmbH
als Marke geschützt.

Das Werk einschließlich aller seiner Teile ist urheberrechtlich geschützt.
Jede Verwertung außerhalb der engen Schranken des Urheberrechtsgesetzes
ist ohne Zustimmung des Verlags unzulässig und strafbar. Das gilt insbesondere für Vervielfältigungen, Übersetzungen, Mikroverfilmungen und
die Einspeicherung und Verarbeitung in elektronischen Systemen.

Alle Rechte vorbehalten.
Nachdruck, auch auszugsweise, verboten.
© F. A. Brockhaus GmbH, Leipzig;
Bibliographisches Institut &
F. A. Brockhaus AG, Mannheim 2006

ISBN-10 Band 8: 3-7653-4108-8
ISBN-13 Band 8: 978-3-7653-4108-3

www.brockhaus-enzyklopaedie.de

Emaskulation [zu lat. emasculare »entmannen«] *die, -/-en,* die →Entmannung.

Emba *die,* Fluss im W von Kasachstan, 712 km lang; entspringt in den Mugodscharbergen, durchfließt im Unterlauf das **E.-Erdölfördergebiet** (Förderung seit 1911) in der Kasp. Senke (im Gebiet Atyrau), erreicht das Kasp. Meer meist nur im Frühjahr; hoher Salzgehalt im Sommer; wird zur Bewässerung genutzt.

Emballage [ãbaˈlaːʒə, frz.] *die, -/-n, Kaufmannssprache:* die Verpackung einer Ware (z. B. Kisten, Fässer); sie ist i. d. R. vom Käufer zu bezahlen, z. T. erfolgt Rückvergütung bei Rücksendung.

Embargo [zu span. embargar »behindern«, »in Beschlag nehmen«] *das, -s/-s, Staats-* und *Völkerrecht:* urspr. das Festhalten fremder Handelsschiffe durch den Staat in seinen Häfen oder Gewässern, um auf den Flaggenstaat polit. Druck auszuüben (Schiffs-E.); heute wichtigstes Zwangsmittel (Sanktion) in den zwischenstaatl. Beziehungen zur Durchsetzung außenpolit. Ziele. Erfasst sind Maßnahmen versch. Art, durch die ein Staat, eine Staatengruppe oder eine internat. Organisation die Wirtschaftsbeziehungen zu einem anderen Staat oder einer anderen Staatengruppe ganz oder teilweise zu unterbinden sucht (Wirtschafts-E.). Man unterscheidet zahlr. Unterformen wie Erdöl-E., Finanz-E., Handels-E. oder Reise-E.

Beispiele für ein Wirtschafts-E. waren: das Öl-E. der arab. OPEC-Länder 1973 gegen westl. Industriestaaten, die Israel unterstützten; das UN-Handels-E. gegen die Rep. Südafrika 1986–93, um die Apartheid zu beenden; das UN-Handels-E. gegen Irak 1990–2003, um das Land v. a. zu Rüstungskontrollen und Reparationsleistungen zu bewegen; das EG- bzw. UN-Handels-E. gegen die Bundesrepublik Jugoslawien 1992–95 wegen Unterstützung der bosn. Serben; das UN-Luftverkehrs-, Waffen- und z. T. Wirtschafts-E. gegen Libyen 1992–2003, um die Auslieferung mutmaßl. Terroristen zu erzwingen.

Eine Sonderstellung nimmt das Waffen-E. ein; es soll die unmittelbare oder mittelbare Stärkung des militär. Potenzials eines Staates, einer Staatengruppe oder einer Rebellengruppierung verhindern; z. B. das E. von Kriegsmaterial gegen Spanien 1936–39, um zu einer Beendigung des Bürgerkriegs zu gelangen; das E. »strateg.« Güter gegenüber dem Ostblock in der Zeit des Ost-West-Konflikts; das UN-Waffen-E. gegen die Staaten des ehem. Jugoslawien 1992 (1996 aufgehoben), gegen Somalia (1992), gegen Liberia (1992), gegen Haiti (1993), gegen die angolan. UNITA, gegen die ruand. Konfliktparteien (1994) u. a.

Je nachdem ob die E.-Maßnahmen durch Streitparteien im Zusammenhang mit einem internat. bewaffneten Konflikt oder auf der Basis friedl. Beziehungen getroffen werden, sind Kriegs-E. und Friedens-E. zu unterscheiden. Im Fall eines bewaffneten Konflikts dienen E., die von nicht unmittelbar beteiligten Staaten gegenüber den Konfliktparteien verhängt werden, auch der Wahrung der eigenen Neutralität.

Völkerrechtliche Grenzen E. dürfen nicht gegen das Interventionsverbot verstoßen; sie sind zulässig als Reaktion auf eine begangene oder drohende Völkerrechtsverletzung (→Repressalie) und als Sanktion auf Empfehlung oder verbindl. Beschluss der Vereinten Nationen. Zu beachten sind heute bes. die Auswirkungen auf die Zivilbevölkerung; Grenzen können sich aus den Menschenrechten und dem →humanitären Völkerrecht ergeben. Im Hinblick auf die humanitären Auswirkungen ist das Bemühen gerade im Rahmen der Vereinten Nationen darauf gerichtet, »intelligente« E.-Maßnahmen (»smart sanctions«) einzusetzen, die gezielt die polit. und militär. Führungsschicht eines embargobelegten Staates (bzw. einer Bürgerkriegspartei) treffen, ohne die Befriedigung der essenziellen Bedürfnisse breiter Bevölkerungskreise zu beeinträchtigen. Beispiele hierfür sind das Reise-E. gegen Mitgl. der Führungsriege der UNITA in Angola und Finanzembargomaßnahmen gegen führende Mitgl. der afghanischen Taliban und der Terrorgruppe al-Qaida (ab 1999). Insoweit findet eine Individualisierung der E.-Adressaten statt, bis hin zu Maßnahmen gegen Einzelpersonen wie O. BIN LADEN. Eine weitere Möglichkeit gezielter E. stellen Rohstoff-E. dar, wie das gegen die RUF (Revolutionary United Front) in Sierra Leone gerichtete Diamanten-E. Zur Überwachung der vom UN-Sicherheitsrat nach Art. 39, 41 UNO-Charta beschlossenen, für alle UN-Mitgliedsstaaten verbindl. E. (Sanktionen) setzt dieser so genannte Sanktionsausschüsse ein. Rechtl. Grundlage von durch Dtl. getragenen E. sind heute ganz überwiegend Verordnungen der EG, nur ausnahmsweise noch das dt. Außenwirtschaftsgesetz. Eine internat. Koordinierung von E.-Maßnahmen findet teilweise auch außerhalb von UNO und EU statt, z. B. im Rahmen der NATO. Von 1950 bis 1994 beschränkte die Consultative Group der NATO und das ihr unterstellte →Coordinating Committee for East-West-Trade-Policy (Cocom) den Handel mit den Staatshandelsländern. Am 20. 12. 1995 wurde zur Cocom-Nachfolge die Schaffung eines Gremiums mit Sitz in Wien beschlossen, das den Transfer technologisch sensibler Materials an Staaten, die bedrohliche militär. Kapazitäten entwickeln könnten, verhindern soll. Exportbeschränkungen sollen u. a. für bestimmte konventionelle Waffen sowie für hoch entwickelte Computer und Telekommunikationsgeräte bestehen.

B. LINDEMEYER: Schiffs-E. u. Handels-E. Völkerrechtl. Praxis u. Zulässigkeit (1975); H. P. IPSEN: Öffentl. Wirtschaftsrecht (1985); K. BOCKSLAFF: Das völkerrechtl. Interventionsverbot als Schranke außenpolitisch motivierter Handelsbeschränkungen (1987); G. GARÇON: Handelsembargen der EU auf dem Gebiet des Warenverkehrs gegenüber Drittländern (1997); H.-K. RESS: Das Handels-E. Völker-, europa- und außenwirtschaftsrechtl. Rahmenbedingungen, Praxis u. Entschädigung (2000).

Embden, Gustav, Physiologe und Biochemiker, * Hamburg 10. 11. 1874, † Nassau 25. 7. 1933; war seit 1914 Prof. für physiolog. Chemie in Frankfurt am Main. E. klärte physiolog. und patholog. Stoffwechselvorgänge v. a. der Muskeln und der Leber. Er erkannte die Bedeutung der Milchsäure und der Phosphorsäure bei der Muskelkontraktion und die Bedeutung der Glucuronsäure und des Glykogens im Leberstoffwechsel.

Embden-Meyerhof-Parnas-Abbauweg [nach G. EMBDEN, O. MEYERHOF und JAKUB KAROL PARNAS, * 1884, † 1949], *Physiologie:* anderer Name der →Glykolyse.

Embedded Systems [ɪmˈbedɪd ˈsɪstəmz; engl. »eingebettete Systeme«], intelligente elektron. Systeme aus speziellen Chips, die über Sensoren (Eingangssignale) und Aktuatoren (Ausgangssignale) in eine Alltagsumgebung eingebettet sind. Sie nehmen Signale unterschiedl. Medientypen auf, verarbeiten diese und beeinflussen oder kontrollieren ihre Umgebung entsprechend. An die Stelle der Ausführung einer Berechnungsaufgabe eines herkömml. Programms treten bei eingebetteten Systemen Überwachungs-, Steuerungs-

Embe Emberá

Emberá: Männer mit ihrem traditionellen Silberschmuck im Nationalpark Darién (Panama)

oder Regelungsaufgaben. Eingesetzt werden E. S. z. B. in der Medizintechnik (Herzschrittmacher), der Kraftfahrzeugtechnik (Motorsteuerungen) sowie in Geräten der Haushalts- und Unterhaltungselektronik.

Emberá, Indianervolk im pazif. Tiefland Kolumbiens (dort auch **Chocó** gen.) und Panamas. Die etwa 70 000 E. betreiben Brandrodungsfeldbau, Fischfang und Jagd.

Emberizidae, wiss. Name der →Ammern.

Embi|en, Embioptera, die →Fersenspinner.

Embirikos, Andreas, griech. Schriftsteller, * Brăila (Rumänien) 1901, † Athen 11. 8. 1975; lebte 1926–31 in Paris, war in Athen Psychoanalytiker. Er gilt als der Begründer des griech. Surrealismus. Einige seiner in einer eigenwilligen Hochsprache verfassten Werke wurden wegen extremer erot. Freizügigkeit erst posthum veröffentlicht.

Werke (griech.): *Lyrik:* Hochofen (1935); Binnenland (1945); Gedichte (1962); Alle Generationen. Das heute wie morgen wie gestern (1984). – *Prosa:* Schriften oder Persönl. Mythologie (1960); Der Weg (1974); Oktana (hg. 1980); Argo oder Die Reise mit dem Luftschiff (hg. 1980); Great Eastern, 8 Bde. (hg. 1990–92).

Embla, altnord. Dichtung: →Askr und Embla.

Emblem [frz. ã'blɛːm; von griech. émblēma »Einlegearbeit mit Symbolgehalt«] *das, -s/-e,*

1) *allg.:* Sinnbild, Symbol, Wahrzeichen.

2) *Kunst* und *Literatur:* i. e. S. eine aus Bild und Text zusammengesetzte Kunstform. Diese besteht 1) aus einem meist allegorisch gemeinten Bild (**Ikon**; auch als **Pictura, Imago** oder **Symbolon** bezeichnet), das ein sinnfälliges, oft merkwürdiges Motiv aus Natur, Kunst, Historie, bibl. Geschichte oder Mythologie darstellt, nach dem Vorbild der Hieroglyphik häufig auch nur Einzelheiten daraus; 2) aus dem **Lemma** (Titel, Überschrift; auch **Motto** oder **Inscriptio** gen.), das über dem oder auch im Bild angebracht ist: ein knappes Diktum in lat. oder griech. Sprache, häufig ein Klassikerzitat; 3) aus der unter dem Bild stehenden **Subscriptio** (Unterschrift), oft als Epigramm, aber auch in anderen gebundenen Formen oder in Prosa. Die Subscriptio erläutert den im Bild verschlüsselt oder allegorisch dargestellten Sinn des E., der sich auf ein moral., religiöses oder erot. Thema beziehen kann oder eine allgemeine Lebensweisheit aussagt. Viele dieser Aussagen sind heute nur mithilfe der **Emblematik** verständlich; diese ist ein wichtiger Bereich der Toposforschung. – Die Grenzen zur →Imprese und →Devise sind fließend. Deshalb findet sich der Begriff E. in der älteren Literatur häufig auch für diese Formen; erst seit E. R. Curtius wird unter E. nur die streng dreigeteilte Kunstform verstanden, wie sie A. Alciati in seinem »Emblematum liber« (1531) ausgebildet hat. Nach seinem Vorbild entstanden im Barock eine große Zahl weiterer E.-Bücher.

Im Laufe der Entwicklung des E. wurde teilweise das von Alciati geprägte Schema übernommen (Matthäus Holzwart, *um 1530, †um 1580; G. Rollenhagen; Daniel Cramer, *1568, †1637), i. d. R. jedoch bis fast zur Auflösung der strengen Form variiert durch Ausweitung nach der bildnerischen, lyr. oder erzähler. Seite hin (z. B. L. van Haecht Goidtsenhouen: »Mikrokosmos«, 1579; 1613 neu bearbeitet von J. van den Vondel). Bei der späteren E.-Literatur der roman. Länder überwog geistreiche Symbolspielerei, in Dtl. und in den Niederlanden eher bürgerl. Morallehre. Auch ethisch-polit. E.-Literatur, dem →Fürstenspiegel verwandt, fand sich v. a. in Dtl. Etwa ein Drittel der E.-Literatur nahmen religiöse E.-Bücher ein; das wichtigste Werk mit etwa 40 lat. Ausgaben zw. 1624 und 1757 und zahlr. Übersetzungen war die »Pia desideria« des Jesuiten Hermann Hugo (* 1588, † 1629). Von den Niederlanden ausgehend, wurden seit dem 17. Jh. auch erot. Themen in E. behandelt.

📖 A. Schöne: Emblematik u. Drama im Zeitalter des Barock (³1993); Emblemata. Hb. zur Sinnbildkunst des 16. Jh., hg. v. A. Henkel u. A. Schöne (Neuausg. 1996); B. F. Scholz: E. u. E.-Poetik. Histor. u. systemat. Studien (2002).

Emblematik *die, -,* →Emblem. – **emblematisch,** die Emblematik betreffend; sinnbildlich.

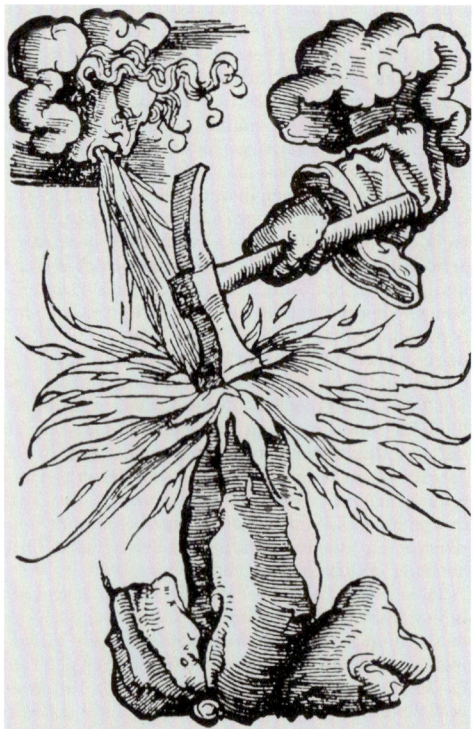

Emblem 2): Sinnbild für »Gottes Worte sind gleich Feuerfunken, die der Hammer aus dem Felsen fahren lässt«, Druckersignet (17. Jh., Basel)

Embol|ektomie [griech.] *die, -/...'milen,* operative Beseitigung (Desobliteration) eines Blutpfropfes (Embolus) aus einem Blutgefäß (meist Arterie) durch direkte Öffnung oder mittels einer eingeführten Sonde. Der Eingriff muss möglichst umgehend (spätestens einige Stunden nach Auftreten) vorgenommen werden.

Embolie [zu griech. embolē »das Hineindringen«] *die, -/...'lien,*

1) *Biologie:* **Invagination**, die →Gastrulation durch Einstülpung.

2) *Medizin:* plötzl. Blutgefäßverschluss durch einen in die Blutbahn geratenen, mit dem Blutstrom verschleppten körpereigenen oder körperfremden Stoff (**Embolus**) und die dadurch gekennzeichneten pathol. Folgezustände. Ein Embolus, der aus der linken Herzhälfte oder den Arterien stammt, gerät in die Arterien des Körperkreislaufs und kann u. a. Arterien in Gehirn, Nieren, Milz, Darm und Gliedmaßen verstopfen. Liegt der Ursprung in den Venen, kommt es zu einer Wanderung durch die Hohlvenen und die rechte Herzhälfte in die Lungenarterien, ebenso bei einem aus dem rechten Herzen losgerissenen Embolus. Bei offen gebliebenem Foramen ovale zw. beiden Herzvorhöfen kann auch ein venöser Thrombus eine E. im Arteriengebiet des Kreislaufs hervorrufen (**paradoxe E.**). Im Ausnahmefall ist eine Wanderung entgegen der Strömungsrichtung des Blutes möglich (**retrograde E.**), z. B. bei abnormer Druckerhöhung in der Brusthöhle durch starkes Husten. Enthält der Embolus Krankheitserreger (z. B. bei Wochenbettfieber), tritt eine **septische** E. mit einer ggf. eitrigen Infektion des betroffenen Gebietes ein; bei der **metastatischen** E. wird die E. durch Tumorgewebe hervorgerufen. Meist tritt eine E. durch abgerissene Blutgerinnsel (Thromben; **Thrombo-E.**) ein, die sich in den Gefäßen oder den Herzhöhlen gebildet haben (→Thrombose). Außerdem können zerfallendes Körpergewebe, im schweren Schock Fetttröpfchen (**Fett-E.**), Fruchtwasser, Parasiten sowie bei der Öffnung von Venen oder bei Lungenverletzungen Luftbläschen (**Luft-E.**) mit dem Blut verschleppt werden.

Die Symptome einer E. bestehen i. Allg. in einem plötzlich auftretenden starken Schmerz aufgrund der Gefäßverkrampfung, in Funktionsstörungen, auch Schock; die Folgen sind Störungen der Blutversorgung, die bis zum Absterben (Infarkt) des befallenen Bez. reichen. In Organen, deren Arterien durch reiche Anastomosen zusammenhängen, können kleinere E. ohne gravierende Störung verlaufen. Eine →Lungenembolie führt bei entsprechender Größe des verstopften Blutgefäßes durch Überlastung der rechten Herzkammer zum Tod, E. von Hirnarterien zu Bewusstlosigkeit und Lähmungen (→Schlaganfall), die selteneren E. von Kranzarterien des Herzens zum →Herzinfarkt. Eine E. der Gliedmaßen bewirkt blasse, später marmorierte Haut, Verlust der Pulstastbarkeit im peripheren Bereich, Sensibilitäts- und Bewegungsstörungen, schließlich Gangrän (Brand).

Behandlung Die akute E. v. a. der Gliedmaßen kann bei raschem Eingriff häufig operativ durch →Embolektomie erfolgreich beseitigt werden; zuvor besteht auch die Möglichkeit einer Lösung des begleitenden Gefäßkrampfs durch Neuroblockade und Auflösung von Blutgerinnseln durch Enzympräparate (→Fibrinolytika).

Embolisationstherapie, **Katheterembolisation**, künstl. Verschluss eines (meist arteriellen) Blutgefäßes (**Embolisation**) durch Einbringen von natürl. (z. B.

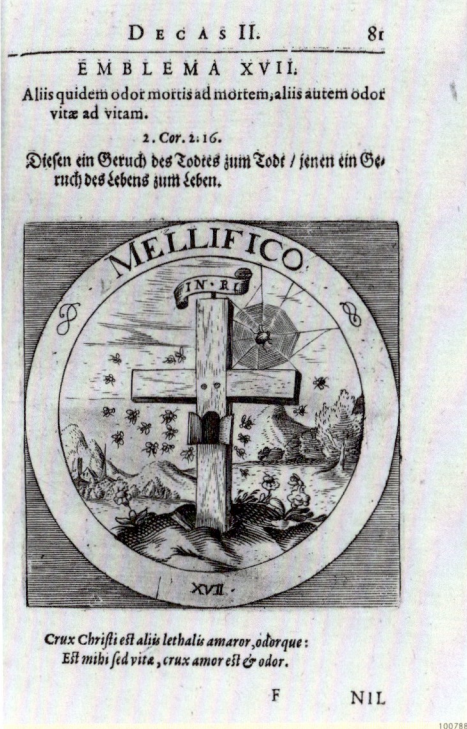

Emblem 2): Das Kreuz scheidet das Leben (die Bienen) vom Tode (Spinnennetz); Emblem aus den »Emblamata sacra« von Daniel Cramer (1624).

Fibrin) oder künstl. (z. B. Acrylat) Material über einen Gefäßkatheter. Die E. dient zur Zerstörung von Tumoren oder Tumormetastasen (auch innerhalb eines Organs, z. B. der Leber) und zur Behandlung schwer stillbarer, lebensbedrohl. Blutungen.

Embolit *der, -s/-e,* **Bromchlorargyrit**, kub. Mineral der chem. Zusammensetzung Ag(Br,Cl); kommt in Silbererzen vor (häufiger als Bromargyrit).

Embolus [griech. »Hineingeschobenes«, »Pfropf«] *der, -/...li,* →Embolie.

Embryo [griech. émbryon »neugeborenes (Lamm)«, »ungeborene Leibesfrucht«] *der,* österr. auch *das, -s/...'onen* und *-s,* **Keim, Keimling,**

1) *Botanik:* die aus der befruchteten oder unbefruchteten (→Jungfernzeugung) Eizelle hervorgehende, aus teilungsfähigen Zellen bestehende, junge Anlage des Sporophyten der Moose, Farn- und Samenpflanzen.

2) *Zoologie* und *Anthropologie:* der sich aus der Eizelle (i. d. R. nach der Befruchtung) entwickelnde Organismus bis zum Zeitpunkt der Geburt.

Beim Menschen und den Säugetieren ist es üblich, die Leibesfrucht bis zum Ende der Organentwicklung (beim Menschen bis zum Ende des 3. Schwangerschaftsmonats) als E. zu bezeichnen; nach diesem Zeitpunkt als →Fetus. Außerdem wird bis zur Einnistung in die Gebärmutterschleimhaut (Nidation) vom präimplantiven E. und danach vom postimplantiven E. gesprochen.

Entwicklung des menschl. Embryos Am 3. Tag nach der Befruchtung befindet sich der E. im 32- bis 64-Zellen-Stadium (Morula), etwa am 5.–6. Tag nistet sich die → Blastozyste in die Gebärmutterschleimhaut ein; ein Teil (Trophoblast) entwickelt sich zu den Eihäuten und zur → Plazenta, der andere (Embryoblast) zum eigentl. E. Nach etwa drei Wochen zeichnet sich der Kopf ab und das Urherz beginnt zu schlagen. Im 2. Monat entwickeln sich die Anlagen der Gliedmaßen und der inneren Organe, die Anlagen von Augen, Nase, Mund und Ohren sind zu erkennen. Der Übergang zum Fetus im 3. Monat ist gekennzeichnet durch das Verschwinden der embryonal angelegten 2.–4. Kiemenspalte, die Entwicklung des Kopfes und des Gesichtes und die spontane Rückverlagerung des physiolog. Nabelbruchs. Außerdem erscheinen die ersten Haare und die Finger- und Zehennägel werden angelegt.

Nach dem dt. → Embryonenschutzgesetz vom 13. 12. 1990 sind Experimente mit und an Embryonen verboten. Andere Staaten, z. B. Großbritannien, haben sich die Möglichkeit vorbehalten, an Embryonen, die im Zusammenhang mit der → In-vitro-Fertilisation gewonnen wurden (in einem Zeitraum von bis zu 14 Tagen nach der Befruchtung), Forschungen durchzuführen, die von Ethikkommissionen und gleichgestellten Gremien genehmigt und beaufsichtigt werden.

Embryoblast [zu griech. blastós »Blatt«, »Spross«] der, -en/-en, die innere Zellmasse der Blastozyste, aus der sich später der Embryo entwickelt.

Embryologie, Lehre von der Entwicklung des Embryos.

embryonal, Biologie und Medizin: 1) das Stadium des Embryos betreffend; 2) unterentwickelt, unreif; 3) in Ansätzen vorhanden.

embryonale Stammzellen, undifferenzierte Zellen aus der inneren Zellmasse des Embryos im Bläschenstadium. Aus e. S. können alle Gewebe des Körpers entstehen, jedoch nicht die Plazenta, sodass nach Einsetzen in die Gebärmutter kein vollständiger Organismus heranwachsen kann (Pluripotenz). → Stammzellen.

Embryonalgewebe, das → Bildungsgewebe.
Embryonalhüllen, die → Eihäute.
Embryonalorgane, Bez. für Organe, die während der Embryonalentwicklung auftreten und nach vorübergehender Funktion wieder rückgebildet oder auch abgeworfen werden; z. B. die Eihäute.

Embryonenschutzgesetz, Bundes-Ges. vom 13. 12. 1990, in Kraft seit dem 1. 1. 1991, das dem mögl. Missbrauch neuer Fortpflanzungstechniken aus der Reproduktionsmedizin begegnen will. Unter Strafe gestellt sind u. a. die Übertragung fremder unbefruchteter Eizellen mit der Folge, dass genet. und austragende Mutter nicht identisch sind (»gespaltene Mutterschaft«), die Befruchtung menschl. Eizellen zu einem anderen Zweck als dem der Herbeiführung der Schwangerschaft der Frau, die die Eizelle gespendet hat, sowie die In-vitro-Fertilisation (IVF) von mehr als drei Eizellen und die Übertragung von mehr als drei Embryonen innerhalb eines Zyklus (§1). §2 verbietet jede Veräußerung, jeden Erwerb und jede Verwendung eines menschl. Embryos zu einem nicht seiner Erhaltung dienenden Zweck. Verboten sind weiterhin die Geschlechtswahl (bis auf wenige Ausnahmen; §3), die Befruchtung menschl. Eizellen ohne Einwilligung derjenigen, die die Eizellen bzw. Samenzellen gespendet haben, sowie die Befruchtung einer Eizelle mit dem Samen eines verstorbenen Mannes (§4). Grundsätzlich unter Strafe gestellt werden auch die künstl. Veränderung menschl. Keimbahnzellen (§5), das Klonen menschl. Embryonen (§6) und die Chimären- und Hybridbildung (§7). Nur ein Arzt darf die künstl. Befruchtung, die Übertragung eines menschl. Embryos auf eine Frau, die Konservierung eines menschl. Embryos sowie einer befruchteten menschl. Eizelle vornehmen (§§9–12). Das E. ist aufgrund des techn. Fortschritts nur noch eingeschränkt zur Regulierung der modernen Biomedizin geeignet, sodass flankierend spezialgesetzl. Vorgaben, wie etwa das Stammzellengesetz, erlassen werden (→ Stammzellen).

Embryonensplitting [zu engl. to split »(zer)spalten«], die künstl. Mehrlingsbildung; eine Methode, um höhere Organismen wie Säugetiere zu klonen. (→ Klonen)

Embryopathie die, -/...ti|en, nicht erbbedingte Schädigung des Kindes im Mutterleib (Embryo) während der Phase der Organentwicklung (18.–85. Tag nach der Empfängnis), im Unterschied zur → Fetopathie. Die E. kann durch Viren (z. B. Röteln), Sauerstoffmangel (Herz- und Lungenerkrankungen der Mutter, Anomalien im Bereich der Plazentaentwicklung), chem. und physikal. Einwirkungen (Arzneimittel, Drogen, Alkohol, Röntgenstrahlen) oder Stoffwechselerkrankungen der Mutter (Diabetes) verursacht werden. Sie besteht in unterschiedl. Fehlbildungen, z. B. der Gliedmaßen (→ Dysmelie), bei Virus-E. häufig von Augen, Ohren und Herz, und kann auch zu Fehl- oder Totgeburt führen. Entscheidend für die Art der Fehlbildung ist bes. der Zeitpunkt des schädigenden Einflusses, da die empfindl. Entwicklungsphasen der einzelnen Organe und Körperteile zu unterschiedl. Zeitpunkten verlaufen.

embryopathische Indikation, früher einer der vier im Rahmen des §218 StGB rechtlich anerkannten Gründe für einen → Schwangerschaftsabbruch; im neu formulierten §218 StGB (gültig seit 1. 1. 1996) nicht mehr enthalten.

Embryosack, Keimsack, Botanik: der aus der haploiden E.-Zelle (Megaspore) sich entwickelnde, mehrzellige, weibl. → Gametophyt der Samenpflanzen. Bei den Nacktsamern entstehen daran die Archegonien (→ Archegonium). Bei den Bedecktsamern ist der E. stärker reduziert; zunächst entstehen aus dem primären E.-Kern über drei aufeinander folgende freie Kernteilungen der (zur Mikropyle der Samenanlage zu gelegene) **Eiapparat** (Eizelle mit den beiden auch »Gehilfinnen« genannten **Synergiden**), diesem entgegengesetzt drei kleinere Zellen, die **Antipoden** (Gegenfüßlerzellen, Gegenfüßlerinnen), sowie (aus der Vereinigung zweier Polkerne) der (diploide) sekundäre E.-Kern, der nach der → Befruchtung zum Endospermkern wird.

Embryotomie die, -/...mi|en, inzwischen nur noch sehr selten von der Scheide aus durchgeführte operative Zerteilung des abgestorbenen Kindes in der Gebärmutter während der Geburt, wenn eine spontane vaginale Entbindung nicht möglich ist.

Embryotransfer,
1) Reproduktionsmedizin: **Embryonenübertragung, Embryonenimplantation,** Übertragung einer nach

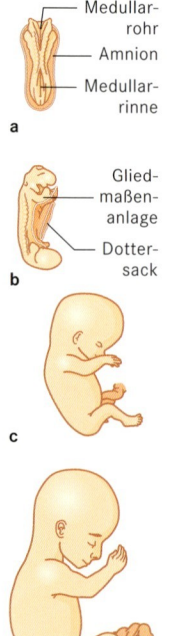

Embryo 2): vorgeburtliche Entwicklung; **a** in der 4. Entwicklungswoche faltet sich der dreiblättrige Keim auf und bildet das Medullarrohr (Neuralrohr); **b** eine Woche später sind schon die Anlagen von Armen und Beinen erkennbar; **c** mit der 12. Entwicklungswoche endet die Embryonalperiode, alle Organe und Gliedmaßen sind zu diesem Zeitpunkt bereits angelegt; **d** Weiterentwicklung in der Fetalzeit

→In-vitro-Fertilisation für 48 Stunden in einer speziellen Nährkultur gehaltenen Zygote im 4- bis 8-Zellenstadium in die zuvor hormonell für die Einnistung vorbereitete Gebärmutterhöhle.

2) *Tierzucht:* die Übertragung eines Säugetierembryos in einem frühen Stadium aus der biolog. Mutter in eine Empfängermutter. Im Rahmen der Tierzucht werden einem züchterisch wertvollen weibl. Spendertier mehrere parallel entwickelte Embryonen entnommen und auf Empfängertiere übertragen. Das gleichzeitige Heranreifen mehrerer Eizellen wird durch hormonelles Auslösen einer Superovulation erreicht. Ziel des E. ist, die Fortpflanzungsrate weibl. Elitetiere zu erhöhen und diese damit gezielt für den züchter. Fortschritt zu nutzen. E. ist gegenwärtig nur bei züchterisch wertvollen Kühen von Bedeutung. Die geringe Verbreitung im Vergleich zur künstl. Besamung lässt sich u. a. auf den höheren Aufwand (auch finanziell) und die noch instabilen Erfolgsraten bei der Superovulation zurückführen.

Embryotrophe, die →Uterinmilch.

Ẹmbu, Hauptstadt der Ostprovinz im zentralen Kenia, südlich des Mount Kenya, 1 350 m ü. M., 34 900 Ew.; Marktzentrum, Industriebetriebe. Die in der Umgebung wohnenden, den Kikuyu sprachlich verwandten Embu, etwa 150 000 Menschen, treiben Tee-, Kaffee- und Sisalanbau sowie Milchwirtschaft.

EMD, *Medizin* und *Pharmazie:* Abk. für **E**inzel**m**aximal**d**osis, die größte Menge, die auf einmal von einem Arzneimittel eingenommen werden darf.

Ẹmden, kreisfreie Stadt in Ndsachs., an der Mündung der Ems in die Nordsee, nördlich des Dollart, 51 400 Ew.; Sitz versch. Bundes- und Landesbehörden (z. B. Wasser- und Schifffahrtsamt Niedersachsen), FH Oldenburg/Ostfriesland/Wilhelmshaven, Ostfries. Landesmuseum mit Rüstkammer (ehemals Emder Rüstkammer, Wiedereröffnung als Europ. Regionalmuseum vorgesehen), Kunsthalle und die 1995 eröffnete Johannes a Lasco Bibliothek. E. ist größtes Zentrum und wichtigster Standort von Industrie und Handel im strukturschwachen Ostfriesland. Schwerpunkt der Wirtschaft ist der nach dem Zweiten Weltkrieg stark erweiterte, aber durch zwei zu kleine Seeschleusen (Drempeltiefe 11,76 m) in der seewärtigen Zufahrt in seiner Entwicklung behinderte Hafen.

Embryotransfer 2): Schema der Gewinnung züchterisch hochwertiger Nachkommen durch Embryotransfer beim Rind

Emden: Rathaus am Delft (1574–76)

Deshalb, aber auch infolge der Konkurrenz der Rheinmündungshäfen, ging der Umschlag stark zurück (1979: 9,3 Mio. t im Seehafen; 2004: 5,3 Mio. t). Hauptumschlaggüter sind Holz, Papier und Zellulose, Baustoffe, Kraftfahrzeuge, Flüssiggas, Eisen- und Stahlprodukte, Getreide und Futtermittel. Von hier aus werden auch die weltgrößten Windenergieanlagen verschifft. Seit Aufgabe der Fischerei (1969) wird die Wirtschaft durch Werften und das VW-Werk (Inbetriebnahme 1964), ferner durch Maschinenbau, Baustoffindustrie sowie durch das Gasturbinenkraftwerk und die Erdgaspipeline vom Ekofisk (Rohgasverarbeitung) bestimmt. In jüngster Zeit hat der Bau von Windenergieanlagen an Bedeutung zugenommen. Nördlich von E. liegt der Flugplatz. – Kirche St. Cosmas und Damian (erster Holzbau im 9. Jh.), im 12. Jh. erfolgte der Neubau, im 15. Jh. Umgestaltung zur dreischiffigen Hallenkirche, 1943 zerstört; der Chor der Ruine wurde 1992–95 in modernen Architekturformen als Johannes a Lasco Bibliothek neu gebaut), Neue Kirche (1643–48; nach Kriegszerstörung wieder aufgebaut), Rathaus am Delft (1574–76, Fassade der Hochrenaissance; im Zweiten Weltkrieg zerstört und mit Teilen des alten Baus wieder errichtet), Wasserturm (1911/12, eine Stahlbetonkonstruktion).

Geschichte Das um 800 als Handelssiedlung (**Amuthon**) auf einer Wurt am N-Ufer der damaligen Ems gegründete E. wurde aufgrund seiner verkehrsgünstigen Lage rasch zur Münz- und Zollstätte erhoben. Seit 1224 als Hafenort für den Englandhandel erwähnt, entwickelte sich E. als Umschlagplatz für Waren des Fernhandels bis ins 15. Jh. zur Stadt. Die enge Verbindung E.s mit den Vitalienbrüdern K. STÖRTEBEKERS ließ Hamburg die Stadt 1433–39 sowie 1447–53 besetzen. 1453 kam die Stadt an die Cirksena (seit 1464 Reichsgrafen von Ostfriesland), die E. zu ihrem Herrschaftsmittelpunkt machten. 1494 erhielt E. das Stapelrecht, der Hafen wurde bis 1536 ausgebaut. Flüchtlinge aus den benachbarten Niederlanden ließen E. zu einer der führenden Seehandelsstädte und einer Hochburg des Kalvinismus werden. Während der so genannten Emder Revolution setzten die Bürger mit niederländ. Unterstützung gegen das Grafenhaus die städt. Selbstverwaltung durch. Im 17. Jh. führte die Verlagerung der Ems nach S (Verschlickung des Hafens), v. a. jedoch die Abwanderung der niederländ.

Emden

Stadtwappen

- Stadt in Niedersachsen
- an der Emsmündung
- 51 400 Ew.
- VW-Montagewerk
- Fachhochschule
- Ostfriesisches Landesmuseum
- Kunsthalle

Emde Emden

Emei Shan: Tempel auf dem Gipfel des heiligen Berges

Flüchtlinge zu einem starken Rückgang in der Entwicklung. 1683 wurde die Stadt Sitz der Admiralität Kurbrandenburgs und seiner Afrikan. Handelskompanie, doch baute König FRIEDRICH II., D. GR., von Preußen (1740–86) nach dem Gewinn Ostfrieslands 1744 die Sonderrechte E.s ab. Von Hannover (1815–66) kam E. wieder an Preußen. 1887 wurde der Ems-Jade-Kanal eröffnet; der Bau des Dortmund-Ems-Kanals (1892–99) und der Ausbau des Hafens machten E. zum wichtigen Handelshafen für das Ruhrgebiet.

 Gesch. der Stadt E., 3 Bde. (1980–94).

Emden, Robert, schweizer. Physiker, * St. Gallen 4. 3. 1862, † Zürich 8. 10. 1940; 1907–28 Prof. an der TH München, danach Prof. für Astrophysik an der dortigen Univ., ab 1934 in Zürich. Sein Hauptwerk »Gaskugeln« (1907) bildete die Grundlage für A. S. EDDINGTONS Theorie des Sternenbaus. E. war auch Freiballonfahrer und machte für wiss. und kartograf. Zwecke Flugaufnahmen der Alpen.

 Weiteres Werk: Grundlagen der Ballonführung (1910).

Emdener Gans, aus Ostfriesland stammende Hausgansrasse mit weißem Gefieder; Schnabel und Beine orangefarben.

Emdentiefe, die im Philippinengraben (Pazifik) von dem dt. Kreuzer »Emden« 1928 erlotete Tiefe von 10 400 m, galt bis 1945 als größte Meerestiefe.

Emecheta, Buchi, nigerian. Schriftstellerin engl. Sprache, * Lagos (Nigeria) 21. 7. 1944; lebt seit 1962 vorwiegend in London. E. wurde v. a. mit ihren autobiografisch geprägten Texten über den Überlebenskampf einer Afrikanerin in England sowie dem Roman »The joys of motherhood« (1979; dt. »Die Freuden einer Mutter«, auch u. d. T. »Nnu Ego – Zwanzig Säcke Muschelgeld«) bekannt und zählt zu den produktivsten Autorinnen Afrikas. Neben Geschichten über den Konflikt zw. Tradition und Moderne sowie zw. Mann und Frau schreibt E. auch Kinderbücher und Lyrik.

 Weitere Werke: Prosa: In the ditch/Second class citizen (1972, 1974; dt. Die Geschichte der Adah); Slave girl (1977; dt. Sklavenmädchen); Gwendolen (1989; dt.); Kehinde (1994; dt.).

Emei Shan [emeɪ ʃan] *der,* **Mount Omei** [ˈmaʊnt əʊˈmeɪ], einer der vier heiligen Berge des Buddhismus in China, am SW-Rand des Sichuanbeckens; seit dem 2. Jh. Ansiedlung von Klöstern (70 erhalten). Der Berg ist berühmt für seine »drei Sichten« vom Hauptgipfel (3 099 m ü. M.): die Lichtstrahlen der Morgensonne auf den Bergrücken, die Wolkendecke in den Niederungen sowie ein nachmittags sich oft einstellender Spektralring (»mag. Licht«). Das Berggebiet wurde von der UNESCO zum Weltkultur- und Weltnaturerbe erklärt.

Emendation [lat., zu emendare »von Fehlern befreien«] *die, -/-en, Textkritik:* bessernder Eingriff in einen falsch oder unvollständig überlieferten Text. – **emendieren,** (einen solchen Text) verbessern, berichtigen.

Emergenz [zu lat. emergere »auftauchen«, »zum Vorschein kommen«] *die, -/-en,*

1) *Botanik:* ein aus der Epidermis der Pflanzen herausragendes mehrzelliges Gebilde (z. B. Stachel, Brennhaar), an dessen Bildung neben der Epidermis auch tiefer liegende Gewebeschichten beteiligt sind.

2) *Wissenschaftstheorie:* das Auftreten neuer, nicht voraussagbarer Qualitäten beim Zusammenwirken mehrerer Faktoren (z. B. chem. Elemente). In der engl. Philosophie (S. ALEXANDER, C. L. MORGAN) wird der Begriff seit den 1920er-Jahren zunächst im metaphys. Sinne gebraucht für die Annahme einer Entwicklung der Dinge nicht nur durch kontinuierl. Steigerung, sondern auch durch das Wirksamwerden neuer Gesetzmäßigkeiten bei zunehmender Komplexität (»Emergent Evolution«); heute spielt er v. a. in systemtheoret. Konzeptionen eine Rolle (→ Systemtheorie).

Emerging Markets [ɪˈməːdʒɪŋ ˈmaːkɪts; engl.], Bez. für Finanzmärkte in Schwellenländern (z. B. Indien, Indonesien, Philippinen, Südkorea, Taiwan), z. T. auch für die Aktienmärkte in mittel- und osteurop. Staaten (v. a. Polen, Tschech. Rep., Ungarn). Die genannten Staaten gelten wegen ihrer als bes. dynamisch eingeschätzten wirtschaftl. Entwicklung für Kapitalanleger als aussichtsreich, wenngleich Anlagen an diesen aufstrebenden Märkten, die z. T. bereits hohe Kapitalisierungen und Umsätze erreichen, auch einem relativ hohen Risiko unterliegen. Die von der International Finance Corp. (IFC) publizierten **Emerging Markets Investable Indexes,** die für jeden Entwicklungsmarkt eine repräsentative Zahl von Aktien und eine breite Auswahl von Teilmärkten umfassen, beachten die Möglichkeiten des Zugangs ausländ. Investoren zu den jeweiligen Märkten.

Emeritierung *die, -/-en,* in Dtl. nach älterem Hochschulrecht die Entbindung der Professoren von der Verpflichtung zur Lehrtätigkeit und zur Teilnahme an der Selbstverwaltung (**Entpflichtung**) unter Belassung der Amts-Bez., der Amtsbezüge und des Rechts, zu forschen, Lehrveranstaltungen abzuhalten sowie bei Prüfungen und Promotionen mitzuwirken. Durch das Hochschulrahmen-Ges. von 1976 wurde die E. für künftige Hochschullehrer abgeschafft. Das heutige Recht sieht für Professoren an wiss. Hochschulen bei Erreichen der Altersgrenze, ebenso wie für Beamte, die Versetzung in den Ruhestand vor. Wer vor dem 1. 1. 1980 zum ordentl. Professor berufen wurde, hat jedoch weiterhin das Recht auf Emeritierung.

emeritus [lat. »ausgedient«], Abk. **em., emer., emerit.,** von seiner Lehrtätigkeit entbunden (wird dem Titel entpflichteter Hochschullehrer angefügt). – **Emeritus** *der, -/...ti,* emeritierter Hochschullehrer.

emers [zu lat. emergere, emersum »auftauchen«, »zum Vorschein kommen«], auftauchend; bezeichnet die über die Wasseroberfläche herausragenden Teile von Wasserpflanzen; Ggs.: submers.

Emersion *die, -/-en,*
1) *Astronomie:* Austreten eines Mondes aus dem Schatten seines Planeten.
2) *Geologie:* Emportauchen des Festlandes über den Meeresspiegel, verursacht durch eine Landhebung oder durch eine Meeresspiegelsenkung (nach S. v. BUBNOFF: Tiefstand der Regression); Ggs. Immersion, Inundation.

Emerson [ˈeməsn], Ralph Waldo, amerikan. Dichter und Philosoph, * Boston (Mass.) 25. 5. 1803, † Concord (Mass.) 27. 4. 1882; Sohn eines unitar. Geistlichen; studierte Theologie und hatte seit 1829 ein geistl. Amt inne, das er 1832 aus Gewissensgründen niederlegte.

Die Abkehr von der traditionellen Theologie wurde für E. durch die Hinwendung zur Natur als Quelle göttl. Offenbarung ausgeglichen, wobei er Gedanken des Neuplatonismus, der ind. Philosophie, der dt. Transzendentalphilosophie und des dt. Idealismus aufnahm; philosoph. Anregungen vermittelten ihm die Begegnungen mit T. CARLYLE, W. WORDSWORTH und S. T. COLERIDGE auf seiner ersten Europareise (1832–33). Durch die in seinem programmat. Essay »Nature« (1836; dt. »Natur«) entwickelte Verbindung von Naturanschauung und Transzendentalphilosophie wurde E. zu einem der wichtigsten Vertreter der Transzendentalphilosophie und der Romantik in Amerika.

In seinem Vortrag »The American scholar« (1837) betonte E. die kulturelle Unabhängigkeit der amerikan. Nation. Mit den in zwei Folgen gesammelten Reden (»Essays«, 1841 und 1844; dt. »Versuche«) bekundete er sein Interesse für zeitgenöss. Reformen. Im Einklang mit dem Heldenkult der Romantik beschrieb er das Leben von sechs exemplar. »Representative men« (1850; dt. »Repräsentanten der Menschheit«), nämlich PLATON, E. SWEDENBORG, M. DE MONTAIGNE, SHAKESPEARE, NAPOLEON I. und GOETHE. Gleichzeitig verfasste er intellektuell und metaphysisch geprägte Gedichte (»Poems«, 1847; »May-Day and other pieces«, 1867). Von den späteren Publikationen verdienen v. a. die Sammlungen »English traits« (1856; dt. »Engl. Charakterzüge«), »The conduct of life« (1860; dt. »Die Führung des Lebens«) und »Society and solitude« (1870; dt. »Gesellschaft und Einsamkeit«) Erwähnung.

E.s Werke, die Individualismus und Optimismus vertreten und auf die Problematik kultureller Identität hinweisen, haben die amerikan. Literatur und Kultur nachhaltig beeinflusst.

Ausgaben: Complete works. Centenary edition, hg. v. E. W. EMERSON, 12 Bde. (1903–04); Journals and miscellaneous notebooks, hg. v. W. H. GILMAN u. a., 16 Bde. (¹⁻²1961–82); Letters, hg. v. R. L. RUSK, 6 Bde. (²1966); The collected works, hg. v. R. E. SPILLER u. a., auf mehrere Bde. ber. (1971 ff.). – Die Natur. Ausgew. Essays, hg. v. M. PÜTZ (1982).

E. METTKE: Der Dichter R. W. E. (1963); G. W. ALLEN: W. E. A biography (New York ²1981); E. Prospect and retrospect, hg. v. J. PORTE (Cambridge, Mass., 1982); E. Centenary essays, hg. v. J. MYERSON (Carbondale, Ill., 1982); I. HOWE: The American newness. Culture and politics in the age of E. (Cambridge, Mass., 1986); T. KRUSCHE: R. W. E.s Naturauffassung u. ihre philosoph. Ursprünge. Eine Interpretation des Emersonschen Denkens aus dem Blickwinkel des dt. Idealismus (1987); The Cambridge companion to R. W. E., hg. v. J. PORTE (Cambridge u. a. 1999); L. BUELL: E. (Cambridge, Mass., 2003).

Emerson, Lake & Palmer [ˈeməsn leɪk ænd ˈpɑːmə], 1970 gegründete brit. Rockgruppe mit KEITH EMERSON (* 1944; Keyboards), GREG LAKE (* 1948; Gesang, Bassgitarre) und CARL PALMER (1951; Schlagzeug); bestand bis 1979. Die zunächst mit Adaptionen klass. Werke von J. S. BACH, M. P. MUSSORGSKI und B. BARTÓK, daneben aber auch mit ambitionierten Eigenkompositionen (Rocksuiten »Tarkus« und »Trilogy«) erfolgreiche Gruppe beeindruckte v. a. durch ihre hoch entwickelte Spieltechnik und ihre äußerst aufwendige Bühnenshow. Durch den spektakulären Einsatz des Moog-Synthesizers machte EMERSON das Instrument in der Rockmusik populär und löste damit eine beispiellose Entwicklung aus. Mehrere Versuche in den 1980er- und 1990er-Jahren, an die alten Erfolge anzuknüpfen, misslangen der Band.

Emerson String Quartet [ˈeməsn ˈstrɪŋ kwɔːˈtet], 1976 in New York gegründetes amerikan. Streichquartett (benannt nach dem amerikan. Dichter und Philosophen R. W. EMERSON), das sich v. a. mit seinen Zyklen sämtl. Beethoven- und Bartók-Quartette einen Namen gemacht hat. Es spielen EUGEN DRUCKER (* 1952) und PHILIPPE SETZER (* 1951) alternierend 1. und 2. Violine, LAWRENCE DUTTON (* 1954, Viola) und DAVID FINCKEL (* 1951, Violoncello).

🔊 **Emerson String Quartet:** A. Dvořák: Quintett für Klavier, 2 Violinen, Viola und Violoncello A-Dur op. 81, Allegro, ma non tanto 3943; C. Ives: Streichquartett Nr. 1, Allegro – Allegro con spirito – Quasi andante 4416

Emery [ˈeməri], *Walter* Bryan, brit. Ägyptologe, * New Brighton (bei Liverpool) 2. 7. 1903, † Kairo 11. 3. 1971; war seit 1923 an zahlr. Ausgrabungen in Ägypten beteiligt. 1929–34 leitete er die Grabungen in Nubien (Königsgräber von Ballana und Kustol), 1935–39 und seit 1964 in Sakkara-Nord (archaische Königsgräber), 1957–64 in Buhen.

Werke: Great tombs of the first dynasty, 3 Bde. (1949–58); Archaic Egypt (1960); Egypt in Nubia (1965).

Emesis [zu griech. emeĩn »ausspeien«, »ausbrechen«] *die, -, Medizin:* das →Erbrechen.

Emetika, *Sg.* **Emetikum** *das, -s,* **Brechmittel,** Mittel, die durch Erregung des Brechzentrums im Gehirn Erbrechen hervorrufen, z. B. →Apomorphin.

Emetin [zu griech. emeĩn »ausspeien«, »ausbrechen«] *das, -s,* Alkaloid der →Brechwurzel.

EMG, Abk. für →Elektromyografie.

Emge, Carl August, Rechtsphilosoph, * Hanau 21. 4. 1886, † Bad Honnef 20. 1. 1970; Prof. in Jena, Riga, Berlin und Würzburg; 1931 wiss. Leiter des Nietzsche-Archivs in Weimar, 1932 zum Universitätskommissar der nat.-soz. Bewegung ernannt; 1945 Mitbegründer der Akademie der Wiss.en und der Literatur in Mainz. E. vertrat eine teleolog., an religiösen Axiomen orientierte Geschichtsphilosophie; er kritisierte den Rechtspositivismus und Relativismus.

Ralph Waldo Emerson

Emic Emich

Friedrich Peter
Emich

Werke: Einf. in die Rechtsphilosophie (1955); Über das Verhältnis von »normativem Rechtsdenken« zur »Lebenswirklichkeit« (1956); Philosophie der Rechtswiss. (1961); Über die Unentbehrlichkeit des Situationsbegriffs für das Normative (1966).

Emich, Friedrich Peter, österr. Chemiker, * Graz 5. 9. 1860, † ebd. 22. 1. 1940; ab 1889 Prof. in Graz, 1931 emeritiert. E. erarbeitete qualitative und quantitative Methoden der Analyse, mit denen auch Milligramm-Mengen eines Stoffes erkannt und bestimmt werden konnten, und gehörte damit zu den Begründern der anorgan. → Mikroanalyse.

Emigrant [zu lat. emigrare »auswandern«] der, -en/-en, jemand, der sein Heimatland aus polit., weltanschaul. oder anderen Gründen verlässt.

Emigrantenliteratur, die → Exilliteratur.

Emigrantenpresse, die → Exilpublizistik.

Emigration [spätlat. emigratio »das Wegziehen«] die, -/-en, das freiwillige oder erzwungene Verlassen des Heimatlandes aus polit. oder weltanschaul. Gründen. Rechtlich betrachtet ist E. ein Fall der Auswanderung. Die E. tritt v. a. dort auf, wo eine Diktatur sich immer stärker ausbildet und mit wachsendem Druck von ihren Bürgern eine bestimmte Gesinnung verlangt. Die im Lande verbleibenden Gegner eines solchen Reg.-Systems ziehen sich oft in die **innere E.** zurück: eine politisch umstrittene Form des Widerstandes, die bei äußerer Erfüllung öffentl. Pflichten persönl. polit. Vorbehalte entwickelt und sie allenfalls im Kreise Gleichgesinnter artikuliert. – Die Abgrenzung von Emigranten gegen Flüchtlinge oder Vertriebene ist nicht eindeutig zu treffen.

Im alten Hellas war die E. seit dem Übergang von der Aristokratie zur Tyrannis und Demokratie sehr häufig. Die erste umfangreiche E. war die der Juden im Altertum. Seit der Zeit der Reformation und Gegenreformation wurde die E. eine Dauererscheinung (z. B. → Exulanten, → Pilgerväter, → Hugenotten, → Quäker). Nach kurzem Abklingen der E. infolge der Toleranzideen der Aufklärung leitete die Frz. Revolution von 1789 neue Wellen der E., bes. die der frz. Adeligen, ein; diese Gruppe führte als erste den Namen »Emigranten« (frz. émigrés). Im 19. Jh. gingen nach der Revolution von 1848 bes. die Führer der Freiheitsbewegungen aus Dtl., Italien, Ungarn und Polen außer Landes (v. a. in die Länder W-Europas und die USA); die Bekämpfung der sozialist. Bewegung bes. im zarist. Russland, aber auch in anderen Ländern, führte zur E. zahlr. Sozialisten.

Im 20. Jh. lösten die russ. Oktoberrevolution (1917) und der Bürgerkrieg (1918–21) die erste Massen-E. aus, die bes. die bis dahin in Russland herrschenden Schichten umfasste (über 1 Mio. Menschen) und sich meist auf die westl. Nachbarländer richtete. Nach 1924 verließ ein Teil der Gegner des Faschismus (ital. fuorusciti) Italien. Mit dem Sieg General F. Francos im Span. Bürgerkrieg (1939) verließen viele Republikaner Spanien. Aus Dtl. ergoss sich unter der nat.-soz. Herrschaft ein Strom von Emigranten (rassisch, politisch oder religiös Verfolgte) ins Ausland; infolge der Ausdehnung des dt. Machtbereiches mussten viele Emigranten mehrfach ihr Gastland wechseln. Die jüd. E. folgte jeweils auf eine neue Welle der Judenverfolgungen (bes. nach dem »Judenboykott« von 1933 und der Reichspogromnacht von 1938). Die Ausdehnung des sowjet. Machtbereichs ab 1940 löste eine E.-Welle aus dem östl. Mitteleuropa aus. Innerhalb Dtl.s kam es nach 1945 zu einer Flüchtlingsbewegung von Ost nach West; nach dem Scheitern des Aufstandes in Ungarn (1956) und des »Prager Frühlings« (1968) in der Tschechoslowakei flohen viele Bürger dieser Länder in westl. Staaten (→ Flüchtlinge).

Im Zuge der Gründung des Staates Israel (1948) sahen sich viele palästinens. Araber aus ihrer Heimat vertrieben und v. a. im arab. Raum verstreut (→ Palästina). Viele sowjet. Staatsbürger jüd. Glaubens bemühten sich ihrerseits um die Ausreise nach Israel.

Der Sieg der Kommunisten 1975 in Vietnam löste eine E.-Welle aus (→ Boatpeople), ebenso der Einmarsch sowjet. Truppen in Afghanistan im Dezember 1979. In Iran verließen sowohl unter der Herrschaft des letzten Schahs (Mohammed Resa) als auch infolge der fundamentalistisch-islam. Revolution (unter Khomeini) politisch Verfolgte ihr Land. In den 1980er-Jahren veranlasste der singhalesisch-tamil. Konflikt in Sri Lanka viele Tamilen zur Flucht ins Ausland. Vor dem Hintergrund wirtschaftl. Unterentwicklung und sozialer Spannungen ist die E. in Lateinamerika eine ständig zu beobachtende Erscheinung; auslösendes Element sind diktator. Reg.-Systeme sowohl sozialrevolutionärer als auch systemerhaltend-konservativer Tendenz (bes. → Kuba, seit 1959; → Chile, 1973–89). In Nicaragua verließen viele Menschen das Land, und zwar ebenso unter der Herrschaft der Familie Somoza Debayle als auch im Zuge der radikalen Reformen der Sandinisten. Die Apartheidpolitik in der Rep. Südafrika 1948–93 führte für viele Schwarzafrikaner zur E. ins nähere oder weitere Ausland.

Enzyklopädische Vernetzung: ▪ Asyl ▪ Auswanderung ▪ Einwanderung ▪ Exilliteratur ▪ Flüchtlinge ▪ Vertriebene

New approaches to the study of migration, hg. v. D. Guillet u. a. (Houston, Tex., 1976); Strangers in the world, hg. v. L. Eitinger u. a. (Bern 1981); W. H. McNeill: The great frontier. Freedom and hierarchy in modern times (Princeton, N. J., 1983); V. F. Gilbert: Immigrants, minorities and race relations (London 1984); International migration, hg. v. R. J. Simon u. a. (Totowa, N. J., 1986); F. Winzer: Emigranten. Gesch. der E. in Europa (1986); The economics of mass migration in the twentieth century, hg. v. S. Klein (New York 1987); The politics of migration policies, hg. v. D. Kubat (ebd. ²1993); Metropolen des Exils, hg. v. C.-D. Krohn u. a. (2002); Exile, language and identity, hg. v. M. Stroi'nska u. V. Cecchetto (Frankfurt a. M. u. a. 2003).

emigrieren [lat.], sein Heimatland aus polit., weltanschaul. oder anderen Gründen verlassen.

Emi Kussi, Emi Koussi [emiku'si], höchster Berg des Tibesti, Zentralsahara, Tschad, 3415 m ü. M., kegelförmig, aus Basalt und Trachyt aufgebaut.

Emil, der schweizer. Kabarettist E. → Steinberger.

Émile, oder Über die Erziehung [e'mil-], frz. »Émile ou De l'éducation«, Erziehungsroman von J.-J. Rousseau; frz. 1762.

Emilia Galotti, Trauerspiel von G. E. Lessing, Uraufführung 13. 3. 1772 in Braunschweig, Erstausgabe 1772. Das in Prosa geschriebene Drama variiert das Motiv der Verführung eines unschuldigen (hier: bürgerl.) Mädchens durch despot. Willkür.

Emiliani-Kurve, auf den amerikan. Physiker H. C. Urey und den ital. Geologen Cesare Emiliani (* 1922, † 1995) zurückgehende Darstellung des temperaturabhängigen Häufigkeitsverhältnisses der stabilen Sauerstoffisotope ^{16}O und ^{18}O im Meereswasser und in den Kalkschalen von Foraminiferen u. a. Meerestieren. Die aus Tiefseebohrkernen gewonnenen Werte lassen – in Verbindung mit anderen Datierungsmethoden – Aussagen v. a. zur Klimagesch. zu, und zwar mindestens für die Zeit seit Beginn des Känozoikum (z. B. über 20 Warm- und Kaltzeiten im →Eiszeitalter). Für das Inlandeis Grönlands und der Antarktis konnten aus Bohrproben ähnl. Temperaturkurven erstellt werden (für die vergangenen 100 000 Jahre).

Emilia-Romagna [-roˈmaɲa], Region in Italien, zw. Apenninkamm, Po und Adria, mit den Prov. Piacenza, Parma, Reggio nell'Emilia, Modena, Bologna, Ferrara, Ravenna, Forlì-Cesena und Rimini (die drei letzten bilden die Romagna), 22 124 km², (2004) 4,08 Mio. Ew.; Hauptstadt ist Bologna. Die Lagunen der nordöstl. E.-R., die früher Ravenna zum Hafen machten, sind heute größtenteils trockengelegt und kultiviert; eine Städte- und Entwicklungsachse folgt der Via Aemilia am Fuß des Apennins (Parma, Reggio nell'Emilia, Bologna). In der Landwirtschaft haben bes. Viehwirtschaft, Obstbau (Äpfel, Birnen, Pfirsiche), Tomaten- und Zuckerrübenanbau sowie Weinbau Bedeutung; Fremdenverkehr an der Adria (»Riviera romagnola«). An Bodenschätzen wird Erdgas, kaum noch Erdöl und Schwefel gewonnen. Industriezweige sind Nahrungsmittel-, Metall-, chem. Industrie und Maschinenbau; daneben besteht eine dynam. Kleinindustrie.

Geschichte Im MA. stand das Gebiet mit Ausnahme der Romagna, wo sich Byzanz bis in die Mitte des 8. Jh. halten konnte (Exarchat Ravenna) und die auch danach noch bis ins 13. Jh. von den Erzbischöfen von Ravenna beherrscht wurde, zunächst unter langobard., seit der Mitte des 8. Jh. unter fränk. Herrschaft. In dieser Zeit wurden die als Kulturzentren wichtigen Klöster Bobbio (7. Jh.), Nonantola (8. Jh.) und Pomposa (7. oder 9. Jh.) gegründet. Im 12. Jh. setzten sich in den Städten kommunale Verfassungen durch. Im Investiturstreit und während der Stauferzeit von Parteiungen zerrissen, gelangte die Emilia (ohne Bologna, das – wie die Romagna – früh an den Kirchenstaat fiel) nach dem Sieg Karls von Anjou 1266 unter vorwiegend guelf. Signorien. Bis ins 18. Jh. gab es die dominierenden Herrschaftsbereiche der Farnese (Parma, Piacenza) und der Este (Modena, Reggio nell'Emilia). Nach Aufständen 1859 erfolgten 1860 Anschlussplebiszite zugunsten Piemonts und des entstehenden ital. Nationalstaats. In den frühen 1920er-Jahren war die E.-R. Zentrum faschist.-squadristischer Gewalt zur Niederschlagung linker Landarbeiter- und Bauernbewegungen.

U. Toschi: E.-R. (Turin ²1971); Storia della Emilia Romagna, hg. v. A. Berselli, 3 Bde. (Bologna 1977–80); R. Finzi: L'E.-R. (Turin 1997); Emilia Romagna, hg. v. Touring Club Italiano (Mailand ⁶1998); L'agricoltura dell'Emilia e Romagna nel XX secolo, hg. v. R. Fanfani (Corigliano Calabro 2001).

Emil und die Detektive, Roman für Kinder von Erich Kästner (1928); in mehr als 40 Sprachen übersetztes, populärstes Werk des Autors; auch mehrfach verfilmt (u.a. 1931 von G. Lamprecht, 1954 von R. Stemmle und 2001 von Franziska Buch).

Emin [ˈæmɪn], Tracey, brit. Künstlerin, * London 3. 7. 1963; studierte 1987–89 am Royal College of Art in London; lebt und arbeitet ebd. Ihr technisch und stilistisch vielseitiges Werk, das u.a. handgeschriebene Texte, Stoff- und Neonröhrenarbeiten, Fotografien, Videos und Rauminstallationen umfasst, reflektiert mit schonungsloser Direktheit intime autobiograf. Themen wie Abtreibung, Trennung, Scheitern und emotionale Leere. In Arbeiten wie »Everyone I have ever slept with 1963–95« (1995), einem Stoffzelt, auf dem collageartig Namen und Memorabilien von Liebhabern und Freunden angebracht sind, verarbeitet E.

Emilia-Romagna: Weinberge bei Brisighella (Provinz Ravenna), im Hintergrund der Apennin

persönl. Erinnerungen zu assoziationsreichen Provokationen.

Emine, Kap E., Kap an der Küste Bulgariens, östlichster Punkt des Balkangebirges, bei 42° 42′ n. Br., 27° 54′ ö. L.; 60 m hoher Steilhang zum Schwarzen Meer; Leuchtturm und meteorolog. Station.

Eminem [ˈəmɪnəm], eigtl. **Marshall Bruce Mathers III** [ˈmɑːʃl bruːs ˈmeɪðəz θriː], amerikan. Hip-Hop-Musiker, * Kansas City (Kan.) 17. 10. 1972; begann seine Karriere in Detroit. Die Erfindung der Kunstfigur Slim Shady, die E. auf den 1997 und 1999 veröffentlichten Alben vorstellte, verhalfen ihm zu internat. Erfolg. Seine teils aggressiven, teils obszönen Texte, die den von schwarzen Musikern gesetzten Rahmen bezüglich Gewalt und Anstößigkeit in provokativer Weise noch ausweiten, werden musikalisch durch wuchtige Bass- und Schlagzeugklänge umgesetzt. E.s Herkunft aus der unterprivilegierten Schicht begründet seine Glaubwürdigkeit als Hip-Hop-Musiker und ist Grundlage für die Identifikation vieler Jugendlicher mit dem Rapper.

eminent [lat. »herausragend«], österr., sonst *bildungssprachlich:* 1) hervorragend, sehr wichtig, bedeutsam; 2) sehr, äußerst, in hohem Maße (adverbial verwendet).

Eminem

Emin Eminentia

Eminentia [zu lat. eminere »herausragen«] *die, -/...tiae, Anatomie:* Vorsprung, Erhöhung, z. B. von Knochen (Ansatz- oder Ursprungsstelle von Muskeln).

Eminenz [lat. »das Hervorragen«] *die, -/-en,* Ehrentitel und Anrede für Kardinäle und den Großmeister des Malteserordens, früher auch der drei geistl. Kurfürsten; heute fast nur noch im diplomat. Bereich gebraucht (→ graue Eminenz).

Eminescu, Mihai, eigtl. **M. Eminovici** [eˈminovitʃ], rumän. Dichter, * Botoșani 15. 1. 1850, † Bukarest 15. 6. 1889; gilt als rumän. Nationaldichter. E. studierte 1869–74 Philosophie in Wien und Berlin; arbeitete als Bibliothekar, Volksschulinspektor und Zeitungsredakteur. 1875 schrieb er durch Vermittlung von T. MAIORESCU Beiträge für die 12. Auflage des Brockhaus Conversationslexikons. Im Alter von 33 Jahren fiel E. in geistige Umnachtung.

Von seinen zahlr., viele Gattungen (Gedichte, Erzählungen, Märchen, Essays) umfassenden literar. Entwürfen konnte er nur wenige ausführen; von diesen wiederum ist nur ein kleiner Teil zu seinen Lebzeiten erschienen (»Poezii«, 1883; dt. »Gedichte«). Besonderen Anklang fanden wegen ihres eleg. Tones und ihrer Musikalität die Liebes- und Naturgedichte sowie die von tiefer Melancholie, von Weltschmerz und Todessehnsucht beherrschte Gedankenlyrik. Als E.s Meisterwerk gilt das Poem »Luceafărul« (1883, dt. »Der Abendstern«), in dem Motive der einheim. Märchenliteratur und romant., vom Pessimismus A. SCHOPENHAUERS geprägte Gedanken verbunden sind.

Ausgaben: Opere, hg. v. D. S. PERPESSICIUS u. a., 15 Bde. (1939–89); Opere, hg. v. D. VATAMANIUC, auf mehrere Bde. ber. (1999–2000). – Ged.e, übers. v. A. MARGUL-SPERBER (1964); Märchen, übers. v. W. AICHELBURG (1972); Engel u. Dämon. Dichtungen, hg. v. R. ERB (1972); Ged.e, hg. v. S. REICHERTS-SCHENK u. C. W. SCHENK (2000).

Emin Pascha, Mehmed, eigtl. **Eduard Schnitzer,** Afrikareisender, * Oppeln 28. 3. 1840, † (ermordet) Kinena (Demokrat. Rep. Kongo) 23. 10. 1892. Nach dem Medizinstudium wurde er 1865 osman. Amtsarzt in Albanien. 1876 trat er im Sudan in ägypt. Dienst und bereiste 1876–78 Bunyoro und Buganda in polit. Mission. Seit 1878 war E. P. Gouv. der Äquatorialprovinz des ägypt. Sudan, für deren Erforschung und Entwicklung er 10 Jahre lang wirkte. Durch den Aufstand des Mahdi wurde er 1883 von Ägypten und Europa abgeschnitten, jedoch besiegte er 1888 die Truppen der Aufständischen. 1888 traf er am Albertsee mit dem zu seiner Befreiung entsandten H. M. STANLEY zus. und erreichte mit ihm 1889 Bagamojo. Im Dienst des Dt. Reiches eroberte er 1890 den NW Tanganjikas. Seine Beobachtungen und Sammlungen waren wertvolle Beiträge zur Kenntnis von Geografie, Biologie, Völker- und Sprachenkunde Afrikas. Auf einer Reise ins Kongogebiet wurde er von arab. Sklavenhändlern ermordet. – Seine Tagebücher (4 Bde., hg. v. F. STUHLMANN) erschienen 1916–27.

Weiteres Werk: Gefahrvolle Entdeckungsreisen in Zentralafrika. 1876–1892, hg. v. H. SCHIFFERS u. a. (1983).

A. J. M. JEPHSON u. H. M. STANLEY: E. P. u. die Meuterei in Äquatoria (a. d. Engl., 1890; Nachdr. 1922); F. STUHLMANN: Mit E. P. ins Herz von Afrika (1894); R. KRAFT: E. P. Ein dt. Arzt als Gouv. v. Äquatoria (1976).

Emir [arab. »Gebieter«, »Befehlshaber«, »Fürst«] *der, -s/-e,* **Amir,** Titel arab. Stammesführer und Fürsten, urspr. der militär. Befehlshaber muslim. Truppen und der Gouverneure neu eroberter Gebiete; später auch Titel der Fürsten von Afghanistan und Buchara, der Drusenfürsten und 1921–46 der Herrscher von Transjordanien. Die pers. Form **Mir** (daraus Mirsa, Mirza »Fürstensohn«, »Prinz«) ist eine verkürzte Form. – **Amir al-muminin** (»Beherrscher der Gläubigen«) war seit OMAR I. Titel der Kalifen; **Amir al-umara** (»Herr der Herren«) bei den Abbasiden zeitweilig Titel der militär. Befehlshaber, bei den Türken (Emir ül-ümera, synonym für **Beglerbeg**) der Gouverneure einer Großprovinz. – **Emirat** *das, -(e)s/-e,* der Rang und das Herrschaftsgebiet eines Emirs.

Emissär [frz.; von lat. emissarius »Sendbote«] *der, -s/-e,* Abgesandter mit bestimmtem (geheimem) Auftrag.

Emission [zu lat. emittere, emissum »ausschicken«] *die, -/-en,*

1) *Bank- und Börsenwesen:* die Gesamtheit von Wertpapieren einer bestimmten Art und Gattung; ferner die Ausgabe neuer Wertpapiere zum Zwecke der Kapitalbeschaffung, d. h. die Erstunterbringung von Schuldverschreibungen und Aktien am Kapitalmarkt und ihre Einführung an den Börsen. Der Markt für neue Wertpapiere wird als **E.-Markt** oder **Primärmarkt** bezeichnet.

Die Papiere können zu einem **E.-Kurs** von 100 % des Nennbetrags (Pari-E.) oder mit einem **E.-Agio** (Überpari-E.) oder **E.-Disagio** (Unterpari-E., bei Aktien verboten, bei Schuldverschreibungen üblich) emittiert werden. Bei einer Überpari-E. (bei Aktien üblich) entsteht ein **E.-Gewinn,** der dem Emittenten zugute kommt. Bei der **Selbst-E.** richtet der Emittent sein Angebot unmittelbar an das anlagesuchende Publikum, während er sich bei der Fremd-E. der Vermittlung eines Kreditinstituts (**E.-Bank**) oder einer Bankengruppe (**E.-Konsortium, E.-Syndikat**) bedient. Der Regelfall ist wegen der Größenordnung der E. heute die Fremd-E. durch ein Bankenkonsortium (→ Konsortium). I. d. R. übernimmt jedes Konsortialmitglied einen bestimmten Anteil der E. (**E.-Quote**). Der Konsortialführer (meist die Hausbank des Emittenten) verhandelt mit dem Emittenten über die **E.-Politik** (Festlegung von E.-Kurs, E.-Zeitpunkt und Ausstattung der Wertpapiere) und ist für die techn. Abwicklung der E. (z. B. Veröffentlichung des **E.-Prospekts** mit Angaben über die E.-Bedingungen und über den Emittenten) zuständig.

Für die Unterbringung der Papiere im Publikum (**Platzierung** oder **Placement**) haben sich folgende Methoden herausgebildet: Die Auflegung zur öffentl. Zeichnung (Subskription), die in Dtl. traditionell zu einem festen Kurs, in Großbritannien gelegentlich zu einem im Zeitpunkt der Begebung noch unbestimmten Kurs (→ Tenderverfahren) erfolgt, ist heute selten; das Publikum wird durch Zeichnungsangebote aufgefordert, die aufgelegte Anleihe innerhalb einer bestimmten Frist bei den als Zeichnungsstellen fungierenden Konsortialbanken zu zeichnen. Im Falle der Überzeichnung wird eine Repartierung (Zuteilung der Wertpapiere) vorgenommen. Beim freihändigen Verkauf mit oder ohne Börseneinführung ist der Absatz

Mihai Eminescu

Mehmed Emin Pascha

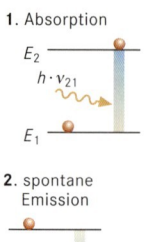

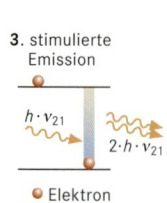

1. Absorption

E_2

$h \cdot \nu_{21}$

E_1

2. spontane Emission

$h \cdot \nu_{21}$

3. stimulierte Emission

$h \cdot \nu_{21}$

$2 \cdot h \cdot \nu_{21}$

● Elektron
⟿ Photon

Emission 2): Absorption und Emission von Photonen; beim Übergang eines atomaren Systems von einem angeregten Energiezustand E_2 in einen niedrigeren Energiezustand E_1 wird die Energiedifferenz zwischen den Energieniveaus als Photonen der Energie $E = h\nu$ abgestrahlt (ν Frequenz, h plancksches Wirkungsquantum). Diese Übergänge können spontan erfolgen oder durch Strahlung angeregt werden.

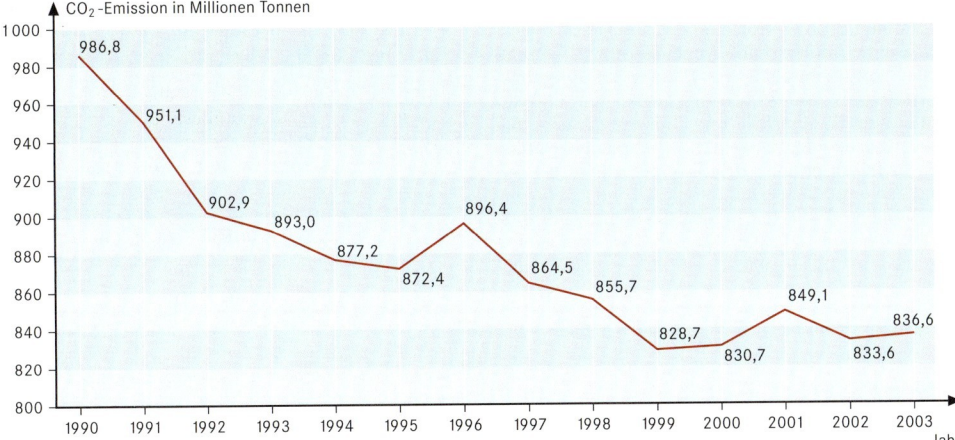

Emission 3): Entwicklung der CO_2-Emission in Deutschland von 1990 bis 2003; die Minderung Anfang der 1990er-Jahre ist v. a. durch den Stopp der Braunkohlenproduktion in Ostdeutschland zustande gekommen. Bis 2012 muss Deutschland seine CO_2-Emission um 21% gegenüber 1990 reduzieren. Bis 2003 wurden 15% (temperaturbereinigt 17%) erreicht.

der Papiere nicht an eine bestimmte Frist gebunden und kann je nach Marktlage erfolgen. Des freihändigen Verkaufs bedienen sich Hypothekenbanken, Pfandbriefanstalten, Girozentralen u. a. zur Begebung eigener E. Die Methode des Bezugsangebotes ist typisch für die Unterbringung von Aktien-E. aus Kapitalerhöhungen. Den Aktionären der AG, denen ein gesetzl. →Bezugsrecht zusteht, werden die jungen Aktien zum Bezuge angeboten. Soweit sie von ihrem Recht keinen Gebrauch machen wollen, können sie ihr Bezugsrecht verkaufen. Aktien-E. im Zusammenhang mit Unternehmensgründungen sind relativ selten, während das →Going Public seit den 1980er-Jahren wieder zugenommen hat.

Bei der Unterbringung von Aktien wird in Dtl. neben dem traditionellen Festpreisverfahren (Interessenten werden anhand eines feststehenden E.-Preises zur Zeichnung aufgefordert) zunehmend auch das in angelsächs. Ländern bevorzugte **Bookbuilding** (E.-Preis und E.-Volumen werden anhand der Zeichnungsaufträge vom Markt festgelegt) angewendet.

Die E. von Inhaber- und Namensschuldverschreibungen ist in Dtl. seit 1.1.1991 (Aufhebung der §§ 795 und 808a BGB) nicht mehr genehmigungs-, jedoch unverändert meldepflichtig. Zum gleichen Zeitpunkt traten das Ges. und die VO über Wertpapier-Verkaufsprospekte in Kraft (→Prospekt). – Im Geldwesen bezeichnet E. die Ausgabe von Banknoten.

2) *Physik:* die Aussendung einer Wellen- oder Teilchenstrahlung durch ein atomares System, z. B. die E. des Lichts durch leuchtende Körper, die E. von Röntgen- und Gammastrahlung. Eine **spontane** E. elektromagnet. Strahlung wird nur von der Besetzung des angeregten Zustandes und der Übergangswahrscheinlichkeit zw. den Energiezuständen des atomaren Systems bestimmt (→Anregung) und erfolgt ohne weitere äußere Einwirkung, während eine **induzierte (stimulierte)** E. durch Einwirkung einer Strahlung derselben Frequenz (z. B. Licht beim →Laser, Mikrowellen beim Maser) ausgelöst wird. Eine E. von Teilchen erfolgt bei radioaktiven Zerfällen (Alphazerfall, Betazerfall) u. a. Kernreaktionen.

In der Festkörperphysik wird als **Elektronen-E.** der Austritt von Elektronen aus Metall- oder Halbleitergrenzflächen bei hinreichend hoher, die →Austrittsarbeit übersteigender kinet. Energie bezeichnet. Diese erhalten sie durch Zufuhr von Wärmeenergie (**therm. Elektronen-E.**, →Glühemission), durch eingestrahlte Photonen hinreichender Energie beim äußeren Fotoeffekt (**Fotoelektronen-E., Foto-E.**), durch Stöße von Elektronen, die ins Metall- oder Halbleiterinnere eindringen (**Sekundärelektronen-E., Sekundär-E.**) sowie bei Einwirkung sehr starker elektr. Felder bei der →Feldemission.

3) *Umweltschutz:* das Ablassen oder Ausströmen fester, flüssiger oder gasförmiger Stoffe aus Anlagen oder techn. Abläufen, die die Luft, das Wasser oder andere Umweltbereiche verunreinigen. E. im Sinne der →TA Luft sind die von einer techn. Anlage ausgehenden Luftverunreinigungen sowie Geräusche, Erschütterungen, Licht-, Wärme- und radioaktive Strahlen. Verursacher von E. werden **Emittenten** genannt. Die Schadstoffe aus E. lagern sich durch →Deposition in der Umwelt ab und führen zu →Immissionen, die auch weit von der E.-Quelle noch gemessen werden können.

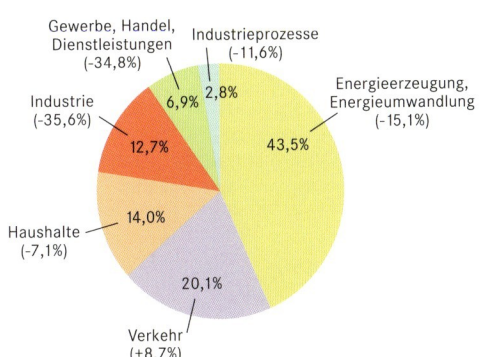

Emission 3): CO_2-Emission in Deutschland nach Erzeugern, angegeben für 2002 (in Klammern die Veränderung gegenüber 1990)

Emis Emission

Für Belastungsgebiete, in denen bes. gefährl. Luftverunreinigungen auftreten oder zu erwarten sind, ist eine ständige umfassende Kontrolle der E.-Komponenten vorgeschrieben (§44 Bundes-Immissionsschutzgesetz). Alle wichtigen Quellen der Luftverschmutzung (industrielle und sonstige gewerbl. Betriebe, Haushaltfeuerungen, Kraftfahrzeuge) werden in **E.-Katastern** erfasst. Diese werden durch die zuständigen Landes-Reg. aufgestellt. Grundlage für die Erstellung sind v.a. die Ergebnisse behördl. Ermittlungen sowie die E.-Erklärungen, die Betreiber genehmigungspflichtiger Anlagen jährlich abzugeben haben. Ein flächenbezogenes E.-Kataster enthält die Auflistung aller Quellen luftverunreinigender Stoffe in einem bestimmten Gebiet, geordnet nach dem geograf. Standort und nach den E.-Bedingungen (Quellendimensionierung, Abgasmenge und -temperatur, Schadstoffart und -menge, Häufigkeit und Dauer der E.). Die **E.-Quellen** werden entsprechend ihrer speziellen Strukturierung als Punktquellen (z.B. Fabrikschornstein), Linienquellen (z.B. Fahrzeugkolonne) oder Flächenquellen (Schornsteine eines Wohngebietes) erfasst. Ergeben die Untersuchungen, dass die Konzentrationen bedenklich hohe Werte erreichen

Ausgewählte Emissionen nach Emittentengruppen in Deutschland		1990	1994	1998	2000	2001
Kohlenmonoxid (CO)						
gesamt (in Mio. t)		11,213	7,064	5,424	4,868	4,797
Verkehr	in %	61,8	60,7	57,4	51,9	49,6
Haushalte und Kleinverbraucher	in %	22,7	19,0	18,5	20,9	21,6
Industriefeuerungen	in %	7,6	10,1	11,6	13,6	13,5
Industrieprozesse[1]	in %	6,3	8,4	10,5	11,5	11,7
Kraft- und Fernheizwerke	in %	1,4	1,7	2,0	2,1	2,1
Stickstoffoxide (NO_x berechnet als NO_2)						
gesamt (in Mio. t)		2,729	2,055	1,675	1,584	1,592
Verkehr	in %	56,5	62,7	66,7	62,6	61,7
Kraft- und Fernheizwerke	in %	21,1	16,8	16,4	16,2	17,2
Industriefeuerungen	in %	14,1	12,2	12,8	11,6	11,9
Haushalte und Kleinverbraucher	in %	6,4	6,8	8,2	7,6	7,6
Landwirtschaft	in %	0,8	0,8	1,1	1,3	1,3
Industrieprozesse[1]	in %	1,1	0,7	0,8	0,8	0,8
Schwefeldioxid (SO_2)						
gesamt (in Mio. t)		5,321	2,472	0,835	0,638	0,650
Kraft- und Fernheizwerke	in %	52,2	66,4	46,7	48,0	51,1
Industriefeuerungen	in %	24,3	16,1	26,1	24,8	23,5
Haushalte und Kleinverbraucher	in %	17,1	11,1	13,7	12,0	11,9
Industrieprozesse[1]	in %	4,2	3,1	9,5	11,9	11,9
Verkehr	in %	2,1	3,3	4,0	3,4	3,4
Staub						
gesamt (in Mio. t)		1,858	0,364	0,254	0,242	0,247
Industrieprozesse[1]	in %	23,2	31,0	40,3	40,1	40,7
Verkehr	in %	3,8	18,2	22,1	21,9	21,6
Schüttgutumschlag	in %	6,2	13,7	17,8	17,4	17,6
Kraft- und Fernheizwerke	in %	25,2	11,8	9,5	9,3	10,7
Haushalte und Kleinverbraucher	in %	18	21,2	7,6	6,9	6,9
Industriefeuerungen	in %	23,6	4,1	2,8	2,4	2,4
flüchtige organische Verbindungen[2]						
gesamt (in Mio. t)		3,221	2,159	1,735	1,605	1,606
Lösemittelverwendung[3]	in %	36	50,5	57,7	62,3	62,3
Verkehr	in %	47,5	34,4	26,5	21,1	21,1
Industrieprozesse[1]	in %	4,8	6,1	7,2	7,9	7,9
Haushalte und Kleinverbraucher	in %	4,3	3,6	3,9	3,8	3,9
Industriefeuerungen	in %	0,4	0,4	0,5	0,4	0,4
Methan (CH_4)						
gesamt (in Mio. t)		4,813	3,483	2,901	2,597	2,484
Landwirtschaft	in %	33,3	37,9	43,0	46,4	46,5
Förderung und Verteilung von Brennstoffen	in %	32,9	36,2	36,4	32,0	27,5
Abfallwirtschaft[4]	in %	29,1	22,3	18,1	19,2	19,2
Haushalte und Kleinverbraucher	in %	2,7	2,0	1,1	1,2	1,2

1) Ohne energiebedingte Emissionen. – 2) Ohne Methan. – 3) In Industrie, Gewerbe und Haushalten. – 4) Ohne Verwendung in der Landwirtschaft.

oder ein stetiges Ansteigen von →Luftverunreinigungen über längere Zeiträume festzustellen ist, müssen für das Belastungsgebiet (oder Teile von ihm) →Luftreinhaltepläne aufgestellt werden.

Von bes. Interesse ist die E. von Treibhausgasen, v. a. Kohlendioxid, CO_2. Weil sie nachweislich zu gefährl. Klimaveränderungen führen, ist auf der →Vertragsstaatenkonferenz in Kyoto, 1997, im so genannten Kyoto-Protokoll vereinbart worden, dass der CO_2-Ausstoß weltweit um 5,2 % (2008–12) gegenüber dem Stand von 1990 verringert werden soll. In Dtl. wurde die E. bislang (2003) um etwa 15 % (temperaturbereinigt 17 %) verringert. Anfang der 1990er-Jahre gelang dies v. a., weil in Ost-Dtl. der Braunkohleabbau stark zurückgefahren wurde. In den letzten Jahren gab es hingegen kaum noch Fortschritte beim CO_2-Rückgang. Neue Hoffnungen werden jetzt europaweit auf den →Emissionshandel gesetzt.

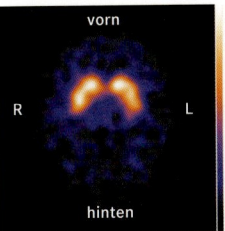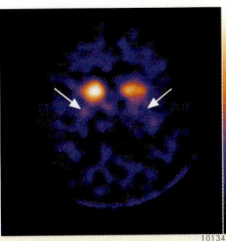

Emissionscomputertomografie: axiale Schnittbilder des menschlichen Gehirns nach Injektion eines Radiopharmakons, dessen lokale Anreicherung die Verfügbarkeit von zellulären Transporterstrukturen für Dopamin widerspiegelt (*links* Normalbefund). Eine Degeneration Dopamin bereitstellender Nervenzellen, z. B. im Rahmen der Parkinson-Krankheit *(rechts)*, ist bereits in einem frühen Erkrankungsstadium durch eine verminderte Anreicherung erkennbar (Pfeile).

Emissionsabgabe, →Kapitalverkehrsteuern.

Emissionscomputertomografie [-kɔmpjuːtər-], Abk. **ECT, Single-Photon-E.** [sɪŋl -], Abk. **SPECT,** computergestütztes Schichtaufnahmeverfahren der Nuklearmedizin, bei dem die Verteilung und relative Konzentration eines meist durch Injektion applizierten Radiopharmakons im Körper überlagerungsfrei abgebildet werden. Die vom Radionuklid in der Untersuchungssubstanz ausgehende Gammastrahlung wird von einer →Gammakamera mit einem oder mehreren schrittweise um den Patienten rotierenden Messköpfen registriert, mittels Computer örtlich zugeordnet und zu einem Satz paralleler Schnittbilder rekonstruiert. Die E. belastet den Patienten i. Allg. nur gering, die Strahlenexposition hängt wesentlich vom verwendeten Radionuklid, dieses wiederum von der diagnost. Aufgabe ab. Im Vergleich zur konventionellen planaren →Szintigrafie liegt der spezielle medizin. Nutzen der E. in der verbesserten räuml. Zuordnung der durch die Teilnahme des Radiopharmakons an funktionellen Abläufen im Körper gewonnenen Informationen. Von besonderer Bedeutung ist dies bei der Untersuchung strukturell komplexer Organe oder Körperregionen. So lässt die E. am Gehirn z. B. eine detaillierte Beurteilung der Durchblutung im Frühstadium eines Schlaganfalls oder der Funktion dopaminerger Nervenzellen bei Verdacht auf die Parkinson-Krankheit zu. Weiterhin kann sie z. B. Auskunft über den Zustand des Herzmuskels nach einem Herzinfarkt und seine mögl. Erholungsfähigkeit geben, kann Durchblutungsstörungen in den Lungen (Lungenembolie) auch bei geringer Ausdehnung aufdecken sowie Entzündungsherde und Tumoren im Körper genau lokalisieren. E. und Computer- bzw. Kernspintomografie werden häufig kombiniert angewendet, um bei der Untersuchung potenziell erkrankter Körperteile neben den strukturellen Eigenschaften auch funktionelle Merkmale berücksichtigen zu können und so die Zuverlässigkeit diagnost. Aussagen zu erhöhen.

Emissionsgrenzwerte, Höchstmengen, die für den Ausstoß von Schadstoffen aus techn. Anlagen und Einrichtungen (auch Kfz-Motoren) festgesetzt werden. E. für genehmigungsbedürftige Anlagen sind in der →TA Luft enthalten, andere E. sind in zahlr. VO zur Durchführung des →Bundes-Immissionsschutzgesetzes festgelegt. E. für Bleiverbindungen aus Kfz-Motoren bestimmt das Benzinbleigesetz. Die E. richten sich nach der Schädlichkeit der abgegebenen Stoffe sowie nach dem Stand der Technik. VDI-Richtlinien und DIN-Normen enthalten Empfehlungen für Emissionsgrenzwerte.

Emissionshandel, Emissionsrechtehandel, Mechanismus, der darauf zielt, eine festgelegte Reduktion von Treibhausgasen mithilfe des Preismechanismus möglichst effizient zu gestalten. Den Teilnehmern am E. wird gestattet, die ihnen zugewiesene Menge an Emissionen – sie wird i. d. R. durch →Emissionszertifikate verbrieft – entweder selbst aufzubrauchen oder mit Teilen davon zu handeln. Ein Teilnehmer, der sein Kontingent nicht voll ausschöpft, also weniger Schadstoffe ausstößt, als er eigentlich dürfte, kann das überschüssige Emissionsguthaben an einen anderen Teilnehmer verkaufen. Die Lizenzen werden dem Käufer als eigene Emissionsreduktionen gutgeschrieben. Bei einem optimalen E. werden die Vermeidungskosten auf das gesellschaftl. Minimum reduziert, weil Emissionsreduktionen dort stattfinden, wo sie am billigsten sind.

Angewandt wird der E. u. a., um die im →Kyōto-Protokoll vereinbarten Ziele der Emissionsreduktion möglichst effizient zu erreichen. Das zu diesem Zweck geschaffene europ. E.-System trat mit Beginn des Jahres 2005 in Kraft. Die EU-Staaten legen dafür Emissionsobergrenzen für alle Unternehmen schadstoffintensiver Industrien fest und vergeben Zertifikate, die am Ende jeder Handelsperiode verrechnet werden. Rechtsgrundlage für den E. ist die Richtlinie 2003/87/EG des Europ. Parlaments und des Rates vom 13. 10. 2003 über ein System für den Handel mit Treibhausgasemissionszertifikaten in der Gemeinschaft, die durch das Treibhausgas-Emissionshandels-Ges. (TEG) vom 8. 7. 2004 in das dt. Recht umgesetzt wurde. (→Umweltlizenzen) – Bild Seite 18

Emissionslini|en, *Physik:* →Emissionsspektrum.

Emissionsmikroskop, ein →Elektronenmikroskop zur direkten Abbildung Elektronen emittierender Metalloberflächen. Die Elektronen werden aus dem als Kathode benutzten Objekt durch Aufheizung, UV-Licht, Elektronen- oder Ionenbeschuss oder auch durch starke elektr. Felder herausgelöst und mithilfe des Linsensystems des E. auf einem Leuchtschirm oder einer Fotoplatte abgebildet. Die Untersuchung der Emissionsverteilung liefert Informationen über die Kristallstruktur. – Ein linsenloses E. ist das →Feldelektronenmikroskop.

Emissionsnebel, Gasnebel, *Astronomie:* →galaktische Nebel, deren sichtbares Licht v. a. aus Emissions-

Emis Emissionsrecht

linien besteht. Hierzu gehören die E. i. e. S., die →planetarischen Nebel und die gasförmigen Überreste von →Supernovae. – Die E. i. e. S. sind interstellare Wolken oder Teile davon, die durch einen oder mehrere junge heiße Sterne (effektive Temperatur höher als rd. 25 000 K) in der Wolke oder ihrer Nachbarschaft zum Leuchten angeregt werden, indem die stellare Ultraviolettstrahlung das Gas ionisiert und aufheizt (E. sind also HII-Gebiete, →HI-Gebiet). Bei der Rekombination der freien Elektronen mit den Ionen und dem folgenden kaskadenartigen Übergang der Elektronen in den Grundzustand wird sowohl kontinuierl. Strahlung als auch Linienstrahlung emittiert; die Spektrallinien können im ultravioletten, sichtbaren, infraroten und im Radiofrequenzbereich liegen. Einige starke Emissionslinien haben ihre Ursache in verbotenen Elektronenübergängen, sie gehen auf eine Elektronenstoßanregung bestimmter Atome (z. B. zweifach ionisierten Sauerstoff) zurück. Kontinuierl. Strahlung, die im Radiofrequenzbereich dominiert, entsteht auch bei Frei-frei-Übergängen (→Frei-frei-Strahlung) der Elektronen in den elektr. Feldern der Ionen. Die Gastemperaturen liegen in der Größenordnung von 8 000 K, die Gasdichten zw. wenigen 10^{-2} bis etwa 10^4 Teilchen je cm³.

Bekannte galakt. E. sind der →Orionnebel, der →Lagunennebel und der →Omeganebel; Beispiel eines extragalakt. E. ist der →Tarantelnebel.

Emissionsrecht, →Emissionszertifikat.

Emissionsspektrum, ein →Spektrum, dessen Entstehung (im Ggs. zum →Absorptionsspektrum) unmittelbar auf der Emission der Strahlung durch Atome beruht. Ein E. kann aus einzelnen Spektrallinien (**Emissionslinien**) oder aus einer Vielzahl eng benachbarter Linien (**Emissionsbande**) bestehen oder als kontinuierl. Spektrum auftreten.

Emissionsteuer,
1) Form der →Kapitalverkehrsteuern; besteuert wird z. B. in der Schweiz (**Emissionsabgabe**) die Erstausgabe von inländ. Urkunden (z. B. Aktien, Anteilscheine von GmbHs, Partizipations- und Genussscheine, Obligationen und Geldmarktpapiere).
2) eine Abgabe auf Schadstoffemissionen, die dem Verursacher derartiger Umweltschädigungen die volkswirtschaftl. Kosten seines Handelns anlasten soll (Internalisierung negativer →externer Effekte); z. B. die →Abwasserabgabe. (→Umweltabgaben)

Emissionstomografie, Emissionstomographie, Oberbegriff für zwei von der Bildentstehung und -verarbeitung her verwandte diagnost. Schichtaufnahmeverfahren der Nuklearmedizin. Man unterscheidet je nach Aufnahmetechnik, die durch das eingesetzte Radionuklid bestimmt wird, zw. →Emissionscomputertomografie und →Positronenemissionstomografie.

Emissionsvermögen, physikal. Größe, die die Eigenstrahlung eines Körpers kennzeichnet: die von der Flächeneinheit der Oberfläche in den Halbraum emittierte Strahlungsleistung; bezogen auf die entsprechende Strahlungsleistung des →schwarzen Strahlers als **Emissionsgrad** ε (mitunter auch als Emissionsverhältnis oder Emissionszahl) bezeichnet.

Emissionszertifikat, *Umweltpolitik:* umweltpolit. Instrument, mit dem das Recht des Inhabers verbrieft wird, in einem festgelegten Zeitraum eine vorgegebene Menge an bestimmten (Umwelt-)Emissionen verursachen zu dürfen. Die Gesamtheit der ausgegebenen E. definiert die Gesamtmenge an Emissionen im gegebenen Zeitraum (sofern nicht auch Emissionen ohne entsprechende Zertifikate erlaubt sind). Die zulässige Emissionsmenge je Zertifikat kann im Zeitablauf verringert werden (die Zertifikate werden »abgewertet«), sodass sich die Gesamtmenge an Emissio-

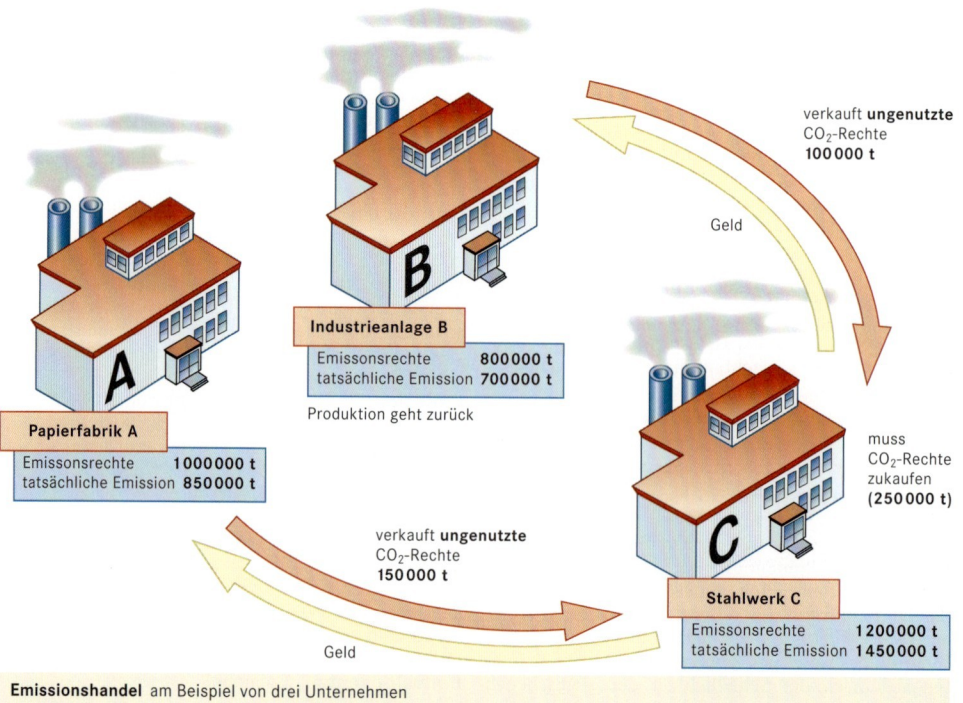

Emissionshandel am Beispiel von drei Unternehmen

nen entsprechend vermindert. Die Gesamtemission kann durch E. relativ zielgenau gesteuert werden, insbes. im Vergleich zu Emissionsabgaben (→Umweltabgaben) oder Emissionsstandards (→Umweltstandards). E. sind handelbar und ermöglichen dadurch eine aus volkswirtschaftl. Sicht möglichst kostengünstige (effiziente) Verminderung der Gesamtemissionsmenge (→Emissionshandel, →Umweltlizenzen).

Emiter, Bez. für die Ureinwohner Moabs in 5. Mos. 2, 10 f.

Emittent [→Emission] *der, -en/-en,*
 1) *Bankwesen:* Herausgeber, Aussteller von Wertpapieren.
 2) *Umweltschutz:* Verursacher von →Emissionen.

Emitter [zu engl. to emit »aussenden«, von lat. emittere, →emittieren] *der, -s/-,* eine der drei Anschlusselektroden beim bipolaren →Transistor.

Emitterfolger, Verstärkerschaltung, bei der das Emitterpotenzial einer Transistorstufe dem Basispotenzial nachfolgt. Die Ausgangsspannung wird an einem in der Emitterleitung des Transistors liegenden Arbeitswiderstand abgegriffen und ist phasengleich mit der Eingangsspannung an der Basis. Die Spannungsverstärkung ist ungefähr gleich 1. Da der E. einen niedrigen Ausgangswiderstand besitzt, ist er zum Einsatz als Impedanzwandler geeignet.

Emitterschaltung, *Elektronik:* Grundschaltung des →Transistors, bei der die Eingangs- und Ausgangsseite des Vierpols auf den Emitteranschluss bezogen sind. Die E. ergibt eine sehr hohe Leistungsverstärkung, resultierend aus hoher Spannungs- und Stromverstärkung. (→Basisschaltung, →Kollektorschaltung)

emittieren [lat. emittere »herausgehen lassen«],
 1) *Bankwesen:* ausgeben, in Umlauf setzen (Wertpapiere).
 2) *Physik:* Strahlung aussenden.
 3) *Umweltschutz:* abgeben von Schadstoffen an die Umwelt, z. B. Abgase.

EMK, Abk. für →elektromotorische Kraft.

Emma, feminist. Zeitschrift, gegründet und herausgegeben von ALICE SCHWARZER; erscheint seit 1977 (zunächst monatlich, dann zweimonatlich) in Köln (Auflage 2004, 4. Quartal: 43 000).

Emma, Regentin der Niederlande, * Arolsen 2. 8. 1858, † Den Haag 20. 3. 1934; Tochter des Fürsten GEORG VICTOR von Waldeck-Pyrmont und der Prinzessin HELENA von Nassau; heiratete am 7. 1. 1879 König WILHELM III. der Niederlande. In den letzten Lebenstagen ihres Mannes übernahm E. die Regentschaft (14. 11. 1890), die sie bis 1898 für ihre Tochter WILHELMINA führte. E. machte sich im Kampf gegen Tuberkulose verdient.

Emma von Gurk, Heilige, →Hemma von Gurk.

Emmanuel [emany'el], Pierre, eigtl. **Noël Mathieu** [ma'tjø], frz. Schriftsteller, *Gan (bei Pau) 3. 5. 1916, † Paris 22. 9. 1984; Mitglied der Résistance, ab 1969 hohe Ämter in der frz. Kulturpolitik, 1969–71 Präs. des internat. P. E. N. Im Mittelpunkt seiner Dichtung steht die Beziehung von Natur und Geist und das Verhältnis des Einzelnen zu sich selbst, zu den Mitmenschen und zu Gott.
  Werke (Auswahl): *Lyrik:* Tombeau d'Orphée (1941); La liberté guide nos pas (1945); Tristesse, ô ma patrie (1946); Babel, poème à deux voix (1951); La nouvelle naissance (1963); Jacob (1970); Sophia (1973); L'autre (1980). – *Essays:* Le poète et son Christ (1942); Poésie, raison ardente (1948); La face humaine (1965). – *Roman:* Car enfin je vous aime (1950). – *Autobiografie:* Qui est cet homme? (1947).

Emma|us, arab. **Amwas,** auch **Imwas,** etwa 24 km (Luftlinie) nordwestlich von Jerusalem gelegener Ort (Fußweg von Jerusalem in der Antike von E. 30 km [=160 Stadien]); Bezirkshauptort seit dem 1. Jh. n. Chr., seit 220 **Nikopolis.** Vor 325 wurde der Ort Bischofssitz. 1875 und nach 1924 wurden die Reste einer dreischiffigen Basilika aufgedeckt, die vermutlich in das 6. Jh. zu datieren ist. Bereits früh (ORIGENES, HIERONYMUS, Pilgerberichte) ist hier das in Lk. 24, 13–35 genannte »E.« gesehen und später von zahlr. Bibelwissenschaftlern anerkannt worden, wohin nach dem Tod JESU einige Jünger gingen und dort den Auferstandenen am Brotbrechen erkannten (**E.-Jünger**). Allerdings hat die unsichere Entfernungsangabe in Lk. 24, 13 mit zwei überlieferten Lesarten (160 bzw. 60 Stadien [1 Stadie: etwa 185 m]) auch bibelwiss. Zweifel an dieser Gleichsetzung aufkommen lassen, sodass die lukan. E. heute auch, dabei an histor. Ortstraditionen aus der Kreuzfahrerzeit anknüpfend, in den Orten *El-Kubebe* (rd. 11 km westlich von Jerusalem) und *Abu Gosch* (rd. 30 km von Jerusalem in Richtung Tel Aviv-Jaffa) vermutet wird. Nikopolis war bes. im 6. Jh. Pilgerziel; Pilgerberichte wurden durch archäolog. Grabungen in den 1990er-Jahren erhärtet. – Der Gang nach E. wird bereits auf einem Mosaik in Ravenna (Sant'Apollinare Nuovo, 6. Jh.) und einem Fresko in Rom (Santa Maria Antiqua, 705) dargestellt, während das Mahl in E. (CHRISTUS in der Mitte von zwei Jüngern) in der Buchmalerei und in der Bauplastik des 12. Jh. auftritt, v. a. aber in der Malerei des 16. und 17. Jahrhunderts.

Emma|us-Bewegung, ein von Abbé →PIERRE gegründetes Hilfswerk für sozial benachteiligte Menschen, an dessen Anfang eine von ihm 1949 in Paris eingerichtete Wohnstätte für Haftentlassene, Arbeits- und Obdachlose stand. Heute (2005) umfasst die E.-B. über 400 »Emmaus-Gemeinschaften« weltweit, die durch die Vereinigung »Emmaus International« (Sitz: Paris) miteinander verbunden sind. In Dtl. bestehen Gemeinschaften in Augsburg, Krefeld, Sonsbeck (Kr. Wesel), Stuttgart und Köln. Überkonfessionell arbeitend, fordert die E.-B. die Rechte sozial bes. benachteiligter Menschen ein und will ihnen gesellschaftl. Gehör verschaffen.

Emme *die,* Name zweier Flüsse im Schweizer Mittelland, die im Gebiet des Brienzer Rothorns entspringen. Die 80 km lange **Große E.** durchfließt das →Emmental und mündet unterhalb von Solothurn in die Aare, die 60 km lange **Kleine E.,** im Oberlauf auch **Waldemme** gen., mündet bei Luzern in die Reuss.

Emmen,
 1) [niederländ. 'emə], Gem. in der Prov. Drente im NO der Niederlande, 108 400 Ew.; Institute der Hochschule Drente; Fehnmuseum, zoolog. Garten; chem., Kunststoff-, Elektronik- und pharmazeut. Industrie. – E., 1319 erstmals erwähnt, entstand in einem bereits in prähistor. Zeit besiedelten Gebiet. Bis ins 19. Jh. war der Ackerbau vorherrschende Erwerbsquelle, danach die Viehwirtschaft und seit dem Ende des 19. Jh. der Torfabbau, der in den 1930er-Jahren aufgegeben wer-

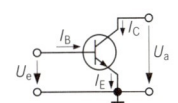

Emitterschaltung am Beispiel eines npn-Transistors; U_e Eingangsspannung zwischen Basis und Emitter, U_a Ausgangsspannung zwischen Kollektor und Emitter; I_C, I_B, I_E Kollektor-, Basis- und Emitterstrom des Transistors

Emme Emmenagoga

Emmental: typische Bauernhäuser bei Eggiwil im oberen Emmental

den musste. Nach dem Zweiten Weltkrieg entwickelte sich E. zu einem Industriestandort.
 2) Industriestadt nördlich von Luzern, Schweiz, an der Mündung der Kleinen Emme in die Reuss, 26 900 Ew.; Mittelpunkt ist der Ortsteil **Emmenbrücke**, einst nur ein Flussübergang, um den sich heute die Fabriken und verstädterten Quartiere gruppieren; Textil-, Stahl-, Elektrowerke, Gießerei; Militärflugplatz. – 840 kam E. durch Schenkung an das Kloster Murbach, das die Siedlung 1291 an die Habsburger verkaufte.
Emmenagoga [zu griech. émmēnos »jeden Monat«, »monatlich« und agōgós »führend«, »treibend«], Sg. **Emmenagogum** das, -s, Arzneimittel, die den Eintritt der Monatsblutung fördern; heute v. a. Hormonpräparate.
Emmendingen,
 1) Große Kreisstadt in Bad.-Württ., Verw.-Sitz des gleichnamigen Landkreises, zw. Schwarzwald und Kaiserstuhl, 201 m ü. M., 25 600 Ew.; Gesundheitseinrichtung »Zentrum für Psychiatrie«, Stadtmuseum; Apparate-, Maschinen- und Werkzeugbau, feinmechan. Industrie, Metallwarenherstellung. – Der 1094 erstmals erwähnte altzähring. Besitz E. kam 1415 an die Markgrafen von Baden, die dem Ort 1418 das Marktrecht verliehen. Das zum wirtschaftl. Mittelpunkt des Umlandes aufgestiegene E. wurde markgräfl. Residenz und erhielt 1590 Stadtrecht.
 2) Landkreis im Reg.-Bez. Freiburg, Bad.-Württ., 680 km², 155 200 Ew.; umfasst einen Teil der Oberrheinebene mit dem N-Teil des Kaiserstuhls und reicht über die Elzniederung und die Emmendinger Vorberge bis weit in den mittleren Schwarzwald. Etwa 40 % der Fläche sind bewaldet (Auenwälder am Rhein, Nadelwälder im Schwarzwald). Auf den guten Schwemmlandböden der Ebene Anbau von Getreide, Kartoffeln, Obst, Tabak u. a.; auf den Lösshängen des Kaiserstuhls Weinbau. Im Schwarzwald Viehzucht und Waldwirtschaft, in seinen Tälern vielseitige Industrie (Elektrotechnik, Maschinenbau, Werkzeug- und Formenbau, Verpackungshersteller) und, ebenso wie im Kaiserstuhl, reger Fremdenverkehr.
 Der Kreis E., hg. v. LOTHAR MAYER (1981); Der Landkreis E., hg. v. der Landesarchivdirektion Bad.-Württ., 2 Bde. (2001).
Emmental, Landschaft im NO des Kt. Bern, Schweiz, im Flussgebiet der Großen Emme und Ilfis, ein wald- und wiesenreiches Berg- und Hügelland. Im oberen E.,

Emmendingen 1)
Stadtwappen

Emmerich
Stadtwappen

in den Berner Voralpen (Napf 1 408 m ü. M., Hohgant 2 197 m ü. M.) Almwirtschaft (Käse); Mittelpunkt des oberen E. ist Langnau. Im unteren E. Getreide- und Obstanbau, Holz- und Leinen-Ind.; Hauptorte dort sind Burgdorf, Lützelflüh, Sumiswald. – Das seit 1090 unter zähring. Herrschaft stehende E. fiel nach dem Aussterben der Zähringer an die Herren von Kyburg, die es 1384 an Bern verkauften. Mit dem Vorstoß ins obere E. schloss Bern 1386 die Inbesitznahme ab. Durch den Dreißigjährigen Krieg verursachte wirtschaftl. Schwierigkeiten führten 1640 im E. zu Unruhen unter der Bev. 1653 war das E. eines der Zentren des Bauernaufstandes.
Emmentaler Käse, →Käse (ÜBERSICHT).
Emmer der, Amer, Imer, Triticum dicoccum, nicht winterharte Weizenart, die mit zweiblütigem Ährchen zw. →Einkorn und →Weizen steht.
 Kulturgeschichte E. wurde vermutlich bereits im 7. Jt. v. Chr. in Kleinasien angebaut. In Mesopotamien und Ägypten war die Pflanze schon in der Jungsteinzeit bekannt, in Äthiopien und Ägypten blieb sie bis ins MA. das gebräuchlichste Brotgetreide. In Mitteleuropa kannten die Bandkeramiker den E. bereits im 5. Jt. v. Chr. Aus dem Spätneolithikum ist er an zahlr. mitteleurop. Fundstellen nachgewiesen. In der Eisenzeit ging der Anbau jedoch immer mehr zurück.
Emmer die, linker Nebenfluss der Weser, in NRW und Ndsachs., 52 km lang, entspringt am O-Abhang der Egge, mündet in Emmerthal.
Emmeram, Heimhram, fränk. Missionsbischof, † als Märtyrer; wirkte im letzten Drittel des 7. Jh. in Regensburg. Gesichert sind sein Martyrium in Kleinhelfendorf (bei Bad Aibling) und seine Bestattung in Aschheim (heute Aschheim-Feldkirchen; Landkr. München), von wo aus sein Leichnam nach Regensburg überführt wurde; Anfang des 8. Jh. wurde dort über seinem Grab die Benediktinerabtei St. Emmeram gegründet. – Heiliger (Tag: 22. 9.).
Emmerich, Stadt im Kr. Kleve, NRW, auf dem rechten Ufer des Niederrheins, 18 m ü. M., an der niederländ. Grenze, 30 000 Ew.; Zollamt, Wasser- und Schifffahrtsamt, Rheinmuseum, Museum für Kaffeetechnik; Speiseöl- und Kunststoffverarbeitung, Apparatebau, Ziegelei und Speditionen; Industriehafen. Die Rheinbrücke E. ist die größte Hängebrücke Dtl.s. Zu E. gehört der Luftkurort →Elten. – Wieder aufgebaut nach Kriegszerstörungen sind die ehem. Stiftskirche St. Martin (11.–15. Jh.) mit roman. Krypta (um 1040) und Kirchenschatz (Reliquiar des 11. Jh.) sowie die spätgot. Aldegundiskirche (1449–1514). – Das 828 erstmals schriftlich bezeugte E. entstand vermutlich um eine gegen 700 von WILLIBRORD geweihte Kirche. In die erste Hälfte des 9. Jh. reichen die Anfänge des 914 erstmals erwähnten Stifts zurück. Bis zur Mitte des 12. Jh. entwickelte sich E. zu einem Handelsort mit überregionaler Bedeutung. Die Grafen von Geldern verliehen dem Ort 1233 Stadtrecht und verpfändeten ihn 1355 an die Grafen von Kleve, die E. 1402 endgültig erwarben. 1815 fiel E. endgültig an Preußen. Durch die Rheinakte (1828), bes. aber mit dem Aufkommen der Dampfschifffahrt, nahm die Stadt Mitte des 19. Jh. einen neuen wirtschaftl. Aufschwung. Im Oktober 1944 wurde E. total zerstört.
Emmerich, ungarisch Imre, König von Ungarn (seit 1196), * um 1174, † 30. 11. 1204, ältester Sohn BÉLAS III.; dehnte die ungar. Oberherrschaft mit päpstl. Unterstützung zeitweilig auf den nördl. Balkan aus. Durch seine zweite Ehe mit Kaiserin KONSTANZE von

Aragón († 1222) wurden südfranzösisch-span. Kultureinflüsse nach Ungarn vermittelt; E. war zuletzt in erbitterte Thronkämpfe mit seinem Bruder ANDREAS (II.) verwickelt.

Emmerich, Roland, Filmregisseur, * Stuttgart 10. 11. 1955; studierte an der Münchner Hochschule für Film und Fernsehen und legte 1984 mit »Das Arche-Noah-Prinzip« den Grundstein für ein sichtbar von S. SPIELBERG beeinflusstes Kino, das ihn in den 1990er-Jahren nach Hollywood führte, wo ihm 1996 mit »Independence Day« der bis dato größte Erfolg seiner Karriere gelang.

Weitere Filme: Joey (1985); Stargate (1994); Godzilla (1998); Der Patriot (2000); The Day After Tomorrow (2004).

Emmerick, Anna Katharina, Augustiner-Ordensschwester, Mystikerin, * Bauernschaft Flamschen (bei Coesfeld) 8. 9. 1774, † Dülmen 9. 2. 1824; entstammte einer kleinbäuerl. Familie und arbeitete ab 1794 als Näherin. 1802 trat E. (nach vorangegangenen erfolglosen Versuchen eines Klostereintritts) in das Augustinerinnenkloster Agnetenberg in Dülmen ein; nach der Klosterauflösung 1811 fand sie in Dülmen Aufnahme bei einem infolge der Revolution aus Frankreich geflüchteten Geistlichen. Hier bis zu ihrem Tod ans Krankenlager gefesselt, zeigten sich an ihrem Körper (erstmals am 28. 8. 1812) die Leidensmale JESU (→Stigmatisation) und sie erlebte in Visionen Ereignisse der christl. Heilsgeschichte (1819–24 von C. BRENTANO mit dichterischer Freiheit an ihrem Krankenbett aufgezeichnet). – 2004 wurde E. selig gesprochen (Tag: 9. 2.).

Ausgabe: C. BRENTANO: Sämtl. Werke u. Briefe, hg. v. J. BEHRENS u. a., Bde. 23–28 (1980 ff.).

Emmerthal, Gem. im Landkreis Hameln-Pyrmont, Ndsachs., an der Mündung der Emmer in die Weser, 11 200 Ew.; Inst. für Solarenergieforschung, Museum für Landtechnik und Landarbeit in Börry; Kernkraftwerk Grohnde (elektr. Leistung 1 300 MW, Inbetriebnahme 1985), chem. und pharmazeut. Industrie; Weserrenaissanceschloss Hämelschenburg (1588–1610/18).

Emmetropie [griech.] *die, -,* Normalsichtigkeit; liegt vor, wenn bei entspannter Akkommodation (d. h. bei Fernsicht) parallel in das Auge eintretende Strahlen auf der Netzhaut in einem Punkt vereint werden, die Netzhautmitte sich also im Brennpunkt des dioptr. Systems befindet; Ggs.: Ametropie.

Emmy, E. Award [- əˈwɔːd], jährlich im Rahmen einer Gala vergebener amerikan. Fernsehpreis (seit 1948) nach dem Vorbild des Academy Awards (→Oscar); wird von der Academy of Television Arts and Sciences und der National Academy of Television Arts and Sciences in über 100 Kategorien verliehen; u. a. für Fernsehfilme und -serien, Dokumentationen, Comedy- und Reality-Shows, Hauptdarsteller und Hauptdarstellerinnen.

EMNID-Institut GmbH & Co. [EMNID, Abk. für Erforschung der öffentlichen Meinung, Marktforschung und Meinungsforschung, Nachrichten, Informationen, Dienstleistungen], →TNS-EMNID GmbH & Co. KG.

Emodine [türk.] *Pl.,* Derivate des Di- und des Trihydroxyanthrachinons, die (in Form von Glykosiden) in abführenden Drogen (z. B. Aloe, Sennesblätter, Faulbaumrinde) als wirksame Bestandteile vorkommen.

Emoticon [-k-, engl. ɪˈmɒtɪkɒn; aus engl. emotion »Emotion« und icon »Bild«] *das, -s/-s, Informatik:* ein aus Zeichen der Computertastatur bestehendes Symbol, das in der elektron. Korrespondenz (E-Mail u. a.) einen Gefühlszustand bzw. eine Mimik auszudrücken vermag. Ein E. ist z. B. das **Smiley.** Zum Betrachten stellt man sich das entsprechende Symbol um 90° gedreht vor. Das klass. Smiley :-) (es gibt ein freundl. Lachen an) erfuhr die unterschiedlichsten Adaptionen; Beispiele sind u. a.:

:-)) bin sehr glücklich;
:-D bedeutet Lachen;
;-) zwinkern;
:-/ deutet Skepsis oder Unentschlossenheit an;
:-o zeigt Überraschung oder Gähnen an;
:-(mir geht es schlecht, ich bin traurig.

Emotion [frz., zu lat. emovere, emotum »herausbewegen«, »um und um bewegen«, »erschüttern«] *die, -/-en,*
1) *bildungsprachlich* für: seel. Erregung, Gemütsbewegung; Gefühl, Gefühlsregung.
2) *Psychologie:* Teil der dem Menschen eigenen mannigfachen Gemütsbewegungen; mit spezif. Qualität, Intensität und Dauer. E. beziehen sich im Unterschied zu Stimmungen auf ein bestimmtes – reales oder fiktives – Objekt (einen Anlass oder ein Ereignis) und sind neben dem veränderten Erleben durch physiolog. Veränderungen (z. B. vegetative Reaktionen) und Verhaltensänderungen (z. B. Gestik, Mimik) gekennzeichnet. Für die Gesamtheit des Gefühlslebens (Gemüt, Stimmung, Triebhaftigkeit) wurde von E. BLEULER die Bez. **Emotionalität** geprägt. Mangelhafte Emotionalität in der Eltern-Kind-Beziehung hat auf die seel. Entwicklung des Kindes schwerwiegende Auswirkungen und kann Verhaltensstörungen bewirken. (→Affekt)

 Enzykl. der Psychologie C 4, Bd. 3: Psychologie der E., hg. v. K. R. SCHERER (1990); The nature of emotion. Fundamental questions, hg. v. P. EKMAN (New York u. a. 1994); Natur u. Theorie der E., hg. v. A. STEPHAN u. H. WALTER (2003).

emotionale Intelligenz, von dem amerikan. Psychologen und Publizisten DANIEL GOLEMAN (* 1946;

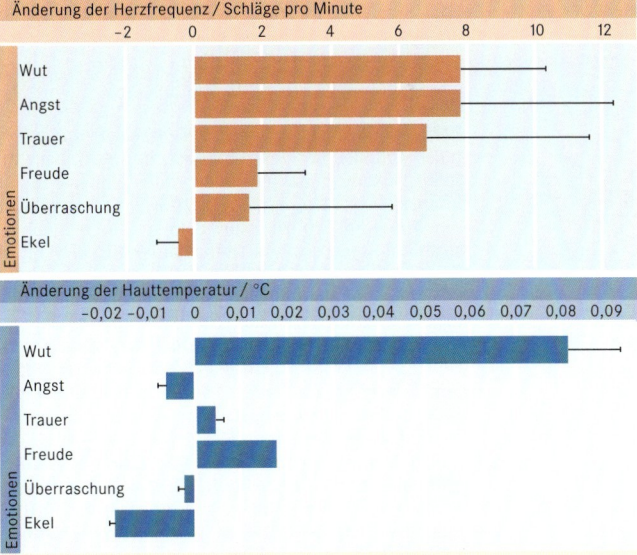

Emotion 2): In einem Versuch, bei dem Schauspieler bestimmte Emotionen durch typische Mimik wiedergaben, veränderten sich gleichzeitig ihre Herzfrequenz und Hauttemperatur (schmale Balken: Standardabweichung).

»Emotional intelligence«, 1995; dt. »Emotionale Intelligenz«) geprägter Begriff für Intelligenzleistungen, die sich nicht durch herkömml. Intelligenztests messen lassen. Dazu gehören alle sozialen, schöpfer., musischen und künstler. Fähigkeiten. Eine integrierte, gut entwickelte Persönlichkeit verfügt über eine ausgeprägte Simultankontrolle von Affekt und Kognition. Neben der emotionalen Selbstwahrnehmung umfasst e. I. auch die Fähigkeit, mit Emotionen situationsangepasst umzugehen, sie produktiv einzusetzen sowie Empathie und Beziehungsfähigkeit zu entwickeln. Das Konzept der e. I. betont daher den Zusammenhang aller Teile der Persönlichkeit bei Intelligenzleistungen.

GOLEMAN entwickelte aus der Kritik am herkömml. Intelligenzquotienten heraus, der einseitig kognitiv-instrumentelle Fertigkeiten misst, als Größe zur Messung von e. I. den **Emotionsintelligenzquotienten** (**emotionalen Quotienten**, Abk. **EQ**), der das Ausmaß bezeichnet, in dem eine Person ihre Gefühle bewusst, in Übereinstimmung mit ihren Stimmungen und Ideen, zu handhaben vermag.

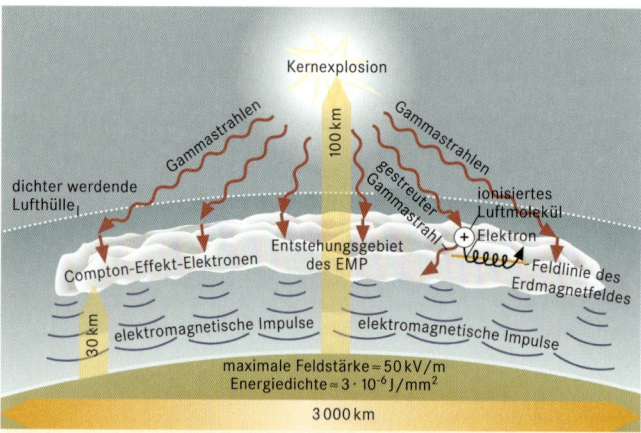

EMP: Wirkungsweise der Kernexplosion einer in 100 km Höhe gezündeten Atombombe von 1 Megatonne Sprengkraft (TNT)

EMP, NEMP [Abk. für engl. (**n**uclear) **e**lectro**m**agnetic **p**ulse »(nuklearer) elektromagnet. Impuls«], bei exosphär. Kernwaffenexplosionen auftretende, äußerst intensive elektromagnet. »Stoßwelle«, ausgelöst durch die am Explosionsort entstehende →Gammastrahlung, die beim Auftreffen auf Luftmoleküle in den dichteren Luftschichten Elektronen mit hoher Geschwindigkeit abspaltet (→Compton-Effekt). Infolge der Ladungstrennung (positive Ionen und negative Elektronen) entsteht innerhalb 10^{-8} s ein elektr. Feld, das auf große Werte ansteigt und sich dem Magnetfeld der Erde überlagert. In diesem elektromagnet. Feld bewegen sich die Elektronen spiralförmig um die Feldlinien des Erdmagnetfeldes, wobei sie durch die Luftmoleküle abgebremst werden. Dabei entstehen innerhalb einer Mikrosekunde intensive elektromagnet. Wellen. Diese können noch in 1000 km Entfernung vom Explosionsort zu einer elektr. Feldstärke von 50 kV/m führen, die ihrerseits starke Ströme in elektron. Geräten zu induzieren vermag. Mikroelektron. Bauelemente (v. a. integrierte Schaltungen, Mikroprozessoren) werden durch diese induzierten Ströme i. d. R. funktionsunfähig, anders als z. B. Elektronenröhren oder die meisten elektromechan. Bauelemente. Durch einen EMP kann ein Großteil der techn. Geräte (v. a. Steuer- und Regelkreise oder Computer), insbes. der Kommunikations- und Verteidigungseinrichtungen, ausfallen. Eine Absicherung elektron. Baugruppen gegen EMP ist prinzipiell möglich, jedoch umfangreich und sehr kostenaufwendig; sie geschieht v. a. durch Abschirmung in Form eines Faraday-Käfigs.

Der theoretisch vorhergesagte EMP wurde zuerst am 9. 7. 1962 auf Hawaii beobachtet, ausgelöst durch die Explosion einer amerikan. Wasserstoffbombe von 1,4 Megatonnen Sprengkraft (TNT) in 400 km Höhe über dem 1300 km entfernten Johnston Island im Pazifik. Bei früheren Explosionen amerikan. Kernwaffen in geringerer Höhe und zumeist über Seegebieten war dieser Effekt nicht festgestellt worden, weil in den dichten Luftschichten die Elektronen schnell abgebremst werden. Hier können jedoch ähnl., aber weniger stark ausgeprägte Effekte auftreten.

🕮 R. BREUER u. H. LECHLEITNER: Der lautlose Schlag (Neuausg. 1983); J. WILHELM u. a.: Nuklear-elektro-magnet. Puls. NEMP (1985); K. S. H. LEE: EMP interaction. Principles, techniques and reference data (Washington, D. C., u. a. 1995).

Empathie [engl. empathy, zu spätgriech. empátheia »Leidenschaft«] *die*, -, Bereitschaft und Fähigkeit, sich in die Erlebensweise anderer Menschen hineinzuversetzen und ihre Gefühls- und Stimmungslage nachzuempfinden. E. spielt in allen zwischenmenschl. Beziehungen eine große Rolle. E. gilt in vielen Richtungen der Psychotherapie, bes. in der Gesprächspsychotherapie, als eine Basis aller therapeutisch wirksamen Interventionen. (→Einfühlung)

Empecinado [empeθiˈnaðo, span. »der Hartnäckige«, »der Trotzige«], **El E.**, eigtl. **Juan Martín Díaz** [-ˈdiaθ], span. Guerillaführer und General, * Castrillo de Duero (Prov. Valladolid) 1775, † Roa (Prov. Burgos) 19. 8. 1825; stieg im span. Unabhängigkeitskampf gegen NAPOLEON I. (1808–14) zu einem bekannten Partisanenführer auf; trat nach 1814, bes. aber 1820–23 für die liberale Verf. von Cádiz (1812) ein und wurde deshalb nach Niederwerfung des liberalen Regimes (1823) hingerichtet.

Empedokles, griech. **Empedoklḗs,** griech. Philosoph, * Akragas (heute Agrigent, Sizilien) 483 oder 482 v. Chr., † zw. 430 und 420 v. Chr.; war aktiv am Sturz der oligarch. Reg. beteiligt; sammelte als Arzt und Wanderprediger eine große Zahl an Schülern um sich, die ihn von Stadt zu Stadt begleiteten; nach einer Legende soll er sich in den Krater des Ätna gestürzt haben. Reste seiner epischen Lehrgedichte »Peri physeos« (Über die Natur) und »Katharmoi« (Reinigungslehren) sind erhalten. Seine Philosophie verbindet Lehren der Eleaten und HERAKLITS mit eigenen, bes. naturphilosoph. Gedanken: Es gebe kein Entstehen und Vergehen, keine Erschaffung aus dem Nichts, sondern nur Mischung und Entmischung der vier Elemente Feuer, Luft, Wasser, Erde; in allen Vorgängen seien zwei Urkräfte, Liebe und Hass, wirksam, die unterschiedl. Gebilde mit versch. Mischungsverhältnissen hervorbrächten. – F. HÖLDERLIN schrieb eine unvollendete Tragödie »Der Tod des E.« (1826).

Ausgaben: Die Fragmente der Vorsokratiker. Griech. u. dt., übers. v. H. DIELS, hg. v. W. KRANZ, Bd. 1 (⁶1951; Nachdr. 2004); Die Vorsokratiker, übers. v. W. CAPELLE (⁸1973).

🕮 W. KRANZ: E. (Zürich 1949); J. BOLLACK: Empédocle, 4 Bde. (Paris 1965–69); J. G. LÜTH: Die Struktur des Wirklichen im empedokleischen System »Über die Natur« (1970); C. RAPP:

Vorsokratiker (1997); S. Trépanier: Empedocles. An interpretation (New York u. a. 2003).

Empereur [ãpə'rœːr, frz. ã'prœːr] *der, -(e)s/-s,* Herrscher, Kaiser.

Empetraceae [zu griech. pétra »Fels«, »Stein«], die →Krähenbeerengewächse.

Empfänger, *Nachrichtentechnik:* Gerät oder Einrichtung zur Aufnahme und Weiterverarbeitung von Nachrichten, die von einem →Sender erzeugt und abgegeben wurden. Die Nachricht (Signal, Sprache, Musik) kann mittels elektromagnet. Wellen, elektr. Impulse, Lichtstrahlen, Schallwellen u. a. übertragen werden; der Empfang ist mit entsprechend eingerichteten Geräten möglich, z. B. mit Rundfunk- und Fernsehgeräten (über Empfangsantennen), Mikrofonen, Sensoren.

Empfängnis, Konzeption, Conceptio, →Befruchtung der Eizelle durch eine Samenzelle, die i. d. R. zur →Schwangerschaft führt.

Empfängnisverhütung, Schwangerschaftsverhütung, Konzeptionsverhütung, Antikonzeption, Kontrazeption, Maßnahmen zum Zweck der Familienplanung bzw. →Geburtenregelung durch Verhinderung des Eisprungs, der Befruchtung der Eizelle oder der Einnistung des befruchteten Eies in die Gebärmutterschleimhaut. E. kann erfolgen durch natürl., mechan. und lokale chem. Methoden sowie Hormone oder operative Eingriffe. Die Anwendung der versch. Methoden hängt wesentlich von geograf., ethn., religiösen und sozialen Gegebenheiten ab.

Die Zuverlässigkeit der E.-Methoden wird nach dem **Pearl-Index (PI)** bewertet. Die Zahl der ungewollten Schwangerschaften auf 1 200 Anwendungsmonate (= 100 Frauenjahre) entspricht der bei Anwendung einer Methode über ein Jahr von 100 Frauen. Z. B. ergibt sich der Index 2, wenn 100 Frauen ein Jahr lang ein Intrauterinpessar verwenden und zwei von ihnen schwanger werden (ausgedrückt als zwei Schwangerschaften auf 100 Frauenjahre). Die Effektivität ist dann $100 - 2 = 98$. Sehr wirksame E.-Methoden haben einen PI von $< 1,0$.

Die natürlichen Methoden (natürl. Familienplanung) beruhen auf der Verhinderung der Imprägnation, d. h. der Verschmelzung von Ei- und Samenzelle. Dazu gehören der **Coitus interruptus,** bei dem der Geschlechtsverkehr vor der Ejakulation unterbrochen und der Samen außerhalb der Scheide entleert wird. Die Unsicherheit dieses Verfahrens besteht u. a. darin, dass schon vor dem männl. Orgasmus Samenflüssigkeit abgesondert werden kann; außerdem sind auf Dauer psychosexuelle Störungen möglich. Zu den NFP-Methoden gehören auch die versch. Formen der Zeitwahl, bei denen die Phasen natürl. Unfruchtbarkeit ermittelt werden. Bei der **Rhythmusmethode** (z. B. Kalendermethode bzw. Knaus-Ogino-Methode) werden die fruchtbaren Tage (→Befruchtungsoptimum) anhand des individuellen Menstruationskalenders über ein Jahr errechnet, indem vom kürzesten Menstruationszyklus 17, vom längsten 13 Tage abgezogen werden; z. B. $26 - 17 = 9$ und $32 - 13 = 19$, d. h., vom 9. bis 19. Zyklustag soll kein ungeschützter Geschlechtsverkehr durchgeführt werden. Die Rhythmusmethode hat sich als sehr unzuverlässig erwiesen und zählt ebenso wie die **Temperaturmethode** zu den unsicheren Methoden. Letztere basiert auf dem biphas. Verlauf der Körpertemperatur bei einem ovulator. Zyklus. Durch Messung der →Basaltemperatur wird die Zeit des Eisprungs (Ovulation) ermittelt, da sich 1–2 Tage nach der Ovulation die Temperatur um 0,3–0,5 °C erhöht. Ab dem 3. Tag dieser hyperthermen Phase ist die Frau unfruchtbar. Bei etwa 5 % der Frauen kommt es trotz Ovulation jedoch nicht zum Temperaturanstieg. Mit der Methode nach Billings wird die Phase erfasst, in der durch den hohen Östrogenspiegel der Gebärmutterhalsschleim (Zervixschleim) dünnflüssig und fadenziehend wird (so genannte nasse Tage). Diese E.-Methode ist ebenfalls wenig zuverlässig. Bei der **symptothermalen Methode** werden Temperatur- und Billings-Methode teilweise noch mit der Kalendermethode kombiniert. Die Sicherheit wird dadurch verbessert.

Zu den mechanischen Methoden zählt v. a. die Anwendung des →Kondoms, das vor dem Geschlechtsverkehr über das männl. Glied gezogen wird, den Samen auffängt und zugleich einen gewissen Schutz vor sexuell übertragbaren Infektionskrankheiten bietet. Die Unsicherheit dieser Methode ergibt sich v. a. durch unsachgemäße Anwendung. Das Kondom für die Frau hat sich v. a. wegen der unprakt. Handhabung und der großen Versagerrate nicht durchsetzen können. Jedoch kann das Eindringen der Spermien in die Gebärmutter durch ein **Scheidendiaphragma,** eine Silikongummikappe mit federndem Außenring, verhindert werden. Die Sicherheit des Scheidendiaphragmas (auch Spermizide können aufgetragen werden) hängt v. a. von der guten Passform ab. Kaum noch verwendet wird die **Portiokappe** (Okklusivpessar), die im Unterschied zum Scheidendiaphragma von der Frau selbst nur schwer eingeführt werden kann. Hingegen gehört das **Intrauterinpessar (IUP)** zu den häufig genutzten und relativ sicheren Methoden. Es handelt sich dabei um Kunststoffeinsätze, z. B. in Schleifen-, Spiralen- oder T-Form mit einer Länge von 3 bis 4 cm. Diese sind zur Erhöhung der empfängnisverhütenden Si-

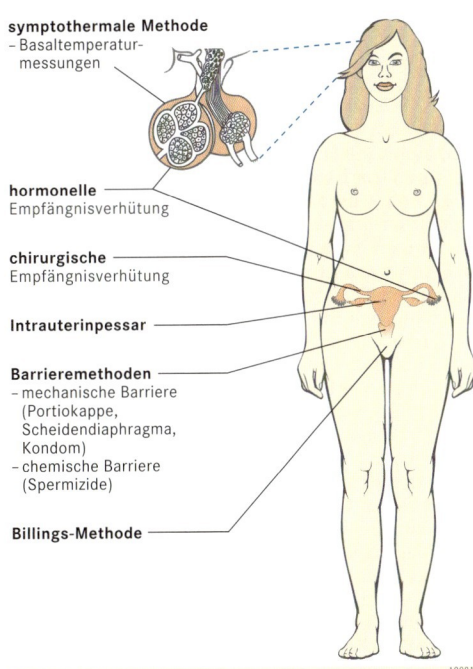

Empfängnisverhütung: Auswahl unterschiedlicher Methoden

symptothermale Methode
– Basaltemperaturmessungen

hormonelle Empfängnisverhütung

chirurgische Empfängnisverhütung

Intrauterinpessar

Barrieremethoden
– mechanische Barriere (Portiokappe, Scheidendiaphragma, Kondom)
– chemische Barriere (Spermizide)

Billings-Methode

cherheit meist mit Kupferdraht (mit oder ohne Silberkern) umwickelt und können Goldringe an den Seitenarmen tragen. Die hormonbeladenen IUP enthalten im längl. Pessarkörper ein synthet. Gestagen, das kontinuierlich (etwa 5 Jahre lang) abgegeben wird. Das Gestagen entfaltet v. a. seine Wirkung an der Gebärmutterschleimhaut, der -muskulatur und dem -halsschleim. Die Wirkungsweise der IUP beruht auf Veränderungen der Gebärmutterschleimhaut, die eine Einnistung der befruchteten Eizelle verhindern, sowie in einer Störung der Befruchtung der Eizelle im Eileiter. Das IUP wird i. d. R. während der Menstruation von einem Arzt in die Gebärmutter eingelegt. Nebenwirkungen und Komplikationen der IUP sind verlängerte und verstärkte Regelblutungen, Schmerzen, Ausstoßung sowie Entzündungen. Die Wahrscheinlichkeit einer Eileiterschwangerschaft ist um das 8-Fache (normalerweise 0,5 %) erhöht.

Zu den chemischen Mitteln gehören oberflächenaktive Wirkstoffe wie Octoxinol, Nonoxinol oder Menfegol. Sie sind in der Lage, bei lokaler Anwendung in der Scheide Spermien abzutöten (Spermizide), bevor diese in die Gebärmutter einwandern können. Sie werden in Salben-, Gel-, Schaum- oder Zäpfchenform etwa 10 Minuten vor dem Geschlechtsverkehr in die Scheide eingebracht. Die spermizide Wirkung hält 1–2 Stunden an.

Die hormonelle E. (hormonelle Kontrazeption, orale Kontrazeption, Ovulationshemmung), die als so genannte **Antibabypille** von G. Pincus eingeführt wurde, ist bei regelmäßiger Einnahme die zuverlässigste Methode. Sie erfolgt entweder mit einem Östrogen plus einem Gestagen oder einem Gestagen allein. Die **Ovulationshemmer** enthalten als Östrogen Ethinylestradiol und ein stark wirksames Gestagen. Östrogen und Gestagen wirken dabei synergistisch. Die in den Präparaten enthaltene Gestagendosis reicht meist allein zur Ovulationshemmung aus, während durch das Ethinylestradiol in erster Linie die so genannte »Zykluskontrolle«, d. h. das regelmäßige Einsetzen der Blutungen, gewährleistet wird. Aufgrund der Zusammensetzung und Dosierung werden versch. Formen der Ovulationshemmer unterschieden: **Östrogen-Gestagen-Kombinationspräparate**, die oral als **Einphasen-, Zweistufen-** und **Dreistufenpräparate** Anwendung finden. Jedes Dragee oder jede Tablette enthält in den

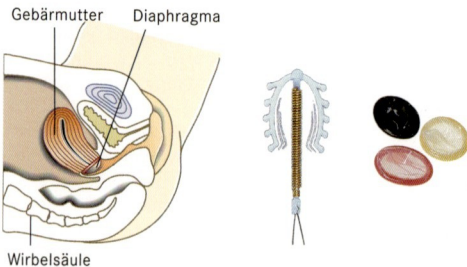

Empfängnisverhütung: normale Lage des Scheidendiaphragmas, Intrauterinpessar, Kondome (von links)

Einphasenpräparaten die gleiche Dosis eines Gestagens und des Östrogens Ethinylestradiol. Bei den Zwei- und Dreistufenpräparaten wird in den einzelnen Stufen die Ethinylestradiol- und/oder die Gestagendosis variiert. Die Bez. **Mikropille** (auch niedrig dosierter Ovulationshemmer) bezieht sich nur auf die reduzierte Dosis des Östrogens Ethinylestradiol in den Präparaten. Demgegenüber enthalten die oralen **Zweiphasenpräparate (Sequenztherapie)** in der ersten Phase nur ein Östrogen, meist Ethinylestradiol, und in der zweiten Phase zusätzlich zum Östrogen ein Gestagen. Zu den reinen Gestagenpräparaten gehören die oral anwendbare **Minipille**, injizierbare **Depot-Gestagene**, **Implantate** und **gestagenhaltige Intrauterinpessare**.

Der Wirkungsmechanismus der Ovulationshemmer beruht auf versch. Angriffspunkten. Beide Steroidhormone reduzieren über den Hypothalamus und die Hypophyse die Freisetzung der Gonadotropine und damit die Follikelreifung. Sie hemmen die Ovulation. An der Gebärmutterschleimhaut wird die Synchronisation der Entwicklung beeinflusst, der Aufbau wird frühzeitig gehemmt und gleichzeitig wird die vorzeitige Umwandlung bewirkt. Die Erschwerung der Einnistung ist dadurch gegeben. Die Eileiterfunktion wird gestört, der Schleim des Gebärmutterhalskanals eingedickt und dadurch für Spermien schlechter oder nicht durchgängig.

Die Einnahme der oralen Ovulationshemmer erfolgt über 21/22 Tage mit einer anschließenden 7- oder 6-tägigen Pause, in der keine Pillen eingenommen werden. Nach 2–4 Tagen setzt die Hormonentzugsblutung ein. In der Pause setzt bei einem Teil der Frauen der Follikelreifung wieder ein und bei unregelmäßiger Einnahme kann es nachfolgend zur ungewollten Schwangerschaft kommen. Deshalb sollte die Einnahmepause von 7 Tagen nicht verlängert werden. Es kann auch der **Langzyklus** mit nur noch 2 bis 6 jeweils 7-tägigen Pausen je Kalenderjahr oder die kontinuierliche **Langzeiteinnahme** über Monate oder Jahre gewählt werden. Die konventionelle zykl. Einnahme, angepasst an den normalen Menstruationszyklus mit 13 Einnahmezyklen und 13 7-tägigen Pausen je Kalenderjahr, wird auch weiterhin am meisten praktiziert.

Empfängnisverhütung: Versagerrate (Pearl-Index) verschiedener empfängnisverhütender Methoden (Auswahl)

Methode	Schwangerschaften auf 100 Frauenjahre
hormonale Empfängnisverhütung	
Einphasenpräparate	0,2–0,5
Zweiphasenpräparate	0,2–0,5
Dreiphasenpräparate	0,2–0,5
Minipille	0,8–1,5
Mikropille	0,2–0,5
Hormonpflaster	0,7–0,88
Gestagenimplantat	0,3
Pille danach	0,5
Intrauterinpessar	0,5–2,7
Kondom	0,4–2,0
Scheidendiaphragma	6,0–10,0
Scheidendiaphragma mit Spermizid	1,3–4,0
Zeitwahl nach Knaus-Ogino	4,0–20,0
Zeitwahl bei Messung der Basaltemperatur	0,5–3,0
Zeitwahl nach Billings	15,5–32,0
symptothermale Methode	0,7–2,0
Coitus interruptus	10,0–38,0
Sterilisation bei der Frau	0,0–0,06
Sterilisation beim Mann	0,0

Bei der Verordnung der Ovulationshemmer sind die Kontraindikationen und bei den Arztbesuchen die Warnsignale zum sofortigen Absetzen zu beachten. Ovulationshemmer beeinflussen Stoffwechsel und endokrines System, besitzen einen ausgeprägten Effekt auf den Fettstoffwechsel, erhöhen Gerinnungsparameter, aktivieren das Renin-Angiotensin-Aldosteron-System, können Nebenwirkungen auslösen und neben einer Erhöhung des relativen Risikos bestimmter Erkrankungen, z. B. Thromboembolien, Schlaganfall und Herzinfarkt bei Raucherinnen, auch sehr günstige Wirkungen entfalten, Erkrankungen heilen, verhindern oder in ihrer Häufigkeit reduzieren.

Postkoitale E.-Mittel sind für die einmalige Anwendung gedacht. Die Wahrscheinlichkeit, dass nach einem ungeschützten Geschlechtsverkehr in Zyklusmitte eine Schwangerschaft eintritt, beträgt etwa 20–30 %. Zur postkoitalen E. können sowohl das Gestagen Levonorgestrel, eine Östrogen-Gestagen-Kombination aus Levonorgestrel und Ethinylestradiol oder das Antigestagen **Mifepriston** angewendet werden. Die Einnahme soll möglichst bald, aber nicht später als 72 Stunden nach dem ungeschützten Geschlechtsverkehr erfolgen. Wenn die Frist von max. 72 Stunden zur Anwendung von Hormonen verstrichen ist, kann bis zum 5. Tag (120 Stunden) nach dem Geschlechtsverkehr ein **kupferhaltiges Intrauterinpessar** die Einnistung verhindern.

Im Unterschied zu den genannten Verfahren ist die operative Methode durch →Sterilisation eine zwar sichere, aber i.d.R. schwer rückgängig zu machende Form.

Kirchl. Auffassungen In der Tradition bibl. Verkündigung, die die Fruchtbarkeit des Menschen als Segen und Verheißung Gottes begreift (1.Mos. 1, 28 u.a.), hat die Kirche die Zeugung neuen Lebens von jeher als unverzichtbares Sinnziel der Ehe verstanden und aus diesem Grund die E. abgelehnt. Angesichts verminderter Kindersterblichkeit, der mit der wachsenden Weltbevölkerung verbundenen Ressourcenproblematik und auch in Anbetracht der Wahrnehmung neuer Sinndimensionen der Sexualität auf der Ebene personaler Begegnung und Liebe stellte sich die Frage nach der Erlaubtheit der E. im 20. Jh. neu. Die Lambethkonferenz (Zusammenschluss aller anglikan. Kirchen)

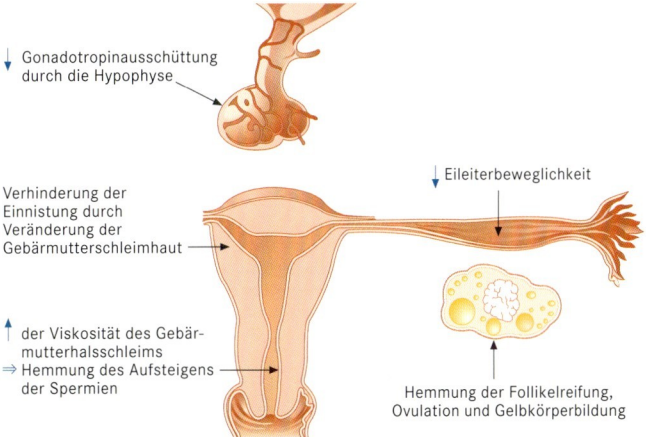

Empfängnisverhütung: Angriffspunkte und Wirkungsweisen der hormonellen Empfängnisverhütungsmittel

von 1930 versuchte, auf die neue Situation mit Konzessionen einzugehen. Die kurz darauf erschienene Enzyklika »Casti connubii« Pius' XI. erneuerte die traditionelle Lehre der kath. Kirche (die jeden Geschlechtsakt primär als einen Zeugungsakt definiert) und verbietet jede Form künstl. E., lässt aber erstmals die Zeitwahlmethode zu. Das Zweite Vatikan. Konzil stellte die personalen Sinnwerte der Ehe heraus und sprach von verantworteter Elternschaft: Die Eltern selbst treffen in eigener Verantwortung die Entscheidung über die Zahl ihrer Kinder. Die Enzyklika »Hu-

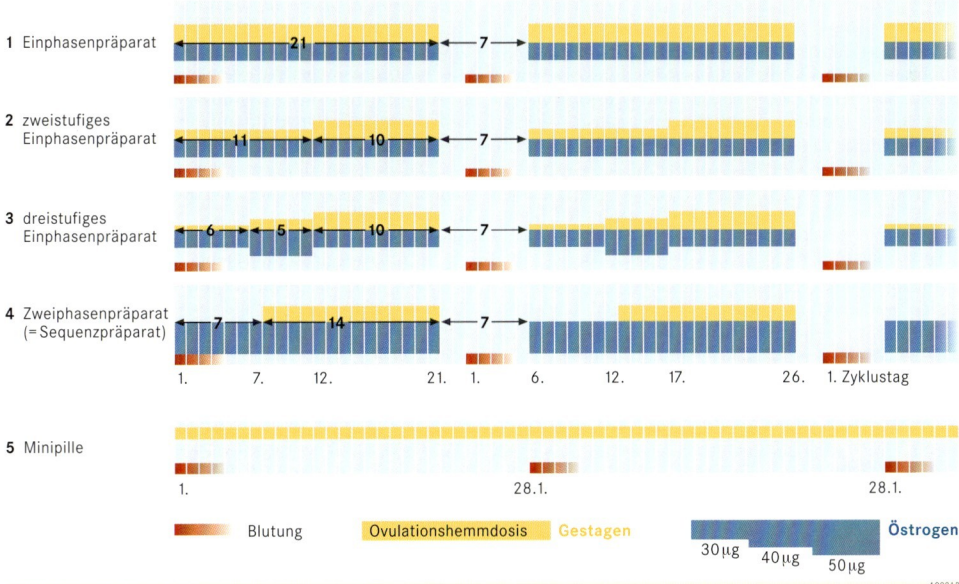

Empfängnisverhütung: Kombinationsschemata oraler Empfängnisverhütungsmittel

manae vitae« Pauls VI. (1968) und das Rundschreiben »Familiaris consortio« Johannes' Pauls II. (1981) bestätigen diese Lehre und lehnen weiterhin jede künstl. Methode der E. ab. Diese Lehräußerungen gelten in der Kirche nicht als Dogma; die dt. Bischöfe haben die Möglichkeit nicht ausgeschlossen, dass der Katholik in seinem Gewissen in diesen Fragen zu einer anderen Überzeugung kommen kann. Die theolog. Diskussion der letzten Jahre konzentrierte sich insbesondere auf das Problem der Begründung. Kirchlich kritisiert wird jedoch die gesellschaftl. Praxis der E. in den westl. Industriestaaten. Diese wird u. a. in der Enzyklika »Evangelium vitae« Johannes' Pauls II. (1995) aus moraltheolog. Sicht angesprochen. Die Enzyklika sieht dabei einen Zusammenhang zw. der modernen Praxis der E. und einer weit verbreiteten hedonist. Freiheits- und Moralauffassung gegeben, die in vielen Fällen die mit der Sexualität verbundene Verantwortung gegenüber dem Leben, das aus der geschlechtl. Begegnung hervorgehen könnte, ablehne und dieses als Behinderung der eigenen Persönlichkeitsentwicklung begreife. – Die Theologie der reformator. Kirchen im 20. Jh. (u. a. K. Barth, E. Brunner) lehrt bezüglich der E., dass die personale Sichtbarmachung der ehel. Liebe über der Zeugung neuen Lebens stehe und unter Umständen von dieser getrennt werden könne. Die Frage nach Mitteln der E. sei sittlich irrelevant.

E. Raith u. a.: Natürl. Familienplanung heute (³1999); R. Jütte: Lust ohne Last. Gesch. der E. v. der Antike bis zur Gegenwart (2003); Klinik der Frauenheilkunde u. Geburtshilfe, begr. v. H. Schwalm, hg. v. K.-H. Wulf u. H. G. Bender, Bd. 2 (⁴2003).

Empfängniszeit, nach §1600d Abs. 3 BGB die Zeit vom 300. bis zum 181. Tag vor der Geburt eines Kindes, die von Bedeutung für die Feststellung der Vaterschaft ist. Zum früheren Recht →Ehelichkeit.

Empfehlung,
1) *Europarecht:* unverbindl. Rechtsakt (→Stellungnahme).
2) *Kartellrecht:* an ein Unternehmen gerichtete Erklärung, durch die eine wettbewerblich relevante Verhaltensweise als vorteilhaft angeraten, nahe gelegt oder vorgeschlagen wird mit der Absicht, bei dem E.-Empfänger eine Verhaltensbeeinflussung zu bewirken. E. solcher Art waren bisher nach dt. Kartellrecht verboten (**E.-Verbot**), wenn die nahe gelegte Verhaltensweise im Ergebnis gegen kartellrechtl. Verbote verstoßen würde. Seit der Änderung des Ges. gegen Wettbewerbsbeschränkungen (GWB) zum 1. 7. 2005 sind E. verboten, wenn sie den Wettbewerb beeinträchtigen (§1 GWB). Sie sind allerdings nach §2 GWB freigestellt, wenn sie zu nachprüfbaren Effizienzvorteilen führen, die Verbraucher an diesen Vorteilen teilhaben und keine Möglichkeiten eröffnet werden, für einen wesentl. Teil der betreffenden Waren den Wettbewerb auszuschalten. E. können, insbesondere im Falle wirtschaftl. Einflusses des Empfehlenden, eine weiche Form des Wettbewerbszwangs darstellen. Prominentestes Beispiel solcher verbotener E. sind →Preisempfehlungen, die dahin gehen, dass ein Unternehmen bestimmte vom Empfehlenden mitgeteilte Preise oder Preisspannen in seinen Abnehmerbeziehungen zugrunde legen soll. Während der vertragl. Zwang solcher Preisbindungen gegen §4 GWB verstößt, erfasst §2 GWB diejenigen Fälle, die ohne direkten Vertragszwang, gleichwohl aber durch einseitigen Druck oder Gewährung von Anreizen wie vertragl. Bindungen wirken (vertikale Preis-E.). Ausgenommen vom E.-Verbot sind als wettbewerbspolitisch positiv eingestufte E. Dazu gehören (seit 1973) so genannte Mittelstands-E. (§22 Abs. 2 GWB alter Fassung, jetzt §3), d. h. E. von Vereinigungen kleiner oder mittlerer Unternehmen, die dazu dienen, die Wettbewerbsfähigkeit der Beteiligten gegenüber Großunternehmen zu verbessern, sofern diese gegenüber dem Empfänger ausdrücklich als unverbindlich bezeichnet sind und ohne Druckausübung praktiziert werden. Ausgenommen sind unter denselben Voraussetzungen E., die nur die einheitl. Anwendung von Normen und Typen zum Gegenstand haben. Schließlich sind ausgenommen E. von Wirtschafts- und Berufsvereinigungen, die lediglich die einheitl. Anwendung allg. Geschäfts-, Liefer- und Zahlungsbedingungen bewirken wollen. E. unterliegen einer kartellbehördl. Missbrauchsaufsicht. Ein Missbrauch liegt insbesondere vor, wenn eine Preis-E. bewusst zu hoch angesetzt ist (so genannte Mondpreis-E.), sodass die Adressaten in die Lage versetzt werden, den ernsthaften Abgabepreis zu verschleiern und durch Unterbietung des empfohlenen einen scheinbar günstigen Abgabepreis anzubieten.

Empfindlichkeit,
1) *Fotografie:* **Licht-E., Allgemein-E., Sensibilität,** Reaktionsvermögen einer fotograf. Schicht bei der →Belichtung mit weißem Mischlicht (→Farbempfindlichkeit). Mit der Messung und Festlegung der E. nach den versch. E.-Systemen beschäftigt sich die →Sensitometrie. Den früheren E.-Angaben nach DIN (logarithmisch abgestuft, DIN-Zahl) und ASA (geometrisch abgestuft) liegt dasselbe Messsystem zugrunde (DIN 4512); man kombinierte sie daher zu ISO-Werten: 21 DIN = 100 ASA = ISO 100/21°. Die Verdoppelung der ISO-Zahl und der Zuwachs um drei ISO-Grad bedeuten eine Steigerung der E. um 100 % (z. B. ISO 200/24°).
2) *Messtechnik:* bei einem Messgerät das Verhältnis der Änderung seiner Anzeige zu der sie verursachenden Änderung der Messgröße.
3) *Nachrichtentechnik:* Maß für die Fähigkeit eines Empfängers oder einer Empfängerschaltung, schwache Signale zu empfangen. Wesentlich ist dabei, dass der Empfänger den Rauschabstand des ihm zugeleiteten Nutz- und Rauschsignals möglichst wenig durch sein Eigenrauschen verkleinert. Ein Empfänger mit großer E. hat eine kleine →Rauschzahl.
4) *Physiologie:* Eintrittsschwelle eines Reizes; je schwächere Reize die Antwort auslösen, umso größer die Empfindlichkeit.

empfindsamer Stil, musikal. Stilrichtung um 1750, die stark von gefühlsbetonten Ausdruckselementen getragen wird und v. a. durch prot. Komponisten Nord- und Mittel-Dtl.s (bes. C. P. E. Bach) vertreten wird. Der e. S. entwickelte sich aus und neben dem →galanten Stil.

Empfindsamkeit, literar. Strömung innerhalb der →Aufklärung (2. Hälfte des 18. Jh.); das Wort »empfindsam« gilt als Übersetzung des engl. Wortes »sentimental«, die G. E. Lessing dem Übersetzer (J. J. C. Bode) von L. Sternes Roman »A sentimental journey…« (»Eine empfindsame Reise…«, 1768) vorgeschlagen haben soll; die E. stellte eine bestimmte Phase in der Entwicklung des neuzeitl. Individualismus dar; kennzeichnend war die Hinwendung zu einer enthusiast., »sentimentalen« Weltsicht zunächst im religiösen Bereich des →Pietismus, dann säkularisiert in allen Lebensbereichen. Zeittypisch waren Freundschaftszirkel (z. B. Göttinger Hain, Darmstädter Kreis). Das Naturgefühl mit idyllisch-heiteren wie elegisch-düsteren Stimmungen und Reflexionen war nicht naiv, sondern bewusst antirationalistisch reflektiert (sentimentalisch). Entscheidend für diese Entwicklung waren die engl. →moralischen Wochenschriften, die Naturdichtungen von J. THOMSON bis zu E. YOUNGS »Night thoughts« (1742–45) sowie die Ossian-Dichtungen von J. MACPHERSON, v. a. auch die Romane S. RICHARDSONS, später die humoristisch-idyll. Romane von O. GOLDSMITH, L. STERNE u. a. Auch Frankreich gab mit Romanen (Abbé PRÉVOST, J.-J. ROUSSEAU) sowie mit der →Comédie larmoyante Anstöße für den E.-Kult; in der dt. Lit. wurden diese Werke aufgenommen und mit großem Erfolg nachgeahmt, u. a. »weinerl. Lustspiele« von C. F. GELLERT; daneben entstanden empfindsame Romane (GELLERT, J. T. HERMES) und Gedichte. Als Höhepunkt und zugleich Überwindung der empfindsamen Dichtung gilt GOETHES Roman »Die Leiden des jungen Werthers« (1774).

G. KAISER: Aufklärung, E., Sturm u. Drang (⁵1996); Theorie der E. u. des Sturm u. Drang, hg. v. G. SAUDER (2003).

Empfindung,

1) *Philosophie:* die meist durch sinnl. Wahrnehmung ausgelöste Wirkung im menschl. Erkenntnisapparat. Für die empir. Wiss.en stellt sich das Problem, dass E. einerseits für jedes Gegenstandsbewusstsein unverzichtbar sind, andererseits aber ihrer Subjektivität wegen wiss. Ansprüchen nicht genügen. Zur Auflösung dieses Dilemmas quantifiziert man die die E. auslösenden Reize (so ersetzt z. B. die Physik den E.-Begriff Farbe durch den der Wellenlänge).

Im Rahmen der Erkenntnistheorie wird der Beitrag der E. zur Erkenntnis einerseits und ihre Abhängigkeit von der Außenwelt andererseits diskutiert. (→Sensualismus →Rationalismus)

2) *Psychologie:* die als Folge einer Reizeinwirkung durch nervl. Erregungsleitung vermittelte Sinneswahrnehmung. Entsprechend den versch. Sinnesfunktionen unterscheidet man, ausgelöst durch Außenreize oder Reize innerhalb des Körpers, Gesichts-, Gehörs-, Geruchs-, Geschmacks-, Tast-, Temperatur-, Schmerz-, Bewegungs-, Gleichgewichts- und Organ-E. Der Zusammenhang zw. der Intensität von Reizen und der Stärke der dadurch ausgelösten E. (und im Zusammenhang damit auch die versch. Reizschwellen) werden speziell von der Psychophysik untersucht.

Der Begriff der E. wird gegen den der →Wahrnehmung abgegrenzt. In den Anfängen der Experimentalpsychologie nahm man an, dass Wahrnehmungen aus einem Komplex von versch. E. entstünden. Heute werden in der Wahrnehmungspsychologie E. den eher physiolog. und physikal. Grenzen der äußeren Sinnessysteme zugeschrieben, Wahrnehmungen eher der Verarbeitung im Zentralnervensystem.

Emphase [frz., von griech. émphasis, eigtl. »Verdeutlichung«] *die, -/-n,*

1) *bildungssprachlich* für: Nachdruck, Eindringlichkeit.

2) *Sprachwissenschaft:* nachdrückl. Hervorhebung durch phonet. (z. B. Betonung, Stimmhebung) oder syntakt. Mittel (z. B. rhetor. Frage, Ausruf, Inversion). Als **emphat. Laute** werden Laute bezeichnet, die mit Verschluss des Kehlkopfs und starker Pressung artikuliert werden (z. B. in semit. und kaukas. Sprachen).

Emphysem [griech. »Eingeblasenes«, »Aufblähung«] *das, -s/-e,* i. w. S. ein krankhafter Zustand, bei dem Gewebelücken oder Hohlräume in einem Organ mit Luft oder Gas angefüllt sind. Ein E. entsteht z. B. bei Verletzung der Lungen oder Bronchien, wodurch Luft in benachbartes Gewebe, z. B. des Halses, eindringt (traumat. Haut-E.), oder durch bakterielle Gasbildung, z. B. bei →Gasbrand. I. e. S. wird unter E. die Überblähung der Lungenbläschen verstanden (→Lungenemphysem), die sich als Folge einer COPD entwickelt. Ein angeborener Mangel an Alpha-1-Antitrypsin kann, bes. wenn Zigarettenrauchen hinzukommt, schon in jungen Jahren zu einem ausgeprägten E. führen. Die Erkrankung kann mit Arzneimitteln kaum beeinflusst werden. Meist wird eine Sauerstoffatmung über mindestens 12 Stunden täglich begonnen oder eine Atemunterstützung mit einer Maskenatmung vor allem nachts durchgeführt. Dadurch kann sich die überlastete Atemmuskulatur etwas erholen. Bei geeigneten Personen kann eventuell eine Lungentransplantation durchgeführt werden. Eine operative oder endoskop. funktionelle Lungenverkleinerung kann in einigen Fällen ebenfalls Linderung verschaffen.

Empididae [griech.], die →Tanzfliegen.

Empire [ˈempaɪə] *das, -(s),* **British E.** [ˈbrɪtɪʃ -], →Britisches Reich und Commonwealth.

Empire [ã'piːr, frz. »Kaiserreich«, zu lat. imperium »Reich«, »Herrschaft«] *das, -(s),*

1) das Kaiserreich NAPOLEONS I. (1804–15, »Premier E.«) und NAPOLEONS III. (1852–70, »Second

Empire 2): Dame und Herr in der Mode des Empire

Empire 2): François-Honoré-Georges Jacob-Desmalter, Bibliothek Napoleons I. im Schloss von Compiègne (1808)

E.«). – E. français, E. colonial, vom 19. Jh. bis 1939 das frz. Kolonialreich.

2) *Kulturgeschichte:* **Empirestil,** im letzten Jahrzehnt des 18. Jh. in Frankreich einsetzender, unter NAPOLEON I. nach 1804 über ganz Europa bis nach Russland verbreiteter und bis gegen 1830 vorherrschender strenger, auf Repräsentation ausgerichteter Dekorationsstil innerhalb des Klassizismus, der gleichermaßen Innenraumdekoration, Möbelkunst und Kunsthandwerk wie Kleidermode erfasste. Seine Anfänge bestimmten bes. der Maler J. L. DAVID, unter dessen Leitung 1793 die »Salle de la Convention« in den Tuilerien in Paris ausgestattet wurde, und die von NAPOLEON bevorzugten Architekten P. F. L. FONTAINE und C. PERCIER, die mit der Ausstattung von Schlössern und Palästen hervortraten (Tuilerien, Élysée-Palast, beide in Paris; Schlösser Malmaison, Compiègne, Fontainebleau, Saint-Cloud u. a.). Die wuchtigen, schweren Möbel sind aus geometr. Formen gefügt, man bevorzugte Mahagoni, Ebenholz und Zeder, verwendete häufig Samtbespannungen, Goldbronze für Löwenklauenfüße sowie Marmor. Beliebt waren griech., ägypt., röm., bei Wanddekorationen bes. pompejan. Motive. Das Sammelwerk von FONTAINE und PERCIER »Recueil de décorations intérieures ...« (1812) erfuhr als Lehrbuch des E. weite Verbreitung. Nach FONTAINES und PERCIERS Vorlagen arbeitete u. a. der bekannte Pariser Ebenist FRANÇOIS-HONORÉ-GEORGES JACOB-DESMALTER (* 1770, † 1841).

Die **E.-Mode** folgte der Directoiremode, milderte aber ihre Übertreibungen und bereitete eine neue bürgerl. Mode vor. In der Frauenkleidung folgten der durchsichtigen Chemise fußfreie, nach 1810 knöchelfreie, unter der Brust gegürtete Kleider, über denen häufig ein kurzes, langärmeliges Jäckchen, der Spenzer, getragen wurde. Wärmende Mantelkleider traten hinzu. Man kehrte vom Weiß wieder zu farbigen Stoffen, von der Schmucklosigkeit zu Rüschen und Bunt- oder Weißstickerei zurück. Die Schuhe blieben flach und absatzlos. In der Herrenmode behauptete sich das lange oder ein enges, bis zur Wade reichendes Beinkleid mit Schaftstiefeln darüber. Dazu wurden der Frack oder ein längerer Leibrock und eine kurze, gerade abschließende Weste mit hoher Halsbinde im Ausschnitt getragen. Der Zylinder mit hohem Kopf erhielt eine stark geschweifte Krempe. Die höf. Kleidung zeigte mit Kniehosen, bestickten Röcken und Schnallenschuhen, mit kostbaren Seiden und langen Schleppen erneut Anklänge an die Hofmoden des 18. Jh., doch hatte sie ihre Führungsrolle endgültig verloren. – Bild Seite 27

Empire-Konferenzen [ˈempaɪə-], engl. **Imperial Conferences** [ɪmˈpɪərɪəl ˈkɔnfərənsɪz], die Konferenzen der Premier-Min. Großbritanniens und der Dominions (seit 1907). Die aus den früheren Kolonialkonferenzen (**Colonial Conferences,** ab 1887) hervorgegangenen E.-K. erstrebten eine gemeinsame Außen- und Verteidigungspolitik sowie eine aufeinander abgestimmte internat. Wirtschafts- und Währungspolitik der selbstständigen Glieder des Brit. Reiches und förderten dessen friedl. Umbau zum Commonwealth of Nations. Besaßen die Entschließungen der E.-K. für die einzelnen Reg. früher eine große Autorität, so entwickelten sich die Beschlüsse der seit 1944 periodisch stattfindenden **Commonwealth-Konferenzen** immer mehr zu Empfehlungen. (→ Britisches Reich und Commonwealth, → Commonwealth of Nations)

Empirem [→ empirisch] *das, -s/-e, bildungssprachlich* für: Erfahrungstatsache.

Empire State Building [ˈempaɪə ˈsteɪt ˈbɪldɪŋ], bis 1970 das höchste Gebäude der Erde, 1931 von WILLIAM FREDERICK LAMB (* 1883, † 1952) in New York (Stadtteil Manhattan) erbaut; 381 m (mit Antenne fast 448,7 m) hoch, 102 Stockwerke.

Empirie [→ empirisch] *die, -,* Erfahrungswissen, → Erfahrung (im Unterschied zur Theorie).

Empiriokritizismus *der, -,* von R. AVENARIUS und E. MACH vertretene, kritisch-empirist., positivist. Lehre, welche die These von der Existenz einer bewusstseinsunabhängigen Objektwelt als metaphys. Annahme ablehnt und durch eine »Kritik der reinen Erfahrung« die »Empfindungen« bzw. »Empfindungskomplexe« als Elemente der »natürl. Weltbildes« zu erweisen sucht. Die philosoph. Richtung des E. beeinflusste auch die zeitgenöss. marxist. Philosophie (Machismus, Empiriomonismus); sie wurde von LENIN scharf kritisiert.

empirisch [zu griech. émpeiros »erfahren«, »kundig«], auf dem Wege der Empirie gewonnen, auf Empirie beruhend; erfahrungsgemäß.

empirische Sozialforschung, die systemat., methodenorientierte Erhebung und Interpretation von Daten über Gegebenheiten und Vorgänge im soziokulturellen Bereich. Die Forschungsergebnisse dienen der Überprüfung von Hypothesen und Theorien, der Gewinnung von neuen Erkenntnissen und Hypothesen, der Fundierung von rationalen Planungs- und Entscheidungsprozessen sowie der Bewältigung von prakt. Problemen. Erforschte Tatbestände sind: 1) objektive Gegebenheiten (Einkommensverteilung, Herrschaftsbefugnisse, Familiengröße u. a.), 2) subjektive Faktoren (Wertvorstellungen, Meinungen, Motive u. a.), 3) reale Verhaltensweisen.

Der e. S. liegt die moderne Wiss.-Theorie zugrunde, bes. der krit. Rationalismus von K. R. POPPER und H. ALBERT. Die Forschung soll prinzipiell unabhängig von der Subjektivität des Forschers ablaufen (Prinzip der Intersubjektivität). Die jeweils eingesetzten Methoden, Verfahren, Instrumente oder Forschungstechniken der e. S. (→ Befragung, → Beobachtung, → Experiment, → Gruppendiskussion, → Inhaltsanalyse, → Skalierung, → Soziometrie) sollten an einer Theorie oder an Forschungshypothesen orientiert sein.

Die e. S. entwickelte sich aus der Bev.- und Sozialstatistik (»polit. Arithmetik«) des 17. und 18. Jh., aus den Sozialenqueten des 19. Jh., aus empir. Forschungsansätzen der Ethnologie, Kulturanthropologie und Sozialpsychologie, aus den Anfängen der Markt- und Meinungsforschung. Eigentl. methodische Überlegungen und ihre Anwendung in exemplar. Untersuchungen unternahm erstmals É. DURKHEIM. Nach dem Ersten Weltkrieg wurden die Methoden v. a. in den USA im Zusammenhang mit der Wahl-, Propaganda-, Medien-, Minoritäten- und Vorurteilsforschung, mit stadt-, gemeinde-, industrie- und militärsoziologischen Untersuchungen weiterentwickelt.

Neben der empirisch-analytisch ausgerichteten S. hat sich v. a. seit Mitte der 1970er-Jahre auch in Dtl. eine Forschungsrichtung etabliert, die aus dem Unbehagen an rein »quantifizierenden« Verfahren (z. B. standardisierte Befragung) eine Vielzahl von Methoden und Instrumentarien entwickelte, die den Forschungsablauf in stärkerem Maß gegenüber den Anliegen der untersuchten Personen offen halten und

Empire State Building in New York (1931 erbaut)

den Erfordernissen der jeweiligen Situation anpassen. Sie wird als **qualitative S.** bezeichnet. Zu den wichtigsten Erhebungsverfahren gehören zahlr. Varianten unstandardisierter oder teilstandardisierter Interviewtechniken (Leitfadengespräche oder Intensivinterviews), die teilnehmende Beobachtung, die qualitative Inhaltsanalyse, Gruppendiskussionen und biograf. Verfahren (Einzelfallanalyse).

Die Methoden der e. S. werden heute auch in anderen Sozialwiss.en (Ethnologie, Psychologie, Politologie, Wirtschafts- und Erziehungswiss.en) und bes. in der kommerziellen Markt- und Meinungsforschung eingesetzt.

📚 Hb. der e. S., hg. v. R. KÖNIG, 14 Bde. ($^{2-3}$1973–79); J. FRIEDRICHS: Methoden e. S. (^{14}1990); R. GIRTLER: Methoden der qualitativen Sozialforschung (Wien ^{3}1992); W. LAATZ: Empir. Methoden. Ein Lb. für Sozialwissenschaftler (Thun 1993); A. DIEKMANN: E. S. Grundll., Methoden, Anwendungen (1995); H. KROMREY: E. S. (^{7}1995); J. BORTZ u. N. DÖRING: Forschungsmethoden u. Evaluation für Human- u. Sozialwissenschaftler (^{3}2002); P. ATTESLANDER: Methoden der e. S. (^{10}2003); Empir. Forschung u. soziale Arbeit. Ein Lehr- u. Arbeitsb., hg. v. H.-U. OTTO (2003).

empi̱rische Verteilungsfunktion, *Stochastik:* für eine Stichprobe $(x_1, x_2, \ldots, x_n)$ aus einer Grundgesamtheit mit der Verteilungsfunktion F die durch

$$\tilde{F}_n(x) = \frac{m_{n,x}}{n}; \quad -\infty < x < +\infty$$

definierte Verteilungsfunktion. Dabei bezeichnet $m_{n,x}$ die Anzahl der Werte aus der Stichprobe, die kleiner sind als x. Die e. V. ist eine gute Schätzfunktion für die tatsächl. Verteilungsfunktion F. Dies wird bestätigt durch den (auch als Hauptsatz der mathemat. Statistik bezeichneten) Satz von Gliwenko-Cantelli (nach den Mathematikern WALERI IWANOWITSCH GLIWENKO, * 1897, † 1940, und FRANCESCO PAOLO CAN-

Empire 2): François-Honoré-Georges Jacob-Desmalter, Sessel Napoleons I. aus dem Grand Cabinet des Kaisers (1814; Paris, Tuilerien)

TELLI, * 1875, † 1966): Bezeichnet $Y_n = (X_1, X_2, ..., X_n)$ die Folge der ersten n Stichprobenvariablen, so konvergiert die Folge der e.V. F_{Y_n} mit Wahrscheinlichkeit 1 gleichmäßig gegen F. – Die Bedeutung e. V. liegt u. a. darin, dass deren Maßzahlen (oder leichte Modifikationen davon) gute Schätzer für die entsprechenden Maßzahlen von F sind. Erstere kommen daher auch als Prüfgrößen bei den Testproblemen infrage, bei denen die Hypothesen durch Maßzahlen der unbekannten Verteilungsfunktion F festgelegt sind.

empirische Wissenschaften, die →Erfahrungswissenschaften.

Empore: Blick auf die Empore der Kathedrale Notre-Dame in Tournai (12. Jh.)

Empirismus [zu griech. empeiria »Erfahrung«, »Kenntnis«] *der, -,*

1) *Philosophie:* das Ausgehen der Erfahrung; insbes. die Annahme, dass jede Erkenntnis auf Erfahrung beruhe; in der Philosophie eine erkenntnistheoret. Richtung, die im Ggs. zum Rationalismus in der (meist als reines begrifflos »Gegebenes« verstandenen) Erfahrung den Ursprungs- und Rechtfertigungsgrund aller Erkenntnis, auch der Vernunfterkenntnisse sieht. Gelten die Sinne als einzige Quelle der Erfahrung, so spricht man von →Sensualismus. Im 17./18. Jh. wurde der E. v. a. von T. HOBBES, J. LOCKE, G. BERKELEY und D. HUME vertreten, die sich gegen eine Annahme angeborener Ideen wandten. Nach LOCKE ist das menschl. Bewusstsein zunächst leer wie ein unbeschriebenes Blatt (»Tabula rasa«); alle Bewusstseinsinhalte gehen auf die äußere, durch die Sinnesorgane, oder die innere, durch Selbstwahrnehmung vermittelte Erfahrung zurück. Diese »einfachen Ideen« sind die »Bausteine«, aufgrund deren der Verstand durch Kombination, Vergleich oder Abstraktion die »zusammengesetzten Ideen« bildet. I. KANT sucht mit einer Mittelstellung zw. Rationalismus und E. zu zeigen, dass Verstandeserkenntnis zwar zeitlich mit der Erfahrung anfange, sie sich aber aufgrund der Beteiligung erfahrungsunabhängiger (a priorischer) Momente dennoch nicht aus ihr begründen lasse. Der E. von J. S. MILL geht so weit, auch die mathemat. Erkenntnisse auf die durch Induktion aus der Erfahrung gewonnenen Sätze zu reduzieren. Eingeleitet durch den Empiriokritizismus entstand im 20. Jh. ein neuer E. (Neopositivismus), der auf die seit etwa 1900 entwickelte mathemat. Logik zurückgreift und deshalb die Kennzeichnung »log. E.« oder »log. Positivismus« erhielt. Hauptvertreter des log. E. sind R. CARNAP, H. REICHENBACH und M. SCHLICK, um die sich der →Wiener Kreis sammelte. Charakteristisch für den log. E. ist, dass er die mathemat. Wahrheiten für analytisch erklärt und viele klass. philosoph. Kontroversen auf sprachlog. Irrtümer zurückführt.

L. KRÜGER: Der Begriff des E. Erkenntnistheoret. Studien am Beispiel John Lockes (1973); F. KAMBARTEL: Erfahrung u. Struktur. Bausteine zu einer Kritik des E. u. Formalismus (²1976); M. BENEDIKT: Der philosoph. E. (Wien 1977); P. K. FEYERABEND: Probleme des E. (a. d. Engl., 2002).

2) *Psychologie:* Sammel-Bez. für Theorien, die von der erkenntnistheoret. Position ausgehen, dass Erkennen auf Erfahrung beruht und entsprechend auch Vorstellungen und Verhalten durch Lernprozesse bestimmt werden (Ggs. →Nativismus). Die Psyche wird hierbei als ein Teil der Person ohne angeborene Fähigkeiten, Verhaltensweisen und Vorstellungen angesehen, die nur durch Sinneseindrücke mit Inhalt gefüllt werden kann.

3) *Sprachwissenschaft:* Forschungszweig im Rahmen des amerikan. →Strukturalismus und des →Behaviorismus, der im Unterschied zum →Mentalismus davon ausgeht, dass nur die der direkten Beobachtung (und damit der sinnl. Wahrnehmung) zugänglichen sprachl. Gegebenheiten Gegenstand sprachwiss. Analyse sein können.

Empodium [zu griech. poús, podós »Fuß«] *das, -(s),* unpaariger Fortsatz am letzten Fußglied vieler Insekten, der v. a. als Haftorgan dient.

Empoli, Stadt in der Toskana, Prov. Florenz, Italien, 27 m ü. M., links des unteren Arno in der Industriezone des »Valdarno inferiore«, 45 600 Ew.; Museum; Marktzentrum mit Bekleidungs-, Glas-, Lebensmittel-, Möbelindustrie. – An der Piazza Farinata degli Uberti erhebt sich die Kirche Collegiata Sant'Andrea (1093 ff., über Vorgängerbau des 5. Jh.) im Stil der Protorenaissance. – E. entstand zu Beginn des 12. Jh. um ein im 8. Jh. genanntes Kastell. Nach starker Zerstörung während des Zweiten Weltkrieges wurde die Stadt fast gänzlich neu aufgebaut.

Empoli, Jacopo da, eigtl. **Jacopo Chimenti** [ki-], ital. Maler, * Florenz um 1551, † ebd. 30. 9. 1640. Durch Rückbesinnung auf die florentin. Kunst des frühen 15. Jh. löste sich E. in kompositorisch klaren, farblich ausgewogenen Andachtsbildern vom herrschenden Manierismus.

Empordà, Landschaft in NO-Spanien (Katalonien), →Ampurdán.

Empore [aus ahd. bor »oberer Raum«, »Höhe«] *die, -/-n,* in der kirchl. Baukunst meist über den Seitenschiffen, im Zentralbau über dem Umgang des Erdgeschosses gelegenes, zum Kirchenraum geöffnetes galerieartiges Obergeschoss (auch mehrstöckig), auch tribünenartiger Einbau in Holz oder Stein in einem Raum (Frei-E.). Die E. war bestimmten Personen (Frauen, Nonnen, Sängern, Hofstaat) oder Zwecken vorbehalten. Sie ist zuerst bei den röm. Marktbasiliken nachweisbar und gelangte über die östl. Sakralarchitektur in die europ. Baukunst. Weit verbreitet war sie im mittelalterl. Kirchenbau, v. a. in der Romanik und frühen Gotik in Frankreich, Oberitalien und Deutschland. E. waren für die Gliederung von Langhauswänden von großer Bedeutung, man schuf auch **Schein-E.**, d. h. E. ohne nutzbaren Raum (nur in Mauerstärke). Im prot. Kirchenbau wurde die E. verstärkt wieder aufgegriffen. Allgemein war sie als Orgel-E. verbreitet, sie griff in Barock und Rokoko auch auf die Profanarchitektur über (Schlossbibliotheken und -festsäle).

Empórion [griech.], lat. **Empóriae**, katalan. **Empúries**, antike Stadt in Spanien, →Ampurias.

Empórium [lat.] *das, -s/...ri̱en*, griech. **Empórion**, in der Antike Handelsplatz, Markt (inner- oder außerhalb der Stadt) zur Abwicklung des Fernhandels.

empraktisch [griech. »auf das Handeln bezogen«], *Sprachwissenschaft:* von K. Bühler geprägte Bez. für den vorwiegend ellipt. Gebrauch von sprachl. Zeichen in Situationen, die mehrere Entscheidungen zulassen, durch den Kontext jedoch eine eindeutige Verständigung garantieren, z. B. »ein Helles« bei der Bestellung im Restaurant.

Empson ['empsn], Sir (ab 1979) William, engl. Lyriker und Literaturkritiker, * Yokefleet Hall (bei Kingston upon Hull) 27. 9. 1906, † London 15. 4. 1984; war ab 1953 Prof. in Sheffield. Seine Arbeiten über die Mehrdeutigkeit der Dichtersprache waren wegweisend für den New Criticism. Seine dunklen, experimentellen Gedichte (»Collected poems«, 1955) haben die moderne engl. Literatur stark beeinflusst.
   Weitere Werke: *Literaturkritik:* Seven types of ambiguity (1930, Neuausg. 1984); Some versions of pastoral (1935); The structure of complex words (1951); Milton's God (1961). – *Essays:* Using biography (1984).

Empúries, griech. Kolonie; →Ampurias.

Empusa, griech. *Ẹmpusa, griech. Mythologie:* weibl. Schreckgestalt, meist im Gefolge der Hekate, häufig mit einem Eselsfuß. Sie kann sich in versch. Tiere verwandeln, aber auch als schöne Frau erscheinen, die dann ihren menschl. Liebhaber verzehrt.

Empusa, die Pilzgattung →Entomophthora.

Empyem [griech. »Eitergeschwür«] *das, -s/-e*, Eiteransammlung in vorgebildeten Körperhöhlen durch direkte oder fortgeleitete Infektion (z. B. Nasennebenhöhlen-E., Pleura-E.). Die Behandlung besteht in operativer Eröffnung, Spülungen, Drainage und Antibiotikagaben.

Empyreum [griech.] *das, -s*, bei den antiken Naturphilosophen der Feuerhimmel, d. h. die oberste Weltgegend; bei einigen christl. Philosophen und Theologen als bildl. Vorstellung Begriff für das Jenseits als den Ort des Lichts, des Himmels; in Dantes »Divina Commedia« dementsprechend der Aufenthaltsort der Engel und Seligen.

EMRK, Abk. für →Europäische Menschenrechtskonvention.

Ems, Name von geografischen Objekten:
   1) Ems *die*, Fluss im Norddt. Tiefland, in NRW und Ndsachs., 371 km lang, entspringt in der Senne, durchfließt das Münsterland, nimmt bei stark mäandrierendem natürl. Lauf im Emsland von rechts die Hase auf; ab dem Zufluss der Leda bei Leer (Ostfriesland), wo sich seit 1991 die letzte große Klappbrücke befindet, beginnt die Stromausweitung zum Mündungsästuar (der Tideneinfluss reicht bis Papenburg). Der Mündungsbereich der E. umfasst den eingebrochenen →Dollart und die anschließende **Außenems**, deren Tiefenrinne (Ostfries. Gatje) sich bis westlich von Borkum (hier: **Westerems**) erstreckt (die Verbindung zur **Osterems** östlich von Borkum ist verflacht) und als Fahrwasser zu den Häfen von Delfzijl (Niederlande) und Emden auf rd. 10 m Tiefe gehalten wird. Schiffbar ist die E. ab Meppen seit ihrem Ausbau (1899) als Teilstück des Dortmund-E.-Kanals; Kanalverbindungen bestehen zur Weser, zum Jadebusen (E.-Jade-Kanal) sowie zum niederländ. Kanalsystem (u. a. durch den Emskanal, niederländ. Eemskanal). 2002 wurde ein dem Küstenschutz und der Überführung großer Schiffe (Werft Papenburg) in die Nordsee dienendes Sperrwerk bei Gandersum (Gem. Moormerland, östlich von Emden) eingeweiht.

   R. Pott u. J. Hüppe: Flussauen- u. Vegetationsentwicklung an der mittleren E. (2001); S. Aschemeier u. B. Knoche: Alles im Fluss? Die E. – Lebensader für Mensch u. Natur (2004).

   2) Bad Ems, Kreisstadt des Rhein-Lahn-Kreises, Rheinl.-Pf., 70–240 m ü. M., im Naturpark Nassau an der unteren Lahn, 10 000 Ew.; Thermal- und Mineralheilbad, heilklimat. Kurort, Staatsbad; Statist. Landesamt; medizintechn. Betriebe, Produktion von Emser Pastillen, Gewinnung von →Emser Salz; Spielbank (eröffnet 1987; die vorhergehende bestand 1720 bis 1872); Jacques-Offenbach-Festival; Kurwaldbahn (Standseilbahn) zum Kurgebiet auf der Bismarckhöhe.
   Stadtbild Die ev. Pfarrkirche St. Martin ist eine roman. Emporenbasilika des 12. Jh. Die Bäderarchitektur u. a. mit barocken Logiehäusern (Karlsburg, auch »Vier-Türme« gen., 1696 erbaut, 1810 vollendet), Kurhaus (im Kern 1711–20 als oranien-nassauisches Badehaus erbaut, 1912/13 neubarock erweitert), Kursaalgebäude (1839) und Kurtheater (1913/14) sowie zahlr. ehem. Hotelbauten und Villen des 19. Jh. ist noch vollständig erhalten. Russisch-orth. Kirche (Kreuzkuppelbau, 1874–76).
   Geschichte Nach vorröm. Besiedlung bestand im 1.–3. Jh. n. Chr. ein röm. Kastell, das den hier die Lahn kreuzenden, teilweise noch sichtbaren Limes (seit 2005 UNESCO-Weltkulturerbe) sicherte. Das Dorf E. entstand im 6. Jh. als fränk. Siedlung. Das »Emser Bad«, seit dem 14. Jh. als Heilbad bezeugt, entwickelte sich im 17. Jh. zu einem der bekanntesten Bäder Dtl.s und galt im 19. Jh. als »Weltbad« (Gäste u. a. Kaiser Wilhelm I., F. M. Dostojewski, J. Offenbach). 1324 erhielt E. Stadtrechte, Dorf und Bad wuchsen aber erst im 19. Jh. zur Stadt E. (seit 1863; seit 1913 unter dem gemeinsamen Namen **Bad E.**) zusammen. 1866 wurde der zuvor nassauische Ort preußisch. – 1786 wurde in E. die Emser Punktation abgeschlossen, 1870 wurde die →Emser Depesche zum Auslöser des Deutsch-Frz. Krieges. Neben dem Kurbetrieb war das 1158 bezeugte Blei- und Silbererzbergwerk bis 1945 eines der wichtigsten im Rheinland. – Bild Seite 32

   H.-J. Sarholz: Gesch. der Stadt Bad E. (1994); H. Sommer: Zur Kur nach E. Ein Beitr. zur Gesch. der Badereise v. 1830 bis 1914 (1999).

Ems, Rudolf von, mittelhochdt. Dichter des 13. Jh., →Rudolf von Ems.

EMS [iːemˈes], Abk. für European Monetary System, das →Europäische Währungssystem.

Emscher [nach dem Fluss Emscher] *das, -s, Geologie:* regionale Stufe der →Kreide in Mitteleuropa, entspricht dem Coniacium und dem unteren Santonium.

Emsc Emscher

Ems 2): Kurhaus und Kursaalgebäude an der Lahnpromenade in Bad Ems

Emscher *die,* rechter Nebenfluss des Niederrheins, 78 km lang, entspringt südöstlich von Dortmund am Haarstrang (Holzwickede), durchfließt das Ruhrgebiet von O nach W, wurde ab 1906 wegen der erheblichen Bergsenkungen aufgrund des untertägigen Kohlenabbaus und der ständigen Überschwemmungen im Ruhrgebiet durch die →Emschergenossenschaft begradigt und eingedeicht, gilt als zentraler Abwassersammler des Industriegebietes. Ab 1990 Umbau des Emschersystems mit dem Ziel, das gesamte Abwasser in unterirdischen Kanalrohren parallel zur Emscher drei großen neuen dezentralen Kläranlagen in Dortmund, Bottrop und Dinslaken zuzuleiten, sodass die E. ab etwa 2015 nur noch Quellwasser, Regenwasser und gereinigtes Abwasser führt. Die Mündung, urspr. in Alsum (Duisburg-Hamborn), wurde 1910 wegen der Bergsenkungen rheinabwärts nach Walsum verlegt, 1949 nach Dinslaken.

Emscherbrunnen [nach dem Fluss Emscher], **Imhoff-Tank,** doppelstöckige Absetz- und Schlammfaulanlage zur Abwasserreinigung; 1906 konstruiert vom dt. Ingenieur Karl Imhoff (* 1876, † 1965). Die Sinkstoffe des Abwassers gelangen aus dem oben liegenden Absetzbecken über stark geneigte Zwischendecken in den darunter liegenden Faulraum, wo das Ausfaulen des abgesetzten Schlammes stattfindet.

Emschergenossenschaft, älteste dt. Abwassergenossenschaft, gegründet 1904 in Essen (Gründungsversammlung am 14. 12. 1899 in Bochum), eine Körperschaft des öffentl. Rechts mit Selbstverwaltung.

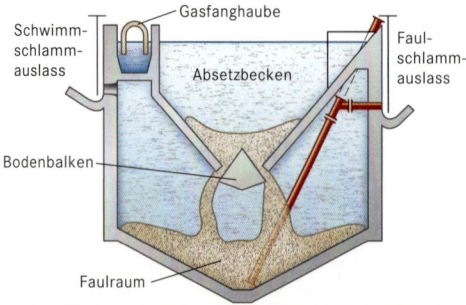

Emscherbrunnen: schematischer Querschnitt

Das Modell war beispielgebend für weitere Wasserverbände, darunter den am 18. 1. 1926 gegründeten **Lippeverband;** E. und Lippeverband arbeiten als einheitl. Unternehmensstruktur zusammen. Aufgaben sind Regelung der Vorflut sowie Errichtung und Betrieb von Kläranlagen für das Einzugsgebiet der Emscher (865 km^2). Zu den Anlagen der E. (341 km Wasserläufe) zählen (2004) u. a. 104 Entwässerungs- und Vorflutpumpwerke, 4 Kläranlagen und 24 Hochwasserrückhaltebecken.

Emscher Park, Internationale Bauausstellung E. P., Abk. **IBA E. P.,** von der Landes-Reg. NRW begründetes Strukturprogramm mit einer zehnjährigen Laufzeit (1989–99) zur städtebaul. und ökolog. Erneuerung des nördl. Ruhrgebiets (Emscher Region). Zw. Duisburg und Dortmund werden über 100 Projekte in folgenden Bereichen entwickelt: Schaffung eines zusammenhängenden Grünraums, Umbau des Emschersystems, Erhalt und Neunutzung von Industriedenkmälern, Entwicklung von Industriebrachen unter dem Motto »Arbeiten im Park«, Wohnungsbau.

Emsdetten, Stadt im Kr. Steinfurt, NRW, links der Ems im Münsterland, 44 m ü. M., 35 600 Ew.; Heimatmuseum, Wannenmachermuseum, Galerie Münsterland; Textil- und Bekleidungsindustrie, Metall- und Kunststoffverarbeitung. – Das 1178 erstmals erwähnte Pfarrdorf E. entwickelte sich Mitte des 18. Jh. zu einem westfäl. Zentrum der Juteverarbeitung, ab Mitte des 19. Jh. nach dem Anschluss an die Eisenbahnstrecke Emden–Münster der Textilindustrie. Seit 1815 gehörte E., das 1938 Stadt wurde, zu Preußen.

Emser, Hieronymus, kath. Kontroverstheologe, * Weidenstetten (bei Ulm) 26. (28. ?) 3. 1478, † Dresden 8. 11. 1527; Sekr. des Herzogs Georg von Sachsen; wandte sich 1519 nach der Leipziger Disputation von Luther ab, der (ab 1520) mehrere Streitschriften mit ihm wechselte. 1527 veröffentlichte E. eine Übersetzung des N. T., die im Wesentlichen eine dogmatisch orientierte Überarbeitung des Luthertextes auf der Basis der Vulgata darstellt.

Emser Depesche, von H. Abeken verfasster Telegrammbericht vom 13. 7. 1870 aus Bad Ems, mit dem er den Kanzler O. von Bismarck über eine Unterredung König Wilhelms I. von Preußen mit dem frz. Gesandten V. Graf Benedetti über die frz. Forderung nach einem Verzicht auf die →hohenzollernsche Thronkandidatur in Spanien unterrichtete. In dem von Bismarck zur Veröffentlichung gebrachten, gekürzten und redigierten Text erhielt das Auftreten des frz. Gesandten einen ultimativen Charakter. Zugleich stellte die Veröffentlichung die frz. Diplomatie bloß, die nach dem Verzicht von Prinz Leopold von Hohenzollern-Sigmaringen (* 1835, † 1905) auf eine Thronkandidatur in Spanien eine garantierte preuß. Verzichterklärung auf weitere Thronkandidaturen forderte. Das Vorgehen Bismarcks stellte nach damaligem diplomat. Verständnis eine ernste Brüskierung Frankreichs dar und zog, auch wegen der seit längerer Zeit gespannten Beziehungen zw. beiden Staaten, die Kriegserklärung Frankreichs (19. 7. 1870; →Deutsch-Französischer Krieg 1870/71) nach sich.

Emser Punktation, Ergebnis der Verhandlungen von Deputierten der dt. Metropoliten (Köln, Mainz, Trier, Salzburg), die vom 25. 7. bis 25. 8. 1786 in Bad Ems tagten. Diese Tagung, der **Emser Kongress,** beschäftigte sich mit dem Streit um die Rechte der päpstl. Nuntien in Dtl. und um die Errichtung einer Nuntiatur in München und strebte auf episkopalist.

Basis größere Selbstständigkeit für die kath. Kirche in Dtl. an. Daneben spielten nationalkirchl. Ziele eine Rolle, deren Realisierung durch die Frz. Revolution und die Politik der röm. Kurie verhindert wurde.

Emser Salz, urspr. aus den Quellen von Bad Ems gewonnenes, inzwischen auch in entsprechender Zusammensetzung künstlich hergestelltes Salzgemisch; enthält v. a. Natrium- und Kaliumsalze (Hydrogencarbonate, Sulfate, Chloride). E. S. wird, in Wasser gelöst, v. a. bei Katarrhen der Atemwege getrunken oder (fein zerstäubt) inhaliert.

Emsium [nlat.] das, -s, Geologie: oberste Stufe des Unteren Devon (→ Geologie, ÜBERSICHT).

Ems-Jade-Kanal, Binnenschifffahrtsweg (seit 1887) zw. Ems (Emden) und Jadebusen (Wilhelmshaven), Ndsachs., 72 km lang. Für den Verkehr ist der E.-J.-K. heute nahezu bedeutungslos; er dient als Entwässerungsvorfluter der ostfries. Moorregion.

Emsland, Landkreis in Ndsachs., 2 881 km², 308 500 Ew., Kreisstadt ist Meppen. Der Landkreis umfasst die gleichnamige dt. Grenzlandschaft gegen die Niederlande. Das E. wird geprägt durch weite, nur teilweise kultivierte Hochmoore (u. a. Bourtanger Moor), durch Talsandebenen, Flussniederungen und Geestrücken (Hümmling). Das in S-N-Richtung verlaufende, beiderseits von aufgeforsteten Flugsandbereichen begleitete Emstal ist eine traditionell bedeutende, heute von Straße, Eisenbahn und Dortmund-Ems-Kanal benutzte Trasse zw. dem rheinisch-westfäl. Raum und dem Nordseeküstenraum, an der sich Städte als Standorte von Handel, Verw. und Industrie entwickelten: Lingen (Ems), Meppen, Haren (Ems) und Papenburg. Die wichtigsten Zweige sind Maschinen-, Motoren-, Fahrzeugbau, Papiererzeugung, Schiffbau und Ernährungswirtschaft. Die östl. und westl. weiten Hochmoorregionen standen trotz schon im 18. Jh. einsetzender Kultivierung einem ostwestl. Durchgangsverkehr lange im Wege. In der Landwirtschaft bedingen arme Sand- und Moorböden (z. T. hoher Grundwasserstand) beträchtl. Grünlandanteile mit Rinderzucht; daneben gibt es Kartoffel- und Getreideanbau mit Schweine- und Geflügelhaltung sowie in Papenburg Gemüsebau (Unterglaskulturen).

Im wirtschaftsschwachen E. wurde mit dem Reichssiedlungs-Ges. von 1919 eine großzügige Ödlandkultivierung durch Siedlungsunternehmen eingeleitet. Seit 1950 (Bundestagsbeschluss vom 5. 5. 1950) wurde das E. durch den **E.-Plan** (Emsland GmbH, 1951–89) verstärkt gefördert: Ansiedlung von Vertriebenen aus den ehemaligen dt. Ostgebieten auf landwirtschaftl. Neuland, umfangreiche Landeskulturmaßnahmen, Erschließung der seit 1942 erbohrten Erdöl- und Erdgasvorkommen sowie Industrieansiedlung. Traditionell ist die Torfwirtschaft. Trotz erheblicher wirtschaftl. Fortschritte gehört das noch stark agrarisch geprägte E. weiterhin zu den strukturschwachen Regionen Nord-Dtl.s.

Das E., um 1300 urkundlich belegt, war seit dem MA. in das Amt Meppen des Niederstifts Münster, die Grafschaft Bentheim und die Grafschaft Lingen geteilt. 1815 kam das Gebiet an das Königreich Hannover, 1866 an Preußen. – In den insgesamt 15, als nat.-soz. KZ (1933–36: Esterwegen, Neusustrum; 1933/34: Börgermoor), Straf- und Kriegsgefangenenlager in den Moorgebieten genutzten **E.-Lagern** starben zw. 1933 und 1945 etwa 30 000 Menschen (überwiegend sowjet. Kriegsgefangene).

G. HUGENBERG u. a.: Das E. (1982); E. SUHR: Die E.-Lager (1985); C. HAVERKAMP: Die Erschließung des Emslandes im 20. Jh. (1991); 50 Jahre E.-Plan, hg. v. H. SCHÜPP u. C. VELTMANN (2000); Der Landkreis E., hg. v. W. FRANKE (2002); K. BUCK u. H. WEISSMANN: Auf der Suche nach den Moorsoldaten. E.-Lager 1933–1945 u. die histor. Orte heute (⁴2003).

Emu [engl., von port. ema, urspr. »Kranich«] der, -s/-s, Dromaius novaehollandiae, flugunfähiger, bis 1,8 m hoher, straußenähnlicher Vogel aus der Ordnung der Kasuarvögel mit bräunl. Gefieder. Der E. lebt in Australien in locker bewaldeten Gebieten bis hin zur Halbwüste. Die Nahrung besteht aus Früchten, Knospen, Gras und Insekten. Der E. kann auf kurzen Strecken rennend eine Geschwindigkeit von mehr als 50 km/h erreichen. Brut und Jungenaufzucht besorgt allein das Männchen. – Der Bestand ist in Australien gefährdet, auf Tasmanien, King Island und Kangaroo Island ausgerottet. – Bild Seite 34

🔊 **Emu:** Fauchen eines Emus 7234; Kontaktlaute eines Emus 7235

Emulation [zu lat. aemulari »nacheifern«, »gleichkommen«] der, -s/...'toren, Informatik: die Nachahmung des Aufbaus und der Funktion eines Systems durch ein anderes System; das nachahmende System wird auch als **Emulator** bezeichnet. Ziel der E. ist es, Software einsetzen zu können, die für das nachgeahmte System geschrieben wurde und die auf dem vorhandenen System

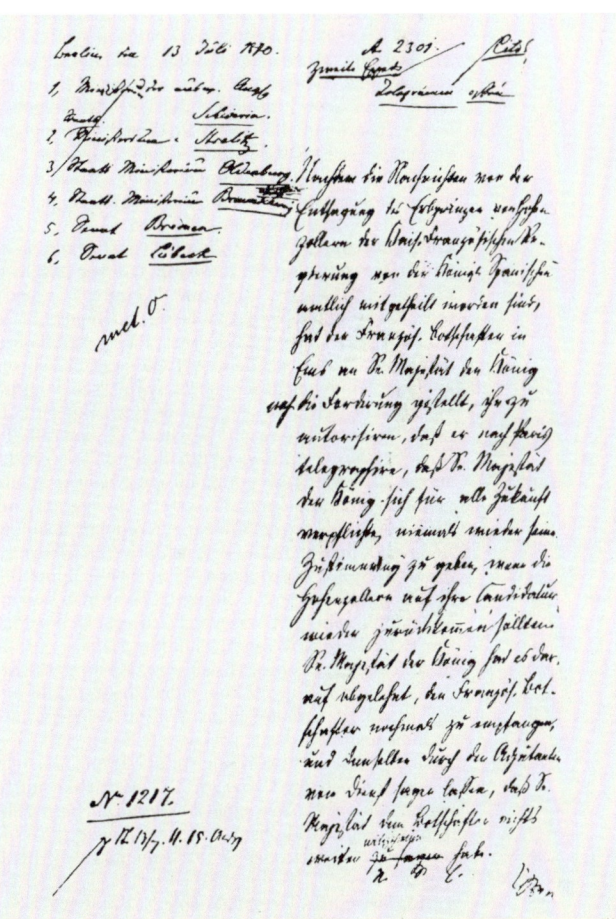

Emser Depesche: handschriftliche Redigierung durch Otto von Bismarck

Emul Emulgatoren

Emus

andernfalls nicht laufen würde. Dies kann z. B. für einen Programmierer wünschenswert sein, der Software für ein anderes als das von ihm verwendete Betriebssystem entwickelt. Für Test- und Ausbildungszwecke ist eine E. wegen der geringeren Kosten gegenüber der Anschaffung des Originalsystems ebenfalls geeignet, auch wenn sie langsamer als das Originalsystem ist. Ein anderer Grund für eine E. ist die Möglichkeit, ältere Software auf modernen Systemen einsetzen zu können, etwa um alte Datenbestände anzusehen, deren Format von keinem aktuellen Programm mehr gelesen werden kann, oder um alte Computerspiele für Atari oder Commodore 64 zu spielen.

Emulgatoren [zu lat. emulgere »ausmelken«], *Sg.* **Emulgator** *der, -s,* Stoffe, die →Emulsionen stabilisieren oder ihre Herstellung ermöglichen bzw. erleichtern. Als grenzflächenaktive Stoffe verringern E. die Grenzflächenspannung zw. zwei Flüssigkeiten und damit die Energie, die beim Zerteilen der Flüssigkeit in kleine Tröpfchen gegen die Grenzflächenspannung aufgebracht werden muss. Um als E. wirken zu können, müssen die Stoffe eine bestimmte Molekülstruktur aufweisen. Grundlage ist ihr amphiphiler Molekülaufbau, d. h., die Verbindung besitzt wenigstens eine polare Atomgruppe und wenigstens eine Gruppe mit Affinität zu unpolaren Substanzen (apolare Gruppe). Dadurch können E. (z. B. →Tenside) Wechselwirkungen sowohl mit hydrophilen als auch mit lipophilen Phasen eingehen. An der Grenzfläche ordnen sich die Molekülteile entsprechend ihrer Affinität zu den Phasen. Es entsteht ein Grenzflächenfilm, der das Zusammenfließen der Tropfen (Koaleszenz) verhindert. Andere E., besonders ionische, laden die Teilchen auf, sodass sich die Tropfen aufgrund ihrer gleichsinnigen Ladung abstoßen. Als E. wirken z. B. Seifen von Alkalimetallen und Alkanolaminen oder Mono- und Diglyceride von Fettsäuren (als E 471 für Lebensmittel zugelassen). Daneben sind bestimmte Naturstoffe (z. B. Lecithine, Wachse) und anorgan. Stoffe (z. B. Bentonite) mit geringer Grenzflächenaktivität als E. wirksam.

Emulgieren, das Herstellen einer →Emulsion.

Emulsin [zu Emulsion gebildet] *das, -s,* ein in Mandeln u. a. Steinobstarten vorkommendes Enzymgemisch, das die hydrolyt. Spaltung des →Amygdalins u. a. Glykoside katalysiert. Es enthält v. a. β-Glucosidasen und Hydroxynitrilase.

Emulsion [zu lat. emulgere, emulsum »abmelken« (mit Bezug auf die Milch, die selbst eine E. ist)] *die, -/-en,*

1) *Fotografie:* (fälschl.) Bez. für die stabile Suspension von Silberhalogenidkristallen (Durchmesser 0,1–3 μm) in einem hydrophilen, makromolekularen Bindemittel (meist →Gelatine), die zur Herstellung der lichtempfindl. Schicht eines fotograf. Materials verwendet wird. Die bei der E.-Herstellung zunächst gebildeten, sehr kleinen Kristalle werden zur Empfindlichkeitssteigerung einem Reifungsprozess unterworfen (Kornwachstum, Ausbildung von Reifekeimen als Empfindlichkeitszentren) und durch Zusatz von organ. Farbstoffen zur E. sensibilisiert.

2) *Physik* und *techn. Chemie:* eine →Dispersion, wobei eine Flüssigkeit in Form feiner Tröpfchen (Durchmesser 10 nm–0,1 mm) in einer nicht mit ihr mischbaren anderen Flüssigkeit verteilt ist. In Abhängigkeit von der Größe der dispergierten Teilchen unterscheidet man Makro-E. (grob-disperse E.) und Mikro-E. (kolloid-disperse E.). Erstere sind i. d. R. milchig trüb, Letztere klar. Zur Herstellung einer E. (**Emulgierung, Emulgieren**) ist Energie (z. B. Rührwerke, Vibratoren) und meist auch der Zusatz von →Emulgatoren erforderlich. Zur Erhöhung der Stabilität können Schutzkolloide wie Pektine, Alginate, Celluloseether oder Polyvinylalkohol zugesetzt werden. Von **Öl-in-Wasser-E. (O/W-E.)** spricht man, wenn eine organ. Flüssigkeit (z. B. Pflanzen- oder Mineralöle) in Wasser verteilt ist. Ihr Grundcharakter ist durch das Wasser geprägt (z. B. Milch, Mayonnaise, Speiseeis). **Wasser-in-Öl-E. (W/O-E.)** liegen vor, wenn Tröpfchen von Wasser oder wässrigen Lösungen in einer organ. Flüssigkeit verteilt sind (z. B. Butter, Salben). O/W-E. sind z. B. mit Wasser verdünnbar oder lassen sich mit wasserlösl. Farbstoffen färben. W/O-E. dagegen sind mit Öl verdünnbar und müssen mit öllösl. Farbstoffen gefärbt werden. Misch-E. enthalten nebeneinander O/W- und W/O-Verteilungen (z. B. Cold Creams). Das Zusammenfließen der dispergierten Tröpfchen (**Koaleszenz**) wird als »Brechen der E.« bezeichnet. Dies kann unerwünscht sein oder aber, wenn erwünscht, mechanisch (z. B. durch Schütteln) erreicht werden, außerdem durch elektr. Felder oder durch Zusatz von Elektrolyten oder Demulgatoren. Die Stabilität einer E. hängt von der Stärke der Energiebarriere ab, die ein Zusammenfließen der dispergierten Tröpfchen verhindert (→DLVO-Theorie). Eine der wichtigsten Eigenschaften einer E. ist die Höhe ihrer Grenzflächenspannung. Sie ist die Summe der physikal. Kräfte, die an der Grenzfläche zw. den beiden nichtmischbaren Phasen wirken.

E. ermöglichen den Transport von Substanzen an Stellen, zu denen sie wegen der entgegengesetzt wirkenden Grenzflächenspannung in reiner Form nicht vordringen könnten, z. B. lassen sich Wirkstoffe in Kosmetika und Pharmazeutika optimal verteilen und verabreichen. Auch bei vielen techn. Verfahren wendet man E., z. B. bei der E.-Polymerisation, im Straßenbau (Bitumen), der Metallbearbeitung (Bohröle) und Textilausrüstung. Auch Überzüge von Lacken, Ölen und Kunststoffen lassen sich aus dem emulgierten Zustand herstellen. Von besonderer Bedeutung sind Kautschuk-E., die als Latex bezeichnet werden.

Emulsionspolymerisation, Bez. für ein Spezialverfahren der →Polymerisation, bei dem wasserunlösl. Monomere mithilfe von Tensiden in Wasser emulgiert und anschließend mit wasserlösl. Initiatoren polymerisiert werden. Im Gegensatz zur Suspensionspolymerisation schreitet die Reaktion nicht in den Öltröpfchen fort, sondern es bilden sich Polymerpartikel aus Monomer-gequollenen Seifenmicellen, so genannte Latexteilchen.

Die Vorteile der E. bestehen darin, dass die Polymerisation (trotz Unlöslichkeit der Ausgangsstoffe) bei tiefer Temperatur durchgeführt werden kann, die Reaktionswärme leicht abführbar ist und das Reaktionsgemisch auch bei hoher Molmasse der entstehenden Polymere niedrigviskos und damit leicht rührbar bleibt. Außerdem kann das umweltfreundl. Lösungsmittel Wasser verwendet werden. Die anfallenden **Polymerdispersionen** (Latex) sind in vielen Fällen direkt verwendbar (z. B. als Anstrichfarben, Beschichtungen oder Klebstoffe). Sollen die Produkte isoliert werden, so muss die Emulsion durch Zusatz von z. B. wassermischbaren Lösungsmitteln oder Salzen »gebrochen« werden (→DLVO-Theorie, →Emulsion). Die E. findet breite Anwendung zur Herstellung von technisch bedeutenden Polymeren, z. B. Polyvinylacetat, Polyvinylchlorid, Styrol-Butadien-Kautschuk (→Synthesekautschuk) oder Polyacrylat-Dispersionen. Mit speziellen Techniken gelingt es weiterhin, Latexpartikel aus verschiedenartigen Monomeren und mit definierter innerer Struktur (Morphologie) aufzubauen, z. B. die Kern-Schale-Struktur. **Emulsionspolymerisate** tragen maßgeblich zur Wertschöpfung der chem. Industrie bei: Fast 7 % der weltweiten Polymerproduktion sind Polymerdispersionen, das entspricht zirka 10^7 Tonnen jährlich.

📖 Wässrige Polymerdispersionen. Synthese, Eigenschaften, Anwendungen, hg. v. D. DISTLER (1999).

E-Musik, Abk. für **ernste Musik,** im Ggs. zur U-Musik (→Unterhaltungsmusik). Die Zweiteilung entstand in den 1920er-Jahren aus verwaltungstechn. Gründen bei der Wahrung von Urheberrechten, z. B. bei GEMA und Rundfunk. Für ein Wesensverständnis der Musik ist diese Entgegensetzung fragwürdig, zumal die Übergänge fließend sind.

EMV, *Elektrotechnik:* Abk. für →elektromagnetische Verträglichkeit.

EMVU, *Elektrotechnik:* Abk. für →elektromagnetische Verträglichkeit zur Umwelt.

Emydidae, die →Sumpfschildkröten.

en... [griech.], Präfix naturwiss. Fachwörter, v. a. der Biologie und Medizin, mit der Bedeutung innerhalb, innen, in... hinein; z. B. Enophthalmus; vor Labialen angeglichen zu **em...,** z. B. Embolie.

...en, Suffix der chem. Nomenklatur, kennzeichnet das Vorliegen einer Doppelbindung in offenkettigen oder zykl. Kohlenwasserstoffen (z. B. →Alkene).

Enakievo [je-], Stadt in der Ukraine, →Jenakijewo.

Enakiter, hebr. **Anakim,** vorisraelit. Volk in S-Palästina, angeblich riesenhaft (4. Mos. 13, 28. 33; 5. Mos. 2, 10 f.); daher **Enakssohn** sprichwörtlich: ein sehr großer und starker Mensch. E. sind die »Halskettenleute« nach den Ringen, die sie oder ihre Tiere um den Hals trugen. – Nach Jos. 11, 21 f. sind die E. in den Auseinandersetzungen mit den israelit. Stämmen untergegangen (historisch wohl [vollständig?] aus ihrem angestammten Siedlungsgebiet verdrängt worden).

Enalapril, erster in die Therapie eingeführter →ACE-Hemmer mit langer Wirkdauer, die eine einmal tägl. Anwendung ermöglicht. Dies ist bei der mit einem ACE-Hemmer übl. Langzeittherapie von wesentl. Vorteil.

En|allage [auch e'nalage; griech., eigtl. »Verwechslung«] *die, -, Rhetorik:* veränderte syntakt. Stellung bes. eines Adjektivs, das grammatisch nicht dem begrifflich zugehörigen Beziehungswort zugeordnet ist, z. B. *der kalte Druck ihrer Hände* statt *der Druck ihrer kalten Hände.*

Enamelum [zu engl. enamel »Email«, »Schmelzüberzug«] *das, -s, der* →Zahnschmelz.

En|anthem [zu griech. ánthēma »das Blühen«] *das, -s/-e,* ein →Ausschlag der Schleimhaut.

En|antiomerie *die, -,* Spiegelbildisomerie, →Stereochemie.

enantioselektive Synthese [zu griech. enantíos »entgegengesetzt«], Bez. für eine Reaktion, bei der die zwei möglichen Enantiomere eines chiralen Produktes (→Chiralität) in ungleichen Mengen gebildet werden; wird oft mit →asymmetrischer Synthese gleichgesetzt.

En|antiotropie [griech. »entgegengesetzte Wendung«] *die, -,* Bez. für eine Art der Umwandlung, nach der zwei Modifikationen eines Stoffes ineinander übergehen. Von E. spricht man, wenn Modifikation x bei Überschreiten eines scharf definierten Umwandlungspunktes reversibel in Modifikation y übergeht (reversibel heißt, die Umwandlung erfolgt in beide Richtungen). E. tritt z. B. beim Quarz auf. (→Polymorphie, →Monotropie)

Enare, schwed. Name für den See →Inari.

Enargit [zu griech. enargés »sichtbar«, »deutlich« (wegen der deutlich erkennbaren Spaltbarkeit)] *der, -s/-e,* metallisch glänzendes, grauschwarzes, rhomb. Mineral der chem. Zusammensetzung Cu_3AsS_4; Härte nach MOHS 3,5, Dichte 4,4 g/cm³; bildet säulige Kristalle, überwiegend aber derbe oder strahlige Aggregate; hydrothermal entstanden; Kupfererz.

en avant! [ãna'vã, frz.], *bildungssprachlich:* vorwärts!, los!

en bloc [ã'blɔk, frz.],
1) *allg.:* im Ganzen, in Bausch und Bogen.
2) *Kaufmannssprache:* beim Warenkauf die Bestimmung, dass der Käufer nach Vertragsabschluss keine Gewährleistungsansprüche bei Mängeln geltend machen kann.

Encarnación [eŋkarna'sjɔn], Hauptstadt des Dep. Itapúa, Paraguay, am Paraná gegenüber von Posadas, Argentinien, 69 800 Ew.; durch Bahn und Straße mit Asunción, durch Eisenbahnfähre und Autobrücke mit Posadas verbunden. Handels- und Verkehrszentrum, Industrie. – 1615 als Jesuitenmission Itapúa gegründet. Nach der Vollendung des Yaciretá-Damms (1995, zw. San Cosme, Paraguay, und Ituzaingó, Argentinien) zur Herstellung von Wasserkraft wartet die seit Jahren vernachlässigte Altstadt auf die geplante Überflutung durch den Paraná. Die weiter oben liegende Neustadt würde von einer weiteren Erhöhung des Wassers nicht beeinträchtigt.

Enceladus [nach Enkelados, einem Giganten der griech. Sage] *der, -,* ein Mond des Planeten →Saturn.

Encephalomyelitis disseminata, die →multiple Sklerose.

Encephalon [griech. enképhalos, eigtl. »was im Kopf ist«] *das, -s/...la,* **Enzephalon,** *Anatomie:* das →Gehirn.

enchassieren [ãʃa-; frz., zu châsse »Kästchen«, »Einfassung«], Schmucksteine (ein)fassen.

Enchi [-tʃ-], Fumiko, jap. Schriftstellerin, * Tokio 2. 10. 1905, † ebd. 14. 11. 1986; trat zunächst mit Dramen, dann mit Erzählungen und Romanen hervor, die das Leben eigenwilliger, gebildeter Frauen in der traditionellen, patriarchalisch geprägten Gesellschaft beschreiben, wobei sie in Form von Zitaten auf die klassische jap. Lit. zurückgriff. Sie übersetzte auch das Genji-monogatari ins moderne Japanisch.
 Werke (jap.): *Romane:* Die Wartejahre (1957; dt.); Frauen, Masken (1958; dt.).

Enchilada [-tʃ-, indian.-span. »mit Chili Gewürztes«] *die, -/-s,* mit Fleisch und Gemüse gefüllte Tortilla.

Enchiridion [-ç-; griech.-lat., eigtl. »in der Hand (Behaltenes)«] *das, -s/...dilen,* kurz gefasstes Handbuch, kleines Lehrbuch, Leitfaden; Quellensammlung.

enchondral [-ç-; zu griech. chóndros »Knorpel«], *Anatomie:* im Knorpel liegend, aus Knorpel entstehend (Knochen bei der Ossifikation).

Enchondrom [-ç-] *das, -s/-e,* Form der Knorpelgeschwülste (→ Chondrom).

Enchytraeidae [-ç-; zu griech. chýtra »irdener Topf«], **Enchyträen,** Familie der → Wenigborster; die weißl. bis gelbl. Borstenwürmer sind etwa 1–4 cm lang und leben v. a. im Erdboden, im Grundschlamm von Binnengewässern sowie der Gezeitenzone. Sie ernähren sich v. a. von verrottendem Pflanzenmaterial. Bekanntester Vertreter ist der **Topfwurm** (Enchytraeus albidus; Länge bis 3,6 cm), der auch in Blumenerde vorkommt; er dient als Futter für Aquarien- und Terrarientiere.

Encina [en'θina], Juan del, span. Dichter und Komponist, * Encina de San Silvestre (bei Salamanca) 1469(?), † León 1529; gilt als »Vater des span. Theaters«. Als Kleriker im Dienst des Herzogs von Alba widmete er sich zur Unterhaltung seines Herrn der Musik, der Lyrik und dem Theater; lebte ab 1498 als Günstling mehrerer Päpste in Rom, wurde 1509 Erzdiakon in Málaga, schließlich Priester und Prior der Kathedrale von León. Sein »Cancionero« (Erstdruck 1496) enthält Lyrik und acht (später 13) Hirtenspiele (von E. »églogas« oder »representaciones« gen.), zwei weitere Stücke erschienen in Einzelausgaben. E. formte aus den mittelalterl. kurzen, religiösen Weihnachts- und Osterspielen ein weltl. Theater mit bukol. Thematik. Die Ekloge »Fileno, Zambardo y Cardonio« gilt als erste span. Tragödie.
 Ausgabe: Obra completa, hg. v. A. M. RAMBALDO, 4 Bde. (1978–83).

Encke, Johann Franz, Astronom, * Hamburg 23. 9. 1791, † Spandau (heute zu Berlin) 28. 8. 1865; 1822–25 Direktor der Sternwarte Seeberg bei Gotha, danach Astronom der Preuß. Akad. der Wiss. in Berlin, seit 1844 Prof. der Astronomie. Er berechnete die Bahn des nach ihm benannten Enckeschen Kometen, lieferte außerdem Beiträge zur astronom. Störungstheorie und zahlr. Bahnberechnungen von Planetoiden und Kometen sowie die erste genaue Bestimmung der Sonnenparallaxe aus den Venusdurchgängen von 1761 und 1769.

Enckell,
 1) Carl, finn. Industrieller und Politiker, * Sankt Petersburg 7. 6. 1876, † Helsinki 27. 3. 1959; als Mitgl. der Schwed. Volkspartei 1918/19, 1922, 1924 sowie 1944–50 Außen-Min. Er unterzeichnete 1944 den Waffenstillstandsvertrag, 1947 den Friedensvertrag mit der Sowjetunion.
 2) Knut Magnus, finn. Maler, * Hamina (Prov. Kymi) 9. 11. 1870, † Stockholm 26. 11. 1925; setzte sich unter dem Eindruck der Werke von P. PUVIS DE CHAVANNES und E. CARRIÈRE zunächst mit dem Symbolismus auseinander; nach 1900 wurden spätimpressionist. Einflüsse richtungweisend. E. malte Porträts und Landschaftsbilder, befasste sich mit mytholog. und religiösen Themen. Er schuf auch Monumentalwerke (Fresken in der Johanniskirche in Tampere, 1907) und Glasgemälde.
 3) Rabbe, finn. Schriftsteller, * Tamella (Provinz Häme) 3. 3. 1903, † Helsinki 17. 6. 1974; begann mit Gedichten, die in subtiler Gestaltung Sinnesempfindungen beschreiben, sowie mit Erzählungen um Natur und Liebe; in seinen Dramen greift er antike Stoffe auf und eröffnet mit ihnen zugleich das Bezugsfeld zu Problemen der Gegenwart.
 Werke: Lyrik: Nike (1947); Flüchtige Spiegel (1974). – *Dramen:* Orpheus und Eurydike (1938); Hekuba (1952). – *Prosa:* Die Tapetentür (1965).

enckesche Teilung, eine von J. F. ENCKE 1837 entdeckte Lücke im A-Ring des Planeten → Saturn.

Enclosure [ɪnˈkləʊʒə; engl. »Einzäunung«, »Gehege«], der Prozess, durch den v. a. in England seit dem ausgehenden MA. das der dörfl. Gemeinschaft zur allgemeinen Nutzung offen stehende Land (Allmende) teilweise in Privatbesitz umgewandelt wurde, wobei die nun privaten Parzellen zum Schutz gegen fremde Nutzung mit Hecken umgeben wurden. Trotz bereits im 13. Jh. einsetzender Gegenmaßnahmen setzte sich diese Praxis aufgrund der betriebswirtschaftl. Vorteile immer mehr durch und wurde im 17. Jh. legal; sie führte zum Entstehen von Großgrundbesitz. Die durch die E. und spätere Flurbereinigungen entstandene Agrarstruktur machte Großbritannien im 19. Jh. zur führenden Agrarmacht und bestimmt bis heute die brit. Agrarwirtschaft.

Encoder [ɪnˈkoʊdə; engl. »Codierer«] *der, -s/-, Sensortechnik:* ein Sensor, der eine Weg- oder Winkelinformation quantisiert und als Digitalwert bereitstellt. Man unterscheidet Absolut-E. und Incremental-E. **Absolut-E.** geben für jede mögl. Position innerhalb ihres Messbereiches einen dieser Position zugeordneten eindeutig codierten Wert ab. Jede Messposition wird somit absolut erkannt und steht sofort nach dem Einschalten der Versorgungsspannung zur Verfügung. Der Messwert ist bei Winkel-E. auf so genannte Codescheiben, die auf der Drehachse sitzen, aufgeprägt und wird meist optoelektronisch oder magnetisch abgetastet. Um diese Funktion auch über mehrere Umdrehungen zu gewährleisten (»Multi-Turn-E.«), werden zwei oder mehr Abtastsysteme über Getriebe untersetzt und hintereinander geschaltet oder man zählt zusätzlich die Nulldurchgänge. Winkel-E. sind oft über ein E.-Getriebe mit einer linearen Bewegungsachse gekoppelt. Bei Linear-E. ist die Weginformation auf so genannten Maßbändern oder Linealen aufgetragen (z. B. Digitalmessschieber). **Incremental-E.** lösen Dreh- oder Linearbewegungen in einzelne Impulse auf, deren Zahl der entsprechenden Weg- oder Winkeländerung proportional ist. Mittels phasenversetzter Abtastung der Strichplatte gewinnt man die Richtungsinformation. Durch die Auswertung der Impulsfrequenz erhält man zusätzlich den Wert für Geschwindigkeit bzw. Drehzahl.

Encomienda [eŋkoˈmjenda; span. »Auftrag«] *die, -/-s,* in Kastilien urspr. eine Grundherrschaft der Ritterorden, entwickelte sich während der span. Landnahme in Amerika zum maßgebl. Kolonisationsinstrument als Ersatz für die verbotene Versklavung der

Encrinus: Fossil von Encrinus liliformis aus der Trias im Muschelkalk von Erkerode in Niedersachsen (Braunschweig, Naturhistorisches Museum)

Eingeborenen. In rechtl. Hinsicht war die E. die Zuteilung (»Repartimiento«) von unterschiedlich großen Gruppen von Indianern an einzelne Eroberer mit dem Auftrag, Missionierung und Akkulturation der Eingeborenen zu gewährleisten sowie militär. Einsatzbereitschaft zu zeigen; dafür erhielten sie das Privileg, die von den Indios geschuldeten Tribute und Arbeitsleistungen (Zwangsarbeit auf den Landgütern und in den Bergwerken) für sich zu nutzen. Die Krone oder ihre Repräsentanten vergaben E. unter Berufung auf ihre Rechtsnachfolgerschaft der indian. Herrscher. In der Praxis garantierte das System den Unterhalt der Eroberer, deren Drang nach rücksichtsloser Bereicherung führte jedoch zur Ausbeutung und Unterdrückung der Indianer. Diese Missstände verursachten die in den »Neuen Gesetzen« von 1542 gipfelnde Reform des E.-Systems, das aber nur langsam von der Krone abgeschafft werden konnte (endgültig im 18. Jh.).

 Hb. der Gesch. Lateinamerikas, hg. v. W. L. BERNECKER, Bd. 1: Mittel-, S-Amerika u. die Karibik bis 1760, hg. v. H. PIETSCHMANN u. M. CARMAGNANI (1994).

Encounter [ɪnˈkaʊntə, engl.] *das* oder *der, -s/-,* Begegnung, Treffen, Zusammenstoß.

Encountergruppe [ɪnˈkaʊntə-, engl.], Personenkreis, der an einem →Sensitivitätstraining teilnimmt. Durch bestimmte Übungen und Techniken (v. a. aus der Gesprächspsychotherapie und der Gestalttherapie) und mithilfe des Psychodramas wird versucht, neue Gefühlserfahrungen zu machen, Fremd- und Selbstwahrnehmung zu erhöhen und ungezwungene Formen des Miteinanderlebens zu entwickeln.

Encrinus [zu griech. krínon »Lilie«] *der, -/...ni,* ausgestorbene Gattung der Seelilien aus der Trias, mit niedrigem, schüsselförmigem Kelch und meist langem, rundem Stiel. Die rädchenförmigen Stielglieder, bes. der Art E. liliiformis, waren im oberen Muschelkalk oft gesteinsbildend (→Trochiten).

Encyclopædia Britannica [ɪnsaɪkləˈpiːdjə brɪˈtænɪkə, engl.], →Enzyklopädie.

Encyclopédie ou Dictionnaire raisonné des sciences, des arts et des métiers [ãsiklɔpeˈdi u diksjɔˈnɛːr rɛzɔˈne deˈsjãːs deˈzaːr edemeˈtje, frz.], →Enzyklopädie.

Endarteri|e, jeder Endteil einer großen Organschlagader, der nicht durch Kollateralgefäße (→Kollateralen) mit einem anderen Gefäß in Verbindung steht und somit als einziges Gefäß das zugehörige Kapillarnetz versorgt. Verschluss der E. führt zum Infarkt.

Endarteri|ektomie, die →Thrombendarteriektomie.

Endbach, seit 1973 **Bad E.,** Gem. im Landkreis Marburg-Biedenkopf, Hessen, im Gladenbacher Bergland, 300–500 m ü. M., 8 800 Ew.; Kneipphheilbad, Wintersport.

Enddarm, Teil des →Darms.

Ende, Ata Jaö, Bev.-Gruppe an der Südküste und im Hochland der Insel Flores, O-Indonesien; rd. 78 000 Menschen; sie sprechen eine austrones. Sprache (Bima-Sumba-Gruppe). Grundlage der Subsistenzwirtschaft ist der Brandrodungsanbau von Kassave, Reis und Mais auf Feldern, die patrilinearen Ritualgemeinschaften zugeordnet sind; Vieh wird für den eigenen Konsum und für Austauschzwecke gezüchtet, Kokospalmen für den Markt angebaut. Verwandte Familien bilden exogame patrilineare Abstammungsgruppen, die sich durch spezifische landwirtschaftl. Rituale voneinander unterscheiden und mittels Heiraten (Männer heiraten die Töchter ihres Mutterbruders) permanente Allianzbeziehungen unterhalten. Diese Beziehungen werden in Heirats- und Todesritualen artikuliert und können auch bei der Vererbung von Land vom Mutterbruder an das Schwesterkind von Bedeutung sein. Während die Küstenbev. stark durch den Islam geprägt ist, spielen im Bergland traditionelle Vorstellungen bezüglich der Ahnen ('embu kajo) und Geister (nitu) eine wichtige Rolle im Alltagsleben, v. a. im ritualisierten landwirtschaftl. Prozess.

Ende,
1) *Edgar* Carl Alfons, Maler, * Altona (heute zu Hamburg) 23. 2. 1901, † Baiern (Landkreis Ebersberg) 27. 12. 1965, Vater von 2); studierte in Hamburg und ließ sich 1931 in München nieder; 1933 mit Ausstellungsverbot belegt. E. entwickelte seine surrealist. Bilder aus der Auseinandersetzung mit myst. und mytholog. Schrifttum.

Edgar Ende: Die aus der Erde Kommenden (1931; Wiesbaden, Sammlung Frank)

Ende Endeavour

2) *Michael,* Schriftsteller, *Garmisch-Partenkirchen 12. 11. 1929, † Filderstadt-Bonlanden 28. 8. 1995, Sohn von 1); wurde bekannt durch seine abenteuerlich-fantast. Erzählungen für Kinder (»Jim Knopf und Lukas, der Lokomotivführer«, 1960; »Jim Knopf und die wilde 13«, 1962). Eine nachdenkl. Auseinandersetzung mit dem Problem Zeit bietet er in »Momo« (1973; 1986 verfilmt von J. SCHAAF), einem »Märchenroman«. Sein größter Erfolg war »Die unendl. Geschichte« (1979; 1984 verfilmt von W. PETERSEN), eine reizvolle Verquickung von fantast. und realer Welt. E. schrieb auch Texte zu Bilderbüchern.

Weitere Werke: Der Spiegel im Spiegel (1984, Erz.n); Das Märchen vom Zauberspiegel (1984, mit M. VÖLKENING; Kinderbuch); Der Goggolori (1984, Stück); Trödelmarkt der Träume. Mitternachtslieder u. leise Balladen (1986); Der satanarchäolügenialkohöllische Wunschpunsch (1989); M. E.s Zettelkasten. Skizzen & Notizen (1994); Der Niemandsgarten, aus dem Nachlass hg. v. R. HOCKE (1999).

P. BOCCARIUS: M. E. Der Anfang der Gesch. (Neuausg. 1995); H. STOYAN: Die phantast. Kinderbücher v. M. E. (2004).

Michael Ende

Endeavour [ɪnˈdevə, nach dem ersten Schiff des Seefahrers J. COOK], *Raumfahrt:* fünfter Raumtransporter der NASA vom Typ Spaceshuttle; Erstflug vom 7. bis 16. 5. 1992 (STS-49) zur Reparatur des Satelliten INTELSAT VI.

Endecasíllabo [-k-; ital. »Elfsilbler«], in der ital. Verskunst elfsilbiger Vers mit weibl. Versausgang und zwei Haupttonstellen: Ein Hauptton fällt dabei regelmäßig auf die 10. Silbe (die Endtonstelle), der andere ist beweglich, liegt jedoch meist auf der 4. oder 6. Silbe. Der ital. E. ist eine freie Adaption des frz. Zehnsilbers (→ Vers commun). Er ist der älteste belegte ital. Vers und als Vers des Sonetts, der Terzine, der Stanze, der Sestine u. a. der wichtigste Vers der ital. Dichtung. Dt. Nachbildungen gibt es seit der 2. Hälfte des 18. Jahrhunderts.

Ende gut, alles gut, engl. »All's well that ends well«, Komödie von W. SHAKESPEARE, entstanden um 1602/03, engl. Erstausgabe in der Folioausgabe von 1623. Die Problemkomödie mit der tugendhaften Heldin Helena im Zentrum wirft existenzielle und eth. Fragen auf.

Endell, *August,* Architekt und Innenarchitekt, *Berlin 12. 4. 1871, † ebd. 13. 4. 1925; ab 1918 Prof. und Direktor der Kunstakademie Breslau; wichtiger Vertreter des Jugendstils. E. schuf Entwürfe für Möbel, Inneneinrichtungen, Textilien und Schmuck und trat als Architekt von Bauten hervor, deren Flächen er durch fantast. Jugendstilornamentik akzentuierte (u. a. Hackesche Höfe in Berlin-Mitte: Gestaltung der Fassaden im ersten Hof, 1906/07).

Endemie [zu griech. éndēmos »im Volk«, »einheimisch«] *die, -/...ˈmiǀen,* Infektionskrankheit, die in einem bestimmten Gebiet in Einzelfällen oder auch bei einem größeren Prozentsatz der Bev. ständig vorkommt, im Unterschied zur → Epidemie, die jedoch auch aus einer E. hervorgehen kann. Eine E. entsteht dann, wenn einerseits die Immunitätslage der Bev. stark genug ist, um größere Ausbrüche zu verhindern, andererseits der Erreger aber durch Ausscheider oder leichte, unerkannt gebliebene Erkrankungen ständig in begrenztem Umfang weitergetragen wird. Beispiele für endem. Infektionskrankheiten sind in Mitteleuropa z. B. Masern und Lungentuberkulose, in außereurop. Gebieten z. B. Cholera und Typhus. Teilweise wird der Begriff auch auf nicht-übertragbare Erkrankungen bezogen, z. B. den endemischen **Kropf,** der aufgrund von Jodmangel gehäuft in einer bestimmten Gegend auftritt. – Als **Enzootie** werden Tierseuchen mit entsprechendem Vorkommen bezeichnet.

endemisch,

1) *Biologie:* gesagt von Pflanzen- oder Tierarten, deren Verbreitungsgebiet räumlich eng begrenzt ist und nur selten kontinentale Ausmaße hat (z. B. Australien). Ursachen für das Auftreten endem. Arten (**Endemiten**) sind fehlende Ausbreitungsfähigkeit der Arten oder räuml. (z. B. Inseln) oder klimat. Isolation (z. B. im Gebirge) der Wohngebiete. **Progressive Endemiten** sind neu entstandene Arten, die sich von isolierten Standorten aus nicht ausbreiten können, z. B. alpine Insekten, Schnecken, Pflanzen. **Regressive Endemiten** haben nur ein kleines Restareal einer früher weiten Verbreitung behalten, z. B. der Ginkgobaum. – Ggs.: apodemisch.

2) *Medizin:* örtlich begrenzt, immer wieder auftretend (von Infektionskrankheiten), auf eine Endemie bezogen.

endemische Syphilis, die → Bejel.

Enden [ˈɛndə], *Franciscus van den,* niederländ. Polyhistor, *Antwerpen 9. 2. 1602, † (hingerichtet) Paris 27. 11. 1674; trat 1619 in Mecheln in den Jesuitenorden ein (ausgestoßen 1633). 1644 eröffnete er in Amsterdam eine Buchhandlung, um 1652 eine Lateinschule. Er verkehrte mit dem Dichter J. VAN DEN VONDEL und war der Lehrer des jungen B. SPINOZA, den er in den Stoizismus einführte. 1671 ging E. nach großen Reisen nach Frankreich, wo er ebenfalls eine Lehranstalt gründete. 1674 nahm er an der Verschwörung LOUIS DE ROHANS (* 1635, hingerichtet 1674) gegen LUDWIG XIV. teil und wurde nach deren Entdeckung zum Tode verurteilt. Seine polit. Ideen zielten auf die Errichtung einer frz. Republik.

Endǀenergie, *Energietechnik* und *Energiewirtschaft:* die einem Verbraucher bereitgestellte Sekundärenergie (→ Energie); die zur Erfüllung einer bestimmten Aufgabe tatsächlich genutzte Energie wird als **Nutzenergie** bezeichnet.

Ender,

1) *Erwin Josef,* kath. Theologe und päpstl. Diplomat, Titularerzbischof, *Steingrund (heute Wwschaft

August Endell: Jugendstilfassaden des ersten der Hackeschen Höfe in Berlin-Mitte (1906/07)

Niederschlesien) 7. 9. 1937; studierte in Rom (Gregoriana), war nach der Priesterweihe (1965) Seelsorger in Rom und trat 1970 in den päpstl. diplomat. Dienst. E. war Leiter der dt.-sprachigen Abteilung des Staatssekretariats und nach seiner Bischofsweihe (1990) u. a. Apostol. Nuntius im Baltikum (Estland, Lettland, Litauen) und in der Tschech. Rep. Seit dem 25. 11. 2003 ist er Apostol. Nuntius in Deutschland.

2) **Kornelia,** Schwimmerin, * Plauen 25. 10. 1958; auf den Einzelstrecken Olympiasiegerin 1976 (100 m Freistil, 200 m Freistil, 100 m Schmetterling), Weltmeisterin 1973 (100 m Freistil, 100 m Schmetterling) und 1975 (100 m Freistil, 100 m Schmetterling) sowie Europameisterin 1974 (100 m Freistil, 200 m Freistil). In der DDR Sportlerin des Jahres 1973–76.

3) **Otto,** österr. Politiker, * Altach (Vorarlberg) 24. 12. 1875, † Bregenz 25. 6. 1960; schloss sich der Christlichsozialen Partei an. Nach dem Ersten Weltkrieg trat er als Landeshauptmann von Vorarlberg (1918–34, mit Unterbrechung) für den Anschluss dieses Gebietes an die Schweiz ein. Von Dezember 1930 bis Juni 1931 war E. Bundeskanzler. Als Min. für Verf.-Fragen (1933/34) in der Reg. Dollfuß hatte er maßgebl. Anteil an der Ausarbeitung der ständisch-autoritären Bundes-Verf. vom 1. 5. 1934. 1934–38 war er Präs. des Bundesrechnungshofs.

Werke: Die neue österr. Verf. (1934); Vorarlbergs Schweizer-Anschluß-Bewegung von 1918–1924 (1952).

Enderbyland ['endəbi-], Küstenland in der O-Antarktis, zw. 45° und 55° ö. L.; aus dem Eisschild von E. ragen Gebirgsketten (bis 2035 m ü. M.). – E. wurde 1831 von dem brit. Kapitän JOHN BISCOE (* 1794, † 1843) entdeckt und nach seiner Reederei (Enderby Brothers) benannt. Genauer erforscht hat es 1929–31 der austral. Polarforscher Sir DOUGLAS MAWSON (* 1882, † 1958).

endergonische Reaktionen, chem. Reaktionen, die nur ablaufen, wenn den reagierenden Stoffen von außen Energie zugeführt wird. Wird diese Energie in Form von Wärme zugeführt, so spricht man von **endothermen Reaktionen;** Ggs. →exergonische Reaktionen.

Enderlein, Enderle, Enterlin, Enderlin, Endres, Caspar, schweizer. Zinngießer und Formschneider, getauft Basel 24. 6. 1560, † Nürnberg 19. 4. 1633; seit 1586 Meister und Bürger in Nürnberg. E. schuf figürlich verzierte Zinngeräte und Gussmodelle. Besondere Bekanntheit erlangte er durch freie Kopien der »Temperantiaschüssel« von F. BRIOT (z. B. 1611; Köln, Kunstgewerbemuseum); auch wird ihm die Herstellung des ersten Hängeleuchters aus Zinn im Nürnberger Raum zugeschrieben.

Enders [engl. 'endəz], John Franklin, amerikan. Bakteriologe, * West Hartford (Conn.) 10. 2. 1897, † Waterford (Conn.) 8. 9. 1985; Prof. für Virusforschung an der Harvard University; erhielt 1954 mit F. C. ROBBINS und T. H. WELLER für die Entdeckung der Gewebekultur des Poliomyelitisvirus, die die Bekämpfung der Kinderlähmung durch Massenimpfungen ermöglichte, den Nobelpreis für Physiologie oder Medizin.

endesmal [zu griech. *desmós* »Band«, »Binde«], *Anatomie:* innerhalb des Bindegewebes; aus Bindegewebe entstehend, z. B. endesmale oder desmale Knochenbildung (→Deckknochen).

en détail [ãdə'taj, frz.],

1) *bildungssprachlich:* im Einzelnen, eingehend.

2) *Kaufmannssprache:* im Einzelhandel bzw. im Einzelverkauf, einzeln, im Kleinen; Ggs.: **en gros,** d. h. im Großhandel bzw. in großer Menge.

Endgericht, *christl. Theologie:* das →Jüngste Gericht.

Endhandlung, *Verhaltensforschung:* →Appetenzverhalten.

Endhirn, Tel|encephalon, vorderster Teil des →Gehirns der Wirbeltiere.

Endingen am Kaiserstuhl, Stadt im Landkreis Emmendingen, Bad.-Württ., am N-Rand des Kaiserstuhls, 187 m ü. M., 9000 Ew.; Kaiserstühler Heimatmuseum, Vorderösterreich-Museum, Käserei-, Kirschenmuseum; Weinbau (mehr als 700 ha Rebfläche), Herstellung von Elektrogeräten, Sitzmöbeln, Kraftfahrzeugteilen u. a. – Histor. Altstadt. – Das 862 erstmals als Dorf erwähnte E. erhielt um 1290 Stadtrecht. Es war Hauptort der Herrschaft Üsenberg in der Landgrafschaft Breisgau. 1379 wurde E. vorderösterreichisch und kam mit dem Breisgau 1805 an Baden.

Endiole *Pl.,* **Reduktone,** ungesättigte organ. Verbindungen (Alkene), die an beiden Kohlenstoffatomen der Doppelbindung je eine Hydroxylgruppe gebunden enthalten. Sie sind starke Reduktionsmittel; eine wichtige, in der Natur vorkommende Verbindung aus der Gruppe der E. ist die →Ascorbinsäure (Vitamin C).

Endivi|e [frz., aus spätlat. *intiba,* lat. *intubus,* von griech. *entýbion,* eigtl. »im Januar wachsende Pflanze«, zu ägypt. *tōbi* »Januar«] *die, -/-n,*

1) **Winter-E., Binde-E.,** *Cichorium endivia,* aus dem Mittelmeergebiet stammender, heute in ganz Europa kultivierter, ein- bis zweijähriger, winterharter Korbblütler; Zuchtform der (wilden) Zwergzichorie (*Cichorium pusillum*) mit breiten (**Eskariol, Breitblättrige E.,** Varietät »latifolium«) oder schmalen, kraus gewellten, zerschlitzten Blättern (**Krause E.,** Varietät »crispum«), die in der Jugend eine dichte Rosette bilden. Die leicht bitter schmeckenden, v. a. als Salat

John Franklin Enders

Endiole

verwendeten Blätter werden meist rd. 2–3 Wochen vor der Ernte oben zusammengebunden, damit das »Herz« bleich und zart bleibt und weniger Bitterstoffe gebildet werden.

2) **Sommer-E.,** unkorrekte Bez. für den Röm. Salat, →Kopfsalat.

Endivie 1): Krause und Breitblättrige Endivie (von links)

Endkörperchen, der Tastwahrnehmung dienende Mechanorezeptoren, v. a. bei höheren Wirbeltieren in den tieferen Schichten der Haut.

Endlagerung, *Kerntechnik:* die wartungsfreie, zeitlich unbefristete und sichere Verwahrung von schädl. und giftigen Abfällen, bes. im Rahmen der nuklearen →Entsorgung von radioaktiven Abfällen, mit dem Ziel, eine (im Ggs. zur →Zwischenlagerung) dauernde Isolierung der Schadstoffe von der Biosphäre und insbes. vom menschl. Lebensbereich zu gewährleisten. Für die E. von radioaktiven Abfällen ist in Dtl. der Bund und für ihn das Bundesamt für Strahlenschutz

Endl Endlagerung

(BfS) verantwortlich, das zurzeit dem Bundesministerium für Umwelt, Naturschutz und Reaktorsicherheit (BMU) zugeordnet ist. Nach dem novellierten Atom-Ges. kann der Bund die E. auch auf Dritte übertragen. Bis Ende 2000 mussten in Dtl. rd. 67 000 m³ konditionierter radioaktiver Abfälle ohne nennenswerte Wärmeentwicklung zwischen- und endgelagert und etwa 1 500 m³ mit Wärmeentwicklung zwischengelagert werden. Nach den Vereinbarungen zum →Atomausstieg wird das Volumen der insgesamt anfallenden konditionierten radioaktiven Abfälle mit Wärmeentwicklung voraussichtlich auf rd. 22 000 m³ begrenzt. Davon entfallen mehr als 16 000 m³ auf die **direkte E.** von Brennelementen aus Leichtwasserreaktoren. Die E. radioaktiver Abfälle spielt in der Entsorgungskette eine entscheidende Rolle.

Endlagerung: Fässer mit schwach radioaktivem Abfall in einer unterirdischen Kammer des Endlagers Morsleben

ENDLAGERUNG IN GEOLOGISCHEN FORMATIONEN

Die E. in geolog. Formationen des tieferen Untergrunds (Salz, Granit, Ton, Tuff, Erz) gilt heute als sehr sichere Methode für die E. radioaktiver Abfälle. Die wesentl. Anforderungen an ein solches **Endlager** sind:

- geolog. Stabilität über einen Zeitraum von mindestens 10 000 Jahren,
- Sicherheit gegenüber dem Zutritt von Wasser, das die Schadstoffe auslaugen und dem Grundwasser zuführen könnte,
- gute Wärmeleitfähigkeit der Gesteinsformationen zur Abfuhr der beim radioaktiven Zerfall von hochradioaktiven Abfällen auftretenden Wärme und
- ein hohes Rückhaltevermögen für radioaktive Stoffe, d. h. geringe Migrationsgeschwindigkeit von freigesetzten radioaktiven Nukliden im Gestein.

Man geht vielfach davon aus, dass diese Anforderungen am besten in Tiefenlagen (mehrere Hundert Meter) von Salzformationen erfüllt werden. Als Sicherheitsbarrieren gegenüber dem Austritt von radioaktivem Material gelten in diesem Fall:
1. die Verpackung des E.-Produkts,
2. der Salzstock, der durch seine Plastizität Hohlräume, Bohrlöcher und Risse mit der Zeit von selbst schließt, und
3. das Deckgebirge, dessen Tonschichten die Wanderung von Radionukliden behindern, sofern sie nicht infolge tekton. Störungen durchlässig werden.

Standorte zur Endlagerung in Deutschland

In Dtl. ist die Diskussion um die sichere E. von hochradioaktiven Abfällen in einem derzeit durch Schachtbau erkundeten Salzstock bei →Gorleben kontrovers. Die Bundes-Reg. hat gemäß der Vereinbarung zum Atomausstieg die Erkundung des Salzstocks in Gorleben bis zu Klärung konzeptioneller und sicherheitstechn. Fragen durch ein Moratorium für mindestens drei, längstens jedoch zehn Jahre, bezogen auf 2000, unterbrochen. Das Erkundungsbergwerk wird jedoch offen gehalten. Die Bundes-Reg. hat außerhalb der Vereinbarung zum Atomausstieg ein neues Standortauswahlverfahren eingeleitet und damit den Standort Gorleben infrage gestellt. Der Zeitplan sieht vor, die Standorte für die untertägige Erkundung (mindestens zwei) bis 2010 zu benennen.

Schwach- und mittelradioaktive Abfälle ohne nennenswerte Wärmeproduktion sowie Abfälle, die aus dem Rückbau kerntechn. Anlagen stammen, sollten ab 1998 in die ehem. Eisenerzgrube »Konrad« bei Salzgitter eingebracht werden. Dieser Termin konnte nicht eingehalten werden, da die Landes-Reg. von Ndsachs. das Planfeststellungsverfahren in Richtung auf einen Ausstieg Dtl.s aus der Kernenergienutzung verzögert hat. Im Juni 2002 wurde der 20 Jahre zuvor gestellte Antrag genehmigt, das einlagerbare Volumen unter dem Aspekt des Atomausstieges jedoch auf ca. 300 000 m³ begrenzt. Das BfS als Antragsteller wird jedoch vor Abschluss der erwarteten Gerichtsverfahren keinen Gebrauch von dem Planfeststellungsbeschluss machen, d. h., der Beginn der Einlagerung verschiebt sich auf unbestimmte Zeit. – Seit der Wiedervereinigung 1990 stand das in der DDR betriebene Endlager für radioaktive Abfälle bei Morsleben (im früheren Kalisalzbergwerk Bartensleben) zur Verfügung. Nach einer zweimaligen längeren Unterbrechung des Einlagerungsbetriebes durch gericht. Klagen hat die Bundes-Reg. 2001 die Stilllegung eingeleitet. Insgesamt wurden 1971–98 rd. 40 000 m³ konditionierte schwach- und mittelradioaktive Abfälle eingelagert.

ENDKONDITIONIERUNG

Die radioaktiven Abfälle müssen vor dem Einlagern in eine zur E. geeignete kompakte Form und Verpackung gebracht werden, die ein Freiwerden radioaktiver Stoffe langfristig, zumindest über mehrere Jahrhunderte, verhindert (**Endkonditionierung**). Die Kriterien für die Eignung eines Materials zur Aufnahme des Abfalls und als Verpackung (**Gebinde**) sind Strahlenbeständigkeit, mechan. Festigkeit für eine sichere Handhabung, Temperaturbeständigkeit gegenüber der beim radioaktiven Zerfall frei werdenden Wärme und chem. Stabilität gegenüber einer Auslaugung. Für die Gebinde, die mit einer Strahlenabschirmung versehen werden müssen, werden eine hohe Dichtheit und der Erhalt der Integrität bei Einwirkungen von außen (z. B. mechan. Belastungen, hohe Temperaturen durch Feuer usw.) gefordert.

Arten der Verfestigung

Je nach Abfallart und -form wird die Verfestigung in versch. Weise durchgeführt. Abfälle mit geringer Wärmeentwicklung, d. h. Abfälle, die das umgebende Gestein um nicht mehr als 3 °C erwärmen (Filter, Papier, Kunststoffe, Schrott), werden z. B. in Fässern in eine Zementmatrix eingebunden und in Container verpackt. Wärme entwickelnde Abfälle fixiert man mit Beton, Bitumen oder Kunststoffen in Stahlfässern. Für hochradioaktive Abfälle, z. B. die in Wiederaufarbeitungsanlagen für Kernbrennstoffe anfallenden Spaltproduktkonzentrate, sind besondere Maßnahmen nötig, um sie langfristig so zu verfestigen, dass sie nicht in die Biosphäre gelangen können. Die Spaltproduktkonzentrate werden mit Glas verschmolzen (→ Verglasung); die Glasblöcke oder -perlen werden anschließend in einen zylindr. Stahlbehälter (Glaskokille) eingeschlossen. Für die direkte E. wurde der so genannte **Pollux-Behälter** entwickelt, der acht zerlegte Brennelemente von Druckwasserreaktoren aufnehmen kann, aber auch für die E. anderer Brennelemente geeignet ist. Diese Konditionierungstechnik sollte in einer in Gorleben errichteten Pilotkonditionierungsanlage (PKA) erprobt werden. Entsprechend dem Konzept zum Atomausstieg wird die Anlage nur für die Reparatur von schadhaften Behältern eingesetzt. 2001 wurde der Transport der bei der →Wiederaufarbeitung in Frankreich und Großbritannien anfallenden konditionierten radioaktiven Abfälle nach Dtl. aufgenommen.

VERSENKEN VON ABFÄLLEN INS MEER

Eine E. durch Versenken von Abfällen ins Meer steht nicht mehr zur Diskussion, da die Beseitigung von radioaktiven Abfällen an Land ohne Beeinträchtigung der Biosphäre und ohne unverhältnismäßig hohen Aufwand möglich ist. Die BRD trat 1983 der Londoner Dumping-Konvention bei, nach der auf das Einbringen radioaktiver Abfälle ins Meer verzichtet wird. Eine E. im antarkt. Eis oder durch Transport in den Weltraum wird in Fachkreisen derzeit nicht diskutiert.

INTERNATIONALER STAND ZUR ENDLAGERUNG

Staaten, die in größerem Umfang Kernkraftwerke zur Energieerzeugung nutzen, verfügen über unterschiedl. nat. Programme zur Endlagerung. Die E. verfestigter schwach- und mittelradioaktiver Abfälle durch oberflächennahes Lagern wird in Frankreich, Großbritannien und in den USA praktiziert. Bedingt durch diese Art der E. werden an die Abfallgebinde sehr spezif. Anforderungen gestellt. Eine E. verfestigter schwach- und mittelradioaktiver Abfälle ohne nennenswerte Wärmefreisetzung in geolog. Formationen befindet sich mit Ausnahme Dtl.s in allen Staaten noch in der Planung, die unterschiedlich weit fortgeschritten ist. – Für die Beseitigung hochradioaktiver Abfälle wird in allen Staaten die E. in tiefen geolog. Formationen geplant. In allen NEA/OECD-Mitgliedsländern, die Kernkraftwerke betreiben, laufen zurzeit umfangreiche Forschungsprogramme in Felslabors. Sie dienen der Erprobung und Weiterentwicklung von Methoden zur Erkundung und Charakterisierung von potenziellen Endlagerstandorten sowie der Gewinnung von Kenntnissen über das Wirtgestein und die angrenzenden geolog. Formationen. In den USA wurde vor einigen Jahren entschieden, dass Yucca Mountain in Nevada der erste Standort für die E. hochradioaktiver Abfalls werden soll. 2002 haben der Senat und das Repräsentantenhaus der Errichtung des Endlagers zugestimmt, das 2010 (?) in Betrieb genommen werden soll.

 Geowiss. Aspekte der E. radioaktiver Abfälle, hg. v. der Dt. Geolog. Gesellschaft (1980); A. G. HERRMANN: Radioaktive Abfälle. Probleme u. Verantwortung (1983); K. KÜHN u. W. HAWICKHOST: Entsorgung u. E. in Dtl. (2000); H.-A. LENNARTZ u. C. MUSSEL: Beteiligung der Öffentlichkeit bei der Standortauswahl für die E. radioaktiver Abfälle (2004).

Endler, Adolf, Schriftsteller, * Düsseldorf 10. 9. 1930; übersiedelte 1955 in die DDR, nahm seit Mitte der 1960er-Jahre kritisch zu polit. und literar. Vorgängen dort Stellung (1979 Ausschluss aus dem Schriftstellerverband). Seine Gedichte und Prosatexte verarbeiten formal vielfältig Alltagsmaterial ebenso wie literar. Vorbilder (u. a. K. KRAUS) vorwiegend in iron. und sarkast. Tönen mit großer sprachl. Originalität (»Nadelkissen. Aus den Notizzetteln Bobbi Bergermanns«, 1979; »Vorbildlich schleimlösend. Nachrichten aus einer Hauptstadt 1972–2008«, 1990). E. schuf auch Nachdichtungen aus dem Russ. (u. a. JESSENIN) sowie einige Theaterstücke für Kinder (z. T. mit ELKE ERB, mit der er verheiratet war); auch literaturkrit. Essays.

 Weitere Werke: *Lyrik:* Das Sandkorn (1974); Verwirrte klare Botschaften (1979); Akte Endler. Gedichte aus 25 Jahren (1981); Der Pudding der Apokalypse. Gedichte 1993–1998 (1999). – *Roman:* Die Antwort des Poeten (1992). – *Prosa:* Ohne Nennung von Gründen (1985); Schichtenflotz (1987); Tarzan am Prenzlauer Berg. Sudelblätter 1981–1983 (1994); Nebbich. Eine dt. Karriere (2005).

endlich, *Mathematik:* Bez. für eine Menge, die bijektiv (→ Abbildung) auf ein Anfangsstück der Reihe der natürl. Zahlen abgebildet werden kann.

endlich-axiomatisierbar, Eigenschaft einer mathemat. Theorie, für die eine endl. Menge von Axiomen ausreicht, um daraus alle Sätze dieser Theorie abzuleiten.

Endlichkeit, die räuml., zeitl. oder zahlenmäßige Begrenztheit von Dingen, Personen, Mengen, kosm. Systemen u. a. im Ggs. zur Unendlichkeit. Zeit und Raum, damit die Welt als Ganzes, wurden in der Neuzeit zunächst generell als unendlich angenommen. In der modernen Kosmologie werden sowohl Weltmodelle diskutiert, die ein zeitlich und räumlich unendlich ausgedehntes Weltall beschreiben, als auch Modelle eines zeitlich und räumlich endl. Weltalls. Die tatsächlich realisierte Struktur des Weltalls, der → Raumzeit, lässt sich aus den vorliegenden empir. Befunden gegenwärtig noch nicht eindeutig ableiten.

Im metaphys. Sinne meint E. das Relative, Nichtabsolute, Begrenzte, das nicht durch sich selbst Bestimmte. Theologisch gesehen resultiert die E. aus der Geschaffenheit durch einen unendl. Schöpfergott. Im anthropolog. Sinne bezeichnet E. ein Wesensmerkmal des Menschen, ist sie Ausdruck seiner Sterblichkeit und seines geschichtl. Existierens in der Zeit. In erkenntnistheoret. Hinsicht bei R. DESCARTES und I. KANT besagt E. die Begrenztheit und Abhängigkeit des Erkennens im Unterschied zum absoluten Erkennen Gottes. Der menschl., diskursive Verstand bleibt in seiner Spontaneität immer an Rezeptivität gebunden. Der dt. Idealismus versuchte, über die E. des Verstandes und die damit verbundene Trennung von Anschauung und Begriff hinauszugehen, um schließlich bei G. W. F. HEGEL zu einer Synthese von Endlichem und Unendlichem zu gelangen. S. KIERKEGAARD dagegen sah in dem Streben des endl. Selbstseins nach Unendlichkeit ein unauflösbares Paradoxon. In der Ontologie M. HEIDEGGERS wird die e. menschl. Existierens als »Sein zum Ende« bestimmt. In die Strukturanalyse der Zeitlichkeit des Daseins eingebunden heißt dies für HEIDEGGER, dass der Mensch, sobald er ist, in seinen geschichtl. Existenzmöglichkeiten strukturell auf sein mögl. Ende bezogen ist.

Endlosband, Magnetbandkassette für Spezialzwecke. Die Bandschleife wird nach dem Abspielen auf den gleichen Wickel außen wieder aufgespult, sodass eine Endloswiedergabe der gespeicherten Information möglich ist.

Endlosdruck, Formulardruck in Rotationsdruckmaschinen, die die bedruckten Papierbahnen stanzen, lochen, perforieren und aufgerollt, in Zickzackfalzung oder in Bogen auslegen. Es wird dabei in versch. Druckverfahren gedruckt.

Adolf Endler

Endlosfaser, frühere Bez. für →Filament.

Endlosschleife, *Informatik:* ein Programmsegment, das ohne Unterbrechung immer wieder von vorne durchlaufen wird. E. entstehen durch Programmierfehler, denn normalerweise sorgen Abbruchkriterien dafür, dass eine →Schleife kontrolliert beendet wird. Hat sich ein Programm in einer E. verfangen, reagiert es nicht mehr auf Eingaben des Benutzers und der Rechner wirkt bisweilen so, als wäre er abgestürzt (→Absturz). In vielen Fällen lässt sich das Programm durch Drücken der Escape-Taste oder einer anderen Tastenkombination beenden.

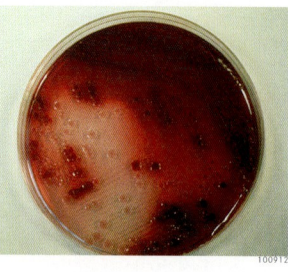

Endo-Agar: dunkelrot gefärbte Escherichia-coli-Kolonien, daneben helle Kolonien von Salmonella enterica

Endlösung der Judenfrage, nat.-soz. Umschreibung für die systemat. Ermordung der Juden in den →Vernichtungslagern, die auf der →Wannseekonferenz 1942 mit den beteiligten Dienststellen abgestimmt wurde. Diese Aktion (1942–45) markiert den Höhepunkt des nat.-soz. Genozids (Völkermord) an den europ. Juden (→Holocaust; →Nationalsozialismus).

Endmaße, *Messtechnik:* Körper (meist aus gehärtetem Stahl), bei denen ein festes Maß hoher Genauigkeit durch den Abstand gegenüberliegender ebener oder gekrümmter Endflächen gegeben ist. Nach ihrer Form unterscheidet man neben den vorwiegend verwendeten **Parallel-E.** mit rechteckigem Querschnitt und parallelen Messflächen u. a. **Kugel-** und **Zylinder-E.** Durch Aneinandersetzen mehrerer Parallel-E., die infolge der sehr hohen Ebenheit ihrer Seitenflächen durch Adhäsion aneinander haften, lassen sich nahezu beliebige Messlängen bilden. E. werden als Eich- und Präzisionsnormale (Längenmaßnormale) verwendet.

Endmoränen, Stirnmoränen, vor dem Rand eines vorrückenden Gletschers zu einem Wall zusammengeschobenes Material, →Moräne.

Endnachfrage, gesamtwirtschaftliche Endnachfrage, Wert aller innerhalb einer bestimmten Periode im Inland produzierten Güter, die während dieses Zeitraums nicht im inländ. Produktionsprozess verbraucht wurden, vermehrt um die Einfuhr von Gütern. Die E. entspricht der Summe aus privaten und staatl. Konsumausgaben, Bruttoinvestitionen (aufgeteilt in Bruttoanlageinvestition und Vorratsveränderungen) und Güterausfuhr.

Endō, Shūsaku, jap. Schriftsteller, *Tokio 27. 3. 1923, †ebd. 29. 9. 1996; studierte in Tokio und Lyon frz. Literatur; ein zentrales Thema seiner Werke ist der Kulturkonflikt zw. Europa und O-Asien, den E. als Katholik anhand der Problematik des Christentums in Japan exemplifizierte. Die Frage von Schuld und Verantwortung wirft sein Roman »Meer und Gift« (1958; dt.) auf, der die an Kriegsgefangenen während des Zweiten Weltkriegs durchgeführten Vivisektionen behandelt. Die Zeit der ersten Missionierung Japans thematisieren Romane wie »Schweigen« (1966; dt.) und »Der Samurai« (1980; dt.). E. war Vors. des jap. PEN-Clubs.

Weitere Werke (jap.): *Romane:* Der wunderbare Träumer (1959; dt.); Der Vulkan (1960; dt.); Eine Klinik in Tokio (1974; dt.); Sünde (1986; dt.); Wiedergeburt am Ganges (1994; dt.).

endo... [griech. éndon »innen«, »inwendig«], vor Vokalen meist verkürzt zu **end...,** Präfix v. a. naturwiss. Fachwörter, bes. der Biologie und Medizin, mit den Bedeutungen: 1) Inneres des tier. (menschl.) oder pflanzl. Organismus (lage- oder richtungsbezogen; z. B. Endokard, Endosmose); 2) innerhalb (im übertragenen Sinne); z. B. Endogamie.

Endo-Agar [nach dem jap. Bakteriologen S. Endō, *1869, †1937] *der, Mikrobiologie:* spezieller Nährboden, der dem Nachweis bestimmter Darmbakterien (Coliforme), die als Fäkalindikatoren Bedeutung haben, in Wasser, Lebensmitteln (z. B. Milch) oder klin. Material dient. Die Differenzierung der Bakterien erfolgt aufgrund der unterschiedl. Befähigung zum Abbau der im Agar enthaltenen Laktose. Bei Laktoseabbau (z. B. durch Escherichia coli) werden die Kolonien kräftig rot gefärbt; können die Bakterien Laktose nicht verwerten, dann bleiben die Kolonien farblos (z. B Salmonella enterica).

Endobiose *die, -/-n,* Bez. für das organism. Leben im Innern eines Substrats; die Gesamtheit dieser Organismen wird als **Endobios** bezeichnet. Je nach besiedeltem Lebensraum unterscheidet man: **Endodendrobios,** die Gesamtheit der im Holz lebenden Individuen (z. B. Insekten, Pilze), **Endogaion,** die im festen Boden lebenden Organismen (→Bodenorganismen), **Endopsammion** (Endopsammon), die im Sandboden von Gewässern lebenden Organismen (einige Muscheln), **Endolithion,** Organismen, die in Steinen, Felsen oder Hartböden (z. B. Lehm) leben, **Endopelon** (Endopelos), solche, die im Schlamm von Meeren und Süßgewässern leben. Als Lebensraum dienen können auch Pflanzengewebe oder Tiere und deren Organe; die dort lebenden Organismen werden dementsprechend als **Endophytobios** (z. B. Algen, Bakterien) oder als **Endozoobios** (z. B. Darmbakterien) bezeichnet. Soweit Pflanzen oder Tiere besiedelt werden, können die Beziehungen symbiot. Art sein (**Endosymbiose,** →Symbiose), aber auch krankheitserzeugend oder schädigend (**Endoparasitismus,** →Parasiten).

Endoblastese [zu griech. blastós »Sproß«, »Trieb«] *die, -/-n,* durch Ausscheidung aus Restlösungen bewirkte spät- bis nachmagmat. Veränderung von Tiefengesteinen; bei der Umkristallisation wachsen bestimmte Minerale bevorzugt, z. B. Kalifeldspäte in Graniten.

Endoceras [zu griech. kéras »Horn«], zu den Nautiloideen gehörende Gattung bis über 3 m langer fossiler Kopffüßer aus dem Ordovizium, mit gerade gestrecktem Gehäuse von rundl. Querschnitt und mit randständigem Sipho.

Endocytose, Endozytose, Form der →Cytose, bei der Partikel (**Phagocytose**) oder Flüssigkeitströpfchen (**Pinocytose**) an der Außenwand der Zelle angelagert, von der Zellmembran umhüllt und die gebildeten Vesikel in die Zelle abgeschnürt werden. Die E. dient bei Einzellern in erster Linie der Nahrungsaufnahme. Dabei verschmelzen die E.-Vesikel (Endosomen) mit primären Lysosomen zu sekundären Lysosomen, welche die aufgenommenen Substanzen zu einfachen Bausteinen abbauen. Bei höheren Organismen hingegen dient die E. u. a. dem Import von Lipoproteinen in die

Zelle und der Eliminierung von Zellen und Molekülen durch die körpereigene Immunabwehr. Sind Rezeptoren auf der Zelloberfläche an diesem Prozess beteiligt, dann spricht man von rezeptorvermittelter Endocytose.

Endodermis [zu griech. dérma »Haut«] *die, -/...men,* pflanzl. Gewebeschicht, die innere Gewebe voneinander trennt. Eine E. findet sich in der →Wurzel als Trennschicht zw. dem Zentralzylinder und der Rinde; selten auch in anderen Pflanzenteilen, z. B. in Erdsprossen oder Nadelblättern. Die E. ist meist einschichtig, aus lückenlos aneinander schließenden lebenden Zellen. Ihre besondere Struktur (→Caspary-Streifen) ermöglicht eine Steuerung des Transports von Wasser und gelösten Stoffen. In älteren E.-Zellen verkorken die Zellwände, und es können z. T. stark verholzende Sekundärwände gebildet werden. Nur einige Zellen (die Durchlasszellen) bleiben nicht oder kaum verkorkt und ermöglichen den Wasser- und Nährstofftransport.

Endodontie [zu griech. odoús, odontós »Zahn«] *die, -/...'ti|en,* Teilgebiet der Zahnheilkunde, das sich mit den Erkrankungen des Zahnmarks (Pulpa, Endodont) und deren Behandlung beschäftigt; es wird zw. vital erhaltenden Maßnahmen mit Überkappung des Zahnmarks bei tiefer Karies und →Zahnwurzelbehandlungen unterschieden, bei denen das Zahnmark entfernt und durch eine Wurzelfüllung ersetzt wird.

End-of-Pipe-Technologie [ənd ɔf 'paip-, zu engl. end of pipe »Ende des Rohrs«], techn. Umweltschutzmaßnahme am Ende eines Prozesses, die durch Behandlung von Abfall, Abluft oder Abwasser versucht, die Umweltwirkungen gering zu halten. – In der *Abwassertechnik* Bez. für eine Technologie, bei der die Abwasserbehandlung nicht am Entstehungsort, sondern erst nach einer Ableitung des Abwassers und ggf. auch Mischung mit anderen Stoffströmen erfolgt. Ein Beispiel dafür ist das in der Abwasserbewirtschaftung weit verbreitete System der Schwemmkanalisation mit nachgeschalteter Kläranlage.

Endogamie [zu griech. gameīn »heiraten«] *die, -,* eine Heiratsordnung (→Heirat), der zufolge die Ehepartner im Ggs. zur →Exogamie aus derselben Gruppe kommen müssen; je nach Gesellschaftsordnung kann es sich dabei um eine Verwandtschafts-, Lokal- oder Statusgruppe handeln.

endogen [zu griech. endogenés »im Hause geboren«],
 1) *allg.:* von innen kommend, innerhalb entstehend; Ggs.: exogen.
 2) *Biologie* und *Medizin:* im Körper entstehend, durch Faktoren im Innern eines Organismus bedingt (z. B. Krankheiten); Ggs.: exogen.
 3) *Geologie:* **innenbürtig**, bezeichnet geolog. Vorgänge oder Erscheinungen, die durch Kräfte aus dem Erdinnern hervorgerufen werden, z. B. Magmatismus, Metamorphose, Tektonik; Ggs.: exogen.
 4) *Psychologie:* nicht durch nachweisbare äußere Einflüsse bestimmt (z. B. psych. Störungen); Ggs.: exogen.
 5) *Wirtschaftswissenschaften:* **endogene Größen**, Bez. für Sachverhalte, die sich aus dem Ablauf des Wirtschaftsprozesses ergeben und diesen wieder beeinflussen – im Ggs. zu exogenen Faktoren, die von Akteuren außerhalb des wirtschaftl. Bereichs bestimmt werden und nicht selbst vom Wirtschaftsprozess beeinflusst werden. Welche Faktoren in ökonom. Modellen als e. betrachtet werden, hängt insbes. vom Untersuchungsgegenstand ab. Mit der Zahl e. Variablen steigt die Komplexität eines Modells.

endogene Bewegungen, *Botanik:* →autonome Bewegungen.

endogene Rhythmik, Bez. für rhythmisch ablaufende, autonome physiolog. Mechanismen (z. B. Stoffwechselprozesse) bei allen Lebewesen (→physiologische Uhr).

endogenes Ekzem, *die* →Neurodermitis.

Endokannibalismus, *Völkerkunde:* →Kannibalismus.

Endokard [zu griech. kardía »Herz«] *das, -(e)s/-e,* **Endocardium,** *Anatomie:* die Hohlräume des Herzens auskleidende glatte Innenwand.

Endokarditis *die, -/...'tiden,* **Herzinnenhautentzündung, Herzklappenentzündung,** lebensbedrohl. Erkrankung mit Entzündung der Herzinnenhaut (Endokard) und häufig sept. Krankheitsbild (→Sepsis). Die E. manifestiert sich dabei überwiegend an den Herzklappen, seltener auch an den Sehnenfäden der Klappen oder der anliegenden Herzwand. Meist sind die Klappen des linken Herzens (Aorten- und Mitralklappe) betroffen, bei Drogenabhängigen (Eintritt der Bakterien über eine Armvene) oder Patienten mit Shuntfehlern (angeborener Herzfehler mit Verbindung zw. linkem und rechtem Herzen) die des rechten Herzens (Trikuspidal- und Pulmonalklappe). Voraussetzungen für die Entstehung einer E. sind eine Vorschädigung des Klappensystems (z. B. bei angeborenen Herzfehlern oder altersbedingter Verkalkung der Herzklappen), thrombot. Auflagerungen durch Fibrin- und Blutplättchen (können als Basis für Bakterienanhaftungen dienen) und eine vorübergehende Bakteriämie (Vorhandensein von Bakterien im Blut). Dabei besteht eine Verbindung zu Körperregionen, die physiologischerweise bereits mit Keimen besiedelt sind, z. B. der Nasen- und Rachenraum, die oberen Atemwege, der Darm oder die Haut. So können beispielsweise Bakterien aus dem Rachenraum während einer Zahnextraktion in die Blutbahn gelangen. Das Krankheitsbild der E. wird durch das Vorschädigung des Herzens, die Virulenz der Keime und die Abwehrsituation des Patienten bestimmt. Die betroffenen Patienten haben zu 90 % Fieber, außerdem kommt häufig ein neues Herzgeräusch hinzu. Allg. Symptome wie Müdigkeit, Kopfschmerzen, Abgeschlagenheit, Nachtschweiß und Gewichtsverlust können begleitend auftreten.

Gelingen eine rasche Diagnose und Behandlung mit Antibiotika nicht, kann es zu dramat. Komplikationen (→Herzinsuffizienz aufgrund der befallenen und nicht mehr intakten Herzklappen, Abszess der Herzwand, begleitet von Herzrhythmusstörungen, embolischer Schlaganfall, Milzinfarkt, Niereninfarkt) mit tödl. Ausgang kommen.

Endokarp [zu griech. karpós »Frucht«] *das, -(e)s/-e,* die innerste Schicht der Fruchtwand (→Frucht).

endokrin [zu griech. krínein »trennen«], *Physiologie:* innere Sekretion aufweisend. Beim e. Sekretionsmechanismus erfolgt die Abgabe eines Stoffes (z. B. eines Hormons) ins Blut und von dort aus zu den Zielzellen. Ggs.: exokrin.

endokrine Drüsen, innersekretorische Drüsen, Drüsen, die ihre Absonderungsprodukte (hier: Inkrete) direkt in die Körperflüssigkeit (Blut) abgeben. Die hormonproduzierenden Drüsen sind e. D. (→Hormone).

Endo Endokrinium

Endokrinium *das, -s,* Bez. für das funktionelle System der innersekretor. (endokrinen) Drüsen, einschließlich der regulator. Zentren.

endokrinogen, von Drüsen mit innerer Sekretion ausgehend, hervorgerufen, ausgelöst.

Endokrinologie *die, -, Biologie* und *Medizin:* wiss. Fachgebiet, das sich mit der Funktion und Regulation der innersekretor. (hormonproduzierenden) Drüsen befasst; als Schwerpunkt der inneren Medizin, zu dem auch die Diabetologie gehört, bemüht sich die E. um Vorbeugung, Erkennung und nichtoperative Behandlung von hormonellen Erkrankungen und Stoffwechselleiden sowie von deren Auswirkungen auf andere Organe. Dies schließt spezielle Funktionstests und intensivmedizin. Maßnahmen ein.

endolezithal, endolecithal, bezeichnet Eier mit in die Eizelle eingelagertem Dotter.

Endolithen [zu griech. líthos »Stein«], *Sg.* **Endolith** *der, -s* oder *-en,* niedere Pflanzen (v. a. Flechten und Cyanobakterien), deren Thallus tief in Steine einwächst.

Endolymphe, klare lymphartige Flüssigkeit im häutigen Labyrinth des Ohrs bei Mensch und Wirbeltieren.

Endolysine, *Sg.* **Endolysin** *das, -s,* beim Zerfall der weißen Blutkörperchen (z. B. im Eiter) frei werdende, Bakterien abtötende Stoffe.

Endometriose [zu griech. mḗtra »Gebärmutter«] *die, -/-n,* Auftreten von funktionstüchtigem endometriumähnl. (gebärmutterschleimhautähnl.) Gewebe außerhalb der Gebärmutterhöhle. Die E.-Herde sind sehr unterschiedlich aufgebaut; es können aktive und inaktive Herde nebeneinander existieren. Die wichtigsten Orte einer E. sind die Gebärmuttermuskulatur (Adenomyose), Eierstock, Eileiter und Beckenbauchfell. Außerhalb der Genitalregion können Dickdarm, Harnblase, Narben im Bauchbereich, Nabel und Lunge befallen sein. Die Entstehung der E. ist nicht genau bekannt. Eine Verschleppung von Partikeln der Gebärmutterschleimhaut über die Eileiter, Blut- und Lymphgefäße ist nachgewiesen. E. sind abhängig von den Hormonen der Eierstöcke und unterliegen (ähnlich der Gebärmutterschleimhaut) zykl. Veränderungen, d. h., eine E. tritt vor der Geschlechtsreife und nach der Menopause nicht auf bzw. wird wieder zurückgebildet. In der Postmenopause kann keine E. nach einer Östrogentherapie wieder aktiviert werden. Bei der Menstruation wird auch die E.-Schleimhaut abgestoßen. Kann das Blut nicht abfließen, bilden sich mit altem Blut angefüllte zyst. Hohlräume, bes. im Eierstock (Teerzysten); gelangt es in die Bauchhöhle, kommt es dort zu Narbenbildung und Verwachsungen. E. im Genitalbereich führen zu prämenstruellen Schmerzen, verstärkten und schmerzhaften Menstru-

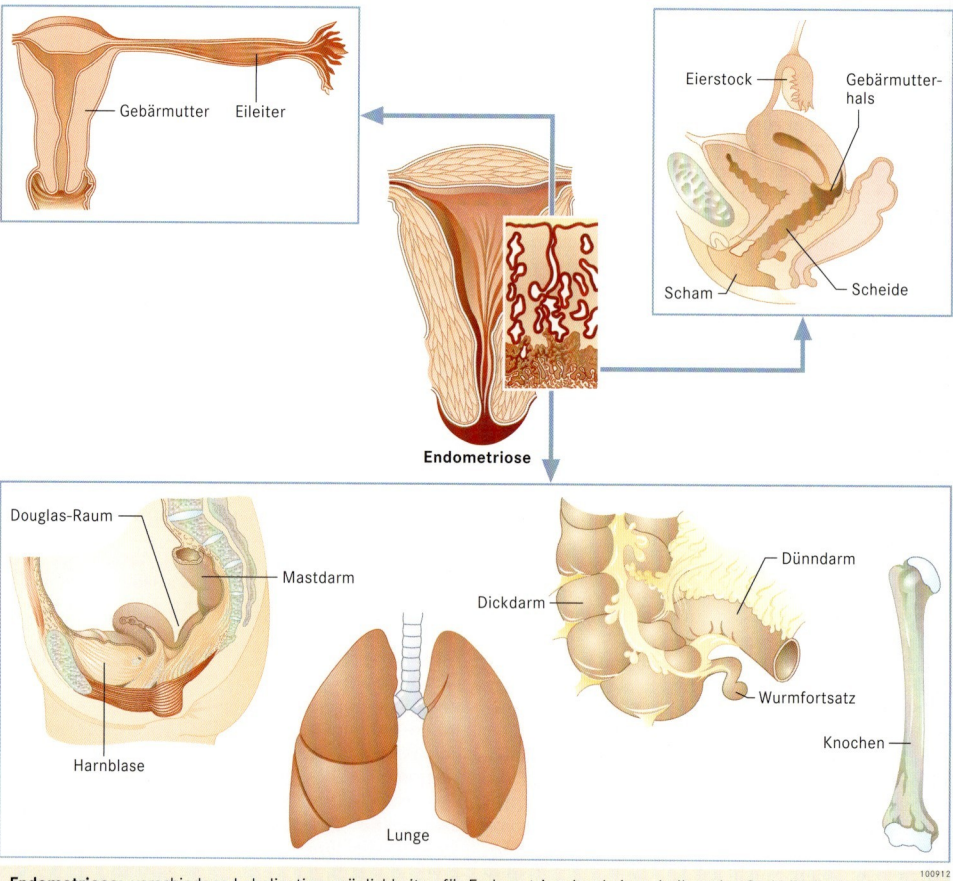

Endometriose: verschiedene Lokalisationsmöglichkeiten für Endometrioseherde innerhalb und außerhalb der Geschlechtsorgane

ationen (Dysmenorrhö, Hypermenorrhö) und bei Eierstock- und Eileiter-E. zu Sterilität.

Die Behandlung erfolgt nach einem Stufenplan. Nach histolog. Sicherung einer aktiven E. durch eine Bauchspiegelung (→ Laparoskopie) mit der Beseitigung der Herde schließt sich eine Hormontherapie über wenigstens sechs Monate mit GnRH-Agonisten (zentrale Hemmung der Gonadotropinsekretion), Gestagenen oder Danazol an. Bei der nachfolgenden Laparoskopie wird eine komplette operative Beseitigung des Herdes durchgeführt. Bei ausgeprägten E. schließt sich in Abhängigkeit vom Kinderwunsch eine Langzeit-Gestagen-Prophylaxe an. Zur Schmerzbehandlung eignen sich die spezif. COX-Hemmer. E.-Zysten sprechen auf eine Hormontherapie nicht an und sind immer operativ (laparoskopisch) zu entfernen.

Endometritis *die, -/...'tiden,* **Gebärmutterschleimhautentzündung,** Entzündung der Gebärmutterschleimhaut, meist infolge aufsteigender Infektionen durch Eigen- oder Fremdkeime der Scheide, u. a. bei Gonorrhö, nach Entbindungen, Fehlgeburten, Ausschabungen oder Anwendung von Intrauterinpessaren. Die E. kann sich auf die Muskelwand der Gebärmutter (Myometritis), das sie bedeckende Bauchfell (Perimetritis) und auch auf das umgebende Bindegewebe (Parametritis) ausdehnen und hier durch Vernarbungen zu schmerzhaften Dauerbeschwerden führen.

Endometrium *das, -s/...i|en, Anatomie:* die Gebärmutterschleimhaut, → Gebärmutter.

Endometriumbiopsie, Strichkürettage [-ʒə], partielle → Ausschabung.

Endometriumkarzinom, Korpuskarzinom, Gebärmutterkörperkrebs, von den Drüsen der Gebärmutterschleimhaut ausgehender bösartiger Tumor, der sich sowohl in der Gebärmutterhöhle als auch in der Muskulatur der Gebärmutter entwickeln kann. Das E. ist die vierthäufigste Krebserkrankung der Frau.

Unterschieden werden zwei Formen des E. Der **Typ 1** ist hormonabhängig und entwickelt sich, wenn die Östrogene überwiegen. Die Östrogene wirken dabei als typ. Tumorpromotoren und nicht als Karzinogene. Das E. entwickelt sich beim Typ 1 charakteristisch über Vorstufen von Veränderungen der Gebärmutterschleimhaut. Diese Krebsform ist meist gut differenziert, bildet Östrogen- und Progesteronrezeptoren, wird meist in sehr frühen Stadien erkannt und hat eine sehr gute Prognose. Der **Typ 2** ist nicht hormonabhängig. Diese Krebsform entsteht aus der altersbedingt zurückgebildeten Gebärmutterschleimhaut, vorzugsweise bei älteren Frauen, die die typ. Risikofaktoren für das E. Typ 1 nicht aufweisen. Diese Krebsform ist meist undifferenziert, wird meist erst in fortgeschrittenen Stadien diagnostiziert und hat eine schlechte Prognose.

Gesicherte Risikofaktoren für den Typ 1 sind ein relativer Gestagenmangel ein Leben lang (anovulator. Zyklen), das → polyzystische Ovarialsyndrom, Östrogen produzierende Tumoren, reine Östrogensubstitution in der Postmenopause, späte Menopause, frühe Menarche, Kinderlosigkeit, Fettsucht, Bluthochdruck und Diabetes mellitus.

Als Symptome treten Blutungsstörungen, v. a. Zusatz- oder Dauerblutungen vor den Wechseljahren, oder erneute Blutungen nach der Menopause bzw. eitriger Ausfluss auf. Mitunter kommt es bei Frauen, die nie geboren haben, zu wehenartigen Schmerzen im Unterbauch. Es sollten daher alle Blutungsstörungen bei Frauen über 35 Jahren durch Hysteroskopie und Ausschabung mit anschließender Gewebeuntersuchung der Gebärmutterschleimhaut abgeklärt werden. Mit der vaginalen Ultraschalluntersuchung kann nur der Verdacht auf das Vorliegen eines E. geäußert werden.

Die Behandlung besteht beim E. in einer möglichst kompletten Entfernung aller Tumoranteile. Über einen Bauchschnitt werden die Gebärmutter mit beiden Eierstöcken, Eileitern und den Lymphknoten sowie der obere Anteil der Scheide entfernt. Nur bei einer Gegenindikation zur Operation (Begleiterkrankungen, hohes Alter) sollte auf diese verzichtet werden und die Bestrahlung der Gebärmutter (After-Loading-Technik, Brachytherapie) erfolgen.

📖 Malignome des Corpus uteri, hg. v. R. KIMMIG (²2000); Klinik der Frauenheilkunde u. Geburtshilfe, Bd. 11: Spezielle gynäkolog. Onkologie, hg. v. G. BENDER (⁴2001).

Endomitose, Chromosomenvermehrung im Zellkern ohne Spindelbildung und ohne anschließende Zellteilung. Wiederholte E. führt zu → Polyploidie oder auch zu → Riesenchromosomen.

Endomorphismus *der, -/...men, Mathematik:* ein → Homomorphismus einer algebraischen Struktur (z. B. Gruppe, Ring) in sich. Die E. eines Ringes bilden einen Ring **(Endomorphismenring),** wenn man als Multiplikation das Hintereinanderausführen von → Abbildungen und die Addition wertemäßig erklärt; es gilt also für zwei E. f und g und ein Element a des Ringes $(f \circ g)(a) = f(g(a))$ und $(f + g)(a) = f(a) + g(a)$.

Endomysium [zu griech. mŷs »Muskel«, eigtl. »Maus«] *das, -s/...si|en,* zw. den Muskelfasern befindl., lockeres Bindegewebe. (→ Muskeln)

Endoneurium [zu griech. neûron »Sehne«, »Nerv«] *das, -s/...ri|en,* an Blutgefäßen reiches, zw. den Nervenfasern eines Nervs befindl. Bindegewebe.

Endonukleasen, Gruppe von Enzymen, die die hydrolyt. Spaltung von Ribo- und Desoxyribonukleinsäuren katalysieren (→ Nukleasen).

Endoparasiten, Entoparasiten, im Inneren (in Geweben oder Körperhöhlen) eines anderen Organismus lebende Schmarotzer (beim Menschen z. B. Bandwürmer, Krätzmilben, Protozoen).

Endopeptidasen, Gruppe von die hydrolyt. Proteinspaltung katalysierenden Enzymen (→ Peptidasen).

Endophyten [zu griech. phytón »Pflanze«], *Sg.* **Endophyt** *der, -en,* **Entophyten,** pflanzl. Organismen (v. a. Bakterien, Pilze, Algen), die im Inneren anderer Organismen leben; i. e. S. nur pflanzl. Endoparasiten.

Endoplasma, Entoplasma, Entosark, der innere Teil des Zellplasmas, bei Einzellern oft als flüssige Substanz vom äußeren, viskoseren Ektoplasma zu unterscheiden.

endoplasmatisches Retikulum, Abk. **ER,** in allen eukaryot. Zellen befindl. System untereinander verbundener flacher Membranvesikel (Zisternen) sowie tubulärer oder retikulärer Strukturen; das ER steht mit der äußeren Kernmembran in Verbindung. Es tritt in zwei Formen auf: Das **raue ER (rER)** ist mit Ribosomen besetzt, an denen bestimmte Proteine (z. B. Membranproteine und Proteine, die aus der Zelle exportiert werden) synthetisiert werden. Das raue ER tritt daher gehäuft in Zellen auf, die z. B. Antikörper produzieren. Das **glatte ER (gER)** ist frei von Ribosomen und in der Zelle nur in relativ geringem Maße vorhanden. Es ist Ort der Lipidsynthese und von Entgiftungsreaktionen, in Leberzellen Ort des Glykogen-

endoplasmatisches Retikulum: raues endoplasmatisches Retikulum mit Ribosomen in einer Zelle der Bauchspeicheldrüse

abbaus. Im glatten ER wird Calcium gespeichert, das als Signalstoff dient, v. a. in Nervenzellen und Muskelzellen; in Letzteren wird das glatte ER sarkoplasmatisches Retikulum genannt.

Endoprothese, aus Kunststoff, Metall o. Ä. gefertigtes Ersatzstück, das in den Körper implantiert wird und den geschädigten Körperteil ganz oder teilweise ersetzt (→ Alloplastik, → Arthroplastik).

Endor, Endur, Ort in Palästina südlich vom Berg Tabor, nach 1. Sam. 28,7 ff. Wohnsitz einer Totenbeschwörerin (der **Hexe von E.**). Sie beschwor König SAUL vor seiner letzten Schlacht gegen die Philister den Geist SAMUELS.

Endoradiosonde, Intestinalsender, Mikrosender (z. B. die Heidelberger Kapsel), der geschluckt wird und beim Durchlaufen des Magen-Darm-Kanals mittels Messwertfühler Informationen z. B. über Temperatur, Säureverhältnis, Enzymgehalt und Peristaltik einem Empfänger übermittelt. Untersuchungen mittels E. werden nur noch selten durchgeführt und sind insbes. durch endoskop. Verfahren ersetzt worden.

Endorf, Markt, Markt Bad Endorf, Markt im Landkreis Rosenheim, Oberbayern, 525 m ü. M., 7900 Ew.; Kurort zw. Chiemsee und Simssee mit der stärksten Jod-Sole-Quelle Europas (am Auslauf 35–90 °C).

Endorphine [zu endogen und Morphin] *Pl.,* Sammel-Bez. für eine Reihe von Peptiden mit opioidähnl. Wirkung (→ Opioide), die im menschl. und tier. Organismus gebildet werden. Man unterscheidet im Wesentlichen zwei Substanzgruppen: die Enkephaline und die E. i. e. S. Die **Enkephaline** wurden als erste E. 1975 aus Schweinehirn isoliert und als aus fünf Aminosäuren aufgebaute Peptide (**Met-Enkephalin** und **Leu-Enkephalin**) identifiziert, die sich nur in einer endständigen Aminosäure unterscheiden. Sie können v. a. im Rückenmark, Hirnstamm, Hippocampus und Streifenkörper nachgewiesen werden. Die eigentl. E. wurden erstmals 1976 von R. GUILLEMIN aus Schafshirn isoliert, bisher wurden drei als α-, β- und γ-E. bezeichnete Substanzen identifiziert. Es handelt sich um längerkettige Peptide, die immer die Aminosäuresequenz des Met-Enkephalins enthalten und selbst, wie auch die Enkephaline, Bestandteile des aus 90 Aminosäuren aufgebauten Hypophysenhormons Lipotropin sind. α-, β- und γ-E. wurden ausschließlich in den Kernen des Hypothalamus nachgewiesen. – Alle E. besitzen eine schmerzstillende Wirkung, wobei die Wirkung in der Reihe Enkephaline – Morphin – β-E. ansteigt. Daneben sind die E. u. a. sehr wahrscheinlich auch an der Kontrolle des Blutdrucks, der Darmmotorik und der Körpertemperatur, der Regulation der Hormonsekretion sowie der Überwachung der Körperbewegungen beteiligt. Die Hoffnung, die E. in der Schmerzbekämpfung einsetzen zu können, erfüllte sich nicht, da E. wie Opioide Sucht hervorrufen und außerdem nur injiziert und nicht peroral appliziert werden können. – Bei Ausdauerbelastungen wie Laufen werden E. bei höheren Belastungsintensitäten als etwa 70 % der individuellen Höchstleistungsfähigkeit oder bei längerer Belastungsdauer als etwa 45 min um das 3- bis 4-Fache vermehrt produziert. Hierdurch werden positive Gefühle ausgelöst.

ENDOR-Technik [Abk. für engl. **e**lectron **n**uclear **d**ouble **r**esonance »Elektron-Kern-Doppelresonanz«], *Hochfrequenzspektroskopie:* Kombination von Verfahren der EPR- und NMR-Spektroskopie, mit denen in Kristallen eine magnet. Kernresonanz indirekt über Änderungen der Absorption einer Elektronenspinresonanz nachgewiesen wird. – Die von dem amerikan. Physiker GEORGE FEHER (*1924) entwickelte ENDOR-T. nutzt die Hyperfeinkopplung zw. ungepaarten Elektronen und benachbarten Kernen aus und wird durch simultane Anregung eines Kernspinübergangs mit Radiowellen und eines Elektronenspinübergangs mit Mikrowellen realisiert. Sie wird u. a. zur Messung von magnet. Kernmomenten und Quadrupolmomenten, von Hyperfeinstrukturanomalien, bei Untersuchungen von Relaxationsvorgängen in magnet. Systemen sowie von Eigenschaften dotierter Halbleiter herangezogen.

Endoskelett, Sammel-Bez. für Stützstrukturen, die sich im Unterschied zum → Exoskelett im Innern eines Organismus befinden, z. B. die Chorda dorsalis der niederen Chordatiere oder das → Skelett der Wirbeltiere.

Endoskopie [zu griech. skopeĩn »betrachten«] *die, -/...pi̱en,* diagnost. Verfahren zur Untersuchung (»Spiegelung«) von Körperhöhlen und -kanälen sowie Hohlorganen durch unmittelbare Betrachtung mithilfe eines **Endoskops.** Ein Endoskop ist ein schlauchförmiges biegsames oder starres Instrument, das mit einem opt. System und einer Beleuchtungseinrichtung (Kaltlicht) ausgestattet ist. Je nach opt. System unterscheidet man das starre Endoskop (Prismen und Linsen) und das biegsame Fiberendoskop (Fibroskop). Hier besteht das opt. System aus Glasfaserbündeln, es liefert einen erweiterten Betrachtungsraum bei größerer Helligkeit. Das elektron. Endoskop ermöglicht über einen als miniaturisierte Fernsehkamera fungierenden CCD-Bildwandlerchip eine Bildschirmwiedergabe. Endoskope verfügen zudem über Spül- und Absaugvorrichtungen sowie Kanäle, über

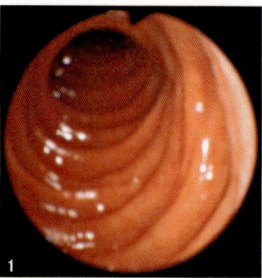 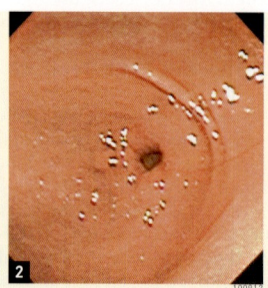 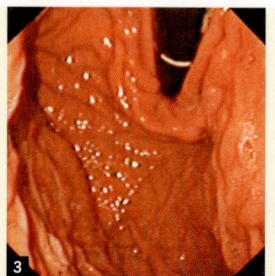 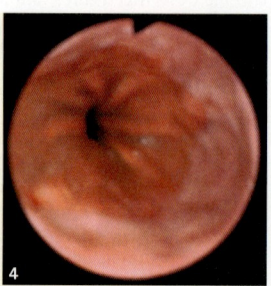

Endoskopie
endoskopische Bilder vom Zwölffingerdarm und Magen; **1** Falten im Zwölffingerdarm **2** Schleim im Magenausgang **3** Magenmund **4** Übergang vom grau-weißen Epithel der Speiseröhre zur dunkelroten Schleimhaut des Magens

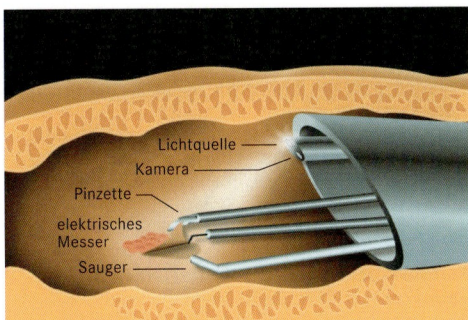

Endoskopie: Endoskop mit minimalinvasiven Operationsgeräten und Beleuchtung

die spezielle Instrumente, z. B. Zangen, Schlingen oder Körbchen, in den Körper eingeführt werden können. Diese dienen u. a. zur Entnahme von Gewebeproben, Blutstillung und Abtragung von Polypen oder zur Entfernung von Steinen. Außerdem können Verengungen z. B. in der Speiseröhre oder im Gallengang endoskopisch aufgeweitet, Prothesen eingesetzt oder Operationen endoskopisch (z. B. Gallenblase, Leistenhernie) durchgeführt werden. Über die →Endosonografie kann endoskopisch eine Ultraschalluntersuchung durchgeführt werden.

Die E. wird im Einzelnen im Magen-Darm-Kanal angewendet als Spiegelung der Speiseröhre (Ösophagoskopie), des Magens (Gastroskopie), des Zwölffingerdarms (Duodenoskopie), des Dickdarms (Koloskopie) und des Enddarms (Rektoskopie). Die Gallen- und Bauchspeicheldrüsenwege können endoskopisch in Kombination mit einer Röntgenuntersuchung mittels →ERCP untersucht werden. Außerdem sind Spiegelungen der Bauchhöhle (Laparoskopie), der Brusthöhle (Thorakoskopie), der Luftröhre und Bronchien (Bronchoskopie), der Gebärmutter (Hysteroskopie), der Harnröhre oder -blase (Urethroskopie, Zystoskopie), von Gelenken (Arthroskopie) und im Bereich des Rachens, des Kehlkopfs, der Nasen- und Nasennebenhöhlen möglich. Zur Diagnostik des Dünndarms ist seit Mitte 2001 die Videokapsel-E. verfügbar. Diese Kapsel wird geschluckt und als Einmalprodukt über den Stuhl wieder ausgeschieden. Sie besteht aus einer Chipkamera und sendet je Sekunde zwei Bilder an den tragbaren Rekorder. Die Kapsel-E. wird u. a. bei unklaren Blutungen aus dem Darmkanal eingesetzt. Die virtuelle E. ist ein neueres Verfahren, bei dem die dreidimensionale Darstellung von Hohlräumen ohne das direkte Einbringen eines Endoskops durch computergestützte Nachbearbeitung von Computertomografie- oder Kernspintomografiebildern ermöglicht wird (virtuelle Koloskopie).

Endosonografie, Endosonographie, spezielles Verfahren der →Ultraschalldiagnostik zur Darstellung von Hohlorganen oder angrenzenden Strukturen. Dazu wird ein sehr kleiner Schallkopf in ein Hohlorgan eingebracht. Die E. dient zur Diagnose von krankhaften Veränderungen, beispielsweise Gallengangsteinen, Bauchspeicheldrüsenveränderungen, Tiefenausdehnung von Speiseröhren- oder Magenkrebs und Beurteilung von Lymphknoten, Prostataveränderungen und gynäkol. Erkrankungen. Außerdem können endosonografisch gestützte Punktionen zur Probeentnahme und Drainage von Zysten (z. B. Bauchspeicheldrüsenzysten) durchgeführt werden.

Endosperm [zu griech. spérma »Samen«] das, -(s), -e, Botanik: Nährgewebe im Embryosack der Samenpflanzen (→Samen).

Endosporen, hitzeresistente Dauerformen bestimmter Bakterien und Pilze, die im Innern einer so genannten Sporenmutterzelle entstehen. E. werden bei Bakterien bes. von Vertretern der aeroben Gattung Bacillus und der anaeroben Gattungen Clostridium und Desulfotomaculum gebildet, bei den Pilzen v. a. bei Jochpilzen und Schlauchpilzen; Ggs.: Exosporen.

Endostatin, körpereigenes Protein, das die Bildung von Gefäßen (Angiogenese) verhindert (→Angiogenesehemmstoffe).

Endostyl [zu griech. stýlos »Säule«, »Pfahl«] das, -s/-e, Zoologie: die →Hypobranchialrinne.

Endosymbiontenhypothese, Endosymbiontentheorie, von LYNN MARGULIS (*1938) erstmals 1971 veröffentlichtes Erklärungsmodell für die Entstehung der eukaryot. Zelle. Die E. geht davon aus, dass die eukaryot. Zelle das Produkt eines symbiot. Zusammenschlusses verschiedener Bakterien ist. Danach soll ein erster primitiver Eukaryot aus der Verschmelzung eines Archaebakteriums mit einem Eubakterium entstanden sein. Hinweis darauf ist die Ähnlichkeit derjenigen Gene von Eukaryoten, die für die Vervielfältigung, das Ablesen und die Umsetzung der Erbinformation zuständig sind, mit den entsprechenden DNA-Sequenzen der Archaebakterien. Die eukaryot. Gene für den Stoffwechsel scheinen dagegen im Wesentlichen mit denen der Eubakterien übereinzustimmen. Der aus dieser Fusion hervorgegangene primitive Eukaryot soll im weiteren Verlauf der Evolution Cyanobakterien und aerobe Bakterien aufgenommen haben, die zunächst symbiotisch im Eukaryot lebten und sich dann zu den heutigen →Chloroplasten und →Mitochondrien entwickelten. Wichtige Argumente für diesen (weitgehend anerkannten) Teil der Hypothese sind das Vorhandensein von ringförmiger DNA, 70S-Ribosomen, wie sie typisch für Prokaryoten sind, und eines vollständigen Proteinbiosyntheseapparates in diesen Organellen. Die Moleküle für eine Proteinbiosynthese sind in ihrem Aufbau und ihrer Empfindlichkeit gegenüber Hemmstoffen denen rezenter Bak-

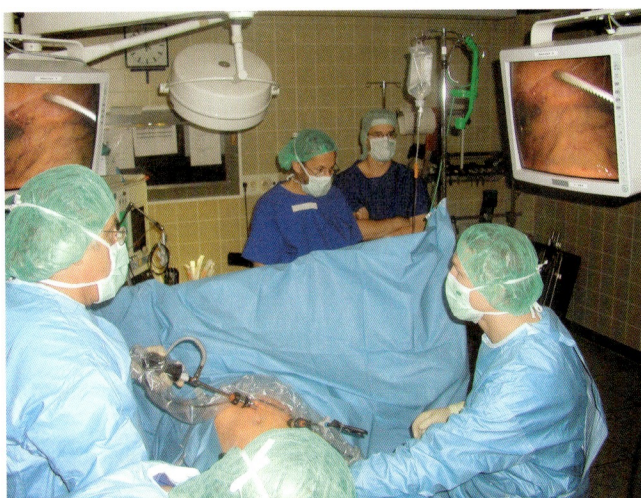

Endoskopie: Auch in der minimalinvasiven Chirurgie wird die Technik der Endoskopie genutzt.

terien ähnlicher als denen im Zytoplasma der »Wirtszelle«. Weiterhin umgeben Chloroplasten und Mitochondrien zwei Membranen, deren innere vermutlich vom Endosymbionten und deren äußere wohl von der →Euzyte stammt. Allerdings gibt es auch Hinweise, dass bei Chloroplasten beide Membranen von den Cyanobakterien abstammen. Beide genannten →Organellen sind zur eigenständigen Vermehrung (Autoreduplikation) innerhalb der Euzyte fähig. Im Laufe der Evolution soll ein großer Teil des genet. Materials der Symbionten auf den Zellkern der Wirtszelle übertragen worden sein. Dieser Umstand macht es erforderlich, dass die durch das Kerngenom codierten Organellenproteine im Zytoplasma synthetisiert und anschließend in das Organell transportiert werden, was inzwischen nachgewiesen wurde.

Die Chloroplasten der Heterokontophyta (u. a. Braunalgen), Haptophyta und Cryptophyta sind wohl durch die sekundäre Endosymbiose einer Rotalge durch einen eukaryot. Einzeller entstanden; bei den Euglenophyta und den Chlorarachniophyta ist der sekundäre Symbiont eine Grünalge. Hinweise darauf sind die vier Membranen um die Chloroplasten (bei Euglena nur drei) sowie bei den Cryptophyta und Chlorarachniophyta das Vorhandensein eines Nukleomorphs, d. h. des reduzierten Zellkerns der ursprünglichen Rot- bzw. Grünalge. Bei einigen Dinoflagellaten lässt sich sogar eine tertiäre Endosymbiose nachweisen; hier wurde ein durch eine sekundäre Endosymbiose einer Rotalge entstandener Organismus von einem Einzeller aufgenommen.

Manche Mikroorganismen repräsentieren moderne Beispiele für den Übergang zw. Endosymbiose und Organellbildung. So finden sich in einer Art des Pantoffeltierchens symbiotisch lebende Zoochlorellen. Letztere liefern an den Wirt Zucker und Sauerstoff und erhalten dafür Kohlendioxid und anorgan. Ionen; beide Organismen sind aber noch getrennt kultivierbar. Bei den Glaucophyta ist der Endosymbiont schon weitgehend integriert, doch besteht die Hülle dieser so genannten →Cyanelle noch aus dem für die Bakterien typischen Murein.

Endothel [Analogiebildung zu Epithel] *das, -s/-e,* von plattenförmigen Zellen (Plattenepithel) gebildete innere Auskleidung der Blutgefäße.

Endotheline, Abk. **ET,** Gruppe körpereigener, aus jeweils 21 Aminosäuren bestehender Peptide (ET-1 bis ET-3), die außer in Endothelzellen in zahlr. anderen Zellen gebildet werden. Im Endothel (Gefäßinnenhaut), das den E. ihren Namen gegeben hat, wird insbes. ET-1 synthetisiert. Es ist die stärkste derzeit bekannte gefäßverengende (kontrahierende) Substanz. Außerdem bewirkt sie eine Zellvermehrung (Proliferation). Ihre Wirkung kommt durch einen lang anhaltenden verstärkten Einstrom von Calciumionen aus dem Extrazellularraum ins Zellinnere zustande. Eine Reihe von Endothelschäden, z. B. bei Patienten im Schock oder mit einer Erhöhung des Blutdrucks im Lungenkreislauf (pulmonale Hypertonie), ist durch eine vermehrte Bildung von ET-1 gekennzeichnet. Deshalb können solche Veränderungen mit **Endothelinantagonisten** behandelt werden.

Endotheliom *das, -s/-e,* vom →Endothel ausgehender Tumor. **Hämangio-** und **Lymphangio-E.** gehen vom Blut- und Lymphgefäßendothel aus. (→Epitheliom, →Meningiom, →Mesotheliom)

endotherm [zu griech. thermós »warm«], Wärme aufnehmend, Wärme bindend; bezeichnet chem. oder physikal. Vorgänge, die unter Aufnahme von Wärme aus der Umgebung ablaufen; häufig im Zusammenhang mit chem. Reaktionen gebraucht. **Endotherme Reaktionen** haben eine positive Reaktionsenthalpie; Ggs.: exotherm.

endothymer Grund [zu griech. thymós »Gemüt«], von P. LERSCH in seinem Schichtenmodell der Persönlichkeit eingeführter Begriff zur Bez. tragender Funktionen des Seelenlebens (Affekte, Emotionen, Stimmungen, Antriebe u. a.), die in enger Verbindung zur biophys. Konstitution des Menschen stehen.

Endotoxine, Gruppe der →Bakteriengifte.

endotroph [zu griech. tréphein »nähren«], bei Pilzhyphen (→Mykorrhiza): sich innen ernährend.

Endozytose, die →Endocytose.

Endphasenlenkung, Lenkverfahren für militär. Flugkörper zur Bekämpfung von Punktzielen (z. B. gepanzerte Fahrzeuge). Die meist relativ kleinen Flugkörper werden aus Transportbehältern freigesetzt, die mit Flugzeugen oder als Geschosse ungelenkt über das Zielgebiet gebracht werden. Bei Freigabe aus den Behältern wird eine Eigenlenkvorrichtung (→Eigenlenkung) in Betrieb gesetzt, die mit Infrarot-, Laser- oder Radarsuchköpfen ein Ziel ortet und den mit einer Sprengladung versehenen Flugkörper ins Ziel lenkt.

Endplatte, motorische E., Endstück (→Synapse) der motor. Nervenfasern, die Verbindung zw. Nervenfaser und Skelettmuskelfaser und gleichzeitig Übertragungsort für die von der Nervenfaser stammenden elektr. Impulse. Erregung der E. führt zu einem **E.-Potenzial,** das bei Überschreiten eines bestimmten Schwellenwerts ein Aktionspotenzial auslöst. Dieses wird über die Skelettmuskelfaser fortgeleitet und führt zur Muskelkontraktion. Die Erregungsübertragung erfolgt, da sich zw. E. und Muskelzelle ein Spalt (synapt. Spalt) befindet, auf chem. Weg durch den Neurotransmitter Acetylcholin.

Endprodukthemmung, Rückkopplungshemmung, **Feedback-Inhibition** [ˈfiːdbækɪnhɪbɪʃn, engl.], hemmende Wirkung eines Endprodukts auf ein Enzym, das einen Anfangsschritt der zu seiner Synthese führenden Reaktionskette katalysiert. Das Endprodukt wirkt dabei als **alloster. Hemmstoff** des jeweiligen Enzyms **(alloster. Enzym),** d. h., es lagert sich an einer (nicht dem aktiven Zentrum entsprechenden) Stelle des Enzyms an und verändert dessen räuml. Gestalt. Das so veränderte Enzym kann sein Substrat nicht mehr binden: die Synthesekette reißt ab. Die E. ist einer der wichtigsten Mechanismen der Stoffwechselregulation.

Endreim, ein →Reim, bei dem sich die Zeilenenden reimen, im Unterschied zum Binnenreim.

Endrikat, Fred, Schriftsteller, * Nakel (heute Nakło nad Notecią, Wwschaft Kujawien-Pommern) 7. 6. 1890, † München 12. 8. 1942; seine originellen Couplets für das literar. Kabarett sind weit verbreitet.

Werke: Die lustige Arche (1935); Liederliches u. Lyrisches (1940); Höchst weltliche Sündenfibel (1940); Der fröhliche Diogenes (1942); Sündenfallobst (hg. 1953).

Endrumpf, *Geomorphologie:* →Rumpffläche.

Endseen, abflusslose Seen in ariden Gebieten, bei denen das zufließende Wasser (durch Fremdlingsflüsse) ohne einen Abfluss v. a. über die Verdunstung verloren geht (Kasp. Meer, Aralsee, Tschadsee). E. unterliegen daher der Versalzung.

Endspiel, Schach: die letzte Phase einer Partie. Man unterscheidet Bauern-, Damen- und Turmendspiel.

Endspiel, frz. »Fin de partie«, engl. »Endgame«, Drama des irisch-frz. Schriftstellers S. BECKETT; frz. Erstausgabe 1957, Uraufführung am 3.4.1957 in Paris. Das Stück zeigt vier Verdammte, darunter Hamm und Clov, die gegeneinander und gegen sich selbst einen unerbittl. Krieg führen, die nach Orientierung in einer Zeit der Halt- und Ordnungslosigkeit suchen.

Endstation Sehnsucht, engl. »A streetcar named Desire«, Drama des amerikan. Dramatikers T. WILLIAMS; engl. Erstausgabe 1947, Uraufführung am 3.12.1947 in New York. Das Werk um die poetisch-zerbrechl. und psychisch verwundbare Protagonistin Blanche, die in einer materialistisch orientierten, brutalen Welt scheitert, thematisiert die Gegenpole Realität und Illusion, männl. Härte und weibl. Poesie, Trieb und Sehnsucht. Das Drama wurde 1951 von E. KAZAN verfilmt; P. ALMODÓVARS Film »Alles über meine Mutter« (1999) ist eine Variation des Stoffes.

Endstrombahn, terminale Strombahn, *Medizin:* die peripheren Abschnitte des Blutgefäßsystems, eine gleichsinnig wirkende Funktionsgemeinschaft (Synergide) von kleinsten Arterien, Kapillaren und anschließenden Venen, in deren Bereich sich der Stoffaustausch zw. Blut und Gewebe vollzieht.

Endter, Buchdrucker-, Schriftgießer-, Buchhändler- und Papierfabrikantenfamilie in Nürnberg. GEORG E. d. Ä. (*1562, †1630) gründete Anfang des 17. Jh. eine Buchdruckerei. WOLFGANG E. d. Ä. (*1593, †1659) war ab 1612 am väterl. Betrieb beteiligt, druckte Schul- und Volksbücher, die Werke der »Pegnitzschäfer« (G. P. HARSDÖRFFER u. a.) und 1641 die reich illustrierte prot. »Kurfürstenbibel« (auch Ernestin. Bibel gen.). 1654 erschien der »Orbis sensualium pictus« des J. A. COMENIUS. Das Unternehmen wurde 1855 aufgegeben.

Endung, *Sprachwissenschaft:* Laut oder Silbe, die an den Wortstamm angehängt und bei der Flexion abgewandelt werden kann, z. B. *-en* in »(wir) mach*en*«, *-t* in »(ihr) mach*t*«. E. sind gebundene →Morpheme.

Enduro [span.] *die,* geländegängiges Serienmotorrad mit leichtem Rahmen und Einzylindermotor, ähnlich einer Motocrossmaschine. Europameisterschaften im E.-Sport (seit 1974) werden derzeit in den Klassen bis 80 cm³, bis 125 cm³, bis 250 cm³, bis 350 cm³, bis 500 cm³ und bis 1 250 cm³ ausgetragen. Bedeutendster E.-Wettbewerb ist die Internat. →Sechstagefahrt.

Endvaku|um, die niedrigste Gasdichte in einer Vakuumanlage, bei der sich zw. der in den Vakuumraum eintretenden und der abgepumpten Gasmenge ein Gleichgewicht einstellt; der zugehörige Gasdruck wird als **Restgasdruck (Enddruck)** bezeichnet. Das i. Allg. vom Ansaugdruck abhängige Saugvermögen einer Vakuumpumpe wird beim E. null.

Endvermögen, im gesetzl. Güterstand der →Zugewinngemeinschaft das Vermögen, das einem Ehegatten nach Abzug der Verbindlichkeiten am Ende des Güterstandes gehört (§1375 BGB). Maßgebl. Zeitpunkt für die Berechnung ist der Tag der Beendigung des Güterstandes (§1375 BGB), der Rechtshängigkeit des Scheidungsantrages (§1384 BGB) oder der Klage auf vorzeitigen Ausgleich des Zugewinns (§1378 BGB). Dem E. wird der Betrag hinzugerechnet, um den das Vermögen dadurch vermindert worden ist, dass ein Ehegatte nach Eintritt des Güterstandes sittlich nicht gerechtfertigte unentgeltl. Zuwendungen gemacht hat, das Vermögen verschwendet oder andere Handlungen in Benachteiligungsabsicht vorgenommen hat (§1375 Abs. 2 BGB). Der Wert des auf

Endymion: Giovanni Battista Pittoni, »Diana und Endymion« (1723; Sankt Petersburg, Eremitage)

diese Weise weggegebenen Vermögens richtet sich nach dem Zeitpunkt der Vermögensminderung. Die Hinzurechnung unterbleibt, wenn die betreffende Handlung länger als zehn Jahre zurückliegt.

Endwirt, Wirtsorganismus, in dem ein Parasit mit Wirtswechsel am Ende eines mehrwirtigen Zyklus geschlechtsreif wird, z. B. ist der Mensch E. für die →Pärchenegel. (→Zwischenwirt)

Endymion, griech. **Endymion,** *griech. Mythologie:* nach der geläufigen Überlieferung ein Hirt oder Jäger, der Geliebte der Mondgöttin Selene (oder der Artemis bzw. Diana), die ihn in Schlaf versenkte, um ihn ungestört küssen zu können; nach einer anderen Version erbat sich E. von Zeus ewigen Schlaf und ewige Jugend. Der schlafende E. war ein beliebtes Motiv in der Renaissance- und Barockmalerei.

Endzeit, die religiöse Vorstellung vom Ende der bisherigen Welt, meist mit Vorstellungen über den Anbruch einer neuen Welt verbunden (→Eschatologie).

Endzeitgemeinden, Endzeitgemeinschaften, 1) in der *Kirchengeschichte* Bez. für auf dem Boden des Christentums entstandene religiöse Gemeinschaften und Bewegungen, die – in eschatolog. Naherwartung lebend – die Wiederkunft CHRISTI als den Anbruch des Reiches Gottes (→Parusie) oder seiner tausendjährigen Herrschaft (→Chiliasmus) noch zu ihren Lebzeiten erwarteten bzw. erwarten und diese Erwartung mit dem Anspruch verbanden/verbinden, allein die Gemeinschaft der von Gott Erwählten, vor Gott

Endz Endzelins

Gerechten und in seinem Gericht Erretteten zu repräsentieren (→ Gericht Gottes). E. gab es bereits z. Z. der frühen Kirche (→ Montanismus); heute gelten v. a. die im 19. Jh. entstandenen → Adventisten und → Zeugen Jehovas als stark endzeitlich ausgerichtete Gemeinschaften. – 2) Die *Religionsgeschichte* außerhalb des Christentums kennt u. a. E. bzw. endzeitl. Bewegungen mit jüd. religiösem Hintergrund, entstanden in Verbindung mit der Vorstellung des apokalypt. Endkampfes bzw. mit der unmittelbaren Erwartung des Messias (Qumran-Leute [→ Qumran], Sabbatianismus [Anhänger des → Sabbatai Zwi]). – Extremist. Formen kollektiver Selbstmorde und verheerender Terroranschläge hat der Endzeitglaube in der von JIM JONES (*1931, †[Selbsttötung] 1978) gegründeten chiliast. Gemeinschaft »Peoples Temple Christian Church«, dem von LUC JOURET (*1947, †[Selbsttötung] 1994) gegründeten »Orden des Sonnentempels« (→ neue Religionen) und der von MATSUMOTO CHIZUO (*1955) gegründeten → Aum-Sekte angenommen.

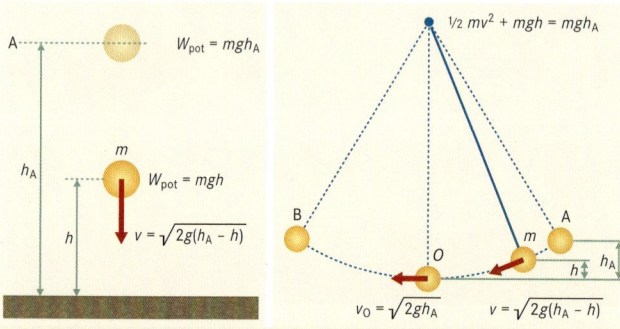

Energie 2): *links* Beim freien Fall wandelt sich die potenzielle Energie W_{pot} des aus der Höhe h_A fallenden Körpers (Masse m) in kinetische Energie $W_{kin} = 1/2 \, m \, v^2$ um (g Betrag der Fallbeschleunigung, v Geschwindigkeit). *rechts* Wechselspiel von potenzieller und kinetischer Energie bei einem zwischen den Ruhepunkten A und B hin- und herschwingenden Pendel; im Punkt 0 erreicht das Pendel seine maximale Geschwindigkeit v_0, die Gesamtenergie liegt nur als kinetische Energie vor.

Endzelins, Jānis, lett. Sprachwissenschaftler, *Kauguri (Livland) 22. 2. 1873, † Koknese (Lettland) 1. 7. 1961; Prof. in Dorpat (heute Tartu) und Charkow, 1920–50 in Riga; hatte wesentl. Anteil an der Herausbildung der lett. Schriftsprache.
  Werke: Lett. Gramm. (1923); Altpreuß. Gramm. (1944); Latviešu valodas skaņas un formas (1938); Baltu valodu skaņas un formas (1948); Lettisch-dt. Wörterbuch, 4 Bde., 2 Erg.-Bde. (1923–44, mit K. MÜHLENBACH u. E. HAUSENBERG).

Enea Silvio Piccolomini, früherer Name des Papstes → Pius II.

Energeia [griech.] *die, -,*
  1) *Philosophie:* → Akt.
  2) *Sprachwissenschaft:* ein auf W. VON HUMBOLDT zurückgehender Begriff, der Sprache nicht als stat. Produkt (»Ergon«), sondern als dynam. Phänomen und damit als Prozess fasst. Hierauf bezieht sich auch die **energet. Sprachauffassung,** bei der die Sprache nicht als Abbild der Wirklichkeit, sondern als deren tätige Anverwandlung gesehen wird, die auch in versch. Sprachen unterschiedlich ausgeprägte Weltansichten zum Ausdruck bringt. Auf die energet. Sprachauffassung gehen u. a. die → Sprachinhaltsforschung L. WEISGERBERS, die → Sapir-Whorf-Hypothese und die → generative Grammatik A. N. CHOMSKYS zurück.

Energetik [zu griech. energētikós »wirksam«, »kräftig«] *die, -,*
  1) *Naturwissenschaften:* die Lehre von der Energie und den mögl. Umwandlungen zw. ihren versch. Formen sowie den dabei auftretenden Auswirkungen und Gesetzmäßigkeiten. Ihre techn. Anwendung findet die E. in der auch als **technische E.** bezeichneten allg. → Energietechnik. Ein wesentl. Zweig der E. ist auch die → Bioenergetik.
  2) *Philosophie:* die von W. OSTWALD vertretene, auch als **»Energetismus«** bezeichnete Lehre. In dieser Auffassung ist jedes Geschehen eine Transformation versch. Formen von Energie. OSTWALD verstand die E. als neuen Monismus, da mit ihr sowohl materielle als auch ideelle Vorgänge wissenschaftlich erklärt werden können. OSTWALD fordert im »energet. Imperativ« die sinnvolle Nutzung aller verfügbaren Energie, weil der → Wärmetod des Universums unvermeidlich sei (»Der energet. Imperativ«, 1912). Der Mensch befindet sich nach OSTWALD in Konkurrenz zu allen anderen Lebewesen bei der rationellen Nutzung der Energie, deshalb unternahm er zahlr. Versuche, Energievergeudungen zu benennen, Alternativen zu unterbreiten und Reformen zu initiieren.

energico [-dʒiko, ital.], musikal. Vortrags-Bez.: energisch, kraftvoll, entschlossen.

Energide *die, -/-n,* Bez. für die funktionelle Einheit von Zellkern und dem von ihm versorgten Zellplasma, gleich ob diese Einheit durch eine Plasmamembran abgegrenzt ist oder nicht. Einkernige Zellen bezeichnet man als monoenergid, vielkernige Zellen als polyenergid.

Energie [frz., von griech. enérgeia »wirkende Kraft«] *die, -/...'gi̯en,*
  1) *allg.:* Tatkraft, Schwung, (körperl. und geistige) Spannkraft.
  2) *Physik, Technik:* Formelzeichen E oder W, die in einem physikal. System gespeicherte → Arbeit (Arbeitsvermögen), d. h. die Fähigkeit eines physikal. Systems, Arbeit zu verrichten. Die Änderung der E. bei einem im betrachteten System ablaufenden Vorgang ist gleich der von außen am System verrichteten oder nach außen abgegebenen Arbeit. Je System und Vorgang unterscheidet man versch. Erscheinungsformen der E., die an das Vorhandensein von materiellen Körpern, ihre Bewegungen und Wechselwirkungen gebunden sind (z. B. die versch. Formen der mechan. E., die elektr. E., Wärme-E., chem. E., Kern-E.) oder die mit physikal. Feldern verknüpft sind und als **Feld-E.** bezeichnet werden (z. B. die Feld-E. der elektr. und magnet. Felder, der elektromagnet. Wellen oder des Gravitationsfeldes). Alle E.-Formen sind ineinander umwandelbar. Für die Summe aller in einem abgeschlossenen System auftretenden E. gilt ein Erhaltungssatz, der → Energiesatz.
  In der Mechanik sind versch. Formen von **mechanischer E.** bekannt: Ein Körper besitzt aufgrund seiner Lage relativ zu anderen Körpern und der auf ihn wirkenden Kräfte gegenüber einem Normalzustand eine bestimmte **potenzielle E.** oder **Lage-E.** (Formelzeichen E_{pot}). Beispielsweise besitzt ein Körper der Masse m im Schwerefeld der Erde in der Höhe h über dem Erdboden die potenzielle E. $E_{pot} = mgh$ (bei als konstant angenommener Fallbeschleunigung g). Ein weiteres Beispiel ist die → Wechselwirkungsenergie von mehreren, durch Kräfte aufeinander einwirkenden Kör-

pern oder Teilchen. Bei elast. Körpern tritt bei elast. Deformation eine **Deformations-** oder **Formänderungs-E.** auf. Diese **elastische E.** kann als eine Art der potenziellen E. betrachtet werden. Wird z. B. eine Feder mit der Federkonstanten k um die Länge x gedehnt, dann ist in ihr die E. $E_{pot} = \frac{1}{2}kx^2$ gespeichert. Hat andererseits ein Körper der Masse m relativ zu einem (nicht beschleunigten) Koordinatensystem die Geschwindigkeit v, so besitzt er die **kinetische E.** oder **Bewegungs-E.** $E_{kin} = \frac{1}{2}mv^2$; hat er bei einer Drehbewegung die Winkelgeschwindigkeit ω, so besitzt er die **Rotations-E.** $E_{rot} = \frac{1}{2}I\omega^2$ (I Trägheitsmoment um die Drehachse). Besteht das System aus vielen Teilchen, dann ergibt sich die gesamte kinet. E. als Summe der kinet. E. der einzelnen Teilchen. Sie kann aufgespalten werden in die kinet. E. der makroskopisch sichtbaren Bewegungen (d. h. die kinet. E. des Schwerpunktes und der Rotation sowie bei strömenden Fluiden die →Strömungsenergie) und die kinet. E. des statistisch ungeordneten Anteils der Teilchenbewegungen, die therm. E. der Teilchen oder die Wärme-E. des Systems als Ganzes. – Im Falle mechan. Schwingungen (z. B. von Federn oder Pendeln) wandelt sich ständig kinet. E. in potenzielle E. um und umgekehrt, wobei die als **Schwingungs-E.** bezeichnete Gesamt-E. (= Summe beider E.) konstant bleibt.

In der Elektrizitätslehre wird bei Systemen ruhender oder bewegter elektr. Ladungen die Summe aus den kinet. E. der Ladungen und der Feld-E. des von ihnen erzeugten elektr. Feldes als **elektrische E.** bezeichnet, zu der noch im Falle bewegter Ladungen (d. h. beim Fließen von elektr. Strömen) die entsprechende **magnetische E.** der von ihnen erzeugten Magnetfelder hinzukommt. Aufgrund der elektromagnet. →Induktion sind magnet. E. in elektr. E. und umgekehrt umwandelbar. Für einen metall. Leiter, auf dem sich die Ladung Q befindet, ist die elektr. E. durch $E_{el} = \frac{1}{2}QV$ gegeben, wenn V das auf dem Leiter konstante elektr. Potenzial ist. Die in einem auf die Spannung U aufgeladenen Kondensator (der Kapazität C) gespeicherte **elektrische Feld-E.** beträgt $E_{el} = \frac{1}{2}CU^2$. Allg. ist die Feld-E. eines elektr. Feldes der Feldstärke E durch das Volumenintegral seiner E.-Dichte $w_{el} = \frac{1}{2}ED$ gegeben (D elektr. Flussdichte). – Ein stationärer elektr. Strom mit der Stromstärke I gibt beim Durchfließen eines Leiters (zw. dessen Enden die Spannung U besteht) während der Zeitspanne Δt die elektr. E. $E_{el} = UI\Delta t$ ab. Wenn der Strom keine mechan. oder chem. Arbeit verrichtet, erscheint diese E. im Leitungsdraht (Widerstand) als Stromwärme (→joulesches Gesetz). Ein vom Strom I durchflossener Leiter (z. B. eine Spule) mit der (Selbst-)Induktivität L ist von einem Magnetfeld umgeben, in dem die **magnetische Feld-E.** $E_{mag} = \frac{1}{2}LI^2$ gespeichert ist. Dieser E.-Betrag muss zur Erzeugung des Magnetfeldes aufgewendet werden und wird wieder frei, wenn der Stromfluss unterbrochen wird. Allg. ist die Feld-E. eines Magnetfeldes der Feldstärke H durch das Volumenintegral seiner E.-Dichte $w_{mag} = \frac{1}{2}HB$ gegeben (B magnet. Flussdichte). Bei Vorgängen der Elektrodynamik (→Elektrizität) sind die elektr. und magnet. Felder miteinander verknüpft (→maxwellsche Theorie) und die gesamte **elektromagnetische Feld-E.** ist als Summe der einzelnen Feld-E. gegeben. In →elektromagnetischen Wellen breitet sich diese E. im Raum aus.

In der Wärmelehre wurde gezeigt, dass die **Wärmemenge** (Formelzeichen Q) eine Form der E. ist und die in einem makroskop. (thermodynam.) System gespeicherte **thermische** oder **Wärme-E.** darstellt. Diese lässt sich auf die mit den statistisch ungeordneten Wärmebewegungen der Teilchen verknüpfte mechan. E. zurückführen (→mechanische Wärmetheorie), z. B. bei einem Gas auf die kinet. E. (**Translations-E.**) der Gasteilchen sowie (falls es sich bei ihnen um nicht-atomige Moleküle handelt) auf ihre Rotations-E. und auf die Schwingungs-E. ihrer gegeneinander schwingenden Atome, wobei i. Allg. der →Gleichverteilungssatz der Energie gilt. – Für die in beliebigen thermodynam. Systemen mögl. E.-Umwandlungen gelten die Hauptsätze der →Thermodynamik. Dabei wird derjenige Anteil der Gesamt-E. eines solchen Systems, der sich ihm isotherm (d. h. unter Konstanthalten seiner Temperatur) durch einen geeigneten, stets irreversiblen (nicht umkehrbaren) Prozess in jeder beliebigen E.-Form (z. B. mechan. E.) entziehen lässt, als →**freie Energie**, der verbleibende Anteil als **gebundene E.** bezeichnet.

Die in der Chemie bei einer chem. Reaktion umgesetzte und in der entstehenden chem. Verbindung gespeicherte **chemische E.** ist gleich der gesamten, bei der →chemischen Bindung der Atome zu den Molekülen der Verbindung frei werdenden und zur Reaktionswärme beitragenden chem. E. →Bindungsenergie; führt man sie der Verbindung wieder zu, so werden deren Moleküle wieder in ihre Atome aufgelöst. Dies ist auch der Fall bei elektrochem. Reaktionen, wo z. B. beim Entladen eines →Akkumulators gespeicherte chem. E. in elektr. E. verwandelt, beim Laden hingegen zugeführte elektr. E. in chem. E. umgewandelt und als solche gespeichert wird.

In der Kernphysik werden die Bindungs-E. der Nukleonen in den Atomkernen sowie die bei Kernreaktionen frei werdende E. unter der Sammel-Bez. →**Kernenergie** zusammengefasst. Hierbei macht sich die gegenüber der chem. E. millionenfach höhere Kernbindungs-E. als →Massendefekt der Atomkerne bemerkbar, da in jeder Masse m nach der Relativitätstheorie die E. $E = mc^2$ gespeichert ist (c Lichtgeschwindigkeit). Da sie pro Nukleon für mittelschwere Kerne am größten ist, kann Kern-E. sowohl durch Kernfusion leichter Kerne als auch durch Kernspaltung schwerer Kerne gewonnen werden. – Entsprechendes gilt in der Elementarteilchenphysik für die Bindung der →Quarks in den Mesonen und Baryonen sowie für die versch. Elementarteilchenreaktionen der Hochenergiephysik, wobei Elementarteilchen gemäß dem E.-Satz und der obigen E.-Masse-Relation entstehen und vergehen können.

In der Technik unterscheidet man bei der E.-Erzeugung und -versorgung die in natürl. E.-Trägern wie Kohle, Erdöl, Erdgas, Kernbrennstoffen sowie die in Wasser, Wind, Sonnenstrahlung u. a. Trägern von →erneuerbaren Energien enthaltene **Primär-E.** und die daraus durch Umwandlung gewonnene **Sekundär-E.**, die in erster Linie in Form von elektr., aber auch mechan., therm. oder (z. B. in Briketts, Koks, Benzin) chem. E. vorliegt. Die von einem Verbraucher bezogene Sekundär-E. wird als **End-E.**, die davon zur Erfül-

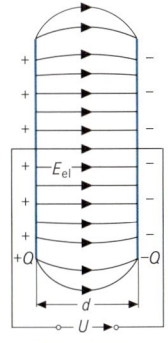

Energie 2): Die elektrische Feldenergie E_{el} eines Plattenkondensators der Kapazität $C = \varepsilon_0 A/d$ entspricht der Arbeit, die erforderlich ist, um zwei entgegengesetzt geladene Metallplatten (Ladung $+Q$ und $-Q$) bis in den Abstand d auseinander zu ziehen (A Plattenfläche, ε_0 elektrische Feldkonstante, U Spannung).

lung einer bestimmten Arbeits- oder E.-Leistung genutzte E. als **Nutz-E.** bezeichnet.

Einheiten Gesetzl. Einheiten der E. sind die SI-Einheit →Joule (Einheitenzeichen J) sowie alle Produkte aus einer gesetzl. Krafteinheit und einer gesetzlichen Längeneinheit, bes. die SI-Einheit Newtonmeter (1 Nm = 1 J), oder aus einer gesetzl. Leistungseinheit und einer gesetzl. Zeiteinheit, bes. die SI-Einheit Wattsekunde (1 Ws = 1 J) und die SI-fremde →Kilowattstunde (kWh). Eine SI-fremde, aber gesetzl. Einheit der E. ist das →Elektronvolt (Einheitenzeichen eV), das v. a. in der Atom-, Kern-, Elementarteilchen- und Festkörperphysik verwendet wird. In der Wärmelehre und Chemie wurden früher die →Kalorie (cal) und das →Erg (erg) verwendet.

Geschichte Obwohl G. W. Leibniz bereits 1686 Vorstellungen entwickelte, die den heutigen Begriffen der kinet. und potenziellen E. in der Mechanik weitgehend entsprechen, erfolgte die Klärung des Begriffs E. erst im 19. Jh. nach der Entdeckung und Formulierung des E.-Satzes durch J. R. von Mayer, J. P. Joule und H. von Helmholtz (1842–47). Während C. G. de Coriolis und J. V. Poncelet bereits 1828/29 den Begriff »Arbeit« definierten, erfolgte die Einführung des Begriffs »Energie« in die Physik als die für alle ihre Bereiche gültige Verallgemeinerung des bis dahin verwendeten Begriffs »lebendige Kraft« (»vis viva«) 1851/52 durch W. Thomson und W. J. M. Rankine. In der maxwellschen Theorie wird auch das Vakuum zum Träger von E. in Form von elektr. oder magnet. E.-Dichte, was 1884 durch J. H. Poynting mit der Einführung des Begriffs der E.-Stromdichte ergänzt wurde. – Eine wichtige Bedeutungserweiterung erfuhr der Begriff, als 1905 A. Einstein aus der speziellen Relativitätstheorie die allgemeine Äquivalenz von Masse und E. folgerte. Diese Äquivalenz tritt heute v. a. in der Kern- und Elementarteilchenphysik in Erscheinung.

G. Falk u. W. Ruppel: E. u. Entropie (1976); Das E.-Hb., hg. v. G. Bischoff u. a. (⁴1981); J. Fricke u. W. L. Borst: E. (²1984); B. Diekmann u. K. Heinloth: E. Physikal. Grundll. ihrer Erzeugung, Umwandlung u. Nutzung (²1997); D. Bodanis: Bis Einstein kam. Die abenteuerl. Suche nach dem Geheimnis der Welt (a. d. Engl., Neuausg. 2005); Ingo Müller u. W. Weiss: Entropy and energy. A universal competition (Berlin 2005).

Energie Baden-Württemberg AG, Abk. **EnBW,** einer der größten dt. Energiekonzerne mit den Kerngeschäftsfeldern Strom, Gas, Energie- und Umweltdienstleistungen; entstanden 1997 durch Fusion von Energie-Versorgung Schwaben AG und Badenwerk AG, Sitz: Karlsruhe; Hauptaktionäre: Zweckverband Oberschwäb. Elektrizitätswerke (OEW), Biberach an der Riß, und Electricité de France (EDF), Paris (je 34,5 %); Umsatz (2004): 9,84 Mrd. €; 17 700 Beschäftigte.

Energiebändermodell, *Festkörperphysik:* das →Bändermodell.

Energiebedarf, *Physiologie:* zur Deckung des Energieverbrauchs des Körpers notwendige Zufuhr an Energie. Der E. wird i. d. R. unterteilt in den Grundumsatz (die Energie, die für lebensnotwendige Körperfunktionen benötigt wird) und den Leistungsumsatz, der den E. für körperl. Aktivitäten widerspiegelt. Um den E. grob zu überschlagen, werden für unterschiedl. Tätigkeiten jeweils Drittel des Grundumsatzes zum Grundumsatz einer Person hinzugerechnet, d. h. ein Drittel für leichte und zwei Drittel für mittelschwere körperl. Tätigkeit. Für schwere körperl. Aktivität wird der Grundumsatz verdoppelt. Etwas höher als der Grundumsatz liegt der Ruheumsatz (Ruhebedarf). Er bezieht sich auf den Energiebedarf bei leichter Bekleidung und im Sitzen bei rd. 20 °C, mindestens zwölf Stunden nach der letzten Mahlzeit. Der Erhaltungsumsatz (Erhaltungsbedarf) wiederum bezeichnet den Energiebedarf für den Grundumsatz plus der Regelung der Körpertemperatur sowie die Nahrungsverwertung.

Energiebilanz, *Meteorologie:* die Gegenüberstellung der zeitl. Änderung des Energieinhaltes eines atmosphär. Systems und der Faktoren, die diese Änderungen verursachen; das können Transportvorgänge sein, mit denen Energie in das System gelangt (äußere Faktoren), oder Produktion bzw. Vernichtung im System selbst (innere Faktoren). E. können sowohl für die Gesamtenergie als auch für jede Art von Energie aufgestellt werden.

Bekanntes Beispiel sind Bilanzen der inneren Energie der bodennahen Luftschicht. Auf die innere Energie, deren Änderung sich aufgrund der dazu proportionalen Temperaturänderung gut bestimmen lässt, wirken sich kurzwellige Sonnenstrahlung, vertikale Wärmeströme vom Boden her und horizontale Wärmetransporte als äußere Faktoren sowie Verdunstung als innerer Faktor aus.

Energiedarstellung, *Quantenmechanik:* →Heisenberg-Darstellung, →Quantenmechanik.

Energiedichte,

1) bei *Lebensmitteln* der in Kilojoule (kJ) oder Kilokalorien (kcal) gemessene Energiegehalt, bezogen auf eine bestimmte Menge oder ein entsprechendes Volumen des Lebensmittels. Lebensmittel mit einer hohen E. sind z. B. Speisefette wie Speiseöl oder Butter oder stark fetthaltige Produkte wie fettes Fleisch. Sie liefern, verglichen mit anderen Lebensmitteln, bereits in geringer Menge viel Energie: 10 g Speiseöl enthalten beispielsweise rd. 90 kcal/377 kJ. Lebensmittel mit geringer E. sind z. B. die meisten Gemüsearten. Sie enthalten nur geringe Mengen energiehaltiger Nährstoffe, sind aber reich an Ballaststoffen und haben dadurch ein großes Volumen. 100 g Blumenkohl liefern z. B. nur 20 kcal/84 kJ.

2) *Physik:* die auf die Volumeneinheit bezogene Energie (z. B. eines physikal. Feldes).

Energiedirektumwandlung, Energiekonversion, Sammel-Bez. für Methoden zur unmittelbaren Erzeugung elektr. Energie aus anderen Energieformen ohne den Umweg über mechan. Energien, wie sie für die Erzeugung von Elektroenergie in konventionellen Generatoren typisch ist. Eine Umwandlung von Wärmeenergie erfolgt bei der **thermoelektrischen** E. in →thermoelektrischen Generatoren und Thermoelementen, bei der **thermionischen** E. in →Thermionikelementen, bei der **magnetohydrodynamischen** E. in →magnetohydrodynamischen Generatoren. Eine E. aus chem. Energie erfolgt in den versch. galvanischen Elementen (Batterien, Akkumulatoren) sowie mit →Brennstoffzellen. In →Isotopenbatterien erfolgt eine Umwandlung von radioaktiver Strahlung, in →Solarzellen und →Sonnenbatterien sowie in Sonnenkollektoren von elektromagnet. Strahlungsenergie (Licht) in elektr. Energie. Die bei den konventionellen Methoden der Elektroenergieerzeugung erreichten Wirkungsgrade von bis zu 50 % lassen sich mit diesen Methoden nicht erreichen. Man sucht vielmehr ihre besonderen Eigenschaften auszunutzen: geringe Umweltbelastung, lange Lebensdauer, Wartungsfreiheit, keine bewegten Teile, hohe Überlastbarkeit u. a. Derartige Methoden können auch in Vor- oder Nachstufen von konventionellen Energieumwandlungsanlagen angewandt werden.

Energiedosis, *Physik, Strahlenschutz:* →Dosis.

Energieeigenwert, *Quantentheorie:* →Eigenzustand, →Schrödinger-Gleichung.

Energieeinsparungsgesetz, Ges. über die Energieeinsparung in Gebäuden vom 22. 7. 1976, das bes. Maßnahmen für den Energie sparenden Wärmeschutz an zu errichtenden Gebäuden und Anforderungen an heizungs- und raumlufttechn. Anlagen sowie Brauchwasseranlagen und deren Betrieb regelt. Auf der Grundlage des E. wurden erlassen: 1) Die →Energieeinsparverordnung vom 16. 11. 2001, in Kraft seit 1. 2. 2002, ersetzt die →Wärmeschutzverordnung i. d. F. v. 16. 8. 1994 und die Heizungsanlagen-VO i. d. F. v. 4. 5. 1998 und integriert damit die Regelungen ihrer beiden Vorgänger zum baul. Wärmeschutz an neuen oder maßgeblich veränderten Gebäuden und zu den heizungs- und raumlufttechn. Anlagen sowie Brauchwasseranlagen und deren Betrieb in ein einheitl. Bewertungs- und Zielsystem, das am gesamten Primärenergieeinsatz eines Gebäudes orientiert ist. 2) Die Heizkosten-VO i. d. F. v. 20. 1. 1989 verpflichtet den Gebäudeeigentümer, den anteiligen Verbrauch der Nutzer an Wärme und Warmwasser zu erfassen und zu diesem Zweck die Räume mit Ausstattungen zur Verbrauchserfassung zu versehen. Der Gebäudeeigentümer hat die Kosten der Versorgung mit Wärme und Warmwasser auf der Grundlage der Verbrauchserfassung nach Maßgabe der §§7–9 der VO auf die einzelnen Nutzer zu verteilen.

Zentrale Nebenbedingung des E. für alle abgeleiteten VO ist das Wirtschaftlichkeitsgebot, d. h. die zur Umsetzung der VO erforderl. Aufwendungen müssen innerhalb der üblichen Nutzungsdauer durch die eintretenden Einsparungen erwirtschaftet werden können. Aktuelle polit. Bestrebungen gehen dahin, die Kosten des Umweltschutzes sowie mögl. Risiken der Energienutzung (Treibhauseffekt, externe Kosten), die bislang noch in Wirtschaftlichkeitsberechnungen ausgeklammert werden, ebenfalls zu berücksichtigen und damit zusätzliche Maßnahmen umzusetzen. (→Energiepolitik)

Energieeinsparverordnung, Abk. **EnEV,** auf der Grundlage des →Energieeinsparungsgesetzes erlassene VO über Energie sparenden Wärmeschutz und Energie sparende Anlagentechnik bei Gebäuden vom 16. 11. 2001, in Kraft seit 1. 2. 2002. Die E. ersetzt die Wärmeschutz-VO i. d. F. v. 16. 8. 1994 und die Heizungsanlagen-VO i. d. F. v. 4. 5. 1998. Für neu zu errichtende Gebäude wird der maximal zulässige Energiebedarf für Beheizung und Warmwasserbereitung weiter gesenkt und dem Niedrigenergiehausstandard angenähert. Er beträgt damit weniger als ein Drittel des Energiebedarfs der vor 1977 üblichen Neubauten, liegt aber immer noch deutlich oberhalb des Passivhausstandards, der den aktuellen Stand der Energie sparenden Bautechnik in Dtl. darstellt. Für genehmigungspflichtige Vorhaben, für die vor dem 1. 2. 2002 der Bauantrag gestellt wurde, und für genehmigungsfreie Vorhaben, bei denen vor diesem Datum mit der Ausführung begonnen wurde, gelten noch die beiden alten Vorschriften.

Die E. erfasst zu errichtende Gebäude (Abschnitt 2), bestehende Gebäude und Anlagen (Abschnitt 3), heizungstechn. Anlagen und Warmwasseranlagen (Abschnitt 4) und regelt die Zusammenstellung von Energie- und Wärmebedarfsausweisen für Gebäude (§13). Mit der Einführung des Primärenergiebezugs in der E. gehen erstmals alle mit der Wärmeversorgung eines Gebäudes verbundenen Energieeinsätze einschließlich der Warmwasserbereitung und des Hilfsenergiebedarfs in die Bewertung ein. Der Jahres-Primärenergiebedarf eines Gebäudes ergibt sich gemäß E. aus der Summe des Heizwärmebedarfs und des Trinkwasserwärmebedarfs, multipliziert mit der Anlagenaufwandszahl. Die Anlagenaufwandszahl gibt den jeweiligen spezif. Primärenergieeinsatz der Heizanlage bezogen auf die produzierte Heizwärme und das Warmwasser an. In seine Ermittlung gehen der Wirkungsgrad des Wärmeerzeugers, die Verluste des Verteilungssystems (bedingt durch Aufstellungsort des Wärmeerzeugers, durch Wärmeverteilungsanlagen und durch den [bisher oft vernachlässigten] elektr. Hilfsenergiebedarf für Heizungs- und ggf. Zirkulationspumpen) und die Verluste bei der Bereitstellung des genutzten Endenergieträgers ein. Abweichend wurde für die Nutzung elektrisch betriebener Speicherheizsysteme und dezentraler elektr. Warmwasserbereiter für eine Übergangszeit von acht Jahren eine von 3,3 auf 2,0 reduzierte Anlagenaufwandszahl festgelegt. Mit dem Erlass der E. wurden erstmals Nachrüstungsverpflichtungen für nicht begehbare, aber zugängl. oberste Geschossdecken beheizter Räume sowie ungedämmte und zugängl. Heizungs- und Warmwasserleitungen eingeführt (§9). Heizungsanlagen für flüssige bzw. gasförmige Brennstoffe, die vor dem 1. 10. 1978 errichtet wurden, müssen bis Ende 2006 bzw. unter bestimmten Bedingungen bis Ende 2008 außer Betrieb genommen werden. In selbst bewohnten Ein- und Zweifamilienhäusern gilt diese Regelung nur beim Eigentumsübergang. Für zu errichtende sowie maßgeblich veränderte Gebäude mit normalen Innentemperaturen wurde ein obligator. Energiebedarfsausweis eingeführt, der Nutzern und Käufern von Immobilien Auskunft über deren energet. Qualität gibt. Die E. soll novelliert werden (Stand Mitte 2005). Mit der Novellierung sollen Energieausweise für bestehende Gebäude eingeführt werden.

Energiefluss, Energietransfer, *Ökologie:* Während die Stoffe eines Ökosystems sich in einem ständigen Kreislauf befinden, wird die fotosynthetisch durch die Primärproduzenten erworbene Energie nur z. T. und nur einmalig in der Nahrungskette weitergegeben: Die grünen Pflanzen nehmen 40–50% der mit der Sonnenstrahlung auf sie treffenden Energie mithilfe des Chlorophylls in sich auf (Bruttoprimärproduktion); davon werden 1–5% in chem. Energie umgewandelt (der Rest geht durch Ausstrahlung oder Verdunstung als Wärme verloren), hiervon verbrauchen die Pflanzen in Abhängigkeit von Klima und ökolog. Situation selbst 10–50% durch die Atmung. Damit verbleibt für die von den Pflanzen lebenden Primärkonsumenten noch eine Nettoprimärproduktion von 0,5–4,50% der urspr. aufgenommenen Energie. Auf jeder Stufe der Nahrungskette werden 80–90% der übernommenen Energie durch die Lebenstätigkeit als Wärme (bes. bei der Atmung) und in Abfallstoffen geringeren Energiegehaltes (Kot, Exkrete, Sekrete) ausgeschieden (→ökologischer Wirkungsgrad).

Energieflussbild, Sankey-Diagramm [ˈsæŋki-], **Wärmeflussbild,** graf. Darstellung des im Verlauf eines techn. Prozesses oder über einen Zeitraum in einem Industriezweig oder einem Land (Jahresenergiebilanz) erfolgenden Energieumsatzes: Die zu Beginn vorhandene Energie (Primärenergie) wird durch einen breiten Strang (Energiefluss) dargestellt, von dem die Energieverluste seitlich abzweigen und in den ggf. zusätzl. Energiezufuhren seitlich einmünden. Die Breite der versch. Stränge ist ein relatives Maß für die durch sie veranschaulichte Energiemenge.

Energieforschung, die zur Erschließung und optimalen Ausnutzung neuer und vorhandener Energiequellen betriebene Forschung. Fragen der Begrenztheit von Energierohstoffen, der Umweltverträglichkeit und Wirtschaftlichkeit gewinnen immer mehr an Bedeutung. Der größte Teil (rd. 90%) der derzeit eingesetzten Energieträger stammt aus nicht erneuerbaren Quellen. Zu diesen zählen die fossilen Brennstoffe (Erdöl, Erdgas, Kohle und Torf) sowie die Kernbrennstoffe (Uran, Thorium). Die bekannten Erdöl- und Erdgasreserven der Erde, aus denen 2000 etwa 50% des Weltbedarfs an Primärenergie gedeckt wurden, werden innerhalb absehbarer Zeit erschöpft sein. Eine ausschließl. Nutzung des Erdöls und Erdgases zur Primärenergieerzeugung ist ebenso wie eine entsprechende Nutzung der noch viel reichlicher vorhandenen Kohlevorräte wegen ihrer Bedeutung als wertvoller Rohstoff für die chem. Industrie sowie der immer mehr in den Vordergrund tretenden Umweltprobleme wenig wünschenswert. Als Alternative zur Energiegewinnung aus fossilen Brennstoffen wurde v.a. die Kernenergieforschung weltweit gefördert. Unter dem Eindruck der Ölkrise (1973) und der die Sicherheit von Kernkraftwerken infrage stellenden Reaktorunglücke von Harrisburg (1979) und Tschernobyl (1986) verstärkt sich jedoch das Interesse an der Erschließung von →erneuerbaren Energien zur langfristigen Sicherung der Energieversorgung. Schwerpunkte der Forschungs- und Entwicklungsprogramme sind neben der Kernenergieforschung: 1) die Erschließung regenerativer Energiequellen (z. B. Erdwärme, Sonnen-, Gezeiten-, Wind- und Bioenergie), wobei techn. Realisierbarkeit, Wirtschaftlichkeit, Sicherheitsrisiko, Umwelteinflüsse sowie die Verfügbarkeit von Rohstoffen berücksichtigt werden müssen; 2) die Entwicklung Kraftstoff sparender Motoren und alternativer Motorkraftstoffe; 3) die Entwicklung von empfindlicheren Methoden für die Prospektion von Erdöl- und Erdgasvorkommen, die Verbesserung des Wirkungsgrades bei der Ausbeutung von Erdölquellen (zurzeit nur etwa 35%) und Erdgaslagern (zurzeit rd. 70%) sowie die Schaffung von Techniken für den Abbau in größeren Tiefen; 4) die Entwicklung verbesserter und neuer Techniken zum Energiesparen bei →Energieübertragung, →Energiespeicherung und →Energieumwandlung; 5) der Einsatz techn. Innovationen, die die Wirtschaftlichkeit der Energienutzung steigern. Heute fällt mehr als die Hälfte des Energieverbrauchs als Abfallwärme an, bleibt also ungenutzt. Deshalb werden Techniken zu ihrer Nutzung entwickelt (z. B. →Wärmepumpen, →Kraft-Wärme-Kopplung, →Limnotherm®-Verfahren, →Hortitherm®, →Agrotherm®).

J. BENNEWITZ: Energie für die Zukunft. Analyse des Energiebedarfs der Welt-Bev. (1991); E. in Dtl. Aktueller Entwicklungsstand u. Potenziale nichtnuklearer Energietechniken, bearb. v. M. SACHSE u. H.-G. BERTRAM (2002).

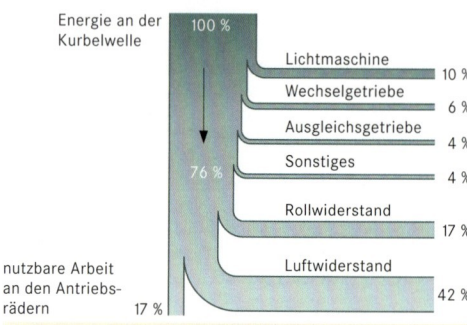

Energieflussbild: Sankey-Diagramm der Energiebilanz beim Antrieb eines Kraftfahrzeugs

Energie-Impuls-Tensor, in *physikal. Feldtheorien* sowie in der *Relativitätstheorie* ein 16-komponentiger symmetr. Tensor $T_{\mu\nu}$, dessen Komponenten mit $\mu, \nu = 1, 2, 3$ die mechan. Spannungen (zw. den Feldlinien) eines Feldes liefern und dessen Spannungstensor T bilden, während durch die Größen $T_{0k} = c g_k$ und $T_{k0} = S_k/c$ die Komponenten der Impulsdichte g bzw. der Energiestromdichte S ($S = g c^2$), durch $T_{00} = u$ die Energiedichte u des Feldes gegeben werden (c Lichtgeschwindigkeit). In abgeschlossenen Systemen verschwindet die Viererdivergenz des E.-I.-T. ($\partial T_{\mu\nu}/\partial x_\nu = 0$), was die Zusammenfassung von Impuls- und Energiesatz in differenzieller Form darstellt:

$$\partial g/\partial t + \mathrm{div}\, T = 0 \quad \text{und} \quad \partial u/\partial t + \mathrm{div}\, S = 0.$$

Der E.-I.-T. geht als **Materietensor** in die einsteinschen Feldgleichungen der allgemeinen →Relativitätstheorie ein und bestimmt daher das Gravitationsfeld und die →Metrik des Raums.

Energie-Impuls-Vektor, die Zusammenfassung von Energie und Impuls eines Teilchens u. a. zu einem relativist. Vierervektor (→Impuls).

Energieladung, Energieinhalt, *Physiologie:* urspr. als **Energy-Charge** aus dem Engl. übernommener Begriff, der eine Aussage über den momentanen Energiezustand der Zelle zulässt. Die E. wird ausgedrückt durch das Verhältnis der Konzentrationen an ATP, ADP und AMP (→Adenosin):

$$\text{Energieladung} = \frac{[\text{ATP}] + 0{,}5\,[\text{ADP}]}{[\text{ATP}] + [\text{ADP}] + [\text{AMP}]}.$$

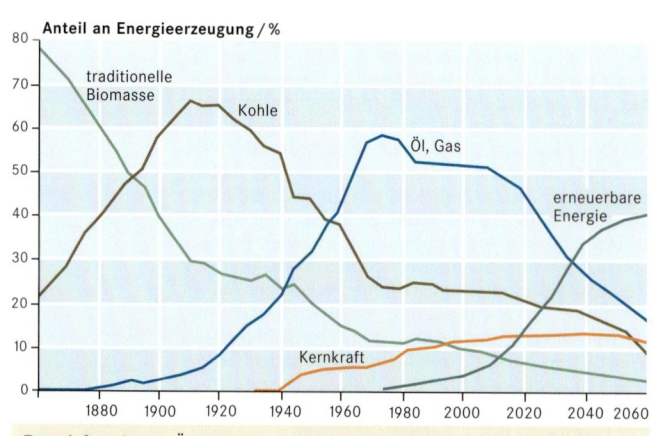

Energieforschung: Änderung des Anteils verschiedener Energieträger an der Energieerzeugung

Die E. gibt an, in welchem Ausmaß »energiereiche« Phosphatgruppen in der Zelle vorhanden sind. Der Wert für die E. kann sich zw. 0 und 1 bewegen, beim normalen Stoffwechsel liegen die Werte je nach Gewebeart zw. 0,85 und 0,95. Die E. ist entscheidend für die Aufrechterhaltung der Homöostase der Zellen und damit für die unverminderte Funktionsfähigkeit der Gewebe.

Weitere Möglichkeiten, den Energiestatus einer Zelle zu charakterisieren, sind das →Phosphorylierungspotenzial und die Berechnung der Änderung der freien Energie der ATP-Hydrolyse.

Energielinie, *Hydrodynamik:* die Verbindungslinie der Endpunkte von Lotrechten, die bei der Darstellung von Strömungsverhältnissen in allen Punkten eines Stromfadens errichtet werden und deren Längen gleich der konstanten Summe aus Druck-, Orts- und Geschwindigkeitshöhe sind; diese Höhen ergeben sich, indem man die →Bernoulli-Gleichung durch die Dichte ϱ des strömenden Mediums und die Fallbeschleunigung g dividiert.

Energielücke, Bandlücke, engl. Gap ['gæp], *Festkörperphysik:* Bereich im quasikontinuierl. Energiespektrum der Elektronen eines Festkörpers, der frei von Energieniveaus ist; speziell im →Bändermodell die Bandlücken in der sich ergebenden →Bandstruktur. Die Größe der E. ist durch die Differenz zw. der höchsten Energie des Valenzbandes und der niedrigsten Energie des Leitungsbandes gegeben. Da im Halbleiter die Energiebänder Funktionen des Elektronenimpulses (Wellenzahlvektors) sind, ist der Abstand von Valenz- und Leitungsband im k-Raum nicht überall gleich. Ist der Wellenzahlvektor für beide Extrema gleich, dann spricht man von **direkter Bandlücke**, sonst von **indirekter Bandlücke**. Die Lücken haben die Größenordnung 0,1 bis 10 eV.

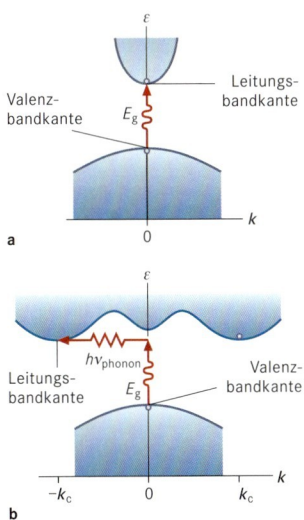

Energielücke: a In der direkten Bandlücke haben Leitungsbandkante und Valenzbandkante den gleichen Wellenzahlvektor k. **b** In der indirekten Bandlücke sind die beiden Wellenzahlvektoren verschieden und die Schwellenenergie ist im indirekten Übergang um $h\nu_{phonon}$ erhöht, da sowohl ein Photon der Energie $E_g = h\nu_{photon}$ als auch ein Phonon der Energie $E_g = h\nu_{phonon}$ erforderlich sind (E_g Energielücke, ν_{phonon} Frequenz eines Phonons mit dem Wellenzahlvektor k_c, h plancksches Wirkungsquantum).

Energielücken bei Supraleitern Bei Supraleitern tritt aufgrund der Bildung von →Cooper-Paaren eine zusätzl. E. im Leitungsverband auf, die sich unmittelbar unterhalb des Fermi-Niveaus befindet und die von der absoluten Temperatur T abhängige Breite $\Delta(T)$ hat. In dieser E. existieren keine erlaubten Zustände für ungepaarte Elektronen, da die nach der →BCS-Theorie zur Paarung führende Wechselwirkung auch deren Zustandsdichte verändert. Sie ist mit der Bindungsenergie der Cooper-Paare verknüpft und trennt

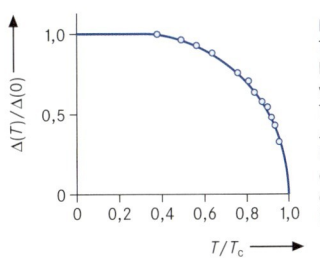

Energielücke: Temperaturabhängigkeit der Energielücke von supraleitendem Tantal (T_c = 4,4 K, $\Delta(0)$ = 0,65 meV); Kreise: Messergebnisse, durchgezogene Kurve: BCS-Theorie

die besetzten Elektronenzustände von den unbesetzten, sodass zur Anregung einzelner Elektronen eine bestimmte Mindestenergie aufgebracht werden muss, die am absoluten Nullpunkt der Temperatur $2\Delta(0) \approx 3,5\, kT_c$ beträgt (k Boltzmann-Konstante, T_c krit. Temperatur des Supraleiters). Wegen dieser E. können die Cooper-Paare unterhalb einer bestimmten kinet. Energie nicht durch Wechselwirkung mit dem Gitter gestreut werden, sodass ein widerstandsloser Strom fließen kann. Die für die besonderen physikal. Eigenschaften eines Supraleiters verantwortl. E. kann durch Absorptionsexperimente mit Ultraschall oder elektromagnet. Strahlung sowie durch den →Tunneleffekt nachgewiesen und untersucht werden.

Energie-Masse-Relation, *Physik:* die →Masse-Energie-Äquivalenz.

Energieniveau [-nivo:], *Quantentheorie:* Bez. für jeden der Energiewerte eines mikrophysikal. Systems gebundener Teilchen (z.B. Atom, Molekül, Atomkern oder auch Festkörper), der in einem der mögl. →stationären Zustände angenommen wird. Die E. sind die Eigenwerte des dem System zugeordneten Hamilton-Operators und bilden dessen diskretes →Energiespektrum. In Festkörpern können die E. der Elektronen quasikontinuierlich liegen und mehr oder weniger breite Energiebänder (→Bändermodell) bilden. (→Term)

Energieniveauschema [-nivo:-], **Energieschema,** *Physik:* das →Termschema.

Energieoperator, *Quantentheorie:* der →Hamilton-Operator eines mikrophysikal. Systems.

Energiepolitik siehe Seite 56

Energiequanten, *Physik:* diskrete, gequantelte Energiemengen, die bei Zustandsänderungen eines physikal. Systems, z.B. bei Atomen in Form von elektromagnet. Strahlung (→Lichtquantenhypothese) oder bei Atomkernen in Form von Alpha-, Beta- oder Gammastrahlung (→Photon), emittiert oder absorbiert werden können. (→Quanten)

Energierecht, eine komplexe Rechtsmaterie, deren Regelungsgegenstand die sichere und kostengünstige Versorgung mit Strom, Gas und Fernwärme umfasst.
Fortsetzung auf Seite 61

ENERGIEPOLITIK

- Der Wandel der Energiepolitik
- Ordnungspolitischer Rahmen
- Herausforderungen der Energiepolitik
- Energiepolitik und Energieforschung

Energiepolitik, Teil der sektoralen Wirtschafts-, Struktur- und Umweltpolitik zur staatl. Steuerung des Energiesektors. Die E. bezieht sich auf alle Stufen der Energieversorgung (Gewinnung, Lagerung, Bevorratung, Umwandlung, Transport und Verteilung von Energie, Entsorgungsfragen sowie Außenhandel) und umfasst auch staatl. Aktivitäten zur Beeinflussung der Energienachfrage und zur rationelleren Energienutzung bzw. Energieeinsparung.

Die Ziele der E. haben sich erheblich gewandelt. Seit Mitte der 1990er-Jahre wurde v. a. der Ordnungsrahmen für die leitungsgebundene Energieversorgung (Strom und Gas) durch europ. und nat. Energiegesetze mit einer verstärkten Wettbewerbsorientierung grundlegend verändert. Weitgehend anerkanntes Leitziel der E. ist es heute, eine langfristig sichere, risikoarme, kostengünstige sowie umwelt- und ressourcenschonende Bereitstellung von Energiedienstleistungen zu gewährleisten. Die Erfüllung energiebezogener Dienstleistungen (z. B. warme Räume, ausreichende Beleuchtung, Prozesswärme, Bewegung und Informationsübertragung) ist die Hauptaufgabe des Energieeinsatzes.

Durch die E. werden sowohl der rechtl. Rahmen der Energieversorgung (z. B. die Wettbewerbsordnung für die einzelnen Energieträger) und teilweise auch für die Energienutzung vorgegeben als auch die technisch-naturwiss. Randbedingungen mitgestaltet, beispielsweise über die Energieforschung. Die Breite der Aufgabenstellung der E. führt zu Wechselwirkungen mit anderen Politikbereichen; das Spektrum reicht von der Wettbewerbs-, Finanz-, Industrie- und Regionalpolitik über die Forschungs- und Technologiepolitik bis zur engen Verzahnung der E. mit der Umwelt- und Verkehrspolitik sowie der Sicherheits- und Außenpolitik. Auch die seit Mitte der 1990er-Jahre verstärkt geforderte Integration der E. in die Klimaschutzpolitik und in eine Strategie der nachhaltigen Entwicklung führte zu einer Neuorientierung der Energiepolitik.

Der Wandel der Energiepolitik

Die E. bis Anfang der 1970er-Jahre war geprägt vom Leitziel einer möglichst billigen und versorgungssicheren Bereitstellung von Energie und einer staatl. Interventionspolitik, die eine Reaktion auf Struktur- und Anpassungskrisen darstellte. Ein Schwerpunkt lag zunächst auf der Kohlepolitik. Bis Mitte der 1950er-Jahre war vorrangiges Ziel der dt. E., die Kohleförderung zu steigern und die Vermarktung zu verbessern. Ab Mitte der 1950er-Jahre wurde wegen des schnellen Vordringens billigen Mineralöls und später auch der Importkohle der Schutz des inländ. Kohlenbergbaus vorübergehend zu einem energiepolit. Leitziel. Seit Mitte der 1950er-Jahre bildete die Förderung der Kernenergie einen zweiten Schwerpunkt der Energiepolitik.

Eine Antwort des Staates auf die Ölpreiskrisen der 1970er-Jahre (1973/74 sowie 1979/80) war der Versuch, ein neues Konzept der E. zu entwickeln und die Ölimportabhängigkeit durch Diversifizierung der Bezugsländer und Energieträger sowie der Energieerzeugung einzuschränken. Im Energieprogramm von 1973 wurden Leitlinien für eine langfristig orientierte, die Angebots- und die Nachfrageseite umfassende E. entwickelt. 1974 und 1979/80 erfolgten Fortschreibungen, die insbes. die Entwicklungen auf den internat. Ölmärkten widerspiegelten. Vorrangiges Ziel der Energieprogramme war es, durch Energiepreissteigerungen bzw. Versorgungsengpässe ausgelöste wirtschaftl. Einbrüche zu vermeiden. Strategien dazu waren die Umstellung auf andere Energieträger (z. B. die Markteinführung von Erdgas) und die Suche von neuen Bezugsquellen einzelner Energieträger, die Energiebevorratung, die Stärkung der dt. Steinkohle (so genannte »Kohlevorrang-Politik«) und – allerdings nur im begrenzten Umfang – Maßnahmen zur Energieeinsparung. Der Ausbau der Kernenergie, dem in den ersten Energieprogrammen noch eine hohe Priorität eingeräumt wurde, erhielt in den späteren Fortschreibungen, insbes. nach den Reaktorunfällen in Harrisburg (1979) und Tschernobyl (1986), wegen zunehmender Akzeptanzprobleme einen geringeren Stellenwert. Mit dem Regierungsantritt der Koalition von SPD und Bündnis 90/Die Grünen im Oktober 1998 wurde der geordnete vorzeitige Ausstieg aus der Kernenergie offizielle Politik.

Die Wurzeln der europ. E. liegen bereits am Beginn der europ. Integration. 1952 wurde als erste der Europ. Gemeinschaften die →Europäische Gemeinschaft für Kohle und Stahl gegründet. 1958 folgte zusammen mit der Europ. Wirtschaftsgemeinschaft die →Europäische Atomgemeinschaft. Im Rahmen der Entwicklung des Europ. Binnenmarktes traten in den 1990er-Jahren internat. Wettbewerbsfragen für die leitungsgebundene Energiewirtschaft (Erdgas und Elektrizität) in den Vordergrund. Die energiepolit. Rolle der EU hat ständig zugenommen und den nat. Handlungsspielraum der Mitgliedsländer durch eine Vielzahl von Direktiven mitbestimmt. Dies gilt in be-

Energiepolitik: Die Nutzung der Kernenergie ist nicht nur wegen des Risikos von Unfällen, sondern auch wegen Bedenken im Zusammenhang mit der Endlagerung umstritten.

Energiepolitik: rekultivierte Tagebaulandschaft im Lausitzer Revier

sonderer Weise auch für die Aufnahme von zehn neuen Mitgliedsstaaten in die Europ. Union (EU-Osterweiterung im Mai 2004).

Internat. Organisationen, die im Energiebereich eine wichtige Rolle spielen, sind neben der Europ. Union die →Internationale Atomenergie-Organisation und die →Internationale Energie-Agentur, die 1974 als Reaktion auf die Ölpreiskrise auf der Grundlage des »Abkommens über ein internat. Energieprogramm« mit dem Ziel der Krisenvorsorge und des Krisenmanagements gegründet wurden. Auf den Konferenzen des Weltenergierates (**W**orld **E**nergy **C**ouncil, Abk. WEC) werden alle drei Jahre umfassende energietechn. Bestandsaufnahmen und energiewirtschaftl. Basisinformationen vorgelegt und die Perspektiven des weltweiten Energiesystems diskutiert. Aber auch internat. Organisationen bzw. Veranstaltungen (wie z. B. der Weltgipfel für nachhaltige Entwicklung in Johannesburg 2002) und die Arbeit von Nichtregierungsorganisationen (wie z. B. Greenpeace, World Wide Fund For Nature) spielen eine Rolle bei der Entwicklung von Ansätzen einer Weltenergiepolitik.

Ordnungspolitischer Rahmen

Der ordnungspolit. Rahmen für die Energiewirtschaft unterscheidet sich innerhalb der Industrieländer erheblich. Das Spektrum reicht von einem weitgehend verstaatlichten Energiesektor (z. B. Frankreich, Italien) über mit Privilegien ausgestattete Staatsunternehmen bzw. vom Staat über Beteiligungen beherrschte Unternehmen (z. B. Norwegen) bis zu privatwirtschaftl. Angebot (z. B. Großbritannien seit der Privatisierung) und kommunalen Systemen (z. B. Dänemark). Seit Mitte der 1990er-Jahre haben die Diskussionen über die Neuordnung der leitungsgebundenen Energieversorgung und Reformansätze in Richtung einer Liberalisierung und stärkeren Wettbewerbs den europ. Ordnungsrahmen grundlegend verändert und einen Anpassungsprozess der nationalen Energiepolitiken in Gang gesetzt. Allerdings ist der angestrebte EU-Binnenmarkt – insbes. im Hinblick auf die Osterweiterung der EU – von einer Harmonisierung der Rahmenbedingungen und einer Herstellung gleicher Wettbewerbschancen noch weit entfernt.

Bes. in Dtl. hat sich der ordnungspolit. Rahmen v. a. seit den 1990er-Jahren erheblich verändert. Die Bereiche der Mineralöl- (→Erdölbevorratung) und der Braunkohlenwirtschaft waren dabei schon lange relativ stark wettbewerblich geprägt. Die nat. Steinkohlenwirtschaft wurde dagegen seit Ende des Zweiten Weltkriegs unter wechselnden Zielsetzungen reguliert und zur Sicherung ihrer Wettbewerbsfähigkeit gegenüber dem Erdöl und der Importkohle subventioniert. Seit den 1990er-Jahren ist eine umfassende Neuformulierung der Fördermengenziele, eine Neuregelung der Finanzierung der Steinkohlenwirtschaft und eine Anpassung der rechtl. Regelungen

Energiepolitik: Braunkohlentagebau Garzweiler

(z. B. Verstromungs-Ges.) im Gange (→ Jahrhundertvertrag). Der bis 2012 beschlossene Finanzrahmen sieht eine Degression der jährl. Steinkohlebeihilfen auf 1,83 Mrd. Euro und eine Verringerung der jährl. Fördermenge auf 16 Mio. Tonnen vor (zum Vergleich: 1990 über 66 Mio. Tonnen). Die kohlepolit. Kontroverse, ob mit dieser Mengenreduktion der nat. Steinkohleförderung ein »Auslaufbergbau« oder ein lebensfähiger »Sockelbergbau« angesteuert werden soll, ist noch nicht abgeschlossen. Auch eine weltweite Verknappung und Preissprünge bei Koks im Jahr 2004 haben diese Kontroverse belebt. Im Bereich der leitungsgebundenen Energieversorgung (Elektrizität, Erdgas) herrschten bis Ende der 1990er-Jahre Versorgungsmonopole vor. Rechtsgrundlage waren das Energiewirtschafts-Ges. von 1935 und ergänzende Regelungen des Wettbewerbsrechts (Ges. gegen Wettbewerbsbeschränkungen, → Wettbewerb) z. B. zur Preisbildung (Bundestarifordnung Elektrizität, BTOElt; Bundestarifordnung Gas, BTOGas). Rechtl. Regelungen zur Energieeinsparung liegen traditionell schwerpunktmäßig im Gebäudebereich vor (→ Energieeinsparungsgesetz, → Energieeinsparverordnung, → Wärmeschutzverordnung). Hinzu kommen unter Emissionsgesichtspunkten erlassene Regelungen (Durchführungs-VO zum Bundesimmissionsschutz-Ges., wie beispielsweise die Kleinfeuerungsanlagen-VO und die Großfeuerungsanlagen-VO).

Seit Mitte der 1990er-Jahre haben europaweit zwei Gesetze eine grundlegende Änderung der europ. und dt. Rahmenbedingungen in der leitungsgebundenen Energiewirtschaft herbeigeführt. Auf europ. Ebene wurde durch die Verabschiedung der EG-Rahmenrichtlinie Strom der Grundstein für die Durchsetzung des Binnenmarktes für Elektrizität in Europa gelegt und Wettbewerb zw. Stromunternehmen auf nat. Ebene und EU-Ebene eingeführt. Inzwischen wurde auch die EG-Binnenmarktrichtlinie Gas verabschiedet und in nat. Recht umgesetzt; ihre Auswirkungen auf die Preise und die Ordnung der Gaswirtschaft sind jedoch nicht mit der ordnungspolit. Revolution in der Stromwirtschaft nicht vergleichbar.

Die EG-Binnenmarktrichtlinie Strom bietet Spielraum für eine unterschiedl. Ausgestaltung und auch für eine begrenzte umweltorientierte nat. Umsetzung. Sie enthält z. B. Regelungen zugunsten des Ressourcen- und Klimaschutzes sowie für Energieeinsparung als Wahlmöglichkeit. Hinsichtlich der Ausgangsbedingungen hat sie in den EU-Mitgliedsländern weder eine Harmonisierung der Wettbewerbsbedingungen noch verbindl. Regelungen geschaffen. Die EU versucht den diskriminierungsfreien Zugang zu den Netzen durch EU-weite Installierung von Regulierungsbehörden und durch eine unternehmer. Trennung von Stromerzeugung und Netzen voranzutreiben (so genanntes »Unbundling«).

Auf der Grundlage der EG-Rahmenrichtlinie Strom wurde 1998 (Neufassung vom 13. 7. 2005) in Dtl. ein neues → Energiewirtschaftsgesetz verabschiedet, das auf folgende Kriterien setzt:

- Einführung des Wettbewerbs um den einzelnen Kunden ohne Übergangsfristen,
- verhandelter Netzzugang auf der Grundlage von freiwilligen Vereinbarungen zw. Stromanbietern und großen Stromabnehmern,
- öffentl. und kartellrechtl. Kontrolle des Missbrauchs einer marktbeherrschenden Stellung,
- Entflechtung der Versorgungsunternehmen durch Trennung in die Bereiche Netz und Vertrieb,
- die Regelung des diskriminierungsfreien Zugangs Dritter zu bestehenden Netzen.

Das Energiewirtschafts-Ges. von 1935, das in seiner Präambel noch vor den »volkswirtschaftlich schädl. Auswirkungen des Wettbewerbs« gewarnt hatte, wurde durch Wettbewerb bis zur Verbraucherebene ersetzt. Damit entfielen auch alle rechtl. Absicherungen der Monopolstellung von Energieversorgungsunternehmen durch das Kartellrecht. Die Marktstellung der großen Stromkonzerne auf der Verbundebene wurde dadurch verstärkt und eine Konzentrations- und Fusionswelle in Gang gesetzt. In Dtl. wurde im Vergleich zu anderen EU-Ländern erst 2005 mit dem Bundesnetzagentur für Elektrizität, Gas, Telekommunikation, Post und Eisenbahnen durch die Novellierung des Energiewirtschafts-Ges. eine Regulierungsbehörde eingeführt.

Die Regierungsprogramme vom Herbst 1998 und 2002 von SPD und Bündnis 90/Die Grünen enthalten programmat. Festlegungen, wie die Orientierung auf eine zukunftsfähige Entwicklung, auf den vorzeitigen Ausstieg aus der Kernenergie, die Bekräftigung eines ambitionierten Klimaschutzziels sowie ein Bekenntnis zum Vorrang der Energieeinsparung vor der Energieerzeugung, die bei einer konsequenten Durchsetzung eine Richtungsänderung der E. bedeuten würden. Die Regierungskoalition bekennt sich zum Primat der Politik über die Wirtschaft. Darüber hinaus bekräftigt die derzeitige Regierung energiepolit. Ziele für eine nachhaltige Entwicklung in Dtl. Im Mittelpunkt stehen dabei eine Erhöhung der Steigerungsrate der Energieproduktivität auf 2,5 % pro Jahr und die Steigerung des Anteils erneuerbarer Energien an der Primärenergie auf 4 % (d. h. eine Verdopplung bis 2010), 25 % (2030) und 50 % (2050). Damit formuliert die E. quantifizierte Rahmenziele und erkennt gleichzeitig die Notwendigkeit der energiepolit. Steuerung an.

Die energiepolit. Regulierung des Wettbewerbs zeigt sich auch an der Verabschiedung von zwei Energiegesetzen zur Förderung der erneuerbaren Energien und der Kraft-Wärme-Kopplung. Mit der Ablösung des Energieeinspeisungs-Ges. durch das **Erneuerbare-Energien-Gesetz (EEG)** vom 29. 3. 2000 wird die Realisierung der genannten Leitziele angestrebt; am 1. 8. 2004 ist ein weiterentwickeltes EEG in Kraft getreten, das das Ziel verfolgt, den Anteil der erneuerbaren Energien bei der Strombereitstellung bis zum Jahr 2010 auf mindestens 12,5 % zu steigern (2003: 8 %), bis 2020 wird ein Anstieg auf 20 % propagiert. Mit der Novellierung des EEG soll die Förderung von Wind-, Sonnen-, Biomasse- und Erdwärmeanlagen nach Kriterien der Wirtschaftlichkeit differenzierter gestaltet werden, um einen Anreiz zu Effizienzsteigerung zu bieten und um eine Überförderung zu begrenzen; insbesondere durch den durch das EEG induzierten raschen Ausbau der Windkraft (Stand Ende 2004: installierte Leistung 16 630 MW) hat das Gesetz auch international Beachtung gefunden. Allerdings ist auch die Kritik an den Zusatzkosten und den mögl. Umweltfolgen eines forcierten Ausbaus der Windkraft (zukünftig v. a. im so genannten Offshorebereich, also auf dem Meer) gestiegen. Im Ges. für die Erhaltung, die Modernisierung und den Ausbau der Kraft-Wärme-Kopplung vom 19.3. 2002 (**Kraft-Wärme-Kopplungsgesetz**) wurde das urspr. angepeilte Verdopplungsziel für die Kraft-Wärme-Kopplung (KWK) bis 2010 durch ein CO_2-Reduktionsziel ersetzt (20 bis 23 Mio. Tonnen CO_2 bis 2010 bezogen auf den Stand von 1998), das durch die Bonusregelung für KWK-Betreiber sichergestellt werden soll.

Im Vergleich zu der energiepolitisch beschleunigten Markteinführung erneuerbarer Energien und der teilweisen Unterstützung für die KWK sind bislang nur wenige energiepolit. Maßnahmen erkennbar, die auch für die rationelle Energienutzung (REN) eine beschleunigte Markteinführung sicherstellen könnten. Durch die nur mäßig ansteigende und durch Ausnahmen (z. B. für die Industrie) abgeschwächte Ökosteuer wurde nur ein geringer Anreiz geschaffen, mit Strom, Wärme und Brennstoffen rationeller umzugehen. Allerdings ist nach jahrzehntelangem Anstieg der Kraftstoffverbrauch zw. 1999 und 2004 jährlich um durchschnittlich zwei Prozent zurückgegangen. Die Ersetzung der Wärmeschutz-VO durch die Energieeinspar-VO senkt zwar das Wärmeschutzniveau bei Neubauten, allerdings nicht auf den Stand der Technik von Niedrigenergiehäusern. Die Gründung der Dt. Energieagentur dena (2000) hat zu einer Reihe von neuen Impulsen bei der Energiesparpolitik geführt (z. B. zahlr. Marketing-Kampagnen für Stromsparaktivitäten im Haushalt und beim Kleinverbrauch sowie bei der energet. Sanierung von Gebäuden). Allerdings konnten dadurch die vorhandenen Potenziale der rationellen Energienutzung noch nicht annähernd ausgeschöpft werden. Im Industriebereich hat das Ges. zur Umsetzung der EG-Richtlinie 2003/87/EG über ein System für den Handel mit Treibhausgasemissionszertifikaten in der Gemeinschaft vom 8.7.2004 (Treibhausgas-Emissionshandels-Ges., TEG) einen neuen Impuls für die Klima- und Einsparpolitik gebracht. Einbezogen sind mehr als 2 400 CO_2-emittierende industrielle Anlagen und Kraftwerke, die etwa 58 % der dt. CO_2-Emissionen verursachen. Das Gesetz legt die Gesamtmenge der für Industrie und Energiewirtschaft noch erlaubten CO_2-Emissionen fest, regelt die kostenlose Vergabe von Emissionszertifikaten für die einzelnen Unternehmen und erlaubt den Handel mit Zertifikaten ab dem 1.1.2005. Die noch erlaubte Emissionsmenge für Industrie und Energiewirtschaft darf 2005 bis 2007 jährlich 503 Mio. t betragen und soll 2008 bis 2012 auf 495 Mio. t sinken.

Durch die bisher ergriffenen Maßnahmen im Bereich der rationellen Energienutzung und -einsparung konnten die Zuwachsraten bei der Energieeffizienzsteigerung nicht wesentlich über den langfristigen Durchschnittswert von 1,5 % pro Jahr (1991–2002; 2,0 % pro Jahr 1996–2002) gesteigert werden. Die Energie-Enquete-Kommission nannte 2002 für den erforderl. Klimaschutz bis zum Jahr 2020 einen Zielwert der jährl. Effizienzsteigerung von 3 %. Auch die Tendenz einer nur noch verhaltenen CO_2-Emissionsminderung setzt sich in den letzten Jahren fort. Zwar lag die Minderung der energiebedingten CO_2-Emissionen im Jahr 2003 mit nahezu 17 % (temperaturbereinigt) im internat. Vergleich

Energiepolitik: Die Ausstattung von Gebäuden mit Solaranlagen wird in Deutschland nach dem Erneuerbare-Energien-Gesetz (EEG) gefördert.

noch relativ hoch, doch der größte Teil dieser Minderung fiel in die erste Hälfte der 1990er-Jahre. Für die Erreichung des Kyōto-Ziels (21 % CO_2-Minderung bis 2008/2012) besteht noch Handlungsbedarf. Auch der angekündigte Vorrang der Energieeinsparung vor der -erzeugung ist noch nicht realisiert worden.

Herausforderungen der Energiepolitik

Die E. steht weltweit und auch in Dtl. vor besonderen zukünftigen Herausforderungen:
- Die Problematik anthropogener Klimaveränderungen (→Treibhauseffekt) durch die Emissionen von Treibhausgasen zwingt zu einer drast. absoluten Reduktion von energiebedingten Treibhausgasen (v. a. Kohlendioxid, Methan, Distickstoffoxid, Stickoxide) und zu einer grundsätzl. Neuorientierung der Energiewirtschaft. Nach der Ratifizierung der internat. Klimarahmenkonvention 1994 wurden 1997 im Kyōto-Protokoll, das am 16.2.2005 in Kraft trat, CO_2-Reduktionsziele für die Industriestaaten festgelegt. In Dtl. wurde zwar bisher im internat. Vergleich eine überdurchschnittl. CO_2-Reduktion erreicht und für das Jahr 2020 eine 40-prozentige CO_2-Minderung für den Fall in Aussicht gestellt, dass die EU ein Reduktionsziel von 30 % anstrebt. Eine Enquete-Kommission des dt. Bundestages hat auch die wirtschaftlich-techn. Erreichbarkeit eines noch ambitionierteren langfristigen Reduktionsziels (80 % bis zum Jahr 2050) aufgezeigt und entsprechende Maßnahmenkataloge vorgeschlagen. Wirksame Umsetzungsmaßnahmen für derartige ambitionierte CO_2-Minderungsziele sind aber noch nicht beschlossen und werden kontrovers diskutiert.
- Fragen des Risikos der Kernenergienutzung und eines Ausstiegs aus der Kernenergie werden weltweit diskutiert. Neben den Risiken großer Reaktorunfälle (Kernschmelze) stehen die ungelöste Entsorgungsfrage und die Gefahren einer militär. Nutzung der Kernenergie im Mittelpunkt krit. Diskussionen. Andererseits entstehen bei der Kernenergienutzung keine CO_2-Emissionen. Die Bun-

des-Reg. hat auf der Grundlage eines Vertrages mit den Betreibern vom 14.6. 2001 sowie mit der Novellierung des Atom-Ges. (Inkrafttreten am 27.4. 2002) einen vorzeitigen Ausstieg aus der Kernenergie beschlossen. Etwa im Jahr 2024 soll die Nutzung der Kernenergie in Dtl. beendet sein (durchschnittl. Laufzeit je Kraftwerk 32 Jahre). 2004 wurde das erste Kernkraftwerk (Stade) stillgelegt. Bei neuen Regierungsmehrheiten ist eine Änderung der Ausstiegspolitik möglich.

- Bis zum Jahr 2020 müssen etwa 40 000 MW des bestehenden Kraftwerksparks durch Maßnahmen der Effizienzsteigerung bei der Stromnachfrage, durch eine größere Vielfalt effizienter und dezentraler Kraftwerke (z.B. Kraft-Wärme-Kopplung) sowie durch die Erhöhung des Anteils der Elektrizitätserzeugung aus erneuerbaren Energien ersetzt werden. Technisch könnte bis zur Hälfte des Stromverbrauchs eingespart werden. Eine der größten Herausforderungen für die E. ist, diesen Umstrukturierungsprozess zu einem langfristig nachhaltigen Kraftwerkspark und einer rationelleren Elektrizitätsnutzung durch Anreize und Rahmenbedingungen zu steuern.
- Mit der Novellierung des Energiewirtschaftsrechts und durch die Einführung einer Regulierungsbehörde soll v.a. der Zugang zu den Netzen diskriminierungsfrei und die kostengerechte Gestaltung und Transparenz über die Nutzungsgebühr gesichert werden.
- Die Grenzen der Belastungsfähigkeit der Ökosysteme durch Schadstoffeinträge sind in vielen Fällen erreicht. Die Ressourcenknappheit v.a. fossiler Energieträger erlaubt es nicht, dauerhaft die Energieversorgung auf endl. Energieträgern aufzubauen. Der Irak-Krieg (2003), der erhebl. nominelle Anstieg der Rohölpreise im Jahr 2004 und die anhaltenden Turbulenzen auf dem Ölmarkt haben die wirtschaftl. und sicherheitspolit. Risiken verdeutlicht, die mit der hohen Ölimportabhängigkeit Dtl. und anderer OECD-Länder verbunden sind.
- Die Lösung der ökonom., sozialen und gesellschaftl. Probleme, die mit einer ausreichenden Energieversorgung für eine wachsende Weltbevölkerung v.a. in den Entwicklungsländern verknüpft sind, steht nach wie vor an. Die Bereitstellung von Energiedienstleistungen für zwei Mrd. Menschen, die bisher ohne moderne Energieversorgung leben, ist eine wesentl. Voraussetzung der Armutsbekämpfung.

Eine E., die sich dieser Grundsatzfragen annimmt, wird zukünftig einen Schwerpunkt darauf legen müssen, dass die raschere Steigerung der rationellen Energienutzung besser mit der Markteinführung →erneuerbarer Energien verbunden wird. Dabei kann die Energieproduktivität, d.h. der Nutzen, der aus jeder eingesetzten Energieeinheit gewonnen wird, derart gesteigert werden, dass die Wirtschaftsleistung vom Energieverbrauch in den Industrieländern absolut und in den Entwicklungsländern relativ abgekoppelt wird. Hierbei sind techn. Effizienzsteigerungen, aber auch Fragen des Produktions- und Lebensstils angesprochen. Auch durch eine engere internat. Kooperation und Abstimmung in der E. kann ein wichtiger Beitrag zur Lösung dieser Probleme geleistet werden. Dies betrifft insbesondere den Technologie- und Know-how-Transfer der Industrieländer in die Entwicklungsländer.

Energiepolitik und Energieforschung

Angesichts der Herausforderungen wird die Energieforschung zur Entwicklung neuer Techniken, die eine erheblich effizientere Nutzung der Energie bewirken und/oder den wirtschaftl. Einsatz v.a. der erneuerbaren Energien vorantreiben, weiter an Bedeutung gewinnen. Schwerpunkte der Forschung sind derzeit:
- Kernenergie einschließlich Entsorgung (noch rd. $1/4$ der Forschungsmittel wird für Grundlagenforschung im Bereich Kernfusion verausgabt),
- Weiterentwicklung der Kraftwerkstechnik zur Steigerung des Wirkungsgrades und Entwicklung neuer Kraftwerkskonzepte einschließlich der KWK im Bereich fossiler Energien,
- Grundlagen- und anwendungsnahe Forschung im Bereich erneuerbarer Energien,
- Weiterentwicklung von Brennstoffzellen,
- Speicher- und Transporttechnologien für Energie (Verbesserung von Batterien, Wärmespeichersystemen, Wasserstofftechnologie u.a.),
- Ansätze zur rationellen Energieumwandlung sowohl im Wärmebereich (Wärmedämmsysteme, Niedrigenergiehauskonzepte) als auch im Prozesswärme- und Strombereich (Optimierung von Industrieprozessen, effizientere Haushaltsgeräte, energet. Optimierung von Beleuchtungssystemen).

Eine erhebl. Verstärkung der Energieforschungsaufwendungen im Bereich der rationellen Energieumwandlung und der erneuerbaren Energien ist bei einer entsprechenden Ausrichtung der E. und angesichts der zukünftigen Herausforderungen für die E. zielführend.

Enzyklopädische Vernetzung

Blockheizkraftwerk ▪ Elektrizitätswirtschaft ▪ Endlagerung ▪ Energiesparen ▪ Energiewirtschaft ▪ Entsorgung ▪ Erneuerbare Energien ▪ Fernwärme ▪ Kernenergie ▪ Kernkraftwerk ▪ Kraft-Wärme-Kopplung ▪ Fotovoltaik ▪ Stromtarif

Energie-Daten. Nat. u. internat. Entwicklung, hg. v. Bundesministerium für Wirtschaft u. Arbeit (1991 ff); I. HENSING u.a.: Energiewirtschaft. Einf. in Theorie u. Politik (1998); A. LOVINS u. P. HENNICKE: Voller Energie. Vision: Die globale Faktor-Vier-Strategie für Klimaschutz u. Atomausstieg (1999); W. EICHHAMMER u.a.: Energy efficiency in Germany 1990–2000 (2002); Nachhaltige Energieversorgung unter den Bedingungen der Globalisierung u. Liberalisierung. Bericht der Enquete-Kommission, hg. v. Dt. Bundestag (2002); U. STEGER: Nachhaltige Entwicklung u. Innovation im Energiebereich (2002); Welt im Wandel. Energiewende zur Nachhaltigkeit, hg. vom Wiss. Beirat der Bundes-Reg. (2003).

Fortsetzung von Seite 55

Das E. ist z. T. dem öffentl. und z. T. dem Privatrecht zuzuordnen. In einem engeren Sinne wird das E. häufig als das Recht der leitungsgebundenen Energieversorgung verstanden, dessen wichtigste Vorschriften im →Energiewirtschaftsgesetz, im →Energieeinsparungsgesetz und im →Energiesicherungsgesetz erfasst sind. Das Kartellrecht enthielt ebenfalls spezielle energierechtl. Bestimmungen (z. B. §§ 103, 103 a Ges. gegen Wettbewerbsbeschränkungen alter Fassung), die jedoch 1998 aufgehoben wurden. Primär privatrechtl. Charakter hat die Regelung des Verhältnisses zw. den Energieversorgungsunternehmen und deren Kunden. In einem weiteren Sinn werden unter dem Begriff des E. die rechtl. Regelungen gefasst, die die Gewinnung und Verteilung von Primärenergie (Kohle, Öl, Erdgas, Kernenergie) sowie die Produktion, Verteilung und Verwendung von leitungsgebundener Energie zum Gegenstand haben. (→ Energiepolitik)

energiereiche Verbindungen, *Physiologie:* Verbindungen mit einem hohen Gruppenübertragungspotenzial (→ Gruppenübertragung).

Energie-Reichweite-Beziehung, *Physik:* Zusammenhang zw. der kinet. Energie E und der definierten → Reichweite R eines geladenen atomaren Teilchens in einem bestimmten Stoff. Meist wird die E.-R.-B. in Luft von Normaldruck oder in Aluminium angegeben. Man erhält sie durch Integration der → Bethe-Bloch-Formel. Für Elektronen gilt näherungsweise die **Flammersfeld-Formel:** E [in MeV] $= 1{,}92 \sqrt{r^2 + 0{,}22 r}$, wobei r der Zahlenwert des Produkts aus der Reichweite in Aluminium und der Dichte von Aluminium ist. Für Alphateilchen mit Energien von 4 bis etwa 10 MeV besagt die **Geiger-Regel,** dass die Reichweite proportional der dritten Potenz der Geschwindigkeit, d. h. der Quadratwurzel aus der dritten Potenz der kinet. Energie ist.

Energiesatz, Energieerhaltungssatz, Energieprinzip, der ein allgemein gültiges, grundlegendes Naturgesetz darstellende Erhaltungssatz der → Energie, nach dem bei einem physikal. Vorgang Energie weder erzeugt noch vernichtet, sondern lediglich von einer Energieform in eine andere oder in mehrere andere Energieformen umgewandelt werden kann. In einem abgeschlossenen physikal. System (zumindest im ganzen Weltall) ist die Gesamtenergie E_{ges} zeitlich konstant: $dE_{\text{ges}}/dt = 0$ (integrale Formulierung des E.; zur differenziellen Formulierung →Energie-Impuls-Tensor). Als Folgerung des E. ergibt sich die Unmöglichkeit, ein →Perpetuum mobile 1. Art, d. h. eine Maschine, die mehr Energie abgibt, als sie aufnimmt, zu konstruieren. Die Folgerung, dass sich die Gesamtenergie eines Systems nur durch Energieaustausch mit der Umwelt ändern kann, ist die Aussage des 1. Hauptsatzes der Thermodynamik.

Der E. erweist sich in der *klass. Physik* als äquivalent zur Behauptung, dass die Naturkräfte zeitunabhängig und die sie beschreibenden Naturgesetze invariant gegenüber Zeittransformationen sind (→Invarianz). In der *Relativitätstheorie* wird der Zeitbegriff präzisiert mit der Folge, dass ein relativist. E. gilt, der die Masse in die Energiebilanz einbezieht: Gemäß der einsteinschen Gleichung $E = mc^2$ (c Lichtgeschwindigkeit) sind Masse m und Energie E einander äquivalent (und bei mikrophysikal. Prozessen ineinander umwandelbar). Auch in der *Quantenmechanik* erweisen sich die Naturgesetze als zeitunabhängig. Der E. gilt also auch für mikrophysikal. Systeme (z. B. Elementarteilchen und ihre Wechselwirkungen).

Geschichte Der E. gilt allg., wurde aber urspr. von C. Huygens (1673), G. W. Leibniz (1684), Johann und Daniel Bernoulli, J. L. Lagrange u. a. nur für mechan. Systeme unter Vernachlässigung von Reibungsverlusten formuliert. 1842 wurde er von J. R. von Mayer auch auf die Wärmeenergie und Reibungsvorgänge, 1847 von H. von Helmholtz auf alle Energieformen ausgedehnt.

Energiesatz

Aus Max Plancks Schrift »Das Prinzip der Erhaltung der Energie« (1887)

Historische Entwicklung *(Auszug)*

Zwei Sätze sind es, welche dem gegenwärtigen Bau der exakten Naturwissenschaften zum Fundament dienen: das Prinzip der Erhaltung der Materie und das Prinzip der Erhaltung der Energie. Vor allen anderen noch so umfassenden Gesetzen der Physik behaupten sie den unbestreitbaren Vorrang; denn selbst die großen Newtonschen Axiome: die Gesetze der Trägheit, der Proportionalität von Kraft und Beschleunigung, und der Gleichheit von Wirkung und Gegenwirkung, erstrecken sich doch nur auf einen speziellen Teil der Physik: die Mechanik, – für welche sie sich überdies, unter gewissen später zu erläuternden Voraussetzungen, sämtlich aus dem Prinzip der Erhaltung der Energie herleiten lassen.

M. Planck: Das Prinzip der Erhaltung der Energie (Leipzig/Berlin: B. G. Teubner, ²1908), S. 1.

Energiesicherungsgesetz, Kurz-Bez. für das »Ges. zur Sicherung der Energieversorgung bei Gefährdung oder Störung der Einfuhren von Erdöl, Erdölerzeugnissen oder Erdgas« vom 20. 12. 1974. Es verfolgt zum einen den Zweck, die rechtl. Grundlage dafür zu schaffen, dass in Dtl. Staat und private Wirtschaft geeignete Maßnahmen zur Sicherung des lebenswichtigen Bedarfs an Energie für den Fall ernster einfuhrbedingter Versorgungsschwierigkeiten bei Erdöl oder Erdgas ergreifen können. Zum anderen bildet das E. die rechtl. Grundlage für die Erfüllung des im Übereinkommen zum Internat. Energieprogramm (IEP) vorgesehenen Krisenmechanismus. Seiner Systematik nach gehört es zu den Notstandsgesetzen. U. a. sieht es Abgabe-, Bezugs- und Verwendungsbeschränkungen und Einschränkungen für die Benutzung von Motorfahrzeugen vor. Aufgrund des E. wurde eine Reihe ergänzender VO erlassen.

Energiesparen, Aktivitäten öffentl. Institutionen, privater Haushalte und der Wirtschaft, die darauf gerichtet sind, den Energieverbrauch je Leistungs- oder Produktionseinheit oder je Zeiteinheit zu verringern; angesichts begrenzter Ressourcen ein vorrangiges Ziel der →Energiepolitik. Es lassen sich drei Grundstrategien für das E. unterscheiden: 1) Nutzung vorhandener Geräte und Anlagen durch Konsumenten in geringerem Ausmaß oder mit geringerem Energieeinsatz; 2) Einsatz von Geräten und Anlagen mit höherer Energieeffizienz; 3) Entwicklung neuer Anwendungstechnologien, die zu höherer Effizienz der Energienutzung führen.

Über das Potenzial des E. durch techn. Energiesparmaßnahmen bei Einsatz gegenwärtig marktgängiger effizienter Nutzungstechnologien liegen versch. fachl. Einschätzungen vor, die meist bei 25 bis 40 % liegen. Für die Wärmedämmung in neuen und bestehenden Gebäuden wird z. B. das techn. Potenzial des E. mit 60–90 %, bei elektr. Haushaltgeräten mit 30–70 % angegeben. Vergleichbare Möglichkeiten zum E. bestehen z. T. auch bei Beleuchtungs-, Lüftungs- und Klimaanlagen in Industrie- und Bürogebäuden. Im Bereich des Verkehrs liegen Strategien des E. neben verbesserter, energieeffizienzsteigernder Fahrzeugtechnologie v. a. in einer Verringerung des Verkehrsaufkommens, z. B. durch Erhöhung der Nutzungsintensität einzelner Transportmittel (Verringerung des Individualverkehrs, Fahrgemeinschaften), auch durch eine Veränderungen der Siedlungsstruktur, die die Lebensbereiche Wohnen, Arbeit, Freizeit, Einkauf besser verzahnt, in Geschwindigkeitsbegrenzungen sowie in einer Verlagerung des Verkehrs von energieintensiven auf weniger energieintensive Verkehrsträger.

Die Rentabilität des E. durch effizientere Anwendungstechniken hängt entscheidend von Energiepreisen ab, die sämtliche Kosten der Energienutzung reflektieren, also auch diejenigen wachsender Ressourcenknappheit sowie der Umweltbeeinträchtigung, v. a. durch Emissionen. Allerdings werden auch die bei gegenwärtigen Preisen rentablen Investitionen zum E. etwa aufgrund von Informationsmängeln nur z. T. realisiert. Wichtige Aufgabe der →Energiepolitik ist es, durch geeignete energieträger- und technologiespezif. Instrumente (z. B. Energie- oder Emissionssteuern, Definition von Eigentumsrechten an Energie- und Umweltgütern, die einen Handel mit Energienutzungsrechten ermöglichen) die Berücksichtigung der umfassenden Kosten in den Energiepreisen zu unterstützen. Daneben können etwa Grenzwerte für den Energieverbrauch in Gebäuden, von Geräten und Anlagen sowie die Bereitstellung relevanter Informationen zur Energieeinsparung beitragen. Neue Möglichkeiten des E. werden auch in Verfahren wie →Least-Cost-Planning gesehen.

Rechtl. Regelungen zum E. wurden v. a. auf den Gebäudebereich konzentriert (z. B. Energieeinsparungs-Ges., Wärmeschutz-VO, Heizungsanlagen-VO), umfassen aber auch unter Emissionsgesichtspunkten erlassene Regelungen wie die Klein- sowie die Großfeuerungsanlagen-VO.

K. M. Meyer-Abich: Energieeinsparung als neue Energiequelle (1998); B. Geiger u. a.: Energieverbrauch u. Einsparung in Gewerbe, Handel u. Dienstleistung (1999); K. Ostertag u. a.: E. – Klimaschutz, der sich rechnet. Ökonom. Argumente in der Klimapolitik (2000).

Energie sparende Antriebe, Fahrzeugantriebe, die wegen der Verknappung fossiler Brennstoffe und der Notwendigkeit verminderter Schadstoffemission eine besondere Bedeutung haben. Zu den E. s. A. gehören Elektro-, Erdgas- und Wasserstoffantrieb. Der →Hybridantrieb verspricht nach Lösung derzeit vorhandener Wirkungsgradprobleme die Realisierung eines bes. energieeffizienten Fahrzeugantriebes. Die techn. Realisierbarkeit der genannten Antriebsformen ist in Prototypen nachgewiesen. Zurzeit verhindern aber hohe Kosten, schlechte Speichermöglichkeiten und unbefriedigende Wirkungsgrade einen Serieneinsatz. Auf diesem Gebiet wird intensiv geforscht und längerfristig sind serienfähige Lösungen zu erwarten. Mittelfristig scheint die Verbesserung des Wirkungsgrades herkömml. Antriebssysteme durch Maßnahmen am Verbrennungsmotor (z. B. durch Einsatz direkt einspritzender Dieselmotoren), am Antriebsstrang und seiner Steuerung (z. B. mittels stufenloser Getriebe) sowie am Fahrzeug (Masseverringerung, Verringerung des Rollwiderstands der Reifen) Erfolg versprechender.

Energiespeicherung, Gesamtheit der Methoden und Verfahren zur Speicherung von Sekundärenergie in geeigneter Form, sodass diese jederzeit sowie über einen mehr oder weniger langen Zeitraum möglichst wirtschaftlich in der gewünschten Menge zur Verfügung steht. Grundsätzlich kann nach Art des Speicherprinzips unterschieden werden in elektrochemische (Batterien, Akkumulatoren), mechan. (Pumpspeicher, Druckluftspeicher, Schwungräder), elektr. (Superkondensatoren, supraleitende magnet. Speicher SMES), therm. (sensible und latente Wärmespeicher) und chem. Speichermedien (Biomasse, Methanreformierung, Wasserstoff). Die Speicherverfahren lassen sich ferner hinsichtlich ihrer Kapazität, Leistung, Wirkungsgrade, Kosten, Baugröße, volumen- bzw. massebezogener Energiedichte sowie Speicher- und Lebensdauer charakterisieren.

Für die Speicherung von elektr. Energie in Stromspeichern sind eine Vielzahl von Einsatzmöglichkeiten denkbar. Dazu zählen die unterbrechungsfreie Stromversorgung (USV) bzw. die Stabilisierung von elektr. Versorgungsnetzen, der Ausgleich des fluktuierenden Angebots regenerativer Energien, die Versorgung von →Inselsystemen sowie der Einsatz in Elektro- bzw. Hybridfahrzeugen. Das Spektrum der potenziell einsetzbaren Stromspeicher reicht von Batterien, Schwungrädern über Doppelschichtkondensatoren (»Supercaps«) und supraleitenden magnet. Energiespeichern bis hin zu Druckluftspeichergasturbinen (CAES) und Pumpspeicherkraftwerken. Direkte Stromspeicher speichern die elektr. Energie unmittelbar ohne Umwandlung in eine andere Energieform (z. B. Supercaps mit hohem Wirkungsgrad η von rd. 95 %). Im Ggs. dazu erfolgt die elektr. E. bei Schwungrädern über die Umwandlung in mechan. Energie (η rd. 90 %) sowie bei Batterien mittels elektrochem. Vorgänge (zw. 70 und 85 %). – Ein weiteres Unterscheidungsmerkmal von Stromspeichern ist die Speicherdauer (Kurz-/Langfristspeicher): Elektr. Energie kann für wenige Sekunden (Supercap, SMES, Schwungrad), über mehrere Stunden bis hin zu einigen Tagen oder Wochen (Pumpspeicher-Kraftwerk, CAES, Batterien) gespeichert werden. Zu den im größeren Maßstab technisch ausgereiften Technologien zählen derzeit nur Blei-Schwefelsäure-Akkumulatoren sowie Pumpspeicher- (η rd. 75 %) und ggf. Druckluftspeicherkraftwerke (42 bzw. 54 % mit Luftvorwärmung in modernen Anlagen). Für die übrigen Technologien existieren Prototypen bzw. einzelne Feldtestanwendungen sowie teilweise in Nischenanwendungen bereits auch kommerziell verfügbare Produkte. Grundlage für neuere Entwicklungen leichterer und leistungsfähigerer wiederaufladbarer Batterien (→Akkumulator), wie sie z. B. im mobilen Bereich für Elektrofahrzeuge benötigt werden, sind der Natrium-Schwefel-Akkumulator, der Natrium-Nickel-Chlorid-Akkumulator, der Nickel-Cadmium-Akkumulator, die Lithium-Schwefel-Batterie, die Metall-Luft-Batterie sowie die Strömungs- bzw. Redoxbatterie. Der dezentrale Einsatz von Schwungspeichern, z. B. in Kombination mit einer Windkraftanlage, könnte in zukünftigen Energiesystemen Anwendung finden. Elektr. Energie – beispielsweise aus regenerativen Energiequellen wie Wasserkraft oder Solarenergie – kann außerdem durch elektrolyt. Erzeugung von Wasserstoff (→Wasserstoffenergietechnik) in diesem als chem. Energie gespeichert werden; die spätere Rückwandlung in Elektrizität mittels einer Brennstoffzelle ist allerdings bisher wegen zu hoher Umwandlungsverluste innerhalb der gesamten Prozesskette und wegen zu hoher Kosten für Elektrolyse- und Brennstoffzelleneinheiten noch nicht wirtschaftlich.

Die Speicherung von Wärmeenergie gehört zu den ältesten Formen der E. (z. B. Erhitzen von Steinen, um die Wärme des offenen Feuers zu bewahren). Wärme- bzw. Kälte-E. ist für Wärmekraftmaschinen, aber v. a. für Heiz- und Kühlzwecke (→Heizung/Klimatisierung) von großer Bedeutung. Durch →Wärmespeicher versch. Art versucht man, tages- und jahreszeitl. Schwankungen zw. Energieangebot und -nachfrage auszugleichen, aber auch vorhandene Abwärme (z. B. am Berliner Reichstagsgebäude realisiert saisonale Speicherung von Blockheizkraftwerkwärme in Aquiferen) und Solarenergie zu nutzen. Entsprechend ihrem Einsatzbereich und -zweck lassen sich Wärmespeicher grob einteilen nach ihrem Temperaturbereich (Speicher für Nieder- oder Mittel-/Hochtemperaturwärme), nach dem Speichermedium (Flüssigkeits- oder Feststoffspeicher) sowie nach dem Speicherprinzip (kapazitive, Latentwärme- oder thermochem. Speicher).

Die Speicherung von chem. Energie, wie man sie bei Brenn- und Treibstoffen vorfindet, eignet sich durch die verlustarme Lagerung v. a. für lange Speicherperioden. Die Menge der gespeicherten Energie ist abhängig von der Art, der Anzahl und der Bindung der Atome in den Molekülen der chem. Speicher. Heute versucht man, geeignete chem. Verbindungen umzuwandeln oder aufzubauen, sodass sie zur E. geeignet sind (→Methanisierung).

⬥ E. für elektr. Netze, hg. v. der Gesellschaft Energietechnik (1998); M. BOCKHORST: ABC Energie. Eine Einf. mit Lex. (2002); M. N. FISCH u. a.: Wärmespeicher (^{4}2005).

Energiespektrum, *Physik:* die Verteilung einzelner Energiewerte (bzw. ihrer Häufigkeit) innerhalb eines bestimmten Bereiches, z. B. der kinet. Energie von Teilchen einer ionisierenden Strahlung oder von Neutronen in einem Kernreaktor (→Massenspektrum, →Spektrum). – In der *Quantentheorie* versteht man unter E. die Gesamtheit der mögl. Energiewerte eines mikrophysikal. Systems, die in dessen stationären Zuständen, den Eigenzuständen des Hamilton-Operators H, angenommen werden können. Das E. besteht i. Allg. aus zwei Teilen: einer abzählbaren Menge diskreter, den gebundenen Zuständen des Systems zugeordneter →Energieniveaus und einem kontinuierl., den Streuzuständen (→Streutheorie) zugeordneten Teil.

Energiesteuern, i. w. S. alle fiskal. Sonderbelastungen von Energieerzeugung und -verbrauch durch Steuern und steuerähnl. Abgaben (z. B. Erdölbevorratungs-, Förder- und Konzessionsabgabe, Mineralölsteuer, Stromsteuer). Bisher überwog bei den E. das fiskal. Ziel der Mittelbeschaffung. Mit der Einführung der →Stromsteuer und der merkl. Anhebung der →Mineralölsteuer soll im Rahmen der 1999 begonnenen »ökolog. Steuerreform« das knappe Gut Energie verteuert werden, um Anreize zu schaffen, den Energieverbrauch zu reduzieren. (→Umweltabgaben)

⬥ HELMUT SCHMIDT u. KORNELIA MÜLLER: Ökolog. Energiesteuer (1999); J. LANGENHORST: Die europ. CO_2-/Energiesteuer (2001).

Energiestromdichte, *Physik:* Formelzeichen S, den Energiefluss durch eine Fläche bestimmende vektorielle Feldgröße (→Stromdichte), z. B. bei elektromagnet. Wellen der →Poynting-Vektor. Allg. gehen die Komponenten der E. eines Feldes in dessen →Energie-Impuls-Tensor ein.

Energietechnik, technische Energetik, die Gesamtheit der Verfahren, Vorrichtungen und Anlagen, die dazu dienen, in möglichst optimaler Weise (d. h. mit einem hohen Wirkungsgrad bei geringer Umweltbelastung) jede Art von Primärenergie (→Energie) in eine der nutzbaren Sekundärenergieformen umzuwandeln und diese nach Abzug des Eigenverbrauchs der Energiebetriebe dem Verbraucher als Endenergie zur Verfügung zu stellen. Werden dann noch die Verluste abgezogen, steht die verbleibende Nutzenergie als Energiedienstleistung (d. h. als Wärme, Licht- oder Antriebsenergie) zur Verfügung. Die E. umfasst die **Elektro-E. (elektrische E.),** die sich v. a. mit der Erzeugung, Übertragung, Verteilung und Anwendung von →Elektroenergie in Industrie, Verkehrswesen und Haushalt befasst, und die →Wärmetechnik.

⬥ VDI-Lex. E., hg. v. H. SCHAEFER (1994); Energie-Hb. Gewinnung u. Nutzung v. Energie, hg. v. E. REBHAN (2002); R. A. ZAHORANSKY: E. (2002); K. KUGELER u. P.-W. PHLIPPEN: E. (^{3}2004).

Energieterm, *Atomphysik:* →Term.

Energieübertragung, die leitungsgebundene Übertragung unmittelbar nutzbarer Energie (vorwiegend elektr. Energie und Wärmeenergie, i. w. S. auch chemisch in Erdöl, Erdgas, Wasserstoff gebundene Energie) vom Ort der Erzeugung zum Verbraucher, z. T. über sehr große Entfernungen.

Die Übertragung und Verteilung elektr. Energie erfolgen durch Leitungen und Kabel; Letztere werden bes. im Mittel- und Niederspannungsbereich eingesetzt, da aus physikal. Gründen ihr Einsatz begrenzt ist. Der Widerstand elektr. Leiter kann durch Kühlung, bes. auf so tiefe Temperaturen wie die von flüssigem Helium oder flüssigem Stickstoff, weitgehend aufgehoben werden. Die Ausnutzung dieser →Supraleitung erfolgt in der →Kryotechnik (z. B. mit supraleitenden Magnetspulen und supraleitenden Kabeln, Kryokabeln). Dabei ist zu beachten, dass die Einsparung von Verlusten zum großen Teil durch den niedrigen Wirkungsgrad der Tieftemperatur-Kältetechnik wieder aufgezehrt wird. Neuere Erkenntnisse über die Supraleitung (Entdeckung der Hochtemperatur-Supraleitung) versprechen bedeutende Anwendungsfortschritte.

Der Anteil der Netzverluste am Bruttostromverbrauch betrug 1993 nur noch etwa 4 % (1956 waren es noch rd. 10 %).

Die direkte Wärmeversorgung von Gebäuden und Produktionsprozessen (Prozesswärme) ist durch Fernübertragung von Wärme (z. B. →Fernwärme) möglich; diese wird in →Heizwerken und →Heizkraftwerken (durch →Kraft-Wärme-Kopplung) bereitgestellt und dann von aufgeheiztem Wasser als Wärmeträger in Rohrleitungen zum Verbraucher transportiert. Die Auskopplung von Wärme aus Kraftwerken bringt z. B. durch Nutzung der entstehenden →Abwärme energet. Vorteile. Es muss allerdings bei der Standortwahl berücksichtigt werden, dass die Übertragung über größere Entfernung aus techn. Gründen begrenzt ist. Auch die Wärmeauskopplung aus Kernkraftwerken wird zunehmend praktiziert. Durch hohe

Verteilungskosten (Fernwärmenetz) sind der Fernwärmenutzung wirtschaftl. Grenzen gesetzt.

Energieumsatz, *Physiologie:* die im Bau- und Betriebsstoffwechsel erfolgende Umwandlung der Energie der Nahrungsstoffe in körpereigene Energieformen und deren Nutzung (→Stoffwechsel).

Energieumwandlung, allg. die unmittelbar oder über Zwischenschritte erfolgende Umwandlung einer Energieform in eine andere in Lebewesen sowie mithilfe geeigneter, als **Energiewandler** bezeichneter Vorrichtungen, Maschinen oder Anlagen; i.e.S. jeder Prozess der Energietechnik, der die Gewinnung und Bereitstellung nutzbarer Energie aus →erneuerbaren Energien oder nichtregenerativen Primärenergieträgern (fossile Brennstoffe wie Kohle, Erdöl und Erdgas, Kernbrennstoffe) ermöglicht. Da der heutige Energiebedarf in Dtl. zu etwa 88 % mit fossilen Primärenergieträgern und den aus ihnen gewonnenen Sekundärenergieträgern (Kraftstoffe, Briketts, Koks) gedeckt wird und die in ihnen gespeicherte chem. Energie fast ausschließlich nur über die Umwandlung in Wärme nutzbar gemacht werden kann, haben Wärmekraftmaschinen (v.a. Dampf- und Gasturbinen sowie Verbrennungsmotoren) und Wärmekraftwerke die größte Bedeutung. Die einzelnen E.-Schritte in Wärmekraftwerken sind die Gewinnung von Wärmeenergie aus fossilen Brennstoffen durch Verbrennung oder aus Kernbrennstoffen durch Kernspaltung, die Umwandlung der Wärme in mechan. Energie durch Erzeugung von hochgespanntem Wasserdampf, der dann eine Turbine antreibt (dabei wandelt sich Druckenergie in Strömungsenergie und diese in Rotationsenergie), sowie die E. von Rotationsenergie in elektr. Energie (als nutzbare Sekundärenergie) durch einen an die Turbinenwelle angekoppelten Generator. Bei modernen Gas- und Dampfturbinenkraftwerken wird der Hochtemperaturbereich der Verbrennungsgase in einer Gasturbine genutzt, bevor ihre Abgase dem Dampferzeuger zugeführt werden. Weitere Beispiele von E. sind die Umwandlung der in Kraftstoffen enthaltenen Energie in Wärme und anschließend in Bewegungsenergie mit Verbrennungsmotoren oder mit Raketen- und Strahltriebwerken (in ihrer Schubdüse wandelt sich Druckenergie in Strömungsenergie der austretenden schubliefernden Stützgase). Unmittelbare E. sind die Wärmegewinnung aus fossilen Brennstoffen in Heizungen sowie die versch. Methoden der →Energiedirektumwandlung zur Gewinnung von elektr. Energie. – Bei jeder E. wird letztlich stets auch Wärme erzeugt (→Dissipation), die dem Prozess als →Abwärme verloren geht. Die Güte der Umwandlung in einem Energiewandler wird durch seinen →Wirkungsgrad oder seinen →Nutzungsgrad angegeben. (→Blockheizkraftwerk)

Energieversorgung, →Energiewirtschaft, →Elektrizitätsversorgung, →Gaswirtschaft.

Energiewirtschaft, zusammenfassende Bez. für die in unterschiedl. Wirtschaftsbereichen stattfindenden Aktivitäten, die der Bereitstellung von Energiedienstleistungen dienen. Darunter fallen Erzeugung, Import, Umwandlung, Lagerung, Transport und Verteilung von Energie bzw. deren Trägern sowie die Umwandlung der Endenergie bei den Verbrauchern (Haushalte, Industrie, Verkehr) in Nutzenergie bzw. Energiedienstleistungen (Wärme, mechan. Arbeit, Licht, Schall u.a.). Unter die Bereiche Erzeugung und Umwandlung von Energie fallen sowohl die Bereitstellung von Primärenergieträgern (z.B. Erdöl, Erdgas,

Energiewirtschaft: Energieverbrauch und Energieträgernutzung ausgewählter Staaten (2002)

Staat	Energieverbrauch (in Mio. t Rohöleinheiten)		Anteil der Energieträger am Primärenergieverbrauch (in %)				
	insgesamt	je Ew.	Kohle	Mineralöl	Gas	Kernenergie	Wasserkraft
Australien	112,9	5,78	43,8	33,7	19,1	–	3,4
Brasilien	177,5	1,01	6,8	48,1	6,9	1,9	36,3
China, Hongkong, Taiwan	997,8	0,78	66,5	24,6	2,7	0,6	5,6
Deutschland	329,4	3,99	25,7	38,6	22,6	11,3	1,8
Frankreich	258,0	4,34	4,9	36,0	14,9	38,3	5,8
Großbritannien und Nordirland	220,3	3,73	16,6	35,0	38,6	9,0	0,8
Indien	325,1	0,31	55,6	30,1	7,8	1,4	5,2
Indonesien	102,4	0,47	17,4	50,0	30,6	–	2,1
Japan	509,4	4,0	20,7	47,6	13,7	14,0	4,0
Kanada	288,7	9,23	10,6	31,1	25,1	5,9	27,2
Mexiko	133,7	1,31	5,2	60,5	28,3	1,6	4,2
Niederlande	89,0	5,51	10,0	49,2	39,8	1,0	–
Norwegen	42,9	9,5	1,2	21,9	8,2	–	68,5
Österreich	32,7	4,06	10,7	39,8	22,3	–	27,2
Russland	640,0	4,44	15,4	19,2	54,6	5,0	5,8
Schweden	48,5	5,43	4,5	30,9	1,4	32,2	31,1
Schweiz	29,6	4,13	0,3	41,9	8,4	20,9	28,0
Singapur	37,1	8,87	–	95,7	–	4,3	–
Spanien	134,5	3,32	16,3	54,4	14,0	10,6	4,5
Südafrika	109,2	2,44	74,9	21,6	–	2,7	0,8
Süd-Korea	205,8	4,34	23,9	51,0	11,5	13,1	0,6
Türkei	68,6	0,98	26,4	43,6	22,7	–	7,3
USA	2 293	7,88	24,2	39,0	26,2	8,1	2,5
Vereinigte Arabische Emirate	47,8	16,28	–	25,9	74,1	–	–

Kohle, Kernbrennstoffe, Wasserkraft, Windkraft, Biomasse) als auch der Bereich der Umwandlung von Primärenergieträgern in Sekundärenergieträger (Treibstoffe, Heizöle, Elektrizität, Koks, Fernwärme u.a.). Die Effizienz und der Wirkungsgrad der Energieumwandlung über die gesamte Prozesskette (von der Primärenergie bis zur Energiedienstleistung) bestimmen den Aufwand an erneuerbaren und nicht erneuerbaren Primärenergieträgern pro Energiedienstleistung.

Die E. nimmt in einer Volkswirtschaft eine Schlüsselstellung ein, da sie den übrigen Wirtschaftssektoren unverzichtbare Vorleistungen zur Verfügung stellt. Darüber hinaus ist der Energiesektor aufgrund der hohen Kapitalintensität der Energiebeschaffung und der damit verbundenen Investitionstätigkeit, aber auch wegen seiner Wirtschaftskraft v. a. in den Industriestaaten ein wichtiger Wirtschaftsfaktor. Strukturelle Veränderungen in der E. lassen sich nur mittel- oder langfristig erzielen. Da Energiedienstleistungen i. d. R. mithilfe langlebiger Kapitalgüter (z. B. Förderanlagen, Raffinerien, Kraftwerke, Kraftfahrzeuge, Heizungsanlagen) erstellt werden, setzt jede Veränderung eine entsprechende Umschichtung des Anlagevermögens voraus. Aufgrund der langsamen Umstrukturierung der E. vergehen meist auch lange Zeiträume, bis neue Energieträger einen maßgebl. Beitrag zur Energieversorgung leisten können. Neben der Markteinführung sind dabei oft auch lange Zeiträume für Forschung und Entwicklung zu veranschlagen.

Die Nachfrage nach den Leistungen der E. hängt im Wesentlichen von den folgenden Faktoren ab: von der Struktur der Güterproduktion bzw. des Dienstleistungsangebots in Verbindung mit der Energieintensität der Produktion, der Höhe des verfügbaren Einkommens der privaten Haushalte und deren Präferenzen, dem techn. Fortschritt sowie von den realen Energiepreisen. Exogene Faktoren, z. B. klimat. Bedingungen und Bev.-Dichte, bestimmen weniger die Wachstumsrate als vielmehr das Niveau des Energieverbrauchs. Seit Anfang der 1970er-Jahre ist eine Loslösung der Entwicklung des realen Bruttosozialprodukts von der Entwicklung des Primärenergieverbrauchs festzustellen (→Entkopplung). Preisänderungen bei einzelnen Energieträgern können sowohl Substitutionsprozesse auslösen (Umsteigen auf billigere Energieträger) als auch die Tendenz zur rationelleren Energienutzung verstärken.

Energieangebot und Energienachfrage sind seit dem Zweiten Weltkrieg kontinuierlich gewachsen. Seit den 1970er-Jahren hat beim Energieverbrauch allerdings eine Trendwende stattgefunden, die mit deutlich niedrigeren Wachstumsraten auch in den 1990er-Jahren anhielt. In den Entwicklungsländern ist ebenfalls ein Rückgang zu beobachten, allerdings ist dieser anders als bei den Industriestaaten weniger mit Erfolgen beim Energiesparen verbunden, sondern v. a. Folge der zurückhaltenden Wirtschaftsentwicklung. Die anhaltend hohe Bev.-Entwicklung der Entwicklungsländer wird auch künftig deren Energieverbrauch deutlich wachsen lassen. Der Anteil der OECD-Länder am Weltprimärenergieverbrauch und an der Weltenergieerzeugung (einschließlich Förderung von Energieträgern) ist mit jeweils etwa 52 % (2002) annähernd gleich hoch.

Der Anteil der einzelnen Energieträger an der Deckung des globalen Energiebedarfs hat sich seit Beginn der 1970er-Jahre erheblich geändert. 1973 wurden noch 45,0 % des weltweiten Primärenergiebedarfs durch Erdöl gedeckt, 2002 waren es nur noch 34,9 %. Der Anteil der Kohle sank im gleichen Zeitraum leicht von 24,8 % auf 23,5 %. Gleichzeitig stiegen der Anteil des Erdgases von 16,2 % auf 21,2 % und der Anteil der Kernenergie von 0,9 % auf 6,8 %. Die Abhängigkeit der einzelnen Länder von Energieimporten schwankt aufgrund der unterschiedl. Ausstattung mit eigenen energet. Ressourcen und der Energieverbrauchsstruktur stark; z. T. liegen hohe Importabhängigkeiten vor. Die Gestaltung von Import- und Versorgungsstrukturen ist Aufgabe der Energiepolitik.

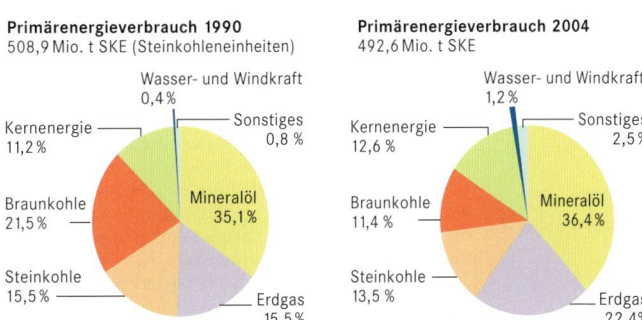

Energiewirtschaft: Primärenergieverbrauch nach Energieträgern in Deutschland 1990 und 2004

In Dtl. ist der Primärenergieverbrauch von 1987 bis 2001 um rd. 6 % gesunken. Ursache dafür war v. a. die Entwicklung in den neuen Ländern, hier ist der Energieverbrauch im Laufe der 1990er-Jahre (v. a. infolge der Deindustrialisierung) um etwa 50 % zurückgegangen. Wichtigste Energieträger (2004) sind Erdöl (36,4 %), Erdgas (22,4 %), Stein- und Braunkohle (zus. 24,9 %). Der Anteil der Kernenergie am Primärenergieverbrauch beträgt 12,6 %.

Enzyklopädische Vernetzung: ▪ Braunkohle ▪ Elektrizitätswirtschaft ▪ Energiepolitik ▪ Energiesparen ▪ Energieumwandlung ▪ Erdgas ▪ Erdöl ▪ erneuerbare Energien ▪ Fernwärme ▪ Kernenergie ▪ Kraft-Wärme-Kopplung ▪ Steinkohle

📖 G. Erdmann: Energieökonomik (^{2}1995); E. im Aufbruch, hg. v. P. Becker (2001); W. Brune: Zur dt. E. an der Schwelle des neuen Jh. (2002); H.-W. Schiffer: Energiemarkt Dtl. (^{8}2002); M. Kraus: Lex. der E. (2003).

Energiewirtschaftsgesetz, Ges. über die Elektrizitäts- und Gasversorgung, das dem Ziel der möglichst sicheren, preisgünstigen und umweltverträgl. Versorgung der Allgemeinheit mit Elektrizität und Gas dient. Das E. vom 24. 4. 1998 setzte die europ. Binnenmarktrichtlinien für Elektrizität vom 19. 12. 1996 und für Gas vom 22. 6. 1998 in dt. Recht um. Deren Ziel ist insbes. die Liberalisierung der Energiemärkte. Dementsprechend regelte das Ges. u. a. den Zugang zum Elektrizitäts- und Gasversorgungsnetz, die getrennte Rechnungslegung der Elektrizitäts- und Gasversorgungsunternehmen, die allg. Anschluss- und Versorgungspflicht sowie die allg. Tarife und Versorgungsbedingungen, die Wegenutzungsverträge und Konzessionsabgaben. Die Marktöffnung selbst wurde in Art. 2 des Ges. zur Neuregelung des Energiewirtschaftsrechts geregelt. Die Versorgung mit Fernwärme unterliegt nicht dem E. (es gilt die VO über Allg. Bedingungen für die Versorgung mit Fernwärme vom 20. 6. 1980). Mit zunehmendem Wettbewerb nahm die Bedeutung der allg. Tarife ab. Im Hinblick auf das Ziel der umweltverträgl. Versorgung wurde das E. flankiert durch das Erneuerbare-Energien-Ges. (EEG) vom 1. 4. 2000, welches durch das EEG vom 21. 7. 2004 ersetzt wurde (soll eine nachhaltige Entwicklung der Energieversorgung ermöglichen und den Anteil erneuerbarer Energien an der Stromversorgung bis 2010 auf mindestens 12,5 %, bis 2020 auf mindestens 20 % erhöhen), und das Kraft-Wärme-Kopplungs-Ges. (KWK-Ges.) vom 19. 3. 2002 (durch den befristeten Schutz und die Modernisierung von Kraft-Wärme-Kopplungsanlagen sowie den Ausbau der Stromerzeugung in kleinen KWK-Anlagen soll zur Minderung der Kohlendioxid-Emissionen beigetragen werden).

Am 13. 7. 2005 ist ein neues E. in Kraft getreten, das u. a. wieder EG-Richtlinien in dt. Recht umsetzt. Es regelt v. a. die Entflechtung der Versorgungsunternehmen durch Trennung in die Bereiche Netz und Vertrieb, den diskriminierungsfreien Zugang Dritter zu bestehenden Netzen, die Regulierung der Netzzugangsbedingungen durch Bundes- (Regulierungsbehörde für Elektrizität, Gas, Telekommunikation, Post und Eisenbahnen) und Landesregulierungsbehörden und weitere Rahmenbedingungen für den Wettbewerb im Energiemarkt (z. B. die Grundversorgung für Haushalts- und Kleinkunden, die Wegenutzung, Anforderungen in Bezug auf Sicherheit und Zuverlässigkeit der Energieversorgung). Die Netznutzungsentgelte werden von den Regulierungsbehörden vorab geprüft und genehmigt. (→ Energiepolitik)

Energiezustand, *Quantentheorie:* durch seinen Energiewert gekennzeichneter → stationärer Zustand eines mikrophysikal. Systems (z. B. Atom, Molekül, Atomkern).

Energikus, *der, -. Sprachwissenschaft:* Modus des Verbs in den semit. Sprachen (v. a. im Arabischen) zur Bez. einer kategor. Behauptung (z. B. bei Aufforderung, Verbot, nachdrückl. Bestätigung). Im Deutschen wird diese durch Umschreibungen bezeichnet (z. B. »ich werde das bestimmt tun«).

Energy-Charge [ˈenədʒɪtʃɑːdʒ, engl.], *Physiologie:* die → Energieladung.

Enervierung, die → Denervierung.

Enescu, George, frz. **Georges Enesco** [ɛnɛsˈko], rumän. Komponist und Violinist, * Liveni (heute George Enescu, Kr. Botoșani) 19. 8. 1881, † Paris 4. 5. 1955; studierte in Wien Violine bei J. HELLMESBERGER (Sohn), kam mit 13 Jahren nach Paris, wo er seine Violinstudien fortsetzte und Kompositionsschüler u. a. von J. MASSENET und G. FAURÉ war, gastierte dann als Violinist (gefeierter Bach-Interpret) in Europa und den USA. Später wirkte er auch als Violinlehrer (Schüler war u. a. Y. MENUHIN). Sein kompositor. Schaffen ist anfangs von J. BRAHMS und R. WAGNER beeinflusst, später geprägt von der Auseinandersetzung mit der rumän. Folklore und Zigeunermusik. Er komponierte die lyr. Tragödie »Oedipe« (Uraufführung 1936), 8 Sinfonien (1895–1941; 2 unvollendet), Orchestersuiten und Instrumentalkonzerte, Kammermusik, Kantaten, Chorwerke und Lieder.

  M. VOICANA u. a.: G. E., 2 Bde. (Bukarest 1971); G. E., hg. v. Z. VANCEA (ebd. 1981); N. MALCOLM: G. E. His life and music (London 1990).

E-Netze, *Telekommunikation:* → Mobilfunk.

en face [ãˈfas; frz. face »Gesicht«], von vorn (gesehen), in gerader Ansicht (bes. beim Porträt); im Unterschied zu »en profil«.

en famille [ãfaˈmij; frz. »in der Familie«], *bildungssprachlich* für: im engsten Kreis, im engsten Familienkreis.

Enfantin [ãfãˈtɛ̃], Barthélemy *Prosper,* gen. **Père E.** [pɛːr], frz. Sozialist, * Paris 8. 2. 1796, † ebd. 13. 8. 1864; wandte sich, von der Lehre C. H. DE SAINT-SIMONS angezogen, vom Beruf des Bankkaufmanns ab, gründete die Zeitschriften »Le Globe« und »Le Producteur«; wurde Mitbegründer und Führer der Schule des → Saint-Simonismus. Als Vorsteher einer von ihm gegründeten Kommune wurde er 1832 verhaftet und zu einem Jahr Gefängnis verurteilt.

Enfants de France [ãfãdəˈfrãːs; frz. »Kinder Frankreichs«], die legitimen Kinder, Enkel und Urenkel (beiderlei Geschlechts) der frz. Könige.

Enfant terrible [ãfãtɛˈribl; frz. »schreckliches Kind«] *das, - -/-s -s, bildungssprachlich* für: jemand, der gegen die geltenden (gesellschaftl.) Regeln, z. B. durch zu große Offenheit, verstößt und dadurch seine Umgebung schockiert oder in Verlegenheit bringt.

Enfield [ˈenfiːld], ehem. selbstständige Stadt in England, seit 1965 Stadtbezirk (London Borough) im N Londons, 274 300 Einwohner.

Enfilade [ãfiˈ-; frz., zu enfiler »aufreihen«] *die, -/-n,* Raumfolge, bei der die Türen in einer Flucht liegen, sodass man bei geöffneten Türen durch alle Räume hindurchblicken kann. Die Anfänge der E. liegen in der ital. Renaissancebaukunst; konsequent angewendet wurde sie erstmals in der frz. Schlossarchitektur des 17. Jahrhunderts.

Engadin: Silser See im Oberengadin

Engadin: die Dolomitberge der S-charl-Decke mit Piz Pisoc, Piz San Jon und Piz Lischana im Unterengadin

Enfleurage [ãflœˈraːʒ(ə); frz., zu fleur »Blume«, »Blüte«] *die,* -, ein nur noch selten angewendetes Verfahren zur Gewinnung natürl. →Blütenöle: Die Blüten werden zw. zwei in einem Holzrahmen sitzenden, mit Fett beschichteten Glasplatten (»Chassis«) gepresst, sodass sie ihren Duft an die Fettschicht abgeben. Durch mehrfaches Aufbringen von frischen Blüten wird das Fett mit Duftstoffen gesättigt. Aus der Fettmasse werden die Blütenöle durch Extraktion mit Alkohol und anschließendes Verdampfen des Alkohols im Vakuum gewonnen.

ENG, Abk. für:
1) →Elektroneurografie.
2) →Elektronystagmografie.

Engadin [auch -ˈdiːn], rätoroman. **Engiadina** [endʒjaˈ-], Hochtal im Kt. Graubünden, Schweiz, zw. den nördl. Rät. Alpen und der Berninagruppe, vom oberen Inn durchflossen, 91 km lang, vom Malojapass (1 815 m ü. M.) im SW bis zur Schlucht des Passes Finstermünz an der österr. Grenze bei Martina (1 035 m ü. M.) im NO. Das **Ober-E. (Engiadin' Ota)** ist ein breites Muldental mit den Seen von Sils, Silvaplana, Campfer und Sankt Moritz, mit Lärchen- und Arvenwäldern, Hochweiden (Muottas), stattl. Dörfern, Höhenkurorten und Wintersportplätzen (Sils, Silvaplana, Sankt Moritz, Pontresina). Das Klima ist mild und sonnig (Getreidegrenze bei 1 750 m; Waldgrenze 2 275 m, Schneegrenze 2 900 m ü. M.). Durch starke Zuwanderung ist die einheim. rätoroman. Bev. zurückgegangen. Das **Unter-E. (Engiadina Bassa)**, vom oberen Tal durch die Enge von Zernez–Susch getrennt, ist durch den Wechsel der Gesteinsart (Dolomit, Schiefer) landschaftlich abwechslungsreicher. Auf den zahlr. Terrassen, bes. der Sonnenseite, liegen große Dörfer und Wiesen, die Schattenseite ist meist bewaldet, das Klima ist ungewöhnlich trocken. Kurorte sind Scuol und Tarasp-Vulpera.

In beiden Talabschnitten herrscht die traditionelle Viehwirtschaft (mit Almwirtschaft) gegenüber dem Ackerbau vor. Mit den Nachbartälern ist das E. durch Passstraßen verbunden: über Maloja ins Bergell, Julier ins Oberhalbstein, Flüelapass nach Davos und ins Prättigau, Ofenpass ins Münstertal, Albulapass ins Landwassergebiet und Berninapass ins Puschlav. Die Schmalspurbahn Scuol–Sankt Moritz ist durch die Albulabahn mit Chur, durch die Berninabahn mit Tirano im Veltlin (Italien) verbunden. Östlich von Zernez liegt der Schweizer. Nationalpark (169 km², gegr. 1914) mit dem 3 173 m hohen Piz Pisoc in der Val S-charl als der höchsten Erhebung der Unterengadiner Dolomiten. – Der seit 1969 veranstaltete »E.-Skimarathon« über 42,4 km von Maloja nach Zuoz gehört zu den bedeutendsten volkssportl. Skilanglaufwettbewerben. Auf dem Silsersee wird seit 1978 jährlich die größte Segelsurfregatta der Welt ausgetragen (»Engadiner Surfmarathon«). – Die einheim. Bev. spricht häufig das engadin. →Bündnerromanisch.

Volkskunde Die palazzohaften, v. a. im Unter-E. reich mit Sgrafitti bemalten Steinhäuser (als **Engadiner Haus** eigenständiger Haustyp [Einheitshaus/Einhof]) gelten als die stattlichsten Bauern-, Bürger- bzw. Herrenhäuser der Schweiz. Bei zahlreichen, z. T. wieder belebten Bräuchen wird die scharlachrote Rokokotracht getragen, etwa bei der »Chalandamarz«, einem am 1. 3. (Winteraustreibung) übl. Lärmbrauch, oder bei der von der Dorfjugend organisierten »Schlittteda« (Winterfest mit geschmückten Schlitten).

Geschichte Das seit dem 2. Jt. v. Chr. besiedelte E. wurde 15. v. Chr. römisch und gehörte später zur Prov. Raetia Prima. Im MA. als **Eniatina** oder **Agnadinae** erwähnt, erwarben die Bischöfe von Chur 1137/39 große Teile des Ober-E., konnten sich im unteren E. jedoch nicht gegen die Grafen von Tirol (seit dem 16. Jh. Habsburger) durchsetzen. 1367 trat das E. dem Gotteshausbund bei. Im 15. und 16. Jh. mit den Alpenpässen häufig umkämpft, war das Unter-E. bes. Anfang des 17. Jh. schweren Fehden unterworfen (»Bündner Wirren«); 1652 gelang es dem Unter-E., sich von allen österr. Rechten loszukaufen (→Graubünden, Geschichte). – Vereinzelt seit dem 14., bes. aber im 17. und 18. Jh. gingen u. a. Engadiner als Feinbäcker und Kaffeewirte (»Bündner Zuckerbäcker«) nach Oberitalien, v. a. Venedig, nach 1766 auch u. a. nach Dtl., Frankreich, Polen, Russland; später verdingten sie sich z. T. als Saisonarbeiter.

Bergtäler der Schweiz, hg. v. F. AUF DER MAUR (Basel 1986); E., bearb. v. E. HESS (1988); I. U. KÖNZ: Das Engadiner Haus (Bern ⁴1994); K. DERUNGS: Kultplatz Zuoz-E. (ebd. 2001).

Engadiner Fleisch [auch -'di:-], das →Bündner Fleisch.

Engageantes [ãgaˈʒãt, frz.] *Pl.*, aus zwei bis drei Spitzen- oder Leinenvolants gebildete Rüschenmanschetten, wurden im späten 17. und 18. Jh. unter den halblangen Ärmeln der Frauenkleider getragen.

Engagement [ãgaʒəˈmã, frz.] *das, -s/-s*,
1) *allg.:* aus dem frz. Existenzialismus stammender Ausdruck für frei gewählte existenzielle Bindung an eine Sache, aktives Eintreten für diese und Kämpfen für ihre Durchsetzung. Zunächst v. a. im Bereich der Lit. formuliert (J. P. SARTRES →Littérature engagée); heute immer häufiger auch im polit., sozialen, wirtschaftl. oder militär. Sinn gebraucht als das Interesse und die innere Verpflichtung, in einer Situation Stellung zu beziehen.
2) *Börsenwesen:* Verpflichtung aus Termingeschäften, zu einem bestimmten Tag gekaufte Papiere zu bezahlen oder verkaufte zu liefern; in der Kaufmannssprache die Verbindlichkeit aus einem Geschäft.
3) *Theater, Film u. a.:* Anstellung eines Künstlers, bes. beim Theater; an dt. Bühnen meist für eine Spielzeit oder für mehrere Jahre. In Dtl. liegt dem E. ein Dienstvertrag zugrunde, dessen Bedingungen im so genannten Normalvertrag (Rahmen[arbeits/dienst]vertrag) zw. dem Dt. Bühnenverein und der Genossenschaft Dt. Bühnen-Angehöriger geregelt sind. – In anderen Ländern werden E. häufiger nur für einzelne Rollen abgeschlossen.

engagieren [ãgaˈʒi:-; frz. engager »verpfänden«, zu gage »Pfand«], 1) **sich e.**, sich für etwas einsetzen, eine Verpflichtung eingehen; 2) unter Vertrag nehmen, verpflichten (einen Künstler, Artisten o. Ä.).

engagierte Literatur [ãgaˈʒi:-], Sammelbegriff für jegl. Literatur, in der ein religiöses, gesellschaftl., ideolog. oder polit. Engagement vertreten wird; i. e. S. wird darunter der von J. P. SARTRE geprägte Begriff →Littérature engagée verstanden. Die Unterscheidung von der →Tendenzliteratur ist schwierig, da objektive Kriterien fehlen. – Ggs.: L'art pour l'art.

E. L. zw. den Weltkriegen, hg. v. S. NEUHAUS u. a. (2002); E. L. in Wendezeiten, hg. v. W. HUNTEMANN (2003).

en garde [ãˈgard; frz. »habt acht«], *Fechten:* Kommando zum Einnehmen der Fechtstellung.

Engbaum, eine Art der →Flügelfruchtgewächse.

Engdeckenkäfer, die →Scheinbockkäfer.

Engebrechtsz. [-xts], **Engelbrechtsz.** [-xts], **Engelbertsz.** [-ts], **Engelbrechtsen** [-xts-], Cornelis, niederländ. Maler, *Leiden 1468, † ebd. 1533; Lehrer des LUCAS VAN LEYDEN. In seinen Andachtsbildern, Porträts und Glasgemälden verbinden sich spätgotischmanierierte Linienführung und Renaissanceelemente im Ornament.

Werke: Beweinungsaltar (1508; Leiden, Stedelijk Museum); Kreuzigungsaltar (1512; ebd.).

En Gedi [hebr. »Böckchenquelle«], Oase in Israel, am W-Ufer des Toten Meeres, 300 m u. M.; basiert auf einer Süßwasserquelle (200 m hoher Wasserfall). Kibbuz mit Gemüse- und Bananenanbau sowie Dattelpalmen; Fremdenverkehr. Dem hier zutage tretenden dunklen Schlamm des Toten Meeres wird große Heilkraft zugeschrieben. Die wild zerklüftete Wüstenlandschaft um En G. ist Nationalpark. – Das in der Vulgata Engaddi genannte En G. war der Fluchtort DAVIDS vor SAUL (1. Sam. 24). Die israel. Ausgrabungen seit 1961 konnten auf dem Tell el-Gurn eine Besiedlung vom Ende des 7. Jh. v. Chr. bis in die römischbyzantin. Zeit nachweisen. Im weiteren Gebiet der Oase wurden ein Tempel des 4. Jh. und ein röm. Badehaus freigelegt. Besondere Bedeutung hatte die Oase durch Anbau und Verarbeitung von Balsam, möglicherweise schon seit dem 7. Jh. v. Chr.

Engel [von griech. ángelos »Bote«], in den *Religionen* Begriff, der Mittlerwesen zw. der Gottheit und den Menschen bezeichnet. Die E. sind ihrer Gottheit als höchste Stufe der Schöpfung in personaler Gestalt untergeordnet, beschrieben mit Licht-, Äther- oder Feuerleib. Mit der Bez. »E.« sind z. T. auch widergöttl., dämon. Mächte belegt; der jüd.-christl. Tradition gelten diese als **gefallene Engel**. In der Religionsgeschichte findet sich die E.-Vorstellung v. a. in monotheist. Religionen. – Der E.-Glaube des A. T. hat seine Ursprünge im altkanaanäischen Volksglauben, in babylon. und spätiran. (parsist.) Vorstellungen und in fremden Gottheiten besiegter Völker. E. traten auf als Boten und Söhne Gottes (z. B. 1. Mos. 19,1; Hiob 1,6), als Heilige und Wächter (z. B. Dan. 6,23), als himml. Heer (z. B. Ps. 103,21) und als Helfer des Menschen

Cornelis Engebrechtsz.: »Der Prophet Elisa reinigt den syrischen Feldhauptmann Naeman im Jordan vom Aussatz«, Mittelbild eines Flügelaltars (um 1520; Wien, Kunsthistorisches Museum)

En Gedi: der 200 m hohe Wasserfall

(Schutz-E.). Allmählich entstanden für einige E. Namen: Michael, Gabriel, Raphael und Uriel. – Im N.T. treten E. hauptsächlich als Boten Gottes (Lk. 1, 26 u. a.), aber auch als böse Geister (z. B. Mt. 25, 41) auf. In der Apokalypse des Johannes spielen E. eine wichtige Rolle als Ausführer von Gottes Aufträgen. – Die traditionelle christl. Lehre von den E. (**Angelologie**) sieht in den E. geistig-personale Mächte und Gewalten, die Gottes Willen auf Erden vollziehen. Ihre Klassifizierung in eine dreistufige Hierarchie von neun Chören durch Dionysius Areopagita (E., Erzengel, Fürstentümer; Mächte, Kräfte, Herrschaften; Throne, Cherubim, Seraphim) ist willkürlich und theologisch-dogmatisch nicht verbindlich.

Die Engellehre der kath. Kirche kennt, neben den guten E., auch böse Dämonen, die von Gott gut erschaffen worden sind, sich jedoch von ihm abgewendet haben und so verdammt wurden (2. Petr. 2, 4; Jud. 6; Engelsturz; im Volksglauben gilt der »gefallene E.« Luzifer als Fürst der Dämonen). Sie zählt die Erschaffung, die Geistigkeit und die allgemeine Schutzherrschaft der E. zum Glaubensgut. Dagegen gilt die Auffassung, dass jeder Christ einen eigenen Schutzengel hat, nur als sichere theolog. Meinung. Die kath. Kirche billigt den E. einen relativen Kult zu. Diese Engellehre wurde auf dem 4. Laterankonzil (1215) entwickelt und in der Kirchenkonstitution des Zweiten Vatikan. Konzils bestätigt (»Lumen Gentium« 1964, Art. 49 und 50). In den Ostkirchen ist der Glaube an E. und ihre Einwirkung stark ausgeprägt. Die E. zelebrieren die »himml. Liturgie« (Jes. 6). Ev. Kirchen: Im Altprotestantismus galten die E. dem bibl. Text folgend als Gegenstand der Besinnung auf Gottes Fürsorge, doch waren sie ohne Bedeutung für die Vermittlung des Heils. Die heutige ev. Theologie versteht die E. zum einen, darin weithin dem in der Aufklärung wurzelnden neuzeitl. Weltbild folgend, mehr im Sinne myth. Vorstellungen, hat sie allerdings auch – bes. in jüngerer Zeit, u. a. in der Seelsorge – als Exponenten der im Wort Gottes gegebenen, über ein reines Diesseitsverständnis hinausweisenden Seins- und Erfahrungsdimension christl. Lebens theologisch »neu-« bzw. »wiederentdeckt«.

In der Religionsgeschichte werden E. auch als seel. Manifestationen einer Gottheit oder eines Menschen angesehen. Im Parsismus wird der Gott Ahura Masda urspr. von sieben ihm dienenden Geistern, personifizierten Idealen (den →Amescha spentas), umgeben gedacht; die spätere Lehre stellte den E. böse Dämonen entgegen. Die christlich und jüdisch geprägte E.-Lehre im Islam kennt Gott lobpreisende und ihm in Gehorsam dienende E.; die Hölle wird von 19 E. bewacht. An der Spitze der E. steht der Erzengel Gabriel (arab. Djabrail oder Djibril), von dem Mohammed seine Sendung und die Offenbarung Gottes empfing und der ihn durch die sieben Himmel führte (→ Himmelsreise Mohammeds); neben ihm drei weitere Erzengel: Michael (arab. Mikail), der Herr der Naturkräfte, Israfil, der beim Jüngsten Gericht die Posaune blasen und am Auferstehungstage die Toten wieder auferwecken soll, und der Todesengel Izrail, der in der Todesstunde zu den Sterbenden kommt und ihre Seelen zur Prüfung in den Himmel bringt.

Schon in frühchristl. Zeit wird der E. in der bildenden Kunst dargestellt – erst flügellos und als Mann, ab dem 4. Jh. nach dem Vorbild antiker Viktorien und Genien geflügelt, im Ggs. zu diesen aber voll bekleidet; seine Attribute sind Nimbus und Zepter oder Buchrolle. Die E. sind meist weiß gewandet; in der byzantin. Kunst und danach in der abendländ. Kunst tragen sie auch Hoftracht (Purpurmantel über hellblauem

Engel: Domenico Piola, »Der Schutzengel«, Zeichnung (17. Jh.; Moskau, Puschkin-Museum)

Enge Engel

Engel: Guillem de Talarn, »Die gefallenen Engel«, Altarbild (15. Jh.; Terrassa, Kirche Santa María)

Untergewand und rote Schuhe). Etwa seit dem 6. Jh. werden E. mit sechs Flügeln (Cherubim) dargestellt, zwei und mehr Flügel (oft mit Augen besetzt) haben die Seraphim, die auch nur als Kopf mit Flügeln dargestellt werden. Die mittelalterl. Malerei und Plastik schuf zahlr. jugendl. E.-Gestalten in der Tracht von Diakonen als Assistenzfiguren. Den neuen Typus des Kinder-E. entwickelte die Kölner Malerei des 12. und 13. Jh. (seit der Spätgotik auch gefiederte Flügel). Ihm ähnlich ist der antike Putto, den die Renaissance zum engelhaften Wesen umdeutete. Diese Epoche nahm auch wieder das Vorbild der antiken Viktorien und Genien auf. Halb bekleidet erscheint der E. v. a. im Barock und Rokoko, zuweilen gleicht er der Gestalt des Amor. Eine tiefer gehende gestalter. Auseinandersetzung mit dem Wesen des E. zeigt sich bei REMBRANDT. Im 19. Jh. erscheinen E. u. a. in den Bildern der →Nazarener. Besonderer Beliebtheit erfreute sich das Motiv des Schutz-E. Im 20. Jh. wurden E. u. a. von E. BARLACH, M. CHAGALL und P. KLEE dargestellt. Als Einzelgestalt findet sich in der Kunst bes. Gabriel als E. der Verkündigung, in der dt. Kunst Michael, in der ital. Kunst Raphael als Schutzengel. (→Engelskonzert)

P. SCHÄFER: Rivalität zw. Engeln u. Menschen. Unterss. zur rabbin. E.-Vorstellung (1975); W. CARR: Angels and principalities (Cambridge 1981); G. ADLER: Erinnerungen an die E. (1986); A. ROSENBERG: E. u. Dämonen. Gestaltwandel eines Urbildes (^{3}1992); C. WESTERMANN: Gottes E. brauchen keine Flügel (^{6}1993); E., bearb. v. P. L. WILSON (a. d. Engl., Neuausg. 1996); H. VORGRIMLER: Wiederkehr der E.? (^{3}1999); H. KRAUSS: Kleines Lex. der E. (2001); Das große Buch der E., hg. v. U. WOLFF (^{3}2002).

Engel,
1) latinisiert **Angelus**, Andreas, luther. Theologe und Historiograf, * Strausberg 16. 11. 1561, † ebd. 9. 8. 1598; seit 1592 Pfarrer und Superintendent in seiner Heimatstadt, schrieb die umfangreichen »Annales Marchiae Brandenburgiae«, eine von 416 (dem angebl. Gründungsjahr Brandenburgs) bis 1596 reichende Geschichte Brandenburgs in dt. Sprache, die wegen der Einarbeitung später verloren gegangener Archivalien von Bedeutung ist.

2) Erich, Schauspieler, Regisseur, Theaterintendant, * Hamburg 14. 2. 1891, † Berlin (West) 10. 5. 1966; inszenierte die Uraufführungen fast aller frühen Dramen von B. BRECHT (bis zur »Dreigroschenoper« 1928) und arbeitete mit diesem maßgeblich an Theorie und Praxis des epischen Theaters. Während der nat.-soz. Herrschaft wirkte E. am Dt. Theater in Berlin (Shakespeare-Inszenierungen: »Coriolan«, »Othello«, »Der Sturm«). 1945–50 leitete er die Münchner Kammerspiele. Ab 1949 arbeitete E. erneut als Regisseur am Berliner Ensemble, inszenierte hier u. a. BRECHTS »Herr Puntila und sein Knecht Matti« (1949), »Mutter Courage und ihre Kinder« (1951) und »Leben des Galilei« (1957). Nach BRECHTS Tod wurde E. 1957 Mitglied der künstler. Leitung des Berliner Ensembles. – Bes. Komödienfilme machten ihn als Filmregisseur bekannt.

Filme: Pygmalion (1936); Mädchenjahre einer Königin (1936); Der Maulkorb (1938); Altes Herz wird wieder jung (1943); Affaire Blum (1948); Der Biberpelz (1948); Der fröhl. Weinberg (1952).

Schriften: Über Theater u. Film (1971); Schriften über Theater u. Marxismus (1972).

3) George L., amerikan. Psychiater, * New York 1913, † 26. 11. 1999; Prof. in Cincinnati und Rochester; erforschte physiolog. und biochem. Zusammenhänge von psych. Erkrankungen und legte mit einem biopsychosozialen Krankheitsmodell eine umfassende und weltweit beachtete Theorie der Psychosomatik (1976) zur Überwindung der Materie-Geist-Trennung vor.

4) Johann *Carl* Ludwig, Baumeister, * Berlin 3. 7. 1778, † Helsinki 14. 5. 1840; studierte an der Berliner Akad. mit K. F. SCHINKEL. 1816 wurde er mit Planung und Ausführung des Ausbaus von Helsinki zur Hauptstadt des autonomen russ. Großfürstentums beauftragt. Seine klassizist., auch vom russ. Empirestil beeinflussten Bauten (Altes Senatsgebäude, 1818–22; Univ., 1828–32; Nikolaikirche, 1830 ff., erst 1852 nach veränderten Plänen vollendet) prägen das Zentrum der Stadt.

5) Johann Christian von, österr. Historiker, * Leutschau (slowak. Levoča) 17. 10. 1770, † Wien 20. 3. 1814; trat nach dem Studium in Göttingen 1791 in die Wiener Hofkanzlei für Siebenbürgen ein; sammelte das weit gestreute Quellenmaterial und wurde mit seinen Werken zur Gesch. Südosteuropas einer der Begründer der Südosteuropaforschung.

Werke: Gesch. des ungar. Reiches u. seiner Nebenländer, 4 Bde. (1797–1804); Gesch. des Königreichs Ungarn, 5 Bde. (1814–15).

6) Johann Jakob, Schriftsteller, * Parchim 11. 9. 1741, † ebd. 28. 6. 1802; eine führende Gestalt der Berliner Aufklärung, war 1776–86 Prof. der Moralphilosophie und der schönen Wiss.en am Joachimsthalschen

Gymnasium in Berlin, Prinzenerzieher (»Fürstenspiegel«, 1798), bes. Lehrer des späteren Königs FRIEDRICH WILHELM III.; mit K. W. RAMLER 1787–94 Direktor des neu errichteten Berliner Nationaltheaters. E. schrieb im Gefolge von G. E. LESSING und C. F. WEISSE Bühnenstücke, den Zeitroman »Herr Lorenz Stark« (1801) sowie den ersten Versuch einer Systematik der Schauspielkunst, »Ideen zu einer Mimik« (2 Bde., 1785/86).

Weiteres Werk: Der Philosoph für die Welt, 4 Bde. (1775–1803).

7) Karl, schweizer. Pianist, * Birsfelden 1. 6. 1923; Schüler von P. BAUMGARTNER und A. CORTOT, lehrte 1954–86 an der Musikhochschule Hannover; trat als Solist, Kammermusiker (u. a. mit P. CASALS, P. TORTELIER und S. VÉGH) und Liedbegleiter (u. a. von D. FISCHER-DIESKAU und H. PREY) hervor. Schwerpunkte seines solist. Repertoires bilden Werke von MOZART, BEETHOVEN und SCHUMANN.

8) Wolfgang, Regisseur und Schauspieler, * Schwerin 13. 8. 1943; gab sein Debüt als Schauspieler 1965 in Schwerin; wirkte als Regisseur u. a. 1974–76 an den Landesbühnen Sachsen-Radebeul und 1980–91 am Staatsschauspiel Dresden; war ab 1991/92 Schauspieldirektor in Frankfurt am Main, ist seit 1995 Regisseur und Intendant am Schauspielhaus Leipzig.

Engelamt, Engelmesse, in der kath. Kirche des dt. Sprachraums volkstüml. Bez. für 1) das Begräbnis eines unmündigen Kindes, 2) die Votivmesse zu Ehren MARIAS im Advent, 3) die Mitternachtsmesse zu Weihnachten.

Enge|laut, andere Bez. für →Reibelaut.

Engelberg, Kur- und Wintersportort im Kt. Obwalden, Schweiz, 1 000 m ü. M., im Tal der Engelberger Aa

Carl Engel: Nikolaikirche am Senatsplatz von Helsinki (1830 ff.)

südlich des Vierwaldstätter Sees, 3 500 Ew.; elektr. Zahnradbahn (1898 eröffnet) Richtung Stansstad, Standseil-, Schwebe- und Sesselbahnen (u. a. auf Brunni, Gerschnialp, Jochpass, Trübsee, Titlis). – Neubau der Benediktinerabtei nach Brand 1730–37 in Anlehnung an Pläne von K. MOOSBRUGGER im Stil der frühen Vorarlberger Bauschule; Hochaltar von J. A. FEUCHTMAYER (1733); kostbarer Kirchenschatz (u. a. spätroman. Reliquienkreuz, um 1200); in der Bibliothek mittelalterl. illuminierte Handschriften. – Das 1120 gegründete Benediktinerkloster E. stand seit 1124 unter besonderem päpstl. und königl. Schutz. Anfang des 13. Jh. erlangte das Kloster für sein Gebiet königl. Immunität. Im 14. Jh. übernahmen die eidgenöss. Orte die Schutzherrschaft, doch kam es zu wiederholten Grenzstreitigkeiten mit Uri. 1798 wurde E. dem Kt. Waldstätten zugeschlagen, 1803 fiel es an Nidwalden, seit 1815 gehört es zu Obwalden.

Engelberg,

1) Engelberger, Engelbert, Burkhard, Baumeister und Bildhauer, * Hornberg um 1450, † Augsburg 11. 2. 1512; ab 1477 tätig am Benediktinerreichsstift St. Ulrich und Afra (Mittelschiff und Simpertusbogen der Kirche) in Augsburg. In Ulm festigte er 1493 den Turm des Münsters, stellte im Innenraum durch Einbau von Stützen die Fünfschiffigkeit her und schuf die Kanzel (1493–1507); er war auch beim Ausbau der Bozener Stadtkirche (1499), der Nördlinger Georgskirche (um 1505) und des Berner Münsters (um 1507) beteiligt.

2) Ernst, Historiker, * Haslach im Kinzigtal (Ortenaukreis) 5. 4. 1909; ab 1930 Mitgl. der KPD, später der SED; in der Zeit des Nationalsozialismus im Exil; lehrte ab 1949 als Prof. dt. Geschichte in Leipzig, leitete 1960–69 in Berlin (Ost) das Inst. für Geschichte der Dt. Akademie der Wissenschaften. E. stellte neben geschichtstheoret. Arbeiten v. a. Preußen und das 19. Jh. in den Mittelpunkt seiner Forschungen; seine Bismarck-Biografie (2 Bde., 1985 u. 1990) fand größere Beachtung.

Erich Engel: Szene aus der Uraufführung von Bertolt Brechts »Dreigroschenoper« (1928, Theater am Schiffbauerdamm Berlin)

Enge Engelberga

Engelberga, Angilberga, röm. Kaiserin, † nach 889, vermutlich Tochter von Graf ADELGISUS von Parma; seit 851 mit Kaiser LUDWIG II. verheiratet. E. nahm an der Reichsverwaltung sowie an den polit. und militär. Unternehmungen ihres Mannes in für damalige Vorstellungen ungewöhnlich hohem Maß Anteil. Nach der Erkrankung LUDWIGS, bes. nach seinem Jagdunfall 864, versuchte E. in Verhandlungen mit LUDWIG DEM DEUTSCHEN seit 872 die Kaiserkrone und Italien an die ostfränk. Karolinger weiterzureichen. Ihre Pläne scheiterten beim Eintritt des Erbfalles (875), als die oberital. Adligen für KARL DEN KAHLEN stimmten. Nach dem Tod ihres Mannes lebte E. meist im Kloster San Sisto nahe Piacenza.

Engelhaie: Pazifischer Engelhai (Squatina californica)

Engelbert I. von Berg, Engelbert der Heilige, Erzbischof von Köln, *um 1185, †(ermordet) bei Schwelm 7. 11. 1225. Als nachgeborener Sohn des Grafen ENGELBERT VON BERG schon früh für die geistl. Laufbahn bestimmt, wurde E. I. v. B., seit 1199 Dompropst in Köln, 1216 zum Erzbischof von Köln gewählt. E. I. v. B. sah zunächst in der Festigung der landesherrl. Gewalt, die in den Wirren des Thronstreits zw. Staufern und Welfen gelitten hatte, seine Hauptaufgabe. Die Berufung zum Reichsverweser und Vormund HEINRICHS (VII.) sollte einerseits die westl. Reichsteile stärker in das stauf. Herrschaftssystem einbinden, bot E. I. v. B. aber andererseits Möglichkeiten zur Erweiterung und Festigung der Kölner Herrschaft v. a. am Niederrhein. Bei einer von seinen polit. Gegnern geplanten Gefangennahme wurde er 1225 von Graf FRIEDRICH VON ISENBERG, einem Verwandten, ermordet. Eine zeitgenöss. Lebensbeschreibung stammt von CAESARIUS VON HEISTERBACH. – E. I. v. B. galt (ohne Kanonisation) als Heiliger, seit 1618 wird sein Tag (7. 11.) im Erzbistum Köln gefeiert.

📖 J. LOTHMANN: Erzbischof Engelbert I. von Köln. 1216–1225 (1993).

Engelbertsz. [-ts], Cornelis, niederländ. Maler, →Engebrechtsz., Cornelis.

Engelbert von Admont, Benediktiner und scholast. Gelehrter, *in der Steiermark um 1250, † Mai 1332; Studium in Prag und Padua; 1297–1327 (Amtsverzicht) Abt in Admont. E. v. A. verfasste geistl. Dichtungen und in der Tradition aristotel. Denkens über 40 wiss. Schriften zur Theologie, Natur- und Moralphilosophie und zum Staatsrecht. In zwei Fürstenspiegeln, v. a. im Traktat »De ortu, progressu et fine imperii Romani« (um 1300, gedruckt Basel 1553) entwickelte er bemerkenswerte Vorstellungen über die beste Staatsform, eine Weltmonarchie als Vertrag zw. Volk und Herrscher.

Ausgaben: Die Schrr. des Alexander v. Roes u. des E. v. A., auf mehrere Bde. ber. (1958 ff.); Vom Ursprung u. Ende des Reiches u. a. Schrr., hg. v. W. Baum (1998).

Engelbrecht Engelbrechtsson, schwed. **Engelbrekt Engelbrektsson,** schwed. Volksführer und Reichshauptmann dt. Herkunft, *um 1390, †(ermordet) am Hjälmarsee 4. 5. 1436; entstammte einer wohlhabenden Familie. 1432 stellte sich E. E., selbst Bergwerksbesitzer, als Interessenvertreter der schwed. Hüttenbesitzer gegen die Übergriffe von König ERICH XIII. von Schweden. Die Krise des schwed. Erzbergbaus, ausgelöst durch die königl. Politik und die daraus folgende Handelsblockade Skandinaviens durch die Hanse, führte zu bewaffneten Aufständen gegen die königl. Vögte in Schweden. E. E. übernahm die Führung der Volksbewegung. Er konnte 1434 Uppland auf seine Seite bringen. 1435 vom schwed. Reichsrat zum Reichshauptmann gewählt, opponierte er im Herbst des Jahres, nach zeitweiliger Wiederanerkennung der königl. Gewalt, erneut gegen den König, scheiterte aber beim Versuch, Stockholm einzunehmen. Mit E. E.s Wirken begann die polit. Loslösung Schwedens von der Kalmarer Union.

Engelbrechtsen [-xts-], **Engelbrechtsz.** [-xts], Cornelis, niederländ. Maler, →Engebrechtsz., Cornelis.

Engel des Herrn, Angelusgebet, christl. Gebet; → Angelus Domini.

Engelfeste, in der kath. Kirche die Festtage der Erzengel Gabriel (24. 3.), Michael (29. 9.) und Raphael (24. 10.), die seit 1969 zu einem Fest (29. 9.) zusammengefasst sind, und das Schutzengelfest (2. 10.).

Engelfische,
1) veraltet für die →Engelhaie.
2) die →Kaiserfische.

Engelgroschen, *Münzwesen:* auf dem Münzbild beruhender Beiname des →Schreckenbergers.

Engelhaie, Squatini|formes, Ordnung der Knorpelfische mit der einzigen Familie **Squatinidae.** Die E. stellen ein Bindeglied zw. Haien und Rochen dar: Der Körper ist abgeflacht, Brust- und Bauchflossen sind flügelartig, die Afterflosse fehlt und hinter den Augen befinden sich große Spritzlöcher. Die 13 Arten leben in flacheren Bereichen von Atlantik und Pazifik; die größte ist die bis 2,5 m lange, für den Menschen ungefährl. **Gemeine Meerengel** (Squatina squatina) an europ. Küsten.

Engelhus, Dietrich, Chronist, *Einbeck um 1362, † Kloster Wittenburg bei Hildesheim 5. 3. 1434; verfasste eine Weltchronik in lat. und niederdt. Fassung, geistl. Schriften (z. B. eine lat. Psalterauslegung, die niederdt. Übersetzung eines Sterbebüchleins und eine niederdt. Laienregel) sowie für den Schulgebrauch ein lat.-griech.-hebr.-niederdt. Wörterbuch und ein lat. Sachlexikon.

Engelke, Gerrit (Gerriet), Schriftsteller, *Hannover 21. 10. 1890, † in einem brit. Lazarett bei Cambrai 13. 10. 1918; von Beruf Anstreicher, bildete sich weiter und hatte Verbindung zu den »Werkleuten auf Haus Nyland«; seit 1914 Soldat. Die Welt der Arbeit und Technik sowie die Großstadt sind die Themen seiner expressionist. Lyrik, die, beeinflusst u. a. von W. WHITMAN und R. DEHMEL, dem Glauben an einen »neuen Menschen« Ausdruck gibt und die moderne

Engelhaie: Gemeiner Meerengel

Welt in ein kosm. Weltbild einbezieht. E. schuf auch kunstgewerbl. Arbeiten, Zeichnungen und Aquarelle.

Werke: *Lyrik:* Schulter an Schulter (1916; mit H. LERSCH u. K. ZIELKE); Rhythmus des neuen Europa (hg. 1921); Briefe der Liebe (hg. 1926). – Gesang der Welt (Gedichte, Tagebuchblätter, Briefe, hg. 1929).

Ausgabe: Rhythmus des neuen Europa. Das Gesamtwerk, hg. v. H. BLOME (Neuausg. 1992).

K. MORAWIETZ: Mich aber schone, Tod. G. E. 1890–1918 (1979).

Engelkurve, *Volkswirtschaftslehre:* die →Einkommen-Konsum-Kurve.

Engelmann,
1) Bernt, Schriftsteller und Publizist, * Berlin 20. 1. 1921, † München 14. 4. 1994; war 1944–45 im Konzentrationslager Dachau; 1977–83 Vors. des Verbandes dt. Schriftsteller; schrieb politisch engagierte Bücher, auch als halbdokumentar. »Tatsachenromane«, in denen er, z. T. satirisch überzogen, an den führenden Schichten in der BRD und in der dt. Geschichte scharfe Kritik übt.

Werke (Auswahl): Meine Freunde, die Millionäre (1963); Ihr da oben, wir da unten (1973; mit G. WALLRAFF); Trotz alledem. Dt. Radikale 1777–1977 (1977); Preußen. Land der unbegrenzten Möglichkeiten (1979); Im Gleichschritt marsch (1982); Die Macht am Rhein, 2 Bde. (1983); Vorwärts, und nicht vergessen (1984; zur Gesch. der SPD); Die unfreiwilligen Reisen des Putti Eichelbaum (R., 1986); Die Aufsteiger (1989).

2) Hans Ulrich, Komponist, * Darmstadt 8. 9. 1921; war 1954–61 musikal. Berater am Hess. Landestheater Darmstadt, wurde 1969 Dozent (1973 Prof.) an der Musikhochschule Frankfurt am Main. Er verwendete ab 1949 eine Zwölftontechnik, sowohl als »totale Chromatik« als auch als rhythmisch bestimmte serielle Reihentechnik, und entwickelte unter Einbeziehung von Jazz, Aleatorik und elektron. Musik einen persönl. Stil voller Klangpracht und Expressivität.

Werke: Orchester-Fantasie (1951); Incanto (1959; für Sopran u. Instrumentalensemble); Der verlorene Schatten (1961; Oper); Manifest vom Menschen (1966; Oratorium); Ophelia (1969; Musik-Aktions-Theater); Coincidentials (1970; elektron. Ballett); Modelle II (1970; für Posaune u. Schlagzeugensemble); Commedia humana (1972; für Doppelchor u. Liveelektronik); Revue (1973; Oper); Missa popularis (1980; für Chöre mit Schlagwerk u. Bläserorchester); Sinfonia da camera (1981); Stele für Georg Büchner (1986; für Chor u. Orchester); Dialoge (1990; für Klavier u. Schlagzeug). – Commedia humana (hg. 1985; Aufsätze u. Original-Beitr.; mit Bibliogr.).

Engels [nach F. ENGELS], Name von geografischen Objekten:
1) Engels, bis 1931 **Pokrowsk,** Stadt im Gebiet Saratow, Russland, am nördl. O-Ufer des Wolgograder Stausees der Wolga, durch eine 2 790 m lange Brücke mit der gegenüberliegenden Stadt Saratow verbunden, 194 000 Ew.; E. ist Teil der Industrieagglomeration um Saratow; Maschinen-, Anlagen- und Fahrzeugbau, chem., Textil- und Nahrungsmittelindustrie; Binnenhafen. – E. wurde 1747 von Ukrainern und Kosaken als **Pokrowskaja Sloboda** gegründet; 1924–41 Hauptstadt der ASSR der Wolgadeutschen (→Wolgadeutsche Republik).

2) Pik Engels, Berg im südwestl. Pamir, in der zu Tadschikistan gehörenden autonomen Rep. Bergbadachschan, 6 510 m ü. M.; vergletschert, 1954 erstmals bestiegen.

Engels,
1) Erich, Filmregisseur und Drehbuchautor, * Remscheid 23. 5. 1889, † München 25. 4. 1971; drehte bes. Kriminalfilme (»Dr. Crippen an Bord«, 1942).

2) Friedrich, Unternehmer und Schriftsteller, enger Mitarbeiter von K. MARX, Schöpfer des →Marxismus als geschlossener Weltanschauung, * Barmen (heute zu Wuppertal) 28. 11. 1820, † London 5. 8. 1895; Sohn eines Textilfabrikanten; stand in seiner Lehrzeit der politisch-literar. Bewegung »Junges Dtl.« nahe, schloss sich während seiner Militärdienstzeit in Berlin den »Junghegelianern« an. Unter dem Decknamen »F. Oswald« veröffentlichte er 1839–42 philosophie-, religions- und literaturkrit. Schriften. Während seiner Tätigkeit im väterl. Zweiggeschäft in Manchester (1842–44) lernte er die Arbeiterfrage in England kennen; er trat dort zugleich in engere Beziehungen zum Kreis um den Frühsozialisten R. OWEN und zu den »Chartisten«. In seiner Schrift »Umrisse zu einer Kritik der Nationalökonomie« (1844) stellte E. die einzigartige Rolle des Industrieproletariats beim Aufbau einer zukünftigen kommunist. Gesellschaft heraus; in seiner Schrift »Die Lage der arbeitenden Klasse in England« (1845) beschrieb er die menschenunwürdigen Lebensverhältnisse der engl. Industriearbeiter.

Auf seiner Rückreise von England traf E. in Paris 1844 erstmals mit K. MARX zusammen, mit dem ihn seitdem eine lebenslange Freundschaft und Zusammenarbeit verband; beide stellten bei dieser Gelegenheit eine völlige Übereinstimmung in ihren grundlegenden gesellschaftstheoret. Anschauungen fest und verfassten seitdem zahlr. Schriften gemeinsam. Mit der Streitschrift »Die heilige Familie« (1845) wendeten sie sich von den Linkshegelianern ab, mit der »Dt. Ideologie« (1845–46) begründeten sie ihre eigene, von kommunist. Ideen bestimmte Anschauung. Nach ihrem Eintritt in den »Bund der Gerechten«, der sich unter ihrem Einfluss in →Bund der Kommunisten umbenannte, suchten sie diesem mit dem →Kommunistischen Manifest eine gesellschaftstheoret. Orientierung und ein revolutionäres Programm zu geben.

Friedrich Engels

Friedrich Engels

In seiner Einleitung zu Sigismund Borkheims Broschüre »Zur Erinnerung für die deutschen Mordspatrioten« (1888) beschreibt Friedrich Engels die Folgen eines weiteren Krieges für Europa:

Deutschland wird Verbündete haben, aber Deutschland wird seine Verbündeten, und diese werden Deutschland bei erster Gelegenheit im Stich lassen. Und endlich ist kein andrer Krieg für Preußen-Deutschland mehr möglich, als ein Weltkrieg, und zwar ein Weltkrieg von einer bisher nie geahnten Ausdehnung und Heftigkeit. Acht bis zehn Millionen Soldaten werden sich unter einander abwürgen und dabei ganz Europa so kahl fressen, wie noch nie ein Heuschreckenschwarm. Die Verwüstungen des dreißigjährigen Kriegs zusammengedrängt in drei bis vier Jahre und über den ganzen Kontinent verbreitet; Hungersnoth, Seuchen, allgemeine, durch akute Noth hervorgerufene Verwilderung der Heere wie der Volksmassen; rettungslose Verwirrung unsres künstlichen Getriebs in Handel, Industrie und Kredit, endend im allgemeinen Bankerott; Zusammenbruch der alten Staaten und ihrer traditionellen Staatsweisheit, derart, daß die Kronen zu Dutzenden über das Straßenpflaster rollen und Niemand ist, der sie aufhebt; absolute Unmöglichkeit, vorherzusehn, wie das alles enden und wer als Sieger aus dem Kampf hervorgehen wird; nur Ein Resultat absolut sicher: die allgemeine Erschöpfung und die Herstellung der Bedingungen des schließlichen Siegs der Arbeiterklasse. – Das ist die Aussicht, wenn das auf die Spitze getriebene System der gegenseitigen Ueberbietung in Kriegsrüstungen endlich seine unvermeidlichen Früchte trägt.

F. Engels: Einleitung [zu Sigismund Borkheims Broschüre »Zur Erinnerung für die deutschen Mordspatrioten. 1806–1807«], in: K. Marx, F. Engels: Gesamtausgabe, Bd. I/31: Friedrich Engels: Werke. Artikel. Entwürfe. Oktober 1886 bis Februar 1891 (Berlin: Akademie Verlag, 2002), S. 53f.

Engelsburg in Rom

Mit den »Grundsätzen des Kommunismus« (1847) hatte E. eine wesentl. Vorarbeit zur Abfassung des »Kommunist. Manifestes« geleistet. Während der Revolution von 1848 gehörte er dem Redaktionsstab der »Neuen Rhein. Zeitung« an und nahm 1849 am Aufstand in Baden und der Pfalz teil.

Nach der Niederlage der Revolution in Dtl. emigrierte E. über die Schweiz nach Großbritannien und arbeitete 1850–69 in Manchester im Betrieb seines Vaters; dabei unterstützte er Marx intellektuell wie materiell. Seit 1870 lebte er in London und widmete sich ausschließlich der sozialist. Bewegung. Seit 1870 war E. Sekretär im Generalrat der »Internat. Arbeiterassoziation« (der Ersten →Internationale). Die Entstehung der dt. Sozialdemokratie begleitete er mit krit. Aufmerksamkeit (scharfe Kritik am →Gothaer Programm, 1875). In Auseinandersetzung mit vielen sozialist. Strömungen betonte E. den prozessualen, d. h. langfristigen Charakter der proletar. Revolution: Diese werde nicht »über Nacht« durch einen einmaligen Umsturz herbeigeführt, sondern als »mehrjähriger Entwicklungsprozeß der Massen, unter beschleunigten Umständen«. Gegen Ende seines Lebens setzte E. auf ein Erstarken der sozialist. Bewegung durch Wahlen und erklärte die Zeit der Barrikadenkämpfe für geschichtlich überholt.

Zeitlebens hat sich E. für Militärgeschichte und Kriegstheorie interessiert. In zahlr. Schriften ist er als sachkundiger Kommentator des Kriegsgeschehens seiner Zeit hervorgetreten und hat die kriegsgeschichtl. Entwicklung zu Beginn des 20. Jh. präzise prognostiziert. In der »Dialektik der Natur« (1873–83 entstanden, posthum veröffentlicht 1935) sowie im »Anti-Dühring« (»Herrn Eugen Dührings Umwälzung der Wiss.«, 1878) ging er daran, die Dialektik des ökonom. und gesellschaftl. Geschehens zu einer Dialektik der Natur zu erweitern. Aus der Beschäftigung mit den Wandlungen der Naturwiss.en in den letzten Jahrhunderten zog E. den Schluss, dass sich die Natur nach ihr innewohnenden Gesetzen der →Dialektik in einem ständigen Evolutionsprozess entfalte; nach denselben Gesetzen entwickle sich auch der Mensch in der Gesellschaft. Erkenntnistheoretisch gesehen wurde E. zu einem Vertreter der Abbildtheorie. E. hat entscheidenden Anteil an der Ausgestaltung und Umformung der marxschen Theorie zur marxist. Weltanschauung.

Mit seiner publizist. Tätigkeit trug E. wesentlich zur Ausbildung und Verbreitung des Marxismus bei. Neben dem »Anti-Dühring« erfuhr v. a. die Schrift »Die Entwicklung des Sozialismus von der Utopie zur Wiss.« (1882) starke Resonanz. Nach dem Tod von Marx (1883) setzte E. die Arbeit an der theoret. Ausformung ihrer gemeinsamen Weltanschauung fort, u. a. in: »Der Ursprung der Familie, des Privateigentums und des Staates« (1884) und »Ludwig Feuerbach und der Ausgang der klass. dt. Philosophie« (1888). 1885 gab E. den 2., 1894 den 3. Band des »Kapitals« von Marx heraus. Unter dem Namen von Marx wurde 1896 sein Werk »Revolution und Konterrevolution in Dtl.« veröffentlicht.

Ausgaben: Karl Marx u. F. E. – Historisch-krit. Gesamtausg., Bde. 1,1–1,6 u. 3,1–3,4, hg. v. D. B. Goldenbach (1927–32); Karl Marx u. F. E. – Historisch-krit. Gesamtausg. (MEGA²), hg. v. den Instituten für Marxismus-Leninismus beim ZK der KPdSU u. beim ZK der SED, seit 1990 v. der Internat. Marx-Engels-Stiftung (Neuausg. 1970 ff.); Karl Marx u. F. E. – Werke, hg. vom Inst. für Marxismus-Leninismus beim ZK der SED, 48 Bde. ($^{1-16}$1978–90); Karl Marx u. F. E. – Studienausg., hg. v. I. Fetscher, 5 Bde. (Neuausg. 2004).

K. Kautsky: F. E. (²1908); E. Drahn: F. E. (Wien 1920); M. Adler: Marx u. E. als Denker (Neuausg. 1972); W. O. Henderson: The life of F. E., 2 Bde. (London 1976); I. Bellotta: E. e la religione (Turin 1980); H. P. Bleuel: F. E. Bürger u. Revolutionär (Neuausg. 1984); S.-E. Liedman: Das Spiel der Gegensätze. F. E.' Philosophie u. die Wiss. des 19. Jh. (a. d. Schwed., 1986); N. Mader: Philosophie als polit. Prozess. Karl Marx u. F. E. (1986); H. Gemkow: Unser Leben. Eine Biographie über Karl Marx u. F. E. (Berlin-Ost ¹²1989); E. today. A centenary appreciation, hg. v. C. J. Arthur (Houndsmills u. a. 1996); H. Hirsch: F. E. (¹¹2002); A. H. Nimtz: Marx and E. Their contribution to the democratic breakthrough (Albany, N. Y., 2003). – Weitere Literatur →Marx, Karl.

3) Wolfram, Wirtschaftswissenschaftler und Publizist, * Köln 15. 8. 1933, † Bad Homburg v. d. Höhe 30. 4. 1995; 1969–84 Prof. für Betriebswirtschafts- und Bankbetriebslehre in Frankfurt am Main, Mitgl. des Kronberger Kreises. E. befasste sich v. a. mit Kapitalmarkt- und Organisationstheorie, hatte wesentl. Anteil an der Körperschaftssteuerreform von 1976 und trat als Kritiker eines überdehnten Wohlfahrtsstaates und Verfechter einer freiheitl. Wirtschaftsordnung hervor.

Werke: Rentabilität, Risiko u. Reichtum (1969); The optimal monetary unit (1981); Den Staat erneuern – den Markt retten (1983).

Engelsbrüder, *Kirchengeschichte:* die Anhänger des Theosophen J. G. →Gichtel.

Engelsburg, ital. **Castel Sant' Angelo** [-'andʒelo], Rundbau in Rom, auf dem rechten Tiberufer an der Engelsbrücke, 135–139 als Grabmal für Kaiser Hadrian errichtet (von Kaiser Antoninus Pius vollendet) und bis 211 als Mausoleum für die röm. Kaiser benutzt. Zu Beginn der Völkerwanderungszeit zu einem befestigten Brückenkopf ausgebaut, dann Festung von Adelsgeschlechtern, gelangte die E. schließlich in päpstl. Besitz und wurde als Kastell und Fluchtburg ausgebaut (seit 1277 gedeckter Gang zum Vatikan). Die Bez. »E.« geht auf eine legendäre Erscheinung des Erzengels Michael bei einer Pestprozession Papst Gregors d. Gr. (590) zurück. In der Renaissance wurden vier Eckbastionen errichtet und die Obergeschosse manieristisch ausgestattet. Im 17. Jh. war die E. Arsenal für Kriegsmaterial, Kanonenfabrik u. a. Die krönende Engelsstatue stammt von P. A. Verschaffelt (1752). In röm. Zeit war das Grabmal von einer Hadriansfigur oder einer Quadriga des Gottes Helios gekrönt, die sich über dem mit Erde aufgeschütteten bepflanzten Grabhügel erhoben. Die E. ist heute ein Museum.

engelsche Kurve, *Volkswirtschaftslehre:* die →Einkommen-Konsum-Kurve.

engelsches Gesetz, von dem dt. Statistiker ERNST ENGEL (*1821, †1896) aufgezeigter Zusammenhang zw. Einkommen und Konsum, nach dem mit steigendem Einkommen die Ausgaben für Nahrungsmittel zwar absolut zunehmen, ihr relativer Anteil am Einkommen bzw. den Gesamtausgaben jedoch sinkt. Die →Einkommenselastizität der Nachfrage nach Nahrungsmitteln ist also kleiner als eins.

Engelskirchen [auch -'kir-], Gem. im Oberberg. Kreis, NRW, an der Agger, 124 m ü. M., in waldreichem Gebiet, 20 700 Ew.; Herstellung von Zahnbohrern, Werkzeugbau, Kunststoffverarbeitung. Im Erholungsgebiet Ründeroth die Aggertalhöhle. – Einige Gebäude der ehem. Textilfabrik »Ermen & Engels« bilden heute einen Teil des Rhein. Industriemuseums.

Engelskonzert, häufiges Motiv der bildenden Kunst (seit dem 12. Jh.); dargestellt sind singende und musizierende Engel. Die oft sehr genau wiedergegebenen Musikinstrumente lassen Rückschlüsse auf die Aufführungspraxis der jeweiligen Epoche zu.

Engelstrompete, Brugmansia suaveolens, Datura suaveolens, aus Südamerika stammendes Nachtschattengewächs (Stechapfelart); der bis 5 m hohe, baumartige Strauch mit eiförmigen, bis 30 cm langen Blättern und wohlriechenden, weißen (bei Zuchtformen auch gelben oder rosafarbenen), trichterförmigen, 20–30 cm langen, hängenden Blüten ist eine beliebte Zierpflanze; er enthält hochgiftige Alkaloide (u. a. Atropin, Scopolamin).

Engelsüß, eine Art der Pflanzengattung →Tüpfelfarn.

Engelwerk, internat. Vereinigung kath. Christen, →Opus Angelorum.

Engelwurz, Angelika, Angelica, Gattung der Doldenblütler mit rd. 50 Arten auf der nördl. Erdhälfte und in Neuseeland; zwei- bis mehrjährige Kräuter mit doppelt fiederteiligen Blättern und großen Doppeldolden. – In Mitteleuropa in Wäldern und auf feuchten Wiesen häufig die bis 1,5 m hohe **Wald-E.** (Angelica sylvestris) mit weißen oder rötl. Blüten; ferner an Ufern und auf feuchten Wiesen die seltenere, bis 2,5 m hohe, aromatisch duftende und grünlich blühende **Echte E.** (Angelica archangelica, Angelica officinalis), die auch als Gewürz- und Heilpflanze kultiviert wird, da ihre Wurzeln und Rhizome appetitanregende, schweiß- und harntreibende Gerb- und Bitterstoffe sowie das krampflösende, auch in der Likörindustrie verwendete **Angelikaöl** enthalten.

Engelstrompete: blühende Pflanze

Engen, Stadt im Landkreis Konstanz, Bad.-Württ., im Hegau, 550 m ü. M., 10 200 Ew.; Museum, Galerie; Metall verarbeitende Industrie. Histor. Altstadt mit spätroman. Pfarrkirche (1746 barockisiert), Rathaus (1556, mehrfach verändert) und Krenkinger Schloss (16. Jh.). – E., 1050 erstmals erwähnt, erhielt zw. 1240 und 1280 Stadtrecht. Seit 1398 unter wechselnden Herrschaften, kam E. 1806 an Baden.

Enger, Stadt im Kr. Herford, NRW, 190 m ü. M., zw. Teutoburger Wald und Wiehengebirge im lössbedeckten Ravensberger Hügelland, 20 000 Ew.; Möbel-, Textilindustrie und Kunststoffverarbeitung. – Das vor 947 von Königin MATHILDE, der Frau HEINRICHS I. und Nachfahrin Herzog WIDUKINDS, gegründete Stift E. soll nach legendenhafter Überlieferung auf eine Gründung WIDUKINDS zurückreichen. Die seit dem MA. als das Grab WIDUKINDS verehrte Beisetzungsstätte in der ev. Pfarrkirche (Ende 12. Jh.), über Vorgängerbau um 1000) lässt sich ihm mit einiger Sicherheit zurechnen. E., das ab dem 12. Jh. den Herren zur Lippe und danach den Grafen von Ravensberg gehörte, erhielt 1719 (bestätigt 1721) Stadtrecht, 1815 kam es an Preußen.

Engerling [ahd. engiring »Made«], Larve des Maikäfers und der übrigen →Blatthornkäfer.

Engern [zu →Angrivarier], westgerman. Stamm der →Sachsen, der Ende des 7. Jh. mit den Westfalen das Land südlich der Lippe unterwarf. Damit erweiterte sich sein Herrschaftsbereich, die Landschaft E. (Flussgebiet der Weser etwa zw. Corvey und Minden), nach W und S. Der Landschaftsname E. hielt sich in der nach 1180 aufkommenden Bez. eines Herzogtums »Westfalen und E.« (und damit im Titel der askan. und wettin. Herzöge von Sachsen wie der Kölner Kurfürsten). Um 1800 verstand man unter E. den S des köln. »Herzogtums Westfalen«.

Engert, Ernst Moritz, Silhouettenschneider und Grafiker, * Yokohama 24. 2. 1892, † Lich 14. 8. 1987; schuf neben Zeichnungen, Radierungen und Lithografien v. a. Scherenschnitte und ausdrucksvolle Schattenrisse, deren Bildgegenstand in Auseinandersetzung mit dem Kubismus und dem Futurismus rhythmisch aufgebrochen und abstrahiert ist. Ab 1920 war E. Mitgl. der Darmstädter Sezession. In den folgenden

Ernst Moritz Engert: Tänzerin (1913; Bonn, Städtisches Kunstmuseum)

Engelwurz: Waldengelwurz

Jahren griff er auf die fließenden Formen des Jugendstils zurück und schuf vorwiegend Gebrauchsgrafik.

Engerth, Eduard von, österr. Maler, *Pleß (heute Pszczyna, Wwschaft Schlesien) 13. 5. 1818, † auf dem Semmering bei Wien 28. 7. 1897; Verfasser des ersten Katalogs des Kunsthistor. Museums in Wien, Porträtmaler des späten österr. Biedermeier; er schuf auch Genre- und Historienbilder sowie Fresken (u. a. in der Wiener Oper).

Engesser, Friedrich, Bauingenieur, *Weinheim 12. 2. 1848, † Achern 29. 8. 1931; war nach Tätigkeit im bad. Staatsdienst (u. a. Bau der Höllental- und Schwarzwaldbahn) ab 1885 Prof. für Statik, Brückenbau und Eisenbahnwesen an der TH Karlsruhe.

Christine Enghaus

En Gev, Kibbuz in Israel, am Ostufer des Sees Genezareth, 205 m u. M.; Bananen- und Zitruskulturen, Fischfang; Fremdenverkehr, Musikfestspiele.

Engführung, *Musik:* das dicht (eng) aufeinander folgende Einsetzen zweier oder mehrerer das Thema vortragender Stimmen: Die zweite Stimme beginnt, ehe die erste endet, sodass die Themen sich gegenseitig kontrapunktieren. Die E. ist ein Steigerungsmittel musikal. Form, bes. in der Fuge.

Enggano, Eigen-Bez. **Etaka,** Bev.-Gruppe auf der gleichnamigen Insel vor der W-Küste Sumatras (Indonesien), rd. 1 600 Menschen; sie sprechen eine austrones. Sprache. Die Bev. ist in fünf matrilineare Klans unterteilt. In den 1960er-Jahren wurde ein sechster Klan gegründet, um Migranten aus Sumatra und Java in das Gesellschaftssystem aufzunehmen. Das Land wird traditionell von der Mutter an die Tochter vererbt. Die Wohnhäuser sind in der Mehrzahl aus Stein und Beton gebaut, vereinzelt existieren noch auf Pfählen errichtete Holzhäuser. Die alten Häuser der E., die einem auf hohen Pfählen errichteten Bienenkorb ähnelten, sind vollständig verschwunden. Grundlage der Subsistenzwirtschaft ist der Anbau von Bananen und Knollenfrüchten (in geringerem Maße Reisanbau auf Brandrodungsfeldern und Nassreisanbau) sowie die Viehzucht (Wasserbüffel, Schweine) und der Fischfang. Rd. 40 % der Bev. bekennen sich zum Christentum, rd. 60 % zum Islam, der durch Immigranten aus Java und Sumatra weiter an Bedeutung gewinnt. Vorchristl. und vorislam. Vorstellungen und Werte sind weitgehend verdrängt worden.

Louis de Bourbon, Herzog von Enghien

Enghaus, Christine, eigtl. **C. Engehausen,** Schauspielerin, *Braunschweig 9. 2. 1817, † Wien 30. 6. 1910; war 1840–75 am Wiener Burgtheater; wurde insbes. für ihre Titelrollen in F. HEBBELS (∞ seit 1845) »Judith«, »Agnes Bernauer« und als Klara in »Maria Magdalena« bekannt.

Enghien [ã'gɛ̃], *Louis* Antoine Henri **de Bourbon** [- buːr'bɔ̃], Prince **de Condé** [- kɔ̃'de], Herzog von, *Chantilly 2. 8. 1772, † (erschossen) Vincennes 21. 3. 1804; nächster Verwandter des frz. Exilkönigs LUDWIG XVIII.; kämpfte im frz. Emigrantenheer, lebte ab 1801 zurückgezogen im bad. Ort Ettenheim. NAPOLEON sah in ihm zu Unrecht einen der Hintermänner der monarchist. Verschwörung G. CADOUDALS; er ließ ihn verschleppen (15. 3. 1804) und von einem Kriegsgericht zum Tode verurteilen.

Enghien-les-Bains [ãgɛ̃lɛ'bɛ̃], Kurort an einem See nördlich von Paris, im frz. Dép. Val-d'Oise, 10 400 Ew.; Schwefelquellen; Spielkasino, Pferderennbahn; Likörfabrik u. a. Industrie.

Engholm, Björn, Politiker, *Lübeck 9. 11. 1939; Schriftsetzer, Politologe, 1969–82 MdB (SPD), 1977–81 parlamentar. Staatssekretär, war 1981–82 Bundes-Min. für Bildung und Wissenschaft. In Schlesw.-Holst. 1983–94 MdL und 1983–88 Vors. der SPD-Landtagsfraktion; nach den Landtagswahlen vom Mai 1988 Min.-Präs. von Schlesw.-Holst., 1991 auch Bundes-Vors. der SPD. Angesichts einer ab März 1993 bekannt gewordenen Falschaussage vor dem »Barschelaffäre« vor einem Untersuchungsausschuss des Kieler Landtags (1987/88) trat E. am 3. 5. 1993 als Kanzlerkandidat und Bundes-Vors. der SPD sowie als Min.-Präs. von Schlesw.-Holst. zurück.

Engisch, Karl, Strafrechtslehrer und Rechtsphilosoph, *Gießen 15. 3. 1899, † Nieder-Wiesen (Kr. Alzey-Worms) 11. 9. 1990; 1934 Prof. in Heidelberg, seit 1953 in München, befasste sich mit zentralen Problemen der allgemeinen Verbrechenslehre.

Werke: Unterss. über Vorsatz u. Fahrlässigkeit im Strafrecht (1930); Einf. in das jurist. Denken (1956); Die Lehre von der Willensfreiheit in der strafrechtsphilosoph. Doktrin der Gegenwart (1963); Beitr. zur Rechtstheorie (1984).

Engl, Joseph (Jo) Benedict, Physiker, *München 6. 8. 1893, † New York 8. 4. 1942; entwickelte (mit JOSEPH MASSOLLE [*1889, †1957] und H. VOGT) 1912–22 ein Verfahren zur Aufnahme und Wiedergabe von Tonfilmen, das Triergon-Lichttonverfahren (→ Filmtechnik).

Werk: Raum- u. Bauakustik (1939).

England [nach den Angeln], Landesteil von Großbritannien und Nordirland, 130 433 km², (2003) 49,86 Mio. Ew.; Hauptstadt ist London.

Landesnatur E. erstreckt sich über den mittleren und südl. Teil der Insel Großbritannien (→ Britische Inseln) und ist außer im N (Schottland) und z. T. im W (Wales) vom Meer begrenzt (Nordsee, Ärmelkanal, Sankt-Georgs-Kanal, Irische See). Das Relief weist zwei Grundstrukturen auf: 1) die im Zuge paläozoischer Gebirgsbildungsphasen entstandenen Hochlande (Highland Britain), zu denen in E. die seenreichen Cumbrian Mountains, die Cheviot Hills, das Penninische Gebirge sowie Cornwall und Teile von Devon mit Dartmoor und Exmoor gehören; 2) das in grober Abgrenzung östlich einer Linie von den Mün-

England: Die Ruinen des ehemaligen Zisterzienserklosters Fountains Abbey, südwestlich von Ripon (North Yorkshire), wurden 1720 in den Landschaftspark des Herrenhauses Fountains Hall einbezogen (UNESCO-Weltkulturerbe).

England: Hügellandschaft in Devon (Südwestengland)

dungen der Flüsse Exe im S bis zum Tees im N gelegene, aus mesozoischen Schichten bestehende Schichtstufenland (Lowland Britain), das engl. Tiefland), das eigentl. Kernland von England. Rückgrat des nördl. Teils ist das Penninische Gebirge, das eiszeitlich überformt wurde und in Teilen stark verkarstet ist. Ebenso wie die anderen Bergländer ist es in den Höhenbereichen von ausgedehnten Deckenmooren und Grasheiden bedeckt. Aus den bei der Hebung des Penninischen Gebirges schräg gestellten mesozoischen Schichten entwickelte sich die engl. Schichtstufenlandschaft mit zwei großen, SW–NO verlaufenden Schichtstufenbögen, der Juraschichtstufe im N, die sich von den Cotswold Hills (oolith. Kalke) bis zu den North York Moors erstreckt, und der Kreideschichtstufe mit den Chiltern Hills (nordwestlich von London), den Lincoln Wolds und den York Wolds als markanten Erhebungen. Breite Talzonen (»vales«) trennen die Schichtstufen. Ein weiterer Schichtstufenkomplex im S von London mit den North Downs und den South Downs steht im Zusammenhang mit der alpid. Aufwölbung des Weald.

Verwaltung Im Gegensatz zu Wales, Schottland und Nordirland, wo seit 1999 bestimmte Funktionen des brit. Parlamentes auf eigene Parlamente bzw. Versammlungen übergegangen sind, hat in E. keine tief greifende polit. Regionalisierung stattgefunden. Die geplante Einführung eines Regionalparlamentes in NO-England ist an dem im November 2004 durchgeführten Referendum gescheitert. Damit scheint eine Verlagerung von zentralstaatl. Kompetenzen auf gewählte Regionalparlamente in England auf absehbare Zeit ausgeschlossen zu sein. Andere Formen der Regionalisierung haben sich jedoch fest etabliert und werden in Zukunft bedeutsamer: 1) die 1999/2000 eingerichteten **Regional Development Agencies** in 9 engl. Regionen (einschließlich London), deren Aufgabe im Wesentlichen in der Wirtschaftsförderung liegt; 2) die im Jahre 1994 durchgeführte zentralstaatl. administrative Regionalisierung, aus der 9 integrierte **Government Offices for the Regions** (GOs) hervorgegangen sind (North West [Sitz: Manchester], North East [Newcastle], Yorkshire and the Humber [Leeds], East Midlands [Nottingham], London, East of England [Cambridge], West Midlands [Birmingham], South East [Guildford], South West [Bristol]). Diese GOs koordinieren die Sektoralpolitiken der zehn beteiligten Ministerien auf der regionalen Ebene.

Zur Geschichte →Britannien, →Britische Inseln, →Großbritannien und Nordirland.

Engländer, die Bewohner Englands, fälschlich auch Bez. für die Bewohner Großbritanniens. (→Angelsachsen)

Neben den nat. Bräuchen (z. B. den Feuerwerken in der »Guy Fawkes' Night« am 5. November im Gedenken an das Scheitern der →Pulververschwörung 1605) und Zeremonien wie dem jährl. Geburtstagsausritt des Monarchen (»Trooping the Colours«) gibt es viele kulturlandschaftlich unterschiedliche Ausprägungen (u. a. rituelle »Morris«-Volkstänze).

📖 C. Kightly: The customs and ceremonies of Britain (New York 1986); J. Simpson u. S. Roud: A dictionary of English folklore (Oxford u. a. 2001).

Engländer, ein →Schraubenschlüssel.

Engle ['eŋgl], Robert F., amerikan. Ökonometriker, * Syracuse (N. Y.) 10. 11. 1942; 1975–2001 Prof. an der University of California, San Diego, und seit 2000 an der New York University; beschäftigt sich v. a. mit der Dynamik von Finanzmärkten und Zeitreihenanalysen. E. erhielt 2003 zus. mit C. Granger den Nobelpreis für Wirtschaftswiss.en für neue Methoden zur Modellierung und Analyse von Zeitreihen, deren zufällige Schwankungen (Volatilität) im Laufe der Zeit stark variieren. Seine Methoden finden v. a. bei der Risikoanalyse auf Finanzmärkten und in der Konjunkturforschung Anwendung.

Werke: ARCH models, in: Handbook of econometrics, Bd. 4 (1994, mit D. Nelson u. T. Bollerslev); Financial Econome-

England
Flagge

Robert F. Engle

trics – A New Discipline With New Methods, in: Journal of Econometrics, Bd. 100 (2001); GARCH 101: The use of ARCH/GARCH models in applied econometrics, in: Journal of Economic Perspectives, Bd. 15 (2001); New Frontiers in ARCH Models, in: Journal of Applied Econometrics, Bd. 17 (2002).

Engler,
1) **Adolf,** Botaniker, *Sagan 25. 3. 1844, †Berlin 10. 10. 1930; Prof. in Kiel und Breslau; Pflanzensystematiker; erklärte die Pflanzenverteilung nach morpholog. Merkmalen. Als Hauptwerk: »Die natürl. Pflanzenfamilien« (mit K. PRANTL; 19 Bde., 1887 bis 1909).

2) **Carl Oswald Viktor,** Chemiker, *Weisweil (Landkreis Emmendingen) 5. 1. 1842, †Karlsruhe 7. 2. 1925; war ab 1872 Prof. für techn. Chemie an der TH Karlsruhe, ab 1876 Direktor des Techn. Instituts, 1887–1919 Prof. für reine Chemie und Direktor des chem. Instituts, gründete 1880 die chemisch-techn. Versuchs- und Prüfanstalt. E. führte 1870 die erste vollständige Synthese des Indigos (aus Nitro-Acetophenon) durch und widmete sich ab 1876 der Erforschung des Erdöls. Später begann er, Untersuchungsmethoden zu vereinheitlichen, z. B. konstruierte er 1885 ein nach ihm benanntes →Viskosimeter und entwickelte eine nach ihm benannte Destillation zur Ölanalyse. Er trug wesentlich dazu bei, dass sich die Theorie von der organ. Entstehung des Erdöls durchsetzte.

Engler-Grad [nach C. ENGLER], Zeichen °E, bei Routineuntersuchungen verwendete, nichtgesetzl. Einheit für die kinemat. Viskosität v. a. von Mineralölen; 1 °E ergibt sich aus dem Verhältnis der Ausflussgeschwindigkeit einer Prüfflüssigkeit aus einer Kapillare zur Geschwindigkeit von Wasser. Die Umrechnung in SI-Einheiten erfolgt über Tabellen. (→Viskosimeter)

Englische Fräulein, Institut der seligen Jungfrau Maria, lat. **Institutum Beatae Mariae Virginis,** Abk. **IBMV,** kath. Frauenkongregation mit Schwerpunkt Erziehung und Unterricht der weibl. Jugend. Die E. F. gehen zurück auf die von der Engländerin MARY →WARD 1609 gegründeten Jesuitinnen, eine nach den Konstitutionen der Jesuiten lebende, aber von ihnen unabhängige Kongregation. Ihre Niederlassungen waren schon in West- und Mitteleuropa verbreitet, als Papst URBAN VIII. die Kongregation wegen ihrer für Frauengemeinschaften ungewöhnl. Verfassung (keine Klausur; zentrale Leitung durch eine nur dem Papst unterstellte Generaloberin) aufhob, die Erziehungs- und Lehrtätigkeit jedoch weiter gestattete. Endgültig wurden die E. F. 1877 durch Papst PIUS IX. anerkannt. Die Generalate in West- und Mitteleuropa wurden 1953 zu einem Verband mit dem Sitz der Generaloberin in Rom (seit 1929) zusammengeschlossen. Heute sind die E. F. über die pädagog. Tätigkeit in Kindergärten, Schulen und Internaten hinaus im Bereich der Pastoral- und Sozialarbeit weltweit tätig. Gegenwärtig (2004) gehören zum Röm. Generalat über 2 100 Schwestern. Auch die zwei Generalate des irischen und kanad. Zweiges (die Loreto-Schwestern), gegr. im 19. Jh., mit rd. 1 100 bzw. 200 Schwestern, verehren WARD als ihre Gründerin.

englische Komödianten, wandernde Schauspielertruppen, die ab etwa 1590 aus England auf das Festland, v. a. in das prot. Dtl. kamen. Die ersten urkundlich bezeugten Aufführungen fanden 1586/87 am kursächs. Hof CHRISTIANS I. in Dresden statt, weitere sind u. a. für den Hof von Herzog HEINRICH JULIUS von Braunschweig-Wolfenbüttel 1592 bekannt. Den Truppen gehörten zunehmend auch dt. Berufsspieler an; ab etwa 1605 fanden die Aufführungen in dt. Sprache statt und um 1650 wurden die e. K. von rein dt. Wandertruppen abgelöst.

Die Truppe leitete zumeist der Darsteller des Narren (Stockfisch, →Pickelhering; die Gestalt beeinflusste den →Hanswurst). Frauenrollen wurden von Männern dargestellt. Die Szene wurde durch einfache Requisiten angedeutet. Die Dramen schöpften aus Bibel, Legende, Sage und Geschichte und bes. aus dem Repertoire des elisabethan. Theaters (SHAKESPEARE, C. MARLOWE). Die e. K. wirkten durch krasse theatral. Effekte; sie waren zugleich Akrobaten, Tänzer und Sänger. Sie beeinflussten nachhaltig das dt. Theater und Drama des 17. Jh., v. a. mit ihrem lebendigen Theaterstil, ihrer schlichten Prosasprache und der kom. Person.

Ausgabe: »Spieltexte der Wanderbühne« (1620–70), hg. v. M. BRAUNECK (4 Bde., 1970–75).

englische Krankheit, *Medizin:* die →Rachitis.

englische Kunst, die Kunst Großbritanniens (ausgenommen die →keltische Kunst).
• Angelsächsische Frühzeit
• Normannische Kunst
• Gotik
• Tudorstil und elisabethanischer Stil
• Klassizismus und Neugotik
• 19. Jahrhundert
• Moderne und Gegenwart

Die aus der Insellage resultierenden historischen, polit. und gesellschaftl. Besonderheiten förderten eine

englische Komödianten: zeitgenössische Darstellung typischer Figuren

Kunstentwicklung von ausgeprägter Eigenart. Zu allen Zeiten nahm die e. K. Impulse des Festlandes auf. Stets kam es bei Übernahmen nach kurzer Zeit zu Umstrukturierungen im Sinne der regionalen Traditionen und Vorlieben. Umgekehrt wurden auch Einflüsse der e. K. auf dem Kontinent aufgenommen. Dies trifft bes. auf die Buchmalerei der angelsächs. Zeit und die Landschafts- und Porträtmalerei seit der Mitte des 18. Jh. zu.

ANGELSÄCHSISCHE FRÜHZEIT

Architektur Die Baukunst der angelsächs. Frühzeit beruht auf kelt. Traditionen und ignorierte die baul. Relikte der Römerzeit. Die Reste röm. Bauten wurden meist zerstört und als Steinbruch benutzt, sodass nur wenige Baudenkmäler dieser Zeit erhalten sind. Noch zu Beginn des 11. Jh. fanden sich im sächs. Siedlungsgebiet reine Holzbauten (Blockbaukirche von Greensted, Essex; um 1013). Mit der Einführung des Christentums (Ende des 6. Jh.) entstanden die ersten steinernen Kirchenbauten: einfache Grundrissbildungen, rechteckiges Schiff mit einem sich anschließenden rechteckigen Anbau für den Altar, schwere Formen, gedrungene, rechteckige Westtürme. Die Innenräume sind hoch, lang und schmal und besitzen überwiegend einfache Holzdecken, gelegentlich kommt es zur Bildung von Scheingewölben. Erhalten sind aus dem 7. Jh. u. a. die Kirchen von Escomb (Durham), Wing (Buckinghamshire) sowie Brixworth (Northamptonshire). Zeugnisse der Zeit zw. 700 und der normann. Eroberung 1066 sind neben den turmlosen Anlagen, u. a. von Saint Lawrence in Bradford-on-Avon (Wiltshire; Anfang 8. Jh. und frühes 10. Jh.), die mit einem Westturm errichteten Kirchen von Worth (Sussex; um 1000), Earles Barton (Northamptonshire; 10. Jh.), Monkwearmouth (Durham; 9. oder 10. Jh.) und Saint Michael in Oxford (11. Jh.).

Plastik Mit dem späten 7. Jh. eröffnete sich der Plastik in England eine bis zur normann. Eroberung reichende Blütezeit. Aus der Synthese einheim. Tradition mit christlich-mediterranen Übernahmen entstand eine große Anzahl von Steinkreuzen (Hochkreuze von Ruthwell, vor 684, und Bewcastle, Ende des 7. Jh.). Urspr. romanisierend-byzantinisierend mit figurativen Darstellungen (bibl. Szenen und Szenen der Heiligenlegende), wandelte sich der Stil der Kreuze nach mehreren Zwischenstufen schließlich zu einem Stil reiner nord. Ornamentik. Neben diesen Zeugnissen monumentaler Freiplastik sind aus der angelsächs. Frühzeit auch Einzelstücke einer reich entwickelten Kleinkunst erhalten (insbes. Gold- und Silberschmiedearbeiten).

Malerei Lange nach dem Niedergang der kelt. Kunst auf dem Festland und dem Abklingen der inselkelt. Fortsetzung dieser Kunst (etwa Mitte des 2. Jh.) kam es im Bereich der Brit. Inseln zu einer eigenständigen, von angelsächs. Einflüssen geprägten Spätentwicklung. In Irland, Northumbria und Schottland erfuhr um 700 die Buchmalerei eine Blüte, die sehr bald schon auf den südl. Teil der brit. Mutterinsel übergriff und – vermittelt durch irische und angelsächs. Mönche – im 8. Jh. auch starken Einfluss auf die Schreibstuben des Festlands ausübte. Als frühestes Beispiel dieser irisch-angelsächs. Kunst gilt das um 660–80 entstandene Book of Durrow (Dublin, Trinity College), dem sich eine Reihe bedeutender insularer Prachthandschriften anschließen. Im Book of Durrow erscheinen am Anfang der Evangelientexte neben großen Initialen und ganzseitigen Evangelistensymbolen

englische Kunst: Zierblatt des Markusevangeliums aus dem Book of Lindisfarne (vor 698; London, British Library)

auch reine Schmuckseiten, wobei Flechtbandornamente und Trompetenspiralen dominieren. In seiner Nachfolge steht das so genannte Echternacher Willibrord-Evangeliar (vor 690; Paris, Bibliothèque Nationale de France), das im Zuge der Missionierung auf des europ. Festland gelangte. In der reichen Flechtbandornamentik an die irische Buchmalerei anschließend, in der freieren Behandlung der Figuren dagegen unter mediterranem Einfluss stehend, präsentiert sich das Book of Lindisfarne von Bischof EADFRITH VON LINDISFARNE (vor 698; London, British Library). Deutlich von ital. Vorbildern geprägt sind die Handschriften von Wearmouth-Jarrow, unter denen der Codex Amiatinus (vor 716; Florenz, Biblioteca Medicea Laurenziana) eine herausragende Position einnimmt. Große Bedeutung gewann auch die spätantike Überlieferung in Canterbury. Ihr ist u. a. der Stockholmer Codex aureus zuzuweisen (um 750; Stockholm, Königl. Bibliothek), in dem das angelsächs. Flechtbandornament mit großformatigen Evangelistenbildern kombiniert wurde. Am Ende der Buchmalerei des 7. und 8. Jh. steht das Book of Kells (wohl nach 800; Dublin, Trinity College), ein mit Miniaturen und Ornamenten reich illuminierter Prachtkodex.

Die bedeutendste engl. Buchmalereischule des 10. und 11. Jh., die sich an karoling. Vorbildern orientierte und wohl auch vom →Utrechtpsalter beeinflusst war, ist die Schule von Winchester. Charakteristisch sind neben der Umbildung des karoling. Akanthusornaments zum so genannten »Winchester-Akanthus« auch der bisweilen stark illusionist. Stil. Eines der Hauptwerke ist das zw. 971 und 984 entstandene Benediktionale (die kirchl. Segnungen [Benediktionen] enthaltendes liturg. Buch) des Bischofs AETHELWOLD (London, British Library). Die Buchmalerei dieser Zeit weist enge Verbindungen zu den wenigen erhaltenen

Engl englische Kunst

Beispielen der Wandmalerei auf (z. B. Pfarrkirche in Nether Wallop bei Winchester, um 1000) und zur zeitgleichen Gold- und Silberschmiedekunst.

NORMANNISCHE KUNST

Architektur Nach der Eroberung durch die Normannen (1066; dargestellt auf dem →Bayeux-Teppich) kam es in England zu einer intensiven Bautätigkeit. Nach einer kurzen Phase der unveränderten Übernahme wurden die normann. Baumodelle durch andere kontinentale Einflüsse und angelsächs. Motive bereichert. Es entstanden – neben Klöstern, Burgen und Stadtbefestigungen – große roman. Kathedralen, für die Längserstreckung der Kirchenschiffe und ein Überreichtum an Schmuckformen bezeichnend sind. Es entstanden Basiliken mit zweitürmigen Westfassaden und einem Vierungsturm über dem weit vorspringenden Querhaus. Die apsidialen Chöre waren entweder von Seitenkapellen flankiert oder besaßen ein Deambulatorium. Über massiven Rundpfeilern entfalteten sich Emporen und Triforiengalerien (»thick wall system«); nach oben wurde der Kirchenraum durch eine bemalte Balkendecke abgeschlossen. Ein frühes Beispiel dieser Architektur ist die Abteikirche Saint Albans (1077–1088). Es folgen: Canterbury (1070 ff.), Winchester (1079 ff.), Ely (1083 ff.), Bury Saint Edmunds (um 1100 ff.), Tewkesbury (1087 ff.), Gloucester (1089 ff.), Chichester (um 1100 ff.), Norwich (1096 ff.) und Peterborough (1118 ff.). Der Übergang zur Frühgotik manifestiert sich im Kreuzrippengewölbe (ab 1096) des südl. Seitenschiffs des Chors der Kathedrale von Durham (1093 ff.); andere Großbauten von Rang erhielten dagegen noch im 13. Jh. flache Holzdecken. Ein Beispiel normann. Profanbaukunst stellen die militär. Anlagen dar, die zw. 1066 und etwa 1150 aus Erde und Holz, aber seit dem späten 11. Jh. auch schon aus Stein errichtet wurden. Beispiele früher Steinanlagen sind der White Tower in London (1077 ff.) und Colchester (Essex; spätes 11. Jh.), Castle Heddingham (Essex; um 1140), Castle Rising (Norfolk; um 1140) sowie der Wehr- und Wohnturm (»Keep«) von Rochester Castle (Kent; um 1140). Die Regierung König Heinrichs II. (1154–89) brachte eine Blüte normann. Festungsarchitektur, u. a. Richmond und Scarborough (Yorkshire), Dover (Kent) sowie Chester (Kent).

Plastik Die Plastik ist der Baukunst zugeordnet (u. a. Portalfiguren, Kapitele). Die durch angelsächs. Einflüsse akzentuierte Bauornamentik der Zeit ist ungewöhnlich reich entwickelt und von der des festländ. roman. Stils durchaus verschieden. Im späten 11. und frühen 12. Jh. spiegelte sich in der Plastik der Stil der anglonormann. Buchmalerei. Beispiele dafür sind die zwei Reliefs der Lazarusgeschichte in der Kathedrale von Chichester (wahrscheinlich 1120–25, urspr. zu den Chorschranken gehörend). Es entstand eine Reihe von Tympanon- und Gewändefiguren an versch. Kathedralen, die sich durch reiche Formgestaltung auszeichnen, u. a. Tympanon an der Kathedrale von Ely (etwa 1135), Steinfries an der Westfront der Kathedrale von Lincoln (um 1145), Tympanon an der Kathedrale von Rochester (um 1160). Große Bedeutung kam in dieser Zeit auch der byzantinisch und nordfranzösisch beeinflussten Elfenbeinkunst zu, u. a. das Kreuz von Bury Saint Edmunds (nach 1150; New York, Metropolitan Museum). Ein hervorragendes Beispiel der Goldschmiedekunst ist der Leuchter aus Gloucester (frühes 12. Jh.; London, Victoria & Albert Museum).

Malerei Nach 1066 machten sich normann. Traditionen auch in der Buch- und Wandmalerei bemerkbar. Stilbildend wirkte im 12. Jh. der byzantinisch geprägte Einfluss nordfrz. Schulen (u. a. Saint-Amand) und der ital. Schreibstuben; v. a. die Abtei Saint Albans mit dem vor 1123 illuminierten Saint-Albans-Psalter (Hildesheim, St. Godehard) wurde (neben Bury Saint Edmunds und Canterbury) zu einer Keimzelle eines neuen, ekstatisch-spannungsvollen Stils. Die ganzseitigen Miniaturen der in der Abtei Bury Saint Edmunds angefertigten Vita Sancti Edmundi (vor 1135; New York, Pierpont Morgan Library) stammen wohl vom Hauptmeister des Saint-Albans-Psalters. Die Schulen von Canterbury und Winchester traten im 12. Jh. mit teilweise byzantinisch beeinflussten illuminierten Handschriften hervor. Exemplarisch sei auf die in Canterbury entstandene Lambeth-Bibel (Mitte des 12. Jh.; London, Lambeth Palace) sowie auf die Winchester-Bibel (Ende des 12. Jh.; Winchester, Cathedral Library) verwiesen. Ein letzter Nachklang byzantinisierender Gestaltung findet sich im Westminster-Psalter (um 1200; London, British Library). Die Wandmalereien in der Saint-Gabriel-Kapelle in Canterbury gehören zu den wenigen erhaltenen Denkmälern der roman. Epoche.

GOTIK

Architektur England und die Normandie bildeten bis in das 13. Jh. eine polit. Einheit, die schon für die Baukunst der roman. Zeit von entscheidender Bedeutung war. Auch in der ersten Phase der Gotik wurde die Architektur Frankreichs bestimmend für die Sakralbauten der Insel. Gleitende Übergänge verbinden drei grundsätzl. Entwicklungsstufen innerhalb der insularen Gotik: das Early English (von 1175 bis etwa 1250), der Decorated Style (bis etwa 1350) und der etwa bis 1520 reichende Perpendicular Style. Darüber hinaus beherrschte die Gotik als der typisch engl. Stil die insulare Kunstentwicklung bis ins 17. Jh. hinein und entwickelte sich im 19. Jh. zu dem großen engl. Nationalstil.

Die Periode des Early English begann mit dem Neubau des 1174 von einem Brand zerstörten Chores der Kathedrale von Canterbury (1175 ff.), der in England eine Phase der Übernahme und Umbildung der frz. Kathedralgotik einleitete. In der Grundstruktur wich die got. Kathedrale in England nur geringfügig vom normannisch-roman. Bauschema ab; zu einer völligen Auflösung der Wand im Sinne der frz. Kathedralgotik kam es nicht. Die Kirchen behielten ihre große Länge und die geraden Chorschlüsse ohne Umgang und Kapellenkranz; beibehalten wurde auch das starke Vorspringen der Querschiffe. Die Ausdehnung der Chöre wuchs weiter, oft wurden sie im Scheitel noch um die für England typ. »Lady Chapel« (Marienkapelle) verlängert. Vor der Ostfassade wurde häufig eine Vorhalle errichtet. Charakteristisch sind ferner die Betonung der Horizontalen sowie lanzettförmige Bogen im Innenraum. Hauptwerke des Early English sind neben dem Neubau des Chores von Canterbury die Kathedralen von Wells (um 1180 ff.), Lincoln (1192 ff.), Rochester (1201 ff.), Worcester (1218 ff.), Salisbury (1220 ff.) und York (südl. Querhaus, 1230 ff.).

Der Decorated Style brachte eine starke Tendenz zu üppig-dekorativen, die Grundstrukturen und ihre Funktion verdeckenden Schmuckformen. Das Hauptaugenmerk wandte sich den Details zu: Portale, Fenster, Maßwerk und Gewölbe wurden reich durchgebildet, die Gewölberippen zu Netzmustern vervielfacht, reiche Ornamentik umgab die Formgerüste. Langhaus und Chor der Kathedrale von Exeter (1275 ff.) und das Langhaus der Kathedrale von York (1291–1324) gelten als die bedeutendsten Schöpfungen dieser Zeit. Ihnen zur Seite stehen Teile der Kathedralen von Lincoln, Lichfield, Wells, Ely, York und Gloucester.

Im Perpendicular Style wurden die auf Raumschmuck und -gliederung abzielenden dekorativen Elemente der Kathedralen weiterentwickelt und systematisiert. Vorherrschend wurde das dieser Periode den Namen gebende senkrechte (an Außenwänden auch waagerecht auftretende) Stabwerk, das bes. als Gliederungssystem der hohen und breiten Fenster, aber auch als Blendgliederung der Wände Verwendung fand. Die bevorzugte Gewölbeform war das Fächergewölbe mit seinen tropfsteinartigen Bildungen. Hauptbeispiele finden sich in den Gewölben der Kathedralen von Winchester, Gloucester, Canterbury und Peterborough, in der Kapelle des King's College in Cambridge (1446–1515), in der des hl. Georg in Windsor (1474 ff.) und in der Heinrichs VII. in der Westminster Abbey in London (1502–09). Eine stattl. Reihe von Abteien, Prioreien (Fountains Abbey, Yorkshire; Christchurch Priory, Hampshire) und Profanbauten (Westminster Hall, Guildhall, London; Collegebauten in Oxford und Cambridge) gehören ebenfalls dem Perpendicular Style an.

Plastik Während die engl. Gotik in der Frühphase die Neuerungen der frz. Baukunst übernahm, fand das frz. Figurenportal keine Nachfolge. So wurde an der Fassade der Kathedrale von Wells (1230–39) das bedeutendste Skulpturenprogramm der engl. Gotik (350 in Nischen eingestellte Einzelfiguren) realisiert. Wells vergleichbar sind Figurenzyklen an den Fassaden der Kathedralen von Salisbury (1220–60) und Exeter (13. Jh.). Weniger aufwendig ist der Fassadenzyklus der Kathedrale von Lincoln (um 1220–30). Quantitativ wie auch qualitativ ungewöhnlich ist der seit dem 13. Jh. geschaffene Bestand an Grabfiguren, u. a. Grabmal Eduards III. († 1377) in Westminster Abbey in London. Als bevorzugtes Material diente Alabaster, aber auch Bronze und Kupfer (meist vergoldet) wurden verwendet.

Malerei Vorherrschend blieb auf dem Gebiet der Malerei in England bis zum Ende des 15. Jh. weiterhin die Buchmalerei, die zu dieser Zeit nicht mehr auf monast. Skriptorien begrenzt war. Sie war ebenso wie die vereinzelten Zeugnisse der Wand-, Glas- und Tafelmalerei von frz. Vorbildern beeinflusst. So entstanden zahlr. illustrierte Psalter- und Apokalypsenhandschriften, wobei sich die Miniaturmaler nicht nur der Deckfarbentechnik, sondern bevorzugt auch der Federzeichnung bedienten. Eine Erweiterung des ikonograf. Repertoires brachten die gegen Ende des 12. Jh. aufkommenden Bestiarien (wilde Tier- und Fabelgestalten). Um 1220 gewann die frz. Gotik das Übergewicht. Typenbildend wirkten v. a. die Apokalypsendarstellungen, bei denen der Text den Bildern völlig untergeordnet wurde. Das Skriptorium von Saint Albans unter der Leitung des Matthaeus Parisiensis (ab 1235/36), das eine Reihe bedeutender Handschriften illuminierte (u. a. Historia Anglorum, um 1245–50; London, British Library), zeichnete sich durch einen kalligraf. Zeichenstil im Zusammenhang mit einer fantasievollen Bereicherung dekorativer Elemente aus. Weitere bedeutende Handschriften können mit den Skriptorien in Peterborough (u. a. Psalter des Robert von Lindeseye, um 1220–22; London, British Library) und Salisbury (u. a. Wilton-Psalter, um 1250; London, Royal College of Physicians) in Verbindung gebracht werden. Gegen Ende des 13. Jh. verfiel die große Tradition der Skriptorien und mündete zu Anfang des 14. Jh. in den so genannten ostengl. Stil (»East Anglian Style«), für den neben dem übl. Miniaturschmuck auch weitgehend textunabhängige Marginalzyklen charakteristisch sind. Hauptwerke dieser Stilrichtung sind u. a. der Psalter der Königin Mary (um 1310–20; London, British Library), der Ormesby-Psalter (zw. 1250–60 und 1325; Oxford, Bodleian Library) sowie der Gorleston-Psalter (um 1310–20; London, British Library).

englische Kunst: Chor der Kathedrale von Exeter (1275 ff.)

Entscheidende Anregungen erhielt die e. K. des 14. Jh. vom Königshof, der Künstler aus den Niederlanden, Böhmen, Italien und Frankreich anzog. Um 1350–63 entstand unter König Eduard III. im Westminster Palace die Kapelle von Saint Stephan (1834 zerstört), deren Ausstattung die neuesten Errungenschaften in Wand- und Glasmalerei zeigte. Dieser internat. Stil beeinflusste die Tafelmalerei (Wilton-Diptychon, um 1380, London, National Gallery; Norwich-Retabel, spätes 14. Jh., Kathedrale von Norwich). Die Glasmalerei erlangte mit Fenstern der Meister Thomas von Oxford (Fenster für das Winchester College, um 1400) und John Thornton aus Coventry (Ostfenster der Yorker Kathedrale, zw. 1405 und 1408) Bedeutung. – Hoch entwickelt war die engl. Stickerei (Syon-Pluviale, 1. Viertel des 14. Jh. und Butler-Bowden-Pluviale, 2. Hälfte des 14. Jh.; beide London, Victoria & Albert Museum).

TUDORSTIL UND ELISABETHANISCHER STIL

Architektur Die Reformation im frühen 16. Jh. wirkte einschneidend auf die Bautätigkeit, die sich von nun an auf profane und öffentl. Gebäude konzentrierte. Die Formen des Perpendicular Style wurden mit Elementen der ital., dt. und fläm. Renaissance verquickt;

Engl englische Kunst

englische Kunst
1 Kathedrale von Salisbury (1220 ff.)　**2** Chiswick House in London (1724–28)　**3** Sir Joshua Reynolds, »Lady Elisabeth Delmé mit ihren Kindern« (1777–79; Washington, National Gallery of Art)　**4** John Constable, »Blick von Hampstead Heath auf Highgate« (um 1830; Moskau, Puschkin-Museum)　**5** Kathedrale von Worcester (1224 ff.)　**6** Konsolfigur eines Mönchs an der Kathedrale in Wells (um 1180 ff.)　**7** Thomas Gainsborough, »Dame in Blau«, Porträt der Duchesse von Beaufort (um 1780; Sankt Petersburg, Eremitage)

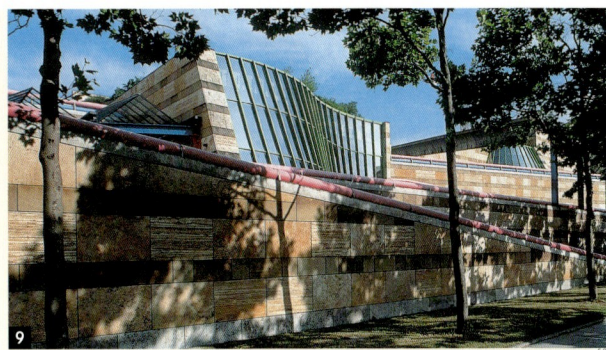

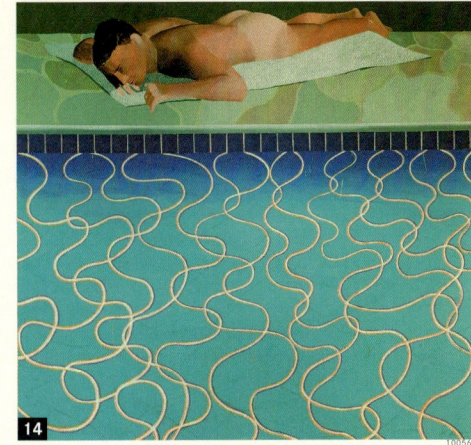

8 William Turner, »Regen, Dampf, Geschwindigkeit« (1844; London, National Gallery) **9** James Stirling, Neue Staatsgalerie in Stuttgart (1977–84) **10** Henry Moore, »König und Königin« (1953; Southern Uplands bei Dumfries) **11** Francis Bacon, »Papst Innozenz X.« (1951; Aberdeen, Art Gallery) **12** William Morris, »La Belle Iseult« (1858; London, Tate) **13** Graham Sutherland, »Organische Formen« (1962–68; Venedig, Peggy Guggenheim Collection) **14** David Hockney, »Sonnenbadender« (1966; Köln, Museum Ludwig)

v.a. der Tudorstil (1520–58) verkleidete got. Konstruktionen mit Renaissanceformen. Der ihm folgende elisabethanische Stil (bis 1603) verschmolz die eigene Tradition tiefgreifender mit den fremden Neuerungen. Zeichen wachsenden Reichtums waren die Schlösser und Landsitze des Königs und des sich neu bildenden Hofadels, u.a. Hampton Court Palace (Middlesex; 1514ff.), Longleat House (Wiltshire; 1567–79), Wollaton Hall (Nottinghamshire; 1580–88, von R. SMYTHSON) und Hardwick Hall (Derbyshire; 1590–97). Die Verschiedenheit der Grundrisse (mit Innenhof, nach vorne geöffnetem Hof oder in der für die elisabethan. Zeit typischen »E-Form«) und der Baumaterialien (Backstein, Stein, Fachwerk) zeugt von den sich zu dieser Zeit ausbildenden Lokalstilen.

Plastik Verbindungen mit Frankreich und Italien eröffneten zu Beginn des 16.Jh. der nachmittelalterl. engl. Plastik neue Möglichkeiten. Drei ital., teilweise auch in Frankreich geschulte Bildhauer, vertraut mit den Errungenschaften der Renaissance, zog es für einige Jahre nach England: PIETRO TORRIGIANI (Grabmal HEINRICHS VII. und ELISABETHS von York, 1511–17; London, Westminster Abbey), BENEDETTO DA ROVEZZANO (in England etwa 1524–35) und GIOVANNI DA MAIANO (ab etwa 1521). Die Reformation und die erste Welle des Ikonoklasmus (um 1530) bewirkten auf dem Gebiet der Skulptur funktionale Veränderungen. Während der Regierungszeit von Königin ELISABETH I. ließen sich aus den Niederlanden gekommene Künstler in England nieder. Sie bildeten eine Schule (»school of Southwark«), die für mehrere bedeutende Aufträge verantwortlich war (z.B. Grabmal Elisabeths I. von MAXIMILIAN COLT, 1605–07; London, Westminster Abbey).

Malerei Nachdem unter HEINRICH VII. und anfangs auch noch unter HEINRICH VIII. einheim. und fläm. Maler bes. geschätzt wurden, rief man den dt. Maler H. HOLBEIN D.J. (1526–28 und ab 1532) nach England, dessen Schaffen großen Einfluss auf die engl. Malerei ausübte. In der Bevorzugung eines neutralen Hintergrundes und dem linearen, flächigen Stil zeigt sich, dass traditionelles engl. Formgefühl auf ihn einwirkte (Bildnis der CHRISTINE von Dänemark, 1538; London, National Gallery). Unter der Regierung ELISABETHS I. blieb das Porträt eine wichtige Bildgattung. Besondere Impulse erhielt die Malerei durch die manierist. Bildnisminiaturen N. HILLIARDS.

KLASSIZISMUS UND NEUGOTIK

Architektur Zu Beginn des 17.Jh. schlug die engl. Baukunst eine Richtung ein, die bis in die Gegenwart hinein bestimmend blieb: I. JONES führte den palladian. Klassizismus in England ein. Bedeutende Schüler (v.a. C. WREN und J. WEBB) führten die von ihm eingeleitete Entwicklung auf breiter Basis fort. 1616 schuf JONES den Entwurf für das Schloss der Königin in Greenwich »Queen's House«, vollendet 1637): Es entstand das erste streng palladian. Bauwerk in England. Ihm folgten u.a. der Umbau der Saint Paul's Cathedral (1633–38) und die Errichtung von Wilton House bei Salisbury (um 1633–40 und 1648/49). Die für JONES' Bauten charakterist. Schlichtheit, verbunden mit einer Strenge der Proportionen, zeigt sich bes. in seinem Hauptwerk, Banqueting House (Whitehall, 1619–22). Sein Schüler C. WREN errichtete nach dem großen Brand von London (1666) 51 Kirchen (von denen nur noch ein Teil erhalten ist); sein groß angelegter Aufbauplan der Stadt kam allerdings nicht zur Ausführung. Sein Hauptwerk ist der Neubau der Saint Paul's Cathedral (1675–1711), eine nach dem Vorbild der Peterskirche in Rom geschaffene Verbindung von Zentral- und Longitudinalbau. Hervorzuheben sind ferner: Saint Stephen Walbrook in London (1672–77), das Hospital in Greenwich (1696ff.), Erweiterungen von Hampton Court (1689–92) und Kensington Palace (1689ff.). N. HAWKSMOOR, J. VANBRUGH und THOMAS ARCHER (*1668/69, †1743), die alle drei ausgeprägte Beziehungen zu WREN und seinem Werk hatten, näherten sich mit ihren Bauten dem europ. Barock (Queen-Anne-Style). J. GIBBS, der in Rom mit C. FONTANA zusammenarbeitete, entwickelte einen eklekt. Stil (Saint-Mary-le-Strand, 1714–17; Saint-Martin-in-the-Fields, 1722–26; beide in London). Der strenge palladian. Klassizismus von JONES bestimmte das gesamte 18.Jh. v.a. die Landhausarchitektur (z.B. Stourhead, Wiltshire, 1721–24, von C. CAMPBELL; Chiswick House, London, 1724–28, von RICHARD BOYLE, 3. Earl of BURLINGTON). In der zweiten Hälfte des 18.Jh. setzten sich daneben weniger strenge Tendenzen durch. Der schott. Architekt R. ADAM schuf den so genannten etrusk. Stil (Syon House, London, 1762–69; Kenwood House, ebd., 1767–69). J. SOANE und J. NASH arbeiteten mit dramat. Lichteffekten. Die engl. Neugotik (→ Gothic Revival) hatte in J. WYATT, T. RICKMAN und H. WALPOLE frühe und engagierte Vertreter. W. KENTS Parkanlagen (u.a. Blenheim Palace) sowie die von L. BROWN und W. CHAMBERS (Kew Gardens, London) folgten nicht mehr dem frz. Prinzip, sondern zeigen eine naturbelassene, unregelmäßige Landschaft (»landscape garden«). Die kleinen Bauten dieser Parks in imitiertem got., röm. oder auch chin. Stil fanden in den »engl. Gärten« bald überall Nachahmung.

Plastik Die engl. Plastik im 17.Jh. zeigt manierist. (N. STONE), dann barocke Einflüsse, das ausgehende Jh. prägte der sehr frei mit Formen der ital. Renaissance arbeitende G. GIBBONS, der neben dem Bronzedenkmal JAKOBS II. (1680; London, früher Whitehall, heute National Gallery) das Grabmal der MARY BEAUFOY (†1705; London, Westminster Abbey) und das des Sir C. SHOVELL (†1707; ebd.) schuf. Im ausgehenden 18.Jh. leitete der von J.J. WINCKELMANNS Schriften beeinflusste J. FLAXMAN eine stilist. Wende ein. Nach einem Romaufenthalt (1787–94) entwickelte er sich zum reinsten Vertreter des engl. Klassizismus. Er entwarf u.a. Reliefs für das Wedgwoodsteinzeug sowie das Grabmal Lord NELSONS in der Saint Paul's Cathedral (1808–18).

Malerei In der Malerei des 17.Jh. setzte sich der festländ. Einfluss fort. Die Ankunft des Flamen A. VAN DYCK, der 1632 nach London kam, wo er bis zu seinem Tod als Hofmaler KARLS I. tätig war, gab der engl. Porträtmalerei eine neue Richtung. In der Nachfolge VAN DYCKS in England standen v.a. der Niederländer P. LELY und der in den Niederlanden ausgebildete G. KNELLER.

Die internat. Bedeutung der engl. Malerei im 18.Jh. setzte mit dem Maler und Kupferstecher W. HOGARTH ein. Seine realistisch-gesellschaftskrit. Bilderzyklen, die er selbst in Kupferstichen vervielfältigte, leiteten die Bewegung der politisch-satir. Illustrationsgrafik ein. Als Porträtist steht er gleichrangig neben J. REYNOLDS, dem Schöpfer psychologisch-subtiler Bildnisse von Mitgliedern der führenden Gesellschaft, und T. GAINSBOROUGH, dessen Porträts eine lockere, fast impressionist. Farbgebung zeigen. Mit den von der niederländ. Malerei angeregten parkähnl.

Hintergründen in seinen Bildern legte GAINSBOROUGH den Grundstein zu einer spezifisch engl. Landschaftsmalerei. Sein Rivale R. WILSON malte dagegen ideale Landschaften. In England bes. gepflegt wurde die Aquarellmalerei (1804 Gründung der Old Water-Colour Society). J. CROME gründete 1803 die Schule von Norwich, eine der Voraussetzungen für den Aufstieg der engl. Landschaftsmalerei an der Wende vom 18. zum 19. Jh. Auf dem Gebiet der Illustrationskunst erreichte der Klassizismus im frühen 19. Jh. einen Höhepunkt in den an griech. Vasenmalereien geschulten Zyklen FLAXMANS zu HOMER und DANTE. Der lineare Stil dieser Umrisszeichnungen beeinflusste den Grafiker und Dichter W. BLAKE. Der in Zürich geborene Maler und Dichter J. H. FÜSSLI war ebenfalls dem Klassizismus verpflichtet.

Kunsthandwerk und Kunstgewerbe Gegen Ende des 17. Jh. wurde durch die Niederlande der Anstoß zur Entwicklung einer bürgerl. Wohnkultur in England gegeben. Das 18. Jh. wurde zur Blütezeit des engl. Kunsthandwerks, das mit den stilist. Mitteln des Klassizismus operierte. Der Kunsttischler T. CHIPPENDALE begründete den ersten engl. Möbelstil der Neuzeit und stellte v. a. Mahagonimöbel in leichten, geschweiften Formen her. In der 2. Hälfte des 18. Jh. war der dezente »Adam Style« (nach den Architekten R. ADAM) bes. geschätzt. Die engl. Keramik wurde durch J. WEDGWOOD zu europ. Ansehen gebracht. Von Bedeutung waren ferner die Manufakturen von Chelsea und Derby.

19. JAHRHUNDERT

Architektur Das frühe 19. Jh. weist unterschiedl. Stilanlehnungen auf: Neugot. und klassizist. Tendenzen waren lebendig. Letztere sind v. a. in R. SMIRKES Bau des British Museum (1823 ff.) in London repräsentiert, der an der griech. Antike orientiert ist. Eine weniger strenge Auffassung des Klassizismus vertrat SOANE. In der Viktorian. Epoche (1837–1901) wurde die Neugotik in England, v. a. im Kirchenbau (A. W. N. PUGIN, G. G. SCOTT), zur verbindl. Architekturform, auch das Londoner Parlamentsgebäude wurde von C. BARRY und PUGIN 1837 ff. im neugot. Stil errichtet. 1851 baute J. PAXTON den Kristallpalast in London aus Eisen und Glas. Die neuen Möglichkeiten des Eisenkonstruktionsbaus führten bei großen öffentl. Bauvorhaben zur Entwicklung von an der Technik orientierten Gebäudetypen, bei denen die neugot. Stilformen zur bloßen Hülle wurden.

Die künstler. und sozialreformer. Ideen von W. MORRIS wirkten nicht nur auf das Kunsthandwerk und Kunstgewerbe, sondern auch auf die Architektur, bes. auf die Architekten P. S. WEBB, C. F. A. VOYSEY und R. N. SHAW, nach dessen Plänen im Bedford Park in London ab 1875 die erste Siedlung von Einzelwohnhäusern erbaut wurde. Sie war der Prototyp der Gartenstadt (»garden city«), zu der E. HOWARD 1898 ein Konzept vorlegte, das auch in Dtl. aufgegriffen wurde.

Plastik Sie zeigt in England im 19. Jh. parallel zur Architektur eine enge Anlehnung an histor. Stile; J. GIBSON, A. STEVENS und R. WESTMACOTT orientieren sich v. a. an der griech. Klassik und der ital. Renaissance. Besonderes Gewicht erlangte die Denkmalskulptur nach 1875 durch die »New Sculpture«-Bewegung (A. GILBERT) mit symbolist. Werken.

Malerei Von der engl. Malerei gingen im frühen 19. Jh. entscheidende Impulse für die europ. Malerei aus: W. TURNER und J. CONSTABLE waren mit ihrer Freilichtmalerei wichtige Vorläufer der frz. Impressio-

englische Kunst: William Blake, Illustration zu Dantes »Göttlicher Komödie«; Aquarell (um 1824–26; London, Tate)

nisten. In der Porträtmalerei waren in der ersten Hälfte des 19. Jh. T. LAWRENCE und H. RAEBURN führend. 1848 gründete J. E. MILLAIS die Bruderschaft der Präraffaeliten (W. H. HUNT, D. G. ROSSETTI u. a.). Diese Maler orientierten sich an der ital. Malerei des MA. und stellten v. a. literar. und histor. Themen mit einer ausgeprägten symbol. Tendenz dar. Ihnen verbunden waren E. BURNE-JONES und W. MORRIS. Von der minutiösen Darstellungsweise der Präraffaeliten wurde bes. auch die viktorian. Genre- und Historienmalerei (W. DYCE, W. P. FRITH) beeinflusst. Die von der Royal Academy geförderte klassizist. Richtung (F. LEIGHTON, G. F. WATTS, A. MOORE) trug dem Interesse an antiker Kunst Rechnung, das durch den Erwerb der Elgin Marbles (1816) angeregt worden war. Progressive Strömungen förderte hingegen der 1886 gegründete New English Art Club (W. STEER, W. R. SICKERT). Der in London lebende Amerikaner J. A. M. WHISTLER trat als Verfechter der modernen Kunst und als Wortführer der L'art-pour-l'art-Bewegung in Erscheinung, aus der A. V. BEARDSLEY, der Hauptvertreter der Art nouveau, hervorging.

Kunsthandwerk und Kunstgewerbe Unter dem Einfluss von J. RUSKIN und PUGIN strebte W. MORRIS eine Erneuerung des Kunsthandwerks an (→ Arts and Crafts Movement). Seine Ziele waren Materialechtheit, stoffgerechte Bearbeitung und praxisbezogene Formgebung. C. DRESSER entwarf als erster Designer für die industrielle Fertigung fabrikations- und materialgerechte Gebrauchsgegenstände aus Keramik und Metall. A. H. MACKMURDO war mit seinen Entwürfen für Textil- und Buchgestaltung ein Vorläufer der Art nouveau. C. R. MACKINTOSH beeinflusste mit Möbeln und Innenausstattungen den dt. und v. a. den österr. Jugendstil.

Fotografie W. H. F. TALBOT, einer der Erfinder der Fotografie, gab 1843 das erste mit Fotografien illustrierte Buch heraus (»The pencil of nature«). Zu den bedeutendsten Leistungen der Porträtfotografie im 19. Jh. gehören die Arbeiten von D. O. HILL, R. ADAMSON und JULIA MARGARET CAMERON. Der Schriftsteller L. CARROLL schuf zahlr. Aufnahmen von Kindern, die erstmals gegen Ende des 19. Jh. teilweise veröffentlicht wurden. E. MUYBRIDGES Bedeutung

englische Kunst: Future Systems, Warenhaus Selfridges in Birmingham (2003 fertig gestellt)

liegt in seinen Fotostudien von Bewegungsabläufen bei Menschen und Tieren. R. Fenton wurde mit einer Fotoreportage über den Krimkrieg berühmt (1855/56 veröffentlicht).

MODERNE UND GEGENWART

Architektur Die Baukunst der ersten Jahrzehnte des 20. Jh. hielt auch nach dem Ersten Weltkrieg zunächst an dem historisierenden Formenvokabular fest, so auch beim Bau der Gartenstädte Letchworth (1903 ff.) und Welwyn Garden City (1920 ff.). Der herausragende Architekt dieser Zeit war E. Lutyens (Britannica House in London, 1920–24). In den 1920er- und 30er-Jahren wurden Einflüsse der frz. Art déco, des dt. Expressionismus, des dt. und niederländ. Funktionalismus aufgenommen. Diese Tendenz setzte sich nach dem Zweiten Weltkrieg verstärkt durch. Seit den 1950er-Jahren wurden in Großbritannien auf der Basis einer fortschrittl. Stadtplanung vorbildl. Siedlungstypen entwickelt und auch auf anderen Gebieten, bes. dem Schul- und Universitätsbau, wegweisende Lösungen gefunden. Einer der Ausgangspunkte war der →Brutalismus (Hunstanton School in Norfolk, 1949–54, von A. und P. Smithson). In den 1960er-Jahren experimentierte die Gruppe →Archigram mit Science-Fiction-Projekten. Sie wirkte mit ihrer technisierten Formensprache bis in die Gegenwart, bes. auf R. Rogers (Centre Georges Pompidou in Paris, 1971–77, mit R. Piano; Hightecharchitektur der Londoner Sendezentrale Channel Four, 1994) und Lord N. Foster (Hightechglasbau für Willis, Faber & Dumas in Ipswich, 1975–79; Renault Distribution Centre in Swindon, 1981–83; Verwaltungsgebäude der Hongkong and Shanghai Banking Corporation in Hongkong, vollendet 1979–86; Abfertigungshalle für den Flughafen Stansted im Großraum London, 1981–91). Hervorragende Beispiele für den Wohnsiedlungsbau sind u. a. die Siedlung in Runcorn New Town (1968–74) von J. Stirling und die Siedlung Byker in Newcastle upon Tyne (1969–80) von R. Erskine, für den Schul- und Universitätsbau die University of East Anglia in Norwich (1962–68) von D. Lasdun sowie das Queen's College in Oxford (1966–71) von J. Stirling. Nach Stirlings Plänen entstand u. a. 1982–85 der Erweiterungsbau der Tate Gallery, heute Tate Britain (»Clore Gallery«), in London. Die Lisson Art Gallery in London (1991–93) von Tony Fretton zeigt Ansätze einer purist. Formensprache. Aufwendige Bürobauten und Bürohochhäuser entstanden im Zuge des Baubooms der 1980er-Jahre, wobei v. a. Ian Ritchie (*1947) mit seinem leichten, eleganten Flachbau (Office building 8, Stockley, Business Park, 1988–90) und Michael Hopkins (Shad Thames, London 1990–91) auffallen. Eine in ihrer ökolog. Orientierung neuartige Lösung war Erskines Bürogebäude »The Ark« (1991). Zu den bekanntesten Londoner Architekten zählt Terry Farrell (*1938) mit postmodernen urbanen Bauten (AM-TV-Hauptgebäude; Midland Bank, Filiale Fenchurch Street; Embankment Place). An öffentl. Bauten sind hervorzuheben: der Erweiterungsbau für das Royal Opera House von Jeremy Dixon (*1939), N. Grimshaws neue Bahnhofshalle für die Londoner Waterloo Station (1994), die New Art Gallery in Walsall (2000) vom Londoner Architekturbüro Caruso St John sowie die durch Umbau der Londoner Bankside Power Station zur Tate Modern (2000 eröffnet) erweiterte Tate von dem schweizer. Architekturbüro Herzog & de Meuron. Bemerkenswerte Neubauten von M. Wilford entstanden 1992–2000 mit dem Kulturzentrum »The Lowry« in Manchester sowie 1995–2000 mit der brit. Botschaft in Berlin. Neue Akzente im Stadtbild setzten Foster in London mit dem Swiss Re Tower (2003 fertig gestellt) und das Architekturbüro Future Systems mit dem Warenhaus Selfridges in Birmingham (2003 fertig gestellt).

Plastik Die engl. Plastik spielte im 20. Jh. innerhalb der europ. Entwicklung eine relativ eigenständige Rolle. H. Moore, einer der wichtigsten Bildhauer des 20. Jh. überhaupt, hinterließ ein reiches figürl. und abstraktes plast. Werk und vermittelte der Bildhauerei bedeutende Impulse. J. Epstein, der zur Londoner Avantgarde, dem →Vortizismus, gehörte, fand v. a. mit Porträts und religiösen Figuren Anerkennung. Anfang der 1950er-Jahre traten R. Butler, L. Chadwick und K. Armitage hervor, ebenso W. Turnbull und E. Paolozzi. Nach tastenden figurativen Anfängen begann A. Caro 1960 mit raumgreifenden abstrakten Stahlplastiken ohne Sockel und wurde damit zum Mittelpunkt der New Generation und der Saint Martin's School in London. An ihn knüpften P. King und W. Tucker an. K. Martin entwickelte aus seinen Mobiles der 1950er-Jahre kinet. Objekte. Paolozzi wurde mit seinen Collagen und roboterhaften Skulpturen zu einem der frühesten Künstler der Pop-Art, zu deren Vertretern u. a. A. Jones zählt. Ein eigtl. Realismus, der sich aus der Pop-Art ableitet, blieb bis in die 1980er-Jahre aktuell (Richtung des »Superhumanism«). Gegen den als akademisch empfundenen Formalismus Caros, Kings u. a. abstrakter Bildhauer richteten sich die Aktionen von J. Latham, die nachgiebig-organ. Plastiken und die Rauminstallationen von dessen Schülern B. Flanagan, T. Cragg oder Bill Woodrow (*1948). R. Long gilt als der bedeutendste europ. Vertreter der plastiknahen Land-Art. Internat. Anerkennung fanden u. a. auch Antony Gormley (*1950), J. Opie und Richard Deacon (*1949).

Malerei Die engl. Malerei gewann im 20. Jh. erst relativ spät Bedeutung für die gesamteurop. Kunst. An der kurzlebigen Bewegung des Vortizismus orientierten sich außer Bildhauern u. a. die Maler W. Lewis und der v. a. als Lehrer einflussreiche D. Bomberg. Zu dieser Generation gehören auch S. Spencer und P. Nash. B. Nicholson und V. Pasmore vertraten in den 1930er-Jahren einen frühen, eigenständigen Konstruktivismus. Wie auch in den anderen Künsten, kam es in der engl. Malerei in den 1960er-Jahren zu einem Aufschwung. Einen prägnanten, am Surrealismus geschulten Figurenstil zeigen die Kompositionen G. SUTHERLANDS. F. BACONS Bilder kennzeichnet eine expressionistisch überhöhte Darstellung der Wirklichkeit. Das Werk von BRIDGET RILEY, das sich auf die Wiedergabe abstrakter opt. Wahrnehmung konzentriert, ist ein bedeutender Beitrag zur Op-Art. Eine spezifisch engl. Variante der Pop-Art vertreten R. HAMILTON, PAOLOZZI, P. BLAKE, D. HOCKNEY, A. JONES, P. PHILIPS, J. TILSON und P. CAULFIELD. Zu ihnen gehörte zeitweise auch der Amerikaner R. B. KITAJ. Einen Kontrast zur Pop-Art bildeten die abstrakte Malerei und der abstrakte Expressionismus (A. DAVIE, PETER LANYON, *1918, †1964). M. MORLEY, der in den 1960er-Jahren von der abstrakten Malerei zum Fotorealismus übergegangen war, wandte sich in den 1980er-Jahren dem Neoexpressionismus zu. Abstrakte Maler unterschiedl. Intention sind R. DANNY, H. HODGKIN, ALAN CHARLTON (*1948) und ALAN GREEN (*1932, †2003). F. AUERBACH, L. FREUD und LEON KOSSOF (*1926) sind Vertreter einer expressiven, figurativen und pastosen Malerei.

Zur Erweiterung des Kunstbegriffs trug die engl. Conceptart bei, u. a. die Gruppe →Art & Language, die philosophisch-linguistisch orientiert war, und MICHAEL CRAIG-MARTIN (*1941), der als Lehrer der Kunstschule Goldsmiths College in London wirkte. Auf dem Gebiet von Performance, Foto- und Videokunst machten BRUCE MCLEAN (*1944), ferner LATHAM, STUART BRISLEY (*1933), M. BOYLE, JOAN HILLS und GILBERT & GEORGE auf sich aufmerksam, auf dem Gebiet der Film- und Videokunst MALCOLM LE GRICE (*1940), ANTHONY MCCALL (*1946) und WILLIAM RABAN (*1948). Mit skulpturalen Fragestellungen beschäftigen sich DEACON, J. OPIE und RACHEL WHITEREAD. An die Conceptart der 1970er-Jahre anknüpfend, etablierte sich seit den späten 1980er-Jahren eine durch die Ablehnung der etablierten Warenwelt und Popkultur, existenzielle Inhalte persönl. oder gesamtgesellschaftl. Relevanz und Schockwirkung vor den Betrachter gekennzeichnete Kunstrichtung, deren Vertreter die gemeinsame Ausbildung am Goldsmiths College in London verbindet und die unter dem Signet »Young British Artists« (YBA) auch international bis in die Gegenwart sehr erfolgreich agieren. Hierzu gehören D. HIRST, der Mechanismen der Medien aufgreift, um existenzielle Probleme bewusst zu machen, sowie gattungsübergreifend arbeitende Künstler wie SARAH LUCAS (*1962), TRACEY EMIN (*1963), die Brüder J. und D. CHAPMAN sowie das Künstlerduo TIM NOBLE (*1966) und SUE WEBSTER (*1967). Zwischen Alltagsobjekt und Selbstreferenzialität bewegen sich die plast. Arbeiten von GRENVILLE DAVEY (*1961); mit natürl. Materialien (Lebensmitteln u. a.), die verfremdet werden, arbeitet die Installations- und Performancekünstlerin ANYA GALLACCIO (*1963). Auf dem Gebiet der abstrakten Malerei treten u. a. GARY HUME (*1962), v. a. mit mehrteiligen »Tür- und Fensterbildern«, und IAN DAVENPORT (*1966) mit Farbstrukturanalysen hervor. Der figürl. Malerei verleiht JENNY SAVILLE (*1970) mit großformatigen weibl. Akten, die das gängige Schönheitsideal konterkarieren, neue Impulse. Film- und Videokunst werden u. a. vertreten durch STEVE MCQUEEN (*1969) und GILLIAN WEARING (*1963).

Fotografie Im 20. Jh. wurde C. BEATON, Nachfolger von NORMAN PARKINSON (*1913, †1990) als Hoffotograf des brit. Königshauses, mit Porträt- und Modeaufnahmen internat. bekannt, desgleichen DAVID HAMILTON (*1933) mit lyrisch empfindsamen Mädchenfotografien und Akten sowie DAVID BAILEY (*1938) mit Mode-, Akt- und Porträtaufnahmen. In den 1970er-Jahren begann J. HILLIARD mit dem Medium der Fotografie i. S. der Conceptart zu arbeiten. Die krit. Dokumentarfotografie wird u. a. von M. PARR vertreten. Neue Impulse gingen auch von dem Deutschen W. TILLMANS aus, der seit Mitte der 1990er-Jahre in London arbeitet.

Enzyklopädische Vernetzung: ▪ irische Kunst ▪ moderne Architektur ▪ moderne Kunst

🕮 The Oxford history of English art, hg. v. T. S. R. BOASE, auf mehrere Bde. ber. (London 1949 ff.); N. PEVSNER: The buildings of England, auf mehrere Bde. ber. (Harmondsworth 1951 ff.); M. F. KRAUSE: British drawings and watercolors. 1775–1925 (Indianapolis, Ind., 1980); S. WATNEY: English post-impressionism (London 1980); A. V. BUTTLAR: Der engl. Landsitz. 1715–1760 (1982); English romanesque art. 1066–1200, hg. v. G. ZARNECKI u. a. (London 1984); W. GAUNT: English painting. A concise history (Neuausg. ebd. 1985); The Thames and Hudson encyclopedia of British art, hg. v. D. BINDMAN (New York 1985); B. DENVIR: The late Victorians. Art, design and society 1852–1910 (London 1986); J. Jacob: Die Entwicklung der Pop-art in England. Von ihren Anfängen bis 1957 (1986); L. F. SANDLER: Gothic manuscripts. 1285–1385, 2 Bde. (London 1986); Engl. Kunst im 20. Jh. Malerei u. Plastik, hg. v. S. COMPTON, Ausst.-Kat. (1987); G. KOWA: Architektur der engl. Gotik (1990); Technique anglaise. Current trends in British art, hg. v. A. RENTON (London 1991); P. MURRAY u. a.: Contemporary British architects (München 1994); Sensation. Junge brit. Künstler aus der Slg. Saatchi, bearb. v. J. MAKARINUS, Ausst.-Kat. (1998); Blast to freeze. Brit. Kunst im 20. Jh., bearb. v. H. BROEKER (2002); E. C. FERNIE: The architecture of Norman England (Neuausg. Oxford u. a. 2002); J. STALLABRASS: High art lite. British art in the 1990s (Neuausg. London 2002); Gothic. Art for England 1400–1547, hg. v. R. MARKS u. P. WILLIAMSON (ebd. 2003).

englische Literatur.
- Altenglische Literatur
- Mittelenglische Literatur
- Neuere englische Literatur

Im weitesten Sinne gilt als e. L. noch immer Literatur in engl. Sprache; im engeren (und übl.) Sinne wird darunter die Literatur Großbritanniens, Irlands sowie der ehemaligen brit. Kolonialgebiete verstanden, wobei sowohl in Großbritannien als auch außerhalb eine zunehmende Eigenständigkeit der nicht aus dem Gebiet Englands hervorgehenden Literaturen betont wird. Ist dies für die Literatur der USA bereits selbstverständlich, bleiben z. B. die schott., walis. und irische Literatur terminologisch und inhaltlich stärker mit der englischen verbunden. Gleiches gilt für die dem Commonwealth-Gebiet entstammenden Werke, die jedoch zunehmend als Neue Engl. oder postkoloniale Literaturen von der englischen abgegrenzt werden. Das terminolog. Problem wird durch die von der zweiten und dritten Immigrantengeneration in England verfasste Literatur noch verstärkt, sodass künftig zw. »Literatur in engl. Sprache« und »e. L.« (mit Herkunftsland England) unterschieden werden muss.

Informationen zu weiterer **Literatur in engl. Sprache:** ▪ afrikanische Literatur ▪ amerikanische Literatur ▪ angloirische Literatur ▪ australische Literatur ▪ indische Literatur ▪ kanadische Literatur ▪ Neue Englische Literaturen ▪ neuseeländische Literatur ▪ südafrikanische Literatur

Zunächst der Gliederung der engl. Sprachgeschichte folgend, unterscheidet man zw. altengl. (7.–11. Jh.), mittelengl. (12.–15. Jh.) Literatur und der neueren oder modernen e. L. seit der Renaissance (ca.

Engl englische Literatur

Wichtige Werke der englischen Literatur (Auswahl)

Mittelenglische Literatur
- G. Chaucer: »The Canterbury tales« (begonnen um 1387, gedruckt um 1478; dt. »Canterbury-Erzählungen«)

Humanismus und Renaissance
- W. Shakespeare: »Sonnets« (entstanden 1592–98, gedruckt 1609; dt. »Die Sonette«)
- W. Shakespeare: »Hamlet« (entstanden 1600/01, gedruckt 1603 ff.; dt., Tragödie)

Klassizismus und Aufklärung
- D. Defoe: »Robinson Crusoe« (1719–20; dt., Roman)
- Jane Austen: »Sense and sensibility« (1811; dt. u. a. als »Verstand und Gefühl«, Roman)

Romantik
- W. Wordsworth u. S. T. Coleridge: »Lyrical ballads« (1798)
- Mary Wollstonecraft Shelley: »Frankenstein or, The modern Prometheus« (1818; dt., »Frankenstein, oder der moderne Prometheus«, Roman)

Viktorianische Literatur
- C. Dickens: »Oliver Twist« (1838; dt., Roman)
- Emily Brontë: »Wuthering heights« (1847; dt. »Die Sturmhöhe«, Roman)
- L. Carroll: »Alice's adventures in wonderland« (1865; dt. »Alice im Wunderland«, Kinder-/Jugendbuch)
- O. Wilde: »The importance of being earnest« (1893; dt. »Ernst sein!«, auch u. d. T. »Bunbury«, Komödie)
- A. C. Doyle: »The hound of the Baskervilles« (1902; dt. »Der Hund von Baskerville«, Roman)

Modernismus
- T. S. Eliot: »The waste land« (1922; dt. »Das wüste Land«, Gedichtzyklus)
- J. Joyce: »Ulysses« (1922; dt., Roman)
- Agatha Christie: »The murder of Roger Ackroyd« (1926; dt. »Alibi«, Roman)
- Virginia Woolf: »A room of one's own« (1929; dt. »Ein Zimmer für sich allein«, Essay)

Literatur nach 1945 und Postmoderne
- G. Orwell: »1984« (1949; dt., Roman)
- S. Beckett: »Waiting for Godot« (1952; zuerst frz. als »En attendant Godot«; dt. »Warten auf Godot«, Drama)
- J. R. R. Tolkien: »The lord of the rings« (1954/55; dt. »Der Herr der Ringe«, Romantrilogie)
- Muriel Spark: »The prime of Miss Jean Brodie« (1961; dt. »Die Lehrerin«, auch u. d. T. »Die Blütezeit der Miss Jean Brodie«, Roman)
- S. Heaney: »The haw lantern« (1987; dt. »Die Hagebuttenlaterne«, Lyriksammlung)
- A. S. Byatt: »Possession« (1990; dt. »Besessen«, Roman)
- Joanne K. Rowling: »Harry Potter and the philosopher's stone« (1997; dt. »Harry Potter und der Stein der Weisen«, Kinder-/Jugendbuch)

1500 beginnend), deren Unterteilung vom gewählten Blickwinkel der Literaturgeschichtsschreibung abhängt und z. T. in Zeit und Benennung stark variiert.

ALTENGLISCHE LITERATUR

Die Besiedlung Britanniens durch die Angeln, Sachsen und Jüten im 5. Jh. brachte mündlich überliefertes heidnisch-german. Sagen- und Dichtungsgut; davon zeugen Runeninschriften und später aufgezeichnete Merkverse sowie Segens-, Zauber- und Rätselsprüche. Die Christianisierung (ab 597) ließ in Canterbury und York geistige Zentren entstehen, auf die Gelehrte wie ALDHELM, BEDA und ALKUIN durch ihre lat. Schriften wirkten. Sie begünstigte auch die Hervorbringung und schriftl. Bewahrung volkssprachl. Versdichtung. Diese ist im Wesentlichen durch vier westsächs. Handschriften überliefert, die erst im späten 10. Jh. in Klöstern aufgezeichnet wurden, dürfte aber auf ältere nordengl. Ursprünge zurückgehen. Sie weist durchweg den german. Stabreimvers und einen variationsreichen, bildhaft umschreibenden Stil auf. Das früheste erhaltene Beispiel ist der Schöpfungshymnus des northumbrischen Mönchs CAEDMON († um 680). Aus demselben Umkreis dürften heroisierende Bibelparaphrasen stammen, die in späteren westsächs. Fassungen überliefert sind (»Genesis«, »Exodus«, »Daniel«). CYNEWULF (um 800?) verfasste weitere Bibel- und Legendenepen.

Das im altgerman. Bereich einzigartige, über Jahrhunderte mündlich überlieferte »Beowulf«-Epos, ebenfalls erst um 1000 durch Mönche aufgezeichnet, verschmilzt wohl auch in Anlehnung an die Vergiltradition german. Sagenstoffe mit christl. Wertvorstellungen und war dabei sowohl Begleiter als auch Beförderer der Christianisierung der brit. Inseln. Heldenlieder sind kaum überliefert – ein Fragment des »Finnsburgliedes«, dem eine Episode des »Beowulf« entspricht, sowie später Ereignislieder über die Schlachten von Brunanburh (937) und Maldon (991). Lyr. Gedichte haben einen eleg. Grundton (»The seafarer«, »The wanderer«).

Prosaliteratur größeren Umfangs wurde in der 2. Hälfte des 9. Jh. durch den angelsächs. König ALFRED gefördert, der u. a. lat. Werke der Kirchenväter übersetzte und »The Anglo-Saxon chronicle« redigieren ließ. Auch von OROSIUS' Weltchronik und von BEDAS »Historia ecclesiastica gentis Anglorum« entstanden altengl. Versionen. In den Predigten ÆLFRICS und WULFSTANS bildete sich eine rhythmisierte Kunstprosa aus.

MITTELENGLISCHE LITERATUR

Nach der normann. Eroberung (1066) wurde das Englische als Literatursprache weitgehend durch das Französische der nun herrschenden Schicht verdrängt; die Sprache der Kirche und der Gelehrsamkeit blieb ohnehin das Latein. Im 12. Jh. entfaltete sich im Umkreis des anglonormann. Hofes für Anwesenheit frz. Dichter ein reiches Geistesleben, aus dem neben höf. Lyrik und Versromanen die literarisch einflussreiche lat. Britenchronik des GEOFFREY OF MONMOUTH (»Historia regum Britanniae«, 1137) hervorging. An den 1167 bzw. 1209 gegründeten Univ. von Oxford und Cambridge wurden gelehrte, v. a. historiograf. Werke verfasst. Nur vereinzelte englischsprachige Texte wendeten sich an ein Laienpublikum. Chroniken, bes. die bis 1154 fortgeschriebene »Anglo-Saxon (oder auch Peterborough) chronicle«, standen in der Kontinuität zur altengl. Literatur. Im frühen 13. Jh. fanden sich – trotz der frz. Vorlage

(WACE) – Nachklänge des Dichtungsstils der altengl. Zeit in LAYAMONS »Brut« (um 1200). Auch entstanden nun engl. Erbauungsschriften und Evangelienparaphrasen wie das wegen seiner orthograf. Systematik bemerkenswerte »Orrmulum« (1. Hälfte des 13. Jh.) sowie Legendendichtungen, Streitgedichte und Lyrik. Der weltl. Unterhaltung dienten meist nach anglonormann. Vorbild geschriebene Verserzählungen (»Romanzen«).

Erst im 14. Jh., als sich eine stärker anglisierte (weil von ihren Festlandsbesitzungen getrennte) Oberschicht sowie ein starker einheim. Mittelstand herausgebildet hatten, setzte sich das Englische als Kultursprache wieder durch, nun mit roman. Elementen vermischt, und es kam zu einer vielfältigen Blüte volkssprachl. Literatur. Zu den zahlreichen gereimten Versromanzen, oft »bürgerlicher« als auf dem Festland, gehören kurze breton. Lais, Ritter- und Abenteuergeschichten sowie umfangreiche Artus-, Troja- und Alexanderromane. In Mittelengland wurde die Stabreimdichtung wieder belebt. Sie erreichte bes. in den Werken des anonymen GAWAIN-DICHTERS (»Sir Gawain and the green knight«, um 1375) erzähler. Brillanz. Für W. LANGLAND wurde sie in »The vision of William concerning Piers the Plowman« (drei Versionen, um 1370, um 1377/79, nach 1390, erster Druck 1550) zum Medium für die Vision vom Ackermann als irdischem Abbild des Erlösers, die für die Bauernaufstände des 14. Jh. als Manifest wirkte. Religiöse Prosa kam einerseits von den späten Nachfahren der europäischen myst. Bewegung wie z. B. RICHARD ROLLE (* um 1300, † 1349), andererseits in kräftigen Predigten und Flugschriften der Lollarden um J. WYCLIFFE, der auch erstmals die gesamte Bibel (nach der Vulgata) übersetzte.

Im SO verschaffte G. CHAUCER, der bedeutendste mittelengl. Dichter, der Sprache Londons literar. Geltung, in der er zunächst nach frz. und ital. Modellen dichtete. In »The Canterbury tales« (begonnen um 1387, gedruckt um 1478 als einer der ersten literar. Texte) ordnete er dann mit Wirklichkeitssinn und Humor eine Vielfalt mittelalterl. Erzählarten und Sprachformen den dadurch charakterisierten, genau beobachteten Vertretern der versch. Stände zu, die der Prolog beschreibt. J. GOWER stellte dem in der »Confessio amantis« (entstanden um 1390) eine vom allegor. Rahmen zusammengehaltene engl. Geschichtensammlung an die Seite und bezeugte durch seine übrigen lat. bzw. frz. geschriebenen Werke die verbliebene Bedeutung aller drei Sprachen.

An CHAUCERS Dichtkunst orientierten sich führende Autoren des 15. Jh. in oft lehrhaften, moralisierenden Werken, bes. J. LYDGATE, der in »The fall of princes« (entstanden 1431–38, gedruckt 1494) G. BOCCACCIOS Modell vom Sturz berühmter Persönlichkeiten weiterführte; sowie T. OCCLEVE. In Schottland setzten W. DUNBAR und D. LYNDSAY die Tradition CHAUCERS eigenständig fort. Zugleich erweiterte sich der soziale Rahmen der Literaturrezeption, begünstigt von der Einführung des Buchdrucks (1476) durch W. CAXTON, was gleichzeitig ein wesentl. Schritt hin zur Standardisierung des Englischen und zum Übergang zum Frühneuenglischen war.

In Prosa umgeformte Stoffe früherer Versromanzen wurden gesammelt und verbreitet, bes. nachhaltig durch T. MALORYS Aufarbeitung der Artussagen in »Le morte Darthur« (entstanden um 1460–70, ge-

englische Literatur: Geoffrey Chaucer, »The Canterbury tales« (begonnen um 1387), Zierhandschrift (Anfang 15. Jh.; London, British Museum)

druckt 1485). Auch zahlr. Volksballaden, z. B. über ROBIN HOOD, dürften im 15. Jh. ihren Ursprung haben.

Das mittelalterl. Drama ging aus liturg. Anfängen im 12. Jh. hervor und umfasste Ende des 14. Jh. v. a. heilsgeschichtl. Zyklen (u. a. Chester-Zyklus, York-Zyklus) bibl. Mysterienspiele (Fronleichnamsspiele), die in den Städten bis ins 16. Jh. auf den Straßen – ausgerichtet von den Handwerkerzünften und überwacht durch die Kirche – aufgeführt wurden. In deren Folge stellten Moralitätenspiele (»The somonynge of Everyman«, entstanden vor 1483, gedruckt um 1509; dt. »Jedermanns Vorladung«), in denen eine als Menschheitsrepräsentanz stilisierte Figur von Allegorien der Tugenden und Laster auf die Probe gestellt wird, ein Bindeglied zum modernen Drama dar. Insbesondere die diesem dramat. Spiel entstammende »Vice«-(Laster-)Figur hat dramaturgisch großen Einfluss auf das elisabethanische und jakobäische Theater, dessen volkstüml. Wurzeln in den Mysterien und Moralitäten liegen.

NEUERE ENGLISCHE LITERATUR

Die Entwicklung der neueren e. L. wurde eingeleitet durch die polit. Stabilisierung nach den Rosenkriegen (1485), als die Tudor-Dynastie an die Macht kam, was auch eine ökonom. Stärkung der Mittelschichten mit sich brachte, durch den mit dem Buchdruck verbundenen Aufschwung des Buchmarktes sowie durch die Standardisierung der engl. Sprache. – Die neuere e. L. wird oft in folgende Epochen eingeteilt: Humanismus und Renaissance (16. Jh., inklusive der Dramatik bis 1642), Bürgerkrieg und Restauration (17. Jh.), Klassizismus und Aufklärung (18. Jh.), Romantik (ca. 1780 bis um 1830), viktorian. Literatur (um 1830–1914/18), Modernismus (zw. den Weltkriegen) und Literatur nach 1945 und Postmoderne.

Engl englische Literatur

Humanismus und Renaissance

Zunächst wurde »Literatur« noch in einem umfassenden Sinne als Schriftgut verstanden, erst allmählich bildete sich der heutige (auf Fiktion bezogene) Literaturbegriff heraus. Somit ist auch in der Renaissance eine klare Trennung zwischen philosoph., didakt. oder historiograf. Werken einerseits und fiktionalen Texten andererseits nicht möglich.

Die Ideen des Renaissancehumanismus setzten sich in England gegenüber den mittelalterl. Denkweisen nur zögernd durch und gingen mit diesen vielfältige Synthesen ein. Für den Humanismus wirkten v. a. ERASMUS VON ROTTERDAM und T. MORE, der im öffentl. Leben stand und in »Utopia« (lat. 1516, engl. 1551) das Konzept eines vernünftigen und demokrat. Idealstaates entwarf. T. ELYOT und ROGER ASCHAM (*1515/16?, †1568) plädierten für humanist. Erziehung, wobei christl. und patriot. Züge stark hervortraten. Der Pädagoge RICHARD MULCASTER (*1531?, †1611) setzte humanist. Prinzipien an seiner Schule um und rechtfertigte den Gebrauch der Landessprache gegenüber dem Latein. Die klass. Rhetorik wurde, u. a. von THOMAS WILSON (*um 1525, †1581), als Stilprinzip auch für die engl. Sprache empfohlen.

Auch die Reformation erhielt, trotz des von HEINRICH VIII. vollzogenen Bruchs mit der kath. Kirche, erst allmählich ihr geistiges Fundament. In Schottland setzte sich J. KNOX im kalvinist. Sinn für sie ein; in England verfasste R. HOOKER die theolog. Rechtfertigung der anglikan. Kirche. W. TYNDALE begann das sprachprägende Werk der neuengl. Bibelübersetzung, das M. COVERDALE weiterführte und das, nach weiteren (kollektiven) Bibelübersetzungen, in der von da an maßgebl. »Authorized version« (1611) seinen Höhepunkt fand. Insgesamt wurde im 16. Jh. vieles an fremder (antiker wie zeitgenöss. ital., frz. und span.) Literatur ins Englische übersetzt, wobei viele Übersetzungen den Charakter eigenständiger Nachschöpfungen haben. Zudem wurde seit Beginn der Tudorzeit eine nat. Geschichtsschreibung betrieben; aus ihr gingen u. a. die viel gelesenen Chroniken von R. HOLINSHED hervor, die auch die Grundlage für SHAKESPEARES Historien bilden.

Die Dichtung um 1500 rang, bedingt durch die Lautverschiebung des 15. Jh., um eine der veränderten Sprachsituation gemäße Verskunst. Charakteristisch für diese Zeit des Übergangs sind A. BARCLAY, dessen Eklogen und die Bearbeitung von S. BRANTS »Narrenschiff« Träger der Zeitkritik sind, und J. SKELTON, der in derben Knittelverstiraden voll moral. und polit. Satire u. a. gezielt den Hof und die Regentschaft des Kardinals T. WOLSEY angriff. T. WYATT und H. HOWARD, Earl OF SURREY, dichteten Lyrik und führten nach ital. Vorbild (F. PETRARCA) das Sonett ein; Letzterer verwendete zudem in einer Vergilübersetzung erstmals den Blankvers, der bald zum vorherrschenden Metrum des Dramas werden sollte.

Das Elisabethan. Zeitalter (1558–1603), eine Periode des erstarkenden nat. Selbstbewusstseins, wirtschaftl. Aufschwungs und zunehmender sozialer Mobilität, ist ein Höhepunkt in der Geschichte der e. L. Nun wurde lyr. Dichtung, die zuvor handschriftlich in aristokrat. Kreisen zirkuliert hatte, in Sammlungen verbreitet. Die Lieddichtung orientierte sich auch an einer aufblühenden Musikkultur und wurde um deren Formen (wie Air oder Madrigal) bereichert; THOMAS CAMPION (*1567, †1620) komponierte die Musik zu seinen eigenen Texten. Bes. das Sonett war Medium neuplatonisch inspirierter idealist. Liebesdichtung. Sonettzyklen wurden Mode; dem ersten, Sir P. SIDNEYS »Astrophel and Stella« (hg. 1591), folgten weitere von E. SPENSER, SHAKESPEARE u. a. Die Gattung des Kurzepos wurde zur Gestaltung von Mythen der Ovidtradition neu belebt, u. a. von T. LODGE, C. MARLOWE und SHAKESPEARE. SPENSER zog in dem Eklogenzyklus »The shepheardes calender« (1579) die Schäferdichtung in den engl. Erfahrungsbereich, und sein großes, unvollendetes Epos »The faerie queene« (1590–96) harmonisierte Traditionen der Vergilrezeption, der ital. Renaissance-Epik und der mittelalterl. Allegorie zur Darbietung des moral. Ordnung auslotenden Fantasiewelt. SIDNEY, der mit seiner Streitschrift »The defence of poesie« (hg. 1595) in die auflebende dichtungstheoret. Diskussion eingriff, versuchte in dem pastoralen Roman »Arcadia« (begonnen um 1580), ein Prosaepos zu schreiben. Hierbei und noch mehr in J. LYLYS »Euphues. The anatomy of wit« (1578) wurde die Erzählprosa durch ausgreifende Ornamentierung und ausgeklügelte Satzkonstruktionen manieristisch gestaltet. Diese »euphuist.« Stilmode herrschte auch in den zahlreichen Prosaromanzen von R. GREENE, T. LODGE u. a. vor. Eine z. T. kernigere Prosa findet sich in Schelmenromanen (T. NASHE), Kleinbürgererzählungen (T. DELONEY), Schwankbüchern, Prosasatiren (T. DEKKER) und einer üppigen Pamphletliteratur.

In der Dramatik setzten seit dem frühen 16. Jh. Wandertruppenaufführungen von Interludien die Tradition der allegor. Moralitäten fort, wobei die Themen verweltlicht wurden. Daneben entstanden v. a. durch die »University wits« ab Mitte des 16. Jh. Dramen in Nachahmung und Anverwandlung klass. Formen. Dabei standen sowohl die Komödie nach TERENZ und PLAUTUS Pate (zuerst in N. UDALLS Drama »Ralph Roister Doister«, entstanden um 1553, gedruckt 1566–67) als auch die Tragödie nach SENECA D. J. (zuerst in »Gorboduc«, 1565, von T. SACKVILLE und T. NORTON). Ab 1576 begünstigte die Errichtung fester Theater in London, zusammen mit dem Aufstreben professioneller, durch Adelspatronate geschützter Schauspielertruppen, das Entstehen einer öffentl. Theaterkultur. Gebildete Autoren schrieben für sie bühnengerechte Dramen, so u. a. T. KYD leidenschaftl. Tragödien, J. LYLY höf. Komödien, R. GREENE fantast. Dramen und T. HEYWOOD auch bürgerl. Trauerspiele.

Besonders C. MARLOWE schuf in Blankversen Tragödien von titanenhaften Renaissancemenschen, die als unmittelbare Vorgänger der Dramen SHAKESPEARES gelten. Dessen dramat. Werk ragt aus diesem Umfeld hervor, wobei SHAKESPEARE mit außerordentl. Vielseitigkeit aus den verschiedensten Quellen heitere und bittere Komödien, nat. Geschichtsdramen und politisch engagierte wie menschlich bewegende Tragödien gestaltete, die dank ihrer Sprachgewalt, Charaktergestaltung und offenen Dramaturgie wie die keines anderen neuzeitl. Dramatikers weitergewirkt haben (→elisabethanisches Drama). B. JONSON hingegen schrieb gelehrte und klassizistischere Tragödien und gab der satir. Komödie durch die physiologisch begründete Typisierung degenerierter Figuren gültige Gestalt (»Comedy of Humours«). F. BEAUMONT und J. FLETCHER machten nach ital. Vorbild die Tragikomödie populär, konnten aber – wenn auch satirisch – an die Tradition des Volkstheaters anknüpfen.

Der elisabethan. Blüte des Charakterdramas folgte die zu Extremen neigende jakobäische Tragödie, unter deren Verfassern v. a. J. WEBSTER und C. TOURNEUR sowie später J. FORD herausragten. In ihren mit Inzest und Gräueltaten überladenen Dramen kam neben dem Zweifel an der weltverbessernden Rolle des Renaissanceindividuums auch eine implizite Kritik an den chaot. sozioökonom. Zuständen das auf den Bürgerkrieg zusteuernden Landes zum Ausdruck. Weitere bedeutende Zeitgenossen und Nachfolger SHAKESPEARES bis zur Schließung der Theater (1642) durch die Puritaner waren G. CHAPMAN, T. MIDDLETON (mit distanzierten Komödien und Schicksalstragödien) und J. SHIRLEY. Daneben wurden bei Hof Maskenspiele inszeniert, für die einige dieser Autoren Texte schrieben und für die ab 1605 I. JONES seine italienisch geschulte Ausstattungskunst einsetzte.

Bürgerkrieg und Restauration

Im 17. Jh. kündete sich schon zur Herrschaftszeit des Stuartkönigs JAKOB I. (1603–25) eine Wende zur empir. Wirklichkeits- und Wissenschaftsauffassung an, der F. BACON, T. HOBBES und später J. LOCKE philosophisch den Boden bereiteten und deren offizielles Ergebnis 1660 die Gründung der Wissenschaftsakademie (Royal Society) war. Zugleich wuchs der eth. und polit. Widerstand der Puritaner gegen den Absolutismus der Stuartmonarchie; dies führte zum Bürgerkrieg und zum republikan. Regiment mit O. CROMWELL als Lordkanzler (1653–58). Die vielfältigen Gegensätze dieser Zeit reflektierte eine spannungsreiche Literatur, in der Fantastisches neben Realistischem, konkrete Welterfahrung neben religiöser Introspektion stehen.

In der Lyrik setzte schon um 1600 ein Stilwandel ein. Aus ihm ging einerseits die Gegensätzliches argumentativ aufeinander beziehende, durch Überlagerung von weltl. und geistl. Bildhaftigkeit gekennzeichnete »Metaphysical Poetry« mit den Hauptvertretern G. HERBERT und A. MARVELL hervor, andererseits die an antiker Dichtung orientierte anakreont., elegante und wendige »Cavalier Poetry«, zu der R. HERRICK, T. CAREW u. a. beitrugen. – V. a. aber DONNES wortgewaltige, widersprüchl., durch paradoxe Metaphern aufgeladene Dichtung sollte später – nach Jahrhunderten des Vergessens – durch die Wiederentdeckung in der Moderne zu einem wesentl. Einfluss auf die Lyrik des 20. Jh. werden.

Das Epos galt zwar weiterhin als die höchste Dichtungsgattung und blieb dem Vorbild SPENSERS verpflichtet, verlor jedoch die imaginative Dimension der Renaissanceepik. Die epische Dichtung brachte allein auf der Grundlage des religiösen Mythos Werke der Weltliteratur hervor, v. a. J. MILTONS »Paradise lost« (1667, erweitert 1674; dt. u. a. als »Das verlorene Paradies«), das die Renaissancevorstellung des göttl. Weltbilds zusammenfasste, freilich im Zeichen seiner Bedrohung durch den Geist der Revolte.

Die reichhaltige Prosaliteratur des 17. Jh. ist ausschließlich wiss., religiöser und polem. Natur; sie brachte beachtliche umfangreiche Abhandlungen (R. BURTON) hervor, ebenso Charakterskizzen nach Art des THEOPHRAST, z. B. von THOMAS OVERBURY (* 1581, † 1613). Stilistisch wurde sie mitunter barock ausgestaltet, so bei THOMAS BROWNE (* 1605, † 1682) und auch in den (anglikan.) Predigtsammlungen von J. DONNE u. a. Demgegenüber wahrten Erbauungsbücher der Puritaner einen schlichteren Ton; aus ihnen ragen die Schriften von J. BUNYAN heraus, dessen

englische Literatur: William Shakespeare, »Hamlet« (entstanden 1600/01), Titelblatt einer 1604 gedruckten Ausgabe der Tragödie (Faksimile; Klassik Stiftung Weimar)

Werk »The pilgrim's progress« (1678–84; dt. u. a. als »Die Pilgerreise«) allegor. Belehrung durch realist. Erfahrungsbeschreibung verlebendigte.

Zu Zeiten der Restauration, nach dem Ende der Cromwell-Republik und der Rückkehr der Stuarts aus dem frz. Exil (1660), wurde der Puritanismus, obgleich tief in der bürgerl. Kultur verwurzelt, auch Zielscheibe des Spottes, bes. in S. BUTLERS satir. Epos »Hudibras« (1663–78; dt.). Nun prägte der Einfluss des Hofes und des frz. Geisteslebens ein elitäreres Literaturverständnis. Die schöpfer. Nachahmung klass. Vorbilder wurde zum Dichtungsprinzip und zeitigte eine Kultur des Übersetzens und Adaptierens antiker Werke.

Die Verssatire fand in DRYDEN, der auch als Dramatiker und Kritiker bedeutend war, ihren brillanten Meister. Als Metrum diente das fortan vorherrschende jamb., fünfhebige Reimpaar (»heroic couplet«).

Die Dramatik, die hier in der e. L. ihren zweiten Höhepunkt hatte, wurde durch die Lizenzierung zweier Londoner Theater neu belebt, die, anders als die elisabethanischen, mit Rampenbühne und Kulissen ausgestattet waren. Hier (z. T. unter Leitung von W. DAVENANT) wurden zunächst heroische Tragödien aufgeführt, die dann abgelöst wurden durch die am frz. Klassizismus geschulten Tragödien von T. OTWAY, N. ROWE und J. ADDISON. Auch Dramen von SHAKESPEARE wurden dementsprechend bearbeitet. Einen Gegensatz dazu bildeten die nicht weniger zahlr. geistreich-frivolen Sittenkomödien (Comedys of Manners) DRYDENS sowie von G. ETHEREGE, W. WYCHERLEY, APHRA BEHN und ab etwa 1690 auch von J. VANBRUGH, W. CONGREVE und G. FARQUHAR. – Das hier entgegentretende Epikuräertum prägt auch die priva-

englische Literatur: Jane Austen, »Verstand und Gefühl« (1811), Verfilmung von Ang Lee (1995, unter dem Titel »Sinn und Sinnlichkeit«) mit Kate Winslet (links) und Emma Thompson (rechts)

ten Tagebuchaufzeichnungen des S. Pepys, eines der lebendigsten Dokumente des bürgerl. Lebens jener Zeit.

Klassizismus und Aufklärung

Zu Beginn des 18. Jh., nach der »Glorreichen Revolution« (1688), die den Parlamentarismus festigte, setzten sich die klassizist. Strömungen im Zeichen des Rationalismus fort, des Glaubens an eine den Menschen gemeinsame und darum normstiftende Vernunft, wie er der empirist. Philosophie G. Berkeleys und D. Humes sowie der Ethik Shaftesburys zugrunde liegt. Die Dichtung sah nicht in Gefühlen, sondern in Naturgesetzlichkeiten ihren Gegenstand; sie strebte nach Klarheit des Stils und Gewähltheit des Ausdrucks. Im Werk von A. Pope, dem Hauptvertreter des engl. Klassizismus (»Augustan Age«), dominieren demgemäß das Lehrgedicht und die Satire neben der viel beachteten Übertragung des Homer. Allerdings tendierte die Poesie, v. a. in den kom. Epen Popes oder J. Gays, auch zur Ausuferung in rokokohafte Verspieltheit. Gleichsam ihre Zusammenfassung fanden die klassizist. Bestrebungen im Werk von S. Johnson, von dem auch das bis dahin umfassendste und normstiftende engl. Wörterbuch stammt; Johnsons Einfluss reflektiert J. Boswells mustergültige Biografie.

Die Dramatik nahm in den Komödien von R. Steele und in den bürgerl. Trauerspielen von G. Lillo (»The London merchant...«, 1731; dt. »Der Kaufmann von London«) sentimentale Züge an; diesen wurde jedoch – so in den Gesellschaftskomödien von R. B. Sheridan und in J. Gays »The beggar's opera« (1728; dt. »Die Bettleroper«) – mit ausgeprägtem, z. T. auch burleskem Humor begegnet.

Die Prosa erhielt Anregungen von einer neuen (bürgerl.) Konversationskultur und vom Journalismus. Ihr literar. Niveau steigerte sich von den essayist. Plaudereien period. Zeitschriften, wie von Steele und J. Addison herausgegebenen ersten moral. Wochenschriften »The Tatler« (1709–11) und »The Spectator« (1711–12 und 1714), zu den ersten Romanen der e. L., den fiktiven Reise- und Tatsachenschilderungen von D. Defoe (»Robinson Crusoe«, 1719–20; dt.) und der satir. Prosa von J. Swift (»Gulliver's travels«, 1726; dt.

»Gullivers Reisen«) bis zur Entstehung des sentimentalen Briefromans um die Mitte des 18. Jh. bei S. Richardson. Ihnen stellte H. Fielding eine auktoriale, realist. und komisch-enthüllende Erzählweise entgegen und knüpfte hierbei, ebenso wie T. Smollett, an Traditionen des pikaresken Romans an. O. Goldsmith wählte demgegenüber in seinem Roman »The vicar of Wakefield« (1766; dt. »Der Pfarrer von Wakefield«) einen eher idyllisch-sentimentalen Ton. Die damit eingeführte Romanform wurde von L. Sterne mit kom., die Handlung sprengenden Formexperimenten durchbrochen (»Tristram Shandy«, 1760–67; dt.).

Als Gegenströmung kam zudem im späteren 18. Jh. die das Fantastische wieder belebende Welle der Schauerromane (Gothic Novels) auf, die H. Walpole bereits 1765 eröffnete; zu ihr trugen Ann Radcliffe, M. G. Lewis u. a. bei; sie bereiteten eine romant. Vorstellungswelt vor, die bis ins frühe 19. Jh. anhielt, als Mary Wollstonecraft Shelley in »Frankenstein, or the modern Prometheus« (1818; dt. »Frankenstein, oder der moderne Prometheus«) naturwiss. Fantasien und C. R. Maturin das Faustthema einbezogen. Darüber hinaus blieben Elemente des Schauerromans auch für den nachfolgenden viktorian. Roman von großer Bedeutung; außerdem sollte das Genre im Roman der Postmoderne eine einzigartige Wiedergeburt erleben. – Neben diesem Romantyp, ihn mitunter auch parodierend, stehen die ironisierenden Gesellschaftsromane von Fanny Burney, der Irin Maria Edgeworth und v. a. die von Jane Austen mit ihren sprachlich subtilen Dialogen und differenzierten Charakterzeichnungen – v. a. ihrer weibl. Protagonisten – sowie der minutiösen Detailzeichnung einer begrenzten Welt des Landadels, die den Realismus des Viktorianismus bereits vorwegnimmt.

In der Lyrik bahnte sich ab Mitte des 18. Jh. eine Hinwendung zu romant. Aspekten wie dem emotionalen Naturerleben, mittelalterl. Inspirationsquellen und einer die Originalität des Genies betonenden Dichtungsauffassung an, wie im Jahreszeitenzyklus von J. Thomson, in der Nacht- und Friedhofslyrik von E. Young, T. Gray u. a., in den Naturgedichten von T. Chatterton oder in der Gefühlsdichtung von W. Cowper. Eine »kelt. Renaissance« suchte die altkelt. Dichtung zu beleben: J. Macpherson veröffentlichte die Ossian. Gesänge; T. Percy sammelte alte schottisch-engl. Balladen. R. Burns schrieb auch sprachlich volksnahe schott. Lyrik, z. B. das berühmte Volkslied »Auld lang syne«.

Romantik

Die Romantik selbst, die als gesamteurop. Bewegung den engl. Wegbereitern zahlreiche Anregungen verdankt, suchte, gegen die vernunftbetonte und normative Weltsicht der Aufklärung, den Zugang zu Erkenntnis und Wesensschau durch die auch theoretisch neu begründete Kraft der Imagination. Die Dichtung artikulierte das hingebende Naturerleben, die Kindheitserinnerung, das subjektive Empfinden, die imaginativ-schöpfer. Annäherung an die von der Zivilisation verdeckte eigentl. Wirklichkeit; zündend wirkten dabei die (u. a. von W. Godwin vermittelten) Ideen der Frz. Revolution sowie die wegen ihrer Naturzerstörung als bedrohlich empfundene und daher abgelehnte industrielle Revolution.

Die engl. romant. Lyrik – Hauptgattung der Epoche – lässt sich in drei Phasen einteilen: Zur ersten, frühromant. gehört neben dem Schotten R. Burns v. a. W. Blake, der nicht nur einer der bedeutendsten engl. Dichter, sondern auch ein herausragender Zeichner war und dessen visionäre Dichtungen ein revolutionäres Element durchdringt. Die zweite, ältere Dichtergeneration ist v. a. verbunden mit der »Lake-School« um W. WORDSWORTH und S. T. COLERIDGE. Deren »Lyrical ballads« (1798, erweitert 1800) und die bedeutende Vorrede dazu wurden zum Manifest der neuen organ. Dichtungsauffassung, die in weiteren theoret. Schriften philosophisch vertieft und bes. in volkstüml. Balladen, hymn. Oden und Verserzählungen verwirklicht wurde. Zum Schaffen einer dritten, jüngeren Romantikergeneration gehören die melodiösen Idyllen und Lieder des Iren T. MOORE, die idealistisch aufbegehrende Dichtung von P. B. SHELLEY, die sensibel ästhetizist., aber sprachgewaltige von J. KEATS sowie die mit ironisch-skept. Gestus weltschmerzliche von G. Lord BYRON.

Der zunächst durch Balladen und Verserzählungen bekannt gewordene schott. Dichter Sir W. SCOTT begründete die Gattung des histor. Romans, deren Muster bis ins 20. Jh. in Europa vorbildlich blieb. C. LAMB, W. HAZLITT, T. DE QUINCEY u. a. vervollkommneten die Kunstprosa des Essays. Die Dramatik der Periode war vorrangig als Lesedrama konzipiert, gleichzeitig wurde aber SHAKESPEARE zum »Barden« stilisiert und seine Werke einer neuen, lange dominierenden, Genie und Charakter zelebrierenden Kritik unterzogen, die sich freilich ebenfalls auf das gelesene Werk bezog.

Viktorianische Literatur

Im Viktorianismus, zur Zeit Königin VIKTORIAS (1837–1901), der Zeit der Industrialisierung, der sozialen Krisen und Reformen und des »Philistertums« einer Mittelklasse, die zunehmend wertbestimmend wurde, war der geistesgeschichtl. Hintergrund einerseits gekennzeichnet durch einen utilitarist. Optimismus (J. BENTHAM, J. S. MILL, D. RICARDO) sowie wiss. Fortschrittsdogmen (C. R. DARWIN, H. SPENCER) und andererseits durch zivilisationsskept. und idealist. Strömungen. Letztere finden sich etwa in der Kulturkritik von T. CARLYLE, in der Geschichtsschreibung von T. B. MACAULAY, in der Kunstkritik von J. RUSKIN, in der Literaturkritik des Dichters M. ARNOLD und in der religiösen Oxfordbewegung des Kardinals J. H. NEWMAN.

In der Versdichtung knüpfte A. Lord TENNYSON, der bedeutendste viktorian. Dichter, stilistisch und thematisch an die Romantik an; R. BROWNING schuf in ornamentierter Stilart v. a. psychologisch tiefgründige dramat. Monologe. Auch soziales Bewusstsein artikulierte die Lyrik, etwa bei ELIZABETH BARRETT BROWNING. Aus der antiakadem. Malergruppe der Präraffaeliten kamen D. G. ROSSETTIS sinnlich-detailgenaue, mystisch-visionäre Gedichte; aus dieser Richtung beeinflusst sind auch die Dichtung des engagierten Kunsthandwerkers W. MORRIS und die melod., hedonistisch-erot. Lyrik von A. C. SWINBURNE. Von Bedeutung – auch für die Rolle der Frau – sind ebenfalls die melancholisch-religiösen Gedichte von CHRISTINA ROSSETTI. Spannungen zwischen Glauben und Zweifel vermittelten die religiöse Dichtung von R. S. BRIDGES und bes. die von G. M. HOPKINS, deren Ausdrucksstärke und sprachl. Exaltiertheit schon auf die Moderne vorauswies.

Die umfassendste Leistung der viktorian. Literatur jedoch liegt auf dem Gebiet des vorwiegend realist. Romans, der sich in besonderem Maße des Individuums im Spannungsfeld der sozialen Probleme der Zeit annahm. C. DICKENS zeichnete humorvolle und krit. Bilder vom Leben der Londoner Mittel- und Unterschicht, die sich in seinen späteren Werken auch ins Groteske und Symbolhafte steigern. W. M. THACKERAY entwarf ironisch reflektierte Gesellschaftspanoramen. A. TROLLOPE behandelte Themen aus Kleinstadt und Politik. Die Schwestern CHARLOTTE, EMILY und ANNE BRONTË setzten, romant. Elemente aufnehmend, die Reihe bedeutender engl. Frauenromane fort. B. DISRAELI, ELIZABETH C. GASKELL u. a. schilderten – wenn auch mit unterschiedl. Anliegen – soziale Nöte der Industriearbeiterschaft. GEORGE ELIOT spürte mit intellektuellem und psycholog.

englische Literatur: Charles Dickens, »Oliver Twist« (1838), zeitgenössische Illustration von George Cruikshank

Scharfblick die Verflechtungen menschl. Schicksale auf. G. MEREDITH gab komödienhafte Deutungen der vom wiss. Fortschritt bestimmten Welt. Den histor. Roman führte E. G. E. BULWER-LYTTON weiter; auch THACKERAY, DICKENS, GEORGE ELIOT u. a. versuchten sich an ihm. W. COLLINS entwickelte in der Nachfolge von DICKENS den Detektivroman, den später die Sherlock-Holmes-Geschichten A. C. DOYLES entscheidend prägten und popularisierten. Durch R. L. STEVENSON (»Treasure Island«, 1883; dt. »Die Schatzinsel«) wurde der Abenteuerroman berühmt. Nonsense und skurrile Elemente bestimmen die Verse von E. LEAR und die auch für die Entstehung der Kinderliteratur bedeutenden Werke L. CARROLLS (»Alice's adventures in wonderland«, 1865; dt. u. a. als »Alice im Wunderland«).

Gegen Ende des 19. Jh. und bes. in der Unruhe des Fin de Siècle kündete sich der Aufbruch zur Moderne an: in den düsteren, an griech. Tragödien erinnernden Romanen von T. HARDY, im Naturalismus der Romane von G. R. GISSING, in S. BUTLERS Attacken wider die Scheinmoral, in den Wissenschaftsfantasien von H. G. WELLS, im von W. H. PATER vorbereiteten

Ästhetizismus der Werke von O. WILDE (z. B. der von A. BEARDSLEY illustrierten Tragödie »Salomé«, 1893; dt. »Salome«), in den Essays und Parodien von M. BEERBOHM, aber auch in den expressionist. Naturschilderungen und Romanen R. KIPLINGS.

Die Dramatik, die im 19. Jh. weitgehend zum farcenhaften oder melodramat. Unterhaltungsspektakel geworden war, gewann bes. durch die sozialkrit. Dialektik der Dramen von G. B. SHAW sowie die an die sprachl. Brillanz der Sittenkomödie anknüpfenden Komödien O. WILDES wieder weltliterar. Gewicht. In Irland ging im Zusammenhang mit der »irischen Renaissance« aus der von W. B. YEATS, Lady ISABELLA AUGUSTA GREGORY und J. M. SYNGE getragenen nat. Theaterbewegung (1904 Gründung des »Abbey Theatre« in Dublin) eine Erneuerung poet. Dramatik hervor, an die nachfolgende irische Dramatiker anknüpfen konnten.

englische Literatur: Oscar Wilde, »Salome« (1893), Jugendstilillustration von Aubrey Beardsley aus einer 1894 erschienenen Ausgabe der Tragödie

Modernismus

In der Zeit EDUARDS VII. und später verstärkt unter der Desillusion durch den Ersten Weltkrieg schwanden sowohl der Optimismus als auch die Tabus der Viktorian. Ära. Der Zeitraum bis 1918 ist gekennzeichnet duch den Übergang von den traditionellen Moralvorstellungen und Darstellungsweisen des Viktorianismus zu freieren, innovativen Lebens- und Kunstauffassungen der Moderne. Konkurrierende, teils avantgardist., teils konservative literar. Stilrichtungen lösten einander nun rascher ab.

Für die Lyrik blieb W. B. YEATS' mythisch-symbol. Dichtung ebenso bedeutsam wie die zw. Tradition und Erneuerung schwankenden, naturverbundenen Gedichte T. HARDYS. Neuorientierungen brachten die traditionsbewussten Vertreter der »Georgian Poetry« wie R. C. BROOKE, W. J. DE LA MARE und J. MASEFIELD, von denen manche, wie auch S. L. SASSOON und W. E. S. OWEN, das Kriegserlebnis im pazifist. Sinn verarbeiteten; weiterhin der auf kühle Präzision bedachte, von T. E. HULME begründete »Imagismus«, dem auch amerikan. Dichter wie E. POUND und HILDA DOOLITTLE angehörten, ferner der extravagant schockierende Kreis um EDITH SITWELL. Bes. nachhaltig wirkte T. S. ELIOT, dessen Werk »The waste land« (1922; dt. »Das wüste Land«) als Emotionen und Intellekt verschmelzende Schilderung des Zeitalters zum Bezugspunkt moderner Dichtung wurde. In den 1930er-Jahren bekannten sich W. H. AUDEN, C. DAY-LEWIS und S. SPENDER zu einer kühlen, aber politisch engagierten Lyrik. E. MUIR schöpfte aus schott. Traditionen, und H. MACDIARMID bewirkte in mundartl. Kunstsprache eine »schott. Renaissance«. Der Waliser D. THOMAS verband modernist. Experimentierfreudigkeit mit neuromant. Naturbildern und wurde damit zum wohl populärsten Dichter der ersten Hälfte des 20. Jh. Die Literaturproduktion begleitete – bes. seit den 1930er-Jahren – eine z. T. kulturkritisch verankerte, die Ambivalenzen der Texte betonende Literaturkritik (T. S. ELIOT, I. A. RICHARDS, F. R. LEAVIS, W. EMPSON).

Die produktivste Gattung blieb der Roman, der eine weite Spannbreite zw. traditionellem und innovativem Erzählen aufweist. So prägen z. T. naturalist. Milieuschilderungen die Texte von G. MOORE und A. BENNETT. J. GALSWORTHY, W. S. MAUGHAM und J. B. PRIESTLEY blieben der realist. Erzähltradition verbunden und schlugen eine Brücke zur Populärkultur. D. H. LAWRENCE verdeutlichte in der von ihm bevorzugt gestalteten Diskrepanz zw. natürl. Sexualität und verkrusteter Zivilisation den Bruch mit der viktorian. Sexualmoral, während Autoren wie H. JAMES und J. CONRAD innere und äußere Extremsituationen ausleuchteten. E. M. FORSTER, ein weiterer Vertreter des Übergangs von der realist. zur modernist. Erzählhaltung, verarbeitete symbolhaft Widersprüche des edwardin. Englands und des Empires.

Die innovativsten Vertreter dieser Periode waren jedoch – mit der Entwicklung der Erzähltechnik des »Stream of Consciousness« – VIRGINIA WOOLF, deren Romane und Essays wesentlich zur Psychologisierung der Gattung beitrugen, sowie J. JOYCE, dessen »Ulysses« (1922; dt.) die epische Breite der »Odyssee« im Bewusstsein dreier Erzähler auf einen Tag in Dublin reduzierte. – KATHERINE MANSFIELDS Shortstorys markierten innere Wendepunkte ihrer Protagonisten; weiterhin bedeutend sind die Romane von R. GRAVES sowie die Romane von E. WAUGH, A. HUXLEY und G. ORWELL. Der Detektivroman hatte in DOROTHY L. SAYERS und AGATHA CHRISTIE einflussreiche Autorinnen. Aus Irland kam, auch in Kurzgeschichten, eine nationalbewusste Fabulierkunst (S. O'FAOLAIN, F. O'CONNOR, L. O'FLAHERTY).

Die Dramatik tendierte zu Anfang des 20. Jh. zum sozialkritischen Realismus (H. GRANVILLE-BARKER, J. GALSWORTHY) mit gelegentl. Ausflügen ins Fantastische (wie im »Peter Pan«, 1904, des Schotten J. M. BARRIE). Doch zunehmend dominierten auf den Bühnen die farcenhaften, wohlkonstruierten Salonkomödien, mit denen bes. B. TRAVERS und N. COWARD brillierten. G. B. SHAWS nach 1900 entstandene Dramen verkündeten eine vitalist. Evolutionsphilosophie. Formale Neuansätze kamen aus Irland, bes. von S. O'CASEY. Nachhaltig wirkte die von T. S. ELIOT so-

englische Literatur: Samuel Beckett, »Das letzte Band« (1959), Theaterprobe an der Schiller-Theater-Werkstatt Berlin (1969) mit Martin Held (rechts) unter der Regie von Beckett selbst (links)

wie W. H. AUDEN und C. ISHERWOOD initiierte Erneuerung des Versdramas.

Literatur nach 1945 und Postmoderne

Das Unbehagen am gesellschaftl. Konformismus angesichts unbewältigter und neuer Probleme der Nachkriegszeit äußerte sich bei der damals jüngeren Generation in Gesten des Protests, die sich in den 1960er-Jahren teils ideologisch aufluden, teils ins subjektive Registrieren von Prozessen der Orientierungs- und Identitätssuche mündeten.

Am offensichtlichsten dokumentiert dies das »New English Drama«, v. a. J. OSBORNES »Look back in anger« (1957; dt. »Blick zurück im Zorn«), das die Protestpose der »Angry Young Men« publik machte; es folgten engagierte, teils realist., teils symbolhafte Dramen von A. WESKER, J. ARDEN, SHELAGH DELANEY u. a. Zugleich wurde – bes. in H. PINTERS Dramen über zwischenmenschl. Machtkämpfe – die Dramatik des Absurden von E. IONESCO und S. BECKETT (»En attendant Godot«, 1952; engl. »Waiting for Godot«, dt. »Warten auf Godot«) surrealistisch aufgenommen, wobei BECKETTS zuerst in engl. Sprache verfassten Werke (»Krapp's last tape«, 1959; dt. »Das letzte Band«) dem brit. Theater selbst zuzuordnen sind. Überdies gab die Aufhebung der staatl. Theaterzensur in Großbritannien (1968) den Weg für eine Enttabuisierung und aggressive Politisierung frei. Letzteren verfolgten E. BOND sowie H. BRENTON, J. McGRATH, D. EDGAR, CARYL CHURCHILL u. a. Psychologisch analysierte Identitätskrisen, Neurosen und Selbstverwirklichungsversuche inszenierten u. a. P. SHAFFER, D. M. STOREY und C. HAMPTON. A. AYCKBOURN erneuerte die Farce, T. STOPPARD warf – vom absurden Theater beeinflusst – spielerisch Existenzfragen auf. Konventionen sprengten auch irische Autoren wie B. BEHAN und B. FRIEL.

In häufig enger Zusammenarbeit mit Theatergruppen der alternativen »Fringe«-Szene etablierten sich in den 1970er-Jahren teils dezidiert feministisch argumentierende Dramatikerinnen wie CARYL CHURCHILL, gefolgt von einer jüngeren, nicht weniger frauenpolitisch engagierten und experimentierfreudigen Generation (LOUISE PAGE, *1955, und TIMBERLAKE WERTENBAKER, *1951).

In den 1990er-Jahren feierten mit H. PINTER (»Moonlight«, 1993; dt. »Mondlicht«), T. STOPPARD (»Arcadia«, 1993; dt. »Arkadien«) und D. HARE (»Racing demon«, 1990) ältere Autoren erneut große Bühnenerfolge, während eine junge Dramatikergeneration mit drastisch-provokativen Dramen europaweit beeindruckte (SARAH KANE; M. RAVENHILL; GREGORY BURKE, *1968).

In der Lyrik manifestierte sich nüchterne Sachlichkeit bei den Dichtern des »Movement«, die durch die »New-Lines«-Anthologien (1956, 1963) bekannt wurden (P. LARKIN, T. W. GUNN, D. DAVIE u. a.). Populär blieb der traditionsgebundene J. BETJEMAN. Demgegenüber hat sich der Ton einer vitalen Wildheit Geltung verschafft, z. B. durch T. HUGHES, der, oft in Tiergedichten, das Instinktive und Grausame zelebrierte. Andere, wie die »Liverpool-Poets« (A. HENRI, BRIAN PATTEN, *1946), gestalteten lyr. Pop-Art. Eine Gruppe um JOHN SILKIN (*1930, †1997) versuchte eine Neubelebung des Imagismus.

Für die jüngeren nordir. Dichter (»Ulster-Poets«) ist S. HEANEY Vorbild, dessen sensible und präzise Naturlyrik immer auch polit. Dimension hat. Als seine Nachfolger und Verehrer zeigen sich ir. Lyriker der jüngsten Generation wie P. MULDOON.

Die Suche nach sprachl. Alternativen war zugleich Markenzeichen einer sich in den 1970er-Jahren vollziehenden Wende zur Postmoderne, die auch in der Lyrik mit Parodie und Satire auf gesellschaftl. Zerfallsprozesse reagierte. Durch extensiven Gebrauch bildl. Vergleiche und Metaphern vermittelten CRAIG RAINE (*1944) und CHRISTOPHER REID (*1949) neue Arten der Wahrnehmung. Das narrative Element rückte in Gedichten der 1980er-Jahre in den Vordergrund (BLAKE MORRISON, *1950; ANDREW MOTION, *1952).

Nach dem posthumen Erfolg von SYLVIA PLATH haben auch viele Lyrikerinnen (DENISE RILEY, *1948; CAROL ANN DUFFY; LAVINIA GREENLAW, *1962) auf sich aufmerksam gemacht.

Die erzählende Literatur nach 1945 wird von einem außerordentlich breiten Romanspektrum dominiert, das bis heute von Weltgeltung ist. Zunächst war in den realist., oft auch neopikaresken Romanen der »Angry Young Men« (K. AMIS, J. WAIN, J. BRAINE und A. SILLITOE) eine Abkehr von erzähltechn. Experimenten, dafür aber ein sozialkrit. Gestus zu zeichnen. Dieser findet sich auch in den komplexeren Werken von A. WILSON, L. P. HARTLEY, L. DURRELL sowie denen W. GOLDINGS, dessen moral. Impetus in parabelhafte Handlungen mit intertextuellen Referenzen und – später – Ironie gegossen ist. Hier zeigt sich auch die Neigung zur Psychologisierung und z. T. zur Metafiktion, die v. a. die Romane der 1960er- und frühen 1970er-Jahre auszeichnete (S. BECKETT, IRIS MURDOCH, DORIS LESSING und SUSAN HILL), wobei an den Nouveau Roman erinnernde Formexperimente wie bei B. S. JOHNSON und CHRISTINE BROOKE-ROSE eher selten waren.

Die in den 1970er-Jahren einsetzende Postmoderne (oft mit J. FOWLES' »The French lieutenant's woman«, 1969; dt. »Die Geliebte des frz. Leutnants«, verbunden) brachte eine verstärkte Hinwendung zum Fantastischen, v. a. zum Schauer-, Kriminal- und Endzeitroman, sowie zum Historischen, wobei beides häufig in Verbindung und/oder ironisiert erscheint. Wichtige Vertreter des neuen fantast. bzw. Schauerromans sind z. T. schon seit den 1950er-Jahren J. R. R. TOLKIEN, MURIEL SPARK und A. BURGESS, während I. McEWAN, P. ACKROYD, FAY WELDON und A. L. KENNEDY jüngere Generationen repräsentieren. Histor. Fiktionen schrieben in den 1980er- und 1990er-Jahren u. a. J. Barnes, G. Swift, A. S. Byatt, Pat Barker und K. Ishiguro – häufig auch mit pseudobiograf. Ansätzen. Endzeitvisionen finden sich z. B. bei Angela Carter, Emma Tennant, Alasdair Gray (*1934) und M. Amis.

Kennzeichnend für den engl. Roman der Gegenwart ist auch die Fülle der Autorinnen, die häufig feminist. Perspektiven wählen, so u. a. Margaret Drabble, Beryl Bainbridge (*1934), Penelope Lively (*1933), Anita Brookner und Marina Warner.

Weiterhin gehören zur Spezifik jüngerer brit. Erzählens so genannte »campus-novels« (D. Lodge, M. Bradbury), »gay and lesbian novels« (A. Hollinghurst, Jeanette Winterson) sowie eine hochwertige und fantasievolle Jugendliteratur (Joanne K. Rowling; P. Pullman), die auch aus der reichen Science-Fiction-Literatur (A. C. Clarke; M. Moorcock; John Wyndham, *1903, † 1969) sowie aus Kriminalromanen schöpft. Hier sind vor allem P. D. James und Ruth Rendell bedeutsam.

Weltweit einmalig ist die immer stärkere Bereicherung der engl. Erzählliteratur durch postkoloniale Romanciers. Von den ersten Immigranten an wird die Erfahrung ethn., geograf. und sozialer Differenz in Romanen dargestellt, u. a. seit den 1950er-Jahren bei S. Selvon, Jean Rhys und V. S. Naipaul, dann bei H. Kureishi, Timothy Mo (*1950) und S. Rushdie sowie jüngst bei Caryl Phillips, Diran Adebayo (*1968) oder Meera Syal (*1963). Zahlreiche Autoren wie B. Okri, Arundhati Roy oder P. Carey leben zeitweise und/oder publizieren in England, lassen sich aber – wie auch irische Autoren (Edna O'Brien; Julia O'Faolain, *1932; J. McGahern; J. Banville) – nicht eindeutig einer Nationalliteratur zuordnen. Generell herrscht heute im engl. Roman Hybridität vor, auch gehören die Autoren nicht nur einer Richtung an; in jedem Falle aber ist der engl. Roman lebendiger als je zuvor.

Bisher erhielten sieben Schriftsteller aus Großbritannien den Nobelpreis für Literatur, darunter auch zwei Autoren (Russell, Churchill) nichtfiktionaler Texte. Die Preisträger waren: R. Kipling (1907), J. Galsworthy (1932), T. S. Eliot (1948), B. Russell (1950), W. Churchill (1953), W. Golding (1983) und V. S. Naipaul (2001).

Weiterhin erhielten vier englischsprachige Schriftsteller aus Irland den Nobelpreis für Literatur: W. B. Yeats (1923), G. B. Shaw (1925), S. Beckett (1969) und S. Heaney (1995).

Bibliografien: MLA International bibliography of books and articles on the modern languages and literatures, hg. v. der Modern Language Association (New York 1957 ff.); The new Cambridge bibliography of English literature, hg. v. G. Watson u. a., 5 Bde. (Cambridge 1969–77); T. H. Howard-Hill: Bibliography of British literary bibliographies (Oxford ²1987).

Nachschlagewerke: Dictionary of literary biography, auf zahlr. Bde. ber. (Detroit, Mich., 1978 ff.); W. Karrer u. E. Kreutzer: Werke der engl. u. amerikan. Lit. (⁴1989); Cambridge paperback guide to literature in English, hg. v. I. Ousby (Neuausg. Cambridge 1996); Bloomsbury guide to English literature, hg. v. M. Wynne-Davies (London ²1998); The Oxford companion to English literature, hg. v. M. Drabble (Oxford ⁶2000).

Gesamtdarstellungen: The Cambridge history of English literature, hg. v. A. W. Ward u. a., 15 Bde. (Cambridge 1907–27; Nachdr. 1963–80); History of literature in the English language, hg. v. W. F. Bolton u. a., 10 Bde. (London 1970–75); Macmillan history of literature, hg. v. A. N. Jeffares u. a., 12 Bde. (ebd. 1982–86); The new Pelican guide to English literature, hg. v. B. Ford, 9 Bde. (Neuausg. Harmondsworth 1982–84); The Oxford history of English literature, hg. v. J. Buxton u. a., auf zahlr. Bde. ber. (Neuausg. Oxford 1989 ff.); E. Standop u. E. Mertner: Engl. Lit.-Gesch. (⁵1992); Die engl. Lit., hg. v. B. Fabian, 2 Bde. (²1994); A. Fowler: A history of English literature (Neuausg. Oxford 1994); Hauptwerke der e. L. Einzeldarst. u. Interpretationen, hg. v. H. Thies, 2 Bde. (1995); Engl. Lit.-Gesch., hg. v. H. U. Seeber (⁴2004); A. Sanders: The short Oxford history of English literature (Oxford ³2004).

Gesamtdarstellungen einzelner Gattungen: F. R. Leavis: The great tradition. George Eliot, Henry James, Joseph Conrad (London 1948; Nachdr. Harmondsworth 1993); W. E. Allen: The English novel (Harmondsworth 1954; Nachdr. 1991); A. C. Kettle: An introduction to the English novel, 2 Bde. (London ²1967); Der engl. Roman, hg. v. F. K. Stanzel, 2 Bde. (1969); Das engl. Drama. Vom MA bis zur Gegenwart, hg. v. D. Mehl, 2 Bde. (1970); Das engl. Drama, hg. v. J. Nünning (1973); Die engl. Kurzgesch., hg. v. K. H. Göller u. G. Hoffmann (1973); Der engl. Essay, hg. v. H. Weber (1975); The Revels history of drama in English, hg. v. T. W. Craik u. a., 8 Bde. (London 1976–83); The Routledge history of English poetry, hg. v. R. A. Foakes, auf mehrere Bde. ber. (ebd. 1977 ff.); H. J. C. Grierson u. J. C. Smith: A critical history of English poetry (Neuausg. Atlantic Highlands, N. J., 1983); The Cambridge companion to twentieth-century Irish drama, hg. v. S. Richards (Cambridge 2004).

Altenglische Literatur: K. H. Göller: Gesch. der altengl. Lit. (1971); S. B. Greenfield u. D. G. Calder: A new critical history of old English literature (New York 1986); The Cambridge companion to old English literature, hg. v. M. Godden u. M. Lapidge (Cambridge 1991; Nachdr. 2002).

Mittelenglische Literatur: G. Wickham: Early English stages. 1300–1600, 4 Bde. (London ¹⁻³1963–81); R. M. Wilson: Early middle English literature (ebd. ³1968); G. Kane: Middle English literature (Neuausg. New York 1970; Nachdr. Westport, Conn., 1979); M. Schlauch: English medieval literature and its social foundations (Warschau ³1976); R. Woolf: The English mystery plays (Neuausg. Berkeley, Calif., 1980); E. K. Chambers: The medieval stage, 2 Bde. (Neuausg. Mineola, N. Y., 1996); J. A. Burrow: Medieval writers and their work (Neuausg. Oxford 1997).

Humanismus und Renaissance: G. E. Bentley: The Jacobean and Caroline stage, 7 Bde. (Oxford 1941–68; Nachdr. New York 1982); W. Habicht: Studien zur Dramenform vor Shakespeare (1968); M. Doran: Endeavors of art. A study of form in Elizabethan drama (Neuausg. Madison, Wisc., 1972); E. K. Chambers: The Elizabethan stage, 4 Bde. (Neuausg. Oxford 1974); P. Ure: Elizabethan and Jacobean drama (Liverpool 1974); L. Borinski u. C. Uhlig: Lit. der Renaissance (1975); W. Weiss: Die elisabethan. Lyrik (1976); Ders.: Das Drama der Shakespeare-Zeit (1979); T. McAlindon: English Renaissance tragedy (London 1986).

Bürgerkrieg und Restauration: H. C. White: The metaphysical poets (Neuausg. New York 1966); C. V. Wedgwood: Seventeenth-century English literature (London ²1970); M. Brunkhorst: Drama u. Theater der Restaurationszeit (1985).

Klassizismus und Aufklärung: I. Watt: Der bürgerl. Roman (a. d. Engl., 1974); J. R. Sutherland: A preface to eighteenth-century poetry (Neuausg. London 1975); P. Thorpe: Eighteenth-century English poetry (Chicago, Ill., 1975); H. J. Müllenbrock u. E. Späth: Lit. des 18. Jh. (1977); E. Wolff: Der engl. Roman im 18. Jh. (³1980); The new eighteenth century. Theory, politics, English literature, hg. v. F. Nussbaum u. L. Brown (New York 1987; Nachdr. 1997).

Romantik: W. J. Bate: From classic to romantic. Premises of taste in eigtheenth-century England (Neuausg. New York 1970); G. G. Hough: The romantic poets (London 1953; Nachdr. 1978); C. M. Bowra: The romantic imagination (Neuausg. Oxford 1988); A handbook to English romanticism, hg. v. J. Raimond u. a. (Basingstoke 1992).

Viktorianische Literatur: T. M. Parrott u. R. B. Martin: A companion to Victorian literature (New York 1955; Nachdr. Clifton, N. J., 1974); L. Hönnighausen: Präraphaeliten u. fin de siècle (1971); Der engl. Roman im 19. Jh. Interpretationen, hg. v. P. Goetsch u. a. (1973); H. Reinhold: Der engl. Roman des 19. Jh. (1976); M. Stonyk: Nineteenth-century English literature (London 1983); A. Jenkins: The making of Victorian drama (Cambridge 1991).

Modernismus: Engl. Dichter der Moderne, hg. v. R. Sühnel u. D. Riesner (1971).

Literatur nach 1945 und Postmoderne: Die moderne engl. Lyrik, hg. v. H. Oppel (1967); Engl. Lit. der Gegenwart in Einzeldarstellungen, hg. v. H. W. Drescher (1970); Das moderne engl. Drama, hg. v. H. Oppel (³1976); R. Scholes u. E. S. Rabkin: Science fiction. History, science, vision (New York 1977); J. Elsom: Post-war British theatre (Neuausg. London 1979); The contemporary English novel, hg. v. M. Bradbury u. a. (Neuausg. New York 1980); Engl. Drama v. Beckett bis Bond, hg. v. H. F. Plett (1982); A. Maack: Der experimentelle engl. Roman der Gegenwart (1984); C. Barker: British alternative theatre (London 1985); J. Williams: Twentieth-century British poetry (ebd. 1987); Engl. Theater der Gegenwart, hg. v. Klaus P. Müller (1993); The British and Irish novel since 1960, hg. v. J. Acheson (Neuausg. Basingstoke 1995); A. Thwaite: Poetry today. A critical guide to British poetry 1960–1984 (ebd. 1996).

englische Montierung, eine für astronom. Instrumente verwendete parallaktische Aufstellungsart (→ Fernrohrmontierung).

englische Musik. Die geläufige Charakterisierung Englands als »Land ohne Musik« entspricht nicht der Wirklichkeit. Zwar sind die innovativen Tendenzen in kompositor. Hinsicht nicht so ausgeprägt wie in anderen Ländern, doch verfügt England über eine reiche Musikkultur mit durchaus spezif. Eigenarten.

Vom ältesten, kelt., Musikgut (→ Barde) ist einiges in der Volksmusik erhalten (z. B. in pentaton. Wendungen). Seit der Christianisierung wurde, bes. in irischen Klöstern, der Kirchengesang gepflegt. Berichtet wird von einer im 10. Jh. in Winchester gebauten Orgel mit 400 Pfeifen; das Winchester-Tropar aus dem 11. Jh. bietet zweistimmige Tonsätze. Eine für das Kloster Saint Andrew's um 1250 geschriebene Handschrift enthält das Repertoire der Pariser → Notre-Dame-Schule und im letzten Teil spezifisch e. M., die dem Marienkult gewidmet ist. Der »Sommerkanon« (zw. 1240 und 1310), mit engl. und lat. Text versehen, bezeugt die Verbindung der geistl. Kunstmusik mit der Volksmusik. Die wichtigsten Handschriften des späten MA., die Worcester-Fragmente (13./14. Jh.), das Old-Hall-Manuskript (spätes 14./frühes 15. Jh.) und das Eton-Choirbook (um 1500), bekunden die Eigentümlichkeit der engl. Tradition gegenüber der auf sie einwirkenden festländ. → Ars nova: Die mehrstimmige Musik blieb geistlich und lateinisch, und es bestand eine Vorliebe für ostinate Bildungen, Stimmtausch und bes. für Terz- und Sextklangfolgen, die zu der Technik des → Faburden führte. All diese Techniken wurden auf dem Kontinent als »Contenance Angloise« charakterisiert (Martin le Franc in »Le champion des dames«, um 1440). Den Höhepunkt dieser Entwicklung bildet das Schaffen von J. Dunstable und L. Power, die mit dem niederländ. Komponisten G. Dufay an der Heranbildung der frühneuzeitl. Musik entscheidend beteiligt waren. Die Ausbildung der zykl. Tenormesse ist auf engl. Ursprung zurückzuführen.

Im späteren 15. und beginnenden 16. Jh. trat die e. M. in den Hintergrund. Als Komponisten von Kirchenmusik sind R. Fayrfax, J. Taverner, William Mundy († um 1591) und T. Tallis zu nennen. Eine neue Blüte begann mit dem Elisabethan. Zeitalter. Aus Italien übernommen und zu eigenständiger Bedeutung geführt wurden das Balletto, die Kanzonette und bes. das Madrigal durch T. Morley, J. Wilbye und T. Weelkes. Ein Meister des begleiteten Sololiedes (»ayre«) war J. Dowland. Auch das welt. Repertoire für Tasteninstrumente war anfangs an ital. Vorbildern ausgerichtet. W. Byrd begründete die engl. Virginalistenschule, die mit Kompositionen für das Virginal (»Fitzwilliam Virginal Book« mit etwa 300 Kompositionen, abgeschlossen 1620) die Entwicklung der Klaviermusik entscheidend beeinflusste. Eigenständig englisch war auch die kammermusikal. Ensemblemusik des Consort (T. Morley, »Consort lessons«, 1599; Thomas Simpson (*1582, † nach 1630?), »Taffel consort«, 1621) sowie die höfisch theatral. Form der Masque. H. Purcell, der bedeutendste Komponist in der 2. Hälfte des 17. Jh., führte die Tradition des → Anthem zu einem Höhepunkt und bereicherte die e. M. auf den Gebieten der Oper, der Kantate, des Liedes und der Kammer- und Klaviermusik.

An kleineren Formen wurden im 17. und 18. Jh. die Gattungen Catch (kanonartiger Rundgesang; Sammlung von John Hilton (*1559, † 1657), »Catch that catch can«, 1652) und Glee (mehrstimmige Lieder im homophonen Satz) gepflegt, komponiert u. a. von T. Arne, Benjamin Cooke (*1734, † 1793) und Samuel Webbe (*1740, † 1816). Daneben sind seit dem Ende des 14. Jh. die Carols (volkstüml. Singtänze), v. a. Christmas-Carols, verbreitet; der Gruppentanz (Countrydance) bildete bis in die Neuzeit einen wichtigen Faktor der Gesellschaft (John Playford (*1623, † 1686), »The Dancing master«, 1650). Die im MA. blühende Volksliedgattung der Ballade findet man bis ins 17. Jahrhundert. Anklänge an diese spezif. Formen engl. Vokalmusik finden sich selbst noch in der Popmusik, etwa in den Beatles-Songs »Eleanor Rigby«, »Can't buy me love« und »Help«.

Mit G. F. Händel begann der große Einfluss des Auslandes. Schon früh hatte die ital. Oper ihren Einzug gehalten. Selbst zu der volkstümlich-satir. »Beggar's opera« (1728; → Bettleroper) hat ein Deutscher, J. C. Pepusch, die Musik geschrieben. Daneben wirkten zahlr. Italiener, z. B. F. Geminiani. Indessen sind Händels engl. Oratorien, die seinen Ruhm begründeten, bes. »Israel in Ägypten« (1739), »Messias« (1742) und »Jephtha« (1752), in der engl. Art der bürgerl. Öffentlichkeit beheimatet und damit sowohl Ausdruck als auch Bestätigung nat. Identität. Auch in der 2. Hälfte des 18. Jh. standen dt. Musiker im Vordergrund: Johann Christian Bach gründete mit C. F. Abel die »Bach-Abel-Concerts«. J. Haydn kam nach London durch die Konzertunternehmung des Deutschen J. P. Salomon (Londoner Sinfonien; Oxford-Sinfonie 1791). Sehr einflussreich im engl. Musikleben waren ferner der Italiener M. Clementi und der Tscheche J. L. Dussek. Umgekehrt wirkte der Clementi-Schüler J. Field mit seinen »Nocturnes« für Klavier anregend auf F. Chopin.

Anfang des 19. Jh. wirkte der Komponist, Organist und Bachverehrer Samuel Wesley (*1766, † 1837). 1813 wurde in London die »Philharmonic Society« gegründet, die das sinfon. Œuvre L. van Beethovens in England bekannt machte. Später traten auch L. Spohr, F. Mendelssohn Bartholdy und A. Dvořák als Komponisten hervor, sodass das engl. Publikum mit der Entwicklung der kontinentaleurop. Sinfonik und des neueren Oratoriums bekannt wurde. Auch die Opern W. A. Mozarts, G. Meyerbeers, G. Donizettis, G. Verdis, C. M. von Webers und schließlich R. Wagners wurden auf engl. Bühnen, allerdings oft in sehr veränderten Versionen, gegeben. A. Sullivan entwickelte in enger Zusammenarbeit mit seinem Librettisten William Schwenk Gilbert (*1836, † 1911) eine engl. Operette (»Mikado«, 1885), die auch im Ausland Aufmerksamkeit erregte und deren Wirkung sich bis zu den Musicals von A.

LLOYD WEBBER u. a. erstreckte. Typisch englisch im Bereich des Konzertwesens sind die »Proms« (Henry Wood Promenade Concerts), die gegen Ende des 19. Jh. begründet wurden; sie erfreuen sich bis heute großer Beliebtheit und sind zugleich ein Spiegel des engl. Musikgeschmacks.

Um 1880 begann unter dem Einfluss der dt. Musik ein Abschnitt neuen eigenen Schaffens (H. PARRY, C. V. STANFORD und A. MACKENZIE). Das ästhet. Postulat von der »English Musical Renaissance«, das Komponisten seit der 2. Hälfte des 19. Jh. sich zu Eigen machten, artikuliert den Anspruch, der engl. Musik wieder internat. Geltung zu verschaffen. Als hervorragende Opernkomponistin (»The wreckers«, 1906) trat v. a. ETHEL SMYTH hervor, die sich in der Frauenbewegung engagierte und, neben einer bedeutenden Messe, den »March of women« komponierte. Ihr Durchsetzungsvermögen ebnete den Weg für weitere brit. Komponistinnen wie ELIZABETH LUTYENS (*1906, †1983), ELIZABETH MACONCHY (*1907, †1994) und THEA MUSGRAVE (*1928). In E. ELGAR besitzt die e. M. einen bedeutenden Komponisten stark nat. Eigenart. F. DELIUS und C. SCOTT vollzogen den Anschluss an den frz. Impressionismus. Eine bedeutende Persönlichkeit der neueren Zeit ist R. VAUGHAN WILLIAMS, Sinfoniker, Opernkomponist und Mitträger der engl. Volksliedbewegung. Daneben sind zu nennen G. HOLST und F. BRIDGE. Von den um 1900 geborenen Komponisten sind v. a. A. BLISS, W. WALTON, M. TIPPETT, EDMUND RUBBRA (*1901, †1981) und CONSTANT LAMBERT (*1905, †1951) über Großbritannien hinaus bekannt geworden. Um die Mitte des 20. Jh. waren B. BRITTEN als Opernkomponist und P. R. FRICKER als Sinfoniker führend.

An der neueren Entwicklung hat die e. M. nur relativ wenig Anteil. Neben ELIZABETH LUTYENS bediente sich der als Theoretiker hervorgetretene Webern-Schüler H. SEARLE erfolgreich der Zwölftontechnik, ebenso der nach England emigrierte Schönberg-Schüler E. WELLESZ. Von den jüngeren Komponisten folgen FRANCIS BURT (*1926) und A. GOEHR einer gemäßigten Richtung. Zur internat. Avantgarde zählen neben C. CARDEW, DAVID BEDFORD (*1937) und B. FERNEYHOUGH P. M. DAVIES und H. BIRTWISTLE, die beide 1967 das Kammerensemble »Pierrot Players« (später benannt als »The Fires of London«) gründeten, das sich für die Aufführung zeitgenöss. Musikwerke einsetzt. Den gleichen Zweck verfolgen die in versch. Städten entstandenen »Societies for the Promotion of Contemporary Music«. Neuere Tendenzen, einschließlich der elektron. Musik, sind auch bei ROGER SMALLEY (*1943), JOHN TAVENER (*1944) und TIM SOUSTER (*1943) vertreten. Weitere Komponisten der jüngeren Generation sind BILL HOPKINS (*1943, †1981), ROBIN HOLLOWAY (*1943), GILES SWAYNE (*1946), PAUL ROBINSON (*1949), JAMES DILLON (*1950), JUDITH WEIR, PIERCE HELLAWELL (*1956), JAMES CLARKE (*1957), M.-A. TURNAGE, REBECCA SAUNDERS (*1967) und T. ADÈS.

Die größte Sammlung zeitgenössischer engl. Kompositionen besitzt die Bibliothek des Brit. Komponistenverbandes beim British Music Information Centre, London.

Auf dem Gebiet der histor. Aufführungspraxis und der Rekonstruktion und Reproduktion alter Instrumente kommt England eine führende Position zu. Die bedeutsamste Leistung in der Musiklexikografie stammt von G. GROVE mit seinem im 19. Jh. erstmals erschienenen »Dictionary of music and musicians« (1879–89), das bis heute etliche Neuauflagen erlebte.

W. NAGEL: Gesch. der Musik in England, 2 Bde. (Straßburg 1894–97); W. NIEMANN: Die Virginalmusik (1919); E. J. DENT: Foundations of English opera (Cambridge 1928; Nachdr. New York 1968); G. CECIL: The history of opera in England (Taunton 1930); E. H. FELLOWES: The English madrigal composers (London ²1948; Nachdr. ebd. 1975); ERNST H. MEYER: Die Kammermusik Alt-Englands (Leipzig 1958); J. KERMAN: The Elizabethan madrigal (New York 1962); F. HOWES: The English musical renaissance (London 1966); H. DAVEY: History of English music (Neuausg. New York 1969); J. CALDWELL: English keyboard music before the nineteenth century (Oxford 1973); British music now. A guide to the work of younger composers, hg. v. L. FOREMAN (London 1975); D. HYDE: New-found voices. Women in nineteenth-century English music (London 1984); M. TREND: The music makers. The English musical renaissance from Elgar to Britten (ebd. 1985); A. ASHBEE: Records of English court music, 9 Bde. (Aldershot 1986–96); R. FISKE: English theatre music in the eighteenth century (Oxford ²1986); K. GÄNZL: The British musical theatre (London 1986); Patriotism. The making and unmaking of British national identity, hg. v. R. SAMUEL (London 1989); U. SOMMERROCK: Das engl. Lautenlied. 1597–1622 (1990); W. WEBER: The rise of musical classics in eighteenth-century England (Oxford 1992); L. FOREMAN: Music in England. 1885–1920 (London 1994); S. BICKNELL: The history of English organ (Cambridge 1996); R. M. WILSON: Anglican chant and chanting in England, Scotland and America. 1660–1820 (Oxford 1996); A. BLAKE: The land without music. Music, culture and society in twentieth-century Britain (Manchester 1997); J. DAY: »Englishness« in music (London 1999); Nineteenth-century British music studies, hg. v. B. ZON (Aldershot 1999); M. HUGHES u. R. STRADLING: The English musical renaissance (Manchester u. a. ²2001).

englische Philologie, die →Anglistik.

englische Philosophie,
- Mittelalter
- Frühe Neuzeit
- Aufklärung
- 19. und 20. Jahrhundert

stark formalisierte Sammel-Bez. für die Philosophie, deren Träger von den Brit. Inseln stammen und die eine empiristisch-prakt. Geistigkeit in die europ. Geistesgesch. einbrachten.

MITTELALTER

Die erste große Epoche e. P. begann um etwa 1200 nach den denker. Ansätzen (seit dem 8. Jh.) von BEDA VENERABILIS, JOHANNES SCOTUS ERIUGENA, ADELARD VON BATH und RICHARD VON SANKT VIKTOR, der mit seiner Definition der Person die gesamte Philosophie der Scholastik beherrschte. ANSELM VON CANTERBURY ist als gebürtiger Kontinentaleuropäer nicht der e. P. zuzuzählen. Der erste überragende engl. Philosoph war R. GROSSETESTE, zw. 1214 und 1221 erster Kanzler der Univ. Oxford, der die griech. Sprache beherrschte und eigene Übersetzungen des ARISTOTELES vorlegte (Nikomach. Ethik); um 1230 wurde er erster Lektor (akadem. Lehrer) am Ordensstudium der Franziskaner. Diese Verbindung der Franziskaner mit der Univ. Oxford hatte zur Folge, dass die bedeutendsten Philosophen Englands im MA. Franziskaner und die bedeutendsten Franziskanerphilosophen des MA. Engländer waren. Ein weiterer typ. Vertreter dieser pragmatisch-empirist. e. P., die auch Natur- und Sprachwiss. einbezog, war R. BACON. Die engl. Vertreter der älteren →Franziskanerschule, ALEXANDER VON HALES, THOMAS VON YORK (*um 1220, †um 1260), R. BACON, waren Anhänger des platonisch-neuplaton. →Augustinismus. Die mittlere Franziskanerschule, vertreten u. a. durch J. PECKHAM, ROGER MARSTON (*um 1250, †1303),

WILHELM VON WARE (* um 1260, † um 1285), betonte zwar noch den Augustinismus, näherte sich aber dem Aristotelismus. Die jüngere Franziskanerschule, v. a. J. DUNS SCOTUS und T. BRADWARDINE, versuchte, augustin. Tradition mit dem Aristotelismus zu verbinden. Bei DUNS SCOTUS bahnte sich bereits eine Wende an, die spezifisch englisch-empirist.

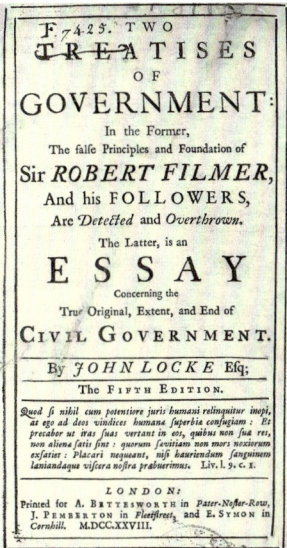

englische Philosophie: Titelblatt der fünften Auflage von John Lockes »Zwei Abhandlungen über die Regierung« (1728)

Eigengut in die Wiss.-Entwicklung einbrachte: Das Individuationsprinzip ist nicht mehr Materie oder Form, sondern die »haecceitas« (Diesheit). Die Sonderstellung, die der Franziskaner WILHELM VON OCKHAM, Vertreter des Nominalismus (bzw. Konzeptualismus) schlechthin, einnahm, ist typisch für die e. P. in ihrer Betonung des Individuellen. Der Thomismus, z. B. des THOMAS VON SUTTON, spielte in der e. P. nie eine große Rolle. Als Denker eigener Art hat J. WYCLIFFE zu gelten, der philosoph. Anhänger der Via antiqua und damit Vertreter eines extremen Realismus im →Universalienstreit war.

FRÜHE NEUZEIT

Während der Renaissance büßten die Universitäten, die unter Zurückweisung neuerer wiss. Entwicklungen im Wesentlichen an den Schultraditionen, insbes. auch am Aristotelismus und an der aristotel. Logik, festhielten (bes. Oxford, während sich Cambridge neueren Tendenzen aufgeschlossen zeigte), ihre bis dahin führende Position in der Philosophie bis ins 19. Jh. hinein ein. Die überragenden Persönlichkeiten dieses Zeitabschnitts waren, obgleich keine Philosophen i. e. S., T. MORE und RICHARD HOOKER (* um 1554, † 1600). MORE postulierte in seiner Sozialutopie Toleranz, Gleichheit der Ansprüche der Bürger, Aufhebung des Eigentums, Verbesserung der materiellen Lebensbedingungen der Gesellschaft. Der eth. Rationalismus HOOKERS, des Theoretikers der elisabethan. Kirche, des Opponenten gegen den Voluntarismus OCKHAMS und gegen T. HOBBES, wirkte in der Vermittlung J. LOCKES und beeinflusste dessen Staatstheorie, die zentrale Momente des modernen Rechtsstaates enthält (»Two treatises of government«, 1690; dt. »Zwei Abhandlungen über die Regierung«). In Korrelation zur naturwiss. und techn. Entwicklung wurde in der Folgezeit die Suche nach gesicherten Methoden der Erkenntnis und Forschung zum zentralen Gegenstand des wiss. Denkens der Renaissance, das zur Aufklärung überleitete. – F. BACON, der erste engl. Philosoph der Moderne, trat für wiss. und techn. Entwicklung zum Fortschritt der Menschheit ein; er vollzog eine scharfe Trennung zw. durch Erfahrung zu erlangender und göttlich geoffenbarter Erkenntnis. Richtungweisend war seine Idolenlehre, die auf die Befreiung der Erfahrung von Trugbildern (»idolae«) abzielt. Da er jedoch die Bedeutung der Mathematik für das wiss. Denken nicht erkannte, blieb er im Zeitalter der klass. Physik ohne nennenswerte Wirkung. R. BOYLE schloss sich F. BACONS method. Ansatz an und ordnete ihm, orientiert an G. GALILEI und R. DESCARTES, Mathematik und P. GASSENDIS Atomismus zu. Mit der erstmals eingeführten Unterscheidung von »primären« und »sekundären Sinnesqualitäten« bestimmte er die Entwicklung der Naturerkenntnis bis zu J. LOCKE und I. NEWTON. – T. HOBBES versuchte eine Synthese von empirist. Nominalismus und Rationalismus: Das Rohmaterial, nicht die Erkenntnis selbst, sei empirisch. Im Anschluss an GALILEI sah er in der Geometrie die einzig mögl. Grundlage aller Naturerkenntnis, die in der Rückführung des Wahrgenommenen auf Bewegungen der Körper bestehe. Sozialphilosophisch wurde er mit der Theorie des vernünftigen Egoismus auf der Basis des Gesetzes der »Selbsterhaltung«, der er richtungweisend seine Staatsvertragstheorie zuordnete, zum Vorläufer des Utilitarismus. – Gegen F. Bacon und T. HOBBES opponierte im 17. Jh. zunächst die →Cambridger Schule, insbes. vertreten durch BENJAMIN WHICHCOTE (* 1609, † 1683), R. CUDWORTH und H. MORE mit ihrem Versuch der Erneuerung eines christl. Platonismus.

AUFKLÄRUNG

Die engl. Aufklärung vermittelte der europ. Aufklärung einerseits v. a. durch ihren konsequent fortentwickelten Empirismus, andererseits durch den →Deismus entscheidende Impulse. J. LOCKE, Exponent der englischen und – durch VOLTAIRE in Frankreich bekannt gemacht – auch der europ. Aufklärung, rückte die Erkenntnistheorie mit der Frage nach der Reichweite und den Quellen der Erkenntnis sowie den Prozessen ihrer Entwicklung in das Zentrum des philosoph. Interesses. Damit begann die schrittweise Ablösung der Metaphysik durch die Erkenntnistheorie bis hin zum Positivismus D. HUMES. Erkenntnistheoretisch begründete LOCKE gegen DESCARTES' Lehre von den →angeborenen Ideen den modernen engl. Empirismus, indem er alle Ideen (»ideas«) auf Erfahrung, die auf »äußerer« (»sensation«) und »innerer« Wahrnehmung (»reflection«) beruhe, zurückführte (Dualismus der Erfahrungsquellen), und sicherte diese Theorie durch Begründung einer sensualist. Assoziationspsychologie (→Assoziation). Seine Staatslehre, v. a. von der Volkssouveränität in Abgrenzung gegen HOBBES, wurde klass. Grundlage der engl. Demokratie und erlangte über VOLTAIRE und MONTESQUIEU Einfluss auf die europ. Staatstheorien (auch auf die amerikan. Unabhängigkeitserklärung). – Der Deismus spielte in der engl. Aufklärung eine bedeutende Rolle. Entwickelt wurde er v. a. durch HERBERT Lord of CHERBURY (* 1583, † 1648) mit seiner Theorie einer →natürlichen Religion, die durch die Vernunft einsehbar und durch den Consensus gentium (→Consensus) hinreichend ausgewiesen sei, und einer Kritik an der auf die Offenbarung gestützten christl. Theologie, des Weiteren durch CHARLES BLOUNT (*1654, †1693), J. TOLAND, M. TINDAL, A. COLLINS und BOLINGBROKE; rezipiert auch von A. SHAFTESBURY. Gegen den Deismus wandten sich u.a. J. BUTLER, R. BENTLEY und SAMUEL CLARKE (*1675, †1729). – G. BERKELEY vertiefte die Rationalismuskritik und radikalisierte den sensualist. Ansatz LOCKES, indem er mit der Formel »esse est percipi« (lat. »Sein ist Wahrgenommenwerden«) »Sein« und Wahrnehmung identifizierte. D. HUME, hervorragender Vertreter der psycholog. Erkenntnistheorie, baute im Anschluss an LOCKE und BERKELEY die empir. Position in Richtung eines krit. Positivismus weiter aus. Hinsichtlich des Kausalprinzips, das F. BACON, LOCKE, BERKELEY und HOBBES nicht infrage stellten, wies HUME darauf hin, dass die Beobachtung eines zeitl. Nacheinanders von Erfahrungstatsachen (»post hoc«) keine Gleichsetzung mit einem logisch notwendigen Zusammenhang von Ursache und Wirkung (»propter hoc«) rechtfertige und die Verknüpfung von Ursache und Wirkung damit nur eine »Meinung« von durch Gewohnheit gefestigten Erfahrungen darstelle. – Vornehmlich mit eth. Fragestellungen befassten sich die so genannten »moral philosophers«, u.a. SHAFTESBURY, F. HUTCHESON, B. MANDEVILLE und A. SMITH, der durch seine Wirtschaftstheorie bekannt wurde. ABRAHAM TUCKER (*1705, †1774) vertrat einen Utilitarismus, WILLIAM GODWIN (*1756, †1836) einen Anarchismus. – Im 18. und 19. Jh. setzte die →Schottische Schule – die ältere mit ihren Hauptvertretern T. REID und D. STEWART, die jüngere mit W. HAMILTON in ihrer späteren Phase auch an KANT anknüpfend – gegen BERKELEY, HUME, aber auch gegen LOCKE die »realist.«, vom gemeinen Menschenverstand ausgehende Philosophie des Commonsense.

englische Philosophie: Titelblatt der Erstausgabe von John Langshaw Austins »Zur Theorie der Sprechakte« (1962)

19. UND 20. JAHRHUNDERT

In der Philosophie des 19. Jh. waren die Strömungen des Empirismus und Idealismus herrschend. Der Empirismus umfasste in der Ethik den außerhalb des Lehrbetriebs entwickelten →Utilitarismus, begründet durch J. BENTHAM und vertreten von J. MILL, J. S. MILL und A. BAIN, die – mit Ausnahme J. S. MILLS, der auf F. BACONS induktive Methode zurückgriff – erkenntnistheoretisch Anhänger der Assoziationspsychologie waren. Eine deduktive Logik wurde dagegen von RICHARD WHATELEY (*1787, †1863), insbes. aber von G. BOOLE in seiner richtungweisenden Theorie der →Algebra der Logik und von A. DE MORGAN vertreten. Im weiteren Verlauf des 19. Jh. war die e. P. vom Evolutionsgedanken geprägt, hervorgerufen durch die Evolutionstheorie C. DARWINS. Vertreten wurde diese v.a. von H. SPENCER, der das Gesetz der Evolution im Sinne eines Gesetzes des Fortschritts einem umfassenden philosoph. System zugrunde legte, außerdem u.a. von T. H. HUXLEY, J. TYNDALL und L. STEPHEN. Der beherrschende Gegner der naturalist. Zeitströmungen war der kath. Denker J. H. NEWMAN. W. K. CLIFFORD entwickelte eine dem Phänomenalismus E. MACHS nahe stehende wissenschaftstheoret. Position. – Der Idealismus wurde vorbereitet mit der Rezeption des dt. Idealismus v.a. I. KANTS und G. W. F. HEGELS durch die Literaten S. T. COLERIDGE und T. CARLYLE sowie die Philosophen W. HAMILTON, JAMES HUTCHISON STIRLING (*1820, †1909) und EDWARD CAIRD (*1835, †1908). Er erreichte seine volle Entfaltung bei T. H. GREEN, bes. aber bei F. H. BRADLEY und B. BOSANQUET, für deren Philosophie, anknüpfend an HEGEL, jeweils die Idee eines allumfassenden Absoluten entscheidend war, sowie bei JOHN MCTAGGART (*1866, †1925).

Der am Ende des 19. Jh. klar dominierende Idealismus wurde zu Beginn des 20. Jh. abgelöst durch den gegen den Neuhegelianismus gerichteten (neuen) Realismus (»realism«) mit seiner Orientierung an den Methoden und Erkenntnissen der Mathematik und der Naturwiss.en sowie (bei G. E. MOORE) dem →Commonsense. Er wurde v.a. von MOORE und B. RUSSELL vertreten, die in der →analytischen Philosophie richtungweisend die Vernunftkritik KANTS durch Sprachkritik ersetzten.

Grundlegend wurde der Einfluss des Wieners L. WITTGENSTEIN, der seit 1939 in Cambridge lehrte; Rezeption, Darstellung und Weiterführung seiner Sprachphilosophie dauern bis in die Gegenwart fort (u.a. durch GERTRUDE ELIZABETH MARGARET ANSCOMBE, ARTHUR JOHN TERENCE WISDOM [*1904, †1993], F. WAISMANN). Die analyt. Philosophie durchlief drei Etappen: eine erste mit der Entwicklung einer Wiss.-Sprache als formaler Sprache (so durch B. RUSSELL und A. N. WHITEHEAD), eine zweite mit dem Ausbau eines log. Empirismus (Neopositivismus) – vertreten auch von A. J. AYER, in gewissem Sinn auch von K. R. POPPER, und eine dritte Phase (1945–60), in der der log. Empirismus schließlich als Oxford Philosophy von G. RYLE, dem Begründer der Sprechakttheorie J. L. AUSTIN, von P. F. STRAWSON und STUART N. HAMPSHIRE (*1914, †2004) zu einem linguist. Phänomenalismus fortentwickelt wurde.

Kritisch gegen den linguist. Naturalismus wenden sich u.a. HENRY HABBERLEY PRICE (*1899, †1984), ERNEST GELLNER (*1925, †1995) und LAURENCE JONATHAN COHEN (*1923). In den 1960er- und 1970er-Jahren gewannen in Oxford logisch-systemat. und wissenschaftstheoret. Fragen größere Bedeutung (u.a. R. M. HARE, Kritik der positivist. Wiss.-Theorie). Kennzeichnend für die Entwicklung der e. P. in diesem Zeitabschnitt sind weiterhin die Beschäftigung mit Fragen des Marxismus, der formalen Logik (J. ŁUKASIEWICZ; WILLIAM und MARTHA KNEALE mit einer bahnbrechenden Gesch. der Logik: »The development of logic«, 1964), der Philosophie der Mathematik und Naturwiss.en sowie der Ethik. Der gegenwärtig meistbeachtete Denker in der theoret. Philosophie ist M. A. E. DUMMETT. Für ihn bilden die systemat. Sprachphilosophie und die Logik die Grundlage der gesamten Philosophie. Im Anschluss an G. FREGE, die Spätphilosophie L. WITTGENSTEINS und den mathemat. Intuitionismus hat DUMMETT eine antirealist. Bedeutungstheorie entwickelt, in der Bedeutung auf die Bedingung der Verifizierbarkeit zurückgeführt wird. Demgegenüber nehmen viele der jüngeren Autoren eine Priorität des Denkens und der Intentionalität an. Daher stellen sie die Philosophie des Geistes über die Sprachphilosophie oder betonen zumindest, dass beide Disziplinen aufeinander angewiesen sind. In der prakt. Philosophie ist BERNARD WILLIAMS (* 1929, † 2003) einflussreich. Auch die Beschäftigung mit angewandter Ethik hat stark zugenommen. Aufgrund der Abwanderung brit. Philosophen v. a. in die USA sowie der Konvergenztendenzen innerhalb der internat. philosoph. Forschung kann man heute eher von englischsprachiger als von einer e. P. eigenen Gepräges sprechen.

J. H. MUIRHEAD: The Platonic tradition in Anglo-Saxon philosophy (London 1931; Nachdr. Bristol 1992); M. H. CARRÉ: Phases of thought in England (Oxford 1949; Nachdr. Westport, Conn., 1972); J. O. URMSON: Philosophical analysis. Its development between the two world wars (Oxford 1956; Nachdr. London 1976); J. A. PASSMORE: A hundred years of philosophy (Harmondsworth ²1968); W. R. SORLEY: A history of British philosophy to 1900 (London 1978); Philosophers of the Scottish enlightenment, hg. v. V. HOPE (Edinburgh 1984); Philosophy in Britain today, hg. v. S. G. SHANKER (London 1986); L. STEPHEN: History of English thought in the eighteenth century, 2 Bde. (Neuausg. Bristol 1991); The British tradition in 20th century philosophy, hg. v. J. HINTIKKA u. K. PUHL (Wien 1995); N. M. MILKOV: The varieties of understanding. English philosophy since 1898, 2 Bde. (1997); H. KLENNER: Das wohlverstandene Interesse. Rechts- u. Staatsphilosophie in der engl. Aufklärung (1998); British moralists. 1650–1800, hg. v. D. D. RAPHAEL, 2 Bde. (Indianapolis, Ind., u. a. 2001); F. C. COPLESTON: British philosophy. Hobbes to Hume (London u. a. 2003).

englischer Bauernaufstand, engl. **Peasants' Revolt** [ˈpezənts rɪˈvəʊlt], eine 1381 v. a. S-England erfassende Volkserhebung. Ihre Ursachen dürften zu einem großen Teil in den Spätfolgen der Pest zu suchen sein, da der damit verbundene Bev.-Rückgang (Verknappung der menschl. Arbeitskraft) die adligen Grundbesitzer dazu bewog, die auf ihrem Grund ansässigen Bauern als persönlich Unfreie zu behandeln und zu unentgeltl. Arbeitsleistungen zu nötigen. Dazu kam eine allg. Unzufriedenheit mit dem ungünstigen Verlauf des Krieges in Frankreich (→Hundertjähriger Krieg) und den sich hieraus ergebenden finanziellen Lasten, die in Form von Kopfsteuern (poll taxes) bes. von den Unterschichten eingetrieben wurden. In Essex und Kent formierten sich unabhängig voneinander zwei bewaffnete Kontingente der Aufständischen, die unter der Führung von WAT →TYLER und dem aus einem Gefängnis befreiten Priester JOHN BALL († 1381) nach London marschierten und mithilfe von Sympathisanten auch in die Stadt gelangten. Auf der Suche nach den von ihnen als »Verräter« betrachteten Mitgl. der Reg. plünderten sie nicht nur deren Häuser, sondern töteten auch einige enge Vertraute des Königs, die ihnen im Tower in die Hände gefallen waren. Allerdings gelang es dem erst 14-jährigen König RICHARD II., nachdem WAT TYLER während Verhandlungen vom Londoner Bürgermeister WILLIAM WALWORTH getötet worden war, die Bauern zum Abzug zu bewegen, worauf der Aufstand kurze Zeit später zusammenbrach.

The peasants' revolt of 1381, hg. v. R. B. DOBSON (London ²1983); S. JUSTICE: Writing and rebellion. England in 1381 (ebd. 1994); H. EIDEN: »In der Knechtschaft werdet ihr verharren ...«. Ursachen u. Verlauf des e. B.es von 1381 (1995); A. DUNN: The peasants' revolt. England's failed revolution of 1381 (Stroud 2004).

englischer Garten, →Gartenkunst.

Englischer Gruß, →Ave-Maria, →Verkündigung Mariä.

Englischer Spinat, andere Bez. für den Gartenampfer, →Ampfer.

Englischer Weizen, der →Rauweizen.

Englisches Gewürz, der →Piment.

englische Sprache, eine german. Sprache (mit roman. Durchsetzung), die, sich von den Brit. Inseln ausbreitend, auf allen fünf Kontinenten gesprochen wird; nach dem Chinesischen die Sprache mit der größten Sprecherzahl. Die e. S. ist die Muttersprache der angelsächs. Sprachgemeinschaft mit etwa 573 Mio. Sprechern (davon rd. 337 Mio. Primärsprachler und rd. 236 Mio. Zweitsprachler), von denen rd. 215 Mio. in den USA, etwa 60 Mio. auf den Brit. Inseln, die übrigen in Kanada, Australien, Neuseeland, der Rep. Südafrika und anderen ehem. brit. Kolonien leben. Darüber hinaus ist die e. S. in Indien, Pakistan, Nigeria, Kenia und anderen Staaten offizielle Zweitsprache (»English as a second and/or additional language«, ESL) und oft das einzige überregionale Verständigungsmittel. Ferner ist die e. S. mit schätzungsweise 1 Mrd. Sprechern die am weitesten verbreitete Fremdsprache der Erde (»English as a foreign language«, EFL), z. B. als eine der Hauptsprachen des internat. Verkehrs, der Wirtschaft, der Technik, der Wissenschaften und des Internets sowie seit 1919 neben Französisch auch der Diplomatie. Schließlich spielt die e. S. eine besondere Rolle im Rahmen der internat. Unterhaltungsindustrie, der Werbung und der Jugendkultur.

GESCHICHTE UND EIGENART

Man unterscheidet drei große Perioden in der Entwicklung der e. S.: Altenglisch (etwa von 450 bis 1100, wobei die schriftl. Überlieferung erst im 7. Jh. einsetzt), Mittelenglisch (etwa von 1100 bis 1500) und Neuenglisch (seit etwa 1500).

Altenglisch Nachdem die Römer zu Beginn des 5. Jh. n. Chr. die Prov. Britannia verlassen hatten, eroberten Angeln, Sachsen und Jüten die Insel. Sie sprachen german. Sprachvarianten, die eng mit dem damaligen Niederländischen, Friesischen und Niederdeutschen verwandt waren. Sie drängten die kelt. Urbevölkerung nach Wales, Schottland und Cornwall zurück. Die Jüten ließen sich im äußersten SO nieder. Die Sachsen nahmen das Land südlich und westlich der Themse in Besitz, und die Angeln siedelten nördlich der Themse. Entsprechend verteilten sich die Dialekte: Kentisch, Westsächsisch und Anglisch. Die Unterschiede waren wohl zu keinem Zeitpunkt sehr ausgeprägt. Der weitaus größte Teil der erhaltenen altengl. Sprachdenkmäler ist im westsächs. Dialekt überliefert, da die schriftl. Zeugnisse der übrigen Bereiche der Insel fast vollständig den Wikingereinfällen des 9. Jh. zum Opfer fielen. Nur das westsächs. Reich konnte seine Unabhängigkeit wahren, sodass ab etwa 900 Westsächsisch zur literar. Hochsprache des ganzen Landes aufstieg. Mit der Christianisierung durch die irische Mönchskirche übernahmen die Angelsachsen das leicht abgewandelte lat. Alphabet. Zw. 650 und 900 wurden in England sowohl Runen als auch die Lateinschrift verwendet.

Das Altenglische ist (im Ggs. zum Neuenglischen) eine Sprache mit stark strukturiertem Flexionsbestand und relativ freier Wortstellung. Ein nicht geringer Anteil des altengl. Wortguts ist lat. Ursprungs. Doch zeigte sich in Lehnübersetzungen und Wortschöpfungen, die zur Bildung von neuen Begriffen auf den eigenen Formenbestand zurückgriffen, die lebendige Eigenständigkeit der Sprache. Kelt. Sprachgut lässt sich außer in geograf. Eigennamen kaum nachweisen, und skandinav. Formen treten erst verstärkt in mittelengl. Quellen auf. Wie groß der Einfluss des Skandinavischen allerdings im Altenglischen gewesen sein muss, zeigt sich darin, dass neben vielen lexikal. Elementen auch wichtige häufig verwendete grammat. Strukturelemente wie die Pronominalformen »they«, »their«, »them« eingedrungen sind.

Mittelenglisch Die Eroberung Englands durch die Normannen (1066) sollte die Entwicklung der e. S. nachhaltig beeinflussen. Die tradierte Volkssprache verlor ihren allgemein verbindl. Charakter; von nun an war Französisch die Sprache des Hofes, des Rechts, der Kirche und der Universitäten, während die breite Bevölkerung weiterhin an ihrer eigenen Sprache festhielt. Eine einzige allgemein verbindl. Form des Mittelenglischen hat es allerdings nie gegeben, aber eine große Zahl von Dialekten, die man anhand von Gemeinsamkeiten zu größeren Dialektgebieten zusammenfasst. Nachdem sich London im 14. Jh. zum polit. und kulturellen Zentrum des Landes entwickelt hatte, erlangte der Dialekt dieses Sprachraums überregionale Bedeutung. Aus der Sprache der Londoner Kanzleien ging die neuengl. Sprache hervor. Ein typ. Merkmal dieser Periode war die Aufnahme fremden Wortguts. Ein hoher Prozentsatz des heutigen Vokabulars ist frz. Ursprungs. Zahlreich sind auch die Entlehnungen aus dem Lateinischen und Griechischen. Dazu kamen Entlehnungen aus dem Niederländischen, Spanischen und Deutschen. Die Betonungsstruktur wurde im Laufe der Zeit weitgehend dem german. Muster angepasst. An der Schrift der frz. Schreiber lässt sich die Lautentwicklung erkennen: Die ihnen unbekannten Laute wie [x], [θ], [ʃ] und [w] gaben sie durch Digraphe (gh, th, sh, wh) wieder. Aus Gründen einer deutlicheren Orthografie kam es zu heute willkürlich anmutenden Schreibvarianten in Graphemkombinationen; so wird z. B. in der Umgebung von n, m oder w der Vokal [u] oft als o geschrieben (vgl. neuengl. »to come«). In der Aussprache kam es in der Entwicklung vom Altenglischen zu starken qualitativen und quantitativen Veränderungen, die z. T. spontan, d. h. ohne Einfluss der Lautumgebung, z. T. kombinatorisch erklärt werden; sie schlugen sich großenteils auch in Orthografie und Grammatik (z. B. in der Unregelmäßigkeit vieler neuengl. Verbformen) nieder. Schließlich wurden durch die »great vowel shift« alle langen Vokale tief greifend verändert. Mittelenglische [iː], [eː], [aː], [ɔː], [oː] und [uː] entwickelten sich zu Neuenglisch [aɪ], [iː], [eɪ], [əʊ], [uː] und [aʊ]; mit Ausnahme von [u], das zu [ʌ] wurde, blieben die kurzen Vokale hingegen unverändert. Viele weitere lautl. Veränderungen sind nachweisbar; sie fanden aber ebenso wenig wie die »great vowel shift« Berücksichtigung in der Orthografie. In der Entwicklung der Syntax nimmt das Mittelenglische eine Übergangsstellung von einer synthet. zu einer analyt. Sprachform ein.

Neuenglisch Das Neuenglische hat einen sehr begrenzten Flexionsbestand. So wird, von wenigen Ausnahmen abgesehen, der Plural durch Anhängen eines -s gebildet. Im Pronominalsystem werden formal drei Kasus (»he«, »him«, »his«), im Nominalsystem zwei Kasus unterschieden (»the boy«, »the boy's«). Das Neuenglische kennt fast nur ein natürl. Geschlecht und unterscheidet im Wesentlichen zwei Modi (der Konjunktiv tritt nur sehr begrenzt auf) und drei Zeitstufen: »present« und »past« und »future«. Der »progressive aspect«, die Verlaufsform (»he is singing«), wird in fast allen Zeitformen unterschieden. Die Bedeutung eines Satzes wird durch die Position der Satzglieder, die Verwendung von Funktionswörtern (wie Präpositionen, Artikel, Formen von »to do« und weiteren Hilfsverben), durch Unterschiede zw. den Wortarten (»friend«, »friendly«, »friendliness«, »to befriend« usw.) sowie durch Faktoren wie Betonung, Intonation und Sprechpausen angezeigt. Das Neuenglische hat einen sehr umfangreichen und heterogenen Wortschatz (etwa 210 000 Stammwörter mit 500 000 bis 750 000 Begriffen), der sich aus der Geschichte, der Verbreitung und dem Kontakt mit anderen Sprachen und Kulturen erklärt. Daneben kennt es eine große Anzahl von z. T. sehr produktiven Wortbildungsprozessen, wie Komposition (»crash barrier«, »de« + »frost« + »er« = »defroster«, »to employ« + »ee« = »employee«), Kürzung (»ad« aus »advertisement«, »fridge« aus »refrigerator«) und Kontraktion (»motel« aus »motor« und »hotel«). Die spontane Bildung neuer Wörter zeigt sich im Phänomen der Konversion oder Nullableitung, d. h. dem Gebrauch eines Wortes in einer anderen Wortklasse (»to father«), in Rückbildungen (»to babysit« von »babysitter«) und in Buchstabenwörtern wie z. B. den Akronymen »UNESCO« und »VIP«. Charakteristisch ist auch die häufige Verwendung komplexer idiomat. Strukturen, wie z. B. Verb plus Partikel (»to blow up«). In der Orthografie zeigten sich nach Einführung des Buchdrucks durch W. Caxton (1476) erste Tendenzen zur Vereinheitlichung. Mit »A dictionary of the English language« (1755) von S. Johnson wurde die engl. Rechtschreibung weitgehend festgelegt. Sie spiegelt den Lautstand des späten Mittelenglisch, d. h. der Zeit um 1500. Nachfolgende Lautentwicklungen, die v. a. im Bereich der Vokale zu beträchtlichen Veränderungen führten (»great vowel shift«), sind darin nicht mehr berücksichtigt. Etymologisierende Schreibweisen (»debt« [det] von lat. »debitum«), Homophone ([siːn], geschrieben »seen« oder »scene«), Homographe (»lead«, gesprochen [liːd] oder [led]) u. a. zeigen, wie sehr Lautung und Schrift divergieren. Dieser Tatbestand hat z. T. beträchtl. Abweichungen in der Aussprache zw. den einzelnen geograf. Varianten gefördert, doch ist von ihm auch eine stabilisierende Wirkung auf Wortgut, Morphologie und Syntax des »Standard English« ausgegangen.

REGIONALE UND SOZIALE VARIANTEN

Der Unterschied zw. dem brit. Englisch und seinen Varianten liegt hauptsächlich in der Aussprache, daneben auch im Wortschatz. Früher nannte man das weithin als Modell akzeptierte, v. a. durch die Schriftsprache charakterisierte Englisch der gebildeten Oberschicht des südlichen Englands »King's (oder Queen's) English«, in Dtl. oft »Oxford English« genannt. Heute bezeichnet man es weniger elitär als »Standard English«. Auch zw. diesem und den Dialekten liegt der Hauptgegensatz in der Aussprache, und so ist »Standard English« v. a. durch die »received pronunciation« (akzeptierte Norm der Aussprache, einheitlich und frei von regionalen Zügen) charakterisiert. Unter den **englischen Dialekten** sind hervorzuheben das »Cockney«, die Sprache vieler Londoner v. a. aus dem East End, und die nordengl. sowie die westengl. Mundarten. Für das »Cockney« sind folgende Aussprachen charakteristisch: [kaɪk] für »cake«, [nɔɪt] für »night«, [naʊ] für »no«, [næʊ] für »now« sowie die als »dropping one's »hs«« (Weglassen des »h«) bekannte Gewohnheit, z. B. bei der Aussprache von hat [æt]. Für die nordengl. Dialekte sind Aussprachen wie [lʊv] für »love«, [kat] für »cat«, [ke:k] für »cake«, [go:] für »go« und [baθ] für »bath« typisch, für die westengl. z. B. stimmhaftes »s« und »f« im Anlaut. Als bedeutende regionale Varianten auf den Brit. Inseln sind ferner zu erwähnen das **Schottische** (oft »Scottish Standard English« genannt, eine im N angesiedelte und variierte Form des Südenglischen) und das **Angloirische** (im S Irlands v. a. durch gäl. Substrat, im N durch das Schottische beeinflusst).

Die neben dem brit. Englisch bedeutendste Variante der e. S. ist das **amerikanische Englisch,** dessen Wurzeln in der engl. Sprachform des Elisabethan. Zeitalters zu suchen sind. In Syntax und Morphologie weicht es nur geringfügig vom brit. Englisch ab. Im Wortschatz (z. B. »sidewalk« mit der Bedeutung »Bürgersteig« gegenüber »pavement« im brit. Englisch; »creek« für »Bach« gegenüber »kleine Bucht« im brit. Englisch) und in der Orthografie (z. B. »center« gegenüber »centre« im brit. Englisch; »honor« gegenüber »honour« im brit. Englisch) sind die Unterschiede schon bedeutender. Bes. charakteristisch jedoch ist die Aussprache des amerikan. Englisch: »dance« mit der Aussprache [dæns] gegenüber [dɑ:ns] im brit. Englisch, »suit« mit der Aussprache [su:t] gegenüber [sju:t] im brit. Englisch, »bird« mit der Aussprache [bərd] gegenüber [bə:d] im brit. Englisch; die Nasalität (»nasal twang«) von Vokalen in der Nähe von [m, n, ŋ] und der »drawl«, eine Dehnung der Wörter. Das »General American«, die Aussprache, die für die Gegend von Pennsylvania an westwärts typisch ist, gilt international inzwischen als der »received pronunciation« des brit. Englisch gleichrangig. Die regionalen Unterschiede des amerikan. Englisch sind geringer als die des brit. Englisch; man unterteilt es in drei große Sprachregionen: »Northern«, »Midland« und »Southern«. Eine soziale und ethn. Sonderform ist das **Black English (Ebonics);** hier wird z. B. »th« zu »t«, das »r« geht verloren.

Das kanadische **Englisch** steht dem amerikan. Englisch recht nahe, in seiner Aussprache; es weist aber auch viele Gemeinsamkeiten mit dem brit. Englisch auf, v. a. in Teilbereichen des Wortschatzes. Das **australische Englisch** und das **neuseeländische Englisch** sind eng am brit. »Standard English« orientiert, wenn sie auch einige Besonderheiten in Wortschatz und Aussprache haben. **Südafrikanisches Englisch** ist sowohl in der Syntax als auch im Wortschatz deutlich vom Afrikaans beeinflusst; auf Lexik und Aussprache haben auch versch. afrikan. Sprachen eingewirkt.

Die sprachl. Situation in Indien – und in Ost- und Westafrika – ist verschieden von der in den bisher aufgeführten Staaten, weil Englisch hier nicht die Muttersprache ist. Nur zw. 1 % und 3 % der Inder sprechen Englisch, aber der Einfluss dieser Oberschicht ist groß. Englisch ist die Sprache der Gebildeten; Wissenschaften, Technik und Verwaltung benutzen sie. Die e. S. ist das Medium überregionaler Verständigung. Ähnlich ist die Lage in den ostafrikan. Ländern Äthiopien, Kenia, Uganda, Tansania, Sambia und Malawi. In Westafrika (und hier v. a. in Gambia, Ghana, Kamerun, Liberia, Nigeria und Sierra Leone) ist die e. S. in ihrem sozialen und linguist. Status gefestigter als in Ostafrika und in Indien. In manchen Fällen unterscheidet sich das Englisch vieler Sprecher kaum vom »Standard English« mit »received pronunciation«, während zum Beispiel das »Krio« in Sierra Leone eine eigene kreol. Sprache ist.

Enzyklopädische Vernetzung: ▪ Anglizismus ▪ Basic English ▪ Cockney ▪ kreolische Sprachen ▪ Oxford English ▪ Pidgin-English

 Allgemeines: S. POTTER: Our language (Harmondsworth 1950; Nachdr. 1984); English as a world language, hg. v. R. W. BAILEY u. a. (Neuausg. Ann Arbor, Mich., 1997); E. LEISI: Das heutige Englisch (⁸1999); D. CRYSTAL: The English language (London u. a. ²2002); P. TRUDGILL u. J. HANNAH: International English (ebd. ⁴2002).
 Sprachgeschichte: B. M. H. STRANG: A history of English (London 1970; Nachdr. 1994); K. FAISS: Engl. Sprachgesch. (1989); O. JESPERSEN: Growth and structure of the English language (Oxford ¹⁰1994); D. BÄHR: Abriss der engl. Sprachgesch. (2001); A. C. BAUGH: A history of the English language (London ⁵2002); M. GÖRLACH: Einf. in die engl. Sprachgesch. (⁵2002). – *Altenglisch:* D. BÄHR: Einf. in das Altenglische (³1995); K. WEIMANN: Einf. ins Altenglische (³1995); W. OBST u. F. SCHLEBURG: Lb. des Altenglischen (2004). – *Mittelenglisch:* E. E. WARDALE: An introduction to Middle English (Neuausg. London 1972); M. MARKUS: Mittelengl. Studienb. (1990).
 Grammatik und Wortschatz: S. ULLMANN: Grundzüge der Semantik (a. d. Engl., ²1972); C. C. FRIES: The structure of English (London 1977); R. HUDDLESTON: Introduction to the grammar of English (Cambridge 1984; Nachdr. 2000); M. LEHNERT: Der engl. Grundwortschatz (Leipzig ⁸1989); A. BLASS u. W. FRIEDRICH: Engl. Wortschatz in Sachgruppen (¹²1990); A. LAMPRECHT: Gramm. der e. S. (⁸1995); H. W. FOWLER: A dictionary of modern English usage (Oxford u. a. ²2002); S. BROUGH u. V. DOCHERTY: Langenscheidt engl. Gramm. (2003); E. HENRICHS-KLEINEN: Engl. Gramm. (2004).
 Phonetik, Phonologie: D. JONES: An outline of English phonetics (Leipzig 1914; Nachdr. Oxford 1981); G. SCHERER u. A. WOLLMANN: Engl. Phonetik u. Phonologie (³1986); D. JONES: Everyman's English pronouncing dictionary (London ¹⁴1989); R. ARNOLD u. K. HANSEN: Engl. Phonetik (⁹1995); Gimson's pronunciation of English, hg. v. A. CRUTTENDEN (London u. a. ⁶2001, früher u. d. T.: A. C. GIMSON: An introduction to the pronunciation of English).
 Mundarten des britischen Englisch: The English dialect dictionary, hg. v. J. WRIGHT, 6 Bde. (London 1898–1905; Nachdr. Oxford 1981); Survey of English dialects, hg. v. H. ORTON u. a., 12 Bde. (Leeds ¹⁻²1962–71; Nachdr. London u. a. 1998); The linguistic atlas of England, hg. v. H. ORTON u. a. (London 1978; Nachdr. 1998).
 Amerikanisches Englisch: P. STREVENS: British and American English (London 1972; Nachdr. 1978); A dictionary of American English on historical principles, hg. v. W. A. CRAIGIE u. J. R. HULBERT, 4 Bde. (ebd. ¹⁰1981); G. GRÄF u. H. SPITZBARDT: Amerikan. Englisch (Leipzig ⁵1986); Language in the USA, hg v. C. A. FERGUSON u. a. (Cambridge 1998).

Englisches Raigras, Art der zu den Süßgräsern gehörenden Pflanzengattung →Lolch.

englisches Theater.
• Religiöse Spiele
• Theater im Unterhaltungsviertel
• Der Neubeginn mit einer königlichen Lizenzvergabe
• Mainstream und Alternativen im 20. Jh.

Ein Dutzend Theater in Arenaform aus der Zeit des röm. Reichs sowie sechs noch heute erhaltene Bühnentheater (u. a. dasjenige von Verulamium im heutigen Saint Albans) sind die ältesten Zeugnisse theatraler Aktivitäten in England. Früh prägend war die Spektakelkultur des röm. Imperiums: Gladiatoren- und Tierkämpfe, Mimus, Pantomimus, polit. und kult. Zeremonien sowie militär. Demonstrationen. Fah-

Engl englisches Theater

englisches Theater: Reste der Sockelbebauung des römischen Theaters bei Saint Albans, ursprünglich mit Zuschauerrängen im Halbrund und einer leicht erhöhten Bühne errichtet (ca. 140 v. Chr)

rende Körperkünstler und Spielleute (→ Minstrels) des MA. bereicherten Dorf- und Adelsfeste. Die Traditionen, in denen sie standen, sind heute quellenmäßig schwer fassbar.

RELIGIÖSE SPIELE

Die Tendenz zur Verbildlichung und Vergegenwärtigung des christl. Heilsgeschehens brachte eine theatrale Ausgestaltung des Tropus der Osterliturgie vom Besuch der Marien am Grab Jesu Christi mit sich. Zum Ablauf dieser frühen Formen des Osterspiels wurde um 960 in den Ordensregeln (»Regularis Concordia«) der Benediktiner aus Winchester festgehalten, dass die »Quem quaeritis?«-Sequenz (»Wen sucht ihr?«) von drei Diakonen als symbolhaft dramatisierte Szene der nächtl. Auferstehungsfeier gezeigt wird. In der ebenfalls in den Ordensregeln beschriebenen Erweiterung durch Motive von Jüngerlauf und Gärtnerszene ist zudem die Rezeption volkstüml. Komik und jahreszeitl. Fruchtbarkeitsriten erkennbar. Der Einfluss altfrz. Spiele (»Adam«, »La Seinte Resurreccion«) als Folge der normann. Eroberung (1066), die engl. Spielvorlagen im Übergang vom Latein zur Volkssprache und die Verlagerung von Aufführungen aus dem Kirchenraum auf Stadtplätze bewirkten ab dem späten 14. Jh. die Ausformung von Prozessionsspielen am Fronleichnamstag, den so genannten Mysterienzyklen, u.a. von York (48 Szenen, 1 Aufführungstag), Wakefield (32 Szenen des »Towneley-Zyklus«, 1 Aufführungstag) und Chester (24 Szenen, aufgeführt über drei Tage der Pfingstwoche). Von der Stadtverwaltung organisiert, führten durch professionelle Schauspieler verstärkte Berufsgilden die mehr als 11 000 Zeilen umfassenden Spiele von der Schöpfung bis zum Jüngsten Tag mit Schwerpunkt Passionsgeschichte auf. Liturg. Spielelemente wechselten mit brutalem Realismus und derber Komik. Die Szenen vieler Zyklen spielten auf → Wagenbühnen (»Pageants«), die an bestimmten Stationen in der Stadt Halt machten. Auch Aufführungen auf fest stehenden Bühnen (»Scaffolds«) sind bekannt, so für das späte 14. Jh. die Mysterienzyklen in Clerkenwell (zu London gehörig), die eine Spieldauer von 3 bis 7 Tagen hatten.

Die dreitägigen Mysterienzyklen von Cornwall (»Ordinalia«) fanden in »Rounds« statt, amphitheaterähnl. Erdaufschüttungen, von denen das Perran Round (Perranzabuloe) noch existiert. Zudem wurden verstärkt Moralitäten inszeniert, die vom Kampf zwischen göttl. auf der einen und negativen Kräften auf der anderen Seite um die Seele des Individuums handelten. Populäre Spielvorlagen waren »Everyman« (erster Druck des Spieltextes zw. 1510 und 1525) sowie »Castle of Perseverance« (Text aus dem 15. Jh.), das aufwendig mit einem Burgturm und dem Bett der Menschheit in der Mitte eines »Round« in Szene gesetzt wurde, an der Peripherie die Gerüste für Gott, Welt, Teufel, Fleisch und Begehrlichkeit. Die engl. Reformation und das Verbot von Fronleichnam 1548 brachten ein Ende aller religiösen Spiele; lediglich aus der Streit-Dramaturgie der Moralitäten und ihrer prächtigen Inszenierungsform ließ sich später ein wirksames Propagandatheater gegen Papst und Ausland entwickeln.

THEATER IM UNTERHALTUNGSVIERTEL

Ab dem frühen 16. Jh. begleiteten Aufführungen in Universitäten und Lateinschulen auf einfachen Bühnen mit Stoffabhängung die Lektüre von PLAUTUS und TERENZ. Theatrale Kleinkunst und Farcen mit vielfältigen Themen, als Interludien bezeichnet, wurden in Wirtshäusern und auf Dorfplätzen ebenso dargeboten wie im Schlosssaal von Hampton Court oder in der Londoner Middle Temple Hall der Juristen. Theatrale Großformen bildeten Turniere, Umzüge und monarch. Zeremonien sowie Robin-Hood-, St. Georges- und Jahreszeitenspiele. Der Reichtum an Themen und Darstellungsweisen der weltl. und abgesetzten religiösen Spiele führte zur Entstehung eines neuen, institutionalisierten Theaters. Befördert wurde diese Entwicklung durch den Zwang für Schauspieltruppen, sich neu organisiert der Patronage von Adeligen zu unterstellen (1572), ein verschärftes Spielverbot in den Städten (1574) und die Entstehung von Theaterbauten. Der Zimmermann JAMES BURBAGE (*1530, †1597) errichtete 1576 im nördl. London »The Theatre«. Die architekton. Anleihen für den polygonalen Fachwerkbau mit drei Galerien und einem offenen Innenhof, in den die Bühne weit hineinragte, entstammten Tierkampfarenen und Wirtshaushöfen. Das erfolgreiche Mischprogramm von Theater, Tierkampf und Fechtwettbewerben ließ 1577 einen weiteren Theaterbau – »The Curtain« – entstehen. 1587 investierte P. HENSLOWE in das »Rose Playhouse«, dem ersten Theater auf der Bankside südlich der Themse. Es entzog sich – wie auch die Theaterplätze im Norden, die als ehemaliger Kirchen- oder Klosterbesitz von der Krone verpachtet wurden – der Gerichtsbarkeit der puritan., theaterfeindl. Stadtbehörden. C. MARLOWE schrieb Dramen für die Schauspieltruppe »Admiral's Men« im »Rose Playhouse«, deren Protagonisten von EDWARD ALLEYN (*1566, †1626) im Sinne uneingeschränkten Machtwahns mit großer Geste präsentiert wurden. Der Theaterbetrieb des »Rose Playhouse« und des »Swan« (erbaut 1595) musste gegen Attraktionen des umgebenden Unterhaltungsviertels mit Tierkämpfen, Spiel- und Wirtshäusern sowie Bordellen konkurrieren. V. a. beim wohlhabenden Publikum und der Aristokratie fanden die Knabentruppen von Chorsängern der »Chapel Royal« und der Lateinschule St. Paul Anklang, die mit Gesang und Tanz in einem Saal des ehemaligen Blackfriars-Klosters auftraten. R. BURBAGE ließ 1598 aufgrund von Pachtstreitigkeiten »The Theatre« abreißen und auf der Bankside als »Globe« wieder aufbauen. Nach dessen Brand 1613 wurde wiederum ein Neubau errichtet. Die Schauspieltruppe »Chamberlain's Men« bespielte das »Globe«, dessen Hausautor und Miteigentümer W. SHAKESPEARE war. Für ein gemischtes Publikum, das die Theateraufführung stehend im Hof verfolgte und daher als »Groundlings« bezeichnet wurde, bis zu Adeligen auf Plätzen in der Nähe der Bühne wurden in Vorstellungen am frühen Nachmittag auf einer fast dekorationslosen Bühne, aber in prächtigen Kostümen die Rachedramen, Liebestragödien, Historienstücke, Romanzen und Komödien des engl. Welttheaters (→ elisabethanisches Drama) gezeigt. Mit den → englischen Komödianten gelangten Dramatik und Schauspielkunst dieser Zeit zudem nach Kontinentaleuropa.

Im Gegensatz zum Schauspieler-Theater auf der Bankside förderte der Hof das musikal. Kostümspektakel → Masque, das sich aus Willkommensbräuchen Maskierter geformt hatte und unter Teilnahme der königl. Familie einen allegor. Kampf von positiven und negativen Kräften bot. Als I. JONES 1605 »The Masque of Blackness« ausstattete, führte er in Kenntnis von Bühnentechniken der ital. Renaissance die perspektiv. Verwandlungsbühne in England ein. Auf seinen Entwurf geht die klassizist. »Banqueting Hall« im Palast von Whitehall zurück, wo die meisten Masques stattfanden. Die Spielvorlagen stammten häufig von dem Dramatiker B. JONSON. Das höf. Theater gedieh in Ausstattungspracht, das öffentl. Theater erwies sich für bürgerl. Spekulanten als lohnendes Wirtschaftsunternehmen. HENSLOWE baute zwei weitere Theater (»Fortune«, »Hope«), neben zahlreichen kurzfristig bestehenden Theatern überlebte »Cockpit«, »Boar's Head«, »Red Bull« und der »Salisbury Court«, wo die so genannten City Comedies von T. DEKKER und T. MIDDLETON, die brutalen Dramen von J. WEBSTER und die eleganten Stücke von F. BEAUMONT und J. FLETCHER gespielt wurden. Nach Ausbruch des Bürgerkrieges verfügte das republikan. Parlament im August 1642 die Schließung aller Theater.

DER NEUBEGINN MIT EINER KÖNIGLICHEN LIZENZVERGABE

1660 zeichnete König KARL II. nach seinem Einzug in London zwei loyale Dramatiker und Schauspieler, THOMAS KILLIGREW (* 1612, † 1683) und W. DAVENANT, mit je einer Theaterlizenz aus. KILLIGREW bespielte zunächst »Gibbon's Tennis Court«, errichtete dann auf einem Reitplatz in der Bridges Street das »Theatre Royal«, dessen Folgebauten als »Theatre Royal Drury Lane« populär wurden. DAVENANT baute »Lisle's Tennis Court« auf dem Gelände der Lincoln's Inn Fields zu einem Theater mit Verwandlungsbühne um. Der aus dem königl. Exil mitgeführte, nun bestimmende frz. Theaterstil markierte den Beginn des forcierten öffentl. Ausstattungstheaters. Eine andere Neuerung bestand in den Auftritten von Schauspielerinnen (ELIZABETH BARRY, * 1658, † 1713; ANNE BRACEGIRDLE, * 1671, † 1748; NELL GWYN, * 1642, † 1687), die eine lange Praxis von Knabendarstellern für Frauenrollen beendeten. In der bis zur Jahrhundertwende modischen → Comedy of Manners konnten Aristokratie und wohlhabendes Bürgertum die satirisch überspitzten Auswüchse ihrer geldversessenen Gesellschaft in einem Bühnenambiente aus Eleganz, Erotik und gelegentlich von vorwitzigen Dienern gestörter Standesüberlegenheit belächeln. Zudem wurden die gewaltreich-pathet. heroischen Dramen von J. DRYDEN und T. OTWAY sowie »verbesserte« Versionen der Dramen des z. T. als »Barbar« verrufenen SHAKESPEARE gezeigt.

Zusatzpatente, die 1705 zur Errichtung des Heymarket Theatre führten, und der Handel mit Teilpatenten sollten durch die »Theatre Bill« (1736) unterbunden werden. Abgesehen von organisator. Neuerungen und der inhaltl. Kontrolle durch einen Zensor wurde die Diskussion über die Funktion des Theaters im Hinblick auf Vorbild und Erziehung bestimmend. Moral. Wochenschriften wie »The Tatler« und »The Spectator« verhandelten ein Theater der Tugend und Natürlichkeit, das Identifikation und emotionale Reaktionen ermöglichen sollte. G. LILLO entsprach mit dem Drama »The London merchant« (dt. »Der Kaufmann von London«), das 1731 nur bürgerl. Figuren auf die Bühne des Theatre Royal Drury Lane brachte, dem neuen bürgerl. Selbstbewusstsein. Dem Schauspieler D. GARRICK gelang die Abkehr von Deklamationspathos und extremer Gestikulation. Er führte ausführlichere Theaterproben ein und formte das »Drury Lane-Ensemble«.

englisches Theater: Nigel Hawthorne (links) in der Titelrolle von »König Lear« mit John Carlisle als Graf von Gloucester in einer Inszenierung der Royal Shakespeare Company (1999)

Diesen ersten Reformen stand die gängige Aufführungspraxis eines vierstündigen Ausstattungstheaters mit Varieté-, Gesangs- und Tanzeinlagen gegenüber. Neben den großen, über 3 000 Zuschauer fassenden Theatern im Covent Garden und in der Drury Lane entstanden im 19. Jh., bes. nach dem »Theatre Regulation Act« und der Abschaffung des Lizenzwesens zur Theatergründung 1843, zahlreiche neue Bühnenbauten für die unterschiedlichsten theatralen Formen (1899 wurden neben 39 Music-Halls im Londoner Westend 38 Theater gezählt, in den Vorstädten 23). Sie boten für das städt. Massenpublikum technisch perfektes Illusionstheater, das mit aufwendigen Bühneneffekten wie inszenierten Schiffskatastrophen oder Eisenbahnunglücken ein breites Publikum anzog. Die hohen Produktions- und Betriebskosten konnten nur eingespielt werden, indem die Inszenierungen lange und kontinuierlich (»Long-Run-System«) auf dem Spielplan gehalten wurden. Neben der

Engl Englisches Vollblut

englisches Theater: Szene aus der Inszenierung »Bloody Mess« (2004) der Gruppe »Forced Entertainment«, in der Elemente von Rockkonzerten und Theater zusammengeführt wurden

Schaffung fantast. Bühnenwelten gab es Tendenzen zu historisch genauen Inszenierungen u. a. durch Charles Kean (*1811, †1868) sowie realist. Milieuschilderung.

MAINSTREAM UND ALTERNATIVEN IM 20. JH.

Die kommerzielle Theaterindustrie dominierte weiterhin London und von dort aus die Unterhaltung in den Provinzen; Einbrüche während der Weltkriege und die erstarkte Konkurrenz durch Radio und Kino waren zu verkraften. Für die Musicalproduktionen kamen im letzten Drittel des 20. Jh. global stilbildende Gesangs- und Tanzkünstler sowie hoch entwickelte Dekorationen und Beleuchtungstechniken zum Einsatz. Dutzende von Theatern wurden von Cameron Macintosh (*1946) erworben und betrieben, im Jahr 2000 schließlich an A. Lloyd Webber verkauft.

Vergleichsweise bescheidene Anfänge des künstlerisch anspruchsvollen Regietheaters erfolgten durch das Independent Theatre (1891), die Royal Academy of Dramatic Art (1904) und das Old Vic Theatre (1912). Zunehmend begann das Theater auch als Medium polit. und ethn. Identität und ihrer Präsentation eine Rolle zu spielen.

Mit Steuerbefreiungen und der Gründung des Arts Council of Great Britain (1946) wurde die Finanzierung nichtprofitorientierter Theaterprojekte gewährleistet. Joan Littlewood bereicherte die engl. Theaterszene mit einem internat. Repertoire an Spielformen und Dramen. Hohe und fortschrittl. künstler. Maßstäbe wurden ab 1956 von der English Stage Company gesetzt, die George Devine (*1910, †1965) am Royal Court Theatre leitete, sowie durch Peter Hall (*1930) mit der →Royal Shakespeare Company. Ihre künstler. Arbeit und das 1963 im →Old Vic gegründete, seit 1976 auf der Southbank präsente →National Theatre prägten entscheidend Dramenproduktion und Theaterstile der Folgezeit (→New English Drama). Das gegenwärtige nichtkommerzielle Theater hat sich in neuen Häusern und einigen traditionellen Theatern des Londoner Westend, im Rahmen des Edinburgh Festivals (gegr. 1947), des London International Festival of Theatre (LIFT; gegr. 1981) sowie auf zahlreichen alternativen Spielstätten etabliert. Das theatrale Angebot reicht weiter von authent. Spielversuchen im rekonstruierten und 1996 neu eröffneten »Shakespeare's Globe Theatre« über die konventionelle bis provokative Interpretation histor. und gegenwärtiger Dramentexte bis – u. a. in der Arbeit der 1984 gegründeten Gruppe »Forced Entertainment« – zum intermedialen Experiment und der Performance.

📖 H. Kindermann: Theater-Gesch. Europas, 10 Bde. (Salzburg 1957–74); M. Brauneck: Die Welt als Bühne. Gesch. des europ. Theaters, 4 Bde. (1993–2003); E. T. der Gegenwart, hg. v. Klaus P. Müller (1993); S. Trussler: British theatre (Cambridge 1994); P. P. Schnierer: Modernes engl. Drama u. Theater seit 1945 (1997); G. Wickham: Early English stages. 1300 to 1660, 4 Bde. (Neuausg. London u. a. 2002).

Englisches Vollblut, engl. **Thoroughbred** [θʌrə-ˈbred], frz. **Pur Sang** [pyrˈsɑ̃], auf der Grundlage irischer und kelt. Landrassen seit dem 17. Jh. gezüchtete Pferderasse, die auf drei oriental. Hengste als Stammväter zurückgeführt wird. Eine Reinzucht in England begann Ende des 18. Jh. Das E. V. ist ein frühreifes, leichtes, sehr edles Pferd (Stockmaß 160–170 cm), das außer im Rennsport, im Reitsport (v. a. Military) und zur Veredlung von Warmblütern in der Zucht eingesetzt wird. Einer der berühmtesten E. V. war der Hengst »Eclipse« (*1764), auf dessen Linie rd. 85 % aller Sieger im Rennsport zurückgehen.

englische Weine, Weine aus dem Weinbauland an der nördl. Weinbaugrenze Europas; von etwa 800 ha Rebfläche in England und Wales werden wenig mehr als 4 Mio. Flaschen Wein im Jahr erzeugt. Der Pro-Kopf-Verbrauch der Briten von 15,5 l/Jahr (2000) wird fast vollständig durch Importware gedeckt; Großbritannien ist nach Dtl. der zweitgrößte Weinimporteur der Welt. Ermöglicht wird der Weinbau v. a. durch den Einfluss des Golfstroms, wobei sowohl das Klima als auch die kalkhaltigen Böden der brit. Anbaugebiete denen der frz. Champagne ähneln. Die größten Rebflächen liegen in den Grafschaften Surrey, Sussex, Hampshire und im Südwesten (Kent).

Bezeichnungen und Sorten Weine aus Trauben brit. Weinberge werden unter der Bez. **English Wine** vermarktet; sie müssen aus Viniferasorten (→Weinrebe) gekeltert sein, um als Qualitätswein zu gelten. Unter der Bez. **Britisch Wine** wird dagegen Wein aus importiertem Mostkonzentrat angeboten. Kultiviert werden überwiegend Weißwein-Rebsorten, allen voran Müller-Thurgau, gefolgt von Bacchus, Morio-Muskat, Silvaner und Hybriden.

Englisches Vollblut

Englischhorn, ital. **Corno inglese,** frz. **Cor anglais** [ˈkɔr ãˈglɛ], eine in der ersten Hälfte des 18. Jh. aus der Oboe da caccia entwickelte Altoboe in F (Umfang es – b²; klingt eine Quinte tiefer als notiert) mit einem birnenförmigen Schallbecher (Liebesfuß). Das E. wurde zunächst in gebogener, seltener gewinkelter Form gebaut und bekam nach 1820 seine heutige gerade Form mit abgebogenem Mundstück und Klappen. Seit Mitte des 19. Jh. regelmäßig im Orchester vorgeschrieben, wird das E. auch kammermusikalisch eingesetzt.

🔊 **Englischhorn:** Tonumfang 3196; Einfachzunge 3192; Flatterzunge 3193; Triller crescendo und decrescendo 3197; Legato 3195; Läufe aufwärts und abwärts 3194

Englischleder, festes Gewebe, →Moleskin.

englisch-niederländische Seekriege, drei Kriege des 17. Jh. zw. England und den Niederlanden um die Vorherrschaft auf See. Im 1. Krieg (1652–54), der wegen der niederländ. Weigerung zur Anerkennung der →Navigationsakte ausbrach, wurden die Niederlande zur Respektierung der Akte gezwungen (Frieden von Westminster 1654). Im 2. Krieg (1664/65–67) erreichten die mit Frankreich verbündeten Niederlande durch ihre auf Betreiben von J. DE WITT verstärkte Flotte einen kolonialpolit. Kompromiss und eine Modifikation der Navigationsakte (Friede von Breda 1667). Nach einem kurzen englisch-niederländ. Bündnis im →Devolutionskrieg eröffnete der engl. König KARL II. mit seiner auf den Geheimvertrag von →Dover (1670) gestützten Kriegserklärung den 3. Krieg (1672–74). Die den Seekrieg begleitende, zunächst erfolgreiche frz. Landoffensive führte zum Zusammenbruch der Herrschaft DE WITTS und zur Ausrufung WILHELMS III. VON ORANIEN zum Statthalter, während sich die von M. A. DE RUYTER geführte niederländ. Flotte siegreich gegen die überlegenen englisch-frz. Seestreitkräfte behauptete. Widerstand des Parlaments gegen die Außenpolitik KARLS II. sowie den holländ. Wunsch zu einem baldigen Separatfrieden führten zum Frieden von Westminster (1674), der im Wesentlichen den Status quo bestätigte. Aufs Ganze gesehen hatte dennoch England von nun an die Niederlande als ernsthaften Konkurrenten um Fernhandel, Seemacht und Kolonien ausgeschaltet. Wichtigster Gewinn waren zudem die niederländ. Besitzungen in Nordamerika (→Neu-Niederland).

Zu einem weiteren Seekrieg (1780–84) kam es nach dem Beitritt der Niederländ. Rep. zu dem von Zarin KATHARINA II. gegen Großbritannien gerichteten Pakt über eine bewaffnete Seeneutralität. Trotz eines Sieges auf der Doggerbank (1781) musste die letztlich unterlegene Rep. im Frieden von Paris (1784) Stützpunkte in Indien an Großbritannien abgeben.

📖 J. R. JONES: The Anglo-Dutch wars of the seventeenth century (London u. a. 1996); R. HAINSWORTH u. C. CHURCHES: The Anglo-Dutch naval wars. 1652–1674 (Stroud 1998).

Englischrot, ein rotes Eisenpigment, →Caput mortuum.

englisch-spanische Seekriege, Bez. für die krieger. Auseinandersetzungen zw. England und Spanien im 16. Jh., die im Untergang der span. →Armada (1588) gipfelten. – 1655–58 führte O. CROMWELL einen See- und Kolonialkrieg gegen Spanien.

English Chamber Orchestra [ˈɪŋglɪʃ ˈtʃeɪmbə ˈɔːkɪstrə], brit. Kammerorchester, gegr. 1948 von ARNOLD GOLDSBROUGH (* 1892, † 1964), musiziert auch in sinfon. Besetzung. Das Orchester spielte seit 1961 beim Aldeburgh Festival unter B. BRITTEN, blieb aber ohne Chefdirigent.

🔊 **English Chamber Orchestra:** John Barry: »Give me a smile«, aus »The beyondness of things« 5251

English Channel [ˈɪŋglɪʃ ˈtʃænl], der →Ärmelkanal.

English National Ballet [ˈɪŋglɪʃ ˈnæʃnl ˈbælət], →London Festival Ballet.

Englishwaltz [ˈɪŋglɪʃwɔːls] der, -/-, langsamer Walzer in ruhigem, gleichmäßigem ³/₄-Takt, mit meist sentimentaler Melodik, dem nordamerikan. →Boston verwandt. Der E. kam um 1920 aus den USA nach Europa und gehört seit 1929 zu den Standardtänzen.

Engmaulfrösche, Microhylidae, außereurop. Familie der Froschlurche mit auffallend kleinem, oft zugespitztem Maul. Zu ihnen gehören u. a. die Kurzköpfe mit dem Regenfrosch und der Indische Ochsenfrosch.

Engobe [ãˈgoːbə, frz.] die, -/-n, **Beguss, Anguss,** aus Tonschlamm bestehender Überzug auf einer keram. Grundmasse (Rohling), der beim Brennen eine gleichmäßige Oberfläche und Färbung liefert. Farbige E. erhalten durch Metalloxide (z. B. Chromoxid, Kobaltoxid) die gewünschte Färbung. Vielfach werden E. in der Ziegelindustrie, etwa bei Herstellung von Dachziegeln, benutzt. Mit E. wurde die Halbfayence (→Fayence) hergestellt. Diese Technik, die eine Abstimmung der keram. Grundmasse und der E. im Hinblick auf den Schwindungsgrad der beiden Massen beim Brennen erfordert, wurde zuerst in Vorderasien angewendet.

Engpass, Bottleneck [ˈbɒtlnek, engl.], die durch Mangel an Betriebsanlagen, Rohstoffen, Facharbeitern und anderen Produktionsfaktoren im Vergleich zu anderen Produktionsbereichen entstehenden Unterkapazitäten, die eine ansonsten mögl. höhere Produktion verhindern. In der kurzfristigen betriebl. Planung wird tendenziell das Gesamtsystem dem E.-Bereich (z. B. Produktion) angepasst; langfristig dagegen wird regelmäßig die Anpassung des E.-Bereichs an das Niveau der übrigen betriebl. Bereiche angestrebt. Teilbereiche können »Engpass« sein. Auf die Volkswirtschaft übertragen führen E. in bestimmten Wirtschaftszweigen (z. B. Grundstoffindustrie) zur Unterauslastung von Kapazitäten in nachgelagerten Wirtschaftszweigen. E.-Faktoren (z. B. Mangel an qualifizierten Arbeitskräften, an techn. Wissen, an Infrastruktur), die nicht durch Mehreinsatz anderer Produktionsfaktoren zu ersetzen sind, können die wirtschaftl. Entwicklung behindern.

Engpassleistung, höchste Leistung eines Kraftwerkes, die bei bestimmungsgemäßem Betrieb ohne zeitl. Einschränkung und unter Normalbedingungen (bezüglich Kühlwasserverhältnissen, Brennstoffqualität) zu erbringen ist; sie ist durch den leistungsschwächsten Anlagenteil (»Engpass«) begrenzt.

Engramm [griech.] das, -s/-e, nach R. SEMON die Gedächtnisspur (»mnemische Spur«), die durch Reize im Gehirn eingeschrieben wird und auf spätere ähnl. Reize eine gleiche Reaktion wie auf den Originalreiz ermöglicht.

Engraulidae [nlat.], wiss. Name der →Sardellen.

Engström, Albert, schwed. Zeichner und Schriftsteller, * Lönneberga (bei Hultsfred, Verw.-Bez. Kalmar) 12. 5. 1869, † Stockholm 16. 11. 1940; gründete 1897 die humorist. Zeitschrift »Strix« (seit 1924 »Söndagsnisse-Strix«) und schrieb Erzählungen; war 1925–35 Prof. in Stockholm. In seinen Zeichnungen stellte er mit groteskem Humor und prägnanter Charakteristik

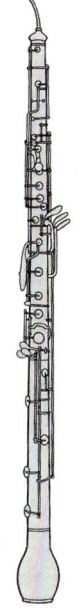

Englischhorn
(moderne Bauart)

Enha Enhancer

Karl von Enhuber: »Der Maler und sein Schüler« (1847; Privatbesitz)

einerseits die »feinen« Leute, andererseits heruntergekommene Bauern und Landstreicher dar.

Ausgaben: Skrifter, 15 Bde. (Neuausg. 1949–51). – Gestalten, 2 Bde. (1925, dt. Auswahl).

Enhancer [ɪnˈhɑːnsə; engl. »Verstärker«] *der, -s/-, Molekularbiologie:* Bez. für einen regulator. Abschnitt der DNA, der die Transkriptionseffizienz eines Gens erhöht, das sich auf dem gleichen DNA-Molekül befindet. Dabei kann sich der E. weit entfernt (mitunter Tausende von Basenpaaren) von dem Gen und in beliebiger Orientierung zu diesem befinden. Der E. ist i. d. R. 50–200 Basenpaare lang und fungiert als Bindestelle für Proteine. Gegenwärtigen Vorstellungen zufolge ändert sich durch Anlagerung dieser Proteinfaktoren die räuml. Struktur der DNA, was letztlich die Transkription des regulierten Gens erleichtert. Derartige regulator. DNA-Sequenzen finden sich häufig im Genom eukaryot. Zellen. Aber auch die DNA von Viren weist E.-Elemente auf, die gezielt von Wirtsproteinen erkannt werden. Dies ermöglicht, dass die befallene Zelle die viralen Gene transkribiert und infektiöse Viruspartikel produziert.

Enharmonik [zu griech. enarmónios »in der Harmonie«], in der antiken griech. Musik im Ggs. zu →Diatonik und →Chromatik jenes Tongeschlecht, das neben großen Intervallen auch die sehr kleinen, enharmon. Intervalle benutzt, die kleiner sind als der chromat. Halbton, z. B. Drittel- und Vierteltöne. Auch im MA. und dann bes. in der an der Antike orientierten Musiklehre des 16. Jh. wurde mit enharmon. Tonstufen operiert. Heute bezeichnet E. das Verhältnis zweier Töne, die durch Erhöhung bzw. Erniedrigung zweier benachbarter Stammtöne gebildet werden, z. B. fis (als Erhöhung von f) und ges (als Erniedrigung von g). Mit der temperierten Stimmung (seit dem Beginn des 18. Jh.) fallen enharmonisch unterschiedene Töne in einen Ton (auf eine Taste) zusammen (fis = ges). Unter **enharmon. Verwechslung** versteht man die bloß schreibtechn. Auswechslung von ♯ und ♭ zwecks leichterer Lesbarkeit. Dagegen spricht man von **enharmon. Umdeutung**, wenn die andere Schreibweise des gleichen Tons eine →Modulation in eine andere Tonart anzeigt (z. B. fis in D-Dur wird zu ges in Des-Dur).

Enhuber, Karl von, Maler und Illustrator, * Hof 16. 12. 1811, † München 6. 7. 1867; früh erfolgreicher Maler der Münchner Schule. Seine volkstüml. Genrestücke zeigen in oft heiterer Szenerie Volkstypen des südt. kleinstädt. oder ländl. Milieus. Daneben entstanden vielfigurige Darstellungen des Alltagslebens und kleinformatige, malerisch reizvolle Bildskizzen, die als Studien für größere, öfter jedoch nicht ausgeführte Gemälde dienten.

ENIAC [ˈeːnɪak, Kw. für engl. Electronic Numerical Integrator **a**nd **C**omputer] *der, -s,* offiziell am 14. Februar 1946 in Betrieb genommener, erster vollelektron. Computer der Welt. Andere zu dieser Zeit gebaute Computer, wie die von K. ZUSE, verwendeten meist elektromechan. Schalter. ENIAC war mit etwa 18 000 Elektronenröhren ausgestattet, wog etwa 30 Tonnen und benötigte eine Standfläche von 140 m^2. Die Leistungsaufnahme betrug etwa 180 kW. Mit dieser Ausstattung war der ENIAC in der Lage, etwa 5 000 Additionen und 300 Multiplikationen pro Sekunde abzuarbeiten. Er war damit etwa 1000-mal schneller als die besten Rechenmaschinen seiner Zeit. Allerdings handelte es sich nicht um einen digitalen, sondern um einen dezimalen Computer, da alle Ergebnisse durch entsprechende Röhrensysteme im Zehnersystem gespeichert und verarbeitet wurden.

Programme konnten damals noch nicht mithilfe von →Lochkarten oder →Lochstreifen eingegeben werden, sondern mussten an Schaltpulten und mittels Kabelsträngen manuell verdrahtet werden. Da der ENIAC in 30 separate Einheiten untergliedert war, bedeutete dies, die jeweiligen Einheiten auch in der richtigen Reihenfolge zu verdrahten. Im Verlauf der Arbeit mit dem ENIAC entdeckten die Ingenieure allerdings, dass sie die Impulse, die eine Einheit an die nächste sandte, um dort die Weiterführung der Rechnung zu initiieren, auch als bedingte Steuerimpulse verwenden konnten, und erfanden so die bedingte Programmierung. In modernen Programmiersprachen wird dies mit den Konstrukten if … then … else durchgeführt.

Entwickelt wurde ENIAC seit 1942 von J. W. MAUCHLY und später zusätzlich von J. P. ECKERT an der Moore School of Electrical Engineering der University of Pennsylvania in Philadelphia (USA). MAUCHLY entwickelte dabei die Systemarchitektur, während ECKERT die ingenieurtechn. Probleme löste. Zu diesen gehörte beispielsweise die Wartung der Elektronenröhren. Von den etwa 7 000 Betriebsstunden, die der ENIAC bis etwa 1955 jährlich absolvierte, musste etwa die Hälfte für das Auswechseln defekter Röhren aufgewendet werden. Bald nach der Inbetriebnahme des ENIAC mussten die beiden Entwickler die Universität aufgrund von Patentstreitigkeiten verlassen und gründeten eine eigene Computerfirma, in der sie das Nachfolgesystem **UNIVAC** entwickelten. Sie verkauften die Firma jedoch bereits 1950 an den Büromaschinenhersteller Remington.

Enigma [von griech. aínigma »Rätsel«] *die*, -, Name einer Verschlüsselungsmaschine, die das Dt. Reich im Zweiten →Weltkrieg zur Chiffrierung geheimer Nachrichten nutzte. Mit der E. wurde während des Zweiten Weltkriegs der größte Teil der Funksprüche der dt. Wehrmacht und Marine vor dem Absenden verschlüsselt und nach dem Empfang wieder entschlüsselt. Die mit der E. chiffrierten Funksprüche wurden während des Krieges (mit Unterbrechungen) in der brit. Chiffrierstelle in Bletchley Park (»Government Code and Cypher School« nordwestlich von London) trotz immer neuer techn. Raffinessen dechiffriert, sodass die Alliierten diesen Teil des militär. Funkverkehrs mit einigen Ausnahmen mithören konnten. Man nimmt an, dass während des Zweiten Weltkriegs 100 000 bis 200 000 solcher Verschlüsselungsmaschinen gebaut wurden.

Erfindung Die Erfindung der E. geht insbesondere auf den Berliner Ingenieur ARTHUR SCHERBIUS (* 1878, † 1929) zurück, der 1918 eine »elektr. Chiffriermaschine« zum Patent anmeldete. Kernbestandteil der E. waren Rotoren in Form von Walzen oder Trommeln, die auf sehr einfache Weise für jede Stellung eine andere Zuordnung zw. den durch Schaltertasten betätigten Klartextzeichen und den durch Lämpchen angezeigten Geheimtextzeichen erzeugten. SCHERBIUS stellte die Maschine 1923 in Bern und 1924 in Stockholm der Öffentlichkeit vor. 1927 kaufte SCHERBIUS die Patente des Niederländers HUGO ALEXANDER KOCH (* 1870, † 1929), der 1919 das Rotorprinzip neu erfunden hatte. Die techn. Weiterentwicklung der E. leitete nach 1929 WILLI KORN, ein Mitarbeiter von SCHERBIUS.

Anwendung In Dtl. übernahm zunächst die Reichs-

ENIAC wurde ab 1942 von John Presper Eckert und John William Mauchly an der University of Pennsylvania in Philadelphia entwickelt.

wehr die E. Als unter dem nat.-soz. Regime die massive Aufrüstung eingeleitet wurde, gehörte die E. (neben weiteren Kryptomaschinen) zur militär. Ausstattung und wurde für die jeweiligen Einsatzbereiche (wie Heer, Marine, Luftwaffe, diplomat. Dienst) entsprechend weiterentwickelt.

Sicherheit Auf dt. Seite überschätzte man die Sicherheit der E.-Chiffrierung und übersah u. a. Spionageaktivitäten sowie Mängel in der Disziplin der Bedienung. Dies führte zu raschen Erfolgen v. a. des poln. Entzifferungsdienstes. Als sich die Konstruktion der E. erneut änderte und abzusehen war, dass Polen eines der ersten Angriffsziele im kommenden Krieg sein würde, entschloss sich der poln. Entzifferungsdienst am 25. Juli 1939 bei einem Treffen mit Briten und Franzosen zur Übergabe aller Unterlagen an die brit. Regierung. In Bletchley Park wurde die Arbeit (u. a. unter Leitung von A. TURING und W. GORDON WELCHMAN; * 1906, † 1985) fortgesetzt, sodass die Alliierten (mit Unterbrechungen) von Ende 1940 an den dt. Funkverkehr der Luftwaffe und ab Mitte 1941 der Marine lesen konnten.

Bis 1942/43 wurde der E.-Code weitgehend entschlüsselt, was sich als wesentl. Beitrag zur Beendigung des Krieges erwies. Der US-Entzifferungsdienst übernahm ab Ende 1943 die Hauptarbeit in der U-Boot-Aufklärung im Atlantik.

D. KAHN: Seizing the E. The race to break the German U-boat codes 1939 – 1945 (London 1991); A. HODGES: Alan Turing. E. (a. d. Engl., ²1994); S. SINGH: Geheime Botschaften. Die Kunst der Verschlüsselung v. der Antike bis in die Zeiten des Internet (a. d. Engl., 2002); S. HARPER: Kampf um E. Die Jagd auf U 559 (a. d. Engl., 2004).

Enikel, Jans Jansen, mittelhochdt. Dichter, →Jansen E., Jans.

Eningen unter Ach|alm, Gem. im Landkreis Reutlingen, Bad.-Württ., am Albtrauf, 463 m ü. M., 10 700 Ew.; Elektro-/elektron. Industrie; staatlich anerkannter Erholungsort, Fremdenverkehr.

Enisej [jeni'sɛi] *der*, Strom in Sibirien, →Jenissei.

Enisejsk [jeni'sɛisk], Stadt in Russland, →Jenisseisk.

ENI S. p. A. [ENI, Abk. für Ente Nazionale Idrocarburi], weltweit (in ca. 70 Ländern) tätiger ital. Energiekonzern, gegr. 1953; Sitz: Rom. Tätigkeitsschwerpunkte sind Exploration, Produktion, Transport und

Enigma: deutsche Marine-Enigma (Museum für Kommunikation Frankfurt)

Verkauf von Erdöl und Erdgas, Erzeugung und Vertrieb von elektr. Strom, Petrochemie und Dienstleistungen. Zu den zahlr. Tochterunternehmen im In- und Ausland gehört u. a. die Agip Dtl. GmbH. Der ehemals staatl. Konzern wurde ab 1995 schrittweise privatisiert; 2003 erfolgte die Fusion mit der AGIP Petroli S. p. A. Umsatz (2004): rd. 61,24 Mrd. €, 71 500 Beschäftigte.

Eniwetok [eˈniːwətɔk, enɪˈwiːtɔk], Atoll mit 40 Inseln in der Ralikgruppe der Marshallinseln; war seit 1947 (mit dem benachbarten Bikini) US-Treuhandgebiet »Pazifische Inseln« und Kernwaffenversuchsgebiet der USA (1946 Evakuierung der Bev.); hier wurde am 1. 11. 1952 die erste Wasserstoffbombe gezündet. Seit dem Ende der 1970er-Jahre kehrten einige der Bewohner zurück, 1999 lebten auf E. wieder etwa 800 Menschen, die jedoch nur Teile des Atolls betreten dürfen; möglicherweise ist diese Rücksiedlung nicht von Dauer, da inzwischen bei den Bewohnern einiger weiterer Inseln Strahlenschäden festgestellt wurden.

Enjambement [ãʒãbˈmã; zu frz. enjamber »überspringen«] *das, -s/-s*, **Versbrechung, Zeilensprung,** das Übergreifen des Satzes und damit des Sinnes über das Ende eines Verses oder einer Strophe; z. B.:
»Ich melde dieses neue Hindernis
dem Könige geschwind; beginne du
das heil'ge Werk nicht eh', bis er's erlaubt.«
(GOETHE, »Iphigenie auf Tauris«).

In der mittelhochdt. Dichtung wurde das E. bewusst zu einer Eigenart der Verstechnik entwickelt (**Hakenstil,** im Ggs. zum Zeilenstil). In neuerer Zeit hat bes. R. M. RILKE das E. verwendet. Im frz. Alexandriner wurde das E. seit F. MALHERBE und N. BOILEAU-DESPRÉAUX streng vermieden; erst seit der Romantik tauchte es wieder auf.

Enke Verlag
(Verlagssignet)

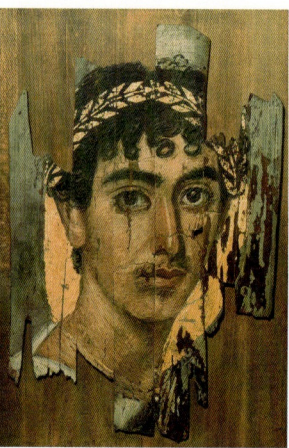
Enkaustik: ägyptisches Mumienporträt eines jungen Mannes mit goldenem Lorbeerkranz (frühes 2. Jh. n. Chr.; Moskau, Puschkin-Museum)

Enkaustik [griech. egkaustikḗ (téchnē), eigtl. »zum Einbrennen gehörend(e Kunst)«] *die, -,* Maltechnik, bei der die Pigmente durch auf bestimmte Weise behandeltes Wachs gebunden sind. Während man heute elektrisch heizbare Malinstrumente verwendet, wurden in der griech. Antike die erwärmten Wachsfarben mit dem heißen Metallspachtel aufgetragen und anschließend durch Hitzeeinstrahlung (durch glühende Eisen) eingebrannt. Bindemittel war das »punische Wachs«, das man aus Bienenwachs durch Behandlung mit Soda und Aufkochen mit Meerwasser herstellte. Die E. auf Holz, Marmor, Elfenbein und Leinwand ist v. a. für die verlorene antike Tafelmalerei bezeugt, aber auch für die Fassung von dor. Tempeln und von Skulpturen. An der Trajanssäule in Rom wurden Spuren von E. entdeckt, auch sind ägypt. Mumienporträts (1.–4. Jh. n. Chr.) in E. erhalten. Wieder belebt wurde diese im 6. Jh. n. Chr. in Vergessenheit geratene Technik (lediglich in der byzantin. Ikonenmalerei lebte sie bis ins 12. Jh. fort) trotz vieler Versuche seit dem 16. Jh. erst im 20. Jh.

Enke, Wilhelmine, Geliebte des preuß. Königs FRIEDRICH WILHELM II., →Lichtenau, Wilhelmine Gräfin von.

Enkel [spätahd. eninchili, Verkleinerungsform zu ahd. ano »Ahn«, »Großvater« (da der E. als der wieder geborene Großvater galt)], Kindeskind.

Enkeltafel, Nachfahrentafel, *Genealogie:* Tafel, auf der die von einem Ehepaar abstammenden Menschen in männl. und weibl. Linie verzeichnet sind; Ggs.: →Ahnentafel.

Enkephaline [zu griech. enképhalos »Gehirn«], *Sg.* **Enkephalin** *das, -s,* →Endorphine.

Enke Verlag, Ferdinand E. V. KG, Stuttgart (seit 1874), gegr. 1837 in Erlangen durch FERDINAND ENKE (* 1810, † 1869); seit 1975 mehrheitl. Beteiligung des Georg Thieme Verlags KG. Verlagsgebiete: Medizin, Veterinärmedizin, Geologie, Psychologie, Soziologie und Rechtswissenschaft; Buchreihen und Zeitschriften.

Enkhbayar [ˈɛŋkbajar], Nambaryn, mongol. Politiker, * Ulan-Bator 1. 6. 1958; studierte 1975–80 an der Hochschule für Lit. »Maxim Gorki« in Moskau; arbeitete 1980–90 beim Mongol. Schriftstellerverband als Übersetzer und Abteilungsleiter und war Vize-Präs. des Mongol. Übersetzerverbandes. E. wurde 1992 Mitgl. des Großen Staatschurals (Parlament) und 1997 Vors. der Mongol. Revolutionären Volkspartei (MRVP). 1992–96 war er Min. für Kultur, 1996–2000 Fraktions-Vors. der MRVP im Parlament und 2000–04 Min.-Präs. Am 22. 5. 2005 wurde er als Nachfolger von N. BAGABANDI zum Staatspräs. gewählt.

Enkhuizen [ɛŋkˈhœjzə], Stadt in der Prov. Nordholland, Niederlande, am IJsselmeer, 17 200 Ew.; Papier- und Metallverarbeitung; Fremdenverkehr; in der Umgebung Blumenzwiebelzucht und Gemüsebau; Straßendamm nach Lelystad. – Gut erhaltenes Stadtbild innerhalb der zweiten Umwallung (Stadttor »Koepoort« von 1649). Zuiderkerk (15. Jh.), eine zweischiffige Backsteinhalle mit hohem W-Turm, und Westerkerk (15./16. Jh.), eine dreischiffige Halle mit hölzernem Tonnengewölbe und frei stehendem Turm. Das Stadhuis (1686–88) ist ein stattl. Bau mit Sandsteinfassade, ebenso das Gebäude der »Waag« (1559) im Stil der Renaissance. In einem ehem. Packhaus der Ostind. Kompanie (1625) befindet sich heute das Zuiderseemuseum (Volkskunde). Am Hafen das »Dromedaris«, ein Rundturm (16. Jh.) mit Glockenspiel. – 1355 entstand die Stadt E. durch die Zusammenlegung der Dörfer Gommerskerspel und E. (vermutl. Gründung um 1000, erste Erwähnung 1299). Die durch Seehandel und Fischereigewerbe rasch zu Wohlstand gelangende Stadt dehnte sich bis 1590 (letzte Befestigungsanlage) mehrfach aus. Im niederländ. Freiheitskampf kam E. besondere strateg. Bedeutung zu. Die Stadt war zunächst Ausgangsbasis der span. Flotte, doch bereits 1572 übernahmen die Geusen E. und machten es zur Basis ihrer Seestreitkräfte. Der prot. Glaube konnte sich in E. nur langsam durchsetzen, gegen Ende des 17. Jh. war E. eine Hochburg des Kalvinismus. Nach dem ersten Viertel des 17. Jh. sank E. zu einer unbedeutenden Provinzstadt herab. Mit dem Bau der Eisenbahnlinie nach Amsterdam (1885) nahm die Stadt einen neuen Aufschwung.

Enki [»Herr des Unten«], sumer. Gott, entspricht dem babylon. Gott →Ea.

Enklave [frz., zu enclaver »festnageln«] *die, -/-n*, Gebietsteil eines fremden Staates, der vom eigenen Staatsgebiet vollständig umschlossen ist; vom Standpunkt des anderen Staates aus wird der abgetrennt liegende Gebietsteil **Exklave** (Ausschluss) genannt. E. unterliegen häufig einer vereinbarten Sonderstellung in Bezug auf Währung, Zoll und Post, i. d. R. bestehen auch Vereinbarungen über den Zugang. Eine dt. E. in der Schweiz ist das Dorf Büsingen am Hochrhein.

Enklise [griech. »das Hinneigen«] *die, -/-n, Sprachwissenschaft:* Anlehnung eines schwach betonten Wortes an das vorhergehende Wort, mit dem es sich zu einer Akzenteinheit verbindet (z. B. »es« in »geht es?«). Dabei kann auch völliger Lautverlust des schwachtonigen Wortes **(Enklitikon)** eintreten (z. B. »gehts?«); Ggs.: Proklise.

Enkolpion [zu griech. enkólpios »auf der Brust«] *das, -s/...pi|en*, meist oval geformtes Medaillon mit einem Bild (häufig von der Mutter JESU), das die ostkirchl. Bischöfe auf der Brust tragen; in der alten Kirche von den Christen allgemein »zum Schutz des Lebens« getragen.

Enkomi, bronzezeitl. Siedlung an der O-Küste Zyperns, nordwestlich von Famagusta. Nahe der Mündung des Pediaios, am Rande der fruchtbaren Mesaoria-Ebene, im frühen 2. Jt. v. Chr. gegründet, war E. das Zentrum des Handels und der Städten der Levanteküste. Der antike Name Alasia (Alaschia) scheint gesichert, zumal in der schriftl. Überlieferung der Nachbarn über Kupferhandel berichtet wird (Kupfer wird in altorient. und ägypt. Quellen als Produkt von Alasia genannt, einer Örtlichkeit, die auch mit der Insel Zypern identifiziert wird). Die Stadt war ummauert, nach mehreren Zerstörungen, wohl durch Erdbeben, wurde in der letzten Aufbauphase ein für die Zeit vollkommen singuläres orthogonales Straßensystem errichtet: eine nordsüdlich verlaufende Hauptstraße in der Mitte und Querstraßen in regelmäßigem Abstand, die langrechteckige Insulae bildeten, in denen Wohnhäuser, Werkstätten und Tempel aneinander gebaut waren. Die in der Blütezeit der Stadt an Beigaben sehr reichen Bestattungen erfolgten intramural unter den Häusern. Funde aus dem 13. und 12. Jh. v. Chr. zeigen hier eine intensive Verbindung mit dem myken. Kulturbereich. Von Bedeutung ist eine Bronzestatuette aus einem der Heiligtümer; sie zeigt einen Mann mit hörnergeschmücktem Helm. Ähnl. Helme trägt auch eine Gruppe der so genannten Seevölker auf den Reliefs von Medinet Habu in Ägypten, woraus zahlr. Hypothesen über die Rolle Zyperns in der Umbruchsphase am Ende der Bronzezeit entstanden sind. E. wurde, wie schon früher, auch im 11. Jh. v. Chr. durch Erdbeben zerstört, die Hafenanlagen verlandeten. Nach 1050 v. Chr. war die einstige Metropole erloschen, nicht lange zuvor hatte wenige Kilometer nördlich an der Küste der Aufbau der Nachfolgesiedlung Salamis begonnen. Die Gräber von E., nahe dem Kloster des hl. Barnabas, waren im späten MA. eine beliebte Station der Pilger ins Heilige Land – dort konnte man stets neu gefundene Wertsachen erwerben.

🔹 P. DIAKAIOS: E. Excavations 1948–1958, 3 Bde. (Mainz 1969–71).

Enkhuizen: das Stadthuis (1686–88)

Enkomion [griech.] *das, -s/...mi|en*, Loblied, -gedicht, -rede, urspr. auf den Sieger in griech. Festspielen (→Epinikion), von Chören unter Flöten- u. a. instrumentaler Begleitung vorgetragen. Bekannte Verfasser von E. waren u. a. SIMONIDES, PINDAR und BAKCHYLIDES. Später wurde E. zur allgemeinen Bez. für Preisrede und -lied; eine satir. Variante findet sich später u. a. bei ERASMUS VON ROTTERDAM (»Encomium moriae«, 1509–11; dt. »Lob der Torheit«).

Enköping ['e:ntçø:piŋ], Industriestadt nördlich vom Mälarsee, Schweden, 38 000 Ew.; eine der ältesten Städte des Landes. – Das mittelalterl. Stadtbild ist z. T. erhalten; zahlr. bemalte Holzhäuser; Liebfrauenkirche (12. Jh.). – Das 1164 als Köping erstmals erwähnte E. erhielt 1300 Stadtrecht. Die Stadt wurde 1389, 1572, 1609 und 1799 von Bränden zerstört. – In der Schlacht von E. siegte 1365 König ALBRECHT über seinen entthronten Onkel MAGNUS II. ERIKSSON sowie dessen Sohn HÅKON von Norwegen.

Enkopresis [zu griech. kópros »Schmutz«, »Kot«] *die, -, das* →Einkoten.

Enkulturation [nach engl. enculturation] *die, -, Soziologie* und *Kulturanthropologie:* ein Grundbegriff, der i. w. S. die Gesamtheit bewusster und unbewusster Lern- und Anpassungsprozesse bezeichnet, durch die das menschl. Individuum im Zuge des Hineinwachsens in eine Gesellschaft die wesentl. Elemente der zugehörigen Kultur übernimmt und folglich zu einer soziokulturellen Persönlichkeit heranreift. Durch Internalisierung (Verinnerlichung) werden die gelernten kulturellen Elemente (Sprache, weltanschaul. Orientierungen, Wert- und Normensysteme, Verhaltensmuster und Fertigkeiten) zu Selbstverständlichkeiten des individuellen Empfindens und des alltäglichen Verhaltens. – I. e. S. bezeichnet E. nach D. CLAESSENS jene Phase der frühkindl., primären Sozialisation, in

Enli Enlil

Enna 1): Castello di Lombardia, eine normannisch-staufische Anlage

Persephone von Pluton in die Unterwelt entführt wurde. Um den See verläuft die 4,79 km lange Motorsport-Rennstrecke Enna (**Ente Autodromo di Pergusa**). – Die Stadt wird beherrscht von der Burg (Castello di Lombardia), einer normannisch-stauf. Anlage mit sechs (urspr. 20) Türmen. Der Dom wurde 1307 begonnen, im 16./17. Jh. barock umgebaut; Kirche des hl. Franziskus aus dem 13. Jh. – E., im Altertum auch Henna gen., war weithin bekannt durch ein Heiligtum der Göttinnen Demeter und Persephone; die bereits in vorgriech. Zeit entstandene Siedlung der Sikuler kam im 7./6. Jh. v. Chr. unter griech. Einfluss, wurde 396 v. Chr. von Dionysios I. von Syrakus erobert und war im 1. Pun. Krieg mit Rom verbündet; im Sklavenkrieg 136–132 v. Chr. Residenz des Sklavenführers Eunus; 132 v. Chr. wurde es endgültig römisch, später byzantinisch. 859 kam E. in arab. und 1087 in normann. Besitz (seitdem **Castrogiovanni** gen.). Unter dem Stauferkaiser Friedrich II. (1196/1220–50) und König Friedrich II. von Aragonien (1296–1333) war die Stadt häufig Residenz; Letzterer war es wohl auch (und nicht, wie traditionell überliefert, Kaiser Friedrich II.), der den Turm »Torre di Federico (II)« errichten ließ.

der das Individuum nach erfolgreicher Sozialisierung, insbes. im Rahmen seiner Kernfamilie, in die kulturelle Rolle eingeführt wird.

Enlil [»Herr des Sturmes«], sumer. Gott mit Tempel in Nippur, urspr. wohl Sturmgott, Beherrscher des Raumes zw. Himmel und Erde und schließlich der Erde selbst. Aus dem erschlagenen Chaosungeheuer erschuf er nach babylon. Glauben die Welt. – An seine Stelle trat später →Marduk von Babylon.

en masse [ã'mas, frz.], in großen Mengen (vorhanden, vorkommend), zahlreich.

en miniature [ãminja'tyːr, frz.], *bildungssprachlich:* in kleinem Maßstab (nachgebildet), im Kleinen (dargestellt).

Enna,
1) bis 1927 **Castrogiovanni** [-dʒo'vanni], Provinzhauptstadt im Zentrum Siziliens, Italien, auf steiler Anhöhe 931 m ü. M., 28 300 Ew.; Agrarmarkt und Industriestandort; Fremdenverkehr; nördlich der Stadt liegt in Sichtweite, ebenso auf steilem Bergrücken, das kleinere **Calascibetta**. Bei E. liegt der **Lago di Pergusa** (im Gipskarst), an dessen Ufern nach der griech. Sage

2) Prov. in Mittelsizilien, Italien, 2 562 km², 175 300 Einwohner.

En-Nahud, An-Nuhud, Landwirtschafts- und Handelszentrum in der Rep. Sudan, in der Prov. West-Kordofan, 108 000 Ew.; Straßenknotenpunkt, Flughafen.

Enneccerus [ɛnɛkˈtseː-], Ludwig, Zivilrechtslehrer und Politiker, * Neustadt am Rübenberge 1. 4. 1843, † Marburg 31. 5. 1928; Prof. in Göttingen und Marburg; Mitgl. des preußischen Abgeordnetenhauses (1882–98) und, als Vertreter der Nationalliberalen Partei, MdR (1893–98), als das er an der Verabschiedung des Genossenschaftsgesetzes und des 1. und 2. Buches des BGB maßgebl. Anteil hatte.

Werk: Lb. des bürgerl. Rechts. Einleitung, Allg. Tl., Schuldverhältnisse (1898).

Ennedi, Sandstein-Tafelbergland in der Sahara, in NO-Tschad, bis 1 450 m ü. M., Hauptort ist Fada (im W). – Die vorgeschichtl. Entwicklung im E. vollzog sich parallel zu derjenigen der Zentralsahara. Die älteste Keramik wird ins 6. Jt. v. Chr. datiert. Die Vieh-

Ennedi: Blick auf einen stark verwitterten Tafelberg

haltung dürfte ins 5. Jt. v. Chr. zurückreichen. Am W-Rand des E. fand man zahlr. Abris mit Felsbildern. Dargestellt werden Wild- und Haustiere, v. a. Rinder, häufig zus. mit Menschen. Neuere Malereien zeigen gepanzerte Pferde und Reiter, wie man sie aus den histor. Reichen im Sudan kennt.

Ennen, Edith, Historikerin, * Merzig 28. 10. 1907, † Bonn 28. 6. 1999; seit 1964 Prof. für Wirtschafts- und Sozialgeschichte in Saarbrücken, ab 1968 Prof. für geschichtl. Landeskunde in Bonn. E. verfasste zahlr. Arbeiten zur rhein. Landesgeschichte, war führend in der europ. Stadtgeschichtsforschung und leistete mit ihrer »Gesch. der Frauen im Mittelalter« (1984) einen wichtigen Beitrag zur Geschlechtergeschichte.

Weitere Werke: Frühgesch. der europ. Stadt (1953); Die europ. Stadt des MA. (1972); Dt. Agrargesch. (1979, mit W. JANSSEN).

Ennepe *die,* linker Nebenfluss der Volme, im Sauerland, NRW, entspringt südlich von Halver, ist 40 km lang, mündet in Hagen. Im Oberlauf der E.-Stausee (12,6 Mio. m³); die Talsperre wurde 1902–04 erbaut, 1912 ergänzt.

Ennepe-Ruhr-Kreis, Kreis in NRW, Reg.-Bez. Arnsberg, 408 km², 345 200 Ew.; Verw.-Sitz ist Schwelm. Der E.-R.-K. erstreckt sich vom Ruhrgebiet (Witten, Hattingen) über das Bergisch-Märk. Hügelland und das Ennepetal nach SO bis ins Märk. Oberland. Er ist zus. mit Hagen das dicht besiedelte Kerngebiet der märk. Eisen-, Metall- und Maschinenbauindustrie. Die Steinkohlenförderung ist erloschen. Viele Stauseen und Waldgebiete (30 % der Kreisfläche) sind als Naherholungsgebiete erschlossen. Die Landwirtschaft erzeugt auf Einzelhöfen und Nebenerwerbskotten bes. Milch und Fleisch.

Ennepetal, Stadt im Ennepe-Ruhr-Kreis, NRW, an der Ennepe, am Rand des Sauerlands, 180–350 m ü. M., 32 800 Ew.; Kleineisen-, Autozubehör-, Kunststoffindustrie und Maschinenbau; Fremdenverkehr. Die im Stadtgebiet gelegene **Kluterthöhle** ist mit 6 km erforschten Gängen eine der größten Naturhöhlen Dtl.s und dient als Heilstätte bei Erkrankungen der Atemwege und der Haut. – E. entstand 1949 durch die Stadtrechtsverleihung an das Amt Milspe-Voerde.

Ennigerloh, Stadt im Kr. Warendorf, NRW, im östl. Münsterland, 102 m ü. M., 20 100 Ew.; Elektro-, Maschinenbau-, Zement- und chem. Industrie. – Kath. Pfarrkirche (Hallenkirche des 13. Jh., Querschiff und Chor 1886/87), Schloss Vornholz (ab 1666) in E.-Ostenfelde, Haus Dieck (J. C. SCHLAUN, 1771) in E.-Westkirchen.

Enniskillen [enɪsˈkɪlɪn], Stadt in Nordirland, am Lower Lough Erne, Verw.-Sitz des Distr. Fermanagh, 12 000 Ew.; Fremdenverkehrszentrum.

Ennius, Quintus, lat. Dichter, * Rudiae (Kalabrien) 239 v. Chr., † 169 v. Chr.; mindestens dreisprachig aufgewachsen (griech., lat., oskisch); kam er 204 v. Chr. nach Rom, zuerst wohl als Hauslehrer, und fand Zugang zu den philhellen. Kreisen des Adels, bes. den Scipionen und Fulviern. Durch sie erlangte er 184 v. Chr. das Bürgerrecht. E. war wichtiger Mittler des Griechischen für die lat. Dichtung. Sein dichter. Ruhm beruhte v. a. auf seinen Tragödien, freien Nachdichtungen griech. Originale (bes. des EURIPIDES); dazu traten ernste Schauspiele. Sein Hauptwerk ist das nat. Epos »Annales« in 18 Büchern. In Opposition zu seinem Vorgänger NAEVIUS wählte er (als ein »Homerus redivivus«) den daktyl. Hexameter und prägte so den Stil der lat. Epik maßgeblich. Gegenstand der »Annales« ist die röm. Geschichte von der Ankunft des Äneas in Italien bis auf E.' Zeit. Sein Werk ist nur in Fragmenten erhalten.

Ausgaben: Ennianae poesis reliquiae, hg. v. J. VAHLEN (Neuausg. 1928; Nachdr. 1967); Annali, hg. v. E. FLORES, auf mehrere Bde. ber. (2000 ff.). – Remains of old Latin, hg. v. E. H. WARMINGTON, Bd. 1 (Neuausg. 1979); The annals of Q. E., hg. v. O. SKUTSCH (1985, engl. u. lat.).

Ennodius, Magnus Felix, christlich-lat. Schriftsteller, * Arles 473/474, † Ticinum (heute Pavia) 17. 7. 521; wurde (wohl 513) Bischof von Pavia. Sein literar. Werk, in dem sich Profanes und Religiöses mischen, umfasst außer einer Sammlung größerer Gedichte einen Band Epigramme, zahlr. Briefe, einen Panegyrikus auf THEODERICH D. GR., eine Biografie des Bischofs EPIPHANIUS von Pavia (* 438, † 497), Reden, eine Bildungsschrift mit eingestreuten Verspartien sowie eine Autobiografie »Confessio«.

Enns 1): der 59 m hohe Stadtturm (1554–68)

Enns,

1) Stadt im Bez. Linz-Land, OÖ, 280 m ü. M., auf einer Terrasse links der Enns, nahe ihrer Mündung in die Donau, 10 600 Ew.; Herstellung von Gablonzer Glas- und Bijouteriewaren; Maschinenbau; Hafen mit Industriezone. – Gut erhaltenes histor. Stadtbild mit zahlr., im Kern oft noch got. Häusern mit Innenhöfen und barocken Schauseiten. Die Burg wurde 1566–70 zu Schloss **Ennsegg** umgebaut. Pfarrkirche Maria Schnee (um 1270–1300). Auf dem Hauptplatz 59 m hoher Stadtturm (1554–68); das ehem. Rathaus (16. Jh.) ist heute Stadtmuseum (Funde aus der prähistor. und Römerzeit). Die Friedhofskirche St. Laurentius (14./15. Jh., Fresken 14. Jh.) im Stadtteil Lorch steht an der Stelle eines röm. Tempels des 2. Jh., dem im 4. Jh. eine frühchristl. Basilika und um 790 eine karoling. Kirche folgten (Ausgrabungen unter der

Enns Ennstaler Alpen

Kirche). – Das Gebiet um E. war bereits in kelt. Zeit besiedelt. Im späten 9. Jh. wurde eine karoling. Siedlung (im heutigen Stadtteil **Lorch**), die in der Nachfolge des röm. Kastells **Lauriacum** erwachsen war, aufgrund der Ungarneinfälle aufgegeben. 900 entstand als Grenzburg gegen die Ungarn die Ennsburg (»Anesapurch«). Ende des 12. Jh. wurde die heutige Stadt E. neu angelegt und befestigt (Stadtrecht 1212). Bis zum 16. Jh. war E. das landesfürstl. Verwaltungszentrum der umliegenden Gebiete.

2) *die*, rechter Nebenfluss der Donau in Österreich, 254 km lang, entspringt in den Radstädter Tauern, durchbricht zw. Admont und Hieflau im →Gesäuse die Ennstaler Alpen, mündet bei der Stadt Enns. Laufwasserkraftwerkskette (10 Werke) mit 345 MW Gesamtleistung zw. Hieflau und der Mündung.

Ennstaler Alpen, Teil der Nördl. Kalkalpen im N und S des Engtales der mittleren Enns (→Gesäuse), Österreich; steil aufragende, wild zerklüftete Kalkstöcke (Kletterberge), im Hochtor 2369 m ü. M.; eine Straße führt über den Buchauer Sattel (861 m ü. M.).

Eno [ˈiːnəʊ], Brian, eigtl. **B. Peter George St. Baptiste de la Salle E.,** brit. Klangkünstler, Komponist und Produzent, * Woodbridge (Suffolk) 15. 5. 1948; gehört mit elektron. Klangmontagen im Grenzbereich zw. Rock, Avantgarde, Jazz und New Age zu den einflussreichsten Popmusikern der Gegenwart. Er arbeitete u. a. mit D. Bowie sowie den Gruppen Roxy Music, Talking Heads, Ultravox und U2 und gilt als Begründer der Ambientmusic (»Music for airports«, 1979).

Enoch, Gestalt der Bibel; →Henoch.

Enolase [Kunstwort] *die, -,* zu den Lyasen gehörendes Enzym, das beim Glucoseabbau in der →Glykolyse die reversible Dehydratisierung des 2-Phosphoglycerats zu Phosphoenolpyruvat katalysiert.

Enole [Kunstwort], *Sg.* **Enol** *das, -s,* ungesättigte Alkohole, in denen die Hydroxylgruppe (−OH) unmittelbar neben einer Doppelbindung vorliegt. E. enthalten die Gruppierung −C(OH)=CH− und sind tautomer zu Carbonylverbindungen mit der Gruppierung −CO−CH$_2$− (→Keto-Enol-Tautomerie).

Enomiya-Lassalle [-laˈsal], Hugo Makibi, Religionswissenschaftler, * Externbrock b. Nieheim 11. 11. 1898, † Münster 7. 7. 1990; Jesuit (seit 1919), kam 1929 als Missionar seines Ordens nach Japan, erhielt 1948 die jap. Staatsangehörigkeit unter dem Namen **Makibi Enomiya;** wirkte v. a. in Tokio und Hiroshima: initiierte nach der Atombombenexplosion den Bau einer Kathedrale in Hiroshima; Prof. der Religionswiss.en. Besondere Bedeutung gewann E.-L. durch seine Praxis der Zen-Meditation, die er auf das Christentum übertrug und in Japan u. a. Ländern verbreitete.

Werke: Zen, Weg zur Erleuchtung (1960); Zen-Buddhismus (1966, ³1986 u. d. T. Zen u. christl. Mystik); Zen-Meditation für Christen (1969); Mein Weg zum Zen (1988).

U. Baatz: H. M. E.-L. Ein Leben zw. den Welten (Neuausg. 2004).

En|ophthalmus [zu griech. ophthalmós »Auge«] *der, -,* das Zurücksinken des Augapfels in die knöcherne Augenhöhle; Ursachen sind Unfälle mit Verletzung der Augenhöhlenwände, Allgemeinkrankheiten mit starkem Wasserverlust, ein Schwund des Augenhöhlenfettgewebes durch Abmagerung oder Altersrückbildung, narbige Schrumpfungen, auch Sympathikuslähmung beim →Horner-Syndrom.

Enos [hebr. »Mensch«], der dritte der zehn Urväter: Sohn Seths, Enkel Adams und Vater Kainans (1. Mos. 4, 26; 5, 6 ff.); zu seiner Zeit soll Israel die Verehrung Jahwes begonnen haben.

Enosis [griech. »Vereinigung« (mit Griechenland)], von der griech. Bevölkerungsmehrheit auf Zypern getragene polit. Bewegung, die unter Führung der orth. Kirche seit dem 19. Jh. den Anschluss Zyperns an Griechenland forderte (→Zypern, Geschichte).

en passant [ɑ̃paˈsã, frz.],

1) *bildungssprachlich:* im Vorbeigehen, beiläufig, nebenbei.

2) *Schach:* Schlagen eines gegner. Bauern »im Vorbeigehen«. Rückt ein Bauer aus der Grundstellung in einem Zug zwei Felder vor, kann der gegner. Bauer, der neben dem neuen Standfeld des Bauern steht, diesen nur im unmittelbar folgenden Zug durch einen Diagonalschritt e. p. schlagen.

en pleine carrière [ɑ̃plɛnkarˈjɛːr, frz.], in gestrecktem Galopp.

en profil [ɑ̃prɔˈfil, frz.], von der Seite (gesehen), im Profil (bes. von Bildnisdarstellungen gesagt); im Unterschied zu »en face«.

Enquete [ɑ̃ˈkɛːt(ə); frz., zu enquérir, aus lat. inquirere »untersuchen«] *die, -/-n,*

1) *allg.:* eine (oft statist.) Untersuchung v. a. sozial- oder wirtschaftspolit. Verhältnisse durch mündl. oder schriftl. Befragung einer möglichst großen Zahl Beteiligter oder Sachverständiger.

2) *Staatsrecht:* Untersuchung, die ein aus Abgeordneten bestehender Ausschuss im Auftrag des Parlaments vornimmt (→Untersuchungsausschuss). Gegenstand der E. kann ein konkreter Missstand oder ein Gesetzgebungsvorhaben (Gesetzgebungs-E.) sein. § 56 der Geschäftsordnung des Dt. Bundestages sieht die Einsetzung von **E.-Kommissionen** vor, durch die

en passant 2): In der Ausgangsstellung **1** ist Schwarz am Zug und zieht seinen Bauern von Feld b7 nach b5 (**2**). Weiß kann durch seitliches Vorrücken von c5 nach b6 den schwarzen Bauern schlagen (**3**), sodass sich Stellung **4** ergibt.

auch unter Mitwirkung sachverständiger Nichtparlamentarier Entscheidungen über bedeutende Sachkomplexe vorbereitet werden. Wie das Organ selbst unterliegen sie der →Diskontinuität.

Enquist, Per Olov, schwed. Schriftsteller, * Hjoggböle (Verw.-Bez. Västerbotten) 23. 9. 1934; verfasste zunächst Dokumentarromane, später Romane und Dramen mit histor. Hintergrund, so das Drama über A. STRINDBERG »Tribadernas natt« (1975; dt. »Die Nacht der Tribaden«) sowie den Roman »Musikternas uttåg« (1978; dt. »Auszug der Musikanten«) über die schwed. Arbeiterbewegung, in dem er dokumentar. Material und fiktive Elemente mischt. Auch jüngere, international erfolgreiche Romane spielen vor histor. Hintergrund: »Livläkarens besök« (1999; dt. »Der Besuch des Leibarztes«) fußt auf der Biografie des dän. Königs CHRISTIAN VII., »Lewis resa« (2001; dt. »Lewis Reise«) ist autobiografisch gefärbt und erzählt über eine religiöse Erweckungsbewegung in Schweden.

Weitere Werke: *Romane:* Magnetisörens femte vinter (1964; dt. Der fünfte Winter des Magnetiseurs); Hess (1966); Legionärerna (1968; dt. Die Ausgelieferten); Sekonden (1971; dt. Der Sekundant); Nedstörtad ängel (1985; dt. Gestürzter Engel); Kapten Nemos bibliotek (1991; dt. Kapitän Nemos Bibliothek); Boken om Blanche och Marie (2004; dt. Das Buch von Blanche und Marie).

Enragés [ãraˈʒe; frz. »die Wütenden«, »die Rasenden«], 1792 in Paris formierte radikale Gruppe von Sansculotten, nach ihrem Führer, dem ehem. Priester J. → ROUX, auch **Jacqueroutins** genannt. Die E. stellten die wirtschaftl. und sozialen Probleme über die politischen und drängten v. a. auf die Verwirklichung tatsächl. Gleichheit (»égalité réelle«). Eine ihrer Forderungen war die gewaltsame und entschädigungslose Enteignung des Bodens. Nach der Ausschaltung von ROUX durch ROBESPIERRE (im September 1793) schwächte sich ihre für den Ablauf der Frz. Revolution bedeutende Wirkung ab; viele schlossen sich F. N. → BABEUFS »Verschwörung der Gleichen« an.

Enrico-Fermi-Preis, nach dem Physiker E. FERMI benannter und ihm zu Ehren gestifteter Preis; 1956 erstmals an JOHN VON NEUMANN für außergewöhnl. Verdienste um die Entwicklung der Kernphysik, bes. im Hinblick auf die Anwendung der Kernenergie, verliehen; zunächst von der Atomic Energy Commission, heute vom (US-amerikan.) → Department of Energy verliehen, gegenwärtig (2005) mit insgesamt 375 000 US-$ dotiert (bislang mit insgesamt 200 000 US-$ bzw. max. 100 000 US-$ pro Preisträger). Der E.-F.-P. ist der älteste Wissenschafts- und Technologiepreis, der von der US-Regierung für die Energieerzeugung und -nutzung (einschließlich der dazu erforderlichen wiss., technolog. u. a. Entwicklungen) vergeben wird. Er wurde in den 1950er- bis 1990er-Jahren regelmäßig (aber mit jährl. Pausen) verliehen, seither in unregelmäßigen Zeitabständen (2000, 2003, 2005).

Enright [ˈenraɪt], D. J. (Dennis Joseph), engl. Schriftsteller, * Leamington (Cty. Warwickshire) 11. 3. 1920, † London 7. 1. 2003. E., ein präziser, intellektueller, sozial engagierter Lyriker und Prosaist, lebte, u. a. als Dozent für engl. Lit., lange im Fernen Osten und verarbeitete diesen Aufenthalt auch in seinem literar. Werk.

Werke: *Lyrik:* Collected poems (1981); Selected poems 1990 (1990); Old men and comets (1993). – Under the circumstances. Poems and proses (1991). – *Essays:* Fields of vision (1988).

Hg.: The Oxford book of contemporary verse 1945–1980 (1980).

Ausgabe: Jasmin, Opium, Benzin (1968, zweisprachige Gedicht-Ausw.).

Enríquez Gómez [enˈrrikeð ˈɣomeθ], Antonio, Pseud. **Enrique Enríquez de Paz** [- ðe ˈpaθ], span. Dichter, * Segovia 1600 (?), † Amsterdam (?) 1660 (?), Sohn getaufter port. Juden; floh 1636 vor der Inquisition nach Frankreich (war dort zeitweilig Sekretär von LUDWIG XIII.) und ging 1656 in die Niederlande; wurde 1660 in Sevilla von der Inquisition »in effigie« verbrannt. Mit seiner beachtl. Lyrik und seinen 22 Comedias steht E. G. in der Nachfolge L. DE GÓNGORA Y ARGOTES und P. CALDERÓN DE LA BARCAS. Am bekanntesten ist jedoch sein satir. Roman »Vida de don Gregorio Guadaña«, eine Art Schelmenroman, der, eingefügt in das Werk »El siglo pitagórico y vida de don Gregorio Guadaña«, 1644 in Rouen erschien.

Enron Corp. [ˈenrən kɔːpəˈreɪʃən], einer der weltweit führenden Energiekonzerne (v. a. Anbieter von Großhandels-, Energie-, Breitband- und Transportdienstleistungen) und größter Erdgashändler der USA; entstanden 1985 durch Fusion von Houston Natural Gas Co. und InterNorth of Omaha Inc., Sitz: Houston (Tex.). Der in mehr als 40 Ländern tätige Konzern erzielte 2001 mit 15 400 Beschäftigten einen Umsatz von 138,7 Mrd. US-$. – Ende 2001 musste das hoch verschuldete Unternehmen Konkurs anmelden und einräumen, in den vorangegangenen vier Jahren Bilanzen gefälscht, d. h. Gewinne und Schulden nicht exakt ausgewiesen zu haben. 2002 leitete das amerikan. Justizministerium ein Ermittlungsverfahren gegen den Konzern ein (u. a. wegen des Verdachts auf Bilanzbetrug und Verstößen gegen das Wertpapierrecht). Zivilklagen geschädigter Gläubiger und Aktionäre führten inzwischen zu Vergleichen, die Entschädigungen in Millionenhöhe vorsehen. 2005 wurden Strafverfahren wegen Betruges gegen Mitgl. des ehemaligen Enron-Verwaltungsrats eingeleitet bzw. bereits abgeschlossen. Den Verurteilten drohen langjährige Haftstrafen und Entschädigungszahlungen aus ihrem Privatvermögen. Nach Restrukturierung werden Teile des Konzerns als **Prisma Energy International, Inc.** (Sitz: Houston, Tex., gegr. 2004) weitergeführt.

Eine Folge der Bilanzskandale von Unternehmen wie E. C. oder WorldCom, Inc. war die Verschärfung der Rechnungslegungs- und Kontrollvorschriften (→Sarbanes-Oxley Act) sowie der Börsenaufsichtsregeln der Securities and Exchange Commission.

Ens [spätlat.] *das,* -, *scholast. Philosophie:* das Seiende oder etwas, dem →Sein zukommt, i. e. S. das wirklich Seiende, i. w. S. alles, was ist oder sein kann. Beides hieß reales Seiendes (**E. reale**) im Ggs. zum Gedankending (**E. rationis**). Das reale Seiende sei entweder das durch sich selbst bestehende oder subsistierende und absolut notwendige göttl. Sein (**E. a se**) oder das von einem anderen begründete oder verursachte und daher abhängige (relative) und kontingente Seiende (**E. ab alio**). Als das allerrealste Seiende (**E. realissimum**) wurde manchmal Gott bezeichnet. Der Begriff E. gehört zu den →Transzendentalien.

Enschede [ˈɛnsxədeː], Industriestadt in der Prov. Overijssel, Niederlande, in Twente, 153 000 Ew.; Univ., Akademie für Kunst und Gestaltung, FH; Rijksmuseum Twente, Textilindustriemuseum, DAF-Automuseum, Luftfahrtmuseum; neben der traditionellen Textilindustrie v. a. Maschinenbau, Möbel-, Reifen-, Elektronik- und opt. sowie Nahrungsmittelindustrie; Verkehrsknotenpunkt am Twentekanal. – E., 1118 erstmals erwähnt, erhielt 1325 Stadtrecht. Die wäh-

Per Olov Enquist

Enschede
Stadtwappen

rend des MA. überwiegend verbreitete Barchentweberei wich im 18. Jh. der Leinenweberei. Nach der Loslösung Belgiens (1830) wurde E. zum Zentrum der staatlich geförderten Baumwollverarbeitung. 1862 verwüstete ein Brand große Teile der Stadt. Die Industrialisierung führte 1880–1930 zu einem raschen Bev.-Wachstum. – Die Explosion einer Feuerwerksfabrik am 13. 5. 2000, bei der 22 Menschen starben und etwa 600 verletzt wurden, führte zur weitgehenden Zerstörung des betroffenen Stadtteils. – E. ist zus. mit Gronau (Westf.) Sitz der dt.-niederländ. →Euregio.

Ensdorf, Gem. im Landkreis Amberg-Sulzbach, Bayern, 2 400 Ew. – Ehem. Klosterkirche St. Jacob (der Holzbau von 1123 wurde 1179 durch einen Steinbau der Hirsauer Bauschule ersetzt), 1695–1717 barocker Neubau nach Plänen von W. DIENTZENHOFER, Fresken von C. D. ASAM. – Der Ort entstand bei einem Benediktinerkloster (1121 gegr., 1802 säkularisiert, seit 1920 Niederlassung der Salesianer Don Boscos).

Enseigne [ãˈsɛɲə; frz. »(Aushänge)schild«] *die, -/-s,* in der Schweiz gebräuchl. Bez. für eine Kennzeichnung in Form eines Zusatzes, durch den eine Unternehmung im Geschäftsverkehr individualisiert wird. Die E. diente urspr. nur der Kennzeichnung eines Geschäftslokals (z. B. Aushängeschild des Hotels »Zum Roten Ochsen«); heute besteht sie aus Worten oder einem Bild (z. B. einem stilisierten Symbol).

Ensemble [ãˈsãːbəl; frz., aus lat. insimul »zusammen«, »miteinander«] *das, -s/-s,*

1) *bildungssprachlich:* plan- und wirkungsvoll gruppierte Gesamtheit, harmon. Gesamtbild.

2) *Architektur* und *Denkmalpflege:* **Gesamtanlage,** Gruppe baul. Anlagen wie Straßenzüge, Platzanlagen und Ortsbilder, Schloss- und Parkanlagen, die zufällig oder planmäßig entstanden sind und sich durch künstler. oder histor. Bedeutung auszeichnen.

3) *Mode:* mehrere Kleidungsstücke, die in Stil oder Material aufeinander abgestimmt sind und sich ergänzen.

4) *Musik:* die zusammengehörige, oft institutionalisierte Gruppe der die Musik in solist. Zusammenwirken ausführenden Sänger und Spieler, im Unterschied zu Orchester- und Chorvereinigungen und zum solist. Auftreten (z. B. eine Kammermusikgruppe oder eine kleine Besetzung in der Unterhaltungsmusik und im Jazz).

5) *statist. Physik:* die →Gesamtheit.

6) *Theater:* Gesamtheit der an einem Theater, einer Opernbühne oder bei einer Truppe engagierten Schauspieler, Sänger und Tänzer.

Beim Theater bezeichnet **E.-Spiel** das in besonderem Maß aufeinander abgestimmte Spiel der Darsteller, bei denen kein »Star« hervortritt. – Speziell in der Oper heißen E. (**E.-Szenen**) die Abschnitte, bei denen mehrere Gesangssolisten gleichzeitig agieren.

Ensemble InterContemporain [ãˈsãːbəl ɛ̃tɛrkɔ̃tãpɔrɛ̃, frz.], 1976 auf Initiative von P. BOULEZ u. a. in Paris gegründetes Ensemble zur Förderung, Aufführung und Vermittlung zeitgenöss. Musik; seine etwa 30 Mitgl. treten auch solistisch und in kammermusikal. Formationen auf. Das Ensemble mit Sitz in der Cité de la Musique brachte Werke von zahlr. modernen Komponisten (L. BERIO, P. BOULEZ, W. RIHM u. a.) zur Uraufführung.

🔊 **Ensemble InterContemporain:** A. Schönberg: »Ode an Napoleon Bonaparte« op. 41 **4249**; L. Berio: Sequenza I für Flöte **3976**

Klaus Ensikat: Titelcover des Kinderbuchs »Die Geschichte von den vier kleinen Kindern, die rund um die Welt zogen« von Edward Lear (1992)

Ensemble Modern [ãˈsãːbəl -], 1980 gegründetes und seit 1985 in Frankfurt am Main beheimatetes Kammerorchester, das sich ausschließlich der Musik des 20. und des 21. Jh. widmet und zahlr. Werke zeitgenöss. Komponisten (u. a. M. GIELEN, S. REICH, I. YUN, H.-J. VON BOSE) zur Uraufführung brachte. Auch arbeitete das international besetzte Orchester mit Komponisten wie H. GOEBBELS, F. ZAPPA und F. REICH zusammen.

🔊 **Ensemble Modern:** W. Rihm: »Bar 142«, aus »Jagden und Formen« **4239**

Ensenada, Stadt im N von Baja California Norte, einer der wichtigsten Pazifikhäfen Mexikos, 223 500 (1950: 18 000) Ew.; Fischerei, Fischverarbeitung, Zentrum eines Weinanbaugebiets; starker Fremdenverkehr aus den USA (u. a. Kreuzfahrten).

Ensenada, Zenón de Somodevilla y Bengoechea [-ˈviʎa i -tʃea], Marqués de la (seit 1736), span. Staatsmann, * Alesanco (Prov. Logroño) 2. 6. 1702, † Medina del Campo 2. 12. 1781; Kriegs- (1737–54), Marine- und Finanz-Min. (1743–54), gilt als bedeutendster span. Staatsmann des 18. Jh. und als Initiator des aufgeklärten Absolutismus in Spanien. E. konnte seine dem Wiederaufstieg Spaniens geltenden Reformpläne (Aufbau der Marine, des Verkehrsnetzes, Förderung der Wirtschaft in physiokrat. Bahnen) nur teilweise verwirklichen; v. a. durch den Widerstand der privilegierten Stände wurde er gestürzt.

Ensérune [ãseˈryːn], befestigtes Oppidum des 6.–3. Jh. v. Chr. im Dép. Hérault, S-Frankreich; Ausgrabungen seit 1929; Nekropole mit reich ausgestatteten Gräbern, v. a. griech., italische und iber. Importkeramik. Auf dem Grabungsgelände das »Musée National d'Ensérune«.

Ensete [aus einer äthiop. Sprache], eine Gattung der Bananengewächse, z. B. die →Zierbanane.

Ensikat, Klaus, Illustrator, * Berlin 16. 1. 1937; anfangs als Gebrauchsgrafiker tätig, ab 1965 freischaffender Illustrator und Buchgestalter; 1995–2002 Prof.

an der Fachhochschule Hamburg. In zahlr. Buchprojekten (v. a. Kinderbücher) entfaltet er einen spannungsreichen, linienbetonten Stil und erweckt in fein schraffierten, minutiös ausgeführten Federzeichnungen die sensibel charakterisierten Figuren zum Leben.

Werke (Auswahl): Leben auf dem Mississippi (1969, mit M. TWAIN); Der kleine Hobbit (1971, mit J. R. R. TOLKIEN); Der kleine Däumling und andere Märchen (1980, mit CHARLES PERRAULT); Oliver Twist (1981, mit C. DICKENS); Die Geschichte von den vier kleinen Kindern, die rund um die Welt zogen (1992, mit EDWARD LEAR); Der Weihnachtsmann in der Lumpenkiste (2001, mit ERWIN STRITTMATTER); Wilhelm Tell. Nach Friedrich Schiller (2004, mit BARBARA KINDERMANN).

Ensilage [äsiˈlaːʒə; frz. »das Einbringen in ein Silo«] *die, -,* 1) Bereitung von Gärfutter; 2) Gärfutter.

Ensingen, Ulrich von, Baumeister, →Ulrich von Ensingen.

Ensisheim, Stadt im Oberelsass, Dép. Haut-Rhin, O-Frankreich, an der Ill, 214 m ü. M., 6 400 Ew.; der Kalisalzbergbau ist erloschen. – Das alte Rathaus, ehem. »Regimentshaus« (1532–47), ist eine rechtwinklige Anlage der Renaissance (Treppenturm mit Sterngewölbe, im Erdgeschoss offene Säulenhalle). Das Palais de la Régence (16. Jh.) beherbergt heute ein Museum (u. a. mit keram. Funden aus dem Neolithikum). – Bis 1648 war E. Sitz der Verwaltung der vorderösterr. Gebiete im Elsass und im Breisgau. 1648–74 hatte der Conseil Souverain d'Alsace in E. seinen Sitz. – Unter dem Eindruck der blutigen Schlacht bei Sankt Jakob an der Birs wurde im **Frieden von E.** 1444 der Toggenburger Erbschaftskrieg beendet.

Enso, finn. Name der russ. Stadt →Swetogorsk.

Ensor,
1) **Beatrice,** engl. Reformpädagogin frz. Herkunft, * Marseille 1885, † 1974; Lehrerin (ohne Examen) in England, dort ab 1910 erste weibl. Schulinspektorin; avancierte zu einer scharfen Kritikerin der öffentl. Bildung Englands. Als Gründerin einer freien Schule formte sie die Gruppe der theosoph. Reformer. E., die auch mit der dt. Reformpädagogik kooperierte (W. BLUME), gründete 1921 mit der New Education Fellowship (→Weltbund für Erneuerung der Erziehung) den ersten internationalen Zusammenschluss bedeutender Repräsentanten der →Reformpädagogik. Ab 1921 gab E. das Publikationsorgan des Weltbundes heraus: »The New Era« (ab Jahrgang 69 u. d. T. »New era in education«, London 1988 ff.).

2) **James,** belg. Maler, Zeichner und Radierer, * Ostende 13. 4. 1860, † ebd. 19. 11. 1949; Hauptvertreter des belg. Symbolismus in Nachfolge von P. BRUEGEL D. Ä. und H. BOSCH. E. studierte an der Akad. in Brüssel und nahm u. a. Einflüsse von E. DEGAS, É. MANET und A. RENOIR auf. Ab 1886 schuf er zahlr. Radierungen. Seine bedeutendsten Werke entstanden zw. 1888 und 1892. Es sind Bilder mit grellfarbigen, in fahles Licht getauchten, gespenstisch anmutenden Masken und Skeletten sowie Straßentumulten, in denen der Maler eine aus den Fugen geratene Gesellschaft demaskiert. Daneben schuf er auch Stillleben und Bilder mit religiösen Themen. Nach 1900 ließ seine Produktivität nach. – E. übte starken Einfluss auf die Expressionisten aus und war ein Vorläufer des Surrealismus.

Werke: Der Einzug Christi in Brüssel im Jahre 1888 (1888; Malibu, Calif., Paul Getty Museum); Die Verwunderung der Maske Wouse (1889; Antwerpen, Koninklijk Museum voor Schone Kunsten); Die Intrige (1890; ebd.); Skelette im Kampf um den Leichnam eines Gehängten (1891; ebd.); Seltsame Masken (1892; Brüssel, Musées Royaux des Beaux-Arts); Mein Porträt von Masken umgeben (1899; Antwerpen, Privatsammlung).

J. E., bearb. v. K.-E. VESTER, Ausst.-Kat. (1986); X. TRICOT: J. E. Catalogue raisonné of the paintings, 2 Bde. (1992); E., hg. v. G. OLLINGER-ZINQUE, Ausst.-Kat. (Wommelgem 1999); J. HEUSINGER V. WALDEGG: J. E. Legende vom Ich (Neuausg. 1999).

Enstatit [zu griech. enstátēs »Widersacher« (angeblich auf die Schwerschmelzbarkeit bezogen)] *der, -s/-e,* zu den rhomb. Pyroxenen zählendes, grauweißes bis grünliches Mineral der chem. Zusammensetzung $Mg_2[Si_2O_6]$ (Mg bis zu 5 % durch Fe ersetzt); Härte nach MOHS 5,5, Dichte 3,1–3,3 g/cm^3; Vorkommen in magmat. Gesteinen, auch in Meteoriten; wichtiger Bestandteil des Pyrolits im Erdmantel.

en suite [ãˈsu̯it, frz.], *bildungssprachlich:* ununterbrochen, unmittelbar folgend, in Folge.

Entaktogene, von dem amerikan. Chemiker DAVID E. NICHOLS für Substanzen mit halluzinogener Wirkung vom Typ der →Amphetamine geprägter Begriff, der insbes. die so genannten Designerdrogen, z. B. →Ecstasy, umfasst. E. wirken bewusstseinsverändernd sowie euphorisierend und rufen ein Gefühl verstärkter Energie und den Drang, unter Menschen zu sein, hervor. Sowohl in Tierversuchen als auch beim Menschen wurden erhebliche schädl. Nebenwirkungen beobachtet. Neben dem Missbrauchspotenzial kann es zu Nerven- und Leberschäden sowie bei längerem Gebrauch zu Beeinträchtigungen des Gedächtnisses kommen.

Entamoeba [zu griech. entós »innen« und Amöben], Gattung der →Amöben, die parasitisch oder als Kommensalen v. a. in Wirbeltieren leben. Wichtigste, beim Menschen vorkommende Arten sind: **E. histolytica,** der in zwei Modifikationen (der nicht pathogenen Minutaform und der pathogenen, von roten Blutkörperchen lebenden Magnaform) vorkommende Erreger der →Amöbiasis; **E. coli** und **E. hartmanni,** zwei i. d. R. nicht pathogene Dickdarmbewohner, sowie die häufig im Zahnbelag vorkommende **E. gingivalis,** die ebenfalls nicht pathogen ist.

Entari [türk.] *das, -(s)/-s,* unteres Kaftangewand aus farbiger Seide oder Baumwolle in der aus zwei oder mehreren übereinander getragenen Kaftanen gebildeten oriental. Männerkleidung.

ent|artete Kunst, während der nat.-soz. Diktatur in Dtl. die offizielle, auf der Rassentheorie beruhende Bez., mit der nahezu das gesamte moderne Kunstschaffen diffamiert werden sollte. Werke der »Verfallskunst« wurden in den dt. Museen beschlagnahmt.

James Ensor: Die Intrige (1890; Antwerpen, Koninklijk Museum voor Schone Kunsten)

entartete Kunst: Plakat zu einer Ausstellung beschlagnahmter Kunstwerke 1936 im Weißen Saal der Münchner Polizeidirektion

U. a. fand 1937 in den Hofgartenarkaden in München eine groß angelegte, später auch in anderen Städten gezeigte Ausstellung mit dem Titel »Entartete Kunst« statt, die in demütigender Präsentation zahlr. Beispiele der avantgardist. Kunst zeigte. Außer Werken der Wegbereiter der modernen Kunst befanden sich dort auch solche von E. Barlach, R. Belling, M. Chagall, L. Corinth, O. Dix, M. Ernst, G. Grosz, W. Kandinsky, P. Klee, O. Kokoschka, W. Lehmbruck, A. Macke, F. Marc, E. Nolde, K. Schmidt-Rottluff und K. Schwitters. Ein Teil der beschlagnahmten Werke wurde 1939 in einer öffentl. Auktion der Galerie Fischer in Luzern versteigert, andere Werke wurden im selben Jahr in Berlin verbrannt. Viele der dt. Künstler erhielten Ausstellungs- und Arbeitsverbot, einigen gelang es zu emigrieren.

Neben den bildenden Künstlern wurden auch Komponisten als »entartet« diffamiert, v. a. die Wiener Schule A. Schönbergs mit A. Webern und A. Berg, aber auch P. Hindemith, E. Křenek, F. Schreker u. a. Eine Ausstellung »Entartete Musik« organisierte der Reichskultursenator Hans Severus Ziegler 1938 im Kunstpalast in Düsseldorf während der ersten Reichsmusiktage vom 22. bis 29. Mai 1938. In seiner Schrift »Entartete Musik, eine Abrechnung« (1939) heißt es, dass die Atonalität »als Ergebnis der Zerstörung der Tonalität Entartung und Kunstbolschewismus bedeutet«. Ziegler führte die Atonalität fälschlich auf die »Harmonielehre« (1911) Schönbergs zurück und erklärte sie als »ein Produkt jüd. Geistes«. Die als »entartet« verfemten Komponisten emigrierten oder waren, wie Schönberg, schon emigriert. In den 1990er-Jahren ist das Werk zahlreicher verfolgter Komponisten wieder entdeckt und durch Aufführungen rehabilitiert worden, u. a. das der in Theresienstadt inhaftierten und in Auschwitz ermordeten V. Ullmann, Hans Krása (* 1899, † 1944), Pavel Haas (* 1899, † 1944) und Gideon Klein (* 1919, † 1945).

🔊 **entartete Kunst:** A. Hitler: Rede zur Eröffnung der Ausstellung »Entartete Kunst« (Auszug, 1937) 1267; O. Dix: Über die Sicherstellung seiner Bilder vor der Beschlagnahmung durch die Nationalsozialisten 1883

📖 R. Merker: Die bildenden Künste im Nationalsozialismus (1983); Abstrakte Maler der inneren Emigration, hg. v. B. Roland, Ausst.-Kat. (1984); Musik u. Musikpolitik im faschist. Dtl., hg. v. H.-W. Heister u. a. (1984); Bildzyklen. Zeugnisse verfemter Kunst in Dtl. 1933–1945, bearb. v. H. Geissler, Ausst.-Kat. (1987); Verdrängte Musik. NS-verfolgte Komponisten u. ihre Werke, hg. v. Musica Reanimata, Förderverein zur Wiederentdeckung NS-verfolgter Komponisten u. ihrer Werke (1991 ff.); E. K. Das Schicksal der Avantgarde im Nazi-Dtl., hg. v. S. Barron, Ausst.-Kat. (1992); Entartete Musik. Dokumentation u. Kommentar zur Düsseldorfer Ausstellung v. 1938, hg. v. A. Dümling u. P. Girth (^{3}1993); C. Zuschlag: »E. K.«. Ausstellungsstrategien im Nazi-Dtl. (1995); Nationalsozialismus u. »E. K.«, hg. v. P.-K. Schuster, Ausst.-Kat. (^{5}1998); F. K. Prieberg: Musik im NS-Staat (Neuausg. 2000).

Ent|artung,
1) *Pathologie:* → Degeneration.
2) *Physik:* von bestimmten Gesetzmäßigkeiten oder Normen abweichende Verhaltensweise physikal. Systeme. – In der **Quantenmechanik** bezeichnet E. das Auftreten mehrerer zu demselben Energieeigenwert oder Energieniveau (bzw. Eigenwert einer anderen Observablen A) gehörender Eigenfunktionen. Ihre Anzahl, der **E.-Grad**, ist gleich der Anzahl mögl. Realisierungen eines Energiezustandes (bzw. Eigenzustandes von A), dessen als **entartet** bezeichnetes Energieniveau bei Störeinflüssen (z. B. durch ein Magnetfeld) in entsprechend viele Terme aufspaltet. – Das Auftreten bzw. die (teilweise) Aufhebung einer E. ist an die Existenz bestimmter Symmetrien bzw. deren (teilweise) Brechung (z. B. durch äußere Einflüsse) geknüpft, z. B. wird beim Wasserstoffatom die Kugelsymmetrie durch homogene elektr. oder magnet. Felder zur axialen Symmetrie gebrochen. Bei Systemen ident. Teilchen folgt die Austausch-E. (→ Austauschwechselwirkung) aus der Permutationssymmetrie ihrer Wellenfunktionen. Daraus resultieren u. a. Abweichungen der Quantenstatistik im Vergleich zur klass. Statistik (→ Gasentartung).

Entasis [griech. »das Anspannen«] *die, -/...'tasen, antike Baukunst:* die leichte An- und Abschwellung in der Kontur des Säulenschaftes sowie der Stufen (bes. von Tempeln).

Ent|asphaltierung, Verfahren zur Beseitigung von → Asphaltenen aus den Rückständen der Erdöldestillation. Meist werden sie mit niedrig siedenden Alkanen (bes. flüssigem Propan) ausgefällt. Die E. dient zur Gewinnung hochviskoser Schmieröle. (→ Brightstock)

Entbasten, Degummieren, *das,* → Abkochen.

Entbindung, *die* → Geburt beim Menschen; auch die Geburtshilfe oder Leitung einer Geburt.

Entbindungslähmung, Geburtslähmung, Lähmungserscheinungen beim Neugeborenen, im Gesicht meist als (vorübergehende) Fazialislähmung durch Druckschädigung bei Zangengeburt, als Armplexuslähmung durch Zerrung des betreffenden Nervs bei Entbindungskomplikationen (Behandlung erforderlich). Schwerwiegend sind die zentral, durch Hirnblutungen verursachten E. Darüber hinaus werden auch (vorübergehende) Lähmungserscheinungen nach der Entbindung bei der Mutter, die v. a. durch

Druck auf den großen Hüftnerv entstehen, als E. bezeichnet.

Entbitterung, das Auslaugen von Bitterstoffen aus Futtermitteln, z. B. der Alkaloide aus Samen der Bitterlupine durch Quellen, Dämpfen und Wässern.

Entcarbonisierung, Verfahren der →Wasseraufbereitung zur Entfernung der Kohlensäure und des mit ihr im Gleichgewicht stehenden Kohlendioxids sowie der Hydrogencarbonat- und Carbonationen (Carbonathärte). Damit wird die Säurekapazität des Wassers herabgesetzt mit dem Ergebnis, dass das aufbereitete Wasser beim Erhitzen keine festen Calciumcarbonat-Abscheidungen hinterlässt (Rohrverkrustungen, Kesselstein). Meist werden die Carbonationen mit Calciumhydroxid ausgefällt (**Kalkverfahren**) oder mit einem Gemisch aus Calciumhydroxid und Natriumcarbonat (**Kalk-Soda-Verfahren**). Möglich ist auch die Verwendung von schwach sauren Ionenaustauschern. Die E. hat bei der Aufbereitung von Kühlwasser, Betriebswasser (z. B. für Papierfabriken, Brauereien, Färbereien) und Trinkwasser Bedeutung.

Entdeckungsgeschichte, die Geschichte der Auffindung und Erschließung von (häufig schon besiedelten) Gebieten der Erde, die den Entdeckern zuvor unbekannt waren. Ins Zentrum der histor. Betrachtung rückten v. a. die Entdeckungsreisen der Europäer seit dem Beginn der Neuzeit (Zeitalter der großen Entdeckungen) mit ihren weit reichenden wirtschaftl. und polit. Folgen (u. a. Entstehung der Kolonialreiche); sie trugen entscheidend dazu bei, dass der weitaus größte Teil der Erdoberfläche heute bekannt und erforscht ist. Auf diese Weise entstand allerdings eine überwiegend eurozentr. Betrachtung der E. Bemerkenswerte Erkundungs- bzw. seefahrer. Leistungen wurden jedoch auch von nichteurop. Reichen und Völkern erbracht (z. B. die sieben Schiffsexpeditionen des chin. Admirals ZHENG HE 1405–33, der für die Ming-Dynastie den Seeweg über den Ind. Ozean nach O-Afrika erschloss).

Die bereits im Altertum einsetzende Erkundung fremder Gebiete erfolgte zunächst insbesondere im Zusammenhang mit Kriegszügen und der Ausdehnung des Handels, später kamen die überseeische Expansion der europ. Seefahrernationen, Abenteurertum (z. B. Suche der Konquistadoren nach dem legendären →Eldorado), Missionierung und zunehmend auch wiss. Forscherdrang als wesentl. Motive hinzu.

WELTKENNTNIS IM ALTERTUM

Die älteste schriftlich überlieferte Entdeckungsreise ist die von der ägypt. Königin HATSCHEPSUT veranlasste Expedition nach Punt Anfang des 15. Jh. v. Chr. Dem griech. und röm. Kulturkreis waren außer dem Mittelmeergebiet auch die Küsten des Schwarzen Meeres gut bekannt. Die wichtigsten Entdeckungsreisen galten Afrika und Vorderasien (HERODOT, 5. Jh. v. Chr.); der Alexanderzug (334–323 v. Chr.) führte bis zur Schwelle Indiens (327–325 v. Chr.). Durch die Reisen des PYTHEAS AUS MASSALIA (etwa 330 v. Chr.) wurde Genaueres über West- und Nordeuropa berichtet. Einzelne Reisen führten weit in unbekannte Länder oder Meere, ohne jedoch das geograf. Bewusstsein zu erweitern, so die Umsegelung Afrikas durch Phö-

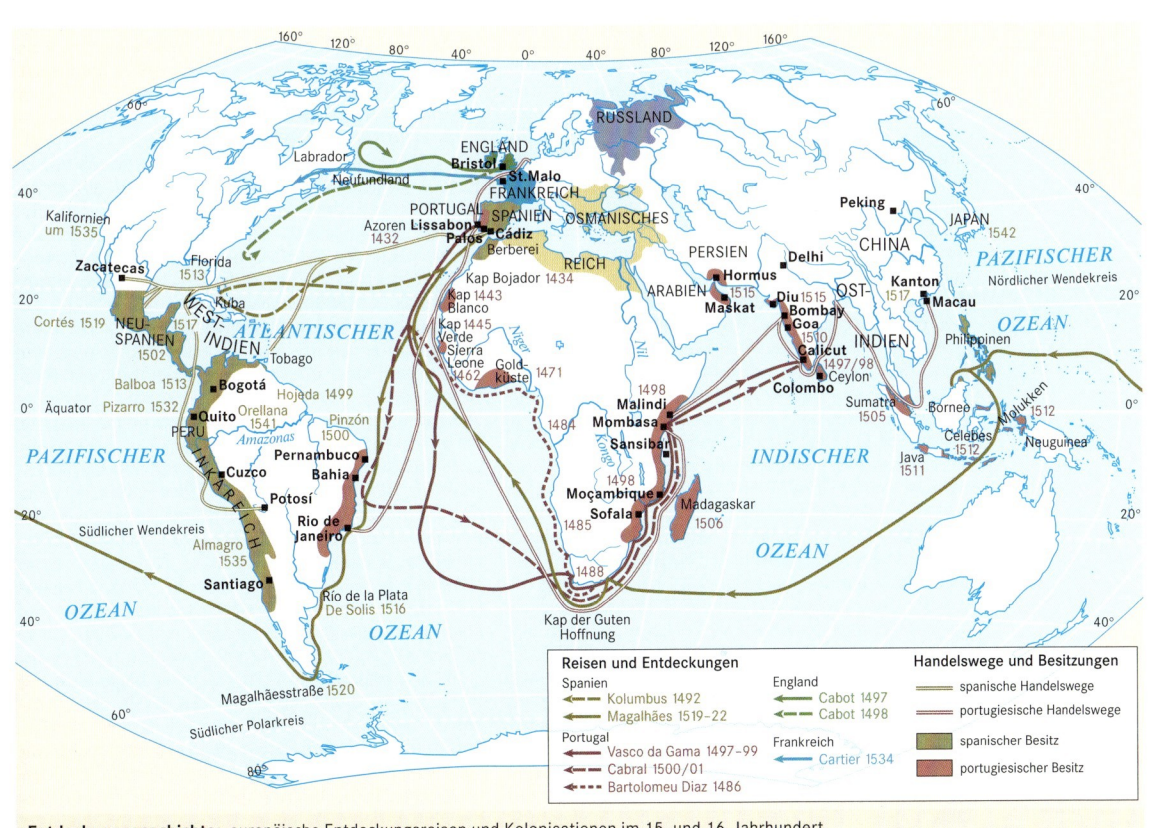

Entdeckungsgeschichte: europäische Entdeckungsreisen und Kolonisationen im 15. und 16. Jahrhundert

niker Anfang des 6. Jh. v. Chr. Die größte Ausdehnung des Röm. Reiches unter Trajan (98–117) ermöglichte bereits ein Denken in dem weiten Raum von England bis Mesopotamien.

WELTKENNTNIS IM MITTELALTER

Die Wikinger wagten sich seit dem 8. Jh. auf das offene Meer. Über die Färöer erreichten sie das allerdings schon früher von iroschott. Mönchen besiedelte Island (um 860) und Grönland (982); von hier aus entdeckte Leif Eriksson die NO-Küste Nordamerikas bis etwa 49° n. Br.; eine Besiedlung um 1000 (L'Anse aux Meadows) war nicht von Dauer. Diese Kenntnis Amerikas ging jedoch wieder verloren. – Die Araber übernahmen das Erbe der griech. Geografie, kannten über ihren eigenen Kulturkreis hinaus das angrenzende Asien und das Hinterland Nordafrikas. Sie querten die Sahara, gelangten bis in die Sudanzone und besaßen im MA. weit bessere Kenntnisse von Afrika, Vorder- und Südasien als die Europäer. Der Marokkaner Ibn Battuta war der bedeutendste Landreisende seiner Zeit; er lernte auf seinen Reisen (1325–53) z. B. Nordafrika bis Timbuktu und zum Nilgebiet, Vorderasien, Indien, den Malaiischen Archipel und China kennen. – Die Kenntnis von Asien erweiterten die zu den Mongolenherrschern gesandten päpstl. Boten G. del Carpini (1246) und W. von Rubruk (1254) sowie v. a. Marco Polo, der 1271–95 Persien, Zentralasien, China und Indien bereiste und den Pazif. Ozean entdeckte. Aus seiner Reisebeschreibung ergab sich die Kenntnis, dass Ost- und Südasien meerumschlossen sind.

DAS ZEITALTER DER GROSSEN ENTDECKUNGEN

Von Heinrich dem Seefahrer angeregt, unternahmen Portugiesen (seit 1418) Entdeckungsfahrten, zunächst entlang der W-Küste Afrikas (Kanar. Inseln 1336, Madeira 1418/19, Azoren 1429), bes. nachdem die Türken 1453 durch die Einnahme Konstantinopels den Zugang nach Indien gesperrt hatten. Die Suche der Spanier nach einem Seeweg nach Indien führte zur weltgeschichtlich folgenreichen Entdeckung Amerikas durch Kolumbus (1492); weite Gebiete der Neuen Welt wurden Europa jetzt bekannt (seit 1498 Südamerika, seit 1502 Zentralamerika). Spanien und Portugal beanspruchten als die führenden Nationen der Zeit die Beherrschung der von ihnen entdeckten Räume. Im Vertrag von Tordesillas (1494) vereinbarten sie eine Grenzlinie bei 49° w. L.; nach der zweiten Entdeckung des Pazif. Ozeans durch V. Núñez de Balboa (1513) teilten sie im Vertrag von Saragossa (1529) auch die östl. Erdhälfte durch eine bei 132° ö. L. verlaufende Linie unter sich auf. Bereits 1487/88 umsegelte B. Diaz die Südspitze Afrikas; weiter stieß 1497/98 Vasco da Gama vor und fand den Seeweg nach Indien. Dieser Leitlinie folgend, wurden Malakka (1508), die Molukken (1512), Südchina (Kanton 1517), Neuguinea (1526) und zuletzt Japan (1542) erreicht. 1519–22 bewies die von F. Magalhães begonnene 1. Weltumsegelung die Kugelgestalt der Erde. Der Vorherrschaft der iber. Nationen widersetzten sich Franzosen, Holländer und Engländer. In engl. Auftrag wurde (seit 1553) nach der Nordostpassage (S. Caboto) und (seit 1576) nach der Nordwestpassage gesucht; damit begann die Erforschung des Kanadisch-Arkt. Archipels (J. Davis, W. Barents u. a.). F. Drake gelang 1577–80 die 2. Weltumsegelung. – So ergab sich am Ende dieses Zeitalters eine beispiellose Ausweitung des geograf. Wissens, die sich in den Kosmografien der Zeit nur teilweise spiegelte. Süd- und Mittelamerika waren in ihren Küstengebieten und besiedelbaren Hochländern wesentlich besser bekannt als Nordamerika, das seit der Entdeckung Neufundlands (G. und S. Caboto, 1497) und Floridas (J. Ponce de León, 1513) erforscht wurde.

WELTKENNTNIS IM 17. UND 18. JAHRHUNDERT

Engländer (1600) und Holländer (1602) gründeten Handelskompanien und legten in Indien und im Malaiischen Archipel die Grundlage für ihre Kolonialreiche. 1606 entdeckte W. Jansz. die NW-Küste Australiens, 1642–44 A. J. Tasman die später nach ihm benannte Insel. – Kosaken erreichten 1639 durch Sibirien das Ochotskische Meer. Christl. Missionare kamen nach China und gelangten von Indien aus nach Tibet. E. Kaempfer schuf nach Reisen in Japan (1690–92) das für Europa maßgebende Bild dieses Landes, das erst von P. F. von Siebold und J. J. Rein im 19. Jh. übertroffen werden konnte. – Im N der Neuen Welt entdeckten Franzosen die Großen Seen (S. de Champlain, 1615). S. I. Deschnjow umfuhr 1648 das NO-Kap Asiens. Neben Handelsinteressen, Abenteuerlust oder Missionseifer wurde zunehmend wiss. Interesse zur Grundlage weiterer Erforschung, z. B. die von V. J. Bering geleitete »Große Nordische Expedition« (1733–43), die Reisen C. Niebuhrs (1761–67) und die von A. von Humboldt (1799–1804). Auch die drei Weltumsegelungen von J. Cook (1768–71, 1772–75 mit J. R. und G. Forster, 1776–79), dem letzten großen maritimen Entdecker, bedeuteten neben der seefahrer. eine wiss. Leistung. – Europa wandte sich nach der Gründung der »African Association« (1788) v. a. der Erforschung Afrikas zu. M. Park (1795 ff.) suchte den Nigerlauf zu klären, F. K. Hornemann gelang als erstem Europäer die Durchquerung der Sahara (1797–1801).

FORSCHUNGSREISEN IM 19. UND 20. JAHRHUNDERT

Mit der Umsegelung der Antarktis 1819–21 (durch F. G. von Bellingshausen) begann deren Erforschung; der Südpol wurde 1911 von R. Amundsen erreicht. Die Erforschung der Arktis blieb z. T. mit der Suche nach der Nordostpassage (A. E. von Nordenskiöld, 1878/79) und der Nordwestpassage (Amundsen, 1903–06) verbunden; in die Nähe des Nordpols gelangte R. E. Peary (1908/09). Die erste Überfliegung des Nordpols im Luftschiff gelang 1926 Amundsen und U. Nobile, die des Südpols R. E. Byrd, der mit seinen vier Antarktisexpeditionen zw. 1928 und 1947 die wesentl. Entdeckungen machte. Die erste Antarktisquerung auf dem Landweg gelang erst V. E. Fuchs 1957/58. – Die Entdeckung des Innern Afrikas entsprach v. a. der Klärung des Laufs der großen Ströme (bes. Niger, Nil und Kongo), von denen man nur die Unterläufe kannte. Nach bahnbrechenden Forschungen, v. a. von D. Livingstone (1849 ff.), H. Barth (1850–55) und H. M. Stanley (1871 ff.), wurde Afrika weitgehend erschlossen und kolonial aufgeteilt. – Die abgelegenen Gebiete Zentralasiens wurden vom letzten großen Landreisenden S. Hedin erforscht (1894 ff.). Schwer begehbare Gebiete, die in den 60er-Jahren des 20. Jh. nur annähernd bekannt und kartografisch erfasst waren, konnten inzwischen durch die Fernerkundung mit Satelliten umfassend aufgenommen werden. 1995 gelang einer britisch-frz. Expedition die Entdeckung der Quelle des Mekong im Hochland von Tibet (auf der Höhe des Ru-sa-Passes).

Vergleiche die Zeittafeln zur Entdeckung und Erforschung bei →Afrika, →Amerika, →Antarktis, →Arktis, →Asien, →Australien.

🔊 **Entdeckungsgeschichte:** J. G. A. Forster: »Entdeckungsreise nach Tahiti und in die Südsee« (Auszug) 2634; R. E. Peary: Über seine Expedition zum Nordpol (1908/09) 1127

📖 W. Krämer: Die Entdeckung u. Erforschung der Erde (Leipzig ⁸1976); D. Henze: Enzykl. der Entdecker u. Erforscher der Erde, 5 Bde. (Graz 1978–2004); Die Entdeckung u. Eroberung der Welt, hg. v. U. Bitterli, 2 Bde. (1980–81); Forscher, Krieger, Abenteurer, hg. v. A. Bombard, 10 Bde. (a. d. Frz., Salzburg 1983–85); P. Davies: Encyclopedia of invasions and conquests from ancient times to the present (Santa Barbara, Calif., 1996); H. Pleticha: Atlas der Entdeckungsreisen (2000); P. Novaresio: Die großen Entdecker (a. d. Engl., Neuausg. 2002); F. Salentiny: Dumont's Lex. der Seefahrer u. Entdecker (Neuausg. 2002); Das große National-Geographic-Lex. Die 100 bedeutendsten Entdecker, hg. v. H.-J. Löwer u. a. (2003); Großer Atlas der Forscher u. Entdecker, hg. v. S. Grimbly (a. d. Engl., 2003); H. Gründer: Eine Gesch. der europ. Expansion. Von Entdeckern u. Eroberern zum Kolonialismus (2003).

Ente,
1) *Biologie:* →Enten.
2) *Medizin:* umgangssprachl. Bezeichnung für ein Harngefäß (Urinal) für bettlägerige männl. Kranke.
3) *Pressewesen:* [seit 1850, Übersetzung des gleichbedeutenden frz. »canard«], **Zeitungsente,** Falschmeldung (»Presselüge«), Gerücht.

Entebbe, Stadt in Uganda, südlich von Kampala, 1 176 m ü. M., am NW-Ufer des Victoriasees, 63 000 Ew.; Museen (für Geologie, Holzarten, Jagd und Fischerei); botan. Garten (ältester in Afrika), Wetterstation; Hafen, internat. Flughafen. – E. wurde 1893 als Militärposten gegründet und war 1894–1962 Verwaltungssitz von Uganda.

Ent|eignung, Expropriation [lat.], Entziehung des →Eigentums an bewegl. oder unbewegl. Sachen oder sonstigen Vermögensrechten durch staatl. Hoheitsakt. Die E. soll dazu dienen, die entzogene Sache zum Wohl der Allgemeinheit einem anderen, als höherwertig geltenden Verwendungszweck zuzuführen. Sie ist von der →Einziehung (Konfiskation) und der →Sozialisierung (Vergesellschaftung) zu unterscheiden. Die modernen rechtsstaatl. Verf. verbinden mit der Garantie des Privateigentums i. d. R. die Bestimmung, dass eine E. unter bestimmten Voraussetzungen zulässig ist, aber nur gegen Entschädigung erfolgen kann. Im Marxismus gilt die entschädigungslose E. des Privatbesitzes an Produktionsmitteln unter Bildung von staatl. oder gesellschaftl. Kollektiveigentum als wesentl. Schritt der sozialen Revolution und zur Aufhebung der »Selbstentfremdung« des Menschen durch die Lohnarbeit. Ihren Niederschlag hatte diese Auffassung u. a. in Art. 9 ff. der Verf. der DDR gefunden. Während der klass. Begriff der E. auf die Vollentziehung des Grundeigentums beschränkt war (bes. zur Durchführung des Eisenbahnbaus), ist der Begriff der E. in Dtl. seit 1919 auf die Entziehung bewegl. Sachen und anderer privater Vermögensrechte (z. B. Forderungen) ausgedehnt worden. In Deutschland ist nach Art. 14 GG eine E. nur zum Wohl der Allgemeinheit zulässig. Sie darf nur aufgrund eines Gesetzes durch Verwaltungsakt (Administrativ-E.) oder ausnahmsweise unmittelbar durch ein Gesetz (Legal-E.) erfolgen. Welche staatl. Maßnahme als E. zu qualifizieren ist, kann im Einzelfall problematisch sein. Erhebl. Abgrenzungsschwierigkeiten bestehen zw. der entschädigungslos hinzunehmenden Eigentumsbindung (Sozialbindung des Eigentums) und der E. bei

Entebbe: Im botanischen Garten wächst u. a. die Piptadenia africana, ein bis zu 50 m hohes Mimosengewächs.

den Eigentumseingriffen, z. B. im Gewerbe-, Miet-, Bau- und Umweltrecht. Nach der v. a. vom Bundesgerichtshof vertretenen »Sonderopfertheorie« liegt eine E. vor, wenn die Belastung des Eigentums den Betroffenen im Vergleich zu anderen Bürgern ungleich trifft und ihm ein besonderes, den anderen nicht zugemutetes Opfer für die Allgemeinheit auferlegt. Für die vom Bundesverwaltungsgericht entwickelte »Zumutbarkeitstheorie« ist v. a. die Schwere und Tragweite des Eingriffs maßgebend. Die neuere Rechtsprechung des Bundesverfassungsgerichts (insbes. der Beschluss vom 15. 7. 1981, so genannter »Nassauskiesungsbeschluss«) unterscheidet wieder schärfer zw. Schrankenziehung (Sozialbindung) und E.; eine übermäßige Beschränkung des Eigentums ist danach nicht E., sondern bleibt eine (übermäßige, deshalb unzulässige) Schrankenziehung, gegen die der Betroffene vorgehen muss. Aus heutiger Sicht liegt eine E. nur vor, wenn der Staat Eigentumspositionen gezielt entzieht, um bestimmte öffentl. Aufgaben zu erfüllen. Fehlt diese Zielsetzung, liegt keine E. vor. Auch der vollständige Entzug einer Rechtsposition kann also eine (u. U. unzulässige) Schrankenbestimmung sein (Beschluss vom 22. 5. 2001).

E. begründen Entschädigungsansprüche. Art. 14 GG bestimmt, dass die E.-Gesetze Art und Ausmaß der Entschädigung regeln müssen (Junktimklausel), anderenfalls ist die E. verfassungswidrig. Die Entschädigung erfolgt meist in Geld; bei Grundstücken ist auch Naturalentschädigung gebräuchlich. Die Höhe der Entschädigung ist unter gerechter Abwägung der Interessen der Allgemeinheit und der Beteiligten zu bestimmen. Als geeigneter Maßstab dient vielfach der Wiederbeschaffungswert, doch müssen der Zeitwert oder sonst eingetretene Nachteile (z. B. entgangener Gewinn) nicht unbedingt voll ausgeglichen werden. Daher spricht das E.-Recht in diesem Zusammenhang von »Entschädigung«, nicht von »Schadensersatz«. Die Enteigneten können wegen der Höhe der Entschädigung im Streitfall die ordentl. Gerichte anrufen. Die E.-Maßnahme selbst kann, wenn sie durch Gesetz erfolgt, mit der Verfassungsbeschwerde angegriffen werden; wenn sie aufgrund eines Gesetzes durch Verwaltungsakt vorgenommen wird, kann gegen sie verwaltungsgerichtl. Anfechtungsklage erhoben werden.

Ente Enteisungsanlage

Von der E. sind enteignender und enteignungsgleicher Eingriff zu unterscheiden. Der gesetzlich nicht geregelte, von jurist. Schrifttum und der Rechtsprechung geprägte Begriff des **enteignenden Eingriffs** meint dem Einzelnen auferlegte Sonderopfer, die als Nebenfolge rechtmäßigen hoheitl. Handelns entstanden sind, aber keine E. i. e. S. darstellen, da ihnen das Bewusste, Gewollte und Zweckgerichtete einer E. fehlt (z. B. Beeinträchtigung von Nachbarn durch eine – rechtmäßige – störende öffentl. Anlage). Nach der Rechtsprechung des Bundesgerichtshofs kann der Einzelne wie für eine E. auch bei einem **enteignungsgleichen Eingriff** Entschädigung verlangen, wenn er nämlich in seinem Vermögen durch einen (auch schuldlos) rechtswidrigen Eingriff der öffentl. Gewalt geschädigt wurde, z. B. bei E. aufgrund eines nichtigen Gesetzes oder bei rechtswidriger Schließung eines Geschäftes. Nach der erwähnten Entscheidung des Bundesverfassungsgerichts vom 15.7.1981 ist streitig, ob an der Rechtsprechung zum enteignungsgleichen Eingriff festgehalten werden kann: Da der enteignungsgleiche Eingriff ein rechtswidriger Akt ist, kann ihn der Betroffene gerichtlich abwehren; deshalb ist umstritten, ob er den Rechtsweg beschreiten muss oder stattdessen die Möglichkeit der Entschädigung wählen kann. Das Bundesverfassungsgericht verneint ein solches Wahlrecht. Der Bundesgerichtshof hält indes mit modifizierter Begründung weiter am Begriff des enteignungsgleichen Eingriffs fest.

Im Einigungsvertrag zw. der BRD und der DDR vom 31.8.1990 ist bestimmt, dass E., die im Beitrittsgebiet auf besatzungsrechtl. und besatzungshoheitl. Grundlage 1945–49 vorgenommen wurden, d. h. insbesondere Maßnahmen zur Durchführung der Bodenreform, nicht mehr rückgängig zu machen sind. Dies ist durch Verfassungsänderung in Art. 143 Abs. 3 GG verankert und vom Bundesverfassungsgericht für zulässig befunden worden (Entscheidung vom 23. 4. 1991, im April 1996 nochmals bestätigt). Allerdings gebietet es nach Auffassung des Gerichts der allgemeine Gleichheitssatz, durch Gesetz auch für diese E. eine Ausgleichsregelung zu schaffen. Mit dem Erlass des Gesetzes über staatl. Ausgleichsleistungen für E. auf besatzungsrechtl. und besatzungshoheitl. Grundlage, die nicht mehr rückgängig gemacht werden können (Ausgleichsleistungs-Ges. vom 27. 9. 1994, in Kraft ab 1. 12. 1994), wurde die Rechtsgrundlage zur Regelung dieser offenen Vermögensfragen in den neuen Ländern geschaffen. Die Ausgleichsleistungen sind aufgrund ihres geringen Umfangs umstritten, wurden aber vom Bundesverfassungsgericht für verfassungsgemäß befunden (Urteil vom 22. 11. 2000).

Entschädigungslose und weitere, im Vermögens-Ges. vom 23. 9. 1990 i. d. F. v. 2. 12. 1994 näher bestimmte E. seitens der Staatsorgane der DDR sind auf Antrag grundsätzlich rückgängig zu machen (Grundsatz der Restitution), sofern dies möglich ist und nicht bestimmte Hinderungsgründe entgegenstehen (bes. redl. Erwerb durch Dritte nach dem 8. 5. 1945, Widmung für den Gemeingebrauch oder bestimmte vorrangige Nutzungen). Das Entschädigungs-Ges. vom 27. 9. 1994, in Kraft ab 1. 12. 1994 (Ges. über die Entschädigung nach dem Gesetz zur Regelung →offener Vermögensfragen), regelt den Entschädigungsanspruch des Berechtigten, wenn die Rückgabe nach dem Vermögens-Ges. ausgeschlossen ist oder der Berechtigte Entschädigung gewählt hat. Im Interesse der wirtschaftl. Entwicklung in den neuen Ländern, die schnell klare Eigentumsverhältnisse voraussetzt, ist bei bestimmten Investitionen (z. B. zur Sicherung oder Schaffung von Arbeitsplätzen) die Restitution ausgeschlossen und durch einen Anspruch auf Ausgleich oder unter bestimmten Voraussetzungen Entschädigung nach dem Investitionsvorrang-Ges. vom 14. 7. 1992 ersetzt.

In Österreich wird vom Verf.-Gerichtshof ein Eigentumseingriff nur dann als E. qualifiziert, wenn er zu einer Vermögensverschiebung zugunsten Dritter führt (Entscheidung vom 16. 12. 1983, »Zwentendorf-Erkenntnis«). Eine E. darf nur aufgrund eines besonderen Gesetzes im Interesse des »allgemeinen Besten« (Art. 5 Staatsgrund-Ges.) unter Beachtung der Verhältnismäßigkeit verfügt werden. Die Gesetze sehen i. d. R. Entschädigungsansprüche vor; verfassungsrechtlich geboten ist eine Entschädigung nach der Rechtsprechung allerdings nur, wenn der Eigentumseingriff ein verfassungswidriges Sonderopfer bewirken würde. – Aufgrund der verfassungsmäßigen Eigentumsordnung (Art. 26 Bundes-Verf.) ist in der Schweiz zw. der formellen und der materiellen E. zu unterscheiden. Unter **formeller E.** versteht man den Entzug des Eigentumsrechts oder eines beschränkten dingl. Rechts in einem durch spezielle Gesetze des Bundes und der Kantone geregelten Verfahren. Die formelle E. ist nur im öffentl. Interesse zulässig und muss voll entschädigt werden. Auf Bundesebene ist das Verfahren der formellen E. im Bundesgesetz über die E. vom 20. 6. 1930 geregelt. Im Ggs. zur formellen E. wird bei der **materiellen E.** das Eigentumsrecht dem Eigentümer belassen. Der staatl. Eingriff wirkt sich jedoch enteignungsähnlich aus, weil der bisherige oder voraussichtlich künftige Gebrauch einer Sache untersagt oder in bes. schwerwiegender Weise eingeschränkt wird; gleichgestellt sind Sonderopfer. Auch die materielle E. ist voll zu entschädigen.

G. Krohn u. G. Löwisch: Eigentumsgarantie, E., Entschädigung ([3]1984); H. Hess u. H. Weibel: Das Enteignungsrecht des Bundes, 2 Bde. (Bern 1986); K. Nüssgens u. K. Boujong: Eigentum, Sozialbindung, E. (1987); E. Riva: Hauptfragen der materiellen E. (Bern 1990); B. Diekmann: Das System der Rückerstattungstatbestände nach dem Ges. zur Regelung offener Vermögensfragen (1992); A. Friedlein: Vermögensansprüche in den fünf neuen Bundesländern (1992); K. Korinek u. a.: Hb. des Enteignungsrechts (Wien 1994); F. Ossenbühl: Staatshaftungsrecht ([5]1998); GG-Komm., begr. v. I. v. Münch, hg. v. P. Kunig, Bd. 1: Präambel bis Art. 19 ([5]2000); C. Paffrath: Macht u. Eigentum. Die E. 1945–1949 im Prozess der dt. Wiedervereinigung (2004).

Ent|eisungsanlage, Bordanlage eines Luftfahrzeugs zur Verhinderung oder Beseitigung des fluggefährdenden Eisansatzes an bestimmten Bauteilen oder Bereichen (Flügel- und Leitwerksvorderkanten, Luftschrauben, Messsonden für Fluginstrumente, Triebwerkseinläufe, Kraftstofffilter und Front- oder andere Sichtscheiben). Zur Anwendung gelangen therm. Enteisung mit Heißluft oder elektr. Heizmatten, Flüssigkeitsenteisung durch Aufsprühen von Gefrierschutzlösungen und mechan. Enteisung durch pulsierendes Füllen und Entleeren aufblasbarer Gummiüberzüge (Drucklufteisung). Die E. wird bei Vereisungsgefahr durch spezielle Eisfühler in Betrieb gesetzt. Stationäre E. erlauben eine effiziente und ökolog. Enteisung von Flugzeugen vor dem Start, da hier das Aufbringen der Enteisungsflüssigkeit über Portalkräne automatisiert werden kann. Überschüssige Enteisungsflüssigkeit lässt sich dabei auffangen und wieder verwenden. Die modernsten stationären E. arbeiten mit elektr. Heizstrahlern ohne Flüssigkeiten und sind dadurch bes. kostengünstig und umweltfreundlich im Betrieb.

Enteisungsmittel, Zusatz zu Vergaserkraftstoffen (z. B. Isopropanol), um die Eiskristallbildung zu unterdrücken bzw. das Anhaften von Eiskristallen an Vergaserteilen zu verhindern.

Entekt [zu griech. tēxis »das Schmelzen«] *das, -(e)s/-e, Petrologie:* →Metatexis.

Entelechie [griech. »ständige Wirksamkeit«, »Tätigkeit«] *die, -/...'chi̱en, Philosophie:* ein innewohnendes Formprinzip, das etwa den Organismus zur Selbstentwicklung bringt. Der Begriff wurde bei ARISTOTELES häufig in ähnl. Bedeutung wie Energeia (→Akt) verwendet: als Verwirklichung der in einem Seienden angelegten Möglichkeiten, jedoch in Hervorhebung der immanenten Zielbestimmtheit der Entwicklung; sodann auch als Prinzip des Am-Wirken-Seins, die Form, die sich im Stoff verwirklicht. Die Seele bestimmte ARISTOTELES als erste E. eines organ. Körpers. In der Neuzeit haben LEIBNIZ (Monadologie), GOETHE u. a. den Begriff der E. wieder aufgenommen (→Teleologie). Im System H. DRIESCHs ist E. ein ganzheitstiftender und prozesssteuernder Faktor im organ. Geschehen (→Äquifinalität), ein außerräuml., aber in den Raum hineinwirkender teleolog. Naturfaktor.

Enten, Anatinae, Unterfamilie der →Entenvögel mit etwa 100 Arten in 31 Gattungen. Neben den Echten Enten (Schwimm- und Tauchenten) werden ihr u. a. auch die Meeres- und Ruderenten zugeordnet. Die meisten Arten besitzen einen ausgeprägten Seihschnabel mit Hornlamellen an den Schnabelrändern und eine fleischige Zunge. Bei den Fische jagenden →Sägern ist der Schnabel schmal, und die Lamellen sind zahnförmig umgestaltet zum Festhalten der Beute. I. d. R. ist die Färbung nach Geschlecht und Jahreszeit sehr unterschiedlich; die Männchen (Erpel) sind wesentlich auffallender gefärbt als die Weibchen, die meist Tarnfarben tragen. Die Erpel aller europ. E. legen ihr Prachtkleid bereits im Herbst an, sie sind also im Winterhalbjahr, in dem auch die Paarbildung stattfindet, am schönsten gefärbt. Häufig sind auch die Stimmen nach Geschlechtern verschieden. Beine und Hals sind kürzer als bei den Gänsen; regelmäßig tauchende Arten haben oft weit hinten ansetzende Beine mit großen Füßen. Viele Arten erzeugen auffallende Fluggeräusche, teilweise mit bes. gestalteten Schallfedern. E. brüten meistens auf dem Boden, in Wassernähe, aber auch auf Bäumen oder in Höhlen; die →Kuckucksente

Enteisungsanlage des Münchener Flughafens

legt ihre Eier anderen Vögeln unter. Die Nahrung reicht von überwiegend pflanzl. bis zu fast ausschließlich fleischl. Kost. Alle Arten führen mehr oder minder ausgedehnte Wanderungen aus, die oft witterungsbedingt sind (Zufrieren der Gewässer).

Einheim. Arten der **Schwimm-E.** (Gattung Anas) sind u. a. →Knäkente, →Krickente, →Löffelente, →Pfeifente, →Schnatterente, →Spießente sowie die →Stockente. Sie ist die Stammform aller Hausenten außer der Warzenente, die von der südamerikan. →Moschusente abstammt. Die Hausentenrassen lassen sich nach ihrem Nutzen in Fleisch- und Lege-E. einteilen. E.-Eier können Paratyphuserreger enthalten und sollten deshalb nur gekocht gegessen werden. Während die genannten Arten selten tauchen, aber bei der Nahrungssuche oft gründeln, tauchen die Arten der Gattungen Aythya und Netta (**Tauch-E.**) regelmäßig, z. B. →Reiherente, →Moorente, →Tafelente und →Kolbenente. Zu den **Meeres-E.** gehören u. a. die nur selten im Binnenland anzutreffenden →Eiderenten, die in Baumhöhlen brütende →Schellente sowie die →Spatelente. Die →Glanzenten, z. B. die Mandarinente, sind auch beliebte Zuchtvögel.

Kulturgeschichte E. wurden erstmals vermutlich in Mesopotamien im 3. Jt. v. Chr. domestiziert. Aus dieser Zeit stammen auch sumer. E.-Darstellungen. Stilisierte E., deren Deutung schwierig ist, wurden auf Fibeln aus Rhodos, Etrurien und südtl. Gräbern der Eisenzeit gefunden. Etrusk. Frauen benutzten kleine Krüge in E.-Form für Salböl. In Griechenland waren Salbgefäße aus Terrakotta in E.-Form mit farbiger Bemalung in Gebrauch. Röm. E.-Darstellungen kennt man von Wandmalereien aus Pompeji. E. wurden bereits im alten China gezüchtet. Während in der Alten Welt die domestizierte Stockente vorherrschte, zähmten in vorkolumb. Zeit Indianer die Moschusente. Sie wurde als Hausgeflügel von den Spaniern 1514 nach Europa gebracht. Die große, kurzbeinige Ente, deren Männchen durch warzige Schwielen im Gesicht auffällt (»Warzenente«), fand v. a. in trop. Gebieten weite Verbreitung, da sie den dort herrschenden Bedingungen durch ihre Herkunft gut angepasst ist.

🔊 **Enten:** Laute einer Krickente 7375; Rufe einer Gruppe von Stockenten 7729; Rufe eines Reiherenten-Weibchens 8361; Balzlaute einer Eiderente 7229; Balzlaute von Mandarinenten-Männchen 8332

Enten: Stockenten (rechts der Erpel)

Ente Entenflugzeug

Entenflugzeug, Flugzeug mit vor den Tragflügeln liegendem Höhenleitwerk (Bug- oder Kopfleitwerk). Bei dieser Bauart ist die zur Erhaltung des Momentengleichgewichts erforderl. Leitwerkskraft aufwärts gerichtet und erhöht damit den Gesamtauftrieb, wodurch die Flugeigenschaften in Flugphasen, die hohen Auftrieb erfordern (Start und Landung), verbessert werden.

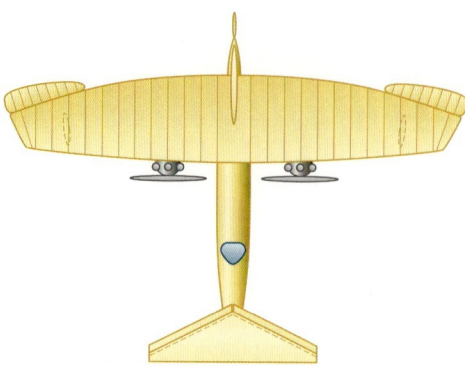

Entenflugzeug: die Focke-Wulf-»Ente« von 1930

Entengras, die Süßgrasgattung →Schwaden.
Entengrütze, Entenflott, Entengrün, die Pflanzengattung →Wasserlinse.
Entenmuscheln, Krebstiere, Unterordnung der →Rankenfüßer.
Entenpest, Virusenteritis der Enten, weltweit verbreitete, durch ein Herpesvirus ausgelöste, sehr ansteckende Krankheit des Wassergeflügels (Enten, Gänse, Schwäne) mit schweren Allgemeinstörungen; wichtige Symptome sind Nasenausfluss, extremer Durst und Durchfall. Die Krankheit endet häufig tödlich. Einen sicheren Schutz bietet die Impfung.
Entenschnäbel, aus der histor. Modekritik abgeleitete Bez. jener Schnabelschuhe, die um 1500 mit abgerundeten Spitzen zu den breiteren Formen (»Kuhmäuler«) überleiteten.
Entenschnabel-Dinosaurier, die →Hadrosaurier.
Entente [ã'tãt; frz. »Einverständnis«, eigtl. »Absicht«, von lat. intendere »auf etwas achten«] *die, -/-n,* bündnisähnl. Verhältnis oder Bündnis zw. (zwei) Staaten, das auf engem Einverständnis und weitgehenden Interessengleichheit beruht. – Als **E. cordiale** werden bes. die bündnisähnl. Beziehungen zw. Großbritannien und Frankreich seit der Verständigung über die nordafrikan. Kolonialfragen (1904) bezeichnet; ihr Kern waren militär. Absprachen für den Fall eines Krieges gegen das Dt. Reich (Briefwechsel zw. P. CAMBON und E. GREY). Aus dieser E. entwickelte sich durch Einbeziehung Russlands (seit 1907) die →Tripelentente (Dreiverband). Der Begriff »E.-Mächte« wurde im Ersten Weltkrieg auf alle Gegner der →Mittelmächte bezogen. Nach dem Ersten Weltkrieg entstand die →Kleine Entente.
Entenvögel, Anatidae [zu lat. anas, anatis »Ente«], größte Familie der Gänsevögel, zu der neben der Unterfamilie der →Enten auch die Unterfamilien der →Gänse, →Halbgänse, →Pfeifgänse und →Affenenten zählen. E. sind meist Wasservögel, die mit ihren Schwimmfüßen gut rudern und tauchen können. Ihr langer Hals mit 15–25 Halswirbeln ist im Flug gestreckt und beim Schwimmen oft s-förmig gebogen.

In Anpassung an das Wasserleben ist die Bürzeldrüse bes. groß.
Entenwal, Dögling, →Schnabelwale.
enter..., Wortbildungselement, →entero...
enteral [zu griech. énteron »Darm«], die Eingeweide oder den Darm betreffend, über den Magen-Darm-Kanal zugeführt, z. B. Arzneimittel. (→parenteral)
Ent|erbung, Ausschluss eines Verwandten oder des Ehegatten von der gesetzl. Erbfolge; nach früherem Recht auch Ausschluss des nichtehel. Kindes vom Erbersatzanspruch (→Erbrecht). E. kann stillschweigend durch Einsetzung anderer Personen zu Erben geschehen. Bei ausdrückl. E. durch Testament oder Erbvertrag ist die Einsetzung eines anderen Erben nicht erforderlich (§ 1938 BGB). Die E. erstreckt sich i. d. R. nicht auf die Abkömmlinge des Enterbten. Von der gesetzl. Erbfolge ausgeschlossene Abkömmlinge, Eltern und Ehegatten des Erblassers haben gegen Erben einen Anspruch auf den →Pflichtteil (§ 2303 BGB). Dieser kann unter bestimmten Voraussetzungen auch entzogen werden (§§ 2333 ff. BGB, Pflichtteilsentziehung).
E. ist im österr. Recht die gänzl. oder teilweise Entziehung des Pflichtteils durch letztwillige Verfügung. Sie muss begründet sein (§§ 768 ff. ABGB).
Auch nach schweizer. Recht wird als E. die Beschränkung des Pflichtteilsanspruches bezeichnet (Art. 477 ff. Zivilgesetzbuch). E.-Gründe sind schwere Verbrechen oder schwere Verletzung der familienrechtl. Pflichten gegenüber dem Erblasser oder gegenüber Personen, die dem Erblasser nahe stehen. Eine teilweise E. ist auch bei Zahlungsunfähigkeit eines Pflichtteilsberechtigten zulässig, sofern der entzogene Teil des Pflichtteils den Nachkommen des Zahlungsunfähigen zugewendet wird.
Enteritis [zu griech. énteron »Darm«] *die, -/...'tiden,* **Dünndarmentzündung,** Schleimhautentzündung des Dünndarms, oft mit Magenbeteiligung (Gastro-E.) und bzw. oder Mitbeteiligung des Dickdarms (Enterokolitis); zu den Ursachen gehören Infektionen mit Bakterien, Viren und Parasiten. Die bakteriellen Darmentzündungen werden entweder durch die Toxinbildung des Erregers oder durch das Eindringen der Erreger (Salmonellen, Escherichia coli, Campylobacter jejuni, Yersinia enterocolica, Shigellen, Vibrio cholerae) durch die Darmschleimhaut hervorgerufen. Eine weitere Ursache sind Lebensmittelvergiftungen, die durch Staphylococcus aureus, Bacillus cereus und Clostridium botulinum ausgelöst werden. Die pseudomembranöse Kolitis wird durch das Bakterium Clostridium difficile verursacht, das begünstigt durch eine antimikrobielle Behandlung den Dickdarm überwuchert. Auch Viren (z. B. Rotaviren, Norwalkviren) oder Parasiten (z. B. Giardia lamblia, Entamoeba histolytica) sind Ursachen für infektiöse Durchfallerkrankungen. Verdacht, Erkrankung und Todesfall sind meldepflichtig. Zu den Symptomen gehören Durchfall, Bauchschmerzen, Fieber, Kopf- und Muskelschmerzen. Bei Magenbeteiligung kommen Übelkeit und Erbrechen hinzu. Diagnostisch ist neben der Vorgeschichte der Krankheit (Auslandsaufenthalt?) der Erregernachweis v. a. durch Stuhlkulturen von Bedeutung. Die Behandlung umfasst den Ersatz von Flüssigkeit und Elektrolyten, bei schweren Verläufen werden Antibiotika eingesetzt.
Eine akute, lebensbedrohende Erkrankung ist die wohl durch Clostridien hervorgerufene **E. necroticans,** eine mit Nekrose und Darmbrand einhergehende Ent-

zündung, die durch geschwürige Darmperforation und Bauchfellentzündung zum Tode führen kann. Eine Sonderform stellt die E. regionalis Crohn, die →Crohn-Krankheit, dar. (→Durchfall)

Entern [aus dem Niederländ., von span. entrar »eindringen«],
1) die Erstürmung eines Kriegsschiffes. Das planmäßige E. wurde erstmalig durch die Römer 260 v.Chr. mithilfe von **Enterbrücken** ausgeführt, die nach dem Längsseitgehen auf das feindl. Schiff fallen gelassen wurden. Bis zur Einführung der Schiffsartillerie wurden Seegefechte durch E. entschieden. Das feindl. Schiff wurde mit **Enterhaken** festgehalten und seine Besatzung mit **Entermessern** im Nahkampf angegriffen.
2) das Ersteigen der Masten eines Segelschiffs über die Wanten.

entero... [griech. énteron »Darm«], vor Vokalen meist verkürzt zu **enter...**, Wortbildungselement mit den Bedeutungen: 1) Darm, z. B. Enteropathie, Enteritis; 2) Eingeweide, z. B. Enteroptose. Auch als letzter Wortbestandteil: ...enteron, z. B. Archenteron.

Enterobacter, Gattung der →Enterobakterien, deren Vertreter im Darmtrakt von Mensch und Tieren sowie im Boden (z. B. **E. aerogenes**), auf Pflanzen und im Abwasser vorkommen. E.-Arten sind für den Menschen normalerweise nicht pathogen.

Enterobakteri|en, Enterobacteriaceae, Familie gramnegativer, stäbchenförmiger Bakterien, die in der Natur weit verbreitet sind und v. a. im Darm von Mensch und Tieren vorkommen. Sie sind fakultativ anaerobe Organismen, die Glucose unter Säurebildung vergären. Zu den E. gehören u. a. die Gattungen Escherichia, Salmonella, Shigella, Citrobacter, Edwardsiella, Enterobacter.

enterogen [griech.], vom Darm und/oder Eingeweideraum ausgehend (z. B. Krankheiten).

Enterokokken *Pl.,* in der Natur und in Lebensmitteln verbreitete sowie im Darm lebende, Milchsäure bildende Bakteriengattung grampositiver Kokken. Einige E. sind harmlose Kommensalen im Darmtrakt des Menschen (z. B. Enterococcus faecalis) und der Wiederkäuer, andere sind Krankheitserreger. Bes. Enterococcus-faecium-Stämme, die gegenüber dem Antibiotikum Vancomycin resistent sind, haben in der Vergangenheit zu schweren Erkrankungen geführt.

Enterokolitis, →Enteritis.

Enterolithen [zu griech. líthos »Stein«], *Sg.* **Enterolith** *der, -s oder -en,* die →Darmsteine.

Enteron [griech.] *das, -s/...ra,* wiss. Bez. des Darms (v. a. des Dünndarms), auch der Eingeweide.

Enteropathie [zu griech. páthos »Leiden«, »Krankheit«] *die, -/...'thi|en,* allg. Bez. für Darmerkrankung.

Enteropeptidase *die, -,* **Enterokinase,** in der Darmwand gebildetes hochspezif. Enzym, das Trypsinogen in das aktive Verdauungsenzym→Trypsin umwandelt.

Enteropneusta [griech.], die →Eichelwürmer.

Enteroptose, die →Eingeweidesenkung.

Enterorezeptoren, *Sinnesphysiologie:* die →Propriorezeptoren.

Enterostomie [zu grich. stóma »Mund«] *die, -/...'mi|en,* das operative Anlegen einer künstl. Darmöffnung, meist seitlich am Bauch, z. B. zur Schaffung eines →Kunstafters. Hierbei wird nach Bauchschnitt eine an die Bauchwand gezogene und angenähte Darmschlinge geöffnet (künstl. äußere Fistel). Verwendet werden Teile des Dünndarms (Ileostomie), des Dickdarms (Kolostomie) und des Blinddarms (Zäkostomie). Die E. kann auch als endoskopisch angelegte Fistel zur Ernährung dienen mit einer Verbindung zum Magen (Gastrostomie) oder Leerdarm (Jejunostomie).

Enterotoxämie, die →Breinierenkrankheit.

Enterotoxine, von Staphylokokken (bestimmte Stämme von Staphylococcus aureus) unter besonderen Bedingungen in das umgebende Medium (z. B. kohlenhydratreiche Nahrungsmittel) abgegebene hitzestabile bas. Proteine, die im Darmkanal nicht abgebaut werden; häufige Ursache von Lebensmittelvergiftungen.

Enteroviren, Darmviren, bei Mensch und Säugetieren weit verbreitete Virengattung innerhalb der Familie der Picornaviren, die sich hauptsächlich in der Darmschleimhaut vermehrt und mit dem Stuhl ausgeschieden wird. Zu den E. zählen die →Coxsackieviren, →ECHO-Viren und →Polioviren. Neben unerkannten Infekten verursachen sie beim Menschen Durchfälle, Sommergrippe, nichtbakterielle Meningitis und Poliomyelitis. Schwere Verläufe mit Enzephalitis und Lähmungen oder Krampfanfällen, auch Peri- und Myokarditis, können sich ergeben, wenn das Immunsystem die zunächst auf den Darm beschränkte Infektion nicht frühzeitig begrenzt und eine Ausbreitung der Viren zulässt. Erkrankung und Erregernachweis sind nach §§6 und 7 Infektionsschutzgesetz meldepflichtig.

Enterozele [zu griech. kéle »Bruch«] *die, -/-n,* Darmbruch, mit Darmschlingen gefüllter Bruchsack.

Enterprise ['entəpraɪz; engl. »Unternehmen«, »Wagnis«], Name des als Testgerät dienenden Prototyps für den Orbiter des amerikan. Raumtransporters. E. wurde mit einem Flugzeug auf Höhe gebracht; eignet sich also nicht für einen Start auf eine Erdumlaufbahn.

Entertainment [-'teɪn-; engl. »Unterhaltung«, »Belustigung«, »Darbietung«] *das, -s,* (berufsmäßig gebotene) leichte Unterhaltung. – Der **Entertainer** ist ein (Allein-)Unterhalter, der einem Publikum leichte, heitere Unterhaltung bietet, bes. im Showgeschäft (u. a. als Conférencier auf der Bühne oder Showmaster im Fernsehen).

Entfernung, *Mathematik:* der →Abstand zweier Punkte.

Entfernungsmessung, Distanzmessung, Streckenmessung, die Bestimmung des Abstandes zw. zwei Punkten an der Erdoberfläche oder im Raum durch mechan., opt. oder elektron. Messverfahren.

Astronomie: →Parallaxe.

Geodäsie: Die **mechanische** E. mit →Messband wird bei lokalen Vermessungsaufgaben im Liegenschaftskataster und Bauwesen eingesetzt, bei hochpräzisen Ingenieurvermessungen finden auch Messdrähte aus Invar Verwendung.

Die **optische** E. beruht auf der Bestimmung der Distanz D aus einem spitzwinkligen Dreieck mithilfe einer kurzen Basis b und des zugehörigen parallakt. Winkels γ. Die mit einem Basislineal und festem parallakt. Winkel im Standpunkt zur E. zu unzu-

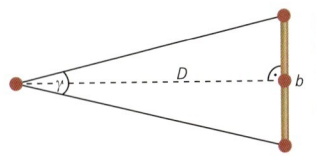

Entfernungsmessung: Grundprinzip der optischen Entfernungsmessung

Entf Entfernungsmodul

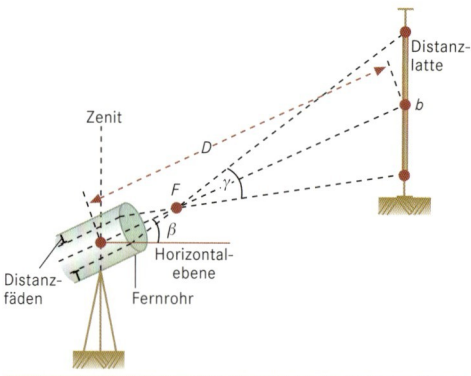

Entfernungsmessung: tachymetrische Entfernungsmessung

gänglichen Punkten konzipierten Telemeter und die mit einer vertikalen Distanzlatte im Zielpunkt und durch Distanzfäden im Fernrohr definierten Winkel arbeitenden →Tachymeter sind heute weitestgehend durch elektron. Entfernungsmessgeräte ersetzt. Für hochpräzise (Sub-mm-Genauigkeit) E. über kurze Distanzen wird in der Ingenieurvermessung gelegentlich noch die im Ziel aufgestellte 2 m lange →Basislatte eingesetzt, der parallakt. Winkel dazu wird mit einem Präzisionstheodolit (→Theodolit) gemessen.

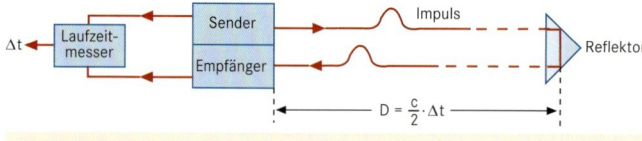

Entfernungsmessung: Prinzip des Impulsmessverfahrens

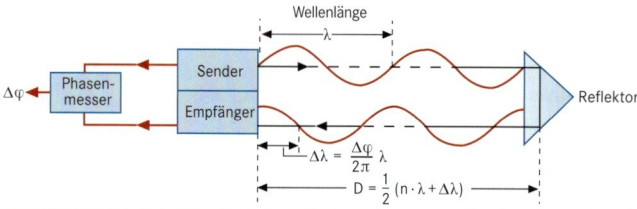

Entfernungsmessung: Prinzip des Phasenvergleichsverfahrens

Die **elektronische E.** ist das wichtigste Verfahren zur Bestimmung von Streckenlängen zw. einigen m und einigen 10 000 km. Strecken bis zu einigen km werden direkt zw. den Punkten an der Erdoberfläche gemessen, während größere Entfernungen indirekt durch E. zu künstl. Erdsatelliten bestimmt werden (→Satellitengeodäsie). Als Träger des Messsignals werden entweder Wellen des sichtbaren Lichts und des nahen Infrarots (meist als Laserlicht, Wellenlänge 0,4 bis 0,8 μm) und Mikrowellen (cm- bis dm-Wellenlängenbereich) benutzt (**Mikrowellen-E.**). Aus der gemessenen Signallaufzeit ergibt sich nach Multiplikation mit der Ausbreitungsgeschwindigkeit die schräge Distanz, dabei sind wegen der atmosphär. Refraktion (abhängig von Temperatur, Luftdruck und Feuchtigkeit) Reduktionen wegen der vom Vakuum abweichenden Lichtgeschwindigkeit und Strahlkrümmung anzubringen. Lichtwellen lassen sich gut bündeln, richten und reflektieren, die Reichweite hängt jedoch stark von den atmosphär. Bedingungen ab. Mikrowellen werden kaum absorbiert, sodass die E. wetterunabhängig wird, die Ausbreitungsgeschwindigkeit wird jedoch stark von Refraktionseffekten beeinflusst. Beim **Einwegverfahren** wird die Laufzeit am Zielpunkt gemessen, Stand- und Zielpunkt müssen dazu mit hochpräzisen, phasensynchronisierten Frequenznormalen (→Atomuhr) ausgerüstet sein. Das Verfahren wird bei der GPS-Satellitennavigation (→GPS) und bei dem Bahnbestimmungssystem →DORIS angewandt. Beim **Zweiwegverfahren** wird die ausgesandte Welle im Zielpunkt zurück zum Standpunkt reflektiert, die im Empfänger gemessene Signallaufzeit entspricht der doppelten Entfernung zwischen Stand- und Zielpunkt. Dabei reichen bei der **elektrooptischen E.** Tripelprismen als Reflektoren aus, während Mikrowellen aktive, aus Empfänger und Sender bestehende Reflektoren benötigen.

Nach der Art der Laufzeitmessung lassen sich Impulsmess- und Phasenvergleichsverfahren unterscheiden. Beim Impulsmessverfahren wird ein der Trägerwelle durch Modulation aufgeprägter Impuls ausgesendet und wieder empfangen, ein von einer genauen Uhr gesteuerter Laufzeitmesser bestimmt die Zeitdifferenz Δt zw. dem Aussenden und dem Empfang des reflektierten Impulses, wobei eine hohe Zeitmessgenauigkeit verlangt wird ($\pm 0{,}03$ ns entsprechen einem Streckenmessfehler von ± 5 mm). Das Verfahren wird mit Laserlicht bei terrestr. Distanzmessungen im Nahbereich (bei hoher Energiedichte dort auch reflektorlos) und bei der E. zu künstl. Erdsatelliten und dem Mond (→Satellitengeodäsie) eingesetzt. Mikrowellen werden bei der →Satellitennavigation, der →Satellitenaltimetrie, der →Doppler-Positionierung und dem →Satellite-to-Satellite-Tracking verwendet. Beim Phasenvergleichsverfahren wird dabei eine durch Modulation der Trägerwelle erzeugte niederfrequente Messwelle (Wellenlänge einige Meter bis einige 100 m) ausgestrahlt. Am Empfänger wird nach Demodulation der Phasendifferenz gegenüber der ausgesandten Welle (Zweiwegverfahren) oder einer Referenzwelle (Einwegverfahren) gemessen, sie entspricht einem Bruchteil $\Delta\lambda$ der Messwellenlänge; die in der Strecke enthaltene ganze Anzahl von Wellenlängen (Mehrdeutigkeitsproblem) lässt sich durch Verwendung versch. Messfrequenzen oder besonderer Auswertealgorithmen bestimmen.

Für die E. im Wasser (Tiefenmessung, Meeresbodenvermessung, Festpunktbestimmung in lokalen Meeresbodennetzen) werden akust. Wellen verwendet, wobei die Laufzeit ausgesandter Schallwellen (von der Wassertemperatur, dem Salzgehalt und dem Wasserdruck abhängige Wellengeschwindigkeit etwa 1 500 m/s) nach Reflexion gemessen wird (→Echolot, →Sonar).

📖 H. KAHMEN: Vermessungskunde ([18]1993); R. JOECKEL u. M. STOBER: Elektron. Entfernungs- u. Richtungsmessung ([4]1999).

Entfernungsmodul, ein sich aus der Differenz zw. der scheinbaren Helligkeit m und der absoluten Helligkeit M eines kosm. Objekts ergebendes Maß für dessen Entfernung r. Wird diese in Parsec gemessen, dann gilt $m - M = 5 \log r - 5$, unter der Voraussetzung, dass das Licht des Objekts im interstellaren Raum keiner Extinktion unterworfen ist.

Entfernungspauschale, Pendlerpauschale, zum 1.1.2001 eingeführter pauschaler einkommensteuerl. Werbungskostenabzug für Fahrten zw. Wohnung und Arbeitsplatz (§9 Abs. 1 Nr. 4 EStG). Die E. trat an die Stelle der vorher für die Benutzung von Kraftfahrzeugen und Motorrädern gewährten Kilometerpauschale: Unabhängig von der Art des benutzten Verkehrsmittels (also auch bei Fußweg) kann ein Arbeitnehmer (seit 1. 1. 2004) für jeden Arbeitstag, an dem die Arbeitsstelle aufgesucht wird, 0,30 € pro Entfernungskilometer (einfache Strecke) bis zu einem Betrag von 4 500 € im Jahr ohne Nachweis als Werbungskosten absetzen; die E. gilt nicht für Flugstrecken. Wird eine höhere Summe als 4 500 € geltend gemacht, sind die Beträge (wie bisher) nachzuweisen bzw. glaubhaft zu machen. Bei Benutzung eines eigenen oder zur Nutzung überlassenen Kraftfahrzeugs gilt die Begrenzung der E. auf 4 500 € nicht. Bei Nutzung öffentl. Verkehrsmittel können die tatsächl. Aufwendungen angesetzt werden, soweit sie über den als E. absetzbaren Betrag hinausgehen. 2003 konnten für die ersten 10 km 0,36 € pro Kilometer und 0,40 € für jeden weiteren Entfernungskilometer bis zu einem Betrag von 5 112 € im Jahr ohne Nachweis als Werbungskosten abgesetzt werden.

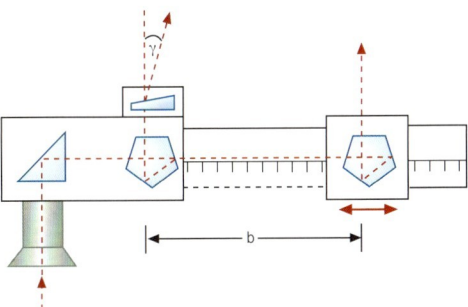

Entfernungsmessung: Entfernungsmesser mit veränderlicher Basis im Standpunkt

Entfernungsquadratgesetz, quadratisches Abstandsgesetz, ein die Intensität einer Strahlung in Abhängigkeit vom Abstand zur Strahlungsquelle beschreibendes Gesetz: Die Intensität ist umgekehrt proportional dem Quadrat der Entfernung von der Strahlungsquelle. Das in der *Lichttechnik* und *Fotometrie* gültige **fotometrische** E. für die Beleuchtungsstärke E im Abstand r von einer Lichtquelle lautet $E = I_\gamma/r^2$, wenn I_γ die Lichtstärke in der durch den Ausstrahlungswinkel γ gegebenen Ausstrahlungsrichtung ist.

Entfernungssensor, → Abstandssensor.
Entfetten,
  1) *Gerberei:* Entfernen des Naturfettes mittels chem. oder mechan. Verfahren.
  2) *Werkstoffkunde:* Verfahren der →Metallreinigung.
Entflammungstemperatur, der →Flammpunkt.
Entflechtung, die Auflösung von Konzernen oder die Aufhebung von Unternehmenszusammenschlüssen durch rechtl. und wirtschaftl. Verselbstständigung ihrer Teile, um ökonom. Machtstellungen abzubauen und einen funktionsfähigen Wettbewerb wiederherzustellen (Dekonzentration). In Dtl. ist die E. bestehender Zusammenschlüsse derzeit nicht als Instrument der Wettbewerbspolitik vorgesehen. Wird allerdings ein der Fusionskontrolle unterliegender Unternehmenszusammenschluss vor der Entscheidung des Bundeskartellamts vollzogen, so ist er aufzulösen, wenn das Bundeskartellamt eine Untersagung ausspricht (§41 Abs. 3 Ges. gegen Wettbewerbsbeschränkungen, GWB). Die »Ministererlaubnis« nach §42 GWB kann mit Auflagen zur E. verbunden werden (→ Wettbewerb). Bei der Übernahme der Messerschmitt-Bölkow-Blohm GmbH durch die Daimler-Benz AG (1989) wurde z. B. den Fusionspartnern die Verpflichtung auferlegt, sich von bestimmten Beteiligungen im Rüstungsbereich zu trennen. – Das Wettbewerbsrecht der USA sieht dagegen die Möglichkeit der E. vor (§2 Sherman Act). Spektakuläre E.-Fälle waren etwa Standard Oil und American Tobacco (beide 1911), Alcoa (1945), United Shoe Machinery (1968). Das europäische Wettbewerbsrecht sieht seit dem 1. 5. 2004 auch »Abhilfemaßnahmen ... struktureller Art«, d. h. Entflechtungen, vor (Art. 7 Abs. 1 Verordnung (EG) Nr. 1/2003).

Einen anderen Sachverhalt regelt das Vermögens-Ges. (§6 b), nach dem Unternehmen in den neuen Bundesländern zur Erfüllung eines oder mehrerer Rückgabeansprüche ganz oder teilweise in rechtlich selbstständige Unternehmen oder Vermögensmassen (Betriebsstätten) aufgeteilt werden können.

Nach dem Zweiten Weltkrieg wurden in Dtl. durch die westl. Besatzungsmächte entsprechend den Vereinbarungen im Potsdamer Abkommen Großunternehmen und Konzerne entflochten (Dekartellierung), um einen polit. Missbrauch der wirtschaftl. Macht zu verhindern. Von E. betroffen waren: 1) Montanindustrie: Die →Vereinigten Stahlwerke AG und 11 weitere Gesellschaften wurden in 28 Unternehmen aufgespalten; 2) chem. Industrie: Die →IG Farbenindustrie AG wurde in die Nachfolgegesellschaften BASF AG, Bayer AG und Hoechst AG aufgeteilt; 3) Kreditwesen: Die drei Großbanken Deutsche Bank AG, Dresdner Bank AG und Commerzbank AG wurden in 30 Nachfolgeinstitute (ohne Berlin-West) aufgespalten; 4) Filmwirtschaft: → Ufa. – Nach dem Ende des Besatzungsstatuts wurden diese E.-Maßnahmen z. T. revidiert; z. B. war im Bankensystem bereits 1957 die Rückabwicklung der gesamten E.-Maßnahmen abgeschlossen.

Entfremdung,
  1) *allg.:* die Tätigkeit des Verfremdens oder der Prozess des Fremdwerdens (auch Selbst-E.) sowie das Ergebnis dieses Prozesses (der Zustand der Trennung, der Ferne).
  2) *Philosophie* und *Sozialwissenschaften:* E. bezeichnet zunächst im transzendentalphilosoph. Sinne bei J. G. FICHTE den notwendigen Prozess, der das Ich nur auf dem Wege einer Entäußerung in ein Nicht-Ich zur Erfassung seiner selbst gelangen lässt, bei G. W. F. HEGEL, der den Begriff E. explizit als philosoph. Terminus eingeführt hat (»Phänomenologie des Geistes«, 1807), die notwendige Durchgangsstufe auf dem dialekt. Weg des Geistes zu sich selbst.

Durch K. MARX (»Ökonomisch-philosoph. Manuskripte«, 1844) wurde der Begriff E. zur Kennzeichnung der »Vergegenständlichung«, die den Menschen als Produzenten dem Produkt seiner Arbeit entfremdet, in den histor. Zusammenhang kapitalist. Produktionsverhältnisse gestellt (die Arbeitskraft wird zur Ware). Im Kapitalismus ist der Arbeiter nach MARX durch das Privateigentum von den Produktionsmitteln ausgeschlossen; er wird deshalb in dem Maße als

Mensch »entwirklicht«, wie er Werte schafft, die aufgrund fremder Aneignung zu Gegenständen werden, die ihm »fremd« sind. Durch die Arbeitsteilung, die ihm zufällig erscheint, wird er gleichzeitig auch anderen Menschen entfremdet, zumal deren Arbeit ebenfalls fremdbestimmt ist. MARX unterschied religiöse E. (»Religion als Opium des Volkes«), polit. E. (Widerspruch zw. persönl. und staatl. Interessen) und ökonom. E., die die Wurzel aller anderen E. sei.

In der Zeit nach MARX erfuhr das E.-Problem in der philosophisch-sozialwiss. Diskussion eine starke inhaltl. Ausweitung und Differenzierung. Unter Begriffen wie Verdinglichung, Fremdbestimmung, Entmenschlichung u. a. wurde das E.-Problem in oftmals kulturkrit. Weise mit negativen Auswirkungen soziokultureller Umwälzungen (Industrialisierung, Rationalisierung, Verstädterung, »Vermassung«, »Kulturverfall«) auf die Individualität des Menschen identifiziert. G. SIMMEL sah eine wachsende Fremdheit zw. dem Kultur schaffenden Menschen und seinen Schöpfungen, die sich im Verlauf eines Objektivierungsprozesses eigenmächtig verselbstständigten. M. WEBER erkannte die Gefahr, dass der moderne Kapitalismus und die Bürokratisierung (→Bürokratie) ein »stahlhartes Gehäuse« technisch-ökonom. Strukturen hervorbringen, das mit »überwältigendem Zwang« den Lebensstil des Individuums bestimme.

Vertreter der »kritischen Theorie« und des kulturkrit. Neomarxismus (T. W. ADORNO, H. MARCUSE, E. FROMM) befürchteten infolge totalitärer Tendenzen und wachsender Ökonomisierung der Gesellschaft die E. des Menschen von seinen »wahren Bedürfnissen« zu einem manipulierten, scheinbar zufriedenen, nur am Wohlstand orientierten Bürger. Nach R. DAHRENDORF trägt die Soziologie zur E. bei, wenn sie den Menschen als Träger sozialer Rollen (»homo sociologicus«) analysiert, die den Einzelnen zu einem entindividualisierten, »zerstückelten« und unfreien »Rollenspieler« entfremden. In den USA wurde versucht, die Kategorie der E. (engl. alienation) in einen erfahrungswiss. Begriff umzuwandeln, der in der Sozialpsychologie und Industriesoziologie forschungspraktisch verwendbar (»operationalisierbar«) ist. Der amerikan. Soziologe MELVIN SEEMAN (*1918) unterschied fünf psychol. Dimensionen der E.: 1) Machtlosigkeit, 2) Sinnlosigkeit, 3) Normenlosigkeit, 4) Isoliertheit, 5) Selbstentfremdung. Die mit dem Begriff E. umschriebenen Phänomene werden heute i. Allg. – wiederum meist mit krit. Akzent – im Zusammenhang mit politisch-gesellschaftl. Themen wie Technisierung von Lebens- und Arbeitswelt oder Globalisierung diskutiert.

In der Existenzphilosophie und bei P. TILLICH wird E. als ontologisch-eth. Problem aufgefasst: E. ist hier als ein konstitutives Element der menschl. Existenz Ausdruck der Entwurzelung des Menschen in der modernen Gesellschaft.

J. ISRAEL: Der Begriff E. (tlw. a. d. Schwed., Neuausg. 1985); H. MAY: Arbeitsteilung als Entfremdungssituation in der Industriegesellschaft v. Émile Durkheim bis heute (1985); FRIEDRICH MÜLLER: E. Folgeprobleme der anthropolog. Begründung der Staatstheorie bei Rousseau, Hegel, Marx (²1985); G. LUKÁCS: Gesch. u. Klassenbewußtsein (Neuausg. ¹⁰1988); H. SCHULLER: Die Logik der E. Versuch zu einer wiss. Grundlegung der Entfremdungstheorie (1991); H. NICOLAUS: Hegels Theorie der E. (1995); H. PÖTTKER: E. u. Illusion. Soziales Handeln in der Moderne (1997); E. FROMM: Wege aus einer kranken Gesellschaft. Eine sozialpsycholog. Unters. (a. d. Engl., Neuausg. (2003).

Entführung, i. w. S. Bez. für bestimmte gegen die Freiheit des Einzelnen gerichtete Delikte. Das dt. StGB kennt neben dem allgemeinen Tatbestand der →Freiheitsberaubung (§ 239 StGB) eine Reihe von Vorschriften gegen besondere Formen der E.: den →Menschenraub (u. a. Verbringung in auswärtige Kriegsdienste, § 234 StGB), den erpresser. Menschenraub (u. a. das Kidnapping, § 239a StGB), die →Verschleppung (Verbringung in fremdes Hoheitsgebiet mit der Gefahr polit. Verfolgung, § 234a StGB), die →Geiselnahme (§ 239b StGB), die →Entziehung Minderjähriger (§ 235 StGB) und den Kinderhandel (§ 236 StGB); ferner →Luftpiraterie. Die E. einer Frau gegen ihren Willen wird als sexuelle Nötigung (→Vergewaltigung) nach § 177 StGB bestraft, wenn der Täter eine Frau unter Ausnutzung einer Lage, in der sie der Einwirkung des Täters schutzlos ausgeliefert ist, nötigt, sexuelle Handlungen vorzunehmen oder zu dulden.

Nach dem österr. StGB sind als Sonderformen der E. strafbar: die E. einer geisteskranken, wehrlosen oder unmündigen Person in der Absicht auf sexuellen Missbrauch (§§ 100, 101), die erpresserische E. (§ 102, entspricht der Geiselnahme), die Überlieferung an eine ausländ. Macht (§ 103) und der Sklavenhandel (§ 104). Nahe stehende Straftaten sind der Menschenhandel (§ 104a) sowie der grenzüberschreitende Prostitutionshandel (§ 217). – Das schweizer. StGB stellt die E. durch Gewalt, List oder Drohung unter Strafe (Art. 183, 184). Sonderformen der E. stellen die Geiselnahme (Art. 185) und die E. ins Ausland unter polit. Gefährdung (Art. 271) dar; in engem Zusammenhang mit der E. steht der Menschenhandel (Art. 196). Planmäßig getroffene Vorbereitungshandlungen zu einer E. sind bereits als solche strafbar (Art. 260bis StGB).

Entführung aus dem Serail, Die [- zeˈraj], kom. Singspiel von W. A. MOZART, KV 384, Text nach C. F. BRETZNER von G. STEPHANIE D. J., 3 Akte; Uraufführung am 16. 7. 1782 in Wien.

Entgasung, die Entfernung fein verteilter, gelöster oder gebundener Gase aus festen oder flüssigen Stoffen, z. B. bei der Kohleveredlung, im Hüttenwesen und bei der Wasseraufbereitung. Die E. von Kohle erfolgt durch Erhitzen unter Luftabschluss; man unterscheidet Schwelen und Verkoken. Im Hüttenwesen wird beim Abkühlen von Metall- und Glasschmelzen entgast, damit diese nicht porös werden und oxid. Einschlüsse vermieden werden. Die E. wird hier durch Erhitzen im Vakuum (Vakuum-E.) erreicht, durch Ultraschall oder chem. Zusätze, die Gase, z. B. Sauerstoff, binden. Bei der E. von Dampfkesselspeisewasser werden aggressive Gase, z. B. Sauerstoff und Kohlenmonoxid, entfernt.

Entgelt, →Arbeitseinkommen, →Lohn.

Entgeltfortzahlung, Fachausdruck des Sozialrechts für die Sicherung des Arbeitsentgelts von Arbeitnehmern im Krankheitsfall und an gesetzl. Feiertagen. In Dtl. ist die E. durch das Gesetz über die Zahlung des Arbeitsentgelts an Feiertagen und im Krankheitsfall (E.-Gesetz, Abk. EFZG) vom 26. 5. 1994 (mit späteren Änderungen) geregelt. Wird ein Arbeitnehmer durch Arbeitsunfähigkeit infolge Krankheit an seiner Arbeitsleistung verhindert, ohne dass ihn ein Verschulden trifft, so hat er Anspruch auf E. im Krankheitsfall durch den Arbeitgeber für die Zeit der Arbeitsunfähigkeit bis zur Dauer von sechs Wochen. Der Anspruch entsteht nach vierwöchiger ununterbrochener Dauer des Arbeitsverhältnisses. Bei Arbeitsunfähigkeit innerhalb der ersten vier Wochen des Arbeitsverhältnisses besteht Anspruch auf Krankengeld. Das EFZG gilt für alle Arbeitnehmer einschließlich der zu ihrer Berufsausbildung Beschäftigten. Bei wiederholten Erkrankungen infolge derselben Krankheit (Fortsetzungskrankheit) haben alle Arbeitnehmer einen erneuten E.-Anspruch für die Dauer von sechs Wochen, wenn sie vor der erneuten Arbeitsunfähigkeit mindestens sechs Monate nicht infolge derselben Krankheit arbeitsunfähig waren oder seit Beginn der ersten Arbeitsunfähigkeit infolge derselben Krankheit eine Frist von 12 Monaten abgelaufen ist. Arbeitnehmer haben Anspruch auf Fortzahlung des Entgelts, das ihnen für ihre regelmäßige Arbeitszeit zustehenden Entgelts, nicht aber für das zusätzlich für Überstunden gezahlte Entgelt. Während einer Maßnahme der medizin. Vorsorge oder Rehabilitation (Kur) haben alle Arbeitnehmer Anspruch auf E. nach der oben genannten Regelung, wenn die Maßnahme vom Sozialversicherungsträger bewilligt bzw. ärztlich verordnet worden ist und stationär durchgeführt wird. Für Arbeitszeit, die infolge eines gesetzl. Feiertages ausfällt, gibt das Gesetz dem Arbeitnehmer, auch dem Teilzeitbeschäftigten, einen Anspruch auf Zahlung des Arbeitsentgelts, das er ohne den Arbeitsausfall erhalten hätte. Welche Tage gesetzl. →Feiertage sind, wird durch die Feiertagsgesetze der Länder geregelt (mit Ausnahme des 3.10., des Tags der Deutschen Einheit). Die Länder haben diese Gesetzgebungskompetenz unterschiedlich ausgeschöpft. Des Weiteren enthält das EFZG Regelungen über die E. bei Heimarbeit. (→Arbeitsverhinderung).

In Österreich ist das Recht der E. nicht kodifiziert, es bestehen zahlreiche Regelungen in Spezialgesetzen für Angestellte, Arbeiter oder besondere Berufsgruppen. Grundsätzlich besteht ein Recht auf E. trotz Unterbleibens der Arbeitsleistung z. B. a) bei kurzfristigen Dienstverhinderungen aus persönl. Gründen, wie Hochzeit, Beerdigungen, Umzug, wobei das Höchstausmaß i. d. R. in Kollektivverträgen (→Tarifvertrag) geregelt ist; b) im Krankheitsfall (je nach Dauer des Arbeitsverhältnisses zw. sechs und zwölf Wochen volles Entgelt pro Halbjahr, danach vier Wochen das halbe Entgelt, darüber hinaus bei neuerl. Erkrankung innerhalb eines halben Jahres jeweils die Hälfte dieses Anspruchs); c) an gesetzl. Feiertagen; d) während des Erholungsurlaubs (Pflegeurlaubs); e) bei Betriebsunterbrechungen (§1155 ABGB). Für die Höhe der E. ist ein umfassender Entgeltbegriff maßgebend, d. h. einschließlich aller Zulagen, Überstundenentgelte u. a., bei schwankenden Einkünften i. d. R. ein Durchschnittsentgelt der letzten 13 Wochen.

Im schweizer. Recht ist die E. im Obligationenrecht geregelt. Wird der Arbeitnehmer aus Gründen, die in seiner Person liegen, wie Krankheit, Unfall, Erfüllung gesetzl. Pflichten oder Ausübung eines öffentl. Amtes, ohne sein Verschulden an der Arbeitsleistung verhindert, so hat ihm der Arbeitgeber im ersten Dienstjahr während drei Wochen und nachher für eine angemessene längere Zeit den Lohn zu entrichten (Art. 324 a OR). Das Gleiche gilt bei Schwangerschaft und Entbindung der Arbeitnehmerin. Voraussetzung für die E. ist, dass das Arbeitsverhältnis mehr als drei Monate gedauert hat oder für mehr als drei Monate eingegangen wurde. Durch Vertrag kann eine längere E. vereinbart werden. In der Praxis sind solche Abreden (insbesondere in Gesamtarbeitsverträgen) weit verbreitet. Auch im öffentl. Dienstrecht stehen den Arbeitnehmerinnen und Arbeitnehmern i. d. R. Ansprüche auf längere E. zu.

P. Feichtinger u. H. Malkmus: Entgeltfortzahlungsgesetz. Komm. (2003); H. Vogelsang: E. (2003).

Entgeltsicherung für ältere Arbeitnehmer, durch die Gesetzgebung zur Arbeitsmarktreform mit Wirkung ab 1. 1. 2003 in §421 j SGB III eingeführte Regelung, die einen Anreiz zur Aufnahme einer geringer entlohnten Tätigkeit für ältere Arbeitslose schaffen soll. Unter bestimmten Bedingungen kann die Hälfte der Differenz zw. neuem Nettoentgelt und früherem Nettoentgelt von der Arbeitsverwaltung befristet als Zuschuss gezahlt werden. Außerdem wird ein zusätzl. Beitrag zur gesetzl. Rentenversicherung gewährt. Voraussetzung ist u. a., dass der Arbeitslose oder von Arbeitslosigkeit Bedrohte das 50. Lebensjahr vollendet hat und seine Arbeitslosigkeit beendet bzw. eine drohende Arbeitslosigkeit vermeidet und einen Anspruch auf Arbeitslosengeld hat. Zuständig für die Bewilligung der Leistung ist die Agentur für Arbeit.

Entgelt|umwandlung, Austausch von Teilen des Arbeitsentgelts in »Versorgungslohn« im Rahmen der betriebl. Altersversorgung (Barlohnumwandlung); durch das Rentenreform-Ges. 1999 erstmals gesetzlich geregelt. Der vom Barlohn abgezweigte und zur Zusatzversicherung des Arbeitnehmers bestimmte Betrag zum Aufbau einer Betriebsrente ist entweder steuerfrei oder kann bzw. konnte pauschaliert besteuert werden. In Höhe von 4% der Beitragsbemessungsgrenze in der gesetzl. Rentenversicherung im Jahr besteht Sozialabgabenfreiheit bis Ende 2008. Voraussetzung ist, dass es sich um Lohn für künftige Monate handelt. Dabei genügt es, wenn die Lohnanteile zwar schon erdient, aber noch nicht fällig sind. Ferner muss eine (wertgleiche) Versorgung zur Absicherung eines so genannten biometr. Risikos (Alter, Tod, Invalidität) zugesagt werden. Seit 2002 haben Arbeitnehmer einen gesetzl. Anspruch darauf, dass der Arbeitgeber einen Teil des ihnen zustehenden Arbeitsentgelts (maximal 4% der Beitragsbemessungsgrenze in der gesetzl. Rentenversicherung im Jahr) nicht auszahlt, sondern für den Aufbau einer →betrieblichen Altersversorgung verwendet. Unterschieden wird zw. der E. aus dem Nettoentgelt, also nach Abzug von Steuern und Sozialabgaben, und der E. aus dem Bruttoentgelt. Der Staat fördert bei der Netto-E. mit Grund- und Kinderzulagen oder dem steuerl. Sonderausgabenabzug (§§10a, 82 Abs. 2 EStG), bei der Brutto-E. durch Steuerfreiheit und Befreiung des Beitrags von den Sozialabgaben bis 2008 (§3 Nr. 63 EStG). Neben Netto- und Brutto-E. können Arbeitnehmer u. U. auch weiterhin die Möglichkeit nutzen, Entgelt bis zu einer Höhe von 1752€ pauschal versteuert (20% zuzüglich Solidaritätszuschlag) in eine Direktversicherung oder Pensionskasse zu zahlen (§40b EStG), soweit es sich um eine vor dem 1. 1. 2005 erteilte Versorgungszusage handelt.

Entgiftung,
1) *Medizin:* Sammel-Bez. für alle Behandlungsverfahren, die dazu dienen, im Körper vorhandene Giftstoffe zu entfernen oder unschädlich zu machen. Je nach Gift, Art der Giftaufnahme und Vergiftungsdauer kommen u. a. in Betracht: Magen- und Darmspülungen, Gabe von Brechmitteln, Abführmitteln und harntreibenden Substanzen, Blutaustausch, Dialyse sowie künstl. Beatmung. – Bei der Behandlung einer Drogenabhängigkeit ist die E. die erste Phase einer →Entzugskur.

2) *Militärwesen:* →Dekontamination.

3) *Physiologie:* **Detoxikation,** Umwandlung von außen zugeführter oder im Körper entstandener giftiger Stoffe in ausscheidbare Substanzen. Die E. findet beim Menschen und den Wirbeltieren vorwiegend in der Leber, bei den Gliederfüßern im Fettkörper und in den Malpighi-Gefäßen statt, entweder durch überall im Tierreich anzutreffende chem. Reaktionen oder, z. B. bei Wirbeltieren, auch mittels Phagozytose durch die den Makrophagen ähnl. Kupffer-Sternzellen (→Monozyten-Makrophagen-System). Ein Beispiel ist die Umwandlung des beim Eiweißabbau entstehenden giftigen Ammoniaks in ausscheidbaren Harnstoff.

Entglasung, allg. der Übergang amorpher, glasartiger Stoffe in den kristallinen Zustand; i. e. S. die Bildung von Kristallen in Glas. Die E. führt hier gewöhnlich zu Fabrikationsfehlern, wird jedoch bei der Herstellung von →Glaskeramik als Verfahrensstufe technisch genutzt.

Entgraten, *Fertigungstechnik:* das →Abgraten.

Enthaarung, Depilation, Epilation, Entfernung unerwünschter Körper- oder Kopfhaare unter Verwendung mechan. und chem. Mittel (**Epilatoria**), die meist aus kosmet. Gründen, aber auch zu therapeut. Zwecken bei Haut- und Haarpilzerkrankungen vorgenommen wird. Eine vorübergehende oberflächl. E. ist durch Auszupfen, Abschmirgeln (mit Bimsstein), Rasieren oder Abbrechen (nach Anwendung erhärtender Pasten) möglich. Chem. E.-Mittel bestehen aus Oxidationsmitteln (z. B. Wasserstoffperoxid), die einen allmähl. Abbau des Haarkeratins verursachen, oder Verbindungen, die zu einer Auflösung der Eiweißverbindungen im Haar führen (Salze der Thioglykolsäure); nach einer bestimmten Einwirkzeit können die Haare abgeschabt oder abgewaschen werden. Eine Dauer-E. ist durch Zerstörung der Haarpapillen (z. B. mittels Elektrokoagulation oder Laser) möglich.

Enthalpie [zu griech. enthálpein »darin erwärmen«] *die, -,* **gibbssche Wärmefunktion,** Formelzeichen H, energieartige, von J. W. GIBBS eingeführte thermodynam. Zustandsgröße (Zustandsfunktion), definiert als Summe von →innerer Energie U und Ausdehnungsarbeit (Verdrängungsenergie) pV eines Systems vom Volumen V, das unter dem Außendruck p steht: $H = U + pV$. Sie ist eine Funktion des Druckes p, der Entropie S sowie (bei Stoffgemischen oder Mehrphasensystemen) der Stoffmengen n_i der chem. Komponenten und der versch. Phasen ($i = 1, 2, ..., n$), sodass für E.-Änderungen

$$\Delta H = T\,\Delta S + V\,\Delta p + \Sigma \mu_i\,\Delta n_i$$

gilt (μ_i chem. Potenziale). Bei genügend langsamer und daher reversibler isobarer Prozessführung (d. h. bei einem unter konstantem Druck ablaufenden Prozess) ist die Änderung der E. gleich der vom System mit der Umgebung ausgetauschten Wärmemenge $\Delta_r Q = T\,\Delta S$, speziell bei isobaren Phasenumwandlungen wie Schmelzen, Verdampfen, Kondensieren, Sublimieren gleich der latenten Phasenumwandlungswärme (diese bezeichnet man daher auch als **Schmelz-, Verdampfungs-, Kondensations-** oder **Sublimations-E.**), bei chem. Reaktionen gleich der Reaktions-E. (→Reaktion). – E.-Änderungen werden mit Kalorimetern gemessen. Beim →Joule-Thomson-Effekt bleibt die E. konstant.

Die E. ist bei der Berechnung von Wärmekraftmaschinen von techn. Bedeutung und wird in der Praxis meist als Maß für den Energieinhalt eines Systems angewendet (→Mollier-Diagramm). Bei Verwendung der inneren Energie müsste nicht bei konstantem Druck, sondern bei konstantem Volumen gemessen werden, was bei Flüssigkeiten und Festkörpern große experimentelle Schwierigkeiten bereitet. Von der E. zu unterscheiden ist die →freie Enthalpie G, die vom Druck p und der Temperatur T des Systems abhängt.

Enthaltsamkeit, *Religionsgeschichte:* →Abstinenz, →Askese.

Enthärtung, Entfernen hauptsächlich der Calcium- und Magnesiumionen aus Trink- oder Betriebswasser (→Wasseraufbereitung), meist durch Fällung oder Ionenaustausch. Die E. wird in zentralen Wasserversorgungsanlagen nur selten durchgeführt, häufiger tun dies Einzelbetriebe (Wäschereien, Getränkeindustrie u. a.) und private Haushalte, um z. B. Ablagerungen in Rohren zu verhindern oder den Waschmittelverbrauch zu senken. Weil die Versorgung des Organismus mit Mineralstoffen aus dem Trinkwasser wünschenswert ist, wird von einer E. des Trinkwassers eher abgeraten.

Enthemmung, Aufhebung der Kontrolle über aggressive oder sexuelle Affektreaktionen und Triebregungen. Enthemmend wirken v. a. Alkohol und andere Drogen. Auch bestimmte psych. Störungen, die die Steuerungsfähigkeit herabsetzen, sind durch Kontrollverlust gekennzeichnet (z. B. Borderlinesyndrom).

Enthirnung, die →Dezerebration.

Enthusiasmus [griech., zu éntheos »gottbegeistert«] *der, -,*

1) *allg.:* leidenschaftliche Begeisterung, Schwärmerei. – **enthusiastisch,** schwärmerisch, überschwänglich, leidenschaftlich begeistert.

2) *Philosophie* und *Religionswissenschaft:* das Ergriffensein des menschl. Daseins vom Heiligen, Schönen und Wahren in Religion, Kunst und Philosophie; erstmals beschrieben bei PLATON, der E. des Dichters und Propheten, des Rhapsoden und des Philosophen unterschied. E. als Erfülltsein vom Göttlichen geht in der Religionsgeschichte oft mit dem individuellen Empfinden einher, dass das eigene, vernunftgeleitete Bewusstsein ausgelöscht sei (einem Nicht-mächtig-Sein der Sinne). So erscheint dann im prophet. E. Gott selbst als der eigtl. Redende. Innerhalb des Christentums bildet der E., verstanden als das (plötzl.) Ergriffensein vom Hl. Geist, v. a. ein prägendes Moment charismat. Frömmigkeit.

Enthymem [griech. »(rhetor.) Schluss«, »Gedanke«] *das, -s/-e, klass. Logik:* verkürzter Syllogismus, bei dem die nicht genannte Prämisse oder Konklusion in Gedanken ergänzt wird; seit der Antike eine der wichtigsten Argumentationsformen der Rhetorik.

Ent|ideologisierung, im Ggs. zur →Ideologisierung der Abbau von ideolog. Voraussetzungen und Zielen (→Ideologie) im gesellschaftl., bes. im polit. Bereich. Der Begriff E. spielte v. a. in den 1950er-/1960er-Jahren eine Rolle (D. BELL: »The end of ideology«, 1960). Die Befürworter der E.-These betrachten die E. als das Ergebnis der zunehmenden Kompliziertheit polit. Fragen in hoch entwickelten Industriestaaten und als Folge nachlassender ideolog. Auseinandersetzungen. Der politisch Handelnde verzichte auf die unbedingte Gültigkeit utop. Leitbilder und lasse sich eher von aktuellen Aufgaben und Notwendigkeiten (Sachzwängen) leiten. Kritiker bewerten die E.-These selbst als ideologisch gefärbt mit dem Ziel der Rechtfertigung der bestehenden Zustände. Gegen die E.-These sprechen auch die Forschungen zum Wertewandel.

Entisol [zu engl. recent »jung« und lat. solum »Boden«, »Erde«] *der, -s,* in der amerikan. Bodenklassifikation (→Bodensystematik) Bez. für sehr wenig oder unentwickelte Böden ohne (deutlich) erkennbare Horizonte, z. B. Rohböden, Ranker und wenig entwickelte Gleye.

Entität [mlat.] *die, -/-en, Philosophie:* die bestimmte Seinsverfassung (Wesen) des einzelnen Seienden, auch dieses selbst. (→Ens)

Entjungferung, die →Defloration.

Entkälken, *Gerberei:* das Neutralisieren und Entquellen einer durch Vorbehandlung (→Äscher) alkalisch gewordenen, gewöhnlich Kalk enthaltenden, gequollenen →Blöße mit Säuren, sauren Salzen oder Ammoniumsalzen. Das E. wird meist mit dem →Beizen kombiniert.

Entkalkung,
1) *Biologie:* biogene E., durch Assimilationsvorgänge hervorgerufene Ausfällung von Calciumcarbonat, das sich als Kruste auf den unter Wasser liegenden Blättern von Wasserpflanzen ablagert.
2) *Medizin:* E. der Knochen, →Demineralisation.
3) *Technik:* das Entfernen von →Kesselstein.

Entkeimung,
1) *Lebensmitteltechnik:* das Abtöten oder Entfernen krankheitserregender oder den Verderb der Lebensmittel fördernder Mikroorganismen, v. a. bei der →Konservierung.
2) *Medizin:* das Vernichten von Krankheitserregern durch →Sterilisation.

Entkeimungsstrahler, eine →Entladungslampe, meist eine Niederdruck-Quecksilberdampflampe (Quarzlampe), die ultraviolettes Licht der Wellenlängen 240–300 nm abstrahlt. UV-Licht in diesem Bereich besitzt eine stark bakterizide Wirkung. Diese beruht auf fotochem. Vorgängen, die von den absorbierten Lichtquanten verursacht werden. E. werden wegen ihres geringen Durchdringungsvermögens v. a. zur Sterilisation von Oberflächen, transparenten Stoffen sowie Luft und Wasser verwendet, z. B. in Steril- und Operationsräumen in Krankenhäusern.

Entkohlung, 1) Bez. für einen Schaden, der (meist) in der Randschicht eines Stahlwerkstücks auftritt und sich durch Reduktion des Kohlenstoffgehaltes an einer solchen Stelle äußert; entsteht durch Glühen des Werkstücks in oxidierender oder reduzierender Atmosphäre; 2) bei der Stahlherstellung gewollte Entfernung überschüssigen Kohlenstoffs aus dem Roheisen mittels →Frischen.

Entkolonialisierung, Entkolonisierung, Dekolonisation, die Aufhebung von Kolonialherrschaft, d. h. die Gewährung des Selbstbestimmungsrechts an »Völker, die noch nicht die volle Selbstregierung erreicht haben« (Art. 73 der UN-Charta). Obwohl die Anfänge der E. bis ins 18. Jh. zurückreichen, wird der Begriff v. a. für die Auflösung der europ. Kolonialreiche und die Entwicklung der ehemals zu ihnen gehörenden Kolonien zu völkerrechtlich unabhängigen Staaten nach dem Zweiten Weltkrieg verwendet. Die Vereinten Nationen, die seit ihrer Gründung die E. förderten, verabschiedeten am 14. 12. 1960 eine »Erklärung über die Gewährung der Unabhängigkeit an koloniale Länder und Völker« (Resolution 1 514 [XV] der 15. Generalversammlung), in der gefordert wurde, »den Kolonialismus in allen Erscheinungsformen schnell und bedingungslos zu beenden«. 1961 bildete sich im Rahmen der Vereinten Nationen ein Entkolo-

Entkolonialisierung

Kolonie	Jahr der Unabhängigkeit	heutiger Name (soweit verändert)	Kolonie	Jahr der Unabhängigkeit	heutiger Name (soweit verändert)
Nordamerika	1776	USA	Bismarckarchipel[1)]	1920	zu Papua-Neuguinea
Hispaniola (Westteil)	1804	Haiti	Kiautschou[1)]	1920	zu China
			Ägypten	1922	
Neugranada	1810	Kolumbien	Irland	1922	
Paraguay	1811		Kanada	1931[2)]	
Generalkapitanat Caracas	1811	Venezuela	Irak	1932	
Río de la Plata	1816	Argentinien	Newfoundland	1934[2)]	1948 zu Kanada
Chile	1818		Indonesien	1945	
El Salvador	1821		Malakka	1946	Malaysia
Nicaragua	1821		Libanon	1944/46	
Generalkapitanat Guatemala	1821	geteilt in Guatemala und Costa Rica	Transjordanien	1946	Jordanien
			Syrien	1946	
			Philippinen	1946	
Peru	1821		Britisch-Indien	1947	geteilt in: Indien, Pakistan und seit 1971 Bangladesh
Brasilien	1822				
Neuspanien	1823/24	Mexiko	Birma	1948	Myanmar
Bolivien	1825		Ceylon	1948	Sri Lanka
Hispaniola (Ostteil)	1865	Dominikan. Republik	Korea	1948	geteilt in: Süd-Korea und Nord-Korea
Australien	1901[2)]	Austral. Bund			
Kuba	1902		Palästina	1948/49	westl. Palästina: Israel
Panama	1903				östl. Palästina (Westjordanland): bis 1988 zu Jordanien[3)]
Neuseeland	1907[2)]				
Südafrika	1910[2)]				Gazastreifen: von Ägypten verwaltet[2)]
Island	1918		Libyen	1951	

Entk Entkolonialisierung

Entkolonialisierung (Fortsetzung)

Kolonie	Jahr der Unabhängigkeit	heutiger Name (soweit verändert)	Kolonie	Jahr der Unabhängigkeit	heutiger Name (soweit verändert)
Indochina	1954	geteilt in: Kambodscha, Laos, Nord-Vietnam und Süd-Vietnam (heute Sozialist. Rep. Vietnam)	Basutoland	1966	Lesotho
			Barbados	1966	
			Fernando Póo, Río Muní	1968	Äquatorialguinea
Tunesien	1956				
Marokko	1956		Mauritius	1968	
Sudan	1956		Nauru	1968	
Goldküste, West-Togo	1957	Ghana	Swasiland	1968	
			West-Neuguinea[1]	1969	zu Indonesien
Guinea	1958		Tonga	1970	
Togo (Ostteil)	1960		Bahrain	1970	
Tschad	1960		Fidschiinseln	1970	Fidschi
Dahomey	1960	Benin	Oman	1970	
Elfenbeinküste	1960		Befriedetes Oman	1971	Vereinigte Arab. Emirate
Gabun	1960		Katar	1971	
Ubangi-Schari	1960	Zentralafrikan. Republik	Bahamas	1973	
Frz.-Kongo	1960	Republik Kongo	Guinea-Bissau	1974	
Belgisch-Kongo	1960	Demokrat. Republik Kongo	Grenada	1974	
Kamerun	1960		Moçambique	1975	
Madagaskar	1960		Kapverdische Inseln	1975	Kap Verde
Mauretanien	1960				
Niger	1960		Komoren	1975	
Nigeria	1960		São Tomé und Príncipe	1975	
Obervolta	1960	Burkina Faso			
Senegal	1960		NO-Neuguinea	1975	Papua-Neuguinea
Italienisch- und Britisch-Somaliland	1960	Somalia	Angola	1975	
			Suriname	1975	
			(Westsahara	1976	zu Marokko; umstritten)
Soudan	1960	Mali	Seychellen	1976	
Goa, Daman und Diu[1]	1961	zu Indien	Frz. Afar-und-Issa-Territorium	1977	Djibouti
Tanganjika	1961	Tansania	Dominica	1978	
Sierra Leone	1961		Elliceinseln	1978	Tuvalu
Zypern	1961		Salomoninseln	1978	Salomonen
Westsamoa	1962	Samoa	Saint Lucia	1979	
Uganda	1962		Gilbertinseln	1979	Kiribati
Ruanda-Urundi	1962	geteilt in: Burundi und Ruanda	Saint Vincent	1979	Saint Vincent and the Grenadines
Trinidad und Tobago	1962		(Süd-)Rhodesien	1980	Simbabwe
Algerien	1962		Neue Hebriden	1980	Vanuatu
Jamaika	1962		Belize (Britisch-Honduras)	1981	
Kenia	1963		Antigua und Barbuda	1981	
Sabah und Sarawak[1]	1963	zu Malaysia			
Sansibar[1]	1963	heute zu Tansania	Saint Christopher and Nevis	1983	Saint Kitts und Nevis
Malta	1964		Brunei	1984	
Njassaland	1964	Malawi	Südwestafrika	1990	Namibia
Nordrhodesien	1964	Sambia	Marshallinseln	1990	
Aden	1965	Jemen	Mikronesien	1990	
Gambia	1965		Palau	1994	
Malediven	1965		Hongkong[1]	1997[4]	zu China
Singapur	1965		Macau[1]	1999[4]	zu China
Betschuanaland	1966	Botswana	Osttimor (Portugiesisch-Timor)[5]	2002	
Britisch-Guayana	1966	Guyana			

1) Heute nicht mehr selbstständige Territorien. – **2)** Ein eindeutiges Datum der Unabhängigkeit lässt sich für diese Länder nicht feststellen, die Jahreszahlen beruhen auf Angaben der Botschaften oder nennen das Statut von Westminster 1931 als Jahr der Unabhängigkeit. – **3)** Seit 1967 von Israel besetzt, seit 1994/95 Teilautonomie. – **4)** Jahr des Übergangs in die staatliche Souveränität der VR China. – **5)** 1975 von Indonesien besetzt und 1976-99 von diesem annektiert, 1999-2002 unter UN-Sonderverwaltung.

nisierungsausschuss. In den UN-Menschenrechtspakten (1966 verabschiedet, 1976 in Kraft getreten) wurde das Selbstbestimmungsrecht der Völker kodifiziert.

Die E. vollzog sich i.d.R. entweder durch gewaltsame Aktionen nat. Befreiungsbewegungen (z.B. Unabhängigkeitskriege gegen Frankreich in Vietnam 1946–54 und Algerien 1954–62, gegen Portugal in Angola, Moçambique und Guinea 1961–74, gegen eine weiße Minderheitsherrschaft in Rhodesien [heute Simbabwe] 1966–79 und gegen die Rep. Südafrika in Namibia 1966–88) oder durch freiwillige Entlassung der Kolonie (aufgrund von Verhandlungen mit der Kolonialmacht) in die Unabhängigkeit (z.B. Indien und Pakistan 1947); Mischformen (Verbindung militär. Kämpfe mit Verhandlungen) finden sich u.a. in der Geschichte Indonesiens, Birmas, Kameruns, Kenias und Marokkos. In einzelnen Fällen erfolgte die E. durch Integration in den Staatsverband der ehem. Kolonialmacht (z.B. Hawaii als Bundesstaat der USA).

Eine erste Phase der E. schloss ab mit der Unabhängigkeit europ. Siedlungskolonien in Nordamerika (USA 1776 ff.), der Befreiung der meisten Länder Lateinamerikas aus span. bzw. port. Kolonialherrschaft (1810 ff.) und dem Verselbstständigungsprozess der aus Europa stammenden Siedler in Kanada, Australien, Neuseeland (ab zweite Hälfte des 19. Jh.). – Entscheidend für die E. nach 1945 waren v.a. die Schwächung und der Prestigeverlust vieler Kolonialmächte während des Zweiten Weltkrieges (Belgien, Frankreich und die Niederlande als besetzte Länder, Italien und Japan als Kriegsverlierer, Großbritannien als eine von starkem Kräfteverlust betroffene Siegermacht), der verstärkte Emanzipationswille der Bev. der Kolonien, die zunehmende Ablehnung der Kolonialherrschaft durch die öffentl. Meinung und der wachsende Druck der USA und der UdSSR auf die Kolonialmächte. – Obwohl die meisten ehem. Kolonien inzwischen die Unabhängigkeit erlangt haben, ist für diese der Vorgang der E. oft noch nicht abgeschlossen, da die von den Kolonialregimes geschaffenen innenpolit., sozialen und wirtschaftl. Strukturen i.d.R. nur langfristig aufgelöst werden können und weiterhin Abhängigkeiten vom früheren Mutterland bestehen. Z.T. riefen die kolonialen Hinterlassenschaften, insbesondere die häufig von den Kolonialmächten ohne Berücksichtigung ethn. Siedlungsräume gezogenen territorialen Grenzen, verschiedene →ethnische Konflikte hervor (in Afrika u.a. →Tribalismus). Viele der aus Kolonien hervorgegangenen Länder, die politisch zumeist der →Dritten Welt zugerechnet werden, bedürfen der Entwicklungshilfe und fordern eine Änderung der Weltwirtschaftsordnung sowie ein größeres Mitspracherecht in internationalen Organisationen (→Entwicklungsländer, →blockfreie Staaten).

H. GRIMAL: Decolonization. The British, French, Dutch and Belgian Empires. 1919-1963 (London u.a. 1978); F. ANSPRENGER: Auflösung der Kolonialreiche (^{4}1981); R. F. HOLLAND: European decolonization 1919–1981. An introductory survey (London 1985); Das Ende der Kolonialreiche. Dekolonisation u. Politik der Großmächte, hg. v. W. J. MOMMSEN (1990); F. FÜREDI: Colonial wars and the politics of Third World nationalism (London 1994); H. S. WILSON: African decolonization (ebd. 1994); J. SPRINGHALL: Decolonization since 1945. The collapse of European overseas empires (Basingstoke u.a. 2001); The end of colonial rule. Nationalism and decolonization, hg. v. T. FALOLA (Durham, N. C., 2002); The decolonization reader, hg. v. J. D. LE SUEUR (London u.a. 2003); The transformation of Southeast Asia. International perspectives on decolonization, hg. v. M. FREY (Armonk, N. Y., u.a. 2003); R. F. BETTS: Decolonization (New York ^{2}2004).

Entkommunisierung, *Zeitgeschichtsforschung* und *Politikwissenschaft:* Bez. von Bestrebungen zur Aufarbeitung der kommunist. Vergangenheit.

Nach den friedl. Revolutionen von 1989 wurden in den meisten ost-, südost- und ostmitteleurop. Ländern (der Tschechoslowakei bzw. ihren Nachfolgestaaten, Polen, Ungarn, der DDR bzw. Ostdeutschland, Bulgarien, Rumänien, den balt. Staaten u.a.) zu Anfang der 1990er-Jahre Anstrengungen zur E. unternommen, die in den versch. Ländern ungleichzeitig abliefen. Vorwiegend standen zwei Ziele im Mittelpunkt: 1) Bildung neuer Institutionen und Rechtsbestimmungen zur Aufarbeitung (Gesetze zur Durchleuchtung [→Lustration] und Aktennutzung, Institute zur »Vergangenheitsaufarbeitung«, zur Dokumentation der Politik der ehemaligen kommunist. Regime und zur Prüfung von Geheimdienstmaterialien, z.B. in Dtl., der Tschech. Rep. und Polen); 2) Vorstellungen, die auf eine umfassende Wiederherstellung histor. Gerechtigkeit auf dem Weg einer »E.« zielen. Für die letztere Forderung ist in den postkommunist. Gesellschaften bis in die Gegenwart ungeklärt, welche Dimensionen mit E. bezeichnet werden (sollen): die Änderung von Strukturen des öffentl. und polit. Lebens, die moral. Aufarbeitung der Verbrechen und Menschenrechtsverletzungen der kommunist. Regime und/oder Elitenaustausch. Dementsprechend ist E. in allen postkommunist. Ländern Gegenstand anhaltender öffentl. Debatten, Wahlkampagnen und Konflikte im Lager der neuen parteipolit. Eliten.

Beide Forderungen der E. waren im Programm der ersten nachkommunist. Reg., der poln. Solidarność-Koalitionsregierung unter Vorsitz von T. MAZOWIECKI (1989–90), nicht enthalten. Sie verfolgte vielmehr eine Politik des »dicken Strichs«, die auf Abrechnung mit den kommunist. Machteliten verzichtete. Diese Position bedeutete jedoch nach dem Selbstverständnis MAZOWIECKIS und seiner intellektuellen Berater (u.a. A. MICHNIK: »Amnestie ja, Amnesie nein«) nicht, dass niemand in Polen für die Geschehnisse der Volksrepublikperiode ohne Verantwortung sei. (→Vergangenheitsbewältigung)

Entkoppler, *Physiologie:* →Atmungskette.

Entkopplung,

1) *Elektrotechnik:* schaltungstechn. und/oder konstruktive Maßnahme zur Vermeidung oder Verringerung von unerwünschten induktiven, kapazitiven oder galvan. Kopplungen zw. zwei oder mehreren elektr. Stromkreisen, Nachrichtenkanälen, Baugruppen oder Einrichtungen, durch die i.d.R. Störungen oder sonstige funktionelle Beeinträchtigungen eintreten. Die E. erfolgt durch →Abschirmung, geeignete Brückenschaltungen oder durch Einbau von Dämpfungsgliedern. Zur E. von Signalkreisen sind z.B. Optokoppler wegen ihrer Rückwirkungsfreiheit bes. geeignet.

2) *Energiepolitik:* Trennung der Entwicklung des realen Bruttosozialprodukts vom Wachstum des gesamtwirtschaftl. Energieverbrauchs. Das Verhältnis von Primärenergieverbrauch und einer Sozialproduktgröße wird als Energieintensität bezeichnet. Seit 1973/74 ist in der BRD eine E. des Bruttoinlandsprodukts sowohl von der Primärenergie- als auch von der Endenergieverbrauchsentwicklung zu beobachten. Ähnl. Entwicklungen sind auch in anderen OECD-Staaten zu verzeichnen. Eine E. wird angestrebt v.a. im Hinblick auf die Dauerhaftigkeit (Nachhaltigkeit, englisch sustainability) der Energienutzung (→Ener-

Entl Entlabialisierung

giepolitik). Dazu wird vielfach eine Verringerung der Energie- und Ressourcenintensität der wirtschaftl. Produktion sowohl in den Industrie- als auch in den Entwicklungsländern für erforderlich gehalten.

3) *Landwirtschaft:* von der Produktion unabhängige landwirtschaftl. Förderung durch die EU, die in Dtl. seit dem Jahr 2005 umgesetzt wird. Die E. verpflichtet die Geförderten zu Maßnahmen, die einen guten landwirtschaftl. und ökolog. Zustand der Flächen sichern sollen (Erosionsschutz, Humus schonende Bewirtschaftung, Erhalt von ökologisch wertvollen Landschaftselementen, Pflege von Brachen). Diese Verpflichtung wurde unter der Bez. **Cross-Compliance** (dt. »Überkreuzverpflichtung«) eingeführt.

Entlabialisierung, Entrundung, *Sprachwissenschaft:* Wandel urspr. gerundeter Vokale zu ungerundeten Vokalen, z. B. [y] zu [i] in der bairisch-österr. Aussprache von hochdt. »Glück« als [glik]. (→ Labialisierung)

Entladung, der mit Stromfluss verbundene Ladungs- und Spannungsausgleich zw. entgegengesetzt geladenen Körpern (z. B. Elektroden). Eine E. erfolgt, wenn sie miteinander leitend verbunden werden (z. B. beim Schließen eines offenen Stromkreises, in dem sich ein aufgeladener Kondensator oder eine elektr. Batterie befindet), wenn sie nur ungenügend gegeneinander elektrisch isoliert sind (E. durch Kriechströme) oder wenn infolge eines → Durchbruchs des zw. ihnen befindl. Gases eine → Funkenentladung (bei Gewittern in Form von Blitzen) oder eine → Gasentladung eintritt. Bei hochspannungsführenden Objekten kann es auch zu einer E. infolge → Durchschlags kommen.

Entladungslampe, Gasentladungslampe, elektr. Lichtquelle, bei der die Leuchterscheinungen von → Gasentladungen ausgenutzt werden. Mit Ausnahme des Kohlebogens brennen die Entladungen in einem mit Metalldämpfen (Quecksilber, Natrium) oder Edelgasen (Helium, Neon, Argon, Krypton, Xenon) gefüllten Entladungsgefäß ab, das ggf. noch während des Betriebs verdampfende Zusätze (Metallhalogenide) enthält. Die am häufigsten angewendete Form der Entladung ist die → Bogenentladung mit heißer Kathode (3000 K). Die → Glimmlampe mit kalter Kathode wird nur noch für Anzeige- und Signallampen sowie für Hochspannungsröhren eingesetzt. Zu den E. gehört auch die → Leuchtstofflampe; besondere Formen sind die → Blitzröhre, die versch. → Quarzlampen (z. B. der Entkeimungsstrahler) sowie die → Spektrallampe. Je nach Fülldruck des Dampfes oder Gases unterscheidet man **Niederdrucklampen** (Füllgasdruck zw. 1 und 20 mbar; z. B. Natriumdampf-Niederdrucklampe) und **Hochdrucklampen** (Füllgasdruck 0,1–10 bar; z. B. Xenon-Hochdrucklampe). Lampen mit einem Fülldruck von über 20 bar bezeichnet man auch als **Höchstdrucklampen.**

E. erfordern zum Einleiten der Entladung sowie zur Stabilisierung des Betriebsstromes und der Leistungsaufnahme besondere Einrichtungen wie Starter, Zündgeräte, Vorschaltgeräte, bei Wechselstrom meist Drosselspulen und Kondensatoren sowie Kombinationen daraus.

Entlassung, *Recht:* 1) im *Arbeitsrecht* jede durch Kündigung vom Arbeitgeber herbeigeführte Beendigung des Arbeitsverhältnisses (→ Kündigungsschutz); 2) im *Beamtenrecht* der zur Beendigung des Beamtenverhältnisses führende Vorgang, der entweder unmittelbar durch Gesetz (z. B. bei Verlust der dt. Staatsbürgerschaft) oder durch Verwaltungsakt (z. B. wegen der Weigerung, den Diensteid zu leisten) erfolgt. Ferner gibt es die E. auf Verlangen des Beamten, das jederzeit ausgesprochen, jedoch innerhalb von zwei Wochen zurückgenommen werden kann, falls noch keine E.-Verfügung zugestellt wurde; 3) im *Strafrecht* die Aufhebung der Freiheitsentziehung; 4) im *bürgerl. Recht* die E. des Nachlasspflegers (§§ 1915, 1886 BGB), des Testamentsvollstreckers (§ 2227 BGB) u. a.

Entlastung,
1) *Bautechnik:* das Abfangen von Belastungen, z. B. durch Stützpfeiler (zur E. eines Trägers) oder durch einen **E.-Bogen** (ein über einem Sturzträger angebrachtes Mauergewölbe).

2) *Recht:* im *Gesellschaftsrecht* die förml. Billigung der Geschäftsführung durch die Gesellschaft; sie bezieht sich auf einen bestimmten Zeitraum in der Vergangenheit, drückt i. d. R. gleichzeitig aber auch das Vertrauen für die Zukunft aus. Die Hauptversammlung einer AG hat jährlich über die E. von Vorstand und Aufsichtsrat zu entscheiden (§ 120 Aktien-Ges.); wird sie erteilt, verbindet sich mit ihr der Verzicht auf mögl. Ersatzansprüche. Für die GmbH sieht das Gesetz die E. der Geschäftsführung als fakultative Entscheidung der Gesellschafter vor (§ 46 GmbH-Ges.). – Im *Staatsrecht* hat gemäß Art. 114 GG der Bundesfinanz-Min. gegenüber Bundestag und Bundesrat über alle Einnahmen und Ausgaben, über Vermögen und Schulden des Bundes im Laufe des nächsten Rechnungsjahres zur E. der Bundes-Reg. Rechnung zu legen.

Entlastungsbetrag für Alleinerziehende, steuerrechtl. Freibetrag für allein stehende Steuerpflichtige (§ 24b EStG), die mit mindestens einem Kind eine Haushaltsgemeinschaft in einer gemeinsamen Wohnung bilden und in der gemeinsamen Wohnung mit Hauptwohnsitz gemeldet sind. Für das Kind muss dem Steuerpflichtigen Kindergeld oder ein Freibetrag gemäß § 32 Abs. 6 EStG zustehen. Der Alleinerziehende darf nicht die Voraussetzungen für eine Ehegattenveranlagung nach § 26 Abs. 1 EStG erfüllen und keine Haushaltsgemeinschaft mit einer weiteren volljährigen Person bilden. Der E. f. A. beträgt pro Jahr 1308 €.

Entlaubungsmittel, Defolianti|en, Substanzen, die bei Pflanzen → Blattfall (Entlaubung, Defoliation) bewirken. Zur Erleichterung der maschinellen Ernte, z. B. bei Baumwollpflanzen, werden u. a. die natürlich vorkommende → Abscisinsäure sowie einige synthetisch hergestellte Substanzen (z. B. Natriumchlorat, 3-Chloracrylsäure) als E. verwendet. Als taktischem. Waffen wurden von den USA während des Vietnamkrieges → Herbizide zur Entlaubung großer Flächen eingesetzt. Das am häufigsten eingesetzte **Agent Orange** besteht aus einem Gemisch (1:1) der Ester von 2,4-D und 2,4,5-T (→ Chlorphenoxyessigsäuren). Neben der starken Zerstörung v. a. des Mangrovengürtels und damit eines ganzen Ökosystems führten die Verunreinigungen dieser Verbindungen mit → Dioxinen zu schweren Schäden (Krebs, Missbildungen) bei vielen Tausend Menschen. Ein weiteres häufig als E. verwendetes Herbizid war »Blue Agent«, ein arsenhaltiges, auf Einkeimblättrige wirkendes Unkrautbekämpfungsmittel, das zur Vernichtung der Reisernte eingesetzt wurde.

Entlausung, Beseitigung von Kopf-, Kleider- und Filzläusen des Menschen; sie erfolgt durch chem. Mittel in Form von Pudern, Gelees und Shampoos mit den Wirkstoffen Pyrethrum, Lindan oder Allethrin in

Entlastung 1):
Entlastungsbogen

Kombination mit Piperonylbutoxid, auch mechanisch (Läusekamm), bei Befall von Kleidern und anderen Gegenständen mittels trockener Heißluft (ggf. Bügeln), Wasserdampf, auch kalter Luft (−10 bis −15 °C über 1 Tag), durch Aushungern der Läuse bei Aufbewahrung der befallenen Gegenstände in verschlossenen Plastiksäcken (3–4 Wochen), in geschlossenen Räumen darüber hinaus durch Begasung.

Entlebuch, Landschaft und Amt im Kt. Luzern, Schweiz, im Einzugsgebiet der Kleinen Emme, 410 km², 18 500 Ew.; Viehzucht und Holzwirtschaft. Hauptorte sind E. (Pfarrkirche St. Martin, 13.–18. Jh.), Escholzmatt und Schüpfheim; seit 2001 UNESCO-Biosphärenreservat. – E., urspr. ein Besitz der Herren von Wolhusen, war seit Anfang des 14. Jh. österr. Lehen und kam im 15. Jh. an Luzern, das bis ins 17. Jh. mehrere Bauernaufstände niederwerfen musste.

Entlehnung, *Sprachwissenschaft:* Übernahme von syntakt., semant. und grammat. Charakteristika einer Sprache in eine andere aufgrund von →Sprachkontakt und aufgrund polit., kultureller, wirtschaftl. u. a. Entwicklungen. E. können z. B. in einen Sprachraum übernommene Gegenstände und dort bekannt gewordene Fakten bezeichnen oder in der eigenen Sprache schon vorhandene Bezeichnungen in einer bestimmten Weise spezifizieren. Nach einem verbreiteten Strukturierungsmodell der E. werden unterschieden: 1) Begriffswörter, die in unveränderter oder in lautlich oder formal veränderter Form übernommen wurden oder werden; eine Zwischenform ist die gelehrte E. (z. B. »martialisch« gegenüber »März«, beide aus lat. »martius«); weitere Formen sind u. a. →Lehnschöpfung, →Lehnübersetzung und →Lehnübertragung; 2) Formwörter, z. B. (lat.) »per«, (frz.) »à«; 3) morpholog. Merkmale, z. B. die Endung »-ieren« in »buchstabieren« aus der frz. Endung »-ier«; 4) syntakt. und grammat. Merkmale (z. B. der lat. →accusativus cum infinitivo im Deutschen). – Die dt. Sprache wurde bes. durch E. aus dem Lateinischen (u. a. während der Romanisierung der besetzten german. Gebiete, während der Christianisierung und in der Epoche des Humanismus), aus den roman. Sprachen, darunter bes. aus dem Französischen (z. B. in der weltlich-höf. Kultur des 12./13. Jh.; im Zeitalter von Absolutismus und Aufklärung und z. Z. der Frz. Revolution), und seit dem 19. Jh., v. a. aber nach dem Zweiten Weltkrieg, aus dem brit. und amerikan. Englisch geprägt. (→Bedeutungswandel, →Fremdwort, →Lehnwort)

Entlüftung, 1) Entfernen von Luft oder inerten Gasen aus flüssigkeitsführenden Leitungen und Apparaten zur Vermeidung von Funktionsstörungen; 2) Abführung verbrauchter Raumluft aus Gebäuden (→Lüftung).

Entlüftungsventil, Ventil an hoch gelegenen Stellen von Rohrleitungen oder hydraul. Maschinen zum Entfernen von Luftansammlungen.

Entmagnetisierung,
1) *Physik:* 1) **Abmagnetisierung,** die Zurückführung eines ferromagnet. Materials in den unmagnet. Zustand; 2) die Schwächung eines äußeren Magnetfeldes im Innern eines nicht geschlossenen magnet. Kreises. Zw. seiner Feldstärke H_a und dem für die Magnetisierung M maßgebenden Feld H_i im Innern des Mediums besteht die Beziehung $H_i = H_a - NM$, wobei der E.-Faktor N von der Probenform abhängt; 3) →adiabatische Entmagnetisierung.

2) *Schiffbau:* die Kompensation des natürl. Magnetismus des stählernen Schiffskörpers durch besondere Schutzanlagen, die eine Gefährdung durch Magnet- oder Induktionsminen verringern sollen. Drei in senkrecht zueinander stehenden Ebenen verlegte, vom Bordnetz gespeiste Kabelschleifen erzeugen ein Magnetfeld, das das Eigenfeld des Schiffes weitgehend aufhebt. Über solche **MES-Anlagen** (Abk. für magnet. Eigenschutz oder für Mineneigenschutz) verfügen v. a. Kriegsschiffe.

Entmannung, Emaskulation, *Medizin:* die chirurg. Entfernung der Hoden und eventuell des Penis, v. a. bei Krebserkrankungen dieser Organe; auch in der Bedeutung von →Kastration verwendet.

entmilitarisierte Zone, derjenige Teil des Hoheitsgebietes eines Staates, auf dem die Stationierung von Truppen, die Lagerung von Waffen und anderen Kampfmitteln sowie jegl. Art der Befestigung und der Unterhaltung militär. Anlagen durch völkerrechtl. Vertrag, z. B. Friedensvertrag, verboten ist. Eine e. Z. war aufgrund des Versailler Vertrags (1919) z. B. das →Rheinland. Nach einer Entscheidung des Völkerbunds (1921) wurden die →Ålandinseln entmilitarisiert. Das Waffenstillstandsabkommen (1953) im →Koreakrieg schuf eine e. Z. in Korea, die Indochinakonferenz 1954 (→Genfer Konferenzen) eine e. Z. in Vietnam.

Entmilitarisierung, die Verpflichtung eines Staates zur vollständigen oder teilweisen Abrüstung, begründet durch Vertrag, i. d. R. durch Friedensvertrag zulasten der Besiegten; so legte der Versailler Vertrag (1919) eine teilweise, das Potsdamer Abkommen (1945) eine vollständige E. Dtl.s fest.

Entmischung, *physikal. Chemie:* das Zerfallen einer homogenen Mischung in zwei oder mehrere Phasen versch. Zusammensetzung, z. B. in der Metallurgie zerfällt eine Legierung bei der eutekt. Temperatur (→Eutektikum, →Zustandsdiagramm).

Entmüdung, Beschleunigung des psychophys. Wiederherstellung nach sportlich ausgelösten Ermüdungserscheinungen. Hierzu können warme Bäder, Sauna oder Massage beitragen.

Entmündigung, im früheren dt. Recht ein gerichtl. Akt, durch den die Geschäftsfähigkeit eines Menschen zu seinem Schutz, zum Schutz seiner Familie oder Dritter aufgehoben oder beschränkt wurde.

Die Gründe, welche zur E. führen konnten, waren im §6 BGB festgelegt: 1) Geisteskrankheit oder -schwäche, die bewirkten, dass der Betroffene seine Angelegenheiten nicht mehr zu besorgen vermochte; 2) Verschwendung, durch die der Betroffene sich oder seine Familie der Gefahr des Notstandes aussetzte; 3) Trunk- oder Rauschgiftsucht, wenn der Betroffene seine Angelegenheiten nicht zu besorgen vermochte oder sich oder seine Familie der Gefahr des Notstandes aussetzte oder die Sicherheit anderer gefährdete. Die E. wegen Geisteskrankheit hatte zur Folge, dass der Betroffene geschäftsunfähig wurde, die E. aus den übrigen Gründen (einschließlich derjenigen wegen Geistesschwäche) führte zur beschränkten Geschäftsfähigkeit (der Entmündigte erhielt den rechtl. Status eines minderjährigen Kindes von über sieben Jahren). Es wurde →Vormundschaft oder →Pflegschaft für den Entmündigten angeordnet. Durch das »Ges. zur Reform des Rechts der Vormundschaft und der Pflegschaft«, kurz Betreuungs-Ges., vom 12. 9. 1990 wurde mit Wirkung vom 1. 1. 1992 die E. abgeschafft. An die Stelle der bisherigen Vormundschaft für Volljährige und der Gebrechlichkeitspflegschaft ist das Rechtsinstitut der →Betreuung getreten (§§ 1896 ff. BGB). Das Betreuungsrecht wurde erneut mit Wirkung zum 1. 1. 1999 reformiert (Betreuungsänderungs-Ges. v. 25. 6. 1998). – In der DDR rechtskräftig ausgesprochene E. blieben nach dem Beitritt zunächst wirksam (Art. 231 § 1 Einführungs-Ges. zum BGB) und wurden nach dem 31. 12. 1991 zu Betreuungen.

In Österreich wurde die E.-Ordnung von 1916 durch das Ges. über die Sachwalterschaft für behinderte Personen ersetzt, v. a. durch die Neuformulierung der §§ 273, 273 a ABGB, die mit Wirkung vom 1. 7. 1984 in Kraft getreten sind. An die Stelle des »Kurators« ist ein Sachwalter getreten, der von Amts wegen oder auf Antrag für Personen bestellt wird, die an einer psych. Krankheit leiden oder geistig behindert sind und die nicht in der Lage sind, alle oder einzelne ihrer Angelegenheiten ohne Gefahr eines Nachteils für sich selbst zu besorgen. Die Bestellung ist ausgeschlossen, wenn der Betroffene durch andere Hilfe, bes. im Rahmen seiner Familie oder von Einrichtungen der öffentl. oder privaten Behindertenhilfe, in die Lage versetzt werden kann, seine Angelegenheiten im erforderl. Ausmaß zu besorgen. Das Ausmaß der Behinderung bestimmt u. a. auch den Pflichtenkreis des Sachwalters. Das schweizer. Recht verwendet den Begriff »Bevormundung«. Gründe für diese sind insbes. (Art. 368 ff. ZGB) Geisteskrankheit und -schwäche, unter bestimmten Voraussetzungen auch Verschwendungs- und Trunksucht sowie lasterhafter Lebenswandel. Unter Vormundschaft werden ferner z. T. Personen gestellt, an denen eine Freiheitsstrafe von mehr als einjähriger Dauer vollzogen wird. Im Rahmen der zurzeit (Juni 2004) anhängigen Revision des Erwachsenenschutzrechts soll die E. abgeschafft und durch je nach Bedarf abgestufte Beistandschaften ersetzt werden.

Entmythologisierung, von R. BULTMANN in seinem Aufsatz »N. T. und Mythologie« (1941) zum Programm neutestamentl. Exegese erhobener Begriff; als Begriff auf den Philosophen H. JONAS zurückgehend. Sprachlich wenig glücklich (gemeint ist: Entmythisierung), unterscheidet das hermeneutisch-exeget. Prinzip der E. zw. der zeitgebundenen Einbettung der neutestamentl. Bibeltexte in ein myth. Weltbild, das dem modernen Menschen vielfach unverständlich geworden sei, und dem in den Texten transportierten zeitlos gültigen Wort Gottes. Die Exegese soll die vormodernen myth. Vorstellungen in den neutestamentl. Texten herausarbeiten und als solche benennen und die Texte so in ihrem eigentl. Gehalt für den modernen Menschen erschließen: als das sich immer neu ereignende, den Hörer treffende Wort Gottes (→Kerygma). Mythos definiert BULTMANN als »weltl.« Rede vom »Unweltlichen«, die objektivierte, d. h. in eine histor. Form gekleidete Rede von einem nichtobjektivierbaren Transzendenten. Zum heute überholten myth. Weltbild der Antike gehören nach BULTMANN etwa die Vorstellungen, die Welt bestehe aus den drei »Stockwerken« Himmel, Erde und Unterwelt (Hölle), die Geschichte sei ein Kampfplatz überweltl. Mächte (Engel, Dämonen), die den Menschen schützen bzw. bedrohen, oder die Menschheit bedürfe eines stellvertretend sterbenden, vom Tode auferstehenden und als Weltenrichter wiederkehrenden Erlösers. BULTMANN und seine Schule wollen aus der Zeitgebundenheit biblisch-myth. Rede die zeitlos gültige, auch den heutigen Menschen in seiner Existenz treffende und ihn zur Eigentlichkeit seines Daseins führende Wahrheit des Wortes Gottes herausarbeiten. Den bultmannschen Interpretationsansatz theologisch relativierend und kritisierend, kann und ist vorgebracht worden, dass diese von BULTMANN als »existenziale Interpretation« beschriebene Ausrichtung bibl. Hermeneutik längst vor ihm und auch ohne den Terminus »E.« jede die Bibel auslegende Predigt bestimmen soll. E. wird illegitim, wo sie mit dem Mythos das Kerygma beseitigt und rationalist. Hyperkritik Vorschub leistet. Religions- und Tiefenpsychologie haben gezeigt, dass Mythos und Dichtung Erfahrungen des religiösen Bereichs zutreffender wiedergeben können als die entmythologisierende Reduktion der entsprechenden bibl. Aussagen (Schöpfung, Sündenfall, Schutzengel, Erlösung, Opfertod, Gericht).

Die theolog. Diskussion um die E., zw. 1941 und 1960 als so genannte »Entmythologisierungs-Debatte« mit großer Leidenschaft innerhalb der ev. Theologie und auch überkonfessionell geführt, ist heute selbst Theologiegeschichte. Ihr hermeneut. Grundanliegen hat in der Theologie weitgehende Anerkennung gefunden und ist kritisch weitergeführt worden (G. EBELING u. a.). Die Einseitigkeiten und Überspitzungen der damaligen theolog. Diskussion kennzeichnen aus heutiger Sicht einen bedeutenden Abschnitt der Theologiegeschichte des 20. Jh., stellen inner- wie überkonfessionell jedoch keine trennenden Sachverhalte mehr dar.

Kerygma u. Mythos, hg. v. H.-W. BARTSCH, 7 Bde. (1948–79); F. GOGARTEN: E. u. Kirche (⁴1966); E. FUCHS: Programm der E. (³1967); R. MARLÉ: Bultmann u. die Interpretation des N. T. (a. d. Frz., ²1967); Die Frage der E., bearb. v. K. JASPERS u. R. BULTMANN (Neuausg. 1981); J. KREIML: Christl. Glaube in der Moderne. Zu einigen Grundthesen bei Hansjürgen Verweyen, Walter Kasper, Joseph Kardinal Ratzinger u. Rudolf Bultmann (2000).

Entnahmen, *Steuerrecht:* 1) *Einkommensteuerrecht:* nach § 4 Abs. 1 EStG die Verwendung von zum Betriebsvermögen gehörenden Wirtschaftsgütern (Geld, Waren u. a.) und die Inanspruchnahme betriebl. Nutzungen und Leistungen für seinen Haushalt oder für andere betriebsfremde (insbesondere private) Zwecke. Der Wert der E. wird bei der Ermittlung des steuerpflichtigen Gewinns wie Betriebseinnahmen behandelt; 2) *Umsatzsteuerrecht:* →Eigenverbrauch.

Entnasalierung, *Sprachwissenschaft:* Übergang eines nasalen Lauts in den entsprechenden oralen Laut, z. B. bei der Aussprache der frz. Bez. für Großmutter »grand-mère« [grã'mɛːr] als [gram'mɛːr].

Entnazifizierung, Bez. für die Maßnahmen der alliierten Besatzungsmächte (USA, UdSSR, Großbritannien, Frankreich) nach dem Zusammenbruch des Dt. Reiches (Mai 1945), die darauf abzielten, den Einfluss des Nationalsozialismus auf das öffentl. Leben, die Wirtschaft und das Erziehungswesen in Dtl. auszuschalten und frühere aktive Nationalsozialisten zu bestrafen.

Schon in den Kriegskonferenzen ab 1943 (Casablanca, Teheran) einigten sich die Alliierten grob auf vier Kernziele ihrer Dtl.-Politik nach Kriegsende (Demilitarisierung, Denazifizierung, Dekartellierung und Demokratisierung), womit auch das Konzept einer weit gefassten E. umschrieben war. Entsprechend den Beschlüssen der →Jalta-Konferenz (4.–11. 2. 1945) und den polit. Grundsätzen des →Potsdamer Abkommens

(2. 8. 1945) bildeten die E. sowie die Zerschlagung der NSDAP einschließlich aller ihrer Gliederungen und die Ahndung der nat.-soz. Kriegsverbrechen (→ Nürnberger Prozesse) eine Einheit. Während die Westmächte die E. (mit kleineren Eingriffen zur Entflechtung sowie einer pragmat. Bodenreform) bald als eine im Wesentlichen polit. Säuberung auffassten, benutzte die UdSSR die konsequente polit. Säuberung in der SBZ als Mittel gezielter Personalpolitik und verband sie mit einer tief greifenden gesellschaftl. Umstrukturierung (»strukturelle E.«).

Erste Vorgaben zur E. gab noch vor Installierung des Alliierten Kontrollrats (30. 7. 1945) das Oberkommando der Alliierten (Supreme Headquarters of the Allied Expeditionary Forces; Abk. SHAEF). Die amerikan. Militär-Reg., die nach der 1944 entwickelten Direktive JCS 1067 (i. d. F. vom 26. 4. 1945 bis 1947 gültig) arbeitete, entwickelte detaillierte Verfahrensweisen zur E. (u. a. Ges. Nr. 8 vom 26. 9. 1945), die in den Ländern ihrer Besatzungszone im »Ges. über die Befreiung vom Nationalsozialismus und Militarismus« vom 5. 3. 1946 ihren Niederschlag fanden. Über den Alliierten Kontrollrat (Kontrollrats-Ges. Nr. 10 vom 20. 12. 1945) kamen, nach der Direktive Nr. 24 vom 12. 1. 1946, die Bestimmungen dieses »Befreiungs-Gesetzes« in den Ländern der anderen Besatzungszonen (im Rahmen ähnl. Gesetze) auch zur Anwendung. Die in der amerikan. Besatzungszone 1945 entwickelte Einstufung Beschuldigter in fünf Kategorien wurde mit der Kontrollrats-Direktive Nr. 38 vom 12. 10. 1946 auch in den übrigen Zonen verbindlich: Hauptschuldige, Belastete (→ Aktivist), Minderbelastete, Mitläufer und Entlastete.

Im Einzelnen wurde in den westl. Besatzungszonen die Durchführung der E. unterschiedlich gehandhabt, am strengsten in der amerikan. Besatzungszone (bis 15. 3. 1946 wurden 1,4 Mio. Fragebogen für Deutsche über 18 Jahre mit 131 Fragen ausgegeben; insgesamt waren es etwa 13 Mio. Betroffene; mit mehr als 4 Mio. Anklagen und etwa 0,95 Mio. Verfahren. Allgemein wurde die E. bis 1947 durch so genannte E.-Ausschüsse unter Verantwortung der Besatzungsmacht

Entnazifizierung: Ausschnitt aus einem Fragebogen der amerikanischen Militärregierung

und seit 1947/48, mit der Verabschiedung von E.-Gesetzen, unter teilweiser Verantwortung der Länder mit unterschiedlich großer Beteiligung dt. Spruchkammern betrieben. Die Betroffenen wurden meist nach Zustellung einer Klageschrift, zu der sie Stellung nehmen konnten, von den dt. Spruchkammern (in der US-Zone 1946 allein 545 mit 22 000 Bediensteten) in 1. Instanz verurteilt. Gegen diese Entscheidung konnte Berufung bei der Berufungskammer eingelegt werden. Sühnemaßnahmen waren u. a.: Internierung oder Gefängnis bis zu zehn Jahren, Vermögensentziehung, Amtsverlust, Berufsverbot, Geldbußen, Aberkennung des Wahlrechts.

Nach dem abrupten Abbruch der amerikan. E.-Politik zum 31. 3. 1948 hörte die Überwachung der E.-Ges. auf. Nach Gründung der Bundesrepublik (1949) ging die E. im Bereich der früheren westl. Besatzungszonen ganz in dt. Verantwortung über. Am 15.12.1950 verabschiedete der Dt. Bundestag Empfehlungen an die Bundesländer für eine einheitl. Beendigung des E.-Verfahrens. In den einzelnen Ländern wurden ab 1951 **E.-Schlussgesetze** erlassen, zuletzt (am 15.12.1954) in Bayern. Im gesamten Bundesbereich waren 6,08 Mio. Menschen von der E. betroffen; 3,66 Mio. Fälle waren bearbeitet und die Mehrzahl der Betroffenen als Minderbelastete bzw. Mitläufer eingestuft worden.

Unter rechtsstaatl. Gesichtspunkten wurde die E., u. a. die unterschiedl. Handhabung der Verfahren, kritisiert (z. B. M. NIEMÖLLER). Mit Art. 131 GG gab es ab 1949 eine Möglichkeit zur Wiedereinstellung entlassener Beamter, ausgenommen jener, die infolge rechtskräftigen Spruchkammerbescheids ihr Amt verloren hatten. Nach Meinung vieler Kritiker förderten kollektive Haftung, rückwirkende Strafgesetzgebung oder Schuldvermutung in der Bev. die Bereitschaft, Gefälligkeitsentlastungen (»Persilscheine«) auszustellen und bei den Betroffenen ein selbstkrit. Überdenken von vornherein auszuschalten. In ihrem Ergebnis war die E., im engen Verbund mit der →Reeducation, aber eine Voraussetzung für die Westintegration.

In der SBZ führte die UdSSR (trotz Verwendung zahlr. Formulierungen amerikan. Herkunft in ihren E.-Bestimmungen) unter sozialrevolutionären Vorzeichen eine umfassende schnelle und radikale E. durch; Adel und Besitzbürgertum sollten als politisch wirksame Faktoren ausgeschaltet werden (Bodenreform, Enteignungen und Verstaatlichungen v. a. in der Schlüsselindustrie und der Großbanken). Polit. Straftaten verdächtige Personen wurden von Sonderkammern der Landgerichte abgeurteilt (→Waldheimer Prozesse, 1950). Im Ggs. z. B. zur amerikan. Besatzungszone wurde nicht die gesamte Bev. der E. unterworfen. Bis August 1947 wurden über 800 000 frühere NSDAP-Mitgl. überprüft, etwa 0,5 Mio. verloren ihren Arbeitsplatz, v. a. im öffentl. Dienst. Die Mitläufer der NSDAP sahen sich v. a. dann von Sühnemaßnahmen befreit, wenn sie sich – öffentlich erkennbar – zur Politik der Besatzungsmacht und der von ihr gestützten SED bekannten; der frühzeitigen Reintegration der »kleinen Parteigenossen« sollte insbesondere die im März 1948 gegründete NDPD dienen. Im Zuge der E. entledigte man sich auch zahlr. politisch Andersdenkender (u. a. Einweisung in Internierungs- bzw. Speziallager). Mit Befehl vom 26. 2. 1948 wurde die E. in der SBZ von der SMAD als beendet erklärt. Eine wirkl. geistige Verarbeitung durch die Bev. fand aber im Grunde ebenso wenig statt wie in den Westzonen; die Auseinandersetzung mit dem Nationalsozialismus blieb bis zum Ende der DDR orientiert an der offiziellen Antifaschismus-Doktrin.

Auch in Österreich wurde unter Aufsicht der Besatzungsmächte eine E. durchgeführt. Nach Errichtung der Rep. Österreich (April/Mai 1945) verbot die provisor. Reg. am 8. 5. 1945 durch Ges. die NSDAP und ihre Gliederungen und entzog ihren Mitgl. das Wahlrecht; von diesen Maßnahmen waren etwa 0,5 Mio. Menschen betroffen. Auf der Grundlage des »Kriegsverbrecher-Ges.« (26. 6. 1945) und des »Nationalsozialisten-Ges.« (6. 2. 1947) führte die österr. Reg. unter Aufsicht des Alliierten Kontrollrates die E. durch. Entsprechend den E.-Gesetzen in Dtl. wurden die früheren Mitgl. der NSDAP in Belastete und Minderbelastete eingeteilt, sodann von Volksgerichten strafrechtlich verfolgt oder von der Reg. zu Sühnemaßnahmen herangezogen. Zw. 1948 (Amnestierung der Minderbelasteten) und 1957 (allgemeine Amnestie) lief die E. aus. 1955 war die Ahndung nat.-soz. Kriegsverbrechen den ordentl. Gerichten übertragen worden.

L. NIETHAMMER: Die Mitläuferfabrik. Die E. am Beispiel Bayerns (Neuausg. 1982); Verdrängte Schuld, verfehlte Sühne. E. in Österreich 1945–1955, hg. v. S. MEISSL u. a. (1986); H. A. WELSH: Revolutionärer Wandel auf Befehl? Entnazifizierungs- u. Personalpolitik in Thür. u. Sa. 1945–1948 (1989); R. GROHNERT: Die E. in Baden. 1945–1949 (1991); E. Polit. Säuberung u. Rehabilitierung in den vier Besatzungszonen 1945–1949, hg. v. C. VOLLNHALS (1991); R. MÖHLER: E. in Rheinl.-Pf. u. im Saarland unter frz. Besatzung v. 1945 bis 1952 (1992); W. LANGHORST: Beamtentum u. Art. 131 des GG (1994); Aus den Trümmern 1945. Personeller Wiederaufbau u. E. in der ev. Kirche der Sowjet. Besatzungszone Dtl.s, bearb. v. J. J. SEIDEL (1996); D. VAN MELIS: E. in Meckl.-Vorp. (1999); A. SCHUSTER: Die E. in Hessen. 1945–1954 (1999); J. D. KRÄMER: Das Verhältnis der polit. Parteien zur E. in NRW (2001); A. SPERK: E. u. Personalpolitik in der sowjet. Besatzungszone Köthen, Anhalt (2003); E. im regionalen Vergleich, hg. v. W. SCHUSTER u. W. WEBER (Linz 2004).

ento... [griech. entós »innerhalb«], vor Vokalen meist verkürzt zu **ent...**, Präfix mit der Bedeutung innerhalb, z. B. Entoderm, Entamoeba.

Entoderm [zu griech. dérma »Haut«], **Entoblast**, inneres Keimblatt, die bei der →Gastrulation entstehende innere Zellschicht der Gastrula; das E. bildet zunächst den Urdarm, später entsteht aus ihm der Magen-Darm-Trakt mit den abgeleiteten Organen (Leber, Lunge u. a.). →Ektoderm, →Mesoderm.

Entökie [griech.] die, -, **Einmietertum**, *Ökologie:* Beziehungssystem zw. Einmietern (Lebewesen, die in Bauten oder Hohlräumen anderer Organismen leben) und Wirt.

Entoloma, die Pilzgattung →Rötling.

Entomogamie die, -, Übertragung des Pollens durch Insekten. – **entomogam,** insektenblütig.

Entomologie [zu griech. éntomos »eingeschnitten«; »Kerbtier«, »Insekt«] die, -, **Insektenkunde**, die Wissenschaft von den Insekten. Während die **allgemeine E.** sich v. a. mit Fragen der Beschreibung, Ordnung, Verbreitung, Physiologie der Insekten befasst, untersucht die **angewandte E.** alle Fragen der Abwehr und Bekämpfung von Schadinsekten und die Bedeutung von Nutzinsekten.

Entomophthora [griech.], eine früher auch **Empusa** genannte Gattung der →Jochpilze. E. leben u. a. parasitisch auf Insekten (Fliegen, Blattläusen, Heuschrecken) und können in wenigen Tagen ganze Populationen vernichten. Die bekannteste Art ist der **Fliegenschimmel** (E. muscae), der bes. die Stubenfliege befällt.

Entoparasiten, die →Endoparasiten.
Entoplasma, das →Endoplasma.
ent|optische Wahrnehmungen, im Auge hervorgerufene, scheinbar von außen stammende Licht- oder Körperwahrnehmungen; sie entstehen durch normale Einflüsse (z. B. Blutkörperchen, Netzhautgefäße), meist aber durch krankhafte Veränderungen der brechenden Medien des Auges, etwa durch Glaskörpererkrankungen, bei denen Punkte, »fliegende Mücken« (»mouches volantes«) u. ä. Gebilde wahrgenommen werden.

Entparaffinierung, Verfahren, bei dem v. a. die n-Paraffine aus Gasöl- oder Schmierölfraktionen entfernt werden, um deren Fließfähigkeit in der Kälte zu verbessern. Bei der **Kälte-E.** wird das Öl mit Lösungsmittelgemischen (z. B. Methylethylketon/Toluol) verdünnt und zur Kristallisation der Paraffine auf etwa −20 °C abgekühlt. Bei der **Harnstoff-E.** wird Harnstoff zugegeben und die n-Paraffine bilden mit diesem kristalline Einschlussverbindungen; bei der **katalytischen E.** werden sie durch selektives Hydrocracken in niedrigsiedende Paraffine umgewandelt.

Entpersönlichung, Psychologie, Psychiatrie: die →Depersonalisation.

Entphonologisierung, Sprachwissenschaft: der Verlust der phonolog. Opposition; so wirken sich z. B. im Französischen die Laute [ɛ̃] und [œ̃] nicht mehr im Sinne einer Bedeutungsunterscheidung aus, da z. B. für frz. brun »braun« neben der Aussprache [brœ̃] auch die Variante [brɛ̃] üblich ist und sich dadurch nicht mehr von brin [brɛ̃] »Halm« unterscheidet. (→Phonologisierung)

Entpolitisierung, krit. Bez. 1) für Bemühungen, gesellschaftl. Aufgaben und Probleme nicht unter polit., sondern v. a. unter sachlog. Gesichtspunkten zu betrachten und zu lösen; 2) für Bestrebungen, polit. Kräfte von der Lenkung öffentlich wirksamer Institutionen (z. B. Rundfunkanstalten) auszuschalten.

Entracte [ã'trakt, frz.] der, -s/-s, **Entr'acte, Entreacte, Entreakt** [ãtre'akt], Ballett, Musik: Zwischenakt, Zwischenaktsdarbietung.

Entrada [span.] die, -/...den, **Entrata** [ital.], die →Intrade.

Entrainment [ɪn'treɪnmənt, engl.] das, -s, Meereskunde: →Turbulenz.

Ent|rappen, Weinbau: das →Abbeeren.

Entrecasteaux [ãtrakas'to], Antoine Raymond Joseph **de Bruni d'** [də bry'ni -], frz. Seefahrer, * Schloss d'Entrecasteaux (Provence) 1737, † vor Java 20. 7. 1793; ab 1754 in frz. Flottendienst; 1785 Befehlshaber der frz. Flotte in Ostindien, 1787 Gouv. von Mauritius. 1791 entsandte ihn die frz. Nationalversammlung auf die Suche nach J. F. DE LA PÉROUSE. Er erreichte nach versch. Kreuzfahrten Neukaledonien, 1792 Amboina (heute Ambon); fuhr über Timor nach Neuholland (Australien) und entdeckte u. a. 1793 die D'Entrecasteauxinseln.

Entrechat [ãtrə'ʃa; frz. »Luft-, Kreuzsprung«] der, -s/-s, Ballett: Sprung, bei dem die Füße mehrmals in der Luft gekreuzt werden. Die ergänzenden Zahlen quatre (4), six (6) oder huit (8) geben nicht die Anzahl der Kreuzungen an, sondern die Zahl der Bewegungen jedes Beines; beim E. quatre werden die Füße also nur zweimal gekreuzt.

Entrecôte [ãtr'ko:t, frz.] das, -(s)/-s, Zwischenrippenstück vom Rind, das in Scheiben geschnitten und gegrillt oder gebraten wird. Größere Stücke (für 2–3 Personen) heißen E. double; im Ganzen zubereitetes E. nennt man Roastbeef.

Entre-Deux-Mers [ãtrdø'mɛr], Bereich des frz. Bordeaux-Gebiets zw. den Flüssen (Meeren) Dordogne und Garonne; mit einer Rebfläche von 25 000 ha (2002) besitzt das E. die größte Rebfläche im Département Gironde. Die Böden des Bereichs werden von einer dicken Kalksteinschicht gebildet, die im Süden, in der Appellation Premières Côtes de Bordeaux, von schottrigem Lehm bedeckt ist. Das bis zu 100 m hohe Plateau ist durch kleine, tief in die Landschaft eingeschnittene Wasserläufe gegliedert, deren steile Uferhänge von Höhlen durchsetzt sind. Das wichtigste A.-C.-Gebiet trägt den Namen des Bereichs und umfasst 1800 ha (2002) Rebfläche, die zum Großteil mit den Weißweinrebsorten Sémillon, Sauvignon blanc und Muscadelle bestockt ist. Rotweine aus der Appellation contrôlée E. werden unter den Appellationen Bordeaux oder Bordeaux Supérieur vermarktet. Am Südrand, auf der Langon gegenüberliegenden Seite der Garonne, befindet sich das kleine Gebiet des E. Haut-Bénauge, ebenfalls eine Weißweinappellation, deren Weine ein etwas höheres Prestige als E. besitzen; sofern sie ausschließlich aus Sémillon, Sauvignon blanc und Muscadelle gekeltert sind, können sie auch als Bordeaux Haut-Bénauge firmieren. Darüber hinaus findet man im Großbereich E. noch fünf Süßweinappellationen.

Entree [ã'tre:; frz., zu entrer »eintreten«, von lat. intrare] das, -s/-s,
1) bildungssprachlich: 1) Eingang; Eingangsraum, Vorzimmer, Diele; 2) Eintritt, Erscheinen; 3) bes. österr.: Eintrittsgeld.
2) Kochkunst: eine Vorspeise oder ein warmes oder kaltes, leichtes Zwischengericht, nach dem Fisch oder der an seiner Stelle gebotenen Speise gereicht.
3) Musik: im Ballet de Cour der einzelne Szenenauftritt der Tänzer innerhalb einer aus mehreren Bildern zusammengesetzten Handlung; im übertragenen Sinne die Szene selbst, ferner die dazugehörige Musik; im späteren Opéra-Ballet svw. Akt. Das E. fand auch Eingang in die Instrumentalsuite (nicht nur als Einleitungssatz).

Entrelacs [ãtrə'las, frz.], Sg. **Entrelac** [ãtrə'la] das, -, Ornamente aus sich verschlingenden, verflechtenden oder kreuzenden Bändern oder Streifen, eine in der Baukunst, im Kunstgewerbe und in der Schriftkunst verwendete Zierform.

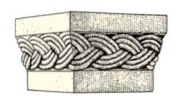
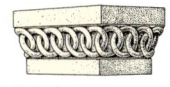

Entrelacs

Entremés [span. eigtl. »Zwischengericht«] das, -/- und ...'meses, einaktiges, kom. Zwischenspiel von 10–15 Minuten Dauer, häufig mit Musik, Gesang und Tanz, das sowohl im religiösen (Auto sacramental; →Auto) wie im profanen span. Theater (→Comedia) i. d. R. zw. Vorspiel und Auto oder zw. 1. und 2. Akt aufgeführt wurde und häufig die eigentl. Attraktion der Aufführung darstellte. Es ist geprägt von deftiger Situationskomik, dem Spiel mit der Sprache und von typisierten Figuren (betrogener Ehemann, einfältiger Bauer, gerissener Gauner). Hauptautoren waren im 16. und 17. Jh. L. DE RUEDA, LOPE DE VEGA, M. DE CERVANTES SAAVEDRA (8 E. überliefert) und L. QUIÑONES DE BENAVENTE, der 800 E. geschrieben haben soll. Im 19. Jh. wurde das Genus allmählich durch →Sainete und →Género chico abgelöst.

Entremets [ãtrə'mɛ; frz. »Zwischengericht«] das, -/-, leichtes Gericht, das bei einer größeren Speisefolge zw. den einzelnen Gängen gereicht wird.

Entr Entremont

Entremont [ãtrə'mɔ̃], Name von geografischen Objekten:

1) Entremont, Kalksteinplateau nördlich von Aix-en-Provence, Frankreich, mit Überresten des im 3. Jh. v. Chr. angelegten und 123 v. Chr. von den Römern zerstörten Hauptoppidums der keltisch-ligur. Salluvier. Erhalten sind die Befestigungsmauer aus behauenen Steinblöcken mit vorspringenden Rundtürmen (stellenweise bis zu einer Höhe von 4 m) und – in den Resten eines Kultgebäudes, das zu einem an der höchsten Stelle gelegenen Heiligtum gehörte – Kalksteinsäulen mit Menschenkopfreliefs und Nischen wohl für Menschenschädel.

2) Val d'Entremont, 25 km langes Hochtal der westl. Walliser Alpen, Schweiz, von der Drance durchflossen, erstreckt sich vom Großen Sankt Bernhard nach N bis zur Vereinigung mit dem Val de Bagnes.

Max Planck über den zweiten Hauptsatz der Wärmelehre (auch Entropiesatz genannt)

Aus dem Vorwort zur zweiten Auflage der »Vorlesungen über Thermodynamik« (1905)

Die neueren Forschungsergebnisse auf dem Gebiete der Wärmestrahlung, bei deren Erwähnung ich hier nur auf die Namen *W. Wien, F. Paschen, O. Lummer* und *E. Pringsheim, H. Rubens* und *F. Kurlbaum* hinweisen möchte, haben nämlich immer deutlicher erkennen lassen, daß, ebenso wie der erste Hauptsatz der Thermodynamik nur eine Seite des universalen Prinzips der Erhaltung der Energie bildet, so auch der zweite Hauptsatz, das Prinzip der Vermehrung der Entropie, keine selbständige Bedeutung besitzt, sondern sich seinem vollen Inhalt nach verstehen lassen wird, wenn man seine Wurzel, entsprechend der von *Clausius* und *Maxwell* begründeten und dann namentlich von *L. Boltzmann* weiter gebildeten Auffassung, in den bekannten Sätzen der Wahrscheinlichkeitsrechnung sucht. Danach ist die Entropie irgend eines natürlichen Zustandes, abgesehen von einer additiven willkürlich bleibenden Konstanten, ganz allgemein gleich dem natürlichen Logarithmus der »Wahrscheinlichkeit« des betreffenden Zustandes, multipliziert mit einer universellen Konstanten von der Dimension einer Energie dividiert durch eine Temperatur, welche auf Erg und Celciusgrad bezogen den Wert $1{,}35 \cdot 10^{-16}$ besitzt.

M. Planck: Vorlesungen über Thermodynamik (Leipzig: Veit & Comp., ²1905), S. VI f.

Entrepeñas, Pantano de [-'peɲas], Stausee im Oberlauf des Tajo, Spanien; → Buendía.

Entre Rios [-'rriuʃ; port. »zw. Flüssen«], Kolonie von Donauschwaben im Bundesstaat Paraná, Brasilien, 1951 von nach dem Zweiten Weltkrieg aus Batschka, Banat, Sirmien und Slawonien Vertriebenen gegründet; bedeutendstes Weizenanbaugebiet Brasiliens.

Entre Ríos [span. »zw. Flüssen«], Prov. in NO-Argentinien, im W durch den Fluss Paraná, im O durch den Fluss Uruguay begrenzt, 78 781 km², (2001) 1,158 Mio. Ew.; Hauptstadt ist Paraná.

Entresol [ãtrə-, frz.] *das, -s/-s,* Halb-, Zwischengeschoss, v. a. zw. Erdgeschoss und erstem Stock.

Entrindung, das Entfernen von Rinde und Bast an Rundholz, entweder von Hand (schälen) oder durch E.-Maschinen. Diese zerspanen das Material mit Schälarmen, Meißeln, Fräsköpfen oder arbeiten mit scharfem Wasserstrahl oder durch Reibung der Rundhölzer aneinander in einer Wassertrommel (**Nassfriktion**).

Entropie [zu griech. *tropé* »Wendung«, »Umkehr«] *die, -/...'pi̲en,* Formelzeichen S, SI-Einheit ist Joule/Kelvin (J/K); von R. CLAUSIUS in die Thermodynamik eingeführte Zustandsgröße (Zustandsfunktion) thermodynam. Systeme. Sie ist ein Maß für den Ordnungszustand thermodynam. Systeme bzw. für die Irreversibilität der in ihnen ablaufenden thermodynam. Prozesse und eine dabei erfolgende Energieentwertung. – In der *statist. Mechanik* ist die E. ein Maß für die Zahl der möglichen versch. Mikrozustände bei gleichem Makrozustand des Systems, mithin ein makroskop. Maß für die subjektive Unkenntnis des Mikrozustandes. In der *Informationstheorie* misst die E. den Logarithmus der Zahl der noch fehlenden Ja-Nein-Entscheidungen zur vollständigen Information über eine vorgegebene Nachricht.

E. in abgeschlossenen Systemen Als thermodynam. Zustandsfunktion ist die E. abhängig von der inneren Energie U des betrachteten Systems, seinem Volumen V sowie von den Stoffmengen n_i seiner Stoffkomponenten und Phasen ($i = 1, 2, ..., n$). Bei quasistat. Zustandsänderungen gilt daher für die E.-Änderung ΔS:

$$T\Delta S = \Delta U + p\Delta V - \sum_i \mu_i \Delta n_i$$

(T absolute Temperatur, μ_i chem. Potenzial der i-ten Komponente oder Phase). So erhält man mithilfe der E. den Teil der Wärmeenergie, der wegen seiner gleichmäßigen Verteilung auf alle Moleküle des Systems nicht in mechan. Arbeit umgesetzt werden kann. Prozesse, bei denen sich die E. nicht ändert oder durch einen entgegengesetzt ablaufenden Prozess wieder auf ihren ursprüngl. Wert gebracht werden kann, sind *umkehrbar (reversibel)*. Die Änderung der E. ist in diesem Fall gegeben durch den Quotienten aus der reversibel zu- oder abgeführten Wärmemenge $\Delta_r Q$ und der absoluten Temperatur T, bei der die Wärme aufgenommen oder abgeführt worden ist: $\Delta S = \Delta_r Q/T$. Für reversible therm. Zustandsänderungen ist die E. daher eine Austauschgröße. Ihr Absolutwert wird festgelegt durch den 3. Hauptsatz der Thermodynamik, der besagt, dass die E. am absoluten Nullpunkt der Temperatur null ist. Für *nichtumkehrbare (irreversible)* Vorgänge ist die Änderung der E. größer als $\Delta_r Q/T$. In einem *abgeschlossenen System* nimmt die E. bei irreversiblen Prozessen stets zu, während sie für reversible Vorgänge konstant bleibt. Vorgänge, bei denen die E. zunimmt, verlaufen von selbst, können aber nicht ohne anderweitigen Aufwand von Energie rückgängig gemacht werden. Nach dem auch als **E.-Satz** bezeichneten 2. Hauptsatz der Thermodynamik können in der Natur nur die (irreversiblen oder natürl.) Prozesse von selbst ablaufen, bei denen vom System E. mit der Umgebung ausgetauscht oder im System produziert wird. Dieses Prinzip legt die Richtung eines Prozessablaufs fest, und die E.-Zunahme ist ein Maß für die Nichtumkehrkeit eines Prozesses.

E. in offenen Systemen Von der E. und ihrer Vermehrung geht die *Thermodynamik irreversibler Prozesse* aus, die auch die Behandlung nicht abgeschlossener Systeme ermöglicht. Während für die E.-Änderung bei Vorgängen in abgeschlossenen Systemen stets die Ungleichung $\Delta S \geqq 0$ gilt (**clausiussches E.-Prinzip**), ist das Verhalten *offener Systeme,* die mit ihrer Umgebung in dauerndem Stoff- und Energieaustausch stehen und in denen häufig Reaktionen weitab vom stationären Gleichgewichtszustand ablaufen (→ dissipative Strukturen), nach I. PRIGOGINE durch die **E.-Bilanz** $\Delta S = \Delta_i S + \Delta_e S$ zu beschreiben; darin gibt $\Delta_i S$ die E.-Änderung durch irreversible Prozesse im System, $\Delta_e S$ den E.-Transport an. $\Delta_i S$ ist nach dem 2. Hauptsatz stets positiv und wird pro Zeiteinheit durch die als **E.-Produktion** bezeichnete Summe der Produkte aus den →thermodynamischen Kräften und den von ihnen verursachten thermodynam. Flüssen gegeben. $\Delta_e S$ kann negativ sein, wenn dem offenen System (z. B. einem lebenden Organismus) Energie etwa durch Sonnenlicht oder energiereiche Materie zugeführt wird. Die E.-Bilanz kann daher null oder sogar negativ sein, sodass sich ein offenes System in einem →Fließgleichgewicht befinden kann, worin es trotz irreversibler Prozesse einen Zustand hoher Ordnung (Unwahrscheinlichkeit) erhält, oder es kann sogar zu Zuständen höherer Ordnung übergehen. Diese bei Abnahme der E. mögl. Zunahme der Komplexität offener Systeme stellt nach M. EIGEN die Basis für die Entstehung und Evolution von Lebewesen dar.

E. in der statist. Mechanik Zu einer anschaul. Deutung der E. führt die statist. Mechanik, die z. B. die Wärmeenergie eines Gases durch die ungeordnete Bewegung der Moleküle erklärt. Von allen Verteilungen der Moleküle auf räuml. Positionen und mögl. Geschwindigkeiten (den versch. Mikrozuständen des Gases) wird sich wegen der Zusammenstöße als Gleichgewicht ein Zustand mit der gleichmäßigsten Verteilung einstellen. Dieser Zustand größter Unordnung besitzt die größte Wahrscheinlichkeit. Durch die Wärmebewegung wird ein abgeschlossenes System von selbst in ihn übergehen, und zwar durch irreversible Zustandsänderungen, bei denen die E. zunimmt. Der Zusammenhang zw. der Wahrscheinlichkeit W eines Zustandes und seiner E. wurde zuerst von L. BOLTZMANN (1866) erkannt: $S = k \ln W$ (k Boltzmann-Konstante; →Boltzmann-Postulat).

Die Anwendbarkeit dieser Überlegungen auf das Weltall als Ganzes (betrachtet als abgeschlossenes System) lassen kosmolog. Theorien fraglich erscheinen. Unter laufender E.-Zunahme müsste das Weltall einem Endzustand ohne Energie- und Temperaturdifferenzen zustreben, der das Ende alles materiellen Geschehens bedeuten würde (→Wärmetod).

H. J. SCHRÖDER: Die entschleierte E. (1982); J. RIFKIN: E. Ein neues Weltbild (a. d. Engl., Neuausg. 1989); F. BADER: Herrin der Energie (1993); W. EBELING: Komplexe Strukturen. E. u. Information (1998); L. BOLTZMANN: E. u. Wahrscheinlichkeit (2000); F. SCHWABL: Statist. Mechanik (2000). – Weitere Literatur →Energie.

Entropium [zu griech. entrépein »umwenden«, »umkehren«] *das, -s/...pi̱en,* **Entropion,** krankhafte Einwärtskehrung des Lidrands (meist des Unterlids); Ggs.: →Ektropium. Ein E. entsteht z. B. durch lang anhaltenden Lidkrampf oder Narbenbildung an der Innenseite des Lides, z. B. beim Trachom, nach Entzündungen, Verätzungen oder auch durch Liderschlaffung im Alter.

Entroster, Rostlöser, meist säurehaltige Lösungen oder Pasten zum Entfernen des Rostes von Eisen- und Stahloberflächen (z. B. als Vorbehandlung für einen Anstrich). Verwendet werden z. B. verdünnte Salz- oder Schwefelsäure, nach deren Gebrauch sorgfältig gespült, neutralisiert und getrocknet werden muss, oder (als Rostumwandler) Phosphorsäure, die eine gut haftende Phosphatschicht bildet, sodass eine Neutralisation nicht erforderlich ist. (→Rost)

Entrückung, *Religionsgeschichte:* die Versetzung eines Menschen an einen anderen ird. oder himml. Ort, ohne dass der Tod dazwischentritt. Beispiele sind im A. T. die E. des HENOCH (1. Mos. 5, 24) und des ELIA (2. Kön. 2, 1 ff.), in griech. Sagen bei HOMER die des Menelaos in das Elysium (Odyssee 14, 516 ff.), des Ganymed in den Olymp und der Helden (nach HESIOD) auf die Inseln der Seligen. In der Mythenforschung ist »bergentrückt« ein Motiv, das die E. von Personen in Bergestiefen erzählt, wo sie, in mag. Schlaf versunken, bis zu ihrer Erlösung oder bis zur Erfüllung einer Aufgabe fortleben (z. B. Kyffhäusersage). Wurzel dieser Sagen ist die alte Vorstellung vom Berg als Totenreich, z. B. im Helgafell (heiliger Berg) der isländ. Eyrbyggja saga.

Entrundung, die →Entlabialisierung.

Entsalzung, teilweises oder vollständiges Entfernen der im Wasser gelösten Ionenverbindungen, meist zur Gewinnung von salzfreiem Betriebswasser oder salzarmem Trinkwasser. Eine **Voll-E.** ist Voraussetzung für die Herstellung von Kesselspeisewasser in Kraftwerken und Reinstwasser für spezielle Industriebetriebe; **Teil-E.** dient überwiegend dem Zweck, in einigen Gebieten der Erde aus dem salzreichen Meerwasser ein Wasser von Trinkwassergüte herzustellen (→Meerwasserentsalzung). – Als **E.-Verfahren** geeignet sind: Destillation (Kompressionsverdampfung), Gefrierverfahren, Hyperfiltration (umgekehrte Osmose), Ionenaustausch und Elektrodialyse.

Entsatz [zu mhd. entsetzen »absetzen«], *Militärwesen:* 1) Befreiung eines eingeschlossenen Truppenteils oder einer Befestigung (→Einschließung) durch Angriff von außen; 2) die den **E.-Angriff** durchführende Truppe. Eine **E.-Operation** kann durch den →Ausbruch der eingeschlossenen Kräfte wirkungsvoll unterstützt werden.

Entsäuerung,

1) *Wasseraufbereitung:* Entfernung von überschüssigem Kohlendioxid (CO_2) aus Wasser. Die E. von Trinkwasser wird meist durch Ausblasen des CO_2 mit Luft, die E. von Kesselspeisewasser durch Ausblasen mit Dampf durchgeführt.

2) *Weinbereitung:* die Herabsetzung des natürlichen Säuregehaltes des unfertigen Weines, z. B. chemisch durch Binden der Weinsäure mit Kalk.

Entschädigung, *öffentl. Recht:* Ausgleich für einen durch hoheitl. Handeln verursachten Schaden. Anders als der →Schadensersatz setzt sie kein Verschulden voraus. E.-Ansprüche entstehen durch Eingriffe von Hoheitsträgern in die Rechtspositionen des Bürgers, wenn ihm zugunsten der Allgemeinheit ein Sonderopfer abverlangt wird, so bei →Enteignung (E. für Enteignungen im Beitrittsgebiet →offene Vermögensfragen) und →Aufopferung.

E.-Ansprüche können zudem aus einer Vielzahl von E.-Normen erwachsen: Das Bundesentschädigungs-Ges. i. d. F. v. 29. 6. 1956 regelt Ansprüche der Opfer nat.-soz. Verfolgung in Form von Renten, Kapital-E., Abfindungen, Heilbehandlung u. a.; bei Amtspflichtverletzungen greift die →Staatshaftung ein; Opfer von Gewalttaten können E. nach dem Opferentschädigungs-Ges. i. d. F. v. 7. 1. 1985 beantragen; das Bundesleistungs-Ges. regelt E. im Rahmen von Verteidigungsmaßnahmen. Schließlich müssen Personen, die einer ungerechtfertigten Strafverfolgung ausgesetzt waren, nach dem Ges. über die E. für Strafverfolgungsmaßnahmen vom 8. 3. 1971 entschädigt werden.

Entschädigungsfonds [-fõ], gemäß §§ 9–11 Entschädigungs-Ges. vom 27. 9. 1994 gebildetes nicht rechtsfähiges Sondervermögen des Bundes, aus dem Entschädigungen nach diesem Ges., Ausgleichsleistungen nach §§ 1-3 Ausgleichsleistungs-Ges. vom 27. 9. 1994 für enteignete Alteigentümer, Entschädigungen nach dem NS-Verfolgtenentschädigungs-Ges. sowie Leistungen aus dem Vertriebenenzuwendungs-Ges. erbracht werden. Der E. wird vom Bundesamt zur Regelung offener Vermögensfragen auf Weisung und unter Aufsicht des Bundesministeriums der Finanzen verwaltet. Er begibt an Entschädigungs- und Leistungsberechtigte Schuldverschreibungen, die ab 1. 1. 2004 eingelöst werden (Gesamthöhe der Leistungen bis zu 5,0 Mrd. €). Die Mittel des E. stammen aus Beiträgen der Bundesanstalt für vereinigungsbedingte Sonderaufgaben, aus Finanzvermögen der DDR, Rückflüssen aus dem →Lastenausgleich sowie aus jährl. Bundeszuschüssen (ab 2005). →Vermögensgesetz.

Entschädigungsrente, Leistung des →Lastenausgleichs.

Entschädigungs- und Ausgleichsleistungsgesetz, Artikelgesetz vom 27. 9. 1994, das insbes. Vorschriften über Entschädigung und Ausgleichsleistungen bei der Regelung →offener Vermögensfragen in den neuen Ländern enthält. (→Entschädigungsfonds)

Entschäumer, →Antischaummittel.

Entscheidung,
1) *allg.:* die Wahl einer von mindestens zwei möglichen Richtungen des Handelns oder Reagierens.
2) *Logik:* definitive Beantwortung der Frage, ob ein bestimmter Satz aus einer Menge von Sätzen (Axiomen) folgt oder nicht. Insbesondere sucht man nach einem →Algorithmus, der solche E. leistet. Existiert ein derartiger Algorithmus, so nennt man die entsprechende Theorie **entscheidbar,** andernfalls unentscheidbar. Während die Aussagenlogik entscheidbar ist, ist die Prädikatenlogik nach dem Unentscheidbarkeitssatz von A. CHURCH nicht entscheidbar. (→Entscheidungsverfahren)
3) *Philosophie:* Terminus, der ein notwendiges Moment des jeder Handlung vorausgehenden Willensaktes (→Wille) bezeichnet. Eine E. ist der intentionale Akt der begründeten Wahl zw. mehreren Möglichkeiten (→Freiheit), und zwar hinsichtlich 1) der Frage, ob man überhaupt aktiv werden soll, 2) des Handlungszieles und 3) des Durchführungswegs. Für 1) und 2) können Lust bzw. Unlust, größtmögl. Eigennutz (»Nutzenmaximierung«), soziale Konventionen oder sittl. Normen (z. B. Allgemeinwohl, Solidarität betreffende), für 3) Zweckmäßigkeit E.-Maßstäbe sein. E. umfasst ebenfalls den monolog. oder dialogisch-beratenden Prozess der E.-Findung, in dem vor der Beschlussfassung Ziele gesetzt und Handlungsalternativen gegeneinander abgewogen werden. E. begründen das →Handeln, das daher durch den einzelnen Menschen verantwortet werden muss; Einfluss auf die E. haben jedoch der jeweilige gesellschaftl. und polit. Kontext. Eine philosoph. Deutung der E. gibt S. KIERKEGAARD. Die E. konstituiert die auf sich selbst gestellte »Subjektivität« des Menschen: Nur sie ermöglicht eine verantwortl., sich der »Wirklichkeit« und der Herausforderung der »Existenz« stellende Lebensführung; sie aufschieben heißt, sich der Gefahr des Selbstverlusts aussetzen. Die Wahl begründet zugleich die »ethische Sphäre«, in der der sittl. »Ernst« die im Spiel der Möglichkeiten verbleibende »ästh. Indifferenz« überwindet. KIERKEGAARDS Überlegungen zum Problem der E. haben die Existenzphilosophie, den Existenzialismus J. P. SARTRES, die »Existenzialontologie« M. HEIDEGGERS in deren Konzeptionen von »Existieren« und »Selbstseinkönnen« sowie die Theologie beeinflusst. Bei K. JASPERS z. B. ist E. das bewusste Ergreifen des eigenen Selbst angesichts der »Grenzsituationen« Angst, Schuld, Tod. Bei CARL SCHMITT hat die polit. E. als →Dezisionismus zentrale Bedeutung.

4) *Recht:* im *Europarecht* zur Regelung eines Einzelfalls erlassener Rechtsakt des Rates der EU oder der Europ. Kommission, der für denjenigen, an den er sich richtet, in allen Teilen verbindlich ist. Adressat einer E. können sowohl Einzelpersonen (nat. und jurist. Personen, und damit insbes. auch Unternehmen) als auch Mitgl.-Staaten sein. Durch die E. wird den Organen der EG die Möglichkeit gegeben, das Gemeinschaftsrecht anzuwenden und unmittelbar auf die Verhältnisse einzelner Gemeinschaftsangehöriger einzuwirken. Sie ist mit dem →Verwaltungsakt innerstaatl. Rechts vergleichbar. Die E. bedarf der Begründung. Soweit sie eine Zahlung auferlegt, ist sie ein vollstreckbarer Titel nach Maßgabe der nat. Zivilprozessordnungen; die Vollstreckung kann durch den EuGH ausgesetzt werden.

Im *Prozessrecht* der gerichtliche Ausspruch der im einzelnen Fall eingetretenen oder anzuordnenden Rechtsfolge. Grundlage einer E. ist die Feststellung der erhebl. Tatsachen und die Rechtsanwendung hierauf. Eine E. ergeht als →Urteil, →Beschluss oder Verfügung, im Ggs. zu anderen Gerichtshandlungen. Urteile und i. d. R. auch Beschlüsse haben E.-Gründe zu enthalten, d. h. die wesentlichen tatsächl. und rechtl. Gründe wiederzugeben, auf denen die E. beruht.

Entscheidungsbaumverfahren, *Informatik:* Sammel-Bez. für versch. Verfahren zur Bestimmung optimaler Lösungen von Problemen, für die eine große Anzahl aufeinander abzustimmender Teilentscheidungen typisch ist. Stellt man die entsprechenden Teilprobleme mit ihren gegenseitigen Abhängigkeiten grafisch dar, so erhält man einen **Entscheidungsbaum.** Dieser kann als geordneter gerichteter →Baum angesehen werden. Jeder Knoten des Baumes, mit Ausnahme der Blätter, enthält seinerseits ein Entscheidungsproblem, das Teil des Gesamtproblems ist. Die Blätter enthalten die Ergebnisse der jeweiligen Entscheidungsfolgen.

Bei der Auswertung des Entscheidungsbaums lassen sich unterschiedl. Strategien anwenden. Dazu gehören die in den Blättern des Baumes startende **Roll-Back-Analyse,** die an der Wurzel beginnenden Methoden der dynamischen Programmierung und Branch-and-Bound-Verfahren (→Algorithmenentwurf). Letztere beginnen wie die Methoden der dynam. Programmierung an der Wurzel, gehen aber von einer unzulässigen Lösung aus, die zuvor mittels linearer Programmierung (→mathematische Programmierung) gewonnen wurde. In den Zweigen des Entscheidungsbaums werden dann die Unzulässigkeiten schrittweise ausgeräumt, bis die zulässige und optimale Lösung erreicht ist. Wie im Falle der dynam. Programmierung braucht auch hier nur eine Teilmenge aller Entscheidungsalternativen bewertet zu werden, während bei der Roll-Back-Analyse sämtl. Entscheidungsalternativen ausgewertet werden.

Entscheidungstabelle, *Informatik:* Hilfsmittel zur Darstellung von entscheidungslog. Schritten in Informationsverarbeitungsprozessen. In der Tabelle werden zeilenweise einerseits die relevanten Bedingungen in ihren unterschiedl. Zuständen, andererseits die auszuführenden Aktionen eingetragen, denen spaltenweise Entscheidungsregeln zugeordnet werden, die alle Kombinationen von Bedingungslagen abdecken und ihnen entsprechende Aktionen zuordnen. Die Bedingungen und die Aktionen sind jeweils in der aufgeführten Reihenfolge abzuarbeiten.

Entscheidungstheorie, interdisziplinäre Lehre von Entscheidungsinhalten, Entscheidungsprozessen und vom Entscheidungsverhalten bei Individual- oder Kollektiventscheidungen, die in allen Sozialwiss.en Anwendung findet.

Die **Entscheidungslogik** stellt formale Hilfsmittel (mathemat. Modelle und Operationen) zur Verfügung, um Entscheidungen vorzubereiten. Zur Formulierung des Entscheidungsproblems müssen Informationen über die zugrunde gelegten Ziele (Einfach-, Mehrfachzielsetzung), die Handlungsalternativen, die Umweltlagen mit den Wahrscheinlichkeiten ihres Eintreffens und ihren Zielbeiträgen gegeben sein, um rationale Entscheidungen anhand von Entscheidungsregeln treffen zu können, die den »Axiomen rationalen Verhaltens« genügen.

Die wichtigsten Entscheidungssituationen sind Entscheidungen unter Sicherheit und Risiko. Entscheidungen unter Sicherheit werden auf der Grundlage vollkommener Information bei Kenntnis aller exogenen (von außen vorgegebenen) Größen gefällt (determinist. Entscheidungsmodelle). Bei Entscheidungen unter Risiko können Wahrscheinlichkeiten bestimmten alternativen Ergebnissen zugeordnet werden (stochast. Entscheidungsmodelle). Auf der Grundlage von objektiven oder subjektiven Wahrscheinlichkeiten werden Entscheidungsregeln angewandt, z.B. das **Bernoulli-Prinzip,** bei dem alle mit den infrage kommenden Handlungsalternativen verbundenen Ergebnisse mithilfe einer so genannten Risiko-Nutzen-Funktion in Nutzwerte umgerechnet werden. Ausgewählt wird diejenige Alternative, die den größtmöglichen mathemat. Erwartungswert aufweist, oder die **bayessche Regel,** die als Entscheidungskriterium den Erwartungswert verwendet, der definiert ist als die Summe der mit ihren jeweiligen Wahrscheinlichkeiten gewichteten Zielbeiträge einer Alternative.

In der von A. WALD begründeten **statistischen E.** werden verschiedene statist. Probleme unter einheitl. Gesichtspunkt behandelt. Die von der beobachteten Stichprobe x abhängige Entscheidung $f(x)$ des Statistikers wird bei Vorliegen eines unbekannten Parameters θ aufgrund des Risikos, d.h. des durch Fehlentscheidungen entstehenden mittleren Verlusts $R_f(\theta)$, bewertet. Gegenstand der statist. E. ist das Auffinden sowie die genaue Analyse von Entscheidungsfunktionen f, die das Risiko möglichst klein halten.

G. BAMBERG u. A.G. COENENBERG: Betriebswirtschaftl. Entscheidungslehre ([11]2002); H. ROMMELFANGER u. S.H. EICKEMEIER: E. klass. Logik u. Fuzzy-Erweiterungen (2002); E. SALIGER: Betriebswirtschaftl. E. Einf. in die Logik individueller u. kollektiver Entscheidungen ([5]2003).

Entscheidungsverfahren, *mathemat. Logik:* jedes System von Regeln, mit dessen Hilfe die Entscheidung eines Problems (in Form einer endgültigen Antwort auf eine gestellte Frage) in endlich vielen, nach Regeln des Systems vorgenommenen Schritten gefällt werden kann. E. ermöglichen eine Entscheidung darüber, ob ein bestimmtes Objekt der Wert einer Funktion zu gegebenen Argumenten ist oder ob ein Objekt zu einer bestimmten →Menge gehört. – Funktionen, für die es ein E. gibt, heißen »berechenbar«, Mengen, für die Entsprechendes gilt, »entscheidbar«. Ein Begriff heißt entscheidbar oder »definit«, wenn die Menge der unter ihn fallenden Gegenstände entscheidbar ist.

Für beliebig, auch quantorenlogisch zusammengesetzte Aussagen ist das **Entscheidungsproblem** unlösbar, d.h., es gibt kein allgemeines E., das für jede Aussage über ihre log. Wahrheit zu entscheiden gestattet (»Unentscheidbarkeitssatz« von A. CHURCH, 1936). →Logik.

Entschieden für Christus, Deutscher Jugendverband »Entschieden für Christus« e.V., christl. Jugendorganisation; →Christian Endeavor.

Entschlackung, *Medizin:* 1) durch therapeut. Maßnahmen angeregte Ausscheidung von Stoffwechselprodukten zur Entgiftung und Reinigung des Körpers durch Fasten, Rohkost-, Molke- u.a. Kuren in Verbindung mit viel Bewegung an frischer Luft, Schwitzpackungen, Sauna, Moor- und Fangobädern; 2) die **extrarenale E.** als selten gebrauchte Bez. für die Entfernung von Giften oder Stoffwechselendprodukten über die →künstliche Niere.

Entschlichten, *Textiltechnik:* das Ablösen der vor dem Verweben auf die Kettgarne aufgebrachten Schlichte, z.B. Leim, Cellulosederivate, Fette.

Entschließung, Beschluss des Parlaments, der im Ggs. zum Gesetzesbeschluss oder einem Wahlakt nicht auf eine unmittelbare Rechtsfolge gerichtet ist, sondern ein Ersuchen an die Reg. oder eine bloße Meinungsäußerung enthält.

Entschuldigungsgründe, *Strafrecht:* →Schuld.

Entschwefelung, Sammel-Bez. für Verfahren zur Entfernung von Schwefelverbindungen aus Brennstoffen (→Kohleentschwefelung), Abgasen (→Rauchgasentschwefelung), Synthesegasen (→Gasreinigung) u.a., meist zum Zweck der Luftreinhaltung. Das wichtigste Verfahren zur E. von Erdölprodukten ist das →Hydrotreating. Zur E. von Eisen →Stahl. Auch für Kraftstoffe ist eine schrittweise Reduzierung des Schwefelgehaltes vorgeschrieben. Laut Euro-Norm (Euro IV) darf der Gehalt an Schwefel in Otto- und Dieselkraftstoffen ab 2005 jeweils max. 50 mg/kg betragen. Der Schwefelgehalt des Rohöls schwankt je nach dessen Herkunft beträchtlich (bis zu 5,5% in südamerikan. Rohölen). Die enthaltenen Schwefelkomponenten werden in der Raffinerie im Anschluss an die destillative Aufarbeitung entfernt. Neben den →Süßverfahren kommt heute i.d.R. die katalyt. Nachbehandlung v.a. der höher siedenden Destillationsschnitte mit Wasserstoff zum Einsatz (Hydrotreating). Dabei wird der komplex gebundene Schwefel in leicht abtrennbaren Schwefelwasserstoff überführt. In nachgeschalteten Anlagen wird daraus elementarer Schwefel gewonnen (→Claus-Verfahren), der als Rohstoff in der chem. Industrie verwendet wird, z.B. zur Gewinnung von Schwefelsäure.

Entsendegesetz, Kurz-Bez. für das Ges. über zwingende Arbeitsbedingungen bei grenzüberschreitenden Dienstleistungen (**Arbeitnehmer-E.**) vom 26.2.1996. Das E. legt fest, dass Rechtsnormen eines Tarifvertrages des Baugewerbes, für den Allgemeinverbindlichkeit erklärt wurde, auch auf ein Arbeitsverhältnis zw. einem Arbeitgeber mit Sitz im Ausland und seinem in Dtl. beschäftigten Arbeitnehmer zwingend Anwendung finden, wenn der Tarifvertrag ein für alle unter seinen Geltungsbereich fallenden Arbeitnehmer einheitl. Mindestentgelt regelt und auch dt. Arbeitgeber mit Sitz außerhalb des Geltungsbereichs des Tarifvertrages ihren in dessen Geltungsbe-

Ents Entseuchung

reich beschäftigten Arbeitnehmern diese Arbeitsbedingungen gewähren müssen. Die zwingende Wirkung der tarifvertragl. Regelungen gilt auch für die Dauer des Erholungsurlaubs, das Urlaubsentgelt oder ein zusätzl. Urlaubsgeld. Diese Vorschriften sollen verhindern, dass ausländ. Bauunternehmen ihre Arbeitnehmer zu den in den Herkunftsländern geltenden, niedrigeren Löhnen beschäftigen, wenn sie diese in Dtl. einsetzen. Damit soll die Verdrängung einheim. Arbeitskräfte durch billigere ausländ. Arbeitskräfte im Baugewerbe unterbunden und die Arbeitslosigkeit im Baugewerbe bekämpft werden. Für die Kontrolle der Einhaltung des Gesetzes sind die Bundesagentur für Arbeit und die Hauptzollämter zuständig. Die Mindestlöhne im Baugewerbe sind aufgrund eines allgemein verbindl. Tarifvertrages vom 4. 7. 2002 geregelt.

Entseuchung,
1) *Medizin:* die →Desinfektion. (→Dekontamination)
2) *Militärwesen:* die →Dekontamination.

Entsichern, das Schussfertigmachen von Handfeuerwaffen durch Lösen einer Sperrvorrichtung (Sicherung).

Entsorgung,
• Grundsätze zur Entsorgungsvorsorge von Kernkraftwerken
• Integriertes Entsorgungskonzept
• Stilllegung von Kernkraftwerken
• Internationaler Stand der Entsorgung

das Sammeln, Sortieren und Transportieren sowie die geordnete Beseitigung – Aufbereitung, Behandlung (Konditionierung) und/oder gefahrlose Deponierung – von Reststoffen und nicht mehr verwertbaren Abfallstoffen (einschließlich Abgasen und Abwasser). Neben die ohnehin erhebl. Probleme, die die E. von Hausmüll und industriellen Abfällen in modernen Industriestaaten aufwirft (→Abfallentsorgung), trat seit den 1970er-Jahren das Problem der E. von Kernkraftwerken (**nukleare E.**). Die gesicherte E. der Kernkraftwerke ist Voraussetzung für deren Errichtung und Betrieb. Die Betreiber von Kernkraftwerken haben die entsprechenden Nachweise im Voraus zu erbringen.

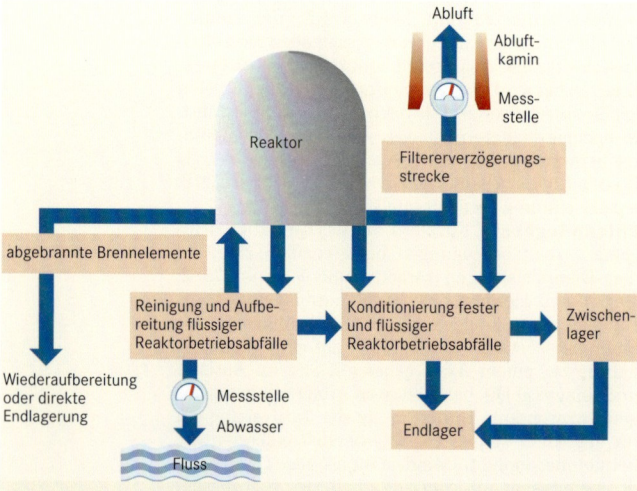

Entsorgung: geordnete Entsorgung radioaktiver Abfälle aus einem Kernkraftwerk

GRUNDSÄTZE ZUR ENTSORGUNGSVORSORGE VON KERNKRAFTWERKEN

Die nukleare E. umfasst (nach den »Grundsätzen zur E.-Vorsorge für Kernkraftwerke« der Bundes-Reg. von 1980) die sachgerechte und sichere Verbringung der während der gesamten Betriebszeit eines Kernkraftwerks anfallenden bestrahlten, abgebrannten und ausgedienten Brennelemente in ein geeignetes Lager im Kernkraftwerk, ihre externe →Zwischenlagerung, die Verwertung der Brennelemente durch →Wiederaufarbeitung in dt. und ausländ. Anlagen oder ihre Behandlung zur →Endlagerung ohne Wiederaufarbeitung (**direkte Endlagerung**) sowie die Behandlung und Beseitigung der hierbei entstandenen radioaktiven Abfälle. Die konditionierten radioaktiven Abfälle und/oder Brennelemente sind in ein sicheres Endlager, z. B. in einer stabilen geolog. Formation, zu verbringen. Im weitesten Sinne zählt auch der Rückbau von Kernkraftwerken, Forschungsreaktoren u. a. kerntechn. Anlagen sowie die Beseitigung von sonstigen radioaktiven Abfällen, z. B. aus Kernkraftwerken, aus Forschung, Industrie und Medizin, zur nuklearen Entsorgung. – Nach dem Atomgesetz (§ 9 a) sind die Kernkraftwerksbetreiber für die nukleare E. ihrer Anlagen zuständig. Dem Bund obliegt die Errichtung von Endlagern. Er kann die Wahrnehmung dieser Aufgabe mit den dafür erforderlichen hoheitl. Befugnissen auf Dritte übertragen. Bis 1994 hatte die Wiederaufarbeitung bestrahlter, d. h. ausgedienter Brennelemente Vorrang vor der E. ohne Wiederaufarbeitung, wenn die schadlose Verwertung durchführbar und wirtschaftlich vertretbar war. Durch die Novellierung des Atomgesetzes 1994 (»Artikelgesetz«) wurde die Gleichberechtigung der E.-Wege mit und ohne Wiederaufarbeitung festgeschrieben. Die Entscheidung darüber, welcher Weg eingeschlagen werden soll, liegt heute in der Zuständigkeit der Kernkraftwerksbetreiber. Ab dem 1. 7. 2005 soll die E. von Brennelementen radioaktiver Abfälle aus dem Betrieb von Kernkraftwerken auf die direkte Endlagerung beschränkt werden (→Atomausstieg).

Pro Jahr fielen bisher (2002) in Dtl. rd. 5 000 m³ (Mittelwert über 10 Jahre) konditionierte radioaktive Abfälle mit vernachlässigbarer Wärmeentwicklung an. Für die nächsten Jahre wird ein Anstieg auf rd. 6 500 m³ pro Jahr erwartet. Zusätzlich fallen jährlich etwa 500 t abgebrannte Brennelemente (bezogen auf den Urangehalt) mit radioaktiven Abfällen, die Wärme entwickeln, an. Diese Menge wird entsprechend dem Programm zum Atomausstieg langfristig zurückgehen.

Die E. der dt. Kernkraftwerke stützt sich bis heute v. a. auf Verträge mit den europ. Wiederaufarbeitern in Frankreich und Großbritannien, die in ihren Anlagen 8 600 t ausgediente Brennelemente aus dt. Kernkraftwerken wieder aufarbeiten sollen. Die dabei anfallenden radioaktiven Abfälle müssen allerdings wieder zurückgenommen werden. Die Kernkraftwerksbetreiber dürfen die vertraglich vereinbarten Mengen bestrahlter Brennelemente noch bis zum 30. 6. 2005 der Wiederaufarbeitung zuführen. Danach werden die ausgedienten Brennelemente, voraussichtlich 7 000 t, der direkten Endlagerung zugeführt.

Entsorgung von Brennelementen

Die Brennelemente von Leichtwasserreaktoren (→Kernreaktor) müssen etwa alle drei Jahre ausgewechselt werden (gewöhnlich $1/3$ der im Reaktorkern vorhandenen Brennelemente pro Jahr). Sie werden

Entsorgung

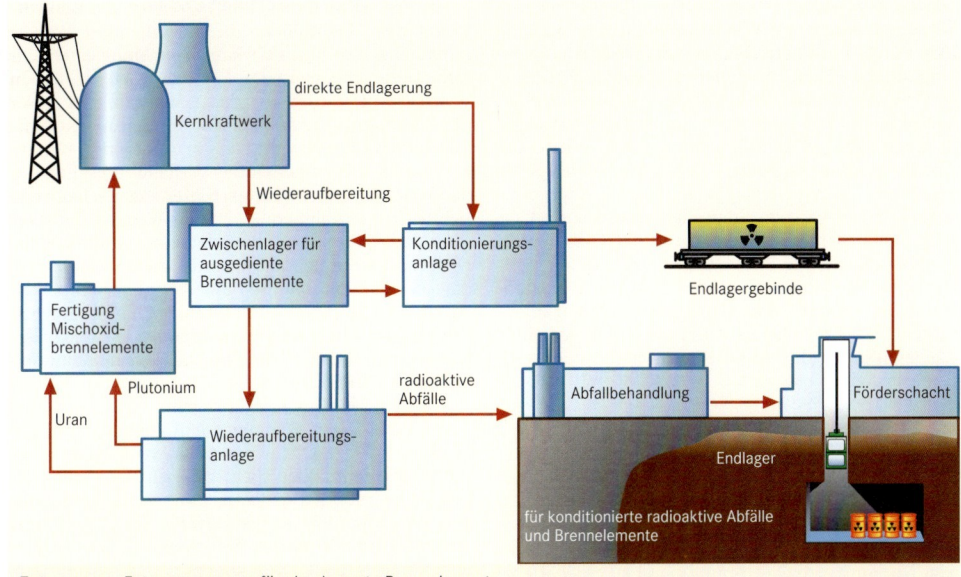

Entsorgung: Entsorgungswege für abgebrannte Brennelemente

nach dem Ausbau zunächst in **Abklingbecken (Brennelementelagerbecken)**, das sind mit dicken Betonabschirmungen versehene Wasserbecken, unter rd. 8 m Wasserüberdeckung für mehrere Jahre gelagert. Nach einem Jahr ist die Radioaktivität der Brennelemente auf unter $1/1000$ des Wertes abgeklungen, der während des Betriebs im Reaktor vorhanden war. Sie können nun zu einer Wiederaufarbeitungsanlage oder einem Zwischenlager abtransportiert werden. Durch den Einbau von besonderen Lagergestellen in die Abklingbecken (→ Kompaktlager) konnte deren Kapazität erhöht und die Lagerzeit der Brennelemente in den Kernkraftwerken auf 5–7 Jahre verlängert werden. Um die anfallenden Mengen ausgedienter Brennelemente zu verringern, wurde die Standzeit der Brennelemente durch eine Erhöhung des Abbrandes auf 4 Jahre verlängert. Eine weitere Abbranderhöhung ist geplant.

INTEGRIERTES ENTSORGUNGSKONZEPT

In Dtl. war der Bau eines »integrierten (d. h. lückenlosen) nuklearen E.-Zentrums« mit Anlagen für Zwischenlagerung, Wiederaufarbeitung, Plutoniumverarbeitung sowie Abfallbehandlung und Endlagerung auf einem Gelände über einem Salzstock bei Gorleben (Ndsachs.) vorgesehen. Das Projekt wurde jedoch eingestellt, nachdem die Landes-Reg. 1979 nach einer öffentl. Anhörung zu dem Schluss gekommen war, dass das integrierte E.-Zentrum zwar technisch und sicherheitsmäßig realisierbar, nicht aber gegen den Widerstand der Bürger politisch durchsetzbar sei, und der Errichtung eines solchen E.-Zentrums die Zustimmung versagte. Als Alternative wurde im selben Jahr in einem gemeinsamen Beschluss von Bund und Ländern das so genannte »integrierte E.-Konzept« verabschiedet, das u. a. die Errichtung einer dt. Wiederaufarbeitungsanlage vorsah. Mit dem Bau dieser Anlage wurde 1988 in Wackersdorf (Bayern) begonnen. Das Projekt wurde jedoch bereits 1989 wegen der großen polit. Widerstände sowie der unkalkulierbaren Investitionskosten und Verzögerungen im Genehmigungsverfahren wieder aufgegeben und die nukleare E. auf eine europ. Basis umgestellt. Infolge der Aufgabe einer nat. Wiederaufarbeitung wurde Ende 1990 auch der Betrieb der Karlsruher Pilot-Wiederaufarbeitungsanlage (WAK), die in 20 Jahren Betriebszeit insgesamt 200 t Brennstoff aus bestrahlten und abgebrannten Brennelementen wieder aufgearbeitet hatte, eingestellt. Die flüssigen hochradioaktiven Abfälle aus der WAK sollten ursprünglich bei der EUROCHEMIC-Anlage in Mol (Belgien) für die Endlagerung konditioniert, d. h. verglast werden (→ Verglasung). Um die Transporte nach Mol, um die es bereits im Vorfeld zu heftigen Protesten kam, zu vermeiden, werden diese Abfälle jetzt im Forschungszentrum Karlsruhe verglast.

STILLLEGUNG VON KERNKRAFTWERKEN

Die Stilllegung eines Kernkraftwerkes beginnt mit der endgültigen Abschaltung der Anlage und endet mit der »Entlassung des Kraftwerksbereiches aus dem Atomgesetz«. Sie bedarf einer Genehmigung nach §7 Abs. 3 Atomgesetz. Im Anschluss an die Nachbetriebsphase (Entladen der Brennelemente, Vorbereitung des Rückbaus) kann nach dem Vorliegen der Genehmigung mit dem Rückbau begonnen werden (Dauer etwa 10 Jahre). Ein anderer Weg besteht darin, den nuklearen Teil der Anlage über einen längeren Zeitraum, z. B. 30 Jahre, sicher einzuschließen und erst danach mit dem Rückbau zu beginnen. Während der Einschlusszeit vermindert sich das Aktivitätsinventar durch den Zerfall der radioaktiven Nuklide, wodurch der Rückbau erleichtert wird. Eine wesentl. Aufgabe des Rückbaus ist die Volumenreduktion der radioaktiven Abfälle durch Dekontamination, z. B. bei einem Druckwasserreaktor auf weniger als 6000 m³ konditionierte Abfälle. Den Abschluss bildet die Rekultivierung der Bodenflächen.

INTERNATIONALER STAND DER ENTSORGUNG

In Frankreich wurde in den letzten Jahren die Errichtung kommerzieller Wiederaufarbeitungsanlagen u. a. E.-Einrichtungen (z. B. Anlagen zur E. radioaktiver Abfälle) systematisch vorangetrieben. In La Hague (Normandie) ging 1989 die neue Anlage UP3 in

Betrieb, 1994 die erweiterte Anlage UP2-800. In Großbritannien wurde die Wiederaufarbeitungskapazität 1994 durch die Inbetriebnahme der Wiederaufarbeitungsanlage THORP in Sellafield wesentlich vergrößert. Belgien ist bei der E. auf das Ausland angewiesen. Japan, das zurzeit noch im Ausland entsorgen lässt, hat 1994 mit dem Bau einer großen Wiederaufarbeitungsanlage begonnen, die 2006 in Betrieb gehen soll.

Andere Länder, wie Schweden, Kanada und die USA, haben sich für die direkte Endlagerung als E.-Weg entschieden. In Schweden ist die E. schon heute mengenmäßig abgrenzbar, da dort bis spätestens 2010 alle Kernkraftwerke abgeschaltet werden sollen. In den USA sind alle Arbeiten an der nichtmilitär. Wiederaufarbeitung eingestellt worden.

Hb. Kernenergie, hg. v. H. Michaelis u. C. Salander (⁴1995); Vergasungsverfahren für die Entsorgung v. Abfällen, hg. v. M. Born u. R. Berghoff (1998); D. Mertin u. W. Hortmann: Stilllegungskonzept für die Kernkraftwerke der dt. EVU (2001); W. Osthorst: Abfall als Ware. Vom Entsorgungsnotstand zur Liberalisierung der Abfall-E. (2002); K. Wagner: Europ. Abfallkatalog 2002. Abfall-Verz. u. Einstufungen nach AVV (2002).

Entsorgungsbergbau, Anlegen von Grubenräumen oder Nutzung vom Gewinnungsbergbau geschaffener Grubenräume für die Deponierung bergbaul. Reststoffe, chemisch-tox. Abfälle und radioaktiver Abfallstoffe. Dabei ist durch die Auswahl entsprechender geolog. Bedingungen und durch geeignete Verschlussmaßnahmen (**Multibarrierekonzept**) ein Austrag von Schadstoffen in die Biosphäre zu verhindern. Die zugehörigen Betriebe werden als **Deponien**, speziell **Untertagedeponien (UTD)**, oder **Endlager** bezeichnet. UTD müssen nach dem Abfallgesetz, Endlager für radioaktive Stoffe nach dem Atomgesetz betrieben werden. (→Endlagerung)

Entsozialisierung, *Soziologie:* die →Desozialisation.

entspanntes Wasser, *physikal. Chemie:* Wasser, bei dem durch geeignete, in ihm gelöste →Netzmittel die Oberflächenspannung verringert ist; e. W. fließt leichter, schäumt und benetzt besser als nichtentspanntes Wasser.

Entspannung,
1) *Physik:* **thermodynamische E.,** der Übergang eines Gases von einem Zustand höheren Drucks in einen mit niedrigerem Druck (z. B. durch →Expansion oder durch Drosseln); dabei kühlt sich das Gas ab (→Joule-Thomson-Effekt).
2) *Politik:* frz. **Détente** [deˈtɛt], i. w. S. der durch Abrüstung sowie durch polit. und wirtschaftl. Vereinbarungen geförderte Prozess des Abbaus von bi- oder multilateralen Konflikten und Maßnahmen zur Vermeidung neuer Spannungen zw. Staaten bzw. Staatenblöcken; i. e. S. während des →Ost-West-Konflikts die Gesamtheit der Bemühungen, den machtpolit. und ideolog. Gegensatz zw. der UdSSR und den USA (und den mit ihnen verbundenen Staaten) durch Maßnahmen der Abrüstung, Zusammenarbeit und Vertrauensbildung zu entschärfen. Die vom Gedanken der E. getragene Außenpolitik ging von den gemeinsamen Interessen der beiden Machtblöcke aus, die bes. in der Verhinderung eines Krieges zw. ihnen sowie im wirtschaftl. und kulturellen Austausch bestanden. Darüber hinaus wirkte jedoch auch die Tendenz, v. a. bei den beiden Weltmächten USA und UdSSR, ihre Einfluss- und Machtsphäre durch Absprachen und Verträge zu sichern oder auszuweiten.

Mit der →Kubakrise (1962) erreichte die Konfrontation der Machtblöcke ihren Höhe- und Wendepunkt. Zw. 1963 und 1979 kam es im Sinne einer E. zu zwei- oder mehrseitigen Vertragsabschlüssen. Die Verstrickung der USA in den →Vietnamkrieg sowie die Bedrängnis der UdSSR bes. durch ihren Konflikt mit der VR China begünstigte in den 1960er- und beginnenden 1970er-Jahren das Verhandlungsklima zw. den Weltmächten. In Europa fügten sich die neue Ostpolitik der sozialliberalen Bundes-Reg. in Dtl. (seit 1969/70; Verhandlungen mit der Sowjetunion und der DDR) sowie die Bemühungen der europ. Staaten auf der →Konferenz über Sicherheit und Zusammenarbeit in Europa (KSZE) und ihren Nachfolgekonferenzen in diese internat. Bemühungen ein. Die führenden Länder der Dritten Welt entwickelten eigene Initiativen (→blockfreie Staaten).

In der 2. Hälfte der 1970er-Jahre (bes. nach dem Einmarsch sowjet. Truppen in Afghanistan im Dezember 1979) verschärften sich jedoch wieder die Ost-West-Spannungen (v. a. auf rüstungspolit. Gebiet); Ausdruck dafür war u. a. der →NATO-Doppelbeschluss von 1979. In der 2. Hälfte der 1980er-Jahre ermöglichten die sowjet. Reformpolitik (insbes. ihre entspannungspolit. Komponente, das »neue Denken«) und das allmähl. Abrücken der Sowjetunion vom Hegemonieanspruch im Ostblock eine sicherheitspolit. Annäherung zw. den USA und der UdSSR und damit eine grundsätzl. Verbesserung der internat. Beziehungen, die sich u. a. im Abschluss versch. Abrüstungsvereinbarungen äußerte (u. a. INF-Vertrag vom 8. 12. 1987). Diese Entwicklung führte – bes. seit der gesellschaftl. Umwälzung in Mittel- und Osteuropa 1989–91/92 – zum Abbau der starren militär. Blockkonfrontation und zum Ende des Kalten Krieges; sie wurde auch zu einer wichtigen Voraussetzung (erfolgreiche Zwei-plus-vier-Verhandlungen 1990) für die Wiederherstellung der →deutschen Einheit.

Nach dem Ende der kommunist. Regime in Europa und dem Zerfall der multinat. UdSSR brachen im Zusammenhang mit der Konstituierung neuer unabhängiger Staaten neue bzw. vorher durch die Blockkonfrontation oder Systemzwänge überdeckte zwischenstaatl. Spannungen auf, die z. T. in militär. Auseinandersetzungen mündeten (z. B. auf dem Gebiet des ehem. Jugoslawien, zw. Armenien und Aserbaidschan). Neben regionalen zwischenstaatl. Konflikten traten innerstaatl. (u. a. ethn.) Konflikte weltweit immer stärker in den Vordergrund. Eine wichtige Rolle bei der Konfliktlösung bzw. dem Abbau von Spannungen fiel internat. Zusammenschlüssen wie UNO (→Agenda for Peace), EU, NATO und der (1995 aus der KSZE hervorgegangenen) Organisation für Sicherheit und Zusammenarbeit in Europa (OSZE) zu, die sich allerdings erst unter Schwierigkeiten (v. a. hinsichtlich ihres geschlossenen Handelns und der Instrumentarien der Konfliktbeilegung) auf die veränderte weltpolit. Situation einzustellen vermochten. Neue Herausforderungen wie der internat. Terrorismus und das Auftreten neuer Atommächte erwiesen die Dringlichkeit einer auf E. zielenden Weltpolitik, die unter den Bedingungen der Interdependenz und Globalisierung zu Beginn des 21. Jh. in Gestalt des →Multilateralismus am ehesten Erfolg verspricht.

Enzyklopädische Vernetzung: ▪ Abrüstung ▪ Friedenssicherung ▪ heißer Draht ▪ Konfliktregelung ▪ Sicherheitspolitik ▪ Weltpolitik

🔊 **Entspannung:** W. Brandt: Über die Notwendigkeit, mit der DDR zu verhandeln (1970) 1627; H.-D. Genscher: Über den Einmarsch der Sowjetarmee in Afghanistan und die Störung der Entspannungspolitik (12. 1. 1980) 1659; R. Reagan/M. Gorbatschow: Vertrag über die Vernichtung der Mittelstreckenraketen (Auszug, 8. 12. 1987) 1683

M. GÖRTEMAKER: Die unheilige Allianz. Die Gesch. der Entspannungspolitik 1943–1979 (1979); Zur Lage Europas im globalen Spannungsfeld, hg. v. der Dt. Gesellschaft für Friedens- u. Konfliktforschung (1983); H. HAFTENDORN: Sicherheit u. E. Zur Außenpolitik der Bundesrep. Dtl. 1955–1982 (²1986); Die Zivilisierung des Konflikts. Auf der Suche nach einem Konzept für die zukünftige Gestaltung des West-Ost-Verhältnisses, hg. v. J. CALLIESS, 2 Bde. (1989–90); M. E. SAROTTE: Dealing with the devil. East Germany, détente and Ostpolitik 1969–1973 (Chapel Hill, N. C., 2001); W. LOTH: Overcoming the Cold War. A history of détente 1950–1991 (Basingstoke u. a. 2002).

3) *Psychologie:* Zustand gedämpfter Reaktionsbereitschaft während des Wachseins; verbunden mit Verlangsamung der Atmung, Absinken der Herzschlagfrequenz und der Muskelspannung (bei oft gleichzeitiger hoher geistiger Konzentration). E. kann durch versch. Techniken (Meditations- und Biofeedbackverfahren, autogenes Training u. a.) herbeigeführt werden. Wegen ihrer Stress abbauenden Wirkung finden E.-Techniken breite Anwendung v. a. in der Psychotherapie und in der Schmerzbekämpfung (z. B. bei der Geburtshilfe).

Entspannungstherapie, Bez. für eine Gruppe versch. Therapieformen, deren Ziel die muskuläre oder allgemeine Entspannung ist. Häufig verwendete Verfahren sind →autogenes Training, →Biofeedback und →progressive Muskelrelaxation, die bei der Behandlung allgemeiner Stresszustände, chron. Schmerzen und psychosomat. Erkrankungen, aber auch von Krankheiten des Herz-Kreislauf-, Atmungs- und Bewegungssystems sowie in der →Rehabilitation eine wichtige Rolle spielen.

Entspannungsversuch, *Werkstoffprüfung:* Verfahren zur Ermittlung der Eigenschaften von Werkstoffen bei erhöhter Temperatur, ähnlich der Bestimmung der Dauerstandfestigkeit. Ein Probestab wird bei festgelegter Temperatur um einen bestimmten Betrag gedehnt. Diese Anfangsverformung wird während des Versuchs konstant gehalten, wobei sich die erforderl. Last infolge des →Kriechens laufend vermindert. Zur Beurteilung der ermittelten Daten wird in einem Diagramm die Spannung über der Zeit aufgetragen. Daraus kann neben dem Entspannungswiderstand auch die Entspannungsgeschwindigkeit oder die Entspannungszeit (d. h. die Zeitspanne, in der der Widerstand auf den Bruchteil $1/e \approx 0{,}368$ abgesunken ist) abgelesen werden.

Entspiegeln, *techn. Optik:* Form des →Vergütens von opt. Elementen, z. B. in Linsensystemen und von Brillengläsern, die deren Lichtdurchlässigkeit erhöht und störende Reflexe vermindert. Das E. wird meist durch Aufdampfen niedrig brechender, transparenter, dünner Schichten im Vakuum, z. B. von Magnesiumfluorid auf Frontlinsen vergüteter Kameralinsen, erreicht. Eine weitere Möglichkeit besteht in einer feinen Oberflächenstrukturierung mit pyramidenähnl. Profil und mit Dimensionen unterhalb der Wellenlänge des Lichts, z. B. bei der Herstellung von opt. Elementen in Spritzguss- oder Prägetechniken (auch als »Mottenaugen-Effekt« bezeichnet, da einige nachtaktive Insekten eine solche Oberflächenstruktur auf den Augenlinsen zeigen).

Die Herabsetzung der Reflexion wird durch →Interferenz der an den Schichtgrenzen reflektierten Teilstrahlen bewirkt und bleibt auf einen begrenzten Wellenlängenbereich beschränkt. Um eine optimale Entspiegelung für eine bestimmte Lichtwellenlänge λ zu erreichen, muss die Schichtdicke gleich $\lambda/4$ und die Brechzahl des Schichtmaterials gleich dem Quadrat der Brechzahl des Trägerglases sein.

Entstalinisierung, Schlagwort für die Abkehr von den Herrschaftsmethoden STALINS und einigen seiner ideolog. Maximen (→Stalinismus) in der Sowjetunion und (nachfolgend) in anderen kommunist. Staaten. Nach STALINS Tod (5. 3. 1953) wurde nicht nur das Prinzip der kollektiven Führung wieder belebt, sondern L. P. BERIJA unternahm auch erste Schritte einer E., indem er Sonderausschüsse und -abteilungen (außergerichtl. Geheimtribunale) auflöste und fast die Hälfte der ca. 2,5 Mio. Lagerinsassen amnestierte. 1954 publizierte I. EHRENBURG seine Novelle »Tauwetter«, deren Titel Programm dieser Epoche sowjet. Kulturpolitik wurde.

N. S. CHRUSCHTSCHOW, seit 1953 Erster Sekr. des ZK der KPdSU, griff das Thema der E. erst 1955 zögerlich auf, klagte dann aber im Anschluss an den offiziell bereits beendeten XX. Parteitag (14.–25. 2. 1956) der KPdSU in einem Geheimreferat die terrorist. Herrschaftsweise STALINS sowie die Umwandlung der Partei zum persönl. Herrschaftsinstrument als Verstoß gegen die Führungsgrundsätze des Marxismus-Leninismus an und forderte innenpolitisch die Beachtung der kollektiven Führung und der »sozialist. Gesetzlichkeit«. Entgegen den Vorstellungen STALINS bekannte sich der Parteitag zum Konzept eines »unterschiedl. Weges zum Sozialismus« in den versch. Ländern der Erde sowie zur Möglichkeit einer »friedl. sozialist. Umgestaltung« eines Landes. Mit der These von der »Vermeidbarkeit von Kriegen« legte er die Grundlagen für das außenpolit. Leitprinzip der friedl. →Koexistenz. Unter der parteioffiziellen Formel »Abbau des Persönlichkeitskultes« vertiefte der XXII. Parteitag (17.–31. 10. 1961) die Kritik an der persönl. Diktatur STALINS.

Unter dem Schlagwort eines Kampfes gegen den Dogmatismus diente die E. zugleich der Kaltstellung innenpolit. Kritiker CHRUSCHTSCHOWS und seines Kurses (→Sowjetunion, Geschichte). Die E. fand ihren sichtbaren Ausdruck u. a. in der Rehabilitation von Opfern des stalinist. Terrors, in der Beseitigung von äußeren Zeichen des Personenkults um STALIN (Abriss von Denkmälern, Umbenennung von Städten [z. B. Stalingrad in Wolgograd] und Entfernung seines Leichnams 1961 aus dem Leninmausoleum). Die E. griff mit unterschiedl. Intensität auch auf andere Staaten des Ostblocks über. In Polen und Ungarn führte sie zu schweren innenpolit. Krisen bei gleichzeitiger Belastung der Beziehungen zur UdSSR. Mit der E. begann in der kommunist. Weltbewegung die Diskussion um einen »Polyzentrismus« wie auch der Konflikt zw. der sowjet. und chin. KP-Führung.

Die E. blieb jedoch halbherzig. Erstens handelte CHRUSCHTSCHOW unter dem zunehmenden Druck aus der Gesellschaft – allerdings war es keine Massenbewegung –, um sein eigenes polit. Überleben zu sichern. Er räumte Verfehlungen in der Zeit seit 1935 ein, bürdete damit die gesamte »Schuld« STALIN auf und lenkte damit von eigenem Fehlverhalten oder sogar einer etwaigen Mitverantwortung sowie von systembedingten Defiziten ab. Politisch prominente Opfer wie BUCHARIN oder TROTZKI wurden nicht rehabilitiert. Die Inhaftierten wurden freigelassen, etwa

Die Entstalinisierung unter Nikita Chruschtschow

Aus der von Chruschtschow auf dem XX. Parteitag der KPdSU am 25. Februar 1956 gehaltenen »Geheimrede«

Angesichts dessen, daß sich noch nicht alle bewußt sind, wohin in der Praxis der Personenkult geführt hat, welchen gewaltigen Schaden die Vergewaltigung des Prinzips der kollektiven Leitung in der Partei und die Konzentration einer unermeßlichen, unbeschränkten Macht in den Händen einer Person angerichtet hat, hält es das Zentralkomitee für erforderlich, dem XX. Parteitag der KPdSU Materialien zur Kenntnis zu geben, die diese Frage betreffen. [...]

Aufgedeckt wurde, daß viele Parteiarbeiter, Sowjet- und Wirtschaftsfunktionäre, die in den Jahren 1937/38[1] als »Feinde« angesehen wurden, in Wirklichkeit niemals Feinde, Spione, Schädlinge u.ä. gewesen sind [...]. Aber man hat sie angeschwärzt, und manchmal hielten sie die barbarischen Foltern nicht aus und beschuldigten sich selbst (unter dem Diktat der mit Fälschungen arbeitenden Untersuchungsrichter) sämtlicher schwerer und unwahrscheinlicher Verbrechen. [...] Festgestellt wurde, daß von den 139 Mitgliedern und Kandidaten des Zentralkomitees, die auf dem XVII. Parteitag [Februar 1934] gewählt worden waren, 98 Personen, d.h. 70 Prozent, (hauptsächlich in den Jahren 1937/38) verhaftet und erschossen wurden.

[...] es besteht kein Zweifel, daß unser Vormarsch zum Sozialismus und die Vorbereitung auf die Verteidigung des Landes bedeutend erfolgreicher verlaufen wären, wenn es nicht die gewaltigen Verluste bei den Kadern gegeben hätte, die wir infolge der massenhaften, unbegründeten und ungerechtfertigten Repressalien in den Jahren 1937/38 erlitten.[2] [...] Die Tatsachen beweisen, daß viele Mißbräuche auf Weisung Stalins erfolgten, ohne irgendwelche Normen der parteilichen und sowjetischen Gesetzlichkeit zu beachten. Stalin war ein sehr mißtrauischer Mensch mit krankhaftem Argwohn, wovon wir, die wir mit ihm arbeiteten, uns überzeugen konnten. [...] Im Besitz einer unbeschränkten Macht tolerierte er grausame Willkür, erdrückte er die Menschen moralisch und physisch. Es entstand eine solche Situation, in der der Mensch seinen eigenen Willen nicht vorbringen konnte.

Wenn Stalin sagte, der oder jener sei festzunehmen, so mußte man glauben, daß dies ein ›Volksfeind‹ war. Und die Berija-Bande[3], die die Macht in den Staatssicherheitsorganen hatte, ließ nichts unversucht, um die Schuld der verhafteten Personen und die Schlüssigkeit der von ihr fabrizierten Materialien zu beweisen. [...]

Der Personenkult trug dazu bei, im Parteiaufbau und in der wirtschaftlichen Tätigkeit fehlerhafte Methoden zu verbreiten, er bewirkte die brutale Verletzung der innerparteilichen und Sowjetdemokratie, nacktes Administrieren, verschiedenartige Verzerrungen, das Vertuschen von Fehlern, das Schönfärben der Realität. Es wimmelte bei uns von Speichelleckern, Lobhudlern und Betrügern.

Man darf auch nicht daran vorbeisehen, daß infolge der zahlreichen Verhaftungen von Partei-, Sowjet- und Wirtschaftsfunktionären viele unserer Mitarbeiter ängstlich zu arbeiten begannen, übermäßige Vorsicht an den Tag legten, sich vor allem Neuen, ja vor dem eigenen Schatten fürchteten, daß sie weniger Initiative in der Arbeit zu zeigen begannen.

Und nehmen wir die Beschlüsse der Partei- und Sowjetorgane. Man begann sie nach einer Schablone anzufertigen, häufig ohne Berücksichtigung der konkreten Situation. [...] das beschwor die Gefahr der Schaffung einer Beamtenpartei, der Bürokratisierung des Apparates herauf.

1 Höhepunkt des stalinschen Massenterrors während der »Großen Tschistka«.
2 Chruschtschow informierte darüber, dass Stalin vom Geheimdienst 1937/38 persönlich 383 Listen zur Bestätigung von Urteilen erhielt, die Tausende Funktionäre betrafen, und dass seit 1954 wegen Unbegründetheit der Verfahren bereits 7 679 Personen (viele posthum) rehabilitiert worden waren.
3 L. P. Berija, 1938–45 an der Spitze des Geheimdienstes, organisierte nach der »Großen Tschistka« das Terrorsystem neu. Nach dem Tod Stalins leitete er aber auch erste Schritte zur Entstalinisierung ein, unterlag dann jedoch im parteiinternen Machtkampf und wurde noch 1953 zum Tode verurteilt.

N. S. Chruschtschow: Rede auf dem XX. Parteitag der Kommunist. Partei der Sowjetunion, 25. Februar 1956, in: Die Geheimrede Chruschtschows (Berlin: Dietz, 1990), S. 9, 25, 40 ff., 74.

80% auch rehabilitiert, erhielten aber maximal zwei Monatslöhne als Kompensationszahlungen für ihr Leiden. Die meisten Rehabilitierungen erfolgten 1956/57, danach ging die Zahl der Anträge zurück. Nach 1962 gab es kaum noch Rehabilitierungen, 1965 wurden sie praktisch eingestellt. Im Übrigen wurde mit erneuten Repressalien für den Fall gedroht, dass die Opfer mit den »Tätern« abrechnen wollten. Zweitens wurde die E. von denjenigen ausgeführt, die das System STALINS erst in die Spitze der Apparate befördert hatte. Insofern waren CHRUSCHTSCHOW, der 1937 als Parteichef Moskaus in der Phase der »Jeschowschtschina« (→ Jeschow) in den Terror, seit 1938 als Parteichef der Ukraine in die Deportationen sowie nach dem Zweiten Weltkrieg in die Zwangskollektivierung der W-Ukraine unmittelbar involviert war, die Hände gebunden. Drittens zog die Geheimrede eine Verunsicherung der Partei-Mitgl. nach sich. Die einfache Weltsicht vieler (»Vaterfigur« STALIN) wurde zerstört; Desillusionierung und Demoralisierung waren die Folge. Die Überzeugung, die Partei habe immer Recht, wurde in den Grundfesten erschüttert; Systemkritik kam hinzu. Zweifel an einem System, das die Verbrechen Stalins ermöglicht hatte, erhielten Nahrung. In der Parteispitze waren Verlustängste und folglich auch der Widerstände gegen die E. noch ausgeprägter. Viertens war der stalinist. Terror nicht ausschließlich dysfunktional, sondern wies auch eine dynam. Komponente auf, die Mobilität in die Gesellschaft brachte. In gewisser Weise gelang es CHRUSCHTSCHOW, v.a. durch Partizipationsangebote für Akademiker sowie die Einbeziehung von Teilen der Bev. in staatl. Hoheitsaufgaben (insbes. in den Bereichen Kultur und Wiss.), die Gesellschaft vor einer Erstarrung zu bewahren. Die Diskrepanz zw. den Partizipationsangeboten und der Systemrealität führte jedoch zu Frustration und Protesten, die ihrerseits Handlungsdruck auf das Regime ausübten.

Nach dem Sturz CHRUSCHTSCHOWS (1964) wurde die E. unter L. I. BRESCHNEW abgebrochen (teilweise Rehabilitierung STALINS; so genannter Neostalinismus). Erst nach dem Machtantritt M. S. GORBATSCHOWS (1985) begann eine zweite Etappe der E. (Einleitung einer umfassenden Rehabilitierung stalinist. Opfer, krit. Auseinandersetzung mit den gesellschaftl. Folgen des Stalinismus, polit. Reformen). – Durch die gesellschaftl. Umwälzung in Mittel- und Osteuropa (1989–91/92) wurden dort die vorhandenen stalinist. Strukturen abgebaut (u.a. Abschaffung des Machtmonopols der KP, Auflösung der kommunist. Geheimdienste) und die Demokratisierung sowie der Übergang zur Marktwirtschaft eingeleitet, ein Prozess, der nach dem Zerfall des Vielvölkerstaates UdSSR auch in Russland und den anderen selbstständig gewordenen Republiken der → Gemeinschaft Unabhängiger Staaten allmählich einsetzte, wo er sich mit schweren innergesellschaftl. Auseinandersetzungen und Nationalitätenkonflikten verband.

Literatur →Sowjetunion.

Entstaubungsverfahren,
1) *Bergbau:* Verfahren zur Entfernung des Schwebestaubes (Gesteinsstaub unter 10 µm) aus den Wettern von Grubenbauen direkt durch Wasserverdüsung oder durch Absaugen über Filter an Vortriebsmaschinen, Haufwerkübergaben und in Steinkohlenstreben.

2) *Kraftwerkstechnik:* Verfahren zur Abscheidung von Stäuben aus Gasen, die v.a. bei der Verbrennung fester Brennstoffe und beim Umgang mit Feststoffen entstehen, z. B. Kohle- und Zementstaub. Sie enthalten meist Partikel unterschiedl. Korngröße von 0,1 bis 100 µm. E. gehören neben der Rauchgasentschwefelung zu den als »sekundär« bezeichneten Techniken zur →Luftreinhaltung. Durch sie wird nicht verhindert, dass schädl. Substanzen entstehen, sondern sie vermindern die unmittelbar sichtbaren Auswirkungen auf die Umwelt. Außerdem helfen E., Apparate und Maschinen vor Staub zu schützen und wertvolle Produkte zurückzugewinnen. E. nutzen physikal. Abscheideprinzipien; man unterscheidet Fliehkraftentstauber (→Zyklon), Elektroentstauber (→Elektrofilter), Nassabscheider (Anlagerung der Staubteilchen an dispergierte Flüssigkeitstropfen, z. B. →Venturi-Wäscher) und filternde Abscheider (z. B. Gewebefilter aus Glasfasermaterial). Letztere eignen sich bes. zur Abscheidung von Feinstäuben (Staubteilchendurchmesser unter 0,1 µm) und werden daher v. a. in Kohlekraftwerken eingesetzt.

Entstehungsrechnung, *volkswirtschaftl. Gesamtrechnung:* Bez. für die Erfassung von Inlandsprodukt bzw. Nationaleinkommen (Sozialprodukt) auf der Produktionsseite durch Zusammenfassung der →Wertschöpfung der einzelnen Wirtschaftsbereiche, d. h. ihrer Beiträge zur Entstehung der volkswirtschaftl. Gesamtleistung (bzw. der jeweiligen Rechnungsgröße in der volkswirtschaftl. Gesamtrechnung). Die Beiträge werden meist als Differenz von Bruttoproduktionswert und Vorleistungen ermittelt, können jedoch auch über die Aufwandsseite bestimmt werden (Addition von Löhnen, Gehältern, Gewinnen und sonstigen gezahlten Einkommen sowie Abschreibungen unter Bereinigung um Steuern, Subventionen und Bankgebühren). Die E. bildet zusammen mit der →Verwendungsrechnung und der →Verteilungsrechnung den Kernbereich der Inlandsproduktberechnung. (→Nationaleinkommen)

Entstickung, →Rauchgasentstickung.

Entstörung, zusammenfassende Bez. für alle Maßnahmen zur Vermeidung und Beseitigung unerwünschter elektr. Beeinflussungen bei elektr. Geräten und Anlagen. Bes. anfällig sind die mit geringen Leistungen betriebenen Fernmeldeanlagen gegenüber Störungen durch Anlagen der Energietechnik (Starkstromanlagen, Haushaltsgeräte u. a.). Die Maßnahmen zur E. umfassen bei leitungsgebundenen Störungen in erster Linie den Einsatz von elektr. Filtern (**Entstörfilter**, →Filter), bei leitungsungebundenen Störungen die Verwendung metall. Hüllen zur →Abschirmung. Die **Kraftfahrzeug-E.** umfasst die Gesamtheit aller Maßnahmen an der elektr. Anlage eines Kfz zur Verhinderung oder Abschwächung von Zünd- und anderen Kontaktfunkenstörungen (neben der Zündanlage auch von Lüfter- und Scheibenwischermotoren, Lichtmaschine u. a.) gegenüber der Rundfunkanlage im Kfz. In jedem Kfz befindet sich außerdem serienmäßig eine Fern-E. zur Verhinderung von Störwirkungen auf fremde Empfangsanlagen. Zum Rundfunkempfang im einzelnen Kfz ist zusätzlich eine Nah- oder Eigen-E. erforderlich. (→Funkentstörung)

Entstrahlung, die →Dekontamination.

Entsündigung, *Religionsgeschichte:* Befreiung von Sünde, die je nach Sündenverständnis mit versch. Mitteln herbeigeführt wird. Wenn die Sünde materiell gedacht wird, gibt es E.-Riten, deren Anwendung zur Unheilsabwehr und -bannung (z. B. durch Licht, Feuer, Amulette, Fetische) vorbeugend (apotropäische Riten) oder zur Reinigung von Befleckung (kathart. Riten; z. B. Waschungen, Räucherungen, Fasten, Durchschreiten von Feuer) erfolgen kann. Bekannt ist die Übertragung der Sünde auf einen →Sündenbock, die vornehmlich bei kollektiver Verschuldung üblich war. Das Verständnis von Sünde als dämon. Besessenheit erfordert Riten zur Austreibung der Dämonen. In Religionen, die Sünde als Vergehen gegen eine Gottheit verstehen, sind Gebet, Opfer, Beichte, Bußübungen sowie Askese Mittel der Entsündigung. (→Sünde; →Reinheit, Religionsgeschichte).

Enttäuschung, *Psychologie:* →Frustration.

Enttrübung, Maßnahme gegen den →Antenneneffekt eines Peilrahmens; sie wird bewirkt durch eine Gegenspannung, die man phasenrichtig einer Hilfsantenne entnimmt. – Wetterstörungen können auch eine E. des Radarbildes erfordern; durch Differenziation aller Echoimpulse im Videoverstärker lassen sich die Wetterechoimpulse, die sich als milchiger Schleier bemerkbar machen, unterdrücken.

Entwässerung,

1) *Aufbereitung, Chemie:* Abtrennung der flüssigen Phase einer Suspension durch mechan. (→Sedimentation, →Filtration) und therm. (→Trocknung, →Calcinieren, →Exsikkator) Verfahren.

2) *Landtechnik, Erdbau:* **Boden-E.,** Ableitung des Wasserüberschusses im Boden durch Gräben oder unterirdisch verlegte Dränröhren (→Dränung). Im Erdbau erfolgt sie zur Vermeidung von Frostschäden und Ausspülungen durch Grund-, Schicht- und eingesickertes Oberflächenwasser.

3) *Medizin:* die Ausschwemmung von überschüssigem Wasser aus Geweben und Körperhöhlen (z. B. Bauchhöhle, Herzbeutel), bei →Wassersucht durch therapeut. und diätet. Maßnahmen, v. a. Stärkung der Herzmuskelkraft (Strophanthin- oder Digitalispräparate), Einschränkung der Flüssigkeits- und Kochsalzaufnahme und Anwendung harntreibender Mittel.

4) *Umwelttechnik:* 1) Abführung von Niederschlagsgewässern und Abwässern aus Haushalt und Industrie und deren Ableitung in der →Kanalisation; 2) bei der Klärschlamm-E. die Reduzierung des Wassergehalts von →Klärschlamm; 3) die kontrollierte Sammlung und Ableitung des Deponiesickerwassers u. a. bei der Mülldeponierung anfallender Abwässer.

Entweichgeschwindigkeit, *Raumfahrt:* die →Fluchtgeschwindigkeit.

Entweihung, Entheiligung, 1) in den *Religionen* der Missbrauch heiliger (geweihter) Räume und Gegenstände zu gewöhnl. (profanem) Gebrauch. – 2) im *kath. Kirchenrecht* ein Vorgang, der einer Kirche den Weihecharakter entzieht; entweder für immer (früher Exsecratio genannt) durch Zerstörung oder vom Bischof angeordnete Beseitigung der kirchl. Zweckbestimmung (Profanierung) oder zeitweilig durch Schändung (Violatio; z. B. durch Mord), die durch einen Bußritus gesühnt werden muss (cc. 1211, 1212, 1222 CIC).

Entwendung, bis 31. 12. 1994 nach Art. 138 schweizer. StGB Straftatbestand, den beging, wer jemandem aus Not, Leichtsinn oder zur Befriedigung eines Gelüstes eine fremde, bewegl. Sache von geringem Wert wegnahm. Im Zuge der Neufassung des Vermögensstrafrechts im schweizer. StGB ist Art. 138 zum 1. 1. 1995 weggefallen. Die von der aufgehobenen Norm erfassten Handlungen unterliegen der allgemeinen Diebstahlregelung. Die Geringwertigkeit der Rechts-

Entw Entwesung

gutverletzung soll im Strafrahmen berücksichtigt werden.

Entwesung, Desinsektion, Bekämpfung von krankheitsübertragenden Schädlingen (Milben, Läuse, Flöhe, Fliegen, Mäuse, Ratten) sowie Vernichtung von Vorratsschädlingen (z. B. Kornkäfer, Mehlmotte), Pflanzenschädlingen, Wohnungsungeziefer (Wanzen, Schaben, Pharaoameisen) und Materialschädlingen (Motten, Hausbock u. a.). Insekten werden durch Kontakt- und Fraßgifte sowie →Repellentien, Kieselgur oder Fliegenfänger erfolgreich bekämpft; in abgeschlossenen Räumen auch durch Begasung mit Blausäure oder Aluminiumphosphid unter Berücksichtigung der Sicherheitsbestimmungen durch Fachpersonal im Umgang mit den auch für den Menschen lebensgefährl. Stoffen. E. kann für sich allein oder zusammen mit einer →Desinfektion nach dem Infektionsschutzgesetz angeordnet werden, wenn übertragbare Krankheiten in epidem. Form auftreten. Vom Bundesamt für Verbraucherschutz und Lebensmittelsicherheit (BVL) wird gemäß Infektionsschutzgesetz laufend eine Liste geprüfter und anerkannter **E.-Mittel** herausgegeben; die Einteilung erfolgt nach Wirkungsweise sowie Aufbereitungs- und Anwendungsform. Mittel zur Bekämpfung von Ratten u. a. Nagern unterliegen dem Pflanzenschutzgesetz. (→Entlausung, →Schädlingsbekämpfung)

Entwickler, Bez. für Chemikalien zur Sichtbarmachung (**Entwicklung**) der in fotograf. Schichten durch Belichtung erzeugten latenten fotograf. Bilder, d. h. zur Reduktion des belichteten Silberhalogenids zu metall. Silber. Sie werden in wässriger Lösung oder in Sprayform angewendet und enthalten 1) die eigentl. reduzierenden organ. E.-Substanzen (z. B. Hydrochinon, Paraphenylendiaminderivate), deren Oxidationsprodukte bei der Colorentwicklung außerdem mit den Farbkupplern der Schichten zu den entsprechenden Farbstoffen reagieren, 2) Alkalien als Beschleuniger und zur Neutralisation der Halogenidionen, 3) Antischleiermittel (Benztriazol, Nitrobenzimidazol) und 4) Sauerstoffkonservierungsmittel. (→Fotografie)

Entwicklung,

1) *Entwicklungsbiologie:* Prozess des Wachstums und der Reifung von Lebewesen. Grundlegende Phänomene der E.-Prozesse sind die Zellvermehrung (bei allen mehrzelligen Organismen) und die Zelldifferenzierung, d. h. die verschiedenartige Ausgestaltung von Zellen hinsichtlich ihrer molekularen Zusammensetzung und Funktion (→Differenzierung), beides gelenkt durch äußerst komplexe Regulationsprozesse. Auch bei der Regeneration verloren gegangener Organe oder Körperteile (z. B. Extremitäten beim Molch) spielen E.-Prozesse eine wichtige Rolle. Ein weiterer grundlegender Prozess ist die Rückbildung von Zellen oder Organen (z. B. der →Embryonalorgane) oder deren Teile, die in bestimmten Fällen sogar unerlässlich für die weitere E. ist. Bei Tieren sind Zellwanderung oder Umlagerung von Zellgruppen eine Grundvoraussetzung für die E. der Körpergestalt. Jeder E.-Prozess ist mit Wachstum verbunden, sei es durch Zellvergrößerung (bei Einzellern die einzige Form des Wachstums) oder durch Zellvermehrung. Während bei Tieren i. d. R. das Wachstum auf bestimmte E.-Stadien beschränkt ist (z. B. hört beim Menschen und den meisten Tieren das Wachstum kurz nach der Geschlechtsreife auf), kann das Wachstum bei Pflanzen bis zu ihrem Tod dauern, da zeitlebens embryonale (wachstumsfähige) Zellen in den Vegetationspunkten vorhanden sind.

Mensch und Tiere: Die **Individual-E.** beginnt (außer bei Einzellern sowie bei der →Jungfernzeugung und anderen Formen der ungeschlechtl. Vermehrung) mit der Befruchtung der Eizelle. Sie durchläuft bis zum Tod des Individuums mehrere Stadien: Embryonalstadium, Jugendstadium, Adult- oder Reifestadium und i. d. R. ein Altersstadium (Seneszenz).

Die **Embryonal-E.** einer befruchteten Eizelle beginnt mit der Zerteilung des Plasmas in Zellen (Furchung); meist bildet sich über das 2-, 4-, 8-Zellstadium etc. zunächst ein Zellhaufen, die Morula. Alsbald entstehen im Keiminnern Lücken, die zu einer flüssigkeitsgefüllten Höhlung verschmelzen (Furchungshöhle, Blastozöl). Die Zellen (Furchungszellen, Blastomeren) ordnen sich zu einem einschichtigen Verband an der Oberfläche der Hohlkugel (Blasenkeim, Blastula, bei den plazentalen Säugetieren einschließlich Mensch spricht man von Blastozyste), oder sie umschließen den Dotter als Keimhaut (Blastoderm, Periblastem). Zum Schutz und zur Ernährung des Embryos können blutgefäßführende Hüllen (Embryonalorgane) entwickelt sein.

Die E. der Körpergrundgestalt: Bei dotterärmeren Eiern entsteht aus der Blastula durch Einstülpung (Invagination, Gastrulation) die zweischichtige Gastrula (Becherkeim, Becherlarve) mit einer Öffnung (Urmund, Blastoporus), durch die der neue Hohlraum (Urdarm) mit der Außenwelt in Verbindung steht; die beiden Zelllagen sind die primären Keimblätter: äußeres Keimblatt (Ektoderm, Ektoblastem, Ektoblast) und inneres Keimblatt (Entoderm, Entoblastem, Entoblast); aus Letzterem entsteht später noch ein drittes, mittleres Keimblatt (Mesoderm, Mesoblastem, Mesoblast) in zwei Ausformungen. Die Keimblätter enthalten die Anlage der späteren Organe. Aus dem Ektoderm entstehen Haut, Nervensystem, Sinnesorgane, aus dem Entoderm der Darm, aus dem Mesoderm Leibeshöhle, Muskulatur, Bindegewebe, Skelett, Nieren und Geschlechtsorgane. Beim Frosch z. B. entspricht der Urmund dem späteren After, die Basis des Urdarms wird Darm, der Mund stößt am blinden Ende des Urdarms durch. Mit der Auffaltung der Rückenplatte zum Medullarrohr (Neuralrohr; Anlage von Gehirn und Rückenmark), der Abgliederung der Chorda (Grundlage der Wirbelsäule) und der Umgestaltung des Mesoderms zu Ursegmenten (Muskelanlagen) ist im Wesentlichen die Körpergrundgestalt des Wirbeltieres erreicht.

Bei dotterreichen Eiern (beim Menschen ist der Dotter infolge der Eiernährung in der Gebärmutter durch Flüssigkeit ersetzt) endet die Furchung in einer Keimscheibe, die z. B. beim Huhn auf dem Dotter schwimmt (»Hahnentritt«) und ihn umwächst; aus ihr geht die Körpergrundgestalt hervor, indem Kopf-, Rumpf- und Schwanzmerkmale sich ausbilden; die Dottermasse wird dabei langsam verbraucht.

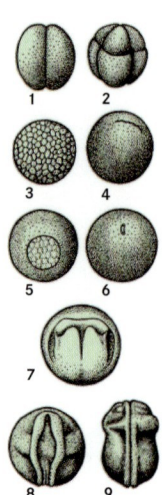
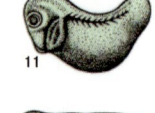
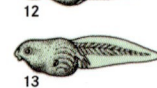

Entwicklung 1): Darstellung der Embryonalentwicklung eines Grasfrosches; 1 und 2 Zwei- und Achtzellenstadium; 3 Morula; 4 beginnende Gastrula mit Urmundspalt; 5 und 6 Gastrula mit Dotterpfropf; 7 Ausbildung der Medullarplatte (Neuralplatte); 8 und 9 Neurula (Rückenansicht); 10 Neurula (Seitenansicht); 11 Embryo mit Augenanlagen; 12 junge Larve mit äußeren Kiemen und Schwanzflosse; 13 Einziehen der Kiemen; 14 ausgewachsene Kaulquappe mit langen Hinterbeinen, Vorderbeine unter dem Kiemendeckel verborgen; 15 Umgestaltung von Kopf und Rumpf, Durchtritt der Vorderbeine nach außen, Abbau von Kiemen und Ruderschwanz; 16 junger Frosch

Entwicklung **Entw**

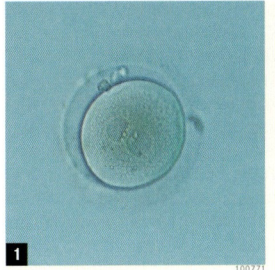 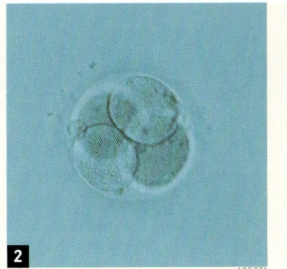 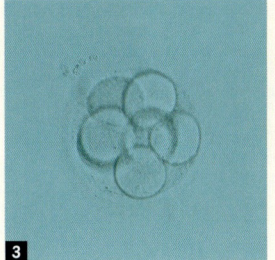 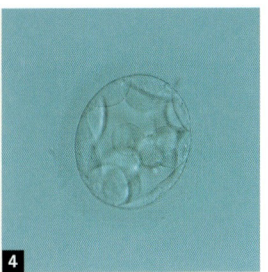

Entwicklung 1):
1 befruchtete menschliche Eizelle, **2** 4-Zellstadium, **3** 8-Zellstadium, **4** Blastozyste

Die einzelnen Organe formen sich durch örtl. Faltungen, Invagination und Delamination, und ihre Zellen differenzieren sich für die zu leistende Funktion. Das **Jugendstadium** kann bereits manche Züge des Erwachsenen tragen und diese durch allmähl. Umformung weiterbilden (**direkte E.**; z. B. bei Wirbeltieren); es kann auch maskiert als »Larve« verbracht werden, oft unter anderen Lebensumständen als für den späteren Organismus (**indirekte E.**; holometabole Insekten und Froschlurche).

Das **Reifestadium** zeichnet sich durch die Geschlechtsreife oder die Befähigung zu ungeschlechtl. Fortpflanzung aus. Es können einzelne Generationen mit unterschiedl. Fortpflanzungsweisen aufeinander folgen (→ Generationswechsel). Bei Schmarotzern ist damit häufig ein Wirtswechsel verbunden, z. B. bei Plasmodium, dem Erreger der Malaria (E.-Zyklus). Dem Tod des Individuums geht i. d. R. ein **Altersstadium (Seneszenz)** voraus, das durch degenerative Veränderungen und Funktionsverluste gekennzeichnet ist.

Auch bei den Pflanzen kann die Individual-E. in mehrere Stadien eingeteilt werden. Bei den Samenpflanzen werden vier Stadien unterschieden: eine embryonale Phase, eine unselbstständige vegetative Phase, in der der Keimling noch von den Reservestoffen der Mutterpflanze lebt, eine selbstständige vegetative Phase, in der die junge Pflanze selbstständig assimiliert, und eine reproduktive Phase, die der Fortpflanzung dient. Bei den niederen Pflanzen (Algen, Moose, Farne) folgt auf ein kurzes, embryonales Keimstadium direkt die selbstständige vegetative Phase, die dann in die Reproduktionsphase übergeht.

Bei Samenpflanzen wächst die befruchtete Eizelle in der Embryonal-E. zu einem wenigzelligen, fadenartigen Gebilde aus, dem Proembryo. Der eigentl. Embryo wird später nur von der Spitzenzelle (Apikalzelle) dieses Proembryos hervorgebracht. Seine übrigen Zellen bilden den Embryoträger (Suspensor), der den Embryo tiefer in das Nährgewebe (Endosperm) hineinschiebt.

Die E. des eigentl. Embryos beginnt mit der Bildung von Längswänden in der Apikalzelle des Proembryos; sie teilt sich wiederholt und schwillt dabei kugelig an (Embryonalkugel). Die Sprossanlage leitet sich von den vier endständigen Zellen des Achtzellstadiums ab und bildet den Hauptteil des Embryos. Durch weitere Teilungen bauen sich aus ihm die Keimblätter (Kotyledonen) auf. Aus einem kleinen Zellbezirk, bei zweikeimblättrigen Pflanzen zw. den Keimblättern, geht der Sprossvegetationspunkt für die Entwicklung der Körpergrundgestalt hervor. Die basalen vier Zellen des Achtzellenstadiums lassen die Wurzelanlage entstehen. Nahe dem Ende dieser Anlage liegt der Vegetationspunkt der Wurzel.

Die Ausbildung der Grundorgane wird nach der Samenkeimung in den Jugendstadien fortgesetzt. Auch ihre Formung ist stets von Wachstumsvorgängen begleitet. Blätter und Blüten werden in bestimmten Zeitrhythmen ununterbrochen, auch während des ganzen Reifestadiums, neu gebildet. Während jedoch die E. des Embryos durch Furchungsteilungen geschieht, finden in den embryonalen Geweben (Meristeme) der Vegetationspunkte normale Zellteilungen mit anschließendem Zellwachstum statt. Die Formwandlungen der Pflanzen können mit Generationswechsel verbunden sein, z. B. bei Farnen und Moosen.

Enzyklopädische Vernetzung: ▪ Altern ▪ Embryo ▪ Entwicklungsbiologie ▪ Furchung ▪ Regeneration ▪ Regulation ▪ Stammzellen ▪ Wachstum
Literatur → Entwicklungsbiologie.

2) *Evolutionsbiologie:* die Entstehung der Lebewesen in der Vielfalt ihrer Arten im Rahmen der Stammesgeschichte (Phylogenese). → Evolutionsbiologie.

3) *Fotografie:* → Entwickler.

4) *Philosophie:* Auswicklung, Entfaltung und Ausgestaltung des im Grunde einer Einheit Eingefalteten, z. B. als Entfaltung eines Gedankens, einer Vorstellung, einer Definition oder auch des Lebendigen, z. B. einer Pflanze aus dem Samen. In diesem Sinne wurde in der → Naturphilosophie E. der Natur aufgefasst als stufenförmiges Entstehen aller Materie und allen Lebens in ihrer Komplexität, einschließlich des Menschen als Vollendung, aus einem urspr. gegebenen einfachen Urzustand. Bezogen auf den Menschen bezeichnet E. die Entfaltung der Anlagen, die in der »Seele« eines Individuums unentwickelt vorhanden sind. – In der Gesch. beschreibt der Begriff E. das Streben nach Vervollkommnung des Menschen und einer fortschreitenden Verbesserung seiner Lebensbedingungen; stets zu Neuem führend, richtet sich E. auf ein in der Zukunft liegendes Ziel (→ Teleologie). Die Aufklärung und der dt. Idealismus sahen Weg und Ziel der E., ausgehend vom vernunftlosen, aber vernunftbegabten und autoritätsabhängigen Menschen, darin, dass das Leben des einzelnen Menschen und der Gang der Gesch. zunehmend von der Vernunft bestimmt werden. G. W. F. HEGEL führte den Gedanken

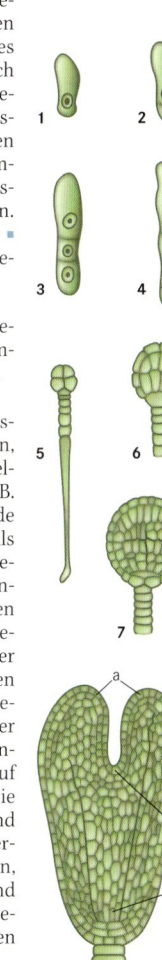

Entwicklung 1): schematische Darstellung der Embryoentwicklung bei zweikeimblättrigen Pflanzen; 1–3 frühe Teilungstadien; 4–7 Ausbildung eines Köpfchens an dem Suspensor; 8 älterer Embryo, **a** die beiden Keimblattanlagen, **b** Sprossvegetationspunkt, **c** Wurzelvegetationspunkt

Entwicklung 6): die Entwicklung des Menschen in auf- und absteigenden Altersstufen; Kreidelithografie aus dem »Neuruppiner Bilderbogen« (1888)

der dialekt. E. des Geistes ein, der, durch den Widerspruch getrieben, aus einer Einheit durch Entäußerung in Natur und Gesch. in seine Differenzierung, sein Anderssein übergehe und damit in Stufen des Bewusstseins zu sich komme. Mit dem Begriff der E. ist der Begriff der Freiheit eng verbunden.

5) *Politik, Wirtschaft:* Auf- und Ausbau des gesamtwirtschaftl. Produktionspotenzials zur Versorgung der Bev. mit Sachgütern und Dienstleistungen im Rahmen einer sozialen und polit. Ordnung, die Grundwerten wie Menschen- und Bürgerrechten, Freiheit, sozialer Gerechtigkeit, innerem und äußerem Frieden verpflichtet ist, das kulturelle Erbe bewahrt und die natürl. Lebensgrundlagen schützt. Der Begriff E. hat also eine wirtschaftl., eine gesellschaftl. und eine polit. Dimension und kann sowohl im Sinne eines E.-Standes als auch eines E.-Prozesses verstanden werden.

Im volkswirtschaftl. Sinn wird E. als Synonym für wirtschaftl. Wachstum angesehen, als Anstieg des Sozialprodukts oder des Pro-Kopf-Einkommens bei möglichst hoher Auslastung des Produktionspotenzials mit dem Ergebnis, dass sich der materielle Wohlstand, das Versorgungsniveau der Bev., verbessert. In einem weiteren Sinn wird E. als Verbesserung objektiv feststellbarer Lebensbedingungen verstanden, zu denen neben dem materiellen Lebensstandard (z. B. Befriedigung der Grundbedürfnisse Ernährung, Unterkunft, Bekleidung sowie weiterer Konsumwünsche) auch soziale Gegebenheiten zählen (z. B. Arbeitsbedingungen, individuelle Freiheit, soziale Sicherheit, Einkommensverteilung, Bereitstellung öffentl. Güter). Seit 1990 wurde der vom E.-Programm der UNO (→UNDP) konzipierte Index der menschl. E. (→Human Development Index) zu einem Maßstab für den wirtschaftlich-sozialen Entwicklungsstand eines Landes. Berücksichtigt werden Lebensdauer, Bildungs- und Einkommensniveau als Voraussetzungen menschl. E.-Chancen. Als Indikatoren für wirtschaftl. Wohlstand und soziale E. rücken darüber hinaus zunehmend u. a. Indikatoren von Armut, Gesundheit, Situation der Frauen, Rohstoff- und Energieverbrauch, Demografie und Trends der wirtschaftl. Leistung in den Mittelpunkt des Interesses. Als Ziel der E. wird nunmehr über die Einkommenssteigerung hinaus das menschl. Wohlergehen verstanden. – Das in den westl. Industriestaaten bisher praktizierte, v. a. auf wirtschaftl. Wachstum ausgerichtete Lebens- und Entwicklungsmodell hat negative Folgen für die natürl. Lebensgrundlagen gezeigt. Insofern sind zunehmend ökolog. Fragen in die Begriffs- und Zielbestimmung von E. aufgenommen und Konzepte einer umweltverträgl. E. (→nachhaltige Entwicklung) vorgelegt worden.

E.-Theorien wurden seit der Entstehung zahlr. neuer Staaten im Zuge der Entkolonialisierung entwickelt. Dabei dominierten einerseits →Modernisierungstheorien, die Bedingungen wirtschaftl. Wachstums und sozialer Entwicklung nach dem Modell der Industriestaaten zu formulieren suchten. Andererseits sahen die →Dependencia-Theorien, ausgehend von der Annahme fortbestehender Abhängigkeit der Entwicklungsländer von den Kolonialmächten, E.-Chancen in eigenständiger E. der Dritten Welt und weltwirtschaftl. Strukturveränderungen zu deren Gunsten. Seit den 1990er-Jahren werden differenziertere Modelle zu entwickeln versucht sowohl zur Erklärung der fortdauernden Unterentwicklung großer Teile der Dritten Welt als auch zur Erarbeitung von E.-Strategien unter Berücksichtigung wirtschaftl., sozialer, polit. und kultureller Einflussfaktoren.

Enzyklopädische Vernetzung: ▪ Entwicklungshilfe ▪ Entwicklungspolitik ▪ Fortschritt ▪ Wachstum ▪ Wohlstand

6) *Psychologie:* die gerichtete, zeitlich geordnete und in sich zusammenhängende Abfolge von nachhaltigen Veränderungen im Verhalten und Erleben des Menschen. Diese Veränderungen können in funktioneller (z. B. in Form des Auftretens neuer oder des Verschwindens bereits ausgebildeter Verhaltensfunktionen), in organisator. (z. B. in Form der Koordination oder der Verselbstständigung einzelner Verhaltensfunktionen) oder in struktureller Hinsicht (z. B. durch den Auf- bzw. Abbau übergeordneter verhaltensregulierender Systeme) erfolgen. Aussagen über die steuernden und regulierenden Faktoren des E.-Prozesses versuchen die **E.-Theorien** zu machen. Dabei sind zwei gegensätzl. Auffassungen zu unterscheiden: →Nativismus und →Empirismus. In ihrer extremen Ausprägung sind beide Auffassungen jedoch widerlegt: Man weiß vielmehr, dass E. immer das Ergebnis einer Wechselwirkung von Genetik und Sozialisation, von Anlage- und Umweltfaktoren sowie von Reifungs- und Lernprozessen ist (Konvergenztheorie von W. L. STERN), wobei zunehmend die Rolle des Individuums als (Mit-)Gestalter der eigenen E. hervorgehoben wird.

Unter **E.-Niveau** oder **E.-Stufe** versteht man einen zeitlich begrenzten Abschnitt des Lebenslaufs, der durch einen charakterist., von anderen E.-Stufen abweichenden E.-Stand gekennzeichnet ist. Weit verbreitet sind grobe Einteilungen des Lebenslaufs in die Stufen Kindheit, Jugendalter (Pubertät und Adoleszenz), Erwachsenenalter und Alter, wobei vielfach noch Teilstadien angegeben werden. Im Verlauf der E. können prägende Ereignisse eintreten, die ein Stehenbleiben der E. auf einer E.-Stufe (Fixierung) oder eine Regression, d. h. ein Zurückfallen auf das Organisationsniveau einer früheren E.-Stufe zur Folge haben; in beiden Fällen handelt es sich um E.-Störungen. Dagegen sind E.-Beschleunigungen (→Akzeleration) oder

E.-Verzögerungen (→Retardation) zumeist im Bereich des Normalen liegende Varianten des E.-Tempos. Aufgrund solcher Schwankungen des E.-Tempos entspricht der E.-Stand nicht immer dem Lebensalter. Um das Verhältnis von E.-Stand und Lebensalter im Individualfall bestimmen zu können, kann (in Analogie zum Intelligenzquotienten) ein **Entwicklungsquotient** (Abk. EQ) gebildet werden. Dabei wird zunächst das Entwicklungsalter eines Individuums ermittelt; der EQ ergibt sich nach der Formel: E.-Alter/Lebensalter × 100. EQ-Werte, die über 100 liegen, weisen auf eine Akzeleration hin; solche, die unter 100 liegen, auf eine Retardation.

Nach ROBERT JAMES HAVIGHURST (* 1900, † 1991) versteht man unter **E.-Aufgabe** (developmental task) ein bestimmtes Thema, das in einem bestimmten Lebensabschnitt auftritt und durch dessen Bearbeitung bzw. Lösung die weitere E. des Individuums beeinflusst wird. E.-Aufgaben erstrecken sich über die gesamte Lebensspanne (z. B. Ablösung vom Elternhaus in der Adoleszenz; Übergang in den Ruhestand) und ergeben sich aus den besonderen bzw. kennzeichnenden biolog., gesellschaftl. und individuellen (psych.) Bedingungen und Herausforderungen einer bestimmten Lebensphase. In Abgrenzung zum Begriff des →Lebensereignisses bezeichnet die E.-Aufgabe eine normative (erwartete) Anforderung, der jeder Mensch in einem bestimmten Lebensalter begegnet. In neuerer Zeit wird das Konzept der E.-Aufgabe in der E.-Psychologie meist auch im Hinblick auf die Rolle des gesellschaftl. Wandels, der biolog. Verankerung, Selbstgestaltung und zeitl. Strukturierung individueller Lebensverläufe betrachtet.

R. HAVIGHURST: Developmental tasks and education (New York ³1972); Spracherwerb u. Lebensalter, hg. v. A. HÄCKI BUHOFER (2004); A.-B. HIRSCH: An den Schwellen des Lebens. Warum wir Übergangsrituale brauchen (2004).

Entwicklungs|achsen, Bez. in Raumordnung und Regionalpolitik für die durch großräumige Verkehrs- und Kommunikationswege geschaffenen Möglichkeiten der wirtschaftl. Entwicklung. Das Konzept der E. führt zu bandartigen Strukturen von Siedlungen und Unternehmensstandorten im Unterschied zu zentralen Orten, Wachstumspolen und anderen regionalen Entwicklungskonzepten.

Entwicklungsalter, Abk. **EA,** der durch Tests festgestellte Entwicklungsstand eines Individuums, bezogen auf das Durchschnittsniveau seiner Altersgruppe (→Entwicklung).

Entwicklungsbanken, Spezialbanken zur Finanzierung privater und öffentl. Entwicklungsprojekte sowie von Investitionen privater Unternehmen in Entwicklungs- und Transformationsländern, meist in Verbindung mit Entwicklungsfonds (z. B. Europ. Entwicklungsfonds). Die Tätigkeit der E. umfasst auch die Beratung und Unterstützung der Investoren bei Projektplanung, -durchführung und -evaluierung. Zu unterscheiden sind **supranationale E.** (z. B. Weltbank, Internat. Entwicklungsorganisation, Internat. Finanz-Corporation, Multilaterale Investitions-Garantie-Agentur, Europ. Investitionsbank), **regionale E.** für die Finanzierung von Projekten und Programmen in bestimmten Regionen (Asiat. E., Afrikan. E., Osteuropabank) und **nationale E.** in Entwicklungs- und Industrieländern (z. B. DEG – Dt. Investitions- und Entwicklungsgesellschaft mbH).

Entwicklungsbeschleunigung, *Anthropologie, Medizin, Psychologie:* die →Akzeleration.

Entwicklungsbiologie, biowiss. Disziplin, die die Individualentwicklung (Ontogenese) der Organismen erforscht. Vorrangiges Ziel dabei ist, die genet. Grundlagen von Differenzierung und Morphogenese von Zellen im Rahmen der Gewebe- und Organbildung zu ergründen und die daran beteiligten Faktoren zu beschreiben. Methodisch, aber auch inhaltlich hat die E. seit den 1970er-Jahren v. a. von den Fortschritten der Molekularbiologie und Biochemie profitiert. Wichtige Teilgebiete sind die Entwicklungsgenetik, die Entwicklungsphysiologie und die Embryologie; Letztere untersucht die Entwicklung eines Lebewesens von der befruchteten Eizelle bis zum Abschluss des Embryonalstadiums.

Wie kaum ein anderes naturwiss. Fachgebiet ist die Entwicklungsbiologie auf →Modellorganismen angewiesen, darunter v. a. der Fadenwurm Caenorhabditis elegans, die Taufliege Drosophila melanogaster, der Zebrafisch Danio rerio, der Krallenfrosch Xenopus laevis und die Hausmaus Mus musculus. Anhand der an diesen Tieren gewonnenen Erkenntnisse wird auf die Entwicklung des Menschen geschlossen. Darüber hinaus befasst sie sich auch mit Fragen der Reproduktionsbiologie und -medizin (Stammzellforschung, therapeutisches Klonen).

L. WOLPERT u. a.: E. (a. d. Engl., 1999); C. NÜSSLEIN-VOLHARD: Von Genen u. Embryonen (2004); DIES.: Das Werden des Lebens. Wie Gene die Entwicklung steuern (2004); WERNER MÜLLER u. M. HASSEL: E. u. Reproduktionsbiologie v. Menschen u. Tieren (⁴2005).

Entwicklungsdekade, von der UNO seit 1961 jeweils für das folgende Jahrzehnt proklamierte, mit einer Dekadenstrategie eingeleitete und mit Beurteilungen (Pearson-, Jackson- und Brandt-Bericht) abgeschlossene 10-Jahres-Periode der internat. Entwicklung. Die erste E. wurde 1961 proklamiert, die zweite umfasste die 1970er-, die dritte die 1980er-Jahre. Die »Internat. Entwicklungsstrategie für die vierte E. der UN« (IES) trat 1991 in Kraft. Eine fünfte E. wurde nicht mehr ausgerufen. Während in den ersten beiden E. vorwiegend Zieldaten für das Wirtschaftswachstum der Entwicklungsländer (z. B. Steigerungsraten von Bruttonationaleinkommen, Pro-Kopf-Einkommen, Ind.- und Agrarproduktion, Handel) und die öffentl. Entwicklungshilfe fixiert wurden, fanden seit der dritten E. auch messbare Globalziele zur Verbesserung der Lebensbedingungen (Erhöhung der Lebenserwartung, Bekämpfung von Krankheiten, Kindersterblichkeit, Armut, Unterernährung, Analphabetismus u. a.) Berücksichtigung. Aufgrund der Vernachlässigung des notwendigen Eigenbeitrags der Entwicklungsländer (z. B. Strukturreformen, Zweckbindung der Entwicklungshilfe), des unverbindl. Charakters der verkündeten Ziele und des Fortbestehens der ungerechten Weltwirtschafts- und Welthandelsstrukturen brachten die Dekadenstrategien nur unbefriedigende Ergebnisse.

Entwicklungseffekte, →fotografische Effekte.

Entwicklungsfarbstoffe, wasserunlösliche →Farbstoffe, die erst durch chem. Reaktion auf der Faser erzeugt werden.

Entwicklungsgemeinschaft des südlichen Afrika, →Südafrikanische Entwicklungsgemeinschaft.

Entwicklungshelfer, in Dtl. nach dem E.-Gesetz (EhfG) vom 18. 6. 1969 eine über 18 Jahre alte Person, die in Entwicklungsländern ohne Erwerbsabsicht Dienst leistet, um zum Fortschritt dieser Län-

Entw Entwicklungshilfe

Entwicklungshelfer: Entsendung, Vermittlung und Einsatz von Fachkräften (Entwicklungshelfer und -experten) in der deutschen Entwicklungszusammenarbeit

	1990	1996	2000	2003
Arbeitsgemeinschaft für Entwicklungshilfe	320	276	282	226
Deutscher Entwicklungsdienst	954	1030	975	1008
Dienste in Übersee	186	225	133	152
Eirene	23	13	22	23
Weltfriedensdienst	15	10	10	25
Christliche Fachkräfte International	32	86	85	59
integrierte Fachkräfte	681	727	671	619
Gesellschaft für Technische Zusammenarbeit	1412	1469	1304	1259
Bundesanstalt für Geowissenschaften und Rohstoffe	85	40	23	20
Physikalisch-Technische Bundesanstalt	5	3	1	0
Konrad-Adenauer-Stiftung	76	79	69	80
Friedrich-Ebert-Stiftung	115	100	89	93
Friedrich-Naumann-Stiftung	54	44	29	28
Hanns-Seidel-Stiftung	53	47	35	31
Heinrich-Böll-Stiftung	–	5	18	22
insgesamt*)	4063	4154	3746	3649

*) Zahlen für Consulting-Unternehmen werden seit 2000 nicht mehr erhoben und wurden daher auch für die Vorjahre herausgerechnet.

der beizutragen. Der E. erhält während seines **Entwicklungsdienstes** kein Entgelt für geleistete Dienste, sondern aufgrund eines mindestens zweijährigen Entwicklungsdienstvertrages umfassende Unterhaltsleistungen (u. a. Unterhaltsgeld, Sachleistungen, Reisekostenerstattung, Wiedereingliederungsbeihilfe, Sozialversicherungsleistungen). Nach zwei Jahren Entwicklungsdienst brauchen Wehrpflichtige keinen Grundwehrdienst (§ 13b Wehrpflicht-Ges.) und Kriegsdienstverweigerer keinen Zivildienst (§ 14a Zivildienst-Ges.) mehr zu leisten. Als E. gilt auch, wer auf einen Entwicklungsdienst vorbereitet wird (Vorbereitungsdienst).

E. werden in Dtl. von den sechs Trägerorganisationen (Arbeitsgemeinschaft für Entwicklungshilfe e. V., Deutscher Entwicklungsdienst, Dienste in Übersee e. V., Internationaler Christlicher Friedensdienst e. V., Weltfriedensdienst e. V. und Christliche Fachkräfte International e. V.) entsandt, die seit 1993 in der **Arbeitsgemeinschaft der Entwicklungsdienste e. V.** (Abk. AGdD) zusammengeschlossen sind. Sie arbeiten weiterhin auch im → Arbeitskreis Lernen und Helfen in Übersee e. V. zusammen, der eine gemeinsame Beratungs- und Anmeldestelle unterhält. In Österreich gibt es nur nichtstaatl. Entwicklungsdienste. E. werden v. a. von »Horizont 3000« entsandt. In der Schweiz sind neben den staatl. auch zahlr. private Institutionen in der Entwicklungszusammenarbeit tätig. Die Hilfswerke Swissaid, Fastenopfer, Brot für alle, Helvetas, Caritas und Heks haben sich 1971 in einer Arbeitsgemeinschaft zusammengeschlossen. International wichtige Entwicklungsdienste sind das US-amerikan. »Peace Corps« und der dem UNDP angegliederte Freiwilligendienst der Vereinten Nationen (»United Nations Volunteers«).

Von E. zu unterscheiden sind die **Entwicklungsexperten** als bezahlte Fachkräfte mit langjähriger Berufserfahrung. Sie arbeiten entweder als fachl. Berater in Projekten oder Programmen der staatl. Techn. Zusammenarbeit und werden von Organisationen in Dtl. (v. a. Dt. Gesellschaft für Techn. Zusammenarbeit GmbH, polit. Stiftungen, Consulting-Unternehmen) entsandt (»entsandte Experten«), oder sie schließen unmittelbar mit einer öffentl. oder privaten Organisation in den Entwicklungsländern einen Arbeitsvertrag ab (»integrierte Experten«) und erhalten zusätzlich einen Gehaltszuschuss durch eine dt. Organisation (v. a. Centrum für Internat. Migration, CIM). Staatl. und private Organisationen in Österreich und in der Schweiz entsenden ebenfalls Entwicklungsexperten.

Entwicklungshilfe, Bez. für alle entwicklungsbezogenen Leistungen staatl. und nichtstaatl. Akteure aus Industrieländern mit dem Ziel einer umfassenden Verbesserung der Lebenssituation in Entwicklungsländern. Aus psycholog. Erwägungen und weil die Übertragungen auch für die Geberländer vorteilhaft sind, wird häufig das Element der Hilfe nicht erwähnt und stattdessen von **Entwicklungszusammenarbeit** oder **wirtschaftlicher Zusammenarbeit** gesprochen: finanzielle Zusammenarbeit statt Kapitalhilfe, techn. Zusammenarbeit statt techn. Hilfe. Im Ggs. zur E. umfasst →Entwicklungspolitik alle Mittel und Maßnahmen, die im Hinblick auf die wirtschaftl. und soziale Entwicklung geplant und durchgeführt werden, und ist somit der umfassendere Begriff.

Nach Art der Leistungen unterscheidet man finanzielle Unterstützungsmaßnahmen (Kapitalhilfen in Form von Krediten oder Zuschüssen), techn. Hilfe (Entsendung von Experten und Beratern, Warenhilfe) sowie Nahrungsmittel- bzw. humanitäre Hilfe in Notsituationen. Nach Trägerstrukturen unterscheidet man E., die von einem Land zum anderen (**bilaterale E.**) oder über internat. Organisationen gewährt wird (**multilaterale E.**).

Im Mittelpunkt der bilateralen E. steht v. a. die staatl. Hilfe der Mitgl. des →Development Assistance Committee (DAC) der OECD. Nach der Definition des DAC werden nur die direkten oder indirekten Übertragungen an Entwicklungsländer als E. bezeichnet, die aus öffentl. Mitteln stammen (Official Development Aid bzw. Official Development Assistance, Abk. ODA), der wirtschaftl. und sozialen Entwicklung der Empfängerländer dienen und ein Zuschusselement (engl. grant element) von mindestens 25 % aufweisen. D. h., private Investitionen, Kredite zu Marktbedingungen, Militärhilfe und Exportkredite werden nicht zur E. gezählt. Ist der Staat an solchen Transfers beteiligt, werden sie als sonstige öffentl. Leistungen (Other Official Flows, Abk. OOF) erfasst. Das DAC weist die E. nach dem Nettokonzept aus (engl. net flow), d. h., von den Bruttoauszahlungen werden die Tilgungszahlungen der Empfängerländer für ausstehende Kredite abgezogen. Nichtkommerzielle Übertragungen an Entwicklungsländer durch polit. Stiftungen oder Leistungen der Kirchen (kirchl. E.) sind private E. In den DAC-Statistiken wird diese von gemeinnützigen Nichtregierungsorganisationen geleistete Hilfe seit 1970 gesondert erfasst.

Dem Volumen nach sind **Finanzhilfen** das bedeutendste Instrument der E. Sie dienen hauptsächlich der (Teil-)Finanzierung von Projekten und sektoralen oder regionalen Programmen, von Importgütern, von Budget- und Strukturhilfen im Rahmen multilateraler Reformprogramme sowie zur Refinanzierung von Entwicklungsbanken. Der Kapitalbedarf der Entwicklungsländer, bes. für Infrastrukturinvestitionen, die keinen Ertrag abwerfen, ist überaus groß. Daher ist es notwendig, dass die Mittel entweder als konzessionäre Kredite (mit niedrigen Zinsen und langen Rückzahlungsfristen) oder als reine Zuwendungen von den Ind.-Staaten zur Verfügung gestellt werden. Die Konditionen der Finanzhilfe müssen der wirtschaftl. Leistungskraft des jeweiligen Entwicklungslandes angepasst werden. Die kombinierte Projektfinanzierung durch E. und privatwirtschaftl. Engagement (Kofinanzierung, →Public private Partnership, Abk. PPP) ist in den letzten Jahren stark angewachsen. Die Anwendbarkeit ist jedoch auf Länder bzw. Bereiche beschränkt, die Erträge erwarten lassen. Die Einschaltung internat. Organisationen als Geldgeber hat gegenüber der bilateralen Kapitalhilfe den Vorteil, dass die Gewährung der finanziellen Unterstützung nicht mit kommerziellen Interessen des Geberlandes verknüpft wird, z. B. dass das Empfängerland Aufträge an das Geberland erteilen soll und so unter konkurrierenden Angeboten nicht das günstigste wählen kann (Lieferbindung).

Im Rahmen der Strukturanpassungsprogramme internat. Organisationen müssen Empfängerländer inzwischen jedoch unzählige wirtschaftspolit. Bedingungen erfüllen, und die Auszahlung von Kredittranchen wird an das Erreichen detaillierter Zwischenziele geknüpft und gegebenenfalls ausgesetzt.

Techn. Hilfe zielt i. d. R. darauf ab, den Entwicklungsländern techn., wirtschaftl. und organisator. Kenntnisse und Fähigkeiten zu vermitteln und im Rahmen von Projekten Fähigkeiten von Menschen zu stärken, die Leistungsfähigkeit von Institutionen und Organisationen zu erhöhen und sich dabei selbst überflüssig zu machen (»Hilfe zur Selbsthilfe«). Sie bezieht sich auf praktisch alle entwicklungspolit. Sektoren. Zur techn. Hilfe zählen v. a. personelle Hilfe, Waren- und Projekthilfe. Personelle Hilfe kann durch die Entsendung und Finanzierung von Beratern, Ausbildern, Sachverständigen, Gutachtern und sonstigen Fachkräften (→Entwicklungshelfer) erfolgen oder die Bereitstellung von Aus- und Fortbildungsmöglichkeiten für Fachkräfte aus Entwicklungsländern und Maßnahmen ihrer Reintegration in ihre Heimatländer umfassen. Warenhilfe schließt die Lieferung von techn. Hilfsmitteln, Ausrüstungen und Material ein; Projekthilfe stellt Dienst- und Werkleistungen sowie Finanzierungsbeiträge zu Projekten und Programmen einheim. Träger bereit. Techn. Hilfe wird in aller Regel als nichtrückzahlbare Zuwendung gewährt.

Während die Intention der E. prinzipiell auf langfristige Zielsetzungen angelegt ist, hat sich die kurzfristige **Not- und Nahrungsmittelhilfe** von einem Son-

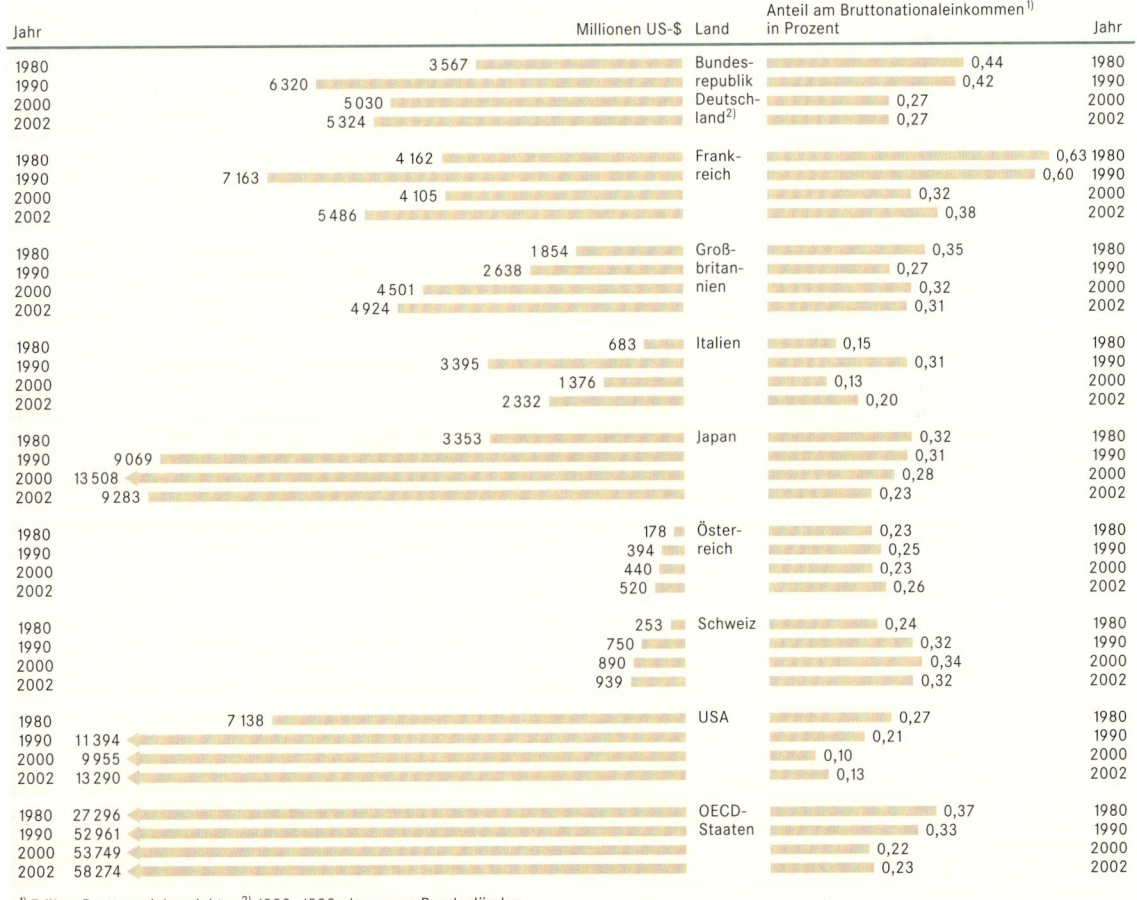

Jahr	Millionen US-$	Land	Anteil am Bruttonationaleinkommen[1] in Prozent	Jahr
1980	3 567	Bundesrepublik Deutschland[2]	0,44	1980
1990	6 320		0,42	1990
2000	5 030		0,27	2000
2002	5 324		0,27	2002
1980	4 162	Frankreich	0,63	1980
1990	7 163		0,60	1990
2000	4 105		0,32	2000
2002	5 486		0,38	2002
1980	1 854	Großbritannien	0,35	1980
1990	2 638		0,27	1990
2000	4 501		0,32	2000
2002	4 924		0,31	2002
1980	683	Italien	0,15	1980
1990	3 395		0,31	1990
2000	1 376		0,13	2000
2002	2 332		0,20	2002
1980	3 353	Japan	0,32	1980
1990	9 069		0,31	1990
2000	13 508		0,28	2000
2002	9 283		0,23	2002
1980	178	Österreich	0,23	1980
1990	394		0,25	1990
2000	440		0,23	2000
2002	520		0,26	2002
1980	253	Schweiz	0,24	1980
1990	750		0,32	1990
2000	890		0,34	2000
2002	939		0,32	2002
1980	7 138	USA	0,27	1980
1990	11 394		0,21	1990
2000	9 955		0,10	2000
2002	13 290		0,13	2002
1980	27 296	OECD-Staaten	0,37	1980
1990	52 961		0,33	1990
2000	53 749		0,22	2000
2002	58 274		0,23	2002

[1] Früher Bruttosozialprodukt. – [2] 1980, 1990 ohne neue Bundesländer.

Entwicklungshilfe: öffentliche Leistungen ausgewählter Länder und Ländergruppen

Entw Entwicklungshilfe

derfall der E. zu einem schnell wachsenden Teilbereich entwickelt. Inzwischen geht es um mehr als die schnell und unmittelbar einsetzende Hilfe zur Beseitigung oder Linderung der Folgen von akuten Notlagen, z. B. bei Erdbeben, Hungersnöten, Überschwemmungen oder Dürrekatastrophen. Im Kontext von langwierigen Bürgerkriegen werden Instrumente der techn. und finanziellen Hilfe zunehmend zur Stabilisierung fragiler Staatsstrukturen bzw. zum Wiederaufbau zerrütteter sozialer und wirtschaftl. Strukturen eingesetzt.

ORGANISATIONEN

Öffentl. E. wird v. a. von den 22 Industrieländern geleistet, die sich im DAC zusammengeschlossen haben (die EU ist das 23. Mitgl.). Die ehem. Mitgl.-Länder des Rates für gegenseitige Wirtschaftshilfe (RGW) haben ihre E. seit 1992 eingestellt. Einige sind selbst zu Empfängern von E. geworden, andere sind in bescheidenem Maße als Geber weiter aktiv. Von den OPEC-Staaten leisten nur noch Saudi-Arabien, die Vereinigten Arab. Emirate und Kuwait Entwicklungshilfe.

Die einflussreichsten internat. E.-Organisationen sind die Weltbank und der Internat. Währungsfonds (IWF), die seit den 1980er-Jahren eine Steuerungsfunktion für die gesamte Gebergemeinschaft bes. bei den makroökonom. Reformprogrammen übernommen haben. Daneben sind weitere wichtige E.-Organisationen die UNO mit versch. Sonderorganisationen (UNDP, Wirtschafts- und Sozialrat, FAO, WHO, ILO, UNESCO, UNHCR); die Afrikan., Asiat., Interamerikan. und Karib. Entwicklungsbank; die Europ. Gemeinschaften (EG) mit dem Europ. Entwicklungsfonds (EEF) und der Europ. Investitionsbank (EIB) sowie das 1992 von der Europ. Kommission zur Koordinierung der humanitären Hilfsmaßnahmen der EG gegründete Amt für humanitäre Soforthilfe (ECHO).

In Dtl. ist für die Vergabe der öffentl. E. das Bundesministerium für wirtschaftl. Zusammenarbeit und Entwicklung (BMZ) zuständig. Die staatl. Entwicklungszusammenarbeit wird hauptsächlich von der Dt. Gesellschaft für Techn. Zusammenarbeit GmbH (GTZ) und der Kreditanstalt für Wiederaufbau (KfW Entwicklungsbank) durchgeführt. Daneben sind noch der Dt. Entwicklungsdienst gemeinnützige Gesellschaft mbH (DED), die DEG – Dt. Investitions- und Entwicklungsgesellschaft mbH und die Internat. Weiterbildung und Entwicklung (InWEnt) von Bedeutung. Das BMZ fördert die entwicklungspolit. Tätigkeit privater Nichtregierungsorganisationen, zu denen die Kirchen (z. B. kath. und ev. Zentralstelle für E., Arbeitsgemeinschaft für E., Misereor, Dienste in Übersee, Brot für die Welt), polit. Stiftungen und andere private Organisationen gehören, die sich zum Großteil im Verband Entwicklungspolitik dt. Nichtregierungsorganisationen (VENRO) zusammengeschlossen haben (z. B. Andheri-Hilfe Bonn e. V., terre des hommes, Medico International, Dt. Welthungerhilfe, Weltfriedensdienst, EIRENE, Kübel-Stiftung).

Federführend für die öffentl. E. in Österreich sind wechselweise das Bundeskanzleramt oder das Außen-Min. gewesen. Seit 1995 liegt die allgemeine Kompetenz beim Außen-Min., für die Transformationsstaaten in Mittel- und Osteuropa ist jedoch das Bundeskanzleramt zuständig. Daneben besteht der 1975 gegründete Beirat für E. mit ausschließlich beratender Funktion. Zuständig für die öffentl. E. in der Schweiz sind die Direktion für Entwicklung und Zusammenarbeit (Deza) im Eidgenöss. Departement für auswärtige Angelegenheiten (bilaterale und multilaterale Zusammerarbeit, humanitäre E., Zusammenarbeit mit Osteuropa) sowie das Staatssekretariat für Wirtschaft (SECO; wirtschaftl. Entwicklungszusammenarbeit).

LEISTUNGEN

Die gesamten (öffentl. und privaten) Mittelzuflüsse aus den DAC-Mitgliedsländern an Entwicklungsländer, darunter Exportkredite, Direkt- und Portfolioinvestitionen, beliefen sich 2002 auf 140,6 Mrd. US-$. Die als E. anerkannten staatl. Mittelzuflüsse (ODA) betrugen 2003 69,03 Mrd. US-$ oder 0,25 % des Bruttonationaleinkommens (BNE). Die westl. Ind.-Staaten leisten damit über 90 % der gesamten öffentl. E.; der Anteil der übrigen Länder (OPEC und osteurop. Reformstaaten) ist vergleichsweise gering.

Die öffentl. E. der DAC-Mitgliedsländer stagnierte von Mitte der 1990er-Jahre (1994: 59,1 Mrd. US-$) bis 2002 (58,2 Mrd. US-$); 2003 erreichte sie ihren Höhepunkt. Dennoch erfüllten 2003 nur wenige Länder das 1970 von der UNO formulierte Ziel, wonach die öf-

Entwicklungshilfe: Nettoleistungen Deutschlands an Entwicklungsländer und multilaterale Stellen 1970–2002 (1970 in Mio. DM, ab 2000 in Mio. €)[1]

Leistungsart	1970	2000	2002
Öffentliche Entwicklungshilfe (ODA)[2]	2 202,8	5 458,1	5 649,8
Bilateral	1 705,9	2 915,3	3 531,2
Zuschüsse	902,6	2 925,7	4 142,3
Technische Zusammenarbeit (TZ)	695,6	1 779,1	1 889,8
Sonstige Zuschüsse	207,0	1 146,6	2 252,5
Kredite und sonstige Kapitalleistungen	803,3	−10,4	−611,1
Multilateral	496,9	2 542,9	2 118,5
Zuschüsse, Einzahlungen auf Kapital und Fondsanteile	466,9	1 203,6	788,8
Vereinte Nationen	91,8	419,6	436,8
Europäische Union[3]	217,7	1 342,0	1 329,7
Weltbankgruppe	144,9	416,4	23,7
Regionale Entwicklungsbanken	12,5	226,5	211,7
Sonstige	0,0	141,1	120,5
Kredite	30,0	−2,9	−3,4
Sonstige öffentliche Leistungen (OOF)[4]	483,5	−494,7	3 936,6
Bilateral	291,4	−494,7	3 936,6
Multilateral	192,1	0,0	0,0
Private Entwicklungshilfe[5]	284,6	917,7	873,7
Private Leistungen zu marktüblichen Bedingungen	2 482,3	7 499,1	−1 193,1
Bilateral	2 251,4	9 309,8	−476,3
Investitionen und sonstiger Kapitalverkehr	1 566,0	7 553,8	−788,0
Exportkredite	685,4	1 756,0	311,9
Multilateral	230,9	−1 810,7	−716,8
Nettoauszahlungen insgesamt	5 453,2	13 380,3	9 266,9
Bilateral	4 533,3	12 648,1	7 865,2
Multilateral	919,9	732,2	1 401,7
Anteil der multilateralen ODA an der Gesamt-ODA in %	22,5	46,6	37,5

1) Ab 1991 einschließlich neue Bundesländer. – 2) Bi- und multilaterale Zuschüsse sowie Kredite und sonstige Kapitalleistungen zu Vorzugsbedingungen. – 3) Zuschüsse an den Europäischen Entwicklungsfonds und die Europäische Investitionsbank sowie ODA-anrechenbarer deutscher Anteil an den aus dem EU-Haushalt finanzierten Leistungen. – 4) Alle öffentlichen Leistungen, die eine der Bedingungen der Entwicklungshilfe nicht erfüllen. – 5) Zuschüsse nichtstaatlicher Organisationen (z. B. Kirchen, Stiftungen, Vereine) aus Eigenmitteln und Spenden.

Entwicklungshilfe **Entw**

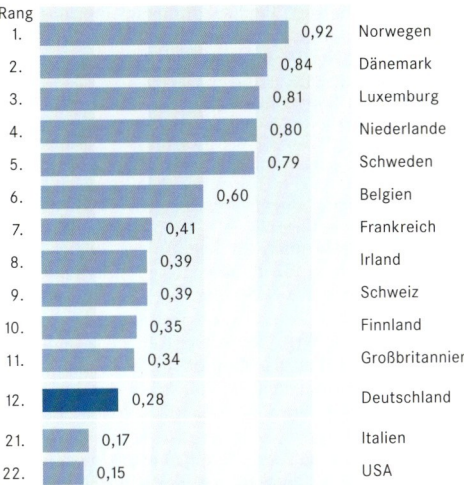

Entwicklungshilfe: öffentliche Entwicklungshilfe in % des Bruttonationaleinkommens (2003)

Rang		
1.	0,92	Norwegen
2.	0,84	Dänemark
3.	0,81	Luxemburg
4.	0,80	Niederlande
5.	0,79	Schweden
6.	0,60	Belgien
7.	0,41	Frankreich
8.	0,39	Irland
9.	0,39	Schweiz
10.	0,35	Finnland
11.	0,34	Großbritannien
12.	0,28	Deutschland
21.	0,17	Italien
22.	0,15	USA

fentl. E. 0,7 % des BNE (früher Bruttosozialprodukt, BSP) der Industrieländer betragen soll (z. B. Norwegen: 0,92 %, Dänemark: 0,84 %, Luxemburg: 0,81 %, Niederlande: 0,80 %, Schweden: 0,79 %). Am niedrigsten fiel der Anteil in den USA mit (2003) 0,15 % am BNE aus, obwohl die absoluten Leistungen mit 16,25 Mrd. US-$ die höchsten weltweit sind. In den 1990er-Jahren lag der Durchschnittswert für alle Industrieländer bei 0,25 % (1960: 0,52 %).

Die Bundes-Reg. akzeptiert das 0,7 %-Ziel als Orientierungsgröße, ohne sich auf einen Zeitplan für seine Verwirklichung festzulegen. Seit 1962 schwankt der Anteil der öffentl. E. am BNE zw. 0,48 % und 0,26 % (2003: 0,28 %). Gleichwohl stiegen die Nettoleistungen von (1960) 0,5 Mrd. € bis auf (2003) 6,8 Mrd. € an. Die bilaterale öffentl. E. ist in Dtl. relativ gleichgewichtig auf die Regionen Subsahara-Afrika (2002: 23,5 %), Lateinamerika und Karibik (16,8 %), Ost-, Südostasien und Ozeanien (16,6 %), Mittel- und Osteuropa (15,4 %), Mittlerer Osten und Nordafrika (13,9 %) sowie Süd- und Zentralasien (13,8 %) verteilt. Die ärmsten Entwicklungsländer erhielten 2002 rd. 1,3 Mrd. US-$ (31,1 %) der gesamten öffentl. E. Gefördert werden v. a. Projekte und Programme der sozialen und administrativen Infrastruktur (z. B. Bildung, Gesundheitswesen, Familienplanung; 2002: 36,5 %), wirtschaftl. Infrastruktur (z. B. Verkehr, Kommunikation, Energieversorgung; 14,7 %), Land-, Forstwirtschaft und Fischerei (3,9 %). Der Anteil der Ind.-Förderung verringerte sich von (1982) 12,4 % auf (2002) 0,8 %. Den größten Zuwachs erfuhren die nichtprojektbezogene E. (z. B. Warenhilfe, Umschuldungen, Strukturanpassungskredite; 1982: 21,8 %, 2002: 38,4 %) sowie die Nahrungsmittel- und humanitäre Hilfe, auf die 2002 5,7 % entfielen. Mit dieser Aufteilung folgt Dtl. dem allg. Trend der DAC-Staaten.

Österreich, ohne traditionelle Beziehungen zu Entwicklungsländern, bemüht sich gezielt, seine Hilfeleistungen für diese Staaten zu verstärken, nachdem es stets am unteren Ende der DAC-Statistik lag. Obwohl der Anteil der öffentl. E. am BNE seit den 1990er-Jahren gesteigert werden konnte (2003: 0,20 %), hat Österreich. Hilfe einen unterdurchschnittl. Zuschussanteil, wobei die am wenigsten entwickelten Länder auch noch die geringste Berücksichtigung finden. Die Schweiz ist Mitgl. aller wichtigen Institutionen der E., mit Ausnahme der Weltbank. Der Anteil der öffentl. E. am BNE lag (2003) bei 0,39 %. Die Mittel werden zum überwiegenden Teil über den Bund, der Rest über Kantone und Gemeinden aufgebracht. Das Schweizer. Katastrophenhilfskorps (SKH) wird bei Hilfsaktionen in Entwicklungsländern eingesetzt.

Nettoauszahlungen öffentl. E. erhielten 2003 nach OECD-Angaben v. a. die am wenigsten entwickelten Länder (Less developed Countries [LDC]; 34 %); regional kam Subsahara-Afrika auf 33,9 % der gesamten Auszahlungen mit weitem Vorsprung vor Süd- und Zentralasien mit 11,7 %. Die zahlenmäßig größten Empfängerstaaten bilateraler E. waren 2003 nach OECD-Angaben die Demokrat. Rep. Kongo, Irak, Vietnam, Indonesien und Tansania.

KRITIK

Bei der Gewährung von E. entstand vor dem Hintergrund des Ost-West-Konfliktes ein Konkurrenzverhältnis zw. den kommunist. und nichtkommunist. Ind.-Staaten. Neben strategisch-machtpolit., mit außenpolit. Bestrebungen verknüpften Überlegungen, ideolog. Interessen, die die eigenen Ideologien, das Wirtschaftssystem oder eine bestimmte Religion in anderen Ländern zu etablieren versuchten, waren die Wahrung binnen- und außenwirtschaftl. Interessen, aber auch idealistisch-humanitäre Gründe wesentl. Motive für E. Mit der Einleitung des Transformationsprozesses in den Staaten Mittel- und Osteuropas, dem Zusammenbruch des Warschauer Vertrages und des RGW verlor die E. weitgehend ihre Bedeutung als außenpolit. Instrument. In der Stabilisierung von Entwicklungsländern, deren gesellschaftl. und wirtschaftl. Strukturen durch langwierige, gewaltsame Konflikte und neue Entwicklungsprobleme (z. B. Umweltzerstörung, Aids) gekennzeichnet sind, wuchs der E. jedoch eine neue strateg. Rolle zu. Mit diesen neuen Aufgaben, zu denen u. a. auch die strukturelle Terrorismusbekämpfung zählt, ist E. vor dem Hintergrund stagnierender E.-Budgets überfordert.

Nettoeinnahmen aus öffentlicher Entwicklungshilfe

Empfängerregionen	Mrd. US-$		US-$ je Ew.		in % des BNE	
	1997	2002	1997	2002	1997	2002
Subsahara-Afrika	15,0	19,4	24	28	4,5	6,3
Europa und Zentralasien	7,1	12,8	15	27	0,7	1,1
Mittlerer Osten und Nordafrika	5,4	6,5	20	21	0,9	1,0
Lateinamerika und Karibik	5,4	5,1	11	10	0,3	0,3
Südasien	4,3	6,6	3	5	0,8	1,0
Ostasien und Pazifik	6,9	7,3	4	4	0,5	0,4

Trotz hoher finanzieller Aufwendungen ist die Wirksamkeit der traditionellen E. umstritten, da weder Armut noch Hunger in vielen Entwicklungsländern überwunden werden konnten und die Verbesserung der wirtschaftl. und sozialen Situation in einzelnen Staaten der Dritten Welt kaum auf E. zurückzuführen ist. Kritisiert werden v. a. Diskrepanzen zw. Anspruch und Wirklichkeit, Zielen, Instrumenten und Leistungen sowie zw. E. und Militärausgaben. Viele Kritiker verurteilen u. a. die Überbewertung statist. Kennzahlen, eine Fixierung auf Quantität statt Qualität der Hilfe, die Nichteinhaltung der Vereinbarung, primär die ärmsten Länder zu unterstützen, die Korruption in den Entwicklungsländern und die Verzögerung in der Durchführung von grundlegenden Landreformen. Sie verweisen auf die Ineffizienz internat. Organisationen, die einen Großteil der über sie fließenden Gelder im Verwaltungsapparat verbrauchen. Neben einer direkten, strengeren Kontrolle durch die Geberländer wird eine koordinierte Politik gefordert, die ausschließt, dass z. B. durch (kostenlose) Nahrungsmittelhilfen den Landwirtschaftsprojekten »Konkurrenz« erwächst und ihnen die ökonom. Grundlagen entzogen werden. Kritisiert wird weiterhin das polit. und wirtschaftl. Eigeninteresse, das Industrieländer mit öffentl. und privatwirtschaftl. E. verfolgen. So wird E. als Instrument der Exportförderung, Markterschließung und Arbeitsplatzsicherung angesehen, da u. a. ein Großteil der Kapitalhilfe in Form von Aufträgen an die Industrieländer zurückfließt. Weiterhin wird E. auch zur Sicherung der Rohstoffreserven bes. für rohstoffarme Industrieländer eingesetzt (z. B. Finanzierung von Explorationen). Schließlich wird angesichts der hohen E.-Abhängigkeit gerade der afrikan. Staaten von einem »Hilfesyndrom« gesprochen. Danach untergräbt zu viel und zu wenig fokussierte Hilfe die notwendige Mobilisierung eigener Kräfte und verhindert die Dynamisierung lokaler Wirtschaftspotenziale.

Nachdem die offizielle E. diese Kritik, die seit Beginn der 1980er-Jahre auch von renommierten Entwicklungsökonomen wie K. G. Myrdal und Lord Peter Bauer (* 1915, † 2002) formuliert worden war, zunächst zurückwies, begannen die großen Institutionen (insbes. Weltbank, UNDP) seit Anfang der 1990er-Jahre, ihre Strategien und Instrumente zu überdenken. Hierzu gehörte die Abkehr vom klass. Projektansatz hin zu integrierten sektorspezif. Entwicklungsprogrammen (→ Entwicklungspolitik) und zu einer stärkeren Berücksichtigung der Effizienz und Nachhaltigkeit der Interventionen (→ nachhaltige Entwicklung).

In Dtl. ging dieser Reflexionsprozess sowohl mit einer Restrukturierung des Systems entwicklungspolit. Durchführungsorganisationen einher als auch mit der Abkehr vom »Gießkannenprinzip«, dem zufolge Projekte in allen Ländern verfolgt wurden. Seitdem soll sich E. primär auf Armutsbekämpfung, den Kreis der ärmsten Entwicklungsländer und in diesen auf ein bis drei ausgewählte Sektoren konzentrieren. Entwicklungsländer, in denen bestimmte polit. Voraussetzungen fehlen (z. B. Schutz zentraler Menschenrechte, Entwicklungsorientierung der staatl. Eliten), sollen überhaupt keine E. erhalten. Die Zusammenarbeit mit Ländern mit mittlerem Einkommen soll sich auf eine Stärkung der Rahmenbedingungen für private Kapitalflüsse beschränken.

Kritiker und Verteidiger der E. sind sich weitgehend einig, dass es zu einer tatsächlichen Verbesserung der Lage in den Entwicklungsländern mehr bedarf als einer effizienteren E. Einerseits können entwicklungsfeindl. gesellschaftl. und polit. Strukturen in Entwicklungsländern nicht allein mit Mitteln der E. überwunden werden, andererseits bedarf es einer globalen Regulierung von Handel, Währung, Schulden, Telekommunikation und des Schutzes natürl. Ressourcen, die die Ökologieverträglichkeit und Zukunftsfähigkeit der Entwicklung auch in den Industrieländern unmittelbar betrifft. Dies kann nur im Rahmen globaler Konferenzen bzw. Organisationen erfolgen (WTO, G-8, UNO, Weltbank).

G. Myrdal: Polit. Manifest über die Armut in der Welt (a. d. Amerikan., ⁴1984); DAC-Grundsätze für wirksame E., hg. v. OECD (1992 ff.); Hb. der Dritten Welt, hg. v. D. Nohlen u. F. Nuscheler, 8 Bde. (³1993–95); R. Stockhausen: Die Wirksamkeit der E. (1996); Assessing aid, hg. v. der Weltbank (Oxford, 1998); R. Stockmann: Evaluationsforschung. Grundll. u. ausgewählte Forschungsfelder (²2004). – Weitere Literatur → Entwicklungspolitik.

Entwicklungsländer, zu Beginn der 1950er-Jahre geprägter Begriff für Länder, deren Entwicklungsstand im Vergleich zu dem der Ind.-Länder niedriger ist. Die Bez. E. korrespondiert weitgehend mit dem Begriff → Dritte Welt, der jedoch seit dem Ende des Ost-West-Konflikts als überholt gilt. Als Norm gilt dabei v. a. der wirtschaftl. Wohlstand der Ind.-Länder, der sich bes. im Pro-Kopf-Einkommen (Bruttonationaleinkommen je Ew.) ausdrückt. Eine einheitl. Definition für E. gibt es allerdings ebenso wenig wie eine international verbindl. Länderliste. Zur genaueren Abgrenzung von E. und »entwickelten« Ländern werden **Entwicklungsindikatoren** herangezogen, die messbare Teilaspekte von Entwicklung darstellen. Solche Indikatoren sind neben dem Bruttonationaleinkommen (BNE) je Ew. z. B. die Lebenserwartung bei der Geburt, die Kindersterblichkeit, das Bev.-Wachstum, die Einkommensverteilung und die Analphabetenquote. Durch unterschiedl. Gewichtung von Entwicklungsindikatoren oder Kriterien von Unterentwicklung gelangen Vereinte Nationen, Weltbank und das Development Assistance Committee (DAC) der OECD zu unterschiedlich gegliederten Länderlisten. Die Bundes-Reg. orientiert sich an der Liste des DAC.

Demnach zählten 2003 zu den E. alle Länder Afrikas, alle Länder Amerikas (außer den USA und Kanada), alle Länder Asiens und Ozeaniens (außer Japan, Australien und Neuseeland) sowie in Europa Malta, die Türkei, Zypern, Polen, die Tschech. Rep., die Slowak. Rep., Slowenien, Kroatien und Ungarn, alle osteurop. Staaten sowie alle Nachfolgestaaten der Sowjetunion. Seit 1996 sieht die DAC-Liste eine Untergliederung in zwei Teillisten vor (Teil I: Empfänger offizieller Entwicklungshilfe, Teil II: Empfänger von Leistungen an Übergangsländer). Kriterium für den Übergang eines Staates von der ersten in die zweite Teilliste ist die Einstufung als Land mit hohem Einkommen durch die Weltbank. Zur zweiten Gruppe zählten 2003 lediglich 25 unabhängige Staaten, außerhalb Europas nur die Bahamas, Brunei, Katar, Kuwait, Libyen, Singapur, Süd-Korea, Taiwan und die Vereinigten Arab. Emirate. Über die Einführung neuer Kriterien für die Einstufung als E., z. B. Kaufkraftvergleich und → Human Development Index, wird diskutiert.

Die Weltbank unterscheidet nach dem Hauptkriterium BNE je Ew. folgende Ländergruppen:

- **Low income Countries** (Abk. LIC; E. mit niedrigem Einkommen; BNE je Ew. max. 745 US-$ pro Jahr),
- **Middle income Countries** (Abk. MIC; E. mit mittlerem Einkommen),
- E. mit hohem Einkommen (BNE je Ew. über 9 206 US-$) sowie marktwirtschaftl. Ind.-Länder.

Bei den MIC wird eine untere (BNE je Ew. 746–2 975 US-$) und eine obere (BNE je Ew. 2 976–9 205 US-$) Einkommenskategorie unterschieden. 2003 zählten nach dieser Klassifikation 65 Länder zu den LIC und

85 Länder zu den MIC; 11 Staaten galten als E. mit hohem Einkommen. Seit 1996 gewann die von der Weltbank definierte Kategorie der **Heavily indebted poor Countries** (Abkürzung **HIPC**; stark verschuldete arme Länder) an Bedeutung, da diese Staaten besondere Hilfsprogramme in Anspruch nehmen können (→Entwicklungspolitik). Hierbei handelt es sich um Länder, deren Verschuldungsindikatoren krit. Schwellenwerte überschreiten. 2003 zählten 42 E. (darunter 34 in Afrika) zu dieser Untergruppe.

Die UNO führte (1970) für E. die Bez. **Less developed Countries** (Abk. **LDC**; wenig entwickelte Länder) ein. E. mit einem weit fortgeschrittenen Entwicklungsstand werden als →Schwellenländer (**Newly industrializing Countries**, Abk. **NIC**) bezeichnet (u. a. Brasilien, Hongkong, Mexiko, Malaysia, Singapur, Süd-Korea und Taiwan). Die Zuordnung der Länder erfolgt in einigen Fällen eher nach polit. Überlegungen und der Nutzenerwartung als nach empirisch nachvollziehbaren Indikatoren. 1991 führten die Vereinten Nationen für die Gruppe der **Least developed Countries** (Abk. **LLDC**; am wenigsten entwickelte Länder) ein neues Klassifizierungssystem ein, das in seiner 2000 revidierten Version vier Kriterien umfasst, um auch langfristige Wachstumshemmnisse aufgrund von Strukturschwächen und einem niedrigen Niveau der Entwicklung menschl. Ressourcen berücksichtigen zu können:

1. BIP je Ew. (Durchschnitt aus 3 Jahren weniger als 900 US-$);
2. **Index der phys. Lebensqualität**, ermittelt aus Lebenserwartung, Kalorienversorgung je Ew., Einschulungsrate in Primar- und Sekundarschulen sowie Anteil der Analphabeten an der erwachsenen Bev.;
3. **Index der ökonom. Verwundbarkeit**, gemessen aus der Instabilität von landwirtschaftl. Produktion, der Instabilität von Exporten, des Anteils nichttraditioneller Wirtschaftszweige sowie der geringen Größe der Volkswirtschaft;
4. Ew.-Zahl (maximal 75 Mio. Ew.).

2003 galten 50 E. als LLDC (darunter 34 in Afrika, 15 in Asien und Ozeanien sowie Haiti).

Weitere Ländergruppen unter Berücksichtigung geograf. Gesichtspunkte bilden die E. ohne Zugang zum Meer (**Landlocked Countries**, Abk. **LLC**), durch ihre geograf. Lage benachteiligte Inselstaaten (**Small Island developing States**, Abk. **SIDS**) sowie die afrikan. Staaten in der Sahelzone. Als →Gruppe der 77 (2003: 132 Mitgl.-Länder) tritt die Gesamtheit der E. seit 1967 bei Verhandlungen im Bereich der meisten Organisationen der UNO auf. Eine weitere Gruppe von E. sind die Erdöl exportierenden Staaten, die z. T. der →OPEC angehören, ihre Industrialisierung mit den Erlösen aus dem Erdölexport teilweise selbst finanzieren können und teilweise auch ihrerseits Entwicklungshilfe leisten. Mit den EU-Staaten durch das Abkommen von Cotonou (→Lomé-Abkommen) verbunden sind die ehemaligen europ. Kolonien in Afrika sowie im karib. und pazif. Raum (→AKP-Staaten). Diesen E. werden durch das Abkommen Sonderbedingungen bei den Handelsbeziehungen und bei der Kreditvergabe eingeräumt.

Trotz der unterschiedl. Typologien und der unbestreitbaren Ausdifferenzierung der E. lassen sich bestimmte gemeinsame strukturprägende Merkmale nennen, die E. von den Ind.-Ländern unterscheiden, ohne dass sie auf alle E. zutreffen. Hierzu zählen Massenarmut, ein hoher Anteil der Produktion landwirtschaftl. Erzeugnisse, die Förderung mineral. Rohstoffe, geringe Arbeitsproduktivität, verursacht durch mangelnden Kapitaleinsatz und geringes techn. Know-how, hohe Arbeitslosigkeit und Abhängigkeit von Energieimporten. Die Position der E. in der Weltwirtschaft ist entsprechend durch ihre Abhängigkeit von Rohstoffexporten geprägt, welche tendenziellen Preissenkungen und damit der Verschlechterung der →Terms of Trade sowie der schwankenden Nachfrage auf dem Weltmarkt ausgesetzt sind. Die mit hohen Auslandsschulden verbundenen Zahlungen für Zins und Tilgung beeinträchtigen die wirtschaftl. Entwicklung vieler E., bes. auch der lateinamerikan. Schwellenländer (→Schuldenkrise). Die sozialen Strukturen sind zwar von Land zu Land unterschiedlich, weisen aber gemeinsame Merkmale auf, wie ungenügende Versorgung mit Nahrungsmitteln, hohes Bev.-Wachstum, schlechter Gesundheitszustand, geringe Bildungsmöglichkeiten, niedriger Lebensstandard bei oft sehr ungleicher Verteilung der Einkommen, der vorhandenen Waren und Dienstleistungen.

Entwicklungsphysiologie, →Entwicklungsbiologie.
Entwicklungspolitik siehe Seite 160
Entwicklungsprogramm der Vereinten Nationen, Spezialorgan der Vereinten Nationen, →UNDP.
Entwicklungspsychologie, Teilgebiet der Psychologie, dessen Gegenstandsbereich die Beschreibung, Erklärung und Vorhersage vorwiegend der lebenslangen →Entwicklung des Verhaltens und Erlebens von Individuen und Gruppen ist und zwar in ontogenet. wie in phylogenet. Hinsicht. Ende des 19. Jh. durch den Einfluss der Evolutionstheorie C. Darwins als selbstständige Teildisziplin der Psychologie konstituiert, beschränkte sich die E. zunächst auf eine chronologisch möglichst getreue Beschreibung individueller Entwicklungsverläufe. Mit Beginn des 20. Jh. wurde dieses einzelfallbezogene Vorgehen weitgehend aufgegeben. Seither hat die E. eine Vielzahl eigener Forschungsmethoden entwickelt, mit denen Gruppen von gleichaltrigen Individuen aus verschiedenen Lebensphasen zu einem einzigen Erhebungszeitpunkt (Querschnitt) bzw. zu wiederholten Erhebungen (Längsschnitt) untersucht werden. Während die E. zunächst v. a. mit Kindern und Jugendlichen befasst war, hat sich seit Ende der 1960er-Jahre das Forschungsinteresse verstärkt auf die gesamte Lebensspanne bis hin zum Alter (Gerontopsychologie) ausgeweitet. Die wichtigsten Entwicklungsbereiche, die innerhalb der E. untersucht werden, sind die motor. und kognitive Entwicklung, der Spracherwerb, die soziale, emotionale und motivationale Entwicklung, die moral. Entwicklung, die Entwicklung von Identität und Sexualität, krit. Lebensereignisse und Übergangsphasen während des Lebens. Daneben beschäftigt sich die E. heute in zunehmendem Maße mit Fragen der Entwicklungstheorie und versucht im Labor- und Feldexperiment zu klären, durch welche Bedingungen und über welche Lernprozesse der Entwicklungsprozess beeinflusst wird und gesteuert werden kann. – Bekannte Entwicklungstheorien stammen von S. Freud, J. Piaget und L. Kohlberg. Eine weitere ist E. H. Eriksons Theorie der psychosozialen Entwicklung. Nach Erikson besteht der Lebenszyklus aus acht aufeinander folgenden Stufen. Auf jeder dieser Stufen steht ein psychosozialer Konflikt im Vordergrund, der in der jeweiligen Altersspanne

Fortsetzung auf Seite 163

ENTWICKLUNGSPOLITIK

- Theorien der Unterentwicklung
- Entwicklungsstrategien
- Kritik und Perspektiven

Entwicklungspolitik, Gesamtheit von Maßnahmen, die von der internat. Gemeinschaft ergriffen werden, um die soziale, wirtschaftl. und polit. Entwicklung gering entwickelter Länder zu fördern. Zu unterscheiden sind hierbei 1) Maßnahmen, die von →Entwicklungsländern selbst durchgeführt werden; 2) Maßnahmen, die zu ihren Gunsten in Zusammenarbeit mit den Ind.-Staaten oder internat. Organisationen ergriffen werden (→Entwicklungshilfe); 3) Maßnahmen im Rahmen globaler Strukturpolitik, die Rahmenbedingungen für Entwicklungsländer mitgestalten. E. wird in Ind.-Ländern als eigenständiger Politikbereich angesehen mit z. T. eigenen Fachministerien (in Dtl. das Bundesministerium für wirtschaftl. Zusammenarbeit); E., Außen- und Wirtschaftspolitik beeinflussen sich gegenseitig. Entwicklungspolit. Strategien beruhen auf theoret. Annahmen sowohl über die Ursachen von Unterentwicklung als auch über das anzustrebende Entwicklungsmodell.

Theorien der Unterentwicklung

Ökonom. Theorien erklären Unterentwicklung zunächst als Folge unzureichender Ausstattung mit Produktionsfaktoren der unterschiedlichsten Art (Rohstoffe, wirtschaftlich nutzbares Land, Sachkapital, Humankapital), als Folge des internat. Handels (aufgrund starker Abhängigkeit vom Weltmarkt) oder als Folge unzulänglicher Integration von Gesellschaft und Volkswirtschaft (→Dualismus). Zu den ältesten außerökonom. Erklärungsansätzen gehören die Klimatheorien, die unterschiedl. klimat. Gegebenheiten als Einflussfaktoren für die menschl. Leistungsfähigkeit und Anpassung wie auch für die natürl. Ausstattung (schlechte Böden, Lagerhaltungsprobleme) ansehen und damit für unterschiedl. Entwicklungen verantwortlich machen.

Die Modernisierungstheorien vereinigen verschiedene Erklärungsansätze der Unterentwicklung in einem gesamtgesellschaftl. Entwicklungsmodell. Nach K. G. MYRDAL gehören folgende Indikatoren zu den »Modernisierungsidealen«: Rationalität, sozioökonom. Entwicklung, eigenständige Entwicklungsplanung, Produktivitätsverbesserung, Anhebung des Lebensstandards, soziale und wirtschaftl. Emanzipation, verbesserte Institutionen, nat. Konsolidierung und Unabhängigkeit, Demokratie, Partizipation und soziale Disziplin. Ziel ist der gesamtgesellschaftl. Entwicklungsprozess. Im Einzelnen unterscheiden die Theoretiker der E. zw. dem Evolutionsansatz (die durch einen bruchlosen Wandel gekennzeichnete Modernisierung), der Theorie der polit. Entwicklung (d. h., Änderungen im polit. System bewirken eine sozioökonom. Weiterentwicklung), der damit verbundenen Theorie der sozialen Mobilisierung und den Theorien von den →Wirtschaftsstufen. Erweiterungen (z. B. das krit. Minimum an Investitionen oder Eigenanstrengungen, nach dem ein sich selbst tragendes Wachstum einen bestimmten »kritischen« Mindestaufwand erfordert) sind als Erklärungsansätze widersprüchlich und die empir. Ergebnisse oft nicht eindeutig. Die Dualismustheorien gehen von dem unverbundenen Nebeneinander von strukturell verschiedenen (modernen und traditionellen) Wirtschaftssektoren, Regionen, Techniken oder Sozialsystemen in einer Gesellschaft aus. Der Teufelskreis der Armut wird als Regelmechanismus verstanden, in dem negative Faktoren wirken, die gleichzeitig Ursache und Wirkung für andere Negativfaktoren sind. Beispiel: Wenig Nahrung bedingt schlechten Gesundheitszustand, dieser bedingt geringe Leistung, diese bedingt geringe Produktion und fehlendes Einkommen, dieses wiederum bedingt wenig Nahrung usw. An einer Stelle dieses Kreises muss der entwicklungspolit. Eingriff erfolgen.

In den 1970er- und 1980er-Jahren orientierte sich ein Großteil der Erklärungsansätze der Unterentwicklung nicht an endogenen wirtschaftl. Faktoren, sondern sah die Ursachen in den Außenhandelsbeziehungen zw. Ind.- und Entwicklungsländern. Beispiele sind: die Theorie der dominierenden Wirtschaft, nach der im Außenhandel aus histor. Gründen (v. a. Folgen des Kolonialismus) asymmetr. Beziehungen zuungunsten der Entwicklungsländer bestehen; die Theorie der peripheren Wirtschaft mit der einfachen Einteilung der Welt in ein Zentrum der hoch industrialisierten Länder und eine Peripherie der Entwicklungsländer (→Zentrum-Peripherie-Modell); die Vorstellung von unterschiedl. Nachfrageelastizitäten hinsichtlich der Rohstoffe (die v. a. von Entwicklungsländern am Weltmarkt angeboten werden) und der Ind.-Erzeugnisse der Ind.-Länder (→Terms of Trade). Die Abhängigkeitstheorien (→Dependencia-Theorien) bauen z. T. auf der klass. Imperialismustheorie auf. Diesen exogenen Erklärungsansätzen zufolge verhindert nicht die Beharrungskraft vormoderner Strukturen Entwicklung, sondern es ist die spezif. Integration der Entwicklungsländer in den kapitalist. Weltmarkt, die eigenständige Entwicklung unmöglich macht.

Obwohl exogene Erklärungsansätze von Unterentwicklung im Kontext der →Globalisierung ihre Bedeutung behalten, betont die Forschung seit den 1990er-Jahren wieder stärker interne Faktoren, insbes. die notwendigen institutionellen Rahmenbedingungen von Entwicklung. Im Konzept des »good governance« wurden Probleme schlechter Regierungsführung, die Ineffizienz von Staatsapparaten aufgrund von Korruption und Klientelismus als eine wesentl. Dimension von Unterentwicklung anerkannt. Neben den polit. erlangen auch kulturelle Faktoren wieder Bedeutung. Die kulturell verwurzelte Fähigkeit, vertrauen zu können, gilt nicht mehr als Hindernis, sondern – in Form des Sozialkapitals – als Ressource, die erfolgreiche Entwicklungsprozesse erklärt.

Entwicklungsstrategien

Strateg. Empfehlungen in der Frühzeit der E. hatten ihren Ausgangspunkt in der Wachstumstheorie, die über eine Erhöhung der Sparquote, durch eine Steigerung der Kapitalproduktivität oder durch verstärkte Kapitalimporte (z. B. Direktinvestitionen, Exportkredite, bilaterale öffentl. Kredite, Kredite internat. Organisationen und zinslose Transferzahlungen als bedeutsame Finanzierungsquelle für Investitionen) zu einer Erhöhung des Kapitalangebots in den Entwicklungsländern führen sollte. Damit die Umsetzung des meist reichlich vorhandenen Finanzierungskapitals in Realinvestitionen auch tatsächlich zustande kommt, entwickelte RAGNAR NURKSE (* 1907, † 1959) die »Strategie des ausgewogenen Wachstums« (»strategy of balanced growth«). Danach soll eine Ind. aufgebaut werden, die sich gleichzeitig ihren eigenen Markt schafft. Dies erfordert genaue und straff durchzuhaltende Investitionsplanungen sowie staatl. Investitionen (z. B. im Infrastrukturbereich als Basis der privatwirtschaftl. Investitionen) in einem finanziellen Rahmen, der in kaum einem Entwicklungsland vorhanden ist. Als Alternative bzw. als Ergänzung zum ausgewogenen Wachstum wurde von ALBERT O. HIRSCHMAN (* 1915) die »Strategie des unausgewogenen Wachstums« (»strategy of unbalanced growth«) vorgeschlagen. Ihr zufolge behindert unzureichende Kapitalnachfrage wie Investitionsbereitschaft die Entwicklung. Engpässe in der Versorgung könnten jedoch Investitionsreize schaffen. Schlüsselindustrien, d. h. Ind.-Bereiche mit weit reichenden Zulieferer- und Abnehmerbeziehungen, können Gewinnmöglichkeiten eröffnen. Eine Unterstützung der heim. Ind., z. B. durch Importstopps, kann sich als hilfreich erweisen. Diese Strategie haben besonders lateinamerikan. Entwicklungsländer verfolgt, zumeist allerdings ohne nachhaltigen Erfolg. Die Strategie des unausgewogenen Wachstums wurde ergänzt durch die Strategie »Umverteilung durch Wachstum«, nach der das wirtschaftl. Wachstum auch die Bev.-Mehrheit erreichen muss, um die Unterentwicklung nachhaltig zu überwinden.

Weitere Strategien sind die Importsubstitution, d. h. der Versuch, bislang importierte Güter im Inland zu produzieren, um damit Devisen zu sparen und das Wachstum auf mehr Ind.-Zweige auszudehnen, und die Exportdiversifizierung oder Exportexpansion, d. h. die stärkere Einbeziehung der Volkswirtschaften in den Welthandel durch Ausweitung der Ausfuhr traditioneller Exportgüter (v. a. landwirtschaftl. und mineral. Rohstoffe) sowie durch Aufbau neuer exportorientierter Wirtschaftszweige (z. B. weiterverarbeitende Ind.). Die Vorgehensweise der Importsubstitutionsstrategie entspricht der des unausgewogenen Wachstums; Folgen dieser Strategie waren negative Beschäftigungswirkungen, Verschlechterung der Einkommenspositionen der breiten Masse der Bev. und hohe Anteile ausländ. Investitionen. Die Strategie der Exportdiversifizierung, die nach Abbau der protektionist. Maßnahmen erhebl. Erfolge aufweisen konnte, sollte die genannten negativen Folgen der Importsubstitution möglichst auffangen. Das Hauptproblem dieser Strategie liegt in den gleichartigen Angebots- und Produktpaletten der Entwicklungsländer.

Der Aufstieg der internat. Finanzinstitutionen Weltbank und IWF als entwicklungspolit. Leitinstitutionen in den 1980er-Jahren ging einher mit einer Harmonisierung entwicklungspolit. Strategien (»Washington-Consensus«). Hierbei wird stärker auf den Abbau staatl. Eingriffe in Märkte vertraut, und Ent-

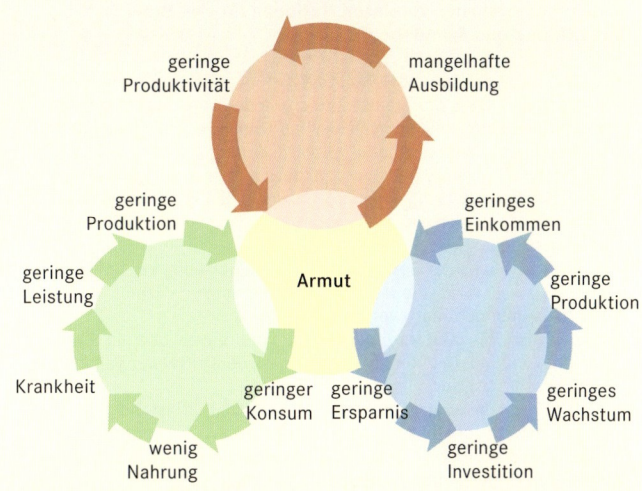

Entwicklungspolitik: Teufelskreis der Armut

wicklungsländer werden auf umfangreiche institutionelle Reformen in ihrer Wirtschaftspolitik verpflichtet. Die »Strukturanpassung« bezieht sich hauptsächlich auf Deregulierung der Märkte, Handelsliberalisierung und makroökonom. Stabilisierung.

Mit der vom Internat. Arbeitsamt Anfang der 1970er-Jahre entwickelten →Grundbedürfnisstrategie wurde erstmals die Bekämpfung der Massenarmut zur wichtigsten entwicklungspolit. Strategie. E. sollte nun v. a. Investitionen in Einrichtungen tätigen, durch die die Grundbedürfnisse der Bev. wie Nahrung, Wohnung, Bildung befriedigt werden, und somit auch die Selbsthilfefähigkeit von Armutsgruppen stärken. In fast allen Entwicklungsplänen wurde zwar weiter davon ausgegangen, dass Wachstum überwiegend auf Industrialisierung beruht, jedoch führte die Tatsache, dass die Vernachlässigung der Landwirtschaft eine Ursache für anhaltende Armut, Einkommensungleichgewichte und Arbeitslosigkeit ist, zu einer strateg. Entwicklung des primären Sektors. Durch Landreformen und Infrastrukturmaßnahmen sollen die Grundlagen für eine Selbstversorgung mit Nahrungsmitteln sowie für den Export von Agrarerzeugnissen geschaffen werden. Beratung, regionale Zentren, geeignete Technologien, die Arbeit auf gemeinschaftl. Basis (Kooperativen und Genossenschaften) sollen auch Probleme wie die Landflucht lösen helfen. Einige dieser Ansätze setzten entweder auf autozentrierte Entwicklung durch Abkopplung (Dissoziation) von der Weltwirtschaft auf Zeit oder in einer weniger radikalen Variante auf Strategien →ländlicher Entwicklung sowie einen Technologie- und Bildungsimport, der sich an den Bedürfnissen in den Ländern orientiert (→Selfreliance).

Nachdem die Reduzierung absoluter Armut im ordnungspolit. Klima der 1980er-Jahre zwischenzeitlich in den Hintergrund rückte, ist sie seit den 1990er-Jahren wieder zentrales entwicklungspolit. Ziel, zumal Strukturanpassung zwar makroökonom. Prozesse stabilisiert, nicht aber Armut reduziert und z. T. auch nat. Ernährungssicherung gefährdet. Armutsbekämpfung schließt die Forderung nach polit.

Millenniumsziele der Vereinten Nationen für den Bereich Entwicklung und Armutsbeseitigung

- bis 2015 soll der Anteil der Weltbevölkerung, dessen Einkommen weniger als 1 US-$ pro Tag beträgt, sowie der Anteil der Menschen, die Hunger leiden und die hygienisches Trinkwasser nicht erreichen oder sich nicht leisten können, halbiert werden;
- bis 2015 soll sichergestellt werden, dass Kinder in der ganzen Welt eine Primarschulbildung vollständig abschließen können und dass Mädchen wie Jungen gleichberechtigten Zugang zu allen Bildungsebenen haben;
- die Gleichstellung der Geschlechter und die Stärkung der Rolle der Frau sollen als wirksame Mittel zur Bekämpfung von Armut, Hunger und Krankheit gefördert werden;
- bis 2015 soll die Müttersterblichkeit um drei Viertel und die Sterblichkeit von Kindern unter fünf Jahren um zwei Drittel der derzeitigen Rate gesenkt werden;
- bis 2015 soll die Ausbreitung von HIV/Aids zum Stillstand gebracht und allmählich zum Rückzug gezwungen werden, der Ausbruch von Malaria und anderen schweren Krankheiten soll unterbunden und ihr Auftreten zurückgedrängt werden;
- Kinder, die durch HIV/Aids zu Waisen wurden, sollen besondere Hilfe bekommen;
- bis 2020 sollen erhebliche Verbesserungen im Leben von mindestens 100 Millionen Slumbewohnern erzielt werden;
- Strategien, die jungen Menschen überall eine reale Chance geben, menschenwürdige und produktive Arbeit zu finden, sollen erarbeitet und umgesetzt werden;
- der pharmazeutischen Industrie soll nahe gelegt werden, lebenswichtige Medikamente verfügbarer und für alle Menschen in den Entwicklungsländern, die sie brauchen, erschwinglich zu machen;
- im Bemühen um Entwicklung und Armutsbeseitigung soll der Aufbau fester Partnerschaften mit dem Privatsektor und den Organisationen der Zivilgesellschaft geleistet werden;
- es soll sichergestellt werden, dass alle Menschen die Vorteile der neuen Technologien, insbesondere der Informations- und Kommunikationstechnologien, nutzen können.

Mitwirkung und sozialer Teilhabe der Armen am gesellschaftl. Fortschritt ein und konzentriert sich oft auf ausgewählte Zielgruppen (u. a. auf den städtisch-informellen Sektor und auf Frauen). Auf der UN-Generalversammlung 2000 wurde diese Armutsorientierung im »Millenniums«-Zielkatalog bekräftigt. Die verschiedenen angestrebten Ziele der »Millenniums«-Erklärung für den Bereich »Entwicklung und Armutsbeseitigung« (andere Bereiche sind u. a. »Frieden, Sicherheit und Abrüstung«, »Schutz der gemeinsamen Umwelt«, »Menschenrechte, Demokratie und gute Lenkung«) können angesichts der extremen Heterogenität der Entwicklungsländer und der unterschiedl. armutsdeterminierenden Faktoren jedoch nur geringe Bedeutung für die Entwicklung realitätsnaher entwicklungspolit. Strategien haben.

Ein Konsens besteht in der E. über die Beibehaltung des Wachstumsziels und die Notwendigkeit von Teilreformen im Rahmen einer marktwirtschaftlich orientierten und auf Weltmarktintegration angelegten Entwicklung. Wachstumstheorien werden verfeinert, und internat. Wettbewerbsfähigkeit soll durch gezielte polit. und gesellschaftl. Reformen erreicht werden, d. h., zentrale staatl. Funktionen müssen entwicklungspolitisch gestärkt werden (»Post-Washington Consensus«). Die Kohärenz der E. mit anderen Politikfeldern soll gewährleistet werden, und Wachstum soll zugleich sozial- und umweltverträglich sein. Letzteres kommt im Konzept der →nachhaltigen Entwicklung zum Ausdruck. Es beinhaltet die implizite Aufforderung an Entwicklungs- und Ind.-Länder, sämtliche Strukturen und Reformen auf Nachhaltigkeit zu befragen, d. h. daraufhin, ob sie ökologisch verträglich und zukunftsfähig sind. Die Nachhaltigkeitsdiskussion resultiert aus der Erkenntnis, dass es mit den bisherigen Konzeptionen nicht gelungen ist, die fortschreitende Verarmung großer Bev.-Gruppen in der Dritten Welt aufzuhalten oder eine Verbesserung der wirtschaftl. und sozialen Lebensverhältnisse in den Entwicklungsländern zu erreichen. Zum anderen wurde immer deutlicher, dass die Menschen in den Entwicklungsländern zwar die Hauptbetroffenen von Umweltzerstörung, Bev.-Wachstum, Migration und Flucht oder der Ausbreitung von Aids und anderen Krankheiten sind, diese Probleme aber globaler Natur sind und im globalen Rahmen gelöst werden müssen. Daher umfasst E. auch handels-, rohstoff-, währungs-, umwelt- und sozialpolit. Maßnahmen sowie globale Normen- und Regelwerke, die u. a. im Rahmen der →WTO oder auf Weltkonferenzen vereinbart werden.

Kritik und Perspektiven

Trotz aller entwicklungspolit. Bemühungen und Empfehlungen hat sich die Lage der Entwicklungsländer, gemessen an Indikatoren des Wohlstands und seiner globalen Verteilung, nicht wesentlich verbessert. Nicht zu übersehen sind die Fehlschläge der in den 1950er- und 1960er-Jahren verfolgten wachstums- und exportorientierten Industrialisierungsstrategien. Bei der Gleichsetzung von Entwicklung mit Industrialisierung wurde übersehen, dass die Übertragung dieses Konzepts von hoch industrialisierten Ländern aus erfolgte, deren Agrarsektor eine hohe Produktivität aufweist und in denen nur noch ein kleiner Teil der Bev. im primären Sektor beschäftigt ist. Wachstumsschübe in einzelnen Ind.-Bereichen haben in der Regel kaum zu einer breiten Erschließung des Binnenmarktes beigetragen. Die vielfach geförderten Produktionszonen schließen weitgehend diese Marktschließung aus, und sowohl die Strategie der Importsubstitution als auch die der Exportorientierung weisen häufig fehlende Kopplungseffekte auf. Einige Entwicklungsländer haben allerdings den Schritt über den Exportsektor vollzogen; unter Ausnutzung ihrer speziell. Produktionskostenvorteile, wie bes. »preiswerte« und qualifizierte Arbeitskräfte, haben z. B. Taiwan, Süd-Korea, Singapur, Thailand und China Exportindustrien aufgebaut. Häufige Nebeneffekte der Industrialisierungspolitik sind zunehmende Landflucht und Slumbildung in den Ballungszentren. Die mit der Industrialisierung verbundenen Umweltbelastungen stellen ebenso wie die massiven Eingriffe in den Naturhaushalt durch Agroindustrie und Monokulturen nicht nur für das ökologisch labile System der Tropen, sondern auch für das globale System der Klimaentwicklung ein großes Problem dar.

Ein Teil der Kritik an E. und ihren Maßnahmen richtet sich gegen die Bestrebungen, das westl. Modell der wirtschaftl. und sozialen Entwicklung auf die Entwicklungsländer zu übertragen. Die im Rahmen entwicklungspolit. Programme ausgebildeten »Eliten« werden in vielen Entwicklungsländern nicht mehr als Impulsgeber, sondern eher als Entwicklungsblockade angesehen. Gerade die modernisierten Bev.-Schichten stellen die Basis der radikalen Zurückweisung des westl. Entwicklungsmodells dar. Die Kritik an E. in den Ind.-Ländern bezieht sich eher auf die Ineffizienz von Projekten und Programmen der →Entwicklungshilfe.

Eine größere steuerungstheoret. Bescheidenheit der E. ist angebracht. Die strateg. Empfehlungen sollten sich auf den Entwicklungsprozess einzelner Ländergruppen oder Sektoren beschränken. Bisherige Erfahrungen mit derartigen Vorhaben zeigen, dass es Chancen für Verbesserungen gibt, die für die jeweils betroffenen Akteure bedeutsam sind, ohne stets die Hoffnungen auf einen großen Durchbruch und einen messbaren Entwicklungssprung zu erfüllen. Die Neuorientierung von Entwicklungskonzepten (v. a. integrierte ländl. Entwicklung, »good governance«, nachhaltige Entwicklung) kann positive Ergebnisse erzielen, wenn sie von den lokalen Entscheidungsträgern tatsächlich mitgetragen wird (»ownership«) und der Mut aufgebracht wird, soziale, wirtschaftl. und polit. Strukturen, die entwicklungshemmend sind, zu hinterfragen. Darüber hinaus ist eine Reform des internat. Wirtschafts- und Finanzsystems erforderlich, bes. bezogen auf eine stärkere Integration der Entwicklungsländer in die Weltwirtschaft.

Viele Entwicklungsländer haben seit den 1980er-Jahren beträchtl. Eigenanstrengungen unternommen. Hierzu gehören u. a. Diversifizierung der Angebotspalette am Weltmarkt, Bemühungen, das Bev.-Wachstum einzudämmen, verstärkte Kapitalbildung über Ersparnisse, Stärkung funktionierender Steuersysteme, die die staatl. Einnahmen sichern, sowie Stärkung staatl. Leistungsfähigkeit und rechtl. Institutionen.

Enzyklopädische Vernetzung
Armut ▪ Arbeitslosigkeit ▪ Bevölkerungsentwicklung ▪ Neue Weltwirtschaftsordnung ▪ Welternährung ▪ Weltwirtschaft

Der Pearson-Bericht, hg. v. der Kommission für internat. Entwicklung (a. d. Engl., Wien 1969); K. G. Myrdal: Ökonom. Theorie u. unterentwickelte Regionen (a. d. Engl., Neuausg. 1974); V. Timmermann: Entwicklungstheorie u. E. (1982); Dritte-Welt-Forschung. Entwicklungstheorie u. E., hg. v. F. Nuscheler (1985); Entwicklungszusammenarbeit. Fakten, Erfahrungen, Lehren, hg. v. R. Cassen (a. d. Engl., Bern 1990); M. Kaiser u. N. Wagner: E. Grundll., Probleme, Aufgaben (^{3}1991); R. Koch: Entwicklungsschutz statt Entwicklungshilfe (1993); Hb. der Dritten Welt, hg. v. D. Nohlen u. F. Nuscheler, 8 Bde. (^{3}1993–95); W. Lachmann: E., 4 Bde. ($^{1-2}$1994 bis 2004); U. Menzel: Gesch. der Entwicklungstheorie (1995); R. H. Strahm: Warum sie so arm sind. Arbeitsb. zur Unterentwicklung in der Dritten Welt mit Schaubildern u. Kommentaren (^{9}1995); N. Wagner u. M. Kaiser: Ökonomie der Entwicklungsländer (^{3}1995); R. E. Thiel: Entwicklungspolitiken. 33 Geberprofile. (1998); J. H. Wolff: E. – Entwicklungsländer. Fakten, Erfahrungen, Lehren (^{2}1998); L. Klemp: E. im Wandel (2000); T. Kesselring: Ethik der E. (2003); J. H. Wolff: Entwicklungsländer u. E. im Rahmen globaler polit. Strukturen u. Prozesse (2003); F. Nuscheler: Lern- u. Arbeitsb. E. (^{5}2004). – *Periodika:* Bericht zur Entwicklungspolitik der Bundes-Reg. (1973 ff.); Weltentwicklungsbericht, hg. v. der International Bank for Reconstruction and Development (Washington, D. C., 1978 ff.).

Fortsetzung von Seite 159

ausreichend bearbeitet werden muss, wenn er auch in späteren Phasen nicht völlig verschwinden wird. Wird die jeweilige Herausforderung nicht angemessen bewältigt, so kann dies die weitere Entwicklung negativ beeinflussen. – Tabelle Seite 164

M. Trautner: Lb. der E., 2 Bde. (1991); E. hg. v. R. Oerter u. L. Montada (^{5}2002); L. Berk: E. (^{3}2005).

Entwicklungsroman, Bez. für einen Romantypus, in dem, im Unterschied zum Typ des Zeit-, Staatsoder Gesellschaftsromans, die erzählte Welt von einer Zentralgestalt her gesehen ist und das Interesse des Erzählers v. a. den Bewusstseins- und sozialen Lernprozessen des zumeist jugendl. Helden gilt, vom →Bildungsroman und →Erziehungsroman kaum abzugrenzen. Bes. ausgeprägt ist der E. in der dt. Literatur, Prototyp ist Goethes »Wilhelm Meisters Lehrjahre«, doch wird die Bez. auch auf ältere Werke angewandt, so gelten (oft nicht unwidersprochen) auch Werke wie der »Parzival« des Wolfram von Eschenbach und »Der Abentheurliche Simplicissimus Teutsch« des J. J. C. von Grimmelshausen als E. Herausragende Beispiele des 19. und 20. Jh. sind »Der grüne Heinrich« (G. Keller), »Der Zauberberg« (T. Mann), »Das Glasperlenspiel« (H. Hesse), »Die Blechtrommel« (G. Grass). →Roman.

J. Jacobs u. M. Krause: Der dt. Bildungsroman (1989); Gerhart Mayer: Der dt. Bildungsroman (1992); H. Hillmann u. P. Hühn: Der europ. E. in Europa u. Übersee. Literar. Lebensentwürfe der Neuzeit (2001).

Entwicklungssoziologie, Teilgebiet der Soziologie, das auf die Erforschung der Bedingungen von Prozessen des wirtschaftl., sozialen und kulturellen Wandels von Gesellschaften oder gesellschaftl. Teilbereichen gerichtet ist. Sie untersucht sowohl Wandlungsprozesse mit Blick auf die Entstehung moderner Gesellschaften als auch Entwicklungsprozesse in Entwicklungsländern sowie die Praxis der Entwicklungspolitik und ihre Wirkungen. Ging man zunächst davon aus, dass sich auch in den Entwicklungsländern allg. »Muster« der Modernisierung (Alphabetisierung, Industrialisierung, Verstädterung u. Ä.) und sozialen Mobilisierung nachweisen lassen, so wird diese Orientierung an den »Referenzgesellschaften« neuerdings differenzierter gesehen.

Entwicklungsstörungen, Sammel-Bez. für Normabweichungen in der embryonalen wie auch körperl. und seelisch-geistigen kindl. Entwicklung. (→Embryopathie, →Fetopathie, →Kind)

Entwicklungsvölkerrecht, Bez. für die Gesamtheit der die internat. Entwicklungspolitik betreffenden völkerrechtl. Regeln, einschließlich des Rechts der die Nord-Süd-Beziehungen prägenden Institutionen. Der Begriff steht im Zusammenhang mit der in den 60er-Jahren des 20. Jh. von den Entwicklungsländern erhobenen Forderung nach einer →Neuen Weltwirtschaftsordnung (NWWO), die deren im Zuge der →Entkolonialisierung erlangte politische Unabhängigkeit auch auf wirtschaftl. Ebene durchsetzen sollte. Hauptforum der polit. Auseinandersetzung über Inhalt und Ausgestaltung des E. war die UNO, insbes. die →UNCTAD. Nach der weitgehenden Erfolglosigkeit der NWWO ist das E. heute vor allem durch das Konzept der »gemeinsamen und doch unterschiedl. Ver-

Entwicklungspsychologie: Stufen der psychosozialen Entwicklung (nach Erik H. Erikson)			
ungefähres Alter	Krise	Lösung	
		angemessen	unangemessen
Säuglingsalter (0–1½ Jahre)	Vertrauen versus Misstrauen	grundlegendes stabiles Sicherheitsbewusstsein	Unsicherheit, Angst
Kleinkindalter (1½–3 Jahre)	Autonomie versus Selbstzweifel	Selbstwahrnehmung als Handelnder, als fähig zur Körperbeherrschung, als Verursacher von Geschehnissen	Zweifel an der eigenen Fähigkeit, Ereignisse kontrollieren zu können
frühe Kindheit (4–6 Jahre)	Initiative versus Schuld	Vertrauen auf eigene Initiative und Kreativität	Gefühl des fehlenden Selbstwertes
mittlere und späte Kindheit (7–12 Jahre)	Kompetenz versus Minderwertigkeit	Vertrauen auf angemessene soziale und intellektuelle Fähigkeiten	mangelndes Selbstvertrauen, Gefühl des Versagens
Adoleszenz (12–20 Jahre)	Identität versus Rollendiffusion	Entwicklung eines stimmigen Gesamtkonzeptes des Selbst, festes Vertrauen in die eigene Person	Wahrnehmung des eigenen Selbst als bruchstückhaft, schwankendes unsicheres Selbstvertrauen
frühes Erwachsenenalter (20–40 Jahre)	Intimität versus Isolierung	Fähigkeit zur Nähe und zur Bindung an andere Personen	Gefühl der Einsamkeit, des Abgetrenntseins, Leugnung des eigenen Bedürfnisses nach Nähe und Intimität
mittleres Erwachsenenalter (40–65 Jahre)	Generativität versus Stagnation	Interesse an Familie, Gesellschaft, künftigen Generationen	selbstbezogene Interessen, fehlende Zukunftsorientierung
spätes Erwachsenenalter (65 Jahre und mehr)	Ich-Identität versus Verzweiflung	Gefühl der Ganzheit, grundlegende Zufriedenheit mit dem Leben	Gefühl der Vergeblichkeit, quälende Selbstvorwürfe, Enttäuschung

antwortlichkeiten« (engl. »common but differentiated responsibilities«) gekennzeichnet: Danach unterliegen die Entwicklungsländer grundsätzlich den gleichen Verpflichtungen wie die Industriestaaten; Letztere sind aber verpflichtet, die Entwicklungsländer bei deren Erfüllung zu unterstützen, z. B. durch finanzielle Unterstützung und Technologietransfer. Zunehmend wird dies an die Erfüllung von Mindestanforderungen an Staatsleitung und Verwaltung (engl. »good governance«) geknüpft. Auch die im Recht der →WTO vorgesehenen Vergünstigungen für Entwicklungsländer sind Bestandteil des E. Inhaltlich wird zudem über ein Menschenrecht auf Entwicklung (engl. »right to development«) diskutiert. In einem weiteren Sinne drückt der Begriff E. durch seine Finalität – bezogen auf die Überwindung der globalen Entwicklungsdisparitäten – einen Struktur- und Funktionswandel der →Völkerrechtsordnung aus.

📖 M. KALTENBORN: E. u. Neugestaltung der internat. Ordnung (1998).

Entwicklungszentrum, Entstehungszentrum, *Biogeografie:* Bez. für ein Gebiet, das (im Unterschied zum übrigen Areal) durch das Vorkommen zahlr., nahe miteinander verwandter Tier- und Pflanzenarten gekennzeichnet ist und als Ursprungsgebiet der betreffenden systemat. Kategorie angesehen werden kann.

Entwöhnung, *Psychiatrie:* die langfristige Lösung der Bindung zum Suchtmittel nach der Entgiftung (→Entzugskur) bei Drogenabhängigkeit.

entwürdigende Behandlung, Straftat, die begeht, wer einen militär. Untergebenen entwürdigend behandelt (z. B. durch den Befehl, sich vor versammelter Mannschaft herabwürdigend zu bezichtigen) oder ihm böswillig den Dienst erschwert oder eine solche Behandlungsweise fördert oder pflichtwidrig duldet. Strafrahmen: Freiheitsstrafe bis zu 5 Jahren, in bes. schweren Fällen nicht unter 6 Monaten (§ 31 Wehrstraf-Ges.). Wesensgleiche Bestimmungen enthält § 35 österr. Militärstraf-Ges.; eine parallele Vorschrift fehlt im schweizer. Militärstraf-Ges., doch kennt dieses (Art. 66) den Missbrauch der Befehlsgewalt.

Entwurf,
1) *Kunst:* erste Fixierung eines Kunstwerks, meist als →Skizze, in der Bildhauerkunst auch als →Bozzetto.
2) *Philosophie:* in der Fundamentalontologie M. HEIDEGGERS die existenziale Struktur des Daseins, d. h. des Menschen als des sich selbst und seine Welt verstehenden Wesens. Aufgrund des Entwurfcharakters vermag der Mensch sich auf Möglichkeiten hin zu entwerfen und als er selbst (»eigentlich«) oder, in Alltäglichkeit, selbstvergessen (»uneigentlich«) zu existieren. Im seinsgeschichtl. Denken der Spätphilosophie wird E. von HEIDEGGER als das Erdenken der Wahrheit des Seins bestimmt. Bei J.-P. SARTRE wird E. (»Projet«) zum zentralen Begriff seiner existenziellen Anthropologie, wobei das Sichentwerfen des Menschen im Handeln kennzeichnend ist für seine Existenz und zugleich die Struktur der Freiheit ausmacht. Gegen eine übergeordnete Bestimmung einer Natur des Menschen gerichtet, existiert der Mensch als derjenige, als der er sich entwirft und wählt, und trägt hierfür Verantwortung.

Entwurfsgeschwindigkeit, *Straßenbau:* Richtgeschwindigkeit in der Straßenplanung, die theoretisch eine sichere Verkehrsabwicklung gewährleistet. Die E. dient als Richtwert, um die geometr. Elemente (Trassierungselemente) der Straße, z. B. Kurvenradius und Überhöhungen, auf einer gemeinsamen Grundlage ermitteln zu können.

Entzerrung,
1) *Fotogrammetrie:* opt., graf. oder rechner. Verfahren zur Beseitigung projektiver Verzerrungen von Messbildern, die bei der fotograf. Aufnahme ebener Objekte entstehen, wenn Bild- und Objektebene nicht parallel ausgerichtet sind. Zur opt. E. dienten lange Zeit **E.-Geräte,** mit denen Projektions- und Bild- oder Objektivebene unter Benutzung von Passpunkten zueinander geneigt wurden. Inzwischen sind diese Verfahren durch Methoden der digitalen Bildverarbei-

tung verdrängt worden. Messbilder von nichtebenen Objekten werden nach dem Orthofotoverfahren (→Orthobild) entzerrt.

2) *Nachrichtentechnik* und *Elektroakustik:* die Beseitigung oder Verringerung übertragungsbedingter Verfälschungen elektr. Signale, die die Erkennbarkeit und Verwertbarkeit der Nachricht beeinträchtigen (→Verzerrung), mittels geeigneter Schaltglieder. Bei der Abtastung von Schallplatten mit magnetodynam. oder keram. Tonabnehmern muss die bei der Aufnahme vorgenommene und durch die →Schneidkennlinie festgelegte Verzerrung wieder rückgängig gemacht werden, was mithilfe einer frequenzabhängigen Gegenkopplung in speziell hierfür ausgelegten Entzerrervorverstärkern erfolgt.

Entziehung, Entgiftung, *Psychiatrie:* das Absetzen eines Suchtmittels, meist im Rahmen einer →Entzugskur.

Entziehung der Fahrerlaubnis. Wird jemand wegen einer rechtswidrigen Tat, die er im Zusammenhang mit dem Führen eines Kfz begangen hat, verurteilt oder nur wegen erwiesener oder möglicher Schuldunfähigkeit nicht verurteilt, so entzieht ihm das Gericht für die Dauer von 6 Monaten bis zu 5 Jahren, ggf. auch für immer, die Fahrerlaubnis, wenn sich aus der Tat ergibt, dass er zum Führen von Kfz ungeeignet ist (§§ 69, 69a StGB). Bei bestimmten Delikten (Gefährdung des Straßenverkehrs, Verkehrsunfallflucht, Trunkenheit im Verkehr, Rauschtat) ist der Täter i. d. R. als ungeeignet zum Führen von Kfz anzusehen. Bei Fahren unter Einfluss von Rauschdrogen (z. B. Marihuana, Ecstasy, Kokain u. a.) ist im Einzelfall zu prüfen, ob Gefährdung des Straßenverkehrs (§ 315c StGB) in Betracht kommt. Die bloße Feststellung des Konsums reicht nicht. Nach § 111a StPO kann auch schon im Ermittlungsverfahren durch richterl. Beschluss eine **vorläufige E. d. F.** erfolgen, wenn dringende Gründe für die Annahme vorhanden sind, dass die Fahrerlaubnis entzogen werden wird. Von der vorläufigen E. d. F. ist die Beschlagnahme, Sicherstellung oder Inverwahrnahme des Führerscheins zu unterscheiden. Von den (2002) 224 562 wegen Vergehen im Straßenverkehr Verurteilten entfielen 109 757 auf Vergehen in Verbindung mit Trunkenheit oder Genuss von berauschenden Mitteln. Zu einem Unfall kam es dabei in 33 818 Fällen. Das Fahren ohne Fahrerlaubnis wird nach § 21 StVG mit Freiheits- oder Geldstrafe belegt. Neben der E. d. F., die eine →Maßregel der Besserung und Sicherung darstellt, kennt das Strafrecht als Nebenstrafe auch das →Fahrverbot.

Die Fahrerlaubnis ist des Weiteren durch die Fahrerlaubnisbehörde nach § 3 StVG, § 46 Fahrerlaubnis-VO zu entziehen, wenn sich der Inhaber als ungeeignet oder nicht befähigt zum Führen von Kfz erweist (→Fahruntüchtigkeit).

In Österreich erfolgt eine Entziehung der Lenkberechtigung ausschließlich durch Verwaltungsbehörden bei Wegfall der Verkehrszuverlässigkeit, der gesundheitl. Eignung oder der fachl. Befähigung (§§ 24 ff. Führerschein-Ges.). Bei der Entziehung kann die Behörde auch begleitende Maßnahmen (z. B. Nachschulung) für den Wiedererwerb anordnen und bei Nichtbefolgen die Entziehungszeit verlängern. Die Zuverlässigkeit kann auch entfallen, wenn nach Begehung bestimmter Straftaten (z. B. Tötungs-, Körperverletzungsdelikte, Straftat im Zustand voller Berauschung) zu befürchten ist, der Täter werde unter Ausnutzung eines Kfz schwere strafbare Handlungen begehen. Vorläufige Abnahme des Führerscheins durch Sicherheitsorgane ist möglich, wenn der Lenker bes. durch Alkoholisierung deutlich erkennbar nicht mehr die »volle Herrschaft über seinen Geist und seinen Körper besitzt« (§ 39 Führerschein-Ges.). Das schweizer. Recht kennt die E. d. F. bisher nur als Verwaltungsmaßnahme (Art. 16 Straßenverkehrs-Ges.); zudem ist das Fahren ohne den erforderl. Führerausweis nach Art. 95 Straßenverkehrs-Ges. strafbar. Neu gibt der revidierte Art. 67b StGB (Fahrverbot) dem Gericht die Möglichkeit, den Führerausweis für die Dauer von einem Monat bis zu fünf Jahren zu entziehen, wenn der Täter ein Motorfahrzeug zur Begehung eines Verbrechens oder Vergehens verwendet hat und Wiederholungsgefahr besteht; die Sanktion kann nur neben einer Strafe oder einer (anderen) Maßnahme angeordnet werden, nicht an deren Stelle.

Entziehung Minderjähriger, früher **Kinderraub, Kindesentziehung,** Straftat, die begeht, wer einen Minderjährigen unter 18 Jahren durch List, Drohung oder Gewalt oder ein Kind (Person unter 14 Jahren), ohne dessen Angehöriger zu sein, seinen Eltern, einem Elternteil, dem Vormund oder dem Pfleger entzieht oder vorenthält. E. M. ist nach § 235 Abs. 1 StGB mit Freiheitsstrafe bis zu fünf Jahren oder Geldstrafe bedroht. Ebenso wird bestraft, wer ein Kind seinen Eltern, einem Elternteil, dem Vormund oder dem Pfleger entzieht, um es in das Ausland zu verbringen, oder im Ausland vorenthält, nachdem es dorthin verbracht worden ist oder es sich dorthin begeben hat (§ 235 Abs. 2). Die Tat wird in den Fällen der Abs. 1–3 nur verfolgt, wenn ein Strafantrag gestellt wird oder die Strafverfolgungsbehörde ein besonderes öffentl. Interesse an der Strafverfolgung bejaht. Bringt der Täter das Opfer z. B. in Todesgefahr, ist auf Freiheitsstrafe von einem bis zu zehn Jahren zu erkennen (§ 235 Abs. 4). In minder schweren Fällen ist der Strafrahmen niedriger. Die Tat kann auch von einem Elternteil gegenüber dem anderen begangen werden, wenn dieser Mitinhaber der elterl. Sorge oder Umgangsberechtigter ist. Die Einwilligung des Minderjährigen ist ohne Bedeutung. (→Entführung)

Entzinnen, Rückgewinnung von Zinn aus Weißblechabfällen; erfolgt durch Elektrolyse, durch Auflösen des Zinns in alkal. Lösungen (Bildung von Alkalistannaten) oder durch Behandeln mit Chlor (Bildung von Zinntetrachlorid).

Entzugskur, Entziehungskur, stationär durchgeführte Behandlung Suchtkranker zur Entgiftung und anschließenden Entwöhnung von Suchtmitteln (→Sucht). Bei der →Abhängigkeit von Alkohol, Stimulanzien und Opioiden erfolgt sofortiger Entzug, bei Barbituraten und Benzodiazepinen eine langsame Dosisreduzierung. Die dabei auftretenden Entzugserscheinungen (→Entzugssyndrom) werden symptomatisch (i. d. R. durch Ersatzmittel) behandelt. Wichtig für den Erfolg einer E. sind die begleitende psychotherapeut. Behandlung (Einzel- oder Gruppentherapie) sowie die konsequente langfristige Nachsorge, die z. B. durch den Hausarzt, Drogenberatungsstellen, in Selbsthilfegruppen oder therapeut. Wohngemeinschaften stattfinden kann, und Maßnahmen, die der Reintegration in die Gesellschaft dienen. Ziel der E. ist die anhaltende Abstinenz.

Bei der Durchführung der Methadonerhaltungstherapie, die in den USA v. a. bei Heroinsüchtigen in den 1960er-Jahren eingeführt wurde, handelt es sich um eine Substitutionstherapie. Die Behandlung mit Methadon befreit den Süchtigen von Entzugssymptomen

Entz Entzugssyndrom

Entzugssyndrom: Die wichtigsten Entzugserscheinungen und ihre Dauer

Substanz	Symptome	Dauer
Alkohol	Zittern, Schwitzen, Übelkeit, Erbrechen, Angst, Reizbarkeit, Schlafstörungen, epilept. Anfälle, Delirium tremens	etwa 3–5 Tage (max. 7 Tage; vereinzeltes Auftreten der Symptome noch über Monate
Opioide und Antagonisten	erweiterte Pupillen, Frösteln, verstärkter Speichelfluss, Naselaufen, Durchfall, niedergeschlagene und gereizte Stimmung, Zittern, Bauch- und Gliederschmerzen	Heroin: etwa 4 Tage Codein: etwa 4–6 Tage Methadon: etwa 7–8 Tage
Benzodiazepine	Derealisations- und Depersonalisationsphänomene, Unruhe, Angst, Übelkeit, Zittern, Schlafstörungen, Schmerzen, epilept. Anfälle, Delirium, Halluzinationen	Beginn nach 1–10 Tagen für 2–3 Wochen; vereinzeltes Auftreten der Symptome noch über Wochen

und ermöglicht ihm darüber hinaus, ein im weitesten Sinne gesellschaftl. Normen entsprechendes Leben zu führen. Jedoch muss in den meisten Fällen die Methadonbehandlung ein Leben lang fortgeführt werden, um Rückfälle zu vermeiden, der völlige Entzug gelingt in den wenigsten Fällen. In Dtl. wird die Behandlung Suchtkranker mit Methadon ebenfalls unter bestimmten Kriterien praktiziert.

Entzugssyndrom, Abstinenzsyndrom, Bez. für Erscheinungen nach Absetzen eines regelmäßig zugeführten, körperl. oder seel. Abhängigkeit hervorrufenden Stoffes (z. B. Alkohol, Schlafmittel, Opioide). Die seel. Reaktionen (**psychisches E.**) bestehen in Unruhe, Angstzuständen, Verstimmungen, die körperl. (**physisches E.**) in vegetativen Erscheinungen (Zittern, Frieren, Schweißausbrüche, Herzrasen), Durchfall, Erbrechen, Übelkeit, Schlaflosigkeit und Krampfanfällen. Je nach Substanz sind die Erscheinungen verschieden und halten unterschiedlich lange an.

Entzundern, Oberflächenbehandlung: das Entfernen der auf der Oberfläche von Stahl bei hohen Temperaturen gebildeten, aus Eisenoxiden bestehenden Zunderschicht; geschieht i. Allg. durch Beizen, Bürsten, Strahlen, Biege-E. oder Flammstrahlen.

Entzündung,
1) *Chemie:* eine chem. Reaktion (oft Verbrennung), die mit oder ohne Einwirkung einer Zündquelle lebhaft unter Lichtentwicklung oder Verpuffung abläuft. Von **Selbstentzündung** spricht man, wenn die Reaktion ohne Einwirkung einer äußeren Zündquelle startet. E. setzt ein, sobald das reagierende Stoffgemisch auf eine bestimmte Temperatur, die **E.-Temperatur (Zündtemperatur)**, gebracht worden ist. Bei flüssigen Brennstoffen, Schmierölen u. Ä. unterscheidet man zw. dem →Flammpunkt, an dem sich die über der Flüssigkeit entstehenden brennbaren Dämpfe entzünden lassen, und dem →Brennpunkt, an dem die Flüssigkeit selbst weiterbrennt.

2) *Medizin:* **Inflammatio,** unspezifische, örtl. Abwehrreaktion des lebenden Organismus auf einen schädigenden Reiz in Form von Veränderungen des Gefäß-Bindegewebe-Systems. Die medizin. Bez. für E. besteht meist aus dem griech. Wort für das betroffene Organ mit der angefügten Endung »-itis« (z. B. Gastritis, Bronchitis).

Die Ursachen von E. liegen überwiegend im Eindringen von Krankheitserregern, Parasiten, Giften (z. B. durch Insektenstiche) und Allergenen, auch von Fremdkörpern; weitere Auslöser sind physikal. Einwirkungen (ionisierende u. a. Strahlen, Hitze, Kälte), chem. Substanzen (Säuren, Laugen) und mechan. Reize (Reibung, Druck), aber auch endogene Einflüsse wie krankhafte Stoffwechselprodukte, abgestoßene Gewebeteile, bösartige Tumoren. Von **abakteriellen E.** oder **aseptischen E.** spricht man, wenn keine pathogenen Keime beteiligt sind.

Bei der **akuten E.** kommt es unmittelbar auf den auslösenden Reiz zu einer durch Adrenalinausschüttung bewirkten kurzzeitigen Verengung der Arteriolen. Der weitere Ablauf ist durch die Kardinalsymptome der E. gekennzeichnet: Rötung (Rubor), Erwärmung (Calor), Schwellung (Tumor) und Schmerz (Dolor). Ursache für die Rötung und Erwärmung ist eine anschließend unter dem Einfluss von Mediatorsubstanzen wie Histamin ausgelöste Gefäßerweiterung mit Beschleunigung des Blutstroms um den E.-Herd herum (entzündl. Hyperämie) mit örtl. Stoffwechselsteigerung. Infolge des erhöhten Kapillardrucks tritt Plasmaflüssigkeit durch die durchlässig gewordene Wand der Kapillaren in die Zwischenräume und sammelt sich als Exsudat im Gewebe, wodurch es zu Schwellung und Druckschmerz auf die Nerven kommt. Die Plasmaflüssigkeit enthält antibakteriell wirksame Bestandteile, bewirkt eine Verdünnung der schädl. Stoffe und erleichtert den Austritt von Abwehrstoffen. Durch die innere Reibung des nunmehr zellreicheren Blutes kommt es zu einer Verlangsamung des Blutstroms und einer passiven Stauung (Stase) mit der Folge einer Absperrung des E.-Herdes und der Erreger, die bis zur partiellen Gewebenekrose führen kann. Einen wesentl. Abwehrmechanismus stellt in diesem Zusammenhang die Durchwanderung (Diapedese) weißer Blutkörperchen (Granulozyten) dar, die durch Phagozytose Zerfallsprodukte des Gewebes und Bakterien unschädlich machen. Auch Lymphozyten und Fresszellen (Makrophagen) sammeln sich am Ort der E.; es kann zur lokalen Antikörperbildung durch Plasmazellen kommen. Das durch zelluläre Bestandteile angereicherte Exsudat wird als Infiltrat bezeichnet.

Die Einteilung der akuten E. richtet sich nach Art und Menge des Exsudats. Bei der **serösen E.** überwiegt der Austritt albuminreicher Plasmaflüssigkeit, die an den Schleimhäuten mit Schleim vermischt ist (**katarrhalische E.**); in Gelenken, Schleimbeuteln und den großen Körperhöhlen bezeichnet man sie als **serösen Erguss**. Die **fibrinöse E.** ist gekennzeichnet durch Gerinnung des im Plasma gelösten Fibrinogens zu Fibrin, das zur Bildung eines Belags führt, auf Schleimhäuten z. B. bei Diphtherie (kruppöse Pseudomembran) und Lungenentzündung, auch in Gelenken. Die **eitrige E.** ist durch einen hohen Anteil an weißen Blutkörperchen im Exsudat charakterisiert, die unter Zerfall und Freisetzung von Enzymen zur Einschmelzung von Eitererregern und Fremdkörpern und Eiterbildung führen. Der Eiter kann auf Schleimhäuten direkt abfließen (z. B. bei eitriger Mandelentzündung), führt bei Ansammlung in Geweben zum Abszess, bei Ausbreitung durch infiltrierendes Eindringen in das umliegende Gewebe zur Phlegmone und bei Ansammlung in natürl. Körperhöhlen oder Hohlorganen zum Empyem. Bei der **nekrotisierenden E.** kommt es durch örtl. Gewebeschädigung zu starkem Gewebezerfall (z. B. bei Rachendiphtherie), auch verbunden mit nachfolgender übel riechender, »jauchiger« bakterieller Zersetzung (**gangräneszierende E.**). Die **hämorrhagische E.** weist ein stark mit Blut durchsetztes Exsudat auf (z. B. bei schweren Schleimhaut-E., in der Umgebung von bösartigen Tumoren).

Der Verlauf einer E. hängt wesentlich von der Art, Stärke und Dauer des Reizes und dem Erfolg der Abwehrreaktionen ab. Bei der sich allmählich entwickelnden chronischen E. steht die Zellneubildung (produktive oder proliferative E.) im Vordergrund, die zur Entstehung von Granulationsgewebe und von Gewebeveränderungen führt, deren Form kennzeichnend für einzelne Erreger ist. Das durch Reizschädigung und E.-Vorgänge verloren gegangene Gewebe wird z. T. durch Neubildung von Zellen ersetzt; bei größeren Gewebeverlusten entstehen Narben.

Die Behandlung von E. richtet sich nach den Ursachen und besteht grundsätzlich in Ruhigstellung, bei Eiterung in chirurg. Drainage oder Entfernung sowie Anwendung von Antibiotika und Chemotherapeutika sowie entzündungshemmenden Mitteln.

Geschichte Die vier Kardinalsymptome der E. wurden schon von dem röm. Enzyklopädisten AULUS CORNELIUS CELSUS beschrieben; GALEN unterschied mehrere Formen und Verläufe und hob die Störung der Funktion des entzündeten Körperteils (Functio laesa) als weiteres Kennzeichen hervor. Die dt. Bezeichnung E. wurde seit Ende des 15. Jh. medizin. Terminus und orientiert sich ebenso wie die lat. an dem Symptom der Hitze. Die Basis für die moderne pathologisch-anatomisch begründete Lehre von der E. schuf im 18. Jh. J. HUNTER. Wesentl. Erkenntnisse erbrachten im 19. Jh. verbesserte mikroskop. und tierexperimentelle Methoden, v. a. durch Entdeckung der Diapedese und der Phagozytose.

entzündungshemmende Mittel, Antiphlogistika, Arzneimittel, die unabhängig von der Entzündungsursache Entzündungssymptome verhindern oder abschwächen; sie werden in zwei Hauptgruppen unterteilt: Zu den **steroidalen Antiphlogistika** gehören die natürl. und synthet. Glucocorticoide, d. h., Cortison und Cortisonderivate, zu den **nichtsteroidalen Antiphlogistika** Substanzen, die durch Hemmung des Enzyms Cyclooxygenase u. a. die Bildung von →Prostaglandinen unterdrücken, z. B. Acetylsalicylsäure (ASS), Diclofenac, Ibuprofen, Indometacin, Ketoprofen oder Propyphenazon.

Enugu,
1) Hauptstadt des gleichnamigen Bundesstaates, Nigeria, im SO des Landes, 653 400 Ew.; kath. Bischofssitz; Univ. (gegr. 1980, technolog. College; Lkw-Montagewerk (Mercedes-Benz), Zement- und Asbestwerk; Bahnstation; im NO Walzwerk für Baustahl und Flughafen; westlich von E. Steinkohlenbergbau. – E. wurde 1909 nach der Entdeckung der Kohlevorkommen gegründet und war kurzzeitig Hauptstadt des sezessionist. Staates Biafra (1967–70).

2) Bundesstaat von Nigeria, im Zentrum des Landes, 7 161 km^2, (2005) 3,59 Mio. Ew.; Hauptstadt ist Enugu.

Enukleation [zu lat. enucleare »auskernen«] die, -/-en, i. w. S. die operative Ausschälung eines abgekapselten Organs, Gewebeteils, Tumors oder Fremdkörpers im Ganzen; i. e. S. die **Enucleatio bulbi**, die Entfernung eines Augapfels.

Enumeration [lat.] die, -/-en,
1) allg.: Aufzählung.
2) Recht: die Zuweisung von Zuständigkeiten an ein Gericht, eine Behörde oder einen sonstigen Entscheidungsträger durch Aufzählung der einzelnen Bereiche, so z. B. im Fall der Zuständigkeitsbestimmung des Bundesverfassungsgerichts (§ 13 Bundesverfassungsgerichts-Ges.).

E-Nummern, EG-Nummern, EU-Nummern, Bez. für die im Bereich der Europ. Union zur Kennzeichnung von Lebensmittelzusatzstoffen verwendeten drei-

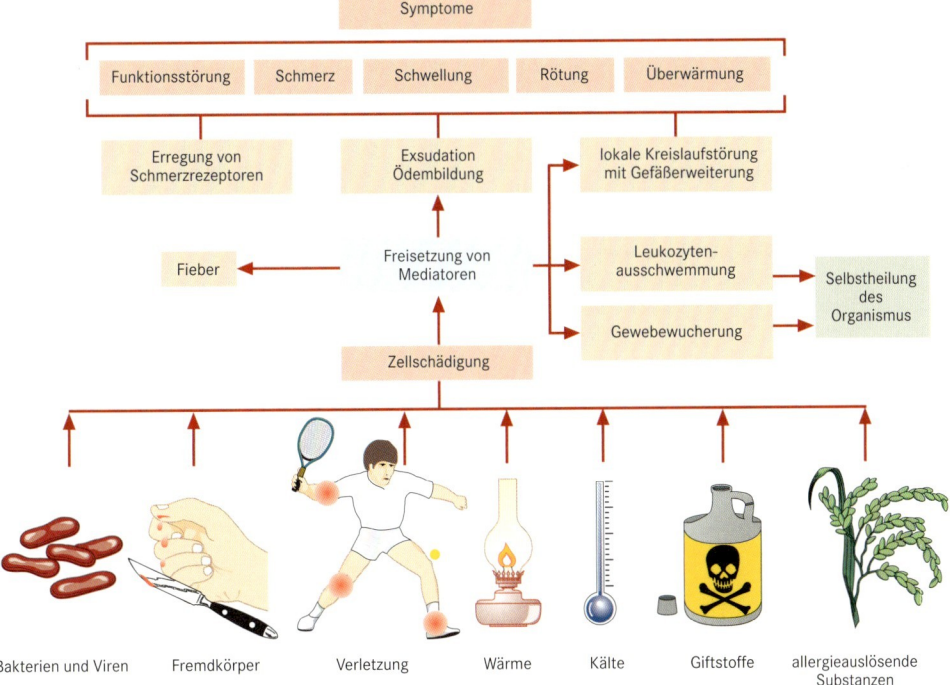

Entzündung 2): Darstellung des Entstehungsablaufs und des Heilungsprozesses

Enum E-Nummern

E-Nummern (Auswahl)

Farbstoffe

Zum Färben und Ausgleichen verarbeitungsbedingter Farbverluste; verwendet z. B. bei Zuckerwaren, Marzipan, Obsterzeugnissen, in Konserven, Erfrischungsgetränken, Dessertspeisen, Speiseeis, Spirituosen, Margarine, Käse, Fischerzeugnissen.

E-Nr.	Name	Farbe	E-Nr.	Name	Farbe
E 100	Kurkumin	gelb	E 151	Brillantschwarz BN	schwarz
E 101	Lactoflavin, Riboflavin	gelb	E 153	Carbo medicinalis vegetabilis	schwarz
E 102	Tartrazin	gelb	E 154	Braun FK	braun
E 104	Chinolingelb	gelb	E 155	Braun HT (Schokoladenbraun HT)	braun
E 110	Gelborange S, Sunsetgelb FCF	orange	E 160 a	β-Carotin, gemischte Carotinoide	orange
E 120	Echtes Karmin, Karminsäure, Cochenille	rot	E 160 b	Bixin, Norbixin, Annatto	orange
E 122	Azorubin, Carmoisin	rot	E 160 c	Capsanthin, Capsorubin, Paprikaextrakt	orange
E 123	Amaranth	rot	E 160 d	Lycopin	orange
E 124	Cochenillerot A, Ponceau 4 R	rot	E 160 e	β-Apo-8'-carotinal	orange
E 127	Erythrosin	rot	E 160 f	β-Apo-8'-carotinsäure-ethylester	orange
E 128	Rot 2 G	rot	E 161 b	Lutein	orange
E 129	Allurarot AC	rot	E 161 g	Canthaxanthin	orange
E 131	Patentblau V	blau	E 162	Beetenrot, Betanin	rot
E 132	Indigotin, Indigokarmin	blau	E 163	Anthocyane	blau, violett, rot
E 133	Brillantblau FCF	blau			
E 140	Chlorophylle und Chlorophylline	grün	E 170	Calciumcarbonate	grauweiß
E 141	Kupferkomplexe des Chlorophylls	grün	E 171	Titandioxid	weiß
E 142	Grün S	grün	E 172	Eisenoxide und -hydroxide	gelb, rot
E 150 a	Einfache Zuckercouleur	braun	E 173	Aluminium	silbergrau
E 150 b	Sulfitlaugen-Zuckercouleur	braun	E 174	Silber	silbern
E 150 c	Ammoniak-Zuckercouleur	braun	E 175	Gold	golden
E 150 d	Ammoniaksulfit-Zuckercouleur	braun	E 180	Litholrubin B	rot

Konservierungsstoffe

Hemmen das Wachstum von Mirkoorganismen und verlängern damit die Haltbarkeit von Lebensmitteln; verwendet z. B. in Fischprodukten, Schnittbrot, Erfrischungsgetränken, Backwaren, Fruchtzubereitungen, Feinkostsalaten, fettreduzierten Streichfetten, Gewürz-, Salatsoßen, Wein, Trockenfrüchten, Kartoffeltrockenprodukten, für Oberflächen von Zitrusfrüchten.

E-Nr.	Name	E-Nr.	Name
E 200	Sorbinsäure	E 233	Thiabendazol
E 202	Kaliumsorbat	E 234	Nisin
E 203	Calciumsorbat	E 235	Natamycin
E 210	Benzoesäure	E 239	Hexamethylentetramin
E 211	Natriumbenzoat	E 242	Dimethyldicarbonat
E 212	Kaliumbenzoat	E 249	Kaliumnitrit
E 213	Calciumbenzoat	E 250	Natriumnitrit
E 214	p-Hydroxybenzoesäureethylester	E 251	Natriumnitrat
E 215	Natrium-p-Hydroxybenzoesäureethylester	E 252	Kaliumnitrat
E 216	p-Hydroxybenzoesäure-n-propylester	E 260	Essigsäure
E 217	Natrium-p-hydroxybenzoesäure-n-propylester	E 261	Kaliumacetat
E 218	p-Hydroxybenzoesäuremethylester	E 262	Natriumacetate
E 219	Natrium-p-hydroxybenzoesäuremethylester	E 263	Calciumacetat
E 220	Schwefeldioxid	E 270	Milchsäure
E 221	Natriumsulfit	E 280	Propionsäure
E 222	Natriumhydrogensulfit	E 281	Natriumpropionat
E 223	Natriummetabisulfit	E 282	Calciumpropionat
E 224	Kaliummetabisulfit	E 283	Kaliumpropionat
E 226	Calciumsulfit	E 284	Borsäure
E 227	Calciumhydrogensulfit	E 285	Natriumtetraborat (Borax)
E 228	Kaliumhydrogensulfit	E 290	Kohlendioxid
E 230	Biphenyl, Diphenyl	E 296	Apfelsäure
E 231	Orthophenylphenol	E 297	Fumarsäure
E 232	Natriumorthophenylphenolat		

Enum

E-Nummern (Auswahl; Fortsetzung)

Antioxidationsmittel

Verhindern das Ranzigwerden von Fetten und die Zerstörung luftempfindlicher Vitamine und Aromastoffe; verwendet z. B. in Suppen, Brühen, Soßen (in trockener Form), Kartoffeltrockenerzeugnissen, Kaugummi, Fisch- und Fleischerzeugnissen, Fetten und Ölen, Knabbererzeugnissen.

E-Nr.	Name	E-Nr.	Name
E 300	L-Ascorbinsäure (Vitamin C)	E 332	Kaliumcitrate
E 301	Natrium-L-ascorbat	E 333	Calciumcitrate
E 302	Calcium-L-ascorbat	E 334	Weinsäure (L(+)−)
E 304	Fettsäureester der Ascorbinsäure	E 335	Natriumtartrate
E 306	stark tokopherolhaltige Extrakte natürlichen Urspungs	E 336	Kaliumtartrate
E 307	α-Tokopherol	E 337	Natriumkaliumtartrat
E 308	γ-Tokopherol	E 338	Phosphorsäure
E 309	δ-Tokopherol	E 339	Natriumorthophosphate
E 310	Propylgallat	E 340	Kaliumorthophosphate
E 311	Octylgallat	E 341	Calciumorthophosphate
E 312	Dodecylgallat	E 350	Natriummalate
E 315	Isoascorbinsäure	E 351	Kaliummalate
E 316	Natriumisoascorbinat	E 352	Calciummalate
E 320	Butylhydroxyanisol (BHA)	E 353	Metaweinsäure
E 321	Butylhydroxytoluol (BHT)	E 354	Calciumtartrat
E 322	Lecithin	E 355	Adipinsäure
E 325	Natriumlactat	E 356	Natriumadipat
E 326	Kaliumlactat	E 357	Kaliumadipat
E 327	Calciumlactat	E 363	Bernsteinsäure
E 330	Citronensäure	E 380	Triammoniumcitrat
E 331	Natriumcitrate	E 385	Calciumdinatriummethylendiamintetraacetat (Calcium-dinatrium EDTA)

Emulgatoren, Gelier- und Verdickungsmittel, Stabilisatoren

Emulgatoren verbinden ursprünglich nicht miteinander mischbare Stoffe, z. B. Fett und Wasser. Gelier- und Verdickungsmittel verdicken und gelieren Flüssigkeiten. Stabilisatoren verstärken die Wirkung der genannten Stoffe und sind selbst Gelier- und Verdickungsmittel; verwendet z. B. in Dessertspeisen, Konfitüren, Backwaren, Wurst- und Fischerzeugnissen, kalorienreduzierten Lebensmitteln, Speiseeis.

E-Nr.	Name	E-Nr.	Name
E 400	Alginsäure	E 442	Ammoniumsalze von Phosphatidsäuren
E 401	Natriumalginat	E 444	Sucroseacetatisobutyrat
E 402	Kaliumalginat	E 445	Glycerinester aus Wurzelharz
E 403	Ammoniumalginat	E 450	Natrium-, Kalium-, Calciumdiphosphate
E 404	Calciumalginat	E 451	Natrium-, Kaliumtriphosphate
E 405	Propylenglykolalginat	E 452	Natrium-, Kalium-, Calciumpolyphosphate
E 406	Agar	E 460	mikrokristalline Cellulose, Cellulosepulver
E 407	Carrageen	E 461	Methylcellulose
E 410	Johannisbrotkernmehl	E 463	Hydroxypropylcellulose
E 412	Guarkernmehl	E 464	Hydroxypropylmethylcellulose
E 413	Traganth	E 465	Ethylmethylcellulose
E 414	Gummi arabicum	E 466	Carboxymethylcellulose
E 415	Xanthan	E 470a	Natrium-, Kalium- und Calciumsalze von Fettsäuren
E 416	Karayagummi	E 470b	Magnesiumsalze von Fettsäuren
E 417	Tarakernmehl	E 471	Mono- und Diglyceride von Fettsäuren
E 418	Gellan	E 472a	Essigsäureester von Mono- und Diglyceriden von Fettsäuren
E 420	Sorbit		
E 421	Mannit	E 472b	Milchsäureester von Mono- und Diglyceriden von Fettsäuren
E 422	Glycerin		
E 431	Polyoxyethylen-(40)-stearat	E 472c	Citronensäureester von Mono- und Diglyceriden von Fettsäuren
E 432	Polyoxyethylen-sorbitan-monolaureat (Polysorbat 20)		
E 433	Polyoxyethylen-sorbitan-monooleat (Polysorbat 80)	E 472d	Weinsäureester von Mono- und Diglyceriden von Fettsäuren
E 434	Polyoxyethylen-sorbitan-monopalmitat (Polysorbat 40)		
E 435	Polyoxyethylen-sorbitan-monostearat (Polysorbat 60)	E 472e	Mono- und Diacetylweinsäureester von Mono- und Diglyceriden von Fettsäuren
E 436	Polyoxyethylen-sorbitan-tristearat (Polysorbat 65)		
E 440	Pektine		

Enum E-Nummern

E-Nummern (Auswahl; Fortsetzung)

Emulgatoren, Gelier- und Verdickungsmittel, Stabilisatoren

E-Nr.	Name	E-Nr.	Name
E 472 f	gemischte Essig- und Weinsäureester von Mono- und Diglyceriden von Fettsäuren	E 481	Natriumstearoyl-2-lactylat
		E 482	Calciumstearoyl-2-lactylat
E 473	Zuckerester von Speisefettsäuren	E 483	Stearyltartrat
E 474	Zuckerglyceride	E 491	Sorbitanmonostearat
E 475	Polyglycerinester von Speisefettsäuren	E 492	Sorbitantristearat
E 476	Polyglycerin-Polyricinoleat	E 493	Sorbitanmonolaurat
E 477	Propylenglycolester von Speisefettsäuren	E 494	Sorbitanmonooleat
E 479 b	thermooxidiertes Sojaöl mit Mono- und Diglyceriden von Speisefettsäuren	E 495	Sorbitanmonopalmitat

Modifizierte Stärken

Dienen als Verdickungsmittel oder als Stabilisator; verwendet z. B. in Dessertspeisen, Suppen, Soßen.

E-Nr.	Name	E-Nr.	Name
E 1404	oxidierte Stärke	E 1422	acetyliertes Distärkeadipat
E 1410	Monostärkephosphat	E 1440	Hydroxypropylstärke
E 1412	Distärkephosphat	E 1442	Hydroxypropyldistärkephosphat
E 1413	phosphatiertes Distärkephosphat	E 1450	Stärkenatriumoctenylsuccinat
E 1414	acetyliertes Distärkephosphat	E 1505	Triethylcitrat
E 1420	acetylierte Stärke	E 1518	Glycerintriacetat (Triacetin)

Unterschiedliche Zusatzstoffe

E-Nr.	Name	E-Nr.	Name
E 500	Natriumcarbonate	E 558	Bentonit
E 501	Kaliumcarbonate	E 559	Aluminiumsilikat (Kaolin)
E 503	Ammoniumcarbonate	E 570	Fettsäuren
E 504	Magnesiumcarbonate	E 574	Gluconsäure
E 507	Salzsäure	E 575	Glucono-delta-Lacton
E 508	Kaliumchlorid	E 576	Natriumgluconat
E 509	Calciumchlorid	E 577	Kaliumgluconat
E 511	Magnesiumchlorid	E 578	Calciumgluconat
E 512	Zinn-II-oxid	E 579	Eisen-II-gluconat
E 513	Schwefelsäure	E 585	Eisen-II-lactat
E 514	Natriumsulfate	E 620	Glutaminsäure
E 515	Kaliumsulfate	E 621	Mononatriumglutamat
E 516	Calciumsulfat	E 622	Monokaliumglutamat
E 517	Ammoniumsulfat	E 623	Calciumdiglutamat
E 520	Aluminiumsulfat	E 624	Monoammoniumglutamat
E 521	Aluminiumnatriumsulfat	E 625	Magnesiumdiglutamat
E 522	Aluminiumkaliumsulfat	E 626	Guanylsäure
E 523	Aluminiumammoniumsulfat	E 627	Dinatriumguanylat
E 524	Natriumhydroxid	E 628	Dikaliumguanylat
E 525	Kaliumhydroxid	E 629	Calciumguanylat
E 526	Calciumhydroxid	E 630	Inosinsäure
E 527	Ammoniumhydroxid	E 631	Dinatriuminosinat
E 528	Magnesiumhydroxid	E 632	Dikaliuminosinat
E 529	Calciumoxid	E 633	Calciuminosinat
E 530	Magnesiumoxid	E 634	Calcium-5'-ribonucleotid
E 535	Natriumferrocyanid	E 635	Dinatrium-5'-ribonucleotid
E 536	Kaliumferrocyanid	E 640	Glycin und dessen Natriumsalz
E 538	Calciumferrocyanid	E 900	Dimethylpolysiloxan
E 541	saures Natriumaluminiumphosphat	E 901	Bienenwachs, weiß und gelb
E 551	Siliciumdioxid	E 902	Candelillawachs
E 552	Calciumsilikat	E 903	Carnaubawachs
E 553 a	Magnesiumsilikat	E 904	Schellack
E 553 b	Talk	E 912	Montansäureester
E 554	Natriumaluminiumsilikat	E 914	Polyethylenwachsoxidate
E 555	Kaliumaluminiumsilikat	E 927 b	Carbamid
E 556	Calciumaluminiumsilikat	E 938	Argon

E-Nummern (Auswahl; Fortsetzung)

Unterschiedliche Zusatzstoffe

E-Nr.	Name	E-Nr.	Name
E 939	Helium	E 959	Neohesperidin
E 941	Stickstoff	E 965	Maltit
E 942	Distickstoffmonoxid	E 966	Lactit
E 948	Sauerstoff	E 967	Xylit
E 950*)	Acesulfam-K	E 999	Quillajaextrakt
E 951	Aspartam	E 1105	Lysozym
E 952	Cyclohexan-sulfamidsäure und ihre Na- und Ca-Salze	E 1200	Polydextrose
E 953	Isomalt	E 1201	Polyvinylpyrrolidon
E 954	Saccharin und seine Na-, K- und Ca-Salze	E 1202	Polyvinylpolypyrrolidon
E 957	Thaumatin		

*) E 950–E 959 sind Süßstoffe

und vierstelligen Zahlen mit vorangestelltem E (Lebensmittelkennzeichnungs-VO vom 22.12.1981 in der jeweils geltenden Fassung), z. B. E 123 Amaranth (Farbstoff), E 280 Propionsäure (Konservierungsstoff), E 300 L-Ascorbinsäure (Antioxidationsmittel), E 406 Agar (Verdickungsmittel). Bei den E-N. handelt es sich um einen Code, mit dem derzeit rd. 300 als Lebensmittelzusatzstoffe zugelassene Verbindungen gekennzeichnet werden können. Die Angabe muss mit dem Einsatzgebiet und dem Namen oder der E-N. erfolgen.

Enuresis [griech.] *die, -,* **Enurese, Bettnässen, Einnässen,** wiederholter, unwillkürl. Urinabgang nachts (E. nocturna) oder/und am Tag (E. diurna), der im Unterschied zur →Harninkontinenz keine körperl. Ursachen hat. Die Blasenkontrolle wurde entweder nie erlernt (**primäre E.**) oder wieder verlernt (**sekundäre E.**). Die E. ist durch Verhaltenstherapie erfolgreich behandelbar; Arzneimittel können vorübergehend hilfreich sein.

Envalira, Port d'E. [ˈpɔrd dəmbəˈlirə], höchster Straßenpass in den Pyrenäen, 2 408 m ü. M., unterhalb des Pico d'E. (2 822 m ü. M.), Zugang von Frankreich (Tal der Ariège) nach →Andorra.

Enveloppe [ãvəˈlɔp(ə); frz. »Umhüllung«] *die, -/-n,*
1) *Mathematik:* die →einhüllende Kurve.
2) *Mode:* mantelartiges Überkleid in der Frauenmode des frühen 19. Jahrhunderts.

Enver Pascha, türk. General und Politiker, * Istanbul 23.11.1881 oder 6.12.1882, † bei Baldschuan (Tadschikistan) 4.8.1922; nahm 1908 maßgeblich am Aufstand der Jungtürken, 1911 am Italienisch-Türk. Krieg in Tripolitanien (heute Libyen), 1913 am Zweiten Balkankrieg teil. Als Kriegs-Min. erwirkte er 1914 das Zusammengehen der Türkei mit Dtl. und leitete als Vizegeneralissimus die türk. Operationen bis Kriegsende. 1918 floh er, für die türk. Niederlage mitverantwortlich gemacht und entlassen, nach Berlin, stand hier und später in Moskau lange mit den Sowjets in Verbindung, brach mit ihnen jedoch 1921 und ging nach Buchara, wo er einen Aufstand gegen das Sowjetregime unterstützte; er fiel im Kampf gegen sowjet. Truppen.

Environment [ɪnˈvaɪərənmənt; engl., eigtl. »Umgebung«, zu frz. environ »um... herum«] *das, -s/-s,* Ausdrucksform der bildenden Kunst in der 2. Hälfte des 20. Jh., die aus Assemblage und Combine-Painting entwickelt wurde und wichtige Impulse aus der Happeningbewegung erhielt. Das E. besteht aus einer räumlich definierten Anordnung verschiedenartiger Materialien und/oder (Gebrauchs-)Gegenstände (oft in Verbindung mit Malerei, Plastik, Licht u. a. Medien) und bezieht den Betrachter unmittelbar ein. Eine Vorstufe des E. stellte der Merzbau von K. SCHWITTERS in Hannover dar (1923 ff.; 1943 zerstört). Besondere Bedeutung erlangte das E. in der Pop-Art (R. RAUSCHENBERG, C. OLDENBURG) und mit Arbeiten von G. SEGAL und E. KIENHOLZ; Formen des E. finden sich u. a. auch in der kinet. Kunst (LYGIA CLARK, C. CRUZ-DÍEZ, H. GOEPFERT, J. LE PARC, G. COLOMBO, →Zero) und der individuellen Mythologie (P. THEK, M. BUTHE). Das E. wirkt in Rauminstallationen weiter.

Environtologie [zu frz. environ »um... herum«] *die, -,* Teilgebiet der Zukunftsforschung, das sich speziell mit den Umweltfaktoren befasst. Die E. versucht v. a. festzustellen, welche Veränderungen in der Umwelt durch den wissenschaftlich-techn. Fortschritt zu erwarten sind und wie diese Veränderungen auf den Menschen zurückwirken werden oder könnten.

Envisat [Abk. für engl. **env**ironmental **sat**ellite »Umweltsatellit«], von der ESA am 1.3.2002 gestarteter Erderkundungssatellit. E. umläuft in 100,6 min in rd. 800 km Höhe die Erde in einer nahezu idealen Kreisbahn, wobei die Bahnebene relativ zur Sonne konstant bleibt, sodass am Erdäquator für die überfloge-

Enver Pascha

Environment: Edward Kienholz, »Das tragbare Kriegerdenkmal« (1968; Köln, Museum Ludwig)

Envo en vogue

Envisat: Aufnahmen der Raumsonde Envisat (2002) mithilfe des Fernerkundungsverfahrens MERIS (Medium Resolution Imaging Spectrometer); *oben* Europa (wolkenfrei); *unten* Norddeutschland und die südliche Spitze Dänemarks

nen Orte immer die gleichen Beleuchtungsverhältnisse herrschen. Der Umweltsatellit soll fünf Jahre lang Daten für die Umweltforschung sammeln und damit Antworten auf zahlr. Fragen der Geoforschung geben, v. a. zur Biosphäre der Erde. So sollen u. a. die Ursachen für das Ozonloch, für die globale Erwärmung und für die Ausdehnung der Wüsten untersucht werden. Die wiss. Beobachtungen umfassen den therm. Zustand und die Zusammensetzung der Erdatmosphäre, die Bodenbeschaffenheit und Bodenbedeckung der Kontinente, die Plattentektonik und die feste Erdkruste einschließlich des Meeresbodens sowie die Ozeane und ihre großräumigen Strömungsverhältnisse. – Hauptinstrumente sind u. a. hochgenaue Radar-Höhenmesser, hochauflösende Spektrometer im ultravioletten, visuellen und infraroten Spektralbereich, insbes. für Temperaturmessungen und spektrale Untersuchungen des Vegetationszustandes auf den Kontinenten.

en vogue [ã'vo:k; frz., zu vogue »Mode«], *bildungssprachlich:* beliebt, gerade in Mode.

Enz *die,* linker Nebenfluss des Neckars, Bad.-Württ., 103 km lang, entspringt mit den Quellflüssen Große E. und Kleine E. im N-Schwarzwald, mündet bei Besigheim.

Enzen, kleines Volk in Sibirien, → Samojeden.

Enzensberger, Hans Magnus, Schriftsteller, * Kaufbeuren 11. 11. 1929; studierte Germanistik und Philosophie, war Rundfunkredakteur und Lektor; lebte längere Zeit in Norwegen, dann Aufenthalte u. a. in Italien, Kuba, in der Sowjetunion und in den USA, seit 1979 in München. E.s Werk hat die dt. Literatur seit den 1960er-Jahren mitgeprägt. Er trat zunächst als dezidiert zeitkrit. Lyriker hervor; für die Bände »verteidigung der wölfe« (1957) und »landessprache« (1960) ist eine scharfe Zeitbeobachtung bestimmend, die mit modernen Stilmitteln arbeitet. Daneben standen vorwiegend politisch, bes. medienkritisch engagierte Essays (»Einzelheiten«, 2 Tle., 1962–64; »Dtl., Dtl. unter anderm«, 1967) und eine umfangreiche Herausgebertätigkeit (u. a. »Museum der modernen Poesie«, 1960). 1965 gründete er die Zeitschrift →»Kursbuch« (Herausgeber bis 1975), 1980 die Zeitschrift »TransAtlantik« (Herausgeber bis 1982), 1985–2005 gab er mit FRANZ GRENO (* 1948) die Reihe »Die Andere Bibliothek« heraus. – Als maßgebl. intellektueller Vertreter der 68er-Bewegung forderte E. vom Schriftsteller die Mitwirkung an der »polit. Alphabetisierung Dtl.s«. Sein eigener Beitrag dazu umfasst die dokumentar-literar. Arbeiten »Das Verhör von Habana« (1970), »Freisprüche. Revolutionäre vor Gericht« (1970; Herausgeber) und den Roman »Der kurze Sommer der Anarchie. Buenaventura Durrutis Leben und Tod« (1972). Seit Mitte der 1970er-Jahre zeigte sich E.s geschichtsphilosoph. Skeptizismus immer deutlicher, so in dem Gedichtzyklus »Mausoleum. 37 Balladen aus der Geschichte des Fortschritts« (1975), in dem Versepos »Der Untergang der Titanic« (1978) und in den Gedichten des Bandes »Die Furie des Verschwindens« (1980), gesellschaftspolit. Engagement wandelt sich in eine pragmat. Haltung (Essays »Ach Europa! Wahrnehmungen aus 7 Ländern«, 1987; »Mittelmaß und Wahn«, 1988). Gleichzeitig wird die Form schlichter, die Sprache alltäglicher. Die Lyrik der 1990er-Jahre zeigt den reifen Dichter, der aus der Fülle seiner Kenntnisse und Erfahrungen heraus den Leser zu faszinieren versteht (»Zukunftsmusik«, 1991; »Kiosk. Neue Gedichte«, 1995). Daneben dokumentiert die Auseinandersetzung mit histor. Material und Persönlichkeiten (DIDEROT, C. BRENTANO) eine Reflexion des eigenen Werks. Auch das späte dichter. Werk wird ergänzt durch eine vielseitige Essayistik (»Zickzack«, 1997; »Nomaden im Regal«, 2003). E. ist auch Hörspielautor und hat bedeutende Verdienste als Übersetzer und Herausgeber von internat. Lyrik (u. a. W. C. WILLIAMS, W. H. AUDEN, E. LEAR, O. PAZ, C. VALLEJO, P. NERUDA). – 1963 erhielt er den Georg-Büchner-Preis. Sein Beitrag zur europ. Kultur wurde 2002 mit dem Prinz-von-Asturien-Preis gewürdigt.

Weitere Werke: *Lyrik:* Ged.e. Die Entstehung eines Gedichts (1962); Ged.e 1955–1970 (1971); Ged.e 1950–1985 (1986); Leichter als Luft. Moral. Ged.e (1999); Ged.e 1950–2000 (2001); Natürl. Ged.e (2004). – *Essays:* Clemens Brentanos Poetik (1961, erw. Diss.); Baukasten zur Theorie der Medien (1971); Polit. Brosamen (1982). – *Stücke:* Der Menschenfeind (1979, nach MOLIÈRE); Der Menschenfreund (1984, nach DIDEROT); Delirium (UA 1994); Nieder mit Goethe. Eine Liebeserklärung (UA 1996); Voltaires Neffe (UA 1997). – *Hörspiele:* Nacht über Dublin (1961); Taube Ohren (1971); Böhmen am Meer (1988). – *Kinder- und Jugendbücher:* Der Zahlenteufel (1997); Wo warst du, Robert? (1998). – *Sonstige Prosa:* Das Wasserzeichen der Poesie (1985, unter dem Pseud. A. THALMAYR); Diderots Schatten. Unterhaltungen. Szenen. Essays (1994); Die Elixiere der Wiss. Seitenblicke in Poesie und Prosa (2002); Die Gesch. der Wolken. Neunundneunzig Meditationen (2003); Dialoge zw. Unsterblichen, Lebendigen u. Toten (2004).

 H. M. E., hg. v. H. L. ARNOLD (²1985); H.-H. PREUSSE: Der polit. Literat H. M. E. (1989); H. M. E. Ein öffentl. Leben, hg. v. J. LAU (Neuausg. 2001).

Enzephalisierung [zu griech. enképhalos »Gehirn«], **Enzephalisation,** *Stammesgeschichte:* die Zunahme der absoluten und relativen Gehirngröße im Verlauf des Hominisationsprozesses sowie der Bedeutung und Differenzierung der Hirnfunktionen. Der Begriff wird unterschiedlich weit oder eng definiert, von einer E. der Wirbeltiere im Sinne einer Hirn- und Schädelbildung (vor rd. einer halben Mrd. Jahren) bis hin zur Zunahme des Hominidengehirns (seit etwa 2 Mio. Jahren), beginnend bei etwa 500 cm³ bis zum heutigen Hirnvolumen von rd. 1500 cm³.

Enzephalitis *die, -/...'tiden,* die →Gehirnentzündung.
Enzephalografie *die, -/...'fi\en,* **Enzephalographie,** Begriff für versch. Verfahren zur Darstellung der Hirntätigkeit oder patholog. Veränderungen im Gehirn, →Elektroenzephalografie, →Echoenzephalografie, →Pneumenzephalografie.
Enzephalomalazie *die, -/...'zi\en,* die →Gehirnerweichung.
Enzephalopathie *die, -/...'thi\en,* zusammenfassende Bez. für Erkrankungen des Gehirns.
Enzephalor|rhagie [zu griech. regnýnai »reißen«] *die, -/...'gi\en,* die →Gehirnblutung.
Enzian [ahd. (g)encian(e), aus gleichbed. lat. gentiana] *der, -s,* **Gentiana,** Gattung der Enziangewächse mit über 450 Arten, die v. a. in den Gebirgen der Nordhemisphäre vorkommen. Die einjährigen oder ausdauernden Kräuter besitzen ganzrandige, kahle Blätter und trichter-, glocken- oder stieltellerförmige Blüten. Der einfächerige Fruchtknoten entwickelt sich zu einer zweiklappig aufspringenden Kapsel. Sämtl. in Mitteleuropa vorkommenden Arten (rd. 30) sind geschützt, u. a. der gelb blühende, in Magerrasen und Hochgrasfluren der hochmontanen-subalpinen Stufe vorkommende, bis 120 cm hohe **Gelbe E.** (Gentiana lutea), der dunkelrot blühende **Purpur-E.** (Gentiana purpurea) und der **Tüpfel-E.** (Gentiana punctata; Blüten blassgelb mit schwarzen Punkten). Blau blühen u. a. der Kalk liebende, in subalpinen und alpinen Magerrasen vorkommende, 5–10 cm hohe **Stängellose E.** (Gentiana acaulis), der in alpinen Steinrasen verbreitete **Schnee-E.** (Gentiana nivalis) sowie die u. a. in subalpinen Steinrasen vorkommenden Arten **Fransen-E.** (Gentiana ciliata), bis 25 cm hoch, und **Frühlings-E.** (Gentiana verna). – Die Wurzeln versch. Arten (v. a. Gentiana lutea) enthalten viele Bitterstoffe (Bitterwurzeln) und werden sowohl in der Medizin als appetitanregendes Mittel und bei der Behandlung von Verdauungsstörungen verwendet als auch zur Herstellung von Branntwein (**Enzian**) und Kräuterlikören.
Enziangewächse, Gentianaceae, weltweit verbreitete Familie zweikeimblättriger Samenpflanzen mit 70 Gattungen; meist Kräuter oder Stauden, seltener Holzpflanzen mit gegenständigen, ganzrandigen Blättern und meist zu einer Röhre verwachsenen Blütenblättern. Die bekanntesten Gattungen sind →Enzian und →Tausendgüldenkraut.
Enzinas [enˈθinas], Francisco de, gen. **Dryander,** span. ev. Theologe und Bibelübersetzer, *Burgos um 1520, †Straßburg 30. 12. 1552 (?); 1539 Student in Löwen, 1541 in Wittenberg. Dort übersetzte er im Hause P. MELANCHTHONS das N. T. ins Spanische und überreichte die gedruckte Ausgabe (Antwerpen 1543) Kaiser KARL V. Er wurde deswegen in Brüssel gefangen gesetzt, konnte aber entfliehen, zunächst nach Wittenberg. Über Straßburg und Basel ging E. dann nach England (1546) und wurde Prof. des Griechischen in Cambridge. 1549 kehrte er nach Straßburg zurück.
Enzio, Enzo, König von Sardinien (seit 1239), *um 1220, †Bologna 14. 3. 1272, ältester unehel. Sohn des Stauferkaisers FRIEDRICH II., heiratete 1238 ADELASIA, die Erbin Sardiniens, auf das auch der Papst als Lehnsherr Anspruch erhob. 1239 von seinem Vater zum König von Sardinien, zum Generalvikar der Romagna und Generallegaten für ganz Italien ernannt, gewann er die Mark Ancona und das Herzogtum Spo-

Envisat: Seit 2002 umkreist der ESA-Satellit Envisat die Erde und liefert u. a. Daten über den Zustand der Ozonschicht.

Hans Magnus Enzensberger

Enzian: Fransen-Enzian

leto für das Reich zurück und besiegte 1241 die genuesisch-päpstl. Flotte bei Meloria. Kurz nachdem er in zweiter Ehe eine Nichte von Ezzelino III. da Romano geheiratet hatte (die erste Ehe war 1243 vom Papst annulliert worden), wurde er bei einem seiner zahlreichen Kriegszüge gegen kaiserfeindl. Städte am 26. 5. 1249 von den Bolognesern gefangen genommen; in einem heute nach ihm benannten Palazzo hielten ihn diese bis zu seinem Tod in ehrenvoller Haft. Die Gestalt des unglückl. Kaisersohnes, dessen Tapferkeit, Schönheit und Bildung gerühmt wurde, lebte als Idealbild stauf. Rittertums auch in der Literatur (»Canzoni di re E.« von G. Pascoli, 1909) weiter. – E. ist einer der ersten ital. Lyriker, die in enger Anlehnung an die provenzal. Troubadours Kanzonen und Sonette dichteten.

Enzkreis, Landkreis im Reg.-Bez. Karlsruhe, 574 km², 195 400 Ew.; Kreisstadt ist Pforzheim. Zw. den Ballungsräumen Karlsruhe und Stuttgart gelegen, hat der E. Anteil am Kraichgauer Hügelland im NW, dem laubwaldreichen Naturpark Stromberg im NO, dem Heckengäu im SO und dem Schwarzwaldrand im S und SW. In den Gäulandschaften werden, v.a. in Kleinbetrieben, Getreide, Futter- und Zuckerrüben angebaut und Schweinezucht betrieben. Die Wälder, v. a. in den Keuperbergen (Stromberg) und auf dem Buntsandstein des Schwarzwaldes, sind Grundlage der Spanholz-, Cellulose- und Papiererzeugung. Die Wirtschaftsstruktur wird geprägt von mittelständ. Betrieben der Branchen Maschinen- und Fahrzeugbau, Metallverarbeitung, Medizin- und Elektrotechnik, Elektronik, Feinmechanik und Schmuckherstellung.

H. Diruf u. C. Timm: Kunst- u. Kulturdenkmale in Pforzheim u. im E. (²2002).

Enzo, König von Sardinien, → Enzio.

Enzo|otie, → Endemie.

Enzyklika: Papst Johannes Paul II. bei der Unterzeichnung der Enzyklika »Fides et ratio« (1998)

Enzyklika [zu griech. enkýklios epistolé »allgemeiner Rundbrief«] die, -/...ken, lat. **Epistula encyclica** oder **Litterae encyclicae,** kath. Kirchenrecht: gedrucktes Rundschreiben des Papstes. In der alten Kirche hießen die Rundschreiben der Bischöfe, die heutigen Hirtenbriefe, E.; auf päpstl. Schreiben wurde der Ausdruck seit dem 7. Jh. angewandt und ist seit dem 18. Jh. für sie üblich. Die E., früher an die Bischöfe gerichtet, wird heute an die Bischöfe und an die Gläubigen adressiert; seit Johannes XXIII. wird bei E. mit allgemeinem Inhalt die Adressierung an »alle Menschen guten Willens« hinzugefügt. Die amtl. Erstfassung der E. ist meist in lat. Sprache gehalten (Ausnahme z. B. »Mit brennender Sorge«, 1937), Übersetzungen in die wichtigsten modernen Sprachen werden gegeben. Die E. wird nach den Anfangsworten zitiert; sie behandelt theolog. und philosoph. Hauptfragen, seelsorgl. Aufgaben, die kath. Staats-, Wirtschafts- und Sozialllehre. – Die E. dient als Mittel der Ausübung des ordentl. allg. Lehramtes des Papstes (z. B. »Humanae vitae«, 1968; »Laborem exercens«, 1981; »Veritatis splendor«, 1993; »Evangelium vitae«, 1995; »Ecclesia de Eucharistia«, 2003). Den Fall, dass der Papst in einer E. → ex cathedra eine unfehlbare Lehre vorlegt, hat es bisher nicht gegeben. Doch kann in einer E. eine Lehre definitiv vorgelegt werden und muss dann fest angenommen und bewahrt werden. Dazu genügt die Feststellung, dass sie als Wahrheit der kath. Lehre zum Glaubensgut gehört.

Ausgaben: Acta Apostolicae Sedis (1909 ff., vorher u. d. T.: Acta Sanctae Sedis). – Dt. Übers. in der Reihe: Verlautbarungen des Apostol. Stuhls, hg. v. der Dt. Bischofskonferenz (1975 ff.).

Enzyklopädie [frz., aus mlat. encyclopaedia »Grundlehre aller Wiss. und Künste«, von griech. enkýklios paideía, »Kreis der Bildung«] die, -/...'di|en, die schriftl. und komplexe Darstellung des gesamten Wissens oder des Wissens eines Fachgebietes. Nach dem heutigen Verständnis ist eine E. ein umfangreiches Nachschlagemedium, dessen Stichwörter in alphabet. Ordnung über alle Wissensgebiete informieren. Der histor. Veränderungen unterworfene Begriff E. ist heute nicht mehr klar zu trennen vom Begriff »Lexikon«; im 19. Jh. wurde »Konversationslexikon synonym zu E. verwendet. Auch Werke mit anderen Titelbezeichnungen (im Deutschen z. B. Sachwörterbuch) können nach Inhalt und Aufbereitung E. sein.

Inhaltlich abgegrenzt von der E. ist dagegen – nach dt. Tradition – das → Wörterbuch, das ausschließlich Informationen über sprachl. Bedeutungen und Zusammenhänge bietet.

FORMEN DER ENZYKLOPÄDIE

Begriff und Anlage einer E. sind sowohl einem histor. Wandel unterzogen als auch national unterschiedlich definiert. Grundlegend präsentieren E. das Wissen entweder systematisch (d. h. nach Themenkreisen) oder alphabetisch.

Ziel der **systematischen E.** ist eine übersichtl. Darstellung des Wissens in Grundzusammenhängen. Aufnahmekriterium ist die einem Stoffgebiet beigemessene Bedeutung, method. Fragen spielen nur eine geringe Rolle. Ohne ein umfangreiches Register ist die systemat. E. nicht zugänglich, auch muss der Nutzer über Vorkenntnisse verfügen, zu welchem Themenbereich ein Suchbegriff gehört. Die **philosophische** oder **formale E.** gehört zur systemat. E., stellt jedoch im Unterschied zu dieser den Aufbau der Wiss.en auf philosoph. Grundlage und in ihrem organ. Zusammenhang dar. Die Wissensgebiete werden nach Methoden oder Formen geordnet.

Die **alphabetische E.** ordnet den Stoff, der sich auf das Gesamtwissen oder einen Teilbereich beziehen kann, nach Stichwörtern in alphabet. Folge. Ihre Aufgabe besteht nicht darin, über ein Gebiet im Zusammenhang zu orientieren, vielmehr will sie zu Begriffen, Personen und Sachverhalten in knapper Form Auskunft geben. Dabei soll ein wissenschaftlich fundierter Artikel auch vom Laien verstanden werden. Die E. will sowohl über aktuelle Kenntnisse und Entwicklungen informieren als auch traditionelles Wissen und Überlieferungen bewahren. Die alphabet. E. haben sich im Vergleich zu den systemat. Vorformen als bes. entwicklungs- und leistungsfähig erwiesen und sich, auch wegen ihrer Benutzerfreundlichkeit, im Verlauf der Neuzeit durchgesetzt.

GESCHICHTE

Antike und europäisches Mittelalter In der Antike bedeutete der Begriff E. zunächst die Bildung selbst; erst im ausgehenden MA. wurde er zur Bez. für Werke, die die Gesamtheit des Wissens darstellen sollten. Frühe E. waren sämtlich systematisch angelegt. Ein erstes Werk dieser Art soll SPEUSIPPOS († 339 v. Chr.), ein Schüler PLATONS, verfasst haben (fragmentarisch überliefert). Der röm. Gelehrte VARRO sammelte in seinem gleichfalls nur in Fragmenten überlieferten Werk »Disciplinarum libri IX« Kenntnisse über Grammatik, Dialektik, Rhetorik, Geometrie, Arithmetik, Astronomie, Musik, Medizin und Architektur. Aus den ersten sieben Büchern entwickelten sich die sieben freien Künste (→ Artes liberales), die im MA. von MARTIANUS CAPELLA, AUGUSTINUS und BOËTHIUS zum Ausgangspunkt des Bildungswesens erhoben wurden. Als weiterer Vorläufer enzyklopäd. Nachschlagewerke kann auch die »Naturalis historia« von PLINIUS D. Ä. gelten. Sie bietet, nach sachl. Gesichtspunkten geordnet, in 37 Büchern Auszüge aus 2000 Schriften von 146 röm. und 327 nichtröm. Schriftstellern.

Die alphabet. E. hat im Altertum und im MA. nur wenige, zudem meist fragmentarisch tradierte Vorläufer. Zu Beginn der Zeitrechnung verfasste VERRIUS FLACCUS eine der ältesten überlieferten alphabet. E. mit dem Titel »De verborum significatu« (nur der 2. Teil in der Fassung des FESTUS und ein Auszug von PAULUS DIACONUS tradiert). Zw. 650 und 750 erschien in Spanien ein dem Bischof ANSILEUBUS zugeschriebenes »Liber glossarum«. Um 1000 entstand das byzantin. »Suda«-Lexikon in griech. Sprache mit etwa 30 000 Stichwörtern. Es enthält neben Worterklärungen u. a. Informationen über griech. Literatur und Philosophie, byzantin. Geschichte sowie Fragmente aus Werken griech. Schriftsteller.

Außereuropäische Enzyklopädien Eine eigene Tradition der E. entwickelte sich im MA. in der arab. und chin. Literatur. IBN KUTAIBAS »Kitab uyun al-achbar« (»Buch über die Quellen der Geschichte«, 9. Jh.; zehn Bücher zu je einem Themenkreis: Souveränität, Krieg, Adel, Charakter, Gelehrsamkeit und Rhetorik, Askese, Freundschaft, Gebet, Nahrung, Frauen) wurde für viele spätere arab. Werke richtungweisend. Die vor 1000 publizierten »Mafatich al-ulum« (»Schlüssel zu den Wiss.en«) des AL-CHARISMI wirkten hinsichtlich ihrer Einteilung in einheimische, d. h. arab. (Jura, Philosophie, Grammatik, Verwaltungswiss., Poetik, Geschichte) und fremde Wiss.en (Philosophie, Logik, Medizin, Alchemie) in der enzyklopäd. Tradition des Islams lange nach. – Die chin. E. »Tong-dian« des

Enzyklopädie: Diderots und d'Alemberts berühmte »Encyclopédie«

DU YOU (8. Jh.) informierte über Wirtschaft, Bildungswesen, Regierung, Sitten und Bräuche, Musik, Armee, Rechtsprechung, polit. Geografie, Verteidigung. 1319 wurde sie von MA DUANLIN u. d. T. »Wen-xian tongkao« auf 348 Bücher erweitert. LI FANGS »Tai-ping yulan« (10. Jh., 1000 Bde.) erschien noch 1812 in einer revidierten Neuausgabe. Die E. »Yong-le da-dian« (1403–07, ungedruckt) umfasste urspr. etwa 23 000 Bde., von denen nur einige Hundert erhalten sind. Das »Gu-jin tu-shu ji-chang« umfasste rd. 5 000 Bde. (Erstdruck 1726). Alle diese E. bieten Quellentexte im Wortlaut und überliefern wichtige, sonst längst verlorene histor. und literar. Texte.

16. und 17. Jahrhundert Die europ. Entwicklung wurde mit den monumentalen Stoffsammlungen der Renaissance- und der Barockzeit fortgeführt. In diesen systemat. E., die durch ausführl. Indizes erschlossen waren, nahm das theolog. Wissen eine beherrschende Stellung ein. Das 1544 erschienene »Dictionarium proprium nominum« des Pariser Arztes CAROLUS STEPHANUS war lange Jahre das gebräuchlichste systemat. Nachschlagewerk über die Antike. Das »Theatrum vitae humanae« (1586/87) von T. ZWINGER gehörte mit 29 Foliobänden (in der 3. Auflage) zu den größten Lexikonunternehmen seines Jahrhunderts. Unter Leitung des Jesuiten LAURENTIUS BEYERLINCK erlebte es zw. 1631 und 1707 mehrere Neubearbeitungen.

Richtungweisend für die Darstellung enzyklopäd. Wissens war im 17. Jh. F. BACON. In seinem Hauptwerk, einer systemat. E. mit dem Titel »Instauratio magna« (Hauptteile 1620–22) entwarf er eine empir. Methodenlehre und eine die Artes liberales ablösende Neueinteilung der Wiss.en. BACON war damit der Schöpfer der philosoph. E. und eines enzyklopäd. »Stammbaumes der Wissenschaften«. Seine Theorien bildeten noch die geistige Grundlage der großen E. des 18. Jh. Eine der letzten systemat. Universal-E. war J. H. ALSTEDS »Scientiarium omnium encyclopaedia...« (7 Bde., 1630).

Seit der 2. Hälfte des 17. Jh. verdrängte die besser nutzbare alphabet. Ordnung allmählich die bisher gebräuchliche systemat. Gliederung. Dem allseitigen

---

Jorge Luis Borges über die Nutzung einer Enzyklopädie

Wer eine Enzyklopädie erwirbt, erwirbt nicht jede Zeile, jeden Abschnitt, jede Seite und jeden Strich; er erwirbt die bloße Möglichkeit, das eine oder andere davon kennen zu lernen.

Aus der Erzählung »Shakespeares Gedächtnis« (1983)

Die Enzyklopädie im Selbstverständnis ihrer Herausgeber

Aus der von Denis Diderot verfassten Ankündigung »Prospectus« (1750) der »Encyclopédie ou Dictionnaire raisonné des sciences, des arts et des métiers«

Aus allem Vorausgeschickten geht hervor, daß in dem Werk, das wir ankündigen, die Wissenschaften und Künste auf eine Weise behandelt werden, die keinerlei Vorkenntnisse verlangt; daß bei jedem Stoff das Wissenswerte dargelegt wird; daß die Artikel sich gegenseitig erklären und ebendeshalb die Schwierigkeit der Nomenklatur nirgends verwirrend wirkt. Dieses Werk, so möchten wir folgern, könnte einem Berufsgelehrten als Bibliothek dienen für alle Fächer, die er nicht selbst betreibt. Es wird die Elementarbücher ersetzen, die wahren Prinzipien der Dinge entwickeln, ihre Beziehungen hervorheben, zur Gewißheit und zum Fortschritt der menschlichen Kenntnisse beitragen, die Zahl der echten Gelehrten, der hervorragenden Künstler und der aufgeklärten Laien vermehren und folglich in der Gesellschaft neue Vorteile verbreiten.

D. Diderot: Philosophische Schriften, a. d. Frz. übers. u. hg. v. T. Lücke, Bd. 1 (Berlin: Aufbau-Verlag, 1984), S. 127.

Im Artikel »Encyclopédie« (Band 5, 1755) erläutert Diderot ausführlich die Ziele, Methoden und Schwierigkeiten bei der Erarbeitung eines großen Nachschlagewerks

Tatsächlich zielt eine *Enzyklopädie* darauf ab, die auf der Erdoberfläche verstreuten Kenntnisse zu sammeln, das allgemeine System dieser Kenntnisse den Menschen darzulegen, mit denen wir zusammenleben, und es den nach uns kommenden Menschen zu überliefern, damit die Arbeit der vergangenen Jahrhunderte nicht nutzlos für die kommenden Jahrhunderte gewesen sei; damit unsere Enkel nicht nur gebildeter, sondern gleichzeitig auch tugendhafter und glücklicher werden, und damit wir nicht sterben, ohne uns um die Menschheit verdient gemacht zu haben. [...]

Wir haben im Laufe der Arbeit gesehen, wie sich der Stoff ausdehnte, wie die Nomenklatur verworren wurde, wie Substanzen unter einer Vielzahl verschiedener Namen angeführt wurden, wie sich Werkzeuge, Maschinen und Handwerke maßlos vermehrten und wie die zahlreichen Windungen eines ausweglosen Labyrinths immer verwickelter wurden. Wir haben gesehen, wieviel Mühe es kostete, uns dazu zu vergewissern, daß die »gleichen« Sachen wirklich die gleichen waren, und wieviel Mühe, um festzustellen, daß andere, die grundverschieden schienen, nicht verschieden waren. Wir haben gesehen, daß jene alphabetische Ordnung, die uns jeden Augenblick zu Pausen nötigte, aber soviel Mannigfaltigkeit in die Arbeit brachte und unter diesem Gesichtspunkt recht vorteilhaft für ein so langes Werk erschien, ihre Schwierigkeiten hatte, die man Schritt für Schritt überwinden mußte. Wir haben gesehen, daß diese Ordnung uns in die Gefahr brachte, entweder den Hauptartikeln eine ungeheure Länge zu geben, wenn man in sie alles einbezog, was man in ihnen naturgemäß erwarten durfte, oder sie trocken und dürftig zu machen, wenn man sie mit Hilfe der Hinweise kürzte und viele Gegenstände ausschloß, die man keinesfalls ausschließen durfte. Wir haben gesehen, wie wichtig und schwierig es war, den richtigen Mittelweg einzuhalten. [...]

Man darf sich nicht einbilden, daß das Zusammentreffen so vieler glücklicher Umstände jede Unvollkommenheit in der *Enzyklopädie* ausschließen könnte. In einem so umfangreichen Werk wird es immer Mängel geben. Zunächst wird man sie durch Nachträge soweit beseitigen, wie sie entdeckt werden; doch wird notwendig eine Zeit kommen, in der die Öffentlichkeit selbst eine allgemeine Umarbeitung verlangen wird.

D. Diderot: Philosophische Schriften, a. a. O., S. 149, 205f., 233.

Aus Band 10 (1894) der 14. Auflage des »Brockhaus Konversations-Lexikons« zum Stichwort »Konversations-Lexikon«

[...] ursprünglich und wörtlich ein alphabetisch geordnetes Nachschlagewerk, das den Leser bei der täglichen »Konversation« mit gemeinverständlichen Belehrungen zur Hand gehen sollte. [...] Durch das von Friedrich Arnold Brockhaus [...] herausgegebene K. ist jener erste Begriff des Wortes geändert und, wie der Name des Verlegers, zu einem typischen Ausdruck für eine die gesamte moderne wissenschaftliche, künstlerische und technische Bildung umfassende populäre Encyklopädie [...] geworden.

Brockhaus Konversationslexikon, Bd. 10 (Leipzig [u.a.]: Brockhaus, [14]1894), S. 607f.

Aus Band 6 (1893) der 14. Auflage des »Brockhaus Konversations-Lexikons« zum Stichwort »Encyclopädie«

[...] Ein neuer vorzugsweise auf volkstümliche Verbreitung der wissenschaftlichen Kenntnisse gerichteter Umschwung in der Litteratur der encyklopäd. Wörterbücher begann mit dem von Friedrich Arnold Brockhaus [...] im ersten Viertel des 19. Jahrh. begründeten *Konversations-Lexikon* [...], das seit 1891 in der vorliegenden 14. Aufl. erscheint. Der außerordentliche Beifall, mit dem das Brockhaussche Werk aufgenommen wurde, veranlaßte nicht nur in Deutschland viele ähnliche Unternehmungen, sondern rief auch bei allen anderen gebildeten Völkern Übersetzungen und Nachahmungen des Originalwerkes hervor. [...] Einen abermaligen Umschwung erfuhren, nachdem bereits früher von F. A. Brockhaus im Anschluß an das »Konversations-Lexikon« ein eigener »Bilder-Atlas«, enthaltend geogr. Karten, naturwissenschaftliche, technolog. u. a. Abbildungen, herausgegeben war, die E. durch Beigabe von Illustrationen (Karten, Bildertafeln, Textfiguren) [...].

Brockhaus Konversationslexikon, Bd. 6 (Leipzig [u.a.]: Brockhaus, [14]1893), S. 99f.

Aufschwung der Wiss.en und der wachsenden Stofffülle konnten Lexika in systemat. Ordnung nicht mehr gerecht werden.

Die nun vermehrt entstehenden alphabet. E. wurden vielfach »Wörterbuch« (lat. Dictionarium, frz. Dictionnaire) benannt, so trug bereits eine erstmals in einer lebenden Sprache verfasste nat. E. des Franzosen L. Moréri den Titel »Grand dictionnaire historique...« (2 Bde., 1674, mehrfach erweitert). In P. Bayles »Dictionnaire historique et critique« (2 Bde., 1695–97) wurde eine gänzlich neue Konzeption entwickelt: Die mit ausführl. kritischen Anmerkungen versehenen Artikel vermittelten schon vom aufklärer. Geist bestimmte Urteile. Die von Bayles Werk ausgehende Wirkung ist an zahlr. Übersetzungen abzulesen, u. a. an der »entschärften« Fassung J. C. Gottscheds, dem »Histor. und Crit. Wörterbuch« (4 Bde., 1741–44).

18. Jahrhundert Dieses Jahrhundert ging als das enzyklopäd. Zeitalter in die Geschichte ein. Es entstanden die umfangreichen alphabet. E., die den Begriff nun auch im Titel führten und mit dem Konversationslexikon des 19. Jh. den Weg für die moderne E. ebneten. Aus der Fülle der Neuerscheinungen sind hervorzuheben: E. Chambers' »Cyclopædia, or An universal dictionary of arts and sciences« (2 Bde., 1728), die »Encyclopaedia Britannica or a dictionary of arts and sciences« (3 Bde., 1768–71), v. a. aber Diderots und d'Alemberts »Encyclopédie ou Dictionnaire raisonné des sciences, des arts et des métiers« (mit Ergänzungs- und Registerbänden 35 Bde., 1751–80). Das zunächst als Bearbeitung von Chambers geplante Werk wurde, durch den persönl. Einsatz Diderots, zum Standardwerk der frz. Aufklärung. Führende Philosophen und Wissenschaftler (→ Enzyklopädisten) verliehen der »Encyclopédie« ihre antiklerikale und antiabsolutist. Stoßkraft; Handwerker und Techniker machten in Kooperation mit Diderot zum ersten namhaften Lexikon der Technik, das die akrib. Textdarstellungen durch eine 12-bändige Tafelsammlung bebilderte. Die »Encyclopédie« enthält rd. 60 000 Artikel. Diderot legte besonderen Wert darauf, deren »gegenseitige Verflechtung« mittels Siglen, die zu Anfang der einzelnen Artikel die übergeordnete Wiss. anzeigen, sowie mittels eines Verweissystems zu verdeutlichen. Der enzyklopäd. Charakter wird unterstrichen durch eine dem Text vorangestellte Wissenschaftsklassifikation und einen »genealog. Baum« der Erkenntnisse im Vorwort d'Alemberts (»Discours préliminaire«).

In der dt. Tradition setzte sich für alphabetische enzyklopäd. Werke zunächst der Begriff »Lexikon« durch: Bedeutendstes dt. Unternehmen des 18. Jh. war das »Große vollständige Universal-Lexicon aller Wissenschaften und Künste...« (68 Bde., 1732–54), nach dem Verleger J. H. Zedler meist kurz »der Zedler« genannt. Auf 62 571 Seiten sind 750 000 Artikel verzeichnet. Bis heute ist es das umfangreichste zu Ende geführte dt. Universallexikon. Neu an der Arbeit Zedlers war, dass er Autorenschaft und Redaktion einem Stab von Fachleuten übergab.

Diese großen Werke waren wegen des hohen Preises nur exklusiven Kreisen zugänglich. Zur Kurzinformation diente dem Bürger des 18. Jh. ein einbändiges Werk, das zuerst 1704 im Leipziger Verlag J. Fr. Gleditsch erschien und nach dem Verfasser der Vorrede – nicht nach dem Herausgeber – als »der Hübner« bezeichnet wurde. Der vollständige Titel lautet von der 3. Auflage an »Reales Staats-, Zeitungs- und Conversationslexikon«. Damit wurde der Begriff des Konversationslexikons eingeführt (erschienen bis zur 31. Auflage, 4 Bde., 1824–28). Eine Bestandsaufnahme für das dt.-sprachige Gebiet erfasste für den Zeitraum von 1690 bis 1791 etwa 230 publizierte Nachschlagewerke, davon etwa die Hälfte nach 1770, als die dt. Aufklärung eine neue Phase erreicht hatte.

19. Jahrhundert Konversationslexika bzw. E. im heutigen Sinne entstanden an der Wende vom 18. zum 19. Jh. Sie passten den überkommenen enzyklopäd. Anspruch der Entwicklung des literar. Marktes, an die Bedürfnisse eines veränderten Lesepublikums an. Im dt.-sprachigen Raum ist diese Entwicklung eng an die Namen einzelner Protagonisten gebunden, besonders an F. A. Brockhaus. Dieser übernahm das 1796 von R. G. Löbel und C. W. Franke begründete »Conversationslexicon mit vorzügl. Rücksicht auf die gegenwärtigen Zeiten« und brachte es nach 1808 komplettiert heraus. Die hohe Nachfrage machte rasche Neuauflagen notwendig (meist u. d. T. »Allgemeine dt. Real-Encyclopädie für die gebildeten Stände – Conversations-Lexicon«). Die 5. Auflage (1819–20) wurde erstmals unter Zugrundelegung einer Systematik von einer größeren Anzahl von Fachgelehrten bearbeitet, allerdings wurden die Artikel niemals namentlich gezeichnet – eine Tradition, die bis in die Gegenwart beibehalten wird.

Für das aufstrebende Bürgertum wurde Bildung zu einem wichtigen Gut, das soziales Prestige verlieh. Das Konversationslexikon trug dem Bildungsbedürfnis breiter Kreise Rechnung; es erforderte keine gelehrten Voraussetzungen mehr und passte die Auswahl seiner Artikel den Interessen dieser Leser an. Was das brockhausche Lexikon über das nunmehr veraltete hübnersche hinaushob und zum Verkaufserfolg machte, war nicht allein die sorgfältige Aufbereitung des Allgemeinwissens in gut lesbarer Form, sondern auch die Aufnahme zeitgenöss. Informationen.

Neben Brockhaus gab es im Dtl. des 19. Jh. drei weitere erfolgreiche Verleger von Konversationslexika bzw. E.: H. A. Pierer, J. Meyer und B. Herder. Diese vier Verlage beeinflussten sich gegenseitig und begründeten die Tradition der Großlexika in Dtl. Der »Pierer« erschien u. d. T. »Universal-Lexikon der Gegenwart und Vergangenheit« zw. 1822 und 1893 in sieben Auflagen sehr erfolgreich, konnte sich dann aber im Wettbewerb mit den anderen Anbietern nicht mehr behaupten. 1826 gründete J. Meyer in Gotha einen Verlag unter dem Namen »Bibliographisches Institut«. Sein zw. 1840 und 1855 herausgegebenes »Großes Conversations-Lexicon für die gebildeten Stände« orientierte sich stark am »Pierer«, übernahm aber auch Merkmale des »Brockhaus«. Das urspr. auf 21 Bde. angelegte Werk umfasste am Ende 46 Bde. nebst 6 Supplementen. Dieser erste »Meyer« ist das größte allgemeine dt.-sprachige Lexikon des 19. Jh., das zu Ende geführt wurde. Der offen formulierte Anspruch, das Konversationslexikon vervollkommnet zu haben, sorgte im Verbund mit neuen Vertriebsmethoden für enorme Zuwachsraten. Zudem gelang es dem Bibliograph. Institut, Gestaltung und Typografie der Großlexika nachhaltig zu beeinflussen. Bei guter Qualität bot der Verlag seine Bände im Schnitt preiswerter als F. A. Brockhaus an. Er erreichte v. a. durch Fortsetzungsbestellungen zu niedrigen Preisen ein großes Publikum über den Kol-

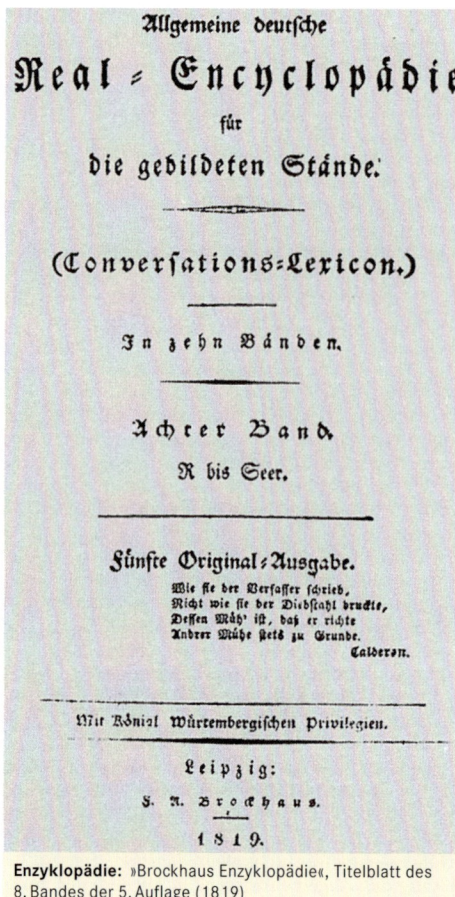

Enzyklopädie: »Brockhaus Enzyklopädie«, Titelblatt des 8. Bandes der 5. Auflage (1819)

portage- und Reisebuchhandel. Diese Verkaufsmethode wurde bald obligatorisch für dt. Enzyklopädieverlage.

Der Verlag von B. HERDER, seit 1808 in Freiburg i. Br., sah von Anfang an seine Aufgabe darin, für kath. Glaubenskreise zu wirken. Die 1. Auflage von »Herders Conversations-Lexikon« erschien in 5 Bänden zw. 1854 und 1857, weitere Ausgaben folgten mit großer Publikumsresonanz.

Die bisher umfangreichste europ., aber nicht zu Ende geführte E. war die »Allgemeine Encyclopädie der Wissenschaften und Künste« von J. S. ERSCH und J. G. GRUBER (167 Bde., 1818–1889). Urspr. von Gleditsch in Leipzig verlegt, ging sie 1831 in den Besitz des Verlags F. A. Brockhaus über. Dieser stellte das Projekt beim Stichwort »Phyxios« ein. Das ausufernde Werk behandelte z. B. das Stichwort »Griechenland« in 8 Bänden, es war wirtschaftlich nicht tragbar und kam dem Auftrag einer E., übersichtl. Informationen zu liefern, nicht nach.

Die Form der systemat. E. nahm G. W. F. HEGEL mit seiner »E. der philosoph. Wissenschaften« (1817) noch einmal auf.

20. Jahrhundert Prinzipiell neue Formen der E. entstanden im 20. Jh. zunächst nicht. Allerdings wurden Ausstattung und Gestaltung verbessert. Mittels preiswerterer typograf. Verfahren erhöhten die Verlage die Zahl der (Farb-)Abbildungen, der Tabellen und Karten. Auch wurden neue ästhet. und gestalter. Elemente eingebracht, um dem Leser die Orientierung zu erleichtern, so farbl. Hervorhebungen von Textteilen. Das System der Verweise wurde optimiert, außerdem wurden ausführl. (z. T. auch namentlich gezeichnete) Beiträge zu aktuellen oder kontroversen Themen in die alphabet. Folge der Artikel eingefügt.

Zu den herausragenden E. des 20. Jh., die, gemäß ihren jeweiligen Traditionen, unterschiedl. Konzepte umsetzen, gehören in Dtl. auch »Meyers Enzyklopädisches Lexikon« (9. Auflage, 25 Bde., 1971–79) und die »Brockhaus Enzyklopädie« in der 17. Auflage (20 Bde., 1966–74). Zu den wichtigsten internat. E. zählen: in Frankreich der »Grand Larousse universelle« (15 Bde., 1997), in Großbritannien die »Encyclopædia Britannica, or A dictionary of arts and sciences«, seit der 15. Auflage (1974–87) »The new Encyclopædia Britannica« in 32 Bänden, mit jährl. Neuausgaben (bis 1994), in den USA die »Encyclopedia Americana« (29 Bde., Neuausgabe 2001), in den Niederlanden »Grote Winkler Prins encyclopedie« (26 Bde., 9. Auflage 1990–93), in Spanien »Espasa. Enciclopedia universal ilustrada europeo-americana« (80 Bde., 1978–88), im port. Sprachraum »Grande Enciclopédia Portuguesa e Brasileira« (40 Bde., 1935–60).

E. wurden aber auch zur politisch-ideolog. Beeinflussung genutzt: So entstanden in der Sowjetunion die »Bol'šaja Sovetskaja Ėnciklopedija« (»Große Sowjetenzyklopädie«, 65 Bde., 1926–47, 3. Auflage in 30 Bde.n 1970–78), im nat.-soz. Dtl. die 8. Auflage von »Meyers Lexikon« (1935–42, unvollständig), in Italien die »Enciclopedia Italiana« (35 Bde., 1929–37) und in der DDR »Meyers Neues Lexikon« (2. Auflage in 18 Bde.n, 1971–78). Alle Versuche, eine E. in einem totalitären Regime entweder dem Staat direkt zu unterstellen oder durch Überwachungsorgane nachhaltig zu zensieren, führten zur Aufgabe des lexikograf. Grundgedankens.

ELEKTRONISCHE ENZYKLOPÄDIEN

Mit Beginn der 1970er-Jahre wurde versucht, die digitale Informationstechnik für das Lexikon nutzbar zu machen. Die Standardisierung von →HTML in den frühen 1990er-Jahren trug dazu bei, völlig neue Produktformen zu entwickeln: die E. auf CD-ROM bzw. DVD (**Offline-E.**) sowie die Nutzung des Internets (World Wide Web) für Bild- und Schriftdaten (**Online-Enzyklopädie**).

Offline-Enzyklopädien Erstes Beispiel der elektron. Offline-E. war die »Grolier Academic American Encyclopedia« (1985) auf CD-ROM, gefolgt von den Microsoft-Produkten (»Bookshelf«, 1987, seit 1993 »Encarta«). Im dt.-sprachigen Bereich folgten 1989 Bertelsmann und 1995 das Bibliograph. Institut & F. A. Brockhaus mit ihren Produkten. – Die techn. Entwicklungen und die Konkurrenz in diesem Bereich haben zur Verselbstständigung der elektron. gegenüber der gedruckten Version geführt. Dabei sind folgende Entwicklungen hervorzuheben:

1. Immer umfangreichere Speicherkapazitäten der neuen Medien ermöglichen eine deutl. Zunahme des angebotenen Wissens; damit verbunden sind ausführlichere Darstellungen als in der Druckversion gebräuchlich.
2. Die neuen Recherchemöglichkeiten und Suchfunktionen erlauben ein in den gedruckten E. nicht erreichbares allseitiges Erschließen der Informationen (z. B. durch Volltextsuche, Hyperlinks oder grafisch

unterstütztes Einblenden artverwandter Stichwörter als »Wissensnetz« oder Zeitraumsuche).
3. Aktualisierungen durch monatl. Downloads über das Internet können angeboten werden. Geänderte Texte werden automatisch überschrieben und neue Stichwörter in das Alphabet einsortiert.
4. Koppelung der Texte mit multimedialen Elementen (Animationen, Hörbeispiele, Videos, animierte Karten zu geschichtl. Entwicklungen) erschließen neue Dimensionen der Information.
5. Die Preisgestaltung des Produkts erfolgt nach neuen Kriterien. Eine CD-ROM oder DVD ist in der materiellen Herstellung billiger als ein Buch, allerdings erfordert die Erarbeitung der Inhalte weiterhin einen hohen redaktionellen Aufwand. Zudem entstehen für die Integration multimedialer Elemente neue Kosten.

Online-Enzyklopädien In Verbindung mit den genannten elektron. Offline-Produkten besteht eine weitere Form der Verbreitung enzyklopäd. Wissens im Onlinepublishing elektron. E. über das Internet. Als weltweit erste E. standen 1995 die »Academic American Encyclopedia« und die »Encyclopædia Britannica« online zur Verfügung. Bald zogen weitere Lexikonverlage mit entsprechenden Produkten nach. Die Möglichkeit jedoch, Informationen weltweit kostenlos über das Internet oder auch aus den dort kostenfrei zugänglichen Nachschlagewerken und Wissensportalen zu beziehen, machen diese Form der Dienstleistung aus betriebswirtschaftlicher Sicht noch wenig profitabel. Dennoch halten Anbieter am Konzept fest, verlässl. und qualitativ hochwertige Informationen kostenpflichtig über das Internet anzubieten.

PERSPEKTIVEN
Nachdem einige E.-Verlage in den 1990er-Jahren dazu übergegangen waren, sich ausschließlich auf elektron. E. zu konzentrieren, stellte sich nach der Jahrtausendwende ein rückläufiger Trend ein. Die »Encyclopædia Universalis«, eine führende E. Frankreichs, kam 2002 wieder mit einer 28-bändigen Printausgabe auf den Markt. Zeitgleich entstand die »Encyclopaedia Britannica« (32 Bde., 2002/03) nach mehreren Jahren der CD-ROM-Dominanz wieder in gedruckter Form. Auch Italien schloss sich dieser Entwicklung an. In Dtl. erscheint 2005–06 die 21. Auflage der »Brockhaus E.«, mit 30 Bänden das bisher umfangreichste gedruckte allgemeine Lexikon in der Firmengeschichte des Verlages F. A. Brockhaus.

International zeigt sich, dass der Bedarf an gedruckten Lexika nach wie vor besteht und das elektron. Nachschlagewerk das traditionelle Buch ergänzt. Viele gedruckte E. werden zus. mit CD-ROM bzw. DVD als Medienpaket angeboten. Auch die 21. Auflage der »Brockhaus E.« wird in elektron. Form mit Multimedia-Ergänzungen herausgegeben und kann regelmäßig aktualisiert werden. Die Zweigleisigkeit liegt in der grundsätzlich versch. Beschaffenheit, Leistungsfähigkeit und Nutzungsmöglichkeit der Medien begründet, die vom Leser jeweils als Vor- oder Nachteile empfunden werden. Während die elektron. E. mehr Inhalte, verbesserte Recherchemöglichkeiten und multimediale Verknüpfungen bietet, gehen vom Buch hapt., repräsentative und besonders ästhet. Reize aus. Zudem lassen sich Druckseiten länger und entspannter lesen als Bildschirmtexte. Von gedruckten E. weiß man, dass sie bei Einsatz qualitativ hochwertiger Werkstoffe (alterungsbeständiges Papier, Le-

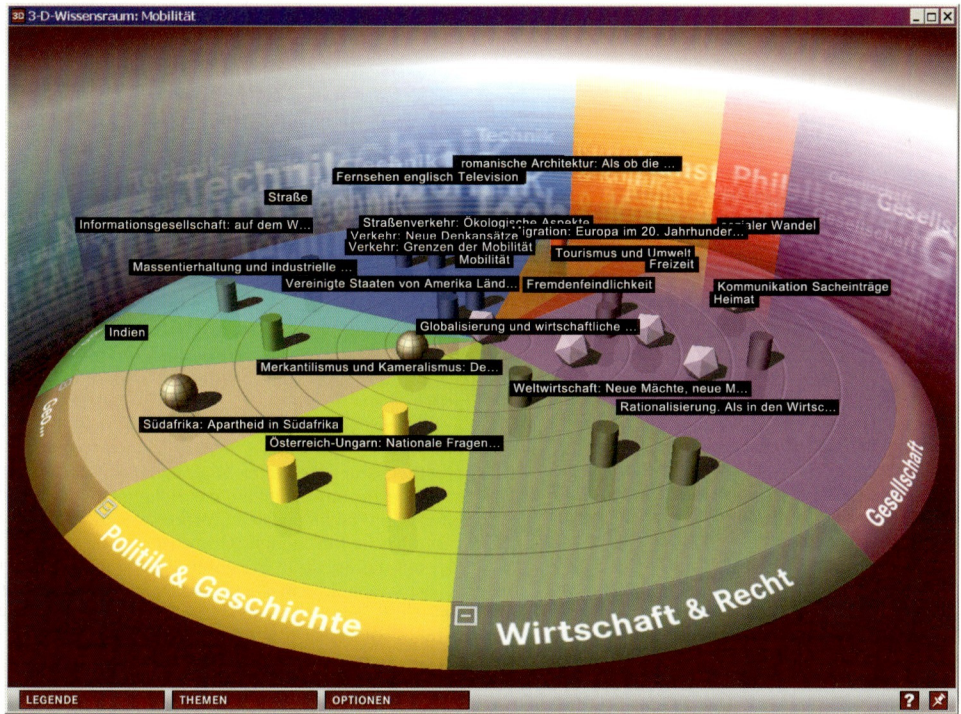

Enzyklopädie: ein 3-D-Wissensraum aus der »Brockhaus Enzyklopädie digital«

Enzy enzyklopädisch

dereinbände etc.) und entsprechender Lagerung ca. 400 Jahre überdauern können. Zur langfristigen Nutzbarkeit elektron. Medien gibt es bislang keine gesicherten Erfahrungen. Vermutlich werden die heute verfügbaren elektron. E. durch die rasch fortschreitende Entwicklung in einigen Jahren verändert haben. Es ist davon auszugehen, dass sich die elektron. E. weiter etablieren werden; daneben wird es bleibendes Interesse an gedruckten Ausgaben geben.

R. L. COLLISON: Encyclopaedias (New York ²1966); U. DIERSE: E. Zur Gesch. eines philosoph. u. wissenschaftstheoret. Begriffs (1977); Kleine Gesch. großer Lexika (Neuausg. 1990); A. ZUM HINGST: Die Gesch. des Großen Brockhaus. Vom Conversationslex. zur E. (1995); Bibliotheca Lexicorum, hg. v. H. WETSCHEREK (Wien 2000); Populäre Enzyklopädien. Von der Ausw., Ordnung u. Vermittlung des Wissens, hg. v. I. TOMKOWIAK (Zürich 2002); F. A. Brockhaus. 1905–2005, hg. v. T. KEIDERLING (2005).

enzyklopädisch, 1) in der Art einer Enzyklopädie (dargestellt); 2) umfassend (jemandes Wissen betreffend).

Enzyklopädisten, die Gründer, Herausgeber und Mitarbeiter der »Encyclopédie ou Dictionnaire raisonné des sciences, des arts et des métiers« (1751–80); i. w. S. die Anhänger der in dieser →Enzyklopädie vertretenen philosoph. Anschauungen des 18. Jh. Zu den etwa 150 Mitarbeitern →DIDEROTS gehörten u. a. D'ALEMBERT (bes. Mathematik), J.-J. ROUSSEAU (bes. Musik, Artikel »économie politique«), VOLTAIRE (u. a. die Artikel »esprit«, »histoire«) und É. B. DE CONDILLAC (Philosophie), MONTESQUIEU (Artikel »goût«), J.-F. MARMONTEL (Literaturkritik), Baron HOLBACH (Naturwiss.en), Baron TURGOT (Volkswirtschaft) und F. QUESNAY (Beiträge »fermiers«, »grains«, in denen er die Grundsätze des Physiokratismus darlegte). Die gemeinsame Grundlage der Beiträge bildet das Gedankengut der Aufklärung: allg. Ablehnung rationalist. Systembildungen im Sinne R. DESCARTES' und B. DE SPINOZAS, der Glaube an die auf der Vernunft gegründeten Fortschritt der Wiss.en, der moral., sozialen und polit. Entwicklung der Menschheit sowie die Betonung der sinnl. Erfahrung als Grundlage aller Erkenntnis, eine auf die Toleranzidee gegründete krit. Auffassung der Religion und in der Staatsauffassung das Eintreten für eine konstitutionelle Monarchie. Die E., die für ihre Tätigkeit nur geringe Entlohnung erhielten, gehörten zu den ersten freien Schriftstellern.

Enzym-Allergo-Sorbent-Test, →Enzymimmunassay.

enzymatisch, von Enzymen bewirkt.

Enzymblocker, Enzymgifte, Enzymhemmstoffe, Substanzen, welche die Stoffwechselwirkung eines Enzyms (vielfach durch Blockade seines katalyt. Zentrums) teilweise oder vollständig aufheben. Während einige E. als Gifte wirken, z. B als Insektizide oder Wirkkomponenten in chem. Kampfstoffen (Nervengase), wird eine Reihe anderer E. zu therapeut. Zwecken verwendet, z. B. → ACE-Hemmer bei Bluthochdruck oder Herzversagen, Cholesterinsynthese-Hemmstoffe bei Lipidstoffwechselstörungen sowie Prostaglandinsynthese-Hemmstoffe als Schmerzmittel und bei Entzündungen.

Enzymdiagnostik, qualitative und quantitative Untersuchung der Enzyme in Körperflüssigkeiten, v. a. im Blutserum, zur Feststellung krankheitsbedingter Organ- und Gewebeschäden. Da es sich hierbei meist um sehr geringe Substanzmengen handelt, bedient man sich des fotometr. Nachweises der durch die Enzyme bewirkten Umsetzungen (**Enzymaktivitätstest**).

Jede Störung der Funktion von Zellmembranen, wie sie z. B. bei krankheitsbedingtem Zellzerfall innerhalb eines Organs auftritt, führt zum vermehrten Austreten von Sekretenzymen (z. B. Pankreasamylase), plasmaspezif. Enzymen (z. B. Prothrombin) und von Zellenzymen (v. a. Transaminasen, Dehydrogenasen) in Körperflüssigkeiten. Durch die Feststellung des jeweiligen organspezif. Enzymmusters können Aussagen über einen bestimmten Organschaden, z. B. Herzinfarkt, Erkrankungen von Leber und Bauchspeicheldrüse, auch der Skelettmuskeln, getroffen werden.

Enzyme [zu griech. en »in« und zýmē »Sauerteig«], *Sg.* **Enzym** *das, -s,* **Biokatalysatoren,** veraltete Bez. **Fermente,** in allen lebenden Organismen vorkommende, intrazellulär gebildete, hochmolekulare Proteine, die chem. Reaktionen beschleunigen, indem sie die → Aktivierungsenergie herabsetzen und so den Reaktionsablauf unter den Bedingungen, die in einem Organismus vorliegen (physiolog. Bedingungen: niedrige Temperaturen, Normaldruck, wässriges Medium) erst ermöglichen. Die chem. Substanz, die ein E. umsetzt, wird als Substrat bezeichnet. E. weisen eine z. T. hohe Substratspezifität auf, d. h., sie setzen nur ein einziges Substrat um (Schlüssel-Schloss-Beziehung). Es gibt E., die zwar die gleiche Substratspezifität aufweisen, jedoch unterschiedl. Produkte bilden (**Wirkungsspezifität**). Da fast alle biochem. Reaktionen in einem Organismus nur durch **E.-Katalyse** (enzymatisch) ablaufen können, beruht die Steuerung des gesamten Stoffwechsels auf einer fein abgestimmten Regulation von E.-Aktivitäten. Die Neusynthese von E. kann sowohl durch physiolog. Substanzen (z. B. Steroidhormone) als auch durch Fremdstoffe stimuliert werden (**E.-Induktion**). Sie erfolgt, ebenso wie die Unterdrückung der E.-Synthese (**E.-Repression**) durch Endprodukte einer Synthesekette, auf der Ebene der →Transkription.

VORKOMMEN UND STRUKTUR

E. kommen außerhalb der Zelle (**extrazelluläre E.**) sowie (die große Mehrzahl) innerhalb der Zelle (**intrazelluläre E.**) vor. Sie unterscheiden sich weder qualitativ noch quantitativ von anderen Proteinen. Die Kettenlänge beträgt i. d. R. 100–500 Aminosäuren. Sie können sowohl aus einer Peptidkette (Untereinheit) bestehen (Monomere) als auch aus mehreren gleichen oder unterschiedl. Peptidketten (Multimere). Ihre physiolog. Funktion beruht auf der Art der Verknüpfung der Peptidketten (Sekundär-, Tertiär-, Quartärstruktur), wodurch Zentren besonderer Affinität zu bestimmten Substraten entstehen. – Die meisten E. bestehen aus dem eigentl. Eiweißanteil, dem **Apo-E.**, und einem Nichteiweiß-Bestandteil, dem **Co-E.**, das entweder an das Apo-E. fest (kovalent) gebunden (**prosthet. Gruppe**) oder leicht dissoziabel (Cosubstrat) ist. Beide zusammen bilden das **Holo-E.** Die Co-E. gehören den verschiedensten Stoffklassen an und übertragen häufig funktionelle Gruppen oder Atome vom oder auf das Substrat. Sie unterliegen somit, im Ggs. zu dem Apo-E., einer strukturellen Veränderung. Viele Co-E. leiten sich von Vitaminen her. Zu den **Cofaktoren** zählen zudem noch Metallionen (z. B. Zink bei der Carboanhydrase, Mangan bei der Arginase), ein wichtiger Hinweis auf die Bedeutung der →Spurenelemente im Organismus. – E. treten in großen Mengen in allen lebenden Organismen auf. Sie unterscheiden sich jedoch mehr oder weniger in ihrer Aminosäurezusammensetzung. Sequenzanalysen von E. gewinnen daher auch in der Evolutionsforschung zunehmend größere Bedeutung. Zwei E. unterschiedl. (genetisch festgelegter) Aminosäuresequenz (Primärstruktur), die innerhalb eines Organismus die gleiche Reaktion katalysieren, werden als **Iso-E.** bezeichnet. Sie weisen häufig versch. Eigenschaften auf: z. B. in der Affinität zum Substrat (ausgedrückt durch die Michaelis-Konstante K_M) oder in der maximalen Umsatzgeschwindigkeit (V_{max}). Gut untersucht sind die fünf Iso-E. der aus vier Untereinheiten bestehenden Lactat-Dehydrogenase, die sich aus zwei Peptidketten, A und B, zusammensetzen: A_4, A_3B, A_2B_2, AB_3, B_4. Ihr Vorkommen ist organspezifisch: So liegt beim Menschen im Herzen hauptsächlich A_4 und im Muskel B_4 vor. Alle zu einer Reaktionsfolge (Stoffwechselkette) gehörenden E. wie z. B. die E. der Glykolyse oder des Citratzyklus werden als **E.-System** bezeichnet. Eine spezielle Form sind die **Multi-E.-Komplexe:** Aggregate von zusammengelagerten E., in denen die Zwischenprodukte direkt von E. zu E. weitergereicht werden, wie z. B. beim →Fettsäure-Synthetase-Komplex. Häufig liegen E. als inaktive Vorstufen (**Proenzyme**) vor, die durch Spaltung in eine aktive Form überführt werden (z. B. Trypsinogen in Trypsin).

DARSTELLUNG UND WIRKUNGSWEISE

Die Isolierung von E. aus Geweben sowie deren strukturelle und funktionelle Untersuchung ist Aufgabe der Enzymologie, eines Teilgebietes der Biochemie. Die Anreicherung und Reindarstellung von E. erfolgt nach den Methoden der Proteinchemie durch Differenzialzentrifugation, fraktionierende Fällung, Ionenaustauschchromatografie, Gelfiltration, Affinitätschromatografie und Elektrophorese. Zur Strukturaufklärung dienen v. a. die Sequenzanalyse sowie die Röntgenstrukturanalyse. Die funktionellen und kinet. Untersuchungen (**E.-Kinetik**) werden mit spektralfotometr. und fluorimetr. Methoden durchgeführt. – Das E. bindet das Substrat (S) am **aktiven Zentrum,** wodurch ein **E.-Substrat-Komplex** (ES) gebildet wird, wandelt es in das Produkt (P) um und gibt dieses sofort wieder frei:

$$E + S \rightleftharpoons ES \rightleftharpoons EP \rightleftharpoons E + P.$$

Die Reaktionsgeschwindigkeit ist abhängig vom pH-Wert und nimmt mit der Konzentration des Substrats bis zu einem Maximalwert (**Substratsättigung**) zu. Eine reversible Hemmung von E.-Aktivitäten kann durch Moleküle erfolgen, die strukturelle Ähnlichkeit mit dem Substrat haben und daher mit diesem um die Bindung am aktiven Zentrum konkurrieren (**kompetitive Hemmung**). Ein Spezialfall dieser Hemmung ist die **Produkthemmung,** wenn das Produkt gleichzeitig das Substrat der Rückreaktion ist, somit eine Affinität zum aktiven Zentrum besitzt. Bei ausreichend hoher Konzentration kann es daher das Substrat der Hinreaktion aus diesem verdrängen.

Bei der **unkompetitiven Hemmung** bindet der Hemmstoff an den E.-Substrat-Komplex und verhindert so die Umsetzung des Substrats zum Produkt. Während diese Formen der Hemmung reversibel sind, führen einige Fremdstoffe (**E.-Blocker, E.-Gifte**) zu einer oft irreversiblen Hemmung der E. (**E.-Vergiftung**). Ein Beispiel dafür ist die Blockierung der →Atmungskette durch Kohlenmonoxid oder Cyanid. Neben dem aktiven Zentrum besitzen die E. noch **regulator. Zentren,** an die physiolog. Stoffwechselmetabolite gebunden werden, die aktivierend (**Aktivatoren**) oder hem-

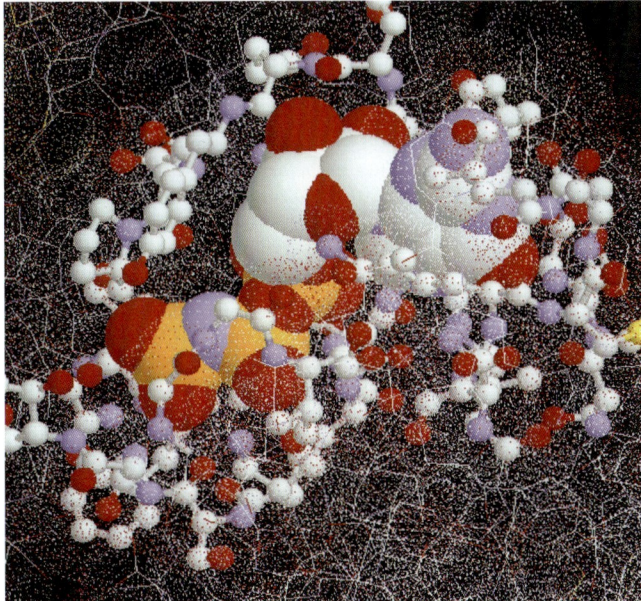

Enzyme: Das Molekülmodell eines an der Zellteilung beteiligten Enzyms veranschaulicht den komplexen Aufbau der Enzyme.

mend (**Inhibitoren**) auf die E.-Aktivität wirken können (**Effektoren**).

Die offizielle Einheit für die E.-Aktivität ist nach der International Union of Pure and Applied Chemistry (IUPAC) das Katal (kat): diejenige E.-Menge, die 1 Mol Substrat pro Sekunde umsetzt. Da diese Einheit sehr kleine Werte liefert, ist auch noch die 1960 eingeführte Internat. Einheit 1 Enzymeinheit = 1 Unit (U) allgemein gebräuchlich: diejenige E.-Menge, die 1 µmol Substrat pro Minute umsetzt. Von prakt. Bedeutung, v. a. bei der Isolierung und kinet. Untersuchung der E., sind ferner die spezifische Aktivität (U pro mg Protein oder kat pro kg Protein), die molare Aktivität (auch Wechselzahl: Anzahl der Substratmoleküle, die von einem E.-Molekül pro Minute umgesetzt werden) und die Volumenaktivität (U pro ml oder kat pro l einer bestimmten Lösung).

NOMENKLATUR UND KLASSIFIKATION

Früher unterschied man zwei Gruppen von biochem. Katalysatoren: im Zytoplasma gelöste, aber ohne Mitwirkung der Zelle aktive E. und die nicht von der erzeugenden Zelle zu trennenden Fermente (z. B. der Hefezelle). Aufgrund der Gewinnung eines zellfreien Hefepresssaftes mit der gleichen katalyt. Wirksamkeit wie Hefezellen durch E. BUCHNER (1897) wurde diese Unterscheidung hinfällig. Auch die späteren Bez. der lösl. E. als **Lyo-E.** und der an Zellstrukturen gebundenen E. als **Desmo-E.** sind inzwischen ungebräuchlich. Die Klassifikation der E. erfolgt heute nach der Empfehlung der Internat. E.-Kommission (engl. **E**nzyme **C**ommission, Abk. EC) in einem Dezimalklassensystem. Nach der Wirkungsspezifität wurden sechs Hauptgruppen festgelegt, die je nach beteiligtem Substrat und Co-E. weiter in E.-Gruppen, E.-Untergruppen und Serien unterteilt werden. – Die Benennung der E. erfolgt durch Kombination ihres Substrats (und gegebenenfalls ihres Co-E.), ihrer Wirkungsspezifität und der Endsilbe -ase. So ist

ATP-D-Hexose-6-phospho-Transferase (E. C. 2.7.1.1.) die Bez. des E., das die Reaktion

ATP + D-Hexose → ADP + D-Hexose-6-phosphat

katalysiert. Daneben sind jedoch auch inoffizielle, kürzere Bez. gebräuchlich (Hexokinase).

MEDIZINISCHE UND TECHNISCHE BEDEUTUNG
Viele Stoffwechselanomalien beruhen auf dem genetisch bedingten und somit erbl. Funktionsausfall bestimmter E. (**E.-Defekte, Enzymopathien**), der ggf. zur Blockierung einer ganzen Stoffwechselkette führen kann (z. B. Albinismus, Phenylketonurie). – Die Kenntnis der enzymat. Ausstattung der versch. Organe (**E.-Muster**) ist von hohem diagnost. und therapeut. Wert (→Enzymdiagnostik). – Die techn. Anwendung von E. hat in den letzten Jahren erheblich zugenommen. Dies ist bedingt durch neuere Methoden der →Molekularbiologie, die eine Synthese zahlr. E. durch Mikroorganismen ermöglicht und auch zur explosionsartigen Entwicklung der →Biotechnologie geführt hat. Früher wurden die E. fast ausschließlich aus tier. und pflanzl. Geweben in komplizierten Verfahren mit geringer Ausbeute isoliert; die heute meist übl. Gewinnung aus Mikroorganismen ist schneller, billiger und methodisch einfacher. Die Vorteile enzymkatalysierter Reaktionen liegen in den milden Bedingungen, unter denen sie ablaufen, sowie in der hohen Wirkungsspezifität, die zu einer hohen Ausbeute und Reinheit des Produktes führt. Die Stereospezifität der enzymat. Reaktion ermöglicht die gezielte Synthese nur eines Enantiomers, z. B. von L-Methionin für die künstl. Ernährung. Einsatzgebiete von in industriellem Maßstab produzierten E. sind u. a. Arzneimittelherstellung, Lebensmittelverarbeitung, chem. Analytik, Energiegewinnung sowie die Waschmittelindustrie.

📖 Methods in enzymology, hg. v. S. P. Colowick u. N. O. Kaplan, auf zahlr. Bde. ber. (New York 1955 ff.); K. Buchholz u. V. Kasche: Biokatalysatoren u. Enzymtechnologie (1997); H. Wrba u. O. Pecher: E. Wirkstoffe der Zukunft (1998).

Enzym|immunassay [-əseɪ; engl. assay »Versuch«, »Prüfung«] *der*, oder *das, -s/-s*, **Enzymimmunoassay**, Abk. **EIA**, auf dem Prinzip der Antigen-Antikörper-Reaktion beruhende Methode zur Bestimmung biologisch aktiver Substanzen (z. B. Hormone, Zytokine, Pharmaka). Im Unterschied zur Methode des →Radioimmunoassay wird zum Nachweis des Stoffes ein Enzym verwendet, die Strahlenbelastung entfällt daher. Das E. zeichnet sich durch eine hohe Empfindlichkeit (Nachweisgrenze im Nanogrammbereich oder darunter) und schnelle Durchführbarkeit aus. Das →ELISA-Verfahren (Abk. für engl. **e**nzyme-linked **i**mmuno**s**orbent **a**ssay) wird u. a. als Aids-Test eingesetzt. Das →ELISPOT-Verfahren (Abk. für engl. **e**nzyme-linked **i**mmuno**s**pot) ist eine Weiterentwicklung der ELISA-Methodik und ermöglicht den Nachweis der Sekretionsprodukte einzelner Zellen.

Der **Enzym-Allergo-Sorbent-Test (EAST)** dient zur Messung spezif. IgE-Antikörper gegen Allergene. Im Patientenserum enthaltene IgE-Antikörper binden an die an feste Phase gekoppelten oder in einer Flüssigkeit gelösten Allergene. Diese Bindung wird dann durch eine enzymat. Reaktion mit einem weiteren Testantikörper gegen IgE als Farbreaktion sichtbar gemacht, deren Intensität mit der Menge der Patientenantikörper korreliert.

Enzym|induktion, allmählich sich verstärkende Anregung des genet. Apparates der Zelle zur Bildung von Enzymen, die dem Abbau körpereigener oder -fremder Substanzen (Stoffwechselprodukte, Genussgifte, Arzneimittel u. a.) dienen. Die E. kann durch die betreffende oder eine chemisch ähnl. Substanz ausgelöst werden (Eigen- oder Fremdinduktion). Sie ist ein Beispiel für die Anpassungsfähigkeit des Organismus an veränderte Umweltbedingungen.

Enzymkinetik, →Enzyme.

Enzymopathie, Erkrankung des Organismus, die auf einem angeborenen Mangel, einem Nichtvorhandensein oder einer Blockierung der Aktivität von Enzymen oder Coenzymen beruht, z. B. Phenylketonurie.

Enzympräparate, Arzneimittel, die Verdauungsenzyme (v. a. des Protein- und Kohlenhydratstoffwechsels) enthalten und bei unzureichender oder fehlender körpereigener Enzymproduktion, z. B. bei Bauchspeicheldrüsenunterfunktion oder nach Bauchspeicheldrüsenoperationen, zur Unterstützung der Verdauung gegeben werden. E. werden bes. aus den Bauchspeicheldrüsen und aus dem Magensaft von Schlachttieren gewonnen, mit den Methoden der Eiweißfraktionierung großtechnisch gereinigt und in eine geeignete Arzneiform gebracht. Daneben werden auch pflanzl. Enzyme (z. B. Bromelain) verwendet. Der Einsatz von E. bei anderen Indikationen, z. B. bei rheumat. Erkrankungen, ist stark umstritten.

Enzystierung, *Biologie:* Einkapselung, bes. das Ausscheiden einer Schutzhülle (Zyste) zum Überdauern ungünstiger Umweltverhältnisse.

eo... [griech. éōs »Morgenröte«, »Tagesanbruch«], Präfix mit den Bedeutungen: 1) früh, vorgeschichtlich, z. B. Eolith; 2) rot, z. B. Eosin.

Eoanthropus dawsoni, der →Piltdownmensch.

Eo|archaikum [nlat.] *das, Geologie:* Ära des Archaikums (→Geologie, Übersicht).

Eobanus Hessus, Helius, neulat. Dichter, →Hessus, Helius Eobanus.

EOF, →elektroosmotischer Fluss.

Eohippus [griech.], **Hyracotherium,** fossile Gattung der →Pferde.

eo ipso [lat. »durch sich selbst«], *bildungssprachlich:* selbstverständlich, von sich aus verständlich.

E. O. K. A., Abk. für **Ethnike Organosis Kypriakon Agoniston** [εθni'ki - - -; neugriech. »Nat. Organisation der zypriot. Kämpfer«], griechisch-zypriot. Untergrundarmee; kämpfte 1955–59 unter General G. Grivas gegen die brit. Herrschaft und für den Anschluss (griech. Enosis) Zyperns an Griechenland. Unter dem Vorwurf, Präs. Makarios III. habe den Gedanken der Enosis aufgegeben, sammelte Grivas nach der Entlassung der Insel in die Unabhängigkeit (1960) in der E. O. K. A. II radikale Gegner von dessen Politik; 1974 unternahmen diese einen Putsch gegen Makarios, der scheiterte und die Besetzung N-Zyperns durch die Türkei auslöste. (→Zypern, Geschichte)

Eokambrium, Bez. für die Bildungszeit jungpräkambr. Sedimente (Sparagmite), v. a. im Bereich des Balt. Schildes.

E.ON AG, einer der größten dt. Energiekonzerne, entstanden 2000 durch Fusion von VEBA AG und VIAG AG; Sitz: Düsseldorf. Die E.ON AG ist eine konzernleitende Holding, das operative Geschäft liegt bei den Tochtergesellschaften, z. B. E.ON Energie AG (München), Ruhrgas AG (Essen), Powergen UK plc (Coventry), Sydkraft AB (Malmö), LG & E Energy LLC (Louisville, Ky.). 2002 wurden die VAW aluminium AG an die Norsk Hydro AS, die Stinnes AG an die Dt. Bahn AG und die Klöckner & Co. AG an die Balli Group plc verkauft, 2003 erfolgte die Fusion mit der Ruhrgas AG. Umsatz (2004): 49,1 Mrd. €, 69 700 Beschäftigte.

EONIA [Abk. für engl. **E**uro **O**vernight **I**ndex **A**verage], seit 4. 1. 1999 von der Europ. Zentralbank berechneter Durchschnittszinssatz für Tagesgelder (»Übernachttransaktionen«) im Interbankenhandel, basierend auf effektiven Umsätzen.

E.ON Ruhrgas AG, →Ruhrgas AG.

Eophytikum [zu griech. phytón »Gewächs«] das, -s, das →Algophytikum.

Eos, griech. **Eōs,** röm. **Aurora,** *griech. Mythologie:* die (rosenfingrige) Göttin der Morgenröte und des Tages, Tochter der Titanen Hyperion und Theia, Schwester des Helios und der Selene. Sie fährt jeden Morgen mit ihren Rossen aus der Tiefe des Meeres herauf und eilt Helios bei seiner Fahrt über den Himmel voran. Sie entführt die Männer, die sie liebt, so Orion und →Tithonos, von dem sie Mutter des Memnon wurde. – E. wird meist geflügelt dargestellt; sie erscheint als Wagenlenkerin, mit anderen Lichtgöttern, mit ihrem toten Sohn Memnon (Schale des Duris; Paris, Louvre), mit Tithonos (dargestellt mit Leier) oder den Jäger Kephalos verfolgend (Krater des Aurora-Malers, um 360 v. Chr., Rom, Villa Giulia; etrusk. Spiegel, ebd., Vatikan. Sammlungen). In der Neuzeit wird sie v. a. als Allegorie des Lichts und des Morgens dargestellt (u. a. bei Michelangelo, P. O. Runge, E. Burne-Jones, O. Redon) und ist beliebte Hauptgestalt barocker Deckenfresken (G. Reni, Guercino, F. Solimena).

EOS, Abk. für **e**rweiterte **O**berschule. (→Gymnasium, Geschichte)

Eosander, Johann Friedrich, Freiherr (seit 1713) Göthe, gen. **E. von Göthe,** Baumeister, getauft Stralsund 23. 8. 1669, † Dresden 22. 5. 1728; trat 1692 in den Dienst des späteren preuß. Königs Friedrich I., wurde 1699 in Berlin Hauptmann und Hofarchitekt; war seit 1713 in schwed., seit 1722 in kursächs. Diensten. E. leitete ab 1707 (als Nachfolger von A. Schlüter) den Bau des Berliner Schlosses, das er um den Westtrakt mit Portalbau (nach dem Vorbild des Severusbogens in Rom) erweiterte. Seine Bauten markieren den Übergang vom Spätbarock zum Klassizismus.

Werke: Ausbau und Kuppel von Schloss Charlottenburg (seit 1704); Mittelbau des Schlosses Monbijou in Berlin (1706–08, im Zweiten Weltkrieg zerstört); Schloss Übigau in Dresden (1724/25).

E.ON AG: Konzernzentrale in Düsseldorf

Eosin

Eosin *das, -s,* intensiv roter Farbstoff aus der Gruppe der Xanthenfarbstoffe, dessen Lösung in Alkohol oder Wasser grün fluoresziert. E. dient zur Herstellung von roter Tinte, Lippenstiften, Nagellacken sowie zum Anfärben von Präparaten in der Mikroskopiertechnik.

Eosinophilie *die, -,*

1) *Medizin:* **Eosinophilämie,** Vermehrung der eosinophilen Granulozyten im Blut (über 4%) als Kennzeichen unterschiedl. Erkrankungen, z. B. parasitärer Art (Wurmbefall, insbes. Trichinose). E. tritt auch bei Allergien sowie in der Heilungsphase von Infekten auf.

2) *Zellbiologie:* Anfärbbarkeit von Zellen und Geweben, die einen geringen oder gar keinen Anteil an Nukleinsäuren haben (z. B. Leukozyten), mit Eosin oder anderen sauren Farbstoffen.

Eötvös [ˈøtvøʃ; nach L. Baron Eötvös], Einheitenzeichen **E,** in der Geophysik bei Schweremessungen verwendete, nichtgesetzl. Einheit des Gradienten der Fallbeschleunigung: $1\,E = 10^{-9}\,Gal/cm = 10^{-9}\,s^{-2}$.

Eötvös [ˈøtvøʃ],

1) József Freiherr von, ungar. Politiker und Schriftsteller, * Ofen (heute zu Budapest) 3. 9. 1813, † Pest (heute zu Budapest) 2. 2. 1871, Vater von 2); aus ungar. Hochadel; E. war früh in der liberalen Opposition und ab 1839 Führer der ungar. Reformbewegung, die für die bürgerl. Umgestaltung des Landes und, im Ggs. zu L. Kossuth, für eine zentralist. Verwaltungsorganisation kämpfte. Im März 1848 Kultus- und Unterrichts-Min.; lebte nach dem Ausbruch des Freiheitskampfes bis 1851 in Dtl. Bis zum Österreichisch-Ungar. Ausgleich von 1867 verfocht er den Kurs F. Deáks; als Kultus-Min. (1867–71) zeichnete er danach für die Gesetze über Schulpflicht, Ausbau des Volksschulwesens, Sprachenrecht der Minderheiten und Gleichberechtigung der Juden verantwortlich. Er schrieb auch Gesellschaftsromane u. a. Werke mit z. T. sozialkrit. Tendenz (»Der Karthäuser«, 1842; »Der Dorfnotar«, 1846; »Ungarn im Jahre 1514«, 1847; alle dt.) sowie das staatsphilosoph. Werk »Der Einfluß der herrschenden Ideen des 19. Jh. auf den Staat« (1854; dt.).

📖 P. Böpy: J. E. and the modernization of Hungary. 1840–1870 (New York ²1985).

2) Loránd Baron, meist: **Roland** Baron **von E.,** ungar. Physiker, * Pest (heute zu Budapest) 27. 7. 1848, † Budapest 8. 4. 1919, Sohn von 1); ab 1872 Prof. in Budapest, 1889–1905 Präs. der Ungar. Akad. der Wiss.en, 1894/95 Min. für Unterricht und Kultur. E. führte ab 1886 Untersuchungen zur Gravitation durch, u. a. den für die allgemeine Relativitätstheorie wichtigen →Eötvös-Versuch. – Nach ihm wurde die inzwischen veraltete Einheit Eötvös (E) des Gradienten der Schwerebeschleunigung benannt.

3) Péter, ungar. Komponist und Dirigent, * Székelyudvarhely (heute Odorheiu Secuiesc, Rumänien) 2. 1. 1944; studierte an der Budapester Musikakademie und arbeitete ab 1966 mit K. Stockhausen zusam-

József von Eötvös (Stich, um 1850)

Péter Eötvös

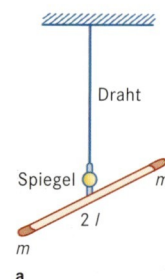
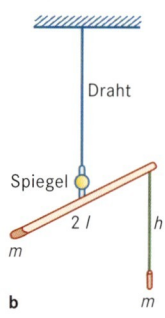

Eötvös-Drehwaage:
a zur Bestimmung eines horizontalen Schweregradienten
b zur Bestimmung eines vertikalen Schweregradienten (*m* Massen)

men, u. a. am elektron. Studio des WDR in Köln. 1979–91 war er musikal. Leiter des Ensemble Inter-Contemporain in Paris, daneben international als Gastdirigent tätig. 1992–98 war er Prof. an der Musikhochschule in Karlsruhe, 1998–2001 an der Musikhochschule Köln, seit 2003 wieder Lehrtätigkeit in Karlsruhe. E. gründete 1993 in Budapest das Internat. E.-Institut für zeitgenöss. Musik.

🔊 **Peter Eötvös:** »Prolog«, aus »Drei Schwestern« 3934; »Andréy«, aus »Drei Schwestern« 3935

Werke: Drei Madrigalkomödien für Vokalensemble (Insetti galanti, Hochzeitsmadrigal, Moro lasso, 1963–90); Now, Miss! (1968; Klangspiel für Violine, elektron. Orgel u. Tonband); Intervalles intérieurs (1981; für fünf Instrumentalisten u. Tonband); Psalm 151 (1993; für Schlagzeug solo); Shadows (1996; für Flöte, Klarinette und Kammerorchester). – *Orchesterwerke:* Pierre-Idyll (1984, 2. Fassung 1990); Chinese opera (1986); Psalm 151 (1994); Psychokosmos (1994); Shadows (1996, 2. Fassung 1997); Zero Point (1999); Paris–Dakar (2000; für Posaune und Big Band). – *Bühnenwerke:* Drei Schwestern (UA 1998; Oper nach A. Tschechow); As I crossed the bridge of dreams (1998/99; szen. Klangtheater); Le balcon (UA 2002; Oper nach J. Genet); Angels in America (UA 2004, Oper nach T. Kushner).

Eötvös-Drehwaage [ˈøtvøʃ-], **Schwerevariometer,** Bez. für mehrere von L. Baron Eötvös konstruierte →Drehwaagen zur Messung von sehr kleinen räuml. Schweregradienten und Massenunterschieden. Mit einer speziellen Form konnte auch die Äquivalenz von träger und schwerer Masse nachgewiesen werden (Eötvös-Versuch).

Eötvös-Effekt [ˈøtvøʃ-; nach L. Baron Eötvös], die Änderung der Fallbeschleunigung in einem gegenüber der Erdoberfläche bewegten System aufgrund der dann auftretenden →Coriolis-Kraft.

Eötvös-Regel [ˈøtvøʃ-; nach L. Baron Eötvös], →Oberflächenspannung.

Eötvös-Versuch [ˈøtvøʃ-], 1909 von L. Baron Eötvös mit einer speziellen Drehwaage durchgeführtes Experiment, das die Äquivalenz von träger und schwerer Masse (→Äquivalenzhypothese) mit einer Genauigkeit von 10^{-9} (heute 10^{-12}) bestätigte.

Eozän [zu griech. ēós »Morgenröte« und kainós »neu«] *das, -s, Geologie:* mittlere Serie des Paläogen (→Geologie, Übersicht).

Eozoikum [zu griech. zōḗ »leben«] *das, -s, Geologie:* frühere Bez. für das Proterozoikum (→Präkambrium).

EP, Abk. für
1) →Epoxidharze.
2) →elektronisches Publizieren.
3) Extended Play, →Single.

Epagneul [epaˈnœl] *der, -(s)/-s,* Gruppe langhaariger frz. Vorstehhunde, die vom span. Pointer abstammen; sie erreichen knapp über 60 cm Schulterhöhe und sind für die Jagd bes. geeignet. Versch. Rassen: **E. Breton** (Bretagne; weißorange, weißbraun), **E. Picard** (Picardie, Sommetal; grau getüpfelt), **E. Français** (weiß mit braunen Flecken; typischster Vertreter der E.). Ein reiner Salonhund ist der **E. Nain Continental** oder **Papillon** (Schulterhöhe 20–28 cm) mit langem, seidigem, sehr unterschiedlich gefärbtem Fell und großen Ohren.

Epagoge [griech., eigtl. »Heranführung«] *die, -, Philosophie:* das Denken, das vom Besonderen zum Allgemeinen und von den Folgen zum Grund fortschreitet. (→Induktion)

Ep|akme, Stammesgeschichte: die Aufblühzeit, →Akme.

Ep|akte, Kalenderwesen: →Osterrechnung.

Epameinondas, lat. **Epaminondas,** theban. Staatsmann und Feldherr, * um 420 v. Chr., † (gefallen) Mantineia 362 v. Chr.; verfocht als Böotarch (führender Beamter des Böot. Bundes) 371 auf dem Friedenskongress in Sparta die Einheit Böotiens unter Thebens Führung. Darüber kam es zum Krieg mit den Spartanern, die E. noch im selben Jahr bei Leuktra mit der von ihm eingeführten »schiefen Schlachtordnung« schlug. Von den Arkadern zu Hilfe gerufen (370), brach E. in Lakonien ein und schwächte Sparta durch die Wiederherstellung der Selbstständigkeit Messeniens (369). 364 versuchte er durch eine Expedition an den Hellespont die Hegemonie Thebens auch zur See durchzusetzen. Die letzte Schlacht gegen Sparta verlief unentschieden, da E. selbst kurz vor dem Sieg fiel. Thebens Großmachtpolitik fand damit ihr Ende. E. stand den Pythagoreern nahe. Eine Biografie von Cornelius Nepos ist erhalten.

📖 H. Bengtson: Griech. Staatsmänner des 5. u. 4. Jh. v. Chr. (1983).

Epanalepse [griech. »Wiederholung«] *die, -/-n,* **Epizeuxis,** *Stilistik:* Wiederholung eines Wortes oder einer Gruppe von Wörtern meist am Anfang eines Satzes zur Ausdruckssteigerung (z. B. »Worte, Worte, nichts als Worte«, Shakespeare, »Troilus und Cressida« V, 3); eine andere Form der E. ist die →Anadiplose.

E-Paper [ˈiːpeɪpə; Abk. für engl. electronic paper »elektron. Zeitung«] *das, -s/-s,* elektron. (digitalisierte) Ausgabe von Printmedien (Zeitungen, Zeitschriften), die in Inhalt und Layout eine ident. Version der gedruckten Titel (einschließlich aller Texte, Fotos, Grafiken, Anzeigen und Beilagen) darstellt, abrufbar im (kostenpflichtigen) Internet. Die Zahl der E-P. ist seit dem Erscheinen der »Rhein-Zeitung« (Koblenz) als E-P.-Ausgabe 2001 kontinuierlich gestiegen (2004: 35 dt. Zeitungen und vier Zeitschriften, europaweit knapp 100 Titel). Ein wesentl. Vorzug von E-P. liegt in der zeit- und ortsungebundenen Nutzung insbes. lokaler und regionaler Medien. Seit 2003 sind E-P.-Ausgaben auch in den IVW-Auflagenlisten ausgewiesen.

Eparch [griech. »Befehlshaber«] *der, -en/-en,* griech. **Eparchos,** in den hellenist. Staaten und in der röm. Kaiserzeit Titel ziviler und militär. Amtsträger, im Byzantin. Reich v. a. die Zivilgouverneure und Stadtvor-

Epagneul: Papillon (links Jungtier)

steher; besondere Bedeutung hatte der Stadt-E. von Konstantinopel.

Eparchie *die, -/...'chi*|*en,* griech. **Eparchia,** Bez. für 1) Amt und Amtsbereich eines Eparchen, 2) Aufsichtsbezirk eines orth. Bischofs, 3) eine im heutigen Griechenland unter dem →Nomos stehende Verwaltungseinheit.

Epaulette [epo-; zu frz. épaule »Schulter«] *die, -/-n,* Teil der Uniform, →Schulterstück.

EPC [i:pi:'si:], Abk. für engl. European Product Code, *Handel:* →UPC-System.

epd, Abk. für **Evangelischer Pressedienst,** unabhängig arbeitende Nachrichtenagentur in Trägerschaft der Ev. Kirche in Dtl., gegr. 1910, neu gegr. 1946, Sitz: Frankfurt am Main; verbreitet einen Basisdienst, acht Landesdienste, die Fachdienste Dokumentation, Film, Medien, Soziales sowie einen Bild- und einen Grafikdienst.

EPDM, Abk. für engl. **e**thylene-**p**ropylene-**d**iene-polymethylenes, Ethylen-Propylen-Terpolymere; früher APT-Kautschuk, →Synthesekautschuk.

Epe, Gem. in der Prov. Gelderland, Niederlande, am Rand der Veluwe, 33 300 Ew.; Sommerfrische; Nahrungsmittel-, Metallwarenindustrie.

Épée [e'pe], *Charles* Michel, Abbé de l', Begründer des Taubstummenunterrichts in Frankreich mit der Gebärdensprache, * Versailles 25. 11. 1712, † Paris 23. 12. 1789; gründete 1770 die erste Taubstummenanstalt.

Werk: Institution des sourds et muets par la voie des signes méthodiques, 2 Bde. (1776).

Epeirogenese [zu griech. épeiros »Festland«], *Geologie:* die →Epirogenese.

Epeirophorese [zu griech. épeiros »Festland« und phórēsis »das Tragen«] *die, -/-n,* Bez. für weiträumige horizontale Bewegungen der Kontinente. (→Kontinentalverschiebung, →Plattentektonik)

Ependym [griech. eigtl. »Oberkleid«] *das, -s,* Zellschicht, die die Hirnhöhlen und den Rückenmarkkanal auskleidet.

Ependymom *das, -s/-e,* Gehirn- oder Rückenmarktumor, der von den Stammzellen des Ependyms ausgeht und in Gehirnkammern und Spinalkanal wächst. Das E. kommt bes. bei Kindern und Jugendlichen vor. Bei Kleinkindern ist es häufig maligne mit schnellem Wachstum und Bildung von Tochtergeschwülsten; Kinder über 4 Jahre und Erwachsene erkranken meist an einer gutartigen Form mit nur langsamem Wachstum und guter Prognose.

Epenthese [griech. »das Einschieben«] *die, -/-n, Sprachwissenschaft:* Einfügung von Gleitlauten oder einer Silbe (meist zur Erleichterung der Aussprache) im Inlaut eines Wortes ohne etymolog. Ursache (z. B. des *t* in *wissentlich*). →Epithese, →Prothese.

Eperi|**es,** ungar. **Eperjes** [-jɛʃ], früherer Name der slowak. Stadt →Prešov.

Épernay [epɛr'nɛ], Stadt in der Champagne, Dép. Marne, Frankreich, 70 m ü. M., am linken Ufer der Marne, 27 000 Ew.; neben Reims das Zentrum der Champagnerherstellung; Weinmuseum, vor- und frühgeschichtl. Museum; Zulieferindustrie für den Weinbau, Metallverarbeitung.

Epexegese [griech. »eingefügte Erklärung«] *die, -/-n,* syntaktisch beigeordnete Erklärung nach Art einer Apposition, z. B. *unten im Keller.*

Epha, althebr. Volumeneinheit u. a. für Getreide; 1 E. = 36 l.

Ephapse [zu epi... und griech. hapsís »Verknüpfung«] *die, -/-n,* nach Verletzungen und Erkrankungen gebildete unphysiolog. Kontaktstelle zw. Nervenzellen, die eine (abnorme) Fortleitung der Aktionspotenziale zw. benachbarten Nervenzellen ermöglicht.

Epheben [zu epi... und griech. hḗbē »Jugend«], *Sg.* **Ephebe** *der, -n,* junge Männer zw. 18 und 20 Jahren, die in vielen griech. Staaten seit dem 4. Jh. v. Chr. von Staats wegen eine militär. Erziehung erhielten. Das Vorbild für diese Ausbildungszeit (**Ephebie,** griech. **Ephebeia**) hatte Athen geschaffen. Hier wurden die Bürgersöhne ein Jahr lang militärisch sowie sportlich ausgebildet und dann ein weiteres Jahr zum Wachdienst herangezogen. – In hellenist. Zeit nahm die kulturelle und sportl. Ausbildung an Bedeutung immer mehr zu, die militärische ging zurück. In röm. Zeit waren die E. Studenten einer Hochschule, die auch in beträchtl. Umfang Sport trieben.

Ephedragewächse [éphedra griech. Pflanzenname, eigtl. »das Daraufsitzen«], **Ephedraceae,** Familie der Nacktsamer mit der einzigen Gattung **Meerträubel** (**Meerträubchen,** Ephedra) mit rd. 40 Arten. Die bis 2 m hohen Rutensträucher mit gekreuzt-gegenständigen Schuppenblättern und kleinen Blüten sind v. a. im Mittelmeerraum und in den Trockengebieten Asiens und Amerikas verbreitet. Die Frucht ist ein fleischiger oder trockner Zapfen. E. sind z. T. Heilpflanzen, z. B. das an →Ephedrin liefernde **Zweiährige Meerträubel** (Ephedra distachya), im Mittelmeergebiet, in der Schweiz, von der Nordküste des Schwarzen Meeres bis Ostsibirien vorkommender, bis 1 m hoher, ginsterartiger Strauch mit scharlachroten, kugeligen, erbsengroßen Beerenzapfen.

Ephedrin *das, -s,* Alkaloid einiger Ephedragewächse; farb- und geruchlose kristalline Substanz. Im chem. Aufbau ist E. den körpereigenen Stoffen Noradrenalin und Adrenalin ähnlich, die es, wenn es als Arzneimittel eingesetzt wird, aus deren Speicher (im Bereich der synapt. Nervenendigungen) freisetzt. Seine Wirkung kommt somit *indirekt* durch Noradrenalin- bzw. Adrenalinfreisetzung zustande (so genannte indirekte Sympathomimetika). Wegen der Entwicklung neuerer Substanzen hat E. seine Bedeutung als Mittel bei Hypotonie (niedriger Blutdruck) und bei Bronchialasthma bzw. Bronchitis weitgehend verloren. E. kann bei Missbrauch zu Gewöhnung und Abhängigkeit führen.

Epheliden, die →Sommersprossen.

ephemer [griech., eigtl. »einen Tag dauernd«], 1) *bildungssprachlich:* nur kurze Zeit bestehend, vorübergehend (und ohne bleibende Bedeutung). 2) *Biologie:* nur einen Tag lebend, bestehend (von Organismen).

Ephemeriden [griech. »Tagebücher«], *Sg.* **Ephemeride** *die, -,* 1) *Astronomie:* für einen längeren Zeitraum und für zeitlich konstante Abstände vorausberechnete Gestirnsörter an der Himmelskugel, die i. Allg. in →Jahrbüchern (ebenfalls E. genannt) veröffentlicht werden. Sie dienen auch der genauen Positions-, Orts- und Zeitbestimmung. 2) *Geschichte:* offizielle Aufzeichnungen an oriental. und hellenist. Königshöfen mit minutiöser Darlegung des Tagesablaufs; i. e. S. die E. ALEXANDERS D. GR. Charakter, Umfang und Inhalt dieser »Tagebücher« sind umstritten. Ein erhaltener längerer Auszug behandelt (nach dem Vorbild babylon. Chroniken?) die letzten Lebenstage ALEXANDERS.

Ausgabe: Die königl. E., In: Die Fragmente der griech. Historiker, hg. v. F. JACOBY, Tl. 2, Bd. 2 B, Nr. 117 (1929; Nachdr. 1986).

Charles Épée

Ephemeridenzeit, Abk. **ET** [von engl. ephemeris time], die theoretisch in Bezug auf die Gesetze der Himmelsmechanik streng gleichförmig ablaufende Zeit. Die E. erhält man aus einem Vergleich der beobachteten scheinbaren Örter der Sonne und des Mondes mit den aufgrund der Bewegungsgleichungen der Himmelsmechanik berechneten Ephemeriden von Sonne und Mond. Gegenüber der Sonnenzeit ergeben sich von Jahr zu Jahr Korrekturen, die erst nachträglich aus den Beobachtungen der folgenden Jahre abzuleiten sind. (→ Zeitmessung)

Ephemeroptera [griech. pterón »Flügel«], die → Eintagsfliegen.

Epheserbrief, Abk. **Eph.,** der fünfte Brief im »Corpus Paulinum«, der Sammlung von Paulusbriefen im N.T. Der erste Teil des E. (Kap. 1–3) belehrt die heidenchristl. Leser über die Gnade ihrer Berufung in die – als Leib Christi gedeutete – Kirche; Teil zwei (Kap. 4–6) fordert die dementsprechende Lebensführung, u.a. die Befolgung der »Haustafel« (E. 5,21–6,9). – Der E. ist offensichtlich vom →Kolosserbrief literarisch abhängig; er dürfte daher nicht von Paulus selbst, sondern in paulin. Tradition und Autorität zw. 80 und 100 n.Chr. geschrieben worden sein.

K.M. Fischer: Tendenz u. Absicht des E.s (1973); H. Merklein: Das kirchl. Amt nach dem E. (1973); J. Gnilka: Der E. Auslegung (⁴1990); J. Pfammatter: E., Kolosserbrief (²1990); R. Schwindt: Das Weltbild des Epheserbriefes (2002); R. Schnackenburg: Der Brief an die Epheser (²2003).

Ephesos, lat. **Ephesus,** türk. **Efes,** antike Stadt an der Westküste Kleinasiens; urspr. an der Mündung des Kaystros (heute Küçük Menderes) gelegen; die Ruinenstätte liegt heute etwa 10 km landeinwärts, rd. 75 km südöstlich von İzmir bei dem Ort Selçuk, Türkei. – In ältester Zeit eine Siedlung der vorhellen. Karer; seit dem 10. Jh. v.Chr. von Griechen aus Athen besiedelt, wurde E. zum Mittelpunkt ion. Griechentums und entwickelte sich zu einer reichen Handelsstadt mit wichtigem Hafen. Um 560 v.Chr. wurde sie vom Lyderkönig →Krösus erobert. E. vermied die Teilnahme am Ion. Aufstand (500–494) und beteiligte sich, obwohl Mitgl. des 1. Att. Seebundes, ab 412 am Peloponnes. Krieg aufseiten Spartas. Die Stadt erlebte in hellenistisch-röm. Zeit eine weitere Blüte; unter den Römern (ab 133 v.Chr.) wurde sie Hauptstadt der Prov. Asia. Der Apostel Paulus gründete hier 54 n.Chr. eine der ersten großen Christengemeinden. 263 wurde E. von den Goten zerstört, im 4. Jh. (358, 365) und im 7. Jh. (614) von schweren Erdbeben verwüstet. Dennoch war die Stadt in byzantin. Zeit ein bedeutendes polit., wirtschaftl., religiöses und kulturelles Zentrum sowie ein frühchristl. Wallfahrtsort (nach der Legende war E. der Sterbeort Marias). Von fortschreitender Versumpfung bedroht, verlagerte sich das Zentrum der Stadt mehr und mehr auf den Aya-Soluk-Hügel. Unter osman. Herrschaft (ab 1304, endgültig ab 1425) sank E. zur Bedeutungslosigkeit herab und wurde ein Dorf.

Weit bekannt war E. in der Antike durch den Kult der Artemis (Diana), der früh mit dem Kult der in Kleinasien unter verschiedenen Formen bekannten Kybele, »Magna Mater« (»Große Mutter«), synkretistisch verbunden worden war. »Groß ist die Diana der Epheser« war nach Apg. 19,23ff. der Kampfruf von Silberschmieden, die ihr Geschäft durch die Predigt des Apostels Paulus geschmälert sahen. 431 n.Chr. tagte in der Marienkirche das von Kaiser Theodosius II. berufene dritte ökumen. Konzil (→Ephesos, Konzil von E.) und 449 die →Räubersynode.

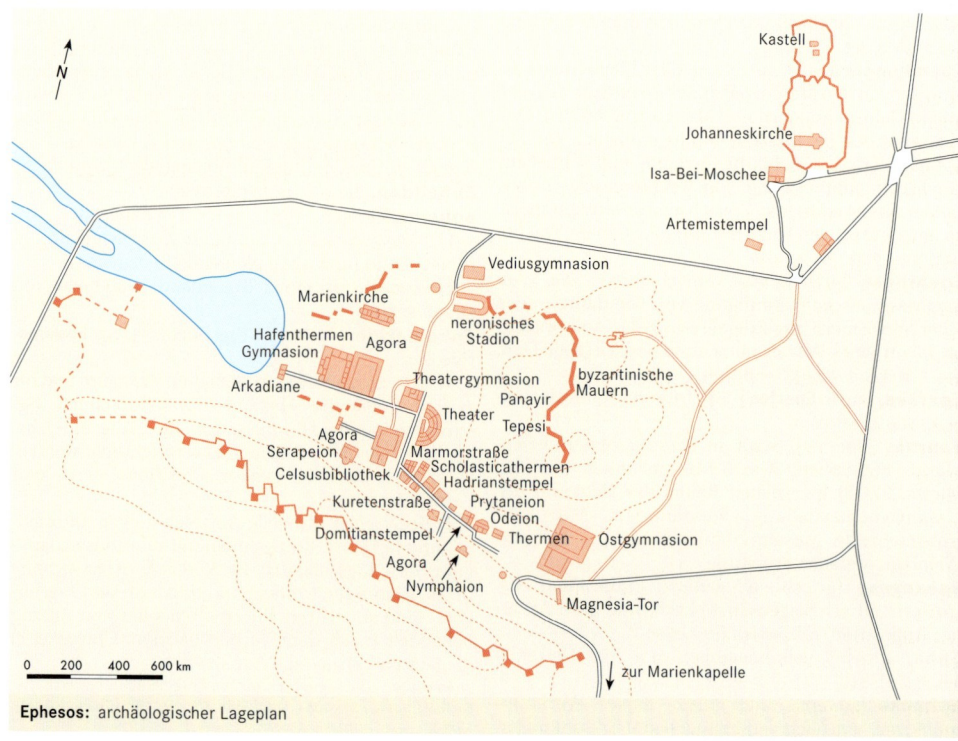

Ephesos: archäologischer Lageplan

Die Lage des alten, auf vorgriech. Zeit zurückgehenden Heiligtums der Artemis-Kybele ist nicht geklärt; die ion. Stadt der ersten Hälfte des 1. Jt. v. Chr. lag am N-Hang des Panayır Tepesi (griech. Pion), an dessen W-Hang später das griechisch-röm. Theater entstand. Nordöstlich am Fuß der Erhebung fand der Engländer J. T. WOOD 1863–74 Reste des großen Artemistempels (Artemision); dieser wurde an der Stelle einer Anlage des 8. Jh. v. Chr. im 6. Jh. v. Chr. vom Baumeister CHERSIPHRON als ion. Großtempel (etwa 155×55 m, 127 Säulen) erbaut. 356 v. Chr. von dem Brandstifter HEROSTRATOS angezündet, wurde das Artemision wieder aufgebaut (reicher Skulpturenschmuck; viele Reliefs im Brit. Museum); es wurde zu den sieben Weltwundern gezählt. Das verloren gegangene Kultbild ist in mehreren Nachbildungen erhalten: Typisch ist der Brustschmuck, dessen Deutung als »vielbrüstig« umstritten ist. Durch die Goten wurde das Heiligtum 263 n. Chr. beschädigt; seit dem 4. Jh. als Steinbruch benutzt. Die Reste des Altars lassen auf ein Hofheiligtum (ähnlich Pergamon) schließen. Die von KRÖSUS in die Ebene verlegte Stadt blieb während der klass. Zeit unbefestigt und wurde wegen des Schwemmsandes um 300 v. Chr. von LYSIMACHOS erneut mitsamt ihrem Hafen nach SW verlegt. Die Neugründung **Arsinoeia** wurde nach seiner Gemahlin ARSINOE II. benannt und mit einer 9 km langen Mauer umgeben.

1895 begannen die österr. Ausgrabungen der lysimach. Stadt, die noch heute andauern, ebenso der Wiederaufbau einzelner Gebäude. Ein Teil der Ummauerung ist erhalten; der Turm im Westteil am ehemaligen Hafen heißt irrtümlich »Gefängnis des hl. Paulus«. Das hellenist. Theater aus dem 3. Jh. v. Chr. wurde in röm. Zeit (1. Jh. n. Chr.) für 24 000–30 000 Zuschauer erweitert und erneuert. Unter dem oström. Kaiser ARCADIUS (395–408) wurde die Straße vom Theater zum Hafen als 5 m breite Marmorprachtstraße (Arkadiane) ausgebaut. In Hafennähe lagen an ihr Agora, Thermen und ein Gymnasion. Nahe dem Theater befand sich eine zweite Agora (3. Jh. v. Chr.; Ausgrabungen), westlich davon das große Serapeion (Mitte 2. Jh. n. Chr.). Das Theater war durch eine Marmorstraße mit der Celsusbibliothek (zw. 117 und 125 n. Chr.; Fassade wieder aufgebaut) verbunden. An ihrer Fortsetzung nach SO und einer weiteren Agora (für Staatsangelegenheiten) lagen Tempel für die Kaiser DOMITIAN (1. Jh. n. Chr.) und HADRIAN (wieder aufgebaut; 2. Jh. n. Chr.). Der Name »Kuretenstraße« bezieht sich auf Inschriften, die aus dem Prytaneion stammen (ein Teil wurde in den Scholasticathermen des 4. Jh. gefunden). Neben dem Prytaneion befinden sich Reste des Odeion (2. Jh.; für Senatssitzungen). Am Hang oberhalb der Kuretenstraße wurde ein vornehmes Wohnviertel freigelegt, oberhalb des Hadrianstempels der Trajansbrunnen. – Die frühchristl. Marienkirche wurde im 3. Jh. in ein über 260 m langes antikes Gebäude unbekannter Funktion (Bank?) eingebaut. Die von JUSTINIAN I. errichtete Johanneskirche war ein kreuzförmiger Kuppelbau und wurde, wahrscheinlich nach dem Vorbild der Apostelkirche in Konstantinopel, über zwei Vorgängerbauten an der Stelle des legendären Apostelgrabs errichtet. Auf dem Aya-Soluk-Hügel liegt ein Kastell aus mittelbyzantin. Zeit; an seinem Fuß steht die Isa-Bei-Moschee (1375), erbaut unter den turkmen. Ayıniden. Im Ort Selçuk befindet sich ein archäolog. Museum mit den für E. charakterist. Artemisstatuetten, Mosaiken und dem Sarkophag von Belevi. – Die Nekropole in ei-

Ephesos: die reich gegliederte Fassade der Celsusbibliothek (zwischen 117 und 125 n. Chr., 1970–78 wieder aufgebaut)

ner Schlucht östlich von E. beherbergt die Grabstätte der Siebenschläfer von E. (die um 250 lebenden christl. jungen Männer sollen 200 Jahre geschlafen haben). – Panaya Kapulu, südlich von E., gilt als das Haus der Jungfrau Maria (heutiges Mauerwerk 6. oder 7. Jh.). – 13 km von E. entfernt, bei **Belevi**, ein von Quadern umgebener Tumulus und die Basis eines Mausoleums (Fläche 400 m^2) des 3. oder 4. Jahrhunderts.

Die Inschriften von E., bearb. v. H. VETTERS, 8 Bde. (1979–84); A. BAMMER: Das Heiligtum der Artemis von E. (Graz 1984); W. ELLIGER: E. Gesch. einer antiken Weltstadt (^{2}1992); S. KARWIESE: Groß ist die Artemis von E. (1995); D. KNIBBE: Ephesus. Gesch. einer bedeutenden antiken Stadt u. Portrait einer modernen Großgrabung (Wien 1998).

Ephesos, Konzil von E., das dritte ökumen. Konzil, Pfingsten (7. 6.) 431 durch Kaiser THEODOSIUS II. angesichts entstandener Gegensätze in der christolog. Frage zw. der antiochen. und alexandrin. Theologie berufen. Es tagte vom 26. 6. bis zum September 431. Etwa 200 Bischöfe nahmen an dem Konzil teil; Papst CÖLESTIN I. entsandte Legaten. – Auf dem Konzil standen sich zwei Lager gegenüber: die Orientalen unter Patriarch JOHANNES VON ANTIOCHIA († 441) und die Anhänger KYRILLS VON ALEXANDRIA, die die Absetzung des NESTORIUS durchsetzten. – Die Beschlüsse von E. kann man als eine Bestätigung der Lehre des Konzils von Nicäa (325) über die Menschwerdung CHRISTI bezeichnen. Von CHRISTUS wird Göttliches und Menschliches ausgesagt. Wegen der Identität des Mensch Gewordenen mit dem Gottessohn kann MARIA, die Mutter JESU, »Gottesgebärerin« (→Theotokos; →Gottesmutterschaft) genannt werden. – Das Konzil konnte die Gegensätze nicht überbrücken und die Einheit der Kirche nicht wiederherstellen. Die Differenzen traten auf der →Räubersynode von Ephesos (449) neu zutage.

Ephestia [griech. ephéstios »im Hause lebend«], Gattung der Schmetterlinge aus der Familie der Zünsler (Pyralidae) mit mehreren Arten von Vorratsschädlingen wie Dattelmotte, Mehlmotte.

Epheten, griech. **Ephétai**, Bez. für ein Richterkollegium im antiken Athen (seit DRAKON), das unter dem Vorsitz des Archon über bestimmte Tötungsdelikte zu befinden hatte; seine Aufgaben wurden im 5. Jh. vom →Areopag übernommen.

Ephg EPH-Gestose

EPH-Gestose, EPH-Syndrom, nicht mehr gebräuchl. Bez. für →hypertensive Schwangerschaftserkrankungen, wobei E für engl. »edema« (Ödembildung), P für »proteinuria« (Eiweißausscheidung im Harn) und H für »hypertension« (Bluthochdruck) steht.

Ephialtes, Einwohner von Trachis (Thessalien) im 5. Jh. v. Chr., führte die Perser unter XERXES I. 480 v. Chr. in den Rücken der griech. Stellung bei den →Thermopylen.

Ephialtes, athen. Staatsmann des 5. Jh. v. Chr., Gegner KIMONS und Führer der Demokraten, Freund des PERIKLES; entzog 462/461 v. Chr. dem →Areopag alle polit. Rechte und wurde daraufhin ermordet.

Ephod [hebr.] *das, -/...'dim,* in einem außerbibl. Text (Ugarit) das Gewand der Gottheit, in den älteren Texten des A. T. ein um die Lenden gewickelter leinener Teil der priesterl. Amtstracht (1. Sam. 2, 18), in der Priesterschrift (2. Mos. 28, 6 ff.) ein kostbarer, mit Goldfäden durchzogener, bunter Tuchstreifen am Ornat des Hohen Priesters, an dessen Schulterträgern das Orakelgerät (→Urim und Tummim) befestigt war.

Ephoren, griech. **Ephoroi** [»Aufseher«], *Sg.* **Ephor** *der, -en,* griech. **Ephoros,** in Sparta fünf jährlich gewählte Beamte, die gemeinsam das **Ephorat** bildeten. Ab 754 v. Chr. war jeweils der erste E. namengebend für das Amtsjahr (→Eponym). Urspr. wohl zur Entlastung der Könige im Gerichtswesen bestellt, drängten die E. als Repräsentanten des Volkes die Könige ab dem 6. Jh. v. Chr. mehr und mehr zurück und gewannen als Wächter über die Gesetze, die Knabenerziehung und die Lebensführung sowie als Polizeiorgan gegenüber Heloten, Periöken und Fremden maßgebl. Einfluss im Staat, der sich auch auf die Außenpolitik erstreckte. Sie konnten sogar die Könige, mit denen es mehrfach zu schweren Konflikten kam, vor ihr Gericht bringen. Von KLEOMENES III. 226 v. Chr. vorübergehend abgeschafft, hatte das Ephorat später keine Bedeutung mehr. Der Titel begegnet auch in anderen griech. Stadtstaaten (z. B. Kyrene).

   S. SOMMER: Das Ephorat. Garant des spartan. Kosmos (2001). – Weitere Literatur →Sparta.

Ephoros von Kyme, griech. Geschichtsschreiber des 4. Jh. v. Chr., aus Kyme in Kleinasien; verfasste eine Universalgeschichte in 30 Büchern (das letzte von seinem Sohn DEMOPHILOS ergänzt), die von der dor. Wanderung bis 340 v. Chr. reichte. Die rhetor., von →ISOKRATES beeinflusste materialreiche Darstellung war von Mängeln, u. a. einem übertriebenen Lokalpatriotismus, nicht frei, wurde aber viel gelesen. Die Historiker DIODOR VON SIZILIEN und NIKOLAOS VON DAMASKOS haben das Werk exzerpiert; die geograf. Partien hat STRABON benutzt.

   Ausgabe: E. v. K., in: Die Fragmente der griech. Historiker, hg. v. F. JACOBY, Tl. 2, Bd. 2 A, Nr. 70 (1926; Nachdr. 1986).

Ephphetha, in Mk. 7, 34 überliefertes Wort JESU, →Hephata.

Ephra|im [nach dem palästinens. Gebirge zw. Bet-El und Sichem], **Efra|im,** Name eines israelit. Stammes, dessen legendärer Ahnherr als Sohn JOSEPHS und Enkel JAKOBS galt. E. gehörte zum Reich des SAUL und seines Sohnes ESCHBAAL, nach dessen Ermordung es sich mit den anderen Nord- und Oststämmen Israels an DAVID anschloss. Nach dem Tod SALOMOS wurde in Sichem die Personalunion mit dem judäischen Süden (1. Kön. 12) aufgelöst; der Ephraimit →JEROBEAM I. machte E. zum Kernstück des Nordreiches Israel. Von den Aramäerkriegen des Nordreiches kaum betroffen, blieb E. nach der territorialen Dezimierung Israels durch die Assyrer 733/732 v. Chr. als halbselbstständiger Rumpfstaat übrig. Mit der assyr. Eroberung von Samaria 722 v. Chr. endete seine polit. Existenz, E. wurde assyrische, später babylon. und pers. Provinz. Damit verschwand der Stamm E. aus der Geschichte; die später in seinem Gebiet ansässige Mischbevölkerung bildeten die →Samaritaner.

Ephra|imiten, die während des Siebenjährigen Krieges (1756–63) von Preußen mit kursächs. Münzstempeln geprägten minderwertigen Silber- und Goldmünzen. Der Name geht auf den Pächter der Leipziger und der Dresdner Münze, VEITEL H. EPHRAIM (*1703, †1775), zurück.

Ephräm der Syrer [eˈfrɛːm -, ˈefrɛm -], **Afrem** [aˈfrɛːm, ˈafrɛm], Diakon und theolog. Lehrer, *Nisibis (heute Nusaybin) um 306, †Edessa (heute Urfa) 9. 6. 378 (nach der Chronik von Edessa); wirkte zuerst als theolog. Lehrer in Nisibis, ab 363 in Edessa. Durch seine zahlreichen theolog. Werke (Bibelkommentare, Reden und Hymnen) wurde er zum fruchtbarsten Schriftsteller der syr. Kirchen, der ihre eigenständige Theologie zum Ausdruck brachte. Sein Schrifttum ist bis heute nicht vollständig und zuverlässig publiziert. 1920 zum Kirchenlehrer erklärt. – Heiliger (Tag: 9. 6.).

Ephron, Name einer Stadt des Nordreiches Israel (2. Chron. 13, 19), einer Stadt im Ostjordanland (1. Makk. 5, 46 ff.) und eines Berges auf der Grenze zw. Juda und Benjamin (Jos. 15, 9).

Ephydridae, die →Sumpffliegen.

epi... [von griech. epi- »auf«, »darauf«, »darüber«, »über«, »über... hin«], vor Vokalen meist verkürzt zu **ep...,** vor h aspiriert zu **eph...,** Präfix mit den Bedeutungen: 1) auf, darauf, darüber, über, z. B. epidural, Ephapse; 2) die Oberfläche von etwas bedeckend, z. B. Epithel; 3) neben, z. B. Epididymis; 4) über... hin, z. B. Epidemie; 5) nach, darauf (zeitl. Abfolge), z. B. Epigenese; 6) Umbildung, z. B. Epitokie; 7) in der chem. Nomenklatur eine Brückenverknüpfung im Molekül kennzeichnend, z. B. Epoxide.

Epibios [griech. bíos »Leben«] *der, -,* Bez. für die Gesamtheit der auf einem Substrat lebenden Organismen. Je nach besiedeltem Lebensraum unterscheidet man: **Epidendrobios,** die Gesamtheit aller auf Holz lebenden Organismen (z. B. Moose, Flechten), **Epipelon** (Epipelos), die auf dem Schlammboden von Gewässern (auch Meeren) lebenden Organismen (v. a. Krebse); die Bewohner des Meeressandbodens werden als **Episammon** bezeichnet. Zum **Epigaion,** der Gesamtheit der auf festem Boden lebenden Organismen, zählen v. a. die Pflanzen, zum **Epilithion,** den auf Steinen oder Felsen lebenden Organismen, rechnet man der Algen der Felsküsten sowie Schnecken (z. B. Napfschnecken) und Nesseltiere (z. B. Seeanemonen). Zum E. gehören außerdem der **Epiphytobios** mit allen auf Pflanzen lebenden Organismen (→Epiphyten) sowie der **Epizoobios,** dem alle auf Tieren lebenden Organismen (→Epizoen) angehören.

Epibolie [zu griech. bállein »werfen«] *die, -,* Art der →Gastrulation.

Epicharm, griech. **Epicharmos,** griech. Komödiendichter, *etwa 550 v. Chr., †Syrakus 460 v. Chr.; seine Werke wurden in antiker Zeit wegen ihrer Ideenvielfalt gerühmt, die Stoffe waren der Mythologie, auch dem Alltag entnommen. 37 Titel sind bekannt, von den Texten sind nur Fragmente erhalten.

   Ausgaben: Comicorum Graecorum fragmenta, hg. v. G. KAIBEL, Bd. 1,1 (1899; Nachdr. 1975); Comicorum Graecorum fragmenta: in papyris reperta, hg. v. C. AUSTIN (1973).

Epichlorhydrin, 1-Chlor-2,3-epoxypropan, farblose, chloroformartig riechende, giftige Flüssigkeit, die technisch durch Chlorieren von Propylen, $CH_3 - CH = CH_2$, gewonnen wird. Dabei entsteht zunächst Allylchlorid, $CH_2Cl - CH = CH_2$, welches anschließend durch Epoxidation umgesetzt wird. E. dient v. a. zur Herstellung von Epoxidharzen; es ist Zwischenprodukt bei der techn. Synthese von Glycerin sowie bei der Herstellung von Tensiden, Pharmaka und Insektiziden.

Epicrates, die →Schlankboas.

Epidauros, griech. **Epidauros,** neugriech. **Epidavros** [εˈpiðavrɔs], lat. **Epidaurus,** Ort auf der Peloponnes, Verw.-Bez. (Nomos) Argolis, am Saron. Golf, 1 400 Ew.

Geschichte Das antike E., auf einem Felsenhügel mit zwei Gipfeln beim heutigen Palaia Epidavros gelegen, beteiligte sich im 5. Jh. v. Chr. an den Perserkriegen und aufseiten Spartas am Peloponnes. Krieg. Berühmt war E. im Altertum als Kurort wegen seines 10 km südwestlich gelegenen Asklepios-Heiligtums (→Asklepieion), in dem Kranke durch das Orakel des Gottes Asklepios (→Äskulap) und durch ärztl. Behandlung Heilung suchten. Das Heiligtum wurde wohl im 6. Jh. v. Chr. errichtet. Der Kult des Äskulap übertraf seitdem den schon für das 7. Jh. v. Chr. nachgewiesenen des Apoll (Apollon Maleatas). Ab 420 v. Chr. wurden von E. aus Tochterheiligtümer gegründet. Der weitläufige heilige Bezirk entwickelte sich im 4. und 3. Jh. v. Chr. zu einem der größten Kurorte des Altertums. Berichte von wunderbaren Heilungen sind inschriftlich erhalten. Die Überreste der antiken Stadt wurden von der UNESCO zum Weltkulturerbe erklärt. – Im Ort E. proklamierte die griech. Nationalversammlung 1822 die Unabhängigkeit Griechenlands und verabschiedete das **Organische Statut von E.,** die erste Verfassung.

Ab 1881 legte die Athener Archäol. Gesellschaft das Heiligtum frei. Die Hauptbauten des Komplexes entstammen dem 4. Jh. v. Chr. Wesentl. Bestandteile des Asklepieions sind der Asklepiostempel (um 390 als dor. Peripteros erbaut), das Abaton (4. Jh.; Liege- und Schlafhalle zur Inkubation) und die Tholos (Ende des 4. Jh. von POLYKLET D. J. errichtet; Rundbau im dor. und korinth. Stil); im S das Katagogion (Gästehaus); den Wettkämpfen dienten das Gymnasion und das Stadion südwestlich des Asklepieions. Im SO der Anlage liegt im Hang das besterhaltene griech. Theater (wohl ebenfalls von POLYKLET D. J. Anfang des 3. Jh. v. Chr. erbaut: Orchestra ca. 20 m Durchmesser; urspr. 34 Sitzreihen, seit Mitte des 2. Jh. v. Chr. 54 Sitzreihen; 12 000–14 000 Sitzplätze; Bühnenhaus mit vorgelegter Pfeilerhalle; heute wieder als Freilichttheater genutzt); auf der Höhe das Heiligtum des Apollon Maleatas (um 380–300). Außerdem Reste röm. Bauten (2. Jh. n. Chr.) und Fundamente einer Kirche (etwa 5. Jh., mit Fußbodenmosaiken). Am nordwestl. Fuß der Akropolis ein kleines Theater (4. Jh. v. Chr.).

📖 A. v. GERKAN u. W. MÜLLER-WIENER: Das Theater von E. (1961); T. PAPADAKIS u. a.: E. Das Heiligtum des Asklepios (a. d. Griech., ⁶1978); N. GIALURES: Die Skulpturen des Asklepiostempels in E. (a. d. Griech. u. Engl., 1992).

Epidemie siehe Seite 190

Epidemiologie die, -,

1) *Medizin:* ursprünglich die Wissenschaft und Lehre von Epidemien, heute die Lehre von der Verteilung und den bestimmenden Faktoren gesundheitsbezogener Zustände oder Ereignisse in der Bev. und die Anwendung der Erkenntnisse, um gesundheitl. Probleme unter Kontrolle zu bringen. Die E. gilt als die Basiswissenschaft von Hygiene, öffentl. Gesundheit und präventiver Medizin. Ihr Ziel und Zweck ist es, Gesundheit zu fördern, zu schützen und wiederherzustellen. Epidemiolog. Studien schließen die Beobachtung, Überwachung, hypothesetestende Forschungsprojekte, Analyse von epidemiolog. und anderen Arten von Daten (z. B. Zeitraum, Ort und Personenkategorie, in denen gesundheitl. Auffälligkeiten auftreten) und Experimente unter Zugrundelegung eth. Grundprinzipien und Sicherheitsstandards ein. Determinanten sind alle physikal., biolog., verhaltensbezogenen, sozialen oder kulturellen Faktoren, welche die Gesundheit beeinflussen; als gesundheitsbezogene Ereignisse werden Erkrankung, Todesursachen, bestimmte Verhaltensweisen wie Tabakgebrauch, Reaktionen auf Präventivmaßnahmen sowie Gesundheitsversorgungsstrukturen untersucht.

Geschichte Bereits HIPPOKRATES beschrieb versch. Arten von →Epidemien und bot eine empir. Interpretation für umwelt- und verhaltensbedingte Faktoren, die mit unterschiedl. Erkrankungen assoziiert waren. FRA SASTORIUS (*1478, †1553) identifizierte unterschiedl. Übertragungswege von Infektionskrankheiten: durch direkten Kontakt, durch Tröpfcheninfektion und durch verunreinigte Kleidung. Die Wissenschaft der E. entwickelte sich weiterhin insbes. mit der empir. Beobachtung von Epidemien und anderen Todesursachen. J. GRAUNT stellte in London die ersten Mortalitätstabellen für England zusammen. Statist. Analysen der Todesfälle aufgrund des Kindbettfiebers durch I. SEMMELWEIS in Wien 1847/48 und Analysen der Tuberkulose durch PIERRE CHARLES ALEXANDRE LOUIS (*1787, †1872) in Paris zeigten die Bedeutung der epidemiolog. Analyse. In London konnte 1848 und 1854 durch gewissenhafte log. Überprüfung von Zusammenhängen und durch das zahlenmäßige Erfassen von Cholerafällen durch JOHN SNOW (*1813, †1858) die Übertragungsart dieser Erkrankung aufgedeckt werden. SNOW gilt als Begründer der modernen E., da er ohne Kenntnis der bakteriolog. Ursachen der Cholera in der Lage war, die Übertragungswege durch Anwendung von statist. Verfahren nachzuvollziehen. Bis in das frühe 20. Jh. fokussierte sich die E. in erster Linie auf übertragbare Erkrankungen, obwohl

Fortsetzung auf Seite 192

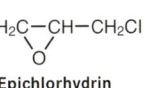

Epichlorhydrin

Epidauros: das griechische Theater (Anfang des 3. Jh. v. Chr.)

EPIDEMIE

- Ursachen und Formen der Epidemie
- Der Wandel der Bedeutung von Epidemien
- Die aktuelle Bedrohung durch Epidemien
- Zukünftige Strategien zur Vorbeugung und Kontrolle

Epidemie [zu griech. epidēmía nósos »im ganzen Volk verbreitete Krankheit«] die, -/...'miːən, das Auftreten einer Erkrankung in einer bestimmten Region oder Gruppe in einer für diesen Ort und diesen Zeitraum unerwartet hohen Anzahl. Der Begriff wird vornehmlich für das Auftreten von Infektionskrankheiten verwendet, kann jedoch auch für nichtübertragbare Erkrankungen oder andere Ereignisse, die die Gesundheit betreffen, verwendet werden. Beispiel hierfür sind der starke Anstieg beim Zigarettenrauchen während des 20. Jh. und im Auftreten von Krebserkrankungen der Atmungsorgane; auch die Zunahme von koronaren Herzerkrankungen bei Männern in Industrienationen im mittleren Drittel des 20. Jh. kann als E. angesehen werden. Hiervon abzugrenzen ist die **Endemie**, die vorliegt, wenn eine Erkrankung in einer Region oder Gruppe gewöhnlich auf einem bestimmten Niveau regelmäßig auftritt (z. B. Malaria, Bilharziose, aber auch Kropferkrankungen aufgrund von Jodmangel).

Ursachen und Formen der Epidemie

Infektionserreger (Bakterien, Pilze, Viren, Parasiten) lösen die meisten E. aus, während einige jedoch auch durch tox. Industrieprozesse oder Substanzen in Lebensmitteln und Wasser bedingt sein können. So führte 1981 in Spanien ein Toxin in Speiseöl zur Vergiftung mehrerer Tausend Menschen mit Erkrankungen der Nieren, Leber, Lungen und des Zentralnervensystems sowie mehr als 800 Todesfällen. Früher relevante Infektionskrankheiten, die immer wieder in E. auftraten, waren Pest, Pocken, Cholera, Typhus/Paratyphus und Tuberkulose.

Die E. kann sowohl plötzlich als **Explosiv-E.** oder bei verzögertem Verlauf als **Tardiv-E.** auftreten. Als **Pandemie** werden sowohl zeitlich begrenzte wie auch zeitlich unbegrenzte E. mit weltweitem Ausmaß bezeichnet, die eine ungewöhnlich hohe Zahl von Menschen in vielen Ländern erfassen oder töten. Die Ausbrüche der Grippe 1918 und von Aids seit den 1980er-Jahren sind Beispiele für eine Pandemie. Einige endem. Erkrankungen können E. auslösen, sofern sie auf eine ungeschützte oder vorher nicht dem Krankheitsauslöser ausgesetzte Population treffen (z. B. die Anfang der 1990er-Jahre in Lateinamerika eingeschleppte Cholera, die über 3 000 Todesfälle forderte) oder wenn die Art der Übertragung wechselt.

Die Gefahr einer Pandemie ist insbesondere dann sehr groß, wenn ein neuer Erreger zuvor nicht in der Bevölkerung zirkulierte und sich das Immunsystem nicht darauf vorbereiten konnte. Pandemien führen zu Erkrankungs- und Sterberaten, die diejenigen üblicher, auch schwerer Infektionswellen weit übertreffen. Für den Beginn des Jahres 2005 und die folgenden Jahre bestand bzw. besteht z. B. ein erhöhtes Risiko für das Auftreten einer Grippepandemie mit einem neuen Subtyp des Grippevirus. Die WHO befürchtet zukünftig auch das Auftreten neuer Infektionen durch die Überwindung der Barriere zw. Tier und Mensch durch bestimmte Erreger (z. B. das Vogelgrippevirus). – Die Zahl der Todesopfer früherer Grippepandemien reichte von etwa 1 Mio. in den Jahren 1957 und 1968 bis hin zu einer geschätzten Zahl von 20 bis 40 Mio. Toten durch die »spanische Grippe« 1918.

Die Weltgesundheitsorganisation (WHO) unterscheidet versch. Bereitschafts- und Pandemiephasen. Der Pandemiefall würde ausgerufen, wenn z. B. ein neuer Krankheitserreger mehrere Ausbrüche mit anhaltender Verbreitung in der Bevölkerung in mindestens einem Staat ausgelöst und auf andere Länder übergegriffen hat. Zielsetzung der Planung vorbereitender Maßnahmen auf eine Pandemie ist die Verringerung der Erkrankungs- und Sterberate sowie die Aufrechterhaltung einer adäquaten Gesundheitsversorgung und der öffentl. Ordnung. Eine Pandemie stellt immer eine Bedrohung für die gesamte Bevölkerung dar, deren Bewältigung weit über den Gesundheitsbereich hinausgeht.

Der Wandel der Bedeutung von Epidemien

In den entwickelten Ländern hat die epidemiolog. Bedeutung von E. im Verlauf des 20. Jh. einen erhebl. Wandel erlebt. Zu Beginn hatten übertragbare Erkrankungen und E. noch eine entscheidende Bedeutung für die Sterblichkeitsrate. In den Folgejahren kam es in Europa und Nordamerika zu einem Rückgang früherer seuchenhygienisch bedeutsamer Erkrankungen bis zu ihrer nahezu vollständigen Bedeutungslosigkeit. Die Erfolge bei der Verhütung, Erkennung und Kontrolle von Infektionskrankheiten im 20. Jh. basierten auf einer Vielzahl polit. und gesellschaftl. Veränderungen sowie hygien. Präventionsstrategien und medizin. Innovation. Zu den entscheidenden Faktoren zählten

- die Verbesserung der ökonom. Situation der Bevölkerung,
- die Verbesserung der Wohnverhältnisse des städt. Industrieproletariats,
- der verbesserte Ernährungsstatus,
- die Hebung des allgemeinen Bildungsstandes der Bevölkerung,
- die verbesserte Ausbildung von Mädchen und die Einbeziehung von Frauen in den polit. Entscheidungsprozess,
- die verbesserte Kenntnis der Bevölkerung über die Bedeutung persönl. Hygiene für die Gesundheit,
- der Aufbau von zentraler Wasserversorgung und geordneter Siedlungsentwässerung,
- die verbesserten Bedingungen und neuen Technologien in der Lebensmittelproduktion und in der Küchenhygiene (z. B. Kühlschränke),
- die Immunprophylaxe,
- die verbesserte mikrobiolog. Diagnostik von Krankheitserregern,
- die Verfügbarkeit wirksamer Antibiotika und
- die ständige Weiterentwicklung wiss. Verfahren, insbesondere der Hygiene und der medizin. Mikrobiologie zur Verhütung und Kontrolle von Infektionskrankheiten.

Die Erfolge führten u. a. zu einem deutl. Rückgang der Säuglings- und Kindersterblichkeit und zu einem

Anstieg der Lebenserwartung um nahezu 30 Jahre. In den USA traten 1900 etwa 30 % aller Todesfälle bei Kindern unter fünf Jahren auf; 1997 betrug dieser Anteil nur noch 1,4 %. Die drei führenden Todesursachen zu Beginn des 20. Jh. waren Lungenentzündung, Tuberkulose und Durchfallerkrankungen, die nahezu ein Drittel aller Todesfälle verursachten. 1997 hingegen lag der Anteil wichtiger Infektionskrankheiten (Lungenentzündung, Grippe, Aids) an den Todesursachen unter 5 %. Die beeindruckenden Erfolge bei der Verhütung und Bekämpfung übertragbarer Erkrankungen und die Verfügbarkeit wirksamer Antibiotika führten in den entwickelten Ländern zu der Auffassung, dass E. durch Infektionskrankheiten sicher zu verhüten, zu kontrollieren oder sogar zu eliminieren seien und dass sie für die öffentl. Gesundheit keine Rolle mehr spielen würden. Diese Auffassung hatte zur Folge, dass die Infrastruktur zur Seuchenüberwachung und Seuchenbekämpfung abgebaut wurde. Die Sensibilität der Bevölkerung für die Risiken durch Infektionskrankheiten nahm ab. Die Erforschung der Ökologie umweltbedingter Infektionserreger, die Weiterentwicklung hygienischmikrobiolog. Nachweisverfahren in Luft, Trink-, Bade- und Abwasser wurden vernachlässigt. Ende der 1970er- und während der 1980er-Jahre war es nahezu unvorstellbar, dass neue Infektionserreger auftreten bzw. alte unter Kontrolle geglaubte Erreger wieder aufflammen könnten.

Epidemie: Cholera in Peru (1991); schlechte hygienische Verhältnisse und die drangvolle Enge zusammenlebender Menschen begünstigen in vielen Ländern der Dritten Welt die Ausbreitung von Epidemien.

Die aktuelle Bedrohung durch Epidemien

Weltweit rangieren heute jedoch 17 Infektionskrankheiten unter den 20 häufigsten krankheitsbedingten Todesursachen der Weltbevölkerung. Etwa ein Drittel aller Todesfälle ist auf Infektionskrankheiten zurückzuführen; 90 % der infektionsbedingten Todesfälle werden weltweit von 7 Infektionskrankheiten verursacht: akute Atemweginfekte, Durchfall, Tuberkulose, Malaria, Hepatitis B, Aids und Masern.

Kinder sind insbesondere von Durchfall und Atemweginfekten betroffen. In Entwicklungsländern sterben jährlich 9 Mio. Kinder an Infektionskrankheiten. Die weltweite Tuberkulosesituation ist erneut dramatisch; ein Drittel der Menschheit ist latent infiziert, und die Tuberkulose ist Ursache für über 5 % aller Todesfälle weltweit. Die WHO hat vor diesem Hintergrund die Tuberkulose zum internationalen Katastrophenfall erklärt. Einen ähnlich hohen Ausbreitungsgrad weist die Hepatitis B auf; jährlich fallen ihr etwa 1 Mio. Menschen zum Opfer, davon sterben zwei Drittel an Leberkrebs und ein Drittel an Leberzirrhose. In 90 Staaten der Erde, in denen 2,5 Mrd. Menschen (42 % der Weltbevölkerung) leben, ist Malaria endemisch. Nach WHO-Schätzungen gibt es jährlich mindestens 300 Mio. Neuerkrankungen mit etwa 2 Mio. Todesfällen. Auch hier sind Kinder unter fünf Jahren mit 1 Mio. Todesfällen am stärksten betroffen.

Im Ggs. zur öffentl. Einschätzung hat sich die medizinisch-epidemiolog. Risikoeinschätzung von Infektionskrankheiten in den letzten Jahren deutlich gewandelt. Bereits mit der Identifikation von Legionellen als bis dahin unbekanntem Erreger von Lungenentzündung 1976, insbesondere aber seit dem Auftreten von Aids, wurde deutlich, dass jederzeit mit bislang unbekannten, neuen und bereits bekannten Infektionserregern zu rechnen ist, die ansteigende epidemiolog. Bedeutung erlangen können. Seit Ende der 1970er-Jahre breitet sich die HIV/Aids-Epidemie weltweit aus. 2004 lebten fast 40 Mio. Menschen mit HIV/Aids, davon 15 Mio. Kinder und Jugendliche unter 15 Jahren; jährlich kommen weltweit etwa 5 Mio. Neuinfektionen hinzu. Bemerkenswert sind die großen räuml. Unterschiede: 70 % der Betroffenen leben in Afrika südlich der Sahara. 1992 wurde in den USA erstmals vor der drohenden Gefahr neuer pandemisch sich ausbreitender oder endemisch aufkommender Infektionskrankheiten gewarnt. Auch die in wiss. Publikationen anderer Länder dargestellten Risikoszenarien zur Bedrohung durch Infektionskrankheiten und zur Notwendigkeit von Präventionsstrategien haben sich als weitestgehend richtig erwiesen.

Zahlreiche Faktoren begründen eine Neubewertung der infektionsepidemiolog. Situation. So können Infektionserreger selbst oder neue Erkenntnisse über diese verantwortlich sein für eine veränderte Einschätzung des Infektionsgeschehens. Hierbei ist zu unterscheiden zw. tatsächlich neu entdeckten Erregern (z. B. SARS-Coronavirus) oder zumindest neuen Mutanten (z. B. Vibrio cholerae O139), neu erkannten humanpathogenen Aspekten eines schon länger bekannten Mikroorganismus (Hantavirus), der Entdeckung des Erregers zu einer schon länger bekannten Infektionskrankheit (Hepatitis-C-Virus) und der Entdeckung der Assoziation eines Erregers zu einer bekannten bösartigen oder chronisch-degenerativen Krankheit (z. B. Helicobacter pylori zu Magengeschwür und Magenkrebs). Andererseits können die heutigen, teilweise rasanten Veränderungen von Umwelt- und Lebensbedingungen, die alle mehr oder weniger deutlich im Zusammenhang stehen mit globalem Klimawandel, Weltbevölkerungswachstum, Globalisierung und militär. Konflikten, die Verbreitung von Krankheitserregern in erhebl. Umfang begünstigen.

Infektionskrankheiten und E. stellen weltweit sowohl für die Gesundheitssysteme als auch für die Volkswirtschaften insgesamt eine der größten ökonom. Lasten dar und sind durch eine nicht zu prognostizierende Dynamik gekennzeichnet. Die durch Infektionskrankheiten verursachten Kosten werden für die USA auf mehr als 120 Mrd. Dollar jährlich geschätzt. Zusätzlich ist heute neben der Auslösung von Infektionskrankheiten durch Infektionserreger die Assoziation zur Krebsentstehung zu berücksichtigen. So werden Schätzungen zufolge rd. 550 000 Fälle von Magenkrebs jedes Jahr im Zusammenhang mit Helicobacter-pylori-Infektionen gesehen, was ungefähr 55 % des Magenkrebses weltweit entspricht. Sexuell übertragene Infektionen durch humane Papillomaviren werden als ursächlich für 83 % des Zervixkarzinoms angesehen. Die Entstehung des Leberkrebses wird zu etwa 82 % auf Infektionen mit Hepatitis-B- und/oder -C-Viren zurückgeführt. In Ländern mit endem. Bilharziose werden 4 % aller neuen Blasenkrebserkrankungen im Zusammenhang mit dieser Infektion gesehen.

Zukünftige Strategien zur Vorbeugung und Kontrolle

Zu Beginn des 21. Jh. ist weltweit akzeptiert, dass neue Infektionskrankheiten auch in epidem. Form auftreten können. Bekannte Infektionskrankheiten werden weiterhin übertragen werden, in bestimmten Fällen wieder zunehmen, in anderen Fällen abnehmen. Ebenso wird die Resistenz gegenüber vorhandenen Antibiotika zunehmen, weswegen eine kontinuierl. Neuentwicklung von Antibiotika, Antiinfektiva und Impfstoffen notwendig ist. Die WHO geht davon aus, dass eine Vielzahl der weltweit infektionsbedingten Todesfälle oder Erkrankungen grundsätzlich verhütbar sind, wenn die Regeln von Hygiene, öffentl. Gesundheit und ständiger Weiterentwicklung des Kenntnisstandes und der epidemiolog. Überwachung (Surveillance) konsequent umgesetzt werden. Dies bedarf jedoch weltweiter gemeinsamer Anstrengungen aller Staaten wie auch der Einzelstaaten und die Vermittlung des hygien. Wissenstands bereits im Kindesalter sowie einer ständigen Weiterentwicklung der Wissenschaft.

Die infektionsbedingte Mortalität und Morbidität kann deutlich gesenkt werden. Zu den wichtigsten Präventions- und Kontrollprinzipien zählen
- Anstrengungen zur Ausrottung, Beseitigung und intensivierten Kontrolle durch globale öffentlich-private Partnerschaften,
- eine Förderung der Basismaßnahmen zur Intervention, die kosteneffiziente Strategien anwenden und sich auf die national bedeutsamsten Infektionskrankheiten konzentrieren,
- die Verbesserung der epidemiolog. Überwachung und der Informations- und Reaktionssysteme im Fall des unerwarteten Auftretens von E. oder dem Auftreten neuer Infektionskrankheiten,
- die Stärkung der internationalen Übereinstimmung und Regulierungen, um eine maximale internationale Sicherheit der öffentl. Gesundheit mit minimaler Einschränkung von Handel und Reiseverkehr zu gewährleisten sowie
- die Investition in Forschung und Entwicklung von Präventionsstrategien, wie insbesondere der Hygiene, der Entwicklung von diagnost. Instrumentarien, Arzneimitteln und Impfstoffen.

Der akadem. Weiterentwicklung und Förderung zur Ausbildung von medizin. Personal und Ärzten auf den Gebieten Hygiene, Mikrobiologie und öffentl. Gesundheit kommen entscheidende Bedeutung zu.

Enzyklopädische Vernetzung

Aids ▪ Antibiotikaresistenz ▪ Endemie ▪ Grippe ▪ Hepatitis ▪ Hygiene ▪ Malaria ▪ Masern ▪ Pandemie ▪ Tuberkulose

📖 C. EBERHARD-METZGER u. R. RIES: Verkannt u. heimtückisch. Die ungebrochene Macht der Seuchen (1996); T. BASTIAN: Die lautlosen Gegner. Seuchen gefährden unsere Zukunft (2001); W. KÖHLER: Medizin. Mikrobiologie (⁸2001); C. EBERHARD-METZGER u. R. RIES: Die Macht der Seuchen (2002); Oxford textbook of public health, hg. v. R. DETELS (Neuausg. Oxford u. a. 2004).

Fortsetzung von Seite 189
Beobachtungen des Hodensackkrebses bei Schornsteinfegern von PERCIVAL POTT (* 1714, † 1788) und Untersuchungen zur Wirkung frischer Früchte bei der Verhütung des Skorbuts durch JAMES LIND (* 1716, † 1794) Vorläufer der modernen E. nichtübertragbarer Erkrankungen und klin. Studien darstellen. In der zweiten Hälfte des 20. Jh. wurde die E. schließlich auch für Untersuchungen koronarer Herz- und Krebserkrankungen in großen multizentr. Studien zur Überprüfung neuer vorbeugender und therapeut. Strategien und zur Evaluation von Gesundheitsversorgungssystemen angewendet. Durch die Einführung moderner EDV-Programme und der Informationstechnologie und durch die Verfeinerung der method. Verfahren ist die E. zu einer Grundlagenwissenschaft für alle klin. Disziplinen geworden. Die Anwendung analyt. Methoden im Rahmen epidemiolog. Studien hat das Verständnis von Erkrankungsursachen erheblich verbessert und ist für die Kontrolle und Prävention vieler Erkrankungen von großer Bedeutung.

2) *Psychologie:* Forschungsrichtung, die die Verbreitung psych. Störungen und deren Zusammenhang mit bestimmten Merkmalen, etwa Kultur-, Schicht- oder Geschlechtszugehörigkeit, untersucht.

epid͟emische Pleurodynie, die, → Bornholm-Krankheit.

epid͟emische Polyarthritis, das → Ross-River-Fieber.

Epidendrob͟ios, → Epibios.

Epid͟endrum [zu griech. déndron »Baum«], neotrop. Orchideengattung mit rd. 750 meist epiphytisch lebenden Arten, die in Form und Farbe sehr unterschiedl. Blüten zeigen; Zierpflanzen.

epiderm͟al, *Biologie:* zur Epidermis gehörend, von der Epidermis ausgehend, abstammend.

Epid͟ermis [zu griech. dérma »Haut«] *die, -/...men, Histologie:* 1) Oberhaut, bei *Mensch* und *Tieren* die äußerste Schicht der → Haut; 2) meist einschichtiges, primäres Abschlussgewebe der höheren *Pflanzen* aus lückenlos aneinander liegenden, fest miteinander verbundenen, i. d. R. plastidenlosen, lebenden Zellen. Die Zellaußenwände sind meist verdickt und von einer wenig wasser- und gasdurchlässigen Kutikula überzogen. Sonderdifferenzierungen der E. treten in Form von Spaltöffnungen, Haaren und Emergenzen auf. Die

E. dient dem Schutz (z. B. vor Austrocknung und Verletzung) und vermittelt den Stoffaustausch mit der Außenwelt.

Epidermolysis bullosa [zu griech. dérma »Haut«, lýein »lösen«, »auflösen« und lat. bullosus »blasig«], Sammel-Bez. für eine Gruppe von seltenen erbl. Hautkrankheiten, die mit einer Blasenbildung in der Haut und Schleimhaut als Reaktion auf unverhältnismäßig kleine mechan. Reize einhergeht. Ausdehnung und Schwere der Hautveränderungen sind sehr unterschiedlich und reichen von einzelnen kleinen, reizlosen Blasen bis zu ausgedehntem Befall mit Verstümmelungen und narbigen Verengungen der Speise- und Luftröhre. Die Behandlung beschränkt sich auf vorbeugende Maßnahmen (Druckentlastung, sorgfältige Hautpflege) und eventuell Klimatherapie; in schweren Fällen werden Glucocorticoide in hoher Dosierung angewendet.

Epidermophytie, Infektionskrankheit der Haut, Nägel und Haare durch Pilze der Gattung Epidermophyton (→ Dermatophytose).

Epidiaskop das, -s/-e, → Projektor.

Epididymis [zu griech. dídymos »doppelt«] die, -/...'miden, der Nebenhoden (→ Hoden). – **Epididymitis,** die →Nebenhodenentzündung.

Epidot [zu griech. epídosis »Zunahme«] der, -s/-e, **Pistazit,** meist grünes und durchscheinendes, glasglänzendes, monoklines Mineral der chem. Zusammensetzung $Ca_2(Al,Fe^{3+})Al_2[O|OH|SiO_4|Si_2O_7]$; Härte nach MOHS 6–7, Dichte 3,35–3,38 g/cm³; v. a. durch Kontakt- und Regionalmetamorphose (u. a. im →Grünschiefer) entstanden; z. T. als Schmuckstein verwendet. (→Mineralfazies)

epidural [griech.-lat.], über der harten Hirnhaut (Dura mater) gelegen.

Epiduralanästhesie, die, →Periduralanästhesie.

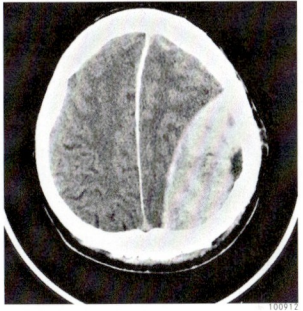

epidurales Hämatom: Computertomogramm mit Hämatom auf der linken Schädelseite (im Bild rechts) und Verdrängung der Mittellinie

epidurales Hämatom, Bluterguss zw. dem Schädelknochen und der harten Hirnhaut (Dura mater), der v. a. nach Schädelverletzungen mit Zerreißung der mittleren Hirnhautschlagader auftritt. Nach einem symptomfreien Intervall kommt es häufig zu Bewusstseinsstörungen bis hin zum Koma. Da die Raumforderung zu einer Kompression des Gehirns führen kann, ist oft eine sofortige neurochirurg. Behandlung notwendig.

Epiduralraum, Extraduralraum, Spatium epidurale, von Fett, lockerem Bindegewebe, Venen und Lymphgefäßen ausgefüllter Raum zw. der äußeren Rückenmarkhaut (Dura mater spinalis) und der Knochenhaut des Rückenmarkkanals.

Epifani, russ. Mönch aus dem Solowezkikloster, * um 1620, † 14. 4. 1682; Gefährte des Protopopen AWWAKUM in der Gefangenschaft, mit diesem zusammen verbrannt. Seine Lebensbeschreibung gibt Einblick in die Entwicklung des Altgläubigentums (→Raskolniki) und ist literaturgeschichtlich als frühe russ. Autobiografie von Bedeutung.

epigäisch [griech. epígaios »auf der Erde befindlich«], bezeichnet eine Samenkeimung, bei der die Keimblätter über den Boden gehoben werden; Ggs. →hypogäisch.

Epigamie die, -, Zoologie: →Epitokie.

Epigenesistheorie, Postformationstheorie, von C. F. WOLFF aufgestellte Theorie, nach der sich (im Ggs. zu der damals gültigen →Präformationstheorie) ein Organismus allmählich durch Neubildungen aus Ungeformtem (**Epigenese, Epigenesis**) entwickelt.

Epigenetik, Teilgebiet der Biologie, das untersucht, wie und warum Gene in unterschiedl. Weise ein- und ausgeschaltet werden, ohne dass sich dabei die Nukleotidsequenzen dieser Gene ändern. Neben den genet. Grundprinzipien haben auch diese epigenet. Vorgänge Einfluss darauf, wie die Erbinformation realisiert wird.

Als Begriff wurde E. von CONRAD WADDINGTON (* 1905, † 1975) bereits 1942 eingeführt. Ursprünglich umfasste er alle Wechselwirkungen von Genen und Genprodukten, die zur Ausbildung eines Merkmals (Phänotyp) führen. Der Begriff hat seitdem einen inhaltl. Wandel erfahren. Heute beschreibt die E. v. a. die Prozesse, die sich aus der chem. Veränderung des chromosomalen Materials (→Chromatin) für die Lesbarkeit der Gene ergeben. Da epigenet. Phänomene zur Entstehung von Krankheiten beitragen können, erhofft man sich von der Entschlüsselung dieser Prozesse neue Erkenntnisse zu deren Ursachen.

Molekulare Mechanismen Durch ihre Nukleotidsequenzen werden die riesigen DNA-Moleküle in funktionelle Abschnitte, die Gene, unterteilt. Welche dieser Abschnitte in einem bestimmten Kontext abgelesen, also exprimiert werden, bestimmt im Wesentlichen die Struktur des Chromatins. Ist das Chromatin weniger dicht gepackt, dann sind die dort befindl. Gene für die Transkriptionsmaschinerie zugänglich, sodass sie in RNA übersetzt werden können. Die Genaktivität hängt damit lediglich vom Packungszustand der DNA in den Chromosomen ab. Die zugrunde liegenden strukturellen Veränderungen entstehen, wenn bestimmte Enzyme Veränderungen an der DNA oder den ihr angelagerten →Histonen katalysieren. Bei der **DNA-Methylierung** übertragen Methylasen Methylreste auf Cytosin-Guanin-reiche DNA-Abschnitte (CpG-Sequenzen). Das entstehende 5-Methylcytosin wird mitunter auch als die fünfte DNA-Base bezeichnet. Die Verteilung von Methylcytosinresten in der DNA unterscheidet sich von Gewebe zu Gewebe und unterliegt Umwelteinflüssen. Etwa 70–80 % aller CpG-Dinukleotide sind in menschl. DNA methyliert. Zwar sind eine Reihe von DNA-Methylasen bekannt, insgesamt ist der Vorgang der Methylierung und seine Regulation aber nahezu unverstanden.

Die Methylierung von Cytosinresten hat im Laufe der Evolution Spuren im Genom hinterlassen. Bei Wirbeltieren sind CpG-Dinukleotide statistisch etwa fünffach unterrepräsentiert. Die Ursache hierfür liegt in der hohen Desaminierungsrate von Methylcytosin, was die Umwandlung von Cytosin in Thymin zur Folge hat. Auch neu auftretende Mutationen finden sich v. a. an CpG-Dinukleotiden; sie betreffen z. B. zwei Drittel aller Punktmutationen in Tumoren. Diesem generellen Mangel an CpG-Dinukleotiden stehen

Epidot: Kristallstufe

im Genom Bereiche gegenüber, in denen der CpG-Gehalt hoch ist. Solche so genannten CpG-Inseln liegen im Genom häufig am Anfang eines Gens und sind zumeist nicht methyliert. Dies stimmt mit der Beobachtung überein, dass Gene durch DNA-Methylierung nahezu immer inaktiviert werden. Die jeweiligen DNA-Bereiche fungieren also gewissermaßen als Schalter, welche die Genaktivität regulieren. Eine nur geringe oder fehlende Methylierung ist ein Charakteristikum aktiver, transkribierter Gene wie der Haushaltsgene (→konstitutive Gene).

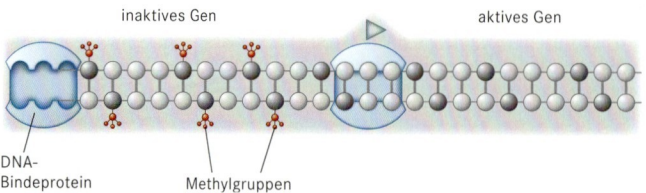

Epigenetik: schematische Darstellung der Inaktivierung von DNA-Abschnitten durch Methylgruppen

Vermutlich ist die DNA-Methylierung in der Evolution als Mechanismus entstanden, um in das Genom eingedrungene parasitäre DNA (Retroviren, transponierbare Elemente) zu inaktivieren. Der gleiche Mechanismus findet sich auch bei der funktionellen Haploidisierung einzelner Gene (→Imprinting) und ganzer Chromosomen (Inaktivierung eines X-Chromosoms bei weibl. Individuen). Beim Imprinting wird die Bedeutung der Methylierung für die Aktivität eines Gens bes. deutlich. Nur eine der beiden Genkopien im Genom ist aktiv, entweder die von der Mutter oder die vom Vater stammende – die jeweils andere ist methyliert und kann nicht abgelesen werden. Eine Genmutation wird nur dann wirksam, wenn sie auf dem nicht dem Imprinting unterliegenden, nicht methylierten väterl. oder mütterl. Chromosom vorliegt. Entsprechend wird der durch eine solche Mutation bestimmte Phänotyp nur über den Vater oder die Mutter vererbt. Ein solcher Erbgang folgt nicht den mendelschen Regeln. Folgerichtig sind Abweichungen vom normalen Methylierungsmuster an der Entstehung von Krankheiten beteiligt (z. B. Prader-Willi-Syndrom).

Abweichungen im Methylierungsmuster können zudem durch bestimmte Ernährungsregimes erzielt werden. So konnte 2003 in Tierversuchen nachgewiesen werden, dass eine Diät mit hohen Dosen von Vitaminen, die in den Methylstoffwechsel eingreifen (Folsäure, Vitamin B_{12} u. a.), das Erscheinungsbild der Nachkommenschaft verändert. Im Besonderen für den Alterungsprozess und bei Krebserkrankungen wird die Bedeutung unzureichender oder überschießender Methylierung immer deutlicher. In Krebszellen sind z. B. häufig zellwachstumszügelnde Gene (→Tumorsuppressorgene) durch Hypermethylierung abgeschaltet, während genomweit der Methylierungsgrad abnimmt. – Anders als bei genet. Fehlern bieten sich auf epigenet. Ebene unterschiedl. Therapieformen an. Unspezif. Hemmstoffe der Methylasen werden bereits in der Krebstherapie eingesetzt; von der noch in der Zukunft liegenden selektiven Beeinflussung der beteiligten Enzymsysteme erhofft man sich ebenfalls Therapiemöglichkeiten. Voraussetzung dafür ist die Kenntnis der Methylgruppenverteilung an der DNA. Während die Nukleotidsequenz der DNA i. d. R. in allen Zellen gleich ist, sind die Methylierungsprofile in versch. Zelltypen unterschiedlich und zudem dynamisch. In Anlehnung an das Human-Genom-Projekt widmet sich eine 2003 gegründete öffentlich und privat finanzierte Initiative der Beschreibung des Methylierungsstatus des Genoms (→Humanes Epigenomprojekt).

In den letzten Jahren ist darüber hinaus deutlich geworden, dass die Methylierung von genom. DNA nicht der einzige epigenet. Mechanismus ist, mit dem der Informationsgehalt des Genoms erweitert wird. Auch die an die DNA assoziierten Proteine, v. a. Histone, unterliegen Modifizierungen (**Histon-Modifikation**), die Auswirkung auf die Realisierung genet. Information haben. Histone sind das Ziel von Acetylierung, Methylierung, Phosphorylierung und Ubiquitinierung mit dramat. Auswirkungen auf die Packung von DNA. Solche Veränderungen erfolgen offensichtlich nicht unabhängig von der DNA-Methylierung (acetylierte Histone sind meist mit nicht methylierter DNA assoziiert und umgekehrt), sodass beide Prozesse, DNA-Methylierung und Histonmodifizierung, als zusammengehörig angesehen werden müssen. Alle diese Prozesse gemeinsam bilden einen epigenet. Code, der neben der Sequenzinformation aus der DNA den Ablauf zellulärer Programme steuert, indem er den Packungszustand genom. DNA kontrolliert.

Da dieser epigenet. Code durch Umweltfaktoren verändert werden kann, erschüttert seine Vererbbarkeit das darwinist. Dogma der Evolution, das die Aufnahme und Weitergabe von funktionellen Anpassungen während des Lebens nicht zulässt. Eine solche Vererbung erworbener Eigenschaften war Inhalt der Evolutionstheorie von J.-B. LAMARCK zu Beginn des 19. Jh. Daher wird der epigenet. Code mitunter auch als Lamarck-Code bezeichnet.

epigenẹtisch,
1) *Geowissenschaften:* jünger als die Umgebung, z. B. Erzlagerstätten (Erzgänge, metasomat. und Imprägnationslagerstätten) und Täler (e. Durchbruchstäler, →Tal).
2) *Molekularbiologie:* die →Epigenetik betreffend.
Epi|gesteine, *Petrologie:* in der Epizone gebildete metamorphe Gesteine. (→Metamorphose)
Epiglọttis [zu griech. glõssa »Zunge«, »Sprache«] *die, -/...tiden, Anatomie:* der Kehldeckel (→Kehlkopf).
Epiglottitis *die, -/...'tiden,* Entzündung des Kehldeckels (→Kehlkopfkrankheiten).
Epignạthus [zu griech. gnáthos »Kinnbacken«] *der, -,* asymmetr. →Doppelbildung, bei der mit dem Gaumen oder der Schädelbasis eines voll entwickelten Individuums (Autosit) ein geschwulstartiger »Parasit« (z. B. als behaarter Polyp oder Teratom) verwachsen ist.
Epigonation [griech. »auf die Knie herabhängend«] *das, -s/...tilen,* **Hypogonation,** liturg. Gewandstück der Bischöfe des ostkirchlichen byzant. und armen. Ritus, das quadratisch oder rhombisch, mit Kreuz oder Schwert bestickt, vom liturg. Gürtel seitlich herabreicht. Das E. symbolisiert das Schwert der geistl. Waffenrüstung (nach Eph. 6, 10 ff.).
Epigone [griech. »Nachgeborener«] *der, -n/-n, bildungssprachlich:* jemand, der in seinen (künstler.) Werken vorhandene Vorbilder unschöpferisch verwendet oder im Stil nachahmt.
Epigonen, *griech. Mythologie:* die griech. Helden, meist Söhne der Heerführer der →Sieben gegen The-

ben, die die Taten ihrer Väter wiederholen (daher der allg. Sprachgebrauch), denen aber 10 Jahre nach dem gescheiterten Feldzug der Väter die Eroberung der Stadt Theben gelingt. Als Namen sind überliefert: Alkmaion (auch als Anführer genannt), Aigialeus, Diomedes, Sthenelos und Thersandros, der die Herrschaft über die Stadt antrat.

Epigonendichtung, Literatur, die in der Nachfolge einer vorangegangenen schöpfer. Epoche nachahmend deren Eigenarten zu bewahren sucht, ungeachtet veränderter Zeitbedingungen; meist mit Erfolg beim Publikum, obwohl der Mangel an Originalität deutlich hervortritt. K. IMMERMANN prägte die Bez. durch seinen Roman »Die Epigonen« (1836).

Epigonos, griech. Bildhauer des 3. Jh. v. Chr. aus Pergamon; tätig am Hof des Königs ATTALOS I. SOTER, Mitbegründer der eigentl. pergamen. Plastik. Für ATTALOS und dessen Feldherrn EPIGENES schuf er mindestens zwei figurenreiche Schlachtenanathemata. E. wird daher mit dem großen →Attalischen Weihgeschenk in Verbindung gebracht. Zudem sind literarisch ein Trompeter und eine Gruppe bezeugt, in der ein Kind seine tote Mutter liebkost.

Epigraf [zu griech. epigráphein »darauf schreiben«, »einritzen«] *das, -s/-e,* **Epigraph,** antike Inschrift.

Epigrafik *die, -,* **Epigraphik,** *die* →Inschriftenkunde.

Epigramm [griech., eigtl. »darauf Geschriebenes«] *das, -s/-e,* lyr. Form, in der, gedanklich und formal konzentriert, meist antithetisch eine geistreiche, überraschende oder auch nur zugespitzt formulierte Sinndeutung zu einem Sachverhalt gegeben wird (auch »Sinngedicht«); häufigste Form ist das eleg. →Distichon. – E. waren in der griech. Antike kurze, zweckbestimmte Aufschriften auf Weihgeschenken, Standbildern, Grabmälern u. a.; sie wurden Ende des 6. Jh. v. Chr. durch knappe Zufügungen von Würdigungen oder Wünschen erweitert. Entscheidend ist, auch bei scharfen Angriffen, die geistvolle Pointe. Als Begründer des E. als lyr. Gattung gilt SIMONIDES. Im antiken Rom erhielt das E. durch CATULL und bes. durch MARTIAL die satirisch zugespitzte Form. – Diese diente der E.-Dichtung von Humanismus und Barock als Vorbild: Im 16. Jh. wurde die Form in Frankreich von C. MAROT eingeführt, in England von J. OWEN, dessen lat. E. neben den klass. Quellen beispielgebend für das E. des dt. Barock wurden. Die Struktur des E. entsprach der Vorliebe der Zeit für antithet. Formspielereien; E.-Sammlungen gibt es von fast allen dt. Barockdichtern, bes. berühmt wurden die F. von LOGAU, C. WERNICKE und ANGELUS SILESIUS. Der Verstandeskultur der dt. Aufklärung entsprach v. a. das satir. E. (A. G. KÄSTNER, G. E. LESSING). Die ersten dt. E. in Distichen finden sich (neben den übl. reimenden) erst wieder bei F. G. KLOPSTOCK und J. G. HERDER. Beide Varianten des E. begegnen bei GOETHE, der sich v. a. an CATULL orientierte (u. a. in den »Venetianischen Epigrammen«). Die von ihm gemeinsam mit SCHILLER verfassten berühmten E., die literaturkrit. »Xenien« (1796, in Distichen) wurden das Muster für fast alle späteren dt. Epigrammatiker, so (mit polit. Tendenz) für das Junge Deutschland. Eine Rückbesinnung auf die urspüngl. Funktion des E. als »Aufschrift« zeigen nur E. MÖRIKES E. in Distichen. Morgenländ. Spruchweisheit war für F. RÜCKERT Vorbild. Während konservative oder klassizist. Dichter immer wieder das E. pflegten (A. VON PLATEN, F. GRILLPARZER), findet es sich in der modernen Literatur selten (Beispiele

---

Epigramm Epig

Deutsche Epigramme vom Barock bis zum 20. Jahrhundert

Aus den »Sexcenta Monodisticha Sapientium« (gesammelt 1647) des Daniel Czepko von Reigersfeld

Im Geringsten wie im Größten
Dass alles in sich wirkt und sucht, kommt von Natur.
Siehst du sie nicht in dir – ein Kraut zeigt dir die Spur.

Aus der Sammlung »Deutscher Sinn-Getichte Drey Tausend« (1654) des Friedrich von Logau

Das Beste der Welt
Weißt du, was in dieser Welt
Mir am meisten wohl gefällt?
Dass die Zeit sich selbst verzehret
Und die Welt nicht ewig währet.

Aus den »Sinngedichten« (1753) von Gotthold Ephraim Lessing

Abschied an den Leser
Wenn du von allem dem, was diese Blätter füllt,
Mein Leser, nichts des Dankes wert gefunden:
So sei mir wenigstens für das verbunden,
Was ich zurück behielt.

Die Sinngedichte an den Leser
Wer wird nicht einen Klopstock loben?
Doch wird ihn jeder lesen? – Nein.
Wir wollen weniger erhoben
Und fleißiger gelesen sein.

Aus den »Xenien« (1796) von Friedrich Schiller und Johann Wolfgang von Goethe

Der ästhetische Thorschreiber
Halt, Passagiere! Wer seid ihr? Wes Standes und Charakteres?
Niemand passieret hier durch, bis er den Pass mir gezeigt.

Xenien
Distichen sind wir. Wir geben uns nicht für mehr noch für minder.
Sperre du immer, wir ziehn über den Schlagbaum hinweg.

Visitator
Öffnet die Koffers. Ihr habt doch nichts Kontrebandes geladen?
Gegen die Kirche? den Staat? Nichts von französischem Gut?

Xenien
Koffers führen wir nicht. Wir führen nicht mehr als zwei Taschen
Tragen, und die, wie bekannt, sind bei Poeten nicht schwer.

Aus Goethes »Venetianischen Epigrammen« (1795)

Frankreichs traurig Geschick, die Großen mögens bedenken:
Aber bedenken fürwahr sollen es Kleine noch mehr.
Große gingen zugrunde: doch wer beschützte die Menge
Gegen die Menge? Da war der Menge der Menge Tyrann.

Aus der Sammlung »Kurz und bündig« (1948/50) von Erich Kästner

Zum Neuen Jahr
»Wird's besser? Wird's schlimmer?«
fragt man alljährlich.
Seien wir ehrlich:
Leben ist immer
lebensgefährlich.

Die Grenzen der Aufklärung
Ob Sonnenschein, ob Sterngefunkel:
Im Tunnel bleibt es immer dunkel.

Epig Epigrammatik

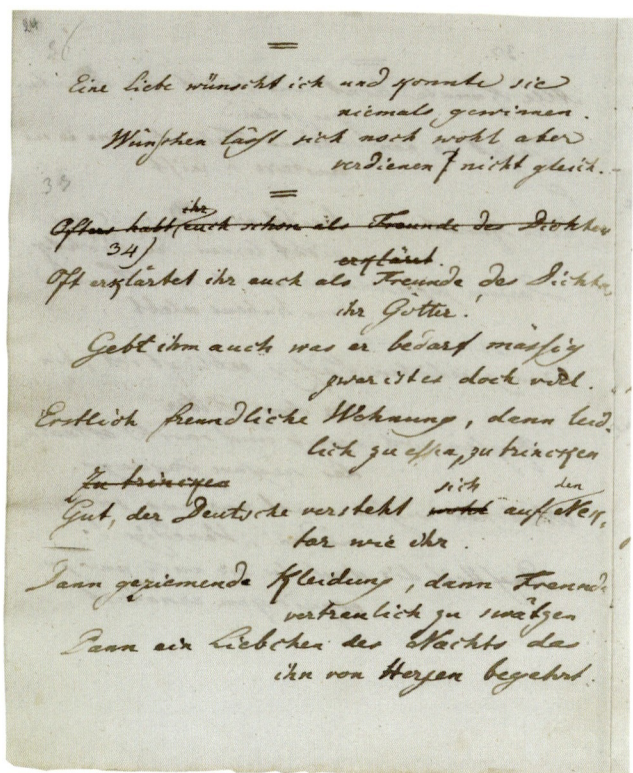

Epigramm aus den »Venetianischen Epigrammen« von Johann Wolfgang von Goethe (eigenhändiges Manuskript von 1790; Klassik Stiftung Weimar)

u. a. bei E. KÄSTNER, B. BRECHT, J. BOBROWSKI, vorwiegend bei A. ASTEL).

Das E., hg. v. G. PFOHL (1969); J. WEISZ: Das dt. E. des 17. Jh. (1979); P. HESS: E. (1989); D. FREY: Bissige Tränen. Eine Unters. über Elegie und E. seit den Anfängen bis Bertolt Brecht u. Peter Huchel (1995).

Epigrammatik die, -, die Kunst des Verfassens von Epigrammen. – **epigrammatisch**, kurz und treffend (in der Art eines Epigramms), geistreich, scharf pointiert.

Epigraph, →Epigraf.

Epigraphik die, -, die →Inschriftenkunde.

epigyn [zu griech. gyné »Weib«, »Frau«], bei Fruchtknoten (→Blüte): unterständig.

Epihippus [zu griech. híppos »Pferd«], fossile Gattung der →Pferde.

Epik [griech.] die, -, Sammelbegriff für jede Art erzählender Dichtung in Prosa oder Versen. E. ist neben →Lyrik und Dramatik (→Drama) eine der drei literar. Großgattungen. GOETHE (»Noten und Abhandlungen zum besseren Verständnis des west-östl. Divans«, 1819) charakterisierte die E. als die mittlere der drei »Naturformen der Poesie«, als die »klar erzählende«, die weniger subjektiv als die »enthusiastisch aufgeregte« Lyrik und nicht so objektiv wie die »persönlich handelnde« Dramatik sei. Bereits PLATON hatte durch das Redekriterium (»Wer spricht?«) die Erzählung (Diegesis) vom Drama als der Nachahmung der Rede anderer (Mimesis) unterschieden. An diese erzähler. Vermittlungsinstanz knüpfen weitere Differenzierungen an: im Hinblick auf den Umgang mit Zeit (Rückblenden, Vorausdeutungen, Auslassungen, Erzähltempo: zeitdeckend, zeitraffend, zeitdehnend), auf die Erzählsituationen (auktoriale, personale und Ich-Erzählung), auf die Redeformen (direkte, indirekte, erlebte Rede, innerer Monolog) sowie auf die Stellung des Erzählers zum Geschehen (Distanz, Perspektive). Die erzählte Welt, die Handlung, das Was der Erzählung im Unterschied zum Wie der Darstellung, besteht aus Ereignissen oder Motiven, ihrer chronolog. Abfolge im Geschehen, ihrem inneren und äußeren Zusammenhang, auch aus Handlungsschemata, die für größere Textgruppen charakteristisch sein können.

Die E., die z. T. erst nach längerer mündl. Überlieferung niedergeschrieben wurde, i. d. R. jedoch als literar. Buch-E. entstand, kann nach versch. Gesichtspunkten untergliedert werden, z. B. in »einfache Formen« (Legende, Sage, Märchen) und Kunstformen verschiedenster Gattungen: Zur **Groß-E.** zählen →Epos, →Saga und als späte Form der →Roman; zur **Kurz-E.** gehören →Novelle, →Erzählung (i. e. S.), →Kurzgeschichte, →Anekdote, →Fabel, →Parabel, die episch-lyr. Mischformen wie →Idylle, →Romanze, →Ballade und allgemein die →Verserzählung. Die Großformen ergeben sich meist aus der Auffächerung der erzählten Vorgänge in Vordergrundhandlung und Hintergrundgeschehen, oft auch in mehrere Handlungsstränge oder selbstständige Episoden; dazu kommen Figurenreichtum, eine Fülle von Ereignissen, unterschiedl. Erzählperspektiven, auch reflektierende Einlagen und Ausführlichkeit im Einzelnen, die »epische Breite«. Die Kurzformen der E. sind auf einen Handlungsstrang konzentriert, oft ist ihre Komposition auf den Schluss ausgerichtet.

Mit einer Theorie der E. befassten sich erstmals PLATON und v. a. ARISTOTELES; sie beschränkte sich bis ins 18. Jh. auf normative oder beschreibende Angaben zum Epos. Seitdem wurde sie entweder als Abgrenzung der E. von anderen Grundgattungen, insbes. von der Dramatik, versucht, so etwa von GOETHE und SCHILLER (»Über epische und dramat. Dichtung«, gedruckt 1827, und im Briefwechsel), oder im Hinblick auf einzelne Erscheinungsformen und Gattungen ausgebaut. Während Strukturalisten (GÉRARD GENETTE, *1930) sich auf Formen der erzähler. Wiedergabe und der zeitl. Anordnung von Ereignissen konzentrierten, rückten Kommunikationsmodelle die pragmat. Dimensionen der E. in den Vordergrund. (→Erzählen)

Probleme des Erzählens in der Weltlit., hg. v. F. MARTINI (1971); Erzählforschung, hg. v. W. HAUBRICHS, 3 Bde. (1976–78); Erzählforschung, hg. v. E. LÄMMERT (1982); DERS.: Bauformen des Erzählens (⁸1993); G. GENETTE: Die Erzählung (a. d. Frz., 1994); M. MARTÍNEZ u. M. SCHEFFEL: Einf. in die Erzähltheorie (²2000). – Weitere Literatur → Roman.

Epikanthus [zu griech. kanthós »Augenwinkel«] der, -, vertikale, sichelförmige Hautfalte im inneren Augenwinkel, die bei Feten regelmäßig und bei bestimmten Chromosomenanomalien (z. B. Down-Syndrom) gehäuft beobachtet wird; im Unterschied zur →Mongolenfalte bleibt sie bei Lidschluss bestehen.

Epikard [zu griech. kardía »Herz«] das, -s, Anatomie: das innere Blatt des Herzbeutels, →Herz.

Epikedeion [griech.] das, -/...deia, lat. **Epicēdium**, Trauerlied, Trauer- und Trostgedicht in der Form der Elegie und des Epigramms. (→Threnos, →Nänie)

Epikie [griech. »Angemessenheit«, »Nachsichtigkeit«] die, -, Prinzip der kath. Moraltheologie, nach dem der Maßstab der Billigkeit als Entscheidungskriterium an die Stelle der von Menschen (Staat, Kirche) vorgegebenen geschriebenen Gesetze treten kann, wenn unter deren Anwendung die Lösung eines konkret anstehenden Problems nicht möglich ist. Dabei ist der Grundsatz legitim, »unter Absehen vom Gesetzeswortlaut dem zu folgen, was die innere Gerechtigkeit und der gemeine Nutzen fordern« (THOMAS VON AQUINO).

Epiklese [griech. »Anrufung«] *die, -/-n,* **Enteuxis, Ekklesis,** in der liturg. Sprache v. a. der Ostkirchen zunächst jedes Gebet, bes. jedoch jenes Gebet in der Eucharistiefeier, mit dem der Bischof oder Priester den Hl. Geist herabfleht, damit er das Brot und den Wein zum Leib und Blut Christi verwandle. Die E. folgt den Einsetzungsworten und ist mit diesen ein Kontroverspunkt zw. den östl. Kirchen und der westlichen: Während für die Ostkirchen die E. als der Wandlungsmoment gilt, werden im Katholizismus die Einsetzungsworte als solcher betrachtet.

Epikoinon [zu griech. koinós »gemeinsam«, »gemeinschaftlich«] *das, -/...na, Sprachwissenschaft:* Substantiv, das sich auf männl. und weibl. Lebewesen beziehen kann, ohne dass sich das Genus verändert, z. B. *der Fisch, die Kröte.*

Epikondylitis [zu griech. kóndylos »Knochengelenk«] *die, -/...'tiden,* schmerzhafter entzündl. Reizzustand (nicht infektiös) der Knochenhaut an Knochenvorsprüngen (Epikondylen), bes. am Ellenbogen (**Tennis-, Golfspielerellenbogen**). Die E. entsteht häufig nach Überanstrengung oder ungewohnter Beanspruchung der an den Knochenvorsprüngen ansetzenden Sehnen. Die Behandlung erfolgt konservativ mit Ruhigstellung, Kälteanwendung, Bewegungstherapie, Ultraschall und eventuell örtl. Injektion eines Lokalanästhetikums, in hartnäckigen Fällen auch operativ.

epikontinental, *Geologie:* bezeichnet Flachmeere (Epikontinentalmeere), die vorübergehend den Kontinentalschelf oder weite Bereiche von Kontinenten überfluten und kaum bis keine interne Topografie aufweisen; heutzutage nicht ausgebildet, aber in der geolog. Geschichte bedeutend (Jura-Meer in Westeuropa); häufig weiträumige Ablagerung von Kalken (**e. Ablagerungen**).

Epikotyl [zu griech. kotýle »Höhlung«] *das, -s, -e,* der auf die Keimblätter folgende, bis zum Knoten der Primärblätter reichende Sprossachsenabschnitt der Samenpflanzen.

Epikrise [griech. »Beurteilung«, »Entscheidung«] *die, -/-n, Medizin:* zusammenfassende Beurteilung eines Krankheitsfalles nach Entstehung, Verlauf und Ausgang.

Epiktet, griech. **Epiktetos,**
1) att. Töpfer und Vasenmaler, tätig zw. 530 und 500 v. Chr.; produzierte v. a. rotfigurige Vasen (über 40 Signaturen erhalten).
2) Vasenmaler des rotfigurigen Stils, →Kleophradesmaler.
3) griech. Philosoph, * Hierapolis (Phrygien) um 50 n. Chr., † Nikopolis (Epirus) um 138 n. Chr; Sklave, nach NEROS Tod freigelassen; Schüler der röm. Stoa, bes. des MUSONIUS RUFUS (* um 30 n. Chr., † um 100 n. Chr.), lehrte zuerst in Rom. Nach der Verbannung aus Rom anlässlich der Philosophenverfolgung DOMITIANS (89 n. Chr.) gründete er eine philosoph. Schule in Nikopolis, in der er Logik, Physik und Ethik lehrte. Seine auf das prakt. Leben bezogene Lehre von der Genügsamkeit und der Unabhängigkeit gegenüber der Umwelt und dem, was sich der eigenen Verfüg-

barkeit entzieht, rückte ihn in die Nähe der späteren Kyniker und der Philosophie SENECAS. Seine Vorstellungen über Gott (ein Gott als Vater aller Menschen) und die sich an sie anschließende Ethik sind christl. Grundüberzeugungen ähnlich. Die u. d. T. »Encheiridion« (dt. u. a. als »Handbüchlein der Moral«) bekannte Schrift, die oft christlich kommentiert wurde, und die »Diatribai« (Unterhaltungen; nur fragmentarisch erhalten) zur stoischen Belehrung sind durch seinen Schüler F. ARRIAN in Nachschriften überliefert.

Epikur, griech. **Epikuros,** griech. Philosoph, * Samos 341 v. Chr., † Athen 271 v. Chr.; lehrte in Mytilene, Lampsakos und Athen; gründete in Athen 307/306 v. Chr. in einem Garten (»Kepos«), den er erworben hatte, eine eigene Schule (daher die Bez. seiner Lehre als »Philosophie des Gartens«). – Von seinen Hauptschriften (etwa 300) haben neuere Papyrusfunde lediglich Fragmente zutage gefördert; erhalten und bei DIOGENES LAERTIOS überliefert sind drei Lehrbriefe und eine von E. autorisierte Sammlung von 40 Lehrsätzen. Seine Lehre kann zudem aus dem Werk von LUKREZ, den philosoph. Dialogen CICEROS und den antiepikureischen Schriften PLUTARCHS rekonstruiert werden. Die Lehre E.s ist bestimmt von dem Ziel des Glücks durch ein Leben der Freude und der Lust, d. h. der Freiheit von Schmerzen im Körper und von Furcht in der Seele (→Eudämonismus). Er übernahm große Teile des →Atomismus und der Wahrnehmungslehre DEMOKRITS: Jede Erkenntnis beruht nach E. auf Wahrnehmungen, die durch »Emanation« (Ausfluss) aus den Gegenständen hervorgerufen werden und immer wahr sind. Alle Dinge bestehen aus Atomen, auch die Seele, die wie der Körper mit dem Tod vergeht. Die unvergängl. Götter leben in Zwischenräumen (Intermundien) der unendlich vielen, gleichzeitig bestehenden Welten. Sie kümmern sich weder um die Welt noch um die Menschen, weshalb man sie weder zu fürchten noch zu verehren braucht. Die Naturphilosophie E.s zielt mit der Einsicht in die Zusammenhänge der Natur auf die Befreiung von Furcht vor den Göttern und vor dem Tod. (→Epikureismus)

Ausgaben: Epicurea, hg. v. H. USENER (1887; Nachdr. 1966); Opere, hg. v. G. ARRIGHETTI (Neuausg. 1973, griechisch-ital.); Von der Überwindung der Furcht. Katechismus, Lehrbriefe, Spruchsammlung, Fragmente, hg. v. O. GIGON (Neuausg. 1991).
📖 C. BAILEY: The Greek atomists and Epicurus (Oxford 1928; Nachdr. Ann Arbor, Mich., 1982); J. M. RIST: Epicurus (Neuausg. Cambridge 1977); W. F. OTTO: E. (²1987); M. HOSSENFELDER: E. (²1998); C.-F. GEYER: E. zur Einf. (2000).

Epikureer *der, -s/-,*
1) *allg.:* Anhänger der Lehre EPIKURS; Vertreter des Epikureismus.
2) *bildungssprachlich:* Genussmensch.

epikureisch, die Lehre EPIKURS betreffend; auf Genuss gerichtet, genießerisch, wohllebend.

Epikureismus *der, -,* Bez. für eine an der Philosophie EPIKURS ausgerichtete Lebenshaltung, die das persönl. Glück (→Eudämonismus) des Einzelnen als Ideal anerkennt, das erreicht werden soll durch →Ataraxie (Unerschütterlichkeit), vernünftige Einsicht (die Furcht vor den Göttern und vor dem Tod gilt als unvernünftig) und Orientierung am Prinzip der »Lust«, d. h. der Vermeidung alles dessen, was langfristig mehr Leid als Lust verursacht. Ein »Leben der Zurückgezogenheit« wird als geeignetes Mittel zur Erreichung der Eudämonie angesehen. Der häufig erhobene Vorwurf, der E. propagiere Ausschweifung und

Epikur,
Büste einer griechischen Statue (270 v. Chr.; Paris, Louvre)

unbeschränkten Sinnengenuss, ist nicht begründet. – Die wichtigsten Anhänger des E. waren in der Antike METRODOROS VON LAMPSAKOS (*um 330, †277 v.Chr.), KOLOTES VON LAMPSAKOS (*320 v.Chr. [?]), HERMARCHOS VON MYTILENE (*325, †um 250 v.Chr.), PHILODEMOS VON GADARA, LUKREZ, HORAZ und DIOGENES VON OINOANDA (2.Jh. n.Chr.); in der Neuzeit wurde der E. u.a. von P. GASSENDI, D. DIDEROT und F. NIETZSCHE vertreten. (→Hedonismus)

Epikutantest [zu lat. cutis »Haut«], **Epikutanprobe,** Hauttest zur Feststellung allerg. Reaktionen auf eine Substanz. Hierbei wird der verdächtige Stoff in einer Salbe auf die intakte Haut (meist am Rücken) aufgebracht und für 24 Stunden mit einem Pflaster fixiert. Nach weiteren 48 Stunden wird die Reaktion an der Teststelle beurteilt. Bei einem positiven Befund (zellvermittelte Kontaktallergie), der auf einer Typ-IV-Reaktion der →Allergie beruht, kommt es zu Rötung, Knötchen- oder Blasenbildung. Meist werden gleichzeitig Testserien mit den häufigsten Kontaktallergenen durchgeführt. (→Intrakutantest)

Epilation [zu ex... und lat. pilus »Haar«] *die, -/-en,* die →Enthaarung.

Epilepsie [griech., eigtl. »Anfassen«, »Anfall«] *die, -/...'silen,* **Fallsucht,** eine anfallsweise auftretende Funktionsstörung des Gehirns, die meist mit Bewusstseinsstörung verbunden und von abnormen Bewegungsabläufen begleitet ist. Die **epilept. Anfälle** entstehen durch die synchrone Entladung von Nervenzellen. Sie sind vielfach, aber keineswegs immer durch das Elektroenzephalogramm (EEG) erkennbar. Bei Anfallskranken zeigt das EEG oft auch außerhalb der Zeit erkennbarer Anfallsabläufe Veränderungen (so genannte Krampfpotenziale). Epilept. Anfälle beruhen i.d.R. auf dem Zusammenwirken äußerer (exogener) und innerer (endogener) Faktoren, wobei ein Faktor deutlich überwiegen kann. Exogene Ursachen sind versch. Erkrankungen des Gehirns (z.B. Blutung, Entzündung, Tumor, Narben nach Hirnverletzung oder Schlaganfall) und Erkrankungen des Gesamtorganismus (z.B. Stoffwechselstörungen wie Hypoglykämie), die von einer Funktionsstörung des Gehirns begleitet werden. Endogene Faktoren werden auf eine genet. Disposition zurückgeführt.

Formen des epilept. Anfalls Bei einer Ausbreitung der Erregung mit Einbeziehung von Hirnstammstrukturen oder dem Erfassen beider Großhirnhälften kommt es zu allg. Ausfallserscheinungen, dem **Grand Mal.** Dieser »große Krampfanfall«, bei dem die gesamte Körpermuskulatur beteiligt ist, setzt meist mit einer plötzl. Bewusstlosigkeit ein, ist eventuell mit einem Schrei und mit Atemstillstand verbunden. Die Krampfphase wird von Zuckungen abgelöst, wobei es zum Austreten von schaumigem Speichel, oft blutig, zum Zungenbiss und zum Abgang von Harn und Stuhl kommen kann. Die Krämpfe können unter fortbestehender Bewusstlosigkeit minutenlang anhalten. Bei gehäuften großen Krampfanfällen können Veränderungen des Verhaltens (z.B. umständl. verlangsamte Reaktionen, Reizbarkeit) auftreten. Herd-E. die auch in große Krampfanfälle übergehen können, werden durch lokalisierte (fokale) Nervenzellentladungen nur einer Großhirnhälfte verursacht. Sie werden unterschieden in elementare, einfach-fokale Anfälle ohne Bewusstseinsstörung (z.B. motor. oder Jackson-Anfälle, sensible, sensor., vegetative Anfälle) und in komplex-fokale Anfälle mit quantitativer oder qualitativer Störung des Bewusstseins (z.B. komplex-partielle, psychomotor. Anfälle, Temporallappen-E.). Bei den einfach-fokalen Anfällen kommt es z.B. bei Betroffensein der motor. Rindenregion zu tonisch-klon. Verkrampfungen der Muskulatur in einem bestimmten Körperbereich der Gegenseite. Bei komplex-fokalen Anfällen findet sich oft zu Beginn eine Aura in Form einer Bewusstseinsveränderung. Der Betroffene empfindet seine Umwelt als eigenartig traumhaft mit einem Gefühl der Entfremdung oder unbestimmten Vertrautheit. Anschließend kommt es zu Bewegungsabläufen in sehr stereotyper Weise, z.B. in Form von Kau- oder Wischbewegungen, nicht selten auch zu mehr oder weniger sinnlosen Handlungsabläufen, z.B. An- und Ausziehen oder Verrücken von Gegenständen. Das **Petit Mal** tritt v.a. bei Klein- und Schulkindern auf und ist durch die große Häufigkeit »kleiner Anfälle« gekennzeichnet (→BNS-Krämpfe, →Absence). Daneben gibt es eine ganze Reihe weiterer nach ihrem klin. Erscheinungsbild benannter E.-Formen. Wenn inbes. bei einem Grand-Mal-Anfall zw. den einzelnen Anfällen die Bewusstlosigkeit nicht abklingt oder der Anfall länger als 20 min dauert, entsteht ein lebensbedrohl. Status epilepticus, der durch die intravenöse Gabe von →Antikonvulsiva unterbrochen werden muss.

Die *Behandlung* kann operativ erfolgen, wenn eine umschriebene Hirnerkrankung (z.B. ein Hirntumor) die Ursache für die E. ist. Auch bei therapieresistenten Anfällen mit örtl. Krampfaktivitäten (zumeist vom Temporallappen ausgehend) ist eine operative Entfernung des Krampfherdes möglich. Beruhen die epilept. Anfälle auf einer Gefäßfehlbildung, ist neben der operativen Behandlung auch ein Gefäßverschluss mithilfe spezieller Kathetertechniken möglich: So kann ein dünner Katheter bis zur Fehlbildung vorgeschoben und der betroffene Gefäßbereich verklebt werden. Die medikamentöse Behandlung ist eine Langzeittherapie und erfolgt mit Antiepileptika, v.a. Antikonvulsiva, und führt bei 60–70% der Erkrankten zur Anfallsfreiheit. Prophylaktisch sollte vermieden werden, in Situationen zu kommen, die erfahrungsgemäß einen Anfall auslösen (z.B. Schlafmangel, Erregung, flackerndes Licht). Beim Anfall, den mancher Anfallskranke (**Epileptiker**) herannahen fühlt, ist dafür Sorge zu tragen, dass er sich nicht verletzt (Befreiung von beengenden Kleidern, weiche Lagerung, Schutz vor Verletzungen durch scharfkantige Gegenstände der Umgebung, Gummikeil zum Schutz der Zunge). Während eines Anfalls sollte der Patient nicht allein bleiben, da er z.B. bei eventuellem Erbrechen der Hilfe bedarf. Je nach den Umständen und der Häufigkeit der epilept. Anfälle besteht Fahruntauglichkeit.

H. STEFAN: Epilepsien ([2]1995); D. JANZ: Die Epilepsien ([2]1998); A. MATTHES u. H. SCHNEBLE: Epilepsien ([6]1999); Die Epilepsien, hg. v. W. FRÖSCHER u. F. VASSELA ([2]2004); G. KRÄMER: E. ([4]2004).

epileptische Reaktion, der →Gelegenheitsanfall.

Epilimnion [griech. limníon »kleiner Teich«] *das, -s/...nilen,* während der sommerl. Stagnationsphase auftretende warme Oberflächenschicht in dimikt. Seen oberhalb der Sprungschicht, dem Metalimnion.

Epilitoral, oberste Seeuferzone, die nicht unmittelbar vom Wasser beeinflusst wird.

Epilobium [zu griech. lóbion »kleine Hülse«], wiss. Name des →Weidenröschens.

Epilog [griech.] *der, -s/-e,*
1) *Literatur:* Nachwort, Schlussteil eines literar. Werkes; im Drama, nach Beendigung der Handlung,

Schlusswort, das einer der Schauspieler (in der Antike ein »Epilogos«) an das Publikum richtet. – In der antiken Tragödie seit Wegfall des Chors, im Fastnachtsspiel bis zu H. SACHS und im Barockdrama wurde im E. das Dargestellte mit sittl. Folgerungen zusammengefasst. Im Theater des MA. mahnte der E. die Zuschauer zur Frömmigkeit; im modernen Theater trägt der E. häufig einen ironisch-satir. Akzent. Vielfach wurden auch Entschuldigungen, Bitten um Nachsicht und Beifall oder auch Spielplanankündigungen im E. gegeben.

2) *Musik:* 1) in Opern des 17. und 18. Jh. ein sentenzartiger Schlussabschnitt, oft auch eine abschließende oder angefügte Huldigungsmusik (Licenza) für eine hoch stehende Persönlichkeit; 2) in der (instrumentalen) Sonatensatzform ein Abschlussgedanke von Exposition und Reprise oder (gleichbedeutend mit →Koda) ein Abschlussteil, der auch eigenes themat. Material einführen kann; wurde bei A. BRUCKNER und J. BRAHMS zu einem dritten Themenkomplex erweitert.

Epimaniki|en [zu lat. manicae »Ärmel«], *Sg.* **Epimanikion** *das, -,* Ostkirchen: die meist seidenen, vom Bischof und Priester (in der byzantin. Liturgie auch vom Diakon) über den Ärmeln des Messgewandes getragenen Stulpen.

Epimeleten, griech. **Epimeletai** [»Besorger«], in altgriech. Staaten Aufsichtsbeamte mit politischen, kult. oder wirtschaftl. Aufgaben (z. B. für untertänige Gemeinden, für die Mysterien, für den Handelshafen).

Epimenides, griech. **Epimenides,** griech. Seher und Sühnepriester, vermutlich eine histor. Gestalt vom Ende des 7. Jh. v. Chr. Sein Ausspruch, dass alle Kreter lügen, wurde (da er selbst Kreter war) ein berühmtes Beispiel einer log. Paradoxie. Mit seiner Person verknüpft ist u. a. die Legende von seinem 57-jährigen Schlaf und einem überlangen Leben. Die Sage regte GOETHE zu seinem Festspiel »Des E. Erwachen« (1815) an.

Epimere [zu griech. méros »Teil«] *das, -n/-n,* Bez. für bestimmte stereoisomere Verbindungen mit mehr als einem asymmetr. Kohlenstoff-(C-)Atom, →Stereochemie.

Epimetabolie, Form der unvollkommenen Verwandlung bei Tieren, →Metamorphose.

Epimetheus [in der griech. Sage Bruder des Prometheus, öffnete die alle Übel der Welt enthaltende Büchse der Pandora] *der, -,* 1) ein Mond des Planeten →Saturn; 2) der 1960 von CORNELIS JOHANNES VAN HOUTEN (* 1920, † 2002) und seiner Frau INGRID VAN HOUTEN-GROENEVELD entdeckte Planetoid (1810).

Epimetheus, griech. **Epimetheus,** *griech. Mythologie:* Sohn des Titanen Iapetos, der trotz der Warnungen seines Bruders Prometheus →Pandora aufnahm. Mit ihr zeugte er Pyrrha, die Stammmutter des Menschengeschlechts. (→Deukalion)

Épinal, Stadt in O-Frankreich, Verw.-Sitz des Dép. Vosges, am steil in die Buntsandsteintafel der westl. Vogesen eingeschnittenen Tal der Mosel, 340 m ü. M., 38 200 Ew.; Museum (Bilderbogen, auch röm. Funde und mittelalterl. Skulpturen); Messestadt mit Textilindustrie und Textilschule sowie Metallverarbeitung, Möbel-, Gummi- und Papierindustrie. – Basilika Saint-Maurice (11.–14. Jh.; Ergänzungen des 19. Jh.) mit Westturm (9.–11. Jh.); Barockhäuser mit Arkaden; im Schlosspark Reste des 1670 zerstörten Schlosses. – É. entstand Ende des 10. Jh. auf Initiative des Bischofs von Metz. Nach wechselnden Herrschaften kam es 1766 an Frankreich und wurde 1790 Verw.-Sitz des Dép. Vosges. Ab 1664 bestand in É. die »Imagerie Pellerin«, die u. a. die weit verbreiteten Bilderbogen herstellte. É. war ein Zentrum der Fayenceherstellung (Blüte 1760–1835). Nach deren Niedergang verhalfen infolge des Deutsch-Frz. Kriegs aus dem Elsass nach É. verlegte Betriebe zu erneutem wirtschaftl. Aufschwung.

Epinasti|e, verstärktes Wachstum der Oberseite eines Pflanzenorgans (z. B. eines Laubblattes) gegenüber der Unterseite. (→Nastien)

Épinay [epiˈnɛ], Louise Florence Pétronille **de la Live d'** [dəlaˈliːv-], geb. **Tardieu d'Esclavelles** [tarˈdjø dɛsklaˈvɛl], frz. Literatin, * Valenciennes 11. 3. 1726, † Paris 14. 5. 1783; ihr Salon spielte im Umkreis der Mitarbeiter der »Encyclopédie« D. DIDEROTS eine bedeutende Rolle; dort entstand u. a. auch die berühmte »Correspondance littéraire«, die von F. M. VON GRIMM herausgegeben wurde und an der sie selbst mitwirkte. Daneben verfasste sie u. a. pädagog. Schriften (»Lettres à mon fils«, 1759; »Conversations d'Émilie«, 1781) sowie einen autobiograf. Roman (»Histoire de Madame de Montbrillant«, hg. 1898; auch u. d. T. »Mémoires de Madame d'Épinay«).

Épinay-sur-Seine [epinɛsyrˈsɛn], Stadt im Dép. Seine-Saint-Denis, im nördl. Vorortbereich von Paris, Frankreich, an der Seine, 46 600 Ew.; chem., Bekleidungs- und Nahrungsmittel-Ind., Eisenverarbeitung; Filmstudios.

Epinephrektomie [griech.] *die, -/...mi|en,* die →Adrenalektomie.

Epinephrin [zu griech. nephrós »Niere«] *das, -s,* internat. Bez. für →Adrenalin.

Épinette [epiˈnɛt] *die, -/-s,* frz. Bez. für →Spinett.

Epineurium [zu griech. neûron »Sehne«, »Nerv«] *das, -s/...ri|en, Anatomie:* eine der Bindegewebehüllen der →Nerven.

Épinglé [epɛ̃ˈgle; frz., zu épingler »mit der Nadel anstecken«] *der, -(s)/-s,*

1) Nadelrips, ein Ripsgewebe in verschieden breiten Querrippen; Kleider-, Mantel- und Dekorationsstoff.

2) ein in Kettsamttechnik gewebter Möbelstoff in Bouclé-Art mit ausgeprägten Rippen und unaufgeschnittenen Schlingen.

Epinikion [zu griech. níkē »Sieg«] *das, -s/...kia* oder *...ki|en,* Preislied zu Ehren der Sieger in den panhellen. sportl. Wettkämpfen; es wurde u. a. bei der Rückkehr des Siegers in die Heimat von Chören zu Flötenbegleitung gesungen. E. dichteten u. a. SIMONIDES, PINDAR und BAKCHYLIDES.

Epipactis [griech., zu epípaktos »geschlossen«], wiss. Name der Orchideengattung →Stendelwurz.

Epipaläolithikum, Spätphase der altsteinzeitl. Kulturentwicklung, auch als **Spät-** oder **Endpaläolithikum** bezeichnet.

Epipelagial, gut durchlichtete Wasserschicht des Meeres (→Pelagial).

Epiphanes, griech. **Ephiphanēs** (eigtl. »sichtbar«, »hervorleuchtend«], in der Antike Beiname für einzelne Götter, im Hellenismus Bestandteil der Herrschertitulatur von Königen aus dem Haus der Ptolemäer (PTOLEMAIOS V.) und der Seleukiden (ANTIOCHOS IV.)

Epiphanie [griech. »Erscheinung«] *die, -,* das unmittelbare Erscheinen einer Gottheit in eigener Gestalt oder einer besonderen Manifestation (→Theophanie). – In der hellenistisch-röm. Antike galt auch der

Besuch des Kaisers in entfernten Provinzen des Reiches, in denen er Gnadenerweise (etwa das Bürgerrecht) austeilte, als Epiphanie.

Im *Christentum* ist E. das Fest der **Erscheinung des Herrn** (6. 1.). Das Fest entstand im 4. Jh. in der Ostkirche, wobei wahrscheinlich das Fest eines heidn. Gottes christlich umgeformt worden ist (vielleicht das in Alexandreia [Alexandria] in der Nacht vom 5. auf den 6. Januar gefeierte Fest der Geburt Äons, des Gottes der Zeit und der Ewigkeit). Festgedanken waren die Geburt Jesu mit der Anbetung der Weisen (Mt. 2, 1–12) und das Hochzeitswunder von Kana (Joh. 2, 1–11), später v. a. die Taufe Jesu im Jordan (Mt. 3, 13–17). Die abendländ. Kirche, die Jesu Geburt zu →Weihnachten beging, übernahm gegen Ende des 4. Jh. vom Osten das E.-Fest, feierte jedoch statt der Geburt die »drei Wunder« der Anbetung der Weisen, der Taufe im Jordan und der Hochzeit zu Kana. Mit der Einfügung von Weihnachten in den Festkalender der griech. (orth.) Ostkirche Ende des 4. Jh. ist E. auch dort nicht mehr Geburtsfest Jesu, sondern nur noch Tauffest (als Geburtsfest Jesu heute allein in der armen. Kirche begangen). Mittelalterl. Volksfrömmigkeit missverstand E. als das Fest der Heiligen →Drei Könige, eine Auffassung, die allerdings nie in die kirchl. Festfeier eindrang. In der erneuerten Liturgie der kath. Kirche wird der Sonntag nach E. als Tauffest Jesu gefeiert, danach beginnen die Sonntage im Jahreskreis. – In den *ev. Kirchen* wird E. (hier **Epiphanias** genannt) als Fest nicht begangen. Vielfach wird jedoch am Sonntag danach des E.-Tages gedacht und jener meist als Missionsfest gefeiert.

Epiphanios, Bischof von Salamis und Metropolit von Zypern, * bei Eleutheropolis (Palästina) um 315, † 403; aus dem Mönchtum hervorgegangen, leidenschaftl. Verteidiger der Rechtgläubigkeit gegen den Origenismus; erfreute sich wegen der Strenge seines Lebens hoher Verehrung. Seine Schriften sind wegen der in ihnen überlieferten Quellen von hohem Wert.

Epipharynx *der, -,*
1) *Anatomie:* der →Nasen-Rachen-Raum.
2) *Zoologie:* Bez. für die oft vorgewölbte, größtenteils weichhäutige Innenfläche der Oberlippe (Labrum) bei Insekten.

Epipher *die, -/-n,* griech. **Epiphora, Antistrophe,** *Rhetorik:* Wiederholung eines Wortes oder einer Gruppe von Wörtern jeweils am Ende mehrerer einander folgender Sätze oder Satzteile, z. B. *er will alles, kann alles, tut alles;* Umkehrung der →Anapher.

Epiphora, Tränenträufeln, *Medizin:* das Überlaufen von Tränenflüssigkeit über den Lidrand; Ursachen sind v. a. eine vermehrte Tränenbildung durch psych. Erregung oder Augenreizung, Nasenschleimhautinfekte mit Verschluss der Tränenwege, aber auch Stellungsanomalien der Lider (Entropium, Ektropium).

Epiphrase [griech. »Nachsatz«] *die, -/-n, Rhetorik:* das Folgen eines Satzglieds (oder mehrerer Satzglieder) nach einem vermeintlich abgeschlossenen Satz zur Vervollständigung eines Gedankengangs oder zur Ausdruckssteigerung, z. B. *da kommt er, der hinterlistige Mensch!*

Epiphyllum [zu griech. *phýllon* »Blatt«], wiss. Name der Gattung →Blattkaktus.

Epiphyse [griech. »Zuwuchs«, »Ansatz«] *die, -/-n,*
1) bei Menschen, Säugetieren und Reptilien das gelenkbildende Endstück langer Röhrenknochen, in dem sich während des Knochenwachstums ein zusätzl. Verknöcherungszentrum bildet (**E.-Kern**). Zw. dem Mittelstück (**Diaphyse**) der Knochen und der E. liegt eine Knorpelscheibe (**E.-Fuge**), die für das Längenwachstum verantwortlich ist und nach dem Wachstum verknöchert. – Die **E.-Lösung** (Epiphyseolyse) ist eine Verschiebung in der E.-Fuge, bedingt durch Unfall oder hormonelle Störungen. Sie kann zu Wachstumsstörungen und Verbiegungen führen. Bedeutsam ist v. a. die E.-Lösung am Hüftgelenk, die fast immer in der Pubertät auftritt und unbehandelt zum Abrutschen des Hüftkopfes führt. Es kommt zu einem akut schmerzhaften oder schleichenden Verlauf, in der Hälfte der Fälle droht auch der Befall der Gegenseite. Die Behandlung der Hüftkopfepiphysenlösung erfolgt immer operativ.
2) die →Zirbeldrüse.

Epiphyten [griech. *phytón* »Pflanze«], *Sg.* **Epiphyt** *der, -en,* **Aufsitzerpflanzen, Aerophyten,** Pflanzen, die nicht im Boden wachsen, sondern auf anderen Pflanzen, v. a. auf Bäumen, ohne diesen Nährstoffe zu entziehen. In den gemäßigten Klimazonen sind es vorwiegend Algen, Flechten und Moose, in den Tropen darüber hinaus viele Farne, Orchideen, Aronstab- und Ananasgewächse, die so zu größerem Lichtgenuss kommen. Durch die Entwicklung von Zisternen, Nischenblättern, Sprossknollen u. a. Sonderbildungen haben sie Einrichtungen entwickelt, die zum Sammeln und Speichern von Wasser und Humus dienen. Man unterscheidet **echte E.,** die zeitlebens ohne Bodenbindung bleiben, und **Hemi-E.,** die später Bodenwurzeln bilden (z. B. Ficus). E., die sich auf Blättern ansiedeln, werden als **Epiphyllen** bezeichnet (z. B. viele Moose).

Epirogenese [zu griech. *épeiros* »Festland«], **Epeirogenese,** Bewegungsvorgänge in der Erdkruste, bei denen über längere geolog. Zeiträume hinweg ausgedehnte Krustenteile aufsteigen oder absinken, ohne dass dabei Gesteinszusammenhang, Struktur und Gefüge beeinflusst werden. Die E. verursacht bis in die histor. Zeit nachweisbare Meeresüberflutungen (Transgression) und Meeresrückzüge (Regression) und ist in der Gegenwart durch Niveauänderungen (u. a. →Strandverschiebungen) in der Größenordnung von Millimetern bis Zentimetern pro Jahr nachweisbar. Die Bewegungsvorgänge äußern sich durch Einsenkung und sedimentäre Auffüllung weit gespannter Becken bis zu mehreren Kilometern Tiefe (Entste-

Epiphyten: Geweihfarn mit Nischenblättern

hung von →Geosynklinalen) oder langfristige Heraushebung und Abtragung von Schwellen und Tafelländern. Im Ggs. zur →Orogenese vermag die E. Krustenschollen bis zu kontinentalen Ausmaßen in Bewegung zu setzen.

Ursache der E. sind meist Massenverlagerungen im Erdmantel, aber auch Vorgänge der →Glazialisostasie.

Epirrhema [griech. eigtl. »das Dazugesprochene«] *das, -s/-ta,* im altgriech. Drama Sprechpartie eines Solisten (meist in stich. Versen), die auf eine gesungene Chorpartie folgte.

Epirus, neugriech. **Ipiros,** Region im NW Griechenlands, mit 9 203 km² und 336 400 Ew.; vier Verw.-Bez. (Arta, Thesprotia, Ioannina, Prevesa). Die Planungsregion E. umfasst die vor der Küste liegenden Inseln mit. Als histor. Gebiet umfasst E. auch Gebietsteile des heutigen Albanien. E. wird von vier parallel zur Küste verlaufenden, aus Kalksteinen und Flysch aufgebauten Gebirgsketten durchzogen; höchste Erhebung ist der Smolikas (2 637 m ü. M.) im Pindos. Von den wasserreichen Flüssen (hohe Niederschlagsmengen) brechen Thyamis und Acheron zur W-Küste durch, Luros und Arachthos ergießen sich in den Ambrak. Golf; der Aoos fließt durch Albanien (dort als Vjosë); das Becken von Ioannina mit seinem See ist oberirdisch abflusslos. Die Küste ist hafenarm; Prevesa und Igumenitsa sind v. a. Fährhäfen im Küstenverkehr und im Verkehr nach Italien. Im Schnittpunkt des W-O- und N-S-Verkehrs liegt Ioannina, der geistige und wirtschaftl. Mittelpunkt von E. Die Region besitzt keinen Eisenbahnanschluss und gehört zu den wirtschaftlich am wenigsten entwickelten Regionen Griechenlands; hohe Gastarbeiterwanderung in den 1960er- und 1970er-Jahren nach Dtl., Abwanderung nach Athen. Heute arbeiten viele z. T. griechischstämmige Albaner in E., die meisten von ihnen illegal. Wichtigste Anbaufrüchte sind Mais, Baumwolle, Futterfrüchte, Agrumen, Obst und Oliven, v. a. in den Schwemmlandebenen der Flüsse. Fernweidewirtschaft in den Gebirgen (Aromunen).

Epirus: Die Panhagia Parigoritissa in Arta, der ehemaligen Hauptstadt des Despotats Epirus, ließ Despot Nikephoros Komnenodukas um 1290/95 erbauen.

Geschichte Der Name Epeiros (»Festland«) stammt von den griech. Bewohnern der gegenüberliegenden Ion. Inseln, für die das Festland wegen seiner mit Illyrern vermischten Bev. als halb barbarisch galt. Korinthische Stadtgründungen (so im 7. Jh. v. Chr. Ambrakia, das spätere Arta) förderten den um 1000 v. Chr. einsetzenden Hellenisierungsprozess. Schon HOMER kannte das berühmte Zeusorakel in Dodona. Im 4. Jh. v. Chr. entstand ein Bund der epirot. Stämme (Thesproter, Chaoner, Molosser u. a.) unter Führung der Molosser. Deren König PYRRHOS I. (306–302 und 297–272 v. Chr.) vereinigte alle Stämme unter seiner Oberherrschaft und machte Ambrakia zu seiner Residenz. Nach dem Sturz des moloss. Königtums (234/233 v. Chr.) bildete E. einen republikan. Bundesstaat. Nach dem Sieg der Römer über den letzten makedon. König, PERSEUS (168 v. Chr.), wurde das mit Makedonien verbündete E. verwüstet, seine Bev. großenteils versklavt. Seit 148 v. Chr. gehörte E. zur röm. Prov. Makedonien. OCTAVIAN, der spätere Kaiser AUGUSTUS, gründete nach seinem Sieg über ANTONIUS bei Aktium (31 v. Chr.) am Golf von Ambrakia die »Siegesstadt« Nikopolis. Seit 27 v. Chr. Teil der Prov. Achaea (→Achaia), erhielt E. 67 n. Chr. den Status einer selbstständigen Provinz. Von dieser wurde im Zuge der diokletian. Reichsreform um 300 das spätere Albanien als E. nova (»Neu-E.«) abgetrennt. Hauptstadt des restl. E. vetus (»Alt-E.«) wurde Nikopolis. Seit dem 7. Jh. drangen in E. die Slawen vor. Im 9. Jh. wurde E. vetus zum Thema Nikopolis des Byzantin. Reiches, E. nova zum Thema Dyrrhachion. Nach dem Ende des 4. Kreuzzuges (1204) ein selbstständiger Staat (informell Despotat E. gen., Hauptstadt Arta), umfasste E. ein Gebiet, das von Dyrrhachion (heute Durrës) bis Naupaktos reichte und Korfu einschloss, zeitweise auch Thessalonike (Saloniki). 1258 fielen die wichtigsten nordepirot. Städte an den Staufer MANFRED von Sizilien, später an die Anjou von Neapel. 1348 kam E. an Serbien, unter dessen Herrschaft sich Albaner im W und N ansiedelten. Im 15. Jh. bildete das restl. E., bevor es von den Osmanen erobert wurde, ein unabhängiges Fürstentum, der W blieb unter alban. Herrschaft. 1834 und mit geringen Korrekturen 1884 kam der SO von E. an Griechenland, der größte Teil jedoch erst während des Ersten Balkankrieges 1912. Die Gründung des selbstständigen alban. Staates (1912/13) verschärfte den Konflikt um Nord-E., der durch Interventionen der Großmächte (1913 Festlegung der alban. Grenze) und des Völkerbundes (1923) zugunsten Albaniens entschieden wurde. Die Aufteilung von E. unter Griechenland und Albanien führte zur Bildung nat. Minderheiten in beiden Staaten und in den 1990er-Jahren wieder zu griechisch-alban. Spannungen (Forderung griech. Nationalisten, das im südl. Albanien gelegene und von Griechen besiedelte Nord-E. an Griechenland anzuschließen).

D. M. NICOL: The despotate of Epiros (Oxford 1957); N. G. L. HAMMOND: E. The geography, the ancient remains, the history and the topography of E. and adjacent areas (ebd. 1967); P. CABANES: L'Épire de la mort de Pyrrhos à la conquête romaine. 272–167 av. J. C. (Paris 1976); D. M. NICOL: The despotate of Epiros 1267–1479 (Cambridge 1984); D. STRAUCH: Röm. Politik u. griech. Tradition. Die Umgestaltung NW-Griechenlands unter röm. Herrschaft (1996).

episch, das Erzählerische (→Epik) betreffend, in Form einer Erzählung, eines Epos, Romans o. Ä. dargestellt; erzählerisch; (sehr ausführlich) berichtend. Das Epische ist nicht an eine bestimmte Darstellungsform gebunden, es kann Bestandteil aller literar. Gattungen sein.

episches Theater, i. e. S. die in den 1920er-Jahren von B. BRECHT entwickelte und (im marxist. Sinn) theoretisch fundierte Form des Schauspiels; dem aristotelischen Theater entgegengesetzt. »Dramatisch« und »episch« werden dabei nicht als Gattungsbegriffe verstanden, sondern als Einstellungen und Methoden. Als »dramatisch« in diesem Sinn gilt die Form des Bühnenstücks, die durch eine in sich geschlossene Handlung dem Zuschauer die Illusion vermittelt, er wohne Vorgängen bei, für die er selbst nicht vorhanden sei (Szene und Personen sind hier vom Publikum durch eine imaginäre »vierte Wand« getrennt) und die ihn dank dieser Illusion »mitreißen«, in selbstvergessene Erregung (Trance) versetzen können. Im Ggs. dazu heißen »episch« ein Bühnenvorgang und eine Darstellungsweise, die dem Publikum etwas »zeigen«. Grundstruktur ist dabei die Verfremdung (»V-Effekt«) der dramat. Handlung, durch die der Darsteller sein völliges Aufgehen in der Rolle verhindert, während der Zuschauer zu einer krit. Beobachtung des Gezeigten (im Sinne mögl. Veränderung gesellschaftl. Verhältnisse) geführt werden soll. Zur unmittelbaren Darstellung auf der Bühne tritt die argumentierende Kommentierung der szen. Aktion u. a. durch einen Erzähler, durch eingeschobene Lieder und Songs, durch Spruchbänder oder auf den Bühnenvorhang projizierte Texte. Der Schluss des Dramas bleibt in einem dialekt. Sinn offen. – Missverstehende Auslegungen haben BRECHT selbst bewogen, den Begriff e. T. zuletzt als »unzureichend« zu bezeichnen; er gebrauchte stattdessen häufig die Bez. »dialektisches Theater«. Als Vorstufen des »Theaters des Zeigens« sah BRECHT v. a. Formen und Spielweisen des asiat. Theaters an. Als paradigmat. Verwirklichung der Grundsätze des e. T. gilt die Oper »Aufstieg und Fall der Stadt Mahagonny« von BRECHT und K. WEILL (1930). 1922 veröffentlichte K. KRAUS sein satir. Stationendrama »Die letzten Tage der Menschheit«, das starken Einfluss auf die Dramatik BRECHTs und den Aufführungsstil E. PISCATORS ausübte. 1924 spielte PISCATOR die szen. Reportage »Fahnen« von A. PAQUET mit dem Untertitel »episches Drama«. Das von BRECHT entwickelte Konzept des e. T. wurde von nachfolgenden Dramatikern wie P. WEISS und H. MÜLLER wieder aufgegriffen. – Elemente der epischen Dramaturgie finden sich auch in vielen Werken des modernen Musiktheaters, z. B. in I. STRAWINSKYS »L'histoire du soldat« (1918), D. MILHAUDS »Christophe Colomb« (1930), P. DESSAUS »Die Verurteilung des Lukullus« (1951) und L. NONOS »Al gran sole carico d'amore« (1975).

I. w. S. umfasst e. T. jedes Schauspiel, das »erzählend« ohne strengen, auf dramat. Steigerung gerichteten Aufbau Bild an Bild reiht.

J. ECKHARDT: Das e. T. (1983); M. KESTING: Das e. T. (^{8}1989); H. HEINZE: Brechts Ästhetik des Gestischen (1992); Bertolt Brecht u. Erwin Piscator. Experimentelles Theater im Berlin der Zwanzigerjahre, hg. v. M. SCHWAIGER (Wien 2004); R. STEINWEG: Lehrstück u. e. T. Brechts Theorie u. die theaterpädagog. Praxis (^{2}2005).

Bertolt Brecht über das epische Theater

In seiner Schrift »Die Straßenszene« (1940) verglich Bertolt Brecht die Funktionsweise des epischen Theaters mit dem Bemühen eines Unfallzeugen, den Ablauf eines Verkehrsunglücks gegenüber Dritten nachzustellen. Er erläuterte dabei den Verfremdungseffekt – und warnte vor der Herstellung einer Bühnenillusion. Denn diese, so Brecht, nimmt dem Zuschauer die Möglichkeit eines distanzierten Urteils.

Es ist verhältnismäßig einfach, ein Grundmodell für episches Theater aufzustellen. Bei praktischen Versuchen wählte ich für gewöhnlich als Beispiel allereinfachsten, sozusagen »natürlichen« epischen Theaters einen Vorgang, der sich an irgendeiner Straßenecke abspielen kann: der Augenzeuge eines Verkehrsunfalls demonstriert einer Menschenansammlung, wie das Unglück passierte. […]

Seine Demonstration würde gestört, wenn den Umstehenden seine Verwandlungsfähigkeit auffiele. Er hat es zu vermeiden, sich so aufzuführen, daß jemand ausruft: Wie lebenswahr stellt er doch einen Chauffeur dar! Er hat niemanden »in seinen Bann zu ziehen«. Er soll niemanden aus dem Alltag in »eine höhere Sphäre« locken. Er braucht nicht über besonders suggestive Fähigkeiten zu verfügen. […]

Das heißt: was das Publikum sieht, ist nicht eine Fusion zwischen Demonstrant und Demonstriertem, nicht ein selbständiges, widerspruchsloses Drittes mit aufgelösten Konturen von 1 (Demonstrant) und 2 (Demonstriertem), wie das uns gewohnte Theater uns in seinen Produktionen darbietet*. Die Meinungen und Gefühle von Demonstrant und Demonstriertem sind nicht gleichgeschaltet.

Wir kommen zu einem der eigentümlichen Elemente des epischen Theaters, dem sogenannten V-Effekt *(Verfremdungseffekt)*. Es handelt sich hierbei, kurz gesagt, um eine Technik, mit der darzustellenden Vorgängen zwischen Menschen der Stempel des Auffallenden, des der Erklärung Bedürftigen, nicht Selbstverständlichen, nicht einfach Natürlichen verliehen werden kann. Der Zweck des Effekts ist, dem Zuschauer eine fruchtbare Kritik vom gesellschaftlichen Standpunkt zu ermöglichen. Können wir diesen V-Effekt als sinnvoll für unsern Straßendemonstranten nachweisen?

Wir können uns vorstellen, was geschieht, wenn er ihn hervorzubringen unterlassen hat. Folgende Situation könnte entstehen. Ein Zuschauer könnte sagen: wenn der Verunglückte, wie Sie es zeigen, den rechten Fuß zuerst auf die Straße setzte, dann... Unser Demonstrant könnte ihn unterbrechen und sagen: ich habe gezeigt, daß er mit dem linken zuerst auf die Straße kam. Bei dem Streit, ob er wirklich den linken oder rechten Fuß bei seiner Demonstration zuerst auf die Straße setzte und vor allem, was der Überfahrene machte, kann die Demonstration so abgeändert werden, daß der V-Effekt entsteht. Indem der Demonstrant nunmehr auf seine Bewegung genau achtet, sie vorsichtig, wahrscheinlich verlangsamt, vollzieht, erzielt er den V-Effekt; das heißt, er verfremdet den kleinen Teilvorgang, hebt ihn in seiner Wichtigkeit hervor, macht ihn merkwürdig.

* Am klarsten entwickelt durch Konstantin Stanislawski.

B. Brecht: Die Straßenszene, in: ders.: Werke. Große kommentierte Berliner u. Frankfurter Ausg., hg. v. W. Hecht u. a., Bd. 22: Schriften 2, Tl. 1 (Frankfurt am Main: Suhrkamp, 1993), S. 371 f., 377.

Episcopus [griech. epískopos »Aufseher«] *der, -/...pi,* in der lat. Sprache der christl. Kirchen der →Bischof.

Episẹmon [griech. »Kennzeichen«] *das, -/...ma,* Name dreier Zeichen der altgriech. Schrift, die in klass. Zeit nicht mehr als Buchstaben, sondern nur noch als Zahlzeichen verwendet wurden; ihr Zahlwert zeigt z. T. ihre Stelle im ursprüngl. Alphabet. Es sind Ϝ (Vau oder Digamma) = 6, Ϙ (Koppa) = 90 und ϡ (Sampi) = 900.

Episiotomie [zu griech. epísion »Schamgegend« und tomé »das Schneiden«] *die, -/...'mi̱en,* **Scheidendammschnitt,** sehr häufig angewendete operative Erweiterung des weichen Geburtskanals zur Vermeidung eines ausgedehnten Dammrisses (→Geburtsschäden), v. a. eines Risses des Afterschließmuskels und des Mastdarms, zur Beschleunigung der Geburtsbeendigung, zur Erleichterung bei vaginalen operativen Entbindungen (Zangenentbindung, Vakuumextraktion, Steißlagenentwicklung) sowie zur Schonung des Kindes bes. bei Frühgeburt.

Episiten [Analogiebildung zu Parasit, mit dem Präfix epi...], *Sg.* **Episit** *der, -en,* **Prädatoren,** räuberisch lebende Tiere, →Räuber.

Episkleritis [zu griech. sklerós »trocken«, »spröde«] *die, -/...'tiden,* schmerzhafte, teils mit Knötchenbildung verbundene Entzündung des Bindegewebes bzw. Bindehaut und Lederhaut des Auges, die zu Rückfällen neigt; zu den Ursachen gehören v. a. rheumat. Erkrankungen, Gicht, Kollagenkrankheiten, seltener Tuberkulose oder Syphilis. Meist ist eine Klärung jedoch sehr schwierig.

Episkop [zu griech. skopeīn »betrachten«] *das, -s/-e,* ein → Projektor.

episkopal, bischöflich.

Episkopalismus [zu → Episcopus] *der, -,* in der Geschichte der *kath. Kirche* eine kirchenrechtl. Strömung, die im Ggs. zum → Papalismus die Leitungsvollmacht über die Gesamtkirche (Kirchengewalt) im Grundsatz für das Kollegium der Bischöfe insgesamt beanspruchte und die kirchenrechtl. Stellung des Papstes in diesen Zusammenhang eingebunden sehen wollte. Kirchengeschichtlich orientierte sich der E. am Vorbild der frühen Kirche; theologisch lässt er sich auf CYPRIANUS von Karthago zurückführen. Seine Vertreter forderten für die Bischöfe alle Rechte ein, die diese vor der Zentralisierung der kirchl. Jurisdiktion im Amt des Papstes besessen hatten; dem Papst übergeordnet wurde das allg. (ökumen.) Konzil, die Gesamtheit der Bischöfe repräsentierend (→ Konziliarismus). Hauptvertreter des E. waren MARSILIUS VON PADUA und WILHELM VON OCKHAM; auf den Reformkonzilien des 15. Jh. spielte er eine Rolle, danach war er trotz seines literar. Fortlebens kirchenpolitisch ohne Bedeutung, außer in Frankreich, wo er mit dem Nationalismus der frz. Kirche eine enge Verbindung einging (→ Gallikanismus). In Dtl. lebte der E. in der 2. Hälfte des 18. Jh. noch einmal im → Febronianismus auf, in Italien Ende des 18. Jh. in der Synode von Pistoia; in Österreich verband er sich mit dem → Josephinismus. Der E. ist auf dem 1. Vatikan. Konzil (1870) dogmatisch verurteilt worden. Demgegenüber haben die auf dem 2. Vatikan. Konzil (1962–65) vorhandenen »episkopalist.« Tendenzen zu einem starken Ausgleich zw. primatialen und kollegialen Elementen in der Kirchenverfassung geführt, wobei unter Wahrung der kirchenrechtl. Stellung des Papstes als des Trägers der obersten kirchl. Leitungsvollmacht und Lehrautorität die Rolle des Bischofskollegiums bei der Leitung der Gesamtkirche ausdrücklich herausgestellt und mit der Schaffung der → Bischofssynode institutionalisiert worden ist.

Episkopalisten [griech.], aus der reformator. Bewegung in England hervorgegangene Kirchen mit bischöfl. Verfassung im Unterschied zu → Presbyterianern und Kongregationalisten (→ Kongregationalismus).

Episkopalkirche, die → Protestant Episcopal Church.

Episkopalsystem, Anfang des 17. Jh. entwickeltes System und kirchenjurist. Rechtfertigung des → landesherrlichen Kirchenregiments, das sich in den ev. Landeskirchen etabliert hatte. Die Schulorthodoxie ging davon aus, dass mit der reichsrechtlich im Augsburger Religionsfrieden (1555) verkündeten Suspension der Jurisdiktionsgewalt der kath. Bischöfe in prot. Territorien die Bischofsgewalt treuhänderisch auf die Landesherren übergegangen sei (→ Summepiskopat).

Episkopat *der* oder *das, -(e)s/-e,* 1) ohne *Pl.,* Amt, Würde eines Bischofs; 2) die Gesamtheit der Bischöfe (eines Landes).

Episode [frz., aus griech. epeisódion »zw. die Chorgesänge eingeschobene Dialogteile«, eigtl. etwa »Hinzukommendes«] *die, -/-n,*

1) *allg.:* flüchtiges, nebensächl. Ereignis, belangloses Erlebnis.

2) *Literatur:* nach ARISTOTELES in der antiken Tragödie der zw. den Chorgesängen eingeschaltete Dialogteil; später Bez. für eine Nebenhandlung – in allen Literaturgattungen –, die zwar an die Haupthandlung anknüpft, doch ein eigenes, kleineres Ganzes bildet. Als selbstständige Literaturform erscheint die E. als Darstellung eines (scheinbar) belanglosen, nebensächl. Ereignisses vielfach in Form der Novelle oder Kurzgeschichte (z. B. bei A. SCHNITZLER).

3) *Musik:* in musikal. Formen ein Einschub, der den themat. Verlauf, oft kontrastierend, unterbricht: in der Fuge das Zwischenspiel zw. den Durchführungen, im Rondo die Glieder zw. den refrainartig wiederkehrenden Hauptteilen, in der Oper die eingefügte, in sich abgeschlossene kleine Szene, in der Sonatensatzform ein vorüberführender themat. oder motiv. Einschub.

Episodenstück, Film-, Hörfunk- oder Fernsehdarbietung, die aus versch., in sich geschlossenen, nur über das Thema miteinander verbundenen Einzelstücken (Episoden) eines oder mehrerer Autoren besteht und von einem oder mehreren Regisseuren inszeniert wird.

Epispadie [zu griech. spadón »Riss«, »Spalte«] *die, -/...'di|en,* Harnröhrenspalte; bes. bei Jungen auftretende angeborene Fehlbildung der Harnröhre mit vollständiger oder teilweiser Öffnung an der Vorderseite des Penis bzw. der weibl. Harnröhre. Die operative Korrektur erfolgt in Abhängigkeit vom Schweregrad und ggf. vorhandener Spaltblasenbildung. (→ Hypospadie)

Epistaxis [griech., eigtl. »das Darauftröpfeln«] *die, -,* das → Nasenbluten.

Epistel [lat.-griech. »Brief«, eigtl. »Zugesandtes«] *die, -/-n,*

1) *veraltet:* 1) längerer (kunstvoller) Brief (noch abwertend oder scherzhaft gebraucht); 2) Strafpredigt, Ermahnung, Vorhaltung.

2) *Literatur:* eine in Briefform an eine bestimmte Person gerichtete Darstellung von Ereignissen oder Empfindungen, Formulierung von Bekenntnissen oder Erteilung von lehrhaften Anweisungen oder satir. Urteilen (meist in Versen). Die lyr. E. ähnelt der Elegie. Berühmte E. der Antike sind die »Epistulae ex Ponto« von OVID und die »Epistula ad Pisones« von HORAZ. Die E. wurde später u. a. von F. PETRARCA, L. ARIOSTO, J. DONNE, A. POPE, VOLTAIRE und GOETHE gepflegt; sie kommt auch noch bei B. BRECHT vor.

3) *Theologie:* ein von Aposteln (bes. PAULUS) verfasster oder auf einen Apostel zurückgeführter Brief des N. T. sowie der Abschnitt (**Perikope**), der beim Gottesdienst daraus verlesen wird.

Epistelpult, auf der Epistelseite (der vom Altar aus gesehen linken Seite des Kirchenschiffs) analog dem → Evangelienpult auf einem Ambo oder Lettner angebrachte Auflage aus Holz oder Stein zur Verlesung der Episteln. Das E. wurde bes. in der Gotik reich verziert.

Episteme [griech. »Kenntnis«, »Erkenntnis«, »Wissen«, »Wissenschaft«] *die, -,* die Vorsokratiker, aber auch PLATON und ARISTOTELES unterschieden die E., das durch das spekulative Denken erworbene Wissen, das Aufschluss über die Wahrheit, das Sein und das Allgemeine vermittle, von der (bloßen) Meinung (»doxa«). Während Letztere bei PLATON aus der trü-

Epis epistemische Logik

Epitaph 2)
für Conrad Paumann
(15. Jh.; München,
Frauenkirche)

ger. und sich verändernden Sinneswahrnehmung resultiert, ist (wiederholte) Wahrnehmung und Erfahrung für ARISTOTELES hingegen etwas, worauf die E. aufbauen kann.

epistemische Logik, Teilgebiet der philosoph. Logik, das Aussagen des Glaubens und Wissens logisch analysiert, d.h. Wendungen wie »*p* glaubt, dass *A* wahr ist« oder »*p* weiß, dass *A* wahr ist«.

Epistemologie [griech.] *die, -*, Lehre vom Wissen, Erkenntnislehre (→ Erkenntnistheorie).

Epistolae obscurorum virorum [lat. »Dunkelmännerbriefe«], Titel einer Sammlung fingierter lat. Briefe scholast. Gelehrter an O. GRATIUS, Prof. der schönen Künste an der Univ. Köln, tatsächlich jedoch geschrieben von Humanisten als Satire auf die erstarrte spätmittelalterl. Wissenschaft, bes. der Kölner Theologen um den Dominikaner J. VAN HOOGSTRATEN. Anlass war der seit 1509 literarisch wie juristisch geführte Streit zw. dem konvertierten Kölner Juden J. PFEFFERKORN und J. REUCHLIN über den Wert jüd. Schrifttums (z.B. des Talmud) für die christl. Lehre. – Idee und Gestalt der E. o. v. stammen vom Erfurter CROTUS RUBEANUS, der 41 Briefe (darunter einige von H. VON DEM BUSCHE) in Hagenau im Oktober 1515 veröffentlichte, ein Anhang hierzu (7 Briefe, Köln 1516) und eine zweite Sammlung (62 Briefe, Köln, Frühjahr 1517) stammen von U. VON HUTTEN. Die Briefe, geschrieben in barbar., mit dt. Wörtern gemischtem Latein, enthüllen mit beißender Ironie, derb-witziger Komik, im zweiten Teil auch mit direkter Polemik die dünkelhafte Unwissenheit, Heuchelei und Unmoral der »viri obscuri«, d.h. der Anhänger der Scholastik. Obwohl vom Papst verurteilt (5. 3. 1517), von ERASMUS VON ROTTERDAM und LUTHER abgelehnt, wirken die E. o. v. als beispielhafte literar. Satire und Zeitkritik bis heute nach.

Ausgaben: E. o. v., hg. v. A. BÖMER, 2 Bde. (1924); Briefe der Dunkelmänner, übers. v. W. BINDER (Neuausg. 1991).

Epistrophe|us [griech. »Umdreher«] *der, -, Anatomie:* veraltete Bez. für → Axis.

Epistyl [zu griech. stýlos »Säule«] *das, -s/-e,* **Epistylion,** *Baukunst:* der → Architrav.

Episyllogismus, *Logik:* Schlusskette (→ Syllogismus), die die Konklusion eines vorhergehenden Schlusses (Prosyllogismus) als erste Prämisse verwendet.

Epitaph [griech., eigtl. »zum Grab Gehörendes«] *das, -/...phi|en,*

1) *Antike:* Grabrede; im alten Athen öffentl. Trauerrede auf die für das Vaterland Gefallenen, die von einem Redner in staatl. Auftrag gehalten wurde, z.B. das E. des PERIKLES 431 v. Chr. (nach THUKYDIDES, 2. Buch, 35–46); in Antike und MA. auch Grabschrift, bes. in Form eines Epigramms.

2) *bildende Kunst:* Gedächtnismal für einen Verstorbenen (mit Inschrift); das aus der Verbindung des Totengedenkens mit dem Andachtsbild entstandene Erinnerungsmal wurde an einer Innenwand, einem Pfeiler, auch einer Außenwand einer Kirche angebracht und ist i.d.R. nicht identisch mit der Grabstelle. Das E. kam ab dem 14. Jh. meist in Form einer Grabplatte vor, erhielt in der Renaissance eine architekton. Rahmung und oft auch die Porträtfigur des Verstorbenen. Im Barock wurde es bes. reich ausgebildet. Der Klassizismus kehrte zum Inschriften-E. ohne figürl. Schmuck zurück und bezog seine Vorbilder meist von antiken Grabstelen.

Epitasis [griech., eigtl. »Anspannung«] *die, -/...'ta|sen,* (nach DONATUS) mittlerer Teil der dramat. Handlung: die Entfaltung des dramat. Konflikts; nach der Ausgangssituation (→ Protasis) und vor der Auflösung des Konflikts (→ Katastrophe).

Epitaxie [zu griech. táxis »die (An)ordnung«] *die, -/...'xi|en,* die gesetzmäßige, orientierte Verwachsung von Kristallen, die chemisch und strukturmäßig gleich (**Homo-E.**) oder verschieden (**Hetero-E.**) sein können. Lässt man einen Stoff, der in seiner Dampfphase oder in Form einer gasförmigen Verbindung vorliegt, auf einem vorgegebenen Kristall, dem Träger (in der Halbleitertechnik meist ein Halbleitereinkristall in Scheibenform), kondensieren oder – nach therm. Zersetzung der Verbindung – sich niederschlagen (**Gasphasen-E.**), so entsteht auf dem Träger eine **epitakt. Schicht,** d.h. ein dünner, flächenhafter → Einkristall, dessen Orientierung durch die Einkristallstruktur des Trägers bestimmt wird, da die elektrostat. Felder an der Kristalloberfläche die neu auftreffenden Atome zum Weiterbau derselben räuml. Struktur zwingen. Ein derartiges **epitakt. Aufwachsen** von einkristallinen Halbleiterschichten unterschiedlicher elektr. Leitfähigkeit auf Trägerscheiben anderer Leitfähigkeit wird v. a. bei der Herstellung von diskreten und integrierten Halbleiterbauelementen angewendet. Eigenschaften wie Ladungsträgerdichte und -beweglichkeit, elektr. Widerstand, Dicke, Homogenität und Zusammensetzung lassen sich durch Steuerung der experimentellen Bedingungen in weiten Grenzen variieren. Bei der **Molekularstrahl-E.** werden die elementaren Bestandteile des aufwachsenden Kristalls, z.B. Gallium- und Arsenatome im Fall eines GaAs-Kristalls, durch Molekularstrahlen im Ultrahochvakuum zur Substratoberfläche transportiert und dort Atom für Atom angelagert. Da sich die E.-Schicht sehr langsam aufbaut, können sehr perfekte

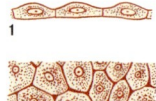
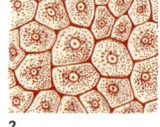

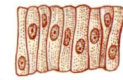
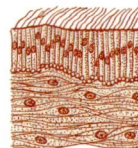
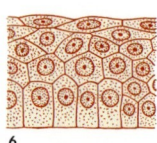

Epithel: 1 und 2 Plattenepithel eines Kalkschwamms im Querschnitt und von oben gesehen; 3 und 4 Pflasterepithel und Zylinderepithel einer Schnecke; 5 Flimmerepithel vom Darm der Teichmuschel; 6 mehrschichtiges Epithel von der Hornhaut eines Wirbeltiers (untere Schicht zylindrisch, folgende Schichten mit zunehmender Abplattung)

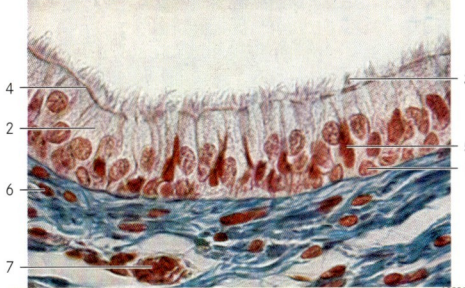

Epithel: Flimmerepithel in der Luftröhre;
1 Basalzellen, 2 Oberflächenzellen, 3 Flimmerhaare,
4 Basalkörperchen, 5 Kern einer Becherzelle,
6 Bindegewebsschicht, 7 Gefäß

Einkristalle praktisch ohne Störstellen im Gitter mit hervorragenden elektr. und magnet. Eigenschaften hergestellt werden. Durch Einsatz von mehreren Molekularstrahlöfen mit Füllungen unterschiedl. atomarer Zusammensetzung (v. a. unterschiedl. Gehalts an Dotierstoffen) können Schichtenstrukturen aufgedampft werden, deren Zusammensetzung und Eigenschaften sich im Bereich von einigen Atomlagen ändern. So können dünne Schichten sehr unterschiedl. Leitfähigkeit durch gezielte Steuerung der Dotierstoffkonzentration ohne Unterbrechung des Kristallwachstums übereinander abgeschieden und wesentlich feinere Strukturen als z. B. bei der →Dotierung durch Diffusion hergestellt werden. Die E. dient auch zur Niederdrucksynthese von Diamanten.

Epithalamion [griech., eigtl. »das zum Brautgemach Gehörende«] *das, -s/...mi̱en* oder *...mia*, lat. **Epithala̱mium**, bei Griechen und Römern ein Hochzeitslied, das junge Männer und Mädchen vor dem Schlafzimmer der Neuvermählten sangen. E. dichteten u. a. SAPPHO, THEOKRIT, CATULL und STATIUS. In der Renaissance wurde das E. wieder belebt und findet sich u. a. bei T. TASSO, P. DE RONSARD, J. DU BELLAY, E. SPENSER, P. SIDNEY, J. DONNE, B. JONSON und J. DRYDEN (→Hymenaios).

Epithel [zu griech. thēlḗ »Brustwarze«, nlat. übertragen als »Hautpapille«, »papillenreiche Zellschicht« verwendet] *das, -s/-ien* oder *-e*, **Epithe̱lgewebe**, **Deckgewebe**, in regelmäßigen Lagen von Zellen angeordnetes, gefäßfreies, ein- oder (v. a. bei Wirbeltieren) mehrschichtiges Gewebe, das die äußere Oberfläche und die inneren Hohlräume des menschl. und tier.

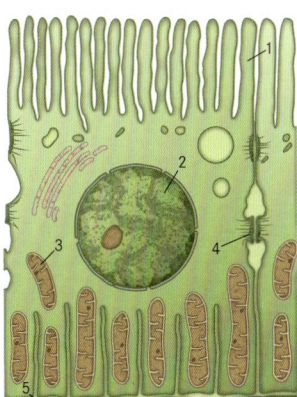

Epithel: schematische Darstellung einer Epithelzelle mit Desmosomen (Zellkontakten) und Mikrovilli (Bürstensaum);
1 Mikrovilli,
2 Kern,
3 Mitochondrien,
4 Desmosom,
5 Basalmembran

Körpers (Ausnahme: Schwämme, Mesozoa) überkleidet. E. haben allg. Schutz- und Abdichtungsfunktion; sie kontrollieren den Stoffaustausch zw. dem Inneren eines Gewebes und den Außenbereichen. Dementsprechend sind die E.-Zellen stark ineinander verzahnt mit nur kleinen Interzellularräumen. Nach der Form unterscheidet man **Platten-E.** mit flachen, plattenartigen Zellen (z. B. in Gefäßen), **Pflaster-E.** (isoprismat. E.) mit kub. Zellen (z. B. in Nierenkanälchen) und **Zylinder-E.** (hochprismat. E.) mit zylindr. Zellen (z. B. in der Magen- und Darmwand). Zudem können einschichtige und mehrschichtige E. unterschieden werden. Nach der Funktion unterscheidet man **Deck-E.** (Schutzfunktion, z. B. die →Haut), das an der Körperoberfläche durch Abscheidung einer Kutikula verfestigt sein kann (v. a. bei Insekten und Krebsen), **Flimmer-E.**, das mit Geißel- oder Flimmerzellen besetzt ist (zum Transport von Flüssigkeiten oder Partikeln, z. B. in den oberen Atemwegen u. a. des Menschen), **Drüsen-E.** als innere Auskleidung von Drüsenorganen (mit Sekretionsfunktion) und das von Sinneszellen gebildete **Sinnes-E.** (z. B. das Riech-E. in der Nase der Säugetiere).

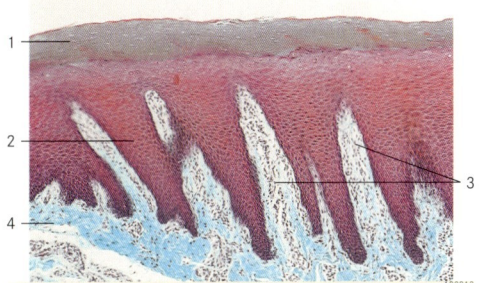

Epithel: verhorntes Plattenepithel der Handinnenfläche; 1 Hornschicht, 2 Epidermiszapfen, 3 Papillen der Dermis, 4 Papillarschicht der Dermis

Epithelialisi̱erung, **Epithelisi̱erung**, *Medizin*: 1) Stadium der Wundheilung, bei dem bestehende Defekte durch Bildung von Epithelgewebe vom Randbereich der Wunde oder von insulären Resten der Oberhaut her überdeckt werden; 2) Bez. für die Deckung eines Hautdefekts durch die →Transplantation eines Hautteils von einer anderen Körperregion.

Epitheli̱om *das, -s/-e*, gutartiger oder bösartiger Tumor aus Epithelzellen. Zur Gruppe der E. gehören →Adenom, →Papillom, →Epithelzyste und →Krebs.

Epitheli̱oma basocellulare, *das* →Basaliom.

Epithe̱lkörperchen, *die* →Nebenschilddrüsen.

Epithe̱lzyste, Hautzyste, die von verletzungsbedingt in die Tiefe verlagerten Oberhautteilchen gebildet wird.

epitherma̱l, *Petrologie*: →Erzlagerstätten.

Epithe̱se [griech. epíthesis »Zusatz«, eigtl. »das Daraufflegen«] *die, -/-n*,

1) *Medizin*: Ersatzstück für einen oberflächl. Defekt, meist nach Tumoroperationen oder Unfällen im Gesichtsbereich (Auge, Nase, Ohr, Gebiss). Als Werkstoffe dienen Polymethylmethacrylat (PMMA) und Silicone mit guten Form- und Trägereigenschaften sowie Titan für die Unterkonstruktion und hautverträgl. Klebstoffe. Die E. wird über Steg-Reiter-Konstruktio-

nen, Magnete oder an Brillengestellen verankert. Mithilfe computergestützter Techniken können hoch verfeinerte und miniaturisierte bewegl. Epithesen hergestellt werden. (→ Prothese)

2) *Sprachwissenschaft:* das Anhängen von Lauten (meist zur Erleichterung der Aussprache) im Auslaut eines Wortes ohne etymolog. Ursache (z. B. von *t* in *Axt* gegenüber mhd. *ackes*). → Epenthese, → Prothese.

Epitheton [griech. epítheton »Beiwort«, eigtl. »Hinzugefügtes«] *das, -s/...ta, Sprachwissenschaft:* attributiv verwendetes Adjektiv oder Partizip, z. B. der *grüne* Klee oder das *gelobte* Land. – E. ornans, schmückendes Beiwort, formelhaft wiederkehrendes Beiwort, z. B. *rotes* Blut; es findet sich in der Literatur bes. in der Volksdichtung (z. B. *grüner* Wald) und im Epos (z. B. der *listenreiche* Odysseus bei HOMER).

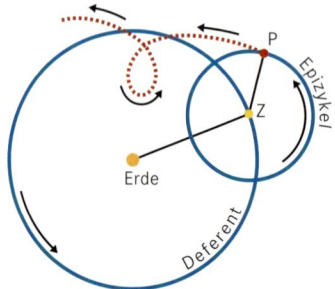

Epizykeltheorie: Gleichförmige Bewegung eines Planeten (P) auf einem kleinen Kreis (Epizykel), dessen Mittelpunkt (Z) sich gleichförmig auf einem Trägerkreis (Deferent) um die Erde bewegt; die so entstehende schleifenförmige Kurve (gestrichelt) ist eine Epizykloide.

Epitokie [zu griech. tókos »das Gebären«] *die, -,* **Epigamie,** *Zoologie:* Umwandlung bes. des hinteren, die Geschlechtsdrüsen tragenden Körperabschnitts, mitunter aber auch des ganzen Tieres; bei manchen Borstenwürmern bei Eintritt der Geschlechtsreife. E. führt zum Auftreten unterschiedl. Formen bei ein und derselben Art.

Epitrachelion [griech. »um den Hals gelegt«] *das, -s/...li|en,* im byzantin. Ritus die → Stola des Priesters und Bischofs; für den Diakon → Orarion.

Epitrit [griech., eigtl. »ein Ganzes und ein Drittel enthaltend«] *der, -en/-en, antike Metrik:* vierteiliger Versfuß aus einer Kürze und drei Längen (wobei die Kürze jede Stelle einnehmen kann). – **Daktylo-E.,** Versfuß, der Daktylen mit Trochäen verbindet.

Epizentrum, das senkrecht über einem Erdbebenherd liegende Gebiet der Erdoberfläche. (→ Erdbeben)

Epizeuxis [griech., eigtl. »Verbindung«] *die, -/...xes,* die → Epanalepse.

Epizoen [zu griech. zôon »Lebewesen«, »Tier«], *Sg.* **Epizoon** *das, -s,* i. d. R. auf Tiere beschränkte Bez. für Organismen, die auf Tieren leben, ohne bei diesen zu schmarotzen; z. B. Seepocken auf Haien, Walen, Meeresschildkröten, Muscheln u. a. oder Raupen der Gattung Brachypodicola auf Faultieren. (→ Phoresie, → Symphorismus)

Epizone, *Petrologie:* → Metamorphose.

Epizykeltheorie [griech. epíkyklos »Nebenkreis«], die wahrscheinlich auf APOLLONIOS VON PERGE zurückgehende, von PTOLEMÄUS u. a. weiterentwickelte und mit der Exzentertheorie kombinierte, bis zum Ende des MA. benutzte Theorie der vorkeplerschen Astronomie, die unter der Annahme einer ruhenden, im Zentrum stehenden Erde die scheinbaren Bewegungen der Planeten, bes. die Rückläufigkeit (Schleifenbewegung), erklärte: Jeder Planet bewegt sich gleichförmig in der synod. Periode auf einem kleinen Kreis (dem **Epizykel**), dessen Mittelpunkt auf einem exzentr. Trägerkreis, dem **Deferenten,** gleichförmig in der sider. Periode die Erde umläuft. Bei gleichem Umlaufsinn beider Bewegungen beschreibt dann jeder der äußeren Planeten eine Epizykloide, durch die sich ihre rück- und rückläufigen Bewegungen befriedigend darstellen lassen. Für die Beschreibung der Bewegungen des Mondes und der inneren Planeten müssen weitere, komplizierende Bedingungen in die E. aufgenommen werden (→ Exzentertheorie).

Epizykloide, eine zykl. Kurve (→ Zykloide).

EPO *das, -(s),* Abk. für → Erythropoetin.

epochal, *bildungssprachlich:* über den Augenblick hinaus bedeutsam, in die Zukunft hinein wirkend.

Epoche [griech., eigtl. »das Anhalten«, »Zurückhalten«, übertragen: »Haltepunkt in der Zeitrechnung (der in ein Neues überleitet)«] *die, -/-n,*

1) *allg.:* größerer geschichtl. Zeitabschnitt, dessen Beginn, in der Geschichtswissenschaft auch als E. bezeichnet, und Ende durch einen deutl., einschneidenden Wandel der Verhältnisse gekennzeichnet ist (→ Periodisierung, → Zeitalter). Der Begriff spielt auch in der Kunstgeschichte als **Epochenstil** eine Rolle.

2) *Astronomie:* der Zeitpunkt, auf den astronom. Beobachtungen oder Größen, z. B. Bahnelemente, Koordinaten eines Himmelskörpers oder das Maximum oder Minimum im Lichtwechsel eines veränderl. Sterns, bezogen werden. Die **Standard-E.,** die den gegenwärtig gebräuchl. Karten, Katalogen u. a. zugrunde liegt und auf die alle veränderl. Größen reduziert, d. h. vereinheitlicht werden, ist die E. **J 2000.0.** Sie entspricht dem 1. Januar 2000 um (fast) 12 Uhr UTC. Während **.0** den Anfang des Jahres bezeichnet, weist das **J** darauf hin, dass der Zeitzählung die Länge des julian. Jahres (365,25 Tage) zugrunde liegt. Die E. **J 2000.0** ist genau ein julian. Jahrhundert von der Epoche **J 1900.0** (entspricht dem 31. Dezember 1899 12 Uhr UT) entfernt.

3) *Chronologie:* auch **Epochentag,** der Anfang einer neuen Zeitrechnung, der erste Tag des ersten Jahres einer neuen → Ära.

4) *Geologie:* → Abteilung.

Epoché [griech. »Enthaltung«, »Anhalten«, »Zurückhaltung«] *die, -, Philosophie:* die Enthaltung von jegl. Urteil über einen Sachverhalt. Die griech. Skeptiker forderten vom Weisen E. wegen der Ungewissheit allen Erkennens. Bei E. HUSSERL gehört die E. als »phänomenolog.« oder »transzendentale E.« zur Methode der Phänomenologie und bezeichnet das Ausschalten der Seinssetzungen, wie das natürl. Bewusstsein sie in seiner Bezogenheit auf Gegenstände der Welt vornimmt. Mit der Reduktion der Gegenstände auf die Weise ihres jeweiligen Gegebenseins für das Bewusstsein (als Änderung der natürl. Einstellung) soll der Zugang zu »den Sachen selbst« ermöglicht werden.

Epochen|unterricht, Epochal|unterricht, Grundform ganzheitl. Unterrichtsgestaltung (v. a. in Waldorfschulen); der Unterricht wird über größere Zeiträume hinweg (eine »Epoche« von meist zwei bis drei Wochen) vorwiegend einem einzigen Fach gewidmet. Dies wirkt der Aufsplittung in Unterrichtsfächer entgegen und gewährleistet intensivere Beschäftigung mit den einzelnen Fächern. (→Unterrichtsmethoden)

Epode [griech., eigtl. »Nachgesang«] *die, -/-n,*
1) *griech. Dichtung:* im Chorlied der griech. Tragödie der auf →Strophe und Antistrophe folgende Abgesang.
2) *Metrik:* urspr. der kürzere, zweite Vers nach einem längeren, dann Strophe und Gedicht, das eine längere und eine kürzere Zeile (bes. jamb. Trimeter und jamb. Dimeter) verbindet (mit Ausnahme des Distichons). Die E. wurde von Archilochos um 650 v. Chr. geschaffen. Horaz führte sie in die röm. Literatur ein; seine E. erhielten jedoch erst später diesen Namen (er nannte sie »iambi«).

Epökie [griech. »Ansiedlung«] *die, -/...'ki|en,*
1) *Biologie:* **Aufsiedlertum,** Lebensweise von Pflanzen (z. B. Algen, Flechten, Moose, Orchideen) und festsitzenden Tieren (z. B. sessile Wimpertierchen, Polypen, Seepocken), die sich auf anderen Organismen ansiedeln (→Epiphyten, →Epizoen). Die Aufsiedler schmarotzen nicht bei ihren Wirten, können aber andere Vorteile haben (z. B. Transport, leichterer Nahrungsgewinn).
2) *Geschichte:* griech. Koloniegründung unter Anschluss an eine bereits bestehende Kolonie (→Apökien).

Epomeo, der höchste Berg der Insel Ischia, Italien, 788 m ü. M., ein erloschener Vulkan.

Epona [kelt. etwa »Herrin der Pferde«], *kelt. Mythologie:* gall. Pferde- und Fruchtbarkeitsgöttin, auch Göttin des Totenkults, später Schutzherrin der röm. Kavallerie. – Ikonografisch wurde E. häufig als Reiterin dargestellt, manchmal von Pferden, Fohlen, Vögeln, Hund und Raben umgeben oder mit Füllhorn oder Fruchtschale in den Händen.

Eponym [zu griech. epónymos »wonach benannt«] *das, -s/-e,*
1) *Geschichte:* griech. Epónymos, Bez. für eine Person, nach der etwas benannt wird, in der Antike z. B. der Stadtgründer, dessen Namen die Stadt erhielt. E. waren bes. die Amtsinhaber, mit deren Namen das Jahr ihrer Amtsführung offiziell zu chronolog. Zwecken benannt wurde, so der Archon Eponymos in Athen (→Archonten) und der erste Ephor (→Ephoren) in Sparta.
2) *Sprachwissenschaft:* Personenname als Gattungs-Bez., z. B. »Guillotine« nach dem Arzt J. J. Guillotin, »Mansarde« nach dem Baumeister F. Mansart, »Zeppelin« nach F. Graf von Zeppelin.

Epopöe [griech., eigtl. »Verfertigung eines epischen Gedichts«, zu poieïn »machen«] *die, -/-n,* veralteter Begriff für →Epos, bes. für Helden- oder Götterepos.

Epos [griech. »Wort«, »Rede«, »Erzählung«, »Lied«, »Gedicht«] *das, -/Epen,* Großform erzählender Dichtung (→Epik) in gleichartig gebauten Versen oder Strophen, i. Allg. mehrere Teile (Gesänge, Bücher, Aventiuren, Cantos und ähnlich gen.) umfassend. Das E. ist gekennzeichnet durch die Darstellung »extensiver Totalität« (G. Lukács) und die Einbettung von Begebenheiten und Figuren in ein geschlossenes Weltbild. Dem entsprechen die übersichtl. Struktur, auf Erzählerebene die »epische Distanz«, die gelassene, oft bei Einzelheiten verweilende Schilderung, die gehobene Sprache und typisierende Gestaltungsmittel wie Formel (Epitheton ornans, →Epitheton), Gleichnis und Wiederholung.

Kulturgeschichtlich spiegelt das E. die Auflösung des myth. Weltbilds in Mythologie und geschichtl. Bewusstsein. Diesen Vorgang symbolisieren im frühen E. die von den Göttern abstammenden Heroengestalten. Der soziale Kontext des frühen E. ist eine einheitlich strukturierte, hierarch., in ihrer Ordnung nicht infrage gestellte Gesellschaft, deren Ursprungsgeschichte (Eroberungen, Wanderbewegungen, Staatenbildung usw.) das E. erzählt. Stofflich basiert das E. v. a. auf Götter- und Heldensagen, für deren Überlieferung es andererseits zur wichtigsten Quelle wird. Als literar. Vorstufe gelten kult. Einzelgesänge (Götter-, Helden-, Schöpfungs-, Preis- und Opferlieder, die z. T. selbstständig erhalten sind). Nach heute vorherrschender Auffassung sind sie im E. nicht nur lose aneinander gereiht (»Liedertheorie«), sondern wurden von einem einzelnen Dichter zur Großform ausgestaltet.

Der Gegensatz zw. der Objektivität des »naiven« E. und der problematisierenden Subjektivität des modernen Romans führte die dt. Romantik, v. a. J. Grimm, zu der Ansicht, das E. sei anfänglich ein sich gleichsam selbst dichtendes Werk des unbewusst

---

Antikes Heldenepos

Aus Homers »Odyssee« (etwa 2. Hälfte des 8. Jh. v. Chr.)

Sechster Gesang (Auszug)

Nausikaa, die Tochter des Königs der Phaiaken, hat mit ihren Dienerinnen am Ufer des Meeres Wäsche gewaschen, an jener Stelle, wo Odysseus gestrandet ist:

Aber da sie nunmehr sich rüstete, wieder zur Heimfahrt
Anzuspannen die Mäuler und ihre Gewande zu falten,
Da ratschlagete Zeus' blauäugichte Tochter Athene,
Wie Odysseus erwachte und sähe die liebliche Jungfrau,
Daß sie den Weg ihn führte zur Stadt der phaiakischen Männer.
Und Nausikaa warf den Ball auf eine der Dirnen;
Dieser verfehlte die Dirn und fiel in die wirbelnde Tiefe,
Und laut kreischten sie auf. Da erwachte der edle Odysseus,
Sitzend dacht er umher im zweifelnden Herzen und sagte:
Weh mir! zu welchem Volke bin ich nun wieder gekommen?
Sind's unmenschliche Räuber und sittenlose Barbaren
Oder Diener der Götter und Freunde des heiligen Gastrechts?
Eben umtönte mich ein Weibergekreisch, wie der Nymphen,
Welche die steilen Häupter der Felsengebirge bewohnen
Und die Quellen der Flüsse und grasbewachsenen Täler!
Bin ich hier etwa nahe bei redenden Menschenkindern?
Auf! ich selber will hin und zusehn, was es bedeute!
Also sprach er und kroch aus dem Dickicht, der edle Odysseus,
Brach mit der starken Faust sich aus dem dichten Gebüsche
Einen laubichten Zweig, des Mannes Blöße zu decken,
Ging dann einher wie ein Leu des Gebirgs, voll Kühnheit und Stärke,
Welcher durch Regen und Sturm hinwandelt; die Augen im Haupte
Brennen ihm; furchtbar geht er zu Rindern oder Schafen
Oder zu flüchtigen Hirschen des Waldes; ihn spornet der Hunger
Selbst in verschlossene Höf', ein kleines Vieh zu erhaschen:
Also ging der Held, in den Kreis schönlockiger Jungfraun
Sich zu mischen, so nackend er war; ihn spornte die Not an.
Furchtbar erschien er den Mädchen, vom Schlamm des Meeres besudelt;
Hiehin und dorthin entflohn sie und bargen sich hinter die Hügel.
Nur Nausikaa blieb; ihr hatte Pallas Athene
Mut in die Seele gehaucht und die Furcht den Gliedern entnommen.

Homer: Odyssee, übertragen v. J. H. Voß (Düsseldorf/Zürich: Artemis & Winkler, 2001), S. 83.

Epos Epos

Epos: Seite aus der Handschrift A des Nibelungenliedes (13. Jh.; München, Bayerische Staatsbibliothek)

schaffenden Volksgeistes (**Volks-E.** im Unterschied zum **Kunst-E.**). Die neuere Forschung nimmt dagegen auch für E. wie die homer. Dichtungen und das »Nibelungenlied« individuelle Verfasser an. Ein Volks-E. kann vom jüngeren Kunst-E. durch die Anonymität der Verfasser, aufgrund der Öffentlichkeit des Vortrags durch traditionsgebundene Rhapsoden, Barden sowie durch seine zunächst nur mündl. Überlieferung unterschieden werden. Das spätere Buch-E. differenziert sich in Einzelformen: das National-E., das religiöse oder philosoph. Lehr-E., auch komisch-satir. und parodist. Formen wie Tier-E. und Scherz-E. Späte Formen des E. überschneiden sich oft mit Verserzählung, Versroman oder Versnovelle, bes. auch mit Romanze und Ballade. Prosaauflösungen der antiken und mittelalterl. E. markieren den Beginn des modernen europ. Romans. Heute werden als E. gelegentlich auch weit gespannte, objektiv darstellende Romane (etwa von H. DE BALZAC, L. N. TOLSTOI, J. DOS PASSOS) und Filme bezeichnet.

Theoret. Bestimmungen des E. finden sich in den Poetiken seit Hellenismus und Spätantike. Das E. galt lange als ideale Form der Dichtung. Noch GOETHE und SCHILLER stellten das Maßstäbliche des E. heraus und betonten seine Wesensmerkmale im Kontrast zum Drama.

GESCHICHTE

Der Ursprung des E. liegt im Alten Orient: Das älteste bekannte E. ist das babylon. »Gilgamesch-E.« (3./2. Jt. v. Chr.). Die altind. E. »Mahabharata« und »Ramayana« wurden etwa im 4. Jh. v. Chr. begonnen. Das »Schah-Name« des FIRDAUSI (10./11. Jh.) arbeitet die gesamte pers. Geschichte auf und wirkte in seiner Sage und Geschichte verbindenden Darstellung vorbildlich (z. B. für das »Iskander-Name« von NISAMI).

Älteste Schöpfungen europ. E.-Dichtung – zugleich als Inbegriff der Gattung bewundert – sind die Hexameterdichtungen »Ilias« und »Odyssee«, die – immer wieder umstritten – HOMER zugeordnet werden (2. Hälfte des 8. Jh. v. Chr.). Ihm verpflichtet sind die Werke der →zyklischen Dichter sowie später das verfeinerte und psychologisierende Buch-E. im Hellenismus, bes. seit den »Argonautika« des APOLLONIOS VON RHODOS (3. Jh. v. Chr.). Etwa gleichzeitig übertrug LIVIUS ANDRONICUS die »Odyssee« ins Lateinische und begründete NAEVIUS mit dem E. über den 1. Pun. Krieg, »Bellum Poenicum«, das historisch-politisch und religiös ausgerichtete röm. E.; zum altröm. E. zählen ferner die »Annales« (um 180 v. Chr.) des ENNIUS; Höhepunkt des E. in der röm. Literatur und Vorbild für die europ. Dichtung bis ins 18. Jh. ist VERGILS »Aeneis«. Aus dem 1. Jh. n. Chr., der klass. röm. Zeit, sind noch OVIDS »Metamorphosen«, die E. des LUKAN, die SILIUS ITALICUS und des STATIUS zu nennen. In der Spätantike erlebte das an HOMER und am hellenist. Buch-E. geschulte griech. E. eine letzte Blüte (so in den »Dionysiaka« des Ägypters NONNOS, 5. Jh. n. Chr.), aber auch die parodist. Umkehrung in der →Batrachomyomachie. Seit dem 4. Jh. wurden in lat. und griech. E. auch christl. Stoffe gestaltet (IUVENCUS, PRUDENTIUS CLEMENS, NONNOS u. a.). – Nur wenig später als das homer. E. begann um 700 v. Chr. das antike **Lehr-E.** mit den beiden Hexameterdichtungen des HESIOD, »Theogonie« und »Werke und Tage«. Vom Hellenismus bis in die Spätantike lebte das didakt. E. als gelehrtes Buch-E. und schließlich als Schullektüre weiter. Eigenständigkeit erlangte im 1. Jh. v. Chr. das lat. Lehr-E. mit dem philosoph. Gedicht über das Wesen des Universums »De rerum natura« von LUKREZ. Der röm. Natur-, Staats- und Lebenslehre gelten VERGILS »Georgica«, der Kunstlehre die »Ars poetica« von HORAZ. Lehrhaft sind auch die christl. E. der Spätantike. In hellenist. Zeit entstand die Kleinform des E., das →Epyllion.

Im MA. und darüber hinaus lebte das griech. und lat. E. fort, z. B. in der byzantin. Dichtung; in der mittellat. Dichtung findet man Bibel-E., Herrscher- und Heiligenviten, Chroniken oder deren Bearbeitung, Tier-E. sowie E. über sonst nicht erhaltene Stoffe (»Waltharius«, »Ruodlieb«). Auch in der neulat. Literatur wurden E. verfaßt (z. B. F. PETRARCAS »Africa«, entstanden um 1340; M. G. VIDAS »Jesus Christus«, 1535). Daneben stehen volkssprachl. Parallelen wie die ahd. Evangelienharmonie (863/871) OTFRIDS VON WEISSENBURG, die frühmittelhochdt. »Kaiserchronik« (vor 1147), auch der frühmittelengl. »Brut« des LAYAMON (um 1200) oder die Reineke-Fuchs-Dichtungen. – In den Volkssprachen gestaltete das MA. auch neue Stoffe im E., so in Byzanz die Taten des Helden →DIGENIS AKRITAS (10.–12. Jh.). Seit dem frühen MA. entwickelte sich im germanischen, roman. und schließlich slaw. Sprachraum das **Helden-E.**, z. T. mit liedhaften, oft nur fragmentarisch erhaltenen Vorstufen wie dem altengl. »Finnsburglied« (8. Jh.), dem Anfang des 9. Jh. aufgezeichneten ahd. »Hildebrandslied« und den slaw. →Bylinen (→Heldenlied). Das german. Helden-E. verarbeitete Erfahrungen und Stoffe aus der Zeit der Völkerwanderung, der Eroberungen in England (5.–6. Jh.) und der Christianisierung (4.–8. Jh.). Frühestes Zeugnis ist der altengl. »Beowulf« (Handschrift 10. Jh.); um 1200 entstand das mittelhochdt. »Nibelungenlied« und 1230/50 die »Kudrun«, alle von unbekannten Dichtern stammend. Die dt. Helden-E. klingen in der 2. Hälfte des 13. Jh. im Bairisch-Österreichischen in Dichtungen aus dem Umkreis DIETRICHS VON BERN aus. – Das roman. Helden-E. (die meisten davon überliefert in den frz. Chansons de Geste) basiert auf den Sagen um die Grenz- und Glaubenskämpfe KARLS D. GR. und seiner Vasallen gegen den Islam und ist bestimmt vom Kreuzzugsgedanken des hohen MA. Älteste und berühmteste Beispiele sind das altfrz. »Rolandslied« (um 1100) und das altspan. »Poema del Cid« (um 1140). – Die meisten slaw. Volks-E. wurden erst im 19. und 20. Jh. schriftlich fixiert; das einzige vollständig erhaltene russ. E. ist das eher höf. »Igorlied« (um 1185–87). Unter pers. Einfluss steht das georg. National-E. »Der Recke im Tigerfell« von SCHOTA RUSTAWELI (2. Hälfte des 12. Jh.). – Eine besondere Gruppe bilden die **höf. E.** (auch **Versroman** bzw. **höf. Roman**) der mhd. und frz. Literatur des 12. und 13. Jh., die meist Stoffe um König →ARTUS, aber auch aus der Antike im Sinne der ritterl. Ideale verarbeiten (Werke von CHRÉTIEN DE TROYES, HEINRICH VON VELDEKE, HARTMANN VON AUE, WOLFRAM VON ESCHENBACH, GOTTFRIED VON STRASSBURG). Zw. Helden-E. und höf. E. steht die **Spielmannsdichtung**, die ebenso wie das satir. **Tier-E.** in Volksbüchern und Dramatisierungen bis in die Neuzeit weiterlebte. Volkssprachl. Lehr-E. sind das moralphilosoph. Werk »Der wälsche

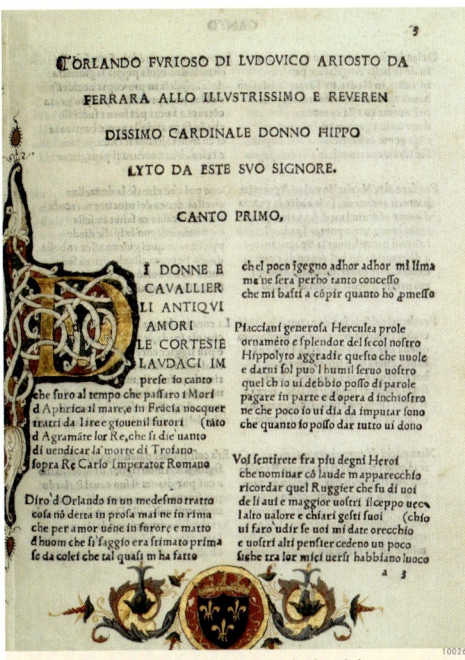

Epos: »Der rasende Roland« von Ludovico Ariosto, erste Seite des Erstdrucks (1516; Paris, Bibliothèque Nationale de France)

Höfisches Epos

Aus Wolfram von Eschenbachs »Parzival«
(etwa 1200–10)

Drittes Buch, Strophe 149 *(Auszug)*

Parzival steht vor König Artus und trägt seinen Wunsch vor, Ritter zu werden
[…] Artûs an den knappen sach:
zuo dem tumben er dô sprach
»juncherre, got vergelt iu gruoz,
den ich vil gerne dienen muoz
mit [dem] lîbe und mit dem guote.
des ist mir wol ze muote.«
»wolt et got, wan wær daz wâr!
der wîle dunket mich ein jâr,
daz ich niht ritter wesen sol,
daz tuot mir wirs denne wol.
nune sûmet mich niht mêre,
phlegt mîn nâch ritters êre.«
»daz tuon ich gerne,« sprach der wirt,
»ob werdekeit mich niht verbirt.
Du bist wol sô gehiure,
rîch an koste stiure
wirt dir mîn gâbe undertân.
dêswar ich solz ungerne lân.
du solt unz morgen beiten:
ich wil dich wol bereiten.« […]

Wolfram von Eschenbach: Parzival, mittelhochdt. Text nach der 6. Ausg. v. K. Lachmann (Berlin/New York: de Gruyter, 1999), S. 78.

Gast« (1215) von THOMASIN VON CIRCLAERE und als Allegorie der frz. »Rosenroman«. DANTES E. »Divina Commedia« (entstanden nach 1313–21, gedruckt 1472), bis heute eines der meistgelesenen Werke der ital. Literatur, nimmt mit seiner universalen Konzeption und seiner vollendeten Form eine Sonderstellung ein.

In der Renaissance erhielt das E. eine neue Funktion: Als bewusste Kunstschöpfung entstand das volkssprachl. **National-E.** Antike Vorbilder, Elemente des höf. Romans und des anonymen Helden-E. wurden zu einem neuen, auf das Selbstbewusstsein der jeweiligen Nation bezogenen Ganzen verbunden. Ein Vorläufer war das schott. National-E. »The Bruce« von J. BARBOUR (um 1375). Voll ausgebildet ist das National-E. in Italien, in den Rolands-E. von M. M. BOIARDO (»Der verliebte Roland«, entstanden 1476–94) und L. ARIOSTO »Der rasende Roland«, 1516–32), erweitert und religiös vertieft in T. TASSOS »Das befreite Jerusalem« (1581). – Diesen Mustern folgten in Portugal die »Lusiaden« (1572) von L. DE CAMÕES, in Spanien die »Araucana« (1569–89) von A. DE ERCILLA Y ZÚÑIGA, in Frankreich die unvollendete »Franciade« (1572) von P. DE RONSARD, die bibl. E. des Hugenotten G. DU BARTAS und VOLTAIRES aufklärer. Heldengesang auf HEINRICH IV. (1723), in England »The faerie queene« (1590–96) von E. SPENSER, in Osteuropa schon 1521 die kroat. »Judita« von M. MARULIĆ, im 17. Jh. u. a. »Die Osmanide« von I. GUNDULIĆ sowie die poln. E. von W. POTOCKI. – Das Zeitalter des Barock nutzte das E. für Formspielereien (einflussreich der Italiener G. B. MARINO) und für Parodien (**komisches E.**), so der Italiener A. TASSONI, der Engländer A. POPE sowie im dt. Sprachbereich u. a. H. WITTENWILER, J. F. W. ZACHARIAE, A. BLUMAUER und K. A. KORTUM. Die große klass. Tradition nahm noch einmal J. MILTON mit dem Blankvers-E. »Das verlorene Paradies« (1667) auf. Er regte F. G. KLOPSTOCK zu seinem »Messias« (1748–73) an, mit dem der Hexameter für die dt. Literatur erschlossen wurde, was wiederum die adäquate Übertragung der homer. E. ermöglichte (J. H. VOSS). Auch GOETHE verwendete in seinen Klein-E. (»Reineke Fuchs«, 1794; »Hermann und Dorothea«, 1797) das klass. Versmaß, während C. M. WIELAND in seinem romant. E. »Oberon« (1780) auf die von ARIOSTO verwendeten Stanzen zurückgriff.

Nachdem sich in der ersten Hälfte des 19. Jh. der Roman schon als epische Großform durchgesetzt hatte, erhielt das E. neue Impulse durch die Nationalbewegungen Nord- und Osteuropas. Bedeutende National-E. sind: »Der eherne Reiter« (hg. 1837) des Russen A. S. PUSCHKIN, die poln. E. von A. MICKIEWICZ (bes. »Herr Thaddäus oder der letzte Einfall in Litauen«, 1834) und J. SŁOWACKI sowie »Die Frithiofs-Saga« (1825) des Schweden E. TEGNÉR und in Finnland das »Kalevala« (1849) von E. LÖNNROT; in Ungarn die patriot. E. von M. VÖRÖSMARTY und J. ARANY. Auch die »Odyssee« (1938) des griech. Schriftstellers N. KAZANTZAKIS steht in dieser Tradition. Ebenfalls nat. Impuls entsprangen in dt. Sprachraum neben den Übersetzungen von altdt. E. die (z. T. histor.) E. von J. V. VON SCHEFFEL, W. JORDAN, F. W. WEBER und als Nachzügler P. ERNSTS »Das Kaiserbuch« (1922–28). – Eine Sonderform des E. im 19. und 20. Jh. ist die lyrisch-epische Versdichtung. Unter dem Einfluss MILTONS ist sie bes. in der engl. Literatur reich vertreten, z. B. mit W. SCOTTS Versromanzen oder den fantastisch-revolutionären Dichtungen von R. SOUTHEY, mit J. KEATS' Fragment

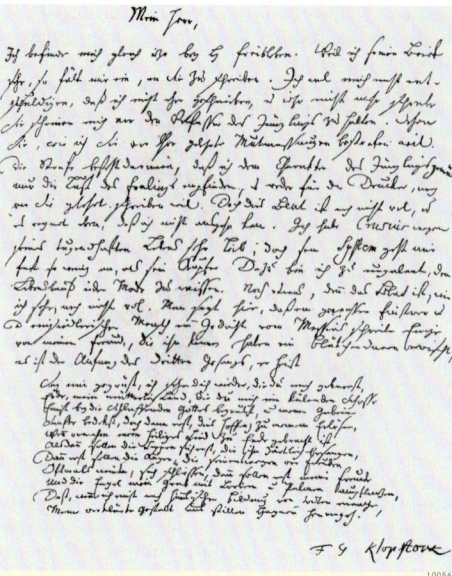

Epos: »Der Messias«, Beginn des 3. Gesangs (Friedrich Gottlieb Klopstock in einem Brief von 1747 an einen unbekannten Adressaten)

»Hyperion« (1820), v. a. aber mit BYRONS bekenntnishaftem Werk »Ritter Harold's Pilgerfahrt« (1812–18) und seinem fragmentarischen satirischen E. »Don Juan« (1819–24), beide mit großer Wirkung auf kontinentale Autoren, so u. a. erkennbar in PUSCHKINS Versroman »Eugen Onegin« (1825–32).

In Großbritannien selbst ging die Entwicklung weiter über M. ARNOLD, W. MORRIS, A. TENNYSON und R. BROWNING bis zu J. MASEFIELD und D. JONES. Daneben steht eine selbstständige amerikan. Tradition, die von W. WHITMANS Gedichtsammlung »Grashalme« (endgültige Fassung 1892) bis zu E. POUNDS »Cantos« (entstanden ab 1915, gesammelt hg. 1970) und dem Stadt-E. »Paterson« (engl. 1946–58, vollständig 1963) von W. C. WILLIAMS reicht. Ein eigenes metaphysisch-spekulatives E. gibt es auch in Frankreich, bes. bei A. DE LAMARTINE, V. HUGO und noch SAINT-JOHN PERSE (»Anabasis«, 1924). All dem entspricht im dt. Sprachbereich das Weltanschauungs-E. Auf Vorläufer in der Romantik (u. a. C. BRENTANO, »Romanzen vom Rosenkranz«, hg. 1852; N. LENAU, »Savonarola«, 1837; J. VON EICHENDORFF, »Julian«, 1853) folgten »Olymp. Frühling« (1900–05, Neufassung 1910) von C. SPITTELER, »Zwei Menschen« (1903) von R. DEHMEL, »Das Nordlicht« (1910) von T. DÄUBLER, »Manas« (1927) von A. DÖBLIN, der kulturkrit. »Kirbisch« (1927) von A. WILDGANS und schließlich G. HAUPTMANNS Dichtung »Der große Traum« (1943).

Nach der Mitte des 20. Jh. sind bislang keine neuen Formen des E. mehr entwickelt worden. Als einzige Beispiele aus der jüngeren dt. Literatur sind H. M. ENZENSBERGERS »Der Untergang der Titanic« (1978) sowie D. GRÜNBEINS »Vom Schnee oder Descartes in Deutschland« (2003) zu nennen.

Enzyklopädische Vernetzung: ▪ Geste ▪ Heldenepos ▪ höfisches Epos ▪ komisches Epos ▪ Lehrdichtung ▪ Liedertheorie ▪ Roman ▪ Spielmannsdichtung ▪ Tierdichtung ▪ Verserzählung

---

Epos in der Gegenwart

Aus Durs Grünbeins Epos »Vom Schnee oder Descartes in Deutschland« (2003)

Kapitel 16 »Über das Sehen« *(Auszug)*

»Sein ganzes Leben lang blieb Descartes bis zum Mittag im Bett.«

Ein neuer Tag. Das Licht kriecht zögernd an der Wand
Hinab, wie Wasser steigt, invers, in einem Glasbehälter.
Bald ist die Stube lichtgetränkt. Draußen das Land,
Wie gestern auch liegt starr, im Griff des Winters. Kälter
Ist nun ein Adjektiv wie älter, reifer und genauer.
Eisblumen arrangierten an den Scheiben ein Bouquet
Von kristalliner Schönheit und von kurzer Dauer.
Der Steinbock pflügt mit seinen Hörnern frischen Schnee.
Vorbei die Weihnacht. Im Regal der Speck wird ranzig.
Es geht aufs Ende zu. Bald schreibt man 1620.

Descartes liegt wach. Vor seinen Augen, seit Minuten,
Schwebt mit dem Balkenholz die Decke auf zum Himmel.
Um diese Stunde hilft kein Wissen, nur Vermuten
Noch ist kein Gipfel hier, kein Nachttopf zu erklimmen.
Es ist die schönste Zeit des Tages – das Beginnen
In aller Unschuld, ein Entwurf, noch unbefleckt.
Die Welt, noch ist sie lungenweit. Ein Punkt im Innern,
Hält sich das Ich im Labyrinth des Hirns versteckt.
Ein Schneegelände, und darin schweift frei herum –
Der Geist. Kein *Cogito*, kein *ergo* und kein *sum*.

D. Grünbein: Vom Schnee oder Descartes in Deutschland (Frankfurt am Main: Suhrkamp, 2003), S. 58.

Epos: Homer: »Odyssee«, 1. Gesang (Auszug) 2571; Nibelungenlied: 16. Aventiure (Auszug) 2254; J. W. von Goethe: »Hermann und Dorothea« (Auszug) 2557

H. MOSER: Mythos u. E. (1965); Europ. Heldendichtung, hg. v. K. v. SEE (1978); G. DUMÉZIL: Mythe et épopée, 3 Bde. (Paris ³⁻⁵1981–86); H. BARTELS: »E.« Die Gattung in der Gesch. (1982); Formen der Lit. In Einzeldarstellungen, hg. v. O. KNÖRRICH (²1991); Formes modernes de la poésie épique, hg. v. J. LABARTHE (Brüssel u. a. 2004).

Epoxide, sehr reaktionsfähige organ. Verbindungen, die einen dreigliedrigen Ring mit einem Sauerstoffatom (**Epoxidgruppe**) enthalten. Sie werden durch **Epoxidation** von Olefinen oder aus Chlorhydrinen durch Abspalten von Chlorwasserstoff gewonnen. Möglich sind auch die Anlagerung von Sauerstoff an Alkene u. a. katalyt. Verfahren. Einfache E. werden auch als **Oxirane** (Derivate des Oxirans) bezeichnet. E. aromat. Verbindungen heißen **Arenoxide.** E. sind wichtige Zwischenprodukte der organ. Chemie. Die größte techn. Bedeutung haben →Ethylenoxid, →Propylenoxid und →Epichlorhydrin.

Epoxide: Epoxidgruppe

Epoxidharze, Abk. **EP,** frühere Bez. **Ethoxylinharze,** Kunstharze (→Harze) mit mehr als einer Epoxidgruppe (→Epoxide) im Molekül. Sie gehören zu den Duroplasten (→Kunststoffe) und entstehen durch Umsetzen von Epoxiden mit aromat. Hydroxyverbindungen (Phenolverbindungen) unter Zusatz von Alkalilauge. Besondere Bedeutung (über 90 % der heutigen Weltproduktion) haben E., die durch Reaktion von Epichlorhydrin mit Bisphenol A in Gegenwart von Natriumhydroxid entstehen und die Epoxidgruppen in Form von Glycidethern (→Glycidol) enthalten. Durch weitere Reaktion mit Bisphenol A entstehen längere Molekülketten (»Advancementprodukte«). Die flüssigen bis festen Produkte werden zum Zeitpunkt der Verarbeitung mit Härtern versetzt und ggf. mit Füllstoffen, Weichmachern, Glasfasern u. a. modifiziert. Zum Aushärten bei Raumtemperatur (**kalthärtende E.**) werden mehrwertige aliphat. Amine verwendet, z. B. Diethylentriamin; zum Aushärten bei über 80 °C, meist zw. 120 °C und 160 °C (**warmhärtende E.**), dienen Dicarbonsäureanhydride (z. B. Phthalsäureanhydrid) oder aromat. Amine (z. B. m-Phenylendiamin). Dabei reagieren die Härtermoleküle mit den Epoxidgruppen, sodass die Makromoleküle vernetzt werden. Die vernetzten E. zeichnen sich durch hohe Festigkeit und Härte sowie gute Temperaturbeständigkeit aus (Dauereinsatztemperatur: 130–240 °C). Die beste Chemikalienbeständigkeit wird mit aliphat. Aminen, die beste Lösemittelbeständigkeit mit aromat. Aminen und die beste Witterungsbeständigkeit mit Anhydriden als Härtern erreicht.

E. werden als Bindemittel in Zweikomponentenreaktionslacken (große Haftfestigkeit und Chemikalienbeständigkeit) und Einbrennlacken (mit Aminoplasten und/oder Phenolharzen) oder als Pulverlacke verwendet. Wegen ihrer guten Haftfestigkeit (bes. auf Metallen) dienen sie als Zweikomponentenkleber. Große Bedeutung haben E. auch als Bindemittel in Kunstharzbeton und -klebmörtel sowie zum Tränken und Imprägnieren von Spulen und Wicklungen in der Elektroindustrie und zum Einbetten elektron. Teile.

Epp,
1) **Franz Xaver Ritter (seit 1917) von,** Militär und Politiker, * München 16. 10. 1868, † ebd. 31. 12. 1946; ging als Freiwilliger mit dem dt. Expeditionskorps zur Niederschlagung des Boxeraufstandes (1900/01) nach China und war 1904–06 als Kompaniechef der Schutztruppe während des Herero-Nama-Aufstandes eingesetzt. Nach 1919 stellte er das »Freikorps E.« gegen die Münchener Räterepublik auf, das auch zur Niederwerfung der kommunist. Aufstände im Ruhrgebiet und in Hamburg (1920) eingesetzt wurde. 1923 nahm er als Generalleutnant seinen Abschied aus der Reichswehr, wurde 1928 MdR für die NSDAP, 1932 Reichsleiter des Wehrpolit. Amtes der Partei und fungierte ab 1933 zunächst als Reichskommissar, dann als Reichsstatthalter in Bayern. Seit 1934 stand er auch an der Spitze des Kolonialpolit. Amtes der NSDAP und seit 1936 des Reichskolonialbundes. In den NS-Planungen für ein zukünftiges Kolonialreich war er als »Kolonial-Min.« vorgesehen. Wegen seiner Weigerung, die Kapitulation Bayerns anzubieten, wurde er nach dem Ende des Zweiten Weltkriegs von den Amerikanern interniert.

K.-M. WÄCHTER: Die Macht der Ohnmacht. Leben u. Politik des F. X. Ritter v. E. (1999).

2) **Leon,** österr. Regisseur und Theaterleiter, * Wien 29. 5. 1905, † ebd. 21. 12. 1968; Regiearbeiten u. a. als Oberspielleiter in Bochum und Graz, ab 1952 Direktor des Wiener Volkstheaters; setzte sich für zeitgenöss. Dramatik (B. BRECHT, F. DÜRRENMATT, R. HOCHHUTH) ein.

Eppan an der Weinstraße, ital. **Appiano sulla Strada del Vino,** Gemeinde in der Prov. Bozen, Südtirol, Italien, 411 m ü. M., 13 000 Ew.; umfasst v. a. die Ortsteile Sankt Michael und Sankt Paul; Wein- und Obstbaugebiet; Fremdenverkehr. – Pfarrkirche St. Paulus (15.–17. Jh., Fassade 1514 ff.), zahlr. reizvolle Herrensitze im »Überetscher Stil« (1550–1650). Die auf einem Felskegel gelegene Burg **Hocheppan** (ital. **Castel d'Appiano**) ist die bedeutendste mittelalterl. Burganlage Südtirols (12. Jh., erweitert im 13. und 16. Jh.). In der roman. Kapelle im Burghof befindet sich ein Freskenzyklus (Ende 12. Jh.). In der Nähe die Burgruine Boymont, die Schlösser Korb, Gandegg (Museum), Moos, Sigmundskron und Burg Freuden-

Epoxidharze

Eppe Eppelheim

Eppan an der Weinstraße: Blick auf ein Weinbaugebiet; im Hintergrund links die Burg Hocheppan

stein. – Die mit den Welfen verwandten Grafen von Eppan (1116 erstmals erwähnt, vor 1300 ausgestorben) besaßen den nördl. Teil der Grafschaft Trient bis gegen Meran, der nach 1250 an die Grafen von Tirol überging. Die Gemeinde Eppan liegt an der Stelle von Eppan-Altenburg, dem Stammsitz der Grafen von Eppan.

Eppelheim, Stadt (seit 1998) im Rhein-Neckar-Kreis, Bad.-Württ., westlich von Heidelberg in der Oberrheinebene, 108 m ü. M., 14 500 Ew.; Maschinenbau, Druckereien, Getränke- u. a. Industrie.

Eppelmann, Rainer, Politiker, * Berlin 12. 2. 1943; Maurer; als Hilfsprediger und Pfarrer in Berlin (Samaritergemeinde, 1974–89) in der Bürgerrechtsbewegung der DDR aktiv, u. a. 1982 mit R. HAVEMANN Mitautor des »Berliner Appells« (»Frieden schaffen ohne Waffen«) und im September 1989 Mitgründer des »Demokrat. Aufbruchs« (DA). Als dessen Vors. (März bis August 1990) Mitgl. der frei gewählten Volkskammer (März bis Oktober 1990; CDU/DA-Fraktion), Min. ohne Geschäftsbereich (Februar bis April 1990) sowie Min. für Abrüstung und Verteidigung (April bis Oktober 1990) der DDR. Seit Oktober 1990 Mitgl. der CDU, wurde E. im Dezember 1990 MdB (bis 2005) und war von März 1994 bis Juni 2001 Vors. der CDA; 1992–94 Vors. der 1. Enquete-Kommission des Dt. Bundestags »Aufarbeitung von Geschichte und Folgen der SED-Diktatur« (sowie von Ende 1994 bis 1998 Vors. der 2. Enquete-Kommission).

Rainer Eppelmann

Eppelsheimer, Hanns Wilhelm, Bibliothekar, Literaturwissenschaftler, * Wörrstadt (Rheinhessen) 17. 10. 1890, † Frankfurt am Main 24. 8. 1972; war ab 1919 in der Stadtbibliothek Mainz tätig, wo er ein Verfahren der Sacherschließung entwickelte, das rasch als »Methode E.« bei der Führung des →Sachkatalogs in wiss. Bibliotheken Verbreitung fand. Seit 1929 in Darmstadt Direktor der Hess. Landesbibliothek, wurde E. aus polit. Gründen entlassen und war 1947–59 erster Direktor der Dt. Bibliothek in Frankfurt am Main.

Hanns Wilhelm Eppelsheimer

Werke: Hb. der Weltlit. (³1960); Gesch. der europ. Weltlit., Bd. 1 (1970).

Hg.: Bibliographie der dt. Literaturwiss. (1957–69).

📖 H. W. E. Bibliothekar, Literaturwissenschaftler, Homme de lettres (1990).

Eppingen, Große Kreisstadt im Landkreis Heilbronn, Bad.-Württ., im Kraichgau, 195 m ü. M., 21 000 Ew.; Stadt- und Fachwerkmuseum »Alte Universität«; Maschinenbau, Brauerei. – 1564/65 hatte die Univ. Heidelberg aufgrund der in Heidelberg wütenden Pestepidemie ihren Sitz in E. – Spätgot. Pfarrkirche St. Maria (mit Wand- und Gewölbemalerei, im Chor um 1300, im Langhaus 1470–80); viele Fachwerkhäuser (14.–17. Jh.). Südlich der Stadt liegt der **Ottilienberg** mit der Ruine einer Wallfahrtskapelle (1493 gestiftet). – Das 985 als Reichsgut erstmals erwähnte E. erhielt 1282 die Rechte einer Reichsstadt. Die Landesherrschaft wechselte zunächst zw. Baden und der Pfalz, bis 1462 die Pfalz ihre Besitzansprüche endgültig durchsetzte. 1803 kam E. an Baden und wurde Bezirksamt, 2002 Große Kreisstadt.

Eppler, Erhard, Politiker, * Ulm 9. 12. 1926; Studienrat; war 1961–76 MdB (SPD), 1968–74 Bundes-Min. für wirtschaftl. Zusammenarbeit, 1973–81 Vors. der SPD in Bad.-Württ., 1973–92 Vors. der Grundwertekommission der SPD sowie 1981–83 und 1989–91 Präs. des Dt. Ev. Kirchentages. – E. förderte in den 1980er-Jahren innerhalb seiner Partei, v. a. gegen die Regierungspolitik H. SCHMIDTS, nachdrücklich die Ziele der Friedensbewegung; 1984–87 war er an der Erstellung eines umstrittenen Grundsatzpapiers mit der SED (»Streit der Ideologien«) beteiligt.

Eppstein, Stadt im Main-Taunus-Kreis, Hessen, im Vordertaunus im tief eingeschnittenen Schwarzbachtal, 195 m ü. M., 13 500 Ew.; Freilichtbühne, Automobilmuseum; Stanniol- und Druckfarbenherstellung. – Burgruine (Bergfried und Zwinger, 14. Jh.); im unzerstört gebliebenen »Mainzer Schloss« befindet sich heute das Stadt- und Burgmuseum; ev. Pfarrkirche (ab 1435, über roman. Vorgängerbau), neugot. kath. Pfarrkirche (1903); in der histor. Altstadt zahlr. Fachwerkhäuser des 15.–19. Jh. – Zw. 1183 und 1190 wurden die Herren von E. mit der um 1100 erbauten, strategisch wichtigen Reichsburg E. und der **Herrschaft E.** belehnt. Ihre Ländereien lagen v. a. im Vordertaunus, am Untermain, im Rodgau und Spessart. 1200–1305 stellten die Eppsteiner vier Erzbischöfe von Mainz. Die unterhalb der Burg entstandene Siedlung (1299 erste Erwähnung) erhielt 1318 Stadtrecht.

EPR,

1) Abk. für **e**lektronische **p**aramagnetische **R**esonanz (→Elektronenspinresonanz).

2) [engl. iːpiːˈɑː, Abk. für engl. **E**uropean **P**ressurized Water **R**eactor], **Europäischer Druckwasserreaktor,** von einem dt.-frz. Unternehmen entwickelter Leistungsreaktor, der mit einem neuen Sicherheitskonzept weit über den bisher in Europa erreichten Sicherheitsstand hinausgeht. Zur weiteren Minderung des Restrisikos (→Kernenergie, Sicherheit) ist der EPR so ausgelegt, dass selbst beim Eintritt extrem unwahrscheinl. schwerer Störfälle (wie Unfälle mit →Kernschmelzen) die radiolog. Auswirkungen in der Umgebung begrenzt bleiben und Maßnahmen zum Schutz der Allgemeinheit außerhalb des abgeschlossenen Geländes der Anlage (wie Evakuierung der Bev.) nicht erforderlich werden. Der EPR verfügt im Vergleich zum herkömml. Druckwasserreaktor v. a. über

- einen Spannbeton-Sicherheitsbehälter mit äußerer Betonhülle als Doppelcontainment mit Ringraumabsaugung (bisher nur bei Sicherheitsbehältern aus Stahl),

- vier redundante und räumlich integrierte Sicherheitssysteme in separaten Gebäuden,

- eine Druckentlastungseinrichtung zur Druckabsenkung im Reaktorkühlsystem bei schweren Störfällen,
- ein Containment-Wärmeabfuhrsystem als diversitäre Ergänzung der Nachkühlsysteme,
- Vorrichtungen zur Verhinderung von Wasserstoff- und →Dampfexplosionen sowie zum Auffangen, Kühlen und Konditionieren von eventuell geschmolzenem Kernmaterial innerhalb des Containments.

Ende 2003 wurde der erste Auftrag für die Errichtung eines 1 600-MW-Kernkraftwerks mit einem EPR vergeben (Finnland).

Épreuves d'Artiste [eˈprœv darˈtist, frz.], *Sg.* **Épreuve d'Artiste** *die, - -,* die →Künstlerdrucke.

EPR-Experiment, EPR-*Paradoxon,* nach A. EINSTEIN, dem amerikan. Physiker BORIS PODOLSKI (*1896, †1966) und dem israel. Physiker NATHAN ROSEN (*1909, †1995) benanntes Gedankenexperiment (1935), bei dem der Frage nachgegangen wurde, ob *einzelne* Quantensysteme durch quantenmechan. Wellenfunktionen adäquat und vollständig beschrieben werden können. Dies wurde aufgrund der Analyse einer Vorhersage der Quantenmechanik für geeignet präparierte Systeme aus zwei Teilchen, die weit voneinander entfernt sein können und nicht mehr wechselwirken, verneint. Einerseits sind in dieser Situation die Messergebnisse an beiden Teilchen perfekt miteinander korreliert, andererseits lassen sich den Teilsystemen keine Wellenfunktionen zuschreiben, die diese Korrelation zum Ausdruck bringen.

Der dieses Gedankenexperiment beschreibende Artikel wird heute als eine der grundlegenden Arbeiten zur Quantenmechanik anerkannt. Da er aber als Einwand gegen die derzeit herrschende Meinung formuliert war, galt er den meisten Physikern durch eine Erwiderung von N. BOHR aus dem gleichen Jahr als vollständig widerlegt und wurde kaum weiter zur Kenntnis genommen. Eine Ausnahme bildete E. SCHRÖDINGER, der ebenfalls 1935 seine Gedanken zu dem diskutierten Beispiel veröffentlichte und dabei den Begriff der »Verschränkung« prägte (→verschränkter Zustand).

Erst 1964 analysierte J. BELL das EPR-E. erneut und stellte fest, dass nicht nur die Beschreibung einzelner Systeme durch quantenmechan. Wellenfunktionen, sondern auch deren Beschreibung durch beliebige →verborgene Parameter ausgeschlossen werden konnte, sofern diese Variablen den von A. EINSTEIN formulierten Lokalitätsannahmen genügen (→bellsche Ungleichungen). Die Suche nach einer solchen Beschreibung hatte EINSTEIN selbst noch als mögl. Ausweg gesehen. Die Durchführung eines von BELL vorgeschlagenen Experiments ergab allerdings in Übereinstimmung mit den statist. Vorsagen der Quantentheorie eine schlüssige Widerlegung dieser Alternative.

Bezog sich das ursprüngl. EPR-E. auf die Messung der Orte bzw. Impulse der Teilchen, schlug BELL stattdessen vor, die experimentell einfacher zu handhabende Verschränkung zweier Spin-1/2-Teilchen im Singulettzustand

$$(|\uparrow\rangle_A|\downarrow\rangle_B - |\uparrow\rangle_A|\downarrow\rangle_B)/\sqrt{2}$$

zu analysieren. Dabei kennzeichnen $|\uparrow\rangle$ bzw. $|\downarrow\rangle$ den quantenmechan. Zustand eines Teilchens, dessen Spin in eine bestimmte Richtung (z. B. die z-Achse bzw. die entgegengesetzte Richtung) weist. Aus der Quantenmechanik folgt, dass eine Messung am Teilchen A ein gleichzeitig am weit entfernten Teilchen B ausgeführtes Experiment beeinflusst. Misst man z. B. die x-Komponente des Spins von A mit dem Resultat $+\hbar/2$, dann findet man für die x-Komponente des Spins von B das Resultat $-\hbar/2$ (und umgekehrt). Diese Aussage der Quantenmechanik wurde 1999 experimentell an verschränkten Photonen zweifelsfrei bestätigt. Das Experiment beweist das Vorhandensein nichtlokaler Korrelationen bei Superpositionszuständen. Diese Nichtlokalität steht jedoch nicht im

Eppingen: Luftaufnahme der Stadt

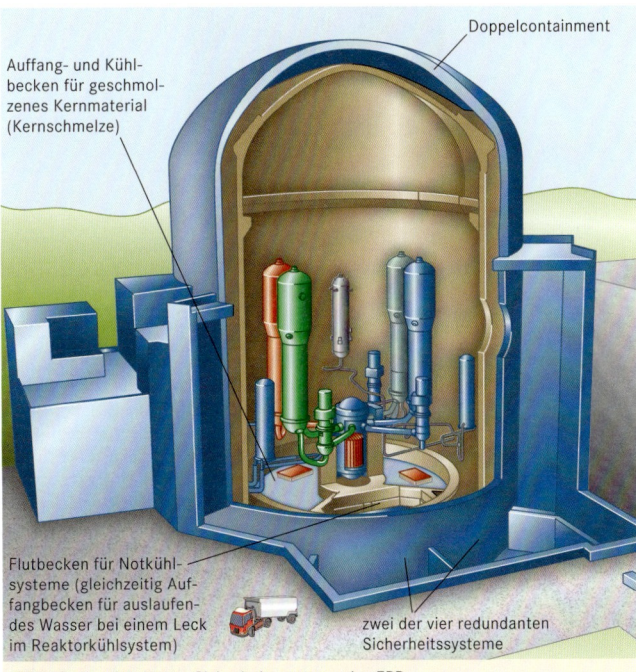

EPR 2): die wichtigsten Sicherheitssysteme des EPR

Widerspruch zur Relativitätstheorie, da hierbei keine Information übertragen werden kann: Die Korrelation wird erst *nach* erfolgter Messung festgestellt.

EPROM [Abk. für engl. **e**rasable **p**rogrammable **r**ead **o**nly **m**emory »löschbarer (und wieder) programmierbarer Festwertspeicher«], Festwertspeicher, der zur Aufnahme von Daten dient, die sich nur selten ändern (z. B. Systemkonstanten und -tabellen). Eine einzelne Speicherzelle besteht aus einem MOS-Transistor, der eine zusätzl. Steuerelektrode (engl. floating gate, Abk. FG) ohne äußeren Anschluss besitzt. Die Programmierung geschieht durch Anlegen einer entsprechenden Programmierspannung und hat die Aufladung des FG zur Folge. Damit verschiebt sich die Schwellwertspannung des Transistors zu höheren Werten und die betreffende Speicherzelle enthält logisch »0«; unprogrammiert ist das FG ladungsfrei und die Speicherzelle beinhaltet logisch »1«. Durch Bestrahlen des Speicherchips mit UV-Licht durch ein eigens dafür vorgesehenes Fenster kann der Speicher wieder gelöscht werden. Für den Programmier- und Löschvorgang sind spezielle separate Geräte erforderlich, d. h., der E. muss dafür aus der Einsatzschaltung entfernt werden. Diese Nachteile haben zur Entwicklung des →EEPROM geführt, der v. a. in Computersystemen den E. ersetzt.

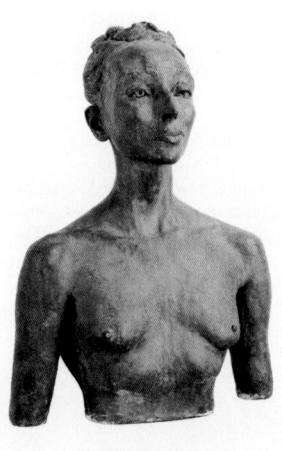

Jacob Epstein: Madame N. de B. (Paris, Musée National d'Art Moderne)

EPS [iːpiːˈes],
 1) *Informatik:* [Abk. für engl. **e**ncapsulated **P**ost**S**cript »eingekapseltes PostScript«], ein →Grafikformat, das auf der Seitenbeschreibungssprache PostScript aufbaut.
 2) *Physik:* Abk. für →European Physical Society.

Epsilon [griech. è psilón »bloßes e«] *das, -(s)/-s,* Zeichen E, ε,
 1) der fünfte Buchstabe des griech. Alphabets.
 2) *Formelzeichen:* ε für die →Dehnung, die →Dielektrizitätskonstante, den Emissionsgrad (→Emissionsvermögen), das →Verdichtungsverhältnis; ε_0 für die →elektrische Feldkonstante, ε_r für die relative Dielektrizitätskonstante.

Epsilontik *die, -,* Bez. für die von A. L. Cauchy publik gemachte, die griech. Buchstaben ε und δ häufig verwendende Darstellungsweise von Infinitesimalbetrachtungen (z. B. des →Grenzwertes), in denen der Abstand zweier Punkte oder allgemeiner eine Umgebung (»ε-Umgebung«) eines Punktes beliebig klein wählbar sein soll.

Epsom and Ewell [ˈepsəm ənd ˈjuːəl], Stadt in der Cty. Surrey, England, südlich von London, 65 700 Ew.; Pferderennbahn; Bittersalzquellen.

Epsomit [nach der Stadt Epsom (Epsom and Ewell)] *der, -s/-e,* Mineral, →Bittersalz.

Epstein,
 1) [engl. ˈepstaɪn], Sir (seit 1954) Jacob, brit. Bildhauer polnisch-russ. Herkunft, *New York 10. 11. 1880, †London 19. 8. 1959; stand der Bewegung des →Vortizismus nahe. E. schuf von nervöser Spannung erfüllte Figurengruppen mit religiöser und literar. Thematik, auch monumentale Werke wie das Grabmal für O. Wilde (1912; Paris, Père Lachaise) und die Skulpturengruppe »St. Michael kämpft mit dem Teufel« (1958; Coventry, Kathedrale). Bedeutend sind v. a. seine Porträtbüsten (A. Einstein, G. B. Shaw, Sir W. Churchill, T. S. Eliot u. a.).
 2) [frz. ɛpˈstɛn], Jean, frz. Filmregisseur und Autor, *Warschau 26. 3. 1897, †Paris 2. 4. 1953; war einer der frz. Avantgardisten, die im Film eine von Literatur und Bühne unabhängige Kunstform suchten und durch neue Techniken neue Ausdrucksformen fanden.
  Filme: Pasteur (1922); L'auberge rouge (1923); Cœur fidèle (1923); La belle Nivernaise (1924); La glace à trois faces (1928); Der Untergang des Hauses Usher (1928); Finis terrae (1929); Mor'Vran (1930); Le tempestaire (1947).
 3) [engl. ˈepstaɪn], Michael Anthony, brit. Pathologe und Virologe, *London 18. 5. 1921; seit 1965 Prof. in Bristol; arbeitet über Zellstrukturen und ihre Veränderungen unter Viruseinwirkungen, bes. über karzinomatöse Veränderungen durch Virusinfektion (→Epstein-Barr-Virus).
 4) [engl. ˈepstaɪn], Paul Sophus, amerikan. Physiker poln. Herkunft, *Warschau 20. 3. 1883, †Pasadena (Calif.) 9. 2. 1966; ab 1921 Prof. am California Institute of Technology in Pasadena; lieferte wichtige Beiträge zur älteren und modernen Quantentheorie, u. a. zur Theorie des Stark-Effekts (1916), den er 1926 auch quantenmechanisch behandelte, und über die opt. Dispersion (1921); weitere Arbeiten betrafen u. a. die Theorie elast. Schwingungen und die Ausbreitung elektromagnet. Wellen.

Epstein-Barr-Virus [nach M. A. Epstein und dessen Mitarbeiterin Yvonne M. Barr], **EB-Virus,** Abk. **EBV,** zur Familie der →Herpesviren gehörender Erreger der infektiösen Mononukleose (Pfeiffer-Drüsenfieber). Beim Kleinkind verläuft die Infektion oft unbemerkt, während bei Erwachsenen schwere Fieberschübe, Lymphknotenschwellungen, Tonsillenbeläge und ein charakterist. Blutbild mit Lymphozytose, gelegentlich auch eine Hepatitis oder Enzephalitis auftreten können. Nach der Erstinfektion wird das Virus in den B-Lymphozyten des Immunsystems latent, wobei diese Zellen durch die Wirkung des EBV-EBNA1-Proteins zu unkontrollierter Vermehrung angeregt werden. Aus solchen Zellen kann das Virus reaktiviert und, über den Speichel ausgeschieden, zur Ursache neuer Infektionen werden (»student's kiss disease«). Weltweit sind mehr als 90 % aller Menschen über 25 Jahre mit EBV infiziert.

EBV ist auch Teilursache für bestimmte Tumorerkrankungen, so für den Burkitt-Tumor, ein u. a. bei Kindern in den Malariagebieten Afrikas beobachtetes malignes B-Zell-Lymphom, sowie für das in Südostasien (bes. in China) häufige Nasopharyngealkarzinom. Bei Patienten mit schweren Immundefekten (nach Transplantation, bei HIV-Infektion oder genetisch bedingt) können B-Zell-Lymphome auftreten, in denen ebenfalls EBV-DNA nachweisbar ist. Das gilt für einen Teil der Hodgkin-Lymphome (Lymphogranulomatose), wobei die Rolle des EBV für die Tumorentstehung noch ungeklärt ist.

Epulis [griech.], die →Zahnfleischgeschwulst.

Epyllion [griech. »kleines Epos«] *das, -/...li|en* oder *...lia*, epische Kleinform der griech. und lat. Literatur, die in hellenist. Zeit als Gegenstück zu dem großen Epos entstand. Das E. schildert in Hexametern Episoden (mythologischen oder idyll., später auch christl. Inhalts) bis in Einzelheiten. Verfasser von E. waren u.a. ERINNA, KALLIMACHOS, THEOKRIT und CATULL, christl. E. schrieb PAULINUS VON NOLA.

EQ, *Psychologie:* 1) Abk. für **E**ntwicklungs**q**uotient, der sich in Analogie zum IQ aus dem Quotienten von Entwicklungsalter (EA) und Lebensalter (LA) ergibt (→Entwicklung); 2) Abk. für **E**motionsintelligenz**q**uotient, nach DANIEL GOLEMAN (*1946), der 1995 vorschlug, den Intelligenzbegriff nach der Formel (IQ + EQ) zu erweitern (→emotionale Intelligenz).

Equalizer [ˈiːkwəlaɪzə; engl. eigtl. »Ausgleicher«, zu lat. aequus »gleich«] *der, -s/-*, elektron. Klangregeleinrichtung, bestehend aus mehreren Filtern. E. werden zur Korrektur, Entzerrung oder sonstigen Beeinflussung des akust. Klangbildes verwendet. Im E. wird der gesamte Tonfrequenzbereich in mehrere (z. B. zehn) Bänder aufgeteilt, um deren Mittenfrequenzen herum sich jedes Band einzeln und unabhängig voneinander dämpfen oder hervorheben lässt. Werden als Einstellmittel nebeneinander angeordnete Schieberegler verwendet, so erhält man durch die Stellung der Regler auch einen opt. Eindruck von der Bewertung der einzelnen Frequenzbereiche (**Graphic E.**). Meist enthält ein E. noch Vorverstärker zum Ausgleich etwaiger Verluste und zur geeigneten Ansteuerung des Leistungsverstärkers. – Bei Hi-Fi-Anlagen können über den E. z. B. höhere, mittlere und tiefere Tonlagen unabhängig voneinander geregelt werden; bei einem Konzert passen die E. den Klang der örtl. Raumakustik an.

Equicola, Mario, ital. Humanist, * Alvito (Prov. Frosinone) 1470, † Mantua 1525; war seit 1518 Privat-Sekr. der mantuan. Markgräfin ISABELLA D'ESTE, dann Sekr. von FEDERICO II. GONZAGA (*1500, †1540). Sein Hauptwerk »Il libro de natura de amore« (1525, 1555 neu hg. v. L. DOLCE) vereinigt enzyklopädisch den Platonismus M. FICINOS mit der Minnelehre der Troubadours.

Equidae [zu lat. equus »Pferd«], wiss. Name der →Pferde.

Equilibrist *der, -en/-en*, →Äquilibrist.

Equipage [ek(v)iˈpaːʒə, frz. ekiˈpaːʒ; frz., zu equipieren] *die, -/-n, veraltet* für: 1) elegante, herrschaftl. Kutsche; 2) Schiffsmannschaft, -besatzung; 3) Ausrüstung (eines Offiziers).

Equipe [eˈkip; frz., zu equipieren] *die, -/-n*, im *Pferde-* und *Fechtsport* Bez. für die aus mehreren Sportlern bestehende Mannschaft.

Equipment [ɪˈkwɪpmənt, engl.] *das, -s/-s,* (techn.) Ausrüstung, z. B. einer Band; Apparatur.

Equisetophyta [zu lat. equus »Pferd« und seta »Borste«], wiss. Name der →Schachtelhalme.

Equisetum, wiss. Name der Gattung →Schachtelhalm.

Equites [lat.], *Sg.* **Eques** *der, -*, Reiter, Ritter. In den ältesten Zeiten Roms bildete der Reiteradel das Patriziat (→Patrizier). Daneben entstand seit dem Ende des 4. Jh. v. Chr. eine nichtpatriz. Reiterei, die mit den Patriziern die 18 Reiterzenturien (Hundertschaften) bildete. Das Pferd wurde den Rittern vom Staat gestellt (»equus publicus«). Durch das Richtergesetz des GAIUS SEMPRONIUS GRACCHUS (123 v. Chr.) wurden die E. als zweiter Stand (»ordo equester«) neben den Senatoren konstituiert; Bewerber mussten ein Mindestvermögen von 400000 Sesterzen vorweisen. Zu diesen E. gehörten bes. auch die großen Unternehmer und Staatspächter. Ihre Standesabzeichen waren ein goldener Fingerring und der schmale Purpursaum an der Tunika. Der von Kaiser AUGUSTUS reorganisierte Ritterstand bildete in der Kaiserzeit das Reservoir, aus dem die Richter sowie die höheren Offiziere und Verwaltungsbeamten hervorgingen.

A. STEIN: Der röm. Ritterstand (1927; Nachdr. 1963); C. NICOLET: L'ordre équestre à l'époque républicaine. 312–43 av. J. C., 2 Bde. (Paris 1966–74); A. ALFÖLDI: Der frühröm. Reiteradel u. seine Ehrenabzeichen (Neuausg. Rom 1979); M. JUNKELMANN: Röm. Kavallerie – equites alae. Die Kampfausrüstung der röm. Reiterei im 1. u. 2. Jh. n. Chr. (1989).

Equity [ˈekwəti; engl. »Billigkeit«] *die, -,*

1) Recht: 1) im *angloamerikan. Recht* Bez. für Regeln zur Ergänzung des →Common Law mit dem Ziel des Ausgleichs von Härten, ähnlich der Billigkeitsklausel in § 242 BGB; urspr. einzelfallbezogen, haben sich die Regeln der E. durch die Bindung der Chancery-Gerichte (Courts of E., Kanzleigerichte) an Präzedenzfälle zu einem festen, nicht kodifizierten, neben dem Common Law stehenden Rechtssystem entwickelt. Obwohl Common Law und E. heute grundsätzlich in derselben Gerichtsbarkeit durchgesetzt werden, bestehen die Unterschiede zw. beiden Rechtskörpern in vielen Gebieten (insbes. im Sachenrecht) weiterhin fort. 2) Im *Völkerrecht* wird E. mit gleicher Zielrichtung als allg. Rechtsprinzip im Ggs. zur außerrechtl. »Billigkeit« (ex aequo et bono) vom Internat. Gerichtshof vermehrt herangezogen (z. B. zur Abgrenzung von Festlandsockeln); zudem findet der Begriff im Völkerrecht in Bezug auf die angemessene Beteiligung von Entwicklungsländern im Rahmen der internat. Wirtschaftsordnung Verwendung.

2) Wirtschaft: engl. Bezeichnung für das Eigenkapital einer Unternehmung. Als **Public E.** gelten i. d. R. Investitionen in börsennotierte Unternehmen. Beteiligungskapital für nicht börsennotierte Unternehmen wird hingegen als →Private Equity bezeichnet.

Equuleus [lat.], das Sternbild →Füllen.

Equus [lat. »Pferd«], einzige Gattung der Pferde (Familie Equidae) mit den rezenten Vertretern →Esel, →Pferde, →Zebras.

Er, chem. Symbol für das Element →Erbium.

ER,

1) Abk. für →**e**ndoplasmatisches **R**etikulum.
2) Nationalitätszeichen für Eritrea.

Eradikationstherapie [zu lat. eradicare »mit der Wurzel herausreißen«], Gesamtheit der medikamentösen Maßnahmen zum Entfernen der bakteriellen Besiedlung der Magenschleimhaut mit Helicobacter pylori und zum Behandeln der dadurch eventuell hervorgerufenen Erkrankungen wie Magenschleimhautentzündung, Magen- oder Zwölffingerdarmgeschwür und Magenkrebs; verwendet werden versch. Kombinationen von Arzneimitteln, die einen →Protonenpumpenhemmer und zwei Antibiotika (z. B. Amoxicillin und Clarithromycin) enthalten.

Eragrostis [griech.], wiss. Name der Gattung →Liebesgras.

Eran Eranos

Eranos, griech. **Eranos** *der, -/...noi,* im antiken Griechenland urspr. das Mahl unter Freunden, dessen Kosten gemeinsam getragen wurden; davon abgeleitet Bez. für die Rechtsinstitution des von mehreren Personen zu bestimmten Zwecken angelegten Sammelvermögens und für eine spezielle Form des Privatvereins.

Érard [e'ra:r], Sébastien, frz. Klavierbauer, * Straßburg 5. 4. 1752, † La Muette (heute zu Paris) 5. 8. 1831; schuf 1777 das erste in Frankreich gebaute Pianoforte; erfand u. a. die Doppelpedalharfe (1811) und die Repetitionsmechanik für das Klavier (1821). Die 1780 mit seinem Bruder JEAN-BAPTISTE (* 1745, † 1826) gegründete Klavierbaufirma besteht noch heute (seit 1959 unter der Firmen-Bez. Gaveau-É. S. A.).

Erasch, armen. Name des Flusses → Arax.

Erasistratos, griech. Arzt, * Julis auf Kea um 300 v. Chr., † Alexandria zw. 250 und 240 v. Chr.; gilt als der Begründer der patholog. Anatomie. E. erkannte, dass das Gehirn Ausgangspunkt der sensiblen Nerven ist. Er untersuchte den Klappenapparat des Herzens, die Funktion des Kehldeckels und die patholog. Veränderungen an der Leber Wassersüchtiger. Die meisten Krankheiten führte E. auf ein Übermaß unverdauter und deswegen in Fäulnis übergegangener Nahrung zurück, die zur venösen Blutüberfüllung (Plethora) führe.

erasmische Aussprache [nach ERASMUS VON ROTTERDAM], der → Etazismus.

Erasmus, Rasmus, Elmo, ein legendärer Märtyrer, † Formiae (Kampanien) um 305 n. Chr.; nach der Legende war er Bischof von Antiochia, war nach kirchl. Überlieferung Missionar in Illyrien, wurde unter den Kaisern DIOKLETIAN und MAXIMIAN gemartert und wirkte schließlich in Kampanien. E. gehört zu den 14 Nothelfern und wird angerufen bei Leibschmerzen, Geburtswehen, auch bei Viehkrankheiten. Sein Martyrium soll im Herauswinden der Gedärme bestanden haben. Unter den Seeleuten Italiens, Spaniens, Portugals und Frankreichs wurde E. unter dem Namen **Elmo** wohl bereits im Früh-MA. als Schutzpatron verehrt und mit dem → Elmsfeuer in Verbindung gebracht. – Heiliger (Tag: 2. 6.).

ERASMUS, *Bildungswesen:* → Studentenaustausch.

Erasmus von Rotterdam, Gemälde von Hans Holbein d. J. (1523; Paris, Louvre)

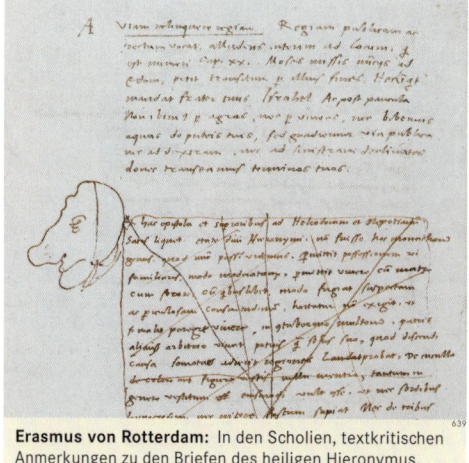

Erasmus von Rotterdam: In den Scholien, textkritischen Anmerkungen zu den Briefen des heiligen Hieronymus, zeichnete der holländ. Humanist diese Karikatur von sich selbst (vor 1516; Basel, Universitätsbibliothek).

Erasmuspreis, → Praemium Erasmianum.

Erasmus von Rotterdam, nannte sich seit 1496 **Erasmus Desiderius,** niederländ. Humanist und Theologe, * Rotterdam 28. 10. 1466 oder 1469, † Basel 12. 7. 1536; bedeutender Philologe, Kritiker der weltl. und geistl. Mächte und der erstarrten Scholastik, Pazifist, Fortführer der antiken und der mittelalterl. humanist. Tradition im beginnenden Zeitalter des Konfessionalismus.

Als illegitimer Priestersohn aufgewachsen, verlor E. v. R. mit etwa 14 Jahren beide Eltern und wurde in das Augustinerkloster Steyn bei Gouda gegeben; in der Schule der Brüder vom gemeinsamen Leben in Deventer lernte er die Devotio moderna kennen. Nach der Priesterweihe (1492) trat E. v. R. in den Dienst des Bischofs von Cambrai, der ihn zum Theologiestudium an die Univ. Paris schickte (1495–99). Während eines Englandaufenthaltes (1499–1500) rückte unter dem Einfluss von J. COLET das N. T. in das Zentrum der Studien von E. v. R. In Italien (1506–09; 1506 Promotion), dann (1509–14) im Haus seines Freundes THOMAS MORUS in London eignete er sich das philolog. Erbe L. VALLAS an, um den Urtext der Bibel von späteren Entstellungen zu reinigen. Sein »moriae encomium« (entstanden 1509, zuerst erschienen 1511; dt. u. a. als »Lob der Torheit«) verwarf in iron. Distanz alle intellektualist. Begriffsspielerei, pries die Menschlichkeit und ein natürl. Selbstgefühl und kritisierte Adel, Kaufleute, Fürsten, v. a. die Krieg Führenden, Mönche und Prof. der Sorbonne. Viele dieser Interessen, auch seine Kritik an der Macht des Klerus und am Reliquienkult, rückten E. v. R. in die Nähe M. LUTHERS und trugen zur Vorbereitung der Reformation bei. E. v. R. verwarf jedoch LUTHERS antihumanist. Bestreitung der Freiheit des menschl. Willens, bes. mit seiner Schrift »De libero arbitrio diatribe sive collatio« (1524; dt. u. a. als »Gespräche oder Unterredung über den freien Willen«). Er fürchtete, LUTHERS tumultuar. Vorgehen schade der Reform, und missbilligte dessen »grausame« Stellungnahme im Bauernkrieg. Nach einer Verteidigung seiner Position in der Schrift »Hyperaspistes diatribae adversus servum arbitrium Martini Lutheri« (1526–27; dt. »Schutzschrift gegen Martin Luthers Buch 'Vom unfreien Willen'«), die er als Erwiderung auf LUTHERS Kritik (»De servo arbitrio«, 1525; dt. »Vom unfreien Willen«) verfasst hatte, kam es zum Bruch zwischen beiden.

Schon die »Adagia« (eine Sammlung antiker und biblisch-christl. Sprichwörter; 1500, vervollständigt 1515) machten E. v. R. berühmt; durch Stil und Weltsicht vermittelten sie dem Norden und Westen Europas die überlegene Kultur Italiens. Mit ihnen und mit seinen »Colloquia familiaria« (1518; dt. u. a. als »Gespräche«) wurde E. v. R. zum Lehrer einer an der Sprache CICEROS orientierten Latinität; zugleich enthielten die »Colloquia« eine lebensnahe Moralphilosophie, die z. B. den Bildungsanspruch der Frau verteidigte, und eine Anleitung zu ironisierenden Skizzen des tägl. Lebens. Das »Enchiridion militis christiani« (1504; dt. u. a. als »Handbuch des christl. Ritters«) entwarf eine lebensnahe christl. Ethik. 1504 edierte er VALLAS philolog. »Bemerkungen zum N. T.« (»Annotationes«) und eröffnete damit eine neue Epoche neutestamentl. Forschung; 1516 gab er in Basel die erste Druckausgabe des griech. N. T. heraus. In der Einleitung hierzu verteidigte E. v. R. sein neues method. Konzept der Exegese, zugleich führte er in die »Philosophie Christi« ein, d. h. in ein am N. T., bes. an der Bergpredigt, orientiertes Christentum ohne Aberglauben und ohne Dogmatismus. Zw. 1520 und 1530 arbeitete E. v. R. an verbesserten Ausgaben der Kirchenväter (1521 CYPRIANUS, 1523 HILARIUS, 1526 IRENÄUS, 1527 AMBROSIUS und ORIGENES, 1527–29 AUGUSTINUS, 1530 JOHANNES I. CHRYSOSTOMOS). Mit polit. Ethik befasst sich ein Fürstenspiegel »Institutio principis christiani« (1516; dt. »Fürstenerziehung«). Seine 1517 erschienene »Querela pacis« (dt. »Klage des Friedens«) beschwor den Frieden als einen hohen Wert. Der umfängl. Briefwechsel des E. v. R. bildet eine reichhaltige Geschichtsquelle der Epoche.

E. v. R. bewahrte sich vor einer Vereinnahmung durch die Konfessionen und zieht z. T. bis heute deren abwertende Zensuren auf sich. Es wird tadelnd auf seine diplomat. Vorsicht und auf seine ironisierende »Kunst der Andeutung« verwiesen. Es wird ihm mit ZWINGLI, der einst sein Schüler war, vorgeworfen, dem verfolgten U. VON HUTTEN die erbetene Unterstützung verweigert zu haben. Die Päpste verboten 1559 und 1590 seine Schriften; LUTHER griff ihn an als einen Skeptiker und Epikureer. Wählt man die eigenen Kriterien des E. v. R. als Beurteilungsmaßstab – sprachl. Sorgfalt, Auflösung des dogmatisch Erstarrten, Weite des geschichtl. Horizonts, Verwerfung des Aberglaubens, Friedenswillen, kurz: christl. Humanismus –, so war E. v. R. eine zentrale Gestalt des 16. Jahrhunderts.

Ausgaben: Opera omnia, hg. v. J. CLERICUS, 11 Bde. (1703–06; Nachdr. 2001, in 10 Bde.n); Opera omnia, hg. v. J. H. WASZINK u. a., auf zahlr. Bde. ber. (1969 ff., krit. Gesamtausg.); Opus epistolarum, hg. v. P. S. ALLEN u. a., 12 Bde. (Neuausg. 1992). – E. v. R., hg. v. F. HEER (1962); Ausgew. Schrr., hg. v. W. WELZIG, 8 Bde. (1967–80, lat.-dt.).

A. RENAUDET: Préréforme et humanisme à Paris pendant les premières guerres d'Italie. 1494–1517 (Paris ²1953; Nachdr. Genf 1981); W. P. ECKERT: E. v. R., 2 Bde. (1967); J. HUIZINGA: Erasmus (a. d. Niederländ., Neuausg. 1993); UWE SCHULTZ: E. v. R. Der Fürst der Humanisten (1998); C. CHRIST-V. WEDEL: E. v. R. Anwalt eines neuzeitl. Christentums (2003); A. J. GAIL: E. v. R. (⁹2004).

Erastus, Erast, Thomas, eigtl. **T. Lieber, Liebler** oder **Lüber,** schweizerisch-dt. Humanist und Mediziner, * Baden (Kt. Aargau) 7. 5. 1524 (?), † Basel 1. 1. 1583; seit 1555 Prof. in Heidelberg. E. nahm als Anhänger U. ZWINGLIS und Mitgl. des Kirchenrates (1559–64) maßgeblich Einfluss auf die Einführung und Durchsetzung des ref. Kirchenwesens in der Pfalz, widersetzte sich jedoch der Einrichtung einer Kirchenzucht nach kalvinist. Genfer Vorbild. Seine staatskirchenrechtl. Auffassungen, die der christl. Obrigkeit das Recht zugestanden, Einfluss auf die äußere Organisation der Kirche zu nehmen (»Erastianismus«), wirkten im 17. Jh. prägend auf die Gestaltung des Staatskirchenrechts in den angelsächs. Ländern (England, Schottland).

Erato, griech. **Erato,** griech. Mythologie: eine der →Musen.

Eratosthenes von Kyrene, griech. Gelehrter, * Kyrene (heute Schahhat, Libyen) um 284 (oder 274) v. Chr., † Alexandria um 202 (oder um 194) v. Chr.; Schüler von ZENON und KALLIMACHOS; wurde 246 v. Chr. nach Aufenthalt in Athen durch PTOLEMAIOS III. EUERGETES als Prinzenerzieher und Leiter der Bibliothek nach Alexandria berufen. E. v. K. eignete sich eine sehr vielseitige Bildung an und beschäftigte sich u. a. mit Philologie, Grammatik, Mathematik, Literatur und Astronomie. Seine größten Ver-

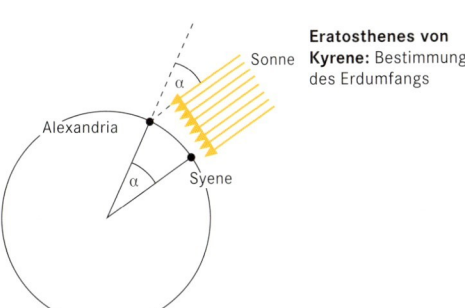

Eratosthenes von Kyrene: Bestimmung des Erdumfangs

Die Bestimmung des Erdumfangs nach Eratosthenes von Kyrene

Am Tag der Sonnenwende (21. Juni) steht die Sonne in Syene (heute Assuan) mittags genau im Zenit. Ein senkrecht aufgestellter Stab wirft also keinen Schatten, denn Syene liegt auf dem nördlichen Wendekreis. Zur gleichen Zeit bilden die Sonnenstrahlen in Alexandria mit einem senkrecht aufgestellten Stab einen Winkel von $\alpha = 7{,}2°$. Alexandria liegt 5000 Stadien (antike griechische Längeneinheit) in nördlicher Richtung von Syene. Der Erdumfang u steht mit dem Abstand Alexandria–Syene im gleichen Verhältnis wie der Winkel des Vollkreises (360°) zu den gemessenen 7,2°; damit ergibt sich (in Stadien) $u = 360 \cdot 5000/7{,}2 = 250\,000$. Ein Stadion misst etwa 157,5 m, sodass die Berechnung des Eratosthenes von Kyrene auf einen Erdumfang von 39 375 km führt, was dem Meridianumfang von 40 007,863 km erstaunlich nahe kommt.

Erb

Erbach 1): Blick zum Rathaus (1545), im Hintergrund die evangelische Pfarrkirche (1747–50)

Erbach 1)
Stadtwappen

dienste liegen auf dem Gebiet der Geografie. Ihm gelang als Erstem eine relativ genaue Bestimmung des Erdumfangs. Den ermittelten Wert verwendete er, um eine Gradnetzkarte der damals bekannten Welt zu entwerfen. In seinem dreibändigen Werk »Geographika« fasste er die geograf. Erkenntnisse seiner Zeit zusammen. Von seinen Leistungen auf dem Gebiet der Mathematik ist bes. ein nach ihm benanntes Verfahren zur Auffindung von Primzahlen bekannt, das →Sieb des Eratosthenes. Ferner beschäftigte er sich mit dem →delischen Problem, für das er eine instrumentelle Lösung angab (→Mesolabium). E. v. K., der zum Inbegriff hellenist. Gelehrsamkeit wurde, bezeichnete sich selbst erstmals als »Philologen« (»Freund aller geistigen Betätigung«). Von seinen Werken sind nur Fragmente erhalten.

Erb,

1) **Elke,** Schriftstellerin, *Scherbach 18. 2. 1938; siedelte 1949 mit ihrer Familie nach Halle (Saale) über, lebt seit 1967 in Berlin, 1967–78 ∞ mit dem Schriftsteller A. Endler; unter dem DDR-Regime erwarb sie sich besondere Verdienste um die Förderung jener experimentellen Literatur, die am Prenzlauer Berg in Berlin entstanden war (Anthologie »Berührung ist nur eine Randerscheinung«, 1985; hg. mit Sascha Anderson, *1953). E. schreibt an persönl. Erleben orientierte Lyrik und essayist. Prosa (z. T. ineinander verwoben wie in den Bänden »Gutachten«, 1975, und »Kastanienallee«, 1987). Immer setzt sich E. mit dem Verhältnis von Wirklichkeit und poet. Reflexion auseinander, die eigenen Texte kommentierend (»Winkelzüge oder nicht vermutete, aufschlußreiche Verhältnisse«, 1991; »Der wilde Forst, der tiefe Wald. Auskünfte in Prosa«, 1995). Auch Übersetzungen aus dem Russischen (u. a. S. A. Jessenin, M. I. Zwetajewa).

Weitere Werke: *Lyrik und Prosa:* Der Faden der Geduld (1978); Trost (1982); Vexierbild (1983). – *Lyrik:* Unschuld, du Licht meiner Augen (1994). – *Prosa:* Die Crux (2003); Gänsesommer (2005).

2) **Karl,** Sänger (Tenor), *Ravensburg 13. 7. 1877, †ebd. 13. 7. 1958; debütierte 1907 in Stuttgart und kam über Lübeck und wiederum Stuttgart nach München (1912–25), wo er 1917 die Titelpartie von H. Pfitzners »Palestrina« bei der Uraufführung kreierte. Nach 1930 wurde er bes. als Lied- und Oratoriensänger bekannt und trat v. a. als Schubertinterpret und Evangelist in J. S. Bachs Passionen hervor.

🔊 **Karl Erb:** R. Wagner: »Morgenlich leuchtend«, aus »Die Meistersinger von Nürnberg« 3135

3) **Wilhelm Heinrich,** Neurologe, *Winnweiler (Donnersbergkreis) 30. 11. 1840, †Heidelberg 29. 10. 1921; Prof. in Leipzig (1880–83) und Heidelberg; Mitbegründer der Elektrotherapie und Entdecker zahlr. neurolog. Krankheitsbilder, z. B. der progressiven Muskeldystrophie und der kombinierten Schulter-Arm-Lähmung (**Erb-Duchenne-Lähmung**). E. erkannte erstmals den Zusammenhang zw. Rückenmarkschwindsucht und Syphilis.

Erbach, 1184 erstmals urkundlich erwähntes rheinfränk. Uradelsgeschlecht, das eine Herrschaft (1532 Reichsgrafschaft) auf ehemals Lorscher Grund im Odenwald besaß. Das Haus E. teilte sich in der zweiten Hälfte des 17. Jh. in die noch heute bestehenden Linien E.-E. und E.-Fürstenau, von der sich 1718 die Linie E.-Schönberg abspaltete.

Erbach,

1) Kreisstadt und Luftkurort in Hessen, Verw.-Sitz des Odenwaldkreises, 200–560 m ü. M., an der Mümling, 14 500 Ew.; Dt. Elfenbeinmuseum; Kunsthandwerk (Elfenbeinschnitzerei, Bernsteinbearbeitung, Goldschmiedearbeiten u. a.), Metall- und Kunststoffverarbeitung; Fremdenverkehr. – Das Schloss war urspr. eine Wasserburg, von der der Bergfried (um 1180) erhalten ist, und umfasst versch. Bauten des 16. Jh. sowie den eigentl. Schlossbau des Barock (1736; architekton. Neugestaltung der Fassade 1900–02); Waffen- und Ritterrüstungen, bedeutende Kunstschätze (u. a. Originalbüste Alexanders d. Gr., Helm aus der Schlacht von Cannae, Funde aus Herculaneum und Tivoli). Ev. Pfarrkirche (1747–50); Rathaus (1545; 1593/94 Umbauten); ehem. Burgmannenhöfe (15.–18. Jh.) im heutigen »Städtel«. – E. wird erstmals 1095 urkundlich erwähnt und 1321 erstmals als Stadt genannt. Nach der Erhebung der Herren von E. in den Reichsgrafenstand (1532) wurde E. Residenz der gleichnamigen Grafschaft; 1806 fiel es an Hessen-Darmstadt. 1822 wurde E. Sitz eines großherzoglich-hess. Landrats.

2) Stadt (seit 2002) im Alb-Donau-Kreis, Bad.-Württ., links der Donau, 550 m ü. M., 13 300 Ew.; Holzindustrie. – Kath. Pfarrkirche St. Martin (1767–69, über spätgot. Vorgängerbau); Schloss (1550–52; heute Museum) mit Torturm (13./14. Jh.) und Renaissancebrunnen.

3) Ortsteil von →Eltville am Rhein.

Erbakan, Necmettin, türk. Politiker, *Sinop 1926; lebte 1951–54 in der Bundesrep. Dtl. (1953 Promotion an der TU Aachen), lehrte 1954–66 an der TU Istanbul; wurde 1969 als Unabhängiger erstmals ins Parlament gewählt. 1970 gründete E. die »Nat. Ordnungspartei« (1971 verboten), 1973 wurde er Vors. der proislam. »Nat. Heilspartei« und war 1974–77 mehrfach Reg.-Mitgl., nach dem Militärputsch 1980/81 inhaftiert. 1983 gründete er die islamisch-fundamentalist. »Wohlfahrtspartei« (RP), die aus den Parlamentswahlen im Dezember 1995 als stärkste Partei hervorging; als Partei-Vors. scheiterte er im Januar 1996 zunächst mit einer Reg.-Bildung, wurde jedoch im Juni 1996 Min.-Präs. einer Koalitions-Reg. mit der konservativen »Partei des rechten Weges« (Rücktritt im Juni 1997 unter Druck des Militärs). Im Januar 1998 erfolgte ein Verbot der RP; 2000 wurde E. durch Gerichtsurteil von der Politik ausgeschlossen.

Erb|ämter, die seit dem 13. Jh. im erbl. Besitz adliger Geschlechter befindlichen, stellvertretend für die fürstl. Inhaber der →Erzämter versehen →Hofämter am Königshof im Hl. Röm. Reich (**Reichs-E.**, z. B. Reichserbmarschälle zu Pappenheim), aber auch – in Anlehnung hieran – an landesfürstl. Höfen (**Erblandeshofämter**). Die Inhaber der Reichs-E. versahen den tatsächl., mit der Funktion des Amtes zusammenhängenden Dienst am Hofe zunächst selbst, ließen sich aber später durch Unterbeamte vertreten. Im Spät-MA. wurden neue Reichs-E. ohne Entsprechung zu einem Erzamt geschaffen. Die Titel der wichtigsten E. konnten bei lang dauernder Vererbung in einer Familie zum Namensbestandteil werden; z. B. die Grafen Schenk von Stauffenberg als Schenken der stauf. Herzöge von Schwaben.

Erbärmdebild, →Andachtsbild.

Erb|ausgleich, vorzeitiger E., →Erbrecht (Erbrecht des nichtehel. Kindes nach früherem Recht).

Erbauung, Begriff der (christl.) Frömmigkeit. Im A. T., bes. im Sprachgebrauch der Propheten (z. B. Jer. 33, 7), ist E. das Auferbauen des Volkes Jahwes, im N. T. der Aufbau der Gemeinde durch Gewinnung von Außenstehenden bzw. durch Stärkung ihrer Mitglieder (u. a. 1. Kor. 3, 10; Eph. 2, 20). E. erfolgt hier v. a. im Gottesdienst und gemeinschaftsbezogen. – In der christl. Frömmigkeitsgeschichte wurde E. zunehmend zur Bezeichnung des persönl. Frömmigkeitserlebnisses des Christen, in dem er die Festigung und Stärkung (Auferbauung) seines Glaubens erfährt. Starke Impulse in dieser Richtung gingen vom →Pietismus aus, wobei bes. die regelmäßige Lesung der Bibel (nach einem bestimmten Plan) als Mittel zur E. bestimmt wurde. Darüber hinaus bildet seit der Frühzeit der Kirche die Lektüre von →Erbauungsliteratur ein wesentl. Mittel individueller Erbauung.

Erbauungsliteratur, i. w. S. jede der Stärkung des Glaubens und der Frömmigkeit dienende (christl.) Literatur, von der Bibel über Heiligenlegenden, Gebetbücher, Psalterien, myst. Visionsberichte bis zu bekenntnishaften Autobiografien (z. B. des →Pietismus) oder religiösen Dichtungen wie F. G. KLOPSTOCKS »Messias«. I. e. S. werden zur E. Schriften gezählt, die ausdrücklich als Handreichung zu einer christl. Lebensgestaltung, als Anweisung für die häusl. Andacht und Trost in Anfechtungen dienen sollen. Zu dieser Art E. gehören u. a. das Andachtsbuch, der Traktat, die Predigtsammlung (Postille), die Historienbibel, das Trost- und Sterbebüchlein; oft wurden mehrere Arten zu Spiegeln (oft verdeutscht das mittelalterl. »Speculum humanae salvationis«, anonym, um 1324; dt. »Spiegel der menschl. Seligkeit«) oder (seit der Reformation) in Hausbüchern vereinigt. E. war bis etwa 1750 in Dtl. das am weitesten verbreitete Literaturgenre, das internationale (besonders span., niederländ., engl.) Anregungen aufnahm und sie weiterführte. Die E. beeinflusste durch ihren Wortschatz auch nichtreligiöse literar. Werke.

In der Frühzeit der Kirche standen neben der Bibel zunächst die neutestamentl. →Apokryphen. Zu ihnen traten dann Märtyrerakten und Mönchsbiografien, schließlich auch die Heiligenlegenden. Neben ihnen spielten die erbaul. Schriften und Predigtsammlungen der Kirchenväter eine Rolle, die ergänzt wurden durch Gebetbücher. Im 13. Jh. wurden diese Laienpsalterien dann von den →Stundenbüchern abgelöst, bei denen sich der Einfluss der Mystik immer stärker bemerkbar machte (u. a. BONAVENTURA, J. TAULER, THOMAS A KEMPIS mit der bis ins 20. Jh. wirkenden Schrift »De imitatione Christi«, 1410/20; dt. »Über die Nachfolge Christi«). Im Ausgang des MA. entstand ein neuer Gebetbuchtypus als eine Art Kompendium für Meditation und Gebet; am bekanntesten der »Hortulus animae«.

Reformatorische E. Die Reformation brachte bes. eine weite Verbreitung der dt. Bibel, daneben Gesangbücher, LUTHERS Postille, Betbüchlein und zahlr. andere Werke der E. von LUTHER u. a. Reformatoren: von LUTHER selbst die »Theologia Deutsch« (1516), weit verbreitet waren auch J. ARNDS »Vier Bücher vom wahren Christentum« (1605–09), HEINRICH MÜLLERS »Geistl. Erquickungsstunden« (1664), CHRISTIAN SCRIVERS »Seelenschatz« (1672–95, 5 Bde.), später auch die Schriften von A. H. FRANCKE, N. L. VON ZINZENDORF, G. TERSTEEGEN, JOSEF FRANZ XAVER STARK (* 1750, † 1816), J. A. BENGEL und F. C. OETTINGER. In England waren die prakt. Schriften von R. BAXTER (z. B. »The saints' everlasting rest«, 1649; dt. »Die ewige Ruhe der Heiligen«) und J. BUNYANS »The pilgrim's progress« (1678–84, 2 Tle.; dt. u. a. als »Die Pilgerreise«) populär. Im 19. Jh. verbreiteten Buch- und Traktatgesellschaften E. in großem Umfang, doch von oberflächl. und sentimentalem Inhalt.

Katholische E. In der kath. Kirche der Neuzeit findet sich neben einer großen Menge anspruchsloser E. eine Reihe von Schriften, die durch die theolog. Bedeutung ihrer Verfasser den Kern der neueren kath. E. bilden. Im 16. Jh. ragten hervor: der Benediktiner LUDWIG BLOSIUS (* 1506, † 1566), der Jesuit PETRUS CANISIUS (u. a. drei Katechismen, 1555–58), der Dominikaner LUDWIG VON GRANADA, V. DIETRICH (»Summaria über die gantze Bibel«, 1541), MARTIN MOLLER (»Christl. Sterbekunst«, 1593), der Karmeliter JOHANNES VOM KREUZ und die Karmeliterin THERESIA VON ÁVILA, der Weltpriester JOHANNES VON ÁVILA. Auf der Schwelle zum 17. Jh. steht als einer der Wichtigsten FRANZ VON SALES; im 17. Jh. wirkte der Volksmissionar und Ordensstifter GRIGNION DE MONTFORT (* 1673, † 1716); bedeutende Lyrik schufen F. VON SPEE (»Trutz-Nachtigall«, 1649) und ANGELUS SILESIUS (»Cherubin. Wandersmann«, 1674). Von konfessioneller Toleranz zeugen die Andachtsbücher P. VON ZESENS, G. P. HARSDÖRFFERS und J. MOSCHEROSCHS. In Dtl. waren in der 2. Hälfte des 17. Jh. bes. einflussreich: der Kapuziner MARTIN VON COCHEM, der Prämonstratenser L. GOFFINÉ als Verfasser der »Hauspostille« (1690), eines der erfolgreichsten Erbauungsbücher überhaupt, und (in gewisser Weise auch hierhin gehörend) der Augustiner ABRAHAM A SANCTA CLARA. Die Erbauungsbücher J. M. SAILERS gehören teils noch ins 18. Jh., leiten aber schon ins 19. Jh. über, in dem als dt. Klassiker der E. ALBAN STOLZ (* 1808, † 1883) hervortritt. Zu den dt. Erbauungsschriftstellern des 20. Jh. gehört u. a. PETER LIPPERT (* 1879, † 1936).

Necmettın Erbakan

Erbbauer, im mittelalterl. dt. Recht Bez. für einen Bauern, der ein erbl. Gut besaß, entweder als Eigentum oder in Erbleihe oder Erbpacht. Mit E. wurde auch der mit dem Gut vererbte Hörige bezeichnet. Bis zur Bauernbefreiung im 19. Jh. bestand der Begriff in dieser Doppeldeutigkeit.

Erbbaurecht, das veräußerliche und vererbl. dingl. Recht, auf oder unter der Oberfläche eines fremden Grundstücks ein Bauwerk zu haben; geregelt in der VO über das E. vom 15. 1. 1919, welche die §§ 1012 ff. BGB ersetzte. Das E. gewährt eigentümerähnl. Befugnisse und wird deshalb wie Grundstückseigentum behandelt. Die (schuldrechtl.) Verpflichtung zur Bestellung des E. bedarf wie der Grundstückskaufvertrag der notariellen Beurkundung. Die Bestellung selbst erfolgt durch Einigung und Grundbucheintragung an erster Rangstelle (zum Schutz vor Zwangsvollstreckungen) des belasteten Grundstücks. Bei Eintragung des E. in das Grundbuch wird für das E. von Amts wegen ein besonderes Grundbuchblatt (**Erbbaugrundbuch**) angelegt, in das alle das E. betreffenden rechtserhebl. Vorgänge sowie die den Inhalt des E. konkretisierenden Vereinbarungen (z.B. über Errichtung, Instandhaltung, Verwendung und Versicherung des Bauwerks oder über einen Heimfallanspruch) zw. dem Grundstückseigentümer und dem Erbbauberechtigten eingetragen werden. Ein i. d. R. vom Erbbauberechtigten für die Bestellung des E. zu zahlender **Erbbauzins** (Entgelt in wiederkehrenden Leistungen) wird als →Reallast gesichert. Als grundstücksgleiches Recht ist das E. grundsätzlich übertragbar und mit Grundpfandrechten belastbar. Die dingl. Rechte lasten dann nur auf dem E., nicht auf dem Grundstück, da das auf dem Grundstück errichtete Bauwerk wesentl. Bestandteil des E., nicht des Grundstücks ist und somit im Eigentum des Erbbauberechtigten steht. Das E. erlischt durch Ablauf der Zeit, für die es bestellt ist (meist für 99, auch für 75 Jahre). Das Eigentum am Bauwerk geht dann kraft Gesetzes auf den Grundstückseigentümer über, der jedoch zur Zahlung einer Entschädigung verpflichtet ist. Ist ein **Heimfallanspruch** (Verpflichtung des Erbbauberechtigten, bei Eintreten bestimmter Voraussetzungen das E. auf den Grundstückseigentümer zu übertragen) vertraglich vereinbart worden, so geht das E. beim Heimfall samt dem Bauwerk und den hierauf ruhenden Lasten auf den Grundstückseigentümer über, der es neu übertragen kann. Dem bisherigen Erbbauberechtigten ist vom Grundstückseigentümer eine angemessene Vergütung zu zahlen. Zum Recht von Nutzern fremder Grundstücke in den neuen Ländern bei Bestellung eines E. →Sachenrechtsbereinigungsgesetz.

🕮 H. INGENSTAU: Komm. zum E., fortgef. v. J. INGENSTAU u. V. HUSTEDT (⁸2001); R. BÖTTCHER: Prakt. Fragen des E.s (⁴2002); H. v. OEFELE u. K. WINKLER: Hb. des E.s (³2002).

erbbiologisches Gutachten, sachverständige Beurteilung der Befunde von gezielten Untersuchungen zur Ermittlung der Abstammung (→Vaterschaftsuntersuchungen) oder zur Feststellung bestimmter genet. Eigenschaften (→Genanalyse).

Erbbürger, bis zur Neuordnung der Kommunalordnung im 19. Jh. Bez. für einen städt. Vollbürger mit ererbtem und vererbbarem städt. Grundbesitz. In einigen Städten bildeten die E. das Patriziat.

Erbe,
1) *allg.: das, -s,* die Erbschaft, Hinterlassenschaft, der Nachlass; in der älteren dt. Rechtsgeschichte das von den Vorfahren ererbte Gut (→Allod).

2) *Erbrecht: der, -n/-n,* diejenige natürl. oder jurist. Person, auf die im Erbfall das Vermögen des Erblassers übergeht (→Erbrecht).

Erben,
1) Johannes, Sprachwissenschaftler, * Leipzig 12. 1. 1925; ab 1965 Prof. in Innsbruck, seit 1979 in Bonn.
Werke: Abriß der dt. Grammatik (1958); Dt. Grammatik (1968); Einführung in die dt. Wortbildungslehre (1975); Dt. Syntax (1984).

2) Karel Jaromír, tschech. Lyriker und Übersetzer, * Miletín (Ostböhmen) 7. 11. 1811, † Prag 21. 11. 1870; bedeutender Vertreter der tschech. Romantik; sammelte tschech. Volkslieder, Sprichwörter und Märchen; verfasste die für die tschech. Dichtung wegweisende Balladensammlung »Kytice« (1853; dt. »Der Blumenstrauß«).

Erbendorf, Stadt im Landkreis Tirschenreuth, Bayern, an der Fichtelnaab, im Oberpfälzer Wald, 509 m ü. M., 5400 Ew.; Erholungsort; Porzellanindustrie, Messgerätebau. – Seit 1283 hielten die Herzöge von Bayern die Vogteirechte über E., das 1300 als Marktort urkundlich erwähnt wurde. 1842 erhielt E. Stadtrecht.

Erbengemeinschaft, →Erbrecht (Mehrheit von Erben), →Miterbe.

Erb|ersatzanspruch, →Erbrecht (Erbrecht nichtehel. Kinder nach früherem Recht).

Erbeskopf, höchste Erhebung des Hunsrücks, Rheinl.-Pf., 818 m ü. M.

Erbfehler, →Erbschäden bei Haustieren.

Erbfolge, →Erbrecht.

Erbfolgekriege, Sukzessionskriege, aus Streitigkeiten über Thronfolgerechte entstandene Kriege, so der →Landshuter Erbfolgekrieg, der →Pfälzische Erbfolgekrieg, der →Spanische Erbfolgekrieg, der →Polnische Thronfolgekrieg, der →Österreichische Erbfolgekrieg und der →Bayerische Erbfolgekrieg.

Erbgang, *Genetik:* die Art und Weise, wie ein Merkmal vererbt wird →mendelsche Regeln.

Erbgesundheitsgesetz, Kurz-Bez. für das Gesetz zur Verhütung erbkranken Nachwuchses vom 14. 7. 1933, →Eugenik, →Zwangssterilisation.

Erbgesundheitslehre, Erbhygiene, die →Eugenik.

Erbgraf, urspr. ein Graf, der sein Amt erblich verwaltete; nach 1806/15 Titel des erbberechtigten, i. Allg. des ältesten Sohnes oder Enkels des Hauptes eines mediatisierten, ehemals reichsständ. Grafenhauses.

Erbgrind, der →Favus.

Erbgroßherzog, Titel des ältesten Sohnes und Thronfolgers eines regierenden Großherzogs.

Erbgut|entschlüsselung, Identifizierung des Erbguts, i. e. S. durch DNA-Analyse; die gesamte Erbinformation des Menschen liegt in jeder Zelle in kettenförmiger Anordnung in 2·23 Elementen, dem so genannten doppelten Chromosomensatz vor.

Den beiden Wissenschaftlern und späteren Nobelpreisträgern J. D. WATSON und F. H. C. CRICK war es 1953 gelungen, die räuml. Struktur des wichtigsten Moleküls des Lebens, der Erbsubstanz, zu entschlüsseln. Aus dieser räuml. Struktur ließ sich bereits wenige Jahre später der genet. Code, die Sprache des Erbguts, ableiten; die Struktur war die Voraussetzung, um zu erkennen, wie und auf welchem Weg die Information, die in der DNA gespeichert ist, zur Synthese der Grundbausteine aller Zellen, der Proteine, benutzt wird; sie schuf letztendlich die Basis, um Erbinformation von einem Organismus auf den anderen zu übertragen und diese Erbinformation abzuändern. Es ist daher gerechtfertigt, das Watson-Crick-Modell der DNA als eine der bedeutsamsten biolog. Entdeckungen des 20. Jh. anzusehen.

Die Erbinformation ist in der DNA der Chromosomen als Folge von etwa 2·3 Mrd. Bausteinen, den Basen, festgelegt, wobei die eine Hälfte des Erbguts von der Mutter, die andere vom Vater stammt. Es gibt nur vier Basen – Adenin, Cytosin, Guanin und Thymin – in deren Abfolge, auch Sequenz genannt, die genet. Information gespeichert ist.

In der DNA treten die Basen Adenin und Thymin einerseits sowie die Basen Guanin und Cytosin andererseits immer im gleichen Mengenverhältnis auf. Nur das Mengenverhältnis der beiden Paare Adenin/Thymin zu Guanin/Cytosin variiert.

Die DNA besteht aus zwei spiraligen Strängen, wobei die beiden Stränge entgegengesetzt verlaufen.

Die beiden durch Wasserstoffbrücken zusammengehaltenen DNA-Stränge trennen sich wie ein Reißverschluss auf. An den beiden Einzelsträngen können sich DNA-Einzelbausteine anlagern, garantiert durch die Basenpaarung entsteht ein komplementärer Strang.

Die systemat. Entschlüsselung des Erbguts des Menschen war das primäre Ziel des →Human-Genom-Projekts. Als Endergebnis wurde die Sequenz, also die Abfolge der Basen der DNA, vollständig ermittelt. Damit steht der genet. Code eines jeden Gens zur Verfügung. Die Sequenzanalyse des menschl. Erbguts im Human-Genom-Projekt war das größte biologisch-medizin. Forschungsvorhaben, das jemals begonnen wurde. Es wurde seit Ende der 1980er-Jahre mit öffentl. Mitteln, anfangs überwiegend in den USA und in Großbritannien, gefördert. Deutschland schloss sich erst 1995 an. Weltweit waren 20 Zentren (davon 3 dt. mit Sitz in Jena, Berlin und Braunschweig) in sechs Ländern beteiligt. Im Mai 1998 wurde die amerikan. Firma Celera Genomics gegründet, die mit privaten Mitteln und wirtschaftl. Interesse in die E. einstieg. Die damit entstandene Konkurrenzsituation zw. Celera und dem öffentlich geförderten Human-Genom-Projekt führte zu einer erhöhten Geschwindigkeit der Genomentzifferung. Den End- und Höhepunkt dieses Wettbewerbs bildete im Juni 2000 im Weißen Haus in Washington die gemeinsame Ankündigung einer vorläufigen Version der Gensequenz durch die wiss. Leiter des Human-Genom-Projekts (Francis Collins) und der Firma Celera (Craig Venter). Noch vor 20 Jahren schien das Ziel einer vollständigen Sequenzierung eine Utopie zu sein; inzwischen ist das menschl. Genom vollständig sequenziert.

Bis Mai 2000 war die DNA des Chromosoms 21 und des Chromosoms 22 (die zwei kleinsten Chromosomen des Menschen) nahezu vollständig entschlüsselt worden. Im Februar 2001 wurde die vorläufige Version der Sequenz des menschl. Genoms von den Gruppen um Francis Collins und Craig Venter zeitgleich publiziert. Zum 50. Jahrestag der Entdeckung der Doppelhelixstruktur der DNA durch J. D. Watson und F. H. C. Crick verkündete das öffentl. Konsortium die Vervollständigung der Sequenz. Mit der Publikation der vollständigen Sequenz (99%) im Oktober 2004 wurde die Sequenzanalyse des menschl. Genoms im Human-Genom-Projekt formal abgeschlossen. Das verbleibende Prozent nicht gelöster Sequenz ist mit heutigen Methoden einer Bestimmung nicht zugänglich. Die Beschreibung der Basenabfolge des gesamten Erbguts ermöglicht die Erkennung von Veränderungen in den Genen (so genannte Mutationen). Mit dieser Information ist bei einigen genetisch bedingten Erkrankungen (bisher etwa 800) eine annähernd sichere Prognose möglich. Hierbei handelt es sich um eine Gruppe monogen bedingter Erkrankungen, die dadurch charakterisiert sind, dass das veränderte Gen einen sehr starken Einfluss auf die Krankheitsausprägung nimmt und wenig durch andere Faktoren modifiziert wird. Durch die eher direkte Wirkung des Genprodukts besteht eine enge Korrelation zw. Genmutation und Erscheinungsbild (insbes. die Summe aller an einem Einzelwesen vorhandenen Merkmale). Zu diesen Erkrankungen zählen z. B. bestimmte Formen des Albinismus und die Phenylketonurie. Für die überwiegende Mehrzahl von genet. Merkmalen, Erkrankungen und Anomalien aber gilt, dass ihre Ausprägung durch ein Zusammenspiel von genet. Faktoren, Umwelt und Zufall bestimmt wird, sie also eine stärkere Variabilität zeigen. Ein Beispiel dafür ist die Spina bifida, eine angeborene Spaltbildung im hinteren oder vorderen Teil der Wirbelsäule. Die Häufigkeit von Spina bifida liegt in Dtl. bei etwa einer Erkrankung je 1 000 Geburten. Der Einfluss genet. Faktoren hinsichtlich der Manifestation ist relativ gering, da das Wiederholungsrisiko in einer Familie nur etwa 5 % liegt. Umweltfaktoren spielen eine erkennbare Rolle, da beispielsweise durch die Gabe von Folsäure vor der Konzeption und während der Schwangerschaft die Häufigkeit von Spina bifida nachweislich reduziert werden kann.

Nach der Entschlüsselung der menschl. Erbinformation befasst sich das Human-Genom-Projekt nun mit den wesentlich komplexeren Vorgängen der Umsetzung dieser Information und der genet. Variabilität von Individuen. Es stehen inzwischen Methoden zur Verfügung, die es erlauben, die aktiven, abgelesenen Gene, die genet. Merkmale eines Menschen sowie die Gesamtheit der Proteine eines Gewebes zu analysieren.

Deshalb ist nicht die Sequenzanalyse der DNA die eigentl. Herausforderung bei der Bekämpfung von Krankheiten, sondern die funktionelle Genomanalyse, die Untersuchung der Proteinausstattung, des Proteoms eines Individuums. Es wird sicher eine Reihe von Jahren dauern, bis das Zusammenspiel der geschätzten maximal 30 000 Gene des Menschen verstanden ist. Erschwerend kommt hinzu, dass beim Menschen, im Unterschied zu Genomen bisher untersuchter Lebewesen, ein einzelnes Gen nicht selten für mehrere Proteine codieren kann. Die dadurch erhöhte Komplexität der Genwirkungen untereinander und deren Beeinflussung stellt sich dadurch erkennbar schwieriger dar als bisher erwartet. Die Wiss. muss die Wechselwirkungen der Genprodukte, der Proteine, untersuchen und verstehen lernen.

Diese so genannte Proteomforschung (→Proteomik) wird den Zuwachs an Wissen über die molekularen Vorgänge des Lebens erheblich beschleunigen und auch zu einem tieferen Verständnis der Mechanismen führen, die für Krankheitsbilder verantwortlich sind.

Die Bedeutung von genet. Veränderungen für die Diagnose, Behandlung und Prognose von komplexen Krankheitsentwicklungen, beispielsweise Krebs, Stoffwechselstörungen, Alzheimer-Krankheit oder auch Herz-Kreislauf-Erkrankungen, wird in den nächsten Jahren zunehmen, da es möglich sein wird, veränderte Proteine und ihre Fehlsteuerungen zu di-

Erbh Erbhof

Erbil: Teilansicht der Zitadelle im Stadtzentrum

agnostizieren. Außerdem zeigen jüngste Entwicklungen in der pharmazeut. Industrie, wie schnell funktionelle Genanalysen zu neuen Arzneimitteln führen können. So hat die Aufklärung der molekularen Veränderungen in Krebszellen beispielsweise zur Entwicklung des Krebsmedikamentes Herceptin geführt.

Dabei steht die Bekämpfung komplexer genet. Erkrankungen im Vordergrund. Das Förderprogramm »Krankheitsbezogene Genomforschung« vom Bundesministerium für Bildung und Forschung trägt dieser Entwicklung Rechnung. Während Dtl. sich erst sehr spät mit größeren Fördermitteln in das internationale Human-Genom-Projekt eingebracht hat, werden nun Mittel dafür bereitgestellt, bei der funktionellen Genomforschung international maßgeblich an der Aufklärung noch unbekannter Faktoren mitzuwirken.

Erbhof, →Höferecht.

Erbil, Arbil, Irbil, Stadt in N-Irak, Verw.-Sitz der Prov. E., liegt auf breitem Hügel inmitten einer landwirtschaftlich intensiv genutzten Ebene, 414 m ü. M., 891 300 Ew.; Endpunkt einer Eisenbahnlinie von Bagdad. – Das Stadtzentrum wird von der Zitadelle beherrscht, deren Anfänge wohl in assyr. Zeit zurückreichen. Von der alten Moschee von E. ist ein Ziegelminarett (1190–1223) erhalten. – E., sumer. **Urbilum, Arbilum,** akkad. **Arbailu, Arbail,** altpers. **Arbaira,** griech. **Arbela,** ist eine der ältesten kontinuierlich besiedelten Städte der Erde. Sie ist bereits in Quellen des 3. Jt. erwähnt, war später eine wichtige Stadt Assyriens, Ausgangspunkt assyr. Westfeldzüge im 9. Jh. v. Chr.; der Assur-und-Ischtar-Tempel war v. a. im 7. Jh. ein bedeutendes Orakelheiligtum (Leberschau). E. wurde wohl 615 v. Chr. von den Medern besetzt. – Nordwestlich von E. fand die Schlacht von →Gaugamela statt.

Erbium [gebildet zu -erb-, einem Wortbestandteil von Ytterbit (ältere Bez. des Minerals Gadolinit)] *das, -s,* chem. Symbol **Er,** ein →chemisches Element aus der Reihe der →Lanthanoide; ein Seltenerdmetall, weich und formbar mit silbrig metall. Glanz. E. kommt zus. mit anderen Lanthanoiden v. a. in den Mineralen Gadolinit, Thortveitit und Xenotim vor. Es hat nur wenig Bedeutung, u. a. in der Kerntechnik und Metallurgie. E. ist ziemlich stabil an der Luft und oxidiert nicht so schnell wie einige andere Seltenerdmetalle. In seinen rosafarbenen bis rötl. Verbindungen tritt das in reiner Form sehr schwer gewinnbare Metall dreiwertig auf. – E. wurde 1843 von C. G. MOSANDER im Gadolinit entdeckt und 1879 von P. T. CLEVE rein isoliert (von den Elementen Holmium und Thulium getrennt).

Erbkaiserliche, während der Debatte über das künftige Staatsoberhaupt in der Frankfurter Nationalversammlung (1848/49) sich bildende polit. Gruppierung zunächst nur der gemäßigten Liberalen unter der Führung von H. VON GAGERN. Die E. wandten sich gegen ein auf Zeit gewähltes Staatsoberhaupt (Präs.) ebenso wie gegen die »großdt. Lösung« der dt. Frage (Eintritt Österreichs mit seinen nichtdt. Bevölkerungsteilen in den neu zu bildenden Staat unter der Führung des österr. Monarchen). Sie erstrebten die »kleindt. Lösung«, d.h. einen vorläufigen Bundesstaat ohne Österreich mit dem preuß. König als Kaiser. In den Abstimmungen über das Erbkaisertum errangen die E. zwar die Mehrheit (27./28. 3. 1849), der zum Kaiser gewählte König FRIEDRICH WILHELM IV. von Preußen verweigerte jedoch die Annahme der Krone (3./28. 4. 1849). Auch nach dem Scheitern der Frankfurter Nationalversammlung setzten sich viele E. weiterhin für die kleindt. Lösung ein (z. B. 1849 die »Gothaer«, 1850 das »Erfurter Unionsparlament«).

Erbko|ordination, *Verhaltensforschung:* veraltete Bez. für angeborene, arttyp. Bewegungsmuster, die von bestimmten Reizen ausgelöst werden (→Auslösemechanismus), dann aber formkonstant (d. h. in immer gleicher Weise) ablaufen, auch wenn das Verhalten in einer unnatürl. Situation sinnlos ist (z. B. wenn Hunde sich vor der Kotabgabe im Kreis drehen, um das Gras niederzutreten). →Automatismus.

Erbkrankheiten, die →genetischen Krankheiten.

Erblande, Erbstaaten, im Hl. Röm. Reich bis 1806 die Länder, die sich als Grundstock im altererbten Besitz einer Dynastie befanden im Unterschied zu späteren Neuerwerbungen, denen gegenüber sie eine verfassungsrechtl. Sonderstellung einnehmen konnten. So unterschied man z. B. in Österreich die habsburg. E. westlich der Leitha von Ungarn und den Besitzungen in Italien. E. der preuß. Monarchie waren bes. Brandenburg und das jenseits der Reichsgrenzen liegende Preußen, beide jedoch ohne rechtl. Unterschied zu den übrigen Provinzen. In Sachsen unterschied man die E. von der Oberlausitz.

Erbium (chem. Symbol: Er)	
Ordnungszahl	68
relative Atommasse	167,26
Häufigkeit in der Erdrinde	$2,5 \cdot 10^{-4}$ %
natürlich vorkommende stabile Isotope	^{162}Er (0,14), ^{164}Er (1,61), ^{166}Er (33,6), ^{167}Er (22,95), ^{168}Er (26,8), ^{170}Er (14,9)
bekannte instabile und radioaktive Isotope	^{145}Er bis ^{175}Er
längste Halbwertszeit (^{169}Er)	9,40 Tage
Dichte (bei 20 °C)	9,066 g/cm^3
Schmelzpunkt	1529 °C
Siedepunkt	2868 °C
spezif. Wärmekapazität (bei 25 °C)	0,168 J/(g · K)
elektr. Leitfähigkeit	$1,1 \cdot 10^6$ S/m
Wärmeleitfähigkeit (bei 27 °C)	14,5 W/(m · K)

Erb|lasser, →Erbrecht.
Erblastentilgungsfonds, durch das Ges. zur Umsetzung des Föderalen Konsolidierungsprogramms vom 23. 6. 1993 geschaffenes nicht rechtsfähiges Sondervermögen des Bundes, in dem seit 1995 die wesentl. Elemente der finanziellen »Erblast« der DDR zusammengefasst, verzinst und getilgt werden; die Verbindlichkeiten des 1994 aufgelösten →Kreditabwicklungsfonds (58,3 Mrd. €), die Finanzschulden der →Treuhandanstalt (104,6 Mrd. €) sowie die Altschulden der ostdt. Wohnungswirtschaft (14,2 Mrd. €). 1997 wurden auch die Altschulden für gesellschaftl. Einrichtungen (4,3 Mrd. €) in den E. übernommen. Der Schuldendienst wird im Wesentlichen durch laufende Zuschüsse aus dem Bundeshaushalt finanziert; außerdem fließen dem E. ein Teil des Bundesbankgewinns sowie der Privatisierungserlöse der ostdt. Wohnungsunternehmen zu. Seit 1999 ist der Schuldendienst des E. in den Bundeshaushalt integriert. (→Altschulden, →öffentliche Schulden)

Erblehen, im mittelalterl. Dtl. urspr. nur das vom Vater in direkter Erbfolge auf den Sohn vererbte →Lehen, das keinerlei Besitzeinweisung bedurfte. Mit der Ausdehnung der Erbfolge auch auf Seitenverwandte (Agnaten) unterschied man zw. E. und →Allod.

Erbpacht, im MA. entwickelte Form der Pacht, bei welcher der Eigentümer einem anderen ein Gut erblich gegen jährl. Zins überließ, wobei der Pächter nur ein Nutzungsrecht am Gut erwarb und zu fest umschriebenen Abgaben und Diensten verpflichtet war. Die E. überschnitt sich mit der rechtlich ähnlich gestalteten Institution der **Erbleihe,** der vererbl. und veräußerbaren dingl. Leihe von Grundstücken.

Erbprinz, Titel des ältesten Sohnes und Thronfolgers eines regierenden, aber auch eines mediatisierten Herzogs oder Fürsten; in Bayern auch Titel des ältesten Sohnes des Kronprinzen.

Erbrechen, Brechen, Emesis, Vomitus, rückläufige Entleerung des Mageninhalts durch Speiseröhre, Schlund und Mund nach außen. Dem E. gehen i. d. R. Übelkeit (→Brechreiz), Schweißausbruch mit Gesichtsblässe und Schwächegefühl voraus. Das E. stellt ein vom →Brechzentrum über das vegetative Nervensystem ausgelöstes Reflexgeschehen dar und setzt mit einer tiefen Einatmungsbewegung mit nachfolgenden Zusammenziehungen der Bauchmuskeln und des Zwerchfells ein; durch rückläufige Bewegungen (Antiperistaltik) des Magens kommt es dann zu einer Entleerung des Inhalts durch die erschlaffte Speiseröhre. Der saure Geschmack und Geruch geht auf die beigemengte Salzsäure des Magensafts zurück; bei geöffnetem Magenpförtner werden auch Dünndarmsekret und Gallenflüssigkeit erbrochen. Unter besonderen Voraussetzungen kann es zu →Bluterbrechen, bei Darmverschluss auch zu Kot-E. kommen. – Die Erregung des Brechzentrums kann über periphere Impulse durch Reizung des Schlund- oder Magennerven (z. B. durch Berührung der Rachenwand, Trinken von warmem Salzwasser) wie auch des Vestibularapparates (→Bewegungskrankheit) ausgelöst werden oder unmittelbar durch zentrale Reizung (z. B. durch Brechmittel, Stoffwechselprodukte, Gifte, gesteigerten Hirndruck); auch psych. Einflüsse (Ekel und) vasomotor. Vorgänge (Migräne) können auslösend wirken. Zu den vielfältigen Ursachen gehören v. a. Überfüllung und Reizung des Magens (z. B. durch alkohol. Getränke), fieberhafte Allgemeinerkrankungen (v. a. bei Kindern), Magen-Darm-Erkrankungen, Gallenkoliken, Bauchfellentzündung, Stoffwechselentgleisungen (z. B. diabet. Acetonämie, Acidose, Urämie) sowie zerebrale Beeinträchtigungen (z. B. Gehirn- oder Gehirnhautentzündung).

Das **epidemische E.** ist eine v. a. im Winter bei größeren Menschengruppen (z. B. in Betrieben, Schulen, Krankenhäusern) auftretende, wahrscheinlich virusbedingte Infektionskrankheit, die meist nach ein- bis dreitägiger Dauer abklingt.

Das in der ersten Zeit der Schwangerschaft (5.–12. Woche) auftretende, harmlose morgendl. E. kann sich als **unstillbares Schwangerschafts-E.** (Hyperemesis gravidarum) zu einem krit., behandlungsbedürftigen Zustand mit Verschlechterung des Allgemeinzustands, Gelbsucht und Acetonämie entwickeln. Es wird auf tox. Stoffe zurückgeführt, die von der Frucht ausgehen.

Anhaltendes E. kann allgemein erhebl. Mineralsalz- und Flüssigkeitsverluste (→Exsikkose) zur Folge haben und durch Säureverlust zu →Alkalose führen.

Die **Behandlung** des E. richtet sich nach der Grunderkrankung und besteht allg. in Fasten, Flüssigkeitszufuhr (bei unstillbarem E. durch Infusionen), Wärmeanwendung im Oberbauchbereich sowie Einnahme von Antiemetika.

Erbrecht,
- Grundprinzipien
- Erbfolge
- Ehegattenerbrecht
- Erbrecht des nichtehelichen Kindes
- Erbfähigkeit
- Erbschaftserwerb
- Erbenhaftung
- Mehrheit von Erben
- Erbschaftsanspruch
- Internationales Privatrecht
- Österreich, Schweiz

in objektivem Sinne die Summe aller Bestimmungen, die den Übergang der Rechte und Pflichten eines Verstorbenen (Erblasser) auf andere Personen zum Gegenstand haben; subjektiv das Recht des Erben, das sich aus dem objektiven E. ergibt.

Das dt. E. ist im fünften Buch des BGB (§§ 1922 ff.) enthalten. Es beruht in seinen Grundlagen auf röm. und gemeinem Recht, wie es seit dem Ausgang des MA. in Dtl. angewendet worden war; für die Ausgestaltung im Einzelnen waren die Gesetzbücher der Aufklärungszeit, bes. das Preuß. Allgemeine Landrecht von 1794, von Bedeutung, die das überkommene gemeine Recht bereits in vielen Punkten geändert hatten. Verfassungsrechtlich ist das E. als Grundrecht garantiert (Art. 14 GG). Der Grundrechtsschutz bezieht sich auf das E. als Rechtsinstitut sowie als Individualrecht; er gewährleistet insbes. die Testierfreiheit und den Schutz vor konfiskator. Erbschaftsteuern.

GRUNDPRINZIPIEN
Als Grundprinzipien des dt. E. kann man die Grundsätze der **Universalsukzession (Gesamtnachfolge),** der Testierfreiheit und des Verwandten-E. bezeichnen. Der erste Grundsatz bedeutet, dass kraft Gesetzes das Vermögen des Verstorbenen als Ganzes auf den oder die Erben übergeht, ohne dass es bestimmter Übertragungsakte bedarf. Den Erben stehen solche Personen gegenüber, denen der Erblasser nur einzelne Gegenstände seines Vermögens zugewendet hat (Vermächtnisnehmer, →Vermächtnis). **Testierfreiheit** heißt, dass jeder das Recht hat, durch Verfügung von Todes wegen seine Erben nach eigenem Entschluss zu

ernennen und Einzelgegenstände seines Vermögens Dritten zuzuwenden. **Verwandten-E.** bedeutet die Berufung der Blutsverwandten und des Ehegatten als Erben, wenn der Erblasser nichts anderes verfügt hat. Auch haben gewisse nächste Verwandte und der Ehegatte einen Anspruch darauf, in jedem Fall einen gewissen Geldbetrag aus dem Nachlass zu erhalten, den →Pflichtteil, den der Erblasser nur aus ganz bestimmten Gründen entziehen kann. Das Gesetz bezeichnet den Verstorbenen als **Erblasser**, seinen Tod, der die Erbschaft eröffnet, als **Erbfall**, das hinterlassene Vermögen als **Nachlass** oder **Erbschaft**, Erwerb aufgrund von E. als **Erwerb von Todes wegen.**

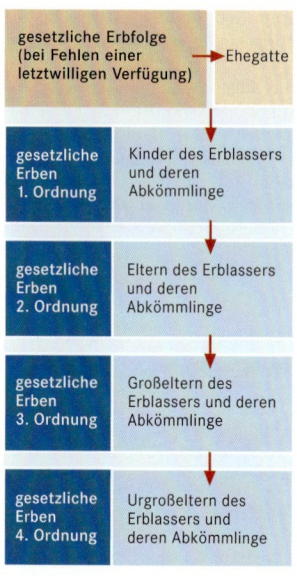

Erbrecht: schematische Darstellung der gesetzlichen Erbfolge

ERBFOLGE

Der Erbe wird entweder vom Erblasser durch Verfügung von Todes wegen (→Testament, →Erbvertrag) bestimmt (**gewillkürte Erbfolge**) oder mangels solcher Bestimmung vom Gesetz berufen (**gesetzliche Erbfolge**). – Die gesetzl. Erbfolge ist gegenüber der gewillkürten Erbfolge subsidiär, d. h., sie kommt nur dann zum Zuge, wenn eine Verfügung von Todes wegen nicht errichtet wurde oder unwirksam ist.

Die gesetzl. Erbfolge beruft zunächst die Verwandten in bestimmten Gruppen (Parentelen). Verwandte im Sinne des E. sind nur solche Personen, die gemeinsame Vorfahren (Eltern, Großeltern usw.) haben, daher sind Verschwägerte (z. B. Schwiegereltern, Schwiegerkinder, angeheiratete Tanten u. Ä.) nicht zur gesetzl. Erbfolge berufen. Zwar sind auch Ehegatten nicht miteinander verwandt, doch sieht das Gesetz für das E. der Ehegatten besondere Regeln vor. Eine weitere Ausnahme ergibt sich zudem für das E. adoptierter Kinder. Für diese gilt: Die Adoption minderjähriger Kinder begründet volles Erb- und Pflichtteilsrecht gegenüber dem Annehmenden, bei gleichzeitigem Erlöschen entsprechender Rechte gegenüber den leibl. Verwandten. Als Volljährige Adoptierte behalten dagegen ihr bisheriges E. und sind dem Annehmenden gegenüber erbberechtigt. – Zw. den von Gesetzes wegen zur Erbfolge berufenen Gruppen (Ordnungen, Parentelen) besteht eine Rangfolge in der Weise, dass ein Verwandter nicht erben kann, solange ein Verwandter des Erblassers einer vorhergehenden Ordnung vorhanden ist (§ 1930 BGB). Beispiel: Hinterlässt der Erblasser eine Tochter (1. Ordnung) und zahlr. Nichten und Neffen (2. Ordnung), erbt die Tochter allein. Neben diesem Parentelsystem entscheidet innerhalb der jeweiligen Ordnung das Stammes- und Liniensystem über die Erbfolge, wenn innerhalb derselben Ordnung mehrere mit dem Erblasser verwandte Personen existieren. Während der Stamm das Abstammungsverhältnis von Stammeltern zu ihren Abkömmlingen erfasst (abwärts), ergreift die Linie das Verhältnis der Abkömmlinge zu ihren Vorfahren (aufwärts); dieses System von Stämmen und Linien wird vom Repräsentationsprinzip beherrscht, d. h., der Stamm wird durch (lebende) Stammeltern vertreten (repräsentiert), an deren Stelle bei ihrem Fortfall (z. B. durch Tod) ihre Abkömmlinge nachrücken. Solange allerdings die Stammeltern leben, repräsentieren sie allein den Stamm und schließen alle ihre Abkömmlinge, die durch sie mit dem Erblasser verwandt sind, von der Erbfolge aus. Beispiel: Beim Tod des Großvaters (Erblasser) ist sein Sohn zur Erbfolge berufen; dessen Kinder (die Enkel des Erblassers) erben nichts. Ist aber der Sohn bereits vor dem Erblasser gestorben, treten dessen Kinder (also die Enkel) an die Stelle ihres Vaters in der gesetzl. Erbfolge.

Gesetzl. Erben der 1. Ordnung sind die Abkömmlinge des Erblassers, also seine Kinder und Kindeskinder, wobei entsprechend dem Repräsentationssystem die Kinder die Kindeskinder von der Erbfolge verdrängen. Kinder erben zu gleichen Teilen.

Gesetzl. Erben der 2. Ordnung sind die Eltern des Erblassers und deren Abkömmlinge; die Eltern erben allein und zu gleichen Teilen, wenn Abkömmlinge des Verstorbenen nicht vorhanden sind. Auch hier gilt, dass die Kinder eines verstorbenen Erbberechtigten das Erbteil ihres verstorbenen Elternteils übernehmen. Beispiel: Sind die Kinder des Bruders eines ledigen, kinderlosen Erblassers dessen einzige nächsten Verwandten, erben sie allein und zu gleichen Teilen.

Gesetzl. Erben der 3. Ordnung sind die Großeltern des Verstorbenen und deren Abkömmlinge.

Die Erben der 4. Ordnung sind die Urgroßeltern und deren Abkömmlinge. Zw. diesen Abkömmlingen gilt das Gradualsystem (nicht das Parentelsystem), d. h., es entscheidet der Verwandtschaftsgrad über die Berufung zum Erben; Verwandte gleichen Grades erben zu gleichen Teilen. Sind keine Verwandten vorhanden oder zu ermitteln, fällt das Erbe an den Fiskus (→Staatserbrecht).

EHEGATTENERBRECHT

Das gesetzl. E. berücksichtigt den überlebenden Ehegatten, der zur Zeit des Erbfalles mit dem Erblasser in einer gültigen Ehe gelebt hat, ohne dass es auf die Dauer der Ehe ankommt. Das E. ist ausgeschlossen (§ 1933 BGB), wenn der Erblasser die Scheidung beantragt hatte oder ihr zugestimmt hatte oder die Voraussetzungen der Scheidung gegeben waren. Das Gleiche gilt, wenn der Erblasser berechtigt war, die Aufhebung der Ehe zu beantragen, und er den Antrag gestellt hatte. Im Ggs. zum Verwandten-E. besteht zugunsten der Erben eines vorverstorbenen Ehegatten kein Eintrittsrecht. Die erbrechtl. Grundregel des Ehegatten-E. bildet § 1931 BGB: Der überlebende Ehegatte ist neben Verwandten der 1. Ordnung (also bes. den Kindern) zu einem Viertel, neben Verwandten der 2. Ordnung (bes. den Eltern) oder neben Großeltern zur Hälfte der Erbschaft als gesetzl. Erbe berufen. Den gesamten Nachlass kann der Ehegatte dann beanspruchen, wenn weder Verwandte der 1. und 2. Ordnung noch Großeltern vorhanden sind, mit anderen Worten: Der überlebende Ehegatte eines kinderlos verstorbenen Erblassers ist also keineswegs in jedem Fall der Alleinerbe. Lebten die Eheleute beim Erbfall im Güterstand der Zugewinngemeinschaft (→eheliches Güterrecht), kann der überlebende Ehegatte neben dem gesetzl. Erbteil des §1931 als pauschalen Zugewinnausgleich gemäß §1371 BGB ein weiteres Viertel beanspruchen (»großer Erbteil«); dieser Anspruch ist unabhängig von der Dauer der Ehe und dem Umfang des Zugewinns. Daneben räumt das Gesetz dem überlebenden Ehegatten die Möglichkeit ein, statt einer erbrechtl. die »güterrechtl. Lösung« zu wählen: Nach §1371 Abs. 3 BGB kann er die Erbschaft ausschlagen, trotzdem seinen Pflichtteil (§2303 BGB) verlangen und außerdem den tatsächl., rechner. Zugewinnausgleich beanspruchen.

Bestand beim Erbfall Gütertrennung und sind als gesetzl. Erben neben dem überlebenden Ehegatten die Kinder des Erblassers berufen, so erben Ehegatte und Kinder zu gleichen Teilen, der Ehegatte jedoch mindestens ein Viertel. Bei Gütergemeinschaft gilt die Grundregel des §1931 BGB.

In allen Fällen gebührt dem überlebenden Ehegatten als gesetzl. Erbe der →Voraus.

ERBRECHT DES NICHTEHELICHEN KINDES
Nichtehel. Kinder waren seit dem Inkrafttreten des Nichtehelichengesetzes am 1. 7. 1970 erbrechtlich grundsätzlich den ehel. Kindern gleichgestellt. Dies galt zunächst auch für die nichtehel. Kinder, die vor Inkrafttreten des Gesetzes geboren wurden, jedoch mit der (vom Bundesverfassungsgericht gebilligten) Einschränkung, dass der Erbfall am oder nach dem 1. 7. 1970 eingetreten und das nichtehel. Kind nach dem 30. 6. 1949 geboren war.

Für die vom Nichtehelichengesetz erbrechtlich also nicht begünstigten Fälle gilt der frühere Rechtszustand fort, der die Verwandtschaft zw. Vater und nichtehel. Kind verneinte und die nichtehel. Kinder auf den Unterhaltsanspruch gegen die Erben gemäß §1712 BGB (alter Fassung) verwies.

Die erbrechtl. Stellung des nichtehel. Kindes im Verhältnis zu seinem Vater (im Verhältnis zur Mutter galten die allg. Regeln) erfuhr eine besondere Ausformung, wenn dieses neben ehel. Kindern oder der Witwe des Erblassers zum gesetzl. Erben berufen war. In diesem Falle erwarb das nichtehel. Kind (und statt seiner ggf. seine Abkömmlinge) mit Rücksicht auf die oft fehlenden persönl. Beziehungen zu seinem Vater und dessen Familie lediglich einen **Erbersatzanspruch** in Geld gegen die Miterben in Höhe des Wertes seines gesetzl. Erbteils (also ohne Mitgl. der Erbengemeinschaft zu werden). Das nichtehel. Kind, das das 21., aber noch nicht das 27. Lebensjahr vollendet hatte, konnte jedoch bereits zu Lebzeiten seines Vaters einen **vorzeitigen Erbausgleich** in Geld verlangen (§1934d BGB alter Fassung); er belief sich i. d. R. auf das Dreifache eines Jahresunterhalts, den der Vater im Durchschnitt der letzten fünf Jahre zu zahlen hatte, und konnte, je nach Vermögenslage des Pflichtigen, auf das Zwölffache des jährl. Unterhalts erweitert werden. Bei ungünstiger wirtschaftl. Lage des Vaters konnte der Anspruch auf den einfachen jährl. Unterhalt reduziert oder gestundet werden. Wurde der vorzeitige Erbausgleich realisiert, verlor das Kind sämtl. Erb- und Pflichtteilsansprüche gegen den Vater. Verjährt war der Anspruch in drei Jahren ab Vollendung des 27. Lebensjahres.

Durch das Ges. zur erbrechtl. Gleichstellung nichtehel. Kinder vom 16. 12. 1997 wurde der Erbersatzanspruch beseitigt. Nichtehel. Kinder haben seit 1. 4. 1998 die gleiche erbrechtl. Stellung wie ehel. Kinder. Die Regelungen über den Erbersatzanspruch und den vorzeitigen Erbausgleich kommen nur noch zur Anwendung, wenn entweder der Erblasser vor dem 1. 4. 1998 gestorben ist oder über den vorzeitigen Erbausgleich eine rechtswirksame Vereinbarung getroffen oder der Erbausgleich durch rechtskräftiges Urteil zuerkannt worden ist.

ERBFÄHIGKEIT
Erbfähig ist jede rechtsfähige (natürl. oder jurist.) Person. Erbe kann nur werden, wer zur Zeit des Erbfalls lebt (§1923). Wer zur Zeit des Erbfalls bereits gezeugt, aber noch nicht geboren war, gilt als vor dem Erbfall geboren. Eine jurist. Person muss zur Zeit des Erbfalls rechtsfähig sein, um Erbe werden zu können.

Erbunwürdig ist nach §2339 BGB: 1) wer den Erblasser vorsätzlich und widerrechtlich getötet oder zu töten versucht hat oder in einen Zustand versetzt hat, in dem der Erblasser bis zu seinem Tode unfähig war, eine Verfügung von Todes wegen zu errichten oder aufzuheben; 2) wer den Erblasser vorsätzlich und widerrechtlich gehindert hat, eine Verfügung von Todes wegen zu errichten oder aufzuheben; 3) wer den Erblasser durch arglistige Täuschung oder widerrechtlich durch Drohung bestimmt hat, eine Verfügung von Todes wegen zu errichten oder aufzuheben; 4) wer sich im Hinblick auf eine Verfügung des Erblassers von Todes wegen einer Urkundenfälschung oder Urkundenunterdrückung (§§267, 271–274 StGB) schuldig gemacht hat. Die Erbunwürdigkeit wird durch Anfechtung des Erbschaftserwerbs geltend gemacht. Sie hat innerhalb bestimmter Fristen zu erfolgen (§2340). Anfechtungsberechtigt ist jeder, dem der Ausfall des Erbunwürdigen, sei es auch nur bei dem Ausfall weiterer Vorleute, zustatten kommt (§2341). Die Anfechtung erfolgt durch Erhebung der Anfechtungsklage, bei Vermächtnissen oder Pflichtteilsrechten genügt eine Erklärung gegenüber dem Unwürdigen.

ERBSCHAFTSERWERB
Die Erbschaft geht nach dem Grundsatz der Universalsukzession unmittelbar kraft Gesetzes auf den Erben über, ohne dass es einer Annahme der Erbschaft bedarf (§§1942ff.). Der Erbe kann sie jedoch nach ihrem Anfall ausschlagen (→Ausschlagung), es sei denn, er hat die Erbschaft bereits angenommen. Die Ausschlagung bewirkt, dass die Erbschaft nunmehr an denjenigen fällt, der berufen sein würde, wenn der Ausschlagende zur Zeit des Erbfalls nicht mehr gelebt hätte (§1953). Annahme und Ausschlagung einer Erbschaft können innerhalb bestimmter Fristen angefochten werden, und zwar wegen Irrtums, Drohung oder arglistiger Täuschung. Der Erbe erhält über sein E. auf Antrag ein amtl. Zeugnis, den →Erbschein (Erbzeugnis). Der Nachlass (früher auch Verlassenschaft) umfasst grundsätzlich alle Vermögensrechte des Erblassers einschließlich der Schulden.

ERBENHAFTUNG
Der Erbe haftet für die Nachlassverbindlichkeiten (§§1967ff.), d. h. sowohl für die Schulden des Erblassers als auch für die ihm durch Verfügung von Todes wegen oder durch Gesetz auferlegten Verpflichtungen (Erbfallschulden), wie Pflichtteile, Vermächtnisse und Auflagen, ferner Verpflichtungen aus der Ge-

schäftsführung eines Nachlasspflegers, außerdem trägt er die Kosten für die standesgemäße Beerdigung des Erblassers. Die wichtigste Frage des Erbenhaftungsrechtes ist, ob der Erbe den Nachlassgläubigern nur mit dem Nachlass (beschränkt) oder auch mit seinem persönl. Vermögen außerhalb des Nachlasses (unbeschränkt) haftet. Grundsatz im BGB ist, dass der Erbe unbeschränkt haftet, aber seine Haftung auf den Nachlass beschränken kann, wenn er getrennte Verwaltung des Nachlasses durch einen gerichtlich bestellten Pfleger zur Befriedigung der Nachlassgläubiger herbeiführt (→ Nachlassverwaltung, → Nachlassinsolvenz). Ist der Nachlass zu gering, um die Kosten einer solchen Verwaltung zu lohnen, so haftet der Erbe nur beschränkt (§ 1990, Einrede der Dürftigkeit des Nachlasses). Wird er wegen einer Nachlassverbindlichkeit in Anspruch genommen, so muss er sich vom Gericht die beschränkte Haftung im Urteil vorbehalten lassen (§ 780 ZPO).

Um eine Übersicht über die Nachlassverbindlichkeiten zu gewinnen, kann der Erbe ein amtl. Aufgebot der Gläubiger beantragen (§§ 1970 ff.), dem im → Aufgebotsverfahren Ausgeschlossenen haftet er nur beschränkt, ebenso einem dem Erben unbekannten Gläubiger, der sich erst fünf Jahre nach dem Erbfall meldet. Um den Nachlassbestand festzustellen, kann jeder Nachlassgläubiger beim Nachlassgericht beantragen, dass dem Erben eine Frist gesetzt wird, innerhalb derer er ein Inventar des Nachlasses einzureichen hat. Das Inventar muss unter Zuziehung eines Notars oder eines zuständigen Beamten errichtet werden. Wird es nicht fristgemäß oder absichtlich unrichtig errichtet, so haftet der Erbe dem betreffenden Gläubiger unbeschränkt.

Vor Annahme der Erbschaft kann der Erbe von den Nachlassgläubigern nicht belangt werden (§ 1958); diese müssen, wenn sie gegen den Nachlass gerichtlich vorgehen wollen, die Bestellung eines Nachlasspflegers erwirken. Unmittelbar nach Annahme hat der Erbe eine Überlegungsfrist; er kann während der ersten drei Monate ab Annahme, auch solange ein Aufgebotsverfahren läuft, die Begleichung einer Nachlassverbindlichkeit grundsätzlich verweigern (§§ 2014 f. BGB, Dreimonatseinrede, Einrede des Aufgebotsverfahrens). Bestimmten Familienangehörigen des Erblassers schuldet der Erbe den →Dreißigsten.

MEHRHEIT VON ERBEN

Fällt die Erbschaft an mehrere Erben (→Miterbe), so treten diese bis zur Auseinandersetzung (Erbteilung) in eine bes. ausgestaltete Rechtsgemeinschaft, die **Erbengemeinschaft**. Grundsätzlich kann jeder Miterbe jederzeit die Erbauseinandersetzung verlangen, es sei denn, der Erblasser hätte dies für eine Übergangszeit (längstens 30 Jahre) ausgeschlossen. Der Erblasser kann die Erbschaft auch in der Weise vergeben, dass er mehrere zeitlich nacheinander beruft, z. B. seine Frau bis zu deren Tod, danach seine Kinder. Man spricht dann von Vor- und Nacherben. Der Vorerbe kann grundsätzlich über die zur Erbschaft gehörenden Gegenstände verfügen, er unterliegt dabei aber starken Beschränkungen zugunsten der Nacherben. Der Erblasser kann den Vorerben von diesen Beschränkungen weitgehend befreien (befreite Vorerbschaft), ausgenommen sind dabei die unentgeltl. Verfügung und die Verminderung der Erbschaft in der Absicht, den Nacherben zu benachteiligen. Der Erblasser kann für den Fall, dass der zunächst Berufene wegfällt, einen →Ersatzerben berufen.

ERBSCHAFTSANSPRUCH

Der Erbe ist gegenüber Personen, die aufgrund eines behaupteten, aber in Wirklichkeit nicht bestehenden E. etwas aus der Erbschaft erlangt haben (Erbschaftsbesitzer), durch einen bes. ausgestalteten Anspruch (Erbschaftsanspruch) geschützt. Der Erbschaftsbesitzer hat dem Erben alles herauszugeben, was er aus der Erbschaft erlangt hat, einschließlich dessen, was er mit Mitteln der Erbschaft durch Rechtsgeschäfte erworben hat (z. B. den Erlös verkaufter Erbschaftsgegenstände), und der gezogenen Nutzungen und Früchte. Die Herausgabepflicht besteht stets nur gegen Ersatz aller Verwendungen, die auf die Erbschaft im Ganzen oder auf einzelne Erbschaftsgegenstände gemacht worden sind, bes. zur Berichtigung von Nachlassverbindlichkeiten (§§ 2018 ff.).

Das Zivilgesetzbuch der DDR (ZGB) hatte sich mit Wirkung vom 1.1.1976 vom bis dahin weitgehend geltenden E. des BGB (abweichend gesetzl. E. des Ehegatten und des nichtehel. Kindes) gelöst und neue Regelungen in Kraft gesetzt (§§ 362 ff.). Daneben griffen ergänzend weitere Vorschriften, (soweit keine völkerrechtl. Vereinbarungen bestanden) insbes. § 25 Rechtsanwendungsgesetz vom 5. 12. 1975, das bei Erbfällen mit Auslandsberührung an die Staatsangehörigkeit des Erblassers anknüpfte. Vererblich war das Vermögen des Erblassers, das infolge der Eigentumsverhältnisse in der DDR (große private Vermögen, z. B. Unternehmen, existierten nicht) im Wesentlichen auf das persönl. →Eigentum des Einzelnen beschränkt war. Die gesetzl. Erbfolge kannte drei Ordnungen, wobei der überlebende Ehegatte neben den Kindern der ersten Ordnung angehörte. Der Ehegatte und die Kinder haben zu gleichen Teilen geerbt, der Ehegatte jedoch wenigstens ein Viertel. Dem Ehegatten standen neben seinem Erbteil die zum ehel. Haushalt gehörenden Gegenstände allein zu. Nichtehel. Kinder hatten das volle E. Wenn Nachkommen des Erblassers nicht vorhanden waren, hat der Ehegatte allein geerbt.

Verwandte der nachfolgenden Ordnung waren nur zur Erbfolge berufen, solange kein Erbe einer vorhergehenden Ordnung vorhanden war. An die Stelle eines Kindes, das zur Zeit des Erbfalls nicht mehr lebte, traten dessen Kinder. Das ZGB erlaubte die gewillkürte Erbfolge durch Testament oder Ehegattentestament (gemeinschaftl. Testament). Erbfähig waren Bürger, Betriebe, Organisationen und der Staat, wobei Betriebe und Organisationen einen staatl. Genehmigung zur Annahme des Erbes bedurften. Die Frist zur Ausschlagung einer Erbschaft betrug zwei Monate. Die Geltendmachung von Erbunwürdigkeit war ähnlich wie im BGB möglich. Ein →Pflichtteil stand bei Ausschluss von der Erbfolge durch Testament dem Ehegatten sowie den unterhaltsberechtigten Kindern des Erblassers zu. Auch unterhaltsberechtigte Enkel und Eltern des Erblassers hatten einen Pflichtteilsanspruch, wenn sie ohne das Testament gesetzl. Erben geworden wären. Nachlassverbindlichkeiten hatte der Erbe nur mit dem Nachlass in bestimmter Rangfolge zu erfüllen, allerdings waren Bestattungs- und Nachlassverfahrenskosten ohne Beschränkung auf den Nachlass zu zahlen.

Mit dem Beitritt der neuen Länder zur Bundesrepublik Dtl. ist das E. des BGB wieder in Kraft getreten. Das E. der DDR gilt jedoch weiter, wenn der Erblasser vor dem Wirksamwerden des Beitritts (3. 10. 1990) gestorben ist (Art. 235 § 1 Abs. 1 Einführungsgesetz zum BGB, Abk. EGBGB). Für nichtehel. Kinder, die in den neuen Ländern vor dem Beitritt geboren worden sind, gelten die Vorschriften über das E. für ehel. Kinder anstelle des Erbersatzanspruchs gemäß §§ 1934a–e, 2338a BGB alter Fassung, da nach dem Recht der DDR das nichtehel. dem ehel. Kind gleichgestellt war (Art. 235 § 1 Abs. 2 EGBGB). Die Errichtung oder Aufhebung einer Verfügung von Todes wegen vor dem Beitritt wird nach dem Recht der DDR beurteilt, auch wenn der Erblasser erst nach dem Beitritt stirbt. Dies gilt auch für die Bindung des Erblassers bei einem gemeinschaftl. Testament, sofern das Testament vor dem Beitritt errichtet worden ist (Art. 235 § 2 EGBGB).

INTERNATIONALES PRIVATRECHT

Die Rechtsnachfolge von Todes wegen unterliegt dem Recht des Staates, dem der Erblasser zum Zeitpunkt seines Todes angehörte (Art. 25 EGBGB).

ÖSTERREICH, SCHWEIZ

Wie das dt. ist auch das österr. E. von den Grundprinzipien Universalsukzession, Testierfreiheit (eingeschränkt durch Pflichtteilsrecht) und Verwandten-E. geprägt. Die Berufungsgründe des österr. Rechts sind Erbvertrag, Testament und gesetzl. E. sowie das Vermächtnis für einzelne Gegenstände aus dem Nachlass. Fehlen Erbvertrag oder Testament, greift die gesetzl. Erbfolge unter ehel. Verwandten Platz (Parentelsystem, §§ 730 ff. ABGB, entsprechend der Ordnung im dt. Recht). Unehel. Kinder sind den ehel. seit 1989 gleichgestellt. Der Umfang des gesetzl. E. des Ehegatten hängt davon ab, welche Verwandten neben ihm als Erben berufen sind (z. B. neben den Kindern und deren Nachkommen ein Drittel, § 757). Jedenfalls steht ihm eine Forderung gegen den Nachlass zu, die das Wohnrecht in der Ehewohnung und die zum ehel. Haushalt gehörenden bewegl. Sachen umfasst (Vorausvermächtnis, § 758). Bis zu einer Wiederverehelichung und bei bestehenden Unterhaltsansprüchen nach einer Scheidung tritt der Universalsukzessor in die Stellung des Verstorbenen als Unterhaltspflichtiger ein. Sondervorschriften bestehen bezüglich des Ehegattenwohnungseigentums.

Die erbrechtl. Bestimmungen des schweizer. ZGB lassen sich mit jenen des BGB vergleichen. Die gesetzl. Erbberechtigung endet mit der großelterl. Parentel. Zw. nichtehel., adoptierten und ehel. Verwandten wird in erbrechtl. Hinsicht kein Unterschied gemacht. Ein Pflichtteilsanspruch steht den Nachkommen und dem Ehegatten, beim Fehlen von Nachkommen auch den Eltern zu. Beim Tod eines Ehegatten sind hinsichtlich des Ehegatten-E. güterrechtl. und erbrechtl. Auseinandersetzung zu trennen: Zunächst wird das ehel. Vermögen nach den für den Güterstand gültigen Regeln geteilt, wobei der eine Teil an den überlebenden Ehegatten, der andere Teil in die Erbmasse fällt, an der der überlebende Ehegatte wiederum partizipiert. Ist der Ehegatte neben Nachkommen des Erblassers zum Erben berufen, steht ihm, wenn keine anderen Bestimmungen getroffen wurden, die Hälfte der Erbschaft zu; sind keine Nachkommen, aber Eltern oder Geschwister des Erblassers vorhanden, hat der Überlebende Anspruch auf drei Viertel der Erbmasse; fehlen auch Erben des elterl. Stammes, erhält der Ehegatte die ganze Erbschaft (Art. 462, in Kraft seit 1. 1. 1988). Die Regelung der Erbunwürdigkeit des ZGB stimmt weitgehend mit jener des BGB überein. Besondere Vorschriften bestehen im bäuerl. E.; diese sollen dazu dienen, Bodenzerstückelung zu verhindern und existenzfähige landwirtschaftl. Betriebe zu erhalten (→ Höferecht).

S. Herrmann: E. u. Nachlassverfahren in der DDR (1989); T. Feldmann: Der Anwendungsbereich des Art. 235 § 1 Abs. 2 EGBGB (1995); M. u. H. Näf-Hofmann: Schweizer. Eherecht. Die Wirkungen der Ehe im allgemeinen, das ehel. Güterrecht u. das E. der Ehegatten (Zürich 1998); W. Schlüter: E. Ein Studienb. ([14]2000); H. Koziol u. R. Welser: Grundriss des bürgerl. Rechts, Bd. 2: Schuldrecht allg. Teil, Schuldrecht besonderer Teil, E. (Wien [12]2001); H. Lange: E. Ein Lb., fortgef. v. K. Kuchinke ([5]2001, früher u. d. T.: Lb. des E.s); J. N. Druey: Grundriss des E.s (Bern [5]2002); H. Brox: E. ([20]2003).

Erbreichsplan, Versuch Kaiser Heinrichs VI. (1191–97), die Wahlmonarchie des Heiligen Röm. Reiches in eine Erbmonarchie umzuwandeln und diese mit dem ihm zugefallenen Erbkönigtum Sizilien zu verbinden. Auslösendes Moment war Heinrichs Wunsch, vor Antritt des 1195 gelobten Kreuzzugs seine Nachfolge zu regeln. Die Weigerung der Fürsten, seinen Sohn Friedrich Roger (den späteren Friedrich II.) zum Röm. König zu wählen, bewog den Kaiser auf dem Hoftag in Mainz Ende Februar 1196, den Großen des Reiches die Erblichkeit ihrer Reichslehen in männl. wie weibl. Linie zu garantieren, falls sie der Königsnachfolge nur nach erbrechtl. Normen zustimmten. Dem Episkopat gegenüber verzichtete Heinrich auf das Spolienrecht. Unter erhebl. Druck stimmten die Fürsten und Bischöfe auf dem Würzburger Hoftag (April 1196) diesen Plänen zu, die sie der Einflussnahme auf die Königswahl enthoben. Die anschließenden Verhandlungen Heinrichs mit Papst Cölestin III. scheiterten an der hinhaltenden Verhandlung des Papstes. In Dtl. lehnten die Fürsten und Bischöfe im Oktober 1196 auf dem Erfurter Hoftag den E. ebenfalls ab. – Rudolf I. von Habsburg (1273–91) scheiterte mit dem erneuten Versuch, die Erbmonarchie durchzusetzen.

Erbschäden, Erbfehler, bei Haustieren durch Mutationen hervorgerufene Krankheiten oder Abweichungen von der züchter. Norm. – Beim Menschen →genetische Krankheiten.

Erbschaftskauf, schuldrechtl. Vertrag, durch den sich der Erbe (auch Miterbe) zur Übertragung der gesamten ihm zustehenden Erbschaft auf den Käufer gegen Entgelt verpflichtet; der Vertrag bedarf notarieller Beurkundung (§§ 2371 ff. BGB). Ein Vertrag über den künftigen Nachlass eines noch lebenden Dritten ist grundsätzlich nichtig (§ 311b Abs. 4 BGB); zulässig dagegen ist die vorweggenommene vertragl. Auseinandersetzung unter künftigen gesetzl. Erben oder Pflichtteilsberechtigten über den gesetzl. Erb- oder Pflichtteil; auch ein solcher Vertrag bedarf notarieller Beurkundung (§ 311b Abs. 5 BGB). Hat der E. die Erbschaft eines Alleinerben zum Gegenstand, kann der Übergang nur durch Übertragung der einzelnen Nachlassgegenstände erfolgen, während der Erbteil eines Miterben pauschal als Ganzes übertragen werden kann.

Erbschaftsteuer, Steuer auf das Vermögen, das beim Tod einer natürl. Person auf eine andere Person übergeht. Die Besteuerung wird insbes. mit dem →Leistungsfähigkeitsprinzip gerechtfertigt; daneben gilt die E. als Instrument zur Verringerung der Vermögenskonzentration und der Ungleichheit der Startchancen (J. S. Mill). In finanzwiss. Sicht stellt der Anfall einer Erbschaft als Reinvermögenszugang beim Erben Einkommen dar, das aber mit Rücksicht auf den Progressionseffekt nicht der Einkommensteuer unterliegt, sondern regelmäßig über eine gesonderte E. be-

Erbschaftsteuer: Steuerklassen	
I	Ehegatten, Kinder, Stiefkinder, Enkelkinder, Eltern und Voreltern (bei Erwerb von Todes wegen)
II	Eltern und Voreltern (bei Schenkung unter Lebenden), Geschwister, Neffen, Nichten, Stiefeltern, Schwiegerkinder, Schwiegereltern, geschiedene Ehegatten
III	alle übrigen Erwerber und Zweckzuwendungen

steuert wird. Auch unentgeltl. Vermögensübertragungen unter Lebenden werden meist der Besteuerung (**Schenkungsteuer**) unterworfen, damit die E. nicht auf diesem Weg umgangen werden kann. Die E. kann als **Nachlasssteuer** (z. B. in den USA) ausgestaltet sein, die den Nachlass entsprechend seiner Höhe belastet, oder wie die dt. E. als **Erbanfallsteuer**, der der Erwerber mit der ihm zugeflossenen Bereicherung unterliegt.

Rechtsgrundlage der E. ist das E.- und Schenkungsteuergesetz. Steuerpflichtig ist der Wert des erworbenen Vermögens nach Abzug von Nachlassschulden, Bestattungskosten und gesetzl. Freibeträgen. Bewertet wird das Vermögen nach dem Bewertungsgesetz (→Einheitswert). Grundvermögen wird nach dem Ertragswertverfahren entsprechend dem (mögl.) Ertrag des Gebäudes oder des Grundstücks angesetzt (→Grundstückswert). Zuwendungen, die der Begünstigte in den letzten zehn Jahren vom Erblasser erhalten hat, werden zusammengerechnet und gleichfalls der Besteuerung unterworfen. Nach dem persönl. Verhältnis des Erwerbers zum Erblasser/Schenker werden drei Steuerklassen unterschieden: Zur Steuerklasse I gehören der Ehegatte des Erblassers, seine Kinder, die Abkömmlinge von Kindern sowie (bei Erwerb von Todes wegen) die Eltern und Großeltern. Steuerklasse II umfasst v.a. Eltern und Großeltern (bei Schenkung), Geschwister, Schwiegereltern, Schwiegerkinder und geschiedene Ehegatten, Steuerklasse III alle übrigen Erwerber.

Der Erwerb von Todes wegen bleibt bei Ehegatten in Höhe von 307 000 €, bei Kindern in Höhe von 205 000 € steuerfrei. Für die übrigen Personen der Steuerklasse I beträgt der persönl. Freibetrag 51 200 €, in der Steu-

Erbschaftsteuer: Allgemeine Freibeträge	
Personen	Betrag in €
Ehegatte	307 000
Kind, Kind eines toten Kindes	205 000
sonstige Personen mit der Steuerklasse I	51 200
sonstige Personen mit der Steuerklasse II	10 300
sonstige Personen mit der Steuerklasse III	5 200

Erbschaftsteuer: Steuersätze			
Wert des steuerpflichtigen Erwerbs bis einschließlich	Steuersatz in der Steuerklasse (in %)		
	I	II	III
52 000 €	7	12	17
256 000 €	11	17	23
512 000 €	15	22	29
5 113 000 €	19	27	35
12 183 000 €	23	32	41
25 565 000 €	27	37	47
über 25 565 000 €	30	40	50

erklasse II 10 300 € und in der Steuerklasse III 5 200 €. Neben den persönl. Freibeträgen existieren Versorgungsfreibeträge (Ehegatten 256 000 €, Kinder 10 300 bis 52 000 €) sowie sachl. Freibeträge für Hausrat, Kunstgegenstände und Sammlungen sowie für persönl. Gegenstände (Schmuck, Kfz u. a.). Für Betriebsvermögen und Anteile von mehr als 25 % an einer inländ. Kapitalgesellschaft gibt es zusätzlich einen besonderen Freibetrag von 225 000 € (§ 13a ErbStG) und einen Bewertungsabschlag (der verbleibende Wert wird nur mit 65 % angesetzt) sowie für Erben der Steuerklasse II und III eine so genannte Tarifbegrenzung (Entlastungsbetrag in Höhe von 88 % des Mehrbetrags der E. nach Steuerklasse II bzw. III gegenüber der Steuerklasse I; § 19 a ErbStG). Freibetrag, Bewertungsabschlag und Entlastungsbetrag fallen aber weg, wenn der Erbe das Betriebsvermögen bzw. den Kapitalanteil innerhalb von fünf Jahren veräußert. Der Steuertarif ist progressiv. Die Steuersätze für den nach Abzug der Freibeträge zu versteuernden Nachlass steigen in der Steuerklasse I von 7 % für Erwerbe bis 52 000 € auf 30 % für Erwerbe über 25,565 Mio. € und in der Steuerklasse II von 12 % bis 40 %. Angehörige der Steuerklasse III zahlen die höchsten E.-Sätze von 17 % bis 50 %. – Das E.-Aufkommen, das den Ländern zufließt, betrug 2004 4,28 Mrd. €.

Bei der österr. E. gelten ähnl. Regelungen wie in Dtl. Die Steuersätze reichen bei Erwerb durch Ehegatten und Kinder von 2 % bis 15 %, bei Erwerb durch andere Personen von 4 % bis 60 %. Die Freibeträge sind erheblich niedriger als in Dtl., Hausrat bleibt in den Steuerklassen I und II ganz steuerfrei. Für Betriebsübergaben gibt es einen Freibetrag von bis zu 365 000 €. Das E.-Aufkommen fließt an den Bund (83,3 %) und an die Länder (16,7 %); es betrug 2002 rd. 148,1 Mio. €, das waren 0,3 % der Bruttoabgaben insgesamt. In der Schweiz erheben fast alle Kantone und einige Gemeinden (nicht aber der Bund) eine E. Die kantonalen E. sind i. Allg. Erbanfallsteuern; in drei Kantonen wird eine Nachlasssteuer erhoben.

E.- u. Schenkungsteuergesetz. Komm., begr. v. R. Kapp, fortgef. v. J. Ebeling, Losebl. ([11]1994 ff.); J. P. Meincke: Erbschaft- u. Schenkungsteuergesetz ([13]2002); E.- u. Schenkungsteuergesetz. Komm., bearb. v. M. Troll, Losebl. ([7]2003 ff.).

Erbschein, ein auf Antrag durch das Nachlassgericht am Wohnsitz des Erblassers erteiltes Zeugnis über die erbrechtl. Verhältnisse (§§ 2353 ff. BGB); es gibt die Namen des Erblassers und der Personen an, die den Erblasser beerbt haben, wie groß im Falle einer Mehrheit von Erben der jeweilige Erbteil ist und welchen erbrechtl. Beschränkungen (z. B. Nacherbfolge) der Erbe unterliegt. Formen des E. sind der Allein-E. (für den Alleinerben), der gemeinschaftl. E. (für alle Miterben), der Teil-E. (über den Erbteil eines Miterben) und der gegenständlich beschränkte E. (auf Inlandsvermögen). Antragsbefugt sind Erben und Miterben, Nachlass- und Erbengläubiger, Nachlass- und Nachlassinsolvenzverwalter sowie Testamentsvollstrecker. Ein unrichtiger E. kann eingezogen oder für kraftlos erklärt werden. Der E. begründet die (widerlegbare) Vermutung, dass der in ihm als Erbe Bezeichnete zu Verfügungen über Nachlassgegenstände berechtigt ist. – In der DDR wurde der E. gemäß § 413 ZGB vom Staatl. Notariat erteilt.

Das österr. Recht legitimiert den Erben im Rahmen der →Einantwortung. In der Schweiz sieht das Gesetz die Ausstellung von E. (auch **Erbenbescheinigung** oder **Erbgangsbeurkundung**) vor.

Erbschulze, im durch die dt. Ostsiedlung erschlossenen Siedlungsgebiet Bez. für den Inhaber des Dorfrichter- und Dorfvorsteheramtes. Dieses erbliche, mit dem Besitz eines mehrere Hufen umfassenden Gutes verbundene Amt wurde zumeist dem Ansiedlungsunternehmer (→ Lokator) übertragen und war in vielen Fällen mit weiteren Gerechtigkeiten (z. B. Schenk-, Back-, Fischereigerechtigkeit) versehen.

Erbse, Pisum, Gattung der Schmetterlingsblütler mit sieben im Mittelmeergebiet und in Vorderasien beheimateten Arten; einjährige Kräuter mit gefiederten, bläulich grünen Blättern, deren endständige Fiedern zu Ranken umgebildet sind, mit denen die E. an Stützpflanzen Halt sucht. An den Wurzeln befinden sich zahlr. kleine Wurzelknöllchen, durch die bei Aussaat als Gründüngung der Boden mit Stickstoff angereichert wird. Als Kulturpflanze bedeutend ist die weiß blühende **Gemüse-E.** (**Garten-E.,** Pisum sativum ssp. sativum). Nach Selbstbestäubung entwickeln sich die bis zu acht Samen (Erbsen) enthaltenden Hülsen (fälschlich »Schoten« genannt). Die Gemüse-E. wird in zahlr. Sorten kultiviert. Man unterscheidet die **Pal-E.** (**Schal-E.,** convar. sativum) mit glattschaligen, runden Samen und mehligem Geschmack, die **Zucker-E.** (convar. axiphium) mit süß schmeckenden kleinen Samen und einer essbaren, da zarten Hülse und die **Mark-E.** (convar. medullare) mit runzligen, süß schmeckenden, leicht eckigen Samen. Geerntet werden v. a. die grünen unreifen Samen, die meist als Gemüse verwendet werden. Sie enthalten neben rd. 14 % Kohlenhydraten bis zu 7 % Eiweiß und gehören somit zu den eiweißreichsten Gemüsesorten. Die versch. Formen der **Futter-E.** (**Peluschke,** convar. speciosum) werden als Körner- oder Grünfutter und zur Bodenverbesserung angebaut.

Krankheiten und Schädlinge Beim Vergilben junger Pflanzen handelt es sich um die Johanniskrankheit, treten braunschwarze Flecken an Blättern und Hülsen auf, ist es die Brennfleckenkrankheit; Erreger sind verschiedene Pilze; außerdem kommt Mehltau vor. Häufige Schadtiere sind Erbsenälchen, -fransenflügler, -wickler und Blattrandkäfer.

Kulturgeschichte Die E. wird spätestens seit dem 6. Jt. v. Chr. in Vorderasien kultiviert, um 4000 v. Chr. ist ein Anbau in Mitteleuropa nachweisbar. Früher eine Kostbarkeit, wurde sie erst im 19. Jh. zu einem Nahrungsmittel für breitere Volksschichten. – Im *Volksglauben* galt die E. als Fruchtbarkeitssymbol. Hülsen mit 9, 10 oder 11 Samen galten als Glücksbringer und Zaubermittel.

Erbse, Karl Hugo *Hartmut,* klass. Philologe, * Rudolstadt 23. 11. 1915; Prof. in Hamburg, Tübingen und Bonn, beschäftigt sich bes. mit der frühen und der klass. griech. Literatur.

Werke: Unterss. zu den attizist. Lexika (1950); Beitr. zur Überlieferung der Iliasscholien (1960); Beitr. zum Verständnis der Odyssee (1972); Ausgew. Schrr. zur klass. Philologie (1979); Studien zum Prolog der euripideischen Tragödie (1984); Unterss. zur Funktion der Götter im homer. Epos (1986); Studien zum Verständnis Herodots (1992).

Hg.: Scholia Graeca in Homeri Iliadem, 5 Bde. u. Register-Bd. (1969–83).

Erbsen|eule, Mamestra pisi, Art der Eulenschmetterlinge; Raupen grün, braun oder schwarz mit vier gelben Längsstreifen, sie fressen an Blättern von Hülsenfrüchtlern (Erbsen, Wicken).

Erbsenkäfer, Art der → Samenkäfer.

Erbsenmuscheln, Pisidium, in Süßgewässern lebende, artenreiche und weltweit verbreitete Gattung der Muscheln; Länge 2–10 mm. Unter den etwa 20 mitteleurop. Arten ist die **Banderbsenmuschel** (Pisidium torquatum) mit einer Länge von 2 mm die kleinste rezente Muschelart. Alle E. sind nach der Roten Liste in ihrem Bestand gefährdet.

Erbsenstein, ein Mineral, → Aragonit.

Erbsenstrauch, Caragana, Gattung der Schmetterlingsblütler mit rd. 60 von S-Russland bis nach Zentralasien verbreiteten Arten. Die bis 6 m hohen, sommergrünen Sträucher besitzen paarig gefiederte Blätter und Früchte, die denen der Erbse ähneln. Am bekanntesten ist der **Große E.** (**Baumartiger E.,** Caragana arborescens), ein in Grünanlagen und Gärten weit verbreiteter, gelb blühender und schwach giftiger Zierstrauch.

Erbslöh, Adolf, Maler und Grafiker, * New York 27. 5. 1881, † Icking (Landkreis Bad Tölz-Wolfratshausen) 2. 5. 1947; in München Mitbegründer der »Neuen Künstlervereinigung« (1909) und später Mitgl. der »Neuen Sezession«. In seinen Stillleben, Figuren- und Landschaftsbildern verarbeitete er zunächst Einflüsse des Fauvismus und näherte sich dann der realist. Richtung der Neuen Sachlichkeit.

Erbstaaten, die → Erblande.

Erbsünde, lat. **Peccatum originale,** nach christl. Lehre die durch den → Sündenfall der ersten Menschen (→ Adam und Eva) bewirkte Sündhaftigkeit des Menschengeschlechts.

Nach kath. Glaubenslehre ist das Wesen der E. der angeborene Mangel an heilig machender Gnade, der durch »Adam« verschuldet und durch die Abstammung von ihm auf jeden Menschen übergegangen ist. Als ihre Folge gelten der Verlust der leibl. Unsterblichkeit und die Schwächung der natürl. Fähigkeit zum Guten, bes. durch die sinnl. Leidenschaft (Konkupiszenz). Die erbsündl. Ungerechtigkeit ist von der durch eigene Todsünde bewirkten verschieden. Ausgenommen von der E. blieben nur Jesus und Maria. Die E. wird durch die Taufe getilgt. Diese überkommene Lehre von der E. hat das 2. Vatikan. Konzil in ihren Grundzügen bestätigt und bes. ihre anthropolog. Bedeutung (sittl. Schwächung, Neigung zu falscher Auffassung Gottes, der menschl. Natur, der Grundsätze des Sittlichen) hervorgehoben.

Nach ev. Auffassung wird die E. nicht durch die Taufe getilgt, sondern ist als Hang zur Sünde (Konkupiszenz) in jedem Menschen wirksam, Ursprung der aktuellen Sünden und echte Schuld. Freilich ist in diesem Zusammenhang das Moment der Vererbung einer Schuld problematisch und Gegenstand theolog. Kritik. Die Vorstellung entstand aus dem Gedanken der Vererbung unserer »Natur«, die für jeden Menschen den Hang zur Sünde mit sich führt. Danach ist die Sünde also unausweichlich und nicht aus einem moral. Zustand des sündigen Menschen zu erklären.

Geschichte Die Lehre vom Schuldcharakter der E. wurde in der alten Kirche von → Pelagius bestritten; er sah in ihr keine durch »Adam« vererbte Schuld, sondern nur die Folge des bösen Beispiels, das »Adam« gegeben habe. Gegen Pelagius hat Augustinus den Schuldcharakter der E. verteidigt und aus der Verstrickung aller Menschen in »Adams« Ursünde hergeleitet. Der Verurteilung des Pelagianismus schloss sich die Ostkirche an (Konzil von Ephesos 431). Den schuldhaften Charakter der E. suchte Augustinus in der bösen Begierlichkeit. Im MA. (Anselm von Canterbury) setzte sich die Auffassung durch, dass schuldhaft nicht die Konkupiszenz, son-

Erbse: Gemüseerbse, Blüten (oben) und Früchte

Erbsenstrauch: Großer Erbsenstrauch

dern der Mangel der Gnadengerechtigkeit sei. Die kath. Kirche hat auf dem Konzil von Trient (1546) gegen die reformator. E.-Lehre diese Auffassung festgehalten. (→Gnade; →Rechtfertigung)

J. Gross: Gesch. des E.-Dogmas, 4 Bde. (1960–72); Ist Adam an allem schuld?, hg. v. F. Dexinger u. a. (Innsbruck 1971); W. Eichinger: E.-Theologie (1980); H. M. Köster: Urstand, Fall u. E. in der kath. Theologie unseres Jh. (1983); C. Schönborn u. a.: Zur kirchl. Erbsündenlehre. Stellungnahmen zu einer brennenden Frage (²1994); E., hg. v. C. Boureux u. C. Theobald (2004).

Erbteil, der Anteil eines Miterben an der (gesamten) Erbschaft (→Erbrecht, Mehrheit von Erben).

Erb|untertänigkeit, in dem durch die dt. Ostsiedlungsbewegung erschlossenen Siedlungsgebiet sich ausbildendes Abhängigkeitsverhältnis der Bauern zu ihrem Grund- bzw. Gutsherrn, das der Leibeigenschaft nahe kam. Die Bauern hatten Besitzrecht zu ungünstigen Bedingungen (steigerungsfähige Abgaben und Fron), waren in ihrer Freizügigkeit beschränkt (**Schollenpflichtigkeit**), benötigten für Heiraten den Konsens der Herrschaft, ihre Kinder unterlagen dem Gesindezwang; die Bauernstellen durften im Erbgang nicht geteilt werden, die Herrschaft wählte den Übernehmer nach ihrem Gutdünken aus dem Kreis der Erben. Die Bauern waren damit »Privatuntertanen« der Herrschaft. In Einzelfällen ging die E. so weit, dass Bauern verkauft werden konnten. Die nach dem Dreißigjährigen Krieg voll ausgebildete E. war im 17./18. Jh. bes. in Ost- und Westpreußen weit verbreitet. Im Zuge der →Bauernbefreiung wurde sie 1807 de jure aufgehoben; in Österreich wurde die E. erst 1848 abgeschafft.

Erb|unwürdigkeit, →Erbrecht (Erbfähigkeit).

Erbverbrüderung, Konfraternität, das durch einen Erbvertrag wechselseitig zugesicherte Erbrecht zweier oder mehrerer regierender Häuser für den Fall ihres Aussterbens. Die E. war nur zw. Familien des Hochadels möglich und bedurfte, sofern hiervon Lehen des Heiligen Röm. Reiches betroffen waren, kaiserl. Bestätigung. Die seit dem 13. Jh. nachweisbare E. war bedeutend als Instrument territorialer Politik.

Erbvertrag, die vertragl., nur unter bestimmten Voraussetzungen rückgängig zu machende Verfügung von Todes wegen (§§ 2274 ff. BGB), durch die der Erblasser einseitig Bestimmungen treffen kann, die auch ein Testament enthalten könnte. Soweit diese Verfügungen jedoch vertragsmäßig bindende Wirkungen entfalten sollen (also auf Gegenseitigkeit angelegt sind), können nur Verfügungen über Erbeinsetzung, Vermächtnisse und Auflagen getroffen werden. Der Erblasser kann einen E. nur persönlich schließen und bedarf hierzu voller Geschäftsfähigkeit (Ausnahmen zugunsten eines beschränkt geschäftsfähigen Ehegatten). Der Einwilligungsvorbehalt bei unter Betreuung stehenden Personen beschränkt nicht in Bezug auf den Abschluss eines E. Zulässig ist auch ein zweiseitiger oder gemeinschaftl. E. durch Vertragspartner, die beide als Erblasser Verfügungen treffen, z. B. indem sie sich gegenseitig verpflichten, einen Dritten zu begünstigen. Der E. zw. Ehegatten oder Verlobten kann überdies mit einem Ehevertrag verbunden werden. Er kann nur zur Niederschrift eines Notars bei gleichzeitiger Anwesenheit beider Teile geschlossen werden. Durch den E. wird der Erblasser in seiner Testierfreiheit beschränkt; er verliert jedoch nicht die Befugnis, über sein Vermögen durch Rechtsgeschäfte unter Lebenden zu verfügen, es sei denn, er hat auf dieses Recht verzichtet. Hat jedoch der Erblasser in der Absicht, den Vertragserben zu beeinträchtigen, eine Schenkung gemacht, so kann der Vertragserbe innerhalb von drei Jahren nach Anfall der Erbschaft von dem Beschenkten die Herausgabe nach den Vorschriften der →ungerechtfertigten Bereicherung verlangen. Der E. kann unter folgenden Voraussetzungen ganz oder teilweise rückgängig gemacht werden: 1) durch notariellen Aufhebungsvertrag; 2) durch gemeinschaftl. Testament, wenn der E. unter Ehegatten abgeschlossen war; 3) durch Testament des Erblassers, wenn Vermächtnisse oder Auflagen vertragsmäßig angeordnet worden sind und die Vertragspartner der Aufhebung zustimmen; 4) durch Rücktritt vom E. oder von der Einzelverfügung (insbes. wenn sich der vertragsmäßig Bedachte nach Vertragsschluss einer Verfehlung schuldig macht, die einen Grund zur Entziehung des Pflichtteils darstellt). Kein E. sind Erbverzicht oder Erbschaftskauf. – Im ZGB der DDR vom 19. 6. 1975 war der E. nicht mehr vorgesehen.

Nach österr. Recht kann ein E., durch den der künftige Nachlass (Verlassenschaft) oder ein Teil desselben versprochen und das Versprechen angenommen wird, nur zw. Ehegatten oder Brautleuten unter der Bedingung nachfolgender Ehe geschlossen werden (§§ 602, 1249 ABGB, § 1 Notariatsaktsgesetz). Der E. bedarf mit allen Erfordernissen eines schriftl. Testaments. Das schweizer. Recht kennt den E. in Gestalt des Erbeinsetzungs- und des Erbverzichtsvertrages (Art. 494 ff. ZGB). Der Abschluss des E. erfolgt vor einer Urkundsperson unter Beiziehung von zwei Zeugen (Art. 512 ZGB).

G. Schumann: Erbvertragsrecht (2002); Testament u. E., hg. v. W. Reimann u. M. Bengel (⁴2003).

Erbverzicht, ein zu Lebzeiten des Erblassers mit diesem geschlossener Vertrag (§§ 2346 ff. BGB), durch den die (gesetzl. oder testamentar.) Erben auf ihr Erb- oder Pflichtteilsrecht verzichten; dies geschieht häufig gegen eine Abfindung, die jedoch unabhängig von dem E. als einem abstrakten rechtl. Verfügungsgeschäft zu betrachten ist. Der E. erstreckt sich im Zweifel auch auf die Abkömmlinge des Verzichtenden; er kann mit Bedingungen verknüpft sein, z. B. dass ein bestimmter Dritter Erbe sein soll, und bedarf notarieller Beurkundung.

Erbzinsgüter, Bauerngüter, an denen dem Bauern das Untereigentum, dem Grundherrn das Obereigentum zustand (→geteiltes Eigentum). Der Bauer entrichtete einen geringen Anerkennungszins (**Erbzins**), der, anders als bei der Erbpacht, nicht vom Ertrag des Bauerngutes abhing. Die Bauernbefreiung hob das Obereigentum an den E. auf und wandelte das Untereigentum in vollfreies Alleineigentum um.

Ercilla y Zúñiga [erˈθiʎa i ˈθuɲiɣa], Alonso de, span. Dichter, * Madrid 7. 8. 1533, † ebd. 29. 11. 1594; war adliger Herkunft. Nach Reisen durch Italien, Dtl. und England im Gefolge des späteren Königs Philipp II. nahm er in Chile am Kampf gegen die Araukaner teil. Sein bedeutendes, an antiken Vorbildern und L. Ariosto orientiertes Epos »La Araucana« (3 Tle., 1569, 1578, 1589; dt. »Die Araucana«) schildert in 37 Gesängen in der Form der Stanze die Kämpfe zw. den span. Eroberern und den Indianern. E. y Z. scheute sich nicht, Hochmut und Grausamkeit der Spanier aufzuzeigen sowie die Araukaner zu den eigentl. Helden des Epos zu machen.

Ausgabe: La Araucana, hg. v. M. A. Morínigo u. a., 2 Bde. (1979).

Erciyas Dağı: die durch Auswurfmassen des Vulkans entstandene Tuffkegellandschaft um Göreme

Erciyas Dağı [ˈɛrdʒijas daːˈə], erloschener Vulkan in der Zentraltürkei, mit zwei Gipfeln: 3 917 m ü. M. und 3 703 m ü. M.; höchster Gebirgsstock der kleinasiat. Halbinsel und Hausberg von Kayseri. Nach STRABO war vulkan. Tätigkeit im Altertum noch an den Bergflanken bekannt. Die Auswurfmassen des E. D. und des Hasan Dağı (südwestlich des E. D.) bilden die Tuffkegellandschaft um Göreme.

Erckmann-Chatrian [- ʃatriˈɑ̃], Name, unter dem zwei frz. Schriftsteller gemeinsam publizierten: ÉMILE ERCKMANN, *Pfalzburg (Dép. Moselle) 20. 5. 1822, †Lunéville 14. 3. 1899, und ALEXANDRE CHATRIAN, *Abreschviller (Dép. Moselle) 18. 12. 1826, †Villemomble (bei Paris) 3. 9. 1890; E.-C. schrieben regionalist. Romane und Novellen sowie z. Z. der Napoleon. Kriege spielende Romane; einige der Werke wurden von ERCKMANN dramatisiert.
  Werke: *Romane:* L'illustre docteur Mathéus (1859; dt. Der berühmte Doktor Mathäus); Thérèse ou Les volontaires de 1792 (1863; dt. Madame Therese); Histoire d'un conscrit de 1813 (1864; dt. Erlebnisse eines Conscribirten des Jahres 1813, 2 Bde.); L'ami Fritz (1864; dt. Freund Fritz); Waterloo (1865; dt.).

Ercolano, bis 1969 **Resina,** Stadt in Kampanien, Prov. Neapel, Italien, am W-Fuß des Vesuv, 56 200 Ew. Die Stadt ist auf den Lava-, Asche- und Schlammstromschichten, unter denen →Herculaneum liegt, erbaut und mit Torre del Greco durch die »Goldene Meile«, eine einst von Villen mit Gärten und Parks gesäumte Straße, verbunden. E. hat Eisenbahnausrüstungsbetriebe, Handwerk, Weinbau und Fremdenverkehr.

Ercole de' Roberti, Ercole da Ferrara, ital. Maler, →Roberti, Ercole de'.

ERCP [Abk. für **e**ndoskopisch-**r**etrograde **C**holangio**p**ankreatikografie], Methode zur direkten röntgenolog. Darstellung von Gallenwegen, Gallenblase und Ausführungsgang der Bauchspeicheldrüse, wobei über ein durch Speiseröhre, Magen und Zwölffingerdarm eingeführtes Endoskop das Kontrastmittel unter Röntgendurchleuchtung eingebracht wird. Die Untersuchung ist relativ aufwendig und z. B. bei Verschluss oder hochgradiger Einengung der Gallengänge durch Gallensteine oder Tumoren angezeigt. Im Rahmen der ERCP sind eine Galleableitung (interne Gallenwegdrainage), Steinentfernung, Gewebeprobeentnahme, Einlage einer Endoprothese und chirurg. Behandlung einer Stenose möglich. Meist geht der Röntgenuntersuchung eine Ultraschalldiagnostik voraus. **ERC** (**e**ndoskopisch-**r**etrograde **C**holangiografie) und **ERP** (**e**ndoskopisch-**r**etrograde **P**ankreatikografie) sind Teilverfahren der ERCP zur Untersuchung und Behandlung des Gallen- bzw. Pankreasgangsystems. Zur Klärung ausschließlich diagnost. Fragen werden häufig statt ERCP nichtinvasive kernspintomograf. Verfahren eingesetzt.

Érd [eːrd], früher dt. **Hanselbeck,** Stadt im Bez. Pest, Ungarn, am rechten Donauufer südlich von Budapest, 58 100 Ew.; in den 1990er-Jahren starkes Wachstum als suburbaner Wohnort und Einzelhandelszentrum im Umland von Budapest.

Erda, von J. GRIMM erschlossener (jedoch nicht überlieferter) dt. Name der altnord. Göttin Jörd, der Mutter Thors, als german. Erdgottheit. Bei R. WAGNER (»Das Rheingold«, »Siegfried«) ist sie die Mutter der Nornen sowie der Brünhild.

Erd|alkali|en, alkalische Erden, die Oxide der Erdalkalimetalle Calcium, Strontium, Barium; abgeleitet von der Bez. →Erden.

Erd|alkalimetalle, Sammel-Bez. für die in der zweiten Hauptgruppe des Periodensystems stehenden Elemente Calcium, Strontium und Barium; manchmal wird auch das Magnesium dazugezählt. Die Elemente Beryllium und Radium gehören zwar auch zur zweiten Hauptgruppe, aber sie ähneln in ihren Eigenschaften eher dem Aluminium (dritte Hauptgruppe) bzw. dem Zink (zweite Nebengruppe). In ihrem Reaktionsverhalten stehen die E. zw. den bes. reaktionsfähigen →Alkalimetallen und den beständigeren →Erdmetallen. Nach den E. wird die zweite Hauptgruppe des Periodensystems auch **Erdalkaligruppe** genannt. Alle Elemente dieser Gruppe zählen, mit Ausnahme des Radiums, zu den Leichtmetallen. In ihrer äußeren

Erda Erdaltertum

Elektronenschale besitzen sie 2 Elektronen und treten deshalb zweiwertig auf.

Erd|altertum, das →Paläozoikum. (→Geologie)

Erd|anziehung, die Anziehungskraft der Erde, ein Sonderfall der Massenanziehung (→Gravitation, →Schwerkraft).

Erd|apfel,
1) volkstüml. Bez. für die →Kartoffel.
2) der älteste erhaltene Erdglobus, von M. →Behaim erstellt.

Erd|artischocke, die →Topinambur.

Erd|atmosphäre, die Lufthülle der Erde (→Atmosphäre).

Erdbau, *Tiefbau:* Technologie des Bauens mit Erdstoffen, die im Dammbau, bei der Herstellung von Baugruben und Verkehrswegen, bei Aufschüttungen und dgl. Anwendung findet, ferner bei der Gründung von Bauwerken und der Sicherung von E.-Werken (z. B. Böschungsflächen) gegen atmosphär. Einflüsse. Wichtigste Teilgebiete des E. sind das Lösen und Gewinnen, das Fördern und Transportieren sowie der Einbau des Erdstoffes. Nach dem Zustand beim Lösen werden Böden und Fels in sieben Klassen unterteilt: in Oberboden, fließende Bodenarten, leicht, mittel oder schwer lösbare Bodenarten sowie in leicht oder schwer lösbaren Fels. Zum Lösen und Gewinnen des Erdstoffes werden unter Wasser Nassbagger, im Trockenen Löffel-, Greif-, Schlepplöffel-, Eimerketten- oder Flachbagger eingesetzt. Das Fördern kann bei kleinen Weiten durch Planierraupen oder Erdhobel, ansonsten im gleislosen Betrieb durch Schürfkübelwagen und Kippfahrzeuge erfolgen. Der Einbau erfordert häufig detaillierte Pläne. Der Erdstoff muss bei kontrollierten Schüttungen lagenweise aufgefüllt und dann verdichtet werden. Die Schütthöhe der einzelnen Lagen wird je nach dem gewählten Verdichtungsgerät und der Anzahl der Verdichtungsübergänge in einem Probefeld bestimmt. Sie liegt üblicherweise zw. 20 und 60 cm. Als Bezugswert für die erreichte Dichte des Erdstoffes dient die →Proctor-Dichte. Spielt die Zusammendrückung der Aufschüttung eine Rolle, z. B. im Verkehrswegebau, so ist durch →Plattendruckversuche ein Mindestwert für den Verformungsmodul des Bodens nachzuweisen. Eine Erhöhung der stat. Belastbarkeit des Bodenkörpers ist durch das Verfahren »Bewehrte Erde« möglich, bei dem in einem mehrlagigen Aufbau die einzelnen Bodenschichten durch Kunststoffmatten, Geotextilien oder Kokosgewebematten voneinander getrennt werden. Die Tragfähigkeit oder Verdichtbarkeit von Böden lässt sich auch durch Verfahren der →Bodenverbesserung erhöhen.

H. Grasshoff u.a.: Hb. Erd- u. Grundbau, 2 Bde. (1979–82); W. Stiegler: Erddrucklehre. Grundl. u. Anwendungen (²1984); G. Rosenheinrich u. W. Pietzsch: E. (³1998); H. Türke: Statik im E. (1999); L. Husemann: Erdbewegungsmaschinen (2004).

Erdbeben, großräumige Erschütterungen der Erde, die sich von einem Ursprungsort, dem **E.-Herd** oder **Hypozentrum,** in der tektonisch aktiven äußeren Hülle der Erde allseitig durch das Erdinnere ausbreiten.

Die eigentl. E. (rund 90%) sind **tektonische Beben** oder **Dislokationsbeben.** Ihre Ursachen sind von Erschütterungen begleitete plötzl. Auslösungen von Spannungen innerhalb der aus zahlr. großen und kleineren »Platten« bestehenden Lithosphäre der Erde, bes. an den Plattenrändern. Dort können sich die Platten auseinander bewegen (Mittelozean. Rücken bzw.

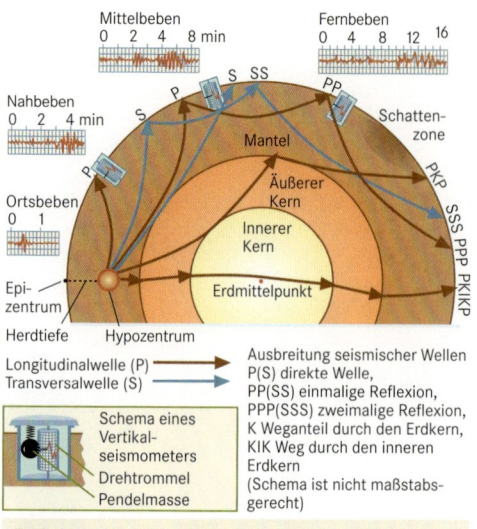

Erdbeben: schematische Darstellung der Ausbreitung seismischer Wellen

Riftzonen), aufeinander zubewegen und unter- oder überschieben (Subduktions- bzw. Obduktionszonen) oder aneinander vorbeigleiten (Transformstörungen). Dabei werden die Plattenbewegungen vielfach durch Verhakungen behindert, die dann zeitweilig unter mehr oder minder heftiger Energiefreisetzung die E.-Erschütterungen bewirken (→Plattentektonik). Auf große Beben folgen oft zahlr. leichtere **Nachbeben.** Mitunter erfolgt der Ausgleich nicht auf einmal, sondern durch zahlr. schwache Stöße (**Schwarmbeben**). **Vulkanische E.** (7%), die ebenfalls in den Prozess der Plattentektonik einzuordnen sind, sind weniger energiereich, noch geringere Auswirkungen haben E. als Folge von Einbrüchen unterird. Hohlräume (**Einsturzbeben**). Auch durch menschl. Tätigkeit können E. ausgelöst werden. Sie erlangen jedoch nur begrenzte Reichweite.

Der Ort stärkster Bewegung an der Erdoberfläche ist das vertikal über dem Hypozentrum des E. gelegene **Epizentrum.** Im **Epizentral-** oder **Schüttergebiet** sind die Bewegungen makroseismisch, d.h., sie können je nach Art der Energiefreisetzung schwach fühlbaren bis katastrophal zerstörer. Charakter erlangen. In größerer Entfernung sie dagegen nur noch instrumentell registrierbar. Je nach der Entfernung vom Beobachtungsort spricht man von **Orts-, Nah-** und **Fernbeben,** nach der Herdtiefe von **Flachbeben** (in Tiefen bis 70 km), **mitteltiefen Beben** (70–300 km) und **Tiefbeben** (300–720 km). Aus größeren Tiefen sind, vermutlich wegen des dortigen physikal. Zustandes der Erdmaterie, keine E.-Herde georted.

Die bei einem E. freigesetzte Energie breitet sich in Form elast. Wellen (**E.-Wellen**) durch das Erdinnere hindurch und an der Erdoberfläche aus. Je nach Bewegungsrichtung der dabei in Schwingung gesetzten Materieteilchen unterscheidet man Longitudinalwellen, die sich oberflächennah mit einer Laufzeit von etwa 5,5 km/s, in größerer Tiefe bis 13 km/s fortpflanzen, und die langsameren Transversal- bzw. Scherwellen (oberflächennah etwa 3,1 km/s, in größerer Tiefe bis 8,0 km/s). Da die Longitudinalwellen an einem entfernten Ort dementsprechend früher als die Transversalwellen eintreffen, bezeichnet man sie auch als **P-Wellen** (von primär) und die Transversalwellen als **S-Wellen** (von sekundär). An Grenzzonen innerhalb des Erdkörpers, wo sich dessen physikal. Materieeigenschaften ändern (z. B. Erdkruste-Erdmantel-Grenze), können die E.-Wellen abgelenkt oder reflektiert werden. Die Transversalwellen werden in quasiflüssigen Zonen (Asthenosphäre und äußerer Erdkern) abgeschwächt oder setzen aus. Bei Reflexionen an der Erdoberfläche können Longitudinalwellen in Transversalwellen übergehen. Diese **Oberflächen-** oder **L-Wellen** sind die langsamsten (3,5–3,8 km/s), aber auch die energiereichsten. Sie bewirken die heftigsten und zerstörerischsten Bodenbewegungen bei E.

Die Registrierung von E. erfolgt mithilfe hoch empfindl. Messinstrumente (→Seismograf) in →Erdbebenwarten. Sie messen die Laufzeiten und Amplituden der E.-Wellen und zeichnen ihren Verlauf in einem Seismogramm auf. Aus dem Einsetzen der Ausschläge sowie aus ihrer Form und Größe können Richtung, Entfernung und Energie des E.-Herdes und wichtige Hinweise über die Struktur des Erdinnern abgeleitet werden. Durch die 1897 begründete zwölfteilige →Mercalli-Skala wurde versucht, die E. nach ihren sichtbaren und fühlbaren zerstör. Auswirkungen energiemäßig einzuschätzen und einzuordnen. Seit 1964 ist sie in der verbesserten Form als Medwedew-Sponheuer-Karnik- oder MSK-Skala international in Gebrauch gewesen, jedoch wird die Energie heute allg. durch eine messbare, aus dem Seismogramm errechenbare Größe, die Magnitude M, ausgedrückt (→Richter-Skala). Von den instrumentell jährlich über 1 Mio. nachweisbaren E. sind etwa 150 000 im Epizentralgebiet zumindest schwach fühlbar. Deutlich fühlbare und zuweilen merkl. Schäden verursachende E. der Magnituden 5 und 6 treten etwa 700 auf, mit Magnituden zw. 6 und 7 sind es etwa 120, mit Magnituden zw. 7 und 8 etwa 15 und mit den höchsten gemessenen Magnituden zw. 8 und 9 etwa zwei, die dann zu den schwersten E.-Katastrophen gehören und mit hohen Opfern und Sachschäden verbunden sind.

Der weitaus größte Teil der E. sind Flachbeben (etwa 85%). Sie werden an allen Rändern der Lithosphäreplatten und auch in tektonisch aktiven Gebieten in deren Innerem registriert. Mitteltiefe Beben (rd. 12%) und die selteneren Tiefbeben (etwa 3%) treten fast nur in Subduktionszonen auf, wo sich ein ozean. Plattenrand schräg unter Kontinenten vorgelagerte Inselbögen (z. B. Japan, Philippinen, Sundainseln) oder kontinentale Plattenränder (z. B. Westseite Südamerikas) hinabschiebt. Im Anfangsbereich des durch Tiefseegräben markierten Hinabschiebens treten dementsprechend Flachbeben auf, während mitteltiefe Beben und Tiefbeben in Richtung nach dem Kontinentinneren zu registriert werden (→Benioff-Zonen). E. im Inneren von Lithosphäreplatten sind an bruchtektonisch aktive Gebiete gebunden. Wiederholt betroffene Schüttergebiete in Mitteleuropa sind z. B. der Oberrheintalgraben mit dem angrenzenden Baden-Württemberg und dem Elsass, das Niederrheingebiet und das sächs. Vogtland.

Dem ungleichmäßigen Auftreten von E. entsprechend wechselt das Ausmaß der E.-Schäden, wobei nicht nur die Energiefreisetzung, sondern auch die Siedlungsdichte und die Gebäudebeschaffenheit eine Rolle spielen. Als bes. katastrophengefährdete Gebiete gelten die mit den Großstädten Tokio, San Francisco

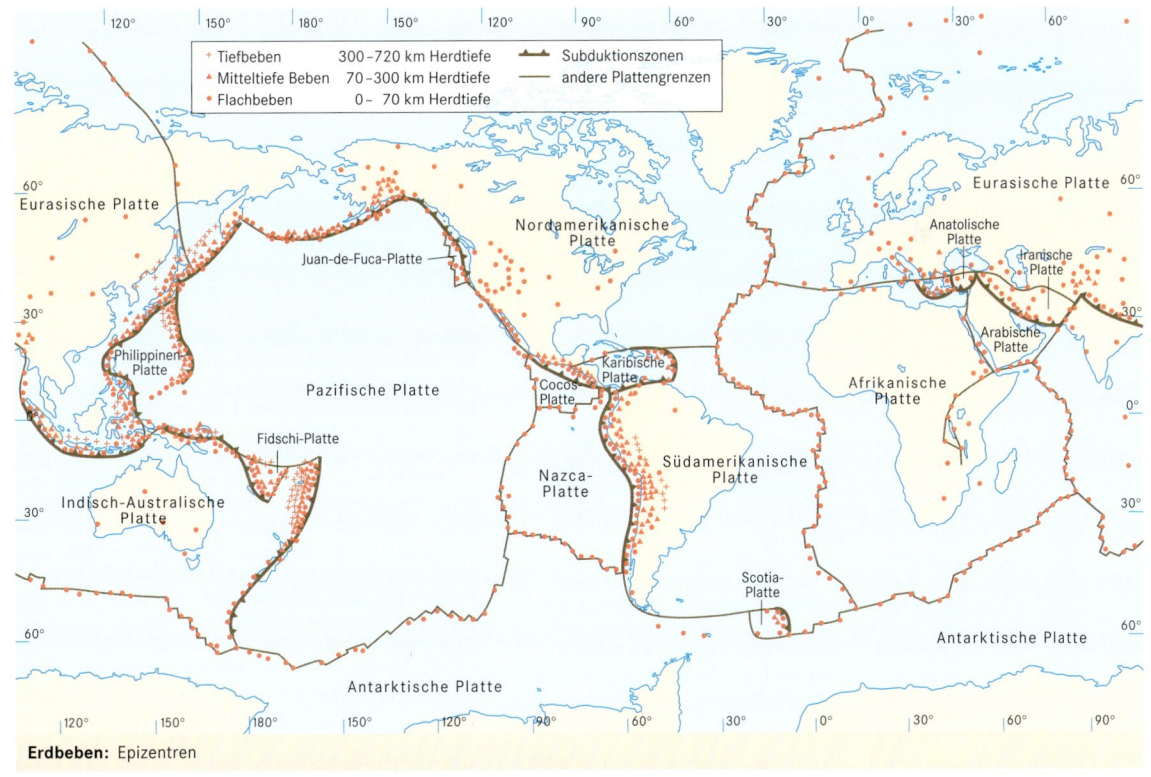

Erdbeben: Epizentren

Das Erdbeben von Lissabon im Jahr 1755 im Spiegel der Literatur

Aus Johann Wolfgang von Goethes Autobiografie »Aus meinem Leben. Dichtung und Wahrheit« (1811–33)

Erster Teil, erstes Buch *(Auszug)*

Am ersten November 1755 ereignete sich das Erdbeben von Lissabon, und verbreitete über die in Frieden und Ruhe schon eingewohnte Welt einen ungeheuren Schrecken. Eine große prächtige Residenz, zugleich Handels- und Hafenstadt, wird ungewarnt von dem furchtbarsten Unglück betroffen. Die Erde bebt und schwankt, das Meer braust auf, die Schiffe schlagen zusammen, die Häuser stürzen ein, Kirchen und Türme darüber her, der königliche Palast zum Teil wird vom Meere verschlungen, die geborstene Erde scheint Flammen zu speien: denn überall meldet sich Rauch und Brand in den Ruinen. Sechzigtausend Menschen, einen Augenblick zuvor noch ruhig und behaglich, gehen mit einander zugrunde, und der Glücklichste darunter ist der zu nennen, dem keine Empfindung, keine Besinnung über das Unglück mehr gestattet ist. Die Flammen wüten fort, und mit ihnen wütet eine Schar sonst verborgner, oder durch dieses Ereignis in Freiheit gesetzter Verbrecher. Die unglücklichen Übriggebliebenen sind dem Raube, dem Morde, allen Mißhandlungen bloßgestellt; und so behauptet von allen Seiten die Natur ihre schrankenlose Willkür.

J. W. von Goethe: Aus meinem Leben. Dichtung und Wahrheit, in: Goethes Werke, Hamburger Ausg., hg. v. E. Trunz, Bd. 9: Autobiographische Schriften I, textkritisch durchgesehen v. L. Blumenthal, kommentiert v. E. Trunz (München: C. H. Beck, 1998), S. 29 f.

Aus Heinrich von Kleists Novelle »Das Erdbeben in Chili« (1810)

In St. Jago, der Hauptstadt des Königreichs Chili, stand gerade in dem Augenblicke der großen Erderschütterung vom Jahre 1647*, bei welcher viele tausend Menschen ihren Untergang fanden, ein junger, auf ein Verbrechen angeklagter Spanier, namens *Jeronimo Rugera,* an einem Pfeiler des Gefängnisses, in welches man ihn eingesperrt hatte, und wollte sich erhenken. [...]

Eben stand er [...] an einem Wandpfeiler, und befestigte den Strick, der ihn dieser jammervollen Welt entreißen sollte, an eine Eisenklammer, die an dem Gesimse derselben eingefugt war; als plötzlich der größte Teil der Stadt, mit einem Gekrache, als ob das Firmament einstürzte, versank, und alles, was Leben atmete, unter seinen Trümmern begrub. [...]

Kaum befand er sich im Freien, als die ganze, schon erschütterte Straße auf eine zweite Bewegung der Erde völlig zusammenfiel. Besinnungslos, wie er sich aus diesem allgemeinen Verderben retten würde, eilte er, über Schutt und Gebälk hinweg, indessen der Tod von allen Seiten Angriffe auf ihn machte, nach einem der nächsten Tore der Stadt. Hier stürzte noch ein Haus zusammen, und jagte ihn, die Trümmer weit umherschleudernd, in eine Nebenstraße; hier leckte die Flamme schon, in Dampfwolken blitzend, aus allen Giebeln, und trieb ihn schreckenvoll in eine andere; hier wälzte sich, aus seinem Gestade gehoben, der Mapochofluß auf ihn heran, und riß ihn brüllend in eine dritte. Hier lag ein Haufen Erschlagener, hier ächzte noch eine Stimme unter dem Schutte, hier schrieen Leute von brennenden Dächern herab, hier kämpften Menschen und Tiere mit den Wellen, hier war ein mutiger Retter bemüht, zu helfen; hier stand ein anderer, bleich wie der Tod, und streckte sprachlos zitternde Hände zum Himmel. Als Jeronimo das Tor erreicht, und einen Hügel jenseits desselben bestiegen hatte, sank er ohnmächtig auf demselben nieder.

* Kleist thematisiert zwar unmittelbar das Erdbeben in Santiago de Chile von 1647, bei der Gestaltung des Stoffes orientierte er sich jedoch v. a. an dem Lissabonner Beben.

H. von Kleist: Das Erdbeben in Chili, in: Sämtliche Werke u. Briefe, hg. v. H. Sembdner, Bd. 2 (München: C. Hanser, ^{9}1993), S. 144 ff.

Aus Reinhold Schneiders Erzählung »Das Erdbeben« (1932)

Die Häuser waren in einem wilden Aufruhr begriffen gegen ihre Bewohner. Sie jagten sie aus den Betten; [...] in Hemden, fliegenden Haares, eilten die Frauen über die Plätze, wo die springenden, sausenden Steine sie dennoch erreichten; viele stürzten betend auf die Knie; aber die Geschosse trafen sie schon, ehe sie den Blick noch zum Himmel richteten. Aus den Ställen der Adligen brachen die Pferde; sie rasten die Höhen hinauf in die niederrollenden Menschenhaufen hinein, bis die Flucht der Menschen und Tiere in unlösbarer Verwirrung sich hemmte und über die Niedergestürzten in gleicher Weise die Vernichtung kam. [...]

Da [...] trat die Flut zurück und riß die Botte und Segler, die eben noch, als jedem erreichbare Rettung, vor den Ufern tanzten, in einer Sekunde in die blaue Ferne hinaus; und der Grund gähnte schwarz, wie ihn keines Menschen Auge noch gesehn: das ganze Geheimnis der Tiefe tat sich auf. Doch schon stürmte eine ungeheure Welle vom Atlantik her gegen die Stadt; die beiden Berge schlugen zusammen, und auf den zerschäumenden Kämmen flogen die Galeeren und Dreimaster auf; zertrümmerten die winzigen Boote.

Aber die anstürmende Welle war stärker; sie füllte die Schlucht; warf, um es leichter zu machen, Ruder, Segel, Schiffe und Menschen voraus und prasselte dann auf das Land. Der dicke Turm bebte; als die Flut verrann, war der Kai mit allen, die sich auf ihm gerettet geglaubt, verschwunden; die Menschen auf dem Platz waren weggewaschen wie ein dunkler Fleck. Draußen drehten sich zwei gerettete Galeeren mit zerbrochenen Masten in rasender Schnelligkeit im Kreis.

R. Schneider: Das Erdbeben (Leipzig: J. Hegner, 1932), S. 112 ff.

und Los Angeles. Im langjährigen Durchschnitt sind jährlich durch E. etwa 10 000 Opfer zu beklagen. Die größte bekannte Zahl von Toten (830 000) soll durch ein E. in China 1556 verursacht worden sein. Eine besondere indirekte Gefahr bei Seebeben besteht in der Auslösung von Flutwellen mit einer Höhe von 10 m und mehr beim Aufbranden auf mitunter weit entfernten Küsten (Tsunamis).

Sichere E.-Vorhersagen sind noch nicht möglich. Vorboten können instrumentell messbare Erschütterungen beim Aufbauen von Spannungen in der Erdkruste sein, eventuell verbunden mit Hebungen, Senkungen oder Horizontalverschiebungen, Änderungen des geomagnet. oder geoelektr. Feldes, Anstieg des Radongehaltes im Grundwasser oder auch das abnorme Verhalten von Tieren.

Kulturgeschichte E. galten als von Göttern oder dämon. Wesen verursacht. Bis in die Neuzeit wurden sie als Vorzeichen von Weltuntergang, Strafgerichten o. Ä. verstanden. Die Auswirkungen von E. haben zu literar. Schilderungen angeregt, z. B. den röm. Schriftsteller Plinius d. Ä., Goethe (Beschreibung des E. von Lissabon in »Dichtung und Wahrheit«), Kleist (»Das E. in Chili«) u. a.

📖 H. D. Heck u. R. Schick: E.-Gebiet Dtl. (1980); W. Neumann u. a.: E. (Leipzig ²1989); G. Schneider: E.-Gefährdung (1992); A. Robinson: Erdgewalten (a. d. Engl., 1994); B. A. Bolt: E. Schlüssel zur Geodynamik (a. d. Engl., 1995); T. Lay u. T. C. Wallace: Modern global seismology (San Diego, Calif., 1995); R. Schick: E. u. Vulkane (1997); E. Keppler: Die unruhige Erde. E., Vulkane, Meteoriten, Stürme u. Klima (1998); Haack-Taschenatlas Vulkane u. E., bearb. v. H. Hess (2003); E. Oeser: Histor. E.-Theorien v. der Antike bis zum Ende des 19. Jh. (Wien 2003); G. Schneider: E. Eine Einf. für Geowissenschaftler u. Bauingenieure (2004).

Erdbebenkunde, →Seismik.

erdbebensichere Bauweisen, v. a. in Industrieländern mit besonderer Erdbebengefährdung (z. B. Kalifornien, Japan) hoch entwickelte und durch amtl. Vorschriften geregelte Bauarten. Zu den e. B. zählen u. a. Leichtbauweisen, seitensteife, erschütterungsfeste, meist hochgradig statisch unbestimmte Stahl- und Stahlbetonkonstruktionen mit möglichst geringen Dachlasten sowie die gelenkige Lagerung auf Stützen und der Einbau von Dämpfungselementen. Die Gebäude besitzen eine hohe Elastizität zur Aufnahme und allmähl. »Verschluckung« von beben- und windbedingten Belastungen. Um die bes. gefährdenden horizontalen Erdbebenkräfte, die vorzugsweise seitlich an den Fundamenten der Gebäude angreifen, abzufangen, sind gute Gründungen in möglichst festen Gesteinen und stabile Verbindungen zum Überbau und innerhalb der einzelnen Gebäudeteile erforderlich.

📖 H. Bachmann: Erdbebensicherung v. Bauwerken (²2002); K. Meskouris u. K. G. Hinzen: Bauwerke u. Erdbeben (2003); A. Pocanschi u. M. C. Phocas: Kräfte in Bewegung. Die Techniken des erbebensicheren Bauens (2003).

Erdbebenwarte, seismologische Station, wiss. Institut, in dem mit Seismometern bzw. -grafen laufend die örtl. Bodenbewegungen bei Erdbeben, Kernexplosionen und die mikroseism. Bodenunruhe aufgezeichnet und ausgewertet werden. Weltweit arbeiten rd. 1 500 E., von denen etwa 500 am Datenaustausch beteiligt sind.

Erdbeerbaum, Arbutus, Gattung der Heidekrautgewächse mit rd. 20 im Mittelmeerraum, auf den Kanaren, in Nord- und Mittelamerika verbreiteten Arten. Die immergrünen Bäume oder Sträucher besitzen kugelige oder urnenförmige Blüten in büscheligen Rispen und mehrsamige Beerenfrüchte mit mehligem Fruchtfleisch. Versch. Arten sind Charakterpflanzen der mediterranen Macchien, z. B. **Arbutus unedo,** 1–10 m hoch mit kirschgroßen, scharlachroten, warzigen Beeren, die essbar, aber wenig wohlschmeckend sind und gelegentlich zur Spirituosenherstellung verwendet werden.

Erdbeere,
1) **Fragaria,** Gattung der Rosengewächse mit rd. 30 Arten in den gemäßigten und subtrop. Gebieten der nördl. Halbkugel und in den Anden; Ausläufer treibende Stauden mit grundständiger, aus dreizählig gefiederten, gesägten Blättern bestehender Blattrosette und weißen, überwiegend zwittrigen Blüten. Die meist essbaren Früchte (**Erdbeeren**) sind Scheinfrüchte; bei jeder Blüte entwickeln sich die zahlr. Fruchtblätter zu Nüsschen, die der aufgewölbten, sich fleischig entwickelnden und rot färbenden Blütenachse aufsitzen (Sammelnussfrucht). Die **Wald-E.** (Fragaria vesca) ist eine Wildart mit ungestielten Blattfiedern und relativ kleinen, aromat. Früchten; eine Kulturform der Wald-E. stellt die mehrmals im Jahr blühende und fruchtende **Monats-E.** (Fragaria vescavar. semperflorens) dar.

Die bedeutendste, in zahlr. Sorten kultivierte E. ist die großfrüchtige **Garten-E.** (Fragaria ananassa), die um 1750 in Holland aus der Kreuzung der südamerikan. **Chile-E.** (Fragaria chiloensis) mit der nordamerikan. **Scharlach-E.** (Fragaria virginiana) entstand. Die meist im Freiland, aber auch im Folientunnel oder unter Glas angebauten Pflanzen bevorzugen einen schwach sauren, genügend feuchten Boden. Da nach zwei Jahren der Ertrag meist geringer wird, werden die Pflanzen nach dieser Zeit häufig durch eine Neupflanzung ersetzt. Die meisten Sorten blühen und fruchten nur einmal jährlich (Kurztagspflanzen), andere tragen bis zum Frostbeginn (tagneutrale Pflanzen).

Die Früchte können vielseitig verwendet werden. Die wichtigsten Bestandteile sind: 89,5 % Wasser, 0,8 % Eiweiß, 0,4 % Fett, 7,5 % Kohlenhydrate, 1,3 % Rohfaser und 0,5 % Mineralstoffe. An Vitaminen kommen je 100 g essbaren Anteils u. a. vor (Mittelwerte): 0,03 mg Vitamin B_1, 0,05 mg Vitamin B_2 und 64 mg Vitamin C.

Krankheiten und Schädlinge Bei Chlorose liegt Mangan- oder Eisenmangel vor. Bei Befall durch Viren lässt die Wuchskraft der Stauden auffällig nach; Überträgerin ist die Knotenblattlaus. Die häufigsten Pilzkrankheiten sind Verticilliumwelke, Rote Wurzelfäule, Grauschimmelfäule, Lederfäule, Mehltau sowie Rot- und Weißfleckenkrankheit; häufig vorkommende Schadtiere sind: Erdbeerälchen, -milbe, -wickler, -stängelstecher, -blütenstecher; an Früchten fressen Schnecken und Vögel.

Kulturgeschichte Die E. wird bereits bei Ovid und Vergil als »fragum« erwähnt. Im MA. wurde ihr Heilkraft zugeschrieben. Sie galt als Speise der Seligen, aber auch als Sinnbild der Verlockung und Weltlust. Die dreigeteilten Blätter hielt man für ein Symbol der Trinität und stellte die Pflanze deshalb oft in Plastik und Malerei dar. Hildegard von Bingen war die E. als »Erpere« bekannt. Die Scharlach-E. gelangte um 1623 aus Virginia nach England, die Chile-E. um 1712 von Chile nach Frankreich, von dort nach England, Dtl. und in die übrigen Länder Europas.

2) **Indische E.,** Art der Gattung →Duchesnea innerhalb der Familie der Rosengewächse.

Erdbeerbaum: Arbutus unedo (blühender und fruchtender Zweig)

Erdb Erdbeerfröschchen

Erdbeerfröschchen

Erdbeerfröschchen, Dendrobates pumilio, kleine (bis 2,4 cm lang), überwiegend rot gefärbte, in Mittelamerika beheimatete Art der Farbfrösche mit teilweise blauschwarzen Beinen.

Erdbeerklee, Trifolium fragiferum, hellrosa blühende Kleeart, deren Blütenköpfchen zur Fruchtzeit erdbeerähnlich aussehen. Der E. kommt auf feuchten, häufig salzhaltigen Böden vor und wird als Futterpflanze in den USA, in Russland, in Australien und seltener auch in S-Frankreich kultiviert.

Erdbeerrose, die → Pferdeaktinie.

Erdbeerspinat, Name zweier Arten der Gattung Gänsefuß mit fleischigen, rötl., an Erdbeeren erinnernden Fruchtständen (Scheinfrüchte): der von Südeuropa bis Mittelasien verbreitete 20–100 cm hohe **Echte E.** (Chenopodium foliosum) mit tief gezähnten Blättern und bis zur Spitze dicht beblättertem Blütenstand; ferner der aus Südeuropa stammende **Ährige E.** (Chenopodium capitatum), dessen Blütenknäuel keine Tragblätter besitzen. Beide Arten werden als Blattgemüse, aber auch als Zierpflanzen verwendet.

Erdbeerspinat: Echter Erdbeerspinat

Erdbeertomate, die → Erdkirsche.

Erdbeschleunigung, die → Fallbeschleunigung der Erde.

Erdbestattung, Form der → Totenbestattung.

Erdbienen, Sandbienen, Andrenidae, Familie der solitären Bienen, weltweit über 1 000 Arten. Die E. sind

Erdbienen: Andrena armata

Beinsammler. Die Weibchen graben mehrzellige Nester, oft kolonienweise; einige Arten schmarotzen bei anderen Erdbienen.

Erdbirne,
1) Bez. für die birnenförmige, süßlich schmeckende Knolle des milchsafthaltigen Hülsenfrüchtlers **Apios americana.**
2) die → Topinambur.
3) volkstüml. Bez. für die → Kartoffel.

Erdboas, Tropidophiidae, Zwergboas, Familie der Schlangen mit 27 Arten in der Karibik sowie Mittel- und Südamerika. Die bis knapp 1 m langen Schlangen sind schwarzbraun gefärbt; im Ggs. zu den Boaschlangen (zu denen sie lange Zeit gestellt wurden) haben sie einen längeren Kiefer und keinen linken Lungenflügel. E. sind lebend gebärend; sie ernähren sich von Echsen und Fröschen.

Erdböcke, Dorcadion, artenreiche Gattung flugunfähiger Bockkäfer; plump, schwarz oder braun, oft mit hellen Haarbinden. E. leben bes. in trockenen, steppenartigen Gebieten; einige Arten sind Getreideschädlinge.

Erddruck, Formelzeichen E, der vom Boden (Erdmassen, Hinterfüllungen u. a.) auf die Rückseite einer Stützkonstruktion (z. B. Baugruben-, Keller- oder Spundwand oder eine Stützmauer) ausgeübte, vom Eigengewicht der Erdmassen herrührende Druck. Die aus dem E. resultierende Kraft ist die **E.-Last,** deren Größe von der Wandbewegung abhängt. Ist die Wand starr und verschiebt sich nicht, so ergibt sich der **Erdruhedruck** E_0. Bewirken die Erdmassen ein Nachgeben der Wand, dann erreicht der E. im Grenzzustand einen Kleinstwert E_a, den **aktiven E.,** und bei einer Druckwirkung der Wand auf die Erdmassen einen Größtwert E_p, den **passiven E.** oder **Erdwiderstand.** Versuche haben ergeben, dass die E.-Verteilung von der Form der Wandbewegung abhängt: Im aktiven Druckzustand, bei Drehungen der Wand um den Fußpunkt, ist der E. hydrostatisch verteilt; dagegen ergeben Kopfpunktdrehungen oder Parallelverschiebungen E.-Konzentrationen in der oberen Wandhälfte.

E.-Lasten für rollige Böden (z. B. Kies, Sand) werden ermittelt, indem das Gewicht der Erdmassen mit einem Beiwert multipliziert wird, dessen Größe von der Wandbewegung, den Neigungen der Geländeoberfläche und der Wandrückseite sowie dem Wandreibungswinkel und dem Reibungswinkel des Bodens abhängt. Kohäsion wirkt auf den aktiven E. vermindernd, auf den Erdwiderstand vergrößernd. Bei schwierigen Randbedingungen werden graf. Lösungsverfahren angewendet.

Literatur → Erdbau.

Erde, Zeichen ♀, nach Merkur und Venus der 3. Planet unseres Sonnensystems, der Venus in Masse, Dichte und Größe ähnlich. Die E. ist von einer Atmosphäre umgeben. Sie ist der einzige Planet im Sonnensystem, auf dessen Oberfläche sich flüssiges Wasser in beachtl. Menge befindet. Zus. mit der Sonne und den übrigen Planeten des Sonnensystems ist die E. vor etwa 4,58 ± 0,03 Mrd. Jahren (→ Altersbestimmung) aus einer turbulenten lokalen Verdichtung der interstellaren Materie entstanden (→ Sternentwicklung).

ASTRONOMIE

Bahnbewegung Die E. bewegt sich in 365,256 Tagen (sider. → Jahr) auf einer nahezu kreisförmigen Ellipsenbahn **(Erdbahn)** um die als ruhend angenommene Sonne, wobei sie durch deren Massenanziehung auf ihrer Bahn gehalten wird (ihre tatsächl. Bewegung im Weltraum setzt sich aus dieser Relativbewegung und der Eigenbewegung der Sonne zusammen). Durch diese Umlaufbewegung ist die Ebene der →Ekliptik definiert. Der mit einer mittleren Geschwindigkeit von 29,8 km/s erfolgende Umlauf um das Zentralgestirn geschieht rechtläufig, d. h. vom Nordpol der Ekliptik aus betrachtet entgegen dem Uhrzeigersinn. Die mittlere Entfernung der E. von der Sonne beträgt 1 AE (astronom. Einheit) ≈ 149,6 Mio. km. Im sonnennächsten Punkt ihrer Bahn, im Perihel, ist die E. 0,983 3 AE, im sonnenfernsten Punkt, im Aphel, 1,016 7 AE von der Sonne entfernt. Das Perihel wird Anfang Januar, das Aphel Anfang Juli durchlaufen. Die Geschwindigkeit der E. in ihrer Bahn variiert um maximal ≈ ± 0,5 km/s; sie ist in Sonnennähe größer (30,29 km/s im Perihel), in Sonnenferne kleiner (29,29 km/s im Aphel) als die mittlere Geschwindigkeit.

Erde-Mond-System Die E. wird von einem vergleichsweise großen Trabanten umrundet, dem Mond, dessen Masse rd. $1/81$ Erdmasse beträgt. Infolge ihrer gegenseitigen Massenanziehung bewegen sich E. und Mond auf ellipt. Bahnen um ihren gemeinsamen Schwerpunkt, der noch innerhalb des Erdkörpers liegt; E. und Mond werden daher vielfach auch als Doppelplanet bezeichnet. Die Nähe des Mondes (mittlere Entfernung 384 403 km) und seine relativ große Masse führen auf der E. zu deutl. Gezeiteneffekten (→Gezeiten); die damit verbundene ozean. Gezeitenreibung sorgt für eine allmähl. Abbremsung der Erdrotation, die gegenwärtig bei 0,0016 s pro Jh. liegt. Wegen der Erhaltung des Drehimpulses muss sich als Folge davon der Mond allmählich von der E. entfernen.

Erdrotation Neben ihrer Bahnbewegung führt die E. eine von dieser unabhängige Drehung um ihre eigene Körperachse (**Erdachse**) aus. Diese Rotation der E. erfolgt von W nach O, also im gleichen Drehsinn wie ihre Bewegung in ihrer Bahn, und spiegelt sich in der scheinbaren Drehung des Himmelsgewölbes von O nach W wider. Die Rotationsdauer, gemessen an der Wiederkehr der Kulmination eines Sterns, beträgt 23 h 56 min 4 s (Sterntag). Wird die Rotationsdauer hingegen an der Wiederkehr der Kulmination der Sonne gemessen, so ist sie um 3 min 56 s länger und beträgt 24 h (mittlerer Sonnentag). Die Rotationsgeschwindigkeit der E. unterliegt kleinen Änderungen

Erde: Satellitenaufnahme

unterschiedl. Art. Neben der säkulären Abnahme durch die Gezeitenreibung werden langfristig verlaufende Veränderungen (Massenverlagerungen im Erdinneren), jahreszeitl. Schwankungen (Massenbewegungen meteorolog. und hydrolog. Art) und kurzperiod. Variationen (Gezeiteneinflüsse) beobachtet. Die Durchstoßpunkte der Rotationsachse der E., also die **Erdpole**, liegen nicht absolut fest, sondern wandern geringfügig (→Polbewegung). Entsprechend variiert auch die Lage des Erdäquators. Außerdem beobachtet man infolge der Plattentektonik scheinbare Polbewegungen. – Die Erdrotation hat zu einer →Abplattung des Erdkörpers geführt, die sich als Äquatorwulst bemerkbar macht; da Äquator- und Ekliptikebene wegen der Neigung der Erdachse einen Winkel von 23° 26' bilden, bewirkt die Anziehungskraft der Sonne aufgrund des Äquatorwulstes ein Drehmoment, auf das die rotierende E. wie ein Kreisel reagiert (→Präzession). Entsprechend wirkt sich, wenn auch geringer, die Anziehungskraft des Mondes aus (→Nutation).

Die um 66° 34' gegen die Ekliptik geneigte Erdachse lässt außerdem die Jahreszeiten entstehen: Die unterschiedl. Sonnenhöhe im Jahreslauf führt zu wechselnder Bestrahlungsintensität (die flach auftreffenden Strahlen im Winter wärmen weniger als die steil auftreffenden im Sommer) und zu wechselnder Bestrahlungsdauer (im Sommer steht die Sonne wegen der größeren Mittagshöhe länger über dem Horizont).

GEODÄSIE

Größe und Gestalt der E. werden durch die Verfahren der →Geodäsie, heute v. a. der →Satellitengeodäsie, bestimmt. Dabei wird die physikal. Erdoberfläche im Bereich der Kontinente durch →Festpunkte und topograf. →Karten erfasst. Im ozean. Bereich wird sie

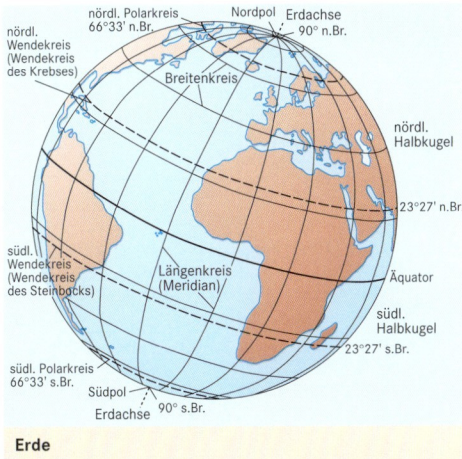

Erde

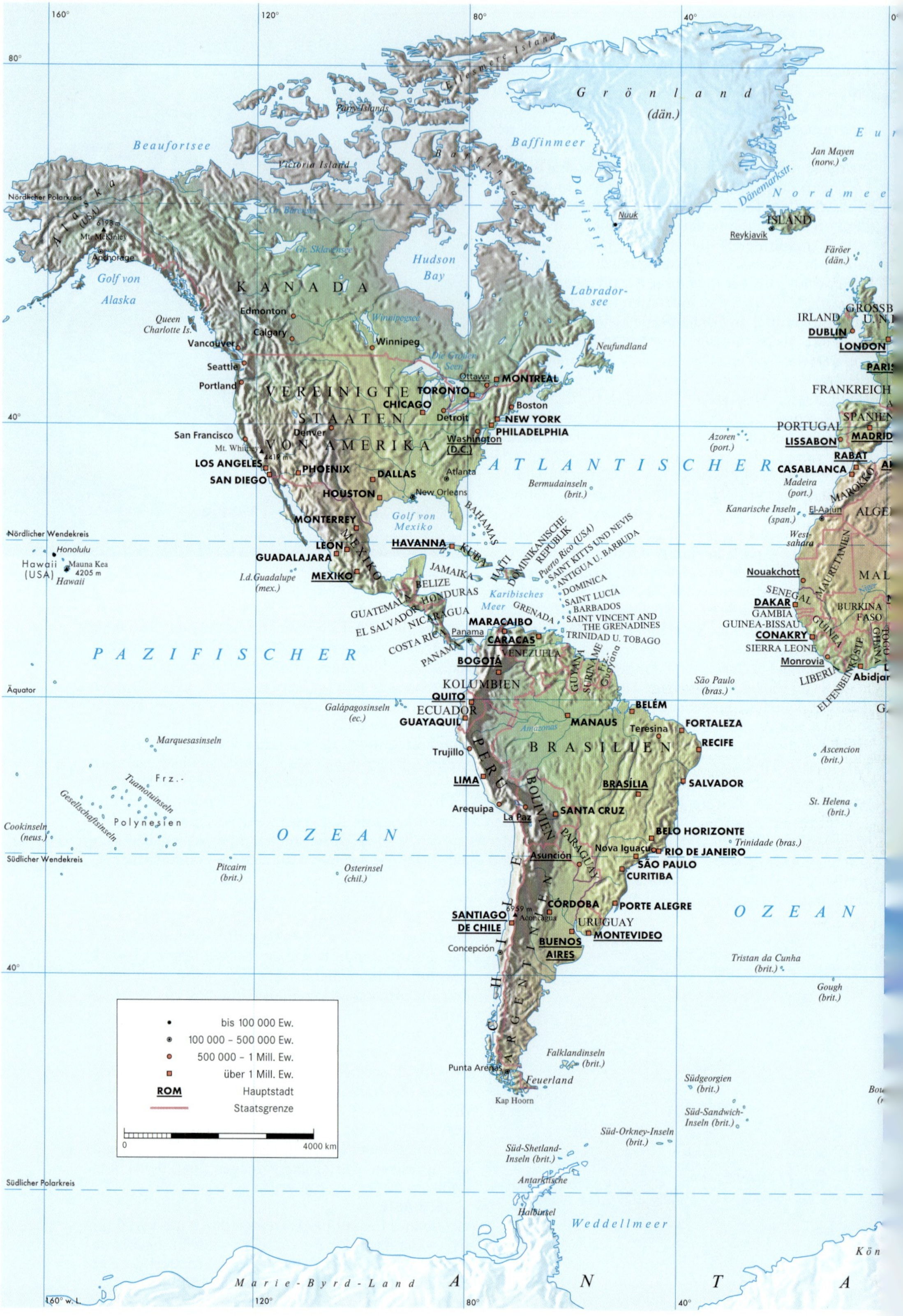
160°
120°
80°
40°
Ellesmere Island
G r ö n l a n d
(dän.)
Parry-Islands
Beaufortsee
Victoria Island
Baffinmeer
Baffin Island
Davisstr.
Dänemarkstr.
Jan Mayen
(norw.)
N o r d m e e
E u r
Nuuk
ISLAND
Reykjavik
Nördlicher Polarkreis
A l a s k a
(USA)
6198 m
Mt. McKinley
Anchorage
Gr. Bärensee
Gr. Sklavensee
Hudson
Bay
Färöer
(dän.)
Golf von
Alaska
K A N A D A
Labrador-
see
Edmonton
Calgary
Winnipegsee
Winnipeg
Queen
Charlotte Is.
Vancouver
Neufundland
IRLAND
GROSSB
U.N.I
DUBLIN
LONDON
Seattle
Die Großen
Seen
Ottawa
MONTREAL
PARIS
Portland
V E R E I N I G T E
S T A A T E N
V O N A M E R I K A
TORONTO
CHICAGO
Boston
FRANKREICH
Detroit
NEW YORK
Denver
PHILADELPHIA
San Francisco
Mt. Whitney
4418 m
Washington
(D.C.)
Azoren
(port.)
PORTUGAL
LISSABON
SPANIEN
MADRID
LOS ANGELES
SAN DIEGO
PHOENIX
DALLAS
Atlanta
A T L A N T I S C H E R
RABAT
CASABLANCA
HOUSTON
New Orleans
Bermudainseln
(brit.)
Madeira
(port.)
MAROKKO
Golf von
Mexiko
BAHAMAS
Kanarische Inseln
(span.)
El-Aaiún
ALGE
MONTERREY
MEXIKO
Nördlicher Wendekreis
West-
sahara
Honolulu
Hawaii
(USA)
Mauna Kea
4205 m
Hawaii
LEÓN
GUADALAJARA
HAVANNA
KUBA
DOMINIKANISCHE
REPUBLIK
Puerto Rico (USA)
SAINT KITTS UND NEVIS
ANTIGUA U. BARBUDA
HAITI
JAMAIKA
MAURETANIEN
Nouakchott
MAL
I.d.Guadalupe
(mex.)
MEXIKO
BELIZE
DOMINICA
SAINT LUCIA
BARBADOS
SAINT VINCENT AND
THE GRENADINES
TRINIDAD U. TOBAGO
Karibisches
Meer
GRENADA
SENEGAL
DAKAR
GAMBIA
GUINEA-BISSAU
CONAKRY
SIERRA LEONE
Monrovia
LIBERIA
BURKINA
FASO
GUINEA
TOGO
GHANA
ELFENBEINKÜSTE
Abidjan
GUATEMALA
HONDURAS
EL SALVADOR
NICARAGUA
COSTA RICA
PANAMA
Panama
MARACAIBO
CARACAS
VENEZUELA
GUYANA
SURINAME
Frz.-Guyana
P A Z I F I S C H E R
BOGOTÁ
KOLUMBIEN
São Paulo
(bras.)
Äquator
QUITO
ECUADOR
GUAYAQUIL
Galápagosinseln
(ec.)
BELÉM
MANAUS
Amazonas
Teresina
FORTALEZA
RECIFE
Marquesasinseln
Trujillo
PERU
B R A S I L I E N
Ascencion
(brit.)
Frz.-
Tuamotuinseln
Gesellschaftsinseln
Polynesien
LIMA
BRASÍLIA
SALVADOR
BOLIVIEN
Arequipa
La Paz
SANTA CRUZ
St. Helena
(brit.)
Cookinseln
(neus.)
O Z E A N
BELO HORIZONTE
Trinidade (bras.)
PARAGUAY
Asunción
Nova Iguaçu
RIO DE JANEIRO
SÃO PAULO
CURITIBA
Südlicher Wendekreis
Pitcairn
(brit.)
Osterinsel
(chil.)
CÓRDOBA
PORTE ALEGRE
O Z E A N
SANTIAGO
DE CHILE
6959 m
Aconcagua
URUGUAY
MONTEVIDEO
BUENOS
AIRES
Concepción
C H I L E
A R G E N T I N I E N
Tristan da Cunha
(brit.)
Gough
(brit.)
bis 100 000 Ew.
100 000 – 500 000 Ew.
500 000 – 1 Mill. Ew.
über 1 Mill. Ew.
ROM
Hauptstadt
Staatsgrenze
0
4000 km
Falklandinseln
(brit.)
Punta Arenas
Feuerland
Kap Hoorn
Südgeorgien
(brit.)
Süd-Sandwich-
Inseln (brit.)
Süd-Orkney-Inseln
(brit.)
Süd-Shetland-
Inseln (brit.)
Südlicher Polarkreis
Antarktische
Halbinsel
Weddellmeer
Kön
M a r i e - B y r d - L a n d
A N T A
160° w. L.

Erde

Erde

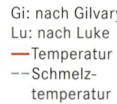

Gi: nach Gilvary
Lu: nach Luke
— Temperatur
-- Schmelz-
    temperatur

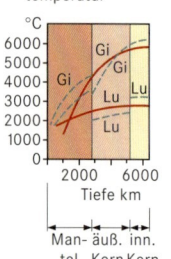

Erde: Temperatur im Erdinnern

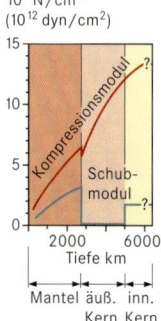

Erde: Elastizitätskonstanten im Erdinnern

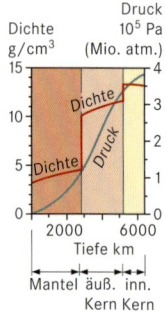

Erde: Dichte und Druck im Erdinnern

durch die die ungestörte mittlere Meeresoberfläche approximierende →Niveaufläche des Schwerefeldes dargestellt. (→Geoid)

Dimensionen der Erde Die E. hat in erster Näherung die Gestalt einer Kugel mit dem Radius $r_E = 6371$ km. Eine bessere Anpassung wird mit einem Rotationsellipsoid erreicht, dessen Symmetrieachse in der Rotationsachse der Erde liegt. Bei optimaler Anpassung an das →Geoid erhält man das **mittlere Erdellipsoid** (→Referenzellipsoid), für welches das zurzeit gültige geodät. Referenzsystem →GRS80 gilt: äquatoriale Halbachse = 6 378 137 m, polare Halbachse = 6 356 752 m; dieses Ellipsoid wird heute in Geodäsie, Kartografie und Navigation allg. benutzt. Das Geoid als physikalisch definierte Erdfigur (in Höhe des mittleren Meeresspiegels liegende Gleichgewichtsfläche im Erdschwerefeld) dient als Bezugsfläche für die Höhen.

GEOPHYSIK

Schwerefeld der Erde Da die Materie im Erdinneren nachgiebig gegen lang andauernde Kräfte ist, hat die Erdfigur im Großen eine Gestalt, deren Oberfläche mit einer Äquipotenzialfläche der sich aus der Massenanziehung und der durch die Erdrotation hervorgerufenen Zentrifugalkraft zusammensetzenden →Schwerkraft zusammenfällt (Geoid). Da sowohl die Massenanziehung als auch die Zentrifugalkraft von der geograf. Breite abhängen, gilt dies auch für die Schwere- oder Fallbeschleunigung g; sie nimmt vom Äquator zu den Polen hin zu, für das →Normalschwere-Feld des →Niveauellipsoids ergibt sich am Äquator 9,780 33 m/s^2, in 45° geograf. Breite 9,806 20 m/s^2, an den Polen 9,832 19 m/s^2. Die Fallbeschleunigung g nimmt außerdem mit der Höhe ab, und zwar für Punkte in der Nähe des Ellipsoids um 3,08 µm/s^2 pro Meter. Zeitl. Änderungen der Schwerebeschleunigung werden durch die Gezeitenkräfte und die Verlagerung terrestr. Massen (Tektonik, Isostasie, Vulkanismus) bewirkt. – Das mit Methoden der →Satellitengeodäsie und der →Gravimetrie bestimmte Schwerefeld der E. weist gegenüber dem Schwerefeld eines Erdmodells (Niveauellipsoid) groß- und kleinräumige Abweichungen auf, diese werden als →Schwereanomalien (Betrag des Schwerevektors) und →Lotabweichungen (Richtung der Schwere) bezeichnet. Verursacht werden diese Anomalien und Abweichungen durch die asymmetr. Massenverteilung im Erdkörper, welche vom Modell eines aus Schalen gleicher Dichte aufgebauten Rotationsellipsoids abweicht. Integration dieser Abweichungen oder direkte altimetrische Bestimmung führt auf die →Geoidundulationen als höhenmäßiger Differenz zw. dem physikalisch und dem geometrisch definierten Erdmodell. Sie lassen tiefer im Erdinneren liegende Massenunregelmäßigkeiten größerer Ausdehnung erkennen, während Schwereanomalien und Lotabweichungen die Massenverteilung in den oberen Schichten der Erde aufzeigen.

Geophysikal. und solarterrestr. Erscheinungen Die E. ist umgeben vom erdmagnet. Feld, das wie ein Schutzschirm gegen die gefährl. Partikelstrahlung der Sonne und der →kosmischen Strahlung wirkt. Zusätzl. Schutz liefert die Erdatmosphäre, die auch einen großen Teil der elektromagnet. Strahlung der Sonne absorbiert. Durch Wechselwirkungen zw. dem →Sonnenwind und dem Magnetfeld der E. werden versch. Vorgänge hervorgerufen, v. a. Polarlichter und andere Leuchterscheinungen in der Hochatmosphäre

Aufbau der Erde

	Vol.-%	Massen-%	mittlere Dichte (g/cm^3)
Erdkruste	0,8	0,4	2,8
Erdmantel	83,0	67,2	4,5
Erdkern	16,2	32,4	11,0

der E., Schwankungen der Leitfähigkeit der Ionosphäre, erdmagnet. Stürme, Änderungen der Strahlungsintensitäten im Van-Allen-Gürtel sowie in der kosm. Strahlung.

AUFBAU DER ERDE

Die tiefsten Bohrlöcher (auf der Halbinsel Kola über 12 000 m und das abgeschlossene →kontinentale Tiefbohrprogramm in der Oberpfalz 9 101 m) erreichen nicht einmal 1 % des Erdradius. Erdmaterie aus Tiefen bis zu 200 km wird in Form vulkan. Fördermassen oder mit diesen an die Erdoberfläche gebracht. Schließlich lassen Gesteins- und Metallmeteorite als Bruchstücke erdähnl. Himmelskörper Rückschlüsse auf die Materie des tieferen Erdinnern zu. Dennoch ist man bei deren Erforschung fast ausschließlich auf indirekte geophysikal., v. a. seism. Verfahren angewiesen. Diese liefern aber nur Hinweise auf physikal. Materialeigenschaften.

Die Seismologie konnte aufgrund von Erdbebenwellen zeigen, dass die E. im Innern aus versch. Schalen, Schichten oder Zonen besteht, die durch markante Unstetigkeits- oder →Diskontinuitätsflächen voneinander getrennt sind. Die Haupteinheiten (Erdkruste, -mantel und -kern) lassen sich noch weiter untergliedern.

Die **Erdkruste** ist fest und spröde. Man kann zwei versch. Typen unterscheiden: die auch den Schelf umfassende kontinentale Kruste und die die Böden der Ozeane bildende ozean. Kruste. Die i. Allg. 30–50 km dicke **kontinentale Kruste** kann unter Gebirgen 50–60 km mächtig werden (»Gebirgswurzel«). Sie weist mehrere Diskontinuitäten auf, von denen die →Conrad-Diskontinuität die wichtigste ist. Sie wird als Grenzbereich zw. einer oberen und einer unteren Kruste gewertet und ist materialbedingt. Die obere silicium- und aluminiumreiche (»Sial«), auch als Granitschicht bezeichnete kontinentale Kruste mit Sediment- bzw. sauren magmat. und metamorphen Gesteinen fehlt unter den Ozeanen. Die untere, überwiegend Silicium-, Aluminium- und Magnesiumverbindungen (»Sima«) aufweisende Schicht wird nach ihrer durchschnittl. chem. Zusammensetzung auch als Basalt- oder Gabbroschicht bezeichnet, die jedoch auch andesit. und hochmetamorphe Gesteinsverbände (z. B. Granulit) enthält.

Die **ozeanische Kruste** ist dagegen nur 5–7 km dick und rein basalt. Natur; sie liegt unter einer geringmächtigen Sedimentschicht, die auch fehlen kann. Beide Krustentypen stehen im isostat. Gleichgewicht (→Isostasie).

Die Temperatur in der Erdkruste nimmt mit der Tiefe zu, in größerer Tiefe aber in geringerem Maße, als es der z. B. in Bergwerken und Bohrlöchern anzutreffenden →geothermischen Tiefenstufe entspricht.

Der **Erdmantel** wird durch die →Mohorovičić-Diskontinuität (»Moho«) von der Erdkruste getrennt. Hier springt die Geschwindigkeit der seism. P-Wellen (→Erdbeben) von etwa 6,5 auf 8,0 km/s. Der Erdmantel reicht bis in 2 900 km Tiefe; in ihm zeichnen sich mehrere Diskontinuitäten ab, bes. in 400, 700 und

900 km Tiefe, wobei Letztere als Grenzbereich zw. oberem und unterem Erdmantel gewertet wird.

Der **obere Erdmantel** besteht aus Materie mit einer Dichte von 3,3–4,2 g/cm³, die dem olivinreichen Tiefengestein Peridotit entspricht, weshalb diese Schicht auch **Peridotitschicht** genannt wird. In größerer Tiefe (400–900 km) dürfte der Olivin durch den zunehmenden Druck vom Perowskit ersetzt werden. In 100–300 km Tiefe ist der obere Erdmantel von einer Zone durchsetzt, in der die Fortpflanzungsgeschwindigkeit der P-Wellen sprunghaft zurückgeht und die S-Wellen vorübergehend aussetzen. Das lässt den Schluss zu, dass hier die Temperatur gerade so hoch und der Druck niedrig genug ist, dass das Erdmantelmaterial zum kleinen Teil aufgeschmolzen und daher weniger fest ist. Diese quasischmelzflüssige Zone wird aus seism. Sicht als **Low-Velocity-Zone,** aus geolog. Sicht als **Asthenosphäre** bezeichnet.

Im stärker verdichteten **unteren Erdmantel** (900 bis 2 900 km Tiefe) treten vermutlich Eisen-Magnesium-Alumosilikate als Hochdruckminerale auf. Nach anderer Ansicht ist der unterste Bereich des Erdmantels mit Eisen- u. a. Schwermetallsulfiden und -oxiden angereichert (»Chalkosphäre«).

Unterhalb einer weiteren markanten Unstetigkeitsfläche, der →Wiechert-Gutenberg-Diskontinuität, beginnt in 2 900 km Tiefe der auch als **Sidero-** oder **Barysphäre** bezeichnete **Erdkern,** der eine deutl. Zweiteilung zeigt: Der äußere Erdkern (bis 5 100 km Tiefe) verhält sich sowohl lang- als auch kurzperiod. Bewegungen gegenüber wie eine zähe Flüssigkeit, indem die Laufgeschwindigkeit der seism. P-Wellen von 13,6 km/s auf 8,0 km/s zurückgeht und die S-Wellen aussetzen. Im inneren Erdkern steigt die Geschwindigkeit der P-Wellen jedoch wieder an, und die S-Wellen werden erneut angeregt, was für einen festen Zustand spricht.

Aus physikal. Gründen und vergleichenden Studien an Meteoriten wird geschlossen, dass der Erdkern vorwiegend aus Eisen und Nickel besteht, denen, zumindest in den äußeren Bereichen, leichtere Elemente beigemischt sind.

Der Druck steigt von 1,4 Mbar im obersten Erdmantel auf 3,6 Mbar im Erdmittelpunkt, die Dichte von 9,5 g/cm³ auf 13 g/cm³ im inneren Kern an. Die Temperatur nimmt nach Schätzungen von 3 000 °C im unteren Erdmantel auf 4 700–5 000 °C an der Grenze zum Erdkern und auf etwa 7 000 °C im Erdmittelpunkt zu (nach anderen Annahmen nur bis 4 000–5 000 °C).

Die gesamte, etwa 100 km mächtige, bis zur Obergrenze der Asthenosphäre reichende feste Gesteinshülle wird als →**Lithosphäre** bezeichnet. Sie erfasst folglich die Erdkruste und den äußeren Teil des Erdmantels und besteht aus einer Anzahl größerer und kleinerer Platten (→Plattentektonik).

Die unterhalb der Lithosphäre liegende Asthenosphäre wird als primäre Quelle basalt. Magmas angesehen, die in den ozean. Riftzonen aufsteigt und erstarrend zur Neubildung der ozean. Kruste beiträgt, bei fortgesetzter Erneuerung gleich Förderbändern von den Riftzonen nach beiden Seiten auseinander weicht und vor Kontinenten oder diesen vorgelagerten Inselbögen in Subduktionszonen (→Subduktion) bzw. →Benioff-Zonen wieder in die Tiefe abtaucht. In den Subduktionszonen erfolgen beim Abtauchen der ozean. Kruste Abspaltungen leichterer Fraktionen von andesit. bis granit. Chemismus, die aufgrund ihrer geringeren Dichte weitgehend aus dem Subduktionsprozess ausgegrenzt werden und seit frühesten geolog. Zeiten zur Bildung und Vergrößerung der kontinentalen Kruste beitragen. Deshalb sind im Ggs. zur ozean. Kruste im kontinentalen Bereich, wenn auch nicht mehr Reste einer älteren Erstarrungskruste der Erde, wohl aber so alte Gesteinsserien wie die Isuaggneise Grönlands (Alter 3,8 Mrd. Jahre) anzutreffen.

Der quasiflüssige äußere Erdkern mit metall. Chemismus weist eine hohe elektr. Leitfähigkeit auf. In Verbindung mit Konvektionsströmungen wird daher ein Dynamoeffekt ausgelöst, der den Hauptteil des Magnetfeldes der E. erzeugt.

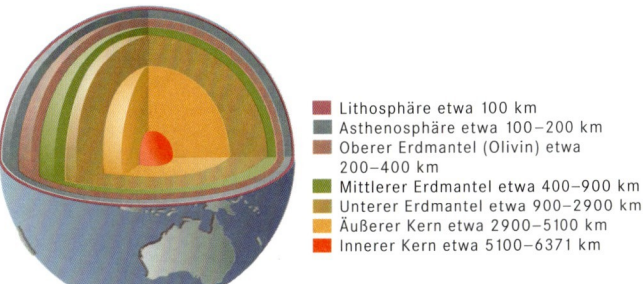

- Lithosphäre etwa 100 km
- Asthenosphäre etwa 100–200 km
- Oberer Erdmantel (Olivin) etwa 200–400 km
- Mittlerer Erdmantel etwa 400–900 km
- Unterer Erdmantel etwa 900–2900 km
- Äußerer Kern etwa 2900–5100 km
- Innerer Kern etwa 5100–6371 km

Erde: Tiefengliederung des Erdkörpers (nicht maßstabsgetreu)

GEOGRAFIE

Die Erdoberfläche misst rd. 510 Mio. km², davon sind 361 Mio. km² (70,8 %) Wasserfläche, 149 Mio. km² (29,2 %) Land. Durch die N-S-Erstreckung der Ozeane und durch die interkontinentalen Mittelmeere (→Meer) wird die Landfläche in die →Erdteile Nordamerika und Südamerika (Amerika), Europa und Asien (Eurasien), Afrika sowie Australien aufgelöst. Um den Südpol liegt Antarktika. Eurasien und Nordamerika haben zw. 40 und 70° n. Br. ihre größte Flächenausdehnung und verschmälern sich dann stark nach S. Auch die südl. Festländer enden zumeist nach S in zugespitzten Endländern, die in S-Afrika 35°, in Australien (Tasmanien) 43°, in Südamerika 56° s. Br. erreichen.

Erde: Verbreitung der chemischen Elemente in den obersten 16 km der Erdkruste (in Massen-%; nach A. R. Clarke, H. S. Washington, V. M. Goldschmidt)

Sauerstoff	46,60		Kohlenstoff, Fluor, Schwefel, Chlor, Vanadium, Chrom, Mangan, Nickel, Rubidium, Strontium, Zirkonium, Barium	0,01–0,01
Silicium	27,72			
Aluminium	8,13			
Eisen	5,00	98,59		
Calcium	3,63		Lithium, Bor, Kobalt, Kupfer, Zink, Gallium, Yttrium, Niob, Zinn, Cer, Blei	0,01–0,001
Natrium	2,83			
Kalium	2,59			
Magnesium	2,09		Beryllium, Scandium, Germanium, Arsen, Brom, Kolybdän, Cäsium, Hafnium, Tantal, Wolfram, Uran	0,001–0,0001
Titan	0,44			
Wasserstoff	0,14			
Phosphor	0,12			
insgesamt	99,29		Cadmium, Indium, Jod, Quecksilber, Thalium, Wismut	0,0001–0,00001
			Selen, Palladium, Silber	0,00001–0,000001
			Iridium, Platin, Gold	0,000001–0,0000001

Erde

Erde: Chemische Zusammensetzung der Gesamterde
(in Massen-%; Berechnungsversuch von H. S. Washington)

Eisen	39,8	Natrium	0,39
Sauerstoff	27,7	Kobalt	0,23
Silicium	14,5	Chrom	0,20
Magnesium	8,7	Kalium	0,14
Nickel	3,2	Phosphor	0,11
Calcium	2,5	Mangan	0,07
Aluminium	1,8	Kohlenstoff	0,04
Schwefel	0,64	Titan	0,02

Erde: Mineralzusammensetzung des oberen Teiles der Erdkruste (in Vol.-%)

Plagioklas	40,2
Kalifeldspat	17,7
Pyroxen, Hornblende, Olivin	16,3
Quarz	12,6
Oxid, Eisenerzminerale	3,7
Glimmer	3,3
Kalkspat	1,5
Tonminerale	1,0
insgesamt	96,3
andere Minerale (etwa 2 000 Arten)	3,7
insgesamt	100,0

Die höchste Landerhebung ist der Mount Everest (8 850 m ü. M.), die größte bekannte ozean. Tiefe die Witjastiefe I im Marianengraben (Pazif. Ozean, 11 034 m u. M.). Als mittlere Höhe der Landfläche wurden 875 m ü. M., als mittlere Tiefe der Ozeane 3 800 m u. M. errechnet. Von der gesamten Landfläche gelten gegenwärtig etwa 91 Mio. km² (61,1 %) als bewohnbar; die Ausweitung dieser Siedlungsökumene wird wegen der starken Zunahme der Weltbevölkerung angestrebt, aber durch weltweite Tendenzen zur →Desertifikation erschwert. Nur etwa 13,8 Mio. km² (rd. 10 % der Staatsflächen) werden als Ackerland genutzt, wovon 2,2 Mio. km² regelmäßig bewässert werden.

Geologie, Petrologie, Mineralogie und z. T. die Geophysik erforschen vorwiegend die Lithosphäre (Kruste und oberer Mantel der E.), die Atmosphäre wird von der Meteorologie, der Aerologie und der Klimatologie erforscht, Ozeanografie und Hydrografie beschäftigen sich mit der Hydrosphäre der E.; die Erdoberfläche als Durchdringungsraum von Lithosphäre, Hydrosphäre und Atmosphäre und eigentl. Lebensraum der E. ist Forschungsgegenstand der Geografie (als Schulfach: Erdkunde). Mit der E. als Ganzes setzt sich die Geodäsie und die Geophysik, mit der E. als Himmelskörper die Astronomie auseinander.

WISSENSCHAFTS-, RELIGIONS- UND KULTURGESCHICHTE

In den Kosmogonien der einzelnen Kulturen wird die E. dargestellt als ein Urelement der Weltentstehung (auch zus. mit dem Himmel oder dem Wasser), das aus oder nach einer anderen Urgegebenheit entstand oder von einem Gott am Anfang geschaffen wurde. Sie wurde oft als eine runde oder rechteckige Scheibe gedacht, so zunächst auch in der Antike.

Für HESIOD war die Erdscheibe ein vom Okeanos umgebener Kreis inmitten der aus Himmel und Unterwelt bestehenden Hohlkugel. THALES VON MILET fasste die E. wohl als eine auf dem Wasser schwimmende Scheibe auf. ANAXIMANDER ließ die E. in zylindr. Gestalt unbewegt und frei in der Mitte der sie umgebenden Luftschicht schweben. ANAXIMENES hielt sie für eine dünne, auf der Luft schwebende Scheibe. EMPEDOKLES und ANAXAGORAS ließen die Erdscheibe als Verdichtung oder Aussonderung der schweren Teile in der Mitte des kosm. Wirbels entstehen. EMPEDOKLES fasste dabei »Erde« als eine der vier unveränderl. »Wurzeln aller Dinge« (neben Feuer, Wasser und Luft) auf, die dann seit PLATON und ARISTOTELES als Elemente (griech. stoicheía) bezeichnet wurden. Aus der »Schwere« dieser E., definiert als ihr Streben zur Weltmitte, ergab sich dabei

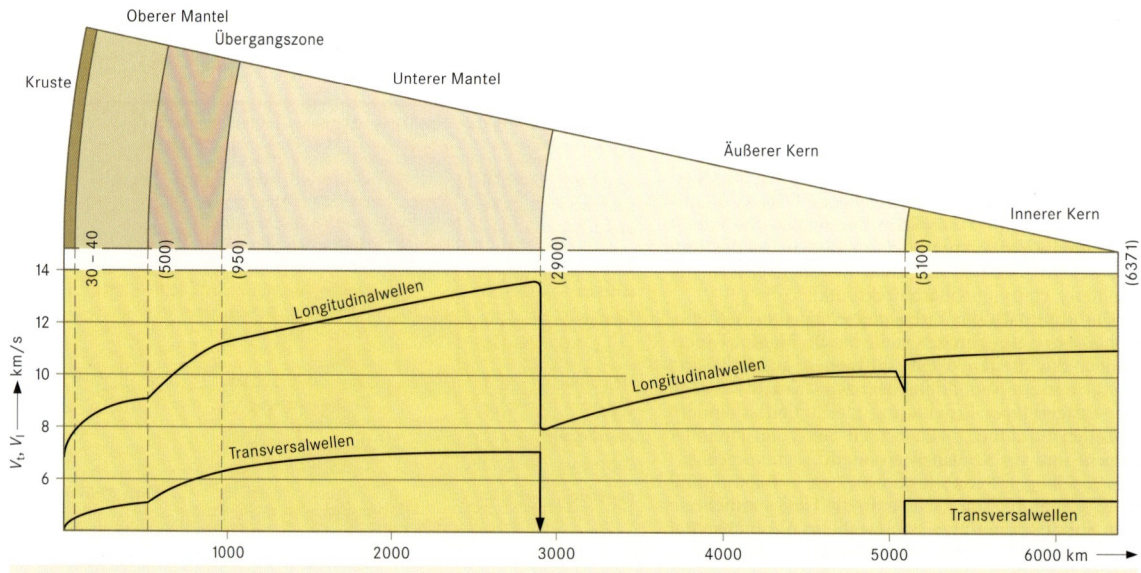

Erde: seismischer Befund zum Aufbau der Erde; *oben* Erdsektor, *unten* Geschwindigkeit der Erdbebenwellen

die Ruhestellung der Erdkugel. Die Kugelgestalt der E. war bereits von Pythagoreern des späten 5. Jh. v. Chr. als die vollkommenste Form postuliert und nachträglich empirisch bestätigt worden (von der N-S-Richtung und geograf. Breite abhängige Höhe des Polarsternes, allmähl. Sichtbarwerden von Schiffen, die sich der Küste nähern, u. a.).

Die E. war bei PLATON und den Pythagoreern durch zwei sich kreuzende Ringströme (Okeanos und Acheron) in vier Erdinseln unterteilt (Ökumene, Periöken, Antipoden, Antöken), während ARISTOTELES und vermutlich EUDOXOS VON KNIDOS annahmen, dass die Erdkugel in fünf die ganze Kugel umgebende klimat. Zonen aufgeteilt sei: je eine »erfrorene Zone« an den Polkappen, eine »verbrannte Zone« um den Äquator und dazwischen die beiden allein für das Leben geeigneten »gemäßigten Zonen«, von denen die der Nordhalbkugel die bekannte Ökumene sei, deren Ring durch den relativ schmalen »Okeanos« zw. der O-Küste Indiens und der W-Küste Afrikas und Europas unterbrochen sei (KOLUMBUS wollte die Richtigkeit dieses Erdbildes nachweisen). Die Ausmaße dieser Ökumene wurden erstmals von EUDOXOS auf der Basis von Reiseberichten und Breitenmessungen berechnet. Erst bei ERATOSTHENES VON KYRENE ist im Zusammenhang mit der Herstellung einer Karte der Ökumene erstmals eine Bestimmung des Erdumfangs mithilfe einer →Gradmessung zw. Alexandria und Syene (heute Assuan) überliefert. Aus dem von STRABON angegebenen Ergebnis von 252 000 Stadien ergibt sich bei Annahme eines Stadionmaßes von 148,5 m der Erdumfang zu 37 422 km. Beginnend mit HIPPARCHOS VON NIKAIA werden danach von MARINOS VON TYROS und vor allem von PTOLEMÄUS astronomisch bestimmte Breiten und vereinzelt auch Längen als Grundlage für die Erstellung von Welt- und Regionalkarten auf der Basis eines Netzes →geografischer Koordinaten herangezogen.

Durch das Studium der Schriften des ARISTOTELES und PTOLEMÄUS wurden vom 12./13. Jh. an die antiken Vorstellungen von der Erdgestalt erneuert. Die Geschlossenheit des aristotel. Systems verhinderte dann allerdings eine rasche Anerkennung des heliozentr. Weltsystems des KOPERNIKUS (1543), das die E. aus ihrer bisherigen Sonderstellung im Weltzentrum nahm, sie zu einem Planeten neben anderen machte und damit am Himmel erscheinende Bewegungen auf ihre eigenen Bewegungen zurückführen konnte. Eine dieser Kinematik angemessene Himmelsmechanik konnte nach Ansätzen bei J. KEPLER (1609/1619) erst I. NEWTON (1687) entwickeln. Empir. Beweise für die jährl. Bewegung erbrachten J. BRADLEY (1728) und F. W. BESSEL, für die Erdrotation J. BENZENBERG (1804) und der →foucaultsche Pendelversuch (1850/51). Die newtonsche Mechanik postulierte ein an den Polen abgeplattetes Erdmodell als Gleichgewichtsfigur, Abplattungswerte lieferten NEWTON (1687) mit 1 : 230 und C. HUYGENS (1690) mit 1 : 576; A. C. CLAIRAUT (1743) zeigte, dass die Abplattung aus Schweremessungen in verschiedenen Breiten bestimmt werden kann. Der geodät. Nachweis der Abplattung gelang mit den von der Akademie der Wissenschaften in Paris initiierten →Gradmessungen nach Lappland (1736/37) und Peru (heute Ecuador, 1735/44), wobei in Verbindung mit einer Gradmessung im Meridian von Paris Abplattungswerte von 1 : 210 bzw. 1 : 304 erhalten wurden. P. S. DE LAPLACE (1799) berechnete aus Schwerewerten eine Abplat-

Charakteristische Daten der Erde	
mittlere Entfernung von der Sonne	149 597 870 km
kleinste Entfernung von der Sonne	$147,1 \cdot 10^6$ km
größte Entfernung von der Sonne	$152,1 \cdot 10^6$ km
Umfang der Bahn	$940 \cdot 10^6$ km
mittlere Bahngeschwindigkeit	29,783 km/s
siderische Umlaufzeit	365 d 6 h 9 min 9,54 s
numerische Exzentrizität der Bahn	0,016751
Äquatorradius*)	$a = 6378,137$ km
Polradius*)	$b = 6356,752$ km
mittlerer Erdradius*)	$r_E = 6371,00$ km
Äquatorumfang*)	40 075,017 km
Meridianumfang*)	40 007,863 km
Abplattung*)	$f = (a-b)/a = 1 : 298,257$
Oberfläche*)	$510,0656 \cdot 10^6$ km^2
Volumen*)	$1083,207 \cdot 10^9$ km^3
Masse*)	$5,974 \cdot 10^{24}$ kg
mittlere Erddichte*)	5,516 g/cm^3
Entweichgeschwindigkeit	11,2 km/s
Schwerebeschleunigung am Äquator	978,031 cm/s^2
siderische Rotationsperiode	23 h 56 min 4,099 s
Rotationsgeschwindigkeit am Äquator	465,1 m/s
Neigung des Äquators gegen die Bahnebene	23° 26′ 21,5″

*) Wert des 1980 international empfohlenen geodätischen Referenzellipsoids

tung von 1 : 330. BRADLEY (1748) gelang der Nachweis der ebenfalls von der neuen Mechanik geforderten Nutation. Die von L. EULER für eine starre Erde abgeleitete Polbewegung wurde von F. KÜSTNER (1884/85) beobachtet, S. C. CHANDLER (1891) berechnete die für die tatsächliche Erdfigur geltende Periode dieser freien Schwingung.

P. S. DE LAPLACE (1802), C. F. GAUSS (1828), F. W. BESSEL (1837) erkannten, dass die Annahme eines ellipsoidischen Erdmodells bei genügend hoher Messgenauigkeit nicht mehr haltbar ist; Lotabweichungen und Schwereanomalien dürfen dann nicht mehr vernachlässigt werden. Dies führt zu einer verfeinerten und heute gültigen Definition der Figur der E., wobei jetzt klar zw. der phys. Oberfläche der Erde, dem später (LISTING 1873) so bezeichneten Geoid als mathematisch definierter Gleichgewichtsfläche im Schwerefeld und dem Ellipsoid als einer das Geoid approximierenden Rechenfläche unterschieden wird. Zur Berechnung der Geoidundulationen aus Schwereanomalien bzw. Lotabweichungen stellten G. G. STOKES (1849) bzw. F. R. HELMERT (1884) Integralformeln auf, die wegen des Mangels an Messungen aber bis zur Mitte des 20. Jh. nur begrenzte Ergebnisse lieferten. Heute liefern die Verfahren der Satellitengeodäsie, teilweise ergänzt durch terrestr. Methoden, die globalen Geoidstrukturen einschließlich großräumiger zeitl. Änderungen.

Die an die Kontinentalverschiebungstheorie A. WEGENERS anknüpfende Theorie der Plattentektonik hat seit Ende der 1960er-Jahre ein völlig neues Bild vom Aufbau und der geolog. Entwicklung der E. vermittelt.

1866 hatte C. E. DELAUNAY erstmals vermutet, dass die Rotationsdauer der E. aufgrund von Gezeitenreibung sich verlangsamen müsse. W. DE SITTER schloss von den Mondbewegungen auf das Gleiche (1927). Diese Erscheinung konnte aber erst mit den seit 1949

Erde Erdeessen

Erdefunkstelle bei Raisting

entwickelten Atomuhren nachgewiesen werden und führte zu einer Neudefinition der →Sekunde, die seit 1967 nicht mehr auf die Erdrotation bezogen wird.

In der Mythologie wird die E. meist als weibl., mütterl. Gottheit vorgestellt, die Leben und Fruchtbarkeit spendet, indem sie Pflanzen, Tiere und Menschen aus sich gebiert; häufig auch als Unterweltgöttin, die das Leben wieder in sich zurücknimmt. Sie galt als heilig, ebenso wie alles Leben. Sie war Lebensquelle, Inbegriff aller Naturerscheinungen, in ihrem schöpfer. Aspekt Anfang der Zeit und (Ur-)Mutter. Häufig ist sie älteste Gottheit, so im griech. Mythos, der die Zeugung des Himmels (Uranos) durch die E. (Gaia) beschreibt (Parthenogenese). Bei der jap. Erdgöttin Izanami findet sich auch die Vorstellung einer Zeugung durch Selbstopferung. In weltweit verbreiteten Mythen gehen aus der Hochzeit von E. und Himmel (»Hieros Gamos«) die Welt und alle Wesen hervor. Eine Trennung von Himmel und E. schafft den Urzustand für die Weltentstehung, ihre darauffolgende Vereinigung den jenseits der Zeit angenommenen Grund für Leben und schöpfer. Werden. In der Götterwelt erhält die Erdgottheit einen festen Platz wie der ägypt. Erdgott Geb, die Erdgöttinnen Ninlil in Babylon, Gaia in Griechenland, Tellus in Rom und die german. Göttin Nerthus. In naher Beziehung zur Erdgottheit stehen die chthon. Gottheiten (→chthonisch). Mysterienreligionen in agrar. Kulturen gründen ihre Kulte auf eine Verbindung des In-die-Erde-Aufnehmens mit der Gabe neuen Lebens, wobei der Gedanke period. Erneuerung im Mittelpunkt steht. Der E. wurden und werden noch in vielfältiger Weise Opfer dargebracht; so goss man bei religiösen Handlungen, aber auch beim gewöhnl. Trinken ein paar Tropfen (des Weines) auf die E.; die Geburt eines Kindes erfolgte häufig bewusst auf dem Erdboden, damit die Kraft der E. auf das Neugeborene übergehe. Durch das Aufheben des Kindes von der E. erkannte (in versch. Gesellschaften noch heute) der Vater das Kind als das seinige an. Nach traditionellem Volksglauben bettete man mancherorts Sterbende auf die E. (den Fußboden), um ihnen das Sterben zu erleichtern. In der Fremde trug man ein Säckchen mit Heimaterde bei sich; nach langer Abwesenheit küsste der in die Heimat Zurückgekehrte den Boden, eine Geste, die auch Politiker und geistl. Würdenträger als Zeichen der Ehrung »fremder E.« praktizieren.

Enzyklopädische Vernetzung: ▪ Atmosphäre ▪ Erdbeben ▪ Erdmagnetismus ▪ Geologie ▪ Himmel ▪ Kosmogonie ▪ Mutterkult ▪ Planeten ▪ Plattentektonik ▪ Vegetationskulte

Vom Erdkern bis zur Magnetosphäre, hg. v. H. Murawski (1968); E. Hantzsche: Doppelplanet E. – Mond (Leipzig ²1973); Physik der Erdkruste, hg. v. R. Lauterbach (1977); A. E. Ringwood: Origin of the earth and moon (New York 1979); V. Bialas: Erdgestalt, Kosmologie u. Weltanschauung (1982); M. H. P. Bott: The interior of the earth (London ²1982); S. Anders: Weil die E. rotiert (Thun 1985); Physik des Planeten E., hg. v. R. Lauterbach (Berlin-Ost ²1985); F. Press u. R. Siever: Earth (New York ⁴1986); Der Gang der Evolution. Die Gesch. des Kosmos, der E. u. des Menschen, hg. v. F. Wilhelm (1987); J. A. Jacobs: The earth's core (London ²1987); M. Ozima: Geohistory. Global evolution of the earth (a.d. Japan., Berlin-West ⁵1987); Ozeane u. Kontinente, bearb. v. P. Giese (⁵1987); Die Dynamik der E., hg. v. R. Kraatz (²1988); K. Strobach: Vom »Urknall« zur E. (Neuausg. 1990); D. Attenborough u.a.: Unsere einzigartige E. Die Entwicklungsgesch. der Welt (a.d. Engl., 1990); W. Torge: Geodäsie (²2003); E. Grimmel: Kreisläufe der E. Eine Einf. in die Geographie (2004); D. Palmer: Die Gesch. des Lebens auf der E. (a.d. Engl., Neuausg. 2004); C. M. R. Fowler: The solid earth. An introduction to global geophysics (Cambridge u.a. ²2005); G. A. Thompson u. J. Turk: Earth science (Belmont ³2005).

Erde|essen, griech. **Geophagie,** bei vielen Völkern verbreitete Sitte, bestimmte Erdsorten, v.a. fette Tone, zu essen; wohl Symptom für Mangelernährung (Mineralstoffe, Spurenelemente).

E. kommt auch als physiolog. Verhalten bei Kleinkindern, im Rahmen seel. Erkrankungen oder als spezif. Form der →Essstörungen (Pica) vor. – Das E. bei einigen Wirbeltieren, z.B. bei Hunden oder bei bestimmten Reptilien, kann ähnlich wie beim Menschen als Symptom eines Mineralstoffdefizits gedeutet werden. Insbes. bei bodenbewohnenden Ringelwürmern ist die Aufnahme von Erde unter Ausscheidung der unverdaul. Anteile die Haupternährungsweise.

Erdefunkstelle, Bodenstation für Funkverkehr mit →Nachrichtensatelliten, d.h. für eine Richtfunkverbindung mit extrem versch. Bedingungen für die beiden Funkstellen. Die durch Masse, Energieverbrauch und Antennenabmessungen begrenzte Sendeleistung des Satelliten muss bei der E. mit hohem Aufwand wettgemacht werden: große Antenne mit hoher Richtwirkung, günstiger Standort, bes. rauscharmer Empfänger. Es werden z.B. Parabolspiegel mit bis zu 35 m Durchmesser auf hundertstel Grad genau ausgerichtet. Die Empfangsleistung (Größenordnung 1 pW = 10^{-12} W) kann nur durch Spezialverstärker (flüssiggasgekühlte Maser oder parametr. Verstärker) mit ausreichendem Rauschabstand verwertet werden.

Der weltweiten Kommunikation dient eine ständig wachsende Zahl von E., die mit fortschreitender techn. Entwicklung auch transportabel bzw. mobil ausgeführt sein können.

Erdek, Stadt in der Prov. Balıkesir, Türkei, am Marmarameer, auf der Halbinsel Kapıdağı, 10 100 Ew.; Seebad. – Nahebei die Ruinen des antiken Kyzikos.

Erd|elektrizität, Gesamtheit der Erscheinungen, die mit elektr. Strömen an der Oberfläche und im Innern der Erde zusammenhängen. Derartige →Erdströme werden durch physikalisch-chem. Prozesse im Gesteinsmaterial sowie durch elektromagnet. Induktion erzeugt, wobei die hierzu nötigen, zeitlich veränderl. Magnetfelder durch die zeitlich veränderl., vom Sonnenwind abhängigen Stromsysteme der Ionosphäre erzeugt werden. Während normalerweise das mit den Erdströmen verknüpfte **erdelektrische Feld** eine Feldstärke von weniger als 1 Volt auf 100 km hat, wurden bei starken erdmagnet. Stürmen Schwankungen bis 2 000 Volt auf 40 km Entfernung gemessen.

Erdély [ˈɛrdeːj], ungar. Name →Siebenbürgens.

Erdély [ˈɛrdeːj], Miklós, ungar. Künstler, *Budapest 4.7.1928, †ebd. 22.5.1986; zentrale Persönlichkeit der ungar. Avantgarde der 1960er- und 1970er-Jahre mit Environments und Happenings sowie experimentellen Filmen; auch bedeutend als Theoretiker und Pädagoge.

Erden, *Chemie:* ältere Sammel-Bez. für eine Reihe von Metalloxiden, aus denen später die ihnen zugrunde liegenden Metalle (→Erdmetalle) isoliert werden konnten. Der Begriff E. leitet sich von Tonerde (Aluminiumoxid, Al_2O_3) ab und bezeichnete im MA. allgemein Oxide. Auch die Bez. **saure E.** oder **Erdsäuren** für die Oxide der Elemente Niob, Thallium und Vanadium sowie **alkalische E.** oder **Erdalkalien** für die Oxide der Erdalkalimetalle Calcium, Strontium und Barium leiten sich von dem Begriff E. ab. Die Oxide der →Seltenerdmetalle heißen **seltene Erden.**

Erdenet, früher **Bayan Undur** [ˈbaʊ-], drittgrößte Stadt der Mongolei, Hauptstadt des Aimak Orchon, im zentralen Norden des Landes; 68 300 Ew.; bildet einen eigenen Verw.-Bez. (800 km²); Industriekomplex mit Erzaufbereitungsunternehmen zur Verarbeitung des am Erdentiin Owoo (Schatzberg) im Tagebau gewonnenen Kupfer-Molybdän-Erzes; Stichbahn zur Transmongol. Eisenbahn.

Erdferkel (Körperlänge etwa 1 m, Schwanzlänge bis 70 cm)

Erder, ein elektrisch nicht isolierter Leiter, der mit der Erde unmittelbar oder über Beton sowie mit einer elektr. Anlage in Verbindung steht und zu deren →Erdung dient. Man unterscheidet **natürliche E.,** das sind Metallteile, die zwar als E. wirken, deren ursprüngl. Zweck jedoch nicht die Erdung ist, z.B. Rohrleitungen, Stahlteile von Gebäuden, und **künstliche E.,** die ausschließlich zur Erdung angebracht werden. Nach Form und Profil unterscheidet man u.a. Band-E., Stab-E. und Platten-E., nach der Lage Oberflächen-E., Tiefen-E. sowie Fundament-E. Eine Einteilung der E. nach ihrem Zweck unterscheidet: Betriebs-E. und Schutz-E. (→Berührungsspannungsschutz), Hilfs-E. (z.B. zur Aufnahme des Messstromes bei geoelektr. Messungen) und Steuer-E. (zur Verringerung von Schritt- und Berührungsspannungen).

Erd|erbse, Angola-Erbse, Bambara-Erdnuss, Voandzeia subterranea, Schmetterlingsblütler mit einsamigen Hülsenfrüchten, die in der Erde zur Reife kommen. Die Samen und jungen Hülsen sind essbar; bedeutende afrikan., neuerdings auch in Asien und Südamerika eingeführte Nahrungspflanze.

Erd|erkundungssatelliten, Erd|erforschungssatelliten, Satelliten, die die Erde nahezu kontinuierlich mit ihren Sensoren (z.B. Vidikone, Multispektralscanner) abtasten und die Informationen in Echtzeit oder auf Abruf zu den Bodenstationen übertragen. So erzeugten die Satelliten vom Typ →Landsat bei jedem Erdumlauf ein 185 km breites Bildband von der Erdoberfläche. Sie umrundeten die Erde täglich 14-mal und befanden sich nach jeweils genau 18 Tagen wieder über dem gleichen Punkt des Erdbodens. Weitere E. sind z.B. →SPOT und →ERS.

Erd|expansionstheorie, die →Expansionstheorie.

Erdfall, Erdtrichter, schüssel- oder trichterförmige Senke an der Erdoberfläche, entstanden durch Auslaugung des Untergrundgesteins (Salz, Gips, Carbonatgesteine) und durch plötzl. Nachbrechen der darüberliegenden (nicht lösungsfähigen) Deckschichten.

Erdfarben, Farberden, anorgan. →Pigmente, die durch meist mechan. Bearbeitung (Mahlen, Sieben, Schlämmen) aus natürl. Materialien gewonnen werden, z.B. weißer und roter Bolus, Kreide, Ocker, Umbra.

Erdferkel, Orycteropodidae, einzige Familie aus der Säugetierordnung der Röhrenzähner (Tubulidentata) mit nur einer Art, dem E. (Orycteropus ater), das in Afrika südlich der Sahara verbreitet ist. Größe und Körperbau des E. sind schweineähnlich. Es hat einen schmalen Kopf mit bis zu 21 cm langen, bewegl. Ohren, starke Gliedmaßen mit hufähnl. Grabkrallen und einen muskulösen Stützschwanz. Mit der riemenähnl., klebrigen Zunge fangen die nachtaktiven Tiere Ameisen und Termiten, tagsüber schlafen sie in selbst gegrabenen Höhlen.

Erdferne, *Astronomie:* das →Apogäum.

Erdfließen, Bodenfließen, →Bodenbewegungen, →Solifluktion.

Erdflöhe, Flohkäfer, Halticinae, Unterfamilie der Blattkäfer mit stark verdickten Hinterschenkeln zum Springen; rd. 5 000 Arten (in Mitteleuropa etwa 240). E. sind meist 2–6 mm lang, oft einfarbig mit metall. Schimmer (Rapserdfloh) oder mit gelben Längsstreifen wie der 1,8–2,5 mm lange **Gewelltstreifige Kohlerdfloh** (Phyllotreta undulata), andere einfarbig gelbbraun (Getreideerdfloh). Alle E. sind Pflanzenfresser, viele sind Schädlinge.

Erdflöhe: Gewelltstreifiger Kohlerdfloh

Erdf Erdfrüchtigkeit

Erdfrüchtigkeit, *Botanik:* die →Geokarpie.

Erdgas, Sammel-Bez. für brennbare, in der Erdkruste vorkommende Naturgase, die überwiegend Methan enthalten, daneben andere Bestandteile (z. B. Ethan, Propan, Stickstoff, Kohlendioxid, in einigen Fällen auch Schwefelwasserstoff und technisch verwertbares Helium). E. ist ungiftig und leichter als Luft. Es ist zum einen gemeinsam mit →Erdöl entstanden (**Erdölgas**), zum anderen hat es sich im Laufe der →Inkohlung aus Kohle gebildet. E. wird hauptsächlich zur Energieerzeugung, bes. im Wärmemarkt, eingesetzt und deckte 2003 mit etwa 2 633 Mrd. m³ rd. 24 % des Weltenergieverbrauchs. Es steht damit nach Erdöl und Kohle an dritter Stelle.

LAGERSTÄTTEN, FÖRDERUNG, AUFBEREITUNG

Man unterscheidet reine E.- und kombinierte Erdöl-/E.-Lagerstätten. Wie Erdöl wandert E. in der Erdkruste und bildet, wenn Fangstrukturen (mit gasdichten Deckschichten und darunterliegenden porösen Gesteinsformationen) vorhanden sind, E.-Lagerstätten, die Drücke bis zu 750 bar aufweisen. Ihre Bildung ist prinzipiell in allen Sedimentgebieten der Erde möglich; diese machen etwa 38 % der Landoberfläche aus und setzen sich in großem Umfang unter dem Meer fort. Die Suche nach Lagerstätten und die Durchführung der Bohrungen erfolgt ebenfalls ähnlich wie beim Erdöl. Das Roh-E. wird bei der landgebundenen Bohrung über das so genannte »Eruptionskreuz« entnommen, das fest mit dem Steigrohr verbunden und mit Ventilen sowie Druck- und Temperaturmessgeräten ausgestattet ist. Bei der E.-Förderung mit Offshoretechnik (z. B. in der Nordsee) sind Förderplattformen erforderlich. Je nach dem Gehalt an sauren Komponenten unterscheidet man **Sauergas** (über 1 Vol.-% Schwefelwasserstoff), **Leangas** (unter 1 Vol.-% Schwefelwasserstoff) und **Süßgas** (kein Schwefelwasserstoff, unter 2 Vol.-% Kohlendioxid). E. nennt man **trocken**, wenn es ohne Abscheidung von Kondensat abgekühlt werden kann. Aus **nassen E.**, die oft mit Erdöl vorkommen, kondensieren bei Abkühlung höhere Kohlenwasserstoffe (Flüssiggas, Gasbenzin), die Ausgangsstoff für das →Steamcracken sind.

Das geförderte Roh-E. wird direkt auf dem E.-Feld aufbereitet. Von Süßgas (Hauptanteil der Weltförderung) wird i. d. R. nur Wasser abgetrennt, z. T. auch höhere Kohlenwasserstoffe. Aus Sauergas werden die Schwefelverbindungen in einem aufwendigen Reinigungsprozess entfernt (vorwiegend Gaswaschverfahren). Einige Roh-E. erfordern auch die Abtrennung von Kohlendioxid und Stickstoff. Das Reingas, das im Anschluss an die Aufbereitung ins Ferngasnetz abgegeben wird, muss in Dtl. strengen Qualitätsvorschriften entsprechen. Der Schwefelgehalt darf 120 mg/m³ nicht übersteigen (die tatsächl. Werte liegen meist unter 12 mg/m³). Nach Brennwert werden E. in die Gruppen L und H eingeteilt. Typ. Brennwerte sind etwa 10 kWh/m³ für L und 12,2 kWh/m³ für H.

Für die zunehmende Förderung und Verwendung von E. sind insbes. Faktoren wie Umweltverträglichkeit, Nutzungskomfort und Versorgungssicherheit von Bedeutung. E. ist die einzige Primärenergie, die in ihrem Verbrauchszustand gefördert, verteilt und verbraucht wird, sodass keine Umwandlungsverluste (im Ggs. zum elektr. Strom) anfallen.

VERWENDUNG UND UMWELTRELEVANZ

E. wird überwiegend als Brennstoff für Haushalte, Gewerbebetriebe, Kraftwerke und Industrie verwendet. Neben dem Einsatz zu Heizzwecken dient E. im Haushaltsbereich auch zur Warmwasserbereitung und zum Kochen. In geringerem Umfang wird E. als Rohstoff in der chem. Industrie eingesetzt. Es findet Verwendung bei einer Vielzahl industrieller Prozesse. Hervorzuheben sind u. a. Wärmebehandlungsprozesse in der Stahl- und Leichtmetallindustrie, die industrielle Prozessdampferzeugung und der Gaseinsatz bei Trocknungsprozessen.

Aufgrund seiner physikal. und chem. Eigenschaften ist E. im Vergleich zu anderen fossilen Energieträgern relativ umweltschonend. Schadstoffbildende Bestandteile (Fluor, Chlor, Schwermetalle und deren Verbindungen) sind im E. praktisch nicht vorhanden. E.-Feuerungen setzen kaum Staub, Ruß, Kohlenmonoxid, organ. Verbindungen oder Schwefeldioxid frei, der Ausstoß von Stickoxiden ist sehr gering. Wegen des geringen Kohlenstoffanteils in E. wird bei der Verbrennung nur wenig Kohlendioxid freigesetzt; von den fossilen Brennstoffen trägt E. deshalb am wenigsten zum Treibhauseffekt bei. Der Einsatz von E. empfiehlt sich daher bes. in Gebieten mit hohen Immissionsbelastungen. In der Industrie sowie auf dem kommunalen Sektor gewinnt E. zunehmend an Bedeutung in gasmotor- oder gasturbinengetriebenen Blockheizkraftwerken, die gleichzeitig elektr. Energie und Wärme für Beheizungszwecke erzeugen und neuerdings auch durch E. verbrauchende →Brennstoffzellen ergänzt werden. Mit dieser →Kraft-Wärme-Kopplung können Nutzungsgrade von 80 bis 90 % erreicht werden, also weit höhere Werte als bei der reinen Stromerzeugung.

Im Haushalts- und Gewerbesektor gibt es neuere Gasanwendungstechnologien, die einen bes. sparsamen Energieeinsatz ermöglichen. Hierzu gehören die Gasetagenheizung mit individueller Verbrauchsabrechnung, der Brennwertkessel mit Nutzung der Kondensationswärme im Abgas und gasbetriebene Absorptionskälteanlagen für Klimatisierungs- und Kühlzwecke. Bei der Wärmeversorgung von Wohnungen, Gewerbebetrieben, Verwaltungsgebäuden und öffentl. Einrichtungen hat der Einsatz von E. inzwischen den ersten Platz unter den Energieträgern erreicht. In Dtl. wurden Ende 2001 rd. 45 % der Wohnungen mit E. beheizt. Von den 2001 verbrauchten 83,5 Mrd. m³ E. entfielen rd. 50 % auf Haushalte und Kleinverbraucher, knapp 25 % auf die Industrie, 14 % auf nichtener-

Erdgas: Muttergesteinsbildung

Erdgas

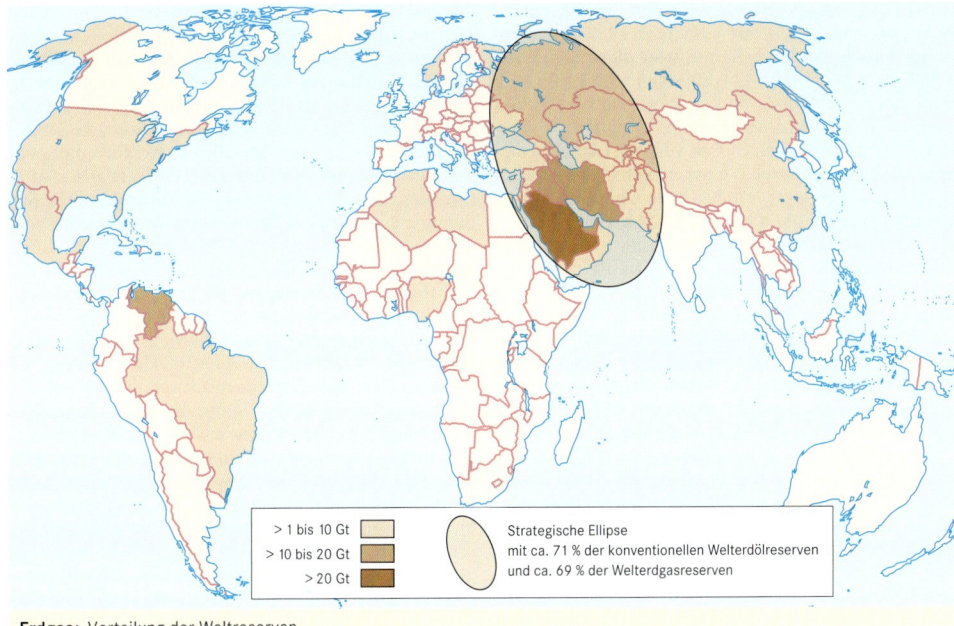

Erdgas: Verteilung der Weltreserven

Legende:
- > 1 bis 10 Gt
- > 10 bis 20 Gt
- > 20 Gt
- Strategische Ellipse mit ca. 71 % der konventionellen Welterdölreserven und ca. 69 % der Welterdgasreserven

get. Verbrauch und Fernwärmeerzeugung sowie 12 % auf Kraftwerke.

Gaswirtschaft und Fahrzeughersteller untersuchen die Möglichkeiten für den E.-Einsatz im Verkehrssektor, insbes. beim öffentl. Personen- und Güternahverkehr. 2005 waren in Dtl. rd. 27 000 erdgasbetriebene Fahrzeuge in Betrieb – weltweit sind es fast 2,5 Mio. (→ Erdgasantrieb).

TRANSPORT

Der E.-Transport belastet keine öffentl. Verkehrswege, da E. unterirdisch in Rohren (→ Pipelines) mit bis zu 1,4 m Durchmesser transportiert wird, aus transporttechn. Gründen (Volumenverringerung) mit Drücken bis zu 84 bar. Um dem Druckabfall in der Leitung entgegenzuwirken, ist in Abständen von 100 bis 400 km eine E.-Verdichtung erforderlich. Es werden z. T. erhebl. Transportentfernungen überbrückt, z. B. von Westsibirien nach Westeuropa (etwa 6 000 km). Da E.-Produktion, -Aufbereitung und -Ferntransport weitgehend kontinuierlich erfolgen, der Verbrauch aber – bedingt durch den hohen Anteil von E.-Heizungen – jahreszeitlich schwankt, wird E. in großem Umfang in → Erdgasspeichern bevorratet. Vor der Verteilung in den Kommunen bzw. vor der Abgabe an Industriebetriebe wird in einer E.-Übergabestation der Druck auf 0,1–6 bar reduziert. Damit das geruchlose E. beim Endverbraucher nicht unbemerkt ausströmen kann, wird ihm ein intensiver Geruchsstoff (z. B. Thiolan) zugesetzt. Über ein verzweigtes Verteilernetz (Erdgasförder-, Ferngasgesellschaften, Orts- und Regionalgasversorgungsunternehmen) gelangt das E. in den Kommunen direkt zum Endverbraucher. Das gesamte dt. E.-Leitungsnetz, das im europ. Verbund integriert ist, hatte Ende 2001 eine Länge von etwa 370 000 km. E. kann auch in verflüssigter Form als LNG (Abk. für engl. liquified natural gas, → Flüssiggase) transportiert werden.

2003 wurden grenzüberschreitend rd. 730 Mrd. m³ E. gehandelt (rd. 27 % der Welterdgasförderung, vorwiegend innerhalb Nordamerikas, Westeuropas und des asiatisch-pazif. Raumes), und zwar zu 77 % per Pipeline und 23 % per LNG-Tanker.

RESERVEN UND RESSOURCEN

Die sicher gewinnbaren E.-Reserven in Dtl. belaufen sich auf rd. 293 Mrd. m³. Weltweit haben trotz stei-

Erdgasförderung der bedeutendsten Förderländer (in Mrd. m³)			
Staat	1990	2000	2003
Russland	640,6	584,0	616,5
USA	498,6	543,4	550,3
Kanada	106,8	166,1	180,9
Großbritannien	49,6	115,0	107,7
Algerien	50,6	85,0	81,0
Norwegen	27,0	52,4	76,9
Niederlande	71,8	67,7	72,8
Indonesien	43,2	82,3	71,0
Usbekistan	38,1	56,4	65,5
Iran	23,7	57,0	62,6
Saudi-Arabien	30,5	49,0	57,5
Malaysia	18,5	34,3	56,0
Turkmenistan	81,9	22,7	49,3
Vereinigte Arabische Emirate	22,1	22,9	48,1
Mexiko	26,7	38,4	40,6
Argentinien	17,8	41,0	37,7
China	18,0	27,7	33,4
Australien	18,6	30,7	33,2
Venezuela	18,4	31,0	32,6
Pakistan	14,3	20,0	23,4
Indien	11,3	22,5	22,8
Deutschland	21,2	21,6	21,1
Thailand	13,0	19,1	19,0
Welt (insgesamt)	2 063,4	2 373,9	2 644,9

Erdg Erdgas

gender Förderung die nachgewiesenen Reserven an E. stetig zugenommen. Waren im Jahr 1950 Reserven von rd. 20 Billionen m³ bekannt, stieg diese Zahl über 45 Billionen m³ (1970), 134 Billionen m³ (1990) und 162 Billionen m³ (2000) auf den Wert von rd. 178 Billionen m³ (2003) an. Diese Reserven sind jedoch sehr ungleichmäßig über den Globus verteilt. Fast 70 % der Reserven lagern innerhalb einer so genannten »Strateg. Ellipse«, die vom Nahen Osten über den Kasp. Raum bis in den Hohen Norden Russlands reicht. Die drei erdgasreichsten Länder (Russland, Iran und Katar) verfügen zus. über mehr als die Hälfte der Weltreserven.

Neben den Reserven wird mit weiteren Mengen an E., den so genannten **Ressourcen,** gerechnet. Das sind zum einen bekannte Vorkommen, aus denen E. gegenwärtig nicht wirschaftlich oder technisch gewonnen werden kann, und zum anderen vermutete Vorkommen in bisher nicht oder nur gering untersuchten Gebieten. Die Ressourcen werden auf rd. 207 Billionen m³ geschätzt, d. h., sie sind wohl größer als die heute bekannten Reserven. Als die günstigsten Regionen werden die Länder der GUS, hier insbes. Russland mit seinem großen Potenzial im Offshorebereich, der Nahe Osten und Nordamerika eingeschätzt.

Die genannten Welterdgasreserven bzw. -ressourcen beziehen sich auf konventionelle Lagerstätten, d. h. auf E., das mit relativ geringem techn. und finanziellem Aufwand gewonnen werden kann. Daneben gibt es nichtkonventionelle E.-Lagerstätten, aus denen die Gewinnung komplizierter bzw. gegenwärtig noch nicht gelöst ist. Hierzu zählen E. in dichten Gesteinen (engl. tight gas), E. in Kohleflözen, das so genannte Kohleflözgas oder CBM (Abk. für engl. **c**oal **b**ed **m**ethane), sowie in unterird. Wässern gelöstes E. (Aquifergas) und Gashydrate, die entweder in Regionen mit Permafrost oder an Kontinentalrändern vorkommen (→ Methanhydrat). Das erwartete Potenzial an nichtkonventionellen Lagerstätten wird um ein Mehrfaches größer eingeschätzt als das an konventionellen. Abschätzungen der aus nichtkonventionellen Vorkommen gewinnbaren E.-Mengen sind jedoch mit erhebl. Unsicherheiten behaftet. Die Reserven aus solchen Lagerstätten werden weltweit derzeit mit nur 2 000 m³ angegeben, da bislang die Technologien lediglich für eine Gewinnung von E. aus Kohleflözen und dichten Speichergesteinen vorhanden sind. Zudem sind die Voraussetzungen für eine wirtschaftl. Förderung nur regional gegeben. Die Ressourcen aus nichtkonventionellen Lagerstätten (ohne Methanhydrate und Aquifergas) werden auf rd. 220 Billionen m³ geschätzt, was etwa der Hälfte des Gesamtpotenzials an konventionellem E. entspricht. Sehr ungenaue und in weiten Grenzen schwankende Abschätzungen liegen zu den in Hydraten und Aquiferen enthaltenen E.-Mengen vor. Bislang erfolgte eine Produktion nur in wenigen Anlagen mit zumeist Pilotcharakter. Eine nennenswerte kommerzielle Förderung ist in absehbarer Zukunft nicht wahrscheinlich.

Man kann davon ausgehen, dass etwa ab Mitte dieses Jahrhunderts auch E. aus nichtkonventionellen Lagerstätten zunehmend einen Beitrag zur E.-Versorgung leisten wird. Werden diese Bestände einbezogen, so könnten die E.-Vorräte noch für mehrere Jahrhunderte reichen. In den USA werden bereits beträchtl. Mengen an Flözgas und Gas aus dichten Speichern in das E.-Netz eingespeist. In Dtl. laufen gegenwärtig Probebohrungen zur CBM-Gewinnung.

Die nachgewiesenen Welterdgasreserven reichen, eine gleich bleibende Förderung vorausgesetzt, bis über die Mitte dieses Jahrhunderts hinaus. Es ist zu erwarten, dass innerhalb dieses Zeitraumes ein Teil der konventionellen Ressourcen erschlossen wird und auch die Technologien zur Gewinnung von E. aus Kohleflözen und dichten Speichergesteinen weiter verbessert werden, sodass auch ein steigender Bedarf bis über die Mitte des Jahrhunderts hinaus gedeckt werden kann.

WIRTSCHAFT

Die bedeutendsten E.-Förderländer sind Russland (bes. E. aus Westsibirien), die USA und Kanada. Die wichtigsten exportierenden Länder sind Russland, Kanada, Norwegen, Algerien, Turkmenistan, die Niederlande und Indonesien. 2003 deckte Europa (ohne GUS) seinen E.-Bedarf zu rd. 61 % aus eigenen Quellen, 28 % wurden aus Russland, 9 % aus Algerien und 2 % aus den übrigen Ländern importiert. Der Importanteil ist beim E. wesentlich niedriger als bei anderen Energieträgern. Infolge der steigenden Nachfrage nach E., insbes. zur Elektrizitätserzeugung, und rückläufiger Förderung in Europa wird die Importabhängigkeit aber nach Prognosen der EU bis 2030 auf rd. 70 % ansteigen. Nach den USA ist Dtl. der zweitgrößte E.-Importeur vor Japan; das dt. E.-Aufkommen wurde 2003 zu rd. 20 % aus inländ. Förderung gedeckt, rd.

Erdgas: Vorkommen in Deutschland

35 % kamen aus Russland, rd. 23 % aus Norwegen, rd. 19 % aus den Niederlanden, rd. 3 % aus Großbritannien und Dänemark.

In Dtl. entwickelte sich eine nennenswerte E.-Förderung (wichtige Fördergebiete: Weser-Ems, Elbe-Weser) erst in den 1960er-Jahren, sie stieg in den 70er-Jahren stark an. Seit den 90er-Jahren schwankt sie um 21 Mrd. m³. Im Jahr 2003 wurden in Dtl. 21,1 Mrd. m³ E. gefördert.

↪ H. W. Maull: E. u. wirtschaftl. Sicherheit (1981); Jb. E. in Europa, hg. vom Bundesverband der Dt. Gas- u. Wasserwirtschaft (1994 ff.); VDI-Lex. Energietechnik, hg. v. H. Schaefer (1994); Die Energierohstoffe Erdöl u. E. Vorkommen, Erschließung, Förderung, bearb. v. G. Pusch u. a. (1995); S. Ueberhorst: Energieträger E. (³1999); J. Perner: Die langfristige E.-Versorgung Europas (2002).

Erdgasantrieb, Kraftfahrzeugantrieb, der anstelle flüssigen Kraftstoffes mit Erdgas arbeitet. Für Pkw werden konventionelle Ottomotoren für den Erdgaseinsatz umgerüstet und i. d. R. bivalent (mit Erdgas oder Benzin) betrieben; Lkw und Busse nutzen umgebaute Dieselmotoren ausschließlich monovalent (nur mit Erdgas). Als Erdgastank für verdichtetes Erdgas (engl. compressed natural gas, Abk. **CNG**) werden Druckbehälter (bis 200 bar) aus Stahl, Kompositwerkstoffen oder Kunststoffen verwendet, was in jedem Fall zusätzl. Sicherheitstechnik erfordert. Die Reichweite einer Erdgastankfüllung von 200 bis 600 km kann beim bivalenten Betrieb durch den zusätzl. Benzintank erhöht werden. Eine Speichermöglichkeit für Erdgas in verflüssigter Form (engl. liquid natural gas, Abk. **LNG**) besteht in gekühlten Behältern. E. zeichnet sich im Vergleich zum Benzinbetrieb von Ottomotoren durch deutlich verringerte Abgasemission (Kohlenwasserstoffe um 60 %, Kohlenmonoxid um 75 %, Kohlendioxid um 25 %) aus. Im Vergleich zum Dieselfahrzeug werden reduziert: Kohlenmonoxid um 50 %, reaktive Kohlenwasserstoffe um 80 %, Rußpartikel um bis zu 99 % und Stickoxide um 70 %. Bis 2020 soll Erdgas als alternativer Antrieb europaweit einen Marktanteil von 10 % erreichen. E. erfordert aber einen spezifisch höheren Energieeinsatz als flüssiger fossiler Brennstoff, deshalb muss eher nachgetankt werden. Weltweit gibt es heute fast 2,5 Mio. erdgasbetriebene Kraftfahrzeuge, wobei Argentinien, Italien, die USA und Brasilien führend sind. In Dtl. gibt es (2005) rd. 27 000 Erdgasfahrzeuge (1995: 950) und rd. 550 Erdgastankstellen. Bis 2007 soll sich die Anzahl der Erdgastankstellen auf rd. 1 200 erhöhen.

Erdgasspeicher, Speicherraum zur Bereitstellung von aus den natürl. Lagerstätten gefördertem und – ausgerichtet auf den Spitzenbedarf im Winter – aus den Förderländern angeliefertem Erdgas. Das Gas wird v. a. unter Tage und im Netz der öffentl. Gasversorgung, das aufgrund seines räuml. Ausmaßes und der vorhandenen Druckspanne einen beachtl. Puffereffekt aufweist, gespeichert. Man unterscheidet zwei Arten der behälterlosen unterird. E.: Kavernenspeicher mit hoher Abgaberate zum Ausgleich der Tag- und Nachtschwankungen und Porenspeicher mit großem Speicherinhalt. **Kavernenspeicher** werden in Dtl. ausschließlich in Salzlagern oder Salzstöcken durch → Solverfahren hergestellt. Ihr Speicherinhalt ergibt sich aus ihrem nutzbaren Hohlraum und dem max. zulässigen Betriebsdruck, der wiederum von felsmechan. Gegebenheiten abhängt (z. B. Festigkeit des Salzgesteins). Bei den **Porenspeichern** werden entweder die Aufwölbungen eines → Aquifers oder aufgelassene Erdöl- und Erdgasfelder genutzt, wobei in beiden Fällen zur Speicherung der im Gestein vorhandene Porenraum dient. Die Eignung ist dabei u. a. abhängig von der Porosität, der Permeabilität und der mineralog. Zusammensetzung des Gesteins. Beide Speicherarten haben gleichartige Übertageanlagen, zu denen die Plätze der Speicherbohrungen, die Ausrüstung am Bohrlochkopf und die verbindenden Erdgasleitungen zum Betriebsplatz (Verdichterstation, Gaserwärmer, Druckregelung, Schaltwarte, Trocknungsanlage u. a.) und zur Gasfernleitung gehören. – In Dtl. gibt es 32 Untertage-E. mit einem Gesamtfassungsvermögen von rd. 19 Mrd. m³, davon werden 10,3 Mrd. m³ für jährlich verfügbares Erdgas, so genanntes Arbeitsgas, genutzt.

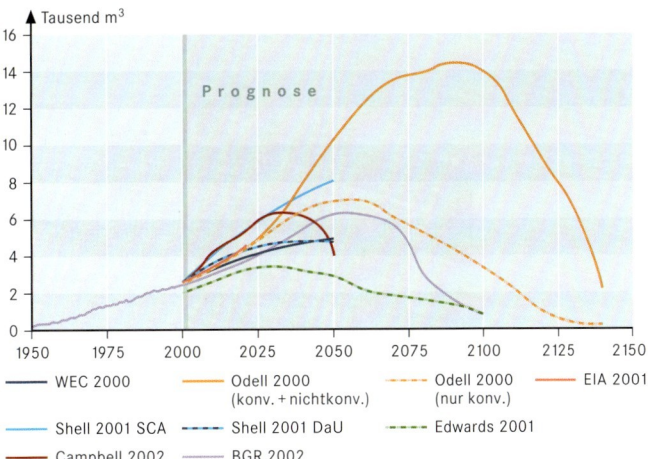

Erdgas: Prognosen mehrerer Studien zur Erdgasförderung

Erdgeschichte, → Geologie.

Erdgeschoss, Parterre [-'tɛr[ə]], das untere Stockwerk, dessen Fußbodenoberfläche meist höher liegt als das Gelände, das das Haus umgibt. Wird das Kellergeschoss über das umgebende Gelände hochgeführt, heißt das untere Stockwerk **Hochparterre.**

Erdgezeiten, die → Gezeiten der festen Erde.

Erdgipfel, Bez. für die 1992 in Rio de Janeiro abgehaltene → UN-Konferenz für Umwelt und Entwicklung.

Erdharz, Bez. für Naturasphalt (→ Asphalt).

Erdhobel, Motorstraßenhobel, englisch **Grader** ['ɡreɪdə], zwei- oder dreiachsiger Flachbagger mit zw. den Achsen angeordnetem, bewegl. Planierschild. – Bild Seite 250

Erdhörnchen, Marmotini, Gruppe der → Hörnchen.

Erdhülle, die → Geosphäre.

Erdhund, weidmänn. Bez. für Hunderassen, die zum Aufstöbern von Tieren in ihren Erdbauen eingesetzt werden (z. B. Dackel, Foxterrier).

erdige Säuerlinge, Mineralwässer mit mindestens 1 g kohlensauren Salzen von Calcium, Magnesium oder Strontium je Liter Wasser.

Erd|induktor, Gerät zur Bestimmung der erdmagnet. Inklination. Es besteht im Wesentlichen aus einer in drehbarem Rahmen gelagerten Drehspule. Wenn der Rahmen mit der rotierenden Spule in diejenige Lage gebracht wird, in der in der Spule keine elektr. Spannung durch das erdmagnet. Feld induziert wird, steht die Spulenachse zu den Magnetfeldlinien parallel und zeigt somit die Inklination an.

Erdi Erding

Erdhobel bei Planierarbeiten

Erding,
1) Kreisstadt in Oberbayern, 464 m ü. M., am Nordrand der Münchener Schotterebene gegen das Erdinger Moos, nahe dem Großflughafen München, in einer landwirtschaftlich geprägten Umgebung, 32 500 Ew.; Städt. Heimatmuseum, Bauernhausmuseum; Einrichtungen der Bundeswehr (v. a. Flugplatz); Mühlen- und Braugewerbe; Stadtbahnverbindung nach München. – Von der ehem. Stadtbefestigung ist das Landshuter oder Ostertor (Schöner Turm, 1408 erwähnt) erhalten. In der kath. Stadtpfarrkirche St. Johannes (Backsteinhalle des 14./15. Jh. auf Vorgängerbau; Veränderungen im 17. und 19. Jh.) ein Triumphbogenkruzifix von H. Leinberger (um 1525). Wallfahrtskirche Hl. Blut (1675–77) am Rande der Stadt. Die Wallfahrt ist hier bereits 1360 bezeugt. In **Altenerding** kath. Pfarrkirche Mariä Verkündigung (1724 ff.). – Das um 1228 gegründete E. erhielt 1228 Marktrecht und wurde 1314 Stadt. Der aus einem Königshof des 9. Jh. entstandene ältere salzburg. Pfarrort in der Nähe wurde im Unterschied zur bayer. Neugründung »Altenerding« genannt.
2) Landkreis im Reg.-Bez. Oberbayern, Bayern, 871 km^2, 120 600 Ew.; Kreisstadt ist Erding. Der Kreis liegt zw. Isar und Inn, grenzt im N über das Erdinger Moos an das untere Isartal und umfasst nach S anschließend Teile der Münchener Ebene, im übrigen Gebiet tertiäres Hügelland (Isar-Inn- und Isen-Sempt-Hügelland) und nach S auch Moränengebiet. Städte sind Erding und Dorfen. Den wirtschaftl. Schwerpunkt bildet das Dienstleistungsgewerbe. Größter Arbeitgeber ist der internat. Münchner Flughafen im Erdinger Moos. Daneben Brauereigewerbe, Herstellung von Polstermöbeln und Ziegeln. Die Bedeutung der Landwirtschaft ist rückläufig; neben Grünlandwirtschaft im Hügelland und Erdinger Moos (Heilpflanzen) auf fruchtbaren Lössböden um die Stadt Erding Weizen-, Gerste- und Gemüseanbau; Fichtenbestände im NO des Kreises werden als Bauholz und zur Papierherstellung genutzt. Am östlich von Erding verlaufenden Mittleren Isarkanal gibt es Wasserkraftwerke.

Erdinger Moos, Niedermoorgebiet in Bayern, nordöstlich von München gelegen; seit 1825 Besiedlung und Kultivierungsmaßnahmen, die durch Grundwasserabsenkungen z. T. zu Versteppung führten; Heilpflanzenanbau, Saatkartoffel- und Getreidezucht. 1992 wurde im E. M. der neue Flughafen München eröffnet.

Erdkampfflugzeug, speziell für die Luftnahunterstützung von Bodentruppen ausgelegtes Kampfflugzeug, gekennzeichnet durch hohe Wendigkeit, partielle Beschussfestigkeit und vielseitige Bewaffnung. Die begriffl. Abgrenzung gegenüber dem leichten Jagdbomber, der v. a. (jedoch nicht ausschließlich) zur Luftnahunterstützung verwendet wird, ist fließend.

Erdkastanie, Bunium bulbocastanum, Art der Doldenblütler. Die bis 1 m hohe Staude besitzt gefiederte Blätter und wurde früher in Mitteleuropa wegen der essbaren Wurzelknollen als Gemüse- und Gewürzpflanze angebaut.

Erdkirsche, Erdbeertomate, Physalis pruinosa, in Nordamerika beheimatetes, in zahlr. Ländern eingebürgertes Nachtschattengewächs mit wohlschmeckenden Beerenfrüchten.

Erdknollen, knollig verdickte unterird. Spross- oder Wurzelteile von Pflanzen.

Erdkröte, Bufo bufo, häufigste einheim. Art der Kröten; in mehreren Unterarten über ganz Europa, N-Afrika und Asien verbreitet. Die bis über 15 cm langen Tiere wandern im Frühjahr ortstreu zu den Laichgewässern.

🔊 **Erdkröte:** Paarungsrufe einer Erdkröte 7235

Erdkunde, die → Geografie.

Erdläufer, Geophilomorpha Geophilida, Ordnung der → Hundertfüßer mit etwa 30 fast weltweit verbreiteten Arten. Der etwa 1–20 cm lange Körper ist wurmförmig bis fadenartig dünn und meist hellbraun bis gelblich gefärbt; mit mehr als 30 (maximal 181) Beinpaaren. Einige Arten, z. B. der in Mitteleuropa vorkommende, bis 5 cm lange **Leuchtende Erdläufer** (Geophilus electricus), können leuchten.

Erdleguane, Liolaemus, Gattung kleiner (bis 25 cm) bodenbewohnender Leguane in Südamerika mit etwa 50 Arten; meist in trockenen Gebieten. Die Art *Liolaemus multiformis* lebt in den Anden in Höhen bis 5000 m ü. M. In Feuerland ist der **Magellan-E.** (*Liolaemus magellanicus*) das am weitesten nach S vordringende Reptil.

Erdkröte

Erdlicht, Erdschein, aschgraues Mondlicht, *Astronomie:* Aufhellung des dunklen Mondteils (Nachtseite), v. a. bei zunehmender oder abnehmender Mondsichel zu erkennen; wird hervorgerufen durch von der Erde reflektiertes Sonnenlicht: Die Erde erhellt die Mondnacht ebenso wie der Mond die Erdnacht. Aus der Helligkeit des E. kann man die → Albedo der Erde ableiten.

erdmagnetische Anomalie, die → magnetische Anomalie.

erdmagnetische Instrumente, Geräte zur Vermessung des erdmagnet. Feldes und seiner versch. Elemente. Zur Messung am Erdboden dienen der Kompass zur Bestimmung der horizontalen Richtung des erdmagnet. Feldes (ältester Gerätetyp dieser Art), das

Deklinatorium und das Inklinatorium zur Bestimmung der Deklination D bzw. der Inklination I des Erdfeldes sowie der Magnettheodolit zur Messung der Horizontalintensität H. Das Protonenpräzessionsmagnetometer, das Rubidiumdampf- und das Heliumdampfmagnetometer dienen zur Messung der Totalintensität F, das Fluxgate-Magnetometer und die Förster-Sonde zur Messung von H und F sowie der Vertikalintensität Z. – Lokalvariometer dienen der Messung der räuml., Zeitvariometer der zeitl. Variation des Erdfeldes, wobei sich mit einigen nur Differenzen des Magnetfeldes gegen einen festen Wert messen lassen. Zu den Lokalvariometern zählen die Feldwaagen, bei denen ein Permanentmagnet wie ein Waagebalken gelagert ist und als Indikator dient.

erdmagnetische Landesaufnahme, Vermessung des erdmagnet. Feldes an zahlr. Stellen eines Landes. Dabei werden die verschiedenen erdmagnet. Elemente bestimmt und in Karten dargestellt. Wegen der langfristigen Veränderung der Elemente muss die Vermessung im Abstand von ein oder zwei Jahrzehnten wiederholt werden.

erdmagnetisches Feld, →Erdmagnetismus.

erdmagnetisches Observatorium, wiss. Einrichtung zur Vermessung des erdmagnet. Feldes an der Erdoberfläche, um die Säkularvariation des Hauptfelds zu erfassen und seine schnellen zeitl. Variationen, die ihren Ursprung in Stromsystemen der Ionosphäre haben, ständig zu registrieren. (→Erdmagnetismus)

erdmagnetische Stürme, magnetische Stürme, plötzliche, relativ starke zeitl. Variationen des erdmagnet. Feldes; sie sind ein Teil der erdmagnet. Aktivität und werden durch besondere Stromsysteme in der →Ionosphäre und durch starke Plasmaschwingungen in der Magnetosphäre angeregt. Diese wiederum werden durch die Sonnenaktivität erzeugt. Gleichzeitig mit den e. S. beobachtet man Polarlichter, Störungen in der über die Ionosphäre erfolgenden Radiowellenausbreitung und Schwankungen der kosm. Strahlung. (→Erdmagnetismus)

erdmagnetisches Verfahren, in der Vor- und Frühgeschichtsforschung verwendetes, auf der Säkularvariation des erdmagnet. Feldes beruhendes Verfahren der Chronologie: Die Magnetisierung eisenhaltiger keram. Erzeugnisse wird beim Brennen auf das erdmagnet. Feld des Brennortes eingestellt; nach dem Abkühlen fixiert sich diese Einstellung dauerhaft; die Messung von Deklination und Inklination gestattet bei lokal gebundenen Funden (z. B. Ofenanlagen aus Ton) Rückschlüsse auf den Zeitpunkt der letzten Erhitzung.

Erdmagnetismus, Geomagnetismus, die Gesamtheit derjenigen physikal. Eigenschaften der Erde, die durch das sie umgebende Magnetfeld verursacht werden. Das Magnetfeld der Erde (**erdmagnet. Feld**) macht sich u. a. dadurch bemerkbar, dass eine frei bewegl. Magnetnadel in eine bestimmte Richtung weist. Dieses Phänomen machten sich die Menschen insbesondere in der Seefahrt zunutze, lange bevor W. GILBERT in seinem Buch »De magnete magneticisque corporibus et de magno magnete Tellure physiologia nova« (1600) hierfür die erste wiss. Erklärung auf der Basis des erdmagnet. Feldes gab. Das Magnetfeld lenkt den →Sonnenwind von der Erde ab und schützt so das Leben auf der Erde vor schädlicher harter Teilchenstrahlung. Viele Lebewesen verfügen über die Fähigkeit, ein Magnetfeld wahrzunehmen, also über

Erdmagnetismus

Mit seinem Werk »Über den Magneten, die magnetischen Körper und den großen Magneten Erde« (1600) begründete Wilhelm Gilbert die Lehre vom Erdmagnetismus. Im ersten Kapitel des dritten Buches fasst er zunächst einige frühere Erklärungsversuche für das Verhalten einer Kompassnadel zusammen, um dann richtig zu stellen, dass die Erde selbst als Verursacherin betrachtet werden muss:

Diejenigen, die vor hundert Jahren über das Weltall und die Naturwissenschaften geschrieben haben, [...] die forschten emsig nach den Ursachen aller Dinge und Wirkungen in den Himmelsräumen, auf Fixsternen und Planeten, in Feuer, Luft, Gewässern und Körpern gemischter Natur. Aber nimmermehr erkannten sie, daß der Erdball außer Trockenheit und Kälte noch irgendwelche besonderen wirksame und vorherrschende Eigenschaften hat, die ihn in bestimmte Richtung hineinbewegen und in seiner ganzen Masse bis in seine innersten Teile vorhanden sind; auch stellten sie nicht die Frage, ob es solche überhaupt gäbe. Deshalb gab die große Menge der Philosophanten, um die Gründe für die magnetischen Bewegungen zu finden, Ursachen an, die entfernt und weitab lagen. Ein Mann aber scheint mir vor allen tadelnswert, *Martin Cortez*, der, da er keine Ursache fand, die ihn im ganzen Weltall hätte befriedigen können, davon träumte, daß es jenseits der Himmelsräume einen Punkt magnetischer Anziehung gäbe, der Eisen zu sich hinzieht. *Petrus Peregrinus* meint, die Richtkraft stamme von den Himmelspolen. *Cardanus*[1] glaubte, die Drehung des Eisens werde von einem Stern im Schwanze des großen Bären verursacht. Der Franzose *Bessard*[2] meint, ein magnetischer Körper wende sich zum Pol des Tierkreises. *Marsilius Ficinus*[3] will behaupten, daß der Magnet seinem eigenen Nordpol, daß Eisen dem Magneten, Strohhalme dem Bernstein folgen, während dieser vielleicht dem Südpol folgte – ein ganz albernes Hirngespinst. Andere sind wieder auf – ich weiß nicht – was für welche magnetische Felsen und Berge gekommen. So ist es immer die Gewohnheit der Sterblichen, daß sie die nahe liegenden Dinge außer Acht lassen, während fremdartige und fernstehende ihnen teuer und schätzenswert sind.

Wir aber studieren die Erde selbst und beobachten an ihr die Ursache solcher Wirkung.

Die gemeinsame Mutter Erde birgt diese Ursachen in ihren innersten Teilen [...].

Ein drehbares Eisen stellt sich nach der Lage der Erde ein und kehrt, auch wenn es öfter gestört wird, immer wieder zu denselben Punkten zurück. In mehr nördlich gelegenen Gegenden unter einer Breite von 70 oder 80 Grad (zu denen unsere Seeleute in den milderen Jahreszeiten ohne Schaden durch Kälte zu gelangen pflegen) in mittleren Breiten, unter dem Äquator in der heißen Zone, ferner in allen südlichen Meeresgegenden und Ländern, auch unter der höchsten südlichen Breite, die bisher bekannt geworden ist, immer findet das magnetische Eisen seinen Weg und zeigt in gleicher Weise nach den Polen (ausgenommen der Unterschied der magnetischen Abweichung[4]). Auf dieser Seite des Äquators (auf der wir wohnen) und auf der anderen südlichen, die zwar recht unbekannt, aber doch von den Seeleuten einigermaßen erforscht ist, immer wendet sich die Lilie der Kompaßnadel nach Norden. Diese Tatsache versichern uns ganz berühmte Kapitäne und auch die meisten gebildeteren Seeleute. Dies hat mir unser so berühmter Seeheld *Francis Drake* und der andere Weltumsegler *Thomas Candish*[5] angegeben und bestätigt.

1 Gerolamo Cardano.
2 Toussaint de Bessard, frz. Gelehrter aus dem 16. Jahrhundert.
3 Marsilio Ficino.
4 Winkel zwischen dem magnet. und dem geograf. Nord (Nordpol). Dieses Phänomen (Deklination bzw. Missweisung) wurde erstmals von C. Kolumbus beschrieben.
5 Sir Thomas Cavendish (* 1555, † 1592), engl. Entdecker, unternahm 1586–88 eine Weltumsegelung.

William Gilbert begründet die Lehre vom Erdmagnetismus 1600, hg. v. E. Boehm (Leipzig: Voigtländer, 1914), S. 39 ff.

Erdm Erdmagnetismus

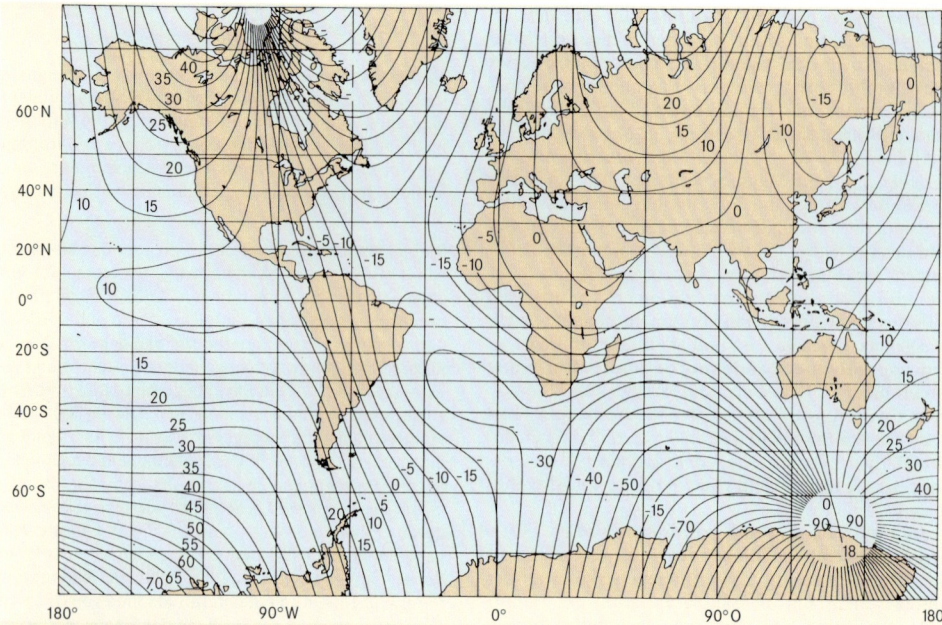

Erdmagnetismus: Weltkarte der Deklination für das Jahr 1980; während die Deklination in Mitteleuropa nur wenige Grad betrug, lagen die Abweichungen z. B. auf Grönland zwischen 40° und 80°. In den magnetischen Polen laufen alle Isogonen zusammen (links oben und rechts unten).

einen »magnet. Sinn«, wobei dessen genaue Funktionsweise noch wenig erforscht ist (→Magnetfeldorientierung). Nachgewiesen ist der Einfluss des erdmagnet. Feldes auf das Orientierungsvermögen vieler Zugvogelarten.

Kenngrößen des erdmagnetischen Feldes Festgelegt ist das Magnetfeld der Erde an jedem Punkt durch die Deklination, die Inklination und die Totalintensität (Gesamtfeldstärke). Die **Deklination** ist der Winkel zw. geografisch Nord und der Richtung, in die die Kompassnadel weist; sie wird deshalb auch Missweisung genannt. Sie variiert aufgrund regionaler Anomalien räumlich sehr stark und kann im Extremfall bis zu 180° betragen. Linien gleicher Deklination heißen **Isogonen**. Sie werden in so genannte **Isogonenkarten** eingezeichnet, die v. a. für die Nautik von Bedeutung sind. Die Isogone, für die die Deklination gleich null ist, heißt **Agone**. Die **Inklination** ist der Neigungswinkel zur Horizontalen; sie beträgt in unseren Breiten etwa 65° und an den magnet. Polen 90°. Linien gleicher Inklination heißen **Isoklinen**. Diejenige Isokline, für die die Inklination null ist, bildet den **erdmagnet. Äquator** (auch **Akline** genannt). Die **Totalintensität** des erdmagnet. Feldes beträgt zw. 30 µT am Äquator und 60 µT nahe den magnet. Polen. Sie setzt sich aus einer horizontalen Komponente (**Horizontalintensität**) und einer vertikalen Komponente (**Vertikalintensität**) zusammen.

Räumliche und zeitliche Änderungen Das Magnetfeld der Erde unterliegt sowohl kurzfristigen als auch langfristigen Schwankungen, die zum Teil in Gesteinen konserviert sind (**Gesteinsmagnetismus**). Solche Gesteine geben daher Aufschluss über Kontinentalverschiebungen, Veränderungen von Meeresgebieten und andere für die Entwicklung des Lebens wichtige Umgestaltungen der Erdoberfläche (→Paläomagnetismus). Aus dem von allen Kontinenten vorliegenden Beobachtungsmaterial konnten Polwanderungskurven abgeleitet werden, die für die Zeit vom Silur bis in das Mesozoikum zusammenfallen, danach jedoch für jeden Kontinent anders aussehen. Dieser Befund gilt als Bestätigung dafür, dass urspr. eine einzige riesige Kontinentalmasse, die Pangäa, vorhanden war, die dann später zerbrach. Außerdem weiß man aus paläomagnet. Daten, dass während der letzten 100 Millionen Jahre im Durchschnitt alle 200 000 bis 500 000 Jahre eine Umpolung des e. F. stattgefunden hat. Der Umpolungsprozess selbst lief dabei jeweils in relativ kurzen Zeiträumen von weniger als 5 000 Jahren ab. Die letzte Umpolung liegt bereits 750 000 Jahre zurück, eine erneute Umpolung ist also gewissermaßen

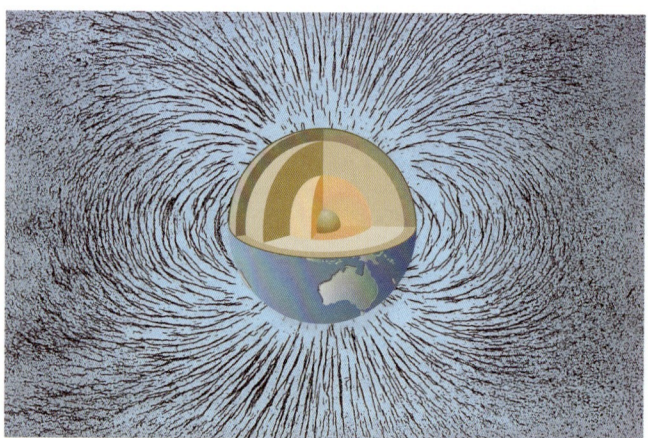

Erdmagnetismus: In geringer Entfernung von der Erdoberfläche entspricht das Magnetfeld der Erde näherungsweise dem eines Stabmagneten, d. h. einem Dipolfeld.

Erdmagnetismus

überfällig. Zu dieser Hypothese würde passen, dass die magnet. Intensitäten seit den frühesten systemat. Messungen Mitte des 19. Jh. abgenommen haben. Ob tatsächlich eine Umpolung bevorsteht, wie diese ablaufen würde und welche Konsequenzen für das Leben auf der Erde zu erwarten wären, wird in der aktuellen geophysikal. Forschung untersucht.

Üblicherweise unterteilt man das erdmagnet. Feld in ein **Hauptfeld** (Anteil 95%), das sich nur sehr langsam ändert (**Säkularvariation**), und ein schnell veränderl. **Variationsfeld**. Der Ursprung des Hauptfeldes liegt im Erdinneren. Es wird im Wesentlichen durch elektr. Ströme im äußeren, flüssigen Eisenkern der Erde erzeugt, also in Tiefen zw. 2 900 und 5 200 km (→Dynamotheorie). Eine genaue Erklärung für den Entstehungsmechanismus ist Gegenstand aktueller geophysikal. Forschung. Das Hauptfeld wird von einem sich rasch verändernden Variationsfeld überlagert. Erzeugt wird dieses in den elektrisch leitfähigen Schichten der Ionosphäre sowie durch elektr. Ströme, die beim Eintritt der Plasmaströme des Sonnenwinds in das Magnetfeld der Erde entstehen.

Formal setzt sich das Hauptfeld aus einem Dipolfeld (regulärer Anteil) und einem Restfeld (irregulärer Anteil) zusammen. Das Dipolfeld entspricht dem eines Stabmagneten mit einem magnet. Moment von $8{,}06 \cdot 10^{15}$ Wb · m (Webermeter), der sich im Erdmittelpunkt befindet, wobei die Dipolachse gegenüber der Rotationsachse der Erde um 11,4° geneigt ist. Die gedachten Durchstoßpunkte der Dipolachse durch die Erdoberfläche werden als **geomagnet. Pole** bezeichnet. Sie weichen wegen der Neigung der Dipolachse gegenüber der Rotationsachse von den geograf. Polen ab. Der berechnete geomagnet. Nordpol (**borealer Pol**) liegt derzeit (2003) in Nordwestgrönland (etwa bei 78° n. Br., 69° w. L.), der geomagnet. Südpol (**australer Pol**) in der Antarktis bei 78° s. Br., 111° ö. L. Die tatsächlichen magnet. Pole des Hauptfeldes, d.h. diejenigen Punkte der Erdoberfläche, in denen sich die magnet. Feldlinien senkrecht stehen und nach denen sich

Erdmagnetismus: Polarlichter entstehen, wenn die Teilchen des Sonnenwinds den durch das Magnetfeld der Erde gebildeten Schutzschild überwinden.

die Kompassnadel ausrichtet, sind nicht mit den geomagnet. Polen identisch, weil in deren Berechnung nur der Dipolanteil eingeht. Der **nördliche magnet. Pol** liegt derzeit (2003) bei 78,3° n. Br., 104° w. L. und damit etwa 800 km in westl. Richtung vom geomagnet. Nordpol und etwa 1 400 km vom geograf. Nordpol entfernt. Im physikal. Sinne ist der nördliche magnet. Pol ein Südpol, da er die Nordspitze der Kompassnadel anzieht. Er verschiebt sich zurzeit etwa 7,5 km pro Jahr nach Norden. Der **südliche magnet. Pol** liegt derzeit (2003) bei 65° s. Br., 135° ö. L. und hat damit einen Abstand von etwa 2 700 km vom geograf. Südpol. Er wandert jährlich etwa 10 km nach Nordwesten. Nördlicher und südlicher magnet. Pol liegen einander nicht exakt gegenüber.

Das Magnetfeld als Schutzschild In großer Entfernung von der Erde weicht das Magnetfeld sehr stark von der Form eines Dipolfeldes ab. Der Sonnenwind, ein Plasma aus Protonen und Elektronen, drückt das Feld auf der Sonnenseite zusammen und zieht es auf

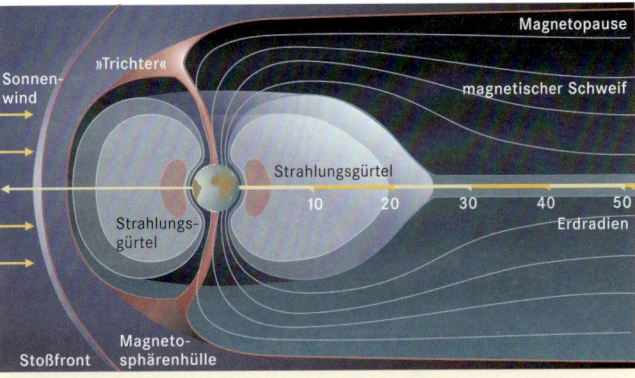

Erdmagnetismus: Im interplanetaren Raum wird das Magnetfeld der Erde durch den Sonnenwind deformiert und weicht daher stark von der Form eines Dipolfeldes ab.

der abgewandten Seite zu einem magnet. Schweif auseinander. Die Plasmateilchen erreichen mit hoher Geschwindigkeit (500 km/s) den Bereich, in dem das erdmagnet. Feld wirksam ist, und werden unter Formung einer Stoßfront abrupt abgebremst. In der hinter der Stoßfront liegenden Übergangszone ist die Bewegung der Plasmateilchen ungeordnet. Die Grenze zw. diesem Bereich ungeordneter Bewegung und der **Magnetosphäre**, in der das erdmagnet. Feld die Bewegung der Teilchen bestimmt, heißt **Magnetopause**. Sie ist etwa 100 km dick und schirmt die Magnetosphäre gegen den Weltraum ab. Am effektivsten wirkt dieser Schutz dort, wo die Feldlinien nahezu parallel zur Erdoberfläche verlaufen, also in der Nähe des Äquators. Dagegen kann in der Umgebung der magnet. Pole, wo die Feldlinien fast senkrecht verlaufen, ein Teil der Strahlung in die höheren Atmosphärenschichten eindringen. Dies ist die Ursache für →Polarlichter, und der Verlauf der Feldlinien erklärt, warum derartige atmosphär. Leuchterscheinungen i. Allg. nur in hohen geograf. Breiten auftreten. In Zeiten erhöhter Sonnenaktivität sind Polarlichter besonders häufig, die Plasmateilchen können dann auch in mittleren Breiten das Magnetfeld überwinden und Polarlichter z.B. selbst im Mittelmeerraum erzeugen (→erdmagnetische Stürme). Innerhalb der Magnetosphäre befinden sich torusartig um die Erde gelegene →Strahlungsgürtel (Van-Allen-Gürtel) mit einer hohen Dichte geladener Teilchen, die vom Sonnenwind sowie von der kosm. Strahlung stammen und vom erdmagnet. Feld eingefangen wurden.

Geschichte Der frz. Naturforscher P. DE PEREGRINUS, der 1269 die Bipolarität des Magnetismus entdeckt hat, nahm an, dass der E. auf Kräften der

Himmelskugel beruhe, die einen kugelförmigen Magneten so ausrichten, dass seine beiden magnet. Pole auf die Himmelspole weisen. Jedoch setzte sich bald wieder die ältere Vorstellung durch, dass große, am Nordpol befindl. Berge aus Magneteisenstein die Kompassnadel anziehen. Für die in der Mitte des 15. Jh. entdeckte Deklination wurden andere Magnetberge verantwortlich gemacht. Erst die Entdeckung der Inklination (G. Hartmann, 1542; R. Norman, 1581) machte diese Vorstellung hinfällig. Eine neue Deutung des E. und gleichzeitig der Schwerkraft gab W. Gilbert (1600): Die Erde sei wie alle Himmelskörper ein großer Kugelmagnet, der innerhalb eines großen Kraftkugel (»orbis virtutis«) um das Schwerezentrum Kompassnadeln ausrichte. Die Schwerkraft beruhe auf der anziehenden Wirkung dieses Magneten. Die von I. Newton 1687 aufgestellte Gravitationshypothese erforderte dann eine neue Deutung des E. als gesonderte Erscheinung.

Während die ausgedehnten, 1799–1804 von A. von Humboldt und 1828–30 von Adolf Erman (*1806, †1877) durchgeführten Messungen des E. noch ganz auf empir. Grundlagen beruhten, wurden ab 1831 durch C. F. Gauss und W. Weber entscheidende Fortschritte in der Deutung erzielt. Der von ihnen gegründete »Göttinger Magnet. Verein«, den man als Vorläufer des Internat. Geophysikal. Jahres ansehen kann, veröffentlichte ab 1837 das weltweit gewonnene Beobachtungsmaterial (u. a. 1840: »Atlas des E.«). 1838 formulierte Gauss eine phänomenolog. Theorie des E., die ihre Gültigkeit im Wesentlichen bis heute bewahrt hat: Der E. bestehe aus einem durch ein Potenzial darstellbaren (Quellen im Erdinnern) und einem potenziallosen Anteil. – Die Ursache des E. ist aber bis heute umstritten. P. M. S. Blackett versuchte 1947 erneut, Erdrotation und E. miteinander zu verknüpfen. Eine Magnetohydrodynamik des Erdkerns zur Erklärung des E. formulierten 1948/49 Edward C. Bullard (*1907, †1908) und 1950 W. Elsasser.

📖 Physics of geomagnetic phenomena, hg. v. S. Matsushita u. a., 2 Bde. (Orlando, Fla., 1967–68); G. Angenheister u. H. Soffel: Gesteinsmagnetismus u. Paläomagnetismus (1972); A. Hahn u. T. Wonik: Verteilung der Magnetisierung in der Erdkruste im Gebiet Dtl.s (2002); W. H. Campbell: Introduction to geomagnetic fields (Cambridge u. a. ²2003); M. E. Evans u. F. Heller: Environmental magnetism. Principles and applications of enviromagnetics (Amsterdam u. a. 2003); G. Backus: Foundations of geomagnetism (Neuausg. Cambridge 2005).

Erdmandel, Cyperus esculentus, in O-Afrika beheimatetes Sauergras, das heute v. a. im Mittelmeerraum und zunehmend auch in Mitteleuropa kultiviert wird. Die unterird. Ausläufer schwellen im Spitzenbereich zu haselnussgroßen, nährstoffreichen (8 % Protein, 40 % Kohlenhydrate, 20 % Fett) Knöllchen heran, die roh oder gekocht als Gemüse und als Mandel-, Kakao- und Kaffeeersatz Verwendung finden.

Erdmann,

1) Benno, Philosoph und Psychologe, *Guhrau 30. 5. 1851, †Berlin 7. 1. 1921; Prof. in Kiel (seit 1878), später in Breslau, Halle (Saale), Bonn und (seit 1909) in Berlin; förderte die Kantforschung und lieferte Beiträge zur Psychologie des Fantasie-, Vorstellungs- und Denklebens.

Werke: Kants Kriticismus in der 1. u. 2. Aufl. der Kritik der reinen Vernunft (1878); Logik (1892); Umrisse zur Psychologie des Denkens (1900); Über Inhalt u. Geltung des Kausalgesetzes (1905); Grundzüge der Reproduktionspsychologie (1920).

Hg.: Abh. zur Philosophie u. ihrer Gesch., H. 1–52 (1893 bis 1920).

2) *Eduard* Paul Ernst, Pianist und Komponist, *Wenden (heute Cēsis, Lettland) 5. 3. 1896, †Hamburg 21. 6. 1958; Schüler u. a. von C. Ansorge, war seit 1950 Prof. an der Hamburger Musikhochschule. Er setzte sich als Pianist bes. für F. Schubert und die Neue Musik ein. Seine Kompositionen (u. a. 4 Sinfonien und ein Klavierkonzert) galten in den 1920er-Jahren als bedeutende zeitgenöss. Werke.

3) Friedrich, Forstfachmann, *Dannhorst (bei Celle) 16. 3. 1859, †Neubruchhausen (heute zu Bassum) 3. 1. 1943; wirkte bahnbrechend auf waldbaul. und bodenkundl. Gebiet; nach ihm wurde das Forstamt Neubruchhausen in Erdmannshausen umbenannt.

4) Johann Eduard, Philosophiehistoriker und Religionsphilosoph, *Wolmar (heute Valmiera, Lettland) 13. 6. 1805, †Halle (Saale) 12. 6. 1892; seit 1839 Prof. in Halle (Saale); gehörte der rechten Hegelschule an; forschte v. a. über Spinoza und Leibniz; gab Leibniz' philosoph. Schriften heraus (»Opera philosophica quae extant latina, gallica, germanica omnia«, 2 Bde., 1839–40; darin Erstveröffentlichung des frz. Originals der Monadologie).

Werke: Versuch einer wiss. Darstellung der Gesch. der neueren Philosophie, 6 Bde. (1834–53); Ernste Spiele, Vorträge (1855); Grundr. der Gesch. der Philosophie, 2 Bde. (1866).

5) Karl Dietrich, Historiker, *Mülheim (heute zu Köln) 29. 4. 1910, †Kiel 23. 6. 1990; wurde 1953 Prof. in Kiel, war 1962–67 Vors. des Verbandes der Historiker Dtl.s, 1966–70 Vors. des Dt. Bildungsrates sowie 1975–80 Präs. des Internat. Komitees der Geschichtswiss.en; Mitherausgeber der Zeitschrift »Gesch. in Wiss. und Unterricht«. E. befasste sich schwerpunktmäßig mit der Zeit der Frz. Revolution und der dt. Geschichte im 20. Jahrhundert.

Werke: Volkssouveränität u. Kirche. Studien über das Verhältnis von Staat u. Religion in Frankreich ... (1949); Adenauer in der Rheinlandpolitik nach dem Ersten Weltkrieg (1966); Gesch., Politik u. Pädagogik. Aufsätze u. Reden, 3 Bde. (1970–86; hg. v. K. Kellmann u. a.); Die Zeit der Weltkriege, in: Hb. der dt. Gesch., gegr. v. B. Gebhardt, Bd. 4 (⁹1976–78 in 2 Tle.n); Die Ökumene der Historiker (1987).

📖 M. Kröger u. R. Thimme: Die Geschichtsbilder des Historikers K. D. E. (1996).

6) Rhoda, Biologin, *Hersfeld (Hessen) 5. 12. 1870, †Berlin 23. 8. 1935; Prof. in Berlin; entwickelte an der Yale University die aktive Immunisierung. E. begrün-

Erdmännchen

dete in Dtl. die experimentelle Zellforschung mit Beiträgen zur Zell- und Gewebezüchtung, Virologie und Krebsforschung. Das von ihr 1935 gegründete Archiv für experimentelle Zellforschung war das führende Fachblatt auf diesem Gebiet.

Erdmännchen, Scharrtier, Surikate, Suricata suricatta, in Trockengebieten des südl. Afrika verbreitete Art der Mangusten (Körperlänge bis 35 cm, Schwanzlänge bis 25 cm) mit bräunl. Fell mit schwarzen Querstreifen am Rücken, zugespitzter Schnauze und (v. a. an den Vorderfüßen) langen, starken Krallen zum Graben der Erdbaue. E. sind tagaktiv und leben gesellig und in ständigem Stimmkontakt; bei Gefahr richten sie sich sichernd auf (»Männchen machen«; daher der Name).

🔊 **Erdmännchen:** Kurz- und Abwehrlaute eines weiblichen Erdmännchens 7818

Erdmannsdorff, Friedrich Wilhelm von, Baumeister, * Dresden 18. 5. 1736, † Dessau 9. 3. 1800; bedeutender Vertreter des dt. Frühklassizismus, Lehrer von F. GILLY; beeinflusst in der Architektur in der Nachfolge A. PALLADIOS. Seine Hauptwerke sind Schloss und Park Wörlitz bei Dessau (1769–73); weitere Bauten errichtete er in Dessau und Umgebung. E. war ferner an der Innenausstattung von Schloss Sanssouci (1787–89) und des Berliner Schlosses beteiligt.

Erdmannsdörffer,
 1) **Bernhard,** Historiker, * Altenburg 24. 1. 1833, † Heidelberg 1. 3. 1901, Vater von 2); wurde 1871 Prof. in Greifswald, 1873 in Breslau und 1874 in Heidelberg. Der verstehenden Geschichtsbetrachtung L. VON RANKES folgend versuchte er, in seinen Werken die Positionen J. G. DROYSENS und H. VON TREITSCHKES zu überwinden.
 Werke: Dt. Gesch. vom Westfäl. Frieden bis zum Regierungsantritt Friedrichs d. Gr., 2 Bde. (1892–93; Neuausg. 1932, Nachdr. 1974); Mirabeau (1900).
 2) **Otto** Heinrich, Mineraloge und Petrograf, * Heidelberg 11. 3. 1876, † ebd. 18. 4. 1955, Sohn von 1); ab 1912 Prof. in Hannover, ab 1926 in Heidelberg. E. befasste sich v. a. mit der Entstehung von Graniten und Dioriten (unter Mitwirkung der Anatexis), bes. im Harz, Schwarzwald und Odenwald.
 Werk: Grundl. der Petrographie (1924).

Erdmannshöhle, Haseler Höhle, Tropfsteinhöhle im Dolomitkalk des Dinkelbergs, Bad.-Württ., bei Hasel (Landkreis Lörrach), Länge aller Gänge rd. 1700 m, davon 500 m begehbar.

Erdmaus, Art der →Feldmäuse.

Erdmetalle, von der Bez. →Erden abgeleitete ältere Sammel-Bez. für die Metalle Aluminium, Scandium, Yttrium und Lanthan sowie die Lanthanoide. Obwohl diese Elemente verschiedenen Gruppen des Periodensystems angehören, haben die dreiwertigen Kationen, M^{3+}, dieselbe →Elektronenkonfiguration in der äußeren Elektronenschale (s^2p^6) und bilden schwerflüchtige, »erdige« Oxide. Die E. außer Aluminium werden heute als →Seltenerdmetalle bezeichnet.

Erdmittelalter, das →Mesozoikum.

Erdnähe, Astronomie: das Perigäum (→Apsiden).

Erdnaht, Geologie: das →Lineament.

Erdnatter, Elaphe obsoleta, nordamerikan., hell und schwarz geringelte Kletternatter; wird bis 2,5 m lang.

Erdneuzeit, das →Känozoikum.

Erdnuss, Arachis hypogaea, in Südamerika beheimateter 30–80 cm hoher Schmetterlingsblütler; heute in den Tropen und Subtropen weltweit kultiviert. Die

Friedrich Wilhelm von Erdmannsdorff: Schloss Wörlitz (1769–73)

E. ist ein einjähriges, gelb blühendes Kraut mit paarig gefiederten Blättern an niederliegenden Sprossachsen. Nach dem Abblühen wird ein sich verlängernder, abwärts krümmender Fruchtträger (Karpophor) gebildet, der die sich nicht öffnende Hülsenfrucht (**Erdnuss**) ins Erdreich drückt, wo die Samen (**E.-Kerne,** i. d. R. zwei pro Hülsenfrucht) reifen (ein Fall von →Geokarpie). Die Vitamin-B- und Vitamin-E-reichen Samen enthalten etwa 50 % Öl, 25 % Eiweiß und 3–8 % Kohlenhydrate. – Die E.-Kerne werden geröstet, gesalzen oder gezuckert gegessen. Durch Pressen wird ein Speiseöl (**E.-Öl**) gewonnen, der Pressrückstand (**E.-Ölkuchen,** E.-Presskuchen) ist ein hochwertiges Viehfutter. Außerdem werden E. zu Mehl (**E.-Mehl**) und zu **E.-Mark** (→Erdnussbutter) verarbeitet. – Die Ernte der E. erfolgt durch Heraushacken oder -pflügen und Trocknen von Kraut samt Früchten, dann Abpflücken oder Abdreschen der Früchte. Das Kraut wird als Viehfutter (**E.-Heu**) verwendet. – Weltproduktion 2003: 37,05 Mio. t. Hauptanbauländer sind China (15,27 Mio. t), Indien (7,5 Mio. t), Nigeria (2,6 Mio. t), die USA (1,87 Mio. t), Senegal (0,9 Mio. t) und Indonesien (0,8 Mio. t).

Erdnussbutter, gemeinsprachl. Bez. für **Erdnussmark,** eine aus gemahlenen Erdnusskernen gewonnene, streichfähige Masse von hohem Fett- und Eiweißgehalt (Brotaufstrich, Gebäckfüllmasse).

Erdő, Péter, ungar. kath. Theologe, * Budapest 25. 6. 1952; studierte in Rom (Gregoriana); erhielt 1975 die Priesterweihe, lehrte ab 1986 Kirchenrecht an der Gregoriana und wurde 1997 Dekan der theolog. Fakultät (seit 1999 kath. Univ.) Budapest. Nach seiner Bischofsweihe (1999) war E. Weihbischof in Székesfehérvár; seit Dezember 2002 ist er Erzbischof von Esztergom-Budapest und Primas der kath. Kirche in Ungarn, seit Oktober 2003 Kardinal.
 Werk: Az egyházjog forrásai (1998; dt. Die Quellen des Kirchenrechts. Eine geschichtl. Einf.).

Erdofen, mit Blättern, Strauchwerk und Erde überdeckte Grube, in der mithilfe heißer Steine, heißer Asche oder Feuer auf der Deckschicht Nahrung gegart wird (bes. in Ozeanien, Australien und im NW von Nordamerika).

Erdoğan [ˈɛrdɔːan], Recep Tayyip, türk. Politiker, * Istanbul 28. 2. 1954; studierte Betriebswirtschaftslehre, Islamist; zunächst Mitgl. der Nat. Heilspartei (Verbot

Erdnuss: blühende und fruchtende Pflanze

Erdo Erdöl

1980), 1983 der Wohlfahrtspartei (nach Verurteilung Austritt im Oktober 1998), wurde 1994 Bürgermeister von Istanbul. Wegen »Volksverhetzung« (nach Artikel 312 des Anti-Terrorgesetzes: Aufstachelung zum Hass aufgrund von Religion oder Volksgruppe) im September 1998 mit lebenslangem Politikverbot belegt und März bis Juli 1999 inhaftiert, wurde er im August 2001 Gründer und Vors. der Partei für Gerechtigkeit und Entwicklung (AKP; Wahlsieg am 3. 11. 2002). Zu den Wahlen 2002 war er noch nicht zugelassen, doch ermöglichte eine Verfassungsänderung (Artikel 67 und 76; 27. 12. 2002, trotz Vetos von Staatspräsident A. N. Sezer) die Aufhebung des Politikverbots und seine Kandidatur für die Nachwahl zum Parlament; nach Erringung des Mandats am 9. 3. 2003 konnte E. von seinem Stellvertreter Abdallah Gül das höchste Regierungsamt übernehmen (Wahl zum Ministerpräsidenten am 11. 3. 2003).

Erdöl, engl. **Petroleum** [pəˈtrəʊlɪəm].
- Entstehung und Lagerstätten
- Gewinnung
- Transport und Verarbeitung
- Wirtschaft
- Reserven und Ressourcen
- Erdöl und Politik
- Geschichtliches

E. ist ein flüssiges, natürlich vorkommendes Gemisch aus Kohlenwasserstoffen und Kohlenwasserstoffderivaten, das unter dem Eigendruck der Lagerstätte oder mit mechan. Hilfen gefördert werden kann. E. hat eine Doppelfunktion: Es ist weltweit der wichtigste Primärenergieträger (→ Energiewirtschaft) und zugleich der Rohstoff für die → Petrochemie. **Rohöl** (engl. crude oil) ist dünn- bis zähflüssig, strohfarbig bis schwarzbraun gefärbt und hat meist eine Dichte zw. 0,78 und 1,0 g/cm³. Man spricht von **Schwerölen** (engl. heavy oil) bei Dichten zw. 0,93 und 1,0 g/cm³ und von **Schwerstölen** (engl. extra heavy oil) bei Dichten über 1,0 g/cm³. Je höher die Dichte ist, umso niedriger ist i. d. R. der Anteil an leichtflüchtigen Benzinkomponenten. Die genauere Zusammensetzung ergibt sich aus dem Siedeverlauf. International gebräuchlich ist auch die Angabe der Dichte in → API-Graden. Eine wichtige Größe zur Beurteilung des Kälteverhaltens von E. ist der → Pourpoint.

Zusammensetzung E. ist je nach Herkunft unterschiedlich zusammengesetzt. Es enthält flüssige, aber auch gelöste gasförmige und feste Kohlenwasserstoffe, darunter v. a. Alkane, Cycloalkane und Aromaten, aber kaum Alkene. Darüber hinaus enthält E. 0,1–7 % Schwefel in Form von Thiolen, Thioethern und heterozykl. Verbindungen, ferner Stickstoffverbindungen, Naphthensäuren sowie kompliziert aufgebaute kolloide Stoffe (→ Asphaltene, → Erdölharze), in denen Spuren von Nickel, Vanadium u. a. Metallen gebunden sein können. Anhand seiner Zusammensetzung kann man zweifelsfrei die Herkunft des E. bestimmen.

Je nachdem, ob E. überwiegend aus Alkanen (Paraffinen) oder Cycloalkanen (Naphthenen) aufgebaut ist, unterscheidet man paraffinbas. und naphthenbas. Erdöl. Des Weiteren spricht man von asphalt. E., wenn dieses über 60 % Asphaltene enthält. Paraffinbas. E. haben i. d. R. einen niedrigeren Schwefelgehalt und liefern Dieselkraftstoffe mit besserer Zündwilligkeit und Schmieröle mit höherem Viskositätsindex. Naphtenbas. E. haben ein besseres Kälteverhalten und liefern Ottokraftstoffe mit höherer Klopffestigkeit.

ENTSTEHUNG UND LAGERSTÄTTEN

Die ältesten E.-Lagerstätten stammen aus dem → Präkambrium. Der Ursprung des E. ist noch nicht restlos geklärt. Wegen der chem. Zusammensetzung gilt jedoch als ziemlich sicher, dass es von organ. Stoffen stammt, die im Meer (Salz- oder Brackwasser) gebildet wurden. Früher glaubte man, dass nur in Randmeeren mit behinderter Bodenwasserzirkulation, also dort, wo Faulschlamm entsteht (d. h. unter anaeroben Verhältnissen), die Voraussetzungen für die Bildung von E. gegeben sind. Hier ist das Wasser am Meeresboden so arm an (oder sogar frei von) Sauerstoff und so reich an Schwefelwasserstoff, dass die abgestorbenen, zum Boden abgesunkenen Lebewesen nicht oder kaum verwesen. Spätere Untersuchungen zeigten, dass solche anaeroben Verhältnisse auch in gut durchlüftetem Wasser bei starker, rascher Sedimentation am Meeresboden herrschen können. Man findet derartige Bedingungen bereits wenige Millimeter bis Zentimeter unter der Oberfläche feinklastischer Sedimente, v. a. im Bereich des Kontinentalschelfs, aus dem auch die weitaus meisten Sedimentgesteine stammen. Hier sind auch bes. viele Lebewesen vorhanden; dabei handelt es sich überwiegend um Plankton, v. a. um Einzeller, aber auch um Hohltiere und Krebse.

Mit dem Absinken des Planktons in den lebensfeindl. Faulschlamm beginnt die Jahrmillionen dauernde E.-Entstehung (**Metamorphose**). Die Kohlenhydrate, Proteine und Fette der Lebewesen werden unter Einwirkung von anaeroben Bakterien zersetzt und reduziert. Die Bakterien bauen zunächst die Biomoleküle ab (**Diagenese**), die sich daraufhin neu zusammenfügen und riesige Makromoleküle bilden. Dieser modifizierte Bioabfall heißt → Kerogen (auch im → Ölschiefer enthalten) und bildet eine Vorstufe des Erdöls. Er sinkt tiefer und tiefer, wobei die Temperatur um etwa 33 °C steigt. Dabei spalten sich Moleküllteile ab, v. a. »trockenes« → Erdgas (bes. Methan), Wasser und Kohlendioxid. Bei höheren Temperaturen (50–80 °C) und stärkerem Druck

Erdöl: Muttergesteinsbildung; mit dem Absinken des Planktons beginnt die Jahrmillionen dauernde Metamorphose.

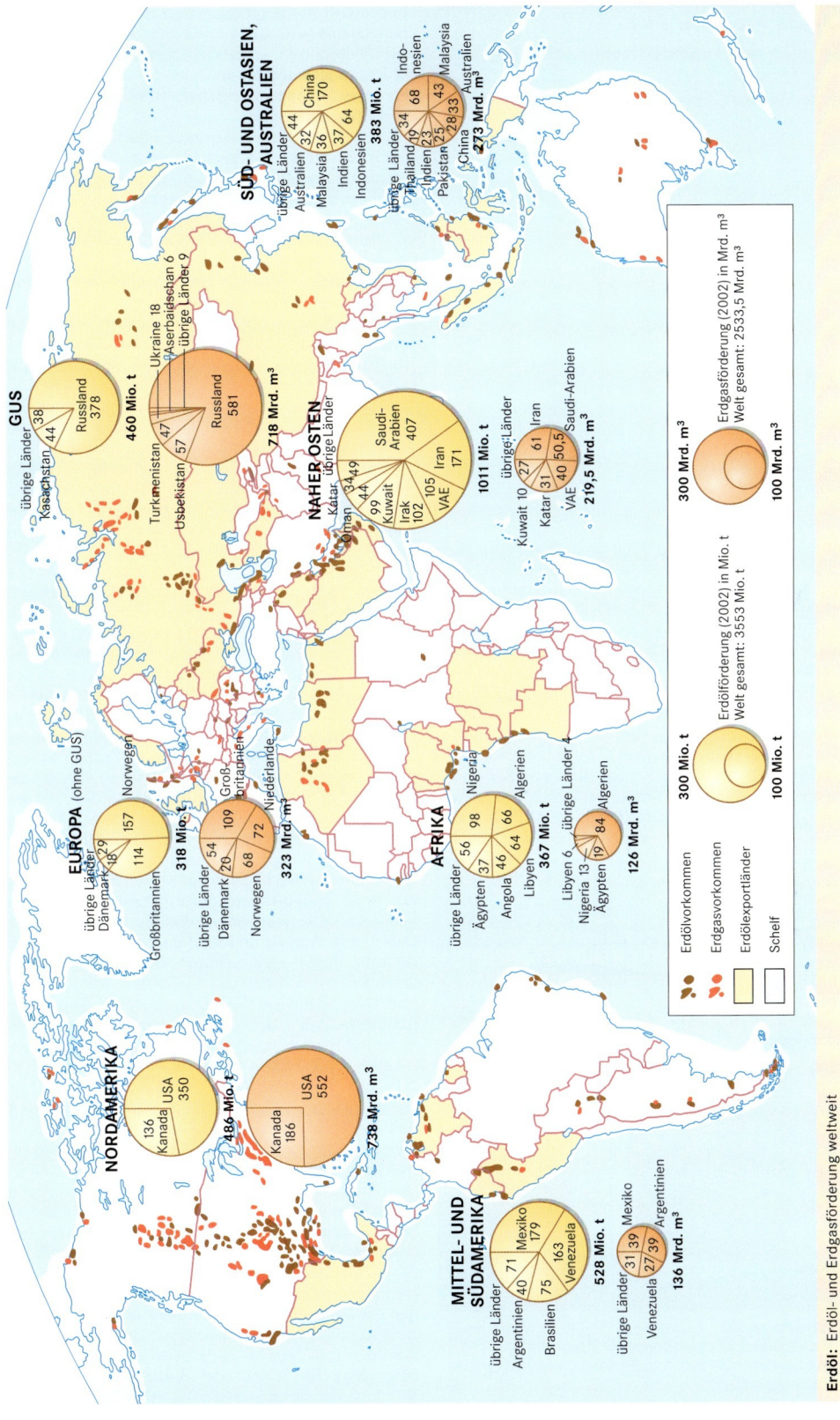

Erdöl: Erdöl- und Erdgasförderung weltweit

Erdo Erdöl

Erdölförderung der wichtigsten Förderländer (in Mio. t)

Staat	1980	1990	2000	2003
Saudi-Arabien[1]	496,4	321,9	450,6	407,2
Russland	603,0[2]	548,8[2]	323,3	378,2
USA	482,2	414,5	352,6	350,1
Mexiko	106,8	147,7	171,2	179,2
Iran[1]	76,6	157,1	187,5	170,7
China	106,0	137,6	162,6	170,0
Venezuela[1]	112,9	110,6	171,6	162,8
Norwegen	24,4	81,8	160,5	157,4
Kanada	83,0	92,2	126,9	136,2
Großbritannien	80,5	91,6	126,2	113,9
Vereinigte Arabische Emirate[1]	82,6	102,0	117,0	104,8
Irak[1]	130,0	100,7	127,3	101,7
Nigeria[1]	101,8	90,7	104,0	97,6
Kuwait[1]	81,4	58,7	103,3	95,5
Indonesien[1]	78,5	70,1	71,5	64,0
Libyen[1]	85,9	66,0	69,5	64,0
Welt (insgesamt)	3059,1	3158,1	3601,3	3552,4

1) OPEC-Länder. – 2) UdSSR, einschließlich flüssigen Erdgases.

steinsfalten wie in natürl. Fallen. Werden diese **Speichergesteine** (v. a. Sande und Sandsteine sowie Kalke und Dolomite) wiederum von undurchlässigen Schichten abgedeckt, kann sich das E. in so genannten **Fangstrukturen** zu wirtschaftlich nutzbaren Lagerstätten anreichern.

Vielfach wird dabei das unter Druck stehende Gemisch entsprechend seiner Dichte in Wasser, E. und Erdgas aufgespalten; das Erdgas kann unter bestimmten Umständen auch allein weiterwandern, wodurch reine Erdgasvorkommen entstehen können. Tritt E. auf natürl. Weg an die Erdoberfläche, bilden sich durch die Oxidation des E. →Asphalt oder →Erdwachs, durch Erdgasaustritt entstehen →Schlammvulkane.

E.-Lagerstätten (**E.-Fallen**) unterteilt man in strukturell-tektonisch bedingte Fallen (Antiklinalen, Beulen, Verwerfungen, Salzstöcke) und die sedimentär bedingten litholog. und stratigraf. Fallen (z. B. in Riffen oder an Diskordanzflächen). E.-Lagerstätten können überall sein, denn die Landschaft hat sich im Verlauf der Erdgeschichte völlig verändert. Wo früher Meere waren, kann sich jetzt ein Gebirge erheben oder eine Sandwüste ausbreiten. Der Anteil des aus untermeer. (offshore) Lagerstätten (Schelfbereich) gewonnenen E. an der gesamten Weltförderung hat (2005) fast 34 % erreicht (1960: 10 %).

GEWINNUNG

Bei der Suche nach E.-Lagerstätten (**E.-Exploration**) werden geolog. und geophysikal. Methoden (→Aufschlussverfahren) angewandt. Um die Gebiete einzugrenzen, in denen nach Lagerstätten gebohrt wird, finden zunächst seism. Untersuchungen statt. In den 1980er-Jahren ist dafür die **3-D-Seismik** entwickelt worden, mit der man den Aufbau des Untergrundes bis in Tiefen von 5000 bis 6000 m in dreidimensionaler Genauigkeit erkunden kann. Das Prinzip beruht darauf, dass Schallwellen an den versch. Gesteinsschichten unterschiedlich reflektiert werden. Die nötigen Schallwellen erzeugt man, indem z. B. in flachen Bohrlöchern kleine Sprengungen durchgeführt oder entlang von Wegen Vibratoren angebracht werden. Die an die Oberfläche zurückgeworfenen Schallwellen mit ihren gesteinsspezif. Informationen werden an hochempfindl. Geophonen registriert, in elektr. Impulse umgewandelt und in einer zentralen Messeinrichtung digital aufgezeichnet. Um ein 3-D-Bild zu erzeugen, werden mehrere Linien von Schallquellen und Geophonen netzförmig angeordnet. Die Messpunkte befinden sich i. d. R. in einem Abstand von 50 m und werden aus versch. Richtungen vielfach beschallt.

Proben von **Aufschlussbohrungen** werden auf die chem. Zusammensetzung, den paläontolog. Inhalt und die Gesteinszusammensetzung untersucht. Bohrungen zur Förderung des E. (**Produktionsbohrungen**) werden meist durch Drehbohren (→Bohren) abgeteuft. In das Bohrloch werden Rohre eingebracht und durch Zement mit der Bohrlochwand verbunden. Beim **Richtbohren** wird die Bohrung von einer bestimmten Tiefe an abgelenkt. Dadurch kann z. B. bei der Offshoretechnik von einer einzigen Plattform aus ein kreisförmiges Areal abgebohrt werden. Beim Öffnen der Lagerstätte durch die Bohrung treibt der Lagerstättendruck das E. aus dem Speichergestein in das Bohrloch und meist bis an die Erdoberfläche (**eruptive Förderung**). Im Verlauf der Förderung nimmt der Druck in der ölführenden Schicht ab, sodass das E.

(durchschnittl. Tiefe von 2000 bis 3500 m) entstehen mithilfe mineral. Katalysatoren (Tonminerale) die E.-Kohlenwasserstoffe und »nasse« Erdgase (reich an Ethan, Propan, Butan u. a.); schließlich wird nur noch Erdgas (Methan) abgespalten. Im ursprüngl. Sediment, dem **Muttergestein**, ist das E. in fein verteilten Tröpfchen vorhanden, aus dem es nicht gefördert werden könnte. Unter dem Druck nachfolgender Sedimente wird es aber zusammen mit dem Erdgas und Porenwasser ausgepresst. Es wandert durch poröse Gesteine (→Permeabilität), Klüfte und Spalten (**Migration**) und weicht nach oben und zur Seite aus. Wenn undurchlässige Gesteinsschichten den weiteren Weg versperren, sammelt sich das E. in den Ge-

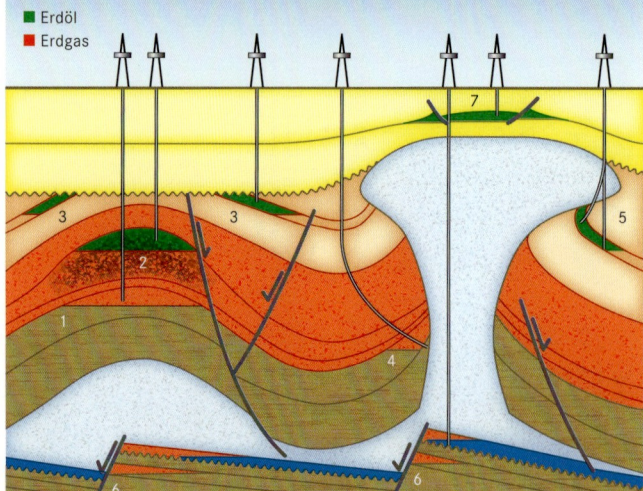

Erdöl: die wichtigsten Lagerstättentypen; **1** unter einer Aufwölbung (Antiklinale), **2** in einem Korallenriff, **3** unter übergreifenden Schichten (Diskordanz), **4** an einer Salzstockflanke, **5** unter einem Salzstocküberhang, **6** an einer gegensinnigen Abschiebung, **7** Scheitellagerstätte durch Pumpen (Gestängetiefpumpen mit dem als »Pferdekopf« bekannten Balancierantrieb oder Tauchkreiselpumpen) oder durch Eindüsen von Erdgas an die Oberfläche gefördert werden muss.

Primäre Gewinnungsmethoden nutzen den natürl. Lagerstättendruck, der v. a. durch Gase erzeugt wird, die sich aus dem E. lösen und sich ausdehnen. Der Ausbeutegrad der Lagerstätte (**Entölungsgrad**; engl. recovery factor) liegt in diesem Fall zw. 10 und 20 %, unter günstigen Bedingungen auch höher.

Bei sekundären Gewinnungsmethoden wird der Lagerstättendruck durch Injektion von Wasser (**Wasserfluten**) oder Erdgas (**Gaslift**) aufrechterhalten und damit der Entölungsgrad auf etwa 30 bis 40 % erhöht. Zunehmend wurden auch tertiäre Gewinnungsmethoden zur weiteren Verbesserung des Entölungsgrades erprobt und angewandt. Die größte Bedeutung hat das **Dampffluten** erlangt, wobei bis zu 340 °C heißer Dampf unter einem Druck von 150 bar in die Lagerstätte injiziert wird. Druckerhöhung und die durch Erwärmung erreichte bessere Fließfähigkeit erhöhen die Mobilität des Erdöls. Beim **Polymerfluten** wird das Flutwasser durch Zugabe von Polyelektrolyten oder Xanthan zähflüssiger (höher viskos) und damit sein vorzeitiges Durchbrechen zur Produktionsbohrung verhindert. Andere Verfahren (z. B. Kohlendioxidfluten, Stickstofffluten, Tensidfluten) haben geringere Bedeutung.

TRANSPORT UND VERARBEITUNG

Das geförderte E. wird in Separatoren auf dem E.-Feld von niedrigsiedenden Kohlenwasserstoffen (**E.-Gas**) befreit, außerdem von Wasser (eventuell nach Zusatz von Demulgatoren) sowie gegebenenfalls von mitgefördertem Sand. Über See, zw. den großen Kontinenten (Naher Osten nach Europa, Asien und Amerika; Afrika nach Europa und Amerika; Lateinamerika nach N-Amerika) wird E. mit Tankern bzw. kombiniert in Rohrleitungen (→Pipelines) transportiert. Auf den Kontinenten, d. h. über Land, werden Pipelines benutzt, aber auch Tankwaggons der Eisenbahn. Der Tankertransport überwiegt und hat etwa einen Anteil von 75 bis 80 % erreicht. Wichtige europ. Fernleitungen sind die Transalpine Ölleitung (TAL) von Triest über Ingolstadt nach Karlsruhe, die Rotterdam-Rhein-Pipeline (RRP) von Rotterdam nach Wesseling, die Druschba-Ölleitung (→Freundschaft) aus Russland über Weißrussland und Polen nach Schwedt/Oder, die Nord-West-Ölleitung (NWO) von Wilhelmshaven nach Wesseling, die Mitteleurop. Rohölleitung (MERO) von Ingolstadt über Kralupy nad Vltavou nach Litvínov, die Norddt. Ölleitung (NDO) von Wilhelmshaven nach Hamburg und die Südeurop. Ölleitung von Lavéra über Fos nach Karlsruhe.

Nach der Einlagerung in Tanks wird E. in Raffinerien zu verkäufl. Produkten verarbeitet, die bestimmten Spezifikationen genügen müssen, d. h. physikal. (z. B. Siedeverlauf, Pourpoint) und chem. (z. B. Schwefelgehalt) Anforderungen. I. d. R. werden dabei keine chem. Einzelsubstanzen isoliert.

Der erste Schritt der E.-Verarbeitung ist die atmosphär. →Destillation (Destillation bei Normaldruck), mit der das E. in Fraktionen unterschiedl. Siedebereiche zerlegt wird. Die wichtigsten Fraktionen sind →Raffineriegas, →Flüssiggas, →Benzin sowie →Kerosin und →Gasöl. Die letzten beiden werden als →Mitteldestillate bezeichnet. Da sich Kohlenwasserstoffe bei Temperaturen oberhalb von etwa 350 bis 400 °C

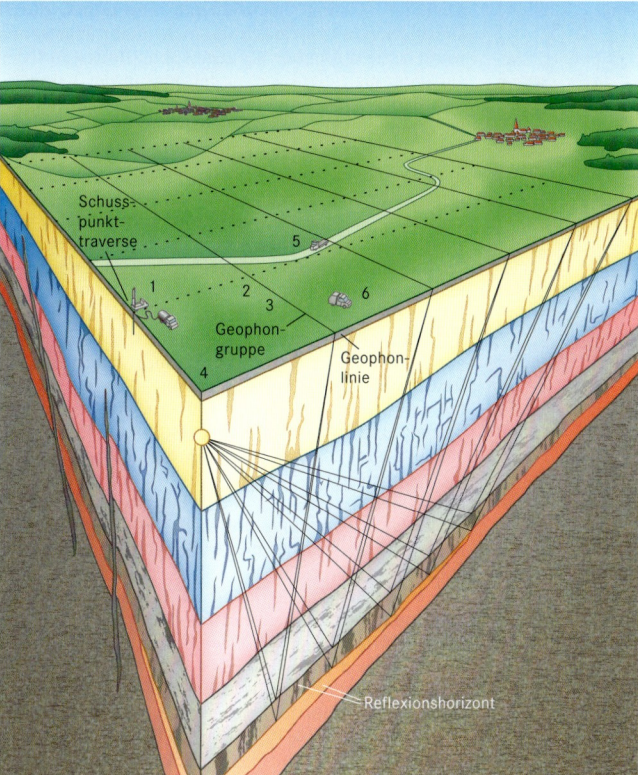

Erdöl: Suche nach Lagerstätten mittels 3-D-Seismik (1 Bohrgerät, 2 und 3 Geophongruppe/-linie, 4 Schussquelle, 5 Versorgungsfahrzeug, 6 Messfahrzeug); durch Messen von Schallwellen erhält man Karten des Untergrunds, in denen die Gesteinsschichten in ihrem Verlauf räumlich sichtbar werden. Dafür notwendig sind eine Schallquelle, empfindliche Geophone und eine leistungsfähige Software zur Auswertung der Daten.

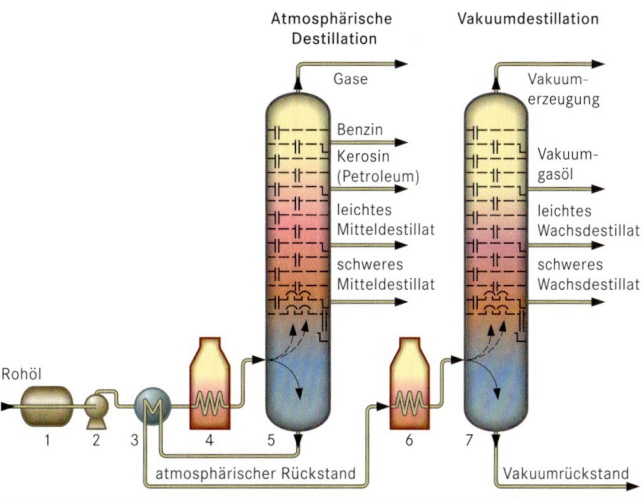

Erdöl: Bei der Destillation (atmosphärische und Vakuumdestillation) werden die einzelnen Fraktionen zu unterschiedlichen Produkten weiterverarbeitet; 1 Entsalzer, 2 Rohölpumpe, 3 Wärmetauscher, 4 Röhrenofen, 5 Fraktionierturm, 6 Röhrenofen, 7 Fraktionierturm.

Erdöl

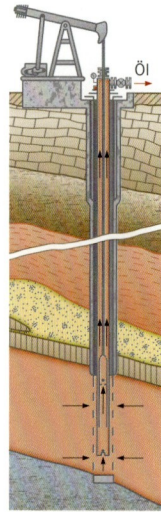

zersetzen, können hochsiedende Fraktionen durch Destillation bei Normaldruck nicht mehr abgetrennt werden. Sie verbleiben als atmosphär. Rückstand, der entweder als Heizöl verwendet oder in der Vakuumdestillation in weitere Fraktionen zerlegt wird. Schwefelverbindungen können als Katalysatorgifte wirken oder bei der Verbrennung in umweltbelastendes Schwefeldioxid umgewandelt werden. E.-Fraktionen werden deshalb durch →Hydrotreating oder →Süßverfahren entschwefelt. Destillatbenzin hat wegen seiner niedrigen →Oktanzahl schlechtere Eigenschaften als Ottokraftstoff. Seine Klopffestigkeit wird deshalb durch →Reformieren verbessert.

Die E.-Verarbeitung ist eine Kuppelproduktion, d. h., neben begehrtem Benzin fallen stets auch weniger begehrte Destillationsrückstände und Vakuumdestillate an. Durch so genannte **Konversionsverfahren** (→Cracken, →Hydrocracken) können diese in Benzin und Mitteldestillate umgewandelt werden, wobei katalyt. Crackanlagen und Visbreaker die größte Bedeutung haben. – Die wichtigsten E.-Produkte sind →Heizöle, →Ottokraftstoffe, →Dieselkraftstoff, →Turbinenkraftstoffe und →Bitumen. Benzin ist auch ein wichtiger Rohstoff für die chem. Industrie (→Petrochemie). Die →Schmieröle werden aus Vakuumdestillaten in bes. ausgerüsteten Schmierölraffinerien gewonnen.

WIRTSCHAFT

Verbrauch und Förderung Mit dem Aufkommen des Automobils und seiner massenhaften Verbreitung und dem Wachsen der petrochem. Industrie nahm die Bedeutung des E. seit Beginn des 20. Jh. dramatisch zu. Neben den traditionell wichtigen Produzenten USA und Russland zählen zu den bedeutenden Förderländern: ab 1900 Indonesien und Mexiko, nach 1914 Irak, Iran, Venezuela und nach dem Zweiten Weltkrieg Saudi-Arabien, Kuwait, Kanada, Katar (1950), Algerien (1952), Nigeria (1958), Oman (1963), China (1960er-Jahre), Norwegen und Großbritannien (1970er-Jahre). Der Anteil der Organisation E. exportierender Staaten (OPEC) an der Weltförderung stieg von 38 % (1960) auf rd. 54 % (1973) an, fiel dann auf rd. 30 % (1985). Nach Rückgewinnung von Marktanteilen stagniert er seit 1993 bei rund. 40 %. Langfristig sind ihre Aussichten günstiger, denn etwa drei Viertel der sicher gewinnbaren E.-Reserven der Welt entfallen auf die OPEC-Mitgliedsländer. 2003 wurden in der Welt rd. 3550 Mio. t E. gefördert. Größten Anteil an der Weltförderung hatten (2003) Saudi-Arabien, Russland, USA, Iran, China, Mexiko, Norwegen, Kanada, die Vereinigten Arabischen Emirate, Kuwait und Nigeria. Der Anteil aus Offshorefeldern lag mit rd. 1 180 Mio. t bei gut 33 %. Ergiebigstes Offshorefördergebiet war die Nordsee mit rd. 274 Mio. t.

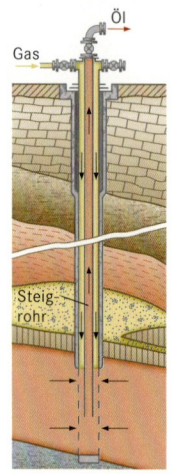

Parallel zur Förderung ist seit 1945 auch der E.-Verbrauch auf der Erde mit einigen kleineren Unterbrechungen gestiegen. Bis zur ersten Ölpreiskrise 1973/74 wuchs der Ölverbrauch sehr stark. Infolge der gestiegenen Preise ging der Verbrauch bis 1976 leicht zurück, um bis 1979 erneut anzusteigen. Im Gefolge der zweiten Ölpreiskrise 1979 ging der Verbrauch erneut zurück, um seit 1984 moderat zu steigen. Im Jahr 2003 lag der Mineralölverbrauch weltweit bei rd. 3 620

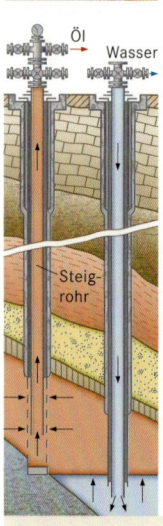

Erdöl: schematische Darstellung unterschiedlicher Fördermethoden; *oben* Förderung durch Gestängepumpe, *Mitte* Gasliftförderung, *unten* Förderung durch Wasserfluten

Mio. t. E. deckte damit zu rd. 37 % den weltweiten Primärenergiebedarf und war damit wichtigster Primärenergieträger. Das kontinuierl. Wachstum der Nachfrage ist auf die Doppelfunktion des E. als Energieträger und als Rohstoff sowie auf seinen lange Zeit niedrigen und stabilen Preis zurückzuführen.

Handel E.-Produkte werden bes. in den Industrieländern der westl. Hemisphäre, in zunehmendem Umfang auch von Entwicklungs- und Schwellenländern verbraucht. Die meisten Verbraucherländer sind auf die Einfuhr von E. (oder E.-Produkten) angewiesen; infolgedessen ist E. eines der wichtigsten Welthandelsgüter; rd. 60–70 % des Exports werden dabei von den OPEC-Ländern bestritten. Daneben sind auch die GUS-Staaten ein bedeutender E.-Exporteur. Im Jahr 2003 wurden mit rd. 2 040 Mio. t etwa 55 % der Gesamtförderung grenzüberschreitend gehandelt. Die wichtigsten exportierenden Länder waren 2003 (jeweils in Mio. t) Saudi-Arabien (326,1), Russland (223,5), Norwegen (134,7), Iran (119,7) und Nigeria (115,2). Wichtigste Importeure waren die USA (544,8), Japan (209,6), Republik Korea (108,9), Dtl. (106,4) und China (91,5).

Über Jahrzehnte hinweg ist fast ausschließlich Rohöl exportiert worden, aber die OPEC-Länder haben inzwischen durch den Bau eigener Anlagen die Raffineriekapazitäten im Nahen Osten vermehrt. Bei den einzelnen E.-Produkten entwickelte sich der weltweite Absatz sehr unterschiedlich. Die v. a. im Verkehrssektor verwendeten Vergaser- und Dieselkraftstoffe werden vermehrt nachgefragt, das auf dem Wärmemarkt bedeutsame Heizöl ist dagegen stark vom Erdgas verdrängt worden.

Preis Für E. besteht ein weltweiter Spotmarkt, d. h., Rohöl wird weltweit zu einem fast einheitl. Preis gehandelt. Geringfügige Preisdifferenzen ergeben sich in erster Linie in Abhängigkeit von der Qualität des E. und z. T. von den Transportentfernungen.

Deutl. Preissprünge standen in Verbindung mit den beiden großen Ölpreiskrisen (1973/74 und 1979). Ab 1985 fiel der Ölpreis auf ein Niveau von unter 20 $/Barrel und blieb bis 1997 ohne gravierende Schwankungen. 1998 kam es infolge der Finanzkrise in Asien zu einem deutlich reduzierten Verbrauchs sowie mangelnder Quotendisziplin der OPEC-Länder zu einem starken Ölpreisverfall bis auf unter 10 $/Barrel im Dezember 1998 und Februar 1999. Durch Intervention der OPEC stieg der Preis wieder auf ein Niveau von 20 bis 30 $/Barrel an. Ab Anfang 2004 zogen die Preise deutlich an und erreichten Spitzenwerte von über 50 $/Barrel. Etliche Fachleute werten diesen Ölpreisanstieg als Anzeichen einer nahenden Verknappung der Reserven (»Peak Oil«-Diskussion), andere machen eine Kombination sehr unterschiedl. Faktoren dafür verantwortlich.

Der E.-Preis besitzt eine Leitfunktion für Energiepreise. Das hängt mit der führenden Rolle des E. zur Deckung des Primärenergieverbrauchs zusammen. Auch der Erdgaspreis ist gegenwärtig (2005) an den E.-Preis gekoppelt, wenn auch mit einer zeitlichen Verzögerung.

RESERVEN UND RESSOURCEN

Die Bundesanstalt für Geowissenschaften und Rohstoffe (BGR) schätzt das Gesamtpotenzial an konventionellem E. zu Ende 2003 auf rd. 377 Mrd. t. Neben dem Teil, der bislang über die Jahre hinweg gefördert wurde (**kumulierte Förderung**), zählen zum Gesamtpotenzial die Reserven und Ressourcen. **Reserven** sind

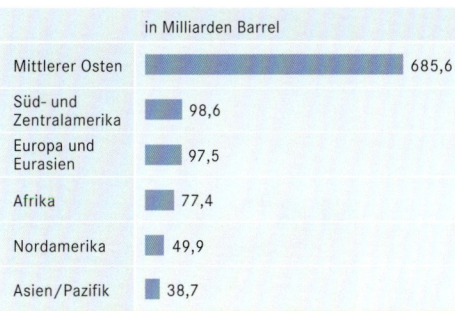

Erdöl: die konventionellen Erdölreserven, aufgeteilt nach Regionen; 1 Barrel · 0,14 = rd. 1 Tonne (Quelle: BP)

diejenigen Ölmengen, die aus heutiger Sicht wirtschaftlich und technisch abgebaut werden können. Als **Ressourcen** bezeichnet man Vorkommen, die gegenwärtig nicht wirtschaftlich oder technisch gefördert werden können. Darüber hinaus existiert neben dem konventionellen E. ein bedeutendes Potenzial an nichtkonventionellem E. (Ölsande, Schwerstöl und untergeordnet Ölschiefer). Die Reserven an derartigem nichtkonventionellem E. erreichen etwa 41 % der Reserven an konventionellem E. Die Ressourcen an nichtkonventionellem E. übersteigen die konventionellen Ressourcen um das Dreifache. Allerdings entfällt der Großteil dieser Ressourcen (ca. 80 %) auf solche Ölschiefer, deren wirtschaftl. Nutzung auf absehbare Zeit wegen der vergleichsweise hohen Kosten und anstehender Umweltprobleme nicht möglich erscheint. Deshalb werden hier wahrscheinlich nur einige Pilotprojekte realisiert. Anders sieht es bei Ölsanden und Schwerstölen aus, zu deren Erschließung in den letzten Jahren zahlr. Projekte in Kanada und Venezuela ohne Rücksicht auf Umweltbedenken in Angriff genommen wurden. Die Produktionskosten sind bereits in die Nähe der Kosten für konventionelles E. gerückt. In absehbarer Zeit werden diese Projekte aber nur einen Bruchteil der Förderkapazität von konventionellem E. erreichen, regional könnten sie allerdings von Bedeutung sein.

Das Gesamtpotenzial an konventionellem E. ist – untergliedert in kumulierte Förderung, Reserven und Ressourcen – regional sehr ungleichmäßig verteilt. Der Nahe Osten verfügt über das größte Gesamtpotenzial, gefolgt von N-Amerika und der GUS. Dabei ist zu beachten, dass in N-Amerika bereits fast zwei Drittel des erwarteten Gesamtpotenzials gefördert sind, während in der GUS dieser Anteil bei etwa einem Drittel und im Nahen Osten nur bei einem knappen Viertel liegt. Bezogen auf die wirtschaftspolit. Gruppierungen verfügt die OPEC mit rd. 193 Mrd. t über die Hälfte des Gesamtpotenzials, wobei davon erst ein Viertel des E. gefördert wurde. Die OECD verfügt nur über ein Gesamtpotenzial von 74 Mrd. t, von denen bereits fast 60 % gefördert sind.

Die **konventionellen Welterdölreserven** betrugen Ende 2003 rd. 160 Mrd. t. Nicht berücksichtigt sind die Ölsandreserven Kanadas, die mit rd. 24 Mrd. t angegeben werden, aber nur in einem wesentlich geringeren Tempo gewonnen werden können als die konventionellen E. Die konventionellen Reserven sind sehr ungleich verteilt. Innerhalb einer »strategischen Ellipse« (→ Erdgas), die sich vom Nahen Osten bis nach W-Sibirien erstreckt, lagern rd. 70 % der bekannten Welterdölreserven. Verteilt nach Ländern entfallen die größten Reserven (in Mio. t) auf Saudi-Arabien (35 600), Iran (17 700), Irak (15 600), Kuwait (13 500), die Vereinigten Arabischen Emirate (13 300) sowie Venezuela (10 600). Regional betrachtet verfügen die Länder des Nahen Ostens über rd. 62 % der Weltreserven, Amerika über knapp 14 % und die GUS über knapp 10 %. Nach wirtschaftspolit. Gruppen ist die Verteilung noch ungleichmäßiger. Die OPEC verfügt über fast 73 % der Reserven (davon 61 % in der Golf-Region), die OECD nur über knapp 8 %, während auf die sonstigen Länder gut 17 % entfallen.

Dtl. verfügte zu Ende 2003 mit 54 Mio. t nur über geringe E.-Reserven. Die Förderung betrug 3,8 Mio. t und deckte lediglich 3 % des dt. Ölbedarfs. Das meiste Öl zur Deckung des dt. Ölverbrauchs von 115,1 Mio. t wurde importiert. Wichtigste Bezugsregionen waren die Nordsee und die GUS.

Prognosen Die Angaben zu den Welterdölreserven schwanken je nach Quelle stark. Die meisten Werte liegen laut Fachmagazinen zw. 144 Mrd. t (World Oil) und 172 Mrd. t (Oil & Gas Journal). Der große Unterschied ist dadurch bedingt, dass die höheren Einschätzungen Ölsande einbeziehen. Einen extrem niedrigen Wert gibt der engl. Erdölexperte COLIN CAMPBELL (*1931) an: 109 Mrd. t. Hauptursache ist seine enge Auslegung des Begriffs »konventionelles Erdöl«. Zur Einschätzung, wie sich die zukünftige E.-Förderung und der E.-Verbrauch entwickeln werden, gibt es konträre Positionen. Die Pessimisten (CAMPBELL) sehen den Höhepunkt der E.-Förderung bereits erreicht bzw. unmittelbar bevorstehen, die Optimisten wie der engl. Wirtschaftswissenschaftler PETER ODELL (*1930) sehen keine Verknappung in den nächsten Jahrzehnten. Aus geolog. Sicht reicht das verbleibende Potenzial an konventionellem E. aus, um bei einem moderaten Anstieg des E.-Verbrauchs die uneingeschränkte Versorgung mit E. über einen Zeitraum von 10 bis 20 Jahren zu gewährleisten. Nach diesem Zeitraum ist infolge des zu erwartenden Rückgangs der E.-Förderung (nach Überschreiten des »depletion mid-points«) mit einer Deckungslücke bei E. zu rechnen, die durch andere Energieträger oder E.-Ersatzstoffe ausgeglichen werden muss.

ERDÖL UND POLITIK
Durch seine steigende wirtschaftl. Bedeutung im 20. Jh. wurde das E. auch zu einem wichtigen Faktor polit. Entwicklungen und internat. Konflikte. Der

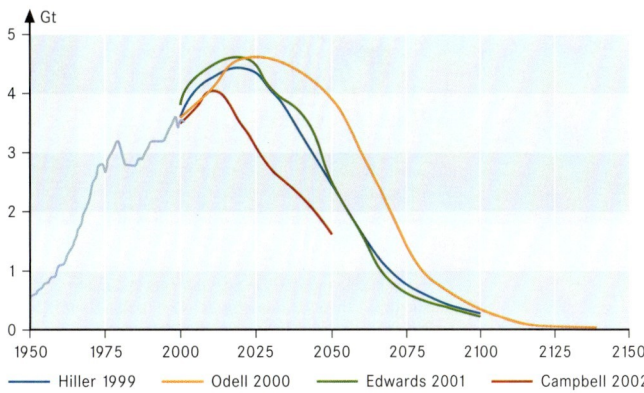

Erdöl: verschiedene Prognosen zum Umfang der Erdölförderung

Erdo Erdöl

Erdöl
1 Erdölgewinnung in Venezuela, im Maracaibosee **2** petrochemische Industrie in der Hafenstadt Bender Khomeini (Iran) an der Nordspitze des Persischen Golfs **3** Erdölförderung in der Sandwüste Karakum in Turkmenistan **4** Die Trans-Alaska-Pipeline führt über den Fluss Tanana River am Alaska Highway. **5** Erdgas- und Erdölförderplattform in der Nordsee vor der norwegischen Küste, aufgenommen am 5. 7. 2003; sie gehört zum Erschließungsgebiet Ekofisk, das insgesamt 29 Plattformen umfasst. Täglich werden hier 400 000 Barrel Öl und 12 Mio. m^3 Gas gefördert. **6** Bohrpumpen auf einem Ölfeld in Nevada, Texas **7** Ölleitung nahe der saudi-arabischen Hafenstadt Janbo am Roten Meer

Erdö

8 Förderanlagen für Erdöl und Erdgas im Persischen Golf (Vereinigte Arabische Emirate) **9** Erdölraffinerie bei Djidda am Roten Meer (Saudi-Arabien). **10** Der Öltanker Clement vor der mecklenburgischen Küste; mit rund 55 000 t Öl an Bord ist das Schiff am 6. 3. 2000 auf Grund gelaufen und wird hier, einen Tag später, von zwei Schleppern wieder in tiefes Fahrwasser gezogen. **11** Die PCK Raffinerie in Schwedt, aufgenommen am 26. 6. 2001; mit 1400 Beschäftigten (früher 8000) ist sie der größte Arbeitgeber der Region. **12** Mehr als 700 brennende Ölfelder gab es während des Golfkriegs. 30 Mio. t Schadstoffe wurden dabei freigesetzt und verdunkelten den Himmel. **13** Die Erdölförderung, hier bei Tarapoa in Ecuador, hat im tropischen Regenwald zu starken ökologischen Schäden geführt.

hohe Finanzbedarf und die techn. Besonderheiten des E.-Marktes hatten bereits vor 1914 zur Bildung großer, kapitalkräftiger Konzerne geführt. Während des Ersten Weltkrieges wurde dann die militärstrateg. Bedeutung des Rohstoffs offensichtlich. Zum einen ließen die erstmals eingesetzten benzinbetriebenen Panzer und Flugzeuge den E.-Verbrauch des Militärs drastisch ansteigen; zum anderen waren die Krieg führenden Mächte aufgrund der langen Kriegsdauer gezwungen, mehr E.-Lagerstätten zu erschließen und zu kontrollieren. Dies erhöhte das Interesse der europ. Mächte, das Osmanische Reich zu zerschlagen und direkten Einfluss auf die Länder des Nahen Ostens zu nehmen.

Mit der wirtschaftl. Macht wuchs den E.-Konzernen auch bedeutende polit. Macht zu. Dies verstärkte sich in der 2. Hälfte des 20. Jahrhunderts. So spielte beim Sturz des iran. Min.-Präs. MOSSADEGH 1953 der Umstand eine große Rolle, dass dieser die iran. E.-Quellen verstaatlichen wollte und die E.-Konzerne dies mit Boykottmaßnahmen beantworteten. In Saudi-Arabien förderten die USA über Jahrzehnte die Dynastie von IBN SAUD und sicherten sich so dessen Wohlwollen. IBN SAUD vergab Ölförderkonzessionen an vier amerikan. E.-Konzerne, was zu einem enormen wirtschaftl. Aufschwung des Wüstenstaates führte. Allerdings wurde dadurch auch die Rentiermentalität der inzwischen ca. 5 000 Prinzen gefördert, sodass es nur in Ansätzen zu einer sich selbst tragenden Wirtschaftsentwicklung kam und die Situation Anfang des 21. Jh. politisch eher unsicher geworden ist. Auch in den Unabhängigkeitskämpfen mancher Entwicklungsländer, die in den 1950/60er-Jahren ihre Unabhängigkeit errangen, spielten die E.-Industrie und deren Abhängigkeit von ausländ. Konzernen eine große Rolle. Für die Unabhängigkeitsbewegungen dieser Länder war der Fremdherrschaft über die nat. Ölindustrie einer der symbolträchtigsten Angriffspunkte. Somit stand das E. seit Beginn der Industrialisierung im Brennpunkt einer großen Zahl von Konflikten. In jüngerer Zeit sind v. a. die →Golfkriege zu nennen, die nicht zuletzt um Ölquellen geführt wurden. Während des 1. Golfkriegs zw. Irak und Iran (1980–88) engagierten sich die westl. Industrienationen v. a. mit Rüstungsexporten an die Kriegsparteien, um dadurch ihren Einfluss auf beide Seiten zu sichern. Den 2. Golfkrieg (1991) um die Rückgängigmachung der irak. Besetzung Kuwaits führten die USA und ihre Alliierten auch, um die Ölquellen dem Einfluss von SADDAM HUSSEIN zu entziehen. Das Vertrauen insbes. der USA in die Verlässlichkeit Saudi-Arabiens gilt seit den Anschlägen vom 11. September 2001 als erheblich gestört, sodass ein Grund für den 3. Golfkrieg (2003) auch darin gesehen wird, den Irak (ohne SADDAM HUSSEIN) als Alternative zum Hauptöllieferanten Saudi-Arabien aufzubauen, zumal das irak. E. besonders gut abbaubar ist.

Mit Gründung der OPEC (1960) versuchten die wichtigsten Förderländer (mit Ausnahme der USA und der UdSSR), ein Rohstoffkartell zu errichten, um Preiserhöhungen und auch Absprachen zu Fördermengen durchsetzen zu können. Bereits in den 1960er-Jahren begann in vielen OPEC-Ländern die Verstaatlichung der E.-Förderung, wobei jedoch den E.-Konzernen die Verarbeitung und der Vertrieb meist weiter überlassen blieben. Während des 4. Israelisch-Arab. Krieges (1973) diente das E. den arab. Gegnern Israels erstmals als polit. Waffe, indem sie

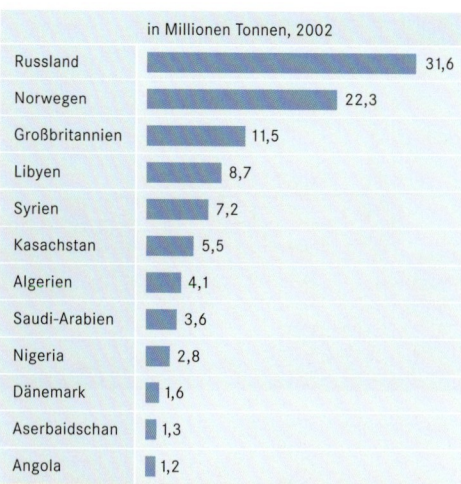

Erdöl: Deutschlands Öllieferanten im Jahr 2002; Deutschland importiert nur knapp 4 % seines Rohölbedarfs aus der Golfregion. Dagegen stellen Russland, Norwegen und Großbritannien mehr als zwei Drittel der deutschen Einfuhren.

für die mit Israel kooperierenden westl. Industrieländer die Lieferungen einschränkten und die Preise erhöhten. Die Verstaatlichungen wurden forciert, was Verluste bei der Förderung zur Folge hatte; dennoch verfügen die multinat. E.-Konzerne mit einem Marktanteil auf der Produktvertriebsstufe von etwa 50 % über einen großen Einfluss. Bedeutendste nichtstaatl. Konzerne auf dem E.-Sektor sind heute: Exxon Mobil Corp., Royal Dutch/Shell-Gruppe, BP, Chevron Corporation, ConocoPhillips Comp. und Total S. A.

Die OPEC hat den E.-Markt durch ihre Preispolitik nachhaltig beeinflusst. Die drast. Preiserhöhungen von 1973/74 fielen in die Phase einer weltweiten Wirtschaftskrise und verschärften deren Auswirkungen. Die Verteuerung des bis dahin billigen E. führte in den Verbraucherländern zu einem starken Preisanstieg (auch auf anderen Märkten) und rief vielfach starke Ungleichgewichte bei den Zahlungsbilanzen hervor. Diese als erste Ölpreiskrise bezeichnete Phase der Trendwende auf dem E.-Markt führte zu energ. Einsparungen beim E.-Verbrauch (mit dem positiven Effekt, dass sparsamere Motoren entwickelt wurden) und zog gesetzl. Vorschriften über die Vorratshaltung (→Erdölbevorratung) sowie zum Energiesparen (z. B. »Sonntagsfahrverbot«) nach sich. Nicht erst seitdem gilt die Abhängigkeit vom unsicheren Mittleren und Nahen Osten als potenzielle Bedrohung für die Abnehmerländer. Mit steigendem E.-Preis wurde die Aufmerksamkeit auf alternative Energieformen (→erneuerbare Energien, →Biokraftstoffe) gerichtet. Und auch die Chemieindustrie sucht inzwischen verstärkt nach Alternativen zum E. als Ausgangsstoff. Die USA wollen bis 2030 ein Viertel aller petrochem. Produkte aus Biomasse herstellen, in der EU gibt es ähnl. Bemühungen (→Bioraffinerie). Außerdem wurden immer mehr E.-Felder erschlossen, deren Ausbeutung bisher mit zu hohen Förderkosten verbunden war (diese betragen je Barrel im Nahen Osten 1–2 US-$, in N-Amerika 3–15 US-$). V. a. begann man, außerhalb des Mittleren und Nahen Ostens, E.-Felder zu erschließen (z. B. in der Nordsee) und bemühte sich, mit diplomat. Unterstützung Förderrechte zu erhalten, z. B. in Westafrika, am Kaspischen Meer und in Russland. Die Gefahr von Unruhen und Korruption gibt es allerdings auch dort.

Die Devisen, die mit dem E.-Export in die Förderländer flossen, hätten es diesen ermöglichen können, die eigene Wirtschaft auszubauen und stärker zu diversifizieren. Die Länder hätten sich so weniger stark vom E.-Export abhängig gemacht. Dies gelang aber nur in einigen Staaten des Mittleren Ostens hinreichend. Stattdessen wurden Milliarden Dollar in die Beteiligung an Unternehmen in den Industriestaaten sowie spekulativ auf den internat. Geld- und Kapitalmärkten angelegt, z. T. negativen Folgen für die nat. Geld- und Währungspolitik.

Der Kampf um den Zugang zum E. ist allerdings nur ein Teil der globalen Herausforderungen. Der andere Teil ist der drohende Klimawandel, zu dem Erschließung, Förderung, Transport, Lagerung, Verarbeitung und energet. Nutzung des E. beitragen. Dazu kommt die ohnehin schon vorhandene Umweltbelastung durch E., v. a. die →Meeresverschmutzung durch Tankerunfälle und fehlerhafte Offshorebohrungen sowie die Gefährdung des Grundwassers. Ursache für das Wachsen dieser Bedrohungen ist die rasante industrielle Entwicklung, die gegenwärtig nach westl. Vorbild in Asien, v. a. in China, stattfindet. Diese fortschreitende Industrialisierung und Urbanisierung wird das Verlangen nach E. und dessen Preis über Jahrzehnte weiter erhöhen und zugleich auch die Gefahren für die Umwelt ansteigen lassen.

GESCHICHTLICHES

Natürlich an der Erdoberfläche austretendes E. und das beim Verdampfen der flüchtigen Anteile zurückbleibende Bitumen wurden schon vor etwa 4 000 Jahren genutzt. Die alten Chinesen z. B. bohrten nach E. und verwendeten es für Beleuchtungszwecke. In Mesopotamien diente Bitumen u. a. als Bindemittel für Mörtel und zum Abdichten von Schiffen. Als erstes genutztes mitteleurop. E.-Vorkommen gilt das Quirinöl, das von den Mönchen am Tegernsee von etwa 1430 an als Heilmittel vertrieben wurde. Bukarest war die erste europ. Großstadt, in der Straßenlaternen mit Petroleum betrieben wurden. Das dafür erforderl. E. wurde überwiegend in gegrabenen Schächten gesammelt und in einem 1857 errichteten Destillierbetrieb verarbeitet. Die erste wirtschaftlich bedeutende Bohrung durch den amerikan. Industriellen EDWIN LAURENTINE DRAKE (* 1819, † 1880) bei Titusville in Pennsylvania im Jahre 1859 führte in den USA zu einem regelrechten Ölfieber und leitete die industrielle Nutzung des E. ein. – Gleichzeitig, wenn auch weltwirtschaftlich unbedeutend, wurde in Dtl. (Wietze, Kr. Celle) die erste E.-Bohrung niedergebracht. – Zunächst wurden E.-Destillate bevorzugt für Beleuchtungszwecke verwendet. Mit Beginn des 20. Jh. führte die Verbreitung der Elektrizität zu einer Abnahme des Petroleumbedarfs, und die zunehmende Motorisierung ließ Benzin zum wichtigsten E.-Produkt werden. Um 1900 waren die USA und Russland die wichtigsten E.-Förderländer. Der sprunghafte Anstieg des E.-Verbrauchs der Industrieländer nach dem Zweiten Weltkrieg wurde v. a. durch die E.-Förderung im Nahen Osten und, ab etwa 1965, in Afrika getragen. Neben der Gewinnung von Motorkraftstoffen und Heizölen für Industrie und Haushalte gewann in Europa ab Mitte der 1950er-Jahre die Herstellung von chem. Produkten (z. B. für Kunststoffe) aus E. an Bedeutung. Die Preisschübe für Rohöl von 1973/74 und 1979 und die u. a. in der BRD propagierte Politik »weg vom E.« führten zu einem starken Rückgang des Heizölverbrauches.

Geology of petroleum, hg. v. H. BECKMANN, 8 Bde. (Stuttgart $^{1-2}$1976–95); FERDINAND MAYER: Petro-Atlas u. Erdgas (^{3}1982); Das Buch von E., hg. v. K. P. HARMS (^{5}1989); P. J. TETTINGER: E.-Förderung im Wattenmeer (1993); Regional petroleum geology of the world. Regionale E.- u. Erdgasgeologie der Erde, hg. v. H. KULKE, 2 Bde. (Berlin 1994–95); Die Energierohstoffe E. u. Erdgas. Vorkommen, Erschließung, Förderung, bearb. v. G. PUSCH u. a. (1995); G. BARUDIO: Tränen des Teufels. Eine Weltgesch. des E.s (2001); R. A. MEYERS: Handbook of petroleum refining processes (New York ^{3}2004).

Erdölbakteri|en, nichtsystemat. Sammelgruppe weit verbreiteter Bakterien, die Kohlenwasserstoffe des Erdöls abbauen. Der Abbau (z. B. geringer Erdölverunreinigungen) erfolgt in gut durchlüfteten Böden und im Meerwasser relativ schnell und vollständig, lediglich unter Luftabschluss findet kein merkl. Abbau statt. Man hofft, gentechnologisch veränderte E. bei der Bekämpfung von Ölteppichen auf dem Meer einsetzen zu können; bislang geht der Abbau sehr langsam (da nur an der Oberfläche stattfindend) und unvollständig vor sich: Langkettige Alkane, polyaromat. Kohlenwasserstoffe und asphaltähnl. Gemische bleiben als Rückstände zurück.

Erdölbevorratung, Vorratshaltung von Erdöl und Erdölerzeugnissen zur Sicherung der Energieversorgung gemäß dem E.-Gesetz i. d. F. v. 6. 4. 1998. Diese Bevorratungspflicht besteht für den **E.-Verband**, eine der Rechtsaufsicht des Bundes-Min. für Wirtschaft und Arbeit unterstehende Körperschaft des öffentl. Rechts (errichtet 1978; Sitz: Hamburg). Der Umfang der gesetzlich vorgeschriebenen Pflichtvorräte bemisst sich danach, wie viel Erdölerzeugnisse (u. a. Benzin, Dieselkraftstoff, Kerosin, Heizöl leicht und schwer) in den letzten drei Jahren durchschnittlich im Laufe von 90 Tagen eingeführt oder im Inland hergestellt worden sind (2003/04: insgesamt 22,5 Mio. t). Zwangsmitglieder des E.-Verbandes (2004: 115) sind die Hersteller und Importeure von Erdölerzeugnissen, die über Beiträge die Tätigkeit des E.-Verbandes finanzieren. Diese Beiträge werden seit dem 1. 12. 1978 erhoben. Aufkommen (2003/04): 462 Mio. €.

Erdöldollar, Pe̜trodollar, international übl. Bez. für aus Erdölexporten stammende Dollareinnahmen, die größtenteils wieder an den internat. Finanzmärkten angelegt werden. Sie sind i. d. R. kurzfristig verfügbare Guthaben der arab. Erdöl exportierenden Staaten bei ausländ. Banken. Die nach den Rohölpreisschüben 1973–74 und 1979–81 entstandenen Leistungsbilanzdefizite Erdöl importierender Länder wurden u. a. durch die Rückschleusung der Erdöldollar (→Recycling) in den Geldkreislauf der Weltwirtschaft finanziert.

Erdölgas, →Erdöl, →Erdgas.

Erdölharze, kolloide Erdölbestandteile, die im Unterschied zu den →Asphaltenen in niedrig siedenden Kohlenwasserstoffen löslich sind; sie können aus den Rückständen der Erdöldestillation nach Ausfällen der Asphaltene durch Ultrafiltration oder Fällung mit Essigester isoliert werden.

Erdorgeln, →geologische Orgeln.

Erdős [-døːʃ], Paul, ungar. Mathematiker, * Budapest 26. 3. 1913, † Warschau 20. 9. 1996; Prof. in Budapest und Manchester, außerdem Gastprofessuren z. B. in Israel, Frankreich und Kanada, arbeitete weltweit mit zahlr. Mathematikern zusammen. E. lieferte bedeu-

Erdo Erdottern

Erdrauch:
Gemeiner Erdrauch

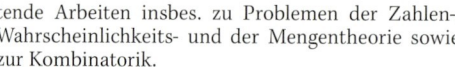

Erdschieber
(Hutbreite 8–15 cm)

Louise Erdrich

tende Arbeiten insbes. zu Problemen der Zahlen-, Wahrscheinlichkeits- und der Mengentheorie sowie zur Kombinatorik.

Erdottern, Atractaspididae, Maulwurfsvipern, Familie der Schlangen mit 66 Arten in Afrika. Die bis 1 m langen Schlangen haben große Kopfschilde und seitlich aus dem fast geschlossenen Mund herausklappbare, hohle Giftzähne; die Fortpflanzung geschieht durch Eier. Sie ernähren sich von grabenden Amphibien (z. B. Blindwühlen), Reptilien und kleinen Nagetieren.

Erdpech, der Naturasphalt (→ Asphalt).

Erdpflanzen, die → Geophyten.

Erdpotenzial, das als Bezugspotenzial genommene elektr. Potenzial an der Erdoberfläche. Das E. wird i. Allg. gleich null gesetzt, obwohl es infolge des Auftretens von Erdströmen und erdelektr. Feldern örtlich und zeitlich schwankt und daher E.-Differenzen zw. versch. Punkten der Erdoberfläche auftreten.

Erdpunkt, Systempunkt in elektr. Gleich- und Wechselspannungssystemen, der sich bei jedem Betriebszustand des Systems auf Erdpotenzial befindet.

Erdpyramiden, Erdpfeiler, säulen- bis kegel- und nadelartige Erosionsformen in geröll- und blockdurchsetzten, durch Kalk- oder Tongehalt standfesten Lockergesteinen (Moränen, Tuff, Seekreide); sie entstehen bes. an Steilhängen durch starke Abspülung (Regengüsse) dadurch, dass einzelne Steine oder Blöcke das darunter liegende feinere Gestein eine Zeit lang vor Abtragung schützen; nach Abstürzen des Decksteins werden sie meist rasch zerstört. Bes. hohe E. (bis 35 m) gibt es auf den Ritten bei Bozen.

Erdracken, Brachypteraciidae [zu griech. brachýs »kurz« und pterón »Flügel«], Familie der Rackenvögel mit fünf Arten in vier Gattungen, die ausschließlich Madagaskar bewohnen. Sie haben kurze Flügel und einen langen Schwanz, halten sich vorwiegend auf dem Boden auf und brüten in Erdhöhlen.

Erdrauch, Fumaria, Gattung der Erdrauchgewächse mit rd. 50 Arten in den gemäßigten Gebieten Europas und Asiens; einjährige, oft bläulich oder blaugrün bereifte Kräuter mit rötl., gelbl. oder weißl., traubig angeordneten Blüten. In Mitteleuropa sind versch. E.-Arten häufige Ackerunkräuter, so der 10–30 cm hohe Gemeine E. (Fumaria officinalis), eine alte Heilpflanze, die in der Volksmedizin v. a. zur Förderung der Verdauung angewandt wird.

Erdrauchgewächse, Fumariaceae, Pflanzenfamilie mit etwa 450 Arten in 15 Gattungen; Blütenkronblätter häufig gespornt, z. B. Tränendes Herz, Erdrauch und Lerchensporn.

Erdraupen, fettig glänzende, graubraune Raupen bestimmter → Eulenschmetterlinge.

Erdrich [ˈəːdrɪk], Karen Louise, amerikan. Schriftstellerin, * Little Falls (N. D.) 7. 6. (nach anderen Angaben 6. 7.) 1954; Tochter einer Chippewa-Indianerin und eines Deutschen; schreibt Gedichte (»Jacklight«, 1984), Kurzgeschichten und Romane, in denen sie anhand von Einzel- und Familienschicksalen die Situation von Indianern und Randexistenzen der weißen Gesellschaft in dem myth. Ort Argus in ihrer Heimat North Dakota in der Zeit von 1912 bis 1924 (»Tracks«, 1988; dt. »Spuren«), in den 1930er-Jahren (»The beet queen«, 1986; dt. »Die Rübenkönigin«) und von 1934 bis 1984 (»Love medicine«, 1984; dt. »Liebeszauber«) darstellt. Zus. mit ihrem Mann, dem Anthropologen und Modoc-Indianer Michael Dorris (* 1945, † 1997), verfasste sie den Roman »The crown of Columbus« (1991; dt. »Die Krone des Kolumbus«) über die Gesch. des verlorenen Tagebuchs des Kolumbus.

Weitere Werke: *Romane:* The bingo palace (1994; dt. Der Bingo-Palast); The blue jay's dance (1995); Antelope wife (1998; dt. Die Antilopenfrau); The master butchers singing club (2003; dt. Der Gesang des Fidelis Waldvogel). – *Erzählungen:* Tales of burning love (1996; dt. Geschichten von brennender Liebe).

Erdrosseln, Tötung durch Zusammendrücken des Halses mit einem Drosselwerkzeug (→ Drosselmarke); der Tod tritt durch das Abdrücken der Blutgefäße ein.

Erdrutsch, → Bergrutsch.

Erdschein, Astronomie: das → Erdlicht.

Erdschieber, Wolliger Milchling, Lactarius vellereus, 10–30 cm hoher Pilz (ein Milchling) mit unregelmäßig geformtem, trichterförmigem Hut; häufig in Laub- und Nadelwäldern; ungenießbar.

Erdschlangen, Xenopeltidae, Familie der Schlangen mit nur zwei Arten in einer Gattung. Die etwa 1 m lange Regenbogenschlange (Xenopeltis unicolor) lebt in SO-Asien; die braun gefärbten Schuppen irisieren und rufen bei Sonnenbestrahlung die charakterist. Schillerfärbung hervor.

Erdschlipf, → Bergrutsch.

Erdschluss, Elektrotechnik: jede ungewollte Verbindung eines spannungsführenden Außenleiters oder eines betriebsmäßig isolierten Mittelleiters einer elektr. Anlage mit der Erde oder mit geerdeten Teilen; entweder durch mechan. Beschädigung des Leiters oder seiner Isolierung oder durch Überbrückung einer Isolationsstrecke durch Verschmutzung, Überspannung oder Blitzschlag hervorgerufen.

In Drehstromnetzen mit geerdetem Sternpunkt wird jeder E. zu einem → Kurzschluss. Bei nicht geerdetem Sternpunkt fließt über den E. ein kapazitiver E.-Strom, der mithilfe einer → Erdschlussspule kompensiert werden kann (E.-Kompensation). So kann auch ein – z. B. durch Blitzschlag hervorgerufener – E.-Lichtbogen zum Erlöschen gebracht werden.

Erdschlussspule, Löschdrossel, Petersen-Spule, eine Hochspannungs-Drosselspule mit Eisenkern in einem ölgefüllten Kessel, die zw. den hochspannungsseitigen Sternpunkt eines Transformators und Erde geschaltet wird und deren Induktivität der Kapazität des Hochspannungsnetzes so angepasst ist, dass der kapazitive Erdschlussstrom (→ Erdschluss) durch den gleich großen, aber entgegengesetzten induktiven Strom der E. kompensiert wird.

Erdschocke, die → Topinambur.

Erdschwamm, Sammel-Bez. für Pilze, die ihre Fruchtkörper unterirdisch bilden, z. B. → Trüffel.

Erdseil, Erdungsseil, geerdeter zusätzl. Leiter, der bei Hochspannungsfreileitungen die Spitzen der Maste verbindet, jedoch nicht an der Fortleitung des

Erdstern: Halskrausen-Erdstern

Betriebsstromes beteiligt ist. Das E. schützt die Freileitung v. a. gegen Blitzeinschläge.

Erdstall [zu mhd. »Stelle«, »Ort«] *der,* kleine künstl. Höhle unter einem Bauernhof, einer Kirche, einem Friedhof. Die wahrscheinlich vorwiegend im Früh-MA. entstandenen E. sind bes. in Bayern, Ober- und Niederösterreich sowie in Böhmen und Mähren dicht verbreitet. Ungeklärt ist, ob es sich bei den E. um unterirdische Zuflucht- oder Kultstätten (z. B. im Zusammenhang des Ahnenkults) handelt.

Erdstern, Geastrum, Gattung der Bauchpilze mit rd. 40 Arten, davon etwa 15 in Mitteleuropa; v. a. in Nadelwäldern. Der knollenförmige Fruchtkörper entwickelt sich zunächst unterirdisch. Bei der Reife spaltet sich die derbe Außenhaut sternförmig auf, krümmt sich nach außen und drückt dadurch den freigelegten Innenkörper aus dem Boden; dessen Scheitel öffnet sich, sodass das rußartige Sporenpulver entweichen kann. Der von September bis Oktober erscheinende **Halskrausen-E.** (Geastrum triplex) hat einen Durchmesser von 5 bis 15 cm.

Erdstrahlen,
1) *allg.:* umgangssprachl. Bez. für physikalisch nicht nachweisbare »Strahlen«, die Einflüsse auf Mensch und Tier ausüben sollen und die (oder ihre Quellen) angeblich von bestimmten Personen mithilfe von Wünschelruten oder Pendeln wahrgenommen werden. Auswirkungen von E. werden unter Naturwissenschaftlern und Medizinern kontrovers diskutiert.
2) *Physik:* terrestrische Strahlen, Bez. für die Alpha-, Beta- und Gammastrahlen aus radioaktiven Bestandteilen des Bodens oder des Gesteins sowie der Hauswände.

Erdströme, sehr schwache, zeitlich und örtlich veränderliche elektr. Ströme in der Erde, die durch Messen der Spannungen zw. je zwei Punkten nachgewiesen werden können. E. können Fernmeldeanlagen, Gas- und Wasserleitungen durch Induktion oder Korrosion beeinflussen. Es gibt drei Arten von E.: Die **induzierten** oder **tellurischen E.,** vorwiegend in der Erdkruste und im oberen Erdmantel, werden durch elektromagnet. Induktion infolge der zeitl. Variation des erdmagnet. Feldes erzeugt. Die Stromdichte dieser Wechselströme mit Perioden von 1 s bis zu einigen Stunden beträgt etwa $1\,\mu A/m^2$. Die **elektrochemisch erzeugten E.** treten vorwiegend dicht unter der Erdoberfläche an Grenzen zw. Gesteinskörpern, die in Klüften und Poren Bergwässer enthalten, auf; sie entstehen auch beim Transport des Wassers durch die Poren im Gestein. Die größten Eigenpotenziale (gemessen gegen die ungestörte Umgebung) betragen etwa 1 Volt. Die **vagabundierenden E.** werden durch elektrotechn. Einrichtungen, z. B. in Stromverteilungsnetzen bei Isolationsfehlern, bei Straßen- und Eisenbahnen durch Stromrückleitung über die Schienen oder im Störungsfall bei einem →Erdschluss als Erdschlussstrom verursacht.

Erdteil, Kontinent, Bez. für die großen, geschlossenen Landmassen der Erde mit den ihnen vorgelagerten und zugeordneten Inseln: Europa, Asien (zusammenfassend auch Eurasien gen.) und Afrika (Alte Welt), Nordamerika und Südamerika (Neue Welt), Australien, Antarktika (der Kontinent des einschließlich der Meeresregionen Antarktis genannten Südpolargebiets).

Erdtrichter, *Geomorphologie:* der →Erdfall.

Erdpyramiden am Bow River im Banff National Park, Kanada

Erdumlaufbahn, eine Raumflugbahn um die Erde (→Flugbahn, →Raumfahrt).

Erdung, Erden, Herstellen einer Verbindung zw. elektrisch leitfähigen Teilen und der Erde mittels einer E.-Leitung und einem →Erder zur Vermeidung von Unglücksfällen durch hohe Berührungsspannungen oder elektr. Schlag, z. B. bei schadhaft gewordenen Leitungen. Nach ihrer Funktion unterscheidet man die **Betriebs-E.** elektr. Netze, Stromkreise, Systeme, um ordnungsgemäßen Betrieb sicherzustellen, die **Schutz-E.** als eine Maßnahme des Berührungsspannungsschutzes und die **Blitzschutz-E.** zum Schutz gegen Gefährdung durch Blitzeinschläge, z. B. bei elektr. Freileitungen und Antennen. (→Blitzschutz)

Aufgrund ihrer Aufgaben für den Personenschutz wirken E.-Maßnahmen meist nur bei der jeweiligen Netzfrequenz (z. B. 50 Hz). Sie schaffen keinen hochfrequenten Potenzialausgleich und sind damit als Maßnahme zur →elektromagnet. Verträglichkeit (EMV) nicht geeignet. (→Masse, →Massung)

📖 P. HASSE u. J. WIESINGER: Hb. für Blitzschutz u. E. (⁴1993); T. NIEMAND u. H. KUNZ: Erdungsanlagen (1996).

Erdungsmesser, Geräte zur Messung des Erdungswiderstands, der sich aus Zuleitungswiderstand und Übergangswiderstand Erder–Boden sowie dem Ausbreitungswiderstand in 20 m Umkreis zusammensetzt. Dazu wird Strom über den Erder geschickt und der Spannungsabfall gemessen. E. arbeiten mit Wechselstrom zur Vermeidung von Polarisationseinflüssen.

Erdwachs, Ozokerit, Bergwachs, ein Gemenge hochmolekularer, gerad- oder verzweigtkettiger sowie cycloaliphat. Kohlenwasserstoffe (Alkane, Cycloalkane) von gelber bis brauner Farbe und salbenartiger bis fester (spröder) Konsistenz, das als Rückstand in Erdöllagerstätten gefunden wird. Vermutlich ist es aus Erdöl durch Ausscheidung der hochsiedenden Bestandteile und teilweise Verharzung entstanden. E. wird bergmännisch in größerem Umfang gewonnen. Gereinigtes E. wird als **Ceresin (Zeresin)** bezeichnet; es unterscheidet sich von Paraffin durch seinen höheren Schmelzpunkt und seine Zähigkeit und dient u. a. zur Herstellung von Lederpflegemitteln, Bohnermassen, Polituren, Kerzen, Haft- und Bindemitteln. Als E. wird auch der Rückstand aus der Erdöldestillation bezeichnet.

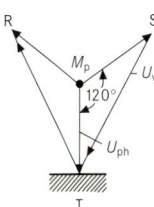

Spannung des Leiters T gegen Erde = 0
Spannungen der Leiter R und S gegen Erde = U_v
U_{ph} Phasenspannung
M_p Sternpunkt

Erdschluss

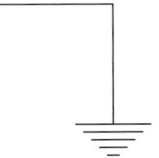

Erdung: elektrotechnisches Schaltsymbol für Erdung

Erdwanzen, Cydnidae, Familie der Landwanzen, meist dunkelfarbig, 3–15 mm groß, manche E. mit Grabbeinen; fast weltweit verbreitet, in Mitteleuropa 15 Arten. E. bevorzugen sandigen Boden; sie saugen an Wurzeln (z. T. schädlich an Kulturpflanzen).

Erdwärme, die Wärme des Erdkörpers. Nur in der obersten Schicht der Erdkruste trägt die Sonneneinstrahlung zu ihr bei. Die mit zunehmender Tiefe ansteigende Temperatur der Erde (→geothermische Tiefenstufe) beruht v. a. auf der Energiefreisetzung durch den ständigen Zerfall radioaktiver Elemente in der Erdkruste, bes. in Tiefengesteinen wie Granit, kaum in Sedimenten und Vulkaniten. Rund 70 % des Wärmestroms der Kontinente werden so erzeugt; der Rest gelangt vom heißen Erdmantel (an der Grenze zur Erdkruste 600–1 000 °C) durch Konvektionsströmungen in der Asthenosphäre (→Erde), durch aufsteigende Magmen (Vulkanismus) und in der Erdkruste zirkulierende flüssige oder gasförmige Stoffe zur Erdoberfläche. In den Ozeanen stammt fast der gesamte Wärmestrom aus dem Bereich unterhalb der Erdkruste. Der Wärmeinhalt der gesamten Erde beträgt 10^{31} J ($= 3,5 \cdot 10^{21}$ MWh). Der zur Erdoberfläche gerichtete kontinuierl. Wärmestrom wird auf $4 \cdot 10^{13}$ W geschätzt. Für eine Nutzung ist er viel zu gering. Dafür kommen nur geotherm. Anomalien infrage (**geothermische** oder **Wärmelagerstätten**): heiße Wässer, die in einem →Aquifer eingeschlossen sind, der meist keine natürl. Verbindung zur Erdoberfläche hat (außer in Geysiren), aber durch Flachbohrungen oft leicht erschlossen werden kann, sowie heiße Gesteine, die große Wärmemengen, aber keine natürl. Formationswässer enthalten. Derartige geotherm. Anomalien treten auf den vulkan. Inseln der mittelozean. Rücken (z. B. Island), auch an anderen plattentekton. Grenzen (z. B. Kalifornien, Neuseeland, Japan), in tekton. Gräben (z. B. Oberrheingraben) oder im Rückland junger Faltengebirge (z. B. Ungar. Tiefebene, Larderello in der

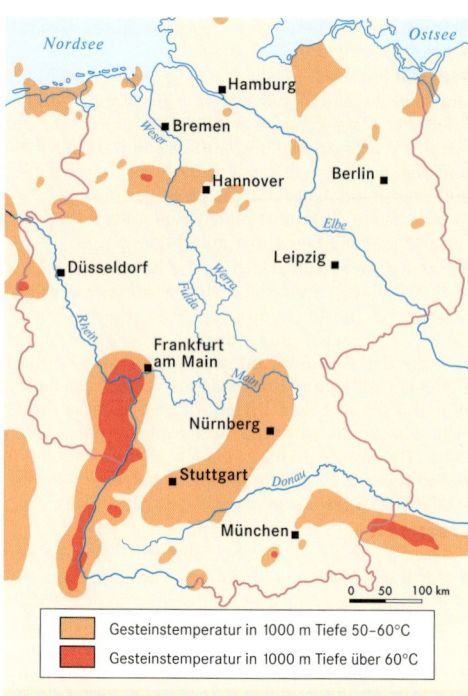

Erdwärme: geothermische Anomalien in Deutschland

Toskana) auf. Die alten Kontinentkerne weisen dagegen anomal niedrige Wärmeströme auf. Auf E. beruhende warme oder heiße Quellen (post)vulkan. oder sedimentärer Herkunft werden seit der Antike als Heilquellen, heute auch zur Beheizung von Wohngebäuden, Treibhäusern, Schwimmbädern u. a. genutzt. Die Erschließung warmer Tiefenwässer (mindestens 40–50 °C) erfordert zwar höhere Investitionen, könnte aber wesentlich weiter verbreitet werden. Die Gewinnung von elektr. Energie aus E. in →geothermischen Kraftwerken erfüllt das Prinzip der Nachhaltigkeit und könnte v. a. in Ländern mit geringer Sonneneinstrahlung in Zukunft zu einer wirtschaftl. Energiealternative werden. (→erneuerbare Energien)

Erdwerke, in der *Vorgeschichtsforschung* Sammel-Bez. für aus Wall und Graben bestehende, meist aus der mittleren Jungsteinzeit (4. Jt. v. Chr.) stammende Anlagen, die teils als →Befestigungen, teils als Kultplätze zu deuten sind.

Erdwolf, Zibethyäne, Proteles cristatus, zu den Hyänen gerechnete, einzige Art der Unterfamilie Protelinae. Der nachtaktive E. lebt in den Steppen und Savannen des östl. und südl. Afrika, wo er meist verlassene Erdferkelbaue bewohnt; er ernährt sich vorwiegend von Termiten.

Erdzeitalter, größter Zeitraum der Erdgeschichte, teilweise auch als Ära oder Gruppe bezeichnet (ÜBERSICHT →Geologie).

Erdzunge, Geoglossaceae, Familie der Schlauchpilze; unscheinbare kleine Pilze in feuchten Wäldern und an versumpften Waldbächen.

Erebos, griech. Erebos, *griech. Mythologie:* die Finsternis (bes. der Unterwelt). Bei Hesiod erscheint sie personifiziert als Sohn des Chaos. Mit seiner Schwester, der Nacht (Nyx), zeugt er den Äther (Aither) und den Tag (Hemera).

Erdwärme, hier sichtbar in Form von aufsteigendem Wasserdampf, deckt in Island einen großen Teil des Energiebedarfs.

Erebus *der,* **Mount E.** [engl. maʊnt ˈɛrɪbəs], tätiger Vulkan auf der Rossinsel im Rossmeer, Antarktis, 3 794 m ü. M., teilweise vergletschert. – 1841 von J. C. Ross entdeckt, nach dessen Schiff benannt.

Erec, Held aus dem Sagenkreis um König →Artus; das älteste überlieferte höf. Epos dazu stammt von Chrétien de Troyes, nach seinem Vorbild schrieb Hartmann von Aue ebenfalls ein E.-Epos. Der Held muss die Gefahr überwinden, sich um der Minne (Liebe zu Enite) willen zu »verliegen«, d. h. seine Ritterpflichten zu versäumen; er zieht zur Bewährung allein mit Enite (mit der er nicht sprechen darf) auf eine Aventiurefahrt aus; am Ende steht eine geläuterte, ritterl. Dienst einbeziehende Minnegemeinschaft.

Erechtheion [griech. »Tempel des Erechtheus«], einer der Tempel auf der Akropolis von Athen, 421–414 und 409–406 v. Chr. an der Stelle errichtet, an der nach der Sage der Wettstreit zw. Athene und Poseidon um die Vorherrschaft in Attika ausgetragen worden war. Der reiche Marmorbau ist das beste Beispiel des attisch-ion. Stils; die Grundrissform lässt sich aus der Unterbringung von mehreren Kultstätten und -malen erklären: Im O lag hinter einer sechssäuligen Eingangshalle die Cella der Athena Polias, in der das hölzerne Kultbild der Göttin stand; im W, auf tieferem Niveau, befand sich das Heiligtum des Erechtheus mit seinem Kultraum in der westl. Querhalle und den Kultstätten versch. im Mythos mit ihm verbundener Gestalten (Poseidon, Kekrops, Hephaistos u. a.). Über dem Kekropsgrab ist im SW die Korenhalle, deren Decke von Koren getragen wird (Originale heute im Akropolismuseum, Athen; eine Kore im Brit. Museum, London), errichtet. Die weite N-Halle enthält durch die Öffnung eines Altars sichtbar unter ihrem Boden das Dreizackmal Poseidons und einen Zugang zum Bezirk der Pandrosos, Tochter des Kekrops (erste Athenepriesterin), in dem der hl. Ölbaum der Athene stand. Vom Fries der N-Halle (helle Marmorfiguren auf blauem Marmor aus Eleusis aufgesetzt) sind zahlr. Reste erhalten (Akropolismuseum). Vom Kultraum des Erechtheus aus war der Felsspalt der Schlange Erichthonios zugänglich.

Griech. Tempel u. Heiligtümer, bearb. v. H. Berve u. G. Gruben (1961); G. Gruben: Die Tempel der Griechen (⁴1986); A. Scholl: Die Korenhalle des E. auf der Akropolis (1998).

Erechtheus, griech. **Erechtheus,** *griech. Mythologie:* athen. Heros und König mit einer Kultstätte im Erechtheion, wo ihm mit Poseidon geopfert wurde. Er galt als aus der Heimaterde geboren (autochthon). Nach dem Mythos siegte er im Kampf mit den Eleusiniern und ihrem Verbündeten Eumolpos, indem er nach Weisung des Orakels eine seiner Töchter opferte, worauf sich auch die übrigen töteten. Poseidon löschte aus Zorn über den Tod seines Sohnes Eumolpos E. und dessen Haus aus. E. galt als Stifter der Panathenäen. **Erichthonios,** ebenfalls erdgeboren und als König von Athen betrachtet, wird erst im späteren Mythos von E. unterschieden. Er wurde als Neugeborener von Athene in einer Kiste den drei Töchtern des Kekrops übergeben. Zwei von ihnen öffneten sie entgegen dem Verbot und wurden beim Anblick des schlangenartigen Kindes wahnsinnig.

Ereğli [ˈɛrɛjli],
1) Hafen- und Industriestadt in der Prov. Zonguldak, Türkei, am Schwarzen Meer und am W-Rand des Steinkohlenreviers von Zonguldak, 88 900 Ew.; Eisen- und Stahlwerk mit Walzwerk; in der Nähe die Koh-

Erechtheion auf der Akropolis von Athen (421–414 und 409–406 v. Chr.)

lenzeche Kandilli-Armutçuk. – E. ist das antike **Herakleia Pontike** (lat. **Heraclea Pontica**).

2) Stadt in der Prov. Konya, Türkei, am S-Rand der inneranatol. Hochlandsteppe, 92 200 Ew.; Zentrum eines Bewässerungsanbaugebietes an der Bagdadbahn. – E. ist das antike **Kybistra,** das nach dem 6. Jh. n. Chr. **Herakleia** hieß.

Ereignis,

1) *Philosophie:* Schlüsselbegriff der Spätphilosophie M. Heideggers, der das *Geschehen* des Seins bedeutet, das auch die ontolog. Gründung der abendländ. Gesch. bestimmt hat, aufgrund der Denkart der philosoph. Tradition (bis hin zur Moderne) jedoch notwendig übersehen werden musste (»Seinsvergessenheit«). E. bezeichnet also keinen empir. Vorfall, sondern die unscheinbare Permanenz des Seins in der Gesch. (»Seinsgeschick«), die durch das technisch-naturwissenschaftlich geprägte Weltbild der Moderne weiter entstellt wird; es ist aus der auf Gegenwart ausgerichteten Perspektive des vorstellenden, d. h. vergegenständlichenden Denkens nicht fassbar. Das Philosophieren, das sich an das E. hält, distanziert sich vom Primat einer instrumentellen Vernunft und entwickelt ein anderes, v. a. an der Dichtung F. Hölderlins orientiertes Denken. Der E.-Begriff markiert für Heidegger damit die Möglichkeit einer im Denken zu machenden Seinserfahrung, durch die der Geschehenscharakter des Seins überhaupt auffällig werden kann.

In der frz. Nachkriegsphilosophie wurde auf vielfältige Weise an Heideggers E.-Denken angeknüpft. Philosophen wie G. Deleuze, J. Derrida und J.-F. Lyotard entwickelten einen Begriff vom E., der auf

Erdwolf (Körperlänge 65–80 cm, Schwanzlänge 20–30 cm)

dem Ende der »großen Erzählungen« vom Fortschritt der Menschheit basiert und – exemplarisch in Phänomenen wie Wahnsinn und Kunst – die Brüchigkeit des Normalen markiert. Hinter der metaphys. Fassade der Identitäts-, Subjekts-, Freiheits- und Wahrheitskategorien, so die These, gibt es die konkreten, kleinen E., die in Prozessen von Differenz und Wiederholung die Realität zusammensetzen. Um sie zu denken, werden im Umfeld des so genannten Poststrukturalismus E.-Logiken erarbeitet, die mit neuartigen Begriffen wie Differenz, Singularität, Zeitlichkeit, Ästhetik, Virtualität, Immanenz u. a. hantieren. Nicht dem Ende der Moderne oder der Gesch. wird das Wort geredet, sondern ihrer radikalen Pluralisierung und Verzeitlichung, letztlich: ihrer Befreiung aus der Heilsgeschichte.

2) *Physik:* physikal. Vorgang, dessen räuml. Ausdehnung und zeitl. Dauer vernachlässigbar klein sind; in der *Relativitätstheorie* dargestellt als ein Raum-Zeit-Punkt (**Weltpunkt;** →Minkowski-Raum, →Raum-Zeit).

3) *Stochastik:* Bez. für eine messbare Teilmenge der Menge Ω aller mögl. Ergebnisse eines Zufallsexperiments. Beispiel: Beim Würfeln mit zwei Würfeln tritt das E. »Pasch« ein, wenn beide Würfel die gleiche Augenzahl zeigen. Dieses E. wird durch die Menge der Zahlenpaare {(1,1), (2,2), (3,3), (4,4), (5,5), (6,6)} dargestellt. E., die nur aus einem Element bestehen, nennt man **Elementar-E.** Die Menge aller E., die zu einem Zufallsexperiment gehören, bilden den **E.-Raum** des Experiments. Der E.-Raum ist somit eine Teilmenge der Potenzmenge von Ω.

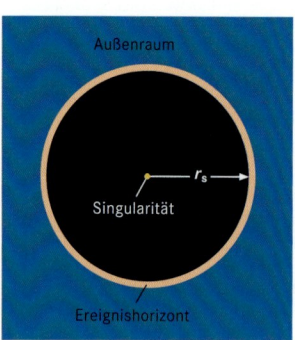

Ereignishorizont: Der Ereignishorizont eines nicht rotierenden Schwarzen Lochs hat die Form einer Kugelschale, in deren Zentrum die Singularität liegt. Ohne das Vorhandensein von Quanteneffekten kann der Horizont nur von außen nach innen überschritten werden.

Ereignishorizont, *Astrophysik:* dreidimensionale, von Nullgeodäten (Lichtstrahlen) aufgespannte (Null-)Hyperfläche in der Raumzeit, von der aus alle Signale, die von jenseits oder von dieser Grenze ausgehen, die Weltlinien aller diesseitigen Beobachter nicht erreichen können, während Signale dieser Beobachter aber dorthin gelangen können; oftmals auch nur zweidimensionaler räuml. Schnitt durch die Hyperfläche zu einer bestimmten Zeit. (→Schwarzes Loch)

Ereignismassen, Bewegungsmassen, *Statistik:* Menge von statist. Einheiten, die nur durch laufende Registrierung in einem Zeitraum erfasst werden können (z. B. Geburten, Todesfälle), im Ggs. zu den Einheiten der →Bestandsmassen.

erektil, schwellfähig, erektionsfähig.

Erektion [zu lat. erigere, erectus »aufrichten«] *die, -/-en,* die reflektor. Anschwellung, Vergrößerung und Aufrichtung bestimmter (erektiler) Organe, bes. des männl. Glieds (→Penis), auch der Brustwarzen sowie der Klitoris, bei geschlechtl. Erregung.

Die E. beim männl. Glied kommt dadurch zustande, dass die eingelagerten Venengeflechte, die Schwellkörper (Corpora cavernosa), sich mit Blut füllen und gleichzeitig durch Muskelzug das Zurückströmen des Bluts verhindert wird. Der Vorgang der E. wird durch Sinnesreize ausgelöst, die vom vegetativen Nervensystem auf ein E.-Zentrum im untersten Abschnitt des Rückenmarks fortgeleitet werden und dort auf dem Weg über besondere Nerven den Mechanismus in Gang setzen. E. können auch rein mechanisch durch Fülle der Harnblase (»Wassersteife«), beim Radfahren u. Ä. ausgelöst werden. Die anhaltende, auch schmerzhafte Dauer-E. des Penis (→Priapismus) ist meist durch organ. Veränderung bedingt und erfordert ärztl. Behandlung.

Störungen der E. (erektile Dysfunktion, Impotentia erigendi) können trotz bestehender sexueller Motivation und ggf. vorhandener Erregung auftreten. Unterschieden werden primäre Störungen, die seit der Pubertät bestehen, und sekundäre Störungen, die im späteren Lebensalter beginnen. Mit dem Alter nimmt die Häufigkeit von E.-Störungen deutlich zu. Neben körperl. (→Impotenz) gibt es dafür auch psych. Ursachen. Die Behandlung erfolgt durch die Beeinflussung einer eventuell vorliegenden Grunderkrankung, durch z. B. Angstreduktion, Sexualtherapie und Sensualitätstraining sowie durch die Einnahme erektionsfördernder Arzneimittel, die Injektion erektionsauslösender Substanzen in die Schwellkörper des Penis, mechan. Erektionshilfen und Hormonsubstitution.

Eremial [griech.] *das, -s/-e,* Lebensraum und Lebensgemeinschaft (Pflanzen und Tiere) in Trockensteppen, Halbwüsten und Wüsten.

Eremit [zu griech. erēmos, érēmos »einsam«, »wüst«, »verlassen«] *der, -en/-en,* **Einsiedler,** in vielen Religionen (für das frühe Christentum →Anachoret) ein Mensch, der aus rein religiösen Motiven ein asket. Leben in der Einsamkeit führt.

Eremitage [-'ta:ʒə, frz.] *die, -/-n,*
1) urspr. Einsiedelei; im 18. und 19. Jh. ein gegenüber dem repräsentativen Hauptschloss schlicht gehaltenes Garten- oder Landhaus, auch Lustschlösschen.
2) *ohne Pl.,* Museum in Sankt Petersburg; benannt nach dem 1764–67 von J.-B. M. VALLIN DE LA MOTHE für KATHARINA II. in der Nähe des Winterpalais erbauten kleinen Schlosses (»Kleine E.«); das Museum umfasst heute darüber hinaus das Winterpalais (so genannter Vierter Winterpalast, 1754–64) von B. F. RASTRELLI, die »Alte E.« (1775–84) und die »Neue E.« von L. VON KLENZE (1839–52). – Die E. beherbergt eine Gemäldegalerie mit über 5 000 Werken und eine graf. Sammlung mit etwa 40 000 Handzeichnungen. Sie präsentiert ferner u. a. skyth. und griech. Goldarbeiten, vorgeschichtl. Funde aus dem Kaukasus, eine Sammlung sassanid. und byzantin. Kunst, Denkmäler vorislam. Kunst aus Mittelasien, islam., ind. und ostasiat. Kunst sowie eine Antikenabteilung und eine Abteilung für russ. Kulturgeschichte.

📖 B. B. PJOTROWSKIJ u. a.: Die E. (a. d. Ital., Neuausg. 1990); Schätze aus der E., hg. v. I. T. SCHICK (a. d. Engl., 1997); S. WESNIN u. a.: Die E. Ein Rundgang durch die Säle u. Galerien (a. d. Russ., St. Petersburg 1999).

Eremiten, die →Einsiedlerkrebse.

Eremophyten [zu griech. erēmía »Wüste« und phytón »Pflanze«], *Sg.* **Eremophyt** *der, -en,* sehr trockenheitsliebende (xerophile) Pflanzen in ariden Gebieten, mit besonderen Anpassungen an die Trockenheit des Standorts.

Eremitage 2): Das 1754–64 von Bartolomeo Francesco Rastrelli erbaute Winterpalais ist heute das Hauptgebäude des Museums.

Erenburg, Il'ja Grigorevič, russ. Schriftsteller, →Ehrenburg, Ilja Grigorjewitsch.

Eresburg, von Karl d. Gr. 772 eroberte sächs. Befestigung, wohl mit der 900 m langen und 350 m breiten, nach allen Seiten steil abfallenden Bergkuppe von Obermarsberg (heute zu Marsberg, Hochsauerlandkreis) gleichzusetzen. Wahrscheinlich stand innerhalb der dort nachgewiesenen Befestigung das sächs. Heiligtum →Irminsul.

Eresos, griech. **Eresos,** griech. Stadt des Altertums auf der Insel Lesbos, Geburtsort der Dichterin Sappho und des Aristotelikers Theophrast. Erhalten sind u. a. Teile einer Hafenanlage (5./4. Jh. v. Chr.), die Reste des Mauerrings der Akropolis, die später zur genues. Festung umgebaut wurde, und zweier christl. Basiliken des 5. Jh. Der heutige Ort liegt etwa 4 km landeinwärts.

Erethizontidae, die →Baumstachler.

Eretria, im Altertum zweitgrößte Stadt der Insel Euböa und seit dem Lelantischen Krieg (2. Hälfte des 7. Jh. v. Chr.) Rivalin von Chalkis. Ihre Blütezeit hatte sie im 8. und 7. Jh. v. Chr.; wegen der Teilnahme am Ion. Aufstand wurde sie 490 v. Chr. von den Persern zerstört, war aber in hellenist. Zeit wieder Mittelpunkt eines Territorialstaates, der ein Drittel Euböas umfasste. 198 v. Chr. wurde E. von den Römern zerstört und verlor jede Bedeutung.

Seit 1964 wird das antike E. zu Füßen der hohen Akropolis ausgegraben. Freigelegt wurden bisher v. a. die westl. Stadtmauer mit monumentaler Toranlage, Dionysostempel, Theater (4. Jh. v. Chr.), Gymnasion, Apollontempel (Ende des 6. Jh. v. Chr.), Palast des 4. Jh. v. Chr. und Wohnquartiere. Die ältesten Funde gehören ins 8. Jh. v. Chr. Ausgrabungen auf der Akkropolis förderten Fundgegenstände aus myken. Zeit (späte Bronzezeit) zutage. – Westlich von E. liegt die Ausgrabungsstätte →Levkandi, deren Funde bis ins 12. Jh. v. Chr. zurückreichen. – Bild Seite 272

Eretriamaler, att. Vasenmaler des rotfigurigen Stils, tätig zw. 440 und 415 v. Chr., benannt nach einem aus Eretria stammenden, von ihm bemalten Epinetron (Knieschutz einer Spinnerin); bevorzugte kleine Vasen, die er miniaturhaft und zart bemalte.

Erewan, Hauptstadt Armeniens, →Jerewan.

Erfahrung, Inbegriff von Erlebnissen in einem geordneten Zusammenhang, ebenso die in ihnen gegebenen Gegenstände und die durch sie erworbenen Kenntnisse und Fähigkeiten. Während der Begriff der inneren E. (Introspektion) das Erlebnis betont, zielt der der äußeren E. auf den Gegenstand, insofern er 1) wahrgenommen wird (**sinnliche E.,** →Wahrnehmung), 2) durch planvolles Vorgehen wiederholt wahrgenommen werden kann (**experimentelle E.,** →Experiment) oder 3) insofern durch Kenntnis (Lernen) und Übung (Kunstfertigkeit) die Fähigkeit des Umgangs mit dem Gegenstand oder mit gleichartigen Lebenssituationen (Orientierung, Praxis, i. w. S. **Le-**

Eremitage 2): Im Winterpalais befindet sich die »Galerie des Vaterländischen Krieges von 1812« (nach einem Entwurf von Karl Rossi 1826 vollendet).

Erfa Erfahrungsheilkunde

bens-E.) erworben wurde. Im →Empirismus wird E. als die Grundlage allen Erkennens betrachtet.

Beispiele für E.-Inhalte bei *Tieren* sind erlernte Handlungsabläufe (z.B. Werkzeuggebrauch zur Nahrungsbeschaffung), Gedächtnis für Personen, Vogeldialekte.

Erfahrungsheilkunde, Erfahrungsmedizin, in der alternativen Medizin Sammel-Bez. für diagnost. und therapeut. Methoden (z.B. Akupunktur, Zelltherapie, Homöopathie, Naturheilverfahren), die mehr auf empir. Erfolgen als auf den naturwiss. Erkenntnissen der Schulmedizin basieren.

Eretria: Theseus und Antiope, Fragment einer Marmorplastik vom Ostflügel des Apollontempels (um 510 v. Chr.; Chalkis, Museum)

Erfahrungskurve, häufig auftretender Zusammenhang (Gesetzmäßigkeit) von kumulierter Ausbringungsmenge und Stückkosten eines Erzeugnisses; danach nehmen die (preisbereinigten) Kosten der für die Wertschöpfung eingesetzten Produktionsfaktoren je Produkteinheit mit jeder Verdopplung der im Zeitablauf kumulierten Produktionsmenge um einen konstanten Prozentsatz (20–30%) ab. Der Kostensenkungseffekt beruht auf der Sammlung von Erfahrung mit wachsender Gesamtproduktion eines Gutes (Lerneffekt, →Lernkurve), auf Fixkostendegression (→fixe Kosten), auf techn. Fortschritt und Automatisierung. Ermöglicht werden diese Effekte letztlich durch die Arbeitsteilung in der Produktion. Da die E. die langfristigen Produktionskosten beschreibt, dient sie u.a. als Grundlage der strateg. Preisplanung.

Erfahrungswissenschaft, empirische Wissenschaft, jede Wiss., die ihre Sätze nicht durch Deduktion aus Hypothesen gewinnt, sondern durch auf Beobachtung gegründete →Erfahrung. Die Beobachtung kann (wie in den Naturwissenschaften) eine äußere, d.h. vom inneren Zustand des Beobachters weitgehend unabhängige, sein. Diese bietet den Vorteil, in ihrem Inhalt weitgehend reproduzierbar und damit intersubjektiv prüfbar zu sein. Besondere Bedeutung kommt der planmäßigen, instrumentell unterstützten Beobachtung, dem →Experiment, zu. Ob sich die auf Erfahrung gründende Erkenntnis durch eine Logik der Induktion verifizieren lässt oder ob sie bloß falsifizierbar ist (→Falsifikation), wird in der →Wissenschaftstheorie untersucht. Die Geistes- und Sozialwissenschaften stützen sich teilweise auf innere Beobachtung, auf die Erschließung innerer Erlebnisse anderer Personen (»Einfühlung«) und auf die Interpretation von Sinngebilden (→Hermeneutik). Insbes. in der Psychologie und in den Sozialwissenschaften wurde im 20. Jh. die Forderung laut, sich weitgehend oder auch ausschließlich auf äußere Erfahrung zu stützen (→Behaviorismus, →Positivismusstreit).

Erfassung, *Militärwesen:* →Wehrersatzwesen.

Erfassungsgrenze, die kleinste Konzentration oder Menge einer Komponente, die mit einem chem. Analyseverfahren gerade noch sicher bestimmt werden kann. Damit garantiert ist, dass sich der Messwert dieser Substanzmenge signifikant vom Blindwert (→Blindprobe) unterscheidet, wird die E. nach mathemat. Kriterien ähnlich der →Nachweisgrenze ermittelt. Sie ist definiert als Quotient aus dem sechsfachen Wert der Blindwertstandardabweichung und dem Blindwert. Im Unterschied zur Nachweisgrenze hebt sie sich damit noch deutlicher vom Blindwert ab.

Erfinderberatung, Bez. für die Unterstützung von Erfindern bei ihren Bemühungen um die kommerzielle Umsetzung von Erfindungen. Sie hilft ihnen bei der Ausarbeitung von Options-, Lizenz- und Kaufverträgen. Träger der E. sind die Patentstelle für die Dt. Forschung der Fraunhofer-Gesellschaft, die Verbände der Erfinder und Patentwissenschaftler, die Industrie- und Handelskammern, das nat. und das Europ. Patentamt, private Patentanwälte sowie in Dtl. die Dt. Aktionsgemeinschaft Bildung – Erfindung – Innovation (Abk. DABEI; Sitz: Bonn).

Erfindung, zu einem sinnlich fassbaren Ausdruck gebrachter, auf individueller geistiger Leistung beruhender menschl. Einfall, der eine wiederholbare Anweisung zur Nutzbarmachung von Natur- und Formgesetzen mit dem Ziel der Befriedigung menschl. Bedürfnisse hervorbringt. Die E. als Einfall ist zu trennen von dem Gegenstand, den sie gestaltet (Werkzeug, Maschine, Verfahren). I. e. S. versteht man unter E. nur technisch wirkende Einfälle. Auf diesem Gebiet sind E. patent- oder gebrauchsmusterrechtl. Schutz zugänglich, wenn sie mit neuen Mitteln ein bereits bekanntes oder mit bekannten Mitteln ein neues Ergebnis (Produkt oder Verfahren) hervorbringen, wenn sie sich zudem ausreichend vom handwerkl. Durchschnittskönnen abheben (E.-Höhe) und zu gewerblich anwendbaren Problemlösungen führen.

Im Bereich künstler. Einfälle spricht man nicht von E., sondern von Schöpfungen. Während E. Naturgesetze der Chemie, Physik oder Biologie (→Biopatent) auf menschl. Bedürfnisse anwenden, ist die Schöpfung das reine Geistesprodukt eines individuellen menschl. Geistes und als solche dem Schutz durch das →Urheberrecht zugänglich.

Von der E. ist die Entdeckung abzugrenzen. Hierunter versteht man die bloße Auffindung einer Naturgesetzlichkeit, ohne dass bereits eine nützl. Anwendung des Gefundenen ersichtlich ist (z. B. Entdeckung der Struktur der Doppelhelix).

Die Hervorbringung von E. war bis zum 18. Jh. überwiegend das Werk von Einzelpersonen (Handwerkern, Tüftlern). Seit dem 19., verstärkt aber im 20. Jh., wurde die Förderung von E. durch große Forschungseinrichtungen, industrielle Forschungslabors sowie staatl. Förderung und Organisation gezielt angestrebt. Die Überzeugung von der Steuerbarkeit des Ausstoßes von E. durch finanzielle und rechtl. Anreize ist Grundlage der Innovationspolitik und entscheidende ökonom. Rechtfertigung für die Existenz des Patentschutzes. (→Patent, →Gebrauchsmuster, →Arbeitnehmererfindung)

P. Kurz: Weltgesch. des Erfindungsschutzes (2000); Das erste Mal. Entdeckungen u. Erfindungen, die die Welt bewegten, hg. v. P. Reichenberger (2002); B. Schuh: Erfindungen. Vom Faustkeil zum Internet (2003).

Erfolg,
1) allg.: positives Ergebnis einer Bemühung, das Eintreten einer erstrebten Wirkung.
2) Betriebswirtschaftslehre: das Ergebnis der wirtschaftl. Tätigkeit des Unternehmens während eines Betrachtungszeitraumes. Je nachdem, ob die gesamte Wertentstehung einer Periode größer oder kleiner ist als der gesamte Werteverzehr der gleichen Periode, kann der E. als Differenz beider Größen positiv (Gewinn) oder negativ (Verlust) sein. Der theoretisch richtige E. eines Unternehmens kann nur nach dessen Liquidation in einer den gesamten Zeitraum von seiner Gründung bis zur Liquidation umfassenden **Totalerfolgsrechnung** als Differenz zw. allen Einnahmen und allen Ausgaben ermittelt werden (Total-E.). Aus prakt. Erfordernissen (z. B. als Grundlage für Dispositionen, Betriebskontrolle, Entscheidungsgrundlage, Besteuerung) wird der E. in kürzere Zeitabschnitte (Jahr, Quartal, Monat) in **Periodenerfolgsrechnungen** (Ergebnisrechnung) ermittelt (Perioden-E.). Der aufgrund handels- und steuerrechtl. Normen jährlich zu ermittelnde **pagator. E.** ergibt sich als Unterschied zw. den in der →Gewinn-und-Verlust-Rechnung zu verrechnenden Erträgen und Aufwendungen eines Jahres. Zur besseren Einschätzung der künftigen Entwicklung des E. eines Unternehmens (Nachhaltigkeit) wird dieser im Rahmen der Betriebsergebnisrechnung in einzelne Teil-E. aufgespalten (Betriebs-E., neutraler E.). Der **kalkulatorische E.** der Kosten- und Leistungsrechnung ergibt sich als Unterschied zw. Erlös und Kosten, die nach rein betriebswirtschaftl. Kriterien bestimmt werden. Der Unternehmens-E. kann nach einzelnen E.-Komponenten aufgeteilt werden (z. B. Stück-E., Sparten-E., E. von Filialen, Abteilungen, Produktgruppen). – In der **E.-Analyse** (Ergebnisanalyse) als Teilbereich der Bilanzanalyse wird versucht, Höhe und Zustandekommen des Unternehmens-E. möglichst unabhängig von bilanzpolit., steuer- und handelsrechtl. Einflüssen anhand von **E.-Kennzahlen** zu beurteilen (z. B. Cash-flow, Rentabilität).
3) Psychologie: das Erreichen eines angestrebten Ziels. Das **E.-Erlebnis** hängt weniger von der absoluten Höhe der Leistung als von ihrer Übereinstimmung mit den selbst gesetzten Erwartungen (→Anspruchsniveau) und von einer Bestätigung durch die Umwelt ab. Liegt die Leistung unter dem erwarteten Niveau, so wird dies als **Miss-E.**, liegt sie im Bereich der Erwartung oder darüber, als E. gewertet. Bei zu einfachen und zu schwierigen Aufgaben treten Erlebnisse des E. bzw. Miss-E. nicht auf. Der E. bei der Bewältigung von Aufgaben begünstigt die Leistungsmotivation und den Lernfortschritt. (→Erwartung)

Erfolgsbeteiligung, *Ergebnisbeteiligung,* Beteiligung von Beschäftigten eines Unternehmens an dessen Erfolg, die zusätzlich zum regulären Arbeitsentgelt vertraglich vereinbart wird (individuell oder durch Betriebsvereinbarung). Bemessungsgrundlage der E. können u. a. Produktionsmenge und Produktivität (Leistungsbeteiligung), Umsatz oder Wertschöpfung (→Ertragsbeteiligung) sowie Betriebs- bzw. Unternehmensgewinn oder ausgeschütteter Gewinn (→Gewinnbeteiligung) sein. Durch die E. sollen v. a. Leistungsanreize geschaffen, die Identifikation der Mitarbeiter mit dem Unternehmen erhöht, die innerbetriebl. Zusammenarbeit gefördert, ein qualifizierter Mitarbeiterstamm entwickelt und die Vermögensbildung von Arbeitnehmern gefördert werden.

Erfolgsbilanz, *betriebliches Rechnungswesen:* 1) die der periodengerechten Erfolgsermittlung eines Geschäftsjahres dienende Bilanz, bei der angemessene Periodenabgrenzung und Vergleichbarkeit von Erfolgsgrößen im Zeitablauf im Vordergrund stehen; Ggs.: Vermögensbilanz; 2) die →Gewinn-und-Verlust-Rechnung.

Erfolgsethik, seit M. Scheler die Moralphilosophie, die im Ggs. zur →Gesinnungsethik die sittl. Qualität einer Handlung nicht an der subjektiven Absicht, sondern an den objektiven Auswirkungen des Tuns festmacht. Insofern sie fordert, für die voraussehbaren Folgen einer Handlung Verantwortung zu übernehmen, steht sie der →Verantwortungsethik sehr nahe. Als Paradigma der E. kann der →Utilitarismus gelten.

Erfolgskonten, →Buchführung, →Konto.

Erfolgsorgane, *Physiologie:* Organe oder Gewebe, die auf Nervenimpulse oder Hormonsignale in einer charakterist. Weise antworten. (→Effektor)

erfolgsqualifizierte Delikte, Straftaten, bei denen der Eintritt bestimmter Folgen Strafschärfungen mit sich bringt (z. B. Körperverletzung mit Todesfolge, § 227 StGB). Die Strafschärfung setzt jedoch voraus, dass dem Täter hinsichtlich der schwereren Folgen wenigstens Fahrlässigkeit zur Last fällt (§ 18 StGB); in vielen Fällen ist eine leichtfertige (d. h. grob fahrlässige) Herbeiführung des Erfolges erforderlich (z. B. § 178 StGB: Vergewaltigung mit Todesfolge; § 251 StGB: Raub mit Todesfolge). Auch in den StGB Österreichs und der Schweiz sind e. D. enthalten.

Erfolgsrechnung, Ermittlung des →Erfolgs eines Unternehmens innerhalb einer Abrechnungsperiode.

Erfoud [ɛrˈfuːd], Hauptort der Oasengruppe Tafilalet, SO-Marokko, am Oued Ziz, 23 600 Ew.; Dattelpalmen, Lederverarbeitung, Fremdenverkehr. 10 km westlich die Berbernekropole Bouia (1. Jh. n. Chr.). – E. wurde in der Kolonialzeit als Militärposten gegründet.

Erfoud: Stadttor der Oasenstadt im Tafilalet

Erfr Erfrierung

Erftstadt: Marktplatz mit dem historischen Rathaus (1862) im Stadtteil Lechenich

Erfrierung,

1) *Botanik:* →Frostschäden.

2) *Medizin:* **Congelatio,** durch Kälteeinwirkung bedingte allgemeine oder örtl. Schädigung des Organismus. Störungen der Wärmeregulation mit erhöhter Wärmeabgabe, z. B. bei Alkohol- oder Schlafmittelvergiftung oder auch im Rahmen von Rückbildungserscheinungen im höheren Lebensalter, begünstigen E. ebenso wie eine verringerte Wärmebildung (z. B. bei Verletzung, Erschöpfung).

Die **allgemeine E.,** eine Unterkühlung des ganzen Körpers (→Hypothermie), beginnt mit Kältezittern und Schlafneigung, gefolgt von Bewusstseinstrübung, Herzrhythmusstörungen und Koma. Der **E.-Tod** (→Kältetod) tritt als Folge extremer Unterkühlung (Körperkerntemperatur unter 27 °C) ein. Die Behandlung durch den Arzt besteht in einer kontrollierten Erwärmung (z. B. mit körperwarmen Infusionen, Anwärmen der Atemluft, warmer Spülung des Magens) und der Anregung von Kreislauf und Atmung.

Örtliche E. entsteht, wenn das Gewebe eines Körperteils unter den Gefrierpunkt abgekühlt wird, als Folge von Gefäßschäden und Mangeldurchblutung. Sie tritt v. a. an Ohren, Nase, Fingern und Zehen auf. Ähnlich wie bei der Verbrennung unterscheidet man eine Schädigung 1. Grades mit Rötung und Schwellung der Haut, 2. Grades mit Blasenbildung und nachfolgenden, schwer heilenden Frostgeschwüren und 3. Grades mit Absterben (Kältebrand) der betroffenen Gewebeteile. Die Behandlung bei örtl. E. besteht in nur langsamer Erwärmung (sonst Wiedererwärmungsschäden). Zur Vermeidung von Komplikationen durch Wundinfektionen mit Eitererregern, Tetanus- oder Gasbranderregern können vorbeugend Antibiotika verabreicht und in schweren Fällen eine Tetanusschutzimpfung vorgenommen werden. Bei starker Gewebezerstörung ist oft eine Amputation des betroffenen Gliedteils nicht zu umgehen. Durch wiederholte geringere Kälteeinwirkungen entstehen entzündl. Schwellungen (→Frostbeulen).

Erft *die,* linker Nebenfluss des Rheins, 105 km lang, kommt aus der N-Eifel, mündet in Neuss. Ein Mündungsarm, der **E.-Kanal,** speist den Hafen von Neuss..

Erftkreis, ehemaliger Kreis in NRW, 2003 in →Rhein-Erft-Kreis umbenannt.

Erftstadt, Stadt im Rhein-Erft-Kreis, NRW, an der Erft und am W-Hang der Ville, 95 m ü. M., 51 200 Ew. Der seit 1900 betriebene Braunkohlenabbau mit Brikettfabrikation ist seit 1960 erloschen, das ausgekohlte Gelände rekultiviert und zu dem Naherholungsgebiet Naturpark Kottenforst Ville (Liblarer Seenplatte) ausgebaut; Nahrungsmittel- u. a. Industrie, ertragreiche Bördenlandwirtschaft. – Ehemalige Kölner Landesburg (als ältester Teil entstand der Wohnturm, 1306 ff.; Ausbau zur Wasserburg um 1332 ff.; 1689 zerstört, Teile der Vorburg im 18. Jh. barock erneuert); Wasserburg Konradsheim (vor 1354 gegr., im 15. oder 16. Jh. ausgebaut); Wasserburg Schloss Gracht (1689 vollendet, 1850–53 im viktorian. Stil umgebaut; Vorburg nach Brand 1879 errichtet); Schloss →Gymnich war bis 1990 Gästehaus der Bundesregierung. – E. entstand 1969 durch Zusammenschluss der Stadt Lechenich mit zwölf Gemeinden.

Erfüllung,

1) *Begriff der mathemat. Logik:* Ein n-Tupel $e_1, ..., e_n$ von Ausdrücken **erfüllt** eine n-stellige Aussageform $A(x_1, ..., x_n)$, wenn die durch die entsprechende Einsetzung von $e_1, ..., e_n$ für die Variablen $x_1, ..., x_n$ entstehende Aussage $A(e_1, ..., e_n)$ wahr ist. Speziell in der *Prädikatenlogik* werden Aussagen oder Aussageformen als **erfüllbar** bezeichnet, für die es einen nichtleeren Individuenbereich und eine Interpretation der Variablen über diesen Bereich gibt, bezüglich dessen sie wahr sind.

2) *Recht:* bei Schuldverhältnissen die Tilgung der Schuld durch Bewirken der geschuldeten Leistung (§§ 362 ff. BGB). Durch die E. erlöschen i. d. R. auch die die Ansprüche des Gläubigers deckenden Sicherheiten wie Bürgschaften, Pfandrechte.

I. Allg. wird der Schuldner selbst erfüllen, er kann sich zur E. auch der Dienste Dritter bedienen (z. B. einer Bank zur E. von Geldschulden). Leistet ein Dritter ohne Wissen des Schuldners, so bedarf es nicht dessen Einwilligung zum Erlöschen der Schuld, allerdings kann der Gläubiger die Leistung ablehnen, wenn der Schuldner widerspricht (§ 267 BGB). Persönlich braucht der Schuldner nur zu erfüllen, wenn der Wert der Leistung von der Persönlichkeit des Leistenden abhängt, bes. im Rahmen von Dienstverträgen. Grundsätzlich muss an den Gläubiger selbst, seinen gesetzl. Vertreter oder an eine von ihm zur Empfangnahme der Leistung ermächtigte Person geleistet werden. Als ermächtigt zur Empfangnahme der Leistung

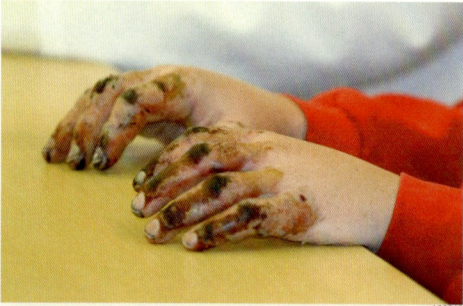

Erfrierung 2): Erfrierungen 1. bis 3. Grades an den Händen eines Skifahrers, der vier Tage verschollen war

gilt insbesondere der Überbringer einer →Quittung (§370); Boten sind im Übrigen nicht empfangsberechtigt. Die an einen Nichtberechtigten bewirkte Leistung wird nachträglich wirksam, wenn der Berechtigte sie genehmigt.

Eine andere als die geschuldete Leistung oder eine mangelhafte Leistung braucht der Gläubiger nicht anzunehmen. Zu Teilleistungen ist der Schuldner nicht berechtigt (§266 BGB). Nimmt der Gläubiger aber eine andere Leistung an, so ist zu unterscheiden: Das Schuldverhältnis erlischt, wenn der Gläubiger sich damit einverstanden erklärt, eine andere als die geschuldete **Leistung an Erfüllungs statt** anzunehmen. Ist die an Erfüllungs statt dargebrachte Sache mangelhaft, so hat der Schuldner hierfür wie ein Verkäufer einzustehen (→Gewährleistung). Im Unterschied hierzu kann eine **Leistung erfüllungshalber** angenommen werden; diese bringt das Schuldverhältnis nur dann zum Erlöschen, wenn der Gläubiger aus der Verwertung der erfüllungshalber dargebrachten Leistung (z.B. ein Gegenstand) befriedigt wird, d.h., das Schuldverhältnis erlischt erst bei Gutschrift des Schuldbetrages.

Stehen dem Gläubiger mehrere Forderungen auf gleichartige Leistungen zu, insbesondere mehrere Geldforderungen gegen den gleichen Schuldner, so kann der Schuldner bei der Leistung bestimmen, welche Forderung dadurch erfüllt werden soll (§366 Abs. 1). Werden neben der Hauptleistung Zinsen oder Kosten geschuldet, so ist die Leistung zunächst auf die Kosten, dann auf die Zinsen und zuletzt auf die Hauptleistung anzurechnen (§367).

Die E. ist im Streitfall vom Schuldner zu beweisen. Hat der Gläubiger aber eine ihm angebotene Leistung als E. angenommen, so trifft ihn die Beweislast, wenn er die Leistung nicht als E. gelten lassen will (§363). Der Schuldner kann Quittung und ggf. Rückgabe des Schuldscheins verlangen.

Neben der E. kennt das BGB noch folgende Tatbestände, die ein Schuldverhältnis zum Erlöschen bringen: →Hinterlegung, →Aufrechnung, →Erlass.

Entsprechendes gilt für das Recht Österreichs (§§1412ff. ABGB) und der Schweiz (Art. 68ff. OR).

Erfüllungsgehilfe, *Recht:* die Person, die mit Willen eines Schuldners für diesen bei Erfüllung seiner geschuldeten Leistung tätig wird, z.B. der Arbeitnehmer bei Reparaturen, die auszuführen der Firmeninhaber sich verpflichtet hat. Nach §278 BGB hat der Schuldner ein Verschulden seines E. gegenüber dem Gläubiger im gleichen Umfang zu vertreten wie eigenes Verschulden. Diese Haftung tritt jedoch nur ein, wenn die schuldhafte Handlung des E. in Ausführung der Vertragsleistung begangen worden ist. Außerhalb von bestimmten Schuldverhältnissen haftet der Geschäftsherr für die Personen, die er zu einer Verrichtung bestellt hat (→Verrichtungsgehilfe), aufgrund der delikt. Haftung des §831 BGB.

In Österreich gilt Ähnliches. Nach §1313a ABGB haftet der Geschäftsherr für das Verschulden des E. wie für sein eigenes. Die Haftung für bloße Besorgungsgehilfen ist schwächer (§1315 ABGB).

Das schweizer. Recht trifft ähnl. Regelungen wie das dt. (Art. 55 OR »Geschäftsherrenhaftung« im Deliktsrecht, Art. 101 im Vertragsrecht).

Erfüllungsinteresse, →Schadensersatz.

Erfüllungsort, Leistungsort, der Ort, an dem eine geschuldete Leistung zu bewirken ist. Der E. kann durch ausdrückl. Vereinbarung bestimmt sein, an-

Erfurt 1): die Krämerbrücke (1325), eine beiderseits mit Fachwerkhäusern bebaute Brückenstraße

dernfalls ist E. der Wohnsitz des Schuldners, den dieser zur Zeit der Entstehung des Schuldverhältnisses hatte. Handelt es sich um eine Schuld aus einem Gewerbebetrieb, ist E. der Ort der gewerblichen Niederlassung des Schuldners (§269 BGB). Schulden sind daher grundsätzlich Holschulden (vom Gläubiger beim Schuldner abzuholen), es sei denn, es ist anders vereinbart oder nach den Umständen ausgeschlossen.

Erfüllungspolitik, in der Weimarer Republik urspr. ein im Auswärtigen Amt hausintern gebrauchter Begriff, später jedoch v. a. ein abwertendes Schlagwort der dt. Rechtsparteien, bes. der Deutschnationalen und Nationalsozialisten, für die 1921 von Reichskanzler J. WIRTH und Außen-Min. W. RATHENAU eingeleitete Politik der dt. Reichsregierungen, die Verpflichtungen des Versailler Vertrages (1919/20) nach Möglichkeit zu erfüllen, um damit zugleich die Grenzen der Leistungsfähigkeit Dtl.s offenkundig und eine Revision der Reparationsbestimmungen des Versailler Vertrages unabweisbar zu machen.

Erfüllungs statt, Leistung an E. s., →Erfüllung.

Erfurt,

1) Hauptstadt und größte Stadt des Landes Thüringen, kreisfreie Stadt, liegt in einer Höhe von 158–430 m ü. M. inmitten des Thüringer Beckens, in einer weiten Talmulde der Gera (rechter Nebenfluss der Unstrut), 199 100 Ew. Die Stadt ist Sitz der Landesregierung sowie einer Vielzahl von Landes- und Bundesbehörden, Sitz eines kath. Bischofs und bedeutender Verbände, Banken, Versicherungen sowie seit 1999 des Bundesarbeitsgerichts. Wichtige wiss. Einrichtungen und Kulturstätten sind die 1994 wieder gegründete Univ., die 1999 den Lehrbetrieb aufgenommen hat (2001 Eingliederung der PH, 2003 Eingliederung der kath. Theolog. Fakultät [→kirchliche Hochschulen]), die →Universitäts- und Forschungsbibliothek Erfurt/Gotha mit der →Amploniana, die FH, die Stiftung für Technologie, Innovation und Forschung Thüringen, Museen (bes. Angermuseum mit mehreren Sammlungen, Stadt-, Naturkunde-, Gartenbau-, Elektro-, Druckereimuseum,

Erfurt 1)
Stadtwappen

- Hauptstadt von Thüringen
- im Thüringer Becken
- 158–430 m ü. M.
- 199 100 Ew.
- 1392–1816 Sitz einer Univ. (1994 wieder gegr.)
- Garten- und Ausstellungsgelände Cyriaksburg (ega)
- Industriestandort, Garten- und Samenzuchtanbau
- Domhügel mit Dom und Severikirche
- Krämerbrücke (1325)

Erfu Erfurt

Erfurt 1): Dom und Severikirche von Osten mit Darstellung einer Prozession, kolorierter Stahlstich von Jakob Rauschenfels von Steinberg (um 1840; Laubach, Graf zu Solms-Laubach'sche Bibliothek)

Museum für Thüringer Volkskunde, Forum Konkrete Kunst), Luther-Gedenkstätte Augustinerkloster, Humanistenstätte »Engelsburg«, Neues Opernhaus – Theater E., Neues Schauspiel E. u. a. Theater, Sinfonieorchester, Kultur- und Kongresszentrum Kaisersaal, Thüringenhalle und Zoopark. Auf dem Garten- und Ausstellungsgelände Cyriaksburg (ega) finden unterschiedl. Messen und Ausstellungen statt. Von den Park- und Waldflächen ist der 700 ha große Steigerwald am größten.

Nach 1990 erfolgte der Strukturwandel zum Dienstleistungszentrum Thüringens. Die Wirtschaft basiert auf den traditionellen Industriezweigen wie Maschinenbau, Elektrotechnik/Elektronik und Telekommunikation (Anwendungszentrum Mikrosystemtechnik), Schreib- und Bürotechnik, Bau-, Nahrungsmittel- und Genussmittel- sowie Bekleidungsindustrie, ergänzt vom Garten- und Samenzuchtanbau und dem Druckereigewerbe. E. ist ein wichtiger Straßen- und Eisenbahnknotenpunkt und besitzt einen internat. Flughafen.

Stadtbild Der mittelalterl. Stadtkern ist weitgehend erhalten. Die Stadt wird beherrscht von der Baugruppe des Doms und der Severikirche auf dem Domhügel. Der Dom (auf Vorgängerbau 1154 begonnen, got. Chorumbau 1349–72, spätgot. Neubau des Langhauses 1455–65) ist eine reich ausgestattete dreischiffige Hallenkirche mit bedeutender Bauplastik an der auf dreieckigem Grundriss errichteten Portalvorhalle (»Triangel«, um 1330) am nördl. Querschiffarm, auf die die breite Freitreppe von der Stadt zuführt; fast vollständig erhalten sind die spätgot. Glasgemälde (1370–1420) des Chors; im Innern u. a. Altaraufsatz (um 1160), bronzene Leuchterfigur (»Wolfram«, um 1160), Altartriptychon (»Einhornaltar«, um 1420–30), reiches got. Chorgestühl (um 1360); frei schwingende →Glocke »Gloriosa« (1497); an der Südseite Kapitelgebäude mit Kreuzgang; Domschatz. Die Severikirche (um 1278 bis um 1400), eine fünfschiffige got. Hallenkirche, verfügt ebenfalls über eine reiche Ausstattung, u. a. Severisarkophag (um 1365), Taufstein mit Überbau (1467). Dem Domhügel benachbart ist der Petersberg mit den Überresten der ehem. Benediktinerklosterkirche St. Peter und Paul (1103–47; 1813 zerstört) und barocker Zitadelle (1665–1707). Weitere Kirchen prägen das Stadtbild, darunter: got. Prediger- oder Dominikanerkirche (zw. 1263 und 1278 bis um 1370) mit spätgot. Lettner (Anfang 15. Jh.; Verkündigungsgruppe um 1370) und spätgot. Flügelaltar (1492), vom Kloster ist das Kapitelhaus erhalten; got. Barfüßer- oder Franziskanerkirche (nach 1291 bis Anfang 15. Jh.; heute Museum) und got. Augustinerkirche (nach 1277 bis Mitte 14. Jh.; Kloster und Kirche heute Luther-Gedenkstätte und Tagungsstätte); frühgot. Klosterkirche der Ursulinen (13. Jh.) mit Vesperbild (1320/30); roman. Schottenkirche (vor 1150 begonnen, 1727 barock verändert; 1964–67 in ursprüngl. Zustand wiederhergestellt); got. Kaufmannskirche (1291–1368); Reglerkirche (Ende 12. Jh., Umbau 14. Jh.); Neuwerkkirche (urspr. gotisch, Umbau 1731–35). Die got. Ägidienkirche (1324 und Ende 15. Jh.) bildet den Osteingang der Krämerbrücke (bereits 1117 erwähnt, 1325 in Stein ausgeführt), einer nördlich der Alpen einmaligen, beiderseits mit Fachwerkhäusern bebauten Brückenstraße. Bedeutende Profanbauten sind die barocken Gebäude Statthalterei (1711–20) und Packhof (1706–09; seit 1883 Angermuseum). Auch zahlr. Bürgerhäuser (seit der Renaissance) sind erhalten, u. a. »Haus zum Roten Ochsen«, 1562; »Haus zum Breiten Herd«, 1584; »Haus zur Hohen Lilie«, 1538. Zu den bemerkenswerten Gebäuden des 19. Jh. gehören der spätklassizist. alte Bahnhof, das neugot. Rathaus und die seit 1945 so genannten ehem. »Kongresssäle« (urspr. Ballhaus, später unter der Bez. »Kaisersaal«), die nach umfassender Rekonstruktion als »Kultur- und Kongresszentrum Kaisersaal E.« 1994 neu eröffnet wurden. Auf dem Gelände der Cyriaksburg (1480) wurden 1961 für die 1. Internat. Gartenbauausstellung zahlr. Bauten errichtet. Neue städtebaul. Akzente bilden u. a. moderne Wohnbauten, Hotels, Bürogebäude sowie das 2003 eröffnete Opernhaus.

Geschichte Das Stadtgebiet von E. war bereits in vorgeschichtl. Zeit besiedelt. Die Stadt entstand an einer Furt durch die urspr. Erpha genannte Gera. Nach der Eroberung des Thüringerreiches durch Franken und Sachsen (um 531) entstand auf dem Petersberg

Erfurt 1): links der Dom (auf Vorgängerbau 1154 begonnen), rechts die Severikirche (um 1278 bis um 1400)

ein fränk. Stützpunkt. 742 (Ersterwähnung als »Erphesfurt«) wurde E. durch BONIFATIUS vorübergehend Bistum; nach dessen Auflösung wurde das Gebiet 755 dem Erzbistum Mainz eingegliedert. KARL D. GR. bestimmte 805 den Außenposten des Fränk. Reichs (Königspfalz 802 erwähnt) zu einem Mittelpunkt des (Grenz-)Handels mit den Slawen. Um 1000 übernahmen die Mainzer Erzbischöfe die weltl. Herrschaft in E. Als kirchl. und polit. Zentrum Thüringens bereits im MA. eine der bedeutendsten, bevölkerungsreichsten und geistig führenden Städte Dtl.s, gebot E. im späten MA. über ein Territorium von rd. 900 km^2 mit etwa 100 Dörfern, Burgen und Vorwerken sowie der Stadt Sömmerda. Die Blüte im 14. und 15. Jh. verdankte die mit der Hanse verbundene Stadt, verkehrsgünstig am Schnittpunkt der Via regia (Königsstraße; W-O-Verbindung) mit der N-S-Verbindung zw. Ostsee und Alpen gelegen, v. a. ihrem weit gespannten Handel, bes. mit dem Blaufärbemittel Waid, das in den »Waiddörfern« angebaut wurde. Schon im 13. Jh. bedeutender Ort geistigen Lebens (MEISTER ECKHART), wurde die 1379/89 gegründete Univ. (1392 eröffnet, 1816 aufgehoben) eine Hochburg des dt. Humanismus (»Dunkelmännerbriefe«, 1515–17) und der Reformation; 1501–05 studierte hier M. LUTHER (1505–11 Mönch im Augustinerkloster). Durch Schutzverträge (1483, 1516) gewann Kursachsen in E. an Einfluss; die Selbstständigkeit der Stadt (seit Mitte des 13. Jh. städt. Selbstverwaltung durch einen Rat) wurde stark eingeschränkt, v. a. nach der gewaltsamen Unterwerfung durch kurmainz. Truppen (1664). Mit dem Niedergang des Waidhandels im 17. Jh. verlor E. vorübergehend seinen wirtschaftl. und polit. Einfluss. Im 18. Jh. kamen gewerbsmäßiger Gartenbau und Samenhandel auf, die europ. Bedeutung erlangten und im 19. Jh., neben der Entwicklung E.s zum Industriezentrum (nach 1850), die Wirtschaft prägten. 1802 kam E. an Preußen, 1807–14 war es durch NAPOLEON I. »Domaine réservée à l'empereur« (kaiserl. Domäne; 1808 Erfurter Fürstentag). Seit 1815 zur preuß. Prov. Sachsen (Reg.-Bez. E.) gehörend, tagte in E. 1850 das Erfurter Parlament der preuß. Union und 1891 der Erfurter Parteitag der SPD (Erfurter Programm). E. war 1948/50–52 und ist wieder seit 1991 Landeshauptstadt von Thüringen; 1952–90 war E. Hauptstadt des gleichnamigen DDR-Bezirks. – Das Treffen zw. Bundeskanzler W. BRANDT (BRD) und Min.-Präs. W. STOPH (DDR) in E. am 19. 3. 1970 bildete mit der folgenden Begegnung in Kassel (21. 5. 1970) den Auftakt der von BRANDT eingeleiteten neuen Dtl.- und Ostpolitik.

E. LEHMANN u. E. SCHUBER: Dom u. Severikirche zu E. (^{2}1991); E. 742–1992. Stadtgesch., Universitätsgesch., hg. v. U. WEISS (1992); R. BERGER: Die Peterskirche auf dem Petersberg zu E. Eine Studie zur Hirsauer Baukunst (1994); E. Gesch. u. Gegenwart, hg. v. U. WEISS (1995); T. BIENERT: E. Eine kleine Stadtgesch. (2002); E. im MA. Neue Beitrr. aus Archäologie, Bauforschung u. Kunstgesch., hg. v. M. ESCHERICH (2003).

2) von 1952 bis 1990 DDR-Bezirk, heute der zentrale und westl. Teil des Landes Thüringen.

3) kath. Bistum, 742 von BONIFATIUS gegründet und im folgenden Jahr durch Papst ZACHARIAS bestätigt; es umfasste wahrscheinlich das Stammesgebiet der Thüringer zw. Harz und Unstrut sowie Thüringer Wald, Werra und Saale, bestand jedoch nur einige Jahre. Nach seiner Auflösung wurde das Gebiet 755 dem Erzbistum Mainz eingegliedert. Nach dem Untergang des Mainzer Erzbistums (1803) kamen das mittlere und nördl. Thüringen zunächst an das Erzbistum Regensburg, 1821 an das Bistum Paderborn und 1930 an das Bistum Fulda. Die Katholiken S-Thüringens gehörten kirchlich zum Bistum Würzburg. Nach 1945 wurden mit dem Jurisdiktionsbezirk E. der Diözese Fulda und dem Bischöfl. Kommissariat Meiningen eigene kirchl. Verwaltungsstrukturen geschaffen, seit 1973 war das Gebiet als **Bischöfliches Amt E.-Meiningen** einem ständigen Apostol. Administrator mit den Vollmachten eines residierenden Bischofs unterstellt. Am 8. 7. 1994 (Errichtungsfeier am 18. 9.) wurde das **Bistum E.** in den Grenzen des ehem. Jurisdiktionsbezirkes E.-Meiningen neu errichtet (mit Ausnahme des Dekanats Geisa, das beim Bistum Fulda verblieb). E. gehört als Suffraganbistum zur Kirchenprovinz Paderborn. Bischof ist JOACHIM WANKE (* 1941), seit 1981 Bischof und Apostol. Administrator in Erfurt. (→katholische Kirche, ÜBERSICHT)

Erfurter Fürstentag, Erfurter Kongress, Bez. für das Treffen NAPOLEONS I. mit Kaiser ALEXANDER I. von Russland in Erfurt (27. 9.–4. 10. 1808). Die Zusammenkunft fand in Anwesenheit fast aller Fürsten des Rheinbunds statt und sollte der Abgrenzung der gegenseitigen Interessensphären dienen. Zur Absicherung der frz. Politik auf der Iber. Halbinsel und um eine Abrüstung Österreichs zu erzwingen, suchte NAPOLEON den russ. Kaiser zu gewinnen. Im Allianzvertrag (12. 10. 1808), der dem Treffen folgte, stimmte Frankreich der Annexion der Donaufürstentümer sowie Finnlands durch Russland zu, Russland verpflichtete sich zum Beistand im Falle eines österr. Angriffs auf Frankreich und willigte in die frz. Annexionspolitik in Spanien ein. Der russ. Kaiser setzte sich darüber hinaus für Preußen (Reduzierung der Reparationen von 140 Mio. auf 120 Mio. Francs) sowie Großbritannien ein, dem von beiden Partnern ein neues Friedensangebot unterbreitet werden sollte.

Erfurter Programm, Grundsatzprogramm der SPD, 1891 auf dem Erfurter Parteitag beschlossen, löste das →Gothaer Programm ab; 1921 durch das »Görlitzer Programm« ersetzt. Das E. P. war richtungweisend für viele sozialdemokrat. Parteien Europas.

Von K. KAUTSKY im theoret., von E. BERNSTEIN im prakt. Teil verfasst, geht das E. P. davon aus, dass nur die Umwandlung des Privateigentums an den Produktionsmitteln in gesellschaftl. Eigentum sowie die Abschaffung der »kapitalist.« Produktionsverhältnisse eine grundsätzl. Veränderung der Gesellschaft bringen könne; die Arbeiterklasse werde erst in den Besitz der Produktionsmittel gelangen, wenn sie zuvor die polit. Macht im Staat erringe. Das E. P. forderte als Sofortmaßnahmen u. a. das allgemeine, gleiche und direkte Wahlrecht, direkte Gesetzgebung durch das Volk, Abschaffung des stehenden Heeres, Gleichberechtigung der Frauen, Achtstundentag, Verbot der Kinder- und Nachtarbeit.

Erfurter Unionsparlament, das 1850 in Erfurt tagende Parlament der preuß. →Union.

Erfurth, Hugo, Fotograf, * Halle (Saale) 14. 10. 1874, † Gaienhofen (Landkreis Konstanz) 14. 2. 1948; begann seine professionelle Laufbahn als Theaterfotograf. 1896 richtete er ein erstes Fotostudio in Dresden ein und spezialisierte sich 1917 auf Porträtfotografie. Angeregt durch die Bildnisfotografie von D. O. HILL schuf er Profilaufnahmen und Dreiviertelporträts prominenter Persönlichkeiten (u. a. K. ADENAUER) von sachl. Prägnanz. Besonders seine Künstlerbildnisse

(u. a. P. KLEE, O. KOKOSCHKA, O. DIX) machten ihn zu einem der bedeutendsten und einflussreichsten dt. Porträtfotografen des 20. Jahrhunderts.

📖 H. E. Menschenbild u. Prominentenportrait 1902–1936, hg. v. B. v. DEWITZ, Ausst.-Kat. (1989); H. E. 1874–1948. Photograph zw. Tradition u. Moderne, hg. v. DEMS. u. a., Ausst.-Kat. (1992).

Hugo Erfurth: Konrad Adenauer (1928; Köln, Museum Ludwig)

Erg [aus griech. érgon »Werk«, »Arbeit«] *das, -s/-,* Einheitenzeichen **erg**, nichtgesetzl. Einheit der Energie und der Arbeit im CGS-System (→Einheitensystem); diejenige Arbeit, die verrichtet wird, wenn die Kraft 1 dyn längs eines Weges von 1 cm wirkt: 1 erg = 1 dyn · cm. In der gesetzl. SI-Einheit →Joule (J) ausgedrückt, gilt: 1 erg = 10^{-7} J oder 1 J = 10^7 erg.

Erg [arab.] *der, -(s)/-s,* **Areg,** in Libyen **Edeien,** Name für Sandwüsten mit Dünenbildung in der Sahara. Die größten E. sind der Westliche und der Östliche Große Erg.

ERG, Abk. für Elektro**r**etinogramm (→Elektroretinografie).

Ergänzung, *Mathematik:* 1) dekadische E., die Differenz einer dekad. Einheit und einer natürl. Zahl in dekad. Schreibweise; Beispiel: dekad. E. von 723 ist $1000 - 723 = 277$; 2) **quadratische E.,** ein Term b^2, der, zu dem Term $a^2 + 2ab$ addiert, das Quadrat $(a+b)^2$ ergibt; wichtig für die Auflösung einer quadrat. Gleichung; Beispiel: Die quadrat. E. des Terms $16x^2 + 24x$ ist 9, denn $16x^2 + 24x + 9 = (4x+3)^2$.

Ergänzungsabgabe, zusätzl. Abgabe zur Einkommen- und Körperschaftsteuer, deren Ertrag vollständig dem Bund zusteht (Art. 106 GG). Eine E. kann vom Bund durch Gesetz, das nicht der Zustimmung des Bundesrates bedarf, eingeführt werden, um einen besonderen Finanzbedarf zu decken. Die seit 1968 erhobene E. zu den Ertragsteuern in Höhe von 3 % des geschuldeten Steuerbetrages wurde bei der Einkommensteuer zum 1. 1. 1975 und bei der Körperschaftsteuer zum 1. 1. 1977 wieder abgeschafft. (→Solidaritätszuschlag)

Ergänzungshaushalt, eine Ergänzung des öffentl. →Haushaltsplans, die (im Unterschied zum →Nachtragshaushalt) noch während der parlamentar. Beratungen des Haushaltsentwurfes nachgeschoben und deshalb in das zu verabschiedende Haushaltsgesetz eingearbeitet wird.

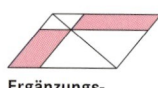

Ergänzungsparallelogramme

Ergänzungsparallelogramme, die beiden Parallelogramme, die in einem gegebenen Parallelogramm entstehen, wenn man durch einen beliebigen Punkt der Diagonale Parallelen zu den Seiten zieht und die Parallelen dabei nicht von der Diagonale durchschnitten werden. E. sind flächengleich.

Ergänzungsschulen, Schulen in freier Trägerschaft (→Privatschulen), die nicht als Ersatz für öffentl. Schulen errichtet werden, sondern ergänzende Bildungsangebote unterbreiten (z. B. Musikschulen, Kunstschulen). Durch den Besuch von E. können Schüler ihre Schulpflicht nicht erfüllen. Die Einrichtung von E. ist lediglich anzeigepflichtig und nicht – wie bei den →Ersatzschulen – genehmigungspflichtig.

Ergänzungsstoffe, organ. und anorgan., nur in Spuren notwendige Nahrungsbestandteile (→Ernährung). Zu den E. gehören v. a. Vitamine, Mineralstoffe, Geruchs- und Geschmacksstoffe und Spurenelemente.

Ẹrgativ [zu griech. ergátēs »Arbeiter«, »Handelnder«] *der, -s/-e, Sprachwissenschaft:* Kasus in versch. kaukas. Sprachen, daneben u. a. im Grönländischen, im Eskimoischen und im Tagalog. Der E. ist Subjektskasus in transitiven Sätzen und bezeichnet den Handlungsträger in obliquem Kasus (**ergativische Konstruktion**); in intransitiven Sätzen wird der Absolutiv als Subjektskasus verwendet, der in transitiven Sätzen das Objekt bezeichnet. Im Ggs. zu den E.-Sprachen haben die nominativischen nur einen Subjektskasus, den Nominativ.

Ergebnisabführungsvertrag, *der* →Gewinnabführungsvertrag.

Ergebnisrechnung, im betriebl. Rechnungswesen zum einen die Ermittlung des →Betriebsergebnisses, zum anderen die Erfolgsrechnung (→Erfolg).

ẹrgo [lat.], *bildungssprachlich:* also, folglich.

ergo... [von griech. érgon »Arbeit«, »Werk«], vor Vokalen auch verkürzt zu **erg...,** Wortbildungselement mit den Bedeutungen: 1) Arbeit, Arbeitsleistung, z. B. Ergometrie; 2) funktionelle Tätigkeit von Organen oder Körperteilen, z. B. ergotrop; 3) wirksam, z. B. Ergone. – Auch als letzter Wortbestandteil: ...ergie, mit der Bedeutung: wirksame Funktion, z. B. Synergie.

Ergocalciferol, das Vitamin D_2 (→Calciferole).

Ergodenhypothese, *statistische Mechanik:* von L. BOLTZMANN 1887 in die kinet. Gastheorie eingeführte Hypothese, wonach ein sich selbst überlassenes thermodyn. System (z. B. ein Gas) im Lauf der Zeit alle mit der konstant bleibenden Gesamtenergie verträgl. Zustände tatsächlich auch annimmt. Mit dieser Annahme konnte das **Ergodenproblem** der →statistischen Mechanik behoben werden, nämlich die Ersetzbarkeit von zeitl. Mittelwerten physikal. Größen durch deren leichter berechenbare Phasenraummittelwerte (Scharmittel) zu begründen. Aus mathemat. Gründen ist die boltzmannsche E. jedoch nicht haltbar. Sie wurde 1911 von P. und T. EHRENFEST durch die **Quasi-E.** ersetzt, wonach im Lauf der Zeit jeder mögl. Bewegungszustand des Systems mit beliebiger Annäherung (→Ergodizität) verwirklicht wird. Da man nach der Quantentheorie den Ort und den Impuls von Teilchen grundsätzlich nur mit einer durch die heisenbergsche Unschärferelation gegebenen Ungenauigkeit festlegen kann, ist die Quasi-E. für eine Quantenstatistik ausreichend.

Ergodenproblem, *statist. Mechanik:* →Ergodenhypothese.

Ergodizität *die, -, statist. Mechanik:* die Eigenschaft eines dynam. Systems mit konstanter Energie E, z. B. eines thermodyn. Vielteilchensystems oder eines chaot. Systems, im Verlaufe seiner zeitl. Entwicklung die durch E = konstant ausgezeichnete Energiehyperfläche im zugehörigen Phasenraum gleichmäßig zu überdecken, d. h., unabhängig vom konkreten Anfangszustand jeden energetisch möglichen physikal. Zustand (tatsächlich) gleich häufig zu durchlaufen. Dies wurde von H. POINCARÉ als **Wiederkehr-Theorem** (anschaulich gesprochen) so formuliert, dass jede Bahnkurve des Systems nach hinreichend langer Zeit T seinem Ausgangspunkt – wie auch jedem beliebigen anderen Punkt auf der Energiehyperfläche – beliebig nahe kommt. Ein ergod. System genügt daher außer dem Energiesatz keinem anderen Erhaltungssatz; ansonsten muss die E. der Bewegung zusätzlich auf entsprechende Hyperflächen mit konstanten Werten der Erhaltungsgrößen eingeschränkt werden. Ein strenger Beweis der E. ist bisher nur für ganz wenige dynam. Systeme gelungen, z. B. für ein Gas aus ideal harten Kugeln.

Zur Ergodentheorie, die L. BOLTZMANN mit der →Ergodenhypothese in der kinet. Gastheorie begründete, haben H. POINCARÉ, C. CHARATHÉODORY, G. D. BIRKHOFF, J. VON NEUMANN wesentl. Beiträge geleistet. Sie ist heute ein wichtiges Gebiet der mathemat. Physik, in dem v. a. unter Verwendung maßtheoret. und topolog. Methoden tief liegende physikal. Fragestellungen, z. B. zur Definition der dynam. Entropie, zum Verhalten stochastisch dynam. Systeme und zur Physik von Systemen mit determinist. Chaos, untersucht werden.

Ergograf *der, -en/-en,* **Ergograph,** Gerät, das die Arbeit bestimmter Muskeln misst und registriert. Der E. wird bes. zur Untersuchung von Leistungsfähigkeit und Ermüdung in der Arbeitsphysiologie und -psychologie sowie bei der Diagnose krankhafter Störungen von Muskel- und Nervenfunktionen verwendet.

Ergologie *die, -,* die Lehre von den materiellen und techn. Erzeugnissen menschl. Kultur. Zur E. gehören, struktural und funktional im jeweiligen histor. Kulturgefüge und im Zusammenhang mit der Technologie betrachtet, Tracht, Nahrung, Obdach, Geräte und Verfahren, Verkehr, Waffen. E. ist im Rahmen einer universellen Kulturgesch. ein Forschungsbereich v. a. der Völker- und Volkskunde. E. wird primär in Museen betrieben und beschäftigt sich inzwischen auch mit techn. und elektron. Objekten.

Umgang mit Sachen. Zur Kulturgesch. des Dinggebrauchs, hg. v. K. KÖSTLIN u. H. BAUSINGER (1993); Die Dinge umgehen? Sammeln u. Forschen in kulturhistor. Museen, hg. v. J. CARSTENSEN (2003).

Ergometer *das, -s/-,* Gerät zur Messung der körperl. Leistung.

Ergometrie *die, -/...'tri|en,* Verfahren zur Prüfung der Leistungsfähigkeit des Organismus, bes. des Herz-Kreislauf-Systems, der Lunge (Atmung) und der Muskulatur nach messbarer Belastung mit dem **Ergometer.** Bei dem am häufigsten gebräuchl. Fahrradergometer wird die zu leistende Tretarbeit in eine in versch. Belastungsstufen (mechanisch oder elektromagnetisch gebremste Schwungmasse) messbare elektr. Energie umgesetzt. Dabei wird gleichzeitig mit angeschlossenem Elektrokardiografen eine Herzstromkurve aufgezeichnet (Belastungs-EKG). →Ergospirometrie.

Ergometrin *das, -s,* →Mutterkornalkaloide.

Ergon, Sprachwissenschaft: →Energeia.

Ergonomie *die, -,*

1) *Arbeitswissenschaft:* wiss. Disziplin, die sich mit der Anpassung der Arbeit bzw. der Arbeitsbedingungen an die Eigenschaften des menschl. Organismus beschäftigt. Mithilfe der E. sollen techn. Prozesse aufgrund von Messungen (der oft unausgeglichenen Beanspruchungen) und Erkenntnissen der Arbeitsmedizin, -physiologie und -psychologie sowohl hinsichtlich humanitärer wie auch ökonom. Ziele optimal gestaltet werden. Die körpergerechte Konstruktion und Anordnung von Arbeitsmitteln (z. B. Werkzeuge, Büromöbel, →Bildschirmarbeitsplätze) sowie die Gestaltung von Arbeitsabläufen und Umwelteinflüssen zur Begrenzung von phys. und psych. Gefährdungen dienen einerseits der Gesundheit des Arbeitenden, andererseits der Entfaltung der Leistungsfähigkeit und der dauerhaften Erhaltung der Leistungsbereitschaft.

R. KOETHER: Betriebsstättenplanung u. E. (2001); Good practice. E. u. Arbeitsgestaltung, hg. v. K. LANDAU (2003).

2) *Informatik:* →Softwareergonomie.

Ergo|spirometrie, Spiroergometrie, Verfahren zur Messung von Herz-, Kreislauf-, Lungen- und Stoffwechselparametern zur Bestimmung der Leistungsfähigkeit. Die Anzeige von Sauerstoffverbrauch und Kohlendioxidausscheidung erfolgt simultan. Durch gleichzeitige Erfassung von Blutdruck und Elektrokardiogramm (EKG) ist die E. eine der wichtigsten Untersuchungsmethoden zur Diagnostizierung von Schäden oder Funktionsstörungen am Herz-Kreislauf- und Atmungssystem. Sie erlaubt ferner die Beurteilung der organ. Leistungsfähigkeit und wird bes. in der Sportmedizin, Kardiologie, Arbeits- und Sozialmedizin sowie in der Chirurgie vor und nach größeren operativen Eingriffen eingesetzt.

Ergosterin, v. a. in Hefen, daneben u. a. im Mutterkorn vorkommendes Mykosterin (→Sterine) von ähnl. Struktur wie das Cholesterin; Provitamin des Vitamins D_2 (Ergocalciferol), in das es bei Bestrahlung mit UV-Licht übergeht.

Ergot|alkaloide, die →Mutterkornalkaloide.

Ergot|amin *das, -s,* ein →Mutterkornalkaloid.

Ergotherapeut, Beruf mit dreijähriger Fachschulausbildung zur Durchführung der →Ergotherapie; E. können an Fachhochschulen auch einen Bachelorabschluss erwerben. In Dtl. gibt es rd. 35 000 E., die überwiegend in freier Praxis oder in Akut- und Rehabilitationskliniken tätig sind.

Ergotherapie, früher **Beschäftigungs- und Arbeitstherapie,** Therapieform, deren Ziel es ist, Menschen mit Krankheiten und Behinderungen ein möglichst uneingeschränktes Handeln zu ermöglichen. Anwendungsbereiche sind Erkrankungen des Kindesalters, neurolog. und rheumat. Erkrankungen, Unfallfolgen sowie psychosomat. und psychiatr. Krankheitsbilder. Anders als die →Krankengymnastik will die E. nicht nur Funktionsverbesserungen auf der körperl. (und psych.) Ebene erreichen; vielmehr orientiert sie sich an der Ausführung von (sinnvollen) Handlungen. Hierzu arbeitet sie an Verbesserungen z. B. von Geschicklichkeit, Beweglichkeit und Kraft und stellt den Betroffenen geeignete Hilfsmittel (z. B. Schienen, Bandagen, Werkzeuge) zur Verfügung. Darüber hinaus werden in der E. →Aktivitäten des täglichen Lebens eingeübt und die Lebensumgebung eventuell bestehen bleibenden Funktionseinschränkungen angepasst. Je nach Krankheitsstadium kann es sich dabei um grundlegende Verrichtungen wie Waschen, Anziehen oder um komplexe Handlungen wie Nahrungszubereitung, Computertätigkeiten oder andere Arbeitsabläufe handeln. Mit dieser Zielstellung, die mit der Internat. Klassifikation der Funktionsfähigkeit, Behinderung und Gesundheit (ICF; →Behin-

Ergo Ergotimos

Ergotherapie: Training der Oberschenkelmuskulatur auf einem Kufenwebrahmen

derte) gut umschrieben werden kann, erhält die E. eine wichtige Rolle in der Rehabilitation.

Methoden der E. sind das Funktionstraining, zu dem handwerkl. Techniken (z. B. Weben, Papierarbeiten), funktionelle Spiele, neurophysiologisch orientierte Behandlungskonzepte (z. B. Bobath-Therapie) und handlungsorientierte lerntheoret. Konzepte gehören, das Selbsthilfetraining, die Versorgung mit Hilfsmitteln und neuropsycholog. Trainingsverfahren zur Förderung der Hirnleistung und des Gedächtnisses. Bei entzündlich-rheumat. Erkrankungen kann die E. einen Beitrag zum Gelenkschutz leisten (gelenkschonende Werkzeuge und Hilfsmittel). Schließlich ist die ablenkende und sinnvolle Übungsbehandlung (Beschäftigung) zus. mit produkt- und leistungsorientiertem Training (Arbeitstherapie) ein Bestandteil der Behandlung zur (Wieder-)Erlangung sozialer Kompetenzen.

In Deutschland muss E. ärztlich verordnet werden, wobei sich die Verordnungsweise zulasten der gesetzl. Krankenversicherung an der Heilmittelrichtlinie orientieren muss. Sie darf nur von staatlich anerkannten Ergotherapeuten durchgeführt werden.

 📖 E. Vom Behandeln zum Handeln, hg. v. C. SCHEEPERS (^{2}2000); R. HAGEDORN: E. Therapien u. Modelle (a. d. Engl., 2000); C. JEROSCH-HEROLD: Konzeptionelle Modelle für die ergotherapeut. Praxis (^{2}2004).

Ergotimos, attischer Töpfer, der um 570/560 v. Chr. mit dem Vasenmaler KLITIAS zusammenarbeitete. Ihr gemeinsames Hauptwerk ist die →Françoisvase. Außerdem werden E. mehrere Schalen sowie ein Ständer zugeschrieben.

Ergotismus der, -, die Mutterkornvergiftung (→Mutterkorn).

Ergotoxin das, -s, ein →Mutterkornalkaloid.

ergotrop [zu griech. tropḗ »Wendung«, »Hinwendung«], den gesamten Organismus auf erhöhte Aktivität einstellen, speziell auf die Erregung des Sympathikus bezogen.

Ergo Versicherungsgruppe AG, 1997 durch Fusion der VICTORIA-Versicherungsgruppe und der Hamburg-Mannheimer AG entstandener, europaweit (in 21 Ländern) tätiger Versicherungskonzern, zu dem u. a. auch die Dt. Krankenversicherung AG (DKV), der Rechtsschutzversicherer D. A. S., die Karstadt Quelle Versicherungen, der Vermögensverwalter MEAG Munich Ergo AssetManagement GmbH und der Immobilien- und Finanzdienstleister Ergo Trust gehören; Sitz: Düsseldorf. Prämieneinnahmen (2004): 16,13 Mrd. €; Beschäftigte: 30 900; Großaktionär (93,7 %) ist die Münchener Rückversicherungs-Gesellschaft AG.

Ergun He, Fluss in NO-China und Russland (Gebiet Tschita), →Argun.

Erguss, Flüssigkeitsansammlung in Körperhöhlen, die entzündlich bedingt ist (→Exsudat) oder durch Störungen der Blutzusammensetzung u. a. hervorgerufen wird (→Transsudat); i. w. S. auch im Gewebe (→Ödem, →Bluterguss).

Ergussgesteine, die →Vulkanite.

Erhabene, das [von mhd. erhaben, zunächst »emporragend«, seit dem 18. Jh. übertragen für »vornehm«, »hoch stehend«], *Philosophie:* neben der Kategorie des Schönen einer der Hauptbegriffe philosoph. Ästhetik; urspr. eine rhetor. Figur, die bes. in der Spätantike von Bedeutung war.

Der Rhetoriker PSEUDO-LONGINOS versteht in seinem Werk »Peri hýpsus« (1. Jh. n. Chr.) unter dem E. (griech. hýpsos »Höhe«, »Erhabenheit«) einen Effekt der Rede zur Erhebung der Seele, der sich dem Augenblick (griech. kairos) verdankt, indem er die gewöhnl. Sicht der Dinge »wie ein Blitz« zersprengt. E. BURKE deutete das E. (engl. sublime) im Sinne einer Wirkungsästhetik des »Schrecklichen«. Von I. KANT wird es als Erlebnis unermessl. Größe und Hoheit, bes. der Natur, gefasst und komplementär zum Begriff des →Schönen entwickelt; in Anlehnung an KANT übertrug F. SCHILLER das E. in seiner Wirkungsästhetik ausdrücklich auf die Kunst. Beide unterscheiden ein »mathematisch Erhabenes« (Unendlichkeit) von einem »dynamisch Erhabenen« (wilde Natur) und ein »durch seine Würde Erhabenes« (sittl. Persönlichkeit, Sittengesetz). Während in der Kunst der Klassik das Schöne gegenüber dem E. den Vorrang einnimmt, spielt in der romant. Ästhetik das E. die entscheidende Rolle. Als erhaben gilt jetzt das Unbestimmte, die Grenze der Darstellbarkeit angesichts existenzieller Gefühle wie Angst, Grauen, Nichtigkeit und dergleichen. Insbes. kann F. NIETZSCHES Begriff des Dionysischen als eine »alles zerreißende Kraft« im Sinne einer Ästhetik des E. interpretiert werden. Eine Renaissance erfuhr der Begriff v. a. in der Kunst des 20. Jh. durch B. NEWMAN, der in seinem programmat. Text »The sublime is now« (1948) das Schöne der europ. Kultur zuordnet, während die Kunst der Moderne, die diese überwindet und eine neue Kultur stiftet, ihre Erfüllung in der Absolutheit des E. sucht. J.-F. LYOTARD hat daraus eine Philosophie der Moderne entwickelt, die im E. als der »Darstellung des Undarstellbaren« ihren höchsten Punkt findet.

 📖 Das E. Zw. Grenzerfahrung u. Größenwahn, hg. v. C. PRIES (1989); J.-F. LYOTARD: Die Analytik des Erhabenen (a. d. Frz., 1994); C. CROCKETT: A theology of the sublime (London u. a. 2001); R. RORTY: Die Schönheit, die Erhabenheit u. die Gemeinschaft der Philosophen (Neuausg. 2001).

Erhaltungsdosis, die Menge eines Arzneimittels, die täglich zugeführt werden muss, um einen bestimmten Wirkstoffspiegel aufrechtzuerhalten; wichtig z. B. für Antibiotika, Sulfonamide oder herzwirksame Glykoside.

Erhaltungsgebiet, *Ökologie:* Rückzugsgebiet (→Refugium).

Erhaltungsgröße, eine physikal. Größe, die in abgeschlossenen Systemen bei jeder zeitl. Änderung des Systemzustandes zeitlich konstant bleibt. E. unterliegen einem →Erhaltungssatz. Änderungen der E. in einem Teilsystem werden durch insgesamt entgegengesetzt gleich große Änderungen in den anderen Systemteilen kompensiert. Im Falle der Gesamtenergie eines solchen Systems kann sich auch eine Energieform (z. B. kinet. Energie) in eine andere (z. B. potenzielle Energie) umwandeln, ohne dass sich dabei die Gesamtenergie ändert (→Energiesatz).

Mathematisch entsprechen die E. den Invarianten, die nach dem →Hamilton-Prinzip bei Variation des zum betrachteten abgeschlossenen System gehörenden Wirkungsintegrals durch Ausüben von Koordinaten- u. a. Lie-Transformationen auftreten. So ist der Impuls die invariante Größe bei einer Translation (oder Verschiebung des Koordinatenursprungs), die Energie die bei einer Zeittransformation (Verschiebung des Zeitnullpunktes) und der Drehimpuls die bei einer Rotation. Außer diesen drei Transformationen in Raum und Zeit und den zum Ladungserhaltungssatz führenden Eichtransformationen gibt es in der Quantentheorie noch weitere unitäre Transformationen, die zu Invarianten führen, denen kein klass. Erhaltungssatz entspricht. Diese Invarianten können dann durch ladungsartige Quantenzahlen beschrieben werden, z. B. die Invarianten der Drehungen im Isospinraum durch Isospinquantenzahlen.

Erhaltungssätze, in allen Naturwissenschaften gültige physikal. Grundgesetze, die besagen, dass in abgeschlossenen Systemen bestimmte physikal. Größen, die Erhaltungsgrößen des jeweiligen Systems, bei jeder zeitl. Zustandsänderung »erhalten« bleiben. So gilt in solchen Systemen, in denen nur innere »Kräfte« wirksam sind, ein E. für die Gesamtenergie (der →Energiesatz), ein E. für den Gesamtimpuls (der →Impulssatz) und ein E. für den Gesamtdrehimpuls (der Drehimpulssatz; →Drehimpuls). Außerdem gilt in Systemen, bei denen Ladungsträger oder makroskop. Ladungsmengen auftreten und miteinander in Wechselwirkung stehen, ein E. für die Gesamtladung (der Ladungs-E.; →Ladung). Mit dem Impulssatz ist der →Schwerpunktsatz gleichwertig. Der Energiesatz umfasst heute auch den ursprüngl. **Satz von der Erhaltung der Masse** (bzw. der Materie oder Stoffmenge), da eine Masse m gemäß dem einsteinschen Gesetz $E = mc^2$ einer Energie E äquivalent ist (c Lichtgeschwindigkeit) und somit mit jeder Massenänderung eine Energieänderung verknüpft ist. Die vierdimensionale Formulierung der Relativitätstheorie durch H. MINKOWSKI vereinigt Energie- und Impulssatz zu einem einzigen E., dem Energie-Impuls-Satz (→Energie-Impuls-Tensor).

Neben diese klass. E. treten in atomaren und anderen mikrophysikal. Systemen außerdem E. für den →Spin, den →Isospin und die →Parität sowie für die →Baryonenzahl und die →Leptonenzahl auf, sowie in Abhängigkeit von der jeweiligen →Wechselwirkung, für die →Strangeness und die Quantenzahlen →Charm, Bottomness und Topness. Die E. sind v. a. für die Klassifizierung der Elementarteilchen von Bedeutung. Es hat sich herausgestellt (in Verallgemeinerung der von EMMY NOETHER 1918 erkannten Zusammenhänge), dass jedem E. eine Invarianzeigenschaft der physikal. Gesetze (→Invarianz, →Eichinvarianz) entspricht.

Literatur →Mechanik, →Symmetrie.

Erhaltungszüchtung, *Pflanzenzucht:* die fortgesetzte züchter. Auslese von Einzelindividuen, die in ihren Eigenschaften dem gewünschten Sortentyp in hohem Maße entsprechen; durch die E. sollen die Ertragsleistung und die typ. Merkmale einer Zuchtsorte erhalten bleiben.

Erhängen, Todesart, bei der eine durch das eigene Körpergewicht zusammengezogene Halsschlinge in Abdrücken der Hals- und Wirbelsäulenschlagader bewirkt; dadurch kommt es zu einer Blutleere des Gehirns, die zu Bewusstlosigkeit und Tod führt. Durch Druck des Zungengrundes gegen die Rachenhinterwand kann es außerdem zu einer Verlegung der Luftröhre kommen; selten (z. B. bei tiefem Fall in einer Schlinge) ist auch ein Bruch des zweiten Halswirbels (»Genickbruch«) mit Lähmung des Atemzentrums Todesursache. E. ist die häufigste Form des Suizids.

Das **typische** E. ist durch eine Verknotung der Strangwerkzeuge im Nacken, beiderseits symmetrisch von vorn zum Nacken ansteigende Strangmarke und fehlenden Bodenkontakt des Körpers, bes. der Füße, charakterisiert. Alle anderen Formen werden als **atypisches** E. bezeichnet, das wesentlich häufiger ist als das typ. E. Die Belastung der Schlinge mit einem Bruchteil des Körpergewichts reicht zum Verschluss der Blutgefäße aus, sodass das E. auch in halb sitzender oder halb liegender Position möglich ist.

Erhard, Ludwig, Politiker, * Fürth 4. 2. 1897, † Bonn 5. 5. 1977; 1929–42 am Inst. für Wirtschaftsbeobachtung an der Handelshochschule Nürnberg und von 1942–45 am Inst. für Industrieforschung (zuletzt in Bayreuth) tätig, dem Nationalsozialismus gegenüber ablehnend eingestellt, befasste sich gegen Kriegsende mit Fragen der Wirtschafts- und Finanzentwicklung Dtl.s nach dem Kriege. In seinen gesellschaftspolit. Anschauungen stand er den »Neoliberalen« nahe.

Nach dem staatl. Zusammenbruch Dtl.s (Mai 1945) beriet E. die amerikan. Besatzungsmacht in wirtschaftspolit. Fragen. 1945/46 war er bayer. Wirtschafts-Min., danach Leiter der Sonderstelle Geld und Kredit bei der Finanzverwaltung des »Vereinigten Wirtschaftsgebietes« (Bizone), die im Auftrag der amerikan. und brit. Besatzungsmacht eine Währungsreform vorbereitete. 1947 wurde E. Honorar-Prof. an der Univ. München. Als Direktor der Wirtschaftsverwaltung des »Vereinigten Wirtschaftsgebietes« (1948/49) erklärte er am 20. 6. 1948, dem Tag der Währungsreform, gegen den Widerstand der Besatzungsmächte das Ende der Zwangswirtschaft. – Ab 1949 MdB (bis 1976), schloss er sich politisch der CDU an. Als Bundeswirtschafts-Min. (1949–63) setzte er das Prinzip der »sozialen Marktwirtschaft« durch, wobei er sich u. a. gegen Wettbewerbsbeschränkungen durch Kartelle und Monopole wandte. Der durch diese Politik beförderte wirtschaftl. Aufschwung begründete seinen Ruf als »Vater des dt. Wirtschaftswunders«. 1957–63 war er zugleich Vizekanzler.

Am 16. 10. 1963 wählte der Bundestag E. als Nachfolger K. ADENAUERS zum Bundeskanzler (an der Spitze einer kleinen Koalition aus CDU/CSU und FDP), nachdem ADENAUER zuvor versucht hatte, dessen Qualifikation als Reg.-Chef infrage zu stellen. Er verstand sich als »Volkskanzler«, der in seiner Innenpolitik die Gruppeninteressen auf das ihnen zukommende Maß einzuschränken suchte (→formierte Gesellschaft). Gestützt auf E.s Ansehen in der Bev.,

Ludwig Erhard

Ludwig Erhard über die soziale Marktwirtschaft

Aus der Schrift »Wohlstand für alle« (1957)

Siebentes Kapitel »Kartelle – Feinde der Verbraucher« *(Auszug)*

Das ist ja gerade das Geheimnis der Marktwirtschaft, und das macht ihre Überlegenheit gegenüber jeder Art von Planwirtschaft aus, daß sich in ihr sozusagen täglich und stündlich die Anpassungsprozesse vollziehen, die Angebot und Nachfrage, Sozialprodukt und Volkseinkommen sowohl in quantitativer als auch in qualitativer Beziehung zu richtiger Entsprechung und so auch zum Ausgleich bringen. Wer also nicht Leistungswettbewerb und freien Marktpreis will, hat jedes Argument gegen die Planwirtschaft aus der Hand gegeben.

Nun mag von meinen Gegnern die Frage aufgeworfen werden, ob die von mir so betonte Freiheit des Unternehmers nicht gerade dadurch zu sehr eingeschränkt wird, daß man dem Unternehmer nicht mehr gestatten möchte, seine Freiheit so zu gebrauchen, wie er es für richtig hält, das heißt also auch gegebenenfalls dazu zu benutzen, die freie Betätigung des einzelnen Unternehmers einzuschränken. Ich gebe gern zu, daß es sich hierbei um die *zentrale Frage* der *Marktwirtschaft* moderner Ausprägung handelt. Diese Frage zu stellen und zu beantworten, heißt *den eklatanten Unterschied* zwischen der sozialen Marktwirtschaft, wie wir sie in Westdeutschland seit 1948 zu verwirklichen suchen, und der liberalistischen Wirtschaft alter Prägung *aufzuzeigen*.

Nach meiner Auffassung beinhaltet die *soziale Marktwirtschaft* eben *nicht die Freiheit* des Unternehmers, durch *Kartellabmachungen die Konkurrenz auszuschalten*; sie beinhaltet vielmehr die Verpflichtung, sich durch eigene Leistung im Wettbewerb mit dem Konkurrenten die Gunst des Verbrauchers zu verdienen. Nicht der Staat hat darüber zu entscheiden, wer im Markt obsiegen soll, aber auch nicht eine unternehmerische Organisation wie ein Kartell, sondern ausschließlich der *Verbraucher*. *Qualität* und *Preis* bestimmen Art und Richtung der Produktion, und nur nach diesen Kriterien vollzieht sich auf der privatwirtschaftlichen Ebene die Auslese.

L. Erhard: Wohlstand für alle, bearb. v. W. Langer (Düsseldorf: ECON, ⁴1990), S. 171 f.

---

errang die CDU/CSU 1965 einen eindeutigen Wahlsieg. 1966/67 war E. auch Vors. der CDU. Nach der Wahlniederlage der CDU in NRW (1966) wuchs die innerparteil. Kritik an E.s Führungsstil sowie der Wunsch starker Kräfte in der Union nach Bildung einer großen Koalition mit der SPD, die E. entschieden ablehnte. In einem angesichts fiskalisch-konjunktureller Probleme zunehmend nervösen polit. Klima zerbrach die Koalition von CDU/CSU und FDP im Oktober 1966; am 30. 11. 1966 trat E. als Bundeskanzler zurück.

🔊 **Ludwig Erhard:** Über Währungsreform und Wirtschaftspolitik (1948) 1419; Ansprache zum Jahresende (1949) 1433; über das Verhältnis von Sparen und Konsum (1954) 1465; über die Wirtschaftskraft Deutschlands (1963) 1539

Werke: Wohlstand für alle (1957); Dt. Wirtschaftspolitik (1962).

K. Hildebrand: Von E. zur Großen Koalition. 1963–1969 (Neuausg. 1994); V. Hentschel: L. E. Ein Politikerleben (Neuausg. 1998); ders.: L. E., die »soziale Marktwirtschaft« u. das Wirtschaftswunder (1998); B. Löffler: Soziale Marktwirtschaft u. administrative Praxis. Das Bundeswirtschaftsministerium unter L. E. (2002); R. Neebe: Weichenstellung für die Globalisierung. Dt. Weltmarktpolitik, Europa u. Amerika in der Ära L. E. (2004); A. C. Mierzejewski: L. E. Der Wegbereiter der sozialen Marktwirtschaft (a. d. Amerikan., 2005).

Heinz Erhardt

Erhardt, Heinz, Schauspieler, Conférencier und Vortragskünstler, * Riga 20. 2. 1909, † Hamburg 5. 6. 1979. E. begann seine Karriere 1938 am Kabarett der Komiker in Berlin, wurde während des Zweiten Weltkriegs zur Truppenbetreuung eingesetzt, kam 1945 zum Nordwestdt. Rundfunk in Hamburg und wurde ab Ende der 1940er-Jahre durch seine Auftritte in Filmen einer der populärsten Komödianten im dt. Nachkriegsfernsehen. Hier verkörperte er häufig weltergebene Familienväter, ahnungslose Ehemänner oder skurril-sympath. Witwer. In der Rolle des Buchhalters Willi Winzig war E. in den 1970er-Jahren zudem im Kino erfolgreich. Er trat regelmäßig in Unterhaltungssendungen auf, insbes. als Rezitator seiner Kurzgedichte, aber auch mit Sketchen und Glossen, die von betulich-unbeholfener Rede, Sprachwitz und schelmenhaftem Humor geprägt waren.

Filme: Witwer mit 5 Töchtern (1957); Der Haustyrann (1958); Willi Winzig (1961); Ohne Krimi geht die Mimi nie ins Bett (1962).

Erhart, Gregor, Bildschnitzer, * Ulm um 1465/70, † Augsburg um 1540; arbeitete ab 1494 in Augsburg in eigener Werkstatt für das Kloster St. Ulrich und Afra. Das einzige gesicherte Werk ist die lebensgroße Schutzmantelmadonna vom Hochaltar der Zisterzienserkirche in Kaisheim, bei Donauwörth (1502–04; 1945 in Berlin verbrannt); Zuschreibungen: Muttergottes (1495–1500; Augsburg, St. Ulrich und Afra), Schutzmantelmadonna (um 1510; Oberösterreich, Wallfahrtskirche Frauenstein); Kleinplastik, Grabmäler. Der früher E. zugeschriebene Hochaltar von Blaubeuren (1493/94) gilt heute überwiegend als Werk seines Vaters Michel (* um 1440, † nach 1522), von dem sonst nur das überlebensgroße Kruzifix in der Stadtkirche in Schwäbisch Hall (1494) gesichert ist.

Erhebung, die Beschaffung des Datenmaterials für empir. Untersuchungen mithilfe geeigneter E.-Techniken, wie z. B. →Befragung, →Beobachtung oder Messung. Als **Primär-E.** bezeichnet man die erstmalige Beschaffung von Material. Die **Sekundär-E.** geht von vorhandenem, sekundärstatist. Zahlenmaterial aus, z. B. von früher durchgeführten Auszählungen oder von Lohnsteuerkarten beim Finanzamt. – Nach dem Vollständigkeitsgrad unterscheidet man **Voll-E.**, bei denen alle einer Masse zugehörigen E.-Einheiten erfasst werden (z. B. Volks- und Berufszählungen) und **Teil-E.** Bei **Repräsentativ-E.** wird eine repräsentative Teilmasse (→Stichprobe) erfasst und von dieser auf die Gesamtmasse geschlossen (z. B. Mikrozensus); **symptomatische E.** erfassen Teilmassen, die zwar nicht repräsentativ sind, aber die zeitl. Entwicklung hinreichend charakterisieren (z. B. E. für den Verbraucherpreisindex). Die abschließenden Arbeitsgänge der E. sind die Aufbereitung und die Auszählung. (→Auswahlverfahren, →empirische Sozialforschung)

Erhebungskrater, Erhebungstheorie, Geologie: →Elevationstheorie.

erhöht, Heraldik: Positions-Bez. für Figuren, die im Schildfeld höher als gewöhnlich angeordnet wurden; Ggs.: →erniedrigt.

Erhöhungszeichen, in der Notenschrift das Versetzungszeichen, das die Erhöhung eines Tones um einen Halbton oder um zwei Halbtöne vorschreibt: durch ein Kreuz (♯) wird z. B. c zu cis; durch ein Doppelkreuz (𝄪) wird z. B. c zu cisis. Durch das Auflösungszeichen (♮) wird die Erhöhung wieder aufgehoben.

Erholung,

1) *Medizin:* Rückgewinnung verbrauchter körperl. und/oder seel. Kräfte durch Schlaf, Ruhe und Ausgleichstätigkeit (Freizeit, Urlaub); auch die Rückbildung einer v. a. krankheitsbedingten Schädigung des Organismus oder einzelner Organe und Gewebeteile durch therapeut. Maßnahmen (z. B. Kuren). – In der *Arbeits- und Sportmedizin* der Zeitraum nach körperl. Belastung bis zum Wiedererreichen der Ausgangswerte, meistens bezogen auf die Parameter Sauerstoffaufnahme, →Atemminutenvolumen, →Herzfrequenz und Lactatwert (→Lactatdiagnostik). Die E.-Dauer hängt in erster Linie von der Qualität, Quantität und Intensität der vorangegangenen Belastung ab, in zweiter Linie von den Umgebungsbedingungen.

2) *Metallkunde:* allmähl. Rückgang der durch plast. Kaltumformung oder Neutronenbeschuss bewirkten Verfestigung in Metallen und Legierungen; bei höherer Temperatur erfolgt die E. rascher. Erst elektronenmikroskop. Untersuchungen geben Aufschluss über die Bildung von Subkorngrenzen als Folge der Umordnung von Versetzungen (Polygonisation).

3) *Wirtschaft:* Aufschwungphase im Verlauf der →Konjunktur.

Erholungsgrundstück, →Schuldrechtsänderungsgesetz.

Erholungswald, zum Zweck der Erholung gesetzlich unter Schutz gestellte Waldflächen. Ziel ist zum einen die Verbesserung der Erholungsmöglichkeit für die Allgemeinheit, zum anderen die Lenkung des Erholungsverkehrs; in Dtl. nach §13 Bundeswald-Ges. vom 2. 5. 1975 und den Länderforstgesetzen.

Eria, ehem. Festland im Bereich des Nordatlantiks, das seit dem Jungpräkambrium große Teile Kanadas, Grönlands, N-Schottlands und nach der →Kaledonischen Gebirgsbildung auch noch Fennoskandia umfasst haben soll.

Eriaseide, Eriahseide, Eriseide, Wildseide des Rizinusspinners (→Seide).

Erica [zu griech. ereíkon »zerbrechen« (wohl weil die Sprossachse leicht zu brechen ist)], wiss. Name der →Glockenheide.

Gregor Erhart: Schutzmantelmadonna; Höhe 1,85 m (um 1510; Oberösterreich, Wallfahrtskirche Frauenstein)

Erice: das normannische »Castello di Venere« (12./13. Jh.)

Ericaceae, die →Heidekrautgewächse.

Erice [ˈeːritʃe], bis 1934 **Monte San Giuliano** [- dʒu-], ital. Stadt auf Sizilien, Prov. Trapani, 29 400 Ew.; auf der Spitze des Monte E. (751 m ü. M.; in der Antike Eryx) gelegen. – Zur Stadt, die ihren mittelalterl. Charakter bewahrt hat, gehörte ein uraltes Heiligtum einer Fruchtbarkeitsgöttin (geringe Reste erhalten), die von den Phönikern mit der Göttin Astarte, von den Griechen mit Aphrodite und von den Römern mit Venus (Venus Erycina) gleichgesetzt wurde; an seiner Stelle ein normann. Kastell (»Castello di Venere«). – Die Stadt ist antiken Ursprungs (Eryx, wie der Berg). Im Altertum war sie eine Bergfestung der Elymer, später der Punier; HAMILKAR BARKAS baute sie gegen Ende des 1. Pun. Krieges (264–241 v. Chr.) als uneinnehmbaren karthag. Stützpunkt aus.

Erich, Herrscher:

Dänemark:

1) Erich I., dän. **Erik Ejegod** [ˈeːreg ˈɛjəgoːð], König (seit 1095), * um 1056, † auf Zypern 10. 7. 1103; unehel. Sohn SVEN ESTRIDSENS; unterstützte in den innerdän. Kämpfen seinen Halbbruder, König KNUT DEN HEILIGEN. Nach der Thronbesteigung setzte E. KNUTS Politik fort. Er leitete die kirchl. Lösung Skandinaviens vom Erzbistum Hamburg-Bremen ein; starb auf einer Pilgerreise ins Hl. Land.

2) Erich IV., dän. **Erik Plovpenning** [ˈeːreg-], König (seit 1241), * 1216, † 10. 8. 1250; Sohn von WALDEMAR II., DEM SIEGER; wurde 1232 zum Mitregenten gekrönt. Seit 1241 Alleinherrscher, setzte E. sich gegen seine Brüder sowie gegen eine von der Kirche getragene Opposition durch und wurde auf Betreiben seines Bruders ABEL ermordet.

3) Erich V., dän. **Erik Klipping** [ˈeːreg ˈglebeŋ], König (seit 1259), * 1249, † Finderup 22. 11. 1286; Sohn von CHRISTOPH I., Vater von 4); 1254 als Thronfolger gewählt, übernahm seine Mutter 1259 zunächst die Regentschaft. In den Auseinandersetzungen mit dem dän. Adel und den Grafen von Holstein gerieten E. und seine Mutter in Gefangenschaft; E. wurde für zwei Jahre dem Markgrafen von Brandenburg übergeben. Ende der 1260er-Jahre übernahm E. selbst die Regierung. Es gelang ihm, seine durch schwedisch-norweg. Erbansprüche, die Forderungen des Erzbischofs von Lund, JAKOB ERLANDSEN, sowie durch die dän. Adelsopposition bedrohte Herrschaft zu festigen. 1282 musste E. seine Machtstellung durch weit reichende Zugeständnisse an den Adel beschränken (erste königl. Handfeste in Dänemark); er fiel einem Mordanschlag des Adels (»Mord in der Scheune von Finderup«) zum Opfer.

4) Erich VI., dän. **Erik Menved** [ˈeːreg ˈmɛnveð], König (seit 1286), *um 1274, † 13. 11. 1319, Sohn von 3). Nach der Ermordung seines Vaters wurde E. unter der Vormundschaft seiner Mutter zum König gewählt. Die Flucht der Königsmörder nach Norwegen führte zu einer Annäherung Schwedens an Dänemark, die es E. erlaubte, die dän. Expansionspolitik in Nord-Dtl. wieder aufzunehmen. Er unterwarf 1312 Stadt und Fürstentum Rostock, nachdem sich Lübeck bereits 1307 unter dän. Schutz gestellt hatte. Die norddt. Eroberungen gingen jedoch bald wieder verloren. E. vermochte sich innenpolitisch in seinen letzten Regierungsjahren nur schwer gegen seinen Bruder (und späteren Nachfolger) CHRISTOPH zu behaupten.

5) Erich VII., Erich von Pommern, dän. **Erik af Pommern** [ˈeːreg -], Herzog von Pommern-Stolp, König von Dänemark (1396–1439), von Norwegen (1389–1442 als ERICH III.) und von Schweden (1396–1439 als ERICH XIII.), *um 1382, † Rügenwalde 3. 5. 1459. Der Sohn Herzog WARTISLAWS VII. von Pommern-Stolp, ein Großneffe der Königin MARGARETE I. von Dänemark und Norwegen, konnte seine rechtmäßigen Ansprüche auf den norweg. Thron durchsetzen und wurde – nach den 1396 erfolgten Huldigungen in Dänemark und Schweden – im Juli 1397 zum König der →Kalmarer Union gekrönt. E. blieb jedoch bis zum Tod von MARGARETE I. (1412) unter deren Vormundschaft. Er suchte die Burgen des Herzogtums Schleswig von den holstein. Pfandherren zurückzugewinnen und betrachtete Südjütland als ein an die Krone heimgefallenes Lehen. Mit der Einführung des →Sundzolls 1429 eskalierte das wegen E.s Wirtschaftspolitik ohnehin gespannte Verhältnis zur Hanse. Deren Handelsblockade löste 1434 in Schweden einen von →ENGELBRECHT ENGELBRECHTSSON geführten Aufstand aus. Gehorsamsaufkündigungen in Dänemark und Norwegen folgten und gipfelten zw. 1439 und 1442 in seiner Absetzung in allen drei Ländern.

 H. BARÜSKE: E. v. Pommern. Ein nord. König aus dem Greifengeschlecht (1997).

Norwegen:

6) Erich II., norweg. **Eirik Magnusson** [- ˈmaŋnusɔn], König (seit 1280), *1268, † 15. 7. 1299; stand zunächst unter der Vormundschaft seiner Mutter INGEBORG von Dänemark. In den Auseinandersetzungen mit Dänemark sowie den Hansestädten zur Behauptung der Stellung Norwegens im skandinav. Raum suchte E. die Unterstützung Englands und Schottlands zu gewinnen. Trotzdem sah er sich 1294 zu weitgehenden wirtschaftl. Zugeständnissen an die Hanse gezwungen.

7) Erich III., nach der norweg. Königszählung König ERICH VII. von Dänemark (E. von Pommern).

Schweden:

8) Erich VII., schwed. **Erik Segersäll**, König in der zweiten Hälfte des 10. Jh., † um 995; gilt als der erste historisch gesicherte König dieses Namens sowie als erster schwed. König, der sich zum Christentum bekehrte. E. siegte am Fyrisvall über ein Wikingerheer und wandte sich gegen die dän. Hegemoniebestrebungen im Ostseeraum.

9) Erich IX., der Heilige, schwed. **Erik den helige**, König (seit etwa 1156), † Uppsala 5. (nach anderen Angaben 18.) 5. 1160. In Västergötland begütert, regierte er auf seine Hausmacht gestützt. E. förderte die Verbreitung des christl. Glaubens. Nach zeitgenöss. Berichten soll er 1155 zu einem Kreuzzug nach Finnland aufgerufen haben. Nach seiner Ermordung wurde er in Uppsala beigesetzt und bereits Ende des 12. Jh. als Märtyrer verehrt.

10) Erich XIII., nach der schwed. Königszählung König ERICH VII. von Dänemark (E. von Pommern).

11) Erich XIV., schwed. **Erik XIV.**, König (1560 bis 1568), *Stockholm 13. 12. 1533, † Örbyhus (bei Uppsala) 26. 2. 1577; Sohn von GUSTAV I. WASA und dessen erster Frau KATHARINA von Sachsen-Lauenburg. E. erwarb 1561 Reval und N-Estland für Schweden und wandte sich im →Dreikronenkrieg gegen die dän. Ansprüche auf Schweden. Im Innern suchte er durch die Schaffung eines schwed. Hochadels seine Herrschaft zu festigen. Seinen Halbbruder Herzog JOHANN ließ er wegen angeblich hochverräter. Beziehungen zu Polen 1563–67 inhaftieren. Ein Teil des ihm gegenüber kritisch eingestellten Adels wurde 1567 ermordet (mehrere Mitgl. der einflussreichen Familie Sture, daher »Sturemord« gen.). Nach ersten Anzeichen einer geistigen Erkrankung setzten ihn seine Brüder ab; auf den Thron folgte ihm sein Halbbruder als JOHANN III. E. blieb bis zu seinem Tod in Haft.

 I. ANDERSSON: Erik XIV. (Stockholm ⁵1993); K. CARLQVIST: Kung Erik av folket (ebd. 1996).

Erich der Rote, norweg. **Eirik Raude**, Wikinger, *Jæren (S-Norwegen) um 950, † Brattahlid (bei Qaqortoq, Grönland) vor 1005; wanderte etwa 970 von Norwegen nach Island aus, das er wegen Totschlags 982 für drei Jahre wieder verlassen musste. Auf der Suche nach dem im W jenseits des Meeres gelegenen Land entdeckte er Grönland und führte schon ein Jahr nach seiner Rückkehr nach Island eine Gruppe von Auswanderern auf die neu entdeckte Insel. Dort besiedelten sie den äußersten Südwesten um Brattahlid am Eiriksfjord. Der Sohn E.s d. R., →LEIF ERIKSSON, entdeckte von dort aus die nordamerikan. Küste (»Vinland«).

 H. J. KRÜGER: Erik der Rote u. Leif der Glückliche (²2000); K. LINDH: Wikinger. Die Entdecker Amerikas (a. d. Norweg., 2002).

Erichsen, Thorvald, norweg. Maler, *Trondheim 18. 7. 1868, † Oslo 23. 12. 1939; studierte 1890/91 in Kristiania an der Königl. Zeichenschule und an der Malschule von KNUD BERGSLIEN (*1827, †1908) und war 1890 Schüler von K. ZAHRTMANN in Kopenhagen. Inspiriert durch die frz. Impressionisten und P. BONNARD, malte er Interieurs, Blumen und v. a. Landschaften. E. gilt als Erneuerer der norweg. Kunst um 1900.

Erichthonios, griech. **Erichthonios**, *griech. Mythologie:* →Erechtheus.

Ericson,

1) [ˈeːrikson], Sigfrid, schwed. Architekt, *Fristla 7. 10. 1879, † Göteborg 22. 1. 1958; lehrte 1903–06 an der Kunstgewerbeschule (Slöjdföreningens Skola) in Göteborg, die er 1913–45 leitete, und 1906–13 ebd. an der TH Hochschule Chalmers. Bekanntheit erlangte er v. a. mit seinen Arbeiten auf dem Gebiet der Kirchenbaukunst (u. a. die im Stil der Nationalromantik und im Sinne des Materialrealismus errichtete Masthuggskirche in Göteborg, 1910–14) sowie seiner Tätigkeit für die Jubiläumsausstellung von 1923 in Göteborg (u. a. gestaltete er gemeinsam mit ARVID BJERKE, *1880, †1952, den Götaplatz, das Kunstmuseum und die Kunsthalle im klassizist. Stil der 1920er-Jahre). E. entwarf auch Schulen, Wohnhäuser und Möbel.

2) [ˈerɪksn], Walter, Pseud. des amerikan. Schriftstellers Howard Melvin →Fast.

Ericsson, John, amerikan. Ingenieur schwed. Herkunft, * Gut Långban (bei Filipstad, Verw.-Bez. Värmland) 31. 7. 1803, † New York 8. 3. 1889; ging 1826 nach Großbritannien; baute mit JOHN BRAITHWAITE (* 1797, † 1870) die »Novelty«, eine der ersten Lokomotiven, und 1833 eine Heißluftmaschine. Er verbesserte 1836 die Schiffsschraube und ging 1839 in die Vereinigten Staaten, wo er große, mit Schrauben angetriebene Kriegsschiffe baute, u. a. 1861 das Panzerschiff »Monitor«, das entscheidenden Anteil am Ausgang des Bürgerkriegs hatte.

Ericsson AB, Kurz-Bez. für **Telefon|aktiebolaget L. M. Ericsson** [-aktsıəbu:la:gət -], weltweit (in mehr als 140 Ländern) tätiger schwed. Telekommunikationskonzern, gegr. 1876; Sitz: Stockholm. Bekannt ist der Konzern v. a. durch Telefonvermittlungssysteme (auch Mobiltelefone); Umsatz (2004): rd. 131,97 Mrd. skr, Beschäftigte: 50 500.

Ericsson-Prozess [nach J. ERICSSON], idealer →Kreisprozess der Gasturbine, bestehend aus isotherm. Verdichtung (1–2) unter Abfuhr der Wärmemenge Q_1, isobarer Zufuhr (2–3) der Wärmemenge Q_2, isotherm. Ausdehnung (3–4) unter Zufuhr der Wärmemenge Q_3 und isobarer Abfuhr (4–1) der Wärmemenge Q_4 bis zum Erreichen des Anfangszustandes. Die Wärmemengen Q_2 und Q_4 sind gleich groß und werden innerhalb der Maschinenanlage im Wärmetauscher umgesetzt. Dadurch ist der therm. Wirkungsgrad des E.-P. genauso groß wie beim →Carnot-Prozess. – Die im E.-P. geforderte isotherm. Verdichtung versucht der **Ackeret-Keller-Prozess** angenähert zu erreichen durch adiabat. Verdichtung in mehreren Stufen mit Zwischenkühlung auf die jeweilige Anfangstemperatur; die isotherm. Ausdehnung wird durch adiabat. Ausdehnung in mehreren Stufen und Zwischenerwärmung angenähert.

Eridanos, *griech. Mythologie:* Fluss im fernen Norden oder Westen, in den Phaethon hinabstürzte und zu dem die Argonauten auf ihrer Heimfahrt gelangten. Er wurde in der Antike mit versch. Flüssen (Rhein, Rhône, Po) gleichgesetzt.

Eridanus, Fluss E., Abk. **Eri,** ausgedehntes →Sternbild, das sich vom Himmelsäquator weit in den südl. Himmel erstreckt. Die nördl. Teile des Sternbildes sind im Winter von Mitteleuropa aus am Abendhimmel sichtbar, der hellste Stern, →Achernar, jedoch niemals.

Eridu, nach der keilschriftl. Überlieferung Sumers die älteste Stadt Babyloniens, in Südmesopotamien, urspr. an einer Lagune des Pers. Golfes gelegen; der heute landeinwärts befindl. Ruinenhügel **Tell Abu-Schahrein,** S-Irak, liegt 11 km südwestlich von →Ur. E. galt als die Stadt des Enki (babylon. Ea), der als Gott des unterird. Süßwasserozeans, der Weisheit sowie der Beschwörungs- und Heilkunst verehrt wurde. Bei einer Tiefgrabung (1948/49) nahe der Zikkurrat wurden 19 Schichten festgestellt, nach denen die Anfänge von E. in der Zeit der frühesten Besiedlung Mesopotamiens (6. Jt. v. Chr.) liegen; die frühe E.-Keramik in Braun auf hellerem Grund mit kleinformatigen geometr. Mustern herrscht bis einschließlich Schicht XV vor (5. Jt.) und gibt der E.-Kultur den Namen. Am Hauptheiligtum, das durch 16 Schichten verfolgt werden konnte, ist die Frühgesch. babylon. Tempelbaus abzulesen, deren Entwicklungslinie zur Nischenarchitektur und zur Zikkurrat führte. In die späte Obeidzeit (→Tell Obeid) Mitte bis Ende des 4. Jt. v. Chr. gehört ein großer Friedhof (u. a. Funde von Terrakotafigürchen). Zwei Paläste der frühdynast. Zeit mit der frühesten bekannten »Audienzhalle« (etwa 2800 bis 2400 v. Chr.) und Baumaßnahmen an der Zikkurrat um 2000 v. Chr. bezeugen die Bedeutung der Stadt noch bis zum Beginn des 2. Jt. v. Chr.; wegen Versandung wurde die Stadt aufgegeben, jedoch wurde die Zikkurrat noch bis ins 6. Jh. v. Chr. erneuert. In einem anderen Hügel nördlich vom Tell Abu-Schahrein wurde der am besten erhaltene Palast der frühdynast. Zeit (um 2500 v. Chr.) gefunden.

Erie ['ɪərɪ], Hafenstadt in Pennsylvania, USA, am Eriesee, 101 400 Ew.; mehrere Univ. (u. a. Zweig der Pennsylvania State University); kath. Bischofssitz; Kunst- und Museum; Schiffbau, Elektrogeräte-, Baumaschinen- u. a. Industrie. – E. entstand ab 1795 an der Stelle eines 1753 von Franzosen errichteten Forts (1763 zerstört).

Eriekanal [engl. 'ɪərɪ-], Kanal im Bundesstaat New York, USA, verbindet den Hudson River mit dem Eriesee, 584 km lang; 1825 eröffnet, seit Beginn des 20. Jh. Ausbau zum →New York State Barge Canal. Der E. hat große histor. Bedeutung für die Erschließung des Gebietes und für die Stadt New York.

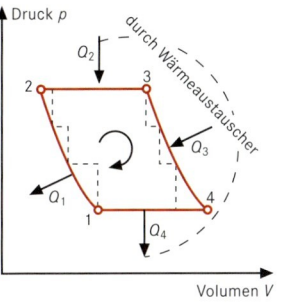 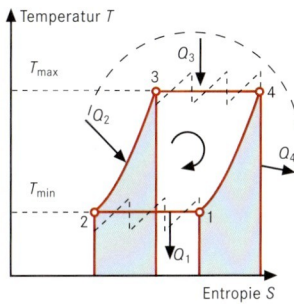

Ericsson-Prozess: grafische Darstellung der Prozessschritte in einem Druck-Volumen-Diagramm *(links)* und in einem Temperatur-Entropie-Diagramm *(rechts)*; gestrichelt der Prozessablauf beim Ackeret-Keller-Prozess

Eriesee, engl. **Lake Erie** [leɪk 'ɪərɪ], einer der fünf →Großen Seen Nordamerikas; durch den E. verläuft die Grenze zw. den USA und Kanada, 25 700 km² (davon 12 955 km² in den USA), 174 m ü. M., bis 64 m tief. Der E. ist mit dem Huronsee durch den Detroit River, den Lake Saint Clair und den Saint Clair River verbunden, mit dem Ontariosee durch den Niagara River sowie durch den Wellandkanal, mit dem Hudson River durch den New York State Barge Canal. Trotz langer Eisbedeckung von Mitte Dezember bis Ende März ist der E. ein wichtiges Glied im →Sankt-Lorenz-Seeweg. Die Haupthäfen (Toledo, Cleveland, Erie, Buffalo) liegen am S-Ufer, in den USA. – Bild Seite 286

Erigena, Johannes Scotus, irischer Philosoph, →Johannes Scotus Eriugena.

erigibel, erektil, schwellfähig.

erigieren [lat.], sich aufrichten (→Erektion).

Erika [lat.-griech.] *die, -/-s* und *...ken,* die Pflanzengattung →Glockenheide.

Erikagewächse, die →Heidekrautgewächse.

Eriksgata, Bez. für den Ritt jedes mittelalterlichen schwed. Königs durch die Kernländer seines Reiches bei seinem Regierungsantritt. Die Bez. geht vermutlich auf die Bedeutung des Vornamens Erik (»Alleinherrscher«) zurück.

Erik Erikskrönika

Eriesee: Kliffküste bei Dunkirk zwischen Erie und Buffalo

Erikskrönika [»Erichs Chronik«], die wohl um 1325 entstandene erste schwed. Reimchronik, gleichzeitig die erste schwed. erzählende Geschichtsquelle. Sie umfasst 4 543 Knittelverse und behandelt in höf. Stil die schwed. Reichsgesch. von etwa 1230 bis 1319. Die E. steht in der Tradition dt. und frz. Reimchroniken.

Ausgabe: Erikskrönikan. Enligt Cod. Holm D 2, hg. v. R. PIPPING (Neuausg. 1963).

Erikson, *Erik* Homburger, amerikan. Entwicklungspsychologe dt. Herkunft, * Frankfurt am Main 15. 6. 1902, † Harwich (Mass.) 12. 5. 1994; ausgebildet bei ANNA FREUD; emigrierte 1933 in die USA, wo er in Boston (Mass.) eine Praxis für Kinderanalyse gründete. 1951–60 war er Prof. in Berkeley (Calif.), anschließend in Pittsburgh (Pa.), seit 1960 an der Harvard University; einer der führenden Vertreter der Jugendpsychologie; veröffentlichte u. a. »Childhood and society« (1950; dt. »Kindheit und Gesellschaft«), »Identity. Youth and crisis« (1968; dt. »Jugend und Krise«).

Eriksson, *Christian,* schwed. Bildhauer, * Taserud (heute zu Arvika, Värmland) 30. 6. 1858, † Stockholm 6. 11. 1935; studierte in Paris an der École des Beaux-Arts und entwickelte sich zu einem herausragenden Marmorbildhauer; machte mit dem großen Relief »Linné« (1894; Stockholm, Nationalmuseum) auf sich aufmerksam. Sein anfangs charmant-eleganter, noch von der Salonkunst und der jap. Kunst ausgehender Realismus wurde in den 1890er-Jahren strenger und orientierte sich zunehmend an breton. Volkskunst und der Skulptur des 15. Jh. Als führender Bildhauer der Jahrhundertwende in Schweden erhielt er zahlr. öffentl. Aufträge, u. a. für den Komödiantenfries am Stockholmer Dramat. Theater (1903–08). In den 20er-Jahren wurde sein Stil monumentaler, die Formen einfacher (Standbild KARLS IX., 1926; Karlstad).

Erinaceidae [lat.], wiss. Name der →Igel.

Eringertal, →Hérens, Val d'Hérens.

Erinna, griech. Dichterin vom Ende des 4. Jh. v. Chr. aus Telos (Dodekanes). Ihr Epyllion »Die Spindel« in dor. Dialekt beklagt den Tod ihrer Freundin Baukis. Drei ihrer Epigramme sind in der →Anthologia Palatina erhalten.

Erinnerung,

1) *Psychologie:* Bez. für eine gespeicherte Information, die aus dem →Gedächtnis abgerufen wird oder unbeabsichtigt ins Bewusstsein dringt.

2) *Recht:* Rechtsbehelf, durch den Einwendungen gegen Kostenfestsetzungsbeschlüsse, die Art und Weise einer Zwangsvollstreckung oder gegen Entscheidungen eines beauftragten oder ersuchten Richters oder eines Rechtspflegers in gesetzlich bestimmten Fällen (§§ 573, 766 ZPO, § 11 Rechtspfleger-Ges.) erhoben werden.

Erinnerungskultur siehe Seite 287

Erinnerungsposten, Merkposten für abgeschriebene (→Abschreibung), aber noch genutzte Wirtschaftsgüter, die nach den Grundsätzen ordnungsmäßiger Buchführung in der Bilanz noch mit einem Restbuchwert von 1 € ausgewiesen werden müssen.

Erinnerungstäuschung, Erinnerungsverfälschung, fehlerhafte Erinnerung an zurückliegende Ereignisse; kann bedingt sein durch eingeschränkte Wahrnehmung des Sachverhalts oder durch Verzerrung der Erinnerung aufgrund subjektiver Einstellungen, bestimmter Erwartungen oder Vorurteile. Eine besondere Rolle spielt die E. in der forens. Psychologie bei der Beurteilung von Zeugenaussagen. Eine spezielle Form der E. ist das →Déjà-vu-Erlebnis.

Erinnyen, *Sg.* **Erinnye** *die, -,* griech. **Erinyes** und **Erinnyes,** die griech. Rachegöttinnen, urspr. die zürnenden Seelen von Ermordeten, für die kein Verwandter die Rache vollziehen konnte. Nach HESIOD wurden sie von Gaia (Erde) aus dem Blut des entmannten Uranos (Himmel) geschaffen, in anderen Überlieferungen sind sie Töchter der Nyx (Nacht). Sie rächten allen Frevel, bes. Eidbruch und Bluttaten (→Orest), indem sie die Schuldigen in den Wahnsinn trieben. Im Lauf der Zeit wurde ihre Anzahl auf drei fixiert: **Tisiphone** (»die den Mord Rächende«), **Allekto** (»die Unablässige«) und **Megaira** (»die Neidische«). Sie galten als Schwestern der Moiren (→Moira). An ihren athen. Kultstätten wurden sie euphemistisch Semnai (»die Hehren«) und Eumeniden (»die Wohlgesinnten«) genannt. Die Einführung ihres Kults im Heiligtum am Areopag wurde von AISCHYLOS in seinem Drama »Die Eumeniden« dargestellt. – In der Kunst wurden die E. mit Fackeln oder Geißeln, oft im langen Gewand und mit Schlangen im Haar dargestellt.

Erinome [in der griech. Sage Eurynome, eine Okeanide von Zeus (lat. Jupiter), Mutter der Chariten] *die, -,* ein Mond des Planeten →Jupiter.

Erio|chrom® *das, -s,* Markenname für Beizenfarbstoffe zur Färbung von Wolle; außerdem gibt es versch. E.-Farbstoffe, die als Indikatoren bei der Maßanalyse verwendet werden, z. B. **E.-Blau SE** als Indikator für komplexometr. Titrationen. E.-Blau ist ein dunkelbraunes, leicht violettstichiges Pulver, die wässrige Lösung ist rot, bei pH > 10 blauviolett. **E.-Schwarz T,** ein bräunlich schwarzes Pulver, wird ebenfalls als komplexometr. Indikator verwendet. Die wässrige Lösung ist bei pH 8–12 blau, mit versch. Metallionen bildet E.-Schwarz rote Komplexe. **E.-Cyanin R,** ein rötlich braunes Pulver, dient als Nachweisreagenz für Aluminium. In alkal. Lösung bildet die Aluminiumverbindung einen kräftig roten Farblack, der durch Fluoridionen entfärbt wird.

Eris, griech. **Eris,** *griech. Mythologie:* Göttin des Streits, nach HOMER die Schwester und Gefährtin des Ares. Als sie zur Hochzeit des Peleus und der Thetis nicht eingeladen wurde, warf sie aus Zorn darüber einen Apfel mit der Aufschrift »der Schönsten« unter die Gäste (→Paris), entfesselte dadurch einen Streit zw. Hera, Athene und Aphrodite und gab damit indirekt

Fortsetzung auf Seite 290

ERINNERUNGSKULTUR

- Dimensionen
- Erinnerung, Gedächtnis und Kultur
- Aktuelle Bezüge

Erinnerungskultur, Begriff der Kulturwiss.en, der sich vor dem Hintergrund einer sich bereits seit den 1980er-Jahren abzeichnenden »kulturwiss.« Wende in den Human- und Geisteswiss.en (»cultural turn«) und im Anschluss an die Arbeiten von J. und ALEIDA ASSMANN zu einem Schlüsselbegriff der polit. und kulturellen Diskussionen um die Funktion von kulturellen Mustern der Erinnerung sowie die Bedeutung von Gedächtnis und Erinnerung im Hinblick auf die Ausbildung und Reflexion von Identität entwickelt hat; dabei nimmt der Umgang mit Geschichte und Vergangenheit im kollektiven Rahmen (v. a. nat. Geschichtsbilder, nat. Gedenken, Verantwortung und Schuld in den je eigenen »Geschichten«) eine zentrale Rolle ein.

Dimensionen

E. hebt zum einen auf den kulturellen Codierungs- und Vermittlungsprozess ab, innerhalb dessen sich eine bestimmte Gesellschaft mit den Themen der Vergangenheit und den Möglichkeiten des Erinnerns befasst; hier stehen also Medien und andere Felder kultureller Überlieferung, Traditionsbezüge und Bildung im Mittelpunkt der Betrachtung. Zum anderen können auch ganze Gesellschaften als »E.en« bestimmt werden, wodurch die Bedeutung von spezif. Erinnerungen und der Bezug auf bestimmte Vergangenheiten als Grundlage bzw. Bezugsbereich, ggf. sogar als Unterscheidungsmerkmal einer bestimmten Kultur oder Gesellschaft in Erscheinung tritt. Unter Umständen lässt sich so die Besonderheit eines bestimmten Mediengebrauchs, einer bestimmten Präsentation und die Formung einer spezif. Erinnerung als differenzierendes Merkmal einer bestimmten Kultur hervorheben, ja im Grenzfall – z. B. angesichts äußerster Verfolgung, Diskriminierung oder des Entzugs eigenstaatl. Organisationsformen, wie dies etwa bei Juden, Polen oder den von Europa aus Kolonisierten der Fall war – kann die E. zum Kernbestand im Selbstverständnis einer bestimmten Bev., Gesellschaft oder Kultur werden.

Sowohl im persönl., biograf. Bereich als auch im Zusammenhang kollektiven Bewusstseins bzw. im Rahmen eines →kollektiven Gedächtnisses bezeichnet der Begriff den mehr oder weniger reflektierten Umgang mit Ereignissen und Zusammenhängen der Vergangenheit und hebt dabei den Konstruktionscharakter jeder Form von Bezugnahme auf vergangene Erfahrungen (Erinnerungen) im Hinblick auf die Selbstverortung gegenüber Gegenwart und Zukunft hervor.

Dabei lässt sich der Begriff E. von seinen beiden Seiten her lesen: Zum einen werden *Kulturen* als Speicher und Träger von Erinnerungen betrachtet. Sie lassen sich dann als Muster verstehen, in denen bestimmte Erinnerungen überliefert, wach gehalten und weitergeführt, andere vernachlässigt, vergessen oder verdrängt werden, und sie können entsprechend diesen Funktionen und den damit verbundenen Medien differenziert werden. Begriffe wie »Geschichtspolitik« und »Erinnerungspolitik« gehören damit auch in das Feld der E., heben aber deutlicher noch die Codierung von Vergangenheit im Interesse polit. Ziele der Gegenwart hervor, seien diese nun legitimator., denunziator. oder kompensator. Art. Der Begriff hat in dieser Lesart eine kulturtheoret. und hinsichtlich der Bedeutung von sozialen Prozessen und Traditionsbildungen analyt. Bedeutung.

In einer zweiten Lesart steht *Erinnerung* im Mittelpunkt der Begriffsbestimmung, womit individuelle, gruppenspezif. und kollektive Weisen der mehr oder weniger bewussten Bezugnahme auf tatsächl. oder vorgestellte Vorgänge in der Vergangenheit in den Blick treten. Diese können dann in bewusstseinsphilosoph., sozialpsycholog., histor., sozialanthropolog. oder ethischer Sicht als Bezugspunkte für Muster betrachtet werden, in denen sich Individuen und Kollektive selbst im Spiegel ihrer eigenen Vergangenheiten verorten oder sogar definieren.

Gerade vonseiten der Kognitionsforschung, der neuropsycholog. und der kulturwiss. Gedächtnis- und Erinnerungsforschung, wobei Letztere sowohl geschichtswiss. (»New Historicism«, »Meta-History«) als auch kunstwiss. (A. M. WARBURG) sowie literaturwiss. oder semiot. Ansätze umfasst, sind dazu in den letzten Jahren neue Erkenntnisse zusammengetragen worden, die alle darin übereinstimmen, dass es sich bei Gedächtnis und Erinnerung um komplexe, in sich widersprüchl., in unterschiedl. Gewissheitsgraden und »Wirklichkeiten« vorliegende Bezugnahmen und Setzungen handelt, aber keinesfalls um eine einfache, möglichst genaue Annäherung an tatsächlich in der Vergangenheit vorhandene, lediglich zu vergegenwärtigende Fakten oder Erlebnisse. Entsprechend stehen hier neben erkenntnistheoret. und neurobiolog. Aspekten solche biograf., ethischer oder jurist. Art im Mittelpunkt und werden mit Fragen polit., sozialer oder individueller Identität, auch solchen der jeweils herangezogenen Medien und ästhet. Formen (Visualität, Narrativität, Performativität) verknüpft.

Im allgemeinen Sprachgebrauch ist die Differenz zw. den Begriffen E. und »Gedächtniskultur« unbestimmt. Ein Unterscheidungskriterium kann sein, dass sich Erinnern zunächst auf die mit den Individuen verbundenen affektiven und kognitiven Leistungen der Rückwendung auf vergangene Erlebnisse und Erfahrungen bezieht, zu denen freilich auch selbst wieder gespeicherte und bereits bearbeitete Bilder der Vergangenheit (»Erfahrungen aus zweiter Hand«) gehören können, während sich Gedächtnis auf eine bereits gestaltete Erinnerung sowie die psych., sozialen und kulturellen Apparate bezieht, in denen sich Erinnerungsleistungen vollziehen bzw. gespeichert werden. Erinnerung würde in diesem Sinn den auch nicht intentionalen Regungen und Wahrnehmungen des Bewusstseins, ggf. sogar den unbewussten Erfahrungen und Regungen (Traumata) folgen, während das Gedächtnis eine intentionale (also wie auch immer gewünschte und gestaltete) und von einem Speichermedium (Leib, Bewusstsein, Sprache, Mythen, Geschichten, Schrift, Traditionen, Rituale, Archive, Druckerzeugnisse,

Denkmäler, Bibliotheken, elektron. Wissensspeicher) getragene Bezugnahme auf Vergangenheit und Erinnerung bedeuten könnte.

Erinnerung, Gedächtnis und Kultur

Mit dem Begriff E. werden im Grundsatz zwei Fragen bearbeitet: Welche Erinnerungen werden von Kulturen in welchen Lagen herangezogen und wie werden Erinnerungen tradiert, kulturell gestaltet, gepflegt und reflexiv bearbeitet? Kulturen können somit selbst als Speicher von Erinnerungen aufgefasst bzw. anhand der Frage, wie sie Erinnerungen bearbeiten und weitergeben oder auch verdrängen, vergessen und »verrechnen«, klassifiziert werden. Hierfür hat der Ethnologe C. Lévi-Strauss bereits in den 1960er-Jahren die Unterscheidung »kalter« und »heißer« Gesellschaften vorgeschlagen, wobei Kulturen dann als »kalt« bezeichnet werden, wenn ihre Institutionen darauf zielen, gesellschaftl. Wandel und das heißt die Wirksamkeit von Geschichte zum Verschwinden zu bringen bzw. vergessen zu machen, während »heiße« Gesellschaften auf die Thematisierung geschichtl. Veränderung Wert legen und diese als »Motor« und Herausforderung für ihre Entwicklung sehen. Es handelt sich dabei um zwei »Optionen des kulturellen Gedächtnisses« (J. Assmann), die sich nicht in die alte Opposition »geschichtsloser« und »historischer« Gesellschaften fügen lassen, sondern sich für jede Gesellschaft anbieten, sich mischen und verändern können. Dabei lassen sich fünf Aspekte hervorheben:

1) Kulturen können funktionalistisch als Speicher von Erinnerungen verstanden werden; die Sprache als zentraler Träger kultureller Muster (Semantik, Metaphern, Sprichwörter, orale Traditionen), ebenso aber auch Schriften, religiöse Vorstellungen, Riten und Sitten, Mythen, künstler. Produkte sind sowohl Träger als auch Produkte und Gestaltungen von Erinnerungen, die sie jeweils reproduzieren und zugleich variieren.

2) Es lässt sich eine Kulturgeschichte des Erinnerns und ebenso der Techniken des Erinnerns schreiben, in der neben Tänzen, Riten und Mythen im orientalisch-abendländ. Denken mit der antiken Rhetorik und der dort angelegten Technik der Memoria ein eigenes Medium und eine eigene Kunstfertigkeit entstanden ist.

3) Es lässt sich eine Typologie von Kulturen entlang der Frage entwickeln, wie Erinnerungen codiert, transportiert und gestaltet werden können; Mündlichkeit, Schriftlichkeit, Körpergestaltung und Leiblichkeit, Bilder, Tanz, Bauformen, Tempel und Riten, Gesänge und Erzählungen bilden hier von alters her die Medien der Erinnerung, deren Bedeutung im Zeitalter elektron. Medien keineswegs erloschen, vielmehr in ihrer medialen Präsentation noch gewachsen ist.

4) Charakteristisch für moderne Kulturen ist die Vorstellung, es gelte, wenn nicht alles, so doch das Wichtigste, an dessen Bestimmung oder kommunikativer Konstruktion unterschiedliche Diskurse (Wiss.en, Politik, Alltag) beteiligt sind, im kulturellen bzw. sozialen Gedächtnis festzuhalten und hierfür spezif. Medien und Diskurse bereitzustellen. Eine Funktion der E. besteht in modernen Gesellschaften darin, historisch oder sonstwie gesellschaftlich bestimmte Erinnerungen zu thematisieren und durch deren Kommunikation einen gesellschaftl. Horizont (für Konsens und Dissens) zur Verfügung zu stellen, also ein Verhältnis zu Geschichte und Vergangenheit zu bestimmen, das sich dem Anspruch stellt, »an der Zeit« zu sein. Dazu gehören im westlich-abendländ. Kontext die Orientierung an Recht und Freiheit des Einzelnen, an Menschenrechten und Toleranz, in deren Perspektiven dann auch Schuldverhältnisse der Vergangenheit im Medium der E. thematisiert und kommuniziert werden können.

5) Entsprechend werden Versuche der Leugnung und Verdrängung solcher schuldhafter Vergangenheiten am Maßstab der Gegenwart skandalisiert, wobei der grundlegende Zweifel an jeder Art von Geschichte, wie er zumal von der → Postmoderne formuliert wurde, auch den Konstruktionscharakter jeder Art von Erinnerung in den Blick bringt und damit auch E. zu einem Bereich voller Ambivalenzen macht, die ihrerseits auch dazu genutzt werden können, vorhandene Opfergeschichten zu erschüttern oder neue Opfer-Täter-Bilanzen aufzumachen.

Angesichts der in diesen Ambivalenzen zutage tretenden Angreifbarkeit und Schwäche der Erinnerung sind komplexe und im Lebensvollzug angelegte Formen der Bearbeitung von Vergangenheit (P. Ricœur, A. Margalit, H. Welzer) unverzichtbar. Auch für die Moderne ist dabei der individuelle Grund der Erinnerung – der sich in der Antike bereits darin aufbewahrt findet, dass es neben der histor. Erinnerung auch noch mit dem Begriff der Anamnese (bei Platon) eine Vorstellung davon gibt, dass sich eine Person (Seele) über den Rückbezug auf die jeweils eigene Vergangenheit bestimmen kann (Augustinus) – ein Ansatzpunkt. Dieser ist freilich dahingehend verändert, dass statt eines transzendenten Bezugspunktes nur mehr die Geschichte selbst (als »Kollektivsingular«, R. Koselleck) oder aber die soziale Gruppe (M. Halbwachs) als Halt und Träger fungieren kann. Mit der Unterscheidung von kommunikativem und kulturellem Gedächtnis, also der Umstellung von Erinnerungen einer durch die Gesprächsgemeinschaft lebendiger Zeugen bezeugten Geschichte auf deren mediale Repräsentation benennen J. und Aleida Assmann auch den Einsatzpunkt der E.: Er liegt dort, wo individuelle Erinnerungen der kulturellen Codierung bedürfen, um als Erinnerungen bearbeitbar zu bleiben, wobei die »Kunst des Vergessens« (H. Weinrich) ebenso zu den Strategien im Umgang mit der Vergangenheit gerechnet werden muss wie die »Gnade des Verzeihens« (Ricœur), die freilich immer nur vom Opfer ausgehen kann.

Aktuelle Bezüge

Für die gegenwärtige Konjunktur des Begriffs und die damit verbundene öffentl. Aufmerksamkeit spielen fünf Aspekte eine Rolle:

1) Technologisch bringt die Umstellung der Speichermedien von Druckerzeugnissen auf elektron. Datenverarbeitung für den Umgang mit Erinnerung und Vergangenheit einerseits eine Ausweitung der vorhandenen Datenmengen und eine Vervielfältigung ihrer Nutzungsmöglichkeiten mit sich. Auf der

anderen Seite verschärft sie aber die Diskussion um die Möglichkeiten einer nach bestimmten Kriterien sinnvollen Nutzung angesichts begrenzter Zeit und Ressourcen sowie entsprechender Möglichkeiten der Manipulation und einer dazugehörigen durch jeweilige Interessen definierten Auswahl.

2) Historisch befindet sich die westl. Welt in einer Phase, in der die Zeitzeugen, die noch in ihrer eigenen Biografie die Erinnerung an die Gewalterfahrungen und Katastrophen des 20. Jh. bewahren, aussterben. Damit verschwinden lebendige Erinnerungen an jene Gegenbilder, denen gegenüber sich die westl. Demokratien und die internat. Staatengemeinschaft als freiheitl. und sozial gerechtere Staaten bestimmten, sodass nunmehr nicht nur neue Medien der Speicherung und andere Formen der Arbeit und der Aneignung der Vergangenheit gesucht und entwickelt, sondern auch thematisch Fragen der Auswahl und der Parteinahme neu beantwortet werden müssen. Damit geht für die dt. Zusammenhänge die Erfahrung einher, dass – anders als in der unmittelbaren Nachkriegszeit erwartet – die Beschäftigung mit und die Aufmerksamkeit gegenüber den nat.-soz. Verbrechen im Laufe der Zeit nicht abgenommen haben, sondern Interesse und auch Informationsansprüche mit dem zeitl. Abstand deutlich gewachsen sind, wozu neue mediale Präsentationsformen (Spielfilme, Videodokumentationen, Multimedia-Installationen) erheblich beigetragen haben. Allerdings wird E. im Gegenzug auch von alten Apologien und neuen Ideologien besetzt, um das Verhältnis zw. Opfern und Tätern umzudrehen.

3) Soziologisch und politisch wirkt sich die in versch. Zusammenhängen zu beobachtende Individualisierung bei gleichzeitig steigendem Bildungsniveau und einer wachsenden Pluralisierung von Lebensentwürfen dahingehend aus, dass sich individuelle und gruppenbezogene Identitätsentwürfe in Bezug auf bzw. gegen teils reale, teils imaginierte Vergangenheiten formieren und hierauf teils institutionalisiert und systematisch, teils willkürlich und wechselnd Bezug nehmen. Die damit verbundene Suche nach Erinnerungen spielt v. a. bei den Gruppen eine Rolle, die in jeweils dominanten Kulturen und polit. Mustern marginalisiert erscheinen und die sich so eine eigene Repräsentation im sozialen Gedächtnis suchen. So spiegelt der mit den antikolonialen Befreiungsbewegungen in den 1940er-Jahren einsetzende Kampf um Anerkennung – in dessen Folge die US-amerikan. Bürgerrechtsbewegung ebenso ihren Aufschwung nahm wie die Studentenrevolte der 1960er-Jahre, die »neue« Frauenbewegung und andere »neue soziale Bewegungen« in den 1970er-Jahren – einen bis heute andauernden Kampf um Erinnerungen und Geschichte wider, in dem zumal histor. Unrecht als Legitimation heutiger Ansprüche auf Ausgleich, Anerkennung und Entwicklung fungiert. Für ganze Gesellschaften stellt sich die Arbeit auf dem Gebiet der E. etwa in der analytisch-krit. Beschäftigung mit historisch und kulturell konnotierten Begriffen, Personen, Texten, Ereignissen und Orten (»Lieux de mémoires«, PIERRE NORA) dar, wobei dieser Ansatz auch in Dtl. ein vergleichbares Projekt nach sich gezogen hat (ÉTIENNE FRANÇOIS, HAGEN SCHULZE). Von besonderer Bedeutung ist ein solcher legitimator. Bezug auf Erinnerung und Vergangenheit für die Bundesrep. Dtl., die sich hinsichtlich ihrer Verfassung und ihrer polit. Geschichte (namentlich in den Bereichen polit. Kultur und polit. Bildung) als Gegenentwurf zum Terrorstaat des Nationalsozialismus und zum Unrechtsstaat des staatssozialist. Dtl. versteht. Dieser Aspekt findet sich auch in anderen Staaten und Gesellschaften, die wie die Rep. Südafrika nach dem Ende der Apartheid seit 1990 oder die osteurop. Staaten nach dem Ende der kommunist. Herrschaft sich selbst gegenüber histor. Unrecht begründen wollen und sich u. a. durch dessen Aufarbeitung zu legitimieren suchen (→ Vergangenheitsbewältigung).

4) Im Weltmaßstab haben Vernetzungsprozesse ökonom., gesellschaftl. und v. a. auch medialer Strukturen, die heute unter dem Stichwort »Globalisierung« angesprochen werden, zum einen zu einer Potenzierung von Wissensvorräten und Erinnerungsansprüchen (»Global village«) geführt und zum anderen das Problem einer Universalisierung von Maßstäben (Multikulturalismus, Kulturrelativismus; universalist. Vorstellungen, formuliert etwa in der UNO-Menschenrechtscharta von 1948) zur Bewertung und Bearbeitung von Erinnerungen und Vergangenheiten aufgeworfen. Wie schwierig die Bearbeitung der damit verbundenen Fragen ist, lässt sich an nahezu allen aktuellen Konfliktfeldern zeigen, in denen – im Nordirlandkonflikt ebenso wie im Konflikt zw. Israel und den Palästinensern oder in den Nachfolgestaaten Jugoslawiens – unterschiedl. Erinnerungen und Geschichten zur Legitimation eigener Ansprüche, zur Begründung eigener Verletzungen und zur Rechtfertigung der eigenen fortgeführten Aggression angeführt werden.

5) In der Verknüpfung postmoderner und moderner Geschichtskonzeptionen treffen zwei Vorstellungen aufeinander: die einer weitgehenden Machbarkeit und »Offenheit« von Gesellschaft und Zukunft (Moderne) – was zugleich Verantwortlichkeiten in den Blick bringt – und die in der Kulturkritik des 19. Jh. (F. NIETZSCHE) bereits aufkommende und in der Postmoderne vertretene Auffassung, dass es sich bei auf dem Weg zur Moderne in Anspruch genommenen Fortschrittsdarstellungen um große legitimator., d. h. zum Teil kulturell codierte, ja »erfundene« Erzählungen handelt (J.-F. LYOTARD: »grands récits«), die sich keineswegs auf eine objektiv vorhandene Wahrheit der Geschichte gründen lassen. Die damit erkennbare Frage nach Legitimation für eine bestimmte Sichtweise auf die Geschichte und damit auf die Gegenwart wie auch der damit verbundene Zwang zu einer Auswahl (sich auf eine wie auch immer bestimmte Vergangenheit zu beziehen) fordern individuelle und gesamtgesellschaftl. Entscheidungen, Reflexionsmöglichkeiten und kulturelle bzw. kommunikative Muster, in denen diese Prozesse erkundet und bearbeitet werden können; hierfür steht derzeit der Begriff Erinnerungskultur.

In diesem Sinne spricht H. LÜBBE von der »vergangenheitserzeugenden Kraft« des gegenwärtigen Fortschrittsbewusstseins: »Mit dem Modernitätsgrad unserer Zivilisation wächst zugleich die Intensität ihrer progressiven Selbsthistorisierung.« Ob hierbei die ältere Geschichte zugunsten der »Nahoptik« der zeitnäheren Probleme vernachlässigt wird (KARL HEINZ BOHRER), ist umstritten, zumal sich angesichts der Vielfalt und Ausbreitung neuer medialer

Präsentationen auch eine erneute Relativierung der jeweils im Zusammenhang von E. angebotenen Muster und Informationen abzeichnet.

H. LÜBBE: Die Gegenwart der Vergangenheit. Kulturelle u. polit. Funktionen des histor. Bewusstseins (1985); Kultur u. Gedächtnis, hg. v. J. ASSMANN u. T. HÖLSCHER (1988); A. GROSSER: Ermordung der Menschheit. Der Genocid im Gedächtnis der Völker (a. d. Frz., 1990); R. LACHMANN: Gedächtnis u. Literatur. Intertextualität in der russ. Moderne (1990); D. DINER: Der Krieg der Erinnerungen u. die Ordnung der Welt (1991); Gedächtniskunst: Raum – Bild – Schrift. Studien zur Mnemotechnik, hg. v. A. HAVERKAMP u. R. LACHMANN (1991); M. HALBWACHS: Das kollektive Gedächtnis (a. d. Frz., Neuausg. 1991); »Ohne Erinnerung keine Zukunft!«. Zur Aufarbeitung v. Vergangenheit in einigen europ. Gesellschaften unserer Tage, hg. v. C. BURRICHTER u. a. (1992); Mnemosyne, hg. v. A. ASSMANN u. D. HARTH (Neuausg. 1993); Memoria als Kultur, hg. v. O. G. OEXLE (1995); Gedächtnis. Probleme u. Perspektiven der interdisziplinären Gedächtnisforschung, hg. v. SIEGFRIED J. SCHMIDT (³1996); Amnestie oder die Politik der Erinnerung in der Demokratie, hg. v. G. SMITH u. A. MARGALIT (1997); G. SCHWAN: Politik u. Schuld. Die zerstörer. Macht des Schweigens (1997); P. RICŒUR: Das Rätsel der Vergangenheit. Erinnern, Vergessen, Verzeihen (a. d. Frz., 1998); A. ASSMANN u. U. FREVERT: Geschichtsvergessenheit, Geschichtsversessenheit. Vom Umgang mit dt. Vergangenheiten nach 1945 (1999); J. ASSMANN: Das kulturelle Gedächtnis. Schrift, Erinnerung u. polit. Identität in frühen Hochkulturen (Neuausg. 1999); P. REICHEL: Politik mit Erinnerung. Gedächtnisorte im Streit um die nat.-soz. Vergangenheit (Neuausg. 1999); Umkämpfte Vergangenheit. Geschichtsbilder, Erinnerung u. Vergangenheitspolitik im internat. Vergleich, hg. v. P. BOCK u. E. WOLFRUM (1999); E. WOLFRUM: Geschichtspolitik in der Bundesrep. Dtl. Der Weg zur bundesrepublikan. Erinnerung 1948–1990 (1999); H. WEINRICH: Lethe. Kunst u. Kritik des Vergessens (³2000); F. A. YATES: Gedächtnis u. Erinnern. Mnemonik v. Aristoteles bis Shakespeare (a. d. Engl., Neuausg. ⁶2001); Gedächtnis u. Erinnerung. Ein interdisziplinäres Lex., hg. v. N. PETHES u. J. RUCHATZ (2001); K. AHLHEIM u. B. HEGER: Die unbequeme Vergangenheit (2002); Erinnerungskulturen im Dialog, hg. v. C. LENZ u. a. (2002); A. MARGALIT: Ethik der Erinnerung (a. d. Engl., Neuausg. 2002); Verletztes Gedächtnis. E. u. Zeitgesch. im Konflikt, hg. v. K. H. JARAUSCH u. M. SABROW (2002); H. WELZER: Das kommunikative Gedächtnis (2002); Dt. Erinnerungsorte, hg. v. É. FRANÇOIS u. HAGEN SCHULZE, 3 Bde. (Neuausg. 2003); E. u. Gedächtnispolitik, hg. v. I. SIGGELKOW (2003); Erinnerungskulturen. Dtl., Italien u. Japan seit 1945, hg. v. C. CORNELISSEN u. a. (2003); I. ESCHEBACH: Öffentl. Gedenken. Dt. Erinnerungskulturen seit der Weimarer Republik (2004); K. GARBER: Nation, Lit., polit. Mentalität. Beitrr. zur E. in Dtl. (2004); M. OSTEN: Das geraubte Gedächtnis. Digitale Systeme u. die Zerstörung der E. (2004).

Fortsetzung von Seite 286
den Anlass zur Entstehung des Trojan. Krieges. HESIOD stellt in seinem Gedicht »Werke und Tage« der »bösen« E. eine »gute« E. (den Wettstreit) zur Seite.

erische Phase [→Eria], *Geologie:* eine kaledon. →Faltungsphase.

Eristik [von griech. eristikḗ téchnē, eigtl. »zum Streit neigende Kunst«] *die, -,* die Kunst des philosoph. Streitgespräches; urspr. von PLATON und ARISTOTELES verwendete Bez. für die um des Widerlegens und Rechthabens willen gepflegte Disputierkunst der →Sophisten. Bekannte Eristiker des Altertums waren EUKLEIDES VON MEGARA und EUBULIDES VON MILET.

Eritrea siehe Seite 293

eritreisch-orthodoxe Kirche, eigtl. **Eritreische Orth. Kirche,** die orth. Kirche Eritreas; Sitz des Kirchenoberhauptes, des »Patriarchen von Eritrea«, ist Asmara; liturg. Sprachen sind Geez und Tigrinja; von großer Bedeutung für das geistl. Leben sind die rd. 20 Klöster. Die e.-o. K. zählt rd. 1,7 Mio. Gläubige. Kirchenoberhaupt ist seit 2004 Patriarch ANTONIOS (GEBRE-MEDHIN, * 1927). Die Formierung und schließlich formelle Konstituierung der e.-o. K. erfolgte nach der Erlangung der staatl. Unabhängigkeit Eritreas in einem mehrjährigen Prozess, der mit der Weihe des ersten eritreisch-orth. Patriarchen PHILIPPOS (TEWOLDE BERHAN, * 1901, † 2002) durch den kopt. Papst und Patriarchen SHENOUDA III. 1998 zum Abschluss kam. Vorangegangen waren ab 1994 die Weihen von sechs eritreischen Bischöfen. Liturgisch und dogmatisch versteht sich die e.-o. K. als Tochterkirche der kopt. Kirche und als Schwesterkirche der →äthiopischen Kirche. – Eine eigenständige e.-o. K. existierte für kurze Zeit bereits in den 1930er-Jahren. Maßgeblich mitinitiiert von den ital. Kolonialbehörden, sollte durch sie der Einfluss der äthiop. Kirche in Eritrea eingeschränkt werden. Nach der Besetzung Äthiopiens durch Italien 1936 ging die eritreische Kirche aber wieder in der äthiop. Kirche auf.

Eriugena, Johannes Scotus, irischer Philosoph, →Johannes Scotus Eriugena.

Eriwan, Hauptstadt von Armenien, →Jerewan.

Erizzo, venezian., aus Capodistria (heute Koper) stammende Familie, seit 805 oder 966 in Venedig ansässig, 1847 ausgestorben. Die E. widmeten sich im MA. vornehmlich dem Osthandel und brachten zahlr. hohe Beamte hervor. Bedeutend war v. a. PAOLO E., der heldenhafte Verteidiger von Negroponte (ital. Name von Euböa), der nach dem Fall der Festung 1470 von den Türken grausam getötet wurde, ferner SEBASTIANO E. (* 1525, † 1585), Verfasser der »Sei giornate«, einer moralisierenden Novellensammlung in Nachahmung BOCCACCIOS, und der Doge (seit 1631) FRANCESCO E. (* 1565, † 1646).

Erk, Ludwig, Musiklehrer und Volksliedsammler, * Wetzlar 6. 1. 1807, † Berlin 25. 11. 1883; E. war einer der bedeutendsten Sammler von Volksliedern des 19. Jh., u. a.: »Die dt. Volkslieder mit ihren Singweisen« (2 Bde., 1838–45, mit W. IRMER), »Dt. Liederhort« (1856, neu bearbeitet und fortgesetzt von F. M. BÖHME, 1893–94, 3 Bde., Nachdruck 1963) und »Dt. Liederschatz« (3 Bde., 1859–72, Nachdruck 1956; für Singstimme und Klavier).

Erkältung, Erkältungskrankheit, inkorrekte Sammel-Bez. für akute bakterielle oder virusbedingte Infektionen der Atemwege (→grippaler Infekt, →Schnupfen), als deren alleinige Ursache früher Unterkühlungen des Körpers galten. Durch Kälteeinwirkung wird jedoch lediglich die lokale Durchblutung und die Immunabwehr des Körpers so herabgesetzt, dass Krankheitserreger, die auch schon vorher im Organismus vorhanden gewesen sein können, Krankheiten auslösen können.

Erkältungsbad, medizin. Bad mit überwiegend schleimlösender Wirkung auf die Atemwege, auch mit Steigerung der Schleimhautdurchblutung, lokaler Schmerzlinderung und Bronchialerweiterung. Als wirksame Substanzen sind z. B. Eucalyptol, Koniferenöl, Thymianöl oder Menthol enthalten.

Erkel, Ferenc (Franz), ungar. Komponist, * Gyula (Bez. Békés) 7. 11. 1810, † Budapest 15. 6. 1893; komponierte 1844 die ungar. Nationalhymne und gilt mit seinen

Ferenc Erkel

acht Opern (u. a. »Hunyadi László«, 1844; »Bánk bán«, 1861) als Schöpfer der ungar. Nationaloper.

Erkelenz, Stadt im Kr. Heinsberg, NRW, im N der Jülicher Börde, 44 500 Ew.; Baustoff- und Kunststoff verarbeitende Industrie; Baumschulen. – Die kath. Pfarrkirche St. Lambertus (1954) wurde über einem Vorgängerbau (11./12. Jh.) unter Beibehaltung des W-Turms errichtet; Rathaus (1540–46, nach Kriegszerstörung wiederhergestellt); von der ehem. Burg ist der Hauptturm (15. Jh.) erhalten. – Das 966 erstmals genannte E. erhielt 1326 Stadtrecht. 1715 gelangte E. von der Grafschaft Geldern an das Herzogtum Jülich und mit diesem 1794 unter frz. Herrschaft. 1815 fiel es an Preußen.

erkenne dich selbst, griech. **gnothi seauton,** Inschrift des Apollontempels in Delphi; wird THALES VON MILET oder CHILON zugeschrieben.

erkennen, auf der Habenseite eines Kontos buchen, eine Gutschrift vornehmen; Ggs.: belasten.

Erkenntnis,
1) *Philosophie: die,* vom Bewusstsein der Wahrheit begleitete Einsicht in einen Sachverhalt sowie das Ergebnis dieses Vorgangs; auch gleichbedeutend mit (begründetem) Wissen (griech. episteme).

PLATON definierte Wissen als wahre, mit Begründung versehene Erkenntnisform, die sich im Ggs. zur Meinung (griech. doxa) nicht auf das Veränderliche und Wandelbare der Sinnwelt, sondern auf das unveränderlich Seiende bezieht. Damit wurde das E.-Problem eng mit dem Wahrheitsproblem verknüpft. Bei der weiteren Entwicklung des E.-Problems unterscheiden sich folgende Ansätze: Der idealist. Vorschlag betont die Wichtigkeit des subjektiven Anteils am E.-Prozess. Dem steht die realist. Position gegenüber, die die Wichtigkeit der vom erkennenden Subjekt unabhängigen Sachverhalte betont. Erst das 20. Jh. betont und gewichtet auch die Bedeutung der dritten, intersubjektiven Dimension. Der Pragmatismus macht diese, z. B. bei J. DEWEY, zur ausschlaggebenden Instanz des Wissens.

Im Zusammenhang mit dem E.-Problem waren immer die Theoreme der Mathematik von besonderem Interesse. Sie galten stets als Inbegriff der E. An ihnen verdeutlichte PLATON seine Vorstellung von der E. als Schau der (wieder erinnerten) Ideen. Im Falle der Mathematik treten die Sinne als potenzielle Fehlerquelle nicht in Erscheinung. Nach R. DESCARTES ist die zentrale philosoph. E. (»ich denke, also bin ich«) ebenfalls eine nicht durch Sinne vermittelte Evidenz. Wissen bedeutet für ihn »klare und wohlbestimmte Einsicht.« Der Rationalismus, der mit DESCARTES beginnt, macht die mathemat. E. zum Modell der einzig möglichen E. Soweit wir E. von der Realität haben, beruht diese auf Verstandesprinzipien. Das ist die Grundidee der rationalen Naturwissenschaft. G. W. LEIBNIZ unterscheidet die Vernunft- von den Tatsachenwahrheiten.

Der Empirismus betont dagegen die Wichtigkeit der Erfahrung für die E. Der Ursprung der E. liegt nach rationalist. Ansicht im Denken, nach empirist. dagegen überwiegend in den Sinnen. Während für den Ersteren die Möglichkeit der Naturwiss.en zum Problem wird, tut sich der Letztere schwer mit der mathemat. Erkenntnis. I. KANT versucht vor beiden Positionen zu vermitteln, indem er E. als mentale Strukturierungsleistung eines empirisch gegebenen Mannigfaltigen betrachtet. E. ist für KANT dort, wo Anschauungen unter Verstandesbegriffe (→ Kategorien) gebracht werden. Die Entwicklung des E.-Begriffs nach KANT wurde bald von der neu entstandenen E.-Theorie geprägt.

Enzyklopädische Vernetzung: ▪ Erkenntnistheorie ▪ Wahrheit ▪ Wissen ▪ Wissenschaft

📖 E. CASSIRER: Das E.-Problem in der Philosophie u. Wiss. der neueren Zeit, 4 Bde. ($^{1-3}$1906–57; Nachdr. 1995); P. JANICH: Was ist E.? (2000); J. DEWEY: Die Suche nach Gewissheit. Eine Unters. des Verhältnisses von E. u. Handeln (a. d. Amerikan., 2001); B. LAUTH u. J. SAREITER: Wiss. E. Eine ideengeschichtl. Einf. in die Wissenschaftstheorie (2002).

2) *Recht: das,* die gerichtl. →Entscheidung, die im E.-Verfahren gewonnen wird, d. h. in dem Teil des gerichtl. Verfahrens, in dem der Rechtsstreit in der Sache selbst entschieden wird (z. B. durch Urteil), im Unterschied zum Vollstreckungsverfahren (→Zwangsvollstreckung).

3) *Religionsgeschichte: die,* zunächst – v. a. in der Mystik – ein zentraler seel. Vorgang erkennenden Erlebens numinoser Wirklichkeit (religiöse E.), nicht in erster Linie das rationale Erfassen religiöser Lehren. In Indien etwa ist daher der »Weg der E.« (Sanskrit yana marga) eines der wichtigsten Mittel zum Heil. – **E. von Gut und Böse** ist – nach der Erzählung vom Garten Eden (1. Mos. 2, 17; 3, 5) – Wirkung der Frucht vom verbotenen Baum und bedeutet eine neue Stufe des Menschseins. Damit hat der Mensch den paradies. Zustand des Einsseins mit der Natur verlassen und durch das Unterscheidungsvermögen die Eigenverantwortlichkeit für sein Tun gewonnen.

Erkenntnis|interesse, Bez. für allg. Wert- oder Zweckvorstellungen, die den Entstehungsprozess von Wiss. beeinflussen.

Der Begriff des E. wurde 1964 von J. HABERMAS in die Diskussion eingeführt. Er will damit objektivist. Auffassungen von Wiss. – insbes. auch die These von deren völliger Wertfreiheit – bekämpfen. Nach HABERMAS lassen sich drei Typen erkenntnisleitender Interessen unterscheiden: das technische, auf Beherrschung zielende Interesse, das in die Naturwiss.en und in gewisse Sozialwiss.en (»Sozialtechnologie«) einfließt; das praktische Interesse, das auf Erhalt und Ausbau der Kommunikationsmöglichkeiten abzielt und das sich in den Geisteswiss.en verwirklicht, und das kritische, auf Emanzipation und Mündigkeit hinwirkende Interesse, das in der krit. Theorie, der Psychoanalyse und in der Ideologiekritik manifest wird.

Erkenntnistheorie, Epistemologie, Gnoseologie, die philosoph. Untersuchung der Möglichkeit, der Natur, der Quellen, des Umfangs, der Verlässlichkeit und der Grenzen von Wissen und epistem. Rechtfertigung. Obwohl es E. der Sache nach seit der Antike gab, ist der dt. Terminus E. erst im 19. Jh. geprägt worden.

Geschichte Schon PLATON und ARISTOTELES stellten die Frage, was Wissen sei. Da PLATON an einem »Wissen-Warum« interessiert war, das zu einem tieferen Verstehen der Wirklichkeit führt, erwägte er als Antwort: Wissen ist die mit einer Erklärung verbundene richtige Meinung. – In den skept. Schulen der Spätantike wurde die Möglichkeit von Wissen grundsätzlich infrage gestellt (SEXTUS EMPIRICUS). In der Neuzeit wurde immer wieder auf dieses Inventar skept. Argumente zurückgegriffen (M. DE MONTAIGNE, P. BAYLE, D. HUME u. a.; →Skeptizismus).

Am Beginn der neuzeitl. Wiss. erhoben F. BACON und R. DESCARTES die Forderung, unseren Geist von überkommenen Vorurteilen zu befreien, um zu einer sicheren Neubegründung des menschl. Wissens zu gelangen. DESCARTES bediente sich dazu der Methode des Zweifels. In der Unbezweifelbarkeit seiner Existenz als eines denkenden Wesens (»cogito, ergo sum«) glaubte er ein sicheres Fundament der Erkenntnis gefunden zu haben.

In seiner Schrift »An essay concerning human understanding« (1690; dt. »Versuch über den menschl. Verstand«) hat sich J. LOCKE das erkenntnistheoret. Ziel gesetzt, Ursprung, Gewissheit und Umfang menschl. Erkenntnis zu untersuchen (»to enquire into the original, certainty and extent of human knowledge«). I. KANT interessierte sich in der »Kritik der reinen Vernunft« (1781; ²1787) für die im Hinblick auf die →Metaphysik entscheidende Teilfrage »Was können wir unabhängig von Erfahrung wissen?«. Die durch KANTS krit. Philosophie aufgeworfenen Fragen, ob es solches »A-priori-Wissen« gibt und wie umfangreich es sein mag, beschäftigen die E. bis heute.

Seit Kant hat sich die Unterscheidung zw. rationalist. und empirist. E. eingebürgert. Während der Rationalismus die rationale Einsicht als oberste Erkenntnisquelle betrachtet, versucht der Empirismus alle Tatsachenerkenntnis auf Erfahrung zurückzuführen. KANTS Kritizismus wurde als dritter Weg betrachtet (→Erkenntnis).

Im 20. Jh. führten Gegenbeispiele gegen die traditionelle Analyse von Wissen als gerechtfertigte wahre Überzeugung (EDMUND L. GETTIER, * 1927) dazu, dass der Begriff der Rechtfertigung näher untersucht wurde. Eine Überzeugung ist *subjektiv gerechtfertigt*, wenn sie verantwortlich gebildet wurde; typischerweise kann die Person dann auch Gründe für sie anführen. Eine Überzeugung ist *objektiv gerechtfertigt*, wenn sie de facto verlässlich ist. Hinsichtlich der Struktur der Rechtfertigung unterscheidet man fundamentalist. Theorien, denen zufolge unsere Rechtfertigungen in einem Fundament nicht mehr rechtfertigungsbedürftiger Überzeugungen gründen, von kohärentist. Theorien, denen zufolge ein Überzeugungssystem desto besser gerechtfertigt ist, je besser die Überzeugungen zueinander passen.

Nachdem die E. einige Zeit gegenüber der →Sprachphilosophie in den Hintergrund getreten war, hat sie in den vergangenen Jahrzehnten erneut starke Beachtung gefunden. Neben der Natur von Wissen und Rechtfertigung sind die einzelnen Erkenntnisquellen (Wahrnehmung, Selbstbewusstsein, Erinnerung, Induktion, das Zeugnis anderer, Verstand etc.) im Detail untersucht worden.

📖 E. CASSIRER: Das Erkenntnisproblem in der Philosophie u. Wiss. der neueren Zeit, 4 Bde. (¹⁻³1906–57; Nachdr. 1995); H.-J. ENGFER: Empirismus versus Rationalismus? Kritik eines philosophiegeschichtl. Schemas (1996); Analyt. Philosophie der Erkenntnis, hg. v. P. BIERI (⁴1997); L. WITTGENSTEIN: Über Gewißheit, hg. v. G. E. M. ANSCOMBE (⁹1997); H. SCHNÄDELBACH: E. zur Einf. (2002); T. GRUNDMANN: E. Positionen zw. Tradition u. Gegenwart (²2003); R. H. POPKIN: The history of scepticism from Savanarola to Bayle (Neuausg. Oxford u. a. 2003); A companion to epistemology, hg. v. J. DANCY u. E. SOSA (Neuausg. ebd. u. a. 2004).

Erkennungsdienst, Fachbereich kriminalpolizeil. Dienststellen, zu dessen Schwerpunktaufgaben u. a. die Identifizierung von Personen inklusive Personenfeststellungsverfahren (Anerkennung durch nahe Angehörige/Bekannte und die Beiziehung von Personenstandsurkunden) sowie Tatortuntersuchungen mit Spurensuche und -sicherung und deren Auswertung gehören. Der E. bedient sich technisch und wissenschaftlich fundierter Methoden (z. B. im Bereich der Personenbeschreibung, Daktyloskopie, Fotografie, Gesichtsrekonstruktion). Zur Identifizierung werden durch andere Fachdienststellen (Gerichtsmedizin/Kriminaltechnik) z. B. auch Zahnschemata, Röntgenbilder und Stimmvergleichsverfahren herangezogen. Das Bundeskriminalamt (BKA) unterhält im Rahmen seiner Zentralstellenfunktion (§ 2 BKA-Gesetz) unter Beachtung der gesetzlichen datenschutzrechtl. Bestimmungen in seinem Fachbereich »Personenerkennung« eine zentrale Lichtbildsammlung und daktyloskop. Sammlungen. Diese Sammlungen bestehen aus Unterlagen über erkennungsdienstl. Behandlungen von Personen, welche dem BKA zur Erfassung zugeleitet werden. Rechtsgrundlage für die wahrzunehmenden Tätigkeiten des E. im Rahmen der Verbrechensbekämpfung sind insbesondere die §§ 81 b, 163 b StPO. Aufgrund des DNA-Identitätsfeststellungs-Ges. vom 7. 9. 1998 (mit Änderungen) und der Änderung der StPO (§ 81 f und § 81 g), ist es der Polizei möglich, genet. Daten von potenziellen Tätern, die einer Straftat von erhebl. Bedeutung verdächtig sind, zu erfassen (§ 1, →genetischer Fingerabdruck). Die Speicherung dieser Daten erfolgt in einer zentralen Datei beim Bundeskriminalamt.

In Österreich obliegt der Sicherheitsbehörde die Ermittlung personenbezogener Daten durch erkennungsdienstl. Behandlung (Daktyloskopie, Lichtbilder, Stimmvergleich, Mundhöhlenabstrich zur molekulargenet. Untersuchung u. a.) von Verdächtigen, ggf. auch von Dritten (§§ 64 ff. Sicherheitspolizei-Ges.). In der Schweiz stützt sich die erkennungsdienstl. Behandlung von Personen im Wesentlichen auf die kantonalen StPO und die kantonalen Polizei-Ges. Im Rahmen der Amtshilfe unterhält das Bundesamt für Polizei eine zentrale Datenbank mit erkennungsdienstl. Daten; diese werden ihm von den Behörden der Kantone, des Bundes oder des Auslandes übermittelt. Das Bundesamt vergleicht die Daten auf behördl. Anfrage untereinander, um eine gesuchte oder unbekannte Person zu identifizieren (Art. 351^{septies} StGB, revidierter Art. 354 StGB).

Erker

Erkennungsmarke, vom Soldaten an einer Kette um den Hals zu tragende zweiteilige, in der Mitte perforierte Metallmarke; auf beiden Teilen sind persönl. Daten zur Identifizierung des Trägers eingraviert. Auf der E. der Bundeswehrsoldaten sind die →Personenkennziffer und »GE« (Germany) eingeprägt.

Erker, über ein oder mehrere Geschosse reichender Vorbau an der Fassade oder Ecke eines Gebäudes; er kragt (im Ggs. zur →Auslucht) meist frei vor oder ruht

Fortsetzung auf Seite 297

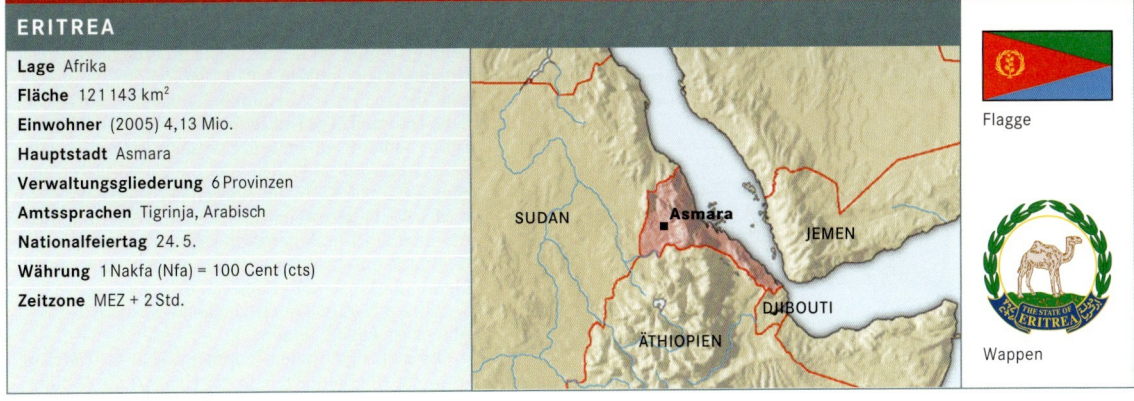

ERITREA

Lage Afrika
Fläche 121 143 km²
Einwohner (2005) 4,13 Mio.
Hauptstadt Asmara
Verwaltungsgliederung 6 Provinzen
Amtssprachen Tigrinja, Arabisch
Nationalfeiertag 24. 5.
Währung 1 Nakfa (Nfa) = 100 Cent (cts)
Zeitzone MEZ + 2 Std.

Flagge

Wappen

Eritrea, Staat in NO-Afrika am Roten Meer, 121 143 km², (2005) 4,13 Mio. Ew.; E. grenzt im SO an Djibouti, im S an Äthiopien, im W und NW an die Rep. Sudan. Hauptstadt ist Asmara; Amtssprachen sind Tigrinja und Arabisch. Währung: 1 Nakfa (Nfa) = 100 Cent (cts). Zeitzone: MEZ + 2 Stunden.

STAAT UND GESELLSCHAFT

Verfassung Die am 23. 5. 1997 von der Verfassunggebenden Versammlung verabschiedete Verf. bestimmt E. als präsidiale Rep. Die Umsetzung der Verf. wurde jedoch 1998 bei Beginn des Krieges mit Äthiopien ausgesetzt und 2001 weitgehend abgebrochen. Staatsoberhaupt, Vors. des Staatsrates (Reg.-Chef), Parlaments-Präs. und Oberbefehlshaber der Streitkräfte ist der mit weitreichenden Vollmachten ausgestattete Präs. (auf 5 Jahre vom Parlament gewählt, einmalige Wiederwahl möglich); Wahlen haben jedoch bisher nicht stattgefunden, de facto regiert der Präs. nicht auf der Grundlage der Verf., sondern nach Vorgaben der Einheitspartei PFDJ. Er ernennt die Mitgl. der Reg., die Gouv. der Prov. sowie die Richter des Obersten Gerichtshofes und übt über Sondergerichte de facto eine Kontrolle über die Judikative aus. Trägerin der Legislative ist die 1993 gebildete, seit 1997 als Übergangsparlament fungierende Nationalversammlung (150 Abg., davon 75 Mitgl. des Zentralrats der PFDJ, 60 Repräsentanten der Regionen und 15 Vertreter der im Ausland lebenden Eritreer). Die für 2001 vorgesehenen Parlamentswahlen konnten bisher nicht stattfinden. Das 2002 angenommene Wahl-Ges. entzieht »Verrätern« das aktive und passive Wahlrecht und sieht für die Nationalversammlung eine Frauenquote von 30 % vor.

Recht Das Gerichtswesen ist zweigeteilt; neben klassischen staatl. Gerichten bestehen Sondergerichte unter direkter Kontrolle der Reg. (unausgebildete Richter aus der ehem. EPLF, keine Verteidiger). Das staatl. Zivilrecht beruht auf dem äthiop. Zivilgesetzbuch, jedoch gilt zusätzlich regionales Zivilrecht, insbes. in Erbfragen und im Familienrecht: das tigrinjasprachige Hochland ist geprägt von Rechtstraditionen, die z. T. aus dem 14. Jh. stammen, für die Prov. Akkele-Guzay gilt das Rechtsbuch Adginna-Tegeleba, für Teile der Prov. Hamasen die Rechtsbücher Adkeme-Melga', Loggon-Ch'ewan und Heggi Habsellus Gerekistos, für Muslime die Scharia (→ islamisches Recht) und lokale Rechtstraditionen. Das Strafrecht beruht auf dem äthiop. Strafgesetzbuch; einzelne Paragraphen (z. B. die Todesstrafe betreffend) sind durch Proklamation ausgesetzt worden. Das öffentl. Recht beruht auf der Verf., deren Umsetzung in der Rechtswirklichkeit aber aussteht, und auf Proklamationen der Regierung.

Flagge und Wappen Die Nationalflagge ist Grün über Blau mit einem roten Dreieck vom Liek bis zum fliegenden Ende. Im Dreieck ein von Olivenzweigen umkränzter Olivenzweig in Gold. Die Farben der Flagge erinnern an die Volksbefreiungsfront E.s. – Das 1993 offiziell eingeführte Staatswappen zeigt ein Kamel auf grünem Boden, das von zwei grünen Ölzweigen umrahmt wird. Darunter steht in einem blauen Band in goldener Schrift der Landesname in Tigrinja, Englisch und Arabisch.

Nationalfeiertag 24. 5. zur Erinnerung an die Erlangung der Unabhängigkeit 1993.

Verwaltung E. ist in 6 Prov. gegliedert, die 1995 aus den zuvor an histor. Grenzen orientierten 9 Prov. gebildet wurden. An der Spitze jeder Prov. steht ein vom Präs. ernannter Gouverneur.

Parteien Bisher einzige legale Partei ist die 1994 aus der Eritrean People's Liberation Front (EPLF) hervorgegangene People's Front for Democracy and Justice (PFDJ). Verschiedene Oppositionsparteien und -gruppen, darunter die Eritrean Liberation Front (ELF) und die muslim. Eritrean Islamic Salvation Movement (EISM), sind seit 2002 in der Eritrea National Alliance (ENA) zusammengeschlossen.

Bildungswesen Es besteht allg. Schulpflicht vom 7. bis 14. Lebensjahr. Das Schulsystem gliedert sich in die fünfjährige Primarschule, die zweijährige Mittelschule und die vierjährige Sekundarschule (Abschluss: Hochschulreife). Der Mittelschulabschluss berechtigt zum Besuch der berufsbildenden Ausbildungsstätten, z. B. der dreijährigen techn. Fachschulen. Neben den öffentl. Schulen, deren Besuch kostenfrei ist, bestehen Schulgeld erhebende Privatschulen. Die Alphabetisierungsrate beträgt (2002) 57,6 %. – In Asmara gibt es eine Univ. (1958 als Univ.-Institut von einer ital. Missionskongregation gegründet; voller Univ.-Status seit 1968) und ein Lehrerbildungsinstitut.

Medien Mit der Unabhängigkeit 1993 kündigte die Reg. Pressefreiheit an, doch sind seit 2001 alle privaten Medien verboten und die Pressefreiheit abgeschafft. Einzig mehrere Kirchenzeitungen existieren unabhängig von der in Asmara erscheinenden Tageszeitung »Hibret«, die vom Informationsministerium herausgegeben wird. Darüber hinaus erscheint zweimal wöchentlich die Zeitung »Hadas Eritrea« in Ti-

Eritrea: internationales Kfz-Kennzeichen

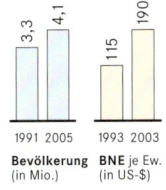

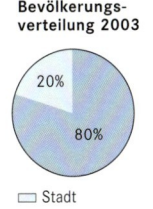

Bevölkerungsverteilung 2003

Bruttoinlandsprodukt 2004

Staat **Eritrea**

grinja und Arabisch sowie wöchentlich das englischsprachige »Eritrea Profile«. Der Sender »Voice of the Broad Masses of Eritrea« strahlt Hörfunkprogramme in Arabisch, Tigrinja, Tigre, Afar und Kunama aus. Der Fernsehsender »ERI-TV« (gegr. 1992) sendet seit 1993 Programme in Arabisch und Tigrinja.

Streitkräfte Die Gesamtstärke der aus der Eritrean People's Liberation Army (EPLA) seit 1992 hervorgegangenen neuen Armee des Landes (Wehrdienstdauer 16 Monate) lässt sich gegenwärtig nicht exakt belegen. Für das in vier Korps mit zwanzig Brigaden gegliederte Heer werden etwa 140 000 Soldaten angenommen, für Luftwaffe und Marine je etwa 1 000 Mann. Die von der EPLA übernommene Ausrüstung umfasst neben leichten Waffen v. a. erbeutetes Großgerät sowjet. Herkunft, u. a. 150 Kampfpanzer T-54/-55, rd. 20 Kampfflugzeuge (MiG-21/-23/-29) sowie 8 Patrouillenboote.

LANDESNATUR

E. erstreckt sich längs der Korallenküste des Roten Meeres und hat eine Küstenlänge von fast 1 000 km. Die südl. Küstenebene gehört zu der im Bereich des Ostafrikan. Grabensystems geologisch bes. aktiven →Afarsenke. Landeinwärts erheben sich hinter der halbwüstenhaften Küstenebene im N das Zentrale Hochland (bis 1 800 m ü. M.), das von den Randgebirgen (bis 2 633 m ü. M.) allmählich nach W abfällt, im S die Danakilberge (im Ramlu bis 2 131 m ü. M.), die einige Vulkane aufweisen. Der höchste Punkt ist der Berg Amba Soira (3 018 m ü. M.), am niedrigsten gelegen ist der See Kullul im Norden der Afarsenke (75 m u. M.). Als Folge intensiver ackerbaul. Nutzung und Abholzung ist Bodenerosion weit verbreitet. Die im Hochland entspringenden Flüsse (Setit, Gasch-Mereb, Barka, Anseba) führen nur zeitweilig Wasser. Mit ihrem N-Zipfel reicht die heiße Salzwüste der Afarsenke nach E. hinein.

Klima E. liegt in den Tropen und hat im Tiefland trop., im Hochland (z. B. in der Hauptstadt Asmara) mediterranes Klima mit Temperaturen unter 20 °C. In der niederschlagsarmen, feuchtheißen Küstenebene ist Massaua einer der heißesten Orte der Erde (Temperaturmaximum 46 °C im August; Jahresmittel 30 °C), die wenigen Niederschläge fallen hier im Winter; von März bis Juli weht von der Arab. Halbinsel gelegentlich ein heißer Wind. Die übrigen Gebiete haben zwei Regenzeiten (Juni bis September; März bis Mai). Das Hochland erhält meist ausreichende Niederschläge.

BEVÖLKERUNG

Die Bev. E.s besteht aus neun ethn. Hauptgruppen, die z. T. in historisch weitgehend voneinander unabhängige Teilgruppen untergliedert sind. Ähnlich wie in Äthiopien werden sie den äthiosemit., kuschit. und nilosaharan. Sprachgruppen zugerechnet. Die größten Gruppen sind die Tigray (50 %), die in ihrem Hauptsiedlungsgebiet im Hochland meist als sesshafte Bauern leben, und die Tigre (30 %), die überwiegend als Halbnomaden im N und W des Landes leben. Des Weiteren existieren die Bilen (Blin), Kunama, Nara, Saho, Afar, Beja (Teilgruppe Hidareb) und die arab. Gruppe Rascha'ida an der Küste; als inoffizielle »zehnte Ethnie« gilt die heterogene Gruppe der Tukrir (Nachkommen von Einwanderern aus W-Afrika, meist Mekkapilger, u. a. Hausa). Das Hirtenvolk der Afar (8 %) bewohnt den SO und ist am wenigsten in den Staat integriert. Araber (zumeist Jemeniten) leben auch in den Städten, ebenso Inder, Italiener und aus Äthiopien stammende Amhara. Nach Schätzungen halten sich etwa 1 Mio. Eritreer im Exil auf, deren Rückführung seit Mitte der 1990er-Jahre stockt. Etwa 20 % (2003) der Bev. leben in Städten, von denen die Hauptstadt Asmara mit (2005) 563 900 Ew. und Keren (58 100 Ew.) sowie die Hafenstädte Assab (78 000 Ew.) und Massaua (39 100 Ew.) die größten sind.

Religion Die Verf. (Art. 19) garantiert die Religionsfreiheit; der Staat ist zu religiöser Neutralität und Parität verpflichtet. – Die dominierenden Religionen, zu denen sich jeweils knapp 50 % der Bev. bekennen, sind das Christentum und der Islam. Traditionellen afrikan. Religionen wird nur noch eine verschwindende Minderheit von 0,5 % der Bev. zugerechnet (unter den Kunama). – Etwa 95 % der Christen gehören der →eritreisch-orthodoxen Kirche an, rd. 3,5 % der kath. Kirche des äthiop. Ritus (→äthiopische Kirche 2), etwa 1 % kleinen prot. Gemeinden (bes. Lutheraner, Pfingstler). – Die Tigray sind meist orth.

Eritrea: Hochland südlich von Asmara, nahe der Grenze zu Äthiopien

Christen (in der Prov. Hamasen auch Protestanten; in der Prov. Akkele-Guzay mehrere ethn. Teilgruppen fast vollständig Katholiken); die Afar, die Tigre und Saho sind in ihrer Mehrheit sunnit. Muslime.

WIRTSCHAFT UND VERKEHR

Gemessen am Bruttonationaleinkommen (BNE) pro Kopf der Bev., das 2003 bei 190 US-$ lag, ist E. eines der ärmsten Länder der Erde. Dreißig Jahre andauernder Krieg und Dürreperioden haben zum Niedergang der einst blühenden Wirtschaft und zu katastrophalen Ernteausfällen geführt. Nach dem Ende des Krieges 1991 waren mehr als 85 % der Bev. von internat. Hilfe abhängig. Auch weiterhin sind nach Schätzungen westl. Hilfsorganisationen noch drei Viertel der Bev. auf Nahrungsmittelhilfe angewiesen (nicht eingerechnet ist dabei die bedeutende zusätzl. Unterstützung eritreischer Familien durch die große Zahl von Auslandseritreern, die nach Schätzung des IMF 400–500 Mio. US-$ jährl. beträgt). Der Wiederaufbau der Wirtschaft ist die größte Herausforderung des seit 1993 unabhängigen Landes, wobei die Schaffung einer grundlegenden Infrastruktur (v. a. der Straßenbau) an erster Stelle steht. Die zögerl. Bereitschaft der westl. Industrieländer, den Wiederaufbau E.s finanziell zu unterstützen, resultiert insbes. aus der Politik des Landes, Vorbedingungen ausländ. Geber weitgehend abzulehnen. Bis Kriegsbeginn 1998 galt E. aber als wirtschaftlich vielversprechend, mit guten Beziehungen zur Weltbank, da die damalige Reg. behutsam wirtschaftl. Liberalisierung anstrebte. Seit Mitte der 1990er-Jahre übernahm die Reg.-Partei PFDJ jedoch zahlr. Unternehmen und dominiert inzwischen teilweise monopolistisch den Markt (Textilproduktion, moderne Fischfarm, Fluglinie »Red Sea Air«). Auslandseritreer sind verpflichtet, 2 % ihres Einkommens an die Reg. zu zahlen. Seit Verschärfung der polit. Situation nach 2001 sind diese Zahlungen jedoch signifikant zurückgegangen. Die Knappheit zahlr. Produkte des tägl. Bedarfs (Benzin, Getreide, Gemüse, Fleisch) führte zu erhebl. Preissteigerungen.

Landwirtschaft Der mit Abstand wichtigste Wirtschaftssektor ist der Agrarbereich; etwa 80 % der Bev. leben von der Landwirtschaft (Anteil am Bruttoinlandsprodukt [BIP] etwa 12 %), die v. a. für den Eigenbedarf betrieben wird. Die bedeutendsten Anbauprodukte sind Teff (eine Hirseart), Mais, Weizen und Sorghum; für den Export könnte der Anbau von Kaffee, Baumwolle und Tabak, v. a. an der Randstufe des Hochlandes im NW, größere Bedeutung erlangen. Gartenbau (u. a. Rosen, Nelken) wird für den Export nach Holland und Italien im nördl. Hochland betrieben. Der SO gehört zur halbwüstenhaften Afarsenke und wird nur durch Nomadenwirtschaft (Schafe, Ziegen, Rinder, Kamele) genutzt; der Umfang der zuvor bedeutenden Viehwirtschaft im SW des Landes ist in direkter Folge des Krieges 1998–2000 stark zurückgegangen (zeitweise Besetzung durch die äthiop. Armee). Da in manchen Jahren die Niederschläge fast völlig ausbleiben, sind die Erntemengen erhebl. Schwankungen unterworfen, was immer wieder zu Hungerkatastrophen führt. Die Gesellschaft für Techn. Zusammenarbeit (GTZ) führte bis 1998 Projekte zur Ernährungssicherung durch; private Geber sind weiterhin in diesem Bereich tätig.

Fischerei Die Fischerei ist seit 1993 eine bedeutsame Ressource für die Ernährung geworden. Fisch- und Krabbenfarmen nahe Massaua produzieren zusätzlich für den Export (u. a. nach Frankreich).

Bodenschätze E. verfügt über beträchtl. Rohstoffvorräte, u. a. Pottasche, Eisenerz, hochwertige Kupfervorkommen, Gold, Silber, Schwefel und Salz. Internat. Firmen (u. a. aus den USA und aus Ghana) waren bis Kriegsbeginn 1998 in diesem Sektor tätig. Im Hinblick auf den akuten Energiemangel kommt den allerdings minderwertigen Erdöl- und Erdgaslagerstätten im Roten Meer und in der Afarsenke für die Zukunft möglicherweise große Bedeutung zu. In der Umgebung von Asmara gibt es Gold- und Kupferminen.

Industrie Während der brit. Verwaltung und des eritreischen Freiheitskrieges wurden die meisten Industrieanlagen zerstört oder demontiert und nach Indien bzw. nach 1962 nach Äthiopien gebracht. Vor

Eritrea: Die Große Moschee in Asmara wurde 1938 von dem italienischen Architekten Guido Ferrazza gebaut; beim Bau wurde Marmor aus Ferrara verwendet.

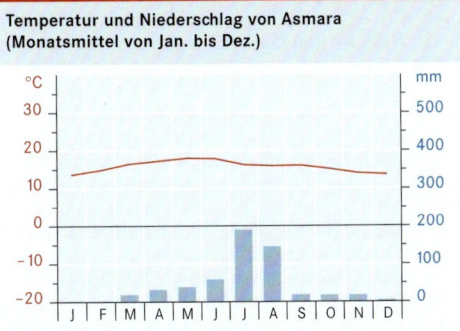

Temperatur und Niederschlag von Asmara (Monatsmittel von Jan. bis Dez.)

Staat **Eritrea**

Eritrea: Ziegen und ein Dromedar in der halbwüstenhaften Küstenebene bei Massaua

der Unabhängigkeit war die heutige Hauptstadt Asmara neben Addis Abeba das industrielle Zentrum Äthiopiens. Die traditionell hier ansässigen Betriebe der Glas-, Zement-, Schuh- und Konservenindustrie sowie eine Brauerei sind wiederaufgebaut worden. Die Reg.-Partei PFDJ hat einen Teil der produktivsten Anlagen übernommen und dominiert u. a. den Textilsektor. Außerdem wurden eine Coca-Cola-Fabrik, eine Omo-Seifenfabrik sowie Einrichtungen zur Speiseölproduktion geschaffen. Im Land entwickelte sich v. a. wieder ein vielfältiger handwerkl. Sektor. Im industriellen Sektor sind etwa 23 % aller Erwerbstätigen beschäftigt, die (2004) 25 % des BIP erbrachten.

Tourismus Kriege, unzureichende Versorgung und fehlende Infrastruktur machen den Aufbau eines kommerziellen Fremdenverkehrs im Land unmöglich. Die Mehrzahl der Besucher bilden die Auslandseritreer, daneben wenige Reisende aus westl. Industriestaaten (v. a. aus Deutschland).

Außenwirtschaft Die Außenhandelsbilanz des Landes ist seit Jahren negativ (2001: Einfuhr 490 Mio. US-$, Ausfuhr 20 Mio. US-$). Das Devisenaufkommen ist sehr gering, es besteht hauptsächlich aus Auslandsüberweisungen von Exil-Eritreern. 70 % aller Exportgüter stammen aus der Landwirtschaft (v. a. Häute, Felle, Leder- und Ölprodukte); weitere Exportprodukte sind Salz aus Meeresgewinnung, Meeresfrüchte, Textilien, Schuhe und Blumen. Wichtigste Handelspartner für den Export sind arab. und afrikan. Länder, Italien, Indien u. a.; die meisten Importe (Nahrungsmittel, Rohöl, Düngemittel, Fahrzeuge, Maschinen, Fertigprodukte u. a. Güter) kommen aus Saudi-Arabien, den Vereinigten Arab. Emiraten, Italien und China.

Verkehr Während des Freiheitskrieges 1961–91 wurde die Verkehrsinfrastruktur (einschließlich der wichtigsten Brücken) fast völlig zerstört. Die Schienen der einzigen Eisenbahnlinie zw. Agordat, Asmara und der Hafenstadt Massaua wurden demontiert und nach Äthiopien gebracht; die Bahnlinie ist seit 1994 teilweise wiederaufgebaut worden (Massaua bis Imbatkala). Das Verkehrsnetz besteht aus wenigen befestigten Straßen, die die Städte verbinden, unbefestigten Straßen und traditionellen Wegen (4 000 km, davon 874 km befestigt). Wiederinstandsetzung und Ausbau der Straßen haben höchste Priorität beim Wiederaufbau. Es gibt zwei große Hafenstädte: Massaua, das 1990 fast vollständig zerstört wurde, und Assab, das früher v. a. zur Versorgung der äthiop. Hauptstadt Addis Abeba mit ausländ. Waren diente. 1993 wurde mit Äthiopien ein Abkommen über deren Nutzung als Freihäfen geschlossen; jedoch trugen wirtschaftlich divergierende Interessen zum Ausbruch des Konfliktes mit Äthiopien 1998 bei und führten zum Abbruch der Nutzung der Häfen durch Äthiopien. Der internat. Flughafen in Gogayf liegt am Rande der Hauptstadt Asmara.

GESCHICHTE

An der Küste E.s, die im 10.–19. Jh. von Arabern, Türken und Ägyptern sowie Äthiopiern dominiert wurde, setzten sich ab 1882 die Italiener fest und erklärten E. 1890 zur Kolonie. Das Hochland stand in dieser Zeit überwiegend unter äthiop. Einfluss. Italien expandierte 1895–96 weiter nach Äthiopien, erlitt aber am 1. 3. 1896 die histor. Niederlage von Adua und beschränkte sich seitdem auf den wirtschaftl. Ausbau E.s. Die in den 1930er-Jahren einsetzende Siedlerbewegung aus Italien löste einen erhebl. Aufschwung der eritreischen Wirtschaft aus. Infolge der ital. Besetzung und Annexion Äthiopiens 1936 wurde N-Äthiopien (Tigray) in E. eingegliedert. Nach der Kapitulation Italienisch-Ostafrikas im Zweiten Weltkrieg kam E. 1941 unter brit. Verwaltung. Zwei polit. Lager formierten sich: Anhänger einer Union mit Äthiopien und ein »Unabhängigkeitsblock«; Letzterer erzielte bei Umfragen 1947 eine knappe Mehrheit. Die Generalversammlung der Vereinten Nationen beschloss dennoch 1950, E. als »autonome Einheit in Föderation mit Äthiopien« der Souveränität des äthiop. Kaisers zu unterstellen. Dieses Statut trat 1952 in Kraft; E. erhielt eine eigene Flagge, Reg., demokrat. Verf. und ein eigenes Parlament (Wahlen 1952, 1956, 1960). Nur Außenpolitik, Außenwirtschaft und Verteidigung fielen in die Kompetenz des paritätisch besetzten Föderationsrates, der aber inaktiv blieb. Dies hatte zur Folge, dass die äthiop. Reg. selbst zunehmend die Regierungsgewalt übernahm; der äthiop. Kaiser nutzte seine Souveränität zur sukzessiven Zerschlagung der demokrat. Institutionen und Parteien E.s. Äthiopien hob die Autonomie am 14. 11. 1962 auf und machte E. zu seiner 14. Provinz.

Seit 1961 entwickelten sich militante separatist. Bestrebungen, die sich v. a. seit dem Sturz der Monarchie in Äthiopien (1974) zu einem Guerillakrieg ausweiteten, getragen bes. von der Eritrean Liberation Front (ELF) und der marxistisch-maoistisch orientierten Eritrean People's Liberation Front (EPLF). Mit Unterstützung sowjet. und kuban. Streitkräfte konnten äthiop. Truppen zeitweilig die Kontrolle der Zentral-Reg. über große Teile E.s wiederherstellen (1978), ohne jedoch die Aufständischen völlig zurückdrängen zu können. Die EPLF baute in den so genannten »befreiten Gebieten« eine eigene Zivilverwaltung auf, u. a. mit Schulen, Krankenhäusern und Dorfparlamenten. Soziale Reformen, z. B. zur Verbesserung der Situation der Frauen (ca. 30 % der Mitgl. der Armee waren Frauen), bildeten neben den militär. Operationen und ideolog. Schulungen einen Schwerpunkt der Tätigkeit der EPLF. Um der in den 1980er-Jahren erstarkten Befreiungsbewegung politisch entgegenzuwirken, erklärte die äthiop. Regierung E. aufgrund der Verf. von 1987 zur autonomen Region.

Nicht nur der Krieg, sondern auch die Hungersnöte infolge der Dürrekatastrophen (→ Sahel, → Desertifikation), von der äthiop. Reg. strategisch in der Bekämpfung der Befreiungsbewegungen genutzt, bewogen in den 1970er- und 1980er-Jahren rd. 500 000 Menschen zur Flucht, v. a. in die Rep. Sudan.

In den 1980er-Jahren erzielten die eritreischen Kräfte zunehmend militär. Erfolge und drängten die äthiop. Armee immer mehr zurück. Nach dem Zusammenbruch des kommunist. Reg.-Systems in Äthiopien im Mai 1991 setzte die EPLF in ganz E. ihre Herrschaft durch und bildete eine provisor. Reg. Einvernehmlich mit der neuen äthiop. Reg. wurde die staatl. Unabhängigkeit E.s angestrebt und nach einer von den Vereinten Nationen überwachten Volksabstimmung (25.–27. 4. 1993; über 98 % votierten für Unabhängigkeit) gewährt. Nach der Wahl von I. AFEWERKI (Gen.-Sekr. der EPLF und Chef der provisor. Reg.) zum Staatspräs. der Übergangs-Reg. (21. 5. 1993) wurde am 24. 5. 1993 die Rep. E. proklamiert. Hauptprobleme E.s waren zunächst der Wiederaufbau des Landes, die allerdings bald stockende Rückführung der zahlr. Kriegsflüchtlinge und die Demobilisierung der etwa 200 000 Soldaten umfassenden Befreiungsarmee. 1995 unterzeichneten E. und Äthiopien ein Abkommen über die Bildung einer Freihandelszone. Nach einem Urteil des Internat. Gerichtshofs gab E. 1998 die Hanisch-Inseln an Jemen zurück und beendete damit einen dreijährigen Streit um die für die Schifffahrt wichtigen Inseln; die bisher unklare Seegrenze wurde gleichzeitig festgelegt.

Im Juni 1998 kam es wegen wirtschaftl. Differenzen und unterschiedl. Gebietsansprüche zu einem Krieg mit Äthiopien, der 1999 wieder aufflammte, sich Anfang 2000 ins Landesinnere von E. ausweitete und im Juni 2000 durch ein Waffenstillstandsabkommen beendet werden konnte; der Krieg forderte etwa 20 000 Tote. Ein im Dezember 2000 unterzeichneter Friedensvertrag sieht u. a. einen generellen Gewaltverzicht und eine mehrere Kilometer breite Pufferzone an der gemeinsamen Grenze unter UN-Aufsicht (im April 2001 errichtet) vor. Eine im Zuge des Friedensabkommens eingerichtete unabhängige Kommission legte im April 2002 den Grenzverlauf zw. E. und Äthiopien fest; das Ergebnis wurde jedoch von der äthiop. Reg. nicht anerkannt. Die Demarkation der Grenze wurde deshalb auf unbestimmte Zeit ausgesetzt.

Eritrea: Blick auf die Hauptstadt Asmara

Eritrea
Fortsetzung

🔊 **Eritrea:** Nationalhymne **5415**

📖 Hb. E., hg. v. E. FURRER-KRESKI u. a. (Zürich 1990); M. ZIMMERMANN: E. Aufbruch in die Freiheit (²1992); N. H. KURDI: L'Érythrée. Une identité retrouvée (Paris 1994); R. IYOB: The Eritrean struggle for independence. 1941–1993 (Cambridge 1995); V. MATTHIES: Äthiopien, E., Somalia, Djibouti (³1997); T. KILLION: Historical dictionary of E. (Lanham, Md., u. a. 1998); N. HIRT: E. zw. Krieg u. Frieden. Die Entwicklung seit der Unabhängigkeit (2001); K. ZELLEKE u. F. HEYER: Das orth. Äthiopien u. E. in jüngster Gesch. (2001); A. KAHLERT: Afrikan. Begegnungen. Äthiopien u. E. (2002); M. M. OMAR: Ethnien u. Nat.-Staaten am Horn v. Afrika. Somalia u. E. (2002).

Fortsetzung von Seite 292

auf Konsolen, ist kastenförmig, vieleckig oder halbrund, seltener auf eine Säule oder einen Pfosten gestellt. In der islam. Baukunst und im mittelalterl. Befestigungsbau diente der E. zur Erweiterung der Sicht, seit der Spätgotik und der Renaissance im Wohnhaus zur besseren Belichtung der Räume und als künstler. Gliederungsmotiv der Fassade.

Erklärung,
1) *Philosophie:* Zurückführung einer Aussage, einer Tatsache oder eines ganzen Sachverhalts auf andere Aussagen, Gesetze oder Theorien, deren Geltung vorausgesetzt wird (hypothet. E.). Für E. in den Erfahrungswissenschaften entwickelten C. G. HEMPEL und P. OPPENHEIM das → Hempel-Oppenheim-Schema. Die Gründe angebende hypothet. E. ist von der statist. E. zu unterscheiden, die bloße Wahrscheinlichkeitsaussagen liefert. W. DILTHEY stellte die erklärenden Naturwissenschaften den verstehenden Geisteswissenschaften (→ Hermeneutik) gegenüber.

2) *Politik:* eine öffentl., oft zugleich amtl. Bekundung von Grundsätzen, Programmen oder staatspolitisch bedeutsamen Entscheidungen, z. B. Regierungs-E., Unabhängigkeits-E., E. der Menschen- und Bürgerrechte.

Erkner, Stadt im Landkreis Oder-Spree, Bbg., am SO-Rand von Berlin, 11 900 Ew.; Gerhart-Hauptmann-Museum (im ehem. Wohnhaus des Dichters); chem. Ind.; S-Bahnverbindung nach Berlin.

Erkrankung, die → Krankheit (→ multifaktorielle Erkrankungen).

Erkrath, Stadt im Kr. Mettmann, NRW, an der Düssel, östlich von Düsseldorf, 45–162 m ü. M., 48 700 Ew.; Maschinen-, Papier- und Edelstahlindustrie, Fahrzeugbau; nahebei das → Neandertal. – Die Pfarrkirche ist eine dreischiffige Pfeilerbasilika (2. Hälfte des

Erl

Erlangen: Schlossgarten mit Hugenottenbrunnen, im Hintergrund die Orangerie (beide 1705/06)

Tage Erlander

Erlangen
Stadtwappen

12. Jh.). – 1148 erstmals gen., kam E. 1815 an Preußen. Seit 1966 ist E. Stadt.

Erl, Gem. im Bez. Kufstein, Tirol, Österreich, 1 400 Ew.; Passionsspiele seit 1613 (alle sechs Jahre); Fremdenverkehr. – Die Pfarrkirche St. Andreas wurde erstmals 788 erwähnt (Neubau 1681/82 und 1810–28); Passionsspielhaus (1959) von ROBERT SCHULLER (*1929, †1990).

Erlach, Bezirkshauptort im Kt. Bern, Schweiz, am S-Ende des Bieler Sees, 1 100 Ew. – Das Schloss, u. a. mit spätgot. und barocker Bausubstanz, ist heute Internat; mehrfach (u. a. im 15. Jh.) umgebaute Pfarrkirche St. Ulrich (Turm um 1210–30, Predigtsaal 1678–89); in der Hauptgasse Häuser mit Laubengängen. – Die um das Schloss E. (Ende des 11. Jh. gegr.) der Grafen von Fenis erwachsene Siedlung, die im 12. Jh. mit dem Schloss in den Besitz der Grafen von Neuenburg kam, erhielt 1266 Stadtrecht. 1476 fiel E. an Bern und war bis 1798 bern. Landvogtei.

Erlach, schweizer. Uradelsgeschlecht, das 1196 erstmals urkundlich erscheint. Die Ministerialen der Grafen von Neuenburg erwarben 1270 Berner Bürgerrecht. 1300–1798 sowie 1813–31 saßen die E. im Großen Rat der Stadt Bern. – Bedeutende Vertreter:

1) Hieronymus Reichsgraf von (seit 1712), Heerführer und Staatsmann, *Riggisberg (Kt. Bern) 31. 3. 1667, †Hindelbank (Kt. Bern) 28. 2. 1748; stieg während des Span. Erbfolgekrieges 1701–13/14 im österr. Heer bis zum Generalfeldmarschallleutnant auf. Seit 1715 Mitgl. des Kleinen Rats der Stadt Bern, ließ er als Schultheiß (1721–46) bedeutende Prachtbauten errichten.

2) Johann Ludwig von, Heerführer, *Bern 30. 10. 1595, †Breisach am Rhein 26. 1. 1650; nahm an zahlr. Feldzügen des Dreißigjährigen Krieges (1618–48) teil. Mit den dort gewonnenen Erfahrungen setzte er ab 1627/29 (Mitgl. des Berner Rates) eine Verbesserung des bern. Defensionalwesens durch. 1635 trat er in die Dienste Herzog BERNHARDS von Sachsen-Weimar, der ihn zum Generalmajor und wenig später zum Oberbefehlshaber der Festung Breisach ernannte. E. behielt diese Stellung auch nach dem Tod des Herzogs (1639) beim Übertritt der Armee in frz. Dienste. Er entschied die Schlacht bei Lens (30. 7. 1648) und wurde Nachfolger von H. Vicomte DE TURENNE.

3) Karl Ludwig von, Heerführer, *Bern 10. 11. 1746, †Oberwichtrach (Kt. Bern) 5. 3. 1798; stand zunächst in frz. Diensten, übernahm 1798 den Oberbefehl über die bern. Truppen. An der Spitze des bern. Heeres unterlag er den in die Schweiz einbrechenden frz. Truppen in den Gefechten bei Fraubrunnen und im Grauholz. Auf der Flucht wurde er von Soldaten irrtümlich für einen Verräter gehalten und erschlagen.

Erlag, österr. Bezeichnung für versch., in der Exekutionsordnung geregelte Formen der →Hinterlegung.

Erlander, Tage, schwed. Politiker, *Ransäter (Gem. Munkfors, Verw.-Bez. Värmland) 13. 6. 1901, †Stockholm 21. 6. 1985; gehörte seit 1933 als Mitgl. der Sozialdemokrat. Arbeiterpartei dem Reichstag an. 1945/46 war er Erziehungs-Min., 1946–69 Min.-Präs. und Vors. seiner Partei. Innenpolitisch setzte er die soziale Reformpolitik seines Vorgängers P. A. HANSSON fort und baute den schwed. Wohlfahrtsstaat aus. Außenpolitisch hielt er an der Neutralität und Bündnisfreiheit Schwedens fest.

Ausgaben: T. E., Dagböcker, hg. v. S. ERLANDER (2001 ff.)

Erlangen, kreisfreie Stadt und Verw.-Sitz des Landkreises Erlangen-Höchstadt, Bayern, Teil des Großraumes Nürnberg-E.-Fürth, 102 500 Ew., Universitätsstadt und Zentrum für Mikroelektronik (u. a. Fraunhofer Inst. für Integrierte Schaltungen, Max-Planck-Forschungsgruppe/Inst. für Optik, Information und Photonik). Daneben entwickelte sich die Stadt zu einem bayer. Zentrum für Lasertechnik und seit 1996 zu einem wichtigen Standort der Medizin und Medizintechnik. Bedeutende wiss. und kulturelle Einrichtungen sind die Friedrich-Alexander-Univ. E.-Nürnberg (1743 in Bayreuth gegr., im selben Jahr nach E. verlegt), der 1961 die Hochschule für Wirtschafts- und Sozialwissenschaften, 1972 die PH in Nürnberg eingegliedert wurden, das Stadtmuseum, die Ur- und Frühgeschichtl. Sammlung, Städt. Galerie im Palais Stutterheim, Universitätssammlungen und das Theater. – Führende Industriezweige sind die Medizintechnik, Elektroindustrie und der Maschinenbau; am Main-Donau-Kanal ist seit 1970 der Hafen E. in Betrieb.

Stadtbild Den Kern der Stadt bildet die kleine mittelalterl. Altstadt, 280 m ü. M. auf breiter, sandiger Terrasse an der Mündung der Schwabach in die Regnitz, gegenüber des Sandsteinhöhe des Burgberges und der darüber aufsteigenden Albvorlandstufe; südlich davon liegt die Neustadt des 18. Jh. Neben starker baul. Erweiterung wuchs E. 1923–72 durch Eingemeindungen. Die barocke Neustadt wurde nach 1686 als Planstadt mit rechtwinkligem Straßennetz angelegt und ist in Dtl. ein herausragendes Denkmal barocker Stadtplanung. In ihr befinden sich das Markgrafenschloss (1700–04; 1814 ausgebrannt, 1821/25 wiederhergestellt) und der Schlossgarten (Orangerie, Hugenottenbrunnen, beide 1705/06) sowie das Markgrafentheater (1715–18, 1743/44 umgestaltet), außerdem mehrere Barockkirchen (u. a. Neustädter Universitätskirche, 1737 geweiht; Altstädter Dreifaltigkeitskirche, 1706–21; Ev. Pfarrkirche, 1693 geweiht; Christuskirche, 1728–34; Altes Rathaus (1728–30; heute Stadtmuseum) und die ehem. Ritterakademie (1700, seit 1743 Univ.). Nördlich der Stadt das »Kanalmonument« (1846) von L. SCHWANTHALER. Baudenkmäler des 19. Jh. sind u. a. das Bahnhofsgebäude (1843/44) und der erste bayer. Eisenbahntunnel (1841–44); in den 1960er-Jahren entstanden nach Plänen des Nürnberger Architekten HARALD LOEBERMANN das Rathaus (1968–71),

Kaufhaus Merkur (1965), Einkaufszentrum »Neuer Platz« (1968–70) und ein Hotel (1968–70).

Geschichte Das Dorf E., 1002 erstmals erwähnt, gehörte seit 1017 zum Hochstift Bamberg. 1361 wurde es von Kaiser KARL IV. erworben, der die heutige Altstadt erbauen ließ. 1398 wurde E. Stadt und kam 1402 an die Burggrafen von Nürnberg und damit in der Folge unter kulmbach. (bayreuth.) Herrschaft. 1686 gründete Markgraf CHRISTIAN ERNST für hugenott. Flüchtlinge die Neustadt (1701–1812 »Christian Erlang« gen.). Nach dem Brand der Altstadt (1706) wurden beide Städte vereinigt. 1791 kam E. an Preußen, 1806 unter frz. Verw., 1810 an Bayern.

Erlangen-Höchstadt, Landkreis im Reg.-Bez. Mittelfranken, Bayern, 565 km², 130 700 Ew.; Verw.-Sitz ist Erlangen. Der Kreis liegt im N des Mittelfränk. Beckens, nördlich von Nürnberg, zw. Steigerwald im W und Nordteil der Fränk. Alb im O; er umschließt die kreisfreie Stadt Erlangen und wird durch die Regnitz und den Main-Donau-Kanal geteilt (an der Regnitz befinden sich die letzten jahrhundertealten Wasserschöpfräder Europas). Im W fließt die Aisch durch den Landkreis (Aischgrund); neben zahlr. Fischteichen (»Aischgrunder Spiegelkarpfen«) gibt es zw. Aisch und Regnitz noch größere Kiefernwälder, auf Sandböden werden Roggen und Kartoffeln angebaut. Im O des Kreises, im Vorland der Fränk. Alb, werden auf Lehmböden v. a. Zuckerrüben und Obst angebaut, im SO grenzt E.-H. an den Sebalder Reichswald. In unmittelbarer Nachbarschaft des Wirtschaftsraums Nürnberg-Erlangen-Fürth gelegen, ist auch E.-H. stark industrialisiert, mit Schwerpunkten in Herzogenaurach (Sportartikel), Höchstadt a. d. Aisch (Wälzlager), Heroldsberg (Schreibgeräte); außerdem Musikinstrumentenherstellung und Nahrungsmittelindustrie (Meerrettichverarbeitung).

Erlanger [ˈəːlæŋə], Joseph, amerikan. Neurophysiologe, *San Francisco (Calif.) 5. 1. 1874, †Saint Louis (Mo.) 5. 12. 1965; 1906–10 Prof. in Wisconsin, danach an der Washington University in Saint Louis (Missouri); erforschte mit H. S. GASSER unter Verwendung des Kathodenstrahloszillographen elektrophysiolog. Vorgänge im Nervensystem und erhielt für die Entdeckung hoch differenzierter Funktionen einzelner Nervenfasern 1944 (mit GASSER) den Nobelpreis für Physiologie und Medizin.

Erlanger Programm, Bez. für die in einem Vortrag von F. KLEIN 1872 in Erlangen (»Vergleichende Betrachtungen über neuere geometr. Forschungen«) entwickelte Auffassung, nach der jede Geometrie die Invariantentheorie einer Transformationsgruppe ist. Die Bedeutung des E. P. bestand darin, dass die verschiedenen, bis dahin lose nebeneinander stehenden Geometrien in einen geordneten Zusammenhang gebracht wurden. Bei den →Riemann-Geometrien fand man Beispiele für Geometrien, die sich nicht in das E. P. einfügen lassen.

Erlanger Schule,
1) *Philosophie:* Bez. für den in Erlangen entwickelten Neuansatz method. Philosophierens, eine Richtung des Konstruktivismus (→Wissenschaftstheorie).
2) *Theologie:* in der 1. Hälfte des 19. Jh. von der theolog. Fakultät Erlangen ausgehende und in der Erweckungsbewegung wurzelnde theolog. Richtung eines streng konfessionellen Luthertums. Die E. S. knüpfte an das theolog. Erbe der luther. Orthodoxie an und gewann großen Einfluss auf die ev. Universitätstheologie in Dtl. Hauptvertreter waren A. G. C. VON HARLESS, J. C. K. VON HOFMANN, F. H. R. FRANK und GOTTFRIED THOMASIUS (*1802, †1875). Im 20. Jh. führten v. a. P. ALTHAUS und W. ELERT in Erlangen die Tradition einer dezidiert luther. Theologie fort.

Erlass, 1) *Zivilrecht:* das Erlöschen eines Schuldverhältnisses durch grundsätzlich formlosen Vertrag zw. Gläubiger und Schuldner (E.-Vertrag, § 397 BGB). Der einseitige Verzicht des Gläubigers allein bewirkt nicht das Erlöschen der Schuld. Die gleiche Wirkung wie der E.-Vertrag hat das vertragl. Anerkenntnis des Gläubigers, dass ein Schuldverhältnis nicht besteht (negatives Schuldanerkenntnis). 2) *Staats-* und *Verwaltungsrecht:* im monarch. Staat der rechtsetzende oder administrative Akt des Landesherrn (Allerhöchster E.); im parlamentarisch-demokrat. Staat Verwaltungsanordnungen der obersten Verwaltungsbehörden (Ministerial-E.), die nur verwaltungsinterne Verbindlichkeit besitzen. Sie sind entweder Anweisungen gegenüber nachgeordneten Behörden zur Regelung eines Einzelfalls oder allgemeine Schriften zur Sicherstellung einer gleichmäßigen Verwaltungspraxis (Rund-E., Richtlinie).

Erlassjahr, das →Jobeljahr.

Erlau, dt. Name der ungar. Stadt →Eger.

Erlaubnis, öffentl. *Recht:* ein i. d. R. von einem Antrag abhängiger begünstigender Verwaltungsakt, mit dem ein bestimmtes, erlaubnispflichtiges Verhalten (z. B. Bauen, Betreiben eines Gewerbes oder einer Anlage) genehmigt wird. Die E.-Pflicht soll gewährleisten, dass mit einer grundsätzlich erlaubten Tätigkeit erst begonnen wird, wenn die Gesetzmäßigkeit des Vorhabens in einem geordneten Verfahren geprüft und festgestellt ist, um die typischerweise mit der Tätigkeit verbundenen Gefahren zu vermeiden (präventives **Verbot mit E.-Vorbehalt**). Bei der **gebundenen E.** muss die Behörde bei Vorliegen bestimmter gesetzl. Voraussetzungen die E. erteilen bzw. versagen. Bei der **freien E.** hat der Antragsteller nur einen Anspruch auf ermessensfehlerfreie Entscheidung (→Ermessen). Die E. ist von Verleihungen und Konzessionen zu unterscheiden. Soweit das Gesetz es vorsieht, kann die E. mit Auflagen, Bedingungen oder Befristungen versehen werden.

Erlaucht [mhd. erliuht »erleuchtet«, nach lat. illustris], im Heiligen Röm. Reich (bis 1806) der Titel der regierenden Reichsgrafen; im Dt. Bund durch Bundesbeschluss 1829 den Häuptern der mediatisierten gräfl. Häuser zuerkannt; konnte auch von jedem Landesherrn verliehen werden.

Erlauf die, rechter Nebenfluss der Donau in Niederösterreich, 67 km lang, entspringt am Zellerrain bei Mariazell und durchfließt den **Erlaufsee** (827 m ü. M.; Fremdenverkehr); nach dem Aufstau im E.-Stausee durchfließt sie das Engtal der Tormäuer (Naturpark Ötscher-Tormäuer); mündet bei Pöchlarn.

Erlbruch, Wolf, Kinderbuchillustrator und Autor, *Wuppertal 30. 6. 1948; ab 1990 Prof. für Illustration an der Fachhochschule Düsseldorf, seit 1997 an der Berg. Univ. in Wuppertal. In feinsinnigen, humorvollen Zeichnungen und Collagen, die spielerisch auch Meister der Kunstgeschichte zitieren, entwickelt E. einen unverwechselbaren Stil, der gleichermaßen Kinder und Erwachsene begeistert. – Bild Seite 300

Werke (Auswahl): Vom kleinen Maulwurf, der wissen wollte, wer ihm auf den Kopf gemacht hat (1989, mit WERNER HOLZWARTH); Die fürchterlichen Fünf (1990); Das Bärenwunder (1992); Nachts (1999); Neues ABC-Buch (2000, mit K. P. MORITZ); Die große Frage (2004).

Joseph Erlanger

Erle Erle

Erlbruch: Buchcover des Kinderbuchs »Vom kleinen Maulwurf, der wissen wollte, wer ihm auf den Kopf gemacht hat« (1989; mit Werner Holzwarth)

Erle: Zweige der Schwarzerle mit männlichen (gelblichen) und weiblichen (rötlichen) Kätzchen sowie *oben* vorjährigen und *unten* diesjährigen Fruchtständen

Erle, Eller, Alnus, Gattung der Birkengewächse mit rd. 30 Arten bes. in der nördl. gemäßigten Zone; einhäusige Sträucher oder Bäume mit eingeschlechtigen Blüten in Kätzchen (Windbestäubung). Charakteristisch sind die kleinen, zapfenähnl. Fruchtstände. Die Früchte sind schmal geflügelte Nussfrüchtchen. An den Wurzeln finden sich aufgrund der Symbiose mit dem Luftstickstoff bindenden Strahlenpilz Actinomyces alni Wurzelknöllchen; deshalb werden E. auch als Bodenverbesserer angepflanzt.

Die über fast ganz Europa verbreitete **Schwarz-E.** (**Rot-E.**, Alnus glutinosa) ist ein bis 25 m hoher Baum mit schwach gezähnten, an der Spitze stumpfen oder ausgerandeten Blättern. Sie ist lichtbedürftig, verlangt hohe Luft- und Bodenfeuchtigkeit und findet sich an Flüssen und Bächen (auch auf Flachmooren, **E.-Brüche**). Die Schwarz-E. bildet einen durchgehenden Stamm und schlägt reichlich vom Stock aus. Die Rinde ist schwarzbraun (Tafelborke). Das leichte, weiche, blass rötlich gelbe Holz, dessen Hirnflächen nach dem Fällen mohrrübenrot sind, wird als Schälholz sowie im Möbel- und Modellbau und für Drechsler- und Schnitzwaren verwendet und dient zum Räuchern. Die **Grau-E.** (**Europäische Weiß-E.**, Alnus incana) ist ein bis 20 m hoher Baum; die Blätter sind doppelt gesägt und unterseits grau behaart. Sie bevorzugt Kalkböden, wird daher im Gebirge zu Ödlandaufforstungen benutzt. Die Rinde ist silber- oder aschgrau, ohne Borkenbildung. Das Holz ist heller als das der Schwarz-E. Die **Grün-E.** (**Alpen-E., Berg-E.**, Alnus viridis) wächst in den Hoch- und Mittelgebirgen Mitteleuropas sowie in der nördl. gemäßigten Zone Asiens und Amerikas und gehört mit der Bergkiefer zur Knieholzregion (daher auch **Laublatsche**). Sie ist ein 1–4 m hoher Strauch mit niederliegenden Stämmen und spitzen, doppelt gesägten, beiderseits grünen Blättern. Wichtig ist die Grün-E. für die Aufforstung kahler Hochgebirgsflächen als Vorwaldholzart.

Erleben, die Gesamtheit aller im Bewusstsein der Person repräsentierten Vorgänge. Alle psych. Phänomene sind eingeschlossen: Empfinden, Wahrnehmen, Denken, Vorstellen, Gedächtnis, Gefühle, Motive. Das E. ist in seiner individuellen Besonderheit nur dem Betroffenen unmittelbar zugänglich. Immer wieder versuchte die Psychologie als objektive Wiss. das innere E. aus ihrem Forschungsfeld auszugrenzen, bes. radikal der Behaviorismus, während geisteswiss. Richtungen es mit ihren Methoden (Verstehen, Gespräch, Introspektion) zu erfassen suchten.

Erlebensfallversicherung, Form der →Lebensversicherung.

Erlebnis, der Inhalt des →Erlebens; i. e. S. jedes beeindruckende Geschehen.

Erlebnisdichtung, Dichtung, in der v. a. persönliche Erlebnisse des Dichters verarbeitet werden; sie unterscheidet sich von artist. und Bewusstseinspoesie sowie auch von jener Dichtung, die bewusst v. a. Form- und Gehaltstraditionen fortbildet, wie z. B. überwiegend die mittelalterl. Dichtung, die Dichtung von Renaissance und Barock, aber auch die →Anakreontik. Erst im 18. Jh. (Goethezeit) entwickelte sich jene Auffassung von Dichtung als Ausdruck subjektiven Erlebens, die W. DILTHEY (»Das Erlebnis und die Dichtung«, 1906) später verallgemeinerte; dies geschah zu einem Zeitpunkt, als die Avantgardebewegungen diese Literaturkonzeption bereits verabschiedet hatten.

Erlebnisgesellschaft, sozialwiss., analyt. und gesellschaftstheoret. Begriff, der – durch die gleichnamige Studie des Soziologen GERHARD SCHULZE (* 1944) – geprägt wurde und auch in den allg. Sprachgebrauch gelangt ist. SCHULZE weist mit dem Begriff der E. darauf hin, dass sich die soziale Stellung der Menschen im Zusammenhang mit wachsenden Konsum- und Freizeitmöglichkeiten und einem auch in breiteren Schichten angestiegenen Bildungsniveau sowie durch veränderte und erweiterte Möglichkeiten der Mediennutzung nicht mehr allein nach überwiegend objektiven Merkmalen (Einkommen, Besitz, Bildung) bestimmen lasse. Vielmehr trete mit der Orientierung an Erlebnissen ein v. a. subjektiv bestimmter Faktor hinzu, der den Einzelnen die Chance einräume, aber auch das Risiko auferlege, in der eigenen Sinnorientierung den gegenwärtig gesellschaftl. Ort zu bestimmen bzw. sich durch die Orientierung an entsprechenden Gruppen in jeweiligen Milieus und Verhaltensmustern auszudrücken. Dabei lassen sich je nach geäußerten Präferenzen und Lebensstilen fünf unterschiedl. kollektive Erlebnismuster (Niveau-, Integrations-, Harmonie-, Unterhaltungs- und Selbstverwirklichungsmilieu) unterscheiden, die ihrerseits wieder auf drei verschiedene Schemata (Hochkultur-, Trivial- und Spannungsschema) bezogen werden können. Umstritten ist, wieweit sich in diesen eher subjektiv und ästhetisch bestimmten Gruppierungen der E. herkömml. Schichtstrukturen wieder finden lassen und in welchem Maße den neuen Erlebnisgruppierungen andere Strukturmerkmale zugeordnet werden können.

   P. ALHEIT u. a.: Die Kehrseite der »E.«. Eine explorative Studie (^{2}1994); GERHARD SCHULZE: Die E. Kultursoziologie der Gegenwart (^{6}1996); M. VESTER u. a.: Soziale Milieus im gesellschaftl. Strukturwandel. Zw. Integration u. Ausgrenzung (Neuausg. 2001).

Erlebnispädagogik, Teilgebiet der Pädagogik, das durch die nachhaltige Wirkung von Erlebnissen persönlichkeitsbildende Prozesse in Gang setzen will. Vor allem durch sportl. Gruppenaktivitäten wie z. B. Raftingtouren, Segeltörns oder Höhlenwanderungen erfahren Teilnehmer nicht nur eine unmittelbare körperl. Herausforderung, sondern lernen auch persönl. Leistungsgrenzen zu überwinden und durch das Angewiesensein auf die Gruppe soziale Verantwortung zu übernehmen. Damit soll ein Erlebnisraum geschaffen werden, der dem vorwiegend fremdbestimmten, oft bewegungsarmen Alltag von Kindern und Jugendlichen die unmittelbare und sinnl. Erfahrung entgegensetzt. E. wird v. a. in der außerschul. Bildung, in der Sozialarbeit und z. T. in der Sonderpädagogik eingesetzt. Als Begründer der E. gilt K. HAHN.

erlebte Rede, frz. **Style indirect libre** ['stil ɛ̃diˈrɛkt 'libr], episches Stilmittel; die e. R. steht zw. der direkten und indirekten Rede, zw. Rede und Bericht: Gedanken einer bestimmten Person werden statt in direkter Rede oder im Konjunktiv der indirekten Rede im Indikativ und meist im Präteritum ausgedrückt oder als Zitat einer anderen Person in den Mund gelegt. Die e. R. gilt nach KÄTE HAMBURGER als kunstvollstes Mittel der Fiktionalisierung der epischen Berichtform. – Die e. R. findet sich in versch. Formen schon in der antiken und mittelalterl. Literatur; sie wird jedoch erst in moderner Erzählprosa (G. FLAUBERT u. a.) als Stilmittel objektiv-unpersönl. Erzählens verwendet. (→innerer Monolog, →Stream of Consciousness)

 W. NEUSE: Gesch. der e. R. u. des inneren Monologs in der dt. Prosa (New York u. a. 1990); K. HAMBURGER: Die Logik der Dichtung (⁴1994).

Erledigung der Hauptsache, *Prozessrecht:* Ist während eines Prozesses die einmal zulässige und begründete Klage der Sache nach gegenstandslos geworden, etwa weil der Beklagte die geforderte Leistung erbracht hat oder der angefochtene Verwaltungsakt zurückgenommen wurde, und erklärt daraufhin der Kläger, dass die Hauptsache erledigt sei, so stellt das Gericht, wenn der Beklagte auf Klageabweisung besteht, ohne Sachentscheidung durch Erledigungsurteil die Prozessbeendigung fest und legt dem Beklagten die Prozesskosten auf. Erklären beide Parteien die Hauptsache für erledigt, so ist damit der Rechtsstreit zur Hauptsache beendet, ohne dass nachgeprüft wird, ob die Klage einmal zulässig und begründet war und die Zulässigkeit oder Begründetheit nachträglich weggefallen ist. Das Gericht entscheidet nur noch über die Kosten nach billigem Ermessen und unter Berücksichtigung des bisherigen Sach- und Streitstandes (§91a ZPO).

Erlembald, ital. **Erlembaldo,** ital. Ritter, † (gefallen im Straßenkampf) Mailand 28. 6. 1075; aus höchstem Mailänder Stadtadel, Bruder des LANDOLF († 1057), des Mitbegründers der religiös-sozialen Aufstandsbewegung der →Pataria, seit 1063/64 deren militär. Führer und Kampfgefährte des hl. ARIALD; trat nach dessen Tod (1066) an die Spitze der Erhebung gegen den Mailänder Erzbischof GUIDO (WIDO † 1071). – Heiliger (Tag: 27. 6.).

Erlenbach, Name von geografischen Objekten:

1) Erlenbach a. Main, Stadt im Landkreis Miltenberg, Bayern, 129 m ü. M., im Maintal zw. Odenwald und Spessart, 10 200 Ew.; Weinbau; Schiffswerft, Chemiefaserfabrik. – Die aus einem röm. Kastell hervorgegangene Siedlung E. erhielt 1183 Marktrecht, 1970 Stadtrecht.

2) Erlenbach im Simmental, Hauptort des Bez. Niedersimmental im Kt. Bern, Schweiz, 1 700 Ew.; Viehmärkte; Schwebebahn auf das Stockhorn (2 190 m ü. M.). – Gut erhaltenes Dorfbild mit Holzhäusern (seit dem Brand von 1765). Der Bau der Pfarrkirche geht auf eine Erweiterung einer frühmittelalterl. Kirche im 11. Jh. zurück. Der Kirchenraum wurde im 15. Jh. mit Bilderzyklen ausgemalt, 1420–30 vom »Meister von E.«, einem Vertreter des weichen Stils.

Erlenbruch, →Erle.

Erlenmeyer, Richard August Carl *Emil*, Chemiker und Pharmazeut, *Wehen (heute zu Taunusstein) 28. 6. 1825, † Aschaffenburg 22. 1. 1909; 1863–67 Prof. in Heidelberg, 1868–83 in München, dort 1877–80 Direktor der TH. E. trug wesentlich zur Verbreitung der Atomtheorie und des avogadroschen Gesetzes bei, prägte z. B. den Begriff der Wertigkeit. Er arbeitete zur Struktur organ. Verbindungen und modifizierte die bis dato geltenden Strukturformeln. Er definierte 1862 als Erster die Doppelbindung für Ethylen und die Dreifachbindung für Acetylen und ebnete damit den Weg für die von KEKULÉ entdeckte Benzolformel. 1866 legte er die richtige Formel für Naphthalin vor. In die Labortechnik führte er den E.-Kolben ein, einen kegelförmigen oder bauchigen Glaskolben mit flachem Boden zum Erhitzen von Flüssigkeiten.

Emil Erlenmeyer

Erlenzeisig, ein Singvogel, →Zeisige.

Erler,

1) Erich, gen. **E.-Samaden,** Maler und Grafiker, *Frankenstein in Schlesien 16. 12. 1870, † Icking (Kr. Bad Tölz-Wolfratshausen) 19. 6. 1946, Bruder von 2); Mitglied der Künstlergemeinschaft »Scholle«, Mitbegründer und Illustrator der Zeitschrift »Jugend«. E. malte neoimpressionist. Alpenlandschaften, ab 1915 auch Soldaten- und Kriegsbilder.

2) Fritz, Maler und Grafiker, *Frankenstein in Schlesien 15. 12. 1868, † München 11. 7. 1940, Bruder von 1); Mitbegründer der Künstlergemeinschaft »Scholle«, Mitbegründer und Illustrator der Zeitschrift »Jugend«. E. schuf große, dekorative Gemälde religiösen und mytholog. Inhalts, daneben Buchschmuck, Innenausstattungen und Wandgemälde. Zur Zeit des Nationalsozialismus war er bes. erfolgreich mit allegor. Darstellungen und Porträts.

3) Fritz, Politiker, *Berlin 14. 7. 1913, † Pforzheim 22. 2. 1967; Beamter, ab 1933 als NS-Gegner im Untergrund für die SPD tätig, 1939–45 in Haft, gewann nach 1945 eine führende Stellung in der SPD; so war er 1946–49 MdL von Württemberg-Hohenzollern, ab 1949 MdB. Als außen-, bes. jedoch als wehrpolit. Sprecher seiner Partei wandelte er sich vom entschiedenen Gegner der Wiederbewaffnung Dtl.s zu einem konsequenten Befürworter einer aktiven Verteidigungspolitik im Rahmen der NATO. Innenpolitisch hatte E. maßgeblich Anteil an der Formulierung und innerparteil. Durchsetzung des Godesberger Programms der SPD (1959). 1964 wurde er stellv. Vorsitzender der

Fritz Erler (1913–67)

Emil Erlenmeyer: Erlenmeyerkolben

SPD und Vors. ihrer Fraktion im Bundestag; bejahte 1966 die Bildung einer »großen Koalition« der SPD mit der CDU/CSU.

Werke: Sozialismus als Gegenwartsaufgabe (1947); Politik für Dtl., hg. v. W. GAEBLER (1968).

H. SOELL: F. E., 2 Bde. (1976); C. SCHROETER: F. E. (1992).

Erleuchtung, lat. **Illuminatio,** das plötzl. Erkennen und Erfassen einer bis dahin verborgenen »Wahrheit«; wird als eine existenziell erfahrene Erkenntnis beschrieben, in der sich das wahre Wesen der Wirklichkeit jenseits der Spaltung in Subjekt und Objekt erschließt (häufig als blitzartige Schau des Göttlichen; unmittelbares Aufleuchten, Licht). E. wird in der Philosophie in ähnl. Bedeutung verwendet wie plötzl. (intuitive) Einsicht in eine unbezweifelbare Wahrheit, so bei PLATON, ARISTOTELES und AUGUSTINUS; Letzterer bezeichnete die E. als ein notwendiges Mittel zur Erkenntnis des. Gottes (→ Illuminationstheorie). In den Religionen kann E. Teil eines Erkenntnis- und Heilsweges sein: In der Mystik ist E. die zweite (mittlere) Stufe (»via illuminativa«) des myst. Weges zur Gotteserkenntnis (»unio mystica«). Der Begriff der E. entstammt dem A. T., wo Gott (z. B. Ps. 27, 1), sein Gesetz (Ps. 119, 105), die Predigt der Propheten »Licht« genannt werden (z. B. Jes. 9, 1). Im N. T. (z. B. Joh. 1,9) erscheint JESUS als »das Licht« der Welt und das Zum-Glauben-Kommen als »Erleuchtetwerden« (Hebr. 6, 4). Seit dem christl. Philosophen JUSTINUS MARTYR (* um 100, † 165) wird die Taufe der Katechumenen (die als zu Erleuchtende gelten) als E. bezeichnet. Im Buddhismus gewann BUDDHA (der »Erleuchtete«) durch E. (Sanskrit Bodhi) die Erkenntnis des Heils und damit den Weg zur Erlösung. Im Zen-Buddhismus soll durch Meditation E. (japan. Satori) und damit die Leere als das wahre Wesen der Dinge erfahren werden.

Erlkönig, ein durch J. G. HERDERS missverständl. Übersetzung des dän. »ellerkonge« (Elfenkönig) in die dt. Dichtung gelangtes Wort. GOETHES Ballade (vertont von F. SCHUBERT und C. LOEWE) hat den E. zur volkstüml. Sagengestalt gemacht. Der frz. Autor M. TOURNIER transponierte die Gestalt in seinem Roman »Le roi des aulnes« (1970) ins 20. Jahrhundert.

🔊 **Erlkönig:** Ballade von J. W. von Goethe 2554

Erlös, barer oder unbarer Gegenwert (→ Einnahmen) aus Verkauf, Vermietung und Verpachtung von Gütern oder Dienstleistungen, i. w. S. jedes Entgelt für Lieferungen und Leistungen an Dritte (→ Umsatz im Sinne des Umsatzsteuerrechts). In der betriebl. Erfolgsrechnung werden als E. nur die Umsätze ausgewiesen, die aus dem eigentl. Betriebszweck resultieren (Umsatzerlöse). Der Erlös ist zu unterscheiden vom → Ertrag sowie von Einzahlungen.

Erlöser, → Heiland.

Erlöserorden, griech. Orden (fünf Klassen), urspr. 1829 von der griech. Nationalversammlung zur Belohnung für Verdienste während des Befreiungskrieges gegen die Türken gestiftet, verliehen jedoch erst nach der offiziellen Erteilung des Namens **Tagma tu Soteros** und der Festsetzung der Statuten durch König OTTO 1834.

Erlösung, lat. Redemptio, *Religionswissenschaft:* die Befreiung von religiös als Übel angesehenen Umständen oder Zuständen der Gemeinschaft oder des einzelnen Menschen. – Die frühen Volksreligionen kennen keine E. des Einzelnen, wohl aber eine E. des Volkes – so etwa in Israel, das den Messias als Erlöser des Volkes von der Fremdherrschaft erwartete. In den Universalreligionen dagegen findet der Einzelne sich in einem Zustand existenziellen Unheils, aus dem er erlöst zu werden wünscht. Den myst. Religionen des Brahmanismus, Buddhismus, Hinduismus, den hellenist. Mysterienreligionen sowie den gnost. Religionsformen geht es daher – bei aller Verschiedenheit – darum, den Menschen aus seiner existenziellen Gebundenheit an die körperliche, individuelle, vergängliche und bisweilen geradezu als irreal angesehene Welt zu befreien und zum Aufgehen in einer überpersönl. heiligen Wirklichkeit oder zur Einheit mit Heilsgottheiten zu führen. Die prophet. Religionen des Christentums und des Islams sehen dagegen das Unheil in einer vom persönl. Gott abgewandten Selbstbehauptung. E. geschieht im Islam durch gesetzmäßiges Handeln und das Erbarmen Allahs, im Christentum durch das Heilswerk CHRISTI und den Glauben.

In der *christlichen Theologie* ist E. die Errettung der Welt von der → Sünde durch JESUS CHRISTUS (Mt. 1, 21; Joh. 3, 17). Jesus ist »um unseres Heiles willen« Mensch geworden (Nicänisches Glaubensbekenntnis) und hat durch seinen Opfertod am Kreuz die Menschen aus der Verstrickung in die Sünde Adams (→ Erbsünde) erlöst; die E. wurde durch seine Auferstehung und seine Himmelfahrt vollendet. Diese objektive E. muss dem Menschen durch die → Rechtfertigung (subjektive E.) zugewendet werden; aus eigener Kraft kann er sich nicht von der Sünde frei machen.

Erlösung, mittelhochdt. Bibelepos (etwa 7 000 Verse) eines anonymen geistl. Autors vom Anfang des 14. Jh., das die Heilsgeschichte (von der Schöpfung bis zum Jüngsten Gericht) mit den Mitteln der höf. Dichtung erzählt. Bes. der »Streit der Töchter Gottes« (Tugenden) ist rhetorisch eindrucksvoll. Das Verhältnis dieses Epos' zum geistl. Drama ist umstritten.

Ausgabe: Die E. Eine geistl. Dichtung des 14. Jh., hg. v. F. MAURER (1934, Nachdr. 1964).

Erlung von Würzburg, mittellat. Schriftsteller, * in Ostfranken um 1045/50, † Würzburg 30. 12. 1121; wurde in Bamberg zum Kleriker ausgebildet, kam früh an den Kaiserhof. 1103 wurde er Kanzler HEINRICHS IV. und 1105 Bischof von Würzburg und nahm am Romzug HEINRICHS V. 1110 sowie an der Beisetzung von dessen Vater im Dom zu Speyer teil (7. 8. 1111). E. v. W. gilt als Verfasser von zwei anonymen Werken, des »Carmen de bello Saxonico« (nach 1075) und der original erhaltenen »Vita Heinrici IV.« (1106), in denen er den Sieg des Kaisers über die Sachsen besingt und dessen Lebensschicksal einfühlsam beschreibt.

Ermächtigung, *bürgerl. Recht:* die nicht kodifizierte, jedoch aus § 185 BGB abgeleitete und weitgehend anerkannte Erteilung der Befugnis, im eigenen Namen über ein fremdes Recht zu verfügen. Sie unterscheidet sich von der → Vollmacht (Stellvertretung) dadurch, dass der Ermächtigte nicht im fremden, sondern im eigenen Namen handelt. Wichtigster Fall einer E. ist die Einzugs-E. – Im *öffentl. Recht* wird unter E. die gesetzl. Grundlage zum Erlass von Rechtsverordnungen (Art. 80 GG) verstanden.

Ermächtigungsgesetz, ein Gesetz, durch das das Parlament eine Staatsstelle, meist die Reg., ermächtigt, an seiner Stelle Gesetze oder Verordnungen mit Gesetzeskraft (gesetzvertretende Verordnungen) zu erlassen. E. sind meist zeitlich und sachlich begrenzt; sie durchbrechen den Grundsatz der Gewaltenteilung und werden bes. in Kriegs- und Notzeiten erlassen, so

Ermächtigungsgesetz: Bekanntmachung im Reichsgesetzblatt vom 24. März 1933

in Dtl. das E. vom 4. 8. 1914, das den Bundesrat zum Erlass kriegswirtschaftlich notwendiger Verordnungen bevollmächtigte, in der Weimarer Republik die E. für den Zweck der Übergangswirtschaft (1919–23). Durch das gegen die Stimmen der SPD-Fraktion und bei Abwesenheit zahlr. rechtswidrig verhafteter Reichstags-Mitgl. am 23. 3. 1933 verabschiedete und am 24. 3. 1933 verkündete E. (»Gesetz zur Behebung der Not von Volk und Reich«) wurde schließlich die gesamte Staatsgewalt der nat.-soz. Regierung überantwortet und ihr die Möglichkeit gegeben, ein totalitäres Reg.-System zu errichten. (→ Nationalsozialismus)

In Dtl. sind E. ausgeschlossen; wenn die Bundes-Reg., ein Bundes-Min. oder die Landesregierungen durch Gesetz ermächtigt werden, Rechtsverordnungen zu erlassen, so müssen Inhalt, Zweck und Ausmaß im Gesetz bestimmt sein (Art. 80 GG). Die Verordnung hat keine Gesetzeskraft, sondern steht im Rang unter dem Gesetz.

Ermahnung, eine bes. im Jugendstrafverfahren zulässige richterl. Maßnahme, die auf Anregung des Staatsanwalts ergriffen werden kann, wenn der Beschuldigte geständig ist, eine Ahndung des begangenen Unrechts durch Urteil entbehrlich erscheint und das Verfahren eingestellt wird (z. B. §45 Abs. 3 JGG).

Ermak Timofeevič [jɪr-, -ˈfejevitʃ], Kosakenführer, →Jermak Timofejewitsch.

Erman, Johann Peter *Adolf,* Ägyptologe, * Berlin 31. 10. 1854, † ebd. 26. 6. 1937; Prof. sowie Direktor des Ägypt. Museums in Berlin; war der Begründer der modernen ägypt. Sprachforschung.

Werke: Neuägypt. Gramm. (1880); Ägypten u. ägypt. Leben im Altertum, 2 Bde. (1887); Ägypt. Gramm. (1894); Die ägypt. Religion (1905); Die Hieroglyphen (1912); Die Lit. der Ägypter (1923); Wb. der ägypt. Sprache, 7 Bde. u. 5 Suppl.-Bde. (1926–63, mit H. Grapow).

Ermanarich, Ermenrich, lat. **Ermenricus, Hermanaricus,** König der Ostgoten, † 375/376; erster historisch belegter König aus dem Geschlecht der →Amaler; sein Großreich in Südrussland am Schwarzen Meer wurde 375/376 von den Alanen und Hunnen zerstört, worauf er sich tötete. – Die german. Heldendichtung zeigt E. als treulosen Tyrannen. Dietrich von Bern zwingt er zur Landflucht, wird jedoch nach Jahren von diesem besiegt und getötet. Ein späteres Lied von König E.s Tod zieht diesen Rachezug teilweise ins Burleske (»Koninc Ermenrikes dot«, gedruckt 1560).

Ermatinger, Emil, schweizer. Literaturhistoriker, * Schaffhausen 21. 5. 1873, † Zürich 17. 9. 1953; war 1909–43 Prof. an der TH, seit 1912 auch an der Univ. in Zürich; einer der Hauptvertreter der geisteswiss. Literaturbetrachtung.

Werke (Auswahl): G. Kellers Leben, 3 Bde. (1915–16); Das dichter. Kunstwerk (1921); Die dt. Lyrik in ihrer geschichtl. Entwicklung seit Herder, 3 Bde. (1925); Barock u. Rokoko in der dt. Dichtung (1926); Dt. Dichter von 1700 bis 1900. Eine Geistesgesch. in Lebensbildern, 2 Bde. (1948–49). – *Autobiografien:* Richte des Lebens (1943); Jahre des Wirkens (1945).

Ermatinger Becken, Teil des Bodensees, zus. mit dem **Wollmatinger Ried** westlich von Konstanz Brut- und Rastgebiet für Wasservögel.

Ermattungsstrategie, Art der Kriegführung, die darauf abzielt, den Gegner unter Vermeidung einer Entscheidungsschlacht langfristig physisch, psychisch oder materiell zu mürben bzw. zu ermüden (daher auch als Ermüdungs- oder Zermürbungsstrategie bezeichnet). Das Mittel zu ihrer Umsetzung im Bewegungskrieg ist eine operative Kriegführung, die durch weitgehenden Einsatz von Täuschungsmaßnahmen, durch rasche Bewegungen der eigenen Truppen, handstreichartige Überfälle auf den örtlich unterlegenen Feind und das Behaupten von festen Plätzen gekennzeichnet ist. Beispiele hierfür sind die Operationsführung des röm. Diktators Quintus Fabius Maximus Cunctator im 2. Pun. Krieg und die Angriffe der Russen auf die »Grande Armée« Napoleons I. während deren Rückzug im Spätjahr 1812.

Ermenev [jɪrmɪnˈjɔf], Ivan Alekseevič, russ. Grafiker und Maler, →Jermenjow, Iwan Alexejewitsch.

Ermes [Abk. für engl. **e**uropean **r**adio **m**essaging **s**ystem »europ. Funknachrichtensystem«], *Telekommunikation:* digital arbeitender Pagingdienst (→Funkrufdienst), der europaweit (und zukünftig auch global) genormt ist. Somit können Ermes-Kunden auch außerhalb Dtl.s Funkrufe empfangen.

Ermes, Schloss in Livland bei Walk (heute Valga, Estland). Hier unterlag am 2. 8. 1560 das letzte Aufgebot des Dt. Ordens dem russ. Heer. Die Niederlage leitete den Untergang des Deutschordensstaates in Livland ein.

Ermesin [ital.] *der, -s,* frz. **Armoisin** [arˈmwazɛ̃], bereits um 1500 für Oberkleidung nachzuweisender leichter Seidentaft mittlerer Qualität, der seit dem 17. Jh. vom Produktionszentrum Lucca aus als Futtertaft weite Verbreitung fand.

Ermessen, *öffentl. Recht:* die der Verwaltungsbehörde durch Gesetz eingeräumte Entscheidungsfreiheit des Handelns oder Unterlassens (Entscheidungsermessen) und der Art und Weise des Handelns (Auswahlermessen). Das E. ist stets ein pflichtgemäß auszuübendes E., d. h. ein rechtlich gebundenes Wählen im Hinblick auf versch. Entscheidungsmöglichkeiten, bei dem die mehr oder weniger engen Grenzen der Ermächtigung einzuhalten sind und die Entscheidungsfreiheit entsprechend dem Zweck der Ermächtigung und ohne Willkür auszuüben ist (§ 40 Verwaltungsverfahrens-Ges.). E. ist nicht Belieben, sondern ein Verwaltungshandeln unter Berücksichtigung von Zweckmäßigkeit, um nach den Umständen des Einzelfalles zu einer sachgerechten Entscheidung zu gelangen. Ist die Entscheidung von sachfremden Erwägungen beeinflusst, leidet sie wegen E.-Missbrauchs an einem Rechtsfehler (§ 114 Verwaltungsgerichtsordnung). Auf E.-Ermächtigungen beruhen z. B. die Befugnisse der Polizei zur Gefahrenabwehr (Opportunitätsprinzip). Eine E.-Entscheidung ist auch der baurechtl. →Dispens. – Das E. weist sachl. Verwandtschaft mit anderen Entscheidungsbefugnissen der Verw. auf, bei denen das Gesetz selbstständige, nicht vollständig normativ festgelegte Handlungsweisen der Behörde bei der Ausführung von Rechtsvorschriften vorsieht, so bei der wertenden Anwendung unbestimmter Rechtsbegriffe, insbesondere im Zuge von Prüfungsentscheidungen (Beurteilungsspielraum), bei der Konkretisierung und Risikogrenzen des techn. Sicherheitsrechts, z. B. bei der Zulassung kerntechn. Anlagen, bei der raumbezogenen Planung (planer. Gestaltungsfreiheit). – I. w. S. gibt es auch ein E. des Richters, bes. bei der Strafzumessung, oder des Gesetzgebers (polit. Gestaltungsfreiheit). – Ähnl. Grundsätze kennen auch das österr. und das schweizer. Recht.

Erminoldmeister, Bildhauer des ausgehenden 13. Jh., benannt nach dem von ihm 1283 geschaffenen Grabmal des Abtes ERMINOLD († 1221) in der Klosterkirche St. Georg in Prüfening (heute zu Regensburg). Zugeschrieben werden ihm u. a. auch die Verkündigungsgruppe im Regensburger Dom und eine Figur des hl. PETRUS (Regensburg, Städt. Museum; beide um 1280), bedeutende Werke im Übergangsstil von der Früh- zur Hochgotik.

Erminonen, german. Stammesverband, →Herminonen.

Ermittlungspersonen der Staatsanwaltschaft, urspr. Bez. **Hilfsbeamte der Staatsanwaltschaft,** Polizeibeamte, die bei der Aufklärung von Straftaten unmittelbar den Anordnungen der Staatsanwaltschaft unterstellt sind (§ 152 Gerichtsverfassungs-Ges.). Welche Polizisten E. d. S. sind, ist in Rechtsverordnungen der Bundesländer festgelegt. Die E. d. S. haben im Vergleich zu anderen Polizeibeamten weiter gehende Zwangsbefugnisse; z. B. dürfen sie bei Gefahr im Verzug Beschlagnahmen, Durchsuchungen und Blutprobeentnahmen anordnen (§§ 98 Abs. 1; 105 Abs. 1; 81 a, c StPO).

Ermittlungsrichter, *Strafprozessrecht:* im Rahmen des staatsanwaltl. →Ermittlungsverfahrens der Richter des Amtsgerichts (in Staatsschutzsachen mit erstinstanzl. Zuständigkeit von OLG und BGH auch dort), der über die Anträge der Staatsanwaltschaft auf Vornahme richterl. Untersuchungshandlungen, z. B. einer Hausdurchsuchung, zu entscheiden hat. Die örtl. Zuständigkeit des E. hängt davon ab, in welchem Gerichts-Bez. die Ermittlungshandlung erfolgen soll. Zwar wird i. d. R. der E. nur auf Antrag der Staatsanwaltschaft tätig, doch kann er nach § 165 StPO unaufschiebbare Ermittlungshandlungen von sich aus vornehmen, sofern er davon erfährt und kein Staatsanwalt erreichbar ist (daher auch als »Notstaatsanwalt« bezeichnet). →Untersuchungsrichter

Ermittlungsverfahren, Vorverfahren, *Strafprozessrecht:* der erste Abschnitt des Strafverfahrens (→Strafprozess), der vor der Anklageerhebung und vor dem mögl. →Hauptverfahren liegt (§§ 158 ff. StPO). Er steht unter der Leitung der Staatsanwaltschaft, die bei jedem Verdacht einer Straftat den Sachverhalt zu erforschen hat; sie muss dabei unparteiisch vorgehen und auch die einen Beschuldigten entlastenden Umstände ermitteln. Die Staatsanwaltschaft kann die Ermittlungen selbst vornehmen oder (in der Praxis häufig) durch die Polizei vornehmen lassen; sie kann auch den →Ermittlungsrichter um Untersuchungshandlungen ersuchen. Zeugen und Sachverständige sind verpflichtet, auf Ladung vor der Staatsanwaltschaft zu erscheinen und auszusagen, es sei denn, sie können sich auf ein Zeugnisverweigerungsrecht o. Ä. berufen. Bietet das Ergebnis des E. genügenden Anlass zur Erhebung der öffentl. Klage, d. h., liegt eine überwiegende Verurteilungswahrscheinlichkeit vor, so erhebt die Staatsanwaltschaft öffentl. Klage durch Einreichung einer Anklageschrift bei dem zuständigen Gericht (§ 170 Abs. 1 StPO). Wenn sich kein genügender Tatverdacht ergeben hat, endet das E. durch staatsanwaltschaftl. →Einstellung. Der Beschuldigte ist spätestens vor dem Abschluss der Ermittlungen zu vernehmen. Bis zu seiner Vernehmung braucht dem Beschuldigten nicht mitgeteilt zu werden, aus welchem Grund die Ermittlungen gegen ihn geführt werden. Durch Anklageerhebung wird das E. in das →Zwischenverfahren übergeleitet. E. finden auch im →Steuerstrafrecht sowie im Recht der →Ordnungswidrigkeiten statt.

Während das österr. Strafverfahren das E. in dieser Form nicht kennt, findet sich im schweizer. Recht das E. des dt. Rechts in ähnl. Form in einigen kantonalen StPO und im Vorentwurf einer schweizer. StPO (Art. 326 ff.). Die Mehrzahl der Kantone überträgt indessen die Leitung des E. einem Untersuchungsrichter, der z. T. unter der Aufsicht der Staatsanwaltschaft steht. Der Bundesstrafprozess kennt eine Mischform (Art. 100 ff. Bundesstrafprozess): Die Mitarbeiter der gerichtl. Polizei erforschen unter Leitung des Bundesanwalts die Straftaten, die von Bundes wegen zu verfolgen sind. Der Bundesanwalt stellt die Ermittlungen ein, wenn kein Grund zur →Voruntersuchung besteht, andernfalls beantragt er beim zuständigen →Untersuchungsrichter die Voruntersuchung.

Ermland, poln. **Warmia,** histor. Landschaft im SW von Ostpreußen, die sich vom Frischen Haff nach SO bis zur Masur. Seenplatte erstreckt, eiszeitlich geformte Moränenlandschaft, Teil der 1999 gebildeten Wwschaft Ermland-Masuren. Der alte Prußengau **Warmien** wurde seit der Mitte des 13. Jh. von niederdt. und schles. Einwanderern besiedelt, die das Land, ausgehend von dem Küstenstreifen bei Frauenburg, in südöstl. Richtung sternförmig erschlossen. Das unter der Hoheit des Dt. Ordens stehende Gebiet kam im 2. Thorner Frieden 1466, endgültig 1479 nach dem »Pfaffenkrieg« gegen Polen unter poln. Oberhoheit, sodass es katholisch blieb. 1772 fiel das E. an Preußen, 1945 kam es unter poln. Verwaltung; seine Zugehörigkeit zu Polen wurde durch den Dt.-Poln. Grenzvertrag vom 14. 11. 1990 (in Kraft seit 16. 1. 1992) anerkannt.

Die **Diözese E.,** 1243 durch den päpstl. Legaten WILHELM VON MODENA (*um 1184, †1251) gegründet, umfasste im MA. einen großen Teil des späteren Ostpreußen bis zum Pregel und war das größte und wichtigste unter den preuß. Bistümern. Der Bischof von E. bewahrte sich im Unterschied zu den übrigen ordenspreuß. Bistümern eine gewisse Selbstständigkeit, da sein Domkapitel nicht dem Dt. Orden inkorporiert war. Kathedralsitz war 1288–1972 Frauenburg, Bischofsresidenz 1350–1836 Heilsberg.

Nach 1945 setzte der poln. Primas Kardinal AUGUSTYN HLOND (* 1881, † 1948) für die kirchl. Betreuung der nun poln. Bev. einen Administrator mit Sitz in Olsztyn (Allenstein) ein. Der Abschluss des →Warschauer Vertrages hatte auch die Neuordnung der kirchl. Verhältnisse in den kirchenrechtlich bis zu diesem Zeitpunkt noch dt. Bistum E. zur Folge. 1972 wurde das poln. Bistum Warmia errichtet und als Suffraganbistum der Kirchenprovinz Warschau eingegliedert. 1992 wurde das Bistum neu umschrieben und zum Erzbistum mit den Suffraganbistümern Elblag (Elbing) und Ełk (Lyck) erhoben. Sitz des Erzbischofs ist Olsztyn. Nach wie vor umfasst das Gebiet der Kirchenprovinz Warmia auch den nördl. Teil des ehem. Ostpreußen, das heute zu Russland gehörende Gebiet Kaliningrad.

V. RÖHRICH: Gesch. des Fürstbistums E. (1925); K. BOLIŃSKI: E. u. Masuren (Warschau 2001).

Ermland-Masuren, Woiwodschaft E.-M., poln. **Województwo Warmińsko-Mazurskie** [wojeˈwudstwɔ varˈmiɲskɔ-maˈzurski], seit 1999 Wwschaft im NO Polens, umfasst einen Teil des ehemaligen Ostpreußens, grenzt im N an Russland (Gebiet Kaliningrad), 24 203 km², (2002) 1,43 Mio. Ew.; Verw.-Zentrum ist Olsztyn (dt. Allenstein).

Ermoldus Nigellus, mittellat. Schriftsteller des 9. Jh. aus Aquitanien. Von Kaiser LUDWIG DEM FROMMEN wegen angeblich schlechten Einflusses auf seinen Sohn PIPPIN I. von Aquitanien (817–838) ins Exil nach Straßburg geschickt, verfasste er zwischen 826–828 ein Epos auf den Kaiser, um ihn zu versöhnen. Das Werk ist eine wichtige Quelle für viele sonst nicht überlieferte histor. Details.

Ermsleben, ehemalige Stadt im Landkreis Aschersleben-Staßfurt, Sa.-Anh., 160 m ü. M., nahe dem N-Rand des Harzes, an der Selke, 2 900 Ew.; Landwirtschaft (Anbau von Gewürzpflanzen). – Stadtkirche mit zweischiffigem Langhaus (15. Jh., spätere Veränderungen) und hohem roman. Querturm (11./12. Jh.). Südlich von E. sind Teile des ehem. Benediktinerklosters **Konradsburg** erhalten; von der spätroman. Klosterkirche (um 1200) Chor, Krypta und ein Teil der nördl. Querhauswand. Die fünfschiffige Krypta zählt wegen des Formenreichtums ihrer Kapitele zu den bedeutendsten spätromanischen Baudenkmälern im Harz. – Als **Anegrimislebo** erstmals 1045 gen.; das Dorf E. entwickelte sich im Schutz einer um 1200 erbauten Burg zu einem ummauerten Städtchen (Oppidum), als das es 1298 bezeugt ist. 1332 kam E. von den Grafen an das Bistum Halberstadt und fiel mit diesem 1648 an Brandenburg. 1530 erhielt es Marktrechte. 2002 wurde E. mit sechs weiteren Gemeinden zur Stadt →Falkenstein/Harz zusammengelegt.

Ermüdung,
1) eine durch Tätigkeit hervorgerufene Verminderung der Leistungsfähigkeit. Unterschieden werden eine phys. (periphere, muskuläre) und eine psych. (zentrale) E. Bei schwerer körperl. Arbeit sind beide Formen kombiniert und kaum scharf zu trennen. Die **physische E.** beruht im Wesentlichen auf der Erschöpfung der muskulären Energiespeicher und der Anhäufung von Stoffwechselprodukten (z. B. Milchsäure), mitunter auch auf Störungen der Neurotransmittersynthese an der motor. →Endplatte. Die **psychische E.** geht der physischen gewöhnlich voraus (Schutzfunktion). Sie tritt auch bei leichten, aber monotonen Tätigkeiten auf und ist gekennzeichnet durch das Nachlassen von Konzentration, Merkfähigkeit sowie Aufmerksamkeit und ist mit Störungen der Sinneswahrnehmungen und einem zunehmenden Unlustgefühl verbunden.

2) *Werkstoffkunde:* durch häufig wiederholte Beanspruchung, v. a. durch period. Dauerbeanspruchung (z. B. Vibrationen) bewirktes langsames Nachlassen der Dehnbarkeit und Widerstandsfähigkeit von (metall.) Werkstoffen infolge mikroplast. Formänderungen und dadurch bewirkter Bildung von mikroskopisch feinen Rissen; diese wachsen allmählich und führen schließlich bei einer Belastung, die unter der bei Kurzzeitprüfungen ermittelten Zugfestigkeit liegt, zum E.-Bruch. Bei **Korrosions-E.** kommt zu der wechselnden mechan. Belastung des Werkstoffes noch eine Werkstoffschädigung durch Korrosion hinzu, dadurch wird die E. beschleunigt. Eine spezielle E.-Form ist die **thermische E.,** die durch period. Änderung der Temperaturverteilung in einer Probe bzw. in einem Bauteil hervorgerufen wird.

Ermüdungsbruch, *Medizin:* Knochenbruch infolge wiederholter Überbeanspruchung, hoher Dauerbelastung oder verminderter Knochenmasse; er tritt nach Ausbildung oft nur mikroskopisch erkennbarer Risse, die längere Zeit bestehen können (»Dauerfraktur«), spontan auf (z. B. als →Marschfraktur, →Schipperkrankheit).

Ermunduren, german. Stamm, →Hermunduren.

Ermupolis, griech. Stadt, →Hermupolis.

Ernährung, Aufnahme von Stoffen, die zur Erhaltung des Lebens, für Wachstum, Bewegung und Fortpflanzung aller Lebewesen notwendig sind. – Die grünen Pflanzen sind in der Lage, die körpereigenen organ. Substanzen aus anorgan. Stoffen (Kohlendioxid, Wasser und Mineralsalze) selbst aufzubauen (→Assimilation); sie sind autotroph und liefern durch ihre ständige Synthesetätigkeit den heterotrophen, auf organ. Nährstoffe angewiesenen Organismen (Bakterien, Pilze, nichtgrüne höhere Pflanzen, Tiere, Mensch) die Existenzgrundlage. Für das normale Wachstum benötigen sie die **Makronährelemente** Kohlenstoff (C), Wasserstoff (H), Sauerstoff (O), Stickstoff (N), Schwefel (S), Phosphor (P), Kalium (K), Calcium (Ca), Magnesium (Mg), Eisen (Fe) sowie die u. a. für die Wirkung von Enzymen wichtigen **Spurenelemente (Mikronährelemente)** Mangan (Mn), Kobalt (Co), Kupfer (Cu), Zink (Zn), Molybdän (Mo), Bor (B), Chlor (Cl), Natrium (Na). Während C, H und O mithilfe der →Fotosynthese aus Wasser und Kohlendioxid bereitgestellt werden, müssen die restl. Nährstoffe in Wasser gelöst in Form von Ionen über die Wurzeln (ggf. auch über die Blätter) aus dem Boden aufgenommen werden. Die nichtgrünen, heterotrophen Pflanzen und Pilze beziehen die für sie wichtigen organ. Nährstoffe entweder aus toten Substraten (Saprophyten) oder aus lebenden Organismen, die sie als →Parasiten ausbeuten. Viele Pflanzen ernähren sich zusätzlich mykotroph durch →Mykorrhiza oder symbiotroph mithilfe von in Wurzelknöllchen befindl. →Knöllchenbakterien oder →Strahlenpilzen, die den Luftstickstoff binden und assimiliert dem Symbiosepartner zur

Erna Ernährung

Ernährung: Zusammensetzung und Nährwert verschiedener Nahrungsmittel
(Durchschnittswert je 100 g essbarem Anteil)

Nahrungsmittel	Kohlenhydrate (in g)	Fett (in g)	Eiweiß (in g)	verwertbare Energie (in kJ)	(in kcal)
Butter	0,7	83,2	0,7	3 156	754
Buttermilch	4,0	0,5	3,5	144	35
Camembertkäse 45 % Fett i. Tr.	Spuren	21,8	21,0	1 172	280
Edamer Käse 45 % Fett i. Tr.	Spuren	25,4	24,1	1 360	325
Margarine	0,4	80,0	0,2	3 023	722
Sonnenblumenöl	Spuren	99,8	–	3 758	898
Speisequark mager	4,0	0,3	13,5	304	73
Kuhmilch 3,5 % Fett	4,8	3,5	3,3	267	64
Hühnerei	0,6	11,7	12,9	667	159
Kalbfleisch, Muskelfleisch	Spuren	0,8	21,9	397	95
Kalbfleisch, Brust	Spuren	6,3	18,6	549	131
Rindfleisch, Muskelfleisch	1,1	1,7	21,3	439	105
Rindfleisch, Kamm	Spuren	8,1	19,3	625	150
Schweinefleisch, Muskelfleisch	Spuren	1,9	22,0	440	105
Schweinefleisch, Kamm	Spuren	13,8	16,7	830	197
Brathuhn	Spuren	9,6	19,9	695	166
Fleischwurst	–	28,5	9,9	1 239	296
Cervelatwurst	Spuren	34,8	20,3	1 650	394
Aal	Spuren	24,5	15,0	1 174	281
Brathering	Spuren	15,2	16,8	854	204
Forelle	Spuren	2,7	19,5	428	102
Ostseehering	Spuren	9,2	18,1	649	155
Kabeljau	Spuren	0,4	17,4	306	73
Makrele geräuchert	Spuren	15,5	20,7	930	222
Weizenbrötchen	55,5	1,9	8,3	1 138	272
Knäckebrot	66,0	1,5	10,0	1 327	318
Roggenvollkornbrot	38,8	1,2	6,8	808	193
Weißbrot	48,0	1,2	7,5	995	238
Grieß	73,5	1,1	8,8	1 417	339
Reis poliert	78,4	0,6	7,0	1 452	374
Weizenmehl Type 405	71,0	1,0	10,6	1 419	339
Marmorkuchen	52,0	15,9	5,2	1 593	381
Blumenkohl, roh	2,7	0,3	2,4	97	23
Bohnen grün, roh	5,1	0,2	2,4	148	35
Karotten	5,2	0,2	1,1	113	27
Kartoffeln	14,8	0,1	2,0	295	71
Kohlrabi	3,7	0,1	2,0	106	25
Kopfsalat	1,1	0,2	1,3	50	12
Tomaten	2,6	0,2	1,0	73	17
Champignons in Dosen	0,6	0,3	2,1	51	12
Äpfel	10,4	0,6	0,3	224	54
Apfelsinen	8,3	0,2	1,0	183	44
Bananen	21,4	0,2	1,1	341	81
Erdbeeren	5,5	0,5	0,8	138	33
Pflaumen	10,2	0,1	0,6	213	51
Erdnüsse	8,3	48,1	26,0	2 390	571
Haselnüsse	11,4	61,0	13,0	2 692	643
Mandeln	3,7	54,0	19,0	2 410	576
Bienenhonig	81,0	–	0,3	1 361	325
Vollmilchschokolade	56,0	30,0	8,0	2 200	526
Zucker	100,0	–	–	1 680	400

Verfügung stellen. Tierfangende Pflanzen leben i. d. R. auf nährstoffarmen Substraten und versorgen sich durch die von ihnen gefangenen und verdauten Tiere mit den notwendigen Stickstoff- und Phosphorverbindungen. – Bei den →Bakterien ist die heterotrophe E.-Weise vorherrschend, daneben gibt es eine Reihe fototropher sowie →Chemosynthese betreibender Arten.

Bei den Tieren und dem Menschen ist die E. durch die Notwendigkeit bestimmt, neben Wasser und Mineralstoffen lebenswichtige organ. Verbindungen aufzunehmen, um dem Organismus die Energiesubstrate für seine Leistungen (Betriebsstoffwechsel) und die Stoffe für das Wachstum und den laufenden Ersatz verbrauchter Körpersubstanzen (Baustoffwechsel) zuzuführen. Die Nahrungsaufnahme geschieht i. d. R. in zwei Phasen: 1) Aufnahme in den Verdauungstrakt, in dem Zerkleinerung und Abbau in resorbierbare Nährstoffe stattfinden (→Verdauung); 2) Resorption der Nährstoffe in die Körpersubstanz.

Die Art der Nahrungsaufnahme ist bei den Tieren sehr unterschiedlich. Im einfachsten Fall (z. B. bei manchen Endoparasiten, so den darmlosen Bandwürmern) können die Nahrungspartikel direkt über die Körperoberfläche aufgenommen werden. Bei den im Wasser lebenden Tieren sind die →Strudler und →Filtrierer weit verbreitet. Die →Substratfresser gewinnen organ. Nahrungsbestandteile entweder aus der Erde, faulendem Substrat oder Kot; →Säftesauger besitzen i. d. R. spezielle Vorrichtungen zum Stechen und Saugen; →Schlinger nehmen relativ große Nahrungsbrocken unzerkleinert auf; →Zerkleinerer, zu denen auch der Mensch gehört, zerreiben ihre Nahrung. Große Unterschiede bestehen im Nahrungsbedarf, was u. a. durch die unterschiedlich ausgeprägten Fähigkeiten zur Synthese bestimmter Nahrungsbestandteile und die sich daraus ergebende Notwendigkeit bedingt ist, Stoffe, die der Körper nicht selber herstellen kann, als essenzielle Nahrungsbestandteile aufzunehmen, da deren Fehlen zu Mangelerscheinungen führt.

Je nach bevorzugter Nahrungsquelle kann man zw. Fleischfressern (Carnivora), Pflanzenfressern (Herbivora) und Allesfressern (Omnivora) unterscheiden. Zudem gibt es ausgesprochene Nahrungsspezialisten, die auf eine bestimmte Nahrungsquelle angewiesen sind (z. B. fressen Koalabären ausschließlich Eukalyptusblätter); sie werden als monophag bezeichnet. Oligophage Tiere sind dementsprechend auf einige wenige Nahrungsquellen beschränkt (z. B. der Kartoffelkäfer auf Kartoffeln u. a. Nachtschattengewächse). Solche Spezialisierungen sind i. d. R. mit Anpassungsleistungen z. B. der Mundwerkzeuge oder des Verdauungstraktes verbunden.

Die E. des Menschen entspricht derjenigen von tier. Allesfressern. Art, Menge, Zusammensetzung und Zubereitung der pflanzl. (Gemüse, Obst, Getreide) und tier. Nahrungsmittel (Milch, Eier, Fleisch) hängen von biolog. und sozialen Gegebenheiten ab. Sie unterliegen außerdem in starkem Maße nat. und/oder kulturellen Gepflogenheiten.

Mit der Nahrung sollen die Grundnährstoffe Proteine (Eiweiße), Kohlenhydrate und Fette im geeigneten Verhältnis sowie genügend →Mineralstoffe, →Vitamine, →Spurenelemente sowie →Ballaststoffe und Wasser aufgenommen werden. Durch sachgemäße Zubereitung werden sie für den Organismus gut aufschließbar und damit besser verwertbar. Im Verdauungskanal werden die Nährstoffe in eine lösl. und damit resorbierbare Form gebracht, mit dem Blut in die versch. Gewebe transportiert und dort in den Zellen mithilfe von Enzymen auf- und abgebaut. Dieser Vorgang ist bedingt einer Verbrennung (Oxidation) vergleichbar, die einerseits Bewegungsenergie, andererseits Wärme liefert. Nichtverwertbare Nahrungsbestandteile werden aus dem Körper v. a. über den Darm, mit dem Harn und durch die Atmung ausgeschieden.

Proteine, Fette und Kohlenhydrate sind die Energiequellen des Körpers (→Ernährung und Gesundheit). Der tägl. Energiebedarf eines gesunden Menschen ist außer vom Grundumsatz v. a. von der körperl. Beanspruchung abhängig. Der Grundumsatz (Ruheumsatz) beträgt beim Erwachsenen näherungsweise 4,2 kJ (1 kcal) je Stunde und kg Körpermasse; der Wert variiert in Abhängigkeit von Geschlecht, Alter, Körperoberfläche sowie endokrinen Faktoren. Die im Grundumsatz benötigte Energie wird verbraucht für Herzarbeit, Atemtätigkeit, Leistung der Drüsen, der glatten Muskulatur und für den Stoffwechsel der Gewebe. Er ist erhöht während der Schwangerschaft und beim Stillen sowie bei Sportlern, gesenkt im Schlaf sowie bei längerem Fasten. In trop. Gebieten lebende Menschen haben einen um 10–20 % niedrigeren Grundumsatz als Menschen aus arkt. Gebieten; die Regulation erfolgt u. a. über die Schilddrüsenfunktion.

Bei falscher Zusammensetzung der Nahrung kommt es auch bei energetisch ausreichender E. zu Mangelerscheinungen. Zum einen können sich die Nährstoffe gegenseitig nur bedingt ersetzen, sodass die Aufnahme von Mindestmengen gewährleistet sein muss (v. a. bei Proteinen); zum anderen sind für den Menschen insgesamt etwa 50 versch. essenzielle Substanzen bekannt, die mit den Lebensmitteln aufgenommen werden müssen. Die Zusammensetzung der menschl. Nahrung hat sich seit Beginn der industriellen Revolution, bes. aber im 20. Jh. v. a. in den industriell hoch entwickelten Ländern drastisch verändert, ohne dass eine gleichzeitige physiolog. Anpassung erfolgt ist. Sie enthält hohe Anteile an Fetten und niedermolekularen Zuckern, weniger Ballaststoffe; außerdem wird sie durch die unterschiedl. Verarbeitungsverfahren, z. B. die Anwendung von Zusatzstoffen (Konservierungsmittel, Farbstoffe u. a.) z. T. erheblich verändert. Zudem ist das Maß an körperl. Anstrengung bei der Arbeit gesunken. Die Folgen sind eine Zunahme des Anteils der Übergewichtigen und der damit oft verbundenen ernährungsabhängigen Krankheiten. Zusammenhänge zw. bestimmten Krankheiten und Fehl-E. sind mittlerweile z. T. bewiesen, in anderen Fällen werden sie vermutet (→ernährungsbedingte Krankheiten).

Zur Geschichte →Esskultur.

Enzyklopädische Vernetzung: ▪ Fette ▪ Kohlenhydrate ▪ Nahrungskette ▪ Proteine ▪ Stoffwechsel

📖 B. MUERMANN: Lex. der E. (1998); G. REHNER u. H. DANIEL: Biochemie der E. (²2002); I. ELMADFA: Ernährungslehre (2004). – Weitere Literatur →Esskultur.

ernährungsbedingte Krankheiten, durch ein Überangebot an Nahrungsenergie und Nährstoffen, insbesondere tier. Fette (z. B. →Fettsucht, →Bluthochdruck), einen Mangel (z. B. →Osteoporose, →Eiweißmangel, →Xerophthalmie), nichtverträgl. Nahrungsmittelinhaltsstoffe (z. B. →Nahrungsmittelallergie) oder durch meist genetisch bedingte Organ- bzw. Stoffwechselfehlleistungen (z. B. →Zöliakie) verursachte Erkrankungen. Durch ein Optimieren der Nährstoffzufuhr, ein Aussondern der unverträgl. Nahrungsbestandteile oder eine die jeweiligen Organ- bzw. Stoffwechselfehlleistungen berücksichtigende Ernährung kann eine Besserung oder Heilung erreicht werden. Ein Zusammenhang zw. der Entstehung und dem Verlauf einiger Krankheiten und der Ernährung konnte z. B. auch für Gicht, Rheumatismus und bestimmte Krebserkrankungen nachgewiesen werden.

Ernährungsberufe, Aus- und Fortbildungsberufe im Ernährungssektor. Zu den E. zählen Back- und Konditorwarenhersteller, Fleisch- und Fischverarbeiter, Speisenbereiter, Getränke- und Genussmittelhersteller, Milch- und Fettverarbeiter, Mehl- und Nährmittelhersteller sowie Zucker-, Süßwaren- und Speiseeishersteller. Es gibt unterschiedl. Bildungswege: Zum einen erfolgt die Ausbildung im Rahmen des dualen Systems in Ausbildungsbetrieben und an Berufsschulen. Zu den anerkannten Ausbildungsberufen zählen u. a. Bäcker, Fleischer, Koch, Konditor, Brauer, Mälzer, Brenner, Destillateur, Fachkraft für Süßwaren- und für Lebensmitteltechnik, Weinküfer sowie Müller. Zum anderen können im Rahmen der schul. Ausbildung an Berufsfachschulen oder Berufskollegs Abschlüsse z. B. als Diätassistent oder lebensmitteltechn. Assistent erworben werden. Darüber hinaus gibt es auch Ausbildungsmöglichkeiten an Fachhochschulen (z. B. Dipl.-Ing. für Getränke- oder Lebensmitteltechnologie) und an Univ. (z. B. zum Ökotrophologen oder Dipl.-Ing. für Lebensmitteltechnologie); zunehmend werden auch Bachelor- und Masterabschlüsse vergeben. – Laut Berufsstatistik des Inst. für Arbeitsmarkt- und Berufsforschung (IAB) ist die Anzahl der sozialversicherungspflichtig Beschäftigten in den E. in den letzten Jahren leicht gesunken, von (1996) 703 000 Beschäftigten auf ca. (2003) 654 000 Beschäftigte. Der Frauenanteil liegt bei rd. 46 %.

Ernährungsgewerbe, dem Nahrungs- und Genussmittelgewerbe zugehöriger Wirtschaftszweig, der die Herstellung von Lebensmitteln und deren Konservie-

---

Ernährung: Pro-Kopf-Verbrauch ausgewählter Nahrungsmittel in Deutschland (in kg/Jahr)

Pflanzliche Erzeugnisse (2002/03)	
Weizenmehl	68,1
Roggenmehl	9,6
Reis	3,9
Hülsenfrüchte	0,6
Kartoffeln	67,0
Zucker	35,2
Gemüse	93,4
Frischobst	78,1
Zitrusfrüchte	40,1
Tierische Erzeugnisse, Öle und Fette (2002)	
Rindfleisch	12,0
Schweinefleisch	54,0
Fisch und -erzeugnisse	14,0
Frischmilcherzeugnisse	90,7
Käse	21,7
Eier und Eiprodukte	13,5
Butter	6,7
Margarine	6,1
Speiseöl	11,5
Speisefette	1,0

rung und Aufbereitung zu küchen- und konsumfertigen Produkten umfasst. Dem E. werden im Ggs. zur →Ernährungsindustrie auch Handwerksunternehmen zugerechnet. Es ist mit einem Umsatz von (2003) 1227,3 Mrd. € und rd. 525 300 Beschäftigten die viertgrößte Branche des verarbeitenden Gewerbes.

Ernährungsindustrie, zur Nahrungs- und Genussmittel-Ind. zugehörender Wirtschaftszweig, der die Herstellung von Lebensmitteln durch Rohstoffverarbeitung und deren Konservierung und Aufbereitung zu küchen- und konsumfertigen Produkten umfasst. Zur E. zählen u. a. die Nährmittel-, Stärke-, Brot-, Margarine-, Süßwaren- und Futtermittelherstellung, die Molkereien und deren Milch- und Milchprodukterzeugung, die Obst-, Gemüse-, Fleisch-, Fisch-, Kaffee-, Zucker- und Teeverarbeitung, die Brauereien, die Weinverarbeitung sowie die Getränke- und Spirituosenherstellung. Die E. zählt in Dtl. mit einem Umsatz von (2004) 130,2 Mrd. € zu den wichtigsten Ind.-Zweigen. Dabei weisen die Fleischverarbeitung (19,4 %), die Milch- und Milchprodukterzeugung (16,9 %) sowie die Herstellung alkohol. Getränke (9,7 %) die größten Umsatzanteile der Branche aus. Etwa ein Fünftel (21,3 %) des Umsatzes (2004: 27,7 Mrd. €) wird auf ausländ. Märkten erwirtschaftet. Haupthandelspartner sind die Niederlande, Italien und Frankreich. Der überwiegend mittelständisch geprägten dt. E. stehen die Unternehmen des hoch konzentrierten Lebensmitteleinzelhandels gegenüber (z. B. EDEKA-Gruppe, Rewe-Gruppe, ALDI-Gruppe), der den Wettbewerb um Marktanteile fast ausschließlich über den Preis austrägt. Die dt. E. beschäftigt (2004) rd. 520 000 Menschen in rd. 5970 Unternehmen. Die amtl. Statistik in Dtl. weist die Daten der E. unter der Bez. **Ernährungsgewerbe** aus, zu dem im Ggs. zur E. auch Handwerksunternehmen zählen. Die Interessen der dt. E. werden durch die **Bundesvereinigung der Dt. E. e. V. (BVE),** Sitz: Bonn, vertreten.

Ernährungssicherheit, Bez. der Gewährleistung der →Welternährung und der Bekämpfung von Mangel- bzw. Unterernährung (→Hunger).

Ernährungsstil, Begriff zur Benennung der hinter dem Ernährungsverhalten stehenden Orientierungen und Einstellungen der Menschen als Bestandteil der jeweiligen historisch tradierten →Esskultur.

Im Unterschied zum **Ernährungsverhalten,** das Auskunft über die Nahrungssysteme spezif. Bevölkerungsgruppen auf der Handlungsebene erteilt (Zubereitung von Mahlzeiten, Mahlzeitenstruktur, Verzehrssituation u. Ä.), verknüpft der Begriff E. Verhaltens- mit Motivdimension (z. B. auf Gesundheit oder Ökologie ausgerichtete E.). Er bleibt damit nicht auf einer rein phänomenolog. Ebene stehen, sondern richtet seinen Fokus auf die Tiefenstruktur der Bedeutungs- und Sinnzuweisungen im Kontext der Ernährung.

Die Beschreibung von E. erfolgt u. a. anhand des zu beobachtenden Ernährungsverhaltens, der Orientierung beim Einkaufen und Kochen sowie der Lebensstilausrichtung und soziostruktureller Merkmale. Dabei spielt auch die enge Wechselwirkung zw. Ernährungsverhalten und Produktvermarktung durch die Lebensmittelindustrie eine entscheidende Rolle, da Medien als wichtige Vermittler von Alltagskultur in die klassifizierende Analyse von E. mit einbezogen werden müssen. Stark vorherrschend bei der Ausformung konkreter E. sind Orientierungen auf Genuss sowie Zeit- und Geldersparnis.

Studien, die über die Ebene des reinen Ernährungsverhaltens hinausgehen, verzeichnen einen Aufwärtstrend bei der Entwicklung von E. Qualitative Forschung, die nicht nur danach fragt, was wann und wo in welchen Mengen konsumiert wird, sondern auch das Warum beleuchten will, begreift Ernährungsverhalten als Kulturtechnik. Diese Kulturtechnik prägt auf der Basis der Pluralisierung der Lebenslagen und -formen sowie der Ausdifferenzierung des Lebensmittelsortiments mit seinen verschiedenen Food-Trends (Fastfood, Ethnofood, Functional Food u. Ä.) Stile aus, die sich auf motivationaler Ebene durch verschiedene Kriterien unterscheiden.

Geschichte War es von der Vormoderne bis weit ins 19. Jh. hinein primär die soziale Gruppe, welche den Individuen durch Tradition und Norm vorschrieb, wie Ernährung zu gestalten war, hat die mobile und von der Familie entkoppelte postmoderne Gesellschaft erst den individuell planbaren Lebens- und E. ermöglicht und erforderlich gemacht. Inzwischen gibt es diverse E., die zu bestimmten Orientierungsgruppen zusammengefasst werden können. So lassen sich u. a. Gruppen ausmachen, die ihren E. in Hinblick auf Gesundheit, Fitness, Genuss und Ökologie ausrichten.

Ernährungstherapie, Diätetik, Behandlung von →ernährungsbedingten Krankheiten; beinhaltet eine gelenkte Ernährung mit dem Ziel, Krankheiten zu heilen (z. B. bei Durchfall, Magenschleimhautentzündung), genet. Störungen oder Krankheitsfolgen zu kompensieren (z. B. Sprue) oder bestimmten Störungen vorzubeugen (z. B. Übergewicht, Osteoporose). **Naturheilkundliche E.** behandelt organ. Erkrankungen und Stoffwechselstörungen durch Veränderung der Ernährung auf der Grundlage der Vollwerternährung (ausgewogenes Verhältnis von Kohlenhydraten, Fetten und Proteinen nach dem jeweiligen wiss. Erkenntnisstand, ausreichende Zufuhr von Vitaminen, Mineralstoffen, Spurenelementen und sekundären Pflanzenstoffen). Außerdem wird versucht, Organsysteme durch therapeut. Fasten und andere naturheilkundl. Ernährungstherapien (z. B. Mayr-Kur, Schroth-Kur, Molke-Kur) zu beeinflussen.

Ernährungs- und Landwirtschaftsorganisation der Vereinten Nationen, Sonderorganisation der Vereinten Nationen, →FAO.

Ernährungsvorsorgegesetz, Bundesgesetz vom 20. 8. 1990, dessen Ziel die Sicherung einer ausreichenden Versorgung mit Erzeugnissen der Ernährungs- und Landwirtschaft für den Fall einer Krise ist, die nicht unter die →Sicherstellungsgesetze fällt.

Ernährungswissenschaft, Trophologie [zu griech. trophé »Nahrung«, »Ernährung«], wiss. Disziplin, die sich sowohl mit der Ernährung des Menschen (Humanernährung) als auch mit der Tier- und Pflanzenernährung beschäftigt. Sie umfasst fachübergreifend die Erkenntnissuche, Ergebnisfindung und -anwendung für das gesamte Gebiet von Nahrung und Ernährung als Einheit. Die **naturwissenschaftlich orientierte E.** befasst sich mit Nährstoffen u. a. Nahrungsinhaltsstoffen, mit der Nahrungsaufnahme und -verwertung sowie den Stoffwechselfunktionen des Menschen bei Gesunden und Kranken, bei Neugeborenen, Heranwachsenden, Erwachsenen und älteren Menschen, um zu verstehen, wie über eine ausreichende Deckung des Energie- und Nährstoffbedarfs Gesundheit und Schaffenskraft ausgebildet und erhalten werden können. Sie arbeitet überwiegend analytisch-experimentell unter Einbeziehung von Chemie,

Biochemie, Physiologie, Medizin, molekularer Biologie und Lebensmittellehre. In der **verhaltenswissenschaftlich orientierten** E. dagegen werden vorwiegend empir. Methoden verwendet. Sie beschäftigt sich mit individuellen und sozialen Einflussfaktoren auf das Ernährungsverhalten und beinhaltet Teildisziplinen wie Epidemiologie, Soziologie, Ökonomie, Psychologie, Beratungs- und Kommunikationswesen.

In der modernen Ernährungsforschung ist die direkte oder hormonvermittelte Steuerung der Genexpression durch die Inhaltsstoffe der Nahrung von großer Bedeutung. Für zahlr. nahrungsvermittelte Änderungen im Stoffwechselgeschehen werden in den kommenden Jahren die molekulargenet. Regelmechanismen aufgeklärt werden. Von aktuellem Interesse ist auch die Untersuchung der Wirkung sekundärer Pflanzenstoffe auf den menschl. Organismus im Sinne der Identifizierung von Verbindungen, die zur Vermeidung oder Behandlung chron. Krankheiten eingesetzt werden könnten.

Die Pflanzenernährung beschäftigt sich im Wesentlichen mit Fragen der Düngung von Kulturpflanzen, die Tierernährung mit der Mast von Nutztieren mit dem Ziel der Ertrags- und Produktionssteigerung. Neben gentechn. Aspekten, die bes. im Rahmen der Züchtung von Bedeutung sind, spielen ökolog. Gesichtspunkte sowohl im Pflanzenbau als auch in der Tierhaltung eine wichtige Rolle.

Geschichtliches Die Entwicklung der E. geht auf Hippokrates zurück, der die Ernährung als Mittelpunkt einer ganzheitl. gesunden Lebensführung sah. Paracelsus beschäftigte sich mit der Nahrungsverwertung im menschl. Organismus. Justus von Liebig untersuchte die Zusammensetzung der Nahrung und die chem. Zusammenhänge zw. der Ernährung und den Lebensvorgängen. In den vergangenen Jahrzehnten hat die Erforschung und Prävention ernährungsmitbedingter Krankheiten einen hohen Stellenwert gewonnen. Dem Nahrungsüberschuss in den Industrienationen (→Überflussgesellschaft) steht die unzureichende Versorgung in den Entwicklungsländern gegenüber, die gegenwärtig einen wichtigen Bereich der E. darstellt.

Ernährung und Gesundheit, siehe Seite 310

Ernaux [ɛrˈno], Annie, frz. Schriftstellerin, * Lillebonne (Dép. Seine-Maritime) 1. 9. 1940; schreibt seit 1974 vorwiegend autobiograf. Romane, die in nüchternem Stil wichtige Abschnitte ihres Lebens und prägende Erlebnisse thematisieren: Während »Les armoires vides« (1974) noch fiktiv von Kindheit und Jugend erzählt, beginnt mit »Ce qu'ils disent ou rien« (1977), über Schulzeit und erste sexuelle Erfahrungen, der eigentl. autobiografische Bericht. »L'événement« (2000) thematisiert die Abtreibung ihres Kindes, »L'occupation« (2001) die Erfahrung der Eifersucht. Dabei bettet E. die Erinnerungen in ein individualpsycholog. und soziolog. Erklärungsschema und verbindet sie mit Reflexionen über Stil, Absicht und Anlass des Schreibens.

Weitere Werke: *Romane:* La femme gelée (1981); La place (1983; dt. Das bessere Leben); Une femme (1987; dt. Das Leben einer Frau); Passion simple (1991; dt. Eine vollkommene Leidenschaft); Journal du dehors (1993); La honte (1996); La vie extérieure 1993–1999 (2000); Se perdre (2001; dt. Sich verlieren).

Erne [əːn] *der,* Fluss in der Rep. Irland und im südwestl. Nordirland, Abfluss des Lough Gowna, mündet in die Donegal Bay (Atlant. Ozean), 103 km lang; mehrere seenartige Erweiterungen: **Lough Oughter,** Upper Lough Erne, Lower Lough Erne; am Unterlauf zwei Wasserkraftwerke.

Ernè, Nino, eigtl. **Giovanni Bruno E.,** Schriftsteller dt.-ital. Herkunft, * Berlin 31. 10. 1921, † Mainz 11. 12. 1994; Redakteur und Verlagslektor; schrieb Gedichte, histor. Romane, Erzählungen, Hörspiele und literar. Essays; auch Übersetzer und Herausgeber.

Werke (Auswahl): *Romane:* Nachruf auf Othello (1976); Kellerkneipe u. Elfenbeinturm (1979); Rom – ein Tag, eine Nacht (1982); Der weiße Pavillon (1995). – *Erzählungen:* Fahrgäste (1981); Kinder des Saturn (1987). – *Essays:* Die Kunst der Novelle (1961); Italien süß u. sauer (1975).

Ernennung, *Beamtenrecht:* ein mitwirkungsbedürftiger, gestaltender Verwaltungsakt, durch den ein Beamtenverhältnis nach Art und Inhalt (z. B. Begründung eines Beamtenverhältnisses, Beförderung) festgelegt wird. Die E. erfolgt durch Aushändigung einer **E.-Urkunde.** Eine E. kann nicht rückwirkend erfolgen.

Ernesti, Johann August, ev. Theologe, Philologe, * Tennstedt 4. 8. 1707, † Leipzig 11. 9. 1781; war Rektor der Thomasschule in Leipzig (1734–59; Nachfolger von J. M. GESNER), ab 1742 auch a. o. Univ.-Prof. für alte Lit. und ab 1746 ordentl. Prof. an der Univ. Leipzig (1746–70 der Beredsamkeit; ab 1759 auch der Theologie); Herausgeber der Rezensionszeitschrift »Neue Theolog. Bibliothek« (1760–69; 1773–79 u. d. T. »Neueste Theolog. Bibliothek«). E. erwarb sich in der Philologie als Latinist bes. Verdienste um die röm. Literatur (u. a. Ausgabe der Werke Ciceros; 1737–39) und gehörte in der Theologie, als einer der Hauptvertreter der →Neologie, zu den Wegbereitern einer historisch-krit. Bibelexegese und -hermeneutik.

ernestinische Lini|e, Ernestiner, ältere (Haupt-)Linie der →Wettiner, 1485–1547 Kurfürsten von Sachsen (bevorzugte Residenz neben Altenburg und Torgau war ab 1486 Wittenberg). Entstanden durch die (am 17. 6. 1485 vereinbarte) »Leipziger Teilung« der Länder des Hauses Wettin zw. Kurfürst ERNST und dessen Bruder ALBRECHT DEM BEHERZTEN, dem Begründer der →albertinischen Linie, war die e. L., als Inhaberin der Kurwürde (Kurkreis Wittenberg [Kursachsen]) zunächst bevorzugt; sie erhielt nach der vertragl. Festlegung der beiden Teile (Leipziger Vertrag; 9./11. 11. 1485) neben dem eigentl. Kursachsen den Großteil Thüringens sowie das Vogtland und förderte ab 1517/21 die Reformation (Kurfürst FRIEDRICH III., DER WEISE, und seine Nachfolger). In der Wittenberger Kapitulation (19. 5. 1547) musste Kurfürst JOHANN FRIEDRICH I., DER GROSSMÜTIGE, Führer des Schmalkald. Bundes, nach der Niederlage bei Mühlberg (24. 4.) die Kurwürde und große Teile seines Territoriums an die albertin. Linie (an ALBRECHTS Enkel MORITZ) abtreten. Weitere Gebietsverluste brachten die →grumbachschen Händel (1558–67); die e. L. blieb fortan im Wesentlichen auf den thüring. Raum beschränkt (Residenz v. a. Weimar). Mit der Teilung in die beiden Linien Weimar und Gotha (1572) begann die Aufsplitterung der Besitzungen der e. L.: 1596 spaltete sich Gotha in die Nebenlinien (Sachsen-)Coburg und (Sachsen-)Eisenach, 1672 kam es zur Bildung der drei Fürstentümer (Sachsen-)Weimar, (Sachsen-)Eisenach und (Sachsen-)Jena. Durch Erbteilungen entstanden 1680 weitere sieben kleine Herzogtümer: (Sachsen-)Gotha-Altenburg, (Sachsen-)Coburg, (Sachsen-)Meiningen, (Sachsen-)Römhild, (Sachsen-)Eisenberg, (Sachsen-)Hildburghausen und (Sachsen-)Saalfeld. Das Aussterben der Linie

Fortsetzung auf Seite 316

ERNÄHRUNG UND GESUNDHEIT

- Ernährungsphysiologische Grundlagen
- Ernährungsempfehlungen und deren Umsetzung
- Ernährungsempfehlungen für den Alltag
- Ernährungsmitbedingte Krankheiten
- Besondere Kostformen

Ernährung und Gesundheit, die Aufnahme und Verwertung von flüssiger und fester Nahrung im menschl. Organismus zum Zweck der Lebens- und Gesunderhaltung.

Die Ernährung ist eines der Grundbedürfnisse des Menschen und versorgt den Körper mit Flüssigkeit, Energie und Nährstoffen, die dem Aufbau bzw. Erhalt von Körpersubstanz sowie der Regulation von Stoffwechselprozessen dienen. Sie ist Voraussetzung für körperl. und geistige Entwicklung und Leistungsfähigkeit, für Reproduktion und Wohlbefinden. Sowohl ein Defizit als auch ein Überangebot an Energie und/oder bestimmten Nährstoffen kann die Gesundheit beeinträchtigen.

Ernährungsphysiologische Grundlagen

Die Nahrung setzt sich aus Energie liefernden und keine Energie liefernden Stoffen zusammen. Zu den Energiequellen zählen die Proteine, Fette und Kohlenhydrate, die auch als Haupt- oder **Makronährstoffe** bezeichnet werden, sowie die Ballaststoffe und der Alkohol. Keine Energie liefern neben Wasser die Vitamine und Mineralstoffe, die unter dem Begriff **Mikronährstoffe** zusammengefasst werden. Wasser, einige der Grundbausteine der Makronährstoffe und die meisten Mikronährstoffe sind für den Menschen essenziell (lebensnotwendig), weil sie im Organismus nicht oder in nicht ausreichender Menge gebildet werden können. Sie müssen mit der Nahrung aufgenommen werden, damit keine Mangelerscheinungen auftreten.

Energie benötigt der Körper im Wesentlichen für die Erhaltung aller lebensnotwendigen Körperfunktionen (Grundumsatz), für die Muskeltätigkeit (Arbeitsumsatz) sowie für besondere Leistungen während Wachstum, Schwangerschaft und Stillzeit. Der durchschnittl. tägliche Energiebedarf lässt sich als ein Mehrfaches des experimentell ermittelbaren Grundumsatzes ausdrücken. Angaben über die empfehlenswerte Höhe der Energiezufuhr basieren auf Referenzmaßen für Körpergewicht und Körpergröße. Bei Über- bzw. Untergewicht sind entsprechende Korrekturen erforderlich, um das Sollgewicht zu erreichen. Die tatsächl. bedarfsgerechte Energiezufuhr kann im Einzelfall nur durch Gewichtskontrolle festgestellt werden.

Proteine (Eiweiße) aus der Nahrung versorgen den Organismus mit neun essenziellen Aminosäuren (Valin, Leucin, Isoleucin, Threonin, Methionin, Lysin, Phenylalanin, Tryptophan, Histidin), elf nicht essenziellen Aminosäuren (Glycin, Alanin, Serin, Cystein, Asparagin, Glutamin, Asparaginsäure, Glutaminsäure, Arginin, Tyrosin, Prolin) sowie weiteren Stickstoffverbindungen, die zum Aufbau bzw. Erhalt körpereigener Gerüst- und Stützproteine sowie anderer stoffwechselaktiver Substanzen wie Enzyme, Hormone und Antikörper benötigt werden. Beim Abbau der Proteine entsteht Energie. Der Brennwert beträgt 4 kcal/g (17 kJ/g). Die Verdauung der Proteine, d. h. deren enzymat. Zerlegung in Peptide und Aminosäuren, beginnt im Magen und wird im Dünndarm fortgesetzt. Dort erfolgt auch die Resorption der Aminosäuren, die anschließend über die Pfortader zur Leber gelangen, wo sie teilweise umgebaut und anschließend an den peripheren Blutkreislauf abgegeben werden. Einen Speicherort für Aminosäuren gibt es nicht. Eine unzureichende Zufuhr von Proteinen äußert sich in einer Abnahme des Aminosäuren- und Eiweißbestandes in Blut, Leber und Muskeln, wodurch es zu Apathie, Anämie (Blutarmut) und Immunschwäche kommen kann. Die wünschenswerte tägl. Zufuhr an Protein beträgt 0,8 g pro kg Körpergewicht. Eine Überschreitung dieser Menge erhöht die Harnstoffbildung, hat nach heutigem Kenntnisstand aber keine schädigende Wirkung. Aus Sicherheitsgründen wird jedoch geraten, nicht mehr als 2 g Protein pro kg Körpergewicht und Tag zu verzehren und zur Ausscheidung des Harnstoffs ggf. die Flüssigkeitszufuhr zu erhöhen.

Fette (Lipide), worunter v. a. die Neutralfette, d. h. Fettsäure-Glycerin-Gemische, verstanden wird, sind Träger von fettlösl. Vitaminen, Geschmacks- und Aromastoffen, in erster Linie aber Energielieferanten: Ihr Brennwert beträgt 9 kcal/g (38 kJ/g). Das Nahrungsfett wird im Dünndarm mithilfe von Gallensäuren emulgiert, enzymatisch zerlegt und in Form von Micellen resorbiert. In den Schleimhautzellen des Dünndarms werden die Neutralfette zurückgebildet und zusammen mit Cholesterin als Fett-Eiweiß-Tröpfchen (→ Lipoproteine) über die Lymphe und das venöse Blut zu den peripheren Geweben transportiert. Dort angekommen, werden die Fettsäuren aus den Lipoproteinen herausgelöst und entweder zur Energiegewinnung herangezogen oder in Körperfett umgewandelt. Im Fettgewebe ist eine Speicherung in großem Umfang möglich. Das mit der Nahrung zugeführte Fett sollte sich zu ungefähr gleichen Teilen aus gesättigten, einfach ungesättigten und mehrfach ungesättigten Fettsäuren zusammensetzen. Eine hohe Zufuhr an gesättigten Fettsäuren ist ein Risikofaktor für Herz-Kreislauf-Erkrankungen. Dagegen schützen ungesättigte Fettsäuren das Herz und die Gefäße. Zu den mehrfach ungesättigten Fettsäuren zählen zum einen die Linolsäure und die aus ihr entstehenden längerkettigen Omega-6-Fettsäuren (z. B. Arachidonsäure), zum anderen die α-Linolensäure und die entsprechenden längerkettigen Omega-3-Fettsäuren (z. B. Eicosapentaen- und Docosahexaensäure). Im Gegensatz zu allen anderen Fettsäuren sind Linol- und α-Linolensäure essenziell. Aber auch die längerkettigen Omega-6- und Omega-3-Fettsäuren müssen mit der Nahrung aufgenommen werden, weil ihre Synthese nur in begrenztem Umfang möglich ist. Aus ernährungsphysiolog. Sicht sollte das Verhältnis von Omega-6- zu Omega-3-Fettsäuren in der Kost 5 zu 1 betragen. Ein Mangel an Linol- bzw. α-Linolensäure wird selten beobachtet, weil die pro Tag benötigte Menge relativ gering ist und der Körper für längere Zeit auf Reserven zurückgreifen kann.

Zu den fettähnl. Stoffen gehört das **Cholesterin**, das im Pflanzenreich nicht vorkommt. Es ist Bestandteil der Gallensäuren, der Zellmembranen und der Nervenschutzschicht sowie Ausgangssubstanz für die Bildung versch. Hormone und von Vitamin D. Ein zu hoher Cholesterinspiegel begünstigt die Entstehung von →Arteriosklerose (umgangssprachlich als Arterienverkalkung bezeichnet) und damit von Herz-Kreislauf-Erkrankungen. Der Richtwert für die Cholesterinzufuhr mit der Nahrung beträgt 300 mg pro Tag.

Kohlenhydrate spielen wie die Fette eine wichtige Rolle bei der Deckung des Energiebedarfs. Ihr Brennwert beträgt 4 kcal/g (17 kJ/g). Mit Ausnahme des enzymat. Abbaus von Stärke, der im Mund beginnt, erfolgt die Verdauung der Kohlenhydrate im Dünndarm. Die Polysaccharide (Vielfachzucker) Stärke und Glycogen werden in mehreren Etappen in ihre Grundsubstanz Glucose zerlegt; auf ähnl. Weise entstehen aus den Disacchariden (Zweifachzuckern) Maltose, Saccharose und Lactose die Monosaccharide (Einfachzucker) Glucose, Fructose und Galactose. Diese werden resorbiert und über die Pfortader zur Leber transportiert, welche die Glucose an den peripheren Blutkreislauf abgibt. Die Erhöhung des Blutzuckerspiegels beantwortet die Bauchspeicheldrüse mit der Ausschüttung von Insulin, worauf die Gewebe mit einer verstärkten Glucoseaufnahme und -verwertung reagieren. In Form von Glycogen ist Glucose in begrenztem Umfang in der Leber (etwa 90 g) und in Muskeln (etwa 300 g) speicherbar. Ein Mangel an Glucose macht sich durch einen Abbau von Körperprotein und -fett bemerkbar. Aus bestimmten Aminosäuren und aus Glycerin können pro Tag bis zu 130 g Glucose gebildet werden. Diese Menge an Kohlenhydraten sollte täglich mindestens zugeführt werden, um die Glucoseversorgung von Gehirn und roten Blutkörperchen sicherzustellen, ohne auf körpereigene Ressourcen zurückgreifen zu müssen. Im Fall intensiver körperl. Betätigung muss die Kohlenhydratzufuhr dem gesteigerten Kohlenhydratbedarf angepasst werden. Bei energet. Überversorgung kann der Körper Glucose in Fett umwandeln, was zu einem Anwachsen der Fettdepots führt.

Unverdaul. Kohlenhydrate (v. a. Nicht-Stärke-Polysaccharide) und Lignine, die unter der Bez. **Ballaststoffe** (Nahrungsfasern) zusammengefasst werden, sind Bestandteile pflanzl. Nahrung, die von körpereigenen Enzymen im Darm nicht abgebaut werden können. Es wird unterschieden zw. überwiegend wasserlösl. Ballaststoffen, die aus Obst, Gemüse und Kartoffeln stammen und bakteriell abbaubar sind (z. B. Pektin), und überwiegend wasserunlösl. Ballaststoffen, die in Vollgetreide vorkommen und bakteriell wenig abbaubar sind (z. B. Hemicellulosen). Während die unlösl. Ballaststoffe insbesondere die Darmperistaltik fördern und dadurch Darmerkrankungen entgegenwirken, werden die lösl. Ballaststoffe von den Bakterien des Dickdarms zu kurzkettigen Fettsäuren abgebaut, die durch Ansäuerung des Milieus das Wachstum unerwünschter Keime hemmen, der Darmschleimhaut als Nährstoffe dienen und im Fall ihrer Resorption eine zusätzl. Energiequelle darstellen. Der Brennwert liegt bei nur etwa 2 kcal/g (8 kJ/g). Als Richtwert für die Zufuhr von Ballaststoffen gilt für Erwachsene eine Menge von mindestens 30 g pro Tag.

Alkohol (Ethanol) wird geringfügig im Magen resorbiert und abgebaut. Der größte Teil jedoch gelangt in den Dünndarm, wo seine Resorption diejenige zahlr.

Ernährung und Gesundheit: Gemüsestand auf dem Wochenmarkt; Importe bereichern das hiesige Gemüseangebot.

Grundumsatz und Richtwerte für die durchschnittl. Energiezufuhr in kcal/Tag für Männer und Frauen unterschiedl. Alters mit Körpergewicht im Normbereich							
Alter	Grundumsatz		Energiezufuhr bei sitzender Tätigkeit und keiner Bewegung in der Freizeit[1]		Energiezufuhr bei meist stehender und gehender Tätigkeit[2]	
	Männer	Frauen	Männer	Frauen	Männer	Frauen
15–18 Jahre	1820	1460	2500	2000	3300	2600
19–24 Jahre	1820	1390	2500	1900	3300	2500
25–50 Jahre	1740	1340	2400	1900	3100	2400
51–64 Jahre	1540	1270	2200	1800	2800	2300
65 Jahre und älter	1410	1170	2000	1600	2500	2100
1) Mit 1,4 multiplizierter Grundumsatz, geltend z. B. für Büroangestellte oder Feinmechaniker. – 2) Mit 1,8 multiplizierter Grundumsatz, geltend z. B. für Hausfrauen, Verkäufer, Mechaniker, Handwerker.						

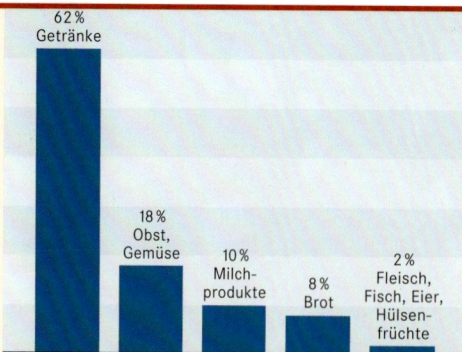

Ernährung und Gesundheit: Anteile flüssiger und fester Lebensmittel an der Wasseraufnahme

essenzieller Nährstoffe ungünstig beeinflusst. Bereits geringe Alkoholmengen (niedrige Promillezahl) wirken mindernd auf die Muskelleistung und einerseits dämpfend, andererseits erregend auf das Zentralnervensystem. Der Abbau des Ethanols erfolgt in der Leber, und zwar bevorzugt vor anderen Nährstoffen. Der Brennwert beträgt 7 kcal/g (29 kJ/g). Als gesundheitlich verträglich erachtet wird eine Alkoholzufuhr von 20 g pro Tag für gesunde Männer und 10 g pro Tag für gesunde Frauen. Allerdings besitzt Alkohol ein hohes Suchtpotenzial und kann lebensnotwendige Stoffe aus der Nahrung verdrängen.

Wasser macht den größten Teil des Körpers aus. Es ist Reaktionspartner bei vielen Stoffwechselprozessen, Lösungs- und Transportmittel, Wärmeleiter und Schutzfaktor gegen Überhitzung. Seine Resorption erfolgt im unteren Dünndarm und im Dickdarm. Ein Mangel führt schon nach zwei bis vier Tagen zu schwerwiegenden Schäden, weil bestimmte Substanzen nicht mehr ausgeschieden werden können. Bei durchschnittl. Lebensbedingungen sollten Jugendliche und Erwachsene täglich 30–40 ml Wasser pro kg Körpergewicht in Form von Getränken und fester Nahrung zu sich nehmen. Ein hoher Energieverbrauch (z. B. durch Sport), Hitze, reichl. Kochsalzverzehr, hohe Proteinzufuhr und patholog. Zustände (z. B. Fieber, Erbrechen, Durchfall) erhöhen den Flüssigkeitsbedarf. Mit einer zu hohen Wasseraufnahme ist bei normalen Trinkgewohnheiten kaum zu rechnen.

Vitamine sind organischer Natur. Es gibt neun wasserlösl. Vitamine (C und B-Komplex) sowie vier fettlösl. Vitamine (A, D, E, K). Die wasserlösl. Vitamine sind nur in geringem Umfang speicherbar, wogegen die fettlösl. Vitamine lokal angereichert werden können. Letztere werden nur in Gegenwart von Fett resorbiert, wobei eine kleine Menge bereits ausreicht. Nur Vitamin D kann der menschl. Körper herstellen, allerdings lediglich bei einer Sonneneinstrahlung, wie sie in unseren Breiten ganzjährig nicht gegeben ist. Vitamin A kann aus Vorstufen wie β-Carotin (Provitamin A) gebildet werden, die ausschließlich von Pflanzen synthetisiert werden. Die Vitamine erfüllen zahlr. Funktionen. Beispielsweise fungieren die B-Vitamine (Thiamin, Riboflavin, Niacin, Pyridoxin, Folsäure, Pantothensäure, Biotin und Cobalamin) als Coenzyme und greifen als solche in den Stoffwechsel der Hauptnährstoffe ein. Provitamin A, Vitamin C und Vitamin E wirken antioxidativ. Sie sind bedeutsame nichtenzymat. Sauerstoffradikalfänger (→ Antioxidanzien). Vitamin A ist wesentlich am Sehvorgang beteiligt, Vitamin D an der Knochenmineralisierung und Vitamin K an der Blutgerinnung (Zufuhrempfehlungen → Vitamine). So vielfältig die Funktionen der einzelnen Vitamine sind, so mannigfaltig sind auch die Mangelerscheinungen, die oft relativ unspezifisch und schwer voneinander abzugrenzen sind. Andererseits kann eine Überdosierung

Vergleich der Empfehlungen für die tägl. Zufuhr von Energie und Nährstoffen (gemäß D-A-CH-Referenzwerten 2000) mit dem durchschnittl. Verzehr (gemäß Ernährungsbericht 2000) für die Altersgruppe der 25- bis 50-Jährigen

	Männer		Frauen	
	Zufuhr-empfehlung	Verzehr	Zufuhr-empfehlung	Verzehr
Energie	2400 kcal	2440 kcal	1900 kcal	2150 kcal
Protein[1]	60 g	83 g	48 g	73 g
Fett[2]	80 (bis 93) g	101 g	63 (bis 74) g	88 g
gesättigte Fettsäuren	≤ 27 g	40 g	≤ 21 g	36 g
einfach ungesättigte Fettsäuren	≥ 27 g	38 g	≥ 21 g	33 g
mehrfach ungesättigte Fettsäuren	19–27 g	16 g	15–21 g	14 g
Linolsäure	6,7 g	13,6 g	5,3 g	11,6 g
Linolensäure	1,3 g	1,8 g	1,1 g	1,6 g
Verhältnis von Omega-6- zu Omega-3-Fettsäuren	5 zu 1	etwa 8 zu 1	5 zu 1	etwa 8 zu 1
Kohlenhydrate[3]	> 300 g	263 g	> 237 g	237 g
einfache Zucker	–[4]	126 g	–[4]	116 g
Cholesterin	≤ 300 mg	340 mg	≤ 300 mg	300 mg
Ballaststoffe	≥ 30 g	20 g	≥ 30 g	19 g
Alkohol[5]	≤ 20 g	21 g	≤ 10 g	12 g
Kochsalz	≤ 6 g	8 g	≤ 6 g	7 g

1) Entsprechend 10 Energieprozent (Berechnung: 60 g · 4 kcal/g : 2 400 kcal bzw. 48 g · 4 kcal/g : 1 900 kcal). – **2)** Entsprechend 30 Energieprozent (Berechnung: 80 g · 9 kcal/g : 2 400 kcal bzw. 63 g · 9 kcal/g : 1 900 kcal). – **3)** Entsprechend 50 Energieprozent (Berechnung: 300 g · 4 kcal/g : 2 400 kcal bzw. 237 g · 4 kcal/g : 1 900 kcal). – **4)** Keine Angabe. – **5)** Entsprechend 6 Energieprozent bei Männern (20 g · 7 kcal/g : 2 400 kcal) und 4 Energieprozent bei Frauen (10 g · 7 kcal/g : 1 900 kcal).

von Vitamin A oder Vitamin D ebenfalls gesundheitl. Schäden nach sich ziehen.

Mineralstoffe sind anorganischer Natur. Nach ihrer Konzentration im Körper werden Mengenelemente von Spuren- und Ultraspurenelementen unterschieden. Die Aufgaben der **Mengenelemente** (Natrium, Chlorid, Kalium, Magnesium, Calcium, Phosphor, Schwefel), die in ionisierter Form auch als Elektrolyte bezeichnet werden, stehen überwiegend im Zusammenhang mit dem Wasserhaushalt, der Knochenmineralisation, der Muskelkontraktion, der Nervenreizleitung, der Membranstabilisierung und der Enzymaktivierung. Die **Spurenelemente** (Eisen, Zink, Jod, Fluorid, Selen, Kupfer, Mangan, Chrom, Molybdän) fungieren häufig als Cofaktoren von Enzymen und sind an einer Vielzahl versch. Stoffwechselvorgänge beteiligt. Bei den Ultraspurenelementen (z. B. Aluminium, Lithium, Silicium) sind die genauen biochem. Funktionen noch nicht bekannt. Wie bei den Vitaminen sind die Mangelerscheinungen abhängig von den jeweiligen Funktionen. Eine Überdosierung von anorgan. Nahrungsbestandteilen kann toxisch wirken.

Ernährungsempfehlungen und deren Umsetzung

Die Ernährungsgesellschaften Deutschlands (D), Österreichs (A) und der Schweiz (CH) haben im Jahr 2000 Referenzwerte für die Nährstoffzufuhr herausgegeben. Ähnlich wie die Dietary Reference Intakes der USA und Kanadas weisen diese D-A-CH-Referenzwerte für jeweils beide Geschlechter und alle Altersstufen die wünschenswerten Höhen der Zufuhr an Energie sowie an sämtl. organ. und anorgan. Nahrungsbestandteilen aus. Die tabellarisch dargestellten Werte sind nach internat. Vorgehensweise aus experimentell ermittelten Bedarfszahlen abgeleitet oder abgeschätzt und gelten für gesunde Personen. Ein Vergleich dieser Sollwerte mit den Istwerten, die alle vier Jahre anhand der Einkommens- und Verbrauchsstichprobe berechnet und im Ernährungsbericht veröffentlicht werden, macht deutlich, dass der durchschnittl. Verzehr in einigen Bereichen von den Empfehlungen abweicht.

Ein zentrales Problem ist die zu hohe Energiezufuhr. Die Gesamtbevölkerung nimmt durchschnittlich 14 % mehr Energie zu sich, als in den Referenzwerten für die Nährstoffzufuhr angegeben. Besonders die über 50-Jährigen ernähren sich zu kalorienreich. Die Folge ist Übergewicht (siehe Abschnitt »Ernährungsmitbedingte Krankheiten«).

Bei den Makronährstoffen stehen die Fette im Vordergrund. Die Zufuhr an gesättigten Fettsäuren, die an der Entstehung von Herz-Kreislauf-Erkrankungen beteiligt sind, ist um 60 % (Männer) bzw. 75 % (Frauen) zu hoch, wobei die Werte bei den über 50-Jährigen noch oberhalb dieser Durchschnittswerte liegen. Eine nennenswerte Reduktion ist möglich, wenn anstelle von fettreichen vermehrt magere Fleisch- und Milcherzeugnisse konsumiert werden. Durch diese Maßnahme würde gleichzeitig die Cholesterinzufuhr vermindert. Eine Verbesserung des Verhältnisses von Omega-6- zu Omega-3-Fettsäuren lässt sich durch Austausch von Wurstwaren gegen Fettfische sowie von Sonnenblumen- und Maiskeimöl gegen Raps- und Walnussöl erreichen. Olivenöl ist besonders reich an Omega-9-Fettsäuren.

Ein weiterer Problembereich ist die ungenügende Zufuhr von Ballaststoffen, die nicht nur vor Verstopfung, sondern auch vor Dickdarmkrebs, Herz-Kreislauf-Erkrankungen einschließlich koronarer Herzkrankheit sowie Typ-2-Diabetes schützen. Die Zufuhr liegt rund 30 % unter dem angegebenen Richtwert. Die Aufnahme lässt sich steigern, indem der Verzehr von Obst, Gemüse und Hülsenfrüchten erhöht und Weißmehlprodukte durch Vollkornerzeugnisse ersetzt werden.

Bei den Mikronährstoffen gilt die Versorgung mit Folsäure, Vitamin E, Calcium, Eisen und Jod zumindest teilweise als kritisch. Der Folsäure kommt bei der Vorbeugung der Koronarsklerose (Arterienverkalkung im Bereich der Herzkranzgefäße) eine besondere Bedeutung zu. Die Zufuhr dieses wasserlösl. Vitamins liegt für die männl. Bevölkerung über alle Altersgruppen um 30–50 %, für die weibl. Bevölkerung um 40–60 % unter der Empfehlung. Zur Verbesserung der Versorgung eignet sich ein vermehrter

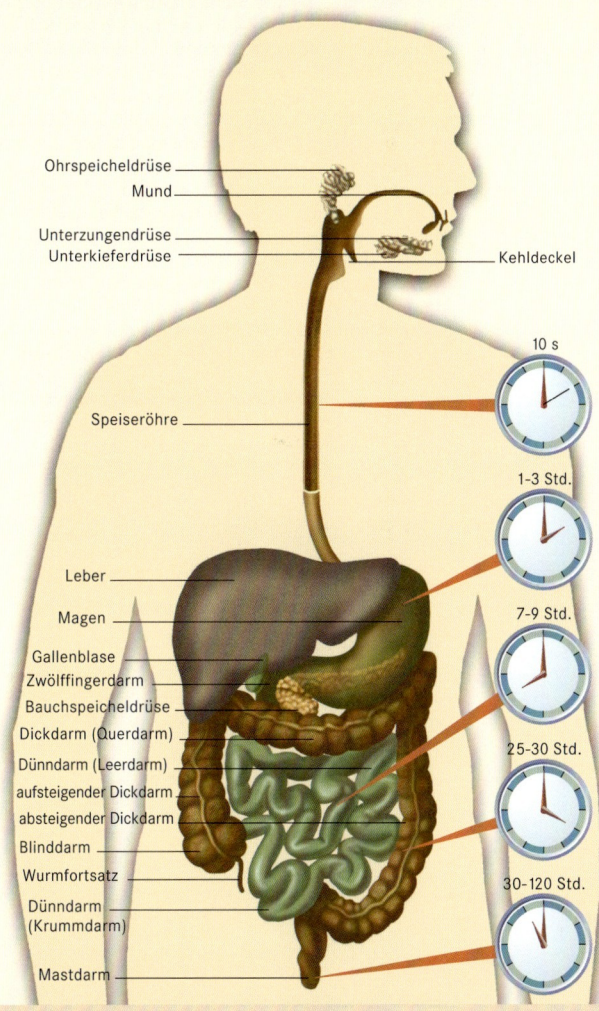

Ernährung und Gesundheit: Verdauungstrakt des Menschen mit der durchschnittlichen Verweildauer der Nahrung im jeweiligen Organ

Verzehr von Blattgemüse (z. B. Spinat) und Stängelgemüse (z. B. Spargel), Hülsenfrüchten (z. B. Sojabohnen), Nüssen und Vollkornbrot.

Wegen seiner antioxidativen Wirkung ist Vitamin E bedeutsam zur Vorbeugung von Arteriosklerose und Krebs. Bei den 10- bis 50-jährigen Männern und Frauen liegt der Verzehr dieses fettlösl. Vitamins rund 10 % unterhalb der als angemessen erachteten Zufuhr. Zu einer Erhöhung der Aufnahme können Vitamin-E-reiche Pflanzenöle, Nüsse und Samen beitragen.

Eine ausreichende Versorgung mit dem Knochenstabilisator Calcium ist zur Vorbeugung der Osteoporose wichtig. Die tatsächl. Zufuhr dieses Mengenelements liegt bei der männl. Bevölkerung je nach Alter um 5–25 %, bei der weibl. Bevölkerung um 10–30 % niedriger als die empfohlene Menge. Abhilfe schaffen kann eine Steigerung des Verzehrs von Milch, Sauermilcherzeugnissen und Käse, wobei die fettarmen Varianten zu bevorzugen sind.

Bei Frauen im gebärfähigen Alter besteht aufgrund der Blutverluste bei der Menstruation ein erhöhter Eisenbedarf. Ein Mangel äußert sich in körperl. Schwäche und Blutarmut. Die tatsächl. Zufuhr dieses Spurenelements unterschreitet bei den 10- bis 50-jährigen Frauen die empfohlene Menge um rund 20 %. Mageres Fleisch bietet sich als Eisenquelle insofern an, als Eisen aus tier. Lebensmitteln eine höhere Resorptionsquote hat als solches aus pflanzl. Lebensmitteln. Vitamin C fördert die Eisenresorption.

Die Versorgung mit Jod ist trotz flächendeckender Aufklärungskampagnen kritisch, sodass Dtl. weiterhin als Jodmangelgebiet (endem. Kropfgebiet) gilt. Die Verzehrmengen dieses Spurenelements liegen bei Männern 35 %, bei Frauen 45 % unterhalb der empfohlenen Zufuhr. Eine Verbesserung der Versorgungslage kann durch den Einsatz von Jodsalz im Privathaushalt, in der Gemeinschaftsverpflegung und bei der industriellen und handwerkl. Herstellung von Lebensmitteln erreicht werden. Darüber hinaus bietet sich der Verzehr von Seefischen an.

Ernährungsempfehlungen für den Alltag

In den industrialisierten Ländern ist die Überversorgung mit Energie und einzelnen Nährstoffen ein größeres Problem als die Unterversorgung. In Bezug auf die gesundheit. Gefährdungen ist es daher sinnvoll, den Schwerpunkt vom traditionellen Risikofaktorenmodell auf ein Schutzfaktorenkonzept zu lenken. Konkret heißt das: Gesundheitsprotektive Ernährungsregeln werden stärker ausgelobt, Verbote merklich in den Hintergrund gerückt. Außerdem kommen neben quantitativen vermehrt qualitative Aspekte zum Tragen, z. B. im Bereich der Makronährstoffe. Vor dem Hintergrund der Zunahme von Übergewicht trotz abnehmendem Fettanteil bei proportional ansteigendem Kohlenhydratanteil in der Nahrung wird gegenwärtig diskutiert, ob die empfohlene Makronährstoffrelation von 10 Energieprozent Protein, 30 Energieprozent Fett und mehr als 50 Energieprozent Kohlenhydraten nicht liberaler gehandhabt werden könnte. Der Ansatz, dass Fette pro Gramm mehr als doppelt so viel Energie liefern wie Kohlenhydrate und Proteine, stimmt zwar, berücksichtigt aber nicht, dass leicht resorbierbare Kohlenhydrate (wozu neben einfachen Zuckern auch die komplexe Stärke zählt), v. a. wenn größere Portionen verzehrt werden, ein solches Ausmaß an Insulinausschüttung bewirken, dass es zu einer Unterzuckerung kommt, wodurch Hunger, und zwar besonders auf Kohlenhydrate, ausgelöst wird.

An Ernährungsempfehlungen für gesunde Personen werden hohe Anforderungen gestellt. Sie müssen verständlich und praktikabel sein, die Bedarfsdeckung der Nährstoffe gewährleisten und gesundheitsdienl. Aspekten Rechnung tragen. Für den Alltag besonders geeignet sind Hinweise, die sich auf Lebensmittel beziehen. Es gibt weder gesunde noch ungesunde Lebensmittel. Auf Dauer ist nur die aus den Lebensmitteln (Art und Menge) zusammengestellte Kost gesundheitsförderlich oder nicht. So gilt im Sinn der Vermeidung von Übergewicht, dass die Energiedichte (relativer Energiegehalt) der verzehrten Speisen (ohne Getränke) im Durchschnitt unter 125 kcal pro 100 g liegen sollte.

Die Grundlage einer gesundheitsdienl. Kost bilden Obst, Gemüse und Getreide. Die Dt. Gesellschaft für Ernährung (DGE) empfiehlt fünf Portionen Obst und Gemüse pro Tag (etwa 650 g), wobei das Gemüse überwiegen sollte. Je eine Portion Obst und Gemüse kann auch als Saft verzehrt werden. Beim Getreide und den daraus hergestellten Erzeugnissen sind die Vollkornvarianten den raffinierten Produkten in jedem Fall vorzuziehen. Hülsenfrüchte sollten vermehrt in den Speiseplan aufgenommen werden. Nüsse und Samen in moderaten Mengen bieten sich als Snack für zwischendurch an. Zur Zubereitung von Speisen sollten Raps-, Oliven- und Walnussöl vorrangig verwendet werden.

In einer vollwertigen Kost spielen auch tier. Lebensmittel eine Rolle. Milch und Milchprodukte sollten täglich auf den Tisch kommen, wobei fettarme Produkte vorzuziehen sind. Auch bei Fleisch und Fleischprodukten (einschließlich Geflügel und Wild) empfiehlt sich die Wahl von mageren Sorten. Eier sollten in Maßen verzehrt werden, Fisch ein- bis zweimal pro Woche.

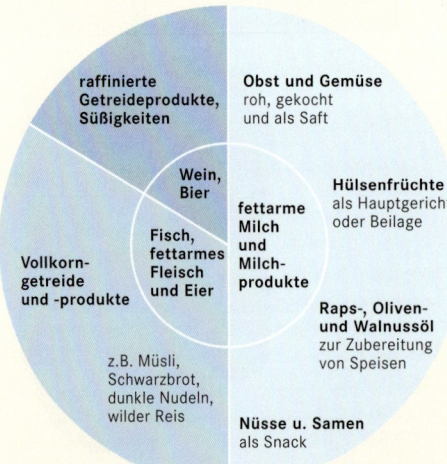

Ernährung und Gesundheit: wünschenswerte Verteilung der verschiedenen Lebensmittelgruppen in der Kost gesunder Personen

Bei der Flüssigkeitszufuhr sind mindestens 1,5 l pro Tag anzuraten, wobei kalorienarme Getränke bevorzugt werden sollten. Beim Alkohol liegt die tolerierbare Tagesmenge für Männer bei 0,5 l Bier, 0,2 l Wein oder 5 cl Schnaps, für Frauen gilt die Hälfte.

Darüber hinaus ist wichtig, vielseitig zu essen, d. h., aus den versch. Lebensmittelgruppen ein breites Spektrum an Produkten auszuwählen. Außerdem ist darauf zu achten, die Speisen mit wenig Wasser bei möglichst niedrigen Temperaturen und möglichst kurz zu garen. Anstelle von Salz sollte verstärkt auf Kräuter und Gewürze zurückgegriffen werden. Nicht zuletzt sollte bewusst gegessen werden.

Ernährungsmitbedingte Krankheiten

In den industrialisierten Ländern steigt der Anteil der Bevölkerung mit Übergewicht, Fettsucht und metabolischem Syndrom (Kombination aus Übergewicht, Insulinresistenz, Fettstoffwechselstörungen, Bluthochdruck und eventuell Hyperurikämie) an. Dasselbe gilt für den Typ-2-Diabetes, Herz-Kreislauf-Erkrankungen sowie Brust-, Dickdarm-, Nieren- und Speiseröhrenkrebs. Für diese Krankheiten ist Übergewicht ein entscheidender Risikofaktor. Das bedeutet, dass eine deutl. Abnahme der Zahl chronisch kranker Menschen bereits durch die Bekämpfung von Übergewicht realisierbar ist.

Nach Angaben des Statist. Bundesamtes ist nur jeder zweite Erwachsene in Dtl. normalgewichtig. 44 % der Männer und 29 % der Frauen leiden an Übergewicht, 12 % der Männer und 11 % der Frauen an Adipositas (Fettsucht). Für Kinder und Jugendliche schwanken die Werte je nach Definition und untersuchter Altersgruppe im Bereich von 15 bis 30 %. Ab 18 Jahren gilt als übergewichtig, wer einen Body-Mass-Index (BMI) von mehr als 25 hat (Sportler mit überdurchschnittl. Muskelmasse ausgenommen). Adipös ist, wer einen BMI von mehr als 30 aufweist. Der BMI ist ein international anerkanntes anthropometr. Maß. Er ist definiert als der Quotient aus Körpergewicht in Kilogramm und quadrierter Körperlänge in Metern. Da sich der Anteil der Bevölkerung mit Übergewicht in Westeuropa und den USA innerhalb von nur einer Generation verdoppelt hat, können nicht die Gene für die epidem. Ausbreitung verantwortlich gemacht werden. Vielmehr ist von einem multikausalen Geschehen auszugehen. Erstens wird immer mehr Zeit im Sitzen, etwa vor dem Fernseher oder dem Computer, verbracht. Zweitens werden bei steigenden Portionsgrößen immer mehr hochkalorische Lebensmittel (z. B. Schokolade, Torten, Gebäck, Chips, Fastfood) verzehrt. Bedingt durch die Kombination aus Zucker/Stärke und Fett sind diese geschmacklich besonders attraktiv. Außerdem sind sie ständig verfügbar und vergleichsweise preiswert. Drittens müssen immer mehr Menschen sich allein verköstigen, was dazu führen kann, dass geregelte Mahlzeiten ausfallen zugunsten von häufigem Zwischendurchessen, nicht zuletzt aus Frustration oder Langeweile. Viertens essen viele Menschen so schnell, dass sie die sättigende Wirkung der Speisen nicht wahrnehmen. Aus den genannten Gründen müssen, um eine Gewichtsabnahme zu erreichen, Essverhalten und Lebensstil verändert werden. Neben einer gezielten Reduktion der Energiezufuhr unter den für Alter und Geschlecht ausgewiesenen Richtwert ist insbesondere die sportl. Betätigung anzuraten. Eine Änderung von Essverhalten und Lebensstil wird auch durch diverse Entspannungstechniken, Verhaltens- und Gesprächstherapie sowie Selbsthilfegruppen gefördert.

An Osteoporose leiden etwa 10 % der Deutschen, wobei mehr Frauen als Männer betroffen sind. Als Schutzfaktoren gegen die Verminderung der Knochendichte wirken Calcium, Vitamin D und körperl. Aktivität. Während Milch, Getreide und Obst dem Osteoporoserisiko entgegenwirken, wird es durch hohen Konsum von Süßigkeiten und koffeinhaltigen Getränken begünstigt.

Eine rigide Kontrolle der Nahrungsaufnahme, z. B. im Rahmen einer strengen Gewichtsreduktionsdiät, kann Auslöser für die Entstehung eines gestörten Essverhaltens sein. Daraus kann sich auf der Grundlage psych. Probleme eine Essstörung wie Magersucht (Anorexia nervosa), Ess-Brech-Sucht (Bulimia nervosa) oder Esssucht (Binge-Eating-Disorder) entwickeln.

Besondere Kostformen

Die Kost, die im Abschnitt »Ernährungsempfehlungen für den Alltag« beschrieben wurde, eignet sich für gesunde Erwachsene, die ihr Gewicht halten oder reduzieren wollen. Für spezielle Bevölkerungsgruppen wie Säuglinge, Kinder, Schwangere, Stillende, Senioren und Leistungssportler müssen die gemachten Angaben teilweise modifiziert werden, um das Nahrungsangebot den besonderen Bedürfnissen anzupassen. Kranke Menschen müssen unter Umständen künstlich ernährt werden, oder sie benötigen eine speziell auf sie abgestimmte Diät, wobei der Umfang der Abweichung von der normalen Kost stark von der Art der Erkrankung abhängt. Bei einer Lebensmittelallergie beispielsweise sind ganz andere Aspekte zu berücksichtigen als bei Stoffwechselerkrankungen.

Die weltanschaulich geprägten alternativen Ernährungsweisen wie die → Vollwerternährung, der → Vegetarismus oder die → Makrobiotik sind aus ernährungsphysiolog. Sicht i. d. R. empfehlenswert. Nicht so die hauptsächlich zur schnellen Gewichtsreduktion propagierten Außenseiterdiäten. Weder halten sie, was sie versprechen, noch garantieren sie eine ausreichende Nährstoffversorgung. Bei Zweifeln und Fragen rund um die Ernährung bietet es sich an, eine individuelle Ernährungsberatung in Anspruch zu nehmen.

Enzyklopädische Vernetzung

Diät ■ Ernährung ■ ernährungsbedingte Krankheiten ■ Ernährungstherapie ■ Ernährungswissenschaft ■ Esskultur ■ Essstörungen ■ Fettstoffwechsel ■ Gesundheit ■ Ghrelin ■ Hunger ■ Kohlenhydratstoffwechsel ■ Körpergewicht ■ Leptin ■ Nährwert ■ Ökotrophologie ■ Proteinstoffwechsel ■ Verdauung ■ Vitamine

📖 Ernährungsbericht, hg. v. der Dt. Gesellschaft für Ernährung (1969 ff.); Referenzwerte für die Nährstoffzufuhr, hg. v. der Dt. Gesellschaft für Ernährung (2000); P. M. Suter: Checkliste Ernährung (2002); A. Schek: Ernährungslehre kompakt (^{2}2002); Ernährungsmedizin, hg. v. H. Biesalski u. a. (^{3}2004); Der Brockhaus Ernährung. Gesund essen, bewusst leben, bearb. v. A. Schek u. a. (^{2}2004).

Erne erneuerbare Energien

Fortsetzung von Seite 309

(Sachsen-)Gotha-Altenburg bewirkte 1825/26 eine Neuordnung der Besitzverhältnisse. Es bildeten sich die Häuser Sachsen-Weimar-Eisenach, Sachsen-Meiningen, Sachsen-Altenburg sowie Sachsen-Coburg und Gotha (→Sächsische Fürstentümer); aus Letzterem gingen im 19. Jh. die Könige von Großbritannien, Belgien, Bulgarien und Portugal hervor.

erneuerbare Energien siehe Seite 318

Erneuerbare-Energien-Gesetz, Abk. **EEG,** Kurz-Bez. für das Ges. über den Vorrang Erneuerbarer Energien vom 21. 7. 2004, dessen Ziel es ist, im Interesse des Klima-, Natur- und Umweltschutzes eine nachhaltige Entwicklung der Energieversorgung zu ermöglichen und dazu beizutragen, den Anteil →erneuerbarer Energien an der Stromversorgung bis 2010 auf mindestens 12,5 % und bis 2020 auf mindestens 20 % zu erhöhen. Das Ges. von 2004 löste das EEG vom 29. 3. 2000 ab. In seinen Anwendungsbereich sind alle erneuerbaren Energien aufgenommen worden. Die Netzbetreiber sind verpflichtet, Anlagen zur Erzeugung von Strom aus erneuerbaren Energien oder aus Grubengas vorrangig an ihr Netz anzuschließen und den gesamten aus diesen Anlagen angebotenen Strom vorrangig abzunehmen und zu vergüten. Sie haben einen bundesweiten Ausgleich der nach dem EEG abgenommenen und vergüteten Strommengen vorzunehmen, um eine regionale Ungleichbehandlung der Verbraucher zu verhindern. Die §§ 6–11 EEG regeln die Höhe der zu zahlenden Vergütung. Anspruch auf Vergütung nach dem EEG besteht nur, wenn der Strom ausschließlich aus Anlagen zur Nutzung erneuerbarer Energien kommt.

Erneuerungsknospen, Überwinterungsknospen, Innovationsknospen, im Vorjahr angelegte Knospen ausdauernder Pflanzen, die im Frühjahr zu Jahrestrieben (Innovations-, Erneuerungssprosse) auswachsen; man unterscheidet **oberirdische** E. (z. B. bei Bäumen, Sträuchern) von **unterirdischen** E. (bei →Geophyten).

Erneuerungsmodelle, *Operationsresearch:* die →Ersatzmodelle.

Erneuerungsschein, Talon [ta'lõ, frz.], Nebenpapier zu einer Aktie oder einer Inhaberschuldverschreibung; ermächtigt zum Empfang neuer Dividenden- oder Zinsscheine. Der E. ist ein →Legitimationspapier.

Erneuerungsschnitt, ein →Obstbaumschnitt.

Erni, Hans, schweizer. Maler und Grafiker, * Luzern 21. 2. 1909. Von P. Picasso ausgehend, fand E. einen zeichnerisch bestimmten eigenen Stil, in dem er fantasievolle, sich dem Surrealismus nähernde Bilder, klar gestaltete Wandmalereien (»Die Schweiz, das Ferienland der Völker« für den Schweizer. Landesausstellung Zürich, 1939), Illustrationen, Plakate u. a. schuf; auch keram. Arbeiten und Bühnenbilder.

📖 H. E., hg. v. E. Scheidegger, 2 Bde. (Bern 1979–81); H. E. Die Plakate 1929–1992, hg. v. J.-C. Giroud (a. d. Frz., Bern 1993); Ders.: H. E. Werkverz. der illustrierten Bücher (Genf 1996); A. Furger: Ateliergespräche mit H. E. (Zürich 1998).

erniedrigt, *Heraldik:* Positions-Bez. für Figuren, die im Schildfeld niedriger als gewöhnlich gesetzt werden; Ggs. →erhöht.

Erniedrigungszeichen, in der *Notenschrift* das Versetzungszeichen, das die Erniedrigung eines Tones um einen Halbton oder um zwei Halbtöne vorschreibt: Durch ein B (♭) wird z. B. c zu ces; durch ein Doppel-B (♭♭) wird z. B. c zu ceses. Durch das Auflösungszeichen (♮) wird die Erniedrigung wieder aufgehoben.

Hans Erni: Vernetzt denken (1993; Privatbesitz)

Ern-Malley-Schwindel [ˈəːn ˈmælɪ-], engl. **Ern Malley hoax** [ˈəːn ˈmælɪ ˈhəʊks], Veröffentlichung einer 16-teiligen Gedichtfolge mit dem Titel »The darkening ecliptic« in der austral. Zeitschrift »Angry Penguins« im Herbst 1944, die angeblich im Nachlass eines kurz zuvor verstorbenen Dichters namens Ern Malley gefunden, tatsächlich aber von den austral. Schriftstellern Harold Stewart (* 1916, † 1995) und J. McAuley kompiliert worden war. Mit diesen Fälschungen, die, von der Kritik mit Beifall bedacht, bald darauf als solche bekannt wurden, wollten Stewart und McAuley die Unsinnigkeit eines Großteils der so genannten avantgardist. Dichtung unter Beweis stellen. Durch diesen Schwindel wurden sämtliche von der internat. Moderne auf die austral. Lyrik ausgehenden Impulse erstickt und konservative Dichtungsformen gefördert.

Ernst, Herrscher:

Baden-Durlach:

1) Ernst, Markgraf (regierte seit 1515), * Pforzheim 7. 10. 1482, † Sulzburg 6. 2. 1553; erhielt 1515 Hachberg und wurde durch die Landesteilung 1535 Herr von Pforzheim. E. ist der Begründer der Linie Baden-Durlach. Der im Innern um Gesetzgebung und Verw. bemühte Markgraf (Erlass einer Landes- und Bergwerksordnung) neigte der Reformation zu, blieb aber katholisch. Sein Enkel Ernst Friedrich (* 1560, † 1604), der bereits 1577 zur Reg. gelangte, trat 1599 öffentlich zum Kalvinismus über.

Bayern-München:

2) Ernst, Herzog (seit 1397), * 1373, † 2. 7. 1438; regierte mit seinem Bruder Wilhelm III. (* 1375, † 1435). Aus dynast. Gründen stellte er sich gegen die Verbindung seines Sohnes Albrecht III. mit Agnes Bernauer und setzte eine ebenbürtige Verbindung durch; erhielt 1429 von König Siegmund im »Straubinger Erbfall« die Hälfte der Linie (Bayern-)Straubing-Holland zugesprochen.

Braunschweig-Lüneburg:

3) Ernst August, Herzog **von Cumberland** ['kʌmbələnd] **und zu Braunschweig-Lüneburg,** →Cumberland.

4) Ernst August, Prinz **von Hannover,** Herzog (1913–18), *Penzing (heute zu Wien) 17. 11. 1887, †Schloss Marienburg (Gem. Pattensen, Kr. Hannover) 30. 1. 1953, Sohn von 3), Enkel König Georgs V. von Hannover; ∞ seit 24. 5. 1913 mit Viktoria Luise, der Tochter Kaiser Wilhelms II.; konnte nach der mit seiner Heirat verbundenen Aussöhnung zw. Hohenzollern und Welfen, dem Verzicht seines Vaters auf alle Ansprüche zu seinen Gunsten und der eigenen Anerkennung der Reichsverfassung am 1. 11. 1913 in Braunschweig die Reg. antreten. In der Novemberrevolution musste er am 8. 11. 1918 abdanken.

Braunschweig-Lüneburg-Celle:

5) Ernst der Bekenner, Herzog (seit 1521), *Uelzen 26. 6. 1497, †Celle 11. 1. 1546; seit 1521 Mitregent, seit 1539 Alleinherrscher. Der an der Univ. Wittenberg (Einfluss M. Luthers) ausgebildete E. konsolidierte das in der →Hildesheimer Stiftsfehde 1519–23 zerrüttete Land. Nach der Teilnahme am Reichstag zu Speyer 1526 begann er mit der Säkularisation der Klöster seines Herzogtums, nach Unterzeichnung der Protestation von Speyer 1529 mit der Errichtung der ev. Landeskirche unter Mitwirkung von U. Rhegius als Landessuperintendent. E. trat dem Augsburg. Bekenntnis bei, wodurch sich sein Beiname erklärt, und warb als Mitgl. des Schmalkald. Bundes diesem in Nord-Dtl. viele Mitgl. 1535 gründete er ein nach röm. Recht verfahrendes Hofgericht.

Hannover:

6) Ernst August, Kurfürst (seit 1692), *Herzberg am Harz 30. 11. 1629, †Herrenhausen (heute zu Hannover) 2. 2. 1698; seit 1662 prot. Bischof von Osnabrück; übernahm 1679 die Herrschaft in Calenberg und setzte durch einen Vertrag (1682) mit seinem Bruder Georg Wilhelm von Braunschweig-Lüneburg die Primogenitur im Welfenhaus durch; erlangte 1692 die Verleihung einer neunten Kurwürde (Erzbanneramt) für Hannover und damit die polit. Führung des Hauses Braunschweig-Lüneburg (außer Wolfenbüttel). Durch seine Heirat mit Sophie von der Pfalz, Enkelin König Jakobs I., erwarb er seinem Haus die Anwartschaft auf die engl. Krone.

7) Ernst August, Herzog **von Cumberland** ['kʌmbələnd] **und Teviotdale** ['ti:vjətdeɪl] (seit 1799) **zu Braunschweig-Lüneburg,** König (seit 1837), *London 5. 6. 1771, †Hannover 18. 11. 1851, Sohn von König Georg III. von Großbritannien und Hannover; versuchte als extrem konservativer Führer der Tories im brit. Oberhaus, ebenso wie später als Parteigänger der preuß. Ultrakonservativen, jede Reformbewegung zu verhindern. Als 1837 die Personalunion zw. Hannover und Großbritannien aufgrund der nicht möglichen weibl. Thronfolge in Hannover endete, trat dort E. A. die Reg. an. Er hob sogleich das Staatsgrundgesetz von 1833 auf und enthob die protestierenden →Göttinger Sieben ihrer Ämter; 1848 berief er jedoch den gemäßigten Reformer Johann Carl Bertram Stüve (*1798, †1872) zum Innenminister und unterzeichnete eine relativ liberale Verfassung.

Hessen-Darmstadt:

8) Ernst Ludwig, Landgraf, *Schloss Friedenstein (in Gotha) 15. 12. 1667, †Schloss Jägersburg (bei Groß-Rohrheim) 12. 9. 1739; regierte bis 1688 unter der Vormundschaft seiner Mutter; betrieb später eine Neuordnung des Verw.- und Wirtschaftswesens in absolutist. und merkantilist. Sinne. Außenpolitisch verfolgte er einen reichstreuen und antifrz. Kurs. Mit den Ausgaben für seine Jagd- und Theaterleidenschaft belastete er die Staatsfinanzen auf das Schwerste.

9) Ernst Ludwig, Großherzog von Hessen und bei Rhein (1892–1918), *Darmstadt 25. 11. 1868, †Schloss Wolfsgarten (bei Langen) 9. 10. 1937. Der als liberal-konstitutionell eingestellt geltende Fürst suchte 1916 vergeblich, über familiäre Beziehungen – die Zarin war seine Schwester – Friedensgespräche mit Russland einzuleiten. Als Förderer der Wiss. und v. a. der Kunst gründete er die →Darmstädter Künstlerkolonie. Im November 1918 verlor er ohne einen ausdrückl. Verzicht seinen Thron.

Köln:

10) Ernst, Herzog **von Bayern,** Erzbischof und Kurfürst (seit 1583), *München 17. 12. 1554, †Arnsberg 17. 2. 1612; Sohn von Albrecht V. von Bayern; wurde 1566 Bischof von Freising und 1572 Bischof von Hildesheim; erhielt 1577 in Köln die Priesterweihe, wurde jedoch nie zum Bischof geweiht. Seit 1581 auch Fürstbischof von Lüttich, wurde er 1583 zum Nachfolger des abgesetzten Erzbischofs von Köln (Gebhard Truchsess von Waldburg) gewählt, konnte seinen Herrschaftsanspruch jedoch erst im →Kölnischen Krieg durchsetzen. 1585 wurde E. auch Fürstbischof von Münster. Er förderte die Niederlassung der Jesuiten in seinen Diözesen. Sein ausschweifender Lebenswandel bereitete der kath. Reformpartei große Schwierigkeiten.

Mansfeld:

11) Ernst II., Graf **von Mansfeld,** Söldnerführer, →Mansfeld, Ernst II. Graf von.

Osnabrück:

12) Ernst August II., Herzog **von Braunschweig-Lüneburg,** ev. Bischof (seit 1716), *Osnabrück 17. 9. 1674, †ebd. 14. 8. 1728, Sohn von Kurfürst Ernst August; seine aufgeklärt-absolutist. Herrschaft, die mit einer merkantilist. Wirtschaftspolitik einherging, führte zu Konflikten mit dem auch kath. Interessen vertretenden Domkapitel; v. a. seine Versuche, die kirchl. Gerichtsbarkeit einzuschränken, die Jesuiten auszuweisen und die an die Domherren gezahlten Zinsen der Landesschuld zu senken, stießen auf Widerstand.

Österreich:

13) Ernst der Eiserne, Herzog (seit 1406/11), *Bruck an der Mur 1377, †ebd. 10. 6. 1424, dritter Sohn Herzog Leopolds III.; erhielt bei der Teilung von 1406 die Steiermark (Begründer der steir. Linie der Habsburger), nach dem Tod seines Bruders Leopold IV. 1411 auch Kärnten und Krain und beherrschte damit ganz Innerösterreich; nannte sich seit 1414 (Huldigung in Kärnten, Zollfeld) Erzherzog. Sein Sohn war der spätere Kaiser Friedrich III.

Pommern-Wolgast:

14) Ernst Ludwig, Herzog (seit 1569), *Wolgast 2. 11. 1545, †ebd. 17. 6. 1592; erhielt bei der Teilung der beiden pommerschen Herzogtümer den Teil Wolgast, sein Bruder Johann Friedrich († 1600) Stettin; führte eine prunkvolle Hofhaltung, brachte damit sein Land in finanzielle Bedrängnis und lag deshalb in dauerndem Kampf mit den Landständen; förderte die Univ. Greifswald.

Fortsetzung auf Seite 330

Ernst August, König von Hannover

Schlüsselbegriff **erneuerbare Energien**

ERNEUERBARE ENERGIEN

- Technische Nutzungsmöglichkeiten erneuerbarer Energien
- Charakteristik des erneuerbaren Energieangebotes
- Technische Potenziale zur Nutzung erneuerbarer Energien in Deutschland
- Wirtschaftlichkeit der Nutzung erneuerbarer Energien
- Zukünftige Bedeutung der erneuerbaren Energien

erneuerbare Energien, regenerative Energien, Alternativenergien, regenerierbare, d. h. sich erneuernde und im Gegensatz zu fossilen Energieträgern und Kernbrennstoffen – in menschl. Zeiträumen gemessen – nicht erschöpfbare Energieformen. Sie gelten zudem als klima- und umweltverträglich, da mit ihrer Nutzung i. d. R. geringere Umweltbelastungen verbunden sind und mit Ausnahme der vorgelagerten Prozesskette (z. B. Anlagenherstellung) keine klimarelevanten Spurengase freigesetzt werden.

Das Energieangebot der e. E. basiert auf drei versch. Energiequellen, der Wärmeenergie im Inneren der Erde, der Rotationsenergie der Erde und den Kernfusionsprozessen in der Sonne. Die im Erdinnern aus der Entstehungszeit der Erde gespeicherte Energie kann heute ebenso wie die aus radioaktiven Zerfallsprozessen eines Teils der Erdelemente resultierende Wärme als geotherm. Energie (Erdwärme) nutzbar gemacht werden. Die Rotationsenergie der

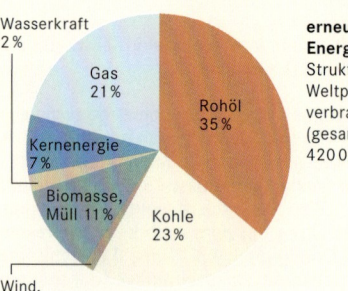

erneuerbare Energien: Struktur des Weltprimärenergieverbrauchs 2000 (gesamt rund 420 000 PJ)

Erde führt im Zusammenspiel mit der Gravitationswechselwirkung zw. Erde und Mond bzw. Sonne zu der Entstehung der Gezeiten. Der Tidenhub zw. Ebbe und Flut lässt sich in Gezeitenkraftwerken zur Stromerzeugung nutzen. Schließlich setzen die Kernfusionsprozesse in der Sonne Strahlungsenergie frei, die direkt zur Strom- oder Wärmeerzeugung auf der Erde beitragen kann oder in umgewandelter Form als Windenergie, Wasserkraft, Wellenenergie, Meeresströmungsenergie, Wärmeenergie von Luft, Wasser und Erdreich sowie durch die durch sie getriebenen Wachstumsprozesse von Pflanzen oder als Biomasse zur Energiebereitstellung ein nutzbares Potenzial bietet.

Durch das umfangreiche und verschiedenartige natürl. Energieangebot ergeben sich zahlr. techn. Nutzungsmöglichkeiten der e. E., die seit Beginn der 1990er-Jahre in Dtl. zunehmend genutzt werden. Lag der Primärenergieanteil der e. E. 1990 noch bei deutlich unter 2 %, trugen sie 2003 in Dtl. insgesamt bereits zu rd. 3,1 % zur Deckung des Primärenergiebedarfs bei (dieser Berechnung liegt die heute üblicherweise verwendete Wirkungsgradmethode zugrunde, nach der früher häufig verwendeten Substitutionsmethode würde sich ein Anteil von rd. 4,6 % ergeben). An der Deckung des Strombedarfs waren sie bereits zu mehr als 8 % beteiligt, wobei der weitaus größte Anteil davon zu etwa gleichen Teilen auf die Wasserkraft und die Windenergie entfällt. Ihre Bedeutung nimmt damit stetig zu. Für die Zukunft wird insbesondere infolge weltweit zunehmender Bemühungen zum Klimaschutz eine weitere verstärkte Ausschöpfung der bestehenden Potenziale erwartet.

In den 1990er-Jahren wurden in Dtl. v. a. die **klassischen e. E.** zur Energiebereitstellung genutzt. Dazu gehören Wasserkraft, Klärschlämme und Müll (in der Energiestatistik wird Müll häufig unter den e. E. eingeordnet, obwohl Müll im klass. Sinne kein erneuerbares Energieangebot darstellt) sowie Abfallhölzer. Von geringerer Bedeutung waren demgegenüber die so genannten **neuen e. E.** (z. B. Windenergie, Geothermie, Sonnenenergie, Fotovoltaik). Dies gilt aus energiewirtschaftl. Perspektive und ist ihrem geringen anfänglichen Ausbauniveau geschuldet, nicht aber technologiepolitisch, denn die jährl. Zuwachsraten im zweistelligen Prozentpunktebereich über mehr als ein Jahrzehnt sind sehr beachtlich. Der Anteil der neuen e. E. am derzeit genutzten erneuerbaren Energieangebot hat sich dementsprechend von rd. 7 % (1995) über 20 % (2000) auf knapp 40 % (2003) erhöht. Dies ist insbesondere auf die dynam. Wachstum der Windenergie zurückzuführen. In nur fünf Jahren (1995–2000) hat sich die in Windkraftwerken installierte Leistung von 1 126 MW auf 6 113 MW erhöht. Von 2000 bis Ende 2003 gab es noch einmal einen Sprung auf 14 609 MW. Zu diesem Zeitpunkt waren 15 387 Anlagen in Dtl. installiert. Das daraus resultierende Stromerzeugungspotenzial der Windenergie lag Ende 2000 bei 11,9 Mrd. kWh, was bereits 2,4 % der gesamten Nettostromerzeugung Dtl.s entspricht. Die Bedeutung der neuen Nutzungsformen wird sich – Prognosen zufolge – in der Zukunft weiter erhöhen. Bereits heute zeigt sich auch außerhalb der Windenergie in einigen Bereichen eine ausgeprägte Wachstumsdynamik (z. B. Fotovoltaik), während die Potenziale der klass. Nutzungsarten bereits zu größeren Teilen ausgeschöpft sind. Wachstumsfördernd wirken dabei die in den letzten Jahren durchgeführten bundespolit. Maßnahmen, von denen die Verabschiedung des **Erneuerbare-Energien-Gesetzes (EEG)**, das 100 000-Dächer-Fotovoltaikprogramm und das Marktanreizprogramm die wichtigsten sind.

Während die Ursprungsfassung des EEG vom April 2000, das als Weiterentwicklung des bereits 1991 in Kraft getretenen Stromeinspeisungsgesetzes eine Abnahmepflicht zu fixen Vergütungssätzen für die Stromerzeugung aus e. E. für bis zu 20 Jahre vorschreibt, v. a. beschleunigend auf den Ausbau der Windenergie wirkte, werden von der zum 1. 8. 2004 in Kraft getretenen Novellierung des EEG in erster Linie verstärkte Impulse für die Biomasseverstromung und die Geothermie erwartet.

Weltweit liegt der Deckungsanteil der e. E. am Primärenergieverbrauch bei rd. 10,9 %. Zur Stromerzeugung tragen e. E. etwa 20 % bei. Neben der

Wasserkraft im Strombereich sind hier bes. die traditionellen Brennstoffe Brennholz, Holzkohle sowie Dung und pflanzl. Rohstoffe von Bedeutung. Auch global sind Zuwächse in allen Bereichen der Nutzung e. E. absehbar. Spezifische Marktanreizprogramme in versch. EU-Ländern (z. B. Spanien), in Japan und den USA sind hierfür nur Beispiele, denn mittlerweile haben sich auch zahlr. Entwicklungsländer glaubhaft zu einem weiteren Ausbau e. E. entschlossen. Die im Juni 2004 in Bonn durchgeführte internat. Konferenz für erneuerbare Energien (»renewables 2004«) hat diesen Prozess ebenso beschleunigt wie der sich aus perspektivisch weiter steigenden Ölpreisen bei tendenziell wachsendem Weltenergiebedarf ergebende Handlungsdruck. Dabei kommt es nicht nur auf eine weitere Zunahme der Nutzung e. E. an sich an, sondern auch auf ihre möglichst effiziente Nutzung, denn ein großer Teil der weltweiten Nutzung entfällt heute noch auf einfache Kochstellen mit zudem nicht selten schwerwiegenden Problemen, die sich daraus für die Luftbelastung ergeben (in vielen Ländern wird traditionell in sehr schlecht belüfteten Hütten gekocht). Entwicklungspolitisch kommt insbesondere der ländl. Elektrifizierung eine besondere Bedeutung zu. Auch heute haben noch mehr als 2 Mrd. Menschen keinen direkten Zugang zu elektr. Energie. E. E. sind dafür häufig das einzige Mittel der Wahl und können eine Mindestversorgung von Gesundheitsstationen, Wasseraufbereitungsstellen oder Schulen mit Energie ermöglichen.

Technische Nutzungsmöglichkeiten erneuerbarer Energien

Sonnenenergie Bei der Umwandlung der Sonnenenergie unterscheidet man grundsätzlich zw. der Stromerzeugung in Solarzellen (fotovoltaische Stromerzeugung) oder Solarkraftwerken und der Wärmebereitstellung in Sonnenkollektoren.

Tabelle 1: Energetische Amortisationszeiten

Energieform bzw. Kraftwerksart	Amortisationszeit
Windkraft	3–7 Monate
Wasserkraft	9–13 Monate
solarthermisches Kraftwerk in Marokko	5 Monate
Fotovoltaik in Mitteleuropa	
polykristallines Silicium, moderne Herstellungstechnologie	3–5 Jahre
Dünnschichtzellen	2–3 Jahre
Gaskraftwerk	*)
Kohlekraftwerk	*)
Atomkraftwerk	*)
Wärmeerzeugung mittels	
Sonnenkollektoren	1,5–2,5 Jahre
Geothermie (hydrothermal)	7–10 Monate
Gaskessel	*)
Ölkessel	*)
*) Amortisation nicht möglich	

Die direkte Umwandlung der Sonnenstrahlung in elektr. Energie beruht auf dem fotoelektr. Effekt. Einige Materialien (z. B. dotierte Halbleitermaterialien) setzen Elektronen frei, wenn sie mit Licht bestrahlt werden. In **Solarzellen** wird dieser (fotovoltaische) Effekt zur Stromerzeugung genutzt. Als Ausgangsmaterial hat sich insbesondere Silicium (Si) als geeignet erwiesen. Daher werden heute v. a. mono- und polykristalline, zunehmend aber auch amorphe Siliciumzellen eingesetzt. Im Labor erreichen diese Zellentypen Wirkungsgrade zw. 18 und 23 % (mono-Si), 15 und 18 % (poly-Si) und 10 und 16 % (a-Si). Kommerzielle Solarzellen dieser Typen können Wirkungsgrade von 14 bis 16 % (mono-Si), 12 bis 13,5 % (poly-Si) und 5 bis 8,5 % (a-Si) erzielen. Darüber hinaus sind eine Vielzahl von anderen Zellentypen im Einsatz bzw. befinden sich noch in der Entwicklung oder Erprobung. Hierzu gehören insbesondere die versch.

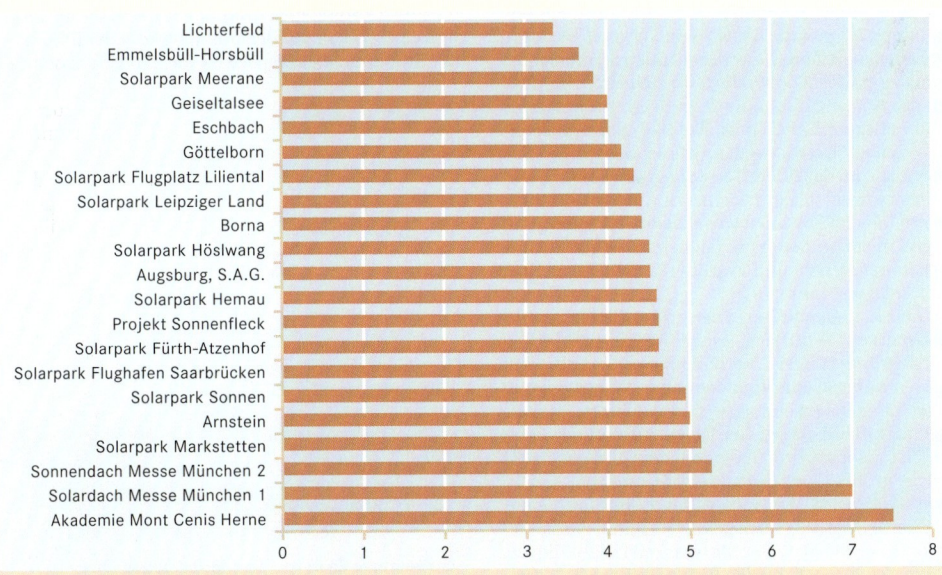

erneuerbare Energien: Übersicht zu Solaranlagen und den dazugehörigen Investitionskosten (Euro/Wp)

Tabelle 2: Solarzellenkraftwerke in Deutschland und ihre installierte Leistung (2004)

Projekt	Leistung (in MW p)	Montage	Investition (in Mio. €)
Projekt Sonnenfleck	5	Aufdach	23
Solarpark Leipziger Land	5	Freiland	22
Solaranlage Geiseltalsee	4	Freiland	16
Solarpark Hemau	4	Freiland	18,3
Solarpark Flugplatz Lilienthal	2	Freiland	8,6
Solarpark Höslwang	1,8	Freiland	8,1
Solarpark Sonnen	1,7	Freiland	8,4
Solarpark Oberötzdorf-Untergriesbach	1,6	Freiland	–*)
Solarpark Markstetten	1,6	Freiland	8,2
Solarkraftwerk Relzow I, II	1,5	Aufdach	–*)
Solarpark Flughafen Saarbrücken	1,4	Freiland	6,5
Solarpark Meerane	1,1	Freiland	4,2
Sonnendach Messe München 2	1,05	Aufdach	5,5
Solarpark Fürth-Atzenhof	1	Freiland	4,6
Akademie Mont Cenis Herne	1	Gebäudedachintegration	7,5
Solardach Messe München 1	1	Aufdach	7

*) keine Angaben

energiewirtschaftl. Sinn ist die Fotovoltaik zwar immer noch wenig bedeutsam, im Vergleich zu den anderen Techniken der Stromerzeugung auf der Basis e. E. weist sie aber die höchsten Wachstumsraten auf. Dabei ist nicht nur bemerkenswert, dass sich die installierte Fotovoltaikleistung in nur acht Jahren vervierundzwanzigfacht hat. Zudem sind in Dtl. in den letzten Jahren eine Vielzahl von neuen Produktionsstätten errichtet worden, die nun eine weitgehend selbstständige Versorgung des heim. Marktes ermöglichen. Die techn. Verfügbarkeit der fotovoltaischen Stromerzeugung kann heute als hoch bezeichnet werden. Die Lebensdauererwartung von Solarzellen liegt zurzeit bei mindestens 25 Jahren.

Solarkraftwerke arbeiten auf der Basis konzentrierender Kollektoren. Dabei wird die Solarstrahlung gebündelt und auf ein Wärmeträgermedium übertragen. Über eine Dampfturbine wird die Wärme letztlich in elektr. Energie umgewandelt. Man unterscheidet grundsätzlich zw. den Solartürmen (solartherm. Turmkraftwerk) und Solarfarmen (solartherm. Parabolrinnenkraftwerk). Beim Solarturm bündeln viele Spiegel (so genannte Heliostaten) die Solarstrahlung auf einen punktförmigen Absorber an der Spitze eines Turmes und erzielen damit eine 300- bis 500-fach höhere Strahlungsintensität. Den Wärmetransport zum Dampferzeuger übernimmt ein flüssiges Salzgemisch. Bei Parabolrinnenkraftwerken erfolgt eine 40- bis 80-fache Konzentration der Solarstrahlung mit rinnenförmig angeordneten, parabolförmig gebogenen Spiegeln und einem öldurchflossenen Absorberrohr im Mittelpunkt. Den Solarkraftwerken werden außerdem die sehr robusten und wenig störanfälligen Aufwindkraftwerke zugeordnet. Hier erhitzt sich unter einem Zeltdach Luft, die vergleichbar den Effekten in einem Schornstein aufsteigt und dabei eine im Luftkanal angeordnete Windturbine antreibt. Der notwendige Luftkanal kann dabei bei mittelgroßen Anlagen (200 MW) schon eine Höhe von bis zu 1 000 m erreichen.

Im Ggs. zu Solarzellen können Solarkraftwerke nur die direkte Sonneneinstrahlung nutzen. Ihr Einsatzbereich ist daher auf den Sonnengürtel der Erde (i. Allg. bezeichnet man damit die Länder zw. dem 30.

Formen der Dünnschichtsolarzellen (z. B. GaAs, CdTe) und der Tandemzellen (z. B. Tandem-CIS). Neben einer Verbesserung des Wirkungsgrades, einer Verringerung des Materialbedarfs und einer signifikanten Kostensenkung erhofft man sich durch neue Entwicklungen (z. B. Grätzelzelle) v. a. eine Reduzierung des erforderl. energet. Aufwandes für die Herstellung, die heute noch z. T. hochreine und damit sehr aufwendig herzustellende Materialien erfordert. Dabei sind hier in den letzten Jahren bereits signifikante Verbesserungen erreicht worden. So liegt die energetische Amortisationszeit für die meisten Zellentypen heute schon bei unter 3 Jahren (Tabelle 1, Seite 319).

Solarzellen werden bereits seit einigen Jahrzehnten für die Energieversorgung von Weltraumsatelliten kommerziell genutzt. Außerdem kommen sie v. a. in netzfernen Regionen zur dezentralen Stromerzeugung zum Einsatz oder dort, wo sich ein Anschluss an das Netz nicht lohnt (z. B. in Berghütten, Wetter- und Luftmessstationen, an Autobahnen, Parkscheinautomaten). In Dtl. werden Fotovoltaikanlagen aber vorrangig an das öffentl. Netz angeschlossen. Dies erfolgt sowohl in zahlr. kleineren Anlagen auf Dächern oder an Fassaden von Häusern als auch zunehmend in auf größeren Freiflächen installierten Solarzellenkraftwerken und in größeren gebäudeintegrierten Anlagen (Tabelle 2).

Die zunehmende Nutzung von Freiflächen wird dabei durchaus kritisch gesehen, da sie zur Flächenversiegelung beiträgt. Vorteilhaft wirkt sich der mit diesen Anlagen aufgrund der hohen Stückzahlen erreichbare Kostensenkungseffekt von bis zu 50 % gegenüber Kleinanlagen aus. In Dtl. waren Ende 2000 bereits mehr als 20 000 Kleinanlagen und auch zahlreiche größere Anlagen mit einer Gesamtleistung von etwa 96,5 MW installiert. Ende 2003 lag die installierte Leistung, stark gefördert durch das EEG, bereits bei 388 MW. Der Marktanteil Dtl.s in Europa für installierte Solarzellen liegt damit bei 90 %. Im

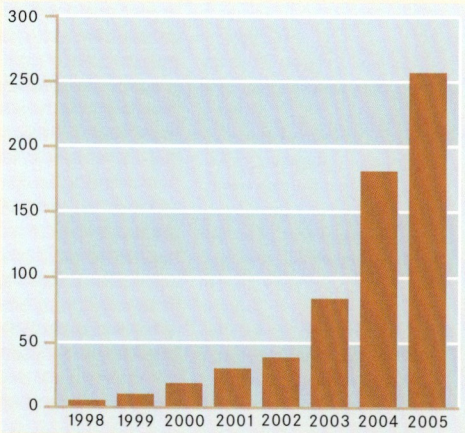

erneuerbare Energien: Solarmodulproduktion in Deutschland in MWpeak/Jahr

Breitengrad nördl. und dem 30. Breitengrad südl. Breite) beschränkt. Um auch außerhalb der strahlungsreichen Zeit voll betriebsbereit zu sein, können sie mit einer fossilen Zufeuerung ausgerüstet werden (Hybridkraftwerk). Während Parabolrinnenkraftwerke in Kalifornien seit einigen Jahren kommerziell zur Anwendung kommen (dort ist insgesamt eine elektr. Leistung von rd. 350 MW installiert), beschränkt sich die Nutzung von Turmkraftwerken bis heute im Wesentlichen auf Demonstrations- und Pilotanlagen. In sonnenreichen Gegenden stehen Solarkraftwerke aber an der Schwelle zur Wirtschaftlichkeit. Sie können unter den gegebenen Bedingungen die elektr. Energie deutlich kostengünstiger bereitstellen als Solarzellen. Weltweit liegen derzeit mehr als 50 Machbarkeitsstudien für derartige Kraftwerke vor, die auf ihre Realisierung warten (z. B. in Indien und Marokko).

Die Errichtung von solartherm. Kraftwerksanlagen ist am konkretesten derzeit für Spanien geplant. Hier sollen in wenigen Jahren bis zu drei Anlagen in Betrieb gehen. Wesentl. Impulse dafür kommen aus der in Spanien gültigen Einspeiseverordnung, die einen hinreichend sicheren wirtschaftl. Betrieb ermöglicht.

Darüber hinaus können neben den Großkraftwerken auf Turm- oder Farmbasis auch so genannte »Dish-Stirling-Anlagen« auf dezentraler Ebene zur Anwendung kommen. Bei derartigen Anlagen wird mithilfe beschichteter Membranhohlspiegel aus dünnem Stahlblech im Brennfleck ein Stirlingmotor mit Generator angetrieben. Die typ. Leistung solcher Anlagen liegt bei einigen 10 kW. Typ. Anwendungsbereiche sind v. a. in der Dorfversorgung von Entwicklungsländern zu sehen, Kombinationen mit anderen Versorgungseinrichtungen (z. B. Biomasse-Feuerung) sind möglich.

Im Bereich der Solarkraftwerke gibt es darüber hinaus eine Vielzahl von Entwicklungslinien. So wird z. B. die Einbindung von Solarstrahlung in den hocheffizienten Gas- und Dampfturbinenprozess (GuD-Kraftwerke) durch die Verwendung von keram. Receivern bei Solarturmanlagen ebenso untersucht wie neue Anwendungsfelder. In Empoli (Italien) wird derzeit z. B. ein kleines Solarturmkraftwerk zur dezentralen Versorgung eines Krankenhauses mit Strom, Wärme und Kälte gebaut. Das System ist modular erweiterbar und prinzipiell auch inselfähig auslegbar.

Sonnenkollektoren werden heute v. a. als Flach- und Vakuumkollektoren ausgeführt. Sie dienen im Wesentl. zur Wärmebereitstellung im Niedertemperturbereich (< 100 °C) einzelner Gebäude. Dabei decken sie i. Allg. nur den Grundlastbedarf ab und werden zu Zeiten hoher Nachfrage durch konventionelle Heizkessel unterstützt. Darüber hinaus gewinnen solare Nahwärmesysteme mit saisonaler Speicherung zur Versorgung ganzer Wohnkomplexe zunehmend an Bedeutung. In unterird. Langzeitspeichern wird das bis auf 95 °C erwärmte Wasser in Zeiten geringerer Nachfrage gesammelt und gespeichert und in Zeiten hoher Nachfrage und unzureichenden Solarstrahlungsangebots zur Warmwasserbereitung genutzt. Hierdurch wird ein ganzjähriger Beitrag des solaren Systems zur Energiebereitstellung ermöglicht.

Solartherm. Kollektoranlagen werden nicht nur in Dtl. eingesetzt. Bezogen auf die Bev. sind in anderen Ländern (z. B. Griechenland) durchaus deutlich höhere Belegungsraten zu finden. Der größte Produzent für derartige Anlagen ist derzeit China. Neben der solaren Wärmebereitstellung können Sonnenkollektoren in Kombination mit Absorptionskälteanlagen auch zur Klimatisierung oder zu Kühlzwecken eingesetzt werden. Entsprechende Anlagen sind mittlerweile im kommerziellen Einsatz. Der Vorteil dieser Anwendungsform ist die meteorologisch bedingte weitgehende Gleichzeitigkeit von Energieangebot und Energienachfrage.

Windenergie Die Nutzung der Windenergie hat eine lange Tradition und bereits einen hohen techn. Standard erreicht. **Windkraftwerke** bremsen die bewegten Luftmassen ab und wandeln einen Teil der kinet. Energie in mechanische und über einen mechanisch-elektr. Energiewandler in elektr. Energie um. Sie arbeiten nach dem Widerstands- oder Auftriebsprinzip. Während in den 1980er-Jahren v. a. Windkraftwerke aus dem Leistungsbereich unterhalb von 100 kW zur Anwendung kamen und Mitte der 1990er-Jahre vorzugsweise Anlagen mit 500–600 kW elektr. Leistung installiert wurden, hat sich die Konvertertechnik mittlerweile oberhalb von 1 MW installierter Leistung voll etabliert.

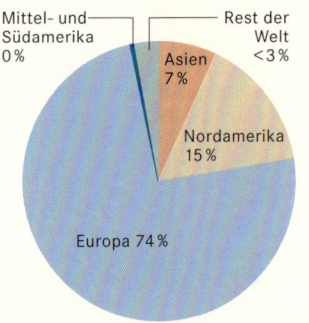

erneuerbare Energien: Anteil der Windenergieleistung nach Kontinenten

Die ersten Anlagen der 5-MW-Kategorie stehen heute an der Schwelle zur Umsetzung. Für die Aufstellung an Land dürfte mit diesem Maschinentyp bei Turmhöhen von mehr als 100 m ggf. eine natürl. Grenze erreicht sein, was die zunehmenden Widerstände in der Bev. auch zeigen. Vorrangiges Anwendungsgebiet für diese Großanlagen wird daher die Errichtung auf See sein.

Die dem Wind entziehbare Leistung steigt proportional zur dritten Potenz der Windgeschwindigkeit und linear mit der Querschnittsfläche des Rotors. Eine windtechn. Stromerzeugung ist daher auf windhöffige Standorte begrenzt. Günstige Bedingungen liegen bei Standorten mit einer Windgeschwindigkeit von mehr als 4 m/s im Jahresmittel vor. In Dtl. sind dies im Wesentl. die Küstengebiete sowie die Mittelgebirgslagen. Die neue Generation der Windenergiekonverter mit hohen Türmen ermöglicht aber auch zunehmend eine windtechn. Stromerzeugung in windschwächeren Regionen des Binnenlandes. Darüber hinaus werden Windkraftwerke z. T. bereits der Küste vorgelagert im Meer installiert (so genannte **Offshoreanlagen** im Ggs. zu **Onshoreanlagen** auf der Landfläche), die das dort vorliegende, gegenüber den Landflächen deutlich günstigere Windenergieangebot nutzen können. Hier werden Volllaststunden (Verhältnis aus erzeugter Jahresarbeit und installierter Leistung) von 4000 Stunden und mehr pro Jahr erreicht, im Vergleich zu den auf Land üblichen 1500 bis 2500 Stunden pro Jahr. Zu den Pionieren auf diesem Gebiet zählen v. a. Dänemark, die Niederlande und Großbritannien.

Seit 1990 hat sich die installierte windtechn. Leistung in Dtl. von 62 MW auf 6095 MW Ende 2000 fast verzehnfacht. Bis Ende 2003 waren 15 387 Anlagen in Betrieb (Tendenz steigend). Während die Windenergie im bundesdeutschen Mittel ihren Stromerzeugungsanteil auf über 4 % erhöhen konnte, liegt dieser Anteil in den Küstenländern, in denen die überwiegende Zahl der Windkraftwerke installiert ist, deutlich höher. Der potenzielle Jahresstromanteil (unterstellt man, dass alle Anlagen bereits zu Jahresbeginn in Betrieb gewesen wären) beträgt derzeit in Dtl. insgesamt 5,6 %, in Schleswig-Holstein liegt dieser Anteil bereits bei 31,5 % (Tabelle 3).

Dtl. ist weltweit das Land mit der höchsten installierten windtechn. Leistung. An zweiter Stelle liegt Spanien, gefolgt von den USA und Dänemark. Ende des Jahres 2002 stand etwa jede dritte Windenergieanlage weltweit in Dtl.

Sehr hohe Potenziale der Windenergie und zunehmende Wachstumsraten sind auch in vielen Schwellen- und Entwicklungsländern vorhanden. Die meisten Windenergieanlagen sind dort in Indien installiert (1702 MW Ende 2002). Windkraftwerke können gerade in diesen Ländern dazu beitragen, das bestehende Leistungsdefizit ökologisch verträglich zu senken.

Bis zum Jahr 2002 stieg die jährlich installierte Leistung jedes Jahr an. Im Jahr 2003 gab es erstmals einen Rückgang, den in 2002 zugebauten 3247 MW folgten 2003 lediglich 2644 MW. Für die nächsten Jahre ist zu erwarten, dass sich dieser Trend fortsetzen wird. Maßgeblich hierfür sind die zunehmend ausgeschöpften Potenziale an Land und die steigenden Widerstände gegen diese Nutzungsform e. E. Für die Hersteller wird es darauf ankommen, neue Anwendungsgebiete zu erschließen, wobei in erster Linie das Repowering (Ersatz alter Anlagen an bestehenden Standorten durch effizientere Neuanlagen), die Offshorenutzung und der Ausbau des Exportmarktes sowie ggf. die Errichtung eines Secondhandmarktes zu nennen sind.

Wasserkraft Die Sonneneinstrahlung hält auf der Erde einen Wasserkreislauf in Gang. Wasser verdunstet und fällt als Regen wieder auf die Erdoberfläche zurück. Aufgrund der relativen Höhenunterschiede der einzelnen Landflächen führt dies zu einer nutzbaren potenziellen Energie, die in Wasserkraftwerken ausgeschöpft wird.

Wasserkraftwerke werden weltweit und seit langer Zeit im großtechn. Maßstab und mit hoher Zuverlässigkeit betrieben. Der Anteil der Wasserkraft an der Stromerzeugung liegt mit 2650 Mrd. kWh heute weltweit bei etwa 19 %. In Dtl. sind derzeit rd. 300 größere Wasserkraftwerke (> 1 MW) und etwa 4500 kleine Wasserkraftwerke installiert. Die korrespondierende Stromerzeugung lag 2001 bei 23,5 Mrd. kWh und damit bei rd. 4,5 % der gesamten dt. Stromerzeugung. Die Wasserkraft war damit in Dtl. die bedeutendste Form der Nutzung e. E. Für 2004 ist zu erwarten, dass sie erstmals von der Windenergie überholt werden wird. Im Unterschied zu vielen anderen Nutzungsoptionen der e. E. ist eine Wirtschaftlichkeit an den meisten Standorten vorhanden. Die hohen Anfangsinvestitionen in eine Wasserkraftanlage werden durch die lange Lebensdauer der Anlagen und das weitgehend kontinuierl. Energieangebot kompensiert.

Das techn. Potenzial der Wasserkraftnutzung ist in Dtl. bereits zu mehr als 75 % ausgeschöpft. Die Errichtung neuer, größerer Wasserkraftwerke trifft, infolge der Eingriffe in das Fluss- und Landschaftssystem, zunehmend auf Widerstände. Jedoch können zahlr. in der Vergangenheit stillgelegte Anlagen reaktiviert und modernisiert sowie neue Klein- bzw. Kleinstwasserkraftwerke gebaut werden.

Tabelle 3: Installierte Leistung der Windkraftwerke und potenzieller Jahresenergieertrag in den Bundesländern (Stand 2003)

Bundesland	installierte Leistung	Gesamtanzahl	Nettostromverbrauch 2001 (in GWh)	potenzieller Jahresenergieertrag (in GWh)	Anteil am Nettostromverbrauch (in %)
Baden-Württemberg	209,28	225	75 745	201	0,27
Bayern	189,23	230	73 176	224	0,31
Berlin	0	0	13 103	0	0,00
Brandenburg	1 806,61	1 556	18 044	3 243	17,97
Bremen	35,10	38	5 427	51	0,94
Hamburg	32,18	56	14 187	46	0,32
Hessen	348,30	478	36 539	521	1,43
Mecklenburg-Vorpommern	927,2	1 042	6 374	1 534	24,06
Niedersachsen	3 921,62	3 982	49 627	7 982	16,08
Nordrhein-Westfalen	1 822,22	2 125	127 747	3 859	3,02
Rheinland-Pfalz	601,71	634	26 159	1 271	4,86
Saarland	35,20	38	7 569	57	0,75
Sachsen	614,87	644	18 398	1 122	6,10
Sachsen-Anhalt	1 631,81	1 335	12 807	3 509	27,40
Schleswig-Holstein	2 007,04	2 612	13 353	4 200	31,45
Thüringen	426,63	392	10 755	645	6,00
insgesamt	**14 609,07**	**15 387**	**509 010**	**28 463**	**5,59**

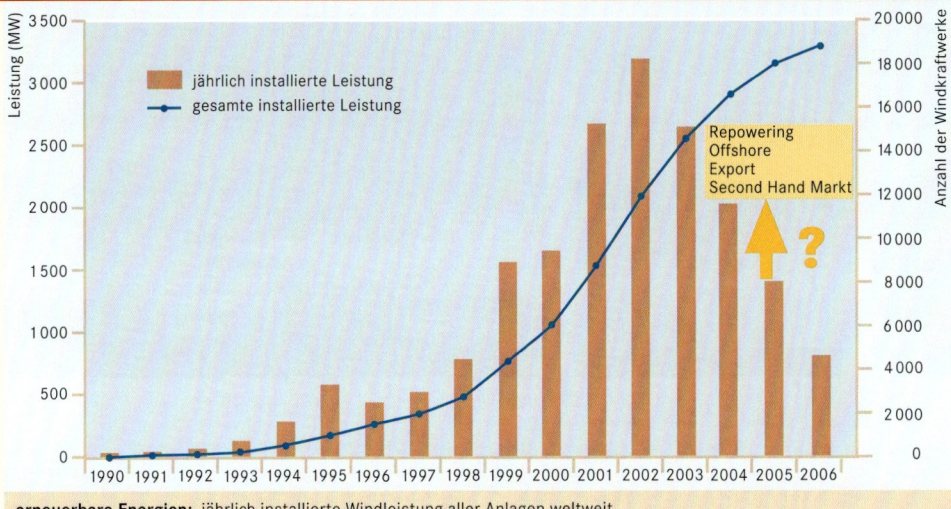

erneuerbare Energien: jährlich installierte Windleistung aller Anlagen weltweit

Ausbauchancen ergeben sich auch durch die Modernisierung und Erweiterung großer Kraftwerke (z. B. Kraftwerk Rheinfelden). Hierfür sind mit der Novellierung des EEG im Jahr 2004 zusätzl. Anreize geschaffen worden.

Neben den Laufwasserkraftwerken können zusätzlich auch Speicherwasserkraftwerke (mit natürl. Zulauf) zur Stromerzeugung beitragen. Außerdem werden Pumpspeicherkraftwerke zur Speicherung von elektr. Energie im großen Umfang genutzt. In diesen Kraftwerken wird elektr. Energie in Zeiten geringer Nachfrage als potenzielle Energie (Hochpumpen von Wasser) gespeichert, die dann in Zeiten größerer Nachfrage wieder zur Verfügung gestellt wird (Stromerzeugung über Wasserturbinen).

Aufgrund der hierfür benötigten großen Speicherkapazitäten und Höhenunterschiede sind solche Anlagen vornehmlich in den Alpen lokalisiert, wobei hier eine grenzüberschreitende Zusammenarbeit zw. Dtl., Österreich und der Schweiz seit langer Zeit üblich ist.

Wellen- und Gezeitenenergie, Meereswärme Die Nutzbarkeit von Wellen- und Gezeitenenergie zur Energiebereitstellung ist stark von den örtl. Gegebenheiten abhängig und nur an einzelnen Standorten möglich. Die Potenziale für die Gezeitenenergie sind weltweit insgesamt sehr begrenzt. In Dtl. scheidet die Nutzung der Gezeitenenergie aufgrund des zu geringen Tidenhubes aus. Dagegen könnte die Wellenenergie zukünftig lokale Bedeutung erlangen. Neue Technologien sind hier in der Entwicklung und Erprobung. Die Meereswärme kann mit Kreislaufprozessen auf der Basis von bei geringen Temperaturen siedenden Flüssigkeiten genutzt werden (so genannte Organic Rankine Cycle), die Wirkungsgrade sind allerdings vergleichsweise gering.

Biogene Energieträger Biogene Energieträger fallen in vielfältiger Form als Reststoffe (in der Forst- und Landwirtschaft als organ. Müllfraktionen, Klärschlämme und Deponiegase) an bzw. können über den Anbau von energiereichen Pflanzen gewonnen werden. Für die einzelnen biogenen Energieträger ist eine Vielzahl von Nutzungsmöglichkeiten verfügbar, die durch eine mehr oder weniger effiziente Energieausnutzung gekennzeichnet sind.

Feste biogene Energieträger, z. B. Reststoffe aus der Forstwirtschaft (Waldrestholz) und aus der landwirtschaftl. Bodennutzung (Stroh), Resthölzer aus der Industrie sowie Energiepflanzen, können in einfachen Kaminen, Einzelöfen und kleineren Kesseln zur Wärmeerzeugung verwendet werden. Ein effektiverer Einsatz ist in Hackschnitzelfeuerungsanlagen und in Heiz- bzw. Blockheizkraftwerken möglich. Darüber hinaus können feste biogene Energieträger auch in bestehenden Kraftwerken (insbesondere in kohlegefeuerten Anlagen) mitverbrannt werden. In Großanlagen wird die Stromerzeugung auf der Basis biogener Energieträger bereits heute praktiziert, doch hat diese zumeist einen geringen elektr. Wirkungsgrad. Eine deutl. Verbesserung ist durch die Weiterentwicklung und Markteinführung von Holz- und Strohvergasungssystemen zu erwarten, die eine Nutzung biogener Energieträger in kleineren dezentralen Kraft-Wärme-gekoppelten Anlagen mit hohen Anlagennutzungsgraden ermöglichen. Zahlreiche Demonstrationsanlagen sind bereits in Betrieb.

Organ. Hausmüllfraktionen können durch anaerobe Zersetzungsprozesse (Fermentation) in den gasförmigen Zustand überführt werden (methanhaltiges Biogas). Im Vergleich zur Kompostierung, bei der ausschließlich Niedertemperaturwärme energetisch genutzt werden kann, bietet die Gaserzeugung die Möglichkeit des nachgeschalteten Einsatzes von Gasmotoren mit Abwärmenutzung. Über das organ. (Haus-)Müllaufkommen hinaus sind auch andere gewerbl. organ. Abfallprodukte (z. B. Frittierfette) als biogene Energieträger verwendbar. Ebenso können Klärschlämme und tier. Exkremente in Bioreaktoren zu Biogas umgewandelt werden.

In Dtl. waren Ende 1999 rd. 1 271 Biomasseanlagen für die Stromerzeugung in Betrieb, die bei einer Leistung von knapp 510 MW etwa 1 405 Mio. kWh in das öffentl. Netz einspeisten. Im Bereich der Wärmebereitstellung waren fast 6 Mio. Heizkamine,

Schlüsselbegriff erneuerbare Energien

erneuerbare Energien
1 Die »Hüvener Mühle« (Niedersachsen) wurde um 1500 als Wassermühle erbaut und nach einem Brand um 1850 als kombinierte Wind- und Wassermühle wieder errichtet.
2 Windenergieanlage in der Nähe von Magdeburg **3** Das geothermische Kraftwerk in Nesjavallir im Süden von Island erzeugt neben Strom auch heißes Wasser für Reykjavik.
4 Offshorewindpark vor der dänischen Insel Lolland im Großen Belt **5** ökologisches Bauen; Niedrigenergiehaus mit Solaranlage **6** Lagerhalle für Biomasse des Heizkraftwerks Hagenow (Mecklenburg-Vorpommern) **7** Aus der in Form von Holzschnitzeln vorliegenden Biomasse wird durch Vergasen umweltfreundlicher Kraftstoff gewonnen.

8 Das weltweit größte Solarstromkraftwerk in Espenhain bei Leipzig deckt den Strombedarf von rd. 2000 Haushalten. **9** Talsperre Oberaar (Kanton Bern), Speichervolumen 61 Mio. m³ **10** Das Sensenwerk in Rossleithen (Oberösterreich, gegründet 1540) wird mit Wasserkraft betrieben und hat heute noch für Schauzwecke geöffnet. **11** Wasserkraftwerk Laufenburg am Hochrhein (Schweiz, Inbetriebnahme 1914); das Maschinenhaus steht in einer Linie mit dem Wehr quer zum Rhein. **12** Ober- und Unterbecken des Pumpspeicherwerks Goldisthal (Thüringen) **13** Dazwischen, rd. 600 Meter tief im Fels, liegt die Maschinenkaverne mit den Turbinen.

Kachelöfen und Kaminöfen im Einsatz, die im energiewirtschaftl. Sinne aber kaum nennenswerte Beiträge leisteten.

Letztlich können aus biogenen Energieträgern auch Kraftstoffe gewonnen werden. Dies betrifft den klass. Biodiesel (Rapsmethylester) ebenso wie auf der Basis von Vergärungsprozessen (z. B. aus Zuckerrüben) gewonnenes Ethanol. Darüber hinaus werden derzeit moderne Vergasungsverfahren erforscht, die Ausgangsprodukte für die Herstellung von synthet. Kraftstoffen (z. B. über die Fischer-Troppsch-Synthese) herstellen. Aufgrund der seit Beginn 2004 geltenden Steuerbefreiung kann Biodiesel derzeit günstiger getankt werden als herkömml. Diesel. Der Absatz, aber auch die Produktionsstrukturen sind in den letzten Jahren deutlich gestiegen. Die Produktionskapazitäten lagen Ende des Jahres 2003 bereits bei über 1 Mio. t pro Jahr (TABELLE 4). Aufgrund der vielfältigen Nutzungsmöglichkeiten von Biomasse bei zugleich begrenztem Potenzial besteht bereits heute eine hohe Nutzungskonkurrenz. Dies betrifft den Einsatz zur Stromerzeugung, Wärmebereitstellung und Kraftstoffproduktion ebenso wie die steigende Anzahl der Anwendungsbereiche von Biomasse als industriellem Rohstoff (z. B. Faserverbundwerkstoffe). Zusätzlich wird das Potenzial, v. a. das Energiepflanzenpotenzial, durch Bestrebungen nach einer Extensivierung der Landwirtschaft und einer verstärkten Ausweisung von Natur- und Landschaftsschutzflächen weiter eingeschränkt.

Erdwärme Im Erdinneren sind die Temperaturen deutlich höher als an der Erdoberfläche. Je tiefer man in das Erdinnere vordringt, umso wärmer wird es; in Mitteleuropa nimmt die Temperatur durchschnittlich um 3 °C pro 100 m Tiefe zu. Diese geotherm. Energie kann unter bestimmten Bedingungen durch Bohrungen erschlossen und aufgrund ihres geringen Temperaturniveaus für die Warmwasser- und Raumwärmebereitstellung genutzt werden. Interessant sind dabei v. a. unterirdische Gesteinsschichten, die wasser- oder wasserdampfgefüllt sind und leicht erschlossen werden können.

Geotherm. Vorkommen mit hohen Temperaturen (> 150 °C) können außerdem für die Stromerzeugung genutzt werden. Derartige Gegebenheiten liegen jedoch nur vor, wenn durch Bohrungen zugängl. Anomalien in den Erdschichten verfügbar sind (z. B. Magmaintrusionen vulkan. Ursprungs). Das größte geotherm. Kraftwerk mit einer Gesamtleistung von 900 MW befindet sich derzeit in Geysers (Kalifornien).

Neben der Erschließung von Erdwärmevorkommen natürl. Ursprungs versucht man heute auch künstl. Hohlkörper im Erdinnern zu schaffen. Beim Hot-dry-Rock-Verfahren wird durch ein Bohrloch (Injektionsbohrung) in mehreren Tausend Metern Tiefe kaltes Wasser mit hohem Druck in den abzukühlenden Gesteinsbereich gepresst. Unter dem hohen Druck wird die Scherfestigkeit des Gesteins überschritten und das Gestein hydraulisch gebrochen. In den entstehenden zahlr. Klüften und Spalten kann das Wasser dem Gestein die Wärmeenergie entziehen und über ein zweites Bohrloch (Produktionsbohrung) wieder an die Erdoberfläche transportiert werden. Aufgrund der selbst bei Bohrtiefen von bis zu 5 000 m noch geringen ausschöpfbaren Temperaturen von 100 bis maximal 180° C, die außerhalb geolog. Anomalien zu erreichen sind, können derartige Verfahren nicht mit dem klass. Dampfkreislauf verbunden werden. Zum Einsatz kommen daher niedrig siedende organ. Substanzen (z. B. Ammoniak). Der Wirkungsgrad dieser ORC- Prozesse (**O**rganic **R**ankine **C**ycle) liegt bei 8 bis 12 %.

Auch die erste Strom aus Erdwärme produzierende Anlage Dtl.s, die Ende 2003 in Neustadt-Glewe mit einer elektr. Leistung von 210 kW in Betrieb genommen wurde, basiert auf einem ORC-Prozess. Grundlage ist hier warmes Thermalwasser von bis zu 97° C, das aus einer Tiefe von 2 200 m gewonnen wird.

In Dtl. wird derzeit an rd. 34 Orten Erdwärme für die Warmwasserbereitung und Beheizung von Gebäuden herangezogen. Die erschlossene therm. Leistung betrug Ende 2003 rd. 88 MW. Das Hot-dry-Rock-Verfahren wird in einem Forschungsbericht in Soultz-sous-Foret (Oberrheingraben, Frankreich) seit

Tabelle 4: Biodieselproduktionskapazitäten in Deutschland		
Betreiber	Bundesland	Kapazität
Produktionsanlagen (2000 in Betrieb gegangen)		
Oelmühle Leer Connemann GmbH & Co	Niedersachsen	100 000 t
Campa Biodiesel GmbH	Bayern	75 000 t
Biodiesel Wittenberge GmbH	Mecklenburg-Vorpommern	60 000 t
Hallertauer Hopfen-Verwertungsgesellschaft	Bayern	8 000 t
Landwirtschaftliche Produktionsverarbeitungs GmbH	Thüringen	5 000 t
Verwertungsgenossenschaft Biokraftstoffe	Sachsen	1 500 t
Gesamtkapazität Ende 2000		**249 500 t**
Produktionsanlagen (2001 in Betrieb gegangen)		
Oelmühle Hamburg	Hamburg	120 000 t
Mitteldeutsche Umesterungswerke Bitterfeld	Sachsen-Anhalt	100 000 t
SARIA Bio.-Industries GmbH & Co. Verw. KG	Mecklenburg-Vorpommern	12 000 t
PPM Umwelttechnik GmbH & Co. KG	Brandenburg	5 000 t
BKK Biodiesel GmbH	Thüringen	4 000 t
Gesamtkapazität Ende 2001		**490 500 t**
Produktionsanlagen (2002 in Betrieb gegangen)		
NEW Natural Energie West GmbH	Nordrhein-Westfalen	100 000 t
Biodiesel Schwarzheide GmbH	Brandenburg	100 000 t
Mitteldeutsche Umesterungswerke Bitterfeld	Sachsen-Anhalt	Anlagenerweiterung um 50 000 t
TME Thüringer Methylesterwerke GmbH & Co. KG	Thüringen	45 000 t
Petrotec GmbH	Nordrhein-Westfalen	40 000 t
Biodiesel Bokel GmbH	Niedersachsen	5 000 t
Bio Werk Sohland GmbH	Sachsen	5 000 t
Gesamtkapazität Ende 2002		**835 500 t**
Produktionsanlagen (2003 in Betrieb gegangen)		
Rheinische Bioester GmbH	Nordrhein-Westfalen	100 000 t
Bio-Ölwerk Magdeburg GmbH	Sachsen-Anhalt	50 000 t
Biodiesel Kyritz GmbH	Brandenburg	30 000 t
EOP Elbe Oel AG Brunsbüttel	Schleswig-Holstein	30 000 t
Kartoffelverwertungsgesellschaft Codes & Stoltenburg GmbH & Co. KG	Schleswig-Holstein	15 000 t
BioWerk Kleisthöhe GmbH	Brandenburg	5 000 t
Delitzer Rapsöl GmbH & Co. KG	Sachsen	5 000 t
Gesamtkapazität Ende 2003		**1 070 500 t**

Mitte der 1990er-Jahre intensiv erforscht. Die Bohrtiefe beträgt hier 3 900 m. In Dtl. werden in Bad Urach in Bad.-Württ. und im Vulkangestein der norddt. Tiefebene weitere Versuche mit dem Hot-dry-Rock-Verfahren durchgeführt.

Umweltwärme Die Erdoberfläche wird durch die Sonneneinstrahlung auf einer bestimmten Temperatur gehalten. Diese Wärmeenergie in Luft, Erdboden, Fluss- und Grundwasser kann über Wärmepumpen zur Raumheizung und Warmwasserbereitung beitragen, indem sie auf ein höheres Temperaturniveau angehoben wird. **Wärmepumpen** arbeiten dabei nach dem (umgekehrten) Kühlschrankprinzip. Einem im Kreislauf geführten Arbeitsmittel wird Wärme aus der Umgebung zugeführt, wodurch es in die gasförmige Phase übertritt. In einem Verdichter wird das Gas erwärmt, in einem Kondensator kondensiert und dabei nutzbare Wärme freigesetzt. Wärmepumpen benötigen zum Betrieb mechan. Energie, die entweder über Gasmotoren oder elektr. Antriebe bereitgestellt werden muss. Daher können sie nicht vollständig den e. E. zugeordnet werden. Ihre Umweltverträglichkeit, d. h., wie viele Einheiten Wärmemenge pro elektr. oder mechan. Energieeinheit erzeugt werden können, muss noch geprüft werden. Gute Bedingungen für dieses als Arbeitszahl bezeichnete Verhältnis liegen vor, wenn sich Werte über 3,5 ergeben. Zur Begrenzung der notwendigen Hilfsenergie werden Wärmepumpen i. d. R. mit Niedertemperaturverteilsystemen (z. B. Fußbodenheizung) kombiniert. Zudem ist darauf zu achten, dass in Wärmepumpen keine Arbeitsmittel zum Einsatz kommen, die zu einer Schädigung der Ozonschicht beitragen (z. B. FCKW). Ersatzstoffe sind bereits erprobt und auf dem Markt verfügbar. – In Dtl. sind heute mehr als 70 000 Wärmepumpen in Betrieb.

Charakteristik des erneuerbaren Energieangebotes

Energieflussdichte und Flächenbedarf Die Energieflussdichte der e. E., d. h. die Energiebereitstellungsmöglichkeit bezogen auf die genutzte Fläche, ist meist geringer als bei den herkömml. Formen der Energiebereitstellung. Dies führt häufig zu einem spezifisch hohen Flächenbedarf. Solarzellen benötigen unter den in Dtl. vorliegenden Einstrahlungsbedingungen je nach Zellentyp beispielsweise eine Fläche von 3 000 bis zu 10 000 m^2 für die jährl. Erzeugung von 1 Mio. kWh elektr. Energie. Der Vergleichswert für ein Braunkohlekraftwerk liegt bei einem Flächenbedarf (Betriebsgelände des Kraftwerks sowie Flächenbedarf für Bergbau und Kohlehalden) bei unter 700 m^2/Mio. kWh. Für die Windenergie schwankt der Flächenbedarf je nach Windverhältnissen und Konvertergröße zw. 250 und 1 500 m^2/Mio. kWh. Bei der Wasserkraftnutzung ist der Flächenbedarf mit 3–22 m^2/Mio. kWh deutlich niedriger als etwa bei einem Kohlekraftwerk.

Verfügbarkeit und Versorgungssicherheit Bei der Betrachtung der Verfügbarkeit von e. E. ist zw. den Energieformen zu unterscheiden, die aufgrund der meteorolog. Gegebenheiten ein zeitlich deutlichen Schwankungen unterworfenes Energieangebot aufweisen, und denjenigen, die entweder über eine geringe Schwankungsbreite verfügen bzw. ein flexibles (weil speicherbares) Energieangebot ermöglichen. Zu Ersteren gehören insbesondere die fotovoltaische und die windtechn. Stromerzeugung, die v. a. im Minuten- und Stundenbereich durch ausgeprägte Schwankungen gekennzeichnet sind. Darüber hinaus weist die Stromerzeugung aus Sonnenenergie einen deutl. Tages- und Jahresgang auf.

Bezogen auf die installierte Leistung führen die Schwankungen im Energieangebot für diese Anlagen zu einer im Vergleich zu konventionellen Kraftwerken geringeren Absicherung der Stromnachfrage. Die gesicherte Leistung, d. h. der so genannte Kapazitätseffekt liegt für beide Energieformen im Bereich einiger weniger Prozent. Im Ggs. dazu weist die Wasserkraft eine gesicherte Leistung von 35 bis 70 % auf. Allerdings erhöht sich der Kapazitätseffekt signifikant, wenn man von der Betrachtung einzelner Anlagen abrückt und z. B. Windparks oder sogar den großflächenmäßigen Verbund von Anlagen betrachtet.

Die Versorgungssicherheit der ein wechselndes Energieangebot aufweisenden Stromerzeugungsoptionen kann durch die Installation von Speichersystemen oder die Kombination mit anderen Stromerzeugungseinrichtungen (z. B. Dieselgeneratoren) deutlich erhöht werden. Während Speichersysteme für Strom heute einen großen Aufwand erfordern und zu hohen zusätzl. Kosten führen, haben kombinierte Solar-Diesel- oder Wind-Diesel-Systeme insbesondere bei der dezentralen Stromerzeugung in nicht elektrifizierten Regionen der Erde eine hohe Bedeutung. Außerdem führen die Kombination unterschiedl. e. E. und die regionale Verteilung der Anlagen aufgrund der jeweils unterschiedl. Charakteristik zu spürbaren Ausgleichseffekten des Energieangebots und damit zu einer spezifisch höheren Versorgungssicherheit. In Dtl. speisen heute die meisten Anlagen den erzeugten Strom in das öffentl. Netz ein, das als Puffer für die Angebotsschwankungen wirkt. Die diesbezügliche Grenze der Aufnahmekapazität des bundesweiten Netzes wird auf rd. 20 % Anteil fluktuierender Quellen geschätzt. Bis zu diesem Anteil, so die Erwartungen, sind keine großen Speichernotwendigkeiten gegeben.

Das fluktuierende Energieangebot stellt insbesondere für den Lastverteiler der großen Energieunternehmen eine große Herausforderung dar. Mittlerweile setzen alle Unternehmen Prognosesysteme ein, die mit relativ hoher Genauigkeit in der Lage sind, über eine 24-Stunden-, z. T. auch 72-Stunden-Vorausschau die zu erwartende Windleistung einzuschätzen. Die Energieunternehmen können mit diesen Angaben planen und ihre konventionellen Kraftwerke entsprechend ansteuern. Zur Abdeckung des Prognosefehlers ist ähnlich wie bisher auch schon üblich, für Fehleinschätzungen bei der Nachfrageprognose schnell verfügbare Regelleistung (z. B. in der Form schnell startbarer Kraftwerke) bereitzuhalten.

Umweltauswirkungen Die e. E. können im Vergleich zu den konventionellen Methoden der Strom- und Wärmebereitstellung als vergleichsweise umweltverträglich eingestuft werden. Die verstärkte Nutzung e. E. ermöglicht eine Verringerung der Umweltbelastung sowohl auf globaler Ebene (z. B. Klimaveränderungen, Risiken der Kernenergie) als auch

Tabelle 5: Derzeitige und voraussichtliche Stromgestehungskosten erneuerbarer Energien im Vergleich (in Cent/kWh)

	2000	2010	2020
Wasserkraft	3–10	3–10	–[1]
Kleinstwasserkraft	10–25	10–25	–[1]
Wind (onshore, Windgeschwindigkeit 4,5 m/s)	8,8–10,8	7,5–10	7–8,5
Wind (onshore, Windgeschwindigkeit 5,0 m/s)	6–7,4	5,5–6,5	4,8–6
Wind (onshore, Windgeschwindigkeit 6,0 m/s)	5–6	4,7–5,7	4,4–5
Wind (offshore, 30 km Entfernung von der Küste)	–[1]	5,7–8,7[2]	5,3–7,9
Geothermie	–[1]	11–12,2[3]	6–7
Fotovoltaik (Mitteleuropa)	55–80	50–65	<50
Fotovoltaik (Südeuropa)	45–80	30–50	<25
Biomasse	6–40	5–30	–[1]

1) Keine Angaben. – 2) Vor 2010 kaum Offshoreanlagen zu erwarten. – 3) Referenztechnologie, Erstanlage 2004.

auf lokaler Ebene (z. B. Luftverschmutzung durch lokale Schadstoffbelastung, bergbaul. Schäden und Beeinflussung des Grundwasserhaushaltes durch den Tagebau, Veränderung des Mikroklimas durch Kühlturmschwaden). Als problematisch erweisen sich die z. T. geringe Energiedichte der einzelnen e. E. und damit ihr spezifisch hoher Flächenbedarf. Für die negativen Auswirkungen der Windenergie wie Lärmbelästigung und Schattenwürfe wurden mittlerweile techn. Lösungen gefunden bzw. können genügende Abstandsflächen eine negative Beeinflussung ausreichend begrenzen. Auch die Beeinflussung von Brutverhalten und Vogelflug sowie die Eingriffe in das Landschaftsbild können durch eine optimierte Planung und Einpassung der Anlagen in die örtlichen Gegebenheiten minimiert werden. Letztlich bleibt die Installation eines Windkraftwerks aber ein Eingriff in das gewohnte Landschaftsbild, der von vielen Bürgerinitiativen heute sehr kritisch betrachtet wird. Für die Nutzung der Biomasse ist die lokale Schadstoffbelastung bei der Verbrennung biogener Brennstoffe zu beachten. Kritisch werden auch große Wasserkraftprojekte (z. B. Drei-Schluchten-Staudamm am Jangtsekiang in China) gesehen, die mit massiven Umsiedlungen verbunden und deren ökolog. Folgeschäden ungeklärt sind.

Abhilfe für negative Umweltauswirkungen können v. a. techn. Neuerungen (z. B. Schadstoffrückhaltesysteme bei der Verbrennung fester biogener Energieträger) und umsichtige Planungen (z. B. Ausweisung von Tabu- und Vorrangflächen für die Windenergie auf lokaler und regionaler Ebene) unter Einbeziehung der beteiligten Akteure schaffen.

Technische Potenziale zur Nutzung erneuerbarer Energien in Deutschland

Die techn. Potenziale beschreiben die Nutzungsmöglichkeiten e. E., die in Dtl. gegeben sind, wenn alle verfügbaren, d. h. »geeigneten«, Flächen für die Energiebereitstellung herangezogen werden. Sie stellen damit die theoret. obere Grenze der Nutzungsmöglichkeiten e. E. dar und lassen andere Bewertungsfaktoren (insbesondere die Wirtschaftlichkeit, aber auch Fragen der Akzeptanz) zunächst unberücksichtigt. Die techn. Potenziale der Stromerzeugung auf der Basis e. E. können in Dtl. je nach Abschätzung insgesamt die Größenordnung des inländ. Nettostromverbrauchs erreichen. Bezogen auf den Endenergiebedarf an Brennstoffen ermöglichen die Nutzungsoptionen e. E. zur Wärmebereitstellung eine Abdeckung von rd. 50 bis 70 %. Damit sind Anteile an der Abdeckung des Primärenergiebedarfs von 45,5 % (Wirkungsgradmethode, die Stromerzeugung aus e. E. wird dabei mit dem Faktor I bewertet) bzw. 60 % (Substitutionsmethode) zu erreichen.

Die aufgeführten Potenziale geben die technisch mögl. Erzeugungspotenziale wieder. Die tatsächlich realisierbaren Endenergiepotenziale sind z. B. aufgrund von Transport- und Speicherverlusten, der erforderl. Anpassung an den Nachfrageverlauf sowie der z. T. auftretenden konkurrierenden Flächennutzungen (Belegung der Dachflächen mit Solarzellen oder mit Solarkollektoren, Nachfragen nach biogenen Primärenergieträgern für die Stromerzeugung, die Wärmebereitstellung oder die Kraftstoffproduktion) sowie wirtschaftl. Randbedingungen geringer. Andererseits können zukünftige techn. Anlagen- und Komponentenverbesserungen zu einer Erhöhung des Potenzials führen.

Wirtschaftlichkeit der Nutzung erneuerbarer Energien

Obwohl der mögliche Beitrag der e. E. zur Minderung der CO_2-Emissionen weitgehend anerkannt ist, sind neben strukturellen Problemen (z. B. andauernde Überkapazitäten und fehlende Investitionsanreize in der Stromwirtschaft) v. a. die z. T. noch vergleichsweise hohen Kosten das wesentl. Hemmnis für ihre verstärkte Nutzung. Die TABELLE 5 gibt einen Überblick über die derzeitige Kostensituation der Strombereitstellung.

Im Bereich der Stromerzeugung ist heute v. a. die Wasserkraftnutzung wirtschaftlich. Dies gilt insbesondere für die Reaktivierung und Modernisierung von bestehenden Altanlagen. Auch die windtechn. Stromerzeugung ist derzeit an günstigen Standorten konkurrenzfähig. Bei jahresmittleren Windgeschwindigkeiten von oberhalb 5 m/s liegen die durchschnittl. Stromgestehungskosten häufig unterhalb der gesetzlich vorgeschriebenen Einspeisevergütung (rd. 8,7 ct/kWh im Jahr 2004). Demgegenüber ist die fotovoltaische Stromerzeugung heute noch um den Faktor 5 bis 10 teurer als eine konventionelle Stromerzeugung. Die Strombereitstellung aus Biogas kann heute vielfach bereits rentabel erfolgen bzw. liegt an der Schwelle der Wirtschaftlichkeit. Auch die Wärmebereitstellung aus biogenen Brennstoffen ist ebenfalls vielfach schon konkurrenzfähig. Die wirtschaftl. Nutzbarkeit solartherm. Systeme nimmt stetig zu und beschränkt sich nicht mehr nur auf Nischenbereiche (z. B. solare Schwimmbadbeheizung). Biogene Kraftstoffe sind derzeit aufgrund der Steuerbefreiung kostengünstiger als herkömml. Antriebsstoffe. Zudem ist bei heute durchgeführten Kostenbewertungen der beträchtl. externe Nutzen (vermiedene Umweltschäden) ebenso noch nicht berücksichtigt wie die tendenziell weiter ansteigenden Preise konventioneller Energieträger.

Trotz der bereits in der Vergangenheit erreichten Kostensenkungen (bei der Windenergie haben sich die spezif. Investitionserfordernisse innerhalb von 10 Jahren halbiert) wird es in Zukunft zu der aus Klimaschutzgründen notwendigen deutl. Ausweitung der Nutzung von e. E. nur kommen, wenn die Kosten weiter verringert werden können. Die Möglichkeiten dazu sind gegeben. Hierzu bedarf es aber weiterhin einer konsequenten Ausgestaltung der staatl. Rahmenbedingungen und der Durchführung von Förder- und Markteinführungsprogrammen. Die Bundesregierung hat sich insgesamt ehrgeizige Ausbauziele gesetzt. Der Anteil der e. E. an der Stromerzeugung soll bis zum Jahr 2020 auf 20 % erhöht (gegenüber rd. 8 % im Jahr 2003) und bis zum Jahr 2050 ein Primärenergieanteil von 50 % erreicht werden.

Zukünftige Bedeutung der erneuerbaren Energien

Seit Beginn der Industrialisierung wächst der Energieverbrauch stetig an, und zwar deutlich rascher als die Anzahl der Menschen. Wenngleich in einigen Ländern (z. B. Dtl.) Primärenergieverbrauch und Bevölkerungs- bzw. Wirtschaftsentwicklung voneinander entkoppelt werden konnten, gilt dies im Weltmaßstab nicht. Während die Weltbevölkerung von 1870 bis heute um das Vierfache auf 6 Mrd. Menschen stieg, erhöhte sich der Energieverbrauch und damit v. a. der Einsatz der fossilen Energieträger Kohle, Erdöl und Erdgas bis zum Jahr 2000 um das Sechzigfache auf derzeit 424 EJ/a (davon 9,2 EJ in Dtl. 1 EJ entspricht einer Trillion Joule, 1 kWh umfasst 3 600 kJ). Folgt man den Entwicklungen der letzten Jahre, dann wird sich der Energieverbrauch weltweit weiter erhöhen. Ausgehend von dem heute erreichten Niveau könnte er sich nach Schätzungen des Weltenergierates (engl. **W**orld **E**nergy **C**ouncil, Abk. WEC) bis zum Jahr 2050 etwa verdoppeln (»Szenario B«). Andere Prognosen (z. B. von Shell oder vom Wissenschaftl. Beirat der Bundesregierung für globale Umweltveränderung, WBGU) kommen zu ähnlichen Einschätzungen. Mit einer derartigen Entwicklung könnten insbesondere die Forderungen der Klimawissenschaftler, die sich weltweit im Intergovernmental Panel on Climate Change (IPCC) zusammengeschlossen haben, nach einer Halbierung des Ausstoßes von Kohlendioxid (CO_2) bis zur Mitte des nächsten Jahrhunderts nicht erfüllt werden. Im Gegenteil, die CO_2-Emissionen würden weiter ansteigen und im Jahr 2050 – je nach Randbedingungen – bis zu doppelt so hoch sein wie heute. Eine Begrenzung der hiermit verbundenen Klimaveränderungen auf ein für die Ökosysteme der Erde verträgl. Maß wäre dann nicht mehr möglich.

Wie zahlr. Analysen heute zeigen, ist eine derartige Entwicklung grundsätzlich aber noch umkehrbar. Die Vermeidung katastrophaler globaler Klimaveränderungen und der Umstieg in ein risikoarmes und dauerhaftes Energiesystem erfordern jedoch eine Strategie der forcierten Effizienzsteigerung und die konsequente Markteinführung e. E. In seinem »Szenario C1« hat der Weltenergierat Ende der 1990er-Jahre skizziert, wie eine langfristige Strategie des Klimaschutzes auch dann noch möglich ist, wenn mittelfristig auf die Nutzung der Kernenergie verzichtet wird. Die Umsetzung dieser Strategie wird vom WEC als ebenso realisierbar eingeschätzt wie die anderen von ihm beschriebenen Szenarien. Aus ökonomischer Sicht weist das risikominimierende WEC-Szenario C1 sogar eher Vorteile auf.

Der Anteil der e. E. am Primärenergieverbrauch, der im Vergleich zu den Trendbedingungen außerdem durch die Durchführung umfangreicher Energiesparmaßnahmen deutlich reduziert werden muss, liegt danach nach der statist. Zuordnung des WEC ausgehend von 17,7 % im Jahr 1995 im Jahr 2020 bei 21 % und im Jahr 2050 bei knapp 40 %. Langfristig, d. h. etwa bis zum Ende diesen Jahrhunderts muss er auf 80 % steigen, um die globale Erwärmung in tolerablen Grenzen halten zu können. Einige jüngere Untersuchungen (z. B. das Szenario »Solare Energiewirtschaft« des Dt. Forschungszentrums für Luft- und Raumfahrt) gehen davon aus, dass eine derartige Steigerung unter günstigen Bedingungen auch schon schneller zu erreichen sein dürfte. Im Ggs. dazu erhöht sich der Anteil der e. E. an der Bedarfsdeckung unter Trendbedingungen nur geringfügig gegenüber dem heutigen Niveau (rd. 22,2 % im »Szenario B« des WEC im Jahr 2050). Die Realisierbarkeit eines derartigen Prozesses wurde auch für Dtl. in verschiedenen Szenarioanalysen beschrieben. In dem für das Umweltbundesamt entwickelten Nachhaltigkeitsszenario wird z. B. dargestellt, dass nicht nur unser Energiebedarf bis zum Jahr 2050 um rd. 40 % gesenkt werden kann, sondern dass die verbleibende Energienachfrage auch zu mehr als 40 % dann durch den Einsatz e. E. gedeckt werden kann. Nur dann wird es gelingen, die Vorgabe der Klima-Enquete-Kommissionen des Deutschen Bundestages zu erfüllen, nämlich den CO_2-Ausstoß bis zur Mitte dieses Jahrhunderts in Dtl. um 80 % zu reduzieren.

Grundsätzlich gilt in techn. sowie in ökonom. Hinsicht: Die forcierte Erhöhung der Umwandlungswirkungsgrade auf der Nachfrage- und Angebotsseite sowie die Verringerung des Nutzenergiebedarfs bei der Bereitstellung von Energiedienstleistungen (z. B. durch Wärmedämmung) schafft für die e. E. den erforderl. Handlungsspielraum und reduziert damit auch die Kosten sowohl für den Einsatz heute noch teurer Technologien als auch die damit verbundenen Infrastrukturmaßnahmen (z. B. Anschluss der Offshorewindenergie an das Verbundnetz). Umgekehrt kann auch der verstärkte Ausbau der e. E. vor Ort zu einer Effizienzsteigerung bzw. zu einer Energieeinsparung beim Anwender führen. Dies haben empir. Untersuchungen z. B. für die Installation von Fotovoltaikanlagen in Dtl. nachgewiesen.

Die techn. Potenziale für den erforderl. Ausbau der e. E. sind hoch genug. Ihre Ausschöpfung scheitert heute aber noch an einer Vielzahl von strukturellen, ökonom. und institutionellen Hemmnissen. Diese können mittelfristig nur über eine konsequente Energie- und Klimaschutzpolitik überwunden werden, indem sektor- und zielgruppenspezif. Markteinführungs-, Anreiz-, Informations-, Beratungs- und Weiterbildungsprogramme für e. E. und Energieeinsparung aufgelegt werden, die in einem effektiven Klimaschutzpfad untrennbar zusammengehören. Den e. E. kann damit sowohl technologisch als auch ökonomisch zum Durchbruch und Dtl. zu einer Spitzenposition in diesem Technologiebereich verholfen werden. Dabei steht Dtl. (neben den anderen Industrieländern) auch in der Verantwortung gegenüber den Ländern des Südens, die aufgrund der Klimaproblematik ihren zukünftigen Energieverbrauch zu wesentl. Teilen auf der Basis e. E. decken müssen. Dies werden sie nur dann tun können, wenn die Einsatzreife, Modernität und Finanzierbarkeit dieser Techniken in den Industrieländern demonstriert wurde.

Für Dtl. ergibt sich hierdurch die Chance, sich international eine gute Ausgangsbasis für die Erschließung dieser Zukunftsmärkte zu sichern und zusätzl. qualifizierte und innovative Arbeitsplätze zu schaffen. Bis heute sind in diesem Wirtschaftszweig etwa 130 000 Arbeitsplätze geschaffen worden. Damit sind die e. E. heute schon mit mehr Beschäftigten verbunden als etwa Kernenergie- oder Braunkohlewirtschaft. Diese Chancen werden derzeit von der Energiepolitik und der Energiewirtschaft zwar verstärkt, aber für das Erreichen der gesetzten Ziele noch nicht ausreichend wahrgenommen.

Enzyklopädische Vernetzung
Blockheizkraftwerk ▪ Elektrizitätswirtschaft ▪ Energieforschung ▪ Energiepolitik ▪ Energiesparen ▪ Energiewirtschaft ▪ Fotovoltaik ▪ Kraft-Wärme-Kopplung ▪ Solararchitektur ▪ Solarkraftwerk ▪ Solartechnik ▪ Solarzelle ▪ Sonnenenergie ▪ Sonnenkollektor

VDI-Lex. Energietechnik, hg. v. H. Schaefer (1994); Mehr Zukunft für die Erde. Nachhaltige Energiepolitik für dauerhaften Klimaschutz, hg. v. der Enquête-Kommission Schutz der Erdatmosphäre (1995); E. U. v. Weizsäcker u. a.: Faktor Vier. Doppelter Wohlstand – halbierter Naturverbrauch (1997); M. Fischedick u. a.: Nach dem Ausstieg. Zukunftskurs e. E. (2000); P. Hennicke u. A. Lovins: Voller Energie. Vision: Die globale Faktor-Vier-Strategie für Klimaschutz u. Atomausstieg (2000); Nachhaltige Energieversorgung unter den Bedingungen v. Liberalisierung u. Globalisierung, hg. v. der Enquête-Kommission Nachhaltige Energieversorgung (2002); E. E. Systemtechnik, Wirtschaftlichkeit, Umweltaspekte, hg. v. M. Kaltschmitt u. a. (³2003); Welt im Wandel. Energiewende zur Nachhaltigkeit, hg. vom Wiss. Beirat der Bundesregierung für globale Umweltveränderungen (2003); E. E. in Zahlen, hg. vom Bundesministerium für Umwelt, Naturschutz u. Reaktorsicherheit (2004); E. E. Innovation für die Zukunft, hg. vom Bundesministerium für Umwelt, Naturschutz u. Reaktorsicherheit (2004); J. Nitsch u. a.: Ökologisch optimierter Ausbau e. E. (2004); J. Reshöft u. a.: E. E.-Gesetz (²2005). – *Periodika*: Jb. E. E., hg. v. der Stiftung Energieforschung Baden-Württemberg (2000 ff.); Energiedaten. Zahlen u. Fakten nationale u. internationale Entwicklung, hg. vom Bundesministerium für Wirtschaft (2001 ff.).

Fortsetzung von Seite 317
Prag:
15) Ernst von Pardubitz, Bischof (seit 1343) und erster Erzbischof von Prag (seit 1344), * um 1300, † Raudnitz an der Elbe (Roudnice nad Labem) 30. 6. 1364; stammte aus ostböhm. Niederadel, studierte in Bologna und Padua Kirchenrecht; enger Mitarbeiter Kaiser Karls IV. in Verw. und Diplomatie.

Sachsen:
16) Ernst, Kurfürst (seit 1464), * Meißen 24. 3. 1441, † Colditz 26. 8. 1486, Sohn von Kurfürst Friedrich II.; übernahm 1464 mit seinem Bruder Albrecht dem Beherzten die Reg., die er sowohl innen- wie außenpolitisch mit großem Erfolg leitete. Die von ihm mit seinem Bruder 1485 (17.6./8. 11., Leipziger Vertrag) durchgeführte Hauptteilung der wettin. Länder unter die von ihm begründete →ernestinische Linie und die →albertinische Linie schwächte das Haus Wettin und Kursachsen.

Sachsen-Coburg-Saalfeld:
17) Ernst I., Herzog von Sachsen-Coburg-Saalfeld (1806–26), Herzog von Sachsen-Coburg und Gotha (seit 1826), * Coburg 2. 1. 1784, † Gotha 29. 1. 1844, Vater von 18); erhielt auf dem Wiener Kongress (1815) das Fürstentum Lichtenberg an der Nahe zugesprochen, das er 1834 an Preußen verkaufte. 1821 erließ der als stark konservativ geltende Fürst eine liberale Verf. Ab 1826 verband er das Herzogtum Gotha (unter Verlust von Saalfeld) in Personalunion mit Sachsen-Coburg.

Sachsen-Coburg und Gotha:
18) Ernst II., Herzog (seit 1844), * Coburg 21.6. 1818, † Schloss Reinhardsbrunn (bei Friedrichroda) 22. 8. 1893, Sohn von 17). Liberal und kleindeutsch-national eingestellt, förderte E. nach 1849/50 die Einigungsbestrebungen des Dt. Nationalvereins (gegr. 1859), dessen Protektor er wurde, und machte sein Land zu einem Zentrum der dt. Einigungsbewegung (Turner-, Sänger-, Schützenfeste; »Schützen-E.« gen.). 1861 schloss er mit Preußen eine Militärkonvention. Nach der Gründung des Dt. Reichs (1871) widmete er sich kulturpolit. Fragen sowie der Industrialisierung seines Landes. Seine Memoiren »Aus meinem Leben und aus meiner Zeit« (3 Bde., 1887–89) spiegeln das liberale, vom Nationalismus geprägte Gedankengut der Zeit.

Sachsen-Gotha-Altenburg:
19) Ernst I., der Fromme, Herzog (seit 1640), * Altenburg 25. 12. 1601, † Gotha 26. 3. 1675; Ernestiner; trat 1631 in den schwed. Kriegsdienst ein. Nach der Niederlage von Nördlingen (1634) wandte er sich ganz dem Ausbau des zus. mit seinem Bruder Wilhelm (* 1598, † 1662) regierten Landes zu, das er nach der Teilung von 1640 auf dem Erbwege um große Teile der wettinisch-ernestin. Besitzungen erweiterte (1672 Altenburg). Das in den letzten Jahren des Dreißigjährigen Krieges (1618–48) verwüstete Gothaer Land baute er rasch wieder auf, wobei er v. a. mithilfe von V. L. von Seckendorff eine vorbildl. Landesverwaltung schuf (Muster des »Teutschen Fürstenstaats«). E. reformierte das Unterrichtswesen nach J. A. Comenius, führte 1642 die Schulpflicht sowie 1653, endgültig 1666, eine Landesordnung, 1670 eine Prozessordnung ein.

E. der Fromme 1601–1675. Staatsmann u. Reformer, hg. v. R. Jacobson u. a. (2002).

Schwaben:
20) Ernst II., Herzog (seit 1015), * um 1007, † bei Burg Falkenstein (auf der Baar) 17. 8. 1030, Sohn Ernsts I. von Schwaben (* vor 984, † 1015); stand bis zur Wiederverheiratung seiner Mutter Gisela mit dem späteren Kaiser Konrad II. (1016) unter ihrer Vormundschaft, danach unter der seines Onkels Poppo von Trier († 1047). In der Thronerhebung (1024) seines Stiefvaters sah E. eine Gefährdung seiner Herrschaft in Schwaben. Seit dieser Zeit opponierte er gegen Konrad. Nach 1027 als Herzog abgesetzt und geächtet, fiel er 1030 mit seinem Freund Werner von Kyburg im Kampf gegen die Leute des Bischofs Warmann von Konstanz († 1032), seines Nachfolgers im Amt des Herzogs. – E.s trag. Ende bildet die Vorlage für das mittelalterl. Epos →Herzog Ernst.

Ernst,
1) Max, frz. Maler und Bildhauer dt. Herkunft, * Brühl (Rhein-Erft-Kreis) 2. 4. 1891, † Paris 1. 4. 1976; studierte 1909–14 Philosophie in Bonn. 1919 rief er

Max Ernst

mit H. ARP und JOHANNES BAARGELD (* 1892, † 1927) die Kölner Dada-Bewegung ins Leben. Ab 1922 lebte er in Paris, wo er sich den Surrealisten anschloss (»Rendezvous der Freunde«, 1923/24; Köln, Museum Ludwig). Nach seiner Emigration (1941) lebte er in New York und Sedona (Ariz.). 1946 heiratete er die amerikan. Malerin DOROTHEA TANNING. – Immer wiederkehrende Motive seiner Bildwelt sind Vögel, anthropomorphe Figuren, Chimären, Horden, Wälder, kosm. Landschaften und Gestirne, die er oft nach dem Prinzip des →Automatismus realisierte. Er entwickelte die Technik der →Frottage (1925) und später die der →Grattage. Seinen dem Surrealismus bes. verpflichteten Collageromanen (»La femme 100 têtes«, 1929) legte er Illustrationen aus Zeitschriften des 19. Jh. u. Ä. zugrunde, in die er ausgeschnittene Figurationen (v. a. Tierköpfe) einfügte. In seinen Plastiken (ab 1928) verarbeitete E. Anregungen aus der Kunst der Naturvölker (»Capricorne«, 1948, Bronzeguss 1964).

🔊 **Max Ernst:** Über sein Leben und Werk 1785

Weitere Werke: *Weitere Gemälde:* Der Elefant Celebes (1921; Privatsammlung); Oedipus Rex (1922; Privatsammlung); Die Horde (1927; Amsterdam, Stedelijk Museum); Der große Wald (1927; Basel, Kunstmuseum); Die ganze Stadt (1935–36; Zürich, Kunsthaus); Die Einkleidung der Braut (1939; Venedig, Peggy Guggenheim Collection); Europa nach dem Regen (1940–42; Hartford, Conn., Wadsworth Atheneum); Mundus est fabula (1959; New York, Museum of Modern Art).

M. E. Œuvre-Kat., hg. v. W. SPIES, 6 Bde. (Houston, Tex., 1975–98); W. KONNERTZ: M. E. Zeichnungen, Aquarelle, Übermalungen, Frottagen (1980); M. E. Frottagen, hg. v. W. SPIES (²1986); D. TANNING: Birthday. Lebenserinnerungen (a. d. Amerikan., 1991); W. SPIES: M. E. – Loplop. Die Selbstdarstellung des Künstlers (Neuausg. 1998); M. E. Die Retrospektive, hg. v. DEMS., Ausst.-Kat. (1999); S. KAUFMANN: Im Spannungsfeld v.

Max Ernst: »Die Windsbraut«, Frottage (1927; Privatbesitz)

Fläche u. Raum. Studien zur Wechselwirkung v. Malerei u. Skulptur im Werk von M. E. (2003); M. E. – Collagen. Inventar u. Widerspruch, bearb. v. W. SPIES (Neuausg. 2003); M. E. Graph. Welten, hg. v. J. PECH (2003).

2) Otto, eigtl. **O. E. Schmidt,** Schriftsteller, * Ottensen (heute zu Hamburg) 7. 10. 1862, † Groß Flottbek (heute zu Hamburg) 5. 3. 1926; war Lehrer, ab 1901 freier Schriftsteller; schilderte in seinen z. T. an den Naturalismus anklingenden Dramen, seinen Gedichten, gesellschaftskrit. Romanen und Erzählungen satirisch und humorvoll kleinbürgerl. Verhältnisse; auch Essays zur Literatur und Pädagogik.

Werke (Auswahl): *Erzählungen:* Der süße Willy (1895); Appelschnut (1907). – *Komödien:* Jugend von heute (1901); Flachsmann als Erzieher (1901); Tartüff der Patriot (1909). – Gedichte (1889). – Asmus Sempers Jugendland (1905, autobiograf. Roman). – Niederdt. Miniaturen (1925).

3) Paul, Schriftsteller, * Elbingerode 7. 3. 1866, † Sankt Georgen an der Stiefing (Steiermark) 13. 5. 1933; war Redakteur und Dramaturg; bekannte sich in seinen Anfängen unter dem Einfluss von A. HOLZ zum Naturalismus (Drama »Lumpenbagasch«, 1898) und zu sozialrevolutionären Ideen. Unter dem Eindruck einer Italienreise (1900) trat er dann für die Selbstverantwortung des Menschen ein und betonte die Abhängigkeit der Kunst von sittl. Werten. E. wurde einer der Hauptvertreter der dt. Neuklassik. In seinem dichter. Werk suchte er seine kunst- und kulturkrit. Theorien (Essays »Der Weg zur Form«, 1906; »Der Zusammenbruch des Idealismus«, 1919) zu verwirklichen. Die stärkste Wirkung ging von seinen rd. 300 Novellen (»Komödiantengeschichten«, 1920; »Spitzbubengeschichten«, 1920) aus, die diese Gattung nach dem Vorbild der Renaissancenovelle erneuerten. E.s Erneuerungsversuche um Drama und Epos vermochten nicht zu überzeugen (»Das Kaiserbuch«, 3 Bde., 1922–28). Er schrieb später einige kleinere, im Harz spielende Romane: »Der Schatz im Morgenbrotstal« (1926), »Das Glück von Lautenthal« (1933).

Weitere Werke: *Dramen:* Demetrios (1905); Brunhild (1909); Ninon de Lenclos (1910); Ariadne auf Naxos (1912); Preußengeist (1915); Kassandra (1915); Yorck (1917); Chriemhild (1918). – *Novellen:* Der Tod des Cosimo (1912); Die Hochzeit

Max Ernst: »Die nahende Pubertät«, auch »Die Plejaden« (1921; Paris, René Rasmussen Collection)

Paul Ernst

(1913); Die Taufe (1916); Der Nobelpreis (1919). – *Romane:* Der schmale Weg zum Glück (1904); Die selige Insel (1909); Saat auf Hoffnung (1916). – *Essays:* Ein Credo, 2 Bde. (1912); Der Zusammenbruch des Marxismus (1919); Erdachte Gespräche (1920). – *Autobiografisches:* Jugenderinnerungen (1930); Jünglingsjahre (1931); Tagebuch eines Dichters (1934).

Ausgabe: Harzromane, hg. v. K. A. KUTZBACH (1966).

4) Richard R., schweizer. Physikochemiker, * Winterthur 14. 8. 1933; war 1963–68 wiss. Mitarbeiter eines bes. auf dem Gebiet der Herstellung und Entwicklung von Spektrometern tätigen Unternehmens in Palo Alto (Calif.); ab 1968 Privatdozent, 1976–98 ordentl. Prof. für physikal. Chemie an der ETH Zürich. Er beschäftigte sich mit der hochauflösenden kernmagnet. Resonanzspektroskopie (NMR-Spektroskopie), entwickelte die zweidimensionale NMR und viele neue Pulstechniken. Außerdem trug er zur Anwendung der NMR-Technik in der Medizin bei (Kernspintomografie). Für seine bahnbrechenden Beiträge zur Entwicklung der NMR-Spektroskopie erhielt E. 1991 den Nobelpreis für Chemie.

Richard R. Ernst

Ernst-Abbe-Stiftung, →Carl-Zeiss-Stiftung.

Ernste Bibelforscher, bis 1931 Name der →Zeugen Jehovas.

Ernst-Ludwig-Presse, Privatpresse, 1907 von Großherzog ERNST LUDWIG von Hessen in Darmstadt gegründet. Sie wurde zunächst geleitet von F. W. KLEUKENS; dessen Bruder C. H. KLEUKENS führte den Druck auf der Handpresse durch und übernahm 1914 die Leitung. Die E.-L.-P. druckte neben vielen anderen Vorzugsdrucken 1922–24 GOETHES »Faust« sowie 1925–31 SHAKESPEARES Werke in engl. Sprache.

Ernst-Moritz-Arndt-Universität Greifswald, seit 1933 Name der 1456 gegründeten Univ. von Greifswald.

Ernte, das Einbringen von Feld- und Gartenfrüchten sowie anderen verwertbaren Pflanzenprodukten (z. B. Teeblätter, Pflanzenfasern, Heu); auch Bez. für den Ertrag selbst.

Volksglaube und Brauch E.-Bräuche hatten bis Ende des 19. Jh. in der dörfl. Arbeitswelt wegen der Schwere der E.-Arbeit und des Einflusses des E.-Ertrages auf das Auskommen der Menschen im kommenden Jahr sowie wegen der zentralen Rolle der Religion bzw. volksreligiöser Praktiken große Bedeutung, sind jedoch heute (bis auf das →Erntedankfest) in Mitteleuropa kaum noch üblich. Die versch. **E.-Bräuche** begleiteten meist Beginn und Abschluss der Getreide-E.: gemeinsames Gebet vor Arbeitsbeginn, Schmücken des ersten und des letzten Erntewagens, Anmähen und Zeremonien beim Binden der ersten Garbe, Kennzeichnungen der Zehntgarben, spezielle Riten der mit vielen, landschaftlich versch. Namen bedachten letzten Garbe (»Alte«), ein gemeinsames Mahl mit Tanz nach Beendigung der Feldarbeit (E.-Fest). Nach regional verbreiteten Aberglaubensvorstellungen sollte sich in das letzte Getreide ein Dämon geflüchtet haben, der als Hahn oder Bock, aber auch als Mensch erscheinen konnte (»Roggenmuhme«, »Kornmutter«).

Für das MA. ist der E.-Schluss auf klösterl. Grundbesitz bezeugt; seit dem 17. Jh. war nach dem Einbringen des letzten Getreides in die Scheune eine E.-Predigt mit anschließender festl. Mahlzeit üblich. Die Bräuche um die E.-Puppe für den, der den letzten Schnitt tat und die letzte Garbe band, um E.-Kranz oder E.-Krone (beide aus Blumen und Getreideähren geflochten), um das Austanzen des E.-Hahns oder eines E.-Bocks kamen zu breitester Entfaltung auf Großgrundbesitz; Zentrum war ein Tanzvergnügen, das der Grundherr zu veranstalten hatte (»E.-Bier« bzw. »E.-Kranz«, niederdt. »Aust[kost]«). Als Abschluss des E.-Jahres galt Martini (11. 11.).

Zu den E.-Bräuchen gehörten auch die **Drescherbräuche** beim Abschluss der oft über den Winter bis zur Fastnacht dauernden, von Liedern bzw. Sprüchen begleiteten Arbeit des Flegeldreschens (»Ausdrusch«).

I. WEBER-KELLERMANN: E.-Brauch in der ländl. Arbeitswelt des 19. Jh. (1965).

Ernteameisen, Bez. für subtrop. →Knotenameisen, die Früchte und Pflanzensamen als Vorräte in ihre Nester eintragen. In Europa (Mittelmeerraum) kommt nur die zu den **Getreideameisen** gehörende Gattung **Messor** vor. Die Getreideameisen können in ihren unterirdisch angelegten Nestern bis zu 12 kg Getreidekörner pro Erntezeit eintragen. Im Nest werden die Körner von den Spelzen befreit und von vielen Tieren gemeinsam stunden- bis tagelang gekaut und mit Speichel vermengt. Das dabei entstehende »Ameisenbrot« dient u. a. der Ernährung der Larven.

Erntedankfest, kirchl. Fest, in dem die Kirchengemeinde für die eingebrachte Ernte dankt. Alte Vorbilder sind das Laubhüttenfest der Israeliten und entsprechende E. der Römer. Schon in der Reformationszeit (16. Jh.) wurde als Termin des E. vielfach der Michaelistag (29. 9.) gewählt. Der Sonntag nach Michaelis wurde 1773 in Preußen als Tag des E. übernommen (bestätigt 1836). Heute wird das E. allg. am ersten Sonntag im Oktober gefeiert. Zur Feier in der Kirche werden auf dem Altar oder auf einem Beitisch Feldfrüchte ausgebreitet, die man anschließend verschenkt. Umstritten ist, ob das E. an vorchristl. (german.?) Dankopferriten anknüpft. – In den USA begründeten die Pilgerväter ein entsprechendes Fest (→Thanksgiving Day).

Erntefieber, Feldfieber, zu den →Leptospirosen gehörige epidem. Infektionskrankheit.

Erntefische, Stromateoide|i, Unterordnung der Barschartigen Fische mit Aussackungen der Speiseröhre, 6 Familien mit rd. 60 Arten, z. B. Quallenfische, Schwarzfische und Eckschwänze.

Erntekrätze, Trombidiose [Herkunft unsicher] *die, -/-n,* Hauterkrankung mit stark juckenden, kleinen Knötchen, die durch auf Getreide u. a. Gräsern lebende Milben hervorgerufen wird und bes. bei in der Landwirtschaft tätigen Personen von April bis Oktober auftritt. Die Behandlung des Juckreizes erfolgt mit Antihistaminika; vorbeugend können insektenabweisende Mittel (Repellentien) angewendet werden.

Erntemilbe, Trombicula autumnalis, eine Milbenart, deren Larven (Größe 0,25 mm, nach dem Blutsaugen bis 0,75 mm) im Spätsommer oft massenhaft auftreten und beim Menschen durch ihr Blutsaugen einen sehr starken Juckreiz hervorrufen können (Ernte-, Heukrätze, Augustquaddeln).

Erntemonat, Erntemond, alter dt. Name für den Monat August (→Monatsnamen).

Ernteversicherung, Abdeckung von Ertragsausfällen in Form einer Ernteschadenversicherung gegen Einzelgefahren oder einer Ernteertragsversicherung gegen alle Naturgefahren wie Hagel, Überschwemmungen, Sturm, Brand (Elementarschadenversicherung), abnorme Witterungseinflüsse oder tier. und pflanzl. Schädlinge.

Ernting, alter dt. Name für den Monat August (→ Monatsnamen).

Eroberung, *Völkerrecht:* die krieger. Inbesitznahme fremden Staatsgebiets. Sie führt zunächst zur →Besetzung. Einen rechtl. Grund zum Gebietserwerb gibt die E. nicht, dieser kann vielmehr nur kraft Friedensvertrags erfolgen. Der allein auf Gebietsvergrößerung abzielende E.-Krieg ist als Angriffskrieg völkerrechtswidrig. An die Stelle der E. sind heute mittelbare Formen der Kontrolle oder Beeinflussung fremder Staaten getreten.

Erode [eˈrəʊd], Stadt im Bundesstaat Tamil Nadu, S-Indien, an der Cauvery, 147 000 Ew.; Textilindustrie; Verkehrsknotenpunkt.

erodieren [lat. erodere »ausnagen«], *Geologie:* Prozess der Materialabtragung (Boden und Gestein) durch Wasser, Wind oder Eis (→Erosion).

Erodium [zu griech. eródios »Reiher«], wiss. Name der Pflanzengattung →Reiherschnabel.

Erofeev [jerɔˈfejef], russ. Schriftsteller, →Jerofejew.

Eröffnung, erste Phase des →Schachspiels.

Eröffnungsbeschluss, 1) im Strafprozess ein das →Zwischenverfahren abschließender Beschluss des Gerichts, durch den die Eröffnung des Hauptverfahrens angeordnet wird (§§ 199 ff. StPO). Er wird erlassen, wenn der Angeschuldigte nach dem Ergebnissen des staatsanwaltl. →Ermittlungsverfahrens einer Straftat hinreichend verdächtig erscheint, d. h., wenn eine überwiegende Verurteilungswahrscheinlichkeit besteht. Der E. ergeht in Form einer Zulassung der Anklage; er kann von dem Angeklagten nicht angefochten werden. Verneint das Gericht den hinreichenden Tatverdacht, so ist ein Nicht-E. zu erlassen; aus ihm muss hervorgehen, ob die Nichteröffnung auf tatsächl. oder auf rechtl. Gründen beruht (§ 204 StPO); gegen den Nicht-E. ist seitens der Staatsanwaltschaft sofortige Beschwerde zulässig.

2) im Insolvenzrecht der Beschluss, der das Eröffnungsverfahren (§§ 11 ff. Insolvenzordnung) beendet und das eigtl. →Insolvenzverfahren einleitet und mit welchem u. a. der Insolvenzverwalter bestimmt wird (§ 27 Insolvenzordnung).

Eröffnungsbilanz, 1) die Bilanz eines Kaufmanns zu Beginn seines Handelsgewerbes (z. B. Unternehmensgründung), auf welche die für die Jahresbilanz geltenden Vorschriften entsprechend anzuwenden sind (§ 242 HGB); 2) die Bilanz zu Beginn eines neuen Wirtschaftsjahres, deren Wertansätze mit denen der Schlussbilanz des vorhergehenden Wirtschaftsjahres übereinstimmen müssen (§ 252 HGB).

E. besonderer Art werden bei Währungsreformen erforderlich. Eine **DM-E.** wurde zu folgenden Anlässen erstellt: 1) Sie war die nach den Vorschriften des Gesetzes über die E. in Deutsche Mark (DM) und die Kapitalneufestsetzung (D-Markbilanzgesetz) vom 21. 8. 1949 aufzustellende erste Bilanz nach der →Währungsreform vom 21. 6. 1948 zur Regelung des Übergangs von Reichsmark (RM) auf DM mit einmaliger Unterbrechung der Bilanzidentität zw. RM-Schlussbilanz und DM-E. bezüglich der Wertansätze, nicht aber der mengenmäßigen Bestände. 2) Die nach dem DM-Bilanzgesetz (DMBilG) vom 23. 9. 1990 i. d. F. v. 28. 7. 1994 von allen Unternehmen der ehem. DDR (Stichtag 1. 7. 1990) aufzustellende Bilanz in DM diente dazu, in Verwirklichung der Währungs- und Wirtschaftsunion durch Neubewertung der Vermögenswerte und Schulden ein realist. Bild über die Situation der Unternehmen zu erhalten. Mit der DM-E. wurde eine Angleichung der Rechnungslegung der Unternehmen in den neuen Bundesländern an die Rechnungslegungsvorschriften des HGB und zugleich ein bilanzieller Neuanfang erreicht. Für die steuerl. Gewinnermittlung zum 1. 7. 1990 war auch eine steuerl. DM-E. zu erstellen (§ 50 DMBilG).

Bei der Umstellung von der D-Mark auf den Euro (zw. dem 1. 1. 1999 und dem 31. 12. 2001) war eine »Euro-E.« nicht erforderlich, weil es sich nicht um eine Umbewertung, sondern nur um die (lineare) Umrechnung der DM-Schlussbilanzwerte eines vorhergehenden Jahres in Eurogrößen handelte.

Eröffnungsperiode, *Geburtshilfe:* Zeitraum vom Wehenbeginn bis zur vollständigen Eröffnung des Gebärmuttermundes. Die Eröffnung erfolgt durch so genannte Eröffnungswehen. (→Geburt)

erogene Zonen, Körperstellen, deren Berührung oder Reizung sexuelle Erregung, Lust oder Befriedigung auslösen kann; insbes. Genital- und Analregion, Brust und Brustwarzen, Gesäß, Oberschenkelinnenseiten, Hals und Nacken, Mund und Lippen, Ohren sowie individuell auch andere Bereiche.

Eroica [ital. »die Heldische«], Name der Sinfonie Nr. 3 Es-Dur op. 55 (1803/04) von L. VAN BEETHOVEN, u. d. T. **Sinfonia eroica** »dem Andenken eines großen Menschen« gewidmet; auf den späteren Kaiser NAPOLEON I. komponiert, sollte die E. urspr. »Bonaparte« betitelt werden; Uraufführung (öffentlich) am 7. 4. 1805 in Wien.

🔊 **Eroica:** Allegro con brio **6236**

eroico [ital.], musikal. Vortrags-Bez.: heldisch.

Erongo, Bergmassiv im mittleren Namibia, z. T. aus Granit, z. T. vulkan. Ursprungs, bis 2 350 m ü. M.; Felsbilder; Wolfram- und Zinnminen.

Erophila [zu griech. ēr »Frühling« und phíle »Freundin«], wiss. Name der Kreuzblütlergattung →Hungerblümchen.

Eros der, -, griech. **Eros,** das der geschlechtl. Liebe innewohnende Prinzip, sinnl. Anziehung; auch *verhüllend* für: geschlechtl. Liebe, Sexualität. – In der *Geisteswissenschaft* wurde der Begriff des »pädagog. E.« geprägt (H. NOHL) und unter Berufung auf PLATON als eine zwischenmenschl. Beziehung verstanden, in der die selbstlose, auf die Selbstwerdung des Heranwachsenden gerichtete pädagog. Grundhaltung zum Ausdruck kommt. – In der *Psychoanalyse* S. FREUDS bezeichnet E. die dem Todestrieb entgegengesetzten Lebenstriebe (v. a. Sexualtrieb und Selbsterhaltungstrieb).

Eros, griech. **Eros,** röm. **Amor,** der griech. Gott der Liebe, nach HESIODS »Theogonie« einer der ältesten Götter, zugleich mit Erde (Gaia), Finsternis (Erebos) und Nacht (Nyx) aus dem Chaos entstanden. Nach anderen Quellen galt er als Sohn des Ares und der Aphrodite und als einer der schönsten Götter. Einer seiner wenigen Kultorte war das böotische Thespiai, wo zu seinen Ehren auch Festspiele, die Erotidien, stattfanden; in Athen hatte er ein Heiligtum gemeinsam mit Aphrodite an der Nordseite der Akropolis. Als Sinnbild der Freundschaft und Liebe zw. Jünglingen und Männern wurde er bes. in Gymnasien zus. mit Anteros (dem Gott der Gegenliebe und Rächer verschmähter Liebe) verehrt. Eine literar. Schöpfung aus hellenist. Zeit ist das Märchen, das von seiner Liebe zu Psyche erzählt (→Amor und Psyche). Der Gott erscheint jetzt auch als Knabe, der mit seinen Pfeilschüssen Liebe erweckt.

Eros Eros

Eros: attischer Tondiskus (4. Jh. v. Chr.; Paris, Louvre)

Dargestellt wurde E. in der griech. Kunst als nackter Jüngling, im 6. Jh. v. Chr. bereits auch geflügelt. Von LYSIPP stammt eine Plastik des bogenspannenden E. (4. Jh. v. Chr., Kopien in Rom und Kopenhagen). In der hellenist. und röm. Kunst, wie gelegentlich schon in klass. Zeit, trat E. vorwiegend in der Mehrzahl auf, d. h. als kindl. Eroten (lat. Amoretten), die in der pompejan. Wandmalerei und an röm. Sarkophagen oder auf Vasen zu finden sind. In der Neuzeit wird E. als jünglinghafter, dann als kindl. Amor, v. a. als Begleiter der Venus (A. CARRACCI, TIZIAN) dargestellt, als Einzelfigur u. a. bei PARMIGIANINO, P. P. RUBENS, CARAVAGGIO. Beliebt war bes. das Motiv von Amor und Psyche (B. SPRANGER, T. SERGEL, A. CANOVA, M. VON SCHWIND, A. RODIN). Die röm. Amoretten tauchen als Putten in der Renaissance wieder auf.

Eros [nach dem gleichnamigen griech. Gott] *der, -,* der 1898 von den Astronomen GUSTAV WITT (*1866, †1946) und FELIX LINKE (*1879, †1959) in Berlin und unabhängig von AUGUSTE HONORÉ CHARLOIS (*1864, †1910) in Nizza entdeckte →Planetoid (433), der wegen seiner außergewöhnlichen, zw. Erde und Mars verlaufenden Bahn zur Bestimmung der Sonnenparallaxe und damit der Entfernung Erde–Sonne herangezogen wurde. Seine mittlere Entfernung von der Sonne beträgt 218 Mio. km (= 1,46 AE) u. die numer. Exzentrizität seiner Bahn 0,23; er misst etwa 33 × 13 × 13 km. – E. wurde von Februar 2000 bis Februar 2001 von der Raumsonde **NEAR Shoemaker** (NEAR engl. für **n**ear **e**arth **a**steroid **r**endezvous) erforscht, die als erste Sonde auf einem Planetoiden landete. Der E. ist das Fragment eines größeren Körpers. Er weist eine homogene Dichte von 2,7 g/cm^3 auf, sein chem. Aufbau entspricht dem eines gewöhnl. Chondriten. Seine Oberfläche ist mit mehr als 100 000 Einschlagkratern ab 15 m Durchmesser und zahlr. Gesteinsbrocken übersät.

Erösd, rumän. **Ariuşd** [-ʃ-], Ortsteil der rumän. Gemeinde Vâkele (Kr. Covasna) in Siebenbürgen mit jungsteinzeitl. Siedlung, namengebend für die E.-Kultur (3. Jt. v. Chr.), die mit der →Cucuteni-Tripolje-Kultur nahe verwandt ist. Ein häufiges Ziermuster der Keramik sind Spiralen, die vermutlich auf die bandkeram. Kultur (→Bandkeramik) zurückgehen.

Erosion [lat., zu erodere, »ausnagen«] *die, -/-en,*
1) *Fertigungstechnik:* →Elektroerosion.
2) *Geomorphologie:* alle Vorgänge, die auf der Erdoberfläche zu Massenverlagerungen von Böden (Boden-E.), Locker- und Festgesteinen bis zur **absoluten E.-Basis** (Mündungsniveau der Flusssohle ins Meer) oder **lokalen E.-Basis** (Mündungsniveau in den Hauptfluss oder in einen See) führen. Es wird zw. linienhafter E. und flächenhafter →Denudation unterschieden. Die E. kann durch Wind (äolisch), Wasser (fluvial) und Eis (glazial) erfolgen. Bes. intensiv erfolgt die E. in Fließgewässern bei turbulenter Wasserbewegung, während sie bei laminarer Strömung kaum in Erscheinung tritt. Die **Seiten-E.** führt dabei zur Unterschneidung von Talhängen (Talverbreiterung), die **Tiefen-E.** schneidet das Gewässer tiefer ein (Talvertiefung). Beide können allein oder gemeinsam wirken. Die Tiefen-E. wird verursacht durch die Schwerkraft, angeregt durch Hebung der Landoberfläche und verstärkt an Engstellen, die sich v. a. an harten Gesteinsriegeln bilden. Sie bewirkt den Ausgleich des Flusslängsprofils durch Rückverlegung von Gefällstufen und schreitet dabei stromaufwärts gegen die höher gelegenen Teile des Flussbettes (ggf. bis zur Anzapfung) vor (**rückschreitende E.**). Die Seiten-E. wird hervorgerufen durch stoßweise Wasserführung, durch Hochwasser und Pendeln des Stromstrichs, v. a. beim Mäandrieren. Bei erneuter Tiefen-E. (bes. nach zwischenzeitl. Akkumulation) bleiben oft Reste des ehem. Talbodens als flache Teile der Talgehänge in Form von **E.-Terrassen** (→Terrasse) erhalten. Zum E.-Schutz →Bodenerosion.

I. SCHAEFER: Die diluviale E. u. Akkumulation (1950); H. v. WISSMANN: Über die seitl. E. (1951); H.-R. BORK: Boden-E. u. Umwelt. Verlauf, Ursachen u. Folgen der mittelalterl. u. neuzeitl. Boden-E. (1988); Boden-E. u. Bodenschutz, hg. v. REINHARD-GÜNTER SCHMIDT (1994); P. LU: Die Entwicklung der Forschung zu Boden-E. u. Bodenschutz in Mitteleuropa (1994); Boden-E. Analyse u. Bilanz eines Umweltproblems, hg. v. G. RICHTER (1998); R. P. C. MORGAN: Boden-E. u. Bodenerhaltung (1999).

3) *Grundbau:* Unterbegriff der hydrodynam. Bodendeformationen. Eine E. bewirkt einen Feinkornentzug

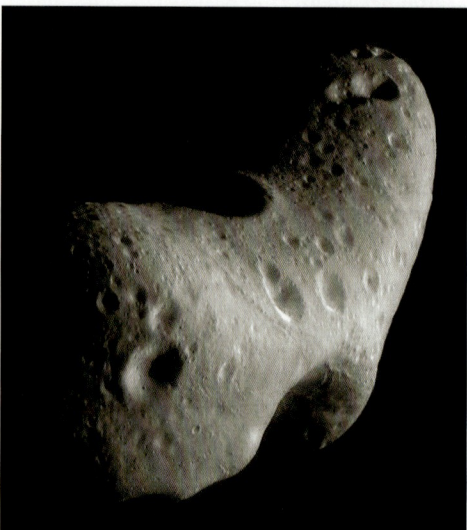

Eros: aus einem Mosaik von Aufnahmen der Raumsonde NEAR Shoemaker zusammengesetztes Foto

aus einem Boden und eine Strukturänderung des Korngerüstes; es kommt zu Sackungen. Zur Vermeidung von Kontakt-E. zw. Schichten unterschiedl. Durchlässigkeit, wie sie z. B. im Dammbau oder bei der Grundwasserabsenkung vorkommen, werden Filter eingebaut.

4) *Medizin:* kleiner, oberflächl., nur das Epithel betreffender Substanzverlust der Haut oder Schleimhaut (Sekundäreffloreszenz), der als unblutige, nässende Hautschädigung ohne Narbenbildung abheilt. Eine E. der Hornhautoberfläche des Auges (Erosio corneae) tritt als stark schmerzender Gewebedefekt häufig nach Verletzungen oder Viruserkrankungen (Herpes corneae) auf.

5) *Werkstoffkunde:* von der Oberfläche ausgehende Zerstörung eines Werkstoffes, bes. durch die mechan. Wirkung von Feststoff- und/oder Flüssigkeitsteilchen enthaltenden strömenden Gasen und Dämpfen oder von Feststoffteilchen enthaltenden Flüssigkeiten.

erotematisch [zu griech. erōtēma »Frage«], Bez. für einen Lehrstil, der, auf Leitfragen des Lehrers beruhend, zum Nachdenken und richtigen Antworten anregen soll. (→akroamatisch)

Eroten *Pl.,* kleine Erosfiguren, →Eros.

Erotik [zu griech. érōs »Liebe«, »Liebesverlangen«] *die, -,* semantisch vieldeutige Bez. für im weitesten Sinn als körperlich bzw. psychisch erregend empfundene Formen von Sexualität, für körperl. und geistigseel. Erscheinungsformen von Liebe sowie in kommerziellen Zusammenhängen zur Umschreibung von Angeboten sexueller Dienstleistungen (→Prostitution). E. wird mitunter als soziokulturell ausgeformte Sexualität im Ggs. zum triebhaft-affektiven Erleben aufgefaßt und mit »Liebeskunst« als individueller Sublimierung und Stilisierung geschlechtl. Triebverhaltens gleichgesetzt. Als eine von histor. und kulturellen Normen geprägte Form zwischenmenschl. Kommunikation unterliegt sie wechselnden Bewertungen und Ausdrucksformen mit unterschiedl. Umsetzungen, z. B. in Sitten, Mode, Kunst, Musik oder Literatur; in den versch. Kulturen und Epochen ändern sich die ihr beigelegten symbol., metaphor. oder künstler. Bedeutungen.

E. stand urspr. in engem Zusammenhang mit Mythos, Religion und kult. Ritualen. So galt Eros in frühgriech. Zeit als lebenszeugender kosm. Urgott und als über Menschen wie Götter herrschende Schicksalsmacht (HESIOD). Geschlechtl. Vereinigung und erot. Lust wurden als Teilhabe am göttl. Schöpfungsmythos begriffen. Den archaischen Einklang von erot. und religiöser Ekstase bezeugen die in vielen Kulturen verbreiteten orgiast. Fruchtbarkeitsfeste, Tempelprostitution und Phalluskulte.

Aus vielen Kulturen, v. a. der indischen, chin. und arabisch-islam., sind Liebeslehren überliefert, in denen erot. Wissen von Meistern an auserwählte Schüler weitergegeben wurde, z. B. durch das ind. »Kamasutra« und »Tantra« (Mitte des 1. Jt. n. Chr.). Ziel der erot. Lehrmeisterkunst war nicht die Unterscheidung von moralisch Erlaubtem und Verbotenem, sondern die Erkenntnis der der Lust innewohnenden Qualitäten, ihre verfeinerte Wahrnehmung und Umsetzung. Aus der erot. Initiation sollte der Schüler gewandelt hervorgehen, befähigt zu absoluter Körpererfahrung und sinnl. Ekstase.

Bestimmend für das neuzeitl. E.-Verständnis wurde die in PLATONS »Symposion« und »Phaidros« entwickelte Philosophie des Eros. Die Wesensdefinition des

Erotik: Liebeskunst des Tantrismus (Ende 18./ Anfang 19. Jh.; Privatbesitz)

Erotischen im »Symposion« geht aus vom Mythos der Geschlechtertrennung, demzufolge der einst gottähnliche, doppelgeschlechtl. Mensch von Zeus in zwei Hälften zerteilt wurde, die fortan danach streben, sich miteinander zu vereinigen, um die verlorene Ganzheit und Vollkommenheit wiederherzustellen. Eros entspringt also einem Mangel: Er ist das Verlangen nach dem, was dem Menschen fehlt. Eros als subjektive Macht des Begehrens löst Eros als objektive Gottheit ab.

Die bereits bei PLATON vollzogene Wendung vom leibl. zum seel. Eros wurde in der neuplaton. Philosophie im Sinne eines myst., von allem Geschlechtlichen gereinigten Erosbegriffs weiterentwickelt. An diesen knüpfte die spätjüdisch-christl. Vorstellung der Gottesliebe an, wobei der Begriff des Eros durch den neutestamentl. der Agape ersetzt wurde. Gemessen am Absolutheitsideal transzendenter Gottesliebe wurde (etwa bei AUGUSTINUS) die profane Geschlechtsliebe als Hindernis auf dem Weg zum christl. Heil interpretiert. Damit entzog die christl. Lehre einer positiven Bewertung der E. den Boden, setzte aber gleichzeitig einen entsublimierten Begriff der Sexualität, den des »sündigen Fleisches«, frei, als deren Verkörperung die Nachfahrin Evas, die Frau, galt. Gegen Ende des 11. Jh. wurde der asketischen Strenge der christl. Morallehre ein neues weltl. Liebesideal entgegengesetzt. An den Fürstenhöfen Frankreichs entstand die Kunst der Troubadours und Trouvères und mit ihr die »Fin Amors« (reine Liebe, Minne) als neues gesellschaftl. Phänomen. Die ständisch geprägte Minne legte den Grundstein zu einer erot. Kultur, die bald ganz Europa erfaßte und bis in die Galanterie des Rokoko hineinwirkte. Das Liebeswerben der Sänger zielte nicht auf Erfüllung, sondern auf die Idealisierung der angebeteten (meist verheirateten) Herrin, die ihrerseits den Liebenden zu verfeinerter Sittlichkeit und ritterl. Vollkommenheit zu erziehen hatte. Das hier entstandene Ideal erot. Kommunikation setzte einen gemeinsamen Lebensraum (Hof, später Salon) für Männer und Frauen voraus und bedingte eine größere Triebrestriktion aufseiten des Mannes bei gleichzeitig größerer gesellschaftl. und erot. Freiheit der Frau.

Die mit der Wiederentdeckung der Antike einhergehende Aufwertung der Sinnlichkeit und körperl. Schönheit in der ital. Renaissance brachte einen neuen Kult der Schönheit und Liebe hervor. Die Liebe,

Erot Erotik

ob vergeistigt-sublimer »Amor divino« oder sinnenfroher Genuss, galt als kosm. Leidenschaft, die keine institutionelle Einbindung duldete. Im Mittelpunkt der neuen Liebeskunst standen die vornehme Dame von Stand und die Cortegiana (im Italienischen die Bez. für Hofdame, aber auch für Mätresse), d. h. die in die Hofgesellschaft aufgenommene und als Geliebte des Fürsten offiziell anerkannte Frau. Wie die griech. Hetäre war die ital. Kurtisane eine Frau von Bildung und Geist, die eine relativ große gesellschaftl. Autonomie besaß. Lebensstil und erot. Selbstverständnis der großen Mätressen in Italien und später in Frankreich wirkten stilbildend auf die Frauen der europ. Oberschichten. In den Salons des 17. und 18. Jh. schufen adlige und bürgerl. Frauen das Forum für eine neue, geistvolle, psychologisch vertiefte erot. Geselligkeitskultur.

Einen Höhepunkt erot. Lebensstils kennzeichnet die frz. Gesellschaft des 18. Jh. Zur Zeit Casanovas und der »Fêtes galantes« wurde mit allen Spielarten der E. experimentiert: Neben der heiter-beschwingten Sinnenfreude des Rokoko mit seinen femininen Stilelementen (J. A. Watteau) finden sich de Sades Schilderungen aller menschl. Lüste, neben anakreont. Schäferspielen der radikale Sensualismus der Libertins.

In scharfem Ggs. zum erotisch freizügigen Liebescode der frz. Oberschicht (Galanterie) entwickelte sich das bürgerl. Ideal der Liebesehe, das im 19. Jh., von England ausgehend, seinen Siegeszug durch Europa antrat. Fortan galt die Ehe als exklusiver Ort für Leidenschaft, E. und Liebe, wobei das im 18. und 19. Jh. fortwirkende Erbe des Puritanismus mit seiner

Erotik: Troubadour Bernart de Ventadour, französische Handschrift (13. Jh.; Paris, Bibliothèque Nationale de France)

Erotik: Nicolas Lancret, »Das Blindekuh-Spiel« (1740; Privatbesitz)

innerweltl. Askesevorstellung (M. Weber) der E. enge Grenzen setzte. So galt nicht nur die erot. Passion vor und außerhalb der Ehe als moral. Verfehlung bzw. trag. Schuld (J.-J. Rousseau »La Nouvelle Héloise«, 1764), verpönt waren auch alle Spielarten der E., die gegen das Primat genitaler, heterosexueller Liebe verstießen. E., die nicht der Fortpflanzung diente, galt als abweichendes Sexualverhalten und wurde zum Gegenstand medizin. Forschung. An die Stelle der »Ars erotica« früherer Gesellschaften trat die »Scientia sexualis«. Die normwidrigen, verdrängten erot. Impulse übten wiederum eine nachhaltige Faszination auf die Kunst aus, ausgehend von der Romantik über den Naturalismus und die Dekadenz bis zur Moderne. Die Repräsentanten dieser »schwarzen E.« (M. Praz) wie Femme fatale, Dandy, Carmen, Satan, Dorian Gray, Don Juan, Lulu und Lolita sind geprägt durch erot. Grenzüberschreitung und Opposition zur bürgerl. Sexualordnung. An diesen Aspekt der E. knüpfte G. Bataille an, indem er E. als ein Begehren definierte, das über das Verbot triumphiert und seinem Wesen nach Exzess, Überschreitung (Transgression) bedeutet.

Entscheidende Bedeutung für Theorie und Praxis von Sexualität und E. im 20. Jh. erlangten die Erkenntnisse der Psychoanalyse S. Freuds. In seinen späten metapsycholog. Schriften griff er den platon. Erosbegriff auf, den er synonym mit »Lebenstrieb« verwendete und dem »Todestrieb« (Thanatos) gegenüberstellte. In seiner Kulturtheorie (»Jenseits des Lustprinzips«, 1920) ging er davon aus, dass Aufbau und Zerstörung der Kultur in die Dynamik des Kampfs zw. Eros und Todestrieb eingebunden sind. Eros schafft Kultur im Kampf gegen Thanatos. Gleichzeitig aber fördern die Versagungen, die die Zivilisation notwendig den erot. Triebkräften auferlegt, die Macht der destruktiven, kulturzerstörer. Kräfte.

Die in der Zeit nach 1968 entwickelten Vorstellungen von E. wurden nachhaltig von H. Marcuses Werk »Eros und Kultur« (1957) beeinflusst, in dem er die Utopie einer nichtrepressiven, von dem Konflikt zw. Eros und Thanatos befreiten Gesellschaft schuf. Gleichzeitig kritisierte er in seinem Werk »Der eindimensionale Mensch« (1967) die in der modernen Industriegesellschaft angelegte Tendenz zur Entsublimierung der Erotik.

In der Gegenwart zeichnet sich eine Pluralisierung der erot. Modelle und Erscheinungsformen ab. Die überlieferten Liebesmythen und Vorstellungen von E. wurden im Zuge der neueren weibl. Emanzipationsbewegung einer krit. Revision unterzogen (Simone de Beauvoir, Betty Friedan, Kate Millett). Moderne Feministinnen setzen einer primär von der männl. Sichtweise bestimmten E. eine Ethik der Differenz entgegen, in der es um die Anerkennung einer spezifisch weibl. Lust und Körperlichkeit geht (Anaïs Nin, Luce Irigaray, Hélène Cixous). Andere sehen in der Gegenwart den Anbruch einer »androgynen Revolution« (Elisabeth Badinter), in der das Leitbild der Geschlechterdifferenz durch das Ideal einer psych., sozialen, aber auch biolog. und physiolog. Geschlechtergleichheit abgelöst wird. Mit dem Entstehen eines neuen androgynen Menschentypus werde das bislang gültige Modell einer E., die auf der Spannung und Differenz zw. Mann und Frau beruht, durch eine befriedete E. der Freundschaft und geschwisterl. Zärtlichkeit ersetzt.

Enzyklopädische Vernetzung: ▪ erotische Kunst ▪ erotische Literatur ▪ Liebe ▪ Minne ▪ Sexualität

A. u. W. LEIBBRAND: Formen des Eros. Kultur- u. Geistesgesch. der Liebe, 2 Bde. (1972); R. NELLI: Érotique et civilisations (Paris 1973); H. KUHN: Liebe. Gesch. eines Begriffs (1975); A. LESKY: Vom Eros der Hellenen (1976); G. R. TAYLOR: Kulturgesch. der Sexualität (a. d. Engl., 1977); G. BATAILLE: Die Tränen des Eros (a. d. Frz., 1981); W. SOMBART: Liebe, Luxus u. Kapitalismus (Neuausg. 1992); M. PRAZ: Liebe, Tod u. Teufel. Die schwarze Romantik, (a. d. Ital., ⁴1994); E. BADINTER: Ich bin Du. Die neue Beziehung zw. Mann u. Frau oder die androgyne Revolution (a. d. Frz., 2001); J. KRISTEVA: Geschichten v. der Liebe (a. d. Frz., Neuausg. 2002); T. BEIN: Liebe und E. im MA. (Neuausg. 2003); N. LUHMANN: Liebe als Passion. Zur Codierung v. Intimität (Neuausg. 2003); M. FOUCAULT: Der Gebrauch der Lüste (a. d. Frz., Neuausg. 2004); L. ARESIN u. K. STARKE: Knaurs Lex. der Erotik (2005).

erọtische Kunst, Bez. für Werke der bildenden Kunst, in denen das Sinnlich-Körperliche, die sexuelle Komponente der Liebe betont wird. Eine eindeutige Zuordnung ist schwierig, da einerseits zur e. K. auch Werke gerechnet werden, die von ihrer Sinngebung her in einem myth. Zusammenhang stehen, andererseits die Grenze zur Pornografie schwer zu ziehen ist.

Vorgeschichte und Altertum Aus der Altsteinzeit sind die jungpaläolith. Venusstatuetten Europas und Sibiriens bekannt, die eine Überbetonung weibl. Geschlechtsmerkmale zeigen, z. B. die Venus von Willendorf, die Venus von →Dolní Věstonice, die Dame von Sireuil (Museum von Saint-Germain-en-Laye) oder die Venusstatuetten von Kostjonki am Don. Die Deutung ist umstritten, es werden in ihnen i. Allg. keine Götterbilder gesehen, sondern Fruchtbarkeitssymbole, die wahrscheinlich in Kult und Ritus eine Rolle spielten. Die späteren neolith. Figuren aus Anatolien werden hingegen nach ihren Attributen als Darstellungen einer Muttergottheit, der »Herrin der Tiere« und Herrin über Tod und Leben, gedeutet. Die ältesten stammen aus Çatal Hüyük aus dem 7./6. Jt.; die kleinen Tonfiguren aus dem 6./5. Jt. aus Hacılar (bei Burdur) bilden die Prototypen für die anatol. und ägäischen Idole der folgenden Bronzezeit (Kykladenidole, Darstellungen z. B. auf minoischen Siegeln). Der Ursprung der seit dem Hellenismus in Westanatolien und den Küstenstädten Syriens und des Libanons weit verbreiteten bekleideten Muttergottheiten (z. B. Artemis von Ephesos, Aphrodite von Aphrodisias) ist dagegen im 12.–8. Jh. v. Chr. zu suchen. Paarungsszenen wurden in der Frühzeit ebenso wenig wiedergegeben wie in den alten Hochkulturen Ägyptens und Mesopotamiens. Vereinzelt wurden Phallussymbole gefunden. Eine eigentlich kleinasiatische phall. Gottheit war →Priapus. In der griech. Kultur war die →Herme sehr alten Ursprungs, auch im Demeterkult und bes. im Dionysoskult hatte der Phallus Bedeutung, Teilnehmer der Dionysosfeste trugen große Attrappen; Satyrn und Silene aus dem Gefolge des Gottes wurden entsprechend, z. B. in den Satyrspielen, dargestellt. Höhepunkte der e. K. in der Antike sind griech. Vasenmalereien des 6. und 5. Jh. v. Chr., die ein hohes Maß an Ungezwungenheit zeigen und u. a. auch die Homosexualität zur Darstel-

Erotik: Frida Kahlo, »Zwei Akte im Wald« (1939; Privatbesitz)

lung bringen. Die Göttin der Liebe selbst, Aphrodite (Venus), wird in der Antike nicht in erot. Situationen dargestellt. Erot. Motive kommen auch in der etrusk. und röm. Wandmalerei, auf Spiegeln, Cisten, Tonmedaillons und Geschirr vor.

Mittelalter und Neuzeit Erst im 14. Jh. gab es wieder eine e. K. im profanen Bereich in Form von Illustrationen zu Dichtungen G. BOCCACCIOS und in Wanddekorationen (San Gimignano). Zu den bevorzugten Motiven der spätmittelalterl. Kunst nördlich der Alpen gehörten Liebesgärten, Badehausszenen und Jungbrunnen. Seit dem ausgehenden 15. und v. a. im 16. Jh. wurden geeignete Motive der antiken Mythologie (Aphrodite/Venus, Ariadne, Artemis/Diana, Eros/Amor/Cupido, Leda, Paris und Helena, Bacchanalien, Faune, Satyrn und Nymphen) und der christl.

erotische Kunst: Wandmalerei aus Pompeji (1. Jh. n. Chr.; Neapel, Museo Archeologico Nazionale)

Erot erotische Kunst

erotische Kunst: Alessandro Masnago, »Leda mit dem Schwan«; Gemme (17. Jh.; Wien, Kunsthistorisches Museum)

Schule von Fontainebleau. Ende des 16. und im Verlauf des 17. Jh. behandelten u. a. L. BERNINI, H. VON AACHEN, J. LISS, S. VOUET, N. POUSSIN, F. GIRARDON, P. P. RUBENS, J. JORDAENS, H. GOLTZIUS sowie niederländ. Genremaler u. a. in Wirtshaus- und Kuppelszenen erot. Themen. Im 18. Jh. bot v. a. die frz. Malerei einen großen Nuancenreichtum (A. WATTEAU, F. BOUCHER, H. FRAGONARD, J.-B. GREUZE, A. CANOVA). Allg. beliebt waren Kleinplastiken, die auch in Porzellan und Elfenbein (J. ELHAFEN) hergestellt wurden. Aus England kamen Beiträge zur e. K. von J. H. FÜSSLI; der Schwerpunkt lag dort jedoch auf der Karikatur (W. HOGARTH, J. GILLRAY, T. ROWLANDSON).

Die Künstler des 19. Jh. suchten neue Ausdrucksmöglichkeiten (T. GÉRICAULT, E. DELACROIX, G. COURBET, É. MANET, A. RENOIR, H. TOULOUSE-LAUTREC, J.-B. CARPEAUX, A. RODIN). Konkurrenz erwuchs ihnen aus der neu entwickelten Daguerreotypie und der Fotografie. Weitere Akzente setzten der Symbolismus (G. MOREAU, F. ROPS, M. KLINGER, F. KHNOPFF, E. MUNCH) sowie G. KLIMT und A. BEARDSLEY. Als Meister der e. K. des 20. Jh. gelten H. MATISSE, P. PICASSO, A. MODIGLIANI und M. CHAGALL. In Dtl. setzten sich in den ersten Jahrzehnten v. a. L. CORINTH, die Expressionisten, M. BECKMANN und Vertreter der Neuen Sachlichkeit (G. GROSZ, O. DIX, C. SCHAD) intensiv mit erot. Themen auseinander, in Österreich E. SCHIELE. Eine wichtige Rolle spielten erot. Motive in den Werken der Surrealisten. In der Folgezeit werden erot. Themen in den verschiedensten Kunstrichtungen von der Pop-Art (D. HOCKNEY, A. JONES) über Happening (Wiener Aktionismus), die versch. Formen des Realismus (E. FUCHS, P. PEARLSTEIN, J. DE ANDREA) bis zu den Neuen Wilden (R. FETTING, L. CASTELLI, SALOME) behandelt. Mit erot. Zeichnungen und Grafiken sind v. a. H. BELLMER, P. WUNDERLICH, H. JANSSEN, P. KLOSSOWSKI, A. HRDLICKA und A. FROHNER hervorgetreten. In der künstler. Fotografie des 20. Jh. finden sich erot. Motive u. a. bei BRASSAÏ, ARAKI NOBUYOSHI, IMOGEN CUNNINGHAM, H. NEWTON, D. HAMILTON, R. MAPPLETHORPE und R. HEINECKEN.

Kunst (Adam und Eva, Susanna im Bade, Bathseba im Bade, Joseph und die Frau Potiphars, Lot und seine Töchter) sowie Allegorien erotisiert (BOTTICELLI, LEONARDO DA VINCI, TIZIAN, CORREGGIO, TINTORETTO, VERONESE, H. BOSCH, L. CRANACH D. Ä., H. BALDUNG, GIOVANNI DA BOLOGNA). Die Künstler gerieten dabei häufig in Konflikt mit der Gerichtsbarkeit (MICHELANGELO, B. CELLINI, CARAVAGGIO in Italien, die Brüder BEHAM in Dtl.). Die größte Eindeutigkeit bei der Darstellung erot. Szenen erreichte wohl GIULIO ROMANO in einem für Papst LEO X. geschaffenen Zyklus, der 1524 in Stichen veröffentlicht wurde. Spezifisch höf. Motive zeigen die Werke der

 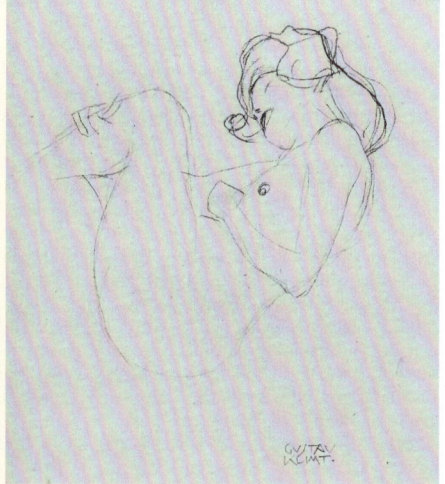

erotische Kunst: *links* Gustav Klimt, »Danaë« (1907/08; Privatbesitz); *rechts* weiblicher Akt mit angezogenen Schenkeln, Figurenstudie zu Gustav Klimts Gemälde »Danaë« (1905; Privatsammlung)

In Ostasien fallen in den Bereich der e. K.: 1) Figurendarstellungen, die durch Tier-, Pflanzen- und Gegenstandssymbolik auf erot. und sexuelle Inhalte anspielen; 2) illustrierte Handbücher (»Frühlingsbilder«, chin. »Chunhua«; auch »Hochzeits«- und »Kopfkissenbücher«) mit realist. Darstellungen erot. Spiele; 3) Farbholzschnitte und Romanillustrationen. Das Interesse ostasiat. Figurenmalerei war stets auf die linear aufgefasste Gewandfigur gerichtet, die anatomisch korrekte Wiedergabe des Körpers war nie ihr Ziel. Entsprechend erscheint der nackte oder halb entblößte Körper immer schemenhaft vereinfacht.

In China ist die Existenz erot. Handbücher schon für die Westl. Han-Dynastie (206 v. Chr.–9 n. Chr.) belegt. Die sexuelle Vereinigung wurde als integraler Bestandteil der kosm. Harmonie gesehen, welche durch das Gleichgewicht zw. →Yin und Yang garantiert war. Daoisten und Alchemisten propagierten die Kunst der Liebe als Mittel zur Verlängerung des Lebens; demgegenüber betonten die Konfuzianer den sozialen Aspekt der Fortpflanzung, die das Fortbestehen der Sippe und des Ahnenkultes sicherte. Zu den berühmten, nicht erhaltenen Werken zählen »Geheime Ausschweifungen in einer Frühlingsnacht« von dem Maler Zhou Fang (2. Hälfte des 8. Jh.) und die »39 Liebespositionen« des Literatenmalers Zhao Mengfu (13./Anfang 14. Jh.). In der städt. Kultur der Mingzeit (1368–1644) entstanden illustrierte erot. Romane, die u. a. Streifzüge durch berühmte Freudenviertel beschrieben. Tang Yin und Qiu Ying schufen verfeinerte erot. Gemälde, die den sexuellen Szenen einen lyr. Stimmungsgehalt verliehen. Ungefähr ab 1570 wurden in Nanking die ersten erot. Farbholzschnitte mit linearen Umrisszeichnungen gedruckt, die sich an diesen Vorbildern orientierten. Mit dem Beginn der Qingdynastie (1644–1911/12) wurde die Produktion erot. Drucke eingestellt, ihr Einfluss bleibt jedoch in der Malerei spürbar.

In Japan waren nach chin. Vorbild erot. Handbücher (»Shunga«) schon in der Narazeit (710–794) in Kreisen der Oberschicht populär. Das älteste im Original erhaltene Werk e. K. ist die Handrolle »Chigo no sōshi« (1321; Kyōto, Daigo-ji-Tempel). Durch das Medium des Holzschnitts (Ukiyo-e) entwickelte sich die Shunga in der Edozeit (1600–1868) zu einer Kunstform, die weiten Teilen einer städt. Bevölkerung zugänglich wurde. In der Frühphase des Ukiyo-e (1660 bis um 1760) wurden auch erot. Buchillustrationen und Shunga-Alben geschaffen. In dessen Blütezeit (um 1760–1810, Vielfarbendrucke) ragen Suzuki Harunobu und Katsukawa Shunshō heraus. In seiner Zeit als führender Meister geschätzt – und auch in Europa weithin bekannt – ist Kitagawa Utamaro. Sein Kopfkissenbuch »Uta makura« (1788, »Liederkissen«) gilt als eines der vollkommensten Werke japanischer e. K. In die Spätphase des Ukiyo-e (um 1810–50) gehören die erot. Alben des Katsushika Hokusai, Kunisada und des Kuniyoshi.

In Indien ist die e. K. vom 2. Jh. v. Chr. bis zum 13. Jh. n. Chr. fast ausschließlich Teil des plast. Dekors sakraler Bauten. Ab dem 16. Jh. kamen bei Miniaturenserien (Einzelbilder auf Papier oder Elfenbein) erot. Szenen vor. Im Figurenschmuck des Tempelbereichs gibt es v. a. zwei Gruppen von Darstellungen: das Paar in versch. Stadien und Formen der sinnl. Annäherung und die einzelne Frauenfigur, die ihre Reize zur Schau stellt. Steinfiguren üppiger junger Frauen (→Yakshas), aus denen sich die brahman. Apsaras

erotische Kunst: Kitagawa Utamaro, »Liebespaar«; Farbholzschnitt aus »Uta Makura« (1788; London, Victoria & Albert Museum)

(himml. Liebhaberinnen) entwickelten, schmücken die Eingangstore buddhist. Tempel (Bhaja, Bharhut, Sanchi).

In der Frühzeit der ind. Kunst (2. Jh. v. Chr. bis 3. Jh. n. Chr.) ist die Darstellung sich liebkosender Paare noch zurückhaltend und meist in einen erzählenden Zusammenhang eingebunden. Um die Zeitenwende treten im Eingangsbereich buddhist. Höhlentempel (Karla, Nasik) Paare auf, bei denen Vertraulichkeit nur angedeutet ist, in Karla (1. Jh. v. Chr.) zum ersten Mal inschriftlich als Mithuna bezeichnet. In der klass. Zeit (4.–6. Jh.) wurden Türrahmen des Tempel- und Schreineingangs mit Liebespaaren geschmückt. In den nachklass. Hindutempeln des Dekhan (6.–8. Jh.) treten diese Darstellungen auch als Reliefschmuck im Tempelinneren auf, an den äußeren Tempelwänden im Wechsel mit Götterbildern und epischen Szenen (Badami). Vermutlich unter dem Einfluss des Tantrismus mit seinen Sexualritualen rückte nun auch der Sexualakt selbst in den Vordergrund der Darstellung. Im MA. (9.–13. Jh.) wurden die Tempelwände mit Skulpturenschmuck überzogen (Khajuraho, Konarak).

Neben der Skulptur am Bauwerk gibt es losgelöste tantr. Kultbilder, die die sexuelle Vereinigung einer männl. und einer weibl. Gottheit zeigen (im Hinduismus meist Shiva und Shakti, im Buddhismus Upaya und Prajna, Allegorien von Praxis und Erkenntnis). Der Schöpfungsakt wurde als kosm. Liebesakt eines göttl. Prinzips verstanden, das sich zur Paarung in einen männl. (→Linga) und einen weibl. (→Yoni) Part teilt.

Mit dem Vordringen des Islams (12./13. Jh.) verschwand die erot. Skulptur im NW Indiens fast ganz, im S überlebte sie v. a. in Form von Bronze-, Messing- und Elfenbeinstatuetten. In der Malerei wurden drei Themenkreise ausgeschöpft: 1) die Legende um den Hirtengott Krishna und seine Tändeleien mit seinen Geliebten; 2) in Serien von meist 36 Bildern in Anlehnung an das ind. Musiksystem wiedergegebene Stimmungen der Seele (Ragamala); 3) die Thematik des Nayika-nayaka (Geliebte/Geliebter), die versch. Frauentypen in unterschiedl. Situationen der Liebesbeziehung zeigt. Zahlr. subtile Darstellungen dieser Themenkreise brachten die Malschulen des Punjab und

Erot erotische Literatur

erotische Kunst: Skulpturenschmuck mit erotischen Szenen des Tantra (11. Jh.; Khajuraho, Kandariya-Mahadeva-Tempel)

Rajasthans, u. a. Schulen der Rajputmalerei, im 17./18. Jh. hervor. Die sich liebkosenden Paare wurden in dieser Periode fast vollständig bekleidet dargestellt. In der Farbgebung und in unauffälligen Details steckt eine subtile erot. Symbolik. Die Patnaschule des 19. Jh. stellte Liebesszenen im Kontext des dörfl. Lebens dar.

E. FUCHS: Gesch. der e. K., 3 Bde. (1908–26; Nachdr. 1977); Meisterwerke der e. K. Japans, hg. v. F. WINZINGER (1977); K. FISCHER: Erotik u. Askese in Kult u. Kunst der Inder (1979); B. SMITH: Meisterwerke der e. K. des 20. Jh. (a. d. Engl., 1981); E. K. der Antike, hg. v. D. MOUNTFIELD (a. d. Engl., 1982); Der Garten der Lüste. Zur Deutung des Erotischen u. Sexuellen bei Künstlern u. ihren Interpreten, hg. v. R. BERGER u. D. HAMMER-TUGENDHAT (1985); 500 Jahre e. K., hg. v. K.-L. LEONHARDT, Ausst.-Kat. (1992); Der kalte Blick. E. K. 17. bis 20. Jh., hg. v. P. WEIERMAIR (Kilchberg-Zürich 1995); E. LUCIE-SMITH: Erotik in der Kunst (a. d. Engl., 1997); E. G. BAUR: Meisterwerke der e. K. (Neuausg. 2002).

erotische Literatur, Sammelbegriff für literar. Werke, in denen die verschiedensten Dimensionen des Erotischen dargestellt werden. Der Begriff der e. L. bezeichnet keine besondere literar. Gattung, er verweist auf die Liebe als existenzielles Thema der Kunst in ihrer spezifisch sinnl. Ausprägung (was die e. L. vom weiter gefassten Begriff der Liebesdichtung unterscheidet), wobei die Frage nach Dominanz oder Nichtdominanz des Sexus von unterschiedl. Bedeutung ist.

Die Intention der e. L. reicht von der Darstellung reiner Sinnenfreude bis zu lebensprogrammat. Bekundungen, Fallschilderungen und zu hinter Erotischem versteckter Gesellschaftskritik. Die Geschichte der e. L. ist aufs Engste mit der Geschichte ihrer Zensur und gerichtl. Verfolgung vor dem Hintergrund wechselnder Tabuisierung der Sexualsphäre verknüpft. Die immer wieder versuchte Unterdrückung der e. L., ein nicht selten daraus resultierendes Ausweichen auf den bibliophilen Druck mit Titel-, Autor-, Verleger- und Ortsfiktionen und verborgener Handel förderten wesentlich den Eindruck der Rarität. – Die Grenze zu den als →Pornografie bezeichneten Werken ist fließend.

Berühmte Beispiele e. L. stammen aus Indien (»Kamasutra«, vermutlich 1. Jh. n. Chr., sowie andere Lehrbücher), China (»Jin-ping-mei«, 16. Jh.; »Jou-pu-tuan« von LI YU), Japan (IHARA SAIKAKU, »Yonsosuke, der dreitausendfache Liebhaber«, 1682), dem Orient (»Tausendundeine Nacht«, entstanden seit dem 8. Jh., endgültige Fassung wohl 16. Jh.; »Der blühende Garten« des SCHEICH NEFZAWI) und Teilen des A. T. (»Hohes Lied«). Die abendländ. Lit. bietet seit der Antike v. a. in den roman. Ländern eine Fülle e. L. Sie wurde in Griechenland eingeleitet um 100 v. Chr. durch die von ARISTIDES VON MILET verfassten »Miles. Geschichten«, die reiche Nachfolge fanden (als Einlagen noch bei G. PETRONIUS und L. APULEIUS). Sie kennt auch den Romantyp des »Logos erotikos« in Form einer nach zahlr. abenteuerl. Reisen und überstandenen Gefahren zumeist glücklich endenden Liebesgeschichte bei ANTONIOS DIOGENES, XENOPHON VON EPHESOS, HELIODOR VON EMESA, CHARITON VON APHRODISIAS, ACHILLEUS TATIOS, LONGOS und dem unbekannten Verfasser des »Apollonius von Tyrus«. Neben diesen auch unter dem Begriff Erotiker zusammengefassten Autoren stehen LUKIAN mit seinen »Hetärengesprächen« und ARISTAINETOS mit seinen »Erot. Briefen«. In der röm. Lit. zählen zur e. L. außer PETRONIUS und APULEIUS (»Metamorphosen«, später u. d. T. »Der goldene Esel«) CATULL, OVID (»Ars amatoria«) und MARTIAL.

Das MA. kannte die Schwankliteratur, Frankreich speziell das Fabliaux. Aus der Renaissance sind für Italien neben G. BOCCACCIO (»Das Dekameron«, ital. 1348–53) und P. ARETINO (»Kurtisanengespräche«, ital. 1533–36) v. a. M. BANDELLO und P. FORTINI zu nennen; für Frankreich MARGARETE VON NAVARRA, das →Blason des 16. Jh., der ABBÉ BRANTÔME, F. V. BÉROALDE DE VERVILLE, später J. DE LA FONTAINE (»Contes«, 1665–86); für Spanien F. DELICADO. Das »galante Zeitalter« (18. Jh.) verzeichnet zahlr. Autoren e. L.: C.-P. J. DE CRÉBILLON D. J., P. A. F. CHODERLOS DE LACLOS, J.-B. LOUVET DE COUVRAY, N. RESTIF DE LA BRETONNE, ferner D. DIDEROT in Frankreich; in Italien bes. G. G. CASANOVA, dessen Memoiren als e. L. gelesen wurden und viele Nachahmer fanden. Einen Grenzfall bilden die Werke des Marquis DE SADE (in seiner Tradition später O. MIRBEAU: »Der Garten der Qualen«, frz. 1899). Verfasser englischer e. L. waren u. a. G. CHAUCER (»Canterbury-Erzählungen«, um 1387–1400), J. WILMOT, Earl of ROCHESTER, J. CLELAND (»Fanny Hill«, 1749–50). Für Dtl. sind zu nennen: aus dem 17. Jh. die späte schles. Barockdichtung, aus dem 18. Jh. J. G. SCHNABEL, C. M. WIELAND, G. A. BÜRGER, auch GOETHE (»Röm. Elegien«, 1795; »Venezian. Epigramme«, 1795) und SCHILLER (»Venuswagen«, 1782), bes. aber W. HEINSE (»Ardinghello«, 1787). Es folgten im 19. Jh. die »Tolldreisten Geschichten« (frz. 1832–37) von H. DE BALZAC, in England die Romane E. SELLONS, die zu ihrer Zeit einen Skandal auslösenden Gesänge und Balladen A. C. SWINBURNES (engl. 1866–89) sowie die Psychologie der Erotik in der Dichtung der Dekadenz und des Impressionismus (L. VON SACHER-MASOCH, »Venus im Pelz«, 1870; A. SCHNITZLER, »Reigen«, 1900, »Traumnovelle«, 1926). Auf Sexualität konzentrierte Werke erschienen häufig anonym oder pseudonym, so »Die Geschichte einer wiener. Dirne« von JOSEFINE MUTZENBACHER (Pseudonym, 1906) oder die Tagebücher über »Viktorian. Ausschweifungen« (engl. 1890) von WALTER (Pseud. eines unbekannten Autors). Im 20. Jh. wurde die Erotik, ausgehend von der Auffassung des Geschlechtlichen als ungebrochene Urkraft, zunehmend als eine der Natur des Menschen entsprechende Sensibilität gedeutet. So war sie für G. Apollinaire (»Die elftausend Ruten«, frz. 1907) Vorbote einer neuen, vom kosmopolit. Geist geprägten Zeit, der D. H. Lawrence mit seinem bis 1960 in England verbotenen Roman »Lady Chatterley« (engl. 1928) nachhaltig Ausdruck verlieh, indem er Erotik und Sexualität zum zentralen Vermittler zw. Instinkt und Intellekt des natürl., gegen soziale und religiöse Zwänge aufbegehrenden Menschen machte. Während G. Bataille, der sich des Themas auch theoretisch annahm, Erotik noch als einen Inbegriff der Totalität des Seins verstand, nahmen sich andere Autoren ihrer Teilaspekte an. Pauline Réage (Pseud.) wurde mit der masochist. »Geschichte der O.« (frz. 1954) bekannt, V. Nabokov schuf mit »Lolita« (engl. 1955) den Typus der verführer. Kindfrau. Aufsehen erregten auch die Schilderung der z.T. lesbischen Erfahrungen kath. Vassar-Absolventinnen in Mary McCarthys »Die Clique« (engl. 1963) und die persönl. Bekenntniserotik Anaïs Nins. Bei vielen Autoren ist die Sexualität auch und bes. Träger sozialkrit. Intentionen: J. Genets Homoerotik richtet sich gegen die verachtete bürgerl. Gesellschaft, H. Miller nutzt Obszönität kreativ zur Umwertung des puritanisch-konservativen Weltbildes. Ab den 1950er-Jahren erschien verstärkt e. L. von Frauen, u.a. von Emmanuelle Arsan, Jeanne de Berg (Pseud.), Erica Jong, Gail Green und Kathy Acker.

In jüngerer Zeit sind erot. Schilderungen und Passagen häufig in nicht primär als erotisch zu bezeichnende literar. Werke integriert. In dem Roman »Der Vorleser« (1995) greifen B. Schlink die Beschreibung einer Beziehung zw. einem jungen Mann und einer älteren Dame einerseits und die Behandlung von Fragen zu Kriegsverbrechen andererseits ineinander. In seinen ab Mitte der 1990er-Jahre erschienenen Romanen lässt M. Houellebecq erot. Schilderungen – durchaus mit zyn. Absicht – zu pornograf. Darstellungen in einer von Medien und wirtschaftl. Interessen geleiteten Gegenwartskultur werden. Ausschließlich als e. L. hingegen verfasst ist die literarisch überformte Autobiografie »La vie sexuelle de Catherine M.« (2001; dt. »Das sexuelle Leben der Catherine M.«) der frz. Kuratorin und Kunstredakteurin Catherine Millet (* 1948).

🔊 **erotische Literatur:** G. Apollinaire: »Die elftausend Ruten« (Auszug) 2665

📖 H. Hayn u. A. N. Gotendorf: Bibliotheca Germanorum erotica et curiosa, 9 Bde. (³1912–29; Nachdr. 1968); P. Englisch: Gesch. der e. L. (³1963; Nachdr. 1987); H. Schlaffer: Musa iocosa. Gattungspoetik u. Gattungsgesch. der erot. Dichtung in Dtl. (1971); Liebe als Lit., hg. v. R. Krohn (1983); Lex. der e. L. Autoren, Werke, Themen, Aspekte, hg. v. K. W. Pietrek, Losebl. (1992 ff.); Das Erotische in der Lit., hg. v. T. Schneider (1993); H. Gnüg: Der erot. Roman. Von der Renaissance bis zur Gegenwart (2002).

Erotomanie die, -, **Liebeswahn,** paranoider Zustand, bei dem sich der Betroffene einbildet, von einer unbeteiligten Person geliebt zu werden. Häufig wird diese Vorstellung auf mehrere Personen bezogen. E. tritt als Symptom bei psychot. Erkrankungen (z. B. Schizophrenie) auf.

ERP, *Medizin:* Abk. für **e**ndoskopisch-**r**etrograde **P**ankreatikografie (→ERCP).

ERP, Abk. für **European Recovery Program** [jʊərə-ˈpiːən rɪˈkʌvəri ˈprəʊɡrəm; engl. »Europ. Wiederaufbauprogramm«], **Marshallplan** [-ʃ-], das von den USA nach dem Zweiten Weltkrieg ins Leben gerufene Programm wirtschaftl. Unterstützung der europ. Länder. Das ERP geht zurück auf eine Rede des damaligen amerikan. Außenministers G. C. Marshall vom 5. 6. 1947 und wurde als Auslandshilfegesetz am 3. 4. 1948 verabschiedet (Unterzeichnung am 16. 4. 1948). Das ERP beschränkte sich nach der Ablehnung der Mitarbeit durch die Ostblockländer auf die Länder Westeuropas, die bis Mitte 1952 Lebensmittel, Düngemittel, Rohstoffe, Treibstoffe, Maschinen und Medikamente im Wert von insgesamt rd. 13 Mrd. $ erhielten. An die BRD einschließlich Berlin (West) gingen Güter im Wert von rd. 1,6 Mrd. $; hinzu kamen im Rahmen des GARIOA-Programms (Abk. für **G**overnment **a**nd **R**elief **i**n **O**ccupied **A**reas, das Programm des amerikan. Verteidigungsministeriums für die besetzten Gebiete) lebenswichtige Güter im Wert von rd. 1,7 Mrd. $. Von der gesamten ihr gewährten amerikan. Nachkriegswirtschaftshilfe in Höhe von fast 3,3 Mrd. $ zahlte die BRD vertragsgemäß bis 1978 1,1 Mrd. $ zurück. Die amerikan. Wirtschaftshilfe wurde in Europa seit 1948 durch die →Organisation für europäische wirtschaftliche Zusammenarbeit koordiniert. Während die amerikan. Exporteure den Gegenwert ihrer Waren von der US-Reg. in Dollar vergütet erhielten, mussten die europ. Importeure den Gegenwert der Lieferungen in einheim. Währung

ERP: Verteilung der Gelder auf die Länder Westeuropas

Erpe Erpel

ERP: Unterzeichnung des Marshallplans durch die Außenminister der 16 beteiligten Länder am 16. 4. 1948 in Paris (hier der britische Außenminister Ernest Bevin beim Unterschreiben)

auf besondere Fonds (Gegenwertfonds) einzahlen, deren Mittel wiederum zur Intensivierung des multilateralen innereurop. Handels und zum Wiederaufbau verwendet wurden.

Durch Zusammenfassung der DM-Gegenwerte im Rahmen des Abkommens über die wirtschaftl. Zusammenarbeit zw. den USA und der BRD (15. 12. 1949) entstand das **ERP-Sondervermögen**. Es wird als Sondervermögen des Bundes getrennt vom übrigen Bundesvermögen und damit auch vom Bundeshaushalt verwaltet, ursprünglich durch das Bundesministerium für Angelegenheiten des Marshallplans und seit 1969 durch das Bundesministerium für Wirtschaft. Seine Mittel werden zur Vergabe langfristiger zinsgünstiger Darlehen an die dt. Wirtschaft, insbes. an kleine und mittlere Unternehmen, eingesetzt. Rechtsgrundlage ist das ERP-Verwaltungs-Ges. vom 31. 8. 1953 in Verbindung mit dem jährl. ERP-Wirtschaftsplan-Ges. Die bankmäßige Abwicklung der ERP-Kredite erfolgt über die Kreditanstalt für Wiederaufbau und die Dt. Ausgleichsbank. Die Mittel stammten urspr. in erster Linie aus Zins- und Tilgungsrückflüssen aus früher gewährten Krediten (Prinzip des revolvierenden Mitteleinsatzes).

Bis 1990 lag ein besonderes Gewicht auf der Berlin-Förderung. Seit der dt. Vereinigung und der verstärkten Vergabe von ERP-Krediten in die neuen Bundesländer (1990 bis Ende 2002 insgesamt rd. 36,0 Mrd. €) wurde das Kreditgeschäft des ERP-Sondervermögens stark ausgeweitet. Die Refinanzierung erfolgt seit 1991 zu einem wesentl. Teil durch Kreditaufnahmen am Kapitalmarkt, zunächst über Schuldscheindarlehen, seit 1992 auch durch Begebung von Anleihen (ERP-Anleihen).

Insgesamt sind bis Ende 2002 aus dem ERP-Sondervermögen Kredite in Höhe von 106,0 Mrd. € für Investitionen bereitgestellt worden. Das Sondervermögen ist von ursprünglich 3,0 Mrd. € auf rd. (Ende 2002) 12,4 Mrd. € angewachsen. 2002 wurden Kredite in Höhe von 3,2 Mrd. € vergeben, davon 0,94 Mrd. € (29,5%) zur Finanzierung von Investitionen in den neuen Bundesländern mit den Schwerpunkten rationale Energieverwendung (50%), Regionalförderung (22%), Eigenkapitalhilfe (10%) und Existenzgründung (8%). Schwerpunkte der ERP-Förderung im früheren Bundesgebiet (2,25 Mrd. €) waren rationale Energieverwendung (41%), Existenzgründung (15%), Innovationsprogramm (10%), Abfallwirtschaft (9%) und Regionalförderung (5%).

In **Österreich** wurden die Gegenwertmittel 1961 in österr. Verfügung übertragen. Der ERP-Fonds bildet einen Bundesfonds mit eigener Rechtspersönlichkeit.

📖 Die ERP-Programme, hg. vom Bundesministerium für Wirtschaft, auf mehrere Bde. ber. (1986ff.); M. J. Hogan: The Marshall Plan. America, Britain and the reconstruction of Western Europe 1947–1952 (Neuausg. Cambridge 1994); Der Marshall-Plan. Gesch. u. Zukunft, hg. v. H.-H. Holzamer u. M. Hoch (1997); A. Lehmann: Der Marshall-Plan u. das neue Dtl. (2000).

Erpel, Enterich, Bez. für das Männchen der →Enten.

Erpenbeck, Jenny, Schriftstellerin, *Berlin 12. 3. 1967; Enkelin von Hedda Zinner (*1905, †1994) und Fritz E. (*1897, †1975), produktiven und bekannten Schriftstellern der DDR. E. studierte Theaterwiss.en und Regie, u. a. bei Ruth Berghaus und Heiner Müller, und arbeitet als Regisseurin. Sie erregte mit ihrem Debüt, der vieldeutigen Parabel »Die Geschichte vom alten Kind« (1999), Aufmerksamkeit durch außergewöhnl. Beobachtungs- und Sprachkunst, die auch in den Erzählungen des Bandes »Tand« (2001) bezeugt wird.

Weitere Werke: *Theaterstück:* Katzen haben sieben Leben (2000). – *Roman:* Wörterbuch (2005).

Erpfingen, Ortsteil der Gem. Sonnenbühl, Landkreis Reutlingen, Bad.-Württ., mit der →Bärenhöhle.

Erpressung, Vermögensdelikt, das nach §253 StGB begeht, wer, um sich oder einen Dritten zu Unrecht zu bereichern, einen anderen rechtswidrig mit Gewalt oder durch Drohung zu einer Handlung, Duldung oder Unterlassung nötigt und dadurch dem Vermögen des Genötigten oder eines anderen Nachteil zufügt. Auf E. steht Freiheitsstrafe bis zu fünf Jahren oder Geldstrafe. Die Tat ist rechtswidrig, wenn die Anwendung der Gewalt oder die Androhung des Übels zu dem angestrebten Zweck als verwerflich anzusehen ist, z. B. die Drohung mit einer Strafanzeige, um hiermit nicht in Zusammenhang stehende zivilrechtl. Ansprüche durchzusetzen. In bes. schweren Fällen (i. d. R., wenn der Täter gewerbsmäßig oder als Mitgl. einer Bande, die sich zur fortgesetzten Begehung einer E. verbunden hat, handelt) ist Freiheitsstrafe nicht unter einem Jahr angedroht. Wird die E. durch Gewalt gegen eine Person oder unter Anwendung von Drohungen mit gegenwärtiger Gefahr für Leib oder Leben begangen (**räuberische E.**), so wird sie wie Raub bestraft. Wer einen anderen entführt oder sich seiner bemächtigt, um die Sorge eines Dritten um das Wohl des Opfers zu einer E. auszunutzen, wird nach §239a StGB wegen **erpresserischen Menschenraubs** mit Freiheitsstrafe nicht unter fünf Jahren bestraft. Ist eine E. durch die Drohung begangen worden, eine Straftat zu offenbaren, so kann die Staatsanwaltschaft nach §154c StPO von der Verfolgung der Tat, deren Offenbarung angedroht worden ist, absehen, wenn nicht wegen der Schwere der Tat eine Sühne unerlässlich ist.

Eine E. wird in **Österreich** (§§144f. StGB) und in der **Schweiz** (Art. 156 StGB) ähnlich bestraft.

Erprobungsstufe, →Orientierungsstufe.

Errachidia, Ar-Rachidia, früher **Ksar es-Souk** [-suk], Stadt in SO-Marokko, am SO-Abfall des Hohen Atlas, am Oued Ziz, 1060 m ü. M., 76 800 Ew.; Verw.-Sitz der gleichnamigen Prov. in der Region Meknès-Tafilalet; Markt- und Gewerbezentrum; Wärmekraftwerk, Flughafen; Straßenknotenpunkt an der »Straße der Kasbas« zu den Oasen des Tafilalet. In der anschließenden Oase (Datteln, Feigen, Oliven) mehrere Ksar-Anlagen. 15 km nördlich die Talsperre Hasan Addakil (Bewässerung); östlich Zink- und Bleivorkommen.

errare humanum est [lat.], »Irren ist menschlich«.
erratische Blöcke, Findlinge, ortsfremde Felsblöcke in Gebieten ehem. Vereisung; sie wurden durch Gletscher oder Inlandeis, oft Hunderte von Kilometern weit, vom Ursprungsort an ihre Fundstätte transportiert; sie sind daher Indizien für die Ausdehnung und Herkunft von Eismassen. – Im *Volksglauben* wurde die Verbreitung e. B. vielfach auf den Teufel oder auf Riesen zurückgeführt.
Erratum [lat. »Irrtum«, »Fehler«] *das, -s/...ta, Buchwesen:* Druckfehler, Versehen. – **Errata** *Pl.*, Verzeichnis von Druckfehlern, die im letzten Bogen eines Buches oder auf einem Beiblatt berichtigt werden.
Erregbarkeit,
1) *Physiologie:* die Fähigkeit von Zellen, Geweben und Organismen, auf Reize zu reagieren. (→Erregung)
2) *Psychologie:* Bez. für die z.T. recht unterschiedl. Ansprechbarkeit eines Individuums auf affektive, emotionale Reize. Im Alltagsverständnis wird der Begriff meist auf die einer Situation nicht angemessene (zu heftige) emotionale oder aggressive Reaktion eines Individuums bezogen.
Erreger, Bez. für krankheitserregende (pathogene) Keime; im Sinne des Infektionsschutzgesetzes (IfSG) ist ein Krankheitserreger ein vermehrungsfähiges Agens (Virus, Bakterium, Pilz, Parasit) oder ein sonstiger übertragbarer biolog. Faktor, der beim Menschen eine Infektion oder eine übertragbare Krankheit verursachen kann. (→Infektionskrankheiten)
Erregermaschine, meist ein Gleichstromgenerator, der die Erregerwicklung einer Hauptmaschine mit dem Erregerstrom speist. Die E. ist viel kleiner als die Hauptmaschine; sie ist entweder direkt an deren Welle gekuppelt oder mit einem Antriebsmotor zum **Erregersatz** vereint.
Erregerwicklung, Feldwicklung, auf den Hauptpolen des Ständers oder Läufers einer elektr. Maschine befindl. Wicklung (Spule), die von dem zur Erregung des magnet. Hauptfeldes dienenden **Erreger-** oder **Feldstrom,** einem Gleich- oder gleichgerichteten Wechselstrom, durchflossen wird.
Erregung,
1) *Elektrotechnik:* der Aufbau des für die Wirkungsweise einer elektr. Maschine oder eines Elektromagneten erforderl. Magnetfeldes; auch Bez. für die magnet. Spannung und die elektr. →Durchflutung der Erregerwicklung. Bei **Selbst-E.** sind Anker- und Erregerwicklung eines Generators in Reihe (**Reihenschluss-E.**) oder parallel (**Nebenschluss-E.**) geschaltet; der (bei Synchrongeneratoren vorher gleichgerichtete) Erregerstrom wird von der Ankerspannung angetrieben. Bei **Fremd-E.** ist die Erregerwicklung mit einer unabhängigen Spannungsquelle verbunden, die nicht gleichzeitig die Spannung in der Ankerwicklung liefert. Bei **Eigen-E.** wird der Erregerstrom von einer mechanisch angekuppelten Erregermaschine geliefert. Bei **Dauermagnet-E.** werden anstelle einer gleichstromgespeisten Erregerwicklung Dauermagnete verwendet. (→Compounderregung)
2) *Physik:* 1) **elektrische E.,** von M. FARADAY verwendete Bez. für die heute als →elektrische Flussdichte bezeichnete Feldgröße *D* des elektr. Feldes; 2) **magnetische E.,** ältere Bez. für die →magnetische Feldstärke.
3) *Physiologie:* durch äußere Reize oder autonome Reizbildung hervorgerufene Zustandsänderung (Depolarisation des Membranpotenzials) im Bereich von Sinnesorganen und neuralen muskulären Strukturen,

die durch das Auftreten von →Aktionspotenzialen gekennzeichnet ist. Die Fortleitung der E. (**E.-Leitung**) erfolgt an Muskelfasern und marklosen Nervenfasern kontinuierlich; an markhaltigen Nervenfasern dagegen erfolgt sie mit erhöhter Geschwindigkeit als saltator. E.-Leitung, bei der Aktionspotenziale nur an den →Ranvier-Schnürringen auftreten, während die dazwischen liegenden Strecken sprunghaft durch Stromschleifen überwunden werden.
4) *Psychologie:* andere Bez. für Affekt oder Emotion (→Erregbarkeit).
Erregung öffentlichen Ärgernisses, →Ärgernis.
Erregungsleitungsstörung, Form der →Herzrhythmusstörungen.
Erregungsleitungssystem, →Herzautorhythmie.
Erriapo [nach einem Riesen der gall. Sage] *der, -s,* ein Mond des Planeten →Saturn.
Erró [eˈro], eigtl. Guðmundur Guðmundsson [ˈguð-], isländ. Maler und Grafiker, * Ólafsvík 19.7.1932; lebt meist in Paris. E. entwickelte in den 1960er-Jahren eine aggressiv-satir., gesellschaftskrit. Form der Pop-Art, indem er collageartig Motive aus Comics, Kitschpostkarten, Werbeplakaten u.Ä. arrangierte. Er beteiligte sich auch an Happenings.
Error [ˈerə, engl.], *Informatik:* der →Fehler.
Erröten, erhöhte Durchblutung bes. der Gesichtshaut in Situationen der Unsicherheit, Peinlichkeit u.Ä., bewirkt über das vegetative Nervensystem. (→Erythrophobie)
Errungenschaftsbeteiligung, →eheliches Güterrecht (Schweiz).
ERS [engl. iːɑːˈes; Abk. für **E**uropean **R**emote **S**ensing **S**atellite, »europ. Fernerkundungssatellit«], europ. Erdsatelliten-Erkundungsprogramm der ESA. Der ERS-1 (Start am 17.7.1991), mit einem aktiven Mikrowelleninstrument und einem Radargerät zur Abtastung der Erdoberfläche ausgerüstet, diente v.a. der Erkundung und Beobachtung von Meeren, polaren Eisfeldern und Küstenzonen. Er lieferte insgesamt rd. 250 000 Bilder (opt. Auflösung der Erdaufnahmen: 30 m) und wurde 2000 abgeschaltet. Der Nachfolger ERS-2 (Start am 21.4.1995) ist baugleich mit ERS-1, verfügt aber zusätzlich über ein Messinstrument für atmosphär. Ozon.
Ersa, Erza [-z-], eine der beiden Hauptmundarten des Mordwinischen; eine Schriftsprache innerhalb der →finnougrischen Sprachen.
Ersatz, *Recht:* →Haftung, →Schadensersatz.
Ersatzbildung, *Psychoanalyse:* nach S. FREUD eine Defensivtechnik des »Ich« (→Abwehrmechanismen), die in der Bildung eines gleichsam stellvertretenden Motivs für eine Handlung besteht, deren Durchführung durch Verbote, Tabus, innere Einstellung und dgl. einer Person versagt ist und die deshalb verdrängt wird. Diese **Ersatzhandlung** kann sich auch auf ein **Ersatzobjekt** richten, das das Ziel ersetzt, auf das die psych. Energie urspr. gerichtet war. Ist sie mit einem Lustgewinn verbunden, spricht man von einer **Ersatzbefriedigung.** Da das eigentl. Bedürfnis auf diesem Wege niemals befriedigt wird, bleibt es bestehen und löst einen beständigen Handlungsimpuls zur Ersatzbefriedigung aus. So besteht die Gefahr, dass diese zur Sucht gesteigert wird.
Ersatzdehnung, *Sprachwissenschaft:* Längung eines Vokals durch Einwirkung eines anderen Lautes. E. erfolgten schon in german. Zeit durch den Schwund von Nasalen vor nachfolgendem »h«. Beispiel: Längung des »a« in got. »brahta« gegenüber der (erschlosse-

nen) entsprechenden german. Form »branhta« (»er brachte«).

Ersatzdienst, ziviler E., →Zivildienst.

Ersatzerbe, der vom Erblasser für den Fall eingesetzte Erbe, dass der (zunächst begünstigte) Erbe vor oder nach Eintritt des Erbfalles entfällt. Ist zweifelhaft, ob jemand als E. oder als →Nacherbe eingesetzt ist, gilt er als E. (§ 2102 BGB).

Ersatzfreiheitsstrafe, die an die Stelle einer nicht eintreibbaren, rechtskräftig verhängten Geldstrafe tretende Freiheitsstrafe (§ 43 StGB). Einem Tagessatz der Geldstrafe entspricht ein Tag Freiheitsstrafe. Das Mindestmaß der E. ist ein Tag. Die Umwandlung einer uneinbringl. Geldstrafe sieht das jeweilige StGB auch in Österreich (§ 19) und in der Schweiz (Art. 49, revidierter Art. 36) vor.

Ersatzinvestition, Erneuerung technisch veralteter oder abgenutzter Produktionsgüter (Gebäude, Maschinen, Werkzeuge usw.). Sie kann als **Reinvestition** zur Aufrechterhaltung des betriebl. Leistungsvermögens auftreten oder als **Erweiterungsinvestition,** bei der die Produktionskapazität erhöht wird. Diese Wirkung beruht meist auch auf Rationalisierungseffekten durch techn. Fortschritt, die dagegen bei Reinvestitionen allein zur Kostensenkung, nicht aber zur Kapazitätserweiterung genutzt werden. Die **horizontale Erweiterungsinvestition** dient der Ausweitung des Produktions- und Absatzprogramms in Anpassung an erwartete Absatzsteigerungen auf traditionellen Märkten oder der Erschließung neuer Märkte. Dagegen führt die **vertikale Erweiterungsinvestition** zur Vergrößerung der Produktionstiefe durch die Integration zusätzl. Produktionsstufen (Wertschöpfungsstufen) in das Leistungsprogramm (vertikale Integration). →Investition.

Ersatzkassen, neben den Allgemeinen Ortskrankenkassen, den Betriebs-, Innungs- und landwirtschaftl. Krankenkassen, der Seekrankenkasse und der Bundesknappschaft Träger der gesetzl. Krankenversicherung; seit 1937 Körperschaften des öffentl. Rechts. Durch das Gesundheitsstruktur-Ges. ist bei den E. die Beschränkung auf den Mitgliederkreis aufgehoben worden (§ 168 Abs. 2 SGB V). Seit 1.1.1996 besteht somit freier Zugang aller Versicherungspflichtigen zu den Ersatzkassen.

Ersatzknochen, chondrale Knochen, im Unterschied zu den →Deckknochen durch Verknöcherung knorpelig vorgebildeter Skelettteile entstandene Knochen, so fast alle Knochen des Wirbeltierskeletts.

Ersatzmodelle, Erneuerungsmodelle, Teilgebiet des Operationsresearch. E. liefern mathemat. Beschreibungen von Problemen, die entstehen, weil in technisch-wirtschaftl. Systemen betriebsnotwendige Elemente plötzlich und vollständig ausfallen können (z. B. elektron. Bauteile) bzw. im Zeitablauf allmählich ihre Leistungsfähigkeit verlieren (z. B. Produktionsaggregate). Mithilfe von E. kann berechnet werden, ob vom plötzl. Versagen bedrohte Elemente vorbeugend ausgetauscht werden sollen oder der Ausfall abgewartet werden soll bzw. welcher Ersetzungszeitpunkt für die allmählich ihre Leistungsfähigkeit verlierenden Elemente zu wählen ist. Ziel solcher Berechnungen ist die Minimierung der Systemkosten. E. für den Ausfall von Teilen können auch →Markow-Modelle sein; die Berechnungsmethoden für den Fall der nachlassenden Lebensdauer sind den Methoden der Investitionsrechnung eng verwandt.

Ersatzmutter, die →Leihmutter.

Ersatzprobe, *Sprachwissenschaft:* die →Substitution.

Ersatzreligion, →Quasireligion.

Ersatzreserve, *Militärwesen:* die Gesamtheit der ungedienten Wehrpflichtigen, deren Tauglichkeit und Verfügbarkeit aufgrund der Musterung festgestellt ist.

Ersatzschaltbild, vereinfachende graf. Darstellung des Stromkreises einer elektr., elektron., elektromechan. oder elektroakust. Einrichtung, die das Zusammenwirken realer (v. a. aktiver) Bauelemente durch Reihen- oder Parallelschaltung idealisierter Grundschaltelemente (v. a. Widerstände, Kapazitäten und Induktivitäten) ausreichend genau wiedergibt, der Erfassung der physikal. Eigenschaften dient und zu überschaubaren Berechnungsverfahren beiträgt.

Ersatzschulen, Schulen in freier Trägerschaft (→Privatschulen), die nur mit Genehmigung des Staates als Ersatz für öffentl. Schulen errichtet und betrieben werden dürfen. Sie entsprechen in ihren Bildungs- und Erziehungszielen den öffentl. Schulen und haben auch das Recht Zeugnisse zu erteilen, die die gleiche Berechtigung verleihen wie die der öffentl. Schulen. Die Genehmigung setzt u. a. voraus, dass die Schulen in ihren Lehrzielen, in ihren Einrichtungen, in der wiss. Ausbildung der Lehrer nicht hinter den öffentl. Schulen zurückstehen. Als E. anerkannt sind z. B. freie Waldorf-, Montessori- und Konfessionsschulen.

Ersatzvornahme, *Recht:* allg. die Vornahme einer vom Pflichtigen geschuldeten Handlung durch einen Dritten auf Kosten des Pflichtigen. Das *Schuldrecht* kennt die E. im Werkvertragsrecht (§ 637 BGB: E. bzw. Selbstvornahme des Bestellers, wenn der Unternehmer mit der Mängelbeseitigung in Verzug gerät) und im Mietrecht (§ 536a Abs. 2 BGB: E. des Mieters bei der Mängelbeseitigung); das *Zwangsvollstreckungsrecht* kennt sie bei →vertretbaren Handlungen, die der Vollstreckungsschuldner vorzunehmen pflichtwidrig unterlässt (§ 887 ZPO). Im *öffentl. Recht* ist die E. eine Maßnahme der Verwaltungsvollstreckung (§ 10 Verwaltungsvollstreckungs-Ges.) zur Durchsetzung eines Verwaltungsakts, mit dem eine vertretbare Handlung, z. B. die Wegschaffung eines Autowracks, vorgenommen wird.

Ersatzzeiten, Fachausdruck der gesetzl. Rentenversicherung für Zeiten vor dem 1.1.1992, in denen eine Versicherung aus Gründen unterblieben ist, die nicht in die individuelle Verantwortung, sondern in die polit. Verantwortung der Gesellschaft fallen und die auf Antrag des Versicherten bei der Berechnung der Altersrenten als beitragsfreie Zeiten angerechnet werden (§§ 54 und 250 Sozialgesetzbuch VI). E. sind v. a. Zeiten des Militärdienstes, der Kriegsgefangenschaft, der Internierung, der Vertreibung und Flucht sowie der polit. Verfolgung (v. a. im Nationalsozialismus und in der DDR), einschließlich der damit zusammenhängenden Perioden der Krankheit und Arbeitslosigkeit. Die E. sind zus. mit den →Anrechnungszeiten und Zurechnungszeit (die zus. die beitragsfreien Zeiten ausmachen), den beitragsgeminderten Zeiten und den eigentl. Beitragszeiten die so genannten rentenrechtl. Zeiten. Diese sind maßgebende Größen für die Berechnung der Altersrente in der gesetzl. Rentenversicherung.

In Österreich werden auch solche Zeiten als E. anerkannt (z. B. Zeiten des Militärdienstes oder des Bezugs von Kranken-, Wochen- oder Arbeitslosengeld), die nach dt. Sozialversicherungsrecht normalerweise nur Anrechnungszeiten darstellen. Gymnasial- und

Studienzeiten können durch nachträgl. Beitragsentrichtung bis zu 60 Monaten als E. erworben werden. – In der Schweiz sind E. im Sinne des dt. Rechts nicht bekannt. Hingegen werden fehlende Beitragsjahre, die im Normalfall zu einer Teilrente führen, unter gewissen Voraussetzungen als Beitragsjahre angerechnet, so beim nichterwerbstätigen Ehegatten einer versicherten Person, der bestimmte Mindestbeiträge leistet. Versicherten, die Kinder unter 16 Jahren oder Verwandte mit einem Anspruch auf Hilflosenentschädigung betreuen, wird eine Erziehungs- bzw. Betreuungsgutschrift angerechnet.

Erscheinung,
1) *Philosophie:* Gegenstand der sinnl. Wahrnehmung, auch Phänomen (griech. phainómenon) genannt. Die E. steht im Spannungsfeld zw. »Vorschein von etwas« sein (etwas zeigt sich), »bloßer Schein« sein (die E. verdeckt die Wirklichkeit) sowie einer sich fluktuierend in immer neuen Variationen zeigenden Wirklichkeit. Als philosoph. Begriff wurde »E.« zuerst von PLATON verwendet, der die E. als Abbilder durch ihre Teilhabe an unveränderl. Urbildern (Ideen) begründet sah. Erkenntnis von Sein und Wahrheit erfolge durch das Denken (→Episteme), die sinnl. Wahrnehmung des Erscheinungshaften sei ungewiss, nur vermeintl. Wissen. – Folgende Grundpositionen lassen sich in Bezug auf die E. in der Erkenntnistheorie klassifizieren: Während der Empirismus davon ausgeht, dass es keine Erkenntnis ohne E. gebe, und der radikale Sensualismus behauptet, dass sich Erkennen in den E. erschöpfe (z. B. PROTAGORAS, →Homo-Mensura-Satz; G. BERKELEY, →Esse est percipi), liefern nach rationalist. Ansicht E. nur das Material für die Erkenntnis, die nicht aus ihnen allein begründbar ist. Der Realismus fasst E. als getreues Abbild einer vom Erkenntnissubjekt unabhängigen Außenwelt. Der transzendentale Idealismus (I. KANT) bestreitet die Erkenntnismöglichkeit einer solchen Außenwelt unabhängig von den Bedingungen menschl. Subjektivität (Raum und Zeit als Formen sinnl. Anschauung); er argumentiert deshalb für den E.-, d. h. den Vorstellungscharakter aller Gegenstände als Gegenstände möglicher Erfahrung. KANT unterscheidet insofern E., d. h. Gegenstände, »sofern sie Objekt der sinnl. Anschauung« und damit möglicher Erkenntnis sind, vom »Ding an sich«, der unerkennbaren, jedoch denkbaren »Grundlage« der E. – Die Wiss.-Theorie des 20. Jh. diskutiert das Problem der E. unter den Bez. »Beobachtung«, »Beobachtungssprache« und »Sinnesdaten«. – Dem Begriff der E. kommt auch in der →Ästhetik zentrale Bedeutung zu.
2) *Religion:* →Vision, →Epiphanie, →Theophanie.

Erscheinung Christi, Erscheinung des Herrn, christl. Fest, →Epiphanie.

Erschleichung, *Recht:* das Herbeiführen eines Erfolges auf unmoral. oder unrechtmäßigem Weg, bes. unter Umgehung gesetzl. Vorschriften. Der **E. von Leistungen** macht sich strafbar (§ 265a StGB), wer die Leistung eines Automaten, eines öffentl. Zwecken dienenden Telekommunikationsnetzes, die Beförderung durch ein Verkehrsmittel oder den Zutritt zu einer Veranstaltung oder Einrichtung in der Absicht erschleicht, das Entgelt nicht zu entrichten. Strafe: Freiheitsstrafe bis zu einem Jahr oder Geldstrafe; Strafantrag erforderlich u. a. bei Geringfügigkeit. – Parallele Vorschriften enthalten das österr. StGB (§ 149 sowie – Amts-E. – § 315) und das schweizer. StGB (Art. 150, E. einer Leistung).

Erschließung, die Gesamtheit der Maßnahmen, die nach dem Baugesetzbuch Voraussetzung für die Bebauung eines Grundstücks sind, d. h. die die baul. oder gewerbl. Nutzung durch Anschluss des Grundstücks an das öffentl. Verkehrsnetz erst ermöglichen. Die E. von Baugrundstücken ist im Rahmen der Selbstverwaltungsangelegenheiten Aufgabe der Gemeinden (§§ 123 ff. Baugesetzbuch). Diese haben E.-Anlagen entsprechend den Erfordernissen der Bebauung und des Verkehrs herzustellen. Die E. muss mit den Festsetzungen des Bebauungsplans übereinstimmen. Der Einzelne hat keinen Rechtsanspruch auf E. gegen die Gemeinde.

Erschließungsbeiträge, die durch die Gemeinden nach dem Baugesetzbuch (BauGB) zur Deckung ihres Erschließungsaufwands von den Grundstückseigentümern zu erhebenden Abgaben. Die Gemeinden können nur dann für die in § 127 BauGB aufgeführten und im Bebauungsplan ausgewiesenen Erschließungsanlagen E. erheben, wenn ihr Erschließungsaufwand (von dem sie mindestens 10 % selbst zu tragen haben) anderweitig nicht gedeckt ist. **Erschließungsanlagen** im Sinne des § 127 BauGB sind v. a. öffentl. Straßen, Wege und Plätze, Parkflächen und Grünanlagen innerhalb der Baugebiete und Anlagen zum Schutz gegen schädl. Umwelteinwirkungen. Anlagen zur Abwasserableitung sowie zur Versorgung mit Elektrizität, Gas, Wärme und Wasser gehören nicht zu den Erschließungsanlagen. Die Anschlusskosten hierfür werden von den jeweiligen Energieversorgungsunternehmen gesondert in Rechnung gestellt.

Der beitragsfähige **Erschließungsaufwand** kann gemäß § 130 BauGB nach den tatsächlich entstandenen Kosten oder nach Einheitssätzen ermittelt werden, die nach den in der Gemeinde üblicherweise durchschnittlich aufzuwendenden Kosten vergleichbarer Erschließungsanlagen festzusetzen sind. Die Verteilung des Erschließungsaufwands erfolgt nach gesetzlich festgelegten Maßstäben; Verteilungsmaßstäbe zur Berechnung der E. sind: Art und Maß der baul. oder sonstigen Nutzung, die Größe der Grundstücksflächen sowie die Grundstücksbreite an der Erschließungsanlage. Der Beitragspflicht unterliegt jedes tatsächlich bebaubare Grundstück, für das eine baul. oder gewerbl. Nutzung nach dem Bebauungsplan festgesetzt ist oder das nach der baul. Entwicklung der Gemeinde zur Bebauung ansteht.

Die Gemeinden haben durch Satzung Art und Umfang der Erschließungsanlagen, Art der Ermittlung und der Verteilung des Erschließungsaufwands sowie die Höhe des Einheitssatzes und die Merkmale der endgültigen Herstellung einer Erschließungsanlage zu regeln. Die E. können nur aufgrund einer Beitragssatzung vom Beitragspflichtigen erhoben werden; der von den Einzelnen zu zahlende Betrag wird in einem Beitragsbescheid festgesetzt. Beitragspflichtig ist derjenige, der zum Zeitpunkt der Zustellung des Beitragsbescheids Eigentümer des beitragspflichtigen Grundstücks ist. Anstelle des Eigentümers sind beitragspflichtig der Erbbauberechtigte, wenn das Grundstück mit einem Erbbaurecht belastet ist, bzw. der Nutzungsberechtigte, wenn das Grundstück mit einem dingl. Nutzungsrecht nach Art. 233 § 4 Einführungs-Ges. zum BGB belastet ist. Der Adressat kann den Bescheid vor dem Verwaltungsgericht anfechten. Für Erschließungsanlagen in den neuen Ländern, die vor dem Beitritt bereits fertig gestellt worden sind, kann nach dem BauGB kein E. erhoben werden (§ 246 a BauGB).

Das Baugesetzbuch als Rechtsgrundlage für E. wird durch die Kommunalabgabengesetze der Länder und hierauf beruhende Beitragssatzungen ergänzt.

Erschöpfung,
1) *Medizin:* starker Abfall der körperl. und psych. Leistungsfähigkeit durch länger dauernde Überbeanspruchung, eventuell unter Missbrauch von Anregungsmitteln. Es kommt zur E., wenn oberhalb der Dauerleistungsgrenze nicht rechtzeitig oder nach wiederholten Höchstleistungen nicht ausreichend →Erholung gewährt wird. (→Burn-out-Syndrom)
2) *Recht:* Schranke für die Geltendmachung gewerbl. Schutzrechte (z. B. Patent-, Markenschutz) und des Urheberrechts, wonach ein rechtmäßig in den Geschäftsverkehr gebrachtes (veräußertes) Exemplar eines sondergesetzlich (z. B. durch das Patent- oder Marken-Ges.) geschützten Gegenstandes frei und ohne Zustimmung des Rechteinhabers weiterveräußert werden darf, obgleich die Weiterveräußerung technisch auch eine Verfügung über das Schutzrecht darstellt. Das Prinzip der E. dient der Konfliktlösung zw. Schutzrechtsinhaber und Sacheigentümer, daher gilt es nicht bei unkörperl. Verfügungen (Sendung, Onlinerechte). Der E.-Grundsatz schützt in der Praxis den freien Warenverkehr. Der Schutzrechtsinhaber soll nur über das erstmalige Inverkehrbringen entscheiden, nicht aber die weiteren Vertriebswege kontrollieren dürfen.

Erschütterungssinn, der →Vibrationssinn.

Érsekújvár [ˈeːrʃɛkuːjvaːr], ungar. Name der slowak. Stadt →Nové Zámky.

Ersisch, eine der →keltischen Sprachen.

Ersitzung, der sich durch Zeitablauf kraft Gesetzes vollziehende Eigentumserwerb. Die E. einer bewegl. Sache (§§ 937 ff. BGB) setzt zehnjährigen ununterbrochenen Eigenbesitz sowie Gutgläubigkeit hinsichtlich des eigenen Rechts an der Sache voraus. Entsprechendes gilt für den gesetzl. Erwerb eines Nießbrauchrechts. Die E.-Zeit wird durch den Verlust des Eigenbesitzes oder durch klageweise Geltendmachung des Herausgabeanspruchs unterbrochen. Die dem Erbschaftsbesitzer zugute gehaltene E.-Zeit wirkt auch für den Erben. Bei Grundstücken und anderen im Grundbuch eingetragenen dingl. Rechten erwirbt derjenige Eigentum, der 30 Jahre lang als Berechtigter fälschlicherweise, aber widerspruchsfrei im Grundbuch eingetragen war und während dieser Zeit das Grundstück in Eigenbesitz gehabt oder das Recht ausgeübt hat (**Buch-E.**, § 900 BGB).

In Österreich ist die E. bewegl. Sachen möglich nach dreijährigem Besitz, der redlich und rechtmäßig (d. h., bei Vorliegen eines Titels, der ausgereicht hätte, Eigentum zu erwerben, wäre der Veräußerer Eigentümer gewesen) sein muss. Bei der uneigentl. E. nach 30-jährigem redl. Besitz ist der Nachweis des Titels nicht erforderlich (§§ 1452 ff. ABGB). **Schweiz:** Der gutgläubige Nichteigentümer, der während 10 Jahren als Eigentümer im Grundbuch eingetragen ist, erwirbt das Grundeigentum durch E.; bei Grundstücken, die nicht im Grundbuch stehen, beträgt die Frist 30 Jahre (Art. 661, 662 ZGB). Mobilien werden durch fünfjährigen gutgläubigen Besitz ersessen (Art. 728 ZGB).

Erskine [ˈəːskɪn],
1) John, amerikan. Schriftsteller, Literaturhistoriker und Pianist, *New York 5. 10. 1879, †ebd. 2. 6. 1951; war 1916–37 Prof. für Anglistik an der Columbia University, New York, und 1917–21 Mitherausgeber der »Cambridge history of American literature«; verfasste zeitgeschichtlich interessante autobiograf. Schriften und viel gelesene Essays über Lit. und Musik. In seinen zahlr. Romanen persiflierte er Stoffe aus Weltliteratur und Gesch., v. a. aus der Antike.

Werke: *Romane:* The private life of Helen of Troy (1925; dt. Das Privatleben der schönen Helena); Adam and Eve (1927; dt. Adam u. Eva); The brief hour of François Villon (1937; dt. Das kurze Glück des François Villon). – *Autobiografien:* My life as a teacher (1948); My life in music (1950); My life as a writer (1951).

2) Ralph, brit. Architekt, *London 24. 2. 1914, †Drottningholm (bei Stockholm) 16. 3. 2005; studierte in London und Stockholm und eröffnete 1946 ein Architekturbüro in Drottningholm. E. entwarf hervorragende Einzelbauten und Wohnsiedlungen. Sein Sanierungsprojekt »Byker« in Newcastle upon Tyne (1969–80) wurde wegweisend für den Wohnungsbau aufgrund der angewandten ökonom. und energiebewussten Bauweise, abwechslungsreicher Gestaltung sowie der Berücksichtigung individueller Wünsche der Bewohner.

Weitere Werke: Lilla-Bommen-Bürogebäude in Göteborg (1987–89); World Trade Centre in Stockholm (1989); Bürogebäude »The Ark« in London (1988–91); Magna Aula der Univ. von Stockholm (1995–97).

Eršov [jerˈʃɔf], Petr Pavlovič, russ. Dichter, →Jerschow, Pjotr Pawlowitsch.

Ersoy, Mehmed Akif, türk. Dichter, *Istanbul 1873, †ebd. 27. 12. 1936; Verfechter panislam. Ideen; verfasste die türk. Nationalhymne. Von der laizist. Entwicklung in der Türkei enttäuscht, lebte er von 1925 an in Ägypten.

Ersparnis, derjenige Teil des verfügbaren Einkommens der Wirtschaftssektoren (private Haushalte, Staat, Unternehmen), der nicht für konsumtive Zwecke (privater bzw. staatl. Konsum) verwendet wird. Zu den E. der privaten Haushalte gehören auch nichtentnommene Gewinne von Unternehmen ohne eigene Rechtspersönlichkeit. Die E. der Unternehmen mit eigener Rechtspersönlichkeit (z. B. Kapitalgesellschaften) ergibt sich aus den unverteilten Gewinnen abzüglich des Saldos aus geleisteten und empfangenen Übertragungen und entspricht insofern dem verfügbaren Einkommen. Die E. des Staates ist gleich der Differenz zw. laufenden Einnahmen und Ausgaben. In der →volkswirtschaftlichen Gesamtrechnung wird für die einzelnen Sektoren über Einkommensverwendungskonten die Aufteilung des verfügbaren Einkommens in E. und Konsum dargestellt.

Ersparnismethode, Verfahren zur Prüfung des Gedächtnisses. Zuerst wird festgestellt, wie viele Wiederholungen zur vollständigen Wiedergabe eines Lernstoffs nötig sind. Nach genau bestimmter Zeit (z. B. 30 Minuten, 1 Stunde, 24 Stunden, 2 Tage) wird der Versuch mit demselben Lernstoff wiederholt. Die Differenz der nötigen Wiederholungen zw. den beiden Versuchen, d. h. die beim zweiten Versuch eingesparten Wiederholungen, gelten dann als »Gedächtnismaß«. Selbstversuche dieser Art von H. EBBINGHAUS, der dabei feststellte, dass das Gelernte zunächst rasch, dann aber zunehmend langsamer vergessen wird, führten zur Aufstellung einer **Vergessenskurve** (Ebbinghaus-Kurve).

Erstarren, allg. in *Chemie* und *Physik* der Übergang vom flüssigen in den festen Aggregatzustand, Umkehrung des Schmelzens; geschieht bei chemisch einheitl. Stoffen (chem. Elementen, Verbindungen) beim Unterschreiten einer stoffspezif. **Erstarrungstempera-**

tur (Erstarrungspunkt; bei diesen Stoffen gleich dem →Schmelzpunkt). Manche Gemische (z.B. Wachs, Glas, auch Schmiedeeisen) werden beim Abkühlen zuerst zähflüssig, dann plastisch, schließlich fest. Legierungen u.a. Gemische erstarren innerhalb eines bestimmten Temperaturintervalls, des **Erstarrungsintervalls**, unter teilweiser Entmischung, Mischkristallbildung und anderen Besonderheiten, die aus dem Schmelz- oder Zustandsdiagramm des Systems zu ersehen sind. Das E. von Stoffen, die unter Normbedingungen flüssig sind, nennt man auch →Gefrieren. – In der *Bautechnik* ist E. die früher als Abbinden bezeichnete erste Phase der Verfestigung eines Baustoffes nach der Zugabe von Wasser (z.B. Frischmörtel, Beton). Der Erstarrungsbeginn ist bei jedem Baustoff unterschiedlich. Anfang und Ende des E. lassen sich durch Zusätze beschleunigen oder verzögern.

Erstarrungsgesteine, die →magmatischen Gesteine.

Erstattung,
1) *Agrarpolitik:* **Ausfuhr-E., Export-E.,** im Rahmen der Agrarmarktordnungen der EG bei der Ausfuhr gewährte Bezahlung der Differenz zw. den EG-Binnenmarktpreisen für landwirtschaftl. Erzeugnisse und den Weltmarktpreisen an den Exporteur, damit Überschüsse der EG-Erzeugung auf dem Weltmarkt trotz der dort niedrigeren Preise abgesetzt werden können. E. entsprechen in ihrer Höhe in etwa den bei der Einfuhr erhobenen →Zöllen. Durch die Reform der Gemeinsamen Agrarpolitik (GAP) und die sich damit ergebenden Veränderungen im Agrarhaushalt (Abbau von Marktstützungen zugunsten von Direktzahlungen) sind die Aufwendungen in der EU für Exporterstattungen auf 8% gesunken (2001).

2) *Recht:* die Rückgabe von Leistungen, die ohne Rechtsgrund erbracht worden sind, Rückzahlung. Ein **E.-Anspruch** steht z.B. dem Steuerpflichtigen gegen den Staat bei zu viel geleisteten Steuern zu. Für die E. gelten grundsätzlich die Regeln der →ungerechtfertigten Bereicherung. Bei Ablehnung des E.-Anspruchs durch die Behörde ist der Verwaltungsrechtsweg zulässig.

Erstaufführung, die erste Aufführung eines neu inszenierten dramat. oder musikal. (Bühnen-)Werkes, das bereits anderenorts (in einem anderen Land, einer anderen Stadt oder an einem anderen Theater) oder in einer anderen Sprache aufgeführt wurde. Die Bez. ist auch für den Film üblich.

Erstausgabe,
1) *Börsenwesen:* i.w.S. die →Emission neuer Wertpapiere, i.e.S. das erstmalige öffentl. Angebot einer Investmentgesellschaft, Anteile eines neuen Investmentfonds zu einem festen Preis **(E.-Preis)** über einen begrenzten Zeitraum hinweg **(E.-Zeit,** meist vier bis acht Wochen) zu zeichnen. Nach Ablauf der E.-Zeit werden die Anteile zum normalen Ausgabepreis verkauft, der auf der Basis des Inventarwertes errechnet wird.

2) *Buchwesen:* die erste im Buchhandel erscheinende Ausgabe eines literar. Werkes. Meist handelt es sich um eine vom Verfasser besorgte Originalausgabe, in seltenen Fällen kann es auch eine unrechtmäßige, gegen oder ohne den Willen des Verfassers veröffentlichte Ausgabe sein. Von Bedeutung ist die E. v.a. für die Textphilologie bzw. als Sammelobjekt.

Der Begriff →Editio princeps wurde v.a. von den Humanisten für Erstdrucke der als Handschriften überlieferten griech. und lat. Klassiker verwendet; gelegentlich auch für die Edition eines nachgelassenen Werkes.

Erstbesiedlung, *Ökologie:* Eroberung neu entstandener Lebensräume (z.B. vulkan. Rohböden, Inseln) durch Organismen; die Zusammensetzung einer sich neu entwickelnden Lebensgemeinschaft wird meist durch solche Organismen geprägt, die zufällig durch Wind, Wasserströmung, mit fliegenden Tieren oder durch Eigenflug den neuen Lebensraum erreichen (z.B. Bakterien, Algen, Moose, Flechten sowie tier. Einzeller und Rädertiere).

Erstbesteigung, →Bergsteigen (ÜBERSICHT).

Erstdruck, der erste Abzug beim Drucken eines Werkes (u.a. als Probeabzug); zu unterscheiden von der →Erstausgabe.

erste Adresse, im Bank- und Börsenwesen Bez. für einen Schuldner oder Emittenten erstklassiger →Bonität.

Erste Bank der oesterreichischen Sparkassen AG, Spitzeninstitut der österr. Sparkassenorganisation und eine der größten Universalbanken Österreichs, Sitz: Wien; entstanden 1997 durch Fusion von GiroCredit Bank AG der Sparkassen (gegr. 1937) und Erster österr. Spar-Casse-Bank AG (gegr. 1819). Das landesweit und internat. tätige Kreditinstitut bietet über Tochter- und Beteiligungsgesellschaften neben den übl. Bankgeschäften ein umfassendes Spektrum von Finanzdienstleistungen (z.B. Bausparen, Versicherungen, Investmentfonds, Leasing, Immobilien). Bilanzsumme (2004): 139,7 Mrd.€, 37700 Beschäftigte.

erste Hilfe, sofortige, vorläufige Hilfeleistung angesichts offenbarer Gefahr für Gesundheit oder Leben eines anderen Menschen bis zum Eingreifen fachl. Hilfe. § 323 c StGB bedroht jeden mit Strafe, der eine erforderl., ihm zumutbare Hilfeleistung unterlassen hat.

Die Ausübung der e.H. setzt Sachkenntnis voraus, die vom medizin. Laien durch Kurse des Dt. Roten Kreuzes, der Johanniter-Unfall-Hilfe, des Malteser-Hilfsdienstes und des Arbeiter-Samariter-Bundes erworben werden kann. Der Ablauf der e.H. gliedert sich in Sofortmaßnahmen wie die Entfernung eines

erste Hilfe: Giftinformationszentren (2004)	
Deutschland	
Berlin (Beratungsstelle für Vergiftungserscheinungen)	030/19240
Berlin (Charité Campus Virchow-Klinikum)	030/450653555
Bonn (Informationszentrale gegen Vergiftungen)	0228/19240
Erfurt (Gemeinsames Giftinformationszentrum der Länder Mecklenburg-Vorpommern und Sachsen-Anhalt sowie der Freistaaten Sachsen und Thüringen)	0361/730730
Freiburg im Breisgau (Informationszentrale für Vergiftungen)	0761/19240
Göttingen (Giftinformationszentrum-Nord der Länder Bremen, Hamburg, Niedersachsen und Schleswig-Holstein)	0551/19240
Homburg/Saar (Informations- und Behandlungszentrum für Vergiftungen)	06841/19240
Mainz (Beratungsstelle bei Vergiftungen)	06131/19240
München (Giftnotruf München)	089/19240
Nürnberg (Giftinformationszentrale Nürnberg)	0911/3982451
Österreich	
Wien (Vergiftungsinformationszentrale Wien)	0043-1/4064343
Schweiz	
Zürich (Schweizer. Toxikolog. Informationszentrum)	0041-1/2515151 (in der Schweiz 145)

Erst   erste Hilfe

erste Hilfe
1 Rettungshubschrauber BK 117 beim Anflug zu einer Rettung aus dem Wasser
2 Seenotkreuzer »Vormann Steffens« im Einsatz in der Deutschen Bucht

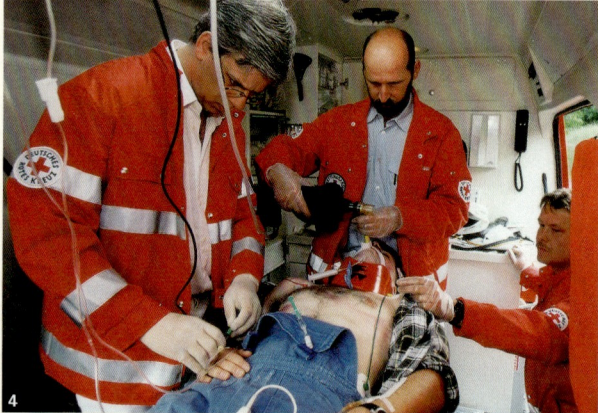
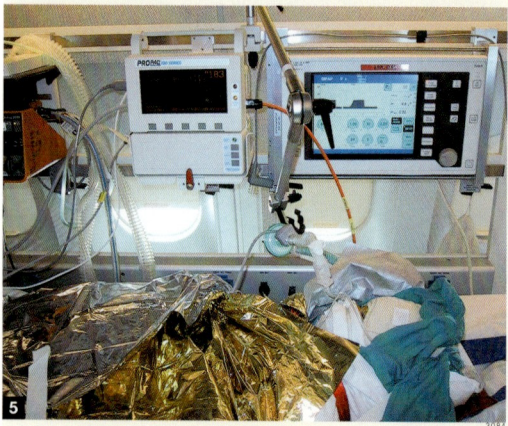
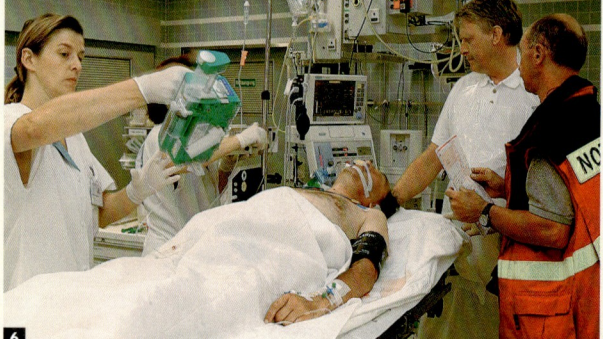

3 Straßenunfall mit Einsatz eines Rettungshubschraubers
4 Transport und erste Versorgung im Rettungswagen
5 Lufttransport eines schwer brandverletzten, künstlich beatmeten Intensivpatienten mit Airbus A-310 der Bundesluftwaffe
6 Vom Rettungswagen gelangt der Patient in den Schockraum. Hier versuchen Ärzte den Zustand des Patienten zu stabilisieren.

7 Schlittentransport durch die Bergwacht nach Skiunfall

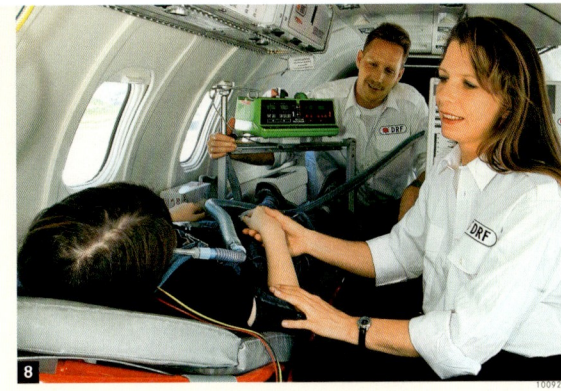

8 Besonders kranke Kinder benötigen während eines Ambulanzfluges zur Verlegung Zuwendung.

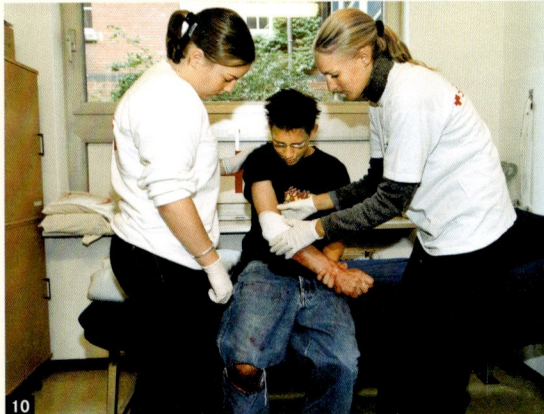

9 Sofortmaßnahmen durch Kühlung und Schatten bei Sonnenstich
10 Schüler bei der Ausbildung zu Schulsanitätern
11 Rettungshund bei der Suche nach Verschütteten
12 Defibrillator im Terminal 1 des Flughafens in Frankfurt am Main

Erst erste Hilfe

erste Hilfe: Notmaßnahmen

Abbinden, Abdrücken: vgl. Abschnitt Blutstillung.

Armbruch: vgl. Abschnitt Knochenbrüche.

Atemspende: seitlich am Kopf des Liegenden hinknien, mit beiden Händen (an Stirnhaargrenze und Kinn) den Kopf extrem nach rückwärts beugen, diese Lage nach Möglichkeit durch gerolltes Kleidungsstück stabilisieren. Bei Mund-zu-Nase-Beatmung den Mund des Verunglückten durch Daumendruck verschließen. Den eigenen weit geöffneten Mund auf das Gesicht (um die Nase herum!) oder, bei Mund-zu-Mund-Beatmung, unter Verschließen der Nase den eigenen Mund auf den Mund des Verunglückten (möglichst unter Zwischenlegen eines speziellen Beatmungstuches zur Vermeidung von Infektionen) fest aufsetzen, Luft einblasen; den Mund abheben, ohne Kopflage zu verändern, die Luft aus den Lungen entweichen lassen, erneutes Aufpressen des Mundes und Einblasen, etwa 12-mal in der Minute, bei Kindern und Säuglingen etwa 24–40 Atemstöße je Minute mit geringem Volumen. Die Beatmung kann auch mittels einer über Mund und Nase aufgesetzten Atemmaske durchgeführt werden.

Atemstillstand: wenn bei Prüfung durch Handauflegen auf die Magengrube und den untersten Rippenrand (Rippenbogen) keine Atembewegungen zu spüren sind, künstl. Beatmung durch Atemspende. Atmet der Verunglückte wieder, ist er aber noch bewusstlos, in stabile Seitenlage drehen!

Augenverätzung: vgl. Abschnitt Verätzung.

Augenverletzung: das verletzte Auge behutsam keimfrei bedecken, beide Augen mit Dreiecktuchkrawatte zubinden, ohne Druck auf die Augäpfel auszuüben. Sofort Augenarzt aufsuchen. Vgl. Abschnitt Fremdkörper im Auge.

Beinbruch: vgl. Abschnitt Knochenbrüche.

Beinkrampf: auf beide Beine stellen, gegen harten Widerstand treten; bei Wadenkrampf Vorfuß kniewärts ziehen. Wärmeanwendung.

Bewusstlosigkeit: vgl. Abschnitt Atemstillstand.

Bisswunde: verletztes Glied ruhig stellen, Wunde keimfrei verbinden, sofort ärztl. Behandlung, Tollwutgefahr! Über Verletzungen durch Giftschlangen vgl. Abschnitt Schlangenbiss.

Blitzverletzung: bei Bewusstlosigkeit Atmung prüfen; ggf. künstl. Beatmung durch Atemspende. Da häufig ein Kammerflimmern des Herzens besteht, muss ggf. Defibrillation (durch geschulten Helfer) erfolgen. Brandwunden keimfrei verbinden. Notruf!

Bluterbrechen: Blut aus dem Magen sieht (angedaut) braun wie Kaffeesatz aus, Blut aus der Speiseröhre ist (sofern es nicht heruntergeschluckt wurde) hell- oder dunkelrot, je nachdem, ob es aus einer Arterie (hellrot) oder aus einer Vene (dunkelrot) kommt, Blut aus den Lungen (Bluthusten) ist hellrot und schaumig. Betruhe mit erhöhtem Oberkörper, Ess- und Trinkverbot. Notruf!

Blutstillung: Druckverband anlegen; Wundbedeckung mit keimfreier Auflage bei gleichzeitiger Druckausübung, nach einigen Wickelgängen mit der Mullbinde ein faustgroßes Mullpolster aufbringen, weiterwickeln unter mäßigem Druck und Fixierung. Bei bedrohlich blutender Wunde Abdrücken; am Arm: mit 2. bis 4. Finger von unten auf die Oberarminnenfläche greifen und dort in der Muskellücke die Armarterie gegen den Knochen drücken; am Bein: neben dem Liegenden kniend den Oberschenkel des gegenüberliegenden verletzten Beines mit beiden Händen umfassen und mit beiden Daumen auf der Mitte der Leistenbeuge die Oberschenkelschlagader gegen den darunterliegenden Beckenknochen drücken; Abbinden nur bei bedrohlicher Blutung, nach Arm- oder Beinabtrennung, aus einer größeren Wunde, in der ein Fremdkörper steckt, oder aus einer großflächigen Wunde; am Arm durch schlingenförmiges Anlegen einer Dreiecktuchkrawatte um die Oberarmmitte (beide Krawattenenden durch die Schlinge führen und um den Arm verknoten); am Bein durch einfaches Verknoten der Dreiecktuchkrawatte um die Oberschenkelmitte. Danach Stab zw. Krawatte und Bein schieben; Stab anheben und drehen, bis Blutung steht, Stab fixieren, Uhrzeit notieren, Zettel an Verband anheften. Notruf!

Elektrounfälle: 1) durch Hochspannungsstrom (mehr als 1000 Volt durch Blitzpfeil gekennzeichnet): Verunglückten wegen Selbstgefährdung nicht berühren, Notruf zwecks Abschaltung der Stromzufuhr an zentraler Stelle; dann erst Rettung des Verunglückten.
2) durch Hausstrom (weniger als 1000 Volt): Abschalten des Stroms (Stecker ziehen, Sicherung ausschrauben oder auslösen)! Falls dies nicht möglich, Eigenisolierung auf trockenem Material, dann Betroffenen an der Kleidung, mittels Besen o.Ä. aus dem Stromkreis reißen, an Ort und Stelle Bewusstsein, Atmung und Puls prüfen. Bei Bewusstlosigkeit stabile Seitenlage, bei Atemstillstand Atemspende. Notruf!

epileptischer Krampfanfall: Krampfbewegung (unkoordinierte Bewegungen der Glieder) nicht verhindern! Zur Verhütung von Sekundärverletzungen Verbringen in freien Raum oder Abbremsen der einzelnen Bewegungen und Polsterung bes. des Kopfes; Einschieben eines zur Rolle gewickelten Taschentuchs o.Ä. zwischen die Kiefer zur Verhütung eines Zungenbisses. Der anschließende schlafähnl. Zustand gleicht tiefer Bewusstlosigkeit. Notruf!

Erfrierung: örtlich erfrorene Körperspitzen (blass und sehr kalt) sehr vorsichtig und langsam erwärmen (keine Abreibung mit Schnee), am besten durch Körperwärme. Nicht reiben! Unter Verwendung reichl. Polstermaterials verbinden; schneller Transport des warm zu haltenden Patienten ins Krankenhaus. Vgl. auch Abschnitt Unterkühlung.

Ersticken: möglichst Beseitigung der Ursache, z.B. Fremdkörper in der Luftröhre; dazu Oberkörper nach unten hängen, Kinder an den Füßen mit nach unten hängendem Kopf halten, mehrere Schläge mit der flachen Hand zw. die Schulterblätter ausführen; nur im äußersten Notfall bei Erwachsenen Heimlich-Handgriff anwenden: Der Helfer tritt hinter den Betroffenen, umfasst ihn in der Höhe der Magengrube, legt beide Hände übereinander auf diese und übt einen einmaligen, plötzl. Ruck gegen den Magen aus. Durch die aus dem Magen und den Lungen ausgepresste Luft soll der Fremdkörper herausgedrückt werden. Bei Atemstillstand trotz Fremdkörperentfernung Atemspende. Notruf!

Ertrinken: nach Verbringen in ein Boot oder an Land in Rückenlage bringen (Kopftieflage); prüfen, ob Atemwege frei sind, ggf. Schmutz und Erbrochenes entfernen (ein früher angegebenes Ausfließenlassen des eingedrungenen Wassers durch Ausschütteln ist nutzlos und sollte unterlassen werden). Atmung prüfen. Bei Atemstillstand Atemspende, ggf. Herzmassage, nach Erfolg in stabile Seitenlage drehen. Notruf!

Fremdkörper im Auge: 1) bei Fremdkörper auf der Bindehaut Augenoberlid an den Wimpern nach unten über Unterlid ziehen und plötzlich loslassen, sodass die Wimpern des Unterlids den Fremdkörper von der Innenfläche des Oberlids abfegen, dann Unterlid mit zwei Fingern vom Augapfel abheben. Innenfläche mit trockenem Taschentuchzipfel vorsichtig zur Nase hin auswischen.
2) Fremdkörper auf oder im Augapfel nicht zu entfernen versuchen! Beide Augen mit Dreiecktuchkrawatte zubinden, auf dem schnellsten Weg zum Augenarzt.

Fremdkörper in einer Wunde: nicht berühren, Fremdkörper in der Wunde belassen, in den Wundverband einbeziehen, Entfernung des Fremdkörpers nur durch den Arzt!

Gasvergiftung: bei Vorfinden eines bewusstlosen Gasvergifteten auf eigene Vergiftungsgefahr achten und sofort für Zugluft sorgen, Gasquelle abstellen, wegen Explosionsgefahr keine Funken auslösen (z.B. durch Lichtschalter). Vergifteten möglichst in einen anderen Raum, besser ins Freie bringen (Rautek-Griff). Prüfen der Atmung und der Herzaktion, bei Atemstillstand Atemspende, bei Herzstillstand äußere Herzmassage. Notruf! In stabiler Seitenlage halten, solange Bewusstlosigkeit anhält.

Geburt: Anzeichen sind Blasensprung und kräftige Wehen in sehr kurzem Abstand. Bei komplikationsloser Geburt Gebärende flach lagern, Oberschenkel anziehen und beide Hände unter die Kniekehlen fassen lassen. Im Wehenrhythmus pressen lassen. Den Kopf des Kindes greifen und vorsichtig ziehen, bis der ganze Körper geboren ist. Kind an den Füßen hochhalten, damit das Fruchtwasser abläuft. Mund und Nase säubern. Wenn das Kind nicht atmet, Atemspende. Nabelschnur etwa handbreit vom Nabel des Kindes entfernt zweimal abbinden und dazwischen mit Schere oder Messer durchtrennen. Die Nachgeburt kommt nach etwa 20–30 Minuten von allein. Kind in warme Decke einschlagen. Mutter und Kind ins Krankenhaus bringen. Notruf!

Gehirnerschütterung: Verdacht auf Gehirnerschütterung besteht bei kurz dauernder Bewusstlosigkeit, Gedächtnislücke, bes. hinsichtlich des Unfallvorgangs, und Übelkeit bis zum Erbrechen. Solange Bewusstlosigkeit anhält, in stabiler Seitenlage halten und Atmung kontrollieren; bei Atemstillstand Atemspende. Nach Wiederkehr des Bewusstseins absolute Ruhelage wegen der zusätzl. Gefahr einer Blutung im Schädelinnern. Notruf!

Gelenkverrenkung: vgl. Abschnitt Verstauchung.

Herzanfall: heftige, in Schulter (auch Hals) und Arm, meist bes. nach links ausstrahlende Herzschmerzen, verbunden mit Angstgefühl, verfallenes Aussehen, kalter Stirnschweiß (Angina Pectoris, Herzinfarkt); mit erhöhtem Oberkörper lagern. Notruf!

erste Hilfe: Notmaßnahmen (Fortsetzung)

Herzmassage, Herzdruckmassage: Erfolg versprechend bei rechtzeitigem Beginn (spätestens 3 Minuten nach Herzstillstand) und gleichzeitiger Atemspende (äußere Herzmassage sollte nur von ausgebildeten Ersthelfern ausgeführt werden). Das Verhältnis von Herzmassage zu Beatmung beträgt 15 zu 2, unabhängig davon, ob 1 oder 2 Helfer anwesend sind. Für die Atemspende ist die Herzmassage kurzfristig zu unterbrechen.

Herzstillstand: Sofortmaßnahmen durch Herzmassage und Atemspende (vgl. betreffende Abschnitte).

Hitzschlag: Wärmestau mit plötzl. Bewusstlosigkeit, warmer trockener Haut, Verwirrung, Krämpfe. Betroffenen an schattigen Ort bringen, Kleidung ausziehen, Atmung prüfen. Bei Atemstillstand Atemspende, nach Erfolg in stabile Seitenlage drehen; kalte Übergießungen, Besprengungen oder kaltfeuchte Umschläge, Eisbeutel auf den Kopf, Luft zufächeln. Notruf (Rückfallgefahr)!

Hundebiss: vgl. Abschnitt Bisswunde.

Insektenstich: feuchtkalte Umschläge, Salben mit Antihistaminika und äußerlich aufgebrachte alkohol. Lösungen verringern Juckreiz, Schwellung und Schmerz. Bei Stichen im Rachenbereich sofort Arzt aufsuchen (Gefahr des Zuschwellens der Atemwege). Bei Bienen- und Wespenstichen ggf. den zurückgebliebenen Stachel entfernen, ohne den oft anhängenden Giftbeutel zuzudrücken. Neben örtl. Reaktionen können auch gefährl. allergische Allgemeinreaktionen auftreten. Bei Schock und Atembeschwerden Betroffenen mit erhöhtem Oberkörper lagern. Nach eventueller Allergie (Allergiepass?) fragen. Notruf!

Knochenbrüche: bei Arm- und Beinbruch ggf. vorhandene Wunde mit Verband keimarm verbinden.

Armbruch: Ruhigstellung mit Armtragetuch und zwei Dreiecktuchkrawatten um Arm und Brustkorb. Wegen Schockgefahr hinlegen.

Beinbruch: keine Änderung der Beinlage! Bedecken mit weicher Kleidung oder Decke. Schwere Gegenstände (z. B. Steine) zur Stabilisierung vorsichtig von allen Seiten an das Bein heranschieben. Notruf! Kein Behelfstransport.

Wirbelbruch: Verdacht durch Prüfung der selbsttätigen Bewegungsfähigkeit von Armen und Beinen erhärten, indem man den Verunglückten auffordert, nacheinander beide Hände und Füße vorsichtig zu bewegen; kein Aufrichtungsversuch! Bei Vorliegen eines Wirbelbruchs wird der Betroffene angeben, an bestimmter Stelle im Rücken Schmerz zu empfinden, oder er wird jede Bewegung unterlassen, weil seine Glieder »eingeschlafen« oder nicht zu fühlen sind. Keine Veränderung der Lage! Notruf, Vakuummatratze anfordern!

Kolik: Kennzeichen sind heftige Schmerzen im Leib, die sich krampf- und wehenartig steigern, wieder nachlassen und erneut mit zunehmender Heftigkeit einsetzen. Bettruhe, Arzt rufen, keine Arzneimittel geben, um das Krankheitsbild nicht zu verschleiern.

Kreislaufkollaps: vgl. Abschnitt Ohnmacht.

Nasenbluten: vornübergebeugt hinsetzen, Kopf in die Hände stützen oder blutendes Nasenloch zudrücken. Kalte Umschläge in den Nacken, oft erneuern; nicht schnäuzen. Auf normales ruhiges Atmen achten, um Überventilation zu vermeiden. Bei Unbeeinflussbarkeit Notfallambulanz aufsuchen.

Notverband: bei Verrenkung, Verstauchung der oberen Gliedmaßen können z. B. Dreiecktuch, Kleidungsstücke, Krawatte zur Ruhigstellung verwendet werden.

Ohnmacht: meist nur kurz (Sekunden bis wenige Minuten) andauernder Bewusstseinsschwund. Den Ohnmächtigen flach lagern (stabile Seitenlage) und Körper warm halten (Decke), Kopf nicht durch ein Kissen erhöhen, beengende Kleidung am Hals und um die Brust lösen, für Frischluftzufuhr sorgen. Arzt rufen zur Klärung der Ursache (bes. bei länger andauernder oder sich wiederholender Bewusstseinsstörung).

Schädelbruch: ist nach entsprechender Gewalteinwirkung auf den Schädel bei Bewusstlosigkeit zu vermuten. Zuerst Prüfung der Atmung, ggf. Atemspende, nach Erfolg in stabile Seitenlage drehen. Notruf!

Schlaganfall: plötzlich auftretende Bewusstseinsstörung mit Halbseitenlähmung und röchelnder Atmung. Freihalten der Atemwege. Notruf! Schneller Transport ins Krankenhaus.

Schlangenbiss: nur Kreuzotter- und Sandviperbisse sind in Europa gefährlich. Anlegen einer Stauung etwa 5 cm herzwärts der Bissstelle mit Dreiecktuch, Schal oder Krawatte, sodass das Blut noch hinein-, aber nicht mehr zurückfließen kann; der Puls muss tastbar bleiben. Wunde nicht aussaugen, -schneiden oder -brennen. Absolute Ruhelage bis zum Abtransport im Liegen oder Versorgung durch den Arzt.

Schock: Anzeichen sind fahle Blässe, kalte Haut, Schweiß auf Nase und Stirn, zitterndes Frieren, schneller, zunehmend schlecht tastbarer Puls, allgemeine Unruhe, weit geöffnete Augen, leerer Blick. Möglichst Beseitigung der Schockursache (z. B. bei bedrohl. Blutung Blutstillung, bei Unterzuckerung Zufuhr von Glucose). Pulskontrolle am Hals. Schocklage mit hochgelegten Beinen herstellen. Beruhigend zureden. Notruf!

Schussverletzung: keimfreier Verband, der Einschuss-, ggf. auch Ausschusswunde bedeckt.

Sonnenstich: Anzeichen nach intensiver Sonneneinstrahlung auf Kopf und Nacken sind starke Kopfschmerzen, Übelkeit, Erbrechen, stark geröteter und heißer Kopf, Schwindel. Betroffenen in den Schatten bringen, Kleider öffnen, mit erhöhtem Oberkörper lagern, Stirn und Nacken mit feuchten Tüchern kühlen. Stets Arzt rufen!

Unterkühlung: Erwärmung durch Einwirkung von normaler Körperwärme eines anderen, wenn möglich im Bett, sonst durch angewärmte Decken und Kleidung; Wärmeisolierung (Metallfolie). Keine unnötigen aktiven und passiven Bewegungen bei der Bergung, damit es zu keiner Vermischung des kalten Blutes der äußeren Körperhülle mit dem wärmeren Blut des Körperinneren kommt (Gefahr des »Bergungstodes«); bei ansprechbaren Unterkühlten Gabe von heißen, gezuckerten Getränken (kein Alkohol!). Schnellstmögl. Transport ins Krankenhaus.

Unterzuckerung: vgl. Abschnitt Schock.

Verätzung: 1) bei Augenverätzung gründl. Spülung mit Wasser: Ein Helfer spreizt die Augenlider, zweiter Helfer gießt Wasser aus 10 cm Höhe in den inneren (nasennahen) Augenwinkel. Schutz des gesunden Auges durch Seitwärtsdrehen des Kopfes (verletztes Auge nach unten). Sofort zum Augenarzt!

2) bei Hautverätzung: Spülen mit Wasser, bis Ätzschmerz ausbleibt, von Ätzmittel durchtränkte Kleidung entfernen, dann trocknen, keimfreien Verband anlegen.

3) bei innerl. Verätzung: Verschluckte Säuren und Laugen verursachen starke Schmerzen; reichlich Wasser, keinesfalls Erbrechen herbeiführen. Notruf und sofortiger Transport ins Krankenhaus.

Verbrennung, Verbrühung: betroffene Körperstelle sofort unter fließendes kaltes Wasser halten, bis der starke Schmerz nachlässt. Danach trocken und keimfrei verbinden. Keine Hausmittel, Brandsalben, Brandgelee oder Puder verwenden (Infektionsgefahr). Bei ausgedehnten Verbrennungen Schutzmaßnahmen gegen Wärmeverlust. Notruf!

Vergiftung: bes. durch Schlucken von Arzneimitteln, Waschmitteln, Haushaltspflege- und -reinigungsmitteln, Pflanzenschutz- und Schädlingsbekämpfungsmitteln, auch durch Verzehr von giftigen Beeren, Pilzen und verdorbenen Nahrungsmitteln möglich. Allgemeine Symptome sind Übelkeit, Erbrechen, Magenschmerz, Durchfall, Koliken und Schwinden des Bewusstseins. Erwachsene (außer bei Vergiftung durch ätzende Mittel) zum Erbrechen bringen, solange sie noch bei Bewusstsein sind, keinesfalls jedoch Kleinkinder (1- bis 4-Jährige), da Erstickungsgefahr besteht. Bei Atemstillstand Atemspende (nicht bei Blausäurevergiftung, da Selbstgefährdung). Bei Bewusstlosigkeit kein Erbrechen herbeiführen; stabile Seitenlage. Notruf und Anruf bei der örtl. Informations- und Beratungszentrale für Vergiftungen, die Anweisungen erteilt. Bei dem Anruf sollten folgende Angaben gemacht werden: Zeitpunkt der Gifteinnahme, was wurde aufgenommen, wie viel wurde aufgenommen, Auftreten erster Vergiftungserscheinungen (Uhrzeit). Vgl. auch Abschnitt Gasvergiftung.

Verrenkung: bewirkt immer sehr schmerzhafte, abnorme Gelenkstellung an Arm oder Bein. Keinen Bewegungs- oder Einrenkungsversuch! Notruf!

Verschlucken: Arme hochhalten lassen, Schläge zw. die Schulterblätter; Kleinkinder mit dem Kopf nach unten halten. Erwachsene entsprechend über Stuhl lagern. Bei Atemstillstand Atemspende und Notruf!

Verstauchung: heftiger Anfangsschmerz, der meist schnell vergeht; vorsichtiger Bewegungsversuch erweist, dass Bewegungsmöglichkeit vorhanden, nur schmerzhaft eingeschränkt ist. Deshalb Ruhiglagerung, kalte Umschläge.

Wirbelbruch: vgl. Abschnitt Knochenbrüche.

Wunde: ausgedehnte Wunde nicht berühren, nicht auswaschen, nicht desinfizieren, keine Behandlung mit »Hausmitteln« oder Arzneimitteln (der Arzt muss die Wunde sehen, wie sie durch das Unglück hervorgerufen wurde). Mit Verbandmaterial trocken und keimfrei verbinden. Fremdkörper, die in der Wunde stecken, nicht entfernen, in Verband einbeziehen! Arztbehandlung wegen Wundstarrkrampfgefahr!

Erst Erste Internationale

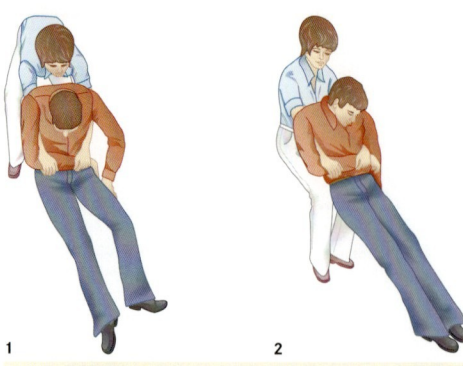

erste Hilfe: Rautek-Griff; **1** Der Helfer legt einen Arm des Verletzten angewinkelt vor dessen Brust, schiebt seine Arme von hinten unter den Achselhöhlen des Bewusstlosen hindurch und greift den quer liegenden Unterarm mit beiden Händen, wobei die Daumen parallel zu den Fingern liegen. **2** Der Körper des Verletzten wird auf die leicht angewinkelten Oberschenkel gezogen und kann so langsam rückwärts gehend transportiert werden.

Verunglückten aus dem Gefahrenbereich, Benachrichtigung des Rettungsdienstes über das telefon. Notruf (in Dtl. 112 und in einigen Gebieten Süddeutschlands 19 222, in Österreich 133, in der Schweiz 117) oder Notrufsäulen, Versorgung des Betroffenen durch unmittelbare Hilfeleistung, v. a. Lagerung und Überwachung sowie Abwehr lebensbedrohl. Zustände durch Atemspende, Herzmassage, Blutstillung, Notverbände, Schockbekämpfung u. a., bis zum Eintreffen professioneller Helfer.

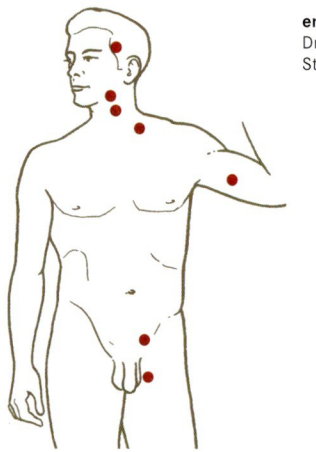

erste Hilfe: Druckpunkte zum Stillen einer Blutung

Beim Notruf sind fünf Angaben zu berücksichtigen:
1. Wo ist etwas geschehen?
2. Was ist geschehen?
3. Wie viele Menschen sind betroffen?
4. In welchem Zustand befinden sich die Betroffenen (z. B. verletzt, bewusstlos, eingeklemmt)?
5. Wer erstattet die Meldung?

Danach sollten eventuelle Rückfragen abgewartet und beantwortet werden.

Zur Rettung eines Bewusstlosen aus dem direkten Gefahrenbereich durch einen einzelnen Helfer wird der Rautek-Griff angewendet. Anschließend wird der Betroffene in die stabile Seitenlage gebracht, die ein Ersticken durch Verlegung der Atemwege mit Blut, Schleim oder Erbrochenem verhindern soll. Zu den allg. Verhaltensregeln zählt, dass grundsätzlich der Hals frei zu machen ist und beengende Kleidungsstücke gelockert werden müssen. Jeder Verunglückte soll außerdem möglichst warm gehalten werden. Notverbände bei Knochenbrüchen werden, wenn keine offene Verletzung vorliegt, besser über der Kleidung angelegt; nur verletzte Körperteile sollten entblößt werden (z. B. durch Aufschlitzen der Kleidung). Bei der Versorgung einer größeren Anzahl von Verletzten haben unmittelbar lebensbedrohlich Geschädigte Vorrang (→Triage).

W. Schär u. F. Tappert: Erste Hilfe kompakt ([10]1996); K. John: Erste-Hilfe-Hb. (a. d. Engl., 2002); F. Keggenhoff: Das Erste-Hilfe-Buch nach den Ausbildungsrichtlinien des Dt. Roten Kreuzes (2002); Erste Hilfe, bearb. v. H.-E. Köhnlein u. a. ([10]2004).

Erste Internationale, die »Internationale Arbeiter-Assoziation«, Abk. IAA, →Internationale.

erster Eindruck, das globale, undifferenzierte Gesamtbild, das man nach einem ersten Kontakt von einer Person hat. Der Wert des e. E. ist jedoch begrenzt, da er in bes. hohem Maße auch den verzerrenden Einflüssen der Vorurteile, Erwartungen und der Wahrnehmungsselektivität unterliegt.

Erste Republik, Bez. für die Rep. Österreich zw. 1918 und 1938 (→Österreich, Geschichte).

Erster Mai, gesetzl. Feiertag in zahlr. Ländern der Erde; auf Beschluss des Gründungskongresses der Zweiten Internationale (1889) erstmals 1890 mit Massendemonstrationen für die Ziele der →Arbeiterbewegung begangen. Das Datum wurde zur Erinnerung an die Kämpfe der amerikan. Arbeiter vom 1. 5. 1886 für den Achtstundentag festgelegt. Der Brüsseler Kongress der Zweiten Internationale (1891) fasste den Beschluss, den E. M. alljährlich als »Festtag der Arbeiter aller Länder, an dem die Arbeiter der Gemeinsamkeit ihrer Forderungen und ihre Solidarität bekunden sollen«, zu feiern.

In Dtl. demonstrierten schon im Kaiserreich und später in der Weimarer Rep. an diesem Tag große Teile der Arbeiterschaft unter Führung ihrer Parteien und Gewerkschaften; 1929 kam es nach dem Verbot von Straßenumzügen zum E. M. in Berlin zu blutigen Auseinandersetzungen zw. kommunist. Demonstranten und der Polizei (in der marxist. Geschichtsschreibung als »Berliner Blutmai« apostrophiert). Unter nat.-soz. Herrschaft in Dtl. (1933–45) zum »Tag der nat. Arbeit« entstellt und 1933 zum gesetzl. Staatsfeiertag erhoben, wurde der (später zum »Nat. Feiertag des dt. Volkes« umgedeutete) E. M. propagandistisch v. a. von der nach Ausschaltung der Gewerkschaften (Mai 1933) gebildeten Dt. Arbeitsfront getragen (Durchführung großer Kundgebungen, um einen »volksgemeinschaftl. Arbeiterstaat« zu suggerieren).

In den Ländern des kommunist. Ostblocks wurde der E. M. als »Internat. Kampf- und Feiertag der Werktätigen« begangen und diente mit seinen von der Staatspartei und der Einheitsgewerkschaft organisierten Massenaufmärschen der Selbstdarstellung des Regimes.

Erster Offizier, erster Gehilfe und Stellvertreter des Kommandanten eines Kriegsschiffes oder des Kapitäns eines Handelsschiffes, verantwortlich für den gesamten Schiffsbetrieb, bes. für den inneren Dienst und die Ausbildung.

Erster Orden, *kath. Klosterwesen:* in großen Ordensfamilien mit versch. Zweigen (Männer, Frauen, Laien beiderlei Geschlechts) Bez. für den männl. Zweig.
Erster Weltkrieg, →Weltkrieg.
Erstes Deutsches Fernsehen, bundesweites Fernsehgemeinschaftsprogramm (auch »Das Erste« gen.) aus Beiträgen der in der →Arbeitsgemeinschaft der öffentlich-rechtlichen Rundfunkanstalten der Bundesrepublik Deutschland (ARD) zusammengeschlossenen Rundfunkanstalten, veranstaltet aufgrund des Fernsehvertrages vom 27. 11. 1991, zusammengestellt durch die Ständige Programmkonferenz (Programmdirektion), Sitz: München. (→Fernsehen)
Erstfeld, Dorf im schweizer. Kt. Uri, Fundort eines der bedeutendsten kelt. Goldschätze. Unter einer 9 m

Erstfeld: einer der vier goldenen Halsringe (Detail), die den hohen handwerklichen Stand keltischer Künstler der La-Tène-Zeit belegen (um 400 v. Chr.; Zürich, Schweizerisches Landesmuseum)

dicken Moränenschuttschicht wurde 1962 bei Erdarbeiten ein Hortfund von vier reich verzierten goldenen Halsringen (»Torques«) und drei Armringen mit stilisiertem Figurendekor aus der frühen La-Tène-Zeit (Ende 5./Anfang 4. Jh. v. Chr.) freigelegt.
📖 M. A. GUGGISBERG: Der Goldschatz von E. Ein kelt. Bilderzyklus zw. Mitteleuropa u. der Mittelmeerwelt (Basel 2000).
Erstgeborener Sohn der Kirche, frz. Fils aîné de l'Église [fis ɛˈne dəleˈgliːz], Titel der frz. Könige, 1495 von Papst ALEXANDER VI. an KARL VIII. verliehen.
Erstgeburt, der rechtlich und religiös-kultisch begünstigte Erstling (bes. in der Antike und in Israel), dem ein Vorzugserbenrecht zustand. Im kult. →Opfer war die E. des Viehs, v. a. das erstgeborene männl. Tier, von besonderem Wert. – Das Recht des Erstgeborenen gilt auch in der Erbfolge fürstl. Häuser (→Primogenitur) sowie im Anerben- und Majoratsrecht.
Ersticken, Tod infolge Sauerstoffmangels lebenswichtiger Gewebe und Organe (v. a. des Zentralnervensystems), beim **äußeren E.** durch Verlegen der Luftwege (→Bolustod), Anschwellung durch Insektenstiche, Strangulation durch Erhängen, Erwürgen, Erdrosseln, Lähmung der Atemmuskulatur und des Zwerchfells (Kinderlähmung, Diphtherie), des Atemzentrums (→Asphyxie) oder durch Behinderung der Atembewegung von außen (z. B. bei Verschüttung); auch durch Einwirkung von Erstickungsgasen (z. B. Kohlendioxid, Rauchgase). Verlieren die roten Blutkörperchen die Fähigkeit, Sauerstoff aufzunehmen und vom Blut ins Gewebe zu transportieren, kommt es zum **inneren E.,** z. B. bei Aufnahme von →Blutgiften (→erste Hilfe, ÜBERSICHT).
Erstkommunion, kath. Kirche: die erste Teilnahme an der Eucharistiefeier, i. d. R. im Rahmen eines besonderen, festl. Gottesdienstes. (→Kommunion)
Erstlingsdruck, der erste Abdruck einer Druckform; wird bei bestimmten Originaltechniken der Grafik (Stich, Radierungen) wegen der besseren Druckqualität höher bewertet als die folgenden Drucke.
Erstlingsopfer, *Religionsgeschichte:* eine Form des →Opfers.
Erstmilch, das →Kolostrum.
Erstrisikoversicherung, Versicherung auf erstes Risiko, Versicherung auf erste Gefahr, Unterart der Schadenversicherung, bei der der Versicherer ohne Rücksicht auf den Versicherungswert jeden versicherten Schaden ersetzt, bis zur Höhe der Versicherungssumme, die hier die Deckungsgrenze darstellt.
Erstschlagfähigkeit, Erstschlagkapazität, engl. **First-Strike-Capability** [ˈfəːstˈstraɪk keɪpəˈbɪlɪtɪ], Fähigkeit eines Staates oder Bündnisses, mit einem ersten atomaren Schlag das strateg. Kernwaffenpoten-

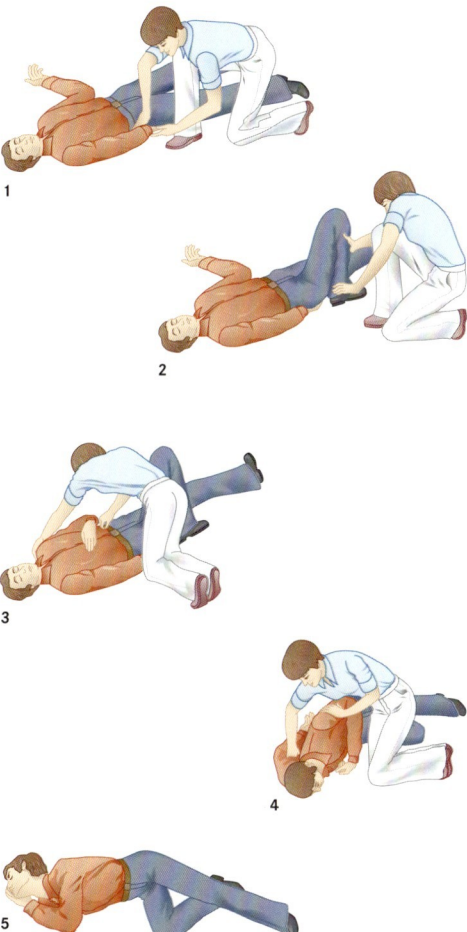

erste Hilfe: Stabile Seitenlage (NATO-Lage); **1** Der Helfer legt den ihm zugewandten ausgestreckten Arm des Bewusstlosen neben dessen Körper und schiebt die Hand unter sein Gesäß. **2** Er winkelt das ihm zugewandte Bein an und **3** dreht den Verletzten vorsichtig mit beiden Händen an dessen Hüfte und Schulter zu sich herüber. **4** Der unten liegende Arm wird zur Stabilisierung nach hinten abgewinkelt. **5** Der Kopf wird zur Freihaltung der Atemwege weit in den Nacken gebeugt und die Wange so auf den Handrücken des Verletzten gebettet, dass der Mund erdwärts gewandt ist.

zial des Gegners so weit vernichten zu können, dass ein mit der Zufügung eines untragbar hohen Schadens verbundener Vergeltungsschlag des Angegriffenen (→Zweitschlagfähigkeit) verhindert oder durch ein leistungsfähiges Raketenabwehrsystem abgefangen wird. Die E. ist jedoch nur eine hypothet. Möglichkeit, da die →Nuklearmächte weder mit dem ersten Schlag eine hinreichende Menge der gegner. land- oder seegestützten ballist. Atomraketen (ICBM, SLBM) oder der strateg. Bomber vernichten, noch sich durch ein lückenloses Abwehrsystem vor einem Gegenschlag schützen können. Vielmehr soll durch Maßnahmen der Rüstungskontrolle und Abrüstung eine einseitige nukleare Überlegenheit verhindert und somit die Zweitschlagfähigkeit gesichert werden.

Erststimme, in Dtl. die Stimme, die der Wähler bei Bundestagswahlen für den Direktkandidaten in seinem Wahlkreis abgibt; bei den Kandidaten muss die Parteizugehörigkeit, bei Parteilosen ein Kennwort im Wahlvorschlag angegeben sein. Gewählt ist der Kandidat im Wahlkreis, der die meisten Stimmen auf sich vereinigt (relative Mehrheitswahl; →Direktmandat). Die andere Stimme **(Zweitstimme)** gibt der Wähler der Kandidatenliste einer Partei im betreffenden Bundesland; die Abgabe der E. kann unabhängig von der Zweitstimme, diese unabhängig von der E. erfolgen oder ganz unterbleiben.

Auch bei Landtagswahlen gibt es in den meisten Bundesländern Erst- und Zweitstimmen, die grundsätzlich dieselbe Funktion haben wie die entsprechenden Stimmen bei Bundestagswahlen, wobei das Verfahren bei der Verrechnung der Stimmen zur Bestimmung der gewonnenen Sitze z. T. von dem bei Bundestagswahlen abweicht.

Ersttagsblatt, zum ersten Gültigkeitstag neuer Briefmarken hergestelltes Blatt, auf dem häufig eine ausführl. Information zu den aufgeklebten, mit Ersttagsstempel versehenen Marken zu finden ist.

Ersttagsbrief, Brief (oder Postkarte), der am ersten Tag der Gültigkeit einer oder mehrerer Briefmarken abgestempelt worden ist.

Ersttagsstempel, der Poststempel am Erscheinungstag einer Briefmarke (gekennzeichnet durch: »Ausgabetag«, »Jour d'émission«, »Day of first issue« usw.), soweit nicht ein Sonderstempel verwendet wird.

Erstunterricht, der →Anfangsunterricht.
Erstversicherer, →Rückversicherung.
ersuchter Richter, der aufgrund eines Ersuchens um Rechtshilfe angegangene Richter, der in seinem Bezirk für das ersuchende auswärtige Gericht eine Amtshandlung (z. B. Beweisaufnahme) vornimmt (§§ 156 ff. GVG); zuständig ist stets das Amtsgericht.
Ertaubung, Verlust des Gehörs (→Taubheit).
Erté, eigtl. **Romain de Tirtoff,** frz. Maler, Grafiker, Designer und Bildhauer russ. Herkunft, * Sankt Petersburg 23. 11. 1892, † Paris 21. 4. 1990; ging 1910 nach Paris, wo er 1913 den Modeschöpfer P. POIRET kennen lernte und 1913/14 für ihn als Entwurfszeichner unter dem Pseudonym E. (Initialen R und T) tätig war. Außerdem arbeitete er für versch. Modejournale (u. a. »Harper's Bazaar«, »Vogue«). Höhepunkte seiner Arbeit sind Kostümentwürfe, Bühnen-, Revue- und Filmausstattungen im Stil der Art déco, von der auch seine bizarren farbigen Konstruktionen aus Aluminium, Eisen, Kupfer und Holz sowie seine figürl., farbig patinierten Bronzeplastiken geprägt sind.

Erteböllekultur, um 5000 v. Chr. entstandene mittelsteinzeitl. Kulturgruppe in Dänemark, benannt nach dem Dorf Ertebølle am Limfjord (N-Jütland). Die jüngere Stufe der bes. an den Küsten verbreiteten E., deren Träger »Kjökkenmöddinger« genannte →Muschelhaufen (Reste von Muschelnahrung) hinterlassen haben, unterscheidet sich von der älteren Stufe durch höher entwickeltes Steingerät (Pfeilspitzen, Abschlagbeile) und durch das erste Vorkommen grober Tongefäße. In der Endphase (um 4000 v. Chr.) berührten sich die E. und die frühbäuerl. →Trichterbecherkultur.

Ertel, Hans, Geophysiker und Meteorologe, * Berlin 24. 3. 1904, † Berlin (Ost) 2. 7. 1971; seit 1946 Prof. in Berlin (Ost), seit 1949 Direktor des Inst. für physikal. Hydrographie der Dt. Akad. der Wiss.; arbeitete bes. auf dem Gebiet der theoret. Hydrodynamik.

Ertis, kasach. Name des Flusses →Irtysch.
Ertix, chin. und uigur. Name des Flusses →Irtysch.
Ertl,
1) **Emil,** österr. Schriftsteller, * Wien 11. 3. 1860, † Graz 8. 5. 1935; war 1898–1922 Direktor der Bibliothek der TH in Graz; befreundet mit P. ROSEGGER; schrieb Romane und Novellen zu Österreichs Vergangenheit und Gegenwart. Sein Hauptwerk ist die Romantetralogie »Ein Volk an der Arbeit« mit den Bänden »Die Leute vom blauen Guguckshaus« (1906), »Freiheit, die ich meine« (1909), »Auf der Wegwacht« (1911), »Im Haus zum Seidenbaum« (1926).

2) **Martina,** alpine Skiläuferin, * Lenggries 12. 9. 1973; u. a. Weltmeisterin 2001 in der Kombination, gewann 1996 und 1998 den Weltcup im Riesenslalom.
Ertler, Bruno, österr. Schriftsteller, * Pernitz (Niederösterreich) 29. 1. 1889, † Graz 10. 12. 1927; Journalist und Redakteur; schrieb impressionist. Lyrik (»Eva-Lilith«, 1919), volkstüml. Dramen sowie formvollendete Novellen (»Venus im Morgen«, 1921).
Ertrag,
1) *Betriebswirtschaftslehre:* Bez. für die periodisierten, erfolgswirksamen Einnahmen eines Unternehmens (z. B. aus Verkauf der erstellten Güter und Leistungen); Ggs.: Aufwand. E. stellt die positive Komponente des im Rahmen der Finanzbuchhaltung (→pagator.« (zahlungsbezogenen) Erfolges dar; übersteigt (bzw. unterschreitet) der E. den Aufwand, erzielt das Unternehmen einen Gewinn (bzw. Verlust). Wichtige Unterteilungen sind: betriebsbedingter E. **(Betriebs-E.)** und **betriebsfremder E.,** der mit dem Betriebszweck nicht in unmittelbarem Zusammenhang steht (z. B. Währungsgewinne); in beiden Fällen kann es sich um periodenzugehörigen oder periodenfremden E. (z. B. Steuerrückzahlung) handeln. Periodenfremder Betriebs-E. und betriebsfremder E. bilden den (bezüglich des periodisierten Unternehmenserfolgs) **neutralen E.** Weiterhin werden regelmäßige E. (v. a. Umsatzerlöse, →Erlös) von außergewöhnl. (z. B. dem Unternehmen erlassene Schulden) und E. aus Wertzuwächsen (z. B. aktivierte Eigenleistungen) unterschieden. Vom Ertrag sind neben dem Erlös →Einnahmen und →Einzahlungen zu unterscheiden.

2) *Volkswirtschaftslehre:* Gütermenge, die mit einem gegebenen Einsatz an Produktionsfaktoren in einer bestimmten Periode erzeugt wird.
Ertragsanteil, →Rentenbesteuerung.
Ertragsbeteiligung, am Umsatz oder der Wertschöpfung eines Unternehmens als Bemessungsgrundlage orientierte finanzielle Beteiligung der Ar-

beitnehmer am Unternehmenserfolg; Form der →Erfolgsbeteiligung, die seltener praktiziert wird als etwa die →Gewinnbeteiligung, da auch bei Verlusten Zahlungen anfallen.

Ertragsgemeinderschaft, *Recht:* in der Schweiz eine Form des Gesamthandvermögens, bei der die Gemeinder (Mitgl. der E.) die Bewirtschaftung des ihnen gehörenden Gutes einem Einzelnen gegen Entrichtung eines jährl. Anteils am Ertrag überlassen (Art. 347 ff. ZGB). Die prakt. Bedeutung der E. ist gering.

Ertragsgesetz, Bez. für einen produktionstheoret. Zusammenhang, der 1766 von A. R. J. TURGOT für die landwirtschaftl. Erzeugung im **Boden-E.** formuliert wurde. Danach nimmt der Ertragszuwachs auf einem bestimmten Bodenstück von einem bestimmten Einsatz des variierten Produktionsmittels an (z. B. des Arbeits- oder Düngemittelaufwands) bei Konstanz der übrigen Produktionsmittelmengen ab. Später wurde das E. als Hypothese für jede Art von Produktion verwendet. Nach dem E. bringt ein fortlaufender Mehreinsatz eines Produktionsfaktors bei Konstanz der übrigen Produktionsfaktormengen zuerst steigende, von einer bestimmten Einsatzmenge an abnehmende und schließlich sogar negative Ertragszuwächse (→Produktionsfunktionen). In seiner engeren Fassung, die als **Gesetz vom abnehmenden Ertragszuwachs (Gesetz vom abnehmenden Grenzertrag)** bezeichnet wird, sieht das E. nur die Abnahme des Ertragszuwachses vor.

Ertragshoheit, *Finanzwissenschaft:* das Recht einer Gebietskörperschaft, das Aufkommen an bestimmten Steuern zu vereinnahmen. Die E. von Bund, Ländern und Gemeinden an den versch. Steuern ist in Art. 106 und 107 GG geregelt (→Finanzausgleich). Die E. ist Teil der →Finanzhoheit.

Ertragsklassen, *Landwirtschaft* und *Forstwirtschaft:* die Einstufung agrarisch genutzter Böden oder auch von ganzen Betrieben nach den Erträgen.

Ertragskraft, Bez. für die Fähigkeit eines Unternehmens, auf Dauer Gewinne zu erzielen. Wichtig für die Beurteilung der gegenwärtigen und zukünftigen E. sind u. a. Kostenstruktur und Absatzmarkt, Produktionsverfahren und Produktpalette, Investitionsvorhaben, Cashflow, Ausgaben für Forschung und Entwicklung sowie Qualität des Managements. Die langfristige E. bildet die Grundlage für die →Aktienanalyse. Zu unterscheiden von der E. ist die **Ertragslage** als Ausdruck für die aktuelle wirtschaftl. Situation eines Unternehmens.

Ertragslage, →Ertragskraft.

Ertragsteuern, in finanzwiss. Sinne Steuern, die den Ertrag der Produktionsfaktoren (die Wertschöpfung) nach objektiven Maßstäben erfassen, gleichgültig, wem der Ertrag (als Einkommen) zufließt. Die persönl. Verhältnisse des Inhabers des Ertrag bringenden Objektes (z. B. Grundstück, Gewerbebetrieb) bleiben unberücksichtigt; im Vordergrund steht der Steuergegenstand, nicht das Steuersubjekt. Man spricht daher auch von **Objektsteuern** im Unterschied zu Subjektsteuern (z. B. Einkommensteuer). Im Ggs. zu **Ist-E.** wird bei **Soll-E.** nicht der tatsächl., sondern ein fiktiver (durchschnittl. erzielbarer) Ertrag zugrunde gelegt; als Indikator für den Sollertrag werden äußere Merkmale (z. B. Grundstücksgröße) oder der Wert der Ertragsquelle herangezogen (z. B. Grundsteuer, Gewerbesteuer nach dem Gewerbekapital). Eine vollständige Ertragsbesteuerung aller Produktionsaktivitäten könnte theoretisch entweder über eine allg. →Wertschöpfungsteuer erfolgen oder aber über ein aufeinander abgestimmtes System von **Teil-E.** auf den Boden-, den Arbeits- und den Kapitalertrag sowie den Residualgewinn.

In Dtl. existieren derzeit lediglich zwei Teil-E. auf die Erträge bestimmter Produktionsfaktoren bzw. -aktivitäten (Wirtschaftszweige), die Grundsteuer und die Gewerbesteuer. Im dt. Steuerrecht werden beide auch als **Realsteuern** bezeichnet (§3 AO). Die →Kapitalertragsteuer ist keine E., sondern eine besondere Erhebungsform der →Einkommensteuer. Die betriebswirtschaftl. Steuerlehre fasst als E. alle Steuern zus., deren Bemessungsgrundlage vom wirtschaftl. Ergebnis (Gewinn, Ertrag, Überschuss, Erfolg) abhängt: Einkommen-, Körperschaft- und Gewerbesteuer nach dem Ertrag.

Steuergeschichtlich bilden die E. die ältere, verwaltungstechnisch weniger anspruchsvolle Form der Besteuerung des Wirtschaftsergebnisses. Ihre heutige Stellung ist v. a. durch die Entwicklung in Preußen geprägt worden: 1893 wurden nach der Einführung der allg. Einkommensteuer die bisherigen E. nicht abgeschafft, sondern den Gemeinden als Einnahmequellen überlassen.

Ertragswert,
1) *Betriebswirtschaft:* aufgrund des gegenwärtigen oder zukünftigen Ertrags errechneter Wert eines Vermögensgegenstandes (z. B. Aktien, Anleihen, Unternehmen), im Unterschied zum Kurswert, Verkehrswert und Substanzwert. Der E. entspricht dem Kapitalwert unter Vernachlässigung der Anschaffungsausgabe. Unter der Annahme gleichmäßig fließender Erträge lautet die E.-Formel

$$\text{Ertragswert} = \frac{\text{Reinerträge} \cdot 100}{\text{Kapitalisierungszinssatz}}.$$

Sie führt zum Barwert (Gegenwartswert) der Erträge bzw. des Vermögensgegenstands. Wird dieser auf einen in der Zukunft liegenden Zeitpunkt aufgezinst, ergibt sich der Vermögensendwert. Entscheidend und gleichzeitig problematisch ist in beiden Fällen die Ertragsschätzung und die Bestimmung eines geeigneten Zinssatzes. Die Anwendungsgebiete liegen in der Unternehmensbewertung, der Investitionstheorie und in der steuerrechtl. Bewertung von Vermögensgegenständen.

2) *Steuerrecht:* bei der Berechnung des Einheitswertes land- und forstwirtschaftl. Betriebe für den Wirtschaftsteil des Betriebes zugrunde gelegter Wert; er ist definiert als das 18-Fache des durchschnittlichen, nachhaltig erzielbaren Reinertrages des Betriebes (angenommene Verzinsung 5,5 %) und wird durch ein vergleichendes Verfahren über bes. ausgewählte Betriebe oder Betriebsteile ermittelt (§§ 36 ff. Bewertungs-Ges.). Bei bebauten Grundstücken wird der gemeine Wert überwiegend nach einem **E.-Verfahren** berechnet. (→Grundstückswert)

Ertrinken, Tod infolge Eindringens von Flüssigkeit durch die Luftwege bis in die Lungenbläschen (v. a. durch →Aspiration), meist bei Unfällen im Wasser, auch als Form des Suizids oder Mordes (**Ertränken**). Nach längerem Untertauchen, Atemanhalten und Ausatmen tritt zunächst ein reflektor. Stimmritzenverschluss ein, worauf anschließend durch Einatmen die Lunge mit Wasser gefüllt wird. Dies führt bei Süßwasser, das einen geringen Salzgehalt und damit einen niedrigeren osmot. Druck als das Blut hat, durch

Erts ERTS

Eruption 2): Aschewolke beim Ausbruch des Vulkans Mount Pinatubo auf der Insel Luzon (Philippinen) im Jahr 1991

Eindringen über die Alveolen in den Lungenkreislauf zu →Hämolyse, Blut- und Elektrolytverdünnung und →Hypoxie mit hierdurch meist rasch einsetzendem tödl. Kammerflimmern. Bei E. im Meerwasser wird umgekehrt durch die höhere Salzkonzentration des Wassers dem Blut Serumflüssigkeit entzogen mit der Folge der Bluteindickung und des Todes durch Lungenödem. – Bei Überleben kann es z. T. noch nach mehreren Stunden zu Lungenödem, Lungenentzündung (Aspirationspneumonie) mit Fieberanstieg, Atemnot, schaumigem Auswurf und Zyanose kommen (**sekundäres E.**). →erste Hilfe, ÜBERSICHT.

ERTS [engl. i:ɑ:ti:'es], Abk. für engl. **E**arth **R**esources **T**echnology **S**atellit, später mit →Landsat bezeichnetes amerikan. System von →Erderkundungssatelliten.

Erucasäure [lat. eruca »Kohl«], einfach ungesättigte →Fettsäure mit der chemischen Formel $C_{21}H_{41}$—COOH; chemisch die cis-13-Docosensäure. E. kommt als Glycerid v. a. im Rüböl und im fetten Senföl vor. Sie gilt als ernährungsphysiologisch nicht unbedenklich; ihre Höchstmenge (5%) in Speiseölen und -fetten wird in der E.-Verordnung vom 24. 5. 1977 festgelegt. Mittlerweile wurde die E. weitgehend aus dem Raps und den Rübsen herausgezüchtet. (→Rüböl, →Raps)

Eruler, german. Volk, →Heruler.

Eruption [lat. »das Hervorbrechen«, »Ausbruch«] die, -/-en,

1) *Astronomie:* Strahlungsausbruch, der bei Sternen zu vorübergehenden Änderungen der scheinbaren Helligkeit führt (eruptive →Veränderliche, insbesondere →UV-Ceti-Sterne), bei der Sonne jedoch nur in bestimmten Wellenlängenbereichen beobachtbar ist (→Sonneneruption).

2) *Geologie:* Sammel-Bez. für vulkan. Ausbruchstätigkeit, z. B. Lava-E. (Effusion, Extrusion), Aschen-E. und Schlacken-E. (Ejektion) sowie Gas- und Dampf-E. Je nachdem, ob die E. von einem Punkt, von mehreren auf einer Linie aufgereihten oder von auf einer eng begrenzten Fläche verteilten Punkten aus erfolgt, unterscheidet man Zentral-, Linear- und Areal-E. Im Hinblick auf die Lage des Ausbruchspunktes spricht man von Gipfel-E. und Flanken-E. an einem Vulkankegel. Der Aufstiegsweg des vulkan. Materials wird als E.-Kanal, die Ausbruchstelle je nach Gestalt als E.-Schlot, -Krater oder -Spalte bezeichnet. Den aus Aschen und Schlacken aufgeschütteten Kegel nennt man Asche- oder Schlackekegel. (→Vulkanismus)

3) *Medizin:* das Auftreten eines Hautausschlags; auch der Ausschlag selbst.

eruptiv,

1) *Geologie:* durch Eruption entstanden.

2) *Medizin:* aus der Haut hervortretend.

Eruptivdecke, *Geologie:* vulkan. →Decke.

Eruptivgesteine, Eruptiva, ältere Bez. für die →magmatischen Gesteine.

Ervi, Aarne, finn. Architekt, *Tammela 19. 5. 1910, †Helsinki 1977; machte sich bes. auf dem Gebiet des sozialen Wohnungsbaus verdient. Seine Entwürfe für Einfamilienhäuser sowie für Wohnsiedlungen mit Reihen- und Hochhäusern (z. B. Tapiola, 1959–62) sind architektonisch der landschaftl. Struktur angepasst.

Erwachsenenbildung, Weiterbildung, bezeichnet in modernen Gesellschaften das intentionale Lernen Erwachsener, welches im Rahmen fremd-, zunehmend aber auch selbstorganisierter Lernprozesse zumeist in Gruppen stattfindet. Die Intentionalität des Lernens schließt hier eine bewusste Lernentscheidung ebenso ein wie einen zielgerichteten Aneignungsprozess. E. findet unmittelbar vor Ort (Präsenzform), in Form der Fernlehre, des computergestützten Lernens bzw. in kombinierten Formen statt. Zudem benennt E. ein durch spezifische histor. Bedingungen, sozioökonom. Voraussetzungen, finanzielle und gesetzl. Regelungen, aber auch durch unterschiedl. Interessen und Institutionen konstituiertes gesellschaftl. Praxisfeld.

Differenzierung des Begriffs Bei genauerer Betrachtung zeigen sich jedoch begriffl. Unterschiede. So ist E. der traditionelle Begriff, der sich als allg. Ausdruck nach 1945 eingebürgert hat. Zuvor war der Begriff **Volksbildung** üblich, wobei im Verständnis von »Volk« romantische, bürgerlich-liberale, kulturgemeinschaftliche und nationalistisch-rassist. Auffassungen einander ablösten. Die Bez. E. lässt dagegen den Volksbegriff, der urspr. die soziale Komponente der Bildungsaufgabe einschloss, völlig in den Hintergrund treten. E. steht begrifflich für eine offene, allgemein bildende, v. a. kulturelle, soziale und polit. Persönlichkeitsbildung durch Aufklärung, Wissensvermittlung und Kompetenzentfaltung. **Weiterbildung** dagegen ist der moderne funktionale Terminus, der 1970 im →Strukturplan für das Bildungswesen als ein neuer Gesamtbegriff eingeführt wurde. Der Begriff umfasst die Fortsetzung oder Wiederaufnahme organisierten Lernens nach Abschluss einer ersten Bildungsphase bzw. nach einer abgeschlossenen Erstausbildung. Er bezieht sich primär auf den institutionalisierten Erwerb von Qualifikationen in systematisch geplanten und professionell organisierten Bildungsveranstaltungen.

Der Begriff E. sowie die mit ihm verbundene Vorstellung von unverbindl. Begegnung und Geselligkeit, alltagskultureller Eigentätigkeit und zweckfreier Persönlichkeitsbildung hat sich dennoch – wider Erwarten – im fachsprachl. Gebrauch behaupten können und sieht zurzeit einer Renaissance entgegen. Der Grund hierfür ist in der Instrumentalisierung des Begriffs Weiterbildung für wirtschaftl. und gesellschaftl. Zwecke zu sehen. Gegenüber der Alltagskommunikation und anderen Formen eines informellen und nichtintendierten Lernens ist E. i. e. S. durch solche Lernprozesse gekennzeichnet, deren Intentionalität und Organisiertheit durch explizite Vorkehrungen (z. B. ausformulierte Programme, Teilnehmerselektion, Honorierung von Erfolg usw.) hergestellt wird.

Voraussetzungen und Grundlagen   Anthropolog. Voraussetzung der E. ist die lebenslange Lernfähigkeit des Menschen, der eine zunehmende Notwendigkeit →lebenslangen Lernens entspricht. Lernen ist heute nicht nur Vorbereitung von Kindern und Jugendlichen auf das spätere Leben in Beruf und Gesellschaft, sondern auch Befähigung und Bereitschaft des Erwachsenen zur krit. Reflexion der rasanten gesellschaftl. Veränderungen sowie die Qualifizierung zur verantwortl. Mitgestaltung der Veränderungen. Betrachtete sich der Erwachsene früher i. d. R. als »fertiger« Mensch, der »ausgelernt« hatte, so ist es heute selbstverständlich, dass ein ständiger Lernprozess die Voraussetzung ist, sich in einer kompliziert gewordenen Welt der Technik zurechtzufinden. Für die gesellschaftl. Existenz werden Leben und Lernen dauerhaft aufeinander verwiesen. Mündigkeit als Zentralwert des Erwachsenseins muss durch lebenslanges Lernen immer neu verwirklicht werden. Insofern ist E. konstitutiv für das Erwachsensein. In einer aufgeklärten, sich ständig neu formierenden Gesellschaft ist der Mensch »das sich selbst und [der] Welt aufgegebene Wesen« (M. Scheler), das Leben der demokrat. Gesellschaft eine Aufgabe freier Planung und bewusster Gestaltung im Sinne der Selbstentfaltung des Menschen.

Begriff und Ethos der E. orientieren sich heute vornehmlich am schnellen Wandel gesellschaftlich-berufl. Bedingungen und Zwänge sowie an der zunehmenden sozialen Unsicherheit und Unübersichtlichkeit moderner Lebensverhältnisse. Die Konkurrenzfähigkeit kann in vielen Berufen nur aufrechterhalten werden, wenn veraltetes Wissen und Können durch neues ersetzt wird. Auch ist häufig ein ein- oder mehrmaliger Berufswechsel in offene Stellen und neu entstehende Berufe erforderlich. Ursache sind strukturelle Verschiebungen auf dem Arbeitsmarkt, die v. a. auf techn. Fortschritt, auf Entwicklungen in bestimmten Wirtschaftszweigen und/oder Regionen zurückzuführen sind und seit den 1980er-Jahren maßgeblich zur hohen Arbeitslosigkeit beigetragen haben. E. ist als Weiterbildung die ständige Fortsetzung von Ausbildung und Qualifizierung und umfasst Anpassungsfortbildung wie Umschulung, bes. auch unter dem Aspekt qualifizierender Aufstiegsfortbildung. Abgrenzend zur allg. E. wird bei zielorientierter Weiterbildung auch von **qualifizierender Weiterbildung** gesprochen, die wiederum untergliedert werden kann in abschlussbezogene und berufl. Weiterbildung. Da qualifizierende Weiterbildung vielfach Voraussetzung für Existenzsicherung ist und E. über die berufl. Qualifikation auch als Instrument des berufl. und gesellschaftl. Aufstiegs dient, wird erklärlich, dass viele Teilnehmer der organisierten E. junge Erwachsene sind.

Formen und Funktionen   Die Funktionsperspektiven der E. lassen sich anhand einer Typologie von Bildungsprozessen darstellen. Unterschieden werden: 1) antizipator. Bildungsprozesse (Aufstiegsweiterbildung, zweiter Bildungsweg, biografieplanende Bildungsprozesse, Lernen zwecks zielgerichteter Bewältigung von Übergangssituationen usw.); 2) adaptive Bildungsprozesse (z. B. Anpassungsqualifizierung, karriereneutrale Fortbildung, reaktives Lernen angesichts technolog. Wandels und veraltenden Wissens usw.); 3) regulative Bildungsprozesse (organisationsinterne Mitgliederschulung, Lernen als Unternehmenskulturarbeit, legitimitätsbegründendes Führungskräftetraining, motivstiftendes Coaching usw.); 4) (sinn-)rekonstruktive Bildungsprozesse (Selbsterfahrungsgruppen, »Identitätslernen«, psych. Gesundheitsbildung, Lernen als unbewusste Psychotherapie usw.); 5) (sozial-)rehabilitative Bildungsprozesse (Motivationskurse gemäß AFG, Maßnahmen zur berufl. und sozialen Eingliederung [MBSE] als wohlfahrtsstaatl. Intervention, berufl. Resozialisationslernen, Lernen zum Zwecke der Wiedereingliederung in das gesellschaftl. Leben usw.) sowie 6) kontemplative Bildungsprozesse (kulturelle Persönlichkeitsbildung, zweckfreie Bildung, musisch-ästhet. Weltaneignung usw.). – Tabelle Seite 358

Zur Erhaltung berufl. Konkurrenzfähigkeit und zur Bewältigung von hinzutretenden Aufgaben im gesellschaftl. Leistungsprozess ergeben sich immer wieder Lernzeiten, die besondere Energie erfordern. Dies bedingt die verbreitete Forderung nach einer neuen Zeiteinteilung: neben Arbeitszeit und Freizeit sollte es Lernzeitintervalle geben, die in den Jahresablauf ebenso eingeplant werden wie die Urlaubszeit. In der E. angelsächs. Staaten, die für moderne Industriestaaten weithin zum Muster geworden ist, spricht man nicht wie im dt.-sprachigen Raum von »Bildungsurlaub« (ein Begriff, der missverstanden werden kann, weil E. hier als Urlaub erscheint), sondern von »refreshment training« (Auffrischungstraining) oder »recurrent education« (Lernen in regelmäßigen Intervallen, eingebunden in die Phasen der Berufstätigkeit). Ein solches Verständnis von E. ist inzwischen in Dtl. in versch. Gesetzen fixiert worden. Das Arbeitsförderungs-Ges. von 1969 bot erstmals Möglichkeiten der geförderten berufl. Weiterbildung. Bezahlte Freistellung gibt es bundeseinheitlich nur für Betriebsratsmitglieder (laut Betriebsverfassungs-Ges. von 1972), doch besteht in den meisten Bundesländern für Berufstätige allg. Anspruch auf →Bildungsurlaub, der der berufl. wie der polit. Weiterbildung dienen soll.

Teilnehmerstruktur der Erwachsenenbildung   Die Teilnehmerstruktur der E. wird v. a. nach Vorbildung, Beruf, Schichtzugehörigkeit, Geschlecht und Lebensalter aufgeschlüsselt. In der Vorform heutiger E., der »Volksbildung« des 19. und beginnenden 20. Jh., nahm man an, je weniger der Mensch in Kindheit und Jugend erzogen und gebildet worden sei, umso mehr sei er motiviert, an der E. teilzunehmen. So gab es z. B. ein lebendiges Arbeiterschulwesen, sowohl als Bestandteil der Arbeiterbewegung als auch als Bildungsangebot akadem. Trägervereinigungen. Für die heutigen Verhältnisse lässt sich statistisch das Gegenteil belegen: Das Interesse an der E. ist umso größer, je mehr der Mensch vorgebildet ist und je intensiver er

Erwachsenenbildung

»das Lernen gelernt« hat. Für die wiss. Weiterbildung, die sich vorwiegend an akadem. Berufsrolleninhaber wendet, spielen Kongresse und Tagungen eine wichtige Rolle. Bei den Volkshochschulen und versch. anderen Einrichtungen stellen Angehörige aufstiegsorientierter unterer und mittlerer Angestelltengruppen die meisten Teilnehmer, die seit den 1970er-Jahren mit zunehmender Tendenz schul. Abschlüsse nachholen.

Für eine expansive Entwicklung der E. sprechen v. a. die seit den 1960er-Jahren kontinuierlich gestiegenen Zahlen der Weiterbildungsteilnehmer, die nur vor dem Hintergrund einer zunehmend durchgesetzten gesellschaftl. Institutionalisierung und dem so genannten flächendeckenden Ausbau der Weiterbildungseinrichtungen plausibel werden. So haben nach dem aktuellen »Berichtssystem Weiterbildung« des Bundesministeriums für Bildung und Forschung (2005) im Jahr 2003 ca. 41 % sowohl der West- als auch der Ostdeutschen im Alter von 19 bis unter 65 Jahren an berufl. und allg. Weiterbildung teilgenommen. Insgesamt waren das bundesweit rd. 20,4 Mio. Teilnehmer an Weiterbildungskursen. Bezogen auf die Einbindung der Gesamtbev. in das »System der Weiterbildung« fand zw. 1979 und 1997 (ca. 48 %) eine Verdoppelung statt, zw. 1997 und 2003 ist die Gesamtteilnahmequote an Weiterbildung jedoch um sieben Prozentpunkte gesunken. Nach wie vor bestehen hohe Bildungsbarrieren bei den Arbeitern. Die Teilnahmequote der Hochschulabsolventen an berufl. Weiterbildung ist mit ca. 44 % viermal so hoch wie die der Ungelernten (11 %) und beinahe doppelt so hoch wie die der Personen mit Lehrabschluss (ca. 24 %). Bezogen auf die allg. Weiterbildung stehen sowohl bei den west- als auch bei den ostdt. Teilnehmern die Themenbereiche Sprachen sowie Computer, EDV und Internet an der Spitze; trotz weitgehender Angleichung des Weiterbildungsverhaltens ist in den alten Ländern der Wunsch nach Information in Sachen Recht und Politik jedoch noch etwas stärker ausgeprägt als in den neuen Bundesländern.

Rechtsgrundlagen und Institutionen der Erwachsenenbildung Nachdem die so genannte realist. Wende der E. seit den 1960er-Jahren zu einer Aufwertung berufsorientierter E. sowohl in betriebl. als auch in außerbetriebl. Form geführt hat, zugleich Angebot und Interesse an Zertifikaten und Qualifikationen zugenommen haben und auch vielfältige Versuche der Ankoppelung der politischen E. an die berufliche unternommen worden sind, wurden überwiegend in den 1970er-Jahren Struktur und Organisation der E. in den alten Bundesländern in den Ländergesetze-

Formen und Funktionen der Erwachsenenbildung

Formen von Bildungsprozessen	Unterscheidungsmerkmale Adressaten	Wissen	Karriere	Institution	Funktion	Beziehung	Ziele
antizipatorische Erwachsenenbildung	Individuen (Professionelle, Berufsinhaber)	Qualifikationswissen (rollenspezif. Wissen)	karriere- und rekrutierungsrelevant	ZBW, Kolleg, Abendgymnasium, kommunale Träger, Kammern	Qualifizierungsfunktion / Legitimation für Leistung und Aufstieg	rollenspezifisch (Sekundärgruppenbeziehung); affektiv neutral	Erwerb berufsbezogener Bildungszertifikate als Planung der Berufsbiografie
adaptive Erwachsenenbildung	Individuen (abhängige Arbeitskräfte)	Qualifikationswissen (rollenspezif. Wissen)	karriere- und rekrutierungsneutral	Betriebe, VHS, Fortbildungswerke, kommunale Träger	bildungsökonom. Funktion für den Arbeitsmarkt	rollenspezifisch (Sekundärgruppenbeziehung); affektiv neutral	Erwerb/Erhalt von aktuellen, arbeitsplatzbezogenen Qualifikationen
regulative Erwachsenenbildung	Kollektive (Gruppenangehörige/Mitglieder)	Orientierungs- und Deutungswissen (allgemein relevant), Mitgliederschulung	karriere- und rekrutierungsneutral	Betriebe, Unternehmen, Verbände, Parteien	organisationsstützende und herrschaftssichernde Funktion	rollenspezifisch (Sekundärgruppenbeziehung); affektivitätsbezogen	Internalisierung von (Unternehmens-)Leitbildern und Deutungsmustern
rekonstruktive Erwachsenenbildung	Individuen (in ihrer psych. Verfasstheit) / Kollektive (gruppendynam. Prozesse)	Orientierungs- und Deutungswissen (personenrelevant)	karriere- und rekrutierungsneutral	Selbsterfahrungsgruppen, Kirchen, Pro Familia	reflexive Funktion für die Biografie und Psyche	diffus (quasi Primärgruppenbeziehung); bezogen	»Biografiearbeit«, Selbstfindung, Gruppenkonstitution und -rekonstruktion
rehabilitative Erwachsenenbildung	Individuen (Empfänger sozialstaatl. Hilfen) / Kollektive (Opfer des Arbeitsmarktes)	Qualifikationswissen und allgemein relevantes Orientierungswissen	karriere- und rekrutierungsrelevant	Berufsbildungswerke, Arbeitsämter, sozialstaatl. Einrichtungen	sozialintegrative und sozialtherapeut. Funktion (wohlfahrtsstaatl. Intervention)	rollenspezifisch und diffus; affektiv neutral und affektivitätsbezogen	Kompensation gescheiterter Karrieren, Resozialisation, Wiedereingliederung
kontemplative Erwachsenenbildung	Individuen (Bürger als freie Bildungssubjekte)	Orientierungs- und Deutungswissen (zweckfreies Bildungswissen)	karriere- und rekrutierungsneutral	VHS, Museen, Bibliotheken, Bildungsreisen, Kirchen	kulturelle Funktion	diffus (quasi Primärgruppenbeziehung); affektiv neutral	Persönlichkeitsbildung, Aneignung/Reproduktion von Kultur

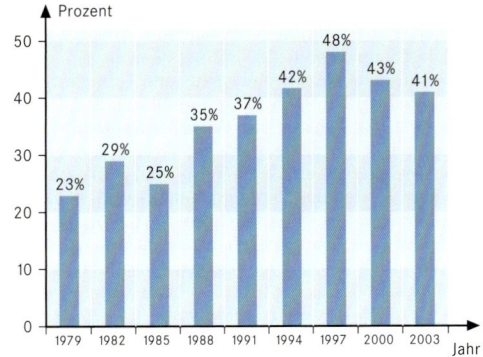

Erwachsenenbildung: Teilnahmequote an beruflicher Weiterbildung von 1979 bis 2003

bungen unter der Bez. »E.« (Bayern, Hessen, Ndsachs., Saarland) oder »Weiterbildung« (Bad.-Württ., Bremen, NRW, Rheinl.-Pf. und Berlin) geregelt. Während nur selten inhaltlich-formale Kataloge erstellt wurden (NRW unterscheidet in der Ges.-Fassung von 1982 nichtberufl., abschlussbezogene, berufl., wiss., polit., freizeitorientierte und kreativitätsfördernde Weiterbildung), wurden durchgängig Organisationsformen für Kooperation und Koordination der Trägerorganisationen geschaffen, und zwar auf Orts-, Kreis-, Bezirks- und Landesebene. Im Unterschied etwa zur Schweiz oder zu Österreich gibt es jedoch weder ein institutionalisierten noch einen freiwilligen bundesweiten Zusammenschluss der Träger der E. Heute wird die Organisation der E. dadurch bestimmt, dass E., die früher lediglich als Annex am Bildungssystem galt, als moderne Weiterbildung im Sinne einer vierten Stufe (quartärer Bildungsbereich) z.T. organisch mit den vorausgehenden Stufen verbunden ist. Sowohl (nach der Trägerschaft definiert) freie, gruppenungebundene E. (Volkshochschulen) als auch gruppengebundene Institutionen (konfessionelle, gewerkschaftl., parteipolit. E. sowie E. der Wirtschaft) bieten auf dieser Stufe in der qualifizierenden Weiterbildung systematisierte Kursprogramme (Abfolgen) sowie systematisierte staatl. oder interne Abschlüsse an.

Die E. ist eine der seit 1945 am stärksten erweiterten Stufen des demokrat. Bildungssystems. Keine ihrer Einrichtungen besitzt ein Monopol, wiewohl die Volkshochschule die bekannteste und am meisten genutzte ist. Daneben bestehen – meist berufsgruppenorientiert – ländl. und andere Heimvolkshochschulen, Bildungswerke, Akademien (getragen von Kirchen, Gewerkschaften, Parteien, Stiftungen, Wirtschaftsverbänden und an sehr unterschiedl. Adressatenkreise gerichtet), Familienbildungsstätten, Elternseminare, Arbeitskreise, Begegnungsstätten und Foren der polit. (z.B. europ. Studienzentren, friedenspädagog. Institute), sozialen, berufl. und kulturellen E. Die auf kommerzieller Basis geführten Institute für →Fernunterricht werden nicht als E.-Einrichtungen i.e.S. anerkannt. Weitere Institutionen der E. sind die allgemein bildenden Schulen für Erwachsene, insbes. die Abendgymnasien und Kollegs zur Erlangung der Hochschulreife oder →Telekollegs zur Erlangung der Fachhochschulreife, ferner →Funkkollegs und die Fern-Univ. Hagen für →Fernstudium (neben der Berufstätigkeit). Die universitäre E., in Großbritannien und den USA bereits seit dem 19. Jh. in »Departments of adult education« der Univ. etabliert und heute als »Open University« weit verbreitet, ist in Dtl. seit dem 1976 in Kraft getretenen Hochschulrahmen-Ges. eine reguläre Aufgabe jeder Hochschule. In Österreich und der Schweiz sind Univ. zunehmend Träger offener Weiterbildungsveranstaltungen und -programme.

Die Gründung von Einrichtungen der E. ist ein allgemeines Recht, und der Staat sieht seine Aufgabe weniger in der Träger-, als v.a. in der Förderfunktion. Eine Bildungsaufsicht als Parallele zur Schulaufsicht gibt es nicht. Träger der E. sind i.d.R. gemeinnützige jurist. Personen des öffentl. oder privaten Rechts, die Bildungsziele der E. verfolgen. Die versch. Landes-Ges. zur Ordnung der E. regeln die Anerkennung von E.-Einrichtungen sowie deren finanzielle Förderung und Koordination, geben aber nicht curriculare Bindungen vor, wie sie im Schulwesen üblich sind. Dennoch steht dem öffentl. Bildungswesen zugeordnete und ihren Prüfungssystemen unterworfene E. im Vordergrund der Arbeit der E.-Einrichtungen. Stellungnahmen der Bund-Länder-Kommission für Bildungsplanung, des Dt. Ausschusses für das Erziehungs- und Bildungswesen, des Dt. Bildungsrates und des Dt. Volkshochschulverbandes zeigen eine Abwendung der freien E. von ihrem Selbstverständnis aus der neuhumanist. Bildungstradition auf, die Bildung als zweckfreie »Aneignung geistiger Werte« verstand und von diesem Ansatz her auf Totalität und Universalität der Bildung ausgerichtet war. Sie lassen eine Neuorientierung der gebundenen E. erkennen, die als Bildungsbewegung von unten (zu deren Wurzeln der aufklärer. Gedanke der allgemeinen Menschenbildung ebenfalls gehört) aus gruppenspezif. Emanzipationsbedürfnissen entstanden war: als polit. E. im Zusammenhang mit der Arbeiterbewegung, als konfessionelle E. insbes. durch den Kulturkampf. Die verstärkte Förderung der Weiterbildung zur berufl. Bewährung ist aber im größeren Rahmen eines Verständnisses der E. als »Lebenshilfe«, »Bildungshilfe« oder »Aktivierung der Kräfte« zu sehen, um Zugang zu den polit., wirtschaftl., sozialen und kulturellen Dimensionen der modernen, offenen Gesellschaft zu gewinnen, um zu individueller Identitätsbildung, Selbstverwirklichung und Persönlichkeitsfestigung zu gelangen, um Kommunikationsfähigkeit und soziales, verantwortl. Verhalten zu entwickeln. In diesem Sinne kann allerdings nur die freiwillige Weiterbildung und nicht die bloße, unter Druck geleistete berufl. Anpassungsqualifizierung bildend sein.

Mit der seit einigen Jahren zu beobachtenden Pluralisierung des Lernens und der Lernorte sind einerseits die hergebrachten Zuständigkeiten und Bedeutungszuschreibungen der E. im Berufs- und Alltagsleben einer spürbaren Relativierung ausgesetzt, andererseits erfährt die Bedeutung der E. für den gesamten Lebenslauf als bildendes, beratendes und therapeut. Angebot eine Erweiterung.

Enzyklopädische Vernetzung: ▪ Abendschulen ▪ Arbeit ▪ Arbeitslosigkeit ▪ Beruf ▪ berufliche Bildung ▪ Bildung ▪ Volkshochschule ▪ zweiter Bildungsweg

J. KADE: E. u. Identität (²1992); E., hg. v. E. SCHMITZ u.a. (1995); B. DEWE: Lernen zw. Vergewisserung u. Ungewissheit. Reflexives Handeln in der E. (1999); Hb. E./Weiterbildung, hg. v. R. TIPPELT (²1999); J. WEISER: Einf. in die Weiterbildung (2002); L. A. PONGRATZ: Zeitgeistsurfer. Beitr. zur Kritik der E. (2003); J. WITTPOTH: Einf. in die E. (2003); W. SCHOGER: Andragogik (2004); B. DEWE: Grundll. nachschul. Pädagogik. Einf. in ihre Felder, Formen u. didakt. Aufgaben (2005).

Erwählter Römischer Kaiser, lat. Ele̥ctus Romano̥rum imperḁtor, seit 1508 Titel des Röm. →Kaisers.
Erwählung, der Gedanke, aus Gnade zum Heil oder zur Gotteserkenntnis bestimmt zu sein; er findet sich bereits in den Upanishaden Indiens, ebenso in den Gnadenreligionen des Shiva- und Vishnu-Glaubens. Die E. kann sich – wie in Israel – auf ein ganzes Volk beziehen (→auserwähltes Volk), auf besondere schöpfer. Einzelne wie etwa die Propheten, die dann, wie MOSES, JESAJA und JEREMIA, aber auch wie MOHAMMED, ihre →Berufung erleben. E. kann sich auch allg. auf die Fähigkeit des Glaubens beziehen (Matth. 20,16): »Viele sind berufen, wenige aber sind auserwählt« oder im Koran (6,125): »Wen Gott leiten will, dem öffnet er die Brust zum Islam, und wen er irregehen lassen will, dem macht er eng das Herz und dumpf«; Ggs. →Verdammnis. – Zur christlichen Dogmatik →Prädestination.
Erwahrungsbeschluss, in der Schweiz die verbindl. Feststellung eines Abstimmungsergebnisses. Bei Abstimmungen auf Bundesebene erfolgt der E. durch den Bundesrat, bei kantonalen Abstimmungen durch das kantonale Parlament oder die Regierung. Der E. hat registrierenden Charakter.
Erwartung,
1) *Psychologie:* gedankl. Vorwegnahme zukünftiger Ereignisse oder Entwicklungstendenzen. Je nach der Art des erwarteten Ereignisses wird sie etwa von Hoffnung, Furcht oder Ungewissheit begleitet. **E.-Fehler** sind Fehlreaktionen, die darauf zurückzuführen sind, dass die erwartete Situation nicht eintritt.
In der Lerntheorie ist die E. ein wichtiger Faktor der Leistungsmotivation; Erfolgs-E. stärkt die Leistungsmotivation, Misserfolgs-E. schwächt sie und kann zu Fehlleistungen führen. **E.-Angst** bezeichnet einerseits die Angst vor bestimmten Ereignissen (z.B. einem öffentl. Auftritt), andererseits die Angst vor erneutem Misslingen einer schon einmal (zufällig) misslungenen Handlung. Der durch E.-Angst ausgelöste Erregungszustand kann die Leistungsfähigkeit steigern, in übermäßiger Ausprägung jedoch zu Leistungshemmungen (z.B. Stottern) oder Blockaden, im Extremfall zum Ausweichen vor mit E.-Angst verbundenen Situationen führen.
In der Zeichen-Gestalt-Theorie E. C. TOLMANS bezeichnet E. eine sich allmählich bildende Neigung, auf bestimmte Reize so zu reagieren, als seien diese Reize Zeichen für das spätere Auftreten anderer Reize. So lernt z.B. ein Haustier nach einiger Erfahrung, die Vorbereitung für die Futtergabe als Anzeichen für die bevorstehende Fütterung anzusehen.
2) *Wirtschaftswissenschaften:* subjektive Einschätzung bezüglich der (wahrscheinl.) künftigen Werte wirtschaftl. Größen oder der künftigen Ausprägung relevanter Bedingungen, die Wirtschaftssubjekte bei ihren Entscheidungen in der Gegenwart bilden (müssen). Zum Beispiel werden bei Verträgen, die einen Preis für eine bestimmte Zeit fixieren, (u.a. Miet- und Pachtverträge, Tarifverträge, Kreditverträge) E. über die künftige Entwicklung der jeweiligen Preise und der Inflationsrate berücksichtigt. Die Verfahren der **E.-Bildung** unterscheiden sich nach Art und Umfang der jeweils am kostengünstigsten zu beschaffenden Informationen. Werden lediglich gegenwärtige bzw. vergangene Ereignisse und Erfahrungen verarbeitet, d.h. die historisch erlebte Entwicklung einer ökonom. Variablen auf den zukünftigen Zeitraum fortgeschrieben, handelt es sich um **adaptive** oder **autoregressive**
E. Für rationale E. werden alle verfügbaren zukünftsrelevanten Informationen einschließlich theoret. Vorstellungen über zentrale Einflussfaktoren der ökon. Variablen (unter Rückgriff auf Methoden der Ökonometrie) bei →Prognosen einbezogen, es wird also die Lernfähigkeit der Wirtschaftssubjekte mit berücksichtigt. Der **Theorie der rationalen E.** liegt die Annahme zugrunde, dass die Wirtschaftssubjekte das relevante Modell der Ökonomie und dessen Struktur genau kennen (»vollständige Informiertheit«), sodass die E. der jeweiligen wirtschaftl. Situation unmittelbar und ohne Zeitverzug angepasst werden können. Dies würde also bedeuten, dass beabsichtigte wirtschaftspolit. Maßnahmen sofort von den Wirtschaftssubjekten antizipiert würden und somit in vielen Fällen unwirksam wären.
Erwartungsparameter, *Wirtschaftswissenschaften:* Größe, die ein Wirtschaftssubjekt nur indirekt durch die in seiner Entscheidung liegenden Größen (die Aktionsparameter) beeinflussen kann. Der Marktpreis, den ein Monopolist setzt, ist z.B. für ihn ein Aktionsparameter, die vermutete Absatzmenge dagegen ein E., der von den Kaufentscheidungen anderer Wirtschaftssubjekte abhängt.
Erwartungstreue, *Statistik:* eine Eigenschaft »guter« →Punktschätzungen.
Erwartungswert,
1) *Stochastik:* eine Maßzahl zur Charakterisierung der →Verteilung einer Zufallsvariablen X. Nimmt diese die Werte $a_1, a_2, ..., a_k$ an, und ist die Wahrscheinlichkeit für den Wert a_i gleich p_i, so ist der E. von X definiert als $E(X) = p_1 a_1 + p_2 a_2 + ... + p_k a_k$. Beispiel: Sind in einem Glücksspiel 10€ mit der Wahrscheinlichkeit $^1/_3$ und 4€ mit der Wahrscheinlichkeit $^2/_3$ zu gewinnen, dann ist $(^1/_3 \cdot 10 + {^2/_3} \cdot 4)$€ = 6€ der E. des Gewinns. Ergibt die Wiederholung des der Zufallsgröße X zugrunde liegenden Zufallsexperiments die Stichprobe $x_1, x_2, ..., x_n$, so ist der Mittelwert dieser Stichprobe wegen des Gesetzes der großen Zahlen für großes n ein Näherungswert für $E(X)$. Der E. einer stetigen Zufallsvariablen X mit der Dichte f ist definiert als $E(X) = \int_{-\infty}^{\infty} x f(x) \, dx$, vorausgesetzt $\int_{-\infty}^{\infty} |x| f(x) \, dx$ ist endlich. Man bezeichnet $E(X)$ auch als den **Mittelwert von** X (bzw. den **Mittelwert der Verteilung von** X). – Der **Erwartungsvektor** eines Zufallsvektors X ist definiert als derjenige Vektor, dessen Komponenten die E. der Komponenten von X sind.
Ist $f(x, y)$ mit $-\infty < x, y < \infty$ die Dichte des zweidimensionalen Zufallsvektors mit den Komponenten X und Y und $f_X(x)$ die Dichte von X, so heißt die Zahl
$$E[Y|X=x] := \int_{-\infty}^{\infty} \frac{y \cdot f(x, y)}{f_X(x)} \, dy, \quad -\infty < x < \infty,$$
der **bedingte E.** von Y unter der Bedingung $X = x$.
2) *Physik:* →Quantenmechanik.
Erweckung, im religiösen Sprachgebrauch das spontane Erlebnis des Gewahrwerdens einer religiösen Orientierung und Motivation des gesamten eigenen Lebens, bis hin zur myst. Verbindung mit Gott. Im Bereich des prot. Christentums (v.a. in seinen pietistisch geprägten Strömungen) ist E. oft gleichbedeutend mit →Bekehrung.
Erweckungsbewegung, in der *Kirchengeschichtsschreibung* geprägte zusammenfassende Bez. für die auf der Grundlage methodisch betriebener Erweckungspredigt innerhalb des Protestantismus im

18./19. Jh. in Europa und Nordamerika entstandenen geistl. Erneuerungsbewegungen; verbunden in ihrer Besinnung auf den bibl. Offenbarungsglauben und ihrer Ausrichtung gegen die Verkürzung der christl. Botschaft durch einen einseitigen aufklärer., theolog. Rationalismus. Die gefühlsbetonte Frömmigkeit der E. äußerte sich v. a. in Strenge der Lebensführung, Lektüre und Verbreitung der Bibel (→Bibelgesellschaften), Konventikelbildung und Missionseifer, was oft zu Abspaltungen von der Kirche führte.

Nach Ansätzen bei den Quäkern im 17. Jh. setzte die erste große E. mit der Predigt der Brüder J. und C. Wesley in England ein. Diese Bewegung, der →Methodismus, griff von England aus nach Wales, Schottland und Irland über, wo dann überall von der anglikan. Staatskirche unabhängige Gemeinschaften entstanden. – In den Neuengland-Kolonien kam es durch die Bußpredigten von J. Edwards zur »großen« E. (→Great Awakening), aus der eine Vielzahl von Freikirchen hervorgingen, die bis heute das religiöse Leben in den USA prägen.

In Skandinavien entstand eine E., die pietistisch-herrnhutische Gedanken mit brit. Einflüssen verband und sich, anders als in Großbritannien und Neuengland, nicht von der Staatskirche trennte. Die frz. E. erneuerte die ref. Kirche in Frankreich (→Réveil). Ausgangspunkt der schweizer. E. wurde die →Deutsche Christentumsgesellschaft. Die E. in Dtl. erfasste und belebte v. a. den →Pietismus und prägt bis heute mit ihren Traditionen die →Gemeinschaftsbewegung. Auf dem Boden der E. entstanden in der Schweiz und in Dtl. →freie evangelische Gemeinden.

Im Bereich der Ökumene ist von der E. durch die unter ihrem Einfluss erfolgte Gründung der →Evangelischen Allianz (1846) ein maßgebl. Impuls für das Entstehen der →ökumenischen Bewegung ausgegangen. Auf der Seite der Theologie sind die →Neuengland-Theologie in Nordamerika und das →Neuluthertum (bes. die →Erlanger Schule) in Dtl. eng mit der E. verbunden. Stark durch die E. geprägte bzw. diese prägende Persönlichkeiten waren neben den Brüdern Wesley und J. Edwards der Prediger G. Whitefield und der Politiker W. Wilberforce im angelsächs. Bereich; in Dtl. u. a. die Theologen J. C. Blumhardt, G. L. Harms, J. K. W. Löhe und J. H. Wichern und die Krankenpflegerin A. Sieveking; in der Schweiz der Theologe und Literaturkritiker A. R. Vinet; in Schweden der Schriftsteller S. Lidman und in Russland die Schriftstellerin J. B. von Krüdener.

L. Tiesmeyer: Die E. in Dtl. während des 19. Jh., 4 Bde. (1901–12); F. W. Kantzenbach: Erweckungsbewegungen. Studien zur Gesch. ihrer Entstehung u. ersten Ausbreitung in Dtl. (1957); E. Beyreuther: Die E. (²1977); T. K. Kuhn: Religion u. neuzeitl. Gesellschaft. Studien zum sozialen u. diakon. Handeln in Pietismus, Aufklärung u. E. (2003).

Erweichung, Malazie, krankhafte Verminderung der Dichte und Widerstandsfähigkeit (Festigkeit) von Geweben, die bis zur Verflüssigung reichen kann, z. B. in Form der →Gehirnerweichung oder →Knochenerweichung.

Erweichungspunkt, mehr oder weniger scharf begrenzter Temperaturbereich, bei dem Gläser sowie amorphe oder teilkristalline Polymere (Kunststoffe) vom glasigen, hartelast. in einen weichen Zustand übergehen (im Ggs. zu kristallinen Körpern mit definiertem Schmelzpunkt). Bei den meisten Polymeren liegt der E. unterhalb der Temperatur, bei der sie vollständig in den flüssigen Zustand übergehen. Grundsätzlich liegt er oberhalb der →Glasübergangstemperatur.

erweitern, *Mathematik:* Zähler und Nenner eines →Bruches mit der gleichen (von Null verschiedenen) Zahl multiplizieren.

erweiterte Oberschule, Abk. **EOS,** in der ehem. DDR die zur Hochschulreife führende Oberschule (→Gymnasium, Geschichte).

erweiterte Realität, engl. **Augmented Reality** [ɔːgˈmentɪd rɪˈæləti], Abk. **AR** [engl. eɪˈɑː], *Informatik:* Erweiterung der Realität um zusätzl. Informationen, die von Computern berechnet und mittels spezieller Technik ins Sichtfeld des Betrachters oder in Filmaufnahmen eingeblendet werden. Die eingesetzte Technologie basiert auf ähnl. Prinzipien wie die →virtuelle Realität (VR), mit der die AR eng verwandt ist. Der größte Unterschied zur VR besteht darin, dass der Bezug zur realen Umgebung bei der AR nicht abgeschnitten wird, sondern integraler Bestandteil der Wahrnehmung bleibt. AR zeichnet sich durch die Überlagerung von realen und künstl. Bildelementen. Sie wird meist eingesetzt, um das Verständnis des Nutzers für seine Umgebung bzw. für bestimmte Objekte zu unterstützen.

Eine besondere techn. Herausforderung liegt darin, die künstlich erzeugten Bildelemente nahtlos in die realen Gegebenheiten zu integrieren. Hierbei sind Verdeckungen, Beleuchtungssituation, Lichtbrechungen, Spiegelungen und eine Vielzahl weiterer Aspekte zu beachten. Außerdem muss die Perspektive der berechneten Bildkomponenten sehr genau und in Echtzeit, also ohne wahrnehmbare zeitl. Verzögerung, mit der Perspektive des Nutzers auf seine Umgebung in Deckung gebracht werden. Dazu ist es notwendig, sowohl die Position als auch die Blickrichtung des Nutzers permanent exakt zu bestimmen (Tracking) und die berechneten Informationen jeder Veränderung in Sekundenbruchteilen anzupassen.

Die Überlagerung kann durch unterschiedl. Techniken erreicht werden. Eine Möglichkeit sind halbtransparente Projektionsflächen, auf denen die künstlich erzeugten Bildteile dargestellt werden, während durch sie hindurch die reale Umgebung zu sehen ist. Eine andere Möglichkeit besteht darin, die

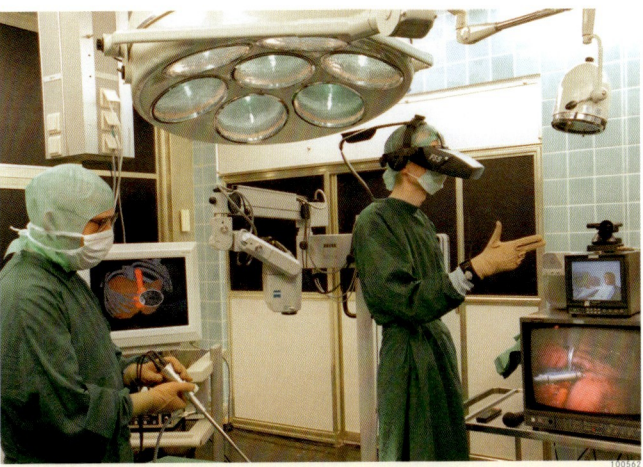

erweiterte Realität: Ärzte mit Datenhelm und Datenhandschuh (Charité Berlin)

computergenerierten Elemente bereits im Computer mit Filmaufnahmen der Realität zu verbinden und dann auf einem Monitor oder in einem Datenhelm, der zwei kleine Bildschirme enthält, auszugeben. Den direktesten Bezug zu seiner Umwelt behält der Nutzer, wenn ihm die zusätzl. Informationen direkt in sein Auge projiziert werden und er so weder auf einen Monitor noch auf eine externe Projektionsfläche angewiesen ist.

Die mögl. Einsatzgebiete der AR sind vielfältig und reichen vom Entertainment über den Tourismus bis zur Medizin. So können z. B. histor., inzwischen nicht mehr vorhandene Gebäude oder Szenen vergangener Ereignisse rekonstruiert und in eine vorhandene Landschaft eingeblendet werden, um dem Betrachter eine Vorstellung des Vergangenen zu vermitteln. Objekte in Vitrinen lassen sich durch computergenerierte Elemente ergänzen, sodass nur teilweise Erhaltenes vervollständigt oder auch das Innere von Gegenständen präsentiert werden kann. Im Straßenverkehr können Informationen zu Fahrbahnbegrenzungen und Hindernissen sowie Routenhinweise grafisch aufbereitet für den Fahrer eingeblendet werden. Gleiches gilt für Piloten, denen Angaben zu Geländemerkmalen, Flugroute, anderen Flugzeugen usw. direkt in ihrem Blickfeld angezeigt werden. Ärzten kann AR u. a. die Möglichkeit bieten, sich während einer Operation 3-D-Darstellungen der Organe oder Nervenbahnen des Patienten anzeigen zu lassen, um so deren genaue Position zu sehen und Verletzungsrisiken zu minimieren.

erweiterte Realschule, im Saarland seit 1996 eine Schulart der Sekundarstufe I neben Gesamtschule und Gymnasium, in der die Schularten Haupt- und Realschule zusammengeführt werden. Der Unterricht erfolgt grundsätzlich im Klassenverband, ab Jahrgangsstufe 7 werden abschlussbezogene Klassen gebildet. Abschlüsse: Hauptschulabschluss, mittlerer Bildungsabschluss (bei sehr guten Leistungen auch mit Berechtigung zum Übergang in die gymnasiale Oberstufe nach Klassenstufe 10).

Erweiterung, *Sprachwissenschaft:* die →Expansion.

Erweiterungsbereich, *Mathematik:* Bereich, der einen vorgegebenen Bereich *B* als Teilbereich besitzt. Ist *B* speziell ein Ring, ein Integritätsbereich oder ein Körper, so nennt man den E. **Erweiterungsring, Erweiterungsintegritätsbereich** bzw. **Erweiterungskörper.**

Erweiterungsinvestition, →Ersatzinvestition.

Erwerb, *Recht:* →Eigentum (Privatrecht), der →Kauf.

Erwerbseinkünfte, Einnahmen, die die öffentl. Gebietskörperschaften durch Beteiligung an der Wertschöpfung einer Volkswirtschaft erzielen, ohne (wie bei den Abgaben) hoheitl. Zwang anzuwenden. E. sind die Einnahmen aus Kapitalvermögen, also aus reinen öffentl. Unternehmen (Ausnahme: Finanzmonopole) und aus staatl. Beteiligungen an Unternehmen (→Bundesbeteiligungen), ferner aus Grundbesitz und aus Geldvermögen (Einlagen- und Darlehenszinsen auf Forderungen der öffentl. Hand gegenüber privaten Wirtschaftssubjekten). Die Abgrenzung der E. zu Gebühren und Beiträgen sowie zur hoheitl. Preissetzung öffentl. Versorgungsunternehmen ist oftmals problematisch. – Die finanzielle Bedeutung der E. ist im Zuge der Entwicklung zum modernen »Steuerstaat« und durch die Veräußerung zahlr. öffentl. Unternehmensbeteiligungen (→Privatisierung) erheblich zurückgegangen. Die Einnahmen aus wirtschaftl. Tätigkeit machen beim Bund nur noch (2002) 1,2 % der Gesamteinnahmen aus und bestehen in erster Linie aus der Gewinnabführung der Bundesbank (2003: 5,4 Mrd. €, davon 1,9 Mrd. € an den →Erblastentilgungsfonds). Die Münzeinnahmen des Bundes (2002: 0,5 Mrd. €) stellen eine eigene Kategorie dar.

Erwerbsersatzordnung, Abk. **EO,** staatl. Einrichtung in der Schweiz, die den Lohn- und Verdienstausfall während des Zivilschutz- oder Militärdienstes ausgleicht. Die Grundlage für die Bemessung der Entschädigung bildet das durchschnittl. vordienstl. Erwerbseinkommen (Höchstbetrag: 215 sfr täglich). Die EO ist v. a. im »Bundes-Ges. über die E. für Dienstleistende in Armee, Zivildienst und Zivilschutz (EOG)« vom 25. 9. 1952 (mit zahlr. Änderungen) geregelt. Die EO wird aus Beiträgen der Arbeitnehmer (zur Hälfte vom Arbeitgeber) bezahlt und durch die Organe der Alters- und Hinterlassenenversicherung (Ausgleichskasse) abgewickelt.

Erwerbsfähige, →Erwerbsquote.

Erwerbsintensität, Anteil der →Erwerbstätigen an den →Erwerbspersonen; Ausdruck für den Beschäftigungsgrad des Faktors Arbeit.

Erwerbslose, erwerbsfähige und -willige Personen ohne Arbeitsverhältnis oder selbstständige Tätigkeit; in der amtl. Statistik Personen im Alter von 15 bis 74 Jahren, die in der Berichtswoche weder einer abhängigen noch einer selbstständigen Beschäftigung von mindestens einer Stunde nachgingen, aber für die Aufnahme einer Beschäftigung oder selbstständigen Tätigkeit verfügbar waren, aktiv danach gesucht haben und dies auch gegenwärtig noch tun. Die Zahl der E. wird vom Statist. Bundesamt (Destatis) und vom Statist. Amt der EU (Eurostat) im Rahmen des »Erwerbskonzepts« erhoben, das die Wohnbevölkerung in Erwerbspersonen (Erwerbstätige und Erwerbslose) und Nichterwerbspersonen klassifiziert. Im Ggs. zu den E. umfasst die von der Bundesagentur für Arbeit (BA) ermittelte Zahl der **Arbeitslosen** auch Personen, die mindestens eine Stunde, aber weniger als 15 Stunden wöchentlich arbeiten und damit zu den Erwerbstätigen zählen. Andererseits werden E. nicht als Arbeitslose gezählt, wenn sie älter als 65 Jahre sind oder nicht bei der BA als arbeitslos und arbeitsuchend registriert sind. Nicht arbeitslos, aber erwerbslos sind auch Personen, die normalerweise keinem Erwerb nachgehen, aber gegenwärtig eine Arbeitsstelle suchen (z. B. Rentner, Studenten). In Dtl. ist die Zahl der Arbeitslosen (v. a. wegen der höheren Grenze der Wochenarbeitsstunden) i. d. R. größer als jene der Erwerbslosen.

Erwerbsminderung, Bez. für einen Versicherungsfall in der gesetzl. Rentenversicherung. Das Recht der Renten wegen verminderter Erwerbsfähigkeit ist mit Wirkung vom 1. 1. 2001 neu geregelt worden. Die bisherigen Renten wegen →Berufsunfähigkeit und →Erwerbsunfähigkeit wurden abgeschafft und (bei Rentenbeginn ab 2001) durch Renten wegen teilweiser Minderung der Erwerbsfähigkeit und wegen voller Minderung der Erwerbsfähigkeit ersetzt.

Eine **Rente wegen teilweiser E.** (halbe E.-Rente mit einem Rentenartfaktor von 0,5) erhalten Versicherte, die auf dem allg. Arbeitsmarkt wegen Krankheit oder Behinderung nur noch drei bis unter sechs Stunden täglich erwerbstätig sein können (§ 43 Abs. 1 SGB VI). Der Anspruch auf eine **Rente wegen voller E.** (mit einem Rentenartfaktor von 1,0) besteht bei einem Restleistungsvermögen von unter drei Stunden täglich (§ 43 Abs. 2 SGB VI). Eine volle E.-Rente erhalten ferner teilweise Erwerbsgeminderte, die ihr verbliebenes Leistungsvermögen wegen einer schlechten Arbeitsmarktlage nicht in Erwerbseinkommen umsetzen können (so genannte arbeitsmarktbedingte Rente wegen voller E.). Keinen Anspruch auf E.-Rente haben dementsprechend Versicherte mit einem Restleistungsvermögen von sechs Stunden und mehr (§ 43 Abs. 3 SGB VI). Maßstab für die Feststellung des Leistungsvermögens ist die Erwerbsfähigkeit des Versicherten auf dem allg. Arbeitsmarkt, d. h. in jeder nur denkbaren Tätigkeit, die es auf dem Arbeitsmarkt gibt; allerdings kommen dabei nur Tätigkeiten in Betracht, die auf dem allg. Arbeitsmarkt üblich sind. Eine subjektive Zumutbarkeit unter dem Gesichtspunkt der Ausbildung und des Status der bisherigen berufl. Tätigkeit ist hierbei ohne Bedeutung. In Abhängigkeit vom erzielten Hinzuverdienst kann die Rente wegen teilweiser E. in voller oder in halber Höhe gezahlt werden; die Rente wegen voller E. kann in voller Höhe oder in Höhe von $3/4$, $1/2$ oder $1/4$ gezahlt werden. Renten wegen verminderter Erwerbsfähigkeit werden grundsätzlich nur noch als Zeitrenten für längstens drei Jahre nach Rentenbeginn geleistet, wobei die Befristung wiederholt werden kann (§ 102 Abs. 2 SGB VI). Des Weiteren sind sie frühestens vom Beginn des 7. Monats nach Eintritt des Versicherungsfalls an zu zahlen (in der Zwischenzeit hat i. d. R. die Krankenkasse Krankengeld zu gewähren). E.-Renten, die vor dem vollendeten 63. Lebensjahr bezogen werden, werden mit einem Rentenabschlag von 0,3 % je Kalendermonat der vorzeitigen Inanspruchnahme (max. jedoch 10,8 %) belegt. Die Renten werden bis zur Vollendung des 65. Lebensjahres gezahlt und anschließend auf eine Altersrente umgestellt.

Das Risiko der Berufsunfähigkeit wird von der Rentenversicherung nur noch für Versicherte abgedeckt, die vor dem 2. 1. 1960 geboren sind; sie können eine »Rente wegen teilweiser E. bei Berufsunfähigkeit« (§ 240 SGB VI) erhalten. **Berufsunfähigkeit** liegt dann vor, wenn die Erwerbsfähigkeit des Versicherten im Vergleich zur Erwerbsfähigkeit von gesunden Versicherten mit ähnl. Ausbildung und gleichwertigen Kenntnissen und Fähigkeiten auf weniger als sechs Stunden gesunken ist. Der Kreis der Tätigkeiten, nach denen die Erwerbsfähigkeit von Versicherten zu beurteilen ist, umfasst alle Tätigkeiten, die ihren Kräften und Fähigkeiten entsprechen und ihnen unter Berücksichtigung der Dauer und des Umfangs ihrer Ausbildung sowie ihres bisherigen Berufs und der besonderen Anforderungen ihrer bisherigen Berufstätigkeit zugemutet werden können. Zumutbar ist dabei grundsätzlich eine Tätigkeit, die im Rahmen des durch die Rechtsprechung des Bundessozialgerichts immer weiter ausdifferenzierten so genannten Dreistufenschemas der Stufe unterhalb des bisher ausgeübten Berufes zuzuordnen ist (Stufe 1: gelernte Tätigkeiten; Stufe 2: angelernte Tätigkeiten; Stufe 3: ungelernte Tätigkeiten).

Erwerbspersonen, in der amtl. Statistik alle Personen mit Wohnsitz in Dtl., die eine unmittelbar oder mittelbar auf Erwerb gerichtete Tätigkeit ausüben oder eine solche suchen, unabhängig von der Bedeutung des Ertrags dieser Tätigkeit für ihren Lebensunterhalt und ohne Rücksicht auf die von ihnen tatsächlich geleistete oder vertragsmäßig zu leistende Arbeitszeit. Den Ggs. zu den E. bilden die **Nichterwerbspersonen,** die keinerlei auf Erwerb gerichtete Tätigkeit ausüben oder suchen, z. B. Kinder, Schüler, Studenten oder ältere Personen – soweit diese jeweils keine auf Erwerb gerichtete Tätigkeit ausüben – sowie Frauen oder Männer, die (dauerhaft) ausschließlich im eigenen Haushalt tätig sind. Die Zahl der E. setzt sich zus. aus den →Erwerbstätigen und den →Erwerbslosen. – Außerhalb der amtl. Statistik werden die E. auch als Summe der Erwerbstätigen und Arbeitslosen definiert.

Erwerbspersonenpotenzial, Schätzgröße für das max. Arbeitskräfteangebot einer Volkswirtschaft. Das E. setzt sich zus. aus den →Erwerbstätigen, den registrierten Arbeitslosen und der →stillen Reserve, es umfasst also neben den registrierten →Erwerbspersonen eine geschätzte Zahl versteckter Arbeitsloser. Bei der Ermittlung des E. werden unterschiedl. Definitionen zugrunde gelegt. Der Sachverständigenrat zur Begutachtung der gesamtwirtschaftl. Entwicklung rechnet z. B. zu den Erwerbspersonen nur die nicht erwerbstätigen Teilnehmer an arbeitsmarktpolit. Maßnahmen der Bundesagentur für Arbeit (BA) zum potenziellen Arbeitskräfteangebot. Die BA bezieht dagegen neben den Erwerbspersonen alle Personen, die Arbeit suchen, ohne bei den Arbeitsagenturen als Arbeitslose gemeldet zu sein, sowie Personen, die unter günstigeren Arbeitsmarktbedingungen an einer Arbeitsaufnahme interessiert wären, in ihre Definition ein. Im letztgenannten Sinne betrug das E. 2002 in Dtl. 45,3 Mio. Personen (früheres Bundesgebiet: 37,1 Mio.; neue Bundesländer: 8,2 Mio.).

Erwerbsquote, Verhältnis von →Erwerbspersonen zur gesamten Bev. oder zu einer Teilmenge davon. Häufig wird die Zahl der Erwerbspersonen auf die Zahl der erwerbsfähigen Bev. (**Erwerbsfähige**) bezogen, die definiert ist als der Gesamtumfang der Bev. einer bestimmten Altersgruppe, z. B. von 15 bis 65 Jahren. Die E. beschreibt die Erwerbsneigung der Bevölkerung der Angebotsseite des Arbeitsmarktes. Da sie (im Ggs. zur →Erwerbstätigenquote) alle Erwerbspersonen, d. h. sowohl Erwerbstätige als auch Arbeitslose, berücksichtigt, ist sie von kurzfristigen Arbeitsmarktschwankungen relativ unabhängig. Von besonderer Bedeutung im Hinblick auf die berufl. Integration von Frauen sind die E. der weibl. Bevölkerung und deren Entwicklung. Die E. (bezogen auf die Bevölkerung im Alter von 15 bis 65 Jahren) betrug 2002 in Dtl. 71,5 %; in der EU mit 15 Mitgl.-Staaten lag sie bei 69,7 %, in der EU mit 25 Mitgl.-Staaten bei 69 %. Deutlich höhere E. haben etwa die USA (76,4 %), Dänemark (79,9 %), Norwegen (80,3 %) oder die Schweiz (81,3 %). Diese Unterschiede resultieren v. a. aus der unterschiedl. Erwerbsbeteiligung der Frauen.

Erwerbstätige, Personen, die einer auf Einkommenserwerb gerichteten Tätigkeit nachgehen, unabhängig vom Umfang der Arbeitszeit (mindestens eine Stunde in der Woche für die Berücksichtigung in der amtl. Statistik), von der Stellung im Beruf (Selbstständige einschließlich mithelfender Familienangehöriger, auch in »freien Berufen« oder in der Landwirtschaft, Soldaten, Beamte, Angestellte, Arbeiter, Auszubildende), vom Arbeitsort (Büro, Produktionsstätte, Heimarbeit) oder von sonstigen Statusarten (Schüler, Studenten, Rentner u. a., sofern sie einer auf Erwerb gerichteten Tätigkeit nachgehen). Die Zahl der E. wird vom Statist. Bundesamt (Destatis) und vom Statist. Amt der EU (Eurostat) im Rahmen des »Erwerbskonzepts« erhoben, das die Wohnbevölkerung in Erwerbspersonen (E. und Erwerbslose) und Nichterwerbspersonen klassifiziert. Die so gewonnenen Zahlen entsprechen dem **Inländerkonzept** (Zahl der E. mit Wohnsitz in Dtl.). Wird die Zahl der Beschäftigten in den Betrieben ermittelt, entspricht dies dem **Inlandskonzept** (Zahl der in Dtl. arbeitenden Personen). Hier sind Mehrfachzählungen möglich, weil dieselbe Person mehrere Arbeitsverhältnisse haben kann. Der Begriff der E. der amtl. Statistik stimmt mit dem der **Beschäftigten** (→Beschäftigung) überein, allerdings wird die Zahl der Beschäftigten aufgrund von Angaben der Unternehmen, Betriebe oder Arbeitsstätten ermittelt, während die Zahl der E. im Rahmen einer Volkszählung oder des Mikrozensus erhoben wird, sodass sich quantitative Unterschiede ergeben können.

Erwin von Steinbach: Aufriss für die Westfassade des Straßburger Münsters

Erwerbstätigenquote, Verhältnis der Zahl der →Erwerbstätigen zur gesamten Bev. oder zu einer Teilmenge davon. Häufig wird die Zahl der Erwerbstätigen auf den Umfang der erwerbsfähigen Bev. bezogen, die meist als die Bev. im Alter von 15 bis 65 Jahren definiert wird. Im Unterschied zur →Erwerbsquote umfasst die E. die Arbeitslosen nicht. Sie berücksichtigt die Beschäftigungslage, d. h. die Nachfrageseite des Arbeitsmarkts, wesentlich stärker als die Erwerbsquote, bezogen auch auf einzelne Bev.-Gruppen, z. B. die Jugendlichen (im Alter von 15 bis 24 Jahren) oder die Älteren (55 bis 64 Jahre). Die E. steht inzwischen in der medialen Berichterstattung im Vordergrund, v. a. bei Ländervergleichen innerhalb der EU oder der OECD. Sie betrug 2002 in Dtl. 65,3 %, in der EU 64,3 %. Starke Unterschiede zw. einzelnen Ländern gibt es bei besonderen Personengruppen, z. B. bei den Älteren wegen unterschiedl. Arbeitsmarktpolitik oder bei den Jüngeren aufgrund unterschiedl. Ausbildungssysteme. Die E. der Älteren (55 bis 64 Jahre) lag 2002 in Dtl. bei 38,4 %, in den USA bei 59,5 %, in Japan bei 61,8 % und in der Schweiz bei 64,8 %.

Erwerbsunfähigkeit, früher **Invalidität,** in der gesetzl. Rentenversicherung eine der Voraussetzungen für die Gewährung der E.-Rente. Das Ges. zur Reform der Renten wegen verminderter Erwerbsfähigkeit vom 20. 12. 2000 ersetzte die Berufsunfähigkeits- und die E.-Rente (bei Rentenbeginn ab 2001) durch eine zweistufige Rente wegen →Erwerbsminderung. E. lag nach dem früheren Recht vor, wenn ein Versicherter wegen Krankheit oder Behinderung auf unbestimmte Zeit nicht in der Lage war, eine Erwerbstätigkeit in gewisser Regelmäßigkeit auszuüben oder Einkünfte von mehr als 630 DM durch die Erwerbstätigkeit zu erzielen.

Im österr. Recht gelten in der Pensionsversicherung der Arbeiter dem früheren. Recht ähnl. Bestimmungen und Voraussetzungen für den Erhalt einer **Invaliditätspension.** Invalidität ist aber schon dann gegeben, wenn die Arbeitsfähigkeit des Betroffenen auf weniger als die Hälfte eines vergleichbaren gesunden Versicherten herabgesunken ist. Im schweizer. Recht wird aufgrund des zu den Art. 111–113 Bundes-Verf. erlassenen Ges. über die Invalidenversicherung (IVG) vom 19. 6. 1959 eine **Invalidenrente** gewährt, wenn die versicherte Person zu mindestens 40 % voraussichtlich bleibend oder längere Zeit dauernd erwerbsunfähig geworden ist. Bei einem Invaliditätsgrad von mindestens 40 % besteht Anspruch auf $^1/_4$ der Rente, ab 70 % auf eine volle Rente.

erwerbswirtschaftliches Prinzip, Erwerbsprinzip, das Streben, durch die wirtschaftl. Betätigung Einkommen zu erzielen. Bezogen auf Unternehmen, steht das Streben, Gewinn zu erzielen, im Gegensatz zum Ziel v. a. öffentl. Unternehmen, einen bestimmten (als gegeben erachteten) »Bedarf« der Nachfrager zu decken (Bedarfsdeckungsprinzip). Die Geltung des e. P. impliziert die Geltung des →Wirtschaftlichkeitsprinzips. Die Verfolgung des e. P. durch Unternehmen (→Gewinnmaximierung) führt (unter bestimmten Bedingungen) zum gesellschaftlich optimalen Einsatz der Produktionsfaktoren und zum bestmöglichen Produktionsergebnis, damit auch zur Deckung eines gegebenen »Bedarfs« der Nachfrager. Erwerbswirtschaftlich handelnde Wirtschaftseinheiten werden auch als **Erwerbswirtschaften** bezeichnet.

Erwin-Schrödinger-Preis, vom »Stifterverband für die Dt. Wiss. e. V.« gestifteter und alljährlich vergebener Preis zur Anerkennung von herausragenden Leistungen im Rahmen der interdisziplinären wiss. Forschung. Die Vergabe des mit 50 000 € dotierten E.-S.-P. (erstmals 1999) erfolgt auf Vorschlag der Hermann von Helmholtz-Gemeinschaft Dt. Forschungszentren.

Erwin von Steinbach, Meister Erwin (Beiname im 17. Jh. hinzugefügt), * um 1244, † Straßburg 17. 1. 1318; Leiter der Straßburger Münsterbauhütte; sein eigener Anteil an Entwurf und Ausführung der unteren Teile der Westfassade (1276 begonnen) ist umstritten. E. v. S. spielt seit der Erwähnung bei J. W. von Goethe (»Von dt. Baukunst«, 1773) eine wichtige Rolle bei der Neubewertung der mittelalterl. Baukunst.

Erwitte, Stadt im Kr. Soest, NRW, 110 m ü. M., auf der N-Abdachung des östl. Haarstranges, einschließlich ihrer 15 Ortsteile 16 400 Ew.; Kalk- und Zementindustrie. Der Stadtteil **Bad Westernkotten** (eisen- und kohlensäurehaltige Solquellen) ist anerkanntes Heilbad; Gradierwerke. – Kath. Pfarrkirche St. Laurentius (um 1170) mit vorgesetztem Westturm (13. Jh.). – Das aus einem seit 784 bestehenden karoling. Königshof am Hellweg hervorgegangene E. wurde im 9. Jh. als Ortschaft erstmals urkundlich erwähnt. Der Königshof kam 1027 an das Bistum Paderborn, Kurköln sicherte sich die Landeshoheit. 1936 erhielt E. Stadtrecht.

erworbene Rechte, lat. **Iura acquisita,** nach der Naturrechtslehre (C. THOMASIUS, C. WOLFF) der Komplementärbegriff zu den angeborenen Rechten (Iura connata). Während die Letzteren sich aus Wesen und Natur des Menschen ergeben und darum unabänderlich und unaufhebbar sind (also Freiheit, Gleichheit vor dem Gesetz, Recht zur Selbstverteidigung; →Menschenrechte), werden die e. R. durch menschl. Handlungen, insbes. durch Privileg, Vertrag und Erbgang begründet. Bedeutsam sind die e. R. für die →Rückwirkung von Gesetzen und die Grenzen der staatl. Gewalt gegenüber den Rechten Einzelner. Bereits e. R. sollten der freien Disposition des Gesetzgebers nicht unterliegen. Im 19. Jh. verflossen die Grenzen des Begriffs.

Erwürgen, Tötung durch Zusammendrücken des Halses mit den Händen; der Tod tritt wie beim →Erhängen durch Abdrückung der Blut- und Luftwege ein.

Erxleben, Dorothea Christiana, geb. **Leporin,** Ärztin, * Quedlinburg 13. 11. 1715, † ebd. 13. 6. 1762, als Frau wurde ihr das Studium der Medizin an der Univ. Halle zunächst verweigert, nach einem Gesuch aber durch FRIEDRICH D. GR. 1741 gestattet. Trotz Anfeindungen approbierter Ärzte erwarb sie als erste Frau in Dtl. 1754 den medizin. Doktorgrad.

Erymanthischer Eber, griech. Mythologie: →Herakles.

Erymanthos der, **Olonos,** Gebirgsstock im NW des Peloponnes, Griechenland, 2 224 m ü. M., zw. Achaia und Elis.

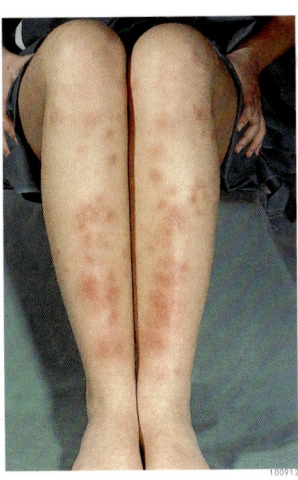

Erythem: Erythema nodosum

Eryngium [zu griech. éryngos »Ziegenbart«], wiss. Name der Pflanzengattung →Mannstreu.

Erysichthon, griech. Mythologie: Sohn des thessal. Königs Triopas, der trotz einer Warnung der Göttin Demeter in ihrem Hain einen heiligen Baum fällte und dafür mit immer währendem Heißhunger bestraft wurde.

Erysimum [lat.-griech., zu griech. érysthai »heilen«], wiss. Name der Pflanzengattung →Schöterich.

Erysipel [griech. erysípelas, eigtl. »rote Haut«] das, -s/-e, die →Wundrose.

Erysipeloid [zu griech. -eidés »gestaltet«, »ähnlich«] das, -(e)s/-e, infektiöse Hauterkrankung, auf den Menschen übertragene Form des →Rotlaufs der Tiere.

Erysiphales, wiss. Name der Echten Mehltaupilze (→Mehltau).

Erythem [griech. »Röte«] das, -s/-e, **Erythema,** eingegrenzte (umschriebene) Rötung der Haut durch eine Erweiterung der Gefäße (Hyperämie), die vasomotorisch bedingt sein kann, z. B. durch psych. Erregung (Wangenröte) oder Dauerweitstellung bei Angioneuropathie. Außerdem wird es durch physikal. Einwirkung (Hitze, Sonnenbestrahlung, Druck) oder hautreizende Stoffe sowie durch entzündl. Veränderungen (Dermatitis, Ekzem) hervorgerufen und tritt angeboren als Feuermal auf. Im Unterschied zu andersartigen Hautrötungen durch Austritt von Blut aus den Gefäßen (z. B. bei Blutfleckenkrankheit) verschwindet ein E. auf Fingerdruck.

Das **Erythema nodosum** äußert sich in schmerzhaften, meist im Unterhautgewebe der Unterschenkel auftretenden, bis walnussgroßen blauroten Knoten, die im Verlauf versch. Krankheiten (z. B. Rheumatismus, Sarkoidose), aber auch als Reaktion auf Arzneimittel entstehen können. Die Behandlung besteht in der Beseitigung des Grundleidens, ggf. im Absetzen der auslösenden Arzneimittel, Anwendung von kühlenden Umschlägen, entzündungshemmenden Salben und Glucocorticoiden.

Das **Erythema exsudativum multiforme** ist eine auf eine allerg. Reaktion auf Herpes-simplex-Viren oder Mycoplasma pneumoniae zurückgehende Hautkrankheit mit typ. schießscheibenartigen Hautveränderungen, zumeist an Hand-, Fußrücken, Armen und im Gesicht; in ähnl. Form kann auch ein Arzneimittelexanthem auftreten. Die Behandlung umfasst die Anwendung von Glucocorticoiden (in schweren Fällen auch innerlich) und ggf. das Ausschalten einer Herdinfektion.

Eine weitere Sonderform des E. ist das **Erythema gyratum repens,** das im Zusammenhang mit Karzinomen (Paraneoplasie) auftritt und sich durch an Baumjahresringe erinnernde, schuppende Hautveränderungen bes. am Körperstamm auszeichnet, deren Position sich täglich ändert. – **Erythema infectiosum** →Ringelröteln, **Erythema migrans** →Lyme-Borreliose.

Erythematodes, Kurzform für →Lupus erythematodes.

Erythemschwelle, die →Ultraviolettempfindlichkeit der Haut.

erythr..., Wortbildungselement, →erythro...

Erythräa, frühere Schreibweise für →Eritrea.

Erythraea, ein wiss. Name der Pflanzengattung →Tausendgüldenkraut.

Erythrai, ion. Stadt an der Küste Westkleinasiens gegenüber von Chios; Ruinen beim heutigen Ort Ildırı, Türkei. E., berühmt durch einen Tempel des Herakles und ein Orakel der Sibylle, war Mitgl. des ion. Zwölfstädtebundes (→Dodekapolis), nach der Befreiung von pers. Oberherrschaft 479 v. Chr. des 1. Att. Seebundes. In hellenist. Zeit konnte die Stadt trotz zeitweiliger seleukid. und ptolemäischer Oberhoheit ihre Selbstständigkeit bewahren.

Erythräisch, andere Bez. für die afroasiat. (früher auch hamitosemitisch genannten) Sprachen; 1873 von L. REINISCH eingeführt, in jüngerer Zeit u. a. von A. N. TUCKER und O. KÖHLER wieder verwendet; von L. FROBENIUS wurde die Bez. im Sinne bestimmter Kulturformen aus dem erythräischen Raum (beiderseits des Erythräischen Meeres) gebraucht.

Erythräisches Meer, seit HERODOT nachweisbare Bez. für die Gewässer um Arabien (heutiges Rotes Meer,

Eryt Erythrämie

Erythrin: büschelig angeordnete, nadelige Kriställchen

H–C–OH
H–C–OH
H–C–OH
H–C–OH
H
Erythrit

Pers. Golf, Arab. Meer), gelegentlich aber auch für östl. Teile des Ind. Ozeans. Seit hellenist. Zeit wird der Name (griech. **Erythrạ thạlatta**, lat. **Mạre Erythraeum**) eingeengt auf das heutige Rote Meer verwendet.

Erythrämie die, -/...'mi|en, **akute Erythroleukämie, Di-Guglielmo-Syndrom** [-guʎ'ʎelmo-, ital.], früher **Erythroblastose**, bösartige Wucherung von Vorläuferzellen roter Blutkörperchen (kernhaltige Vorstufen der Erythrozyten) im Knochenmark (Form der akuten myeloischen Leukämie). Durch die Verdrängung normaler Vorläuferzellen kommt es zum Rückgang von Blutplättchen sowie roten und weißen Blutkörperchen; führt zu einer vermehrten Blutungsneigung mit blauen Flecken, Anämie und einer erhöhten Infektionsneigung mit Fieber. Die Behandlung erfolgt durch Ersatz der fehlenden Blutbestandteile, intensive Chemotherapie und Antibiotikagaben. Häufig muss eine Stammzellentransplantation erwogen werden.

Erythrạsma das, -s/...men oder -ta, durch Bakterien (Corynebacterium minutissimum) hervorgerufene, meist bei Männern auftretende, kaum ansteckende Hautkrankheit, bei der sich in Leisten- und Achselgegend bräunlich rote, leicht schuppende Herde entwickeln. Die Behandlung erfolgt örtlich mit erythromycinhaltigen Lösungen oder Cremes.

Erythrịn der, -s, **Kobaltblüte,** pfirsichblütenrotes, monoklines Mineral der chem. Zusammensetzung $Co_3(AsO_4)_2 \cdot 8 H_2O$; Härte nach Mohs 2, Dichte 3,0–3,1 g/cm³; Verwitterungsprodukt arsenhaltiger Kobalterze.

Erythrịna, wiss. Name der Gattung →Korallenbaum.
Erythrịsmus der, -, Anthropologie: →Rothaarigkeit.
Erythrịt der, -s, vierwertiger Zuckeralkohol, chemisch meso-1, 2, 3, 4-Butantetrol, der (chemisch gebunden) in Flechten (u. a. der Gattung Roccella) und Algen vorkommt. Er bildet weiße, süßlich schmeckende Kristalle; optisch inaktiv.

erythro... [zu griech. erythrós »rot«], vor Vokalen verkürzt zu **erythr...,**
  1) allg.: Wortbildungselement mit den Bedeutungen: 1) rot, rötlich, z. B. Erythrophobie, Erythropsie; 2) rote Blutkörperchen, z. B. Erythrophagen.
  2) Chemie: Bez. der chem. Nomenklatur für Moleküle mit zwei benachbarten asymmetr. Kohlenstoffatomen (→Asymmetrie, →Stereochemie), die in gleicher Weise räumlich angeordnet sind (d. h., die am Kohlenstoff gebundenen Atome oder Atomgruppen befinden sich jeweils auf der gleichen Seite); Ggs.: threo...

Erythroblạsten, Sg. **Erythroblạst** der, -en, kernhaltige Bildungszellen der roten Blutkörperchen.
Erythroblastose die, -/-n, die hämolytische →Neugeborenengelbsucht.
Erythrodẹrmia desquamatịva [zu griech. dérma »Haut« und lat. desquamare »abschuppen«], die →Leiner-Dermatitis.
Erythromycịn [zu griech. mýkēs »Pilz«] das, -s, **Erythromyzịn,** aus dem Strahlenpilz Streptomyces erythreus gewonnenes Antibiotikum aus der Gruppe der Makrolidantibiotika; es wird insbes. bei Penicillinallergie und in der Kinderheilkunde verabreicht.
Erythrophạgen, Sg. **Erythrophạge** der, -n, v. a. in Knochenmark, Milz und Leber vorkommende Fresszellen (Makrophagen), die speziell bei hämolyt. Anämien den Abbau der roten Blutkörperchen einleiten.
Erythrophobịe die, -/...'bi|en, Psychologie: 1) das Auftreten von Angst beim Sehen der roten Farbe; 2) Errötungsfurcht, Furcht vor Erröten in der Öffentlichkeit; das Rotwerden (bes. von Gesicht und Hals) bei Personen mit ausgeprägter Reaktionsbereitschaft der Blutgefäße im Zustand psych. Anspannung wird häufig schon durch den Gedanken daran ausgelöst.

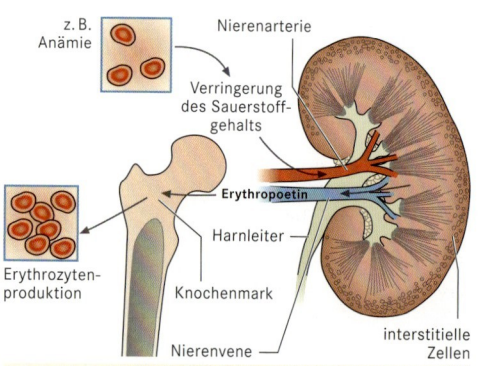

Erythropoetin: Wirkungsweise des Hormons

Erythropoẹse [zu griech. poíēsis »das Machen«, »das Hervorbringen«] die, -, **Erythrozytopoẹse,** Entstehung und Entwicklung der roten Blutkörperchen (Erythrozyten). Die E. beginnt im zweiten Embryonalmonat in den Kapillaren von Leber, Milz, Lymphknoten und Thymus; sie wird im dritten Monat allmählich vom Knochenmark übernommen, das ab der Geburt dann der alleinige Ort der normalen E. ist. Bei der E. entwickelt sich der reife Erythrozyt aus einer pluripotenten →Stammzelle über mehrere Zwischenstufen und tritt nach Verlust seines Zellkerns in die Blutbahn, wo er eine Lebensdauer von rd. 120 Tagen hat. Wegen der kurzen Lebensdauer läuft die E. unterbrochen während des ganzen Lebens ab. In der E. findet auch die Bildung des für den Sauerstofftransport notwendigen roten Blutfarbstoffs Hämoglobin statt.

Erythropo|etịn das, -s, Abk. **EPO, Erythropoi|etịn,** in den interstitiellen Zellen der Nierenrinde gebildetes Hormon, das bei einem verringerten Sauerstoffgehalt im Blut, z. B. aufgrund einer Anämie, die Bildung roter Blutkörperchen (Erythropoese) im roten Knochenmark fördert. E. ist ein Glykoprotein, das die Zellteilung und den Stoffwechsel von Erythrozytenvorläuferzellen steigert. Es wird heute gentechnisch gewonnen und v. a. zur Behandlung von Patienten mit Blutarmut verwendet. Außerdem wird E. bei Tumorpatienten eingesetzt. – Die Möglichkeit, mit einer E.-Behandlung die Erythrozytenzahl und damit die Sauerstofftransportkapazität des Blutes zu steigern (erkennbar an einem erhöhten Hämatokritwert), sowie die Tatsache, dass es eine im Körper selbst gebildete Substanz ist, hat E. zu einem verbreiteten Dopingmittel im Ausdauersport, v. a. bei Radfahrern, werden lassen.

Erythroprosopalgie, das →Horton-Syndrom.

Erythropsie [zu griech. ópsis »das Sehen«] *die, -/...'psi|en,* **Rotsehen,** zu den Chromatopsien gehörende Sehstörung, bei der die vom Auge fixierten Gegenstände rötlich erscheinen; tritt auf bei Fehlen der Pigmente des Auges (Albinismus), als vorübergehende Begleiterscheinung von Blendungen und Schneeblindheit sowie bei Verlust der Augenlinse (z. B. durch Operation).

Erythropsin, das →Rhodopsin.

Erythrose *die, -/-n,* synthet. Monosaccharid aus der Gruppe der Tetrosen, das zwei benachbarte asymmetr. Kohlenstoffatome mit gleicher Konfiguration enthält; tritt in zwei optisch aktiven Isomeren (D- und L-E.) auf; bildet einen farblosen, in Wasser leicht lösl. Sirup von süßem Geschmack.

Erythrosin *das, -s,* rosaroter synthet. Farbstoff (E 127), der als einziger das Anfärben von Kirschen in Obstsalaten erlaubt, ohne dass die Farbe auf andere Früchte abfärbt. In Gegenwart von Eisen oder organ. Säuren kann aus E. Fluorescein entstehen, das die Nieren schädigt. Außerdem besteht Verdacht auf Beeinflussung der Schilddrüsenhormone. E. gehört zur Gruppe der Xanthenfarbstoffe; chemisch ist es das Dinatriumsalz des Tetrajodfluoresceins; Summenformel $C_{20}H_6J_4Na_2O_5$; wird zur Plasmafärbung in der mikroskop. Technik und als Indikator verwendet.

Erythrozyten, Sg. **Erythrozyt** *der, -en,* die roten Blutkörperchen; scheibenförmige, kernlose Blutzellen, die in erster Linie dem Transport von Sauerstoff im →Blut dienen. Das Hämoglobin der E. bindet in den Atmungsorganen Sauerstoff und transportiert diesen an die Orte des Verbrauchs im Körpergewebe. Die Lebensdauer beträgt rd. 120 Tage; anschließend werden sie v. a. in der Milz abgebaut.

Erythrozytose, die →Polyglobulie.

Erythrozyturie, die →Hämaturie.

Eryx [griech.], in der Antike Name für einen Berg und eine Stadt in Sizilien, heute →Erice.

Erz, in der Mineralogie allg. Bez. für ein Mineral (**E.-Mineral**), Mineralgemenge oder Gestein, das Metalle enthält; i. e. S. in der Lagerstättenkunde und im Bergbau Bez. für ein in der Natur vorkommendes Mineralgemenge oder Gestein, aus dem in industriellem Maßstab und wirtschaftl. Nutzen Metalle oder Metallverbindungen gewonnen werden können. Bestandteile des E. sind neben Verbindungen der nutzbaren Metalle auch andere Minerale wie Kalk, Dolomit, Quarz, Schwerspat, die man als **Gangart** oder **taubes Gestein** bezeichnet. Überwiegen die bas. Bestandteile (CaO, MgO), so handelt es sich um ein **basisches E.,** überwiegt dagegen Siliciumdioxid (SiO_2, Kieselsäure), liegt ein **saures Erz** vor. (→Erzlagerstätten)

Erzabtei, *kath. Kirche:* das Haupt- oder Mutterkloster eines Klosterverbandes (Kongregation) innerhalb des →Benediktinerordens; Sitz des Oberhauptes (Abtpräses, Erzabt, Generalabt) der Kongregation.

Erzählen, eine der Grundmöglichkeiten, das Verhältnis zur Wirklichkeit literarisch zu gestalten, ausgeformt in den erzähler. Gattungen (→Epik), von sehr einfachen (Märchen, Parabel) bis zu äußerst komplexen Formen (Roman). Einteilungen können erfolgen u. a. unter den Gesichtspunkten von »Bauformen« (E. Lämmert), Zeitstrukturen (→Erzählzeit) und Erzählsituationen (nach F. K. Stanzel). Bei dem letzteren, bes. umfassenden Aspekt werden unterschieden:

- die **Ichform,** bei der der fiktive Erzähler selbst Teil der dargestellten Welt ist, das Geschehen miterlebt oder es unmittelbar von den beteiligten Personen erfährt. Dadurch ist der Standpunkt des Icherzählers festgelegt, seine Perspektive ist im Unterschied zum Er-Erzähler auf Erlebnisse, Beobachtungen und Gedanken einer einzelnen Person, nämlich seiner eigenen, beschränkt. Reinster Ausdruck dieses E. ist die → Autobiografie, klass. Formen bieten der →Schelmenroman und der →Bildungsroman.
- das **auktoriale E.,** bei dem der Erzähler seinen Platz außerhalb der dargestellten Welt hat und scheinbar allwissend ist (»allwissender Erzähler«). Er kann sich in das Geschehen einschalten, indem er auf Zukünftiges vorausweist, Vergangenes oder Gegenwärtiges kommentiert, sich von der Handlungsweise der Figuren distanziert oder eigene Gedanken zum Geschehen beisteuert. Das kann im Extremfall dazu führen, dass dieser »Erzählerkommentar« die fiktive Handlung fast völlig überwuchert (z. B. bei Jean Paul). I. Allg. jedoch, v. a. in den epischen Werken des Realismus, hält sich der Erzähler im Hintergrund.
- das **personale E.,** bei dem der Erzähler als Vermittler zw. Autor und Leser fehlt; dem Leser erschließt sich die dargestellte Welt aus der Perspektive einer Romanfigur (aus deren Standpunkt aus). Der dadurch hervorgerufene Eindruck der Unmittelbarkeit wird z. B. durch fast ausschließlich in direkter Rede wiedergegebene Gespräche unterstützt. Damit tritt die szen. Darstellung anstelle der berichtenden in den Vordergrund. Bewusstseinsprozesse der beteiligten Personen werden in Form von →erlebter Rede oder →innerem Monolog direkt vermittelt. Das personale E. tritt selten in reiner Form auf, meist ist sie mit dem auktorialen E. gekoppelt.

📖 Erzählung u. Erzählforschung im 20. Jh., hg. v. R. Kloepfer u. a. (1981); G. Genette: Die Erzählung (a. d. Frz. 1994); K. Hamburger: Die Logik der Dichtung (⁴1994); F. K. Stanzel: Theorie des E.s (⁶1995); C. Kahrmann u. a.: Erzähltextanalyse,

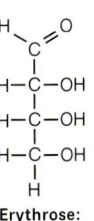

Erythrose: D-Erythrose

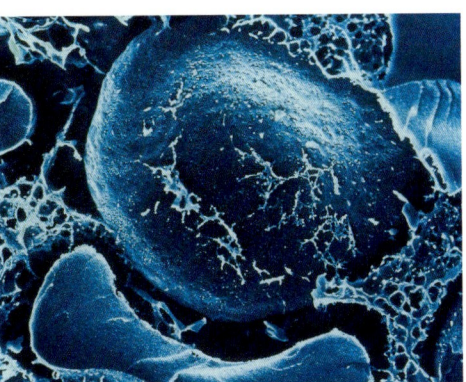

Erythrozyten (elektronenmikroskopische Aufnahme)

Erza erzählende Dichtung

2 Bde. (⁴1996); D. HERMAN: Story logic. Problems and possibilities of narrative (Neuausg. Lincoln, Nebr., 2004); Narrative interaction, hg. v. U. M. QUASTHOFF u. a. (Amsterdam u. a. 2005).

erzählende Dichtung, →Epik.

Erzähler, 1) Verfasser von Werken erzählender Prosa; 2) erzählende Gestalt, die als Bestandteil eines epischen Werkes die Funktion hat, als Vermittler zw. Autor und Leser das Geschehen aus einer ganz bestimmten Perspektive darzulegen; die Position des E. zum Geschehen begründet die Erzählhaltung (Erzählsituation, →Erzählen). Der E. ist i. Allg. eine fiktive Gestalt, die nur selten (→Autobiografie) mit dem Autor identisch ist.

Erzählung, i. w. S. Sammel-Bez. für alle Formen des Erzählens; i. e. S. Einzelgattung der Epik, die sich jedoch häufig mit den übrigen epischen Gattungen überschneidet. Sie ist kürzer als der Roman, aber nicht so knapp und andeutend wie Skizze und Anekdote, im Unterschied zur Novelle weniger streng gebaut und weniger pointiert als die Kurzgeschichte. In der neueren Lit. werden die Begriffe E. und →Novelle nicht immer streng geschieden. Eigene Formgesetze und eine differenziertere Geschichte hat die →Verserzählung.

Erzählzeit, die Zeit, die man zum Erzählen oder Lesen einer erzählenden Dichtung braucht, im Unterschied zu »erzählter Zeit«, die sich über Jahrhunderte erstrecken kann. Bei der Wiedergabe von Dialogen und beim modernen →inneren Monolog entsprechen sich E. und erzählte Zeit annähernd.

U. v. KAHLDEN: Romanarchitektur im Koordinatenkreuz. Graph. Analysen v. Erzähl- u. Zeitstrukturen im zeitgenöss. Roman (1997).

Erz|ämter, mlat. **Archiofficia,** im Hl. Röm. Reich die aus frühmittelalterl., bes. fränk. Zeit stammenden →Hofämter. In nachkaroling. Zeit hatten zunächst die Stammesherzöge die E. inne, dann gelangten diese an andere Reichsfürsten und wurden im 13. Jh. erbl. Reichslehen. Der um 1224/25 entstandene Sachsenspiegel brachte die E. erstmals mit der Kurwürde in Verbindung; die Goldene Bulle schrieb diese Ordnung 1356 zwar fest, beschränkte die Amtsinhaber jedoch auf ihre Ehrenvorrechte. Der Pfalzgraf bei Rhein übte das Amt des Erztruchsesses aus (Würdezeichen: der Reichsapfel), der Kurfürst von Sachsen(-Wittenberg) das des Erzmarschalls (Würdezeichen: die gekreuzten Kurschwerter), der Kurfürst von Brandenburg das des Erzkämmerers (Würdezeichen: das Reichszepter) und der König von Böhmen das des Erzmundschenken (Würdezeichen: der Doppelbecher). Zu diesen urspr. vier Inhabern von E. traten die drei geistl. Kurfürsten als Erzkanzler (Würdezeichen: Siegel an silbernen Stäben): der Erzbischof von Mainz als Erzkanzler für das Reich, der von Köln als Erzkanzler für Italien und der von Trier als Erzkanzler für Burgund und Gallien. Seit 965 hatte der Erzbischof von Mainz (zunächst als »Erzkaplan«) die Leitung der Kanzlei für das Reich ständig inne. Ihm oblagen später der Vorsitz des Kurfürstenkollegiums sowie des Reichstags.

Als 1623 die Kurwürde der Pfalz und das Erztruchsessamt an Bayern fielen, wurde für die Pfalz als Ausgleich 1648 eine achte Kur, verbunden mit dem Erzschatzmeisteramt, geschaffen (1652); dieses Amt fiel 1778 nach der Vereinigung der Pfalz mit Bayern an Hannover, das seinerseits seit seiner Beleihung mit der Kurwürde (1692) das Erzbanneramt (Würdezeichen: die Reichssturmfahne) innehatte. Das Reichsbanneramt fiel 1803–06 an Württemberg. Das Amt des Erzjägermeisters, im Besitz der Markgrafen von Meißen, war nicht mit einer Kur verbunden. Die Kurfürsten führten das Symbol ihres Amtes im Amtswappen.

Die vier alten Reichs-E. wurden urspr. nur bei der Königskrönung und bei feierl. Anlässen ausgeübt; am Ende des MA. waren sie wie die neueren reine Titel. Den regelmäßigen Dienst übernahmen als Stellvertreter der Amtsinhaber Grafen oder Freiherren, die Inhaber der →Erbämter. Neben den E. des Kaisers gab es auch E. der Kaiserin, z. B. einen Erzkaplan, einen Erzkanzler und einen Erzmarschall. Daneben wurden in einigen, v. a. geistl. Territorien die vier obersten, erblich gewordenen Hofämter als E. bezeichnet, bes. dann, wenn ihre Inhaber sich durch Erbunterbeamte vertreten ließen.

Erzbanner|amt, neulat. **Archiprimicęrius,** ein zu den →Erzämtern zählendes Hofamt.

Erzberg, 1 465 m hoher Berg südöstlich von →Eisenerz, Österreich.

Erzberger, Matthias, Politiker, *Buttenhausen (heute zu Münsingen) 20. 9. 1875, † (ermordet) bei Bad Griesbach (heute Bad Peterstal-Griesbach) 26. 8. 1921; Volksschullehrer, dann Redakteur, Mitgl. der Zentrumspartei, beteiligte sich 1899 an der Gründung der christl. Gewerkschaften, erreichte als MdR (1903–18) die Verbesserung der dt. Kolonialverwaltung.

Nach Ausbruch des Ersten Weltkriegs 1914 trat E. anfänglich für einen »Siegfrieden« (d. h. Annexionen nach einem militär. Sieg Dtl.s) ein, wandelte sich aber im Laufe des Krieges zum Verfechter eines »Verständigungsfriedens« und setzte die Verabschiedung einer Friedensresolution des Reichstags (Juli 1917) durch. Er beteiligte sich maßgeblich am Sturz des Reichskanzlers T. VON BETHMANN HOLLWEG (13. 7. 1917). Innenpolitisch trat er für eine Verf.-Reform ein. Seit 3. 10. 1918 Staatssekretär o. G. (ohne Geschäftsbereich), unterzeichnete E. nach dem Umsturz in Dtl. im Gefolge der Novemberrevolution (9. 11. 1918) an der Spitze einer dt. Delegation (am 11. 11. 1918) den Waffenstillstand in Compiègne. Als Reichs-Min. o. G. (ab 13. 2. 1919) überwachte er dessen Durchführung. In bstentem Ggs. zu Außen-Min. U. Graf von BROCKDORFF-RANTZAU setzte sich E. für die Annahme des Friedensvertrags von Versailles (1919/20) ein.

Als Reichsfinanz-Min. (ab 21. 6. 1919) führte E. die bis dahin umfangreichste Reform der dt. Finanzgeschichte durch (**erzbergersche Finanzreform**): 1) Aufbau einer einheitl. Reichsfinanzverwaltung, 2) Neuregelung und Vereinheitlichung des Steuerrechts durch Zusammenfassung der bisherigen Steuergesetze der 26 Länder (v. a. Reichsabgabenordnung, Einkommensteuergesetz und erstmals ein gesondertes Körperschaftsteuergesetz), 3) Reform des Finanzausgleichs: Ersatz des Trennsystems (indirekte Steuern des Reiches, direkte Steuern der Länder und Matrikularbeiträge der Länder an das Reich) durch ein Verbundsystem mit Steuerüberweisungen des Reiches und prozentualer Beteiligung der Länder und Gemeinden an den ertragreichsten Steuern.

Wegen seiner Haltung 1917/18 war E. Zielscheibe persönl. Angriffe der antirepublikan. Rechten. Von K. HELFFERICH in einer Broschüre »Fort mit E.« (1919) mit verleumderischen Vorwürfen angegriffen, strengte er gegen diesen einen Beleidigungsprozess (19. 1.–12. 3. 1920) an, nach dessen für ihn kompromittierendem Ausgang er als Reichsfinanz-Min. zurücktrat. Da die

Matthias Erzberger

Richter zwar den Tatbestand der Beleidigung bestätigten, aber eine Verquickung der polit. Tätigkeit E.s mit der Wahrnehmung von Privatinteressen feststellten, war er zunächst politisch diskreditiert. Ab 6. 6. 1920 war E. erneut MdR; er wurde von Angehörigen der →Organisation Consul ermordet.

   K. Epstein: M. E. u. das Dilemma der dt. Demokratie (a. d. Engl., 1962); C. Leitzbach: M. E. Ein krit. Beobachter des Wilhelmin. Reiches 1895–1914 (1998).

Erzbischof, lat. Archi|episcopus, in der *römisch-kath.* Kirche Amtstitel des Leiters einer Kirchenprovinz (Metropolit) oder ein Bischof, der einer Erzdiözese vorsteht; auch vom Papst verliehener Ehrentitel einzelner Bischöfe. – Innerhalb der *luther.* Kirchen gibt es den Titel E. in den Kirchen von Schweden, Finnland, Estland, Lettland und in der →Evangelisch-Lutherischen Kirche in Russland und anderen Staaten (ELKRAS). – In der *anglikan.* Kirche ist der Titel E. in der Church of England mit den beiden Bischofssitzen in Canterbury und York, in der Church of Ireland mit Armagh und Dublin verbunden. – In den *Ostkirchen* führt v. a. der Leiter einer autokephalen Kirche ohne Patriarchatsrang den Titel E. (z. B. Zypern, Griechenland, Finnland).

Erzbischofshut, *Heraldik:* →Prälatenhut.

Erzdiözese, Erzbistum, Diözese eines Erzbischofs und Hauptdiözese einer →Kirchenprovinz.

Erzeltern, *Bibel:* die →Erzväter und ihre Ehefrauen.

Erzengel, im traditionellen christl. Verständnis die bedeutendsten (in der Engel-Hierarchie »ranghöchsten«) →Engel; in exeget. Betrachtung Bez. für in Namen personifizierte Begegnungserlebnisse mit Gott, wobei diese Namen versch. Erfahrungen zum Ausdruck bringen: **Uriel** (hebr. »Licht ist Gott«; in der Bibel nur als Personenname, z. B. 1. Chron. 6, 9); **Raphael** (»Gott hat geheilt«; Tob. 3, 25); **Raguel** (»Freund ist Gott«; Tob. 3, 7); **Michael** (»Wer ist wie Gott?«; Dan. 10, 13; Apk. 12, 7); **Sariel** (»Fürst ist Gott«); **Gabriel** (»Stark/Mann ist Gott«; Dan. 8, 16; Lk. 1, 19); **Ramiel** (»Erhaben ist Gott«). Diese Namen sind innerhalb junger kanon. Texte und in Texten, die keine Aufnahme in den bibl. Kanon gefunden haben, belegt. Die jüd. und die christl. Tradition haben unterschiedl. Systeme (Engel-Hierarchien) entwickelt. Die kath. Kirche feiert am 29. September das »Fest der Erzengel Michael, Gabriel und Raphael«, die luther. Kirchen den »Tag des Erzengels Michael und aller Engel«.

Erzeugende,
1) *Algebra:* **Erzeugendensystem,** eine Menge von Elementen einer Gruppe, durch deren Verknüpfung sich alle übrigen Gruppenelemente ergeben. – Auch die Menge von Vektoren eines Vektorraums, mit deren Hilfe man alle Elemente des Vektorraums als Linearkombinationen dieser Vektoren darstellen kann. Sind die E. linear unabhängig, so bilden sie eine →Basis.
2) *Geometrie:* eine gerade oder krumme Linie, bei deren Bewegung im Raum sich eine bestimmte Fläche ergibt. Die Mantelflächen von Kegeln und Zylindern lassen sich z. B. durch Geraden erzeugen.

Erzeugergemeinschaft, Zusammenschluss von landwirtschaftl. Betrieben mit dem Zweck, die Erzeugung und den Absatz einzelner Produkte besser an die Erfordernisse bzw. Mechanismen des Marktes anzupassen. E. für Qualitätsgetreide, Wein, Schlachtvieh und Milch bilden hierbei die Mehrheit. Die Zweckmäßigkeit von E. ergibt sich aus der Konzentration im Lebensmittelhandel und in der Ernährungsindustrie. – E., die außerdem die Aufgabe haben, Marktstabilisierung zu betreiben oder Beihilfen aus dem EU-Haushalt an die Erzeuger weiterzuleiten, werden als **Erzeugerorganisationen** bezeichnet. Sie existieren v. a. für die Produktionszweige Obst, Gemüse, Hopfen und für fischwirtschaftl. Betriebe. Die Förderung erfolgt wie bei den E., jedoch unter Beteiligung des →Europäischen Ausrichtungs- und Garantiefonds für die Landwirtschaft. Rechtsgrundlage sind die einschlägigen →Agrarmarktordnungen der EG.

Erzeugerpreisindex, Index, der die durchschnittl. Entwicklung der Preise für gewerbl., land- und forstwirtschaftl. und gartenbaul. Produkte beim Verkauf durch den Produzenten angibt. Der Berechnung des E. werden die Preisänderungen von (anhand quantitativer Bedeutung) ausgewählten Produkten zugrunde gelegt. Die E. werden, nach Produktgruppen gegliedert, monatlich veröffentlicht.

Erzeugungsgrammatik, *Sprachwissenschaft:* die →generative Grammatik.

Erzeugungsregeln, *Sprachwissenschaft:* 1) →Formationsregeln; 2) →Phrasenstrukturregeln.

Erzeugungs- und Vernichtungsoperatoren, *Quantentheorie:* Operatoren der Erzeugung (a^+) und Vernichtung (a^-) von Anregungsquanten eines mikrophysikal. Systems, dessen Spektrum äquidistante Energieniveaus $|n\rangle$ ($n = 0, 1, 2, \ldots$) und einen niedrigsten Zustand $|0\rangle$ (Grundzustand, Vakuumzustand) hat, der durch Anwendung eines Vernichtungsoperators annulliert wird, $a^- |0\rangle = 0$. Die E.- u. V. a^+ und a^- sind zueinander adjungierte Operatoren: $(a^-)^+ = a^+$. – Ein charakterist. Beispiel sind die E.- u. V. des (eindimensionalen) harmon. Oszillators. Sie genügen den →Vertauschungsrelationen $[a^-, a^+] = 1$. Der **Teilchenzahloperator** $N = a^+ a^-$ gibt an, wie viele Quanten ein Zustand $|n\rangle$ enthält, $N|n\rangle = n|n\rangle$, und der Hamilton-Operator ergibt sich zu $H = \hbar \, \omega \, (N + 1/2)$; dabei ist $h = 2\pi\hbar$ das plancksche Wirkungsquantum, ω die Kreisfrequenz des Oszillators.

In der *Quantenfeldtheorie* entspricht den E.- u. V. $a_i^+(k)$ und $a_i^-(k)$ die Erzeugung bzw. Vernichtung eines Teilchens der Sorte »i« mit dem Impuls k, den Vertauschungsrelationen $[a_i^-(k), a_j^+(k')]_{\pm} = \delta_{ij}\, \delta(k - k')$, wobei δ_{ij} das Kroneckersymbol und $\delta(k - k')$ die diracsche Deltafunktion sind; das negative Zeichen an der Klammer bezeichnet den →Kommutator (für Bose-Felder), das positive den Antikommutator (für Fermi-Felder). Dies folgt aus der Tatsache, dass Wellenfelder als die Gesamtheit unendlich vieler versch. Feldoszillatoren aufgefasst werden können, die den Fundamentalschwingungen des Feldes bei dessen harmon. Analyse entsprechen.

Erzgang, →Erzlagerstätten.

Erzgebirge,
1) tschech. **Krušné hory** [ˈkruʃnɛ ˈhori], 130 km langes und 30–35 km breites, von SW nach NO streichendes Mittelgebirge, über dessen Kammfläche (seit 1996 1 500 km² großer Naturpark) die Grenze zw. Dtl. (Sa.) und der Tschech. Rep. (Böhmen) verläuft. Das E. wird geomorphologisch in das stärker zerschnittene West-E. und das weniger gegliederte Ost-E. östlich des Flöhatals unterschieden. Die höchsten Erhebungen liegen im West-E.: Keilberg (1 244 m ü. M.) in der Tschech. Rep., Fichtelberg (1 214 m ü. M.) und Auersberg (1 019 m ü. M.) in Sachsen. Das E. erstreckt sich am NW-Rand des Böhm. Massivs, zw. Elstergebirge (im W) und Elbsandstein-

Erzg Erzgebirge

Erzgebirge 1): Landschaft bei Oberwiesenthal mit Blick auf den Keilberg

gebirge (im O). Die im Tertiär gehobene Pultscholle des E.s, durch tiefe Waldtäler zergliedert, steigt nach SO auf durchschnittlich 800–900 m ü. M. an und fällt auf tschech. Seite in Bruchstufen schroff zu tiefen Randsenken an den Flüssen Eger und Biela ab. Im W grenzt das E. mit einer bis zu 200 m hohen Stufe an das Vogtland. Dagegen geht das E. im N und NO in Form von Rumpfflächentreppen langsam in das E.-Vorland mit der aufgefüllten geolog. Mulde des E.-Beckens über. Mehrere Talsperren an den Flüssen Zwickauer Mulde, Rote und Wilde Weißeritz sowie anderen Flüssen, deren Täler nach N tiefer und enger werden, und zahlreiche Wasserspeicher, deren Anlage vielfach auf den Bergbau im MA. zurückgeht, dienen dem Hochwasserschutz und der Trink- und Brauchwasserversorgung.

Das Gebirge besteht im O und in der Mitte aus Graniten, roten und grauen Gneisen, im W und N aus altpaläozoischen Glimmerschiefern und Phylliten, die dort noch erhalten sind. Porphyrgänge sind häufig, im O auch Porphyrdecken des Unterperms (Teplitzer Quarzporphyr) sowie im SO Basaltergüsse (Bärenstein, Pöhlberg, Scheibenberg, Geising) und Phonolithe als Auswirkungen des nordböhm. Vulkanismus im Tertiär. Mit der Bildung der Tiefengesteine und paläovulkan. Ergüsse hängt die Entstehung der weit verteilten Erzlagerstätten zusammen.

Das Klima ist rau und niederschlagsreich. Vorherrschend sind Fichten- und Fichtenbergwälder. In den höheren Teilen kommen nur noch an wenigen Stellen natürl. Waldgesellschaften vor.

Der Ackerbau (Roggen, Kartoffeln), bis 1 100 m ü. M. möglich, ist wenig ertragreich und dient nur der Eigenversorgung, bedeutender ist die Grünlandwirtschaft. Das E. ist sehr dicht besiedelt und verkehrsmäßig gut erschlossen. Es ist ein bedeutendes Fremdenverkehrs- und Wintersportgebiet (v. a. in den Kurorten Oberwiesenthal und Seiffen/Erzgeb., in Altenberg, Johanngeorgenstadt, Geising und im Kurort Bad Gottleuba) sowie ein Anziehungspunkt des Ausflugsverkehrs, bes. in der Vorweihnachtszeit wegen der erzgebirg. Advents- und Weihnachtsbräuche. Zahlr. histor. Bergbauanlagen des von der Silberstraße durchzogenen Gebirges wurden als Schauanlagen dem Besucher erschlossen.

Von den beiden Mundarträumen des E.s ist der W v. a. vom Ostfränkischen her geprägt, während der O den Übergang zum Obersächsischen bildet.

Erzgebirge 1): Basaltfächer am 888 m hohen Hirtstein bei Satzung im mittleren Erzgebirge

Geschichte Die zunehmende Besiedlung des E.s (ahd. **Fergunna** »Eichwald«, »Waldgebirge«; altsächs. **Miriquidi[wald]** »Dunkelwald«, u. a. belegt bei THIETmar von Merseburg [1004]) durch Bauern und Bergleute, v. a. aus Thüringen, Franken und dem Harz, bis in die Kammhöhe begann erst um 1150 mit der dt. Ostsiedlung unter Markgraf Otto dem Reichen von Meißen; in den Rodungsherrschaften entstanden Waldhufendörfer. Im unerschlossenen Wald des E.s wurde 1136 das Benediktinerkloster Chemnitz gestiftet. Das erste Silbererz wurde 1168 in Freiberg, nachfolgend auch an anderen Stellen bis in die Kammlagen gefunden und zunächst durch Harzer Bergleute v. a. aus Goslar gefördert. In der Nähe der Erzfunde wurden vom 12. bis zum 15. Jh. Siedlungen gegründet (Freiberg, Schneeberg, Annaberg, Altenberg, Marienberg, Scheibenberg, Sankt Joachimsthal u. a.). Neben Silber- wurden auch Zinn-, Blei-, Kobalt-, Zink- und Eisenerze abgebaut. Die Blüte des Bergbaus nach 1168, v. a. aber zw. 1470 und 1550, begründete den damaligen Reichtum der Mark Meißen bzw. Kursachsens sowie der wettin. Landesherren als Inhaber des königl. Bergregals und führte im 16. Jh. zum Namen E. (zunächst nur in der kursächs. Bergverwaltung; als Landschaftsname erst 1815 belegt, bis ins 18. Jh. auch Böhmisches Gebirge gen.). Im Vertrag von Eger (1459) wurde der Kamm des E.s endgültig als sächsisch-böhm. Grenze festgelegt.

Im 16. Jh. begann die Kobaltverarbeitung (in den 1960er-Jahren eingestellt). Im 17. Jh. setzte, v. a. durch den Dreißigjährigen Krieg (1618–48) bedingt, der Rückgang des Bergbaus ein. Es kam zur Herausbildung einer bedeutenden Hausindustrie (Nebenerwerbs- und Heimarbeit, auch von Frauen und Kindern): Bortenwirkerei und Spitzenklöppelei (vor 1561 und damit früher, als behauptet, eingeführt und v. a. durch Barbara Utt(h)mann [* 1514, † 1575] in Annaberg verbreitet, ab um 1600 wichtigster Broterwerb, heute v. a. im mittleren und westl. E.), Herstellung von Posamenten (um Annaberg) und Spielwaren (»Häusel-, Männelmacher«, v. a. im Ost-E. etwa ab 1750 prägend; Zentren: Seiffen, Olbernhau, Waldkirchen/Grünhain; bis um 1900 von Nürnberger Verlegern dominiert) sowie Holzverarbeitung (v. a. Weihnachtsfiguren). – Im 19. Jh. wurde C. Stülpner zum Volkshelden des Erzgebirges.

Die ursprüngl. bergmänn. Schnitzkunst des West-E.s (als Feierabendtätigkeit) und die Sehnsucht des Bergmanns nach Licht begründeten die eigentüml., stark vom →Bergbau und von Weihnachten geprägte Volkskunst bzw. ein auch durch Fachgewerbeschulen (Seiffen, 1853; Grünheide, 1874) gefördertes Kunsthandwerk: u. a. mechanisch betriebene Bergwerksmodelle (seit dem 16. Jh.), Heimat- und Weihnachtsberge, Weihnachtspyramiden (1803 ältester Beleg für gewerbl. Produktion, seit den 1930er-Jahren auch als Ortspyramiden üblich), Nussknacker (um 1865), Räuchermännchen (»Raachermännl«), Kurrendesänger, lichttragende Bergleute (seit um 1650; anfänglich auch aus Zinn) und Engel (seit Ende des 19. Jh. als Paar gewerblich hergestellt und zum Symbol geworden), Hängeleuchter (»Spinne«; seit Ende des 19. Jh.), Schwibbogen (Ende des 18. Jh. aus Eisen, seit um 1900 als Laubsägearbeit), Tierfiguren (durch Reifendreherei), Zündholzschachtelminiaturen (v. a. in Seiffen).

Im 18. Jh. (große Hungersnot von 1771/72) verbreitete sich das Textilgewerbe (bes. Webereien), im Zuge der Industrialisierung im 19. Jh. Textilindustrie und Maschinenbau sowie nachfolgend Papier- und Glasindustrie, Uhrenfertigung (Glashütte, seit 1845) und Bürstenmacherei. Bergbau wurde 1946–91 erneut betrieben mit dem Abbau der Wismut-Kobalt-Nickel-Uran-Erzlagerstätten bei Schneeberg und Johanngeorgenstadt (→Wismut GmbH). Mit der Einstellung des Abbaus von Zinnerz in Altenberg sowie von Zinn- und Wolframerz in Ehrenfriedersdorf (1991) erlosch der Bergbau im E., seine Spuren sind jedoch vielfach erkennbar (→Bingen, Halden, Wasserkünste, Pochwerke u. a.).

📖 Bergbau im E., hg. v. O. Wagenbreth u. E. Wächtler (Leipzig 1990); Erzgebirgs-Lexikon, hg. v. M. Blechschmidt u. K. Walther (1991); Bergbaukultur im E., hg. v. G. Heilfurth (1995); Kulturlandschaftsentwicklung im östl. E., hg. v. W. Kaulfuss (2001); R. Karlsch u. Z. A. Zeman: Urangeheimnisse. Das E. im Brennpunkt der Weltpolitik 1933–1960 (²2003); Montanlandschaft E. Kultur, Symbolik, Identität, hg. v. S. Lödén (2003).

2) Gebirge in Serbien (Föderation Serbien und Montenegro), →Serbisches Erzgebirge.
3) Gebirge in Rumänien, →Siebenbürger Erzgebirge.
4) Gebirge in der Slowak. Rep., →Slowakisches Erzgebirge.

erzgebirgische Phase, *Geologie:* eine variskische →Faltungsphase.

erzgebirgische Richtung, *Geologie:* eine der Ausrichtung des Erzgebirgskammes (SW–NO) entsprechende Streichrichtung. (→Streichen und Fallen)

Erzherzog, mlat. Archidux, bis 1918 Titel der Prinzen des österr. Hauses Habsburg. Der Titel entstand, als Herzog Rudolf IV. von Österreich (1358–65) die den Habsburgern in der Goldenen Bulle von 1356 im Hl. Röm. Reich vorenthaltene Ranggleichheit mit den auch »Erzfürsten« genannten Kurfürsten durch das 1358/59 vorgelegte, gefälschte »Privilegium maius« beanspruchte. Reichsrechtlich verbindlich wurde der Titel E. jedoch erst, nachdem das zunächst von Kaiser Karl IV. nicht anerkannte Privilegium maius 1453 von Kaiser Friedrich III. bestätigt worden war und die österr. Habsburger die Führung des Reichsfürstenrats im Reichstag erhielten (bis 1806).

Erzherzogshut, Erzherzogskrone, *Heraldik:* Rangzeichen der Erzherzöge aus dem Hause Habsburg, eine Kombination von Herzogshut (mit Hermelinbesatz) und Königskrone (Reif mit Spitzen, Bügel und Kreuz).

Erzieher, in Kindertagesstätten, aber auch in Kinderheimen u. a. Einrichtungen der Kinder- und Jugendhilfe sowie der Behindertenhilfe tätige Fachkräfte. In Dtl. findet die Ausbildung zum Erzieher an einer Fachschule bzw. Fachakademie statt. Zulassungsvoraussetzung ist ein mittlerer Schulabschluss oder ein als gleichwertig anerkannter Bildungsabschluss. Im Gefolge langjähriger Diskussionen um eine Akademisierung des Erzieherberufs werden seit 2003 Bachelorstudiengänge an Fachhochschulen (z. B. in Berlin, Hannover, Freiburg, Emden) eingerichtet. In Österreich wird in der Schweiz ist die Bez. für Fachkräfte im Elementarbereich Kindergärtnerin. Die Ausbildung erfolgt in Österreich überwiegend an Bildungsanstalten für Kindergartenpädagogik. In der Schweiz wurden Kindergärtnerinnen bisher an Seminaren ausgebildet; seit 2005 findet die Ausbildung an pädagog. Hochschulen statt. Das Studium dauert drei Jahre und setzt die Matura voraus.

Erziehung siehe Seite 372
Erziehungsbeistand, →Erziehungshilfe, →Erziehungsmaßregeln.

Fortsetzung auf Seite 379

Erzherzog: Erzherzogshut als Rangzeichen der Erzherzöge aus dem Hause Habsburg

ERZIEHUNG

- Dimensionen des Erziehungsbegriffs
- Leistung von Erziehung
- Geschichte der Erziehung
- Struktur und Prozess der Erziehung
- Erziehung und ihre Wirkung

Erziehung, ein Grundbegriff der Pädagogik neben Bildung, Sozialisation, Unterricht und Lernen; dennoch fehlt eine unstrittig geteilte Auffassung von ihr. Einerseits anthropolog. Grundsachverhalt, ist sie andererseits regelmäßig neu und mit Blick auf aktuelle gesellschaftl. und kulturelle Entwicklungen zu bestimmen. Das dabei tragende Verständnis gründet aber in Mentalitätsmustern mit meist langer, religiös und national verwurzelter Tradition. Spätestens die europ. Aufklärung umgibt E. mit einer Aura, indem sie diese als »E. des Menschengeschlechts« (G. E. LESSING) mit großen Erwartungen und Hoffnungen verbindet; im Gegenzug werden Auseinandersetzungen über E. mit Krisendiagnosen aufgeladen. Das konkrete E.-Geschehen erscheint demgegenüber trivial: Es beginnt damit, zu zeigen und zu lernen, die Notdurft nicht im Wohnraum zu verrichten oder regelmäßig die Zähne zu putzen. E. findet durch das abendl. Ritual für Kinder beim Schlafengehen oder dann statt, wenn Jugendliche morgens geweckt werden, damit sie rechtzeitig zur Ausbildungsstelle kommen; erzogen wird, weil und indem sich eine Familie zum gemeinsamen Abendessen trifft und dabei das Fernsehgerät ausschaltet.

Immer wirkt E. zerrissen zw. Unsicherheit und Ungewissheit einerseits, Intuitionen über eine richtige E. andererseits oder gar der Vorstellung von einem Eingriff, den eine Behörde als E.-Maßnahme anordnet. In dieser Spannung zeigt sie sich als ein hochkomplexer Sachverhalt, dem auf unterschiedl. Ebenen begegnet und der analysiert werden muss, wobei man immer auf eine philosoph. Vergewisserung angewiesen ist.

Dimensionen des Erziehungsbegriffs

1) In seiner inhaltl. Offenheit dient der Begriff als eine Leitmetapher für die polit. Rhetorik, die öffentl. und alltägl. Kommunikation. In diesem Zusammenhang haben Auseinandersetzungen über E. den Zweck, ein gesellschaftl. und kulturelles Selbstverständnis zu finden, wobei Fragen sozialer und kultureller Verbindlichkeiten, der nötigen Offenheit, Integration und Normativität zur Debatte stehen. E.-Diskurse verbinden das kulturelle Gedächtnis mit der Frage nach Zukunftsfähigkeit; überspitzt formuliert sollen sie die Mitglieder der Gesellschaften erziehen und verfolgen eine volkspädagog. Funktion.

Obwohl der E.-Begriff nicht deckungsgleich in andere Sprachen übersetzt werden kann, wird in allen fortgeschrittenen Gesellschaften mit wachsendem Nachdruck der Zusammenhang von E. und Bildung als Schlüsselproblematik für Gegenwart und Zukunft behauptet. Vordergründig bewegen Probleme der sozialen Integration, im Hintergrund stehen aber häufig ökonom. Interessen. Dabei werden meist sehr abstrakt erzieher. Leistungen gefordert, um die Folgen gesellschaftl. und kultureller Entwicklungen zu bearbeiten. Als ein Beispiel kann die Medien-E. gelten: Sie soll zu einem zurückhaltenden Umgang mit elektron. Medien anhalten, obwohl diese geradezu systematisch auf den Nachwuchs zielen. Häufig wird von E. die Wiederherstellung eines Wertekonsenses verlangt, der verloren gegangen ist, weil Gesellschaften aufgrund ethn. Differenzen und sozialer wie kultureller Milieubildung zunehmend heterogen und in ihren normativen Vorstellungen plural geworden sind.

2) E. steht zugleich für eine soziale und kulturelle Praxis, die sich historisch zunehmend ausdifferenziert, institutionalisiert und professionalisiert, dabei eigene Beschreibungen und Steuerungscodes entwickelt hat. Anknüpfend an eine inzwischen als Standard angesehene Definition von S. BERNFELD (1925), nach welcher E. als »die Summe der Reaktionen einer Gesellschaft auf die Entwicklungstatsache« zu fassen sei, wird dieser Zusammenhang auch als »Erziehungssystem der Gesellschaft« (N. LUHMANN) bezeichnet. Dieses umfasst alle Institutionen und Praktiken, die für E. gesellschaftlich ausdifferenziert und eingerichtet werden. Ihre Funktion besteht dann darin, über den Wechsel der Generationen Gesellschaft und Kultur zu stabilisieren. Wenngleich häufig mit Fortschrittserwartungen verbunden, wirkt E. also faktisch konservativ, da sie gesellschaftl. Strukturen reproduziert, indem sie diese in den Einzelnen verankert. Sie trägt zur Verteilung sozialer Chancen bei, weil in ihr das Bildungs- oder auch Sozialkapital erworben wird, das die »feinen Unterschiede« (P. BOURDIEU) bestimmt, an welchen sozialer Status zu erkennen ist.

In diesem Zusammenhang betrachtet, richtet sich E. als Praxis vornehmlich auf Kinder und Jugendliche, um diese an Gesellschaft und Kultur heranzuführen und in diese einzuüben; doch sind auch Erwachsene und ältere Personen auf Formen von E. angewiesen. Je komplexer und dynam. Gesellschaften werden, umso größer und langwieriger wird der institutionelle Aufwand, um die Lücke zw. dem Zustand des Neugeborenen und der Welt der Erwachsenen zu schließen. Gesellschaften entwickeln zunehmend und für wachsende Bereiche die Erwartung, erzieherisches Geschehen müsse institutionell und professionalisiert erfolgen – als (beliebig gewählte) Stichworte kann man Verkehrs-, Umwelt- oder Sexual-E. nennen. Eine Eigentümlichkeit besteht darin, dass besonders Familien in Anspruch genommen werden; diesen wird ebenfalls Professionalität abverlangt, obwohl sie selbst hohem Veränderungsdruck und hohen Belastungen unterliegen. Zudem liegt die für E. wichtige Qualität von Familie in ihrer Informalität und Indifferenz. Als ein weiteres Paradox zeigt sich, dass der Institutionalisierung und Professionalisierung Tendenzen gegenüberstehen, wenigstens die Sprache und Semantik von E. in alle Bereiche der Gesellschaft sowie auf alle Lebensphasen auszudehnen.

3) Der Begriff steht schließlich auch für ein konkretes Geschehen, wie es sich in Institutionen, v. a. aber in der Lebenswirklichkeit vollzieht und von den Be-

teiligten oft erst im Nachhinein als E. wahrgenommen wird. Überwiegend bleibt dieses Geschehen eigentlich unsichtbar; es tritt erst durch pädagog. Kommunikation in das Bewusstsein, die nach den Effekten für die Entwicklung fragt. E. verbirgt sich mithin im alltägl. Zusammenhang, vorrangig in den familiären Alltagsroutinen, dann in den »»Standardsituationen«, in welchen sich Institutionen organisieren, oder gar im →heimlichen Lehrplan einer Schule. Sie vollzieht sich insofern subtil und sublim, unterhalb der Oberfläche des manifesten Alltagsgeschehens.

Leistung von Erziehung

Spricht man vom Phänomen der E., so meint man Handlungen, die allerdings auch sprachlich erfolgen können, durch Hinweise, Lob und Tadel, oftmals durch versteckte Botschaften; daran schließt sich eine jüngere Definition von E. als »moral. Kommunikation« an (JÜRGEN OELKERS, *1947). Doch hat weniger das gesprochene Wort Gewicht, als vielmehr die Erfahrung, überhaupt angesprochen und somit als Person anerkannt und für bedeutsam gehalten zu werden. Zugleich kommt es auf gemeinsame Verständigung über die erfahrene und erlebte Wirklichkeit an. Diese muss nicht im strengen wiss. Sinne objektiv sein, vielmehr kann sie in Erzählungen und Mythen bestehen, die das Gedächtnis einer Gruppe bewahren. Dabei kann es sich um Familiengeschichten ebenso handeln wie um die kollektiv geteilte Erinnerung einer Gesellschaft. Psychoanalytiker weisen darauf hin, dass selbst Traumata, Verdrängtes, sogar ein kollektives Unbewusstes über den Wechsel der Generationen tradiert werden. Insbes. üben tief liegende kulturelle Normen Macht aus, wie das beharrl. Fortbestehen geschlechtsspezif. Verhaltensmuster deutlich macht.

Funktional betrachtet, entstehen im E.-Geschehen die psych., sozialen und kulturellen inneren Denk- und Verhaltensmuster von Subjekten, welche ihre emotionale Verfassung, ihre soziale Kompetenz, ihre Weltoffenheit und ihren Weltzugang bestimmen. Individuen erleben und erfahren sich im Zusammenhang der E. nicht nur in ihrer unverwechselbaren Individualität, vielmehr gewinnen sie auch im strengen Sinne Subjektivität, nämlich Verfügungsgewalt über sich und ihre sozialen Verhältnisse. Sie erwerben die elementaren Verkehrsformen, welche ihnen soziale Interaktionen ermöglichen, sie für andere berechenbar und verlässlich machen; Höflichkeit, die vielfach kritisierten Sekundärtugenden spielen hier eine wichtige Rolle. Die Subjekte eignen sich zudem die emotional-affektiven wie die kognitiven Muster an, die in einer Gesellschaft und Kultur verfügbar sind und deren Mitgliedern die Teilhabe und Mitwirkung an dieser ermöglichen – wie sehr die Faktizität der Verhältnisse sie letztlich auch einschränken mag. E. unterscheidet sich deshalb von bloßer Vergesellschaftung, weil sie eine Chance zur Autonomie eröffnet.

Die im konkreten E.-Zusammenhang entstandenen Grundeinstellungen und Bewertungsmaßstäbe dienen der Selbstvergewisserung und Selbstbeurteilung, mithin dem Lebensgefühl, und ermöglichen Lebensentwürfe. Zugleich werden Verhaltensmuster angeeignet, mit denen man konventionell in Situationen reagieren kann; solche Reaktionen gründen stets auf elementaren Erfahrungen der Geborgenheit, die in engen Bindungszusammenhängen der frühen Kindheit entstehen. Insofern steht die Leistung von E. unter einer deutl. Spannung zw. normbeachtendem und konventionellem Verhalten und der Fähigkeit, kontrolliert wie reflektiert, aber aus Freiheit verantwortlich agieren zu können: Dies hält der Begriff der →Mündigkeit fest, der als eine zentrale normative Vorstellung für E. entwickelt worden ist. Schon I. KANT (1803) spricht daher das Grundproblem der E. mit der Frage aus: »Wie kultiviere ich die Freiheit bei dem Zwange?«

Aufgabe und Leistung von E. liegen mithin darin, die Subjekte zu befähigen, diese Widersprüchlichkeit zu bewältigen; dazu reichen weder Dressur noch ein Miteinander, das den Entwicklungsprozess sich selbst überlässt. Erst im Prozess von E. bauen die Subjekte innere, seel. Gerüste auf, an welche sie sich in schwierigen Situationen halten, um die Kontrolle über sich zu behalten – integrierte Persönlichkeiten beherrschen sich nicht aus äußerer Nötigung, sondern tun dies reflektiert und aus moral. Reflexion. Sie entwickeln somit im E.-Prozess eine Art innerer Grammatik, mit der sie aufgrund der erfahrenen und erlernten Regeln ihrer Kultur neue Situationen beherrschen und bewältigen können. Neuerdings wird hierfür der Begriff der Kompetenz gebraucht, der nicht bloß auf die Kognition beschränkt werden darf, sondern soziales Handeln ebenso meint wie den Umgang mit den eigenen Emotionen und Affekten.

Erziehung: Pestalozzi erteilt gemeinsam mit seiner Frau in der von ihm gegründeten Erziehungsanstalt Neuhof Unterricht; kolorierter Holzstich nach einer Zeichnung (1882).

Geschichte der Erziehung

Angesichts der Vielschichtigkeit des Sachverhalts und des Fehlens einer einheitl. Vorstellung konzentriert sich die wiss. Beschäftigung – besonders in der geisteswiss. Pädagogik – auf histor. Entwürfe; sie will damit vermeiden, ein »Wesen« von E. zu behaupten, sucht aber zugleich Bestimmungen, welche das Verständnis von E. anregen und bereichern: Die Auseinandersetzung über E. reicht weit in die Antike zurück; E. beginnt dort zwar im häusl. Zusammenhang, wird aber mit dem öffentl. Leben der Polis oder mit militär. Aufgaben verbunden. Aus der althebr. Tradition stammt die enge Verbindung von E. und Familie. Dokumente des Mittelalters belegen große Aufmerksamkeit für die E. schon kleiner Kinder. Die dramat. Erfahrungen des Dreißigjährigen Krieges bringen J. A. COMENIUS dazu, E. als ein unabdingbares Mittel zur Überwindung einer wenig erträgl. Situation zu interpretieren; er sieht sie als notwendig für jeden an, wie er zugleich auch begreift, dass E. schon vor der Geburt einsetzt und sich auf das ganze menschl. Leben erstreckt. Trotz dieses umfassenden Verständnisses wird E. neuzeitlich in einem engen Zusammenhang mit diätet. und hygien. Vorstellungen beschrieben, wobei medizin. Empfehlungen eine entscheidende Rolle spielen. Deutlich zeigt sich dies bei J. LOCKE, dessen »Some Thoughts Concerning Education« (1693) der Abhärtung des Körpers großes Gewicht beimessen, dann die Aufmerksamkeit auf das gute Verhalten des Gentlemans richten. Erst J. J. ROUSSEAU gelingt mit dem »Èmile« (1762) eine Theorie: E. richte sich gegenüber verderbl. gesellschaftl. Einflüssen an der Natur des Kindes aus und beschränke sich anfangs als negative E. darauf, dass das Kind Erfahrungen mit der dingl. Welt mache. Er begreift E. als einen Prozess, der einer Dialektik von Bedürfnissen und Leidenschaften aufseiten des Kindes folgt; jene müssen befriedigt werden, diese aber treiben den Prozess der E. voran. Im dt. E.-Denken kommt dem Pietismus eine wichtige Rolle zu, der E. eng mit einer Kontrolle verbindet, die tief in die Seele reichen soll; das Innerlichkeitsmotiv wird damit aufgenommen, weist aber den Weg zu einer psycholog. Interpretation der E.-Aufgabe. Dies begründet die besondere Aufmerksamkeit auf pädagog. Fragen, wie sie als Charakteristikum für den dt. Sprachraum gilt.

Nachdem PESTALOZZI gezeigt hat, wie E. in einer Mischung aus Freiheit und Zufall entsteht, kommt ihre Theorie zu Beginn des 19. Jh. zu einer seitdem nicht mehr erreichten Blüte. KANT behält zwar den Bezug auf die phys. Versorgung bei, wenn er E. als Wartung, dann als Disziplin, Unterweisung und Zucht versteht, unterscheidet an ihr zudem Kultivierung, Zivilisierung und Moralisierung als Vorbereitung für den Umgang mit Freiheit. In den ersten Jahrzehnten des 19. Jh. legen dann J. F. HERBART (1806) und F. SCHLEIERMACHER (1826) zwei große Entwürfe zur Theorie der E. vor, die als eigentl. Begründung der wiss. Pädagogik gelten. Sie knüpfen einerseits an die Aufklärungspädagogik der Philanthropen an, die allerdings E. vornehmlich unter Nützlichkeitsgesichtspunkten gefasst hatten. Andererseits nehmen sie das zeitgenöss. Bildungsdenken auf, in welchem auch naturwiss. Vorstellungen nachklingen: HERBART führt eine Reihe von Unterscheidungen ein. Er sieht »Regierung«, mithin eine Kontrolle und Disziplinierung des Willens, als eine vorrangige Aufgabe an, die für die eigentl. »Zucht« erst vorbereitet, ihrerseits aber von Unterricht nicht getrennt werden kann. Somit entsteht »Bildsamkeit« als eine im pädagog. Geschehen erzeugte und zugleich immer wieder aufzusuchende und anzuregende Voraussetzung aller weiteren Bildungsprozesse. Eine bewusste E.-Praxis bemüht sich darum, die je individuelle Bildsamkeit als den Anknüpfungspunkt jeder weiteren pädagog. Aktivität zu entdecken (die jüngste Diskussion um Bildung stellt dieses Problem unter den Stichworten Heterogenität und individuelle Förderung erneut in den Mittelpunkt). SCHLEIERMACHER analysiert den Zusammenhang von Gesellschaft und E., hebt zugleich auf geschichtl. Prozesse und die individuelle Entwicklung ab. Er zeigt, wie das Grundprinzip aller E. in der Unterstützung individueller Bildung liegt, aber von Behütung und Gegenwirkung begleitet werden muss.

Das von HERBART und SCHLEIERMACHER markierte Niveau in der Theorie erreicht die Debatte im 20. Jh. allerdings kaum mehr. Die →Reformpädagogik beschränkt die Analyse von E., indem sie dieser die Formel »vom Kinde aus« zugrunde legt; sie zieht ein bis heute wirksames eth. Verdikt gegenüber E.-Technologien nach sich. Noch am Ende des 20. Jh. findet eine Debatte über das Technologiedefizit der E. statt,

Erziehung: Jean-Jacques Rousseaus Erziehungsroman »Émile oder Über die Erziehung« hat die neuzeitliche Erziehungstheorie wesentlich beeinflusst; Kupferstich (1822; Berlin, Sammlung Archiv für Kunst und Geschichte).

obwohl sogar Techniken, nicht zuletzt Tricks regelmäßig und erfolgreich genutzt werden. Allerdings finden sich bei M. Montessori Anschlussmöglichkeiten für jüngere neurowiss. Befunde, zudem entdeckt der sowjet. Pädagoge A. Makarenko zentrale Prinzipien der →Kollektiverziehung, insbes. das der parallelen Einwirkung, bei der die Gruppe ihre einzelnen Mitglieder beeinflusst. Damit wird die überholte Begrenzung der Theorie auf das Verhältnis Erzieher–Zögling gebrochen; begriffen wird, wie E. zumindest auch über soziale Systeme realisiert wird.

Wichtige Impulse erwachsen aus der Rezeption der Psychoanalyse. Sie beeinflusste auch die →antiautoritäre Pädagogik, die eine merkwürdige Doppelstellung einnimmt: Zwar stellt sie selbst einen Versuch dar, angesichts gesellschaftl. Modernisierung psycholog. Wissen über die Entwicklungsnotwendigkeiten von Kindern mit anspruchsvollen Werten zu verbinden; sie geht davon aus, dass sich Kinder besser entwickeln, wenn sie keinen rigiden und direktiven Maßnahmen ausgesetzt sind. Damit fördert sie allerdings eine Haltung des Laissez-faire gegenüber diesen, ihren Entwicklungsbedürfnissen und -notwendigkeiten, die sich weit verbreitet. Eine vorrangig politisch konservativ motivierte Kritik hat versucht, dem mit der Forderung nach einem neuen »Mut zur E.« zu begegnen, ging aber an den sozialen und kulturellen Realitäten vorbei. V. a. konnte sie nicht verhindern, dass in den öffentl. wie fachl. Debatten E. als wesentl. Element einer »schwarzen Pädagogik« gesehen wurde, der es um die Zurichtung des Nachwuchses für gesellschaftl. Zwecke gehe. Dies bahnte einer →Antipädagogik den Weg, die radikal auf eine Abschaffung von E. zielte.

Objektiv konnten sich damit einerseits Tendenzen durchsetzen, Aufgaben und Leistungen von E. zu vernachlässigen. Wiss. Forschung fördert dies ironischerweise, indem sie der genet. Ausstattung wieder großes Gewicht zumisst, zusätzlich aber die Bedeutung der Peergroups hervorhebt, während Erwachsenen ein relevanter Einfluss auf den Nachwuchs abgesprochen wird. Allerdings zieht die Kritik der E. neue Formen einer Kinderpolitik nach sich, welche den Begriff neu mit rechtl. Regelungen füllen, die – wie etwa die UN-Charta – Ansprüche auf Unterstützung und Förderung verbindlich machen.

Andererseits wächst die Aufmerksamkeit für Kinder. E. erliegt hier einem Optimierungsmechanismus; so wird verlangt, keine Minute dürfe verstreichen, ohne zum Lernen anzuhalten und dieses zu fördern. Darin sprechen sich tief greifende Veränderungen in den fortgeschrittenen Industrieländern aus: Nicht nur entstehen Kinder zunehmend geplant und gewünscht; vielmehr werden sie im demograf. Wandel zu einem raren Gut, mit welchem man gezielt umgehen muss. Die Dialektik dieses Vorgangs besteht darin, dass gute E. vornehmlich als wirtschaftlich relevante Investition beurteilt wird. Zweifel an einer solchen ökonom. Verbindung sind allerdings berechtigt. Zudem drängen die jüngsten Debatten um die Leistungsfähigkeit von Bildungssystemen die Frage nach E. zurück. Als Leitbegriff nutzen sie stattdessen »Bildung«. Ein Grund dafür könnte sein, dass die Frage nach E. anspricht, wie die Voraussetzungen prekär werden, überhaupt erst an einem formalisierten Bildungsgeschehen teilzunehmen.

Struktur und Prozess der Erziehung

Erstaunlicherweise gehört die E. zu den von der E.-Wiss. vernachlässigten Themen; Wissen und Theorien über sie lassen sich eher aus der Entwicklungspsychologie und der Soziologie gewinnen. Gleichwohl vollzieht sich mit der Durchsetzung des Konstruktivismus in den Humanwiss.en wie mit der Rezeption neurowiss. Befunde eine Umorientierung, die zu einer Neuinterpretation und Stärkung des bislang philosophisch und geisteswissenschaftlich entwickelten, durch Einzelerfahrungen gestützten Wissensbestandes führen kann; experimentelle Forschung bestätigt nämlich ältere, zuweilen spekulativ behauptete Vorstellungen von E. Entscheidend wird aber sein, ob die populären Ansichten über E. einer Einsicht in ihre komplexen Zusammenhänge weichen.

Ein erstes entscheidendes Hindernis für die Analyse und das Verständnis besteht nämlich darin, dass E. häufig in Gegensätzen gesehen wird: »erzogen – nicht erzogen«, »gut erzogen – schlecht erzogen«. Diese Urteile beruhen auf einem kulturellen Hintergrundverständnis, doch gerät ihnen aus dem Blick, dass E. ein Prozess ist, in welchem Veränderungen in Haltungen, Einstellungen und Handlungsweisen gelernt und geübt werden. W. Herzog (2002) plädierte daher für eine »zeitgemäße E.«, welche die Veränderung in der Zeit deutlich stärker wahrnimmt. Eine zweite Schwierigkeit ergibt sich daraus, dass zwar schon um 1920 H. Nohl die Vielschichtigkeit des →pädagogischen Bezugs betont, üblicherweise dennoch E. als ein einfaches Wirkungsverhältnis zw. Erzieher und Zögling analysiert wird. Danach verwirklicht der Erzieher ein gesellschaftlich vorgegebenes Ziel am Zögling, indem er diesen mit spezifisch pädagog. Mitteln zu einer gewünschten Form hin verändert.

Nicht einmal die alltägl. Erfahrung unterstützt solche Vorstellungen, das Modell greift zu kurz: Denn eine erste Grundbedingung von E. liegt darin, dass Entwicklung und Reifung von Menschen bei der Geburt nicht abgeschlossen sind und daher unvermeidlich in einem sozialen und kulturellen Kontext stattfinden; schon das phys. Überleben muss gesichert werden, noch mehr gilt dies für die psych. Entwicklung, welche auf Zuwendung und Kommunikation angewiesen ist. Eine zweite, evolutionstheoret. Annahme besagt, dass Menschen sowohl lernfähig wie auch in der Lage sind, Einfluss auf ihre Lebensbedingungen zu nehmen und künstl. Umwelten einzurichten; E. entsteht also parallel zu dem Grundmechanismus einer Erhaltung der menschl. Gattungsexistenz, der als Arbeit bezeichnet wird. Arbeit eröffnet einen evolutionären Vorteil gegenüber anderen Lebewesen, verlangt allerdings zwingend, Neugeborene auf diese Umwelt und den Umgang mit ihr vorzubereiten. Wer nicht mehr in Höhlen lebt, sondern Hütten baut, muss Verhaltensweisen und Wissen weitergeben, um sie zu erhalten. Das Paradox einer menschlich erzeugten Kultur besteht mithin darin, dass sie erst Menschen als Mängelwesen erscheinen lässt – sie müssen die Instrumente erwerben, die ihnen das Überleben im Rahmen einer sozial und kulturell bestimmten Welt sichern. Sie sind geradezu zur Kultur gezwungen; darin liegt die zentrale Bedeutung des

Lernens, sofern damit gemeint ist, neue Situationen zu verstehen und den Umgang mit ihnen dauerhaft in das Gedächtnis aufzunehmen.

Gesellschaften und Kulturen richten somit E. als eine soziale Praxis ein und verstetigen sie. Sie lösen damit das Todesproblem – ohne E. würden sie mit dem Tod ihrer Mitglieder verschwinden, weil sie ohne Tradition nicht weiter bestehen. Sie lösen ein Geburtsproblem, weil der Nachwuchs in eine fremde, künstlich geschaffene Welt hineingeboren wird, mithin die Symbole, die sozialen und kulturellen Praktiken, den Gebrauch der Werkzeuge erlernen muss. Dadurch wirkt E. als eine Art Wagenheber, der den kulturellen Rückschritt verhindert und die kulturelle Evolution beschleunigt (M. TOMASELLO). Der zusätzl. evolutionäre Vorteil von E. besteht darin, dass sie auf dem je aktuellen Stand der kulturellen Entwicklung als Voraussetzung des künftigen Lebens einer jungen Generation beginnt. Dies ist noch im Alltag an der Selbstverständlichkeit zu beobachten, in der Kinder mit ihrer Umwelt umgehen. Eine dritte Grundbedingung von E. besteht darin, dass sich die neuronale Entwicklung schon im frühen Kindesalter als ein selbstgesteuerter Prozess vollzieht; Menschen konstruieren sich in einem Vorgang der Selbstbildung, wobei schon Säuglinge ihre Lebensbedingungen beeinflussen. Kinder suchen sich ihre Umwelt, mit der sie sich auseinander setzen; sie entwickeln sich in Aneignung der kulturellen und sozialen Welt. Unter Verlust gegebener offener Möglichkeiten verfestigen sich – vierte Bedingung –, die neuronalen Strukturen nur durch Interaktion mit den Umweltbedingungen, wobei sie auf Stabilität in diesen, etwa auf sichere Bindungen an Erwachsene angewiesen sind. Daher ist für das Verständnis von E. der Streit irrelevant, ob den Genen oder der Umwelt höheres Gewicht zukomme. Wie stark auch genet. Dispositionen sein mögen, so hängt doch die Lebensbewältigung entscheidend von dem ab, was an kulturell bestimmten Fähigkeiten erworben wurde.

Unter diesen Voraussetzungen nähert sich eine anspruchsvolle Theorie dem Sachverhalt E. besser, indem sie deren mit einer Dreiecksstruktur beschreibt. Danach stehen – um die traditionelle Fachterminologie aufzugreifen – »Erzieher« und »Zögling« einem »dritten Faktor« gegenüber; »dritter Faktor« meint dabei die natürl. Umwelt, dann die gesellschaftl. und kulturellen Gegebenheiten sowie die Symbolsysteme, welche durch menschl. Arbeit entstanden sind.

Diese Struktur entsteht in den meisten Gesellschaften unreflektiert und ungeplant – dafür wurde der Begriff der →funktionalen Erziehung von P. PETERSEN und ERNST KRIECK geprägt. Funktionale E. verwirklicht sich in Umgangsverhältnissen, in welchen die Beteiligten Erfahrungen machen, die lebensgeschichtlich als relevant erinnert werden. Insofern entsteht E. zunächst daraus, dass Lernchancen spontan genutzt werden. Ein erstes Moment von erzieher. Absicht zeigt sich, wenn Arbeitsprozesse und alltägl. Handlungen unterbrochen werden, um Zöglinge auf diese gesondert hinzuweisen; in der Menschheitsgeschichte hat sich dies früh im Rahmen von Riten institutionalisiert, die häufig mit religiösem Hintergrund am Übergang zum Erwachsenenstatus etabliert wurden. Mit wachsender Komplexität von Gesellschaften tritt neben die funktionale E. und diese ergänzend eine »intentionale E.«, die bewusst gestaltet und organisiert wird. E. DURKHEIM beschreibt sie 1911 als »socialisation méthodique«, um deutlich zu machen, dass alle absichtsvolle E. nur innerhalb der Rahmenbedingungen möglich ist, die durch eine Gesellschaft gegeben sind.

Trotz aller mit ihr verbundenen Absichten kann man E. nicht von vornherein als ein zielgerichtetes Handeln verstehen, das Kinder nach bestimmten Vorstellungen verändert. Intentionalität bedeutet vielmehr vorrangig, dass überhaupt E. stattfindet, mithin Aufmerksamkeit dafür geweckt ist, dass und wie die jüngere Generation sich entwickeln kann. E. entsteht insofern aus einer Grundhaltung der Anerkennung des Kindes und des Jugendlichen, die ein Interesse an ihnen ausspricht. Der Erzieher ermöglicht die triad. Struktur, indem er Settings und Situationen arrangiert oder inszeniert, in welche dann die Zöglinge mit ihrem Aneignungshandeln selbst eintreten. Dazu wählt er eine soziale Regel, ein Symbol oder eine Alltagsereignis als wichtig aus und macht auf diese besonders aufmerksam. Er präsentiert und repräsentiert als »signifikanter« Erwachsener (W. LOCH) einen Lebensstil oder einen Lebensentwurf (K. MOLLENHAUER), mit welchem sich der Zögling auseinander setzt – in Übernahme des so gegebenen Modells oder konflikthaft, indem er es verwirft und seine eigene Lebensweise konstruiert. In jedem Fall eröffnet die Herstellung von Situationen Lernmöglichkeiten, weil sie Alternativen wahrnehmen lässt: Legen Eltern Wert auf das gemeinsame Abendessen der Familie, schaffen sie eine solche Situation; sie betonen ein Modell der alltägl. Lebensführung und zeigen eine Alternative etwa zu dem Besuch eines Fast-Food-Restaurants. Gleichwohl bleibt die Situation in ihrem Ausgang offen, weil auch in ihr Streit entstehen kann.

In den Situationen bearbeitet der Erzieher den Aneignungsgegenstand gemeinsam mit dem Zögling, um dessen Aneignungstätigkeit zu unterstützen; das Abendessen wird von allen gemeinsam eingenommen, wobei man zeigt, wie Besteck benutzt wird. Empir. Forschung belegt sogar für kleine Kinder, wie auch Gleichaltrige in der Aneignung von Welt kooperieren und sich insofern gegenseitig erziehen. Der erwachsene Erzieher behütet allerdings die Aneignungstätigkeit des Zöglings, indem er diesen vor Gegenständen und Einflüssen schützt, die seine Entwicklung gefährden könnten – man gibt beispielsweise kleinen Kindern Kinderbesteck. Er versucht zudem Aktivitäten entgegenzuwirken, mit welchen sich der Zögling selbst schaden könnte. E. verlangt also Gefahrenabwehr, sie zeichnet ein Gestus der Sorge aus, die sich in den kulturkrit. Haltungen der Pädagogik ausspricht.

In jede E. geht ein Handlungsstil ein, der die Beziehungen regelt. Jüngere Forschung legt einen **autoritativen E.-Stil** nahe, bei dem die Entwicklung von Kindern aufmerksam verfolgt wird, um ihre Fähigkeiten wie Stärken zu unterstützen. Er gehorcht einem strukturellen Konservativismus, weil er Rahmenbedingungen sichert, in welchen sie die eigenen Entwicklungsaufgaben bewältigen können. Die Beteiligten sollen sich konsistent und deutlich verhalten, hohes Gewicht kommt den emotional-affektiven

Dimensionen zu; eine wichtige Rolle spielen die leibl. Bedürfnisse der Heranwachsenden, nicht zuletzt ihre Ernährung. Körperl. Strafen haben sich hingegen als völlig untauglich erwiesen, obwohl sie praktiziert werden.

Als eine Aufgabe von E. wird neuerdings wieder gesehen, Kindern und Jugendlichen Grenzen zu setzen. Implizit spricht dies aus, dass die jüngere Generation als Bedrohung für eine gesellschaftl. Ordnung oder eine Kultur empfunden und daher in ihren Aktivitäten eingeschränkt werden müsse. Sachlogisch lassen sich solche Empfehlungen jedoch nicht rechtfertigen, da sie sich gegen die Aneignungstätigkeit richten. Zudem stellen Entgrenzungen ein Moment in einer Lebenswelt dar, die selbst zu einem Handeln auffordert, das über Konventionen hinausgeht. Dies bedeutet aber nicht, darauf zu verzichten, Kinder und Jugendliche deutlich und v. a. zeitnah auf mögl. Konsequenzen ihres Tuns hinzuweisen. Nichteingreifen bedeutet Desinteresse an ihnen, Kritik oder Tadel ziehen keineswegs Einschränkung oder Festlegung nach sich. Sie signalisieren zwar, wie Erwachsene soziale oder kulturelle Güter und Regeln als wertvoll verteidigen. Zugleich wird jedoch deutlich, dass man den Aktivitäten des Nachwuchses Gewicht zumisst und ihm die Freiheit seiner Entscheidungen zu erkennen geben will. Kritik zeigt nämlich, dass der Heranwachsende anders handeln könnte. Gerade deshalb zeichnet E.-Situationen ein weitgehend offener Ausgang aus: Man kann nicht antizipieren, wie ein Zögling die ihm gegebenen Möglichkeiten realisiert.

Erziehung und ihre Wirkung

E. sieht sich also beschränkt darauf, Lern-, Entwicklungs- und auch Bildungstätigkeit zu ermöglichen; dies muss sie auch tun, im Falle professioneller E. ist sie dafür nachweispflichtig. Gleichwohl verfügt sie über den Ausgang des Geschehens nicht so weit, dass ein messbarer Erfolg in jedem Fall eintreten kann. Das bedeutet nicht, dass sie keine relevanten Wirkungen hervorruft, die lassen sich nur nicht eindeutig den Akteuren zurechnen. Der Zögling realisiert nämlich auf seine Art die Absichten des Erziehers, vielleicht sogar durch den Widerspruch zu diesen. Wirkungen treten nebenbei, in einer Mischung aus Effekten der inszenierten Situation und ihrer Umwelt ein, sie folgen oft mit Verspätung. Gleich ob Situationen gegeben, nur genutzt oder bewusst eingerichtet wurden, können Effekte zwar gefördert, aber nicht geplant werden. Weil E. nicht in vollständig kontrollierbaren Lebenszusammenhängen stattfindet, zugleich von der Selbststeuerung des Zöglings abhängt, bleibt sie ein prinzipiell kontingentes Geschehen. Insofern überfordern Ansprüche, welche ein ganzheitl. Handeln verlangen: Keine E. verfügt über alle Lebensumstände, Kinder und Jugendliche können sich anders entscheiden und entwickeln, als dies von Erwachsenen vorgesehen wird. Darin liegt übrigens eine wichtige Voraussetzung kultureller Veränderung.

Die Problematik der Wirkungen verweist jedoch darauf, dass sich E. als ein Prozess über (lange) Zeiträume erstrecken kann, weil sie mit Veränderungen in der inneren Verfassung von Kindern und Jugendli-

Erziehung: musische Erziehung

chen und ihrer Handlungs-, Reflexions- und Urteilsfähigkeit einhergeht. Sie hängt von Reifungsprozessen ab und hilft, Entwicklungsaufgaben zu bewältigen. So bedeutet Verkehrs-E. bei kleinen Kindern die Einübung von Verhaltensmustern, weil ihr Wahrnehmungsfeld noch eingeschränkt ist, sie zudem ihr spontanes Verhalten kaum kontrollieren.

Haltungen und Handlungsweisen werden durch E. eingeübt, bisweilen wiederholt werden – wobei die Initiative dazu häufig von Kindern selbst ausgeht, oftmals aber mühsam und zäh darum gerungen wird, dass bestimmte Regeln auch tatsächlich beachtet werden. E. verlangt deshalb, fehlerfreundl. Situationen zu schaffen, in welchen spielerisch Handlungsmöglichkeiten erprobt werden, ohne Sanktionen ausgesetzt zu sein. Sie werden dann langsam in Ernstsituationen überführt. Dabei zeigt sich der E.-Prozess als irritierender Fort- und Rückschritt in der Entwicklung, ehe Einstellungen und Handlungsmuster stabilisiert sind. Zugleich bestimmen die Zöglinge den Prozess selbst, indem sie Perspektiven für sich entwerfen, an welchen sie ihr Handeln ausrichten. Hier kommt der Erwachsenenrolle eine hohe Bedeutung zu, da sie als Modell aufgenommen wird, an dem sich junge Menschen orientieren und ihre Aneignungstätigkeit organisieren – entweder in krit. Distanzierung von erlebten Erwachsenen oder auch in Übernahme von Vorbildern. Umgekehrt zeigt sich die Problematik einer juvenil ausgerichteten Gesellschaft, die keinen Entwurf des Erwachsenseins mehr kennt; Forschungsbefunde belegen aber, welch hohes Gewicht junge Menschen selbst Erwachsenen zusprechen, wobei sie hoffen, über diese möglichst exklusiv verfügen zu können.

Solche Exklusivität ist bei Eltern gegeben, während professionelle E. regelmäßig mit mehreren, gleichsam ersetzbaren Kindern zu tun hat. Dennoch schreitet die Professionalisierung der E. voran, wobei man ihr Ideal mit E. SPRANGER in der Figur des »geborenen Erziehers« sehen kann: Diese meint nicht, dass auf eine berufl., möglichst akadem. Ausbildung zur E. verzichtet werden dürfe, vielmehr verdeutlicht das Bild, dass die Berufsausübung in einer Weise geschehen sollte, als wäre man zu ihr geboren. Dies

Erziehung: Verkehrserziehung in einer Jugendverkehrsschule

gilt besonders, weil E. Sensibilität und Geduld, wie v. a. eine Fähigkeit zur Empathie verlangt, die U. BRONFENBRENNER in die Formel fasst: E. verlange, dass man verrückt nach diesem einen Kind sein müsse.

Moderne Gesellschaften halten ein hohes Gefährdungspotenzial für die Entwicklung von jungen Menschen bereit; sie sind in pädagog. Hinsicht als riskant zu beurteilen. Dies hängt mit ihrer beschleunigten Veränderungsdynamik und den Flexibilitätsanforderungen zusammen, welche zunehmend die Stabilität von alltägl. Lebensbedingungen gefährden. Dabei werden auch Institutionen infrage gestellt, auf welche E. fundamental angewiesen ist – so etwa kontinuierlich verfügbare familiäre Beziehungen. Wachsende Komplexität von Gesellschaften führt dazu, dass E. zunehmend divergierende Erfahrungen verarbeiten muss. Für Dtl. zeigen sich zudem massive Defizite in der »Kultur des Aufwachsens«, die durch Armut und Migration entstehen. Nicht unterschätzt werden dürfen die Einflüsse einer kommerzialisierten Medienlandschaft, die exzessiv versucht, junge Menschen unter ihre Kontrolle zu bringen. Es trifft zu, dass eine auf Heranwachsende gerichtete Konsumkultur tief greifende Wirkungen auslösen will; bei hoher Regelmäßigkeit und Ausschließlichkeit des Medienkonsums treten diese auch ein (→ Medienpädagogik).

Diese Bedingungen des Aufwachsens machen erforderlich, dass E. höheres Gewicht bekommt; man kann sich nicht mehr darauf verlassen, dass Gesellschaften mit Selbstverständlichkeit und in hinreichender Form die Entwicklung des Nachwuchses absichern. Die wachsende Nachfrage nach Ratgebern belegt die damit verbundene Verunsicherung von Eltern und Erziehern, verstärkt diese jedoch durch kontroverse Empfehlungen. So trifft zu, dass E. mit mehr Aufmerksamkeit und Bewusstheit geschehen muss, auch wenn dies andere Formen des Miteinanders der Generationen in den Hintergrund treten lässt. Deutlich ist freilich auch, dass Erzieher nur mehr bedingt auf kollektiv verbindl. Normen zurückgreifen können; die Forderung nach Werte-E. belegt dieses Defizit, deutet aber auch Vergeblichkeit an: Erwachsene erziehen unter der Bedingung von »vergessenen Zusammenhängen« in Gesellschaft und Kultur. Sie stehen persönlich letztlich für ihre Wertvorstellungen ein und müssen die Geltung der von ihnen gezeigten Welt mit dem Nachwuchs aushandeln.

Das normative Dilemma der E. besteht also darin, dass sie auf Vorstellungen von einem guten Leben angewiesen ist, die den Horizont von E. markieren und zugleich als Gegenstand von Aneignungsprozessen dienen; Konsens darüber fehlt aber. Ob E. selbst ethisch begründet werden muss, lässt sich hingegen bestreiten. Sie ist angesichts der anthropolog. Problematik kaum zu vermeiden und muss als ein Faktum hingenommen werden. Zu begründen wäre, wenn man auf sie verzichtet. Ohnedies tragen Erwachsene gegenüber dem Nachwuchs eine Schuld ab, die daraus entsteht, dass Kinder ohne eigene Zustimmung in die Welt treten mussten. Für die einzelnen konkreten Aktivitäten kann man dem von HERBART vorgeschlagenen Kriterium folgen, ob der Zögling als ein Erwachsener die Zustimmung zur erfahrenen E. geben könnte. Prüfen lässt sie sich auch daran, ob sie Zukunftsmöglichkeiten eröffnet, über welche junge Menschen später selbst entscheiden können. Sie wäre dann als Sicherung von Autonomie ausgezeichnet. Dies erinnert an eine Grenze der erzieher. Verantwortung, die auf das Ende von E. verweist: Auch junge Menschen treffen selbst Entscheidungen und handeln auf ihre eigene Weise. Der poln. Pädagoge J. KORCZAK spitzt dies mit der Forderung zu, dass Kinder ein Recht auf den eigenen Tod haben. Vielleicht muss deshalb die Hoffnung als naiv und sogar verwerflich bezeichnet werden, zuverlässige Strategien entwickeln zu wollen, mit welchen man die Unsicherheit überwindet, von der E. stets geprägt ist (M. WINKLER).

Enzyklopädische Vernetzung
Bildung ▪ Familie ▪ Jugend ▪ Kind ▪ Lernen ▪ Pädagogik ▪ Sozialisation ▪ Spiel

K. MOLLENHAUER: Vergessene Zusammenhänge. Über Kultur u. E. (1983); S. BERNFELD: Sisyphos oder die Grenzen der E. (^{8}2000); J. OELKERS: Einf. in die Theorie der E. (2001); W. HERZOG: Zeitgemäße E. Die Konstruktion pädagog. Wirklichkeit (2002); N. LUHMANN: Das Erziehungssystem der Gesellschaft (2002); M. TOMASELLO: Die kulturelle Entwicklung des menschl. Denkens (2002); M. WINKLER: Kritik der Pädagogik. In Sachen E. (2005).

Fortsetzung von Seite 371

Erziehungsberatung, diagnost., beratende und ggf. therapeut. Hilfestellung für Kinder, Jugendliche und ihre Erziehungs- bzw. Sorgeberechtigten in pädagog., psycholog. und sozialen (gelegentlich auch medizin.) Fragen der Erziehung und der persönl. Beziehungen im häusl. wie außerhäusl. Umfeld. Hauptbereiche der E. sind Beziehungs- und (schul.) Leistungsstörungen, Verhaltensauffälligkeiten sowie mit Drogenabhängigkeit verbundene Probleme. In Dtl. wird die institutionalisierte E. auf der Grundlage des 1990 in Kraft getretenen Kinder- und Jugendhilfegesetzes von E.-Stellen wahrgenommen, die meist von den Kommunen, Kirchen und Wohlfahrtsverbänden getragen werden und im Dachverband der Bundeskonferenz für E. zusammengeschlossen sind. Nach Angaben der Bundeskonferenz für E. gab es im Jahr 2001 in Dtl. 1086 Erziehungs- und Familienberatungsstellen. Die E.-Stellen werden i.d.R. von Psychologen oder Ärzten geleitet; das Personal umfasst i. Allg. mindestens je einen Psychologen und Sozialarbeiter sowie einen Arzt; je nach finanzieller Ausstattung und Aufgaben- bzw. Versorgungsbereich kommen Psychotherapeuten, Logopäden, Heil-, Sozial- und/oder Sonderpädagogen, mitunter auch Beschäftigungstherapeuten dazu. Die inhaltl. Arbeit variiert mit der theoret. Ausrichtung der Mitarbeiter, sie ist jedoch nur interdisziplinär (als Teamarbeit) realisierbar und erfolgt kind-, problem- oder familienorientiert. Die angewandten Methoden reichen von Informationen, Aufklärung, Verweisungen an andere Stellen bzw. Fachkräfte und reinen Rechtshilfen über spiel- und psychotherapeut. Verfahren der Einzelhilfe bis hin zur sozialen Gruppenarbeit und Formen der Gruppentherapie einschließlich Familientherapie.

Erziehungsberechtigter, derjenige, der die Rechte und Pflichten der →elterlichen Sorge ausübt.

Erziehungsgeld, 1986 eingeführte Leistung mit dem Zweck eines finanziellen Ausgleichs für die Erziehung in der ersten Lebensphase eines Kindes. Anspruch hat, wer a) einen Wohnsitz oder gewöhnl. Aufenthalt in Dtl. hat, b) mit einem Kind, für das ihm die Personensorge zusteht, in einem Haushalt lebt, c) dieses Kind selbst betreut und erzieht und d) keine oder keine volle Erwerbstätigkeit ausübt (§ 1 Bundeserziehungsgeld-Ges., Abk. BErzGG, i.d.F.v. 9. 2. 2004). Anspruchsberechtigt sind auch Personen, die vorübergehend in das Ausland entsandt sind oder Versorgungsbezüge beziehen sowie Entwicklungshelfer. Anspruchsberechtigt können EU-Bürger und sonstige Ausländer sein, wenn die unter a) bis d) genannten Voraussetzungen erfüllt sind. Der Antragsteller übt keine volle Erwerbstätigkeit aus, wenn die wöchentl. Arbeitszeit 30 Stunden nicht übersteigt oder eine Beschäftigung zur Berufsbildung ausgeübt wird (§ 2 BErzGG). Das E. wird vom Tag der Geburt bis zur Vollendung des 24. Lebensmonats gewährt. Es ist schriftlich für jeweils ein Lebensjahr zu beantragen. Das monatl. E. beträgt bei einer beantragten Zahlung für längstens bis zur Vollendung des 12. Lebensmonats 450 € (Budget), bei Zahlung bis zur Vollendung des 24. Lebensmonats 300 € (Regelbetrag). In den ersten sechs Lebensmonaten des Kindes entfällt der Regelbetrag, wenn das Einkommen bei Ehegatten, die nicht dauernd getrennt leben, 30 000 € und bei Alleinerziehenden 23 000 € übersteigt; das Budget entfällt, wenn das Einkommen von Ehepaaren 22 086 €, von Alleinerziehenden 19 086 € übersteigt. Die Einkommensgrenzen erhöhen sich um 3 140 € für jedes weitere Kind des Berechtigten, für das ihm Kindergeld gezahlt wird. Im Übrigen bestehen gestaffelte Einkommensgrenzen je nach Alter des Kindes (§ 5 BErzGG). Nach der Geburt zu zahlendes Mutterschaftsgeld wird auf das E. angerechnet. (→Elternzeit)

In Österreich ist das **Kinderbetreuungsgeld** seit 1. 1. 2002 als Unterstützungsleistung für die Dauer von drei Jahren ab Geburt eines Kindes an die Stelle des früheren Karenzgeldes getreten (Rechtsgrundlage: Kinderbetreuungsgeld-Ges. von 2001). Es beträgt rd. 430 € monatlich, für Alleinstehende und Familien unter einer bestimmten Einkommensgrenze rd. 600 €. Voraussetzungen: Inlandsaufenthalt, Betreuung des Kindes durch den betreffenden Elternteil, Einhaltung der Untersuchungen nach dem Mutter-Kind-Pass. Leistungsbezieher(innen) des Kinderbetreuungsgeldes sind automatisch krankenversichert. Das schweizer. Recht kennt das E. nicht.

Erziehungsheim, frühere Bez. für Heime der Jugendhilfe, in denen insbesondere Kinder und Jugendliche untergebracht waren, die der freiwilligen Erziehungshilfe oder der Fürsorgeerziehung unterlagen. Beide Maßnahmen sind seit der Neuregelung des Kinder- und Jugendhilferechts ab 1. 1. 1991 durch die Hilfen zur Erziehung (→Erziehungshilfe) ersetzt worden. Früher hießen derartige Einrichtungen **Erziehungsanstalt, Besserungsanstalt, Rettungs-** oder **Korrektionshaus;** sie sind nicht selten aus christl. Einrichtungen hervorgegangen.

Erziehungshilfe, *Jugendhilferecht:* Bez. für Leistungen der Jugendhilfe nach §§ 27 ff. Sozialgesetzbuch VIII (Abk. SGB VIII), auf die ein Personensorgeberechtigter (→elterliche Sorge) Anspruch hat, wenn eine dem Wohl des Kindes oder Jugendlichen entsprechende Erziehung nicht gewährleistet ist und die Hilfe für seine Entwicklung geeignet und notwendig ist. Die E. umfasst insbes. die Gewährung pädagog. und damit verbundener therapeut. Leistungen. Einzelne Arten der E. nach §§ 28–35 SGB VIII sind: a) Erziehungsberatung durch Beratungsstellen und -dienste für Kinder, Jugendliche und die Personensorgeberechtigten zur Klärung und Bewältigung individueller und familienbezogener Probleme, b) soziale Gruppenarbeit mit älteren Kindern und Jugendlichen zur Überwindung von Entwicklungsschwierigkeiten und Verhaltensproblemen, c) Einsatz eines Erziehungsbeistands oder Betreuungshelfers für das Kind oder den Jugendlichen zur Bewältigung von Entwicklungsproblemen, d) sozialpädagog. Familienhilfe durch intensive Betreuung und Begleitung der Familien in ihren Erziehungsaufgaben, e) Hilfe zur Erziehung in einer Tagesgruppe eines Heimes (auch in geeigneten Formen der Familienpflege möglich), um die Entwicklung des Kindes durch soziales Lernen in der Gruppe zu unterstützen und den Verbleib in der Familie zu sichern, f) Hilfe zur Erziehung in Vollzeitpflege in einer anderen Familie, g) Hilfe zur Erziehung in einem Heim oder in einer sonstigen betreuten Wohnform, um die Rückkehr in die Familie zu versuchen, die Erziehung in einer anderen Familie vorzubereiten oder eine auf längere Zeit angelegte Lebensform zu bieten und auf ein selbstständiges Leben vorzubereiten, h) intensive sozialpädagog. Einzelbetreuung für Jugendliche, die einer intensiven Unterstützung zur sozialen Integration und zu einer verantwortungsvollen Lebensführung bedürfen.

In **Österreich** sind als Hilfen zur Erziehung in §§ 26 ff. Jugendwohlfahrts-Ges. 1989 die Unterstützung der Erziehung (z. B. durch Beratung des Erziehungsberechtigten und des Minderjährigen, Familientherapie) und die volle Erziehung (Erziehung in einer Pflegefamilie oder in einem Heim) geregelt. Die Maßnahmen können sowohl als freiwillige Erziehungshilfe als auch gegen den Willen der Erziehungsberechtigten angeordnet werden. In der **Schweiz** sehen die Art. 307ff. ZGB zum Kindesschutz geeignete Maßnahmen vor, die die Vormundschaftsbehörde bes. dann treffen kann, wenn dies nicht durch die Eltern geschieht.

Erziehungsmaßregeln, bestimmte Sanktionen des →Jugendstrafrechts aus Anlass der Straftat eines Jugendlichen. E. sind: 1) die Erteilung von →Weisungen, die auf die Lebensführung des Jugendlichen Einfluss nehmen sollen (§ 10 Jugendgerichts-Ges., Abk. JGG). Dazu gehören u. a. die Bestimmung des Aufenthaltsorts, das Gebot, eine Ausbildungs- bzw. Arbeitsstelle anzunehmen oder Arbeitsleistungen zu erbringen, an einem sozialen Trainingskurs teilzunehmen oder sich um einen Täter-Opfer-Ausgleich zu bemühen. 2) die Anordnung, Hilfe zur Erziehung (§ 12 JGG) in Form der Erziehungsbeistandschaft im Sinne des § 30 Sozialgesetzbuch VIII (Unterstützung durch einen Erziehungsbeistand) oder in einer Einrichtung über Tag und Nacht (Heimerziehung) bzw. in einer sonstigen betreuten Wohnform im Sinne des § 34 Sozialgesetzbuch VIII in Anspruch zu nehmen. Die E. bezwecken in erster Linie nicht Strafe für eine Tat, sondern die Erziehung des jugendl. Täters und unterscheiden sich insoweit von →Zuchtmitteln und →Jugendstrafe. E. können einzeln und nebeneinander angeordnet werden, ferner auch in Verbindung mit bestimmten Zuchtmitteln. Neben der Jugendstrafe sind als E. Weisungen und die Anordnung eines Erziehungsbeistands zulässig. E. werden in das Erziehungsregister eingetragen.

Für die Dauer des Wehrdienstes eines Jugendlichen oder →Heranwachsenden darf Hilfe zur Erziehung im Sinne des § 12 JGG nicht angeordnet werden. Stattdessen ist für Soldaten die besondere E. der »Erziehungshilfe durch den Disziplinarvorgesetzten« vorgesehen (§ 112a JGG).

Die frühere E. der Fürsorgeerziehung ist durch Änderung des JGG vom 30. 8. 1990 und die Aufhebung des Jugendwohlfahrts-Ges. abgeschafft worden.

Erziehungsregister, amtl., nach Personen geordnetes Verzeichnis jugend-, vormundschafts- und familienrechtl. Anordnungen. Das E. wird im Geschäftsbereich des Bundes-Min. der Justiz vom Generalbundesanwalt in Bonn als rechtlich eigenständige Datei in organisator. Einheit mit dem →Bundeszentralregister geführt (Ges. über das Bundeszentral- und das E., i. d. F. v. 21. 9. 1984, BZRG). In das E. werden mit Ausnahme der Jugendstrafe, die das Bundeszentralregister vermerkt, u. a. eingetragen: Erziehungsmaßregeln (Weisungen; Hilfen zur Erziehung in Form der Erziehungsbeistandschaft und der Heimunterbringung, §§ 30, 34 SGB VIII), Zuchtmittel (Verwarnung, Auflagen, Jugendarrest), Freispruch wegen mangelnder Reife (§ 3 JGG). Auskunft aus dem E. erhält nur ein enger Kreis öffentl. Stellen, u. a. Strafgerichte, Staatsanwaltschaften, Justizvollzugsbehörden, Vormundschafts- u. Familiengerichte, Jugendämter. Eintragungen werden i. d. R. aus dem E. entfernt, sobald der Betroffene das 24. Lebensjahr vollendet hat.

Erziehungsroman, Variante des →Entwicklungsromans und des →Bildungsromans, wobei der Entwurf oder die exemplar. Veranschaulichung eines Erziehungsprogramms im Mittelpunkt stehen; als E. gelten z. B.: XENOPHONS Fürstenspiegel, die »Kyrou paideia« (vollendet nach 366 v. Chr.), FÉNELONS »Télémaque« (1699), J.-J. ROUSSEAUS »Émile, oder Über die Erziehung« (1762), J. H. PESTALOZZIS »Lienhard und Gertrud« (1781–87) und, mit Einschränkung, »Der grüne Heinrich« von G. KELLER (1845/55, 2. Fassung 1879/80).

Erziehungsstil, *Pädagogik* und *Sozialpsychologie:* verhältnismäßig stabiler Typ erzieher. Verhaltens. Es existieren versch. Untersuchungsansätze (geisteswissenschaftlich-pädagogische, sozialpsycholog., empirisch-pädagog.). Am stärksten beeinflusst wurde die E.-Forschung von dem Sozialpsychologen K. LEWIN. Dieser führte Ende der 1930er-Jahre als Erster in den USA gemeinsam mit seinen Mitarbeitern Feldexperimente zu den Wirkungen unterschiedl. Führungsstile auf die Atmosphäre und das Verhalten in Jugendgruppen durch. Nach ihm werden drei E. unterschieden: Der **autoritäre E.** ist u. a. durch folgende Merkmale gekennzeichnet: Der Erzieher allein bestimmt die Aktivitäten der Kinder, die Gefühle und Wünsche der Heranwachsenden werden nicht oder nur wenig berücksichtigt, das Verhältnis zw. Erzieher und zu Erziehenden ist vorwiegend distanziert. Folgen dieses Erziehungsverhaltens sind einerseits erhöhte Aggressivität und Gruppenkonflikte, andererseits eingeschränkte Kreativität und Spontaneität der Heranwachsenden sowie verminderte Arbeitsaktivität bei Abwesenheit des Erziehers. Beim **Laissez-faire-E.** verhält sich der Erzieher im Wesentlichen passiv. Die Kinder sind sich selbst überlassen und erhalten kaum Unterstützung bzw. Anregungen. Dieses Erziehungsverhalten begünstigt unproduktive Arbeitsweisen; es fördert Chaos und Unordnung in der Gruppe sowie Enttäuschung, Gereiztheit und Aggressivität unter den Kindern. Der **demokratische E.** zeichnet sich u. a. dadurch aus, dass der Erzieher die Kinder an den Entscheidungen beteiligt, ihre Wünsche und Bedürfnisse berücksichtigt sowie die Selbstständigkeit und Eigenaktivität der Kinder fördert. Die Beziehung zw. dem Erzieher und den Kindern ist vertraut und persönlich. Ein solcher E. begünstigt kreative Verhaltensweisen, mindert Feindseligkeiten und führt zu einer entspannten Gruppenatmosphäre bei gegenseitiger Anerkennung. – Obwohl die E.-Forschung zu wichtigen Erkenntnissen über die Erziehungspraxis beigetragen hat, gilt sie heute als veraltet, u. a. deshalb, weil solche Typisierungen zu sehr vereinfachen und nicht klar abgrenzbar sind. Neuere Forschungsansätze beschäftigen sich stärker mit den komplexen Wechselbeziehungen zw. Erziehern und zu Erziehenden sowie den Einflüssen des sozialen Umfeldes auf das Erziehungsverhalten. Im Mittelpunkt stehen Begriffe wie Interaktionsstrukturen oder Unterrichtsstrategien.

K. LEWIN: Feldtheorie in den Sozialwiss.en (1963); H. W. KROHNE u. M. HOCK: Elterl. Erziehung u. Angstentwicklung des Kindes (Bern 1994); A.-M. u. R. TAUSCH: Erziehungspsychologie ([11]1998).

Erziehungsurlaub, →Elternzeit.

Erziehungswissenschaft, Bez. für die wiss. Disziplin, die sich mit der Erforschung von Bildungs-, Erziehungs- oder Unterrichtsprozessen in schul. und außerschul. Praxisfeldern beschäftigt. Im Unterschied zur →Pädagogik ist der Begriff E. relativ jung. Er taucht im dt. Sprachgebiet erstmals im ausgehenden 18. Jh. auf. In dieser Zeit wurde die Auseinandersetzung mit erzieher. Prozessen selbst zu einer Wiss. Der erste Lehrstuhl für E. wurde 1779 an der Univ. Halle mit E. C. Trapp besetzt. Allerdings bildete sich erst Anfang des 20. Jh. die E. als eigenständige Fachdisziplin allmählich heraus. An den meisten dt. Univ. wurde E. mit eigenen Lehrstühlen fest verankert; es wurden erste Forschungsinstitute gegründet und es entstand ein eigenständiges System theoret. und empir. Wissens, das weit über den Bereich des öffentl. Bildungswesens hinausging. Ein weiterer Expansions- und Ausdifferenzierungsprozess der E. fand seit den 1970er-Jahren statt: Infolge der Reformdiskussion um eine Verwissenschaftlichung der Lehrerbildung wurde nun auch die Ausbildung von Grund-, Haupt- und Sonderschullehrern in den meisten Bundesländern West-Dtl.s an die Univ. verlagert. Neben einem eigenständigen Magisterstudiengang Pädagogik wurde 1969 an den Hochschulen auch ein erziehungswiss. Diplomstudiengang mit dem Ziel eingeführt, hoch qualifiziertes Fachpersonal für das außeruniversitäre und außerschul. Bildungs-, Erziehungs- und Sozialwesen auszubilden.

Im Zuge dieser Entwicklungen kam es auch zu einer Ausdifferenzierung der E. in eine Vielzahl von Teildisziplinen und Fachrichtungen; so die allgemeine, die histor. und die vergleichende E., die Schul-, Berufs- und Wirtschaftspädagogik, die Erwachsenenbildung, die Sonder- und die Sozialpädagogik; als Nachbardisziplinen die pädagog. Psychologie, die Bildungssoziologie und die Fachdidaktiken. Unterhalb dieser Teildisziplinen bestehen noch Fachrichtungen, die als Spezialisierungsversuche bisher nicht den Charakter einer Subdisziplin erreicht haben, aber doch über einen klar abgrenzbaren Gegenstandsbereich verfügen, wie etwa die Medienpädagogik, die interkulturelle Pädagogik oder die Elementarpädagogik.

Die wissenschaftstheoret. Diskussion in der E. wurde bis in die 1980er-Jahre v. a. durch drei zentrale Theorieströmungen bestimmt: 1) **die geisteswiss. Pädagogik,** die in der Weimarer Republik ihre erste Blütezeit und im West-Dtl. der Nachkriegszeit eine Renaissance erlebte. Deren wichtigste Vertreter sind H. Nohl, T. Litt, E. Spranger, W. A. Flitner und E. F. A. Weniger. Ihr theoret. Leitbegriff war die Erziehungswirklichkeit, ihre zentrale Methode in Anlehnung an W. Diltheys Auffassung von Geisteswiss.en die des →Verstehens. Im Begriff der Erziehungswirklichkeit wird das Kultursystem der Erziehung als relativ autonomer Bereich der gesellschaftl. Realität gefasst, dessen Zweck die Bildung, konkretisiert in der Mündigkeit der Subjekte, ist. 2) **die empirische E.,** deren Anfänge ebenfalls bis in die ersten Jahrzehnte des 20. Jh. zurückgehen, die aber erst im Gefolge der Bildungsreform der 1960er-Jahre bzw. zu Beginn des 21. Jh. durch die internat. Schulleistungsvergleiche (z. B. →PISA) eine zentrale Bedeutung bekam. Wichtige Repräsentanten sind in der Gründergeneration E. Meumann, W. A. Lay und A. Fischer; seit der Nachkriegszeit H. Roth, W. Brezinka oder gegenwärtig J. Baumert. Bei der empir. E. handelt es sich nicht um einen einheitl. Theorietyp. Gemeinsam ist diesen Ansätzen jedoch der Versuch, die empir. Erklärung der Erziehungswirklichkeit ins Zentrum zu rücken, wobei einige Vertreter in Anlehnung an den krit. Rationalismus (K. R. Popper) Wert- und Zielfragen aus dem wiss. Erkenntniszusammenhang ausblenden. 3) **Die kritische E.** entstand in den 1970er-Jahren einerseits im Kontext einer Selbstkritik der geisteswiss. Pädagogik, andererseits durch Bezugnahme auf die krit. Theorie der →Frankfurter Schule, insbes. auf die wissenschaftstheoret. Arbeiten von J. Habermas. Begründet wurde die kritische E. von H. Blankertz, K. Mollenhauer und W. Klafki und erweitert durch den Rekurs auf andere Bezugstheorien – etwa die Kommunikationstheorie von P. Watzlawick u. a. oder den →symbolischen Interaktionismus – u. a. von K. Schaller, Micha Brumlik (* 1947) und Heinz-Hermann Krüger (* 1947). Im Zentrum der kritischen E. steht die gesellschaftskrit. Analyse der Erziehungswirklichkeit, die sich methodisch auf empirisch-analyt. und hermeneut. Methoden stützt und diese im Konzept der Ideologiekritik zu verknüpfen sucht. Dabei wird die normative Orientierung von E. an einem Emanzipationskonzept verankert, das die Dialektik von individueller und gesellschaftl. Emanzipation betont.

Seit den 1980er-Jahren ist die erziehungswiss. Theorielandschaft durch eine Pluralität von Konzepten gekennzeichnet. Diese beziehen sich z. T. auf geistesgeschichtl. Traditionen auch außerhalb der Pädagogik, wie etwa die auf die Philosophie I. Kants zurückgreifende praxeolog. oder transzendentalphilosoph. Pädagogik, die in der Tradition E. Husserls stehende phänomenolog. Pädagogik oder die an die Gesellschafts- und Geschichtstheorie von K. Marx anknüpfende historisch-materialist. Pädagogik. Andere Versuche der theoret. Neubegründung der E. orientieren sich hingegen an zeitgenöss. Positionen, wie etwa die von N. Luhmann selbst mit angeregte systemtheoretische E. oder die versch. Varianten postmodernen pädagog. Denkens, die die internat. Diskussionen um eine Vernunfts- bzw. Modernitätskritik für die E. fruchtbar zu machen suchten.

W. Klafki: Aspekte kritisch-konstruktiver E. (1976); Datenreport E., hg. v. H.-U. Otto (2000); PISA 2000. Basiskompetenzen v. Schülerinnen u. Schülern im internat. Vergleich, hg. v. J. Baumert u. a. (2001); H.-H. Krüger: Einf. in Theorien u. Methoden der E. (³2002); N. Luhmann: Das Erziehungssystem der Gesellschaft (2002); E. Ein Grundkurs, hg. v. D. Lenzen (2004).

Erziehungszeiten, in der gesetzl. Rentenversicherung →Kindererziehungszeiten.

Erziehungszoll, →Zoll.

Erzincan [ˈɛrzindʒan], Prov.-Hauptstadt in Ostanatolien, Türkei, 1 200 m ü. M., am Karasu (rechter Quellfluss des Euphrat) in einem intramontanen Becken, 114 100 Ew.; Verarbeitung von Agrarprodukten, Textilindustrie. – Mehrfach von Erdbeben heimgesucht: 1782 über 10 000 Tote; 1939 völlige Zerstörung (15 600 Tote), danach nördlich der ursprüngl. Stadt neu angelegt; 1991 erneutes Erdbeben (1 000 Tote).

Erzjägermeister, mlat. **Archivenator,** ein zu den →Erzämtern zählendes Hofamt.

Erzkämmerer, mlat. **Archicamerarius,** ein zu den →Erzämtern zählendes Hofamt.

Erzkanzler, mlat. **Archicancellarius,** ein zu den →Erzämtern zählendes Hofamt.

Erzkaplan, mlat. **Archicapellanus,** seit Kaiser LUDWIG I., DEM FROMMEN, Bez. für das Haupt der fränk. Hofgeistlichkeit, den Vorsteher der Hofschule. Im Ostfränk. Reich vereinigte König LUDWIG (II.) DER DEUTSCHE 854 das Amt des E. mit dem des Leiters der Reichskanzlei. Der Erzbischof von Mainz hatte seit 870 diese Stellung zunächst zeitweise, seit 965 ständig inne. Als sich der Titel »Erzkanzler« für dieses Amt endgültig durchsetzte (nach 1044), firmierte der E. unter dem Titel »Capellarius«.

Erzlagerstätten, natürl. Vorkommen von →Erzen in der Erdkruste, die nach Größe und Inhalt für eine wirtschaftl. Gewinnung der Erze infrage kommen können.
- Magmatische Erzlagerstätten
- Sedimentäre Erzlagerstätten
- Metamorphe Erzlagerstätten

Die Abbauwürdigkeit der Erze ist abhängig v. a. vom Wert der betreffenden Metalle, vom Metallgehalt der Erze (z. B. bei Eisen mindestens 25 %, bei Gold mindestens 0,001 %), von der Gewinnungsmethode, von der Verhüttbarkeit und von der Lage des Fundorts. Vielfach kommen bestimmte unterschiedl. Erzminerale zus. vor (→Paragenese). Die Bildung der E. entspricht i. Allg. der der Gesteine, sodass magmat., sedimentäre und metamorphe E. unterschieden werden.

MAGMATISCHE ERZLAGERSTÄTTEN

Magmat. E. entstehen bei der Erstarrung von Magma, und zwar bes. im Zusammenhang mit pluton. Vorgängen, wobei die Entmischungsvorgänge der →Differenziation zur Auswirkung kommen. Während der Frühkristallisation werden in der **liquidmagmat. Phase** mit bas. und ultrabas. Gesteinen v. a. Chrom-, Platin-, Vanadium-, Nickel- und Kupfererze ausgeschieden, die aufgrund ihrer hohen spezif. Dichte in der Magmakammer absinken und sich zu lagig-schlierenförmigen Erzkörpern anreichern können (z. B. →Buschveld-Komplex). Bei hohem Schwefelgehalt der Schmelze können auch sulfid. Kupfer-Nickel-Eisen-E. gebildet werden. Während der Hauptkristallisation des Magmas (v. a. granit. Tiefengesteine) entstehen praktisch keine E., sondern erst wieder mit der Restkristallisation. In der magmat. Restschmelze sind nun viele leicht flüchtige Bestandteile (Wasser, Fluor-, Chlor- und Schwefelwasserstoff, Kohlendioxid u. a.) angereichert sowie solche Elemente, die wegen ihrer zu großen oder zu kleinen Ionenradien in die bisher kristallisierten Silikatminerale nicht eingebaut werden konnten (bes. Lithium, Beryllium, Niob, Tantal, Cäsium, Bor, Thorium, Uran und Seltenerdmetalle). Bei der Kristallisation der Restschmelze reichern sie sich in der **pegmatit. Phase** in den gang- oder linsenförmigen, v. a. Quarz und Feldspat führenden →Pegmatiten an.

In der folgenden **pneumatolyt. Phase** ist die Restschmelze noch stärker mit flüchtigen Bestandteilen angereichert, sodass es zum Absieden einer Gasphase in das Nebengestein und dort zu starken Umwandlungen kommt. Die wichtigsten pneumatolyt. E. sind: 1) Gangfüllungen und Imprägnationen des Nebengesteins, und zwar mit Zinn- (→Greisen), Wolfram-, Molybdän-, Kupfer- u. a. Erzen; 2) kontaktpneumatolyt. Verdrängungslagerstätten (→Metasomatose, →Skarn), die schon in metamorphe E. übergehen können; sie beruhen auf der Einwirkung überkrit. Gase auf das Nebengestein (bes. Kalk und Dolomit) und enthalten im Wesentlichen die gleichen Erzminerale (auch Eisenerze), die aber meist feinkörniger verteilt sind.

Die **hydrothermale Phase** (Temperaturbereich < 400 °C, unterhalb der krit. Temperatur des Wassers) ist gekennzeichnet durch eine wässrige Restlösung mit geringem Dampfdruck. Aus ihr scheidet sich bei sinkender Temperatur eine gesetzmäßige Folge von characterist. Mineralparagenesen (»Formationen«) aus, die als Erz- und Mineralgänge aufgerissene Spalten im Nebengestein füllen. Nach Bildungsort und Struktur unterscheidet man hier intrakrustale und epikrustale Erzlagerstätten.

Unter den innerhalb der festen Erdkruste entstandenen E. (**intrakrustale E.**) gibt es wiederum Erzgänge, gebunden an mehr oder weniger steil stehende Störungen und Spalten, in die die Erzlösungen aufstiegen. Die Imprägnationslagerstätten bestehen aus vererzten Klüften und Poren; am wichtigsten sind hier die Kupfererze (→Porphyry copper ores). Die hydrothermalen Verdrängungslagerstätten sind ebenso wie die pneumatolyt. im Kontakt mit leicht reaktionsfähigem Kalk und Dolomit entstanden: Eisen-, Mangan-, Blei-, Zink-, Magnesium- und Quecksilbererze. Nach der Bildungstemperatur werden bei den intrakrustalen E. unterschieden: katathermale (400 bis 300 °C), mesothermale (300–200 °C), epithermale (200–100 °C) und telethermale E. (bis hin zu Ausscheidungen von Thermalquellen). Characterist. hydrothermale Erzparagenesen oder -formationen sind: Gold-Silber-, Eisen-Nickel-, Kupfer-Eisen-Arsen-, Blei-Zink-Silber-, Uran-Eisen-, Eisen-Mangan-Barium-Fluor-, Kobalt-Nickel-Wismut-Silber- und Antimon-Arsen-Quecksilber-Formationen.

Während bei den an Tiefengesteinskörper gebundenen Lagerstätten die Bildungsgruppen räumlich getrennt aufeinander folgen, sind sie bei den aus hoch liegenden Magmenherden stammenden **subvulkanisch-hydrothermalen E.** eng ineinander verschachtelt (»Telescoping«).

Die **epikrustalen E.** sind an der Erdoberfläche, d. h. subaerisch oder submarin, entstanden. Letztere, die wichtigsten, im Wesentlichen in Geosynklinalen und Riftzonen (Plattengrenzen); Letztere werden wegen der Verknüpfung mit sedimentären (synsedimentäre Bildungen) auch als **submarin-hydrothermal-sedimentäre E.** bezeichnet. Die Erzbildung kann auf submarine Ergussgesteine (vulkanisch) oder auf hydrothermale Lösungen zurückgehen, die aus tief liegenden Magmenherden (tiefenmagmatisch) an Störungszonen aufgestiegen sind. Der vulkanisch bestimmte Typ ist v. a. durch hämatitisch-siderit. Eisenerze (z. B. →Lahn-Dill-Gebiet), Manganerze, silikat. Eisenerze (Chamosit, Thuringit) und sulfid. Erze vertreten. Auch die an submarinen Plattengrenzen (Zentralgräben) wie im Roten Meer austretenden heißen Lösungen (**Hot Brines**), die zur Ausscheidung von Eisen-, Kupfer-, Zink-, Blei-, Silber- und Golderzen führen (**Erzschlämme** mit einem Buntmetallgehalt bis über 10 %), können hierher gestellt werden (z. T. zu den sedimentären E. gerechnet). Festländ. vulkan. Lagerstätten wie die **Exhalationslagerstätten** von Schwefel und Bor haben nur geringe Ausmaße. Die Lagerstätten tiefenmagmat. Herkunft entstanden fast nur in sauerstoffarmen, tieferen Meeresbecken, und zwar Eisen-, Mangan- und Buntmetall-E. (Kupfer, Zink, Blei, Silber, Antimon, Wolfram, Quecksilber u. a.; z. B. Bleiberg, Rammelsberg, Meggen und Almadén).

SEDIMENTÄRE ERZLAGERSTÄTTEN

Bestimmende Faktoren für die Bildung sedimentärer E. sind Verwitterung, Abtragung, Transport und Ablagerung; als Bildungsmilieu kommen Kontinente und Meere infrage. Zu den durch chem. Verwitterung bedingten **festländischen Verwitterungslagerstätten** gehören die Hut- oder →Oxidationszonen in älteren, zutage tretenden sulfid. und carbonatisch-silikat. E.; durch Lösung, Verlagerung und Wiederausfällung in tieferen Bereichen entstehen dagegen Reduktions- oder →Zementationszonen. Durch solche Vorgänge können auch E., z. B. die Porphyry copper ores, sekundär angereichert und dadurch erst abbauwürdig werden. Durch Verwitterungsprozesse sind auch die Lagerstätten von →Bauxit und laterit. Eisenerzen entstanden. Auf festländ. Verwitterung, Lösung und Wiederausfällung beruht ferner die Anreicherung von Nichteisen-Schwermetallen (Kupfer, Silber, Blei, Vanadium, Uran) in Wüstengebieten durch Austrocknen herangeführter Lösungen und Imprägnation von Schuttgesteinen. Im feuchtgemäßigten Klima führt die siallit. Verwitterung gelegentlich zur Bildung von Eisen-Mangan-E., u. a. Bohnerzen (→Limonit). Auf mechan. Verwitterung und Umlagerung beruhen die **Seifenlagerstätten** (→Seifen).

Während in (verlandenden) Binnenseen nur Eisen- und Manganerze (Sumpf- und See-Erze, →Raseneisenerz) von geringer Bedeutung gebildet werden, haben marin-sedimentäre **Ausscheidungslagerstätten** große wirtschaftl. Bedeutung. Der Schwermetallgehalt stammt häufig aus Verwitterungslösungen, die mit den Flüssen vom Festland ins Meer transportiert werden. Bei der Ausfällung spielt bes. das unterschiedl. Redoxpotenzial in den Meeresräumen eine Rolle. In einer sauerstoffreichen küstennahen Zone werden oolith. Limonit- und Mangan-E. (→Oolith, →Minette) gebildet. Weiter zum Meeresinnern hin, wo Kohlendioxid vorherrscht, entstehen die silikat. Chamositeisenerze. Größte wirtschaftl. Bedeutung haben die unter besonderen Umweltbedingungen entstandenen präkambr. →Bändereisenerze. In mangelhaft durchlüfteten Meeresbecken wird durch die Tätigkeit der Schwefelbakterien Schwefelwasserstoff gebildet, der Schwermetalle als Sulfide im →Faulschlamm ausfällen kann. Unter diesen E. des Schwefelkreislaufs hatte bes. der Mansfelder →Kupferschiefer Bedeutung, der auch Blei, Zink, Vanadium, Nickel, Molybdän u. a. enthalten kann. In den Tiefseebecken werden wichtige Metalle in Form von →Manganknollen angereichert.

METAMORPHE ERZLAGERSTÄTTEN

Bei den durch Druck- und Temperaturerhöhung (→Metamorphose) geprägten Lagerstätten handelt es sich meist um metamorphosierte, bereits vorhandene Lagerstätten; durch Umbildung und/oder Stoffzufuhr kann es aber zur Anreicherung der Erze kommen. Metamorph verändert sind z. B. die meisten Bändereisenerze. Daneben gibt es erst durch Metamorphose gebildete E., wie einige Uranerzlagerstätten und die »alpinen Klüfte«, pneumatolytisch-hydrothermale Gangfüllungen in metamorphen Schiefern.

   A. H. G. MITCHELL u. M. S. GARSON: Mineral deposits and global tectonic settings (London ³1984); H. MOESTA: Erze u. Metalle (²1986); F. J. SAWKINS: Metal deposits in relation to plate tectonics (²1990); W. E. PETRASCHECK u. W. POHL: Lagerstättenlehre (⁴1992); A. M. EVANS: Ore geology and industrial minerals (Oxford³2001).

Erzlagerstätten: Mit dem Forschungsschiff »JOIDES Resolution«, das mit einer Bohrplattform ausgerüstet ist, können Geowissenschaftler bis zu einer Tiefe von 9 100 m Erzlagerstätten im Meeresboden aufspüren.

Erzlaute, ital. **Arciliuto** [artʃi-], Oberbegriff für die im 16. Jh. in Italien entwickelten Lautentypen mit zwei Wirbelkästen, je einem für die Griff- und für die Bordunsaiten. Hierzu zählen die Basslauten →Chitarrone und →Theorbe, die Theorbenlaute und die →Angelica.

Erzmarschall, mlat. **Archimarescalcus,** ein zu den →Erzämtern zählendes Hofamt.

Erzmundschenk, Erzschenk, mlat. **Archipincerna,** ein zu den →Erzämtern zählendes Hofamt.

Erzmütter, *Bibel:* die Ehefrauen der →Erzväter.

Erzpriester, →Archipresbyter, →Dekan.

Erzschatzmeister, mlat. **Archithesaurius,** ein zu den →Erzämtern zählendes Hofamt.

Erzschleiche, Chalcides chalcides, bis 40 cm lange Wühlechse (→Skinke) in SW-Europa und N-Afrika, oberseits metallisch grau bis olivgrün gefärbt und hell längs gestreift; mit stummelförmigen, dreizehigen Gliedmaßen.

Erztruchsess, mlat. **Archidapifer,** ein zu den →Erzämtern zählendes Hofamt.

Erzurum [-zu-], Prov.-Hauptstadt in O-Anatolien, Türkei, 1 950 m ü. M., am Karasu (rechter Quellfluss des Euphrat) unweit der Quelle, 420 900 Ew.; Atatürk-Univ. (gegr. 1957); Nahrungsmittelindustrie, Maschinenbau; Garnison; Erdgasleitung von Baku (Aserbaidschan) über Georgien nach E. als Parallelleitung zur BTC-Pipeline (→Ceyhan) seit 2003 in Bau (Inbetriebnahme 2005/2006); Verkehrsknotenpunkt.

Stadtbild Auf einer Anhöhe liegt die Zitadelle von E. (urspr. von Kaiser THEODOSIOS II. im 5. Jh. angelegt, zuletzt von den Osmanen umgestaltet; der Glockenturm ist ein später umgebautes Minarett des

Erzurum
- Provinzhauptstadt in der Türkei, in Ostanatolien
- 1950 m ü. M.
- 420 900 Ew.
- Universität (gegr. 1957)
- Garnison
- im 5. Jh. als byzantin. Festung gegründet

Erzv Erzväter

12. Jh.). Die frühseldschuk. Ulu Cami (Große Moschee) hat eine siebenschiffige Säulenhalle mit Mihrabkuppeln (1179 vollendet); die Lala Pascha Camii (1562/63) ist ein Werk des Baumeisters SINAN. Aus seldschuk. Zeit stammen die Çifte-Minare-Medrese (heute Museum), die nach 1291 als Hofmedrese (schmaler zweigeschossiger Arkadenhof) erbaut wurde, mit zwei kannelierten Minaretten und einer Türbe, sowie die Yakutiye-Medrese von 1310/11, eine Kuppelmedrese mit einem Minarettstumpf und reichem Schmuck (Mukarnas), außerdem versch. Türben (Emir-Saltuk-Türbe, wohl Mitte 12. Jh.).

Geschichte E., wohl von Kaiser THEODOSIUS II. an der Stelle einer älteren Stadt als byzantin. Festung im 5. Jh. gegr., war wegen seiner verkehrsgünstigen Lage zw. Kleinasien und Iran für Handel und Militär bedeutsam. Seit dem 7. Jh. wechselweise unter der Herrschaft der Araber, Byzantiner und Armenier, die die Stadt Karin (Garin) nannten, wurde E. 1071 von den Saltukiden (ein mit den Seldschuken verbundenes Fürstentum) eingenommen und erhielt den Namen Erzen-i Rum, auf der der heutige Name zurückgeht; seit ca. 1518/19 ist E. osmanisch. Die Stadt wurde 1829, 1878 und 1916 von den Russen besetzt. Nach dem Ersten Weltkrieg fanden blutige Auseinandersetzungen zwischen Armeniern und Türken statt. 1919 trat hier der erste Kongress der nationalrepublikan. Bewegung unter KEMAL ATATÜRK zusammen.

Erzväter, von M. LUTHER geprägte Bez. für die Patriarchen, die Stammväter →Israels: →Abraham, →Isaak und →Jakob sowie dessen zwölf Söhne (die Ahnherren der Stämme Israels). Zus. mit ihren Ehefrauen, den **Erzmüttern,** stellen sie die **Erzeltern** Israels dar. Sie sind Personen einer legendenhaften und theolog. Programmen verpflichteten Erzählliteratur, die in an den jeweiligen Patriarchen orientierten Zyklen gesammelt und genealogisch miteinander verknüpft wurde (1. Mos. 12–36 und 37–50). Diese beschreiben die Identität Israels nach wichtigen Aspekten.

Erzwespen, Chalcidoidea, mit rd. 25 000 Arten weltweit verbreitete Überfamilie 0,2–16 mm langer Hautflügler, davon rd. 5 000 Arten in Europa; Insekten mit häufig metallisch schillernder Färbung und kurzen, geknickten Fühlern. Die Larven parasitieren entweder in Entwicklungsstadien von Insekten (darunter häufig Schädlinge, weshalb viele E. eine Rolle in der biolog. Schädlingsbekämpfung spielen) oder in Pflanzen. Zur letzteren Gruppe gehören bes. die **Feigenwespen** (Agaonidae), eine Familie mit etwa 30 Arten v. a. in den Tropen und Subtropen. Sie entwickeln sich in Feigenblüten, in denen sie Gallen erzeugen.

Erzwingungsmethode, *Mengenlehre* und *Modelltheorie:* das →Forcing.

Es, chem. Symbol für das Element →Einsteinium.

Es, Alter Ego, nach S. FREUD Bez. für das →Unbewusste, den Bereich der psych. Antriebe, der (unterschieden vom Ich) der bewussten Kontrolle des Individuums entzogen ist.

ES, Nationalitätszeichen für El Salvador.

E. S., Kupferstecher, →Meister E. S.

ESA [Abk. für engl. **E**uropean **S**pace **A**gency], Europ. Weltraumorganisation, Sitz Paris; dient der Koordinierung, Durchführung und Unterstützung europ. Projekte zur friedl. Erforschung und Nutzung des Weltraums. Die ESA wurde auf der Europ. Weltraumkonferenz am 15. 4. 1975 in Brüssel als Nachfolgeorganisation von →ELDO und →ESRO gegründet. Die ESA umfasst 15 Mitgl.-Staaten und kooperiert in Einzelprojekten, z. B. der →ISS, mit Raumfahrtorganisationen anderer Länder. Kanada, Ungarn und Tschechien haben mit der ESA Vereinbarungen über enge Zusammenarbeit in einigen Projekten geschlossen. Das Jahresbudget für 2005 beträgt 3,0 Mrd. €. Die ESA unterhält als Außenzentren das Europ. Zentrum für

ESA

Erzurum: Die Çifte-Minare-Medrese (nach 1291 erbaut) ist heute ein Museum.

Weltraumforschung und -technologie (**ESTEC**, Abk. für engl. **E**uropean **S**pace Research and **T**echnology **C**entre) in Noordwijk-aan-Zee (Niederlande), das Europ. Weltraumforschungs-Inst. (**ESRIN**, Abk. für engl. **E**uropean **S**pace **R**esearch **In**stitute) in Frascati (Italien), das auch das Dokumentationszentrum der ESA beherbergt, und das Europ. Operationszentrum für Weltraumforschung (**ESOC**, Abk. für engl. **E**uropean **S**pace **O**perations **C**entre) in Darmstadt, das für die Erfassung und Verarbeitung der über die Bodenstationen empfangenen Daten verantwortlich ist. Größere aktuelle Programme der ESA sind u.a. →ENVISAT, das →Hubble-Weltraumteleskop, →ISS, →Mars Express, →INTEGRAL, →Ulysses und →XMM-Newton.

Esack, Farid, südafrikan. islam. Publizist und Politiker, *Kapstadt 1959; entstammt einer »Cape-Coloured«-Arbeiterfamilie (→Kapmalaien); studierte in Pakistan und Großbritannien islam. Recht und Theologie; war aktiv am Antiapartheidkampf in Südafrika beteiligt und arbeitete seit den 1990er-Jahren v.a. in Kampagnen gegen Aids sowie in mehreren Nichtregierungsorganisationen (NGO) mit; war 1997–2001 Gleichstellungsbeauftragter in Südafrika. Als Muslim tritt E. für eine moderne, krit. Sicht des Islam ein, wobei er dessen Differenziertheit und histor. Wandelbarkeit herausstellt und in ihm eine positiv-fördernde Kraft in Prozessen des sozialen Wandels sieht. E. gilt als islam. Befreiungstheologe, der auch aktuelle theolog. Strömungen im Christentum in sein Denken einbezieht.
 Werke: Qur´an, Liberation and Pluralism. An Islamic Perspective of Interreligious Solidaritiy against Oppression (Oxford 1997); Finding a Religious Path in the World Today (Oxford 1999); Short Introduction to the Qur´an (Oxford 2002).

Esaki, Leo, jap. Physiker, *Ōsaka 12.3.1925; 1956–60 bei der Sony Corporation in Tokio, seitdem am Thomas-J.-Watson-Forschungszentrum der Firma IBM in Yorktown Heights (N.Y.) tätig; 1976–92 Mitgl. des Direktoriums der IBM Japan, ab 1992 Präs. der Univ. Tsukuba (Japan). Zu E.s Hauptarbeitsgebieten gehören die Untersuchung der elektr. und opt. Eigenschaften von Halbleitern (Entwicklung von Halbleiter-Supragittern), die Physik dünner Schichten und die epitakt. Kristallzüchtung. Er wies 1957/58 das Auftreten des →Tunneleffekts beim Durchgang von Elektronen durch extrem dünne p-n-Übergänge zw. versch. dotierten Bereichen eines Halbleiters nach und entwickelte, diesen Effekt ausnutzend, die u.a. zur Erzeugung von Hochfrequenzschwingungen verwendete →Tunneldiode (auch E.-Diode genannt). Hierfür erhielt er 1973 den Nobelpreis für Physik (mit I. Giaever und B. Josephson).

Esat Pascha Toptani, alban. Offizier und Politiker, *Tirana 1863, †(ermordet) Paris 13.6.1920; zeichnete sich 1912/13 bei der Verteidigung von Skutari gegen die Montenegriner aus und gewann in Mittelalbanien eine beherrschende Machtstellung. Obwohl er im Februar 1914 als Leiter der alban. Delegation Prinz Wilhelm zu Wied die Krone Albaniens angeboten hatte, arbeitete er als Innen- und Kriegs-Min. in hochverräter. Weise gegen den Fürsten und wurde im Mai 1914 nach Italien exiliert. Nachdem Wilhelm am 3.9.1914 das Land verlassen hatte, kehrte E. P. T. im Oktober 1914 mit serb. Hilfe zurück und wurde vorübergehend bis zum Vorstoß österreichisch-ungar. Truppen nach N- und Mittelalbanien Oberkommandierender und Präs. des besetzten Albanien. Nach 1918 konnte er seinen Plan, mithilfe der neuen jugoslaw. Regierung Gouv. Albaniens auf Lebenszeit zu werden, nicht realisieren.

Esau [hebr.; in 1.Mos. 25,25 erklärt als »der Behaarte«], Beiname **Edom,** bibl. Gestalt; Sohn Isaaks und Rebekkas, älterer Zwillingsbruder Jakobs; der legendäre Stammvater der Edomiter (→Edom), von Jakob um sein Erstgeburtsrecht gebracht (1.Mos. 25,29 ff.).

Esbach-Eiweißuntersuchung, auch **Esbach-Probe** [nach dem frz. Mediziner Georges Hubert Esbach, *1843, †1890], veraltete Methode zum Eiweißnachweis im Harn. Der Harn wird mit **Esbach-Reagenz** (10 g Pikrinsäure und 20 g Zitronensäure auf 1 l Wasser) vermischt, wodurch vorhandenes Eiweiß ausgefällt wird.

Esbjerg [ˈɛsbjɐr], Hafen-, Handels- und Industriestadt an der W-Küste Jütlands, Dänemark, 82 300 Ew.; Univ., Konservatorium, Fischerei-, Seemannsschule; größter dän. Fischereihafen (mit Fischverarbeitung); Ausfuhr von Fischerei- und Landwirtschaftserzeugnissen (bes. nach Großbritannien); Werft, Maschinenbau; Treibhausgärtnereien und Pelztierfarmen im Umland. E. ist Passagierhafen nach Großbritannien; Fährverbindung mit der vorgelagerten Insel Fanø; Flugplatz. – Nachdem für Dänemark durch die Niederlage im Deutsch-Dän. Krieg von 1864 die Benutzung der Häfen an der Westküste Schleswigs entfiel, wurde 1868 auf staatl. Initiative hin E. gegründet und mit streng rechtwinkligem Straßennetz angelegt. Der im Schutz der Insel Fanø gelegene Hafenort entwickelte sich rasch und erhielt 1899 Stadtrechte. Nach einer Verwaltungsneugliederung (1970) umfasst die Großgemeinde E. 221 km².

Esbo, schwed. Name für die finn. Stadt →Espoo.

Esc, Abk. für →Escudo.

ESCA [Abk. für engl. **e**lectron **s**pectroscopy for **c**hemical **a**nalysis], **induzierte Elektronenemission,** ältere Bez. für **Röntgen-Fotoelektronenspektroskopie** (Abk. **XPS,** X für engl. X-rays) oder **Röntgen-Fotoemissionsspektroskopie** (Abk. **XPES**), →Fotoelektronenspektroskopie.

Escada AG, 1976 von Margaretha (*1933, †1992; ehem. Topmodel bei J. Fath) und Wolfgang Ley (*1937) in München gegründete Modefirma für sehr

Esbjerg: Marktplatz

Leo Esaki

elegante, feminine bis z. T. extrovertierte Luxuskonfektion. Das Unternehmen entwickelte sich zu einem internat. tätigen Luxusmodekonzern für Designer-Damenmode mit der klass. Linie »E. Collection« (bes. bemerkenswert die Abendmode) und der Lifestyle-Linie »E. Sport«. Seit 1994 ist der Schotte BRIAN RENNIE (* 1963) Chefdesigner im Unternehmen. Das Modeangebot wird ergänzt durch Accessoires (u. a. Schuhe, Taschen, Gürtel, Kleinlederwaren) sowie Parfüm, Brillen, Schals, Krawatten und Kindermode von Lizenzpartnern; Umsatz (2004): 626 Mio. €.

Escalopes [-'lɔp, frz.] *Pl.*, Schnitzel, kleine dünne, runde Scheiben von Fleisch (Kalb), Geflügel, Wild oder Fisch, die meist gebraten werden.

ESCAP, Abk. für **E**conomic and **S**ocial **C**ommission for **A**sia and the **P**acific [iːkəˈnɒmɪk ənd səʊʃl kəˈmɪʃn fɔː ˈeɪʃə ænd ðə pəˈsɪfɪk], die regionale Wirtschafts- und Sozialkommission des →Wirtschafts- und Sozialrats der Vereinten Nationen für Asien und den Pazifik.

Escapeklausel [ɪsˈkeɪp-; engl. to escape »entrinnen«], **Schutzklausel, Ausweichklausel,** Bestimmung in internat. Handelsverträgen, die es einer Vertragspartei erlaubt, von den übernommenen Verpflichtungen ganz oder teilweise zurückzutreten und protektionist. Maßnahmen zu ergreifen, wenn die Einfuhr einer Ware in das Gebiet der Vertragspartei die inländ. Erzeugung ernsthaft gefährdet oder zu gefährden droht. Für die Ware können Einfuhrbeschränkungen erlassen werden. Die Anwendung der E. ist gemäß GATT/WTO zulässig. Innerhalb der EU ist die E. eine der handelspolit. Schutzmaßnahmen. Führen Unterschiede in den getroffenen handelspolit. Maßnahmen der einzelnen Mitgl.-Staaten oder die Verlagerungen der Handelsströme zu wirtschaftl. Schwierigkeiten in einem Mitgl.-Staat, kann die Europ. Kommission diesen ermächtigen, die notwendigen Schutzmaßnahmen zu treffen (Art. 134 EG-Vertrag).

Escarpin [eskarˈpɛ̃, frz.] *der, -(s)/-s,* ausgeschnittener Herrenschuh der höf. Kleidung des 18. Jh. mit Schnalle, später mit Schleife und flachem Absatz; im späten 19. Jh. zusammen mit Kniehosen und Halbstrümpfen als historisierende Mode neu belebt.

Escarpment [ɪsˈkɑːpmənt, engl.], **Great E.** [greɪt -], die →Große Randstufe im südl. Afrika.

Escaut [ɛsˈko] *der,* frz. Name der →Schelde.

Esch *der* oder *das, -s/-e,*
1) bei der Dreifelderwirtschaft eines der Flurstücke, in die die gesamte Dorfflur zerfiel und von denen jedes mit der gleichen Frucht bestellt wurde.
2) in Nordwest-Dtl. eine zum Eschdorf (→Drubbel) gehörende, häufig runde, stets eingehegte Ackerfläche von bis zu 2 km Durchmesser, die von unbebautem Land umgeben war und meist dem Anbau von Roggen diente. Trotz der Einfelderwirtschaft lag der E. in →Gemengelage und unterlag dem Flurzwang.

Esch an der Alzette [- alˈzɛt], amtlich frz. **Esch-sur-Alzette** [ɛʃsyralˈzɛt], Kantonshauptstadt in Luxemburg, 290 m ü. M., nahe der Grenze zu Frankreich, 27 900 Ew.; Konservatorium; Museum der luxemburg. Widerstandsbewegung (1940–45); früher Mittelpunkt des südluxemburg. Bergbau- und Eisenindustriegebietes, das zu den bedeutendsten Westeuropas zählte (der Minetteabbau wurde 1980 eingestellt); Eisen- und Stahlindustrie.

Es|chatokoll [zu griech. *éschatos* »der Letzte« und *kólla* »Leim«] *das, -s/-e, Diplomatik:* im formelhaften Aufbau der mittelalterl. Urkunde die Gesamtheit der auf den rechtsverbindl. Text folgenden Schlussformeln, z. B. Datum und Unterschriften.

Es|chatologie [zu griech. éschata »letzte Dinge«] *die, -, Religionsgeschichte:* die in verschiedenen prophet. Religionen zentrale Lehre von einem am Ende der Weltgeschichte und nach einem Untergang der bisher bestehenden Welt (Weltende) neuen Zustand der Welt und des Menschen, die verschieden erwartete Erfüllung der religiösen Hoffnung: als »Wunderbarmachung« der Welt (ZARATHUSTRA), als messian. Reich (Propheten Israels, Judentum), Eintritt des Gottesreiches (Christentum), als Paradies (Islam), als verbessertes Weltzeitalter (Hinduismus: Welterneuerung, eingebunden in die Lehre von den aufeinander folgenden Weltperioden). Häufig besteht die Vorstellung, dass ein unmittelbar bevorstehendes Ende sich durch Zeichen andeutet (Endzeit). Daher werden Erwartungen darauf durch politisch-wirtschaftl. Krisenzeiten gefördert; sie beeinflussen die Lebenshaltung des Individuums und der Gemeinschaft. Eine Sonderform der E. bildet die Apokalyptik. Am Übergang in die neu erwartete Welt steht meistens ein Weltgericht, auch ein Götterkampf, eine Naturkatastrophe, z. B. Einsturz des Himmels, Herabfallen der Gestirne, Weltbrand.

Christl. Theologie Die Lehre von der Vollendung des Einzelnen und der ganzen Schöpfung; die prophet. E. des A. T. ist als Heilsweissagung und Ankündigung des messian. Friedensreiches Urbild der christl. E. – Die kath. Theologie hat früher die E. des N. T. vor allem als Lehre von den letzten Dingen behandelt und sie als E. des Einzelnen und der Schöpfung dargestellt, während die ird. Wirksamkeit der Kirche fast unverknüpft neben der E. stand. Die Wiederentdeckung der eschatolog. Wurzeln des Evangeliums durch die heutige Exegese hat jedoch bewirkt, dass das 2. Vatikan. Konzil der ird. Kirche ein neues Selbstverständnis gegeben hat. Sie sieht sich nicht mehr v. a. als den von der Welt geschiedenen myst. Leib Christi, sondern als das Gottesvolk, das dem eschatolog. Ziel auf dieser Erde entgegenwandert, ohne es je voll und endgültig zu erreichen. Innerhalb der ird. Geschichtszeit bleibt unaufhebbar die Spannung von schon angebrochenem und noch nicht vollendetem Gottesreich. – Auch die ev. Theologie betont auf der Grundlage der modernen Exegese den eschatolog. Charakter der Verkündigung JESU (A. SCHWEITZER, R. BULTMANN). Die tragenden Begriffe des Evangeliums: »Reich Gottes«, »neue Gerechtigkeit«, »Heil«, »Lohn« u. a., sind eschatologisch, d. h. auf die Endzeit bezogen. Mit dem Erlöschen urchristl. Naherwartung des Endes rückte die E. in die Ferne der Endgeschichte. Seit SCHLEIERMACHER wurden immer mehr die »kosmolog.« Elemente der E. auszuscheiden gesucht zugunsten der »individuellen« E. Auch hatte sich im Verständnis der Endgeschichte ein Wandel zur »existenzialen« Deutung der E. als Krisis und Entscheidung jeder Stunde (griech. Kairos) angebahnt. Die neuere Theologie sucht jedoch das Geschichts- und Weltbild der Apokalyptik für ein aktualisierendes Verständnis des Bezuges zw. Offenbarung und Welt zu nutzen. Dieser Ansatz richtet sich bes. gegen die Reduktion der Hoffnungsinhalte auf die gegenwärtige Entscheidung des Menschen und betont demgegenüber die Universalität der Offenbarung und des Handelns Gottes in der Geschichte. Dadurch wird allerdings z. T. die Erwartung Gottes als des Richters, der im Jüngsten Gericht den Einzelnen zur Rechenschaft zieht, zugunsten der Versöhnung der Welt und der ganzen Menschheit zurückgedrängt. Andererseits wird E. auch entfaltet als Frage nach der Beziehung der Zukunft Gottes zur gesamten Schöpfungswirklichkeit, die dem Menschen nicht zu letztlich inhumaner Ausbeutung, sondern zu verantwortl. Pflege von Gott übertragen wurde. – In der orth. Theologie gewann zeitweilig die Lehre von der Apokatastasis (der »Wiederbringung Aller«) einen gewissen Einfluss, wurde jedoch nicht Bestandteil der Kirchenlehre im dogmat. Sinn. E. wird als die von Gott allein bewirkte Vollendung einer neuen unvergängl. Schöpfung gelehrt. Auftrag der Kirche ist es nach orth. Verständnis, für alle Menschen (die Lebenden und die bereits Verstorbenen) zu beten, dass Gott sie in seine ewige Gemeinschaft aufnehme.

Seit alters hat die E. durch Sonderlehren zu Auseinandersetzungen Anlass gegeben: Der Gedanke eines tausendjährigen Friedensreiches vor der Parusie hat in alter und neuer Gestalt das christl. Denken beschäftigt und die kirchl. Lehre zur Abwehr gerufen.

Enzyklopädische Vernetzung: ▪ Apokalyptik ▪ Apokatastasis ▪ Auferstehung der Toten ▪ Chiliasmus ▪ Endzeitgemeinden ▪ Gericht Gottes ▪ Himmel ▪ Hölle ▪ Jenseits ▪ Jüngstes Gericht ▪ Kairos ▪ Parusie ▪ Tod ▪ Weltende ▪ Weltzeitalter

📖 P. Althaus: Die letzten Dinge. Lb. der E. (^{8}1961); E. im A. T., hg. v. H. D. Preuss (1978); R. Bultmann: Gesch. u. E. (a. d. Engl., ^{3}1979); E. Fastenrath: In vitam aeternam. Grundzüge christl. E. in der 1. Hälfte des 20. Jh. (1982); G. Greshake u. G. Lohfink: Naherwartung, Auferstehung, Unsterblichkeit (^{5}1986); J. Ratzinger: E. Tod u. ewiges Leben (^{6}1990); D. Hattrup: E. (1992); G. Sauter: Einf. in die E. (1995); H. Schwarz: Die christl. Hoffnung. Grundkurs E. (2002); M. Kehl: Dein Reich komme. E. als Rechenschaft über unsere Hoffnung (Neuausg. 2003).

es|chatologisch, 1) die Eschatologie betreffend; 2) auf die letzten Dinge bezüglich, endzeitlich.

Eschboden, *Bodenkunde:* das → Plaggenesch.

Eschborn, Stadt im Main-Taunus-Kreis, Hessen, im nordwestl. Vorortbereich von Frankfurt am Main, 138 m ü. M., 20 300 Ew.; Dienstleistungszentrum im Rhein-Main-Gebiet, Sitz des Bundesamtes für Wirtschaft und Ausfuhrkontrolle, der Gesellschaft für techn. Zusammenarbeit (gtz) sowie mehrerer Unternehmenszentralen. – Die frühmittelalterl. Siedlung E. kam 1704 an das Erzbistum Mainz, 1803 an Nassau und mit diesem 1866 an Preußen. 1970 wurde E. Stadt.

Eschdorf, *Siedlungsform:* der → Drubbel.

Esche, Fraxinus, Gattung der Ölbaumgewächse mit rd. 60 Arten in Eurasien, Nordamerika und N-Afrika; Bäume mit gegenständigen, meist unpaar gefiederten Blättern; die Früchte zeigen einen zungenförmigen Fortsatz (Flügelnüsse). Die **Gemeine E.** (Fraxinus excelsior) ist ein bis zu 40 m hoch werdender Baum in Niederungen und an Flussufern und liefert ein geschätztes Holz (v. a. für Möbel und Sportgeräte). Die als Zierbaum weit verbreitete **Manna-E.** (**Blumen-E.,** Fraxinus ornus) ist im mediterranen Raum heimisch. Der bis zu 8 m hohe Baum trägt zahlr. weiße, duftende Blüten; der aus Rindeneinschnitten gewonnene erhärtende Saft (»Manna«) enthält das süßlich schmeckende → Mannit und wird medizinisch als Abführmittel verwendet.

Kulturgeschichte Die Gemeine E. spielt in der nord. Mythologie eine große Rolle. In der Völuspá werden der Weltenbaum Yggdrasil als E. (ask) bezeichnet und das erste Menschenpaar »Ask« und »Embla« genannt. Im alten Griechenland (Ilias) und in Germanien wurden aus E.-Holz Geräte, bes. Waffen, hergestellt. Noch im MA. pflanzte man deshalb gerne E. in der Nähe von Burgen. Zur Verwendung des E.-Laubs als Viehfutter legten die Römer Plantagen an (Columella, »De re rustica«). Die Gewinnung des Manna lernten die Einwohner Kalabriens und Siziliens im 9. Jh. von den Arabern kennen.

Esche, Eberhard, Schauspieler, * Leipzig 25. 10. 1933; 1961–99 am Dt. Theater Berlin; häufig kom. Rollen in ironisch gelassener Darstellung; Soloprogramme, u. a. mit H. Heines »Dtl. Ein Wintermärchen«; auch Filmschauspieler.

Filme: Der geteilte Himmel (1964); Spur der Steine (1966); Wie heiratet man einen König? (1968); Leben mit Uwe (1973); Einzug ins Paradies (Fernsehfilm, 6 Tle., 1983/84); Sachsens Glanz und Preußens Gloria (Fernsehfilm, 4 Tle., 1985); Novalis – die blaue Blume (1993).

Eschen|ahorn, Acer negundo, bis 20 m hoch werdende nordamerikan. Ahornart mit gefiederten, bei manchen Formen weißbunten Blättern und zweihäusig verteilten Blüten; beliebter Zierbaum in Gärten und Parks.

Eschenbach,

1) Christoph, eigtl. **C. Ringmann,** Pianist und Dirigent, * Breslau 20. 2. 1940; wurde als Pianist bes. mit der Interpretation der Werke von W. A. Mozart und F. Schubert bekannt und trat auch im Duo mit J. Frantz auf. 1972 debütierte er als Dirigent und war 1978–83 Generalmusikdirektor der Staatsphilharmonie Rheinland-Pfalz in Ludwigshafen am Rhein und 1982–86 Chefdirigent des Tonhalle-Orchesters in Zürich. 1988–99 leitete er das Houston Symphony Orchestra; seit 1998 Chefdirigent des NDR-Sinfonieorchesters in Hamburg, daneben seit 2000 musikal. Leiter des Orchestre de Paris, seit 2003 des Philadelphia Orchestra. 2004 wurde er zum Chefdirigenten der internat. Orchester-Akad. des Schleswig-Holstein-Musikfestivals ernannt.

Esche: Zweig der Gemeinen Esche mit Früchten

Christoph Eschenbach

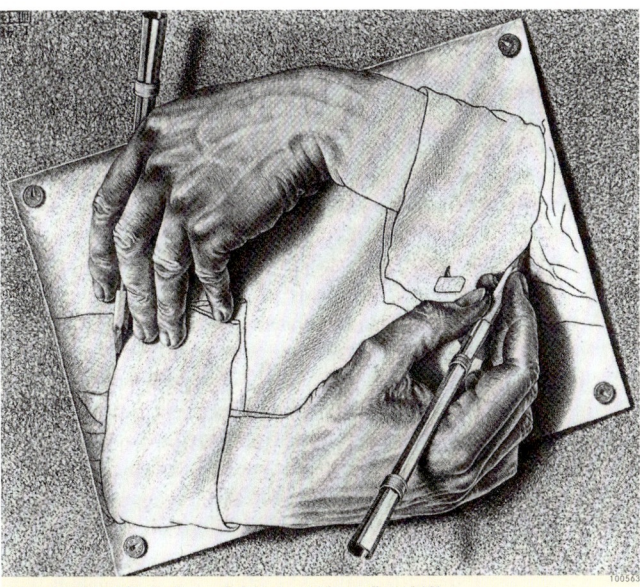

Maurits Cornelis Escher: »Zeichnen«, Lithografie (1948)

Esch Eschenbach i.d. OPf.

🔊 **Christoph Eschenbach:** W. A. Mozart: Sonate für Klavier A-Dur K 331, Andante grazioso **3728**; R. Strauss: »Frühling«, aus »Vier letzte Lieder« **5961**

2) Ulrich von, mittelhochdt. Dichter, →Ulrich von Eschenbach.

3) Wolfram von, mittelhochdt. Dichter, →Wolfram von Eschenbach.

Eschenbach i.d. OPf., Stadt im Landkreis Neustadt a.d. Waldnaab, Bayern, 430 m ü. M., 4 000 Ew.; Landwirtschaft; Herstellung keram. Folien, Ofenbau, Anlagenbau. – E., 1134 als Sitz eines Richteramtes genannt, erhielt um 1280 Marktrecht und wurde 1358 Stadt. Von 1803 bis zu seiner Auflösung 1972 war E. Verwaltungssitz des gleichnamigen Landkreises.

Eschenburg,

1) Johann Joachim, Schriftsteller und Literaturhistoriker, *Hamburg 7. 12. 1743, †Braunschweig 29. 2. 1820; lehrte seit 1767 in Braunschweig; war befreundet mit G. E. LESSING, dessen Nachlass er teilweise herausgab. E.s Bedeutung ist weniger in seinen literar. Werken (Gedichte, Epen, Dramen) als in seiner weit reichenden Tätigkeit als Kritiker, Literaturhistoriker und Übersetzer begründet; so schuf er u. a. die erste vollständige Übertragung (in Prosa) von SHAKESPEARES Schauspielen (13 Bde., 1775–82; 12 Bde., ³1798–1806).

Werke (Auswahl): Entwurf einer Theorie u. Lit. der schönen Redekünste (1783); Hb. der class. Lit. u. Alterthumskunde (1783).

Theodor Eschenburg

2) Theodor, Politikwissenschaftler, *Kiel 24. 10. 1904, †Tübingen 10. 7. 1999; war 1929–45 zunächst im Wissenschaftsbereich, später in der Industrie tätig, 1945–52 in der Verw. des Landes Württemberg-Hohenzollern, das er bei den Verhandlungen über die Gründung des »Südweststaates« vertrat. 1947 wurde er Honorar-Prof., 1952 ordentl. Prof. an der Univ. Tübingen. In seinen wiss. Arbeiten, die ihn über den engeren Kreis der Fachwelt hinaus bekannt machten, befasste er sich v. a. mit dem polit. System und der Verw. in der Bundesrepublik Deutschland.

Werke: Das Kaiserreich am Scheideweg, Bassermann, Bülow u. der Block (1929); Der Beamte in Partei u. Parlament (1952); Herrschaft der Verbände? (1955); Staat u. Gesellschaft in Dtl. (1956); Die dt. Frage (1959); Zur polit. Praxis in der Bundesrepublik Dtl., 3 Bde. (1961–72); Über Autorität (1965); Matthias Erzberger (1973); Gesch. der Bundesrepublik Dtl., Bd. 1 (1983); Spielregeln der Politik (1987); Das Jahrhundert der Verbände (1989). – *Erinnerungen:* Also hören Sie mal zu. Geschichte u. Geschichten 1904 bis 1933 (1995); Letzten Endes meine ich doch. Geschichten 1933–1999 (2000).

Hg.: Vierteljahrshefte für Zeitgesch. (1953–77).

Escher, in Zürich ansässiges Ratsgeschlecht, das ursprünglich aus Kaiserstuhl (Aargau) stammt und 1190 dort erstmals erwähnt wird. 1384/85 erwarben JOHANNES E. sowie HEINRICH E. das Bürgerrecht von Zürich und begründeten die Zweige E. vom Luchs und E. vom Glas. Beide waren in Handel und Seidenindustrie tätig und stellten mehrmals das Stadtoberhaupt von Zürich. Bekannt v. a.:

Johann Heinrich Alfred **E. vom Glas,** schweizer. Politiker, *Zürich 20. 2. 1819, †Enge (heute zu Zürich) 6. 12. 1882; Jurist; zählte zu den Verfechtern des sich in der 1. Hälfte des 19. Jh. ausprägenden klass. Liberalismus. E. war 1845, 1846 und 1848 Tagsatzungsgesandter, 1847/48 Erster Stadtschreiber der Stadt Zürich und 1849–51 sowie 1854 dort Bürgermeister bzw. Stadt-Präs. Ab 1848 Mitgl. des Nationalrats und 1849/50, 1856/57, 1862/63 dessen Präs., bemühte sich E. insbes. um die Verteidigung der Unabhängigkeit und Neutralität der Schweiz. Sein entschiedenes Eintreten für eine freie Entwicklung der Wirtschaft spiegelte sich v. a. in seinem Engagement im privat betriebenen Eisenbahnbau ab 1849 (entscheidende Mitwirkung beim Bau der Nordostbahn und der Gotthardbahn, 1872–78 Präs. des Direktoriums), zu dessen Finanzierung er für die Gründung leistungsfähiger Finanzinstitute (1856 Schweizer. Kreditanstalt, 1856–77 und 1880–82 ihr Präs.; 1857 Schweizer. Lebensversicherungs- und Rentenanstalt) eintrat. Er förderte auch das kulturelle Leben, z. B. durch Gründung des »Eidgenöss. Polytechnikums« in Zürich (1855; heute Eidgenöss. TH).

📖 G. B. ESCHER: Gesch. der Familie E. vom Glas (1997).

Escher [ˈɛsər], Maurits Cornelis, niederländ. Grafiker, *Leeuwarden 17. 6. 1898, †Hilversum 27. 3. 1972; schuf ab 1937, meist in Holzschnitten, Holzstichen und Lithografien, mathematisch durchdachte »Gedankenbilder« mit suggestiver Wirkung, indem er versch. Beobachtungsebenen in einer einzigen Raumperspektive vereinte, oft in der Art von endlosen Mustern, die sich aus regelmäßigen Wiederholungen geometr. Grundfiguren zusammensetzen. – Bild Seite 387

Escherich,

1) Georg, Politiker, *Schwandorf 4. 1. 1870, †München 26. 8. 1941; Förster, führte 1920–21 die **Organisation Escherich** (Abk.: **Orgesch**), eine Wehrorganisation, die 1919 in Bayern im Kampf gegen die Räterepublik entstanden war. Bei ihrem Verbot (1921) hatte sie in Dtl. und Österreich über 1 Mio. Mitglieder.

2) Theodor, österr. Kinderarzt, *Ansbach 29. 11. 1857, †Wien 15. 2. 1911; Prof. in Graz und Wien; entdeckte 1885 das Bacterium coli commune (Escherichia coli) und führte als einer der Ersten die sich entwickelnde Bakteriologie in die Kinderheilkunde ein; von ihm stammen wichtige Beiträge zur Tetanie bei Kindern sowie zur Ernährungsphysiologie und -pathologie der Säuglinge.

Escherichia [nach dem Mediziner THEODOR ESCHERICH, *1857, †1911], Bakteriengattung mit fünf weltweit, v. a. im Boden, im Wasser, in Fäkalien und im Darm der Wirbeltiere (einschließlich Mensch) verbreiteten Arten. Die bekannteste Art ist **E. coli (Colibakterium, Kolibakterium),** ein meist bewegliches, Säuren und Gas aus Glucose und Lactose bildendes, stäbchenförmiges Bakterium, von dem über 180 Serotypen bekannt sind. Als kommensaler Bewohner gehört es zur Darmflora, bestimmte pathogene Stämme können aber zu Durchfallerkrankungen (enteropathogene E. coli), Harnwegsinfektionen (uropathogene E. coli) und Gehirnhautentzün-

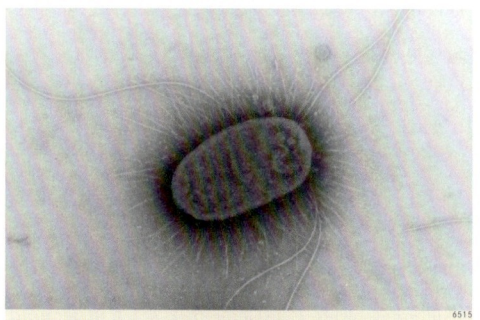

Escherichia: Escherichia coli (Zellgröße 2,3 × 0,8 µm)

dung führen. Die **enteropathogenen E. coli** stellen eine Gruppe von E.-coli-Bakterien dar, die sich durch Gentransfer zu Krankheitserregern entwickelt haben. Hierzu zählen u. a. die enteropathogenen E. coli (EPEC) i. e. S., die enterohämorrhagischen E. coli (EHEC) und die enteroinvasiven E. coli (EIEC). EPEC-Bakterien führen zu meist wässrigen oder blutigen Durchfällen mit unterschiedl. Schweregrad. EHEC-Bakterien können lebensgefährl. Erkrankungen wie das hämolytisch-uräm. Syndrom (HUS) verursachen.

Escherkanal, die Einmündung der Linth in den Walensee (→ Limmat).

Eschershausen, Stadt im Landkreis Holzminden, Ndsachs., im Weserbergland am Ith, 3 800 Ew.; Wilhelm-Raabe-Museum (im Geburtshaus des Dichters); Abbau von Naturasphalt; Herstellung von Schlauchbooten und Rettungsinseln, Verarbeitung von Displayglas; Erholungsort. – E., um 1040 erstmals genannt, wurde 1761 Marktflecken und 1833 Stadt.

Escher von der Linth,
1) *Arnold,* schweizer. Geologe, * Zürich 8. 6. 1807, † ebd. 12. 7. 1872, Sohn von 2); ab 1856 Prof. in Zürich. Einer der Väter der schweizer. Geologie; vermutete als Erster großräumige Überschiebungstektonik in den Alpen (1841). E. fertigte (mit B. STUDER) die erste geolog. Karte der Schweiz an (»Carte géologique de la Suisse«, 1853).
2) *Hans (Johann) Konrad,* schweizer. Geologe, * Zürich 24. 8. 1767, † ebd. 9. 3. 1823, Vater von 1); machte sich verdient durch die Regulierung der Linth (1808–22), was ihm (1823) und seinen Nachkommen den Namenszusatz »von der Linth« eintrug. Seit 1815 war er als liberaler Politiker Mitgl. des Helvet. Großen Rates in Zürich. Als Geologe wurde er v. a. durch seine Forschungen über Stratigrafie und Faltung in den Alpen bekannt.

E-Schicht, Schicht der → Ionosphäre.

Eschkol, *Levi,* israel. Politiker, * Oratowo (bei Kiew) 25. 10. 1895, † Jerusalem 26. 2. 1969; kam 1914 nach Palästina und war dort später im jüd. Siedlungswesen tätig. 1920 beteiligte er sich an der Gründung von Degania, einem der ersten Kibbuzim. In den folgenden Jahren wurde er ein führendes Mitgl. der Gewerkschaftsorganisation »Histadrut« und der sozialist. »Mapai«. Nach Gründung des Staates Israel (1948) war er 1951–52 Landwirtschafts-, 1952–63 Finanz-Min. sowie 1963–69 Min.-Präs. und Verteidigungs-Min. Angesichts des sich zuspitzenden Nahostkonflikts im Mai 1967 bildete er ein Kabinett der »Nat. Einigkeit«. 1968 hatte er entscheidenden Anteil am Zusammenschluss der »Mapai« mit zwei anderen sozialist. Parteien zur Israel. Arbeitspartei.

Eschnunna, Aschnun, altoriental. Stadt östlich des Dijala, heute der Ruinenhügel **Tell Asmar,** etwa 35 km nordöstlich von Bagdad. Amerikan. Ausgrabungen (1930–38, 1942) legten drei übereinander errichtete frühdynast. Tempel des 3. Jt. v. Chr. (Fund von 12 Beterstatuetten) frei, einen Tempel der 3. Dynastie von Ur, einen frühdynast. Palast und den Palast der altbabylon. Dynastie von E. (20.–18. Jh. v. Chr.), das Hauptstadt des Königreichs Warium war. Später errichtete wohl NARAM-SIN eine Audienzhalle. – Die Rechtssammlung von E., ein Keilschriftarchiv, wurde 1945–47 im benachbarten **Tell Harmal** geborgen. – Aus E. stammen mehrere als Beutestücke nach Susa verschleppte und dort gefundene Kunstwerke, möglicherweise auch der Kopf eines Fürsten aus altbabylon. Zeit (»Hammurapi-Kopf«; Louvre).

Eschnunna: Beterstatuetten aus Alabaster (um 2700 v. Chr.; Bagdad, Irak-Museum)

Eschscholtzia [nach dem balt. Naturforscher JOHANN FRIEDRICH VON ESCHSCHOLTZ, * 1793, † 1831], **Goldmohn,** Gattung der Mohngewächse mit rd. 120 Arten v. a. im westl. Nordamerika; Kräuter mit einzeln stehenden, meist orangegelben Blüten, deren zwei Kelchblätter kappenartig miteinander verwachsen sind und beim Aufblühen abfallen. Die Frucht ist eine schotenförmige, zweiklappige Kapsel. Mehrere Arten werden als Zierpflanzen kultiviert, z. B. der bis 40 cm hohe **Kaliforn. Mohn** (E. californica) mit einfachen oder gefüllten Blüten. – E. californica bedeckte einst Kalifornien in solchem Ausmaß, dass die Spanier es danach im 16. Jh. »Feuerland« oder »Goldener Westen« nannten. E. ist im Wappen Kaliforniens abgebildet.

Esch-sur-Alzette [εʃsyral'zεt, frz.], Stadt in Luxemburg, → Esch an der Alzette.

Eschwege, Kreisstadt des Werra-Meißner-Kr., NO-Hessen, in einer Talweitung der Werra zw. Ringgau, Eichsfeld und Meißner, 168 m ü. M., 23 000 Ew.; Stadtmuseum; Sonder- und Werkzeugmaschinenbau (Schwerpunkt Automobilbau), ferner Textil-, pharmazeut., Nahrungsmittel- u. a. Industrie. – Maler. Stadtbild mit Renaissanceschloss (Kern 1386, im 16.–18. Jh. neu gestaltet), Altem Rathaus (1660), Neuem Rathaus (1842–43), Dünzebacher Torturm (urspr. 1322 bzw. 1531; nach Zerstörung erneuert, 1690), Hochzeitshaus (1578) und zahlr. Fachwerk-

Eschscholtzia: Kalifornischer Mohn

Esch Eschwege

Eschwege: Fachwerkhäuser an der Werra

Eschwege
Stadtwappen

Eschweiler
Stadtwappen

Josemaría Escrivá de Balaguer y Albás

häusern des 17./18. Jh. mit für E. typ. Flachschnitzereien; Marktkirche St. Dionys (1451–1521) mit Orgelprospekt von 1678; in der Katharinenkirche (15. Jh.) Steinkanzel von 1509; auf dem Leuchtberg der Bismarckturm von 1903. – Im 974 erstmals als Königshof erwähnten E. gründete um 1000 die Schwester Kaiser Ottos III. ein königl. Damenstift. Seit 1188 mit Marktprivileg ausgestattet, erhielt E. vor 1236 Stadtrecht. Im Territorialstreit zw. Hessen und Thüringen um die »Werrastädte« gehörte E. bis 1264 zu Thüringen, danach zum hess. Landgrafenhaus oder zu Thüringen, seit 1433 endgültig hessisch. 1821 wurde E. Verwaltungssitz des neu gebildeten gleichnamigen Landkreises, 1974 Kreisstadt des Werra-Meißner-Kreises. – Seit dem MA. war E. ein bedeutender Handelsplatz und handwerkl. Mittelpunkt von Woll- und Leinenweberei; Tuchmachersitz.

Eschwege, Wilhelm Ludwig von, Geologe und Geograf, * Aue (heute zu Wanfried, bei Eschwege) 10. 11. 1777, † Kassel 1. 2. 1855; arbeitete 28 Jahre in Portugal; war port. Feldmarschallleutnant und Oberberghauptmann; 1810–21 leitete er in Brasilien, bes. in Minas Gerais, die geologisch-bergmänn. Erschließung ein.

Eschweiler, Stadt im Kr. Aachen, NRW, östlich von Aachen am N-Rand der Eifel, an der Inde, 156 m ü. M., 55 700 Ew.; nordöstlich von E. Braunkohlentagebau, Gießereien, Kabelwerke, Lackfabrik, Klebstoffproduktion, Kunststoff- und Messgeräteherstellung, Kalkwerk; in Weisweiler (seit 1972 zu E.) Großkraftwerk. – Der 830 erstmals genannte Königshof wurde Keimzelle der mittelalterl. Siedlung, die seit dem 14. Jh. vorwiegend vom Steinkohlenbergbau lebte. 1420 gelangte E. an das Herzogtum Jülich, seit 1815 war es preußisch. Im 16. Jh. wich der Tagebau von Steinkohle dem Untertagebau, der bei E. 1944 erlosch. Im 19. Jh. setzte eine rasche Industrialisierung ein. Seit 1845 als Stadt bezeichnet, erhielt E. 1858 offiziell die Stadtrechte verliehen.

Escobar y Mendoza [- ˈdoθa], Antonio, span. Jesuit, * Valladolid 1589, † ebd. 1669; sein Hauptwerk »Liber theologiae moralis« (1644), ein moraltheolog. Kompendium, galt als eine wichtige Grundlage des → Laxismus. Die darin vertretene »jesuit. Gesetzesmoral« hat B. Pascal in seiner Streitschrift »Lettres à un Provincial« (1656/57) äußerst scharf kritisiert.

Escoffier [ɛskɔˈfje], Georges Auguste, frz. Küchenmeister, * Villeneuve-Loubet (Dép. Alpes-Maritimes) 28. 10. 1846, † Monte Carlo 12. 2. 1935; gilt als der Schöpfer der feinen modernen Kochkunst; er war auch bedeutend als Fachschriftsteller (»Le guide culinaire«, 1903; dt. »Kochkunstführer«). In Villeneuve-Loubet befindet sich ein E.-Museum.

Escoffion [ɛskɔˈfjõ, frz.] das, -s/-s, die perlen- und goldverzierte Netzhaube des 16. Jh., die das weibl. Haar am Hinterkopf zusammenfasste; auch die damit gebildete Frisur.

Escorial, El E., Ort in der Region Madrid, Spanien, etwa 60 km nordwestlich von Madrid, 8 100 Ew., mit der Klosterresidenz **San Lorenzo el Real de El E.** (UNESCO-Weltkulturerbe), die Philipp II. 1563–84 nach Entwürfen von J. B. de Toledo und J. de Herrera als multifunktionalen Architekturkomplex unter Bezugnahme auf zeitgleiche Rekonstruktionsversuche des Tempels Salomos errichten ließ. Erst Philipp III. reduzierte, v. a. durch den Ausbau des Pantheons (1654 fertig gestellt), die Nutzung im Wesentlichen auf eine Grablege für das span. Königshaus. Der gewaltige Granitbau auf rechteckigem Grundriss (207 × 162 m) folgt in Anlage und Ausstattung streng den kath. Reformideen des Tridentinums und markiert in exemplar. Weise den Übergang von der Renaissance zum Barock. Er umschließt hinter strengen Monumentalfassaden rd. 400 Räume, 16 Binnenhöfe, 15 Kreuzgänge und im Zentrum die Basilika (1576 ff.), einen Zentralbau auf dem Grundriss eines griech. Kreuzes mit 100 m hoher Vierungskuppel. Zum ersten Mal wurde im Klosterbereich der später in ganz Europa verbreitete Typus der Kaisertreppe realisiert; Karl II. ließ die Gewölbezone von L. Giordano 1692/93 mit der »Anbetung der Trinität« ausmalen. Auf der Evangelienseite des Hochaltars stehen als ein Hauptwerk zeitgenöss. Grabmalskunst die lebensgroßen, feuervergoldeten Bronzestatuen Karls V. und versch. Familienmitglieder, auf der Epistelseite die Philipps II. und versch. Familienangehöriger, Werke von P. Leoni. Die Hochaltarbilder schufen in einem komplexen Entstehungsprozess v. a. P. Tibaldi und F. Zuccari. Der E. besitzt eine wertvolle Bibliothek (etwa 42 000 Bände), eine umfangreiche Handschriftensammlung und eine bedeutende Gemäldesammlung (u. a. mit Werken von El Greco, Tizian, D. R. Velázquez); ein Architekturmuseum informiert über die z. T. für die Zeit einzigartigen techn. Leistungen des Baus. In den maurisch inspirierten Gärten des E. die »Casita del Príncipe«, 1773 von J. de Villanueva für Karl III. (Sohn Philipps V.) erbaut. – 15 km entfernt liegt die unter Bezugnahme auf den E. von F. Franco Bahamonde errichtete → Valle de los Caídos.

ESCP-EAP Europäische Wirtschaftshochschule, frz. **ESCP-EAP École Européenne des Affaires** [eˈkɔl ørɔpeˈɛn dezaˈfɛr], engl. **ESCP-EAP European School of Management** [ˌjʊərəˈpiːən ˈskuːl ɔf ˈmænɪdʒmənt], span. **Escuela Europea de Administración de Empresas** [-θjɔn-], internationale wirtschaftswiss. Hochschule mit Campus in Berlin, London, Madrid, Paris und Turin; entstanden 1999 aus dem Zusammenschluss der Elitehochschulen ESCP-École Supérieure de Commerce de Paris (gegr. 1819) und der EAP-École des Affaires de Paris, später EAP-École Européenne des Affaires (gegr. 1973). Die ESCP-EAP verleiht für das dreijährige betriebswirtschaftl. Hauptstudium »European Master in Management

(EMIM)«, das in drei Ländern absolviert wird, ein Dreifachdiplom: neben dem frz. Diplôme de Grande École und dem dt. Diplomkaufmann/-frau auch den engl. Master of Science (MSc).

Escrivá de Balaguer y Albás, Josemaría, span. Jurist und kath. Theologe, *Barbastro (Prov. Huesca) 9. 1. 1902, † Rom 26. 6. 1975; wurde 1925 zum Priester geweiht; war seit 1927 Seelsorger in den Armenvierteln Madrids; gründete 1928 in der Folge eines persönl. Berufungserlebnisses die Priester- und Laiengemeinschaft des →Opus Dei; war bis zu seinem Tod Leiter des Werkes, seit 1946 (Anerkennung des Opus Dei als Säkularinstitut) als General-Präs. in Rom. – 1992 wurde E. DE B. Y A. selig, 2002 heilig gesprochen.

📖 P. BERGLAR: Opus Dei. Leben u. Werk des Gründers Josemaría Escrivá (³1992); Josemaría Escrivá. Profile einer Gründergestalt, hg. v. C. ORTIZ (2002).

Escudo [port. -'kuðu; span.-port., von lat. scutum »Schild«] der, -(s)/-(s), Name span. und port. Münzen und Währungseinheiten. In Spanien war der E. zunächst eine Goldmünze (**E. d'oro**), die von 1537 bis zum Ende der napoleon. Zeit geprägt wurde. Das Doppelstück des E. d'oro war die →Dublone, das Acht-E.-Stück wurde als **Onza**, der halbe E. als **Escudillo (Coronilla)** bezeichnet. Ab 1864 wurde der E. Währungseinheit, 1 E. = 100 Céntimo. 1868 wurde der E. durch die →Peseta ersetzt.

In Portugal war der E. zunächst eine Goldmünze, geprägt vom 15. Jh. bis 1828. Er blieb bis zur Einführung einer neuen Goldwährung 1854 Rechnungsmünze. Nach dem Sturz der Monarchie 1911 wurde der E. (Abk. Esc) erneut eingeführt (1 E. = 100 Centavo) und blieb bis zur Einführung des →Euro offizielle Währungseinheit. – Der E. ist auch Währungseinheit von Kap Verde (1 Kap-Verde-E., Abk. KEsc, = 100 Centavo).

Escuintla,
1) Hauptstadt des Dep. Escuintla im südl. Guatemala, 340 m ü. M., 65 000 Ew.; Handels- und Verarbeitungszentrum für Agrarprodukte.
2) Dep. in Guatemala, 4 384 km², (2002) 538 700 Ew., Hauptstadt Escuintla.

ESCWA, Abk. für Economic and Social Commission for Western Asia [iːkɔˈnɒmɪk ənd ˈsəʊʃl kəˈmɪʃn fɔː ˈwestən ˈeɪʃə], die regionale Wirtschafts- und Sozialkommission des →Wirtschafts- und Sozialrats der Vereinten Nationen für Westasien.

Esdras, in der Vulgata Namensform für →Esra.

Esel [ahd. esil, von lat. asinus »Esel« oder asellus »kleiner Esel«], **Afrikanischer Wildesel, Equus africanus,** urspr. in Nordafrika und Südeuropa, später auch in weiten Teilen Asiens sowie Amerikas verbreitete Art der Pferde; mit großem Kopf, charakterist. langen Ohren, kurzer, aufrecht stehender Nackenmähne, »Kastanien« (→Hornwarzen) an den Vorderbeinen und langem Schwanz mit Endquaste. Die Grundfärbung ist gelblich graubraun bis grau und immer mit einem dunklen Aalstrich, z. T. schwärzl. Querstrich in der Schultergegend (»Schulterkreuz«); der Bauch ist hell, ebenso oft das Maul. Die Schulterhöhe schwankt zw. 0,76 m (Zwergformen) und 1,60 m (z. B. Katalan. und Poitou-Riesenesel).

Von den urspr. drei Unterarten ist mindestens eine, der **Nordafrikanische Wild-E.,** ausgestorben; der gelblich graue **Nubische Wild-E.** und der graue **Somali-Wild-E.** sind stark bedroht. Letzterer wird in einigen Zoos erfolgreich gezüchtet.

Escorial: Anlage der Klosterresidenz San Lorenzo el Real de El Escorial von Juan Bautista de Toledo und Juan de Herrera (1563–84)

Der Nordafrikan. Wild-E. ist die Stammform des Haus-E. (Equus asinus). Bei diesem unterscheidet man zahlr. Rassen, darunter den großen **Poitou-Riesen-E.** in Frankreich (dunkelbraunes bis schwarzes, zotteliges Fell, Maul und Augenring hell), den fast ebenso großen **Puli-E.** in Süditalien, den kleinen **Savoy-E.** im Alpengebiet (äußerst trittsicher in schwierig zu begehendem Gebirgsgelände) und den relativ kleinen **Makedonischen E.** auf der Balkanhalbinsel. – Haus-E. lassen sich mit Hauspferden kreuzen (Männchen Pferd × Weibchen E. →Maulesel; Männchen E. × Weibchen Pferd →Maultier), doch sind die Nachkommen (im Unterschied zum →Halbesel) fast stets unfruchtbar und müssen immer wieder neu gezüchtet werden. E. werden genutzt als Reit- und Lasttier, zur

Esel: Nubischer Wildesel mit Jungtier

Esel Eseler

Esel: Hausesel

Züchtung von Maultier und Maulesel sowie zur Fleischproduktion.

Kulturgeschichte Die ältesten Abbildungen von Wild-E. sind jungsteinzeitl. Felszeichnungen in der Sahara und z. T. noch frühere Darstellungen in südeurop. Höhlen. Die Domestikation des E. erfolgte im 4. Jt. v. Chr. im Niltal. Die Reliefs RAMSES' II. am Tempel von Karnak zeigen Lastesel.

Von Ägypten aus gelangten Haus-E. über Palästina und das heutige Syrien nach Mesopotamien. Aus der frühen Bronzezeit Palästinas (3000–2500 v. Chr.) sind E.-Knochen von Tell ed-Duweir und eine kleine E.-Figur aus Ton von Jericho bekannt. Der älteste Beleg für E. als Reittiere dürfte eine Abbildung auf einer goldenen Dolchscheide aus Byblos (17.–15. Jh. v. Chr.) sein.

Über Kleinasien gelangte der E. auf die Balkanhalbinsel, von da zu Griechen und Römern. In der homer. Zeit war der E. noch selten, er diente v. a. zur Zucht der geschätzten Maultiere. Erst 684 v. Chr. wird er von TYRTAIOS als Lasttier erwähnt. In Mitteleuropa wurde der E. nie ein wichtiges Haustier. Nach Dtl. kam der E. im MA. durch Mönche, die ihn als Lasttier hielten. Später wurde er auch außerhalb der Klöster, v. a. als Müller-E., verwendet.

In der christl. Kunst wird der Einzug CHRISTI in Jerusalem auf einem E. bereits auf frühchristl. Sarkophagen dargestellt, ebenfalls Ochs und E. an der Krippe bei der →Geburt CHRISTI. Ein weiteres häufiges Motiv mit E. ist die →Flucht nach Ägypten. – In der christl. Symbolik wird der E. gelegentlich als Sinnbild der Unbeständigkeit, des Wankelmuts, der Trägheit, des Eigensinns, der Torheit und der rohen Sinnlichkeit und weltl. Lust (lat. luxuria) verstanden, z. B. der musizierende E. in der roman. Bauplastik. Dem hl. ANTONIUS VON PADUA wurde in der dt. Kunst des 16. und 17. Jh. ein kniender E. als Attribut beigegeben.

Aus dem 3. Jh. stammt das Graffito eines Spottkruzifixes vom Palatin in Rom (1856 entdeckt), das die frühen Christen als E.-Anbeter verhöhnt. König MIDAS I. wurde seit dem 5. Jh. v. Chr. mit E.-Ohren dargestellt, die er von Apoll erhielt, weil er die Musik Pans bevorzugte. Musizierende Tiere, darunter ein E. mit Harfe, tauchen erstmals auf einem sumer. Rollsiegel von 2700 v. Chr. auf, ebenso in den Königsgräbern von Ur (um 2500 v. Chr.) oder auf einer ägypt. Zeichnung um 1200 v. Chr.

In den USA wurde der E. in den 1870er-Jahren durch T. NAST zum Symbol der Demokrat. Partei.

Im Volksglauben galt der E. als Geistererscheinung (Teufel). Im Brauch erscheint der E. u. a. in Verbindung mit Weihnachtskrippe, Palmsonntag (→Palmesel) und St. Nikolaus sowie als Maske in den Zwölf Nächten. Seine Verwendung als Schandsymbol stammt aus altem Rechtsbrauch (E.-Ritt für streitsüchtige Eheleute; Anhängen einer E.-Figur als Ehrenstrafe für Soldaten und für Schulkinder). E.-Begräbnis heißt die Bestattung in ungeweihter Erde. Haar und Blut des E. galten in der Volksmedizin u. a. als Mittel gegen Asthma.

🔊 **Esel:** Rufreihe eines Wildesels 8467; Rufe eines Hausesels 7291

📖 G. HEINZ-MOHR: Gott liebt E. (1978); G. u. H. DENZAU: Wild-E. (1999); J. E. FLADE: Die E. Haus- u. Wild-E. (2000).

Eseler, Niklas, d. Ä., Baumeister, * Alzey, † Frankfurt am Main vor Mai 1482 (?); nachweisbar 1436–82, schuf in Schwäbisch Hall 1439–42 das Hallenschiff der Michaelskirche, in Nördlingen 1442–61 das Langhaus der Georgskirche und in Dinkelsbühl das der Georgskirche (1448–61 Bauleiter), schließlich in Rothenburg ob der Tauber den Westchor der Jakobskirche (1453–71). E. gehört zu den bedeutendsten Kirchenbaumeistern des 15. Jahrhunderts.

Eselsbrücke [Lehnübersetzung von lat. pons asinorum, erstmals bei PETRUS TARTARETUS, 15. Jh.], Merkhilfe, Gedächtnisstütze. Urspr. (in der Scholas-

Esel: »Die Flucht nach Ägypten«, Holzschnitt von Albrecht Dürer (um 1503; Klassik Stiftung Weimar)

tik) wurden bestimmte Merkworte, die das Auffinden log. Mittelbegriffe (→Syllogismus) erleichtern sollten, E. genannt. Später werden alle Merkhilfen als E. bezeichnet (z. B. »Drei, drei, drei, bei Issos Keilerei« erinnert an den Sieg ALEXANDERS D. GR. über den Perserkönig DAREIOS III. 333 v. Chr.).

Eselsbrüder, *kath. Orden:* die →Trinitarier.

Eselsdistel, Onopordum acanthium, bis 1,5 m hoher, stark bestachelter Korbblütler mit purpurfarbenen, meist einzeln stehenden Blütenköpfen; kommt v. a. an Wegrändern und auf Schuttplätzen vor.

Eselsfeige, die →Sykomore.

Eselsgurke, die →Spritzgurke.

Eselshaupt, brillenartiges Verbindungsstück auf dem Topp eines Mastes (einer Stenge) von Segelschiffen, das den nächsthöheren Mastteil hält.

Eselsohr,
  1) Schlauchpilzart der →Öhrlinge.
  2) *umgangssprachlich:* umgeknickte Ecke einer Buch- oder Heftseite.

Eselsrücken,
  1) *Baukunst:* der Kielbogen, →Bogen.
  2) *Eisenbahn:* →Ablaufberg.

Esels|turm, Bez. für Türme roman. Kirchen, in denen eine Rampe ohne Treppenstufen (**Eselstreppe**) emporführt, auf der Baumaterial transportiert wurde (z. B. Türme des Wormser und des Regensburger Doms); wahrscheinlich so benannt nach den dabei verwendeten Hebemaschinen (mlat. asini, eigtl. »die Esel«), die vermutlich von Eseln betrieben wurden.

Esenin [jɪ-], Sergej Aleksandrovič, russ. Lyriker, →Jessenin, Sergei Alexandrowitsch.

Esens, Stadt im Landkreis Wittmund, Ndsachs., im Harlinger Land (Ostfriesland), 6 800 Ew.; »Holarium« (Holografiemuseum), Heimatmuseum, Jüdisches Museum u. a. Museen; ländl. Zentrum; der Ortsteil **Bensersiel** ist Nordseebad und hat Fährverkehr zur Insel Langeoog. – Die spätklassizist. Backsteinkirche wurde 1848–54 an der Stelle eines got. Vorgängerbaus errichtet. – E. wurde um 1300 Vorort des Harlinger Landes. 1540 wurde es mit der westfäl. Grafschaft Rietberg und 1600 durch den Vertrag von Berum mit Ostfriesland vereinigt.

Eserin [afrikan.] *das, -s,* das Alkaloid →Physostigmin.

ESFI-Technik [ESFI, Abk. für Epitaxialer Siliciumfilm auf (einem) Isolator], *Halbleitertechnologie:* Verfahren zur Herstellung von monolithisch integrierten Schaltungen in MOS-Technik, bei dem die integrierten Transistoren in einer dünnen Siliciumschicht, die auf einem nicht leitenden Substrat (Isolator) aufgebracht ist, erzeugt werden. Sie besitzen im Vergleich zu den in herkömml. →CMOS-Technik hergestellten Bauelementen eine bessere Isolation gegenüber anderen Teilen der Schaltung, kleinere parasitäre Kapazitäten und daher sehr kurze Schaltzeiten von 1–5 ns pro Stufe. Als Substrat kommt z. B. Saphir infrage; man spricht dann von **SOS-Technik** (Abk. für engl. silicon on sapphire).

ESH-Anlage, →Elektronenstrahlhärtungsanlage.

Esie, Ort im Bundesstaat Kwara, Nigeria. In der Umgebung von E. wurden über 1 000 Steinskulpturen gefunden, 800 allein an einer einzigen Stelle. Die Skulpturen sind zw. 20 und 120 cm groß und stellen Männer und Frauen in sitzender, stehender oder kniender Haltung dar. Kleidung, Haartracht, Schmuck und Schmucknarben sind erkennbar. Einzelne Köpfe erreichen Lebensgröße. Die Skulpturen sind wahrscheinlich nicht später als im 16. Jh. n. Chr. entstanden, ihre Herkunft ist ungewiss. Einige Darstellungselemente lassen eine Herkunft aus →Nok oder →Ife vermuten, es werden aber auch Beziehungen zu →Benin und →Igbo-Ukwu in Erwägung gezogen.

Eskadron [frz., von ital. squadrone »Viereck« (nach der im 15./16. Jh. übl. Schlachtformation)] *die, -/-en, Militärwesen:* im 16. Jh. eine in mehreren Gliedern zur Schlacht aufgestellte Reiterabteilung, im 17./18. Jh. ein aus zwei bis vier Kompanien bestehender Truppenkörper der Kavallerie; im 19. Jh. und in der 1. Hälfte des 20. Jh. in den europ. Armeen kleinste takt. und administrative Kavallerieeinheit mit etwa 150 Mann; die Zahl der E. pro Regiment betrug seit etwa 1800 bis zu zehn, seit der 2. Hälfte des 19. Jh. i. d. R. vier bis sechs. 1935 wurde die E. in Dtl. in »Schwadron« umbenannt.

Eskalation [engl., zu escalator »Rolltreppe«] *die, -/-en,*
  1) *bildungssprachlich:* der jeweiligen Notwendigkeit angepasste allmähl. Steigerung, Verschärfung der Auseinandersetzung.
  2) *Politik:* ein aus dem angloamerikan. Sprachgebrauch stammender, seit Beginn der 1960er-Jahre allg. verwendeter Begriff, bezeichnet den Übergang eines internat. Konfliktes in einen höheren Intensitätsgrad durch sich wechselseitig verschärfende Aktionen und Reaktionen. So kann sich durch die E. diplomat., wirtschaftl. und rüstungspolit. Drucks ein polit. Konflikt zu einem Krieg, dieser wiederum sich regional oder bis zu einem nuklear geführten Kampf ausweiten.
Im Ggs. zu E. umschreibt der Begriff **Deeskalation** Verfahren zur Begrenzung und Verminderung von Spannungen, Krisen und Konflikten; Teil des Krisenmanagements.

Eskalin [ɛska'lɛ̃, frz.]; sprachl. Verformung aus »Schilling«] *der, -(s)/-(s),* **Escalin,** Name einer 1536 eingeführten niederländ. Silbermünze zu anfänglich vier, seit 1586 sechs Stuiver; wegen des Reichsadlers auf der Rückseite auch **Adlerschilling** oder **Arendschelling** genannt. Der im frühen 17. Jh. nur in Seeland und Friesland geprägte Arendsdaalder (Adlertaler) besaß den zehnfachen Wert.

Eskapade [frz.] *die, -/-n,*
  1) *bildungssprachlich* für: mutwilliger Streich, Abenteuer; Seitensprung.
  2) *Reiten:* falscher Sprung eines Dressurpferdes, Sprung zur Seite.

Eskapismus [engl., zu to escape »entkommen«] *der, -,* (neurot.) Tendenz, vor der Realität und ihren Anforderungen in (wahnhafte) Illusionen oder (bewusst) in Zerstreuungen, Scheinwirklichkeiten o. Ä. auszuweichen.

Eskariol [frz.] *der, -s,* die breitblättrige Form der →Endivie.

Esker [irisch] *der, -s/-,* auf den Brit. Inseln und in Nordamerika Bez. für →Os.

Eskil, Erzbischof von Lund (1137–77), *um 1100, † Clairvaux 6. oder 7. 9. 1181 oder 1182; aus mächtigem dän. Adelsgeschlecht, in Hildesheim erzogen; erreichte die Errichtung der Kirchenprovinz Lund unter Herauslösung von Hamburg-Bremen; lernte in Frankreich BERNHARD VON CLAIRVAUX kennen, schloss sich dessen kirchenpolit. und reformer. Vorstellungen an und wurde zum Organisator des Klosterwesens in Skandinavien. Dadurch in Ggs. zum dän. König WAL-

Eselsdistel

DEMAR I. geraten, war er 1161–67 verbannt und lebte seit 1177 als Mönch in Clairvaux.

Eskils|tuna, Stadt im Verw.-Bez. Södermanland, Schweden, westlich von Stockholm, 90 700 Ew.; Univ.; Kunstmuseum; Fahrzeugbau, Hauptsitz der schwed. Kleineisenindustrie mit zahlr. Spezialerzeugnissen; »lebendes Museum« (z. B. noch arbeitende Schmiede aus dem 17. Jh.).

Eskimo [von indian. eskimantisk, eigentl. »Rohfleischesser«] *der, -(s)/-(s),* offizielle Eigen-Bez.: **Inuit,** Sammelname für die sprachlich verwandten Volksgruppen der Yúpigyt (Yuit, Asiatische E.), Yupíghet (Sankt-Lorenz-E.), Yúppik (Westalaska-E.), Súxpiaq oder Alútiiq (Südalaska-E.), Inyupiat (Nordalaska-E.), Inuvialuit (Mackenzie-E.), Inuit (Zentral-E.), Inuhuit (Polar-E.), Inusuit (Westgrönland-E.) und Iivit (Ostgrönland-E.) im Bereich der nordamerikan. Arktis und im

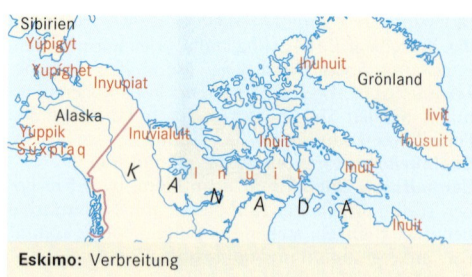

Eskimo: Verbreitung

Eskimo:
Ein Eskimo von der Insel Baffin beim jährlichen Eskimotreffen in Fort McPherson in Kanada, zu dem sportliche Wettkämpfe ausgetragen und Traditionen gepflegt werden; er trägt ein Karibu-Fell.

äußersten NO Sibiriens mit rd. 110 000 Angehörigen. In den Küstengebieten der arkt. Tundra und im Kanadisch-Arkt. Archipel lebten die E. früher im Wesentlichen als Jäger von Seesäugern (Robben, Wale) und Seevögeln sowie als Fischer. Einige Binnenland-E. stellten hauptsächlich Rentieren nach.

Traditionelle E.-Gemeinschaften setzten sich aus prinzipiell gleichberechtigten Mitgl. zusammen, lediglich im W Alaskas genossen die mächtigen Eigner der Walboote Privilegien und erhoben sich über die Masse der Gemeinen und Sklaven (Kriegsgefangene). Auch im S Alaskas war unter dem Einfluss der Nordwestküstenindianer eine hierarchisch gegliederte Gesellschaft entstanden. Tief greifende Veränderungen der angestammten Kultur wurden früh im 20. Jh. wirksam. Von Händlern ermuntert, gingen viele Gruppen dazu über, Pelztiere zu fangen. Neue Jagdwaffen (Gewehre) und Jagdmethoden führten zu Individualisierung und dem Bedeutungsverlust überlieferter Verteilungsregeln, unterwarfen die E. dem Diktat des Weltmarktes (Preisschwankungen, Modewechsel) und machten sie von den Produkten der Weißen abhängig. Neue Arbeitsplätze schufen die Einrichtungen der Erdölindustrie und Militärbasen. Heute leben die E. in Fertighäusern und Wohncontainern; traditionelle Behausungen, im Winter z. T. Iglus, im Sommer mit Fellen oder Rasensoden gedeckte Häuser aus Treibholz, Walknochen und Steinen sowie Zelte, sind weitgehend verschwunden; die

Schulpflicht wurde eingeführt, Krankenstationen und ärztl. Betreuung stehen ständig zur Verfügung, Anspruch auf Arbeitslosenhilfe und moderne Kommunikationsmittel beschleunigten den Prozess der Assimilierung. Immer weniger benötigen die E. ihre hervorragend entwickelten Techniken der Anpassung an das extreme arkt. Milieu (neben den nur aus der Hocharktis bekannten Iglu Erfindungen wie Kajak, Tranlampe, Anorak, Hundeschlitten). Eine gewisse polit. Eigenständigkeit suchten die E. in den letzten Jahrzehnten durch die Schaffung eigener Organisationen und Institutionen zu erlangen, wie z. B. das North Slope Borough (Alaska), die Inuit Tapirisat of Canada und die Inuit Circumpolar Conference. Früchte trugen solche Bestrebungen 1993, als im Zuge einer Verwaltungsneugliederung die kanad. Northwest Territories aufgelöst wurden und man den O-Teil (Nunavut) den dort ansässigen E. zusprach. Bereits 1979 hatte die eingeborene Bev. Grönlands ein Autonomiestatut erstritten, das bei dän. Oberhoheit innere Selbstverwaltung vorsieht. Durch die Schaffung von kulturellen Einrichtungen und Genossenschaften (zur Vermarktung von Pelzen und Kunsthandwerk, v. a. Schnitzereien aus Speckstein und Walrosselfenbein) wird versucht, dem Verfall der ethn. Identität entgegenzuwirken und neue Formen sozialer und wirtschaftl. Organisation zu entwickeln.

Im religiösen Bereich setzten sich z. T. christl. Glaubensvorstellungen gegen die traditionelle Annahme einer Allbeseeltheit der Umwelt durch (Schamanen

Eskimo: Frauen der Inuit feiern mit dem so genannten »Four Leg Race«, bei dem die Teilnehmer sich die Füße zusammenbinden, den Jahrestag der Verwaltungsübernahme des arktischen Gebietes Nunavut in Kanada.

Eskimo in einem Kajak in Alaska

dienten als Mittler zw. übernatürl. Welt und den Menschen, v. a. bei Jagdriten und Krankenheilung).

Die Musik der E. weist gemeinsame Merkmale auf, variiert aber in den versch. Gruppen und Gebieten. Ein typ. Element waren Feste, zu denen Trommeltanzgesänge aufgeführt wurden. Vorgetragen wurden eigene Kompositionen; ein Mann schlug eine große, mit Robbenfell bespannte Trommel mit Griff und seine Frau sang dazu. Diese lang andauernden musikal. Veranstaltungen konnten einen wettkampfähnlichen Charakter annehmen oder dienten mithilfe von Gesangsduellen der Schlichtung von Streitfällen. Mit Schamanengesängen wurde ein Kontakt zur Geisterwelt hergestellt, z. B. um Krankenheilungen und Jagderfolg zu erzielen. – Während in einigen Gebieten die traditionelle Musik nicht mehr gepflegt wird, finden z. B. bei christianisierten E. Trommeltanzfeste zu Weihnachten und Ostern in modernen Gebäuden statt. Neue Instrumente, wie Akkordeon und Saiteninstrumente, wurden ebenso wie die Musik der Entdecker übernommen, es gibt auch E.-Popmusik.

Schrift Die sibir. E. erhielten in den 1930er-Jahren eine eigene Schrift. Sie verwendeten zunächst die lat., dann die kyrill. Schrift. In Nordamerika war die Entwicklung nicht einheitlich: In S-Alaska entstanden um 1900 lokale, auf dem lat. Alphabet basierende Schriftsysteme (heute nur noch ein System in Gebrauch). In N-Alaska entstand eine Schrift mit lat. Alphabet und diakrit. Zeichen. In der kanad. Arktis werden etwa ab 1900 versch. Schriftsysteme verwendet (z. T. auf Silben, z. T. auf Einzellauten basierend). Im 18. Jh. führten Herrnhuter Missionare die Buchstabenschrift an der Labradorküste ein. In Grönland entwickelte der Missionar H. EGEDE um 1720 eine Buchstabenschrift. Um 1850 wurde ein Rechtschreibsystem geschaffen, das auf den Elementen der eigenen Sprache aufbaut. (→Eskimo-Aleutisch, →Grönländisch)

Vorgeschichte Um 3000 v. Chr. entfaltete sich in den Gebieten beiderseits der Beringstraße die »Arkt. Kleingerätetradition«, die sich von ähnl. Kulturen Sibiriens (Belkatschinsk) ableiten lässt. In ihren Trägern sieht man heute die Vorfahren der E. Von Alaska erfolgte sehr rasch der Vorstoß in die O-Arktis. Bereits gegen 2600 v. Chr. erreichten Siedler NW-Grönland (Gammel Nuulliit). Ab der 2. Hälfte des 3 Jt. v. Chr. entstanden im gesamten Verbreitungsgebiet der Proto-E. regionale Kulturvarianten: 1) die Nördlich-Maritime Tradition (70 v. Chr.–800 n. Chr.), 2) die Norton-Tradition (1530 v. Chr.–800 n. Chr.) W-Alaskas, 3) an der SW-Küste Alaskas die Kachemak-Tradition (2305 v. Chr.–1200 n. Chr.) sowie 4) der Arkt. Kleingerätetradition eng verwandt, die Ostarkt. Tra-

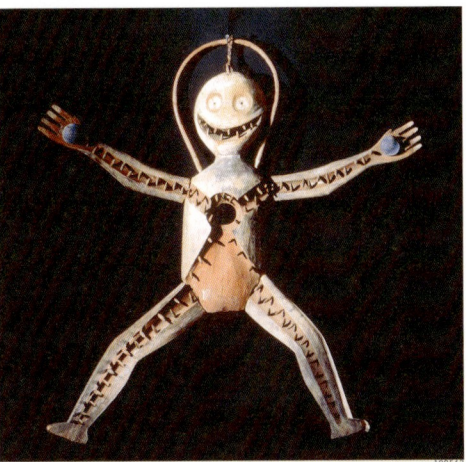

Eskimo: Figur eines Schamanen, Alaska (19. Jh.; New York, George Terasaki Collection)

Eski Eskimo

Adelbert von Chamisso über die Eskimo

Aus dem Bericht über seine Weltreise 1815–18

Nordfahrt von Kamtschatka aus in die Bering-Straße *(Auszüge)*

Am Abend des 28. [Juli 1816] hob sich die Nebeldecke, das Land ward sichtbar, und wir erhielten auf drei Baidaren einen zahlreichen Besuch der Eingebornen, in deren Führer der Kapitän seinen freundlichen Wirt vom vorigen Tage erkannte. Nach vorangegangener Umarmung und Reiben der Nasen aneinander wurden Geschenke und Gegengeschenke gewechselt, und ein lebhafter Tauschhandel begann. In kurzer Zeit waren wir alle und unsere Matrosen reichlich mit Kamlaiken versehen. Die Kamlaika ist das gegen Regen und Übergießen der Wellen schützende Oberkleid dieser Nordländer, ein Hemde mit Haube oder Kapuze, aus der feinen Darmhaut verschiedener Robben und Seetiere verfertigt; die Streifen, ring- oder spiralförmig, wasserdicht mit einem Faden von Flechsen von Seetieren aneinandergenäht; die Nähte zuweilen mit Federn von Seevögeln oder anderem verziert. Die gröbste Kamlaika muß für die geübteste Näherin die Arbeit von mehreren, von vielen Tagen sein – sie wurden ohne Unterschied für wenige Blätter Tabak, soviel wie etwa ein Raucher an einem Vormittag aufrauchen könnte, freudig hingegeben. [...]

Die einsitzige Baidare ist diesen Völkern, was dem Kosaken sein Pferd ist. Dieses Werkzeug ist eine schmale, lange, nach vorn lang zugespitzte Schwimmblase von Robbenhäuten, die auf ein leichtes hölzernes Geripp gespannt sind. In der Mitte ist eine runde Öffnung; der Mann sitzt mit ausgestreckten Füßen darin und ragt mit dem Körper daraus hervor. Er ist mit dem Schwimmwerkzeuge durch einen Schlauch von Kamlaikastoff verbunden, der, von gleicher Weite als die Öffnung, dieselbe umsäumt und den er um den eigenen Leib unter den Armen festschnürt. Sein leichtes Ruder in der Hand, seine Waffen vor sich, das Gleichgewicht wie ein Reiter haltend, fliegt er pfeilschnell über die bewegliche Fläche dahin. - Dieses bei verschiedenen Völkerschaften nur wenig verschieden gestaltete Werkzeug ist aus Reisebeschreibungen und Abbildungen genug bekannt, und es haben sich uns in den Hauptstädten Europas Eskimos damit gezeigt. – Die große Baidare hingegen, das Frauenboot, ist dem schweren Fuhrwerk zu vergleichen, das dem Zuge der Nomaden folgt.

A. von Chamisso: Reise um die Welt, auf der Textgrundlage der Ausg. »Chamissos Werke«, hg. v. H. Tardel, Bd. 3, 1907 (Berlin: Aufbau Tb. Verlag, 2001), S. 136ff., 144f.

---

dition (2400 v. Chr.–550 v. Chr.) mit den Varianten Saqqaq in der zentralen Hocharktis und Prädorset in der östl. Niederarktis. Aus der Prädorsetvariante entwickelte sich die Dorsetkultur, die ab dem 15. Jh. n. Chr. in der die gesamte arkt. Küste erfassenden →Thulekultur aufging. Letztere wiederum wurzelt in der Nördlich-Maritimen Tradition des Westens. Die alask. Traditionen wandelten das urspüngl. Kleingerätemuster angesichts günstigerer Klimabedingungen und reicherer Ressourcen stark ab. So fanden sie, zudem ständig dem Einfluss sibir. Kulturen ausgesetzt, zu besonderen Ausdrucksformen. Ihr Artefaktmaterial besteht überwiegend aus Harpunenspitzen aus Walrosselfenbein sowie aus versch. Knochen- und Steingeräten, aber auch aus einfachen Tongefäßen mit Verzierungen durch Schnurprägemuster und Stempeleindrücke. Die meisten Funde, darunter bes. kunstvoll geschnitzte Elfenbeinarbeiten, entstammen v. a. Totenbestattungen der Okvik- und Alt-Beringmeer-Kultur der Nördlich-Maritimen Tradition, der Punuk-Phase der Thulekultur, bes. aber der →Ipiutakkultur.

E. M. Weyer: The Eskimos. Their environment and folkways (New Haven, Conn., 1932; Nachdr. Hamden, Conn., 1969); K. Birket-Smith: Die Eskimos (a. d. Dän., Zürich 1948);

M. Platzer: Die Eskimos der Keewatin-Region (1980); Handbook of North American Indians, hg. v. W. C. Sturtevant, Bd. 5: Arctic (Washington, D. C., 1984); R. F. Spencer: The north Alaskan Eskimos (Washington, D. C., 1959); A. Balikci: The Netsilik Eskimos (Garden City, N. Y., 1970); M. Mitchell: From talking chiefs to native corporate elite (Montreal, 1996); D. S. Case u. D. A. Voluck: Alaska natives and American laws (Fairbanks, Alas., ²2002); M. Lee u. G. A. Reinhardt: E. architecture. Dwelling and structure in the early historic period (ebd. 2003); P. R. Stern: Historical dictionary of the Inuit (Lanham, Md., 2004).

Eskimo [Fantasie-Bez.] *der, -(s)*, **Moskawa, Double** [ˈduːbl(ə), frz.], dickes Doppelgewebe aus Streichgarn für Wintermäntel mit zwei Kett- und Schusssystemen. Die Oberseite erhält Strichappretur und weist beim **Chinchilla-E.** Mohairkämmlinge oder Seidenfasern auf. Die Unterware besteht oft aus Reißwolle.

Eskimo-Aleutisch, in Kanada, Alaska, Grönland und Sibirien verbreitete Sprachfamilie. Die Eskimosprachen sind agglutinierend (→agglutinierende Sprachen) und synthetisch (d. h. sie geben grammat. Beziehungen durch die Veränderung eines Wortes und nicht durch lose Partikeln wieder). Sie gehören zum Typus der Ergativsprachen (→Ergativ) und besitzen eine nur schwach ausgeprägte Unterscheidung von Nomen und Verb. Die Aleutsprachen, bisher wenig erforscht, sind im Aussterben begriffen, während das Überleben des Eskimoischen vorläufig gesichert erscheint. In Grönland ist das Eskimoische nicht nur Amtssprache, sondern auch die einzige Sprache, die der größte Teil der Bev. je erlernt.

Die These einer genet. Beziehung des Eskimoischen zum Aleutischen wurde 1820 erstmals von R. Raske postuliert; sie wurde jedoch erst 1951 durch systemat. Darstellung struktureller, phonet. und semant. Ähnlichkeiten bestätigt.

Für das Lautsystem sind charakteristisch ein hinter dem Gaumensegel artikuliertes »q« und der mit »gdl« umschriebene stimmlose l-Laut. Es gibt drei Numeri und vier Personen (die vierte ist reflexiv). Es werden für nominale wie verbale Verbindungen vier Grundkasus unterschieden (unabhängiger Kasus, Kasus zur Bez. der Unterordnung, der Überordnung sowie der gleichzeitigen Unter- und Überordnung bzw. Nebensatzmarkierung). Doppelte Suffixreihen am Verb können transitives Subjekt und Objekt ausdrücken. Durch die vielfältigen Möglichkeiten der Suffigierung entstehen sehr lange Wortgebilde.

Eskimorolle, Kenterrolle, *Kanusport:* von den Eskimo erfundene Technik, um ein Kajak nach dem Kentern wieder aufzurichten, ohne es verlassen zu müssen. Der Fahrer stützt sich auf das schnell durch das Wasser gezogene Paddel und nutzt den Gegendruck aus, um sich aus dem Wasser zu drücken.

Eskişehir [ɛsˈkiʃɛhir; türk. »alte Stadt«], Prov.-Hauptstadt in der nordwestl. Zentraltürkei, am Porsuk, am W-Rand eines fruchtbaren Beckens mit Zuckerrohr-, Getreide- und Gemüsebau, (2005) 515 200 Ew. (1945: 80 000, 1965: 173 900 Ew.); Univ. (gegr. 1982), archäolog. Museum; Industriezentrum mit Maschinenbau, Eisenbahnwerkstätten, Textil- und Baustoffindustrie; Eisenbahnknotenpunkt; nahebei Meerschaumvorkommen. – Nördlich von E. lag die Stadt →Dorylaion.

Eskola, *Pentti* Eelis, finn. Mineraloge, *Lellainen (Prov. Turku-Pori) 8. 1. 1883, †Helsinki 14. 12. 1964; seit 1924 Prof. in Helsinki; untersuchte v. a. die metamorphen Gesteine Skandinaviens und entwickelte die Fazieslehre zur Einteilung metamorpher Gesteine aufgrund des jeweiligen chem. Gleichgewichts.

Werk: Die Entstehung der Gesteine (1939, mit T. F. W. BARTH u. C. W. CORRENS, Nachdr. 1970).

Eskorte [frz.; aus ital. scorta »Geleit«] *die, -/-n,* Geleit für Personen und Sachen; begleitende Schutz- oder Wachmannschaft; (militär.) Ehrengeleit.

Esla [ˈɛzla] *der, Río E.,* rechter Nebenfluss des Duero in Spanien, 285 km lang, kommt aus dem Kantabr. Gebirge, durchfließt die Hochebene von León; am Unterlauf der Stausee von E. (65 km lang; 1,2 Mrd. m^3), am Mittellauf Seitenkanal zur Bewässerung und zur Wasserversorgung der Stadt Benavente.

ESP 1): Schematischer Wirkungsablauf; bricht das Fahrzeug aus, wird ein Rad gebremst (gelber Pfeil), sodass sich der Wagen um die Hochachse wieder in die richtige Bahn dreht (*links* beim Untersteuern, *rechts* beim Übersteuern des Fahrzeugs).

Esmarch, Johann *Friedrich* August von (seit 1887), Chirurg, *Tönning 9. 1. 1823, †Kiel 23. 2. 1908; ab 1854 Direktor der chirurg. Klinik in Kiel; bedeutende Arbeiten über Unfall- und Kriegschirurgie, v. a. Einführung der Methode des Abbindens von Gliedmaßen mit einer Gummibinde oder einem Gummischlauch bei Blutungen oder Operationen (**E.-Blutleere**). Zu den lebensrettenden Maßnahmen gehört der **E.-Heiberg-Handgriff**. Er dient dem Öffnen des Mundes bei Bewusstlosen und dem Freimachen der Atemwege.

Esmeraldas, Stil der andinen Hochkulturen, benannt nach der ecuadorian. Prov. E., etwa 500 v. Chr. bis 500 n. Chr.; bekanntester Fundplatz ist La Tolita. Charakterist. Zeugnisse sind Tonfigurinen, die in großen Mengen gefunden wurden, sowie – hier erstmals belegt – kleine Gegenstände aus Gold-Platin-Legierungen (schmelzendem Gold wurden Platinkörner beigegeben; diese Mischung wurde gehämmert, bis eine homogene Masse entstand).

Esmeraldas,
1) Hauptstadt der Prov. Esmeraldas, NW-Ecuador, Hafen an der Mündung des Río E. in den Pazifik, 95 100 Ew.; Endpunkt der rd. 500 km langen Pipeline aus dem Erdölfeld im Amazonastiefland; Erdölraffinerie (in Balao); Anbau und Export trop. Agrarprodukte (u. a. Kakao); Flughafen.
2) Küstenprovinz in N-Ecuador, 15 239 km^2, (2001) 385 200 Ew., Hauptstadt: Esmeraldas.

Esna, Esneh, Stadt in Ägypten, →Isna.

ESO [iːesˈəʊ, Abk. für engl. European Southern Observatory], *die,* →Europäische Südsternwarte.

ESOC [Abk. für engl. European Space Operations Centre], *Weltraumforschung:* →ESA.

Esophorie [zu griech. éso »hinein«, »nach innen«, und ...phorie] *die, -/-...ˈriɪen,* latentes Einwärtsschielen der Augen. (→Schielen)

Esoterik siehe Seite 398

esoterisch [griech., eigtl. »innerlich«], nur für einen ausgesuchten Kreis bes. Begabter oder Würdiger (»Eingeweihter«) bestimmt (von Lehren und Schriften); urspr. für streng schulmäßig gelehrte, nicht literarisch fixierte Philosophie (z. B. die PLATONS) gebraucht, bereits in der Antike im Anschluss an Mysterienkulte und die pythagoreische Tradition erweitert auf bewusste Geheimhaltung bestimmter Lehren; in diesem Sinne in der Forschung unhistorisch auf PLATONS mündl. Philosophie angewendet. – Zur Neuzeit →Esoterik. – Ggs.: exoterisch.

ESP,
1) [Abk. für Elektronisches Stabilitätsprogramm], *Kraftfahrzeugtechnik:* Bez. für eine Fahrdynamikregelung der Robert Bosch GmbH. **Fahrdynamikregelungen,** auch als **DSC** (**D**ynamic **s**tability **c**ontrol) bezeichnet, sind Systeme, die die Querdynamik (→Fahrdynamik) von Kraftfahrzeugen verbessern, indem sie durch kurzzeitige radselektive Bremseingriffe den Schwimmwinkel des Fahrzeugs auf niedrigem bzw. beherrschbarem Niveau halten. So wird z. B. bei beginnendem Ausbrechen des Hecks ein Vorderrad einmal oder mehrmals kurzzeitig ohne Fahrereingriff gebremst. Die Auswahl des abzubremsenden Rades und die Intensität des Eingriffes erfolgen durch einen oder mehrere Mikroprozessoren, die eine Regelung des Schwimmwinkels über die Auswertung des Sollkurses (Lenkwinkel) und des Istkurses (Giergeschwindigkeit) vornehmen. Die Fahrdynamikregelung setzt auf vorhandenen Komponenten des →Antiblockiersystems (ABS) auf. Die Erweiterungen beziehen sich auf den Regler, die auszuwertenden zusätzl. Sensordaten sowie ein wesentlich schnelleres Hochdruckhydrauliksystem. Das ESP stabilisiert das Fahrzeug z. B. bei plötzlich notwendig werdenden Lenkbewegungen und beim Bremsen in der Kurve. Somit leistet es einen wesentlichen Beitrag zur Verbesserung der Fahrdynamik und zur aktiven Fahrzeugsicherheit. Es kann die physikal. Grenzwerte der Kraftübertragung am Reifen nicht aufheben, sondern nur deren momentane Ausnutzung optimieren. Aufgrund seiner hohen Regelfrequenz ist es dem Fahrzeugführer als Regler überlegen.

Fortsetzung auf Seite 402

Friedrich von Esmarch

Eskimorolle: Aufrichten nach dem Kentern

ESOTERIK

- Definitionsprobleme und Begriffsgeschichte
- Erscheinungsformen
- Esoterik und gesellschaftlicher Wandel
- Esoterik als Alternative zu Wissenschaft und Religion
- Esoterik aus religionswissenschaftlicher und theologischer Sicht

Esoterik [zu griech. esōterikós »innen«, »innerlich«] *die*, -, gegenwärtig in doppeltem Sinn gebrauchter Begriff: 1) als Sammel-Bez. für okkulte Praktiken, Lehren und Weltanschauungsgemeinschaften (→Okkultismus), 2) für »innere Wege«, bestimmte spirituelle Erfahrungen zu erlangen, die von einer bloß »äußeren« Befolgung von Dogmen und Vorschriften zu unterscheiden sind. Wenn diese allerdings selbst auf Geheimlehren und okkulte Praktiken zurückgreifen, liegt wieder die erste Bedeutungsvariante vor.

Definitionsprobleme und Begriffsgeschichte

Dieser doppelte E.-Begriff spiegelt sich in den heutigen Stellungnahmen zum Thema wider: Nach dem durch zahlr. Veröffentlichungen bekannten schweizer. Theologen und Psychotherapeuten HANS-DIETER LEUENBERGER (* 1931) ist E. der heutige Ausdruck »für ein Gebiet, das man früher mit den Begriffen Okkultismus, Grenzwissenschaft oder auch Theosophie bezeichnet hat«. Demgegenüber ist E. nach dem Religionswissenschaftler und Theologen GEORG SCHMID (* 1940) v. a. »die Liebe zum überall verborgenen inneren Geheimnis aller Wirklichen«. Die Vertreter dieser Bedeutungsvariante stehen häufig der »analyt. Psychologie« C. G. JUNGs nahe und versuchen, sich von der ersten Begriffsvariante abzugrenzen, indem sie zw. »neuer E.« und »klassischer E.« unterscheiden (SCHMID) und die enge Beziehung zw. E. und Okkultismus weitgehend bestreiten. Dies ist aber sachlich nicht gerechtfertigt, wie die Begriffsgeschichte zeigt. Neuere kultur- und religionswiss. Arbeiten betrachten die E. als »Denkform« (ANTOINE FAIVRE) bzw. als »kultur- und traditionsübergreifende Religion und gleichzeitig religionssoziolog. Kategorie« (JULIA IWERSEN, * 1965). Um Definitionsprobleme bzw. Aporien zu umgehen, wird auch dafür plädiert, den Begriff »E.« durch die Bez. »das Esoterische« zu ersetzen, wobei »das Esoterische« als »Diskurselement der europ. Religionsgeschichte« und als spezif. Form der Welterklärung begriffen wird, »die sich in naturphilosoph., religiösen und literar. Traditionen herauskristallisierte« (KOCKU VON STUCKRAD, * 1966). Dies wirft wiederum die Frage auf, ob mit dieser historisierenden bzw. kulturwiss. Perspektive das aktuelle, unter E. firmierende Angebot des freien und kommerziellen E.-Marktes nicht vorschnell beiseite geschoben und seines eso. Selbstverständnisses entledigt wird. Ein Charakteristikum gegenwärtiger E. sieht der kath. Religionspsychologe BERNHARD GROM (* 1936) in ihrem Erkenntnisanspruch. Diese besondere Erkenntnis soll sich nur einem Innenkreis von Sensitiven, Erleuchteten, spirituell Fortgeschrittenen und entsprechend Eingeweihten erschließen. Inhaltlich wird dabei auf »uralte Geheimüberlieferungen« der Druiden, Ägypter, Kelten, Indianer sowie auf vorwiss. Welt- und Menschenbilder zurückgegriffen bzw. es erfolgen Berufungen auf in Trance, durch Vision und Audition, im Kontakt mit höheren Wesenheiten, Außerirdischen oder Aufgestiegenen Meistern (exklusiv) erfahrene Offenbarungen (→Channeling).

Der Begriff E. taucht zuerst um 1870 bei dem frz. Okkultisten E. LÉVI in der frz. Form als »ésotérisme« auf; vermutlich hat er auch das Substantiv »occultisme« geprägt, das 1881 von dem engl. Journalisten und Theosophen ALFRED PERCY SINNETT (* 1840, † 1921) ins Englische übertragen wurde und sich seither auch im Deutschen als »Okkultismus« verbreitet hat. E. gilt dabei als Sammelbegriff für die verschiedensten geheimen, mag. »Künste« wie Alchemie, Astrologie, Kabbala, Rosenkreuzertum. Während E. einen weitgehend okkultist. Bedeutungsinhalt trägt, wurde das bereits in der Antike gebräuchl. griech. Adjektiv esōterikós urspr. in einem von beiden heutigen Bedeutungsvarianten unabhängigen Sinn zur Bezeichnung der nur für den engeren Schülerkreis bestimmten Lehren des peripatet. Schulbetriebs (→esoterisch) verwendet. Ist bei ARISTOTELES selbst nur das Adjektiv exōterikós im

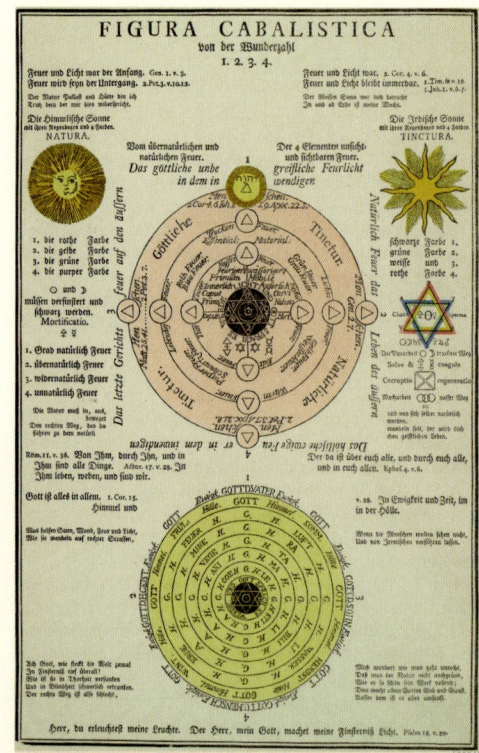

Esoterik: Die Esoterik sieht sich u. a. auch in einer Traditionslinie mit dem Rosenkreuzertum. Die Abbildung zeigt eine Seite aus der Rosenkreuzerschrift »Geheime Figuren der Rosenkreuzer« (gedruckt in Altona 1785 bei J. D. A. Eckhardt).

Blick auf PLATONS Lehrbetrieb nachweisbar (CHRISTOPH BOCHINGER, * 1959), taucht das Gegensatzpaar esoterisch/exoterisch zum ersten Mal im 3. Jh. n. Chr. bei LUKIAN auf (HUBERT CANCIK, * 1937). Das moderne Verständnis von E. bahnt sich erst im Renaissance- und Barockzeitalter in Abgrenzung von der sich herausbildenden exakten Naturwissenschaft an (FRANCES AMELIA YATES, * 1899, † 1981). Seine Wurzeln liegen nicht in der klass. antiken Philosophie, sondern in der →Gnosis (HANS-JÜRGEN RUPPERT, * 1945), wie auch heutige Esoteriker ihrerseits das Fortbestehen einer »perennen Gnosis« in der modernen E. postulieren.

Erscheinungsformen

Praktiken und Anschauungen, die heute vollständig oder teilweise für die E. in Anspruch genommen werden, kommen aus Alchemie, Astrologie, Gnosis, Magie und Theosophie, man greift zurück auf (unhistor.) Zeremonien von Druiden und Hexen, der Templer und Rosenkreuzer; auch alternative Therapien, Selbsterfahrungsriten (Feuerlauf) sowie Elemente aus oriental. Religionen werden vielfach einbezogen. Mit der Zusammenfassung dieser bis dahin zeitlich und räumlich getrennten Phänomene durch die neuen Oberbegriffe »Esoterik« und »Okkultismus« seit LÉVI kündigt sich an, dass man diese seit etwa 1870 in ihrer Gesamtheit als Ausdruck einer neuen Weltanschauung auffasst – mit einer ihnen gemeinsamen Frontstellung gegenüber den vorherrschenden Welt- und Menschenbildern (BOCHINGER). Gemeinsam ist allen Praktiken und Überzeugungen die Ablehnung der modernen Wissenschaft und der traditionellen christlich-kirchl. Religion. Die E. ist seit dem 19. Jh. eine Gegenströmung gegen die moderne Welt und deren »Entzauberung« durch die Technik (M. WEBER), ein »dritter Weg« über die exakte Naturwissenschaft und die christl. Religion hinaus.

Das Grundlagenwerk der modernen E. ist die »Geheimlehre« (1888) der HELENA P. BLAVATSKY, der Begründerin der →Theosophischen Gesellschaft. Darin wird dieser »dritte Weg« entwickelt; Grundlagen und Ziele, die bis heute in ähnl. Weise verkündet werden, sind ein »erweitertes« Verständnis von Wissenschaft (»Geheimwissenschaft«) zur Reformierung der Naturwissenschaft auf der Basis eines monist. Weltbildes (Studium der okkulten Naturkräfte und der östlichen monistisch-pantheist. Religionen) sowie die Vereinigung der Weltreligionen (Schaffung der universellen Bruderschaft der Menschheit) auf der Basis einer angeblich allen Religionen zugrunde liegenden esoter. »Ur-Weisheit«; sie sind bis heute nicht nur die Hauptziele der »Theosophischen Gesellschaft«, sondern in vielfach abgewandelter Form der E. überhaupt. R. STEINERS Anthroposophie hatte eine ihrer Hauptwurzeln in der Theosophie HELENA P. BLAVATSKYS.

Die neue E.-Welle am Ende des 20. Jh. wurde in den USA durch das seit etwa 1968 von Kalifornien ausgehende, weitgehend esoterisch-theosophisch beeinflusste New Age ausgelöst, mit dem Versuch einer Gesellschafts- und Weltveränderung auf der Basis eines mystisch-esoter. Utopismus (RUPERT HOFMANN, * 1937). Inzwischen hat diese subkulturelle Strömung den kulturellen Hauptstrom der westl. Gesellschaften erreicht: Bereits 1989 glaubten 12 % der Westdeutschen an Reinkarnation (→Seelenwanderung).

Die Popularisierung der E. seit den 1980er-Jahren ist allerdings im Zusammenhang mit umfassenderen religiös-weltanschaul. Wandlungsprozessen zu sehen, die sich ganz unabhängig von ihr in der modernen Gesellschaft vollziehen. Die E. wird von ihnen beeinflusst, sie stellt aber zugleich auch einen Ausdruck dieser Entwicklung dar. Bezeichnend ist v. a. der mit Popularisierung der E. verbundene Wandel vom urspr. okkulten Schulungsweg für einen »inneren Kreis« von »Eingeweihten« zu einem »Angebot« für breite Bevölkerungsschichten.

Die amerikan. Religionssoziologen RODNEY STARK und WILLIAM SIMS BAINBRIDGE haben im Blick auf die allgemeinen religiösen Wandlungsprozesse in der säkularen Gesellschaft drei Formen oder Stufen der geringeren oder stärkeren »Organisiertheit« von »Religion« in der Gesellschaft unterschieden: »audience cult«, »client cult« und »cult movement«, d. h. etwa: »Publikum(skult)«, »Kundschaft(skult)« und »Kultbewegung«. Diese Differenzierung kann man insbes. auch auf die Erscheinungsformen heutiger E. übertragen, z. B. mit der Unterscheidung von **Gebrauchs-, Auswahl-** und **System-E.** (B. GROM). Die erste Kategorie heutiger Erscheinungsformen von E. besteht demzufolge aus der unorganisierten Masse von Konsumenten derselben esoter. »Angebote« z. B. an Büchern, Videos und CDs/DVDs, die sie zu ihrem persönl. Gebrauch konsumieren. Mit einer zweiten, stärker organisierten Dimension der E. bekommt es der Einzelne zu tun, wenn er sich z. B. als »Klient« in die Beratung eines »Reinkarnationstherapeuten« begibt oder an einem »Feuerlaufseminar« teilnimmt. Ein regelrechter »Markt des Übersinnlichen« hat sich herausgebildet, mit spezif. Organisationsformen wie Workshops oder Seminaren mit Anleitung zu

Esoterik: Die Alchemie gilt als eine »hermetische« Wissenschaft, auf die sich Esoteriker gerne beziehen. Die einer alchemistischen Abhandlung aus dem 17. Jh. entstammende Abbildung stellt die dualistischen Grundprinzipien, symbolisiert durch Sonne und Mond, dar (Rom, Accademia Nazionale dei Lincei).

Esoterik: New-Age-Anhänger bei einem Ritual im Chaco Canyon, New Mexico (1987)

außergewöhnl. »Erfahrungen« (Kontaktaufnahme mit dem Geistführer, Blüten- und Kristalltherapie, Rebirthing, indian. Schwitzhütten, Chakra-Öffnungen u. a.), oft an exot. Plätzen (Lanzarote, Peru, Mexiko, Hawaii). »E.-Tage«, die in verschiedenen Großstädten stattfinden, sind Märkte und Messen für viele Tausend Besucher, bei denen das Kommerzielle im Vordergrund steht. Der Übergang zum alternativen Psychomarkt mit seinen fachlich umstrittenen Therapien ist fließend. In den letzten Jahren greift das marktförmige E.-Angebot zunehmend das Thema »Wellness« auf: So haben sich die früheren »Esoterik-Tage« in »Vital-Tage« umbenannt. Nach aktuellen Schätzungen beläuft sich der jährl. Gesamtumsatz der »E.-Branche« auf neun bis zehn Milliarden Euro.

Im Gegensatz zu den kommerziellen Großveranstaltungen, die weder eine feste Mitgliedschaft noch ein bestimmtes Weltanschauungssystem der Teilnehmer voraussetzen, sind die organisierten Kultbewegungen meist älterer Herkunft und an eine Führergestalt und ihre Auffassungen gebunden. Mit ihrem Anspruch, das traditionelle Christentum durch das Ur-Wissen der E. zu überbieten (Helena P. Blavatsky), sind sie weithin eine nachchristl. Erscheinung. Zu den wichtigsten Gemeinschaften mit okkult-esoter. Hintergrund gehören: der theosoph. Synkretismus (angloindische theosoph. Gesellschaften; Anthroposophie; Alice-Bailey-Gruppen; I-AM-Bewegung), der rosenkreuzer. Synkretismus (»Alter Myst. Orden vom Rosenkreuz«, Abk. AMORC; »Internat. Schule des Rosenkreuzes e. V./Lectorium Rosicrucianum«), spiritist. und spiritualist. Gemeinschaften und »Kirchen« (Geistige Loge Zürich; Universelles Leben; Umbanda; der Spiritismus A. Kardecs), die UFO-Bewegung sowie okkulte Orden und Logen wie der Ordo Templi Orientis (O. T. O.) und neuheidnisch-esoter. Orden und Gemeinschaften (Armanenschaft; Goden-Orden).

Esoterik und gesellschaftlicher Wandel

Die esoter. Religiosität ist nicht mehr »religiös« im traditionellen Sinn (→ Religion). Die in ihr anzutreffenden Offerten erheben einen Erkenntnisanspruch durch persönl., intuitive Erlebnisse, verheißen umfassende Heilung und individuelles spirituelles Wachstum durch religiöse Selbstermächtigung. Die dabei gewonnenen esoter. Erfahrungen sind häufig Ausdrucksformen einer »Sehnsuchtsreligiosität« (Matthias Pöhlmann, *1963). Sie beansprucht einerseits zu »wissen« und nicht bloß zu »glauben« (»Geheimwissenschaft«); andererseits versucht sie mit ihrem »Wissen« zugleich auch, auf die »religiösen Fragen« des modernen Menschen zu antworten, und gewinnt für diesen daher – ohne selbst »Religion« im Vollsinn zu sein – die Bedeutung einer »freien Religiosität«. Nach B. Grom zeigt sich bei der E. »eine grundlegende Tendenz zur Verabsolutierung subjektiver Intuitionen (Intuitionismus), eine Geringschätzung rationaler Überprüfung und Argumentation (Irrationalismus) und eine ausgeprägte Leichtgläubigkeit gegenüber parawiss. Anschauungen und Methoden«.

Die E. ist damit eines der wichtigsten Medien, mit denen die säkulare Gesellschaft sich auch der »letzten«, bisher von den traditionellen Religionen beantworteten »religiösen Fragen« bemächtigt. Beim überwiegenden Teil der »E.-Welle« handelt es sich dementsprechend um kommerzielle Angebote von Firmen, Verlagen, Veranstaltern oder Einzelpersonen, die auf einem freien »Religions- und Weltanschauungsmarkt« spirituell-therapeut. und esoterische, fachlich meist nicht anerkannte Psycho- und Beratungstechniken oder Heilweisen anbieten und verkaufen (wobei oft mit deren exot. Herkunft geworben wird), sowie um ein für diese Angebote empfängl. Publikum. Die freie esoter. Szene hat »Markt-Form«. So ist infolge der zunehmenden »Verszenung der Gesellschaft« (Winfried Gebhardt, *1954) im Blick auf die E.-Anbieter und E.-Nutzer auch der Begriff der **E.-Szene** in Gebrauch. In ihr gibt es offene Zugangsbedingungen, jedoch kein gemeinsames Credo; szenetypisch sind zudem die zeitl. Befristung sowie erlebnisintensive Events, die für das Wir-Gefühl der von E. Faszinierten eine wichtige Rolle spielen. Von feststehenden Mitgliedschaften in einer Weltanschauungsgemeinschaft oder Loge ist nur bei relativ wenigen die Rede, während wohl einige Hunderttausende von der gesellschaftlich »frei schwebenden« esoter. Spiritualität erfasst wurden.

Der Zulauf, den die »E.-Welle« hat, ist ein Ausdruck der so genannten »neuen Religiosität« in der modernen Gesellschaft. Diese hat man vorrangig mit den Begriffen **Individualismus, Pluralismus** und **Erlebnisgesellschaft** zu umschreiben versucht (T. Luckmann; G. Schulze). Ähnlich wie die von der »Krise der Institutionen« erfassten christl. Kirchen profitieren im Rahmen dieser Prozesse auch die traditionellen esoter. »Schulen« und Weltanschauungsgemeinschaften nur wenig vom »E.-Boom«. Auf großes Interesse stoßen jedoch diejenigen Anbieter, die unverbindl. Empfehlungen im Sinne der Individualisierungs- und Erlebnistendenzen von »Religiosität« in der modernen Gesellschaft geben.

Der **Pluralismus** der Angebote führt zu einem Nebeneinander an konkurrierenden Deutungsversuchen philosoph., religiöser und weltanschaul. Ideen, die – ihres ursprüngl. Kontexts beraubt – nunmehr einen oft völlig veränderten, »esoter.« Sinn erhalten. Hinzu kommt, dass viele als »esoterisch«, »spirituell« oder »religiös« geltende Ideen und Methoden rein prakt. Natur sind – etwa als Mittel der Stressbewältigung oder zu berufl. Erfolg (z. B. »positives Denken« als säkularisierte Form des Gebets).

Schließlich ist die E.-Welle auch ein besonderer Ausdruck der **Erlebnisgesellschaft**, die nach dem Soziologen GERHARD SCHULZE (* 1944) durch eine »Innenorientierung« gekennzeichnet ist, die der zweiten Bedeutungsvariante von E. (als spirituelle Erfahrung) entgegenzukommen scheint: Es ist der »Erlebniswert«, der nach Umfrageergebnissen bei den meisten Menschen das entscheidende Motiv für die Wahl einer bestimmten Sache, eines Konsumartikels, einer Fernsehsendung oder auch beim Treffen von »Lebensentscheidungen« darstellt. Der »innenorientierte« Mensch wählt aus, um damit eine innere Befriedigung bei sich selbst zu erlangen. So expandiert der Erlebnismarkt immer mehr in Bereiche, die früher noch erlebnisneutral waren, wie Arbeitswelt, Bildung und Politik.

Esoterik als Alternative zu Wissenschaft und Religion

Die »Erlebnisorientierung« ist zwar eine gegenwärtig bes. typische, jedoch nicht die einzige Orientierung, die Menschen aus der E. zu gewinnen versuchen. E. ist – zumindest in ihrer okkultist. Bedeutungsvariante als »Geheimwissen(schaft)« – von Anfang an ein Versuch, die Vielheit der Erscheinungen auf religiösem wie auf naturwiss. Gebiet zu einer Gesamtschau zu verbinden und ein Einheitsbild der Wirklichkeit vorzulegen: Auf religiösem Gebiet erfolgt dies v. a. durch die Behauptung esoter. Kreise, im Besitz der allen Religionen angeblich zugrunde liegenden einen, geheimen »Ur-Weisheit« zu sein, die erst von den »exoter.« Kirchen verfälscht worden sei, die die »Geheimlehre« der großen Religionsstifter absichtlich unterdrückt und eliminiert hätten. Auf naturwiss. Gebiet möchte die E. einen Geist und Natur, Mensch und Welt übergreifenden Monismus einführen, der angeblich auch durch neuere wiss. Entwicklungen, z. B. durch Denker wie F. CAPRA oder H.-P. DÜRR, »bestätigt« werde. Die E. versteht sich damit als Verbündete eines »neuen, ganzheitl. Denkens« sowie der polit. »Alternativbewegung«. Viele religiöse und wiss. Fragen erhalten jedenfalls in der modernen E. eine »alternative« Beantwortung im Blick auf die herrschende Religion und Naturwissenschaft. Die Frage der Wiedergeburt (Reinkarnation) z. B. ist in der E. eigentlich keine Frage der Religion, sondern des Wissens: Sie gilt nicht als Glaubensfrage, sondern als Tatsache. Diese »Zwischenstellung« zw. Religion und Wissenschaft ist der heutigen E. seit ihren Ursprüngen (z. B. im Programm der »Theosoph. Gesellschaft« oder in der sich als »Geisteswissenschaft« verstehenden Anthroposophie) eigentümlich.

Obwohl man die »uralte Weisheit« der E. weder als religiösen Glauben im Sinne der traditionellen Religionen und Kirchen noch als Wissenschaft im Sinne akadem. Schulwissenschaften anzusehen hat, steht dieses »geheime Wissen« nach dem Philosophen P. SLOTERDIJK allerdings dem mit moderner Wissenschaft und Technik oft verbundenen Macht- und Erlösungsstreben des Menschen näher, als es auf den ersten Blick den Anschein haben mag: »Wenn schon techn. Wissen Macht ist, so ist mag. Wissen absolute Macht«, die dem »Eingeweihten« den Aufstieg zur Vollkommenheit gewährt. Der moderne Okkultismus hat deshalb nach SLOTERDIJK von Anfang an versucht, seinen »Anspruch auf außernormales Wissen mit dem Nimbus der Normalwissenschaft zu verbinden«, gewissermaßen eine »Naturwissenschaft der geistigen, okkulten Welt« zu entwickeln. In Zeiten eines schweren Ansehensverlustes der Schulwissenschaften infolge Atom- und Ökokatastrophen stabilisiert die E. als »Geheimwissenschaft« die angeschlagene Wissenschaftsgläubigkeit vieler Menschen nur in anderer Form. Dies ist ein kaum zu unterschätzendes Motiv ihrer Faszinations- und Orientierungskraft.

Esoterik aus religionswissenschaftlicher und theologischer Sicht

Mit dieser Eigenart des esoter. Geheimwissens, mit seinem Anspruch auf Wissen und Erkenntnis sowohl über die Naturwissenschaft als auch über die Sphäre des religiösen Glaubens hinaus, hängt es auch zusammen, dass die religionswiss. und theolog. Auseinandersetzung mit der E. bisher zu keiner einheitl. Deutung und Kritik gefunden hat: Auf der einen Seite wird E. als Ausdruck heutiger »religiöser Individualkultur« akzeptiert (BOCHINGER) oder sogar als

Esoterik: das Thema »Weiblichkeit«, inszeniert im »Garten der träumenden Korallen« in Galipan, Venezuela (2004)

Andeutung einer »kommenden Weltzivilisation« begrüßt (HERRMANN TIMM). Andererseits wird ihr als »nachchristlicher« oder »postreligiöser« (WERNER THIEDE) Erscheinung ein Rückfall hinter den christl. Gottes- und Heilsglauben attestiert. Das Kennzeichen der E., auch über diesen »Markt« hinaus, ist nach dem kath. Parapsychologen und Theologen ANDREAS RESCH (* 1934) ihr »Immanentismus«, d. h. »die Deutung von Welt, Leben und Religion mit naturimmanenten Kräften... unter Verzicht auf die Transzendenz«. Damit nimmt die E. nach RESCH »immer mehr die Form einer alternativen Lebensgestaltung zu Wissenschaft und Religion, v. a. zum Christentum ein, zumal der Stellenwert der Person durch die kosm. Einheit und den Kreislauf der Dinge völlig relativiert wird. Der Wert der Person ist nur zeitlich gegeben und hat keine transzendente Bedeutung. Das Ich ist im All verklungen.« Auch der kath. Theologe und Spezialist in Fragen der Mystik JOSEF SUDBRACK (* 1925) sieht den »maßgebende(n) Gegensatz zur religiös(-christl.) Weltdeutung« darin, »dass die E. versucht... zu wissen und über die Sache zu verfügen. Religion aber gründet in einem Vertrauens-Glauben, der weder durch Wissen noch durch Erfahrung überholt werden kann.« Es handelt sich bei der E. nicht nur um eine **postreligiöse**, sondern im Grunde um eine **nichtreligiöse**, vielfach sogar dezidiert **irreligiöse** Erscheinung, in der eine religiöse Transzendenz keine Rolle spielt, der Mensch sich nicht in die Arme eines rettenden Gottes fallen lässt, sondern seine Erlösung selbst zu inszenieren versucht.

Enzyklopädische Vernetzung
Alchemie ■ Anthroposophie ■ Astrologie ■ Druiden ■ Geheimwissenschaften ■ Gnosis ■ Hexe ■ Kabbala ■ Magie ■ Mandala ■ neue Religionen ■ Neuheidentum ■ New Age ■ Okkultismus ■ Pansophie ■ Rosenkreuzer ■ Seelenwanderung ■ Spiritismus ■ Theosophie ■ Theosophische Gesellschaft

H.-J. RUPPERT: Durchbruch zur Innenwelt. Spirituelle Impulse aus New Age u. E. in krit. Beleuchtung (1988); F. A. YATES: Die okkulte Philosophie im elisabethan. Zeitalter (a. d. Engl., Amsterdam 1991); GEORG SCHMID: Im Dschungel der neuen Religiosität. E., östl. Mystik, Sekten, Islam, Fundamentalismus, Volkskirchen (1992); E. SCHURÉ: Die großen Eingeweihten. Geheimlehren der Religionen (a. d. Frz., ²⁰1992); H. BLAVATSKY: Theosophie u. Geheimwiss. Ausgew. Werke, hg. v. S. BOTHEROYD (a. d. Engl., 1995); C. BOCHINGER: »New Age« u. moderne Religion. Religionswiss. Analysen (²1995); W. THIEDE: E. Die postreligiöse Dauerwelle (1995); T. LUCKMANN: Die unsichtbare Religion (³1996); E. RUNGGALDIER: Philosophie der E. (1996); W. J. HANEGRAAFF: New Age religion and western culture. Esotericism in the mirror of secular thought (Neuausg. Albany, N. Y., 1998); Aufklärung u. E., hg. v. M. NEUGEBAUER-WÖLK (1999); H.-D. LEUENBERGER: Das ist E. (⁸1999); H. WERNER: Lex. der E. (Neuausg. 1999); A. FAIVRE: E. im Überblick. Geheime Gesch. des abendländ. Denkens (a. d. Frz., 2001); J. IWERSEN: Lex. der E. (2001); H. KÖRBEL: Hermeneutik der E. Eine Phänomenologie des Kartenspiels Tarot als Beitrag zum Verständnis v. Parareligiosität (2001); B. GROM: Hoffnungsträger E.? (2002); J. IWERSEN: Wege der E. Ideen u. Ziele (2003); E. Herausforderung für die christl. Kirche im 21. Jh., hg. v. H. KRECH u. U. HAHN (2003); M. LAMBECK: Irrt die Physik? Über alternative Medizin u. E. (2003); K. V. STUCKRAD: Schamanismus u. E. Kultur- u. wissenschaftsgeschichtl. Betrachtungen (2003); DERS.: Was ist E.? (2004).

Fortsetzung von Seite 397

2) [Abk. für engl. **e**xtra**s**ensory **p**erception »außersinnl. Wahrnehmung«], *Parapsychologie:* →außersinnliche Wahrnehmung.

Espagnolette [ɛspaɲɔˈlɛt(ə); frz. »Drehriegel«, eigtl. Verkleinerungsform von espagnol »spanisch« (da der Verschluss wahrscheinlich aus Spanien stammt)] *die, -/-n, schweizer.* Bez. für →Basküleverschluss.

España [ɛsˈpaɲa], span. für →Spanien.

Esparsette [frz.] *die, -/-n,* **Onobrychis,** Gattung der Schmetterlingsblütler mit rd. 170 Arten in Eurasien und N-Afrika. In Mitteleuropa kommt auf kalkhaltigen, trockenen Böden die 30–60 cm hohe **Futter-E.** (**Hahnenkamm,** Onobrychis viciifolia) vor, die auch angebaut wird (wertvolle Trockenfutterpflanze, Bodenverbesserer, Bienenweide). Sie besitzt unpaarig gefiederte Blätter, rosarote Blüten in dichten Trauben und stachelhöckerige Hülsenfrüchte.

Espartero, Baldomero, urspr. **Joaquín B. Fernández Álvarez E.** [fɛrˈnandɛθ ˈalβarɛθ -], Conde **de Luchana** [-tʃ-] (seit 1836), Duque **de la Victoria** (seit 1839), Príncipe **de Vergara** (seit 1870), span. General und Politiker, * Granátula de Calatrava (Prov. Ciudad Real) 27. 2. 1792, † Logroño 8. (9./10. ?) 1. 1879; kämpfte 1815–24 gegen die aufständ. Kolonien in Südamerika, entschied im 1. Karlistenkrieg für die Regentin MARIA CHRISTINA und beendete ihn mit der Konvention von Vergara (1839; seitdem Beiname »el Pacificador de España«, »der Befrieder Spaniens«). Schon bald wandte er sich jedoch als Führer der Progressisten gegen die restaurative Politik der Regentin. Sie musste ihn zum Min.-Präs. ernennen (September 1840) und einen Monat später abdanken. Im Mai 1841 wurde E. zum Regenten und Vormund ISABELLAS II. berufen, schlug mehrere Aufstände nieder, wurde im Juli 1843 gestürzt und lebte bis 1849 im brit. Exil. 1854 ernannte ISABELLA ihn zum Min.-Präs. (Rücktritt 1856). Die ihm nach der Septemberrevolution von 1868 angebotene Thronkandidatur lehnte er ab.

Esparto [span.] *der, -s/-s,* die trockenen, zähen Halme und Blätter des 1) →Alfagrases; 2) des Grases Lygeum spartum, das als Begleiter des Alfagrases wächst; 3) des schilfähnl. **Rebenrohrs** (Ampelodesma tenax). Alle drei dienen als Flechtstoff und Papierrohstoff.

Espartogras, das →Alfagras.

Espe, Aspe, Zitterpappel, **Populus tremula,** Art der Gattung Pappel; in lichten Wäldern, Schlägen und Hecken häufiger, bis 25 m hoher Baum mit fast kreisrunden, gezähnten Blättern und langen, seitlich zusammengedrückten Blattstielen (deshalb »zittern« die Blätter). Die Blüten sind zweihäusig verteilt und in kätzchenförmigen Blütenständen angeordnet. Das leichte, fast weiße Holz splittert nicht und wird v. a. zur Zellstoffgewinnung sowie für Zündhölzer und Spankörbe verwendet.

Im Volksglauben galten die E. bzw. ihr Laub als Symbol der Furcht und des Bangens. Legenden berichten, die E. zittere, weil das Kreuz Christi aus ihrem Holz gemacht worden sei, weil sie unbeweglich blieb bei seinem Tode u. Ä. – In der Volksmedizin diente E.-Laub als Mittel gegen Fieber.

Espeletia, Korbblütlergattung mit rd. 35 Arten; hochwüchsige Stauden mit Schopfbaumcharakter (»Frailejones«); Charakterpflanzen der andinen Hochgebirgsregionen.

Espelkamp, Stadt im Kr. Minden-Lübbecke, NRW, nördlich des Mittellandkanals, 50 m ü. M., 26 400 Ew.; elektrotechn. Industrie, Automatenherstellung, Faser- und Kunststofftechnik, Maschinenbau, Geräte- und Anlagenbau, Möbelindustrie. – Die »Stadt im Walde« wurde ab 1949 planmäßig als Siedlung für Vertriebene angelegt und zeigt moderne Gestaltung; ev. Thomaskirche (1960–63). – E., 1221 erstmals erwähnt, wurde 1959 Stadt.

Espenhain, Gem. im Landkreis Leipziger Land, Sa., südlich von Leipzig, 2 800 Ew.; Technologiezentrum; ehem. Zentrum der Braunkohle verarbeitenden Ind. (bis 1995 Braunkohlenabbau im Tagebau, bis 1991 Brikettfabriken und Schwelereien; Kraftwerke 1990 und 1996 stillgelegt); Solarkraftwerk.

Esperanto *das, -(s),* eine von dem poln. Arzt L. ZAMENHOF (Pseud. »Doktoro Esperanto«, »der Hoffende«) 1887 geschaffene Welthilfssprache mit einfacher phonet., phonolog., morpholog. und syntakt. Struktur. Der Lautbestand umfasst 28 Buchstaben (5 Vokale, 23 Konsonanten); der Wortschatz (rd. 80 000 Wörter, die aus 7 866 Wurzeln gebildet wurden) entstammt v. a. den roman. Sprachen und dem Englischen. Die Grammatik beruht auf 16 Grundregeln.

Seit 1908 besteht der Esperanto-Weltbund (Universala Esperanto-Asocio, Abk. UEA) mit Sitz in Rotterdam, der inzwischen etwa 50 Landesverbände und Mitglieder in etwa 100 Ländern hat. Die Zahl der E.-Sprecher wird auf 500 000 bis 10 Mio. geschätzt. Einige von ihnen sind in Vereinen organisiert, die Kongresse, Seminare und Kulturveranstaltungen anbieten. Ziele der E.-Vereinigungen sind neben Verbreitung der Sprache und ihrer Entwicklung u. a. Völkerverständigung und Erhalt kultureller Vielfalt. Unter den zahlr. →Welthilfssprachen hat E. eine deutliche Vorrangstellung.

E. Ein Jahrhundertwerk, bearb. v. T. BORMANN u. W. SCHWANZER (1987); C. GLEDHILL: The grammar of E. (²2000); D. WILLKOMMEN: E.-Gramm. (2001).

Espina y Tagle [- i 'taɣle], Concha, eigtl. **Concepción Espina de la Serna,** span. Schriftstellerin, * Santander 15. 4. 1879, † Madrid 19. 5. 1955; veröffentlichte zunächst in der Nachfolge von J. M. DE PEREDA Y SÁNCHEZ DE PORRÚA viel gelesene Romane, die im Norden Spaniens (Prov. León) spielen (»La niña de Luzmela«, 1909; »La esfinge maragata«, 1914, dt. »Die Sphinx der Maragatos«). Mit dem Roman »El metal de los muertos« (1920; dt. »Das Metall der Toten«), der die bittere Lage der Bergarbeiter am Río Tinto einfühlsam, doch ohne sozialpolit. Stellungnahme schildert, verfasste sie einen der ersten span. Sozialromane. Während des Bürgerkrieges und danach schrieb sie »nationale« Romane (u. a. »Princesas de martirio«, 1938) sowie Memoiren (»Esclavitud y libertad. Diario de una prisionera«, 1938).

Weitere Werke: *Romane:* Altar mayor (1926); La flor de ayer (1932); El más fuerte (1947); Una novela de amor (1953).
Ausgabe: Obras completas, 2 Bde. (³1970).

Espinel, Vicente, span. Schriftsteller und Musiker, getauft in Ronda 28. 12. 1550, † Madrid 4. 2. 1624; führte nach dem Studium in Salamanca ein abenteuerl. Leben u. a. in Spanien, Italien, den Niederlanden; wohl auch Sklave in Algerien; später Priester und Kapellmeister in Madrid. Er wurde als Lyriker (»Diversas rimas«, 1591) und Horaz-Übersetzer geschätzt und gilt als Erfinder der Strophenform »décima« (»espinela«). Sein Hauptwerk ist der autobiograf. Schelmenroman »Vida del escudero Marcos de Obregón« (1618; dt. zuerst von L. TIECK 1827 u. d. T. »Leben und Begebenheiten des Escudero Marcos de Obregon«), der A. R. LESAGE für seinen »Gil Blas« als Vorlage diente. – E. führte auf der Gitarre die fünfte Saite ein.

Espingole [ɛspɛ̃'gɔl, frz.] *die, -/-s,* Schrotpistole (Muskete) mit erweiterter Mündung zum Schießen von Streugeschossen; auch eine Art Kartätschgeschütz, wie es die Dänen noch 1864 bei den Kämpfen um die Düppeler Schanzen verwendeten.

espirando [ital.], musikal. Vortrags-Bez.: verhauchend, ersterbend.

Espírito Santo [is'piritu 'santu], Bundesstaat Brasiliens am Atlantik, 46 184 km², (2003) 3,25 Mio. Ew.; Hauptstadt ist die Hafenstadt Vitória. Im fruchtbaren trop. Küstenland wird v. a. Kaffee angebaut, daneben Zuckerrohr, Reis, Bananen, Zitrusfrüchte; Fischerei an der lagunenreichen Küste. Der N des Landes ist Kakaoanbaugebiet; außerdem Rinderzucht (im S stärker Milchviehwirtschaft). Sonst Textil- und v. a. Eisen- und Stahlindustrie. Die Wälder im Landesinnern (Randgebirge des Brasilian. Berglandes, bis 2 890 m ü. M.), die einst trop. Edelhölzer lieferten, sind heute weitgehend zerstört.

Espíritu Santo [- 'saːntəʊ], früher frz. **Île Marina,** die größte Insel von Vanuatu (Neue Hebriden), im SW-Pazifik, vulkan. Ursprungs, 3 677 km², mit mehreren Nebeninseln etwa 36 000 Ew. (Provinz Sanma); erreicht im Mount Tabwémasana 1 879 m ü. M. Die Insel ist dicht bewaldet und hat fruchtbare Täler. Die Siedlungen liegen v. a. im S am Segond Channel. Luganville (auch Santo), die zweitgrößte Stadt Vanuatus, hat einen Tiefwasserhafen und einen internat. Flughafen. Haupterwerbszweige sind Landwirtschaft (Kopra, Kaffee, Kakao für den Export, Rinderzucht) und Thunfischfang.

Esplà i Triay, Oscar (Óscar), span. Komponist, * Alicante 5. 8. 1886, † Madrid 6. 1. 1976; Schüler von C. SAINT-SAËNS und M. REGER; neben M. DE FALLA bedeutender Vertreter der span. Musik des 20. Jh. Er komponierte – beeinflusst von der Folklore – Opern (»La balteira«, 1935), Ballette, Orchester-, Kammer- und Chormusik mit spezifisch span. Klangkolorit.

Espoo ['ɛspoː], schwed. **Esbo,** Stadt (seit 1963) in der Prov. Uusimaa, Finnland, im westl. Teil der Agglomeration Helsinki, 224 200 Ew., zweitgrößte Stadt Finnlands; im Stadtteil Otaniemi die TH von Helsinki.

espressivo [ital.], Abk. **espr.,** musikal. Vortrags-Bez.: ausdrucksvoll.

Espresso [ital. »ausdrücklich«, urspr. ein auf »ausdrückl.« Wunsch eigens zubereiteter Kaffee] *der, -(s)/-s* oder *...si,* in einer →Espressomaschine schnell zubereiteter starker Kaffee aus dunkel gerösteten Kaffeebohnen.

Espressomaschine, Gerät zur Zubereitung von Espresso. Im Unterschied zur →Kaffeemaschine wird das Wasser unter Druck durch das Kaffeemehl gepresst.

Esprit [ɛs'priː; frz., von lat. spiritus »Hauch«, »Geist«] *der, -s, bildungssprachlich:* geistvoll-brillante, vor Geist und Witz sprühende Art (zu reden).

Espriu [əs'priu], Salvador, katalan. Schriftsteller, * Santa Coloma de Farners (Prov. Girona) 10. 6. 1913,

Esparsette:
Futteresparsette

Espe:
männliche *(oben)* und weibliche Blütenstände *(Mitte)* sowie Blätter

† Barcelona 22. 2. 1985; förderte mit seinem dramatischen, lyr. und erzähler. Werk die katalan. Schriftsprache und das Gefühl der katalan. Identität im Spanien der Franco-Diktatur. Sein religiös geprägtes Werk kreist um die Themen Tod und Schuld, die Tragödie des Bürgerkriegs und die Versöhnung aller Spanier nach dessen Ende. Von seinen Dramen sind bes. zu nennen »Antígona« (entstanden 1938, Erstausgabe 1955, Uraufführung 1958) und »Primera història d'Esther« (1948, Uraufführung 1957), von seinen Lyrikbänden v. a. »La pell de brau« (1960; dt. »Die Stierhaut«).

Weitere Werke: *Lyrik:* Cementiri de Sinera (1946); Les cançons d'Ariadna (1949); Les hores; Mrs. Death (1952); El caminant i el mur (1954); Final del laberint (1955; dt. Ende des Labyrinths); Llibre de Sinera (1963); Setmana Santa (1972); Formes i paraules (1975).

Ausgabe: Obres completes (⁴1981).

Espronceda y Delgado [esprɔnˈθeða i ðelˈɣaðo], José Leonardo de, span. Dichter, * zw. Villafranca de los Barros und Almendralejo (Prov. Badajoz) 25. 3. 1808, † Madrid 23. 5. 1842; sehr früh liberal-revolutionär eingestellt; floh vor dem Regime FERDINANDS VII. ins Exil (1826–33, u. a. Lissabon, London, Paris); 1841 Gesandtschafts-Sekr. in den Niederlanden; in Spanien Mitbegründer der republikan., progressist. Partei; Cortes-Abgeordneter. E. y D. ist der bedeutendste Repräsentant der span. liberalen Romantik (Einfluss V. HUGOS). Der histor. Roman »Don Sancho Saldaňao o El castellano de Cuéllar« (6 Bde., 1834) steht in der Nachfolge W. SCOTTS. In seiner Lyrik verherrlichte er wie BYRON Freiheit und Weltschmerz. Dieses Lebensgefühl der Romantik verband er in der Verserzählung »El estudiante de Salamanca« (1840) mit dem Don-Juan-Motiv.

Ausgabe: Obras completas, hg. v. J. CAMPOS (1954).

Espundia, → Leishmaniasen.

Esq., Abk. für → Esquire.

Esquilin [lat., urspr. Esquiliae als Bez. für die Kuppen Oppius und Cispius], **Esquilinischer Hügel**, lat. **Esquilinus Mons**, ital. **Monte Esquilino**, einer der sieben Hügel Roms, der mit seinen beiden Kuppen (Cispius und Oppius) den östl. Rand der antiken Stadt bildete. Im 4. Jh. v. Chr. wurde der E. in die Stadtummauerung einbezogen (Servian. Mauer mit der Porta Esquilina, unter AUGUSTUS abgebrochenes Stadttor) und war Wohngebiet der gewerbetreibenden Bev.; außerhalb der Mauer lag ein republikan. Gräberfeld, seit dem 2. Jh. v. Chr. v. a. für die Armen benutzt (Columbarien). Weiterhin auf der Hochfläche (ebenfalls als E. bezeichnet) entstanden Aquädukte, die das Wasser des Anio heranführten, Gehöfte, seit AUGUSTUS große Besitzungen mit Gartenanlagen, die später meist in kaiserl. Besitz übergingen. Am Rande des Oppius errichtete NERO sein »Goldenes Haus«, die Kaiser TITUS und TRAJAN legten dort Thermen an.

Esquipulas [eski-], Wallfahrtsort und Markt im Dep. Chiquimula, Guatemala, 920 m ü. M., im Hochland nahe der Grenze zu Honduras und El Salvador, 17 900 Ew. – Für die in E. verehrte, 1594 aus dunklem Holz geschaffene Christusstatue (Cristo Negro) wurde im 18. Jh. eine Kirche nach dem Vorbild der Kathedrale von Valladolid (Spanien) errichtet: dreischiffige Basilika mit oktogonaler Tambourkuppel und vier Türmen.

Esquire [ɪsˈkwaɪə, engl.; zu lat. scutarius »zum Schilde gehörig«, »Schildträger«] *der, -s/-s*, Abk. **Esq.**, engl. Höflichkeitstitel, bezeichnete urspr. den Knappen (Schildknappen), seit dem 16. Jh. die Angehörigen der Gentry und den Bürgerlichen, der ein verbrieftes Wappen führte. Später gaben alle hohen Staatsämter oder z. B. der Doktortitel Anspruch auf den Titel E.; seit dem 19. Jh. allg. in der Briefanschrift verwendet (abgekürzt hinter dem Namen, falls dort kein Titel steht, ohne vorangesetztes Mr.).

Esquirol [ɛskiˈrɔl], Jean Étienne Dominique, frz. Psychiater, * Toulouse 3. 2. 1772, † Paris 12. 12. 1840; Schüler von P. PINEL; machte sich bes. verdient um organisator. Reformen in der Psychiatrie; er veranlasste die Gründung zahlreicher psychiatr. Anstalten in Frankreich und errichtete 1800 in Paris die erste private Nervenklinik.

ESR, Abk. für → Elektronenspinresonanz.

Esra [hebr. »Hilfe«], **Ezra**, in der Vulgata **Esdras**,

1) Name eines Buches des A. T., nach der lat. Überlieferung (Vulgata) zweier Bücher, nämlich E. und Nehemia (2. Esra). Beide werden als Teile des chronist. Geschichtswerks (→ Chronik) angesehen.

2) Name von vier apokryphen Büchern: das dritte Buch E., eine erweiterte griech. Fassung des kanon. Buches; das vierte, eine urspr. wohl hebr., aber nur in Tochterübersetzung aus dem Griechischen erhaltene jüd. Apokalypse vom Ende des 1. Jh. n. Chr.; das fünfte (Vulgata: 4. Esra Kap. 1/2), eine lat. Sammlung von Mahn- und Trostworten an die christl. Kirche aus der Zeit der Auseinandersetzungen mit dem Judentum (Ende 2. Jh. n. Chr.); das sechste (Vulgata: 4. Esra Kap. 15/16), eine lat. Schilderung des Weltendes und Mahnungen zur christl. Bewährung in der Verfolgung (2. oder 3. Jh. n. Chr.).

Esra [hebr. »Hilfe«], **Ezra**, in der Vulgata **Esdras**, pers. Referent (»Schreiber«) für jüd. Religionsangelegenheiten aus jüdisch-priesterl. Geschlecht. Geschickt unter ARTAXERXES I. (oder ARTAXERXES II.), der nach Esra 7,7 in dessen siebentem Regierungsjahr (458 bzw. 398 v. Chr.) mit einem neuen Gesetzbuch an der Spitze jüd. Rückwanderer nach Jerusalem kam und dort die Mischehen zw. Juden und Nichtjuden aufhob. Vierzehn Jahre später ließ er zum ersten Mal das Laubhüttenfest feiern. Die histor. Richtigkeit dieser wahrscheinlich vom Verfasser der Chronikbücher (→ Chronik) stammenden Nachrichten, v. a. das zeitl. und sachl. Verhältnis zu → Nehemia, ist umstritten.

ESRF: ringförmige Experimentierhalle der Europäischen Synchrotronstrahlungsanlage in Grenoble, dahinter das Institut Laue-Langevin mit dem Gebäude des Neutronen-Hochflussreaktors

ESR-Datierung, Verfahren zur →Altersbestimmung prähistor. Objekte. Durch die radioaktive Umgebungsstrahlung werden in der festen kristallinen Materie Defekte in der regulären Gitterstruktur erzeugt, deren mithilfe der →Elektronenspinresonanz bestimmte Anzahl ein Maß für das Alter der Probe ist. Die ESR-D. kann zur Altersbestimmung von Objekten herangezogen werden, die von wenigen Tausend bis zu vielen Hunderttausend Jahren alt sind, z. B. Tropfsteine, Travertine, Knochen und Zähne.

ESRF [Abk. für engl. european synchrotron radiation facility], **Europäische Synchrotronstrahlungsanlage,** Forschungszentrum in Grenoble mit dem gleichnamigen, 1994 in Betrieb gegangenen Elektronenspeicherring zur Erzeugung von →Synchrotronstrahlung. An der ESRF, die in einen gemeinsamen Komplex mit dem Institut Laue-Langevin integriert wurde, sind (2004) 18 europ. Staaten beteiligt, darunter Frankreich mit 27,5 % und Dtl. mit 25,5 % Kostenanteil. Die Anlage wird, bei einer festen Mitarbeiterzahl von etwa 600, von jährlich etwa 3 500 Wissenschaftlern genutzt.

Die Elektronen werden von einem Synchrotron (Umfang 300 m) auf 6 GeV Energie beschleunigt und in den Speicherring eingeschossen. Dieser besitzt einen Umfang von 844 m, auf dem sich 64 Dipolablenkmagnete befinden, und enthält 28 gerade Streckenstücke für →Wiggler und Undulatoren; zusätzlich kann die Strahlung der Ablenkmagnete genutzt werden. Der gespeicherte Strahlstrom beträgt bis zu 200 mA. Mehr als 40 Strahlführungen versorgen die Experimentierstationen mit den Messplätzen. Die ESRF erschließt als Synchrotronstrahlungsquelle bei großer Strahlungsleistung und hoher Brillanz (Leuchtdichte) den Spektralbereich bis in die harte Röntgenstrahlung. Sie wird u. a. für Untersuchungen in der Physik der kondensierten Materie, in der Chemie, Molekularbiologie, Medizin, Materialforschung und den Geowissenschaften sowie für industrielle Anwendungen genutzt.

ESRIN [Abk. für engl. European Space Research Institute], *Weltraumforschung:* →ESA.

ESRO [Abk. für engl. European Space Research Organization], Europ. Organisation für Weltraumforschung; bestand seit 1962, ging in der 1975 neu gegründeten Europ. Weltraumorganisation (→ESA) auf. Die ESRO hatte erfolgreich insgesamt sieben wiss. Satelliten mit 49 Experimenten und rund 180 Höhenforschungsraketen gestartet. ESRO hießen auch einige Satelliten dieser Organisation.

ESR-Spektroskopie, Kurz-Bez. für →Elektronenspinresonanzspektroskopie.

Ess, Josef van, Islamwissenschaftler, * Aachen 18. 4. 1934; ab 1968 Prof. in Tübingen (1999 emeritiert); arbeitet v. a. auf dem Gebiet der islam. Geistes- und Theologiegeschichte.
    Werk: Zw. Hadit u. Theologie (1975); Anfänge muslim. Theologie (1977); Theologie u. Gesellschaft im 2. und 3. Jh. Hidschra. Eine Gesch. des religiösen Denkens im frühen Islam, 6 Bde. (1991–97); Der Fehltritt des Gelehrten. Die »Pest v. Emmaus« u. ihre theologischen Nachspiele (2001).

Essäer, jüd. Sondergemeinschaft, →Essener.

Essaouira [ɛsaˈwira, frz.], arab. **As-Suweira** [-ˈwei-], früher **Mogador,** Hafenstadt und Seebad an der Atlantikküste Marokkos, 69 500 Ew.; Verw.-Sitz der gleichnamigen Prov. in der Region Marrakesch-Tensift-El Haouz; Kunsthandwerk (Intarsienarbeiten); Fischfang (Sardinen); internat. Flughafen. – Planmäßige Stadtneugründung von 1760 im Festungsstil

Essaouira: Stadttor

VAUBANS unter Einbeziehung des port. Forts von 1560. Ummauerte Medina (UNESCO-Weltkulturerbe) mit Kasba und Moschee, 200 m langer Küstenbatterie und Mellah (Judenviertel, seit 1764); turmbewehrte Hafenbastei. – Auf den vorgelagerten »Purpurinseln« soll der Mauretanierkönig JUBA II. im 1. Jh. n. Chr. eine Purpurmanufaktur angelegt haben.

Essay [ˈɛse, engl. ˈeseɪ; eigtl. »(literar.) Versuch«, »Probe«] *der* oder *das, -s/-s,* Abhandlung, die einen Gegenstand auf besondere Weise erörtert: Der E. unterscheidet sich einerseits durch Stilbewusstsein und subjektive Formulierung von der objektiven, wiss. Abhandlung (der Übergang zu dieser ist jedoch fließend), andererseits durch breitere Anlage und gedankl. Anspruch vom journalist. Feuilleton. Auch mit der wörtl. Übersetzung »Versuch« lässt sich seine Besonderheit z. T. erfassen. Dem E. haftet etwas Fragmentarisches, Bewegliches, Momenthaftes, Gesprächhaftes, manchmal auch Spielerisches an. Er stellt, meist ohne objektivierende Distanz, in unmittelbarer, freier, intuitiver Weise Querverbindungen her; dabei verzichtet der Essayist bewusst auf ein Denken im Rahmen von festgelegten Systemen. Essayist. Literatur sucht eher nach Fragen als nach Lösungen. Die Offenheit des Denkprozesses stellt den E. zu den offenen literar. Formen, wie Brief, Tagebuch, Dialog; seine Struktur als ästhet. Gebilde aber verleiht ihm starke Geschlossenheit. Die Intention des E. ist häufig Kulturkritik (auch am Beispiel naturwiss. Themen) als Kritik an etablierten Meinungen. Der inhaltl. Beweglichkeit des E. entspricht im Idealfall seine stilist., oft aphorist., artist. Leichtigkeit oder auch Eleganz.

Dem E. vergleichbare Darstellungsformen finden sich in der Antike u. a. bei PLUTARCH (»Moralia«), CICERO, SENECA D. J. (»Epistulae morales ad Lucilium«), HORAZ, CATULL, MARK AUREL und GELLIUS (»Noctes atticae«).

Als Schöpfer der Kunstform des E. gilt M. DE MONTAIGNE (»Les Essais«, 1580–95); sein E. ist Absage an alle Systematik und reiner Ausdruck der Persönlichkeit. F. BACON übernahm von ihm das Wort E., fand aber eine eigene Form; seine »Essays« (1597, erweitert 1612, 1625) sind der aphorist. und zur Maxime strebende Ausdruck eigener Erfahrung. In der Folge wurden philosoph. (R. DESCARTES, B. PASCAL, J. LOCKE, G. W. LEIBNIZ, D. HUME) und naturwiss. Themen (R. BOYLE) in der Form des E. abgehandelt, die Bez. diente hier dazu, den Fragmentcharakter der Abhandlung zu betonen. Im 18. Jh. entwickelte sich in Großbritannien der Zeitschriften-E. (R. STEELE, J. ADDISON, S. JOHNSON mit den →moralischen Wochenschriften, O. GOLDSMITH), auf den das spätere Feuilleton zurückgeht. In Frankreich war der E. eine bevorzugte Form der Moralisten und der Aufklärer (u. a. bei MONTESQUIEU, VOLTAIRE, D. DIDEROT und N. DE CHAMFORT). In Dtl. begann sich die Gattung im 18. Jh. einzubürgern (G. E. LESSING, J. G. HERDER, J. J. WINCKELMANN, J. MÖSER, GOETHE, SCHILLER, C. M. WIELAND, G. FORSTER, G. C. LICHTENBERG).

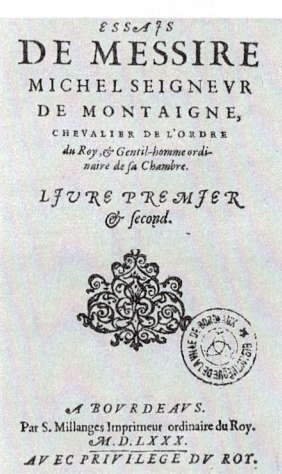

Essay: Michel de Montaigne, Titelblatt der Erstausgabe der »Essais« (1580)

Erst im 19. Jh. wurden alle ästhet. Möglichkeiten des E. realisiert. In Großbritannien sind neben C. LAMB, W. HAZLITT, J. H. L. HUNT, T. DE QUINCEY bes. bemerkenswert T. CARLYLE, T. B. MACAULAY, M. ARNOLD, J. RUSKIN; in den USA W. IRVING, E. A. POE, H. D. THOREAU (»Walden«, 1854), O. W. HOLMES, J. R. LOWELL; in Frankreich F. DE LAMENNAIS, C. BAUDELAIRE, C. A. SAINTE-BEUVE, H. TAINE, die Brüder GONCOURT, P. BOURGET. Der dt. E. erreichte einen ersten Höhepunkt mit F. VON SCHLEGEL, der auch wichtige Einsichten zur Theorie der Gattung formulierte; mit HERMAN GRIMM, der sich an der E.-Auffassung des Amerikaners R. W. EMERSON (»Essays«, 1841–44) orientierte, erreichte die dt. Essayistik den Anschluss an die europ. Tradition. Weiter sind zu nennen A. und W. VON HUMBOLDT, J. BURCKHARDT, K. HILLEBRAND, O. GILDEMEISTER, J. P. FALLMERAYER, F. KÜRNBERGER. Am Ende des Jahrhunderts wird der E. zur Ausdrucksform sowohl zweckfreier Ästhetik (O. WILDE, W. H. PATER) als auch eines revolutionären Philosophierens (F. NIETZSCHE).

Der E. hat sich als geeignete Form erwiesen, Probleme von Krisen- und Umbruchzeiten zu diskutieren. Dies spiegelt sich in der Fülle der philosoph., literar., kunst- und kulturkrit. E., die das 20. Jh. hervorgebracht hat und die oft programmat. Bedeutung für geistige Strömungen hatten. Als bedeutende Essayisten dieses Jh. sind zu nennen: in Großbritannien u. a. H. BELLOC, G. K. CHESTERTON, A. HUXLEY, T. S. ELIOT, E. M. FORSTER, W. H. AUDEN, die Iren J. JOYCE und W. B. YEATS; in den USA G. SANTAYANA, die Vertreter des »New Criticism« (R. P. BLACKMUR, C. BROOKS, K. BURKE, J. C. RANSOM, Y. WINTERS) sowie LAURA RIDING und SUSAN SONTAG; in Frankreich H. BERGSON, A. FRANCE, C. PÉGUY, P. VALÉRY, A. GIDE, P. CLAUDEL, C. DU BOS, J.-P. SARTRE, SIMONE DE BEAUVOIR, A. CAMUS, R. BARTHES; in Italien A. BALDINI, E. CECCHI, B. CROCE, U. ECO; in Spanien Á. GANIVET, M. DE UNAMUNO, R. DE MAEZTU Y WHITNEY, J. ORTEGA Y GASSET, J. BERGAMÍN, P. LAÍN ENTRALGO; in Argentinien J. L. BORGES; in Mexiko O. PAZ; in Polen K. BRANDYS, J. KOTT, L. KOŁAKOWSKI; in der dt.-sprachigen Literatur, häufig von der →Literaturkritik und →Literaturwissenschaft herkommend, H. VON HOFMANNSTHAL, R. BORCHARDT, R. KASSNER, H. und T. MANN, C. J. BURCKHARDT, M. KOMMERELL, E. R. CURTIUS, E. und F. G. JÜNGER, M. RYCHNER, H. E. HOLTHUSEN, W. JENS, W. KRAFT, HILDE SPIEL, HANS MAYER, WERNER KRAUSS, stark gesellschaftsbezogen etwa H. M. ENZENSBERGER und die jüngeren Autoren J. DAHL, B. GUGGENBERGER, M. SCHNEIDER, P. SCHNEIDER, G. KUNERT, P. SLOTERDIJK; von der Philosophie oder Soziologie herkommend G. SIMMEL, W. BENJAMIN, S. KRACAUER, E. BLOCH, J. PIEPER, T. W. ADORNO, J. AMÉRY, O. MARQUARD; in der Psychologie S. FREUD als hervorragender Stilist; v. a. Naturwissenschaften einbeziehend C. F. VON WEIZSÄCKER, W. HEISENBERG, R. JUNGK u. a. – Neue Verwendungsmöglichkeiten erfährt der E. in Hörfunk und Fernsehen in der Form des →Features. – Mit **Essayismus** bezeichnet die moderne Literaturkritik vielfach ein Stil- und Gestaltungsprinzip in erzähler. Texten, die spezif. Formen und Funktionen des E. (z. B. im Roman) als Mittel besonderer Wirklichkeitsdarstellung einsetzen.

Wichtige Preise für Essayistik im dt.-sprachigen Raum sind der »Johann-Heinrich-Merck-Preis«, seit 1964 verliehen von der Dt. Akademie für Sprache und Dichtung, der »Ernst-Robert-Curtius-Preis«, 1984 gestiftet von dem Bonner Verleger T. GRUNDMANN, und der »Europapreis für Essay«, der seit 1974 von der Stiftung Charles Veillon vergeben wird.

📖 Prosakunst ohne Erzählen. Die Gattungen der nichtfiktionalen Kunstprosa, hg. v. K. WEISSENBERGER (1985); T. W. ADORNO: Noten zur Lit. (⁶1994); W. MÜLLER-FUNK: Erfahrung u. Experiment. Studien zur Theorie u. Gesch. des Essayismus (1995); C. SCHÄRF: Gesch. des E.s Von Montaigne bis Adorno (1999); R. PFAMMATTER: E. Anspruch u. Möglichkeit (2002); G. NEGWER: Formen des Denkens. Über den E. (2004).

Essayisten [eseˈɪstən], Sg. **Essayist** der, -en,
1) allg.: Verfasser von Essays.
2) Literaturwissenschaft: die Begründer der ersten engl. →moralischen Wochenschriften, R. STEELE und J. ADDISON.

Ẹsse est pẹrcipi [lat. »Sein ist Wahrgenommenwerden«], von G. BERKELEY geprägte Formel, die Ausdruck eines radikalen Sensualismus (Immaterialismus) ist. Gegenstände existieren nur insofern sie wahrgenommen werden oder wahrgenommen werden können.

Ẹsseg, dt. Name der kroat. Stadt →Osijek.

Essen, Name von geografischen Objekten:

1) Essen, kreisfreie Stadt in NRW, größte Stadt des Ruhrgebiets und siebtgrößte in Dtl. (2003), 587 500 Ew.; erstreckt sich vom hügeligen Gelände beiderseits der Ruhr im S über die nach N langsam abfallende Hellwegebene bis über Rhein-Herne-Kanal und Emscher (30–202 m ü. M.). Die früher durch Kohleförderung und Eisenerzeugung geprägte Stadt hat heute ihren wirtschaftl. Schwerpunkt auf Handel und Dienstleistungen (v. a. Verwaltung) sowie Lehre und Forschung verlagert: Landessozialgericht, Landgericht, Dt. Wetterdienst Niederlassung E. E. ist Sitz eines kath. Bischofs (Ruhrbistum), des Stifterverbandes der dt. Wissenschaft, des Kommunalverbandes Ruhrgebiet, des Initiativkreises Ruhrgebiet, des Landesumweltamtes, der Emschergenossenschaft, des Lippeverbandes, des Ruhrverbandes sowie zahlr. Wirtschaftsverbände und -vereinigungen. E. hat gemeinsam mit Duisburg eine Univ. (Vereinigung 2003, als Gesamthochschule gegr. 1972), Folkwang-Hochschule E. für Musik, Theater und Tanz, Verwaltungs- und Wirtschaftsakademie, Rheinisch-Westfäl. Inst. für Wirtschaftsforschung sowie zahlr. weitere Bildungs- und Forschungseinrichtungen. Wichtigste Museen: Museum Folkwang (→ Folkwangmuseum), Dt. Plakatmuseum, Red Dot Design Museum, Ruhrlandmuseum mit den Außenanlagen Halbach- und Deilbachhammer, UNESCO-Weltkulturerbe Zollverein sowie Ruine Isenburg, → Villa Hügel mit Histor. Sammlung Krupp. E. ist Zentrum der dt. Energiewirtschaft mit den Verwaltungssitzen der RWE AG, der Ruhrgas AG und der Steag AG. Weitere führende Wirtschaftsunternehmen haben in E. ihren Sitz (RAG, Hochtief AG, Karstadt Quelle AG).

Während der früher bedeutende Steinkohlenbergbau 1986 eingestellt wurde, hat sich E. zu einem wichtigen Entscheidungszentrum der dt. Wirtschaft entwickelt (etwa ein Zehntel der 100 umsatzstärksten Unternehmen Dtl.s haben in E. ihren Hauptsitz). Die einst wirtschaftsbestimmenden Industriezweige (Motoren-, Lkw-, Lokomotivbau, Stahlerzeugung und Stahlbau, ferner Elektro-, Brauerei-, Maschinenbau-, Leichtmetall-, Druck- und chem. Industrie haben ihre einstige Bedeutung verloren. Als Messestadt empfängt E. etwa 1,8 Mio. Besucher jährlich. E. verfügt über ein dichtes Netz von S- und U-Bahnstrecken sowie Straßenbahn- und Buslinien. Einige der durch E. führenden Autobahnen sind im Umfeld der City z. T. in Tunnels geführt. Am Rhein-Herne-Kanal besitzt E. einen Industriehafen (2002: 0,5 Mio. t Umschlag).

46 % des 210 km² umfassenden Stadtgebietes sind Grünflächen. Im S leitet der Grugapark (mit Grugahalle) zu den aufgelockerten Wohn- und Villenvierteln im Erholungsgebiet des Ruhrtals (Regattastrecke auf dem →Baldeneysee) über. Auch in der Emschertalung im nördl. Stadtgebiet sind zw. den Arbeitersiedlungen und Industrieanlagen große Erholungsgebiete auf ehem. Zechengelände entstanden.

Stadtbild Das Münster ist die ehem. Stiftskirche des Damenstifts; vom spätotton. Bau sind die Krypta (»Ostkrypta«, 1051 geweiht) und das Westwerk (innen als halber Zentralbau angelegt) z. T. erhalten; das Langhaus zeigt schlichte got. Formen. Das Münster ist durch ein Atrium mit der Johanniskirche (1471) verbunden, darunter die Adveniatkrypta (»Westkrypta«; 1981–83, mit Betonreliefs von E. WACHTER); reicher Münsterschatz mit Werken des 10. und 11. Jh. – In E.-Werden liegen die ehem. Benediktiner-Abteikirche St. Liudger (heute Propsteikirche) der um 800 gegründeten Reichsabtei (mit karoling. Ringkrypta, 827–839; otton. Westwerk, 943 geweiht; Lang- und Querhaus aus der Mitte des 13. Jh.; Kirchenschatz) und die Pfarrkirche St. Lucius (1063 geweiht, 1957–59 nach Profanisierung rekonstruiert; Fresken des 11. Jh.), in Stoppenberg die ehem. Prämonstratenserkirche von 1073 (Taufbecken des 12. Jh.). – E. besitzt mehrere Beispiele des modernen Kirchenbaus, u. a. St. Engelbert, eine Backsteinbasilika von D. BÖHM (1934–36), die Auferstehungskirche in Huttrop, ein Zentralbau von O. BARTNING (1929–30), St. Franziskus von R. SCHWARZ (1958) sowie von G. BÖHM die Pfarrkirche zum Hl. Geist in Katernberg (1955–58, eine Zeltkonstruktion) und St. Matthäus (1973–77) in Kettwig. Die Alte Synagoge (1911–13) ist heute Gedenkstätte; die Neue Synagoge, ein Halbkugelbau mit Metallverkleidung, wurde 1958/59 errichtet. Bemerkenswerte Bauten des 20. Jh. sind ferner: das in unmittelbarer Nachbarschaft zum Saalbau (seit 2004 mit neuer Spielstätte für die Philharmonie) errichtete Opernhaus (1983–88, Entwurf von A. AALTO; 1989 eröffnet) und das Verwaltungsgebäude der Ruhrkohle AG (1956–60, von E. EIERMANN). Wichtige Beispiele der Industriearchitektur sind die Malakofftürme über Schacht Wilhelm in Frillendorf (1847–50)

Essen 1)

Stadtwappen

- größte Stadt und Zentrum des Ruhrgebiets
- beiderseits der Ruhr bis zur Emscher
- 30–202 m ü. M.
- 587 500 Ew.
- Universität (1972 gegründet)
- Steinkohlenbergbau (1317–1986)
- Eisenverarbeitung (Krupp-Werke)
- Grugapark
- Damenstift, 852 gegr.
- Essener Münster (ehem. Stiftskirche)
- oberhalb des Baldeneysees Villa Hügel

Essen 1): historische Stadtansicht, kolorierter Kupferstich von Franz Hogenberg (1581)

Esse Essener

Essen 1): Zeche Zollverein (UNESCO-Weltkulturerbe)

und über Schacht Carl I in Altenessen (1859–61), der Wasserturm von Frillendorf (1925, expressionist. Backsteinbau), v. a. aber die Zeche Zollverein, Schacht XII (1927–32, von F. SCHUPP und M. KREMMER), die seit 1990 zu einem Kulturzentrum umgebaut wurde (Umbau des Kesselhauses zum Domizil des Design-Zentrums Nordrhein-Westfalen e. V. durch Lord N. FOSTER, 1995–97) und seit 2001 zum UNESCO-Weltkulturerbe gehört. Die Gartenstadt Margarethenhöhe (1909) war für den Wohnsiedlungsbau beispielhaft. – Schloss Borbeck (16./17. Jh.) wurde im 18. Jh. erneuert. Das Stiftswaisenhaus in Steele, ein Barockbau von 1765–69 (unverändert erhalten), dient noch seinem ursprüngl. Zweck.

Geschichte Keimzelle der Stadt ist das um 852 – in Nachbarschaft zu einem seit etwa 800 bestehenden Kloster in Werden (seit 886 Reichskloster) – gegründete Damenstift für die Töchter des Hochadels (**Astnide**, »Ort im Osten«), das sich im 10./11. Jh. als Reichsabtei ein kleines Territorium unter Leitung seiner Äbtissin im Rang einer Reichsfürstin schuf (seit 1228 belegt; 1244 Stadtmauerbau). Schirmvögte waren nacheinander die Grafen von Berg, von der Mark, die Herzöge von Jülich-Kleve-Berg und seit 1609 die Markgrafen von Brandenburg. In Verbindung mit dem Stift entstand eine Kaufmanns- und Handwerkersiedlung. Kaiser KARL IV. verlieh E. 1377 die erstrebte Reichsunmittelbarkeit, andererseits wurde fünf Jahre zuvor der Äbtissin die Landesherrschaft bestätigt. Der Rat führte 1563 die Reformation ein.

Der Kohlenbergbau ist im Gebiet E.s bereits im 14. Jh. bezeugt. Seit dem 16. Jh. war E. ein Mittelpunkt der Büchsenmacherei bzw. der Waffenherstellung (Höhepunkt um 1620). 1670 wurde der Stadt polit. und wirtschaftl. Selbstständigkeit unter Oberhoheit der Fürstäbtissin zugestanden. Das 1802/03 säkularisierte Stift fiel an Preußen (1806–13 Teil des Großherzogtums Berg).

Die drei alten städt. Marktflecken E. (urspr. **Westendorp**, dann **Alten-E.** gen.), **Werden** und **Steele** – beide 1929 eingemeindet – bildeten den Ausgang der großflächigen Besiedlung, die um die Mitte des 19. Jh. mit dem Abteufen der ersten Zechen im mittleren und nördl. Stadtgebiet begann. Der industrielle Aufschwung im 19. Jh. ist eng mit der Entwicklung der Krupp-Werke verbunden, die sich im W der Stadt ausbreiteten. Die überregionale Bedeutung E.s wurde durch den Ruhrhafen (1842) und den Anschluss an das Eisenbahnnetz (1872–77) gesichert. 1896 wurde E. mit 100 000 Ew. Großstadt. Die Zerstörungen des Zweiten Weltkriegs (1942–45; v. a. am 5. 3. 1943) minderten E.s Stellung im Ruhrrevier nicht. 1986 wurde die letzte Zeche E.s geschlossen.

  WOLFGANG SCHULZE u. F. LAUBENTHAL: Denkmal E. (1993); E. Gesch. einer Stadt, hg. v. U. BORSDORF (2002); H. MOHAUPT: Kleine Gesch. E.s (³2002); Gesichter der Stadt. 50 Essener Stadtteile im Porträt, hg. v. W. MÄMPEL u. K. SÜSELBECK (2004).

2) Essen, kath. Bistum (»Ruhrbistum«), 1957 errichtet, um das Ruhrgebiet als wichtigen Industriebezirk unter einheitliche kirchl. Leitung zu stellen. Es wurde aus Teilen der Bistümer Köln, Münster und Paderborn gebildet und gehört als Suffraganbistum zur Kirchenprovinz Köln. Bischof ist seit April 2003 FELIX GENN (* 1950). →katholische Kirche, ÜBERSICHT.

3) Bad Essen, Gem. im Landkreis Osnabrück, Ndsachs., am Fuß des Wiehengebirges, 16 000 Ew.; Thermal-Sole-Heilbad. Bei B. E. in einem Steinbruch 1921 Fundort von Saurierspuren (heute Natur-Erlebnisbereich).

Essener [wahrscheinlich zu aramäisch ḥasēn »Frommer«], **Essäer,** von PHILO VON ALEXANDRIEN und FLAVIUS JOSEPHUS beschriebene jüd. Gemeinschaft von ordensähnl. Verfassung. Sie entstand in der Zeit der Makkabäer (um 150 v. Chr.) und bestand bis zum Jüd. Krieg (70 n. Chr.). Ein Teil ihres Schrifttums wurde am Toten Meer entdeckt. Die Identität der E. mit der in →Qumran lebenden Gemeinde ist unsicher.

  K. SCHUBERT: Die jüd. Religionsparteien in neutestamentl. Zeit (1970); Antike Berichte über die E. hg. v. A. ADAM, (²1972); G. STEMBERGER: Pharisäer, Sadduzäer, E. (1991); Die Qumran-E., hg. v. JOHANN MAIER, 3 Bde. (1995–96); H. STEGEMANN: Die E., Qumran, Johannes der Täufer u. Jesus (⁹1999).

essential..., Schreibvariante für essenzial...

essentiell..., Schreibvariante für essenziell...

Essentuki [je-], Stadt in Russland, →Jessentuki.

Essenwein, August Ottmar von, Architekt, Gestalter und Kunsthistoriker, * Karlsruhe 2. 11. 1831, † Nürnberg 13. 10. 1892; studierte Architektur in Stuttgart und Berlin, wurde 1864 als Stadtbaurat nach Graz berufen (dort auch Prof. für Hochbau) und wechselte 1866 als erster Direktor an das German. Nationalmuseum in Nürnberg. Für seine kunsthistor. und denkmalkundl. Publikationen gestaltete E. Holzschnitte, daneben schuf er Entwürfe für Kunstgewerbe und Kirchenausstattungen (St. Gereon, Köln, 1883–91; Stiftskirche in Königslutter, 1890 ff.). Unter seinen Bauprojekten ragen die Restaurierung der Frauenkirche (1879–81) und die Erweiterung des German. Nationalmuseums in Nürnberg heraus, die auf einer detaillierten Kenntnis der mittelalterl. Architektur und Ikonografie und den vom Historismus geprägten Grundsätzen der Denkmalpflege beruhen.

Essenz [lat. essentia »Wesen(heit)«, zu esse »sein«] die, -/-en,

1) ohne Pl., bildungssprachlich: das Wesentliche, der Kern, das Wesen (einer Sache).

2) Lebensmittelchemie: veralteter Begriff für Aromen; konzentrierter, meist alkohol. Auszug von äther. Ölen.

3) Pharmazie: alte Bez. für Auszüge aus Pflanzen sowie von alkohol. Lösungen äther. Öle oder Duftstoffe. Außerdem in der Homöopathie gebräuchl. Begriff für so genannte Urtinkturen, die Ausgangszubereitungen homöopath. Arzneimittel.

4) *scholast. Philosophie:* **Essentia,** das →Wesen.

Essenzialen *Pl.,* engl. **Essentials** [ɪˈsenʃlz; gekürzt aus essential goods »lebensnotwendige Güter«], unentbehrliche und im Inland nicht oder nicht ausreichend produzierte oder nur mit unverhältnismäßig hohen Kosten herzustellende Güter, auf die die Einfuhren der meisten europ. Staaten in der ersten Nachkriegszeit bei Zahlungsbilanzschwierigkeiten beschränkt wurden. Bestimmungen, die eine Bevorzugung der Einfuhr von E. vorsehen, bestehen gegenwärtig in den meisten Entwicklungsländern, da deren Devisenmangel eine Liberalisierung ihrer Einfuhren oft nicht gestattet. E. im Sinne dieser Bestimmungen sind v. a. Investitionsgüter und z. T. Nahrungsmittel.

Essenzialien *Pl.,* lat. **Essentialia,** die das Wesen eines Rechtsgeschäfts bestimmenden, vom Ges. als notwendig geforderten oder nach dem Parteiwillen als wesentlich erachteten Bestandteile eines Rechtsgeschäfts; Ggs.: →Akzidentalien.

Essenzialismus *der, -,* philosoph. Begriff zur Kennzeichnung einer Lehre, die den Vorrang des Wesens (Essenz, lat. essentia) behauptet. Im Ggs. zum Existenzialismus (→Existenzphilosophie) ordnet der E. das Dasein (Existenz, lat. existentia) dem Wesen unter. Der Begriff wurde u. a. von É. GILSON verwendet, der die abendländ. Philosophie bis zu G. W. F. HEGEL durch einen E. geprägt sah, mit Ausnahme von THOMAS VON AQUINO, der eine existenzielle Philosophie vertreten habe.

essenziell [frz., zu lat. essentia »Wesen(heit)«],

1) *bildungssprachlich* für: 1) wesentlich; 2) wesensmäßig.

2) *Medizin:* selbstständig, eigenständig; auf Krankheitserscheinungen bezogen, die nicht symptomatisch für bestimmte Krankheiten sind, sondern ein eigenständiges Krankheitsbild (meist ohne fassbare Ursache) darstellen.

3) *Physiologie:* zur Kennzeichnung von Nahrungsinhaltsstoffen gebraucht, die für den Organismus lebensnotwendig sind und von diesem nicht aus anderen Stoffen aufgebaut werden können (z. B. essenzielle →Aminosäuren, essenzielle →Fettsäuren).

essenzielle Thrombozytopenie, die →Werlhof-Krankheit.

Essequibo [-ˈkwɪbəʊ], der längste (965 km) und wichtigste Fluss in Guyana, entspringt in den Kamoa Mountains, durchquert das Land von S nach N durch trop. Regenwald (viele Wasserfälle) und mündet nordwestlich von Georgetown in den Atlantik.

Esser,

1) **Hartmut,** Soziologe, * Elend (Harz) 21. 12. 1943; nach Professuren in Duisburg, Essen und Köln seit 1991 Prof. für Soziologie und Wiss.-Lehre in Mannheim; seit 2003 Mitgl. der Heidelberger Akademie der Wiss.en. E. gilt als einer der wichtigsten Theoretiker der Soziologie in Dtl. Er hat u. a. Studien zur Theorie des Rational Choice (→Rationalprinzip), zur Methodologie der Sozialwiss.en und zu Problemen empir. Forschung vorgelegt und damit versch. Grundlagendebatten in der dt. Soziologie angestoßen bzw. weitergeführt.

Werke: Wissenschaftstheorie, 2 Bde. (1977, mit anderen); Aspekte der Wanderungssoziologie (1980); Die fremden Mitbürger (1983); Alltagshandeln u. Verstehen (1991); Soziologie. Allg. Grundll. (1993); Soziologie. Spezielle Grundll., 6 Bde. (1999–2001); Soziolog. Anstöße (2004).

2) **Josef,** Jurist, * Schwanheim (heute zu Frankfurt am Main) 12. 3. 1910, † Tübingen 21. 7. 1999; Prof. in Greifswald, Innsbruck, Mainz und Tübingen; Zivilrechtslehrer mit Betonung der durch die Erkenntnisse der Rechtssoziologie und der Rechtsvergleichung gewonnenen method. Fortschritte.

Werke: Wert u. Bedeutung der Rechtsfiktionen (1940); Grundl. u. Entwicklung der Gefährdungshaftung (1941); Lb. des Schuldrechts (1949); Grundsatz u. Norm in der richterl. Fortbildung des Privatrechts (1956).

Essex [ˈesɪks], Cty. in SO-England, 3 472 km², (2002) 1,32 Mio. Ew., Verw.-Sitz ist Chelmsford. E. grenzt im S an London, im O an die Nordsee. Basildon und Harlow sind Entlastungsstädte für London (New Towns). Das trockenere Klima begünstigt Ackerwirtschaft und Sonderkulturanbau (Obst, Gemüse). Die Industrie steht unter dem Einfluss Londons; Textil-, chem., Maschinenbau-, Nahrungsmittel-, Zementindustrie. – Die Römer hatten im Gebiet des heutigen E., das in vorröm. Zeit nur dünn besiedelt war, Schwerpunkte ihrer Kolonisation (v. a. Camulodunum, das spätere →Colchester). Wohl seit dem frühen 5. Jh. besiedelten Sachsen das Land und gründeten das Königreich Eastseaxe (Ostsachsen), das im 7. Jh. auch Middlesex einbezog und London zu seinem Zentrum machte. Im 8. Jh. fiel E. unter die Oberherrschaft der Könige von Mercien, im 9. Jh. unter die der Könige von Wessex; 860 verlor es seine Selbstständigkeit.

Essex [ˈesɪks], engl. Grafentitel (Earl of E.), erstmals 1140 von König STEPHAN an GEOFFREY DE MANDEVILLE († 1144) vergeben, der ihn später verriet und für seine Raubzüge und Gesetzlosigkeiten berüchtigt war. HEINRICH VIII. verlieh den Titel 1540 an seinen Min. T. CROMWELL; 1572–1646 war er im Besitz der Familie Devereux, seit 1661 im Besitz der Familie Capel. Bedeutende Vertreter:

1) **Robert Devereux** [ˈdevəruː], 2. Earl of E. (seit 1576), * Netherwood (Cty. Hereford and Worcester) 10. 11. 1567, † London 25. 2. 1601, Vater von 2); Günstling der engl. Königin ELISABETH I.; 1599 als Statthalter in das aufständ. Irland gesandt. Als er sich hier auf einen Waffenstillstand einließ, wurde er abgesetzt; darauf unternahm er einen Aufstandsversuch und wurde hingerichtet.

R. LACEY: Robert, Earl of E. (Neuausg. London 2001).

Essex Wappen

Essex: Blick auf den Ort Finchingfield im Norden der County

Essi Essig

2) Robert Devereux [ˈdevəru:], 3. Earl of E. (seit 1604), *London im Januar 1591, †ebd. 14. 9. 1646, Sohn von 1); wurde 1642, zu Beginn des Bürgerkrieges zw. den Anhängern König KARLS I. und denen des Parlaments, Oberbefehlshaber des Parlamentsheeres; 1644 von den königl. Truppen bei Lostwithiel (Cornwall) vernichtend geschlagen.

Robert Devereux, 2. Earl of Essex (Gemälde nach Marcus Gheeraerts d. J., um 1596; London, National Portrait Gallery)

Essig [ahd. eʒʒih, zu lat. acetum, wohl verwandt mit acer »scharf«], sauer schmeckendes, flüssiges Würz- und Konservierungsmittel, im Wesentlichen eine verdünnte Lösung von →Essigsäure (und Aromastoffen) in Wasser, die durch Vergären (→Gärung) von alkoholhaltigen Flüssigkeiten (Maischen) mit Essigsäurebakterien (Essigsäuregärung, **Gärungs-E.**) oder durch Verdünnen konzentrierter E.-Säure (**E. aus E.-Säure**) gewonnen wird. Der handelsübl. E. hat einen Gehalt von 5 bis 15,5 g E.-Säure pro 100 ml. Die Kennzeichnung erfolgt als E. mit Angabe der Ausgangs- und Rohstoffe: Branntwein-E., Wein-E., Malz-E., Obst-E., Kräuter-E.; Letzteren erhält man durch Auslaugen von Gewürzkräutern mit E. Wird E. aus Sprit hergestellt (wobei die Maische nur aus verdünntem Alkohol besteht), so setzt man zur Förderung des Bakterienwachstums Glucose, Nährsalze, Spurenelemente sowie Hefeextrakt zu. Weiter werden unterschieden: E. aus E.-Essenz; E., hergestellt unter Zusatz von E.-Essenz sowie E., hergestellt unter Zusatz von E.-Säure.

Die Herstellung von Gärungs-E. erfolgte früher nach dem **Orléans-Verfahren**, einem Oberflächengärverfahren, bei dem die alkoholhaltige Maische »ruhend« in mit Luftlöchern versehenen Fässern oder offenen Gärbottichen vergoren wurde; dabei bildeten die Essigsäurebakterien auf der Flüssigkeit eine Haut (**E.-Kahm, E.-Mutter**). Dieses Verfahren lieferte bes. aromareichen E., erforderte aber einen großen Zeitaufwand (3 Monate). Aus ihm entwickelten sich im 19. Jh. die **Fesselgärverfahren** (Schnellessigverfahren), bei denen die Essigsäurebakterien auf großflächigen Trägermaterialien (Buchenholzspäne, Birkenreiser, Maiskolbenspindeln) fixiert sind, über die man die Maische unter Luftzufuhr leitet, wobei der Alkohol zu E.-Säure oxidiert wird. Die Gärperiode dauert 4 bis 10 Tage. Aufgrund seiner Unempfindlichkeit wird es in Form des **Generatorverfahrens** (Rundpumpverfahren) bis heute praktiziert. Dabei zirkuliert die Maische etwa 3 Tage durch 4–5 m hohe, mit Holzspänen gefüllte Behälter (E.-Generatoren), in die von unten Luft geblasen wird. Die Menge der Aufgussmaische, die Luftzufuhr und die Temperatur werden automatisch geregelt. – Die größte Bedeutung für die Gewinnung von Gärungs-E. haben heute **submerse Gärverfahren**, bei denen die alkoholhaltigen Lösungen in einem Fermenter (bes. Frings-Acetator) mit Luft aufgeschäumt werden. Die an den Grenzflächen befindl. Essigsäurebakterien wandeln den Alkohol unter kontrollierten Bedingungen (Regelung von Alkoholkonzentration, Luftzufuhr und Temperatur) in E. um. Alle 36 Stunden wird etwa die Hälfte der entstandenen E.-Lösung abgezogen und durch verdünnten Alkohol ersetzt. Daran schließt sich eine Filtration und Schönung mit Bentonit, Kieselgur oder Kaliumhexacyanoferrat an, um Trub, Essigbakterien und fallweise auch Essigälchen zu entfernen. Durch Schwefelung oder Pasteurisation wird der E. haltbar gemacht.

Da die im E. enthaltene E.-Säure viele Metalle angreift und zur Bildung von z. T. gesundheitsschädl. Metallsalzen führt, darf E. nicht in Metallgefäßen hergestellt oder aufbewahrt werden. E. kommt deshalb in säurebeständigen Behältern in den Handel. Der Umgang und Handel mit E. und E.-Säure (außer Weinessig) ist in Dtl. durch die VO über den Verkehr mit E. und E.-Essenz vom 25. 4. 1972 geregelt. Die Verwendung von E. aus synthet. E.-Säure für Lebensmittelzwecke ist in den meisten Ländern verboten.

Kulturgeschichte Die E.-Bereitung ist so alt wie die Erkenntnis, dass sich Alkohol beim Stehenlassen in E. verwandelt. Ägypter, Assyrer, Babylonier, Juden, Griechen, Römer und Germanen stellten so ihren E. her, der außer zur Bereitung saurer Speisen auch zum Haltbarmachen von Fleisch und Gemüse, als durststillendes Getränk sowie als Arzneimittel diente. Vor Erfindung des Holzfasses wurde E. in großen Tonkrügen aus Bier, Wein und Obstwein bereitet. Das Orléans-Verfahren war schon im MA., bes. in Frankreich, sehr verbreitet.

S. CLAUSS: E. Der Guide für Kenner u. Feinschmecker (³1996).

Essig|älchen, Turbatrix aceti, Anguillula aceti, bis 2,3 mm langer, zu den →Älchen gestellter Fadenwurm; lebt von Bakterien, v. a. in Essig, aber auch in anderen, teils sauren, teils nichtsauren Substanzen; kommt öfter in Gärbottichen von Essigfabriken vor, von wo er häufig durch eine Taufliegenart (Große Essigfliege) weiterverbreitet wird.

Essigbaum, Hirschkolbensumach, Rhus hirta, Art der Gattung Sumach; bis 12 m hoher, in Nordamerika beheimateter Baum mit großen, unpaarig gefiederten, im Herbst purpurroten Blättern, grünlich gelben Blüten und rostbraunen, samtigen, einem kolbigen Hirschgeweih ähnl. Fruchtständen; ein häufiges Ziergewächs in Gärten und Parkanlagen.

Essigdorn, Pflanzenart der Gattung →Berberitze.

Essig|essenz, gereinigte, mit Wasser verdünnte Essigsäure; E. enthält in 100 g mindestens 15,2 und höchstens 25 g Essigsäure. Sie wird nicht aus Gärungsessig gewonnen, sondern synthetisch, z. B. durch katalyt. Oxidation von Acetaldehyd, durch Flüssigphasenoxidation von Butan oder durch Carbonylierung von Methanol. Der Rohessig wird anschließend rektifiziert und mit Wasser verdünnt. E. muss den Warnhinweis tragen: »Vorsicht! Nicht unverdünnt genießen!« Außerdem darf E. nur in bes. geformten Flaschen aus Werkstoffen, die von E. nicht angegriffen werden, in den Handel gebracht werden.

Essig|ester, Trivial-Bez. für Essigsäureethylester (→Ethylacetat).

Essigfliegen, die →Tauflingen.
Essigrose, Art der Gattung →Rose.
Essigsäure, Ethansäure, Äthansäure, CH_3-COOH, wichtigste organ. Säure, nach der Ameisensäure das zweite Glied in der homologen Reihe der →Carbonsäuren. E. ist eine farblose, stechend riechende Flüssigkeit, die mit Wasser und den meisten organ. Lösungsmitteln mischbar ist. Reine, d. h., wasserfreie E. erstarrt bei 16,6 °C zu eisähnl. Kristallen und wird deshalb auch als **Eisessig** bezeichnet; sie hat einen Siedepunkt von 117,9 °C und eine Dichte von 1,049 g/cm^3. Konzentrierte E. muss wegen ihrer stark ätzenden Wirkung vorsichtig gehandhabt werden.

Vorkommen E. kommt in Form ihrer Salze und Ester (**Acetate**) in der Natur verbreitet vor; in freier Form findet sie sich in manchen Pflanzensäften und tier. Sekreten. Im menschl. und tier. Stoffwechsel spielt die »aktivierte E.« (→Coenzym A) eine wichtige Rolle.

Herstellung E. bildet sich durch Gärung verdünnter wässriger Alkohollösungen unter dem Einfluss von E.-Bakterien (→Essig). Technisch wird E. nach unterschiedl. Verfahren hergestellt, v. a. durch Oxidation von Acetaldehyd, durch katalyt. Umsetzung von Methanol mit Kohlenmonoxid (→Carbonylierung) und durch Direktoxidation von Kohlenwasserstoffen (u. a. Butan, Buten, Benzin). Durch Holzverkohlung gewonnene E. (**Holzessig**) hat keine Bedeutung mehr.

Verwendung E. wird v. a. zu E.-Estern weiterverarbeitet, wobei **Vinylacetat** (für Kunststoffe), **Celluloseacetat** (Faserrohstoff), **Ethylacetat** und **Butylacetat** (Lösungsmittel) die größte Bedeutung haben. E. wird auch als techn. Lösungsmittel für Oxidationen und Acetylierungen sowie zur Herstellung von →Peroxyessigsäure und →Chloressigsäuren verwendet. Wichtige Salze sind das beim Färben (Beizmittel) und Imprägnieren von Textilien verwendete **Aluminiumacetat**, das als Egalisiermittel in der Färberei dienende **Ammoniumacetat** und das u. a. zum Abstumpfen von Säuren gebrauchte **Natriumacetat**.

Essigsäureamid, das →Acetamid.

Essigbaum: Fruchtstand

Essigsäureanhydrid, das →Acetanhydrid.
Essigsäurebakteri|en, Essigbakteri|en, eine Gruppe von Bakterien, die zu den Gattungen **Acetobacter** und **Acetomonas** gehören: gramnegative, beweg]. oder unbeweg]. Stäbchen, die v. a. in freigesetzten Pflanzensäften leben. Charakteristisch ist ihre Fähigkeit zu unvollständigen Oxidationen. Technisch werden E. verwendet zur Erzeugung von Sorbose aus Sorbitol (bei der Vitamin-C-Synthese), von Glucon- säure aus Glucose und v. a. von Essigsäure (bzw. Essig) aus alkoholhaltigen Flüssigkeiten (bzw. Maischen).

Essigsäurechlorid, das →Acetylchlorid.
Essigsäure|ethyl|ester, das →Ethylacetat.
Essigsäurenitril, das →Acetonitril.
essigsaure Tonerde, wässrige Lösung von bas. Aluminiumacetat; schwach desinfizierend und zusammenziehend. Anstelle der e. T. wird inzwischen meist **essigweinsaure Tonerde** (Aluminiumacetattartrat-Lösung) zur Wundbehandlung, für Umschläge u. a. verwendet.

Essiv [zu lat. esse »sein«] *der, -s, Sprachwissenschaft:* Kasus zur Bez. der Befindlichkeit in einem Zustand (z. B. finn. »lapse-na«, »als Kind«), einer Ortsangabe (z. B. finn. »koto-na«, »daheim«) oder einer Zeitbestimmung (z. B. finn. »joulu-na«, »zu Weihnachten«).

Esskastani|e, die →Edelkastanie.
Esskohle, Klasse der Steinkohle (→Kohle).
Esskultur siehe Seite 412
Esslingen, Name von geografischen Objekten:

1) **Esslingen,** Landkreis im Reg.-Bez. Stuttgart, Bad.-Württ., 641 km^2, 511 600 Ew.; Verw.-Sitz ist Esslingen am Neckar. Der Landkreis E. ist einer der kleinsten und am dichtesten besiedelten in Bad.-Württ.; er erstreckt sich vom Schurwald im N bis auf die Karstfläche der Schwäb. Alb im S, Schönbuch und Filderebene im W; im NW grenzt er an Stuttgart (Flughafen Stuttgart-Echterdingen). Der zentrale Landschaftsraum des Kreises und zugleich wirtschaftl. Schwerpunkt (mit den Städten Nürtingen und Esslingen am Neckar) ist das Neckartal, v. a. ab Plochingen (Neckarhafen). Hier besteht eine hohe Industriedichte (Kraftfahrzeug-, Gerätebau, Elektro-, Papierindustrie) mit vielen handwerkl. Zulieferbetrieben. In der Landwirtschaft werden auf fruchtbaren Lösslehmböden v. a. Weizen und Weißkohl (»Filderkraut«) angebaut, an den Südhängen des Neckartals auch Wein und Obst (Kirschen). Die höheren Lagen am Rande des Kreises sind bewaldet; die Burgruinen am Albrand (Hohenneuffen, Reußenstein, Teck) sind beliebte Fremdenverkehrsziele.

2) **Esslingen am Neckar,** Große Kreisstadt in Bad.-Württ., Verw.-Sitz des Landkreises E., südöstlich von Stuttgart, 230–499 m ü. M., eingebettet in das Neckartal und von Weinbergen, Feldern und Schurwald umgeben, 93 000 Ew.; Fachhochschulen für Technik und Sozialwesen, Kompetenzzentrum der Region Stuttgart im Bereich Biotechnologie, Stadtmuseum, J. F. Schreiber-Museum, Ausstellung Internat. Moderne Kunst in der Villa Merkel, Württembergische Landesbühne sowie Kultur- und Kongresszentrum Neckar Forum. In der vielseitigen Industrie herrschen Stahl-, Maschinen- und Fahrzeugbau vor, gefolgt von elektrotechn. und feinmechan. Industrie. – Das Bild der Altstadt wird durch zahlr. repräsentative Klosterpfleghöfe und Barockbauten geprägt. Die ev. Stadtkirche St. Dionys (13./14. Jh. auf Vorgängerbauten errichtet, mit Glasfensterzyklus um 1300) birgt ein Kirchenmuseum mit mittelalterl. Ausgrabungen; die ehem. Dominikanerkirche, heute Münster St. Paul (13. Jh.), ist die älteste erhaltene dt. Bettelordenskirche; die Frauenkirche (2. Viertel des 14. Jh.) ist eine der frühesten got. Hallenkirchen Schwabens; Altes Rathaus (Fachwerkbau um 1422, Marktseite 1586–89 im Renaissancestil umgebaut). Die Stadt wird überragt von Teilen der ehem. Stadtbefestigung (»Burg«). – Das 777 erstmals erwähnte E. erhielt um

Fortsetzung auf Seite 421

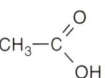

Essigsäure

Esslingen 2) Stadtwappen

ESSKULTUR

- Allgemeines
- Zur Geschichte der europäischen Esskultur
- Beispiele für religiös und traditionell geprägte Esskulturen

Esskultur, die durch kulturelle Prägung und Tradierung bestimmte Form jeder Nahrungsaufnahme unter Einschluss der Zubereitungsarten von Speisen (→ Kochen), ihres Arrangements sowie begleitender Rituale und Bräuche.

Allgemeines

Die E. ist – mehr oder weniger ausgeprägt – Bestandteil alltägl. wie festl. Handlungen. Sie kann Ausdruck sozialen Ranges und bestimmter Gruppenzugehörigkeiten sein. In ihrer histor., sozial und regional unterschiedl. Prägung ist sie beeinflusst von ernährungsphysiolog. Erfordernissen, Umfang und Art der zur Verfügung stehenden Nahrungsmittel (Klima, geograf. Faktoren mit Einfluss auf Nahrungssysteme und ihre Hierarchie, v. a. Art der Grundnahrungsmittel), Möglichkeiten ihrer Bevorratung bzw. Konservierung, Verfahren ihrer Zubereitung, der Folge und Gestaltung (Esswerkzeuge, Geschirr, Dekoration) von Mahlzeiten sowie Essregeln (Tischsitten, Tischordnung), die in sozialem, gesundheitl. oder religiösem Zusammenhang stehen können (→ Ernährungsstil, Ernährungsverhalten). In jüngerer Zeit erscheint E. zunehmend beeinflusst von Verkehrsgeografien, Werbeindustrie sowie globalen ökonom. Interessen von Lebensmittelproduzenten und Restaurantketten.

Essen und Trinken fungieren – nach der Befriedigung von Hunger und Durst – in ihrer weiteren kulturellen Ausgestaltung als Mittel der Kommunikation und Identitätsbildung. Sie schaffen gemeinsame Erlebnishorizonte und können Ausdruck des Lebensstils in so unterschiedl. Bereichen wie Familie, Politik und Wirtschaft sein. In ihrer festl. Form ist die E. Gegenstand von → Festmahl und → Bankett. Als kulturelle Muster können E. ebenso lange beständig wie schnell wandelbar sein.

Ernährungswissenschaftl. Erkenntnisse und prakt. Verzehrgewohnheiten divergieren häufig. Ein erhebl. Teil der Bev. in den westl. Industriegesellschaften ist überernährt (krankhaft: Adipositas) und in jüngster Zeit teilweise auch unterernährt (krankhaft: Anorexie). Diese Tendenz stellt ein komplexes medizin. wie auch gesellschaftspolit. Problem dar. Kennzeichnend für die moderne E. sind ferner moralisch-eth. Widersprüche: Trotz der Überversorgung in den Industrieländern werden Mangelernährung und Hunger in Entwicklungsländern akzeptiert, trotz klarer eth. Vorgaben werden Tierquälerei und Umweltzerstörung in der Landwirtschaft hingenommen.

Zur Geschichte der europäischen Esskultur

Frühgeschichte und Antike Mit der Entdeckung des Feuers vor etwa 300 000 – 400 000 Jahren ergab sich die Möglichkeit der Erwärmung von Speisen, u. a. des Bratens von Fleisch. Die Feuerstelle wurde zum Kern der Behausung und zum sozialen Mittelpunkt. Wahrscheinlich entwickelte sich in diesem Zusammenhang auch die Institution der **gemeinsamen Mahlzeit**, was wiederum zur Stabilisierung des Sozialverhaltens beigetragen hat. Etwas genauere Hinweise zur E. liegen für die Zeit von 5 500 v. Chr. an vor, als im Zuge der neolith. Revolution der Ackerbau eingeführt wurde. Bestandteil der nun immer facettenreicher werdenden E. wurden sowohl die Getreidepflanzen als auch das Fleisch von Haustieren (Ziege, Schaf, Huhn).

Erste hoch stehende Sonderformen entwickelten sich vor etwa 6 000 Jahren, als im Mittelmeerraum und im Orient eine Periode hoher Niederschläge endete. Innerhalb weniger Generationen entstanden am Nil, im Zweistromland, am Indus und am Gelben Fluss in China Hochkulturen mit Städtewesen und einer differenzierten E., welche wiederum Spiegel einer neuen Dimension sozialer hierarch. Ungleichheit war. Bereits hier bildete sich ein Grundmuster heraus, das bis in die Neuzeit hinein Bestand hatte: Sowohl bei den frühen Hochkulturen als auch in der Antike, ferner auch im europ. MA., verzehrten die Angehörigen der Oberschichten und ein Teil der Mittelschichten primär gebackenes Brot, während die Masse der Bev. den wichtigsten Kalorienlieferanten Getreide in Form von Brei zu sich nahm.

In der griech. Antike bildete das → Symposion einen wesentl. Bestandteil des sozialen Lebens. In seinem Zentrum stand ein regelmäßiger Umtrunk unter Männern, der in der Sphäre des Privaten ausgerichtet wurde und nicht unbedingt mit einem üppigen Mahl verbunden sein musste. Kennzeichnend für die antike griech. E. war die Bevorzugung von Fischen und Meeresfrüchten (beliebt die Fischsoße »gáron«, latinisiert »garum«, später von Byzanz übernommen); als Süßungsmittel war Honig verbreitet.

In der röm. Antike bestand die Ernährung v. a. aus Brot bzw. Brei (Weizen) sowie aus weiteren pflanzl. Bestandteilen (Gemüse, Oliven, Hülsenfrüchten), während der Fleischkonsum bei nur 20 bis 30 kg pro

Esskultur: zwei auf Klinen liegende Paare bei einem römischen Gelage mit festlichem Tafelsilber, Dienern und Musik; Wandmalerei aus Pompeji (1. Jh. n. Chr.; Neapel, Museo Nazionale Archeologico)

Kopf und Jahr gelegen haben dürfte. Die große Ausdehnung des Imperiums führte zur weiten Verbreitung der röm. E., die auch eine große Vielfalt der Gefäßformen auszeichnete (z. B. Trinkgefäße). Durch eine verfeinerte Kochkunst (berühmt: APICIUS) entwickelte sich in der E. der röm. Oberschichten eine große Bandbreite an Kreationen, deren Ziel es war, die wahre Natur der Einzelbestandteile zu verbergen. Im Roman »Satyricon« des PETRONIUS ARBITER (1. Jh. n. Chr.) heißt es über einen Koch: »Keiner ist so wertvoll wie er. Wenn du willst, macht er dir aus Sau-Euter einen Fisch, aus Schmalz eine Taube, aus Schinken eine Turteltaube, aus einer Schweinshaxe ein Huhn.« Zudem wurden die festl. Gelage der Reichen im antiken Rom mit ihrer Vorliebe für Schlemmereien, verbunden mit Bildung und geistreicher Unterhaltung (Hetären, Musik, Tanz), immer aufwendiger, wobei sich dieser Aufwand weniger in der Menge als vielmehr in der vermeintl. Qualität der Speisen (Kaviar, seltene Fische und Vögel) zeigte; sogar Speiseeis war bekannt. Mahlzeiten mit mundgerecht Zugeschnittenem oder Kleingekochtem, das ohne Besteck bequem mit einer Hand im Liegen verzehrt werden konnte, ermöglichten die in der Antike beliebte Speiseeinnahme auf der → Kline im Triklinium (→ Gelage; → Gastmahl); die Hände wurden mit Mundtüchern abgewischt. Essen mit der Hand und ohne Hilfsmittel blieb aber auch darüber hinaus bis weit ins MA. üblich und ist auch heute noch weltweit verbreitet.

In weiten Teilen Europas brachte die Ausweitung des röm. Imperiums (u. a. durch die Einführung des Weinbaus) sowie die Zeit der Völkerwanderungen des 4. und 5. Jh. in der E. eine Verschmelzung von antiken-mediterranen (Getreidewirtschaft; vorwiegend vegetar. Nahrung) und germanisch-kelt. Elementen (Wald- und Weidenutzung für Schweinezucht, tier. Produkte, Fleischverzehr).

Mittelalter Nördlich der Alpen verschwanden die Reste antiker E. mit dem Aufkommen der Dominanz einer ländl. Agrargesellschaft. Fleisch (bes. Schweinefleisch) wurde zur Grundlage der Ernährung. Die soziale Differenzierung des Ernährungsstils zeigte sich im MA. zunächst weniger in der Qualität als in der Quantität: Wer wohlhabend war, aß meist die gleichen Speisen wie die Armen, aber in größeren Mengen. Teller und Tischtücher waren noch unbekannt; für die Speisen gab es Vertiefungen in der Tischplatte, auch Brotstücke dienten als Unterlage.

Das Klimaoptimum im hohen MA. (etwa 950–1300) brachte vermehrten Getreideanbau, die Dreifelderwirtschaft und zunehmende Verbreitung städt. Lebensformen. Die höf. E. verfeinerte im Spät-MA. bei Festmählern auch visuell die Tafelkultur. Durch die Benutzung von Werkzeugen wie → Messern sowie durch Schneiden von Fleisch beim Essen setzte sich aufrechtes Sitzen am Tisch endgültig durch. Die ausführlichste »Tischzucht« des MA. überlieferte REINER DER DEUTSCHE (»Fagifacetus«; 13. Jh.).

Außerdem wurde seit dieser Zeit die E. auch durch das Aufkommen der kommerziellen Gastlichkeit (Wirtshäuser, → Gaststätten) beeinflusst. Im Bereich des Handwerks (Gildenmahl, Zunftessen) wie der öffentl. Verw. (Ratsherrenessen) gehörten gemeinsame Mahlzeiten repräsentativen Charakters zu den Höhepunkten des Soziallebens und zu den zentralen identitätsstiftenden Ereignissen. Beispielsweise erhielt sich in Bremen aus dem Übergang zur Neuzeit das → Schaffermahl.

Seit dem auch alltagskulturell stark christlich geprägten MA. wurde die Praxis der Ernährung in Europa in hohem Maße von kirchl. Vorschriften und Verboten geprägt. Dies betraf zunächst die 40-tägige vorösterl. Fastenzeit, in der der Konsum tier. Fettes und Fleisches (außer Fisch) untersagt war, ferner das Essen von Eiern, die als Symbol des Lebens und als

Esskultur: festliche Hochzeitstafel mit Musik am burgundischen Hof; Miniatur (15. Jh.; Paris, Bibliothèque Nationale de France)

Esskultur: die Völlerei, Ausschnitt aus Hieronymos Boschs »Die sieben Hauptsünden und die vier letzten Dinge«; Tischplatte (um 1470–90; Madrid, Prado)

flüssiges Fleisch galten. Vom Fastengebot waren nur die Sonntage ausgenommen. An den übrigen Tagen wurde der Fleisch- durch Fischkonsum ersetzt. Die Gestaltung der Feiern von Fastnacht/Karneval sowie des Osterfestes mit den jeweils üppigen Mahlzeiten steht in direktem Zusammenhang mit der vorösterl. Fastenzeit, die sich als kulturelles Muster bis in die Gegenwart erhalten. Als von der Kirche vorgeschriebener Fastentag galt ferner prinzipiell der →Freitag. Die ebenfalls 40-tägige vorweihnachtl. Fastenzeit, die nur durch den Nikolaustag unterbrochen wurde, war in der Alltagskultur weniger stark verankert.

16.–19. Jahrhundert Zu Beginn der Neuzeit (um 1500) führten Reformation und Entdeckung Amerikas zu radikalen Brüchen; Gewürze wurden durch die Entdeckungsfahrten preiswerter. Während aus Übersee neue Pflanzen eingeführt wurden, die die europ. E. langfristig nachhaltig prägen sollten (Kartoffel, Tomate, Mais; Tabak), kam es durch den Protestantismus zu einer Neubewertung von Essen und Trinken (u. a. M. LUTHERS Propaganda gegen übermäßigen Alkoholkonsum). Da der Dreißigjährige Krieg (1618–48) in Mitteleuropa zu Verelendung führte, gingen viele mittelalterlich geprägte Elemente der E. verloren. Das spätere Kolonialzeitalter brachte neue Speisen und Getränke, aber die breite Masse der Bev. blieb noch lange älteren Mustern verhaftet.

Im Verlauf der Frühneuzeit bildete zunehmend Getreide die Ernährungsbasis (Brot, Brei). Fleisch nahm einen immer geringeren Anteil unter den Nahrungsmitteln ein (insbes. im 18. Jh.), sodass sich weit verbreiteter Proteinmangel einstellte. Der Weinverbrauch ging seit dem 16. Jh. stark zurück, während Bier immer bedeutsamer und neben Brot zum wichtigen Grundnahrungsmittel wurde. V. a. seit dem 17. Jh. erweiterten die neuen Heißgetränke Tee und Kaffee sowie parallel der Branntwein die Trink- und E. Es dauerte etwa ein Jahrhundert, bis der Genuss dieser Getränke, von den adeligen Gesellschaftskreisen ausgehend, in bürgerl. Kreise eindrang und sich schließlich am Ende des 18. Jh. auch unter der Landbev. ausbreitete – ein Prozess, der zeigt, dass sich Menschen im Bereich der E. häufig an den Maßstäben höher gestellter Schichten orientieren. In der bäuerl. E. blieb der Löffel bis weit ins 19. Jh. gebräuchlichstes Essgerät und bedeutsam für die Volkskultur (Patengeschenk, Brautgabe); die allmähl. Auflösung der bäuerl. Tischgemeinschaft (Essen aus der gemeinsamen Schüssel) begann erst ab etwa 1800.

Prägend wirkte in der Frühneuzeit die E. der frz. auf die dt. Oberschicht. Aus Frankreich kommend, verbreitete sich der Umgang mit Besteck (Einführung der Gabel), Servietten und Tischtuch in den adeligen Kreisen Dtl.s und verfeinerte, nun auch unter Verwendung eigener Teller, die Tischsitten. In Paris soll 1765 das erste Restaurant gegründet worden sein, ab der Wende vom 18. zum 19. Jh. wurde die frz. Kochkunst zu einem internat. Vorbild.

Am Ende des 18. Jh. führten Überbev. und Agrarkrisen in weiten Teilen Mitteleuropas zu Nahrungsmangel und Hunger. Einen Ausweg wies die Kartoffel. Da sie auch auf ertragsarmen Böden sowie bei Nässe gedeiht, setzte sie sich zunächst vereinzelt (Irland, Spanien; Pfalz) und bald in großem Stil (bes. im dt. Mittelgebirge, O-Dtl.) durch, wurde zur Massenspeise und verdrängte ältere Brot- bzw. Breispeisen. Parallel kam es zu einer Popularisierung zuvor seltener oder der Oberschicht vorbehaltener Speiseelemente auch im ländl. Raum (bes. Kaffee, Tee, Zucker, Reis).

Trotz dieser Neuerungen blieb der Hunger bis zur Mitte des 19. Jh. existenzbedrohend und prägte die E. sowie mit ihr in weiterem Zusammenhang stehende Verhaltensweisen. Übergewicht war in der Vormoderne Schönheitsideal, Schlankheit ebenso Synonym für Armut wie vegetar. Ernährung. Als Konsequenz galt gebratenes Fleisch, dessen Fett ins Feuer tropft und somit verschwendet wurde, als Zeichen von Reichtum und Macht, gekochtes Fleisch (Eintopf) hingegen als Symbol für Armut. Diese Wertschätzung des Gebratenen wirkt bis heute fort und bestimmt die Verzehrgewohnheiten v. a. bei →Fastfood (gebratene Würste, Pommes frites).

Bäuerliches Festmahl anlässlich einer Kindstaufe im 19. Jahrhundert

Aus der Novelle »Die schwarze Spinne« (1842) von Jeremias Gotthelf

Als endlich alle saßen, kam die Suppe auf den Tisch, eine schöne Fleischsuppe, mit Safran gefärbt und gewürzt und mit dem schönen, weißen Brot, das die Großmutter eingeschnitten, so dick gesättigt, daß von der Brühe wenig sichtbar war. Nun entblößten sich alle Häupter, die Hände falteten sich, und lange und feierlich betete jedes für sich zu dem Geber jeder guten Gabe. Dann erst griff man langsam zum blechernen Löffel, wischte denselben am schönen, feinen Tischtuch aus und ließ es an die Suppe, und mancher Wunsch wurde laut: wenn man alle Tage eine solche hätte, so begehrte man nichts anderes. Als man mit der Suppe fertig war, wischte man die Löffel am Tischtuch wieder aus, die Züpfe[1] wurde herumgeboten, jeder schnitt sich sein Stück ab und sah zu, wie die Voressen an Safranbrühe aufgetragen wurden, Voressen von Hirn, von Schaffleisch, saure Leber. Als die erledigt waren in bedächtigem Zugreifen, kam, in Schüsseln hoch aufgeschichtet, das Rindfleisch, grünes und dürres,[2] jedem nach Belieben, kamen dürre Bohnen[3] und Kannenbirenschnitze[4], breiter Speck dazu und prächtige Rückenstücke, von dreizentnerigen Schweinen, so schön rot und weiß und saftig. Das folgte sich langsam alles, und wenn ein neuer Gast kam, so wurde von der Suppe her alles wieder aufgetragen, und jeder mußte da anfangen, wo die andern auch, keinem wurde ein einziges Gericht geschenkt. Zwischendurch schenkte Benz, der Kindbettimann[5], aus den schönen, weißen Flaschen, welche eine Maß enthielten und mit Wappen und Sprüchen reich geziert waren, fleißig ein. Wohin seine Arme nicht reichen mochten, trug er andern das Schenkamt auf, nötete ernstlich zum Trinken, mahnte sehr oft: »Machet doch aus, er ist dafür da, daß man ihn trinkt!« Und wenn die Hebamme eine Schüssel hineintrug, so brachte er ihr sein Glas, und andere brachten die ihren ihr auch, so daß, wenn sie allemal gehörig hätte Bescheid tun wollen, es in der Küche wunderlich hätte gehen können.

[1] Schweizer Gebäck in Zopfform; bei Gotthelf heißt es dazu einige Seiten zuvor: »[...] Züpfe, das eigentümliche Berner Backwerk, geflochten wie die Zöpfe der Weiber, schön braun und gelb, aus dem feinsten Mehl, Eiern und Butter gebacken, groß wie ein Jähriges [einjähriges Kind] und fast ebenso schwer [...]«.
[2] Bern- bzw. Schweizerdt. für frisches und geräuchertes Rindfleisch.
[3] Gemüsegericht aus getrockneten Bohnenkernen.
[4] Gedörrte Kannenbirnenviertel; Kannenbirnen: Sorte großer Birnen (auch Würgbirne, Kant- bzw. Kantenbirne gen.).
[5] Vater des Täuflings (auch Tauf- bzw. Kindelvater gen.).

J. Gotthelf: Die schwarze Spinne (Stuttgart: Reclam, 1992), S. 21 f.

Industriezeitalter Endgültig (ab etwa 1850) gelang es erst der Industriegesellschaft, den Hunger in Europa zu besiegen. Entscheidend zur Verbesserung der Ernährungslage trugen der Ausbau des europ. Eisenbahnnetzes und die Dampfschifffahrt bei (Intensivierung der weltweiten Austauschbeziehungen; Getreide- und Gemüsehandel, »Kolonialwaren«), ferner die Mechanisierung der Landwirtschaft und der Übergang zur Fruchtwechselwirtschaft sowie der Einsatz von Kunstdünger, neuer Anbausorten und verbesserte Züchtungserfolge bei Pflanzen und Tieren (»Modernisierungsschub« im Nahrungsmittelangebot). Mit mechanisierten Produktionsverfahren entstand die Lebensmittelbranche (zunächst Müllereien und Bierbrauereien, später Speisefett-, Öl- und Teigwarenindustrien; Schlachthäuser, zuerst ab 1820 in den USA, in Europa zuerst in Paris, 1867). Speck und Fleisch, noch bis Ende des 18. Jh. weitgehend Privileg des Adels (Jagd), wurden allgemein erschwinglich. Nicht mehr vorrangig die Selbstversorgung, sondern zunehmend Markt und Kommerzialisierung (Trennung von Produzent und Konsument) bestimmten den Ernährungssektor. Neue Konservierungsmethoden (F.-N. Appert, 1805/10) und veränderte Alltagsbedingungen (Zeitregime der Fabrikarbeit, Mahlzeiten außerhalb der Familie; Bedarf an Surrogaten) führten zum Wandel der Ernährungsgrundlagen, beispielhaft verdeutlicht in der Eroberung des Marktes durch →Instantprodukte (»Maggiwürfel«). Mit der neuen Klasse der Fabrikarbeiter entstand zudem eine proletar. E. (hohe Wertschätzung von Fleisch und Alkohol, bewusste Ablehnung bürgerl. Tischsitten). Bis Ende des 19. Jh. bildete sich die →Ernährungswissenschaft heraus (Bekanntwerden der Proteine und Vitamine).

Der **Erste Weltkrieg** beendete einen langen Aufschwung und brachte Ernährungskrisen (Hunger, Not-Speisen). Zu den Innovationen jener Zeit gehört die Ausweitung und Popularisierung der Konserve, die als Soldatennahrung breite Akzeptanz fand.

Die Zeit der **Weimarer Republik** erlebte zwar eine Modernisierung der Sachkultur im Bereich der Ernährung (Design von Besteck), aber es kam kaum zu Innovationen bei Auswahl und Zubereitung von Speisen. Unter der Landbev. war in vielen Gegenden Dtl.s (etwa im Hunsrück) der separate Teller für Einzelpersonen weiterhin nicht gebräuchlich, und es wurde noch aus gemeinsamer Schüssel gegessen.

In der Zeit des **Nationalsozialismus** kam es zu Instrumentalisierungen der E. Schwarzbrot als Volksbrot und Eintopfsonntage wurden zum Bestandteil der Propagierung von »Volksgemeinschaft«. Die Diskriminierung von »Missliebigen« begann häufig beim Essen, wenn etwa jüd. Schüler von der gemeinsamen Schulspeisung ausgeschlossen wurden. Die jüd. E. in Europa wurde durch den Holocaust fast völlig vernichtet.

Neuschöpfungen in der europ. E. zwischen 1914 und 1945 gab es nur wenige. Im Ausland verbreitete Neuerungen, wie gefriergetrockneter Pulverkaffee in den USA, fanden keine Verbreitung in Dtl. Ein Wandel vollzog sich bei der Soldatennahrung: Die Truppen wurden u. a. mit Schokolade und Traubenzucker versorgt, wodurch diese Nahrungsmittel auch im Volk populär wurden. Die Soldaten erhielten erste Fertiggerichte auf Sojabasis sowie Tiefkühlkost.

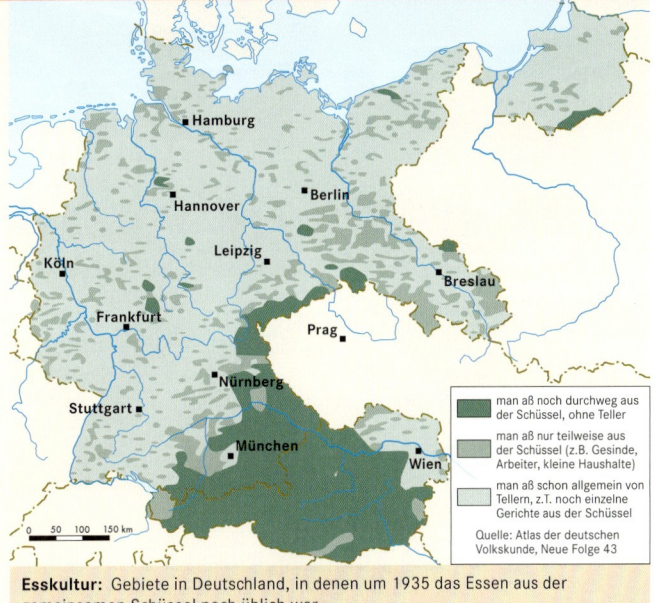

Esskultur: Gebiete in Deutschland, in denen um 1935 das Essen aus der gemeinsamen Schüssel noch üblich war

Auch für die Masse der Bev. kam es durch die Ersatzstoffe zu Veränderungen (Ersatz von Lebertran durch künstl. Vitamine, Anfänge der Vitaminisierung um 1940).

Nach dem Zweiten Weltkrieg blieb die Grundversorgung mit Lebensmitteln (bis zur Währungsreform im Juni 1948) problematisch. Basale Muster der E. – wie Mahlzeitenfolge, Sitzordnung oder Tischgebet – konnten beibehalten werden, allerdings waren die Voraussetzungen für die Lebensmittelversorgung ganz unterschiedlich: Restriktive Maßnahmen in der sowjet. Besatzungszone (hohes Ablieferungssoll der Bauern, vorrangige Versorgung der Besatzungstruppen) hatten zwangsweise Hunger und politisch initiierten Bruch mit alten Traditionen zur Folge (Verstaatlichung und Kollektivierung der Landwirtschaft); ihnen stand die in den Westzonen vergleichsweise bessere Ernährungslage gegenüber (alliierte Hilfslieferungen, bes. seit Juni 1947 durch den Marshall-Plan; private CARE-Pakete).

In **Osteuropa** führten der Einfluss der Sowjetunion und die Kollektivierung der Landwirtschaft zum plötzl. Verschwinden kleinbäuerl. E. und zur Genese einer neuen standardisierten E. agroindustrieller Arbeiter. Viele regionalspezif. Gerichte wurden verdrängt und zunehmend standardisierte Nahrungsmittel in den Speiseplan integriert, der den zentral gelenkten Planvorgaben zu entsprechen hatte. Die Massenabfertigung in Kantinen ersetzte die festgefügte Mahlzeitenordnung der heim. Tafel.

Eine Sonderrolle spielte die DDR. Hier wollte die Führung die Versorgungslage deutlich verbessern, was aber nur unzureichend gelang. Trotz guter Standortbedingungen (fruchtbare Böden) und polit. Bemühungen gelang der DDR die Aufholjagd nicht, weil die Entwicklung sich in der Bundesrep. Dtl. zunehmend beschleunigte. Der Ost-West-Vergleich macht deutlich, dass es kaum einen Bereich gibt, an dem sich die Sehnsucht der DDR-Bürger nach westl.

Esskultur: Mittagessen in Werkskantinen

Lebensstandard so gut ablesen lässt wie an der Nahrung. Bohnenkaffee, Schokolade und Bananen waren Symbole des Begehrens. Das DDR-Regime erkannte diesen psycholog. Mechanismus und versuchte mit großem Aufwand und mit teilweise auch beachtl. Erfolg, bei der Fleischversorgung mit dem Westen mitzuhalten. Bis 1989 waren in der DDR Lebensmittel, die gut zugänglich waren, unbeliebt, während knappe Güter begehrt waren.

Die E. erlangte in den Wohlstandsjahren nach dem Krieg auch in der Bundesrepublik Dtl. neue Bedeutung. Die 1950er-Jahre werden auch als Zeit der »Fresswelle« bezeichnet. Kennzeichnend war ein massiver Anstieg der Kalorienversorgung und eine Verschiebung der Nachfrage. Grobgemüse (Kohl), Fischkonserven und Kartoffeln gingen im Preis zurück. Sahne, Butter, Alkohol und Fleisch wurde eine höhere kulturelle Wertigkeit zugesprochen. Hier stiegen die Konsumzahlen. Auch in den Nachbarländern aßen und tranken die Menschen deutlich mehr; diese Tendenz verstärkten Konsums und Genusses wird ebenso sichtbar im Zunehmen des auch schon bisher verbreiteten Rauchens.

Kulturelles System der Küche und E. waren weniger dynamisch: Die Vorsuppe mit Einlage, die bereits im 19. Jh. im Bürgertum Karriere gemacht hatte, blieb grundlegender Bestandteil eines Festessens. Mit dem steigenden Fleischverbrauch fand die Suppe mit Einlage in der Nachkriegszeit auch auf dem Land weite Verbreitung. Diesbezüglich ist eine Verbürgerlichung der E. zu konstatieren, die Beharrungskraft zeigte, weil zwar die verfügbare Menge an Nahrungsmitteln deutlich gestiegen war, nicht aber die Auswahl.

In den 1960er-Jahren erfuhr die E. infolge massiven Wirtschaftsaufschwungs und hemmungsloser Fortschrittsgläubigkeit in den westl. Industrieländern einen fundamentalen Wandel. Im Rahmen der Technisierung des Haushalts (u. a. Küchenmaschine, neue Fertiggerichte) war v. a. die neue Kühltechnik prägend. Bis zu dieser Zeit drehte sich die Küchenarbeit primär um die alten Konservierungsmethoden (Trocknen, Einsalzen, Räuchern, Einkochen). Dies hatte auch den Speisenplan im Jahreslauf bestimmt. Mit der Gefriertruhe konnte man nun das Kotelett oder Schnitzel nicht nur im Herbst essen, sondern das ganze Jahr über, was letztlich auch zur ausgeprägten »Schnitzelkultur« des späten 20. Jh. führte. Auf diese Weise wurde auch das Spektrum der geräucherten Würste, Wurstkonserven und Wurstgläser erweitert. Prägenden Einfluss auf die E. erlangte Tiefkühlkost in Form von Fertigspeisen (1960er-Jahre: Spinat, Hähnchen). In den 1970er-Jahren wurde die Tiefkühlpizza so dominant, dass sie zum vermutlich weit verbreitetsten Nahrungsmittel Europas avancierte.

Um 1970 stieg die Experimentierfreude in den europ. Haushalten, während der Faktor Tradition an Einfluss verlor, u. a. durch den Supermarkt. Selbstbedienungsläden waren bereits in den 1950er-Jahren in städt. Zentren Westeuropas verbreitet. Dort bekam der Kunde die Ware nicht mehr über die Theke gereicht, sondern er konnte sich selbst bedienen. Die Verkäuflichkeit einer Ware hing nun immer stärker auch von ihrer Präsentationsform (v. a. der Verpackung) ab, was letztlich zu einer Aufwertung der Markenidentitäten führte.

Veränderungen brachte auch die Reisewelle, die einer Bev.-Mehrheit seit den 1960er-Jahren Urlaub in den Bergen, an Nord- und Ostsee und bald auch am Mittelmeer ermöglichte. Im Zuge der Reisen veränderte sich der Blick auf die bereisten Kulturen, vor allem aber auf die Kultur des Essens. Ein wichtiger Grund bestand darin, dass die große Kaufkraft den Restaurantbesuch im Süden erschwinglich machte. Die meisten Reisenden erlebten die Gastländer im Restaurant. Auf diese Weise entstanden die ersten Kontakte mit fremden Speiseangeboten (Pizza, Spaghetti, Paella, Gyros).

Weitere Impulse erfuhren die Nahrungssysteme der 1960er-Jahre durch die Imbisskultur. Prägend waren bes. die Wienerwald-Kette (gebratene Hähnchen) und die Zunahme des Konsums von frittierten Kartoffeln (Pommes frites).

In der Mitte der 1960er-Jahre hatten zwar größere Lebensmittelquantitäten und neue Zubereitungsarten, Gerichte und Kühlmethoden für Wandel gesorgt, aber das System der Mahlzeiten entsprach noch dem Vorkriegsstand (Kommunikation bei der Mahlzeit, Tischordnung). Erst im Rahmen der Studentenunruhen (1967/68) wurde Kritik an den bürgerlich-patriarchal. Tischordnungen laut. In den 1970er-Jahren kamen mehr Fertigprodukte und →Fertiggerichte auf den Markt. Zudem wurde das Kochen für viele von einer Notwendigkeit zu einer Form der aktiven Freizeitgestaltung. Ess-Zeitschriften propagierten internat. und ausgefeilte Gerichte und wirkten stilprägend (Essen und Trinken).

Die Energiekrise 1973 initierte neue Denkprozesse über die Grenzen des Wachstums und führte zur Genese eines ökolog. Lebensstils mit entsprechender E.; die an ihr orientierte Lebensmittelproduktion zählt gegenwärtig zu den wachstumsstärksten Bereichen der Branche (Bio-Produkte). Die Ausweitung von Schnellrestaurants (erste dt. McDonald's-Filiale 1971) brachte die Standardisierung von Speisen und damit verbundener E. Andererseits ist seit den 1980er-Jahren neue Vielfalt bei griech., türk. und asiat. Schnellimbissen zu beobachten. Seitdem hält der Zuwachs von industriell gefertigten und seit den 1990er-Jahren auch veränderten Produkten an (Functional Food, Light-Produkte). Funktionsnahrung trifft bei den Konsumenten auf hohe Akzeptanz, obwohl ihre Wirkung und ihr ernährungsphysiol. Wert nicht nachgewiesen sind.

Gegenwart Herrschte bis gegen Ende des 20. Jh. eine gruppenspezif. und damit identitätsbildende E. vor, ist seit den 1990er-Jahren eine zunehmend undogmat. E. zu beobachten: Viele Konsumenten folgen mehreren Trends parallel. War bei diesen Trends bis in die zweite Hälfte des 20. Jh. hinein jeweils das Muster vorherrschend, dass große Quantitäten erstrebenswert seien, so ist seit den 1970er-Jahren vermehrt der Trend zu beobachten, möglichst wenig zu essen – nicht unbeeinflusst von (v. a. medial) weit verbreiteten Vorstellungen von Körperidealen (Tendenz zu Magersucht und Essstörungen). Für den Charakter einer Wendezeit spricht auch, dass Esswerkzeuge und Besteck im Laufe der Geschichte immer differenzierter wurden, heute aber ein großer Teil des Essens als Fastfood oder →Fingerfood aus der Hand gegessen wird. Zudem haben sich gewachsene Mahlzeiten und Tischordnungen zunehmend aufgelöst. Im Bereich der Festessen (z. B. bei Hochzeiten) erlangen Catering-Unternehmen immer stärker normsetzende Funktion. Gleichzeitig sind regionale Verzehrgewohnheiten wieder auf dem Vormarsch und in Mode.

Hinsichtlich der Feinstruktur weist die gegenwärtige E. des dt.-sprachigen Raums eine Reihe von Spezifika auf, die erst vor dem Hintergrund der jüngsten Gesellschaftstransformation entstanden sind. Dazu zählen Angleichungstendenzen durch Massenmedien und Globalisierung oder steigender Konsum von Fertigprodukten durch den Trend zum Ein-Personen-Haushalt. Fleisch etwa wird zunehmend seltener selbst zubereitet, sondern immer stärker außer Haus (Restaurant, Schnellrestaurant, Imbissbude, Kantine) oder als Bestandteil von Fertiggerichten (Glas, Konserve, Tiefkühlprodukt) verzehrt. Wurde 1962 in der Bundesrep. Dtl. nur ein Zehntel des Essensbudgets im Bereich des Außer-Haus-Verzehrs ausgegeben, war es 1995 bereits ein Viertel. Dieser Trend hat sich seitdem beschleunigt: 2005 wurde in nur 5 % der dt. Haushalte täglich gemeinsam zu Mittag gegessen. Ein Großteil der Familien, 2004 etwa 70 %, nehmen wöchentlich nur noch eine einzige gemeinsame Mahlzeit ein, meist am Wochenende.

Beispiele für religiös und traditionell geprägte Esskulturen

Art der Nahrungsaufnahme, Ernährungs- und Verzehrgewohnheiten, Mahlzeitenfolge und Gestaltung der Mahlzeiten, Herausbildung von gesellschaftl. Essregeln, Tischsitten und Tischordnungen (bis hin zu Sitzordnungen) haben oft einen stark religiös oder kulturell tradierten Hintergrund, der in der E. einen ganzen Kulturkreis charakterisieren kann; sichtbar besonders in Verzehrtabus und Speiseverboten der jüd. Religion oder des Islams. Wie sehr die Art der Nahrung häufig auch die Beschaffenheit der sich im Kulturprozess herausbildenden Hilfsmittel zum Essen beeinflusst (Esswerkzeuge), zeigt das Beispiel Japan: Das Verlagern der Nahrungszerlegung in die Küche, also in den Handlungsablauf *vor* dem Essen, macht die spezielle Nahrungsaufnahme mit Essstäbchen erst möglich.

Jüdische Esskultur

Neben der Anpassung an die gesellschaftl. und klimat. Verhältnisse ihrer jeweiligen Umgebung verleihen besonders religiöse Überlieferungen und Vorschriften jüd. Esskultur ihre Besonderheiten.

»Wer ohne einen Segensspruch von (den Gütern) dieser Welt genießt, veruntreut« (babylon. Talmud, Traktat Berachot, Blatt 35, Seite a) – vor jeder Mahlzeit ist ein Satz des Dankes an den Schöpfer zu sagen. Entsprechende Formeln variieren je nach Zusammensetzung der Speisen. I. d. R. wird eine Hauptmahlzeit mit dem wesentl. Nahrungsmittel Brot eröffnet. »Hast du gegessen und dich gesättigt, dann segne …«. Dieser Vers (5. Mose 8,10) ist bibl. Grundlage für ein – je nach den Bestandteilen der Mahlzeit ausführlicheres oder kürzeres – abschließendes Tischgebet. Das Händespülen vor und nach einer Mahlzeit ist vorgeschrieben. Das festtägl. Essen wird mit dem Segen über Wein – als dem Festtagsgetränk – und dem Segen über Brot eröffnet.

Die religiöse Überlieferung bestimmt, was zum Essen erlaubt (und daher zum Essen tauglich, d. h. koscher) ist: Von einigen Nahrungsmitteln müssen die biblisch vorgeschriebenen Abgaben (unter Umständen wenigstens symbolisch) entrichtet werden. Der Fleischgenuss ist auf bestimmte Tiere (Geflügel; bei den Landtieren wiederkäuende Paarhufer) eingeschränkt, die zudem nach Vorschrift geschlachtet (→ Schächten), auf Krankheiten untersucht und nachbehandelt (v. a., um Blut zu entfernen) werden müssen. Aus dem Wasser darf nur bestimmte Nahrung (Fische mit Schuppen und Flossen) genommen werden. Die Jagd als Mittel zur Nahrungsgewinnung ist verboten. Der Ischiasnerv (1. Mose 32,33) und bestimmte Fettteile bleiben vom Verzehr ausgeschlossen, Fleisch und Milchprodukte dürfen beim Essen nicht zusammenkommen, Eier sind auf Blutflecken zu untersuchen. Bei Wein und Öl sind Produktion und Handel durch Juden oder zumindest unter jüd. Aufsicht vorgeschrieben. Die Zusammenstellung von Wein als Festgetränk und Brot als Grund-

Esskultur: Festessen einer jüdischen Familie; dazu werden Matzen, Brotfladen aus ungesäuertem Teig, gereicht.

nahrungsmittel hat ihr bibl. Vorbild in Psalm 104, Vers 15. In den (göttl.) Geboten spiegeln sich vielfach symbol., gesundheitl. oder ökolog. Zusammenhänge.

Sofern keine nach den Regeln der jüd. Esskultur zubereiteten Speisen zur Verfügung stehen (z. B. häufig für in der Diaspora lebende Juden), wird meist vereinfachend vegetar. Kost verlangt. Dafür bietet die Erzählung von Daniel und seinen Gefährten (Dan. 1, bes. die Verse 8–16) ein bibl. Vorbild. Genau genommen darf allerdings die gesamte Zubereitung und Servierung einschließlich Besteck und Geschirr nicht mit tier. Fetten in Berührung gekommen sein. Daher ist es auch üblich, auf Reisen mitgeführte Nahrungsmittel zu verzehren.

Das Werkverbot für den Sabbat schließt die Küche ein. Daher sind Sabbatspeisen langfristig vorzubereiten. Das hat neben Warmhaltevorrichtungen (Kochkiste) und Spezialitäten mit langen Garungsprozessen (Tscholent) auch solche Speisen hervorgebracht, die auch noch abgekühlt munden (gefüllter Fisch).

Während der sieben bzw. acht Tage des Pessach-Festes (Passah) dürfen Juden gewöhnl. Mehlprodukte weder essen noch besitzen. In dieser Zeit werden die aus ungesäuertem Mehl gebackenen Matzen gegessen (→ Mazza). Aus Matzemehl, d. h. zerstoßenen Matzen, werden weitere Pessach-Spezialitäten (z. B. Matzeknödel) hergestellt. Eine zeremonielle Festmahlzeit (Seder schel Pesach) am ersten Abend (Seder-Abend) bzw. auch zweiten Abend eröffnet das Fest. Viele ihrer Elemente erinnern an ein griech. Symposion. – Das fünfzig Tage nach Pessach stattfindende Schawuot-Fest ist für seine Milchspeisen bekannt. – Am »Neujahrsfest der Bäum« am 15. Schewat (tu bi-schewat) soll man von den sieben Früchten des Landes Israel essen, nach 5. Mose 8,8: Weizen, Gerste, Wein, Feige, Granatapfel, Olive und Dattel. – Trauernden bringt man Brot und Eier ins Haus.

Islamische Esskultur

Im weltweiten Verbreitungsgebiet des Islams existieren unterschiedl. E. und zahlr. regionale und soziokulturelle Besonderheiten. Heute finden sich immer mehr hybride Formen: traditionelle Gewohnheiten kollidieren mit den Auswirkungen der »Verwestlichung« und des globalen Nahrungsmittelexports bis hin zur Ausbreitung von Fastfood. Das Entstehungs- und Formationsgebiet des Islams im Nahen Osten hat islam. Gemeinsamkeiten geprägt, die bei allen Muslimen bekannt sind und auf traditioneller E. beruhen, die durch begrenzte Nahrungsreserven und Konservierungsmöglichkeiten unter Bedingungen semiarider und arider Zonen bestimmt wird. Sie normieren den Umgang mit der Nahrung.

Traditionell verwendeten Muslime im starken Maß nur Nahrung, die von ihnen selbst oder in ihrer Umgebung produziert wurde. Sie besteht sowohl aus pflanzl. als auch tier. Produkten, Vegetarismus ist nicht verbreitet. Der strenge Muslim soll peinlich genau auf die gesetzmäßige Herkunft der Speisen achten, weshalb große islam. Persönlichkeiten manchmal nur selbst Geerntetes oder Gebackenes aßen. Bereits aus dem MA. sind arab. Kochbücher bekannt. Ein klass. Werk ist aus dem 13. Jh. überliefert (Ibn Razin Tujibi: »Die Köstlichkeiten der Tafel und die beste Art der Speisen«). Nach den asket. islam. Bestimmungen war beim Essen die Benutzung von Geschirr aus Gold oder Silber verboten.

Wie auch sonst im mediterran-westasiat. Raum bildet Getreide, v. a. Weizen, die pflanzl. Nahrungsgrundlage. Aus ihm werden ungesäuertes Fladenbrot und Breie hergestellt. Neben Reis und Getreideprodukten bilden Oliven, Datteln, Gemüse und Hülsenfrüchte, Kräuter, Obst und Kernfrüchte wichtige Ernährungsgrundlagen. Schafe, Ziegen und Rinder, auch Dromedare liefern Milch und Fleisch, Hühner Eier und Fleisch, zudem spielt der Fischfang eine wichtige Rolle.

Wasser und Obstsäfte sind die wichtigsten Getränke. Gegorene Getränke sind verboten, werden gleichwohl in Weinanbaugebieten genossen. Von dem Verbot waren einst auch Kaffee und Tee betroffen, da es »alles, was berauscht«, umfasst.

Die religiösen Nahrungstabus betreffen tier. Produkte, so den Genuss von Blut und Fleisch vom Schwein, aber auch von Hunden oder Katzen. Für weitere Tiere, z. B. Pferde, Esel und Maultiere, gibt es zw. den Rechtsschulen Meinungsunterschiede (Gestatten des Verzehrs von Pferdefleisch durch die Hanbaliten, Verbot durch die Hanafiten). Tiere müssen unter Anrufung Gottes geschlachtet werden. Während des → Ramadan darf einen Monat lang tagsüber weder gegessen, getrunken noch geraucht werden. Das tägl. Fasten wird gemeinsam mit der abendl. Mahlzeit gebrochen, in deren Rahmen auch Arme und Bedürftige bewirtet werden. Der Fastenmonat schließt mit dem mehrtägigen Fest des Fastenbrechens (arab. »id al-fitr«, türk. »küçük« »bayram« oder »Şeker«, das auch Zuckerfest nach den dabei verteilten Süßigkeiten und anderen Geschenken genannt wird); es ist eins der beiden Hauptfeste im Islam (→ Bairam, → Festtage). Beim Opferfest (arab. »id al-adha«, türk. »büyük bayram«) wird meist ein Hammel geschlachtet oder man lässt ihn schlachten. Von dem Fleisch wird ein Drittel verzehrt, zwei Drittel werden Bedürftigen in der Umgebung gespendet. Zu den religiösen Vorschriften und Tabus kommen diverse hygien. Bestimmungen. Insgesamt sind die islam. Zubereitungs- und Verzehranweisungen den jüd. ähnlich, jedoch in vielerlei Hinsicht einfacher (→ Speiseverbote).

Esskultur: Gemeinsames Fastenbrechen an einem Ramadanabend in Kairo; in großen Zelten nehmen Freunde und Bekannte, Arme und Bedürftige gemeinsam die erste Mahlzeit nach dem Tagesfasten ein.

Die islam. E. ist eng mit bestimmten Verhaltensregeln verknüpft. Essen gilt traditionell als kommunikativer Vorgang und ist in der Gruppe vorzunehmen. Muslime dürfen unter Beachtung der genannten Tabus auch mit Christen und Juden, aber nicht mit »Heiden« speisen. Zudem wird die traditionelle Geschlechtertrennung beim Essen außerhalb der Familie oder mit Gästen beachtet. Männern obliegt die Beschaffung der Nahrung, den Frauen die oft zeitaufwendige Zubereitung und Konservierung. Nach Möglichkeit soll man sich die Hände vor und nach dem Essen waschen. Das Essen beginnt mit der Anrufung Allahs und endet mit Dank an ihn. Man soll nicht im Stehen, sondern im Sitzen – allerdings ohne sich anzulehnen – essen. Auf der Straße zu essen soll vermieden werden. Zu Familienfeiern, die häufig mit Festmählern verbunden sind, soll man nicht ungeladen erscheinen. Andererseits gebietet die traditionelle →Gastfreundschaft dem Hausherrn auch die Bewirtung ungeladener Gäste.

Zum Essen werden traditionell nur drei Finger der rechten Hand benutzt, da die linke Hand der Schmutzbeseitigung vorbehalten ist. Als Hilfsmittel beim Essen dient mitunter ein Stück Brot, das auch als Löffelersatz dienen kann. Gekochtes Fleisch wird auseinander gerissen, man kann aber zum Teilen auch ein Messer benutzen. Gabeln waren früher unbekannt. Man soll mäßig, zur rechten Zeit und nicht hastig essen und gründlich kauen, nicht auf die Speisen blasen, nicht dem Nachbarn beim Essen zuschauen. Von einer Tafel wird nur das nahe Liegende genommen, in einer gemeinsamen Schüssel immer vom Rand aus. Angenehme Gespräche »würzen« das Essen. Stark riechende Zutaten wie Knoblauch oder Zwiebeln werden mit Vorsicht genossen.

Für die Reihenfolge und Verbindung der Speisen finden sich traditionelle Regeln, mit Salzigem zu beginnen und zu schließen. Zuvor kann Obst gereicht werden. Heute werden am Ende einer Mahlzeit oft Süßigkeiten angeboten.

Viele der traditionellen Regeln werden von Muslimen bis heute eingehalten, kollidieren allerdings mit den Bedingungen einer modernen Gesellschaft und der globalisierten Wirtschaft. Die genaue Herkunft und Zusammensetzung von Nahrung ist nicht mehr exakt nachzuprüfen, sodass sie auch Verbotenes enthalten kann. Die Mahlzeiten richten sich nach den Vorgaben von Arbeitsprozessen und können vielfach nicht in größerer Gemeinschaft eingenommen werden. Es wird versucht, traditionelle Bestimmungen durch eigene Produktionen zu bewahren, indem man konservierte Speisen ausdrücklich als »erlaubt« auszeichnet (→Halal).

Japanische Esskultur

Die japanische E. ist auch heute im Bewusstsein vieler Japaner ein bedeutendes Element nat. Identität. Tatsächlich unterscheidet sich die jap. E. trotz der tief greifenden Einflüsse aus dem chin. bzw. europ. Kulturraum, denen sie im Lauf ihrer Entwicklung ausgesetzt war, klar von der anderer asiat. Länder. Dazu trug bei, dass neue Zutaten und Zubereitungsformen nie direkt übernommen, sondern adaptiert und in etablierte Formen integriert wurden. Übersehen werden darf gleichwohl nicht, dass die jap. E. keineswegs homogen und monolithisch ist, sondern sich innerhalb Japans zahlr. regionale E. finden. Zu erwähnen sind hierbei insbes. die E. der Ainu und der Ryûkyû-Inseln, die eine Sonderrolle einnehmen.

Bis ins 5. Jh. v. Chr. lebten die Bewohner der jap. Inselgruppe als Sammler und Jäger vorwiegend von Nüssen und Samen, von Wild und v. a. von Fisch und Mollusken. Ab dem 8. Jh. v. Chr. wurde die Jäger- und Sammlerkultur zunehmend durch eine Ackerbaukultur verdrängt und der Nassreisfeldbau begann. Während die universale Bedeutung des Reises als Grundnahrungsmittel in der Wiss. umstritten ist, ist die große Rolle des Reises in religiösen Brauchformen und myth. Überlieferungen wie auch der prägende Einfluss auf soziale und polit. Strukturen augenfällig. So orientierten sich die ersten Steuersysteme des frühen jap. Staates an den mit Reis bebauten Flächen und Reis blieb bis ins 19. Jh. hinein eine wichtige Naturalwährung.

Bis etwa zum 12. Jh. wurde Reis gedämpft, danach (vermutlich mit dem Aufkommen neuer Sorten) gekocht. Um das kostbare Lebensmittel zu sparen, wurde es auch unter Zugabe von mehr Wasser zu einer Art Reisbrei (Kayu) bereitet oder mit anderen Getreidearten wie Weizen, Hirse, Buchweizen u. a. gestreckt. Reis bildete schließlich auch den Grundstoff für die Herstellung von Reiswein (Sake), der neben Branntwein aus Reis, Süßkartoffeln oder anderen Getreidesorten bis ins 19. Jh. das einzige alkohol. Getränk blieb.

Im 6. Jh. begann sich die Clan-Gesellschaft in einen zentralistisch regierten Zentralstaat nach chin. Vorbild zu wandeln und in nahezu allen Lebensbereichen wurde die chin. Kultur kopiert. Dies galt auch für die E. Der Konsum von chin. Süßigkeiten, Milchprodukten oder Tee blieb jedoch ebenso einer kleinen Elite am Kaiserhof vorbehalten wie die Benutzung von →Essstäbchen (Hashi).

Der zu dieser Zeit gleichfalls aus China übernommene Buddhismus trug mit dem Tabu des Tötens, zusammen mit der autochthonen shintoist. Vorstellung, nach der Blut als »unrein« galt, mit dazu bei, dass sich in Japan keine Schlachtviehhaltung entwickelte. Dennoch wurde dieses Verbot selbst vom buddhist. Klerus, für den es primär galt, nie strikt befolgt; Wild, aber v. a. auch Fisch und Schalentiere spielten weiterhin eine wichtige Rolle für die Ernährung.

Im 9. Jh. ließ das Interesse an China nach, und am Kaiserhof entstand eine Küche, in der sich chin. und jap. Elemente vermischten. Die durch die ästhet. Stilisierung aller Lebensbereiche gekennzeichnete höf. Kultur schlug sich in komplexen Regeln für die Einnahme von Mahlzeiten und Banketten sowie die Zubereitung und Präsentation der dabei gereichten Speisen nieder.

Nahezu alle wichtigen Elemente, die in den folgenden Jahrhunderten die jap. E. dominieren sollten, waren bereits zu dieser Zeit etabliert: neben dem Verzehr von rohem Fisch (Sashimi), Suppen, Salaten und eingesäuertem Gemüse die Gartechniken Grillen, Schmoren, Dämpfen. Eine komplette Mahlzeit bestand aus Reis, Suppe, eingelegtem Gemüse sowie mindestens einem, oft aber auch mehreren Beigerichten (Okazu). Gegessen wurde auf dem Fußboden sitzend; jeder Esser hatte ein Tablett vor sich, auf dem die versch. Gerichte auf jeweils eigenen Tellern und Schalen angerichtet waren.

Schlüsselbegriff **Esskultur**

Esskultur: japanische Familie am typischen Esstisch

Als im 12. Jh. die Samurai die Herrschaft übernahmen, legten sie ihre frugalen Ernährungsgewohnheiten nur langsam ab. Neue buddhist. Sekten, insbesondere der Zen-Buddhismus, prägten das kulturelle Leben der Epoche. Die buddhist. Klosterküche (shôjin ryôri) war einerseits durch einen starken chin. Einfluss, andererseits durch eine vegane Ernährungsweise bestimmt. Durch ihr Vorbild gewannen Tee, Nudeln, Sojaprodukte (u. a. Tofu) sowie das Kochen mit Öl auch außerhalb der Klöster eine größere Verbreitung.

Das 16. Jh. war in vieler Hinsicht eine Phase des Wandels. Mit den Portugiesen gelangten neue Gemüse (u. a. Kürbis, Chilischoten, Süßkartoffeln) und neue Zubereitungsarten wie das Frittieren in Backteig (Tenpura) oder die Herstellung von Kuchen nach Japan. War es bisher üblich, Gerichte erst nach dem Garen zu würzen, kam nun die Sitte auf, Würzmittel bereits während dem Garprozess zuzufügen. Sojasauce (Shôyu) begann Miso-Paste (beides wird aus der Vergärung von Sojabohnen und Salz hergestellt) als wichtigstes Würzmittel allmählich zu verdrängen; der bisher nur zu medizin. Zwecken genossene Zucker wurde nun in großen Mengen aus China importiert.

Während die Bankette des Kriegeradels zu immer größerer Prachtentfaltung tendierten, die sich an der Zahl der pro Person aufgetragenen Tabletts bemaß, setzte dem das im Gefolge der →Teezeremonie (Chanoyu) entstandene so genannte Kaiseki ryôri eine raffiniert einfache Küche entgegen, in der Orientierung an den Jahreszeiten zentrale Bedeutung beigemessen wurde.

Der Aufstieg des Bürgertums seit dem 17. Jh. und die sich entfaltende Stadtkultur brachte neue Veränderungen mit sich. Aus den bisher üblichen zwei Mahlzeiten täglich wurden nun drei. Wachsende Mobilität und Wohlstand führten zur Entstehung einer äußerst vielfältigen Gastronomie, deren Bandbreite von einfachen Garküchen bis hin zu Luxusrestaurants reichte. Kochkunst wurde nicht mehr ausschließlich innerhalb gewisser Schulen tradiert; Verlage entdeckten das große ökonom. Potenzial von Kochbüchern.

Erst jetzt entstand in Edo (heute Tokio) aus älteren Formen, bei denen gekochter Reis und roher Fisch gemeinsam vergoren wurden, die moderne Form des Sushi (Bällchen oder Rollen aus gesäuertem Reis belegt bzw. gefüllt mit Fisch u. a.), das durch seine globale Popularisierung seit den 1990er-Jahren das Bild der jap. E. im Ausland bestimmt.

Als sich Japan Ende des 19. Jh. nach einer fast dreihundertjährigen Abschließungspolitik dem Westen öffnen musste, führte dies zu einer zweiten großen Welle der Übernahme westl. E.; v. a. der Verzehr von Rindfleisch, bisher weitgehend tabuisiert, wurde nun sogar staatlich propagiert: Rindfleischgenuss galt als gleichbedeutend mit Zivilisation und Fortschritt; wie auf anderen Gebieten galt es auch im Bereich der Ernährung mit dem wirtschaftlich und militärisch überlegenen Westen gleichzuziehen. Neue Gemüse- und Obstsorten wie Kartoffeln, Tomaten oder Zwiebeln veränderten jap. Ernährungsgewohnheiten ebenso wie die sich nun verbreitende Rinder-, Schweine- und Hühnerhaltung. Wie zuvor wurden die neuen Zutaten in die überkommenen Zubereitungsmethoden integriert: So entstand aus traditionellen Vorbildern durch die Beifügung von Rindfleisch und die Verwendung von Eiern das Sukiyaki, eine Art Fondue.

Etwa ab den 1920er-Jahren erfasste die »Verwestlichung« auch die Lebensgewohnheiten der breiten Bevölkerung. Softdrinks, Bier und Whisky wurden nun ebenso alltäglich wie das Café als Ort städt. Freizeitgestaltung. Neben die Adaption westl. E. trat nun vermehrt ein oft unverbundenes Mit- und Nebeneinander europ., asiat. und japan. Elemente.

Als prägend erwies sich dabei die nach dem 2. Weltkrieg eingeführte Schulspeisung, die, zunächst v. a. als Maßnahme gegen die nach dem Krieg verbreitete Mangelernährung gedacht, immer mehr auch ernährungspädagog. Ziele verfolgte. Die Nachkriegszeit war es auch, in der in den Familien das Essen an individuellen Tabletts durch das Essen an einem gemeinsamen Tisch (auf dem Boden oder auf Stühlen sitzend) verdrängt wurde.

Die gegenwärtige Situation ist durch widersprüchl. Tendenzen gekennzeichnet: Während auf der einen Seite das Thema Kochen durch zahllose Zeitschriften und TV-Programme eine wohl auch international beispiellose Medienpräsenz aufweist, wird gleichzeitig zunehmend auf industriell hergestellte Fertig- und Halbfertigprodukte zurückgegriffen. Darüber hinaus ist der Anteil des Außer-Haus-Verzehrs höher als in allen anderen Industrienationen. Dies ist allerdings nicht nur auf pragmat. Gründe wie z. B. lange Arbeits- und Pendelzeiten zurückzuführen, sondern erklärt sich vor allem aus der wichtigen Rolle, die gemeinsame Restaurant- oder Barbesuche für die Pflege geschäftl. und privater Beziehungen spielen, während Einladungen nach Hause eher die Ausnahme darstellen.

Enzyklopädische Vernetzung
alkoholische Getränke ▪ Alltagskultur ▪ Bier ▪ Brot ▪ Ernährungsstil ▪ Ernährung und Gesundheit ▪ Essstörungen ▪ Gastronomie ▪ Kaffeestrauch ▪ Kartoffel ▪ Hunger ▪ Mineralwasser ▪ Restaurant ▪ Reis ▪ Schokolade ▪ Speiseeis ▪ Tee ▪ Wein ▪ Zucker

Allgemein: E. BARLÖSIUS: Soziologie des Essens. Eine sozial- u. kulturwiss. Einf. in die Ernährungsforschung (1999); H.-W. PRAHL u. M. SETZWEIN: Soziologie der Ernährung (1999); C. A. BRYANT: The cultural feast. An introduction to food and society (Belmont, Calif., u. a. ²2003); Essen u. Trinken zw. Ernährung, Kult u. Kultur, hg. v. F. ESCHER u. C. BUDDEBERG (Zürich 2003); KLAUS E. MÜLLER: Nektar u. Ambrosia. Kleine Ethnologie des Essens u. Trinkens (2003); The cultural politics of food and eating, hg. v. J. L. WATSON u. a. (Malden, Mass., 2005); H. RÜTZLER: Was essen wir morgen? 13 Food Trends der Zukunft (Wien u. a. 2005).

Geschichte: G. WIEGELMANN: Alltags- u. Festspeisen. Wandel u. gegenwärtige Stellung (1967); H. J. TEUTEBERG u. G. WIEGELMANN: Der Wandel der Ernährungsgewohnheiten unter dem Einfluss der Industrialisierung (1972); S. MENNELL: Die Kultivierung des Appetits. Die Gesch. des Essens vom MA. bis heute (a. d. Engl., 1988); G. v. PACZENSKY u. A. DÜNNEBIER: Leere Töpfe, volle Töpfe. Eine Kulturgesch. des Essens u. Trinkens (1994); Götterspeisen. Vom Mythos zum Big Mäc, bearb. v. R. K. BISWAS (Wien 1997); J. ANDRÉ: Essen u. Trinken im alten Rom (a. d. Frz., 1998); D. u. P. BROTHWELL: Food in antiquity. A survey of the diet of early peoples (Neuausg. Baltimore, Md., u. a. 1998); B. LAURIOUX: Tafelfreuden im MA. Die E. der Ritter, Bürger u. Bauersleut (a. d. Frz., 1999); Food. A culinary history from antiquity to present, hg. v. J.-L. FLANDRIN u. a. (a. d. Frz., New York 1999); M. MONTANARI: Der Hunger u. der Überfluss. Kulturgesch. der Ernährung in Europa (a. d. Ital., Neuausg. 1999); B. M. ANDRESSEN: Barocke Tafelfreuden. Tischkultur an Europas Höfen (Neuausg. 2001); The Cambridge world history of food, hg. v. K. F. KIPLE u. a., 2 Bde. (Neuausg. 2001); G. HIRSCHFELDER: Europ. E. Gesch. der Ernährung v. der Steinzeit bis heute (2001); A. MOREL: Der gedeckte Tisch. Zur Gesch. der Tafelkultur (Zürich 2001); The archaeology and politics of food and feasting in early states and empires, hg. v. T. L. BRAY (New York u. a. 2003); M. TOUSSAINT-SAMAT: A history of food (a. d. Frz., Neuausg. Malden, Mass., 2003); Die Revolution am Esstisch. Neue Studien zur Nahrungskultur im 19., 20. Jh., hg. v. H. J. TEUTEBERG (2004).

Islam: P. HEINE: Weinstudien. Unterss. zu Anbau, Produktion u. Konsum des Weins im arabisch-islam. MA. (1982); DERS.: Kulinar. Studien. Unterss. zur Kochkunst im arabisch-islam. MA. (1988); D. WAINES: In a caliph's kitchen (London 1989); Culinary cultures of the Middle East, hg. v. S. ZUBAIDA u. R. TAPPER (ebd. u. a. 1994); M. RASSOUL: Der Muslim lebt nicht vom Brot allein. Speise u. Gesundheit der islam. Völker (2000); Medieval Arab cookery. Essays and translations, bearb. v. M. RODINSON u. a. (Totnes 2001); The illuminated table, the prosperous house. Food and shelter in Ottoman material culture, hg. v. S. FAROQHI u. C. K. NEUMANN (Würzburg 2003).

Judentum: S. LANDMANN: Bittermandeln u. Rosinen. Die berühmtesten Rezepte der jüd. Küche (1984); J. COOPER: Eat and be satisfied. A social history of Jewish food (Northvale, N.J., 1993); F. OPPENHEIM: Il était une fois … une carpe farcie (Nantes 1997); C. RODEN: The book of Jewish food (London u. a. 1997); R. HEUBERGER u. R. SCHNEIDER: Koscher kochen (1999); Vom Essen, hg. v. G. DACHS (2002); C. HYMAN u. P. CASSIDY: Die jüd. Küche (2004); M. FEINBERG VAMOSH: Essen u. Trinken in bibl. Zeit (a. d. Engl., 2004).

Japan: E. OHNUKI-TIERNEY: Rice as self. Japanese identities through time (Neuausg. Princeton, N. J., 1995); Y. YOSHIDA: Food and agriculture in Japan (Tokio 1996); Japan u. seine E., bearb. v. M. COMOLLI u. a. (1999); M. ASHKENAZI u. J. JACOB: The essence of Japanese cuisine (Richmond 2000); Japanstudien, hg. vom Dt. Inst. für Japanstudien, Bd. 12 (2000); N. ISHIGE: The history and culture of Japanese food (London u. a. 2001); Japan. Kultur des Essens, bearb. v. A. TERZANI (³2001); M. ASHKENAZI u. J. JACOB: Food culture in Japan (Westport, Conn., 2003).

Fortsetzung von Seite 411
800 Marktrecht. 1228 Stadt geworden, ging E. aus dem Interregnum als Reichsstadt hervor, die im 14. und 15. Jh. Führerin der Städte unter der Alb war. 1802 wurde E. württembergisch. – Mit der Reichsmünzordnung von E. (1524) wurde der Taler erstmals zur Reichsmünze erklärt.

Esslinger, Hartmut, Designer, * Beuren 5. 6. 1944; studierte 1966–70 an der FH für Gestaltung in Schwäbisch Gmünd und gründete 1969 in Altensteig seine erste Firma für Produktdesign, aus der 1982 das weltweit operierende Unternehmen »Frogdesign« hervorging. E. lieferte vielfach preisgekrönte Entwürfe v. a. für elektr. und elektron. Konsumgüter namhafter Marken, seit den 1990er-Jahren auch für Personalcomputer und Zubehör, und arbeitet erfolgreich auf dem Gebiet des Grafikdesigns. 1991 wurde er mit dem Lucky Strike Designer Award ausgezeichnet.

Esso Deutschland GmbH, Mineralölunternehmen, Sitz: Hamburg; gegr. 1890 in Bremen unter der Bez. Deutsch-Amerikan. Petroleum Gesellschaft (DAPG) als Jointventure zw. norddt. Reedern und Kaufleuten sowie der amerikan. Standard Oil Co., die 1904 das gesamte Aktienkapital übernahm; firmierte 1951–99 unter **Esso AG;** Tochtergesellschaft der →Exxon Mobil Corp.; 1 350 Tankstellen, Umsatz (2003): 11,9 Mrd. €, 2 900 Beschäftigte.

Esson [ˈesn], Thomas Louis Buvelot, austral. Schriftsteller schott. Herkunft, * Edinburgh 10. 8. 1878, † Sydney 27. 11. 1943; versuchte unter dem Einfluss von W. B. YEATS ein austral. Nationaltheater aufzubauen. Er schrieb u. a. den zum Klassiker gewordenen Einakter »The drovers« (1920).

Essonne [ɛˈsɔn],
 1) *die,* linker Zufluss der Seine, Frankreich, mündet bei Corbeil-Essonnes, südlich von Paris.
 2) Dép. in Frankreich, südlich von Paris, in der Île-de-France, 1 804 km², 1,153 Mio. Ew.; Verw.-Sitz: Évry.
Es-Souna [-ˈsuna], Grabmal des Numiderkönigs MASSINISSA in NO-Algerien, 16 km südöstlich von Constantine. Von dem mehrgliedrigen Hausteinbauwerk sind der quadratisch-stufenförmige Unterbau, das quadrat. Mittelgeschoss und wuchtige pun. Stelen des Obergeschosses erhalten. Die Grabbeigaben der 1915 im Fundament ausgegrabenen Grabkammer befinden sich im Museum von Constantine.

Esslingen 2): Blick auf die »Burg« über der Stadt

Esss Essstäbchen

Essstäbchen, chin. **Kuaizi,** engl. **Chopsticks** ['tʃɔpstɪks], jap. **Hashi** [-ʃi], ostasiat. Essgerät, Stäbchenpaar aus Holz, Knochen oder Elfenbein.

Handhabung Ein Stäbchen wird fest zw. Daumenwurzel und Mittelfingerspitze geklemmt, das andere zw. Zeigefinger- und Daumenspitze gehalten. Mit einer Zangenbewegung wird die Nahrung aufgenommen und zum Mund geführt bzw. von dem an den Mund geführten Schälchen in den Mund geschoben.

Im Unterschied zu Europa sind in der ostasiat. Küche die Speisen schon vor dem Auftragen auf den Tisch in kleine Stücke zerlegt, die so bequem in kleinen Bissen mit E. zum Mund geführt werden können.

Geschichte In China, Japan, Korea und dem südostasiat. Raum sind die E. als Ess- und Vorlegebesteck verbreitet. In China ist ihre Verwendung etwa seit dem 18. Jh. v. Chr. nachweisbar, in Japan etwa seit dem 7. Jh. n. Chr. In einigen Ländern wird neben den E. auch gleichzeitig ein Löffel benutzt. In Europa wurden die E. im 14. Jh. durch Chinareisende bekannt gemacht, konnten sich aber nicht durchsetzen. In Dtl. sind E. seit den 1970er-Jahren in asiat. Restaurants verbreitet, seit den 1990er-Jahren auch im privaten Bereich (Ethnofood, Fertigprodukte asiat. Stils).

Essstörungen siehe Seite 423

Esswood ['eswʊd], *Paul* Lawrence Vincent, brit. Sänger (Countertenor), * West Bridgford (bei Nottingham) 6. 6. 1942; debütierte 1965, wurde v. a. durch seine Zusammenarbeit mit N. HARNONCOURT bekannt; trat mit Werken von C. MONTEVERDI, A. SCARLATTI und G. F. HÄNDEL sowie als Bach-Interpret hervor.

EST, Nationalitätszeichen für Estland.

Essstäbchen

EST, Abk. für Expressed Sequence Tag, kurzer Abschnitt eines Gens mit bekannter Sequenz, der genutzt werden kann, um unbekannte Gene zu identifizieren und ihre Position im Genom zu bestimmen. ESTs sind aus mRNA erhaltene cDNA-Fragmente.

Establishment [ɪsˈtæblɪʃmənt; engl. »Einrichtung«, zu to establish »einrichten«, »festsetzen«] *das, -s/-s,* bes. in den 1960er-/70er-Jahren Schlagwort linker Gruppen für die aus ihrer Sicht auf Verfestigung ihrer Macht und Unterdrückung nichtprivilegierter Schichten gerichteten Führungseliten in den zentralen staatl. und gesellschaftl. Institutionen.

Estadal *der, -(s)/-(s),* frühere span. und lateinamerikan. Längeneinheit; 1 E. = zw. 3,33 und 3,36 m.

Estampe [ɛsˈtɑ̃p(ə); frz., aus ital. stampa, zu stampare »drucken«, »prägen«] *die, -/-n,* Abdruck eines Kupfer- oder Stahlstichs oder eines Holzschnitts.

Estampie [ɛstɑ̃ˈpi, frz.] *die, -/...ˈpiǀen,* ital. **Istampi̱ta,** lat. **Stantipes,** im 13. und 14. Jh. ein weltl., vornehmlich instrumental vorgetragenes ein- oder mehrstimmiges Stück, das ähnlich wie Sequenz und Lai nach dem Prinzip der fortschreitenden Wiederholung geformt ist (AABBCC usw.). Die zwei Teile der Abschnitte (Puncta, z. B. BB) sind melodisch gleich, unterscheiden sich aber durch Halb- und Ganzschlusswendungen, die bei den folgenden Puncta kehrreimartig wiederholt werden. Nach einer Anzahl gleichartiger Schlüsse kann eine neue Schlussmelodie eingeführt werden. Eine E. bestand aus sechs oder sieben Puncta.

Estang [ɛsˈtɑ̃], Luc, frz. Schriftsteller, eigtl. **Lucien Bastard** [basˈtaːr], * Paris 12. 11. 1911, † Paris 25. 7. 1992; seine von Christentum und Spiritualismus geprägten Werke gehören in den Umkreis des →Renouveau catholique; sie beschreiben den Konflikt zw. einer Abkehr von Gott und der Sehnsucht nach dem Jenseits. Sein wohl bedeutendstes Werk ist die Romantrilogie »Charges d'âmes« mit »Les stigmates« (1949; dt. »Gezeichnete«), »Cherchant qui dévorer« (1951; dt. »Und suchet, wen er verschlinge«) sowie »Les fontaines du grand abîme« (1954; dt. »Brunnen der Tiefe«).

Weitere Werke: Romane: L'horloger du cherche-midi (1959; dt. Die Stunde des Uhrmachers); Le bonheur et le salut (1961; dt. Das Glück und das Heil); Que ces mots répondent (1964; dt. Mögen diese Worte meine Antwort sein); Le loup meurt en silence (1984); Le démon de pitié (1987). – *Lyrik:* La laisse du temps (1977); Corps à cœur (1982).

Esta̱nzia, Esta̱ncia [-θ-; span., eigtl. »Aufenthalt«, »Wohnung«] *die, -/-s,* größerer landwirtschaftl. Betrieb mit Viehzucht im spanischsprachigen Südamerika, besonders in Argentinien; Hauptproduktionsziel ist Schlachtvieh; auch allg. für einen größeren landwirtschaftl. Betrieb oder das Gutshaus allein gebraucht.

Estaque [ɛsˈtak], Küstengebirge in S-Frankreich, nordwestlich von Marseille zw. Étang de Berre und Mittelmeer.

Estaunié [ɛstoˈnje], Édouard, frz. Schriftsteller, * Dijon 4. 2. 1862, † Paris 3. 4. 1942. Anfangs antiklerikal, ist sein Werk später spiritualistisch ausgerichtet. Seine psycholog. Romane beschreiben das geheimnisvolle Leben scheinbarer Durchschnittsmenschen.

Werke: Romane: L'empreinte (1895); La vie secrète (1908; dt. Das geheime Leben); Les choses voient (1913; dt. Die Dinge erzählen); L'ascension de M. Baslèvre (1921; dt. Segen der Liebe); L'appel de la route (1921; dt. Schwester Therese); L'infirme aux mains de lumière (1923); Le labyrinthe (1924; dt. Das

Estavayer-le-Lac: Stadttor »Porte du Camus«

Fortsetzung auf Seite 426

ESSSTÖRUNGEN

- Anorexia nervosa
- Bulimie
- Essstörungen mit nachfolgendem Übergewicht
- Sonstige Essstörungen

Essstörungen, Störungen der Nahrungsaufnahme mit oder ohne Auswirkung auf das Körpergewicht, die durch körperl. Erkrankungen (z. B. Entzündungen des Magen-Darm-Trakts, Tumoren oder Demenz) verursacht werden oder psychisch bedingt sein können. Psychogene E. manifestieren sich in verschiedenen klin. Bildern, die klar voneinander abgrenzbar sind, aber auch ineinander übergehen können.

Anorexia nervosa

Die häufigste Form der E. ist die Anorexia nervosa (Pubertätsmagersucht). Sie führt zu einem deutlich ausgeprägten, in vielen Fällen extremen Untergewicht, bezogen auf das Alter und die Körperlänge (Body-Mass-Index < 17,5). Das erreichte Untergewicht entspricht den Vorstellungen der Betroffenen vom eigenen Körperbild und ist Folge des restriktiven Diätverhaltens, insbesondere unter Verzicht auf fett- und kohlenhydrathaltige Speisen; nicht selten wird auf vegetar. Ernährung umgestellt. Überschreitungen von selbst festgelegten Gewichtsgrenzen lösen ausgeprägte Ängste aus, »zu dick« zu werden. Diese auch als »Gewichtsphobie« bezeichneten Ängste und Ängste vor Diätfehlern sind der Hintergrund des einseitigen, verlangsamten bzw. ritualisierten Essverhaltens sowie der fast ausschließl., häufig zwanghaften Beschäftigung mit der Thematik Essen, Kaloriengehalt von Nahrungsmitteln, Körpergewicht und Erscheinungsbild. Dabei kommt es zu Überschätzungen der eigenen Körpermaße (insbesondere der Brust-, Bauch-, Hüft-, Gesäß- und Oberschenkelregionen) im Sinne einer *Körperschemastörung*. Zur Unterstützung der gewichtsreduzierenden diätet. Maßnahmen werden nicht selten extreme körperl. Aktivitäten (Ausdauersportarten) durchgeführt, Erbrechen induziert sowie Abführmittel, Appetitzügler und harntreibenden Mittel (entwässernde Medikamente) missbräuchlich angewendet. Bei diesem Subtyp **Magersucht mit aktiven Maßnahmen zur Gewichtsabnahme** finden sich häufig Impulskontrollprobleme, Suchtmittelmissbrauch und emotionale Instabilität. Ausdruck der begleitenden Hormonstörung ist die Amenorrhö (Ausbleiben der Regelblutung, in Abhängigkeit vom Erkrankungsalter primär oder sekundär). Bei präpubertärem Erkrankungsbeginn unterbleibt die Entwicklung der sekundären Geschlechtsmerkmale, das Längenwachstum kann stagnieren, der Cortisolspiegel im Blutplasma ist erhöht, der periphere Stoffwechsel der Schilddrüsenhormone sowie die Ausschüttung von Geschlechtshormonen und Insulin sind gestört. Als weitere körperl. Folgen kommen niedriger Blutdruck, niedrige Körpertemperatur, verlangsamter Puls, Herzrhythmusstörungen, Blutbildveränderungen, eine infantile Körperbehaarung, Ausfall der Kopfhaare, Wassereinlagerungen im Körpergewebe und Demineralisierung der Knochen (Osteoporose) vor. Sehr ausgeprägter Gewichtsverlust (Kachexie) wird von einer Volumenverminderung des Gehirns (Pseudoatrophie) und ggf. von subtilen Einschränkungen kognitiver Fertigkeiten begleitet. Mit Ausnahme des Längenwachstums, falls es über den Epiphysenschluss hinaus stagniert, und eventuell der Osteoporose können sich sämtliche somat. Begleiterscheinungen zurückbilden.

Das psychopatholog. Bild ist heterogen; typischerweise nimmt die Ausprägung der psych. Störungen mit dem Gewichtsverlust zu. Häufig finden sich zwanghaft-rigide Denk- und Verhaltensstile, Gefühle der Ineffektivität, extremes Leistungsdenken sowie ein reduzierter emotionaler Ausdruck; bei länger bestehender und ausgeprägter Symptomatik kann es zu depressiven Verstimmungszuständen und Rückzugsverhalten mit dem Verlust sozialer Kontakte kommen. Fehlende Erkrankungs- und Behandlungseinsicht sind die Regel. Um sich kontrollierendem Verhalten von Bezugspersonen und sich daraus ergebenden Konflikten zu entziehen, vermeiden die Betroffenen meist die Teilnahme an den gemeinsamen Mahlzeiten; so wird das Rückzugsverhalten verstärkt. Die häufigsten Begleiterkrankungen sind depressive Störungen (z. T. als Folge von Mangelernährung), Angststörungen (vor allem soziale Ängste und Panikstörungen) und Zwangsstörungen (diese Diagnose ist nur dann gerechtfertigt, wenn die Zwangssymptomatik nicht auf den Themenkreis Essen, Körpergewicht und Aussehen beschränkt ist). Vor dem eigentl. Ausbruch der Erkrankung treten gehäuft E. in der Kindheit, Trennungsangst, soziale Überempfindlichkeit, spezif. Phobien sowie Zwangs- und depressive Symptome auf. Am Beginn der Störung können eine körperl. Erkrankung mit Gewichtsverlust, der dann gezielt aufrechterhalten bzw. fortgeführt wird, oder eine Fettsucht stehen, bei der gewichtsreduzierende Maßnahmen vom Umfeld zunächst unterstützt werden.

Eine genet. Prädisposition ist wahrscheinlich. Ausdruck von familiärer Anlage könnte die Häufung von affektiven Störungen und Alkoholmissbrauch in den Kernfamilien sein. Soziokulturell bedeutsam ist das Schlankheitsideal, das soziale Attraktivität an Schlanksein bindet. Weshalb das weibl. Geschlecht daher einem massiveren gesellschaftl. Druck unterliegt als das männl., ist bislang nicht ausreichend geklärt; eine Rolle spielen sicher der präpubertär vermehrte Fettansatz und die hohem Wandlungsdruck unterliegenden Geschlechtsrollenerwartungen bei Mädchen. Auf die Bedeutung dieser Mechanismen weisen die hohen Raten der von Mädchen und Frauen mit Unterbrechungen durchgeführten Reduktionsdiäten hin. Das zentrale Konfliktthema bezieht sich auf ein sehr negatives Selbstbild, das durch die Leistung des Hungerns aufgewertet werden soll; Gewichtsverlust wird als beeindruckende Leistung durch außergewöhnl. Selbstdisziplin bewertet, Gewichtszunahme dagegen als inakzeptable Schwäche. Die hohen Erwartungen an die eigenen Leistungen (schul., mus. und sportl. Aktivitäten) entspringen wahrscheinlich derselben Motivationsstruktur.

Bis zum 30. Lebensjahr erkranken 1,6 % der Frauen. Erkrankungsgipfel finden sich um das 14. und das 18. Lebensjahr, präpubertär erkranken etwa

10 % der Betroffenen. Mädchen und Frauen haben ein 20-fach höheres Erkrankungsrisiko als Jungen und Männer. Die Gesundungsrate beträgt im 3-Jahres-Verlauf gut 40 %; etwa ein Drittel der Betroffenen erkrankt nach vorübergehender Gesundung erneut, ein weiteres Drittel zeigt einen chronifizierten Verlauf. Gewichts- und Zyklusnormalisierung werden häufiger erreicht (50–70 %) als unauffälliges Essverhalten und psychosexuelle Adaptation (jeweils 50 %). Die Mortalitätsrate (überwiegend in der dritten Lebensdekade) liegt bei etwa 5 %. Erkrankungen im frühen Jugendalter gelten als prognostisch günstiger. Die Prognose verbessert sich bei frühzeitiger Behandlung.

Ambulante **Behandlungsmaßnahmen** sind möglich; wegen der häufig fehlenden Behandlungseinsicht sind die Erfolge aber begrenzt. Deshalb muss i. d. R. stationär behandelt werden, insbesondere bei extremem Untergewicht (Body-Mass-Index < 14), körperl. Komplikationen (z. B. Herzrhythmusstörungen), depressiver Verstimmung mit Suizidrisiko oder destruktiven Familieninteraktionen. Die Behandlung umfasst medizinisch-diätet. Maßnahmen, kognitive Verhaltenstherapie, Familienberatung und ggf. Psychopharmakotherapie. Häufig sind mehrmonatige stationäre Behandlungen unvermeidbar. Die einzelnen Behandlungsschritte umfassen: Festlegen des Zielgewichts und einer wöchentl. Gewichtszunahme zw. 500 und 1000 g; regelmäßige Gewichtskontrollen, kontrolliertes Essen einer Tagesmindestmenge unter Zeitvorgabe, verteilt auf drei Haupt- und mindestens drei Zwischenmahlzeiten; Wegfall der vorgegebenen Mindestmenge nach Erreichen des Zielgewichts und Übergang zu eigenverantwortl. Essverhalten mit der Vorgabe, das Zielgewicht nicht zu unterschreiten; Einschränkungen der körperl. Aktivität; Förderung der Wahrnehmung und Bearbeiten von emotionalen Begleitreaktionen (insbesondere Ängste und depressive Verstimmungszustände); Identifizierung von Situationen, die das Bedürfnis zu hungern auslösen; Bewusstmachen von Defiziten, die durch Hungern kompensiert werden sollen und Erarbeiten von Alternativstrategien; kontinuierl. Einbeziehung der Bezugspersonen im Sinne von Familientherapie zur Vermeidung symptomerhaltender Mechanismen sowie zur Aufdeckung und ggf. Änderung ungünstiger intrafamiliärer Beziehungsmuster; Erarbeiten eines Nachbetreuungskonzepts mit regelmäßigen Gewichtskontrollen und Festlegen eines Mindestgewichts, dessen Unterschreitung zur erneuten stationären Behandlung führt. Verhaltenstherapeut. Verfahren (operantes Konditionieren, kognitive Umstrukturierung) stehen im Vordergrund; sie werden ergänzt durch unterstützende Psycho-, Familien-, Sozio- und Gruppentherapie sowie ggf. die Verwendung von Psychopharmaka.

Bulimie

Die Bulimie ist gekennzeichnet durch immer wieder auftretende Fastenperioden bei Normal- oder Übergewicht, unterbrochen durch Heißhungerattacken und anschließendem selbstinduziertem Erbrechen. Charakteristisch sind Essattacken, die einem zwingenden Essbedürfnis folgen und zu unkontrolliertem Verzehr einer abnormen Menge, meist hochkalor. Speisen in kurzer Zeit führen. Solche Essattacken werden typischerweise durch Verstimmungszustände, zwischenmenschl. Belastungssituationen, Langeweile oder intensives Hungergefühl wegen Diätverhaltens ausgelöst. Dass den Betroffenen das Abnorme ihres Verhaltens bewusst ist, belegt die Verheimlichung der Symptomatik. Sie fühlen sich grundsätzlich nicht in der Lage, Essattacken zu verhindern oder zu begrenzen; es besteht jedoch kein absoluter Kontrollverlust, denn bei Entdeckungsgefahr kann eine Essattacke zumindest kurzzeitig unterbrochen werden. Nach vorübergehendem Lustgewinn durch eine Essattacke führen Völlegefühl, Schuldgefühle und Furcht vor dem Dickwerden regelhaft zu selbstinduziertem Erbrechen sowie weiteren Maßnahmen zur Vermeidung von Gewichtszunahme, insbesondere zum Missbrauch von Abführmitteln. Untergewicht wird angestrebt, trotz Reduktionsdiäten aber nicht erreicht. Ausdruck von Impulskontrollstörungen sind Diebstähle von Nahrungsmitteln, Substanzmissbrauch und selbstverletzendes Verhalten. Als Folge von häufigem Erbrechen können Zahnschäden (Zahnschmelzabbau auf der inneren Seite der Schneidezähne), Hypertrophien der Speicheldrüsen, Speiseröhrenverletzungen, Störungen des Elektrolythaushalts, Blutdruckschwankungen, Herzrhythmusstörungen, Muskelkrämpfe und zerebrale Anfälle auftreten.

Psychopathologisch stehen wie bei der Anorexia nervosa die ausgeprägte Angst vor dem Dickwerden im Vordergrund, außerdem die Zentrierung des Denkens auf die Themen Erscheinungsbild, Essen und Gewichtsreduktion. Weitere typ. Merkmale sind emotionale Labilität, Ängstlichkeit, zwanghaft-rigide Denk- und Verhaltensstile, Impulsivität, Orientierung an äußerer Kontrolle, Gefühle der Ineffektivität, Leistungsdenken und depressive Verstimmungszustände mit Rückzugsverhalten, das durch die Bemühungen, die Ess- und Brechattacken zu verheimlichen, unterstützt wird und häufig zur sozialen Isolation führt. Fehlende Erkrankungs- und Behandlungseinsicht verhindern rechtzeitige Behandlungen. Als Begleitstörungen treten depressive Störungen, Zwangs-, Angst- und Persönlichkeitsstörungen sowie Störungen der Impulskontrolle und des Sozialverhaltens auf, außerdem Suchtmittelmissbrauch bzw. -abhängigkeit. In der Vorgeschichte finden sich gehäuft anorekt. Episoden, aber auch Übergewicht, depressive Störungen und wahrscheinlich auch sexuelle Missbrauchserlebnisse. Die Essattacken treten nicht selten erstmals im Zusammenhang mit Diätversuchen auf, insbesondere in frühen Erkrankungsstadien können sie ekstat. Stimmungszustände auslösen. Die Abhängigkeit von Stimulanzien beginnt meist als Versuch, Appetit und Gewicht zu kontrollieren.

Der Erkrankungsgipfel liegt in der Spätadoleszenz, die Häufigkeit für das Vollbild in der Bevölkerung beträgt zw. 1 und 2 % mit ansteigender Tendenz. Verglichen mit Jungen haben Mädchen ein mindestens 20-fach erhöhtes Erkrankungsrisiko. Die Prognose für Essattacken und Erbrechen ist günstiger als für das generelle Essverhalten, das in bis zu 90 % der Fälle anhaltend gestört bleibt. Die Spontanremissionsrate ist höher als bei der Anorexia nervosa.

Unter den Verwandten der Betroffenen finden sich gehäuft Essstörungen sowie depressive und Suchterkrankungen. Psychodynamisch und lerntheoretisch orientierte Modellvorstellungen sehen subjektiv wahrgenommene Inkompetenzen bei der Bewältigung von Entwicklungsaufgaben als bedeutsam an; diese führen zu Enttäuschungen der hohen Erwartungen an sich selbst und deshalb zu ausgeprägten Unzulänglichkeitsgefühlen, die das primär negative Selbstbild verstärken. Dieses soll durch die Leistung des Hungerns, sichtbar gemacht in der schlanken Figur, auch sozial aufgewertet werden. Bahnend wirkt das Schönheitsideal, das Attraktivität an Schlanksein bindet, sodass auch Nachahmungseffekte wirksam werden. Emotionale Labilität und unzureichende Impulskontrolle begünstigen das Auftreten von Essattacken während der Diätphasen. Völle-, Angst- und Schuldgefühle führen aber schnell dazu, dass das unkontrollierte Essen als Versagenssituation erlebt wird, die durch Erbrechen sowie weitere Maßnahmen kompensiert werden soll. Da die unveränderten Unzulänglichkeitsgefühle weitere Diätversuche unterhalten, laufen sich wechselseitig bedingende destruktive Reaktionen ab, die durch das schambedingte Verhalten, die Symptomatik zu verheimlichen, zusätzlich verstärkt werden.

Die primären **Behandlungsziele** umfassen die Unterbrechung des Automatismus von Ess- und Brechattacken bzw. Abführmittelgebrauch, die Normalisierung des Essverhaltens, die realitätsgerechtere Bewertung des eigenen Leistungsvermögens und die Verbesserung der Kompatibilität zw. Anspruchsdenken und erreichten Zielen; als weitere Ziele kommen die Verringerung des Körpergewichts und die Behandlung von Begleiterkrankungen infrage. Verhaltenstherapeut. Verfahren (operantes Konditionieren, kognitive Umstrukturierung) stehen im Vordergrund, sie werden ergänzt durch unterstützende Psycho-, Familien-, Sozio- und Gruppentherapie sowie ggf. die Verwendung von Psychopharmaka.

Essstörungen mit nachfolgendem Übergewicht

E. mit nachfolgendem Übergewicht (Fettsucht) sind relativ häufig. Sie sind definiert durch das regelmäßige Essen großer Nahrungsmengen, was zu einer Vermehrung des Körperfetts und dadurch zu Übergewicht (Body-Mass-Index > 25) bzw. Adipositas (Body-Mass-Index > 30) führt. Übergewichtige verzehren nicht nur größere Nahrungsmengen, sie essen auch deutlich schneller als Normalgewichtige. Die Auswahl der Speisen wird von individuellen Vorlieben bestimmt, bevorzugt werden häufig Nahrungsmittel mit hohen Zucker- und Fettanteilen (z. B. Schokolade, Eis, Pudding, Kartoffelchips). Die Betroffenen bewegen sich außerdem deutlich weniger als Normalgewichtige. Diätversuche kommen gelegentlich vor, sie werden aber meist nach kurzer Zeit wieder aufgegeben. Andere Maßnahmen zur Vermeidung des dick machenden Effekts der Speisen (Erbrechen, Medikamentenmissbrauch) spielen keine Rolle.

Das psychopatholog. Bild ist heterogen; es finden sich sowohl depressive und andere emotionale als auch expansive und aggressive Begleitreaktionen. Die Betroffenen, insbesondere jugendl. Mädchen, werden häufig nicht unerheblich sozial stigmatisiert, weil sie dem gängigen Schönheitsideal nicht entsprechen und ihnen gleichzeitig die Verantwortung dafür zugeschrieben wird. Im Kindes- und Jugendalter wird von einer Häufigkeit von etwa 20 % mit zunehmender Tendenz ausgegangen, bei ausgeglichenem Geschlechtsverhältnis.

Bei Vorliegen einer Fettsucht im Grundschulalter beträgt die Wahrscheinlichkeit für eine Fettsucht im Erwachsenenalter mehr als 50 % (bei normalgewichtigen Kindern etwa 10 %). Die familiäre Häufung ist erheblich; bis zu 80 % der übergewichtigen Kinder haben einen adipösen Elternteil, bei mindestens 25 % der Kinder sind beide Eltern betroffen. Hier wirken genet. und Umweltbedingungen zusammen. Erblichkeitsschätzungen für das Körpergewicht variieren zw. 30 und 60 %; inwiefern diese genet. Festlegung auch auf die Fettsucht zutrifft, ist unbekannt. Das Elternverhalten spielt sicher eine entscheidende Rolle: Es ist Modell für Ess- und Bewegungsverhalten, die Eltern kaufen die Nahrungsmittel und wirken steuernd auf das Ess- und Bewegungsverhalten der Kinder ein. So ist belegt, dass Eltern von übergewichtigen Kindern deren Nahrungsaufnahme doppelt so häufig verstärken wie Eltern normalgewichtiger Kinder, ihre Kinder aber seltener zu körperl. Aktivitäten auffordern. Regelmäßiges Nahrungsangebot zur Beruhigung von Kindern erhöht deren Risiko für die Entwicklung einer E. mit nachfolgendem Übergewicht. Bei bereits übergewichtigen Kindern kann Essen nach sozialer Stigmatisierung und sich daraus ergebenden Frustrationen entlastend wirken und so verstärkt werden. Essen als Umgangsstil mit Langeweile, auch in Kombination mit unkrit. Fernsehkonsum, kommt ebenfalls vor. Deshalb könnten Ess- und Bewegungserziehung sowie die Förderung sozialer Kompetenzen präventiv wirken.

Verhaltenstherapeutische Programme stehen bei der **Behandlung** der E. mit nachfolgendem Übergewicht im Vordergrund, sie konzentrieren sich auf die Verringerung des Körpergewichts durch verändertes Essverhalten und auf die Steigerung der körperl. Aktivität. Psychotherapie bei begleitenden emotionalen Störungen und soziales Kompetenztraining wirken unterstützend. Eine intensive Einbindung der Familie versucht, die familiäre Einstellung zum Ess- und Bewegungsverhalten so zu modifizieren, dass eine optimale Unterstützung des betroffenen Kindes möglich wird. Im Rahmen von vollstationären Behandlungsprogrammen wird über einen Zeitraum von sechs Wochen i. d. R. eine Gewichtsreduktion zw. 5 und 15 kg erzielt. Die Langzeiteffekte solcher Programme sind aber unsicher.

Eine Unterform der E. mit nachfolgendem Übergewicht ist die **Binge Eating Disorder (BED; Essstörung mit anfallsweisem Essen)**. Hauptsymptomatik sind wiederholte Essattacken mit Aufnahme großer Nahrungsmengen. Wahlloses Essen ist typisch; Kohlenhydrate werden bevorzugt, nicht unbedingt hochkalor. Nahrungsmittel (wie bei der Bulimie). Während dieser Essattacken ist die Kontrolle über das Essen erheblich beeinträchtigt oder völlig aufgehoben. Kennzeichnend für Kontrollverluste sind sehr schnelles Essen, Essen von großen Mengen ohne Hunger bis zu einem unangenehmen Völlegefühl, Alleinessen aus Schamgefühl wegen der Essensmengen, Deprimiertheit sowie Schuld- und Ekelgefühle nach dem übermäßigen Essen. Trotz dieser aversiven emotionalen Begleitreaktionen wird auf Maßnahmen zur Vermeidung des dick machenden Effekts der aufgenommenen Nahrung, wie sie für die Bulimie charakteristisch sind, verzichtet. Da die Essstörung mit anfallsweisem Essen deshalb zwangsläufig zu Fettsucht führt oder diese verstärkt, kommt sie praktisch nur bei Übergewichtigen vor, wird dort aber nicht selten übersehen. Die beeinträchtigte Kontrolle unterscheidet die Störung von der übermäßigen Nahrungsaufnahme Fettsüchtiger. Die Betroffenen beschäftigen sich mit den negativen Langzeiteffekten ihrer Essattacken auf Körpergewicht und Figur. Dieser Sorge entspringt häufig der Wunsch, weniger zu wiegen; er wird aber überwiegend als aussichtslos eingeschätzt. Neben der regelmäßig reduzierten körperl. Aktivität können begleitend Selbstwertprobleme bis zur Selbstverachtung, ausgeprägte Unzufriedenheit (bis zur Entwicklung von Ekelgefühlen) mit dem eigenen Aussehen, depressive und Angstsymptome, körperl. Beschwerden sowie sozialer Rückzug auftreten. Die Binge Eating Disorder ist mit Übergewicht assoziiert, das häufig bereits vor dem Beginn der Störung bestanden hat; dann beginnt die Erkrankung nicht selten während einer Reduktionsdiät. Einige Betroffene sind wegen der Essattacken verzweifelt, weil so die Aussichten von Diätversuchen zunichte gemacht und diese deshalb resigniert aufgegeben werden. In Spezialkliniken für erwachsene Essgestörte wurde beobachtet, dass bei Vorliegen einer Störung mit anfallsweisem Essen die Körpergewichtsschwankungen in der Vorgeschichte und die begleitende Fettsucht ausgeprägter waren als bei den übrigen Essstörungen mit Übergewicht. Begleitend auftretende depressive und Angststörungen erhöhen das Risiko der Auslösung von Essattacken durch niedergeschlagene und gereizte Verstimmungszustände. In der Gruppe der übergewichtigen Kinder sind etwa 3 % und in der Gruppe der übergewichtigen Jugendlichen zw. 3 und 6 % betroffen. Mädchen haben ein 1,5-fach erhöhtes Erkrankungsrisiko gegenüber Jungen. Der Erkrankungsgipfel liegt im späten Jugendalter.

Die Strategie, Kinder mit Anbieten von Essen zu beruhigen, erhöht das Risiko für das Auftreten von E. mit Übergewicht. Dementsprechend könnten Essererziehung im frühen Kindesalter und die Förderung von adäquatem Bewältigungsverhalten präventiv wirken. Eine Behandlung ist nur erfolgreich, wenn die Beeinflussung der Essattacken und des Übergewichts als Zielsymptome parallel verfolgt wird. Bei den Maßnahmen zur Verringerung des Körpergewichts ist darauf zu achten, dass rigide Kontrollmechanismen im Sinne starrer Verzehrverbote aufgegeben und durch flexible Vorgaben ersetzt werden (z. B. Ersatz der Vorgabe »nie wieder Schokolade« durch »nicht mehr als eine Tafel in der Woche«), da das Verletzen unflexibler Diätziele vor dem Hintergrund des »Alles-oder-nichts-Denkens« das erneute Auftreten von Essattacken begünstigt.

Sonstige Essstörungen

Bei der **Fütterstörung im frühen Kindesalter** bestehen Nahrungsverweigerung und extrem wählerisches Essverhalten als Ausdruck einer gestörten Interaktion mit der primären Bezugsperson.

Die **Pica** ist gekennzeichnet durch den Verzehr nicht essbarer Substanzen wie Erde, Verputz oder Papier. Sie kann isoliert auftreten oder als Symptom beim Autismus oder bei geistiger Behinderung.

Enzyklopädische Vernetzung

Depression ▪ Ernährung und Gesundheit ▪ Psychosomatik ▪ Psychotherapie ▪ Stoffwechselkrankheiten

H. BRUCH: Der goldene Käfig. Das Rätsel der Magersucht (a. d. Amerikan., [16]2000); P. CLAUDE-PIERRE: Der Weg zurück ins Leben. Magersucht u. Bulimie verstehen u. heilen (a. d. Amerikan., 2001); M. GERLINGHOF: Magersüchtig. Eine Therapeutin u. Betroffene berichten (Neuausg. 2001); E. Anorexie, Bulimie, Adipositas, hg. v. B. STEINBRENNER u. M. SCHÖNAUER-CEJPEK (Wien 2003); U. CUNTZ u. A. HILLERT: Eßstörungen. Ursachen, Symptome, Therapien ([3]2003); W. VANDEREYCKEN u. R. MEERMANN: Magersucht u. Bulimie (a. d. Engl., [2]2003); E. Therapieführer u. psychodyn. Behandlungskonzepte, hg. v. W. HERZOG ([2]2004); J. KINZL u. a.: Besessen vom Essen (2004).

Fortsetzung von Seite 422

Testament der Frau von Casterac); Tels qu'ils furent (1927); Madame Clapain (1932; dt. Der Fall Clapain).

Estavayer-le-Lac [εstava'je lə'lak], Hauptort des Bez. La Broye, Kt. Freiburg, Schweiz, 463 m ü. M., am SO-Ufer des Neuenburger Sees, 4 500 Ew.; Museum; Konserven-, Metallwarenindustrie, Apparatebau. – Mittelalterl. Stadtbild mit Laubengängen, Stadttoren und Tortürmen, überragt von Schloss Chenaux (13. und 15. Jh.). – Bild Seite 422

Este, Villa d'E., Palast und Gartenanlage des Kardinals IPPOLITO II. D'ESTE in →Tivoli.

Este,

1) *die,* linker Nebenfluss der Unterelbe, Ndsachs., in der nördl. Lüneburger Heide und im Alten Land, 50 km lang.

2) Stadt in der Prov. Padua, Venetien, Italien, 17 600 Ew.; Agrarzentrum; chem. Industrie, Streichholzfabrik, Keramik. – Stammburg (Castello) der Este (Mitte des 11. Jh. gegr., 1338/39 wieder aufgebaut); neben dem Dom Santa Tecla (1690–1708) sind v. a. Santa Maria delle Consolazioni (16./17. Jh., auch »degli Zoccoli« gen.), Santa Maria della Salute (1639) und San Martino (13. Jh., im 16. Jh. innen umgebaut) erwähnenswert. Im Palazzo Mocenigo (16. Jh.) das Museo Nazionale Atestino; weitere Villen und Paläste: Palazzo dei Principi (16. Jh., entworfen von V. SCAMOZZI), Villa Contarini-Gagliardo (17. Jh., mit freskiertem Salon des 18. Jh.), Villa Comaro-Benvenuti mit Park von 1848. – E., das antike **Ateste**, an der Etsch (Atesis) gelegen, war Hauptort der Veneter (8.–4. Jh. v. Chr.), dann röm. Militärkolonie. Die Verlagerung der Etsch 589 n. Chr., verursacht durch Erdbeben und Überschwemmungen, ließ den Ort im Früh-MA. wirtschaftlich und politisch veröden. Im 11. Jh. wurde E. Sitz der Familie →Este. Im 13. Jh. kam es an Padua, 1405 mit Padua an Venedig.

Este, ital. Adelsgeschlecht, hervorgegangen aus der fränk. Reichsaristokratie (Geschlecht der Otbertiner). Die Familie war vermutlich zur Zeit KARLS D. GR. nach Oberitalien gekommen. Der Zweig, der sich im 11. Jh. bei der Stadt →Este die namengebende Burg erbaute, führte den Markgrafentitel. Markgraf ALBERT AZZO II. († 1097) war in 1. Ehe mit KUNIGUNDE († vor 1055), der Erbin der älteren →Welfen, verheiratet. Seine Söhne, WELF (GUELFO) IV. († 1101) und – aus 2. Ehe – FULCO (FOLCO) I. († um 1128/35), begründeten die beiden Zweige des Geschlechts: **Welf-E.**, die Linie der jüngeren Welfen in Dtl., und (**Fulc-)E.** in Italien, die seit Ende des 13. Jh. mit kurzen Unterbrechungen als Herren über Ferrara, Modena und Reggio (nell'Emilia) herrschten. Markgraf BORSO wurde 1452 von Kaiser FRIEDRICH III. zum Herzog der Reichslehen Modena und Reggio, 1471 von Papst PAUL II. zum Herzog von Ferrara erhoben. Mit ALFONS II. (1559–97) starb die direkte Linie Fulc-E. aus. Ihm folgte mit CESARE (1597/98) eine weitere Bastardlinie, die auf Modena und Reggio beschränkt blieb, da das päpstl. Lehen Ferrara 1598 eingezogen wurde. 1796 bildeten diese Herzogtümer wie auch Ferrara die Zispadan. Rep., die 1797 in der Zisalpin. Rep. aufging. Für den Verlust wurden die E. im Frieden von Lunéville (1801) durch Breisgau und Ortenau entschädigt; 1803 starb die Linie mit ERCOLE III. (1780–96) im Mannesstamm aus. Die Erbtochter ERCOLES III., MARIA BEATRICE, heiratete Erzherzog FERDINAND KARL, den 3. Sohn Kaiser FRANZ' I. STEPHAN und MARIA THERESIAS, der so zum Begründer des Hauses **Österreich-E.** wurde. Nach dem Verlust des Breisgaus und der Ortenau (1805) erhielt dieses unter FRANZ (FRANCESCO) IV. (1806/1814/15–46) 1814/15 Modena zurück (1859/60 mit dem entstehenden Königreich Italien vereinigt). Der Name Österreich-E. ging vom letzten Herzog, FRANZ (FRANCESCO) V. (1846–59), auf Erzherzog FRANZ FERDINAND über, nach dessen Ermordung am 28. 6. 1914 auf ROBERT (*1915, †1996), den 2. Sohn des späteren Kaisers KARL I. von Österreich.

L. CHIAPPINI: Gli Estensi (Mailand ²1970); K. CONRADI: Malerei am Hofe der E. (1997); C. M. ROSENBERG: The E. monuments and urban development in renaissance Ferrara (Cambridge u. a. 1997).

Bedeutende Vertreter:

1) Alfonso I. d', Herzog von Ferrara, Modena und Reggio (seit 1505), *Ferrara 21. 7. 1476, † ebd. 31. 10. 1534, Sohn von 5), Vater von 6) und 10), Bruder von 3), 9) und 11); verheiratet in 1. Ehe (seit 1491) mit ANNA SFORZA († 1497), in 2. Ehe (seit 1501) mit LUCREZIA →BORGIA, der Tochter Papst ALEXANDERS VI., welche als Mitgift u. a. die erbl. Investitur für das Bistum Ferrara in die Ehe einbrachte; er befehligte im Krieg der Liga von Cambrai gegen Venedig die päpstl. Truppen. Als Venedig 1510 mit Papst JULIUS II. Frieden schloss, kämpfte er an der Seite der Franzosen. Vom Papst gebannt und weiterer Gebiete beraubt (1510–27 Modena, 1512–23 Reggio), siegte er mit dem frz. Generalissimus GASTON DE FOIX am 11. 4. 1512 bei Ravenna über die Spanier. 1527 unterstützte er die nach Rom ziehenden Landsknechte G. VON FRUNDSBERGS.

2) Alfonso II. d', Herzog von Ferrara, Modena und Reggio (seit 1559), *28. 11. 1533, † 27. 10. 1597, Sohn von 6); Gönner des Dichters TORQUATO TASSO; nahm 1566 am Türkenzug seines Schwagers, Kaiser MAXIMILIANS II., teil und kandidierte 1574 vergeblich für den poln. Thron. Nach kinderlosen Ehen setzte er seinen illegitimen Vetter CESARE (*1552, †1628) zum Erben ein. 1598 zog Papst KLEMENS VIII. Ferrara als erledigtes Lehen ein und vereinigte es mit dem Kirchenstaat.

3) Beatrice d', *29. 6. 1475, † 2. 1. 1497, Tochter von 5), Schwester von 1), 9) und 11); verheiratet seit 1491 mit Herzog LUDOVICO (IL MORO) →SFORZA; förderte BRAMANTE und LEONARDO DA VINCI und trieb den Ausbau des Mailänder Kastells und der Certosa (Kartause) von Pavia voran.

4) Borso d', Markgraf, Herzog von Modena und Reggio (seit 1452), Herzog von Ferrara (seit 1471), *1413, †1471, natürl. Sohn NICCOLÒS III. († 1441), Halbbruder von 5); entsprach mit seiner Prachtentfaltung dem typ. Fürst der Renaissance. An seinem Hof blühte die »Malerschule von Ferrara« (F. DEL COSSA, E. DE' ROBERTI, C. TURA).

5) Ercole I. d', Herzog von Ferrara, Modena und Reggio (seit 1471), *Ferrara 26. 10. 1431, † ebd. 1505, legitimer Sohn NICCOLÒS III. († 1441), Vater von 1), 3), 9) und 11)), Halbbruder von 4); in seiner Zeit gelangte das Herzogtum wirtschaftlich und kulturell zu hoher Blüte. Durch die von ihm seit 1490 veranlasste Erweiterung und Befestigung →Ferraras durch den Architekten B. ROSSETTI wurde diese trotz ihres mittelalterl. Stadtkerns zur ersten »modernen Stadt« mit geraden, breiten Straßen.

6) Ercole II. d', Herzog von Ferrara, Modena und Reggio (seit 1534), *Ferrara 4. 4. 1508, † ebd. 3. 10. 1559, Sohn von 1) und LUCREZIA BORGIA, Vater von 2), Bruder von 10); 1556 zwar mit Frankreich verbündet, schloss er aber 1558 Frieden mit dem in Italien dominanten Spanien; verheiratet seit 1528 mit RENATA (*1510, †1575), der Tochter König LUDWIGS XII. von Frankreich und der ANNA VON BRETAGNE. Da RENATA der reformator. Lehre zuneigte, wurde der Hof von Ferrara zum Sammelpunkt und Asyl vieler religiös Verfolgter aus dem Norden; 1536 empfing sie den Besuch CALVINS. Die Neigung RENATAS zu den kirchl. Neuerungen führte zum Dissens mit ERCOLE, da sie seine Politik der Aussöhnung mit

Beatrice d'Este, Gemälde von Leonardo da Vinci (um 1490/1500; Mailand, Pinacoteca Ambrosiana)

dem Papst gefährdete; seit 1554 wurde sie im Palazzo Estense (heute Pareschi) gefangen gehalten.

7) Francesco III. d', Herzog von Modena und Reggio (seit 1737), * Modena 2. 7. 1698, † Varese 22. 2. 1780, Sohn von RINALDO I. (1694–1737); verheiratet seit 1720 mit CHARLOTTE, Tochter des frz. Regenten PHILIPPE II. D'ORLÉANS; schloss sich im Österr. Erbfolgekrieg den Franzosen an, verlor dabei seine Besitzungen, wurde durch den Aachener Frieden 1748 wieder darin eingesetzt. 1754 wurde er von Kaiserin MARIA THERESIA zum Gouv. der Lombardei erhoben.

8) Francesco IV. von Österreich-E., Herzog von Modena (seit 1806, Regierungsantritt 1814/15), * Mailand 6. 10. 1779, † Modena 21. 1. 1846, Urenkel von 7), Sohn Erzherzog FERDINAND KARLS von Österreich (* 1754, † 1806) und der MARIA BEATRICE D'E. (* 1750, † 1829), Erbin Modenas; konnte erst nach dem Sturz NAPOLEONS I. die Regierung antreten. Um aus Modena, Parma und der Toskana ein konstitutionelles Königreich zu bilden, ging er geheime Verbindungen mit den Carbonari (→Carboneria) ein. Bloßgestellt, ließ er nach der Erhebung von 1831 die Carbonari grausam verfolgen.

9) Ippolito I. d', Kardinal, * Ferrara 20. 3. 1479, † ebd. 3. 9. 1520, Sohn von 5), Bruder von 1), 3) und 11); erhielt zahlreiche kirchl. Pfründe (mit sieben Jahren Erzbischof von Esztergom, mit 14 Jahren Kardinal, mit 17 Jahren Erzbischof von Mailand). Politisch und militärisch begabt, blieb er in die Politik seines Hauses verstrickt. Ihm widmete ARIOSTO den »Orlando furioso«.

10) Ippolito II. d', Kardinal, * Ferrara 25. 8. 1509, † Tivoli 2. 12. 1572, Sohn von 1) und LUCREZIA BORGIA, Bruder von 6); wurde mit zehn Jahren Erzbischof von Mailand. Auf Wunsch König FRANZ' I. von Frankreich 1539 zum Kardinal ernannt, vertrat er zeitlebens im Hl. Kollegium die Interessen ERCOLES II. sowie der »frz. Partei« und war mehrfach deren Kandidat bei den Papstwahlen; Erbauer der Villa d'Este in →Tivoli.

11) Isabella d', * Ferrara 18. 5. 1474, † ebd. 1. 2. 1539, Tochter von 5), Schwester von 1), 3) und 9); seit 1490 verheiratet mit FRANCESCO →GONZAGA, Markgraf von Mantua; eine der großen Frauen der Renaissance, die viele Literaten und Künstler an den Hof von Mantua zog; bedeutende Kunstsammlerin, ließ

Isabella d'Este, Gemälde von Tizian (um 1534/36; Wien, Kunsthistorisches Museum)

ihre Studierzimmer (ital. studioli) mit Gemäldezyklen u. a. von A. MANTEGNA, PERUGINO, L. COSTA und CORREGGIO ausstatten; TIZIAN und LEONARDO DA VINCI porträtierten sie. Als der Herzog in venezian. Gefangenschaft geriet (1509/10), übernahm sie die Regierung und betrieb erfolgreich seine Freilassung.

📖 V. BROSIO: La rosa e la spada. I. d'E. e Francesco Gonzaga (Turin 1980); I. d'E. La primadonna del Rinascimento, hg. v. D. BLINI (Modena 2001).

Estébanez Calderón [esˈteβanεθ -], Serafín, span. Schriftsteller, * Málaga 27. 12. 1799, † Madrid 5. 2. 1867; Anwalt, Gräzist und Arabist; hatte bis 1830 mehrfach hohe Staatsämter inne, wobei er seine frühen liberalen Auffassungen zugunsten konservativerer aufgab; beeinflusste das zeitgenöss. Kulturleben. Unter dem Pseudonym **El Solitario** veröffentlichte er Lyrik (»Poesías«, 1831) und Skizzen (»Escenas andaluzas«, 1847), in denen er ein romantisch idealisiertes Bild Spaniens entwirft.

Ausgabe: Obras completas, 2 Bde. (1955).

ESTEC, Weltraumforschung: →ESA.

Estekultur, mehrphasige eisenzeitl. Kulturgruppe in NO-Italien und W-Slowenien (10.–2. Jh. v. Chr.), benannt nach der Stadt Este, in deren Nähe große Gräberfelder aufgedeckt wurden. Die von den Venetern getragene, mit der Hallstattkultur eng verwandte E. bildete einen Mittelpunkt der Situlenkunst.

Estelí, Hauptstadt des Dep. Estelí in Nicaragua, 71 600 Ew.; im Hochland nördlich des Managuasees; Bischofssitz; Tabakanbau.

Estella [-ʎ-], Stadt in der Prov. Navarra, N-Spanien, am Río Ega, 13 000 Ew. – Bedeutende roman. Bauten sind die Kirchen San Pedro de la Rúa (12. Jh.; Reste eines roman. Kreuzgangs), San Miguel (um 1175; reiche Bauskulptur am N-Portal) und Santa María Jus del Castillo (12. Jh.), der ehem. Königspalast Palacio de los Reyes de Navarra (um 1200); frühgot. Kirche Del Santo Sepulcro (13. Jh.); altes jüd. Viertel (Judería). Oberhalb der Stadt finden sich Reste der Maurenburgen Belmecher, Atalaya und Zalatambor. – 1090 von König SANCHO RAMIREZ durch Ansiedlung von Südfranzosen über röm. Siedlung neu gegründet, im MA. Residenz der Könige von Navarra und wichtige Pilgerstation des Jakobswegs.

Esten, estn. **Eestlased**, zum ostseefinn. Zweig der finnougr. Sprachfamilie gehörendes Volk, etwa 1,1 Mio., davon leben rd. 930 000 in Estland, sonst v. a. in Russland, Schweden, Kanada und in den USA. – Traditionell ist bei den E. v. a. der Ackerbau. Im W Estlands lassen sich viele Übereinstimmungen mit der Bauernkultur S-Schwedens und Kurlands erkennen (z. B. auf der Insel Saaremaa das Wohnhaus mit schwarzer Küche, das Pferdezweigespann). Finn. Einflüsse haben sich auf Dialekt, Volksliedschatz, Brauchtum und Glaubensvorstellungen ausgewirkt, teilweise auch russ. Volkselemente. Von den gläubigen E. gehören etwa 75 % der ev.-luther., rd. 20 % der russisch-orth. Kirche an. Im Wohnbau zeigt sich oft das Riegenhaus, ein dreigeteilter Blockbau mit der Riegenstube in der Mitte, in der im Herbst auch Getreide getrocknet wurde, sowie daneben Kammern und Tenne. Nebengebäude waren die gedielten Speicher, der Stall, die Sauna und in älterer Zeit noch die aus einem Stangenzelt bestehende Sommerküche.

📖 K. AUN: The political refugees. A history of the Estonians in Canada (Toronto 1985); Estn. Volksbräuche, hg. v. Ü. TEDRE (a. d. Estn., Tallinn 1991).

Ester [zu Essigether], Sg. **Ester** der, -s, chem. Verbindungen, die aus Säuren (meist organ., aber auch anorgan. Säuren) und Alkoholen unter Wasseraustritt entstehen, z. B. nach der Reaktion

R—COOH + R'OH → R—COOR' + H$_2$O

(R,R' organ. Reste; →Veresterung). Die Rückreaktion (hydrolyt. Spaltung) wird als E.-Spaltung (→Verseifung) bezeichnet. Bei der Reaktion von mehrbasigen Säuren mit mehrwertigen Alkoholen erhält man →Polyester. Hydroxycarbonsäuren können intramolekular so genannte innere E. bilden, die →Lactone.

E. kommen in der Natur sehr variantenreich vor, z. B. als →Fette, das sind E. des Glycerins mit höheren Fettsäuren oder →Lecithine (fettähnl. Stoffe). Auch E.-Wachse (→Wachse), die E. von langkettigen Carbonsäuren mit langkettigen Alkoholen, sind verbreitet.

Außer durch Veresterung von Säuren und Alkoholen können E. auch durch Umesterung aus anderen E. sowie durch Anlagerung von Säuren an Olefine hergestellt werden. Möglich ist auch die Umsetzung von Metallsalzen der Carbonsäuren mit Alkylhalogeniden oder die Reaktion von Carbonsäurederivaten (z. B. Säurehalogenide, Säureanhydride) mit Alkohol (→Alkoholyse). – Viele niedermolekulare E. sind fruchtartig riechende Flüssigkeiten, die als Lösungsmittel (z. B. Butylacetat) und Riechstoffe (z. B. Benzylacetat) verwendet werden. Phthalsäure-E. haben als Weichmacher, Terephthalsäure-E. bei der Herstellung von Polyestern Bedeutung. Die E. von höhermolekularen Komponenten sind meist fest. In der Analytik dienen E. zum Nachweis von Alkoholen. Außerdem werden sie als Insektizide verwendet oder als Alkydharze für Lacke. Polyester werden zu Esterharzen und Chemiefasern veredelt.

Nomenklatur E. werden mit der Endung -at gekennzeichnet. Ihr Name setzt sich aus den Bez. der Kohlenwasserstoffgruppe des Alkohols (z. B. Ethyl von Ethanol) und dem Säureanion (z. B. Acet von Essigsäure) zusammen; er kann auch durch Aneinanderreihung des Säurenamens, der Bez. für die Kohlenwasserstoffgruppe des Alkohols und der Endung E. gebildet werden (z. B. Ethylacetat = Essigsäureethylester, Dimethylsulfat = Schwefelsäuredimethylester).

Ester, *Karl* Maria d', Zeitungswissenschaftler, * Vallendar 11. 12. 1881, † Aurach (Schliersee) 31. 5. 1960; war ab 1923 Prof. in Münster, 1923–60 in München; vertrat eine historisch-philolog. Medienkunde.

Werke: Zeitungswesen (1928); Die papierne Macht (1956).
Ausgabe: Ausw. der publizistikwiss. Schriften, hg. v. W. KLUTENTRETER (1984).

Esterasen, Sg. **Esterase** die, -, Enzyme, die Ester niederer Carbonsäuren hydrolytisch (deshalb zur Gruppe der Hydrolasen gehörend) in Alkohol und Säure spalten. Fett spaltende E. heißen Lipasen, Phosphorsäureester spaltende E. heißen Phosphatasen, Schwefelsäureester spaltende E. heißen Sulfatasen usw.

Estérel, Massif de l'E., Gebirge in S-Frankreich, südwestlich von Cannes, im Mont Vinaigre 618 m ü. M., im Inneren weitgehend siedlungsleer, im Küstenbereich stark Zersiedlung durch Zweitwohnsitze. Das überwiegend aus Porphyr aufgebaute Gebirge zählt aufgrund der bizarren Felsformen und der Rotfärbung des Gesteins zu den landschaftlich schönsten Abschnitten der frz. Riviera.

esterelische Phase, Geologie: eine variskische →Faltungsphase.

Estella: Kirche San Pedro de la Rúa mit romanischem Kreuzgang (12. Jh.)

Esterházy [ˈɛstərhaːzi], **E. von Galántha,** ungar. **Galánta Eszterházy** [ˈɡɔlaːntɔˈɛstərhaːzi], ungar. Magnatengeschlecht, dessen Mitgl. seit dem 17. Jh. wichtige Ämter in der Habsburgermonarchie bekleideten. Die Linie Forchtenstein (Frakñó) wurde 1783 (erstmals ad personam 1687) in den Reichsfürstenstand erhoben. Das fürstl. Majorat (seit 1695 Fideikommiss) war mit rd. 1 300 km^2 bis 1945 der umfangreichste Großgrundbesitz in Ungarn. Der im 17. Jh. erbaute Familiensitz in Eisenstadt (Kismarton) wurde zu einem Kulturzentrum. Bedeutende Vertreter:

1) *Nikolaus (Miklós)* Graf **E. von Galántha,** Graf **von Forchtenstein** (seit 1626), Palatin von Ungarn (seit 1625), * Galánta 8. 4. 1583, † Großhöflein 11. 9. 1645, Vater von 4); aus verarmter prot. Landadelsfamilie, trat 1600 zum Katholizismus über; bekämpfte nach 1613 aufseiten des späteren Kaisers FERDINAND II. die Unabhängigkeitsbestrebungen der siebenbürg. Fürsten G. BETHLEN VON IKTÁR und Georg I. RÁKÓCZI und unterstützte die Gegenreformation. 1622 erhielt er u. a. die Herrschaften Forchtenstein und Eisenstadt.

2) *Nikolaus I. Joseph* Fürst **E. von Galántha,** Graf **zu Forchtenstein,** österr. Heerführer, * Wien 18. 12. 1714, † ebd. 28. 9. 1790, Großvater von 3); im Siebenjährigen Krieg bei Kolin (18. 6. 1757) ausgezeichnet. Errichtete mit Schloss Eszterháza (1760–69; →Fertőd) südlich des Neusiedler Sees ein Zentrum für Kunst und Wissenschaft, das rasch als »ungar. Versailles« bekannt wurde. Ab 1761 ermöglichte er J. HAYDN als Hofkapellmeister ein ungehindertes Schaffen.

3) *Nikolaus II.* Fürst **E. von Galántha,** Graf **zu Forchtenstein,** österr. Heerführer, * Wien 12. 12. 1765, † Como 25. 11. 1833, Enkel von 2), Vater von 5); verließ frühzeitig die militär. Laufbahn, um an diplomat. Missionen teilzunehmen. 1809 lehnte E. die ihm von NAPOLEON I. angebotene ungar. Krone ab. Er begründete eine Gemälde- und Kupferstichsammlung und ließ das Schloss in Eisenstadt ausbauen. In seinem Auftrag komponierte L. VAN BEETHOVEN die Messe in C-Dur op. 86.

4) *Paul I. (Pál)* Fürst (seit 1687) **E. von Galántha,** Graf **zu Forchtenstein,** Palatin von Ungarn (seit 1681), österr. Feldherr, * Eisenstadt 7. 9. 1635, † ebd. 26. 3.

Este Esterházy

1713, Sohn von 1); nahm an den Türkenkriegen (u. a. am Entsatz von Wien 1683) teil. In der Folge bemühte er sich um die innere Befriedung und den Wiederaufbau Ungarns, wobei er die gewaltsame Rekatholisierung ablehnte. Kaiserl. Schenkungen vergrößerten seinen Grundbesitz. Der Umbau von Schloss Eisenstadt (1663–72) in ein Barockschloss geht auf ihn zurück, ebenso die Gründung des »Esterházyschen Orchesters«.

5) Paul III. Anton Fürst **E. von Galántha**, Graf **zu Forchtenstein**, österr. Diplomat, *10. 3. 1786, †Regensburg 21. 5. 1866 Sohn von 3); war eng mit K. W. Fürst von Metternich befreundet, dem er in Paris 1807 als Botschafts-Sekr. diente. Nach versch. diplomat. Missionen vertrat er 1815–42 die österr. Interessen als Botschafter in London, wobei er v. a. bei den Londoner Konferenzen die Belange seines Landes durchzusetzen vermochte. Als Außen-Min. im ungar. Kabinett Batthyány (März bis August 1848) suchte er, zw. Magyaren und Kroaten vermittelnd, den Bürgerkrieg von 1848 zu verhindern.

Esterházy [ˈɛstərhaːzi], Péter, ungar. Schriftsteller, * Budapest 14. 4. 1950; nach Mathematikstudium und Tätigkeit in der Datenverarbeitung lebt E. seit 1978 als freier Schriftsteller. Sein »Produktionsroman« (1979) über einen am Alltag verzweifelnden Informatiker und die darauf folgenden Erzählungen persiflieren verfestigte Erzählweisen, sind einem sprachexperimentellen Stil verpflichtet und werden ins Groteske gesteigert, bis hin zur Kritik im übertragenen polit. Sinn. Als sein Opus magnum gilt die Familienchronik der Esterházys »Harmonia Caelestis« (2000; dt.), 2002 ergänzt um »Verbesserte Ausgabe« (dt.). Friedenspreis des Dt. Buchhandels 2004.

🔊 **Péter Esterházy:** »Eine Geschichte. Zwei Geschichten« (Auszug) **2669**

Weitere Werke (ungar.): *Romane:* Kleine ungar. Pornographie (1984; dt.); Die Hilfsverben des Herzens (1985; dt.); Fuhrleute (Salzburg 1983; dt.); Das Buch Hrabals (1990; dt.); Donau abwärts (1991; dt.). – *Erzählung:* Wer haftet für die Sicherheit der Lady? (1982; dt.). – *Novelle:* Leben u. Literatur (1993; dt., in: Eine Geschichte. Zwei Geschichten; mit Imre Kertész). –

Péter Esterházy

Essay: Wegweiser (2003; dt., mit Imre Kertész u. Péter Nádas).

Esterkondensation, Claisen-Kondensation, Bez. für eine von L. R. Claisen entdeckte Umordnung von Estern, die durch starke Basen (Natriumalkoholat, Natriumamid) katalysiert (vermittelt) wird. Es handelt sich um eine Kondensationsreaktion (→ Kondensation), wobei aus zwei Molekülen Carbonsäureester ein Molekül β-Ketocarbonsäureester (eine C=O-Gruppe in β-Stellung zur Estergruppe) gebildet wird, z.B. entsteht so aus Essigsäureethylester der → Acetessigester:

$$2\,CH_3-COOC_2H_5 \rightarrow CH_3-CO-CH_2-COOC_2H_5 + C_2H_5OH$$

Esteros del Iberá, Seen- und Sumpfgebiet in NO-Argentinien, 6000 km², Lebensraum einer reichen Tierwelt (u. a. Nutria, Jaguar). Die E. d. I. werden als alte Flussverbindung des Paraná durch das Gebiet der heutigen Prov. Corrientes gedeutet.

Esterzahl, Abk. **EZ,** Kennzahl bei Fetten und fetten Ölen, die angibt, wie viel mg Kaliumhydroxid (KOH) zur Verseifung der Esterverbindungen in 1 g Fett oder Öl benötigt werden (in mg KOH/g); berechnet sich als Differenz zw. der Säure- und der Verseifungszahl.

Estes [ˈɛstɪs],

1) *Richard,* amerikan. Maler, *Kewanee (Ill.) 14. 5. 1932; einer der wichtigsten Vertreter des → Fotorealismus. Er stellt in einer auf fotografisch exakte Wiedergabe gerichteten Malweise Straßen- und Stadtansichten, Reklamefronten sowie Schaufensterfassaden und Windschutzscheiben und das in ihnen Reflektierte dar.

2) *Simon* Lamont, amerikan. Sänger (Bassbariton), *Centerville (Ia.) 2. 3. 1938; debütierte 1965 als Ramphis in G. Verdis »Aida« an der Dt. Oper Berlin, war Mitgl. versch. amerikan. Operngesellschaften und trat auch bei Festspielen (Glyndebourne, Bayreuth) auf. E., gefragter Gast an den bedeutenden Opernhäusern der Welt, ist bes. als Wagner-Interpret bekannt geworden. Weitere herausragende Rollen sind die des Boris Godunow in M. P. Mussorgskis gleichnamiger Oper, des Porgy in G. Gershwins »Porgy and Bess« sowie des Königs Philipp in G. Verdis »Don Carlos«. E. tritt auch als Konzertsänger hervor.

Estève [ɛsˈtɛːv], Maurice, frz. Maler, *Culan (Dép. Cher) 2. 5. 1904, †ebd. 27. 6. 2001; ging vom Orphismus aus. Nach 1945 wandte er sich der abstrakten Malerei zu. Mit dekorativ-poet., von der Landschaft inspirierten Bildern in leuchtenden Farben wurde er zu einem Hauptvertreter der École de Paris. – 1987 wurde in Bourges das Musée Estève eröffnet.

EStG, Abk. für Einkommensteuergesetz (→ Einkommensteuer).

Esther, pers. Name der jüd. Jungfrau **Hadassa** [»Myrte«], Pflegetochter des Mardochai in Susa. E., die Heldin des Buches E. im A.T., vereitelte als Gemahlin des pers. Königs Ahasverus (Xerxes I.) einen Mordanschlag des Wesirs Haman gegen die Juden, verhalf Mardochai zur Wesirswürde und ihren jüd. Glaubensbrüdern zur blutigen Rache.

Das **Buch E.** ist eine histor. Novelle, doch voll geschichtl. Ungenauigkeiten. Es dient zur Begründung des seit dem 2. Jh. v. Chr. in Palästina bezeugten → Purimfestes, an dem es verlesen wird (→ Megillot). Das Buch dürfte zw. dem 4. und 1. Jh. v. Chr. und die griech. Übersetzungen gegen Ende des 2. Jh. v. Chr. entstanden sein. Die griech. und lat. Übersetzungen enthal-

Richard Estes: Cafeteria (1972)

ten Zusätze zum hebr. Original. Der E.-Stoff, der die Erhöhung der Demut und den Sturz des Hochmuts sinnfällig macht, wurde seit dem 16. Jh. wiederholt dramatisiert (H. Sachs, 1530; T. Naogeorgus, 1543; Lope de Vega, 1621; J. Racine, 1690; G. F. Händel, Oratorium, 1720; F. Grillparzer, 1848; F. Hochwälder, 1940).

Das E.-Buch in jidd. Sprache ist neben dem →Schmuelbuch die bedeutendste gereimte Bibelparaphrase. Solche Umdichtungen entstanden unter dem Einfluss der jidd. Spielmannsdichtung seit dem 13. Jh. und waren unter den aschkenas. Juden verbreitet.

⬛ H. Ringgren u. O. Kaiser: Das Hohe Lied. Klagelieder. Das Buch E. (a.d. Schwed., ³1981); K. Jaroš: E. Gesch. u. Legende (1996); The book of E. in modern research, hg. v. S. W. Crawford (London u. a. 2003); G. Gerleman: E. (Neuausg. 2003).

Estienne [ɛ'tjɛn], lat. **Stephanus**, frz. Humanisten- und Buchdruckerfamilie, die während acht Generationen, 1502–1664, etwa 1 600 Werke druckte. Bedeutende Vertreter:

1) Henri II., *Paris 1528, †Lyon März 1598, Sohn von 2); führte den Verlag seines Vaters in Genf fort, veröffentlichte 1554 eine Sammlung von Anakreonteen.

Werke: Thesaurus graecae linguae, 5 Bde. (1572); Project du livre intitulé »De la precellence du langage françois« (1579).

2) Robert I., *Paris 1503, †Genf 7. 9. 1559, Vater von 1); führte seit 1526 den Verlag seines Vaters Henri I. (*um 1460, †1520) fort; 1539 von Franz I. zum königl. Drucker für Hebräisch und Lateinisch, dann auch für Griechisch ernannt, druckte Bibeltexte in diesen Sprachen; zog 1550 nach Genf, wo er die Reformation unterstützte (Drucke der Werke Calvins).

Werk: Thesaurus linguae latinae (1531).

Estípite [port.] der, -/-(s), Baukunst: ein sich nach unten verjüngender Pilaster; er erscheint häufig in der span. Baukunst der Spätrenaissance und des Frühbarock, auch in Lateinamerika, v. a. in Mexiko.

Estland siehe Seite 433

estnische Kunst, die Kunst auf dem Gebiet des heutigen Estland. Die ältesten Kunstdenkmäler reichen bis ins 3. Jt. v. Chr. zurück. Romanik und Gotik erfuhren insbes. im N eine eigenwillige Ausprägung (glatte Formen, sparsames Dekor). Es entstanden Festungen mit Konventshäusern (Kuressaare) und mächtige Wehrtürmen (Vastseliina), einschiffige Wehrkirchen (Karja) und dreischiffige Hallenkirchen (Ambla). Aus dem 15./16. Jh. sind Flügelaltäre norddt. (H. Rode, B. Notke) und niederländ. Meister erhalten. Bekanntestes Beispiel der Renaissancearchitektur ist das

estnische Kunst: Ludwig von Maydell, »Selbstbildnis« (1825; Leipzig, Museum der bildenden Künste)

estnische Kunst: Ruinen des Birgittenklosters bei Tallinn (1407–36; 1577 zerstört)

Schwarzhäupterhaus (15./16. Jh.) in Tallinn. Im 17. Jh. zeigen sich im Barock holländ. Formen im Rathaus von Narva (1665/71; S. Teuffel), ital. Einflüsse im Schloss Kadriorg in Tallinn (1718–23; N. Michetti, M.-G. Semzow). Unter dem Einfluss des russ. Klassizismus entstanden Bauensembles in Tartu (Rathaus, 1782–84; Univ.-Gebäude, 1803/09) sowie zahlr. Herrenhäuser und Landsitze. Um 1900 fanden durch dt., russ. und finn. Architekten Historismus und Jugendstil (Estonia-Theater in Tallinn, 1909–13; Armas Lindgren) Verbreitung. Den Funktionalismus vertraten Olev Siinma (*1881, †1948) und der Finne A. Aalto. Die neofunktionalist. Tallinner Schule (Jüri Okas, *1950 u. a.) schloss um 1980 an die Postmoderne an.

Die Entwicklung einer nat. bildenden Kunst wurde durch die 1803 an der Univ. Dorpat (heute Tartu) gegründete Malschule gefördert. Verbindungen zur Romantik zeigen das maler. Werk von Ludwig von Maydell (*1795, †1846), Johann Köler (*1826, †1899) und August Weizenberg (*1837, †1921). Enge Kontakte bestanden zu den Kunstakad. in Düsseldorf (dort wirkte seit 1858 E. von Gebhardt) und Sankt Petersburg. Das seit Anfang des 20. Jh. sich entfaltende Spektrum westeuropäisch beeinflusster Stilrichtungen wird ergänzt durch den Rückgriff auf traditionelle Elemente. Von besonderer Bedeutung war die 1919 gegründete Kunstschule Pallas in Tartu, an der u. a. Ado Vabbe (*1892, †1961), Paul Raud (*1865, †1930), Eduard Viiralt (*1898, †1954), Jaan Koort (*1883, †1935) und Anton Starkopf (*1889, †1966) wirkten. Unter sowjet. Einfluss begannen die Vertreter der Postavantgarde (u. a. Julo Sooster, *1924, †1970, seit 1956 in Moskau tätig; Andres Tolts, *1949; Tönis Vint, *1942; die Gruppe »HARKU'75«) seit den 1960er-Jahren, nat. Traditionen mit internat. Konzepten (u. a. Abstraktion, Pop-

Estn estnische Literatur

estnische Kunst: Eduard Petrowitsch Iwansohn, »Blick über Dorpat«; Kreidelithografie (1860; Berlin, Staatliche Museen)

Art, Fotorealismus) zu konfrontieren. Seit 1991 entwirft die postkommunist. Retroavantgarde Strategien der Privatisierung und Aneignung internat. Kunst. Ironisch-kritisch analysieren Künstler wie JAAN TOMIK (* 1961), SIIM-TANEL ANNUS (* 1960), HERKKI-ERICH MERILA (* 1964) und PEETER PERE (* 1957) in Malerei, Fotografie, Video, Performancekunst, Netart u. a. die persönl., ethn. und globale Identität sowie das gesellschaftspolit. Umfeld. Einen Genderdiskurs führen KAI KALJO (* 1959), MARE TRALLA (* 1967), ENE-LIIS SEMPER (* 1969) und MARI LAANEMETS (* 1975). Mit der Dekonstruktion von Ideologien beschäftigen sich v. a. MARKO MÄTAMM (* 1965) und KAIDO OLE (* 1963).

📖 Kunst in Tallinn u. Estland. Vom MA. bis zur Gegenwart, bearb. v. J. JENSEN, Ausst.-Kat. (1976); Kunstdenkmäler balt. Staaten, hg. v. R. HOOTZ (a. d. Russ., 1992); Mythos Abstraktion. Aktuelle Kunst aus Estland, bearb. v. H. HERR u. a., Ausst.-Kat. (1992); B. HARTEL: Kunst im Ostseeraum, auf mehrere Bde. ber. (1995 ff.); After the wall. Kunst u. Kultur im postkommunist. Europa, bearb. v. B. PEJIĆ, Ausst.-Kat. (2000); Baustelle Estland. Zehn Jahre Bauen im wieder unabhängigen Estland, bearb. v. I. RAUD (2001); Art of the Baltics. The struggle for freedom of artistic expression under the Soviets 1945–1991, hg. v. A. ROSENFELD u. N. T. DODGE (New Brunswick, N. J., 2002).

estnische Literatur. Die Wurzeln der e. L. liegen in der ca. 2000 Jahre alten anonymen und mündlich tradierten Volksdichtung, die erst im 19. Jh. aufgezeichnet wurde und heute eine der größten Sammlungen der Welt ist. Charakteristisch für diese Dichtung sind Alliteration, inhaltl. Parallelismus, vierhebiger Trochäus sowie fehlender Endreim. Auf der Basis dieser Volksdichtung verfasste F. R. KREUTZWALD nach dem Vorbild der finn. Kalevala sein Epos →Kalevipoeg (1857–61; dt. »Kalewipoeg«), das als estn. Nationalepos in die Gesch. einging, obwohl es zu sieben Achteln KREUTZWALDS Kunstschöpfung ist.

Der erste erhaltene estn. Druck ist ein zweisprachiger (niederdt. und estn.) luther. Katechismus aus dem Jahre 1535. Im 17. Jh. setzte eine estn. Gelegenheitsdichtung ein, der im 18. Jh. erbaul. Schrifttum und die gesamte Bibelübersetzung (1739) folgten.

Im 19. Jh. verfasste KRISTJAN JAAK PETERSON (* 1801, † 1822) einige Gedichte, blieb jedoch völlig unbekannt und wurde erst hundert Jahre später wieder entdeckt. Um die Mitte des 19. Jh. entstand im Zeichen der Nationalromantik die moderne e. L. mit der patriot. Lyrik und Dramen von LYDIA KOIDULA, deren Vater, JOHANN WOLDEMAR JANNSEN (* 1819, † 1890), Begründer der ersten estn. Zeitung (1857) war. Noch vor der Jahrhundertwende entwickelte sich die symbolist. und die Naturdichtung von J. LIIV sowie der krit. Realismus des Romanciers E. VILDE.

1905 entstand die literar. Gruppierung Noor-Eesti (Jung-Estland) um den Lyriker G. SUITS und den Novellisten FRIEDEBERT TUGLAS (* 1886, † 1971), die unter neoromant. Vorzeichen die Erneuerung der Literatur und einen Anschluss an westeurop. Strömungen anstrebte. Gleichzeitig erlebte das estn. Theater mit Dramen von VILDE und A. KITZBERG einen Aufschwung. Mit dem Durchbruch der versch. avantgardist. Strömungen – v. a. dem Expressionismus – nahe stehenden Moderne um 1917 rückte die Lyrik mit MARIE UNDER, JOHANNES SEMPER (* 1892, † 1970) und H. VISNAPUU in den Vordergrund.

In den Jahren der ersten Eigenstaatlichkeit (1918–40) wurde der Roman zur Hauptgattung. A. H. TAMMSAARE zeichnete in seiner Pentalogie »Tõde ja õigus« (1926–33; dt. »Wahrheit und Recht«), die bis heute als Hauptwerk der e. L. gilt, den Entwicklungsgang des estn. Volkes vom letzten Viertel des 19. Jh. bis in die 1930er-Jahre nach. Daneben sind die realist. Romane von AUGUST MÄLK (* 1900, † 1987), die neoromant. Werke von A. GAILIT sowie die Prosa von TUGLAS PEET VALLAK (* 1893, † 1959) und K. RISTIKIVI hervorzuheben. Am Vorabend des Zweiten Weltkriegs versuchte eine neue Lyrikergeneration um BETTI ALVER, BERNHARD KANGRO (* 1910, † 1994), U. MASING und HEITI TALVIK (* 1904, † 1947) dem in Europa wütenden Totalitarismus formvollendete Lyrik entgegenzustellen.

Nach dem Zweiten Weltkrieg und während der sowjet. Besatzung des Landes (bis 1991) entwickelte sich neben der einheim. Literatur eine estn. Exilliteratur, die teilweise die Vorkriegstradition fortsetzte (KANGRO, RISTIKIVI, UNDER), andererseits aber auch durch die ungehinderte Auseinandersetzung mit aktuellen modernist. Strömungen neue Formen wie die surrealist. Lyrik von ILMAR LAABAN (* 1921, † 2000) hervorbrachte.

In Sowjetestland hatte sich die Literatur zunächst innerhalb eines dogmat. sozialist. Realismus zu bewegen, deren Grenzen bereits Autoren wie AADU HINT (* 1910, † 1989), RUDOLF SIRGE (* 1904, † 1970) oder JUHAN SMUUL (* 1922, † 1971) auszuloten versuchten. Nach STALINS Tod 1953 erlebte die lyr. Produktion eine neue Vielfalt, so mit den weitgehend reimlosen Versen von J. KROSS, PAUL-EERIK RUMMO, J. KAPLINSKI, DEBORA VAARANDI (* 1916), ELLEN NIIT und VIIVI LUIK. In den 1960er- und 70er-Jahren beschäftigte sich die teilweise satir. Prosa von ENN VETEMA (* 1936), A. VALTON und M. UNT (* 1944) kritisch mit der sowjet. Gesellschaft, während die histor. Prosa von M. TRAAT und v. a. KROSS (»Keisri hull«, 1978; dt.

Fortsetzung auf Seite 441

ESTLAND

Lage Europa
Fläche 45 227 km²
Einwohner (2002) 1,36 Mio.
Hauptstadt Tallinn
Verwaltungsgliederung 15 Bezirke
Amtssprache Estnisch
Nationalfeiertage 24. 2. und 20. 8.
Währung 1 Estnische Krone (ekr) = 100 Senti
Zeitzone MEZ + 1 Std.

Estland, estn. **Eesti,** amtlich estn. **Eesti Vabariik,** amtlich dt. **Republik Estland,** Staat im N des Baltikums, grenzt im W an die Rigaer Bucht und mittlere Ostsee, im N an den Finn. Meerbusen, im O an Russland (die Grenze verläuft z. T. durch den Peipussee) und im S an Lettland. Mit einer Gesamtfläche (einschließlich der 1 521 Inseln) von 45 227 km² (davon 4 132 km² Inseln und 2 827 km² Binnengewässer) ist E. etwas größer als Dänemark; (2002) 1,36 Mio. Ew.; Hauptstadt ist Tallinn, Amtssprache Estnisch. Währung: Estn. Krone (ekr) = 100 Senti. Zeitzone: MEZ + 1 Stunde.

STAAT UND GESELLSCHAFT

Verfassung Nach der am 28. 6. 1992 durch Referendum gebilligten Verf. (seit 3. 7. 1992 in Kraft) ist E. eine unabhängige demokrat. Rep. mit parlamentar. Reg.-System. Staatsoberhaupt und oberster Befehlshaber der Streitkräfte ist der Präs. Er wird vom Parlament (mit Zweidrittelmehrheit) in maximal drei Wahlgängen) oder einem aus Parlaments-Abg. und Repräsentanten regionaler und kommunaler Selbstverwaltungsorgane bestehenden Wahlkollegium (mit absoluter Mehrheit) auf 5 Jahre gewählt (einmalige direkte Wiederwahl möglich). Er muss gebürtiger estn. Staatsbürger sein. Der Präs. kann gegen Gesetzesbeschlüsse ein Veto einlegen und übt seine Befugnisse ohne Gegenzeichnung aus; nur Notstandsverordnungen müssen vom Parlaments-Präs. und vom Min.-Präs. gegengezeichnet werden. Die Legislative liegt bei der Staatsversammlung (Riigikogu), deren 101 Abg. für 4 Jahre nach personalisiertem Verhältniswahlrecht (Fünfprozentklausel) gewählt werden. Die vollziehende Gewalt wird von der Reg. unter Vorsitz des vom Parlament gewählten Min.-Präs. ausgeübt. Der Min.-Präs. wird vom Präs. mit der Kabinettsbildung beauftragt, die Min. sind vom Staatsoberhaupt zu bestätigen. Das Parlament kann mit absoluter Mehrheit ein Misstrauensvotum gegen den Min.-Präs., die gesamte Reg. oder einzelne Min. beschließen. Die Verf. enthält einen Grundrechtskatalog, der u. a. Diskriminierung wegen Nationalität, Rasse, Sprache und Geschlecht untersagt und den Minderheitenschutz garantiert. Aufgrund der Staatsangehörigkeitsgesetzgebung, die von einer Kontinuität des Staatsvolkes ab dem Zeitpunkt der sowjet. Besetzung im Juni 1940 ausgeht, werden jedoch alle später angesiedelten Sowjetbürger (v. a. Russen) als Ausländer behandelt, die allerdings auf Antrag eingebürgert werden können. Als ausländische Ew. besitzen sie kein Parlaments-, wohl aber das aktive Kommunalwahlrecht und genießen Minderheitenschutz (Möglichkeit der Personalautonomie).

Recht An der Spitze der Gerichtsbarkeit steht der Oberste Gerichtshof (Riigikohus) mit 17 Mitgl., dessen Leitender Richter nach Nominierung durch den Präs. durch das Parlament bestimmt wird. Beim Obersten Gerichtshof gibt es eine Verfassungsrevisionskammer. Die Richter der nachgeordneten Gerichtshöfe werden auf Vorschlag des Leitenden Richters des Obersten Gerichtshofs vom Präs. ernannt. Die Unabhängigkeit der Justiz ist rechtlich wie faktisch gewährleistet. – Nach der polit. Wende wurde ein Rechtssystem eingeführt, das den Anforderungen einer Marktwirtschaft entspricht und insbes. im Zivil- und Strafrecht teilweise an Regelungen des dt. Rechts angelehnt ist. Großen Einfluss hatten daneben europarechtl. Vorgaben. Die Menschen- und Bürgerrechte sind in E. grundsätzlich voll gewährleistet, Probleme verursacht jedoch die fehlende Staatsangehörigkeit vieler Einwohner.

Flagge und Wappen Die Nationalflagge wurde erstmals 1881 anlässlich eines Studentenaufstands gegen die Zarenherrschaft gezeigt und 1990 eingeführt. Sie ist horizontal in gleich hohen Streifen Blau über Schwarz über Weiß gestreift. Blau steht für Loyalität der Esten, die Farbe des Meeres und der Seen; Schwarz ist Symbol für die Unterdrückung und Weiß für die Tugend, den Schnee und den estn. Kampf um Freiheit. – Das ehem. Wappen der Estn. Ritterschaft ist seit 1921 bzw. 1988 (offiziell eingeführt am 8. 5. 1990) Staatswappen von E. Es zeigt drei blaue schreitende, hersehende, rotbezungte Löwen übereinander auf goldenem Feld. Der Schild ist umgeben von goldenem Eichenlaub.

Nationalfeiertag Der 24. 2. erinnert an die Gründung der Rep. E. 1918; der 20. 8. an die Wiedererlangung der Unabhängigkeit 1991.

Verwaltung Das Land ist in 15 Bez., 42 Städte und 205 Gem. gegliedert. Die Bez.-Verwaltungen unter Leitung des von der Reg. im Einvernehmen mit der jeweiligen Bez.-Versammlung ernannten Bez.-Ältesten sind staatl. Behörden. Träger der kommunalen Selbstverwaltung sind die Städte und Gem. Beschlussorgan ist der für 3 Jahre direkt gewählte Rat (aktives Wahlrecht auch für Ausländer und Staatenlose, die seit 5 Jahren in der Kommune wohnen; passives Wahlrecht nur für estn. Staatsangehörige). Als

Estland: internationales Kfz-Kennzeichen

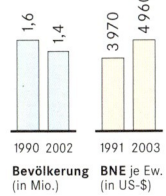

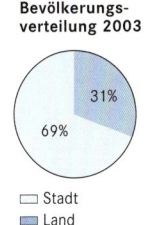

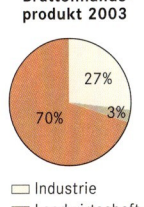

Staat Estland

Estland

einigte Volkspartei Estlands (EÜRP; gegr. 1994; Interessenvertreter der russ. Minderheit).

Bildungswesen Allg. Schulpflicht besteht vom 7. bis zum 16. Lebensjahr. Die Schulausbildung der Primarstufe und der Sekundarstufe I erfolgt in der neunjährigen Grundschule (Põhikool); in der Sekundarstufe II besteht die Wahl zw. dreijährigem Gymnasium und Bildungsgängen der berufl. Schulen. Unterrichtssprachen in der Grundschule sind Estnisch und Russisch. An Gymnasien in öffentl. Trägerschaft soll Estnisch alleinige Unterrichtssprache werden (Übergangsfrist bis 2007); nat. Minderheiten haben jedoch das Recht, Privatgymnasien mit einer anderen Unterrichtssprache einzurichten. – Das Hochschulwesen gliedert sich in Univ. (Ülikool) und Fachhochschulen (Rakendurkõrgkool). An den Univ. wurde im Rahmen der Hochschulreformen 2001–03 ein gestuftes Studiensystem mit den Abschlüssen Bachelor (3–4 Studienjahre) und Master (5 Studienjahre) eingeführt. Es gibt 6 staatl. Univ.: die älteste ist die Univ. in Tartu (gegr. 1632), die zweitälteste die Techn. Univ. in Tallinn (gegr. 1918). Die erste Privat-Univ. (Estonian Business School) wurde 1988 in Tallinn gegründet.

Medien Presse: Es erscheinen drei große überregionale Tageszeitungen, in Tallinn »Eesti Päevaleht« (Auflage 43 000), in Tartu »Postimees« (59 000) und die Boulevardzeitung »SL/Õhtuleht« (2000 hervorgegangen aus »Sõnumileht« und »Õhtuleht«; 42 000), außerdem die russischsprachige »Molodjozh Estoni«, die Wirtschaftszeitung »Äripäev« und versch. Wochenzeitungen, u. a. »Eesti Ekspress«, ›The Baltic Times‹ (engl.), »Vesti Nedeljna« und »Estonija« (beide russisch). Der Printmedienmarkt ist vollständig privatisiert und wird von drei Zeitungsgruppen dominiert: der Postimees-Gruppe (im Mehrheitsbesitz des norweg. Schibsted-Konzerns), der Ekspress-Gruppe (Hans H. Luik und die schwed. Medienholding Bonnier zu je 50%) und der Vesti-Gruppe, die die einflussreichen russischsprachigen Zeitungen herausgibt. – **Nachrichtenagenturen:** Estonian Telegraph Agency (ETA, gegr. 1918, staatlich); Baltic News Service (BNS, gegr. 1990, privat). – **Rundfunk:** Der Rundfunk ist in einem dualen System öffentlich-rechtlich und privat organisiert, wobei Ersterer weiterhin staatlich finanziert wird. Das nat. »Eesti Raadio« verbreitet vier Hörfunkprogramme, außerdem existieren rd. 20 private, zumeist lokale Radiostationen, u. a. »Vikerraadio«, »Raadio Elmar«, »Klassikaraadio« und »Russkoje Raadio«. Auch der Hörfunk- und Fernsehmarkt wird von ausländ. Konzernen beherrscht, u. a. der schwed. Modern Times Group und der russ. Gruppe Sky Media. Neben dem öffentlich-rechtl. Fernsehen »Eesti Televisioon« gibt es drei private TV-Kanäle: »TV1« (im Besitz des poln. Unternehmens Polsat), »Kanal 2« (Schibsted) und »TV3« (Modern Times Group), ferner werden über Kabel zahlr. Programme in Schwedisch, Finnisch, Russisch und Litauisch ausgestrahlt.

Streitkräfte Die Gesamtstärke der Wehrpflichtarmee (Dienstzeit 8 Monate) beträgt etwa 5 500 Soldaten. Dem Innen-Min. untersteht der paramilitär. Grenzwachdienst mit rd. 3 000 Angehörigen. Das Heer (etwa 3 000 Mann) gliedert sich im Wesentlichen in fünf Infanteriebataillone und je ein Artillerie-, Garde- und Aufklärungsbataillon. Luftwaffe und Marine (300 bzw. 500 Soldaten) befinden sich im

Verwaltungsorgan fungiert der Kommunalvorstand, dessen Vors. vom Rat gewählt wird.

Parteien Nachdem das Herrschaftsmonopol der Kommunist. Partei 1990 aufgehoben wurde, hat sich ein breit gefächertes Parteienspektrum herausgebildet. Dieses wird stärker durch persönl. Profile einzelner Politiker als durch unterschiedliche Programmatiken geprägt. Zu den einflussreichsten Parteien gehören die Estn. Zentrumspartei (EK; entstanden 1991 aus der Volksfront), die Union für die Rep. – Res Publica (RP; gegr. 2001), die Estn. Reformpartei (RE; gegr. 1994), die Estn. Volksunion (ERL; entstanden 1994 als Estn. Landvolkpartei), die Vaterlandsunion (IML; auch als »Pro Patria« bezeichnet; gegr. 1995), die Partei der Moderaten (M; gegr. 1996) und die Ver-

Bezirk	Fläche (in km²)	Ew. (in 1 000)	Ew. (je km²)	Hauptstadt
Harjumaa	4 147	522,9	126	Tallinn
Hiiumaa	1 023	10,4	10	Kärdla
Ida-Virumaa	3 194	176,8	55	Jõhvi
Järvamaa	2 624	38,5	15	Paide
Jõgevamaa	2 604	38,0	15	Jõgeva
Läänemaa	2 417	28,3	12	Haapsalu
Lääne-Virumaa	3 451	67,2	19	Rakvere
Pärnumaa	4 771	90,3	19	Pärnu
Põlvamaa	2 164	32,2	15	Põlva
Raplamaa	2 939	37,3	13	Rapla
Saaremaa	2 917	35,7	12	Kuressaare
Tartumaa	3 071	149,1	49	Tartu
Valgamaa	2 044	35,4	17	Valga
Viljandimaa	3 578	57,3	16	Viljandi
Võrumaa	2 305	39,3	17	Võru
Estland	45 227*)	1 358,7	30	Tallinn

*) einschließlich Wasserflächen

Aufbau. 1 700 Mann gehören zum Armeeoberkommando und teilstreitkraftübergreifenden Einheiten. Die aktiven Verbände werden von der Bürgerwehr »Kaitseliit« in einer Stärke von etwa 7 500 Mann unterstützt. Die sehr uneinheitl. Ausrüstung der Streitkräfte besteht neben leichten Waffen aus jeweils einigen Spähpanzern, Hubschraubern sowie Patrouillen- und Minenjagdbooten. – E. verwendet etwa 6 % der Staatsausgaben für die Verteidigung. Das Land ist seit 1994 assoziierter Partner der WEU, seit 2004 NATO-Mitglied.

LANDESNATUR

E. ist der nördlichste Staat der balt. Rep. und weist als Teil des eiszeitlich überformten Osteurop. Tieflands nur geringe Höhenunterschiede auf. Die durchschnittl. Höhe liegt bei 50 m ü. M. Geologisch und geomorphologisch kann die Oberfläche in zwei Bereiche gegliedert werden: Das von Glazialseen, Osern und Drumlins geprägte Nord-E. einschließlich der westl. Festlands- und der Inselregion mit dünner, karger Bodendecke auf einer silur. Kalktafel, die zum Finn. Meerbusen als Steilküste (→Glint, bis zu 56 m hoch) abfällt und im Pantifer-(Pandivere-)Höhenzug 166 m ü. M. erreicht, sowie das topografisch abwechslungsreichere südöstn. Moränenhügelland im Bereich des Balt. Höhenrückens auf roten Sandsteinablagerungen mit den Höhenzügen von Sakala (bis 145 m ü. M.), Odenpäh (Otepää; im Kuutsemägi 217 m ü. M.) und Hahnhof (Haanja), der mit dem Munaberg (Suur Munamägi) mit 318 m ü. M. die höchste Erhebung E.s bildet. Dazwischen liegt im Bereich des devon. Sandsteins die nur 20–50 m hohe mittelestn. Ebene, die sich von der Pärnuer Bucht über den Wirzsee (Võrtsjärv) bis zum Becken des Pskower und des Peipussees erstreckt und im O durch hohen Grundwasserstand stark vermoorte Niederungen besitzt. Die größten der insgesamt 1 521 estn. Inseln sind Saaremaa (dt. Ösel), Hiiumaa (dt. Dagö), Muhu (dt. Moon) und Vormsi (dt. Worms). – E. ist reich an Seen und Flüssen; Seen und Stauseen nehmen etwa 5 % der Gebietsfläche ein. Wichtig für die Fischerei und die Binnenschifffahrt sind der Peipussee mit dem nur zu einem kleinen Teil zu E. gehörenden Pskower See sowie der Wirzsee. Bedeutendste Flüsse sind die Narwa (Grenzfluss zu Russland) und der Pärnu. Im Winter friert das Meer in Küstennähe für kurze Zeit zu.

Zahlr. während sowjet. Zeit entstandene Ind.-Anlagen, bes. im Energiesektor, verursachen erhebl. Umweltbelastungen, v. a. in den Ind.-Gebieten des NO.

Estland: Landschaft bei Mustjala auf der Insel Saaremaa

Klima E. liegt klimatisch im Übergangsbereich zw. Mittel-, Nord- und Osteuropa. Im Norden E.s ist durch den Einfluss der Ostsee das Klima milder, während es nach S und SO kontinentaler wird (Unterschied zw. Küsten- und Binnenland im Januar 4,9 °C). Der Sommer ist mäßig warm. Wärmster Monat ist der Juli (Durchschnittstemperatur 16 °C im NW und 17 °C im SO). Die ersten Fröste treten im Oktober auf. Kältester Monat ist der Februar (durchschnittlich −3 °C auf der Insel Saaremaa und −7 °C im zentralen Landesteil). Mit einer jährl. Niederschlagsmenge von 550–650 mm ist das Klima relativ feucht.

Vegetation E. gehört zur Misch- und Laubwaldzone der kühlgemäßigten Breiten. Aufgrund des kalkhaltigen Bodens und des gemäßigten Seeklimas sind der W und NW artenreicher als das übrige Gebiet. Das Landschaftsbild wird von Wiesen – vielfach von Büschen durchsetzt –, Heiden und Wäldern beherrscht. Bei fehlender Ackerkrume über den Kalkplatten treten trockene, von Wacholder durchsetzte Grastriften auf. Die Flussniederungen und Küstengebiete haben z. T. ausgedehnte Rietbänke, bes. in der Matsalu-(Matzal-)Bucht und in der Muhu-Meerenge. Ganz E. ist reich an Mooren und Sümpfen (20 % des Territoriums), die teilweise geschützt sind, teilweise der Torfgewinnung dienen. Die Wälder (charakteristisch sind Fichtenwälder mit Birken, Linden, Espen, Eichen und Kiefern) bedecken etwa 48 % des Landes. Die Ackerflächen befinden sich vorwiegend auf den fruchtbareren Böden Mittel- und Süd-E.s. Eine Anzahl von Nationalparks dienen dem Schutz von Pflanzen und Tieren in ihrer natürl. Umwelt, darunter Vilsandi (Filsand, 106,9 km²) an der W-Küste der Insel Saaremaa (Schutz von See- und Wasservögeln), Matsalu (Matzal, 397 km²), Soomaa (370 km²) nordöstlich von Pärnu, Karula (103 km²) im S und Lahemaa (440 km²) im N des Landes.

BEVÖLKERUNG

Unmittelbar vor dem Zweiten Weltkrieg lebten in E. 1,13 Mio. Menschen, davon 88,8 % Esten, 8,1 % Russen und 1,6 % Deutsche. Die siebenhundertjährige Gesch. der dt. Volksgruppe (→Deutschbalten) en-

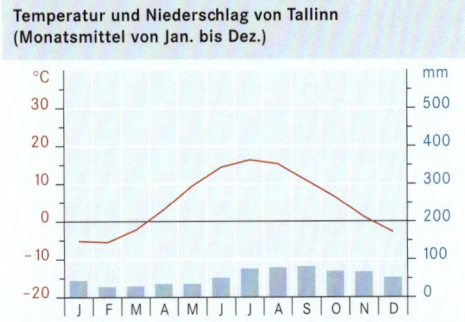

Temperatur und Niederschlag von Tallinn (Monatsmittel von Jan. bis Dez.)

Estland: vom Fluss Pärnu durchflossene Landschaft

dete 1939/40, als sie aufgrund des Hitler-Stalin-Paktes nahezu vollständig ausgesiedelt wurde. Etwa 210 000 Esten sind in der Kriegs- und Nachkriegszeit gefallen, deportiert oder ermordet worden oder flüchteten. Seit 1944 wurde die russ. Zuwanderung durch die auf die Industrialisierung ausgerichtete Moskauer Wirtschaftspolitik (Umsiedlung russ. Arbeiter ins Baltikum) gefördert. Dies führte neben der Überalterung der estn. Bev. und ihrem geringen natürl. Zuwachs zu einem stetigen Rückgang des estn. Bev.-Anteils (1959: 74,6 %; 1979: 64,7 %; 1989: 61,5 %). Der Anteil der Russen nahm in diesen Jahren von 20,1 % über 27,9 % auf 30,3 % zu (ohne die in E. stationierten russ. Militärangehörigen). 2002 waren von den Bewohnern E.s 68,0 % Esten, 25,6 % Russen, 2,1 % Ukrainer, 1,5 % Weißrussen, 0,9 % Finnen und 1,9 % Angehörige anderer Nationalitäten (bes. Juden, Deutsche und Letten). Die ethn. Siedlungsgebiete sind bis heute relativ wenig durchmischt, die russischsprachige Bev. konzentriert sich v. a. in den Industriezentren des NO (Kohtla-Järve, Sillamäe, Narva) und im Großraum Tallinn. So beträgt der Anteil der russischsprachigen Ew. in der Grenzstadt Narva rd. 95 %.

Größte Städte (Ew. 2002)			
Tallinn	398 000	Kohtla-Järve	46 900
Tartu	101 000	Pärnu	44 900
Narva	67 900	Viljandi	20 600

Der Grad der Urbanisierung hat in sowjet. Zeit stark zugenommen. Lebten in der Zeit zw. den beiden Weltkriegen noch etwa 66 % der Bev. auf dem Land, so stieg der Anteil der städt. Bev. bis 1966 auf 63 % und bis 2003 auf 69 % an. Etwa ein Drittel der Bewohner lebt in der Hauptstadt.

E. ist der am dünnsten besiedelte balt. Staat. Die durchschnittl. Bev.-Dichte beträgt (2002) 30 Ew. je km². In West- und Nord-E. sowie auf den Inseln ist die Besiedlung außerhalb der Städte gering, während die stärker agrarisch genutzten Gebiete im S und SO dichter besiedelt sind.

Religion Die Verf. (Art. 40) garantiert die Religionsfreiheit und schließt eine Staatskirche aus. Die Religionsgemeinschaften unterliegen der Pflicht der staatl. Registrierung durch das Innenministerium. Grundlage der Religionspolitik ist das 1993 in Kraft gesetzte Religionsgesetz. – Seit der Einführung der Reformation in E. (1524) gehört die Mehrheit der estn. Christen der evangelisch-luther. Kirche an. Die »Estn. Evangelisch-Luther. Kirche« (Eesti Evangeelne Luterlik Kirik) zählt rd. 180 000 Mitgl. (165 Kirchengemeinden) und wird von einem Erzbischof mit Sitz in Tallinn geleitet. Die versch., zahlenmäßig kleineren nichtluther. prot. Kirchen und Gemeinschaften (Evangeliumschristen-Baptisten, Pfingstler, Methodisten, Adventisten u. a.) zählen zus. rd. 30 000 Mitgl.. Die zweitstärkste Konfession bilden die rd. 170 000 orth. Christen (91 Kirchengemeinden; →estnisch-orthodoxe Kirche); rd. 10 000 Orthodoxe gehören den Altgläubigen (→Raskolniki) an. Für die rd. 5 700 kath. Christen besteht die Apostol. Administratur E. (Sitz: Tallinn). – Nichtchristl. religiöse Minderheiten bilden die Muslime (4 000 – 5 000) und Juden (rd. 2 500). Die 1992 wieder gegründete »Jüd. Gemeinde Estlands« (1940 Schließung aller jüd. Einrichtungen) umfasst Gemeinden in Tallinn, Tartu, Narva und Kohtla-Järve. Die älteste jüd. Gemeinde ist Tallinn (gegr. 1830), wo 1883 auch die erste Synagoge (1944 zerstört) E.s errichtet wurde. Neues Zentrum des jüd. Gemeindelebens wird die Synagoge sein, deren Bau im Januar 2005 in Tallinn begonnen wurde.

WIRTSCHAFT UND VERKEHR

E. war bis in die 1950er-Jahre ein Agrarland. Die Industrialisierung unter der Sowjetmacht führte zur einseitigen wirtschaftl. Ausrichtung auf Russland mit einer für E. ungünstigen industriellen Monostruktur. Nach dem Erlangen der polit. Unabhängigkeit waren die vorhandenen Großbetriebe sowie mittleren Unternehmen auf dem internat. Markt dem Wettbewerb nicht gewachsen, die große Abhängigkeit von Rohstoffen erschwerte zusätzlich den schwierigen Übergang zur Marktwirtschaft. Der Wegfall der Absatzmärkte in der ehem. Sowjetunion führte zu starken Produktionseinbrüchen. Im Juni 1992 verließ E. die Rubelzone und führte als erster Nachfolgestaat der UdSSR eine eigene Währung ein: die Estn. Krone (ekr). Dank der neuen Währung ging die Inflationsrate deutlich zurück. Seit 1993 erfuhr die Wirtschaft durch konsequente Strukturreformen, das schnelle Anwachsen des kleinbetriebl. Sektors, die dynam. Entwicklung vielfältiger Verbindungen nach West- und Nordeuropa sowie die Stärkung des Dienstleistungsbereichs (einschließlich Tourismus) eine nachhaltige Stabilisierung und ein kontinuierl. Wachstum. Heute besitzt E. eine der liberalsten Volkswirtschaften Europas. Das Bruttoinlandsprodukt (BIP) erzielte 2001 – 04 jährl. Wachstumsraten zw. 5,1 und 7,2 %, die Industrieproduktion zw. 8,3 und 9,9 %. Neben der exportorientierten Wirtschaft ist die starke Investitionstätigkeit Träger des wirtschaftl. Aufschwungs. Schon vor seiner Unabhängigkeit hatte E. erste polit. Schritte zur Entwicklung einer Marktwirtschaft unternommen (u. a. Gründung einer Notenbank und Zulassung privater Banken). Nach dem Modell der ehem. Treuhandanstalt in Dtl. wurden die estn. Unternehmen privatisiert. Der Zufluss ausländ. Direktinvestitionen ist hoch. Das BIP je Ew. lag 2004 bei rd. 6 590 €, die Arbeitslosigkeit bei 9,8 %, die Inflationsrate betrug im Jahresdurchschnitt 3,0 %. Seit dem 1. 5. 2004 ist E. Mitgl. der EU.

Bodenschätze Neben den Energieträgern Ölschiefer und Holz wird für den Hausbrand Torf abgebaut. Der Abbau der Phosphoritvorkommen um Rakvere wäre mit erhebl. Umweltbelastungen verbunden, sodass keine neuen Lagerstätten erschlossen werden. Die Kalkstein-, Sand- und Kiesvorkommen bilden die Grundlage der Baustoffindustrie.

Energiewirtschaft Die mächtigen Ölschiefervorkommen im NO (v. a. in Ida-Virumaa) mit einer geschätzten Gesamtmenge von etwa 12 Mrd. t bilden die wichtigste einheim. Energiequelle. Mehr als 90 % der Fördermenge dienen der Stromerzeugung (bes. in Narva). Zur Beseitigung der hohen Umweltbelastung ist eine kostenintensive Sanierung der Abbauflächen und Energiebetriebe erforderlich. Weitere lokale Energieträger sind Torf und Holz. Der Torfabbau ist v. a. wegen großflächiger Grundwasserabsenkungen mit erhebl. Umweltbeeinträchtigungen verbunden. Mit der Entwicklung einer nachhaltigen Energiewirtschaft wurde auf den estn. Inseln durch den Aufbau von Windkraftwerken begonnen.

Industrie In der Ind. sind (2002) etwa 20 % der Erwerbstätigen beschäftigt, sie erwirtschaften (2003) rd. 27 % des BIP. Eine Vielzahl von kleinen und mittleren Unternehmen entwickelte sich während der 1990er-Jahre (etwa 96 % aller Betriebe haben weniger als 100 Beschäftigte). Die wichtigsten Branchen sind die Nahrungsmittel- (u. a. Fischverarbeitung), die Holz verarbeitende, Papier-, Textil- (Baumwollverarbeitung in Narva und Tallinn), elektrotechn., chem. und Leder-Ind. Ausländ. Investitionen wurden v. a. in der elektron. Ind. (IT, Kommunikationstechnologien), der Holzverarbeitung und der Textil-Ind. getätigt. Auf die Hauptstadtregion Tallinn konzentrieren sich 40 % der gesamten industriellen Produktion. Weitere Industriezentren sind die Hafenstadt Pärnu und die Städte Narva, Kohtla-Järve, Sillamäe.

Landwirtschaft 6,9 % der Erwerbstätigen arbeiten (2003) im Agrarsektor, der rd. 2,6 % des BIP erwirtschaftet. Der Schwerpunkt liegt auf der Viehwirtschaft (Milchvieh-, Schweine- und Schafzucht sowie Geflügelhaltung). Die große Zersplitterung der landwirtschaftl. Fläche (die durchschnittl. Größe eines Landwirtschaftsbetriebes beträgt nur 20 ha) und sehr kleine Bestandsgrößen in der Viehwirtschaft führten zu einem Produktionsrückgang. Wichtigste Anbaupflanzen sind Kartoffeln, Futterpflanzen, Gerste, Weizen und Hafer.

Forstwirtschaft Der Waldreichtum E.s bildet die Basis einer intensiven Forstwirtschaft und Holz verarbeitenden Ind.. Das Holz dient v. a. als Baumaterial, der Papier- und Zelluloseproduktion, der Möbelherstellung sowie als Brennstoff für die ländl. Haushalte. Holz wird v. a. nach Finnland, Schweden und Dtl. exportiert. Es hat aufgrund des klimabedingten langsamen Wachstums eine sehr gute Qualität.

Estland: Rathausplatz in der Altstadt von Tallinn (UNESCO-Weltkulturerbe)

Fischerei Da die Fischverarbeitung vor der Unabhängigkeit einseitig auf den Bedarf des sowjet. Marktes ausgerichtet war, bestanden in anderen europ. Ländern bisher kaum Absatzmöglichkeiten. Die Fangmenge reduzierte sich während der 1990er-Jahre um mehr als zwei Drittel. Durch die EU wird E. bei der Modernisierung seiner Fischereiwirtschaft unterstützt (2003: 0,2 % des BIP).

Tourismus Der Tourismus zählt zu den wachsenden Wirtschaftsbranchen des Landes. 2003 besuchten 1,5 Mio. ausländ. Touristen das Land (1992: 263 000); etwa drei Viertel der Gäste kommen aus Finnland. Wichtigste tourist. Anziehungspunkte sind die Städte Tallinn und Tartu (Tallinn besitzt eine der schönsten und am besten erhaltenen mittelalterl. Altstädte Nordeuropas), weiterhin die Kur- und Badeorte Pärnu und Haapsalu an der W-Küste, die Inseln Saaremaa (mit dem Kurort Kuressaare) und Hiiumaa sowie die Nationalparks.

Stätten des Weltkulturerbes

- Altstadt von Tallinn (1997)
- Messpunkte des Struve-Bogens (2005)

Außenwirtschaft In den Jahren vor 1989 wurden 90 % des Außenhandels mit den Sowjetrepubliken abgewickelt. Gegenwärtig ist Finnland der wichtigste Handelspartner. Auch Russland spielt im Rohstoff- und Energiebereich eine wichtige Rolle. Wichtigste Güter sind bei der Ausfuhr Textilien und Bekleidung, Nutzholz und Holzprodukte, Maschinen und Ausrüstungen, mineral. und chem. Produkte sowie Nahrungs- und Genussmittel. Bei der Einfuhr dominieren Maschinen und Ausrüstungen, Fahrzeuge, Haushaltsgeräte, mineral. und chem. Erzeugnisse, Textilien und Bekleidung, Nahrungs- und Genussmittel, Metalle, Kunst- und Zellstoff sowie pflanzl. Rohstoffe. 2003 kamen rd. 43 % der ausländ. Direktinvestitionen aus Schweden, 27 % aus Finnland, 5,5 % aus den USA. E. ist als Anrainerstaat der Ostsee an versch. transnat. Kooperationen im Ostseeraum beteiligt, z. B. am EU-Programm »Baltische Palette«,

Staat Estland

Estland: Blick über die Stadt Haapsalu an der Ostseeküste

das die Zusammenarbeit zw. den Ostseeregionen stärken soll.

Verkehr E. ist ein wichtiges Durchgangsland von Mittel- nach Nord- und Osteuropa. Es verfügt über ein relativ dichtes Verkehrsnetz, das jedoch dem gegenwärtigen Verkehrsaufkommen nicht mehr ge-

recht wird und sanierungsbedürftig ist. Das Schienennetz mit einer Gesamtlänge von 968 km (davon 132 km elektrifiziert) hat große Bedeutung für den Transit russ. Waren, deren Ein- und Ausfuhr über die Hauptstadthäfen (neben dem Stadthafen von Tallinn der 1986 in Betrieb genommene Hochseehafen von Tallinn-Muuga) abgewickelt wird. Die Haupteisenbahnstrecken gehen radial von Tallinn aus, die wichtigsten Verbindungen verlaufen über Tartu und Valga nach Riga (Lettland) und über Narva nach Sankt Petersburg (Russland). Der öffentl. Personenverkehr wird jedoch hauptsächlich mit Bussen abgewickelt. Mit einer Gesamtlänge von rd. 52 000 km, davon 10 300 km befestigt und ausgebaut, ist das estn. Straßennetz relativ dicht. Durch den geplanten Ausbau einer durchgehenden, etwa 1 000 km langen Autobahn von Helsinki über Tallinn, Riga und Kaunas nach Warschau (»Via Baltica«) sollen die balt. Staaten besser an das mitteleurop. Straßennetz angebunden werden. Gegenwärtig sind diese Städte durch die Europastraße E67 verbunden, die teilweise autobahnähnlich ausgebaut ist. Neben den Seehäfen von Tallinn und Muuga wird ein Teil des Güterverkehrs auch über die kleineren Häfen Narva, Pärnu und Haapsalu abgewickelt. Von den Binnengewässern sind 320 km für den Frachtverkehr schiffbar. Wichtigster Binnenhafen ist Tartu. Der internat. Seeverkehr hat eine große Bedeutung für die estn. Wirtschaft. Von Tallinn aus gibt es regelmäßige Fährverbindungen nach Helsinki und Stockholm. In E. gibt es sechs Binnenflughäfen, auf den drei größten Inseln Landepisten. Der internat. Flughafen liegt am Stadtrand von Tallinn.

GESCHICHTE

Trotz des Fehlens einer staatl. Zentralgewalt waren die estn. Landschaften in der Lage, Eroberungszüge der Wikinger abzuwehren oder die ostslaw. Tributherrschaft (1030 Jaroslaw der Weise in Dorpat [heute Tartu]) abzuschütteln. Gegen Ende des 12. Jh. führte die Entstehung der Hanse zu einem Anstieg des europ. Handelsverkehrs in der balt. Region.

Estland als Teil des Ordensstaates Nach fehlgeschlagenen Versuchen einer friedl. Missionierung verlieh Papst Innozenz III. im Oktober 1204 der Livlandfahrt den Rang eines Kreuzzuges. 1208–27 gelang den Dänen von N und dem dt. Schwertbrüderorden (ab 1237 als livländ. Zweig des Dt. Ordens) von S die Unterwerfung und gewaltsame Christianisierung der Esten (120–150 Tsd.). Als die Dänen 1346 das nordestn. Gebiet an den Dt. Orden verkauften, erstreckte sich der altlivländ. Ordensstaat bis 1561 über das gesamte Gebiet des heutigen E. und Lettland. In diese Periode fällt die stufenweise Entrechtung der angestammten Bev. Mit Einführung der Gutsherrschaft (15. Jh.) befand sich der überwältigende Teil der Esten im Stande erbhöriger und schollenpflichtiger Bauern. In den Hansestädten Reval (heute Tallinn) und Dorpat (heute Tartu) bildete die estn. Minderheit die unterste soziale Schicht. Diese Herrschafts- und Besitzverhältnisse blieben bis zur Mitte des 19. Jh. bestehen, wodurch E. 700 Jahre lang enge kulturelle Beziehungen zum dt. Raum aufwies.

Landesteilung und Schwedenzeit Der 150-jährige Kampf der Großmächte um die Vorherrschaft im Baltikum begann mit dem vergeblichen Eroberungs-

Ordensburgen – Zeugen einer kriegerischen Zeit

Estland, an der buchten- und inselreichen Küste der nordöstlichen Ostsee gelegen, war seit dem frühen Mittelalter von fremden Mächten umkämpft. Waräger, die den Fernhandel von der Ostsee zum Schwarzen Meer und nach Byzanz kontrollierten, hinterließen ihre Spuren ebenso wie in späterer Zeit slawische Fürsten und die Kiewer Rus. Die Hauptstadt Tallinn wurde von Dänen an der Stelle einer estnischen Burg gegründet. Im 13. Jahrhundert unterwarfen Schwertbrüder- und Deutscher Orden die um ihre Eigenständigkeit kämpfenden estnischen Stämme. Noch heute zeugen gewaltige Burgen vom militärisch organisierten Ordensstaat. Die starken Mauern und wehrhaften Türme Tallinns gebieten dem Betrachter Ehrfurcht, das kleine Städtchen Kuressaare (Arensburg) auf der Insel Saaremaa wuchs im Schatten der einst mächtigen Bischofsburg. Die Hermannsfeste mit ihrem massigen Turm, dem Langen Hermann, erhebt sich hoch über den Fluss Narwa. Auf dessen gegenüberliegendem Ufer thront die russische Festung Iwangorod.

Mythen und Sagen, Geister- und Spukgeschichten ranken sich um jedes dieser gewaltigen Bauwerke. Eine jener Sagen erinnert an das tragische Schicksal eines Liebespaares in der Bischofsburg von Haapsalu, einem kleinen Städtchen an der Westküste. Vor langer Zeit brachte einer der Burg bewohnenden Kanoniker seine Geliebte, verkleidet als Chorknabe, mit in die Gemäuer. Lange Zeit blieb die Beziehung des Geistlichen zu der jungen Frau verborgen. Als der Burgherr, der Bischof von Saaremaa, in Haapsalu weilte, erregte der Gesang des vermeintlichen Chorknaben, dessen wahres Wesen nun entdeckt wurde, seine Aufmerksamkeit. Der Kanoniker wurde für die Zeit seines Lebens in ein Verlies verbannt, die junge Frau nach bischöflichem Urteil lebendig, mit einem Stück Brot und einem Krug Wasser, eingemauert. Nach einer Legende erscheint noch heute in der Vollmondnacht des Monats August eine weiße Frau im Fenster des Baptisteriums der Domkirche. Nicht an Geistergeschichten glaubende Zeitgenossen interpretieren die Erscheinung als eine Eigentümlichkeit des Lichts, das bei entsprechendem Mondstand durch das gotische Fenster fällt, doch ist die Legende Anlass für ein bis heute jährlich im August veranstaltetes Volksfest.

versuch Ivans IV. (Livländ. Krieg 1558–82), der zum Untergang des Ordensstaates und zur Aufteilung E.s zw. Schweden, Dänemark und Polen-Litauen führte (1582–1629). Die Reformen der Schwedenzeit (1629–1710) brachten den Bauern einige Erleichterungen. 1632 gründete Gustav II. Adolf in Dorpat eine Universität.

Russische Herrschaft und Aufschwung der Nationalbewegung Im Großen Nord. Krieg (1700–21) wurde E. dem Russ. Reich angegliedert. Dabei garantierte Peter I., d. Gr., die alten Privilegien der deutschbalt. Ritterschaften (Frieden von Nystad, 1721).

Die Bauernbefreiung (1816/19) führte durch den Verlust aller gutsherrl. Schutzverpflichtungen zunächst zu einer Verschlechterung der sozialen Lage. Erst die auf den livländ. Landmarschall Hamilcar von Fölkersahm (* 1811, † 1856) zurückgehende Reform (1856/60) verlieh den Bauern das Recht auf Bodenerwerb. In der Folgezeit entstand ein besitzendes Bauerntum, aus dem die erste Generation estn. Akademiker hervorging (Univ. Dorpat), der Trägerschicht des »Nat. Erwachens« (1850–80). Neben einer estnischsprachigen Presse entstanden zahlr. estn. Kulturvereine, das kulturelle Leben blühte auf (1857 estn. Nationalepos »Kalevipoeg«, 1869 erstes Sängerfest) und man bemühte sich um die Gründung estn. weiterführender Schulen. Die auf die Beseitigung der deutschbalt. Privilegien gerichteten Maßnahmen der russ. Reg. wurden von Teilen der estn. Nationalbewegung zunächst begrüßt; aber diese Interessengemeinschaft zerbrach, als ab 1885 das gesamte Schulwesen russifiziert wurde (aufgehoben 1905). Industrialisierung und Urbanisierung förderten den Zuzug estn. Arbeitskräfte und vergrößerten den estn. Bev.-Anteil in den Städten. Die Verschärfung der sozialen Gegensätze in Stadt und Land führte seit den 1890er-Jahren zum Aufstieg einer revolutionär-marxist. Bewegung. Während der Revolution von 1905 kam es im Baltikum zu bes. schweren Unruhen, die von der Reg. blutig niedergeschlagen wurden.

Unter der Provisor. Reg. Russlands konnten estn. Politiker 1917 die administrative Zusammenlegung des Gouvernements E. mit N-Livland und den Inseln erreichen. Mit der Oktoberrevolution kam eine bolschewist. Räte-Reg. an die Macht, während bürgerl. Kreise nun eine Loslösung von Russland anstrebten.

Estland als unabhängiger Staat (1918–40) In der Nacht vom 24. 2. zum 25. 2. 1918 nutzte ein so genanntes »Rettungskomitee« unter K. Päts die kurze Frist nach dem Abzug der Bolschewiki unmittelbar vor dem Einmarsch der Deutschen, um in Reval die Unabhängigkeit E.s zu proklamieren. Nach der Kapitulation Dtl.s im Ersten Weltkrieg wurden weite Teile E.s erneut von der Roten Armee besetzt. Es gelang jedoch der jungen estn. Armee im Verband mit finn. Freiwilligen und dem aus Deutschbalten gebildeten Baltenregiment, bis zum ersten Jahrestag der estn. Staatsgründung das gesamte Land unter ihre Kontrolle zu bringen. Im Frieden von Dorpat (2. 2. 1920) erkannte Sowjetrussland die staatl. Unabhängigkeit E.s an, das sich im selben Jahr eine demokrat. Verf. mit deutl. Übergewicht der Legislative gab. Internat. Beachtung fand die vorbildl. Regelung der Minderheitenfrage durch Einführung einer Kultur-

selbstverwaltung (1925). In Reaktion auf die innenpolit. Instabilität mit häufigen Regierungswechseln und das Erstarken der faschist. »Freiheitskämpfer« führte Päts im März 1934 einen Staatsstreich durch und errichtete, gestützt auf die konservative Bauernpartei, ein autoritäres Reg.-System, das mit einer Präsidial-Verf. (1938) modifiziert wurde.

In der Wirtschaft setzte E. auf die Schaffung mittelgroßer Bauernwirtschaften (1919 Enteignung des überwiegend dt. Großgrundbesitzes) und den Ausbau der Brennschieferindustrie. Landwirtschaftl. Produkte sowie Öle, Benzin und Asphalt wurden nach Dtl. und Großbritannien exportiert. Große Anstrengungen wurden erfolgreich in Kultur, Wiss. und Bildungswesen unternommen.

Estland im Zweiten Weltkrieg – sowjetische Annexion und deutsche Besetzung Als Folge des Hitler-Stalin-Paktes (23. 8. 1939) besetzten am 17. 6. 1940 sowjet. Truppen Stützpunkte in E., das nach erzwungener Reg.-Umbildung und Scheinwahlen am 6. 8. 1940 völkerrechtswidrig als Estn. SSR von der UdSSR annektiert wurde. Die Repressionen im Zuge der Sowjetisierung fanden am 14. 6. 1941 einen Höhepunkt, als 11 000 Persönlichkeiten des öffentl. Lebens nach Sibirien deportiert wurden. Vom Sommer 1941 bis 1944 befand sich das Land unter dt. Besetzung.

Sowjetische Herrschaft und Souveränitätsbewegung – die »Estnische SSR« (1940/44–1990) Vor der Wiedereinnahme der balt. Staaten durch die Sowjetarmee im September 1944 flohen etwa 69 000 Esten ins Exil. Sie leben heute vorwiegend in den USA, Kanada und Schweden. Zur Schwächung der Partisanenbewegung (»Waldbrüder«) wurde die Kollektivierung der Landwirtschaft schon im Jahre 1949 durchgeführt. Sie war mit der zweiten Massendeportation verbunden. In E. wurden große Allunionsbetriebe angesiedelt, die unmittelbar den Moskauer Ministerien unterstanden und die Anwerbung russ. Arbeitskräfte erforderlich machten. E. hatte den höchsten Lebensstandard innerhalb der Sowjetunion.

Nach 45 Jahren Okkupation bot die mit dem Machtantritt M. S. Gorbatschows eingeleitete Politik von Glasnost und Perestroika erstmalig die Möglichkeit zu öffentl. Protestäußerungen gegen die von den Unionskombinaten verursachten Umweltschäden, gegen forcierte Industrieansiedlung, russ. Zuwanderung und nat. Unterdrückung. Einer ersten Massen-

Estland: Unterzeichnung des Friedens von Dorpat am 2. 2. 1920 durch die estnische Delegation

Staat **Estland**

Estland: Aus Anlass des 50. Jahrestages des Hitler-Stalin-Paktes bildete sich am 23. 8. 1989 eine 600 km lange Menschenkette durch Estland, Lettland und Litauen.

demonstration am 23.8. 1987 im Hirve-Park in Tallinn folgte 1988 das Jahr der →Singenden Revolution; neben einer national orientierten Gesellschaft für Denkmalschutz entstanden die Nat. Unabhängigkeitspartei (20. 8. 1988), die für die Wiederherstellung der vollen Eigenstaatlichkeit eintrat, und die Volksfront zur Unterstützung der Perestroika (Rahvarinne, 1. 10. 1988), die sich für die Souveränität E.s im Verband der UdSSR einsetzte. Am 16. 11. 1988 verfügte der Oberste Sowjet E.s in einer »Souveränitätserklärung« den Vorrang der Rep.-Gesetze vor den Unionsgesetzen. Als im folgenden Jahr alle Versuche zur Verwirklichung größerer Souveränität scheiterten, verstärkte sich das Streben nach Unabhängigkeit. Am 23. 8. 1989, dem 50. Jahrestag des Hitler-Stalin-Pakts, bekundeten Esten zus. mit Letten und Litauern in einer 600 km langen Menschenkette von Tallinn über Riga bis Vilnius ihren Freiheitswillen gegenüber der Weltöffentlichkeit. Nach dem Wahlsieg der Volksfront (über zwei Drittel aller Parlamentssitze) proklamierte der Oberste Rat E.s am 30. 3. 1990 seinen Willen zur Wiederherstellung der Unabhängigkeit nach einer Übergangsperiode; Teile der Verf. von 1938 wurden wieder in Kraft gesetzt, die Estn. SSR in »Republik E.« umbenannt und Estnisch wieder zur Staatssprache erhoben.

Wiederherstellung der Unabhängigkeit – Estland seit 1991 Nachdem in einer Volksbefragung am 3.3. 1991 rd. 78% der Stimmberechtigten für ein unabhängiges E. votiert hatten, erklärte das Land – v. a. unter dem Eindruck des Putschversuches konservativer Kräfte in Moskau (19. 8. 1991) – am 20. 8. 1991 die Wiederherstellung der Unabhängigkeit; es folgte eine Welle der diplomat. Anerkennungen mit der Aufnahme E.s in die KSZE (10. 9. 1991) und die UNO (17. 9. 1991).

Innenpolitisch fanden nach der Annahme einer neuen Verf. durch ein Referendum (28. 6. 1992) am 20. 9. 1992 Parlaments- und Präsidentschaftswahlen statt, bei denen nur jene Bürger (und deren Nachkommen) über Wahlrecht verfügten, die vor der Annexion (1940) durch die UdSSR estn. Staatsbürger gewesen waren. Stärkste polit. Kraft wurde das konservative Wahlbündnis »Vaterland«. Das Amt des Staatspräs. trat im Oktober 1992 L. Meri an (im September 1996 für weitere fünf Jahre bestätigt). Am 26.7. 1994 unterzeichneten Meri und der russ. Präs. B. N. Jelzin ein Abkommen, das den Abzug der letzten russ. Soldaten aus E. (noch rd. 2 000 von ehemals etwa 30 000) bis zum 31. 8. 1994 verbindlich festlegte. Ein im Januar 1995 vom estn. Parlament verabschiedetes und v. a. von Russland kritisiertes Staatsbürgerschaftsgesetz wurde am 8. 12. 1998 geändert (Erleichterung der Einbürgerung von Nichtesten).

1992–94 war Mart Laar (* 1960) Min.-Präs., dessen Kabinett im Zusammenhang mit einem Finanzskandal vom Parlament durch ein Misstrauensvotum gestürzt wurde. Nachfolger als Reg.-Chef (1994/95) war der vorherige Umwelt-Min. Andres Tarand (* 1940), den nach den Parlamentswahlen vom 5. 3. 1995 Tiit Vähi (* 1947) als Min.-Präs. einer aus mehreren Koalitionsparteien gebildeten Reg. ablöste. Nach dessen Rücktritt (1997) stand Mart Siimann (* 1946) an der Spitze einer aus wechselnden Parteien gebildeten Minderheits-Reg. Aus den Parlamentswahlen vom März 1999 gingen die Mitte-rechts-Parteien erfolgreich hervor; Laar wurde erneut Reg.-Chef. Im September 2001 wurde A. Rüütel zum neuen Staatspräs. gewählt (Amtsantritt am 8. 10. 2001). Die Unterzeichnung eines neuen Sprach-Ges. im Dezember 2001 wurde als wichtiger Schritt zur Integration bes. der russ. Minderheit gewürdigt, sodass die OSZE beschloss, ihre Mission zur Beobachtung der Minderheiten in E. aufzulösen. Nach dem Rücktritt Laars folgte ihm im Januar 2002 Siim Kallas (* 1948; Estn. Reformpartei [RE]) als Min.-Präs. einer Minderheits-Reg. mit der Estn. Zentrumspartei (EK). Die Parlamentswahlen vom 2. 3. 2003 endeten mit einem Patt zw. der EK und der Ende 2001 aus einer Bürgerbewegung hervorgegangenen Union für die Rep. – Res Publica (RP); die RE wurde nur drittstärkste Kraft. Der bisherige Rechnungshofpräsident Juhan Parts (RP) bildete als neuer Min.-Präs. eine Koalitions-Reg. (im Amt seit April 2003) mit der RE und der Estn. Volksunion (ERL).

Außenpolitisch strebte das wieder unabhängige E., das sich zunehmend aus der Einflusssphäre von Russland lösen konnte, zus. mit den beiden anderen balt. Staaten nach einer baldigen Integration in EG/EU, NATO und weitere europ. Organisationen. 1993 wurde E. Mitgl. des Europarates, trat 1994 dem NATO-Programm »Partnerschaft für den Frieden« bei, schloss 1995 ein Assoziierungsabkommen mit der EG und bewarb sich um Mitgliedschaft in der Europ. Union. Am 16. 1. 1998 unterzeichnete E. (gemeinsam mit Lettland und Litauen) eine »Charta der Partnerschaft« mit den USA. Im November 1999 erfolgte die Aufnahme E.s in die WTO als 135. Mitgl. Nach Beendigung der EU-Beitrittsverhandlungen (1998–2002) beschloss der EU-Gipfel in Kopenhagen im Dezember 2002 die Aufnahme des Landes für 2004. In einem Referendum am 14. 9. 2003 befürwortete auch die Bev. (mit 66,9% der Stimmen bei einer Wahlbeteiligung von 63%) diesen Schritt. Am 29. 3. 2004 wurde E. Mitgl. der NATO; am 1. 5. 2004 folgte der Beitritt zur EU. Ein Grenzvertrag zw. Russland und E., zu dem die Verhandlungen bereits 1999 abgeschlossen waren, wurde am 18. 5. 2005 in Moskau unterzeichnet; das estn. Parlament billigte den Vertrag am 20.6. 2005, aufgrund einer dort verabschiedeten Präambel mit Bezug auf die Annexion von 1940 lehnte Russland aber die Ratifizierung im selben Monat ab.

🔊 **Estland:** Nationalhymne 5416

📖 G. v. Rauch: Gesch. der balt. Staaten (³1990); Die balt. Nationen E., Lettland, Litauen, hg. v. B. Meissner (²1991); M. Butenschön: E., Lettland, Litauen. Das Baltikum auf dem langen Weg in die Freiheit (1992); A. Lieven: The Baltic revolution. Estonia, Latvia, Lithuania and the path to independence (New Haven, Conn., u. a. ²1994); T. Karin: E. Kulturelle u. landschaftl. Vielfalt in einem histor. Grenzland zw. Ost u. West (1995); W. Ettmayer: E. Der Aufbruch nach Europa (1999); M. Garleff: Die balt. Länder. E., Lettland, Litauen vom MA. bis zur Gegenwart (2001); Seraina Gilly: Der Nationalstaat im Wandel. E. im 20. Jh. (Bern u. a. 2002); T. U. Raun: Estonia and the Estonians (Neuausg. Stanford, Calif., ²2001); I. u. P. Mahrt: E. (2002); Balt. Länder, hg. v. G. v. Pistohlkors (Neuausg. 2002); C. Marenbach: Balt. Länder. Lettland, Litauen, E. (³2003); T. Miljan: Historical dictionary of Estonia (Lanham, Md., u. a. 2004); E. u. Russland. Aspekte der Beziehungen beider Länder, hg. v. O. Mertelsmann (2005); R. Tuchtenhagen: Gesch. der balt. Länder (2005).

Informationen zur **estnischen Kultur:**

→ estnische Kunst

→ estnische Literatur

→ estnische Musik

Estland
Fortsetzung

Fortsetzung von Seite 432

»Der Verrückte des Zaren«) große Bedeutung erlangte. Ebenso setzte sich mit Doris Kareva, Ene Mihkelson (*1944), Mari Vallisoo (*1950) und Juhan Viiding (*1948, †1995) die Vielfalt in der Lyrik fort.

Nach der Wiedererlangung der staatl. Unabhängigkeit 1991 entfaltete sich die Literatur sprunghaft in allen Bereichen und fand wieder direkten Kontakt zu den anderen europ. Literaturen. Im Bereich der Prosa traten hier Maimu Berg (*1945), Tõnu Õnnepalu (*1962), Jüri Ehlvest (*1967) und Andrus Kivirähk (*1970) hervor, in der Lyrik entstanden modernist. Strömungen, repräsentiert durch Sven Kivisildnik (*1963), Karl Martin Sinijärv (*1971) und Elo Vee (*1974), sowie emotional-intellektuelle Lyrik von Triin Soomets (*1969) und Kristiina Ehin (*1977).

📖 H. Jänes: Gesch. der e. L. (Stockholm 1965); Eesti kirjanduse ajalugu, hg. v. E. Sõgel, 5 Bde. (Tallinn 1965–91); A. Oras: Estonian literature in exile (Lund 1967); E. Nirk: Estonian literature (Stockholm ²1987); F. Scholz: Die Literaturen des Baltikums. Ihre Entstehung u. Entwicklung (1990); C. Hasselblatt: Die e. L. u. ihre Rezeption in Dtl. (1994); Eesti kirjanike leksikon, hg. v. O. Kruus u. H. Puhvel (Tallinn 2000); E. Annus u. a.: Eesti kirjanduslugu (ebd. 2001); C. Hasselblatt: E. L. in dt. Sprache 1784–2003. Bibliogr. der Primär- u. Sekundärlit. (2004).

estnische Musik. Die estn. Volksmusik ist urspr. einstimmig; frühe Zeugnisse sind aus dem 11. Jh. erhalten. Eine ältere Volksliedtradition – Lieder in Runenversform oder im Kalevala-Metrum –, die etwa ein Jahrtausend vor Christus entstand, ist baltisch-finn. Ursprungs, die jüngere ist Teil der europ. Volksliedtradition der letzten Jahrhunderte. Im 19. Jh. begann man mit dem Sammeln und Aufzeichnen der Musikfolklore. Zur gleichen Zeit verbreitete sich auch der mehrstimmige Chorgesang. Die Basis für die Entwicklung der professionellen Tonkunst in Estland bildete die Laienchorbewegung. Große Bedeutung für die Entwicklung der estn. Musikkultur erlangten die seit 1869 alle fünf Jahre veranstalteten Sängerfeste, an denen sich über 30 000 Volkssänger sowie Tänzer und Musiker beteiligten. Begründer des estn. Chorliedes waren Mart Saar (*1882, †1963) und K. Kreek. Erste sinfon. Werke und Kammermusik komponierten Artur Kapp (*1878, †1952) und Heino Eller (*1887, †1970); die erste estn. Oper (»Die Wikinger«, 1928) schrieb Evald Aav (*1900, †1939). Der Komponist Rudolf Tobias (*1873, †1918) ging 1908 nach Leipzig und lehrte von 1910 an an der Königl. Hochschule für Musik in Berlin. Eugen Kapp (*1908) schuf mit seinen musikdramat. Werken die Grundlage für das moderne estn. Musiktheater. Zu den namhaften estn. Komponisten der Gegenwart zählen v. a. Eino Tamberg (*1930), Jaan Rääts (*1932) und A. Pärt. Eller, der am Konservatorium in Tallinn lehrte, beeinflusste eine ganze Generation von Schülern, darunter Jaan Koha (*1929, †1993) und Heino Jürislau (*1930, †1991). In den 1970er-Jahren traten u. a. Ester Mägi (*1922), Peeter Vähi (*1955) und Urmas Sisask (*1960) an die Öffentlichkeit. Die Chortradition Saars wurde von Gustav Ernesaks (*1908, †1993) und Veljo Tormis (*1930) fortgesetzt. Von den zahlreichen international tätigen Interpreten Estlands wurde der Dirigent N. Järvi besonders bekannt.

estnische Sprache, gehört zur ostseefinn. Gruppe der →finnougrischen Sprachen und stellt im Vergleich zum Finnischen (→finnische Sprache) eine weiterentwickelte Form des Ostseefinnischen dar; verwendet wird die lat. Schrift. Es gibt zwei Hauptdialekte, die sich sehr stark voneinander unterscheiden: das Nordestnische, auf dem die heutige Schriftsprache beruht, und das Südestnische. Die e. S. ist Amtssprache in Estland (etwa 1 Mio. Sprecher); weitere Sprecher u. a. in Russland, Schweden und Finnland. Das Institut für e. S. in Tallinn existiert seit 1947.

Das Phonemsystem weist zwei verschieden lange Stufen von Vokalen und Konsonanten auf, die v. a. durch Doppelschreibung bezeichnet werden. Kennzeichnend ist, wie auch für das Finnische, der →Stufenwechsel. Die Betonung liegt auf der ersten Silbe. Im Unterschied zum Finnischen fehlt die →Vokalharmonie. Es gibt 14 Kasus, jedoch keine Genusunterscheidung. – Der im Wortschatz und (weniger stark) in der Syntax spürbare Einfluss des Niederdeutschen (13.–16. Jh.) und des Hochdeutschen (16.–19. Jh.) wurde seit der Mitte des 19. Jh. weitgehend zurückgedrängt. – Die frühesten estn. Sprachzeugnisse (Namen) gehen auf das 13. Jh. zurück. 1535 erschien als erstes estn. Buch die Übersetzung eines lutherschen »Kleinen Katechismus«. Aus der 1. Hälfte des 17. Jh. stammen erste umfangreichere Schriftdenkmäler.

estnisch-orthodoxe Kirche, eigtl. **Estnische Orth. Kirche,** die orth. Kirche in Estland; jurisdiktionell seit 1993 zwei autonome Kirchen bildend. – Nachdem Estland im 18. Jh. in der Folge des 2. Nord. Krieges (1700–21) durch Peter I., d. Gr. dem Russ. Reich angegliedert worden war, kam es im 19. Jh. vonseiten des russ. Staates zur »Zwangsorthodoxisierung« der bis dahin luther. Bevölkerung. Nach der Gründung des

Esto Estofadoskulptur

estn. Staates (1920) verwehrte das Moskauer Patriarchat der orth. Kirche in Estland den Status der Autonomie in Fragen der inneren Verwaltung. Diese unterstellte sich daraufhin als »**Estn. Apostol. Orth. Kirche**« (geleitet von einem Metropoliten) der Jurisdiktion des Ökumen. Patriarchats. Nach dem Zweiten Weltkrieg unter staatl. Druck als »*Bistum Tallinn und Estland*« wieder der Jurisdiktion des Moskauer Patriarchen unterstellt, führte die 1944 in Stockholm gegründete orth. estn. Exilkirche die Tradition der »Estn. Apostol. Orth. Kirche« fort, die sich 1993 in Estland als autonome Kirche unter der Jurisdiktion des Ökumen. Patriarchats rekonstruieren konnte. Um die russischstämmige Bev. Estlands kirchlich weiter an sich zu binden, verlieh das Moskauer Patriarchat im selben Jahr dem »Bistum Tallinn und Estland« die Autonomie. Unter der Bez. »**Estn. Orth. Kirche**« zählt dieses heute (2005) rd. 150 000 ihr verbundene (ganz überwiegend russischstämmige) orth. Christen und 32 Kirchengemeinden; Kirchenoberhaupt (Sitz: Tallinn) ist seit 2000 Metropolit KORNELIJ (JAKOBS, * 1924). Der »Estn. Apostol. Orth. Kirche« (59 Kirchengemeinden) gehören rd. 20 000 (ganz überwiegend estnischstämmige) orth. Christen an; Kirchenoberhaupt (Sitz: Tallinn) ist seit 1999 Metropolit STEPHANOS (CHARALAMBIDIS, * 1940). Die Auseinandersetzungen um die kirchl. Jurisdiktion in Estland führten Mitte der 1990er-Jahre zu ernsthaften Störungen der Beziehungen und auch zu einer vorübergehenden Einstellung der Kirchengemeinschaft zw. dem Moskauer und dem Ökumen. Patriarchat.

Estofadoskulptur: Juan Martínez Montañés, »Der Heilige Christophorus«; Holz, polychrom gefasst (um 1600; Sevilla, Iglesia del Divino Salvador)

Estofadoskulptur [von span. estofar »bekleiden«, »ausstaffieren«], realistisch geprägte Richtung der span. Plastik des 17. Jh., die oft zu äußerstem Naturalismus gesteigert wurde. Charakteristisch war die Vorliebe für den Werkstoff Holz, hinzu kamen Vergoldung und Bemalung in leuchtenden Farben. Die Skulpturen wurden mit echter Gewandung ausgestattet, nur Kopf, Hände und Füße wurden vom Künstler geschaffen; teilweise wurde die Wirkung durch echte Haare und Glasaugen noch gesteigert. Zentren der E. waren Valladolid, Madrid, Granada und Sevilla. Bedeutende E. schufen G. FERNÁNDEZ, M. PEREIRA, J. MARTÍNEZ MONTAÑÉS, A. CANO, P. DE MENA y MEDRANO, J. DE MORA, J. DE MESA.

Estomihi [lat. »sei mir (ein starker Fels)«], in den ev. Kirchen der nach den Anfangsworten des Introitus (Ps. 31, 3) benannte Sonntag vor dem Aschermittwoch (Sonntag E.); in der kath. Kirche der sechste Sonntag im Jahreskreis, früher »Quinquagesima« (von lat. der »fünfzigste« [Tag vor Ostern]).

Estonia, Name der zw. Tallinn und Stockholm 1994 verunglückten Autofähre; → Fähre.

Estoril [ıʃtuˈril], Wohngemeinde und Seebad 25 km westlich von Lissabon, Portugal, am Fuß des Monte Estoril, 23 800 Ew.; Spielkasino.

Estournelles [ɛsturˈnɛl], Paul Balluat Baron **de Constant de Rebecque d'** [də kɔ̃stådərəˈbɛk -], frz. Politiker, * La Flèche 22. 11. 1852, † Paris 15. 5. 1924; Pazifist; setzte sich mit Nachdruck für die internat. Verständigung ein. 1909 erhielt E. mit A. BEERNAERT den Friedensnobelpreis.

Estrada, Joseph Ejercito, gen. »Erap«, philippin. Filmschauspieler und Politiker, * Manila 19. 4. 1937; stammt aus einem Armenviertel; populär aufgrund seines Mitwirkens in mehr als 100 Spielfilmen, überwiegend in der Rolle des aufrechten Kämpfers gegen Elend und Unterdrückung; 1969–86 Bürgermeister von San Juan (Satellitenstadt von Manila), ab 1987 Mitgl. des Senats, 1992–98 Vize-Präs. unter F. RAMOS, seit Juni 1998 Staatspräs. Innenpolitisch zunehmend umstritten und schließlich der Korruption sowie der persönl. Bereicherung beschuldigt, wurde gegen E. im November 2000 vom philippin. Repräsentantenhaus ein Amtsenthebungsverfahren eingeleitet. Massenproteste und die Abwendung des Militärs, der Kirche und führender Politiker von ihm führten im Januar 2001 zu seinem Sturz. Seine Verhaftung am 25. 4. 2001 löste schwere Unruhen in Manila aus; dort begann am 27. 6. 2001 gegen E. ein Prozess vor dem Antikorruptionsgericht.

Estrada Cabrera, Manuel, guatemaltek. Politiker, * Retalhuleu 21. 11. 1857, † Guatemala 24. 9. 1924; unter J. M. REYNA BARRIOS Innen-Min. und nach dessen Ermordung im Februar 1898 Staatspräs. Bis zu seinem Sturz im April 1920 regierte E. C. diktatorisch und erstrebte mithilfe ausländ. Kapitals die Modernisierung seines Landes (Verkehrswesen, Erziehungs- und Gesundheitswesen). Er starb in Haft.

Estrade [frz., zu lat. stratum »das Hingebreitete«] *die, -/-n,* (um mindestens eine Stufe) erhöhter Teil des Fußbodens, Podium; meist zur Aufnahme eines bevorzugten Sitzes, Thrones, Altars u. Ä. Regional bedingt wird der Begriff E. auch für Veranstaltungen mit gemischtem Programm (Musik, Tanz, Akrobatik usw.) verwendet.

Estragon [frz., aus arab.] *der, -s,* **Artemisia dracunculus,** in S-Russland beheimatete Beifußart; bis 1,5 m hohe Staude mit gelbl. Blütenköpfchen. Die schmallanzettl. Blätter werden aufgrund ihres Gehaltes an äther. Ölen als Gewürz und bei der Herstellung von Essig und Senf verwendet.

Estrangelo *die, -,* die älteste Form der → syrischen Schrift.

Estragon

Estrées [ɛsˈtre], frz. Adelsfamilie, urspr. aus der Picardie; seit dem 14. Jh. bekannt, 1771 erloschen. Bedeutende Vertreter:

1) Gabrielle d', Marquise **de Montceaux** [də mɔ̃ˈso], Herzogin **von Beaufort** [- boˈfɔːr], * Château de Cœuvres (heute Cœuvres-et-Valsery, Dép. Aisne) um 1571, † Paris 7. oder 8. 4. 1599; Geliebte König HEINRICHS IV. von Frankreich; sie gebar ihm drei Kinder, die später als Herzöge von →Beaufort legitimiert wurden. Von ihrem ältesten Sohn CÉSAR leitet sich die bourbon. Bastardlinie →Vendôme ab.

2) Louis Charles César Le Tellier [ləteˈlje], Marquis **de Courtanvaux** [də kurtɑ̃ˈvo], Herzog von (seit 1763), Marschall von Frankreich (seit 1757), * 2. 7. 1695, † Paris 2. 1. 1771; siegte im Siebenjährigen Krieg am 26. 7. 1757 bei Hastenbeck (heute zu Hameln) über WILHELM AUGUST Herzog VON CUMBERLAND und nahm das Kurfürstentum Hannover ein.

Estrêla, Serra da E. [ˈsɛrra ða ɪʃˈtrela; port. »Sterngebirge«], höchster Gebirgszug Portugals, Teil des Iberischen Scheidegebirges, ein gewaltiger, allseitig steil abfallender Granitzug (NO-SW) in der Mitte des Landes, im Malhão 1991 m ü. M., mit hohen Niederschlägen und Spuren eiszeitl. Vergletscherung. Auf den Heideflächen der Hochregion Schaf- und Ziegenhaltung sowie Wintersport; in zahlr. Kleinstädten des Gebirgsrandes Textilindustrie (Covilhã, Seia, São Romão).

Estremadura,
1) [iʃtrəmaˈðuɾɐ], histor. Prov. in Mittelportugal; erstreckt sich an der Küste von der Sadomündung über die Halbinsel von Setúbal und das nördlich anschließende Gebiet westlich des Tejo und Zêzere bis südlich Coimbra und umfasst damit den Distr. Lissabon, den südl. Teil des Distr. Leiria und den N-Teil des Distr. Setúbal. Das Innere ist gebirgig (Serra de Sintra, port. Kalkbergland), die Küste überwiegend Steilküste (Cabo da Roca, 144 m ü. M.). Fischereihäfen in Setúbal, Peniche und Nazaré. Die südl. E. wird vom Großraum Lissabon eingenommen; in der übrigen E. mediterrane Trockenbaukulturen (Weizen, Reben, Ölbaum, Feigen) und kleine Bewässerungsgebiete, um Setúbal Korkverarbeitung. – E. bedeutete urspr. »äußerster Grenzsaum am Duero«. In der Zeit der Reconquista im 12. Jh. wurde die Bez. auf die Kampfzone der Maurenkriege, später auf das zurückeroberte Gebiet bezogen und wandelte sich zum Landschaftsbegriff.
2) [ɛstremaˈdura], histor. Landschaft in W-Spanien, →Extremadura.

Estrich [ahd. esterih, aus mlat. astracum »Pflaster«, von griech. óstrakon »Scherbe«, »irdenes Täfelchen«] der, -s/-e,
1) *Bautechnik:* dünne Schicht aus →Mörtel, Gussasphalt oder Steinholz, von meist 3–5 cm Dicke, die (als Fußboden oder Bodenkonstruktion) auf den Untergrund aufgebracht wird. Verbund-E. wird direkt auf dem Untergrund verlegt, E. auf Trennschicht kommt auf dünnen Zwischenlagen zur Ausführung, schwimmender E. wird zur Vermeidung von Trittschallübertragung von allen angrenzenden Bauteilen durch eine elast. Dämmschicht getrennt. E. können direkt begehbar sein, z. B. Industrie-E. oder Hartstoff-E., oder mit einem Belag (Parkett, Kunststoffböden u. a.) versehen werden.
2) *schweizer.* Bez. für Dachraum.

Estrogene, international empfohlener Name für →Östrogene.

Estrup [ˈɛsdrob], Jacob Brønnum Scavenius, dän. Politiker, * Sorø (Seeland) 16. 4. 1825, † Skaføgård (Ostjütland) 24. 12. 1913; war 1865–69 Innen-Min., 1875–94 Min.-Präs. E. prägte entscheidend das dän. Grundgesetz von 1866; er regierte mithilfe von »Provisorien« (vorläufige Gesetze).

Esus, einer der Hauptgötter der Gallier, von dem röm. Dichter LUKAN zus. mit →Teutates und →Taranis genannt sowie inschriftlich und in gall. Personennamen erhalten. Vergleiche mit Merkur, Mars und Odin bleiben unsicher.

ESU-Verfahren [Kurz-Bez. für **E**lektro**s**chlacke**u**mschmelzverfahren], Verfahren zur Qualitätsverbesserung und zum Reinigen von Stahl. Eine Elektrode aus dem umzuschmelzenden Stahl taucht in eine Schlacke ein und wird bei starkem Stromfluss abgeschmolzen. Die Verunreinigungen werden von der Schlacke aufgenommen, die gereinigte Stahlschmelze sammelt sich unter der Schlacke in einer wassergekühlten Kupferkokille und erstarrt zu einem neuen Block oder zu Formteilen.

ESVG, Abk. für →**E**uropäisches **S**ystem **V**olkswirtschaftlicher **G**esamtrechnungen.

ESVP, Abk. für →**E**uropäische **S**icherheits- und **V**erteidigungs**p**olitik.

ESWL, Abk. für **e**xtrakorporale →**S**toß**w**ellen**l**ithotripsie.

ESZB, Abk. für **E**uropäisches **S**ystem der **Z**entral**b**anken, →**E**uropäische **Z**entralbank.

Eszék [ˈɛseːk], ungar. Name der kroat. Stadt →Osijek.

Esztergom [ˈɛstɛrgom], dt. **Gran,** Stadt im Bez. Komárom-Esztergom, Ungarn, an der Donau, westlich des Pilisgebirges, Grenze zur Slowak. Rep., 28 200 Ew.; kath. Erzbischofssitz; Museen; bedeutender Fremdenverkehr; Industriezentrum mit Automobil-, Maschinen- und Gerätebau, chem. und Textilindustrie. – In die Kathedrale (1822–56) wurden Ausstattungsstücke von zwei Vorgängerbauten (11. und 12./13. Jh.) eingebaut, so die Bakócz-Kapelle von einem Florentiner Meister (zw. 1506 und 1510) mit dem Marmoraltar von A. FERRUCCI DA FIESOLE (1519). Die Schatzkammer der Kathedrale beherbergt eine der reichsten Sammlungen sakraler Kunst des 9.–19. Jh. in Ungarn.

Gabrielle d'Estrées *(rechts)* und ihre Schwester im Bad (Schule von Fontainebleau, um 1592; Paris, Louvre)

Eszt Eszterháza

Esztergom: Blick über die Donau auf den Burgberg mit der Kathedrale (1822–56)

Die Burg wurde 1172–96 erbaut, mehrfach erweitert, umgebaut und befestigt; die Räume, 1605 von den Türken mit Erde aufgeschüttet, wurden ab 1935 freigelegt und teilweise rekonstruiert. Gut erhalten ist die im Übergang von der Romanik zur Gotik errichtete Burgkapelle vom Ende des 12. Jh. Im ehem. Erzbischöfl. Palais unterhalb des Burgberges befindet sich das Christl. Museum (Keresztény Múzeum) mit bedeutenden Sammlungen u. a. ungar. und früher ital. Renaissancemalerei. In der Wasserstädter Pfarrkirche, der ehem. Jesuitenkirche (1728–38, Türme 18./19. Jh.), Altarbild von M. Altomonte. Am ehem. Marktplatz stehen neben dem arkadengeschmückten Rathaus (um 1770) restaurierte Häuser des 18. und 19. Jahrhunderts. – E., eine der ältesten Städte Ungarns, entstand an der Stelle des von den Römern auf einer hier früher existierenden kelt. Siedlung gegründeten Militärlagers Solva; im 5. Jh. Residenz Attilas. Im 11.–13. Jh. war E. Hauptstadt der frühen Arpadenkönige; Stephan I., der Heilige, der 970 in E. geboren und in E. (Weihnachten 1000) gekrönt wurde, gründete das Erzbistum E. (um 1000). Obwohl die Mongolen bei der Belagerung und Zerstörung E.s (1242) die Burg nicht einnehmen konnten, verlegte Béla IV. die königl. Residenz nach Buda (1247). Im 15. Jh. war E. Mittelpunkt der ungar. Renaissance und des Humanismus; 1543–95 und 1605–83 osmanisch, wurde es 1708 königl. Freistadt. Der Erzbischof von E., seit dem 13. Jh. Primas, seit 1715 Fürstprimas von Ungarn, residierte während der Türkenzeit und bis 1820 im slowak. Trnava (Tyrnau).

Eszterháza [ˈɛstɛrhaːzɔ], bis 1950 Name des Ortes →Fertőd in Ungarn.

ET,
 1) Abk. für engl. ephemeris time, die →Ephemeridenzeit.
 2) Nationalitätszeichen für Ägypten.

Eta *Pl.*, neuerer Begriff **Burakumin** [»Bürger besonderer Gemeinden«], Bez. für Angehörige der ehem. untersten Klasse des traditionellen jap. Sozialsystems (1871 gesetzlich abgeschafft, letzte gesetzl. Einschränkungen fielen 1969). Die E. übten die als unrein geltenden Berufe (u. a. Abdecker, Gerber, Leichenbestatter) aus und führten ein Pariadasein. In mehreren Verbänden organisiert, kämpfen sie bis heute für die prakt. Durchsetzung ihrer Rechte und um gesellschaftl. Gleichstellung. In etwa 6 000 über Japan verstreuten gettoähnl. Gemeinschaften leben 1 bis 3 Mio. E., teils am Rande des Existenzminimums.

Eta *das,* -(s)/-s, Zeichen η, H,
 1) der siebente Buchstabe des griech. Alphabets (→Etazismus, →Itazismus).
 2) *Formelzeichen:* η für die dynam. →Viskosität, die →Lichtausbeute und den →Wirkungsgrad.
 3) physikal. Symbol für das →Etameson.

ETA [Abk. für bask. Euskadi Ta Azkatasuna, »das Baskenland und seine Freiheit«], bask. Untergrundbewegung, gegr. 1959 unter den Bedingungen der Francodiktatur, seit 1976 gespalten in **ETA militar** und **ETA político-militar**. Urspr. entstanden zur Bewahrung der im zentralist. Staat unterdrückten bask. Kultur, entwickelte sich ETA zur Terrororganisation, die unter Leugnung der demokrat. Entwicklung nach 1975 versucht, das →Baskenland (»Euskadi«) und das span. Navarra gewaltsam aus dem span. Staatsverband zu lösen. Ihr polit. Arm war (bis zur Illegalisierung 2002) die Partei »Herri Batasuna« (Abk. HB, dt. »Volksgemeinschaft«), aber auch andere nationalist. Parteien distanzierten sich lange nicht konsequent von den terrorist. Aktionen der ETA; diese richten sich gegen Repräsentanten des Staates (Richter, hohe Militärs, Politiker, so ein spektakuläres Attentat gegen den späteren Min.-Präs. J. M. Aznar López im April 1995), gegen Landsleute, die entführt werden, um Lösegelder (»Revolutionssteuer«) zu erpressen, aber auch gegen die unbeteiligte Öffentlichkeit (Anschläge auf Flughäfen, Touristenzentren u. Ä.). In der bask. Bev. hat ETA nur eine Minderheit für sich. Alle Verhandlungen mit der Madrider Reg. (u. a. während eines 14-monatigen Waffenstillstandes 1998/2000) scheiterten an den Maximalforderungen der ETA nach vollständiger staatl. Unabhängigkeit des Baskenlandes, zu dem nach dem Selbstverständnis der Organisation auch das frz. Territorium gehören müsste. Die Terrorwelle erreichte im Herbst 2000 einen neuen Höhepunkt. Der neue span. Min.-Präs. J. ZAPATERO (seit 2004) unterbreitete ETA unter der Bedingung des Gewaltverzichts ein Dialogangebot, was diese aber mit neuerlichen Terrorakten beantwortete.

P. WALDMANN: Militanter Nationalismus im Baskenland (1990); A. ELORZA: ETA. Une histoire (a. d. Span., Paris 2002).

Etablissement [-blis(ə)'mã, frz.; -'mɛnt, schweizer.] *das, -s/-s* und (schweizer.) *-e,* 1) Geschäft, Betrieb, Unternehmen, Niederlassung; 2) gepflegte Gaststätte; 3) Vergnügungsstätte, zweifelhaftes (Nacht-)Lokal; Bordell.

Etagere [-'ʒɛːrə, frz.] *die, -/-n,* 1) Wandgestell für Bücher oder Geschirr; auch Stufengestell für Obst; 2) aufhängbare Kosmetiktasche mit Fächern.

Etalon [eta'lõ, frz.] *der, -s/-s,*
  1) *Eich-* und *Messwesen:* reproduzierbares Eich- oder Normalmaß, z. B. das Urmeter (→Normal).
  2) *Physik:* zwei genau parallel montierte ebene Spiegel, die in der Interferometrie verwendet werden, z. B. beim →Fabry-Pérot-Interferometer oder beim →Michelson-Interferometer zur Realisierung der Längeneinheit mit geeigneten Lichtwellenlängen.

Eta|meson, η-Meson, zu den quasistabilen →Elementarteilchen zählendes, ungeladenes Meson mit dem Spin 0, positiver Parität und der Ruhmasse 547,76 MeV/c^2, das zumeist in zwei Photonen oder drei Pionen zerfällt und ein kurzzeitiger Bindungszustand eines Strangequarks (s) mit seinem Antiquark ($\bar{s}$): η = $\bar{s}s$ ist. Es sind auch schwerere, angeregte E. nachgewiesen worden (→Massenresonanzen). Mit $\eta_c(1S)$ wird ein gebundener Zustand mit sonst gleichen Quantenzahlen aus Charmquark (c) mit seinem Antiquark ($\bar{c}$) und der Masse 2 979,6 MeV/c^2 bezeichnet (→Charmonium, →Psiteilchen).

Etamin [frz., zu lat. stamineus »voll Fäden«, »faserig»] *das* und (bes. österr.) *der, -(s),* gazeartiges, durchsichtiges Gewebe aus Baumwolle oder Chemiefaser, in Leinwand- und Dreherbindung; die Bindung erzeugt z. B. durchbrochene Karos oder Streifen; v. a. für Gardinen, auch Blusen und Handarbeiten.

Étampes [eˈtãp], Stadt im Dép. Essonne, Frankreich, 50 km südlich von Paris, in der Beauce, 22 100 Ew.; Markt- und Fremdenverkehrsort mit Museum in ehem. Rathaus (1514); Gießerei, Konfektionsindustrie, Polsterfabrik. – Im mittelalterl. Stadtbild fallen die Kirchen Notre-Dame-du-Fort (12./13. Jh., Krypta 11. Jh.) mit Figurenportal (um 1150), Saint-Martin (12./13. Jh.) mit schiefem Turm (16. Jh.), Saint-Basile (12., 15. und 16. Jh.) und Saint-Gilles (12., 13. und 16. Jh.) auf. É. wird überragt von der Tour Guinette (ehem. Donjon mit Grundriss eines vierblättrigen Kleeblatts, 12. Jh.).

Etanercept *das,* gentechnologisch hergestelltes, aus einem Teil des Rezeptors für den menschl. Tumornekrosefaktor (TNF) und humanem Immunglobulin G bestehendes (Fusions-)Protein mit 934 Aminosäuren. Seine Wirkung beruht darauf, dass ins Blut sezernierter Tumornekrosefaktor an E. gebunden wird, bevor er mit seinen eigentl. Rezeptoren in Wechselwirkung treten kann. Auf diese Weise werden seine Wirkungen (Startreaktionen bei immunolog. Prozessen) verhindert. E. ist deshalb bei Autoimmunerkrankungen (z. B. rheumatoider Arthritis, Crohn-Krankheit) angezeigt, an denen der Tumornekrosefaktor maßgeblich beteiligt ist, sofern mit anderen Arzneimitteln kein ausreichender Erfolg erreicht wurde.

Étang [eˈtã, frz.] *der, -(s)/-s,* Strandsee oder Haff (Lagune) an der frz. Küste der Biskaya (→Landes) und des Mittelmeeres (z. B. →Thau, →Berre), auch an der O-Küste Korsikas.

Étaples [eˈtapl], **Vertrag von É.,** am 3. 11. 1492 in Étaples (bei Boulogne-sur-Mer) zw. König HEINRICH VII. von England und König KARL VIII. von Frankreich geschlossener Vertrag, wodurch dieser gegen die Zahlung von 745 000 Goldkronen den Verzicht engl. Ansprüche auf die frz. Krone erreichte und mit der Zusicherung engl. Neutralität seine geplante Eroberungspolitik in Italien (1494/95) vorbereitete.

Etappe [frz., eigtl. »Versorgungsplatz (für durchziehende Truppen)«, urspr. »Handelsplatz«] *die, -/-n,*
  1) *allg.:* 1) (an einem Tag zu bewältigende) Teilstrecke (nach der eine Ruhepause eingelegt wird), bes. im Radtourensport und bei Rallyes; 2) Entwicklungsabschnitt, Stufe, Stadium.
  2) *Militärwesen:* früher, bes. im Ersten und Zweiten Weltkrieg, Bez. für das Gebiet hinter der Front, in dem sich Versorgungsdienste und -einrichtungen, Lazarette, Ausbildungs-, Ersatz- und Sicherungstruppen sowie Verw.-Behörden befanden.

Etappenrennen, *Straßenradsport:* Straßenrennen über einzelne Teilstrecken (Etappen), die täglich zu einem anderen Zielort führen. Die Zeit der Fahrer wird täglich addiert; es gewinnt derjenige Fahrer, welcher die gesamte Strecke in der kürzesten Zeit zurückgelegt hat; am Ziel der einzelnen Etappen wird außerdem ein Tagessieger ermittelt. Das bekannteste internat. E. für Elitefahrer (→Elite) ist die →Tour de France.

Etat [eˈta; frz.; eigtl. »Zustand«, »Beschaffenheit«, von lat. status] *der, -s/-s,* der →Haushaltsplan.

État Français [etafrãˈsɛ], 1940–44 offizieller Name des frz. Staates (→Frankreich, Geschichte).

Etatismus [frz., zu état »Staat«] *der, -,* im krit. Sinne gebrauchte Bez. für Bestrebungen, die Verwaltung des Staates und ihre Kompetenz auf Kosten der eigenständigen Bereiche von Gesellschaft und Wirtschaft auszudehnen. In diesem Sinne um 1880 in Frankreich entstanden, erstreckt sich der Begriff darüber hinaus heute auch auf die Tendenz, die individuelle Rechtssphäre zugunsten des staatl. Machtbereichs einzuengen. Er zielt – bes. in Bundesstaaten – auch auf die Erweiterung bundesstaatl. Befugnisse (bes. auf wirtschafts- und finanzpolit. Gebiet) gegenüber den Rechten der Gliedstaaten.

États généraux [etaʒeneˈro], in Frankreich bis 1789 die →Generalstände.

États provinciaux [etaprɔvɛ̃ˈsjo], in Frankreich bis 1789 die →Provinzialstände.

Etazismus [nach dem griech. Buchstaben Eta] *der, -,* **erasmische Aussprache,** die Aussprache des griech. Buchstabens Eta als [ɛː] (und dementsprechend der Rückgriff auf die ursprüngl. Aussprache auch der Diphthonge). Sie wurde am entschiedensten von ERASMUS VON ROTTERDAM (»De recta Latini Graeciceque sermonis pronuntiatione dialogus«, 1528) vertreten wurde. (→Itazismus)

et cetera [lat. eigtl. »und die übrigen Dinge«], Abk. **etc.,** und so weiter. – **etc. pp.** [pp., Abk. von lat. perge, perge »fahre fort, fahre fort«], und so weiter, und so weiter.

Etchegaray [ɛtʃəgaˈraɪ], Roger, frz. kath. Theologe, * Espelette (Dép. Pyrénées-Atlantiques) 25. 9. 1922; wurde 1947 zum Priester, 1969 zum Bischof geweiht; war 1970–84 Erzbischof von Marseille und ist seit

Eteo Eteogramm

1979 Kardinal. 1971–79 war er Präs. des Rates der Europ. Bischofskonferenzen, 1984–98 Leiter der päpstl. Studienkommission (seit 1988 Päpstl. Rat) für Gerechtigkeit und Frieden (→Iustitia et Pax); ab 1994 leitete E. auch das Komitee zur Vorbereitung der Feier des Hl. Jahres 2000. E. erhielt 2003 (zus. mit Mustafa Cedric, * 1952, dem Großmufti von Bosnien und Herzegowina) den UNESCO-Friedenspreis.

Eteogramm [zu griech. eteós »wahr«, »wirklich« und →...gramm] *das, -s/-e,* Schreibung fremdsprachl. Wortformen mit Zeichen des Schriftsystems, in das sie übernommen werden, wenn daneben →Heterogramme vorkommen.

Eteokles, griech. **Eteoklḗs,** *griech. Mythologie:* Sohn des Ödipus und der Iokaste. Als er seinem Bruder Polyneikes die Herrschaft über Theben (in der sie sich jährlich abwechseln wollten) nicht abtrat, veranlasste dieser seinen Schwiegervater Adrastos zum Zug der →Sieben gegen Theben. E. und Polyneikes töteten sich im Kampf gegenseitig. Während aber E. als Verteidiger seiner Vaterstadt ehrenvoll bestattet wurde, verbot Kreon – als Bruder der Iokaste nach dem Tod des E. Herrscher über Theben – die Bestattung des Polyneikes; über dieses Verbot setzte sich →Antigone hinweg. Die Gestalt gehört in die vielfältigen literar. Bearbeitungen des Ödipus-Antigone-Stoffes: in antiker Zeit in den Epos »Thebais« (→zyklische Dichter), in Tragödien bei Aischylos (»Sieben gegen Theben«) und Euripides (»Phoenissen«), wiederum im Epos von dem Römer Statius (»Thebais«, 1. Jh. n. Chr.).

Eteokreter [griech. »wahre Kreter«], nach der »Odyssee« Homers (19, 176) einer der Volksstämme Kretas. In histor. Zeit wohnten sie im O der Insel um die Stadt Praisos. Nach vorherrschender Meinung sind die E. Nachfahren der Frühbevölkerung, von der die minoische Kultur geschaffen wurde.

Eteokretisch [»das wahre Kretisch«], nichtgriech. Sprache mehrerer im 7.–4. Jh. v. Chr. mit griech. Buchstaben geschriebener Inschriften auf O-Kreta.

Eteokyprisch [»das wahre Kyprisch«], eine nichtgriech. Sprache, die sich auf Zypern erhalten hat. Überliefert sind Inschriften aus dem 7.–4. Jh. v. Chr. in einer Variante der Silbenschrift, die die Griechen der Insel benutzten. – Die gleiche Sprache liegt vermutlich auch in einem Teil der »kyprominoischen« Schriftdenkmäler des 2. Jt. v. Chr. vor.

Eternit® [zu lat. aeternitas »Ewigkeit«] *das* oder *der, -s,* Warenzeichen für Produkte aus →Faserzement.

Etesi|en [lat., von griech. etēsíai (ánemoi) »jährliche (Winde)«] *Pl.,* die über der Ägäis und dem östl. Mittelmeer im Sommer mit großer Regelmäßigkeit auftretenden trockenen, relativ kühlen N- bis NW-Winde, erzeugt vom starken sommerl. Luftdruckgefälle zw. Azorenhoch und südwestasiat. Monsuntief. Davon abgeleitet werden die sommertrockenen subtrop. Winterregenklimate auch **E.-Klimate** (→Klimazonen) genannt.

ETF, Abk. für →Exchange Traded Fund.

ETH,
1) Abk. für →eidgenössische technische Hochschulen.
2) Nationalitätszeichen für Äthiopien.

Eth..., nach der neueren chem. Nomenklatur fachsprachl. Schreibweise für alle mit früher Äth... wiedergegebenen organ. Verbindungen, z. B. Ethanol (statt: Äthanol).

Ethan [zum Wortstamm von →Ether gebildet] *das, -s,* **Äthan,** gasförmiger Kohlenwasserstoff aus der Gruppe der →Alkane. E. ist in Erd- und Raffineriegasen enthalten. Es hat Bedeutung für die Herstellung von Ethylen und als Bestandteil von Brenngasen.

Ethanal *das, -s,* **Äthanal,** *der* →Acetaldehyd.

Ethanol *das, -s,* **Äthanol, Ethylalkohol,** gemeinsprachlich **Alkohol, Weingeist,** chem. Verbindung mit der Formel C_2H_5OH aus der Gruppe der →Alkohole; farblose, brennend schmeckende, leicht entzündl. Flüssigkeit, die mit schwach leuchtender Flamme entsprechend folgender Reaktionsgleichung verbrennt:

$$C_2H_5OH + 3 O_2 \rightarrow 2 CO_2 + 3 H_2O.$$

Der Heizwert beträgt dabei 27 MJ/kg. E. hat einen Siedepunkt von 78,3 °C, eine Dichte von 0,789 g/cm³ (bei 20 °C) sowie eine ROZ (→Oktanzahl) von 109. E. ist mit Wasser und vielen anderen Flüssigkeiten unbegrenzt mischbar. Beim Mischen mit Wasser kommt es zur Wärmeentwicklung und Volumenkontraktion, z. B. ergeben 52 Teile E. und 48 Teile Wasser nicht 100, sondern nur 96,3 Volumenteile. Mit Wasser und vielen anderen Lösungsmitteln bildet E. Azeotrope. Hochprozentige E.-Wasser-Mischungen werden auch als **Sprit, Spiritus** oder **Branntwein** bezeichnet. E., bes. seine 70 %ige wässrige Lösung, wirkt desinfizierend, ist aber gegen Sporen und Viren unwirksam.

Mikroorganismen (meist verwendet man den Hefestamm Saccharomyces cerevisiae) bilden **Gärungs-E.** durch →alkoholische Gärung aus Kohlenhydraten. Leicht vergärbar sind die Monosaccharide Glucose, Fructose und Mannose sowie die Disaccharide Saccharose und Maltose. Mit Bakterien (z. B. Zymomonas mobilis) kann die E.-Produktion beschleunigt werden, und auch die Ausbeute an E. ist unter Beteiligung von Bakterien im Vergleich zur konventionellen Gärung mit Hefe deutlich höher. Als zuckerhaltige Rohstoffe dienen Rüben- und Zuckerrohrmelassen, Früchte und Sulfitablaugen. Stärkehaltige Rohstoffe (z. B. Getreide, Kartoffeln, Maniok) sind nicht direkt vergärbar, vielmehr muss die Stärke zunächst bei 60–80 °C verkleistert und dann enzymatisch (mit Malz oder Enzympräparaten) hydrolysiert werden (z. B. im Henzedämpfer). Die α-Amylase (v. a. aus Bacillus-Arten) hydrolysiert die Stärke zu Dextrinen und Grenzdextrinen (dabei wird die Stärke verflüssigt), Glucoamylase (aus dem Pilz Aspergillus niger) hydrolysiert sie weiter bis zur Glucose (Verzuckerung). Zur Verbesserung des Aufschlusses werden Enzympräparate mit Cellulase-, Hemicellulase- und Pentosanaseaktivitäten eingesetzt. Das zuckerhaltige Substrat (Würze, Maische) wird unter Wärmeentwicklung vergoren. Die Vergärung wird nach Hefezusatz zunächst unter aeroben Bedingungen gestartet (Angärphase), wobei der vorhandene Sauerstoff verbraucht wird. Dabei vermehrt sich die Hefe sehr stark. Unter anaeroben Bedingungen läuft dann die Hauptgärung nach folgender Gleichung ab:

$$C_6H_{12}O_6 \rightarrow 2 C_2H_5OH + 2 CO_2.$$

E. wirkt hemmend auf Hefezellen, sodass die Gärung meist bei einem Gehalt von 6–10 Vol.-% E. zum Stillstand kommt. Aus 1 kg Rohrzucker können etwa 0,6 l E., aus 1 kg Stärke etwa 0,65 l E. erzeugt werden. Dieses niederprozentige E. kann durch Destillation (»Brennen«) bis maximal 97,2 Vol.-% aufkonzentriert werden. Das hochprozentige E. entsteht zunächst als **Rohsprit** (E.-Gehalt über 85 Vol.-%) und nach bes. sorgfältiger Rektifikation als **Primasprit.** Als **Schlempe** wird der Destillationsrückstand von stärkehaltigen Rohstoffen bezeichnet. Zur Herstellung von entwässertem (absolutem) E. verwendet man heute überwiegend die →Azeotropdestillation.

Weltweit werden jedes Jahr über 10 Mio. t E. aus Agrarprodukten gefertigt. Die größte Menge wird zur Herstellung von alkohol. Getränken genutzt, daneben dient E. als Lösungsmittel für Kosmetika und Pharmaka. In einigen Ländern (z. B. Brasilien) wird E. auch als klopffeste Kraftstoffkomponente verwendet (→Bioalkohol). E. hat außerdem Bedeutung als Lösungsmittel z. B. in der Lackherstellung sowie für die Herstellung von Estern, Ethern, Acetaldehyd u. a.

In Dtl. wird E. von der Monopolverwaltung für Branntwein vermarktet, die auch den Preis festsetzt. Hochprozentiges E. zu allgemein ermäßigtem Verkaufspreis (steuerfreier Branntwein) muss mit 2-Butanon, Pyridinbasen (z. B. für Brennspiritus) oder ähnl. Vergällungsmitteln versetzt werden.

Synthese-E. erhält man überwiegend durch Hydratisierung von Ethylen bei 300 °C an phosphorsäurehaltigen Katalysatoren:

$$CH_2=CH_2 + H_2O \rightarrow C_2H_5OH.$$

Seine Bedeutung ist gegenüber dem Gärungs-E. jedoch gering.

Geschichte Schon im Altertum entdeckten viele Völker unabhängig voneinander die Herstellung alkohol. Getränke durch Gärung. Der aus Honig erzeugte Met ist vermutlich das älteste gegorene Getränk. Wein wird im Gesetzbuch HAMMURAPIS (1728 bis 1686 v. Chr.) erstmalig urkundlich erwähnt. Stärkehaltige Rohstoffe wurden zunächst mit Speichel, später mit Malz aufgeschlossen. Die Gewinnung bierähnl. Getränke aus Gerste und Emmer (Weizen) wird in Brauvorschriften von Babylon 2800 v. Chr. beschrieben und in ägypt. Bildwerken von 2750 bis 2500 v. Chr. dargestellt. 1600 v. Chr. war Hirsebier in China allgemein bekannt. Es wird angenommen, dass bereits im Altertum eine primitive Destillation zur Erhöhung des E.-Gehaltes angewendet wurde. Verbesserungen der Destillation führten wahrscheinlich im 11. bis 12. Jh. in Italien zur Entdeckung des E., das in der Folgezeit als Heilmittel und für Genusszwecke zunehmend Bedeutung erlangte. (→Bier, →Branntwein, →Wein)

Ethanol|amine, Äthanol|amine, →Alkanolamine.

Ethekwini Municipal Area [- mjuːnɪsɪˈpæl ˈeərɪə], dt. **Städteverbund von Ethekwini,** Zusammenschluss von sieben Gemeinden im Umland der Stadt Durban, Prov. KwaZulu/Natal, Rep. Südafrika; umfasst ein Gebiet von 2 297 km², in dem über 3 Mio. Ew. leben; größte Stadt dieses Städteverbundes ist Durban.

Ethen *das, -s,* **Äthen,** das →Ethylen.

Ethephon [Kunstwort] *das, -s,* **2-Chlorethylphosphonsäure,** kristalline wasserlösl. Substanz, die als Wachstumsregulator und Reifungsbeschleuniger für Pflanzen verwendet wird; bewirkt z. B. Halmstabilisierung bei Gerste, Stimulierung des Latexflusses bei Kautschukbäumen, Reifungsbeschleunigung bei Tomaten und Zitrusfrüchten. E. wird von den Pflanzen aufgenommen und zerfällt in wässriger Lösung zu dem Pflanzenhormon →Ethylen sowie Salzsäure (HCl) und Phosphorsäure (H_3PO_4).

Ether [engl., von griech. aithḗr, →Äther] *der, -s,* **Äther,** Bez. für organ. Verbindungen der allg. Formel R^1-O-R^2. Dabei können die Reste R^1 und R^2 gleiche Alkyl- oder Arylgruppen sein (**einfache** oder **symmetr. E.**), oder das Molekül enthält versch. Reste (**gemischte** oder **unsymmetr. E.**). Bei einer ringförmigen Molekülstruktur spricht man von **zykl. E.**, die allerdings eher zu den →heterozyklischen Verbindungen mit Sauerstoff als Ringatom gezählt werden. Bei komplizierter aufgebauten Molekülen taucht die Silbe -ether häufig gar nicht mehr im Molekülnamen auf, man spricht dann von oxy-Verbindungen, z. B. Ethoxyethylen statt Ethylvinylether.

Ether: Diethylether ($C_4H_{10}O$)

$$CH_3CH_2-O-CH_2CH_3$$

Niedermolekulare E. zeichnen sich durch hohe Flüchtigkeit (niedriger Siedepunkt) und einen charakterist. Geruch aus, und sie sind leicht brennbar. Der einfachste E., der →Dimethylether ($H_3C-O-CH_3$), ist bei Raumtemperatur gasförmig, die weiteren E. sind flüssig, die hochmolekularen E. fest. Sämtl. E. sind in Wasser schwer oder gar nicht löslich, dagegen gut löslich in organ. Lösungsmitteln. Chemisch sind E. ziemlich reaktionsträge. Von verdünnten Säuren und Basen werden sie bei Raumtemperatur nicht angegriffen, erst unter Hitze werden sie von Säuren zersetzt. Durch Chromsäure, Salpetersäure u. a. Oxidationsmittel werden E. oxidiert. Mit Verbindungen, die eine Elektronenlücke besitzen, z. B. Bortrifluorid (BF_3), bilden sie als **Etherate** bezeichnete →Molekülverbindungen, z. B. $BF_3 \cdot OR_2$. Hergestellt werden E. durch Reaktion von Alkoholaten mit Alkylhalogeniden (Williamson-Synthese) gemäß

$$R^1OM + R^2X \rightarrow R^1-O-R^2 + MX$$

(M = Metall, X = Halogen) oder durch Abspaltung von Wasser aus zwei Molekülen Alkohol (bei Anwesenheit von Schwefelsäure oder Aluminiumoxid) gemäß

$$R^1OH + R^2OH \rightarrow R^1-O-R^2 + H_2O.$$

Zykl. E. erhält man durch intramolekulare Wasserabspaltung aus mehrwertigen Alkoholen. E. werden v. a. als Lösungs- und Extraktionsmittel verwendet, die →Glykolether auch als Weichmacher in der Industrie. Einige E. dienen als Narkosemittel, andere werden als Aerosol-Treibgase eingesetzt. Wichtige aliphat. E. sind der →Diethylether, meist kurz als E. bezeichnet, und →Methyl-*tert*-butylether. Aromat. E. sind z. B. →Anisol und →Diphenylether, zu den zykl. E. gehören →Ethylenoxid, →Tetrahydrofuran und →Dioxan.

Etherege [ˈeθrɪdʒ], **Etheredge** [ˈeθrɪdʒ], Sir (ab 1680) George, engl. Dramatiker, *um 1635, † Paris Januar oder Februar 1691; verbrachte wohl einen Teil seiner Jugend in Frankreich, war 1668–71 als Sekr. des engl. Gesandten in der Türkei, 1685–89 als Gesandter beim Reichstag zu Regensburg, von wo aus er kulturell aufschlussreiche Briefe schrieb. Mit seinen drei witzigen Lustspielen »The comical revenge« (1664), »She would if she could« (1668) und »The man of mode« (1676) wurde er zum Mitbegründer der →Comedy of Manners.

Ethephon

$$Cl-CH_2-CH_2-\overset{\overset{O}{\|}}{\underset{\underset{OH}{|}}{P}}-OH$$

Ethe etherische Öle

Ausgaben: The dramatic works, hg. v. H. F. B. Brett-Smith, 2 Bde. (1927); Poems, hg. v. J. Thorpe (1963); Letters, hg. v. F. Bracher (1974).

eth̲erische Öle, →ätherische Öle.

Eth̲ernet [ˈɪθə-; engl.] *das,* weit verbreiteter Typ eines lokalen Rechnernetzes (→lokales Netz) mit Datenübertragungsgeschwindigkeiten von 10 Mbit/s, 100 Mbit/s (**Fast-E.**) bzw. 1 Gbit/s (**Gigabit-E.**). Das E. ist bes. vorteilhaft bei zeitlich und mengenmäßig stark schwankendem Datenverkehr, für die Kopplung heterogener Rechentechnik und bei veränderlicher räuml. Anordnung der angeschlossenen Computer. Es wird deshalb häufig zur Datenkommunikation im Bürobereich eingesetzt. Durch entsprechende Kopplungselemente können flächendeckende Netze in Unternehmen bzw. Behörden aufgebaut werden. 2002 wurde der Standard für das 10-Gigabit-E. verabschiedet, das die 1000-fache Übertragungsrate der ersten E.-Version erreicht.

Ethidiumbromid

[chemical structure diagram of Ethidiumbromid showing H_2N and NH_2 substituted phenanthridine with C_2H_5 and Br^-]

Eth̲idiumbromid, ein organ. Farbstoff, der im molekularbiolog. Labor zur Anfärbung von Nukleinsäure (DNA und RNA) eingesetzt wird. E. sendet Licht im orange-roten Spektralbereich aus, wenn es durch UV-Strahlung angeregt wird. Lagern sich Farbstoffmoleküle in DNA oder RNA ein (→Interkalation), dann verstärkt sich die Fluoreszenzstrahlung. Elektrophoretisch aufgetrennte Nukleinsäuren leuchten daher im UV-Licht hell auf (→Elektrophorese). E. wirkt stark mutagen.

Eth̲ik siehe Seite 449

Eth̲ikkommissionen, Abk. **EK,** seit den 1970er-Jahren in zahlr. Ländern gebildete paritätisch besetzte Gremien aus Ärzten und Naturwissenschaftlern sowie Vertretern anderer Berufe (Philosophen, Juristen, Theologen, Sozialwissenschaftler u. a.), deren Aufgabe darin besteht, die eth. und rechtl. Vertretbarkeit von wiss., insbes. medizinisch-wiss. Forschungsvorhaben und therapiebezogenen Entscheidungen zu beurteilen sowie Empfehlungen und Stellungnahmen für Richtlinien- und Gesetzgebung zu formulieren. Dem komplexen Aufgabenfeld entsprechend, gibt es auf versch. Ebenen E., angefangen von lokalen E. als Einrichtungen zur wiss. Selbstkontrolle in medizin. Fakultäten von Univ. und in anderen Forschungseinrichtungen über E. bei den Ärztekammern und an Kliniken bis zu nationalen Ethikräten und internationalen E. (z. B. beim Europarat und bei der UNESCO).

Allgemeine Leitsätze für die Medizin wurden vom →Weltärztebund in Form der →Deklaration von Helsinki (1964) und in zahlr. Revisionen erarbeitet. In Dtl. haben E. auf den versch. Ebenen sehr unterschiedl. Aufgaben: Während eine Zentrale E. (bei der Bundesärztekammer angesiedelt) mit der Wahrung eth. Grundsätze in der Medizin und ihren Grenzgebieten beauftragt ist, sind auf lokaler Ebene E. für die Bewertung von Forschungsvorhaben (z. B. klin. Studien zur Erprobung neuer Arzneimittel und Behandlungsmethoden, epidemiolog. Untersuchungen mit personenbezogenen Daten sowie Studien mit somat. Zelltherapie und Gentransfer) und für Aufgaben im Bereich des Medizinproduktegesetzes, des Transfusionsgesetzes, der Strahlenschutz- und der Röntgenverordnung zuständig. An vielen Kliniken haben sich außerdem Gremien konstituiert, die therapiebezogene Entscheidungen, z. B. bei Lebendspenden von Organen oder dem Einsatz von lebensverlängernden Maßnahmen, unter Berücksichtigung der Deklaration von Venedig (1983) treffen. Seit 2001 gibt es wie in Österreich und der Schweiz auch nationale Ethikgremien. V. a. die Lebenswiss.en (Biowiss.en, Medizin) eröffnen heute neuartige Handlungsspielräume, die fortwährend erfordern, eth. und rechtl. Entscheidungen darüber zu treffen, wie mit aktuellen oder mögl. zukünftigen Optionen grundsätzlich umgegangen werden soll. Gegenstand von E. sind vor diesem Hintergrund Fragen wie die der eth. und rechtl. Vertretbarkeit von Embryonenforschung, des →Klonens von Menschen, klin. Versuche am Menschen, der Zulässigkeit oder des Abbruchs bestimmter Behandlungsmethoden, eth. Probleme der Reproduktions- und Transplantationsmedizin und die Forschung an nicht einwilligungsfähigen Patienten (→Bioethik).

Nachdem in Dtl. neben dem Umweltschutz 2002 auch der Schutz der Tiere als Staatsziel in die Verfassung aufgenommen wurde, wird auch hier eine verstärkte Einrichtung von E. zur Sicherung der Umsetzung des →Tierschutzes in die Praxis und die Besetzung bereits existierender Kommissionen mit Ethikern diskutiert.

Eth̲in *das, -s,* **Äth̲in,** *das* →Acetylen.

e̲thisch [griech. »sittlich«, »moralisch«, zu →Ethos] 1) die Ethik betreffend; 2) von sittl. Verhalten bestimmt.

Eth̲narch [griech. »Stammesführer«] *der, -en/-en,* Titel von Stammesfürsten in Gebieten unter röm. Oberhoheit; seit dem 2. Jh. v. Chr. auch Titel des Hohepriesters in Jerusalem. Unter osman. Herrschaft griff die byzantin. Kirche den Titel wieder auf, wenn sie den Patriarchen von Konstantinopel als E., d. h. als Oberhaupt aller orth. Christen, bezeichnete. Später nahm auch der orth. Erzbischof von Zypern den Titel an, und zwar als geistl. Oberhaupt der auf der Insel lebenden orth. Christen.

Eth̲nie [zu griech. éthnos, →ethno...] *die, -/...i|en, Politologie* und *Völkerkunde:* von W. E. Mühlmann

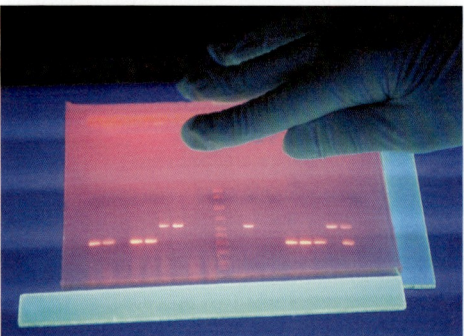

Ethidiumbromid: Mit Ethidiumbromid gefärbte DNA leuchtet im UV-Licht hell auf.

Fortsetzung auf Seite 453

ETHIK

- Themen und Fragestellungen der Ethik
- Geschichte der Ethik
- Grundlagendiskussionen in der Ethik
- Diskussionen in der angewandten Ethik

Ethik [zu griech. éthos »Gewohnheit«, »Herkommen«, »Sitte«] *die, -*, die philosoph. Auseinandersetzung mit dem Sittlichen. Die Pluralität an Auffassungen hinsichtlich der guten Lebensführung des Menschen und das moralisch richtigen Handelns führte zur Entstehung der E. als philosoph. Disziplin, die nach Maßstäben des guten menschl. Lebens, des moralisch richtigen Handelns und gerechter Institutionen fragt und diese methodisch reflektiert zu bestimmen versucht.

Themen und Fragestellungen der Ethik

Die E. beschäftigt sich traditionell überwiegend mit der Frage nach dem »höchsten Gut« und der Frage nach dem moralisch richtigen Handeln. Dabei spielen i. A. auch Fragen der Naturphilosophie, Anthropologie, Rechts- und Sozialphilosophie sowie Theologie eine bedeutende Rolle, etwa Diskussionen um die Freiheit des Willens (→ Willensfreiheit) oder das Verhältnis von Moral und Recht.

Als Hauptgegenstand der E. gelten den meisten Philosophen das menschl. Handeln und die versch. Formen menschl. Praxis. E. konzentriert sich dabei v. a. auf Handlungsregeln (selbst gesetzte Maximen, moral. Prinzipien oder gesellschaftlich vorgegebene Normen). Dabei thematisiert die E. solche Handlungsregeln unter zwei Fragestellungen: 1) Was muss der Mensch tun, um ein gutes und glückliches Leben zu führen? 2) Inwiefern ist der Mensch handelnd dazu verpflichtet, die Interessen anderer zu berücksichten? (Bzw.: Was schulden Menschen einander?) Während die erste Frage in der Antike und (theologisch gewendet) im MA. zentral war, steht die zweite Frage im Zentrum der modernen Diskussionen. Einige Philosophen stellen die Frage nach der objektiven Ordnung des Gemeinschaftslebens oder der polit. Institutionen in den Vordergrund. Allerdings wird das Verhältnis von E. und → politischer Philosophie kontrovers diskutiert.

Auch der Status der E. als philosoph. Disziplin ist umstritten. Zunächst geht es dabei um die Frage, ob beansprucht werden kann, über moral. Werte und Normen *Wissen* zu haben (»Kognitivismus«) und ob die E. insofern überhaupt als philosoph. Disziplin angesehen werden kann, die sich um die Erkenntnis des moralisch Richtigen bemüht. Vielfach wird diese Frage verneint und werden moral. Überzeugungen lediglich als Ausdruck von subjektiv oder kulturell variierenden Überzeugungen angesehen.

I. w. S. lassen sich fünf Teilbereiche der E. unterscheiden:

1. **Deskriptive E.**, die sich als empir. Untersuchung, Beschreibung und ursächl. Erklärung von Normensystemen versteht, ohne selbst die Legitimität von moral. Normen begründen zu wollen. Dieser Teil der E. wird heute vornehmlich in den Sozial- und Kulturwiss.en verfolgt.
2. **Meta-E.**, die den sprachlich-log. Status moral. Begriffe analysiert und sich v. a. mit der Bedeutung moral. (z. B. »richtig«, »falsch«) und verwandter (z. B. »Gewissen«, »Handeln«) Begriffe, ihrer Verwendung in moral. Sätzen und der Frage nach der Begründbarkeit von moral. Urteilen beschäftigt.
3. **Normative E.** (E. im eigentl. Sinn), die präskriptive (vorschreibende) Aussagen macht und sich mit den Prinzipien moralisch richtigen Handelns beschäftigt.
4. **Angewandte E.**, die sich mit moral. Fragen in versch. aktuellen Handlungskontexten beschäftigt (Bio-, Wirtschafts-, Umwelt-, Technik-, Medien-, Wiss.-E. etc.).
5. Von manchen Philosophen wird dem noch ohne explizit moralisch-normativen Anspruch eine **E. des guten Lebens** oder **Strebens-E.** als eigenständige Reflexion auf das geglückte menschl. Leben zugefügt.

Geschichte der Ethik

Die (überlieferte) eth. Besinnung begann mit Platons Streit mit den Sophisten über die Frage nach der Lehrbarkeit der Tugend; zur eigenständigen philosoph. Disziplin (neben Logik und Physik) wurde sie bei Aristoteles. Die antike E. fragte urspr. nach dem höchsten Gut (griech. agathon) im zunächst außermoral. Sinne und bestimmte dieses letzte Ziel des Menschen als das glückl., gelungene Leben (→ Eudaimonia). Im Zentrum von Aristoteles' Entwurf einer prakt. Philosophie, der von den konkreten Lebensvollzügen in der Polis ausging, stand die Frage nach der Mitte oder dem rechten Maß, das ein vernunftgemäßes und tugendhaftes Handeln gewährleistet. Nach Aristoteles entwickelten sich unter Rückgriff auf versch. sokrat. Schulen unterschiedl. Bestimmungen des Glücks. Bei Epikur liegt das Glück im Lustgewinn, bei den Stoikern in der Befreiung von den Affekten und bei den Skeptikern in der Gleichgültigkeit gegenüber allen moral. Werten. Erst in der Stoa fand eine sittl. Forderung Beachtung, teils durch den Begriff des Geziemenden (griech. kathekon, lat. officium), teils durch den Gedanken eines sittl. Gesetzes, das von Natur gegeben sei (»lex naturae«) und ein Leben in Übereinstimmung mit dieser fordere.

Erst im MA., bei Thomas von Aquino, entstand aus der Verbindung dieses »Naturgesetzes« und der christl. Offenbarung eine umfassende philosophisch-theolog. Systematik, die zugleich Glückseligkeits-, Vollkommenheits-, Güter-, Vernunft- und Gesetzes-E. war. Deren Grundsatz und Grundbegriffe blieben in versch. Abwandlungen, unter allmähl. Ausgliederung der theolog. Begründung, bis zur Aufklärung erhalten. Noch das ausgehende MA. stellte die Naturerkenntnis über die Naturbeherrschung. Erst F. Bacon und R. Descartes kehrten diese Hierarchie um. Im System der philosoph. Wiss.en der Neuzeit wird die E. der Logik, Mathematik und Physik nachgeordnet und durch diese methodisch (→ more geometrico) bestimmt. So heißt Spinozas Hauptwerk, in dem die Affekte durch adäquate Erkenntnis in der geistigen Liebe zu Gott (→ amor dei intellectualis) aufgehoben werden, »Ethik«.

Für T. Hobbes war die Notwendigkeit menschl. Kooperation und gegenseitiger Rücksichtnahme zentral. Da ohne staatl. Ordnung und Kooperation die Menschen füreinander eine Bedrohung darstellen, sind Staatsgründung und die entsprechenden bürgerl. Tugenden erforderlich, die erst dem Menschen Sicherheit und Verlässlichkeit garantieren. Diese Form gegenseitiger Rücksichtnahme ist allein durch das menschl. Eigeninteresse an stabilen Lebensverhältnissen motiviert. Hobbes Theorie gilt in der E. als Grundmodell der Vertragstheorie (»Kontraktualismus«). In der Auseinandersetzung mit Hobbes entstand in England eine ausführl. Debatte um das Verhältnis von Verstand und Gefühl bei der Entstehung des moral. Urteils (J. Locke, A. A. Shaftesbury, J. Butler, F. Hutcheson, D. Hume, A. Smith). Dabei war bes. Humes E. einflussreich, die betonte, dass moral. Gefühle die Basis aller moral. Urteile darstellen, wobei der Vernunft lediglich eine ordnende und korrigierende Funktion zukommt. Ferner wurde Humes Hinweis, dass sich aus empir. Feststellungen keine normativen Aussagen herleiten lassen, zu einem Paradigma für die moderne E.-Diskussion.

Eine epochale Wendung brachte I. Kant, der die moderne Konzeption der Moralphilosophie wesentlich beeinflusst hat. Kant argumentiert, dass Glück und Nutzenerwägungen untauglich sind, um allg. moral. Verpflichtungen zu begründen. Er zeigt jedoch, dass ein uneingeschränkt gültiges Moralprinzip (kategor. Imperativ) nur darin zu gründen ist, dass jeder Handelnde seine Handlungsmaximen auf ihre Verallgemeinerbarkeit hin zu prüfen hat (»handle nur nach derjenigen Maxime, durch die du zugleich wollen kannst, dass sie allg. Gesetz werde«). Der Mensch ist also, laut Kant, strikt verpflichtet, sein Handeln daran zu orientieren, wie ein autonomes reines Vernunftwesen handeln würde. Das bedeutet aber zugleich, dass er – insofern er ein Vernunftwesen ist – einen uneingeschränkten moral. Wert besitzt. Das kant. Moralprinzip ist daher nicht rein »formalistisch« (wie bisweilen angenommen wird), sondern hat einen materialen Gehalt im Prinzip der Menschenwürde, wonach für jeden die Verpflichtung besteht, »die Menschheit« sowohl in der eigenen Person »als in der Person eines jeden andern, jederzeit zugleich als Zweck, nie als Mittel« zu gebrauchen.

G. W. F. Hegel hat ein solches Konzept von Moralität als abstrakte Vernunftkonstruktion kritisiert und dagegen versucht, die Vernunft in den konkreten histor. Formen menschl. Sittlichkeit (Ehe, Familie, Tradition) zu entdecken und Freiheit bes. in den Institutionen des bürgerl. Rechts- und Verfassungsstaats zu schützen. – In radikaler Wendung gegen eine Moralphilosophie, die Imperative, Normen und Werte durch Rückgriff auf die Vernunft zu begründen versucht, verweist A. Schopenhauer mit dem Rekurs auf die Vitalität, das Leben, die Affekte auf eine vor-rationale Basis der Moral und bestimmt das Mitleid als ihre einzige Grundlage. F. Nietzsche hingegen kritisiert, dass in der ganzen Gesch. der E. Mitleid und Altruismus eine derart dominante Rolle gespielt haben. Die altruist. Moral wird von ihm als fatale Konstruktion entlarvt, die lediglich Ausdruck eines Ressentiments der Zu-kurz-Gekommenen sei, wogegen er dafür plädiert, die ursprüngl. Vitalität ungebundener Subjektivität wieder als Basis menschl. Kultur zu entdecken.

In England dagegen entwickelte sich im 19. Jh. durch J. Bentham und J. S. Mill die utilitarist. E. Gemäß dem Utilitarismus ist die Handlung moralisch verpflichtend, nach der wir den meisten Nutzen erwarten können, wobei unter Nutzen »das größte Glück der größten Zahl« zu verstehen ist. Auf H. Spencer geht eine evolutionist. E. zurück, während in Frankreich A. Comte deren positivist. Richtung begründete (→ Positivismus).

Im 20. Jh. entstanden in Dtl. Richtungen, die die kant. Pflichten-E. durch ein System »materialer« Wertprinzipien zu ergänzen suchten, so die phänomenolog. E. als »materiale Wert-E.« (M. Scheler, N. Hartmann), die neukantianisch-wertphilosoph. E. von B. Bauch, der die Kulturwerte als unterschiedl. sittl. Richtgesetze postulierte.

In Frankreich entwickelte sich eine existenzialist. E. (J.-P. Sartre, A. Camus); sie hebt die Freiheit des Menschen hervor, die ihn ständig zu einer Selbstbestimmung durch Handeln zwingt. Daneben finden sich der dt. phänomenolog. E. verwandte Gestaltungen (Vladimir Jankélévitch, * 1903, † 1985, R. Le Senne) sowie die – auch in Belgien und Spanien starke – thomist. E. (J. Maritain, J. Leclercq, J. L. Aranguren). Beachtung gewann in den 1980er-Jahren E. Lévinas' Ansatz einer Fundamental-E., die von der vorrationalen Erfahrung des Angesprochenwerdens durch das Antlitz des anderen ausgeht, das den Angesprochenen zur Übernahme von Verantwortung aufruft.

Im angelsächs. Raum übt die intuitionist. E. von G. E. Moore seit Beginn des Jh. einen großen Einfluss aus. Moore geht davon aus, dass eth. Begriffe grundsätzlich nicht definierbar, sondern durch sich selbst evident und wahr seien. Er begründete die sprachanalyt. E., die sich primär als Meta-E. versteht; während die Kognitivisten moral. Aussagen als Behauptungssätze auffassen, die als solche wahr oder falsch sein können, und somit an der Erkennbarkeit des Moralischen festhalten, sehen die Nonkognitivisten moral. Aussagen als Ausdruck von Gefühlen oder Einstellungen an (Emotivismus; A. J. Ayer, C. L. Stevenson). Der moderne Liberalismus (J. Rawls, J. M. Buchanan, R. Nozick u. a.) hat sich v. a. in der Auseinandersetzung mit Grundpositionen des Utilitarismus (John Jamieson Carswell Smart, * 1920, R. B. Brandt u. a.) entwickelt. Große Beachtung erlangte Rawls' Version einer kontraktualist. E. und polit. Philosophie. Rawls begründet sein Prinzip der →Gerechtigkeit als Fairness, mit dem sich die soziale Gerechtigkeit von Institutionen und gesellschaftl. Verfahrensweisen beurteilen lasse, in der Idee eines Gerechtigkeitsbegriffs, der für jeden zustimmungsfähig ist, sofern nur unparteilich argumentiert wird. Dagegen verstehen sich die Vertreter des →Kommunitarismus (A. MacIntyre, C. Taylor, Michael J. Sandel, * 1953, M. Walzer u. a.), die auf der Grundlage einer Reformulierung des Tugendbegriffs die Konstituierung von gelingenden Gemeinschaftsformen zu erklären versuchen, als Kritiker rationalist. und normativer Moralbegründungen. Eine vergleichbare Kritik wird auch von feminist. Philosophinnen vorgebracht, die bes. kritisieren, dass sich in den vermeintlich objektiven und universalist.

Prinzipien der E. oftmals Moralvorstellungen und Haltungen verbergen, die einseitig männl. Handlungsmustern entstammen (→ feministische Philosophie).

In Dtl. fand seit den 1970er-Jahren eine Debatte um die Rehabilitierung prakt. Philosophie statt. Seither waren einerseits Rezeptionen angelsächs. Debatten zentral (Metaethik, Kommunitarismus, Rawls) oder aktuelle Reformulierungen traditioneller Diskussionen der prakt. Philosophie im Anschluss an Kant, Hegel oder Aristoteles. Bes. einflussreich war die → Diskursethik von K.-O. Apel und J. Habermas, die im Rekurs auf Sprachpragmatik und → kommunikative Kompetenz die Bedingungen eines repressionsfreien, vernünftigen eth. Diskurses aufzuweisen und eine Letztbegründung moral. Normen zu argumentieren sucht.

Grundlagendiskussionen in der Ethik

In der **Meta-E.** wird der Status moral. und evaluativer Aussagen diskutiert. Haben moral. Aussagen überhaupt einen kognitiven Gehalt (»Kognitivismus«) oder handelt es sich lediglich um den Ausdruck von Gefühlen (»Non-Kognitivismus«)? Abhängig von der Beantwortung dieser Frage, stellt sich auch die Aufgabe der E. unterschiedlich dar: Im ersten Fall ist eine Begründung über die Legitimität dieser kognitiven Gehalte möglich, während beim Non-Kognitivismus eine solche Begründungsaufgabe nicht möglich erscheint. Umstritten ist ferner, welche Möglichkeiten bestehen, moral. Normen und Werte philosophisch zu legitimieren. »Intuitionisten« behaupten, dass es bestimmte Grundintuitionen (etwa der Wert von Menschenrechten oder das Gebot, unnötige Schmerzen zu vermeiden) gibt, die als Ausgangspunkte moral. Argumentationen angesehen werden können, die zwar nicht begründet werden können, aber einer solchen Begründung auch nicht bedürfen. In der Nachfolge von Rawls behaupten so genannte »Kohärentisten«, dass die E. die Aufgabe hat, unsere alltägl. moral. Überzeugungen zu systematisieren und auf ihre Stimmigkeit untereinander zu prüfen. Dagegen wird es von einer Reihe von Philosophen als notwendig angesehen, dass ein normatives Basisprinzip philosophisch begründet wird, auf das sich die normative E. beziehen könne.

In der **normativen E.** sind zwei Unterscheidungen normativer Theorien von zentraler Bedeutung. William K. Frankena (* 1908) unterscheidet *teleolog.* und *deontolog.* Formen der normativen E. Teleolog. E. begründen das moralisch Richtige (moral. Pflichten) abhängig vom außermoralisch Guten. Das Standardbeispiel ist der Utilitarismus, bei dem dasjenige Handeln als moralisch richtig gilt, das das Glück (als außermoralisch Gutes) von allen maximiert. *Deontolog.* E. bestimmen das moralisch Richtige unabhängig vom außermoralisch Guten. Das Standardbeispiel ist die E. Kants, der die Befolgung des kategor. Imperativs bzw. den Schutz der Menschenwürde sowohl als moralisch uneingeschränkt verpflichtend ansieht als auch als moralisch wertvoll an sich, unabhängig von der Beförderung des Glücks. Nach einer anderen Unterscheidung werden *konsequenzialist.* und *non-konsequenzialist.* E. unterschieden: Konsequenzialist. E. beurteilen das moralisch Richtige ausschließlich im Hinblick auf die Folgen von Handlungen, während für non-konsequenzialist. E. auch Intuitionen und Handlungsmotive bei der moral. Beurteilung eine Rolle spielen. – Eine weitere Systematisierung normativer Theorien, die bes. von dem Soziologen M. Weber herausgearbeitet wurde, unterscheidet zw. E., die die Gesinnung des Handelnden in den Vordergrund stellen (*Gesinnungs-E.*) oder die Wirkungen von Handlungen beurteilen (*Erfolgs-* oder *Verantwortungs-E.*).

Von zahlr. Philosophen wird kritisiert, dass die moderne Moralphilosophie sich so stark auf moral. Verpflichtungen konzentriert und diese mit universalist. Anspruch formuliert (E. Anscombe, A. MacIntyre). Ein solcher Universalismus entspränge – so die Kritik – den Illusionen der Aufklärung, die ein der Vernunft zugängl. moral. Gesetz unterstellt. Mit der illusor. Annahme einer solchen Vernunftmoral würde jedoch verkannt, dass moral. Überzeugungen nie unabhängig von moral. Traditionen und gesellschaftlich etablierten Formen von Sittlichkeit zu denken sind. Diese Kritiker einer aufklärer. Vernunftmoral fordern daher eine Abkehr von der universalist. Tradition und eine Rückgewinnung tugendeth. Traditionen. Diese Position wird ihrerseits kritisiert, da sie unter den Bedingungen einer zunehmend globalen Welt nicht in der Lage sei, die Auseinandersetzung über grundlegende moral. Basisüberzeugungen, etwa um die moral. Priorität der Menschenrechte, angemessen zu interpretieren. Von vielen Autoren wird allerdings gefordert, dass eine Pflicht-E., die einen Kern universaler moral. Forderungen formuliert (Menschenrechte, Menschenwürde), um tugendeth. Überlegungen ergänzt werden müsse, die das Gesamt der menschl. Lebensführung (Gefühle, Sinn des Lebens, Motivationen) zum Gegenstand haben und keinen universalist. Anspruch erheben.

Diskussionen in der angewandten Ethik

In der Zeit nach dem Zweiten Weltkrieg sind Diskussionen in der E. jedoch bes. in prakt. und polit. Kontexten bedeutsam geworden. Während des Kalten Krieges hat insbes. die Legitimität des Einsatzes von Massenvernichtungswaffen zu großen Auseinandersetzungen geführt. Der Aufbau von internationalen Institutionen, die Weiterentwicklung des Völkerrechts und die internationale Anerkennung der Menschenrechte stellte für die (polit.) Ethik und polit. Philosophie einen wichtigen Bezugspunkt dar. Besonderen Einfluss hatte die Diskussion um Rawls' »Theorie der Gerechtigkeit«, wobei sein Ansatz von Verteilungsgerechtigkeit auf der Basis der Garantie fundamentaler Freiheiten von zwei Seiten kritisiert wurde: In den 1970er-Jahren haben bes. radikal liberale Gegner (J. M. Buchanan, R. Nozick) sein Konzept von Gleichheit kritisiert, während in den 1990er-Jahren konservative Kommunitaristen die universalist. Prätentionen des Ansatzes infrage stellten. – In den neueren Diskussionen der **Wirtschafts-E.** werden sowohl Fragen von ökonom. Gleichheit und Gerechtigkeit diskutiert als auch Fragen der Verantwortung einzelner Unternehmen und wirtschaftl. Akteure.

Aufgrund der rasanten Entwicklungen der Massenmedien und der Informations- und Kommunikationstechnologie haben sich auch Anfänge einer **Medien-E.** bzw. eine **Informations-E.** entwickelt (die Terminologie wird uneinheitlich verwendet). Während in der Frühphase der Massenmedien v. a. eine globale Medienkritik verbreitet war, versucht die neuere Diskussion in der Medien-E. eth. Kriterien zu entwickeln, die eine moral. Beurteilung des Einsatzes von Medien gestatten. Es geht dabei sowohl um die Beurteilung von moralisch fragwürdigen Präsentationen in den Medien (Pornografie etc.) als auch um die gesellschaftl. Auswirkungen und die Dominanz der Medien. Dabei spielt bes. die Rolle der Medien im Hinblick auf eine (polit.) Öffentlichkeit eine Rolle. Die Informations-E. wendet sich gezielter den informationsverarbeitenden Technologien der Computerisierung, der Frage der Vollständigkeit, Pluralität und Verlässlichkeit von Informationen sowie mögl. missbräuchl. Nutzungen dieser Technologien zu.

In den 1970er-Jahren zentrierten sich die Auseinandersetzungen auf die so genannte friedl. Nutzung der Kernkraft und die moral. Bewertung von technolog. Risiken. H. Jonas' Forderung nach der Rückgewinnung einer teleolog. Naturauffassung und damit verbunden einem schonenden Umgang mit der Natur hat breite Aufmerksamkeit erfahren. Im Zusammenhang mit der »ökolog. Krise« und der Einsicht in die »Grenzen des Wachstums« entwickelte sich seit den 1970er-Jahren eine ausgiebige Diskussion in der **Umweltethik**. Dabei ging es um Forderungen nach »nachhaltigen« Formen der Wirtschafts- und Technikentwicklung, die auch die Diversität der natürl. Umwelt schützen. Darüber hinaus wurde von einzelnen Vertretern der Umweltethik gefordert, eine instrumentalist. Naturauffassung grundsätzlich zu überdenken, und natürl. Entitäten und Landschaften einen Eigenwert zuzuerkennen. Diese Diskussionen in der Umweltethik berühren sich vielfältig mit den Diskussionen in der **Technikethik**, in der es um die moral. Bewertung neuer Technologien (Kernenergie, Gentechnologie, Umweltbiotechnologie, Nanotechnologie etc.) geht. Ferner führten seit den 1970er-Jahren öffentl. Diskussionen um den Tierschutz zur Etablierung einer **Tierethik**. Der Utilitarist P. Singer plädiert dafür, moral. Rücksichtnahme auf alle empfindungsfähigen Wesen auszudehnen und entsprechend alles zu unterlassen, was Tieren Schmerz zufügt. Tom Regan (*1938) setzt sich dafür ein, dass Tiere als eigenständige Subjekte mit moral. Rechten anzusehen seien.

Die größte Aufmerksamkeit erfuhr jedoch die **Medizin-** und **Bio-E.** Im Gefolge der Nürnberger Ärzteprozesse wurde das paternalist. ärztl. Standesethos des →hippokratischen Eids einer grundlegenden Revision unterzogen und der Schutz der Selbstbestimmung des Patienten moralisch festgeschrieben. Bes. jedoch die Entwicklungen der →Reproduktionsmedizin und Gen- und Biotechnologie führten dazu, dass viele Handlungsbereiche in Pharmazie, Diagnostik, Prävention und Therapie sich teilweise grundlegend veränderten und bisweilen auch moral. Grundbegriffe zur Diskussion stehen. Dazu gehören z. B. die Fragen, wann der Würdeschutz eines Menschen beginnt und welcher moral. Status menschl. Embryonen zukommt; des Weiteren, ob es moralisch vertretbar ist, neue Technologien zu Selektionszwecken zu verwenden oder zur »Verbesserung« (Enhancement) menschl. Eigenschaften, was immer dann als »Verbesserung« anzusehen ist. Diskutiert wird auch, inwiefern es legitim sein kann, Menschen zu klonen, oder Klonierungs- und Stammzellforschung zu mögl. therapeut. Zwecken zu entwickeln.

Insgesamt werden Diskussionen im Bereich der angewandten Ethik in Bezug auf nahezu alle Bereiche des menschl. Lebens geführt. Während in der Tradition der Moralphilosophie von der Antike bis zum Beginn des 20. Jh. der Katalog von Themen, die moralisch regelungsbedürftig erschienen, relativ konstant war, ist das Themenspektrum der eth. Diskussionen heute sehr breit. Der moral. Pluralismus ist nicht mehr allein von akadem. Bedeutung, sondern erfasst zunehmend mehr Handlungsgebiete. Die Globalisierung hat zudem zur Folge, dass eth. Diskussionen kaum noch sinnvoll allein im Kontext nur einer Kultur geführt werden können. Insofern ist die Beschäftigung mit den Grundlagen moral. Überzeugungen heutzutage von fundamentaler Bedeutung für das kulturelle, moral. und polit. Selbstverständnis des Menschen. Die moral. Selbstverständlichkeiten des Alltags stellen kaum noch eine zureichende Basis dar, um auf die aktuellen moral. Fragen Antworten zu geben.

Enzyklopädische Vernetzung

Biodiversität ▪ Bioethik ▪ Erfolgsethik ▪ Ethikkommissionen ▪ Freiheit ▪ Frieden ▪ Gentechnologie ▪ Gesinnungsethik ▪ Gewalt ▪ Grundwerte ▪ Handeln ▪ Journalismus ▪ medizinische Ethik ▪ Menschenrechte ▪ Metaethik ▪ Moral ▪ Moralphilosophie ▪ Moraltheologie ▪ nachhaltige Entwicklung ▪ Ökologie ▪ Religion ▪ Sittlichkeit ▪ theologische Ethik ▪ Technikethik ▪ Tierschutz ▪ Verantwortung ▪ Wertewandel ▪ Wirtschaftsethik

P. W. Taylor: Respect for nature. A theory of environmental ethics (Princeton, N.J., 1989); Gesch. der neueren E., hg. v. A. Pieper, 2 Bde. (1992); Technik u. E., hg. v. H. Lenk u. a. (²1993); W. K. Frankena: Analyt. E. (a. d. Engl., 1994); A. Gewirth: Reason and morality (Neuausg. Chicago, Ill., ⁵1995); H. Krämer: Integrative E. (1995); A. MacIntyre: Gesch. der E. im Überblick (a. d. Amerikan., ³1995); H. T. Engelhardt: The foundations of bioethics (New York ²1996); G. E. Moore: Principia ethica (a. d. Engl., Neuausg. 1996); K. Steigleder: Grundlegung der normativen E. (1999); T. L. Beauchamp u. J. F. Childress: Principles of biomedical ethics (Oxford u. a. ⁵2001); Ökologie u. E., hg. v. D. Birnbacher (Neuausg. 2001); J. H. McDowell: Wert u. Wirklichkeit. Aufsätze zur Moralphilosophie (a. d. Engl., 2002); Bio E., hg. v. M. Düwell u. a. (2002); K. Steigleder: Kants Moralphilosophie. Die Selbstbezüglichkeit reiner prakt. Vernunft (2002); Wirtschaft u. E., hg. v. H. Lenk u. M. Maring (Neuausg. 2002); Bio-E. Eine Einf., hg. v. M. Düwell u. K. Steigleder (2003); H. Jonas: Das Prinzip Verantwortung. Versuch einer E. für die technolog. Zivilisation (2003); Natur-E. Grundtexte der gegenwärtigen tier- u. ökoeth. Diskussion, hg. v. A. Krebs (Neuausg. 2003); M. Quante: Einf. in die allg. E. (2003); J. Rawls: Eine Theorie der Gerechtigkeit (a. d. Engl., Neuausg. 2003); T. Regan: Animal rights, human wrongs. An introduction to moral philosophy (Lanham, Md., 2003); F. Ricken: Allg. E. (⁴2003); E. Tugendhat: Vorlesungen über E. (Neuausg. 2003); Angewandte E. Die Bereichsethiken u. ihre theoret. Fundierung, hg. v. J. Nida-Rümelin (2004); Encyclopedia of bioethics, hg. v. S. G. Post, 5 Bde. (New York u. a. ³2004); P. Singer: Prakt. E. (a. d. Engl., Neuausg. 2004); Einf. in die angewandte E., hg. v. N. Knoepffler (2005).

Fortsetzung von Seite 448

eingeführter Begriff für Menschengruppen (Volksgruppen), die kulturell, sozial, historisch und genetisch eine Einheit bilden und sonst auch als »Stämme« oder »Völker« bezeichnet werden. MÜHLMANN definiert E. als »die größte feststellbare souveräne Einheit, die von den betreffenden Menschen selbst gewusst und gewollt wird«. (→ethnische Konflikte, →Minderheit)

📖 W. E. MÜHLMANN: Rassen, Ethnien, Kulturen (1964); MARION MÜLLER: Geschlecht u. Ethnie. Histor. Bedeutungswandel, interaktive Konstruktion u. Interferenzen (2003).

Ethnikí Rizospastikí Énosis [εθni'ki rizospasti'ki 'εnɔsis], Abk. **ERE**, dt. »Nationalradikale Union«, 1956 gegründete konservative polit. Partei in Griechenland, bis 1963 stärkste Partei im Parlament; stellte bis 1963 (K. KARAMANLIS) und 1967 (P. KANELLOPULOS) den Min.-Präs. Nach dem Militärputsch von 1967 wurde sie verboten.

Ethnikon [zu griech. ethnikós, →ethnisch] *das*, *-s/...ka*, Stammes- oder Volksname.

Ethnikum [spätlat., zu griech. ethnikós »ethnisch«] *das*, *-s/...ka*, volk- oder stammartige Gruppe und die eine solche Gruppe kennzeichnende Eigentümlichkeit.

ethnisch [griech. ethnikós »zum Volk gehörend«, »dem Volk eigentümlich«], die (einheitl.) Kultur- und Lebensgemeinschaft einer Volksgruppe bezeugend, betreffend.

ethnische Kolonie, sozialwiss. Begriff für ein Stadtviertel (Quartier), das durch eine dauerhafte Konzentration von Angehörigen einer ethn. →Minderheit gekennzeichnet ist. Der Anteil an Migranten in diesen Stadtvierteln im Vergleich zu anderen Quartieren deutlich überrepräsentiert ist. E. K. verfügen über eine eigene, von der Kultur der Herkunftsländer der Migranten geprägte Infrastruktur, wobei die Grenzen zu den Einrichtungen der Mehrheitsgesellschaft unterschiedlich ausfallen können (»kultureller Austausch« versus »Abschottung«). Die ethn. Koloniebildung kann sowohl auf freiwilliger als auch erzwungener Segregation beruhen; mit ihr werden einerseits positive Funktionen für die Integration der Migranten in die Aufnahmegesellschaft (z. B. Stabilisierung der Persönlichkeit der Migranten, allmähl. Übergang in die Mehrheitsgesellschaft, Möglichkeit zur Selbsthilfe und Kommunikation), anderseits aber auch negative Wirkungen, v. a. bei ausschließl. Konzentration auf innerethn. Kontakte, verbunden. In diesem Zusammenhang wird dann häufig der Begriff der →Parallelgesellschaft verwendet.

ethnische Konflikte siehe Seite 454

ethnische Religionen, eine der in der Religionswiss. gebräuchl. Bez. für die →Stammesreligionen.

Ethnizität *die, -*, in den 1960er-Jahren entstandener Begriff für die Entwicklung von kultureller Abgrenzung einzelner Bev.-Gruppen innerhalb von Staaten und darüber hinaus. Der Begriff E. kam im Zusammenhang mit Untersuchungen auf, die sich der Tatsache widmeten, dass ethn. Zugehörigkeit auch in modernen Nationalstaaten weiterhin eine Bedeutung zukommt. Im Ggs. dazu steht die Idee des Schmelztiegels (»melting pot«), die davon ausgeht, dass ethn. Abgrenzungen zugunsten einer nat. Einheit aufgegeben werden. Der Begriff der ethn. Gruppe, der aufgrund einer Vielfalt von Abgrenzungsmöglichkeiten als unbefriedigend angesehen werden kann (Zugehörigkeit zu einer Sprachgruppe, einer Religion, einer Abstammungsgruppe usw.), wurde von FREDERICK BARTH (* 1928) durch den Begriff der ethn. Grenzen ergänzt. Dies verlagerte den Schwerpunkt von Untersuchungen einzelner ethn. Gruppen auf die Untersuchung ethn. Gefüge, dabei berücksichtigend, dass sich ethn. Identitäten in Abgrenzung von anderen Gruppen bilden. – Themat. Schwerpunkte der E.-Forschung sind u. a. die Zunahme →ethnischer Konflikte und die Wiederbelebung ethn. Identität in nachkolonialer Zeit.

📖 Dictionary of race, ethnicity and culture, hg. v. G. BOLAFFI (London 2003); S. FENTON: Ethnicity (Cambridge u. a. 2003).

ethno... [von griech. éthnos »Volk«, »Volksstamm«], Wortbildungselement mit der Bedeutung: Volks..., Völker..., das Volk, die Völker betreffend, z. B. Ethnologie, Ethnomedizin.

Ethnofood [-fu:d], im dt. Sprachgebrauch seit Ende der 1990er-Jahre Bez. für Speisen, die der internat. Küche (v. a. asiat., mediterrane und mexikan. Küche) entlehnt sind. Zu E. zählen in Restaurants bzw. Schnellrestaurants angebotene Speisen wie Dönerkebab (türk.), Tapas (span.) oder arab. und chin. Gerichte, zunehmend auch Produkte mexikan. Stils (Tacos) oder Wraps. Immer größerer Beliebtheit erfreut sich das jap. Sushi. E. ist meist kurzfristigen Moden unterworfen. Pizza und Spaghetti (ital.) oder Gyros (griech.) sind dagegen inzwischen feste Bestandteile der dt. Esskultur geworden.

Ethnogenese, *Völkerkunde:* Formationsprozess von Völkern oder anderen ethn. Einheiten.

Ethnografie [griech.] *die, -*, **Ethnographie,** →Völkerkunde.

Ethnohistori|e, die Anwendung von Methoden und Arbeitsweisen der Geschichtswissenschaft im Bereich der Ethnologie, z. B. Auswertung von Archivmaterial, mündlich überlieferten Traditionen, archäolog. Material, aber auch allgemein die histor. Erforschung von Gesellschaften, die über keine eigenen schriftl. Überlieferungen verfügen. Vertreter der E. in Dtl. war u. a. F. GRAEBNER.

Ethnokunst, Bez. für die Kunst in traditionellen, zumeist schriftlosen Kulturen, v. a. außerhalb Europas; andere, frühere Bez. sind: Primitive Kunst, Stammeskunst, Exotische Kunst, Kunst der Naturvölker.

Fortsetzung auf Seite 459

Ethnokunst: Schattenspielfiguren-Werkstatt in Yokyakarta (Indonesien); die Figuren für das Wayang-Theater werden handkoloriert.

ETHNISCHE KONFLIKTE

- Ursachen und Hintergründe
- Motive und Zielsetzungen
- Charakteristika des Verlaufs
- Maßnahmen zur Konfliktregelung
- Das offene Problem des Separatismus

ethnische Konflikte, auch **interethnische Konflikte, ethnopolitische Konflikte, Minderheitenkonflikte,** Bez. für Auseinandersetzungen, in denen die Berufung auf ethn. Zugehörigkeit oder Interessen die Grundlage sozialer Zusammenstöße, Parteiungen und Zielvorgaben darstellt. Die ethn. Zuschreibung kann unter Umständen verschärfender, legitimierender oder ideologisierender Faktor in bereits durch andere Problemfelder (soziale Spannungen, Grenzfragen und Gebietsansprüche, polit. Partizipation) bestimmten Konflikten sein.

Soziale Gruppen werden als Ethnien oder Volksgruppen bezeichnet, wenn sie »eine eigene Sprache, Geschichte, Kultur, eigene Institutionen, einen bestimmten Siedlungsraum, möglicherweise auch eine gemeinsame Religion haben *und* sich ihrer Einheit und Zusammengehörigkeit bewusst sind« (P. WALDMANN). Das Bewusstsein der gemeinsamen Zugehörigkeit, oft auch als kollektive Identität oder kollektives historisches Gedächtnis bezeichnet, ist bedeutsam für die Herausbildung von Ethnizität als »sozialer Organisation kultureller Unterschiede« (F. BARTH) oder als Abgrenzung. Die auf die Entstehung des Nationalismus bezogene Formulierung von B. ANDERSON von »imagined communities« trifft insofern auch auf die Herausbildung von Ethnizität zu. Diese wird nach A. COHEN erst dadurch zur Identitätsbildung relevant, dass zwei oder mehrere kulturelle Gruppen in einem gemeinsamen Kontext operieren. Dies ist insbesondere in Staaten gegeben, in denen die Staatsnation (Demos) aus versch. Ethnien zusammengesetzt ist, führt aber nicht zwangsläufig zu einem e. K. oder gar zu dessen gewaltsamer Austragung. Da weltweit nach Schätzungen von der Existenz von 2 500 bis 8 000 Völkern, Ethnien oder Sprachgruppen auszugehen ist, jedoch derzeit nur wenig mehr als 190 Staaten bestehen, ist der multiethn. Staat (und damit die Existenz von nat. Minderheiten) der Normalfall, der homogene Nationalstaat die Ausnahme. Allein in Europa gibt es mehr als 100 Mio. Angehörige von etwa 200 nat. Minderheiten, z. T. zusammengeschlossen in der »Föderalist. Union Europ. Volksgruppen« (FUEV).

Dennoch lässt sich bis in die Gegenwart eine anhaltende Bedeutung e. K. und deren gewaltsamer Austragung feststellen. Die Kriegsstatistik zeigt einen Trend von zwischenstaatl. zu innerstaatl. Kriegen, wobei nicht jeder bewaffnete innerstaatl. Konflikt auch ein e. K. ist, sondern manche eher aus Gründen der Machtkonkurrenz als Antiregimekrieg bezeichnet werden können. Von den 160 zw. 1945 und 1988 begonnenen Kriegen waren 102 (63,7 %) innerstaatl. und 39 (24,4 %) internat. Kriege sowie 19 (11,9 %) Mischkriege mit innerstaatl. und internat. Komponenten. Von den 42 zw. 1989 und 1998 begonnenen Kriegen waren 33 (78,6 %) innerstaatl. und nur noch 6 (14,3 %) internat. Kriege und 3 (7,1 %) Mischkriege. Betrachtet man die innerstaatl. Kriege gesondert, so nahm der Anteil der um Autonomie bzw. Separation geführten Kriege von 31 (30,4 %) zw. 1945 und 1988 auf 16 (48,5 %) zw. 1989 und 1998 zu, während der Anteil der Antiregimekriege deutlich von 54 (52,9 %) auf 12 (36,4 %) zurückging, aber der Anteil der Kriege, die sowohl Antiregime- als auch Separationskriege waren mit 17 (16,7 %) bzw. 4 (12,1 %) relativ konstant blieb. Dabei sind kleinere (kürzere bzw. punktuelle) bewaffnete Auseinandersetzungen um die Zugehörigkeit nicht erfasst. Das »Minorities at risk«-Projekt der Univ. Maryland, USA, das 267 e. K. untersucht hat, sieht zw. 1989 und 1993 den Höhepunkt ethnisch begründeter gewaltsamer Auseinandersetzungen und danach eine deutliche Abnahme ihrer Anzahl. Dies hängt u. a. mit einer etwa seit dieser Zeit feststellbaren Veränderung des Erscheinungsbildes urspr. ethnisch begründeter Gewaltkonflikte zusammen, die durch eine stärkere grenzüberschreitende Regionalisierung und Entstaatlichung bzw. Privatisierung gekennzeichnet ist. Das Heidelberger Konfliktbarometer des Heidelberger Instituts für Internationale Konfliktforschung (HIIK e. V.) kommt für 2004 zu dem Ergebnis, dass in diesem Jahr sämtliche Konflikte hoher Intensität (3 Kriege und 33 ernste Krisen) innerstaatlich ausgetragen wurden. Zwischenstaatl. Konflikte verliefen demgegenüber auf deutlich niedrigerem Intensitätsniveau.

In der Völkerrechtslehre werden zu nat. Minderheiten nur Personen gerechnet, die die Staatsangehörigkeit des Landes besitzen, in dem sie ihren Lebensmittelpunkt haben, sich jedoch von einer zahlenmäßigen Mehrheit durch ethn., religiöse oder sprachl. Charakteristika unterscheiden und keine dominierende Rolle im Staat haben. Als eine nat. Minderheit gelten diese Menschen erst dadurch, dass sie als Gruppe (oft Mehrheitsethnie in einem weitgehend geschlossenen Siedlungsgebiet) ihre gemeinsame Eigenart behalten wollen und neben einer rechtlichen auch eine tatsächl. Gleichheit mit der Mehrheit im Staat erstreben. Demgegenüber werden längere Zeit oder dauerhaft in einem Land lebende Ausländer (Flüchtlinge, Arbeitsmigranten) nicht zu den Minderheiten gerechnet, auch wenn sie schon über Generationen in einer bestimmten Region wohnen und in einem polit. Sinne auch Anlass und Teilnehmer von interethn. Konflikten werden können.

Ursachen und Hintergründe

Das Zusammenleben in fest eingegrenzten, sich als →Nationalstaaten verstehenden polit. Einheiten hat sich – von Europa ausgehend – erst im 19. und 20. Jh. weltweit verbreitet. Die Zahl der Nationalstaaten wuchs insbesondere nach dem Ersten Weltkrieg durch die Aufteilung des Osman. Reiches und Österreich-Ungarns (1918), während der 50er- und 60er-Jahre im Zuge der Entkolonialisierung v. a. Afrikas und 1991/92 bei der Auflösung der UdSSR und Jugoslawiens. Grenzziehungen, die auf krieger. Eroberungen, Waffenstillstandslinien, Gebietsaustausch oder kolonialpolit. Gründe zurückzuführen sind, entsprechen vielfach nicht den Grenzverläufen ethn. Siedlungsgebiete. Vielmehr wurden im Zuge des Kolonialismus aus Machterhaltungsinteressen heraus Siedlungsräume indigener Völker (Ureinwohner) zerteilt oder miteinander rivalisierende Stämme zu einer Verwaltungseinheit bzw. künstl. »Staatsnation« mit dadurch starker ethn. Verschiedenheit zusammengeschlossen. So gründen die Anfang der 1990er-Jahre ausgebrochenen e. K. in Kaukasien v. a. in der Kolonialpolitik des zarist. Russlands in Asien im 19. Jh. Insbesondere in Afrika blieben die kolonialen Grenzen nach der Entkolonialisierung erhalten (u. a. Nigeria, Somalia, Sudan, Tschad, Uganda). Infolgedessen waren und sind dort Kämpfe um die Macht- und Ressourcenverteilung zw. einzelnen Clans, Stämmen und Völkern (Tribalismus) bestimmend für krieger. Auseinandersetzungen, bes. deutlich Mitte der 1990er-Jahre in Ruanda, Burundi und Zaire (heute Demokrat. Rep. Kongo).

Auch die Besiedlung von Gebieten einer Ethnie mit Angehörigen anderer Ethnien kann Ursache für e. K. sein. Seit dem Altertum wurden aus unterschiedl. Gründen (Teile von) Ethnien in einer fremden Region sesshaft, etwa während der Zeit der griech. Kolonisation (8.–6. Jh. v. Chr.), der Völkerwanderung (Höhepunkt im 4.–6. Jh.) oder der dt. Ostsiedlungen (10., 12.–14. Jh.; 17.–19. Jh. [→ Deutsche]); Migrationen erfolgten auch durch religiöse Verfolgung (z. B. → Hugenotten) und Flucht oder aufgrund polit. Absichten (wie die → Deportation zahlr. Ethnien in der UdSSR unter J. W. STALIN während des Zweiten Weltkriegs). Vorrangig wirtschaftl. Motive wiederum waren es, die zahllose Europäer v. a. während des 19. Jh. nach Nord- und Südamerika auswandern und dort zu Lasten der indian. Ureinwohner Land nehmen ließen (→ Auswanderung). In diesem Zusammenhang wird der → Nahostkonflikt, zu dessen Ursprüngen die Rück-Einwanderung von Juden nach Palästina (ab 1888/1905) gehört, aber nicht zu den reinen e. K. gezählt, sondern von der Wissenschaft auch als »ethnisierter Territorialkonflikt« charakterisiert. Begründet wird dies damit, dass – wenigstens bisher – die Konfliktlinie nur marginal zwischen den jüdischen und arabischen Bürgern Israels verläuft, sondern v. a. die Rückgabe der besetzten Gebiete und die staatl. Selbstständigkeit der dort lebenden Araber (Palästinenser) betrifft, wobei die z. T. gewaltsamen Auseinandersetzungen mit den jüd. Siedlern, die von den Palästinensern als Besatzer wahrgenommen werden, auch als Territorialkonflikt angesehen werden.

Motive und Zielsetzungen

Ethn. Gesichtspunkte, bes. die gemeinsame Religion, Geschichte und Kultur, werden häufig dafür instrumentalisiert, als identitätsstiftende Elemente ganze Gruppen hinter ihren Führern zu vereinen. Das Individuum erfährt dann die Interpretationsmuster, die ihm die Unterscheidung zw. der Wir-Gruppe und der Ihr-Gruppe ermöglichen, und die daraus abgeleiteten Handlungsorientierungen über die Sozialisation innerhalb seiner Gruppe als absolute Form einer Selbstlegitimation, die auf der Abgrenzung gegenüber anderen basiert. Ob und in welcher Weise die Abgrenzung zw. der positiv besetzten Wir-Gruppe und einer eventuellen negativen Sicht außer ihr stehender sozialer Einheiten das Entstehen und die Austragung eines Konflikts beeinflusst, lässt sich nicht allgemein gültig bestimmen. Die Abgrenzung (z. B. nationalist. Postulat der ethn. Homogenität) kann je-

ethnische Konflikte: Hunderttausende Hutu, die 1994 infolge des Bürgerkrieges in Ruanda in das damalige Zaire geflohen waren – jedoch auch von dort wieder vertrieben wurden –, kehrten 1996 in ihre Heimat zurück.

doch für die Verschärfung eines Konflikts insofern entscheidend sein, als sich mit ihrer Hilfe Feindbilder aufbauen lassen, die dazu beitragen, dass e. K. nicht nur Interessenkonflikte sind, die kompromisshafte Vereinbarungen erlauben, sondern zumindest von den Beteiligten als Identitätskonflikte wahrgenommen werden, bei denen es »um unterschiedl. Lebensentwürfe (geht), die in ihrer verschiedenartigen Geschichte, in unterschiedl. Brauchtum, einer eigenen Sprache und in widerstreitenden polit. Zielsetzungen begründet sind« (D. SENGHAAS). Freilich stehen häufig Erscheinungen, die als Identitätskonflikte dargestellt werden, mit Interessengegensätzen in Verbindung, wie dies z. B. auch im Libanon- oder Nordirlandkonflikt, aber ebenso in den blutigen Rivalitäten zw. verschiedenen Gruppierungen in Afghanistan zu sehen ist.

Im Einzelnen lassen sich nach SENGHAAS drei Konstellationen von e. K. unterscheiden:

1) Konflikte um die **Besitzstandswahrung.** Diese sind davon geprägt, dass eine Nationalität zu der Auffassung gelangt, ihre eigenen Aufwendungen für die Aufrechterhaltung des Gesamtstaates seien höher als der Nutzen, den sie aus der Gemeinschaft mit anderen Nationalitäten ziehen könne. Dies trifft am ehesten auf jene Völker zu, die innerhalb des gemeinsamen Staates ökonomisch vergleichsweise besser dastehen als die anderen Nationalitäten (v. a. aus diesem Grund bemühte sich das wohlhabendere, jedoch wenig einflussreiche Slowenien 1990/91 darum, den jugoslaw. Staatsverband zu verlassen). Wenn sie nach Sezession streben, kann allerdings auch bei diesen anderen Nationalitäten die Besitzstandswahrung zum Handlungsmotiv werden (so das Streben der Serben, Macht und Einfluss über den 1991 erfolgten Zerfall Jugoslawiens hinaus zu bewahren bis hin zu »ethnischen Säuberungen« in Gebieten, in denen in den Nachfolgestaaten die Bevölkerungen gemischt siedelten).

2) Konflikte um die **Überfremdungsabwehr.** Hierbei handelt es sich um das Streben einer ethn. Gruppe, die in einem Ort, einer Region oder einem Staat die Bevölkerungsmehrheit stellt (z. B. der Tibeter seit

1950, der Albaner im Kosovo oder der Armenier in Bergkarabach bes. seit Ende der 80er-Jahre), die tatsächl. oder vermeintl. Vorherrschaft einer anderen Gruppe, die sich dort in einer Minderheitsposition befindet (der Chinesen, der Serben bzw. der Aserbaidschaner), abzuwehren. Ähnl. Wirkungen zeitigten bis zur Auflösung der UdSSR (und für fortdauernde latente e. K. in ihren Nachfolgestaaten) die gezielten (Zwangs-)Umsiedlungen zur Russifizierung der Sowjetrepubliken mit nichtruss. Bev.-Mehrheit. Einer eskalierenden gewaltsamen Überfremdung entzogen sich in den 1980er-Jahren z. B. die Rumäniendeutschen bzw. -ungarn oder die Bulgarotürken durch Massenabwanderung in die »Mutterländer« ihrer Ethnie.

3) Konflikte um die **Assimilationsabwehr**. Sie entstehen durch Bemühungen der nat. Minderheiten, ihre Identität gegen den Anpassungsdruck der Mehrheit zu bewahren. Die meisten e. K. resultieren hieraus (so schon z. B. seit dem 17./18. Jh. das Streben der Waliser und Schotten nach größerer Eigenständigkeit gegenüber den Engländern). Zwangsassimilierungen durch Repression oder unter dem (ideolog.) Postulat eines supranat. Staatsvolks vermögen die Konflikte nur zu unterdrücken, wie ihr gewaltsames Aufbrechen seit Mitte der 1980er-Jahre, bes. aber nach dem Zerfall der UdSSR und Jugoslawiens 1989–91 verdeutlichte.

Sowohl bei der Überfremdungs- als auch bei der Assimilationsabwehr können auf sozialpsycholog. Ebene »chosen traumata«, kollektive Negativerinnerungen, eine zentrale Rolle spielen. Diese letztlich einseitigen und bewusst ausgewählten Traumata (z. B. die von den Serben 1389 gegen die Türken verlorene Schlacht auf dem Amselfeld) sind gesteuerte Mythologisierungen zur ethn. Mobilisierung und Erzeugung sowie Festigung von lang wirkenden Feindbildern. Neben diesen existieren aber auch »chosen glories«, also mythisch überhöhte Großtaten, die ein Überlegenheitsgefühl der ethnischen Gruppe hervorbringen, das dabei hilft, in Konstellationen zahlenmäßiger Schwäche um das ethn. Überleben zu kämpfen.

Kompliziert und brisant gestaltet sich insbesondere die Situation von Minderheiten, deren Siedlungsgebiet auf versch. Nationalstaaten verteilt ist und deren Anspruch auf eigene Staatlichkeit nur durch Konflikte mit (und eventuell zwischen) mehreren Staaten einzulösen wäre (z. B. bei den über die vier Staaten Irak, Iran, Syrien und Türkei verteilt siedelnden Kurden) oder die durch ihre starke – auch zwischenstaatl. – Mobilität kein geschlossenes Siedlungsgebiet haben (Sinti und Roma).

Nach A. D. Smith verfolgen ethn. oder Minderheitsbewegungen gegenüber der herrschenden Gruppe folgende Ziele: Isolierung, Anpassung, Autonomie, Separatismus oder Irredentismus. Demgegenüber reicht die Bandbreite des Umgangs der herrschenden Gruppe mit den Minderheitsethnien innerhalb eines positiven Spektrums von der Integration über die Wahrung und Förderung ihrer kulturellen Identität bis zur pluralist. und ggf. föderativen Beteiligung an den polit. Angelegenheiten, hingegen in einem negativen Spektrum von der Zwangsassimilierung über die Gettoisierung und andere Formen der Diskriminierung und Benachteiligung bis hin zur Verfolgung, Vertreibung und Vernichtung (Extremfall: die Judenverfolgung im →Holocaust).

Charakteristika des Verlaufs

E. K. weisen in ihren Verläufen mindestens vier Charakteristika auf:

1) Sie besitzen ein extrem hohes Gewaltpotenzial, das bis zum Genozid reichen kann (z. B. die Tötung von bis zu 1 Mio. Tutsi und moderater Hutu durch die Hutu 1994 in Ruanda innerhalb weniger Wochen). Sie werden überwiegend mit Kleinwaffen und ohne Hightech-Aufwand ausgetragen. Es gibt keine Unterscheidung zwischen Kombattanten und Zivilbevölkerung. Das humanitäre Kriegsvölkerrecht wird kaum beachtet. Die Kämpfer sind in der Regel hoch motiviert und kämpfen bis zur Selbstaufgabe. Grausamkeiten und insbes. Vergewaltigungen werden systematisch eingesetzt, um die andere Ethnie physisch und psychisch zu schädigen.

2) In den Fällen, in denen es zum Zerfall der staatl. Ordnung kommt, entstehen um einzelne Akteure (Warlords), die häufig eher ökonom. als polit. Ziele verfolgen, neue Machtzentren. Es entsteht auch eine eigene Kriegsökonomie, vor allem dort, wo über Rohstoffvorkommen verfügt wird (z. B. Angola, Liberia, Sierra Leone). In Afrika waren Ende der 1990er-Jahre etwa 90 private »Sicherheitsfirmen« unter Beteiligung von Söldnern im Einsatz, die zwar das Eigentum und die Tätigkeit internat. Wirtschaftsunternehmen schützten, jedoch auf eigene Rechnung Krieg führten. Z. T. wurden diese »Sicherheitsfirmen« auch im staatl. Auftrag tätig. Dadurch konnten sich die Demokratien der Ersten Welt ersparen, reguläre Truppen einzusetzen und mussten auch nicht über ihre indirekte Kriegsbeteiligung öffentlich Rechenschaft ablegen.

3) E. K. besitzen häufig aufgrund der Siedlungsgeographie einen grenzüberschreitenden Charakter, was das Risiko einer Ausweitung des Konfliktes auf andere Länder oder ganze Regionen erhöht, u. a. auch indirekt durch die großen Flüchtlingsströme.

4) Im Verlaufe von länger andauernden Kampfhandlungen kommt es infolge »ethnischer Säuberungen« und anderer Gewaltmaßnahmen zu relativ homogenen Siedlungsräumen, d. h. mindestens eine Ethnie erreicht ihr Ziel mit Gewalt. Sofern dies von der Völkergemeinschaft toleriert wird, findet es Nachahmer in anderen Gebieten. So wurden die alban. UÇK-Kämpfer im Kosovo zu ihrem gewaltsamen Vorgehen gegen die Serben 1998 dadurch motiviert, dass die gewaltsame ethn. Neuordnung Bosniens und Herzegowinas durch den Dayton-Vertrag von 1995 »belohnt« worden war.

Maßnahmen zur Konfliktregelung

Die Schwere des Konfliktaustrags sowie die Herbeiführung von Regelungen oder gar Lösungen für die dahinter stehenden Probleme hängen davon ab, welches der oben genannten Ziele von der jeweiligen Bewegung verfolgt wird und in welchem Maße die herrschende Gruppe bereit und in der Lage ist, dem entgegenzukommen.

Völkerrechtliche Aspekte Ethn. bzw. Minderheitenkonflikte sind zw. rein innerstaatl. und internat.

Konflikten einzuordnen. Aufgrund dieser Zwischenstellung war und ist eine Regelung der damit zusammenhängenden Probleme durch das Völkerrecht und internat. Organisationen wie UNO, Europarat und KSZE oft schwierig. Die UN-Charta vom 26. 6. 1945 betont zwar das »Selbstbestimmungsrecht der Völker«, stellt es aber neben den Anspruch der Staaten auf »territoriale Unversehrtheit«. Als eine Organisation von Staaten interpretiert die UNO folglich das Selbstbestimmungsrecht als Recht der staatlich verfassten Nationen und nicht als Autonomie- oder gar Sezessionsrecht irgendwelcher Teile davon. Zwar hat die 15. UN-Generalversammlung im Rahmen ihrer »Erklärung über die Gewährung der Unabhängigkeit an koloniale Länder und Völker« vom 14. 12. 1960 das Selbstbestimmungsrecht wieder aufgegriffen, aber erst im Internat. Pakt über bürgerl. und polit. Rechte vom 19. 12. 1966 wurden die Rechte von »Angehörigen« ethn., religiöser oder sprachl. Minderheiten insofern geschützt, als ihnen zugestanden wurde, ihre Muttersprache und kulturellen Traditionen zu pflegen und ihre Religionen »gemeinsam mit anderen Angehörigen ihrer Gruppe« auszuüben (Art. 27). Der Europarat verankerte den Schutz der individuellen Grundrechte und -freiheiten in der Europ. Menschenrechtskonvention vom 4. 11. 1950 (EMRK).

Hinter der Einschränkung auf Einzelpersonen steht einerseits ein am Individuum orientiertes Menschenrechtsverständnis, das darauf zielt, niemanden wegen seiner Nicht-Zugehörigkeit zu benachteiligen. Andererseits lässt diese Haltung auch Befürchtungen von Staaten, in denen ethn. Minderheiten leben, erkennen, kollektive, insbesondere polit. Rechte könnten Sezessionsbestrebungen erleichtern. Alle Bemühungen, darüber hinaus auch die Rechte ganzer Volksgruppen zu schützen bzw. ihre in einzelnen Ländern anerkannten polit. Rechte völkerrechtlich abzusichern, sind deshalb bisher in der UNO gescheitert. Eine Weiterentwicklung dieser Völkerrechtsmaterie wurde nach der Auflösung der bipolaren Machtstrukturen ab 1989 (Zerfall des Ostblocks) und dem Untergang der UdSSR und Jugoslawiens als multiethn. »Wohnsitzstaaten« erforderlich, als die dabei aufgekommene Brisanz von Nationalitätenfragen und ihre Regionalisierung bzw. Internationalisierung den internat. Frieden zu stören begannen. Die im Moskauer Dokument zur »menschl. Dimension der KSZE« (→ Konferenz über Sicherheit und Zusammenarbeit in Europa) vom 3. 10. 1991 verabschiedete Formel, dass »Fragen der Menschenrechte, Grundfreiheiten, Demokratie und Rechtsstaatlichkeit«, zu denen der Minderheitenschutz gehört, »eine nicht ausschließlich innere Angelegenheit des betroffenen Staates darstellen«, konnte aber z. B. nicht in die Erklärung der UN-Generalversammlung vom 18. 12. 1992 (»Deklaration über die Rechte von Personen, die zu nat. oder ethn., religiösen und sprachl. Minderheiten gehören«; Resolution 47/135) aufgenommen werden. Auf der Wiener UN-Menschenrechtskonferenz im Juni 1993 wurde eine Deklaration zu den »Rechten indigener Völker« verabschiedet, denen als ethn. Minderheit – im Unterschied zu nat. Minderheiten (Nationalitäten) – wegen der nicht mehr mögl. eigenstaatl. Gestaltung Gruppenschutz in den Siedlungsgebieten (Reservaten) gewährt wird.

Maßnahmen der KSZE und Institutionen der OSZE Die KSZE hatte schon auf ihrem Treffen im Juni 1990 in Kopenhagen detaillierte Bestimmungen zur Sicherung der Menschenrechte und Grundfreiheiten sowie des Minderheitenschutzes verabschiedet. Im Dokument vom 29. 6. 1990, das jedoch kein geltendes Völkerrecht darstellt, gab es erste bescheidene Ansätze, die über einen individualrechtl. Schutz hinausgingen. Nach ihrem Gipfeltreffen vom November 1990 richtete die KSZE in Warschau ein »Büro für freie Wahlen« ein (Charta von Paris vom 21. 11. 1990; seit Februar 1992 »Büro für Demokrat. Institutionen und Menschenrechte«, BDIMR). Außerdem berief sie nach ihrem Folgetreffen von Helsinki im Juli 1992 den Niederländer MAX VAN DER STOEL in das neu geschaffene Amt eines »Hochkommissars für nat. Minderheiten« (HKNM; Helsinki-Dokument »Herausforderung des Wandels« vom 10. 7. 1992; ihm folgte 2001 der Schwede ROLF EKÉUS im Amt).

Die ab 1. 1. 1995 in OSZE umbenannte KSZE verfügt mit dem BDIMR und dem HKNM über zwei v. a. für eine friedl. demokrat. Entwicklung der Transformationsländer von Ost-Mitteleuropa bis Zentralasien wichtige Frühwarnsysteme. Sie haben die Möglichkeit, mithilfe von Expertenkommissionen, Wahlbeobachtungen, Anhörungen von und Zusammenarbeit mit Nichtregierungsorganisationen (z. B. Amnesty International, Helsinki Citizens Assembly, IKRK) Beiträge zur Konfliktminderung und friedl. Streitbeilegung zu leisten. Die Aktivitäten des HKNM konzentrierten sich v. a. auf die balt. Staaten (dort bes. auf die Schaffung und prakt. Durchführung eines Wahlrechts, das die starke russ. Minderheit nicht diskriminiert, sowie eines neuen Staatsbürgerschaftsrechts, das die Hürden der Aufnahme auf ein vernünftiges Maß absenkte) und auf Regionen des Balkans, in denen es noch nicht zum krieger. Konfliktaustrag gekommen war (v. a. in Makedonien, wo bis Anfang 2001 gewaltsame Auseinandersetzungen zw. slaw. Makedoniern und der alban. Minderheit verhindert werden konnten). VAN DER STOEL machte dabei immer wieder deutlich, dass er seine Tätigkeit nicht als die eines Ombudsmannes für die Minderheiten verstand, sondern als eine für die Minderheit wie für die Mehrheit wichtige unabhängige Clearingstelle.

Der Europarat beschloss 1994 ein »Rahmenübereinkommen zum Schutz nat. Minderheiten«, das auf den KSZE-Normen, bes. dem Kopenhagener Dokument vom 29. 6. 1990, aufbaut (abgeschlossen am 1. 2. 1995). Auf Initiative des frz. Min.-Präs. É. BALLADUR und der Europ. Union wurde von den europ. Teilnehmerstaaten der ab 1. 1. 1995 in OSZE umbenannten KSZE am 20. 3. 1995 ein »Stabilitätspakt« unterzeichnet, dem als Anhang zahlreiche bilaterale Vereinbarungen zur Regelung von grenzüberschreitenden Minderheitsproblemen (z. B. zw. der Slowak. Republik und Ungarn) beigefügt sind. Ziel dieser Initiative war es, vor der von den mittel- und südosteurop. Staaten gewünschten Aufnahme in die Europäische Union möglichst viele e. K. vertraglich zu regeln, um diese potenziellen Gefahrenherde für den innereurop. Frieden zu beseitigen.

Einzelstaatl. Maßnahmen Konkret geht es bei der Behandlung von e. K. innerhalb einzelner Staaten darum, die Interessen der beteiligten Seiten so mitein-

Ethn Schlüsselbegriff ethnische Konflikte

ethnische Konflikte: Spitzenpolitiker der Serben und Albaner trafen sich erstmals 2003 in Wien, um nach dem Krieg im Kosovo Lösungen für die Flüchtlingsfrage und die zerstörte Infrastruktur zu finden.

ander auszugleichen, dass sich alle gerecht behandelt sehen, wobei sich universalist. (z. B. Rechtsstaat) und partikularist. (z. B. die Wertschätzung und Anerkennung bestimmter Traditionen) Forderungen widerstreiten können. Seit dem 18. Jh. hat der moderne Verfassungsstaat hierfür den (nicht unbestrittenen) Ansatz gefunden, formale Gleichheit im öffentl. Raum und individuelle oder durch Ethnien oder Kulturen begründete Besonderheit in der privaten Sphäre anzuerkennen oder zu garantieren. Die kulturelle Nähe oder Distanz zur Mehrheitsethnie mag für die Angehörigen der Minderheiten ein entscheidendes Kriterium dafür sein, sich assimilieren oder abgrenzen zu wollen. Generell muss ihnen beides möglich sein. Das Selbstbestimmungsrecht von Volksgruppen im »Wohnsitzstaat« (mit seinem Anspruch auf territoriale Integrität und Souveränität) darf aber nicht von außen – etwa vom »konationalen« Staat, wo die Ethnie die staatstragende Bev.-Mehrheit bildet – beeinflusst werden (z. B. einer der Hintergründe der krieger. Auseinandersetzungen in Kroatien sowie Bosnien und Herzegowina 1992–95, aber auch der Zypernproblematik). Binationale Verträge über Selbstverwaltungsrechte (z. B. Grundlagenvertrag zw. Ungarn und der Slowak. Rep. vom 19. 3. 1995, Dt.-Poln. Nachbarschaftsvertrag vom 17. 6. 1991), Gesetze zum Schutz von Minderheitssprachen und -kulturen (u. a. Sprachunterricht, Ortsnamen) können konfliktmindernd Identitätsbewahrung sichern.

Grenzen für die Wahrung der kulturellen oder religiösen Eigenständigkeit (Autonomie) sind nur dann gerechtfertigt, wenn mit bestimmten Verhaltensweisen gegen die Grund- und Menschenrechte (z. B. Gleichberechtigung der Geschlechter, körperl. Unverletzbarkeit) verstoßen wird. Angehörigen von ethn. Minderheiten muss das aktive und passive Wahlrecht zustehen. Insofern müssen sie auch das Recht haben, entsprechend der demokrat. Spielregeln eigene Parteien zu gründen. Bei der Verwirklichung ihrer partizipator. Rechte kann es notwendig sein, vom Prinzip der Gleichheit abzuweichen, um ihnen eine Repräsentanz zu sichern. Ein Beispiel hierfür ist die Aussetzung der bei Wahlen in Dtl. sonst übl. Fünfprozentklausel für die Vertretung der dän. Minderheit im schleswig-holstein. Landtagswahlrecht; nach der offiziellen Anerkennung der drei anderen Minderheiten in Dtl., der Friesen, der Sorben sowie der Sinti und Roma (Beitritt zum »Rahmenübereinkommen« am 11. 5. 1995), müssten für die Minderheiten entsprechende Regelungen im Prinzip auch für die Bundestagswahlen vorgenommen werden (§ 6 Abs. 6 Bundeswahlgesetz).

Zu den Möglichkeiten, e. K. ihre Brisanz zu nehmen, gehört auch in Fällen, in denen die Siedlungsgebiete der einzelnen Ethnien relativ geschlossen sind, die Einführung von föderalist. Strukturen wie z. B. Kantonen oder Bundesländern, die in bestimmten Politikbereichen eigenständig entscheiden und handeln können (→ Föderalismus). Dass davon auch Gefährdungen für den Zusammenhalt des Gesamtstaates ausgehen können, zeigte sich in der Schweiz in den 1930er-Jahren, als rechte Gruppierungen (→ Fronten) in den italoschweizer. bzw. dt.-schweizer. Kantonen irredentist. Neigungen erkennen ließen. Aus dem alle vier Ethnien umfassenden breiten polit. Bündnis, das den Zusammenhalt des Landes als »Willensnation« über den Zweiten Weltkrieg hinweg sicherte, entstand 1959 das System der »Konkordanzdemokratie«: Alle bedeutsamen polit. Gruppierungen und damit auch alle Ethnien gehören seitdem dauernd dem Bundesrat (der Reg.) mit einer festgelegten Zahl von Sitzen an. Dieses System stand auch für die innere Ordnung des durch das Dayton-Abkommen Ende 1995 neu konstituierten Staates Bosnien und Herzegowina Pate, in dem für die drei Ethnien Bosniaken (Muslime), Kroaten und Serben ein friedl. Zusammenleben ermöglicht werden sollte. Wie weit dieser Konstruktion der seither bewahrte Friede zu verdanken ist und inwieweit der internat. Truppenpräsenz (IFOR, SFOR, EUFOR) und dem über sehr viel Macht verfügenden, von der internat. Gemeinschaft eingesetzten Hohen Repräsentanten (OHR), lässt sich noch nicht genau feststellen. Ebenfalls nach dem Muster der Konkordanzdemokratie sollte nach dem Plan des UN-Generalsekretärs K. ANNAN von 2002 die Teilung der Insel Zypern überwunden werden. Seine Verwirklichung scheiterte aber bei den 2004 in den beiden Teilen Zyperns abgehaltenen Volksabstimmungen an der Ablehnung auf der griechisch-zypr. Seite.

Das offene Problem des Separatismus

Die schwierigen Fragen der Sezession und Staatenneubildung, die an den Kern des staatl. Souveränitätsanspruchs rühren, werden nie vollständig zu normieren sein. Allerdings kann die OSZE mit ihren Verfahren des kontinuierl. Dialogs hierbei prinzipien- und normbildend wirken und so dazu beitragen, den Gewaltcharakter von Staatsauflösungsprozessen zu verringern. Ein zentrales Kriterium für die Beurteilung von Sezessionen, Staatszerfall und Staatenneubildung ist, welche Konfliktregelungen letztlich für die betroffenen Menschen mit der größten Akzeptanz und den geringsten »Kosten« verbunden sind. Priorität sollte dabei die Aufrechterhaltung des bestehenden Staates in seinen bisherigen Grenzen haben. Aber wenn es nicht möglich ist, durch Demokratisierung, Verbesserung des Minderheitenschutzes und Stärkung dezentraler Strukturen eine Akzeptanz des Staates durch alle ethn. Gruppen zu erreichen, und wenn die Aufrechterhaltung der bestehenden staatl. Strukturen nur noch mit Gewalt und Menschenrechtsverletzungen insbesondere bei ethn. Minderheiten gesichert werden kann, müssen von der internat. Gemeinschaft Verfahren angeboten und ggf. eingeleitet werden können, die eine Auflösung ermöglichen. Wichtig ist dabei allerdings, dass in den neu entstehenden Staaten die Minderheitenrechte geschützt werden, um die in dem neuen Staatsgebilde lebenden Angehörigen der Mehrheitsethnie des früheren Staates davor zu schützen, dass an ihnen Rache geübt wird. Nicht selten erweisen sich dabei die Bev.-Gruppen eher kompromissbereit als ihre polit. Führer.

Enzyklopädische Vernetzung
Autonomie ▪ Befreiungsbewegung ▪ globale Probleme ▪ Minderheit ▪ Nationalitätenfrage ▪ Regionalismus ▪ Segregation ▪ Souveränität ▪ Vertreibung

Hb. der europ. Volksgruppen, bearb. v. M. STRAKA (Neuausg. Wien 1972); Urban ethnicity, hg. v. A. COHEN (London 1974); A. D. SMITH: The ethnic revival (Cambridge 1981); O. KIMMINICH: Rechtsprobleme der polyethn. Staatsorganisation (1985); Ethnizität im Wandel, hg. v. P. WALDMANN u. a. (1989); Ethnizität. Wiss. u. Minderheiten, hg. v. E. J. DITTRICH u. a. (1990); A. E. BUCHANAN: Secession. The morality of political divorce from Fort Sumter to Lithuania and Quebec (Boulder, Colo., 1991); F. HECKMANN: Ethn. Minderheiten, Volk u. Nation. Soziologie interethn. Beziehungen (1992); P. WALDMANN: Ethn. Radikalismus. Ursachen u. Folgen gewaltsamer Minderheitenkonflikte am Beispiel des Baskenlandes, N-Irlands u. Quebecs (Neuausg. 1992); B. WEHNER: Nationalstaat, Solidarstaat, Effizienzstaat. Neue Staatsgrenzen für neue Staatstypen (1992); Das Minderheitenrecht europ. Staaten, hg. v. J. A. FROWEIN u. a., 2 Bde.(1993–94); Bosnien u. Europa. Die Ethnisierung der Gesellschaft, hg. v. N. STEFANOV u. M. WERZ (1994); Friedl. Konfliktbearbeitung in der Staaten- u. Gesellschaftswelt, hg. v. T. DEBIEL u. N. ROPERS (1995); Minderheiten als Konfliktpotential in Ostmittel- u. SO-Europa, hg. v. G. SEEWANN (1995); S. RYAN: Ethnic conflict and international relations (Aldershot ²1995); C. P. SCHERRER: Ethno-Nationalismus im Weltsystem, 2 Bde. (1996–97); D. SENGHAAS: Friedensprojekt Europa (Neuausg. 1996); Selbstbestimmungsrecht der Völker – Herausforderung der Staatenwelt, hg. v. H. J. HEINTZE (1997); Bürgerkriege. Folgen u. Regulierungsmöglichkeiten, hg. v. H. W. KRUMWIEDE u. P. WALDMANN (1998); Moderner Minderheitenschutz, hg. v. H. J. HEINTZE (1998); E. K. in der Dritten Welt. Ursachen u. Konsequenzen, hg. v. GÜNTER MEYER u. A. THIMM (2001); U. SCHNECKENER: Auswege aus dem Bürgerkrieg (2002); Nation-building. Ein Schlüsselkonzept für friedl. Konfliktbearbeitung? (2004); B. VERBEEK: Die Wurzeln der Kriege. Zur Evolution ethn. u. religiöser Konflikte (2004). – *Periodika:* Friedensgutachen, hg. v. der Hess. Stiftung Friedens- u. Konfliktforschung (1987 ff.); Globale Trends. Fakten, Analysen, Prognosen, hg. v. der Stiftung Entwicklung u. Frieden (1991 ff.); Konfliktbarometer, hg. vom Heidelberger Inst. für Internat. Konfliktforschung (1992 ff.).

Fortsetzung von Seite 453
Ähnlich wie die älteren Bez. gilt auch der Begriff E. als problematisch, da er auf europ. Sichtweisen basiert, die nicht mit den Kategorien der Gesellschaften übereinstimmen, der die jeweilige E. entstammt. Die Rezeption von E. durch europ. Künstler des 20. Jh. (→Primitivismus) erfolgte ausschließlich nach ästhet. Kriterien ohne Berücksichtigung spezif. Bedeutungsinhalte.

Die – auch kulturvergleichende – Untersuchung von Bedeutung und Funktion der v. a. in rituelle Zusammenhänge eingebetteten E. ist ein Teilbereich der Völkerkunde (Kunstenologie). Neueste Untersuchungen berühren Fragen der ästhet. Erfahrung und des Bildgedächtnisses, des »Erinnerns und Vergessens«, der Rolle der Bildwerke als Abbilder gesellschaftl. Konstrukte (Denken in Bildern) und Fragen des einheim. Copyrights, außerdem die Erweiterung des traditionellen Repertoires durch neue Materialien und Techniken. Ein weiterer Forschungsbereich beleuchtet die Rezeptionsgeschichte der E. unter den Aspekten des Sammelns (Entdeckungsreisen, Kolonialzeit) und Ausstellens. Museen weltweit nehmen bei der Auswahl von Exponaten Rücksicht auf kulturspezif. Einschränkungen (heilig/geheim), einzelne Exponatgruppen wurden Ende des 20. Jh. repatriiert. Die seit den 1970er-Jahren virulenten Diskussionen um die Restitution von Kunstwerken haben durch verstärkte Kooperation zw. Museen und Herkunftsländern an Bedeutung verloren.

Anders als der Begriff E. nahe legt, war künstler. Tätigkeit in außereurop. Gesellschaften traditionell das Arbeitsfeld ritueller Spezialisten und setzte neben künstler. Talent Kenntnisse im Umgang mit numinosen Kräften und das Erkennen relevanter Zeichen während des ganzen Prozesses voraus. Gleichermaßen waren einzelne Werke oder Werkgruppen nicht für eine generelle Präsentation, sondern nur für eine Wahrnehmung durch Eingeweihte bestimmt. Die Anwendung von Elementen des stilist. Formenkanons, z. B. als Dekorelemente auf Alltagsgeräten oder als Teil der Architektur, stellte jedoch eine von allen geteilte ästhet. Ausrichtung sicher, die als Ausdruck lokaler Identität bis heute bedeutsam geblieben ist. Eine Sonderform der E. sind die Arbeiten lokaler moderner Künstler, die überlieferte Themen in modernen Formaten präsentieren (z. B. Australier) oder die sich bei ihrer Reflexion der veränderten soziokulturellen Bedingungen bewusst traditioneller Stilelemente bedienen. – Zu den unterschiedl. Traditionen von E. →afrikanische Kunst, →Australier, →indiani-

Ethnokunst: Long Jack Phillipus Tjakamarra, ein Maler der australischen Ureinwohner, mit einem seiner Gemälde (2000)

Ethn Ethnolinguistik

Ethnokunst: afrikanische Masken auf einer Verkaufsmesse in Berlin (2003)

sche Kunst, →indonesische Kunst, →ozeanische Kunst.

E. ist darüber hinaus auch umgangssprachl. Bez. für Kunstwerke, die ästhet. Ausdrucksformen fremder oder früherer Kulturen aufnehmen oder verarbeiten (parallel zu Ethnomode, Ethnofood u. a.). Dies umfasst sowohl die Einbeziehung fremder Darstellungs- und Dekorationsweisen in europ. Arbeiten als auch die Herstellung von einheim. Kunst im weitesten Sinne, die sich an einen Markt – von Airport, Esoterik bis hin zu New Age (z. B. Didjeridus) – richtet.

📖 B. BENZING: Das Ende der E. (1978); E. LEUZINGER: Kunst der Naturvölker (Neuausg. 1985); S. PRICE: Primitive Kunst in zivilisierter Gesellschaft (a. d. Engl., 1992); E. P. HATCHER: Art as culture. An introduction to the anthropology of art (Westport, Conn., ²1999); H. B. WERNESS: The Continuum encyclopedia of native art (New York u. a. 2000).

Ethnolinguistik, linguist. Disziplin, die Sprache im Zusammenhang mit der Geschichte der Kultur untersucht, der die jeweiligen Sprachträger angehören. Die E. geht von der Sprachphilosophie W. VON HUMBOLDTS aus, der die typolog. Unterschiede der Sprachen als Folge von versch. Denkweisen der Völker und Sprache als prozesshaften Vorgang (→Energeia) verstand. Ethnolinguist. Richtungen der neueren Zeit sind z. B. die →Sprachinhaltsforschung L. WEISGERBERS und die →Sapir-Whorf-Hypothese.

📖 Ethnolinguistics. Boas, Sapir and Whorf revisited, hg. v. M. MATHIOT (Den Haag 1979); H. HAARMANN: Babylonische Welt. Gesch. u. Zukunft der Sprachen (2001).

Ethnologie *die, -,* die →Völkerkunde.

Ethnomedizin, Teilfach der Medizinethnologie, untersucht die Konzepte von Gesundheit, Krankheit und Heilung in nichtwestlichen, meist traditionellen Kulturen. Fremdkulturelle Medizinsysteme werden im Kontext und in Bezug zur jeweiligen Gesamtkultur sowie transkulturell vergleichend analysiert. In Deutschland wurde die E., obwohl lange schon ein Thema der Ethnologie, als eigenständiges Fach erst 1971 mit der Gründung der Arbeitsgemeinschaft E. institutionalisiert (Zeitschrift »Curare«).

Zentrale Themen sind die Techniken der Wahrsagung und Diagnose, die materielle Heilkunde (Kräuterkunde), die Ritualheilung (damit die enge Beziehung von Religion und Heilungskonzepten), die den Heilungsansätzen zugrunde liegenden Krankheitskonzepte, die Rolle von Medizinmann (Heilung unter Bedingungen von Alltagsbewusstsein) und Schamane (Heilung unter alternativen Bewusstseinszuständen, Trance, Rausch etc.), deren Berufung, Berufungsmythen, Ausbildung, Initiation, Legitimation und Kontrolle, die Veränderung des traditionellen Medizinsystems im Kontakt mit anderen Medizinsystemen. Obwohl von der kritischen →Medizinethnologie inzwischen heftig kritisiert, bleibt bis heute für die E. die Unterscheidung von »disease«, d. h. objektiv diagnostizierbarer Krankheit, und »illness«, d. h. subjektiv erlebtem Kranksein, zentral. Dies gilt besonders für den transkulturellen Vergleich, der zeigt, dass die gleiche »disease« zu sehr unterschiedlichen »illness«-Konzepten führen kann und es für manche »illness«-Konzepte einer Kultur kein »disease«-Konzept gibt (Culture Bound Syndrome →Ethnopsychiatrie).

Der so genannten alternativen Medizin, der New-Age-Bewegung sowie der Esoterik dient die E. als Steinbruch für den oft unreflektierten Import isolierter (aus dem Gesamtkontext ihrer Kultur gelöster) fremdkultureller Heilungstechniken (Schwitzhütte, Gong, »schamanische« Heilung usw.), ein Import, der seinerseits zum Untersuchungsgegenstand der kritischen Medizinethnologie wird.

📖 Ritual u. Heilung. Eine Einf. in die Medizinethnologie, hg. v. K. GREIFELD (³2003).

Ethnomethodologie, *Soziologie:* Bez. für den insbes. von HAROLD GARFINKEL (* 1917) unter dem Einfluss von A. SCHÜTZ begründeten Forschungsansatz für die Analyse der »Methoden« alltägl. Handlungen (→Alltag), z. B. Reden, Fragen, Argumentieren, Begrüßen, Abschiednehmen. Die E. grenzt sich als eine neue grundlagentheoret. Richtung gegenüber den objektivistisch verfahrenden, bes. vom Behaviorismus und von der →strukturell-funktionalen Theorie beeinflussten traditionellen (etablierten) amerikan. Soziologie ab. In der E. wird versucht, ohne Unterscheidung zw. vermeintlich außergewöhnl. und trivialen Gegebenheiten die als selbstverständlich empfundenen Methoden aufzudecken, mit denen die Angehörigen einer Kultur in geordneter, rational aufeinander abgestimmter Weise ihre Alltagshandlungen durchführen, bes. wie sie sich als Interaktionspartner gegenseitig den Sinn, die »Vernünftigkeit« ihrer praktisch-alltägl. Handlungen bestätigen. Dabei erscheinen Sprache, Gestik und Mimik als grundlegend.

📖 Alltagswissen, Interaktion u. gesellschaftl. Wirklichkeit, hg. v. der Arbeitsgruppe Bielefelder Soziologen, Bd. 1: Symbolischer Interaktionismus u. E. (1973); W. J. PATZELT: Grundll. der E. (1987); H. GARFINKEL: Studies in ethnomethodology (Neuausg. Cambridge 1999); Harold Garfinkel, hg. v. M. LYNCH, 4 Bde. (London 2003).

Ethnomusikologie, die →Musikethnologie.

Ethnopsychiatrie, Teilfach der →Medizinethnologie, das sich mit fremdkulturellen Konstruktionen von Geisteskrankheiten und Verhaltensstörungen sowie deren Untersuchung und Behandlung in zumeist traditionellen Kulturen befasst. Wichtige Themen sind die fremdkulturelle Konstruktion der Schnittlinie zw. »normal« und »pathologisch« sowie die kulturelle Bedingtheit und damit Relativität dieser Schnittlinie. Zentrales Untersuchungsfeld und zentraler Begriff der E. ist das kulturbedingte Syndrom (Culture Bound Syndrome, Abk. CBS) als ein mentaler Krankheitsbegriff, den man nur in bestimmten Kulturen findet (z. B. Seelenverlust, »susto«). Zunächst nur in fremden Kulturen angewendet, hat sich die CBS-Forschung auf die westl. Kultur und Medizin ausgeweitet: Anorexie, Bulimie, posttraumat. Belastungsstörung, chron. Müdigkeit werden inzwischen als Form eines CBS in westl. Industriestaaten diskutiert.

Unter E. wird nicht nur die Untersuchung fremdkultureller Konzepte verstanden, sondern auch die Anwendung westl. Konzepte auf fremde Ethnien. Zwei Richtungen haben sich hier bes. hervorgetan: die Ethnopsychoanalyse (z. B. die klass. Dokumentation der Psychoanalyse eines Mohave von G. Devereux) und die Transkulturelle Psychiatrie, der es v. a. um die psychiatr. Versorgung der psychosomat. Belastungssyndrome bei ausländ. Migranten, Flüchtlingen, Folteropfern u. Ä. geht.

A. C. Gaw: Concise guide to cross-cultural psychiatry (Washington, D. C., 2001); W. S. Tseng: Handbook of cultural psychiatry (San Diego, Calif., u. a. 2001).

Ethnopsychologie, als Völkerpsychologie von den Philosophen Moritz Lazarus (* 1824, † 1903) und H. Steinthal sowie dem Psychologen W. Wundt in der 2. Hälfte des 19. Jh. begründete Richtung der Psychologie zur Erforschung der kulturellen Eingebundenheit der »höheren psych. Vorgänge und Entwicklungen«, die in Sprache, Religion, Mythos, Kunst, Rechtsordnung und Brauchtum ihren Ausdruck finden (Wiss. vom »Volksgeist«, nach J. G. Herder und G. W. F. Hegel), zunächst auf evolutionist. Grundlage. Mehr sozialpsychologisch orientiert war die in den 1920er-Jahren entstandene amerikan. Forschung (→ Kulturanthropologie), die das Normen- und Wertesystem der einzelnen Kultur stärker einbezog (Kulturrelativismus) und die unter deren Einfluss herausgebildeten unterschiedl. Basisstrukturen der Persönlichkeit (Modalpersönlichkeit) analysierte. Die Forschung (R. Thurnwald, L. Lévy-Bruhl, Ruth Benedict, Margaret Mead, F. Boas, C. Kluckhohn, B. Malinowski, G. P. Murdock) vollzog sich auf der Grundlage empirischer ethnograf. Ergebnisse als vergleichende Analyse im soziolog., sozialpsycholog. und völkerkundl. Rahmen. Die bes. von G. Devereux und P. Parin seit den 1950er-Jahren entwickelte Ethnopsychoanalyse (transkulturelle oder vergleichende Psychoanalyse) verbindet Erkenntnisse der Ethnologie, Psychologie und Psychoanalyse. Sie konnte anhand umfangreicher Feldforschungen zeigen, dass gesellschaftl. Verhältnisse die psych. Struktur der einzelnen Angehörigen einer Kultur bis in ihr Unbewusstes hinein prägen.

Kulturvergleichende Psychologie, hg. v. A. Thomas (³2003); M. Lazarus: Grundzüge der Völkerpsychologie u. Kulturwiss. (Neuausg. 2003); L. E. Hall: Dictionary of multicultural psychology (Thousand Oaks, Calif., 2005); H. Stubbe: Lex. der E. u. transkulturellen Psychologie (2005); M. Verkuyten: The social psychology of ethnic identity (Hove 2005). – *Zeitschrift:* Kölner Beitrr. zur E. u. transkulturellen Psychologie (1995 ff.).

Ethnosoziologie, von R. Thurnwald begründete, sozialwissenschaftlich ausgerichtete Forschungsrichtung in der Ethnologie, deren theoret. Grundlage wie in der brit. Social Anthropology der → Funktionalismus ist.

Ethnozentrismus *der, -, Soziologie:* Einstellung, Auffassung oder Lehre, die das eigene soziale Kollektiv (Gruppe, Schicht, Ethnie, Volk, Nation, Rasse u. a.) in den Mittelpunkt stellt und gegenüber anderen, fremden als höherwertig, überlegen interpretiert.

Ethnozid *der,* auch *das, -(e)s/-e* und *...'zidi̱en,* Zerstörung der kulturellen Identität einer Volksgruppe durch erzwungene Assimilierung.

Ethogramm *das, -s/-e,* **Aktionskatalog,** *Verhaltensforschung:* katalogmäßiges Erfassen aller Verhaltensweisen einer Tierart.

Eth|ökologie, die → Verhaltensökologie.

Ethologie [griech. »Charakterdarstellung«, »Sittendarstellung«] *die, -,* die → Verhaltensforschung.

Ethos [griech. »Gewohnheit«; »Gesittung«, »Charakter«] *das, -,* die von sittl. und moral. Normen geprägte Grundhaltung eines Einzelnen oder einer Gruppe (z. B. Standes-E., Berufs-E. der Ärzte, Rechtsanwälte u. a.); bildet sich durch Gewohnheit und Übung sowie durch Konsens oder Gesetzesbeschluss heraus. Die Geltung der Normen stützt sich auf bewährte Traditionen; sie müssen nicht wie in der Ethik rational begründbar sein.

Ethoxy..., Äthoxy..., Bez. der chem. Nomenklatur für die Gruppe $-O-C_2H_5$.

Ethoxylierung, Oxyethylierung, Reaktion zur Einführung einer Ethoxygruppe $-O-C_2H_5$ oder auch der Gruppe $-O-CH_2-CH_2-$ in organ. Verbindungen durch Umsetzen eines geeigneten Substrats mit → Ethylenoxid. Geeignete Substrate mit acidem Wasserstoffatom sind z. B. Fettalkohole, Alkylphenole, Fettamine, Fettsäuren und deren Amide sowie Fettsäureester und Mercaptane. Die Reaktion wird durch starke Basen (z. B. Natriummethylat) katalysiert. Ihre Produkte (**Ethoxylate, Ethylenoxidaddukte**) sind als lineare Ether bzw. Polyether aufzufassen. Sie enthalten eine oder mehrere $(-O-CH_2-CH_2-)$-Gruppen und tragen an einem Kettenende eine Hydroxygruppe, am anderen eine vom Ausgangsstoff abhängige funktionelle Gruppe. Aus Fettalkoholen gewonnene Ethoxylate der Zusammensetzung $RO-(CH_2-CH_2-O)_n-H$ haben v. a. für die Herstellung von nichtion. Tensiden (Polyglykolethern) und Alkylethersulfaten Bedeutung. Außerdem finden sie als Emulgatoren, Lösungsmittel sowie als Kosmetik- und Pharmarohstoff Verwendung.

Ethoxylinharze, ältere Bez. für → Epoxidharze.

Ethyl..., Äthyl..., Bez. der chem. Nomenklatur für die einwertige Gruppe $-CH_2-CH_3$ (oder $-C_2H_5$).

Ethylacetat, Äthylazetat, Essigsäureethylester, Essigester, einer der am häufigsten verwendeten Ester der Essigsäure; fruchtig riechende Flüssigkeit mit einem Siedepunkt von 77 °C. E. wird aus Acetaldehyd hergestellt und ist ein wichtiges Lösungsmittel, bes. für schnell trocknende Lacke. Außerdem wird er zur Extraktion von Antibiotika und als Aromastoff verwendet.

Ethylalkohol, Äthylalkohol, das → Ethanol.

Ethylbenzol, Äthylbenzol, farblose Flüssigkeit mit einem Siedepunkt von 136 °C, die im techn. Maßstab durch Alkylierung von Benzol mit Ethylen bei 40 bis 90 °C in Gegenwart von Aluminiumchlorid hergestellt wird. E. ist Zwischenprodukt für die Herstellung von → Styrol.

Ethylcellulose, Äthylzellulose, → Celluloseether.

Ethylchlorid, das → Chlorethan.

Ethylen [zum Wortstamm von → Ether] *das, -s,* **Ethen, Äthylen, Äthen,** $CH_2=CH_2$, schwach süßlich riechender gasförmiger Kohlenwasserstoff aus der Gruppe der → Alkene; Siedepunkt: $-103{,}7 °C$, krit. Druck: 50,76 bar. E. entsteht bei der Verbrennung organ. Materials und ist sehr reaktionsfähig, v. a. Additions- und Polymerisationsreaktionen sind typisch. Durch Anla-

Ethylacetat

Ethylbenzol

Ethylen

Ethy Ethylenbromid

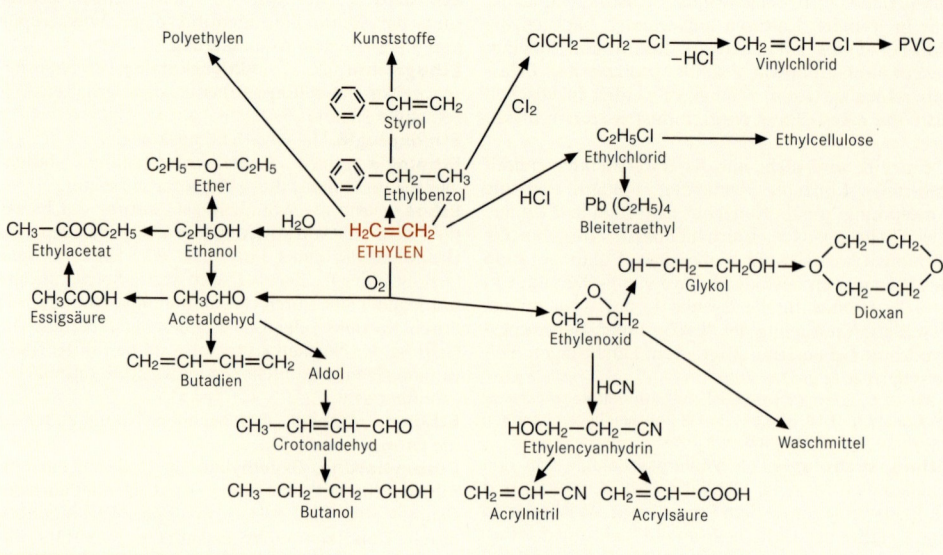

Ethylen als Ausgangsstoff zahlreicher Chemikalien

gerung von Wasserstoff, Wasser, Halogenen, Halogenwasserstoffen und Sauerstoff sind z. B. Ethan, Ethanol, Ethylhalogenide und Ethylenoxid zugänglich. E. ist damit das wichtigste Zwischenprodukt der Petrochemie, v. a. für die Herstellung von Kunststoffen. Technisch wird es durch therm. Spaltung höherer Kohlenwasserstoffe (bes. Naphtha, Erdgas, Erdöl) bei etwa 850 °C hergestellt (→Steamcracken), wobei in Westeuropa Naphtha (76 %) und Erdgas, in den USA an Ethan, Propan und Butanen reiches Erdgas bevorzugter Rohstoff ist. In Industrieländern ermöglichen Pipeline-Verbundsysteme den Transport von E. unter Drücken von 40 bis 45 bar; es wird meist im verflüssigten Zustand gelagert. E. lässt sich auch durch Dehydratisierung von Ethanol, Hydrierung von Acetylen und (zus. mit anderen Alkenen) durch Spaltung von Methanol an Zeolithkatalysatoren herstellen. Diese Verfahren haben jedoch in Ländern mit einer entwickelten Petrochemie keine techn. Bedeutung.

E. zählt zu den pflanzl. Hormonen (Reifungshormon) und wird vermutlich von den meisten →Kormophyten und →Thallophyten sowie von einigen Cyanobakterien und Bakterien, wahrscheinlich auch vom Menschen gebildet. Bei höheren Pflanzen kommt E. in größeren Mengen vor. Im Obsthandel löst man z. B. bei gelagerten, noch nicht vollreifen Bananen mit E. den Reifevorgang aus oder beschleunigt ihn. Im menschl. Organismus wird E. zu Ethylenoxid abgebaut und gilt deshalb als Stoff mit Krebs erzeugendem Potenzial.

Ethylenbromid, das →Dibromethan.

Ethylendiamintetra|essigsäure, Ethylendinitrilotetra|essigsäure, Abk. **EDTA** [für engl. **e**thylene **d**iamine **t**etra-**a**cetic **a**cid], kristalline Verbindung, die mit vielen Metallionen wasserlösl. →Chelate bildet. Dies wird genutzt, um störende Metallsalzablagerungen aufzulösen, z. B. bei der Wasserbehandlung, außerdem in der Komplexometrie zur Titration von Metallionen. Die Alkali- und Erdalkalisalze werden als **Edetate** bezeichnet. E. wird u. a. zum Binden von Schwermetallspuren in Bleichbädern und zum Entgiften bei Schwermetallvergiftungen verwendet, außerdem dient sie in Textilhilfsmitteln, Waschpulvern usw. zum Binden von Schwermetallspuren. E. wird aus Ethylendiamin und Chloressigsäure hergestellt oder durch Umsetzung von Ethylendiamin mit Formaldehyd und Blausäure.

Ethylenglykol, Äthylenglykol, 1,2-Ethandiol, Glykol, einfachste Verbindung aus der Gruppe der →Glykole; zähflüssige, süß schmeckende, hygroskop., giftige Flüssigkeit (Herz, Lunge und Nieren schädigend). Sie ist mit Wasser mischbar und siedet bei 198 °C. E. wird durch Erhitzen von Ethylenoxid mit Wasser hergestellt. Verwendung findet es v. a. als →Gefrierschutzmittel und zur Herstellung von Polyestern, z. B. von Polyethylenterephthalat (PET).

Ethylenimin das, -s, eine gesättigte, dreigliedrige heterozykl. Verbindung, nach der chem. Nomenklatur **Aziridin;** ammoniakartig riechende, hochgiftige, im Tierversuch Krebs erzeugende Flüssigkeit. E. ist sehr reaktionsfähig und kann explosionsartig polymerisieren. Es wird technisch aus 2-Chlorethylamin oder aus 2-Aminoethylschwefelsäure durch Umsetzen mit Basen gewonnen. E. dient zur Herstellung von Polyethyleniminen, die u. a. als Hilfsmittel zur Papierherstellung und Abwasseraufbereitung verwendet werden.

Ethylenoxid, Äthylenoxid, Oxiran, ein zykl. Ether; farbloses, süßlich riechendes, giftiges Gas, das sich im Tierversuch als Krebs erzeugend erwies; es wird technisch durch katalyt. Oxidation von Ethylen gewonnen und dient als Zwischenprodukt zur Gewinnung von

Ethylenglykol, Glykolethern, Ethanolaminen u. a. sowie in geringem Umfang als insektizid, fungizid und bakterizid wirkendes Sterilisierungsmittel für temperaturempfindl. medizin. Instrumente, Drucksachen und Holzwaren.

Ethylformiat, Äthylformiat, der →Ameisensäureethylester.

Ethylglykol, 2-Ethoxy-1-ethanol, Ethylenglykolmonoethylether, mit Wasser und organ. Lösungsmitteln mischbare Flüssigkeit mit einem Siedepunkt von 135 °C, die u. a. als langsam verdunstendes Lösungsmittel für Lacke verwendet wird.

Ethylhexanol, Iso|octanol, höherer Alkohol, der technisch über die →Oxosynthese und →Aldoladdition aus Propylen hergestellt wird. Durch Veresterung mit Phthalsäureanhydrid erhält man den PVC-Weichmacher **Di-2-ethylhexylphthalat,** Abk. **DEHP** (Dioctylphthalat, Abk. **DOP**).

Ethylmaltol, künstl. Aromastoff von süßem, karamellartigem Geschmack, etwa fünfmal so intensiv wie →Maltol; verwendet v. a. als Geschmacksverstärker für Süßspeisen und Getränke. Gewinnung aus Kojisäure, einem Stoffwechselprodukt von Schimmelpilzen (Aspergillus oryzae).

Etidronat, erstes in die Therapie eingeführtes →Bisphosphonat, das sowohl zur Osteoporoseprophylaxe als auch zur Osteoporosetherapie angewendet wird.

Étiemble [e'tjãbl], René, frz. Schriftsteller, * Mayenne 25. 1. 1909, † Vigny (Dép. Eure-et-Loir) 7. 1. 2002; interessierte sich früh für Sprachen und Philosophie, studierte Sinologie und engagierte sich in den 1930er-Jahren in der Bewegung antifaschist. Schriftsteller. Nach längerer Lehrtätigkeit in Chicago, Alexandria und Montpellier wurde É. 1955 Prof. für allg. und vergleichende Literaturwissenschaft in Paris. Sein vielgestaltiges Werk umfasst – neben Romanen – v. a. sprach-, literatur- und allg. kulturkrit. Arbeiten sowie Übersetzungen (D. H. LAWRENCE, G. A. BORGESE). Hauptanliegen seiner Werke ist die Bekämpfung vorgefasster Meinungen und die Erweiterung des geistigen Horizonts durch die Vermittlung von Verständnis für die Verschiedenheit der Kulturen.

Werke (Auswahl): *Romane:* L'enfant de chœur (1937); Peaux de couleuvre (1948); Blason d'un corps (1961; dt. Lob eines Körpers). – *Essays:* Proust et la crise de l'intelligence (1945); Le mythe de Rimbaud, 4 Bde. (1952–61); Hygiène des lettres, 5 Bde. (1952–67); Le babélien, 3 Bde. (1961); Parlez-vous franglais? (1964); Connaissons-nous la Chine? (1964); Essais de littérature (vraiment) générale (1974); Quelques essais de littérature universelle (1982); Rimbaud, système solaire ou trou noir? (1984); Nouveaux essais de littérature universelle (1992). – *Autobiografie:* Lignes d'une vie, 2 Bde. (1988–90).

Étienne [e'tjɛn], Charles-Guillaume, frz. Schriftsteller, * Chamouilley (bei Saint-Dizier) 6. 1. 1777 oder 1778, † Paris 13. 3. 1845; wurde v. a. durch seine Lustspiele (z. B. »Les deux gendres«, 1810; dt. »Die beiden Schwiegersöhne«) und Libretti (z. B. »Cendrillon«, 1810) bekannt, die während des ersten Kaiserreichs und der Restauration sehr erfolgreich waren.

Étienne-Martin [e'tjɛn mar'tɛ̃], eigtl. **Étienne Martin,** frz. Bildhauer und Objektkünstler, * Loriol-sur-Drôme 4. 2. 1913, † Paris 21. 3. 1995; schuf Großplastiken mit organisch wirkenden barocken Formen, seit den 60er-Jahren eine Serie von »Behausungen« (»Demeures«), raumgreifende Plastiken sowie Objekte (»Le manteau«, 1962); auf der documenta V (1972) wurde er als ein Hauptvertreter der individuellen Mythologie vorgestellt.

Etikett [frz., urspr. »Markierung an einem in die Erde gesteckten Pfahl«, zu altfrz. estiqu(i)er »feststecken«] *das, -(e)s/-en,* auch *-s* oder *-e,* (aufgeklebter oder angehängter) Zettel, Hinweisschild (an Gegenständen, Waren), Preisschild, Adressenaufkleber.

Etikette [frz., eigtl. »Zettel mit Hinweisen (auf das Hofzeremoniell)«] *die, -/-n, Pl. selten,* Gesamtheit guter gesellschaftl. Umgangsformen, auch der Regeln, die solche Umgangsformen vorschreiben.

Etikettierung, *Soziologie:* das Einordnen des Verhaltens oder Erscheinungsbildes anderer Menschen oder sozialer Gruppen unter versch. »Etiketten«. Die häufig damit verbundene negative Zuschreibung von Eigenschaften kann Abweichung oder Außenseitertum (→Außenseiter) hervorrufen oder begünstigen. Dieser Tatbestand wurde in der E.-Theorie (amerikan. labeling approach) zu einem wichtigen Ansatz der Theorien abweichenden und kriminellen Verhaltens ausgearbeitet.

Etimasia [griech. »Bereitschaft«, »Zubereitung«] *die, -,* in der frühchristl. und byzantin. Kunst Darstellung des für CHRISTUS bereiteten Thrones als Symbol des erhöhten CHRISTUS (Apk. 22, 1–4); etwa seit dem 11. Jh. Bestandteil der byzantin. Weltgerichtsdarstellung, auch in abendländ., byzantinisch beeinflussten Gerichtsbildern. Im Barock wurde das Motiv wieder aufgegriffen.

eTIN, Abk. für engl. **e**lectronic **T**axpayer **I**dentification **N**umber, mit der Einführung der elektron. Steuererklärung geschaffenes lohnsteuerl. Ordnungsmerkmal, mit dessen Hilfe die Finanzverwaltung dem einzelnen Steuerpflichtigen die vom Arbeitgeber gemeldeten Daten zuordnen kann. Die 14-stellige eTIN wird nach einer vorgegebenen Regel aus Namen, Vornamen und Geburtsdatum des Arbeitnehmers gebildet und enthält am Ende eine Prüfziffer. Sie soll bis spätestens 2007 durch das bundesweite Identifikationsmerkmal gemäß §139 a ff Abgabenordnung ersetzt werden. (→Lohnsteuer)

Etiolement [etiola'mɑ̃; frz., zu éteule »Stoppel«] *das, -s,* **Vergeilung,** *Botanik:* durch Lichtmangel bewirkte Gestaltsänderung von Pflanzen, die mit bleicher bis gelbl. Färbung sonst grüner Pflanzenteile (Verhinderung der lichtabhängigen Chlorophyllbildung, Chlo-

Ethylenoxid

H$_2$C—O—C$_2$H$_5$
|
H$_2$C—OH
Ethylglykol

Etoschapfanne: Giraffen im Etoscha-Nationalpark

rose), auffälliger Verlängerung der Internodien (zu hohe Konzentration von →Auxinen, die von der Sprossspitze zur Basis wandern und deren Konzentration unter Lichteinfluss vermindert wird) und mangelnder Ausbildung von Festigungsgewebe einhergeht (daher zarte Konsistenz, sodass die Sprosse schließlich umfallen. Im Gartenbau wird ein E. absichtlich durch Verdunkelung bewirkt, um u. a. bei Blumenzwiebeln (z. B. Tulpen) das Sitzenbleiben der Blüten zu verhindern und lange Blütenschäfte zu erzielen oder bei Bleichgemüse zarte Blätter, Sprosse und Blattstiele zu erhalten (z. B. Chicorée, Spargel, Bleichsellerie, Stielmus).

Etkind, *Jefim* Grigorjewitsch, russ. Philologe, * Petrograd (heute Sankt Petersburg) 26. 2. 1918, † Potsdam 22. 11. 1999; wirkte an verschiedenen sowjet. Hochschulen; er wurde 1974 zur Auswanderung gezwungen; lehrte an der Univ. Paris-Nanterre; behandelte Probleme der Stilistik, Verskunde und Übersetzung.
   Werke: Zapiski nezagovščika (1977, Memoiren; dt. Unblutige Hinrichtung).
   Hg.: Mastera russkogo stichotvornogo perevoda, 2 Bde. (1968); Forma kak soderžanie (1977); Materija sticha (1978); Russ. Lyrik von der Oktoberrevolution bis zur Gegenwart. Versuch einer Darstellung (1984).

Eton:
Wappen des Eton College

Etmal [mnd. »wiederkehrende Periode«] *das, -(e)s/-e, Nautik:* die von einem in Fahrt befindl. Schiff von Mittag zu Mittag zurückgelegte Strecke.

Etna, ital. für →Ätna.

Étoile [e'twal; frz. »Stern«], in der Hierarchie des Balletts der Pariser Oper ein Titel, der mitunter an einzelne männl. oder weibl. erste Solisten vergeben wird.

Eton ['i:tn], Schulstadt in der Unitary Authority Windsor and Maidenhead, England, am N-Ufer der Themse gegenüber von New Windsor, 3 000 Ew. – E. ist bekannt durch das 1440 von HEINRICH VI. gegründete **Eton College,** die berühmteste und größte Privatschule (Public School) Englands. Die um zwei Höfe angelegten Collegegebäude entstanden Ende des 15., Anfang des 16. Jh. Die im Perpendicular Style ausgeführte Kapelle wurde um 1480 erweitert und besitzt eine Reihe von Wandgemälden dieser Zeit.

ETOPS-Zulassung [Abk. für engl. **e**xtended range **t**win engined **op**eration**s**], spezielle Genehmigung für den Einsatz von Verkehrsflugzeugen mit nur zwei Triebwerken auf Langstrecken (z. B. über den Nordatlantik und den nördl. Ind. Ozean), wenn Ausweichflughäfen (z. B. bei techn. Störungen) in den normalerweise vorgeschriebenen 60 Minuten nicht erreicht werden können. Die Luftfahrtbehörden erteilen E.-Z. für Flüge über 90, 120 bis zu 180 Minuten. Ein so zugelassenes Luftfahrzeug muss bei Ausfall eines Triebwerks in der Lage sein, mit dem verbleibenden Triebwerk den Flug bis zu 180 Minuten bis zum nächsten Ausweichflughafen fortzusetzen. Dadurch können mit zweistrahligen Flugzeugen auch die kürzeren Direktrouten (entlang der so genannten Großkreisrouten) geflogen werden. Um eine E.-Z. zu erhalten, muss ein Luftfahrzeug bestimmte techn. Voraussetzungen erfüllen, die Luftfahrtgesellschaft muss den Nachweis von Erfahrung und Zuverlässigkeit erbringen, und die Piloten müssen besondere Schulungsprogramme absolviert haben. Auf Langstrecken werden zunehmend Luftfahrzeuge mit nur zwei Triebwerken eingesetzt, weil sie unter bestimmten Bedingungen rentabler betrieben werden können als Flugzeuge mit drei oder vier Triebwerken.

Etorofu, jap. Name der Kurileninsel Iturup (→Kurilen).

Etoschapfanne [Ambosprache »Ort des trockenen Wassers«], Salztonebene in N-Namibia, etwa 4 600 km², 1 050 m ü. M., völlig eben, meist mit einer salzigen Kalkschlammkruste bedeckt. Nur in regenreichen Jahren kommen die Zuflussrinnen von N bis zur E. durch, sodass sie sich dann teilweise, selten ganz mit Wasser füllen kann. Die E. ist Teil des **Etoscha-Nationalparks,** 22 270 km², eines der bedeutendsten Wildschutzgebiete der Erde (Zebras, Springböcke, Löwen, Elefanten, Leoparden, Giraffen, Spitzmaulnashörner, Hartebeests, Oryx-, Roanantilopen u. a.). – Bild Seite 463

étouffé [etu'fe; frz. »erstickt«], *Musik:* Vorschrift beim Spiel von Pauke, Becken, Tamtam und Harfe, den Ton nach seiner Erzeugung sofort zu ersticken.

Étretat [etra'ta], Badeort an der Küste der Normandie, Dép. Seine-Maritime, Frankreich, 1 600 Ew.; umgeben von bis zu 70 m hohen Steilfelsen aus Kreidekalk.

Etrich, Ignaz, gen. **Igo E.,** österr. Flugpionier, * Horní Staré Město (bei Trautenau) 25. 12. 1879, † Salzburg 4. 2. 1967; entwickelte zus. mit seinem Vater IGNAZ E. (* 1839, † 1927) u. a. Gleitflugzeuge, 1907/08 ein Motorflugzeug, die berühmt gewordene **E.-Taube,** einen

Etiolement: *links* eine im Licht gewachsene, normal grüne, beblätterte Kartoffelpflanze und *rechts* eine in Dunkelheit angezogene, etiolierte Pflanze mit bleichem Spross und reduzierten Blättern; zur Verdeutlichung der Internodienstreckung bei der etiolierten Pflanze sind die einander entsprechenden Knoten durchlaufend nummeriert.

Tiefdecker, der seit 1910 von E. RUMPLER unter der Bez. **E.-Rumpler-Taube** in Berlin gebaut wurde.

Etruri|en, lat. **Etrūria,** antike Landschaft im westl. Italien, benannt nach dem Volk der →Etrusker. Begrenzt war E. im W vom Tyrrhen. Meer, im N vom Arno und vom Apennin, im O und S vom Tiber. Von AUGUSTUS wurde es unter Erweiterung im N bis zum Fluss Magra als 7. Region Italiens konstituiert, unter DIOKLETIAN mit Umbrien vereinigt. Geografisch und historisch ist E. auch die Insel Elba zuzurechnen. Die Bedeutung des Landes beruhte auf seiner Fruchtbarkeit und v. a. auf seinem Metallreichtum. Die Eisenverhüttung von Elba und die Kupferproduktion von Populonia (bei Piombino), Vetulonia (nördlich Grosseto) und Volaterrae (heute Volterra) begründeten den materiellen Wohlstand und die hohe Kultur der etrur. Städte. Der antike Name E. wurde seit dem 3. Jh. n. Chr. durch die Namen **Tuscia** (dt. **Tuszi|en**) und dann **Toscana** (→Toskana) verdrängt. Vorübergehend erschien er noch einmal als Name des von NAPOLEON I. geschaffenen **Königreichs E.** Dieser 1801 auf dem Gebiet des Großherzogtums Toskana für die Nebenlinie Parma des Hauses Bourbon gebildete, von Frankreich abhängige Staat wurde 1807/08 dem frz. Kaiserreich einverleibt.

Etrusker, lat. **Etrusci, Tusci,** griech. **Tyrsenoi, Tyrrhenoi,** etrusk. **Rasenna, Rasna,** im Altertum ein Volk in der Landschaft →Etrurien, das bis ins 4. Jh. v. Chr. eine führende Rolle in Italien spielte.

Der Ursprung der E., die sich in ihrer Kultur von den Italikern unterschieden, ist in der Forschung umstritten. Im Anschluss an DIONYSIOS VON HALIKARNASSOS sah man in ihnen Angehörige der vorindogerman. Urbevölkerung Italiens; nach anderer, auf HERODOT fußender Auffassung sollen die E. im 9. Jh. v. Chr. von Kleinasien aus übers Meer nach Etrurien gekommen sein. Sprachl. u. a. kulturelle Beziehungen zum Osten sind nicht zu leugnen, stützen jedoch die Einwanderungstheorie nicht unbedingt, sondern werden heute zumeist als Folge von Kulturkontakten (z. B. Handelsaustausch, Anleitung durch zugewanderte Handwerker) gedeutet (→etruskische Kultur). Auffallend ist, dass die eisenzeitl. →Villanovakultur Ober- und Mittelitaliens um 700 v. Chr. ohne Bruch in die etrusk. Kultur übergeht, eine große Einwanderungswelle zumindest archäologisch nicht nachzuweisen ist. Hinzu tritt aber auch etwas ganz Neues, nämlich ein starker Einfluss aus dem Bereich des östl. Mittelmeers und des Orients, u. a. durch Kontakte zu den Griechen, die im 8. Jh. v. Chr. in Italien Kolonien gründeten, und zu den Phönikern. Deshalb nimmt man an, dass sich das Volk der E., als ethn. Einheit nur in Italien fassbar, aus autochthonen Elementen, die auch die Träger der Villanovakultur waren und wohl den Großteil der Bevölkerung ausmachten, und fremden Zuwanderergruppen, die zu starken Veränderungen und Wandlungen der einheim. Lebensweise beitrugen, gebildet hat.

Die Besiedlung des Landes nahm im 8. Jh. v. Chr. von den Küstengebieten (Caere, Tarquinii, Populonia) her ihren Anfang. Seit dem 6. Jh. erweiterten die E. ihren Machtbereich nach N bis in die Poebene und nach S: Im 6. Jh. stand Rom unter der Herrschaft etrusk. Könige aus dem Geschlecht der Tarquinier (Übernahme etrusk. Amtsinsignien wie Fasces und Sella curulis, Anlage der Cloaca maxima, älteste Tribuseinteilung unter etrusk. Einfluss und mit etrusk. Namen). Seit der 2. Hälfte des 6. Jh. erstreckte sich die Macht der E. sogar über Kampanien. Im Bund mit Karthago hinderten sie durch den Seesieg bei der kors. Stadt Alalia (um 540 v. Chr.) die griech. Phokäer an der Festsetzung auf Korsika und sicherten damit ihre Seeherrschaft.

Die E., die ihre Städte zumeist auf Anhöhen errichteten, bildeten in Etrurien eine Reihe von Stadtstaaten, von denen die zwölf mächtigsten zu einem Bund

Ignaz Etrich: Etrich-Rumpler-Taube

Etrusker: das etruskische Kernland

Etru etruskische Kultur

vereinigt waren: Arretium (heute Arezzo), Caere (Cerveteri), Clusium (Chiusi), Cortona, Perusia (Perugia), Rusellae (Roselle), Tarquinii (Tarquinia), Veii (Veji) – oder später Populonia –, Vetulonia, Volaterrae (Volterra), Volsinii (Volsinii veteres, bei Orvieto), Volci (Vulci). Nach außen kam es jedoch nur selten zu einem gemeinsamen Vorgehen der Mitglieder. Enger als die staatl. waren die religiösen Bindungen: Seinen kult. Mittelpunkt hatte der Städtebund im Heiligtum der Gottheit Voltumna in Volsinii. Entsprechende Städtebünde gab es auch in der Poebene, bedeutende etrusk. Städte dieses Gebietes waren Felsina (heute Bologna), Ariminum (Rimini), Mantua, Mutina (Modena), Parma, Placentia (Piacenza) und Ravenna, sowie in Kampanien, hierzu zählten die Orte Capua, Acerrae (Acerra), Nola, Herculaneum, Pompeji und Sorrentum (Sorrent). Urspr. wurden die Städte von Königen regiert, doch setzten sich schon bald die adeligen Geschlechter gegen ihnen durch.

Gegen Ende des 6. Jh. v. Chr. setzte der Verfall der etrusk. Macht ein. Um 509 wurde der letzte etrusk. König Tarquinius Superbus aus Rom vertrieben, 504 wurden die E. bei Aricia (heute Ariccia) von den mit dem griech. Kyme (Cumae) verbündeten Latinern und 474 durch Hieron I. von Syrakus in der Seeschlacht von Cumae besiegt. Um 430 verdrängten die Samniten die E. aus Kampanien. An der Wende vom 5. zum 4. Jh. v. Chr. wurden die meisten etrusk. Städte in der Poebene von den eindringenden Kelten erobert, die in der Folgezeit auch Etrurien selbst durch Plünderungszüge bedrohten. Entscheidend für das Schicksal der E. wurde jedoch der Aufstieg Roms. Die röm. Eroberung des mächtigen Veji zu Beginn des 4. Jh. v. Chr. leitete den Untergang der E. ein. Seit 350 gerieten immer größere Teile Etruriens unter röm. Einfluss. Vollendet wurde die Unterwerfung durch die Schlacht bei Sentinum in Umbrien 295, die Schlacht am Vadimon. See in Latium (heute ausgetrocknet) 283 und den Fall von Volsinii 264. Seitdem gehörten die E. zu den waffenpflichtigen Bundesgenossen (Socii) Roms. Nach dem Bundesgenossenkrieg (91–88 v. Chr.) erhielten auch die E. das röm. Bürgerrecht. Eine völlige Romanisierung und die Übernahme röm. Namen auch in der Oberschicht vollzog sich jedoch erst unter Augustus.

M. Pallottino: Italien vor der Römerzeit (a. d. Ital., 1987); A. J. Pfiffig: Einf. in die Etruskologie. Probleme, Methoden, Ergebnisse (⁴1991); M. Cristofani: Die E. (a. d. Ital., Neuausg. 1996); M. Grant: Rätselhafte E. Porträt einer versunkenen Kultur (a. d. Engl., 1997); M. Torelli: Die E. Geschichte, Kultur, Gesellschaft (a. d. Ital., Neuausg. 1998); F. Falchetti u. A. Romualdi: Die E. (a. d. Ital., 2001); G. Camporeale: Die E. Gesch. u. Kultur (a. d. Ital., 2003); F. Prayon: Die E. Gesch., Religion, Kunst (³2003); J. Heurgon: Die E. (a. d. Frz., 2004).

etruskische Kultur, die vom 8. bis 1. Jh. v. Chr. in Mittelitalien westlich des Apennins, in der Poebene und in der Toskana fassbare hoch entwickelte Kultur der →Etrusker, die Elemente der in diesem Raum vom 10. bis 8./7. Jh. angesiedelten, Eisen verarbeitenden Villanovakultur weiterentwickelte, andererseits aber auch ganz neue Züge entfaltete. Die deswegen vielfach angenommene Einwanderung größerer, aus dem Osten stammender Bevölkerungsteile im 8./7. Jh. ist archäologisch nicht nachweisbar, wohl aber gab es vielschichtige Verflechtungen der Etrusker mit anderen Kulturen. Wichtigste Grundlage für die Erforschung der e. K. bildet – neben den Schriftzeugnissen der Etrusker (Inschriften, v. a. Inschriften auf Tongefäßen) und den (wenig systemat. und oft einseitigen) Nachrichten griech. und röm. Autoren – v. a. die künstler. Hinterlassenschaft der Etrusker, bes. in Grabbauten und -beigaben, aber auch in Heiligtümern und Siedlungsresten.

KUNST

Das Interesse an der etrusk. Kunst erwachte in der Renaissance, die Erforschung setzte im späten 18. Jh. ein, wobei v. a. die in den Gräbern entdeckten Beigaben und Malereien für die Erforschung der griech. Kunst interessierten. Heute liegt der Schwerpunkt der Forschung bei der etrusk. Kunst und Kultur in ihrer Eigenart; entsprechend wurde auch die Ausgrabungstätigkeit auf andere Bereiche, wie den der Wohnstadt, ausgedehnt. – Die jähe Entwicklung der etrusk. Kunst um 700 v. Chr. verdankt die entscheidenden Anstöße dem Austausch mit den oriental. Kulturen; der Handel brachte zahlr. Werke der Kleinkunst aus Urartu, Assyrien, Ägypten, Zypern, Phönikien und nach 700 bes. aus Korinth nach Mittelitalien; zugereiste Händler und Handwerker vermittelten auch persönlich Fertigkeiten und Techniken. Dadurch entstand der orientalisierende Stil des 7. Jh. v. Chr. (wobei nicht immer sicher ist, ob die Gegenstände im Land hergestellt oder importiert wurden). Während die frühe Goldschmiedekunst die oriental. Techniken der Granulation und des Filigrans übernahm, zeigt die Bronzekunst enge Verbindung zu den Techniken der Villanovakultur. Für einige Gattungen sind überhaupt

Etrusker: größte etruskische Ausdehnung um 500 v. Chr.

etruskische Kultur **Etru**

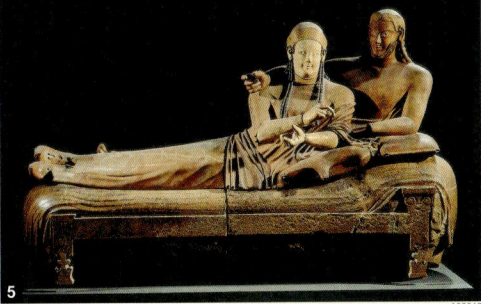

etruskische Kultur (Kunst):
1 Tänzerin und Tänzer, Wandmalerei aus dem »Grab der Löwinnen« in Tarquinia (um 510 v. Chr.)
2 Kopf des Hermes vom Portonaccioheiligtum in Veji, Terrakotta (um 500 v. Chr.; Rom, Villa Giulia)
3 »Ombra della Sera«, bronzene Votivstatuette eines Jünglings aus Volterra, 57 cm hoch (3. Jh. v. Chr.; Volterra, Museo Guarnacci)
4 Nekropole Crocifisso del Tufo der Etruskerstadt Volsinii mit ihren an der Straße angeordneten hausförmigen Gräbern (6.–3. Jh. v. Chr.)
5 Ehepaarsarkophag aus Cerveteri, Meisterwerk etruskischer Terrakottaplastik (Ende des 6. Jh. v. Chr.; Paris, Louvre)

keine Beziehungen zur Villanovakultur sichtbar, andere jedoch sind gut ableitbar, z. B. die Buccherokeramik, die eine Weiterentwicklung der Impastokeramik ist. Die Reaktion auf die Kunst des Mittelmeerraums, seit der Früharchaik (um 620–550) zunehmend auf die archaische griech. Kunst, blieb für die etrusk. Kunst charakteristisch; ihre stilist. Entwicklung war infolgedessen nicht selten sprunghaft und reaktiv statt organisch und kontinuierlich. Jedoch auch im Nachahmen formte sie Vorbilder um und gab bes. Plastik und Wandmalerei einen eigenen Charakter; in ihren besten Werken war sie der griech. Kunst ebenbürtig, insbesondere zu ihrer Blütezeit in der Hoch- und Spätarchaik (um 550–470). Die etrusk. Kunst bewahrte aber bis ins späte 5. und selbst 4. Jh. archaische Züge und zeichnete sich gegenüber der griech. Klassik weiterhin durch eine große Spontaneität aus (Subarchaik; um 470–300). Seit dem 3. Jh. (Spätzeit) verschmolzen etrusk. mit hellenist. Elementen, was bes. in der Porträtkunst in Bronze zu einer neuen Blüte führte (während in Ton und Alabaster Massenware produziert wurde). – Die Hauptquelle der Funde bilden Grabgruben und Grabkammern; die ebenfalls kostbar ausgestatteten Tempel, die über einem Steinfundament aus Holz konstruiert waren, sind restlos zerstört, nur von der Terrakottaverkleidung (v. a. Stirnziegel und Friesplatten) und den Terrakottafiguren (Akroterien) des Daches (Götterstatuen) wurden bedeutende Funde gemacht (ebenso von Akroterien und Stirnziegeln der Hausdächer).

<u>Architektur</u> Seit 670 v. Chr. wurden sowohl über Erdgruben (»Fossagräber«) mit z. T. reichen Bestattungen (Fürstengräber von Praeneste, heute Palestrina) wie über auf gewachsenem Boden oder geringfügig eingetieft aufgemauerten Grabkammern Erdhügel (Tumuli) aufgeschüttet. Es gibt u. a. »Circoligrä-

ber«, benannt nach dem Plattenring, der (den Erdhügel bzw.) eine Anzahl Gruben umgab, »Korridorgräber« mit langen, gangartigen Kammern, geschlossen durch Mauerwerk, das als falsches Gewölbe nach oben spitzbogenartig vorkragte (z. B. das Fürstengrab Regolini-Galassi in Caere, heute Cerveteri), »Kuppelgräber« mit falschem Gewölbe (unter einem Tumulus) über quadrat. oder rundem Grundriss (Grab von Casal Marittimo, Florenz, Museo Archeologico; Tomba della Pietrera in Vetulonia; Gräber von Populonia, heute Piombino) und »Cassonegräber«, bei denen mehrere Grabkammern von einer großen, dem Totenkult dienenden Vorkammer abzweigen (Vulci). Durch schmale Gänge zu erreichende ein- oder mehrräumige »Kammergräber« mit Sattel-, Flach- oder Tonnendach sind der überwiegende Grabtyp der Oberschicht seit dem 6. Jh. Sie haben oder hatten flache kegelförmige Erdaufschüttungen über niedrigen Mauersockeln (Caere, Vulci, Vetulonia) oder über der Stelle, wo die Kammern in den Fels geschlagen waren (Tarquinii, heute Tarquinia). »Würfelgräber« entstanden in S-Etrurien im ausgehenden 7. Jh. (Blera, San Giuliano); aus dem Tuffgestein wurde eine Kastenform mit einem oberen Abschluss und einem Türsymbol herausgehauen. Die Grabkammer mit einer Vorhalle befindet sich darunter. System erbald nur noch die Seite mit dem Türsymbol in die Felswände geschlagen (Savona, Norchia, Castel d'Asso, Volsinii veteres bei Orvieto). Diese Nekropolen oder die von Straßen durchzogene Totenstadt von Caere mit ihren Grabhügeln und einem →Cippus für jeden Bestatteten geben den stärksten Eindruck von der etruskischen Architektur. Die Grabkammern mit ihren Sarkophagen und Urnen, aus dem Fels gehauenen Balken und Säulen (Ständern), steinernen Totenbetten, aus Stein oder Stuck nachgebildeten Möbeln und Geräten, den Wandmalereien (Tarquinii) und Beigaben (Schmuck, Waffen, Gefäße) vermitteln ein Bild von Leben, Wohnen, Sitten und Luxus der etrusk. Oberschicht.

Für die Anlage der Wohnsiedlungen wurden isolierte Bergrücken oder Tuffplateaus bevorzugt; Befestigungsmauern entstanden seit dem 6. Jh., meist jedoch erst ab 400 v. Chr. Die jüngeren Stadtgründungen zeigen das hellenist. System rechtwinklig sich schneidender Straßen. Im Mittelpunkt einer etrusk. Stadt wurde ein Schacht angelegt (als Tor zur Unterwelt). Die rechteckigen Wohnhäuser mit Fundamenten aus Stein und Wänden meist aus Fachwerk oder Lehmziegeln hatten Ziegeldächer und Portiken (Acquarossa) und besaßen z. T. zentrale Höfe (Marzabotto), wobei die Raumanordnung auf das röm. Atriumhaus vorausweist. Während die Grundrisse archäologisch gesichert sind, ist der Aufbau als offenes Atrium durch Hausurnen aus Clusium bekannt.

Die Anfänge des Tempelbaus sind ungewiss. Der von VITRUV als »tuskan. Tempel« beschriebene etrusk. Tempel hatte drei nebeneinander liegende Cellae und eine gleich tiefe Vorhalle über quadrat. Grundriss (Pyrgi, Veji); daneben gab es v. a. einen schmalrechteckigen Typ mit nur einer Cella und einem Gang an jeder Seite (z. B. in Faesulae, heute Fiesole). Die tuskan. oder äol. Säulen der Vorhalle waren auseinander gerückt, das steile Dach ragte über die Seitenwände vor, sodass sich ein Baukörper ergab, der durch seine gedrungenen Proportionen, die Grundrissform, die Dekoration (bes. auf dem Dach) und die rigorose Frontalität ein völlig anderes Aussehen hatte als der griech. Tempel; der etrusk. Tempel gab dem röm. Podiumtempel wesentl. Impulse.

Malerei Seit Ende des 7. Jh. v. Chr. (Veji: Tomba delle Anatre; Caere) entstanden in den südetrusk. Kammergräbern Freskomalereien, deren Blütezeit zw. 530 und 460 liegt (bes. Tarquinii). Dargestellt wurden Tanzende, Musizierende, Ehepaare beim Gelage, mit den Bestattungsfeiern verbundene Wettkämpfe, Fischfang und Jagd mit bezaubernden Naturschilderungen. Seit dem 3. Jh. verlor sich die Heiterkeit der Jenseitsvorstellungen: Unterweltsdämonen, grausame myth. Themen traten ins Blickfeld. Histor. Darstellungen fanden sich im Françoisgrab in Vulci (4. Jh.; Privatbesitz, Kopien in versch. Museen). In der Wandmalerei erweisen sich die etrusk. Künstler als Meister der Darstellung rhythmisierter Bewegung der menschl. Figur wie der Gesamtkomposition.

Die Plastik war im 7. Jh. v. Chr. vorwiegend orientalisierend (Pietrerafiguren aus Vetulonia), führte aber auch Elemente der Villanovakultur weiter (→Kanopen). Die Steinskulptur um 600 steht der dädal. Kunst (→dädalisch) nahe (Kentaur von Vulci). Der Höhepunkt der archaischen etrusk. Plastik wurde vom 6. bis 4. Jh. v. Chr. erreicht mit Werken aus Ton (Apoll aus Veji, um 500; Rom, Villa Giulia) und Bronze (Kapitolin. Wölfin). Trotz der sichtbaren Einflusses der griech. Kunst sind Stilisierung, Oberflächenmodellierung und Betonung von Kopf und Gestik originell und ausdrucksvoll. Die Plastiken der Spätzeit (Porträtstatue des »Redners« [Arringatore], 2. oder 1. Jh. v. Chr., die AULE METELI darstellt, Florenz, Museo Archeologico; Kapitolin. Brutus, 1. Jh. v. Chr., Rom, Kapitolin. Museum) beeinflussten die röm. Kunst, zumindest im Bereich des Idealporträts, wesentlich.

Kunsthandwerk Auf dem Gebiet der Goldschmiedekunst (Fürstengräber in Vetulonia, Caere und Praeneste) wie in der Bearbeitung von Metallen (gegossen, getrieben und graviert), in der Elfenbeinschnitzerei und der Glyptik (Skarabäen) haben die Etrusker eine Vielzahl an qualitativ hochwertigen Arbeiten hervorgebracht. Oft war die Produktion lokal begrenzt, z. B. Silhouettengranulation in Vetulonia, Treppensteine in Tarquinii, gravierte Bronzespiegel (6.–3. Jh.) und Cisten (4.–3. Jh.) in Praeneste. Zentren einer mit der Qualität griech. Importe wetteifernden Keramik waren im 6. Jh. mit schwarzfiguriger Keramik Caere (Hydrien) und Vulci (»pont. Vasen«), Mitte des 5. Jh. mit rotfiguriger Keramik Falerii (heute Civita Castellana; »falisk. Vasen«). Der reiche Import ion. und att. Keramik (darunter z. B. die →Françoisvase) verbreitete die Kenntnis griech. Mythologie in der etrusk. Kunst und bestimmte vielfach die Thematik der gravierten Bronzespiegel und Cisten sowie der Reliefs südetrusk. Sarkophage, deren weitere Themen auch der Gang ins Jenseits oder Begräbnisrituale waren.

MUSIK
Da direkte Zeugnisse fehlen, lässt sich auf die etrusk. Musik nur durch griech. und lat. Berichte sowie v. a. Gemälde und Reliefs in etrusk. Grabkammern rückschließen. Berühmt waren die Etrusker für ihre Blasmusik. Die Römer übernahmen von ihnen die Trompetenformen Tuba, Lituus und Cornu sowie das Rohrblattinstrument Tibia mit zwei Pfeifen. Zum weiteren Instrumentarium zählten die von Griechen stammenden Leiern Phorminx, Lyra und Barbitos, Handklappern, Panflöten und Bronzeglocken. Die drei Trompetentypen begleiteten in meist doppelter Besetzung Leichen- und Triumphzüge; Ensembles mit Blas- und

Saiteninstrumenten spielten zu Tänzen und Hochzeitsfeiern.

RELIGION UND SITTEN

Vieles lässt darauf schließen, dass Religion für die Etrusker von zentraler Bedeutung war. Allerdings ist die ursprüngl. Schicht der etrusk. Religion kaum erkennbar, da aus der Frühzeit keine Götterbilder und keine Zeugnisse der offenbar reichen religiösen Literatur erhalten sind und der Kult erst greifbar wird, als er bereits griechisch beeinflusst oder sogar überschichtet war. Da aber die überird. Wesen nach Geschlecht, Art und Zahl unbestimmt und veränderungsfähig gedacht wurden, scheint es, dass es anfänglich nur den Glauben an eine göttl. Wesenheit gab, die sich in vielfältiger Form bekundete. Die höheren Götter wurden unter griech. Einfluss personifiziert, die niederen Götter und Dämonen bewahrten deutlicher ihre chthon. Herkunft und ihren unpersönl. Charakter. Der oberste Gott Voltumna (Veltune; lat. Vertumnus) wurde als chthon. Vegetationsgott, vielleicht sogar als Verderben bringender Dämon und schließlich als Kriegs- und Bundesgott verehrt (Hauptkultstätte in Volsinii). Die Liebesgöttin Turan, deren Name wahrscheinlich einfach »Herrin« bedeutet, wurde ab dem 6. Jh. v. Chr. mit der griech. Aphrodite gleichgesetzt. Neben Voltumna standen der als bärtiger, väterl. Gott oder als nackter Jüngling dargestellte Blitze schleudernde Tin oder Tinia (entspricht Zeus/Jupiter), die meist als seine Gemahlin verstandene Stadtherrin Uni (Hera/Juno), die alte italische Göttin Menrva (Athene/Minerva), der Vegetationsgott Maris und Nethuns (Poseidon/Neptun). Diese genuin etrusk. oder sehr früh von den italischen Nachbarn übernommenen höheren Gottheiten wurden durch Rezeptionen aus dem griech. Pantheon vermehrt: Hercle (Herakles/Hercules), Artumes oder Aritimi (Artemis/Diana), Aplu oder Apulu (Apoll), Fufluns (Dionysos/Bacchus), Sethlans (Hephaistos/Vulcanus), Laran (Ares/Mars) und Turms (Hermes/Mercurius). Doch mögen auch hier ursprünglich etrusk. Gottheiten in den neuen aufgegangen sein. Von den niederen Göttern (aiser, eiser) sind an erster Stelle die männl. und weibl., wahrscheinlich aus der sexualbetonten Vorstellung des »Genius« entstandenen Geister der Lasa zu erwähnen, die das Diesseits und Jenseits bevölkern und zugleich Geschlechtssymbole verkörpern. Göttergruppen sind die 12 Di consentes oder Di complices, die als grausame und namenlose Berater des Tinia galten, dann die in vier Klassen eingeteilten Penaten, die Laren, Manen und Blitze schleudernden Novensiles. Die Beziehungen der Menschen zu den Göttern wurden nach bestimmten Gesetzen geregelt und der Wille der Götter nach bestimmten Regeln erforscht, die zusammen die Bez. »disciplina etrusca« trugen und z. T. in uralten Büchern (»libri acheruntici«, »fulgurales« und »agrimensores«) niedergelegt waren, die der aus der Erde gepflügte göttl. Knabe Tages den Etruskern gebracht haben soll. Darin waren Vorschriften über die Beobachtung des Vogelfluges (Auguraldisziplin), des Blitzschlages (Fulguraldisziplin) und der Eingeweideschau von Opfertieren (Haruspizien) enthalten. Ferner gehörte dazu die Lehre von den für Menschen und Völker festgesetzten Zeiten, den »saecula« von etwa 120 Jahren Dauer, von denen nach etrusk. Anschauung den Etruskern selbst 8 oder 10, den Römern aber 12 zugemessen waren. Die gleiche Einteilung in feste Zonen begegnet bei der Festlegung bestimmter Bezirke in der Leber von Opfertieren.

Nach den Grabgemälden, die die wichtigsten Quellen für Lebensformen und Sitten der Etrusker sind, waren diese ein weltzugewandtes Volk, das Jagd, Tanz, Musik, Theater und reichen Schmuck aus Gold, Silber, Bronze und Elfenbein liebte, Togen und Tuniken trug, die oft prunkvoll gearbeitet und verziert waren, in gut ausgestatteten Atriumhäusern wohnte, deren Typus die Römer ebenso übernahmen wie die Theateraufführungen und Gladiatorenspiele, die bei den Etruskern ein Teil der Leichenfeier waren, die purpursäumte Toga der Magistrate und eine Reihe religiöser, polit. und gesellschaftl. Einrichtungen. Die Bewaffnung mit Äxten, Speeren, Schwert, Helm, Panzer, Schild und Beinschienen entsprach der anderer Völker des Altertums, wobei sich bei den Etruskern eine besondere Vorliebe für griech. Waffen zeigte (Funde von Vulci). Über das Familienleben ist nur wenig bekannt. Hervorgehoben wird stets, dass die etrusk. Frau nicht nur eine bevorzugte Stellung im Haus, sondern auch erhebl. Freiheiten in der Öffentlichkeit genoss. Auch erscheint der Name der Mutter häufig auf Grabinschriften bei verstorbenen Kindern. Die Gesellschaftsordnung, in der neben den freien Bürgern Freigelassene und Sklaven eine wichtige Rolle spielten, war aristokratisch und gentilizisch, was nicht zuletzt durch das Drei-Namen-System (Vorname, Geschlechtername, Zuname) zum Ausdruck kam.

SPRACHE UND SCHRIFT

Sprachdenkmäler Derzeit sind knapp 8000 Texte in etrusk. Sprache bekannt; jährlich werden etwa 40 weitere aufgefunden. Die meisten sind Grabinschriften, die v. a. Namen, manchmal auch biograf. Notizen enthalten. Zahlreich sind auch Weih-, Geschenk- und Besitzinschriften auf Gefäßen und Geräten sowie Beischriften zu mytholog. Szenen auf Bronzespiegeln, Gemmen, Vasen und an Grabwänden. Hinzu kommen Künstlersignaturen, Bauinschriften, Verfluchungen (auf Bleitäfelchen, an die Unterweltgötter gerichtet) und Verstreutes, etwa Zahlwörter auf Würfeln. Der längste Text ist ein Ritualkalender, mit etwa 1300 Wörtern knapp zur Hälfte erhalten und auf ein Leinwand-Faltbuch (Leporello) geschrieben, das, in Streifen zerrissen, um eine ägypt. Mumie des Zagreber

etruskische Kultur: Platte mit der Beschreibung eines Bestattungsrituals in etruskischer Schrift, gefunden in Santa Maria Capua Vetere (5. Jh. v. Chr.; Berlin, Antikensammlung)

Museums gewickelt war (Agramer Mumienbinden, 3.–1. Jh. v. Chr.). Ein älterer Ritualkalender (5. Jh. v. Chr.) mit etwa 300 erhaltenen Wörtern steht auf der großen Tontafel von Capua. Vollständig erhalten ist ein Grundstücksvertrag mit 130 Wörtern auf dem Cippus von Perugia. Von den Texten auf den drei Goldplättchen von Pyrgi (400 v. Chr.) berichten der längere etruskische und der punische von dem gleichen Sachverhalt, die Weihung eines Kultraums samt Statue, doch in unterschiedl. Formulierung, sodass sie keine echte Bilingue (zweisprachige/zweischriftige Inschrift) darstellen.

Erschließung der Sprache Die bei vielen erloschenen Sprachen, etwa beim Hethitischen, bewährte sprachvergleichende (»etymolog.«) Methode, die aus äußeren Ähnlichkeiten mit einer bekannten Sprache unter Annahme von Sprachverwandtschaft auf die Bedeutung von Wörtern und Formen der unbekannten Sprache schließt, hat beim Etruskischen versagt; unter den bekannten Sprachen hat sich bisher keine als verwandt erwiesen. Erfolg hatte die Sprachvergleichung nur in der Feststellung von griech. oder italischen Lehnwörtern. Im Übrigen ist man auf die recht schwierige »kombinator.« Methode angewiesen. Der erste Schritt ist dabei die strukturelle Analyse der Texte durch sprachinternen Vergleich: Es wird geprüft, in welchen Kontexten ein Wort vorkommt und wie es in Stamm, Suffix und Endung zu gliedern ist. In einem zweiten Schritt wird der Inhalt eines Textes aus seiner Umgebung ermittelt. Es wird festgestellt, worauf der Text geschrieben ist (Wörter statt Augen auf Würfeln müssen die Zahlwörter von 1 bis 6 bezeichnen), wozu der Gegenstand diente und was der Schreiber ausdrücken wollte. Hierbei ist die Einbeziehung archäolog. Erkenntnisse unentbehrlich und der Vergleich mit gleichzeitigen griech. und italischen Inschriften hilfreich. Der dritte und entscheidende Schritt besteht darin, den Inhalt eines Textes zu zergliedern und die Inhaltselemente den im ersten Schritt ermittelten Ausdruckselementen zuzuordnen. Dabei helfen universelle Erkenntnisse über Sprache und Text ebenso wie der Vergleich mit inhaltsgleichen Texten desselben Kulturkreises: Eine etrusk. Weihinschrift dürfte kaum anders strukturiert sein als eine griech. oder lat. in der gleichen Zeit. Unmittelbaren Erfolg verspricht das Verfahren bei kürzeren Texten.

Von den etrusk. Texten ist die überwiegende Zahl der kürzeren voll verständlich; die Information, die sie enthalten – »V hat mich dem W geschenkt« –, ist jedoch meist banal. Die Verständlichkeit längerer Texte variiert: Teilweise sind sie gar nicht oder nur in der syntakt. Struktur verständlich. Vom Wortschatz sind die zahlreichen Eigennamen identifizierbar, aber wenig informativ. Doch kennt man auch von knapp 100 anderen Wörtern die genaue und von weiteren 50 die ungefähre Bedeutung. Die Flexion von Nomen und Pronomen lässt nur wenige, die des Verbs noch viele Fragen offen. Die Sprache ist agglutinierend wie etwa Finnisch oder Ungarisch: Numerus und Kasus haben jeweils eigene Suffixe (z. B. clan »Sohn«, Genitiv clen-s, Nominativ Plural clen-ar [aus clen-ara verkürzt], Genitiv Plural clen-ara-s).

Schrift Die etrusk. Schrift wurde um 700 v. Chr. aus einem (west-)griech. Alphabet übernommen und ist ihrerseits Quelle des lat. Alphabets. Daher ist ein deutlich geschriebener und gut erhaltener etrusk. Text ohne Weiteres lesbar, d. h., man kennt annähernd die originalen Lautwerte der Buchstaben. Griech. b, d und o wurden im Etruskischen mangels entsprechender Laute nicht verwendet; griech. g bezeichnete [k], zunächst nur im S Etruriens und nur vor e und i, dann allg., was die Römer als Aussprache für c übernahmen (casa = [kasa]). Für den im Griechischen fehlenden Laut [f] wurde das Zeichen 8 geschaffen. Von 500 v. Chr. an wurde das vorher regional (z. B. nördlich – südlich) differenzierte Alphabet vereinheitlicht und gleichzeitig auf 20 Buchstaben vereinfacht, die z. T. gegenüber den ursprüngl. veränderte Formen erhielten. Die Schrift läuft meist von rechts nach links; die Wörter wurden zunächst gar nicht, später durch Punkte oder Spatien getrennt. Im 6./5. Jh. v. Chr. wurden oft Silben schließende Konsonanten und Silben anlautende Vokale mit Punkten versehen, wohl durch Einwirkung einer Silbenschrift, vielleicht der pun. Silbenschrift Karthagos. Die Ziffern sind in Form und Prinzip den römischen sehr ähnlich (z. B. I, Λ, X, IX = 1, 5, 10, 9).

WIRTSCHAFT, HANDEL UND TECHNIK
Die Fruchtbarkeit des Bodens in S-Etrurien, der Reichtum des Landes an Bodenschätzen und die schon früh nachweisbare Schifffahrt der Etrusker (Schiffsrekonstruktionen) begünstigten die Entfaltung der e. K. Im S wurde v. a. ein Überschuss an Getreide, Vieh, Olivenöl, Wein und vermutlich Leder erzeugt. Der Landbesitz war in den Händen einer Oberschicht konzentriert, für die Bearbeitung der Felder einschließlich der Entwässerungsanlagen geht man von einer Hörigenschicht aus. Die Zentren der Eisenerzverhüttung lagen auf der Insel Elba und in Populonia. Ein wichtiger Ausfuhrhafen für Eisen war auch Pyrgi, der Hafenstadt von Caere (Cerveteri). Die Etrusker handelten nach archäolog. Feststellungen mit Rohstoffen, Keramik (darunter ein hoher Importanteil griech., seit dem 6. Jh. v. a. att. Keramik), Getreide, Wein (im 7. Jh. Einfuhr griech. Weins, ab dem 6. Jh. etrusk. Weinbauzentrum in Vulci), Olivenöl, Vieh, Salz und Sklaven. Den Funden nach zu schließen, wurden etrusk. Bronzegeräte ab dem 6. Jh., v. a. Dreifüße, »Kandelaber« (Ständer in Form des Weltenbaums), Trompeten, Statuetten, ab dem 4. Jh. u. a. gravierte Spiegel und Cisten, in den östl. Mittelmeerraum sowie auch ins südl. W-Europa exportiert. Die Etrusker entwickelten Entwässerungssysteme für Sumpfgelände, ebenso städt. Wasserversorgungs- und Kanalisationsanlagen mit hydraul. Systemen, z. B. den Kanal von Cosa, die Cloaca maxima von Rom, die in der röm. Literatur erwähnte Entwässerung der Poebene und die (freigelegte) Kanalisation von Marzabotto. Der Straßenbau überwand Höhenunterschiede meist durch Durchbrechen des (weichen) Tuffgesteins (z. B. bei Savona) oder durch Brückenbauten.

Kunst: F. Prayon: Frühetrusk. Grab- u. Hausarchitektur (1975); R. Bloch: Die Kunst der Etrusker (a. d. Frz., Neuausg. 1979); S. Steingräber: Etrurien. Städte, Heiligtümer, Nekropolen (1981); T. Dohrn: Die etrusk. Kunst im Zeitalter der griech. Klassik (1982); K.-W. Weeber: Funde in Etrurien (1982); L'oro degli Etruschi, hg. v. M. Cristofani u. M. Martelli (Novara 1983); Etrusk. Wandmalerei, hg. v. S. Steingräber (a. d. Ital., 1985); Corpus speculorum Etruscorum, hg. vom Dt. Archäolog. Inst., auf 10 Bde. ber. (1987 ff.); F. Gröteke: Etruskerland. Gesch., Kunst, Kultur ([3]1993); Dizionario della civiltà etrusca, hg. v. M. Cristofani (Neuausg. Florenz 1999); Ders.: I bronzi degli Etrusci (Neuausg. Novara 2000); La ceramica degli Etrusci, hg. v. M. Martelli (Neuausg. ebd. 2000).

Religion und Sitten: R. Herbig: Götter u. Dämonen der Etrusker ([2]1965); C. O. Thulin: Die etrusk. Disciplin, 3 Bde. (Neuausg. 1968); A. J. Pfiffig: Religio etrusca (Neuausg. 1975); A. Hus: Les Étrusques et leur destin (Paris 1980); Etruscan life

Etsch: Flusslandschaft bei Rivoli Veronese (Provinz Verona)

and afterlife, hg. v. L. BONFANTE (Detroit, Mich., 1986); P. AMANN: Die Etruskerin. Geschlechterverhältnis u. Stellung der Frau im frühen Etrurien 9.–5. Jh. v. Chr. (Wien 2000).

Sprache und Schrift: M. PALLOTTINO: La langue étrusque (a. d. Ital., Paris 1978); Scrivere etrusco, hg. v. C. PIROVANO (Mailand 1985); Etrusk. Texte, hg. v. H. RIX, 2 Bde. (1991); G. u. L. BONFANTE: The Etruscan language (Neuausg. Manchester u. a. 2002).

Etsch *die*, ital. **Adige** [ˈaːdidʒe], Hauptfluss Südtirols und der zweitlängste Fluss Italiens, 410 km, Einzugsgebiet rd. 12 200 km^2, Wasserführung stark schwankend (zw. 2000 und 60 m^3/s, Durchschnittswert 255 m^3/s). Die E. entspringt am Reschenpass, fließt durch den Vintschgau bis Meran, dann nach SO bis Bozen (Mündung des Eisack) und wendet sich von dort nach S; sie fließt durch eines der größten Obst- und Weinbaugebiete Europas. Unterhalb der Salurner Klause nimmt die E. Noce und Avisio auf, durchfließt das Lagertal (Val Lagarina) parallel zum westlich gelegenen Gardasee und bricht durch die Veroneser Klause zur Poebene durch; hier wendet sie sich kurz vor Verona nach O und mündet, von Hochwasserdämmen begleitet und durch Kanäle mit dem Po verbunden, südlich von Venedig in die Adria. Das E.-Tal bildet einen der bedeutendsten Verkehrswege durch die Alpen, der Fluss ist aber für die Schifffahrt unbedeutend.

Etschmiadsin, **Ečmiadzin** [etʃ-], bis 1945 **Wagarschapat**, **Vagaršapat** [-ʃa-], Stadt in Armenien, westlich von Jerewan, 56 400 Ew.; Sitz des Oberhauptes (Patriarch-Katholikos) der armen. Kirche; Weinkellerei. – Die im 4. Jh. gegründete (Gründungsbau, 301–303) und 495/496 neu erbaute Kathedrale (Bauzeit bis in das 7. Jh.; erneuert im 17. Jh.; UNESCO-Weltkulturerbe) ist die älteste christl. Kirche Armeniens, eine Kreuzkuppelkirche mit vier Apsiden, im Innern Fresken (1720); Glockenturm (1653–58). Nach Meinung zahlr. Forscher wurde die Kathedrale möglicherweise schon im 4. Jh. als Zentralbau mit Kuppel errichtet. Ihr ist ein Klosterkomplex (17./18. Jh.) angeschlossen. Die Kreuzkuppelkirche der hl. Hripsime (Gründungsbau, 618; erneuert 1652) zählt zu den bedeutenden Beispielen tetrakonchalen Zentralbaus; die Kirche der hl. Gajane (630–636; 1652 restauriert) gehört zum Typ der Kuppelbasilika; erwähnenswert ist auch die Schoghakatkirche von 1694. – An der Stelle des heutigen E. existierte im 2. Jh. v. Chr. die Siedlung Wardkessawan, an deren Stelle in der 1. Hälfte des 2. Jh. n. Chr. die Stadt Wagarschapat gegründet wurde, die spätere Hauptstadt Armeniens (2. Hälfte des 2. Jh. bis 4 Jh.).

ETSI [iːtiːesˈiː], Abk. für engl. European Telecommunication Standards Institute (→ Europäisches Institut für Telekommunikationsstandards).

Ett, Caspar, Komponist, * Eresing (Landkreis Landsberg a. Lech) 5. 1. 1788, † München 16. 5. 1847; seit 1816 Hoforganist an der Michaeliskirche in München; bedeutend für die Erneuerung der kath. Kirchenmusik aus dem Geiste der klass. Vokalpolyphonie; komponierte Messen und Motetten sowie Musik für den orth. und jüd. Kultus.

Ettal, Gem. im Landkreis Garmisch-Partenkirchen, Oberbayern, 900 m ü. M., am Fuß des Ettaler Mandls (1633 m ü. M.), 830 Ew.; Fremdenverkehr. – Kaiser LUDWIG DER BAYER gründete 1330 ein Ritterstift und Benediktinerkloster, welches zu hoher Blüte kam. Die Kloster- und Wallfahrtskirche St. Marien (1370 geweiht) wurde 1710 ff. von E. ZUCCALLI und J. SCHMUZER barock umgestaltet und nach einem Brand 1744 mit einem Kuppelgewölbe versehen. Im Innern Rokokostuckaturen von J. B. ZIMMERMANN. – Zur Gem. E. gehört das Schloss →Linderhof. – Bild Seite 472

Ettelbrück, amtlich frz. **Ettelbruck** [-ˈbryk], Stadt in Luxemburg, 198 m ü. M., kurz vor der Mündung der

Ettal: Blick auf die Benediktinerabtei (1330 gegründet) mit der Klosterkirche Sankt Marien

Alzette in die Sauer, 7 300 Ew.; Fremdenverkehrs- und Schulort; Nahrungsmittelindustrie.

Ettenheim, Stadt im Ortenaukreis, Bad.-Württ., am Ausgang des Münstertals in die Oberrheinebene, 195 m ü. M., 12 000 Ew.; Weinbau. – Kath. Pfarrkirche St. Bartholomäus (1768–77); Rathaus (1757) und zahlr. Fachwerkhäuser (17. und 18. Jh.). – In **Ettenheimmünster** die Wallfahrtskirche Sankt Landolin (Barockbau, erweitert um 1764). – E., 810 erstmals erwähnt, war eine Gründung der Bischöfe von Straßburg, in deren Besitz es bis 1803 verblieb. Danach gehörte das vor 1312 zur Stadt erhobene E. zu Baden.

Etten-Leur [-'lør], Industrie-Gem. in der Prov. Nordbrabant, Niederlande, 33 800 Ew.; Regional- und Grafikmuseum; Konserven-, Sportartikel-, Möbel-, Verpackungsmittel-, Metall- und Spezialmaschinenfabriken, Glasindustrie und Kunststoffverarbeitung.

Etter [ahd. etar »Zaun«], Planken, lebender Zaun, seltener Mauer, die einen Bauernhof, vom Spät-MA. bis ins 19. Jh. auch ein ganzes Dorf (**E.-Dorf**) oder eine Kleinstadt, umgab und von der Flur trennte. Der E. schied den Raum »innert E.« als Ort höheren Rechtsfriedens aus, daher auch »Einfriedung« genannt. Daneben bezeichnet E. v. a. in Süd-Dtl. den geschlossenen Wohnbereich (**Orts-E.**).

Philipp Etter

Etter, Philipp, schweizer. Politiker, * Menzingen (Kt. Zug) 21. 12. 1891, † Bern 23. 12. 1977; Rechtsanwalt, war 1927–28 Landammann des Kt. Zug und 1930–34 Mitgl. des Ständerates (CVP-Mitgl.). Als Bundesrat (1934–59) leitete er das Departement des Inneren; er betrieb die Erhebung des Bündnerromanischen zur vierten Landessprache (1937) und förderte die Stiftung »Pro Helvetia« (1939) sowie die kulturelle »Italianità« des Tessin. 1939, 1942, 1947 und 1953 war er Bundespräsident.

Werke: Grundr. der Verf.-Gesch. der Schweizer. Eidgenossenschaft (1929); Die schweizer. Demokratie (³1934); Sens et mission de la Suisse (1942); 1953: Stimmrecht der Gesch. (1953).

Etterbeek [frz. ɛtɛrˈbek, niederländ. ˈɛtərbeːk], östl. Wohnvorstadt von Brüssel, Belgien, 41 300 Einwohner.

Ettersberg, Muschelkalkrücken nördlich von Weimar, Thür., 478 m ü. M.; auf dem E. befand sich 1937–45 das nat.-soz. KZ →Buchenwald.

Ettinghausen,
1) *Maurice,* frz. Schriftsteller, →Sachs, Maurice.
2) *Richard,* Orientalist und Kunsthistoriker, * Frankfurt am Main 5. 2. 1906, † Princeton (N. J.) 2. 4. 1979; emigrierte 1933 in die USA, lehrte an versch. Universitäten und Institutionen, war Kurator an einigen Galerien und Museen, seit 1960 Prof. an der New York University; seit 1969 Chairman am Metropolitan Museum of Art; seine Arbeiten haben die Kenntnis von der islam. Kunst wesentlich vertieft.

Werke: The unicorn (1950); Persian miniatures... (1961); Arab. Malerei (a. d. Engl., 1962); Masterpieces from Turkey (1966); From Byzantium to Sasanian Iran and the Islamic world (1972); Islamic art and archaeology, hg. v. M. ROSEN-AYALON (1984).

Ettingshausen-Effekt [nach dem österr. Physiker ALBERT Freiherr VON ETTINGSHAUSEN, * 1850, † 1932], ein →galvanomagnetischer Effekt.

Ettingshausen-Nernst-Effekte, →thermomagnetische Effekte.

Ettlingen, Große Kreisstadt im Landkreis Karlsruhe, Bad.-Württ., 136 m ü. M., am Ausgang des Albtals aus dem nördl. Schwarzwald, 38 600 Ew.; städt. Galerie und Albgaumuseum; Papierfabriken, Spinnerei und Weberei, Maschinenfabriken, pharmazeut. und Nahrungsmittelindustrie, Computer- und Softwaretechnik. – Die kath. Stadtkirche St. Martin (12.–15. Jh.) geht auf eine vorkaroling. Gründung zurück; nach Zerstörung des Langhauses erfolgte 1732–39 ein Neubau, 1872–74 Entfernung der barocken Ausstattung; 1980 ff. Restaurierung (neues Deckengemälde von E. WACHTER, 1987/88). Rathaus (1737, 1892 umgebaut) mit schöner Sandsteinfassade. Das Schloss (14. Jh., nach Zerstörung im 16. Jh. und Wiederaufbau im 16. und 17. Jh. erneut 1689 zerstört) wurde von Markgräfin SYBILLA AUGUSTA von Baden 1728–33 umgestaltet (1975 ff. restauriert). In den histor. Schlosskomplex fügt sich die 1986–88 von A. Freiherr VON BRANCA erbaute Schlossgartenhalle an. Das Bildungszentrum mit der »Albgauhalle« entstand 1975–82. – E., aus einer röm. Siedlung erwachsen, gehörte ab 788 dem elsäss. Kloster Weißenburg; um 1192 zur Stadt erhoben, fiel E. 1219 an Baden. Die reichlich vorhandenen natürl. Wasserkräfte wurden bereits im MA. zum Betreiben von Mühlen eingesetzt und bildeten im 18. Jh. die Grundlage der Industrialisierung des Gebiets.

Ettmayer von Adelsburg, Karl, österr. Romanist, * Jessenetz (Kr. Olmütz) 22. 7. 1874, † Wien 24. 3. 1938; Prof. in Freiburg (Schweiz), Innsbruck und Wien; beschäftigte sich bes. mit der lombard. und bündnerroman. Mundarten. Seine »Analyt. Syntax der frz. Sprache mit besonderer Berücksichtigung des Altfranzösischen« (1930–33, 2 Bde.) basiert auf den Erkenntnissen der Sprachpsychologie.

Weiteres Werk: Das Ganze der Sprache u. seine log. Begründung (1938).

Etty [ˈeti], *William,* engl. Maler, * York 10. 3. 1787, † ebd. 13. 11. 1849; Schüler von T. LAWRENCE. Von den Werken TIZIANS, VERONESES und P. P. RUBENS' beeinflusst, schuf E. Historien- und Genrebilder sowie Allegorien aus dem Motivkreis der Antike.

ETUC [iːtiːjuːˈsiː], Abk. für European Trade Union Confederation, →Europäischer Gewerkschaftsbund.

Etüde [frz. étude »Studium«, »Studie«] *die,* -/-n, *Musik:* Übungsstück zum Erlernen besonderer spieltechn. Fertigkeit. Im Unterschied zu den mechan. Fingerfertigkeitsübungen handelt es sich bei E. um abgeschlossene Kompositionen mit musikal. Gehalt. Der Name E. erscheint erstmalig bei J. B. CRAMER anstelle von »Éxercice« (1804, 1810). E. für Klavier schrieben C. CZERNY, M. CLEMENTI, IGNAZ MOSCHELES (*1794, †1870); für Violine R. KREUTZER, P. RODE, N. PAGANINI u. a. Für den virtuosen Vortrag gedacht sind die **Konzert-E.** von F. CHOPIN, R. SCHUMANN, F. LISZT, C. DEBUSSY, B. BARTÓK, A. SKRJABIN. O. MESSIAEN verbindet in seinen »Quatre études de rythme« (1949/50) techn. und kompositor. Schwierigkeiten. Eine Besonderheit sind die E. für Orchester, u. a. von D. MILHAUD, I. STRAWINSKY und H. W. HENZE.

🔊 **Etüde:** A. Skrjabin: Etüde G-Dur op. 32 Nr. 5 **3461**; I. Strawinsky: Tanz »Con moto«, aus »Vier Etüden für Orchester« **4218**; G. Ligeti: »Cordes à vide«, aus »Études pour piano. Premier livre« **4833**

etwas bezahlt, Abk. **etw. bz., etwbez, etwbz,** ein Kurszusatz (→ Kurszettel).

Etymologie [griech., eigtl. »Untersuchung des ursprüngl. Sinnes eines Wortes«, zu étymos »wahrhaft«, »wirklich«] *die, -,* Richtung der vergleichenden Sprachwissenschaft, die Herkunft, Grundbedeutung und histor. Entwicklung der Wörter sowie ihre Verwandtschaft mit Wörtern gleichen Ursprungs in unterschiedl. Sprachen untersucht.

Bereits in der griech. Antike begann die Auseinandersetzung mit etymolog. Fragen. Schon in der »Odyssee« (8. Jh. v. Chr.) finden sich Versuche zur etymolog. Deutung von Eigennamen, ebenso u. a. bei den griech. Dramatikern AISCHYLOS, SOPHOKLES und EURIPIDES (5. Jh. v. Chr.). In PLATONS Dialog »Kratylos« wird Kratylos zum Vertreter der Auffassung, dass die Namen den Dingen von Natur aus innewohnen; damit wurde die sprachphilosoph. Position der Stoiker (3. Jh. v. Chr.) vorbereitet. Diese verstanden Sprache als ein System, in dem die Benennungen dem Wesen der benannten Dinge von Natur aus (»physei«) und in sinnvoller Weise entsprechen; Lautähnlichkeit weist demnach auf Sinnverwandtschaft. Die Stoiker versuchten die Wörter lautsymbolisch zu deuten und durch Weglassen oder Hinzufügen, Umstellung oder Substitution von Lauten den jeweiligen Wortkern zu ermitteln; die Wörter fassten sie als Zusammensetzungen solcher Grundbestandteile auf. In spätantiker und byzantin. Zeit wurden Sammlungen entsprechender etymolog. Interpretationen einzelner Wörter angelegt. Das bedeutendste etymolog. Werk des MA. ist ISIDOR VON SEVILLAS »Etymologiae«.

Bis ins 19. Jh. hinein waren die etymolog. Untersuchungen jedoch insgesamt spekulativer Art und bezogen keine Erkenntnisse über lautgeschichtl. Entwicklungen ein. Die wissenschaftlich begründete E. begann mit A. F. POTTS »Etymolog. Forschungen auf dem Gebiete der Indo-German. Sprachen« (1833–36, 2 Bde.). Neben lauthistor. Erkenntnissen und der vergleichenden Betrachtung etymologisch verwandter Termini in versch. Sprachen und der Erforschung ihrer gemeinsamen Herkunft trat zunehmend auch die Verbindung von etymolog. und kulturgeschichtl. Analyse im weitesten Sinn in den Vordergrund, wobei auch Zeit und Umstände einer Wortbildung sowie Ursachen etwa abweichender Verwendung berücksichtigt wurden. Damit wurden histor., polit., soziale, geistesgeschichtl. u. a. mit der Wortbildung und -entwicklung im Zusammenhang stehende Vorgänge untersucht.

Bei Wörtern aus vorgeschichtl. Zeit muss sich die E. meist mit dem Nachweis begnügen, dass sie in gleicher oder ähnl. Form in verwandten Sprachen vorkommen. Auch in der neueren etymolog. Forschung stehen semant., semasiolog. und kulturgeschichtl. Probleme und damit die Frage nach der bedeutungsmäßigen Motiviertheit von Bezeichnungen im Zentrum der Forschungen.

Unter **innerer E.** versteht man das Inbeziehungsetzen von einer Wortfamilie einer bestimmten Sprache zugehörigen Wörtern (z. B. »siechen«, »Sucht«), in der **äußeren E.** wird das Wortgut etymologisch verwandter Sprachen untersucht (z. B. »Zimmer« und griech. demo »ich baue«). Als → Volksetymologie wird die volkstüml., unwiss. Deutung von Wörtern bezeichnet.

📖 V. PISANI: Die E. Gesch., Fragen, Methode (a. d. Ital., 1975); E., hg. v. RÜDIGER SCHMITT (1977); E. SEEBOLD: E. Eine Einf. am Beispiel der dt. Sprache (1981); J. TRIER: Wege der E. (1981); Duden Herkunfts-Wb. E. der dt. Sprache, bearb. v. A. AUBERLE u. a. (³2001); F. KLUGE: Etymolog. Wb. der dt. Sprache (²⁴2002); J. POKORNY: Indogerman. etymolog. Wb., 2 Bde. (Bern u. a. ⁴2002); Etymolog. Wb. des Deutschen, hg. v. W. PFEIFER (⁶2003); Herkunfts-Wb. Herkunft, Gesch. u. Bedeutung der Wörter, hg. v. S. BAUMGÄRTNER (2003).

etymologische Schreibung, Berücksichtigung der (tatsächl. oder vermeintl.) früheren Lautgestalt im Schriftbild, z. B. frz. *clef* (»Schlüssel«) neben *clé* (wobei das *f* der ersten Schreibung auf ein *v* in lat. *clavis* zurückgeht); in frz. *poids* (»Gewicht«, aus lat. *pensum*) wurde das *d* jedoch fälschlich aus lat. *pondus* (»Gewicht«) übertragen.

etymologisches Wörterbuch, → Wörterbuch.

Etymon *das, -s/...ma,* die so genannte ursprüngl. Form und Bedeutung eines Wortes; Grund-, Stammwort.

Etzel, 1 098 m hoher Bergrücken zwischen Zürichsee und Sihlsee, dem flächenmäßig größten Stausee der Schweiz; am Südfuß das E.-Wasserkraftwerk.

Etzel, mittelhochdt. Name des Hunnenkönigs → ATTILA, erstmals Mitte des 12. Jh. in der »Kaiserchronik« belegt; edler Heidenkönig der mhd. Heldenepik; er begegnet zuerst im »Nibelungenlied« als Gemahl Kriemhilds. E. bindet ausgezeichnete Helden an seinen Hof, bleibt aber beim Burgundenuntergang passiv. Als ruhender Pol ist er vorgezeichnet im Attila des lat. »Waltharius«-Epos (10. Jh.), im Ggs. zu den altnord. Ausprägungen der Figur, z. B. im Atli-Lied der Edda.

Etzel, Karl von, Eisenbahningenieur, *Heilbronn 6. 1. 1812, †Kemmelbach (Gem. Neumarkt an der Ybbs) 2. 5. 1865; war 1843–52 maßgebend am Aufbau des württemberg. Eisenbahnnetzes beteiligt; übernahm dann die Bauleitung der schweizer. Zentralbahn. Sein größtes Werk ist der Bau der Brennerbahn (1864–67).

Etzingol [ɛtsi:ngo:l], Fluss in China, → Ruo Shui.

Etzioni, Amitai, eigtl. **Werner Falk,** amerikan. Soziologe dt.-jüd. Herkunft, *Köln 4. 1. 1929; emigrierte 1936 mit seinen Eltern nach Palästina; Studium an der Hebr. Univ. Jerusalem (u. a. bei M. BUBER); nach seiner Auswanderung in die USA ab 1958 Lehrtätigkeit in New York (Columbia University), dort ab 1967 Prof.; seit 1980 Prof. in Washington (George Washington University). Schwerpunkte seiner wiss. Arbeit bilden die Organisationssoziologie und die Friedens- und Konfliktforschung, seit Mitte der 1980er-Jahre v. a. Fragen der Zukunft des Wohlfahrtsstaates und das Konzept einer den Gemeinschaftsgedanken und überschaubare soziale Strukturen (Familie, Arbeitsteam, Kommune) betonenden Bürgergesellschaft. E. begründete mit anderen die politisch-soziale Bewegung des →Kommunitarismus.

Werke: The hard way to peace. A new strategy (1962; dt. Der harte Weg zum Frieden. Eine neue Strategie); Modern organizations (1964; dt. Soziologie der Organisationen); The moral dimension. Towards a new economics (1988; dt. Jenseits des Egoismus-Prinzips. Ein neues Bild von Wirtschaft, Politik u. Gesellschaft); The spirit of community (1993; dt. Die Entdeckung des Gemeinwesens. Ansprüche, Verantwortlichkeiten u. das Programm des Kommunitarismus); The new golden rule. Community and morality in a democratic society (1996; dt. Die Verantwortungsgesellschaft. Individualismus u. Moral in der heutigen Demokratie).

Etzlaub, Erhard, Kartograf, Mathematiker und Astronom, * 1462, † 1532; gilt als der Initiator der heutigen Straßenkarten. 1492 erschien die Karte »Umgebung von Nürnberg«, 1501 die »Karte des Romwegs«, die erste Straßenkarte jener Zeit. Sie ist südorientiert, damit die Rompilger von Nord- und Mitteleuropa sich leichter zurechtfinden konnten. Die Reiserouten nach Rom sind durch Punkte markiert, jeder Punkt bedeutet eine deutsche Meile. 1511 veröffentlichte E. eine kleine Weltkarte mit »wachsenden Breiten«, deren Abbildung als Vorläufer der Mercatorprojektion (→Mercator, →Kartennetzentwürfe) angesehen werden kann.

eu... [von griech. eû »gut«, »wohl«, »recht«, »schön«], Präfix mit den Bedeutungen: 1) gut ausgebildet, typisch, z. B. Eukaryoten; 2) normal, gesund, z. B. Eubakterien; 3) bestmöglich, überreich, z. B. euphotisch.

Eu,
1) chem. Symbol für das Element →Europium.
2) *Formelzeichen: Eu* für die eulersche Zahl in der Strömungslehre.

Eu [ø], Ort in der Normandie, Frankreich, Dép. Seine-Maritime, an der Bresle, 8 100 Ew. – Schloss aus Back- und Naturstein, 1578 ff., mit einem von A. Le Nôtre angelegten Park; Jesuitenkolleg (1582); in dessen Kapelle Grablegen des Herzogs Henri de Guise und der Katharina von Kleve.

EU, Abk. für →Europäische Union.

Euagoras I., griech. **Euagoras,** Stadtkönig von Salamis auf Zypern (seit 411 v. Chr.), * um 435 v. Chr., † 374/373 v. Chr.; aus dem alteingesessenen Königshaus der Teukriden, dessen Herrschaft er 411 zurückgewann und vorübergehend auf Zypern ausdehnte. E. eroberte Kilikien und Phönikien mit Tyros und spielte eine bedeutende Rolle in den griechisch-pers. Auseinandersetzungen. 381 v. Chr. unterlag er in einer Seeschlacht bei Kition (heute Larnaka) den Persern und wurde von ihnen in Salamis eingeschlossen, behielt jedoch die Stadtherrschaft. E., der einer Verschwörung zum Opfer fiel, wurde von Isokrates in einer erhaltenen Lobschrift als idealer Herrscher gepriesen.

Euagrios Pontikos, lat. **Evagrius Ponticus,** Mönch und Theologe, * Pontos (Kleinasien) 346, † in Ägypten 396; bedeutsam als griech. Prediger, Asket und christl. Schriftsteller. Sein später wiederholt wegen origenist. Gedankenguts (→Origenes) verurteiltes Schrifttum wurde wichtig für die Ausprägung der asketisch-myst. Begriffsbildung.

Euander, griech. **Euandros,** *griech. Mythologie:* Enkel des Pallas, des Königs aus Pallantion in Arkadien. Weil er seinen Vater getötet hatte, musste er die Heimat verlassen, kam mit einigen Gefolgsleuten an den Ort des heutigen Rom und gründete dort eine Siedlung; mit seinem Sohn war er Bundesgenosse des Äneas. E. ist ein Beispiel für die Verbindung griech. mit röm. Traditionen.

Euanthe [nach der Geliebten des Zeus (lat. Jupiter) in der griech. Sage] *die, -,* ein Mond des Planeten →Jupiter.

Eubakterien, Bez. für die Domäne der →Bakterien **(Bacteria,** auch **Eubacteria),** in das die Mehrzahl der bekannten Prokaryoten einschließlich der Cyanobakterien eingeordnet werden. Die übrigen Prokaryoten werden in der Domäne der →Archaebakterien zusammengefasst.

Eubiotik [zu eu... und griech. bíos »Leben«] *die, -,* Lehre von der vernunftgemäßen, körperlich-geistig gesunden Lebensführung.

Euböa, griech. **Euboia,** neugriech. **Evia,** die zweitgrößte Insel Griechenlands, 3 655 km², rd. 170 km lang, 5,5 – 50 km breit, 208 400 Ew.; Hauptort ist Chalkis. E. ist durch den als tekton. Senke entstandenen **Golf von E.** vom Festland (an der engsten Stelle durch den →Euripos) getrennt. Die gebirgige Insel (bis 1 743 m ü. M.) ist vorwiegend aus Kalksteinen und kristallinen Schiefern aufgebaut und z. T. waldreich. In den tertiären Hügelländern und Schwemmlandebenen gibt es Wein-, Obst- und Olivenkulturen, Anbau von Gemüse; bei Aliverion Braunkohlentagebau und Kraftwerk.

Geschichte Euboia (griech. »gut an Rindern«) war im Altertum von Ioniern bewohnt. Bedeutsam im 8. und 7. Jh. v. Chr. waren sein Anteil an der griech. Kolonisationsbewegung und die Tatsache, dass in den Streit zw. den Städten Chalkis und Eretria (Lelant. Krieg, 2. Hälfte 7. Jh.), den Chalkis für sich entschied, ein Teil der griech. Welt verwickelt war. 506 fasste Athen Fuß auf E., das im 5. Jh. dem Att. Seebund angehörte, 446 abfiel, 445 durch Perikles unterworfen wurde, im Peloponnes. Krieg (411) die Selbstständigkeit zurückgewann und einen Bundesstaat bildete **(Euböischer Bund** der Städte E.s). In der Folgezeit hielt E. meist zu Athen, fiel aber 338 v. Chr. an Makedonien (Festungen Chalkis, Oreos und Eretria). 146 v. Chr. wurde E. dem Röm. Reich einverleibt. Später ein Bestandteil des Byzantin. Reiches, geriet E. 1205 im Zuge des 4. Kreuzzugs unter die Herrschaft norditalien. Feudalherren (»Dreiherren«), 1366 unter venezian. Oberhoheit; damals wurde E. **Negroponte** genannt. Von 1470 bis 1830 gehörte es zum Osman. Reich.

R. G. Vedder: Ancient Euboea (Tucson, Ariz., 1978); O. Picard: Chalcis et la confédération eubéenne (Paris 1979); E. Sapouna Sakellaraki u. a.: The fort at Phylla, Vrachos. Excavations and researches at a late archaic fort in central Euboea (London 2002).

Eubuleus, griech. *Religion:* Beiname des unterird. Zeus; auch eine selbstständige Gottheit in den Eleusin. Mysterien und verwandten Kulturen; nach einem Mythos ein Schweinehirt, der beim Raub der Persephone mit der Herde vom Erdboden verschlungen wurde.

Eubulides von Milet, griech. **Eubulides,** griech. Philosoph im 4. Jh. v. Chr.; Schüler des Euklid von Megara; gilt als Entdecker der Lügnerparadoxie (»Ein Kreter sagt, alle Kreter lügen«). E. v. M. führte die Eristik, die log. Streitkunst, in die megar. Schule ein.

Eucalyptol *das, -s,* **Eukalyptol, Cineol,** farblose, kampferähnlich riechende Substanz, die in ätherischen äther. Ölen (bes. in Eukalyptusölen) enthalten ist und aus diesen durch Destillation und Ausfrieren gewonnen wird; Verwendung in Mundpflegemitteln und zur Inhalation bei Bronchialkatarrhen. Chemisch

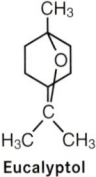
Eucalyptol

ist E. ein vom p-Menthan abgeleiteter intramolekularer Ether (1,8-Epoxy-p-menthan).

EUCARIS [Abk. für engl. **eu**ropean **car** **i**nformation **s**ystem »Europ. Auto-Informationssystem«], Datenverarbeitungsverfahren, das die Möglichkeit eröffnet, zw. den zentralen Kfz-Registern (in Dtl. das → Zentrale Fahrzeugregister) der dem Informationssystem angeschlossenen Staaten Onlineinformationen (fahrzeugtechn. Daten, jedoch keine Fahrzeughalterdaten) auszutauschen, um die aus dem Partnerstaat stammenden Fahrzeuge im Zulassungsverfahren zu identifizieren. Darüber hinaus erlaubt das System, Hinweise auf den Diebstahl eines Fahrzeugs zu übermitteln. EUCARIS ist – insbesondere wegen des Wegfalls der Kontrollen an den Binnengrenzen innerhalb der EU – daher ein geeignetes Instrument, Informationslücken im Zulassungsverfahren zu schließen, um eine geordnete Zulassung sicherzustellen und zugleich einen Missbrauch von Fahrzeugen und Fahrzeugdokumenten weitgehend auszuschließen. EUCARIS wird zw. den zuständigen Behörden der Vollmitglieder Belgien, Deutschland, Großbritannien, Lettland, Luxemburg, Niederlande und Schweden angewendet; Estland, Irland, Island, Italien, Litauen, Rumänien, die Tschechische Rep. und Ungarn sowie Nordirland, Jersey, Guernsey, die Isle of Man und Gibraltar nutzen Teilaspekte des Systems. Weitere Staaten, darunter Österreich und die Schweiz, haben Interesse an einem künftigen Beitritt bekundet.

Eucharistie [griech. »Danksagung«] *die*, -, seit Ausgang des 1. Jh. sich durchsetzender Begriff für das Abendmahl der Kirche, der im Bereich der ostkirchl. und kath. Theologie (hier auch: Altarsakrament) bis heute bestimmend ist (für die ev. Kirchen → Abendmahl). Der Begriff knüpft an die jüd. Tischdanksagung, den dankenden Lobpreis Gottes für Brot und Wein (hebr. bĕrakä), an, geht dann aber vom Gebet auf die ganze Handlung und bes. auf die gesegneten Gaben Brot und Wein über. Die E. ist eine liturg. Doppelhandlung: Segnung sowie Austeilung und Genuss von Brot und Wein; sie war urspr. mit einem Sättigungsmahl verbunden. Das eucharist. »Hochgebet«, an dem nur die getauften Gemeindemitglieder teilnehmen durften, wurde vom Vorsteher der Gemeinde in freier charismat. Rede formuliert. Erst seit dem 4. Jh. bildeten sich, v. a. an den Patriarchatssitzen, feste liturg. Typen (→ Ritus) heraus. Inhalt des **eucharist. Hochgebets** (ostkirchlich: Anaphora, westkirchlich: Kanon) ist der Lobpreis der Erlösung, sein Höhepunkt der Einsetzungsbericht vom Abendmahl JESU mit der Konsekration der eucharist. Gaben. Darauf folgt die **Anamnese**, die nach kath. Auffassung zum Ausdruck bringt, dass die E. wesentlich Gedächtnis des Erlösungswerkes CHRISTI und das durch die Darbringung der Kirche vergegenwärtigte Opfer CHRISTI (daher früher auch »Messopfer« als Bez. für die E.) ist. Meist schließt sich die → Epiklese an. Es folgen die Brechung des Brotes und die Austeilung der Elemente. In den Ostkirchen und den Kirchen der Reformation werden beide Elemente ausgeteilt (wie in der Urkirche), in der lat. Kirche seit dem Hoch-MA. nur die Hostie; seit dem 2. Vatikan. Konzil ist auch hier die Kommunion unter beiderlei Gestalten wieder möglich.

Die kath. E.-Lehre sieht in der E. die in der E.-Feier mittels der Konsekration erwirkte, als wahrhaft, wirklich und wesentlich verstandene Gegenwart des erhöhten Gottmenschen JESUS CHRISTUS mit Leib und Blut unter den Gestalten von Brot und Wein, und zwar ganz unter jeder Gestalt. Die Ausbildung dieser E.-Lehre reicht zurück bis ins christl. Altertum. Die frühmittelalterl. Abendmahlsstreitigkeiten (RATHRAMNUS VON CORBIE; BERENGAR VON TOURS) waren Versuche, die übertriebene Ausdehnung der allmählich als raumlos, geistig verstandenen eucharist. Gegenwart auf den phys. Leib JESU abzuwehren. Die spätmittelalterl. Lehre J. WYCLIFFES hingegen, dass die Substanzen von Brot und Wein trotz der Konsekration bestehen blieben, und ihre Verurteilung durch das Konzil von Konstanz (1415) bereiteten schon die auf dem Konzil von Trient vollzogene (1551), zunächst abschließende Fassung der eucharist. Gegenwart CHRISTI als → Transsubstantiation (Wesenswandlung) vor. Die theolog. Diskussion im 20. Jh. hat neue dogmat. Formulierungen der Wandlung hervorgebracht: Transsignifikation (Bedeutungswandel der Elemente), Transfinalisation (Bestimmungswandel der Elemente), die durch die Konsekration an Brot und Wein vollzogen werden. Papst PAUL VI. hat jedoch in der Enzyklika »Mysterium fidei« (1965) erneut betont, dass die Lehre von der Wesenswandlung für die Katholiken nach wie vor dogmatisch verbindlich ist.

Die Realpräsenz des Leibes und Blutes CHRISTI wird in der griech. Patristik als sakramentale Inkarnation des Logos in den Elementen Brot und Wein, in der lat. Scholastik als Transsubstantiation oder Wesenswandlung der Gaben in JESU Leib und Blut, von der luther. Theologie als → Konsubstantiation oder »Koexistenz« des Leibes und Blutes JESU in, mit und unter den Gestalten Brot und Wein erklärt.

Die Heilskraft der E. wird den Gläubigen schon durch die Teilnahme an der Messe zugewendet, v. a. aber durch den Empfang der E. in der → Kommunion. In ihr bewirkt das durch JESUS CHRISTUS beim letzten Abendmahl eingesetzte äußere Zeichen die innere Gnade, sodass die E. auch ein Sakrament ist, und zwar das zentrale Sakrament des christl. Gottesdienstes. Nach kath. Auffassung werden die eucharist. Gestalten mit der Konsekration zu einem fortdauernden Sakrament (Altarsakrament), das auch außerhalb der Messe empfangen werden kann und in der Anbetung zu ehren ist. Die E. als Kern des christl. Heilsgeheimnisses und Mittelpunkt des kirchl. Lebens hervorhebend, hat Papst JOHANNES PAUL II. der Eucharistie 2003 eine eigene Enzyklika gewidmet (→ Ecclesia de Eucharistia).

E. Zeichen der Einheit, hg. v. E. C. SUTTNER (1970); A. GERKEN: Theologie der E. (1973); J. AUER u. J. RATZINGER: Kleine kath. Dogmatik, Bd. 6: Allg. Sakramentenlehre u. das Mysterium der E. (²1974); Um Amt u. Herrenmahl. Dokumente zum ev./römisch-kath. Gespräch, hg. v. G. GASSMANN u. a. (1974); M. THURIAN: Die eine E. (a. d. Frz., 1976); H. KAHLEFELD: Das Abschiedsmahl Jesu u. die E. der Kirche (1980); F. EISENBACH: Die Gegenwart Jesu Christi im Gottesdienst (1982); Die E. im Gespräch der Konfessionen, hg. v. M. GARIJO-GUEMBE u. a. (1986); Das Opfer Jesu Christi u. seine Gegenwart in der Kirche, hg. v. K. LEHMANN u. a. (²1986); Die Diskussion über Taufe, E. u. Amt. 1982–1990, hg. vom Ökumen. Rat der Kirchen, Kommission für Glauben u. Kirchenverf. (a. d. Engl., 1990); N. SLENCZKA: Realpräsenz u. Ontologie. Unters. der ontolog. Grundll. der Transsignifikationslehre (1993); C. SCHÖNBORN: Wovon wir leben können. Das Geheimnis der E., hg. v. H. P. WEBER (2005).

Eucharistiner, lat. *Sacerdotes a Sanctissimo Sacramento,* Abk. **SSS,** Priesterkongregation für die besondere Anbetung des ausgesetzten Altarsakraments, 1857 von dem frz. Ordenspriester P. J. → EYMARD ge-

Euch eucharistische Kongresse

gründet. Sitz des Generalsuperiors ist Rom; weltweit haben die E. (2004) über 900 Mitgl. Die persönl. Verehrung der hl. Eucharistie als die entscheidende Grundlage ihrer Arbeit verstehend, sind die E. in der Bildungsarbeit und Seelsorge tätig und unterhalten Missionen in Afrika und Südamerika.

eucharistische Kongresse, von der kath. Kirche veranstaltete, der Eucharistie gewidmete internat. Tagungen (seit 1881), die die Bedeutung des eucharist. Sakraments für das Glaubensleben in das Bewusstsein heben und seine Feier in der Kirche fördern wollen. Seit 1952 finden regelmäßig e. K. statt, zuletzt 2004 in Guadalajara, Mexiko (48. Eucharist. Weltkongress).

eucharistisches Hochgebet, *lat. Liturgie:* →Kanon (Messe).

Euchelaion [griech. »Gebetsöl«] *das, -s/...laia, ostkirchl. Liturgie:* das der →Krankensalbung der kath. Kirche entsprechende Sakrament. Der Gebrauch ist gemäß Jak. 5, 14 und 15 nicht nur an den Sterbefall gebunden, er hat die Aspekte der Heilung und der Vergebung der Sünden.

Eucherius, Bischof von Lyon, † um 450; seine »Formulae spiritalis intelligentiae« und die »Instructiones ad Salonium« haben mit ihrer Anleitung zur Schriftauslegung im MA. eine große Rolle gespielt; sie bilden wichtige Quellen zur Geschichte des lateinischen Bibeltextes. – Heiliger (Tag: 16. 11.).

Euchologion [griech. »Buch der Gebete«] *das, -s/...gia, orth. Liturgie:* das wichtigste Ritualbuch der byzantin. Liturgie; es enthält u. a. die Liturgien des Johannes I. Chrysostomos und des Basilius. Sein Inhalt entspricht dem lat. Missale, Rituale und Pontificale.

Euchromatin *das, -s,* die nur schwach anfärbbaren Chromosomenabschnitte (→Chromosomen). DNA und Proteine sind im E. weniger dicht gepackt als im Heterochromatin, sodass hier für die Transkriptionsmaschinerie zugänglich sind; folglich handelt es sich beim E. um Bereiche hoher Transkriptionsaktivität. Die enzymat. Veränderung der Struktur des Chromatins ist ein wichtiger Mechanismus der Genregulation (→Epigenetik).

Eucken,

1) *Arnold,* Physikochemiker, * Jena 3. 7. 1884, † Seebruck (heute Seeon-Seebruck, Landkreis Traunstein) 16. 6. 1950, Sohn von 2); Prof. in Breslau (1915–30) und Göttingen. E. erbrachte mit seinen ab 1909 durchgeführten Messungen zur Wärmekapazität von Festkörpern und Gasen wichtiges empir. Material für die Gültigkeit des 3. Hauptsatzes der Thermodynamik (nernstscher Wärmesatz). Er untersuchte außerdem u. a. die Wärmeleitfähigkeit in Gasen und Festkörpern, die Schwingungen der Moleküle sowie elektrochem. (v. a. grenzflächenphysikal.) Probleme.

2) *Rudolf Christoph,* Philosoph, * Aurich (Ostfriesland) 5. 1. 1846, † Jena 16. 9. 1926, Vater von 1) und 3); war Gymnasiallehrer in Husum, Berlin und Frankfurt am Main, wurde 1871 Prof. in Basel, 1874-1920 in Jena. E. vertrat einen (nachkant.) »neuen Idealismus«, den er sozialethisch verstand und »schöpfer. Aktivismus« nannte. Gegen den Intellektualismus der Gelehrtenphilosophie und eine dem Technischen verhaftete Scheinkultur gewendet, forderte er ein auf die substanzielle Einheit ausgerichtetes, ethisch verwurzeltes Geistesleben, dessen absolute Form er im Göttlichen sah. An diesen Gedanken schloss sich für ihn die Bemühung um die geistige Zusammenarbeit der Völ-

Rudolf Eucken

ker an. 1908 erhielt E. den Nobelpreis für Literatur. E. war mit seiner Lehre ein Vertreter der →Lebensphilosophie.

Werke: Gesch. u. Kritik der Grundbegriffe der Gegenwart (1878); Die Einheit des Geisteslebens in Bewusstsein u. That der Menschheit (1888); Grundlinien einer neuen Lebensanschauung (1907; überarbeitet ²1913); Mensch u. Welt (1918).

3) *Walter,* Volkswirtschaftler, * Jena 17. 1. 1891, † London 20. 3. 1950, Sohn von 2); 1925 Prof. in Tübingen, ab 1927 in Freiburg im Breisgau, Begründer der Freiburger Schule (Ordoliberalismus). E. trat für eine Ordnung der Wirtschaft nach den Grundgedanken der klass. Nationalökonomie ein, wollte aber die Funktionsfähigkeit der Marktwirtschaft durch staatl. Überwachung der Monopole und Kartelle und durch andere marktkonforme Maßnahmen gesichert sehen. E. gilt mit seiner These, dass die wirtschaftspolit. Tätigkeit des Staates auf die Gestaltung der Ordnungsformen der Wirtschaft gerichtet sein sollte und nicht auf die Lenkung der Wirtschaftsprozesse, als einer der geistigen Väter der sozialen Marktwirtschaft in der Bundesrepublik.

Werke: Grundll. der Nationalökonomie (1940); Die Wettbewerbsordnung u. ihre Verwirklichung, in: Ordo, Jb. für die Ordnung von Wirtschaft u. Gesellschaft, Jg. 2 (1949); Grundsätze der Wirtschaftspolitik (1952); Wettbewerb, Monopol u. Unternehmer (1953).

Eucumbene, Lake E. [ˈleɪk juːkəmˈbiːn], zweitgrößter Stausee Australiens, im Bundesstaat New South Wales, südwestlich von Canberra, rd. 162 km², 4,8 Mrd. m³ Stauraum. Der See ist Teil des Snowy-Mountains-Projekts (→Snowy Mountains).

Eudaimonia, Eudämonie [griech. »Glückseligkeit«, eigtl. »Gutgeistigkeit«] *die, -,* Begriff der griech. →Ethik, bes. bei Platon und Aristoteles, bezeichnet als höchstes menschl. Gut das Ziel (griech. telos), auf das Menschen bei ihrem Handeln eigentlich hinstreben: Wohlbefinden, inneres Glück, Gutsein. E. könne jedoch nicht direkt erreicht werden, sondern trete ein, wenn der Mensch gut, d. h. vollkommen gemäß seiner Tauglichkeit (→Arete) als Mensch lebe.

Eudämonismus *der, -,* Sammel-Bez. für unterschiedl. eth. Lehren seit der griech. Antike, die die (unterschiedlich definierte) Glückseligkeit (→Eudaimonia), das Glücklichsein, als höchstes Gut betrachten.

Den geeigneten Weg zur Erlangung der Glückseligkeit sieht der **moralische (aretologische) E.** (Sokrates, Platon, Aristoteles, die Stoa) in der Verwirklichung moral. Tugenden und der Erfüllung der Standespflichten (→Arete), der **ontologische E.** (z. B. Augustinus, Thomas von Aquino, auch K. Marx) in der Aufhebung menschl. Unvollkommenheit, der **hedonistische E.** (Aristipp, Eudoxos, Epikur, J. Locke, J. Bentham u. a.) im Streben nach dauerhafter Lust (→Hedonismus), der **voluntaristische E.** (u. a. Thomas von Aquino) im Streben nach der Erfüllung menschl. Wollens als solcher. Unterschieden wird ferner der **Sozial-E.,** der Glück durch den Einsatz für das Glück anderer (z. B. im Streben nach dem »größten Glück der größten Zahl«, F. Hutcheson, J. Bentham) erreichbar sieht, vom **individuellen (individualistischen) E.,** der allein das Glück des Einzelnen als Maßstab richtigen Handelns setzt (→Utilitarismus). – Der E. war tragendes Element der humanitären Staatsidee der Aufklärung. I. Kant lehnte jegl. Form eudämonist. Ethik ab, da hier der Wille nicht durch Einsicht in die Pflicht sich selbst bestimme, sondern durch Neigungen (Handeln aus Selbstliebe) fremdbestimmt werde.

Eudemos von Rhodos, griech. Philosoph und Wiss.-Historiker im 4. Jh. v. Chr.; Schüler des ARISTOTELES, dessen Lehren er strenger zu systematisieren suchte. Seine Werke waren wie die des THEOPHRAST grundlegend für die weitere wiss. Arbeit im Peripatos. E. v. R. verfasste Schriften zur Logik und Physik sowie geschichtl. Darstellungen über Arithmetik, Geometrie und Astronomie. Seine fragmentarisch erhaltenen Werke sind wichtige Quellen zur Frühgesch. wiss. Denkens.

Eudimorphodon [griech.], Gattung der →Flugsaurier.

Eudiometer [griech.] *das, -s/-,* einseitig geschlossenes Glasrohr (im Inneren häufig mit eingeschmolzenen Elektroden, außen mit Millilitereinteilung) zum Auffangen und Messen von Gasen; diente früher zur Bestimmung von Dampfdichten und der relativen Molekülmasse.

Eudokia, Aelia E., urspr. **Athenais,** oström. Kaiserin, * Athen um 400, † Jerusalem 460; Tochter des Rhetors Gelehrten LEONTIOS, erhielt bei der Taufe (421) den Namen E. und heiratete danach Kaiser THEODOSIOS II., der sie 423 zur Augusta erhob. Nach der Trennung der Ehe lebte sie in Jerusalem, wo sie sich schriftsteller. Arbeiten widmete und die kirchl. Bautätigkeit förderte.

Eudokia, Märtyrerin, † 1. Hälfte des 2. Jh.; stammte aus Heliopolis (Baalbek); die Legende schildert sie als eine attraktive Frau, die mit ihrer Schönheit viele Männer anzog und verführte, wobei sie auch ein großes Vermögen anhäufte. Von einem Mönch namens GERMANUS wurde sie jedoch zum Christentum bekehrt, verteilte daraufhin ihr Vermögen unter die Armen und ging in ein Kloster, wo sie sich strenge Buße auferlegte und den Ruf einer großen Asketin erwarb. Von früheren Liebhabern als Christin angezeigt, soll sie vor den Kaiser (TRAJAN bzw. HADRIAN?) geführt worden sein, wo sie ein Wunder gewirkt habe (Heilung des Kaisersohnes). Später wurde sie dennoch hingerichtet. – Heilige (Tag: 1. 3.).

Eudoxia, Aelia E., oström. Kaiserin, † 6. 10. 404; Tochter des fränk. Feldherrn BAUTO († vor 388); ∞ seit 395 mit Kaiser ARCADIUS, der sie 400 zur Augusta erhob. E. nahm starken Anteil an den Regierungsgeschäften (Verbannung des Patriarchen JOHANNES CHRYSOSTOMOS). Sie ist die Mutter Kaiser THEODOSIOS' II.

Eudoxos von Knidos, griech. **Eudoxos,** griech. Mathematiker, Naturforscher, Philosoph und Gesetzgeber, * Knidos etwa 400 v. Chr., † ebd. etwa 350 v. Chr.; Schüler von ARCHYTAS; gründete nach weiteren Studien in Athen und Heliopolis (bei ägypt. Priestern) um 379 in Kyzikos eine eigene Schule, ging um 367 nach Athen (dort vermutlich Mitgl. der Platon. Akademie) und kehrte um 365 nach Knidos zurück. E. v. K. war einer der bedeutendsten Gelehrten der Antike. Sein Wirken erstreckte sich von der Theologie und Philosophie (bes. Ethik) über die Medizin und die Wiss. von der Natur bis zur reinen und angewandten Mathematik. Zu seinen größten mathemat. Leistungen gehörten die Schaffung einer Proportionen- und Ähnlichkeitslehre und seine Lehre von den Kegelschnitten, die in EUKLIDS »Elemente« und in die »Konika« des APOLLONIOS VON PERGE eingegangen sind. Auch die →Exhaustionsmethode stammt von E. v. K., ebenso eine erste Form des →archimedischen Axioms. Er löste das →delische Problem mithilfe sich schneidender Kurven, schrieb über den goldenen Schnitt und verfasste ein (verschollenes) Lehrbuch der Stereometrie. – In der Astronomie entdeckte er die sich der sider. Periode überlagernde synod. Periode der Planetenbewegung, die er mittels eines mathematisch-kinemat. Systems der →homozentrischen Sphären wiedergab. Dieses erste auf Beobachtungen beruhende Modell der Planetenbewegung beherrschte infolge seiner Einbettung in die Ätherphysik des ARISTOTELES die kosmolog. Vorstellungen bis ins 16. Jh., obwohl die Beschreibung der Planetenbewegung wenig später durch die →Epizykeltheorie und die →Exzentertheorie erfolgte. Sein Werk über Auf- und Untergang der Sterne (»Phainomena«) diente ARAT als Quelle und wurde von HIPPARCH kommentiert. – Die Geografie wurde von E. v. K. sowohl deskriptiv (Beschreibung der drei »Erdteile« Europa, Asien, Afrika) als auch mathematisch behandelt; v. a. stammen von ihm empir. Argumente (Abhängigkeit der Sternhöhe vom Breitengrad) für die Kugelgestalt der Erde und erste Berechnungen der Ausmaße der Ökumene.

Ausgabe: Die Fragmente, übers. v. F. LASSERRE (1966).

📖 F. GISINGER: Die Erdbeschreibung des E. v. K. (1921; Nachdr. Amsterdam 1967); F. LASSERRE: The birth of mathematics in the age of Plato (a. d. Frz., London 1964); B. L. VAN DER WAERDEN: Erwachende Wiss., Bd. 1 (a. d. Niederländ., ²1966); Ancient and medieval traditions in the exact sciences, hg. v. P. SUPPES (Stanford, Calif., 2000); O. NEUGEBAUER: The exact sciences in antiquity (Neuausg. New York 2004).

Euergetes [griech. »Wohltäter«], antiker Ehrenname, den die griech. Städte für besondere Verdienste verliehen; in hellenist. Zeit offizieller Beiname mehrerer Herrscher (z. B. PTOLEMAIOS III. EUERGETES).

EU-Erweiterung, polit. Schlagwort für die Aufnahme und Integration neuer Mitgl., v. a. mittel- und osteurop. Staaten, in die Europ. Union. Die EU-E. erfordert zum einen Reformen und Anpassungsprozesse in den Bewerberstaaten, zum anderen wurden auch Schritte zur Absicherung der »Erweiterungsfähigkeit« der EU unumgänglich. Wichtige Reformvorhaben und Ansätze für die Klärung institutioneller u. a. Probleme beinhalten der **Vertrag von Amsterdam** (am 2. 10. 1997 unterzeichnet, seit 1. 5. 1999 in Kraft), der **Vertrag von Nizza** (unterzeichnet am 26. 2. 2001, seit 1. 2. 2003 in Kraft) und die →Europäische Grundrechte-Charta. Die Regelung weiterer grundlegender Fragen oblag dem →Europäischen Konvent. Der EU-Gipfel vom 12./13. 12. 2002 in Kopenhagen beschloss mit der Aufnahme von 10 Beitrittskandidaten (Estland, Lettland, Litauen, Malta, Polen, Slowak. Rep., Slowenien, Tschech. Rep., Ungarn und Zypern) zum 1. 5. 2004 die bislang größte Erweiterung der Gemeinschaft; mit diesen Ländern waren 1998/ 2000–02 Beitrittsverhandlungen geführt worden (am 16. 4. 2003 Unterzeichnung der Beitrittsverträge in Athen). Die Mitgliedschaft Bulgariens und Rumäniens (Beitrittsverhandlungen seit 2000, Unterzeichnung der Beitrittsverträge am 25. 4. 2005) wurde – abhängig vom Stand der notwendigen Reformen – auf voraussichtlich 2007 (oder ein Jahr später) terminiert. Der künftige Erweiterungsprozess ist u. a. auf weitere Staaten der Balkanregion orientiert (Kroatien seit Juni 2004 offiziell Bewerberstaat; Beginn von Beitrittsverhandlungen allerdings im März 2005 verschoben, bis das Land in vollem Umfang mit dem UN-Kriegsverbrechertribunal in Den Haag zusammenarbeitet). Im Fall der Türkei, die 1999 den Status eines Beitrittskandidaten erhielt und deren mögl. Aufnahme umstritten ist, wurde unter dem Eindruck des dort betriebenen Reformprozesses zur Erfüllung der

Walter Eucken

Eufo EUFOR

Euganeen: Blick auf die Berggruppe

Aufnahmekriterien auf dem EU-Gipfel am 16./17. 12. 2004 beschlossen, Beitrittsverhandlungen einzuleiten (Beginn für den 3. 10. 2005 avisiert).

Die Ablehnung des →Vertrages über eine Verfassung für Europa durch Referenden in Frankreich und in den Niederlanden 2005 sowie die nachfolgende Aussetzung des Ratifizierungsprozesses durch mehrere Staaten stellte die europ. Integration vor neue Probleme und signalisierte, dass nach der großen Erweiterungsrunde von 2004 und den damit verbundenen wirtschaftl., polit. und sozialen Herausforderungen erst eine Phase der Konsolidierung der Gemeinschaft vor neuen Schritten der EU-E. erforderlich ist. →Agenda 2000, →europäische Integration.

📖 Die EU-E., hg. v. V. ULLRICH u. F. RUDLOFF (2004).

EUFOR [Abk. für engl. **Eu**ropean **For**ce, »Europa-Truppe«], internat. Friedenstruppe zur militär. Absicherung und Umsetzung der für Bosnien und Herzegowina beschlossenen Friedensvereinbarung von Dayton vom 21. 11. 1995 und in Rechtsnachfolge des am 2. 12. 2004 beendeten Einsatzes von →SFOR.

Die NATO beschloss am 28. 6. 2004 auf ihrem Gipfeltreffen in Istanbul, die bislang von ihr geführte Friedensmission zum Ende des Jahres 2004 auf die Europ. Union (EU) zu übertragen. Daraufhin ermächtigte der UN-Sicherheitsrat in seiner Resolution 1575 vom 22. 11. 2004 die EU sowie die mit ihr tätig werdenden Staaten, eine zunächst zeitlich befristete multinat. Stabilisierungstruppe aufzustellen, sowie die NATO, ein Hauptquartier einzurichten. Unter Rückgriff auf NATO-Strukturen wird die von EUFOR als »Operation Althea« bezeichnete Mission militärisch geführt vom Stellvertretenden Obersten Alliierten NATO-Befehlshaber für Europa (D-SACEUR); die polit. Kontrolle liegt beim Polit. und Sicherheitspolit. Komitee (PSK) der EU (→Europäische Sicherheits- und Verteidigungspolitik). Die etwa 7 000 Soldaten werden gestellt von 22 EU-Mitgliedsstaaten (aus Dtl. rd. 1 200 Mann) sowie von Argentinien, Bulgarien, Chile, Kanada, Marokko, Neuseeland, Norwegen, Rumänien, der Türkei und der Schweiz; der Einsatz bleibt damit im Vergleich zur SFOR kräftemäßig fast unverändert. Das NATO-Hauptquartier in Sarajevo (etwa 150 Mann) soll die EUFOR bei ihrer Arbeit unterstützen sowie die bosn. Reg. in militär. Fragen beraten.

Euganeen, ital. **Co̱lli E̱uga̱ne̱i,** Berggruppe in der venet. Poebene südwestlich von Padua, bis 602 m ü. M. Im Miozän entstanden durch submarinen Vulkanismus vor Hebung des Gebirges widerstandsfähige Gesteine (Trachyt, Latit, basalt. Andesit, Rhyolith). In einer Linie sind Schwefelthermen, v. a. am Ostfuß, angeordnet (z. B. Abano Terme, Battaglia Terme, Montegrotto Terme).

Eugen, Päpste:

1) Eugen I. (654–657), Römer, † Rom 2. 6. 657; auf kaiserl. Druck hin noch zu Lebzeiten seines vom Kaiser gefangen gesetzten Vorgängers, MARTINS I., gewählt; versuchte, den Streit mit Konstantinopel wegen des Monotheletismus mit einer Kompromissformel zu schlichten, die in Konstantinopel jedoch als unzureichend angesehen wurde. – Heiliger (Tag: 2. 6.).

2) Eugen II. (824–27), Römer, † Rom 27. (?) 8. 827. Mithilfe LOTHARS I. gewählt und zur Annahme der »Constitutio Romana« (824) gezwungen, musste E. die fränk. Oberhoheit über Rom und den Kirchenstaat und die Verpflichtung jedes neu gewählten Papstes zum Treueid auf den Kaiser anerkennen. Damit mit der 826 durch eine röm. Synode erfolgten Übernahme zahlreicher kaiserl. Reformgesetze zur inneren Ordnung der Kirche erlangten die fränk. Kaiser unter dem Pontifikat E.s ihre Machtstellung über Papsttum und Kirche zurück.

3) Eugen III. (1145–53), früher **Bernhard,** * Pisa, † Tivoli 8. 7. 1153; vorher Abt des Zisterzienserklosters Tre Fontane vor Rom. Er rief mit seinem Lehrer BERNHARD VON CLAIRVAUX, der ihn zu durchgreifender Reform der Kurie ermahnte, zum 2. Kreuzzug (1147–49) auf. Wegen der Wirren, die durch die Ausrufung der röm. Republik unter Führung von ARNOLD VON BRESCIA entstanden waren, musste E. Rom fast während seines ganzen Pontifikats meiden; er hielt Synoden in Paris (1147) und 1148 in Trier, Reims und Cremona (hier Exkommunikation ARNOLD VON BRESCIAS) und schloss mit →FRIEDRICH I. BARBAROSSA den Vertrag von Konstanz (1153), in dem ihm der Kaiser u. a. zusicherte, die Aufständischen zu unterwerfen und die päpstl. Machtstellung in Rom wiederherzustellen. – 1872 wurde E. von Papst PIUS IX. selig gesprochen (Tag: 8. 7.).

4) Eugen IV. (1431–47), Augustinereremit, früher **Gabriele Condu̱lmer,** * Venedig 1383, † Rom 23. 2. 1447; Neffe GREGORS XII., 1407 Bischof von Siena, 1408 Kardinal. Unter dem sittenstrengen, aber diplomatisch ungeschickten Papst kam es zur letzten großen Auseinandersetzung mit dem →Konziliarismus. 1439 setzte das vom Papst suspendierte →Basler Konzil E. ab und wählte FELIX V. zum Gegenpapst. E. war es jedoch gelungen, auf seinem 1438 in Ferrara fortgeführten und 1439 nach Florenz verlegten Konzil eine Union mit der griech. (byzantin.) Kirche zustande zu bringen (→Florenz, Konzil von). Schließlich erkannten ihn nach längerer Neutralität 1445 König FRIEDRICH III. und in der Folge die Kurfürsten an, mit denen er 1447 die Fürstenkonkordate abschloss, die diesen weitgehende Kirchenhoheit einräumten. Vergeblich waren E.s Bemühungen um eine gemeinsame Türkenabwehr.

Eugen, Prinz von Savoyen-Carignan [-kariˈɲã], österr. Heerführer, * Paris 18. 10. 1663, † Wien 21. 4. 1736; Sohn von EUGEN MORITZ Prinz von SAVOYEN-CARIGNAN und Graf von SOISSONS sowie der OLYMPIA MANCINI, einer Nichte des Kardinals MAZARIN. Der von König LUDWIG XIV. zur geistl. Laufbahn bestimmte E. floh im Juli 1683 aus Frankreich, nachdem sein Eintrittsgesuch in die frz. Armee abgelehnt worden war, und trat in das kaiserl. Heer ein. Im »Großen Türkenkrieg« (1683–99; →Türkenkriege) nahm er an der Entsatzschlacht für Wien am Kahlenberg (12. 9. 1683) teil und erhielt Ende des gleichen Jahres ein eigenes Dragonerregiment. Anfang 1688 wurde er zum Feldmarschallleutnant und 1693 zum Feldmarschall befördert. 1697 übernahm E. den Oberbefehl im Türkenkrieg. Sein entscheidender Sieg bei Zenta (11. 9. 1697) begründete seinen Ruf als Feldherr, obwohl er öfter gegen Frankreich als gegen das Osmanische Reich kämpfte. Im Span. Erbfolgekrieg (1701–13/14) zunächst nur mit einem militär. Kommando betraut, wurde er 1703 zum Präs. des Hofkriegsrats und der Geheimen Staatskonferenz ernannt. Nach dem Abschluss der Haager Großen Allianz (1701) erfocht er mit den engl. Truppen unter dem Kommando des Herzogs von Marlborough die Siege von Höchstädt (13. 8. 1704), Turin (7. 9. 1706), Oudenaarde (11. 7. 1708) sowie von Malplaquet (11. 9. 1709), die Frankreich in die Defensive drängten. 1707 vom Reichstag zum Reichsfeldmarschall ernannt, führte E. 1709 im Auftrag des Kaisers die Verhandlungen zum Haager Friedenspräliminar und 1714 die zum Frieden von Rastatt (7. 3.) und Baden (8. 9.). Den folgenden Türkenkrieg (1714/16–18) entschied er nach den Siegen von Peterwardein (heute Petrovaradin, 5. 8. 1716) und Temesvar (1716) mit der Belagerung und, nachdem er ein türk. Entsatzheer vernichtend geschlagen hatte, Einnahme der Festung Belgrad (16. 8. 1717). Die Schlacht und die Eroberung Belgrads trugen wesentlich zur Popularisierung des Feldherrn bei. Höf. Intrigen bewogen E. 1725 zum Verzicht auf das Gen.-Gouv. der Österr. Niederlande, das er seit 1716 innehatte.

E. galt als der fähigste Feldherr seiner Zeit sowie als weit blickender polit. Berater, der durch seine rationale Ausrichtung an der Idee der Staatsraison die Starrheit dynast. Denkens und Handelns überwunden hatte. Als Freund der Kunst und Wiss. sammelte E. eine angesehene Bibliothek und ließ das Stadtpalais (J. B. Fischer von Erlach) und Schloss Belvedere (J. L. von Hildebrandt) in Wien erbauen; die von ihm erworbenen »Marchfeldschlösser« Niederweiden und Schloßhof ließ er zu barocken Anlagen erweitern. Er stand in Verbindung mit Leibniz, Voltaire, Montesquieu u. a. Persönlichkeiten der Zeit.

An die Gestalt E.s knüpften sich das Volkslied »Prinz Eugen, der edle Ritter« sowie zahlr. Anekdoten, Gedichte (z. B. von F. Freiligrath, G. Terramare, F. K. Ginzkey) und Gedichtzyklen (A. Grün, R. Kralik). Lebensbilder schrieben H. von Hofmannsthal und W. von Molo.

📖 M. Braubach: Prinz E. v. Savoyen, 5 Bde. (Wien 1963–65); G. Mraz: Prinz E. (1985); Prinz E. u. das barocke Österreich, hg. v. K. Gutkas (Wien 1986); F. Herre: Prinz E. Europas heiml. Herrscher (2000); W. Oppenheimer: Prinz E. v. Savoyen. Feldherr, Staatsmann, Mäzen (Neuausg. 2004).

Eugen, E. Napoleon Nikolaus, Prinz von Schweden, schwed. Maler und Zeichner, * Schloss Drottningholm 1. 8. 1865, † Stockholm 17. 8. 1947; Sohn Oskars II.; war 1885–86 Schüler der Malschule von Wilhelm von Gegerfelt (*1844, †1920) und studierte ab 1887 u. a. bei L. Bonnat in Paris. Studienreisen führten ihn nach Norwegen (1889/90) und Italien (1892, 1894 und 1897/98). 1899 erwarb er die Landzunge Waldemarsudde in Stockholm und ließ sich nach seinen Plänen bis 1905 von G. F. Boberg ein Palais bauen (heute Museum). E. arbeitete als Freilichtmaler und gehörte mit seinen Stimmungslandschaften zu

Eugen, Prinz von Savoyen-Carignan im Feld (Gemälde von Pietro Longhi; Venedig, Ca' Rezzonico)

den wichtigsten Vertretern der schwed. Nationalromantik. Später widmete er sich auch der Monumentalmalerei (Wandbilder u. a. in Stockholm, Dramatiska Teatern, 1909; Stadshuset, 1916–23).

Eugene [juːˈdʒiːn], Stadt im westl. Oregon, USA, am S-Ende der Senke des Willamette River, 142 200 Ew.; Univ.; Holzverarbeitung, Aluminiumgewinnung. – Gegr. 1846.

Eugenides [juːˈdʒɛnɪdəs], Jeffrey, amerikan. Schriftsteller, * Detroit (Mich.) 8. 3. 1960; stammt aus einer griech. Einwandererfamilie; lebt in Berlin. Bereits sein Debütroman »The virgin suicides« (1993; dt. »Die Selbstmord-Schwestern«) wurde zu einem internat. Erfolg. Das episch angelegte Werk »Middlesex« (2002; dt.) um einen Hermaphroditen, der, als Mädchen geboren, in der Pubertät zum Mann wird, ist gleichzeitig psycholog. Studie über die Identitätsfindung des Helden, eine Generationen und Kontinente umspannende Familiensaga einer griech. Einwandererfamilie in Detroit und realist. Gesellschaftsroman, der durch die virtuose Handhabung von Themen, Genres und Stilen besticht.

Jeffrey Eugenides

Eugénie [øʒeˈni, frz.], Kaiserin der Franzosen (bis 1870), * Granada 5. 5. 1826, † Madrid 11. 7. 1920; Tochter des span. Grafen von Montijo; erhielt ihre Erziehung v. a. in Großbritannien und Frankreich und lebte nach dem Tod des Vaters mit der aus einem schottisch-span. Adelsgeschlecht stammenden Mutter in Paris. Hier wurde sie durch ihre Schönheit,

Eugénie, Kaiserin der Franzosen

Klugheit und ihre Leidenschaft für die Politik zu einer viel beachteten Erscheinung. 1853 vermählte sich NAPOLEON III. mit ihr. Sie spielte eine glanzvolle und v. a. in der 2. Hälfte des »Second Empire« politisch bedeutsame Rolle. Als überzeugte Katholikin suchte E. die päpstl. Herrschaft gegen die ital. Nationalbewegung zu stützen, förderte in der dt. Frage die antipreuß. Kräfte zugunsten der proösterreichischen und setzte sich 1866 für eine frz. Intervention ein. Sie drängte zum militär. Engagement in Mexiko und schloss sich 1870 der Kriegspartei an, um die Position der napoleon. Dynastie zu sichern und das nach der Schlacht von →Königgrätz verlorene polit. Übergewicht Frankreichs auf dem Kontinent zurückzugewinnen. Nach Kriegsbeginn 1870 wegen der Abwesenheit NAPOLEONS III. (wie schon 1859 und 1865) Regentin, musste sie in der Folge der militär. Niederlage und der Proklamation der Dritten Republik aus Paris fliehen. Als »Gräfin von Pierrefonds« verbrachte sie ihr langes Exil vorwiegend in Großbritannien, der Schweiz und an der Riviera. Memoiren, Briefe und Gespräche der Kaiserin E. wurden 1921–35 herausgegeben.

 W. SMITH: E. Impératrice des française (Paris 1998).

Eugenie Grandet [ɔʒeniɡrɑ̃ˈdɛ], frz. »Eugénie Grandet«, Roman von H. DE BALZAC; frz. Erstausgabe 1834, im Zyklus der »Comédie humaine« von BALZAC den »Scènes de la vie de province« zugeordnet. Die Handlung wird bestimmt durch den Vater Grandet, dessen krankhafte Sucht nach Reichtum alles Lebensglück der Tochter vernichtet. In dem Werk erreicht die Charakterisierungskunst BALZACS ihre volle Reife.

Eugenik [zu griech. eugenḗs »wohlgeboren«, »von edler Abkunft«] *die, -,* **Erbgesundheitslehre, Erbhygiene,** von dem brit. Naturforscher Sir F. GALTON 1883 geprägte histor. Bez. für die Wiss. von der Verbesserung körperl. und geistiger Merkmale der Menschheit. Ziel der E. ist, unter Anwendung genet. Erkenntnisse den Fortbestand günstiger Erbanlagen in einer menschl. Population zu sichern und zu fördern (**positive E.**) sowie die Ausbreitung nachteiliger Gene einzuschränken (**negative** oder **präventive E.**).

GALTONS Vorstellung war (bei fehlenden klaren wiss. Grundlagen) die Förderung positiver Eigenschaften (hohe Begabung, Gesundheit u. a.) durch Maßnahmen wie Auszeichnung bes. befähigter Jugendlicher (z. B. durch Diplome), Förderung früher Heirat sowie Heiratslenkung, Förderung der Fruchtbarkeit. Sein polit. Ziel war, das »inheritance concept«, die aus dem Privatrecht übernommene Möglichkeit, Vermögen und Titel zu erben, durch Chancengleichheit und die Bewertung des Einzelnen nach Leistung (die fälschlicherweise als allein genetisch vorherbestimmt angenommen wurde) zu ersetzen. Anders als in Großbritannien, wo die eugen. Bewegung demnach eher ein Klassenphänomen war, vertrat die amerikan. E.-Bewegung einen dezidierten Rassismus. Dies führte 1905 zu den »Gesetzen zur Verhinderung von Schwachsinn und Kriminalität«, auf deren Grundlage mehr als 60 000 Betroffene zwangssterilisiert wurden, sowie 1924 zu einem Einwanderungsgesetz, das mithilfe rassist. Argumente die Einwanderung v. a. von Süd- und Osteuropäern zu verhindern suchte. Auch in europ. Ländern, z. B. in der Schweiz und in Dänemark, wurden Ende der 1920er-Jahre Gesetze zur Sterilisation erlassen. Etwa ab 1930 trat eine Hinwendung zu einer mehr wiss. orientierten E. ein, die sich v. a. mit Fragen der genet. Beratung, der Erbkrankheiten und ihrer medizin. Probleme sowie der Erblast der Zivilisation befasste.

Die ebenfalls rassistisch gefärbte E.-Bewegung in Dtl., die anstelle von E. bis um 1920 und ab um 1930 den Begriff »Rassenhygiene« (A. PLOETZ, 1895, und WILHELM SCHALLMAYER [* 1857, † 1919], 1903) verwendete, war anfangs politisch wenig erfolgreich. Doch schon in der Weimarer Republik (1918–33) nahm eugen. Gedankengut im Sinne von biologist. (sozialdarwinist.) Umdeutungen sozialer Tatbestände z. B. in der Sozialfürsorge (u. a. Behindertenpädagogik), teilweise auch in demokrat. Kreisen, auch innerhalb der Kirchen und der SPD, zu. Eine grundlegende Änderung brachte die Machtübernahme der Nationalsozialisten am 30. 1. 1933. Das »Gesetz zur Verhütung erbkranken Nachwuchses« (14. 7. 1933), das die – nach neueren Erkenntnissen auch gelegentlich schon vor 1933 übliche – Zwangssterilisation von Psychiatriepatienten erlaubte, wurde v. a. nach dem Änderungs-Ges. vom 26. 6. 1935 allg. auf als »minderwertig« bezeichnete Menschen und »Gemeinschaftsfremde« (neben psychisch Kranken z. B. Behinderte, Nichtsesshafte, Asoziale) sowie unerwünschte ethn. Gruppen (z. B. Juden, Polen, Russen, Sinti und Roma [Zigeuner]; →Holocaust) ausgeweitet. Diese Perversion der ursprüngl. Idee GALTONS zu einer rassenideologisch motivierten Verfolgung sah schließlich auch die Tötung als »Vernichtung lebensunwerten Lebens« (→Euthanasie) vor. Zugrunde lag ein aus der evolutionist. Begründung einer Höherentwicklung der menschl. Rassen entstandener Dogmatismus, der eine angeblich »höherwertige« »arische« Rasse von den »nichtar. Untermenschen« unterschied.

Heute wird in Dtl. ein eugen. Konzept von Vertretern der Humangenetik allein schon aus eth. Gründen als unakzeptabel angesehen. Daneben sprechen aber auch wiss. Gründe gegen ein derartiges Konzept. So wurden früher ares. Faktoren z. T. überbewertet bei deutl. Vernachlässigung des Einflusses des sozialen Umfeldes (z. B. ist Intelligenz ein multifaktorielles und kein monogenes Merkmal). Den Vertretern positiver E. ist entgegenzuhalten, dass jedes Individuum mehrere, in Heterozygoten nicht erkennbare autosomal-rezessive Mutationen (z. T. →Letalfaktoren) trägt, die homozygot zur Erkrankung (oder seinem Tod) führen würden.

In Verkennung wissenschaftstheoret. Grundlagen und aus Ignoranz inzwischen anerkannter Richtlinien werden immer noch einige Angebote der Humangenetik (z. B. genet. Beratung und Pränataldiagnostik) in der Bev. als eugen. Maßnahmen angesehen. Die →genetische Beratung ist familienkonzentriert und dient allein der umfassenden Information der Rat Suchenden ohne eine Einflussnahme des Beratenden auf die Entscheidung (Konzept der nichtdirektiven Beratung). Die Entscheidung über eine Fortpflanzung wird, auch bei ident. Erkrankung, je nach den individuellen Verhältnissen von den Eltern unterschiedlich getroffen. Auch die Pränataldiagnostik ist keine eugenisch orientierte Methode, da erst die Möglichkeit einer vorgeburtl. Untersuchung (z. B. bei Mukoviszidose) bei einigen Eltern zu einer Entscheidung für eine weitere Schwangerschaft führte. Damit kommt es vermehrt zur Geburt Heterozygoter, wodurch die Allelenfrequenz des mutierten Gens in der Bev. über Generationen geringfügig an Häufigkeit zunehmen wird.

Wiss. auf Irrwegen. Biologismus, Rassenhygiene, E., hg. v. P. Propping u. H. Schott (1992); Nationalsozialismus u. Modernisierung, hg. v. M. Prinz u. R. Zitelmann (²1994); P. Weingart u. a.: Rasse, Blut u. Gene (Neuausg. ²1996); J. Habermas: Die Zukunft der menschl. Natur. Auf dem Weg zu einer liberalen E.? (2001).

Eugenius, Flavius, röm. Kaiser (392–394), † (ermordet) am Frigidus (heute Wippach, Nebenfluss des Isonzo) 6. 9. 394; Christ; Grammatiklehrer, Verwaltungsbeamter; wurde nach dem Tod Valentinians II. von →Arbogast zum Kaiser erhoben und blieb von ihm abhängig. Sein Bündnis mit der heidn. Aristokratie rief ein letztes Aufleben der heidn. Reaktion hervor. Theodosius I. verweigerte ihm deshalb die Mitregentschaft und besiegte ihn in der Schlacht am Frigidus; E. wurde gefangen genommen und von Soldaten ermordet.

Eugenius von Toledo, lat. Dichter und Theologe, † 657; nahm als Erzbischof von Toledo (seit 646) entscheidenden Einfluss auf die Gestaltung der span. Liturgie. Von ihm sind an klass. Vorbildern geschulte Gelegenheitsgedichte und eine Bearbeitung von Dichtungen des Dracontius erhalten.

Eugenol *das, -s,* farblose, an der Luft braun werdende Substanz mit starkem Nelkengeruch, die in vielen äther. Ölen vorkommt und v. a. aus Nelkenöl gewonnen wird; Riechstoff, früher auch zur Herstellung von Vanillin verwendet. Chemisch ist E. ein Brenzcatechinderivat (4-Allyl-2-methoxyphenol).

In der Zahnheilkunde wird für provisor. Füllungen eine dick angeriebene Paste aus E. und geglühtem Zinkoxid verwendet, die relativ rasch erhärtet und bei Reizung des Zahnmarks schmerzlindernd wirkt.

Eugen Onegin, russ. »Evgenij Onegin«, Versroman des russ. Dichters A. S. Puschkin (russ. 1825–32, vollständig hg. 1833). Das auf den großen russ. Prosaroman und den Realismus vorausweisende Werk um den adligen Lebemann Eugen zeichnet ein breites Gesellschaftsbild mit wirklichkeitsnahen Charakteren. Danach entstand eine Oper (»Lyr. Szenen«) von P. I. Tschaikowsky; Uraufführung 29. 3. 1879 in Moskau.

◀) **Eugen Onegin:** P. I. Tschaikowsky: »Cdes' on, cdes' on, Evgenij!« 4595

Eugeosynklinale, Geologie: →Geosynklinale.

EuGH, Abk. für Europäischer Gerichtshof, der Gerichtshof der →Europäischen Gemeinschaften.

Euglena [zu eu... und griech. glēnē »Augapfel«, »Pupille«], umgangssprachlich **Augentierchen, Schön-**

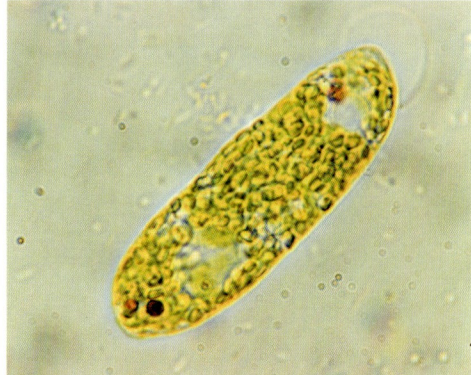

Euglena: lichtmikroskopische Aufnahme von Euglena gracilis

auge, Gattung der Euglenoida mit rd. 150 Arten, die zur Gruppe der →Euglenozoa gerechnet wird; in der botan. Systematik gehört E. zur Algenabteilung Euglenophyta. E. lebt v. a. in nährstoffreichen Süßgewässern, aber auch im Brackwasser und im Meer. Die einzelligen Flagellaten besitzen neben einer langen Schwimmgeißel eine stark verkürzte zweite Geißel. An deren Basis befindet sich der Paraflagellarkörper, in dem pterin- und flavinhaltige Proteine als Fotorezeptoren dienen. Der am Vorderende der Zelle liegende carotinoidhaltige rote Augenfleck hat bei der Fotorezeption nur eine regulierende Funktion. Speicherkohlenhydrat ist Paramylum, ein β-1,3-Glucan; die Chloroplasten (mit Chlorophyll a und b) umgeben drei Membranen, was auf eine sekundäre Endosymbiose einer Grünalge hindeutet. E. ist fototroph, ernährt sich aber auch heterotroph und kann auch ohne Chloroplasten überleben.

Euglenozoa [zu →Euglena und griech. zōon »Lebewesen«, »Tier«], nach der neueren phylogenet. Systematik eine Gruppe der Einzeller; kennzeichnend sind die scheibenförmigen Cristae der Mitochondrien und die Paraxialstäbe, stabförmige Proteinkomplexe in den zwei Geißeln (davon eine oft reduziert). Die E. unterteilen sich in die **Euglenoida,** deren Zellstabilität durch ein Mikrotubulisystem unter der Zellmembran (→Pellikula) gewährleistet wird, und die **Kinetoplastida,** die ein →Kinetoplast an der Geißelbasis haben. Die Euglenoida leben meist im Süßwasser und sind teilweise fotoautotroph (u. a. Euglena), die Kinetoplastida sind z. T. frei lebende Bakterienfresser, z. T. Parasiten (z. B. Trypanosoma und Leishmania).

Eugnathie [zu eu... und griech. gnáthos »Kinnbacke«] *die, -,* anatomisch regelrechtes Gebiss mit fehlerfreier Form und Stellung der Zähne (Neutralbiss). Ggs.: Dysgnathie.

Euhemerismus, *der, -,* Bez. für eine Theorie, nach der die Gottesvorstellungen auf die einstige göttl. Verehrung verstorbener Herrscher und als weise geltender Menschen zurückzuführen sind; eine Form rationalist. Mythendeutung, wurde zuerst von Euhemeros von Messene in seinem Reiseroman »Heilige Aufzeichnung« vorgetragen. Vergleichbare Erhöhungen von Menschen zu Göttergestalten lassen sich in vielen Religionen nachweisen (→Heroenkult, →Herrscherkult).

Euhemeros von Messene, griech. Philosoph und Schriftsteller, *um 340 v. Chr., † um 260 v. Chr.; ver-

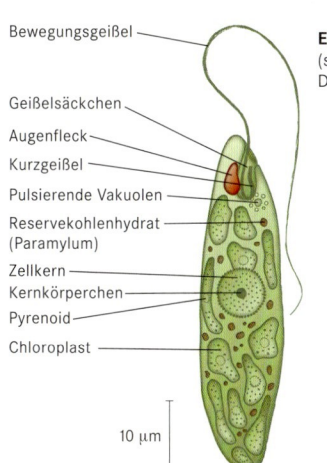

Euglena (schematische Darstellung)

Bewegungsgeißel
Geißelsäckchen
Augenfleck
Kurzgeißel
Pulsierende Vakuolen
Reservekohlenhydrat (Paramylum)
Zellkern
Kernkörperchen
Pyrenoid
Chloroplast

10 μm

Eugenol

Euka Eukalyptus

Eukalyptus: Eukalyptusbaum in der australischen Savanne

fasste die nur fragmentarisch erhaltene »Heilige Aufzeichnung«, eine Art utop. Reiseroman, der von ENNIUS ins Lateinische übersetzt wurde. Auf E. v. M. geht der religionswiss. Terminus →Euhemerismus zurück.

Eukalyptus [zu eu... und griech. kalýptein »verhüllen«, also eigtl. »der wohl Verhüllte« (nach dem durch die Kronblätter haubenartig verschlossenen Blütenbecher)] *der, -/...ten,* **Eucalyptus,** Gattung der Myrtengewächse mit über 600 in Australien und Tasmanien beheimateten Arten, heute weltweit in allen wärmeren Gebieten (so auch in S-Europa) verbreitet und teilweise eingebürgert (und teilweise die einheim. Vegetation verdrängend). Es sind Sträucher oder Bäume (Eucalyptus regnans bis über 120 m hoch) mit immergrünen, einfachen, ledrigen Blättern; die Borke löst sich häufig in Schuppen, Platten oder langen Streifen ab.

Verwendung Einige Arten, so v. a. der **Fieber-** oder **Blaugummibaum** (Eucalyptus globulus), wurden zur Trockenlegung von Sümpfen oder zur Wiederaufforstung angepflanzt, andere sind wichtige Holzlieferanten, z. B. der **Dscharrabaum** (Eucalyptus marginata), dessen Holz auch »austral. Mahagoni« genannt wird. Das hellrötl. bis dunkelbraune Holz ist sehr hart, fest, dauerhaft und oft dekorativ und wird deshalb v. a. als Konstruktions- und Ausstattungsholz verwendet. – Aus einigen E.-Arten (Eucalyptus globulus, Eucalyptus radiata) werden äther. Öle (Eukalyptusöl) gewonnen.

Eukalyptus|öl, äther. Öl, das aus Blättern und Holz einiger Eukalyptusarten durch Wasserdampfdestillation gewonnen wird. E. mit einem hohen Gehalt an Eucalyptol (70–95%), v. a. das aus Eucalyptus globulus isolierte Produkt, wird bei Erkrankungen der Atmungsorgane inhaliert sowie bei Neuralgien als Einreibung angewendet. Außerdem ist E. in der Parfümindustrie von Bedeutung.

Eukalyptus: Zweig des Fiebergummibaums mit Blüten

Eukaryoten [zu eu... und griech. káryon »Nuss«, »Kern«] *Pl.,* **Eukaryonten,** veraltet **Nukleobionten,** zusammenfassende Bez. für alle Organismen, deren Zellen einen echten Zellkern, membranumgrenzte Organellen und 80S-Ribosomen besitzen. Systematisch werden sie als eine von drei Domänen neben die Archaebakterien und die Bakterien gestellt, bisweilen auch als eines von zwei Superreichen der Lebewesen neben alle Prokaryoten. Die weitere Unterteilung der E. hat sich in den letzten Jahren aufgrund neuer biochem., zellbiolog. und molekulargenet. Befunde stark geändert und ist weiterhin im Fluss. Zurzeit werden neben den Pflanzen, Pilzen und Tieren auch die →Chromista (u. a. Braunalgen, Kieselalgen, Oomyceten, Haptophyta) als eigenes Reich angesehen; weitere wichtige Gruppen sind die →Alveolata, →Euglenozoa und →Amoebozoa. Die Trennung der E. von den Prokaryoten erfolgte vermutlich vor etwa 2 Mrd. Jahren.

Eukelade [nach der Tochter des Zeus (lat. Jupiter) in der griech. Sage] *die, -,* ein Mond des Planeten →Jupiter.

Euklas [zu eu... und griech. klásis »Zerbrechen«, »Bruch«] *der, -es/-e,* farbloses bis hellgrünes oder hellblaues, meist durchsichtiges, monoklines Mineral, ein Nesosilikat der chem. Formel $BeAl[OH|SiO_4]$; Härte nach MOHS 7,5, Dichte 3,05 bis 3,1 g/cm^3; gelegentlich von Edelsteinqualität, in Pegmatiten und Seifen.

Euklid, griech. **Eukleides,**

1) athen. Archon 403/402 v. Chr.; der Eponymos (→Eponym) der neun Archonten, die nach dem Sturz der →Dreißig Tyrannen gewählt wurden. Während seiner Amtszeit wurde anstelle des altattischen das ion. Alphabet (»Euklid. Alphabet«) eingeführt.

2) griech. Mathematiker des 4. Jh. v. Chr., * um 365, † um 300; wurde vermutlich an der Platon. Akademie in Athen ausgebildet und wirkte unter PTOLEMAIOS I. am Museion in Alexandria. Verfasser der »Elemente« (um 325 v. Chr.), des bekanntesten Lehrbuchs der griech. Mathematik, das, vielfach übersetzt (u. a. im

Euklid, dargestellt auf einem Andrea Pisano zugeschriebenen Marmorrelief vom Campanile des Domes in Florenz (wohl ab 1334 in Arbeit; Original heute im Dommuseum)

12. Jh. durch ABELARD VON BATH und GERHARD VON CREMONA aus dem Arabischen ins Lateinische), bis ins 19. Jh. kanon. Ansehen genoss und länger als 2000 Jahre die Grundlage für die Mathematikausbildung war, sodass es zu dem nach der Bibel am weitesten verbreiteten Buch wurde. Die aus 13 Büchern bestehenden »Elemente« enthalten eine systematische Zusammenfassung des mathemat. Wissens der gesamten voreuklid. Mathematik. Dabei war es E.s Bestreben, die Mathematik, insbes. die Geometrie, aus wenigen »offensichtlichen« Tatsachen (Axiome gen.) logisch herzuleiten, ohne dabei die oft trügerische Anschauung zu verwenden. Er entwarf ein System von Axiomen der Geometrie, aus welchen er alle damals bekannten Lehrsätze der Geometrie ableitete. Dieses Vorgehen war beispielhaft für alle späteren Anstrengungen, die Mathematik deduktiv (d. h. logisch begründend) aufzubauen. Die ersten vier Bücher der »Elemente« behandeln im Anschluss an ältere Darstellungen (HIPPOKRATES VON CHIOS, THEUDIOS) die ebene Geometrie, Buch 5 und 6 die Proportionen- und Ähnlichkeitslehre nach EUDOXOS VON KNIDOS, Buch 7 bis 9 die Arithmetik, teilweise wahrscheinlich nach (pythagoreischen?) Lehren des 5. Jh.; Buch 10 beschäftigt sich mit den quadrat. Irrationalitäten, Buch 11 bis 13 mit der Stereometrie und den fünf platon. oder regelmäßigen Körpern, beides wahrscheinlich nach THEAITETOS. Später hinzugefügt wurden das von HYPSIKLES stammende 14. Buch und das vermutlich auf DAMASKIOS (6. Jh. n. Chr.) zurückgehende 15. Buch. – E. verfasste außerdem ein bis ins 17. Jh. verwendetes Buch über geomet. Optik (die »Katoptrik«) sowie ein Werk zur Kegelschnittlehre, das in den »Konika« des APOLLONIOS VON PERGE aufging. Erhalten geblieben sind auch die »Data«, in denen planimetr. Probleme mit »vorgegebenen« Stücken behandelt werden, sowie mathemat. Schriften zur sphär. Astronomie (die »Phainomena«) und Musiktheorie (Kanonteilung). Hierin werden naturwiss. Probleme erstmals nach dem Muster der Geometrie deduktiv-axiomatisch behandelt.

Ausgaben: Euclidis opera omnia, hg. v. I. L. HEIBERG u. a., 8 Bde. u. 1 Suppl.-Bd. (1883–1916); E. Die Elemente. Buch 1–13, übers. v. C. THAER, 5 Bde. (1933–37; Nachdr. 4 2003, 1 Bd.); Die Data von E., hg. v. DEMS. (1962).

F. W. B. FRANKLAND: The story of Euclid (London 1902); E. A. DE LACY: Euclid and geometry (New York 1963); B. L. VAN DER WAERDEN: Erwachende Wiss., Bd. 1 (a. d. Niederländ., ² 1966); J. SCHÖNBECK: E. Um 300 v. Chr. (Basel u. a. 2003).

euklidische Geometrie [nach EUKLID], Bez. für die »klassische« → Geometrie.

euklidischer Algorithmus [nach EUKLID], Verfahren zur Bestimmung des →größten gemeinsamen Teilers zweier natürlicher Zahlen a, b ($a > b > 0$), das ohne Primfaktorzerlegung auskommt. Ausgenutzt wird die Tatsache, dass der größte gemeinsame Teiler von a und b gleich dem größten gemeinsamen Teiler von b und dem bei der Division $a : b$ bleibenden Rest r_1 ist. Das gleiche Argument lässt sich auf den größten gemeinsamen Teiler von b und r_1 anwenden usw.; das Verfahren besteht also aus wiederholten Divisionen mit Rest:

$$a = q_1 \cdot b + r_1 \quad (0 \leq r_1 \leq b),$$
$$b = q_2 \cdot r_1 + r_2 \quad (0 \leq r_2 < r_1),$$
$$r_1 = q_3 \cdot r_2 + r_3 \quad (0 \leq r_3 < r_2),$$
$$r_2 = q_4 \cdot r_3 + r_4 \quad (0 \leq r_4 < r_3), \quad \text{usw.}$$

Da die Reste in jedem Schritt kleiner werden, bricht das Verfahren nach endlich vielen Schritten ab und

Euklids Grundlagen der Elemente der ebenen Geometrie

Aus dem Lehrbuch »Die Elemente« (um 325 v. Chr.)

Erstes Buch »Vom Punkt bis zum pythagoreischen Lehrsatz«

1. Ein *Punkt* ist, was keine Teile hat,
2. Eine *Linie* breitenlose Länge.
3. Die Enden einer Linie sind Punkte.
4. Eine *gerade Linie (Strecke)* ist eine solche, die zu den Punkten auf ihr gleichmäßig liegt.
5. Eine *Fläche* ist, was nur Länge und Breite hat.
6. Die Enden einer Fläche sind Linien.
7. Eine *ebene Fläche* ist eine solche, die zu den geraden Linien auf ihr gleichmäßig liegt.
8. Ein ebener *Winkel* ist die Neigung zweier Linien in einer Ebene gegeneinander, die einander treffen, ohne einander gerade fortzusetzen.
9. Wenn die den Winkel umfassenden Linien gerade sind, heißt der Winkel *geradlinig*.
10. Wenn eine gerade Linie, auf eine gerade Linie gestellt, einander gleiche Nebenwinkel bildet, dann ist jeder der beiden gleichen Winkel ein *Rechter;*
und die stehende gerade Linie heißt *senkrecht* zu (*Lot* auf) der, auf der sie steht.
11. *Stumpf* ist ein Winkel, wenn er größer als ein Rechter ist,
12. *Spitz*, wenn kleiner als ein Rechter.
13. Eine *Grenze* ist das, worin etwas endigt.
14. Eine *Figur* ist, was von einer oder mehreren Grenzen umfaßt wird.
15. Ein *Kreis* ist eine ebene, von einer einzigen Linie [die *Umfang (Bogen)* heißt] umfaßte Figur mit der Eigenschaft, daß alle von einem innerhalb der Figur gelegenen Punkte bis zur Linie [zum Umfang des Kreises] laufenden Strecken einander gleich sind;
16. Und *Mittelpunkt* des Kreises heißt dieser Punkt.
17. Ein *Durchmesser* des Kreises ist jede durch den Mittelpunkt gezogene, auf beiden Seiten vom Kreisumfang begrenzte Strecke; eine solche hat auch die Eigenschaft, den Kreis zu halbieren.
18. Ein *Halbkreis* ist die von dem Durchmesser und dem durch ihn abgeschnittenen Bogen umfaßte Figur;
[und Mittelpunkt ist beim Halbkreise derselbe Punkt wie beim Kreise].
19. (20–23) *Geradlinige Figuren* sind solche, die von Strecken umfaßt werden,
dreiseitige die von drei,
vierseitige die von vier,
vielseitige die von mehr als vier Strecken umfaßten.
20. (24–26) Von den dreiseitigen Figuren ist ein *gleichseitiges Dreieck* jede mit drei gleichen Seiten,
ein *gleichschenkliges* jede mit nur zwei gleichen Seiten,
ein *schiefes* jede mit drei ungleichen Seiten.
21. (27–29) Weiter ist von den dreiseitigen Figuren ein *rechtwinkliges* Dreieck jede mit einem rechten Winkel,
ein *stumpfwinkliges* jede mit einem stumpfen Winkel,
ein *spitzwinkliges* jede mit drei spitzen Winkeln.
22. (30–34) Von den vierseitigen Figuren ist ein *Quadrat* jede, die gleichseitig und rechtwinklig ist,
ein *längliches Rechteck* jede, die zwar rechtwinklig aber nicht gleichseitig ist,
ein *Rhombus* jede, die zwar gleichseitig aber nicht rechtwinklig ist,
ein *Rhomboid* jede, in der die gegenüberliegenden Seiten sowohl als Winkel einander gleich sind und die dabei weder gleichseitig noch rechtwinklig ist;
die übrigen vierseitigen Figuren sollen *Trapeze* heißen.
23. (35) *Parallel* sind gerade Linien, die in derselben Ebene liegen und dabei, wenn man sie nach beiden Seiten ins unendliche verlängert, auf keiner einander treffen.

Euclides: Die Elemente. Bücher I–XIII, a. d. Griech. übers. u. hg. v. C. Thaer, Reprint [der Ausg.] Leipzig, Akadem. Verlagsgesellschaft [1933, 1935, 1936, 1937] (Thun/Frankfurt am Main: H. Deutsch, ²1996), S. 1 f.

führt zu der Gleichung $r_n = q_{n+2} \cdot r_{n+1} + 0$. Der gesuchte größte gemeinsame Teiler ist r_{n+1}.
Beispiel: $a = 1988$, $b = 1065$; dann ist

$1988 = 1 \cdot 1065 + 923$
$1065 = 1 \cdot 923 + 142$
$923 = 6 \cdot 142 + 71$
$142 = 2 \cdot 71 + 0$;

als größter gemeinsamer Teiler ergibt sich also 71.

euklidischer Lehrsatz [nach EUKLID], der →Kathetensatz.

euklidischer Raum [nach EUKLID], *Mathematik:* →Raum.

euklidischer Ring [nach EUKLID], *Algebra:* ein Ring I ohne →Nullteiler mit einer Abbildung f, die jedem von null verschiedenen Element eine nichtnegative ganze Zahl zuordnet, wobei gilt: 1) Sind a und b aus I, mit $a \neq b$, $b \neq 0$, dann ist $f(a \cdot b) > f(a)$. – 2) Zu zwei Elementen a und b aus I mit $a \neq 0$ gibt es die Darstellung $b = q \cdot a + r$ mit q und r aus I, wobei entweder $r = 0$ oder $f(r) < f(a)$ ist (Divisionsalgorithmus). Beispiele für e. R. sind der Ring der ganzen Zahlen $\mathbb{Z}$ und der →Polynomring über einem Körper.

Euklid von Megara, griech. **Eukleides**, griech. Philosoph, *um 450 v.Chr., †um 370 v.Chr.; Begründer der →megarischen Schule. Den Grundbegriff seines Lehrers SOKRATES, das Gute, versuchte E. v. M. mit dem eleat. Begriff des Seins als des unveränderl. Einen zu verbinden und sah in ihm, ähnlich wie PLATON, das Vernünftige und Göttliche.

Eukrite [zu griech. *eúkritos* »leicht zu unterscheiden«] Sg. **Eukrit** *der, -s,* zu den Achondriten gehörende Steinmeteorite (→Meteorite), mit den Diogeniten und Howarditen verwandt. Sie ähneln den ird. Basalten und stellen vermutlich Lava von der Oberfläche des Planetoiden →Vesta dar.

Eukryptit [zu eu... und griech. *kryptós* »verborgen«] *der, -s/-e,* farbloses oder weißes Mineral der chem. Zusammensetzung $LiAl[SiO_4]$; Härte nach MOHS 5, Dichte 2,63 g/cm³; wird zur Herstellung von Glaskeramik sowie von Supraionenleitern verwendet.

Eulaliasequenz, Eulalialied, ältestes frz. Literaturdenkmal, um 881 nach lat. Sequenz in 14 assonierenden Verspaaren zu Ehren der hl. EULALIA von Mérida (Spanien) verfasst, die unter MAXIMIAN um 300 zwölfjährig den Märtyrertod erlitt. Die Legende geht auf einen Hymnus des christlich-lat. Dichters PRUDENTIUS zurück. Die Handschrift wurde 1837 von A. H. HOFFMANN VON FALLERSLEBEN in einem Kodex der Abtei Saint-Amand bei Valenciennes entdeckt.

Ausgabe: Séquence de Sainte-Eulalie, in: A. HENRY: Chrestomathie de la littérature en ancien français (³1965).

Eulalius, Gegenpapst (418–419), †423; war Archidiakon in Rom und wurde nach dem Tod des Papstes ZOSIMUS von einer Gruppe von Diakonen gegen den im hohen Ansehen stehenden röm. Presbyter BONIFATIUS I. gewählt. Kaiser HONORIUS erkannte die Wahl des E. zunächst an, widerrief seine Zustimmung aber 419. Auslöser hierfür war die ergebnislos verlaufene Synode in Ravenna im Februar 419, während dieser über den rechtmäßig gewählten Papst zw. E. und BONIFATIUS I. entschieden werden sollte. E. ignorierte das von HONORIUS beiden Kandidaten auferlegte Verbot, Rom bis zu der im Mai geplanten neuen Synode zu betreten. Im März 419 drang er in den Lateran ein und hielt diesen bis April besetzt. Der Kaiser verbannte E. daraufhin nach Kampanien (nach einer anderen Überlieferung wurde er Bischof von Nepi in Latium) und erließ ein Reskript, das künftig bei einer Doppelpapstwahl sofort eine Papstneuwahl vorschrieb.

Eulamellibranchiata, die →Blattkiemer.

Eulan® [zu eu... und lat. *lana* »Wolle«] *das, -s,* Handelsname der Bayer AG für versch., meist farblose, nichtflüchtige Chemikalien unterschiedl. Zusammensetzung, die als Mottenschutzmittel in die Wollfaser eingebracht werden und sich mit ihr, ähnlich wie Farbstoffe, waschecht verbinden.

Eulen,
1) Familie der →Eulenvögel.
2) die →Eulenschmetterlinge.

Eulenberg, Herbert, Schriftsteller, *Mülheim (heute zu Köln) 25. 1. 1876, †Kaiserswerth (heute zu Düsseldorf) 4. 9. 1949; Rechtsreferendar, dann Dramaturg in Berlin und Düsseldorf, schließlich freier Schriftsteller; schrieb mit romant. Fantasie rd. 100 Dramen, Tragödien, gesellschaftskrit. Komödien, Romane, Essays und Feuilletons. Hohe Auflagen erlebten seine biograf. Skizzen bedeutender Menschen (»Schattenbilder«, 1910 ff.).

Weitere Werke: *Dramen:* Dogenglück (1899); Anna Walewska (1899); Münchhausen (1900); Der natürliche Vater (1909); Belinde (1912). – *Romane:* Katinka, die Fliege (1911); Wir Zugvögel (1923); Menschen an der Grenze (1930). – Ferdinand Freiligrath (1948). – Ein rhein. Dichterleben (1927, Neufassung: So war mein Leben, 1948).

Eulenburg, obersächs. Uradelsgeschlecht, 1170 erstmals urkundlich erwähnt. Die Familie besaß im 12. Jh. zunächst Burg, Herrschaft und Stadt Ileburg (heute Eilenburg) und dehnte in der Folge ihren Besitz in die Mark Meißen, nach Böhmen und in die Lausitz aus. Im 14. Jh. nach Preußen übergesiedelt, erhielten die E. im 15. Jh. Lehen vom Dt. Orden. 1709 wurde das Geschlecht in den preuß. Freiherrenstand, 1786 in den Grafenstand erhoben. Das Geschlecht spaltete sich in die Linien **Prassen, Wicken, Gallingen** (1945 erloschen) und **Liebenberg;** Letztere wurde 1900 nach der Namens- und Wappenvereinigung (1897) mit denen der Freiherren **von und zu Hertefeld** in den Fürstenstand erhoben. Bedeutende Vertreter:

1) *Botho* Wend August Graf zu, preuß. Staatsmann, *Wicken (bei Bartenstein, Ostpr.) 31. 7. 1831, †Berlin 5. 11. 1912, Vetter von 3), Neffe von 2); war 1878–81 preuß. Innen-Min., hatte maßgeblich Anteil an der Ausarbeitung des Sozialistengesetzes (1878). Als preuß. Min.-Präs. und Innen-Min. suchte er 1892–94 die Unterdrückung der sozialdemokrat. Bewegung fortzuführen. Als er mit dieser Politik scheiterte, wurde er entlassen.

2) *Friedrich* Albrecht Graf zu, preuß. Diplomat und Staatsmann, *Königsberg (Pr) 29. 6. 1815, †Berlin 2. 4. 1881, Onkel von 1) und 3); anfangs Verwaltungsjurist, dann Diplomat. Ab Dezember 1862 war E. Innen-Min. im Kabinett Bismarck. Während er im preuß. Verfassungskonflikt die liberale Opposition mit allen Mitteln, mitunter am Rande der Legalität, bekämpfte, setzte er sich für eine schonende Behandlung der 1866 annektierten preuß. Provinzen (u. a. Hannover) und eine liberale Verwaltungsreform ein; trat im März 1878 zurück, da er den neokonservativen Kampfkurs BISMARCKS ablehnte. E. war 1866–77 Mitgl. des preuß. Abgeordnetenhauses.

G. LANGE: Die Bedeutung des preuß. Innen-Min. F. A. Graf zu E. für die Entwicklung Preußens zum Rechtsstaat (1993).

Eulen-schmetterlinge: Gammaeule

3) Philipp Fürst (seit 1900) **zu E. und Hertefeld,** Graf **von Sandels,** Diplomat, *Königsberg (Pr) 12. 2. 1847, †Schloss Liebenberg (bei Templin) 17. 9. 1921, Vetter von 1), Neffe von 2); wandte sich nach Aufgabe der militär. Laufbahn (Gardeoffizier) und nach dem Abschluss eines jurist. Studiums 1877 dem diplomat. Dienst zu. 1881–88 war er Sekr. an der preuß. Gesandtschaft in München, 1894–1903 Botschafter in Wien. Durch seine engen persönl. Beziehungen (seit 1886) zu Kaiser WILHELM II. geriet er bald zu einer von dessen engsten Vertrauten in eine polit. Schlüsselstellung, die über den Rahmen seiner Dienststellung weit hinausreichte. Seine Vermittlungsversuche in der Krise zw. WILHELM II. und BISMARCK vertieften die Kluft zw. Kanzler und Kaiser und trugen, wenn auch indirekt, zum Sturz des Kanzlers bei. In der Folge suchte E. den von ihm gleichermaßen idealisierten wie auch kritisch beurteilten Kaiser in dessen Politik des »Neuen Kurses« zu bestärken. Zugleich fiel E. eine Vermittlerrolle zw. dem Auswärtigen Amt und dem von versch. Seiten (insbes. durch Militärs) beratenen, zeitweise eigenwillig und unorthodox agierenden Monarchen zu, ohne die Außenpolitik im Sinne des Auswärtigen Amtes beeinflussen zu können. Nach seinem Ausscheiden aus dem diplomat. Dienst wurde E. die Zentralfigur einer durch M. HARDEN in der polit. Wochenschrift »Die Zukunft« ausgelösten Affäre (Vorwurf der Homosexualität). Die folgenden Prozesse (Beleidigungsklage gegen HARDEN, Meineidsprozess gegen E.) trugen zur Klärung der Vorwürfe u. a. durch die dauernde Prozessunfähigkeit E.s wenig bei, erschütterten jedoch das Ansehen des Kaisers und kompromittierten weite Teile des Hofes. Nach Kriegsbeginn 1914 verfasste E. ein gegenüber der Außenpolitik des kaiserl. Dtl. sehr krit. Memorandum zur Kriegsschuldfrage.

Ausgabe: P. E.s polit. Korrespondenz, hg. v. J. C. G. Röhl, 3 Bde. (1976–83).

Zwei dt. Fürsten zur Kriegsschuldfrage. Lichnowsky u. E. u. der Ausbruch des Ersten Weltkriegs, hg. v. J. C. G. RÖHL (1971); H. W. BURMEISTER: Prince P. Eulenburg-Hertefeld 1847–1921. His influence on Kaiser Wilhelm II and his role in the German government 1888–1902 (1981).

Eulengebirge, poln. Góry Sowie [ˈguri ˈsɔvjɛ], ein dem Hauptkamm der Sudeten östlich vorgelagerter, größtenteils aus Gneis bestehender, dicht bewaldeter und etwa 35 km langer Gebirgskamm in Polen, in der Wwschaft Niederschlesien südöstlich von Wałbrzych (Waldenburg), zw. Waldenburger Bergland im NW und Reichensteiner Gebirge im SO. Die Höchste Erhebung ist mit 1 015 m ü. M. die Hohe Eule (Wielka Sowa).

Eulenschmetterlinge, Eulenfalter, Eulen, Noctuidae, mit über 25 000 Arten größte Familie der Schmetterlinge, in Mitteleuropa rd. 530 Arten; kleine bis mittelgroße Falter mit Flügelspannweiten von 1–7 cm, bei der **Rieseneule** (Thysania agrippina) aus Brasilien bis 30 cm; Vorderflügel mit für die Familie charakterist. Zeichnungsmuster, oft mit tarnendem Farbmuster, selten metallfarbig (**Goldeulen,** Gattung Plusia). Die Hinterflügel der Ordensbänder (Gattung Catocala) sind bunt gebändert. Die E. fliegen meist in der Dämmerung; mit dem paarigen Hörorgan an den Seiten des hintersten Brustsegments nehmen die Falter Ultraschalllaute von jagenden Fledermäusen schon aus 30 m Abstand wahr und versuchen, diesen durch geschickte Flugmanöver zu entgehen. Manche E. sind Wanderfalter, z. B. die **Gammaeule** (Phytometra gamma, Plusia gamma) mit einer Flügelspannweite bis zu 4 cm. Die Raupen sind oft nackt, leben tagsüber meist verborgen in der Bodenstreu oder der Erde (**Erdraupen**); sie fressen nachts; viele schädigen Kulturpflanzen (Erbsen-, Gemüse-, Kohl-, Kiefern-, Saateule).

Eulenschwalme, Familie der →Schwalme.

Eulenspiegel [niederdt. Ulenspegel »Schleier der Schleiereule«, aber auch zu ul'n spegel »wisch den Hintern«], Till oder Tile, Held eines Schwankromans, in dem der menschl. Dummheit ein Spiegel vorgehalten wird. Zeitgenöss. Quellen zur Existenz eines histor. E.s fehlen, doch werden seine Geburt in Kneitlingen (nahe Braunschweig) und sein Tod 1350 in Mölln vermutet (wo man seit dem 16. Jh. seinen Grabstein zeigt). Materialien über E. werden im gleichnamigen Museum in Schöppenstedt archiviert.

Der Braunschweiger Zollschreiber H. BOTE gilt als Verfasser oder Bearbeiter einer möglicherweise niederdt., im frühen 16. Jh. geschriebenen Fassung des Volksbuchs, das in der hochdt. Bearbeitung »Ein

Philipp Fürst zu Eulenburg und Hertefeld

Till Eulenspiegel: Titelblatt des Volksbuchs »Ein kurtzweilig lesen von Dyl Vlenspiegel« (verkürzte Fassung von 1515)

Eule Eulenvögel

kurtzweilig lesen von Dyl Vlenspiegel« (Erstdruck Straßburg 1511/12, 1515 in verkürzter Fassung; viele, z. T. erweiterte Nachdrucke) weit verbreitet war und in zahlr. europ. Sprachen übersetzt wurde. Die Anordnung der satir., auf Wortwitz beruhenden Schwänke erfolgte in einem einfachen, biografisch angereicherten Handlungsablauf von der Geburt bis zum Tod. E.s aggressive, grobian. Streiche betreffen Angehörige aller gesellschaftl. Stände. In hintergründiger didakt. Absicht entlarvt er die widersprüchl. Spannung von Sein und Schein, narrt andere durch mehrdeutige Wortspiele oder Wortverdrehungen und gibt sie mit diabol. Freude der Lächerlichkeit preis.

Von Hans Sachs bis zu G. Hauptmanns Epos »Des großen Kampffliegers Till E. Abenteuer…« (1928), G. Weisenborns dramat. »Ballade vom E., vom Federle und von der dicken Pompanne« (1949) gibt es zahlr. E.-Adaptionen in der dt. und europ. Literatur; J. N. Nestroy schrieb ein Lustspiel »E.« (1835), F. Lienhard eine dramat. Trilogie »Till E.« (1896–1906). Im Roman von C. de Coster »La légende… de Thyl Ulenspiegel et de Lamme Goedzak…« (1868) agiert E. im niederländ. Freiheitskampf gegen die Spanier. E. Kästner erzählte das Volksbuch für Kinder nach (1935). R. Strauss schrieb die sinfon. Dichtung »Till E.s lustige Streiche« (1890), E. N. von Reznicek die Oper »Till E.« (1902).

Der Name E. wurde übertragen auf vergleichbare literar. Figuren, so gilt Hans Clauert als märk. E. und Nasreddin Hodja als türk. Eulenspiegel.

Ausgabe: Ein kurzweilig Lesen v. Dil Ulenspiegel. Nach dem Druck v. 1515, hg. v. W. Lindow (Neuausg. 2001).

W. Wunderlich: T. E. (1984); J. Schulz-Grobert: Das Straßburger E.-Buch. Studien zu entstehungsgeschichtl. Voraussetzungen der ältesten Drucküberlieferung (1999).

Eulenvögel, Strigiformes, mit über 200 Arten weltweit verbreitete Ordnung 15–80 cm großer, meist in der Dämmerung oder nachts jagender Vögel mit dickem Kopf und großen, nahezu unbewegl., nach vorn gerichteten Augen, die von einem flächigen Federkranz, dem Schleier, umgeben sind. Der Schnabel ist greifvogelartig gekrümmt, die meist befiederten Füße haben lange, gebogene, spitze Krallen; die Außenzehe ist eine Wendezehe. Das Gefieder ist weich, die aufgeraute Flügelkante ermöglicht einen fast lautlosen Flug. E. haben ein gutes Sehvermögen und ein ausgezeichnetes Gehör; die »Federohren« mancher Arten (z. B. Uhu, Waldohreule, Sumpfohreule) haben nichts mit den Gehörorganen zu tun. E. jagen v. a. Kleinsäuger, daneben auch Vögel, Insekten und Würmer; zwei Arten in Afrika und Südasien sind spezialisierte Fischfänger (**Fischeulen, Fischhuhus,** Gattung Ketupa). Knochen werden nur schlecht verdaut und in Gewöllen wieder ausgewürgt. E. bauen meist keine Nester (Ausnahme z. B. Sumpfohreulen), sie brüten am Boden, an Felswänden, in Höhlen oder in verlassenen Nestern anderer großer Vögel. Die Gelegegröße ist oft vom Nahrungsangebot abhängig. Die Bebrütung beginnt mit dem 1. oder 2. Ei, sodass die Jungen asynchron schlüpfen; bei Nahrungsmangel verhungern die kleineren, später geschlüpften zuerst; Brutdauer etwa 4–5 Wochen. – Die meisten Arten haben laute Stimmen, die sie v. a. während der Paarbildung (oft schon im Herbst) und der Brutzeit hören lassen. – Die Ordnung wird in die Familien der nur 15 Arten umfassenden **Schleiereulen** (Tytonidae) und der **Eulen** (Strigidae) eingeteilt. In Europa leben 12 Eulenarten, u. a. Waldohreule, Sumpfohreule, Waldkauz, Raufußkauz, Steinkauz, Uhu, Schnee-Eule, Sperbereule und Sperlingskauz; eine mittel- und südamerikan. Art ist der Brillenkauz. Alle E. stehen unter Naturschutz.

Kulturgeschichte Im alten Ägypten hatte die Eule, die Hieroglyphe für m, religiöse Bedeutung und galt als Totenvogel. Im alten Griechenland war die Eule der Athene, der Schutzgöttin Athens und der Beschützerin aller wiss. Betätigung, beigegeben. Deshalb wurde die Eulen in späteren Jahrhunderten oft als Sinnbild der Weisheit verwendet. Die Münzen Athens trugen die Eule als Wappenbild (→Drachme, →Glaux). Daran knüpft das Sprichwort »Eulen nach Athen tragen« an, d. h. etwas Überflüssiges tun. Daneben galt die Eule vom Altertum bis in die heutige Zeit fast überall als unheimlich und als schlechtes Vorzeichen, meist als Unglücks- oder Todesbote.

🔊 **Eulenvögel:** Rufe einer Schleiereule **7153**; Rufe eines Europäischen Uhus **7515**; Langrufe einer Waldohreule **8458**; Rufe einer Sumpfohreule **8132**; Langlaut einer am Nest sitzenden Sperbereule **8116**; Langrufe eines Weibchens der Schnee-Eule **8389**; Rufreihen eines Waldkauzes **8747**; Rufe eines Steinkauzes **8124**; Partnertriller eines Brillenkauzes **8561**; Pfeiflaute eines Raufußkauzes **7675**; Rufe eines Sperlingskauzes **8582**.

Euler,

1) *August* Heinrich, eigtl. **A. Reith,** Ingenieur und Flugpionier, * Oelde 20. 11. 1868, † Feldberg (Schwarzwald) 1. 7. 1957; baute in der von ihm 1908 gegründeten Flugzeugfabrik die ersten dt. Motorflugzeuge; 1910 erhielt er den dt. Flugzeugführerschein Nr. 1 und stellte einen Dauerflugrekord von über drei Stunden auf. Auf seine Initiative erfolgte am 12. 6. 1912 der erste amtl. Postflug (zw. Frankfurt am Main und Darmstadt). E. leitete nach dem Ersten Weltkrieg bis 1921 das neu gegründete Reichsluftamt, bewirkte die Zulassung der ersten Luftverkehrsunternehmen in Dtl. und schuf die erste Luftverkehrsordnung.

🔊 **August Euler:** Über Motorflugzeuge (1938) **1118**

2) Leonhard, schweizer. Mathematiker, * Basel 15. 4. 1707, † Sankt Petersburg 18. 9. 1783; Schüler von Johann Bernoulli; wurde bereits 1727 an die Petersburger Akad. berufen, wo er 1730 eine Physikprofessur übernahm und 1733 als Nachfolger von D. Bernoulli Prof. für Mathematik wurde. 1741 folgte er einem Ruf von Friedrich II. nach Berlin und war dort 1744–65 Direktor der mathemat. Klasse der Akad. der Wissenschaften; 1766 Rückkehr an die Petersburger Akademie. Auch als E. 1767 völlig erblindete, ließ seine Schaffenskraft nicht nach; er hinterließ fast 900 Arbeiten, die sowohl die reine und

Leonhard Euler, Pastell von Emanuel Handmann (1753; Basel, Kunstmuseum)

angewandte Mathematik als auch die Astronomie und Physik betrafen. E. baute die schon von R. DESCARTES geforderte analyt. Methode aus und wandte sie nicht nur auf die Geometrie, sondern auch auf Probleme der Mechanik an. Er förderte die Arithmetisierung und Formalisierung der Naturwissenschaften und wirkte weithin durch seine Lehrbücher zur Analysis und Algebra: die »Introductio in analysin infinitorum« (1748), die »Institutiones calculi differentialis« (1755) und die dreibändigen »Institutiones calculi integralis« (1768–70) sowie die »Vollständige Anleitung zur Algebra« (1770, in 2 Teilen). In seinen »Lettres à une princesse d'Allemagne sur quelques sujets de Physique et Philosophie« (1768–72), die für die 16-jährige FRIEDERIKE in Brandenburg-Schwedt bestimmt waren, gab er nicht nur eine populäre Darstellung der Physik, u. a. der in seiner »Nova theoria lucis et colorum« (1746) gegebenen Wellentheorie des Lichtes, sondern behandelte auch die philosophisch-theolog. Probleme seiner Zeit.

Umfassende Darstellungen zur angewandten Mathematik sind seine analyt. Mechanik (»Mechanica«, 1736), die »Theorie der Planetenbewegung« (1744), die »Neuen Grundsätze der Artillerie« (1745), die »Theorie des Schiffbaues« (1749) und die »Dioptrica« (1769–71). E. war einer der Begründer der Hydrodynamik und Strömungslehre (lokale Beschreibung von Strömungsvorgängen). Er schuf die Grundlagen für die Theorie des →Kreisels (eulersche Kreiselgleichungen, eulersche Winkel), formulierte 1744 als Erster exakt das von P. L. M. DE MAUPERTUIS aufgestellte Prinzip der kleinsten Wirkung, führte den Begriff des Trägheitsmoments sowie der freien Drehachse ein und benutzte schon die Vektorrechnung. E. entwickelte auch aus den Ansätzen bei JAKOB und JOHANN BERNOULLI die Variationsrechnung (erste Darstellung 1744) und die kombinator. Topologie (eulersche Polyederformel). Bedeutende Beiträge lieferte er zur Zahlentheorie, Geometrie und Reihenlehre sowie zur Theorie der gewöhnl. und partiellen Differenzialgleichungen und zur Differenzialgeometrie. E.s hervorragende Leistungen werden nicht dadurch geschmälert, dass er bei geringem Interesse an Existenzbeweisen nur heuristisch brauchbare Methoden verwendete.

Die erhebl. Bedeutung der philosoph. Schriften E.s für die Vorgeschichte des kantischen Kritizismus wurde erst in neuerer Zeit erkannt. – E. schrieb zahlr. musikalisch-akust. Abhandlungen. In seinem »Tentamen novae theoriae musicae« (1739) zeigte er die Unzuständigkeit der Mathematik für die Begründung eines musikal. Systems auf.

Ausgaben: Leonardi Euleri opera omnia, hg. v. F. RUDIO u. a., auf zahlr. Bde. ber. (1911 ff.); Briefe an eine dt. Prinzessin über versch. Gegenstände aus der Physik u. Philosophie, hg. v. G. KRÖBER (a. d. Frz., Neuausg. 1987).

◆ O. SPIESS: L. E. (Frauenfeld 1929); R. FUETER: L. E. (Basel ³1979); E. A. FELLMANN: L. E. (1995); W. DUNHAM: E. The master of us all (Washington, D. C., 1999).

Euler-Cauchy-Verfahren [-koˈʃi-; nach L. EULER und A. L. Baron CAUCHY], **eulersches Polygonzugverfahren,** eines der ältesten, trotz seiner Einfachheit gut konvergentes Näherungsverfahren zur numer. Lösung von Anfangswertproblemen. Gegeben ist hierbei eine gewöhnl. Differentialgleichung $y' = f(x,y)$ mit einer stetigen Funktion f und ein Anfangswert $y(t_0) = y_0$. Das E.-C.-V. berechnet in diskreten, meist äquidistant gewählten Punkten t_i eine Näherung y_i an die wahre Lösung $y(t_i)$. Die Punkte t_i sind im äquidistanten Fall durch $t_i = t_0 + i \cdot h$ mit einer festen Schrittweite $h > 0$ gegeben ($i = 1, 2, \ldots$). Die Näherungswerte y_i werden gemäß der Formel

$$y_{i+1} = y_i + h \cdot f(t_i, y_i), \quad i = 0, 1, 2, \ldots$$

berechnet. Man kann dies grafisch so interpretieren, dass an den aktuellen Wert y_i ein Streckenstück mit der Steigung $f(t_i, y_i)$ angehängt wird; insgesamt ergibt sich so ein Polygonzug, der dem Verfahren seinen zweiten Namen gab.

Euler-Chelpin [-ˈkɛlpiːn],

1) *Hans* Karl August Simon von, schwed. Chemiker dt. Herkunft, * Augsburg 15. 2. 1873, † Stockholm 6. 11. 1964, Vater von 2); 1906–41 Prof. an der Univ. Stockholm, ab 1929 Direktor des neu geschaffenen Instituts für Vitamine und Biochemie; diente, obwohl seit 1902 schwed. Staatsbürger, während des Ersten Weltkriegs im dt. Heer und war während des Zweiten Weltkriegs in diplomat. Mission für Dtl. tätig. Neben grundlegenden Forschungen zur alkohol. Gärung und zur Chemie von Tumoren untersuchte E.-C. v. a. die Struktur und Wirkungsweise von Enzymen, bes. der Coenzyme (u. a. 1935 Isolierung und Aufklärung der Struktur von NAD) und Vitamine (Nachweis von Carotin als Provitamin A). Für seine Arbeiten zur alkohol. Gärung und die Rolle der beteiligten Enzyme erhielt E.-C. 1929 gemeinsam mit A. HARDEN den Nobelpreis für Chemie.

Hans Karl von Euler-Chelpin

2) *Ulf* Svante von, schwed. Physiologe, * Stockholm 7. 2. 1905, † ebd. 10. 3. 1983, Sohn von 1); Prof. am Karolinska Inst. in Stockholm; erhielt für seine Untersuchungen über die chem. Natur des Überträgerstoffes Noradrenalin an den Nervenschaltstellen (Synapsen) mit J. AXELROD und B. KATZ 1970 den Nobelpreis für Physiologie oder Medizin.

Euler Hermes S. A., weltweit (in über 40 Ländern) tätiger frz. Versicherungskonzern mit den Geschäftsfeldern Kreditversicherung, Refinanzierung von Forderungen, Kautionsversicherung und Bonitätsbewertung von Kreditportfolios (Marktanteil 2003: 34 %; 5 400 Beschäftigte); entstanden 2002 durch Fusion von Euler S. A. (gegr. 1927) und →Hermes Kreditversicherungs-AG; Sitz: Paris; Hauptaktionär ist die Allianz AG (68,27 %). Zu den zahlreichen ausländ. Tochtergesellschaften gehört u. a. die Euler Hermes Kreditversicherungs-AG.

Ulf von Euler-Chelpin

Euler-Maupertuis-Prinzip [-mopɛrˈtɥi-], *Mechanik:* →Prinzip der kleinsten Wirkung.

eulersche Darstellung [nach L. EULER], eine Darstellungsform →komplexer Zahlen.

eulersche Differenzialgleichung [nach L. EULER], *Mathematik:* 1) die gewöhnl. Differenzialgleichung n-ter Ordnung der Form

$$\sum_{i=0}^{n} a_i x^i y^{(i)} = f(x);$$

2) die Euler-Lagrange-Differenzialgleichung der →Variationsrechnung.

eulersche Formel [nach L. EULER], verknüpft die Exponentialfunktion mit den Winkelfunktionen durch die Beziehung

$$e^{iz} = \cos z + i \sin z \, (i = \sqrt{-1}).$$

Die e. F. führt auf die eulersche Darstellung einer →komplexen Zahl.

eulersche Funktion [nach L. EULER], zahlentheoret. Funktion, die zu einer natürl. Zahl n die Anzahl $\varphi(n)$ der zu n teilerfremden Zahlen k (mit $k \leq n$) angibt; z. B. ist $\varphi(6) = 2$, da 1 und 5 teilerfremd zu 6 sind. Für eine Primzahl p gilt $\varphi(p) = p - 1$.

eulersche Gerade [nach L. EULER], Gerade durch den Schnittpunkt S der Seitenhalbierenden, den Schnittpunkt H der Höhen und den Schnittpunkt M der Mittelsenkrechten eines Dreiecks; auf ihr liegt auch der Mittelpunkt des →feuerbachschen Kreises.

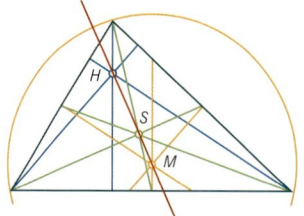

eulersche Gerade
(H Höhenschnittpunkt
S Schwerpunkt,
M Mittelpunkt des Umkreises eines Dreiecks)

eulersche Gleichungen [nach L. EULER],
1) *Mechanik:* Differenzialgleichungen zur Beschreibung der Rotation eines starren Körpers (→Kreisel).
2) *Hydrodynamik:* allgemeine Bewegungsgleichungen einer reibungsfreien Flüssigkeit.

eulersche Konstante, Euler-Mascheroni-Konstante [-maske-; nach L. EULER und L. MASCHERONI], **mascheronische Konstante,** der sich für $n \to \infty$ ergebende Grenzwert $c = 0{,}57721566\ldots$ der konvergenten Folge

$$c_n = 1 + \frac{1}{2} + \frac{1}{3} + \ldots + \frac{1}{n} - \ln n.$$

Es ist bisher nicht bekannt, ob c eine rationale oder irrationale Zahl ist.

eulersche Periode, →Polbewegung.

eulerscher Polyedersatz [nach L. EULER]. Für ein konvexes Polyeder mit e Ecken, k Kanten, f Flächen gilt $e - k + f = 2$; der Ausdruck $e - k + f$ ist die **eulersche Charakteristik** eines Polyeders.

eulerscher Satz [nach L. EULER],
1) *Analysis:* →homogene Funktion.
2) *Geometrie:* Satz über Drehungen im dreidimensionalen euklid. →Raum: Jede allgemeine Drehung kann durch Angabe einer Achse und eines Drehwinkels vollständig beschrieben werden.
3) *Zahlentheorie:* Verallgemeinerung des kleinen →fermatschen Satzes.

eulerscher Wind [nach L. EULER], Luftströmung, die vom hohen zum tiefen Luftdruck weht, ohne durch die Coriolis-Kraft und Reibungskraft beeinflusst zu werden. Der e. W. baut das Luftdruckgefälle direkt ab, d. h., ohne Ablenkung nach rechts (auf der Nordhalbkugel) bzw. nach links (auf der Südhalbkugel); er ist bei kleinräumigen Windsystemen zu beobachten (z. B. Land-Seewind). – Ein spezieller Fall des e. W. sind eng begrenzte Zirkulationen, bei denen die Gradientkraft weitgehend durch die Zentrifugalkraft kompensiert werden kann (z. B. bei →Tromben).

eulersches Brückenproblem [nach L. EULER], Topologie: das →Königsberger Brückenproblem.

eulersches Dreieck [nach L. EULER], ein →sphärisches Dreieck.

eulersches Integral, →Gammafunktion.

eulersche Winkel, von L. EULER zur Behandlung von Kreiselproblemen eingeführte, meist mit φ, ψ und χ bezeichnete Winkel. Sie geben die Lage eines mit dem drehbaren Körper verbundenen Koordinatensystems gegenüber einem vorgegebenen raumfesten Koordinatensystem an. (→Kreisel)

eulersche Zahl [nach L. EULER],
1) *Mathematik:* Bez. für die Zahl →e.
2) *Strömungslehre:* **Euler-Zahl,** Formelzeichen Eu, eine das Verhältnis der Druckkräfte zu den Trägheitskräften in reibungsbehafteten Strömungen angebende →Kennzahl: $Eu = \Delta p/(\varrho v^2)$, wobei Δp der Druckabfall, ϱ die Dichte und v die Geschwindigkeit des strömenden Mediums ist.

Eulitoral, im Bereich von Wasserstandsschwankungen und Wellenschlag liegende Uferzone stehender Gewässer und der Gezeitenzone des Meeres.

Eulogie [griech.] *die, -/...*'gi*en,* der Segens- oder Lobspruch, auch die gesegnete Gabe. Beide Bedeutungen wurden aus dem alttestamentl. Kult übernommen. In der alten Kirche und bis ins MA. war E. v. a. das bei der Eucharistiefeier gesegnete Brot. In den Ostkirchen ist die Verteilung dieser E. (d. h. der nicht konsekrierten Teile des Abendmahlsbrotes, später Antidoron, griech. »Gegengabe«, gen.) bis heute üblich, ebenso in einigen Kirchen Frankreichs.

Eumaios, griech. **Eumaios,** in der »Odyssee« der Schweinehirt des Odysseus, der seinem Herrn die Treue bewahrte, ihn bei seiner Rückkehr nach Ithaka bei sich aufnahm und ihm im Kampf mit den Freiern der Penelope und bei ihrer Bestrafung unterstützte.

Eumelanine, Gruppe der →Melanine (bei Tier und Mensch), bewirken v. a. die dunkleren Haar- und Hautfarben.

Eumenes, Name mehrerer Herrscher von Pergamon aus der Dynastie der Attaliden:
1) **Eumenes I.,** Dynast von Pergamon (seit 263 v. Chr.), † 241 v. Chr.; Neffe und Adoptivsohn des Begründers der Attalidendynastie PHILETAIROS; löste durch seinen Sieg über ANTIOCHOS I. SOTER bei Sardes (262 v. Chr.) Pergamon vom Seleukidenreich und erweiterte sein Machtgebiet. Ihm folgte sein Vetter ATTALOS I. SOTER, der den Königstitel annahm.
2) **Eumenes II. Soter,** König (seit 197 v. Chr.), † 159 v. Chr.; ältester Sohn ATTALOS' I. SOTER. Mit den Römern gegen die Seleukiden ANTIOCHOS III., D. GR., verbündet und am Sieg bei Magnesia (heute Manisa) am Berg Sipylos entscheidend beteiligt, erhielt E. im Frieden von Apameia (188 v. Chr.) fast das ganze seleukid. Kleinasien bis zum Taurusgebirge. Seinen Erfolg über die Galater feierte E. durch ein period. Siegesfest (die Nikephoria) und den Bau des großen Zeusaltars in Pergamon (→Pergamonaltar). Unter E., der auch die Bibliothek von Pergamon begründete, erlebte das Pergamen. Reich seine größte Blüte.

Eumenes von Kardia, *um 362/361, † in der Gabiene (Persien) 316/315 v. Chr., unter PHILIPP II. und ALEXANDER D. GR. seit etwa 340 Vorsteher (Grammateus) der makedon. Kanzlei. Nach dem Tod ALEXANDERS (323) erhielt E. v. K. als Anhänger von dessen Vertrautem PERDIKKAS die Satrapien Paphlagonien und Kappadokien und bewährte sich als Verfechter der Reichseinheit und der Rechte des Herrscherhauses. 321 siegte er über KRATEROS, wurde aber nach dem Tod des PERDIKKAS geächtet. Von ANTIGONOS I. MONOPHTHALMOS in der Bergfeste Nora am Tauros ein Jahr lang vergeblich belagert, konnte E. v. K. seine Stellung als Beauftragter des Reichsverwesers POLYPERCHON zunächst wieder festigen, wurde aber von ANTIGONOS 316 in der Gabiene besiegt und nach Auslieferung durch seine eigenen Truppen getötet. – Lebensbeschreibungen von CORNELIUS NEPOS und PLUTARCH nach dem verlorenen Werk des HIERONYMOS VON KARDIA.

C. Schäfer: E. v. K. u. der Kampf um die Macht im Alexanderreich (2002).

Eumeniden, beschönigender Name der griech. Rachegöttinnen, deren Namen →Erinnyen man nicht gern aussprach.

Eumetazoa, Histozoa, Gewebetiere, die vielzelligen Tiere (→Metazoa) mit Ausnahme der Schwämme und der Mesozoa.

EUMETSAT [Abk. für engl. **Eu**ropean Organisation for the Exploitation of **Met**eorological **Sat**ellites Organisation, »Europäische Meteorologische Satellitenorganisation«], im Juni 1986 gegründete europ. zwischenstaatliche Wettersatellitenorganisation; Sitz: Darmstadt; 18 Vollmitglieder (darunter Dtl., Schweiz, Österreich) und 8 kooperierende Staaten (2004). Die finanzielle Trägerschaft übernehmen die Mitgl.-Staaten, wobei Dtl., Frankreich, Großbritannien und Italien die größten Beitragszahler sind. Seit Januar 1987 ist EUMETSAT verantwortlich für Errichtung und Betrieb der europ. geostationären Satellitensysteme →Meteosat (erste und zweite Generation); 1995 wurde außerdem der Meteosat-Betrieb (neues Kontrollzentrum in Darmstadt) von der ESA übernommen, wodurch die Zuständigkeit auf das Gebiet der Erfassung globaler Klimaänderungen mithilfe von Satelliten erweitert wurde; seit 2004 zus. mit den USA (NASA, NOAA) und der frz. Raumfahrtagentur CNES (Centre National d'Etudes Spatiales) Beteiligung an Jason-2, einer ozeanograf. Mission zur Bestimmung von Meeresoberflächenparametern. Weitere Aufgaben sind die Planung und Realisierung eines Systems europ. polarumlaufender meteorolog. Satelliten (→METOP). Zu den Bodeneinrichtungen gehört u. a. ein System von Datenauswertezentren (bei EUMETSAT sowie bei europ. Wetterdiensten angesiedelt), die Daten für Wetterüberwachung und -vorhersagen, Klimaforschung, Klima- und Umweltüberwachung, Ozeanografie, Hydrologie und verwandte Geowissenschaften aufbereiten und verteilen.

Eumolpos, *griech. Mythologie:* der Stifter der Eleusin. Mysterien (neben Keleos). Von ihm leiteten sich die **Eumolpiden,** das vornehmste eleusin. Priestergeschlecht, ab, die das Priesteramt der →Hierophanten bis in die späte Kaiserzeit verwalteten.

Eunapios aus Sardes, griech. Historiker, * Sardes um 345, † um 420; war wie Kaiser Julian, den er verehrte, ein Christenfeind. Die von ihm verfassten Lebensbeschreibungen von Sophisten (v. a. Neuplatonikern) zeigen das geistige Leben des 4. Jh. n. Chr. Sein Geschichtswerk umfasst die Zeit von 270 bis 404, ist jedoch nur fragmentarisch erhalten.

Ausgabe: The fragmentary classicising historians of the later Roman empire. Eunapius, Olympiodorus, Priscus and Malchus, hg. v. R. C. Blockley, 2 Bde. (1981–83; griech. u. engl.).

Eunuch [von griech eunoûchos »Kämmerer«, eigtl. »Bettschützer«] *der,* -en/-en, durch Kastration zeugungsunfähig gemachter Mann. Die Sitte, E. als Haremswächter zu halten, verbreitete sich im Altertum von Libyen aus über Ägypten nach Kleinasien und hielt sich bis zur Neuzeit in fast allen Ländern mit Polygamie. Im Byzantin. Reich stiegen die E. als Kämmerherren des Kaisers zu polit. Einfluss auf, ebenso am chin. Kaiserhof.

Eunuchismus *der,* -, Gesamtheit der Veränderungen im Erscheinungsbild des Mannes, die durch den Mangel an männl. Geschlechtshormonen (Androgene) hervorgerufen werden. Ursachen sind das Fehlen oder die Funktionsuntüchtigkeit der Hoden, bedingt durch Entwicklungsdefekte, operative Beseitigung beider Hoden (Kastration), Schädigung oder Verlust durch Unfall. Tritt der Ausfall vor der Pubertät ein, kommt es zum Vollbild des E. mit konstitutionellen Veränderungen wie Hoch- oder Riesenwuchs mit langen Gliedmaßen (verzögerter Epiphysenschluss), Unterentwicklung der primären Geschlechtsmerkmale und der Muskulatur (Proteinstoffwechselstörung) mit leichter Erschöpfbarkeit sowie zu Veränderungen der Haut, die zart und blass erscheint, Ausbleiben der sekundären Geschlechtsmerkmale (hohe Stimme, Fehlen der Scham- und Bartbehaarung), Entwicklung von Fettpolstern im Hüft-, Gesäß- und Brustbereich; es besteht Zeugungsunfähigkeit (Infertilität), oft auch eine Störung von Libido und Potenz. Durch den Testosteronmangel ist eine frühzeitige Knochenentkalkung (Osteoporose) möglich, die leicht zu Knochenbrüchen führen kann.

Bei nachpubertärer Schädigung kommt es zu Rückbildungen der sekundären Geschlechtsmerkmale; die Libido kann erhalten bleiben. Eine Behandlung ist bei frühzeitiger Gabe von Testosteron manchmal erfolgreich.

Eunus, röm. Sklave, aus Apameia am Orontes (Syrien) stammend, † wohl 131 v. Chr.; im 1. sizil. Sklavenkrieg (136–132 v. Chr.) unter dem Namen **Antiochos** Anführer des aufstand. Sklaven; errichtete einen Sklavenstaat (Hauptstadt Enna); nach der Einnahme von Tauromenion (Taormina) gefangen genommen.

Eupalinos, griech. Ingenieur der zweiten Hälfte des 6. Jh. v. Chr.; baute um 550 v. Chr zur Wasserversorgung der antiken Stadt Samos (heute Pythagorion) durch den Burgberg den noch heute begehbaren, mehr als 1 km langen Tunnel, der von beiden Seiten gleichzeitig vorgetrieben wurde; die nur geringe Abweichung der Richtung der Teilstrecken bezeugt hohe vermessungstechn. Fähigkeiten. – Der Geschichtsschreiber Herodot hat den Tunnel rd. 100 Jahre nach seiner Fertigstellung gesehen und beschrieben. Seit 1882 hat man aufgrund der Beschreibung nach dem Tunnel gesucht, aber erst 1971–73 wurde er wieder freigelegt.

Eupator [griech. »von edlem Vater«], Beiname hellenist. Könige, z. B. des syr. Königs Antiochos V. (164–162 v. Chr.) und des Mithridates VI.

Eupatoria, Stadt in der Ukraine, →Jewpatorija.

Eupatriden [griech. »von edlen Vätern Abstammende«], Gesamt- und Standesbezeichnung der altathen. Adelsgeschlechter, unter denen es auch ein Einzelgeschlecht gab, das den Namen E. führte. Die E. waren als Stand durch die gemeinsamen Kulte des Zeus als Schutzgott des Hauses (Herkeios) und des Apoll als Gott der Ahnen (Patroos) verbunden. Mit dem Ende der Adelszeit (6. Jh. v. Chr.) wurde ihre Stellung als herrschende Schicht erschüttert.

Eupelagial, Tiefseeregion unterhalb von 2400 m u. M., mit Ausnahme des Bodenbereichs.

eupelagisch, dauernd im freien Seewasser lebend (Pflanzen, Tiere).

Eupen, Stadt in der Prov. Lüttich, im deutschsprachigen Teil Belgiens, an der Weser (Vesdre), 17 800 Ew.; Schokoladenmuseum; Kabelwerk, Schokoladenfabrik, Metall und Kunststoff verarbeitende Industrie; in der Nähe Talsperre; Fremdenverkehr. – Aus der Blütezeit als Textilstadt im 18. Jh. sind mehrere barocke Patrizierhäuser am Marktplatz erhalten, einige von dem Aachener Stadtbaumeister J. J. Couven, der auch den Hochaltar (1740) der doppeltürmigen Ba-

Eupe Eupen-Malmedy

Eupen: die doppeltürmige Barockkirche Sankt Nikolaus (1721 begonnen)

rockkirche St. Nikolaus (1721 begonnen) schuf. – E., zunächst eine dörfl. Siedlung in der Grafschaft (später Herzogtum) Limburg, nahm im 14. und 15. Jh. durch den Zuzug fläm. Tuchmacher aus Brügge und Gent, im 18. Jh. frz. Hugenotten einen Aufschwung. 1797/1801 kam es an Frankreich und erhielt 1808 Stadtrecht. 1815 fiel es an Preußen. 1919 wurde E. sowie andere Gemeinden, bes. Malmedy, als →Eupen-Malmedy Belgien zugesprochen.

Eupen-Malmedy [-di], Grenzgebiet in O-Belgien, umfasst rd. 1036 km², wurde aufgrund des Versailler Vertrags (1919) mit seiner (1910) zu 81,7 % deutschsprachigen Bev. nach einer öffentlich vorgenommenen Volksbefragung (»consultation«) an Belgien abgetreten; die Volksbefragung stand unter erheblichem belg. Druck. Belg. und dt. Pläne zur Rückgabe an Dtl. (1924–26) scheiterten am Widerstand Frankreichs. 1940 vom Dt. Reich annektiert, wurde das Gebiet von E.-M. 1945 wieder in den belg. Staat eingegliedert. Nach der Revision kleiner Grenzveränderungen von 1949 erfolgte 1956 durch einen Vertrag zw. der BRD und Belgien die Festlegung der gemeinsamen Grenze. Laut Gesetz vom 2. 8. 1963 bilden die Gemeinden (von N nach S) Kelmis, Lontzen, Raeren, Eupen, Bütgenbach, Büllingen, Amel, Sankt Vith und Burg-Reuland das deutschsprachige Gebiet (854 km², 1985: 66 200 Ew.); die Gemeinden Plombières, Malmedy und Waimes gehören seitdem zum frz. Sprachgebiet. Die dt. Sprachgemeinschaft wird seit 1970 von der Region Wallonien verwaltet, erhielt jedoch 1984 ein eigenes Parlament und eine eigene Reg. mit begrenzter Zuständigkeit.

Euphemismus [zu griech. euphēmeīn »Unangenehmes mit angenehmen Worten sagen«, eigtl. »gut zureden«] *der, -/...men*, beschönigende oder verhüllende Umschreibung für ein anstößiges oder unangenehmes Wort, z. B. »geistige Umnachtung« für »Wahnsinn«; häufig werden auch Fremdwörter euphemistisch verwendet, z. B. »transpirieren« für »schwitzen«. – E. liegt normalerweise eine Bewertung (psycholog., gesellschaftl., sozialer, polit. oder allg. kultureller Art) zugrunde (z. B. »Gastarbeiter« oder »Fremdarbeiter«); sie sind teilweise auch im Zusammenhang mit Sprachlenkung und Sprachmanipulation zu sehen.

Euphonie [griech.] *die, -/...'ni\en*, sprachl. oder musikal. Wohlklang; erzeugt durch wohlklingende (oder als wohlklingend empfundene) Lautverbindungen (z. B. »Zauberin« statt »Zaubererin« oder frz. »y a-t-il…?« »gibt es…?« statt einer Wortfolge ohne Gleitlaut »t«). E. kann u. a. der →Assimilation, →Dissimilation, →Epenthese und →Vokalharmonie zugrunde liegen; Ggs.: Kakophonie.

euphonisch, wohllautend, -klingend; die Aussprache erleichternd (von Lauten).

Euphorbia [nach Euphorbios, Leibarzt des mauretan. Königs Juba II., um 50 v. Chr.], wiss. Name der Pflanzengattung →Wolfsmilch.

Euphorbiaceae, wiss. Name der →Wolfsmilchgewächse.

Euphorie [griech. »Gefühl des Wohlbefindens«] *die, -/...'ri\en*,
1) *bildungssprachlich:* (übersteigert) heitere, zuversichtl. Stimmung, Zustand optimist. Begeisterung, gesteigerten Hochgefühls.
2) *Psychologie:* Zustand einer gehobenen Stimmung und eines gesteigerten Antriebs; Leitsymptom der Manie, aber z. B. auch unter Einfluss von Alkohol, Arzneimitteln, Rauschgiften, bei Gehirnerkrankungen wie progressiver Paralyse und multipler Sklerose auftretend; Ggs.: Dysphorie.

Euphorion, griech. **Euphorion**, der auf den Inseln der Seligen geborene und als geflügelter Knabe vorgestellte Sohn des Achill und der Helena. Da er die Liebe des Zeus nicht erwiderte, wurde er von ihm durch einen Blitzstrahl getötet. Die Gestalt ist eine literar. Schöpfung des alexandrin. Schriftstellers Ptolemaios Chennos aus dem 1. Jh. n. Chr. – Goethe hat im »Faust«, 2. Teil, dem von der Sage »Justus Faust« benannten Sohn Fausts und der Helena den Namen E. gegeben. Dieser tritt symbolisch-allegorisch als »Repräsentant der neuesten poetischen Zeit« auf und soll den engl. Dichter Lord Byron verherrlichen.

euphotisch [zu eu… und griech. phōs, phōtós »Licht«], der vollen Sonnenenergie ausgesetzt; **euphotische Zone**, Tiefenbereich im Meer oder in Binnengewässern von der Oberfläche bis zum →Kompensationspunkt, oberhalb von der dysphotischen Zone (→dysphotisch) und der Dunkelzone (→aphotisch) gelegen.

Euphranor, griech. Maler und Bildhauer des 4. Jh. v. Chr. vom (korinth. ?) Isthmus; schuf u. a. Wandbilder für die Stoa Eleutherios der Agora in Athen sowie zahlr. Statuen, jedoch gelangen keine sicheren Zuweisungen.

Euphrasia [griech. »Freude«, »Vergnügen«], wiss. Name der Pflanzengattung →Augentrost.

Euphrat *der,* arab. **Al-Furat**, türk. **Fırat** [fə-], der größte Strom Vorderasiens, mit dem Murat 3 380 km lang; entsteht im Hochland O-Anatoliens (Türkei) aus den Quellflüssen Karasu (»Westl. E.«, entspringt nordöstlich von Erzurum) und Murat (»Östl. E.«, entspringt nordöstlich des Vansees); am Zusammenfluss entstand 1974 der Kebanstausee (→Keban). Eine weitere Nutzung des E.-Wassers für Bewässerung und Energiegewinnung erfolgt auf türk. Staatsgebiet im Rahmen des →Südostanatolien-Projektes seit 1987 durch den Karakayastausee (Staudamm in einer Schlucht des Ostaurus, Stauraum 9 580 Mio. m³; elektr. Leistung des Kraftwerks 1 800 MW) und seit 1992 durch den Atatürk-Stausee (Stauraum 48 700 Mio. m³; Kraftwerksleistung 2 400 MW; dient auch dem Ausbau der Bewässerungslandwirtschaft im Becken von Urfa), seit 1999 durch den Karkamisstausee (Kraftwerksleistung 189 MW) und seit 2001 durch den Birecikstausee (Kraftwerksleistung 672 MW). Als Fremdlingsfluss quert der E. das syrisch-irak. Tafelland, wo seine Ufer mittels Pumpbewässerung für intensiven Baumwollanbau genutzt werden; bei →Tabqa (Syrien) ist er zum Assadsee gestaut.

In seinem Unterlauf schließt der E. mit dem Tigris das weite unterirak. Tiefland ein; in diesem Zwischenstromland entwickelten sich die Kulturen Mesopotamiens. Staudämme bei Habbaniya und Hindiya dienen der Regulierung der früher stark schwankenden Wasserführung. Durch den Bau der beiden großen Staudämme in Syrien und in der Türkei erhält Irak nun weniger Wasser als früher, was zu polit. Spannungen führte.

Nahe Bagdad nähert sich der E. auf etwa 30 km dem Tigris; mehrere Seitenarme zweigen hier vom E. ab und münden in den Tigris. Unterhalb von Hindiya gabelt sich der E. in mehrere Stromarme und Bewässerungskanäle auf; hier liegt das größte zusammenhängende Bewässerungsgebiet Iraks mit Palmenhainen und großen Getreidefluren. Oberhalb Basra durchfließt der E. den Hammarsee und vereinigt sich dann mit dem Tigris zum →Schatt el-Arab.

Euphrat: Flussbiegung in der Nähe der Stadt Hit (Irak)

Euphronios, griech. **Euphronios,** attischer Vasenmaler der ersten rotfigurig malenden Generation, tätig um 510–490 v. Chr. Zu seinen herausragenden Werken gehören u. a. Kelchkratere (Paris, Berlin, New York, München), auf denen in spätarchaischem Stil Szenen aus Mythos und Alltag mit plastisch gestalteten Figuren wiedergegeben sind. – Mehrere Signaturen bezeugen auch einen E. als Töpfer, dessen Vasen von anderen Künstlern bemalt sind; vermutlich nicht mit dem Vasenmaler identisch.

Euphrosyne, griech. **Euphrosyne,** *griech. Mythologie:* eine der →Chariten.

Euphuismus *der, -,* ein nach J. LYLYS Roman »Euphues« (1578–80) benannter manierist. Stil des Frühbarock mit reich gegliederten Satzkonstruktionen, spitzfindigen Wortspielen und überladenen Bildern.

Eupolis, einer der Meister der alten attischen Komödie, † bald nach 412 v. Chr.; Zeitgenosse und Konkurrent des ARISTOPHANES, schrieb hochpolit. Stücke (ab 429 v. Chr.) in der Zeit des Peloponnes. Krieges; in seinem letzten Stück, den »Demen« (412 v. Chr.), werden z. B. bedeutende Staatsmänner der athen. Geschichte wieder aus der Unterwelt geholt, um Athen beizustehen. Sein Werk ist nur in Fragmenten erhalten.

Ausgaben: Comicorum Graecorum fragmenta. In papyris reperta, hg. v. C. AUSTIN (1973); Poetae comici Graeci, hg. v. R. KASSEL u. C. AUSTIN, Bd. 5 (1986).

Euporie [in der griech. Sage Tochter des Zeus (lat. Jupiter) und der Themis, einer der Horen] *die, -,* ein Mond des Planeten →Jupiter.

Eupraxia, römisch-dt. Kaiserin, →Adelheid.

Eurasian Economic Community [jʊəˈreɪʒn iːkəˈnɒmɪk kəˈmjuːnɪtɪ, engl.], die →Eurasische Wirtschaftsgemeinschaft.

Eurasien, zusammenfassende Bez. für →Europa und →Asien; E. bildet die größte zusammenhängende Landmasse der Erde (rd. 54 Mio. km²).

Eurasier,

1) Bez. für Menschen aus Europa und Asien im gemeinsamen geograf. Zusammenhang; früher gele-

Euphronios: rotfiguriger Psykter mit der Darstellung eines Symposions (um 505/500 v. Chr.; Sankt Petersburg, Eremitage)

Eura Eurasische Wirtschaftsgemeinschaft

Eureca (oben im Bild) am Manipulatorarm des Raumtransporters Atlantis am 1. 8. 1992 über dem Persischen Golf, Kuwait, Irak, Iran und Saudi-Arabien

gentlich irreführend benutzt für euroasiat. Mischlinge; ebenso für die Klassifizierung geogr. Varianten des Menschen ungeeignet.

2) jüngste dt. Hunderasse (1972 offiziell anerkannt) aus einer Kombinationskreuzung von Chow-Chow, Dt. Wolfsspitz und Samojede. Der E. ist ein spitzartiger Hund mit mittellangem Grannenhaar und dichter Unterwolle in den Farben Rot bis Graugelb, Wolfsgrau, Schwarz und Schwarz mit Abzeichen; Schulterhöhe 52 cm (Hündin) bis 56 cm (Rüde); Schädel keilförmig. Der E. ist ein Familienhund, kein Zwingerhund, fremdabweisend, robust und einfach in der Haltung sowie sehr anpassungsfähig.

Eurasische Wirtschaftsgemeinschaft, engl. Eurasian Economic Community [jʊˈreɪʒn iːkəˈnɒmɪk kəˈmjuːnəti], Abk. **EurAsEC,** am 10. 10. 2000 gegründete regionale Organisation mit dem Ziel der Schaffung einer Zollunion und eines gemeinsamen Wirtschaftsraums; 2001 trat der Gründungsvertrag in Kraft; Sitz: Moskau. Mitgl.-Länder sind Kasachstan, Kirgisistan, Russland, Tadschikistan und Weißrussland. Beobachterstatus haben Armenien, Moldawien und die Ukraine. Vorläufer der EurAsEC waren die 1995 von Russland und Weißrussland gegründete Zollunion, der sich später Kasachstan und Kirgisistan anschlossen, sowie die Abkommen von 1996 (Vertiefung der Zusammenarbeit in Wirtschaft, Wiss., Erziehung, Kultur und Sozialem) und 1999 (Schaffung einer Zollunion und eines gemeinsamen Wirtschaftsraums; diesem Abkommen gehörte auch Tadschikistan an).

EURATOM, Euratom, Abk. für →Europäische Atomgemeinschaft.

Eure [œːr],

1) Dép. in der Normandie, Frankreich, 6040 km², 550 000 Ew.; Verw.-Sitz ist Évreux.

2) *die,* linker Nebenfluss der Seine, 225 km lang, entspringt im Hügelland der Perche, mündet oberhalb von Rouen.

Eureca [Abk. für engl. **eu**ropean **re**trievable **ca**rrier »europ. rückholbarer Träger«], rückholbares und wieder verwendbares, unbemanntes Raumfahrzeug als europ. Nutzlastträger der ESA für den Transport im amerikan. Raumtransporter Atlantis; wurde am 31. 7. 1992 erstmals gestartet, im Weltraum ausgesetzt und elf Monate später wieder zur Erde zurückgeholt. Die erste Nutzlast von E. diente v. a. Experimenten der Schwerelosigkeitsforschung und physikal. Messungen. E. wurde danach nicht mehr eingesetzt.

Eure-et-Loir [œreˈlwaːr], Dép. in Frankreich, im Orléanais, 5880 km², 412 000 Ew.; Verw.-Sitz ist Chartres.

Euregio [Kw. für **Eur**opäische **Re**gion] *die, -/-s,* Begriff, der im nichtstaatl. Bereich grenzüberschreitende Zusammenarbeit von kommunalen Körperschaften in Grenzregionen kennzeichnet. In Westeuropa gibt es rd. 30 derartige Vereinigungen. Die Schwerpunkte ihrer prakt. Zusammenarbeit sind wirtschaftl., sozialer und kultureller Art. Auf dem Gebiet der Raumordnung bemühen sich die Interessengemeinschaften u. a. um die Verbesserung räuml. Entwicklungsplanung an den Grenzen und die Beseitigung und Überwindung aktueller spezif. Grenzprobleme. – Die deutsch-niederländ. E. (Sitz: Enschede) umfasst 87 Städte und Gem.; diese konstituierten 1978 ein »grenzüberschreitendes Parlament«, den E.-Rat, der allerdings keine rechtl. Legitimation hat.

Eurex [Kw. aus engl. **Eur**opean **Ex**change], erste und inzwischen weltweit größte transnat. Börsenplattform im Derivatemarkt für Handel und Clearing mit einheitl. techn. Standard und harmonisiertem Regelwerk, entstanden 1998 durch Zusammenführung der beiden elektron. Terminbörsen Eurex Dtl. (firmierte bis 1998 als Dt. Terminbörse) und Eurex Zürich (vormals Swiss Options and Financial Futures Exchange [SOFFEX]), die jedoch beide weiterhin rechtlich selbstständig sind. An der von den Muttergesellschaften der beiden Terminbörsen (Dt. Börse AG und Schweizer Börse) gegründeten **Eurex AG** sind die Kooperationspartner zu je 50 % beteiligt. Seit 1998 besteht eine Kooperation mit den frz. Terminbörsen MATIF S. A. und MONEP S. A., seit 1999 eine Allianz mit der Helsinki Exchanges Group Ltd. und dem Chicago Board of Trade (→Chicagoer Börsen). Mit der Tochtergesellschaft Eurex US gründete die Eurex eine eigene Börse in Chicago, die am 8. 2. 2004 den Handel auf dem amerikan. Terminmarkt aufnahm.

Eurhythmie, →Eurythmie.

EURIBOR [Abk. für engl. **Eu**ro **I**nterbank **O**ffered **R**ate], seit dem 30. 12. 1998 bestehende Familie von Euro-Referenzzinssätzen für den Interbankenhandel am Geldmarkt. Die nach Laufzeiten (von einer Woche bis 12 Monate) differenzierten Zinssätze werden täglich aus den gemeldeten Briefkursen von rd. 30 Banken (vorwiegend aus Euroländern, dazu zwei andere europ. Banken sowie je eine aus den USA und Japan) als ungewichteter Durchschnitt (nach Ausschluss verzerrender Extremwerte) errechnet und bis 11.00 Uhr publiziert. – Der E. ersetzte in der Eurozone die bisherigen Referenzzinssätze einzelner Länder bzw. Währungen (z. B. den Fibor) und dient v. a. als Bezugsgröße für variabel verzinsl. Anleihen und Krediverträge sowie für Derivate; parallel dazu wird über dieselben Banken der →EONIA ermittelt.

Eurich, König der Westgoten (seit 466), † Arles 484; Sohn THEODERICHS I.; machte sich von Rom unabhängig und vergrößerte das Westgotenreich in SW-Frankreich nach N bis zur Loire, nach O bis zu den Alpen und nach S über Spanien bis zur Meerenge von Gibraltar (468–476). Nach röm. Vorbild teilte er sein Reich in Dukate ein und ließ im so genannten »Codex Euricianus« westgot. Recht niederschreiben (die Urheberschaft wird auch E.s Sohn und Nachfolger ALARICH II. zugeschrieben).

Euripides, griech. **Euripides,** der jüngste der drei großen athen. Tragiker, * auf Salamis 485/84 oder um 480 v. Chr., † Pella (Makedonien) Anfang 406 v. Chr., vermutlich am Hof von König ARCHELAOS. E. wirkte seit 455 v. Chr. Von den 92 ihm zugeschriebenen Dramen sind 75 dem Titel nach bekannt, 19 erhalten (davon ist der »Rhesos« unecht, 4. Jh.). In chronolog. Reihenfolge (soweit möglich): »Alkestis« (438; bei der Aufführung kam das Drama an vierter Stelle, wo sich gewöhnlich ein Satyrspiel fand); »Medea« (431); »Herakliden« (»Kinder des Herakles«); »Andromache«; »Hippolytos« (428); »Hekabe«; »Hiketiden« (Schutzflehende); der »Kyklop« (Satyrspiel); »Herakles«; »Elektra«; »Troerinnen« (415); »Helena« (412); »Iphigenie bei den Tauriern«; »Ion«; »Phoenissen« (über den Kampf der →Sieben gegen Theben, Titel nach dem Chor der phönik. Sklavinnen); »Orest« (408); »Iphigenie in Aulis« (posthum aufgeführt); die »Bakchen« (die rasenden Begleiterinnen des Dionysos, ebenfalls posthum aufgeführt).

Die Werke des E. spiegeln die Erschütterungen seiner Zeit (die Zeit des Peloponnes. Krieges). Im Mittelpunkt seiner Dramen stehen nicht mehr die Götter mit der durch sie begründeten Ordnung, auch nicht heroisch-übermenschl. Gestalten, sondern Menschen in ihrer Vielschichtigkeit, im Widerstreit und in der Widersprüchlichkeit der Gefühle und der Gewalt ihrer Leidenschaften (die gleichzeitige Abkehr von kosmolog. Spekulation und die Hinwendung zum Menschen als Gegenstand des Philosophierens bei SOKRATES wurde hierzu in Beziehung gesetzt). Die überlieferten Göttervorstellungen (auch Moralbegriffe) werden infrage gestellt (in Anlehnung an die kritisch-rationalist. Haltung der zeitgenöss. Sophistik). Der am Ende eines Dramas häufig auftretende Deus ex Machina bietet keine wirkliche, sondern nur noch eine Scheinlösung einer dramat. Verwicklung durch einen Gott und damit nur eine vermeintl. Rückkehr zur mytholog. Tradition. Dem entspricht ein freierer Umgang mit dem Mythos. Die Deutung einiger seiner Stücke ist stark umstritten. – Anders als in den Dramen des AISCHYLOS und des SOPHOKLES heben sich innerhalb des euripideischen Dramas einzelne Teile stärker heraus, so der Prolog, der einen Überblick über die Voraussetzungen der Handlung bietet, das Streitgespräch (griech. agon) mit seinem analyt. und moralisierenden Charakter und der Monolog, die beide wirkungsvoll zur Darstellung des dramat. Konflikts genutzt werden, sowie das Chorlied, das zwar noch Bezüge zum dramat. Geschehen zeigt, sich jedoch schon zum Lied verselbstständigt. Bes. das Chorlied ist noch in einer überhöhten Sprache verfasst, während sich die Dialoge eher der Umgangssprache annähern.

E.' Wirkung ging weit über die des AISCHYLOS und des SOPHOKLES hinaus. Das belegen die euripideischen Szenen auf unteritalischen Vasen, die Einflüsse auf die griech. Drama (darunter ARISTOPHANES), das Drama SENECAS, durch dessen Vermittlung E. auf das europ. Drama weiterwirkte. Im 17. Jh. wurde der originale E. von J. RACINE wieder entdeckt; die dt.-sprachige Dramatik (bes. J. E. Schlegel, F. M. KLINGER, C. M. WIELAND, SCHILLER, GOETHE und F. GRILLPARZER) ist entscheidend von E. beeinflusst worden.

Ausgaben: Tragicorum Graecorum fragmenta, hg. v. A. NAUCK (²1889; Nachdr. 1983, mit Suppl. v. B. SNELL); Nova fragmenta Euripidea in papyris reperta, hg. v. C. AUSTIN (1968); Euripidis fabulae, hg. v. J. DIGGLE, 2 Bde. (1981–84). – Sämtl. Tragödien u. Fragmente. Griech.-dt., übers. v. E. BUSCHOR, 6 Bde. (1972–81); Tragödien. Griech. u. dt., hg. v. D. EBENER, 6 Bde. (1972–80); Sämtl. Tragödien, übers. v. J. J. DONNER, bearb. v. R. KANNICHT (1984).

U. v. WILAMOWITZ-MOELLENDORFF: E.' Herakles, 2 Bde. (²1895; Nachdr. 1981–85, 3 Bde.); A. DIHLE: E.' Medea (1977); R. E. HARDER: Die Frauenrollen bei E. (1993); K. MATTHIESSEN: Die Tragödien des E. (2002); DERS.: E. u. sein Jh. (2004).

Euripos *der,* neugriech. **Évripos,** der engste, nur 35 m breite und 6,4 m tiefe Meeresteil des Golfs von Euböa, der die griech. Insel Euböa von der O-Küste des griech. Festlands trennt. Seit der Antike ist die unregelmäßige Wechselströmung (sie wechselt zw. vier- und sechzehnmal am Tag) im E. bekannt; bei Sturm und Springtiden können Geschwindigkeiten bis zu 8 sm/h erreicht werden. Bewirkt wird die Wechselströmung durch den Druckausgleich der den nördl. und den südl. Teil des Golfs von Euböa ungleichmäßig passierenden Gezeitenwellen. Die 1962 gebaute bewegl. Brücke von Chalkis zum Festland wurde 1992 durch eine feste Brücke ersetzt.

Euro, Abk. **EUR,** E.-Zeichen €, europ. Einheitswährung; 1 E. = 100 Cent (Eurocent). Mit Beginn der dritten Stufe der Europ. Wirtschafts- und Währungsunion (EWWU) wurde der E. ab 1. 1. 1999 in zunächst 11 Ländern (→Eurozone; Griechenland trat der Eurozone am 1. 1. 2002 als 12. Mitgl. bei) als Buchgeld im bargeldlosen Zahlungsverkehr eingeführt. Im Bargeldbereich wurden die für einen Übergangszeitraum als Untereinheit des E. weiter geltenden nat. Währungen erst zum 1. 1. 2002 durch den E. als gesetzl. Zahlungsmittel ersetzt (zu den Umrechnungskursen der nat. Währungen in E. →Europäische Wirtschafts- und Währungsunion).

Das E.-Zeichen (E.-Logo) € ist eine Kombination aus dem griech. Epsilon (Symbol für die Wiege der europ. Zivilisation), dem Buchstaben E für Europa und einem doppelten Querstrich als Zeichen der Stabilität. Die Banknoten haben eine Stückelung von 5, 10, 20, 50, 100, 200 und 500 E., die Münzen von 1, 2, 5, 10, 20, 50 Cent sowie 1 und 2 E. Die E.-Scheine zeigen auf der Vorderseite jeweils fiktive Bauwerke, die wichtige Stilrichtungen der europ. Kulturgeschichte repräsentie-

Euripides (römische Kopie eines griechischen Originals, 5. Jh. v. Chr.; Kopenhagen, Ny Carlsberg Glyptotek)

Stückelungen und Merkmale der Euro-Banknoten			
Nennwert (in €)	Abmessungen (in mm)	Hauptfarbe	Gestaltungsmotiv
5	120 × 62	Grau	Klassik
10	127 × 67	Rot	Romanik
20	133 × 72	Blau	Gotik
50	140 × 77	Orange	Renaissance
100	147 × 82	Grün	Barock und Rokoko
200	153 × 82	Gelblich Braun	Eisen-und-Glas-Architektur
500	160 × 82	Lila	Architektur des 20. Jahrhunderts

Euro Eurobonds

ren. Auf der Rückseite der mit zahlr. Sicherheitsmerkmalen (→Banknote) ausgestatteten Noten sind die europ. Landkarte, die Flagge der EU und jeweils eine Brücke als Sinnbild für Verbindungswege sowohl zw. den Völkern Europas als auch zw. Europa und der übrigen Welt zu sehen. Die Größe der Scheine variiert zw. 120 mm × 62 mm und 160 mm × 82 mm. Die Münzen weisen Unterschiede in Größe, Gewicht, Material und Farbe auf. Ihre Vorderseite ist einheitlich gestaltet und zeigt neben dem Nennwert die 12 Sterne der EU und einen Globus bzw. die Umrisse der EU-Staaten als Relief, die Rückseite wird von jedem Land mit nat. Motiven gestaltet.

Der E. ist seit 1.1.2002 nicht nur gesetzl. Zahlungsmittel in den 12 Mitgl.-Staaten der Eurozone. Auch in den europ. Kleinstaaten (Andorra, Monaco, San Marino und Vatikanstadt), in denen bisher die ital. Lira bzw. der frz. Franc umliefen, sowie in einigen Überseegebieten, die enge Beziehungen zu Frankreich und den Niederlanden unterhalten (u.a. Französisch-Guyana, Guadeloupe, Martinique, Réunion), wurde der E. eingeführt. In Kosovo und Montenegro wurde die D-Mark als offizielles Zahlungsmittel durch die europ. Gemeinschaftswährung ersetzt. – Bildtafel Seite 496-499

Eurobonds, Euroanleihen, Anleihen mittlerer und längerer Laufzeit (zw. 5 und 15 Jahren) am Eurokapitalmarkt (→Euromarkt), die im Ggs. zu den →Auslandsanleihen nicht der Währung des Platzierungslandes entsprechen. Die Emission erfolgt i.d.R. durch internat. Bankkonsortien; dominierende Anleihewährungen sind US-$, Yen, Schweizer Franken, Pfund Sterling sowie Euro. Schuldner sind private Unternehmen von hoher Bonität, Staaten u.a. öffentl. Körperschaften sowie supranat. Institutionen. Die E. umfassen sowohl konventionelle als auch zinsvariable Anleihen, Doppelwährungsanleihen und solche, bei denen die Zinsen am Ende der Laufzeit gezahlt werden.

Eurocard die, -/-s, →Kreditkarte des dt. Kreditgewerbes.

Eurocheque [-ʃɛk] der, -s/-s, **Euroscheck,** Abk. **ec, EC,** einheitlich gestalteter Scheckvordruck, der von Banken in zahlr. Ländern – meist in Verbindung mit einer Scheckkarte (der →ec-Karte) – ausgegeben wurde (in Dtl. 1968–2001). Mit der ec-Karte garantierte die bezogene Bank dem Empfänger eines E. dessen Einlösung bis zu einem Betrag von zuletzt 400 DM (oder einem äquivalenten Betrag, wenn der E. in einer anderen Landeswährung ausgestellt war). Per 1.1.2002 ist diese Garantiefunktion für den E. entfallen; neue Schecks wurden nicht mehr ausgegeben, noch im Umlauf befindl. Exemplare konnten weiterhin eingelöst werden, jedoch ohne die Bankgarantie.

Eurocity, EuroCity [-sɪti] der, -s/-s, Abk. **EC,** dem →Intercity entsprechende Zuggattung für den Fernverkehr mit dem Ausland.

Euro-Commercial-Papers [ˈjʊərəʊ kəˈmɜːʃl ˈpeɪpəz, engl.], Abk. **ECP,** am Euro(geld)markt emittierte und gehandelte unbesicherte, kurzfristige Schuldtitel (→Commercial papers) mit Laufzeiten zw. 7 und 365 Tagen, die insbes. von Nichtbanken und Finanzinstituten erstklassiger Bonität zur (Re-)Finanzierung verwendet werden. Dabei wird zw. dem Emittenten und den involvierten Banken zumeist ein größerer Rahmen (Fazilität) vereinbart, z.B. mit einem Volumen von 100 Mio. €, innerhalb dessen die ECP je nach Bedarf auch in kleineren Tranchen direkt oder über ein Bankenkonsortium platziert werden. Im Ggs. zu den →Euronotes verzichten die Emittenten auf eine Übernahmegarantie der Banken, tragen also das Platzierungsrisiko selbst und sparen dafür die sonst anfallende Garantiegebühr.

Eurocontrol [-kənˈtrəʊl, engl.], 1960 gegründete europ. Organisation für Flugsicherung; Gründerstaaten: Belgien, BRD, Frankreich, Großbritannien, Luxemburg, Niederlande. Mitgl.-Staaten (2004): Albanien, Belgien, Bosnien und Herzegowina, Bulgarien, Dänemark, Dtl., Finnland, Frankreich, Griechenland, Großbritannien, Irland, Italien, Kroatien, Luxemburg, Makedonien, Malta, Moldawien, Monaco, Niederlande, Norwegen, Österreich, Portugal, Rumänien, Schweden, Schweiz, Slowak. Rep., Slowenien, Spanien, Tschech. Rep., Türkei, Ukraine, Ungarn und Zypern; Sitz: Brüssel. Die wichtigsten Zielsetzungen von E. 1960 waren die Durchführung der Flugverkehrskontrolle für die streckengebundenen Flüge im oberen Luftraum (ab 6000 m) aller Mitgl.-Staaten und die Errichtung und der Betrieb der für den Flugverkehrs-

Euro: Banknoten im Nennwert von 5 bis 500 Euro (*links* Vorderseite, *rechts* Rückseite)

kontrolldienst benötigten techn. Einrichtungen auf der Grundlage einer gemeinsamen Finanzierung durch die Mitgl.-Staaten. Die BRD übergab die Durchführung der Flugverkehrskontrolle für den norddt. Luftraum oberhalb Flugfläche 245 (7 500 m) im März 1974 an E. Da nicht alle Staaten ihrer Verpflichtung nachkamen, Teile ihres Luftraumes an E. zu delegieren, einigte man sich 1981 auf ein Änderungsprotokoll, das am 1. 1. 1986 in Kraft trat. Das Ziel zur Delegierung der Flugverkehrskontrolle für die streckengebundenen Flüge in den oberen Lufträumen wurde aufgegeben. Zu den neuen Aufgaben von E. gehören Ausarbeitung und Festlegung gemeinsamer mittel- und langfristiger Ziele auf dem Gebiet der Flugsicherung, Koordinierung und Durchführung von Forschungsarbeiten, gemeinsame Weiterentwicklung des Flugsicherungssystems, Ausbildung von Flugsicherungspersonal, Erhebung von Flugsicherungsgebühren und zentrale Maßnahmen der Verkehrsflusssteuerung. Durch den formalen Beitritt der EU zu E. im Oktober 2002 wurde die Bedeutung der Organisation für die Vereinheitlichung und Modernisierung der europ. Flugsicherung und für einen gemeinsamen Luftraum (Single European Sky) unterstrichen.

Eurocopter [-kɔptɛ(r), zu griech. pterón »Flügel«] der, -s/-, Bez. für den Kampfhubschrauber →Tiger.

Eurodif S. A., 1972 gegründete Trägergesellschaft der von 1974 bis 1983 in Tricastin auf der Basis des in Frankreich entwickelten Gasdiffusionsverfahrens errichteten Urananreicherungsanlage »Georges-Besse« (Produktionsbeginn: 1978; Trennleistung: 10,8 Mio. Trennarbeitseinheiten pro Jahr); Tochtergesellschaft der Cogéma, die seit 2001 zum frz. Energiekonzern Areva Group gehört. An der E. S. A. sind Unternehmen bzw. staatl. Institutionen aus Spanien, Belgien, Italien und dem Iran beteiligt.

Eurodollar, auf US-Dollar lautende Geschäftsbankenguthaben, die von Banken außerhalb des Währungsgebiets der USA, v. a. europ. Kreditinstituten, für unterschiedl. Laufzeiten bis zu 6 Monaten gehandelt werden. Der **E.-Markt,** der durch lang anhaltende hohe Zahlungsbilanzdefizite der USA und daraus resultierende hohe Auslandsguthaben in US-Dollar entstand, ist Teil des →Euromarktes.

Euroequities [ˈjʊərəwekwɪtiz, engl.] Pl., Bez. für international emittierte und gehandelte Aktien multinat. Unternehmen. E. werden seit Mitte der 1970er-Jahre v. a. für institutionelle Anleger bes. am Euromarkt platziert. Bezugsrechte von Altaktionären werden ausgeschlossen. Durch die Ausgabe von E. soll der Bekanntheitsgrad der Unternehmen erhöht, ihre Finanzierungsbasis erweitert sowie eine breitere Streuung der Aktien erreicht werden.

Euro Express, früher ein europaweites Paketnetz der Dt. Post AG.

Eurofighter 2000 [-faɪtə -], ein seit 1983 geplantes, nach Unterzeichnung der entsprechenden Verträge am 23. 11. 1988 entwickeltes und seit 2003 in Serie produziertes Kampfflugzeug, an dem die NATO-Partner Dtl. (mit 30 %), Großbritannien (mit 37,5 %), Italien (mit 19,5 %) und Spanien (mit 13 %) beteiligt sind. Urspr. konzipiert unter der Bez. **European Fighter Aircraft** (Abk. EFA), in Dtl. auch unter der Bez. **Jäger 90** bekannt, ist der E. 2000 (internat. Bez. **Typhoon**) ein einsitziges Jagdflugzeug mit zwei Triebwerken (Schub: jeweils etwa 90 kN), Deltaflügel und Entenflügeln (→Entenflugzeug), einer Leermasse von 10 t, einer max. Zuladung von 13 t, einer max. Geschwindigkeit von Mach 2

Eurofighter 2000

in 11 000 m Höhe und einer Reichweite von etwa 1 400 km. Bewaffnet ist der E. 2000, der als Aufklärer und Jagdbomber sowie zum Luftkampf und zur Unterstützung von Bodentruppen eingesetzt wird, mit einer 27-mm-Kanone; auch kann er an 13 Aufhängepunkten u. a. Luft-Luft-Raketen mittlerer bzw. kurzer Reichweite sowie Bomben aufnehmen.

Nach Fertigstellung der beiden ersten Prototypen fand der Jungfernflug am 27. 3. 1994, der offizielle Erstflug am 4. 5. 1994 statt. Die offizielle Zulassung erfolgte am 30. 6. 2003; damit konnte die Serienproduktion beginnen. Am 30. 4. 2004 wurde der erste E. 2000 an das Jagdgeschwader 73 »Steinhoff« in Laage (Meckl.-Vorp.) übergeben, das künftig für die Ausbildung der Piloten zuständig ist.

Vor dem Hintergrund des beendeten Ost-West-Konflikts hatten die an der Entwicklung beteiligten Staaten Ende 1992 vereinbart, den von der Industrie genannten Systempreis von 133 Mio. DM (Preisstand Dezember 1991) um bis zu 30 % zu senken. Um dies zu erreichen, wurden die militär. Anforderungen an das nun E. 2000 genannte Flugzeug neu festgelegt. Damit verlängerte sich jedoch die Entwicklungsphase, die urspr. 1999 abgeschlossen sein sollte, um etwa drei Jahre. Zur Kostensenkung des Gesamtprojektes werden auch nur insgesamt 620 der urspr. geplanten 800 Maschinen gebaut. So erhält z. B. die Bundesluftwaffe statt 250 Maschinen nun 140 als Jagdflugzeuge und 40 als leichte Kampfflugzeuge zu einem Stückpreis von etwa 83 Mio. €. Die Gesamtkosten für Dtl. betragen von der Planung bis zur Auslieferung der letzten Maschinen (voraussichtlich 2015) etwa 19,5 Mrd. € (Preisstand 2003). In Dtl. soll der E. 2000 die Typen MiG-29 (23 Stück) und Phantom (115 Stück) sowie zu einem späteren Zeitpunkt auch teilweise den Tornado (etwa 100 Stück) ersetzen. – Der Fortgang der Arbeiten am neuen Jagdflugzeug war in Dtl. in den 1990er-Jahren von z. T. heftigen Diskussionen zw. Reg. und Opposition sowie zw. Verteidigungs-Min. und Bundesrechnungshof begleitet.

Eurofor [Abk. für engl. **Euro**pean **for**ce »Europ. Eingreiftruppe«], am 9. 11. 1996 offiziell in Dienst gestellter militär. Eingreifverband für den sofortigen Einsatz im Mittelmeergebiet, dem Fallschirmjäger und Bodentruppen sowie Marineverbände (unter der Bez. Euromarfor) aus Frankreich, Spanien, Portugal und Italien angehören. Der Verband mit Hauptquartier in

Euro

Staat	Euro (Euro- und Centmünzen) gleiche Vorderseite				
	länderspezifische Rückseite				
Belgien					
Deutschland					
Finnland					
Frankreich					
Griechenland					
Irland					
Italien					

Euro

gleiche Vorderseite

Kommentar

länderspezifische Rückseite

Belgien
alle Münzen: Bildnis von König Albert II. (derzeitiges Staatsoberhaupt), umgeben von den 12 europäischen Sternen und dem Monogramm des Königs (großes A) unter einer Krone

Deutschland
1, 2, 5 Cent: Eichenlaub
10, 20, 50 Cent: Brandenburger Tor
1, 2 Euro: stilisierter Bundesadler

Finnland
1, 2, 5, 10, 20, 50 Cent: finnisches Wappen – ein auf den Hinterbeinen stehender, ein Schwert schwingender Löwe mit Krone
1 Euro: zwei über eine Seenlandschaft fliegende Schwäne
2 Euro: Moltebeere

Frankreich
1, 2, 5 Cent: Büste der Marianne (Gestalt der Französischen Revolution und Symbol der Französischen Republik)
10, 20, 50 Cent: eine Säerin
1, 2 Euro: stilisierter Lebensbaum innerhalb eines Sechsecks, umgeben von dem republikanischen Motto »Liberté, Egalité, Fraternité« (»Freiheit, Gleichheit, Brüderlichkeit«)

Griechenland
1 Cent: Modell einer athenischen Trireme (Kriegsschiff)
2 Cent: stilisierte Korvette (Schiffstyp aus dem griechischen Unabhängigkeitskrieg)
5 Cent: moderner Hochseetanker
10 Cent: Porträt von Rigas Velestinlis-Fereos (1757–1798; Vordenker der griechischen Aufklärung)
20 Cent: Porträt von Ioannis Capodistrias (1776–1831; 1830–1831 erster Präsident Griechenlands nach dem Unabhängigkeitskrieg)
50 Cent: Porträt von Eleftherios Venizelos (1864–1936; griechischer Politiker und Sozialreformer)
1 Euro: Eule (Symbol der Weisheit) von einer antiken 4-Drachmen-Münze (Athen 5. Jh. v. Chr.)
2 Euro: Szene eines Mosaiks in Sparta (3. Jh. n. Chr.; Entführung Europas durch Zeus in Gestalt eines Stiers)

Irland
alle Münzen: Modell einer keltischen Harfe (Nationalsymbol)

Italien
1 Cent: Castel del Monte
2 Cent: Turm der Mole Antonelliana in Turin
5 Cent: Kolosseum in Rom
10 Cent: »Ankunft der Venus« von Sandro Botticelli
20 Cent: »Urformen der Bewegung im Raum«, Skulptur von Umberto Boccioni
50 Cent: Reiterstandbild des Kaisers Mark Aurel
1 Euro: Zeichnung von Leonardo da Vinci mit den Idealproportionen des Menschen
2 Euro: Porträt von Dante Alighieri, gemalt von Raffael

Euro

Euro (Euro- und Centmünzen; Fortsetzung)

Staat	gleiche Vorderseite				
	länderspezifische Rückseite				
Luxemburg					
Niederlande					
Österreich					
Portugal					
Spanien					
San Marino					
Vatikanstadt					

Euro

gleiche Vorderseite

länderspezifische Rückseite

Kommentar

Luxemburg
alle Münzen: verschiedene Porträts von Großherzog Henri (derzeitiges Staatsoberhaupt)

Niederlande
alle Münzen: verschiedene Porträts von Königin Beatrix (derzeitiges Staatsoberhaupt)

Österreich
1 Cent: Enzianblüte
2 Cent: Edelweiß
5 Cent: Alpenprimel
10 Cent: gotische Türme des Stephansdoms in Wien
20 Cent: Barockschloss Belvedere
50 Cent: Gebäude der Wiener Sezession (bedeutendes Jugendstilbauwerk)
1 Euro: Porträt von Wolfgang Amadeus Mozart
2 Euro: Bildnis von Bertha von Suttner

Portugal
1, 2, 5 Cent: Siegel von König Alfons I. (Gründer des portugiesischen Reiches) von 1134, umgeben von 5 Wappen und 7 Burgen des Landes
10, 20, 50 Cent: Siegel von König Alfons I. von 1142, umgeben von 5 Wappen und 7 Burgen des Landes
1, 2 Euro: Siegel von König Alfons I. von 1144, umgeben von 5 Wappen und 7 Burgen des Landes

Spanien
1, 2, 5 Cent: Obradoiro-Fassade der Kathedrale von Santiago de Compostela
10, 20, 50 Cent: Bildnis von Miguel de Cervantes
1, 2 Euro: Bildnis von König Juan Carlos I. (derzeitiges Staatsoberhaupt)

San Marino
1 Cent: Festungsturm »Montale«
2 Cent: Freiheitsstatue von San Marino
5 Cent: Festungsturm »Guaita«
10 Cent: Basilica del Santo
20 Cent: Heiliger Marinus (Patron des Staates)
50 Cent: die drei Festungstürme auf dem Monte Titano »Guaita«, »Cesta« und »Montale«
1 Euro: Staatswappen von San Marino
2 Euro: Regierungspalast

Vatikanstadt
alle Münzen: Porträt von Papst Johannes Paul II.

* In der Übersicht sind die Münzen der 12 Mitgliedstaaten der Europäischen Währungsunion sowie von San Marino und Vatikanstadt abgebildet. Während Andorra auf die Prägung eigener Münzen verzichtet, gibt Monaco Euro- und Centmünzen mit folgenden Motiven heraus:

Monaco
1, 2, 5 Cent: fürstliches Wappen
10, 20, 50 Cent: fürstliches Siegel
1 Euro: Doppelporträt von Fürst Rainier III. (1923-2005; Fürst seit 1949) und Albert I. (1848-1922; Fürst seit 1889)
2 Euro: Porträt von Fürst Rainier III.

Euro EuroFX

Florenz ist seit 1997 einsatzfähig und umfasst insgesamt rd. 15 000 Mann. In der militär. Führung wechseln sich die vier beteiligten Staaten ab. E. ist für humanitäre Einsätze sowie Missionen zur Friedenssicherung und Konfliktbewältigung vorgesehen und soll mit den Vereinten Nationen und der NATO zusammenarbeiten.

EuroFX, Bez. für die seit Abschaffung des amtl. Devisenkursfixings (Ende 1998) erfolgende tägl. Ermittlung von Referenzkursen der wichtigsten acht internat. Währungen gegenüber dem Euro. Die am 1999 geschaffenen Referenzkurssystem beteiligten Banken (zunächst v. a. dt. Spitzeninstitute der Sparkassenorganisation und der Genossenschaftsbanken, wobei der Teilnehmerkreis auch für andere, private und ggf. ausländ. Institute offen ist) geben täglich ab 13.00 Uhr ihre aktuellen Quotierungen nach einem vorgegebenen Verfahren in das von der Nachrichtenagentur Reuters zur Verfügung gestellte Informationssystem ein. Nach Streichung marktabweichender Kurse wird vollautomatisch der Durchschnittskurs errechnet und zur Verfügung gestellt.

Eurogroup [-gru:p, engl. ˈjʊərəʊgru:p; Kw. für **European group** »Europ. Gruppe«], 1968–93 bestehender informeller Zusammenschluss der Verteidigungs-Min. der europ. NATO-Staaten (außer der frz. Nation.), die sich vor den Tagungen der Verteidigungs-Min. aller NATO-Staaten zur Abgleichung spezifisch europ. Interessen im militärpolit. Bereich trafen.

Eurohypo AG, führende europ. Spezialbank für Immobilien- und Staatsfinanzierung, entstanden 2002 durch Fusion von Dt. Hypothekenbank Frankfurt-Hamburg AG, Eurohypo AG Europ. Hypothekenbank der Dt. Bank (entstanden 1998 durch Verschmelzung von Lübecker Hypothekenbank AG und Frankfurter Hypothekenbank Centralboden AG) sowie RHEIN-HYP Rhein. Hypothekenbank AG; Sitz: Frankfurt am Main; Bilanzsumme (2004): 228,0 Mrd. €, 2 700 Beschäftigte; Großaktionäre: Commerzbank AG (31,84 %), Dt. Bank AG (37,72 %) und Allianz-Gruppe (28,48 %).

Eurojust, mit eigener Rechtspersönlichkeit ausgestattete Einrichtung der EU zur Verbesserung der justiziellen Zusammenarbeit zw. den Mitgl.-Staaten, v. a. bei der Bekämpfung schwerer und organisierter Kriminalität. Sitz: Den Haag. Das E.-Kollegium besteht aus einem Vertreter pro Mitgl.-Staat; ernannt werden können erfahrene Richter und Staatsanwälte. Die Verw. wird von einem Verw.-Direktor geleitet. E. wurde durch EU-Ratsbeschluss vom 28. 2. 2002 geschaffen und soll u. a. der Koordinierung der Zusammenarbeit der nat. Staatsanwaltschaften und der Erleichterung von Rechtshilfe- und Auslieferungsersuchen dienen, hat aber keine eigenen Ermittlungskompetenzen. Allerdings wird z. T. politisch gefordert, die Kompetenzen zu erweitern und E. mittelfristig zu einer Europ. Staatsanwaltschaft weiterzuentwickeln.

Eurokennzeichen, seit dem 16. 1. 1995 auf Empfehlung der Europ. Kommission neben dem herkömml. Kennzeichen eingeführtes amtl. Kfz-Kennzeichen. Merkmale des E. sind die zwölf gelben Sterne für die Mitgliedsstaaten der EU und das Nationalitätszeichen, die links außen auf 4 cm breitem blauem Grund aufgebracht sind. Zudem wird eine neue Schrifttype verwendet, die die Fälschungssicherheit verbessert und maschinenlesbar ist.

Eurokommunismus, Bez. für bes. Mitte der 1970er-Jahre auftretende Tendenzen innerhalb mehrerer westeurop. kommunist. Parteien (bes. in der span. und ital., nur kurz in der frz. KP), unabhängig von der kommunist. Weltbewegung sowjet. Prägung autonome Wege zum Sozialismus zu beschreiten. Unter Zurückstellung zweier Forderungen der marxistisch-leninist. Herrschaftstheorie, der Diktatur des Proletariats und des proletar. Internationalismus (im Sinne eines Führungsanspruchs der KPdSU), bekannte sich der E. auch für den Fall einer sozialist. Gesellschaftsordnung unter Rückbezug auf A. GRAMSCI zum Parteienpluralismus, zum Recht aller auf organisierte Opposition, auf Meinungs-, Presse- und Religionsfreiheit sowie auf periodisch wiederkehrende freie Wahlen.

Die Nichterfüllung dieser Forderungen in den kommunist. Ostblockstaaten wurde von ihnen (z. B. von S. CARRILLO oder E. BERLINGUER) kritisiert oder aus »histor. Gegebenheiten« erklärt (→ dritter Weg) und führte auch nicht zu einem völligen Bruch mit der Sowjetunion, die die europ. Kommunisten weiter finanziell unterstützte.

Eurokorps [-ko:r], am 5. 11. 1993 in Dienst gestellter, seit 30. 11. 1995 einsatzbereiter multinat. militär. Großverband, dessen Aufstellung auf dem 59. dt.-frz. Gipfeltreffen am 22. 5. 1992 beschlossen worden war. Den Anstoß zur Formierung eines (zunächst) dt.-frz. Korps gaben der damalige Bundeskanzler H. KOHL und der damalige frz. Staatspräs. F. MITTERAND bei ihrem Treffen in Lille am 14. 10. 1991 als Teil der dt.-frz. Initiative für eine gemeinsame Außen- und Sicherheitspolitik der Europ. Union, nachdem mit der Aufstellung der dt.-frz. Brigade bereits positive Erfahrungen gemacht worden waren.

Der offiziellen Einladung durch die dt. und frz. Reg. an die Staaten der Westeurop. Union (WEU), sich am E. zu beteiligen, sind 1993 Belgien, 1994 Spanien und 1996 Luxemburg gefolgt. Der gemeinsame Korpsstab in Straßburg führt im Frieden unmittelbar nur wenige Truppenteile (so v. a. die dt.-frz. Brigade), erst im Einsatzfall übernimmt er das Kommando über die belg. Brigade, je eine dt., frz. und span. Division sowie eine luxemburg. Aufklärungskompanie.

Ein am 21. 1. 1993 zw. dem NATO-Oberbefehlshaber Europas sowie dem frz. Generalstabschef und dem dt. Generalinspekteur der Bundeswehr unterzeichnetes Abkommen stellt die Verfügbarkeit des E. für die NATO sicher und regelt dessen Einsatz im Rahmen des Bündnisses. Der Großverband dient so einerseits der gemeinsamen Bündnisverteidigung und ist andererseits ein zentraler Baustein der europ. Sicherheits- und Verteidigungspolitik. Im Rahmen der Zertifizierung als Schnelles Krisenreaktionshauptquartier der NATO wurden durch eine Vereinbarung vom 3. 9. 2002 alle Mitgl.-Staaten von NATO und Europ. Union eingeladen, Personal in den Stab des E. einzubinden bzw. Verbindungsoffiziere zu entsenden. Seitdem sind in das Hauptquartier neben den fünf Mitgl.-Nationen des E. auch Vertreter aus Finnland, Griechenland, Großbritannien, Italien, Kanada, den Niederlanden, Österreich, Polen und der Türkei integriert.

Unter Wahrung der Bestimmungen der UN-Charta übernimmt das E. folgende Aufträge: 1) Verteidigung der Mitgl. von WEU und NATO (gemäß Art. V des WEU-Vertrags bzw. Art. 5 des NATO-Vertrags); 2) Teilnahme an Maßnahmen zur Aufrechterhaltung und Wiederherstellung des Friedens; 3) Teilnahme an humanitären Einsätzen.

Eurokorps

Bisher hat das E. an den Missionen von SFOR und KFOR auf dem Balkan teilgenommen und von August 2004 bis Februar 2005 die internat. Schutztruppe ISAF in Afghanistan geführt. Das E. wird künftig auch Aufgaben im Rahmen der NATO-Eingreiftruppe (NATO Response Force, Abk. NRF) wahrnehmen.

Euromarkt, die Gesamtheit der internat. Finanzmärkte, an denen Gläubiger-Schuldner-Beziehungen i. d. R. in einer Währung außerhalb ihres Ursprungslandes entstehen (z. B. Eurodollarmarkt, Euro-Yen-Markt). Da der E. geografisch nicht auf Europa begrenzt ist, spricht man auch von Fremdwährungs-, Außengeld-, Xeno- oder internat. →Finanzmärkten. Die Geschäfte werden in einer i. d. R. für beide Marktparteien fremden Währung abgewickelt. Die E. unterliegen bisher keinerlei Kontrollen durch nat. oder internat. Währungsbehörden. Traditionelle Zentren des E. sind v. a. die Bankplätze London, Luxemburg und New York; seit den 1970er-Jahren haben auch die →Offshorezentren in Asien und der Karibik stark an Bedeutung gewonnen.

Den äußeren Anstoß zur Entstehung des Eurogeldmarktes gaben massive Zahlungsbilanzdefizite der USA in den 1950er-Jahren. Es entstanden umfangreiche Dollarguthaben bei europ. Banken, wobei die Anlage dieser Mittel in den USA selbst wegen dortiger Zinsreglementierung (Regulation Q) unattraktiv war. Eine Krise des brit. Pfundes im Jahre 1957 sowie die Einführung der Konvertibilität der wichtigsten europ. Währungen ab 1958 festigte die Rolle des Dollars als internat. Reservewährung. Administrative Maßnahmen der USA zur Bekämpfung ihrer Zahlungsbilanzdefizite wie die Zinsausgleichsteuer (»Interest equalisation tax«, 1963) und Maßnahmen zur Beschränkung von Direktinvestitionen außerhalb der USA (»Voluntary restraint program«, 1965; »Foreign direct investment regulations«, 1967/68) begünstigten die Entwicklung eines Eurokapitalmarktes.

Der E. gliedert sich aufgrund unterschiedl. Bonitätsmerkmale, Besicherungen, Fristigkeiten, Handelsusancen, Vertragsgestaltungen, Zinsstrukturen und Teilnehmerkreise in Teilmärkte. Am **Eurogeldmarkt** werden Gelder und Geldmarktpapiere für kurze Fristen (ein Tag bis zu einem Jahr) vornehmlich zw. Geschäftsbanken, aber auch zw. multinat. Unternehmen und Zentralbanken gehandelt. Abschlüsse werden in konvertiblen Währungen und in Euro getätigt. Der **Eurokreditmarkt** umfasst den Handel mit mittelfristigen Krediten (Laufzeiten zw. ein und zehn Jahren). Marktteilnehmer sind auch hier Geschäftsbanken, Zentralbanken, Großunternehmen, aber auch Staaten. Dominierende Währung ist der US-Dollar. Der **Eurokapitalmarkt** (Eurobondmarkt) umfasst den Markt (Neuemission und Handel) für Wertpapiere (→Eurobonds). Da es am Eurokapitalmarkt keine offiziellen Zugangsbeschränkungen gibt, kommt der Bonitätseinstufung der Emittenten eine besondere Bedeutung zu. Die Übergänge zw. den Teilmärkten sind fließend. Eurogeld- und Eurokreditmarkt sind v. a. durch den →Roll-over-Kredit verknüpft. Am Eurokapitalmarkt stellen die dort u. a. gehandelten Floating-Rate-Notes die Verbindung zum Eurogeldmarkt her. Am **Euroaktienmarkt** werden Aktien und aktienähnl. Beteiligungsrechte großer, v. a. multinat. Unternehmen von internat. Bankenkonsortien platziert.

◆ E. STORCK: Globalisierung u. EWU (²1998); V. C. HEINKE: Bonitätsrisiko u. Credit rating festverzinsl. Wertpapiere. Eine empir. Unters. am E. (1998); Der Euro-Kapitalmarkt, hg. v. H. KAISER (1999); M. J. MATSCHKE u. M. OLBRICH: Internat. u. Außenhandelsfinanzierung (2000); M. AEHLING: Aktienanlage in den Euro-Ländern (2000); E. STORCK: Globale Drehscheibe E. (³2004).

Euromir, Raumfahrt: →Mir.

Euromix, seit 1997 in den meisten europ. Ländern eingesetztes neues Testverfahren für den Kraftstoffverbrauch von Pkw. Der E. wird auf dem Prüfstand ermittelt. Der Testzyklus beginnt mit einem Kaltstart (20 °C) und einem Stadtfahrzyklus bei einer mittleren Geschwindigkeit von 19 km/h. Durchfahren wird der Zyklus viermal (Beschleunigung bis zum dritten Gang und Motorleerlauf, 4 km Strecke). Im anschließenden außerstädt. Zyklus beträgt die Durchschnittsgeschwindigkeit jetzt 62,6 km/h, die Höchstgeschwindigkeit 120 km/h (Beschleunigung bis zum fünften Gang). Gleichzeitig wird über den gesamten Prüfzyklus der Gesamtverbrauch ermittelt. Er liegt beim E. höher als beim Drittelmix, der Käufer erhält aber realere Verbrauchswerte.

EuroNews [-nju:z, engl.], europ. Nachrichtensender, gegr. 1992 von einer Gruppe europ. öffentlich-rechtl. Rundfunkanstalten mit dem Ziel, Weltnachrichten aus europ. Blickwinkel zu verbreiten; Sendestart: 1. 1. 1993; Sitz: Lyon; seit 1999 digitale Ausstrahlung in sieben Sprachen (Deutsch, Englisch, Französisch, Russisch, Spanisch, Italienisch, Portugiesisch). Seit April 2003 ist die Gesellschaft SECEMIE (Société Éditrice de la Chaîne Européenne Multilingue d'Information E.) alleiniger Veranstalter. E. kann über Kabel, Satellit und terrestrisch von 124 Mio. Haushalten in Europa, im Nahen Osten und in Afrika empfangen werden, in Dtl. über das Digitalangebot ZDFvision.

Euronext N. V., führende grenzüberschreitende Börse in Europa (Handel mit Wertpapieren und Derivaten); entstanden 2000 durch Fusion der Börsen von Amsterdam, Brüssel und Paris als Gesellschaft niederländ. Rechts, 2002 kamen die port. Börse BVLP (Bolsa de Valores de Lisboa e Porto) und die LIFFE (London International Financial Futures and Options Exchange) hinzu; Sitz: Amsterdam, Niederlassungen in Brüssel, Lissabon, London und Paris; (2003) 1 800 Beschäftigte.

Euronotes [-nəʊts, engl. ˈjʊərəʊnəʊts] Pl., meist auf US-Dollar lautende Schuldtitel mit Laufzeiten bis zu einem Jahr, die Schuldner erster Bonität (z. B. Staaten, Banken, Großunternehmen) an internat. Finanzmärkten platzieren. Die E. werden immer wieder neu (revolvierend) begeben. Um den Emissionserfolg sicherzustellen, vereinbart der Emittent eine **E.-Fazilität,** mit der sich eine oder mehrere Banken verpflichten, nicht verkaufte E. selbst zu übernehmen oder entsprechende Kredite zu einem vereinbarten Maximalzinssatz und bis zu einem Höchstbetrag zu gewähren (Stand-by-Kredite). Die Banken übernehmen damit lediglich eine Refinanzierungsgarantie für den Emittenten, sind aber nicht unmittelbar Kreditgeber. Neben diesen **Revolving-Underwriting-Facilities** (RUF) und **Note-Insurance-Facilities** (NIF) gibt es auch **Uncommitted Facilities,** bei denen Emittenten auf die Übernahmeverpflichtung der Banken verzichten. E. sind kurzfristige Geldmarktpapiere, die sich aus den in den USA gebräuchl. Commercial Papers (→Euro-Commercial-Papers) entwickelt haben. Als Finanzinnovation wurden E. 1980 eingeführt.

Euronotruf, die Notrufnummer 112, unter der in den meisten europ. Ländern Polizei, Rettungsdienst oder Feuerwehr (oft, auch über Mobiltelefone, kostenlos)

Euro EUROP

Europa wird von Zeus in Gestalt eines Stiers entführt; Metope aus Selinunt (um 550 v. Chr.; Palermo, Museo Nazionale Archeologico)

zu erreichen sind. – Darüber hinaus haben oben genannte Institutionen noch regional unterschiedl. Telefonnummern (→Notruf).

EUROP [Kw. von europäisch], europ. Güterwagengemeinschaft, die aufgrund eines 1951 zw. Dtl. und Frankreich geschlossenen, 1953 auf zehn Länder ausgeweiteten Abkommens entstand. Anstatt die Wagen nach der Entladung im Ausland leer zurückzuschicken, konnten sie von den beteiligten Bahnen wie eigene verwendet werden. Zeitweise umfasste der EUROP-Park nahezu 250 000 Wagen aus 14 Gattungen. Ende 2002 wurde die Gemeinschaft von zuletzt noch neun Bahnen infolge des zunehmenden Wettbewerbs auf der Schiene aufgelöst.

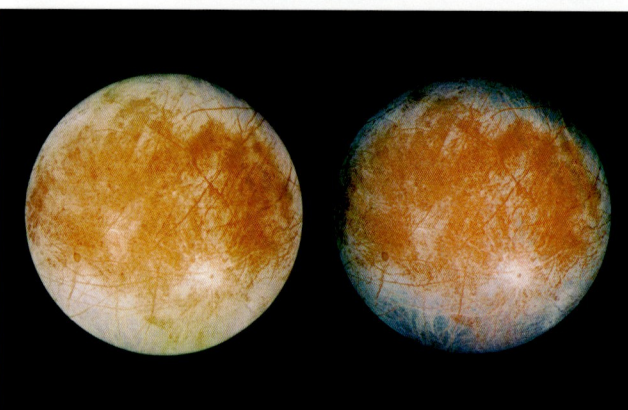

Europa: Zwei Ansichten der Rückseite der Europa, aufgenommen durch die Raumsonde Galileo aus 677 000 km Entfernung (September 1996); die linke Bildhälfte zeigt annähernd natürliche Farben, in der rechten Bildhälfte sind die Farbkontraste verstärkt. Die dunklen Linien sind Risse in der Eiskruste des Mondes, der helle Fleck mit dem dunklen Zentrum ist der junge Einschlagskrater Pwyll von 50 km Durchmesser.

Europa, griech. Mythologie: Tochter des Phönix oder des Königs Agenor von Phönikien, Schwester des Kadmos, urspr. wohl eine vorgriech. Erdgöttin. Zeus nahm ihretwegen die Gestalt eines Stieres an, verlockte sie am Strand, seinen Rücken zu besteigen und entführte sie nach Kreta. Aus ihrer Verbindung mit Zeus gingen Minos, Rhadamanthys und nach einem Teil der Überlieferung Sarpedon hervor. Im Altertum verband man den Namen des Erdteils mit der E. des Mythos. In der antiken Kunst wurde ihre Entführung (oder E. allein) auf griech. Vasen und Reliefs (Metope aus Selinunt, um 550 v. Chr., und vom Sikyonierschatzhaus in Delphi, um 550 v. Chr.), auf Münzen (Gortyn, 5.–3. Jh. v. Chr.), röm. Gemmen der Kaiserzeit, Reliefs, Wandbildern (Pompeji) und Mosaiken dargestellt. Das Motiv wurde in spätmittelalterl. Ovidillustrationen wieder aufgegriffen und auch auf zahlr. Gemälden der Neuzeit dargestellt (Paolo Veronese, Tizian, Tiepolo, M. Beckmann).

Europa [nach der griech. Sagengestalt Europa, der Geliebten des Zeus (lat. Jupiter)] *die*, -, zweitinnerster und kleinster der →Galileischen Monde des Planeten →Jupiter. Sie umläuft den Jupiter im Abstand von 671 000 km in 3,551 Tagen und rotiert synchron. Ihr Durchmesser beträgt 3 122 km. Die mittlere Dichte von 3,01 g/cm^3 weist darauf hin, dass ihr Inneres im Wesentlichen aus Gestein besteht. Die Oberfläche wird von einem etwa 10 km mächtigen Eismantel gebildet, unter dem sich eine 100–200 km dicke Schicht flüssigen Wassers oder einer Art Eisschmelze befindet. Die Oberfläche weist weder Berge noch Täler und nur wenige Einschlagskrater auf. Sie ist von einem Netz aus langen, teils geraden, teils gebogenen hellen und dunklen Adern überzogen, offenbar Risse in der Eiskruste, aus denen schmutziges Wasser oder weiches Eis aus dem Inneren emporquoll. Es wurde eine sehr dünne sauerstoffhaltige Atmosphäre entdeckt.

Europa, der zweitkleinste Erdteil.
- Lage
- Geologie und Oberflächengestalt
- Klima
- Pflanzenwelt
- Tierwelt
- Bevölkerung
- Religion
- Sprachen
- Wirtschaft
- Verkehr
- Geschichte

E. umfasst eine Fläche von 9,839 Mio. km^2; rd. 7 % der Landfläche entfallen auf Inseln. Seiner Bev. nach ist E. mit (2003) rd. 705 Mio. Ew. (ohne die asiat. Teile Russlands) der drittgrößte Erdteil. E., der W-Teil der Alten Welt, ist die stark gegliederte westl. Halbinsel Asiens; beide Erdteile bilden die zusammenhängende Landmasse **Eurasien.** Geschichtl., wirtschaftl. und kulturelle Gründe rechtfertigen es, E. als selbstständigen Erdteil aufzufassen. Häufig wird E. in Mittel-, Nord-, West-, Süd-, Südost- und Osteuropa untergliedert.

LAGE

Als Grenze E.s zu Asien gilt seit dem 18. Jh. der Ural, der aber wegen seiner geringen Höhen (Mittlerer Ural bis 994 m ü. M., Südl. Ural bis 1 640 m ü. M.) keine wirkliche Barriere darstellt. Konventionelle Grenzen zu Asien bilden außerdem der Fluss Ural, das Kasp. Meer, die Manytschniederung, das Schwarze Meer, der Bosporus, das Marmarameer, die Dardanellen sowie das Ägäische Meer. Von Afrika ist E. durch die

Staatliche Gliederung

Staat	Staatsform	Fläche (in km²)	Ew. (in 1 000)	Bezugsjahr	Ew. (je km²)	Hauptstadt
Albanien	Republik	28 748	3 090	2001	107	Tirana
Andorra	Fürstentum	468	72	2003	154	Andorra la Vella
Belgien	Königreich	30 528	10 396	2003	341	Brüssel
Bosnien und Herzegowina	Republik	51 129	4 300	2002	80	Sarajevo
Bulgarien	Republik	110 994	7 800	2003	70	Sofia
Dänemark[1]	Königreich	43 098	5 398	2003	125	Kopenhagen
Färöer	–	1 399	48	2003	34	Tórshavn
Deutschland	Republik	357 030	82 532	2003	231	Berlin
Estland	Republik	45 227	1 360	2002	30	Tallinn
Finnland	Republik	338 145	5 220	2003	15	Helsinki
Frankreich	Republik	543 965	59 635	2003	110	Paris
Griechenland	Republik	131 957	11 210	2003	84	Athen
Großbritannien und Nordirland	Königreich	243 610	59 554	2003	244	London
Kanalinseln	–	194	150	2001	773	Saint Hélier/Saint Peter Port
Man	–	572	76	2001	133	Douglas
Gibraltar	–	6	29	2003	4 500	–
Irland	Republik	70 273	4 044	2004	58	Dublin
Island	Republik	103 000	291	2003	3	Reykjavík
Italien	Republik	301 341	57 888	2004	192	Rom
Kroatien	Republik	56 542	4 470	2002	79	Zagreb
Lettland	Republik	64 589	2 330	2003	36	Riga
Liechtenstein	Fürstentum	160	34	2003	213	Vaduz
Litauen	Republik	65 300	3 450	2003	53	Vilnius
Luxemburg	Großherzogtum	2 586	452	2003	175	Luxemburg
Makedonien	Republik	25 713	2 040	2002	79	Skopje
Malta	Republik	316	400	2003	1 266	Valletta
Moldawien	Republik	33 843	4 440	2004	131	Chișinău
Monaco	Fürstentum	1,95	34	2003	17 436	Monaco
Niederlande	Königreich	41 528	16 258	2003	391	Amsterdam/Den Haag
Norwegen	Königreich	323 802	4 577	2003	14	Oslo
Spitzbergen u. arktische Inseln	–	61 397	2,4	2004	0	–
Österreich	Republik	83 871	8 126	2004	97	Wien
Polen	Republik	312 685	38 200	2003	122	Warschau
Portugal[2]	Republik	92 152	10 475	2003	109	Lissabon
Rumänien	Republik	238 391	21 700	2002	91	Bukarest
Russland (europ. Teil)	Republik	3 959 800	106 034	2002	27	Moskau
San Marino	Republik	61	28,5	2004	467	San Marino
Schweden	Königreich	450 295	8 976	2003	20	Stockholm
Schweiz	Republik	41 285	7 364	2003	178	Bern
Serbien und Montenegro	Republik	102 173	10 200[3]	2002/03	88	Belgrad
Slowakische Republik	Republik	49 034	5 380	2003	110	Bratislava
Slowenien	Republik	20 256	1 960	2002	97	Ljubljana
Spanien[4]	Königreich	506 030	42 717	2003	84	Madrid
Tschechische Republik	Republik	78 866	10 210	2004	129	Prag
Türkei (europ. Teil)	–	23 764	13 000	2000	547	–
Ukraine	Republik	603 700	47 600	2004	80	Kiew
Ungarn	Republik	93 030	10 120	2004	109	Budapest
Vatikanstadt	–	0,44	1	2003	2 273	–
Weißrussland	Republik	207 595	9 900	2003	48	Minsk

1) Ohne Grönland. – 2) Mit Azoren und Madeira. – 3) Zählungen Serbien 2002, Montenegro 2003; Schätzung Kosovo 2003. – 4) Mit den Kanarischen Inseln, Ceuta und Melilla.

Straße von Gibraltar und das Mittelmeer getrennt. Im W und N ist das europ. Festland vom Atlant. Ozean samt Nordpolarmeer umgeben; weiträumige Meeresteile (Biskaya, Nord- und Ostsee sowie Barentssee mit Weißem Meer) greifen in das Festland ein. Als Nordspitze des festländischen E.s gilt gemeinhin das →Nordkap in Norwegen, tatsächlich ist es aber Knivskjelodden, 4 km weiter westlich (71° 11′ 08″ n. Br.), der südlichste Punkt des europ. Festlands befindet sich in Spanien (Punta Marroquí, 36° n. Br.), der westlichste in Portugal (Kap Roca, 9° 30′ w. L.), der östlichste in Russland (im Polarural bei 66° ö. L.). Die

Euro Europa

Europa
1 der Ort Reine auf den Lofoten (Norwegen), im Hintergrund der Lilandstinden (700 m)
2 die Masurischen Seen in der Nähe von Suwałki, Polen
3 Wilder Kaiser, Österreich
4 Schloss Neuschwanstein bei Füssen im Allgäu, Deutschland
5 Auf der Insel Kischi im Onegasee (Karelien, Russland) finden sich bedeutende Werke russischer Holzbaukunst.
6 Kloster Sucevița in der Bukowina, Rumänien

Euro

7 das Goralendorf Ždiar in der Hohen Tatra, Slowakische Republik
8 Hafen von Dubrovnik an der dalmatinischen Adriaküste, Kroatien
9 Côte de Granit Rose in der Bretagne nahe Ploumanac'h, Frankreich
10 die Insel Skye, größte Insel der Inneren Hebriden (Schottland)
11 Olivenanbau bei Granada in Andalusien, Spanien
12 Nördlich von Patras überspannt die Harilaos-Trikoupis-Brücke (2004 fertig gestellt) den Golf von Korinth.

Euro Europa

Euro

Euro Europa

Flüsse			
Name	Länge (in km)	Einzugsgebiet (in 1 000 km²)	Einmündungsgewässer
Wolga	3 531	1 360	Kaspisches Meer
Donau	2 850	817	Schwarzes Meer
Ural	2 428¹⁾	237	Kaspisches Meer
Dnjepr	2 200	504	Schwarzes Meer
Don	1 870	422	Asowsches Meer
Rhein	1 320	252	Nordsee
Elbe	1 165	144	Nordsee
Weichsel	1 047	194	Ostsee
Loire	1 020	121	Atlantischer Ozean
Tajo (Tejo)	1 007	89	Atlantischer Ozean
Maas	925	49	Nordsee
Ebro	910	84	Mittelmeer
Oder	854²⁾	119	Ostsee
Rhône	812	99	Mittelmeer
Seine	776	79	Ärmelkanal
Weser (mit Werra)	732	46	Nordsee
Po	652	75	Adriatisches Meer
Garonne	575	85	Golf von Biskaya
Tiber	405	17	Tyrrhenisches Meer
Themse	346	16	Nordsee

1) Grenzfluss zw. Europa und Asien. – 2) Bis zur Einmündung in das Papenwasser.

größten zu E. zählenden Inseln sind Großbritannien (230 034 km²), Island (mit dem westlichsten Punkt E.s: 24° 32′ w. L.), Irland, die Nord- und Südinsel von Nowaja Semlja, Spitzbergen, Sizilien, Sardinien, die Insel Nordostland von Spitzbergen, Korsika, Kreta, Seeland, die Edge-Insel von Spitzbergen, Euböa, Mallorca, die Waigatschinsel, die Kolgujewinsel, Gotland, Fünen, die Inseln Georgland und Alexandraland von Franz-Josef-Land sowie Saaremaa (2 671 km²).

GEOLOGIE UND OBERFLÄCHENGESTALT

Gegenüber den anderen Erdteilen hat E. eine bes. reiche Gliederung und Küstenentwicklung. Die größten Halbinseln sind die Skandinavische, die Iberische (Pyrenäenhalbinsel), die Balkan- und die Apenninenhalbinsel. Die Oberflächengestalt des festl. E. wird im N und NW bestimmt durch die Reste des altpaläozoischen kaledon. Gebirges im W der Skandinav. Halbinsel (Skanden) und im nördl. und mittleren Teil der →Britischen Inseln sowie durch die Ebenen und Bergländer im Bereich des präkambr. Fennosarmatischen Festlandsblocks (→Fennosarmatia, →Baltischer Schild). Auf der Skandinav. Halbinsel hat das Gebirge in W-Norwegen durch reiche Vergletscherung und tief eingeschnittene Fjorde teilweise alpinen Charakter. Die ausgedehnte Osteurop. Ebene (Russ. Tafel, Teil des Fennosarmatischen Festlandsblocks), die im N weithin nicht eiszeitl. (glazialen) Ablagerungen, im S von Löss bedeckt ist, geht im W ohne scharfe Grenze in das mitteleurop., an Ost- und Nordsee angrenzende, glazial überprägte Tiefland über. Das auf dem Mittelatlantischen Rücken gelegene, geologisch zur einen Hälfte zu E., zur anderen zu Nordamerika gehörige Island ist insgesamt vulkan. Ursprungs.

Die vielgestaltigen Mittelgebirgsräume West- und Mittel-E.s umfassen die Reste des jungpaläozoischen varisk. Gebirges und aus mesozoischen Sedimenten bestehende Schichtstufenländer (das Schichtstufenland im SO-Teil Englands, das frz. Schichtstufenland mit dem Pariser Becken, das Schwäbisch-Fränk. Schichtstufenland), Beckenlandschaften und Einbruchssenken wie den von der Rhône über den Oberrhein bis zum Oslofjord reichenden Grabenbruch sowie Erscheinungen des tertiären und quartären Vulkanismus (u. a. in Eifel, Westerwald und Vogelsberg). Während des Pleistozäns trugen die höheren Mittelgebirge Lokalvergletscherungen, im periglazialen Bereich entstanden Hangschuttdecken und Blockmeere, am Gebirgsrand bildeten sich Lössdecken (Löss). Die varisk. Gebirge erstrecken sich vom Zentralmassiv nach NW über die Bretagne (Amorikan. Gebirge) nach SW-England und N-Spanien (Galizien) sowie über Vogesen, Schwarzwald, Rhein. Schiefergebirge, Harz, Thüringer Wald, Bayer. Wald und Erzgebirge nach NO zu den Sudeten. Die höchsten Erhebungen sind mit 1 886 m im Zentralmassiv und 1 602 m im Riesengebirge. Auch der Ural ist aus der varisk. Gebirgsbildung hervorgegangen.

Zw. der Mittelgebirgszone und dem Nordsaum des Mittelmeers erheben sich die jungen (tertiären) Faltengebirge der Betischen Kordilleren (in Andalusien), der Pyrenäen, der Alpen, der Karpaten und des Balkangebirges, des Apennins sowie des Dinar. Gebirges, das sich in den Helleniden (Pindos, Gebirge des Peloponnes, Kretas und von Rhodos) in Griechenland fortsetzt. Neben steilen Hochgebirgen finden sich als Reste älterer Gebirge Mittelgebirgsformen (z. B. in den Alpen, Ostkarpaten und im Dinar. Gebirge). In den Alpen gibt es noch heute ausgedehnte Gletscher, in den Pyrenäen einige Kargletscher, sonst nur Eis- und Firnflecken. Die alpid. Faltengebirge umgeben die Poebene, das von Donau und Theiß entwässerte Ungar. Tiefland und das Tiefland der Walachei (an der unteren Donau).

Bei den Gebirgen O- und NO-Griechenlands handelt es sich dagegen um varisk. Faltengebirgsrümpfe. Das Innere der Iber. Halbinsel wird von der weit gespannten Hochfläche der span. Meseta eingenommen. Die von Gebirgen eingerahmte Meseta bildete sich im Bereich der variskisch gefalteten Iber. Masse, die im Tertiär in Bruchschollen zerbrach; deren bei versch. Hebungsvorgängen schräg gestellte und z. T. gefaltete Deckschichten wurden später zu einer Rumpffläche eingeebnet. – Tätige Vulkane gibt es im Mittelmeerraum (Ätna, Vesuv, Stromboli, Vulcano, Thera), auf der arkt. Insel Jan Mayen (Beerenberg) und in Island (etwa 30 tätige Vulkane).

KLIMA

E. liegt mit Ausnahme des hohen Nordens (arkt. Klima) und des äußersten Südostens an der unteren Wolga (sommerheißes Kontinentalklima) in der gemäßigten Zone. Infolge der zum Atlant. Ozean hin of-

Berge		
Name	Staat	Höhe
Montblanc	Frankreich/Italien	4 809 m ü. M.
Dufourspitze (Monte Rosa)	Schweiz	4 634 m ü. M.
Matterhorn	Schweiz/Italien	4 478 m ü. M.
Gran Paradiso	Italien	4 061 m ü. M.
Großglockner	Österreich	3 798 m ü. M.
Mulhacén	Spanien	3 478 m ü. M.
Ätna	Italien	3 349 m ü. M.
Zugspitze	Deutschland	2 962 m ü. M.
Olymp	Griechenland	2 917 m ü. M.

Europa **Euro**

fenen Lage und dank der Wärmetransporte durch Meeresströmungen (Golfstrom) sowie vorherrschende Westwinde hat E., verglichen mit anderen Erdteilen in gleicher Breitenlage, ein milderes Klima mit ausgeglicheneren Temperaturen. Es bekommt mit zunehmender Entfernung vom Atlantik kontinentalere Züge (u. a. größere Temperaturunterschiede zw. kältestem und wärmstem Monat, ungleichmäßigere Niederschlagsverteilung mit Sommermaximum). Drei umfangreiche Luftdrucksysteme steuern das Klima: Das Islandtief, das Azorenhoch und das jahreszeitlich wechselnde Druckgebiet über Asien (im Sommer ein Wärmetief, im Winter ein ausgedehntes Kältehoch). Hinzu kommt der Einfluss der Innertropischen Konvergenzzone (ITC) mit der Passatzirkulation. Luftdruckverteilung und Einbeziehung des Mittelmeerraumes in die Passatzirkulation sind von grundlegender Bedeutung für den Unterschied zw. dem Klima Mittel- und Nord-E.s und dem subtropisch-mediterranen Klima jenseits des alpid. Faltengebirgsgürtels.

In der Temperaturverteilung tritt der Einfluss der Luftströmungen deutlich hervor. Im Juli greifen die Isothermen (Linien gleicher Wärme) im O polwärts aus, denn dann erwärmt sich das Binnenland stärker, während im W die ozean. Winde abkühlend wirken. Im Januar kommt der Einfluss der südwestl. Winde am stärksten zur Wirkung: Die Isothermen verlaufen in West-E. nordsüdlich, die Durchschnittstemperatur nimmt somit weniger nach N als nach O ab. Der Grad der Ozeanität bzw. Kontinentalität und die Exposition sind bestimmend für die Höhe der Niederschläge. Im O fällt die Hauptregenzeit auf den Sommer, im W sind die reichlich fallenden Niederschläge über das ganze Jahr verteilt (mit einem Maximum im Herbst oder Frühwinter). Reliefunterschiede beeinflussen in hohem Maße die regionale und lokale Niederschlagsverteilung. Schon geringfügige Erhebungen bewirken örtlich höhere Niederschläge in den Luv- und Niederschlagsarmut in den Leelagen.

Der Einfluss des Atlant. Ozeans nimmt im Mittelmeergebiet rasch ab. Süd-E. gehört dem warmen Gürtel der gemäßigten Zone – der subtrop. Winterregenzone – an; im Sommer setzt hier eine Trockenzeit mit vorherrschend nördl. Winden (Etesien) ein.

PFLANZENWELT

Pflanzengeographisch bildet E. die W-Flanke der →Holarktis und damit das Gegenstück zu Ostasien. Es steht aber hinter diesem an Artenreichtum und Üppigkeit der Vegetation weit zurück, weil die arktotertiäre Flora jeweils zu Beginn der Eiszeiten durch die Querriegel der großen Faltengebirge (z. B. Alpen) am Rückzug nach S gehindert und damit zu einem großen Teil vernichtet wurde. Die Vegetationsgliederung wird bestimmt durch die Wärmezunahme von N nach S und den Übergang von ozean. zu kontinentalem Klima von W nach O.

Die arkt. Florenregion umfasst die →Tundra des Küstensaums von N-Norwegen an ostwärts einschließlich aller dort liegenden Inseln. Im Ural und den Skanden geht die Tundra unmittelbar in die alpine Stufe der Gebirge über. Die polare Waldgrenze wird im W bis zur Halbinsel Kola von der Birke, weiter östlich von der Fichte gebildet. Der größte Teil von Norwegen, Schweden, Finnland und des N Russlands wird von der Zone des borealen Nadelwaldes eingenommen. Vorherrschende Bäume sind Waldkiefer und Fichte. Erst im NO Russlands kommen Lärche und Arve hinzu, der Wald nimmt dort den Charakter

Seen				
Name	Fläche (in km²)	Seespiegel (in m ü. M.)	größte Tiefe (in m)	Abfluss
Ladogasee	17 700	5	230	Newa
Onegasee	9 720	33	127	Swir
Vänersee	5 585	44	100	Götaälv
Vättersee	1 912	88	119	Motalaström
Saimaa	1 460	76	58	Vuoksi
Inari	1 085	114	95	Paatsjoki
Plattensee	591	106	11	Sio
Genfer See	581	372	310	Rhône
Bodensee	538	396	252	Rhein
Gardasee	370	65	346	Mincio
Neusiedler See	276	115	2	Einserkanal
Vierwaldstätter See	114	434	214	Reuss

der sibir. →Taiga an. Die Nadelwälder des Nordens kehren in der montanen und subalpinen Stufe der mittel- und südeurop. Gebirge wieder und haben mit diesen viele Florenelemente gemeinsam (→Alpen). Das mittlere E. wird von der so genannten nemoralen Laubwaldzone eingenommen, die im W an der Atlantikküste von Galizien bis S-Norwegen reicht, gegen O schmäler wird und eben noch den Ural erreicht. Im äußersten Westen E.s, der atlant. Florenregion, herrschen Eichen-Birken-Wälder vor. Kennzeichnend sind zudem ausgedehnte Hochmoore und Heideflächen. In der mitteleurop. Florenregion, die auch den größten Teil Dtl.s umfasst, sind Buchenwälder sowie Eichen-Hainbuchen-Wälder mit Beimengung weiterer Laubhölzer (z. B. Linde, Ahorn, Esche) bestimmend. Im kontinentalen O verarmt die Waldflora und die Buche erreicht bereits in Polen ihre O-Grenze. Weiter östlich davon bestehen die Laubwälder vorwiegend aus Eiche und Birke, in Mischung mit der Waldkiefer. Im SW geht der sommergrüne Laubwald in die Hartlaubwälder des →Mittelmeerraumes über, auf der Balkanhalbinsel in die subkontinentalen Eichenwälder mit Zerreiche, Hopfenbuche, Silberlinde usw. Im kontinentalen O E.s schließt sich südlich etwa der Linie Odessa–Saratow–Orenburg die Steppenzone an, die in der Kasp. Senke bereits in die Halbwüste übergeht. Die genannten Vegetationszonen sind jeweils durch breite Übergangszonen getrennt (Waldtundra, Laub-Nadel-Mischwaldzone, Waldsteppe).

TIERWELT

Die Tierwelt E.s gehört, von den nördlichsten Teilen abgesehen, zur paläarkt. Region des Faunenreiches Arktogaea, das Nordamerika, E. und Asien umfasst. Abhängig von den Vegetationsformen spiegelt sie die klimat. Verhältnisse wider. Erdgeschichtlich gesehen ist die Fauna im Ganzen jung, da durch die pleistozänen Eiszeiten die ursprüngl. Tierwelt nach S verdrängt oder ausgerottet wurde und erst mit dem Zurückweichen des Eises eine erneute Besiedlung, v. a. von S und SO her, einsetzen konnte. In den ursprüngl. Bestand hat der Mensch wesentlich eingegriffen, unmittelbar durch Jagd, Fischerei und Vernichtung von tier. Feinden, sehr viel stärker aber noch mittelbar durch Wandlung der Urlandschaft in Kulturlandschaft, die vielen Tieren die Lebensmöglichkeiten nahm und nur wenigen über weite Gebiete hin gleichmäßig günstige Bedingungen schuf.

An die Gebiete nördlich der Baumgrenze, die mit Rentier, Vielfraß, Lemming u. a. tiergeographisch zur

Arktis gehören, schließt sich, nach S bis zur Kette der großen Gebirge reichend, die europ. **Provinz der paläarkt. Region** an: mit Elch, Hirsch und Reh, Hase, kleinen Raubtieren wie Fuchs, Dachs, Marder und Iltis, zahlr. Nagern wie Mäuse, Hamster, Eichhörnchen und Bilchen, ferner Igel, Maulwurf, Spitzmäuse und Fledermäuse. Die größeren Raubtiere wie Wolf, Luchs und Bär finden sich fast nur noch in Rückzugsgebieten. Unter den Vögeln sind Singvögel, Eulen und Greifvögel, in den seenreichen Flachländern und an den Meeresküsten Stelz- und Watvögel, Enten, Gänse und Schwäne sowie Möwen und Seeschwalben zahlreich vertreten, die Sumpf- und Wasservögel aber fast ausnahmslos in schnell abnehmender Zahl. – Die Tierwelt der drei südeurop. Halbinseln gehört der **mediterranen Provinz der paläarkt. Region** an (→ Mittelmeerraum).

BEVÖLKERUNG

Die Bev. E.s umfasste 1650 100 Mio., stieg über (1750) 140 Mio., (1800) 187 Mio., (1850) 266 Mio., (1900) 403 Mio., (1913) 468 Mio., (1960) 566 Mio., (1970) 614 Mio., (1980) 648 Mio., (1990) 673 Mio. auf (1994) 698 Mio. und besaß 2003 rd. 705 Mio. Ew. (ohne die asiat. Teile Russlands); die bevölkerungsreichsten Staaten sind – abgesehen von Russland – Dtl., Großbritannien und Nordirland, Frankreich und Italien. Die räuml. Verteilung der Bev. ist sehr unterschiedlich. Die am dichtesten besiedelten, am stärksten verstädterten und industrialisierten Gebiete konzentrieren sich in einer europ. Kernzone, die sich von Mittelengland mit London über NO-Frankreich mit Paris, die Niederlande mit der Randstad, Belgien, Luxemburg, das Ruhr- und Oberrheingebiet über die Schweiz bis nach N-Italien erstreckt. Mit Ausnahme der flächenmäßig kleinen Länder (Vatikanstadt, Monaco, San Marino, Malta) haben die Niederlande (357 Ew. je km^2) und Belgien (341 Ew. je km^2) die höchsten Ew.-Dichten. Bes. in den Industriegebieten Dtl.s, der Niederlande, Belgiens, Frankreichs, Englands und N-Italiens treten Ballungsräume hervor, die eine Bev.-Dichte von rd. 1 000 Ew. je km^2 aufweisen (→ Ballungsgebiet). Am dünnsten besiedelt ist Island (2 Ew. je km^2). Nur noch wenige Staaten E.s weisen eine positive natürl. Bev.-Entwicklung auf (2000: Albanien +1,1%, Island +0,9%, Irland +0,6%), über die Hälfte hat eine stagnierende oder negative Entwicklung (Dtl. −0,2%, Italien −0,1%); insbes. die ehemaligen sozialist. Staaten Ost-E.s zeichnen sich durch negative Entwicklung aus (Russland −0,6%, Ukraine −0,6%, Bulgarien −0,5%).

Zu den *Bevölkerungsbewegungen* in der Neuzeit gehören die Flucht von Hugenotten v. a. in die Mark Brandenburg, nach Hessen und in andere dt. Kleinstaaten sowie von Salzburger Protestanten nach Ostpreußen. Bis in das 20. Jh. hielt die → Auswanderung aus den übervölkerten Ländern E.s in die neu erschlossenen Überseegebiete (bes. nach Nord- und Südamerika) an. Mit der Industrialisierung ergaben sich neue Bev.-Wanderungen, z. B. aus Polen ins Ruhrgebiet und von S- nach N-Italien. Die beiden Weltkriege und deren Folgen zwangen viele Menschen, ihre Heimat aufzugeben. So kam es nach 1920 zw. Griechenland, der Türkei und Bulgarien zu einem erzwungenen Bev.-Austausch von etwa 2 Mio. Menschen.

Zw. 1933 und 1945 wurden über 5 Mio. Juden in Dtl. und in den während des Zweiten Weltkriegs von Deutschen besetzten Gebieten vernichtet oder vertrieben. Über 300 000 Juden wanderten nach dem Krieg nach Israel aus. Ende des Zweiten Weltkriegs und in der Zeit danach kam es zur → Vertreibung von 11,958 Mio. Deutschen aus den ehemaligen dt. Ostgebieten und den angrenzenden Staaten des östl. Mittel-E. sowie Ost- und Südost-E.s. Zugleich wanderten etwa 5 Mio. Polen aus den an die UdSSR gefallenen ostpoln. Gebieten in die ehemals dt. Provinzen ein. Erhebliche, z. T. zwangsweise Umsiedlungen gab es auch in der UdSSR (2 Mio. Ukrainer und Weißrussen gelangten in die ehemals poln. Gebiete oder nach Sibirien). Aus den ehemals finn. Gebieten wurden über 400 000 Menschen nach Finnland, aus den balt. Ländern Esten, Letten und Litauer nach Innerrussland umgesiedelt. Innerhalb Dtl.s gab es bis zum 13. 8. 1961 (Bau der Berliner Mauer) eine Ost-West-Wanderung: Über 3 Mio. Menschen kamen aus dem Gebiet der DDR in das der BRD.

Die Entlassung der einstigen Kolonien in die Unabhängigkeit veranlasste nach dem Zweiten Weltkrieg etwa 300 000 Niederländer in Indonesien zur Rückkehr in die Niederlande und 1,5 Mio. Franzosen zum Verlassen N-Afrikas. Außerdem setzte eine beträchtl. Einwanderung von Nichteuropäern aus Übersee ein. So gelangten z. B. nach Großbritannien etwa 620 000 Personen aus der Karibik, etwa 430 000 aus Indien, etwa 240 000 aus Pakistan, etwa 180 000 Menschen asiat. Herkunft aus Afrika und 110 000 Schwarzafrikaner.

Seit Ende der 1950er-Jahre spielen in der Bev.-Zusammensetzung einiger westl. Industriestaaten E.s auch die ausländ. Arbeitnehmer eine Rolle. Im westen Dtl. leben ca. 5,5 Mio. Ausländer. Die Zuwanderung Asylsuchender wurde gesetzlich eingeschränkt; Dtl. nahm darüber hinaus eine große Zahl von Spätaussiedlern aus Ost-E., insbes. aus Russland auf (seit Ende der 1980er-Jahre rd. 2 Mio.). Bedeutende Wanderungen verursachten die Auflösung der Sowjetunion (insgesamt rd. 5 Mio. Personen) und die gewaltsame Vertreibung und Umsiedlung im ehem. Jugoslawien. Derzeit wandern durchschnittlich 850 000 Menschen pro Jahr ins westl. E. ein.

RELIGION

Die in E. vorherrschende Religion ist das Christentum; die Christianisierung E.s war im Wesentlichen Ende des 1. Jt. abgeschlossen (→ Mission). Die islam. Gemeindegründungen in E. haben ihre Wurzeln in der osman. Eroberung Südost-E.s im 14.–16. Jh. und in der Migration aus islam. Ländern seit der zweiten Hälfte des 20. Jh. – In religionsstatist. Gesamtschau, erstellt auf der Basis offizieller (kirchl. und staatl.) statist. Erhebungen, religionsstatist. Hochrechnungen und Schätzungen sowie persönl. Angaben in Umfragen ergibt sich folgende gegenwärtige Religions- und Konfessionsverteilung: Etwa 80% der Bev. E.s (einschließlich Russland) bekennen sich zum *Christentum* (davon rd. 51% Katholiken, rd. 28% Orthodoxe, rd. 16% Protestanten [v. a. Lutheraner und Reformierte], rd. 5% Anglikaner). Katholiken bilden die Bev.-Mehrheit bzw. zahlenmäßig die größte Konfessionsgemeinschaft in Süd-E., in einigen Staaten West-E.s (Belgien, Frankreich, Luxemburg, Irland), in Kroatien, Litauen, Polen, Österreich, Slowenien, in der Slowak. Rep., der Tschech. Rep. und in Ungarn; Lutheraner in Nord-E.; orth. Christen in Südost- und Ost-E. Konfessionell gemischte Bev. mit jeweils (gleich) großen kath. und prot. Konfessionsanteilen haben Dtl., die Niederlande, Lettland und die Schweiz. – Die zahlenmäßig zweitgrößte Religionsgemeinschaft, rd. 4,6 % der europ. Bev. umfassend, ist der Islam. Muslime bilden die Bev.-Mehrheit in Albanien und in Bosnien und Herzegowina; Länder mit geschichtlich verwurzelten muslim. Bev.-Gruppen sind Makedonien (25–30 %), die Föderation Serbien und Montenegro (rd. 17 %; v. a. im Kosovo), Bulgarien (rd. 10 %), Russland (rd. 8 %), Griechenland (rd. 1,4 %) und Rumänien (rd. 1 %). Die zahlenmäßig größten durch Migration entstandenen islam. Gemeinschaften bestehen in Frankreich, Dtl. und Großbritannien. – Von den rd. 1,77 Mio. europ. Juden leben rd. 600 000 in Frankreich, rd. 300 000 in Russland, rd. 280 000 in Großbritannien, rd. 180 000 in der Ukraine und rd. 100 000 in Deutschland. – Weitere nichtchristl. religiöse Minderheiten bilden die (hochgerechnet) jeweils bis zu eine Mio. Hindus (größte Gruppen in Großbritannien und in den Niederlanden) und Buddhisten, die rd. 239 000 Sikhs (fast ausschließlich in Großbritannien) und die rd. 130 000 Bahais. Etwa 15 % der Europäer sind konfessionslos, worunter sich eine Minderheit als Atheisten bezeichnet.

SPRACHEN

Die in E. (bis zum Ural, einschließlich des Kaukasusgebiets) gesprochenen Sprachen gehören überwiegend (zu rd. 95 %) der indogerm. Sprachfamilie an, v. a. den großen Gruppen der →germanischen Sprachen, der aus dem Lateinischen hervorgegangenen →romanischen Sprachen und der →slawischen Sprachen. Zu den indogerman. Sprachen zählen auch die →albanische Sprache, das Griechische (→griechische Sprache, →neugriechische Sprache), die →keltischen Sprachen, die →baltischen Sprachen, das Armenische (→) die →jiddische Sprache und das →Romani. In E. gesprochene Sprachen nichtindogerm. Ursprungs sind das Baskische (→baskische Sprache), die →finnougrischen Sprachen, das Samojedische (→Samojeden), die →Turksprachen, die →kaukasischen Sprachen, das zu den →mongolischen Sprachen zählende Kalmückische sowie das →Maltesische. Trotz ihrer Verschiedenheit und Zugehörigkeit teils zu den flektierenden Sprachen, teils zu den agglutinierenden Sprachen ist allg. eine Tendenz zum analyt. Sprachbau festzustellen.

WIRTSCHAFT

Die wirtschaftl. Gesamtentwicklung E.s beruht auf einer seit Jahrhunderten gewachsenen Wirtschaftsstruktur mit intensiver Landwirtschaft, industrieller Produktion, Ausbau des Dienstleistungsbereichs und weit reichenden internat. Handelsbeziehungen. Der Wiederaufbau West-Dtl.s nach dem Zweiten Weltkrieg mithilfe des Marshallplans und seiner Kapitalzuflüsse wurde unterstützt durch die Liberalisierung des europ. Handels, was zu einem starken Wirtschaftsaufschwung führte. Die wirtschaftl. Zusammenarbeit in Teilen E.s wurde verstärkt durch die Gründung der →Europäischen Gemeinschaft für Kohle und Stahl, der →Europäischen Wirtschaftsgemeinschaft und der →Europäischen Freihandelsassoziation sowie der →Organisation für wirtschaftliche Zusammenarbeit und Entwicklung. Mit dem Vertrag von Maastricht über die →Europäische Union wurde die Grundlage für weitere Integrationsschritte (u. a. Europäische Raumordnungspolitik) und eine gemeinsame Währung (→Euro) gelegt. Die ehemals sozialist. Staaten Ostmittel- und Ost-E.s arbeiteten 1949–91 im →Rat für gegenseitige Wirtschaftshilfe zusammen. Der Zusammenarbeit zw. West und Ost dient seit 1947 die Wirtschaftskommission für E. der Vereinten Nationen. E. ist neben Nordamerika und Ostasien die wichtigste Wirtschaftsregion der Erde.

Der Anteil von Industrie und Bauwirtschaft am Bruttoinlandsprodukt (BIP) liegt in den europ. Staaten zw. 20 und 40 %, des Dienstleistungssektors in allen Staaten über 40 %, der des vor 1990 marktwirtschaftlich orientierten, westl. Wirtschaftsraumes (außer Norwegen) über 60 % (höchster Anteil in Luxemburg mit fast 80 %). Der Anteil der Landwirtschaft am BIP liegt in fast allen Staaten E.s unter 15 %, in den west- und mitteleurop. Industrieländern deutlich unter 5 % (Dtl. sowie Großbritannien und Nordirland 1 %). Die höchsten Anteile haben Moldawien (24 %) und Albanien (34 %). In fast allen ehemaligen sozialist. Staaten ist der Anteil von primärem und sekundärem Sektor am BIP überdurchschnittlich höher als in den übrigen Staaten.

Die Landwirtschaft E.s ist insgesamt hoch entwickelt (hoher Mechanisierungsgrad, hohe Arbeitsproduktivität), allerdings mit großen regionalen Unterschieden (geringerer Entwicklungsstand in vielen ehemaligen sozialist. Staaten). Der Anteil der landwirtschaftl. genutzten Fläche an der Gesamtfläche (rd. 30 %; rd. 40 % sind Wald) ist aufgrund agrarpolit. Maßnahmen und Folgen der Transformation rückläufig. Die Betriebsgrößen differieren als Folge unterschiedlicher histor. Entwicklungen (z. B. Gutswirtschaft in den südl. Anrainergebieten der Ostsee, Latifundienwirtschaft in S-Italien, kleinbäuerl. Wirtschaft in großen Teilen der europ. Mittelmeerländer) ebenso wie die v. a. durch unterschiedl. Standortvoraussetzungen bedingten Betriebsstrukturen, die von Gemischtbetrieben mit Ackerbau und Viehhaltung bis zu hoch spezialisierten Betrieben reichen. Der Privatbesitz wurde in den sozialist. Staaten größtenteils in Kollektivbesitz (landwirtschaftl. Produktionsgenossenschaften, staats- bzw. volkseigene Güter, Sowchosen) umgewandelt. Im Zuge der polit. Veränderungen 1989/90 kam es zur Restrukturierung (Transformation) in unterschiedl. Betriebsformen. Die Art der landwirtschaftl. Bodennutzung hängt ab von Klima, Bodenart, Lage zu den Märkten und staatl. sowie überstaatl. Subventionspolitik. Der Ackerbau zeigt grob eine zonale Anordnung: Nördlich des 60. Breitengrades spielt er nur an begünstigten Stellen eine Rolle; hier dominiert Waldwirtschaft. Im S schließt sich eine breite Zone mit Anbau von Getreide, Hack- und Futterfrüchten (Gerste, Weizen, Roggen, Hafer, Kartoffeln, Rüben, Mais) an. In klimatisch begünstigten Gebieten spielen Spezialkulturen (Wein, Gemüse) eine Rolle. Die mediterrane Landwirtschaft ist gekennzeichnet durch Baum- und Strauchkulturen (Oliven, Agrumen, Wein, Korkeichen), Anbau von Industriepflanzen (Baumwolle, Tabak) und Bewässerungswirtschaft. Kulturen unter Glas oder Folie finden immer weitere Verbreitung. In den bes. graswüchsigen Regionen des nordwestl. E.s und der Gebirge dominiert Rinderhaltung, in den Gebirgen Süd-E.s und der stark ozeanisch geprägten Gebirge Nordwest-E.s Schaf- und Ziegenhaltung, in der Tundra und nördl. Taiga Rentierhaltung; intensive Schweinezucht, v. a. in der Nähe der großen Ballungsräume.

Forstwirtschaft Trotz Waldverwüstung in Süd-E. seit Jahrtausenden und der schon jahrhundertealten Waldnutzung in Mittel- und West-E. erlauben die noch immer großen Waldreserven eine forstwirtschaftl. Nutzung. Die Grundlage bilden nicht nur die

Gebirgswälder im zentralen Teil E.s, sondern v. a. die große nördl. Waldzone in Skandinavien und N-Russland, wo sich viele Betriebe der Holz- und Zellstoffindustrie ansiedelten. In allen Ländern, auch in den waldarmen südl. Gebieten, wird die Wiederaufforstung intensiv betrieben. Ein ungelöstes Problem stellen die durch Umweltbelastungen hervorgerufenen Waldschäden dar.

Die Fischerei wird im Wesentlichen als Seefischerei betrieben, und zwar in Nordsee und N-Atlantik bis Island und zum Nordpolarmeer (v. a. Hering, Kabeljau, Schellfisch, Rotbarsch, Makrele), in der Ostsee (Hering, Flunder) sowie vor den Küsten des Mittelmeeres (Thunfisch, Sardine) und des Schwarzen Meeres (Stör). Größte Fischfangnationen E.s sind Norwegen, Dänemark, Island und Spanien. Die Situation einzelner Fischbestände, insbes. in Nord- und Ostsee, ist kritisch.

Die Bodenschätze E.s werden z. T. schon seit dem Altertum genutzt. Viele Lager sind inzwischen erschöpft oder von außereurop. Vorkommen in ihrer Bedeutung überholt worden, so bei Zinn, Gold, Silber und Kupfer. Groß sind noch die Steinkohlenlager in England, N-Spanien, in Dtl. (Saarland, Ruhrgebiet), Polen (Oberschlesien) und der Ukraine (→Donez-Steinkohlenbecken). Sie werden ergänzt durch reiche Braunkohlelager, u. a. in Dtl., Polen, Tschechien und Russland. Größere Eisenerzlager befinden sich in N-Schweden, England, S-Russland und N-Spanien. Die Kohleförderung im westl. E. musste infolge der Konkurrenz auf dem Weltmarkt (Kohleimporte aus Australien, Kanada, Südafrika, Nordamerika, Polen, Russland; Einfuhr von Erdöl) eingeschränkt werden. Zechenstilllegungen führten und führen in vielen Revieren zu erheblichen wirtschaftl. Anpassungsproblemen. Auch die Eisenerzlager gestatten meist keine rentable Förderung mehr, da Erze mit höherem Eisengehalt aus Übersee billiger importiert werden können. Weitere wichtige Bodenschätze sind Kalisalze (Dtl., Frankreich), Quecksilbererz (Spanien, Italien), Bauxit (Griechenland, Bosnien und Herzegowina, Ungarn), Kupfererze (Schweden, Irland, Spanien, Mazedonien, Polen), Blei-Zink-Erze (Polen, Russland, Föderation Serbien und Montenegro, Skandinavien), Nickelerze (Skandinavien, Russland [Kola-Halbinsel, Ural]), Manganerz (Ukraine), Wolframerz (Portugal), Chromerz (Albanien, Finnland), Magnesit (Österreich), Kobalterz (Finnland) sowie kleinere Mengen an Uranerz (Ukraine, Tschechien, Rumänien). Die Buntmetallverhüttung beruht heute vorwiegend auf eingeführten überseeischen Erzen. Die wichtigsten Erdölvorkommen besitzen Norwegen, Großbritannien und Russland; die Gewinnung in Dtl., Österreich u. a. Ländern spielt dagegen eine untergeordnete Rolle. E. verfügt auch über größere Erdgasvorräte, bes. in Italien, der Ukraine, Frankreich, in den Niederlanden und Nordwest-Dtl. sowie im Bereich der Nordsee.

Energiewirtschaft Trotz eines starken Anstiegs der Förderung von Erdöl und -gas in Großbritannien, Norwegen und den Niederlanden übersteigt der Energieverbrauch v. a. im westl. E. die Eigenproduktion. Rohöl und Erdgas werden u. a. aus dem Nahostländern, Mittelamerika und Russland (Westsibirien) eingeführt. Als Energiebasis dienen trotz des verstärkten Einsatzes von Kernkraftwerken die Steinkohlevorräte, die etwa 600 Mrd. t betragen. In den Hochgebirgen (Alpen, Pyrenäen) werden die Wasserkräfte für die Stromerzeugung genutzt. Der Anteil der Kernenergie an der Stromerzeugung ist in den Staaten E.s ebenso unterschiedlich (Spitzenreiter Frankreich mit fast 75 %) wie der von Wasserkraft (Spitzenreiter Norwegen mit fast 100 %). Rohrleitungssysteme für Erdöl und Erdgas (u. a. von Russland nach Mittel- und Südost-E., den Niederlanden nach Dtl. und Frankreich) sorgen für die Verfügbarkeit dieser Energien in vielen Teilen E.s. Verbundsysteme für Strom schaffen und sichern ein ausgedehntes Versorgungsnetz. Die Öl- und Gasvorräte des Kasp. Beckens gelten als Ressourcen von strateg. Bedeutung für die Energieversorgungssicherheit der EU, weshalb im Rahmen von EU-Projekten der Ausbau und die Modernisierung von Energieverbundnetzen in diesem Raum gefördert werden. Der Anteil an erneuerbaren Energien wächst langsam.

Industrie E. zählt neben Nordamerika und Japan zu den wichtigsten Industrieregionen der Erde. Die Standorte industrieller Produktion wurden von den wirtschaftl. Gegebenheiten in den einzelnen europ. Ländern bestimmt, sodass sich auf der Basis der vorhandenen Rohstoffe, der Arbeitskraftreserven und der Verbrauchskraft in den versch. Volkswirtschaften unabhängige Industriezentren entwickelten. Diese nat. Reviere verschmolzen schließlich bei ständig zunehmender Arbeitsteilung zu einem Kerngebiet, das seitdem die Weltwirtschaft über Jahrzehnte in ihrer Entwicklung bestimmte. Auf der Grundlage von Kohle und Eisen entstanden Zentren der Grundstoffindustrie. Kerngebiet ist die hoch industrialisierte Zone, die sich von Großbritannien über N- und O-Frankreich, die Beneluxländer, West-, Süd- und Mittel-Dtl. sowie die N-Schweiz nach Böhmen und S-Polen erstreckt, mit weiteren Schwerpunkten in N-Spanien, Mittelfrankreich, N-Italien und Mittelschweden. In Ost-E. entstanden Industrieballungen im Moskauer Zentralraum, im Donezbecken und im S-Ural. Zentren für die Verarbeitungs- und Konsumgüterindustrie bildeten sich bei den großen Verbrauchsgebieten wie London, dem Pariser Becken, dem Rhein-Main-Neckar-Gebiet, dem oberital. Raum, Berlin und dem mitteldt. Industriegebiet sowie im Raum von Moskau. Die nach dem Zweiten Weltkrieg in erhebl. Umfang erweiterte Eisen- und Stahlproduktion erfuhr aufgrund der asiat. Konkurrenz zunehmend eine Rationalisierung und zugleich Spezialisierung. Einen großen Aufschwung nahm die chem. Industrie mit den versch. Formen der Kunststoffherstellung und -verarbeitung. In der Verarbeitungsindustrie sind alle Sparten von der Metall-, Maschinenbau- und Elektroindustrie bis zur Textil- und sonstigen Konsumgüterindustrie vertreten. Die Kraftfahrzeugherstellung, Elektrotechnik und Investitionsgüterproduktion nehmen innerhalb der Industrieproduktion eine wichtige Stellung ein. Die Hauptproduzenten sind Dtl., Großbritannien, Frankreich und Italien. Die Produktion von elektrotechn. und elektron. Anlagen steht ebenfalls auf einem hohen Stand.

Außenwirtschaft E. (einschließlich der Nachfolgestaaten der UdSSR) ist mit über 40 % am Welthandel beteiligt (Importanteil: 43,6 %; Exportanteil: 46,5 %). Dieser hohe Anteil wird v. a. durch den intensiven Handel innerhalb der westl. Länder bestimmt. Herausragende Warengruppen im Handel mit Ländern außerhalb E.s sind Maschinen, Fahrzeuge und bearbeitete Waren (Metalle, Holz, Glas, Textilien, andere Konsumgüter). Darüber hinaus spielen Dienstleistungen (Geldverkehr u. a.) in der globalisierten Wirtschaft eine große Rolle. Der Handel mit Entwicklungsländern beruht noch zu einem großen Teil auf der Einfuhr von Rohstoffen und der Ausfuhr von Fertigwaren, bes. Maschinen und Kraftfahrzeugen. Nach den Jahren der schwierigen marktwirtschaftl. Transformation der ehemals sozialist. Volkswirtschaften Ostmittel- und Ost-E.s tätigen westeurop. und internat. Unternehmen aufgrund der guten Standortbedingungen (z. B. niedrige Lohnkosten bei hoher Qualifikation der Arbeitskräfte) zunehmend Industrieinvestitionen in diesen Ländern, nicht nur im Fertigungsbereich, sondern im wachsenden Maße auch im forschungs- und technologieintensiven Sektor.

VERKEHR

Im Binnenverkehr wirkte die räuml. Verteilung der Ballungszentren bestimmend auf die Gestaltung der Verkehrsnetze ein.

Die Eisenbahn ist noch immer ein wichtiger Verkehrsträger, wird im Güterverkehr allerdings vom LKW-Verkehr weit übertroffen. Neben dem Abbau von Nebenlinien im Zuge von Rationalisierungsmaßnahmen gibt es Neubauten nur noch in Randgebieten und bei der Trassierung für Hochgeschwindigkeitszüge. Innereurop. Fahrplankonferenzen stimmen die nat. Fahrpläne ab. Die Zusammenarbeit im Personen- und Güterverkehr wird durch die gemeinsame Nutzung von Güterwagen ergänzt. Der Containerverkehr u. a. Spezialverkehre gewinnen immer mehr an Bedeutung.

Die Binnenschifffahrt ist v. a. für Massengüter wichtig. Ihr Zentrum ist der Rhein mit der Verbindung nach Rotterdam, Antwerpen, Amsterdam. Den Anschluss an das mitteleurop. Netz bringt der Mittellandkanal, an das lothring. Industriegebiet der Moselkanal. Der Rhein-Main-Donau-Großschifffahrtsweg stellt eine Verbindung zum südosteurop. Wasserstraßensystem her.

Das Kraftfahrzeug hat eine überragende Stellung als Verkehrsträger. Die Verkehrsdichte ist bes. im Westen hoch. Das Straßennetz wird ständig erweitert, das Europastraßennetz ausgebaut. Wichtige Verkehrsverbindungen wurden geschaffen (Montblanc- und Felbertauerntunnel, Oosterschelde- und Fehmarnsundbrücke, Europabrücke der Brennerautobahn, Eurotunnel, Beltbrücke, Öresundverbindung).

Der Seeschifffahrt bieten die buchtenreichen Küsten mit günstigen Wassertiefen sehr gute Voraussetzungen, sodass sich E. einen zentralen Platz im interkontinentalen Schiffsverkehr erhalten kann. Eine Reihe von Seehäfen bilden die Knotenpunkte zum festländ. Verkehr, wobei die dem industriellen Kerngebiet am nächsten gelegenen Häfen die verkehrsreichsten sind (z. B. Rotterdam, Hamburg, Antwerpen, London, Liverpool, Bremen). Wichtige Häfen am Mittelmeer sind Genua, Marseille, Barcelona und Piräus, am Schwarzen Meer Odessa und Warna. Eine wichtige Verbindung zw. Nord- und Ostsee für Seeschiffe stellt der Nord-Ostsee-Kanal (Kiel-Kanal) dar. Eine herausragende Rolle in der Handelsschifffahrt spielen in E. Großbritannien, Griechenland und Norwegen (→Handelsflotte).

Auch in der Luftfahrt weist der mittel- und westeurop. Raum die größte Netzdichte auf. London, Paris, Frankfurt am Main und Zürich sind wichtige Knotenpunkte des kontinentalen und interkontinentalen Luftverkehrs. Größte wirtschaftl. Bedeutung kommt dem Nordamerikaverkehr zu.

GESCHICHTE

Zu den Zeiträumen der Vorgeschichte →Altsteinzeit, →Bronzezeit, →Eisenzeit, →Jungsteinzeit, →Mittelsteinzeit; zur Vorgeschichte der europ. Großräume →Britische Inseln, →Iberische Halbinsel, →Mitteleuropa, →Mittelmeerraum, →Nordeuropa, →Osteuropa, →Südosteuropa, →Westeuropa.

Antike Grundlagen

Der etymologisch nicht zweifelsfrei gedeutete Name E., griechisch-semit. Ursprungs, bezeichnete zu HOMERS Zeit das mittlere Griechenland. Später begegnet er in Makedonien und Thrakien als Orts- und Gebietsbezeichnung (bis zum Ausgang der Antike; seit DIOKLETIAN hieß eine Provinz der thrak. Diözese E.). Der Geograf HEKATAIOS VON MILET kannte jedoch im 6. Jh. v. Chr. bereits die beiden Erdteile Asien und E. Bei HERODOT findet sich dann die Dreiteilung der Erde in Asien, E. und Libyen (= Afrika). Die Kenntnis von E. war zunächst im Wesentlichen auf die Balkanhalbinsel, die europ. Schwarzmeerküste und im Westen auf das griech. Kolonisationsgebiet (Sizilien, Italien, die gall. und span. Mittelmeerküste) beschränkt. Mittel- und Nord-E. waren HERODOT noch weitgehend unbekannt. Erst in der Zeit des Hellenismus wurden durch die Nordfahrt des PYTHEAS VON MASSALIA (um 300 v. Chr.) und das Werk des Geografen ERATOSTHENES VON KYRENE (3. Jh. v. Chr.) auch diese Bereiche in das geograf. Weltbild einbezogen. In röm. Zeit ist dann allmählich das ganze europ. Festland, einschließlich Skandinaviens und Finnlands, umrisshaft bekannt geworden.

Zu einer ersten Politisierung des Begriffs E. kam es in Auseinandersetzung mit dem Weltherrschaftsanspruch der Perserkönige DAREIOS I. und XERXES I., die neben Asien auch E. ihrer Herrschaft unterwerfen wollten. Den Abwehrerfolg der Griechen erklärten antike Autoren u. a. durch die Theorie der klimatisch bedingten Überlegenheit der Bewohner E.s über die Asiaten, die auch als geistig-moralische verstanden wurde (Schrift des PSEUDO-HIPPOKRATES über die Umwelt, ARISTOTELES). Der Gegensatz zw. E. und Asien wurde im 4. Jh. v. Chr. auch von ISOKRATES und seinen Schülern herausgestellt, trat aber nach der Eroberung Asiens durch ALEXANDER D. GR. wieder in den Hintergrund. Auch in der Geschichte des republikan. Rom spielte er keine wesentl. Rolle. Die Römer übernahmen zwar von ALEXANDER und seinen Nachfolgern den Anspruch auf die Weltherrschaft, die als Herrschaft über Asien, Afrika und E. verstanden wurde (so bei POMPEIUS), doch erst durch CAESAR (Eroberung Galliens) und AUGUSTUS (Unterwerfung NW-Spaniens, der Alpen und des Alpenvorlandes sowie der Donauprovinzen) wurde das Röm. Reich in E. zu einer zusammenhängenden Landmasse, sodass den östl. Provinzen Roms im W und N ein Block röm. Gebiets gegenübertrat, der an Umfang die asiat. Reichsteile deutlich übertraf, erst recht, nachdem die Kaiser CLAUDIUS und TRAJAN dem Reich auch noch Britannien (seit 43 n. Chr.) und Dakien (106), das heutige Rumänien, hinzugefügt hatten. Durch eine großzügige Bürgerrechts- und Urbanisierungspolitik wurden die neu erworbenen europ. Provinzen zudem der lat. Sprache und Zivilisation sehr viel stärker erschlossen als der griechisch geprägte Osten. Zugleich wurden dadurch wesentl. Grundlagen für die weitere Entwicklung E.s und seiner Stadtkultur gelegt. Als Folge der röm. Eroberungen finden sich in augusteisch-frühtiberischer Zeit bei dem Historiker LIVIUS, dem Geografen STRABO und dem Dichter MANILIUS Ansätze eines europ. Bewusstseins. Diese wurden jedoch wieder überdeckt durch die Ausgestaltung des

Reichsgedankens, der die Einheit der Asien, Afrika und E. umspannenden röm. Welt betonte. Auch durch die Reichsteilungen in der Spätantike erfuhr der E.-Gedanke keine nachhaltige Belebung, da der lat. Westen neben E. auch Afrika umfasste und zum griech. Osten mit der neuen Hauptstadt Konstantinopel (Byzanz) auch Teile von E. gehörten. Erst in der Völkerwanderungszeit begegnet in außerröm. Quellen häufiger der Begriff E. für die nordalpinen Gebiete, in denen sich damals bereits von Rom unabhängige Germanenstaaten gebildet hatten. Und die Gefolgsleute KARL MARTELLS, des Siegers von Poitiers (732) über die Araber, sollten auch erstmals als »Europäer« bezeichnet werden. (→Griechenland, Geschichte, →hellenistische Staatenwelt, →römische Geschichte, →Römisches Reich)

Frühmittelalter
Neue Ordnungen nach dem Verfall der Antike (500–800)
Durch die Germanen und später die Araber des Kalifenreiches wurde die Kultureinheit der antiken Welt zerbrochen. Das Mittelmeer büßte seine verbindende Funktion ein. In West-Ost-Richtung hielten sich vorerst die kulturell-geistigen Beziehungen der drei Halbinseln Süd-E.s dank des spätantik geprägten Christentums der römisch-griech. Bev., die politischen durch die wenigstens teilweise Wiederherstellung der Oberhoheit des (Oströmisch-)Byzantin. Reiches in Spanien und Italien unter Kaiser JUSTINIAN I. (527–565). Die span. Stützpunkte gingen bald verloren, in Italien konnten Teile behauptet werden. Hier traten jedoch die Päpste stellvertretend und in eigenem Interesse an die Stelle der Exarchen, v. a. mit GREGOR I., der auch einen geistigen Neubeginn einleitete. Erst im 8. Jh. vollzogen die Päpste auch die polit. Abkehr von Byzanz und die Hinwendung zum westl., germanisch bestimmten Europa.

Das germanisch besiedelte Nord-E., der baltisch-finn. Raum und die Gebiete der Slawen, die nach Abzug der Germanen im 5. und 6. Jh. westlich bis zur Linie Elbe–Saale–Ostalpen vorrückten, blieben im vor- und frühgeschichtl. Status. Teile der Germanen aber gerieten in den Bann der römisch-antiken Kulturwelt, zeitweise in Konfrontation mit dieser und mit dem Christentum oder als Anhänger des Arianismus mit dem Katholizismus der Einheimischen. Im westgot. Reich in Spanien formten sich manche Wesenszüge der für das MA. charakterist. engen Verbindung von Antike, Germanentum und Christentum früh aus (→ISIDOR VON SEVILLA), doch wurde diese Entwicklung durch den Arabereinbruch 711 jäh abgeschnitten; der Großteil der Iber. Halbinsel war danach für Jahrhunderte ein islamisch beherrschter fremder Teil E.s. Die eigentl. Wegbereiter des abendländ. MA. wurden die Franken, die im späten 5. Jh. und frühen 6. Jh. das röm. Gallien unterwarfen, jedoch den Anschluss an ihr Stammland am Niederrhein hielten und auch nach dem german. Mittel-E. ausgriffen, sodass sich trotz des kulturellen Übergewichts des Westens ein fruchtbares Miteinander von Romanen und Germanen entfalten konnte. Vorher empfing das Fränk. Reich jedoch noch durch die iroschott. und die angelsächs. Mission richtungweisende Entwicklungsanstöße. Im kelt. Irland, das weder dem Röm. Reich zugehört hatte noch je von Germanen besetzt war, hatten sich eine bes. intensive Christlichkeit und eine auf antikem Bildungsgut aufbauende selbstständige Kultur entfaltet. Die im 5. Jh. in Britannien eingewan-

Europa im späten 6. Jh.

derten Angelsachsen andererseits waren als einziges german. Volk direkt von Rom missioniert worden. Vertiefte Religiosität und Romverbundenheit (BONIFATIUS) wurden der Kirche des Fränk. Reiches vermittelt, das so unter PIPPIN D. J. in jenes enge Bündnis mit der röm. Kirche eintreten konnte, das für das mittelalterl. Reich bestimmend wurde, als KARL D. GR. am Weihnachtstag des Jahres 800 durch Krönung zum Kaiser erlangte. (→Fränkisches Reich)

Konsolidierung Europas in zwei großen Kulturkreisen (800–1050)
Mit dem Reich KARLS D. GR., z. T. »Regnum Europae« gen., war eine große, den Kern West-E.s umfassende polit. Einheit und Hegemonialstellung geschaffen worden. KARL wurde gelegentlich als »Vater E.s« (»Pater Europae«) gefeiert, doch führte gerade die Erneuerung des weström. Imperiums (»Renovatio Imperii Romanorum«, »Translatio Imperii«) im fränkisch-röm. Reich dazu, dass der →Europagedanke hinter den zentralen Begriffen »Reich« und »Kaisertum«, ferner →Abendland zurücktrat. Der Einfluss des Fränk. Reiches überdauerte zunächst auch den Zerfall in den Reichsteilungen 843–880, da die Zueinanderordnung der Nachfolgestaaten – Westfränk. und Ostfränk. Reich, Königreich Burgund und die Teilherrschaften in Italien – noch lange lebendig blieb. Durch den Anschluss Italiens (951/962) und Burgunds (1033/34) an den Machtbereich des dt. Regnums, in den für etwa ein Jahrhundert auch das geschwächte Papsttum einbezogen war, wurden die karoling. Nachfolgestaaten auf zwei reduziert: Dtl. und Frankreich. OTTO I., D. GR., leitete 962 durch die Verbindung der röm. Kaiserwürde mit dem Königtum im dt. Regnum, die auf die Erneuerung der Reichsidee KARLS D. GR. abzielte, eine polit. Vormachtstellung des (Hl.) Röm. Reiches in E. ein – ein Konzept, über das sich das umfassend europäisch gedachte, aber nicht realisierbare Konzept Kaiser OTTOS III. (→Renovatio Imperii Romanorum) hinauszuheben suchte.

Das Byzantin. Reich verstand sich noch immer als Verteidiger und Repräsentant der alten Ordnung des Imperium Romanum; zwar hatte es 812 das Kaisertum KARLS D. GR. formell anerkannt, aber der Primatanspruch der röm. Päpste wurde zunehmend als Herausforderung empfunden. Die unter byzantin. Herrschaft gezwungenen Balkanslawen machten sich selbstständig, wobei ihr Übertritt zum Christentum der staatl. Konsolidierung diente. Endgültig blieben jedoch v. a. die Bulgaren kirchlich Konstantinopel zugeordnet. Auf der Höhe der 1. bulgar. Reichsbildung im 10. Jh. forderten sie jedoch Byzanz zum Kampf um die Vorherrschaft in Südost-E. heraus. Unter Kaiser BASILEIOS II. erlangte Byzanz bis 1025 infolge seiner strukturellen staatl. Neuorganisation und Ausdehnung byzantin. Einflusses bis in die Randzone der Adria noch einmal Weltgeltung.

Noch gab es bis dahin ein drittes, das heidn. E. Im späten 9. Jh. brachen die Magyaren über die Karpaten in den Donau-Theiß-Raum ein. Sie durchstreiften Mittel-E., bis sie 955 in der Schlacht auf dem Lechfeld besiegt wurden. Mit dem Übergang zur Sesshaftigkeit und dem Übertritt zur röm. Kirche bauten sie ein einheitl. Staatsgebilde im pannon. Raum auf, um noch im 10. und 11. Jh. mit dem Ausgreifen Ungarns nach Kroatien und Dalmatien ein aktives Element in der weiteren geschichtl. Entwicklung Südost-E.s zu werden. Vom N her plünderten seefahrende Germanen, die →Normannen, Küsten und Flusslandschaften. Schwed. →Waräger, von ostslaw. Stämmen gerufen, drängten seit der zweiten Hälfte des 9. Jh. in Russland zur Staatsgründung (Kiewer Reich). 988/989 wurde der Kiewer Staat durch Byzanz christianisiert, wodurch Russland dem byzantin. Kultureinfluss geöffnet wurde. Um 870 setzten sich dän. Normannen in Teilen Englands fest und um 910 norwegische in der Normandie, wo sie Christen wurden. Für Skandinavien (Dänemark war seit dem späten 10. Jh., Norwegen seit etwa 1000, Schweden seit dem frühen 11. Jh. christlich) strebte Bremen ein nord. Patriarchat an; 1104 wurde jedoch das Erzbistum Lund errichtet. 1016–42 beherrschten dän. Könige England.

Während der byzantin. Osten nach wie vor den spätantiken bzw. frühbyzantin. Traditionen (Cäsaropapismus, Themenordnung) verhaftet war, bildeten sich im lat. Abendland neue gemeinsame Grundstrukturen der Herrschafts- und Sozialverhältnisse (adlige Grundherrschaft, Lehnswesen, abendländ. Ritter- und Mönchtum) ausgebildet, die auch die künftige Entwicklung des westl. E. entscheidend prägten.

Hochmittelalter
Aufbruch und Expansion im Abendland – Beharrung und Stagnation im Osten (1050–1200)
Seit der Mitte des 11. Jh. vollzog sich im abendländ. Westen E.s ein tiefgreifender Wandlungsprozess, der fast alle Lebensbereiche erfasste. Das Nachlassen der militär. Bedrohung durch die bisherigen Feinde der Christenheit (Normannen, Sarazenen) führte zu einem stetigen Bev.-Anstieg, der sich im 12. Jh. dramatisch beschleunigte und bis ins 14. Jh. hinein anhielt. Um den gestiegenen Nahrungsbedarf zu decken, wurden verbesserte Anbau- und Arbeitsmethoden (Dreifelderwirtschaft, neue Pflugtechniken) entwickelt, die, im Verein mit der Erschließung neuer Anbauflächen durch Neusiedlung und Rodung zu einer bemerkenswerten Steigerung der landwirtschaftl. Produktion führten. Die hierdurch einsetzende wirtschaftl. Dynamik erfasste auch Handwerk, Gewerbe und Handel, was wiederum zum Aufschwung der Geldwirtschaft, zum Ausbau der Verkehrswege und zur Entstehung eines dichten Netzes von Märkten und Städten führte. Motor und Voraussetzung dieses wirtschaftl. Wandlungsprozesses war eine zunehmende »horizontale« und »vertikale Mobilität« der Land-Bev., der es gelang, im Rahmen der Neusiedlungsbewegung, durch Abwanderung in die entstehenden Städte oder durch sozialen Aufstieg im Herrendienst (→Ministerialen) die archaischen Formen bodengebundener Abhängigkeit von unmittelbarer Herrengewalt zu sprengen. Mit dieser fast das gesamte lat. Abendland erfassenden Phase wachsender Dynamik ging seit Ende des 11. Jh. in Form der span. →Reconquista, der Kreuzzugsbewegung (→Kreuzzug), der Stützpunktpolitik der ital. Seestädte im östl. Mittelmeer und der Gründung des Deutschordensstaates (→Deutscher Orden) eine Ausweitung des abendländisch-europ. Kulturkreises einher. Begleitet wurde dieser Wandlungsprozess von einer religiösen Erneuerungsbewegung (Kirchenreform), die, zunächst getragen von den Reformklöstern (Cluny, Gorze, Hirsau), seit LEO IX. (1049–54) durch das Papsttum kirchenrechtlich sanktioniert wurde, wobei der Kampf gegen die Simonie (Ämterkauf) bald in der Forderung nach absoluter Freiheit der Kirche (Libertas Ecclesiae) von jeglicher weltl. Bevormundung gipfelte. In dem hierdurch ausgelösten →Investiturstreit mit dem römisch-dt. Kaisertum konnte sich die päpstl. Autorität im Grundsatz durchsetzen, wodurch die bisherigen Ordnungsvorstellungen infrage gestellt wurden: Das sakrale Charisma des Kaisers als weltl. Haupt der Christenheit war in seiner Substanz erschüttert; sein polit. Vormachtanspruch in E. wurde von den anderen christl. Königen in zunehmendem Maß bestritten. Die durch die Reformbewegung und den Investiturstreit entfachte theolog. Diskussion löste im 12. Jh. eine Blütezeit europ. Geisteslebens, die »Renaissance des 12. Jh.«, aus, deren Zentrum in Frankreich lag und die Frankreich geradezu als geistiges Haupt E.s erscheinen ließ. Die Beschäftigung mit der antiken Literatur führte zu einer neuen wiss. Methodik, zur Differenzierung von Philosophie und Theologie und damit zu einer Erschütterung des bisher so geschlossen erscheinenden Weltbildes (Dialektik, Frühscholastik). Mit der Rezeption des ARISTOTELES, vermittelt durch das christlich-arab. Spanien (→Aristotelismus), erhielt die abendländ. Philosophie neue Impulse; in Paris und Bologna wurden die ersten Univ. gegründet.

Demgegenüber ging der byzantin. Osten E.s andere Wege. Nach wie vor eingebunden in die antike Tradition des röm. Kaiserreiches und in dauernde Abwehrkämpfe verstrickt, wurde dieser Teil E.s zwar von den demograf. und wirtschaftl. Herausforderungen, die den Westen prägten, verschont, doch entfielen damit auch die Voraussetzungen für die dynam. Stoßkraft eines alle Lebensbereiche erfassenden Neuerungs- und Wandlungsprozesses. Stattdessen dominierten hier Beharrung und Stagnation, die nach dem Tod Kaiser BASILEIOS' II. (1025) immer deutlicher krisenhafte Züge annahmen (Auflösung der Themenordnung, Niedergang von Verw. und Wirtschaft, lähmende Rivalität zw. ziviler und militär. Aristokratie).

Seit der Mitte des 11. Jh. hatten sich die polit. Verhältnisse in E. entscheidend gewandelt. Die Eroberung Englands (1066) durch den Herzog der Normandie, WILHELM DEN EROBERER, löste das Land aus den traditionellen Bindungen an die skandinav. Welt und öffnete es dem lat.-kontinentalen Kulturkreis. In Spanien führte die seit dem Beginn des 11. Jh. von den christl. Kleinkönigreichen im N ausgehende christl. Rückeroberung der maur. Gebiete in der zweiten Hälfte des 11. Jh. zu den ersten spürbaren Erfolgen (1064 Eroberung von Coimbra, 1085 von Toledo, 1090 von Tarragona). In S-Italien hatten sich seit dem frühen 11. Jh. frz. Normannen niedergelassen, denen es seit der Mitte des 11. Jh. gelang, die Byzantiner und die langobard. Fürstentümer in S-Italien sowie die Sarazenen auf Sizilien zu unterwerfen und die gewonnenen Gebiete zu einem straff organisierten Staatswesen auszubauen. Die jurisdiktionellen und dogmat. Forderungen des Reformpapsttums führten 1054 zum Morgenländischen (Oriental.) Schisma und damit zur Spaltung der westl. und östl. Kirche. Bedeutsame polit. Veränderungen im islam. Machtbereich veranlassten jedoch das byzantin. Kaiserreich gegen Ende des 11. Jh., wieder Anlehnung am westl. E. zu suchen: Aus den Steppen Mittelasiens war das Nomadenvolk der türk. Seldschuken zu einem umfassenden Angriff auf die arabisch-islam. Welt angetreten, der in kurzer Zeit zur Unterwerfung des gesamten östl. islam. Machtbereichs führte. Ein militär. Hilfeersuchen des byzantin. Kaisers an das westl. E. trug entscheidend zur Auslösung des 1. Kreuzzuges (1096–99) bei, der mit der Eroberung Jerusalems und der Errichtung mehrerer Kreuzfahrerherrschaften in Syrien und Palästina endete. Machtpolit. und wirtschaftl. Interessen führten dazu, dass der Kreuzzugsgedanke im Rahmen des 4. Kreuzzuges geradezu pervertiert wurde: Statt zur Rückeroberung des 1187 wieder an die islam. Welt gefallenen Jerusalem anzutreten, nutzte das Kreuzfahrerheer unter Führung der Seemacht Venedig Thronstreitigkeiten im byzantin. Kaiserhaus dazu, Konstantinopel zu erobern (1204) und auf byzantin. Boden ein »Lateinisches Kaiserreich«, auf der Balkanhalbinsel fränk. Herrschaften und im Ägäischen Meer ein venezian. Stützpunktsystem zu errichten.

In West-E. schuf die Vereinigung der engl. Krone mit weiten Teilen Frankreichs 1152 im →Angevinischen Reich den Stoff für einen unausweichl. Konflikt zw. den beiden Staaten. Spanien wurde im 12. Jh. durch die Königreiche (Kronen) Aragonien, Kastilien und Portugal bereits zur guten Hälfte in der Reconquista den Mauren abgerungen. Rings von christl. Königreichen umgeben, verblieben dem Imperium der →Staufer, wenn es abendländ. Geltung anstrebte, nur Diplomatie und dynast. Politik. Aber Letztere hatte gerade dort Erfolg, wo der 1177 (Friede von Venedig) beendete zweite Kampf mit dem Papsttum sofort wieder ausbrechen musste: in Neapel-Sizilien, das HEINRICH VI. als Erbe zufiel. Nicht zuletzt diese Gefahr der Umklammerung (Erbreichsplan) bewog INNOZENZ III. (1198–1215), den mächtigsten Papst des MA., zum Eingreifen in den dt. Thronstreit (seit der Doppelwahl 1198) und zur Absicherung des Kirchenstaates.

Spätmittelalter
Krise und Neuorientierung (1200–1500) Während das 13. Jh. noch ganz im Zeichen wirtschaftl. Prosperität stand, mehrten sich seit dem Beginn des 14. Jh. die Anzeichen, dass die Grenzen des Wachstums erreicht waren (zunehmende Missernten durch Überalterung der Böden und Klimaverschlechterung). So beschleunigte das große Pest, die 1347–51 und in späteren Wellen über E. hereinbrach, mit ihren katastrophalen Menschenverlusten wahrscheinlich nur eine Entwicklung, die bereits vorgezeichnet war: das Umschlagen der Wachstumsphase in eine lang anhaltende Agrardepression bei stetigem Bev.-Rückgang. Die Auswirkungen der hierdurch ausgelösten »Krise« der spätmittelalterl. Gesellschaft trafen die einzelnen Bev.-Gruppen in ganz unterschiedl. Weise, wobei auch regional stark differenziert werden muss. Während v. a. die Grundherren durch das dramat. Ansteigen der Löhne bei gleichzeitigem Preisverfall der landwirtschaftl. Erzeugnisse z. T. beträchtl. Einkommenseinbußen hinnehmen mussten, dürften die Kleinbauern, die ihre jetzt bes. begehrte Arbeitskraft einsetzen konnten, von der neuen Situation profitiert haben. Während einerseits auf dem Land ganze Dörfer und Landschaften veröden (→Wüstung), führte die gestiegene Kaufkraft der Überlebenden anderswo – v. a. in den Städten – zu wachsendem Konsum und wirtschaftl. Prosperität. Der Zwang zur Umorientierung ließ neue Techniken, Gewerbe und Produktionszweige (z. B. im Bereich der Blech-, Drahtund Papierherstellung) entstehen, während andere darniederlagen; Niedergang und vitale Wirtschaftskraft, Resignation und Optimismus lagen dicht beieinander.

Das östl. E. sah sich seit dem 13. Jh. schwersten Bedrohungen ausgesetzt. Die 1241 bis nach Schlesien und Ungarn vordringenden mongolisch-tatar. Reiterheere brachten ganz Russland unter die Oberherrschaft der →Goldenen Horde, unter deren Einfluss sich eine neue Herrschaftsform der Moskauer Großfürsten ausbildete; diese führten im 15. Jh. die Einigung Russlands zu einem ersten Abschluss. Das durch den Gewaltakt von 1204 errichtete Lat. Kaiserreich führte nicht zur Integration Südost-E.s in das Abendland, wohl aber zu einer tödl. Schwächung des Byzantin. Reiches. Wenn es auch MICHAEL VIII. PALAIOLOGOS 1261 gelang, das griechisch-orth. Kaisertum wiederherzustellen, so konnten seine Nachfolger weder die Verselbstständigung der Völker Südost-E.s noch den Vormarsch der Osmanen, die 1354 bei Gallipoli europ. Boden betraten, verhindern. Nach der Niederlage der Serben auf dem Amselfeld 1389 versagte 1396 bei Nikopolis (heute Nikopol, Bulgarien) auch die abendländ. Hilfe. Hatte die osman. Niederlage durch TIMUR 1402 noch einen Aufschub gebracht, so folgte nach der Schlacht von Warna 1444 das übrige Südost-E. Mit dem Fall Konstantinopels 1453 endete die tausendjährige Geschichte des Byzantin. Reiches, aber nur die erste Phase der osman. Expansion in Europa.

Im abendländ. E. hatten die beiden führenden und verbindenden Autoritäten, Papst und Kaiser, zu Beginn des 13. Jh. bereits ihren Gipfelpunkt überschritten. Das Papsttum, unter INNOZENZ III. auch politisch führend, konnte zwar in der Auseinandersetzung mit Kaiser FRIEDRICH II. seine Position noch behaupten, geriet aber nach 1250 unter frz. Einfluss. Dem heftigen Widerstand von Papst BONIFATIUS VIII. folgte die völlige Abhängigkeit im Avignonischen Exil (1305–76). Der Versuch, dieses zu beenden, führte zum großen Abendländ. Schisma (1378–1417), einer für das Abendland so untragbaren Belastung, dass die Nationen gemeinsam auf dem Konstanzer Konzil die Einheit der kath. Kirche wiederherstellten. Die Initiative zur Überwindung des Schismas hatte noch einmal der römisch-dt. König (SIEGMUND, seit 1433 Kaiser) ergriffen, obwohl seit dem Ende der Staufer (1254/68) das Kaisertum seine Führungsrolle verloren hatte. Während die Könige West-E.s – wie auch die meisten Landesherren in Dtl. – ihre Länder zu frühmodernen Flächenherrschaftsstaaten ausbauten, blieb das Hl. Röm. Reich selbst bis an sein Ende 1806 ein Personenverband mit nur z. T. ausgeprägten Zügen moderner Staatlichkeit. Auch die letzte Erweiterung der lat. Christenheit durch den Dt. Orden im Baltikum kam kaum mehr dem Reich zugute. Litauens Christianisierung erfolgte erst durch die polit. Verbindung mit Polen. Mit der Union von Krewo 1385 schufen die Jagiellonen eine neue Großmacht bis zum Schwarzen Meer. Als weniger stabil erwies sich die skandinav. Großmachtbildung der Kalmarer Union von 1397.

Frankreich und England maßen fast ständig ihre Kräfte, um 1200 in Verkoppelung mit dem Kampf zw. Kaiser und Papst und dem innerdt. Gegensatz zw. Staufern und Welfen (→Bouvines), dann im →Hundertjährigen Krieg. Diese schweren Kämpfe, die in England in die Thronwirren der →Rosenkriege (1455–85), in Frankreich in das Ringen mit dem nach Königsmacht strebenden Herzogtum Burgund mündeten, vollzogen sich in umfassenden politisch-sozialen und wirtschaftl. Strukturwandlungen; so im Zerfall des →Feudalismus, mit dem die beginnende Ausformung des neuzeitl. souveränen monarch. Staates und der Zusammenschluss der polit. Stände einhergingen. Mit den port. und span. Entdeckungsfahrten des 15. Jh. wurde das Ausgreifen E.s nach Übersee eingeleitet (auch Ertrag des wiss. Fortschritts).

In Frankreich erreichte die Scholastik ihren Gipfel, in England hatte der Nominalismus, in Dtl. die Mystik ihren Schwerpunkt; v. a. in Frankreich und Italien entwickelten sich die Universitäten. In Italien erwuchs seit dem 14. Jh. der Frühhumanismus. Im geistigen und kirchl. Leben der Zeit spielte zunehmend das Bürgertum eine Rolle. Alte und zahlr. neu gegründete Städte wurden kulturelle Mittelpunkte, waren v. a. aber Zentren der Wirtschaft, die in Handel und Handwerk arbeitsteiliger wurde und durch die neue Geldwirtschaft im 15. Jh. auch Züge des Frühkapitalismus annahm.

Frühe Neuzeit
Renaissance, Reformation und das Scheitern der universalistischen Herrschaftsansprüche (16. Jh.) Das frühneuzeitl. E. war gekennzeichnet durch einen beginnenden innenpolit. Strukturwandel, der auch das Verhältnis der einzelnen Staaten zueinander beeinflusste. Die territorialstaatl. Kräfte gewannen in Mittel-, die nationalstaatl. Monarchien in West-E. zunehmend an Gewicht. Aufgrund des Niedergangs der feudalen (Zwischen-)Gewalten im Hundertjährigen Krieg konnte zuerst das frz. Königtum einen nationalen, zentralistisch orientierten Staat mit Fachbeamtentum, geordneter Geldwirtschaft und stehendem Heer aufbauen. Darin folgten der frz. Krone Portugal, das seit 1479 die Reiche Aragonien und Kastilien vereinigende Königreich Spanien, das seit 1485 mit starker Hand von den Tudors regierte und sich bald rechtlich, kirchlich und politisch vom Kontinent abgrenzende England sowie nach 1525 Schweden und Dänemark-Norwegen. Dagegen suchten im mittleren Teil E.s, in Dtl. und Italien, zunehmend versch. fürstl. und städt. Partikularmächte die schwächer werdende kaiserl. Gewalt für ihre Interessen zu nutzen. Allein das unter Kaiser KARL V. seine größte Ausdehnung entfaltende habsburg. Weltreich bot noch einmal die Möglichkeit einer, wenn auch föderativ gegliederten, Einheit des Abendlandes, da die Habsburger 1477–93 Burgund und seit 1526 Böhmen und Ungarn erwarben, sich dynastisch mit den 1516 von ihnen beerbten span. Königen verbanden und in den ökonomisch führenden Ländern Italien und Dtl. herrschten. Doch wenngleich sich durch die damit verbundene Partizipation an den port.-span. Entdeckungen, Eroberungen und Siedlungen in Amerika, Afrika und Asien eine christl. Welteinheit unter dem Haus Habsburg anzudeuten schien und KARL V. gemeinsam mit dem Papsttum noch einmal einen entsprechenden universalen Führungsanspruch erhob, scheiterte dessen Politik an der durch die habsburg. Umklammerung Frankreichs und dessen Widerstand ausgelösten Konflikten, an der gleichzeitigen Notwendigkeit einer Abwehr der türk. Expansion im SO sowie v. a. an den sich im Hl. Röm. Reich mit der Reformation verbindenden Fürsten und am Gedankengut der Renaissance, die einer Erneuerung hochmittelalterlich-universalist. Ideale entgegenarbeiteten. Im späten 15. und im 16. Jh. nahm das ökonom. »Weltsystem« festere Gestalt an, wie die internat. Forschung gezeigt hat.

Renaissance, Humanismus und Reformation leiteten einen an partielle mittelalterl. Reformbestrebungen anknüpfenden geistesgeschichtl. Wandel ein. In Architektur, Malerei, Plastik und in der durch den Buchdruck größere Verbreitung gewinnenden Literatur dokumentierte sich der säkulare Lösungsprozess des Individuums aus der traditionellen Dogmatik hierarchisch-christl. Denkens, der sich, von Italien ausgehend, im Rahmen der Wiederentdeckung der Antike wie einer neuen, diesseitsorientierten künstler. und wiss. Naturerfahrung v. a. im Kreis der Gelehrtenelite vollzog. Polit. Brisanz erlangte diese Entwicklung aufgrund ihrer Unterstützung durch die Fürsten und das Großbürgertum in deren Auseinandersetzung mit den traditionalen, v. a. den kirchl. Verhältnissen. Dies galt bes. für die sich in Mittel-, West- und Nord-E. durchsetzenden reformator. Bewegungen mit ihrer engen Anbindung von Glaubensfragen an die Interessen staatl. Obrigkeiten und ihren Zielen staatskirchl. Autonomie wie verfassungspolit. Veränderungen. Die →Reformation M. LUTHERS in Dtl. und der von der Schweiz ausgehende Kalvinismus wie die dadurch ausgelösten Konsolidierungsbestrebungen der kath. Gegenreformation leiteten die Politisierung der strittigen Glaubensinhalte und die (partielle) Konfessionalisierung der machtpolit. Konflikte ein. Dabei hielt die kath. Kirche durch die Gründung des Jesuitenordens und die Beschlüsse des Trienter Konzils an der im Papsttum gipfelnden Kircheneinheit und ihren mittelalterl. Traditionen fest. Zugleich aber wurden im Zuge der konfessionellen Auseinandersetzungen die durch den Renaissance-Humanismus, die aufblühenden Wiss.en und die Entdeckungsfahrten erworbenen neuen Erkenntnisse an das christl. Weltbild rückgebunden. Und indem der sich ausbildende Fürstenstaat bei allen drei Konfessionen nun einen bestimmenden Einfluss auf die Kirche gewann, erhielt er ebenso eine neue geistige Legitimation, wie er damit Wiss.en und Künste verstärkt in den Dienst staatl. Repräsentation stellte (höf. Residenzkultur des Barock).

Das Zeitalter der Aufklärung und der Revolution
Das europäische Staatensystem zwischen Hegemonie- und Gleichgewichtspolitik (17. Jh. bis 1814/15) Mit den frz. →Hugenottenkriegen (1562–98) setzte eine Kette konfessioneller Bürgerkriege ein, die im machtpolit. Ringen bald internationalisiert wurden, den →Dreißigjährigen Krieg (1618–48) bestimmten und erst mit dem 1. Nord. Krieg (1655–60) endeten. Die damit verbundenen Auseinandersetzungen verschoben das polit. Kräfteverhältnis in E. nachhaltig. Nachdem schon die Niederlage der Armada gegen die engl. Flotte 1588 die europ. Hegemonie Spaniens erschüttert, den späteren Aufstieg Englands zur Weltmacht vorbereitet und so eine weitere, expansivere Phase europ. Kolonialpolitik eingeleitet hatte, schrieb der

Europa: die europäischen Großmächte 1789

Westfäl. Friede 1648 eine neue Friedens- und Staatenordnung fest. In ihrem Rahmen wurde die Vorrangstellung Frankreichs im kontinentalen West- und die Schwedens in Nord-E. ebenso bestätigt, wie die nun international garantierte Souveränität der dt. Reichsstände den endgültigen Sieg territorialfürstl. Libertät gegenüber dem Kaiser sicherstellte und das Hl. Röm. Reich in einen Staatenverbund auflöste. Zugleich aber neutralisierte das Prinzip staatl. Gleichberechtigung und religionspolit. Selbstbestimmung die Konfessionsunterschiede als Konfliktfaktor. 1648 und v. a. in den Friedensschlüssen von Utrecht, Rastatt und Baden, die 1713/14 den durch die frz. Hegemonialbestrebungen ausgelösten →Spanischen Erbfolgekrieg beendeten, wurde die Idee einer universalen Einigung E.s wie die der Hegemonie eines Staates aufgegeben und durch die Zielvorstellung eines Gleichgewichts der Kräfte ersetzt, das auch durch das sich ausbildende neue Völkerrecht (»ius publicum Europaeum«) gesichert werden sollte. Die Vorstellung einer außenpolit. Gleichgewichtsmechanik entsprang dabei praktischer Aufklärungslogik. Das Streben nach Gleichgewicht lag bes. im Interesse Englands, das nach seinem zukunftsweisenden Übergang zum Konstitutionalismus mit der Glorreichen Revolution 1688 durch eine Außenpolitik der »Balance of Power« Spielraum zum Aufbau seiner maritimen Weltstellung erlangte.

Daneben entstand im Frankreich Ludwigs XIV. der für die kontinentaleurop. Entwicklung beispielgebende moderne Staat des →Absolutismus, der durch Zentralisierung und Rationalisierung des Staatsapparats, den Aufbau einer effizienten Bürokratie und den Übergang zum Wirtschaftssystem des Merkantilismus den Einfluss der traditionellen Adelselite zurückdrängte, dem wirtschaftl. Aufstieg des Bürgertums Rechnung trug und mit einer umfassenden Disziplinierung aller Sozialschichten die traditionellen Strukturen des Ständewesens zur effektiven Machtsteigerung des weitgehend autokratischen Monarchen funktional auszugestalten suchte (daneben blieben traditionelle Strukturen, etwa Stände in den äußeren Provinzen und der Ämterkauf, bestehen). Diesem Vorbild folgten auch die bedeutendsten dt. Fürsten, die ihre seit 1648 gefestigten, jedoch unter den Kriegsfolgen leidenden Territorien reorganisierten, wobei Brandenburg-Preußen unter Friedrich Wilhelm I. und Friedrich II., d. Gr., zur größeren Macht aufstieg, ebenso wie das habsburg. Österreich, dem zw. 1683 und 1699 (Friede von Karlowitz) mit der Rückeroberung Ungarns in den →Türkenkriegen die endgültige Abwehr der E. seit 1526 bedrohenden osman. Expansion gelungen war. Neben England, Frankreich, Preußen und Österreich trat Russland, das 1721 den 2. →Nordischen Krieg für sich entschieden hatte, unter Peter I., d. Gr., und seinen Nachfolgern Zugang zu westl. Ideen fand und mit seinen Vorstößen nach Ost- mittel- und Südost-E. zunehmend an Gewicht gewann, in den Kreis der politisch führenden Mächte (Pentarchie, »Fünferherrschaft«) ein. Deren völkerrechtlich verbindl. Anspruch auf eine Kollektivhegemonie in E. wurde jedoch durch außenpolit. Machtinteressen immer wieder gefährdet. Zwar verhinderte das System der Kabinettspolitik mit seinen Bündnissen, Erbfolgekriegen und Abtretungen die völlige Vernichtung eines Staates (mit der späteren Ausnahme Polens), doch führte der folgenreiche preußisch-österr. Dualismus, der durch den von Preußen und Bayern ausgelösten →Österreichischen Erbfolgekrieg (1740–48) und im →Siebenjährigen Krieg (1756–63) zu Preußens Gunsten entschieden wurde, zu weit reichenden Konflikten, die zum ersten Male weltpolit. Dimensionen annahmen. Seit 1500 hatte sich mit der Gründung der port. wie span. Kolonialreiche der ökonom. Schwerpunkt E.s an die atlant. Küste verlagert; diese Entwicklung war durch die wachsende Bedeutung der niederländ., frz. und engl. Besitzungen in Übersee verstärkt worden. Zudem hatten Dtl. wie Italien aufgrund der Bedrohung der oriental. Handelswege durch das Osman. Reich an handelspolit. Gewicht verloren. England, das durch seine geopolit. Lage zur führenden Flottenmacht aufstieg und seit 1650 die kolonial und ökonomisch führenden Niederlande überflügelt hatte, entriss im Siebenjährigen Krieg als Bundesgenosse Preußens Frankreich die Vorherrschaft in Nordamerika wie in Indien.

Seit der Mitte des 17. Jh. verbreiteten sich mit der →Aufklärung die Ideen der Humanität, Toleranz, Vernunftreligion und rationalen Ordnung des Lebens durch das sich selbst bestimmende, von Tradition wie Autorität unabhängige und von Natur aus vernünftige Subjekt, das den philosoph. Systemen eines R. Descartes, B. Spinoza, J. Locke, G. W. Leibniz und I. Kant zugrunde lag. Wie die polit. und ökonom. wechselte im Rahmen dieser allgemeinen Entwicklung auch die kulturelle Führungsrolle zw. den europ. Nationen. Die Bedeutung Italiens und Dtl.s im Zeitalter von Renaissance und Reformation wurde abgelöst durch die Spaniens, der nach 1648 der Vorrang der frz. Kultur folgte. Dieser Vorrang wurde im 18. Jh. durch außereurop. (im Zuge kolonialer Expansion importierte) sowie v. a. engl. Kultureinflüsse ergänzt. Letztere traten nach 1750 auf dem Kontinent stärker in den Vordergrund, bis nach 1790 der dt. Idealismus der Klassik und Romantik eine weit reichende Wirkung entfaltete.

Für die polit. Zukunft E.s wurde der revolutionäre Umbruch in Amerika und in Frankreich entscheidend. Während im konstitutionellen England mit der →industriellen Revolution bereits eine neue Phase des sozioökonom. Wandels eingesetzt hatte, gelang es dem aufgeklärten Absolutismus – trotz seiner auf Rechtsgleichheit und -sicherheit zielenden Reformen von oben und ersten Ansätzen zur Bauernbefreiung – nur ungenügend, die durch den sozialen Strukturwandel ausgelösten Spannungen aufzufangen. Vorbereitet durch die Ideen der Aufklärung, die Unabhängigkeit der Vereinigten Staaten von Amerika und ausgelöst durch gesellschaftl. und wirtschaftl. Krisensymptome, überwand die →Französische Revolution 1789 mit ihren Ideen von Freiheit, Gleichheit und Brüderlichkeit und mit der Proklamation der Menschenrechte das traditionelle monarchisch-ständ. Staatsverständnis zugunsten der Wertvorstellungen einer bürgerl. Gesellschaftsordnung im Zeichen von Liberalismus, Demokratie und nat. Selbstbestimmung im Sinne des modernen →Nationalismus. Die Umsetzung dieser durch den sendungsbewussten Expansionismus der Revolutionskriege in fast ganz E. verbreiteten Ideale mündete jedoch in das plebiszitär-autoritäre Regime des späteren Kaisers Napoleon I. Auch scheiterte dessen Versuch einer imperialen Beherrschung E.s, der in den napoleon. Kriegen die Staatenordnung nachhaltig gefährdete und das Ende des Hl. Röm. Reiches besiegelte, am Widerstand der durch die frz. Hegemonie bedrohten Flankenmächte England und Russland und an deren Unterstützung durch das in den Befreiungskriegen geweckte Nationalbewusstsein der Deutschen. Doch blieb das auch unter der napoleon. Herrschaft mit ihren Modernisierungsansätzen bewahrte Ideengut von 1789 bis heute für die Entwicklung E.s bestimmend.

Neuere Zeit
Industrialisierung, Nationalstaat und Imperialismus (1814/15–1918) Die 1814/15 auf dem Wiener Kongress maßgeblich von der Habsburgermonarchie und Großbritannien betriebene Neuordnung E.s im Sinne einer Restauration des Gleichgewichts der am Prinzip der Legitimität festhaltenden Großmächte erwies sich als wenig tragfähig. Denn nach der Gründung der Hl. Allianz durch Russland, Österreich und Preußen, die eine bis zur militär. Interventionspolitik gehende Abwehr der liberalen und nat. Bewegung betrieben, zerfiel die Pentarchie in den liberalen englisch-frz. Westblock und die konservativ-reaktionären Ostmächte. Während Großbritannien außenpolitisch den Liberalismus und Nationalismus in E. förderte und innenpolitisch durch verfassungs- und gesellschaftspolit. Reformen den sozialen Veränderungen des Industriezeitalters Rechnung trug, wandte sich die antirevolutionär-konservative Politik METTERNICHS strikt gegen die Emanzipationsbestrebungen der bürgerlichen nat. Konstitutionsbewegungen. Dennoch gaben der griech. Freiheitskampf 1821–29 und v. a. die frz. Julirevolution 1830 wesentl. Impulse für die Schaffung moderner Verfassungsstaaten im Zeitalter des Vormärz. Zwar wies die wiederum von Frankreich ausgehende und nahezu ganz E. erfassende Revolutionsbewegung 1848 auf den Übergang des Konstitutionalismus zum Parlamentarismus voraus, doch führte sie machtpolitisch aufseiten der monarch. Herrscher zur gegenrevolutionären Reaktion und zu Ansätzen eines Neoabsolutismus, sodass das gespannte Verhältnis zw. Staat und Gesellschaft in Mittel-E. ebenso bestehen blieb wie die ungelöste nat. Frage im Dt. Bund und in Italien. Erst nachdem Großbritannien und Frankreich im →Krimkrieg (1853/1854–56) Russlands Einfluss auf Dtl. und seine Unterstützung Österreichs beseitigt hatten, wurde der Weg frei für die Errichtung von Nationalstaaten in Italien (1860–70) und Dtl. (1866–71). Das durch die Reichsgründung neu ausbalancierte europ. Mächtegleichgewicht, das die Bündnispolitik O. VON BISMARCKS anstelle der brit. Diplomatie zum Garanten einer multipolaren Friedenssicherung in E. werden ließ, wurde jedoch zunehmend bedroht durch die Nationalstaatsbewegungen in Ost- und Südost-E., die angesichts der Schwächung des Osman. Reiches und der Donaumonarchie durch den russ. Panslawismus und die ital. Irredenta gefördert wurden und immer wiederkehrende Balkankrisen auslösten. Deren wachsende Sprengkraft verschärfte sich noch dadurch, dass mit der großen Depression (1873–96) eine eskalierende Schutzzollpolitik zum Ausdruck kommende ökonom. Konkurrenz der Industriestaaten an Gewicht gewann.

Die von Großbritannien ausgehende Industrialisierung, die in einem west-östl. Entwicklungsgefälle phasenverzögert die Kontinentalstaaten erfasste, führte zum Übergang von der alteurop. Adels- und Agrar- zur modernen Massengesellschaft. Sie setzte zu Beginn des 19. Jh. in Belgien, den Niederlanden, Frankreich und der Schweiz ein, erreichte aber erst im letzten Jahrhundertdrittel Schweden, Italien und Russland, nachdem seit 1850 Dtl. in einer rapiden Entwicklung zu einer der führenden Industrienationen auf dem Kontinent aufgestiegen war. Vor dem Hintergrund eines bis ins 18. Jh. zurückreichenden erhebl. Bev.-Wachstums, das in Verbindung mit period. Versorgungskrisen im Pauperismus zur Massenarmut der Unterschichten und zu Auswanderungswellen nach Übersee führte, verlagerte der Industrialisierungsprozess die Wanderungsbewegungen in die Ballungsgebiete, verstärkte damit die Urbanisierung und brachte ein Proletariat hervor, das sich bald in der internationalist. →Arbeiterbewegung organisierte. Deren Forderung nach sozialer Emanzipation und Gleichheit ließ die →soziale Frage zu einem Kernproblem der Industriestaaten werden. Analog zu den sozioökonom. Differenzierungsprozessen entfaltete sich im Zuge der Parlamentarisierung, der schrittweisen Demokratisierung des Wahlrechts und der Herausbildung einer polit. Öffentlichkeit das Spektrum sozialist., liberaler und konservativer Verbände und Parteien, das die polit. Kultur E.s bestimmte.

Während die Wiss. en im 19. Jh. im Zeichen des Positivismus sowohl im Bereich der histor. Geistes- wie der Naturwissenschaften nicht zuletzt durch umfassende staatl. Bildungsreformen einen ungeheuren Aufschwung erlebten, wuchs die Trennung von techn. und literarisch-ästhet. Kultur. Deren romantisch-historisierende Tendenzen in Kunst, Literatur und Malerei suchten den grundlegenden Wertewandel in einem bald monumentalen Eklektizismus zu kompensieren. Dagegen legten die avantgardist. Strömungen des Realismus, Naturalismus, Impressionismus und Expressionismus die sozialen Missstände schonungslos bloß und wandten sich gegen die verbreitete Fortschrittsgläubigkeit.

Im Ggs. zu dem sich darin manifestierenden Krisenbewusstsein stand die im Zuge des Kolonialismus vehement betriebene Europäisierung der Erde nach den Maßstäben der westlich-techn. Zivilisation. Im Zeitalter des →Imperialismus fiel sie mit der zunehmenden Bereitschaft der polit. Führungseliten E.s zu einer militär. Austragung der vorübergehend in außereurop. Gebiete verlagerten Konflikte zusammen. Vor dem Hintergrund des wachsenden deutsch-brit. Flottenrivalität, des andauernden deutsch-frz. Gegensatzes, der nat. Spannungen in Österreich-Ungarn und der gesellschaftl. Instabilität im zarist. Russland, das seine inneren Probleme durch eine Expansion auf der Balkanhalbinsel zu überdecken suchte, brach im Klima eines übersteigerten Nationalismus und forciert durch den Automatismus der Bündnissysteme der Erste →Weltkrieg aus, der zum Zerfall der Vielvölkerstaaten Österreich-Ungarn und Osman. Reich sowie zu tief greifenden innenpolit. Erschütterungen in vielen Ländern führte (u. a. russ. Februar- und Oktoberrevolution 1917, dt. Novemberrevolution 1918).

Zeitgeschichte
Europa nach dem Ersten Weltkrieg Der Ausgang des Ersten Weltkriegs und die russ. Revolution (1917) zerstörten das europ. Mächtesystem des 19. Jh. und erschütterten die zentrale Stellung E.s in der Weltpolitik. In Russland entstand nach dem Sturz der Zarenherrschaft und der Machtergreifung der Bolschewiki unter W. I. LENIN erstmals ein kommunist. Staat (seit 1922 UdSSR), der sich einem Bürgerkrieg sowie der militär. Intervention der Westmächte und Japans (1918–21/22) ausgesetzt sah. Die meisten Territorien, die sich dem russ. Machtbereich 1917/18 durch ihre Proklamation zu unabhängigen Staaten entzogen

hatten, wurden ab 1920 (zumeist durch Einmarsch der Roten Armee) zu Sowjetrepubliken umgeformt und schließlich in die UdSSR eingegliedert (u. a. Georgien, Armenien, Aserbaidschan, 1940 schließlich auch die balt. Rep.). Seit Mitte der 1920er-Jahre errichtete J. W. STALIN ein totalitäres Herrschaftssystem in der Sowjetunion (→Stalinismus, →Sowjetunion, Geschichte).

Der Versuch, in der Nachkriegszeit mit dem →Völkerbund eine auf dem Prinzip der kollektiven Sicherheit beruhende Friedensordnung zu schaffen, wurde schon durch den polit. Rückzug der USA (1920) aus E. gefährdet und durch den die Zwischenkriegszeit beherrschenden Konflikt zw. den Verteidigern des bestehenden Zustands und den um seine Revision bemühten Mächten zum Scheitern gebracht. Die in den →Pariser Vorortverträgen besiegelte staatl. und territoriale Neuordnung E.s nach dem Grundsatz des Selbstbestimmungsrechts der Völker erwies sich als Quelle von Spannungen und Revisionsforderungen. Frankreichs Hegemonialpolitik stützte sich auf ein System von Bündnissen mit den neuen Staaten in Mittel-, Ost- und Südost-E. (z. B. die Kleine Entente) und setzte die Reparationspolitik als Mittel zur Niederhaltung Dtl.s ein. Demgegenüber betrieben die Reg. der Weimarer Rep. eine Revision des →Versailler Vertrages in allen Bereichen (Grenzen, Reparationen, Rüstungsbeschränkungen) mit dem Ziel, den Großmachtstatus Dtl.s wiederherzustellen. Unter diesem Vorzeichen standen sowohl der →Rapallovertrag (1922) und der Berliner Vertrag (1926) mit der UdSSR (mit seiner antipol. Stoßrichtung) als auch die deutsch-frz. Verständigung in den →Locarnoverträgen (1925), ein Erfolg des dt. Außen-Min. G. STRESEMANN und des frz. Min.-Präs. A. BRIAND, zugleich aber auch das Ergebnis der auf einen friedl. Ausgleich zw. beiden Staaten gerichteten Diplomatie Großbritanniens.

Die nach längerer außenpolit. Isolierung der UdSSR 1924 eingeleitete Normalisierung der Beziehungen zu den westeurop. Mächten diente STALIN zur Absicherung einer rigorosen revolutionären Umgestaltung Russlands und der von ihm beherrschten Gebiete, dem »Aufbau des Sozialismus in einem Land«, einer Aufgabe, an der sich auch die Tätigkeit der Kommunist. Internationale (Komintern) immer stärker ausrichten musste.

Der Aufstieg der USA zur führenden Wirtschaftsmacht und die verhängnisvolle Koppelung zw. den Kriegsschulden der Alliierten gegenüber Amerika, dt. Reparationsverpflichtungen und amerikan. Kapitalexport begründeten eine Abhängigkeit der europ. Wirtschaftsentwicklung von der amerikanischen, deren Ausmaß die 1929 beginnende →Weltwirtschaftskrise enthüllte. Depression und Massenarbeitslosigkeit wurden in mehreren europ. Ländern zum Nährboden antiparlamentar., antiliberaler und nationalist. Bewegungen. Schon 1922 hatten in Italien die Krise des liberalen Staates, die wirtschaftl. und gesellschaftl. Kriegsfolgen und die Revolutionsfurcht der Mittelschichten dem →Faschismus unter der Führung B. MUSSOLINIS zur Macht verholfen. Auf der Iber. Halbinsel sowie in Ost- und Südost-E. waren autoritäre Regime entstanden. Hatten sich in Dtl. schon vorher die nationalist. Emotionen an der Reparationsfrage entzündet, so steigerten sich diese durch die Erfahrung der Krise und entwickelten sich zur Triebkraft für Aufstieg und Machtergreifung des →Nationalsozialismus. Die Einigung über das Ende der Reparationen (Konferenz von Lausanne, 1932) änderte daran nichts mehr. A. HITLERS rassenideologisch motiviertes Programm kontinentaler Expansion nach Osten, das nur durch Krieg zu verwirklichen war, ging weit über die Revisionsziele des bürgerl. Nationalismus hinaus, knüpfte jedoch in der Vorbereitungsphase an diese an. Angesichts der Rücksichtslosigkeit, mit der sich das nat.-soz. Deutschland vertragl. Bindungen entledigte (Austritt aus dem Völkerbund 1933, Einführung der allgemeinen Wehrpflicht 1935, Besetzung der entmilitarisierten Zone des Rheinlands 1936), reagierten die Westmächte defensiv und beschwichtigend. Die brit. Appeasementpolitik, die auch beim Überfall des faschist. Italien auf Abessinien (1935/36) zur Ohnmacht des Völkerbundes beitrug, war von der Hoffnung geleitet, die Anerkennung von Revisionswünschen (bis hin zum »Anschluss« Österreichs und der Eingliederung der Sudetengebiete) werde das Dt. Reich satturieren und den Frieden sichern (1938 →Münchener Abkommen). Frankreichs Handlungsfähigkeit wurde durch die innenpolit. Polarisierung zw. links und rechts (vor und nach dem Sieg der Volksfront 1936) geschwächt. Der →Spanische Bürgerkrieg (1936–39) führte zu einem gemeinsamen militär. Eingreifen des faschist. Italien und des nat.-soz. Dtl. aufseiten der aufständ. Streitkräfte des Generals F. FRANCO, die den Sieg über die der UdSSR und internat. Brigaden unterstützte Reg. der Rep. davontrugen. Die Achse Berlin–Rom verfestigte sich zum Kriegsbündnis, als Italien 1937 dem Antikominternpakt zw. Dtl. und Japan (1936) beitrat und 1939 mit dem Dt. Reich den Stahlpakt abschloss. Die UdSSR, die 1934 dem Völkerbund beigetreten war, um angesichts der von Japan und Dtl. ausgehenden Bedrohung zum eigenen Nutzen das System der kollektiven Sicherheit zu stärken, entschied sich mit dem Hitler-Stalin-Pakt (1939) für eine Politik des Zeitgewinns und für die Aufteilung des östl. E. in Interessensphären.

Der von HITLER mit dem Überfall auf Polen 1939 entfesselte Eroberungs- und Vernichtungskrieg (Zweiter →Weltkrieg) endete mit der Niederlage des Dt. Reiches (bedingungslose Kapitulation am 7. 5. und 8./9. 5. 1945) sowie der Ausschaltung E.s als Kraftzentrum der Weltpolitik.

Blockbildung nach dem Zweiten Weltkrieg Die Nachkriegsordnung wurde von den Zielen der USA und der UdSSR bestimmt. Ihre Unvereinbarkeit führte zum Zerfall der Kriegskoalition zw. den Westmächten (USA, Großbritannien u. a.) und der UdSSR und zur Spaltung E.s in zwei Bündnissysteme, die sich in einem globalen Konkurrenzverhältnis gegenüberstanden. Neben dem →Ost-West-Konflikt war es die →Entkolonialisierung, die die Stellung E.s in der Welt tief greifend veränderte. Beide Entwicklungen förderten einen Prozess polit. Gemeinschaftsbildung im westl. E., der die Voraussetzungen für eine enge wirtschaftl. Verflechtung schuf.

Der →Kalte Krieg entstand aus dem Gegensatz zw. dem sowjet. Streben nach einer Hegemonie über das östl. E. und dem amerikan. Ziel einer Neuordnung des befreiten E., die liberaldemokrat. Prinzipien folgen und den USA wirtschaftl. und polit. Einflusschancen eröffnen sollte. Das sowjet. Vorgehen in Polen, die Auseinandersetzungen um die Besatzungspolitik in Dtl., die Verkündung der Trumandoktrin und das amerikan. Angebot eines Wiederaufbauprogramms für E. (Marshallplan, →ERP) leiteten eine Ära schärfster Konfrontation zw. den Supermächten ein. Auf die

Europa in der Zwischenkriegszeit 1919–39

Euro Europa

Europa nach dem Zweiten Weltkrieg

Legende:
- **EGKS** (1952) (Europäische Gemeinschaft für Kohle und Stahl)
- **EVG** (1952) (Europäische Verteidigungsgemeinschaft)
- **EWG und EURATOM** (1958) (Europäische Wirtschaftsgemeinschaft und Europäische Atomgemeinschaft)
- **WEU** (1955) (Westeuropäische Union)
- **EFTA** (1960) (European Free Trade Association/ Europäische Freihandelszone)
- **RGW** (1949) (Rat für gegenseitige Wirtschaftshilfe; auch: Comecon/Council for Mutual Economic Assistance)

frei für eine multilaterale Entspannungsdiplomatie im Rahmen der Konferenz über Sicherheit und Zusammenarbeit in E. (KSZE) und ihrer Folgekonferenzen, die die neutralen Staaten einbezog und die Fragen der Sicherheit (ergänzend zu den Verhandlungen über →MBFR zw. NATO und Warschauer Pakt), wirtschaftl. Zusammenarbeit und menschl. Kontakte über Systemgrenzen hinweg zusammen behandelte. Die Krise der Entspannung nach dem sowjet. Einmarsch in Afghanistan (1979), die durch die Verhängung des Kriegsrechts in Polen (1981) noch vertieft wurde, löste in den USA und im westl. E. unterschiedl. Reaktionen aus, die einen Dissens über Nutzen und Kosten der Entspannungspolitik innerhalb des atlant. Bündnisses offenbarten. Die Umsetzung des NATO-Doppelbeschlusses (1979) über die Stationierung atomarer Mittelstreckenwaffen in E. war heftig umstritten. Der erfolgreiche Abschluss der Konferenz über Vertrauensbildung und Abrüstung in E. (KVAE, 1986) und bes. die Einigung zw. den USA und der UdSSR über die Beseitigung der nuklearen Mittelstreckenwaffen Ende 1987 (→INF) verbesserten die Aussichten für Rüstungskontrolle und Entspannung.

In West-E. entfaltete der E.-Gedanke in der Nachkriegszeit starke polit. Wirkungskraft. Mit der Gründung des →Europarats (1949) verzeichnete die europ. Einigungsbewegung einen ersten Erfolg. Im Rahmen der Europ. Gemeinschaft für Kohle und Stahl (1952) unterstellten die BRD, Frankreich, Italien und die Beneluxstaaten den Montansektor einer supranat. Behörde. Nach dem Scheitern des Projekts einer Europ. Verteidigungsgemeinschaft (1954) entschlossen sich diese »Sechs« mit der Gründung der →Europäischen Wirtschaftsgemeinschaft (1957) zur Schaffung eines gemeinsamen Marktes. Großbritannien und sechs weitere Staaten bildeten 1960 die →Europäische Freihandelsassoziation (EFTA). Nach der Verwirklichung der Zollunion (1968) begann der Ausbau der EG zu einer Wirtschafts- und Währungsunion (Haager Gipfel 1969, Werner-Plan 1970), der 1979 zur Einrichtung des Europ. Währungssystems führte. Dem Defizit an demokrat. Legitimation, das Kritiker dem »E. der Technokraten« vorhielten, sollte die Direktwahl des Europ. Parlaments seit 1979 abhelfen. Nach einer ersten Erweiterung um Großbritannien, Irland und Dänemark (1973) gewann die EG durch den Beitritt Griechenlands (1981), Spaniens und Portugals (1986) international weiter an Gewicht, nahm damit aber zugleich ein stärkeres Nord-Süd-Gefälle und eine Verschärfung der aus der gemeinsamen Agrarpolitik erwachsenden Haushaltsprobleme in Kauf. Neben den dominierenden Bestrebungen zur europ. Einigung traten in versch. westeurop. Ländern separatist. und Autonomiebewegungen in Erscheinung (→Autonomie).

Während die EG zunehmend in ein v. a. wirtschaftl. Konkurrenzverhältnis zu den USA trat, vollzog sich die Zusammenarbeit der kommunist. Staaten Ost- und Südost-E.s unter der ökonom. Dominanz und polit. Hegemonie der UdSSR.

Der Zusammenbruch des Kommunismus in Mittel- und Osteuropa, der Zerfall der Sowjetunion und die Beendigung des Ost-West-Konflikts Die KSZE-Schlussakte von Helsinki (1975) und u. a. die Gründung von Solidarność in Polen (1980) förderten die Entwicklung von →Bürgerbewegungen in den kommunist. Staaten E.s. Einen gesellschaftl. Umbruch in Mittel- und Ost-E. mit weit reichenden Folgen für den ganzen Kontinent und die weltpolit. Entwicklung überhaupt löste die

amerikan. Politik der Eindämmung (Containment) reagierte die UdSSR mit der Gleichschaltung der von ihr im Verlauf ihres Vormarsches nach Dtl. besetzten Gebiete.

Die Blockbildung vollzog sich über die Entstehung zweier dt. Staaten, die Gründung des →Rats für gegenseitige Wirtschaftshilfe (RGW) auf östl., der →NATO auf westl. Seite (1949); sie fand ihren Abschluss mit der Aufnahme der BRD in die →Westeuropäische Union (WEU) und die NATO (1954/55) sowie mit der Gründung des →Warschauer Pakts unter Einschluss der DDR (1955). Erhebungen gegen das stalinist. System (z. B. 1953 in der DDR, 1956 in Polen und Ungarn) wurden von der UdSSR i. d. R. (mit Ausnahme der Unruhen in Polen) militärisch unterdrückt.

Aufgrund der ideolog. und militär. Frontbildungen, die tief in die Innenpolitik westeurop. Staaten hineinwirkten, blieb die innerhalb der E.-Bewegung verfochtene Zielvorstellung, E. zur »dritten Kraft« zw. den beiden Weltmächten zu machen, eine Utopie. Nachdem die Krisen um Berlin (1958, 1961) und Kuba (1962) die Risiken militär. Konfrontation im Atomzeitalter deutlich gemacht hatten, bahnte sich zw. den USA und der UdSSR eine Entspannung an, die sich jedoch angesichts der Verstrickung der USA in den Vietnamkrieg und der militär. Unterdrückung reformkommunist. Bestrebungen in der Tschechoslowakei (1968) durch die Intervention des Warschauer Pakts nur langsam entfaltete; erst das Zusammenwirken der amerikan. und der dt. Entspannungspolitik und der dt. Ostpolitik seit 1969 brachte größere Erfolge bei der Stabilisierung des Ost-West-Verhältnisses (→Abrüstung): SALT-I-Abkommen (1972), Moskauer Vertrag, Warschauer Vertrag (beide 1970), Berlinabkommen (1971), Grundvertrag (1973). Damit wurde der Weg

1985 in der UdSSR vom damaligen Gen.-Sekr. der KPdSU M. S. GORBATSCHOW eingeleitete Politik von →Perestroika und →Glasnost aus. Urspr. auf eine Modernisierung der sowjet. Gesellschaft bei Aufrechterhaltung der kommunist. Orientierung und Beibehaltung der Führungsrolle der Staatspartei gerichtet, eröffnete GORBATSCHOWS Umgestaltungsversuch die Dialektik von verspäteter Reform (bzw. Nichtreformierbarkeit) des kommunist. Systems und seines raschen Zusammenbruchs.

Das von der Sowjetunion proklamierte außenpolit. »neue Denken« schuf zunächst Voraussetzungen für substanzielle Fortschritte in der Abrüstungspolitik und eine neue Phase der Entspannung. Zugleich strahlte der in der UdSSR verfolgte gesellschaftspolit. Kurs auf die anderen kommunist. Länder E.s aus und bewirkte (trotz des Versuchs der dortigen orth. Führungskräfte, ihre Länder von der sowjet. Reformpolitik abzuschirmen) 1989–91/92 tief greifende Veränderungen, an denen die nat. Bürgerbewegungen und z. T. auch kommunist. Reformkräfte (z. B. in Ungarn) einen wichtigen Anteil hatten. In Polen, Ungarn, der DDR, der Tschechoslowakei, Rumänien, Bulgarien und Albanien mussten die kommunist. Reg. zumeist unter dem Druck von Massenprotesten zurücktreten (mit Ausnahme Rumäniens »friedl. Revolutionen«). Die kommunist. Parteien gaben ihr Machtmonopol auf und gerieten i. d. R. in die Rolle der polit. Opposition. Die ehem. Volksrepubliken lösten sich von ihrer sozialist. Zielsetzung (entsprechende Änderungen der Staatsnamen) und begannen mit der Einführung marktwirtschaftl. Elemente und eines pluralist. Parteiensystems. Die Auflösung der »sozialist. Staatengemeinschaft« führte 1991 zum Zerfall ihrer gemeinsamen wirtschaftl. sowie militärisch-polit. Strukturen wie RGW und Warschauer Pakt und beendete den Kalten Krieg. Die schon am 9. 11. 1989 erfolgte Öffnung der Berliner Mauer signalisierte nicht nur das Ende der Spaltung Dtl.s, sondern auch der Teilung E.s. Der Gedanke des »gemeinsamen europ. Hauses« gewann eine neue Dimension.

Mit der Wiederherstellung der Einheit Dtl.s am 3. 10. 1990 und deren außenpolit. Absicherung (Zwei-plus-vier-Verhandlungen, Verträge mit den östl. Nachbarländern) fand eines der zentralen Nachkriegsprobleme in E. eine friedl. Lösung.

Hatten der Zusammenbruch des Kommunismus in Mittel- und Ost-E. und die damit verbundene Beendigung des Ost-West-Konflikts zunächst die allgemeine Hoffnung hervorgerufen, E. bald auf der Basis von Demokratie, Marktwirtschaft und Frieden einigen zu können (»Pariser Charta für ein neues E.« vom November 1990), vollzog sich in der Folgezeit jedoch eine sehr differenzierte, z. T. von starken Konflikten belastete Entwicklung. Einerseits schritt die noch unter den Bedingungen des Ost-West-Konflikts konzipierte Integration der EG-Staaten voran, andererseits verband sich der gesellschaftl. Neubeginn in Mittel- und Ost-E. z. T. mit staatl. Zersplitterung u. a. Desintegrationsprozessen.

Die unter kommunist. Herrschaft entstandenen Staatenföderationen in Mittel- und Ost-E. zerfielen 1991/92, was zu einer erhebl. Veränderung der polit. Landkarte führte. Nachdem sich Estland, Lettland und Litauen im August 1991 endgültig als unabhängige Rep. von der UdSSR losgesagt hatten, bildeten die drei slaw. Rep. Russland, Ukraine und Weißrussland am 8. 12. 1991 die →Gemeinschaft Unabhängiger Staaten (GUS); der Beitritt weiterer acht ehem. Sowjetrepubliken zu dieser lockeren Staatenverbindung am 21. 12. 1991 (Georgien wurde erst 1993 Mitgl.) besiegelte das Ende des multinationalen Unionsstaates (Rücktritt GORBATSCHOWS vom Amt des Staatspräs. am 25. 12. 1991 als letzter offizieller Schritt der Auflösung der UdSSR). Jahrzehntelang unterdrückte Nationalitätenkonflikte riefen in einigen ost- und südosteurop. Staaten blutige, z. T. bürgerkriegsähnl. Auseinandersetzungen hervor. Daran zerbrach z. B. 1991/92 das posttitoist. Jugoslawien. Aus ihm gingen die unabhängigen Rep. Bosnien und Herzegowina, Kroatien, Slowenien und (das erst 1993 völkerrechtlich anerkannte) Makedonien hervor; Serbien bildete im April 1992 mit Montenegro einen jugoslaw. Reststaat (2003 umformiert zur losen Konföderation). Blutige militär. Auseinandersetzungen in Kroatien (1991) und in Bosnien und Herzegowina (1992–95), v. a. mit den serb. Bev.-Teilen, waren auf eine Neuordnung der versch. ethn. Siedlungsgebiete gerichtet und von grausamen »ethn. Säuberungen« begleitet. Erst das unter Vermittlung der USA geschlossene Abkommen von Dayton (1995) schuf Voraussetzungen für eine Friedensregelung im Raum des ehem. Jugoslawien. Bes. das Streben der Slowakei nach Eigenständigkeit ließ die Tschechoslowakei zerfallen (ab 1. 1. 1993 Trennung in Tschech. Rep. und Slowak. Rep.). Bürgerkriegsähnl. Konflikte entwickelten sich auch in Moldawien zw. der rumänischstämmigen Bev.-Mehrheit und der russisch-ukrain. Minderheit, die eine autonome Dnjestr-Rep. ausrief. Die Russ. Föderation wurde in ihren Randgebieten mit dem Separatismus einzelner Völker konfrontiert (z. B. in →Tschetschenien, gegen das sich zwei russ. Militärinterventionen richteten).

Die aus dem früheren Ostblock hervorgegangenen Staaten strebten bald (wenn auch mit unterschiedl. Intensität) eine Mitgliedschaft in der NATO wie auch in der EU an. Russland, das einerseits im sicherheitspolit. Bereich weiter mit den Ambitionen einer Großmacht auftrat, andererseits gezielt seine Einbindung in die europ. Strukturen verfolgte (seit 1996 Mitgl. des Europarats), wandte sich immer wieder vehement gegen eine Osterweiterung der NATO, bes. gegen die Aufnahme von Ländern in seinem westl. Vorfeld. Die Tatsache, dass nach dem Zerfall der Sowjetunion rd. 25 Mio. Russen außerhalb der Grenzen der Russ. Föderation leben, trug mit zur russ. Interpretation der postsowjet. Staaten als »nahes Ausland« bei, woraus diese sehr bald eine Bedrohung ableiteten, zumal die in Russland erstarkten kommunist. und nationalist. Kräfte die Wiederherstellung eines Staates in den Grenzen der früheren Sowjetunion forderten.

Die z. T. bedrückenden wirtschaftl. und sozialen Verhältnisse in den postkommunist. Staaten bewirkten dort eine oft instabile innenpolit. Situation (häufige Reg.-Wechsel, Massenproteste u. a. 1996/97 in Serbien, Bulgarien, Unruhen 1997 in Albanien) und lösten eine starke Wanderbewegung nach West-E. aus. Die Enttäuschung breiter Bev.-Kreise in den postkommunist. Staaten über die Entwicklung in ihren Ländern ermöglichte es mehreren Nachfolgeparteien der früheren KPs, die nicht selten in der Rolle des Verteidigers der sozialen Gerechtigkeit auftraten, wieder starken polit. Einfluss zu gewinnen (u. a. in Russland) oder sogar zeitweilig die Reg. zu stellen (z. B. in Bulgarien, Polen und Litauen). Die brisanteste europ. Krisenregion blieb jedoch der Balkan (u. a. NATO-Militäraktion im Kosovo 1999, Konfliktlösung in Makedonien Sommer

2001); ein »Stabilitätspakt für Südost-E.« (1999) zielt auf die langfristige Befriedung der Region. Einen neuen Schub bekam diese, als nach zweiwöchigen Protestaktionen, u. a. einem Generalstreik, und einer »friedl. Revolution« (5. 10. 2000; Zentrum Belgrad) S. MILOŠEVIĆ zum Rücktritt gezwungen werden konnte; am 12. 2. 2002 begann der Prozess gegen ihn vor dem Internat. Kriegsverbrechertribunal in Den Haag. Ungelöst blieb (bisher) die Statusfrage im Kosovo.

Europäische Einigung Der Gedanke des »gemeinsamen europ. Hauses« gewann nach Aufhebung der polit. Spaltung E.s eine neue Dimension, trotz Fortbestehens von separatist. und Autonomiebewegungen auch in einigen westeurop. Ländern. War die →europäische Integration mit der Verabschiedung der →Einheitlichen Europäischen Akte (1986/87), dem Maastrichter Vertrag (1992) als Gründungsvertrag der →Europäischen Union (in Kraft seit 1. 11. 1993) sowie der Schaffung eines →Europäischen Binnenmarktes zum 1. 1. 1993 immer weiter vorangetrieben worden, so erfolgte am 1. 1. 1995 die Aufnahme von drei neuen Mitgl. in die EU (Finnland, Österreich und Schweden). Die Kontroverse in versch. Ländern der EG über das Maastrichter Vertragswerk (in Dänemark erst nach Bewilligung von Ausnahmeregelungen durch ein zweites Referendum im Mai 1993 angenommen) führte aber auch zu zeitweiligen Differenzen innerhalb der Gemeinschaft und verdeutlichte, dass sich die Europ. Union im Spannungsfeld zw. einzelstaatl. und regionalen Interessen sowie gesamteurop. Erfordernissen bewegt. Die 1991/92 um zahlr. neue osteurop. Mitglieder erweiterte KSZE (seit 1995 OSZE) bemühte sich u. a. um Vermittlung in den in Ost-E. aufgebrochenen Konflikten; zu einem gesamteurop. Anliegen entwickelte sich die Wirtschaftshilfe für die mit einem schweren ökonom. Erbe ringenden mittel- und osteurop. Staaten (u. a. durch die →Osteuropabank).

Neben den zahlr. Desintegrationsprozessen in Mittel- und Ost-E. kam es dort auch zu versch. Ansätzen der Zusammenarbeit mit dem Ziel der baldigen Westintegration. 1991 schlossen Ungarn, Polen und die ČSFR (jetzt Tschech. Rep. und Slowak. Rep.) in Visegrád ein Bündnis zur polit. und wirtschaftl. Zusammenarbeit (Visegrád-Allianz); 1995 wurde Slowenien integriert. Aus dieser Visegrád-Gruppe wurden im März 1999 Polen, Ungarn und die Tschech. Rep. als erste ehem. Ostblockstaaten in die NATO aufgenommen (2004 folgten Bulgarien, Estland, Lettland, Litauen, Rumänien, Slowak. Rep. und Slowenien). Ende März 1996 beschlossen die europ. GUS-Mitgl. Russland und Weißrussland mit den zentralasiat. Staaten Kasachstan und Kirgistan die Gründung einer Union nach dem Vorbild der EU (»Gemeinschaft Integrierter Staaten«) und orientierten sich dabei v. a. an den gemeinsamen wirtschaftl. Interessen. Am 2. 4. 1996 begründeten Russland und Weißrussland eine »Gemeinschaft Souveräner Republiken« (SSR) mit dem Ziel, einen einheitl. Wirtschaftsraum zu bilden und in der Außen- und Sicherheitspolitik eng zusammenzuarbeiten.

Mit dem Vertrag von Amsterdam (Oktober 1997) erhielt der wirtschaftlich-polit. Zusammenschluss der EG-Staaten eine weitere programmat. Grundlage. Die europ. Integration, v. a. die Westintegration Ost-E.s, schritt trotz mancher fortbestehender innereurop. Kontroverse weiter voran: Streben versch. weiterer Staaten nach Mitgliedschaft (→EU-Erweiterung, dazu Annahme der →Agenda 2000 von 1999; EU-»Erweiterungsgipfel« von Kopenhagen im Dezember 2002, der die Aufnahme von Estland, Lettland, Litauen, Malta, Polen, Slowak. Rep., Slowenien, Tschech. Rep., Ungarn und Zypern zum 1. 5. 2004 beschloss), Öffnung der NATO. Nach langwierigen Kompromissverhandlungen wurde beim EU-Gipfel in Nizza (7.–10. 12. 2000) eine zumeist kritisch kommentierte Einigung über den künftigen Zuschnitt der Europ. Kommission, die Stimmengewichtung im Rat und die Ausweitung der Mehrheitsentscheidungen erreicht (→Vertrag von Nizza, unterzeichnet am 26. 2. 2001); gleichzeitig verabschiedete der Europ. Rat am 7. 12. 2000 in Nizza eine →Europäische Grundrechte-Charta, die von einem auf Beschluss des Europarats vom 3./4. 6. 1999 gebildeten Konvent unter Vorsitz von R. HERZOG 1999–2000 erarbeitet worden war. Der Tätigkeitsaufnahme durch die Europ. Zentralbank 1998 folgte zum 1. 1. 1999 die Einführung des Euro als Buchgeld in zunächst 11 Teilnehmerländern der Europ. Wirtschafts- und Währungsunion (→Eurozone; ab 1. 1. 2001 zwölf) sowie die planmäßige Einführung als Bargeld zum 1. 1. 2002.

Die Partnerschaft E.s mit den USA wurde nach den Terroranschlägen vom 11. 9. 2001 auf das World Trade Center und das Pentagon sowie den daraus erwachsenen Folgen vor neue Herausforderungen gestellt (→Antiterrorkrieg). So führte die unterschiedl. Haltung zur amerikan. Militäraktion in Irak zu zeitweise tief gehenden Verstimmungen zw. ablehnenden und befürwortenden europ. Regierungen.

Am 16. 12. 2001 wurde auf dem EU-Gipfel in Laeken (Belgien) die Bildung eines Konvents zur Vorbereitung der EU-Reform unter Vorsitz von V. GISCARD D'ESTAING beschlossen. Ein im Juni 2003 vom Europ. Konvent nach Abschluss seiner Tätigkeit vorgelegter Entwurf einer europ. Verf. bildete die Grundlage des 29. 10. 2004 in Rom unterzeichneten Verfassungsvertrags (→Vertrag über eine Verfassung für Europa); zwar wurde die europ. Verf. daraufhin 2005 u. a. in Dtl. (12. 5.) und Österreich (11. 5.) durch die Zustimmung der Parlamente ratifiziert, jedoch erfuhr das Vertragswerk z. B. bei den in Frankreich (29. 5.) und in den Niederlanden (1. 6.) abgehaltenen Referenden eine Ablehnung.

Handbücher: Hb. der europ. Gesch., hg. v. T. SCHIEDER, 7 Bde. (¹⁻⁴1968–96; teilw. Nachdr.); Hb. der europ. Volksgruppen, bearb. v. M. STRAKA (Wien 1970); E., hg. v. H. LEHMANN (²¹1973; Nachdr. 1978); Hb. der europ. Wirtschafts- u. Sozialgesch., hg. v. H. KELLENBENZ, 6 Bde. (1980–93); Hb. der westeurop. Regionalbewegungen, hg. v. J. BLASCHKE (1980); E.-Hb., hg. v. W. WEIDENFELD, 2 Bde. (³2004).

Allgemeines, Geografie, Geologie, Klima: F. MACHATSCHEK: Das Relief der Erde, Bd. 1 (²1955); Climates of Northern and Western Europe, hg. v. C. C. WALLÉN (Amsterdam u. a. 1970); Meyers Kontinente u. Meere. E., bearb. v. W. JOPP, 3 Bde. (1971–72); F. J. MONKHOUSE: A regional geography of Western Europe (Neuausg. London 1976); Climates of Central and Southern Europe, hg. v. C. C. WALLÉN (Amsterdam u. a. 1977); A.-M. MEYER ZU DÜTTINGDORF: Klimaschwankungen im maritimen u. kontinentalen Raum E.s seit 1871 (1978); Klimadaten von E., bearb. v. M. KALB 3 Bde. (1980–82); The climate of Europe, hg. v. H. FLOHN u. R. FANTECHI (Dordrecht u. a. 1984); Geomorphology of Europe, hg. v. C. EMBLETON (Weinheim 1984); M. KRAFFT: Führer zu den Vulkanle E.s, 3 Bde. (a. d. Frz., 1984); H. JÄGER: Entwicklungsprobleme europ. Kulturlandschaften (1987); R. SCHÖNENBERG u. J. NEUGEBAUER: Einf. in die Geologie E.s (⁷1997); E., hg. v. W. SPERLING (Neuausg. 1989); P. A. ZIEGLER: Geological atlas of Western and Central Europe (Den Haag ²1990); H. KIESEWETTER: Region u. Industrie in E. 1815–1995 (2000).

Bevölkerung: Nat. Minderheiten in E., hg. v. R. GRULICH u. P. PULTE (1975); J. DE VRIES: European urbanization. 1500–1800

(Cambridge, Mass., 1984); O-W-Wanderung in E., hg. v. H. FASSMANN u. R. MÜNZ (2000); C. PAN u. B. S. PFEIL: Die Volksgruppen in E. (Wien 2000); K. J. BADE: E. in Bewegung. Migration vom späten 18. Jh. bis zur Gegenwart (Neuausg. 2002); Das Leben v. Frauen u. Männern in Europa – ein statist. Porträt. Daten aus den Jahren 1980–2000, hg. v. der Europ. Kommission (2002).

Sprachen: A. MEILLET: Les langues dans l'Europe nouvelle (Paris ²1928); E. LEWY: Der Bau der europ. Sprachen (²1964); G. DÉCSY: Die linguist. Struktur E.s (1973); H. HAARMANN: Soziologie u. Politik der Sprachen E.s (1975); DERS.: Elemente einer Soziologie der kleinen Sprachen E.s, 3 Bde. (1979–84).

Geschichte: G. A. CRAIG: Gesch. E.s im 19. u. 20.Jh., 2 Bde. (a. d. Amerikan., 1978–79); The Oxford history of modern Europe, hg. v. A. BULLOCK u. a., 11 Bde. (Oxford ¹⁻²1978–99); Europ. Wirtschaftsgesch., hg. v. C. M. CIPOLLA u. C. BORCHARDT, 5 Bde. (a. d. Engl., Neuausg. 1983–86); O. BRUNNER: Sozialgesch. E.s im MA. (²1984); Die Formierung E.s. 840–1046 (²1993); HAGEN SCHULZE: Phoenix E. – die Moderne. Von 1740 bis heute (1998); P. BROWN: Die Entstehung des christl. E. (a. d. Engl., Neuausg. 1999); J. ELVERT: Mittel-E.! Dt. Pläne zur europ. Neuordnung. 1918–1945 (1999); H. SCHILLING: Die Neue Zeit. Vom Christenheitseuropa über E. der Staaten. 1250 bis 1750 (1999); F. PRINZ: Von Konstantin zu Karl dem Großen. Entfaltung u. Wandel E.s (2000); W. SCHMALE: Gesch. E.s (Wien u. a. 2001); U. DIRLMEIER u. a.: E. im Spät-MA. 1215–1378 (2003); H. ALTRICHTER u. W. L. BERNECKER: Gesch. E.s im 20. Jh. (2004); J. DÜLFFER: Europa im O-W-Konflikt. 1945–1991 (2004); E. u. seine Regionen. 2000 Jahre europ. Rechtsgesch., hg. v. A. BAUER u. K. H. WELKER (2004); M. SALEWSKI: Gesch. E.s. Staaten u. Nationen v. der Antike bis zur Gegenwart (²2004); F. SEIBT: Die Begründung E.s. Ein Zwischenbericht über die letzten tausend Jahre (Neuausg. 2005). – Weitere Literatur → europäische Integration, → Europäische Union.

Europa, Île E. [iløro'pa], Koralleninsel in der Straße von Moçambique, 30 km², wegen Wassermangels unbewohnt, gehört zum frz. Übersee-Dép. Réunion, wird von Madagaskar beansprucht.

E|uropa, Picos de E., verkarstete Kalkgebirgskette des Kantabr. Gebirges, N-Spanien, mit dessen höchsten Gipfeln (Torre de Cerredo 2648 m ü. M., Torre de Llambrión 2639 m ü. M., Naranjo de Bulnes 2628 m ü. M., Peña Vieja 2615 m ü. M.). 1995 wurde die Gebirgskette unter Einbeziehung des bestehenden Nationalparks Montaña de → Covadonga zum Nationalpark P. d. E. erklärt (650 km²). Die Felsenhöhle Cueva Santa von Covadonga ist Nationalheiligtum.

Europaband, das 49-m-Kurzwellenband (Frequenzbereich 5,95–6,2 MHz), so genannt wegen seiner großen, den Empfang europ. Sender ermöglichenden Reichweite (tagsüber bis 2000 km); bei Nacht ist zusätzlich der Empfang von Sendern aus anderen Kontinenten möglich. Ursache hierfür ist die tageszeitlich bedingt unterschiedl. Ausbreitung von → Kurzwellen.

Europabrücke, Brücke der Brennerautobahn, südlich von Innsbruck, Tirol, Österreich; 785 m lang, 34 m breit, mit bis 198 m hohen Pfeilern; überspannt mit sechs Fahrbahnen das tief eingeschnittene Tal der Sill (Wipptal); erbaut 1959–63.

Europa der Regionen, ein polit. Ordnungskonzept zum Aufbau föderativer Strukturen bei der Integration Europas; es sieht vor, die Regionen als »dritte Ebene« zw. den einzelnen Nationalstaaten und der gesamteurop. Staatenwelt, bes. den supranat. Institutionen der EG bzw. der EU, im institutionellen Bereich mit einzubeziehen. Die in ihren verfassungsrechtl. nationalen Kompetenzen sehr unterschiedlich ausgestatteten Regionen sollen v. a. im Rahmen »dezentraler Strukturen« Mitverantwortung erhalten. Der Maastrichter Vertrag (unterzeichnet am 7. 2. 1992) legte die Schaffung eines → Ausschusses der Regionen mit beratender Funktion fest; das in diesem Vertrag verankerte Subsidiaritätsprinzip setzt bei der Entscheidungsfindung und Beschlussfassung einen dreistufigen Aufbau der EU (Europa, Nationalstaat und Region) voraus.

Europadiplom, vom → Europarat 1964 geschaffene und jeweils für fünf Jahre verliehene Auszeichnung für nach dem Naturschutzgesetz geschützte Landschaften, Schutzgebiete oder Einzelschöpfungen der Natur mit bes. effektiven Schutz-, Pflege- und Entwicklungsmaßnahmen von europ. Interesse. Gegenwärtig gibt es in Dtl. acht Naturschutzgebiete und National- bzw. Naturparks mit E., darunter die Naturschutzgebiete Lüneburger Heide und Siebengebirge, der Dt.-Luxemburg. Naturpark sowie die Nationalparks Bayerischer Wald und Berchtesgaden. Ausgezeichnet wurden z. B. auch der Schweizer Nationalpark und die Krimmler Wasserfälle in Österreich.

Europadörfer, Einrichtungen des von Pater D. G. PIRE 1950 gegründeten Vereins »Hilfe für heimatlose Ausländer in Dtl.« (Sitz: Huy, Belgien). E. dienten urspr. dazu, den nach dem Zweiten Weltkrieg in Europa lebenden, meist staatenlosen Flüchtlingen menschenwürdigen Wohnraum zu schaffen. E. gab es in Dtl. (u. a. in Aachen, Augsburg, Euskirchen, Spiesen und Wuppertal), Österreich und Belgien. Heute besteht noch das E. in Augsburg-Hochzoll (Trägerverein: »Tür an Tür – miteinander wohnen und leben e. V.«).

Europäerreben, Bez. für die von der asiat. Wildrebe Vitis silvestris abstammenden Reben, v. a. die europ. Kultursorten der Art Vitis vinifera. Da deren Wurzeln reblausanfällig sind, werden sie heute auf Unterlagen von → Amerikanerreben aufgepfropft.

Europaflagge, 1) 1949–93 Flagge der Europ. Bewegung, seitdem Symbol der Union Europ. Föderalisten (→ Europa-Union Deutschland); ein weiß ausgespartes grünes »E«; 2) offizielle Flagge des Europarates (1955) und der Europ. Gemeinschaften (1986) und seit ihrer Gründung Symbol der EU, seit 1993 auch der Europ. Bewegung; auf blauem Grund ein Kreis von zwölf

Europabrücke bei Innsbruck (1959–63 erbaut)

Euro Europagedanke

goldgelben fünfzackigen Sternen, die als Symbol für Einheit und Perfektion stehen.

Europagedanke, Bez. für eine Vielzahl von auf den europ. Lebens- und Kulturraum bezogenen Leitideen und polit. Ordnungsmodellen.
- Der Begriff und seine Geschichte
- Antike Ansätze zu einem politisch-kulturellen Europabegriff
- Der Europagedanke des frühen Mittelalters
- Der neuzeitliche Europagedanke bis zur Aufklärung
- Der Europagedanke von der Aufklärung bis zum Zweiten Weltkrieg
- Der Weg in die Europäische Union

DER BEGRIFF UND SEINE GESCHICHTE

Der geografische Name Europa Der Name Europa war in der griech. Überlieferung von Anfang an präsent; er bezeichnete zunächst, in einem Götterhymnus des 7. Jh. v. Chr., das mittlere und nördliche Griechenland, insbes. das Gebiet, das der heutigen europ. Türkei entspricht. Zwar umfasste er bald – so bei HEKATAIOS und HERODOT (6.–5. Jh. v. Chr.) – den ganzen Erdteil, in Opposition zu Asien und Libyen (Afrika); hierbei blieb jedoch der Bosporus die einzige eindeutige Grenzscheide gegenüber Asien. Dies hängt damit zusammen, dass Europa eigtl. gar kein geografisch streng abgeteilter Erdteil ist, sondern lediglich der reich gegliederte Küstensaum des asiat. Kontinents; erst die herausragenden kulturellen Errungenschaften der Bewohner haben es dazu gemacht.

Europa als Bezug für die Geschichtsschreibung Das Geschichtsbuch des CHRISTOPH CELLARIUS, erschienen 1685–96, trägt den Titel »Historia universalis, in antiquam, medii aevi et novam divisa« (»Weltgeschichte, eingeteilt in die des Altertums, des Mittelalters und der Neuzeit«). Diese Periodisierung löste ältere Zeitalterschemata, insbes. die Lehre von den vier Weltreichen Babylon – Persien – Makedonien – Rom ab; mit ihr setzte sich endgültig eine von bibl. Vorgaben freie Geschichtsbetrachtung durch. Sie war, obwohl sie beanspruchte, Weltgeschichte zu gliedern, eurozentrisch, d. h., sie suchte zuallererst die Geschichte Europas darzustellen, und zwar unter Einbeziehung der Antike. Eine neuere Auffassung lässt »Europa« aus den Wirren der Völkerwanderungszeit (5.–7. Jh.) hervorgehen; für sie legte erst das Frankenreich, mit dem sich der kulturelle Schwerpunkt vom Mittelmeer in die Regionen westlich und östlich des Rheins verlagerte, die Fundamente für die Geschichte.

Die Geschichtswiss. kann sich für beide Verwendungsweisen des Europabegriffs auf gute Argumente berufen. Das moderne Bild von Europa, das die Europapolitik der Gegenwart zwingend festlegt (Leitwort: »Vielheit in der Einheit«), hat keine antiken Wurzeln, es gründet sich auf eine Wirklichkeit, die erst im Übergang zur Neuzeit entstanden ist. Geschichtsdarstellungen, die die aktuelle Europadebatte begleiten wollen, greifen daher nicht fehl, wenn sie sich eines zeitlich eingeschränkten Europabegriffs bedienen. Andererseits wäre es absurd, auf die Antike als die Basis der europ. Geschichte zu verzichten. Deren letzte Phase, die Spätantike, enthielt bereits sämtl. Hauptkomponenten der europ. Kultur: die griech. Wissen-

schaften und Künste, den röm. Staatsgedanken, die christl. Religion. Werke, die sich z. B. mit der Entstehung der att. Demokratie oder der röm. Republik befassen, können daher ebenso zur Differenzierung der aktuellen Europadebatte beitragen wie die Analysen von Europas Entstehung im frühen Mittelalter.

Europa als Gegenstand der Reflexion Das Thema Europa ist ein Stück Begriffs- und Ideengeschichte, nicht aber, wie manchmal irrtümlich angenommen wird, Rekonstruktion der Sache Europa selbst. Folglich geht es hier nicht um die Geschichte und Kultur Europas, nicht um die Staatsmänner, Philosophen, Künstler und Dichter, die in Europa hervorgetan haben, und nicht um die Reihe von Epochen, an der alle europ. Völker bis in die Gegenwart teilhatten. Es geht vielmehr lediglich um Reflexe dieser Sache, darum, wie sich das Auf und Ab der europ. Geschichte, wie sich die Erfolge und Niederlagen, Leistungen und Schandtaten der Europäer in deren Köpfen spiegelten; es geht um die Vorstellungen, die Urteile und Wünsche, die die Europäer jeweils mit dem Namen ihres Lebens- und Kulturraumes verknüpft haben. Das Hochmittelalter z. B. ist in dieser Hinsicht unergiebig: Die Europäer haben damals andere Leitideen verwendet, wie Christenheit, Kirche oder Rom, um das ihnen Gemeinsame zu benennen.

Der begriffsgeschichtl. Aspekt verlangt außerdem, dass sich die jeweiligen Zeugnisse tatsächlich auf die Kategorie Europa berufen. Auch in dieser Hinsicht trifft man auf Irrtümer und Fehldeutungen: Aus moderner Sicht wird für die Geschichte des neuzeitl. Europas vereinnahmt, was in Wahrheit noch den universalen Mächten des Mittelalters verhaftet ist. Andererseits wäre es verfehlt, Autoren nur deshalb zu ignorieren, weil in ihren offensichtlich auf ein anderes, besseres Europa zielenden Ausführungen der Name Europa nicht vorkommt. Dies gilt z. B. für den frz. Publizisten P. DUBOIS: Seine Schrift »De recuperatione terre sancte« (»Die Wiedergewinnung des heiligen Landes«, um 1306) forderte ein System gleichberechtigter europ. Nationalstaaten, ohne Europa als das Ganze, das geordnet werden soll, zu nennen. Auch der von dem böhm. König GEORG VON PODIEBRAD geplante Fürstenbund war – als gegen die Türken gerichtet – der Sache nach »europäisch«, wenn auch nicht in der Terminologie.

Europa-Entwürfe Der Begriff E. ist verschiedener Bestimmungen fähig. Man kann jede Art von reflektierender Stellungnahme zur europ. Wirklichkeit darin einbeziehen; man kann sich jedoch auch auf solche Verlautbarungen beschränken, die programmat. Entwürfe enthalten, indem sie ihre Kritik in bestimmte Änderungsvorschläge münden lassen. Die erstgenannten Manifestationen des E. haben im Wesentl. deklarator. Charakter; sie zielen auf die Bestätigung der je gegebenen Verhältnisse und wollen daran festgehalten wissen, sie sind deskriptiv oder neigen dazu, die Wirklichkeit idealisierend zu erhöhen. Die letztgenannten Europabekundungen hingegen sind präskriptiv; sie empfehlen oder fordern einen erst noch herzustellenden Sollzustand.

Diese beiden Tendenzen lassen sich meist nicht genau voneinander trennen. Im Ganzen aber hat wohl zu gelten, dass in den antiken und frühmittelalterl. Zeugnissen der bestätigende Charakter vorherrscht: konkrete Gegebenheiten (Völker, Personen, Ereignisse) erweisen sich als signifikant für ganz Europa, für das, was der jeweils Urteilende als europäisch an-

Europaflagge: *oben* Symbol der Union Europäischer Föderalisten, *unten* offizielle Flagge des Europarates und der Europäischen Gemeinschaften sowie Symbol der Europäischen Union und der Europäischen Bewegung

Europagedanke: Giovanni Battista Tiepolo, »Allegorie der Europa«; Fresko im Treppenhaus der Würzburger Residenz (1752/53)

sieht. Erst die Europamodelle, die seit dem späten MA. ersonnen worden sind, enthalten, von negativen Erfahrungen der Gegenwart ausgehend, Maximen oder Programme, die bessere – meist: konfliktärmere – Verhältnisse herbeiführen sollen. Die deskriptive Europatopik, d. h. die Berufung auf angebl. oder wirkl. Elemente der europ. Tradition, hat dann die Funktion eines unterstützenden Arguments.

ANTIKE ANSÄTZE ZU EINEM POLITISCH-KULTURELLEN EUROPABEGRIFF

Der griech. Siedlungsraum und zumal das Röm. Reich hatten das Mittelmeer zum Zentrum, und dem entsprach, dass in der Antike meist nicht Europa, sondern andere Begriffe zur Bezeichnung der je eigenen Gebiete verwendet wurden. Die Griechen, die nicht durch einen Staat, sondern allein durch ihre Kultur miteinander verbunden waren, bevorzugten eine personale Antithese, wenn sie sich von ihren Umwohnern abgrenzen wollten: Sie bezeichneten sich selber als Hellenen und alle Fremden gleich welcher Herkunft als Barbaren, mit einem Ausdruck, der durchaus nicht immer den heute übl. herabsetzenden Nebensinn hatte. Die Römer pflegten sich in ihrer polit. Sprache einer Reihe von Begriffen zu bedienen, die ihre Herrschaft als ein System konzentr. Ringe vor Augen führten: Rom – Italien – mare nostrum (»unser«, d. h. das Mittelmeer) – orbis terrarum (»der Erdkreis«); mit der zuletzt genannten Formel reichte der röm. Herrschaftsanspruch weit über die damals bekannte Welt hinaus. Immerhin kam es gelegentlich zu Verwendungen des Begriffs Europa, die über das rein Geografische hinausgingen, worin sich ein Anspruch, eine Leitidee zu erkennen gab; diese Ansätze eines Europas wurden in der Neuzeit aufgegriffen und fortentwickelt.

Dies gilt weniger für die ersten, ganz für sich stehenden Zeugnisse im Geschichtswerk des HERODOT: Dort erscheinen Asien und Europa als feindlich einander gegenüberstehende Machtblöcke und Europa als Ziel pers. Expansion – dieser E. formuliert lediglich fremde Herrschaftsansprüche. Ebenfalls auf dem Gegensatz Asien – Europa beruht die griech. Theorie der im »Corpus Hippocraticum« erhaltenen Schrift »Über Lüfte, Gewässer und Örtlichkeiten« (5. Jh. v. Chr.): Sie sucht gewisse phys. und psych. Unterschiede bei den Bewohnern aus den jeweiligen klimat. Bedingungen abzuleiten. Die späteren Berufungen auf den Kontrast sind von beiläufiger Art. ARISTOTELES erklärt die Unterschiede zw. den Europäern und Asiaten schlechtweg für anlagebedingt. ISOKRATES greift das von HERODOT bezeugte Blockdenken auf, jedoch in entgegengesetzter Stoßrichtung: Die Griechen sollten sich das Perserreich botmäßig machen. Mit der Verwirklichung dieses Programms durch ALEXANDER D. GR. entstand eine griechisch-orientaL. Ökumene, ein Kosmopolitentum, dem an europ. Besonderheiten nichts mehr gelegen war.

Mit den bis zum Atlantik vordringenden Eroberungen Roms, zumal der Galliens durch CAESAR, verlagerte sich der Schwerpunkt Europas nach Westen und Norden. Reflexe in der Literatur folgten auf dem Fuße. Der Geograf STRABO würdigte nicht nur die Griechen, sondern auch die Makedonen und Römer als Baumeister Europas. Das astrolog. Lehrgedicht seines Zeitgenossen MANILIUS enthält einige hymn. Verse über Europa, die außer den griech. Staaten und Rom auch Germanien, Gallien und Spanien nennen und somit als Vorboten eines europ. Zusammengehörigkeitsgefühls aufgefasst werden können.

DER EUROPAGEDANKE DES FRÜHEN MITTELALTERS

Die Übergangszeit zum MA. hatte eine Gemeinschaft christianisierter Völker hinterlassen, deren Lebensraum teils innerhalb, teils außerhalb der Grenzen des

Euro Europagedanke

einstigen Weström. Reiches lag; diese Metamorphose der Kulturwelt rief eine erste Kette innerlich miteinander zusammenhängender Bekenntnisse zu Europa hervor. Im 6.–9. Jh. lassen sich hierbei drei Erscheinungsweisen unterscheiden: erstens ein Europabewusstsein oder -gemeinschaftsgefühl, das sich punktuell, bei schwerer Gefährdung von außen, geltend machte; zweitens Ansätze zu einem kirchl. Europa (Europa = ecclesia) und drittens der polit. E. des karoling. Reiches (Europa = regnum, imperium).

Die frühesten Beispiele für eine emotional gefärbte Verwendung des Europanamens sind – als Ausdruck für eine Leidensgemeinschaft – aus dem Chaos der Völkerwanderungszeit hervorgegangen: Da die Invasionen zunächst nicht nur das Westreich, sondern auch den Balkan heimsuchten, konnte man für das Katastrophengebiet, wenn man es mit *einem* Wort umgreifen wollte, keinen passenderen Ausdruck wählen als Europa. Der Hunne ATTILA, berichtet ein Chronist des 6. Jh., habe fast ganz Europa dem Erdboden gleichgemacht; ganz Europa, sekundierte Papst GREGOR D. GR., sei dem Machtwort der Barbaren ausgeliefert. Aus der Leidens- wurde mit dem Erstarken des Karolingerreiches eine Kampfes- und Siegesgemeinschaft: Die Europäer, heißt es bei einem anonymen Chronisten nach dem Waffenerfolg über die Araber (732, bei Tours und Poitiers), seien frohgemut in ihre Vaterländer zurückgekehrt.

Zu Ansätzen eines kirchl. Europas wagten sich an erster Stelle die Hagiografen vor: Sie bedurften eines Parameters heiligmäßigen Lebens – von der gottbegeisterten Predigt des BONIFAZ, verlautet demgemäß, habe man fast überall in Europa gesprochen. Andere Äußerungen bedienten sich der Bezeichnung Europa, um die bes. Rolle des Bischofs von Rom hervorzuheben. Sie blieben jedoch vereinzelt; die Kurie zumal bevorzugte aus der Antike überkommene Formeln wie »orbis terrarum«.

Diese tastenden Versuche wurden überboten und gewissermaßen absorbiert von der karoling. Europaidee, einer Idee, die Staat und Kirche umfasste und beides in den Dienst der christl. Heilslehre stellte. Sie war eng mit der Person KARLS DES GROSSEN verknüpft; die üppig sprießende Panegyrik feierte den Herrscher als »Leuchtturm« oder »Gipfel Europas«. Die Reichsteilungen nach dem Tode LUDWIGS DES FROMMEN (840) verwiesen den karoling. E. in die Vergangenheit. Die Bedeutung des Fränk. Reiches und seines Anspruchs, Europa zu repräsentieren, wird in der Forschung der Gegenwart verschieden eingeschätzt. Man verwies auf Byzanz und die großen Gebiete Europas, die nicht zum Reich gehörten; erst dessen Untergang habe die aus einer Vielfalt von Völkern und Staaten bestehende Einheit Europas ermöglicht. Diese These setzt den neuzeitl. Europagedanken absolut; sie verkennt, dass die monist. Europaidee der Karolinger Einheit nicht spiegeln, sondern überhaupt erst herstellen sollte: über ein buntes Gemisch von Sprachen und Rechtsordnungen hinweg.

DER NEUZEITLICHE EUROPAGEDANKE BIS ZUR AUFKLÄRUNG

Vorläufer des neuzeitlichen Europagedankens Mit den Teilungen des Frankenreiches verlor der frühmittelalterl. E. sein Fundament. Es folgten Jh.e, in denen die Europäer keinen Anlass sahen, die räuml. Größe zur allgemein verbindl. Rahmenbedingung ihres Zusammenlebens zu deklarieren; stattdessen verwiesen Abstrakta, die universalen Institutionen »Kirche« und »Reich« sowie Religion – »Christenheit«–, auf die postulierte Einheit jenseits der realen Mannigfaltigkeit. Als Prüfstein können die Kreuzzüge dienen: keine zweite Erscheinung des hohen MA. war gleichermaßen geeignet, an die Zusammengehörigkeit der Europäer zu appellieren; gleichwohl enthält sich die einschlägige Literatur durchweg, von Europa zu sprechen. Offenbar hatte die enge Verbindung mit dem Frankenreich den Namen in Misskredit gebracht; es bedurfte eines zeitl. Abstandes, damit er wieder, nun in einem anderen Sinne, verwendbar würde.

Im 13. Jh., mit dem Beginn des Niedergangs der universalen Mächte Kaisertum und Papsttum, trat das MA. in eine Dauerkrise ein, die schließlich zu einem gänzlich anderen Europa, dem der Territorialherren und Nationalstaaten, führte. Mit der Katastrophe der Staufer wurde die Krise manifest, und eine rege Publizistik forderte die Wiederherstellung der kaiserl. Universalmonarchie. Einige dieser im Wesentlichen rückwärts gewandten Traktate enthalten neue, das künftige Europabild vorbereitende Gedanken. So forderte DANTES Schrift »De monarchia« (um 1310) die Trennung von Kirche und Reich: Der Papst solle die Menschheit zum ewigen Leben führen, während es dem Kaiser obliege, der Verwirklichung des zeitl. Glücks zu dienen. Zu einem weit kühneren Projekt verstand sich um dieselbe Zeit der schon genannte Franzose DUBOIS: Er ließ nur noch die Kirche als übernationale Institution monarch. Gepräges gelten, während das Reich durch einen Staatenverein ersetzt werden sollte, der in einer Art Konzil die weltl. Geschicke der Mitglieder lenke.

Der Kölner Kanonikus ALEXANDER VON ROES endlich unterschied in seinen Schriften drei Funktionen des öffentl. Lebens, das Priesteramt (»sacerdotium«), das Herrscheramt (»regnum«) und die Pflege der Wissenschaften (»studium«), und verteilte sie in der Weise auf die drei Hauptnationen, dass den Italienern das »sacerdotium«, den Deutschen das »regnum« und den Franzosen das »studium« zukäme. Dieser übernat. Geschäftsverteilungsplan rechnete zum ers-

Europagedanke: Europakarte von Gerhard Mercator (2. vervollständigte Ausgabe von 1572; Klassik Stiftung Weimar)

ten Male mit einer Mehrheit von Nationen, und er wählte sogar für das die Vielheit zur Einheit zusammenfügende Prinzip die damals unzeitgemäße Bez. Europa – so verfährt jedenfalls die jüngere der beiden Abhandlungen, die »Noticia seculi« (»Übersicht über den Weltlauf«, 1288).

Die Grundlegung des modernen Europagedankens im Zeitalter der Türkenkriege Bedrohungen von außen fördern bei den Bedrohten i. Allg. Bekenntnisse zur Solidarität; so rief ein epochales Ereignis, die Eroberung Konstantinopels durch die Türken (1453), mit *einem* Schlag den neuzeitl. E. ins Leben. Hiermit wurde der Bosporus zum zweiten Male (wie knapp zweitausend Jahre zuvor, im Zeitalter der Perserkriege) zur europ. Schicksalsgrenze. Der Mann, der den neuen Europagedanken hervorbrachte und in seinen Schriften propagierte, war ENEA SILVIO PICCOLOMINI, als Papst PIUS II. (1458–64). Da er sich nicht nur dem Christentum, sondern als Humanist auch dem antiken Erbe verpflichtet glaubte, das durch die türk. Expansion in besonderem Maße gefährdet schien, wählte er mit »Europa« einen Begriff, der beides umfasste. In drei Schriften des als Publizist überaus erfolgreichen ENEA SILVIO findet sich die Bezeichnung Europa an exponierter Stelle. Am Anfang der Rede, die der damalige Bischof 1454 auf den Frankfurter Türkentage hielt, wird die Schande gerügt, die der Christenheit dadurch widerfuhr, dass sie in ihrem eigenen Hause, in Europa, heimgesucht worden sei. Mit derselben Gleichsetzung von Christenheit u. Europa beginnt auch die geografisch-ethnograf. Schrift »Europa«, und die Türkenkreuzzugsbulle (1463) endet mit dem Wunsch, dass nach der Rückeroberung Griechenlands wieder in ganz Europa das Lob Gottes erschallen möge.

ENEAS' publizist. Œuvre enthält zwei in die Zukunft weisende Grundgedanken: den Aspekt der europ. Völkervielfalt und den einer allen diesen Völkern gemeinsamen kulturellen Herkunft. Die Völkervielfalt ist das Thema der Schrift »Europa«. Jedes Kapitel beginnt mit einem Land oder einer Landschaft, wendet sich den Bewohnern zu und bringt einen geschichtlichen Überblick über die polit., kirchl. und wirtschaftl. Verhältnisse. Der Traktat ist ein eindrucksvolles Erzeugnis renaissancehafter Diesseitszugewandtheit, das die Mannigfaltigkeit europ. Landschaften und Völker anschaulich hervortreten lässt. Der gemeinsamen kulturellen Herkunft der Europäer gedenkt insbes. die Türkenrede, und ein Brief an NIKOLAUS VON KUES beklagt, dass der lat. Westen nunmehr von seinen griech. Quellen abgeschnitten sei.

Der E. des ENEAS wirkte weiter; die Idee eines Kreuzzuges gegen die Türken als einer Verpflichtung des Abendlandes durchzog die Publizistik bis ins 17. Jh.. Zugleich aber wurde Europa von den Glaubensspaltungen heimgesucht, die – zunächst in Frankreich, dann in anderen Ländern – furchtbare Kriege zur Folge hatten. Der antitürk. Kampfgeist verband sich daher mit einem starken Verlangen nach innereurop. Frieden, und unter dem Druck dieser einander entgegengesetzten Ansprüche verwandelte sich die überkommene Vorstellung von der durch Papst und Kaiser repräsentierten Christenheit allmählich in die neue Konzeption eines Europa, das auf dem föderativen Zusammenschluss seiner Staaten beruhen müsse. Ein herausragendes Beispiel für dieses Denken war der »Grand Dessein« (»Der große Plan«), den der Herzog von SULLY als Hinterlassenschaft König HEINRICHS IV. von Frankreich seinen Memoiren einverleibte: Der König habe Europa in ein Friedensreich verwandeln wollen, in eine République Chrétienne, einen Zusammenschluss von fünfzehn ungefähr gleich starken Staaten (zu deren Herstellung die polit. Landkarte allerdings gründlich hätte verändert werden müssen).

Der Europagedanke und das Gleichgewicht der Mächte als Garant des Friedens Die Reformation und die Religionskriege waren der Säkularisierung des staatl. Lebens förderlich. Die Reformation schränkte die päpstl. Oberhoheit auch in ihrem ureigenen Bereich, innerhalb der Kirche, erheblich ein; die Glaubenskriege wiederum kompromittierten das Christentum überhaupt und leisteten einem von jegl. Religion emanzipierten Vernunftdenken Vorschub. So bildete sich im Verlauf des 16. und 17. Jh. ein Staatsbegriff heraus, der den Staat von allen Bindungen, zumal den religiösen, befreite und ganz auf sich selbst gestellt wissen wollte; als neues Regulativ für das Zusammenleben der Staaten setzte sich die Doktrin vom »Gleichgewicht der Mächte« durch.

Geschichtsschreibung und Publizistik leisteten Entscheidendes auf dem Weg zum modernen Staat. Die Geschichtsschreibung brachte einen bislang unbekannten Typus von Werken hervor, der die Nation zum höchsten, alles Detail durchdringenden und die Einheit des Ganzen stiftenden Prinzip erhob. Der frz. Diplomat P. DE COMMYNES suchte in seinen Memoiren die Politik seiner Zeit als ein Kraftfeld sich wechselseitig beschränkender Größe zu deuten; ihm gelang hiermit eine erste Stufe des Gleichgewichtsgedankens. Radikaler verzichteten zwei Italiener in ihrem Bereich der Politik auf jegliche Religion: N. MACHIAVELLI, der die universalen Mächte aufs Schärfste ablehnte und die durch ein unveränderl. Wesen sich auszeichnenden Nationen zu den eigentl. Subjekten der Geschichte erhob, sowie F. GUICCIARDINI, der – angesichts des zwischen den Großmächten Frankreich und Habsburg zerriebenen Italien – die Idee des Völkerfriedens propagierte.

Der Vollender dieser Entwicklung war der frz. Staatstheoretiker J. BODIN, der Schöpfer des Souveränitätsbegriffs; er schrieb in seinen Schriften (v. a. »Les six livres de la république«, 1576) eine europ. Staatlichkeit vor, die auf einem System individueller Nationen beruht und zugleich Europa als Teil des globalen Ganzen versteht – als den bestimmenden Teil, da seine Kultur die Kultur der Antike bereits eingeholt, ja überholt habe. Dabei bedient er sich wie selbstverständlich solcher Formeln wie »die Fürsten Europas« oder »die Völker Europas«.

Die rege polit. Publizistik des 16. und 17. Jh. kannte kein wichtigeres Thema als das Problem des europ. Gleichgewichts, als den Grundsatz, kein einzelner Staat dürfe so viel Macht erlangen, dass ihn nicht die übrigen Staaten in die Schranken zu weisen vermöchten; diese Maxime sah man zunächst durch das habsburg. Weltreich und dann durch das Frankreich LUDWIGS XIV. bedroht. Die Abhandlungen und Flugschriften, die in dichter Folge die jeweilige Lage am Prinzip des Gleichgewichts maßen, bevorzugten im 16. Jh. noch die Begriffe Christen und Christenheit; der Europaname setzte sich in dieser für eine breitere Öffentlichkeit bestimmten Literatur erst während des 17. Jh. allmählich durch. Hierzu hat wohl auch G. W. LEIBNIZ beigetragen, der in zahlreichen Gelegenheitsschriften die Grundgedanken der Epoche, das Ei-

Euro Europagedanke

Die Entwicklung des Europagedankens im 19. Jahrhundert

Friedrich Gentz in seiner Schrift »Über den ewigen Frieden« (1800) zur Theorie und Praxis des europäischen Gleichgewichts

Es hat seit ungefähr hundertfünfzig Jahren in dem wirklichen Verhältnis der europäischen Staaten eine Art von unvollkommener Nachbildung dieser beim ersten Anblick so reizenden und bei einer näheren Prüfung so unhaltbaren Idee gegeben; eine Nachbildung, die unter dem Namen des *politischen Gleichgewichtes* bekannt war. Die Erfahrung hatte gelehrt, daß die meisten Kriege aus dem zu großen Übergewichte entstanden, welches die eine oder die andere Macht sich durch günstige Umstände zu verschaffen wußte. Hieraus zog die Staatskunst den Schluß, daß, wenn man durch zweckmäßige Allianzen, durch geschickte Unterhandlungen und im Falle der Not selbst durch die Waffen die Entstehung eines solchen Übergewichtes verhindern, oder, wenn es einmal entstanden war, seine schädlichen Wirkungen neutralisieren könnte, die Ruhe und die Sicherheit des Ganzen dadurch notwendig und wesentlich gewinnen müßte. Die Absicht dieses Systems war nie, wie man ihm oft mit Unrecht vorgeworfen hat, daß alle Staaten ungefähr gleich mächtig sein sollten; sie ging nur dahin, die schwächeren durch ihre Verbindung mit mächtigeren gegen die Unternehmungen eines präponderierenden Staates soviel als möglich sicherzustellen. Man wollte die natürliche Föderativverfassung von Europa so geschickt organisieren, daß jedem Gewicht in der großen politischen Masse irgendwo ein Gegengewicht zusagte. Man wollte die Kriege, wenngleich nicht unmöglich machen – welches keine Verbindung, eine allgemeine so wenig als eine besondere, vermag –, doch vermindern, indem man neben den Reiz immer gleich die Schwierigkeit stellte, und durch Furcht und Interesse überwinden, was, bei dem Mangel einer obersten Gewalt, weder das Recht noch die Moralität zu unterdrücken imstande war.

F. Gentz: Über den ewigen Frieden, zitiert nach K. von Raumer: Ewiger Friede. Friedensrufe und Friedenspläne seit der Renaissance (Freiburg/München: Alber, 1953), S. 479f.

Victor Hugo in der Eröffnungsansprache zum 2. internationalen Friedenskongress am 22. August 1849 in Paris über seine Vision von der Zukunft Europas

Ein Tag wird kommen, wo Ihr, Frankreich, Rußland, Ihr, Italien, England, Deutschland, all Ihr Nationen des Kontinents ohne die besonderen Eigenheiten Eurer ruhmreichen Individualität einzubüßen, Euch eng zu einer höheren Gemeinschaft zusammenschließen und die große europäische Bruderschaft begründen werdet [...]. Ein Tag wird kommen, wo es keine anderen Schlachtfelder mehr geben wird als die Märkte, die sich dem Handel öffnen, und die Geister, die für die Ideen geöffnet sind. Ein Tag wird kommen, wo die Kugeln und Granaten von dem Stimmrecht ersetzt werden, von der allgemeinen Abstimmung der Völker, von dem ehrwürdigen Schiedsgericht eines großen souveränen Senats, der für Europa das sein wird, was das Parlament für England, was die Nationalversammlung für Deutschland, was die Gesetzgebende Versammlung für Frankreich ist. [...] Ein Tag wird kommen, wo man sehen wird, wie die beiden ungeheuren Ländergruppen, die Vereinigten Staaten von Amerika und die Vereinigten Staaten von Europa, Angesicht in Angesicht sich gegenüberstehen, über die Meere sich die Hand reichen, ihre Produkte, ihren Handel, ihre Industrien, ihre Künste, ihre Genien austauschen, den Erdball urbar machen, die Einöden kolonisieren, die Schöpfung unter den Augen des Schöpfers verbessern, um aus dem Zusammenwirken der beiden unendlichen Kräfte, der Brüderlichkeit der Menschen und der Allmacht Gottes, für alle das größte Wohlergehen zu ziehen!

V. Hugo: Eröffnungsansprache zum 2. internat. Friedenskongress, zitiert nach C. Schöndube: Das neue Europa-Handbuch (Köln: Europa-Union-Verlag, 1969), S. 143.

genrecht der Nationen, das Gleichgewicht und das Postulat des Völkerfriedens zu fördern suchte und sich hierbei immer wieder zu Europa als dem Bezugsrahmen einer Argumentation bekannte. Sein jüngerer Zeitgenosse, der Abbé de Saint-Pierre, erregte großes Aufsehen mit seinem sehr genau ausgearbeiteten Plan eines Staatenbundes, zum Zwecke eines unverbrüchl. Friedens; das Projekt sollte den christl. Staaten Europas ein konfliktfreies Zusammenleben ermöglichen.

Während kühnen Entwürfen wie denen des Herzogs von Sully oder des Abbé de Saint-Pierre keinerlei Einfluss auf die polit. Praxis ihrer Zeit beschieden war, stand die Doktrin vom Gleichgewicht der Mächte den Handelnden offensichtlich nahe genug, ihnen als Instrument für zwischenstaatl. Vereinbarungen zu dienen. Der Oranier Wilhelm III., Statthalter der Niederlande und König von England, galt den Zeitgenossen in seinem Kampf gegen Ludwig XIV. geradezu als Verkörperung des Prinzips. Der Friedensvertrag von Utrecht (1713), ein Erfolg des engl. Unterhändlers Lord Bolingbroke, der für die meisten Beteiligten den span. Erbfolgekrieg beendete, bezeichnete als Zweck die Herstellung eines »juste équilibre de puissance« (»eines gerechten Gleichgewichts der Macht«), wobei allerdings als Bezugsrahmen noch die Christenheit, nicht Europa genannt wird. Diese Formeln leisteten wohl nicht, was sie beanspruchten, sondern bemäntelten nur die Interessen einzelner Staaten, hatten aber beschwichtigenden Charakter.

DER EUROPAGEDANKE VON DER AUFKLÄRUNG BIS ZUM ZWEITEN WELTKRIEG

Europa als ein Inbegriff von Staaten, deren Bewohner sich durch ihre gemeinsame Kultur miteinander verbunden wussten und die in wechselseitiger Unabhängigkeit neben- und miteinander leben wünschten: An diesen Maximen des neuzeitl. Europas hat sich in den drei Jh. vom Westfälischen Frieden bis zu den Weltkriegen nichts mehr geändert. Nach wie vor suchten die Europaentwürfe den innereurop. Frieden auf zweierlei Weise zu sichern: durch die Gründung eines Staatenbundes oder durch das Postulat des Gleichgewichts (→europäisches Gleichgewicht). Die Varianten der erstgenannten Möglichkeit blieben Projekt, z.B. der Vorschlag von Leibniz, ein übernationales Schiedsgericht zu schaffen, oder der rigoros zentralistisch orientierte Plan des Grafen Saint-Simon oder schließlich der »Europäische Bund« des Dänen Schmidt-Phiseldek (1820), für den die Vereinigten Staaten von Amerika als Vorbild dienen sollten. Die zweite Möglichkeit stand der Realität näher und setzte sich in Kongressen als allg. anerkanntes Prinzip der polit. Praxis durch; das Handlungsmuster wurde im 19. Jh. auch →Europäisches Konzert genannt.

Das äußere und innere Geschehen der frühen Neuzeit bedingte, dass sich die das Vielerlei der Staaten und Völker zusammenfassende Terminologie veränderte. Der Untergang des Byzantin. Reiches machte die auf die Spätantike zurückgehende Unterscheidung von Ost und West (Orient–Okzident, Morgenland–Abendland) gegenstandslos; die türk. Bedrohung war stattdessen dem Gebrauch des Europanamens förderlich. Die Entwicklung von der lat.-kath. Einheit über die Konfessionen zur Aufklärung und Säkularisierung bewirkte, dass auch der bisher verbreitete Begriff »Christenheit« durch »Europa« ersetzt wurde. Und schließlich profitierte der geograf. Name von einem neuen Gegensatz, den erst das Zeitalter der Entdeckungen ermöglicht hatte, von der Antithese »Europa–Übersee« worin viel Selbstbewusstsein der sich für überlegen haltenden Europäer zum Ausdruck kam (ablesbar z.B. an den allegor. Darstellungen der Kontinente auf den Fresken TIEPOLOS in der Würzburger Residenz).

Reformation und Gegenreformation hatten die alte, die »christl.« Einheit gesprengt, und sie vermochten auch zur neuen, zur »europ.« Einheit nichts beizutragen. Diese ging vielmehr aus einer dritten Kraft hervor, die sich neben dem Christentum und den Konfessionen ansiedelte: aus der humanist. Tradition, aus der von der Theologie emanzipierten Philosophie, aus einer neuen, nicht mehr kirchl. Belangen dienenden Auffassung von Bildung. Der nunmehr gültige E. gründete sich – wie die Menschen- und Bürgerrechte der Vereinigten Staaten und der Frz. Revolution – auf ein modernes, der Vernunft und der Erfahrung verpflichtetes Fundament; er war das Resultat der Lehre von Denkern wie BODIN, GROTIUS, LEIBNIZ, SHAFTESBURY, MONTESQUIEU, LOCKE, VOLTAIRE und KANT – auch wenn die Terminologie ihrer politisch-moral. Theorien oft mehr auf die Menschheit zu zielen behauptete als auf Europa. Der neue E. spiegelte eine gesamteurop. Einschätzung der Kultur, die vor allem im belesenen Großbürgertum ihre Heimstatt hatte.

Die europ. Praxis der Kongresse und des Ausgleichs erlitt Einbrüche, etwa durch die poln. Teilungen (1772–95) sowie – viel rigoroser – durch den Versuch NAPOLEONS I., Europa eine Einheit unter frz. Hegemonie aufzuzwingen. Das Scheitern dieses Unternehmens hatte das System METTERNICHS zur Folge, d. h. die rein rückwärts gewandte Wiederherstellung der vorrevolutionären Ordnung. Unterstützend wirkte hierbei die Romantik. Man betrachtete die Französische Revolution und den napoleon. Imperialismus als Abfall von der Einheit des MA. und stellte sogar die Forderung (so J. DE MAISTRE), auf die einst von der Kirche verbürgte Gemeinschaft des Glaubens zurückzugreifen. NOVALIS hat diese Vorstellungen in seiner Schrift »Die Christenheit oder Europa« (1799) zusammengefasst. Die schwach gesicherte Friedensordnung, die der Wiener Kongress dank METTERNICHS und seines Sprachrohrs FRIEDRICH GENTZ geschaffen hatte, vermochte Europa immerhin ein Jh. lang, bis zum Ausbruch des Ersten Weltkrieges, vor schweren Konflikten zu bewahren, obwohl der Wettstreit der Nationen und mit ihm die Ambitionen des Nationalismus stets radikaler wurden. Erst mit den Kettenreaktionen, die die Bündnissysteme im Sommer 1914 hervorriefen, trug das einzelstaatl. Machtdenken endgültig den Sieg über das »Europäische Konzert« davon.

Mit dem Ersten Weltkrieg beraubte sich Europa seiner globalen Hegemonie; bisher am Rande gelegene Mächte, die Vereinigten Staaten, Russland und Japan, gewannen an Geltung. Dementsprechend konzentrierten sich die Bemühungen um eine dauerhafte neue Friedensordnung zunächst auf weltweite Institutionen, auf den Völkerbund (mit Sitz in Genf, ab 1920) nebst Internationalem Gerichtshof (in Den Haag). Doch auch im europ. Bereich suchte man sich gegen einen abermaligen Krieg zu sichern. Da sich die Doktrin vom Gleichgewicht als unzureichend erwiesen hatte, strebte man nunmehr ernsthaft nach einer die Einzelstaaten umgreifenden europ. Verfassung, nach »Vereinigten Staaten Europas«. Die bolschewist. Lesart dieses Projekts, die TROTZKI empfahl, rief noch im gleichen Jahr, 1923, die →Paneuropa-Bewegung des Grafen von COUDENHOVE-KALERGI auf den Plan: Unter dem Dach des Völkerbundes sollte eine

---

Die Entwicklung des Europagedankens im 20. Jahrhundert

Aus dem »Paneuropäischen Manifest« (1924), mit dem Richard Nikolaus Graf von Coudenhove-Kalergi die Bildung eines europäischen Staatenbundes forderte

Europäer! Europäerinnen!

Europas Schicksalsstunde schlägt!

In europäischen Fabriken werden täglich Waffen geschmiedet, um europäische Männer zu zerreißen – in europäischen Laboratorien werden täglich Gifte gebraut, um europäische Frauen und Kinder zu vertilgen.

Indessen spielt Europa in unbegreiflichem Leichtsinn mit seinem Schicksal; in unbegreiflicher Blindheit sieht es nicht, was ihm bevorsteht; in unbegreiflicher Untätigkeit läßt es sich willenlos der furchtbarsten Katastrophe entgegentreiben, die je einen Erdteil traf.

Europas Politik steuert einem *neuen Kriege* zu. Zwei Dutzend neuer Elsaß-Lothringen sind entstanden. Eine Krise löst die andere ab. Täglich kann durch einen Zufall – etwa durch ein Attentat oder durch eine Revolte – der europäische Vernichtungskrieg ausbrechen, der unseren Erdteil in einen Friedhof wandelt.

Dieser Vernichtungskrieg, den die europäische Politik vorbereitet, wird an Schrecklichkeit den Weltkrieg ebenso weit hinter sich lassen – wie dieser den deutsch-französischen. Sein Element wird *die Luft* sein – seine Waffe das *Gift* – sein Ziel die *Ausrottung* der feindlichen Nation. Der Hauptkampf wird sich gegen die Städte des Hinterlandes richten, gegen Frauen und Kinder. Die besiegten Nationen werden vernichtet – die siegreichen tödlich verwundet aus diesem Massenmorden hervorgehen.

Dieser drohende Krieg bedeutet den gründlichen Untergang Europas, seiner Kultur und Wirtschaft. Andere Erdteile werden an dessen Stelle treten. [...]

Die einzige Rettung [ist]: *Pan-Europa;* der Zusammenschluß aller demokratischen Staaten Kontinentaleuropas zu einer internationalen Gruppe, zu einem politischen und wirtschaftlichen Zweckverband. [...]

Was Komensky und Nietzsche erträumt – Kant erdacht – Bonaparte und Mazzini gewollt haben – soll die Paneuropäische Bewegung verwirklichen: *die Vereinigten Staaten von Europa!*

R. N. Coudenhove-Kalergi: Das pan-europäische Manifest, Eröffnungsnummer der Zeitschrift Pan-Europa (Wien: Pan-Europa-Verlag, 1924), S. 3, 6, 18.

Aus Winston S. Churchills »Rede an die akademische Jugend«, gehalten am 19. September 1946 an der Universität Zürich, in der er die Europäer zur Zusammenarbeit aufrief

Wenn Europa einmal einträchtig sein gemeinsames Erbe verwalten würde, dann könnten seine drei- oder vierhundert Millionen Einwohner ein Glück, einen Wohlstand und einen Ruhm ohne Grenzen genießen. [...]

Wir müssen eine Art Vereinigte Staaten von Europa schaffen. [...] Der Weg dorthin ist einfach. Es ist dazu nichts weiter nötig, als daß Hunderte von Millionen Männer und Frauen Recht statt Unrecht tun und Segen statt Fluch dafür ernten. [...]

Der erste Schritt zur Neubildung der europäischen Familie muß eine Partnerschaft Frankreichs und Deutschlands sein. Nur so kann Frankreich die moralische Führung in Europa wiedererlangen. Es wird keine Erneuerung Europas geben ohne ein geistig großes Frankreich und ein geistig großes Deutschland. Wenn das Gebäude der Vereinigten Staaten von Europa gut und gewissenhaft errichtet wird, muß darin die materielle Stärke eines einzelnen Staates von untergeordneter Bedeutung sein. Kleine Nationen werden ebensoviel zählen wie große und sich durch ihren Beitrag zur gemeinsamen Sache Ehre erwerben. [...]

W. S. Churchill: Rede an die akademische Jugend, zitiert nach: Die Idee Europa 1300–1946. Quellen zur Geschichte der polit. Einigung, hg. v. R. H. Foerster (München: Dt. Tb. Verlag, 1963), S. 253ff.

---

europ. Konföderation (ohne Großbritannien nebst Commonwealth, die Sowjetunion und die Türkei) entstehen. Die Initiative stieß auf breiten Widerhall, auch

Europagedanke: Winston Churchill bei seiner Rede am 19. September 1946 in der Aula der Züricher Universität

bei Politikern. Im Jahre 1929 setzte sich der frz. Ministerpräsident BRIAND vor der Völkerbundsversammlung für eine föderale Bindung der Staaten Europas ein; er wurde beauftragt, ein detailliertes Programm auszuarbeiten. Die im Briand-Memorandum vom Mai 1930 niedergelegten europapolit. Vorstellungen der frz. Reg. (Union in Form eines Staatenbundes, gemeinsamer Markt, Infrastrukturprojekte) stießen jedoch bei der Reg. Dtl.s, Großbritanniens und Italiens auf Bedenken oder Ablehnung. Der Machtverlust BRIANDS, der Vorrang des Commonwealth in der brit. Außenpolitik, die Reaktivierung der Revisionspolitik in Dtl. durch die Reg. Brüning, die Weltwirtschaftskrise und der Aufstieg des Nationalsozialismus bereiteten dem kurzen polit. Aufschwung des E. ein Ende.

DER WEG IN DIE EUROPÄISCHE UNION

Bereits während des Zweiten Weltkriegs hatten Exilregierungen und Widerstandsgruppen in den besetzten Ländern die Überwindung des nationalstaatl. Nebeneinanders gefordert. Neuen Auftrieb erhielt der E. durch die berühmte Rede, die CHURCHILL am 19. September 1946 in der Aula der Züricher Universität hielt: Die Europäer, zuallererst Frankreich und Deutschland, sollten »eine Art Vereinigter Staaten von Europa« einrichten, ein Gebilde, das den Bewohnern »das Gefühl eines weiter gespannten Patriotismus und einer gemeinsamen Staatsangehörigkeit einflößen und den gemeinsamen Reichtum an Geist und Kultur weitergeben« könne. Diese Ansprache, vorgetragen von der Siegerpersönlichkeit, die das größte internat. Prestige genoss, gab den Anstoß für versch. Initiativen, die schließlich 1947 zur Einsetzung des »Koordinierungsausschusses der Bewegung für die Einheit Europas« führte; mit dem von diesem einberufenen Delegiertenkongress in Den Haag 1948 nahm die eigentl. →europäische Integration ihren Anfang.

J. FISCHER: Oriens – Occidens – Europa. Begriff u. Gedanke »Europa« in der späten Antike u. im frühen MA. (1957); H. DANNENBAUER: Die Entstehung Europas, 2 Bde. (1959–62); Die Idee Europa. 1300–1945, hg. v. R. H. FOERSTER (1963); H. GOLLWITZER: Europabild u. E. Beitrr. zur dt. Geistesgesch. des 18. u. 19. Jh. (²1964); J.-B. DUROSELLE: L'idée d'Europe dans l'histoire (Paris 1965); R. H. FOERSTER: Europa. Gesch. einer polit. Idee (1967); M. FUHRMANN: Europa. Zur Gesch. einer kulturellen u. polit. Idee (1981); Europa. Begriff u. Idee, hg. v. H. HECKER (1991); S. J. WOOLF: Napoleon's integration of Europe (London 1991); M. FUHRMANN: Alexander v. Roes. Ein Wegbereiter des E.s? (1994); Hoffnung Europa. Dt. Essays v. Novalis bis Enzensberger, hg. v. P. M. LÜTZELER (1994); R. BARTLETT: Die Geburt Europas aus dem Geiste der Gewalt (a. d. Engl., Neuausg. 1998); P. BROWN: Die Entstehung der christl. Europa (Neuausg. 1999); J. NURDIN: Le rêve européen des penseurs allemands. 1700–1959 (Lille 2003); M. MITTERAUER: Warum Europa? Mittelalterl. Grundll. eines Sonderwegs (⁴2004.) – Weitere Literatur →europäische Integration

Europahymne, eines der Symbole der europ. Institutionen, die »Ode an die Freude« aus BEETHOVENS 9. Sinfonie (1822–24), 1972 vom Europarat angenommen (in den von H. VON KARAJAN geschaffenen drei Instrumentalfassungen für Solopiano, Blas- und Sinfonieorchester). Am 21. 4. 1986 wurde sie von den EG-Außenministern (zusammen mit der Europaflagge) als Ausdruck der europ. Werte Freiheit, Frieden und Solidarität zur offiziellen Hymne der Europäischen Union erklärt.

Europa-Institut, 1951 gegründetes Institut der Univ. des Saarlandes, das heute rechts- und wirtschaftswiss. Aufbaustudiengänge für Juristen, Wirtschafts- und Geisteswissenschaftler mit abgeschlossenem Hochschulstudium aus aller Welt anbietet. Abschlüsse sind an der Sektion Rechtswiss. (Masterstudiengang »Europ. Integration«) der »Magister des Europarechts« (LL.M.) und an der Sektion Wirtschaftswiss. (MBA-Studiengang) der »Master of Business Administration« (MBA).

Europäische Aktiengesellschaft, Societas Europaea [lat.], Abk. **SE,** Rechtsform einer europ. Gesellschaft, die durch VO der EG vom 8. 10. 2001 (in Kraft seit 8. 10. 2004) und die dazugehörige Richtlinie über die Mitbestimmungsrechte der Arbeitnehmer eingeführt wurde. Die SE ist eine Kapitalgesellschaft mit eigener Rechtspersönlichkeit, die als Kaufmann kraft Rechtsform unter dem Zusatz »SE« im Rechtsverkehr firmiert. Ihr Kapital (mindestens 120 000 €) ist in Aktien aufgeteilt; die Haftung der Gesellschaft ihren Gläubigern gegenüber ist auf das in der Satzung festgelegte Kapital beschränkt. Die SE wird u. a. durch →Verschmelzung von AGs aus mindestens zwei versch. Mitgl.-Staaten oder durch →Umwandlung einer AG, die seit mindestens zwei Jahren eine Tochtergesellschaft in einem anderen Mitgl.-Staat hat, gegründet. Wirksam wird sie mit ihrer Eintragung in das jeweilige nat. Register; die Eintragung wird im Amtsblatt der EG veröffentlicht. Für die Organisation der SE stehen zwei Möglichkeiten zur Verfügung. Neben der Hauptversammlung (zuständig z. B. für Satzungsänderungen) kann die Leitung einem Vorstand obliegen, der durch einen Aufsichtsrat überwacht wird (dualist. System, ähnlich der dt. →Aktiengesellschaft); alternativ können Leitung und Überwachung in einem Verwaltungsrat (Board) zusammengefasst werden, wobei die Vertretung und das Tagesgeschäft von geschäftsführenden Direktoren, die Mitgl. des Verw.-Rats sein können, besorgt wird (monist. System). In beiden Fällen ist Mitbestimmung der Arbeitnehmer vorgesehen, die in der SE-Richtlinie und einem nat. Umsetzungs-Ges. näher ausgestaltet ist (in Dtl.: SE-Beteiligungs-Ges. vom 22. 12. 2004). Im Grundsatz kann die Mitbestimmung danach bei der Gründung ausgehandelt werden; kommt es nicht zu einer gemeinsamen Lösung zw. Arbeitnehmern und Unternehmensführung, greift eine Auffangregelung, die unter Berücksichtigung der bisherigen Mitbestimmung der beteiligten Gründungsgesellschaften bestimmte Mindeststandards sichert.

Neben den europ. Rechtsgrundlagen der SE gibt es in jedem Mitgliedsstaat ein nat. Ausführungs-Ges. (in Dtl.: SE-Ausführungs-Ges. vom 22. 12. 2004); subsidiär gelten die Vorschriften der nat. Aktien-Ges. Im Ergebnis unterscheidet sich somit das Rechtsstatut der SE je nach Sitzstaat. Mit der Einführung der SE beabsichtigte der Rat der EU, großen und grenzüberschreitend tätigen Unternehmen eine in Europa einheitl. Rechtsform zur Verfügung zu stellen, um ihnen ihre unternehmer. Tätigkeit zu erleichtern. Ein wesentl. Vorteil der SE ist, dass sie ihren Sitz ohne Schwierigkeiten grenzüberschreitend verlegen kann.

Europäische Artikelnummerierung, →EAN-System.

Europäische Atomgemeinschaft, Abk. **EURATOM, Euratom, EAG,** zusammen mit der EWG durch die Röm. Verträge vom 25. 3. 1957 (am 1. 1. 1958 in Kraft getreten) gegründete supranationale Organisation zur friedl. Nutzung der Kernenergie mit eigener Rechtspersönlichkeit; Sitz: Brüssel; seit 1967 organschaftlich verbunden mit EWG (seit 1993 EG) und der seit Juli 2002 nicht mehr existierenden EGKS. Die Aufgaben werden seit der Fusion der Organe der damals drei →Europäischen Gemeinschaften von Europ. Parlament, Rat, Europ. Kommission und Europ. Gerichtshof wahrgenommen; die Finanzierung der Aktivitäten erfolgt seit 1971 im Wesentlichen aus Mitteln des Gesamthaushalts der EG. Von den urspr. eigenen Organen existiert nur noch die EURATOM-Versorgungsagentur, die über ein Bezugsrecht für die in den Mitgl.-Staaten erzeugten Erze, Ausgangsstoffe und besonderen spaltbaren Stoffe sowie über das ausschließl. Recht verfügt, Verträge über die Lieferung dieser Materialien aus Ländern innerhalb und außerhalb der Gemeinschaft zu schließen. Alle im Zuge der Erweiterung der EU beigetretenen Staaten sind auch Mitgl. der EURATOM. Eine Fusion der EURATOM mit der EU und EG ist auch im Verfassungsvertrag nicht vorgesehen.

Vor dem Hintergrund steigenden Energiebedarfs und einer in den 1950er-Jahren befürchteten Energielücke wurden als wesentl. Aufgaben für die EURATOM formuliert: Förderung der Forschung auf dem Gebiet der Kernenergienutzung und Kerntechnik in den Mitgl.-Staaten, Verbreitung techn. Kenntnisse, Sicherstellung der Versorgung der Gemeinschaft mit Kernbrennstoffen, Gewährleistung der Sicherheit der entsprechenden Anlagen und Sicherheitskontrollen gegen die missbräuchl. Nutzung von spaltbaren Stoffen für den Bau von Kernwaffen. Zur Überwachung der Sicherheit kann die Europ. Kommission u. a. Inspektoren in die Mitgl.-Staaten entsenden. Unter dem Eindruck des Reaktorunglücks von Tschernobyl (1986) wurden die Sicherheitsnormen verschärft und die Sicherheitsvorkehrungen ausgebaut. Seit 1991 wird versucht, die osteurop. Länder, v. a. die Nachfolgestaaten der Sowjetunion, für eine engere Zusammenarbeit im Bereich nukleare Sicherheit zu gewinnen. Die Forderung des Europ. Parlaments, die Entsorgung radioaktiver Abfälle gemeinschaftlich zu regeln, konnte bisher noch nicht durchgesetzt werden.

Zur Förderung von Forschungsprogrammen kann die Europ. Kommission u. a. im Rahmen von Forschungsverträgen finanzielle Hilfen gewähren (jedoch keine Subventionen) oder die Mitgl.-Staaten zu gemeinsamen Finanzierungen veranlassen. Auf der Grundlage des EURATOM-Vertrages stellte die Gemeinschaft ein eigenes Forschungs- und Ausbildungsprogramm auf, zu dessen Durchführung u. a. die **Gemeinsame Kernforschungsstelle (GFS)** mit vier Kernforschungszentren in Ispra (Italien), Geel (Belgien), Petten (Niederlande) und Karlsruhe besteht; die GFS ist überdies Trägerin aller Kernforschungsvorhaben (v. a. in den Bereichen kontrollierte Kernfusion, Strahlenschutz, Reaktorbau und -sicherheit), so des Kernfusionsprojekts →JET. Der EURATOM-Vertrag bestimmt ferner, dass besondere spaltbare Stoffe, die von einem Mitgl.-Staat, einer Person oder einem Unternehmen erzeugt oder eingeführt werden und der Sicherheitsüberwachung unterliegen, Eigentum der Gemeinschaft sind.

J. GRUNWALD: Neuere Entwicklungen des Euratom-Rechts. In: Ztschr. für Europarechtl. Studien, Bd. 1 (1998); DERS.: Das Energierecht der Europ. Gemeinschaften (2003); G. HERMES: Auf dem Weg zu einem europ. Atomrecht. In: Ztschr. für Europarechtl. Studien, Bd. 15 (2004).

Europäische Bank für Wiederaufbau und Entwicklung, die →Osteuropabank.

Europäische Beratende Kommission, →European Advisory Commission.

Europäische Bewegung, ein 1948 auf dem Europakongress in Den Haag gegründeter internat. und überparteil. Zusammenschluss von Organisationen, die die →europäische Integration unterstützen. Mitgl. sind (2004) 41 Nat. Sektionen (Nat. Räte) und weitere 21 europ. Verbände sowie Vereinigungen. Sitz: Brüssel. Als Organe der E. B. fungieren der Bundesrat (Conseil fédéral), in dem die Mitgl.-Organisationen und Nat. Sektionen vertreten sind, das Exekutivkomitee (Comité exécutif), dem ein Präs. vorsteht, und die Generalversammlung (Conférence générale). Die E. B. stellt eine nichtstaatl. Organisation dar; ihre rechtl. Grundlage bildet die Satzung vom November 1990. Im Sinne einer »Lobby für Europa« leistet die E. B. Informations- und Bildungsarbeit zur Förderung des europ. Bewusstseins in der Öffentlichkeit und trägt zur Verwirklichung europapolit. Zielsetzungen im nat. und gesamteurop. Rahmen bei (insbesondere konstruktive Begleitung des Prozesses der Ausgestaltung der Europ. Union, Eintreten für eine bürgernahe Politik und für die Integration der mittel- und osteurop. Staaten). Grundlegendes europapolit. Konzept ist die Schaffung eines föderalen Staatsgebildes, das über eine vom Europ. Parlament kontrollierte Reg. und eine eigenständige Verf. verfügt. Die E. B. initiierte die Gründung des Europarats, die Schaffung der Europ. Konvention zum Schutz der Menschenrechte und Grundfreiheiten sowie die Einrichtung des Europa-Kollegs in Brügge und des Europ. Kulturzentrums in Genf. Zum Symbol der E. B. →Europaflagge.

Die **Europäische Bewegung Deutschland** (Abk. **EBD,** gegr. 1949 in Wiesbaden) ist ein überparteilicher nichtstaatl. Dachverband von (2004) rd. 120 polit. Parteien, Organisationen und Verbänden, die sich für die europ. Einigung einsetzen und die wichtigsten polit. und gesellschaftl. Kräfte in der Bundesrepublik Deutschland repräsentieren. Sie verkörpert die dt. Sektion der internat. E. B. Die EBD veranstaltet polit. Kolloquien und Kongresse, auf denen sie Kommunikation zw. Verbänden und Europapolitik herstellt; sie nimmt die Pressevertretung des Europarates wahr und vergibt dt. Stipendien zum Studium am →Europa-Kolleg. Regional untergliedert ist sie in 16 Landeskomitees.

Europäische Energiebörse, →EEX®.

europäische Ethnologie, Fach-Bez. für die auf den europ. Kulturkreis beschränkte →Volkskunde; als einheitl. Bez. für die Fächer (vergleichende) Volkskunde (Dtl.), Folklore (Großbritannien, Frankreich, Spanien), Folklivsforskning (Schweden), Folkelivsgranskning (Norwegen) seit den 1930er-Jahren u. a. von dem schwed. Ethnologen Sigurd Erixon (* 1888, † 1968) gefordert, 1955 auf dem internat. Volkskundekongress in Arnheim von der CIAP (Commission Internationale des Arts et Traditions Populaires) empfohlen. Mit dieser Fach-Bez. soll die enge theoret. und method. Nachbarschaft zur internat. Ethnologie, etwa auch der Cultural Anthropology (USA), betont werden.

Europäische Filmakademie, →European Film Academy.

Europäische Freihandelsassoziation, engl. **European Free Trade Association** [jʊərəˈpiːən ˈfriː ˈtreɪd əsəʊsɪˈeɪʃn], Abk. **EFTA**, am 4. 1. 1960 als Reaktion auf die Bildung der EWG gegründete und am 3. 5. 1960 in Kraft getretene Freihandelszone. Gründungs-Mitgl. waren Dänemark, Großbritannien, Norwegen, Österreich, Portugal, Schweden und Schweiz. Im Laufe ihres Bestehens hat sich die Zusammensetzung der EFTA stark verändert: 1973 traten Großbritannien und Dänemark, 1986 Portugal den Europ. Gemeinschaften (EG) sowie 1995 Finnland (Voll-Mitgl. seit 1985), Österreich und Schweden der EU bei und schieden damit aus der EFTA aus. Die Freihandelszone besteht nunmehr (seit 1995) aus vier Ländern (Island [Mitgl. seit 1970], Liechtenstein [seit 1991], Norwegen und Schweiz) und umfasst nur noch eine Fläche von rd. 460 000 km² (vorher: 1 339 000 km²) mit rd. 11 Mio. Ew. (vorher: rd. 33 Mio. Ew.).

Organisation Oberstes Entscheidungsorgan ist der EFTA-Rat, in dem alle Mitgl.-Länder gleichberechtigt vertreten sind (jedes Mitgl. verfügt über eine Stimme) und der für die Herbeiführung von Beschlüssen i. d. R. Einstimmigkeit erzielen muss. Aufgabe des Rates ist die Überwachung der Anwendung und Durchführung des EFTA-Vertrages und die Schlichtung von Streitfällen; seine Beschlüsse und Empfehlungen sind rechtlich nicht verbindlich. Für Verwaltungsaufgaben wurden vom Rat mehrere ständige Komitees aus nat. Reg.-Vertretern sowie beratende Arbeitsgruppen eingesetzt. Die laufende Verwaltungs- und Koordinierungsarbeit übernimmt das EFTA-Sekretariat (Sitz: Genf), das von einem Gen.-Sekr. geleitet wird. 1994 hat sich in Genf der Gerichtshof der EFTA konstituiert, dessen Kompetenzen mit denen des Europ. Gerichtshofes vergleichbar sind. Der EFTA-Gerichtshof ist für die am Europ. Wirtschaftsraum (EWR) teilnehmenden EFTA-Staaten zuständig, also nicht für die Schweiz. Seine Hauptaufgabe besteht in der Überwachung der Einhaltung der Verpflichtungen aus dem EWR-Abkommen. Unter Einhaltung einer Kündigungsfrist von 12 Monaten ist ein Austritt aus der EFTA jederzeit möglich.

Ziele und Entwicklungen Hauptziel der EFTA ist es, durch den Abbau von Zöllen und nichttarifären Handelshemmnisse zw. den Mitgl.-Staaten den gegenseitigen Handel mit gewerbl. Erzeugnissen zu steigern, ohne damit, im Unterschied zu den EU-Staaten, weiter gehende Verpflichtungen in Bezug auf die Errichtung eines gemeinsamen Marktes oder die Bildung einer wirtschaftl. und polit. Union einzugehen. Der Rat kann unverbindl. Empfehlungen bezügl. der Abschaffung staatl. Subventionen und des Verbots von Kartellbildungen, die zu Wettbewerbsverzerrungen innerhalb der Gemeinschaft führen, geben. Die EFTA wendet als Freihandelszone auch nicht, wie die EG, gegenüber Drittländern einen gemeinsamen Außenzolltarif an, sondern stellt es ihren Mitgl. frei, in ihrer Handelspolitik gegenüber Drittländern Zölle bzw. Mengenbeschränkungen individuell zu vereinbaren. Eine Harmonisierung der Ordnungs- und Konjunkturpolitik der Mitgl.-Staaten ist ebenfalls nicht vorgesehen. Der im EFTA-Vertrag festgelegte vollständige Abbau von Handelszöllen und Ausfuhrbeschränkungen zw. den Mitgl.-Ländern wurde schrittweise bereits am 31. 12. 1966 erreicht. Landwirtschaftl. Erzeugnisse sind von der Liberalisierung des Warenverkehrs allerdings weitgehend ausgenommen.

Die größte Ausdehnung hatte die EFTA 1970 nach dem Beitritt Islands mit acht Mitgl.-Staaten. Nach einer anfängl. Phase relativ großer Distanz entwickelte sich zw. EFTA und EG seit Anfang der 70er-Jahre eine immer engere Verflechtung. Zunächst schlossen die EG 1972 und 1973 nach dem Übertritt der ersten beiden EFTA-Staaten mit einzelnen Ländern der Freihandelszone individuelle Abkommen, die sich auf den freien Warenverkehr mit industriellen und gewerbl. Erzeugnissen (Ausnahme: Agrarprodukte) erstreckten. In den 80er-Jahren gab es bereits mehr als 280 bilaterale Vereinbarungen zw. EFTA und EG. Anfang der 90er-Jahre standen die Abschaffung der nichttarifären Handelshemmnisse, die Vereinheitlichung techn. Normen sowie die wiss. und techn. Zusammenarbeit im Mittelpunkt der Kooperation, die schließlich 1994 das weltweit größte geschlossene Wirtschaftsgebiet, den EWR schuf. Der EWR ermöglicht eine Verbesserung des Freihandels mit Waren, Dienstleistungen und Kapital, ohne eine Zollunion zw. EG und EFTA zu schaffen. Die Zusammenarbeit erstreckt sich z. B. auch auf Forschung und Entwicklung, Verbraucher- und Umweltschutz sowie Sozialpolitik.

Seit dem Zusammenbruch des Rats für gegenseitige Wirtschaftshilfe hat die EFTA zahlr. Handelsabkommen mit mittel- und osteurop. Ländern getroffen. Freihandelsverträge sind in Kraft mit der Tschechoslowakei (seit 20. 3. 1993; seit 1. 1. 1994 übertragen auf die Nachfolgestaaten Tschech. Rep. und Slowak. Rep.), Rumänien (1. 5. 1993), Bulgarien (1. 7. 1993), Ungarn (1. 10. 1993) und Polen (15. 11. 1993). Kooperationsvereinbarungen wurden mit Estland, Lettland und Litauen (seit 1992) sowie mit Albanien und Slowenien (1992) getroffen. Ein Großteil all dieser Staaten ist seit 2004 Mitglied der EU, der bis 2007 auch Bulgarien und Rumänien beitreten wollen. Darüber hinaus bestehen Freihandelsabkommen mit der Türkei (seit 1. 4. 1992) und mit Israel (1. 1. 1993). Eine Erweiterung der EFTA ist gegenwärtig nicht geplant.

Geschichte Die Pläne, die polit. Integration Europas bes. auf dem Wege einer europ. Wirtschaftsgemeinschaft zu verwirklichen, kamen für einige europ. Industrieländer zunächst aus polit. oder wirtschaftl. Gründen nicht in Betracht (z. B. für Großbritannien im Hinblick auf seine Bindungen an das Commonwealth, für die Schweiz, Schweden und Österreich aufgrund ihrer Neutralität). Nachdem der Plan, alle der OEEC zusammengeschlossenen Staaten in einer (großen) europ. Freihandelszone zusammenzufassen, die im Ggs. zur EWG keine Souveränitätsfragen tangiert, wegen der Interessengegensätze zw. Frankreich und Großbritannien gescheitert war, bildete sich 1960 als »kleine Freihandelszone« die EFTA. Nach dem mit dem Austritt Finnlands, Österreichs und Schwedens zum 1. 1. 1995 verbundenen Bedeutungsverlust war zunächst an eine Auflösung der EFTA zur Jahresmitte 1995 gedacht worden. Als Vertragspartei des zum 1. 1. 1994 in Kraft getretenen →Europäischen Wirtschaftsraumes, dem bis auf die Schweiz alle übrigen EFTA-Staaten angehören, besteht sie jedoch vorerst weiter.

Veröffentlichungen (Auswahl): EFTA-Bulletin, dt. Ausg., Bd. 2 ff. (Genf 1960 ff.); Jahresbericht der Europ. Freihandelsassoziation, (ebd. 1964–95).

Europäische Gemeinschaft, Abk. **EG,** seit 1. 11. 1993 Bez. für die →Europäische Wirtschaftsgemeinschaft.

Europäische Gemeinschaften, Abk. **EG,** engl. **European Communities** [jυərəˈpiːən kəˈmjuːnɪtɪz], frz. **Communautés Européennes** [kɔmynoˈte ørɔpeˈɛn]
• Gemeinsame Organe
• Recht
• Finanzverfassung
• Die politischen Probleme der Integration

Die Bez. fasst die beiden Staatenverbindungen Europ. Gemeinschaft (EG; bis zur Vertragsänderung vom 1. 11. 1993 [Maastrichter Vertrag] EWG = Europ. Wirtschaftsgemeinschaft) und Europ. Atomgemeinschaft (EURATOM) zusammen. Der Vertrag über die Europ. Gemeinschaft für Kohle und Stahl (EGKS), die vorher auch zu den EG gehörte, ist am 23.07. 2002 ausgelaufen.

Die Gemeinschaften bilden neben der →Gemeinsamen Außen- und Sicherheitspolitik und der Polizeilichen und justiziellen Zusammenarbeit in Strafsachen eine der Säulen der →Europäischen Union. Rechtlich, insbes. völkerrechtlich, handelt es sich bei diesen Gemeinschaften um Staatenverbindungen eigener Art, die durch eine eigene Rechtsordnung gekennzeichnet sind, mit eigenen Organen und partikularen Hoheitsbefugnissen gegenüber den Mitgl.-Staaten (Belgien, Dänemark, Dtl., Finnland, Frankreich, Griechenland, Großbritannien, Irland, Italien, Luxemburg, Niederlande, Österreich, Portugal, Schweden, Spanien und seit 1.5. 2004 Estland, Lettland, Litauen, Malta, Polen, Slowenien, die Slowak. und die Tschech. Republik, Ungarn, Zypern) und ihren Angehörigen ausgestattet sind und somit als supranat. Organisationen (→Supranationalität) betrachtet werden.

Die für die ehemals drei und nunmehr zwei Gemeinschaften oftmals anzutreffende singular. Bez. »Europäische Gemeinschaft« stammt aus dem polit. Bereich; durch ihre Einbürgerung und Verwendung sollte die polit. Einheit der in den EG zusammengeschlossenen Staaten betont werden. Während formalrechtlich die zwei EG selbstständig nebeneinander, mit eigener Rechtspersönlichkeit und eigenen Zuständigkeiten bestehen, sind sie durch gemeinsame Organe, gemeinsame vertragl. Bestimmungen und die durch die Rechtsprechung des Europ. Gerichtshofes anerkannten allg. Rechtsgrundsätze miteinander verbunden. Dies kommt bes. im Fusionsvertrag (Vertrag über die Einsetzung eines gemeinsamen Rates und einer gemeinsamen Kommission der EG vom 8. 4. 1965) zum Ausdruck, der am 1. 7. 1967 in Kraft trat, jedoch auf die Fusion von Rat und Kommission beschränkt blieb. Die darin vorgesehene weiter gehende rechtl. Einheit der EG durch eine Verschmelzung auch der

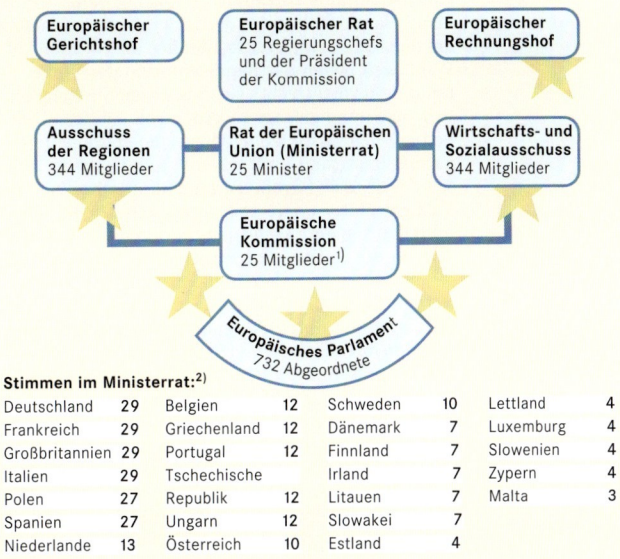

Europäische Gemeinschaften: Organe der Europäischen Gemeinschaften; [1] Mitgliederzahl ab 1. 11. 2004, pro Mitgliedsstaat ein Mitglied; sobald die EU 27 Mitgliedsstaaten hat, was voraussichtlich mit dem Beitritt Bulgariens und Rumäniens 2007 der Fall sein wird, wird der Rat die maximale Anzahl der Kommissionsmitglieder, die unter 27 liegen muss, einstimmig festlegen. Ihre Nationalität wird dann nach einem Rotationssystem bestimmt. [2] Stimmenverhältnis ab 1. 11. 2004 (25 Mitgliedsstaaten)

Verträge, die die Grundlage der einzelnen EG bilden, ist bislang nicht zustande gekommen. Seit Inkrafttreten des Vertrages über die EU (Maastrichter Vertrag) bilden die EG (zusammen mit der →Europäischen Wirtschafts- und Währungsunion) eine der drei Säulen der EU. Der Vertrag über eine Verfassung für Europa soll den bisherigen EUV und den EGV zusammenfassen, während der Vertrag über die EURATOM als Anhang angefügt werden soll.

GEMEINSAME ORGANE
Organe der EG sind das Europ. Parlament, der (Minister-)Rat, die Kommission, der Europ. Gerichtshof und der Europ. Rechnungshof.

Das **Europ. Parlament** ist das gemeinsame parlamentar. Organ der EG, das in den einzelnen Vertragswerken (Art. 4 EWG-Vertrag, Art. 3 EURATOM-Vertrag, ehemals Art. 7 EGKS-Vertrag) zunächst als (Europ.) Versammlung bezeichnet wurde und sich durch Entschließung vom 30. 3. 1962 seinen heutigen Namen gab. Dieser wurde durch die →Einheitliche Europäische Akte (EEA) in die Verträge aufgenommen. Vorläufer des Europ. Parlaments war die Gemeinsame Versammlung der EGKS, die mit Wirkung vom 1. 1. 1958 mit den Versammlungen von EWG und EURATOM verschmolz.

Das Europ. Parlament besteht seit dem 1.6. 2004 aus 731 Abg. (im Hinblick auf die bevorstehende EU-Erweiterung wurde die Abg.-Zahl durch den Vertrag von Nizza auf maximal 732 erhöht), die bis 1979 von den nat. Parlamenten delegiert wurden und seither auf der Grundlage nat. Wahlordnungen (in Dtl.: Europawahl-Ges. vom 16. 6. 1978 i.d.F.v. 8. 3. 1994, Europawahlordnung vom 27. 7. 1988 i.d.F.v. 2. 5. 1994) auf fünf Jahre direkt gewählt werden, wobei für jeden Mitgl.-Staat entsprechend seiner Bevölkerungsgröße nur eine bestimmte Anzahl von Abg. gewählt werden kann. Damit fehlt einer der wichtigsten Grundsätze des demokrat. Wahlrechts, nämlich die Gleichheit der Wahl, weil neben der Repräsentation der Völker Europas dem völkerrechtl. Grundsatz der Staatengleichheit Rechnung getragen werden soll. Dieses »Demokratiedefizit« wird jedoch durch einen doppelten Legitimationsstrang weitgehend kompensiert. Einerseits wird das Europ. Parlament unmittelbar vom Volk gewählt. Andererseits kann sich der Rat der EU mittelbar auf eine Legitimation durch das Volk stützen, da die in ihm vertretenen Reg.-Mitgl. der Mitgliedsstaaten von den nat. Parlamenten bestimmt werden. Durch den Vertrag von Nizza näherte sich die Sitzverteilung durch Absenkung der nat. Sitzzuweisungen (mit Ausnahme der Sitze für Dtl. der demokrat. Repräsentation der Völker der Mitgliedstaaten an: Dtl. 99 Abg., Frankreich, Großbritannien und Italien je 78, Spanien 54, die Niederlande 27, Belgien, Griechenland und Portugal je 24, Schweden 19, Österreich 18, Dänemark und Finnland je 14, Irland 13 und Luxemburg 6 Abg.; Polen 54, Tschechische Republik 24, Ungarn 23, Slowakei 14, Litauen 13, Lettland 9, Slowenien 7, Estland und Zypern 6, Malta 5.

Die Abg. verbinden sich im Europ. Parlament je nach der Verwandtschaft ihrer polit. Richtungen und unabhängig von ihrer Nationalität zu Fraktionen. Seit 2004 ist die Mitgliedschaft im Europ. Parlament unvereinbar mit der Eigenschaft als nationaler Abgeordneter. An der Spitze des Parlaments stehen der Präs. (Amtsdauer $2\,{}^{1}/_{2}$ Jahre) und 14 Vize-Präs. Es gibt 20 Ausschüsse, deren Arbeiten vom Generalsekretariat vorbereitet werden; die Arbeitsabläufe bestimmt die Geschäftsordnung. Zu den Ausschüssen gehört ein Petitionsausschuss, den jeder Unionsbürger sowie jede natürl. oder jurist. Person mit Wohnort oder Sitz in einem Mitgl.-Staat anrufen kann. Das Europ. Parlament ernennt einen Bürgerbeauftragten, an den die genannten Personen Beschwerden gegen die Tätigkeit der Organe und Institutionen der Gemeinschaften richten können. Weiter kann das Parlament nichtständige Untersuchungsausschüsse einsetzen, um die Anwendung des Gemeinschaftsrechts bzw. Verstöße dagegen überprüfen zu lassen.

Tagungsorte des Europ. Parlaments sind für das Plenum Straßburg und Brüssel, für die Ausschüsse und Fraktionen i. d. R. Brüssel; das Generalsekretariat hat seinen Sitz in Luxemburg.

Die Aufgaben und Befugnisse des Parlaments beschränkten sich vor Inkrafttreten des Maastrichter Vertrages im Wesentlichen auf Kontrollfunktionen gegenüber der Kommission, nicht aber gegenüber dem Rat; diese Befugnisse finden ihren Niederschlag in der Verpflichtung der Mitgl. der Kommission, vor dem Parlament Rede und Antwort zu stehen und jährlich Bericht zu erstatten, sowie in dem Recht des Parlaments, die Kommission durch Misstrauensvotum zum (kollektiven) Rücktritt zu zwingen. Seit Anfang 1995 muss sich die Kommission darüber hinaus vor Beginn ihrer Amtszeit als Kollegium einem Zustimmungsvotum des Europ. Parlaments stellen. Das in diesen Befugnissen angelegte Spannungsverhältnis zw. Parlament und Kommission wird in der Praxis jedoch überlagert durch ein gewisses Spannungsverhältnis zw. Parlament und Kommission auf der einen und dem Rat auf der anderen Seite. Trotz Ausweitung der Rechtsetzungsbefugnisse des Parlaments durch die Verträge von Maastricht und Amsterdam gelten diese in einigen Bereichen noch immer als gering, da seine Kompetenzen dort im Wesentlichen auf ein Konsultationsrecht im Verfahren beschränkt sind, in dem der Rat die ausschlaggebende Kompetenz besitzt. Der Anwendungsbereich des durch den Maastrichter Vertrag eingeführten Mitentscheidungsverfahrens, nach dem das Parlament erstmals Maßnahmen endgültig verwerfen kann, wurde durch den Vertrag von Amsterdam ausgedehnt. Das Mitentscheidungsverfahren findet seitdem außer in der Wirtschafts- und Währungspolitik in nahezu allen Bereichen Anwendung.

Weitere Befugnisse betreffen das Haushaltswesen der EG, da Rat und Europ. Parlament gemeinsam die Haushaltsbehörde bilden, unter bestimmten Voraussetzungen Änderungswünsche des Parlaments zu berücksichtigen sind und das Parlament bei den nicht obligator. Ausgaben das letzte Wort hat.

Bei der Gestaltung der vertragl. Außenbeziehungen der EG hat das Europ. Parlament Anhörungsrechte. Der Beitritt neuer Mitgl.-Staaten und der Abschluss von Assoziationsabkommen bedürfen der Zustimmung durch das Parlament.

Im **Rat** (Ministerrat) der EG, offizielle Bez. seit 8.11. 1993 **Rat der Europ. Union**, sind die Reg. der Mitgl.-Staaten vertreten. Er setzt sich aus je einem Vertreter der Mitgl.-Staaten auf Ministerebene zusammen, sodass für Dtl. nicht nur Bundes-, sondern seit Inkrafttreten des Maastrichter Vertrages auch Landes-Min. entsandt werden können, wenn diese nach innerstaatl. Recht befugt sind, für die Reg. verbindlich zu handeln. Die konkrete Zusammensetzung des Rates wechselt entsprechend den zu behandelnden Themen (z. B. Rat der Finanz-, Wirtschafts- oder Außen-Min.). Der Rat ist das wichtigste Entscheidungs- und Rechtsetzungsorgan der EG. Seit Inkrafttreten des Maastrichter Vertrages hat er auch weitgehende Befugnisse in Bezug auf die Wirtschaftspolitik.

Gegenüber der Kommission übt der Rat gewisse Kontrollfunktionen aus, die in seiner Befugnis zum Ausdruck kommen, dem Europ. Parlament die Entlastung der Kommission zu empfehlen oder gegen einzelne Mitgl. der Kommission unter bestimmten Voraussetzungen beim Europ. Gerichtshof ein Amtsenthebungsverfahren zu beantragen. Völkerrechtl. Verträge, die die Kommission aushandelt, werden vom Rat geschlossen. Gemeinsam mit dem Europ. Parlament verantwortet der Rat den Haushaltsplan.

Für Beschlussfassungen (Abstimmungen) des Rates gilt die Mehrheitsregel. Ist nichts anderes bestimmt, genügt einfache Mehrheit (ein Mitgl.-Staat besitzt eine Stimme). Zur Ermittlung der häufig notwendigen qualifizierten Mehrheit liegen Stimmengewichtungen fest: Dtl., Frankreich, Großbritannien und Italien je 29, Spanien und Polen jeweils 27, die Niederlande 13, Belgien, Griechenland, Tschechische Rep., Ungarn und Portugal je 12, Österreich und Schweden je 10, Dänemark, Irland, Litauen, Slowakei und Finnland je 7 und Estland, Zypern, Lettland, Luxemburg und Slowenien jeweils 4, Malta 3 Stimmen).

Durch den Vertrag von Nizza wird die Stimmengewichtung neu geregelt und das System der Beschlussfassung mit qualifizierter Mehrheit geändert und komplexer gestaltet. Demnach gilt die qualifizierte Mehrheit als erreicht, wenn zwei Bedingungen erfüllt sind. Zunächst muss auf den Beschluss die Stimmenzahl der qualifizierten Mehrheit entfallen (232 Stimmen), außerdem muss die Mehrheit der Mitgl.-Staaten diesem Beschluss zustimmen. Darüber hinaus sieht der Vertrag von Nizza die Möglichkeit vor, dass ein Mitgl. des Rates eine Überprüfung beantragen kann, ob die qualifizierte Mehrheit im jeweiligen Einzelfall 62 % der Gesamtbevölkerung der Union entspricht. Falls sich erweist, dass diese Bedingung nicht erfüllt ist, kommt der betreffende Beschluss nicht zustande. Der ursprünglich politisch (ohne Verankerung im Gemeinschaftsrecht) vereinbarte →Luxemburger Kompromiss, der bei Erreichen der Sperrminorität neue Verhandlungen vorsah, bis kein Einspruch mehr erhoben wurde, wurde 1994 auf einer informellen Tagung der Außenminister durch den →Ioannina-Kompromiss ersetzt: Wenn »sehr wichtige Interessen« berührt sind, sollte die alte Sperrminorität (23 Stimmen) ungeachtet der Neugewichtung der Stimmen nach dem Beitritt von Finnland, Österreich und Schweden das Zustandekommen eines Beschlusses verhindern können. Durch die Vertragsänderungen 2004 kann der Kompromiss von Ioannina als hinfällig betrachtet werden.

Den Vorsitz im Rat führt der Vertreter des Mitgl.-Staates, der die (in alphabet. Reihenfolge halbjährlich wechselnde) Präsidentschaft innehat. Die Tagungen des Rates finden i. d. R. in Brüssel statt.

Dem Rat zur Seite gestellt ist als permanentes beratendes Gremium (kein Gemeinschaftsorgan) der **Ausschuss der Ständigen Vertreter** (»kleiner Ministerrat«) der Mitgl.-Staaten. An der Spitze der ständigen Vertretungen stehen den Außen-Min. unterstellte Botschafter. Vom Rat der EU zu unterscheiden ist der →Europäische Rat der Staats- und Reg.-Chefs.

Die **Europ. Kommission** besteht (seit 2004) aus 25 Mitgl., die von der Reg. der Staaten der EU (deshalb im allg. Sprachgebrauch auch **EU-Kommission** gen.) im gegenseitigen Einvernehmen und nach Zustimmung durch das Europ. Parlament für fünf Jahre ernannt werden. Der Vertrag von Nizza sieht für die durch die EU-Erweiterung notwendige Begrenzung der Zahl der Kommissions-Mitgl. eine zeitl. Staffelung vor. Ab November 2004 stellt jeder EU-Staat nur noch einen Kommissar (statt vorher teilweise 2); sobald die Union 27 Mitgl.-Staaten umfasst, soll die Größe der Kommission auf höchstens 26 Mitglieder beschränkt werden, sodass die Zahl der Kommissions-Mitgl. geringer sein wird als die Zahl der Mitgl.-Staaten.. Die Auswahl der Kommissare, deren endgültige Anzahl erst nach Unterzeichnung des Beitrittsvertrages des 27. Mitgl.-Staates durch einstimmigen Beschluss des Rates festgelegt wird, soll auf der Grundlage einer gleichberechtigten Rotation erfolgen.

Die Staats- und Regierungschefs benennen mit qualifizierter Mehrheit den Präsidenten der Kommission, dem das Europ. Parlament seine Zustimmung erteilen muss, bevor dieser die einzelnen Mitglieder der Kommission ernennt. Der Kommissions-Präs. hat zwar keine sachl. Weisungsrechte gegenüber den Mitgl., jedoch durch sein Anhörungsrecht bei deren Benennung, das Repräsentationsrecht nach außen und seine Zugehörigkeit zum Europ. Rat der Staats- und Reg.-Chefs eine hervorgehobene Position. Die Kommission kann aus ihrer Mitte einen oder zwei Vize-Präs. benennen, die im Falle der Verhinderung des Präs. dessen Aufgaben wahrnehmen.

Die Aufteilung der Aufgaben der Kommissions-Mitgl. folgt dem Kollegialprinzip, d. h., jedem Kommissar sind spezielle Aufgabenbereiche zugewiesen; ihm unterstehen ein oder zwei Generaldirektionen. Dem Präs. untersteht das Generalsekretariat. Die Kommission sitzt in Brüssel, einige Dienststellen sind in Luxemburg untergebracht.

Die Kommission ist ein unabhängiges, nicht an Weisungen gebundenes Organ. Ihre Aufgaben und Befugnisse sind eng verknüpft mit ihrer Stellung als »Hüterin der Verträge« und »Hüterin der Gemeinschaftsinteressen«. Hierzu hat sie das alleinige Initiativrecht, das ihr erlaubt, dem Rat aktiv Vorschläge und Entwürfe für Gemeinschaftsregelungen zu unterbreiten; andererseits kann sie verpflichtet sein, auf Aufforderung des Rates Vorschläge auszuarbeiten. Sie hat ferner darauf zu achten, dass die Bestimmungen der Verträge eingehalten werden; bei Vertragsverletzungen soll sie einschreiten und unter Umständen den Europ. Gerichtshof anrufen. In begrenztem Maße ist sie berufen, die Bestimmungen der Verträge als Exekutivorgan auszuführen, insbesondere im Rahmen des Haushaltsplanes der EG und des Kartellrechts; im Übrigen werden die Rechtsakte der EG durch die Behörden der Mitgl.-Staaten vollzogen. Die Kompetenzen der Kommission fließen aus einer großen Anzahl von Vertragsbestimmungen, die auch originäre Rechtsetzungsbefugnisse von unterschiedl. Gewicht enthalten. Außerdem kann sie auf abgeleitete Rechtsetzungsbefugnisse zurückgreifen, die vom Rat auf sie delegiert werden. Wichtig ist z. B. der Erlass von Durchführungsbestimmungen im Agrarbereich.

Der **Gerichtshof der EG (Europ. Gerichtshof**, Abk. **EuGH)** in Luxemburg ist das Recht sprechende Organ. Ab 1. 5. 2004 ist er mit 25 Richtern besetzt, die im gegenseitigen Einvernehmen von den Reg. der Mitgl.-Staaten auf sechs Jahre ernannt werden. Die Richter wählen aus ihrer Mitte für drei Jahre den Präs. Der EuGH entschied bisher grundsätzlich im Plenum, obwohl nach der Verfahrensordnung des Gerichts auch Entscheidungen der mit jeweils drei oder fünf Richtern besetzten Kammern zulässig waren. Nach dem Vertrag von Nizza soll nun die Entscheidung durch Kammern die Regel werden, um den Gerichtshof bei gestiegener Richterzahl funktionsfähig zu halten. Die Richter werden von acht mit richterl. Unabhängigkeit ausgestatteten Generalanwälten unterstützt. Die Verwaltungsaufgaben sind einem Kanzler beim EuGH übertragen. Vor dem EuGH gelten die Prinzipien der Schriftlichkeit, der Öffentlichkeit, der Unmittelbarkeit der Beweisaufnahmen und des Vertretungszwanges.

Der EuGH entscheidet u. a. über Klagen der Kommission gegen Mitgl.-Staaten, Klagen (bes. Untätigkeits-, Nichtigkeitsklagen) von Mitgl.-Staaten oder Organen gegen andere Gemeinschaftsorgane, Klagen einzelner natürl. oder jurist. Personen gegen Gemeinschaftsorgane, Klagen der Bediensteten der EG und über Vorlagen nat. Gerichte, wenn der Ausgang des nat. Verfahrens mit Bezug zum Gemeinschaftsrecht von einer Vorabentscheidung des EuGH abhängt. Die Rechtsprechung des Gerichts hat in der Vergangenheit einen wesentl. Beitrag zur →europäischen Integration geleistet, v. a. durch die Betonung des Vorrangs des Gemeinschaftsrechts vor nat. Recht in grundlegenden Fragen. Seit dem 24. 10. 1988 ist dem Gerichtshof ein **Gericht erster Instanz (EuGeI)** beigeordnet. Das EuGeI ist im Vorabentscheidungsverfahren für bestimmte Bereiche (siehe Art. 225 Abs. 1 EGV), für Beamtenklagen und für Klagen von natürlichen jurist. Personen gegen ein Organ der EG zuständig.

Euro Europäische Gemeinschaften

Europäische Gemeinschaften: Gebäude des Europäischen Parlaments in Straßburg

Der **Europ. Rechnungshof** (Sitz: Luxemburg) ist seit 1977 aufgrund des Vertrages vom 22. 7. 1975 tätig. Er besteht (entsprechend der Zahl der Mitgl.-Staaten) aus einem Staatsangehörigen je Mitgl.-Staat, der vom Rat auf sechs Jahre ernannt wird. Er überwacht die Ordnungsmäßigkeit der Einnahmen und Ausgaben der EG und soll zu ihrer wirtschaftl. Verwendung beitragen. Hierzu erstellt er einen Jahresbericht.

Zu den Hilfsorganen (ohne eigentl. Organfunktion) können der →Wirtschafts- und Sozialausschuss, →Ausschuss der Regionen und der →Wirtschafts- und Finanzausschuss gezählt werden.

Aufgabe der →Europäischen Investitionsbank ist es, zu einer ausgewogenen, reibungslosen Entwicklung des gemeinsamen Marktes im Interesse der Gemeinschaft beizutragen. Am 1. 6. 1998 löste die →Europäische Zentralbank (EZB) das →Europäische Währungsinstitut (EWI) ab, das die Koordinierung zw. den nat. Finanzmärkten stärken und die Verwirklichung der Wirtschafts- und Währungsunion vorbereiten sollte. Am 1. 1. 1999 (Beginn der dritten Stufe der Europ. Wirtschafts- und Währungsunion) erhielten die EZB und das Europ. System der Zentralbanken (ESZB) ihre volle Zuständigkeit. Gleichzeitig wurde der →Euro als Buchgeld eingeführt; die nat. Währungen wurden dadurch zu nichtdezimalen Untereinheiten des Euro. Am 1. 1. 2002 erfolgte dann die Einführung des Euro-Bargeldes.

Als **Amtssprachen** sind in den Organen der EG alle Amtssprachen der Mitgl.-Staaten (mit Ausnahme des Gälischen) zugelassen. Im Juni 2005 beschloss der Rat der EU-Außen-Min. zu, ab 2007 auch das Gälische zur Amtssprache zu machen. Außerdem sollen in Zukunft im Verkehr mit EG-Organen die span. Regionalsprachen (Baskisch, Galicisch, Katalanisch und Valencianisch) verwendet werden dürfen. Einzelheiten müssen noch festgelegt werden. Alle VO und allg. bedeutsame Schriftstücke werden in allen Amtssprachen veröffentlicht, auch die Urteile des EuGH. **Arbeitssprachen** der Organe sind Englisch, Französisch und – mit in der Praxis rückläufiger Tendenz – Deutsch. Die Handhabung der Arbeitssprachen war und ist Gegenstand kontroverser polit. Diskussionen (→Sprachpolitik).

RECHT

Als Folge des Zusammenschlusses europ. Staaten in den supranat. EG ist eine autonome Rechtsordnung entstanden, die jenseits von Völkerrecht und staatl. Recht ein Recht eigener Art entwickelt hat, das sich insbesondere durch seinen Vorrang gegenüber dem nat. Recht der Mitgliedstaaten und seine unmittelbare Geltung (Durchgriffswirkung) im Kontext der nat. Rechtsordnungen auszeichnet. Die Normen, die diesem Rechtssystem Ausdruck verliehen haben, werden unter der Bez. **Recht der EG, Gemeinschaftsrecht** oder **Europarecht** zusammengefasst; sie lassen sich in primäres und sekundäres Recht gliedern. Zum primären Gemeinschaftsrecht gehören v. a. die Verträge, auf denen das System der EG beruht, einschließlich der vertragl. Zusätze und Protokolle. Als sekundäres Gemeinschaftsrecht gilt das von den Organen der EG gesetzte Recht, das sich v. a. in →Verordnungen, →Richtlinien, →Entscheidungen und →Stellungnahmen äußert. Die Durchsetzung des Rechts der EG im nationalstaatl. Raum der Mitgl. ist wesentlich durch die Rechtsprechung des EuGH (z. B. zum Vorrang und zur unmittelbaren Geltung) begünstigt worden. In Dtl. wird der Verflechtung mit den EG im GG Rechnung getragen, wobei vor dem Maastrichter Vertrag Art. 24 GG die Übertragung von Hoheitsrechten auf zwischenstaatl. Einrichtungen erlaubte, während nun Art. 23 GG das innerstaatl. Verfahren regelt, das bei der Mitwirkung Dtl.s an der EU zu beachten ist.

Soweit eine Vorschrift der EG unmittelbar in den Mitgl.-Staaten gilt (was bei Verordnungen stets der Fall ist, bei Richtlinien nur dann, wenn sie nicht fristgerecht umgesetzt wurden und inhaltlich genau formuliert sind), kann sich der einzelne Bürger unmittelbar darauf berufen. Ergeben sich daraus Streitigkeiten, von denen die Entscheidung eines nat. Gerichts abhängt, ist die klärungsbedürftige Frage dem EuGH im Vorabentscheidungsverfahren vorzulegen.

FINANZVERFASSUNG

Seit 1967 wird für die EG ein Gesamthaushaltsplan aufgestellt, der die Verwaltungsausgaben der drei (ab 2002 zwei) Gemeinschaften sowie die Ausgaben für die einzelnen Politikbereiche von EWG (seit 1993 Europ. Gemeinschaften) und EURATOM umfasst. Die Ausgaben für die gemeinsame Agrarpolitik beanspruchen fast die Hälfte des Haushaltsvolumens. Außerhalb des Haushaltsplans werden verwaltet und abgewickelt: die Mittel des Europ. Entwicklungsfonds, die finanziellen Aktivitäten der Europ. Investitionsbank, Anleihen und Darlehen der drei Gemeinschaften (Gemeinschaftsanleihe) sowie der Währungsbeistand im Rahmen des Europ. Währungssystems.

Der Haushalt der EG wird durch ein System eigener Mittel finanziert, das ab 1971 entwickelt wurde. Der EG-Vertrag hält in Art. 269 ausdrücklich fest, dass der EG-Haushalt vollständig aus Eigenmitteln finanziert wird. Eigene Mittel sind laut Ratsbeschluss vom 24. 6. 1988 Zölle und Agrarzölle, die bei der Wareneinfuhr in die EG erhoben werden, sonstige Abgaben im Rahmen der gemeinsamen Agrarpolitik (z. B. Zuckerabgabe) sowie ein Teil der Mehrwertsteuereinnahmen der Mitgl.-Staaten (die Bemessungsgrundlage von ursprünglich max. 1,4 % wurde ab 2002 auf 0,75 % und 2004 auf 0,5 % gesenkt) und die BSP-Mittel (ein Abführungssatz der Mitgl.-Staaten auf ihr Bruttosozialprodukt, der im Rahmen des Haushaltsverfahrens festgelegt wird).

Der Gemeinschaftshaushalt soll auch Umverteilungsfunktionen im Sinne eines Finanzausgleichs erfüllen, sodass für einzelne Mitgl.-Staaten kein Ausgleich zw. Finanzierungsleistungen und Mittelrückflüssen infrage kommen kann. Die stark gestiegenen Agrarausgaben und deren hoher Anteil am Gesamthaushalt führten zu erhebl. Finanzproblemen. So erreichte Großbritannien ab 1980 Ausgleichszahlungen, um die Differenz zw. brit. Beiträgen (v. a. Zölle und Abschöpfungen für die Agrarimporte) und den Zuweisungen (die brit. Landwirtschaft erhält relativ wenig Geld aus dem EG-Haushalt) zu verringern. Außerdem drohte Mitte 1987 den EG die Zahlungsunfähigkeit, als die Agrarausgaben wesentlich über dem Haushaltsansatz lagen. Um die Finanzkrise zu beheben und die Verabschiedung des Haushalts für 1988 zu gewährleisten, beschloss der Rat im Februar 1988 u. a., die Agrarausgaben zu beschränken und die genannten BSP-Mittel als zusätzl. eigene Mittel bereitzustellen. Durch eine interinstitutionelle Vereinbarung von 1988 (am 29. 10. 1993 bis 1999 festgeschrieben), eine 1988 aufgestellte Agrarleitlinie und Art. 270 EG-Vertrag soll die Haushaltsdisziplin nunmehr gewährleistet, d. h. eine von Eigenmitteln nicht zu deckende Verschuldung verhindert werden.

2003 hatte der Haushalt der EG ein Volumen von über 98,6 Mrd. €.

DIE POLITISCHEN PROBLEME DER INTEGRATION

Die Anfangsphase der Integration In den ersten Jahren sahen sich die EG, d. h. die EGKS (geschaffen 1951, ausgelaufen 2002), die EWG und die EURATOM (gegr. 1957) mit ihrem supranat. Konzept (Schaffung eines in eine polit. Union mündenden gemeinsamen Marktes) v. a. dem von Großbritannien vertretenen Gedanken einer Freihandelszone gegenübergestellt, die die nat. Souveränität ihrer Mitgl. nicht infrage stellte (→Europäische Freihandelsassoziation). Die EG entwickelten sich zu den geschichtlich bedeutsamsten Trägerinnen des →Europagedankens.

Die Erweiterung Unter dem Eindruck der immer sichtbarer hervortretenden wirtschaftl. Vorteile einer Mitgliedschaft in den EG (v. a. in der EWG), der schwindenden brit. Weltmachtrolle und der Unwahrscheinlichkeit einer baldigen Verwirklichung des supranat. Ausbaus der EG leitete die brit. Reg. mit ihren Aufnahmeanträgen (1961 und 1967) die erste Phase der Erweiterung der EG ein, die 1973 mit dem Eintritt Großbritanniens, Irlands und Dänemarks abschloss. Vor dem Hintergrund v. a. seiner landwirtschaftl. und industriepolit. Interessen, aber auch aus außenpolit. Erwägungen hatte Frankreich lange Zeit gezögert, einem Beitritt Großbritanniens zuzustimmen. Trotz der wachsenden Vielfalt unterschiedlicher nat. Interessen – bes. auf dem Agrarsektor – hatten die EG bei den Beitrittsverhandlungen ihre Strukturprinzipien als »gemeinsamer Markt« bewahrt. Mit der zweiten Phase der Erweiterung, dem Beitritt Griechenlands (1981), Portugals und Spaniens (beide 1986), entstand das Problem der »Süderweiterung«: Die wirtschaftlich weniger entwickelten neuen Mitgl., bes. Griechenland und Portugal, mussten ihre einheim. Wirtschaft einem verstärkten Wettbewerb mit kalkulierbaren sozialen Folgen aussetzen. Die EG als Ganzes sahen sich einer erhöhten wirtschaftl., sozialen und regionalen Heterogenität ausgesetzt. Die »Süderweiterung« wurde auch weniger wirtschaftlich als vielmehr politisch begründet (z. B. innenpolit. Stabilisierung der beigetretenen Länder; Wahrung westl. Sicherheitsinteressen). Weniger Probleme ergaben sich durch den Beitritt Österreichs, Schwedens und Finnlands zum 1. 1. 1995. – Ein Beitritt Norwegens, mit dem im gleichen Zeitraum Beitrittsverhandlungen geführt wurden, scheiterte am ablehnenden Referendum der Norweger.

Am 16. 4. 2003 schlossen die Mitgliedstaaten der EU mit acht mitteleurop. Staaten, Malta und Zypern Verträge über den Beitritt zur EU ab. Der Beitritt erfolgte am 1. 5. 2004. Beitrittspartnerschaften mit Rumänien und Bulgarien wurden im März 1998 beschlossen (zuletzt aktualisiert im Januar 2002); der Beitritt ist für Januar 2007 vorgesehen. 2004 haben Kommission und Europ. Rat über die Aufnahme von Beitrittsverhandlungen mit der Türkei (Beitrittskandidat seit 1999) positiv entschieden. Ein Zeitpunkt für deren Aufnahme steht noch nicht fest; man hat sich aber vorbehalten, die Beitrittsverhandlungen bei schweren Verletzungen von Menschenrechten, Demokratie oder Rechtsstaatlichkeit zu suspendieren. Das Beitrittsgesuch der Schweiz von 1992 ruht.

Der gegen Ende der 1980er-Jahre erreichte Integrationsgrad der EG war uneinheitlich. Im Ggs. zur EWG, deren Bedeutung ständig zunahm, schwächten sich die gemeinschaftsfördernden Wirkungen der EGKS (bes. unter den Auswirkungen der Stahlkrise) ab, die der EURATOM (v. a. unter den Differenzen der Mitgl.-Staaten über die Ziele einer friedl. Nutzung der Kernenergie) ebenfalls. Nach der Vollendung der Zollunion (1968) erfuhren die Pläne einer Wirtschafts- und Währungsunion mit der Schaffung eines einheitl. Zollgebietes (1977) und eines →Europäischen Währungssystems (1979) eine begrenzte Realisierung. Die Integration der nat. Landwirtschaften durch gemeinsame Agrarmarktordnungen ist noch immer ein Kernstück der bisherigen Integrationspolitik, belastet seit den 1970er-Jahren jedoch zunehmend den Haushalt der EG und stellt andere Gemeinschaftsaufgaben infrage (z. B. Industrieansiedlung, Bekämpfung der Arbeitslosigkeit, Umweltschutz). In ihrem Kern unvereinbare Zielsetzungen (Einkommenssicherung der Landwirte und kostengünstige Versorgung der Verbraucher) bei der Festsetzung der Agrarpreise führen zu politisch motivierten, wirtschaftlich jedoch unbefriedigenden Ergebnissen (unzureichende Strukturanpassung, hohes Preisniveau, Überproduktion). Die Entwicklungsländer, aber auch die USA mit ihrer entgegengesetzten Interessenlage, kritisieren die protektionist. Wirkungen von Agrarpreisen, die weniger an den Entstehungskosten ausgerichtet sind, als vielmehr einer gemeinschaftl. Einkommenssicherung dienen.

Die **Entscheidungsstrukturen** in den EG sind kompliziert und widersprüchlich. Während die Kommission im Laufe der Zeit ihren Anspruch zurückstellen musste, polit. Motor der Integration und damit Vorläufer einer europ. Reg. zu sein, bestimmen der Rat und durch ihn die nat. Regierungen das Tempo des Einigungsprozesses. Angesichts der Verschiedenartigkeit der wirtschaftl. und sozialen Probleme der beteiligten Länder kommt diese Entscheidungsstruktur, die durch die Errichtung des Europ. Rats noch verstärkt wurde, den Interessen der Mitgl.-Staaten entgegen. Bei der Demokratisierungsdiskussion stand seit den 1970er-Jahren das Europ. Parlament im Zentrum des Interesses; seine Befugnisse hinsichtlich des Budgets wurden 1970 und 1975 ausgeweitet; mit der Einführung der Direktwahl ab 17. 7. 1979 sollte seine Legitimationsbasis verbessert werden.

Die 1986 von den Mitgl.-Staaten der EG beschlossene, am 1. 7. 1987 in Kraft getretene →Einheitliche Europäische Akte (EEA) erweitert die Verträge von Rom und Paris. Sie geht zurück auf eine Initiative des Europ. Rates vom Juli 1985. Schwerpunkte des Abkommens lagen in der Vollendung des →Europäischen Binnenmarktes für den freien Verkehr von Personen, Waren, Dienstleistungen und Kapital bis 1992 (v. a. durch Angleichung von Rechts- und Verwaltungsvorschriften), in der Verbesserung der Zusammenarbeit im Bereich Wirtschafts- und Währungspolitik sowie in der Erweiterung des EWG-Vertrages um gemeinsame Forschungs-, Technologie- und Umweltpolitik. Die EEA erleichtert Mehrheitsentscheidungen im Rat der EU (Ministerrat), beteiligt das Europ. Parlament verstärkt an der Gesetzgebung und verbessert dadurch die Position von Parlament und Kommission gegenüber dem Rat. Außerdem wurde die bislang informelle »Europ. Polit. Zusammenarbeit« zum Bestandteil des europ. Vertragswerkes erhoben und eine gemeinsame europ. Außenpolitik angestrebt.

Durch Ratsbeschluss vom Februar 1988 wurden das Finanzsystem reformiert (Festlegung des Gesamtplafonds der EG-Eigenmittel auf 1,2 % des Bruttosozialprodukts der EG-Staaten für Zahlungen und auf 1,3 % für Verpflichtungsermächtigungen; das Bruttosozialprodukt tritt neben die Mehrwertsteuer als Rechengröße für die Beiträge der Mitgl. zum EG-Haushalt) und die Mittel für die →Europäischen Strukturfonds wurden erhöht, um Wohlstandsunterschiede zw. Staaten und Regionen abbauen zu können.

Die zweite grundlegende Änderung der Gründungsverträge ist der vom Europ. Rat am 9./10. 12. 1991 beschlossene, am 7. 2. 1992 in Maastricht unterzeichnete (daher auch **Maastrichter Vertrag** genannt) und am 1. 11. 1993 in Kraft getretene **Vertrag über die Europäische Union**. Er wurde durch den am 1. 5. 1999 in Kraft getretenen →Vertrag von Amsterdam inhaltlich modifiziert und ergänzt. So wurden u. a. die Rechte des Europ. Parlaments deutlich gestärkt, wesentl. Teile der »dritten Säule« (v. a. Visa-, Asyl- und Einwanderungspolitik) sowie das →Schengener Abkommen in den EG-Vertrag integriert und im Bereich der GASP wichtige institutionelle Weichenstellungen vorgenommen. Allerdings blieben die im Zusammenhang mit der bevorstehenden EU-Erweiterung notwendigen institutionellen Reformen unberücksichtigt. Neue Regelungen und Reformansätze beinhalten der am 27. 2. 2001 unterzeichnete und am 1. 2. 2003 in Kraft getretene →Vertrag von Nizza. Der →Vertrag über eine Verfassung für Europa vom 29. 10. 2004 sieht neben der Zusammenfassung von EUV und EGV u. a. Änderungen bei Zusammensetzung und Tätigkeit der Institutionen vor. Nachdem Volksabstimmungen über die Ratifizierung in Frankreich und den Niederlanden negativ ausgegangen sind, ist es jedoch fraglich, ob die Europ. Verf. in der vorgesehenen Form in Kraft treten wird.

Die EG besitzen begrenzte Möglichkeiten, ihre Außenbeziehungen selbstständig zu gestalten. Mit ihrer alleinigen Kompetenz zum Abschluss von Handelsverträgen mit Drittstaaten entwickelten sie sich im Sinne einer Handelsunion weiter. Angesichts ihres wirtschaftl. Gewichts übernahmen die EG auch Aufgaben gegenüber den Entwicklungsländern. Ausgehend von den zur Zeit ihrer Gründung bereits in Auflösung begriffenen Kolonialherrschaften Frankreichs, Belgiens, der Niederlande, Italiens (und später Großbritanniens), entwickelten die EG im Sinne der →Entwicklungspolitik ein besonderes Assoziierungsverhältnis, das heute v. a. in den →Lomé-Abkommen mit den →AKP-Staaten gipfelt. Mit den nordafrikan. Staaten Algerien, Marokko, Tunesien, die mit Frankreich bes. eng verbunden waren, wurden spezielle Abkommen geschlossen.

Seit 1991 wurden mit einer Reihe mittel- und osteurop. Transformationsstaaten Handels- und Kooperationsabkommen (Albanien, Slowenien) sowie Partnerschafts- und Kooperationsabkommen (Ukraine, Russland) geschlossen. Derartige Verträge bestehen heute auch mit umfassenden Regelungen (u. a. Diskriminierungsverbote für Arbeitnehmer) insbesondere mit den Maghreb- und AKP-Staaten. Bes. weitgehende Regelungen (umfassende polit., wirtschaftl. und kulturelle Zusammenarbeit zur Vorbereitung des künftigen Beitritts) enthalten die Europaabkommen, die nach der 2004 erfolgten Erweiterung der EU derzeit nur noch mit Bulgarien und Rumänien bestehen. An die Stelle der Freihandelsabkommen mit den EFTA-Staaten (mit Ausnahme der Schweiz) ist seit dem 1. 1. 1994 das Abkommen über die Gründung des →Europäischen Wirtschaftsraums (EWR) getreten.

Im Rahmen der Europ. Polit. Zusammenarbeit (EPZ) – seit Inkrafttreten des Maastrichter Vertrages in der Gemeinsamen Außen- und Sicherheitspolitik (GASP) aufgegangen – institutionalisieren die EG das Zusammenwirken ihrer Mitgl. auf außenpolit. Gebiet, um so bei der Lösung internat. Probleme ihr Gewicht als Gesamtheit besser zur Geltung zu bringen.

G. Nicolaysen: Europarecht, 2 Bde. (1996–2002); Komm. zum EU-, EG-Vertrag, hg. v. H. v. der Groeben u. a., 6 Bde. (1999); F. R. Pfetsch: Die EU. Gesch., Institutionen, Prozesse (²2001); T. Schmitz: Integration in der supranationalen Union (2001); K.-D. Borchardt: Die rechtl. Grundll. der EU (²2002); P. M. Huber: Recht der europ. Integration (²2002); Komm. des Vertrages über die EU u. des Vertrages zur Gründung der EG, hg. v. C. Calliess u. M. Ruffert (²2002); EG-Vertrag. Komm. zu dem Vertrag zur Gründung der E. G., hg. v. C. O. Lenz u. K.-D. Borchardt (³2003); Entscheidungen des EuGH, hg. v. M. Pechstein u. C. König (²2003); EUV, EGV. Vertrag über die EU u. Vertrag zur Gründung der EG, hg. v. R. Streinz (2003); C. Koenig u. A. Haratsch: Europarecht (⁴2003); Komm. zum Vertrag über die EU u. zur Gründung der EG, hg. v. H. v. d. Groeben u. J. Schwarze, 2 Bde. (2003); R. Streinz: Europarecht (⁶2003); M. Herdegen: Europarecht (⁶2004).

Europäische Gemeinschaft für Kohle und Stahl, Abk. **EGKS, Montan|union,** engl. **European Coal and Steel Community** [jʊərəˈpiːən ˈkəʊl ənd ˈstiːl kəˈmjuːnɪtɪ], Abk. **ECSC,** frz. **Communauté Européenne du Charbon et de l'Acier** [kɔmynoˈte ørɔpeˈɛn dy ʃarˈbɔ̃ e dəlaˈsje], Abk. **CECA,** bis 2002 bestehende supranat. Organisation mit eigener Rechtspersönlichkeit, die auf eine partielle wirtschaftl. Zusammenarbeit der Mitgl.-Länder zielte und die den Anfang der europ. Integration nach 1945 bildete. Die Montanunion wurde durch den »Pariser Vertrag« vom 18. 4. 1951 zw. Belgien, der BRD, Frankreich, Italien, Luxemburg und den Niederlanden als überstaatl. Gemeinschaft zur Errichtung eines gemeinsamen Marktes für Kohle und Stahl begründet. Der Vertrag (seit 23. 7. 1952 in Kraft) ging auf die Initiative des frz. Außen-Min. R. Schuman zurück (**Schumanplan**). Im Ggs. zu den zeitlich unbefristeten Verträgen von EWG (seit 1993 EG) und EURATOM war der Vertrag auf 50 Jahre begrenzt. Die EGKS behielt auch im Rahmen der EU ihren Status als eigenständige Organisation bei. Mit dem 23. 7. 2002 hörte die EGKS auf zu existieren; ihre spezif. Befugnisse sowie ihr Aktiv- und Passivvermögen gingen auf die EG über.

Organisation Organe der EGKS waren urspr. die Hohe Behörde, die Gemeinsame Versammlung, der Besondere Ministerrat und der Gerichtshof. Durch das Abkommen über gemeinsame Organe der drei → Europäischen Gemeinschaften vom 25. 3. 1957 wurden 1958 ein gemeinsamer Gerichtshof und die Zuständigkeit des Europ. Parlaments für EWG, EGKS und EURATOM bestimmt. Nach Inkrafttreten des Fusionsvertrages vom 8. 4. 1965 am 1. 7. 1967 ging die Hohe Behörde in der Europ. Kommission, der Besondere Ministerrat im Rat der EG auf. Allerdings fällten die neuen Gremien ihre Entscheidungen und Beschlüsse bezüglich der EGKS weiterhin auf der Grundlage des ursprüngl., mehrfach modifizierten Vertrages. Mitgl. waren alle Staaten der EU.

Ziele, Entwicklung Außenpolitisch sollten zunächst die direkten Kontrollbefugnisse der Siegermächte des Zweiten Weltkriegs über die Ruhrindustrie abgelöst werden. Wirtschaftspolitisch wurde eine rationale Versorgung der Verbraucher mit Montanprodukten durch Zusammenfassung nat. Märkte zu einem gemeinsamen Markt für Kohle und Stahl angestrebt. Sozialpolitisch sollten die Arbeits- und Lebensbedingungen für alle Beschäftigten in der Montanindustrie harmonisiert und verbessert werden.

Die EGKS unterstützte die Kohle und Stahl produzierenden Unternehmen bei der Finanzierung von Investitionen durch Gewährung von Krediten, sicherte die Versorgung durch Kontrolle der Preisgestaltung (Festlegung von Höchst- und Mindestpreisen innerhalb des gemeinsamen Marktes) und gewährte Arbeitnehmern in der Kohle- und Stahlindustrie Anpassungsbeihilfen (Umschulungs-, Überbrückungs- und Vorruhestandszuschüsse) und Wohnungsbaudarlehen. Ein Diskriminierungsverbot untersagte den Reg., die Produktions- und Absatzbedingungen für Kohle, Erz, Schrott und Stahl im Gemeinschaftsraum durch Handelsschranken (Zölle, Kontingente), Subventionen oder andere wirtschaftspolit. Maßnahmen wettbewerbswirksam zu verfälschen. Unternehmenszusammenschlüsse mussten von der Europ. Kommission genehmigt werden. Die finanziellen Mittel zur Erfüllung ihrer Aufgaben beschaffte sich die EGKS zum Großteil durch die Begebung von Anleihen an nat. und internat. Kapitalmärkten sowie durch Erhebung einer Umlage auf den Produktionswert von Kohle und Stahl bei den Montanunternehmen.

Angesichts der seit den 70er-Jahren im Kohle- und Stahlbereich immer wieder auftretenden Krisen sowie des Strukturwandels im Energiesektor war am Ende die gesamtwirtschaftl. Bedeutung der Montanunion zurückgegangen. Darüber hinaus wurden – entgegen der eigenen Zielsetzung – staatl. Beihilfen für Unternehmen sowie an von Entlassungen betroffene Arbeitnehmer zugelassen, um die Kohleförderung der Marktlage anzupassen. Der Stahlkrise wurde mit einer strikten Begrenzung der Erzeugerquoten, einer Überwachung des Außenhandels und mit Subventionen begegnet (→ Stahlindustrie).

Europäische Genossenschaft, So̱cietas Coopera̱tiva Europa̱ea [lat.], Abk. **SCE,** europ. Gesellschaft mit eigener Rechtspersönlichkeit und i. d. R. beschränkter Haftung, eingeführt durch VO der EG vom 22. 7. 2003 (Inkrafttreten am 18. 8. 2006) und die dazugehörige Richtlinie. Der Zweck der SCE besteht darin, den Bedarf ihrer Mitglieder zu decken bzw. deren wirtschaftl. oder soziale Tätigkeit zu fördern (→ Genossenschaft). Voraussetzung für die Gründung einer SCE ist, dass ihre Mitglieder oder die Genossenschaften, aus denen sie verschmolzen wird (→ Verschmelzung), aus mindestens zwei Mitgl.-Staaten der EG stammen. Möglich ist auch die → Umwandlung einer Genossenschaft nat. Rechts in die SCE, sofern diese seit mindestens zwei Jahren über eine Tochtergesellschaft in einem anderen Mitgl.-Staat verfügt. Organe der SCE sind die Generalversammlung und entweder (ähnlich der → Europäischen Aktiengesellschaft) Vorstand und Aufsichtsrat (dualist. System) oder der Verw.-Rat (monist. System). Der Verw.-Rat nimmt dabei sowohl Vertretungs- als auch Überwachungsfunktionen wahr. Eine Mitbestimmung ist in der SCE-Richtlinie vorgesehen. Grund für die Schaffung der SCE ist, dem bislang rein national organisierten Genossenschaftswesen eine europ. Rechtsform zur Verfügung zu stellen, um hierdurch die grenzüberschreitende Zusammenarbeit von genossenschaftlich organisierten Produzenten, Konsumenten u. a. zu erleichtern (z. B. grenzüberschreitende Winzergenossenschaft für ein einheitl. Weinanbaugebiet).

Europäische Gesellschaft für Katho̱lische Theologie, Abk. **ET,** Vereinigung kath. Theologen in Europa; 1989 zur Förderung der theolog. Forschung und Lehre gegr. Die Gesellschaft zählt rd. 1 000 Mitgl.; nat. Sektionen bestehen in Belgien, Dtl., Frankreich, Großbritannien und Nordirland, Irland, Italien, Kroatien, Litauen, den Niederlanden, Österreich, Portugal, der Schweiz, Spanien, Slowenien, der Slowak. Rep. und der Tschech. Rep. Als internat. Gesamtvereinigung tritt die ET v. a. über Theologenkongresse an die Öffentlichkeit (»5. Internat. Kongress der ET« 2004 in Freiburg im Üechtland). Hauptanliegen sind neben der länderübergreifenden wiss. Diskussion über theolog. Grundsatz- und aktuelle kirchl. (Streit-)Fragen auch der ökumen. und interreligiöse Dialog.

Europäische Grundrechte-Charta, offizielle Bez. **Charta der Grundrechte der EU,** am 7. 12. 2000 auf dem Gipfeltreffen der Staats- und Reg.-Chefs der EU in Nizza verkündete Kodifikation der Grundrechte der EU. Die Charta wurde auf Beschluss des Europ. Rats vom Juni 1999 durch einen Konvent unter Vorsitz von R. HERZOG erarbeitet (62 Mitgl.: 15 Beauftragte

Europäische Grundrechte-Charta: Roman Herzog stellt am 25. 8. 2000 den Charta-Entwurf vor; rechts Joschka Fischer.

der Staats- und Reg.-Chefs, ein Kommissar der Europ. Kommission, 16 Mitgl. des Europ. Parlaments, je zwei Vertreter der nat. Parlamente). Der Konvent hatte die Aufgabe, die Grundrechte, die in der Europ. Menschenrechtskonvention und in den Verfassungen der Mitgl.-Staaten der EU verankert sind, zusammenzufassen und zusätzlich die Europ. Sozialcharta zu berücksichtigen. Der erarbeitete Grundrechtskatalog enthält alle klass. Grundrechte, geht aber deutlich über die in den Mitgl.-Staaten geltenden Grundrechte hinaus (→Grundrechte).

Europäische Grüne Partei, Abk. **EGP**, gegr. im Februar 2004, ging die EGP aus der seit 1993 bestehenden Europ. Föderation Grüner Parteien (Abk. EFGP) hervor; zuvor existierte seit 1984 ein transnat. Kooperationsforum, die Europ. Koordination Grüner Parteien. Die EGP umfasst 32 Parteien aus 29 europ. Staaten (auch über die EU hinaus). Aus Dtl. gehört der EGP die Partei Bündnis 90/Die Grünen an, aus Österreich hat sich die Partei Die Grünen angeschlossen. Programmatisch zielt die EGP auf eine ökologisch nachhaltige, demokrat. und soziale Fortentwicklung der EU; die EU soll sich in den internat. Beziehungen für friedl. Konfliktlösungen und ein solidar. Welthandelssystem einsetzen. Im Europ. Parlament existiert eine Fraktion grüner Parteien erst seit 1989 (29 Mandate). Seither hat sich die Zahl ihrer Mandate, auch durch grüne Abg. neuer Mitgl.-Staaten, weiter erhöht (1994: 28 Mandate, 1999: 47, 2004: 42 Mandate).

europäische Integration siehe Seite 545

Europäische Investitionsbank, Abk. **EIB, European Investment Bank** [jʊərəˈpiːən inˈvestmənt bæŋk], öffentlich-rechtl., selbstständiges Kreditinstitut der EG, gegr. 1958, Sitz: Luxemburg. Mitgl. sind alle Staaten der EU. Gemäß Art. 267 EG-Vertrag soll die EIB zu einer ausgewogenen, reibungslosen Entwicklung des gemeinsamen Marktes beitragen, indem sie im Interesse der Gemeinschaft liegende Investitionsvorhaben finanziert. Hierbei bedient sie sich des Kapitalmarkts sowie eigener Mittel. Durch die Gewährung von Darlehen und Bürgschaften werden v. a. Projekte zur Erschließung weniger entwickelter Regionen, zur Schaffung neuer Arbeitsmöglichkeiten in der Gemeinschaft, Umstellungs- und Modernisierungsvorhaben von Unternehmen sowie neue Vorhaben von gemeinsamem Interesse mehrerer Mitgl.-Staaten finanziert. Seit Ende der 1980er-Jahre hat die EIB zahlr. neue Aufgaben, u. a.: Finanzierung von Investitionsvorhaben (z. B. zur Verbesserung der Infrastrukturen im Verkehrs-, Telekommunikations- und Energiebereich sowie in den Bereichen Umweltschutz, städtebaul. Entwicklung, Gesundheits- und Bildungswesen), Förderung von kleinen und mittelständ. Unternehmen, Beteiligung an Vorhaben des →Europäischen Investitionsfonds (sie ist mit 60,5 % auch Mehrheitseigner dieses Fonds), des →Kohäsionsfonds und der anderen →Europäischen Strukturfonds. Außerhalb der EU ist die EIB v. a. in den AKP-Staaten, im Mittelmeerraum, in Südafrika sowie seit 1993 auch in Asien und Lateinamerika tätig.

Die EIB gewährte 2004 Darlehen und Garantien in Höhe von 43,20 Mrd. €, davon wurden 39,66 Mrd. € (91,8 %) für Projekte innerhalb der EU zur Verfügung gestellt und 3,54 Mrd. € (8,2 %) für Investitionsvorhaben in Nicht-EU-Staaten. Den größten Teil der erforderl. Mittel für Darlehen beschafft sich die EIB auf nat. und internat. Kapitalmärkten durch Begebung von Anleihen. Sie verfügt seit 1. 5. 2004 über ein gezeichnetes Kapital von 163,7 Mrd. €. – Die Organisationsstruktur ist dreistufig: Der Rat der Gouv. (i. d. R. die Finanz-Min. der 25 Mitgl.-Staaten) bestimmt die Kreditpolitik und entscheidet über Kapitalerhöhungen, der Verw.-Rat (25 hohe Beamte, d. h. je 1 Repräsentant aus den Mitgl.-Staaten und der Europ. Kommission) entscheidet über die Gewährung von Darlehen und Bürgschaften, die Anleihebegebung und die Zinssätze der Bank, das neunköpfige Direktorium (Präs. und 8 Vize-Präs.) führt die laufenden Geschäfte.

Europäische Kernenergie-Agentur, →Nuclear Energy Agency.

Europäische Kommission, Kommission der Europäischen Gemeinschaften, im allg. Sprachgebrauch auch **EU-Kommission,** →Europäische Gemeinschaften.

Europäische Kulturhauptstadt, →Kulturhauptstadt Europas.

Europäische Kulturstiftung »Pro Europa«, 1993 in Basel gegründete Stiftung, die den Dialog zw. den Staaten und Regionen Europas fördern und zum Kulturaustausch in Europa beitragen will. Zu den Aktivitäten der Stiftung gehören u. a. die Durchführung und Förderung kultureller Veranstaltungen und Projekte, die Vergabe von Stipendien, u. a. an Nachwuchskünstler, sowie die jährl. Verleihung **Europäischer Kulturpreise** und Förderpreise auf jeweils unterschiedl. Gebieten von Kunst, Kultur und Politik. Die in versch. Städten Europas stattfindenden Preisverleihungen stehen unter dem Patronat der Präs. der Parlamentar. Versammlung des Europarats, des Europ. Parlaments und der Europ. Kommission.

Europäische Kulturwege, Europäische Kulturstraßen, auf Themen der europ. Geschichte und Kultur bezogene und in dieser themat. Bezogenheit Länder und Regionen in Europa verbindende Wege (Routen); als offizieller Titel durch den Europarat im Rahmen seines 1987 ins Leben gerufenen »Kulturwege-Programms« verliehen. Das den Europäern gemeinsame Erbe hervorhebend, will das Programm das Bewusstsein von der geschichtlich-kulturellen Einheit und Identität Europas fördern. Seine Anfänge reichen in das Jahr 1964 zurück und waren mit Überlegungen verbunden, ausgehend von der Kulturgeografie Europas ein länderübergreifendes tourist. Netzwerk zu schaffen. Initiierende Bedeutung innerhalb des Programms hatte der →Jakobsweg (2004 Anerkennung als »Europ. Kulturweg«).

Europäische Kurzhaarkatze, kräftige Hauskatzenrasse mit kurzem, feinem, dichtem Fell und großen Augen, z. B. Europ. Kurzhaar Weiß mit blauen oder orangefarbenen Augen sowie »odd-eyed«, d. h. mit einem blauen und einem orange- oder kupferfarbenen Auge, und mit weißem Fell; Europ. Kurzhaar Schwarz mit dunkelorange- bis kupferfarbenen Augen und schwarzem Fell; Europ. Kurzhaar Zweifarbig mit tieforange-, kupferfarbenen oder gelben Augen und schwarzen, roten, blauen und cremefarbenen Flecken auf weißem Fell.

Europäische Liberale, Demokratische und Reformpartei, Abk. **ELDR**, gegr. im März 1976 als Föderation europ. liberaler und demokrat. Parteien unter dem Namen Föderation liberaler und demokratischer Parteien der Europäischen Gemeinschaft (Abk. FLIDPEG; seit Juli 1977: Europäische Liberale Demokraten, Abk. ELD; heutige Bez. seit Dezember 1993). Die ELDR hat es sich zum Ziel gesetzt, die liberale,

Fortsetzung auf Seite 553

European Investment Bank
Europäische Investitionsbank

ELDR
Europäische Liberale, Demokratische und Reformpartei

EUROPÄISCHE INTEGRATION

- Geistig-politische Grundlagen und historische Wurzeln
- Der Integrationsprozess bis zur Herausbildung der Europäischen Union
- Die Europäische Union auf dem Weg zu einer kontinentalen Verfassungsgemeinschaft
- Entwicklungsstand
- Probleme und Perspektiven

europäische Integration, der Prozess der Schaffung und Fortentwicklung einer gemeinsamen, in sich verbundenen wirtschaftl., sozialen und polit. Struktur der europ. Staaten.

Die Vorstellungen von einem einheitl. Europa standen bis ins 20. Jh. v. a. im Schatten machtpolit. Kalküls von europ. Staaten und Mächtegruppierungen. Erst nach dem Ersten Weltkrieg manifestierte sich in versch. polit. Konzepten und zunächst noch zaghaften organisator. Anfängen einer europ. Einigungsbewegung das allmähl. polit. Streben nach einem engeren Zusammengehen der parlamentarisch-demokrat. Staaten Europas. Unter dem Eindruck des insbesondere auch für Europa verheerenden Zweiten Weltkriegs verstärkte sich schließlich der polit. Wille zu einem europ. Einigungsprozess, der während des Ost-West-Konflikts noch vom polit. Blockdenken geprägt war (De-facto-Teilung Europas durch den »Eisernen Vorhang« und die sich gegenüberstehenden Wirtschafts- und Militärblöcke) und institutionell zunächst auf Westeuropa beschränkt blieb, jedoch nach dem Zusammenbruch der kommunist. Ordnung in Mittel- und Osteuropa (1989/91) eine neue Dynamik erfuhr und vor die Aufgabe einer tatsächlich kontinentalen e. I. (im Sinne eines »gemeinsamen Hauses Europa«) gestellt wurde. Dieser nur langfristig und stufenweise zu realisierende Prozess, der durch neue bzw. immer noch vorhandene zwischen- sowie innerstaatl. Konfliktherde tangiert wird, vollzieht sich im komplizierten und vielschichtigen Spannungsfeld zw. gesamteurop. Erfordernissen, nationalstaatl. Eigeninteressen und regionalen Bedürfnissen.

Geistig-politische Grundlagen und historische Wurzeln

Vom 17. Jh. bis zum 2. Weltkrieg Ordnungsmodelle und Friedenspläne befassten sich – in der Folge der Säkularisierung des polit. Denkens im 17. und 18. Jh. – mit der Organisation der zwischenstaatl. Beziehungen in Europa (→Europagedanke). Politiker und Gelehrte formulierten die Theorie des Gleichgewichts der Mächte und glaubten, damit das regulative Prinzip des Europäischen Konzerts entdeckt zu haben. Nach dem Scheitern der Hegemonialansprüche Napoleons I. ermöglichte das während des Wiener Kongresses in Form der Heiligen Allianz restaurierte Gleichgewichtssystem eine längere Phase des Friedens zw. den europ. Großmächten. Nationalismus und Imperialismus unterwarfen den Europagedanken bes. Ende des 19. Jh. den Interessen nationalstaatl. Macht- und Expansionspolitik und zerstörten schließlich auch das Europ. Konzert.

Nach der Katastrophe des Ersten Weltkriegs wurde der Europagedanke erstmals zur Triebkraft einer polit. Bewegung, zu deren Anhängern nicht nur Intellektuelle, sondern auch Politiker und Unternehmer zählten. Diese mündete in die Paneuropa-Bewegung des Grafen Coudenhove-Kalergi, deren Ehrenpräsidentschaft 1927 von A. Briand, Min.-Präs. und Außen-Min. Frankreichs, übernommen wurde. Vor dem Völkerbund setzte sich Briand 1929 für eine Art föderaler Verbindung zw. den europ. Völkern ein. Seine europapolit. Vorstellungen stießen jedoch bei den Reg. Deutschlands, Großbritanniens und Italiens auf Ablehnung. Mit dem Aufstieg des Nationalsozialismus und seinen Folgen fand das Projekt einer europ. Einigung sein vorläufiges Ende.

Anfänge der Integration In den vom Faschismus und Nationalsozialismus beherrschten Ländern Europas wurden von den nichtkommunist. Widerstandsbewegungen Pläne für eine bundesstaatl. Neuordnung erarbeitet, die in der Überwindung des Prinzips nationalstaatl. Souveränität die Grundbedingung für die Sicherung von Frieden, Freiheit und Menschenwürde sahen. In den ersten Nachkriegsjahren gaben die »Föderalisten«, die Verfechter einer Integration der europ. Staaten in einem Bund unter Aufgabe von Souveränitätsrechten, der europ. Einigungsbewegung starke Impulse (z. B. →Hertensteiner Programm von 1946). Den »Föderalisten« standen die »Unionisten« gegenüber, die den Gedanken einer »Union« der europ. Staaten vertraten, der keinen Souveränitätsverzicht der Mitgl.-Staaten forderte. In einer Rede in Zürich (1946) gab W. Churchill wichtige polit. Anstöße. Er sprach sich für einen europ. Zusammenschluss unter Führung Frankreichs und Dtl.s aus, dessen erster Schritt »die Bildung eines Europarates« sein sollte; Churchill wies Großbritannien freilich nicht die Rolle eines Mitgl., sondern die eines Förderers zu. Der vom »Internat. Koordinierungsausschuss der Bewegungen für die Einheit Europas« (gegr. 1947) einberufene Kongress von Den Haag (1948) endete mit einem Kompromiss zulasten der »Föderalisten«, die sich gegenüber den »Unionisten«, welche die Schwerkraft der Realpolitik auf ihrer Seite hatten, letztlich nicht durchsetzen konnten. Der Kongress mündete in die Gründung der Europ. Bewegung und führte zu Verhandlungen zw. den Regierungen von zehn westeurop. Staaten; aus diesen Bemühungen ging 1949 der Europarat hervor. Mit der Verabschiedung der Europ. Menschenrechtskonvention (1950) hat er institutionelle Garantien für den Schutz der Menschenrechte geschaffen und damit eine bleibende zivilisator. Leistung hervorgebracht.

Der Integrationsprozess bis zur Herausbildung der Europäischen Union

Erste Ansätze in der Nachkriegszeit Die ersten Anstöße zu einer wirtschaftl. Integration Westeuropas nach dem Zweiten Weltkrieg kamen von außen: Zur Durchführung des amerikan. Wirtschaftshilfeprogramms für den Wiederaufbau Europas (Marshallplan, 1947) wurde 1948 die Organisation für europ. wirtschaftliche Zusammenarbeit (OEEC; seit 1961: Organisation für wirtschaftliche Zusammenarbeit und Entwicklung, OECD) errichtet. Die OEEC und die Europ. Zahlungsunion (EZU, gegr. 1950) leiteten eine Liberalisierung des Handels und des Zahlungsverkehrs unter den 17 Mitgl.-Staaten ein. Damit geriet die europ. Einigung aber in das Spannungsfeld des Ost-West-Konflikts. Als institutionellen Rahmen für einen westdt. Verteidigungsbeitrag im westl. Bündnis schlug der frz. Reg.-Chef R. PLEVEN 1950 eine Europ. Verteidigungsgemeinschaft (EVG) vor. Der EVG-Vertrag von 1952, der eine integrierte europ. Streitmacht vorsah, scheiterte aber 1954 beim Ratifizierungsverfahren in der frz. Nationalversammlung. Der Plan einer »Europ. Politischen Gemeinschaft« (EPG) wurde damit hinfällig. Als Ersatzlösung für die EVG wurde 1954 die Westeuropäische Union (WEU) gegründet und die Bundesrepublik Deutschland in ihrem Rahmen in die NATO aufgenommen.

Die Europäischen Gemeinschaften und ihre Entwicklung bis 1992 Zunächst beschränkt auf den engen Rahmen eines »Europas der Sechs« (Belgien, Bundesrepublik Deutschland, Frankreich, Italien, Luxemburg, Niederlande) war die Gründung der drei Europ. Gemeinschaften: der Europ. Gemeinschaft für Kohle und Stahl (EGKS; »Montanunion«) 1951/52 sowie der Europ. Wirtschaftsgemeinschaft (EWG) und der Europ. Atomgemeinschaft (EURATOM) durch die Röm. Verträge 1957 (1958 in Kraft getreten). Die beiden Letzteren beherrschen, nachdem der EGKS-Vertrag nach 50 Jahren ausgelaufen ist, mit den 1957 und 1967 fusionierten Organen (Kommission, Ministerrat, Gerichtshof, Parlament) bis heute den europ. Einigungsprozess.

Trotz der Betonung der wirtschaftl. Aspekte der e. I. ist das Interesse an einer polit. Vereinigung Europas stets lebendig geblieben. Dieses Ziel wurde schrittweise angesteuert. Der Vergemeinschaftung des Agrarmarktes (ab 1962) und der Gründung einer Zollunion (1968), die eine gemeinsame Handelspolitik der EG-Staaten zur Folge hatten, schlossen sich in den 70er-Jahren eine allmähl. Ausweitung der Aufgabenbereiche der Wirtschaftsgemeinschaft, die Einführung eines Europ. Währungssystems (EWS, 1979) und die Verabredung zu einer Europ. Polit. Zusammenarbeit (EPZ) in außenpolit. Fragen an. Auch in den 80er-Jahren wurden Fortschritte nicht durch einen »großen Wurf« erzielt, wie ihn 1984 das Europ. Parlament mit seiner Konzeption einer Europ. Verfassung versuchte, sondern durch punktuelle Veränderungen der Vertragsgrundlagen seitens der Regierungen der inzwischen auf zwölf Mitgl.-Staaten angewachsenen EG (1973 Beitritt Dänemarks, Großbritanniens und Irlands, 1981 Griechenlands und 1986 Spaniens sowie Portugals). Ein typ. Beispiel dafür stellt die Einheitl. Europ. Akte (EEA) von 1986 dar. In ihr ist die EPZ mit der EG zu einer Einheit verbunden und sind die seit den 70er-Jahren auf die Bereiche der Umwelt-, Forschungs- und Technologiepolitik sowie auf die wirtschaftl. und soziale Zusammenarbeit ausgeweiteten polit. Aktivitäten ausdrücklich in den Katalog der Gemeinschaftszuständigkeiten aufgenommen worden. Zugleich wurde die Organstruktur der EG durch eine Erweiterung der Beteiligung des Europ. Parlaments und eine Betonung des Mehrheitsprinzips bei Entscheidungen im Ministerrat gestärkt. Das 1985 von der Kommission aufgelegte Programm zur Schaffung des Europäischen Binnenmarktes, das die sukzessive Abschaffung aller noch bestehenden Hemmnisse für den freien Verkehr von Personen, Waren, Dienstleistungen und Kapital bis Ende 1992 vorsah, folgte derselben Entwicklungslogik.

Der Vertrag zur Gründung der EU Auch die Gründung der Europ. Union durch den Maastrichter Vertrag von 1992 stellt keinen großen, etwa zur Begründung eines europ. Bundesstaats führenden Schritt dar. Der »Vertrag über die Europ. Union« (EU-Vertrag) will vielmehr nur »eine neue Stufe bei der Verwirklichung einer immer engeren Union der Völker Europas« sein (Art. 1 Unterabs. 2 EU-Vertrag). Auch in ihm geht es v. a. um einzelne Veränderungen und Erweiterungen der bestehenden Vertragsgrundlagen (so etwa hinsichtlich neuer Kompetenzen für das Gesundheitswesen, die Verbraucherschutz- oder Industriepolitik für die Europäischen Gemeinschaften). Als kühnster Integrationsschritt wurde im Rahmen des Maastrichter Vertrags – neben der Vereinbarung einer weitestgehend auf Regierungszusammenarbeit gestützten Innen- und Justizpolitik sowie der Fortentwicklung der EPZ zu einer Gemeinsamen Außen- und Sicherheitspolitik – der Übergang zu einer gemeinsamen europ. Währung, dem Euro, und die Errichtung einer europ. Zentralbank als Währungshüterin beschlossen. In institutioneller Hinsicht wurde die Stellung des (seit 1979 direkt gewählten) Europ. Parlaments gestärkt, u. a. durch die Ergänzung der Verfahren der Anhörung und Zusammenarbeit durch das Mitentscheidungsverfahren nach Art. 251 EG-Vertrag, worin das Parlament zum Mitgesetzgeber wird. Die Bürger der Mitgl.-Staaten der EG besitzen als »Unionsbürger« nunmehr ein (europ. und kommunales) Wahlrecht in allen Staaten, Art. 19 EG-Vertrag; sie können sich nach Art. 21, 194 EG-Vertrag mit Petitionen an einen Europäischen Bürgerbeauftragten des Parlaments wenden.

Selbst die im Grunde vorsichtigen Integrationsmaßnahmen des Maastrichter Vertrags stießen in einem Europa, das nach der Beendigung des Kalten Krieges eine Renaissance der Nationalstaatsidee erlebt, auf starke Kritik. Großbritannien und Dänemark ließen sich vom Übergang zur Währungsunion freistellen. Am Widerstand Großbritanniens scheiterte darüber hinaus eine gemeinsame Sozialpolitik aller Mitgl.-Staaten. Deshalb vereinbarten die übrigen elf Staaten eine engere sozialpolit. Zusammenarbeit im Rahmen eines Protokolls zum Maastrichter Vertrag. Volksabstimmungen zum Vertrag über die Europ. Union in Dänemark (dort erst nach Sonderregelungen in einem zweiten Referendum 1993 gebilligt), Frankreich und Irland gingen (mit Ausnahme Irlands) sehr knapp aus. In Dtl. wurde das Bundesverfassungsgericht angerufen, um die Verfassungsmäßigkeit des Zustimmungsgesetzes mit Blick auf die Bestimmungen des Maastrichter Vertrags zu prüfen. Erst als es sein Urteil gefällt hatte, konnte der Vertrag am 1. 11. 1993 endgültig in Kraft treten.

Schritte zur Erweiterung der EU Trotz vieler Friktionen behielt die EU allerdings eine unverminderte Attraktivität. 1987 überreichte die Türkei, seit 1963 assoziiertes Mitgl. der EG, ein Beitrittsgesuch beim Europ. Rat in Brüssel. Zunächst wurde die Türkei aber nur durch die Gründung einer Zollunion (Inkrafttreten am 1. 1. 1996) wirtschaftlich stärker an die EU gebunden. Im Juli 1990 beantragten Zypern und Malta die EG-Mitgliedschaft (Letzteres nahm 1996 zunächst wieder Abstand von dem Gesuch, reaktivierte es aber 1998).

In zeitl. Parallelität zu den Verhandlungen zw. EG und EFTA zur Bildung eines Europäischen Wirtschaftsraums (EWR) bewarben sich fünf EFTA-Mitgl. – Österreich (1989), Schweden (1991), die Schweiz, Finnland und Norwegen (alle 1992) – um die Mitgliedschaft in der EG. Das Beitrittsgesuch der Schweiz ruht jedoch, seit 1992 die Bev. dort den Eintritt in den EWR abgelehnt hat. Nach langwierigen Verhandlungen mit den übrigen Beitrittskandidaten, bei denen die Gesprächspartner immer wieder um einen Ausgleich zw. den Grundsätzen der EG und den jeweiligen nat. Interessen der Bewerber sowie den oft gegensätzl. Interessen zw. Mitgliedern der EG und den Bewerberstaaten rangen, wurden die Verhandlungen mit Österreich, Finnland, Norwegen und Schweden am 1. 3. 1994 erfolgreich abgeschlossen. Schwierigkeiten hatten v. a. das Agrarpreissystem, die Fischereipolitik, die Sperrminorität bei Entscheidungen des Ministerrats und – im Fall Österreichs – der Alpentransit bereitet. Nachdem das Europ. Parlament am 4. 5. 1994 seine Zustimmung gegeben hatte, konnten die Beitrittsverträge durch die Unterschriften der Staats- und Reg.-Chefs auf dem EU-Gipfel von Korfu am 24. und 25. 6. 1994 besiegelt werden. Während bei den notwendigen Referenden die Österreicher, Finnen und Schweden dem Beitritt zustimmten, lehnten die Norweger das Verhandlungsergebnis ab. Österreich, Finnland und Schweden übernahmen das gesamte Regelungsgefüge des Maastrichter Vertrags, wenn auch in einigen Bereichen mit Übergangsfristen für die Eingliederungsphase, und wurden am 1. 1. 1995 Mitgl. der EU.

Die Europäische Union auf dem Weg zu einer kontinentalen Verfassungsgemeinschaft

Öffnung nach Osten Seit 1989/91 sehen sich auch die Europ. Gemeinschaften mit den polit., wirtschaftl. und sozialen Folgen des Zusammenbruchs des kommunist. Staatensystems konfrontiert. Am 22. 10. 1990 hatte der EG-Ministerrat bereits die gesetzl. »Übergangsregelungen« für die Eingliederung des Gebiets der früheren DDR in die EG gebilligt (ab 1. 1. 1991 in Kraft). Im April 1991 gründeten die EG-Staaten, 27 weitere Staaten und die Europ. Investitionsbank (EIB) die Europ. Bank für Wiederaufbau und Entwicklung (EBWE; Osteuropabank) zur Erneuerung der Volkswirtschaften der früheren kommunist. Staaten auf der Grundlage der Marktwirtschaft. Assoziierungsverträge (»Europaabkommen«) wurden mit Polen und Ungarn (16. 12. 1991, in Kraft seit 1. 2. 1994) sowie mit Rumänien (1. 2. 1993), Bulgarien (8. 3. 1993), der Slowak. Rep. und der Tschech. Rep. (4. 10. 1993) geschlossen (alle in Kraft seit 1. 2. 1995). Weitere Europaabkommen wurden mit Estland, Lettland und Litauen (12. 6. 1995) sowie mit Slowenien (15. 6. 1995) vereinbart, umfangreiche Partnerschaftsverträge 1994 mit der Ukraine, Russland und Moldawien abgeschlossen.

Anträge auf Vollmitgliedschaft in der EU stellten Ungarn (1. 4. 1994), Polen (8. 4. 1994), Rumänien (22. 6. 1995), die Slowak. Rep. (27. 6. 1995), Lettland (27. 10. 1995), Estland (28. 11. 1995), Litauen (8. 12. 1995), Bulgarien (14. 12. 1995), die Tschech. Rep. (17. 1. 1996) und Slowenien (10. 6. 1996).

Reformbemühungen als Folge der Öffnung Durch die Aufnahmeanträge von zehn mittel- und osteurop. Staaten sowie Zyperns, Maltas und der Türkei wurde die EU mit der doppelten Herausforderung konfrontiert, nicht nur eine Strategie für die Heranführung der Beitrittskandidaten zu entwickeln, sondern parallel hierzu auch die Funktionsfähigkeit der Union durch eine Reform ihres institutionellen Systems und einiger ihrer Politikbereiche nach einer Erweiterung sicherzustellen. Dieses Spannungsfeld von Vertiefung und Erweiterung fand seinen Ausdruck in einer in Etappen vollzogenen Fortentwicklung der EU seit Beginn der 1990er-Jahre. Dieser Weiterentwicklungsprozess, dessen zentrale Meilensteine nach dem Vertrag über die EU von Maastricht (1992) die Vertragsrevisionen von Amsterdam (1997) und Nizza (2001) sind, ist unterdessen noch nicht abgeschlossen. Bereits während des Ratifikationsverfahrens zum Vertrag von Nizza beauftragten die Staats- und Regierungschefs auf ihrem Gipfel in Laeken (Belgien) am 14./15. 12. 2001 einen europ. Konvent, besetzt insbesondere mit Vertretern der Regierungen der Mitglieds- und Beitrittsstaaten sowie des Europ. Parlaments und der nat. Parlamente, mit der Ausarbeitung eines »Vertrags über eine Verfassung für Europa«. Der Konvent legte diesen Vertragsentwurf am 18. 7. 2003 vor, die Staats- und Regierungschefs akzeptierten ihn (mit zentralen Änderungen) auf ihrem Gipfel in Brüssel am 17./18. 6. 2004.

Der Vertrag von Amsterdam Durch den Amsterdamer Vertrag von 1997 wurde insbesondere die Innen- und Justizpolitik sowie die Gemeinsame Außen- und Sicherheitspolitik (GASP) reformiert. Der zuvor noch ausschließlich intergouvernemental verfasste Bereich der innen- und justizpolit. Zusammenarbeit der mitgliedsstaatl. Regierungen wurde durch die formelle Einführung eines »Raumes der Freiheit, der Sicherheit und des Rechts« (RFSR) weiterentwickelt. Hierbei wurde die noch im Maastrichter Vertrag vorgenommene strenge Trennung zw. den Zuständigkeiten der Europ. Gemeinschaften (zusammengefasst in der »ersten Säule« der EU) und der gesamteurop. Innen- und Justizpolitik (die »dritte Säule« der EU) durchbrochen. Die Asyl- und Visapolitik sowie Maßnahmen zur Kontrolle der Außengrenzen sind hierzu in den EG-Vertrag überführt worden. Ferner sollen nach einer Übergangszeit von fünf Jahren nach Inkrafttreten des Amsterdamer Vertrags diese Bereiche dann vollständig vergemeinschaftet werden. Zusätzlich werden die Bestimmungen der Schengener Abkommen über den schrittweisen Abbau der Grenzkontrollen zw. den Mitgl.-Staaten in die Europ. Union einbezogen, wobei Dänemark und Großbritannien auch weiterhin in der Lage sind, Grenzkontrollen durchzuführen. Für die Gemeinsame Außen- und Sicherheitspolitik (die »zweite Säule« der EU) wurde das zwischenstaatl. Kooperationsprinzip bestätigt. Durch die Errichtung einer Planungs- und Analyseeinheit beim Rat und durch die Ernennung eines Beauftragten für die Außenpolitik nach Art. 26 EU-Vertrag, der mit Inkrafttreten des Vertrages über eine Verfassung für Europa für den Posten des ersten EU-Außenministers vorgesehen ist (der derzeitige Amtsinhaber ist seit 1999 J. SOLANA), soll die GASP jedoch effizienter und schneller auf Krisensituationen Einfluss nehmen können. Im Rahmen der GASP sind Maßnahmen der EU nun von humanitären Aufgaben bis hin zu friedenserzwingenden Kampfeinsätzen möglich (»Petersberger Aufgaben«). Daneben wird langfristig die Eingliederung der WEU in die Europ. Union angestrebt.

Mit den Amsterdamer Reformen intensivierte sich darüber hinaus auch die Integration im Rahmen der Europ. Gemeinschaft. Die dort verankerte Europ. Wirtschafts- und Währungsunion (EWWU bzw. WWU) wurde zunächst durch einen Stabilitäts- und Wachstumspakt ergänzt, der im Wesentlichen die Bindungswirkung der Konvergenzkriterien zur Teilnahme an der Währungsunion auf Dauer festschreibt und die Möglichkeit einräumt, Staaten, die dauerhaft gegen diese Kriterien verstoßen, mit ökonom. Sanktionen zu belegen.

Nachdem der Euro zum 1.1.1999 in elf Teilnehmerländern der Europ. Währungsunion (auch Euro-Zone) zunächst als Buchgeld im bargeldlosen Zahlungsverkehr eingeführt wurde, konnten die für einen Übergangszeitraum als Untereinheit des Euro weiter geltenden nat. Währungen am 1.1.2002 auch im Bargeldbereich durch die Gemeinschaftswährung ersetzt werden. In Großbritannien steht eine Volksbefragung zur Teilnahme noch aus, während die Dänen und die Schweden in Referenden am 28.9.2000 bzw. am 14.9.2003 die Einführung des Euro mehrheitlich ablehnten. Griechenland, das zunächst an den Konvergenzkriterien scheiterte, ist der Währungsunion erst zum 1.1.2001 beigetreten.

Mit der Aufnahme eines Kapitels zur Beschäftigungspolitik in den EG-Vertrag wurde den Europ. Gemeinschaften ein neues Aufgabenfeld zugewiesen, ohne ihnen aber in diesem Bereich Rechtsetzungsbefugnisse oder die Möglichkeit zur Finanzierung umfassender Programme einzuräumen. Durch die Bereitschaft Großbritanniens, wieder an einer gemeinsamen Sozialpolitik mitzuwirken, konnten die Bestimmungen des in Maastricht von elf Staaten unterzeichneten Sozialprotokolls vollständig in den EG-Vertrag integriert werden. Darüber hinaus wurde durch die vertragl. Fixierung von Bestimmungen über eine flexible Zusammenarbeit ermöglicht, dass eine Gruppe von mehr als der Hälfte aller Mitgl.-Staaten im Hinblick auf einzelne Zuständigkeitsbereiche der Gemeinschaft weiter gehende Integrationsschritte unternehmen kann. Im Hinblick auf die notwendigen institutionellen Reformen wurden wesentl. Entscheidungen insbesondere zur Ausweitung von Mehrheitsbeschlüssen und zur Neugewichtung der Stimmen der Mitgl.-Staaten im Rat der Europ. Union hingegen vertagt.

Der Vertrag von Nizza Unmittelbar nach Inkrafttreten des Amsterdamer Vertrags am 1.5.1999 beschlossen deshalb die Staats- und Regierungschefs der Mitgl.-Staaten der EU auf ihrem Gipfeltreffen in Köln (3.–4.6.1999) die Einberufung einer erneuten Regierungskonferenz im Frühjahr 2000, die sich v. a. den noch offenen institutionellen Fragen widmen sollte. Die als Vorbedingung für eine Erweiterung angesehenen Reformen der europ. Organe wurden schließlich während des Gipfels von Nizza (7.–10.12.2000) vereinbart.

Als Kernelemente der Vertragsrevision von Nizza erweisen sich die Neuverteilung der Stimmen der Mitgl.-Staaten bei Abstimmungen mit qualifizierter Mehrheit im Ministerrat, eine Neuregelung zur Zusammensetzung der Kommission und die Ausweitung von Mehrheitsentscheidungen, an denen Rat und Parlament als legislative Organe gleichberechtigt beteiligt sind. Im Hinblick auf die Stimmengewichtung im Rat wurden bereits die Stimmenzahlen der Beitrittskandidaten festgelegt und die Kriterien zur Erreichung der qualifizierten Mehrheit erheblich verändert. Danach ist eine solche Mehrheit nur erreicht, wenn 71 % der Stimmen der Mitgl.-Staaten für die Maßnahme votieren und sofern die Regierungen, die diesem Vorhaben zustimmen, mindestens 62 % der EU-Gesamtbevölkerung und mindestens die Hälfte der Mitgl.-Staaten repräsentieren. Bei der Zusammensetzung der Kommission verzichten die großen Mitgl.-Staaten ab 2005 auf ihr bisheriges Recht, zwei Kommissare zu entsenden. Erst wenn die Zahl der Mitgl.-Staaten 27 erreicht, wird von dem Prinzip der Entsendung eines Kommissars durch jedes Mitgl.-Land abgegangen werden. Mit Inkrafttreten des Vertrags von Nizza werden unmittelbar 31 weitere Zuständigkeitsbereiche durch qualifizierte Mehrheit entschieden. Insgesamt verbleiben aber noch 68 von 211 Bereichen der Zuständigkeit der EU, in denen die Mitgl.-Staaten aufgrund der Erfordernis einstimmiger Entscheidungen über eine Vetomöglichkeit verfügen. Hierzu gehören in erster Linie die Steuer- und Strukturpolitik sowie Teilbereiche der Handelspolitik und die Einwanderungspolitik.

Mit dem am 1.2.2003 in Kraft getretenen Vertrag von Nizza wurde der Weg frei für die Aufnahme von 10 Beitrittsstaaten (Estland, Lettland, Litauen, Malta, Polen, Slowak. Rep., Slowenien, Tschech. Rep., Ungarn und Zypern) zum 1.5.2004. Die Mitgliedschaft Bulgariens und Rumäniens wurde auf voraussichtlich 2007 verschoben. Der künftige EU-Erweiterungsprozess dürfte insbesondere auf die Mitgliedschaft von Staaten aus Südosteuropa gerichtet sein. So stellte Kroatien am 21.2.2003 einen Antrag auf EU-Mitgliedschaft; die Beitrittsverhandlungen werden ab 2005 geführt. Mit der Türkei werden aufgrund Beschlusses des Rats der Regierungschefs vom Dezember 2004 Beitrittsverhandlungen aufgenommen. Die Verhandlungen sind jedoch grundsätzlich ergebnisoffen, insbesondere weil die EU den Beitritt an die Erfüllung bestimmter polit. Kriterien knüpft, die von den Staats- und Regierungschefs der Mitgl.-Staaten auf ihrem Gipfel am 12./13.12.2002 in Kopenhagen festgelegt wurden. Die Einhaltung dieser Kriterien wird durch die Europ. Kommission regelmäßig überprüft. Im Fall einer Aufnahme soll für türk. Arbeitnehmer die Freizügigkeit in der EU durch längerfristige Ausnahmeregelungen blockiert werden. Die Eröffnung einer Beitrittsperspektive für die Türkei ist, abgesehen von der Notwendigkeit polit. Reformen, auch aufgrund ökonomischer und kultureller Divergenzen nach wie vor umstritten. Sie könnte außerdem daran scheitern, dass in verschiedenen Mitgliedstaaten Volksabstimmungen als Voraussetzung der nötigen Regierungszustimmung in die Diskussion gebracht wurden. Trotz der positiven Signale der EU ist die Türkei-Frage deshalb nach wie vor politisch offen.

Reformen hinsichtlich einzelner Politikbereiche und Integrationsmechanismen Bei der Vielzahl der versch. Vertragsrevisionen darf nicht übersehen werden, dass signifikante Reformen auch hinsichtlich einzelner Politikbereiche sowie bezüglich der Flexibilisierung der Integrationsmethoden der EU erreicht oder zumindest initiiert wurden. Eine wesentl. Rolle für die Erweiterung spielte in erster Linie die Verabschiedung der Agenda 2000 auf dem EU-Gipfel von Berlin am 26.3.1999. Vornehmlich betroffen von einer Neuregelung waren in diesem Zusammenhang die Gemeinsame Agrarpolitik sowie die Maßnahmen der Europ. Gemeinschaft in der Struktur- und Regionalpolitik. Für den Zeitraum 2000–2006 werden danach in der Landwirtschaft die Ausgaben durch Kürzungen in einzelnen Sektoren insgesamt konstant gehalten, während in der Struktur- und Regionalpolitik eine Konzentration der Mittel auf Regionen mit deutl. Entwicklungsrückstand stattfindet. Mit der so genannten »Lissabon-Strategie zur wirtschaftl., sozialen und ökolog. Erneuerung« (verabschiedet auf dem Gipfel der Staats- und Regierungschefs in Lissabon am 23./24.3.2000) hat sich die EU darüber hinaus das ehrgeizige Ziel gesetzt, bis zum Jahr 2010 die weltweit dynamischste und wettbewerbsfähigste Wirtschaft zu entwickeln.

Ferner gelang es, die Pläne zur Erweiterung der Gemeinsamen Außen- und Sicherheitspolitik um eine verteidigungspolit. Dimension zu ergänzen (→ Europäische Sicherheits- und Verteidigungspolitik, ESVP). In Helsinki (10.–11.12.1999) einigten sich die Staats- und Reg.-Chefs der 15 Mitgl.-Staaten auf die Bereitstellung einer 50 000–60 000 Mann starken europ. Krisenreaktionstruppe bis spätestens 2003, die in enger Kooperation mit der NATO kurzfristig zur Lösung der so genannten Petersberger Aufgaben eingesetzt werden kann. Nach Unterzeichnung eines Vertrages mit der NATO im März 2003 übernahm die EU erstmals im Rahmen der ESVP die militär. Führung der Makedonien-Mission. Neben den Fortschritten in den genannten Politikbereichen hat die Europ. Kommission 2001 mit dem Weißbuch zum »Europ. Regieren« eine Reihe von Vorschlägen zur Flexibilisierung und Optimierung der Integrationsmethoden in einer erweiterten Union vorgelegt. Ziel dieser Vorschläge ist es einerseits, die europ. Integration, sofern sie auf gemeinschaftl. Rechtsetzungsmaßnahmen beruht, durch die bessere Einbeziehung der lokalen und regionalen Ebene sowie von zivilgesellschaftl. Akteuren offener und transparenter zu gestalten. Andererseits sollen flexiblere Methoden, wie etwa das Verfahren der offenen Koordinierung, die Kohärenz von Politikmaßnahmen in der EU und ihren Mitgl.-Staaten stärken.

Ausrichtung auf weitere Reformen Ebenso wie der Maastrichter Vertrag und der Amsterdamer Vertrag enthält auch der Vertrag von Nizza eine Erklärung der Staats- und Reg.-Chefs zur Fortentwicklung der Europ. Union. Inhalt dieser »Erklärung zur Zukunft der Union« war die Festlegung, 2004 im Rahmen einer weiteren Reg.-Konferenz das Verhältnis der EU zu ihren Mitgl.-Staaten, insbes. im Hinblick auf eine Abgrenzung der Kompetenzen, zu präzisieren. Ferner wurde vereinbart, im Rahmen dieser Vertragsrevision über die Frage der Einbeziehung der in Nizza vereinbarten »Charta der Grundrechte der Europäischen Union« in das Vertragswerk, über die Vereinfachung der Verträge und über die Rolle der nat. Parlamente in der Architektur Europas zu entscheiden. Anders als bei den bisherigen Vertragsrevisionen wurde die Vorbereitung der Reg.-Konferenz jedoch durch eine breitere öffentl. Debatte über die Zukunft der EU begleitet. Der Europ. Rat von Laeken (15.12.2001) hatte hierzu die Initiative durch die Einsetzung eines Europ. Konventes ergriffen, in dem seit März 2002 Vertreter der Reg. und Parlamente der zukünftig 25 Mitgl.-Staaten sowie Repräsentanten der Europ. Kommission und des Parlaments beraten. Im Juni 2003 legte der Konvent den Entwurf für eine europ. Verfassung vor, worin u. a. die Einrichtung einer hauptamtl. Präsidentschaft des Europ. Rats sowie eines EU-Außenministeramtes vorgesehen ist. Dessen unmittelbare Billigung auf der Reg.-Konferenz im Dezember 2003 scheiterte jedoch mangels Konsenses, insbes. über Regelungen zur Stimmgewichtung im Rechtsetzungsverfahren. Nach erneuter Modifikation einiger Bestimmungen konnte am 18.6.2004 auf dem Europ. Rat in Brüssel jedoch eine polit. Einigung erzielt werden, worauf die feierl. Annahme dieses Vertrags über eine Verfassung für Europa am 29.10.2004 in Rom folgte. Dieses Werk gilt es nun in allen 25 Mitgl.-Staaten zu ratifizieren.

Entwicklungsstand

Die drei Säulen Der Europ. Union gehören gegenwärtig 25 Mitgl.-Staaten an, in denen etwa 455 Mio. Menschen leben. Sie beruht, trotz einiger durch die Vertragsrevisionen von Amsterdam und Nizza vorgenommenen Veränderungen, nach wie vor auf drei Säulen. Die erste Säule bilden nach Auslaufen des Vertrags über die Gründung der Europ. Gemeinschaft für Kohle und Stahl am 23.07.2002 die Europ. Gemeinschaft, die den Kernbestand der wirtschaftl. Integration darstellt, sowie die Europ. Atomgemeinschaft. Diese erste Säule ist im Wesentlichen gekennzeichnet durch ihren supranationalen Integrationsmodus, der auf der Übertragung mitgliedstaatl. Hoheitsrechte auf europ. Organe beruht. Die zweite Säule umfasst die Gemeinsame Außen- und Sicherheitspolitik, die in jüngerer Zeit insbesondere durch die Fortentwicklung der verteidigungspolit. Dimension gekennzeichnet ist. Die dritte Säule der EU stellt die »Polizeiliche und justizielle Zusammenarbeit in Strafsachen« (PJZS) dar, die – wie auch die zweite Säule – auf einer intergouvernementalen Zusammenarbeit der Mitgl.-Staaten beruht, aber anders als die Außen- und Sicherheitspolitik bereits teilweise in den Gemeinschaftsrahmen überführt worden ist.

Die Eigenart der EU Im Gegensatz zu den zwei Europ. Gemeinschaften besitzt die EU bislang keine eigene Rechtspersönlichkeit, die es ihr gestatten würde, selbstständig im internat. Verkehr aufzutreten. (Die Zuerkennung einer Rechtspersönlichkeit ist allerdings im Vertrag über eine Verfassung für Europa vorgesehen.) Es handelt sich bei ihr eher um eine Art Rahmenordnung für die zwei Europ. Gemeinschaften und die neuen Formen europ. Zusammenarbeit (Gemeinsame Außen- und Sicherheitspolitik usw.), die durch gemeinsame Organe miteinander verklammert sind. Die EU ist daher kein Staat, obwohl es »Unionsbürger« und ein Europ. Parlament gibt und von der EG gesetzesförmige Anordnungen getroffen werden, die für die Mitgl.-Staaten wie für ihre Bürger verbindlich sind. Stellt sie insofern mehr als einen losen Staatenbund dar, so fehlt ihr bislang doch die Fähigkeit, eigenmächtig Zuständigkeitsverteilungen zw. sich und den Mitgl.-Staaten vorzunehmen. Erst diese »Kompetenzkompetenz« aber würde sie zu einem ihren Mitgl.-Staaten überlegenen europ. Bundesstaat oder einem bundesstaatsähnl. Gebilde machen. Nach wie vor ist jede Änderung der Vertragsgrundlagen jedoch von der Zustimmung der Mitgl.-Staaten als »Herren der Verträge« abhängig (Art. 48 EU-Vertrag in der Fassung von Nizza).

Die Eigenart der Europ. Union lässt sich auch deshalb schwer erfassen, weil sie auf weitere Integration und damit auf eine Ausweitung ihrer Kompetenzen sowie einen Wandel ihrer Struktur hin angelegt ist. Wie bei jeder internat. Organisation wird ihre Tätigkeit von den Zielen, welche die Mitgl.-Staaten ihr bei ihrer Errichtung gesetzt haben, bestimmt. Im Gegensatz zu anderen Organisationen ist die Zielstruktur der Europ. Union jedoch hochkomplex. Die Union kann infolgedessen nicht als eine bloße Wirtschaftsgemeinschaft in einem um Sozialpolitik, Gesundheitspolitik u. Ä. mehr erweiterten Rahmen angesehen werden, sondern sie ist – hierin durchaus staatsähnlich – auch eine Rechts- und Friedensgemeinschaft. Dies wird auch durch den Grundrechtskatalog unterstrichen, den die Staats- und Reg.-Chefs in Nizza bereits angenommen hatten, ohne ihn aber rechtsverbindlich in den Vertragsentwurf einzubinden, was sich jedoch mit der Aufnahme dieses Katalogs als Teil II des Vertrags über eine Verfassung für Europa ändern soll. Im Bereich des Gemeinsamen Marktes trägt insbes. Art. 308 EG-Vertrag dieser Zielstruktur Rechnung, dem zufolge der Ministerrat auch dann Vorschriften zur Verwirklichung dementsprechender Ziele erlassen darf, wenn der Gemeinschaft spezielle Befugnisse diesbezüglich nicht erteilt worden sind, ihr Tätigwerden gleichwohl erforderlich erscheint. Von dieser Ermächtigung hat die EG seit den 1970er-Jahren häufig Gebrauch gemacht, um die e. I. voranzubringen.

Die Möglichkeit, im Bereich des Gemeinsamen Marktes Gemeinschaftsrecht zu setzen und für eine Angleichung der nat. Rechtsvorschriften zu sorgen (Art. 94, 95 EG-Vertrag), bedeutet auch nicht, dass die EG grundsätzlich in der Lage wäre, mit den von ihren Organen erlassenen Vorschriften das nat. Recht zu verdrängen. Weite Bereiche ihrer Tätigkeit sind nicht im strikten Sinne vergemeinschaftet, sondern sie vollziehen sich in einem komplexen Verhandlungssystem zwischen europ. und mitgliedsstaatlichen Vertretern auf der einen Seite und einer steigenden Zahl privater Akteure (insbesondere Interessengruppen) auf der anderen Seite. Dies ergibt sich schon daraus, dass die europ. Organe nur in seltenen Fällen ermächtigt sind, ihre Rechtsetzungsakte selbst durchzusetzen. Der Regelfall ist vielmehr, dass europ. Regulierungen durch die Mitgliedsstaaten nach den Bestimmungen ihres jeweiligen innerstaatl. Rechts durchgesetzt werden.

Das Zusammenwirken der Gemeinschaftsorgane Das Verhältnis der Gemeinschaftsorgane zueinander ist ebenfalls kompliziert und in Entwicklung. Im Unionsvertrag hat der Europ. Rat, die Zusammenkunft der Staats- und Reg.-Chefs der Mitgl.-Staaten und des Präsidenten der Kommission, eine Art allgemeiner Richtlinienkompetenz für die künftige Entwicklung der Union erhalten (Art. 4 EU-Vertrag in der Fassung von Nizza). Für die Rechtsetzung der Gemeinschaft ist jedoch weiterhin der Rat der Europ. Union, gebunden an entsprechende Initiativen der Kommission, des eigentl. Reg.-Organs und »Motors« der EG, zuständig. Große Verdienste bei der Entwicklung des Gemeinschaftsrechts hat sich auch der Europ. Gerichtshof erworben. Stetig ausgebaut wurde bei allen Revisionsverträgen die Rolle des Europ. Parlaments. Ein Gesetzgebungsorgan, wie es die nat. Parlamente sind, stellt es aber (noch) nicht dar. Seine Mitsprache bei der Rechtsetzung der Gemeinschaft reicht von der bloßen Anhörung über Vetorechte bis zur echten Mitbestimmung. Seit dem Vertrag von Nizza ist davon auszugehen, dass das Parlament an etwa der Hälfte aller Gesetzgebungsverfahren im Rahmen der Mitentscheidung beteiligt ist. Das Parlament hat das Recht, den Haushaltsplan der EG zu verwerfen und der Kommission das Misstrauen auszusprechen; auch die Einsetzung einer neuen Kommission ist von seiner Zustimmung abhängig. Die eigenartige Differenzierung der Rechtsposition des Parlaments folgt keinen klaren, einleuchtenden Kriterien und ist daher erhebl. Kritik ausgesetzt. In der Praxis läuft die Zusammenarbeit der Gemeinschaftsorgane über vielfältige Absprachen und Kooperationen in vorbereitenden, beratenden und mitentscheidenden Ausschüssen, was den Überblick über die Gremien der EG und ihre Zuständigkeiten schwierig macht und eine gewisse Schwerfälligkeit der Brüsseler Bürokratie bedingt. Andererseits hängt die Wirksamkeit der Europ. Kommission zu einem guten Teil von informellen Kontakten mit Vertretern der Mitgl.-Staaten und Repräsentanten der zahlr. Verbände ab, die sich auf europ. Ebene konstituiert haben und deren Informationen, Wünsche und Bedenken für die Planungs- und Kontrolltätigkeit der Kommission wichtig sind.

Wirtschafts- und außenpolitische Aspekte Die e. I. hat im letzten Jahrzehnt erhebl. Fortschritte gemacht. Der wirtschaftl. Verflechtungsgrad der Mitgl.-Staaten ist hoch. Etwa 66 % aller in der EG erzeugten Güter werden zwischen der 25 Mitgliedsstaaten gehandelt. Die EU ist als eine der größten Wirtschaftsmächte der Erde Mitgl. der Welthandelsorganisation (World Trade Organization, WTO). Sie besitzt enge wirtschaftl. Beziehungen zu 77 Staaten der Dritten Welt, die mit ihr durch das Abkommen von Cotonou assoziiert sind und Handelsbegünstigungen für ihre Produkte erhalten haben. Es bestehen enge Verbindungen zur →Organisation für Sicherheit und Zusammenarbeit in Europa (OSZE) und zur NATO, bes. zur Westeurop. Union. In einer »Transatlant. Erklärung« vom 23. 11. 1990 verpflichteten sich die EG und die USA zu langfristiger Zusammenarbeit und regelmäßigen Konsultationen. Diese Erklärung wurde am 3. 12. 1995 durch eine neue »Transatlant. Agenda« zur Vertiefung der amerikanisch-europ. Zusammenarbeit u. a. in den Bereichen Friedenssicherung, nukleare Sicherheit, humanitäre Hilfe, Wirtschaft, Umweltschutz und Verbrechensbekämpfung fortentwickelt. Nach den Terroranschlägen islamist. Extremisten auf die USA am 11. 9. 2001 sah sich auch die EU vor neue Herausforderungen und Probleme in der Gestaltung der transatlan. Beziehungen (→ Antiterrorkrieg, Irak-Krise 2002/03) und bei der Entwicklung eines zukunftsfähigen internat. Systems gestellt.

Probleme und Perspektiven

Hauptproblemfelder Die Europ. Union ist nach dem Ende des Ost-West-Konfliktes trotz einer Vielzahl von Reformbestrebungen weiterhin mit einer doppelten Herausforderung konfrontiert, die einerseits darin besteht, eine stabile polit. und wirtschaftl. Ordnung für Europa zu etablieren, und andererseits der Union die insbesondere außenpolit. Handlungsvollmachten einzuräumen, die ihrer ökonom. Bedeutung in der Weltwirtschaft entsprechen. Im Hinblick auf diese doppelte Herausforderung lassen sich vor allem vier Problembereiche identifizieren.

Erstens werden in der auf 25 Mitgl.-Staaten angewachsenen Union die Heterogenität der Staaten und somit ihre Interessengegensätze zunehmen. Die Hürden für ein abgestimmtes gemeinschaftl. Handeln werden dadurch zweifellos höher, wodurch Konzepte differenzierter Integration, wie sie sich bereits bei der Einführung der Währungsunion oder bei der innenpolit. Zusammenarbeit im Rahmen der Schengener Abkommen bewährt haben, an Bedeutung gewinnen. Mit dem Vertrag von Nizza sind die Möglichkeiten einer verstärkten Zusammenarbeit einzelner Mitgl.-Staaten zwar auch auf den Bereich der Außen- und Sicherheitspolitik und damit auf alle drei Säulen der Union ausgedehnt worden, es sind jedoch auch eine Reihe von Bedingungen bestehen geblieben, die eine differenzierte Integration grundsätzlich auf Tätigkeitsbereiche beschränken, für die bereits eine Zuständigkeit der EU gegeben ist.

Zweitens ist die e.I. auch weiterhin durch das Dilemma gekennzeichnet, dass die auf europ. Ebene beschlossenen Maßnahmen sowohl den Grundsätzen der Effektivität wie auch der Legitimität gerecht werden müssen. Eine grundlegende Reform in dem Sinne, dass die Organisations- und Strukturmechanismen in der EU den durch die massive Erhöhung der Mitgliederzahl entstehenden Verfahrensproblemen angepasst worden wären, ist mit dem Vertrag von Nizza nicht gelungen. Das institutionelle Gefüge bleibt damit hinter dem zurück, was für eine Organisation von dieser Komplexität im Sinne effektiver Verfahrensmechanismen wünschenswert wäre. Darüber hinaus bleibt auch mit dem Vertrag von Nizza das »demokrat. Defizit« der EU bestehen, solange nur das Europ. Parlament unmittelbar demokratisch legitimiert ist, die übrigen Organe aber nicht, und das Parlament selbst ein »demokrat. Defizit« aufweist. Nicht nur werden seine Abg. noch immer nach unterschiedl. Bestimmungen der Mitgl.-Staaten gewählt, auch ihre Anzahl differiert zugunsten der kleinen Staaten. Offen ist in Nizza zunächst geblieben, inwieweit eine stärkere Einbeziehung nat. Parlamente in den Integrationsprozess die demokrat. Legitimität erhöhen kann. Ein wichtiger Schritt wird diesbezüglich im Vertrag über eine Verfassung für Europa mit dem Protokoll über die Rolle der nat. Parlamente unternommen sowie mit ihrer Einbeziehung in die Subsidiaritätskontrolle nach dem Protokoll über die Grundsätze der Subsidiarität und Verhältnismäßigkeit, das den nationalen »Kammern« ein eigenes Klagerecht in diesem Bereich einräumt.

Ein dritter Problemkreis betrifft das Verhältnis der Union zu ihren Mitgl.-Staaten. Insbesondere die Europ. Gemeinschaft hat sich zunehmend in Richtung eines vielfach verflochtenen, dynam. Mehrebenensystems entwickelt, das sich durch die Existenz autonomer Handlungskompetenzen versch. Akteure (Gemeinschaft, Mitgl.-Staaten, Regionen) und durch eine nicht hierarch. Anordnung von Handlungs- und Entscheidungsebenen auszeichnet. In diesem Mehrebenensystem haben vor allem subnationale Einheiten unter dem Schlagwort eines Europa der Regionen erweiterte Mitspracherechte in der Europapolitik durchgesetzt. So haben etwa die dt. Bundesländer durch den neuen Artikel 23 des GG besondere Mitspracherechte bei der Übertragung von Hoheitsrechten auf die Union und bei der gemeinschaftlichen Rechtsetzung im Min.-Rat erhalten. Das durch den Maastrichter Vertrag eingeführte Subsidiaritätsprinzip (Artikel 5 EGV) zielte zwar auf die Begrenzung europ. Vorhaben auf Bereiche, in denen die Ziele der in Betracht gezogenen Maßnahmen auf mitgliedstaatl. Ebene nicht ausreichend und daher besser auf europ. Ebene erreicht werden können. Ausgeblieben ist aber bisher eine eindeutige Festlegung von Kompetenzen auf gemeinschaftl. und mitgliedsstaatl. Ebene. Eine solche starre Kompetenzzuweisung, wie sie durch den Europäischen Konvent in einem Verfassungsentwurf vorgeschlagen wurde, würde den Anforderungen an Politikgestaltung in einem dynam. Mehrebenensystem allerdings schwerlich entsprechen, sodass im Vertrag über eine Verfassung für Europa letztlich von derartigen Zuständigkeitskatalogen abgesehen wurde.

Schließlich und zum Vierten bestehen weiterhin erhebl. Defizite im Hinblick auf ein kohärentes Auftreten der Union in den internat. Beziehungen. Diesem steht zunächst weiterhin entgegen, dass die gemeinsame Außen-, Sicherheits- und Verteidigungspolitik vorwiegend in der Verantwortung der Mitgl.-Staaten verblieben ist, die Handels- oder Entwicklungspolitik hingegen in die ausschließl. Zuständigkeit der Europ. Gemeinschaft fällt. Selbst für die Außenbeziehungen der EG entsteht insbesondere durch die Ressortverteilung innerhalb der Kommission ein erhebl. Koordinationsbedarf. So sind derzeit (2004) immerhin fünf versch. Kommissare für die Bereiche Erweiterung, Außenbeziehungen, Entwicklungs- und Handelspolitik sowie Zollunion verantwortlich. Im Hinblick auf die Gemeinsame Außen- und Sicherheitspolitik haben nicht zuletzt die erhebl. Meinungsunterschiede zw. den Mitgl.-Staaten über den durch die USA und Großbritannien geführten Krieg im Irak die Schwächen der intergouvernementalen Zusammenarbeit deutlich werden lassen.

Die Lösungsansätze der Europ. Verfassung Der Vertrag über eine Verfassung für Europa strebt Verbesserungen in allen 4 Problembereichen an.

Erstens sieht die Verf. (nach Änderungen durch den Europ. Rat von Brüssel) eine Präzisierung der Definition einer qualifizierten Mehrheit im Ministerrat vor, die erreicht ist, sofern 55% seiner Mitglieder aus wenigstens 15 Mitgliedsstaaten einer Vorlage zustimmen. Dabei müssen die Befürworter mindestens 65% der Bevölkerung der EU repräsentieren. Allerdings können lediglich vier Mitglieder des Rates eine Sperrminorität bilden. Hinsichtlich einer verstärkten Zusammenarbeit einer kleineren Zahl von Mitgliedern der EU ist es im Wesentl. bei den Bestimmungen des Vertrags von Nizza geblieben, wenn man einmal von der neu geschaffenen Möglichkeit einer »engeren Zusammenarbeit« in der Verteidigungspolitik absieht. Neu ist das durch die Verfassung normierte »Austrittsrecht«, das es einem Mitgliedstaat grundsätzlich erlauben würde, die EU zu verlassen.

Zweitens wurden im Hinblick auf die Legitimität europäischer Politik auf dem Weg der Stärkung des Europ. Parlaments Fortschritte gemacht. Gegenüber dem Vertrag von Nizza wird das Parlament bei weiteren 30 Regelungsbereichen (insgesamt nunmehr 85) durch das Verfahren der Mitentscheidung beteiligt. Ferner wurden den nationalen Parlamenten dadurch Mitwirkungsrechte eingeräumt, dass sie nun eine engere Koordination mit dem Europ. Parlament anstreben können und ein Klagerecht vor dem Europ. Gerichtshof hinsichtlich der Einhaltung des Subsidiaritätsprinzips erhalten haben. Bei der Effektivität des Systems bestehen jedoch weiterhin Mängel. Das institutionelle System und das Entscheidungsfindungsverfahren werden zwar erneut modifiziert, sind im Hinblick auf die nach der letzten Beitrittswelle stark erhöhte Zahl der Mitglieder aber nach wie vor problembehaftet.

Bezüglich des dritten Problemkreises, des Verhältnisses von EU und Mitgliedstaaten, nimmt der Vertrag zunächst eine Systematisierung der Kompetenzen der EU in ausschließliche, geteilte und unterstützende Zuständigkeiten vor. Allerdings ist es nicht gelungen, diesen Kompetenzbereichen durchgängig spezifische Entscheidungsverfahren zuzuordnen. Der Verfassungsentwurf erlaubt ferner, dass der Rat einstimmig nach Zustimmung des Europ. Parlaments und nach Vorabinformation der nationalen Parlamente neue Befugnisse der EU zur Erreichung ihrer Ziele beschließen kann. Inwieweit hierdurch das bisherige Prinzip durchbrochen wird, dass Kompetenzübertragungen auf die EU einer Vertragsrevision bedürfen, wird abzuwarten bleiben. Als neue Vertragsinhalte sind durch die Verf. die Europ. Grundrechtscharta, einige Ergänzungen in der Innen- und Justizpolitik sowie der Außen- und Sicherheitspolitik und – im Rahmen der ersten Säule – eine Zuständigkeit für die Raumfahrt hinzugekommen.

Viertens ist der Union mit Blick auf ihre Rolle als internat. Akteur durch den Verfassungsvertrag eine eigene Rechtspersönlichkeit verliehen und das Amt eines europ. Außenministers eingeführt. Letzteres soll vor allem die Präsenz der EU in den internationaler Beziehungen stärken und intern die Kohärenz der Maßnahmen von EU und den Mitgliedstaaten förderlich sein. Hierzu wird der Außenminister gleichzeitig die Funktion eines Vizepräsidenten der Kommission innehaben.

Weitere Perspektiven Ob die mit der Verfassung verbundenen Änderungen in Kraft treten werden, hängt von positiven Ratifikationsverfahren in den 25 Mitgliedstaaten ab. Diese Verfahren, die in einer Mehrzahl von Staaten mit Volksabstimmungen durchgeführt werden, sollten ursprünglich bis zum Jahr 2007 abgeschlossen sein. Ihr erfolgreicher Abschluss ist jedoch infrage gestellt, da der Entwurf bei Voksabstimmungen in Frankreich und den Niederlanden im Mai bzw. Juni 2005 abgelehnt wurde. Der Ratifikationsprozess wird vorerst fortgesetzt, das weitere Vorgehen ist derzeit (August 2005) noch offen. Für 2007 steht die Aufnahme Bulgariens und Rumäniens an, die mit weiteren Veränderungen in der Zusammensetzung der Institutionen verbunden sein wird. Auch die Aufnahme Kroatiens kann mit einiger Sicherheit prognostiziert werden, obwohl der Beginn der Beitrittsverhandlungen im März 2005 vorerst verschoben wurde, da Kroatien im Fall des ehem. Generals und mutmaßl. Kriegsverbrechers A. GOTOVINA (* 1955) nach Auffassung der EU nicht hinreichend mit dem Jugoslawien-Tribunal (→ Kriegsverbrechertribunal) kooperierte. Die Aufnahme der Türkei ist dagegen trotz der anvisierten Aufnahme von Beitrittsverhandlungen offen. Zu bedenken ist bei alledem, dass die Steigerung des Integrationsniveaus im Rahmen der gegenwärtigen Mitgl.-Staaten und die Aufnahme weiterer Mitglieder Ziele sind, die potenziell miteinander im Konflikt stehen. Schon die Osterweiterung von 2004 hat innerhalb der EU bestehende Divergenzen verstärkt und eine wesentliche Vertiefung des Integrationsniveaus zumindest insoweit, als alle Mitgliedstaaten daran teilhaben sollen, erschwert.

Enzyklopädische Vernetzung

Agenda 2000 ▪ Einheitliche Europäische Akte ▪ Eurojust ▪ Europa ▪ Europa der Regionen ▪ Europaflagge ▪ Europahymne ▪ Europäische Atomgemeinschaft ▪ Europäische Bewegung ▪ Europäische Freihandelsassoziation ▪ Europäische Gemeinschaften ▪ Europäische Gemeinschaft für Kohle und Stahl ▪ Europäische Grundrechte-Charta ▪ Europäische Investitionsbank ▪ Europäischer Binnenmarkt ▪ Europäischer Konvent ▪ Europäischer Rat ▪ Europäischer Regionalfonds ▪ Europäischer Sozialfonds ▪ Europäischer Wirtschaftsraum ▪ Europäisches Gleichgewicht ▪ Europäisches Konzert ▪ Europäische Sozialcharta ▪ Europäische Strukturfonds ▪ Europäisches Währungssystem ▪ Europäische Union ▪ Europäische Währungsunion ▪ Europäische Wirtschaftsgemeinschaft ▪ Europäische Wirtschafts- und Währungsunion ▪ Europäische Zentralbank ▪ Europarecht ▪ Europawahl ▪ Europol ▪ Gemeinsame Außen- und Sicherheitspolitik ▪ Kompetenz ▪ Osteuropabank ▪ Paneuropa-Bewegung ▪ Westeuropäische Union ▪ Vertrag über eine Verfassung für Europa ▪ Vertrag von Amsterdam ▪ Vertrag von Nizza

Die EU. Ein Kompendium aus dt. Sicht, hg. v. R. STROHMEIER (²1999); EU. Institutionelles System, Binnenmarkt sowie Wirtschafts- u. Währungsunion auf der Grundl. des Maastrichter Vertrages, hg. v. W. WOYKE (⁴1999); T. OPPERMANN: Europarecht. Ein Studienb. (²1999); M. PECHSTEIN u. C. KOENIG: Die EU (³2000); Vertrag v. Amsterdam. Texte des EU-Vertrages u. des EG-Vertrages mit den dt. Begleitgesetzen, hg. v. T. LÄUFER (Neuausg. 2000); Wie problemlösungsfähig ist die EU? Regieren im europ. Mehrebenensystem, hg. v. E. GRANDE u. M. JACHTENFUCHS (2000); T. SCHMITZ: Integration in der supranationalen Union (2001); Europa-Hb., hg. v. W. WEIDENFELD (2002); Europa von A bis Z. Tb. der e. I., hg. v. DEMS. u. W. WESSELS (⁸2002); P. M. HUBER: Recht der e. I. (²2002); Vertrag v. Nizza. Texte des EU-Vertrages und des EG-Vertrages, Charta der Grundrechte der EU, dt. Begleitgesetze, hg. v. T. LÄUFER (2002); U. BRASCHE: E. I. Wirtschaft. Erweiterung u. regionale Effekte (2003); E. I., hg. v. M. JACHTENFUCHS u. B. KOHLER-KOCH (²2003); Europ. Integrationsrecht im Querschnitt, hg. v. P.-C. MÜLLER-GRAFF (2003); R. STREINZ: Europarecht (⁶2003). – *Jahrbuch*: Jb. der e. I., hg. v. W. WEIDENFELD u. W. WESSELS (1981 ff.).

Fortsetzung von Seite 544
demokrat. Reformbewegung in der EU durch die Förderung von Marktmechanismen und den Abbau von dirigist. Eingriffen zu stärken. Ihr gehören 48 liberaldemokrat. Parteien aus Europa (nicht nur aus EU-Staaten) an; aus Dtl. die FDP, aus Österreich das Liberale Forum. Präs. der ELDR ist seit September 2000 der dt. FDP-Politiker WERNER HOYER. Bei der Europawahl im Juni 2004 erzielte die ELDR (als Fraktion der Allianz der Liberalen und Demokraten für Europa, Abk. ALDE) einschließlich ihr beigetretener unabhängiger Abg. 88 Mandate und wurde nach 1999 erneut drittstärkste Fraktion im Europ. Parlament (1979: 40, 1984: 44, 1989: 49, 1994: 43, 1999: 67 Mandate).

Europäische Linkspartei, →Partei der Europäischen Linken.

Europäische Luftsicherheitsagentur, Abk. **EASA** [von engl. European Aviation Safety Agency], Behörde der Europ. Union; gegr. 2002, Sitz: Köln. Aufgabe der EASA ist die Beratung der europ. Länder in Fragen eines sicheren und umweltverträgl. Luftverkehrs in Europa sowie die Entwicklung und Umsetzung von Richtlinien in diesem Bereich. Gleichzeitig soll die EASA die Zulassungs- und Aufsichtsprozesse im Luftfahrtbereich der EU vereinheitlichen und effizient gestalten.

Europäische Mathematische Gesellschaft, gemeinsame Organisation von 50 nationalen europ. mathemat. Gesellschaften. Sitz: Helsinki; gegr. 1990 in Madralin bei Warschau. Zu den Aufgaben der E. M. G. gehört neben der Förderung von Forschung und Ausbildung die Koordination der mathemat. Institute in Europa.

Europäische Menschenrechtskonvention, Abk. **EMRK,** Kurz-Bez. für die »Konvention zum Schutz der Menschenrechte und Grundfreiheiten« vom 4. 11. 1950, die für die ihr beigetretenen Staaten auf einem Mindestniveau die Einhaltung der Menschenrechte gewährleisten soll. Alle 45 Mitgl. des Europarates sind der EMRK beigetreten (Stand: 2004). Zur Durchsetzung der in der EMRK verbürgten Freiheitsrechte ist ein Rechtsschutzsystem errichtet worden, dessen Organ der ständige Europ. Gerichtshof für Menschenrechte mit Sitz in Straßburg ist (nicht zu verwechseln mit dem Gerichtshof der Europ. Gemeinschaften in Luxemburg, →Europäische Gemeinschaften). Die bis 1. 11. 1998 (Inkrafttreten des 11. Zusatzprotokolls zur EMRK vom 11. 5. 1994) erstinstanzlich zuständige Europ. Menschenrechtskommission wurde abgeschafft. Die Zahl der Richter des Gerichtshofs entspricht der Zahl der Vertragsstaaten. Der Gerichtshof entscheidet durch mit sieben Richtern besetzte Kammern, sofern nicht eine Individualbeschwerde als offensichtlich unzulässig verworfen wird (Entscheidung durch einen mit drei Richtern besetzten Ausschuss), oder durch die mit 17 Richtern besetzte Große Kammer, wenn eine bes. bedeutsame Entscheidung zu treffen ist. Der Gerichtshof ist außer für die Erstellung von Gutachten über die Auslegung der EMRK auch für Staatenbeschwerden und Individualbeschwerden zuständig. Eine **Staatenbeschwerde** kann von jeder Vertragspartei mit der Behauptung erhoben werden, eine andere Vertragspartei habe die EMRK oder eines der Protokolle verletzt. Darüber hinaus kann jede natürl. Person, nichtstaatl. Organisation oder Personengruppe Individualbeschwerde erheben. Die **Individualbeschwerde** muss die Behauptung des Beschwerdeführers enthalten, durch eine Vertragspartei in einem der in der EMRK oder den Protokollen dazu anerkannten Rechte verletzt zu sein; sie darf nicht anonym erhoben werden. Der Gerichtshof kann aber erst angerufen werden, wenn feststeht, dass der Beschwerdeführer vorher alle innerstaatl. Rechtsbehelfe ausgeschöpft hat, und nur innerhalb einer Frist von sechs Monaten nach der endgültigen innerstaatl. Entscheidung. Scheitert der Versuch einer gütl. Einigung, so entscheidet der Gerichtshof durch Urteil. Im Falle einer Verletzung der Konvention kann er der verletzten Partei eine gerechte Entschädigung zusprechen. Binnen drei Monaten nach Erlass des Urteils durch eine Kammer kann jede Partei die Verweisung der Rechtssache an die Große Kammer beantragen, wenn die Sache eine schwierige Frage der Auslegung oder Anwendung der EMRK oder eine schwerwiegende Frage von allg. Bedeutung aufwirft. Die Entscheidungen der Großen Kammer sind endgültig. Die Vollstreckung der Urteile des Europ. Gerichtshofs für Menschenrechte wird durch das Min.-Komitee des Europarats überwacht. Die EMRK stellt einen Mindeststandard dar, der durch nat. Maßnahmen nicht unterschritten werden darf. Die Rechtsprechung des Gerichtshofs hat in zahlr. Fällen zur Anpassung innerstaatl. Gesetzgebung an die EMRK geführt. Das 14. Zusatzprotokoll vom 13. 4. 2004 sieht Änderungen des Verfahrensablaufs vor, u. a. eine Einschränkung des Individualbeschwerderechts in Fällen, in denen der Beschwerdeführer keinen »bedeutsamen Nachteil« erlitten hat.

Internat. Komm. zur E. M., hg. v. W. KARL, Losebl., 4 Bde. (1986–94); J. A. FROWEIN u. W. PEUKERT: E. M. (²1996); A. HAEFLIGER: Die E. M. u. die Schweiz (Bern ²1999); A. V. M. W. BUSCH: Die Bedeutung der E. M. für den Grundrechtsschutz in der EU (2003); C. GRABENWARTER: E. M. Ein Studienb. (2003); J. MEYER-LADEWIG: Konvention zum Schutz der Menschenrechte u. Grundfreiheiten (2003); A. PETERS: Einf. in die E. M. (2003).

Europäische Organisation für Kernforschung, →CERN.

Europäische Organisation für Molekularbiologie, Abk. **EMBO** [für engl. European Molecular Biology Organization], 1964 von 15 Wissenschaftlern aus neun europ. Ländern gegründete private Organisation zur Förderung und Pflege der Molekularbiologie in Europa mit inzwischen (2004) 1 100 Wissenschaftlern aus 24 Mitgliedsstaaten; Herausgeber der Zeitschriften »EMBO Journal« und »EMBO reports«. Seit 1978 befindet sich am Hauptsitz in Heidelberg, wo sich auch seit 1974 das von der EMBO getragene Forschungsinstitut **EMBL** (Abk. für engl. European Molecular Biology Laboratory) befindet. Weitere EMBL-Standorte sind in Hamburg, Grenoble (Frankreich), Hinxton (Großbritannien) und Monterotondo (Italien).

Europäische Parlamentari|er-Union, 1947 gegründeter Zusammenschluss europ. Parlamentarier zur Förderung der europ. Einigung, ging 1952 im »Parlamentar. Rat der Europ. Bewegung« auf.

Europäische Pflanzenschutz-Organisation, Abk. **EPPO** [für engl. European and Mediterranean Plant Protection Organization], Organisation zur Verhütung der Einschleppung und Verbreitung von Schädlingen sowie die Krankheiten von Pflanzen und Pflanzenerzeugnissen, Sitz: Paris, gegr. 1951. Die E. P.-O. ist eine von 9 regionalen Organisationen unter der Internationalen Pflanzenschutz-Konvention. Die BRD trat 1954 bei.

Europäische Physikalische Gesellschaft, →European Physical Society.

Europäische Politische Zusammenarbeit, Abk. **EPZ,** ehemals die als Institution begriffene und organisierte Zusammenarbeit der EG-Staaten mit dem Ziel einer gemeinsamen Außenpolitik; mit Inkrafttreten des Vertrages über die Europ. Union (1993) trat an ihre Stelle die →Gemeinsame Außen- und Sicherheitspolitik (GASP).

Europäischer Ausrichtungs- und Garantiefonds für die Landwirtschaft [-fɔ̃ -], Abk. **EAGFL,** Bestandteil des Haushalts der EU und wichtiges Instrument zur Finanzierung der Gemeinsamen Agrarpolitik (GAP) der EU (→Agrarpolitik). Der EAGFL umfasst die zwei Abteilungen »Garantie« und »Ausrichtung«. Aus Ersterer werden die gemeinsamen Marktorganisationen und alle Maßnahmen zur Entwicklung des ländl. Raumes außerhalb der Ziel-1-Gebiete finanziert. Die Letztere unterstützt Maßnahmen zur Anpassung der Agrarstrukturen und zur Entwicklung des ländl. Raumes in Regionen mit Entwicklungsrückstand (Ziel-1-Gebiete – seit dem 1. 1. 1994 gehören dazu die neuen Bundesländer). Ausgenommen sind die Ausgleichszulagen in benachteiligten Gebieten, Vorruhestandsbeihilfen, Agrarumwelt- und forstwirtschaftl. Maßnahmen, die auch in Ziel-1-Gebieten aus dem EAGFL finanziert werden.

Europäischer Betriebsrat. In der Richtlinie 94/45/EG ist die Einsetzung eines E. B. oder die Schaffung eines Verfahrens zur Unterrichtung und Anhörung der Arbeitnehmer in gemeinschaftsweit operierenden Unternehmen und Unternehmensgruppen vorgesehen. Die Richtlinie bezieht sich nur auf gemeinschaftsweit operierende Unternehmen mit mindestens 1 000 Arbeitnehmern in den Mitgl.-Staaten und davon jeweils 150 Arbeitnehmern in mindestens zwei Mitgl.-Staaten. Zur Durchführung der Richtlinie ist das Ges. über E. B. (Europäisches Betriebsräte-Gesetz – EBRG) v. 28. 10. 1996, in Kraft ab 1. 11. 1996, erlassen worden. Danach können die Arbeitnehmer eines gemeinschaftsweit tätigen Unternehmens die Bildung des besonderen Verhandlungsgremiums bei der zentralen Leitung beantragen (§ 9 EBRG). Das besondere Verhandlungsgremium hat die Aufgabe, mit der zentralen Leitung eine Vereinbarung über eine grenzübergreifende Unterrichtung und Anhörung der Arbeitnehmer abzuschließen (§ 8 EBRG). Aus jedem Mitgl.-Staat, in dem das Unternehmen oder die Unternehmensgruppe einen Betrieb hat, wird ein Arbeitnehmervertreter in das besondere Verhandlungsgremium entsandt (§ 10 ERBG). Soweit vor dem 22. 9. 1996 keine freiwilligen Vereinbarungen über die grenzüberschreitende Unterrichtung und Anhörung geschlossen worden sind, die heute noch gültig sind, wird der E. B. entweder nach § 17 oder § 21 EBRG errichtet. Nach § 17 EBRG können die zentrale Leitung und das besondere Verhandlungsgremium frei vereinbaren, wie die grenzüberschreitende Unterrichtung und Anhörung ausgestaltet wird. Verweigert die zentrale Leitung die Aufnahme von Verhandlungen innerhalb von sechs Monaten nach Antragstellung zur Bildung des besonderen Verhandlungsgremiums, so wird ein E. B. kraft Gesetzes nach den Vorschriften der §§ 21 ff. EBRG gebildet. Die Geschäftsführung des E. B. ist in §§ 25 ff. EBRG geregelt. Die Zuständigkeit und die Mitwirkungsrechte des E. B. sind sehr begrenzt (§§ 31 EBRG). Sie beschränken sich auf Informationsrechte und Anhörungsrechte bei Fragen, durch die die Arbeitnehmerinteressen berührt werden. Die Grundsätze für die Zusammenarbeit ergeben sich aus §§ 38 ff. EBRG. Es soll eine vertrauensvolle Zusammenarbeit stattfinden und es bestehen besondere Verschwiegenheitspflichten.

Europäischer Binnenmarkt, zum 1. 1. 1993 in Kraft getretene Vereinbarung auf dem Weg zur wirtschaftl. Integration innerhalb der →Europäischen Gemeinschaften (EG) mit dem Ziel der Schaffung einer →Europäischen Wirtschafts- und Währungsunion. Danach sind die EG ein Raum ohne Binnengrenzen, in dem der freie Verkehr von Waren, Personen, Dienstleistungen und Kapital (»Vier Freiheiten«) gewährleistet ist. Die Bestimmungen sollen u. a. sicherstellen, dass 1) beim Warenaustausch grundsätzlich keine Grenzkontrollen mehr stattfinden, techn. Normen, das öffentl. Auftragswesen sowie Verbrauch- und Umsatzsteuern harmonisiert werden, dass 2) ein freier Geld-, Kapital- und Zahlungsverkehr gewährleistet ist und dass 3) der Dienstleistungsbereich liberalisiert wird, was bes. die Öffnung der Märkte für nat. Banken und Versicherungen oder Verkehrs- und Telekommunikationsdienstleistungen bedeutet. Schließlich entfallen 4) zugunsten der Freizügigkeit der Personen die Grenzkontrollen; außerdem dürfen Staatsangehörige von EG-Staaten in anderen EG-Staaten freien Aufenthalt und freie Niederlassung wählen, sie haben die freie Wahl des Arbeitsplatzes und können die wechselseitige Anerkennung ihrer Berufsabschlüsse verlangen. Ein detailliertes Programm zum Abbau der materiellen, techn. und steuerl. Schranken innerhalb der EG (282 Maßnahmen) war bereits 1985 mit dem Weißbuch der Europ. Kommission vorgelegt worden. Von den dort vorgesehenen Richtlinien wurde der größte Teil bis zum Inkrafttreten des E. B. vom Rat verabschiedet. Das Ziel der Errichtung des E. B. wurde mit der Umsetzung der meisten Rechtsakte weitgehend erreicht. 1994 betrug die Umsetzungsquote rd. 94 %. Jedoch lag 2002 das durchschnittl. Umsetzungsdefizit immer noch bei 2 % pro Mitgl.-Staat. 1999 legte die Kommission eine Mitteilung über die »Strategie für den europäischen Binnenmarkt« für 2000–04 vor, mit der u. a. die Lebensqualität der Bürger und die Rahmenbedingungen für die Wirtschaft verbessert werden sollten; sie wurde durch die »Binnenmarkt-

Umsetzung der EG-Binnenmarktrichtlinien
(ohne Berücksichtigung der zum 1. 5. 2004 beigetretenen Staaten)
Nicht national umgesetzte Richtlinien und schwebende Vertragsverletzungsverfahren

Anteil nicht umgesetzter Richtlinien (in %)	Zahl der Vertragsverletzungsverfahren[1]
Frankreich 4,1	Italien 149
Griechenland 3,9	Frankreich 125
Deutschland 3,5	Spanien 104
Luxemburg 3,2	Deutschland 94
Italien 3,1	Griechenland 79
Niederlande 2,8	Belgien 77
Belgien 2,1	Großbritannien 58
Portugal 1,9	Irland 55
Schweden 1,8	Niederlande 53
Österreich 1,7	Österreich 52
Finnland 1,3	Portugal 44
Irland 1,2	Luxemburg 39
Großbritannien 1,2	Finnland 28
Spanien 0,8	Schweden 28
Dänemark 0,7	Dänemark 24

Ziel: bis 1,5 %

[1] Schwebende Verfahren zum Zeitpunkt 1. Mai 2004.

Europäischer Binnenmarkt

strategie 2003–06« im Hinblick auf die Osterweiterung konkretisiert. Wichtigste Instrumente zur Herstellung des E. B. sind die Rechtsangleichung (Harmonisierung nat. Regelungen) und die gegenseitige Anerkennung der Gleichwertigkeit nat. Regelungen. Aufgrund sich verzögernder Umsetzung einer zunehmenden Fülle von Maßnahmen in den Mitgl.-Staaten wurde zunehmend von dem früher favorisierten Ansatz der Rechtsangleichung zur gegenseitigen Anerkennung übergegangen (so genannte »Neue Strategie«). Der E. B. gilt uneingeschränkt auch für die 2004 neu hinzugekommenen Mitgl.-Länder. Für max. 7 Jahre sind jedoch Übergangsfristen, z. B. bei der Arbeitnehmerfreizügigkeit, vereinbart worden. Auch sind die Grenzkontrollen noch nicht sofort entfallen. (→ Schengener Abkommen, → gemeinsamer Markt)

📖 Das Binnenmarktrecht als Daueraufgabe, hg. v. A. HATJE (2002); Der unvollendete Binnenmarkt, hg. v. R. CAESAR u. H.-E. SCHARRER (2003).

Europäische Rechnungseinheit, Abk. ERE, → Rechnungseinheit.

Europäische Rektorenkonferenz, Abk. CRE [für frz. Conférence permanente des recteurs, des présidents et vice-chanceliers des Universités européennes], 1964 gegründete Vereinigung der Rektoren, Präsidenten und Vicechancellors (Großbritannien) europ. Univ. und Hochschulen; seit 2001 mit der Konferenz der Rektorenkonferenzen der EU zur → European University Association (EUA) zusammengeschlossen.

Europäischer Entwicklungsfonds [-fɔ̃], Abk. EEF, 1959 gegründeter Fonds zur Finanzierung von Projekten in den Entwicklungsländern (z. B. in den Bereichen Industrie, Landwirtschaft, Fremdenverkehr, Bildung, Gesundheitswesen, Kultur). Die jeweils für fünf Jahre laufenden EEF sind nicht Bestandteil des EG-Haushalts, sondern werden aus Beiträgen der Mitgl.-Staaten finanziert.

Der Fond wurde urspr. zur Unterstützung der abhängigen Länder und Gebiete der EWG-Staaten geschaffen, um auch diejenigen Staaten, die keine besonderen Beziehungen zu diesen Regionen unterhielten, verstärkt zur Entwicklungshilfe heranzuziehen. Nachdem die meisten abhängigen Länder und Gebiete unabhängig geworden waren, schlossen sie mit der EWG Assoziierungsabkommen (Jaunde-Abkommen 1963 und 1971 mit den Assoziierten Afrikanischen Staaten und Madagaskar). Der EEF stellt heute die Mittel für die in den → Lomé-Abkommen vereinbarten multilateralen Zusagen der EG an die AKP-Staaten sowie Finanzierungshilfen für Entwicklungsprojekte und -programme (in Zusammenarbeit mit der Europ. Investitionsbank) zur Verfügung. Der 8. EEF (1996–2000) war mit 13,3 Mrd. ECU ausgestattet; der 9. EEF (2000–2005) hat ein Volumen von 13,5 Mrd. €. Über die Vergabe der Mittel – zum größten Teil als nichtrückzahlbare Zuschüsse zur Verfügung gestellt – entscheiden die Europ. Kommission und die Europ. Investitionsbank.

Europäischer Filmpreis, der → European Film Award.

Europäischer Fonds für währungspolitische Zusammenarbeit [-fɔ̃ -], Abk. EFWZ, am 6. 4. 1973 von den EWG-Staaten gegründeter und mit Wirkung vom 1. 1. 1994 aufgelöster Fonds. Er diente urspr. der Verwaltung des 1972 in Kraft gesetzten → Europäischen Wechselkursverbundes. Der Geschäftskreis erweiterte sich mit Einführung des → Europäischen Währungssystems u. a. auf die Buchung und Abrechnung der im Wechselkursverbund entstandenen Verbindlichkeiten und Forderungen sowie die Durchführung von Swapgeschäften mit EG-Zentralbanken. Daneben verwaltete der EFWZ die aus dem Erlös der von der EWG aufgenommenen Anleihen gewährten Darlehen an EG-Staaten. Der EFWZ wurde von einem Verwaltungsrat geleitet (Mitgl. waren die Zentralbank-Präs. der EG-Staaten). Die Geschäfte des EFWZ wurden seit dem 1. 6. 1973 von der → Bank für Internationalen Zahlungsausgleich (BIZ) ausgeübt. - Mit der Auflösung des Fonds wurden seine Aufgaben gemäß Art. 109 f. des Maastrichter Vertrages dem → Europäischen Währungsinstitut (EWI) übertragen, auf das auch alle Aktiva und Passiva übergingen. Die Agententätigkeit für das EWI übernahm allerdings für eine Übergangszeit weiterhin die BIZ.

Europäischer Funkrufdienst, → Eurosignal.

Europäischer Gerichtshof, → Europäische Gemeinschaften.

Europäischer Gerichtshof für Menschenrechte, → Europäische Menschenrechtskonvention.

Europäischer Gewerkschaftsbund, Abk. EGB, engl. **European Trade Union Confederation** [jʊərə'pi:ən 'treɪd ju:njən kənfedə'reɪʃn], Abk. **ETUC** [i:ti:ju'si:], Spitzenorganisation von 77 nat. Arbeitnehmerorganisationen aus 35 europ. Staaten und 11 europ. Branchenverbänden, die insgesamt rd. 60 Mio. Mitgl. repräsentieren. Der EGB wurde am 8. 2. 1973 als Nachfolger des Europ. Bundes Freier Gewerkschaften (EBFG) gegründet, Sitz: Brüssel. – Seine Organe sind der mindestens alle vier Jahre einberufene Kongress, der Exekutivausschuss (mindestens ein Vertreter je Mitgl.-Organisation), das Präsidium und das Sekretariat. Der EGB gilt als richtungsübergreifende Organisation, der nat. Gewerkschaftsbünde angehören, die international dem Internat. Bund Freier Gewerkschaften (IBFG) oder dem Weltverband der Arbeitnehmer (WVA) angeschlossen sind. Distanz wurde zum kommunist. Weltgewerkschaftsbund (WGB) und seinen westeurop. Mitgl.-Verbänden gewahrt, aber bereits 1973 eine richtungspolit. Öffnung gegenüber undogmat. kommunist. Gewerkschaften mit der Aufnahme der ital. Confederazione Generale Italiana del Lavoro (CGIL) demonstriert. Ziel des EGB ist die Vertretung und Förderung der sozialen, wirtschaftl. und kulturellen Interessen der Arbeitnehmer auf der Ebene Europas i. Allg., bei allen europ. Institutionen im Besonderen sowie die »Erhaltung und Verstärkung der Demokratie in Europa«.

Europäischer Haftbefehl, eine justizielle Entscheidung, die in einem Mitgl.-Staat der EU ergeht und die Festnahme sowie Übergabe einer gesuchten Person durch einen anderen Mitgl.-Staat bezweckt, weil die Person wegen des Verdachts einer Straftat oder zur Vollstreckung einer Freiheitsstrafe oder freiheitsentziehenden Maßregel der Sicherung verfolgt wird. Eingeführt wurde der E. H. zur Vereinfachung und Erleichterung der Auslieferung Straftatverdächtiger und Verurteilter durch einen Rahmenbeschluss des Rates der EU vom 13. 6. 2002. Angewendet wird er von den Mitgl.-Staaten, die den Rahmenbeschluss in ihr nat. Recht umgesetzt haben. Die Umsetzung ist nicht gerichtlich durchsetzbar und den Gesetzgebern der Mitgl.-Staaten verbleiben Gestaltungsspielräume. Das Recht des E. H. ist deshalb in der EU nicht einheitlich. Der E. H. beruht auf dem gegenseitigen Vertrauen der Mitgl.-Staaten in ihre jeweiligen Strafrechtssysteme. Der Mitgl.-Staat, der einen E. H. ausstellt, erreicht die Auslieferung (Übergabe) einer verfolgten Person erst, wenn der andere, ebenfalls den E. H. verwendende Mitgl.-Staat der Vollstreckung nach dem in seinem Recht geregelten Verfahren zustimmt. Das dt. Ges. über den E. H. vom 21. 7. 2004 war rechtsstaatswidrig und ist nach dem Urteil des Bundesverfassungsgerichts vom 18. 7. 2005 nichtig. Solange der Gesetzgeber den Beschluss nicht erneut in dt. Recht umsetzt, ist die Auslieferung von dt. Staatsbürgern an Mitgl.-Staaten der EU unzulässig, der E. H. wird nicht verwendet. Im Übrigen können Auslieferungen gemäß Ges. über die Internat. Rechtshilfe in Strafsachen erfolgen. – In Österreich wurde der Rahmenbeschluss mit dem Bundes-Ges. über die justizielle Zusammenarbeit in Strafsachen mit den Mitgl.-Staaten der EU zum 1. 5. 2004 umgesetzt.

europäischer Hochschulraum siehe Seite 557

Europäischer Investitionsfonds [-fɔ̃], Abk. **EIF**, 1994 gebildeter Fonds zur Förderung infrastruktureller Großprojekte (→Transeuropäische Netze) sowie von Investitionen kleiner und mittlerer Unternehmen, bes. in wirtschaftlich schwächeren Regionen der EU; Sitz: Luxemburg. Der EIF besitzt eine eigene Rechtspersönlichkeit und eine eigene Kapitalausstattung (Grundkapital: 2 Mrd. €); Anteilseigner sind die Europ. Investitionsbank (EIB; 60,75 %), die Europ. Kommission (30 %) sowie öffentl. und private Banken der EU-Staaten (9,25 %). Die Abwicklung der laufenden Geschäfte wird von der EIB im Rahmen einer Kooperationsvereinbarung wahrgenommen.

Europäischer Konvent, EU-Konvent, Gremium, das im Dezember 2001 durch den Europ. Rat von Laeken (bei Brüssel) mit der Erarbeitung von Vorschlägen für die grundlegende Erneuerung der Verträge samt Prüfung der Frage, ob diese in eine Verf. für die EU umgewandelt werden sollten, beauftragt wurde. Dem E. K., der im Februar 2002 zusammentrat, gehörten neben dem früheren frz. Staatspräs. V. GISCARD D'ESTAING als Vors. sowie G. AMATO und J.-L. DEHAENE als stellv. Vors. 15 Vertreter der Staats- und Reg.-Chefs der EU-Mitgliedsstaaten, 30 Vertreter der nat. Parlamente, 16 Vertreter des Europ. Parlaments und 2 Vertreter der Europ. Kommission an. Des Weiteren fungierten Delegierte der Beitrittskandidaten als Beobachter, hatten jedoch kein Stimmrecht bei den Beratungen des Konvents. Der E. K. sollte z. B. prüfen, wie die Zuständigkeiten zw. Union und Mitgl.-Staaten und auch zw. den Organen der EU besser aufzuteilen sind, wie sich eine effiziente gemeinsame Außen- und Sicherheitspolitik entwickeln lässt und wie sich die demokrat. Legitimation der EU gewährleisten lässt. Im Juni 2003 hat der E. K. den Entwurf für eine europ. Verfassung vorgelegt und am 10. 7. 2003 seine Arbeit offiziell abgeschlossen. Der erste Teil des Verf.-Entwurfs behandelt die Ziele, Zuständigkeiten und Organe der Union sowie (allg.) die Grundrechte. Im zweiten Teil sind die →Grundrechte der EU übernommen worden. Im dritten Teil werden die einzelnen Politikbereiche und die Arbeitsweise der Union geregelt, während der vierte Teil Schlussbestimmungen enthält. Über die Annahme der Verf. und die Reform der Verträge sollte durch die Konferenz der Staats- und Reg.-Chefs der EU im Dezember 2003 entschieden werden; am 14. 12. 2003 wurde die Konferenz aber aufgrund unüberbrückbarer Meinungsverschiedenheiten, v. a. über die Frage der Stimmrechtsverteilung im Rat der EU, vorzeitig abgebrochen. Unter irischer Präsidentschaft konnten die Unstimmigkeiten jedoch überbrückt werden, sodass der →Vertrag über eine Verfassung für Europa in einer feierl. Zeremonie am Ort der Unterzeichnung der Gründungsverträge der Europ. Gemeinschaften in Rom am 29. 10. 2004 unterzeichnet wurde. Die Ratifizierung des Verfassungsvertrags ist derzeit offen, da diesbezügl. Referenden in Frankreich (29. 5. 2005) und in den Niederlanden (1. 6. 2005) negativ ausgegangen sind.

Europäischer Rat, seit 1975 institutionalisierte Tagungen der Staats- und Reg.-Chefs der Mitgl.-Staaten der →Europäischen Gemeinschaften; er löste auf Beschluss der Staats- und Reg.-Chefs vom 9./10. 12. 1974 in Paris die Gipfelkonferenzen ab. Der E. R. erhielt 1986 durch die →Einheitliche Europäische Akte erstmals eine vertragl. Grundlage; im Vertrag von Maastricht wurde er offiziell als Institution der EU verankert. Danach treten im Rahmen des E. R. die Staats- und Reg.-Chefs sowie der Präs. der Europ. Kommission mindestens zweimal jährlich zusammen, um die allgemeinen polit. Zielvorstellungen für die Entwicklung der EU festzulegen. Sie werden dabei von den Außen-Min. der Mitgl.-Staaten sowie einem Mitgl. der Kommission unterstützt. Der E. R. ist vom Rat der Europäischen Union (Ministerrat; Art. 202 ff. EGV) zu unterscheiden. Den Vorsitz des E. R. übernimmt jeweils der Staats- bzw. Reg.-Chef des Mitgl.-Staateses, der im Rat den Vorsitz innehat. Im →Vertrag über eine Verfassung für Europa ist der E. R. als Organ vorgesehen.

Europäischer Rechnungshof, Kontrollorgan der →Europäischen Gemeinschaften.

Europäischer Regionalfonds [-fɔ̃], **Europäischer Fonds für regionale Entwicklung,** Abk. **EFRE**, 1975 gegründeter Fonds der EG, dessen Hauptziel der Abbau wirtschaftl., sozialer und regionaler Ungleichgewichte sowie die Förderung des wirtschaftl. und sozialen Zusammenhalts innerhalb der EU ist. Der zu den →Europäischen Strukturfonds gehörende EFRE fördert die Wettbewerbsfähigkeit und die nachhaltige lokale Entwicklung, um letztlich zum Erhalt und zur Schaffung von Arbeitsplätzen beizutragen. Die Fördermittel dienen v. a. der Unterstützung kleiner und mittlerer Unternehmen, der Verbesserung der Infrastruktur und der Förderung von Anlageinvestitionen und fließen v. a. in Regionen mit Entwicklungsrückstand bzw. Strukturproblemen (zu den Förderregionen zählen u. a. auch die neuen Bundesländer). Seit 1988 wurde der EFRE kontinuierlich aufgestockt, was v. a. auf die mit den Erweiterungen verbundene Zunahme regionaler Unterschiede innerhalb der Gemeinschaft zurückzuführen ist. Für die Jahre 2000–2006 beträgt die Gesamtausstattung des EFRE 158,4 Mrd. €. Die Verwaltung des Fonds obliegt der Europ. Kommission.

Europäischer Sozialfonds [-fɔ̃], Abk. **ESF**, 1960 aufgrund des EWG-Vertrages geschaffener Fonds zur Finanzierung der Gemeinschaftsaufgaben im Rahmen der Sozialpolitik. Ursprüngl. Ziel des ESF war es, die Beschäftigungsmöglichkeiten für Arbeitnehmer innerhalb der EG zu verbessern sowie ihre berufl. und räuml. Mobilität durch Berufsausbildung und Umschulung zu fördern. Da der Fonds wegen zu geringer Mittelausstattung und erhebl. Verfahrensmängel bei der Programmumsetzung diese Aufgaben nicht erfüllen konnte, erfolgten 1971 und 1977 umfassende Reformen, in deren Folge die Mittel aufgestockt und auf Schwerpunktregionen und -wirtschaftszweige

Fortsetzung auf Seite 563

EUROPÄISCHER HOCHSCHULRAUM

- Vertragliche Grundlagen und Elemente der Gestaltung
- Die europäische Dimension der Hochschulen vor Bologna
- Der Bologna-Prozess zum europäischen Hochschulraum
- Zur Umsetzung der Ziele des Bologna-Prozesses
- Die Entwicklung in Deutschland
- Europäische Trends in Higher Education
- Kritik am Bologna-Prozess und Ausblick

europäischer Hochschulraum, Abk. **EHR,** hochschulpolit. Vision eines geografisch durch die Mitgliedsstaaten der EU und ihr assoziierte Länder begrenzten Raumes, in dem in Analogie zum gemeinsamen europ. Markt für Waren und Dienstleistungen in den einzelnen Staaten angebotene Bildungsdienstleistungen in ihrer Struktur harmonisiert und vergleichbar gemacht werden, Bildungsanbieter unbeschränkten Marktzugang haben und Bildungsnachfrager (Schüler, Studierende, Lehrende) relativ frei zirkulieren können sollen. Den zwischenstaatl. Vereinbarungen, die zum EHR führen sollen, sind inzwischen mehr als 40 europ. Länder beigetreten, ihre Ziele sollen bis 2010 realisiert werden. Offiziell wurde der EHR 1999 in Bologna begründet, seine Verwirklichung wird daher oft als **Bologna-Prozess** bezeichnet.

Vertragliche Grundlagen und Elemente der Gestaltung

Die Gestaltung des EHR wird über polit. Verträge bestimmt, begleitet von Erklärungen, Dokumenten und Kommuniqués. In ihnen werden die Ziele und Maßnahmen formuliert und von den für die Hochschulen zuständigen Ministern durch Unterzeichnung bekräftigt (Unterzeichnerstaaten). Sie haben dafür zu sorgen, dass die Maßnahmen an den Hochschulen ihrer Länder umgesetzt werden. Die Verwirklichung des EHR erfolgt in Etappen. Alle zwei Jahre findet ein Treffen der Hochschulpolitiker der beteiligten Länder statt, um die Entwicklungen zu dokumentieren und weitere Ziele oder Schwerpunkte festzulegen.

Nach der Vorbereitung 1998 mit einer an der Pariser Sorbonne von vier Unterzeichnerstaaten getragenen Erklärung erfolgte der Auftakt in Bologna 1999 mit 29 Unterzeichnerstaaten; weitere Konferenzen fanden im Mai 2001 in Prag (33 Unterzeichnerstaaten), im September 2003 in Berlin (Anstieg auf 40 Unterzeichnerstaaten) und im Mai 2005 in Bergen (Norwegen) statt; mittlerweile sind 45 europ. Staaten am Bologna-Prozess beteiligt. Eine vierte Nachfolgekonferenz ist für 2007 in London geplant.

Die **Bologna-Erklärung** vom Juni 1999 unter dem Titel: »Der Europäische Hochschulraum« bildet die zentrale Grundlage für dessen Aufbau und Entwicklung. Sie wurde von 15 Mitgliedstaaten der EU, 3 der EFTA und 11 andere Bewerberstaaten unterzeichnet. An der Vorbereitung dieser Deklaration waren die Europ. Kommission, der Europarat, die Vereinigung der europ. Univ. (→ European University Association, EUA), der Rektoren (Conference for rectors, presidents and vice-chancellors of European universities, CRE) und der Studierenden (The National Unions of Students in Europe, ESIB) beteiligt.

Um die angezielte Konvergenz der europ. Hochschulsysteme zu verwirklichen, wurden sechs Grundsätze verabschiedet:

1. **Diplomzusatz/Diploma Supplement:** Einführung eines ergänzenden internat. Dokuments zum jeweiligen nat. Hochschulzeugnis, um die Abschlüsse internat. verständlicher und vergleichbarer zu machen. Die arbeitsmarktrelevanten Qualifikationen der Absolventen an europ. Hochschulen sollen so transparenter und die internat. Wettbewerbsfähigkeit des europ. Hochschulsystems gestärkt werden.

2. **Zweistufiges bzw. zweiphasiges Studiensystem:** Einführung einer gestuften Studienstruktur, die sich im Wesentlichen auf zwei Hauptphasen stützt: einen Zyklus bis zum ersten Abschluss (undergraduate) und einen Zyklus nach dem ersten Abschluss (graduate). Regelvoraussetzung für die Zulassung zum zweiten Zyklus ist der erfolgreiche Abschluss des ersten Studienzyklus, der mindestens drei Jahre dauern soll. Der nach dem ersten Zyklus erworbene Abschluss als →Bachelor attestiert eine für den europ. Arbeitsmarkt relevante Qualifikation. Der zweite Zyklus soll i. d. R. mit dem →Master abschließen.

3. **Leistungspunktesystem/Credits:** Einführung eines Leistungspunktesystems für im Studium erbrachte Leistungen innerhalb und außerhalb der Lehrveranstaltungen (Hausarbeiten/Referate/Klausuren). Pro Lehrveranstaltung und Leistung wird eine bestimmte Punktzahl vergeben. Dies erscheint als geeignetes Mittel, eine größtmögl. Mobilität der Studierenden in Europa zu befördern. Leistungspunkte sollen auch außerhalb der Hochschulen, beispielsweise im Zuge lebenslangen Lernens, erworben werden können, vorausgesetzt, sie werden durch die jeweiligen aufnehmenden Hochschulen anerkannt.

4. **Mobilität und Austausch:** Förderung von Studienphasen, Semestern oder Kursen an Hochschulen im Ausland, indem vorhandene Hindernisse für eine solche Mobilität abgebaut werden. Mit besseren Informationen, leichterer Zugänglichkeit, sprachl. Förderung sowie finanziellen Anreizen soll der Austausch gefördert und erheblich ausgebaut werden. Insbesondere für Studierende soll der Zugang zu Studien- und Ausbildungsangeboten in anderen europ. Ländern erleichtert werden; dazu gehört auch die Anerkennung und Anrechnung von Auslandsaufenthalten zu weiteren Ausbildungszwecken oder zu späteren Forschungs- und Lehrzwecken über das European Credit Transfer System (ECTS).

5. **Qualitätssicherung und Standards:** Förderung der europ. Zusammenarbeit bei der Qualitätssicherung der Studienangebote; dies gilt für die Anerkennung und/oder Akkreditierung von Studiengängen, für die Erarbeitung vergleichbarer Kriterien, Standards und Methoden der Qualitätssicherung sowie schließlich für die Evaluation vorhandener Studiengänge, nicht zuletzt im Hinblick auf ihre internat. und europ. Dimension.

6. Europ. Dimension: Förderung der europ. Dimensionen in der Lehre an den Hochschulen, insbes. bei der Curriculum-Entwicklung für die einzelnen Fächer; umfasst ebenso die Zusammenarbeit zw. Hochschulen bei verschiedenen Lehrangeboten und Mobilitätsprojekten, um mehr integrierte Studien-, Ausbildungs- und Forschungsprogramme zu erreichen.

Die mit der Entwicklung des EHR verbundenen Ziele und Absichten sollen die innere Gemeinsamkeit des Hochschulwesens und seine äußere Erkennbarkeit und Attraktivität erhöhen. Nicht zuletzt soll der Austausch der Studierenden während des Studiums gefördert werden. Ebenso sollen vermehrt Studierende aus anderen Regionen wie Asien, Osteuropa oder Südamerika gewonnen werden.

Die europäische Dimension der Hochschulen vor Bologna

Bereits bei den ersten Univ.-Gründungen z. B. in Bologna (um 1200), Paris (1253) oder Prag (1348) besaßen die Hochschulen in Europa eine europ. Dimension, sei es in der Ausrichtung der Wiss.en, in der Art der Studienangebote oder in der Zusammensetzung der student. Klientel aus verschiedenen europ. Ländern. Dennoch bestand durchweg eine erhebl. Spannung zu nat. Prinzipien: in der Organisation der Hochschulen, dem Zugang sowie den Abschlüssen. Insofern entstand ein unübersichtl. Vielerlei an Hochschulen und Studienangeboten in den einzelnen Ländern. Die verschiedenen Verfahren der Studienzulassung, der Studienanforderung und des Studienverlaufs bis zum Abschlussexamen erschwerten die Erkennbarkeit als »europ. Hochschulwesen«, die gegenseitige Anerkennung von Studienleistungen und damit die Mobilität für Studierende in Europa und nach Europa.

Im Zuge der Entwicklung zur europ. Gemeinschaft bemühte sich in den 1950er-Jahren der Europarat, die gegenseitige Anerkennung von Studienabschlüssen zu gewährleisten. In den 1970er-Jahren erfolgte eine entsprechende Initiative der UNESCO und auch die EU wurde hochschulpolitisch aktiv, allerdings unter dem lange Zeit geltenden Vorbehalt, die Vielfalt der nat. Hochschulsysteme zu respektieren. In der Folge entstanden Informationszentren zur Unterstützung der Mobilität zw. den Staaten, gesonderte Auslandsämter an den Univ., später auch an den Fachhochschulen, des Weiteren wurden verschiedene Austauschprogramme für Schüler und Studierende etabliert (z. B. das ERASMUS-Programm). Die gegenseitige Anerkennung von Abschlüssen verlief aber zäh und schwierig, internat. Studienangebote an den Hochschulen blieben zahlenmäßig gering und die Quoten des Auslandsstudiums stagnierten.

Erst in den 1990er-Jahren begann eine ernsthafte europaweite Diskussion über die Neustrukturierung der Studiengänge. Im April 1997 verabschiedeten der Europarat und die UNESCO die »Lissabon-Konvention«, in der die bisherigen Aktivitäten gebündelt wurden. In diesem Abkommen wurden die Prinzipien der Anerkennung von Hochschulqualifikationen und die Notwendigkeit transparenter Anerkennungskriterien und -verfahren festgeschrieben und somit die Grundlage für den nachfolgenden Bologna-Prozess geschaffen.

Am 25. Mai 1998 trafen sich an der Pariser Sorbonne die Bildungsminister von Dtl., Frankreich, Großbritannien und Italien. Sie verabschiedeten eine Deklaration (**Sorbonne-Erklärung**) zur »Harmonisierung der Architektur des europ. Hochschulsystems«. Darin wurde die Notwendigkeit betont, neben einer ökonom. und polit. Einheit Europas auch ein »Europa des Wissens« zu schaffen, das die geistigen, kulturellen, sozialen und wissenschaftlich-technolog. Dimensionen der Verbundenheit stärken soll. Zur gleichen Zeit wurden in Ländern wie Dänemark, Island oder Großbritannien bereits dreijährige Bachelorgrade eingeführt. Auch in Dtl. kamen die Kultusministerkonferenz, die Hochschulrektorenkonferenz und das Bundesbildungsministerium (BMBF) überein, zur Stärkung der internat. Wettbewerbsfähigkeit gestufte Studiengänge und -abschlüsse einzuführen.

Der Bologna-Prozess zum europäischen Hochschulraum

Der Bologna-Prozess hat bisher mehrere Etappen durchlaufen, die mit verschiedenen Weichenstellungen verbunden sind. An der Pariser Sorbonne wurden die Grundlagen gelegt, innerhalb derer in Bologna die Ziele des EHR konkretisiert wurden. Mit den sechs in Bologna 1999 verabschiedeten Grundsätzen wurden v. a. gemeinsame Strukturen festgeschrieben, die bis dahin respektierte Vielfalt in der europ. Hochschullandschaft wurde insofern zugunsten von mehr Gemeinsamkeit aufgegeben. Damit sollen die zentralen Kennzeichen der europ. Hochschulen und ihrer Qualität innerhalb und außerhalb Europas besser

europäischer Hochschulraum: Studierende der International University Bremen (IUB) nach der Abschlusszeremonie (2004)

sichtbar werden. Weitere wichtige Etappen auf dem Weg zum EHR sind mit den Städtenamen Prag, Berlin und Bergen verknüpft.

Prag 2001 Nachdem im März 2001 die europ. Hochschulrektoren in der »Salamanca-Konvention« die Leitlinien der Bologna-Erklärung unterstützt und die europ. Studierenden auf einer Konferenz in Göteborg die Entwicklung des EHR diskutiert und grundsätzlich befürwortet hatten, trafen sich die europ. Bildungsminister im Mai 2001 in Prag zur ersten »Bologna-Folgekonferenz«. Es wurden eine Bilanz über die erzielten Fortschritte gezogen und die Richtungen und Prioritäten für die kommenden Jahre abgesteckt. Schließlich unterzeichneten 32 europ. Hochschulminister das Prager Kommuniqué »Auf dem Wege zum europ. Hochschulraum«. In dieser Erklärung wurde die Bereitschaft betont, am Ziel der Errichtung des EHR bis zum Jahre 2010 festzuhalten und Gesamteuropa in diesen Prozess einzubeziehen. Es wurde darauf hingewiesen, dass die in der Bologna-Erklärung festgelegten Ziele bei den meisten Unterzeichnerstaaten sowie bei den Univ. und anderen Hochschuleinrichtungen eine breite Akzeptanz gefunden hätten. Die Salamanca-Konferenz der Hochschulrektoren wie die Göteborg-Konferenz der Studierenden wurden gewürdigt, ebenso weitere Initiativen zur Förderung des Bologna-Prozesses.

Das Abschlussdokument enthält eine Reihe von Grundsätzen, die von den unterzeichnenden Ministern aufgestellt, jedoch nicht mit konkreten Maßnahmen zu ihrer Umsetzung versehen wurden:
1. Lebensbegleitendes bzw. lebenslanges Lernen soll ein wichtiges Element in einer zukünftigen wissensbasierten Gesellschaft und Wirtschaft Europas werden. Es ist notwendig, um den Herausforderungen des Wettbewerbs und der Nutzung neuer Technologien gerecht zu werden und um die soziale Kohäsion, Chancengleichheit und Lebensqualität zu verbessern.
2. Hochschuleinrichtungen und die Studierenden sollen als aktive und konstruktive Partner bei der Gestaltung des EHR beteiligt werden. Den Studierenden soll eine teilnehmende und beeinflussende Rolle bei der Organisation und dem Inhalt ihrer Ausbildung zugesprochen werden. Die Minister bestätigten zudem die von den Studierenden formulierte Notwendigkeit, die soziale Dimension des Bologna-Prozesses stärker zu berücksichtigen.
3. Die Attraktivität des EHR für Studierende aus Europa und v. a. aus anderen Teilen der Welt soll erhöht werden. Eine weltweit leichte Verständlichkeit und Vergleichbarkeit europ. Hochschulabschlüsse soll durch einen gemeinsamen Qualifikationsrahmen und in sich geschlossene Mechanismen zur Qualitätssicherung und Akkreditierung/Zertifizierung sowie durch mehr Information verbessert werden.

Die beteiligten Länder verpflichteten sich, die auf den festgeschriebenen Zielen basierende Kooperation fortzusetzen. Es wurde beschlossen, 2003 in Berlin eine zweite Nachfolgekonferenz abzuhalten, um Fortschritte evaluieren und Prioritäten festlegen zu können; eine so genannte Follow-up-Gruppe und eine Vorbereitungsgruppe aus Dtl. wurden berufen, um auch zw. den Konferenzen einen institutionellen Rahmen des Prozesses zu erhalten.

Berlin 2003 In Berlin traten weitere sieben Staaten dem Abkommen bei und vergrößerten damit den Umfang des EHR auf mittlerweile 40 Staaten. Das auf der Konferenz verabschiedete »Berlin-Kommuniqué« formulierte drei mittelfristige Schwerpunkte mit jeweils spezif. Verpflichtungen.
1. Alle nat. Systeme zur Qualitätssicherung im Hochschulbereich sollen bis 2005 folgende Elemente enthalten: Eine Festlegung von beteiligten Instanzen und Institutionen; Verfahren der Evaluierung von Programmen oder Institutionen, einschließlich interner Bewertung und externer Beurteilung, Beteiligung der Studierenden und Veröffentlichung der Ergebnisse; ein System der Studiengangsakkreditierung oder -zertifizierung oder ähnl. Verfahren; eine internat. Beteiligung an den Verfahren und Institutionen sowie die Kooperation und Vernetzung der nat. Qualitätssicherung mit anderen Systemen auf europ. Ebene. Zudem wurde das European Network for Quality Assurance in Higher Education (ENQA) aufgefordert, ein gemeinsames System von Normen, Verfahren und Richtlinien zu entwickeln.
2. In allen Ländern des EHR soll bis 2005 mit der Einführung des zweistufigen Systems aus Bachelor- und Masterabschlüssen begonnen worden sein. Die Ausarbeitung von Qualifikationsrahmen (qualification frameworks), die Anforderungen an die Arbeitsbelastung der Studierenden, die Lernergebnisse und die zu erwerbenden Kompetenzen beschreiben und damit also Niveau und Profile der europ. Studienabschlüsse umreißen, soll auf nat. und europ. Ebene vorangetrieben werden.
3. Die in der »Lissabon-Konvention« festgeschriebenen Prinzipien der Anerkennung von Hochschulqualifikationen sollen von allen Ländern des EHR ratifiziert werden. Ab 2005 sollen alle Studierenden, die ihr Studium abschließen, automatisch und gebührenfrei das Diploma Supplement erhalten.

Neben den drei Schwerpunkten wurde die Notwendigkeit betont, die Verbindung zw. EHR und europ. Forschungsraum zu fördern. Darüber hinaus wurde beschlossen, die Doktorandenausbildung in den Bologna-Prozess einzubeziehen.

Das Berliner Kommuniqué ist in seinen Vorgaben präziser als die vorherigen Abkommen. Mit der Benennung der drei Schwerpunktziele für das Jahr 2005 wurde versucht, den Prozess zu beschleunigen. Bis zum Treffen 2005 in Bergen (Norwegen) wurde von jedem Land ein detaillierter Bericht über die in den benannten Schwerpunktbereichen erzielten Fortschritte erwartet. Erneut hatte eine »Follow-up-Gruppe« die Vorbereitung des Treffens übernommen und eine Bestandsaufnahme vorlegt, die im Hinblick auf die für 2010 gesetzten Ziele eine »Halbzeitbilanz« über den Prozess zum EHR liefern sollte.

Bergen 2005 Auf der Konferenz in Bergen, der dritten Nachfolgekonferenz nach Bologna, wurden fünf weitere Staaten (Armenien, Aserbaidschan, Georgien, Moldawien und die Ukraine) aufgenommen und eine Zwischenbilanz, bei der die drei in Berlin verabredeten Schwerpunktthemen im Zentrum standen, gezogen. Bilanziert wurde ein insgesamt positiver Stand bei der Umsetzung des Bologna-Prozesses trotz deutl. Unterschiede zw. den Teilnehmerstaaten in den Ausgangsbedingungen. Zu wichtigen Ergebnissen dieser Konferenz zählen u. a., dass zukünftig die Sozialpartner als beratende Mitglieder in den Bologna-Prozess einbezogen werden, dass sich die Mitgliedsstaaten auf wechselseitig anerkannte Kriterien und Methoden der Qualitätssicherung verständigen konnten, dass die Doktorandenausbildung in Zukunft stärker strukturiert und damit vergleichbarer gestaltet werden wird und dass die soziale Dimension stärker als bisher Berücksichtigung finden soll.

Zur Umsetzung der Ziele des Bologna-Prozesses

Die Beschlüsse und Vorgaben der Ministertreffen müssen von den beteiligten Univ. und anderen Hochschulen der beteiligten Länder gemäß ihrer institutionellen Autonomie umgesetzt werden. Inwieweit die verschiedenen polit. Deklarationen über Ziele, Strukturen und Maßnahmen an den Hochschulen in den Ländern tatsächlich verwirklicht werden, lässt sich deshalb nur angenähert umreißen. Die Dokumentation des Prozesses fällt im Vergleich der Länder ganz unterschiedlich aus. Vor der Berliner Konferenz 2003 wurden alle am Bologna-Prozess beteiligten Länder gebeten, einen Bericht über die Realisierung der Ziele der Bologna-Erklärung abzuliefern. Da es keine offizielle Übersicht über den Stand der Umsetzung der Bologna-Deklaration in den einzelnen Ländern gibt, kann nur auf diese Länderberichte und die Trend-Reports der EUA zurückgegriffen werden.

Wichtig für die Verwirklichung des EHR erweist sich zunächst die Beteiligung von Institutionen und Verbänden. Zu nennen sind im internat. Rahmen v. a. die EUA und der Europ. Studierendenverband (ESIB). In Dtl. sind neben dem (BMBF) von besonderer Bedeutung die Hochschulrektorenkonferenz (HRK) und die Kultusministerkonferenz (KMK) sowie für die Studierenden der »freie zusammenschluß der studentInnenschaften« (fzs).

Im Bereich der Qualitätssicherung spielt das Europ. Netzwerk für Qualitätssicherung (ENQUA) eine herausgehobene Rolle. Zusätzlich besteht ein europ. Akkreditierungs-Konsortium (European Consortium for Accreditation in Higher Education, ECA), mit dem auch der dt. Akkreditierungsrat zusammenarbeitet (→ Akkreditierung).

Aufgrund der unterschiedl. strukturellen und polit. Ausgangslagen kommt der Bologna-Prozess in den verschiedenen Ländern mit unterschiedl. Tempo voran. Häufig müssen erst gesetzl. Rahmenbedingungen geschaffen werden, die die Umsetzung der Reformen ermöglichen. Einige Länder müssen ihr System nur geringfügig anpassen, andere stehen vor der Aufgabe, den Studienaufbau und die Abschlüsse nahezu komplett umzustrukturieren.

Entsprechend der unterschiedl. Ausgangslage sind die Elemente des EHR in den einzelnen Ländern zwar umstritten, es besteht aber Einigkeit, dass die zentralen Vereinbarungen nicht mehr rückgängig zu machen sind. Den Hochschulen in Dtl. fällt besonders die Umstellung auf die gestuften Studienabschlüsse schwer, den Univ. stärker als der FH. Schwierigkeiten bereitet insbes. in den Geistes- und Sozialwiss.en die Neustrukturierung und Modularisierung von kürzeren Studiengängen, die nach drei Jahren zum Bachelorabschluss führen. Unsicherheiten bestehen auch hinsichtlich der Wertigkeit der neuen Abschlüsse auf dem Arbeitsmarkt; im Vergleich zum traditionellen Diplomabschluss bleibt der Bachelor v. a. in den Natur- und Ingenieurwiss.en bei der Wirtschaft umstritten.

Mit der Anwendung der ECTS-Kreditpunkte, so akzeptiert sie auch weithin scheint, ergeben sich in der Praxis der Hochschulen immer wieder Probleme bei der Anrechenbarkeit von Leistungen und Prüfungen. Denn grundsätzlich geben ECTS-Punkte nur über den Arbeitsumfang Auskunft. Sie lassen somit die zeitl. Anforderungen der Studienangebote grob erkennen, sagen aber zunächst nichts über die student. Leistung aus, was oft missverstanden wird (die ECTS-Bewertungsskala schafft hier nur bedingt Abhilfe). Das ECTS ist in den beteiligten Ländern und Hochschulen ganz unterschiedlich eingeführt, weshalb eine Übertragbarkeit von Leistungen eher behindert als gefördert werden kann: Die Berechnungen stimmen außerdem nur selten mit der student. Realität an Arbeitsaufwand überein und lassen bislang einen internat. Standard der Vergleichbarkeit und kumulativen Anerkennung von Leistungen nicht ernsthaft erkennen.

Die Entwicklung in Deutschland

Die dt. Berichte vom Juli 2003 und vom Januar 2005 (National Reports zum Bologna-Prozess) wurden vom BMBF gemeinsam mit der KMK und der HRK vorgelegt. In ihnen wird zu den einzelnen Zielen der Bologna-Erklärung und zu ihrer bisherigen Umsetzung im Hochschulsystem Stellung genommen.

Die Novellierung des Hochschulrahmengesetzes (HRG) 1998 ermöglichte die Einführung eines Graduierungssytems aus gestuften Abschlüssen. Durch eine weitere HRG-Novelle wurden 2002 Bachelor- und Masterstudiengänge in das Regelangebot der Hochschulen überführt.

Die Spannweite der Einführung von Bachelor und Master an den einzelnen der 235 Hochschulen in Dtl. ist sehr groß. Einzelne Hochschulen haben definitiv beschlossen, ihr gesamtes Studienangebot bis 2007 in das zweistufige System zu transformieren; andere Hochschulen weisen ein Nebeneinander von traditionellen und neuen Abschlüssen an den Fachbereichen auf; schließlich sperren sich einzelne Hochschulen und Fachbereiche gänzlich dagegen, Studiengänge in zwei Phasen aufzuspalten (verbreitet ist insbes. eine abwehrende Haltung gegen die Abschaffung des traditionellen Diplomstudienganges und seine partielle Ersetzung durch den kürzeren, berufsqualifizierenden Bachelor). Zudem sind bislang einige Bereiche des Hochschulstudiums von der Umgestaltung ausgenommen, dies betrifft z. T. Lehramtsstudiengänge,

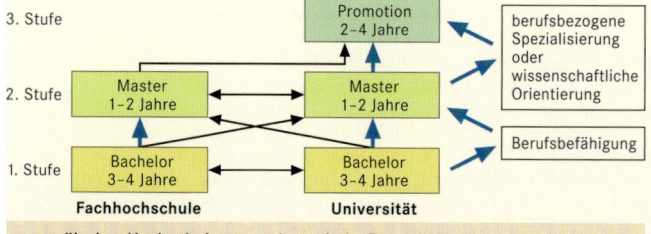

europäischer Hochschulraum: schematische Darstellung des neuen Studiensystems an den deutschen Hochschulen

jurist. Staatsexamina sowie generell Studiengänge der Medizin.

Dem nat. Bericht von 2005 zufolge gab es im Wintersemester (WS) 2004/05 in Dtl. 2925 Bachelor- und Masterstudiengänge, was etwa 26 % der insgesamt angebotenen Studiengänge entspricht. Der Anteil der Studienanfänger, die sich für einen gestuften Studiengang entschieden, stieg im Zeitraum von 2000 bis 2004 von 1,1 % auf 7,5 % aller Studierenden.

Die internat. Mobilität der dt. Studierenden, insbes. in Länder Europas mit dem Spitzenreiter Großbritannien, ist während der letzten beiden Jahrzehnte stark angestiegen. Unter den Studierenden in höheren Semestern können weit mehr auf eine Studienphase im Ausland zurückblicken: zw. 1991 und 2003 hat sich ihr Anteil von 7 % auf 15 % verdoppelt. Werden alle Formen eines studienbezogenen Auslandsaufenthaltes einbezogen (mit Studium, Praktikum und Sprachkurs), dann erhöht sich diese Quote auf beachtliche 29 % der Studierenden (Stand 2003).

Diese Zunahme ist nicht zuletzt darauf zurückzuführen, dass immer mehr Studierende dem Auslandsstudium einen hohen Nutzen für bessere Berufsaussichten zuschreiben: Noch 1983 hielten nur 36 % das Auslandsstudium für sehr nützlich; dieser Anteil ist bis 2004 auf 62 % angestiegen. In der Verwirklichung der Absichten, im Ausland zu studieren, bestehen aber weiterhin große Unterschiede nach der Hochschulart und der sozialen Herkunft der Studierenden.

Gleichzeitig sind die dt. Hochschulen auch für Studierende aus dem Ausland immer attraktiver geworden. Die Zahl ausländ. Studierender erhöhte sich von 112 970 im Jahr 1992 auf 246 140 im Jahr 2004, wobei zu beachten ist, dass über den gesamten Zeitraum hinweg etwa zwei Drittel von ihnen »Bildungsausländer« waren (zuletzt 180 310), das andere Drittel »Bildungsinländer« (also Studierende, die ihre Studienberechtigung in Dtl. erworben haben).

Die angestrebte höhere internat. Attraktivität dt. Hochschulen für Studierende oder Lehrende ist demnach in den letzten Jahren deutlich verbessert worden. Dafür wurden bereits 1998 durch die Änderung im Ausländergesetz und die Verbesserung der arbeitsrechtl. Voraussetzungen für ein Studium oder einen Forschungsaufenthalt in Dtl. wichtige Voraussetzungen geschaffen. Weitere Maßnahmen sollen in einem neuen Zuwanderungsgesetz geregelt werden. Zudem wurden weitere Rahmenbedingungen für ausländ. Studierende und Wissenschaftler verbessert, beispielsweise durch die Gewährung von kostenlosen Kursen »Deutsch als Fremdsprache«, durch Tutorenprogramme oder Servicepakete der dt. →Studentenwerke oder der akadem. Auslandsämter.

Im Bereich der Leistungspunktsysteme für den Transfer und die Akkumulation von Studienleistungen und der Modularisierung von Studiengängen verwendet die Mehrzahl (laut Bericht 76 %) der dt. Hochschulen das →European Credit Transfer and Accumulation System (ECTS) – allerdings nur in Teilbereichen und in einzelnen Fällen über die gesamte Institution hinweg. Bei der Akkreditierung neuer Studiengänge müssen dt. Hochschulen nachweisen, dass der Studiengang modularisiert und mit einem Leistungspunktsystem versehen ist.

Die HRK bietet ein Datenbankprogramm zum →Diploma Supplement Dtl. (DSD) an, das über ihre Homepage zur Verfügung steht. Damit soll sichergestellt werden, dass das DSD ab 2005 an allen dt. Hochschulen angewendet werden kann.

Für die Förderung der europ. Zusammenarbeit bei der Qualitätssicherung haben KMK und HRK im Zuge der Einführung neuer Abschlussgrade (→Grade) ein Akkreditierungssystem mit einem länderübergreifenden Akkreditierungsrat und unabhängigen Akkreditierungsagenturen geschaffen. Der Akkreditierungsrat hat Mindeststandards und Kriterien für die Akkreditierung von Studiengängen beschlossen. Bis zum Herbst 2004 wurden 717 Studiengänge akkreditiert (316 Bachelor- und 401 Masterstudiengänge), etwa 260 Akkreditierungen wurden mit Auflagen vergeben.

Der europ. Dimension wird auf vielfache Weise Rechnung getragen, beispielsweise durch die vertraglich abgestimmte Partnerschaft dt. und ausländ. Hochschulen. Zudem entwickeln sich multilaterale Netzwerke mit regionalen oder wiss. Schwerpunkten, wie z. B. die Europ. Konföderation der Oberrheinischen Univ. Die Einrichtung internat. Graduiertenkollegs bei der →Deutschen Forschungsgemeinschaft (DFG) und das geplante EU-Programm EURASMUS-Mundus sollen helfen, verstärkt qualifizierte ausländ. Nachwuchswissenschaftler für dt. Hochschulen zu gewinnen.

Europäische Trends in Higher Education

Unter dem Titel »Trends in Higher Education III« befasst sich eine Studie, die im Auftrag der EUA erstellt und von der Europ. Kommission unterstützt wurde, mit den Fortschritten der eingeleiteten Reformen innerhalb des EHR und liefert aufschlussreiche Einblicke in den Prozess der Umsetzung der Bologna-Erklärung (Stand Juli 2003). Mit dieser Studie wurden erstmals europaweit die mit dem Bologna-Prozess verbundenen Erfahrungen und Erwartungen aus der Sicht der europ. Hochschulen erfasst. Ihre inhaltl. Schwerpunkte betreffen folgende Aspekte: Bekanntheitsgrad und Unterstützung des Bologna-Prozesses; Rolle der Hochschulen und der Studierenden bei der Umsetzung; Attraktivität des EHR; Stand der Umset-

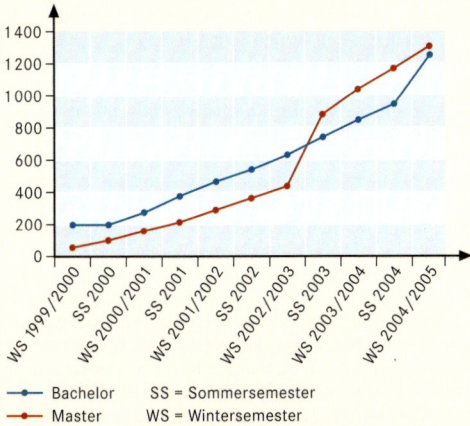

europäischer Hochschulraum: Bachelor- und Masterstudienangebote an deutschen Hochschulen

zung bezogen auf Förderung der Mobilität, Studienstrukturen und Qualifikationsrahmen, gemeinsame Studienprogramme und Abschlüsse, das ECTS sowie Autonomie und Qualitätssicherung. Insgesamt wird dabei Folgendes deutlich:

Der allg. Informationsgrad hat in den letzten Jahren deutlich zugenommen, es gibt aber Unterschiede im Informationsstand zw. der stark involvierten polit. Leitungsebene, den weniger stark einbezogenen Hochschullehrern und den Studierenden. Die Unterstützung für »Bologna« fällt allgemein hoch aus, aber nur 47 % der Univ. und knapp 30 % der anderen Hochschulen verfügen über einen Bologna-Koordinator. Ca. 60 % der Hochschulrektoren beklagen, dass ihre Hochschule nicht ausreichend bei der Umsetzung des Reformprozesses einbezogen ist. Fast die Hälfte vertritt die Meinung, dass die nat. Gesetzgebung autonome Entscheidungen zumindest teilweise behindert, und kritisiert das Fehlen zusätzl. Finanzmittel und klarer finanzieller Anreize für die Realisierung der Reformziele. In 63 % der Hochschulen sind Studierende formell am Diskussionsprozess beteiligt und die Hälfte der Studierendenorganisationen findet, dass ihre Mitglieder eine wichtige Rolle bei der Reformumsetzung in den Hochschulen spielen. Die Studierenden setzen hohe Erwartungen in die Reformen, üben aber Kritik an der Umsetzung in verschiedenen Bereichen. Die student. Mobilität und die Studienphasen im Ausland haben insgesamt stark zugenommen, aber nur eine kleine Gruppe von Ländern empfängt deutlich mehr Studierende als sie entsendet. Ebenso ist die Mobilität von Lehrenden in zwei Dritteln der Bologna-Länder gestiegen. Die Erhöhung der Attraktivität des EHR für Nicht-Europäer ist eines der wichtigsten Reformmotive für die Hochschulen, aber nur 30 % der Hochschulen berichten von gezielten Marketingstrategien. 80 % aller Länder verfügen über Regelungen bezüglich der Einführung von zwei Studienzyklen (Bachelor und Master) oder sind dabei, solche einzuführen. Fast 90 % der befragten Hochschulen bieten bereits Master-/Bachelor-Grade an oder arbeiten daran.

Bis Mitte 2003 hatten in 16 Ländern über 75 % der Hochschulen, in acht Ländern 50–74 %, in 12 Ländern 25–49 % und in drei Ländern unter 25 % der Hochschulen gestufte Studiengänge eingeführt. Zur Gruppe mit einem sehr hohen Anteil gehören neben England und Irland fast alle skandinav. Länder sowie Italien und die Türkei. In der Gruppe der Länder, in denen weniger als die Hälfte der Hochschulen gestufte Studiengänge anbieten, befinden sich neben Dtl., Schweiz und Österreich auch Portugal, Griechenland und Spanien.

Hinter der auf den ersten Blick einfachen Aufteilung des Studiums in zwei Phasen verbergen sich eine ganze Reihe unterschiedl. Tendenzen. Es zeichnet sich ab, dass die erste Studienphase sehr standardisiert, straff und vereinheitlicht organisiert ist. Dagegen wird eine Vielzahl von ein- bis zweijährigen Masterstudiengängen entwickelt, die verschieden eng mit der ersten Studienphase verknüpft sind und oft sehr spezialisiert ausfallen. Bei den Studiengängen der ersten Phase sind Unterschiede in der Dauer zw. drei bis vier Jahren und zw. 120 bis 180, z. T. sogar 240 ECTS-Punkten bis zum ersten Abschluss zu beobachten. Die Benennung des ersten Abschlusses lautet keineswegs in allen Ländern »Bachelor«, es finden sich ganz unterschiedl. Namen: Bakkalaureus oder Bacharelato, Licence Professionelle, Laurea, First Degree, Professional Bachelor, Kandidatexamen, Undergraduate Degree, First Cycle Degree, Ptychio. Oder es wird unterschieden zw. Ordinary Bachelor und Honours Bachelor, General Degrees und Professional Degrees.

Mehr als die Hälfte der nat. Gesetze lassen die Verleihung gemeinsamer Grade in Kooperation mit ausländ. Partnern derzeit nicht zu. Zwei Drittel aller europ. Hochschulen verwenden heute das ECTS für Transferzwecke. Kreditpunkte für Akkumulationszwecke finden ebenfalls eine immer weitere Verbreitung. Alle Bologna-Länder haben bereits externe Qualitätssicherungsagenturen eingerichtet oder sind dabei, solche einzurichten. In 80 % aller Hochschulen findet bereits eine interne und externe Qualitätsüberprüfung statt (Evaluation, Akkreditierung).

Kritik am Bologna-Prozess und Ausblick

Kritik am Modell und an der Umsetzung des Bologna-Prozesses kommt aus verschiedenen Richtungen, besonders vehement aber von den Studierenden. Verschiedene Organisationen der Studierenden (z. B. ESIB; fzs) unterstützen zwar prinzipiell die Internationalisierung des Hochschulsystems, äußern aber Besorgnis, dass es im Zuge der Reformmaßnahmen zu einer Verschlechterung der Studienbedingungen, zu neuen Selektionsverfahren und einer Verschulung des Studiums kommen könnte. Ihre Kritik zielt v. a. auf die zu geringe Berücksichtigung sozialer Aspekte im Reformprozess. Sie fordern daher die Sicherstellung der horizontalen Durchlässigkeit zw. Hochschulen sowie den Abbau von sozialen Mobilitätshindernissen. Zudem streben sie eine Stärkung student. Mitwirkungsrechte und Gestaltungsmöglichkeiten an. Für die Hochschulen und deren Lehrende zählen zu den stärksten Kritikpunkten am Bologna-Prozess der Verlust an Autonomie auf Seiten der Univ. und an kreativer Vielfalt im Grundstudium der ersten Phase (z. B. Methoden, Inhalten oder Studienrichtungen). Für manche Fachrichtungen erscheinen die Bachelor-Studiengänge zu kurz und zu straff, um einen berufsqualifizierenden Abschluss vermitteln zu können. Kritisiert werden auch die mit der Umstellung der Studiengänge verbundenen Mehrkosten. Manche Verbände und Hochschulen bemängeln auch das Fehlen eines zentralen europ. Sekretariats, das den Bologna-Prozess kontinuierlicher steuern könnte.

Die Schaffung des EHR kann als eine Art der »Standortpolitik« verstanden werden, wie sie im Zuge der Globalisierung zur Sicherung der Wettbewerbsfähigkeit notwendig erscheint. Angesichts dieser übergreifenden Zielsetzung wird des Öfteren kritisiert, dass der Bologna-Prozess zu einseitig auf die Wirtschaftspolitik abhebt, dass die Steigerung der Attraktivität des Hochschulraumes nicht als Verbesserung der Studienbedingungen verstanden wird, sondern auf ein bloßes Marketing hinausläuft, sodass es zu einer weitergehenden Kommerzialisierung der Hochschulbildung kommt. In diesem Zusammenhang wird die Forderung erhoben, dass eine inhaltl. Studienreform sich keineswegs an der »Beschäftigungsfähigkeit« (Employability) der Absolventen als alleiniges oder vorrangiges Ziel orientieren darf. Auch werden in diesem Zusammenhang Einwände gegen die Ausrichtung des Studiums auf einen schnellen Durchlauf der Studierenden und die Studienzeitverkürzung vorgebracht. Zudem wird kritisiert, der Zugang zum Master unterliege sozialen Selektionskriterien: Vor allem Studierende, die neben dem Studium erwerbstätig sind oder familiäre Betreuungspflichten haben, würden nach dem Bachelor von der Fortsetzung ihres Studiums abgehalten. Da die Finanzierung des Masters (z. B. über ein gut ausgebautes Stipendienwesen) nicht gesichert sei, würden auch gerade Frauen die Hochschulen vermehrt bereits nach dem Bachelor verlassen.

Nicht nur von student. Seite wird gefordert, die soziale Dimension des Bologna-Prozesses stärker zu berücksichtigen. Seit dem Prag-Kommuniqué ist die soziale Dimension als wesentl. Ziel des Bologna-Prozesses zwar verankert, allerdings bisher ohne polit. Resonanz geblieben, weshalb eine begleitende »Sozialagenda« verlangt wird. Das starke soziale Gefälle im EHR – durch die EU-Erweiterung noch verschärft – erfordere Harmonisierungsanstrengungen. Weder grenzüberschreitende Mobilität noch Bildungsmobilisierung als wesentl. Ziel könnte deshalb gelingen ohne den Abbau sozialer Barrieren im Zugang zu den Hochschulen. Auch das Dt. Studentenwerk e. V. fordert in seiner »Berliner Resolution« vom September 2003 eine ausreichende, grenzüberschreitende Studienförderung, den Ausbau von Betreuungs- und Beratungsangeboten, die Beseitigung von Selektionsmechanismen und Mobilitätshemmnissen sowie eine regelmäßige europ. Sozialerhebung. Diese Forderungen teilt auch das dt. BMBF, im National Report von 2005 hat es angekündigt, sie verstärkt in den Bologna-Prozess einbringen zu wollen.

Der EHR befindet sich derzeit noch im Aufbau. Ein Großteil seiner Grund- und Umrisse sind bereits festgelegt und erkennbar, an vielen Hochschulen wird von den Lehrenden und Studierenden die Entwicklung vorangetrieben, die Strukturen und Vorgaben finden vermehrt Akzeptanz. Einige deklarierte Absichten sind auf dem Weg der Realisierung, wie die Neugestaltung der Studiengänge, die flächendeckende Anwendung des ECTS und des Diploma Supplement sowie insbes. die Anhebung der internat. Mobilität v. a. der Studierenden. Wie sich der EHR 2010 darstellen wird und inwieweit er seine Ziele erfüllt, das kann allerdings gegenwärtig nicht endgültig abgeschätzt werden.

europäischer Hochschulraum: Vorlesung an der Karlsruher Universität Fridericiana (2002)

H. Simeaner u. a.: Datenalmanach Studierendensurvey 1983–2001 (2001); E. Aigner: Der Bologna-Prozess. Reform der europ. Hochschulbildung (Linz 2002); The heritage of European universities, hg. v. N. Sanz u. S. Bergan (Straßburg 2002); Internationalisierung des Studiums, hg. v. W. Isserstedt u. K. Schnitzer (2002); K. Schnitzer: Euro student. Social and economic conditions of student life in Europe 2000 (2002); Im Blickpunkt. Strukturen des Hochschulbereichs in Europa 2003/04, hg. v. der Europ. Kommission, Generaldirektion Bildung u. Kultur (2003); Bologna-Reader. Texte u. Hilfestellungen zur Umsetzung der Ziele des Bologna-Prozesses an dt. Hochschulen, hg. v. E. Chválová u. B. Kleinheidt (2004); On cooperation and competition. National and European policies for the internationalisation of higher education, hg. v. J. Huisman u. M. van der Wende (2004); S. Schwarz-Hahn u. M. Rehburg: Bachelor u. Master in Dtl. (2004). – *Periodikum:* Grund- u. Strukturdaten, hg. v. Bundesministerium für Bildung u. Forschung (1975 ff.).

Fortsetzung von Seite 556
konzentriert wurden. Im Zuge der Vollendung des Europ. Binnenmarktes wurde der Fonds verstärkt in strukturpolit. Aufgabenstellungen eingebunden. Seit 1993 dient der ESF im Rahmen der →Europäischen Strukturfonds als Instrument der gemeinschaftl. Arbeitsmarktpolitik (Entwicklung der Humanressourcen). Ziel des ESF ist es, die beruffl. Einsetzbarkeit und die örtl. und berufl. Freizügigkeit der Arbeitnehmer zu fördern, um die Beschäftigungsmöglichkeiten in der Gemeinschaft zu verbessern und damit zur Hebung der Lebensstandards beizutragen (Art. 146 EGV). Der Mitteleinsatz ist im Ggs. zu den übrigen Strukturfonds nicht auf bestimmte Regionen oder Länder der EU beschränkt, sondern konzentriert sich v. a. auf die Bekämpfung von Langzeit- und Jugendarbeitslosigkeit, die Eingliederung der vom Arbeitsmarkt ausgeschlossenen Personen, die Förderung der Chancengleichheit von Männern und Frauen sowie die Anpassung der Arbeitnehmer an den Strukturwandel. – Für 2000–2006 werden aus dem Gemeinschaftshaushalt der EG 24,05 Mrd. € für den ESF bereitgestellt. Der ESF ist Teil des Gemeinschaftshaushalts und wird von der Europ. Kommission verwaltet.

Europäische Rundfunk-Union, engl. **European Broadcasting Union** [jʊərəˈpiːən ˈbrɔːdkaːstɪŋ ˈjuːnjən], Abk. **EBU,** frz. **Union Européenne de Radio-Télévision** [ynˈjɔ̃ ørɔpeˈɛn də radiotelevɪˈzjɔ̃], Abk. **UER,** Zusammenschluss vorwiegend europ. Rundfunkanstalten zur Verhandlung grenzüberschreitender Fragen des Rechts, der Technik und des Programms in Hörfunk und Fernsehen; gegr. 1950 (als Nachfolgerin der 1925 gegründeten Internat. Rundfunkunion), Sitz: Genf. Die EBU veranstaltet einen Programmaustausch von Nachrichten, Reportagen und Sportereignissen, v. a. im Rahmen der →Eurovision; sie hat 71 aktive Mitgl. aus 52 Ländern in Europa, Nordafrika und dem Mittleren Osten, darüber hinaus

46 assoziierte Mitgl. aus 29 weiteren Ländern; 1993 Zusammenschluss mit der Organisation der Rundfunkgesellschaften der ehem. Ostblockstaaten, OIRT.

Europäischer Vollstreckungstitel, →Vollstreckungstitel.

Europäischer Währungsfonds [-fɔ̃], →Europäisches Währungssystem.

Europäischer Wechselkursverbund, Europäische Währungsschlange, am 21. 3. 1972 vom Europ. Rat beschlossener und am 24. 4. 1972 durch ein Abkommen der Zentralbanken in Kraft getretener Verbund der Währungen einiger EG-Staaten. Dadurch wurde zw. den nat. Währungen ein System fester Wechselkurse mit bestimmten Bandbreiten geschaffen, die gegenüber anderen Währungen (v. a. dem US-Dollar) gemeinsam schwankten. Im Abkommen über den E. W. verpflichteten sich die Zentralbanken der EG-Staaten, mithilfe von Interventionen am Devisenmarkt die EG-Währungen um nicht mehr als 2,25 % von ihren bilateralen Wechselkursen abweichen zu lassen. Der E. W. stellte sich grafisch als ein den Körperbewegungen einer Schlange ähnelndes Kursband dar, dessen obere Grenze durch die Währung des Teilnehmers mit der jeweils schwächsten Notierung gegenüber dem US-Dollar markiert wurde. Bis zum Übergang zu flexiblen Wechselkursen gegenüber dem US-Dollar im März 1973 bewegten sich die EG-Währungen innerhalb der beschlossenen Bandbreite (»Schlange im Tunnel«), danach schwankten die Währungen im E. W. gemeinsam gegenüber dem US-Dollar (Blockfloating, →Floating). Zum Kern des E. W. zählten urspr. alle EG-Staaten, für kurze Zeit auch Großbritannien und Irland; Italien trat 1973, Frankreich 1974 vorübergehend und 1976 endgültig aus. Der E. W. wurde 1979 durch das →Europäische Währungssystem abgelöst.

Europäischer Wirtschaftsraum, Abk. **EWR,** die zw. den Mitgl.-Staaten von EU und EFTA vertraglich vereinbarte Integration der beiden Zusammenschlüsse zur Schaffung eines großen europ. Binnenmarkts. Der EWR setzt sich zusammen aus 28 europ. Ländern: den (seit 1. 5. 2004) 25 EU-Staaten und den drei EFTA-Staaten Norwegen, Island und Liechtenstein (seit 1. 5. 1995). Das am 2. 5. 1992 in Porto unterzeichnete Abkommen trat erst am 1. 1. 1994 in Kraft, nachdem die Schweiz eine Teilnahme durch Referendum vom 6. 12. 1992 abgelehnt und damit umfangreiche Anpassungen am ursprüngl. Vertragswerk in Form eines Zusatzprotokolls erforderlich gemacht hatte.

Durch den Vertrag gelten auch für die EFTA-Mitgl. die Vier Grundfreiheiten des →Europäischen Binnenmarktes, darüber hinaus besteht eine enge Zusammenarbeit in den Bereichen Wiss., Bildung, Umwelt, Verbraucher- und Sozialpolitik. Ausnahmen bzw. Abweichungen vom Europ. Binnenmarkt gibt es in den Bereichen Landwirtschaft, Regionalpolitik und Außenhandelsbeziehungen. Der EWR ist keine Zollunion, sondern eine Freihandelszone für Waren mit Ursprung in den Vertragsstaaten. Auch fehlen im EWR-Abkommen Bestimmungen über eine polit. Integration, eine gemeinsame Außen- und Sicherheitspolitik sowie eine Zusammenarbeit in den Bereichen Justiz und Inneres, wie sie der EU-Vertrag vorsieht.

Organe Der EWR-Rat, bestehend aus den Mitgl. des Rates der EU, den Mitgl. der Europ. Kommission und je einem Vertreter der Reg. der beteiligten EFTA-Staaten, gibt die polit. Impulse für die Realisierung des Abkommens. Der Gemeinsame (Gemischte) EWR-Ausschuss, der Repräsentanten beider Vertragsparteien angehören, ist das ausführende Organ. Der Gemeinsame Parlamentar. Ausschuss (12 Mitgl. des Europ. Parlaments und 12 Mitgl. der nat. Parlamente der beteiligten EFTA-Staaten) kann Stellungnahmen und Entschließungen erarbeiten.

Durch die Erweiterung der EU auf mittlerweile 25 Mitgl. wird der EWR wirtschaftlich stark von der EU dominiert. Um das Hauptziel des EWR-Abkommens (Herstellung gleicher Wettbewerbsbedingungen und Freizügigkeit) zu erreichen, übernahmen die EFTA-Vertragsparteien bis auf Ausnahmeregelungen das EG-Recht.

Europäisches Amt für Betrugsbekämpfung, →OLAF.

Europäisches Arbeitsrecht, die Rechtsvorschriften der Europ. Gemeinschaft zum Arbeitsrecht. Der Vertrag zur Gründung der Europ. Wirtschaftsgemeinschaft vom 25. 3. 1957 enthielt kaum arbeitsrechtl. Vorschriften. Geregelt war die Gewährung der Freizügigkeit der Arbeitnehmer (Art. 48 EWG-Vertrag, jetzt Art. 39 EG-Vertrag), die sozialversicherungsrechtlich durch die VO (EWG) Nr. 1408/71 vom 14. 6. 1971 abgesichert worden ist. Im EWG-Vertrag war auch schon der Grundsatz der Lohngleichheit von Frauen und Männern enthalten (Art. 119 EWG-Vertrag, jetzt Art. 141 EG-Vertrag). In den Vertrag über die Europ. Union (Maastrichter Vertrag vom 7. 2. 1992) wurden keine materiellen arbeitsrechtl. Regelungen aufgenommen. Eine umfassende Kompetenz auf dem Gebiet des Arbeits- und Sozialrechts ist der EG durch das Abkommen der Mitgl.-Staaten der Europ. Gemeinschaft mit Ausnahme des Vereinigten Königreichs Großbritannien und Nordirland über die Sozialpolitik vom 7. 2. 1992 zugewachsen. Das Abkommen wurde mit dem Beitritt von Großbritannien und Nordirland in den Vertrag von Amsterdam vom 2. 10. 1997 aufgenommen.

Zu den Aufgaben der Gemeinschaft gehört es, ein hohes Beschäftigungsniveau und ein hohes Maß an sozialem Schutz sowie die Gleichstellung von Männern und Frauen zu erreichen (Art. 2 EG-Vertrag). Nach Art. 136 EG-Vertrag sollen innerhalb der Gemeinschaft die Förderung der Beschäftigung und die Verbesserung der Lebens- und Arbeitsbedingungen erreicht werden. Zur Verwirklichung dieses Ziels unterstützt und ergänzt die Gemeinschaft die Mitgl.-Staaten auf folgenden Gebieten: Arbeitsumwelt (Schutz der Gesundheit), Arbeitsbedingungen, soziale Sicherheit und sozialer Schutz der Arbeitnehmer, Schutz der Arbeitnehmer bei Beendigung des Arbeitsvertrags, Unterrichtung und Anhörung der Arbeitnehmer, Vertretung und kollektive Wahrnehmung der Arbeitnehmer- und Arbeitgeberinteressen, Beschäftigungsbedingungen der Staatsangehörigen dritter Länder, berufl. Eingliederung der aus dem Arbeitsmarkt ausgegrenzten Personen, Chancengleichheit von Männern und Frauen auf dem Arbeitsmarkt und Gleichbehandlung am Arbeitsplatz, Bekämpfung der sozialen Ausgrenzung und Modernisierung der Systeme des sozialen Schutzes (Art. 137 Absatz 1 EG-Vertrag). Die Kompetenzzuweisung bezieht sich nicht auf das Arbeitsentgelt (Art. 137 Absatz 6 EG-Vertrag).

Die EG übt die Rechtsetzung durch VO, Richtlinien und Entscheidungen sowie durch Empfehlungen aus (Art. 249 EG-Vertrag). Arbeitsrechtlich bedeutsam sind v. a. einige Richtlinien (die von den Mitgl.-Staaten in nat. Recht umzusetzen sind) und VO (gelten unmittelbar in jedem Mitgl.-Staat). Grundsätzlich beschließt der Rat die Maßnahmen. Ein Mitgl.-Staat kann den Sozialpartnern auf deren gemeinsamen Antrag die Durchführung von angenommenen Richtlinien überlassen. Andererseits haben die Sozialpartner vor der Unterbreitung von Vorschlägen im Bereich der Sozialpolitik durch die Kommission der EG Anhörungsrechte (Art. 138 EG-Vertrag) und können das Verfahren zum sozialen Dialog nach Art. 139 EG-Vertrag in Gang setzen.

Zum Arbeits- und Sozialrecht sind zahlr. Richtlinien ergangen, die sich z. B. mit folgenden Themen beschäftigen: Abschluss und Inhalt des →Arbeitsvertrages (so genannte Nachweisrichtlinie), Gleichstellung der Geschlechter (→Gleichberechtigung), Bestandsschutz im Arbeitsverhältnis, kollektives Arbeitsrecht (→europäischer Betriebsrat), →Teilzeitarbeit und befristete Arbeitsverhältnisse, soziale Sicherheit (z. B. Mutterschutz), techn. Arbeitsschutz. Durch VO ist v. a. das Recht auf →Freizügigkeit der Arbeitnehmer konkretisiert worden (VO 1612/68 des Rates vom 15. 10. 1968, VO 1251/70 der Kommission vom 29. 6. 1970).

Europäisches Atomforum, →Forum Atomique Européen.

europäische Schulen, engl. **European Schools** [jʊərəˈpiːən ˈskuːlz], frz. **Écoles Européennes** [eˈkɔl ørɔpeˈɛn], öffentl. Bildungseinrichtungen, die der gemeinsamen Kontrolle der Reg. der Mitgl.-Staaten der EU unterliegen. Die erste e. S. entstand 1953 in Luxemburg; bis 2004 wurden elf weitere Schulen in sechs Ländern (Belgien, Dtl., Großbritannien, Italien, Niederlande und Spanien) gegründet. Die Arbeit der e. S. erfolgt auf der Grundlage einer gemeinsamen Satzung (letzte Änderung vom 21. 6. 1994). – Die e. S. vereinigen Kinder (und Lehrer) versch. Nationalitäten und Sprachen. Sie bieten diesen eine Ausbildung in ihrer Sprache und Kultur unter gleichzeitiger Förderung des Fremdsprachenlernens. Der Unterricht an einer e. S. umfasst eine fünfjährige Primarstufe und eine siebenjährige Sekundarstufe, die zum europ. Abitur führt. Das Abiturzeugnis wird in allen Ländern der EG sowie in einer Reihe anderer Länder anerkannt.

europäisches Gleichgewicht, Gleichgewicht der europäischen Mächte, seit dem 16. Jh. der polit. Grundsatz eines Gleichgewichts der Kräfte unter den europ. Mächten (→Europäisches Konzert). Danach sollte kein Staat so viel Macht erlangen dürfen, dass ihm nicht alle übrigen zus. das Gegengewicht halten könnten. Wurde bes. von England zur Abwehr der Vormachtstellung einer einzelnen Macht auf dem europ. Festland benutzt, so gegen LUDWIG XIV. und NAPOLEON I. Im Ergebnis des Ersten Weltkriegs, in dem sich die Mittelmächte und die Entente gegenüberstanden, wurde das e. G. stark erschüttert; nach dem Zweiten Weltkrieg bildete sich ein Gleichgewicht zw. den von den USA und der UdSSR geführten Machtblöcken heraus, die Europa politisch, militärisch und wirtschaftlich teilten. Mit Beendigung des Ost-West-Konflikts trat das Streben nach →europäischer Integration bei schrittweiser Einbindung der mittel- und osteurop. Staaten in den Vordergrund.

Europäisches Hochschulinstitut, ital. **Istituto Universitario di Studi E|uropei,** 1972 von den Mitgl.-Staaten der EG gegründete, 1976 in Florenz (Sitz: Kloster San Domenico und Villa Schifanoia, Fiesole) eröffnete Hochschule (für Bewerber mit abgeschlossenem Studium) mit den Abteilungen Geschichts- und Kulturwiss., Wirtschafts-, Rechtswiss. sowie Politik und Sozialwiss.; die Bibliothek wurde (1982) durch das »Europaarchiv« der EG ergänzt. Das E. H., an dem Professoren aus versch. EG-Ländern lehren, dient der Forschung im Sinne des Gedankens der europ. Einigung (zwei- bis dreijähriges postgraduales Studium; Promotion).

Europäische Sicherheits- und Verteidigungspolitik, Abk. **ESVP,** die vom Europ. Rat im Dezember 1999 gebilligte Übertragung der Fähigkeiten der →Westeuropäischen Union zur militär. und zivilen Krisenbewältigung und Konfliktprävention auf die EU. Die ESVP wurde 2003 in den »Vertrag über eine Verfassung für Europa« mit der Absichtserklärung zu einer schrittweisen Verbesserung der militär. Fähigkeiten der Mitgl.-Staaten aufgenommen. Durch sie soll die EU in die Lage versetzt werden, autonom Beschlüsse zu fassen und in den Fällen, in denen die NATO als Ganzes nicht beteiligt ist, jedoch in enger Konsultation und Kooperation mit der NATO, als Reaktion auf internat. Krisen EU-geführte militär. Operationen im Einklang mit den Grundsätzen der UN-Charta einzuleiten und durchzuführen. Die Schaffung einer die nationalen Streitkräfte der Mitgl.-Staaten ersetzende europ. Armee ist damit jedoch nicht vorgesehen. Zur Koordinierung der militär. Aktivitäten wurde im Februar 2000 die Errichtung eines Polit. und Sicherheitspolit. Komitees (PSK), eines Militärausschusses und eines Militärstabes beschlossen; die entsprechenden Institutionen nahmen im Januar 2001 ihre Arbeit auf. Im militär. Bereich ist die Schaffung eines Amtes zur Entwicklung militär. Fähigkeiten und im zivilen Bereich die Bildung eines Ausschusses zur Koordinierung des zivilen Krisenmanagements geplant. – Außerdem begann sukzessive die Bildung einer schnellen Eingreiftruppe für Kriseneinsätze (geplante Stärke: bis zu 60 000 Mann), deren erste Einheiten 2003 einsatzbereit waren. Im Rahmen dieser Eingreiftruppe begann im Herbst 2004 die Aufstellung von 13 schnell verlegbaren Kampfgruppen (Battle Groups) mit einer Stärke von bis zu je 1 500 Mann, die innerhalb kürzester Zeit (etwa 5–10 Tage) für humanitäre Hilfe, Rettungseinsätze, friedenserhaltende Maßnahmen sowie für Kampfeinsätze zur Krisenbewältigung einschließlich der Herbeiführung des Friedens außerhalb des EU-Gebietes zur Verfügung stehen (Einsatzdauer bis zu vier Monate) und durch Polizeitruppen verstärkt werden. Die volle Einsatzbereitschaft der auch als Krisenreaktionskräfte bezeichneten Battle Groups soll 2007 erreicht sein. Die Kampfgruppen werden aktiv u. a. auf Bitten der Vereinten Nationen und nach einstimmigem Beschluss aller EU-Mitgliedsstaaten.

Die EU und die NATO unterzeichneten im März 2003 einen Vertrag über ihre Zusammenarbeit, der u. a. die mögl. Nutzung von NATO-Kommando- und NATO-Planungsstrukturen bei militär. Einsätzen der EU regelt. Außerdem verabredeten Belgien, Dtl., Frankreich und Luxemburg im April 2003 ein engeres Zusammenwirken innerhalb der ESVP. Diese Initiative, die allen EU-Staaten offen steht, sieht u. a. vor, einen von der NATO unabhängigen Führungs- und Planungsstab aufzubauen.

Im Dezember 2003 billigten die EU-Staats- und Reg.-Chefs eine Sicherheitsstrategie, um den in dem Dokument benannten Bedrohungen durch den internat. Terrorismus, die Verbreitung von Massenvernichtungswaffen, durch regionale und innerstaatl. Konflikte sowie durch die organisierte Kriminalität wirkungsvoll begegnen zu können. Im Einklang mit den Grundsätzen der Vereinten Nationen und durch möglichst präventive Maßnahmen auf polit., wirtschaftl. und militär. Gebiet sowie durch die Stärkung internat. Organisationen soll damit Frieden und Sicherheit gewährleistet werden.

Den ersten Militäreinsatz übernahm die EU im Rahmen der ESVP von März bis Dezember 2003 mit der Führung der »Operation Concordia« (rd. 350 Soldaten aus 27 Staaten) zur militär. Sicherheitspräsenz in Makedonien. Dieser Einsatz wurde abgelöst durch die zivile EU-Polizeimission »Proxima« (etwa 180 Mann), die den Aufbau makedon. Polizeikräfte unterstützen soll. Bereits seit Januar 2003 waren in Bosnien und Herzegowina EU-Polizeieinheiten im Einsatz. Nach einem entsprechenden UN-Mandat setzte die EU im Sommer 2003 erstmals außerhalb Europas und ohne Rückgriff auf NATO-Strukturen eine etwa 1 500 Mann starke Eingreiftruppe unter dem Kommando Frankreichs zur Konfliktentschärfung in der Demokrat. Rep. Kongo ein (»Operation Artémis«). Der bislang (2005) größte militär. Einsatz im Rahmen der ESVP begann am 2. 12. 2004 mit der Übernahme des Kommandos der bis zu diesem Zeitpunkt von der NATO geführten SFOR-Mission in Bosnien und Herzegowina. Die »Operation Althea« der →EUFOR umfasst etwa 7 000 Soldaten aus über 30, nicht nur europ. Staaten.

Europäisches Insolvenzrecht, →Insolvenzrecht.

Europäisches Institut für Telekommunikationsstandards, Abk. **ETSI** [für engl. European Telecommunication Standards Institute], 1988 in Sophia-Antipolis (bei Nizza) gegründetes Standardisierungsinstitut, das einheitl. Telekommunikationsstandards in Europa und darüber hinaus erstellt und sich zu einem international wirkenden Normierungsgremium entwickelt hat. Es hat ca. 690 Mitgl. aus 55 Ländern (2004). Im ETSI arbeiten Organisationen, Forschungseinrichtungen, Hersteller, Netzbetreiber und Anwender der Telekommunikation zusammen. Sein Zuständigkeitsbereich umfasst die gesamte Telekommunikationstechnik sowie angrenzende Bereiche der Informations- und Rundfunktechnik wie auch Funkdienste und -netze. – Bei ETSI wurden z. B. der GSM-Standard sowie die Spezifikation für ISDN, DECT und Normen für das digitale Fernsehen erarbeitet.

Europäisches Kartellrecht, Vorschriften des europ. Rechts zur Verhinderung von gegen die Freiheit und Funktionsfähigkeit des Wettbewerbs gerichteten und von Unternehmen ausgehenden Selbstbeschränkungen, Behinderungen und konzentrationsfördernden Zusammenschlüssen. In Abgrenzung zum nat. Kartellrecht erfordert die Anwendbarkeit des Europ. Kartellrechts, dass die genannten Verhaltensweisen den Handel zw. den Mitgliedsstaaten der EG beeinträchtigen. Wettbewerbsschützende Regelungen dieser Art enthielt zunächst der bis 2002 geltende Vertrag zur Errichtung der Europ. Gemeinschaft für Kohle und Stahl von 1951 (EGKS, so genannter Montanvertrag). Verboten wurden wettbewerbsbeschränkende Vereinbarungen und der Missbrauch von Marktmacht durch Behinderung von Konkurrenten, Abnehmern oder Zulieferern. Generalisiert wurde dieses auf den Kohle- und Stahlsektor beschränkte System durch die für alle Unternehmen geltenden Wettbewerbsregeln der Art. 85, 86 EWG-Vertrag von 1957. Heute sind beide Regelungswerke in den Art. 81, 82 EG-Vertrag aufgegangen.

Art. 81 Abs. 1 EG-Vertrag enthält ein Verbot von wettbewerbsbeschränkenden Vereinbarungen, Beschlüssen und →abgestimmten Verhaltensweisen, die geeignet sind, den zwischenstaatl. Handel zu beeinträchtigen, und die eine Verhinderung, Einschränkung oder Verfälschung des Wettbewerbs innerhalb des Gemeinsamen Marktes bezwecken oder bewirken. Verhaltensweisen, welche die näher in Art. 81 Abs. 3 EG-Vertrag umschriebenen positiven Effekte für den Wettbewerb mit sich bringen (Verbesserung der Warenerzeugung oder -verteilung, Verbesserung des techn. oder wirtschaftl. Forschritts unter angemessener Beteiligung der Verbraucher an den entstehenden Gewinnen), dürfen grundsätzlich (seit 2003) auch ohne vorhergehende Freistellungsentscheidung der Europ. Kommission praktiziert werden. Bestimmte Gruppen von Vereinbarungen sind in Gruppenfreistellungsverordnungen (GVO, →Gruppenfreistellung) freigestellt. Auch sie dürfen ohne vorhergehende Entscheidung der Europ. Kommission praktiziert werden, wenn die Voraussetzungen der jeweiligen GVO erfüllt sind. Ob dies der Fall ist, darf von den Unternehmen selbst beurteilt werden, doch tragen diese dabei das Risiko einer etwaigen Fehleinschätzung. Art. 82 EG-Vertrag verbietet die missbräuchl. Ausnutzung einer beherrschenden Stellung auf dem Gemeinsamen Markt oder einem wesentl. Teilmarkt der Gemeinschaft durch ein oder mehrere Unternehmen (→marktbeherrschendes Unternehmen).

Der Durchführung der Wettbewerbsregeln, die in Art. 81, 82 EG-Vertrag genannt sind, dient seit dem 1. 5. 2004 die Verordnung (EG) Nr. 1/2003 vom 16. 12. 2002, welche die bisherige Verordnung (EG) Nr. 17 aus dem Jahr 1962 ersetzte. Europ. Wettbewerbsbehörde ist die Kommission der EG, intern zuständig die Generaldirektion Wettbewerb. Sie kann die beteiligten Unternehmen durch Entscheidung verpflichten, festgestellte Zuwiderhandlungen abzustellen. Bei vorsätzl. und fahrlässigen Verstößen gegen Art. 81, 82 EG-Vertrag können Geldbußen auferlegt werden. Seit 1. 5. 2004 können auch die nat. Wettbewerbsbehörden (in Dtl. das Bundeskartellamt) Verstöße gegen europ. Kartellrecht im Rahmen ihrer territorialen Zuständigkeit ahnden. Betroffene Unternehmen können bei Verstößen Unterlassungs- und Schadensersatzansprüche nach nat. Recht geltend machen.

Als dritte Säule des Antiwettbewerbsbeschränkungs- oder Kartellrechts enthält das EG-Recht Vorschriften über eine präventive →Fusionskontrolle. Hierdurch sollen wettbewerbspolitisch unerwünschte Zusammenschlüsse untersagt und so der Prozess der wirtschaftl. Konzentration begrenzt werden. Rechtsgrundlage ist seit 1. 5. 2004 die Verordnung (EG) Nr. 139/2004 vom 20. 1. 2004 (EG-Fusionskontroll-VO), welche die Vorgängerregelung aus dem Jahr 1989 ersetzte. Zuständig ist die EG-Kommission. Systematik und Regelungsinhalt des nat. dt. Kartellrechts sind mit Wirkung vom 1. 7. 2005 sehr stark dem europ. Kartellrecht angepasst worden.

EG-Wettbewerbsrecht. Komm., hg. v. U. Immenga u. E.-J. Mestmäcker, 3 Bde. (1997); Komm. zum E. K., hg. v. H. Schröter (2003); E.-J. Mestmäcker u. H. Schweitzer: Europ. Wettbewerbsrecht (²2004); J. Schwarze u. A. Weitbrecht: Grundzüge des europ. Kartellverfahrensrechts (2004).

Europäisches Komitee für Normung, →Normung.

Europäisches Konzert [frz. concert »Einklang«], **Konzert der europäischen Mächte,** diplomat. Bez. für die Einheit und das Zusammenwirken der europ. Staatenwelt, bes. der Großmächte, seit dem 16./17. Jh. Im 18. Jh. waren es zunächst Österreich, Frankreich, Großbritannien, die Niederlande und Spanien, später anstelle der beiden Letzteren Preußen und Russland, die – meist nach dem Grundsatz des europ. Gleichgewichts – über Krieg und Frieden in Europa entschieden. Nach 1814/15 war es das Ziel dieser Großmächte (Frankreich zählte erst nach dem Aachener Kongress 1818 wieder zum E. K.), die Ordnung des Wiener Kongresses gegen die aufkommenden nat. und liberalen Bestrebungen zu verteidigen. Im Pariser Frieden vom 30. 3. 1856 (Ende des Krimkriegs) wurde der Begriff zum letzten Mal offiziell gebraucht (Aufnahme der Türkei in das E. K.).

Hb. der Gesch. der internat. Beziehungen, hg. v. H. Duchhardt, Band 6: W. Baumgart: E. K. u. nat. Bewegung (1999).

Europäisches Markenamt, im Zuge der Schaffung einer europ. →Gemeinschaftsmarke errichtete zentrale Behörde für die Europ. Gemeinschaften (EG), die für die Anmeldung und Registrierung einer europ. Gemeinschaftsmarke zuständig ist. Das E. M., offizielle Bez. »Harmonisierungsamt für den Binnenmarkt (Marken, Muster und Modelle)«, befindet sich in Alicante und hat am 1. 1. 1996 seine Arbeit aufgenommen. (→Europäisches Markenrecht)

Europäisches Markenrecht, Rechtsgebiet, dessen Grundlage die am 21. 12. 1988 vom Rat der Europ. Gemeinschaften (EG) verabschiedete Markenrichtlinie ist, die zum Ziel hat, das nat. Markenrecht der Mitgl.-Staaten der EG zu harmonisieren, um Behinderungen des freien Waren- und Dienstleistungsverkehrs innerhalb der EG durch unterschiedl. Markenrecht zu begegnen. Zwischenzeitlich wurden die nat. Markengesetze den Bestimmungen der Richtlinie angepasst, so auch in Dtl. durch das seit 1995 gültige Marken-Ges. (→Marke), welches das frühere Warenzeichen-Ges. ersetzt hat. Im März 1994 ist die VO der EG über die →Gemeinschaftsmarke in Kraft getreten, durch die für die Mitgl.-Staaten eine einheitl. supranat. Marke für Waren und Dienstleistungen geschaffen wurde, die zentral beim Europ. Markenamt angemeldet sowie registriert und verwaltet wird. Hierdurch wurde ein Markensystem geschaffen, das es ermöglicht, in einem einzigen Verfahren eine Gemeinschaftsmarke zu erwerben, die einen einheitl. Schutz genießt und im gesamten Gebiet der EG wirksam ist. Daneben bleibt es bei der Möglichkeit einer nat. Registrierung, die zur Erteilung eines territorial auf das Gebiet des Registerstaates begrenzten Schutzrechts führt.

Europäisches Mittelmeer, das →Mittelmeer.

Europäisches Nordmeer, Teil des nördl. Atlantischen Ozeans, zw. Grönland im W und Norwegen im O, im S durch die Linie Grönland–Nordisland–Färöer–Schottland–Norwegen entlang der Grönland-Island-Schwelle und dem Island-Färöer-Rücken begrenzt, im N durch eine Linie vom Nordkap über die Bäreninsel nach Spitzbergen und weiter nach NO-Grönland. Eine Schwelle von Spitzbergen über Jan Mayen nach Island teilt das E. N. in **Grönlandsee** und **Norwegensee.** Das E. N. ist 2,75 Mio. km² groß; größte Tiefe ist die Molloytiefe mit 5 570 m u. M.

Der Nordatlant. Strom bringt in das E. N. relativ warmes Wasser, das sich als Norweg. Strom und Westspitzbergenstrom an der O-Seite des E. N.s ausbreitet und die norweg. Küste das ganze Jahr hindurch eisfrei hält. Demgegenüber bringt der Ostgrönlandstrom sehr kaltes Wasser an die W-Seite des Meeres. Im zentralen E. N. (nördlich von Jan Mayen) entsteht im Winter durch Abkühlung das spezifisch schwerste Wasser (Temperatur: −0,8 bis −1,4 °C, Salzgehalt 34,92‰) des gesamten Weltmeeres.

Europäisches Operationszentrum für Weltraumforschung, →ESA.

Europäische Sozialcharta [-k-], im Rahmen des Europarates geschlossener völkerrechtl. Vertrag über soziale Rechte; am 18. 10. 1961 unterzeichnet; für die Bundesrepublik Deutschland (nach Ratifizierung am 19. 9. 1964) am 26. 2. 1965 in Kraft getreten. Die E. S. ergänzt die Europ. Menschenrechtskonvention. Von den in der E. S. genannten 19 sozialen Rechten sind sieben »Kernrechte« (von denen jeder Mitgl.-Staat mindestens fünf als für sich bindend anzusehen hat): das Recht auf Arbeit, das Vereinigungsrecht, das Recht auf Kollektivverhandlungen, das Recht auf soziale Sicherheit, das Recht auf Fürsorge, das Recht der Familie auf sozialen, gesetzl. und wirtschaftl. Schutz, das Recht der Wanderarbeitnehmer und ihrer Familien auf Schutz und Beistand. Die Vertragspartner der E. S. müssen außer den Kernrechten weitere Artikel bzw. Absätze als für sich bindend auswählen, sodass die Gesamtzahl der sie bindenden sozialen Rechte mindestens 10 Artikel bzw. 45 nummerierte Absätze beträgt. Die Einhaltung wird von einem Sachverständigenausschuss des Europarates kontrolliert. Neben Dtl. gilt die E. S. von 1961 (z. T. mit Vorbehalten) für Dänemark, Griechenland, Großbritannien, Island, Kroatien, Lettland, Luxemburg, Malta, die Niederlande, Österreich, Polen, die Slowak. Rep., Spanien, die Tschech. Rep., die Türkei und Ungarn.

Die **Revidierte E. S.** (in Kraft seit 1. 7. 1999) integriert die Rechte des 1. Zusatzprotokolls von 1981 (u. a. Recht auf Chancengleichheit und Gleichbehandlung in Beschäftigung und Beruf, Recht auf Information, Konsultation sowie auf Beteiligung der Arbeitnehmer oder ihrer Vertreter) und fügt wichtige neue Rechte hinzu (z. B. das Recht auf Schutz gegen Armut und soziale Ausgrenzung). Die revidierte Fassung der E. S. gilt für Albanien, Andorra, Armenien, Aserbaidschan, Belgien, Bulgarien, Estland, Finnland, Frankreich, Irland, Italien, Litauen, Moldawien, Norwegen, Portugal, Rumänien, Schweden, Slowenien und Zypern.

Europäisches Parlament, →Europäische Gemeinschaften.

Europäisches Patentamt, Abk. **EPA,** als Organ der Europ. Patentorganisation errichtete Behörde zur Erteilung europ. Patente nach dem Europ. Patentübereinkommen (→Europäisches Patentrecht). Das EPA wurde am 1. 11. 1977 eröffnet und nimmt seit 1. 6. 1978 europ. Patentanmeldungen entgegen; Sitz ist München (Zweigstelle in Den Haag mit weiteren Dienststellen in Berlin und Wien). Das EPA wird von einem Präs. geleitet. Es ist in fünf Generaldirektionen gegliedert, denen jeweils ein Vize-Präs. vorsteht. Amtssprachen sind Deutsch, Englisch und Französisch. Entscheidungen des EPA unterliegen der Beschwerde, über die eine Beschwerdekammer befindet. Entscheidungen des EPA sind supranat. Behörde haben unmittelbare Rechtswirkungen in den Vertragsstaaten, für die das europ. Patent angemeldet wurde. Das EPA ist auch zuständige Behörde für die Entgegennahme internat. Anmeldungen sowie die Recherche und vorläufige Prüfung im Rahmen des →Patentzusammenarbeitsvertrags. Die Bedeutung des EPA zeigt sich

Euro Europäisches Patentrecht

Europäisches Patentamt: Gebäude des Europäischen Patentamts in München

darin, dass 2002 über 165 000 europ. und internat. Anmeldungen eingereicht wurden; davon stammen etwa 53 000 aus dem außereurop. Raum, insgesamt wurden über 1 Mio. Anmeldungen veröffentlicht.

Europäisches Patentrecht, im Zuge der zunehmenden europ. Wirtschaftsverflechtung, bes. nach Gründung der EWG, aber unabhängig von dieser geschaffenes übernat. Patentrechtssystem zur Erteilung und Verwaltung europ. Patente. Rechtsgrundlagen des E. P. sind im Wesentlichen das **Europ. Patentübereinkommen** (Abk. **EPÜ**) von 1973 und die Vereinbarung über Gemeinschaftspatente (Abk. VGP) von 1989. Das europ. Patent wird aufgrund einer einzigen europ. Patentanmeldung durch das →Europäische Patentamt erteilt. Dadurch wird der Mehraufwand von mehreren parallelen Patenterteilungsverfahren in den einzelnen Vertragsstaaten entbehrlich, wenn um Patentschutz in mehreren Staaten nachgesucht wird. Das E. P. lässt die nat. Patentrechtsordnungen unberührt. Die Vertragsstaaten des EPÜ haben jedoch ihr nat. Patentrecht dem E. P. weitgehend angeglichen.

Das für sieben Unterzeichnerstaaten nach Beendigung der nat. Ratifizierungsverfahren am 7. 10. 1977 in Kraft getretene EPÜ ist nach Beitritt weiterer Staaten inzwischen in folgenden europ. Ländern wirksam: Belgien, Bulgarien, Dänemark, Dtl., Estland, Finnland, Frankreich, Griechenland, Großbritannien und Nordirland, Irland, Italien, Liechtenstein, Luxemburg, Monaco, Niederlande, Österreich, Portugal, Rumänien, Schweden, Schweiz, Slowak. Rep., Slowenien, Spanien, Tschech. Rep., Türkei, Ungarn, Zypern. Durch das EPÜ wurde ein den Vertragsstaaten gemeinsames Recht für die Erteilung von Erfindungspatenten geschaffen. Die nach diesem Übereinkommen erteilten Patente werden als **europ. Patente** bezeichnet. Die Aufgabe der Patenterteilung übt das Europ. Patentamt als Exekutivorgan aus.

Das EPÜ regelt das Erteilungsverfahren von der Anmeldung eines europ. Patents über Recherche und Prüfung bis zur Erteilung oder Zurückweisung sowie einem eventuell sich anschließenden Einspruchs- und Beschwerdeverfahren. In der Anmeldung, die in einer der drei Amtssprachen (Deutsch, Englisch, Französisch) einzureichen ist, bestimmt der Anmelder die Vertragsstaaten, in denen das europ. Patent gelten soll. Dieses hat in den benannten Staaten die Wirkung eines erteilten nat. Patents. Wegen der weit gehenden Harmonisierung des nat. Rechts der Vertragsstaaten sind die Rechtswirkungen des europ. Patents in den einzelnen Staaten dennoch im Wesentlichen gleich. Europ. Patente können auf Antrag auf Staaten erstreckt werden, die nicht dem EPÜ angehören, soweit entsprechende Erstreckungsabkommen geschlossen wurden; bisher gilt das für Lettland, Litauen, Albanien, Makedonien.

Das **Gemeinschaftspatentübereinkommen** (Abk. **GPÜ**) bezieht sich im Interesse der weiteren wirtschaftl. Integration ausschließlich auf die Mitgl.-Staaten der EU. Es geht über das EPÜ hinaus, indem es ein für die Europ. Gemeinschaft einheitl. und autonomes Gemeinschaftspatent ähnlich der Gemeinschaftsmarke (→Europäisches Markenrecht) schafft, das nur mit Wirkung für alle Vertragsstaaten erteilt werden kann. Das GPÜ ist noch nicht in Kraft getreten, da es hierzu der Ratifikation aller Mitgl.-Staaten der EU bedarf. Nachdem die Verhandlungen hierüber wegen der unklaren Sprachenfrage fast gescheitert wären, hat die Europ. Kommission seit 1997 einen neuen Anlauf genommen, der 2000 zum Vorschlag einer Verordnung führte. Die Verabschiedung steht derzeit (Mitte 2005) noch aus.

Europ. Patentübereinkommen. Münchener Gemeinschaftskomm., hg. v. F.-K. BEIER u. a., auf zahlr. Bde. ber. (1984 ff.); Europ. Patentübereinkommen. Komm., hg. v. M. SINGER u. D. STAUDER (^{2}2000).

Europäisches System der Zentralbanken, Abk. **ESZB,** →Europäische Wirtschafts- und Währungsunion, →Europäische Zentralbank.

Europäisches System Volkswirtschaftlicher Gesamtrechnungen, Abk. **ESVG,** 1995 verabschiedetes (daher auch ESVG 1995), auf dem →System of National Accounts der UN (SNA 1993) basierendes System der volkswirtschaftl. Gesamtrechnungen der EU-Staaten. Die nat. Systeme der Mitgl.-Staaten werden seit 1999 (mit längerer Übergangszeit) auf das ESVG umgestellt. Für die dt. →volkswirtschaftliche Gesamtrechnung hat sich daraus eine Vielzahl z. T. gravierender konzeptioneller und method. Änderungen ergeben. So wird die Wirtschaft nunmehr in eine größere Zahl von Hauptsektoren untergliedert, die anders als im bisherigen System abgegrenzt sind. Da sich hierdurch lediglich eine andere sektorale Zuordnung der Produktionsleistung ergibt, hat diese Neuregelung zwar keinen Einfluss auf die Höhe der ausgewiesenen Inlandsprodukt- oder Nationaleinkommensgrößen, jedoch sind die nach ESVG berechneten und daraus abgeleiteten Größen aufgrund weiterer Modifikationen nicht mehr unmittelbar mit den vorhergehenden Werten vergleichbar. Eine Rückrechnung nach der neuen Systematik wird grundsätzlich nur bis 1991 vorgenommen. Für die wichtigsten gesamtwirtschaftl. Größen weist das Statist. Bundesamt lange Reihen ab 1970 aus. Zu den wichtigsten terminolog. Neuerungen gehört die Ablösung des Begriffs Sozialprodukt durch Nationaleinkommen.

H.-P. NISSEN: Das E. S. V. G. (^{5}2003).

Europäische Strukturfonds [-fõs], Oberbegriff für versch. Programme zur Abschwächung des wirtschaftl. und sozialen Gefälles zw. höher und geringer entwickelten Regionen bzw. zw. den Lebensbedingungen unterschiedl. Bevölkerungsgruppen innerhalb der EU. Zu den E. S. zählen der →Europäische Regionalfonds (EFRE), der →Europäische Sozialfonds (ESF), der →Europäische Ausrichtungs- und Garantiefonds für die Landwirtschaft, Abteilung Ausrichtung, und seit 1993 das Finanzinstrument für die Ausrichtung der Fischerei (FIAF). Eins der wichtigsten Prinzipien der Strukturfondspolitik ist die Partnerschaft, d. h., die Maßnahmen der Union sind nur als Beitrag bzw. als Ergänzung zu strukturpolit. Aktivitäten auf regionaler und nat. Ebene gedacht und setzen eine enge Zusammenarbeit zw. der Europ. Kommission und dem betreffenden Mitgl.-Land voraus.

1993 erfolgte die Errichtung eines →Kohäsionsfonds, der den am wenigsten entwickelten Mitgl.-Staaten den Übergang zur Wirtschafts- und Währungsunion erleichtern und es ihnen ermöglichen soll, ihre Infrastruktur auszubauen und den Umweltschutz zu verbessern. Für den Zeitraum 2000–2006 fließen den E. S. 195 Mrd. Euro zu, das entspricht rd. einem Drittel des Gesamthaushalts der EG.

europäische Studi|enzentren, Bildungsstätten mit der Aufgabenstellung, im Sinne der europ. Einigung polit. und kulturelle Bildungsarbeit zu leisten und internat. Kontakte zu pflegen. Zu ihnen zählen u. a. die Europ. Akademien, Europa-Häuser, Europa-Zentren sowie das Europa-Institut der Univ. des Saarlands.

Europäische Südsternwarte, engl. **European Southern Observatory** [jʊərəˈpiːən ˈsʌðən əbˈzɜːvətrɪ], Abk. **ESO** [iːesˈəʊ], 1962 gegründete europ. Organisation, getragen von elf Mitgliedsländern (Belgien, Dänemark, Dtl., Finnland, Frankreich, Großbritannien, Italien, Niederlande, Portugal, Schweden, Schweiz), Hauptsitz: Garching b. München. Ihr Ziel ist es, den europ. Astronomen die Beobachtung des Südhimmels mit leistungsfähigen Instrumenten dauerhaft zugänglich zu machen. Dazu unterhält die ESO drei Beobachtungsstandorte in der Atacama-Wüste in N-Chile.

Auf dem Cerro La Silla in den Anden, 60 km südöstlich von La Serena in 2 400 m ü. M. betreibt die ESO eine Sternwarte (**La-Silla-Observatorium**) mit einem 2,2-m- und 3,6-m-Teleskop sowie dem →New Technology Telescope für Beobachtungen im sichtbaren Spektralbereich, sowie gemeinsam mit Schweden ein 15-m-Radioteleskop (**Swedish-ESO Submillimetre Telescope,** Abk. **SEST**) für den Submillimeterwellenbereich. Mit dem zurzeit stillgelegten Schmidt-Teleskop von 1 m freier Öffnung wurde eine Durchmusterung des Südhimmels im roten Licht durchgeführt (parallel zu einer entsprechenden Durchmusterung im blauen Licht am Siding-Spring-Observatorium in Australien; →Sternkarten). Außerdem sind mehrere nationale Teleskope in Betrieb. Das La-Silla-Observatorium liegt in einer Region, in der mit über 300 wolkenlosen Nächten pro Jahr und großer Lufttransparenz hervorragende Beobachtungsbedingungen herrschen.

Auf dem Cerro Paranal 100 km südlich von Antofagasta in 2 664 m ü. M. (**Paranal-Observatorium**) wurde das →Very Large Telescope errichtet. Es besteht aus vier 8,2-m-Teleskopen, die einzeln oder zus. als Interferometer benutzt werden können.

Gegenwärtig wird auf dem Llano de Chajnantor bei San Pedro de Atacama in 5 000 m ü. M. unter dt. und schwed. Beteiligung ein 12-m-Submillimeterteleskop (**Atacama Pathfinder Experiment,** kurz **APEX**) fertig gestellt und es entsteht in internat. Zusammenarbeit ein großes Inferometer für den Submillimeterbereich, das **Atacama Large Millimeter Array** (→ALMA).

Europäisches Währungsabkommen, Abk. **EWA,** Abkommen zw. den Mitgl.-Staaten der OEEC (seit 1961 OECD), das am 27. 12. 1958 die →Europäische Zahlungsunion ablöste und bis zum 31. 12. 1972 in Kraft war. Neben Bestimmungen über ein multilaterales System des Zahlungsausgleichs (Clearing) und der gegenseitigen Wechselkursgarantie enthielt das EWA einen Fonds zur Bereitstellung kurzfristiger Kredite bei vorübergehenden Zahlungsbilanzschwierigkeiten von Mitgl.-Ländern. Das EWA wurde 1973 durch ein (ähnl. Ziele verfolgendes) Währungsgarantieabkommen der →Organisation für wirtschaftliche Zusammenarbeit und Entwicklung abgelöst.

Europäisches Währungsinstitut, Abk. **EWI,** engl. **European Monetary Institute** [jʊərəˈpiːən ˈmʌnɪtərɪ ˈɪnstɪtjuːt], Abk. **EMI** [iːemˈaɪ], im Rahmen der Verwirklichung der Europ. Wirtschafts- und Währungsunion vom 1. 1. 1994 bis 31. 5. 1998 bestehender Vorgänger der →Europäischen Zentralbank (EZB). Das EWI, eine Institution mit eigener Rechtspersön-

Europäische Südsternwarte: Das 1987 in Betrieb genommene Submillimeterwellen-Radioteleskop auf dem Berg La Silla hat einen Spiegeldurchmesser von 15 m.

Europäische Südsternwarte: Blick auf die Anlage der Sternwarte mit 15 Teleskopen auf dem chilenischen Berg La Silla

lichkeit, hatte die Aufgabe, die Zusammenarbeit zw. den nat. Zentralbanken der EU-Staaten zu stärken und die nat. Geldpolitiken mit dem Ziel zu koordinieren, in Europa die wirtschaftl. Konvergenz zu erhöhen und die Preisniveaustabilität sicherzustellen, wobei die Zuständigkeit und die Verantwortlichkeit für die Geld- und Währungspolitik bis zum Übergang in die Endstufe der Europ. Wirtschafts- und Währungsunion bei den jeweiligen nat. Währungsbehörden verblieb. Darüber hinaus hatte das EWI die Aufgabe, alle Vorarbeiten zu leisten, die für die Errichtung des Europ. Systems der Zentralbanken (ESZB) und der EZB, die Durchführung einer einheitl. Geldpolitik sowie für die Schaffung einer gemeinsamen Währung erforderlich waren (z. B. Aufbau einer leistungsfähigen Zahlungsverkehrsinfrastruktur, Vorbereitung der Euro-Banknoten und der geldpolit. Instrumente der EZB sowie Überwachung des Europ. Währungssystems). Das EWI ersetzte den Ausschuss der EG-Zentralbankpräsidenten (Gouv.-Ausschuss) und übernahm die Aufgaben des Europ. Fonds für währungspolit. Zusammenarbeit. Entscheidungsgremium war der EWI-Rat, der sich aus einem Präs. und den Präs. der nat. Notenbanken der EG-Staaten zusammensetzte. An den Sitzungen des EWI-Rates konnten der Präs. des Rates der EU sowie ein Mitgl. der Europ. Kommission ohne Stimmrecht teilnehmen.

Europäisches Währungssystem, Abk. **EWS**, engl. **European Monetary System** [jʊərə'piːən 'mʌnɪtəri 'sɪstəm], Abk. **EMS** [iːemˈes], frz. **Système Monétaire Européen** [sisˈtɛːm mɔneˈtɛr ørɔpeˈɛ̃], Abk. **SME**, am 13. 3. 1979 durch Beschluss des Europ. Rates errichtetes System für eine engere währungspolit. Zusammenarbeit innerhalb der EG. Das EWS löste den →Europäischen Wechselkursverbund ab. Dem EWS gehörten die Nationalbanken aller Mitgl.-Länder der EU an. Allerdings nahmen (1998) folgende Staaten nicht am Wechselkurs- bzw. Interventionsmechanismus teil: Großbritannien (ab 17. 9. 1992; verzichtete auch vom 13. 3. 1979 bis zum 7. 10. 1990 auf eine Teilnahme) sowie Schweden (seit Beitritt zur EU am 1. 1. 1995). Spanien trat dem Wechselkursmechanismus am 19. 6. 1989 bei, Portugal am 6. 4. 1992, Österreich am 9. 1. 1995, Finnland am 14. 10. 1996, Italien (nach einer Unterbrechung vom 17. 9. 1992 bis 24. 11. 1996) erneut am 25. 11. 1996, Griechenland am 16. 3. 1998.

Ziele und Komponenten Das EWS sollte dazu beitragen, eine größere wirtschaftl. Stabilität, bes. bezogen auf Preisniveau und Wechselkurse (v. a. gegenüber dem US-Dollar), zu schaffen (»Stabilitätsgemeinschaft«), den Waren-, Dienstleistungs- und Kapitalverkehr zu erleichtern sowie über eine gemeinsame Währungspolitik zu einer gemeinsamen Wirtschafts- und Finanzpolitik zu gelangen (Ausbau der EG zu einer Wirtschafts- und Währungsunion). Weltwirtschaftlich sollte mit dem EWS ein dritter »Währungsblock« neben US-Dollar und jap. Yen entstehen, um auch das internat. Währungs- und Wirtschaftssystem zu stabilisieren. Das EWS hatte drei Komponenten:

European Currency Unit (ECU): Diese künstl. Währungseinheit war die Bezugsgröße für die Wechselkurse im EWS, Grundlage für den Abweichungsindikator, Recheneinheit für Forderungen und Verbindlichkeiten im EWS sowie Reservemedium der Zentralbanken der EG-Staaten (→Europäische Währungseinheit).

Wechselkurs und Interventionsmechanismus: Die Teilnehmerländer legten Leitkurse, ausgedrückt in ECU, fest. Aus den Leitkursen der einzelnen Währungen wurden die bilateralen Leitkurse (»Kreuzparitäten«, d. h. Wert einer Währung in Einheiten einer anderen Währung) ermittelt. Um die bilateralen Leitkurse wurden Bandbreiten (obere und untere Interventionspunkte) festgelegt. Die normalen Bandbreiten betrugen bis Ende Juli 1993 ±2,25 % (Ausnahmen zuletzt: Spanien, Portugal und Großbritannien ±6 %). Mit Wirkung vom 2. 8. 1993 wurden die Bandbreiten auf ±15 % ausgeweitet (mit Ausnahme des bilateralen Wechselkurses zw. DM und Holländ. Gulden).

Durch Interventionen der Notenbanken an den Devisenmärkten, d. h. durch An- oder Verkauf von Devisen, mussten die Teilnehmerländer sicherstellen, dass die tatsächl. Wechselkurse die Interventionspunkte nicht über- oder unterschreiten. Zu einem bestimmten Zeitpunkt konnte die schwächste EWS-Währung von der stärksten EWS-Währung um max. 15 % (seit August 1993, vorher im Normalfall um max. 2,25 %) abweichen. Jedoch betrug die max. Bandbreite im Zeitablauf 30 % (vorher 4,5 %), für den hypothet. Fall, dass die vorher stärkste Währung zur schwächsten und die vorher schwächste zur stärksten Währung wurde. Notwendig werdende Interventionen waren zw. den Notenbanken abzustimmen und in Teilnehmerwährungen vorzunehmen. Zu diesem Zweck räumten sich die beteiligten Zentralbanken in unbegrenzter Höhe sehr kurzfristige Kreditlinien in Landeswährung ein (sehr kurzfristige Finanzierung). Bei fortdauernden Spannungen im EWS konnten die Leitkurse im gegenseitigen Einvernehmen geändert werden (Realignment). Das ist zw. 1979 und 1998 zweiundzwanzigmal geschehen.

Der Abweichungsindikator sollte anzeigen, ob sich eine Währung deutlich anders entwickelt als die übrigen Währungen. Er gab die Abweichung des ECU-Tageskurses vom ECU-Leitkurs der jeweiligen Währung in Prozent der max. zulässigen Abweichung an. Wurde eine Abweichungsschwelle (75 % der max. Abweichung) überschritten, so wurden geeignete Maßnahmen ergriffen, z. B. Zinsänderungen oder Interventionen innerhalb der Bandbreite.

Europäischer Währungsfonds: In diesem urspr. geplanten, aber nie realisierten Fonds sollten die versch. Kreditmechanismen des EWS zusammengefasst, der Saldenausgleich innerhalb des EWS abgewickelt und ECU gegen Einzahlung von Währungsreserven oder in nat. Währung geschaffen werden. Tatsächlich wurden diese Aufgaben vom →Europäischen Fonds für währungspolitische Zusammenarbeit (EFWZ) wahrgenommen. Der EFWZ stellte gegen Hinterlegung von 20 % des jeweiligen Goldbestandes und 20 % der jeweiligen Dollarreserven der Zentralbanken für den Saldenausgleich eine Anfangsmenge an ECU bereit. Mit Wirkung vom 1. 1. 1994 wurde der EFWZ aufgelöst; seine Aufgaben wurden vom →Europäischen Währungsinstitut weitergeführt.

Währungspolitische Einordnung Das EWS beruhte auf der Einsicht, dass stabile und damit kalkulierbare Wechselkurse für die außenwirtschaftl. Beziehungen förderlich sind. Im Vergleich zu den massiven Wechselkursbewegungen etwa des US-Dollar in den 1980er-Jahren verlief die Wechselkursentwicklung im EWS weitaus ruhiger. Allerdings kam es auch innerhalb des EWS wiederholt zu Leitkursänderungen. Die wirtschaftl. Leistungskraft der EWS-Mitgl. war zu unterschiedlich, die Wirtschaftspolitik zu wenig abgestimmt, um dauerhaft feste Wechselkurse zu etablieren. Die mit der Einführung des EWS vielfach verbundene Befürchtung, es könnte zu einer Zone der Inflation werden, da Länder mit hoher Inflationsrate über Abwertung ihrer Währungen Anpassungsinflation in den preisstabilen Teilnehmerländern erzeugen könnten, hat sich nicht bewahrheitet. Hierfür war wesentlich verantwortlich, dass die das EWS in vielen Bereichen dominierende Volkswirtschaft Dtl.s traditionell niedrige Inflationsraten aufwies. Dadurch bildete die Geldpolitik der Dt. Bundesbank und damit die DM einen stabilitätspolit. Anker, an dem sich die anderen Volkswirtschaften mit ihrer Geld- und Wirtschaftspolitik ausrichten konnten (»Ankerfunktion« der DM im EWS).

Mit Beginn der Endstufe der Europ. Wirtschafts- und Währungsunion hörte das EWS am 1. 1. 1999 in seiner bisherigen Form auf zu existieren. Der ECU wurde im Verhältnis 1 : 1 auf den Euro umgestellt. Für die EU-Staaten, die dem Euro-Währungsgebiet nicht angehören (»pre-ins«), wurde mit dem **EWS II** (offiziell: Wechselkursmechanismus II, Abk. **WKM II**) ein neuer Wechselkursmechanismus zw. dem Euro und ihren nat. Währungen geschaffen. Die Teilnahme ist analog zur Praxis im EWS freiwillig, allerdings setzt die Einführung des Euro u. a. eine mindestens zweijährige, erfolgreiche Mitwirkung am EWS II voraus. Im ersten Schritt haben davon Dänemark und Griechenland (Letzteres bis zur Einführung des Euro am 1. 1. 2001) Gebrauch gemacht. Nach der Erweiterung der EU am 1. 5. 2004 um 10 mittel- und osteurop. Länder sind mit Wirkung vom 28. 6. 2004 Estland, Litauen und Slowenien dem EWS II beigetreten. Die Standardschwankungsbreite der Währungen der »pre-ins« gegenüber dem Euro wird grundsätzlich auf die Marge von ± 15 % um den Leitkurs zum Euro begrenzt. Im Einzelfall kann, je nach Konvergenzfortschritt oder Annäherung an die Wirtschaftsentwicklung im Euroraum, auch eine engere Bandbreite vereinbart werden, wie dies Dänemark von Anfang an mit einer Schwankungsbreite von ± 2,25 % getan hat.

Neu gegenüber dem ursprüngl. EWS ist, dass der Euro von vornherein als Anker- oder Leitwährung fungiert. Die Leitkurse werden also nur gegenüber dem Euro gebildet; bilaterale Leitkurse existieren nicht. Ab 28. 6. 2004 galten die folgenden Leitkurse: Für Dänemark (seit 1. 1. 1999 unverändert): 1 Euro = 7,46038 Dän. Kronen (dkr); für Estland: 1 Euro = 15,6466 Estn. Kronen (ekr); für Litauen: 1 Euro = 3,45280 Litas (LTL); für Slowenien: 1 Euro = 239,640 Tolar (SIT). Im Mai 2005 traten Lettland, Malta und Zypern dem EWS II bei; für sie gelten folgende Leitkurse: 1 Euro = 0,702804 Lett. Lats (Ls); 1 Euro = 0,4293 Maltes. Lira (Lm) und 1 Euro = 0,585274 Zypern-Pfund (Z£). Für Estland und Litauen wurde akzeptiert, dass beide Länder ihre Currency-Board-Regelungen (→Currency-Board-System), also eine fakt. Bandbreite ihrer Währungen gegenüber dem Euro von ± 0 %, im Rahmen einseitiger Verpflichtungen, die der EZB keine zusätzl. (Interventions-)Pflichten auferlegen, beibehalten können. Neu ist zudem, dass die Interventionen an den Bandbreitengrenzen im EWS II jederzeit einseitig eingestellt werden können, sofern eine Gefahr für die Preisniveaustabilität festgestellt wird. Unverändert steht für die Interventionen die sehr kurzfristige Finanzierung zur Verfügung, die cinc in unbegrenzter Höhe mögl. Intervention an den Bandbreitengrenzen gewährleistet. (→Wechselkurs, →Währung)

R.-M. Marquardt: Vom E. W. zur Europ. Wirtschafts- u. Währungsunion (1994); P. M. V. Hallensleben: Vom E. W. zum Wechselkursmechanismus II der Europ. Wirtschafts- u. Währungsunion (2001); R.-J. H. Picker: EURO, Europ. Währungsunion 1. Januar 2002. Lex. (2001); Die Europ. Wirtschafts- u. Währungsunion, hg. v. der Dt. Bundesbank (2004).

Europäisches Weltraumforschungs-Institut, →ESA.

Europäisches Wiederaufbauprogramm, engl. European Recovery Program [jʊərə'piːən riː'kʌvərɪ 'prəʊgræm], →ERP.

Europäische Synchrotronstrahlungsanlage, die →ESRF.

Europäisches Zentrum für Weltraumforschung und -technologie, →ESA.

Europäische Turnunion, die Union Européenne de Gymnastique (→Turnen).

Europäische Umweltagentur, Abk. **EUA,** engl. **EEA** [iː'iː'eɪ, für European Environment Agency], durch den EG-Ministerrat 1990 gegründete Agentur mit Sitz in Kopenhagen, die ihre Arbeit 1994 aufgenommen hat. Neben den 25 EU-Staaten sind auch Island, Norwegen, Liechtenstein, Bulgarien, Rumänien und die Türkei Mitglieder. Aufgaben sind die Zusammenstellung und Analyse von Umweltdaten auf europ. Ebene als Basis für Umweltschutzmaßnahmen, die Erstellung von Strategieberichten, die finanzielle Bewertung von Umweltschäden sowie Öffentlichkeitsarbeit.

Europäische Union, Abk. **EU,** engl. **European Union** [jʊərə'piːn 'juːnjən], frz. **Union Européenne** [y'njɔ̃ œrɔpe'ɛn], durch den am 1. 11. 1993 in Kraft getretenen Vertrag über die EU (Maastrichter Vertrag) gegründeter polit. und wirtschaftl. Zusammenschluss

Europäische Union

Euro   Europäische Union

Europäische Union: die drei Säulen der Europäischen Union

der Mitgl.-Staaten der →Europäischen Gemeinschaften (EG).

Ziele der EU sind die Förderung des sozialen und wirtschaftl. Fortschritts durch einen Raum ohne Binnengrenzen und die Errichtung einer →Europäischen Wirtschafts- und Währungsunion; eine gemeinsame Außen- und Sicherheitspolitik der Mitgl.-Staaten; die Stärkung der Bürgerrechte der Angehörigen der Mitgl.-Staaten durch die Einführung einer Unionsbürgerschaft; die Wahrung und Weiterentwicklung des bisher im Rahmen der EG Erreichten. Zur Wahrung der Kontinuität und der Kohärenz der Maßnahmen der Union wurden die Zuständigkeiten der Organe der EG erweitert, sodass diese zugleich Organe der EU sind (einheitl. institutioneller Rahmen).

Aufbau der EU Zur Veranschaulichung der Struktur der EU wird das Bild einer »Tempelkonstruktion« verwendet. Hiernach ist die EU ein Dach, das auf drei Säulen ruht. Grundlage der EU sind zunächst die bestehenden EG (EG und EURATOM), die die »erste Säule« bilden. Neben diese tritt – in der Nachfolge der Europ. Polit. Zusammenarbeit (EPZ) – die →Gemeinsame Außen- und Sicherheitspolitik (GASP), in deren Rahmen die Mitgl.-Staaten ihre Außenpolitik koordinieren sowie gemeinsame Standpunkte und Aktionen beschließen (»zweite Säule«). Im Rahmen der GASP soll schrittweise eine gemeinsame Verteidigungspolitik festgelegt werden: Im Rahmen des Europäischen Rats von Köln (Juni 1999) wurde die Bereitschaft der EU zum Aufbau ziviler und militärischer Fähigkeiten zur internationalen Krisenverhütung und -bewältigung bekundet, die in Folgetreffen bis 2002 weiter präzisiert wurde. Im Dezember 2003 nahmen die Staats- und Regierungschefs eine europäische Sicherheitsstrategie an und einigten sich über ihren Grundauftrag. Mit der »dritten Säule« (Polizeiliche und justizielle Zusammenarbeit in Strafsachen, PJZS) wird das Ziel verfolgt, einen gemeinsamen Raum der Freiheit, Sicherheit und des Rechts zu schaffen, in dem die Unionsbürger ein hohes Maß an Sicherheit genießen. Dieses Ziel soll durch die Verhütung und Bekämpfung der organisierten und nichtorganisierten Kriminalität im Wege einer engeren Zusammenarbeit der Polizei-, Zoll-, Justiz- und sonstigen Behörden unter Einschaltung von →Europol sowie durch Annäherung der Strafvorschriften der Mitgl.-Staaten erreicht werden.

Die beiden letztgenannten Bereiche machen die Polit. Union aus; sie verbleiben jedoch auf der Ebene der intergouvernementalen Zusammenarbeit, d. h., die Staaten der EU arbeiten hier letztlich nach den allgemeinen Regeln des Völkerrechts zusammen; im Ggs. zu den Maßnahmen im Rahmen der supranat. EG müssen Entscheidungen hier grundsätzlich einstimmig getroffen werden und gelten nicht direkt im Recht der Mitgl.-Staaten.

Der *Vertrag über die EU* stellt nach der →Einheitlichen Europäischen Akte (EEA) von 1987 die zweite grundlegende Änderung der Gründungsverträge dar. In seinen Titeln II bis IV ändert er die Gründungsverträge der Europ. Wirtschaftsgemeinschaft (EWG), der Europ. Gemeinschaft für Kohle und Stahl (EGKS) und der Europ. Atomgemeinschaft (EURATOM). In den Titeln I, V, VI und VII sind demgegenüber wie in einem Rahmen Bestimmungen zur Gründung einer EU enthalten.

Im Bereich der Institutionen der EG erweitert der Maastrichter Vertrag (modifiziert durch den →Vertrag von Amsterdam und den →Vertrag von Nizza) die Befugnisse des Europ. Parlaments und schafft einen →Ausschuss der Regionen. Der Vertrag weist dem →Europäischen Rat eine zentrale Rolle in der Union zu. Dieser ist das politische Leitungsorgan der EU, in dem zweimal jährlich die Staats- und Regierungschefs der Mitgl.-Staaten sowie der Kommissionspräsident zusammenkommen. Er gehört jedoch nicht zu den Organen der EG. Bezüglich der Gemeinschaftskompetenzen überträgt der Maastrichter Vertrag in einigen Bereichen neue Zuständigkeiten auf die EU (Bildung, Kultur, Gesundheitswesen, Verbraucherschutz, Transeurop. Netze), in den Sparten Forschung und Umwelt vermittelt er weitere Kompetenzen. Allerdings gilt für die EU bei fast allen Maßnahmen das →Subsidiaritätsprinzip, d. h., sie darf nur tätig werden, sofern und soweit die angestrebten Ziele auf der Ebene der Mitgl.-Staaten (im Rahmen der nat. Gesetzgebung und Verwaltung) nicht ausreichend und daher besser auf Gemeinschaftsebene erreicht werden können. Die durch den Vertrag über die EU eingeführte Unionsbürgerschaft umfasst neben der im Rahmen der EG bereits bestehenden Personenverkehrsfreiheit für EG-Ausländer im Wesentlichen ein zweifaches Wahlrecht: zum einen zu den kommunalen Vertretungskörperschaften und zum anderen zum Europ. Parlament.

Rechtsnatur der EU Die EU besitzt keine eigenen Hoheitsrechte und hat keine eigene Rechtspersönlichkeit. Sie stellt keinen neuen (Bundes-)Staat dar, obwohl die Mitgl.-Staaten eine Reihe staatl. Kompetenzen und damit auch Bestandteile ihrer eigenen Staatlichkeit auf sie übertragen haben bzw. voraussichtlich übertragen werden. Die EU kann jedoch nur im Rahmen dieser Übertragungen tätig werden; anders als ein Staat kann sie sich nicht selbst neue Betätigkeitsfelder schaffen, ihr fehlt die »Kompetenz-kompetenz« (→Kompetenz). Auch liegt die Letztverantwortung für alles, was die Union tut, bei den Mitgl.-Staaten, was z. B. darin zum Ausdruck kommt, dass letztlich die im Ministerrat versammelten Repräsentanten der Mitgl.-Staaten über die Maßnahmen entscheiden und nicht das Europ. Parlament. So legitimiert auch nicht allein das Europ. Parlament das Handeln der EU-Organe; vielmehr erfolgt die demokrat. Legitimation der Maßnahmen der EU hauptsächlich über die Staatsvölker der Mitgl.-Staaten, d. h. über deren nat. Parlamente, die, indem sie die Regierungen wählen, Vertreter in den Ministerrat entsenden. Die EU beruht somit auf einer doppelten Legitimationsbasis. Damit müssen nach einer Entscheidung des Bundesverfassungsgerichts vom 12. 10. 1993 (so genanntes »Maastricht-Urteil«) Aufgaben und Befugnisse von substanziellem Gewicht bei dem nat. Parlament verbleiben, was bei der durch den Unionsvertrag geregelten Zuständigkeitsverteilung gegeben ist. Das Gebilde der EU ist damit eine neuartige Staatenverbindung, die als Staatenverbund oder auch als Internat. Organisation eigener Art bezeichnet wird und in deren Rahmen sowohl die Mitgl.-Staaten als auch die EG ihre Rechtspersönlichkeit gewahrt haben. Vermehrt wird die EU auch als Verf.-Verbund bezeichnet, da nat. Verf.-Recht und Europarecht zunehmend ineinander greifen und sich gegenseitig beeinflussen.

Gegenwärtig befindet sich die EU in einer Zwischenetappe ihrer Entwicklung; v. a. bedürfen die mit der Erweiterung der Union durch 10 mittel-, ost- und südeurop. Staaten (voraussichtlich 2007 werden zudem Bulgarien und Rumänien der EU beitreten) verbundenen institutionellen Fragen und Probleme einer Klärung. Erste Lösungsansätze finden sich im Vertrag von Nizza. Der durch die Erklärung von Laeken 2001 einberufene Konvent zur Zukunft Europas (→Europäischer Konvent) legte im Juli 2003 den Entwurf eines Vertrages über eine Verfassung für Europa vor. Der Verfassungsvertrag wurde am 29. 10. 2004 von den Staats- und Regierungschefs der Mitgl.-Staaten unterzeichnet. Er sieht eine Verschmelzung der bisherigen EU und der EG zur Europäischen Union vor. Als Konsequenz hieraus soll die EU mit Inkrafttreten des Verfassungsvertrages Rechtspersönlichkeit besitzen. Nachdem der Vertrag im Mai bzw. Juni 2005 in Volksabstimmungen in Frankreich und den Niederlanden abgelehnt wurde, erscheint jedoch fraglich, ob er in der bisherigen Form ratifiziert werden wird. (→Euro-

päische Grundrechte-Charta, →europäische Integration

F. R. PFETSCH: Die EU. Gesch., Institutionen, Prozesse (²2001); T. SCHMITZ: Integration in der supranat. Union (2001); P. M. HUBER: Recht der europ. Integration (²2002); Europa-Hb., hg. v. W. WEIDENFELD (³2004); P. HÄBERLE: Europ. Verfassungslehre (²2004).

Europäische Verfassung, →Vertrag über eine Verfassung für Europa.

Europäische Verteidigungsgemeinschaft, Abk. **EVG,** 1952 beschlossene, in der Folgezeit jedoch nicht verwirklichte supranat. Gemeinschaft von europ. Staaten (Belgien, Bundesrep. Dtl., Frankreich, Italien, Luxemburg, Niederlande) zur Aufstellung einer gemeinsamen Verteidigungsorganisation.

Der am 27. 5. 1952 in Paris unterzeichnete Vertrag sah die Verschmelzung der nat. Streitkräfte der sechs Staaten vor; die militär. Grundeinheiten sollten bis hin zur Divisionsstärke national geschlossen bleiben, die höheren Einheiten hingegen, das Kommando und die Versorgungsorganisation sollten übernational zusammengesetzt, Ausrüstung, Uniformierung, Bewaffnung, Ausbildung und Dienstzeit vereinheitlicht werden; ein einheitl. Militärstrafrecht sollte geschaffen werden. Die finanziellen Lasten der Gemeinschaft sollten unter Rücksichtnahme auf die wirtschaftl. und finanziellen Möglichkeiten jedes Mitgliedes verteilt werden. – Die Streitkräfte der EVG sollten 43 Divisionen, takt. Luftwaffe und Marinestreitkräfte für die Küstenverteidigung umfassen.

Der EVG-Vertrag fußte auf einem Plan des frz. Verteidigungs-Min. R. PLEVEN (Plevenplan), der die bes. von den USA gewünschte Beteiligung dt. Streitkräfte an der Verteidigung Westeuropas mit den v. a. von frz. Seite gehegten Befürchtungen vor einer dt. Wiederbewaffnung abzustimmen suchte. Mit der Verwerfung des Vertrages durch die frz. Nationalversammlung am 30. 8. 1954 scheiterte der Plan v. a. am Widerstand der Parlamentsmehrheit gegen einen Verzicht auf frz. Souveränitätsrechte. Der dt. Verteidigungsbeitrag wurde anschließend im Rahmen der neu geschaffenen, der NATO integrierten →Westeuropäischen Union verwirklicht (→Pariser Verträge).

Europäische Volkspartei, Abk. **EVP,** gegr. im Juli 1976 als Föderation der christlich-demokrat. Parteien in der Europ. Gemeinschaft. Die EVP unterstützt den Prozess der europ. Einigung mit dem Ziel einer föderalen, freiheitl., pluralist. und demokrat. EU. Der EVP gehören 24 europ. Parteien an, darunter aus Dtl. die CDU und die CSU und aus Österreich die ÖVP. Im Europ. Parlament konnte die EVP-Fraktion – auch **Fraktion der Europäischen Volkspartei (Christdemokraten) und europäischer Demokraten,** Abk. **PPE-DE** bzw. **EVP-ED (Christdemokraten)** gen. – ihre Position seit der ersten Direktwahl 1979 beständig ausbauen (einschließlich der Fraktion beigetretener Unabhängiger 1979: 116, 1984: 115, 1989: 122, 1994: 181 Mandate sowie 1999: 294 Mandate). Bei der Europawahl 2004 kam sie auf 268 Mandate und stellt damit nach 1999 erneut die größte Fraktion im Europ. Parlament.

Europäische Währungseinheit, engl. **European Currency Unit** [jʊərə'piːən 'kʌrənsɪ 'juːnɪt], Abk. **ECU** [e'ky] der, -/-(s), künstl. Währungseinheit im →Europäischen Währungssystem (EWS). Sie wurde dort seit 13. 3. 1979 als Bezugsgröße für den Wechselkursmechanismus (alle am EWS beteiligten Währungen hatten einen ECU-Leitkurs) und seit 1981 in allen Bereichen der EG als Rechnungseinheit verwendet. Die

Europäische Volkspartei: Logo der EVP-Fraktion im Europäischen Parlament

Europäische Währungseinheit: von Belgien 1987 geprägte Münze zu 5 ECU; *oben* Vorderseite, *unten* Rückseite mit dem Porträt Kaiser Karls V.

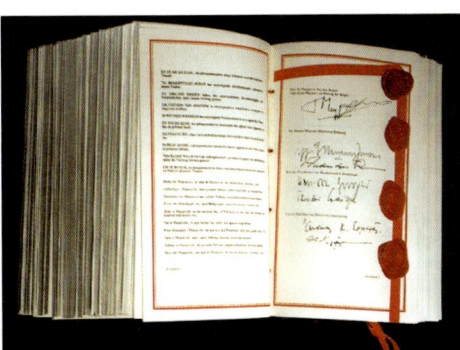

Europäische Union: Unterschriftenseite des Maastrichter Vertrages; für Deutschland unterschrieben Hans-Dietrich Genscher und Theodor Waigel.

Euro Europäische Währungsunion

Europäische Währungseinheit: Zusammensetzung des Währungskorbs
(Stand Ende 1998)

Währung	Währungs-komponente (ab 21. 9. 1989)	Leitkurs in ECU (16. 3. 1998)	Gewicht im ECU-Korb (in %)*)
Belgischer Franc	3,301	40,7844	8,1
Dänische Krone	0,1976	7,54257	2,6
Deutsche Mark	0,6242	1,97738	31,6
Französischer Franc	1,332	6,63186	20,1
Griechische Drachme	1,440	357,000	0,4
Holländischer Gulden	0,2198	2,22799	9,9
Irisches Pfund	0,008552	0,796244	1,1
Italienische Lira	151,8	1957,61	7,8
Luxemburgischer Franc	0,130	40,7844	0,3
Pfund Sterling	0,08784	0,653644	13,4
Portugiesischer Escudo	1,393	202,692	0,7
Spanische Peseta	6,885	168,220	4,1

*) errechnet aus: Währungskomponente : ECU-Leitkurs

Einheit war ein Währungskorb, d. h., sie bestand aus festen Beträgen der einzelnen Währungen der EU-Staaten (ohne Österreich, Schweden und Finnland). Die Gewichte der einzelnen Währungen und damit auch die Währungsbeträge im Korb (Währungskomponenten) wurden im fünfjährigen Turnus 1984 (Aufnahme der griech. Drachme) und 1989 (Aufnahme der span. Peseta und des port. Escudo) neu definiert. Mit dem Inkrafttreten des Vertrags über die EU (Art. 109 g) am 1. 11. 1993 ist die period. Überprüfung entfallen, d. h., die Währungszusammensetzung des ECU-Währungskorbs wurde auf den Stand vom 21. 9. 1989 festgeschrieben. Die Währungen von Österreich, Schweden und Finnland wurden nicht mehr in den Korb aufgenommen.

Der Wert des ECU wurde börsentäglich ermittelt. Dabei wurde zunächst der Gegenwert des ECU in US-Dollar und dann in allen ECU-Korbwährungen errechnet. Der ECU war bis zur Ablösung durch den Euro (1. 1. 1999) auch Emissionswährung an den internat. Finanzmärkten (v. a. am Euromarkt). So bildeten sich ein ECU-Kapitalmarkt (ECU-Anleihen wurden seit 1981 ausgegeben), ein ECU-Geldmarkt und ein ECU-Devisenmarkt. Auch ECU-Terminkontrakte und ECU-Optionsscheine wurden gehandelt. In einigen Staaten (ab 1987 auch in der Bundesrep. Dtl.) konnten ECU-Kredite aufgenommen und ECU-Konten (z. B. für ECU-Termineinlagen) unterhalten werden. Im internat. Handel wurde der ECU als Fakturierungs- und Zahlungsmittel verwendet. Er war für die private Verwendung u. a. deshalb interessant, weil sich Wechselkursschwankungen der einzelnen Korbwährungen weitgehend ausgeglichen haben und der ECU-Kurs mittelfristig stabiler war als die Kurse mancher Korbwährungen. Die private Verwendung des ECU konzentrierte sich allerdings auf den Eurokapitalmarkt. Ab 1987 wurden in Belgien ECU-Münzen zum Verkauf angeboten, die auch als Zahlungsmittel anerkannt waren (Nennwerte: 50 ECU für die Goldmünze, 5 ECU für die Silbermünze). Mit der Einführung des Euro wurden alle Bezugnahmen auf den ECU in einem Rechtsinstrument durch eine Bezugnahme auf den Euro (Kursverhältnis 1 : 1) ersetzt.

Europäische Währungsunion, Abk. **EWU,** seit 1. 1. 1999 zw. 11 EU-Staaten (seit 1. 1. 2001 12 EU-Staaten; →Eurozone) bestehende Union; gekennzeichnet durch die unwiderrufl. Fixierung der Währungen der Teilnehmerländer, die Einführung einer gemeinsamen Währung (→Euro) und die Zentralisierung der Geld- und Währungspolitik (→Europäische Zentralbank). Die EWU ist Bestandteil und Endstufe der →Europäischen Wirtschafts- und Währungsunion.
Europäische Weltraumorganisation, →ESA.
Europäische Wirtschaftliche Interessenvereinigung, Abk. **EWIV,** Typ einer jurist. Person des europ. Rechts, die aufgrund einer Verordnung des Rates der EG vom 31. 7. 1985 mit Wirkung ab dem 1. 7. 1989 gegründet werden kann, um die grenzüberschreitende Zusammenarbeit (z. B. auf den Gebieten Forschung und Entwicklung, Produktion, Vertrieb) zu fördern. Gründungs-Mitgl. können natürl. und jurist. Personen aus EG-Staaten sein, jedoch müssen mindestens zwei von ihnen ihren Sitz in versch. EG-Staaten haben. Die EWIV wird in dem Land, in dem sie ihren Sitz hat, registriert und erlangt dadurch – im Rahmen der jeweiligen nat. Ausführungs-Ges. (in Dtl.: EWIV-Ausführungs-Ges. vom 14. 4. 1988) – Rechtsfähigkeit, ohne allerdings jurist. Person zu sein.
Europäische Wirtschaftsgemeinschaft, Abk. **EWG,** engl. **European Economic Community** [jʊərə-ˈpiːən iːkəˈnɔmɪk kəˈmjuːnɪtɪ], Abk. **EEC** [iːiːˈsiː], frz. **Communauté Économique Européenne** [kɔmynoˈte ekɔnɔˈmik ørɔpeˈɛn], Abk. **CEE** [seaˈe], die durch den Vertrag von Rom (EWG-Vertrag, →Römische Verträge), unterzeichnet am 25. 3. 1957, zw. Belgien, der BRD, Frankreich, Italien, Luxemburg und den Niederlanden begründete überstaatl. Gemeinschaft zum Zweck der wirtschaftl. Integration. Der EWG-Vertrag trat am 1. 1. 1958 in Kraft und gilt zeitlich unbefristet. Durch den am 1. 11. 1993 in Kraft getretenen Vertrag zur Gründung der →Europäischen Union ist die EWG in **Europäische Gemeinschaft (EG)** umbenannt worden, weil die Ziele nunmehr über die rein wirtschaftl. Integration hinausgehen. Die Errichtung des gemeinsamen Marktes (→Europäischer Binnenmarkt) kann als erste Stufe der Integration angesehen werden; die zweite Stufe ist eine nach einheitl. Gesichtspunkten durchgeführte Wirtschaftspolitik, die die dritte Stufe der Integration, die Währungsunion (→Europäische Wirtschafts- und Währungsunion, Abk. EWWU) mit gemeinsamer Währung und Währungspolitik, flankieren soll. Eine voll integrierte Wirtschafts- und Währungsunion soll letztlich eine polit. Union Westeuropas ermöglichen. Seit dem 1. 7. 1967 ist die EWG/EG neben der →Europäischen Gemeinschaft für Kohle und Stahl (EGKS; der EGKS-Vertrag lief am 23. 7. 2002 aus, das Aktiv- und Passivvermögen der Teilorganisation ist auf die EG übergegangen) und der →Europäischen Atomgemeinschaft (EURATOM) durch den Fusionsvertrag organisatorisch integrierter Bestandteil der Europ. Gemeinschaften (EG). Sie ist zugleich die wichtigste Teilorganisation, da sie sich nicht auf bestimmte Wirtschaftsbereiche beschränkt. Durch den Beitritt Dänemarks, Großbritanniens und Irlands am 1. 1. 1973, Griechenlands am 1. 1. 1981, Spaniens und Portugals am 1. 1. 1986, Finnlands, Österreichs und Schwedens am 1. 1. 1995 sowie Estlands, Lettlands, Litauens, Maltas, Polens, der Slowakei, Sloweniens, der Tschech. Rep., Ungarns und Zyperns am 1. 5. 2004 hat die EG erheblich an wirtschaftl. und polit. Bedeutung gewonnen.

ZIELE
Die Ziele der EG sind in der Präambel zum EG-Vertrag und in Art. 2 niedergelegt. Danach besteht das über-

geordnete polit. Ziel darin, »die Grundlagen für einen immer engeren Zusammenschluss der europ. Völker zu schaffen.« Die wirtschaftl. Ziele der EG, u. a. harmon. und ausgewogene Entwicklung des Wirtschaftslebens, beständiges, nichtinflationäres und umweltverträgl. Wachstum, Hebung des Lebensstandards sowie ein hohes Beschäftigungsniveau und ein hohes Maß an sozialem Schutz, stimmen mit den Zielen der nat. Wirtschaftspolitik der Mitgl.-Staaten überein. Die Mittel, mit denen diese Ziele verwirklicht werden sollen, sind v. a. die Errichtung eines gemeinsamen Marktes und einer Wirtschafts- und Währungsunion.

Zu Organen und Organisationsstruktur der EG →Europäische Gemeinschaften.

GEMEINSAMER MARKT

Kernstück der EG ist die Verschmelzung der Volkswirtschaften der Mitgl.-Staaten zu einem gemeinsamen Markt. Hierzu müssen ein freier Waren-, Dienstleistungs- und Kapitalverkehr sowie Niederlassungsfreiheit und Freizügigkeit der Arbeitnehmer in einem Raum ohne Binnengrenzen verwirklicht werden.

Bes. wichtig für die Errichtung eines freien Warenverkehrs innerhalb der Gemeinschaft war die Bildung einer Zollunion (Art. 25–31 EG-Vertrag). Diese führte durch eine schrittweise Senkung des allgemeinen Zolltarifs zum Abbau der Ein- und Ausfuhrzölle aller Waren. Mengenmäßige Ein- und Ausfuhrbeschränkungen der Mitgl.-Staaten untereinander sind verboten. Ferner gehören Bestimmungen über einheitl. Zolltarife im Handel mit Drittländern (gemeinsamer Außenzolltarif) sowie die Angleichung des Zollrechts dazu.

Der EG-Vertrag (Art. 39–55) enthält Bestimmungen, mit denen Freizügigkeit im Personenverkehr und Niederlassungsfreiheit sowie Freiheit des Dienstleistungsverkehrs vergrößert werden sollen. Solche Regelungen betreffen u. a. die gegenseitige Anerkennung von Prüfungszeugnissen, die Aufhebung von Aufenthaltsbeschränkungen, die Vereinheitlichung der Richtlinien für die Tätigkeit von Kreditinstituten und Versicherungen sowie die Erarbeitung eines gemeinschaftl. Gesellschaftsrechts. Entsprechend soll es den Arbeitnehmern innerhalb der EG ungeachtet ihrer Staatsangehörigkeit möglich sein, unter vergleichbaren arbeitsrechtl. Voraussetzungen ihren Arbeitsplatz zu wählen. Darüber hinaus ist durch den Unionsvertrag (Maastrichter Vertrag) eine »Unionsbürgerschaft« eingeführt worden, die u. a. ein allgemeines Aufenthaltsrecht und das Kommunalwahlrecht unabhängig von der Staatsbürgerschaft vermittelt (Art. 18–22 EG-Vertrag).

Während einer Übergangszeit wurden im Kapitalverkehr vorhandene Beschränkungen – anders als bei den übrigen Freiheiten – nicht sofort beseitigt, sondern zunächst nur so weit, wie es für das Funktionieren des gemeinsamen Marktes notwendig war. Demnach mussten z. B. solche Beschränkungen von Kapitalbewegungen abgebaut werden, die in unmittelbarem Zusammenhang mit dem Waren-, Dienstleistungs- und Personenverkehr, dem Niederlassungsrecht sowie dem Handel mit börsengängigen Wertpapieren stehen. Seit dem 1. 1. 1994 sind alle übrigen Kapitalbewegungen liberalisiert, die EG (und in Eilfällen die Mitgl.-Staaten) können jedoch bei schwerwiegenden Störungen Beschränkungen verfügen (Art. 56–60 EG-Vertrag).

Die Beseitigung nichttarifärer Handelshemmnisse (v. a. unterschiedl. Rechts- und Verwaltungsvorschriften, unterschiedl. Normen, Sicherheits,- Gesundheits- und Umweltschutzbestimmungen) soll nach dem EG-Vertrag (Art. 94–97) durch Rechtsangleichung erreicht werden. So wurden zollrechtl. Vorschriften angeglichen (Anfang 1988 wurde für EG- und EFTA-Staaten z. B. ein einheitl. Formblatt, das Einheitspapier, eingeführt), in den meisten Mitgl.-Staaten wird seit 1985 ein einheitl. Europapass ausgegeben; Personenkontrollen an den Binnengrenzen werden abgebaut. Weitere Bereiche, in denen Rechtsvorschriften angeglichen und Behinderungen abgebaut wurden, sind das Gesellschaftsrecht, das Patent- und Markenrecht, die Normung und die öffentl. Auftragsvergabe. Zu einer Angleichung steuerl. Vorschriften gemäß Art. 90–93 EG-Vertrag ist es bislang nur teilweise gekommen. So wurde z. B. zwar 1973 die Mehrwertsteuer in allen Mitgl.-Staaten eingeführt und 1977 eine einheitl. Bemessungsgrundlage geschaffen, aber die Steuersätze sind bisher unterschiedlich.

GEMEINSAME POLITIKBEREICHE

Der ursprüngl. EWG-Vertrag sah lediglich für die Bereiche Wettbewerb, Landwirtschaft und Fischerei sowie Verkehr eine umfassende gemeinsame Politik vor. Mittlerweile sind als weitere Politikbereiche mit unterschiedlich intensiven Gemeinschaftskompetenzen hinzugetreten: die Wirtschafts- und Währungspolitik, die Sozialpolitik, die Umweltpolitik, die Bereiche Bildung, Kultur, Gesundheit, Verbraucherschutz, Transeurop. Netze und Forschung sowie technolog. Entwicklung. Die Schaffung eines gemeinsamen Marktes erfordert zunächst auch, dass sich alle Beteiligten an gleiche Wettbewerbsregeln halten. Die gemeinsame Wettbewerbspolitik wird in den Art. 81–86 EG-Vertrag behandelt. Danach sind alle Absprachen zw. Unternehmen mit dem gemeinsamen Markt unvereinbar und verboten, wenn sie den Handel zw. den Mitgl.-Staaten beeinträchtigen und eine Verhinderung, Einschränkung oder Verfälschung des Wettbewerbs innerhalb des gemeinsamen Marktes bezwecken oder bewirken. Nach Art. 82 EG-Vertrag ist ferner mit dem gemeinsamen Markt unvereinbar und verboten die missbräuchl. Ausnutzung einer beherrschenden Stellung auf dem gemeinsamen Markt oder auf einem wesentl. Teil desselben durch ein oder meh-

Europäische Wirtschaftsgemeinschaft: die Unterzeichnung der Römischen Verträge zur Gründung der Europäischen Wirtschaftsgemeinschaft und der Europäischen Atomgemeinschaft am 25. 3. 1957

rere Unternehmen, soweit dadurch der Handel zw. Mitgl.-Staaten beeinträchtigt wird. Seit September 1990 wird auch eine europ. →Fusionskontrolle durchgeführt (VO Nr. 4064 v. 21. 12. 1989, reformiert durch die VO (EG) Nr.139/2004 v. 20. 1. 2004). Am 5. 2. 1962 wurde die erste Kartell-VO vom Ministerrat verabschiedet. Damit schloss sich der Rat der Auffassung der Kommission an, dass die Wettbewerbsregeln des EG-Vertrages Rechtsnormen darstellen und es keiner vorherigen nat. Entscheidung bedürfe, damit sie in allen Mitgl.-Staaten Gültigkeit erlangen. Stellt die Europ. Kommission eine Zuwiderhandlung gegen die Wettbewerbsregeln des EG-Vertrages fest, so kann sie an die Beteiligten eine Empfehlung richten, den Missstand abzustellen. Wird dem nicht entsprochen, so kann die Kommission durch eine Entscheidung die Beteiligten zur Abstellung verpflichten.

Weiterhin sind staatl. Subventionen gemäß Art. 87–89 EG-Vertrag verboten, insoweit sie den Wettbewerb und den Handel zw. den Mitgl.-Staaten beeinträchtigen. Unter bestimmten Bedingungen (z. B. Förderung bes. strukturschwacher Regionen und Wirtschaftszweige) können staatl. Beihilfen als mit dem gemeinsamen Markt vereinbar angesehen werden.

Zur Entwicklung einer gemeinsamen Verkehrspolitik sieht der EG-Vertrag in den Art. 70–80 für eine Übergangsphase gemeinsame Regeln für das Verkehrswesen vor. Insbesondere sollen Wettbewerbsverzerrungen durch einheitl. Zulassungsbedingungen zum Verkehrsmarkt beseitigt werden. Die Erfolge einer gemeinsamen Verkehrspolitik sind bislang noch bescheiden.

Für die Landwirtschaft sehen die Art. 32–38 EG-Vertrag eine gemeinsame →Agrarpolitik vor, deren Ziele man durch die Schaffung gemeinsamer Marktorganisationen für fast alle landwirtschaftl. Erzeugnisse zu erreichen versuchte (→Agrarmarktordnungen der EG). Zur Finanzierung der gemeinsamen Agrarpolitik wurde der →Europäische Ausrichtungs- und Garantiefonds für die Landwirtschaft gegründet. Der den (im EG-Raum ansässigen) Erzeugern landwirtschaftl. Produkte dadurch gewährte Schutz gegenüber der Konkurrenz aus Drittländern und die relativ hoch festgesetzten garantierten Mindestpreise mit unbegrenzter Abnahmeverpflichtung der staatl. Interventionsstellen führten bei vielen Produkten zu Überschüssen, deren Aufkauf, Lagerung oder Vernichtung so hohe Ausgaben erforderten, dass eine Reform der Agrarpolitik notwendig wurde. Diese wurde 1992 mit dem Ziel in Angriff genommen, das Preisstützungssystem abzubauen und durch direkte Beihilfen bei Flächenstilllegung zu ersetzen (→Agenda 2000).

ZUSAMMENARBEIT IN WIRTSCHAFTS- UND WÄHRUNGSPOLITIK

Um Funktionieren und Bestand des gemeinsamen Marktes langfristig zu sichern, sieht der EG-Vertrag (Art. 98–111) eine gegenseitige Annäherung der Wirtschaftspolitik der Mitgl.-Staaten vor, bes. die Koordinierung der Konjunktur- und Wachstumspolitik sowie eine gemeinsame Handelspolitik gegenüber Drittländern (Außenhandels- und Entwicklungspolitik). Unterschiede in der nat. Wirtschaftspolitik der Mitgl.-Staaten können die Verwirklichung der in Art. 2 EG-Vertrag genannten Ziele insofern hemmen, als sie den Wettbewerb verfälschen und die Produktions- und Standortstruktur verzerren können. Daraus ergibt sich die Notwendigkeit einer Harmonisierung bestimmter Bereiche der nat. Wirtschaftspolitik der Mitgl.-Staaten.

Zur Koordinierung der Konjunkturpolitik der Mitgl.-Staaten wurden zunächst drei beratende Gremien geschaffen: der Währungsausschuss, der Ausschuss für Konjunkturpolitik und der Ausschuss für mittelfristige Wirtschaftspolitik. Weiterhin besteht der Ausschuss für Haushaltspolitik. Die entscheidenden Befugnisse zu konjunkturpolit. Eingriffen lagen aber immer noch bei den Zentralbanken und den anderen wirtschaftspolit. Instanzen der Mitgl.-Staaten. Die Grundsatzentschließung des Ministerrats (Werner-Plan) vom März 1971 zur Schaffung einer Wirtschafts- und Währungsunion war der erste Schritt zur weiteren Koordinierung der kurz- und langfristigen Wirtschaftspolitik. Als wichtige Etappen auf diesem Wege sind zu nennen: Harmonisierung der mittelfristigen gesamtwirtschaftl. Zielsetzungen; Abkommen der Notenbanken über den kurzfristigen Währungsbeistand von 1970, das zum →Europäischen Fonds für währungspolitische Zusammenarbeit und zum →Europäischen Währungssystem ausgebaut wurde.

Die Einheitl. Europ. Akte verwirklichte noch nicht die →Europäische Wirtschafts- und Währungsunion (EWWU), sprach dieses Ziel aber offen an. Eine vom Europäischen Rat 1988 eingesetzte Sachverständigengruppe legte 1989 den Delors-Bericht (benannt nach dem damaligen Kommissionspräsidenten J. DELORS) vor. Darin vorgesehen war ein Dreistufenplan zur Errichtung der EWWU. Die erste Stufe begann am 1. 7. 1990 mit der Liberalisierung des Geld- und Kapitalverkehrs. Den Durchbruch zu einer gemeinsamen Wirtschaftspolitik (Art. 98–104c EG-Vertrag) und Währungspolitik (Art. 105–124 EG-Vertrag) brachte erst der Maastrichter Vertrag (in Kraft getreten am 1. 11. 1993). Dieser legte den Beginn der zweiten Stufe zur Verwirklichung der EWWU auf den 1. 1. 1994 fest (Art. 116 EG-Vertrag). Ziel war die Schaffung einer einheitl. europ. Währung (Euro) innerhalb des gesamten Binnenmarktes der EG mit einer →Europäischen Zentralbank (EZB); dieses Ziel sollte spätestens zum 1. 1. 1999 in der dritten Stufe erreicht werden (Art. 121 EG-Vertrag). Das →Europäische Währungsinstitut (EWI) nahm als Vorläufer der EZB seine Arbeit am 1. 1. 1994 auf (Art. 117 EG-Vertrag) und wurde nach deren Errichtung am 1. 6. 1998 aufgelöst. Am 1. 1. 1999 trat die dritte Stufe der EWWU in Kraft, damit ging die Verantwortung für die gemeinsame Geldpolitik im Euro-Währungsraum (→Eurozone) auf das Europ. System der Zentralbanken (ESZB) über. Der Europ. Währungsunion (EWU) gehörten auf Beschluss des Europ. Rates zunächst nur 11 EU-Staaten an, mit dem Beitritt Griechenlands zum 1. 1. 2001 erhöhte sich die Mitgl.-Zahl auf 12 (weiterhin nicht beteiligt sind Dänemark, Großbritannien und Schweden; im September 2003 wurde in Schweden die Einführung des Euro durch ein Referendum erneut abgelehnt). Im bargeldlosen Zahlungsverkehr wird der Euro seit dem 1. 1. 1999 verwendet, die Einführung des Euro-Bargeldes erfolgte ab dem 1. 1. 2002. Die nationalen Währungen verloren spätestens zum 1. 7. 2002 grundsätzlich ihre Gültigkeit. Mit dem 1. 5. 2004 sind die 10 neuen Mitgliedstaaten zugleich Mitglieder der EWWU geworden. Es besteht kein fester Zeitplan für die Euro-Einführung, erforderlich ist die Erfüllung der entsprechenden Kriterien. Einen ersten Schritt unternahmen Estland, Litauen und Slowenien im Juni 2004 durch die Bindung ihrer Währung an den Euro; auf diese Weise wird die erforderliche Währungsstabilität erreicht.

Die Strukturpolitik und die Regionalpolitik (Art. 158–162 EG-Vertrag) sind entscheidend für die gemeinsame Wirtschaftspolitik, denn diese zielt auf die Verringerung bestehender Unterschiede im wirtschaftl. Entwicklungsstand zw. den versch. Regionen der Gemeinschaft. Zur Förderung strukturschwacher, bes. durch hohe strukturelle Arbeitslosigkeit und relativ niedrige Pro-Kopf-Einkommen gekennzeichneter Gebiete wurde der →Europäische Regionalfonds geschaffen. Durch Entwicklungspläne der Mitgl.-Staaten sollen Ursachen regionaler Strukturprobleme analysiert und Lösungen dieser Probleme angestrebt werden. Der →Europäischen Investitionsbank fällt dabei u. a. die Aufgabe zu, durch Darlehen und Bürgschaften die Durchführung von Projekten zum Zweck der Beseitigung regionaler Benachteiligungen zu unterstützen.

Für den Bereich der Sozialpolitik sieht Art. 140 EG-Vertrag eine enge Zusammenarbeit zw. den Mitgl.-Staaten vor, insbesondere auf dem Gebiet der Beschäftigung, des Arbeitsrechts und der Arbeitsbedingungen, der berufl. Aus- und Fortbildung, der sozialen Sicherheit, der Verhütung von Berufsunfällen und Berufskrankheiten, des Gesundheitsschutzes bei der Arbeit sowie des Koalitionsrechts und der Kollektivverhandlungen zw. Arbeitgebern und Arbeitnehmern. Bislang ist es jedoch nicht zu einer umfassenden Harmonisierung der einzelstaatl. Vorschriften gekommen. Die EG kann lediglich Mindestvorschriften erlassen; auch das dem EU-Vertrag beigefügte »Abkommen über die Sozialpolitik« (ohne Großbritannien) hat keine wesentl. Veränderungen gebracht. Mit dem →Vertrag von Amsterdam wurde dieses Abkommen in den Text des EG-Vertrages (Art. 136–145) integriert und verpflichtet seitdem auch Großbritannien zur Einhaltung. Außerdem wurde die Gleichstellung und Chancengleichheit von Männern und Frauen als Aufgabe der Gemeinschaft verankert (Art. 2 EG-Vertrag) und durch neue Vorschriften gestärkt. Während ursprünglich nur der Grundsatz gleiches Arbeitsentgelt für gleiche Arbeit ohne Diskriminierung aufgrund des Geschlechts festgeschrieben war, ermöglicht die neue Vorschrift Maßnahmen zur Gewährleistung der Anwendung des Grundsatzes der Chancengleichheit und Gleichbehandlung von Männern und Frauen (Art. 141 EG-Vertrag). Die Finanzierung der Gemeinschaftsaufgaben im Bereich Sozialpolitik (Art. 136–150 EG-Vertrag) erfolgt über den 1960 geschaffenen →Europäischen Sozialfonds, der heute verstärkt auf arbeitsmarktpolit. Ziele ausgerichtet ist.

Die zur Förderung der Industrie mögl. Maßnahmen (Art. 157 EG-Vertrag) zielen darauf, die Wettbewerbsfähigkeit der industriellen Unternehmen in der Gemeinschaft und auf den Märkten der Drittländer zu verbessern. Dies soll über die Anpassung an strukturelle Veränderungen, die Förderung insbesondere der kleinen und mittleren Unternehmen und über die bessere Nutzung des industriellen Potenzials in den Bereichen Innovation, Forschung und technolog. Entwicklung erreicht werden. Die entsprechende Koordinierung ist Aufgabe der Mitgl.-Staaten, die EG kann diese Maßnahmen lediglich unterstützen.

Die Gemeinschaft kann in der Umweltschutzpolitik nach dem für den gesamten EG-Vertrag geltenden Subsidiaritätsprinzip nur tätig werden, wenn bestimmte Ziele besser auf Gemeinschaftsebene als durch die Mitgl.-Staaten erreicht werden können (Art. 174–176 EG-Vertrag). Durch eine koordinierte Forschungs- und Technologiepolitik sollen die wiss. und techn. Grundlagen der europ. Industrie gestärkt und die Entwicklung ihrer internat. Wettbewerbsfähigkeit begünstigt werden (Art. 163–173 EG-Vertrag). Hierzu stellt die Gemeinschaft mehrjährige Rahmenprogramme für die finanzielle Förderung einzelner Forschungsvorhaben der Mitgl.-Staaten auf.

Die gemeinsame Außenhandelspolitik enthält als ein wesentl. Element die Bestimmung eines gemeinsamen Zolltarifsystems gegenüber Drittländern. Die Sätze des Gemeinsamen Zolltarifs legt der Rat der EU fest (Art. 26 EG-Vertrag). Dies gilt auch in Bezug auf die Vorschriften über Einfuhrkontingente. Dadurch soll verhindert werden, dass durch den Außenhandel einzelner Mitgl.-Staaten die Entwicklung des innergemeinschaftl. Marktes beeinträchtigt wird. Ein weiteres Element der gemeinsamen Außenhandelspolitik ist die Abtretung einzelstaatl. Rechte an die Europ. Kommission, Handelsabkommen mit Drittländern zu vereinbaren (Art. 133 EG-Vertrag). Mit zahlr. Ländern im Mittelmeerraum (z. B. Türkei 1963, Malta 1971, Zypern 1973) und den nicht den Europ. Gemeinschaften beigetretenen EFTA-Mitgl. sind entsprechende Abkommen abgeschlossen worden. Der Zusammenarbeit mit den Entwicklungsländern sind die Art. 177–181 des EG-Vertrages gewidmet, auf deren Grundlage den Entwicklungsländern bei der Einfuhr von Halb- und Fertigfabrikaten in den gemeinsamen Markt Zollpräferenzen (»System allgemeiner Präferenzen«) gewährt werden. Den Staaten, die intensivere wirtschaftl. Beziehungen zur Gemeinschaft pflegen wollen, als das durch Handelsabkommen erreichbar ist, wird von der EG die Möglichkeit der Assoziierung eingeräumt (Art. 310 EG-Vertrag). Davon betroffen sind in erster Linie ehemalige Kolonialgebiete der Mitgl.-Staaten (→AKP-Staaten). Vor der Aufnahme in die EU (mit Ausnahme Bulgariens und Rumäniens) wurden Assoziierungsabkommen mit den mittel-, ost- und südeurop. Ländern, die schon vor ihrem Beitritt an bes. engen wirtschaftl. Kontakten mit der EG interessiert waren, geschlossen (»Europa-Abkommen«). I. d. R. sehen die Assoziierungsabkommen (z. B. das Lomé-Abkommen, die Abkommen mit Israel und den Maghrebstaaten) die Anwendung der gleichen Bedingungen vor, die in der innergemeinschaftl. Zollunion Gültigkeit besitzen. Eine besondere Assoziierungsmöglichkeit besteht für die überseeischen Länder und Hoheitsgebiete bestimmter Mitgl.-Staaten (Art. 182–188 EG-Vertrag). Zur Vermeidung von Benachteiligungen für die assoziierten Staaten werden ihnen jedoch Ausnahmebestimmungen über die Beibehaltung von Einfuhrzöllen zugebilligt. Zur Finanzierung sozialer Einrichtungen und zur Förderung der Investitionstätigkeit in den assoziierten Ländern wurde der →Europäische Entwicklungsfonds eingerichtet.

ERFOLGE UND PROBLEME

Der bedeutsamste Erfolg der EG ist die weitestgehende Verwirklichung des nach Art. 14 EG-Vertrag angestrebten Binnenmarktes. Das Kernstück des gemeinsamen Marktes, die Zollunion, wurde bereits am 1. 7. 1968 im Wesentlichen vollendet; zum 1. 1. 1993 trat die Vereinbarung über den →Europäischen Binnenmarkt in Kraft und zum 1. 1. 1999 die Europ. Währungsunion. Die Freizügigkeit der Unionsbürger ist innerhalb der Gemeinschaft gewährleistet.

Die prakt. Erfolge der Gemeinschaft auf dem Gebiet der Koordinierung der Wirtschaftspolitik und der Harmonisierung der Gesamtentwicklung blieben jedoch hinter den Erwartungen zurück. Unterschiedl. Konjunkturverläufe, divergierende Inflationsraten in den Mitgl.-Staaten und die beträchtl. Verteuerung der Rohstoffe, bes. des Erdöls, erschwerten die Integrationsbemühungen. Dauerhafte Kritikpunkte richten sich auf die so nicht mehr finanzierbare gemeinsame Agrarpolitik und den immer noch nicht vollständigen Abbau der Grenzen und die nicht mehr überschaubare Flut von gemeinschaftsrechtl. Richtlinien und Verordnungen. Vor besondere Probleme institutioneller und finanzieller Art wurde die Gemeinschaft durch die Erweiterung der EU gestellt. Erste Lösungsansätze bot der →Vertrag von Nizza. Im Vorfeld der EU-Erweiterung strittige Themen wurden meist durch Beschluss von Übergangsregelungen geregelt, z. B. die Freizügigkeit der Arbeitnehmer aus Mittel- und Osteuropa. Aufgabe des 2001 einberufenen Konvents zur Zukunft der EU (»Verfassungskonvent«) war die Ausarbeitung von Vorschlägen für den weiteren Reformprozess. Inhaltlich sollten die Zuständigkeiten zw. der EU und den Mitgl.-Staaten genauer geklärt, der Status der →Europäischen Grundrechte-Charta festgelegt und die Verträge ergänzt und vereinfacht werden. Durch den am 29. 10. 2004 unterzeichneten, aber bislang nicht ratifizierten →Vertrag über eine Verfassung für Europa soll u. a. die Fusion von EU- und EG-Vertrag vorgenommen und die Grundrechte-Charta in den Vertrag aufgenommen und verbindlich gemacht werden.

Komm. zur E. U., hg. v. E. GRABITZ u. M. HILF, Losebl. (^{2}1990 ff., bis Erg.-Lfg. 5 u. d. T. Komm. zum EWG-Vertrag); Hb. des EG-Wirtschaftsrechts, hg. v. M. A. DAUSES, Losebl. (1993 ff.); Komm. des Vertrages über die EU u. des Vertrages zur Gründung der EG, hg. v. C. CALLIESS u. M. RUFFERT (^{2}2002); C. KOENIG u. A. HARATSCH: Europarecht (^{4}2003); Komm. zum EU-, EG-Vertrag, hg. v. H. v. DER GROEBEN u. a., 6 Bde. (^{6}2003).

Europäische Wirtschaftshochschule, die →ESCP-EAP Europäische Wirtschaftshochschule.

Europäische Wirtschafts- und Währungsunion, Abk. **EWWU, Wirtschafts- und Währungsunion,** Abk. **WWU,** nach dem Maastrichter Vertrag in drei Stufen zu realisierende enge Form der Integration im Rahmen der EU. Eine Währungsunion zeichnet sich allgemein durch eine uneingeschränkte, irreversible Konvertibilität der Währungen, eine vollständige Liberalisierung des Kapitalverkehrs und die Integration der Banken- und Finanzmärkte sowie durch eine Beseitigung der Wechselkursbandbreiten und die unwiderrufl. Fixierung der Wechselkursparitäten aus. Eine Wirtschaftsunion ist umfassender. Grundelement ist ein einheitl. Markt mit freiem Personen-, Waren-, Dienstleistungs- und Kapitalverkehr (→Europäischer Binnenmarkt). Sie umfasst ferner eine gemeinsame Wettbewerbspolitik und sonstige Maßnahmen zur Stärkung der Marktmechanismen, eine gemeinsame Politik zur Strukturanpassung und Regionalentwicklung und letztlich eine Koordination zentraler wirtschaftspolit. Bereiche (einschließlich verbindl. Regeln für die Haushaltspolitik).

Im Mittelpunkt der ersten Stufe der EWWU (Beginn am 1. 7. 1990) standen die Aufhebung der Kapitalverkehrskontrollen innerhalb der EG sowie eine engere Kooperation in der Wirtschaftspolitik der Mitgl.-Staaten.

Zu den wichtigsten Maßnahmen im Rahmen der zweiten Stufe (Beginn am 1. 1. 1994) zählte die Gründung des Europ. Währungsinstituts (EWI) als Vorläufer der Europ. Zentralbank (EZB). Das EWI war mit der unmittelbaren techn. und prozeduralen Vorbereitung der Währungsunion befasst, die Verantwortung für die Geldpolitik verblieb in dieser Phase auf nat. Ebene. Mit Beginn der zweiten Stufe, während der die wirtschaftl., fiskal. und monetäre Konvergenz der Mitgl.-Staaten verstärkt wurde, galt grundsätzlich ein Verbot, öffentl. Defizite durch die nat. Notenbanken zu finanzieren. Zudem war dem zwingenden Gebot der Autonomie der nat. Notenbanken zu entsprechen.

Mit dem Eintritt in die dritte Stufe zum 1. 1. 1999 ging die Verantwortung für die gemeinsame Geldpolitik im Währungsraum der neuen Einheitswährung Euro (€) auf das Europ. System der Zentralbanken (ESZB), auch Eurosystem gen., über. Zuvor, im Mai 1998, hatten die Staats- und Reg.-Chefs der EU-Mitgl.-Staaten auf ihrem Gipfeltreffen in Brüssel zunächst 11 Teilnehmerländer (→Eurozone) festgelegt; nicht von Anfang an dabei waren Dänemark, Griechenland, Großbritannien und Schweden. Am 1. 6. 1998 erfolgte die offizielle Gründung der EZB, am 31. 12. 1998 die Festlegung der für die unwiderrufl. Fixierung der Wechselkurse der beteiligten Länder notwendigen endgültigen Konversionskurse der nat. Währungen gegenüber dem Euro und im Januar 1999 die Inbetriebnahme des europ. Zahlungsverkehrssystems →TARGET. Während im Zahlungsverkehr zw. Banken und Nichtbanken bereits ab 1. 1. 1999 die Landeswährungen durch den Euro ersetzt wurden, erfolgte die Ausgabe von Euro-Banknoten und -Münzen erst ab 1. 1. 2002. Bis dahin behielten die nat. Währungen zwar ihre Funktion als gesetzl. Zahlungsmittel, sie fungierten jedoch nur noch als Untereinheiten des Euro. Seit Anfang 1999 gab es deshalb auch keine offiziellen Wechselkurse zw. den nat. Währungen des Euro-Währungsraumes und gegenüber Drittstaaten mehr. Am 1. 1. 2002 löste der Euro dann endgültig die nat. Währungen als alleiniges gesetzl. Zahlungsmittel ab. Die nat. Zentralbanken sind allerdings auch weiterhin verpflichtet, jederzeit und unentgeltlich altes Geld in Euro umzutauschen. Die Umstellung aller Geldbestände (Guthaben, Schulden), Geldströme (z. B. Einkommen, Mieten) und Preise fand zu den offiziellen Konversionskursen statt (in Dtl. zum Kurs von 1,95583 DM für 1 €). In einzelnen Bereichen kam es dabei zu nicht unerhebl. Preiserhöhungen.

Europäische Wirtschafts- und Währungsunion: Umrechnungskurse der nationalen Währungen der Euroländer für 1 Euro

Staat	Währung (Abk.)	Umrechnungskurs
Belgien	Belgischer Franc (bfr)	40,3399
Deutschland	Deutsche Mark (DM)	1,95583
Finnland	Finnmark (Fmk)	5,94573
Frankreich	Französischer Franc (FF)	6,55957
Griechenland*)	Drachme (Dr.)	340,750
Irland	Irisches Pfund (Ir£)	0,787564
Italien	Italienische Lira (Lit)	1 936,27
Luxemburg	Luxemburgischer Franc (lfr)	40,3399
Niederlande	Holländischer Gulden (hfl)	2,20371
Österreich	Schilling (öS)	13,7603
Portugal	Escudo (Esc)	200,482
Spanien	Peseta (Pta)	166,386

*) Mitglied der Eurozone ab 1. 1. 2001

Europäische Zahlungsunion **Euro**

Europäische Wirtschafts- und Währungsunion: Konvergenzlage der EU-Staaten

	Inflationsrate[1]		Haushaltsdefizit/Überschuss (in % des BIP)		Staatsverschuldung (in % des BIP)		langfristiger Zinssatz[2]
	2002	2004	2002	2004	2002	2004	2004
Belgien	1,6	1,9	0,1	0,1	105,4	95,6	4,2
Dänemark	2,4	0,9	1,7	2,8	47,2	42,7	4,3
Deutschland	1,3	1,8	−3,7	−3,7	60,9	66,0	4,0
Estland	3,6	3,0	1,4	1,8	5,3	4,9	4,4
Finnland	2,0	0,1	4,3	2,1	42,5	45,1	4,1
Frankreich	1,9	2,3	−3,2	−3,7	59,0	65,6	4,1
Griechenland	3,9	3,0	−4,1	−6,1	112,2	110,5	4,3
Großbritannien	1,3	1,3	−1,7	−3,2	38,3	41,6	4,9
Irland	4,7	2,3	−0,4	1,3	32,6	29,9	4,1
Italien	2,6	2,3	−2,6	−3,0	108,0	105,8	4,3
Lettland	2,0	6,2	−2,7	−0,8	14,1	14,4	4,9
Litauen	0,4	1,1	−1,5	−2,5	22,4	19,7	4,4
Luxemburg	2,1	3,2	2,3	−1,1	7,5	7,5	−[3]
Malta	2,6	2,7	−5,9	−5,2	62,7	75,0	4,7
Niederlande	3,9	1,4	−1,9	−2,5	52,6	55,7	4,1
Österreich	1,7	2,0	−0,2	−1,3	66,7	65,2	4,2
Polen	1,9	3,6	−3,6	−4,8	41,2	43,6	6,9
Portugal	3,7	2,5	−2,7	−2,9	58,5	61,9	4,1
Schweden	2,0	1,0	−0,3	1,4	52,4	51,2	4,4
Slowakische Republik	3,5	7,4	−5,7	−3,3	43,3	43,6	5,0
Slowenien	7,5	3,6	−2,4	−1,9	29,5	29,4	4,7
Spanien	3,6	3,1	−0,3	−0,3	55,0	48,9	4,1
Tschechische Republik	1,4	2,6	−6,8	−0,3	30,7	37,4	4,8
Ungarn	5,2	6,8	2,3	−1,1	55,5	57,6	8,2
Zypern	2,8	1,9	−4,5	−4,2	65,2	71,9	6,1
EU-25	2,1	2,1	−2,3	−2,6	61,7	63,8	−[3]
Euro-Zone	2,3	2,1	−2,4	−2,7	69,5	71,3	4,1
Referenzwert[4]	2,9	2,6	−3,0	−3,0	60,0	60,0	6,1

1) Harmonisierter Verbraucherpreisindex, jährliche Veränderungen in %. – 2) Rendite langfristiger öffentlicher Anleihen in %. – 3) Für 2004 keine Zahlen verfügbar. – 4) Gemäß Konvergenzkriterien des Maastrichter Vertrages.

Die Teilnahme an der Europ. Währungsunion (EWU) war – und wird es auch künftig für neue Mitgl. sein – von der Erfüllung der im Maastrichter Vertrag definierten **Konvergenzkriterien** abhängig:
- Preisniveaustabilität: Die durchschnittl. Inflationsrate darf im Jahr vor der Eintrittsprüfung maximal 1,5 Prozentpunkte über derjenigen der höchsten drei preisstabilsten Länder liegen.
- Die Teilnahme am Wechselkursmechanismus des EWS unter Einhaltung der normalen Bandbreite muss mindestens zwei Jahre betragen; insbes. darf die Landeswährung in diesem Zeitraum nicht auf Initiative des Beitrittskandidaten abgewertet worden sein.
- Der langfristige Nominalzins darf im Verlauf eines Jahres vor dem Konvergenztest höchstens 2 Prozentpunkte über denjenigen der höchsten drei Länder mit den niedrigsten Inflationsraten liegen.
- Das jährl. Haushaltsdefizit darf 3% des Bruttoinlandsprodukts (BIP) nicht überschreiten, es sei denn, die Quote ist erheblich und laufend zurückgegangen und liegt in der Nähe des Referenzwertes.
- Der öffentl. Schuldenstand bezogen auf das BIP darf 60% nicht übersteigen, es sei denn, die Quote ist hinreichend rückläufig und nähert sich dem Referenzwert.

Bereits im September 1996 hatten sich die Finanz-Min. und Notenbank-Präs. der EU-Staaten auf einen →Stabilitäts- und Wachstumspakt zur Einhaltung der Konvergenzkriterien auch nach Beginn der EWU sowie auf einen neuen, flexibleren Wechselkursmechanismus zw. dem Euro und den Währungen der Länder, die nicht sofort an der EWU teilnehmen können (EWS II; →Europäisches Währungssystem), geeinigt.

Als Vorteile der EWU gelten insbes. der Wegfall von Wechselkursrisiken sowie währungsbedingter Transaktions- und Kurssicherungskosten, erhöhte Planungssicherheit für Investitionen und der Wegfall wechselkursbedingter Wettbewerbsverzerrungen. Umstritten ist, welche Auswirkungen sich für den Arbeitsmarkt sowie die Tarif- und Sozialpolitik ergeben.

◆ W. Polster: Europ. Währungsintegration (2002); S. Friedl: Die E. W.- u. W. (2003); Die E. W.- u. W., hg. v. der Dt. Bundesbank (2004).

Europäische Zahlungsunion, Abk. **EZU,** ein am 19. 9. 1950 von allen Mitgl.-Ländern der Organisation für europ. wirtschaftl. Zusammenarbeit (OEEC) geschlossenes Abkommen, das im Rahmen eines multilateralen Verrechnungs- und Kreditsystems die Transferierbarkeit der europ. Währungen erhöhen und den Übergang zur Konvertibilität der Währungen erleichtern sollte. Am 27. 12. 1958 wurde die EZU, nachdem die meisten Mitgl.-Währungen konvertierbar gewor-

Euro — Europäische Zentralbank

den waren, durch das →Europäische Währungsabkommen abgelöst.

Europäische Zentralbank, Abk. **EZB,** zum 1. 6. 1998 gegründete Institution, die zus. mit den Notenbanken der 25 Mitgl.-Länder der EU (nat. Zentralbanken) das **Europäische System der Zentralbanken** (ESZB) bildet und seit 1. 1. 1999 (Beginn der dritten Stufe der Europ. Wirtschafts- und Währungsunion) für die einheitl. Geld- und Währungspolitik in der →Eurozone zuständig ist. Die EZB besitzt eine eigene Rechtspersönlichkeit; Sitz ist Frankfurt am Main. Zeichner und Inhaber des Grundkapitals (seit 1. 4. 2004: 5,565 Mrd. €) sind die nat. Zentralbanken.

Die EZB und das ESZB sind unabhängig, d. h., bei der Wahrnehmung ihrer Befugnisse, Aufgaben und Pflichten darf weder die EZB noch eine nat. Notenbank, noch ein Mitgl. ihrer Beschlussorgane Weisungen von Organen oder Einrichtungen der Europ. Gemeinschaften, Reg. der Mitgl.-Staaten oder anderen Stellen einholen oder entgegennehmen. Die Beschlussorgane der EZB sind der **EZB-Rat** und das **EZB-Direktorium.** Der Rat besteht aus den Mitgl. des Direktoriums der EZB und den Präs. der nat. Notenbanken der Länder der Eurozone. Das Direktorium setzt sich aus dem Präs., dem Vize-Präs. und vier weiteren Mitgl. zusammen; es führt die laufenden Geschäfte, während der Rat die für die Geldpolitik der Gemeinschaft notwendigen Richtlinien erlässt. Die Mitgl. des Direktoriums werden von den Reg. der Mitgl.-Staaten auf der Ebene der Staats- und Reg.-Chefs auf Empfehlung des Rates der EU, der hierzu das Europ. Parlament und den EZB-Rat anhört, aus dem Kreis der in Währungs- oder Bankfragen anerkannten und erfahrenen Persönlichkeiten einvernehmlich ausgewählt und ernannt. Die Amtszeit beträgt 8 Jahre. Der **Erweiterte Rat,** dem der Präs. und der Vize-Präs. der EZB sowie die Präs. der nat. Notenbanken aller EU-Staaten angehören, nimmt Aufgaben wahr, mit denen urspr. das Europ. Währungsinstitut betraut war. Dazu gehören u. a. Berichterstattung über die Konvergenzfortschritte der noch nicht zur Eurozone gehörenden EU-Länder und Erhebung statist. Daten. Derzeitiger Präs. der EZB ist (seit 1. 11. 2003) J.-C. →Trichet. An den Sitzungen des EZB-Rats können der Präs. des Rates der EU und ein Mitgl. der Europ. Kommission ohne Stimmrecht teilnehmen. Vorläufer der EZB war das →Europäische Währungsinstitut. Vorrangiges Ziel der EZB ist es, die Preisniveaustabilität zu gewährleisten. Unter dieser Prämisse unterstützt sie die allg. Wirtschaftspolitik in der Gemeinschaft. Ihre grundlegenden Aufgaben sind: Festlegung und Ausführung der Geldpolitik der Europ. Währungsunion, Durchführung von Devisengeschäften, Verwaltung der offiziellen Devisenreserven der Mitgl.-Staaten und Förderung des reibungslosen Ablaufs der Zahlungssysteme. Nach Art. 106 EG-Vertrag fungiert die EZB auch als Notenbank, d. h., die EZB und die nat. Zentralbanken sind zur Ausgabe von Banknoten berechtigt. Das Recht zur Ausgabe von Münzen liegt bei den Mitgl.-Staaten, wobei der Umfang der Genehmigung der EZB bedarf. Zur Durchführung ihrer Geschäfte können die EZB und die nat. Zentralbanken für Kreditinstitute, öffentl. Stellen u. a. Marktteilnehmer Konten eröffnen. Zum umfangreichen geldpolit. Instrumentarium der EZB gehören neben versch. Formen von Offenmarktgeschäften (Hauptrefinanzierungs- und längerfristige Refinanzierungsgeschäfte, Feinsteuerungsoperationen wie Devisenswapgeschäfte, Hereinnahme von Termingeldern, Schnelltendergeschäfte, definitive Käufe und Verkäufe sowie strukturelle Operationen durch Emission von Schuldverschreibungen) die Spitzenrefinanzierungs- und die Einlagenfazilität (ständige Fazilitäten), mit denen am Geldmarkt eine Zinsober- und eine Zinsuntergrenze markiert werden kann, sowie die Mindestreservepolitik. – Tabelle Seite 582

Europäisierung, Schlagwort zur Bez. der weltweiten Ausbreitung der wissenschaftlich-techn. Zivilisation Europas vom 17. Jh. an, die durch die industriellen und gesellschaftl. Revolutionen seit dem 18. und v. a. dem 19. Jh. weltweite Stoßkraft erhielt, auch gegenüber alten Weltkulturen zum Durchbruch gelangte und v. a. in Asien und Afrika (Beispiele: Japan und Ägypten) zu tiefen sozialen und kulturellen Spannungen zw. traditionalist. und westlich modernist. Elementen des Gesellschafts- und Wertgefüges führte. Die E. entwickelte sich v. a. infolge der beiden Weltkriege und der Auflösung der modernen Kolonialreiche zu einer Kraft, die das soziokulturelle Traditionsgefüge nichteurop. Gesellschaften infrage stellt, während gleichzeitig die polit. Verhaltensweisen westlich pluralist., egalitärer Demokratie als Mittel einer innergesellschaftl. Konfliktbewältigung häufig versagen. (→Europa, Geschichte)

Europa-Kolleg, internat. Bildungseinrichtung für postgraduale Studiengänge im Bereich Europastudien mit Standorten in Brügge und Warschau-Natolin. Studienfächer sind europ. Recht, Wirtschaft, Politik und Verw. sowie interdisziplinäre Studien. Der Lehrkörper des E.-K. ist multinational; Unterrichtssprachen sind Englisch und Französisch; Abschluss nach erfolgreichem einjährigem Studium: »Master of European Studies«. Derzeit studieren am E.-K. jährlich rd. 350 Studenten aus 40 europ. Staaten. – Das E.-K. wurde

Europäische Zentralbank

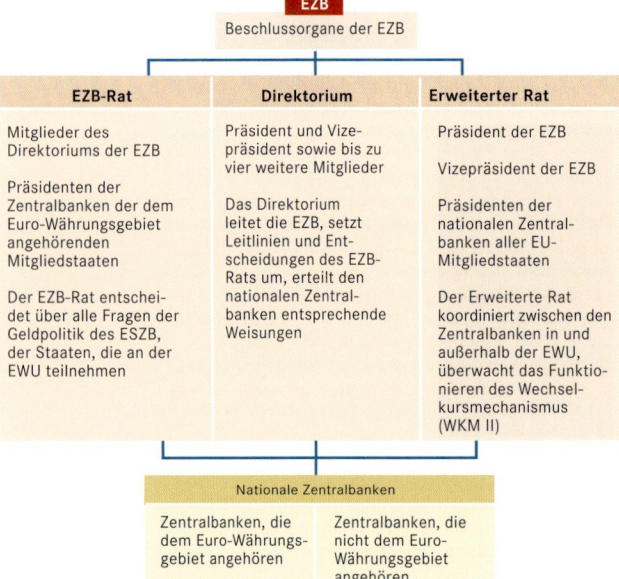

Europäische Zentralbank: Organisation der Europäischen Zentralbank und des Europäischen Systems der Zentralbanken

Europäische Zentralbank: Modell des neuen Hauptsitzes der EZB im Osten von Frankfurt am Main (Fertigstellung für 2008/09 geplant); der Entwurf des Wiener Architektenteams Coop Himmelb(l)au sieht ein Ensemble von zwei ineinander verschlungenen Türmen (Höhe 184 m) sowie einen Flachbau und die Einbeziehung der denkmalgeschützten Großmarkthalle vor.

1949 in Brügge gegründet; 1992 kam der zweite Campus in Warschau-Natolin hinzu. Die Studenten des E.-K. werden praxisorientiert auf Tätigkeiten in europ., internat. und nat. Behörden, Verw. und Verbänden mit europ. Bezug vorbereitet.

Europameisterschaft, Abk. **EM,** *Sport:* Wettkampf auf europ. Ebene. E. werden in vielen Sportarten in jeweils unterschiedl. Abständen ausgetragen. Der Sieger eines Wettbewerbs heißt **Europameister.** (→ Weltmeisterschaft)

Europapokal, Europacup [-kʌp], Abk. **EC,** *Sport:* in vielen Sportarten zumeist jährlich ausgetragener Pokalwettbewerb auf europ. Ebene. E.-Wettbewerbe werden meist für Landesmeister und nat. Pokalsieger (Vereinsmannschaften), aber auch für Nationalmannschaften und Einzelsportler durchgeführt. – Im *Fußball* ist der E. ein Wettbewerb für europ. und israel. Vereinsmannschaften. Seit 1955/56 wird der »E. der Landesmeister« (seit 1992/93 → Champions League) und seit 1971/72 der → UEFA-Pokal ausgetragen. Der »E. der Pokalsieger«, 1960/61 begonnen, wurde 1998/99 beendet und ging in den UEFA-Pokal ein.

Europarat, engl. **Council of Europe** [ˈkaʊnsl ɔf ˈjʊərəp], frz. **Conseil de l'Europe** [kɔ̃ˈsɛj dəlø'rɔp], eine Organisation europ. Staaten auf völkerrechtl. Grundlage; Sitz: Straßburg. Sie wurde durch private Initiativen wie die von R. N. Graf von COUDENHOVE-KALERGI, namentlich durch die Entschließungen des Kongresses der Europ. Unionsbewegungen in Den Haag (7.–10. 5. 1948), angeregt. Die von einer Zehn-Staaten-Konferenz in London ausgearbeitete Satzung vom 5. 5. 1949 sieht eine allgemeine Zusammenarbeit gleich gesinnter Mitgl.-Staaten zur Förderung des wirtschaftl. und sozialen Fortschritts vor, schließt aber militär. Fragen von der Zuständigkeit aus. Die Aufgaben des E. sollen durch seine Organe durch Beratung, Abschluss von Abkommen und gemeinsames Vorgehen auf wirtschaftl., kulturellem, sozialem und wiss. Gebiet und auf den Gebieten von Recht und Verwaltung sowie durch den Schutz und die Fortentwicklung der Menschenrechte und Grundfreiheiten erfüllt werden. Ein Schwerpunkt der Tätigkeit des E. ist die Annäherung der neuen Mitgl.-Staaten Mittel- und Osteuropas an die europ. Strukturen, die Förderung des demokrat. Reformprozesses und die Verbesserung der Rechtsstandards in diesen Staaten. Gründungs-Mitgl.: Belgien, Dänemark, Frankreich, Großbritannien, Irland, Italien, Luxemburg, Niederlande, Norwegen, Schweden. Im Laufe der Zeit traten Griechenland (1949), die Türkei und Island (1950), die Bundesrepublik Dtl. (Voll-Mitgl. seit 1951), Österreich (1956), Zypern (1961), die Schweiz (1963), Malta (1965), Portugal (1976), Spanien (1977) und Liechtenstein (1978) bei. Nach dem Beitritt von San Marino (1988), Finnland (1989), Ungarn (1990), Polen (1991), der ČSFR (1991; 1993 deren Nachfolgestaaten Tschech. Rep. und Slowak. Rep.), Bulgarien (1992), Estland, Litauen, Slowenien, Rumänien (1993), Andorra (1994), Albanien, Lettland, Makedonien, Moldawien, Ukraine (1995), Russland, Kroatien (1996), Georgien (1999), Armenien, Aserbaidschan (2001), Bosnien und Herzegowina (2002), Serbien und Montenegro (2003), Monaco (2004) gehören dem E. 46 Mitgl. an. Beobachterstatus im Ministerkomitee besitzen der Vatikan (seit 1970), Japan, Kanada und die USA (alle drei seit 1996) sowie Mexiko (seit 1999); Beobachter aus nat. Parlamenten bei der Parlamentarischen Versammlung stellen Israel, Kanada und Mexiko.

Organe des E. sind: 1) das **Ministerkomitee** (die Außen-Min. der Mitgl.-Staaten), dem innerhalb des E. die oberste Entscheidungsgewalt zukommt; nach außen kann es seine Beratungskompetenz am weitgehendsten verwirklichen; 2) die **Parlamentarische Versammlung** (auch **Beratende Versammlung**), zusammengesetzt aus den von den nat. Parlamenten entsandten Abg., deren Zahl sich nach der Größe der einzelnen Mitgl.-Staaten richtet, die über alle Fragen aus dem Zuständigkeitsbereich des E. berät und ihre Beschlüsse als Empfehlung an das Min.-Komitee weitergibt; sie ist nicht zu verwechseln mit dem Europ. Parlament der Europ. Gemeinschaften, deren Abg. in den Mitgl.-Staaten direkt gewählt werden; 3) das **Generalsekretariat,** das die Sekretariatsaufgaben für die zahlr. im Rahmen des E. bestehenden Versammlungs- (Parlaments-) und Regierungsexpertenausschüsse wahrnimmt; 4) der **Kongress der Gemeinden und Regionen Europas,** der beratende Funktionen hat und dessen Hauptziel es ist, die Gemeinden und Regionen am europ. Einigungsprozess und an der Arbeit des E. zu beteiligen. – Als Nachfolger des Österreichers WALTER SCHWIMMER (* 1942) wählte die Beratende Versammlung 2004 den Briten TERRY DAVIS (* 1938) zum Gen.-Sekr. Die Organisation wird durch Beiträge der Mitgl.-Staaten unterhalten. Dem E. verbunden sind der Europ. Gerichtshof für Menschenrechte

Euro Europarecht

Europäische Zentralbank: Anteile der jeweiligen nationalen Zentralbanken (NZB) am Kapital der EZB (2004)		
Staat	Anteile gemäß Kapitalschlüssel (in %)[1]	eingezahltes Kapital (in Mio. €)
Staaten des Euro-Währungsgebietes		
Belgien	2,5502	141,9
Deutschland	21,1364	1 176,2
Finnland	1,2887	71,7
Frankreich	14,8712	827,5
Griechenland	1,8974	105,6
Irland	0,9219	51,3
Italien	13,0516	726,3
Luxemburg	0,1568	8,7
Niederlande	3,9955	222,3
Österreich	2,0800	115,7
Portugal	1,7653	98,2
Spanien	7,7758	432,7
insgesamt	**71,4908**	**3978,2**
Staaten außerhalb des Euro-Währungsgebietes[2]		
Dänemark	1,5663	6,1
Estland	0,1784	0,7
Großbritannien	14,3822	56,0
Lettland	0,2978	1,2
Litauen	0,4425	1,7
Malta	0,0647	0,3
Polen	5,1380	20,0
Schweden	2,4133	9,4
Slowakische Republik	0,7147	2,8
Slowenien	0,3345	1,3
Tschechische Republik	1,4584	5,7
Ungarn	1,3884	5,4
Zypern	0,1300	0,5
insgesamt	**28,5092**	**111,1**

1) Anteile der NZB am Kapitalschlüssel der EZB werden nach den Anteilen der jeweiligen Mitgliedsstaaten an der Gesamtbevölkerung und am BIP der EU berechnet und alle 5 Jahre angepasst. – 2) Die NZB der Staaten außerhalb des Euro-Währungsgebietes müssen als Beitrag zu den Betriebskosten der EZB nur einen Mindestprozentsatz (derzeit 7%) des von ihnen gezeichneten Kapitals einzahlen.

(→Europäische Menschenrechtskonvention) und der bisherige Rat für kulturelle Zusammenarbeit, der das Arbeitsprogramm im Rahmen der kulturellen Zusammenarbeit in Europa koordiniert hat (Europ. Kulturkonvention vom 19. 12. 1954). Zum 1. 1. 2002 wurden der Rat und vier Fachausschüsse in vier Leitungsausschüsse umgewandelt.

Der E. erlässt keine unmittelbar geltenden Rechtsakte; seine Organe äußern sich in der Form von Entschließungen und Empfehlungen. Er ist ein Forum für Debatten über allgemeine europ. Fragen. In seinem Rahmen werden zwischenstaatl., völkerrechtlich verbindl. Abkommen abgeschlossen, die oft der Rechtsvereinheitlichung dienen; die herausragendsten Abkommen sind: die Europ. Menschenrechtskonvention vom 4. 11. 1950, das Europ. Fürsorgeabkommen vom 11. 12. 1953 zur Gleichbehandlung der Staatsangehörigen der Vertragsstaaten in der Fürsorgegesetzgebung, das Europ. Niederlassungsabkommen vom 13. 12. 1955, insbesondere zur Gewährleistung von Freizügigkeit, das Europ. Auslieferungsübereinkommen vom 13. 12. 1957 zur einheitl. Regelung der Auslieferung von Straftätern, das Europ. Rechtshilfeabkommen in Strafsachen vom 20. 4. 1959, die →Europäische Sozialcharta vom 18. 10. 1961, das Europ. Übereinkommen zur Bekämpfung des Terrorismus vom 27. 1. 1977, das Europ. Datenschutzabkommen (28. 1. 1981), die Konvention gegen Folter und entwürdigende Behandlung (26. 11. 1987), die Konvention über grenzüberschreitendes Fernsehen (5. 5. 1989), die Charta zum Schutz der Regional- und Minderheitensprachen (5. 11. 1992), die Konvention zum Schutz von Minderheiten (1. 2. 1995), die Bioethik-Konvention (4. 4. 1997) und die Konvention über strafrechtl. Aspekte der Korruption (27. 1. 1999). – Der E. symbolisiert sich seit dem 8. 12. 1955 in der **Europaflagge**, die zwölf kreisförmig angeordnete goldene Sterne auf azurblauem Grund zeigt.

📖 R. Wyder: Die Schweiz u. der E. 1949–1971 (Bern 1984); F. Kremaier: Das Europ. Parlament der EG u. die Parlamentar. Versammlung des E.s (1985); Entwicklung der Menschenrechte innerhalb der Staaten des E.s, Bd. 1, bearb. v. E. G. Mahrenholz u. a. (1987); 50 Jahre E., hg. v. U. Holtz (2000); D. Huber: Ein histor. Jahrzehnt. Der E. 1989–1999 (2001).

Europarecht, i. w. S. das sich im Wesentlichen seit dem Ende des Zweiten Weltkrieges entwickelnde Recht der zwischenstaatl. Integration Europas; i. e. S. das Recht der →Europäischen Gemeinschaften (EG-Recht oder Gemeinschaftsrecht).

Europareservat, Prädikat für bes. wichtige Landschaftsteile, die mindestens die Kriterien internationales Interesse, Lebensraum einer großen Zahl von Wat- und Wasservögeln, Teilverbot der Jagd und allgemeine Beruhigung, Kernbereich Naturschutzgebiet sowie wissenschaftl. Überwachung und Betreuung erfüllen müssen. Der Titel wird in Dtl. vom Dt. Rat für Vogelschutz verliehen und durch Bird Life International (früher Internat. Rat für Vogelschutz) anerkannt.

Die E. in Dtl. sind alle bedeutende Feuchtgebiete, z. B. Vogelfreistätte Wattenmeer östlich von Sylt, Nordfries. Wattenmeer, Elbe-Weser-Watt, Weser-Jade-Watt mit Jadebusen, Dümmer, Federsee, Unterer Inn, Steckby-Lödderitzer Forst. (→Ramsar-Konvention, →Vogelschutzrichtlinie)

Europartners, Kooperationsgruppe führender europ. Banken, gegr. 1970, Ende 1992 aufgelöst; Ziel war die Zusammenarbeit auf versch. Gebieten des Bankgeschäfts.

Europaschiff, Typschiff (Motorgüterschiff) der europ. Binnenschifffahrt, 85 m lang, 9,50 m breit, 2,80 m Tiefgang, bis 1 500 t Tragfähigkeit. Danach werden Querschnitt und Wassertiefe der Binnenwasserstraßen von europ. Bedeutung bemessen.

Europaschulen, im Unterschied zu den →europäischen Schulen allgemein bildende Schulen in Dtl., die über ein Schulprogramm (Schulprofil) mit besonderer europ. und internat. Orientierung und ein spezielles europ. Curriculum verfügen. Die Einrichtung von E. geht auf einen am 8. 6. 1978 gefassten und am 7. 12. 1990 erneuerten Beschluss der Kultusministerkonferenz (KMK) zur Förderung der europ. Dimension im Bildungswesen zurück. Anfang der 1990er-Jahre zunächst als Modellversuch eingeführt, haben sich bis heute in den meisten dt. Ländern E. mit unterschiedl. Schwerpunkten etabliert. Zu den übergreifenden Zielen von E. gehören u. a. die besondere Berücksichtigung europ. Themen in allen Unterrichtsfächern, ein erweitertes Fremdsprachenangebot, so z. B. durch den Ausbau bzw. die Einrichtung von bilingualen Unterrichtsangeboten, die Vermittlung und Förderung interkultureller Kompetenzen insbes. auch im Rahmen außerschul. Bildungsangebote, die verstärkte Beteiligung an europ. Bildungsprogrammen sowie der regelmäßige Austausch mit Bildungseinrichtungen in Ost- und Westeuropa zunehmend auch mittels elektron. Vernetzung.

Europastraßen, Fernstraßen des grenzüberschreitenden Verkehrs, gekennzeichnet durch Verkehrsschilder (weißes E und weiße Nummer auf grünem Grund). Die Festlegung von E. erfolgt durch die ECE (**E**conomic **C**ommission for **E**urope). E. werden seit 1975 in Straßen des Haupt- und Zwischenrasters (A-Straßen) sowie in Abzweigungen, Zubringer- und Verbindungsstraßen (B-Straßen) untergliedert. A-Straßen haben zwei Ziffern, B-Straßen drei Ziffern. Die Hauptrouten enden auf die Ziffern »0« (Verlauf in West-Ost-Richtung) oder »5« (Verlauf in Nord-Süd-Richtung). Der Hauptraster weist in West-Ost-Richtung neun E., in Nord-Süd-Richtung zehn E. auf. Das E.-Netz wurde in erster Linie auf vorhandene nat. Verkehrswege bezogen. Derzeit (2005) gibt es 234 E. mit einer Gesamtlänge von über 50 000 km.

Europa-Union Deutschland, überparteilicher, unabhängiger polit. Verband, der sich für die europ. Einigung auf demokrat. und föderalist. Grundlage einsetzt und die Schaffung einer europ. Föderation anstrebt; gegr. am 9. 12. 1946 in Syke (bei Bremen). Die E.-U. D. ist die dt. Sektion der Union Europäischer Föderalisten (Symbol: →Europaflagge); sie vereint (2005) in 15 Landes- sowie rd. 400 Bezirks-, Kreis-, Orts- und Stadtverbänden etwa 25 000 Einzel-Mitgl. aus allen gesellschaftl. Gruppen und demokrat. Parteien. Zu ihren Aktivitäten gehört die Informations- und Öffentlichkeitsarbeit zur Förderung des europ. Bewusstseins und zur Mobilisierung der Bürger für die europ. Integration. Sie wirkt im vorparlamentar. Raum und bemüht sich, auf die europapolit. Entscheidungsprozesse in Dtl. und bei den Organen der Europ. Union und des Europarates Einfluss zu nehmen.

Europa-Universität Viadrina [von lat. Viadrus »Oder«], die 1991 gegründete Univ. Frankfurt (Oder). Gegenwärtig (2004) bestehen drei Fakultäten (Rechts-, Wirtschafts- und Kulturwiss.) und drei Forschungs-Inst. (Frankfurter Inst. für Transformationsstudien, Interdisziplinäres Zentrum für Ethik, Heinrich-von-Kleist-Inst. für Literatur und Politik).

Europawahl, die Wahl der Abg. des Europ. Parlaments (→Europäische Gemeinschaften). Die Abg. werden seit 1979 in freier, gleicher und direkter Wahl zu einem einheitl. Zeitpunkt für eine Legislaturperiode von fünf Jahren gewählt; zuvor wurden sie von den Parlamenten der Mitgl.-Staaten delegiert. Bis zum Inkrafttreten eines einheitl. Wahlverfahrens für die E. sind die innerstaatl. Wahlverfahren anzuwenden. Die Mitgliedschaft im Europ. Parlament ist vereinbar mit derjenigen im Parlament eines Mitgl.-Staates der EG. Sie ist jedoch u. a. unvereinbar mit der Eigenschaft als Mitgl. der Reg. eines Mitgl.-Staates, als Mitgl. der Kommission der EG, als Richter des Europ. Gerichtshofs sowie als im aktiven Dienst stehender Beamter der EG. Jeder Unionsbürger kann (seit 1994) bei Wahlen zum Europ. Parlament sein aktives und passives Wahlrecht in dem Staat der EG wahrnehmen, in dem er seinen Wohnsitz hat, auch wenn er dessen Staatsangehörigkeit nicht besitzt (Art. 8 b Abs. 2 EG-Vertrag).

Europe ['jʊərəp, engl.], *Segeln:* 1992–2004 olymp. Einhandjolle für Frauen; Länge 3,35 m, Breite 1,38 m, Tiefgang (mit Schwert) 1 m, Segelfläche 7 m²; Segelzeichen: E. Die E. wird als olympische Klasse ab 2008 durch den Laser Radial (→Laser) ersetzt.

European Advisory Commission [jʊərə'piːən əd-'vaɪzərɪ kə'mɪʃn, engl.], Abk. **EAC, Europäische Beratende Kommission,** von der Konferenz der Außen-Min. der USA, der UdSSR, Großbritanniens und Chinas in Moskau eingesetzte Kommission, die 1943–45 in London die alliierten Kapitulationsbedingungen gegenüber Dtl. sowie dessen Besetzung und Verwaltung nach der Kapitulation beriet (u. a. Festlegung der alliierten Besatzungszonen in Dtl. und Österreich; →Londoner Protokolle).

European Aeronautic Defense and Space Company N. V. [jʊərə'piːən eərə'nɔːtɪk dɪ'fens ænd 'speɪs 'kʌmpənɪ -, engl.], →EADS N. V.

European Business School [jʊərə'piːən 'bɪznɪs 'skuːl, engl.], Abk. **ebs,** staatlich anerkannte private wiss. Hochschule für Betriebswirtschaftslehre, gegr. 1971 in Offenburg, seit 1980 Sitz auf Schloss Reichartshausen in Oestrich-Winkel (Rheingau-Taunus-Kreis).

European Coal and Steel Community [jʊərə'piːən 'kəʊl ənd 'stiːl kə'mjuːnɪtɪ, engl.], Abk. **ECSC,** die →Europäische Gemeinschaft für Kohle und Stahl.

European Communities [jʊərə'piːən kə'mjuːnɪtɪz, engl.], die →Europäischen Gemeinschaften.

European Credit Transfer and Accumulation System [jʊərə'piːən 'kredɪt træns'fəː ənd əkjuːmjə-'leɪʃn 'sɪstəm, engl.], Abk. **ECTS,** *Hochschulwesen:* System zur Akkumulation und zum Transfer von Studienleistungen im →europäischen Hochschulraum, das ermöglichen soll, die an Hochschulen in verschiedenen europ. Ländern erzielten Studienleistungen miteinander zu vergleichen und im Ausland erbrachte Studienleistungen an der Heimathochschule anerkennen zu lassen. Das ECTS wurde als **European Credit Transfer System** ursprünglich im Rahmen eines Modellversuchs der EU in den Jahren 1989 bis 1997 entwickelt. In diesem Zeitraum haben es insgesamt 145 Hochschulen aus allen EU-Mitgliedstaaten und den EFTA-Ländern erprobt und anhand ihrer Erfahrungen verbessert. Seine Einführung richtete sich auf die Erleichterung der Mobilität von Studierenden, die am EU-Austauschprogramm ERASMUS teilnahmen. Das ECTS war deshalb zu Beginn v. a. ein Transfersystem, mit dem sichergestellt werden sollte, dass im europ. Ausland absolvierte Studienabschnitte ohne Verluste in den Studienverlauf an der Heimathochschule integriert werden konnten. Durch die zunehmende Harmonisierung des europ. Hochschul- und Forschungsraumes (Bologna-Prozess, →Europäischer

Europastraßen

European Credit Transfer and Accumulation System: Notensystem			
ECTS-Note	Studenten, die die Prüfung bestanden haben (in %)	ECTS-Definition	Übersetzung
A	die besten 10	excellent	hervorragend
B	die nächsten 25	very good	sehr gut
C	die nächsten 30	good	gut
D	die nächsten 25	satisfactory	befriedigend
E	die nächsten 10	sufficient	ausreichend
FX/F	–	fail	nicht bestanden

Euro European Currency Unit

European Film Award: Preisträger		
Jahr	Film	Regie
1988	Ein kurzer Film über das Töten	Krzysztof Kieślowski
1989	Landschaft im Nebel	Theo Angelopoulos
1990	Offene Türen	Gianni Amelio
1991	Riff-Raff	Ken Loach
1992	Gestohlene Kinder	Gianni Amelio
1993	Urga	Nikita Michalkow
1994	Lamerica	Gianni Amelio
1995	Land and Freedom	Ken Loach
1996	Breaking the Waves	Lars von Trier
1997	The Full Monty – Ganz oder gar nicht	Peter Cattaneo
1998	Das Leben ist schön	Roberto Benigni
1999	Alles über meine Mutter	Pedro Almodóvar
2000	Dancer in the Dark	Lars von Trier
2001	Die fabelhafte Welt der Amélie	Jean-Pierre Jeunet
2002	Sprich mit ihr	Pedro Almodóvar
2003	Good Bye, Lenin!	Wolfgang Becker
2004	Gegen die Wand	Fatih Akin

Hochschulraum) haben sich die Anforderungen an das System jedoch erheblich verändert. Es soll nun als länderübergreifendes System auch zur Akkumulation von →Leistungspunkten dienen und so auf lange Sicht die Anerkennung und Umrechnung von Studienleistungen in einzelstaatl. Bewertungssysteme überflüssig machen. Seit 1998 fordert das dt. Hochschulrahmengesetz die Hochschulen auf, für ihre Studiengänge ein Leistungspunktsystem zu entwickeln und anzuwenden. Für die gestuften Studiengänge zum Bachelor und Master ist nach Beschlüssen der Kultusministerkonferenz von 1999 grundsätzlich nachzuweisen, dass sie mit einem solchen System ausgestattet sind und dass dieses ECTS-kompatibel ist. Wichtigste Bestandteile des ECTS sind die Anrechnungspunkte (Credit Points) und die Bewertungsskala (Grading Scale): Die Credit Points spiegeln den quantitativen student. Arbeitsaufwand wider; sie werden im →Kurskatalog (Course Catalogue) festgesetzt und nach der Arbeitszeit berechnet, die von einem Studierenden erbracht werden muss, um das Lernziel einer Lerneinheit zu erreichen. Dabei wird davon ausgegangen, dass das gesamte Arbeitspensum (Workload), das den Besuch von Lehrveranstaltungen, Vor- und Nachbereitung, Selbststudium, Exkursionen, Anfertigung von Hausarbeiten usw. einschließt, innerhalb eines Jahres mit einem relativen Wert von 60 ECTS-Punkten anzusetzen ist. Ein Credit Point des ECTS steht für 25–30 Arbeitsstunden, sodass sich eine jährl. Arbeitszeit von 45 Wochen à 40 Stunden ergibt. Eine Prüfung stellt fest, ob die Studienleistung erbracht worden ist. Anrechnungspunkte können also nur dann verliehen werden, wenn die erfolgreiche Teilnahme an einer Studieneinheit gemäß der jeweiligen Prüfungsordnung nachgewiesen ist; eine Abstufung nach Leistung allerdings gibt es nicht (Prinzip des »Alles-oder-nichts«). Die Benotung erfolgt weiter nach den jeweiligen Prinzipien der Hochschule, an denen die Studienleistung erbracht wurde, in Dtl. also anhand der Skala von 1 bis 5. Im Falle des Transfers muss diese Note durch eine ECTS-Note ergänzt werden, für deren Erstellung die Bewertungsskala dient. Diese gliedert die Ergebnisse der Leistungsbewertung in einer statist. Aufschlüsselung: Die Note A wird für die besten 10 % einer Prüfung vergeben, die Note B für die nächsten 25 %, die Note C für die nächsten 30 %, die Note D für die nächsten 25 % und die Note E für die letzten 10 %. Mit dieser Bewertung soll die individuelle Leistung des Studierenden möglichst präzise ausgedrückt und zw. Gast- und Heimathochschule unproblematisch kommuniziert werden. Hochschulen, die das ECTS entsprechend den Vorgaben der EU-Kommission einführen, können die Verleihung eines ECTS-Labels beantragen.

European Currency Unit [jʊərəˈpiːən ˈkʌrənsi ˈjuːnɪt, engl.], Abk. **ECU** [eˈky], die →Europäische Währungseinheit.

European Economic Community [jʊərəˈpiːən iːkəˈnɒmɪk kəˈmjuːnɪtɪ, engl.], Abk. **EEC** [iːiːˈsiː], die →Europäische Wirtschaftsgemeinschaft.

European Fair Trade Association [jʊərəˈpiːən ˈfɛə ˈtreɪd əsəʊsiˈeɪʃn, engl.], Abk. **EFTA**, →GEPA.

European Film Academy [jʊərəˈpiːən - əˈkædəmɪ, engl.], **Europäische Filmakademie**, Abk. **EFA**, 1989 (als European Cinema Society) gegründete Organisation zur Förderung des europ. Films mit Sitz in Berlin. Die E. F. A. (seit 1991 unter diesem Namen) verleiht jährlich in versch. Kategorien den →European Film Award (früher »Felix«). Ihr erster Präsident war INGMAR BERGMAN, der 1996 von W. WENDERS abgelöst wurde.

European Film Award [jʊərəˈpiːən - əˈwɔːd, engl.], **Europäischer Filmpreis**, bis 1997 **Felix**, seit 1988 jährlich von der European Film Academy in versch. Kategorien v. a. an europ. Regisseure, Schauspieler, Drehbuchautoren u. a. verliehener Filmpreis in Form einer Statuette. Der E. F. A. versteht sich als Gegengewicht zum →Oscar und soll den europ. Film stärken.

In der Kategorie Lebenswerk wurden bisher ausgezeichnet: INGMAR BERGMAN und M. MASTROIANNI (1988); F. FELLINI (1989), A. WAJDA (1990), ALEXANDRE TRAUNER (* 1906, † 1993; 1991), B. WILDER (1992), M. ANTONIONI (1993), R. BRESSON (1994), M. CARNÉ (1995), A. GUINNESS (1996), JEANNE MOREAU (1997), 1998 nicht vergeben, E. MORRICONE (1999), RICHARD HARRIS (* 1930, † 2002; 2000), die Komikertruppe Monty Python (2001), TONINO GUERRA (* 1920; 2002), C. CHABROL (2003), C. SAURA (2004).

European Free Trade Association [jʊərəˈpiːən friː ˈtreɪd əsəʊsiˈeɪʃn, engl.], Abk. **EFTA**, die →Europäische Freihandelsassoziation.

European Monetary Institute [jʊərəˈpiːən ˈmʌnɪtəri ˈɪnstɪtjuːt, engl.], Abk. **EMI** [iːemˈaɪ], das →Europäische Währungsinstitut.

European Monetary System [jʊərəˈpiːən ˈmʌnɪtəri ˈsɪstəm, engl.], Abk. **EMS** [iːemˈes], das →Europäische Währungssystem.

European Physical Society [jʊərəˈpiːən ˈfɪzɪkl səˈsaɪətɪ, engl.], Abk. **EPS** [iːpiːˈes], **Europäische Physikalische Gesellschaft**, 1968 am →CERN durch 18 nationale physikal. Gesellschaften gegründete Vereinigung zur Unterstützung von Physik und Physikern in Europa; Sitz: Genf; etwa 3 500 individuelle Mitgl. und über die 38 angeschlossenen nationalen Organisationen mehr als 80 000 Mitgl. (2004). Arbeitsschwerpunkte sind Öffentlichkeitsarbeit, die Organisation von Konferenzen, Vergabe von Ausbildungsförderungen und Preisen sowie die Herausgabe von Zeitschriften. Zu den Publikationen der EPS gehören: Europhysics News, Europhysics Letters, European Journal of Physics sowie European Conference Abstracts.

European Product Code, [jʊərə'piːən prə'dʌkt 'koːt, engl.], *Handel:* →UPC-System.

European Recovery Program [jʊərə'piːən rɪ'kʌvərɪ 'prəʊgræm, engl.], →ERP.

European Southern Observatory [jʊərə'piːən 'sʌðən əb'zɜːvətrɪ, engl.], Abk. **ESO** [iːes'əʊ], die →Europäische Südsternwarte.

European Space Agency [jʊərə'piːən 'speɪs 'eɪdʒənsɪ, engl.], Europäische Weltraumorganisation, →ESA.

European Space Operations Centre [jʊərə'piːən 'speɪs ɔpə'reɪʃnz 'sentə, engl.], Abk. **ESOC,** Europ. Operationszentrum für Weltraumforschung, →ESA.

European Space Research and Technology Centre [jʊərə'piːən 'speɪs rɪ'sɜːtʃ ənd tek'nɔlədʒɪ 'sentə, engl.], Abk. **ESTEC,** Europ. Zentrum für Weltraumforschung und -technologie, →ESA.

European Space Research Institute [jʊərə'piːən 'speɪs rɪ'sɜːtʃ 'ɪnstɪtjuːt, engl.], Abk. **ESRIN,** Europ. Weltraumforschungs-Institut, →ESA.

European Space Research Organization [jʊərə'piːən 'speɪs rɪ'sɜːtʃ ɔːgənaɪ'zeɪʃn, engl.], Abk. →ESRO, Europ. Organisation für Weltraumforschung (→ESA).

European Trade Union Confederation [jʊərə'piːən 'treɪd 'juːnjən kənfedə'reɪʃn], Abk. **ETUC** [iːtiːjuː'siː], →Europäischer Gewerkschaftsbund.

European University Association, [jʊərə'piːən juːnɪ'vɜːsɪtɪ əsəʊsɪ'eɪʃn, engl.], Abk. **EUA,** Dachverband der europ. Univ. und nat. Rektorenkonferenzen, 2001 durch Zusammenschluss der Europ. Rektorenkonferenz und der Konferenz der Rektorenkonferenzen der EU gegründet, Sitz: Brüssel. Mitgl. sind (2005) 759 Hochschuleinrichtungen in 45 europ. Ländern. Allg. Zielsetzung ist die Förderung der Entwicklung eines einheitl. europ. Hochschul- und Forschungssystems (→europäischer Hochschulraum).

Europiden, *Sg.* **Europide** *der, -n,* veraltete typologisch-rassensystemat. Kategorie für die geograf. Varianten der in Europa, Nordafrika und dem Westteil Asiens einheim. Bevölkerungen, deren auffälligstes Merkmal eine in sich sehr stark abgestufte Pigmentarmut von Haut, Haar und Augen ist. Früher wurde die auf die Studie »The races of Europe« (1899) von WILLIAM ZEBINA RIPLEY (* 1867, † 1941) zurückgehende Einteilung allg. angewendet, die heute lediglich historisch von Bedeutung ist: 1) Nordiden (nordeurop. Rasse) mit den Varianten Fäliden und Dalonordiden, 2) Alpiniden (alpine Rasse), 3) Osteuropiden (osteurop. Rasse), 4) Dinariden (dinar. Rasse) und Anatoliden (vorderasiat. Rasse), 5) Mediterraniden (mittelmeerländ. Rasse) und Orientaliden (oriental. Rasse). Jeder dieser Gruppen wurden ein bestimmter Herkunfts- und Verbreitungsraum sowie unterschiedl. körperl. Kennzeichen zugeschrieben. Die versch. Erscheinungsbilder haben jedoch im zugrunde liegenden Verbreitungsraum oft längst nicht auf alle Individuen zugetroffen. Außerdem haben sie zeitlich und geografisch vielfach fluktuiert und unterliegen auch heute noch Veränderungen, die nicht genetisch begründet sein müssen.

Europium [nach dem Erdteil Europa] *das, -s,* chem. Symbol **Eu,** ein →chemisches Element aus der Reihe der →Lanthanoide. Es gehört zu den seltensten Seltenerdmetallen und ist gleichzeitig das reaktivste dieser Gruppe. Bei 150–180 °C entzündet es sich an der Luft. Außerdem oxidiert es an Luft sehr schnell. E., ein graues, gut verformbares Metall, kommt u. a. im Monazit vor. In seinen Verbindungen tritt es zwei- (farb-

Europium (chem. Symbol: Eu)	
Ordnungszahl	63
relative Atommasse	151,964
Häufigkeit in der Erdrinde	$1,0 \cdot 10^{-4}$ %
natürlich vorkommende stabile Isotope	^{151}EU (47,8), ^{153}EU (52,2)
bekannte instabile und radioaktive Isotope	^{131}EU bis ^{150}EU, ^{152}EU, ^{154}EU bis ^{162}EU
längste Halbwertszeit (^{150}EU)	36 Jahre
Dichte (bei 25 °C)	5,244 g/cm^3
Schmelzpunkt	822 °C
Siedepunkt	1596 °C
spezif. Wärmekapazität (bei 25 °C)	0,182 J/(g · K)
elektr. Leitfähigkeit (bei 25 °C)	$1,1 \cdot 10^6$ S/m
Wärmeleitfähigkeit (bei 27 °C)	14 W/(m · K)

los) oder dreiwertig (rosafarben) auf. E. findet Verwendung als Aktivator in den Leuchtmassen von Farbfernsehschirmen sowie als Neutronenabsorber in der Kerntechnik. E. dotierte Kunststoffe werden als Lasermaterialien verwendet, und einige komplexe E.-Verbindungen dienen als »Verschiebungsreagenzien« in der →NMR-Spektroskopie. – E. wurde 1901 von dem frz. Chemiker EUGÈNE ANATOLE DEMARÇAY (* 1852, † 1904) isoliert und benannt.

Europol, Kurz-Bez. für das gemäß Vertrag über die EU (Titel VI, Art. 29 Ziffer 9) zu errichtende Europ. Polizeiamt, Sitz: Den Haag. E. ist nach dem Vertrag zuständig für die polizeil. Zusammenarbeit zur Verhütung und Bekämpfung des Terrorismus, des illegalen Drogenhandels und sonstiger schwerwiegender Formen der internat. Kriminalität in Verbindung mit dem Aufbau eines unionsweiten Systems zum Austausch von Informationen. Das Übereinkommen über die Errichtung des Europ. Polizeiamts (E.-Übereinkommen) vom 26. 7. 1995 ist am 1. 1. 1998 in Kraft getreten. Bereits seit Anfang 1994 arbeitete eine Vorläuferinstitution von E., die »E. Drugs Unit«, die insbesondere dem Datenaustausch der nat. Polizeibehörden zur Bekämpfung der Rauschgiftkriminalität diente. Am 1. 7. 1999 nahm E. seine Arbeit in vollem Umfang auf.

Europoort ['øːroːpoːrt], Hafenanlagen von →Rotterdam, 1958–81 gebaut; bes. Erz-, Kohle-, Container- und Erdölhafen. Vom Rotterdamer Gesamtgüterumschlag entfallen rd. 75 % auf den E., der auch Standort großer Betriebe der petrochem., Düngemittel- und metallurg. Industrie ist.

Eurosignal, Europäischer Funkrufdienst, ein 1974–1998 in Dtl. bestehender Pagingdienst (→Funkrufdienst).

EuroSpeedway Lausitz [-spiːdweɪ -], der →Lausitzring.

Eurosport, europ. Privatfernsehsender, gegr. 1989; Gesellschafter des Veranstalters E. S. A. (Sitz: Issy-les-Moulineaux, Dép. Hauts-de-Seine, Frankreich) ist der frz. Privatsender TF 1. E. strahlt Sportübertragungen u. a. Sportsendungen europaweit in 18 Sprachen über Satellit und Kabel aus und kann von 92 Mio. Haushalten in 54 Ländern empfangen werden. Sitz der dt. Vertretung ist München.

Eurostat, Kurz-Bez. für →Statistisches Amt der Europäischen Gemeinschaften.

Eurotas *der,* neugriech. **Evrotas,** Hauptfluss der Landschaft Lakonien im SO des Peloponnes, Griechenland, 82 km lang; entspringt im südl. Arkadien,

Euro Eurotunnel

Eurotunnel: ein Eurostar-Hochgeschwindigkeitszug beim Verlassen des Eurotunnels bei Calais

durchfließt das Becken von Sparta, mündet in den Lakon. Golf.

Eurotunnel, Kanaltunnel, britisch-frz. Eisenbahntunnel zw. Folkestone und Calais; bestehend aus zwei eingleisigen Tunnelröhren (Durchmesser je 7,6 m) sowie einem dazwischenliegenden Lüftungs-, Wartungs- und Rettungstunnel (Durchmesser 4,8 m) mit Querverbindungen alle 375 m; Länge 50,45 km, davon 38 km unter dem Ärmelkanal (bis zu 127 m unter der Wasseroberfläche bzw. 65 m unter dem Meeresboden). Der in $6^1/_2$ Jahren von einem Unternehmenskonsortium erbaute, privat finanzierte und am 6. 5. 1994 offiziell eingeweihte Tunnel wird von der britisch-frz. Gesellschaft »E.« betrieben, die eine Konzession für 55 Jahre besitzt. Die vom frz. →TGV abgeleiteten Eurostar-Hochgeschwindigkeitszüge verkehren seit dem 14. 11. 1994 im Personenverkehr zw. London und Paris bzw. Brüssel (bis 300 km/h), wobei sie den E. mit 160 km/h durchfahren. Pkw, Lkw und Omnibusse werden im Huckepackverkehr in Shuttlezügen zw. Folkestone und Calais transportiert. Die Tunnelverbindung konkurriert seitdem mit dem Fähr- und dem Flugverkehr. Die E.-Gesellschaft ist hoch verschuldet. In den ersten zehn Betriebsjahren erfüllten sich die Gewinnerwartungen der Aktionäre nicht.

Euro-Vignette [-vɪnjɛtə], →Straßenverkehrsabgaben.

Eurovision, Organisation der →Europäischen Rundfunk-Union zum Austausch von Fernsehprogrammen und Nachrichtenbeiträgen; gegr. 1954; Sitz: Genf, dt. Zentrale in Köln.

Eurozone, Euro-Währungsraum, Euro-Währungsgebiet, Gebiet der 11 EU-Staaten (Belgien, Dtl., Finnland, Frankreich, Irland, Italien, Luxemburg, Niederlande, Österreich, Portugal, Spanien), die den Euro zum 1. 1. 1999 (Buchgeld) bzw. zum 1. 1. 2002 (gesetzl. Zahlungsmittel und Bargeld) als einheitl. Währung eingeführt haben. Griechenland wurde am 1. 1. 2001 Mitglied.

eury... [von griech. eurýs »breit«, »weit«], Präfixoid mit den Bedeutungen: 1) breit, z. B. eurysom (»breitwüchsig«); 2) weiter Bereich (auf Umweltfaktoren bezogen), z. B. Euryökie.

Euryale [zu griech. hálōs »Tenne«, »Rundung«], im trop. Asien verbreitete Gattung der Seerosengewächse. Wegen ihrer essbaren Samen wird E. ferox in China kultiviert.

Eurybiades, griech. **Eurybiádes,** spartan. Feldherr im Perserkrieg 480 v. Chr., befehligte bei Kap Artemision und Salamis die griech. Bundesflotte, lehnte jedoch die Verfolgung der geschlagenen Perser und einen sofortigen Vorstoß nach Osten ab.

Eurydice, Informationsnetz zum Bildungswesen in Europa; 1980 auf Initiative der Europ. Kommission eingerichtet mit dem Ziel, das Verständnis der europ. Bildungssysteme und -politiken zu fördern und damit die Zusammenarbeit der Mitgliedstaaten zu erleichtern; seit 1995 Bestandteil des →Sokrates-Programms. Das Informationsnetz besteht aus einer Europ. Informationsstelle (Brüssel) sowie nat. Informationsstellen, die von den Bildungsministerien der am Sokrates-Programm beteiligten Staaten eingerichtet werden. Arbeitsschwerpunkte: Beschreibungen der nat. Bildungssysteme und vergleichende Analysen zu spezif. Bildungsthemen; ferner die über das Internet zugängl. Datenbank Eurybase, die u. a. ein umfangreiches Glossar zum europ. Bildungswesen bietet.

Eurydike, griech. **Eurydíke,** griech. *Mythologie:* eine Dryade, Gattin des →Orpheus. Auf der Flucht vor dem sie begehrenden Aristaios starb sie an einem Schlangenbiss. Vergeblich versuchte Orpheus, sie aus dem Hades zurückzuholen.

Eurydike, griech. **Eurydíke,** Name makedon. und hellenistischer Herrscherinnen, u. a. der Mutter Philipps II. († 336 v. Chr.).

Eurydome [nach dem Geliebten des Zeus (lat. Jupiter) in der griech. Sage] *die, -,* ein Mond des Planeten →Jupiter.

Eurymedon, griech. **Eurymédon,** antiker Name eines Flusses in Pamphylien (Südanatolien), heute Köprüırmağı; war bis zur Stadt Aspendos schiffbar, in deren Nähe der Athener Kimon einen Sieg über Flotte und Heer der Perser (465 v. Chr.) erfocht.

Euryökie [zu griech. oîkos »Haus«, »Wohnort«] *die, -,* die Fähigkeit mancher Organismen, unter unterschiedl. Bedingungen zu gedeihen. Euryöke Arten sind aufgrund dieser »ökolog. Potenz« sehr weit verbreitet (Ubiquisten) und werden auch, da sie in versch. Biotopen vorkommen können, als **eurytope Arten** bezeichnet. Im Ggs. dazu stellen **stenöke Arten** spezif. Ansprüche an ihre Umwelt und können daher nur wenige Lebensstätten besiedeln (**stenotope Arten**). Die Präfixoide »eury-« (weit) und »steno-« (eng)

Eurotunnel: eine der zwei eingleisigen Tunnelröhren

können auch auf einen einzelnen Faktor bezogen werden. Dann geben sie an, ob eine Art diesen Faktor in weiten oder engen Grenzen toleriert. Z. B. können **eurytherme Tiere** beträchtl. Temperaturdifferenzen ertragen, **stenotherme Tiere** nicht; **euryhaline Tiere** (z. B. Lachs, Stichling) vertragen im Ggs. zu **stenohalinen Tieren** (z. B. Riffkorallen, Stachelhäuter) beträchtl. Schwankungen im Salzgehalt von Gewässern oder Böden. **Euryoxybionte Organismen** vertragen große Schwankungen im Sauerstoffangebot, **euryphage Organismen** sind auf keine bestimmte Nahrung spezialisiert, **euryphote Organismen** sind unempfindlich gegen Veränderungen der Lichtintensität. **Euryhygre Organismen** tolerieren starke Feuchtigkeitsschwankungen in dem sie umgebenden Medium, **euryhydre Pflanzen** stärkere Schwankungen des osmot. Drucks in ihren Geweben.

Eurypontiden, eines der beiden spartan. Königshäuser (neben den →Agiaden), benannt nach dem sagenhaften König Eurypon. Bedeutende Angehörige der Dynastie waren: AGESILAOS II., AGIS II., III. und IV., ARCHIDAMOS II. und III. sowie LEOTYCHIDAS II.

Eurypterida [zu griech. pterón »Flügel«], **Seeskorpione, Riesenskorpione,** zu den →Fühlerlosen gestellte Unterklasse ausgestorbener, gut gepanzerter Gliederfüßer mit rd. 200 bis etwa 2 m großen Arten im Meer, in jüngerer Zeit auch im Süßwasser; verbreitet vom Ordovizium bis zum Perm; Körper manchmal skorpionähnlich, mit stark verschmälertem, stacheltragendem Hinterkörper (zwölf bewegl. Segmente), u. a. bei der Gattung **Eurypterus** (bis 0,5 m lang) aus dem Silur.

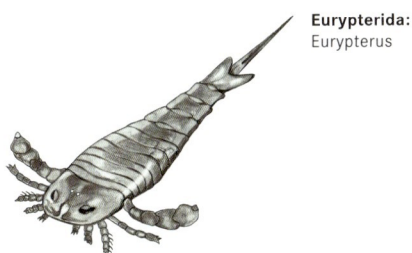

Eurypterida: Eurypterus

Eurydike mit Orpheus (rechts) und Hermes; so genanntes Orpheusrelief, Marmor, römische Kopie nach griechischem Original (um 420 v. Chr.; Neapel, Museo Nazionale Archeologico)

Eurystheus, griech. **Eurystheús,** *griech. Mythologie:* König von Mykene und Tiryns, Enkel des Perseus. Durch eine List der Hera wurde er Dienstherr des →Herakles, dem er zwölf Arbeiten auftrug. Als Herakles ihm den Erymanth. Eber lebend brachte, verkroch sich E. in ein Fass. Als er nach Herakles' Tod dessen Söhne verfolgte, wurde er von ihnen getötet.

Eurythmics [juəˈrɪðmɪks], brit. Rockduo; 1980 von ANNIE LENNOX (* 1954) und DAVID A. STEWART (* 1952) in London gegr.; LENNOX, die am Royal College of Music in London Flöte studiert hatte, und STEWART begannen ihre musikal. Laufbahn 1977 in der Band The Tourists. Die erste Schallplatte des Duos (»In the garden«, 1981) wurde wenig beachtet, doch mit den seit 1983 veröffentlichten Songs »Sweet dreams (are made of this)«, »Love is a stranger« und »Here comes the rain again«, in denen sie Synthesizerklänge und Soulgesang zu einem unterkühlten Ganzen verbanden und in elegant rätselhaften Videos präsentierten, erreichten sie ein weltweites Publikum. Seit Ende der 1980er-Jahre flachte der Erfolg ab; LENNOX zog sich zeitweilig von der Bühne zurück, STEWART arbeitete vorwiegend als Produzent. Sporadisch kam das Duo zu Konzerten und Schallplattenaufnahmen auch in den 1990er-Jahren zusammen (»Peace«, 1998).

🔊 **Eurythmics:** »Who's that girl?« 5822

Eurythmie [griech. eurhythmía »das richtige Verhältnis«, »Ebenmaß«] *die,* -, 1912 von R. STEINER auf den Grundlagen seiner Anthroposophie entwickelte Bewegungskunst. Jenseits von Ausdruckstanz, Pantomime, Ballett oder anderen Formen der rhythm. Gymnastik erschloss STEINER seine neuartige Gebärdensprache aus den Gesetzen der Wort- und Tonkunst sowie den Bewegungsformen des Kehlkopfes und formulierte ein choreograf. Bewegungsvokabular, das jedem Vokal, jedem Konsonanten, jedem Ton und dessen kompositor. Behandlung eine spezif. Bewegungsintention gibt. Andere Autoren verwenden die (etymologisch korrekte) Schreibweise **Eurhythmie.**

Eusebios von Kaisareia, Kirchenhistoriker, →Eusebius von Caesarea.

Eusebius, Papst 309 (310?), Grieche, † (als Verbannter) Sizilien 17. 8. 309 (310?); hielt an der strengen Bußforderung für in der Verfolgung abgefallene Christen (→Lapsi) fest. – Heiliger (Tag: 17. 8).

Eusebius von Caesarea, griech. **Eusébios von Kaisáreia,** Kirchenhistoriker, * Palästina um 263, † 339; seit 313 Bischof von Caesarea Palaestinae, vorübergehend abgesetzt, 325 auf dem Konzil von Nicäa rehabilitiert; verfasste die erste Kirchengeschichte, die durch zahlr. Zitate aus verloren gegangenen altchristl. Schriften als Quellenwerk wertvoll ist. (→Kirchengeschichtsschreibung)

Euselachii [zu griech. sélachos »Hai«], *die,* →Haie.
Euskadi, bask. Name des →Baskenlandes.
Euskirchen,
1) Kreisstadt in NRW, am SW-Rand der Kölner Bucht und am NO-Rand der Eifel, an der Erft, 160 m ü. M., 54 500 Ew.; Stadtmuseum; Papierverarbeitung, Zucker-, Tierfutter-, Glas-, elektron., Steinzeugindus-

Euskirchen 1) Stadtwappen

trie, Herstellung von Verbandsstoffen und Papierwindeln; Bundeswehrstandort. – In der kath. Pfarrkirche St. Martin (12.–15. Jh.), einer Pfeilerbasilika, Antwerpener Schnitzaltar (um 1520) und Taufbecken (12. Jh.). In E.-Frauenberg kath. Pfarrkirche St. Georg, eine Pfeilerbasilika (um 1100) mit Altartriptychon des Kölner MEISTERS DER URSULALEGENDE (um 1480), Kruzifix (um 1160), »Anno-Kelch« (um 1200). – E., im 11. Jh. durch die Zusammenlegung eines gleichnamigen Kirchdorfs mit anderen Dörfern entstanden, erhielt 1302 die Stadtrechte und wurde Ende des 14. Jh. befestigt. Seit 1355 gehörte E. zum Herzogtum Jülich; ab 1609 stand es unter der Herrschaft der pfälz. Wittelsbacher (Pfalz-Neuburg), 1794 kam es unter frz. Herrschaft (bis 1814). 1815 kam E. an Preußen. 1827 wurde es Kreisstadt des gleichnamigen Kreises.

2) Kreis im Reg.-Bez. Köln, NRW, 1 249 km^2, 192 700 Ew.; umfasst am Rand der Kölner Bucht die Zülpicher Börde mit fruchtbaren Lösslehmböden, Teile der Voreifel und der aus Devonschiefern und -kalken bestehenden Eifel im Einzugsgebiet der Erft und Urft/Rur (Naturparks). Entsprechend vollzieht sich der Übergang von Ackerrüben- und Weizenanbau auf Grünland- und Forstwirtschaft. Der Kreis E. hat Papier-, Bekleidungs-, Zuckerindustrie, Herstellung von Elektromotoren, Aromastoffen, Tiernahrung. Der Bereich Bad Münstereifel–Monschau–Schleiden dient dem Ballungsraum Köln/Bonn als Naherholungsgebiet.

eusoziale Insekten, Bez. für Insektenarten in Nestgemeinschaften, bei denen alle Nachkommen eines Weibchens (Königin) selber keine Nachkommen haben und in strenger Arbeitsteilung zusammenleben; u. a. Termiten, Ameisen, Honigbienen. (→ Insektenstaaten)

Eusozialität [zu →eu... und lat. socialitas »Geselligkeit«] die, -, *Verhaltensbiologie:* eine Lebensweise, bei der die Mitglieder einer Gemeinschaft auf eigene Nachkommen verzichten, aber Verwandte bei der Aufzucht des Nachwuchses unterstützen (→ Helfer). In der eusozialen Gemeinschaft leben mehrere Generationen zusammen und es herrscht Arbeitsteilung (Polyethismus). Eusozial leben beispielsweise die Termiten, Bienen, Hummeln, Wespen und Ameisen. Bei Wirbeltieren tritt E. seltener auf, z. B. bei den unterirdisch lebenden Nacktmullen.

Eusporangiatae, eusporangiate Farne, heterogene Farngruppe der → Farne, bei der die Sporangien (Eusporangien) aus mehreren Epidermiszellen entstehen und eine mehrschichtige Wand aufweisen. Zu ihnen werden die nicht näher miteinander verwandten → Natternzungengewächse und → Marattiopsida gerechnet.

Eußerthal, Gem. im Landkreis Südliche Weinstraße, Rheinl.-Pf., 980 Ew. – Vom ehem. Zisterzienserkloster (1148 gegr.) sind nur das letzte östl. Joch, der Chor und das Querschiff der Kirche (1262 geweiht) erhalten.

Eustache [ø'staʃ], Jean, frz. Filmregisseur und -autor, * Pessac (Dép. Gironde) 30. 11. 1938, † (Selbsttötung) Paris 5. 1. 1981. Mit »Die Mama und die Hure« (1973) schuf er ein Aufsehen erregendes, bedrückendes Porträt der Pariser Boheme nach 1968.

Weitere Filme: Die Rosenkönigin 1968/1979 (1968/79); Meine kleinen Geliebten (1976).

E|ustachi [-'stakki], Bartolomeo, ital. Anatom, * San Severino Marche (bei Macerata) 1520, † auf einer Reise in Fossombrone (bei Urbino) August 1574; Prof. an der Sapienza in Rom; schrieb eines der ersten Werke über die Zahnheilkunde; entdeckte u. a. die → Eustachi-Röhre.

E|ustachi-Röhre [-'stakki-] **Ohrtrompete, Ohrtube, Tuba auditiva (Eustachii),** nach B. EUSTACHI benannte, beim Menschen etwa 4 cm lange Verbindung zw. Nasen-Rachen-Raum und Mittelohr. Sie leitet sich von der bei den Knorpelfischen vorhandenen Verbindung zw. Spritzloch (urspr. Kiemenöffnung) und Vorderdarm ab. Die E.-R. ist durch das dichte Zusammenliegen der Schleimhautwandung im Innern ohne Lumen; sie öffnet sich nur beim Schlucken oder Gähnen, wodurch ein Druckausgleich zw. Mittelohr (Paukenhöhle) und Außenluft möglich wird.

Eustachius, legendärer Märtyrer (um 120/130), einer der vierzehn Nothelfer; nach der Legende ein röm. Offizier, der auf der Jagd durch die Erscheinung eines Hirsches mit einem Kreuz im Geweih bekehrt worden sein soll. Anfangs wie HUBERTUS als Patron der Jäger verehrt (Tag: 20. 9.), wurde diese Verehrung des E. im späten MA. weitgehend durch die Hubertusverehrung verdrängt. Seit 1979 wird E. nicht mehr im Heiligenkalender genannt.

Eustathios, Bischof und Patriarch (seit 323/324) von Antiochia, * Side (Pamphylien), † vor 337 (?); war als strenger Anhänger der Beschlüsse des 1. Konzils von Nicäa (325) Gegner des Arianismus; wurde um 330 deshalb nach Thrakien verbannt. Seine Anhänger bildeten in Antiochia eine Sondergemeinde, die sich bis ins 5. Jh. erhielt. – Heiliger (Tag: 16. 7.).

Eustathios von Thessalonike, byzantin. Gelehrter und Dichter, * Konstantinopel 1125, † zw. 1193 und 1198; war Philologe und Lehrer der Rhetorik in Konstantinopel und wurde 1174 Bischof, 1175 Erzbischof von Thessalonike. Er verfasste u. a. Kommentare zur »Ilias«, zur »Odyssee« und zu PINDAR, Scholien und eine Paraphrase von DIONYSIOS DEM PERIEGETEN sowie eine Schrift zur Reform des Mönchtums, die Geschichte der Eroberung der Stadt Thessalonike durch die Normannen (1185), polem. Schriften und Kanones, darunter den Kanon auf den hl. DEMETRIOS (den Patron von Thessalonike).

eustatische Meeresspiegelschwankungen [zu → eu... und griech. stásis »das (Fest)stehen«], im Ggs. zu den kurzfristigen → Meeresspiegelschwankungen langfristige, globale Hebungen und Senkungen des Meeresspiegels (→ Transgression, → Regression), die durch Veränderungen der Form der Ozeanbecken (langsames Auffüllen von Meeresbecken mit Sedimenten, Hebung oder Senkung des Meeresuntergrundes durch tekton. Einflüsse), des therm. Zustands des Ozeanwasserkörpers und des globalen Wasserkreislaufs (zeitweilige Festlegung in Form von festländ. Eisschilden, z. B. während der Eiszeiten) verursacht werden. Das größte Ausmaß hat dabei die **Glazialeustasie (Eiseustasie),** d. h. die durch Vergletscherung in den pleistozänen Eiszeiten (bewirkte die Senkung des Meeresspiegels, in der jüngsten Eiszeit [Weichsel-Eiszeit] etwa 90 m) und durch Abschmelzen des Eises in den Warmzeiten verursachten Meeresspiegeländerungen. Aufgrund von Klimaänderungsprozessen wird zurzeit mit einer Beschleunigung (Zunahme) der natürlichen e. M. gerechnet. Ein völliges Abschmelzen des heutigen Inlandeises und der übrigen Gletscher würde nach Abzug der isostat. Ausgleichsbewegungen des Untergrundes (→ Glazialisostasie, → Isostasie) einen Meeresspiegelanstieg von 68 m bewirken. Geringere Änderungen des Meeresspiegels werden durch klimatisch bedingte Temperaturänderungen des Meerwassers hervorgerufen.

Eustress [zu eu...], positive Komponente des →Stresses mit fördernden Auswirkungen auf das körperl. und seel. Wohlbefinden.

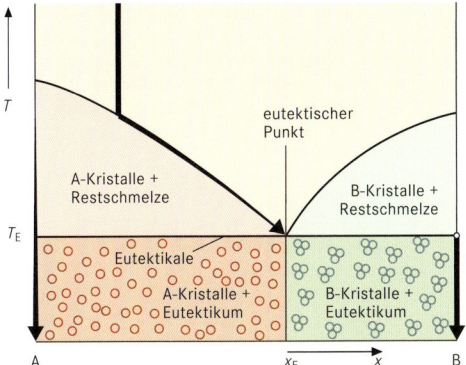

Eutektikum: Zustandsdiagramm eines Zweistoffsystems aus den Stoffen A und B bei vollständiger Löslichkeit in flüssigem Zustand (gelbes Feld) und vollständiger Unlöslichkeit in festem Zustand; Ordinate: absolute Temperatur T, T_E eutektische Temperatur, Abszisse: Molenbruch x, x_E eutektische Zusammensetzung dieses Systems

Eutektikum [zu griech. eútēktos »leicht zu schmelzen«] *das, -s/...ka*, **eutektisches Gemisch**, Gemenge zweier oder mehrerer Stoffe, in dem die Einzelstoffe in einer ganz bestimmten Zusammensetzung vorliegen und in festem Zustand nicht, in flüssigem dagegen völlig miteinander mischbar sind, z. B. eine Mischung aus Eis (Stoff A) und Ammoniumchlorid, NH_4Cl (Stoff B). Wenn man bei Raumtemperatur eine 10%ige Lösung herstellt, ist diese klar und enthält keinen Bodensatz (keine Kristalle). Kühlt man auf etwa −5 °C ab, beginnen sich Eiskristalle (A) abzuscheiden. Das Gemisch wird dadurch konzentrierter an NH_4Cl. Bei weiterer Abkühlung (entlang der Kurve im Schmelzdiagramm) schreitet die Eisabscheidung voran und die Konzentrierung des Gemischs nimmt zu. Dies geschieht so lange, bis Eis und NH_4Cl im eutekt. Mischungsverhältnis vorliegen (19,3 % NH_4Cl) und die **eutektische Temperatur** (−15 °C) erreicht ist. An diesem Punkt, dem **eutektischen Punkt,** erstarrt das Gemisch und wird zum Eutektikum. Im Falle von wässrigen Salzlösungen spricht man auch von **Kryohydrat** und dem **kryohydratischen Punkt.** Er wird auch erreicht, wenn man bei Raumtemperatur eine höher konzentrierte NH_4Cl-Lösung herstellt, z. B. 25%ig, und diese langsam abkühlen lässt. In diesem Fall scheiden sich bei etwa 10 °C NH_4-Cl-Kristalle (B) ab, weil ansonsten für diese Temperatur die Lösung übersättigt wäre. Jetzt wird die Lösung bei weiterer Abkühlung verdünnt. Am eutekt. bzw. kryohydrat. Punkt, also bei −15 °C, hat das Gemisch wiederum eine Konzentration von 19,3 % NH_4Cl. Das E. ist erreicht. Am eutekt. Punkt stehen alle Phasen miteinander im Gleichgewicht, also sowohl die Schmelze (bzw. die Lösung) als auch die Fest- und Gasphasen der Einzelkomponenten. Bei weiterer Abkühlung erstarrt das Gemisch einheitlich. Lösungsmittel und gelöste Stoffe gefrieren gleichzeitig, Eiskristalle und NH_4Cl-Kristalle liegen deshalb nebeneinander vor.

Ein eutekt. Gemisch bzw. ein Kryohydrat verhält sich also beim →Schmelzen wie ein reiner Stoff. Es erstarrt bei einer einheitl. Temperatur, wobei sich die Komponenten entmischen und nebeneinander in feinkristalliner Form (**eutektisches Gefüge**) auskristallisieren. Das E. hat im Stoffsystem den niedrigst mögl. Schmelzpunkt. Aus Schmelzen mit einer vom E. abweichenden Zusammensetzung kristallisiert bei Abkühlung zuerst die Komponente aus, deren Anteil größer als im E. ist. Wenn dann die Restschmelze die Zusammensetzung des E. erreicht hat, erstarrt sie bei Unterschreiten der eutekt. Temperatur zu einem eutekt. Gefüge, in das die »Primärkristalle« des bereits ausgeschiedenen Stoffes eingebettet sind.

E. bilden sich auch, wenn man heiße Schmelzen mischt, etwa von Stoffen, die bei Raumtemperatur fest sind, z. B. Cadmium-Zink-Gemische für die Elektronik oder Metalle. Viele eutekt. Gemische (etwa eutekt. Metall-Legierungen) lassen sich besser gießen, weil sie infolge der raschen Erstarrung keine großen Kristalle bilden. Außerdem haben sie in dieser Zusammensetzung den niedrigsten Schmelzpunkt, lassen sich also in der Metallurgie am besten verarbeiten. In der Technik und im Laboratorium nutzt man die Bildung von E. u. a. zur Herstellung von Kältemischungen, Streusalz oder Salzschmelzen für Heizbäder.

Eutektoid *das, -s/-e,* kristallines Gemenge (Gefüge) zweier oder mehrerer Stoffe, das sich bei Unterschreiten einer bestimmten Temperatur aus einer festen Lösung (Phase) von Mischkristallen dieser Stoffe infolge Umwandlung in zwei oder mehrere andere Kristallarten (Phasen) bildet. Ein Beispiel ist im Eisen-Kohlenstoff-System das Perlit, ein lamellenförmig aufgebautes E. von Ferrit (α-Eisen) und Zementit (Fe_3C), das sich in einem Stahl mit 0,8 % Kohlenstoffgehalt bei 723 °C aus Austenit bildet.

Eutelie *die,* die →Zellkonstanz.

Eutelsat S. A. [Abk. für engl. **Eu**ropean **tel**ecommunications **sat**ellite], heute weltweit agierendes Unternehmen für den Bau und Betrieb von Nachrichtensatelliten zur Übertragung von Telekommunikations-, Fernseh- und Rundfunkdiensten, Hauptsitz: Paris. – Das Unternehmen wurde am 2.7. 2001 gegründet und ging aus der 1982 gebildeten europ. zwischenstaatl. Organisation EUTELSAT hervor. Die E. S. A. bietet satellitenbasierte Kommunikationslösungen auch in Bereichen wie Internetzugang, Multimedia, Unternehmensnetzwerke an und unterhält (2004) 24 Satelliten, die zw. 15° w. L. und 75° ö. L. auf der geostationären Umlaufbahn (rund 36 000 km von der Erde entfernt) positioniert sind. Eutelsat-Satelliten erreichen mittlerweile fünf Kontinente und übertragen rd. 1 400 Fernsehkanäle und 700 Radioprogramme in

Eutelsat S. A.: Kontinentbereiche, die durch die Satelliten der Eutelsat-Flotte erreicht werden (2004)

mehr als 110 Mio. Haushalte in Europa, Nordafrika und im Mittleren Osten. – Die ersten Satellitensysteme waren 1978 das experimentelle System →OTS und 1983 das EUTELSAT-I-System →ECS. Die zweite Generation EUTELSAT II wurde (ab 1986) von Unternehmen in acht europ. Staaten gebaut und zw. 1990 und 1992 gestartet. Zum Satellitensystem gehören heute neben den fünf EUTELSAT-II-Satelliten die Serien HOT BIRD, EUROBIRD, ATLANTIC BIRD, W 1 bis W 5, SESAT sowie der weltweit erste Internetsatellit e-BIRD.

Euter, der bei Wiederkäuern, Unpaarhufern und Kamelen in der Leistengegend gelegene Milchdrüsenkomplex, der sich bei Pferden, Ziegen, Schafen und Kamelen aus zwei, bei Rindern aus vier voneinander unabhängigen Drüsenorganen mit je einer zapfen- bis fingerförmigen, der menschl. Brustwarze homologen **Zitze (Strich)** zusammensetzt. Auf der Zitze kann ein Strichkanal münden (beim Rind) oder zwei (beim Pferd). – *Erkrankungen:* Entzündungen der Milchdrüsen (Mastitis) werden v. a. durch Bakterien, seltener durch Pilze und Hefen verursacht. Als spezif. Entzündungen treten Tuberkulose, Brucellose und Aktinomykose auf. Weitere häufig vorkommende Erreger sind Streptokokken (→gelber Galt), Mikrokokken, Staphylokokken, Corynebakterien (→Holstein-Euterseuche), Colibakterien, Pseudomonaden, Klebsiellen, Salmonellen u. a. Da die Milch aus dem entzündeten E. Erreger und deren Giftstoffe enthalten kann, gefährdet ihr Genuss die menschl. und tier. Gesundheit. Dem Schutz des Menschen dienen gesetzl. Bestimmungen (z. B. das Milchgesetz).

Euthymides: Teilansicht einer Amphore mit dem sich rüstenden Hektor (um 500 v. Chr.; München, Staatliche Antikensammlung)

Euterpe [zu griech. *euterpés* »ergötzend«], *griech. Mythologie:* eine der →Musen.

Euthalios, christl. Grammatiker des 4. Jh.; gab die Paulusbriefe, Apostelgeschichte und kath. Briefe heraus; gliederte als Erster das N. T. in Sinnabschnitte.

Euthanasie [griech. »schöner Tod«] *die, -,* international gebräuchl. Bez. für →Sterbehilfe; wird in Dtl. mit Rücksicht auf den Missbrauch des Begriffs während der nat.-soz. Zeit (1933–45) weitgehend vermieden.

Geschichte Der Begriff E. findet sich bereits in der griechisch-röm. Antike; gemeint ist damit ein »guter«, d. h. schneller, leichter und schmerzloser Tod, manchmal auch der ehrenvolle Tod eines Kriegers im Kampf. E. bedeutete jedoch nur die bestimmte Todesart, nie bezog sie sich auf das Eingreifen eines Menschen in den Sterbeverlauf. Erstmals sah F. BACON (1605) die Schmerzlinderung bei Sterbenden als eine ärztl. Aufgabe an (»Euthanasia medica«).

In den Kreisen des Monistenbundes begann 1913 die Diskussion um die Straffreiheit einer E. mit gezielter Lebensverkürzung als Tötung auf Verlangen von Sterbenden und unheilbar Kranken. Das Recht des Individuums auf einen angenehmen Tod ist auch Programmpunkt der seit den 1930er-Jahren v. a. in den angelsächs. Ländern entstehenden E.-Gesellschaften. Ihre Forderungen stießen jedoch bisher gleichermaßen auf die Ablehnung des Gesetzgebers wie der ärztl. Standesvertretungen und der Kirchen.

E. als Vernichtungsprogramm im nat.-soz. Dtl.: Unter der irreführenden Tarn-Bez. »E.« führte die nat.-soz. Reg. in Dtl. ein Programm (1940–45) zur systemat. Tötung missgebildeter Kinder (Gehirnmissbildung) und erwachsener Geisteskranker durch. Sie konnte sich dabei auf eine sozialdarwinistisch geprägte Humangenetik stützen, die unter der Bez. »Rassenhygiene« bereits in der Zeit der Weimarer Republik (1918/19–33) vertreten worden war. In der von dem Juristen K. BINDING und dem Psychiater A. HOCHE 1920 veröffentlichten Schrift »Die Freigabe der Vernichtung lebensunwerten Lebens«, die den Nationalsozialisten u. a. als Rechtfertigung diente, ging es nicht mehr nur um Sterbende, sondern v. a. um die Tötung »leerer Menschenhülsen« und »Ballastexistenzen«, deren Pflege der menschl. Gemeinschaft nicht zugemutet werden könnte.

Die »Vernichtung lebensunwerten Lebens« – so auch die nat.-soz. Terminologie – durch Tötung, die seit 1938 in Abkehr von der zunächst vordergründig praktizierten »Erbgesundheitspolitik« (Zwangssterilisation; →Eugenik) offen propagiert wurde, ging auf eine Zustimmung A. HITLERS zur Gewährung des »Gnadentodes durch namentlich zu bestimmende Ärzte« vom Oktober 1939 zurück, die auf den 1. 9. 1939 datiert wurde. Am 9. 10. 1939 begann die »planwirtschaftl. Erfassung« der Patienten in allen staatl. sowie der Inneren Mission unterstellten Heil- und Pflegeanstalten. Am 18. 8. 1939 war die Meldepflicht für »missgestaltete usw. Neugeborene« eingeführt worden. Unter Verantwortung der Geheimorganistion »T 4« (Bez. nach dem Sitz der im Herbst 1939 eingerichteten »E.«-Zentrale in der Tiergartenstraße 4, Berlin) fielen dem zw. Anfang 1940 und August 1941 durchgeführten nat.-soz. E.-Programm (Tarnname: **»Aktion T 4«**) etwa 70 000 geistig oder psychisch kranke Menschen, aber auch Kinder und Jugendliche aus Fürsorgeeinrichtungen sowie Asoziale und Juden durch Massenvergasungen zum Opfer. Berüchtigte zentrale Tötungsanstalten befanden sich in Brandenburg an der Havel, Bernburg (Saale), Grafeneck (Gem. Gomadingen, Landkreis Reutlingen), Hadamar, Hartheim (bei Linz) und Sonnenstein (Pirna).

Am 23. 8. 1941 wurde die organisierte Mordaktion zunächst aufgrund kirchl. Proteste (Bischof T. WURM, Kardinal C. A. Graf VON GALEN) gestoppt, aber unter strengerer Geheimhaltung von September 1941 bis Mitte 1944 (in einigen Anstalten bis April 1945) fortgesetzt; ihr fielen noch einmal 20 000 bis 30 000 Menschen (auch aus den von Dtl. besetzten Gebieten Polens und der UdSSR, auch kranke »Fremdarbeiter«) zum Opfer. Unter der Tarn-Bez. **14 f 13** (auch: »Invalidenaktion«) wurden auch in Konzentrationslagern Kranke selektiert und in den E.-Anstalten Bernburg, Hartheim und Sonnenstein mit Gas ermordet. Opfer dieser Aktion waren mehr als 20 000 Menschen.

Nach Kriegsende erfolgte in zahlr. Fällen eine Verurteilung von belasteten Ärzten und Pflegepersonal.

🔊 **Euthanasie**: Über das NS-Euthanasieprogramm (BBC-Bericht, 1941) 1323

📖 E. oder soll man auf Verlangen töten?, hg. v. V. EID (²1985); Aktion T4 1939–1945. Die »E.«-Zentrale in der Tiergartenstraße 4, hg. v. G. ALY (²1989); Dokumente zur »E.«, hg. v. E. KLEE (Neuausg. 1992); Eugenik, Sterilisation, »E.«. Polit. Biologie in Dtl. 1895–1945, hg. v. J.-C. KAISER u. a. (1992); H.-W. SCHMUHL: Rassenhygiene, Nationalsozialismus, E. Von der Verhütung zur Vernichtung »lebensunwerten Lebens« 1890–1945 (²1992); J. S. HOHMANN: Der »E.«-Prozess Dresden 1947 (1993); Medizin ohne Menschlichkeit. Dokumente des Nürnberger Ärzteprozesses, hg. v. A. MITSCHERLICH u. F. MIELKE (Neuausg. 1993); W. BRILL: Pädagogik im Spannungsfeld v. Eugenik u. E. (1994); E. KLEE: »E.« im NS-Staat. Die »Vernichtung lebensunwerten Lebens« (Neuausg. 1994); T. BASTIAN: Furchtbare Ärzte. Medizinische Verbrechen im Dritten Reich (³2001); M. BURLEIGH: Tod u. Erlösung. E. in Dtl. 1900–1945 (a. d. Engl., Zürich 2002); W. SÜSS: Der »Volkskörper« im Krieg. Gesundheitspolitik, Gesundheitsverhältnisse u. Krankenmord im nat.-soz. Dtl. 1939–1945 (2003).

Eutheria [zu eu... und griech. thērion »Tier«], Unterklasse der Säugetiere (→ Plazentatiere).

Euthydemos I., gräkobaktr. König im 3. Jh. v. Chr., → Baktrien.

Euthymides, griech. **Euthymídes**, griech. Vasenmaler des rotfigurigen Stils, tätig um 510–490 v. Chr.; großfigurige Malerei im spätarchaischen Stil; Lehrer des KLEOPHRADESMALERS und des BERLINER MALERS; schuf v. a. die Amphora mit Raub der Korone (um 510 v. Chr.) und die Amphora mit tanzenden Zechern und dem sich rüstenden Hektor (um 500 v. Chr.; beide München, Staatl. Antikensammlung).

Euthymie [griech. »Frohsinn«, »Heiterkeit«] die, -, Gemüts- oder Seelenruhe.

Euthynen [zu griech. euthýnein »gerade richten«], Sg. **Euthyne** die, -, Anatomie: die → Richtachsen.

Eutin, Kreisstadt des Kreises Ostholstein, Schlesw.-Holst., in der Holstein. Schweiz zw. dem Großen und dem Kleinen Eutiner See, 17 000 Ew.; Fachschulen, Landespolizeischule, Kreisbibliothek, Ostholsteinmuseum; kleine und mittlere Gewerbebetriebe der Elektro-, Papier- und Metallwarenbranche. Die Eutiner Festspiele auf der Freilichtbühne im Schlosspark pflegen die romant. Oper (bes. »Der Freischütz« des 1786 in E. geborenen C. M. VON WEBER). – Ev. Michaeliskirche (13. Jh., später stark verändert) mit Gewölbemalerei (14. Jh.); die ursprüngl. Wasserburg wurde 1716–27 zum Barockschloss umgebaut (Repräsentationsräume mit Kunst- und Gemäldesammlungen, Kapelle von 1694; im Marstall Ostholsteinmuseum). – E., um 1143 als Marktort gegründet, kam 1156 an das Bistum Oldenburg (1160 nach Lübeck verlegt) und erhielt 1257 Lübecker Recht. Seit Mitte des 13. Jh. Residenz der Bischöfe von Lübeck, nach Einführung der Reformation bis 1773 der prot. Fürstbischöfe (seit 1586 aus dem Hause Holstein-Gottorf), war E. ab 1803 Hauptstadt des Fürstentums (ab 1919 des oldenburg. Landesteils) Lübeck und kam 1937 an Preußen.

Eutokios von Askalon, griech. **Eutokios**, byzantin. Mathematiker, * Askalon (heute Ashkelon) um 480; verfasste Kommentare zu Schriften des ARCHIMEDES und zu den ersten vier Büchern der »Konika« des APOLLONIOS VON PERGE, die wertvolles Material für die Geschichte der griech. Mathematik enthalten.

eutrop [zu eu... und griech. tropḗ »Hinwendung«], auf Pflanzen bezogen, deren Blüten verborgenen, für Insekten und Vögel schwer zugängl. Honig besitzen.

Eutin: Blick auf die Stadt und den Großen Eutiner See

Dementsprechend versteht man unter e. Tieren solche Arten, die speziell an diese Blütenformen angepasste Mundwerkzeuge aufweisen.

eutroph [zu eu... und griech. trophḗ »Nahrung«], nährstoffreich; auf Gewässer bezogen, die reich an tier. und pflanzl. Plankton sind. Typisch sind geringe Sichttiefe, grüne bis gelbe oder braungrüne Farbe des Wassers (→ Eutrophierung); Ggs.: oligotroph.

Eutrophie die, -, Medizin: 1) guter, ausgewogener Ernährungszustand (v. a. auf den Säugling bezogen); 2) regelmäßige, ausreichende Nährstoffversorgung eines Organs.

Eutrophierung, die natürl. oder künstl. Anreicherung von Pflanzennährstoffen in stehenden oder langsam fließenden Gewässern oder Meeresteilen sowie die dadurch verursachte Steigerung der pflanzl. Produktion und deren Folgen. Ausgangsfaktoren sind Phosphor- und Stickstoffverbindungen, wobei normalerweise das Phosphat als produktionsbegrenzender Minimumstoff den E.-Grad bestimmt. Nährstoffarme (oligotrophe) Stillgewässer unterliegen in geolog. Zeiträumen auch ohne Einfluss des Menschen einer langsamen E. (»Alterung«), wobei der Prozess in flachen Stillgewässern schneller abläuft als in tiefen. E. wird durch Einleiten von Abwasser oder Einschwemmung von Düngemitteln bei Bodenerosion und übermäßiger Düngung beschleunigt. Die Folgen sind vielfältig, z. B. starke Algenentwicklung und Verkrautung, v. a. mit zunehmender Wassertiefe abnehmender Sauerstoffgehalt, Änderungen bei Fauna und Flora, Faulschlammbildung, schlechter Geruch und Ungenießbarkeit des Wassers. Abhilfe ist möglich u. a. durch Unterbindung oder Verringerung des Nährstoffeintrags, Frischwasserzuleitung und Belüftung, Verminderung des Lichteinfalls (Beschattung durch Bäume oder Förderung der Wassertrübung, z. B. durch die Wühltätigkeit ausgesetzter Karpfen), Entfernen von Algen (chem. Abtötung, Mikrosiebung), Absaugen oder Ausbaggern von Sediment, Ableiten von nährstoffreichem Tiefenwasser oder durch Biomanipulation (z. B. Förderung von Algen fressendem Zooplankton durch Reduzierung Zooplankton fressender Fische). In bestimmten Fischteichen ist die E.

Eutin
Stadtwappen

eine Folge gezielter Düngung zum Zweck der Produktionssteigerung. Auf unnatürl. Düngung zurückzuführende E. kann auch im Meer auftreten, bes. in Küstennähe. Ein Beispiel für ein eutrophiertes Binnenmeer ist die Ostsee.

Eutropius, röm. Geschichtsschreiber des 4. Jh. n.Chr.; nahm 363 am Perserfeldzug Kaiser JULIANS teil. Als »Magister memoriae« unter Kaiser VALENS (364–378) verfasste er in dessen Auftrag einen Abriss der röm. Geschichte in zehn Büchern (»Breviarum ab urbe condita«), der den Zeitraum von der Gründung Roms bis zum Tod JOVIANS (364) umfasst. Das Werk wurde schon 380 von PAIANIUS ins Griechische übersetzt und wurde im MA. viel benutzt; fortgesetzt in sechs Büchern (bis 553) durch PAULUS DIACONUS, in acht Büchern (bis 820) durch LANDULFUS SAGAX.

Ausgaben: Abriss der röm. Gesch., übers. v. A. FORBIGER (²1911); Eutropi brevarium ab urbe condita (753 v. Chr.–364 n. Chr.). Einl., Text u. Übers., bearb. v. FRIEDHELM L. MÜLLER (1995).

Eutyches, Archimandrit eines Klosters in der Nähe von Konstantinopel, * Konstantinopel um 378, † nach 454; Gegner des NESTORIUS; behauptete unter Berufung auf KYRILL VON ALEXANDRIA, dass CHRISTUS nach der Fleischwerdung nur noch eine (göttl.) Natur gehabt habe (→ Monophysitismus). In Konstantinopel 449 verurteilt, gab ihm die »Räubersynode« von Ephesos 449 wieder Recht. In Chalkedon wurde seine Lehre 451 endgültig verdammt.

Eutychianus, Papst (274 oder 275 bis 282); unter ihm konnte sich die röm. Gemeinde festigen und ausbreiten.

Eutychides, griech. **Eutychides,** griech. Bildhauer aus Sikyon; Schüler des LYSIPP, arbeitete nach 300 v. Chr.; in zahlr. Kopien überliefert ist seine frühhellenist. Gruppe der »Tyche von Antiochia« (die Göttin auf einem Felsen sitzend und aus dem Wasser auftauchend der Flussgott Orontes).

EUV [Abk. von engl. extreme ultraviolet], *Physik:* → XUV.

EUWAX, Abk. für **European Warrant Exchange** [jʊəˈrəˈpiːən ˈwɔrənt ɪksˈtʃeɪndʒ, engl.], 1999 geschaffenes Marktsegment der Stuttgarter Wertpapierbörse; dient als Plattform für den Handel mit verbrieften Derivaten.

Euwe [ˈøːwə], Max (Machgielis), niederländ. Schachspieler, * Watergrafsmeer (heute zu Amsterdam) 20. 5. 1901, † Amsterdam 26. 11. 1981; Weltmeister 1935–37; war 1970–79 Präs. des Weltschachbundes.

Euxanthinsäure, → Indischgelb.

euxinisch [zu lat. Pontus Euxinus »Schwarzes Meer«], Bez. für Meeresteile und die in diesen abgelagerten Sedimente (→ Faulschlamm), die durch sauerstoffarmes, schwefelwasserstoffreiches Wasser geprägt sind, das höher organisiertes Leben unmöglich macht; z. B. in tieferen Teilen des Schwarzen Meeres.

Euzyte [zu eu... und griech. kýtos »Höhlung«] *die, -/-n,* Zelle mit membranumgrenztem Zellkern und Organellen; Organisationsform aller Eukaryoten (Einzeller, Pflanzen, Pilze, Tiere und der Mensch).

ev., Abk. für → **ev**angelisch.

eV, Einheitenzeichen für → Elektronvolt.

e.V., Abk. für **e**ingetragener → **V**erein.

E.v., Abk. für → **E**ingang **v**orbehalten.

Eva [ˈeːva, ˈeːfa], in der Vulgata **Heva,** beim Jahwisten (1. Mos. 3, 20; 4, 1) der kollektiv zu verstehende Name der Frau des ersten Menschen Adam, der Mutter Kains und Abels und Stammmutter des Menschengeschlechts. Der bibl. Schöpfungsbericht erzählt E.s Erschaffung aus dem Mann, d. h. das Einssein von Mann und Frau, die Verführung beider durch das Böse und ihre Bestrafung (→ Adam und Eva).

EVA, *Kerntechnik:* Abk. für **E**inwirkungen **v**on **a**ußen, Sammel-Bez. für natürl. Ereignisse und zivilisator. Einwirkungen wie Erdbeben, Sturm, Blitz, Hochwasser, Flugzeugabsturz, Druckwellen, Einwirkungen Dritter (z. B. Sabotage) u. a., gegen die Kernkraftwerke und sonstige kerntechn. Anlagen zur Schadensvorsorge (→ Auslegungsstörfälle) geschützt werden müssen. Die Anforderungen an die notwendigen Schutzmaßnahmen hängen z. T. von den Standortgegebenheiten ab, z. B. bei Erdbeben- oder Hochwassergefahr.

Die Schutzmaßnahmen bei Kernkraftwerken gegen Flugzeugabsturz und Einwirkungen Dritter wurden im Laufe der Jahre ständig weiterentwickelt und verbessert, hängen aber auch von der Bauart ab. Wie weit die dt. Kernkraftwerke, v. a. die älteren Anlagen, gegen terrorist. Angriffe, insbes. mit Flugzeugen, geschützt sind, ist jedoch umstritten.

Evagrius Scholasticus, Kirchenhistoriker, * Epiphania (Syrien) 536/537, † Antiochia um 600. Seine Kirchengesch. (den Zeitraum 431 [Konzil von Ephesos] bis 594 beschreibend) stellt eine der wichtigsten Quellen für die theolog. Entwicklung jener Zeit dar. Zeitlich schließt seine Kirchengesch. an die Kirchengeschichtsdarstellungen des SOKRATES SCHOLASTIKOS, THEODORET VON CYRUS und SOZOMENOS an.

evakuieren [frz., von lat. evacuare »leer machen«, zu vacuus »leer«],

1) *allg.:* (die Bewohner eines Gebietes, Hauses) wegen einer drohenden Gefahr (vorübergehend) aussiedeln; auch: eine Stadt, ein Gebiet räumen. Rechtsgrundlage sind die allgemeinen Polizeigesetze (polizeirechtl. Generalklausel), sofern nicht besondere Vorschriften, wie solche, die der Verteidigung dienen, bestehen.

2) *Physik, Technik:* ein → Vakuum erzeugen.

Evakuierung, *Feuerwehr:* Maßnahme zum Schutz von Personen oder Tieren vor Gefahren für das Leben oder die Gesundheit, indem diese geordnet aus einem Gefahrenbereich (z. B. ein gefährdetes Gebäude) herausgeführt und anschließend versorgt und untergebracht werden. Durch den vorbeugenden Brandschutz wird eine effektive E. ermöglicht. Von Bedeutung sind dabei die bauordnungsrechtl. Rettungswege. Zur Sicherung kurzer E.-Zeiten dienen spezielle Kennzeichnungen in Gebäuden und E.-Übungen mit dem Ziel, Ortskenntnis zu stärken und Verhaltensmuster auszuprägen. Im Unterschied zur E. versteht man unter **Flucht** Aktivitäten, mit denen sich Personen und Tiere durch Entfernung vom Gefahrenherd selbst in Sicherheit bringen, und unter **Räumung** alle Maßnahmen, um Personen und Tiere durch Aufforderung auf irgendeinem Wege schnellstmöglich aus dem Gefahrenbereich zu bringen. Dabei geht man davon aus, dass der gefährdete Bereich nach kurzer Zeit wieder betreten werden kann, sodass eine zwischenzeitl. Unterbringung oder Versorgung unnötig ist.

Evaluation [frz., zu évaluer »abschätzen«, »berechnen«, von lat. valere »stark sein«, »wert sein«] *die, -/-en,*

1) *bildungssprachlich:* sach- und fachgerechte Bewertung.

2) *Sozialwissenschaften* und *Technik:* Analyse und Bewertung eines Sachverhalts, v. a. als Begleitforschung einer Innovation. In diesem Fall ist E. Effizienz- und Erfolgskontrolle zum Zweck der Überprüfung der Eignung eines in Erprobung befindl. Modells. E. wird auch auf die Planung angewendet, zum Zweck der Beurteilung der Stringenz der Zielvorstellungen und der zu deren Verwirklichung beabsichtigten Maßnahmen. Bei der Analyse eines gegebenen Faktums ist E. die Einschätzung der Wirkungsweise, Wirksamkeit und Wirkungszusammenhänge. E. wird u. a. in der Handlungsforschung der angewandten Sozialforschung, Pädagogik, Psychologie und Psychiatrie herangezogen sowie in den Wirtschaftswissenschaften, in der Entwicklungspolitik, im Städtebau, bei Verkehrsanalysen, bei Untersuchungen von Infrastrukturen oder auch von Rechensystemen.

H. Wottawa u. H. Thierau: Lb. E. (Bern u. a. ³2003).

Evander, Per Gunnar, schwedischer Schriftsteller, * Ovansjö (heute zu Sandviken) 25. 4. 1933; erzählt in einer knappen und sachl. Ausdrucksweise von der Unfähigkeit der Menschen, ihre Gefühle auszudrücken, und von der zu einer völligen Isolation des Ichs führenden Kontaktarmut.

Werke: *Romane:* Bästa Herr Evander (1967); Sista dagen i Valle Hedmans liv (1971); Det sista äbentyret (1973); Orubbat bo (1983); Himmelriket är nära (1986); Medan dagen svalnar (1989). – *Drama:* O, alla min levnads dagar (1972).

Evangeliar *das, -s/-e,* **Evangeliarium** *das, -s/...ri|en,* Bez. für ein liturg. Buch mit dem vollständigen Text der vier Evangelien in der Abfolge der Bibel. Seit dem 4. Jh. sind dem Text oft Konkordanztafeln vorangestellt, aus denen die übereinstimmenden Stellen in den Evangelien hervorgehen. Bes. aus dem frühen MA. ist eine Reihe prachtvoll geschmückter E. erhalten, z. B. die →Ada-Handschrift (um 800; Trier, Stadtbibliothek), das von der →Reichenauer Malerschule angefertigte E. Ottos III. (um 1000; München, Bayer. Staatsbibliothek) und der Codex aureus Epternacensis (um 1030; Nürnberg, German. Nationalmuseum).

Evangelicals [iːvænˈdʒelɪkəlz, engl.], Richtung innerhalb der anglikan. Kirche, die im Ggs. zur (katholisierenden) High Church das »evangelikale« (reformator.) Element betont und als Low Church eine Gruppierung innerhalb der anglikan. Kirche wurde.

Evangelien [→Evangelium],

1) Bez. für die (in ihrer Anordnung) vier ersten Schriften des N. T.: Matthäus-, Markus-, Lukas-, Johannesevangelium. (→Evangelium)

2) Bez. für einige apokryphe, nicht in den Kanon des N. T. aufgenommene Texte über das Leben Jesu, meist über biograf. Details und Zeitabschnitte, über die in den kanon. E. nichts oder nur wenig ausgesagt ist. (→Evangelium)

Evangeli|enharmonie, seit A. Osiander Bez. für den Versuch, aus dem Wortlaut der vier Evangelien einen einheitl. Bericht vom Leben und Wirken Jesu zusammenzustellen. Die erste bekannte E. schuf im 2. Jh. der Syrer Tatian in seinem →Diatessaron. Eine Harmonisierung, d. h. Glättung, der unterschiedl. oder widersprüchl. Aussagen in den Evangelien ist nach moderner bibelwiss. Auffassung deshalb nicht möglich, weil die Evangelien nicht im eigentlichen Sinn histor. Lebensbeschreibungen Jesu sind, sondern – in unterschiedl. theolog. Akzentuierung und für unterschiedl. Adressaten verfasst – Glaubenszeugnisse früher Christen über das Leben, Leiden, den Tod und die Auferstehung Jesu Christi, die Grundlagen ihres Glaubens. Ungeachtet dieser Erkenntnis der histor.-krit. Bibelwiss. wurden auch im 20. Jh. E. verfasst, z. B. von August Vezin »Das Evangelium Jesu Christi«

Evangeliar: Initiale »LI« (Beginn des Matthäusevangeliums) aus dem Evangeliar Ottos III. (um 1000; Manchester, John Rylands Library)

(1938). Zu den E. i. w. S. zählen auch dichter. Bearbeitungen der Evangelien, z. B. der altsächs. →Heliand und das »Evangelienbuch« Otfrieds von Weissenburg.

Evangeli|enpult, das auf der →Evangelienseite auf einem Ambo oder Lettner befestigte Holz- oder Steinpult, Träger der Hl. Schrift. Es kann auch als selbstständiges Stehpult im Altarraum ausgebildet sein. Das E. erfuhr bes. in der Gotik eine reiche künstler. Gestaltung. Bedeutend ist u. a. das »Alpirsbacher Lesepult« (um 1150; Freudenstadt, Stadtkirche), das von den Holzstatuen der vier Evangelisten getragen wird. (→Adlerpult)

Evangeli|enseite, früher übl. Bez. für die vom Altar aus gesehen rechte Seite des Kirchenschiffs, von der aus das Evangelium verlesen wurde, im Ggs. zur **Epistelseite** (links), von der aus die →Epistel verlesen wurde.

Evangelii nuntiandi [lat. »die Verkündigung des Evangeliums (an die Menschen unserer Zeit)«], Apostol. Schreiben Papst Pauls VI. vom 8. 12. 1975; befasst sich im Rückblick auf das Zweite Vatikan. Konzil mit den Formen und Wegen der Evangelisierung in der modernen Welt. Die Evangelisierung wird als zentrale Aufgabe der Kirche hervorgehoben, wobei bes. das konkret gelebte Glaubenszeugnis der einzelnen Christen und christl. Gemeinden »vor Ort« in seiner überragenden Bedeutung für die Verbreitung der christl. Heilsbotschaft in der Welt herausgestellt wird.

evangelikal, für eine Theologie und Frömmigkeit innerhalb des Protestantismus stehender Begriff, die, von der unbedingten Autorität des N. T. (Evangeliums) ausgehend, dieses als von Gott unmittelbar und wortwörtlich gegebene Handlungsanweisung zur Gestaltung des eigenen Lebens und des Lebens der christl. Gemeinde interpretiert und die →Bekehrung

Evangelienpult: »Alpirsbacher Lesepult« mit den Evangelisten Matthäus, Markus, Lukas und Johannes (um 1150; Freudenstadt, Stadtkirche)

(»Wiedergeburt« im Hl. Geist) und →Heiligung als Grundlage, Mitte und Auftrag christl. Existenz betont.

evangelikale Bewegung, nach 1965 in der Bundesrep. Dtl. in Gebrauch gekommene und seither gebrauchte Sammel-Bez. für Organisationen, deren Mitgl. sich als bibelorientierte entschiedene Christen verstehen und sich in diesem Selbstverständnis in besonderer Weise in einen Kampf gegen die Gefährdung christl. Maßstäbe in Dtl. (u. a. durch eine als unbiblisch angesehene theolog Ausbildung an den Univ.) eingebunden sehen. Die e. B. kennt in ihrer Entstehungsgesch. keine zentrale institutionelle Gründung; an ihrem Anfang standen einzelne Vereinigungen, die Knotenpunkte eines sich ausbreitenden evangelikalen Netzwerkes wurden.

Im Januar 1966 gründete sich die Bekenntnisbewegung →Kein anderes Evangelium, die in den ev. Landeskirchen Stellung bezog gegen R. BULTMANNS Programm der →Entmythologisierung bibl. Texte sowie andere »Bibel und Bekenntnis in Frage stellende Veröffentlichungen«. Der »Evangeliumsrundfunk« (ERF), der 1959 als Arbeitszweig des von dem amerikan. Pastor PAUL E. FREED (* 1918, † 1996) gegründeten Radiomissionswerks »Trans World Radio« (TWR; gegr. 1952) ins Leben gerufen wurde, nimmt innerhalb der e. B. eine wichtige Mittlerfunktion ein; theologisch und journalistisch den Grundsätzen der »Dt. Ev. Allianz« (DEA; →Evangelische Allianz) verpflichtet, ist er wichtiger Mittler und Multiplikator evangelikaler Glaubensüberzeugungen und Berichterstattung (technisch dabei auch neue Medien einsetzend). 1970 wurde die von der DEA durchgeführte Großevangelisation »Euro 70« mit B. GRAHAM der Auslöser zur Gründung einer eigenen Nachrichtenagentur, des »Informationsdienstes der Ev. Allianz« (→idea); heute zentraler Koordinationspunkt evangelikaler Informationspolitik und Öffentlichkeitsarbeit. Einsetzend Ende der 1960er-Jahre, sah die e. B. in der Gründung von Arbeitsgemeinschaften, die parallel zu kirchl. Arbeitsgemeinschaften tätig sein sollten, eine Chance zur Konzentration ihrer Kräfte. So entstanden z. B. 1969 die »Konferenz (später Arbeitsgemeinschaft) Evangelikaler Missionen« (AEM), 1975 die »Konferenz evangelikaler Publizisten« (kep), 1977 der »Arbeitskreis für evangelikale Theologie« (AfeT) und 1980 die »Arbeitsgemeinschaft Evangelikaler Schriftleiter«; diese und weitere Gründungen sorgten für den strukturellen Ausbau des evangelikalen Netzwerks. Seit 1974 besitzt die e. B. mit der »Freien Theolog. Akademie« (FTA, hervorgegangen aus der Bibelschule Bergstraße; Sitz: Gießen) eine akadem. Ausbildungsstätte zur Ausbildung von Pfarrern und Missionaren.

Zw. einem Teil der e. B., dem Hauptvorstand der DEA und der →Pfingstbewegung, vertreten durch das Präsidium des »Bundes Freikirchl. Pfingstgemeinden« (BfP) ist es im Jahr 1996 zum Abschluss einer gemeinsamen Erklärung über die bis dahin kontroversen Fragen der Geisttaufe und der Geistesgaben gekommen. Darin bekennt sich der BfP zu den Grundüberzeugungen der DEA. Mit dieser Erklärung ist der Weg zur Zusammenarbeit evangelikaler Christen mit pfingstlich geprägten Christen frei geworden. Die e. B. in Dtl. ist so auf dem Weg, ein immer größeres Spektrum an Gemeinden und Gruppierungen in sich zu vereinigen, was jedoch nicht ohne innere Spannungen möglich sein wird.

E. GELDBACH: Prot. Fundamentalismus in den USA u. Dtl. (2001); F. JUNG: Die dt. e. B. Grundlinien ihrer Gesch. u. Theologie (³2001).

Evangelimann, österr. Volkstyp; Vagant, der gegen Almosen Abschnitte aus dem Evangelium vorlas. – Spätromant. Volksoper »Der Evangelimann« (1894) von W. KIENZL, Text nach F. MEISSNER vom Komponisten.

Evangelisation *die, -/-en,* urspr. Bez. für jede Verkündigung des Evangeliums, dann in den ev. Kirchen für das Bemühen, die Bevölkerung in kath. Gebieten für sich zu gewinnen. Heute meint E. die Erstverkündigung im Unterschied zur regelmäßigen Gemeindepredigt. E. will den Hörern die Botschaft des ganzen Evangeliums in elementarer Form vermitteln bzw. diese vertiefen und ist als Glaubensangebot in besonderer Weise auch an Nichtchristen – theologisch verstanden als »Noch-Nicht-Christen« – gerichtet. Evangelisationen werden v. a. von der charismat. Bewegung und der Pfingstbewegung sowie ev. Freikirchen getragen, z. B. durch besondere Evangelisationsveranstaltungen wie →ProChrist.

evangelisch, Abk. **ev.,** aus dem Evangelium (bzw. den Evangelien) stammend, dem Evangelium in Glaube und Lebensführung entsprechend. Von M. LUTHER 1521 vorgeschlagene Bez. für die Anhänger der reformator. Lehre. Seit den innerprot. Unionen des 19. Jh. Selbst-Bez. zahlr. Unionskirchen. In der Gegenwart hat die Bez. »e.« weithin die (teilweise als polemisch empfundene) Bez. »protestantisch« ersetzt.

Evangelisch-Augsburgische Kirche in der Republik Polen, luther. Kirche in Polen; konstituiert 1918, geschichtlich in der Tradition der im 16. Jh. in Polen entstandenen (seit 1768 staatlich offiziell tolerierten) luther. Gemeinden stehend. Heute (2004) mit rd. 85 000 Mitgl. in 121 Gemeinden die größte prot. Kirche Polens. Sitz der Kirchenkanzlei und des Bischofs: Warschau.

Evangelische Akademi|en, Einrichtungen der ev. Landeskirchen in Dtl.; nach 1945 als Tagungszentren entstanden und über den Verein »Ev. Akademien in Dtl. e.V.« (Abk. EAD e.V.; Sitz: Bad Boll, gegr. 1947) zusammengeschlossen. Die (2005) 18 Akademien (16 E. A., die Ev. Landjugendakademie Altenkirchen und die Ev. Sozialakademie Friedewald) verstehen sich als Stätten des Gesprächs über Fragen der Zeit, des Dialogs zw. den versch. Gruppen der Gesellschaft, der Reflexion gesellschaftl. Probleme auf der Grundlage eines christl. Grundverständnisses und der Begegnung zw. Menschen unterschiedl. Herkunft, Religion und Kultur. Die erste Tagung einer E. A. fand unter dem Eindruck der gerade vergangenen nat.-soz. Diktatur 1945 in Bad Boll statt. – Die E. A. sind Teil eines gesamteurop. Netzwerkes (»Ökumen. Vereinigung der Akademien und Laienzentren in Europa e. V., Sitz: Bad Boll, gegr. 1957) sowie des entsprechenden weltweiten Netzwerkes (»World Collaboration Committee«, Koordination durch den ÖRK in Genf).

Evangelische Allianz, internat. Zusammenschluss evangelikal orientierter Christen, christl. Gruppen und Verbände; 1846 unter dem Einfluss der Erweckungsbewegung in London von ev. Christen aus 12 Ländern Nordamerikas, Großbritanniens (England, Schottland, Wales) und Europas gegründet. Die E. A. versteht sich – im Unterschied zur ökumen. Bewegung – nicht als ein institutionelles Forum christl. Kirchen, sondern als interkonfessionelle Gemeinschaft bibelorientierter entschiedener Christen. Bemühungen um einen weltweiten evangelikalen »Dachverband« führten 1951 zur Bildung der »World Evangelical Fellowship« (Abk. WEF), zu der sich der brit. Zweig der E. A. mit der im Zweiten Weltkrieg in den USA gegründeten »National Association of Evangelicals« zusammenschloss. Bestimmte in ihr vertretene Positionen (v. a. die starke Betonung der Verbalinspiration) bewirkten in Europa innerhalb der E. A. eine distanzierte Haltung gegenüber der WEF, in deren Folge 1954 die »Europ. E. A.« (Abk. EEA) als ein eigener regionaler Zusammenschluss gebildet wurde. Dieser trat 1968 als regionale »Allianz« der WEF bei, nachdem die gegenseitigen Vorbehalte ausgeräumt werden konnten. Heute (2005) unterhält die weltweite Allianzbewegung nach eigenen Angaben Kontakte zu bis zu 400 Mio. Christen (rd. 1,3 Mio. in Dtl.) in rd. 2 Mio. Gemeinden; regionale und nat. »Allianzen« bestehen in über 120 Ländern in allen Kontinenten (starkes Wachstum v. a. in Asien und Afrika). Die EEA vertritt rd. 10 Mio. Christen in 32 Ländern. In Dtl. hat sich die E. A. in unterschiedl. Phasen entwickelt. Die dt. Teilnehmer der Londoner Gründungskonferenz (u. a. F. A. G. Tholuck und J. G. Oncken) beschlossen die Gründung zweier dt. Zweige: eines norddt. mit Sitz in Berlin und eines süddt. mit Sitz in Stuttgart. 1886 gründete sich in Bad Blankenburg die **Blankenburger Allianz-Konferenz.** Nach 1945 bestanden ein west- und ein ostdt. Bereich (Sitze in Stuttgart und Bad Blankenburg); die westdt. E. A. schloss sich 1991 der ostdt. E. A. an, seitdem gemeinsam die **Deutsche Evangelische Allianz** mit Sitz in Bad Blankenburg bildend. Die Arbeit der E. A. in über 1 200 Orten in Dtl. wird von über 200 ihr verbundenen freien Werken, Arbeitsgemeinschaften und Initiativgruppen getragen. Weltweit sind aus der E. A. hervorgegangen: der »Weltbund der Christl. Vereine Junger Männer« (1855; der Frauen: 1893), der »Jugendbund für entschiedenes Christentum« (in den USA 1891, in Europa 1894) und der »Christl. Studentenweltbund« (1895).

Evangelische Arbeitnehmerbewegung, Abk. **EAB,** früher **Evangelische Arbeiterbewegung,** organisator. Zusammenschluss ev. Arbeitnehmer in Dtl. Die EAB ist parteipolitisch unabhängig und vertritt auf der Grundlage der Sozialethik die Interessen ev. Arbeitnehmer auf sozialpolit. Gebiet, stellt Vertreter in den Selbstverwaltungskörperschaften der Sozialversicherung sowie ehrenamtl. Richter an den Arbeits-, Sozial-, Verwaltungs- und Finanzgerichten und wirkt an Gesetzgebungsverfahren des Bundes und der Länder und bei der Erarbeitung sozialpolit. Veröffentlichungen der EKD mit.

Geschichte Die EAB ist aus den im 19. Jh. als Gegen- bzw. Parallelbewegung zu den kath. Arbeitervereinen entstandenen **Evangelischen Arbeitervereinen,** Abk. **EAV,** hervorgegangen. Die ersten EAV entstanden 1848 in Bayern, weitere 1882 aus der Gründung von EAV in Westfalen. Erster Vors. war der Bergmann Ludwig Fischer (* 1849, † 1907) aus Gelsenkirchen. Die EAV verstanden ihr Anliegen als christl. Alternative zur marxistisch geprägten →Arbeiterbewegung. Angeregt durch A. Stoecker und den Pfarrer Ludwig Weber (* 1846, † 1922) wurde 1890 der »Gesamtverband Ev. Arbeitervereine Dtl.s« gegründet. Während Stoecker in eine polit. Richtung drängte, betonten die süddt. Arbeitervereine unter dem Einfluss von F. Naumann bes. die sozialen Aufgaben. Der Eintritt in die Gewerkschaften wurde den Mitgl. empfohlen. Um 1900 hatten die EAV 100 000 Mitgl. Diese Zahl blieb im Wesentlichen bis 1933 konstant. Nach der nat.-soz. Machtübernahme gingen die EAV zwangsweise im Ev. Männerdienst auf. Die nach 1945 wieder gegründeten Landesverbände der EAV schlossen sich 1952 in der **Evangelischen Arbeiterbewegung,** Abk. **EAB,** zusammen; 1962 umbenannt in **Evangelische Arbeitnehmerbewegung.** Aus dem Ev. Männerdienst ging parallel dazu das »Ev. Arbeiterwerk« hervor, das sich zunächst mit den »Kirchl. Werken und Einrichtungen« zur »Aktionsgemeinschaft für Arbeitnehmerfragen« zusammenschloss, später jedoch in die **Evangelische Arbeitnehmerschaft,** Abk. **EAN,** umbildete. Die sozialpolitisch ausgerichteten Organisationen der »Kirchl. Werke und Einrichtungen« bildeten in der Folge den **Kirchlichen Dienst in der Arbeitswelt,** Abk. **KDA.** EAB und EAN schlossen sich 1971 zum **Bundesverband Evangelischer Arbeitnehmerorganisationen e. V.,** Abk. **BVEA,** zusammen (Sitz: Berlin; 19 Mitgliedsverbände).

evangelische Bruderschaften, →Kommunitäten.
Evangelische Brüder-Unität, die →Brüdergemeine.

Evangelische Gemeinschaft, seit 1850 in Dtl. Bez. für die Albrechtsleute (→Methodisten).

Evangelische Kirche Augsburgischen Bekenntnisses in Rumänien, nichtamtlich auch **Evangelische Kirche Augsburgischen Bekenntnisses in Siebenbürgen,** luther. Kirche in Siebenbürgen; nach der Einführung der luther. Reformation durch J. Honterus als selbstständige Landeskirche der Siebenbürger Sachsen mit eigener Kirchenordnung (1547) und eigenem Bischof (seit 1553) entstanden. Im Laufe ihrer Geschichte wurde sie zur Volkskirche der ev. Deutschen in Siebenbürgen. Deren stark angewachsene Übersiedlung nach Dtl. in den 1990er-Jahren (Folge des polit. Umbruchs von 1989/90 in Rumänien) war parallel mit einem extremen Rückgang der Zahl der Kirchen-Mitgl. verbunden. Heute zählt die Kirche (nur noch) rd. 14 700 Mitgl. (1989: rd. 100 000; 1945 rd. 300 000). Es bestehen 253 Kirchengemeinden (betreut von rd. 40 Pfarrerinnen und Pfarrern): 125 sind Kleinstgemeinden mit weniger als 20 Mitgl.; nur drei Gemeinden zählen (noch) über 1 000 Mitgl. (Hermannstadt, Kronstadt, Bukarest). Seit 1995 sind auch Frauen zum Pfarramt zugelassen. Sitz der Kirchenleitung (des Landeskonsistoriums) und des Bischofs (seit 1990 Christoph Klein, * 1937; vorher Theologie-Prof. in Hermannstadt), ist Hermannstadt, wo die Kirche ein mit dt. Hilfe errichtetes Altenheim unterhält. Die Hermannstädter kirchl. Ev.-Theolog. Hochschule (Fakultät) ist 2004 in die Lucian-Blaga-Univ. Hermannstadt eingegliedert worden. – Die rd. 32 000 luther. Christen ungar. Nationalität in Rumänien gehören der **Ev.-Luther. Kirche Augsburg. Bekenntnisses in Rumänien** an (bis 2001 Synodal-Presbyterian. Ev.-Luther. Kirche Augsburg. Bekenntnisses in Rumänien).

L. Binder: Die Kirche der Siebenbürger Sachsen (1982); C. Klein: Auf den andern Wege. Aufsätze zum Schicksal der Siebenbürger Sachsen als Volk u. Kirche (1986); ders.: Ausschau nach Zukunft. Die Siebenbürgisch-Sächs. Kirche im Wandel (1998).

Evangelische Kirche Augsburgischen und Helvetischen Bekenntnisses in Österreich, Zusammenschluss (bei voller Wahrung des Bekenntnisstandes) der luther. Kirche und der ref. Kirche in Österreich; Sitz der Kirchenleitung ist Wien. Die Ev. Kirche Augsburgischen Bekenntnisses umfasst 192 Gemeinden in sieben Diözesen (Superintendenzen) mit gegenwärtig (2005) rd. 324 000 Mitgl. (v. a. im Burgenland, in Kärnten und Wien) und wird von einem Bischof geleitet. Bischof ist seit 1996 HERWIG STURM (* 1942). An der Spitze der kleinen, neun Gemeinden umfassenden ref. Kirche mit rd. 13 800 Mitgl. steht ein Landessuperintendent; gegenwärtig WOLFRAM NEUMANN (* 1941). Beide Kirchen arbeiten eng zusammen und bilden gemeinsam eine Ev. Kirche, der sie als Kirchen (nicht jedoch ihre Einzel-Mitgl.) angehören. Die gemeinsame Synode und Kirchenleitung besteht neben den jeweiligen konfessionellen Gremien.

Die ev. Gemeinde HB in Wien, hg. v. P. KARNER (Wien 1986).

Evangelische Kirche Berlin-Brandenburg-schlesische Oberlausitz, unierte Kirche, Gliedkirche der EKD und Mitgliedskirche der UEK; am 1. 1. 2004 durch Zusammenschluss der →Evangelischen Kirche in Berlin-Brandenburg und der →Evangelischen Kirche der schlesischen Oberlausitz gebildet. Das Kirchengebiet umfasst die Länder Berlin und Brandenburg und die nördl. Oberlausitz (NO-Sachsen). Sitz des Konsistoriums und des Bischofs ist Berlin; Bischof ist W. HUBER (Bischofswahl am 9. 1. 2004). →Evangelische Kirche in Deutschland, ÜBERSICHT.

Evangelische Kirche der altpreußischen Union, Abk. **APU,** 1922–53 der institutionelle Zusammenschluss der luther. und ref. Kirchen in den altpreuß. (d. h. vor 1866 zu Preußen gehörenden) Prov.; zurückgehend auf den von FRIEDRICH WILHELM III. 1817 veranlassten ersten kirchl. Zusammenschluss (»Ev. Kirche in den königlich-preuß. Landen«), ging aus ihr die →Evangelische Kirche der Union hervor.

Evangelische Kirche der Böhmischen Brüder, ev. Kirche in der Tschech. Rep.; →Böhmische Brüder.

Evangelische Kirche der Kirchenprovinz Sachsen, unierte Kirche, Gliedkirche der EKD (erneut seit 1991) und Mitgliedskirche der UEK, Teilkirche der »Föderation Ev. Kirchen in Mitteldeutschland«; umfasst das Land Sachsen-Anhalt (ohne das Gebiet der Ev. Landeskirche Anhalts), den größten Teil N-Thüringens einschließlich der Landeshauptstadt Erfurt, eine Exklave in S-Thüringen und einen Teil NW-Sachsens. Sitz des Konsistoriums und des Bischofs ist Magdeburg; Bischof ist seit 1997 AXEL NOACK (* 1949). →Evangelische Kirche in Deutschland, ÜBERSICHT.

Evangelische Kirche der Pfalz (Protestantische Landeskirche), unierte Landeskirche, Gliedkirche der EKD und Mitgliedskirche der UEK; Name bis 1978 Vereinigte Protestantisch-Evangelisch-Christliche Kirche der Pfalz; umfasst das Gebiet des früheren Reg.-Bez. Pfalz in Rheinland-Pfalz und im Saarland den Saar-Pfalz-Kr. sowie einen kleinen Teil des Land-Kr. Sankt Wendel. Sitz des Landeskirchenrats und des Kirchenpräsidenten ist Speyer; Kirchenpräsident ist seit 1998 EBERHARD CHERDRON (* 1943). →Evangelische Kirche in Deutschland, ÜBERSICHT.

Evangelische Kirche der schlesischen Oberlausitz, 1968 bis September 1992 **Evangelische Kirche des Görlitzer Kirchengebietes,** ehem. Gliedkirche der EKD und Mitgliedskirche der UEK, am 1. 1. 2004 in der →Evangelischen Kirche Berlin-Brandenburg-schlesische Oberlausitz aufgegangen; umfasste die nördl. Oberlausitz (NO-Sachsen). Sitz des Konsistoriums und des Bischofs (1995–2003 KLAUS WOLLENWEBER, * 1939) war Görlitz.

Evangelische Kirche der Union, Abk. **EKU,** von 1954 bis 2003 bestehender institutioneller Zusammenschluss ev. Kirchen luther. und ref. Tradition; am 1. 4. 1954 hervorgegangen aus der →Evangelischen Kirche der altpreußischen Union, am 1. 7. 2003 eingegangen in die →Union Evangelischer Kirchen. Die EKU bildete eine Union von sieben selbstständigen Landeskirchen: Ev. Landeskirche Anhalts, Ev. Kirche in Berlin-Brandenburg, Ev. Kirche der schles. Oberlausitz, Pommersche Ev. Kirche, Ev. Kirche im Rheinland, Ev. Kirche der Kirchenprovinz Sachsen, Ev. Kirche von Westfalen. 1972–90 war die EKU verwaltungstechnisch in die Bereiche BRD und DDR unterteilt. Seit 1992 gab es wieder eine gemeinsame Synode. Organe waren neben der EKU-Synode der Rat der EKU und die EKU-Kirchenkanzlei; Sitz war Berlin.

Evangelische Kirche im Rheinland, unierte Landeskirche, Gliedkirche der EKD und Mitgliedskirche der UEK; umfasst die Reg.-Bez. Düsseldorf, Köln, Koblenz und Trier, das Saarland sowie (südl.) Teile des Lahn-Dill-Kr. um Wetzlar und einen kleinen Teil des Kr. Gießen. Sitz des Landeskirchenamts und des Präses ist Düsseldorf; Präses ist seit Mai 2003 NIKOLAUS SCHNEIDER (* 1947). →Evangelische Kirche in Deutschland, ÜBERSICHT.

Evangelische Kirche in Berlin-Brandenburg, ehem. Gliedkirche der EKD und Mitgliedskirche der UEK, am 1. 1. 2004 in der →Evangelische Kirche Berlin-Brandenburg-schlesische Oberlausitz aufgegangen. Sie umfasste die Länder Berlin und Brandenburg. Sitz des Konsistoriums und des Bischofs (1994–2003 W. HUBER) war Berlin. – Von 1972 bis 1990 war die E. K. in B.-B. organisatorisch in zwei, jeweils von einem Bischof geleitete Bereiche gegliedert: die Ostregion, als Gliedkirche des »Bundes der Ev. Kirchen in der DDR« Berlin (Ost) und die auf dem Gebiet der DDR gelegenen Gebiete umfassend, und Berlin (West) mit einer eigenen Regionalsynode als Gliedkirche der EKD.

Evangelische Kirche in Deutschland, Abk. **EKD,** auch (selten) **EKiD,** der rechtl. Überbau der ev. Landeskirchen in Dtl. Die EKD vereint 23 luther., ref. und unierte Kirchen; Gliedkirche der EKD war bis 2003 (Bildung der Union Ev. Kirchen) die →Evangelische Kirche der Union. Der EKD angeschlossen sind die Ev. Brüder-Unität in Dtl. (→Brüdergemeine) und der →Bund evangelisch-reformierter Kirchen Deutschlands. Die EKD ist ein Kirchenbund, dessen rechtl. Grundlage die am 3. 12. 1948 in Kraft gesetzte Grundordnung bildet. Mit (Ende 2003) rd. 25,86 Mio. Mitgl. in rd. 17 000 Kirchengemeinden umfassen die EKD-Gliedkirchen den größten Teil der ev. Christen in Deutschland.

Die Gliedkirchen der EKD lassen sich in drei Gruppen zusammenfassen: Lutherische Gliedkirchen: Ev.-Luther. Kirche in Bayern, Ev.-luther. Landeskirche in Braunschweig, Ev.-luther. Landeskirche Hannovers, Ev.-Luther. Landeskirche Mecklenburgs, Nordelb. Ev.-Luther. Kirche, Ev.-Luther. Landeskirche Sachsens, Ev.-Luther. Landeskirche Schaumburg-Lippe, Ev.-Luther. Kirche in Thüringen (zugleich Teilkirche der 2004 gebildeten →Föderation Evangelischer Kirchen in Mitteldeutschland) – diese acht Kirchen sind zusammengeschlossen in der →Vereinigten Evangelisch-Lutherischen Kirche Deutschlands (VELKD) –, Ev.-luther. Kirche in Oldenburg, Ev. Landeskirche in Württemberg. – Unierte Gliedkirchen: Ev. Landeskirche Anhalts, Ev. Landeskirche in Baden, Ev. Kirche Berlin-Brandenburg-schles. Oberlausitz (2004 durch Zusammenschluss der Ev. Kirche in Berlin-Brandenburg und

Evangelische Kirche in Deutschland Evan

Evangelische Kirche in Deutschland: die Gliedkirchen der EKD

Gliedkirchen der Evangelischen Kirche in Deutschland (Stand 2005)

Gliedkirche	Mitglieder[1]	leitender Geistlicher[2]	geb.; seit...
lutherische Gliedkirchen			
Ev.-Luther. Kirche in Bayern	2 713 000	LB Johannes Friedrich	1948; 1999
Ev.-Luther. Landeskirche in Braunschweig	418 000	LB Friedrich Weber	1949; 2002
Ev.-Luther. Landeskirche Hannovers	3 127 000	LB[3] Margot Käßmann	1958; 1999
Ev.-Luther. Landeskirche Mecklenburgs	217 000	LB Hermann Beste	1940; 1996
Nordelbische Ev.-Luther. Kirche	2 176 000	B Hans-Christian Knuth (Sprengel Schleswig)	1940; 1991
		B[4] Maria Jepsen (Sprengel Hamburg)	1945; 1992
		B[4] Bärbel Wartenberg-Potter (Sprengel Holstein-Lübeck)	1943; 2001
Ev.-Luther. Kirche in Oldenburg	473 000	B Peter Krug	1943; 1998
Ev.-Luther. Landeskirche Sachsens	851 000	LB Jochen Bohl	1950; 2004
Ev.-Luther. Landeskirche Schaumburg-Lippe	64 000	LB Jürgen Johannesdotter	1943; 2001
Ev.-Luther. Kirche in Thüringen[5]	476 000	LB Christoph Kähler	1944; 2001
Ev. Landeskirche in Württemberg	2 347 000	LB Frank Otfried July	1954; 2005
unierte Gliedkirchen			
Ev. Landeskirche Anhalts	57 000	KP Helge Klassohn	1944; 1994
Ev. Landeskirche in Baden	1 315 000	LB Ulrich Fischer	1949; 1998
Ev. Kirche Berlin-Brandenburg-schlesische Oberlausitz[6]	1 285 000	B Wolfgang Huber	1942; 2004
Bremische Ev. Kirche	245 000	P Brigitte Boehme	1940; 2001
Ev. Kirche in Hessen und Nassau	1 834 000	KP Peter Steinacker	1943; 1993
Ev. Kirche von Kurhessen-Waldeck	973 000	B Martin Hein	1954; 2000
Ev. Kirche der Pfalz (Prot. Landeskirche)	621 000	KP Eberhard Cherdron	1943; 1998
Pommersche Ev. Kirche	117 000	B Hans-Jürgen Abromeit	1954; 2001
Ev. Kirche im Rheinland	2 966 000	PR Nikolaus Schneider	1947; 2003
Ev. Kirche der Kirchenprovinz Sachsen[5]	523 000	B Axel Noack	1949; 1997
Ev. Kirche von Westfalen	2 673 000	PR Alfred Buß	1947; 2004
reformierte Gliedkirchen			
Ev.-ref. Kirche (Synode ev.-ref. Kirchen in Bayern und Nordwestdeutschland)	190 000	PR Garrelt Duin	1939; 2000
Lippische Landeskirche	200 000	LS Gerrit Noltensmeier	1941; 1996

1) Mitgliederzahlen: Stand Dezember 2003. – 2) B Bischof; KP Kirchenpräsident; LB Landesbischof; LS Landessuperintendent; P Präsident; PR Präses. – 3) LB Landesbischöfin. – 4) B Bischöfin. – 5) Teilkirche der 2004 gebildeten »Föderadition Ev. Kirchen in Mitteldeutschland«. – 6) Am 1. 1. 2004 durch Zusammenschluss der Ev. Kirche in Berlin-Brandenburg (Mitgliederzahl 2002: 1 246 000) und der Ev. Kirche der schles. Oberlausitz (Mitgliederzahl 2002: 64 000) gebildet.

der Ev. Kirche der schles. Oberlausitz gebildet), Brem. Ev. Kirche, Ev. Kirche in Hessen und Nassau, Ev. Kirche von Kurhessen-Waldeck, Ev. Kirche der Pfalz (Prot. Landeskirche), Pommersche Ev. Kirche, Ev. Kirche im Rheinland, Ev. Kirche der Kirchenprovinz Sachsen (zugleich Teilkirche der 2004 gebildeten Föderation Ev. Kirchen in Mitteldeutschland), Ev. Kirche von Westfalen. – Reformierte Gliedkirchen: Lipp. Landeskirche (mit einer luther. »Klasse«, d. h. einem luther. Anteil), Ev.-ref. Kirche (Synode ev.-ref. Kirchen in Bayern und Nordwest-Dtl.). – Zusammenschlüsse von Gliedkirchen innerhalb der EKD sind die VELKD und der →Reformierte Bund und waren bis zur Gründung der →Union Evangelischer Kirchen als neuem Zusammenschluss der unierten und ref. Gliedkirchen (2003) die Ev. Kirche der Union (EKU) und die →Arnoldshainer Konferenz.

Die Gliedkirchen der EKD im früheren Bundesgebiet verstehen sich – nach wie vor – als Volkskirchen, d. h. als Kirchen, denen ein großer (überwiegender) Teil der Bev. »nach Herkommen und Gewohnheit« angehört und deren Verkündigung und kirchl. Arbeitsfelder insgesamt auf diesen Großteil der Bev. ausgerichtet sind; in den neuen Bundesländern, wo nur (noch) rd. 20 % der Bev. einer EKD-Gliedkirche angehören (1946: 81,5 %), sind die ev. Landeskirchen heute Minderheitskirchen, die ihren volkskirchlich ausgerichteten Verkündigungsanspruch jedoch aufrechterhalten. Die EKD ist im Verhältnis zu ihren Gliedkirchen mit relativ geringen Kompetenzen ausgestattet, insbes. sind alle Glaubens- und Bekenntnisfragen den Gliedkirchen vorbehalten. Hauptaufgabe der EKD ist es, die Gemeinschaft unter den Gliedkirchen zu fördern. Sie vertritt die gesamtkirchl. Anliegen gegenüber allen Inhabern öffentl. Gewalt und arbeitet in der ökumen. Bewegung mit. Gesetzl. Bestimmungen mit Wirkung für die Gliedkirchen kann die EKD nur mit deren Zustimmung erlassen.

Organe Die **Synode der EKD** hat 120 Mitgl., von denen 100 durch die Synoden der 23 Gliedkirchen gewählt und 20 vom Rat der EKD berufen werden. Sie hat die Aufgabe, kirchl. Gesetze zu beschließen, Stellungnahmen zu kirchl. und gesellschaftl. Fragen abzugeben und dem Rat der EKD Richtlinien zu geben. Im Einzelnen wird die Sacharbeit durch versch. Ausschüsse wahrgenommen, darunter (seit 1991) neun ständige Ausschüsse: »Schrift und Verkündigung«, »Diakonie, Mission und Ökumene«, »Recht«, »Kirche, Gesellschaft und Staat«, »Erziehung, Bildung und Jugend«, »Haushalt«, »Europa«, »Umwelt«, »Nominierung« (Ratswahlausschuss). Die Synode tritt i. d. R. einmal jährlich zu einer ordentl. Tagung zusammen. Ihre Legislaturperiode dauert sechs Jahre. – Die **Kirchenkonferenz** wird von den Kirchenleitungen der Gliedkirchen gebildet. In ihr haben Gliedkirchen mit mehr als 2 Mio. Kirchen-Mitgl. zwei Stimmen, die anderen Gliedkirchen eine Stimme. Die Kirchenkonferenz hat die Aufgabe, die Arbeit der EKD und die gemeinsamen Anliegen der Gliedkirchen zu beraten und Vorlagen oder Anregungen an die Synode und den Rat zu geben. Sie wirkt bei der Gesetzgebung mit und wählt gemeinsam mit der Synode den Rat. Vors. der Kirchenkonferenz ist stets der Ratsvorsitzende. – Der für die Dauer von sechs Jahren gewählte **Rat der EKD** leitet die EKD und vertritt sie nach außen. Ihm gehören 15 Mitgl. (Laien und Theologen) an. 14 werden von der Synode und der Kirchenkonferenz auf sechs Jahre gewählt; 15. Mitgl. ist der Präses der Synode kraft seines Amtes. Der Rat nimmt in versch. Formen – z. B. Denkschriften und öffentl. Erklärungen – zu Fragen des religiösen und gesellschaftl. Lebens Stellung. Dabei bedient er sich der Beratung durch Kammern und Kommissionen, die aus sachverständigen kirchl. Persönlichkeiten gebildet werden. – Die Verwaltung der EKD erfolgt durch das **Kirchenamt der EKD**, das seinen zentralen Sitz in Hannover hat und von einem Kollegium unter dem Vorsitz eines Präs. geleitet wird. Eine Außenstelle des Kirchenamtes besteht in Berlin. In Berlin ist die EKD auch durch einen Bevollmächtigten des Rates der EKD bei der BRD vertreten, der sie zugleich bei der Europ. Gemeinschaft in Brüssel vertritt.

Geschichte Der erste Versuch eines größeren Zusammenschlusses der seit der Reformation entstandenen Landeskirchen führte 1848 in Wittenberg zu einem Kirchentag, einer Konferenz kirchl. Organe. Ihm folgte 1852 die Gründung der →Eisenacher Konferenz (regelmäßige Beratungen über Einigungsbestrebungen), aus der 1903 der »Deutsche Ev. Kirchenausschuss« als ständiges Organ der ev. Landeskirchen hervorging. Deren rechtl. und organisator. Selbstständigkeit blieb jedoch erhalten, auch als 1918 mit dem polit. Wandel das landesherrl. Kirchenregiment und das Staatskirchentum zu Ende gegangen waren. 1919 kam es zum Zusammenschluss im »Deutschen Ev. Kirchentag«, der 1921 die Verf. des »Deutschen Evangelischen Kirchenbundes annahm, der schließlich 1922 von allen dt. Landeskirchen geschlossen wurde. Die Bemühungen um einen engeren Zusammenschluss führten erst 1933 mit der Gründung der →Deutschen Evangelischen Kirche (DEK) zum Ziel. Kurz darauf griff jedoch das nat.-soz. System in das innere Leben der Kirche ein, um aus der Dt. Ev. Kirche eine dem nat.-soz. Regime willfährige Staatskirche zu machen (→Deutsche Christen). – Als Gegenbewegung gegen die damit verbundenen Versuche der Verfälschung von Lehre und Verkündigung entstand die →Bekennende Kirche (→Kirchenkampf). Die Neuordnung der Gesamtkirche wurde nach dem Zusammenbruch 1945 unter dem Namen EKD verwirklicht. Zur Gründungsversammlung der EKD wurde die Kirchenversammlung in Treysa (27.–31. 8.), zu der der württemberg. Landesbischof T. WURM als Begründer des »Kirchl. Einigungswerkes« die Leitungen der ev. Landeskirchen eingeladen hatte. Die Versammlung setzte einen »vorläufigen Rat« ein, dessen Vors. Bischof WURM wurde. Die ebenfalls beschlossene vorläufige Ordnung wurde 1948 durch die Grundordnung der

Evangelische Kirche in Deutschland: Die Vorsitzenden des Rates der EKD		
EKD-Ratsvorsitzender	Amtszeit	Amt in der Heimatkirche
Otto Dibelius	1949–61	Bischof von Berlin-Brandenburg
Kurt Scharf	1961–67	Bischof von Berlin-Brandenburg
Hermann Dietzfelbinger	1967–73	Landesbischof von Bayern
Helmut Claß	1973–79	Landesbischof von Württemberg
Eduard Lohse	1979–85	Landesbischof von Hannover
Martin Kruse	1985–91	Bischof von Berlin-Brandenburg
Klaus Engelhardt	1991–97	Landesbischof von Baden
Manfred Kock	1997–2003	Präses des Rheinlands
Wolfgang Huber	seit 2003	Bischof von Berlin-Brandenburg-schlesische Oberlausitz

EKD (am 13. 7. in Eisenach verabschiedet und am 3. 12. in Kraft gesetzt) abgelöst. – Die acht Landeskirchen auf dem Gebiet der sowjet. Besatzungszone und späteren DDR gehörten zunächst zur EKD. 1969 schieden sie rechtlich aus und bildeten einen eigenen Zusammenschluss, den →Bund der Evangelischen Kirchen in der DDR (BEK), hielten jedoch ausdrücklich an der (über das Maß allgemeiner ökumen. Beziehungen hinausgehenden) »besonderen Gemeinschaft der ganzen ev. Christenheit in Dtl.« fest. Im Februar 1991 beschlossen die Synoden des BEK und der EKD ein Kirchengesetz zur Wiederherstellung der Einheit der EKD, das – nach Zustimmung der Synoden der Gliedkirchen der BEK – in Kraft trat. Am 28. 6. 1991 traten die ostdt. Landeskirchen auf der EKD-Synode in Coburg der EKD wieder bei.

Kirchenmitgliedschaft Der einzelne ev. Christ ist Mitgl. seiner Gemeinde und seiner Landeskirche (Mitgl. der EKD sind allein die Gliedkirchen). Die Mitgliedschaft ist an Taufe und Wohnsitz geknüpft: Wer in einer ev. Landeskirche die Taufe empfangen und seinen Wohnsitz im Bereich einer EKD-Gliedkirche hat, ist damit automatisch Mitgl. dieser Kirche. Verlegt er seinen dauernden Wohnsitz in das Gebiet einer anderen EKD-Gliedkirche, so wird er dort Mitglied.

Im Unterschied zu den →Freikirchen erheben die Gliedkirchen der EKD von ihren Mitgl. →Kirchensteuer.

H. BRUNOTTE: Die Grundordnung der E.K.i.D. (1954); MARTIN SCHMIDT: Ev. Kirchengesch. Dtl.s v. der Reformationszeit bis zur Gegenwart (1956); H. BRUNOTTE: Die E.K.i.D. Gesch., Organisation u. Gestalt der EKD (1964); F. MERZYN: Das Recht der E.K.i.D. (³1961); K. KUPISCH: Die dt. Landeskirchen im 19. u. 20. Jh. (²1975); Der dt. Protestantismus im Jahr der nat.-soz. Machtergreifung, hg. v. G. v. NORDEN (1979); W. LEISER: Die Regionalgliederung der ev. Landeskirchen in der Bundesrep. Dtl. (1979); Die Protokolle des Rates der E.K.i.D., bearb. v. C. NICOLAISEN u. a., auf mehrere Bde. ber. (1995 ff.); Protestantismus – wohin? 10 Jahre wiedervereinigte E.K.i.D, hg. v. U. HAHN (2001).

Evangelische Kirche in Hessen und Nassau,

unierte Landeskirche, Gliedkirche der EKD und Mitgliedskirche der UEK; umfasst den Reg.-Bez. Darmstadt (ohne den Main-Kinzig-Kr.), vom Reg.-Bez. Gießen den ehem. Kr. Biedenkopf, vom Reg.-Bez. Kassel zehn Kirchengemeinden des ehem. Kr. Frankenberg und die Kirchengemeinde Bromskirchen, vom Land Rheinland-Pfalz die ehem. Reg.-Bez. Montabaur und Rheinhessen. Sitz der Kirchenverwaltung und des Kirchenpräsidenten ist Darmstadt; Kirchenpräsident ist seit 1993 PETER STEINACKER (* 1943). →Evangelische Kirche in Deutschland, ÜBERSICHT.

Evangelische Kirche von Kurhessen-Waldeck,

unierte Landeskirche, Gliedkirche der EKD und Mitgliedskirche der UEK; umfasst den Reg.-Bez. Kassel (ohne zehn Kirchengemeinden des ehem. Kr. Frankenberg), den Main-Kinzig-Kr. des Reg.-Bez. Darmstadt und seit März 1991 wieder das Dekanat Schmalkalden. Sitz des Landeskirchenamts und des Bischofs ist Kassel; Bischof ist seit 2000 MARTIN HEIN (* 1954). →Evangelische Kirche in Deutschland, ÜBERSICHT.

Evangelische Kirche von Westfalen, unierte Landeskirche, Gliedkirche der EKD und Mitgliedskirche der UEK; umfasst die nordrheinwestfäl. Reg.-Bez. Arnsberg, Detmold (ohne die ehem. Kr. Detmold und Lemgo) und Münster. Sitz des Landeskirchenamts und des Präses ist Bielefeld; Präses ist seit März 2004 ALFRED BUSS (* 1947). →Evangelische Kirche in Deutschland, ÜBERSICHT.

Evangelische Landeskirche Anhalts, unierte Kirche, Gliedkirche der EKD (wieder seit 1991) und Mitgliedskirche der UEK; umfasst das Gebiet des ehem. Landes Anhalt (heute Teil des Landes Sa.-Anh.). Sitz des Landeskirchenrates und des Kirchenpräsidenten ist Dessau; Kirchenpräsident ist seit 1994 HELGE KLASSOHN (* 1944). →Evangelische Kirche in Deutschland, ÜBERSICHT.

Evangelische Landeskirche Greifswald, →Pommersche Evangelische Kirche.

Evangelische Landeskirche in Baden, unierte Kirche, Gliedkirche der EKD und Mitgliedskirche der UEK; umfasst die ehem. Reg.-Bez. Nordbaden und Südbaden des Landes Bad.-Württ. Sitz des Ev. Oberkirchenrats und des Landesbischofs ist Karlsruhe; Landesbischof ist seit 1998 ULRICH FISCHER (* 1949). →Evangelische Kirche in Deutschland, ÜBERSICHT.

Evangelische Landeskirche in Württemberg, luther. Kirche, Gliedkirche der EKD, umfasst die ehem. Reg.-Bez. Nordwürttemberg und Südwürttemberg-Hohenzollern ohne die Kirchengemeinden Schluchtern (bei Heilbronn) und Bad Wimpfen. Sitz des Ev. Oberkirchenrats und des Landesbischofs ist Stuttgart; Landesbischof ist seit Juli 2005 FRANK OTFRIED JULY (* 1954). →Evangelische Kirche in Deutschland, ÜBERSICHT.

Evangelische Michaelsbruderschaft, aus der →Berneuchener Bewegung hervorgegangene, u. a. von den ev. Theologen K. B. RITTER und W. STÄHLIN 1931 in Marburg gegründete bruderschaftsähnl. Gemeinschaft ev. Christen. Im Mittelpunkt stehen die Pflege der Messe, des Stundengebets und eines vertieften geistl. Lebens.

evangelische Orden, →Kommunitäten.

evangelische Presse, Zeitungen und Zeitschriften ev. Prägung, entstanden in der zweiten Hälfte des 19. Jh. (u. a. »Berliner ev. Sonntagsblatt«, 1879–1944; »Kasseler Sonntagsblatt«, 1879–1944, 1949 ff.; »Pastoralblätter«, Stuttgart 1859 ff.). Der Schwerpunkt der publizist. Arbeit liegt bei den ev. Landeskirchen und ihren Presseverbänden, die als eigenständige Unternehmen mit kirchl. Zuschüssen arbeiten. Überregionale Aufgaben nimmt das »Gemeinschaftswerk der Ev. Publizistik« (GEP, Sitz: Frankfurt am Main) wahr; Nachrichtenagentur ist der »Ev. Pressedienst« (→epd). Von der Ev. Allianz getragen (bes. der Berichterstattung über die ev. Freikirchen verpflichtet) wird die Nachrichtenagentur →idea. – Wichtigste Publikationsform der e. P. ist die Kirchengebietspresse mit 15 wöchentlich erscheinenden regionalen Kirchenzeitungen in einer Gesamtauflage von 380 000 verkauften Exemplaren (u. a. »Ev. Gemeindeblatt für Württemberg«, »Ev. Zeitung für Niedersachsen«, »Ev. Sonntagsblatt aus Bayern«). Ebenfalls auf regionaler Ebene gibt es versch. kostenlos verbreitete Mitgliederzeitschriften und Magazine, auf lokaler Ebene die von den Kirchengemeinden herausgegebenen Gemeindebriefe. Überregional erscheinen von kirchl. Diensten, Missionswerken, Verbänden und Verlagen herausgegebene politisch-kulturelle Zeitschriften (z. B. »zeitzeichen«, Ev. Kommentare zu Religion und Gesellschaft«, 2000 ff.), theolog. Fachzeitschriften (z. B. »Zeitschrift für ev. Kirchenrecht«, 1951 ff.; »Zeitschrift für ev. Ethik«, 1957 ff.) und Zeitschriften für prakt. Theologie und Seelsorge (z. B. »Dt. Pfarrerblatt«, 1897–1944, 1949 ff.) sowie Publikationen für Mitarbeiter in Diakonie und Seelsorge; ferner das Monatsmagazin »chrismon« (→Sonntagsblatt, Das), des Weiteren christlich orientierte Kinder- (z. B. »Benjamin«, 1990–2001, fortgeführt 2004) und Frauenzeitschriften (z. B. »Ev. Frauenzeitschrift für Bayern«, 1992 ff.). – Die Auflagenzahlen der e. P. sind in den letzten Jahren stark gesunken, teils aufgrund von Strukturproblemen wie dem Rückgang der Mitgliederzahlen der Kirchen, teils allg. infolge der Pressekrise und des Rückzugs jüngerer Bev.-Gruppen von der Printpublizistik.

📖 G. MEHNERT: E. P. Gesch. u. Erscheinungsbild v. der Reformation bis zur Gegenwart (1983); R. GERTZ: Echt aufgeschlossen. Eine Unters. über Mitgliederzeitschriften in der Ev. Kirche in Dtl. (2001); R. ROSENSTOCK: E. P. im 20. Jh. (2002).

Evangelische Räte, lat. Consilia evangelica, in der kath. Theologie Bez. für empfohlene, nicht unbedingt geforderte Weisungen aus dem Geist des Evangeliums, die sich auf eine intensiv gelebte Form der Nachfolge CHRISTI beziehen: **Armut** (z. B. Mt. 19, 21), **Ehelosigkeit** (Jungfräulichkeit, z. B. Mt. 19, 12) und **Gehorsam** (z. B. Mk. 1, 16–20) um des Evangeliums willen. Die E. R. sind Gegenstand der Ordensgelübde (→Gelübde).

Evangelischer Bund, heute als eingetragener Verein (e. V.) ein Werk der Ev. Kirche in Deutschland (EKD); 1886 in Erfurt von Freunden und Schülern des Hallenser Theologieprofessors W. BEYSCHLAG als »E. B. zur Wahrung der dt.-prot. Interessen« gegründet. 1913 war der E. B. mit rd. 510 000 Mitgl., überwiegend Nichttheologen, die größte ev. Vereinsorganisation im Dt. Reich. Als Gegner galten der durch den →Kulturkampf gestärkte »politische Katholizismus sowie der »Indifferentismus und Materialismus der Zeit«. Man engagierte sich mit neuen Arbeitsmethoden (vielfältige Publizistik und Tagungsarbeit) für die theol. und strukturelle Einigung im dt. Protestantismus. Seit 1930 führte das Verlassen der parteipolit. Neutralität zu einer zwiespältigen Haltung im →Kirchenkampf und zu starkem Mitgliederschwund. Mit der Gründung eines →Konfessionskundlichen Instituts 1947 in Bensheim wurde der Weg konfessioneller Polemik endgültig verlassen. Heute geht es unter dem Leitwort »Evangelisch und Ökumenisch« um die Wahrung reformator. Theologie in der Ökumene und in der Auseinandersetzung mit neuen religiösen Strömungen. Nach den 1993 neu gefassten Grundsätzen tritt der E. B. für eine Kirchengemeinschaft mit ev. Freikirchen und mit der anglikan. Kirche ein. In Österreich ist der dort 1903 entstandene E. B. ein freies Werk der →Evangelischen Kirche Augsburgischen und Helvetischen Bekenntnisses in Österreich mit immer noch großer Mitgliederzahl.

📖 W. FLEISCHMANN-BISTEN: Der E. B. in der Weimarer Rep. u. im sogenannten Dritten Reich (1989); A. MÜLLER-DREIER:

Konfession in Politik, Gesellschaft u. Kultur des Kaiserreichs. (1998); 100 Jahre E. B. in Österreich, hg. v. K.-R. TRAUNER u. B. ZIMMERMANN (2003).

Evangelischer Diakonieverein Berlin-Zehlendorf e. V., →Diakonieverein.

Evangelischer Entwicklungsdienst e. V., Abk. **EED,** gemeinsame Entwicklungsorganisation der ev. Kirchen Dtl.s zur Durchführung und Koordinierung kirchl. Entwicklungshilfe und –politik; gegr. 2000; Sitz: Bonn. Träger des EED sind die Ev. Kirche in Dtl. (EKD), die Vereinigung Ev. Freikirchen (VEF), die Selbständige Ev.-Luther. Kirche (SELK), das Ev. Missionswerk in Dtl. (EMW) und die Altkath. Kirche in Deutschland. (→kirchliche Entwicklungshilfe)

Evangelischer Gnadauer Gemeinschaftsverband e. V., →Gemeinschaftsbewegung.

Evangelischer Kirchentag, →Kirchentag.

Evangelischer Pressedienst, →epd.

Evangelisches Bibelwerk, →Bibelgesellschaften.

Evangelisches Kirchenamt für die Bundeswehr, dem Bundesministerium der Verteidigung unmittelbar nachgeordnete Bundesbehörde zur Wahrnehmung der zentralen kirchl. und staatl. Verwaltungsaufgaben der ev. →Militärseelsorge unter Leitung des Militärgeneraldekans und zugleich ausführendes Amt des ev. →Militärbischofs; Sitz: Bonn-Bad Godesberg.

Evangelisches Missionswerk in Deutschland e. V., Abk. **EMW,** von ev. Kirchen, Missionswerken und Verbänden gegründete Dachorganisation mit Sitz in Hamburg; als gesamtdt. Missionswerk 1991 aus dem Zusammenschluss des 1975 gegründeten »Ev. Missionswerkes im Bereich der Bundesrepublik Dtl. und Berlin West« (EMW) und der 1964 gegründeten »Arbeitsgemeinschaft ev. Missionen in der DDR« (AGEM) hervorgegangen. Das EMW nimmt Aufgaben der Weltmission und Evangelisation wahr, unterhält Beziehungen zu Kirchen, Christenräten u. a. regionalen bzw. kontinentalen kirchl. Zusammenschlüssen in Afrika, Asien, Lateinamerika, Ozeanien und der Karibik und verantwortet bestimmte Bereiche der kirchl. Entwicklungsarbeit in Zusammenarbeit mit dem →Evangelischen Entwicklungsdienst e. V. (EED). Das EMW hat 24 Mitgl., darunter die Ev. Kirche in Dtl. (EKD), fünf Freikirchen, die regionalen Missionswerke der Landeskirchen, die Arbeitsgemeinschaft Missionar. Dienste, den CVJM, die Dt. Bibelgesellschaft sowie selbstständige Missionsgesellschaften. Das EMW ist Mitgl. der Kommission Mission und Evangelisation des Ökumen. Rates der Kirchen (ÖRK).

evangelische Soziallehre, Sammel-Bez. für die biblisch begründete und zu begründende Sozialgestalt des Christentums in den reformator. Kirchen. Im Unterschied zur kath. Soziallehre bezieht sie sich nicht auf unveränderl. naturrechtl. Strukturen der Gesellschaft, da das Christentum keine »aus seiner religiösen Idee unmittelbar entspringende Sozialtheorie« habe (E. TROELTSCH). So stellt sich die e. S. historisch dar z. B. als kalvinist. Wirtschaftsethik (→protestantische Ethik) oder luther. Ordnungsethik (Zweireichelehre, Beruf, Dreiständelehre), die in theologisch »orthodoxer« Auslegung der Theorie von der »Eigengesetzlichkeit« von Staat, Nation und Wirtschaft zum »Zusammenbruch des Luthertums in der Sozialgestaltung« führte (GEORG WÜNSCH, * 1887, † 1964). Das im Luthertum vorherrschende stat. Ordnungsdenken wich mit dem Aufkommen der Industrialisierung und der damit verbundenen sozialen Probleme einem dynam. Denken, sodass sich e. S. heute als Verhaltenshilfe in der (»nachchristl.«) Gesellschaft versteht. Die Basis verbindl. sozialeth. Aussagen bietet der Begriff des christl. Handelns auf der Grundlage des im Glauben gebundenen Gewissens und der mit dem Glauben gegebenen Verantwortung, in den sozialen Räumen (Familie, Staat, Recht, Wirtschaft), in denen Christen und Nichtchristen zusammenleben, an einer humanen und sozial gerechten Gestaltung des Zusammenlebens mitzuwirken.

Im Rahmen der EKD finden die kirchl. Positionen zu wichtigen Fragen der Gesellschafts- und Sozialordnung ihren Niederschlag in Denkschriften, in von Expertengremien im Auftrag der EKD erarbeiteten Gutachten (u. a. durch das »Sozialwiss. Inst. der EKD«) und in offiziellen Stellungnahmen der EKD-Ratsvorsitzenden. Im Februar 1997 legten der Rat der EKD und die Dt. Bischofskonferenz erstmals ein gemeinsames kirchl. »Wort zur wirtschaftl. und sozialen Lage in Dtl.« vor, worin beide Kirchen auf der Grundlage christl. Sozialethik zu den mit dem wirtschaftl. Strukturwandel verbundenen neuen Herausforderungen an Politik, Wirtschaft und Gesellschaft in Dtl. Stellung nehmen. Wichtige aktuelle kirchl. Stellungnahmen zu grundsätzl. Fragen ev. Sozialethik (auch vor dem Hintergrund von Auswirkungen der Globalisierung) liegen in den Reden des EKD-Ratsvorsitzenden W. HUBER vom 30. 9. 2004 (»Um der Menschen willen – Welche Reformen brauchen wir?«), 15. 11. 2004 (»Werte heute – Bausteine einer zukunftsfähigen Gesellschaft«), 3. 12. 2004 (»Reformen – notwendig, aber gerecht!«) und 10. 1. 2005 (»Christl. Moral und ökonom. Vernunft – ein Widerspruch?«) vor.

  H.-H. SCHREY: Einf. in die e. S. (1973); Die Denkschrr. der Ev. Kirche in Dtl., hg. v. der Kirchenkanzlei der Ev. Kirche in Dtl., auf mehrere Bde. ber. (¹⁻²1981 ff.); E. TROELTSCH: Die Soziallehren der christl. Kirchen u. Gruppen, 2 Bde. (Neuausg. 1994); Ev. Sozial-Lex., hg. v. M. HONECKER u. a. (Neuausg. 2001).

Evangelisches Studienwerk e. V. Villigst, Begabtenförderungswerk aller ev. Landeskirchen in Dtl., gegr. 1948 in Schwerte; gefördert werden fachlich qualifizierte, sozial engagierte und verantwortungsbereite junge Menschen ev. Konfession. Das Studienwerk unterstützt jährlich rd. 800 ev. Studierende und Promovierende (seit 2001 auch an dt. Hochschulen Studierende aus den Mitglieds- und Beitrittsstaaten der EU). Ziel ist, bei den Stipendiatinnen und Stipendiaten die Bereitschaft zu stärken, Wissen und Verantwortung als Einheit zu sehen und auf der Grundlage eines solchen Selbstverständnisses soziale Verantwortung in Beruf, Gemeinde und Gesellschaft zu tragen.

Evangelische StudentInnengemeinde in der Bundesrepublik Deutschland, Abk. **ESG,** Dachverband der örtl. ev. Studierendengemeinden in Dtl.; Sitz der ESG-Geschäftsstelle: Berlin. Die einzelnen (rd. 150) Gemeinden in Universitäts- und Fachhochschulstädten arbeiten im Rahmen der ev. Landeskirchen weitgehend unabhängig unter Leitung eines Kreises von Mitarbeiterinnen und Mitarbeitern sowie ihres Studierendenpfarrers bzw. ihrer -pfarrerin. – Geschichtlich steht die ESG in der Tradition der um die Wende des 19./20. Jh. an dt. Hochschulen gegründeten Bibelkreise und der aus der →Evangelischen Allianz hervorgegangenen christl. Studentenbewegung. In ihrer heutigen organisator. Form entstand sie nach 1945. In der DDR bestand seit 1967 eine rechtlich selbstständige ESG mit Sitz der Geschäftsstelle in

Berlin (Ost). Beide Verbände schlossen sich 1992 wieder zusammen.

Evangelische Volkspartei, Abk. **EVP,** schweizer. Partei, gegr. 1917 auf Kantonsebene in Zürich, 1919 auf Bundesebene konstituiert. Sie ist orientiert am polit. konservativen Protestantismus, besitzt aber auch einen starken Arbeitnehmerflügel. Polit. Schwerpunkt der Partei sind der Kt. Zürich bzw. die dt.-sprachige Schweiz. 2003 errang sie drei Mandate im Nationalrat.

Evangelische Zentralstelle für Weltanschauungsfragen, Abk. **EZW,** 1960 gegründete Einrichtung der EKD mit Sitz in Berlin (bis Mitte 1995: Stuttgart). Die EZW beobachtet die religiösen und weltanschaul. Strömungen der Gegenwart und informiert über religiöse und weltanschaul. Trends, Szenen und Gemeinschaften. Neben der Vortrags- und Gutachtertätigkeit ihrer Referenten erfolgt die Veröffentlichung der Arbeitsergebnisse in Form von Broschüren (EZW-Texte) und einer Monatszeitschrift (»Materialdienst«); für die zeitnahe aktuelle Information besteht das Angebot des EZW-Newsletters. – Eine Vorläuferin war 1919–35 die »Apologet. Centrale« in Berlin-Spandau.

Evangelisch-Johannische Kirche nach der Offenbarung St. Johannis, bis 1975 Name der →Johannischen Kirche.

evangelisch-lutherisch, lutherisch, Konfessions-Bez. der ev. Kirchen luther. Prägung und ihrer Mitgl. (→lutherische Kirchen, →Luthertum).

Evangelisch-Lutherische Freikirche, →Altlutheraner.

Evangelisch-Lutherische Kirche im Hamburgischen Staate, ehem. Gliedkirche der EKD und der VELKD; umfasste die Stadtteile Alt-Hamburg und Bergedorf des Landes Hamburg, die Stadt Cuxhaven und Geesthacht; ging 1977 in der →Nordelbischen Evangelisch-Lutherischen Kirche auf.

Evangelisch-Lutherische Kirche in Bayern, Gliedkirche der EKD und der VELKD, umfasst das Land Bayern. Sitz des Landeskirchenamts und des Landesbischofs ist München; Landesbischof ist seit 1999 Johannes Friedrich (* 1948). →Evangelische Kirche in Deutschland, Übersicht.

Evangelisch-lutherische Kirche in Lübeck, ehem. Gliedkirche der EKD und der VELKD; umfasste die Stadt Lübeck und Teile des Landkreises Herzogtum Lauenburg; ging 1977 in der →Nordelbischen Evangelisch-Lutherischen Kirche auf.

Evangelisch-Lutherische Kirche in Oldenburg, Gliedkirche der EKD, umfasst den ehem. niedersächs. Verwaltungsbezirk Oldenburg. Sitz des Ev.-luther. Oberkirchenrats und des Bischofs ist Oldenburg; Bischof ist seit 1998 Peter Krug (* 1943). →Evangelische Kirche in Deutschland, Übersicht.

Evangelisch-Lutherische Kirche in Russland und anderen Staaten, Abk. **ELKRAS,** aus der 1990 wieder staatlich registrierten und in die Konferenz Europ. Kirchen (KEK) aufgenommenen Deutschen Evangelisch-Lutherischen Kirche in der Sowjetunion (1991–93 »Ev.-Luther. Kirche in den Republiken von Euro-Asien«) hervorgegangene luther. Kirche in der GUS. Die ELKRAS versteht sich als »russ. Kirche dt. Tradition«, der überwiegend russlanddt. luther. Christen angehören. Sie knüpft an die Geschichte luther. Gemeinden in Russland seit der Reformation und der Einwanderung dt. Siedler im Wolgagebiet im 18.Jh. an. Nach der Aufhebung der staatl. Registrierung als Religionsgemeinschaft in den 1930er-Jahren, der Ermordung bzw. Flucht der meisten Pastoren und der darauf folgenden Zwangsumsiedlung der Deutschen nach Sibirien, dem Fernen Osten und Mittelasien hielten viele Gläubige unter schwierigsten äußeren Bedingungen an ihrem Bekenntnis fest. In den 1970er-Jahren wurden erstmals wieder dt. luther. Gemeinden staatlich registriert und von Riga aus geistlich betreut. Harald Kalnins (* 1911, † 1997), der diese Aufgabe als Pastor an der Jesuskirche in Riga und später als »Superintendent von Riga und der Sowjetunion« übernommen hatte, wurde 1988 als Bischof eingeführt und war in diesem Amt bis 1994 (seit 1993 mit Sitz in Sankt Petersburg) tätig. Sein Nachfolger, der seit 1999 den Titel Erzbischof führt, wurde Georg Kretschmar (* 1925; bis 1990 Prof. in München, danach Dozent in Riga); Erzbischof seit April 2005 ist der aus Bayern stammende Edmund Ratz (* 1933; 1982–98 führende Tätigkeit im Luther. Weltbund, seit 2000 Regionalbischof der ELKRAS in der Ukraine). Die ELKRAS umfasst neun, von Bischöfen bzw. Pröpsten mit bischöfl. Rechten geleitete **Regionalkirchen**: Europ. Russland; Ural, Sibirien und Ferner Osten; Ukraine; Weißrussland; Georgien; Kasachstan; Usbekistan; Kirgistan; Asien (Aserbaidschan, Tadschikistan, Turkmenistan). Sitz der Kirchenkanzlei und des Erzbischofs ist Sankt Petersburg. – Die jüngste kirchl. Statistik (2005) gibt die Zahl der eingetragenen Mitgl. mit (nur noch) rd. 16 000 an; Mitte der 1990er-Jahre wurden rd. 250 000, Anfang 2000 noch rd. 100 000 Mitgl. in rd. 600 Gemeinden genannt.

W. Kahle: Gesch. der evangelisch-luther. Gemeinden in der Sowjetunion. 1917–1938 (Leiden 1974); ders.: Wege u. Gestalt evangelisch-luther. Kirchentums. Vom Moskauer Reich bis zur Gegenwart (2002).

Evangelisch-Lutherische Kirche in Thüringen, Gliedkirche der EKD (wieder seit 1991) und der VELKD (1969–91 der »VELK in der DDR«), Teilkirche der »Föderation Ev. Kirchen in Mitteldeutschland«; umfasst das Land Thüringen (ohne das Gebiet der Ev. Kirche der Kirchenprovinz Sachsen und das Dekanat Schmalkalden der Ev. Kirche von Kurhessen-Waldeck). Sitz des Landeskirchenrats und des Landesbischofs ist Eisenach; Landesbischof ist seit 2001 Christoph Kähler (* 1944). →Evangelische Kirche in Deutschland, Übersicht.

Evangelisch-Lutherische Landeskirche Eutin, ehem. Gliedkirche der EKD und der VELKD; umfasste große Teile des Landkreises Ostholstein und Teile der Landkreise Segeberg und Plön; ging 1977 in der →Nordelbischen Evangelisch-Lutherischen Kirche auf.

Evangelisch-lutherische Landeskirche Hannovers, Gliedkirche der EKD und der VELKD, umfasst das Land Niedersachsen ohne die ehem. Verwaltungsbezirke Braunschweig und Oldenburg und den ehem. Kreis Schaumburg-Lippe sowie ohne die Stadt Cuxhaven, dazu die Stadt Bremerhaven und seit 1992 wieder das Amt Neuhaus/Elbe, das bis zu seiner Rückgliederung nach Niedersachsen im Juni 1993 zum Land Mecklenburg-Vorpommern gehörte. Sitz des Landeskirchenamts und des Landesbischofs/der Landesbischöfin ist Hannover; Landesbischöfin ist seit 1999 Margot Kässmann (* 1958). →Evangelische Kirche in Deutschland, Übersicht.

Evangelisch-lutherische Landeskirche in Braunschweig, Gliedkirche der EKD und VELKD, umfasst den ehem. Verw.-Bez. Braunschweig des Landes Niedersachsen und seit 1992 wieder im Land Sachsen-Anhalt die Bereiche Blankenburg/Harz der

Propstei Bad Harzburg und Calvörde/Uthmöden der Propstei Vorsfelde. Sitz des Landeskirchenamts und des Landesbischofs ist Wolfenbüttel; Landesbischof ist seit 2002 FRIEDRICH WEBER (*1949). →Evangelische Kirche in Deutschland, ÜBERSICHT.

Evangelisch-Lutherische Landeskirche Mecklenburgs, Gliedkirche der EKD (wieder seit 1991) und der VELKD (1969–91 der »VELK in der DDR«); umfasst den Mecklenburger Teil des Landes Meckl.-Vorp. Sitz des Oberkirchenrats und des Landesbischofs ist Schwerin; Landesbischof ist seit 1996 HERMANN BESTE (*1940). →Evangelische Kirche in Deutschland, ÜBERSICHT.

Evangelisch-Lutherische Landeskirche Sachsens, Gliedkirche der EKD (wieder seit 1991) und der VELKD (1969–91 der »VELK in der DDR«); umfasst das Land Sachsen (ohne den Sprengel Görlitz der Ev. Kirche Berlin-Brandenburg-schles. Oberlausitz [das Gebiet der früheren Ev. Kirche der schles. Oberlausitz] im NO und den Gebietsanteil der Ev. Kirche der Kirchenprovinz Sachsen im NW). Sitz des Landeskirchenamts und des Landesbischofs ist Dresden; Landesbischof ist seit Juli 2004 JOCHEN BOHL (*1950). →Evangelische Kirche in Deutschland, ÜBERSICHT.

Evangelisch-Lutherische Landeskirche Schaumburg-Lippe, Gliedkirche der EKD und der VELKD, umfasst den früheren Landkreis Schaumburg-Lippe. Sitz des Landeskirchenamts und des Landesbischofs ist Bückeburg; Landesbischof ist seit 2001 JÜRGEN JOHANNESDOTTER (*1943). →Evangelische Kirche in Deutschland, ÜBERSICHT.

Evangelisch-Lutherische Landeskirche Schleswig-Holsteins, ehem. Gliedkirche der EKD und VELKD; umfasste das Land Schleswig-Holstein (ohne die Gebiete der Evangelisch-luther. Kirche in Lübeck und der Evangelisch-Luther. Landeskirche Eutin) sowie im Land Hamburg die Stadtteile Altona, Wandsbek und Blankenese; ging 1977 in der →Nordelbischen Evangelisch-Lutherischen Kirche auf.

Evangelisch-lutherisches Missionswerk in Niedersachsen, Abk. **ELM,** luther. Missionswerk (Name seit 1977) mit Hauptsitz in Hermannsburg; hervorgegangen aus der dort 1849 von L. HARMS gegründeten Missionsanstalt, aus der ihrerseits das Missionswerk der **Hermannsburger Mission** (zuerst tätig in Afrika) hervorgegangen ist. Heute ist das ELM v.a. in S-Afrika, Äthiopien, S-Indien und Brasilien tätig und unterhält Verbindungen zu 19 Partnerkirchen in 17 außereurop. Ländern. Trägerinnen des ELM sind die ev.-luther. Landeskirchen Braunschweig, Hannover und Schaumburg-Lippe; dem ELM eng verbunden sind die Ev. Kirche von Kurhessen-Waldeck, die Kirche Augsburg. Konfession von Elsass und Lothringen und rd. 20 Freundeskreise. Wichtige Tätigkeitsfelder sind theolog. Aus- und Fortbildung, Gemeindeaufbau, medizin., landwirtschaftl. und verwaltungstechn. Kooperation in Übersee. – Publikationen: »Mitteilen – Hermannsburger Missionsblatt« (seit 1854, bis 1993 »Hermannsburger Missionsblatt«), seit 1954 Jahrbuch.

Evangelisch-Lutherisches Missionswerk Leipzig, Abk. **LMW,** luther. Missionswerk mit Sitz (seit 1856) in Leipzig; hervorgegangen aus der 1836 in Dresden gegründeten **Dresdner Mission.** Der Ausbau der Missionsgesellschaft (zuerst tätig in S-Indien), seit 1856 **Leipziger Mission,** erfolgte bes. durch K. F. L. GRAUL (1842–60 Missionsdirektor). Heute ist das LMW in Indien, Tansania und Papua-Neuguinea tätig, dort projektbezogen mit drei luther. Partnerkirchen zusammenarbeitend; Verbindungen bestehen ebenfalls zur luther. Bethlehem-Gemeinde in Rangun (Birma). Trägerinnen des LMW sind die ev.-luther. Landeskirchen Sachsens, Thüringens und Mecklenburgs. Als westdt. Zweig des LMW bestand 1945–92 der »Verein Leipziger Mission in West-Dtl.« (Sitz: Erlangen und Hildesheim). – Publikation: »Kirche weltweit« (vierteljährlich).

Evangelisch-methodistische Kirche, →Methodisten.

evangelisch-reformiert, Konfessions-Bez. der ev. Kirchen ref. Prägung und ihrer Mitgl. (→reformierte Kirchen)

Evangelisch-reformierte Kirche (Synode evangelisch-reformierter Kirchen in Bayern und Nordwestdeutschland), eine ref. Gliedkirche der EKD und Mitgliedskirche der UEK; umfasst Gemeinden in Niedersachsen, Bremerhaven, Bremen-Rekum, Hamburg-Altona, Lübeck, Stuttgart und seit 1989 auch in Bayern; Name bis Januar 1989 **Evangelisch-reformierte Kirche in Nordwestdeutschland.** Seit der Wiedervereinigung Dtl.s gehören der Ev.-ref. Kirche auch die ref. Gemeinden in Bützow, Chemnitz, Leipzig und Zwickau an. Sitz des Synodalrates und des Präses ist Leer; Präses ist seit 2000 GARRELT DUIN (*1939). (→Evangelische Kirche in Deutschland, ÜBERSICHT).

Evangelisch-sozialer Kongress, Abk. **ESK,** 1890 von führenden Persönlichkeiten des dt. Protestantismus (A. STOECKER, LUDWIG WEBER [*1846, †1922], A. VON HARNACK, A. WAGNER u.a.) gegründeter Verein zur Förderung der christl. Sozialarbeit und sozialen Aufklärung; formuliert bes. in den Anliegen der Bekämpfung sozialer Missstände und der nachhaltigen Einflussnahme auf das Wirtschaftsleben durch die Kräfte des christl. Glaubens: »Die sozialen Zustände [...] vorurteilslos zu untersuchen, sie an dem Maßstabe der sittl. und religiösen Forderungen des Evangeliums zu messen und diese selbst für das heutige Wirtschaftsleben fruchtbar zu machen« (Satzung 1891). Nichtüberbrückbare Konflikte zw. den Vertretern christlich-konservativer (Meinungsführer war STOECKER) und christlich-sozialliberaler (F. NAUMANN) Positionen in der Diskussion um die grundsätzl. gesellschaftspolit. Ausrichtung des ESK waren für STOECKER Anlass zum Austritt aus dem ESK (1896) und zur Gründung der →Kirchlich-Sozialen Konferenz (1897). Nachdem sich auch die ev. Arbeitervereine zunehmend vom ESK lossagten, profilierte sich dieser zum Forum eines sozialliberal ausgerichteten Protestantismus (Vors. 1920–29: A. VON HARNACK). Über die Zeitschrift »Evangelisch-Sozial« (gegr. 1904) und regelmäßig veranstaltete Tagungen erreichte der ESK eine vergleichsweise große Öffentlichkeit; Einflüsse gingen auch auf die Bewegung des →religiösen Sozialismus aus. Nach 1933 wurde der ESK in seiner Arbeit zunächst massiv durch den nat.-soz. Staat behindert und musste diese schließlich ganz einstellen. Nach 1945 wurden wesentl. Intentionen des ESK von der EKD aufgenommen (→christlich-soziale Bewegungen).

Evangelist, seit dem 3. Jh. Bez. für die (angenommenen) Verfasser der vier Evangelien: MATTHÄUS, MARKUS, LUKAS, JOHANNES.

In der christl. Urgemeinde war E. die Bez. für Mitarbeiter der Apostel; heute werden auch Prediger in den ev. Freikirchen, v.a. aber in der →Gemeinschaftsbewegung als E. bezeichnet.

Evangelisch-lutherisches Missionswerk in Niedersachsen

Evangelisch-Lutherisches Missionswerk Leipzig

Evan Evangelistar

Evangelist: Darstellung des thronenden Christus als Weltenherrscher, umgeben von den Symbolen der vier Evangelisten; Tympanon des Westportals der Kathedrale Saint-Trophime in Arles (vollendet 2. Hälfte des 12. Jh.)

Kunst Die Darstellung der vier E. in frühchristl. Zeit nimmt die Tradition des antiken Redner- und Philosophenbildes auf. In der byzantin. Kunst wurden nach dem Bilderstreit MATTHÄUS und JOHANNES als Greise mit weißem Bart, MARKUS und LUKAS dagegen als jüngere Männer dargestellt, im Westen meist in jugendl. Gestalt, stehend oder sitzend. Attribute wurden ihnen bis ins frühe MA. nicht beigegeben. Im 5. Jh. treten erstmals die den Visionen des Ezechiel (Ez. 1, 10) und der Apokalypse (4, 7) entstammenden Flügelwesen als **E.-Symbole** auf: Löwe für MARKUS, Mensch für MATTHÄUS, Stier für LUKAS, Adler für JOHANNES. Sie erscheinen allein oder in meist nur loser Verbindung mit den E., die im MA. v. a. schreibend, schauend, diktierend, aber auch mit der Hand Gottes oder einer Taube, die sie inspiriert, dargestellt werden, bes. in der Buchmalerei. (→Autorenbild)

Musik In den Passionskompositionen seit dem Barock (z. B. J. S. BACHS »Matthäuspassion«) ist E. die Bez. für die Partie des Sängers, der den erzählenden Text des jeweiligen Evangeliums vorträgt, nicht aber die direkten Reden CHRISTI oder anderer Personen.

Evangelistar [mlat.] *das, -s/-e*, **Perikopenbuch**, liturg. Buch, das im Unterschied zum →Evangeliar nur die Abschnitte aus den Evangelien enthält, die während der Messe verlesen werden (Perikopen). Beispiele für prachtvoll illuminierte Handschriften sind der Codex Egberti des Erzbischofs EGBERT VON TRIER (um 980; Trier, Stadtbibliothek) und das Perikopenbuch HEINRICHS II. (um 1012; München, Bayer. Staatsbibliothek).

Franco Evangelisti

Evangelisti [evandʒeˈlisti], Franco, ital. Komponist, * Rom 21. 1. 1926, †ebd. 28. 1. 1980; studierte u. a. in Freiburg im Breisgau (H. GENZMER); gründete 1961 das Improvisationsensemble »Nuova Consonanza«; war 1969–72 Dozent für elektron. Musik an der Accademia Nazionale di Santa Cecilia in Rom. E., der kaum mehr als 20 meist unveröffentlichte Werke hinterließ (u. a. »Incontri di fasce sonore«, 1957; »Random or not Random«, 1962; Theaterstück »Die Schachtel«, 1963) und seit 1962/63 nicht mehr komponierte, sah mit der Neuen Musik unserer Zeit das vorläufige Ende (»Erschöpfung«) der abendländ. Kunstmusik heraufziehen.

Evangelium [griech. evangélion »frohe Kunde«, »Heilsbotschaft«] *das, -s/...lilen*,

1) in der Antike die Siegesbotschaft oder der Gottesspruch eines Orakels. Im speziellen Sinn (in den christl. Kirchen) Bez. für die Botschaft JESU vom Kommen des Reiches Gottes sowie für die Überlieferung der Worte, Taten und des Lebens JESU, wie sie in den vier neutestamentl. Schriften über sein Leben und Wirken, den zw. 70 und Mitte der 90er-Jahre verfassten **Evangelien** niedergelegt sind: →Matthäusevangelium, →Markusevangelium, →Lukasevangelium, →Johannesevangelium (→Bibel). Die ersten drei E., in Inhalt und Aufbau einander ähnlich, werden die synopt. E. genannt (→Synoptiker). – Neben den vier von der Kirche für kanonisch (→Kanon) erklärten E. gibt es noch mehrere apokryphe E.: →Apokryphen, →Jakobusevangelium, Nikodemusevangelium (→Nikodemus), Petrusevangelium (→Petrus), Thomasevangelium (→Thomas).

2) die bibl. Lesung in der christl. Liturgie, die i. d. R. als letzte Lesung den Lesegottesdienst abschließt.

Evangelium vitae [lat. »Evangelium des Lebens«], Enzyklika Papst JOHANNES PAULS II. vom 25. 3. 1995 über den Wert und die Unantastbarkeit des menschl. Lebens. U. a. auf die bibl. Aussagen Bezug nehmend, dass Gott der Herr über das Leben ist und allein dessen Anfang und Ende setzt, wird das Leben als dem Menschen unverfügbar und sein Schutz als fundamentales Glaubens- und Rechtsgut beschrieben. Getragen von der Sorge, dass sich in der Lebensweise moderner Gesellschaften westl. Prägung, der Gesetzgebung vieler Staaten (Schwangerschaftsabbruch, künstl. Empfängnisverhütung, staatl. Bevölkerungsplanung, aktive Sterbehilfe), aber auch in den vielfältigen Formen der Gewalt gegen Schwache und in Kriegen zunehmend eine gegen das Leben gerichtete hedonist. »Kultur des Todes« manifestiert, setzt die Enzyklika dieser Entwicklung eine »Kultur des Lebens« entgegen, die die personale Würde des menschl. Lebens in allen seinen Gestalten betont. Dabei werden v. a. der unbedingte Schutz des ungeborenen und des behinderten Lebens, aber auch die Würde des sterbenden Menschen hervorgehoben.

Evans [ˈevənz],

1) Sir (seit 1911) *Arthur* John, brit. Archäologe, * Nash Mills (bei London) 8. 7. 1851, †Oxford 11. 7. 1941; Prof. in Oxford. Er begann seine Forschungen 1893 auf Kreta. Bei seinen auf eigene Kosten ab 1900 unternommenen Ausgrabungen in →Knossos legte er den ersten minoischen Palast frei. Damit setzte er neue Akzente in der Forschung, denn bis dahin hatte man die griech. Bronzezeit nur aus dem Blickwinkel der myken. Kultur betrachtet. 1906 entwarf E. eine Chronologie der minoischen Kultur, indem er diese in drei Perioden gliederte und das Ende der mittleren Periode mit dem Beginn des Neuen Reiches in Ägypten (ungefähr frühes 16. Jh. v. Chr.) gleichsetzte (→ägäische Kultur); verfasste u. a. »Scripta Minoa« (Bd. 1, 1909; Bd. 2 hg. v. J. L. Myres, 1952) und »The palace of Minos« (1921–36, 6 Tle. und Index; Neuausg. 1964–67).

📖 S. L. HORWITZ: Sir A. E. auf den Spuren des Königs Minos (a. d. Engl., 1990); J. A. MACGILLIVRAY: Minotaur. Sir A. E. and the archaeology of the Minoan myth (Neuausg. London u. a. 2001).

2) Bill, eigtl. **William John E.,** amerikan. Jazzmusiker, * Plainfield (N. J.) 16. 8. 1929, † New York 15. 9. 1980; spielte zunächst Violine und Flöte, trat nach

1955 als Pianist hervor, u. a. im Miles-Davis-Quintett. Sein Stil, der harmonisch an den europ. Impressionismus anknüpft, beeinflusste die Pianisten des Freejazz (bes. P. BLEY).

3) Dame (seit 1946) *Edith,* engl. Schauspielerin, *London 8. 2. 1888, †Goudhurst (Cty. Kent) 14. 10. 1976; wirkte viele Jahre im Ensemble des »Old Vic Theatre«, an dem sie die großen Shakespeare-Rollen spielte; auch hervorragende Darstellerin in Gesellschaftskomödien.

4) *Frederick* Henry, engl. Fotograf, *London 26. 6. 1853, †ebd. 24. 6. 1943; spezialisierte sich ab 1890 auf Architekturfotografie. Daneben fertigte er Landschaftsaufnahmen und Porträts an. Die Wahl des Bildausschnitts und feine Grauabstufungen verleihen insbes. E.' Innenaufnahmen von Kirchen einen ausgesprochen poet. Charakter (»Das Meer der Stufen«, 1903). In seinen theoret. Essays setzte er sich vehement für eine unmanipulierte, reine Fotografie ein. 1900 wurde er in den »Linked Ring« aufgenommen (→Piktoralismus), 1928 Ehrenmitglied der Royal Photographic Society.

5) Sir (seit 1971) *Geraint* Llewellyn, brit. Sänger (Bariton), *Pontypridd 16. 2. 1922, †Aberystwyth (Wales) 19. 9. 1992; debütierte 1948 an der Covent Garden Opera in London, deren Mitgl. er seitdem war; sang u. a. an der Mailänder Scala, der Metropolitan Opera in New York und bei Festspielen (Glyndebourne, Salzburg). 1984 zog er sich von der Bühne zurück. Bekannt wurde er bes. als Mozartinterpret, als Falstaff (G. VERDI) und als Wozzeck (A. BERG).

6) Gil, eigtl. **Ian Ernest Gilmore Green** [gri:n], amerikan. Jazzkomponist und Arrangeur, *Toronto 13. 5. 1912, †Cuernavaca (Mexiko) 20. 3. 1988; Autodidakt, arrangierte u. a. für eigene Bands, für C. THORNHILL und M. DAVIS. Bekannt wurde E. v. a. durch seine Zusammenarbeit mit DAVIS (1957–60), während der u. a. die Schallplatteneinspielungen von »Porgy and Bess« (1958) und »Sketches of Spain« (1960) entstan-

Walker Evans: ohne Titel (um 1939; Frankfurt am Main, Kunstsammlung der DZ Bank)

den. E. gilt als einer der einflussreichsten Arrangeure des modernen Jazz. Besondere Bedeutung gewann seine Behandlung des Blechbläsersatzes.

7) *Herbert* McLean, amerikan. Biologe, *Modesto (Calif.) 23. 9. 1882, †Berkeley (Calif.) 5. 3. 1971; Prof. in Baltimore (1908–15) und Berkeley (1915–52); entdeckte 1925 das Vitamin E (Tocopherol).

8) *Mary Ann,* engl. Schriftstellerin, George →Eliot.

9) *Oliver,* amerikan. Ingenieur, *Newport (Del.) 13. 9. 1755, †Philadelphia (Pa.) 15. 4. 1819; errichtete 1784/85 eine von Wasserkraft angetriebene automat. Mühle, die sich durch die Anwendung versch. neuer Förderelemente auszeichnete, und konstruierte 1801 die erste Hochdruckdampfmaschine mit Kondensation (Dampfdruck: 10 bar).

10) *Walker,* amerikan. Fotograf, *Saint Louis (Mo.) 3. 11. 1903, †New Haven (Conn.) 10. 4. 1975; begann Ende der 1920er-Jahre autodidaktisch zu fotografieren. Beeinflusst durch Aufnahmen von P. STRAND und E. ATGET entwickelte er seit 1929 seinen eigenen, nüchternen, die Ästhetik des Einfachen betonenden Stil (→Straight Photography), mit dem er der Entwicklung der dokumentar. Fotografie entscheidende Impulse gab. Neben sachl. Architekturaufnahmen erlangte E. v. a. mit sozial engagierten Dokumentationen unterprivilegierter Menschen internat. Anerkennung.

    Werke: The Crime of Cuba (1933, mit C. BEALE); American Photographs (1938); Let us now praise famous men (1941, mit J. AGEE; dt. Zum Lob der großen Männer); Photographs for the Farm Security Administration 1935–38 (1973).

Geraint Evans

Evans-Pritchard [ˈevənz ˈprɪtʃəd], Sir (seit 1971) *Edward* Evan, brit. Ethnologe, *Crowborough (East Sussex) 21. 9. 1902, †Oxford 11. 9. 1973; war 1946–70 Prof. in Oxford; Feldforschung bei den Zande (Rep. Kongo) und den Nuer (Rep. Sudan), einer der bedeutendsten Vertreter der brit. Völkerkunde. Er arbeitete v. a. zu den Themen Sozialstruktur (bei den Nuer) und Welterfahrung und -deutung in anderen Gesellschaften (u. a. bei den Zande).

    Werke: Witchcraft, oracles and magic among the Azande (1937); Social anthropology (1951); Nuer religion (1956).

Evanston [ˈevənstən], Stadt in Illinois, USA, am Michigansee im nördl. Vorstadtbereich von Chicago, 74 400 Ew. – E. entstand und entwickelte sich um die Northwestern University (gegr. 1851) zu einem wichtigen Bildungszentrum; ökumen. Institut (gegr. 1958).

Frederick Evans: Das Meer der Stufen (1903; Philadelphia, Museum of Art)

Evan Evansville

> **Mount Everest – Die britische Expedition (1953) unter der Leitung von Sir John Hunt**
>
> **Aus der Autobiografie »Wer wagt, gewinnt« (1975) von Edmund Hillary**
>
> 29. Mai. Um vier Uhr morgens war das Wetter herrlich und die Aussicht unübertroffen schön. [...] Um 9.00 Uhr standen wir mit unseren Steigeisen auf dem Südgipfel.
>
> Einigermaßen gespannt betrachteten wir den vor uns liegenden Grat, denn hier mußte die Entscheidung fallen. [...] Was wir sahen, war sehr beängstigend, wir ließen uns aber doch nicht entmutigen. Rechts hingen lange Schneewächten über der Kangshungwand. Von dort führte ein steiler Schneehang nach links bis an die Spitze der Felsen, die 2650 Meter tief zum westlichen Cwm abfallen. Ich glaube, in der Mitte eine geeignete Route zu erkennen. Hier ließen sich im Schnee oberhalb der Felsen Stufen schlagen, und wir befanden uns dort weit genug unterhalb des Kammes, um nicht durch die überhängende Schneewächte gefährdet zu werden. [...]
>
> Auf dem Abstieg vom Südgipfel hielten wir uns tief am linken Hang, wo ich wieder anfing, in den sehr guten, festen Schnee Stufen zu schlagen. Es ging glatt voran, ich fühlte mich wohl, und wir konnten ein gleichmäßiges Tempo vorlegen. Einige Zacken an der Wächte erwiesen sich als gefährlich, aber ich konnte sie umgehen, indem ich bis auf den bloßen Fels hinunterstieg und daran vorbeikletterte. Tensing [Norgay] hielt mich die ganze Zeit am gestrafften Seil, und wir wechselten uns beim Sichern ab. Nach etwa einer Stunde kamen wir an eine senkrechte Felsstufe im Grat. Ihre Überwindung schien problematisch. An diese Stufe schloß sich jedoch rechts eine vertikale Schneeklippe an, und ich konnte mich in dem 13 Meter hohen Spalt hinaufarbeiten und bis nach oben kommen. Ich war überrascht und freute mich, in dieser Höhe so viel leisten zu können. Dann half ich Tensing hinauf und stellte fest, daß er einige Mühe hatte mitzuhalten. Aber er war ein ausgezeichneter und zuverlässiger Gefährte. Jetzt war ich überzeugt, wir würden den Gipfel erreichen, und nichts könnte uns mehr aufhalten. [...]
>
> Ich kletterte weiter, schlug die Stufen und überwand Felsblock um Felsblock und eine überhängende Schneewächte nach der anderen. Dabei hielt ich gespannt nach dem Gipfel Ausschau. Er war nicht zu sehen, und die Zeit wurde knapp. Schließlich arbeitete ich mich um die Rückseite eines sehr großen Felsblocks herum und kletterte dann, von Tensing am straffen Seil gehalten, auf einen sanft geneigten Schneegrat hinauf. Und plötzlich hatten wir unser Ziel erreicht. Es war 11.30 Uhr, und wir standen auf dem Gipfel des Mount Everest!
>
> Nach Norden fiel ein gewaltiger, von einer Wächte gekrönter Grat zum östlichen Rongbuk-Gletscher hinunter. Von der alten Nordroute war nichts zu entdecken, aber wir blickten auf den Nordpaß und den Changtse. Der Westgrat fiel in breiten Schwüngen ab, und wir hatten eine herrliche Aussicht auf die tief unter uns liegenden Gipfel des Khumbu und des Pumori. Im Osten beherrschten der Makalu, der Kangchenjunga und der Lhotse den Horizont. Sie sahen jedoch von hier viel weniger großartig aus, als ich sie in Erinnerung hatte. Tensing und ich schüttelten uns die Hände, und dann umarmte er mich. Es war ein großer Augenblick. Ich nahm die Sauerstoffmaske ab und fotografierte 10 Minuten lang Tensing mit den Flaggen in der Hand, die einzelnen Grate des Everest und das Panorama. Im Auftrag von John Hunt brachte ich auf dem Gipfel ein Kreuz an. Tensing grub ein kleines Loch in den Schnee und tat ein Speiseopfer hinein: Bonbons, Kekse und Schokolade. Wir aßen einen Pfefferminzkuchen und legten dann wieder die Sauerstoffmasken an. Ich war etwas besorgt, weil die Zeit knapp wurde. Deshalb brachen wir nach einem Aufenthalt von 15 Minuten um 11.45 Uhr zum Abstieg auf.
>
> E. Hillary: Wer wagt, gewinnt. Die Autobiographie des Erstbezwingers des Mount Everest, a. d. Engl. übers. v. H. J. Baron von Koskull (Bergisch Gladbach: Bastei-Lübbe, ²1987), S. 188 ff.

Evansville ['ɛvənzvɪl], Stadt in Indiana, USA, am Ohio, 117 900 Ew.; kath. Bischofssitz; Univ. (gegr. 1894); Mittelpunkt eines Kohlenbergbau- und Agrargebiets mit pharmazeut., Aluminium- u. a. Industrie; Binnenhafen.

Evaporation [lat.] *die, -/-en,* die Verdunstung von Wasser von einer freien Wasserfläche oder Landfläche (Bodenverdunstung). Die E. ist abhängig von der Bodenbeschaffenheit (z. B. der Wasserabgabe des Bodens an die Oberfläche), der Aufnahmefähigkeit der umgebenden Luft und der zur Verfügung stehenden Verdunstungsenergie (d.h. von Temperatur, Wind und Sonneneinstrahlung).

evaporierte Milch, die →Kondensmilch.

Evaporite, *Sg.* **Evaporit** *der, -s,* **Eindampfungssedimente,** durch Verdunstung des Wassers in abgeschnürten Meeresbecken oder in Salzpfannen und -seen entstandene Ablagerungen, v. a. Steinsalz, Kalisalze, Anhydrit und Gips.

Evapotranspiration, *Biologie:* Wasserdampfabgabe eines Pflanzenbestandes an die Atmosphäre, bestehend aus der von Umwelteinflüssen (u. a. Klima) bedingten Verdunstung des Bodens (→Evaporation) und niederer Pflanzen sowie der Transpiration höherer Pflanzen, die ihre Wasserdampfabgabe selbst regulieren können.

EVA-Prinzip, Abk. für Eingabe, Verarbeitung, Ausgabe, das Grundschema jeder →Datenverarbeitung.

Evaristus, Papst (etwa 97–105), Grieche, † Rom; wird in der ältesten röm. Bischofsliste als Nachfolger KLEMENS' I. genannt. Die Informationen des →Liber pontificalis über E. (Sohn hellenist. jüd. Eltern aus Bethlehem; Begründung des Systems der →Titelkirchen und deren erstmalige Zuweisung an die röm. Presbyter; Martyrium unter Kaiser TRAJAN) sind historisch nicht belegbar. – Heiliger (Tag: 26. 10.).

Evdokimova, Eva, amerikan. Tänzerin, * Genf 1. 12. 1948; debütierte 1966 beim Königlich-Dän. Ballett in Kopenhagen und ging 1969 als Solotänzerin an die Dt. Oper Berlin, deren Primaballerina sie 1973–85 war. Nach ihrer Karriere als Tänzerin arbeitete sie 2002/2003 als Ballettmeisterin am Boston Ballet und unterrichtete u. a. in New York. Die Trägerin des Titels »Primaballerina Assoluta« tanzte klass. und moderne Rollen, bes. erfolgreich in romant. Balletten wie »Giselle« und »La Sylphide«.

Evektion [zu lat. evehere, evectum »herausführen«, »herausfahren«] *die, -,* eine von PTOLEMÄUS entdeckte Störung in der Bewegung des Mondes, die diesen um etwa 1°16' in einer Periode von 32 Tagen um den nach der →Mittelpunktsgleichung berechneten Ort pendeln lässt.

Evelyn ['iːvlɪn, 'ɛvlɪn], John, engl. Schriftsteller, * Wotton House (bei Dorking) 31. 10. 1620, † ebd. 27. 2. 1706; Jurist, weit gereister und umfassend gebildeter Verfasser eines Tagebuchs der Jahre 1641–1706 (»Diary«, 6 Bde., hg. 1955), das als wichtige kulturhistor. Quelle gilt; Mitbegründer der »Royal Society«.
    Weitere Werke: Sculptura (1662); Sylva (1664). – The life of Mrs. Godolphin (hg. 1847, Biogr.).

Evenepoel [ˈeːvənəpuːl], Henri Jacques Édouard, belg. Maler, * Nizza 3. 10. 1872, † Paris 27. 12. 1899; lebte ab 1892 in Paris, wo er nach Ausbildung bei G. MOREAU Landschaften, Genrebilder und Stillleben in kräftigen Farben malte.

Event [iˈvɛnt; engl., zu lat. eventum »Ereignis«] *der* oder *das, -s/-s,* Veranstaltung, besonderes Ereignis. Seit den 1990er-Jahren werden medienwirksame Ereignisse oder kulturelle Großveranstaltungen, aber auch offizielle oder private Feiern mit geladenen Gästen als E. bezeichnet (→Fest).

E. erheben den Anspruch auf Einzigartigkeit; regelmäßige Wiederholungen setzen Beibehalt, idealerweise Steigerung des Erlebniswertes voraus. Das Ziel, neuartige Inszenierungs- und Erlebnisformen zu bieten, unterscheidet E. von Festen mit zykl. Wiederkehr. Häufig gehen E. mit kommerziellen Interessen einher. Als E. weithin bekannt wurde z. B. die Berliner Loveparade, aber auch sportl. Großveranstaltungen tragen zunehmend den Charakter von Events.

 Events. Soziologie des Außergewöhnlichen, hg. v. W. GEBHARDT u. a. (2000).

Eventmarketing [i'vɛnt-], Teil der →Kommunikationspolitik eines Unternehmens, der sich auf die oft erlebnisorientierte Kommunikation im Rahmen von unternehmensinternen oder -externen Sonderveranstaltungen (v. a. informierende oder unterhaltende Ereignisse) erstreckt. Dabei wird versucht, die erhöhte Aufmerksamkeit, die solche Veranstaltungen bieten, auf das Unternehmen oder seine Produkte zu übertragen. Die Organisation derartiger Veranstaltungen obliegt oft einem **Eventmanager**.

Eventrekorder [i'vɛnt-], Aufzeichnungsgerät für ein Elektrokardiogramm (EKG) bei Patienten mit dem Verdacht selten auftretender, aber potenziell bedrohl. Herzrhythmusstörungen, z. B. bei unklaren →Synkopen (Auftreten einmal je Woche bis einmal in drei Monaten). Die Durchführung eines Langzeit-EKGs über 24 Stunden würde diese Störung i. d. R. nicht erfassen. Bei den E. werden externe Geräte (walkmanähnl. Geräte zum Umhängen) und implantierbare Geräte unterschieden. Sie sind 6×2×1 cm groß und werden in lokaler Betäubung unter der Haut implantiert. E. bleiben (bis zur Entfernung) etwa 2 Jahre funktionstüchtig.

Eventualbudget [-bydʒe], **Eventualhaushalt,** ein »Zusatzhaushalt«, durch den im öffentl. →Haushaltsplan zusätzl. Einnahmen zur Leistung zusätzl. Ausgaben für einen konjunkturellen Bedarfsfall bereitgestellt werden. Das Stabilitätsgesetz sieht die Finanzierung eines E. durch Entnahmen aus der Konjunkturausgleichsrücklage und durch Kreditaufnahmen vor. Für diese eventuellen Einnahmen und Ausgaben werden im Haushaltsplan als Erinnerungsposten **Leertitel** mit entsprechender Zweckbestimmung, aber ohne Geldansatz eingestellt. Es handelt sich dabei um eine der Höhe nach offene Bewilligung. Ausgaben des E. sind damit keine →über- und außerplanmäßigen Ausgaben. Die tatsächl. Inanspruchnahme der Ausgabenermächtigung des Leertitels durch die Bundes-Reg. bedarf parlamentar. Zustimmung (nach einem gegenüber dem Gesetzgebungsverfahren für einen Nachtragshaushalt erheblich beschleunigten Verfahren).

Eventualmaxime, Grundsatz des Zivilprozessrechts, nach dem alle gleichartigen Angriffs- und Verteidigungsmittel (z. B. Behauptungen, Bestreiten, Beweismittel) in einem bestimmten Prozessstadium vorzubringen sind, auch wenn sie nur hilfsweise (bei Erfolglosigkeit der in erster Linie vorgebrachten Angriffs- und Verteidigungsmittel) Geltung erlangen sollten. Heute gilt die E. mit Modifikationen nur noch im Streit über das Zeugnisverweigerungsrecht (§389 ZPO), für die Rüge von Prozessverstößen in der Revisionsinstanz (§§551, 554, 557 ZPO) und für die Begründung der Vollstreckungsgegenklage (§767 ZPO). Die Vorschriften über die →Präklusion verspäteten Vorbringens von Angriffs- und Verteidigungsmitteln (§§282, 296, 531, 532 ZPO) setzen Verschulden voraus und zählen nicht zur Eventualmaxime.

Everest: Mount Everest (links hinten) und Nuptse (rechts)

Eventualverbindlichkeiten, die Verbindlichkeiten und Haftungsverpflichtungen, bei denen die Leistungspflicht nur unter bestimmten (eindeutig definierten) Umständen eintritt (z. B. Verbindlichkeiten aus Bürgschaften oder aus der Übertragung von Wechseln). E. sind gemäß §251 HGB unter der Bilanz auszuweisen (Bilanzvermerke). Eine Saldierung mit gleichwertigen Rückgriffsrechten (**Eventualforderungen**) ist unzulässig.

Everding ['evər-], August, Regisseur und Theaterleiter, *Bottrop 31. 10. 1928, †München 26. 1. 1999; wurde 1963 Intendant der Münchner Kammerspiele; inszenierte ab 1975 auch Opern, u. a. in Hamburg, Bayreuth, Wien, San Francisco, New York, Paris und London. 1973–77 war er Intendant der Hamburg. Staatsoper, 1977–82 der Bayer. Staatsoper in München, 1983 wurde er Generalintendant der Bayer. Staatstheater (ab 1993 Staatsintendant). – E. war Präs. des Dt. Bühnenvereins (ab 1989), der dt. Sektion des Internat. Theater-Instituts (ab 1991) sowie der Bayer. Theaterakademie (ab 1993).

Everdingen ['e:vərdiŋə], Allaert van, niederländ. Maler und Radierer, getauft in Alkmaar 18. 6. 1621, begraben in Amsterdam 8. 11. 1675; Schüler von P. DE MOLYN, reiste 1644 nach Norwegen und Schweden, malte v. a. skandinav. Gebirgslandschaften mit Wasserfällen und beeinflusste mit diesen Bildern u. a. J. VAN RUISDAEL.

Everest der, Mount E. ['maʊnt 'evərɪst], tibet. **Chomolungma** [tʃ-], **Tschomolungma,** nepales. **Sagarmatha,** der höchste Berg der Erde, nach der Neuvermessung 1999: 8850 m ü. M. (bisherige Höhenangabe seit 1954: 8848 m ü. M., nach der 1992 erstmals gleichzeitig von nepales. und chines. Seite durchgeführten Neuvermessung 8846 m ü. M.). Der Mount E. liegt im Himalaja an der Grenze zw. Nepal und China (Tibet) bei etwa 28° n. Br. und 87° ö. L.; die Schneegrenze befindet sich rd. 5800 m ü. M.; klimatisch liegt der Mount E. im randl. Einflussbereich des ind. Sommermonsuns, im Winter ragt er in die Zone der Strahlströme der Westwinddrift. Der Sagarmatha-Nationalpark (Mount-Everest-Nationalpark) wurde von der UNESCO zum Weltnaturerbe erklärt.

Die Besteigungsversuche am Mount E. begannen 1921 auf der tibet. Nordseite vom Rongbukgletscher aus, seit 1950 auch auf der Südwestfront vom nepa-

August Everding

Ever Everest

les. Khumbugletscher aus. Bis 1952 wurden insgesamt 15 Expeditionen, außerdem wiederholte Überfliegungen unternommen. Die Ersteigung gelang 1953 einer brit. Expedition (Leitung: Sir JOHN HUNT) über das Westbecken, den Südsattel (7 986 m ü. M.) und den Südostgrat. Die Expeditionsteilnehmer E. HILLARY und TENZING NORGAY (* 1914, † 1986) erreichten den Gipfel am 29. 5. 1953. Die Zweitbesteigung glückte zwei Seilschaften einer schweizer. Expedition (Leitung: ALBERT EGGLER) am 23. und 24. 5. 1956. Seitdem ist der Mount E. mehrfach erstiegen worden, darunter am 16. 5. 1975 erstmals von einer Frau, der Japanerin JUNKO TABEI, am 8. 5. 1978 erstmals ohne Sauerstoffgeräte von R. MESSNER und PETER HABELER (* 1942) sowie am 20. 8. 1980 von MESSNER im Alleingang. Die erste Winterbesteigung erfolgte 1980 durch den Polen LESZEK CICHY.

W. Unsworth: E. A mountaineering history (Boston, Mass., 1981); R. MESSNER: E. Expedition zum Endpunkt (^{3} 2000); DERS.: Mallorys zweiter Tod. Das E.-Rätsel u. die Antwort (Neuausg. 2001); E. 80 Jahre Triumphe u. Tragödien, hg. v. P. GILLMAN (a. d. Engl., Neuausg. 2004); P. HABELER: Der einsame Sieg. Erstbesteigung des Mount E. ohne Sauerstoffgerät (Neuausg. 2004); J. KRAKAUER: In eisige Höhen. Das Drama am Mount E. (a. d. Amerikan., Neuausg. 2004).

Everest ['evərɪst], Sir George, brit. Ingenieuroffizier, * Gwernvale (bei Brecon, Cty. Powys) 4. 7. 1790, † London 1. 12. 1866; leitete 1823–43 die trigonometr. Vermessung Indiens. Nach ihm wurde der Mount Everest benannt.

Everetts Barbe ['evrɪts -], die →Clownbarbe.

Everglades ['evəgleɪdz], Sumpfgebiet an der Südspitze Floridas, USA. Geringe Höhen (bis 5 m ü. M.) und mangelnde Entwässerung führen zum Stau der hohen Niederschläge (1 500 mm/Jahr). Im Bereich des Okeechobeesees im N wurde seit 1905 Land trockengelegt und als Weideland genutzt oder Gemüse, Zuckerrohr u. a. angebaut, sodass die E. in ihrer ursprüngl. Form nur noch im S erhalten sind. Hier besteht seit 1947 (1934 beschlossen) der **Everglades National Park** (5 660 km^2) als Schutzgebiet für Pflanzen (Gräser, Mangrove, auf höheren Teilen Palmen und Zypressen) und Tiere (Alligatoren, Flamingos, Pelikane, Schlangen, Pumas u. a.), der aber als Ökosystem zunehmend gefährdet ist und von der UNESCO in die »Rote Liste« des Welterbes aufgenommen wurde; starker Fremdenverkehr. – Das durch Kanal- und Schutzdammbauten in den letzten Jahrzehnten großflächig trockengelegte Feuchtgebiet soll wieder renaturiert werden (größtes Projekt dieser Art in den USA), um v. a. den starken Bestandsrückgang an Wattvögeln u. a. Wirbeltieren aufzuhalten, die Wasserqualität zu verbessern und die E. als wichtigen Grundwasserspeicher zu erhalten. – Die E. sind Rückzugsgebiet für einen Teil der Seminolen, die hier v. a. vom Tourismus leben.

Evergood ['evəgʊd], Philip, amerikan. Maler, * New York 26. 10. 1901, † Bridgewater (Conn.) 11. 3. 1973; malte lyr. und satir. Bilder mit komplizierter Symbolik; schuf auch Grafiken.

Evergreen ['evəgriːn; engl. »Immergrün«] der, auch das, -s/-s, Bez. für einen Schlager, der noch Jahrzehnte nach seiner Entstehung unverändert populär ist; die entsprechende Bez. im Jazz ist »Standard«, in Rock und Pop »Oldie«.

Evernia [zu griech. euernés »blühend«], Gattung strauchförmiger Flechten mit Inhaltsstoffen, die in Parfüms verwendet werden (»Mousse de chêne«). Die wichtigste Art ist das im Mittelmeerraum auf Eichen vorkommende **Eichenmoos** (E. prunasti).

Eversion [zu lat. evertere »verdrehen«] die, -/-en, Medizin: Auswärtsdrehung des Fußes oder der Hand. – E.-Bruch, der durch E. verursachte →Knöchelbruch.

Evertebrata [zu ex... und lat. vertebra »Wirbel« (des Rückgrats)], Sg. **Evertebrat** der, -en, **Evertebraten**, die wirbellosen Tiere (→Wirbellose).

Everglades: In dem randtropischen Sumpfgebiet bestimmen weite Gras- und offene Wasserflächen die wenig über dem Meeresspiegel gelegene Karstlandschaft, die von vereinzelten Hochwaldinseln überragt wird.

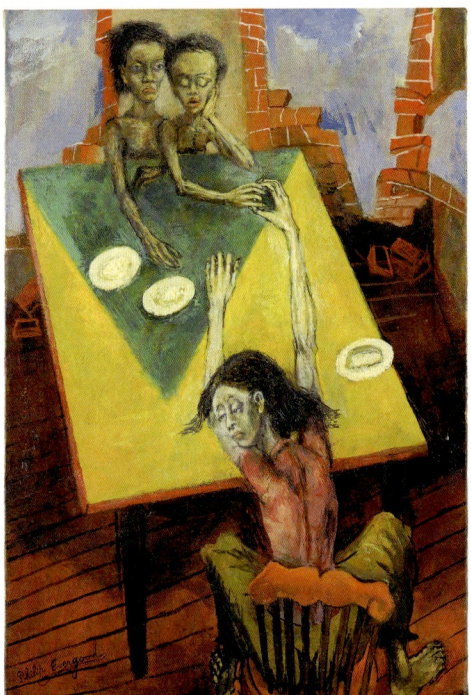

Philip Evergood: Don't cry, mother (1938–44; New York, Museum of Modern Art)

Everyman [ˈevrɪmæn], Titel der bekanntesten engl. Moralität (Ende des 15. Jh.), →Jedermann.

EVG, →Europäische Verteidigungsgemeinschaft.

Evia, griech. Insel, →Euböa.

Évian-les-Bains [evjɑ̃leˈbɛ̃], Kur- und Badeort im Dép. Haute-Savoie, Frankreich, am Südufer des Genfer Sees, 375 m ü. M., 7 300 Ew.; Kongressstadt mit Festspielhaus und Spielkasino. Das Wasser der alkal. Heilquellen wird gegen Stoffwechselkrankheiten angewendet und als Tafelwasser abgefüllt. Herstellung von Präzisionsinstrumenten; Brennereien. – Mit dem **Abkommen von Évian,** unterzeichnet am 18. 3. 1962, gestand Frankreich Algerien die staatl. Unabhängigkeit zu.

Evidẹnz [lat.] die, -/-en,
1) *bildungssprachlich:* unmittelbare, vollständige Einsichtigkeit, Deutlichkeit.
2) *Philosophie:* unmittelbare, mit Wahrheitsanspruch auftretende Einsicht. Im Ggs. zu einer durch einen Beweis belegten Wahrheit ist die E. nicht vermittelt. Sie ist intuitiv und nicht diskursiv. Charakteristisch für E. ist, dass sie auch nach begriffl. Analyse keinen höheren Grad an Gewissheit erlangt. Als Vorbilder für E. galten lange Zeit die →Axiome der euklid. Geometrie (z. B. »Durch zwei versch. Punkte gibt es genau eine Gerade«). Die Entdeckung der →nichteuklidischen Geometrien erschütterte diese Auffassung. Sie löste eine Diskussion über die Rolle von Axiomen aus, die schließlich zu einem neuen, auf die Forderung nach E. verzichtenden Verständnis der Axiome führte. E. HUSSERL hat im Anschluss an F. BRENTANO, der eine evidenztheoret. Auffassung von Wahrheit vertrat, die E. zu einem Zentralbegriff der →Phänomenologie gemacht.

evidenzbasierte Medizin, Abk. **EbM,** medizin. Vorgehensweise, bei der wiss. Erkenntnisse zusammengetragen, bewertet und für diagnost. und/oder therapeut. Entscheidungen des einzelnen Arztes nutzbar gemacht werden (→Cochrane Collaboration). Die Hierarchie der Evidenzstufen berücksichtigt, dass wiss. Erkenntnisgewinn je nach Untersuchungstyp mit unterschiedlich großer Unsicherheit behaftet sein kann. Je höher die Stufe ist, desto strenger ist das Untersuchungsdesign, desto höher ist auch die Aussagekraft und desto geringer die Gefahr von Ergebnisverzerrungen (→Bias). EbM zielt auf eine kontinuierl. Qualitätsverbesserung in der medizin. Versorgung, indem die Anwendung unwirksamer oder schädl. Verfahren verhindert und für den einzelnen Patienten das beste Ergebnis möglichst ressourcenschonend erzielt werden soll. Die erforderlichen ärztl. Entscheidungen dürfen jedoch nicht allein aufgrund solcher Erkenntnisse von außen (»externe Evidenz«) und damit schematisch erfolgen, vielmehr sind auch die vielen individuellen Besonderheiten jedes einzelnen Patienten und das Erfahrungswissen des Behandlungsteams (»interne Evidenz«) zu berücksichtigen.

Evidẹnz|erlebnis, die subjektive Gewissheit einer Gegebenheit oder das unmittelbare Einleuchten eines Sachverhalts. Ein E. ist kein zureichendes Kriterium für die Richtigkeit des Sachverhalts. Ein Beispiel für die mögl. Diskrepanz zw. subjektivem E. und objektiv messbaren Eigenschaften eines Gegenstands sind die Wahrnehmungstäuschungen (z. B. opt. Täuschungen).

Evidẹnzzentrale, i. w. S. eine öffentl. oder private Stelle, die für bestimmte Gruppen Informationen über risikobehaftete Engagements sammelt und diese den Interessenten zur Verfügung stellt; i. e. S. gesetzlich vorgeschriebene oder freiwillige Einrichtung, die bes. für Banken Informationen über eingegangene Kreditrisiken sammelt, um v. a. die Risiken hoher Kreditvolumen für bestimmte Kreditnehmer (z. B. Unternehmen, Länder) zu verdeutlichen.

In Dtl. müssen der E. der Dt. Bundesbank nach § 14 Kreditwesen-Ges. alle Kreditinstitute, Versicherungsunternehmen, Sozialversicherungsträger und die Bundesanstalt für Arbeit vierteljährlich alle Kreditnehmer melden, die bei ihnen mit 1,5 Mio. € und mehr verschuldet sind (Kredite einschließlich Diskontierung von Wechseln, Übernahme von Avalen und Forderungen aus Factoringgeschäften). Wird ein Kredit-

evidenzbasierte Medizin	
Stufe	**Art der Evidenz**
I a	stärkste Evidenz: mindestens ein systematischer Review auf der Basis methodisch hochwertiger randomisierter kontrollierter Studien
I b	Evidenz aufgrund mindestens einer randomisierten kontrollierten Studie
II a	Evidenz aufgrund mindestens einer gut angelegten kontrollierten Studie ohne Randomisierung
II b	Evidenz aufgrund mindestens einer gut angelegten quasiexperimentellen Studie
III	Evidenz aufgrund gut angelegter nichtexperimenteller Studien (z. B. Vergleichs-, Korrelations-, Fallkontrollstudien)
IV	schwächste Evidenz: Berichte/Meinungen von Expertenkreisen und/oder klinische Erfahrung anerkannter Autoritäten

nehmer mehrmals gemeldet, werden die beteiligten Banken von der Gesamtverschuldung unterrichtet. Die Bundesanstalt für Finanzdienstleistungsaufsicht (BAFin) fungiert als E. für Länderrisiken. Als E. sind auch Kreditschutzvereine tätig (z. B. die SCHUFA®). Im internat. Rahmen nehmen die Bank für Internat. Zahlungsausgleich sowie das im Zusammenhang mit der Schuldenkrise von internat. Geschäftsbanken 1983 gegründete Institute of International Finance die Funktionen von E. wahr.

Eviktion [lat., zu evincere »gänzlich besiegen«] *die, -/-en*, **Entwehrung**, die Entziehung einer Sache durch richterl. Urteil, weil dem Entziehenden (Evinzierenden) daran ein besseres Recht zusteht.

Evlija Tschelebi, Evliya Çelebi [-tʃ-], türk. Reisender, *Konstantinopel (heute Istanbul) 25. 3. 1611, † nicht vor 1684; unternahm in mehr als vierzig Jahren Exkursionen in die Provinzen des osman. Reichs und verfasste am Ende seines Lebens damals weitgehend unbeachtet gebliebene Memoiren, die in Form von Erlebnisberichten, z. T. jedoch aufgrund älterer Vorlagen, kulturgeschichtlich aufschlussreiche, zuweilen mit Fantasieberichten durchsetzte Auskünfte über versch. Teile des Osman. Reiches geben (türk. Edition in 10 Bde.n; dt. Auszüge u. d. T. »Im Reiche des goldenen Apfels: Des türk. Weltenbummlers Evliya Çelebi denkwürdige Reise in das Giaurenland und in die Stadt und Festung Wien anno 1665«, hg. v. E. PROKOSCH, 1987).

EVO, Abk. für →Eisenbahn-Verkehrsordnung.

Evokation [lat. »das Hervorrufen«, »Aufforderung«] *die, -/-en*,

1) *bildungssprachlich:* die (suggestive) Erweckung von Vorstellungen, Assoziationen, z. B. durch ein Kunstwerk.

2) *Recht:* lat. **Evocatio**, **Ius evocandi**, Abforderung eines rechtshängigen Prozesses durch ein anderes, höheres Gericht oder Abforderung eines anhängigen Vorgangs durch eine höhere Behörde, die einen Kompetenzübergang zur Folge hat. Nach dem Reichsrecht des MA. konnte der Kaiser als oberster Richter jede noch nicht rechtskräftig entschiedene Rechtssache an sich ziehen (Prozesse abfordern) und zur Entscheidung vor das Reichshofgericht (später die Reichsgerichte) ziehen. Nach dem Verzicht des Kaisers auf E. gegenüber den Kurfürsten in der Goldenen Bulle 1356 wurde das Privilegium de non evocando seit dem Spät-MA. von weiteren Landesherrn erworben. Der Papst hatte bis zum Konzil von Trient das Recht der E. gegenüber kirchl. Gerichten. – Im heutigen Recht hat z. B. der Generalbundesanwalt gemäß § 74 a Abs. 2 Gerichtsverfassungs-Ges. ein E.-Recht in Staatsschutzsachen.

3) *röm. Religion:* lat. **Evocatio sacrorum**, der Brauch, den Schutzgott einer feindl. Stadt unter feierl. Zeremonien durch die Priester zum Verlassen seines bisherigen Sitzes aufzufordern und ihm Tempel und Kult in Rom zu versprechen. Der Ort sollte damit profan und der Zorn der Gottheit über seine Zerstörung abgewendet werden. Bezeugt ist der Brauch für die Belagerung von Veji 396 v. Chr.

Evolène [evɔˈlɛn], Hauptort des Bez. Hérens im Kt. Wallis, Schweiz, 1 371 m ü. M., Ferien- und Wintersportort im oberen Val d'Hérens, 1 600 Einwohner.

evolut, aneinander liegend gewunden; bezeichnet (die meisten) Schneckenhäuser, deren Windungen eng ineinander liegen.

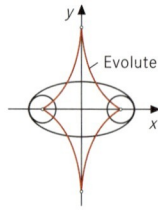

Evolute einer Ellipse

Evolute *die, -/-n*, der geometr. Ort der Krümmungsmittelpunkte einer ebenen Kurve. Die Ausgangskurve selbst ist eine →Evolvente ihrer Evolute.

Evolution [lat. »das Aufschlagen (eines Buches)«, zu evolvere »hervorrollen«, »abwickeln«] *die, -/-en*, langsame, kontinuierlich fortschreitende Entwicklung (v. a. großräumiger Zusammenhänge); Fortentwicklung im Geschichtsablauf.

KOSMOLOGIE UND KOSMOGONIE

Nach den heutigen Auffassungen der →Kosmologie setzte vor etwa 10–20 Mrd. Jahren mit dem →Urknall eine allgemeine Expansion des Weltalls ein. Die zeitl. Änderung dieses physikal. Zustandes (**kosmologische E.**), die von einem singulären Zustand mit unendlich hoher Energiekonzentration (kosmolog. Singularität) ausging, war und ist noch immer durch eine stetige Abnahme der Energiedichte (Temperatur) gekennzeichnet (**thermische E.**). Zw. etwa 10 und 1 000 s nach der Singularität (Temperatur zw. etwa 10^9 und 10^7 K) wurden Atomkerne (schwerer als die des Wasserstoffs) nach ihrem Entstehen nicht sofort wieder zerstört. Am Ende dieser Kernreaktionsära bestand die kosm. Materie zu etwa 76 % aus Wasserstoff und zu 24 % aus Helium, schwerere Elemente waren praktisch nicht vorhanden. Etwa 300 000 Jahre nach der Singularität (Temperatur rd. 3 000 K) trat eine Entkopplung von Strahlung und Materie ein. Dadurch wurde die Bildung von Masseansammlungen, von Sternen und Sternsystemen (**gravitative E.**) möglich. Seit dem Entstehen des Milchstraßensystems findet in ihm eine **chemische E.** statt: Massereiche Sterne entwickeln sich schnell zu Supernovae, explodieren und stoßen die in ihnen aus Wasserstoff synthetisierten Elemente in den interstellaren Raum ab (→Sternentwicklung), wo sie sich mit dem vorhandenen Gas vermischen und dieses allmählich mit schweren Elementen anreichern. Bei der Bildung der Sonne mitsamt dem Planetensystem vor 4,6 Mrd. Jahren betrug der Masseanteil der Elemente von größerer Schwere als Helium in der Ausgangsmaterie, dem →Sonnennebel, etwa 2 %. Sie bildeten das Material, aus dem zunächst Staubteilchen, später größere Festkörper und schließlich Planeten wie die Erde entstanden. Diese wiederum durchlief eine **geologische E.** mit der Bildung von Mineralen und Gesteinen sowie der Ausgasung heißer magmat. Schmelzen, was die Entstehung einer Uratmosphäre ermöglichte. Im Verlauf dieser Entwicklung traten vor etwa 3 Mrd. Jahren auf der Erde solche Verhältnisse ein, dass sich in chem. Reaktionen hochmolekulare, später für Lebewesen charakterist. Verbindungen bilden konnten. Vorbedingung dafür war eine Atmosphäre mit nur sehr wenig Sauerstoff, der von der Ultraviolettstrahlung der Sonne durch Fotolyse des Wassers gebildet wurde (→Urey-Effekt). Die von Sauerstoff und v. a. Ozon absorbierte UV-Strahlung wurde daher in der damaligen Atmosphäre nur wenig geschwächt und konnte als Hauptenergiequelle für die Bildung von größeren organ. Molekülen (v. a. Aminosäuren) in den damaligen Meeren und Gewässern dienen. In diesen waren sie gegen die sie wieder in ihre Bestandteile zerlegende UV-Strahlung geschützt. Erst dadurch konnten sich aus ihnen im Rahmen einer beginnenden **biologischen E.** die als Bausteine für die ersten lebenden Organismen dienenden Makromoleküle entwickeln. Nach M. EIGEN beruht die Entstehung des Lebens auf der Selbstorganisation dieser Makromoleküle zu autokatalyt. Hyperzyklen.

BIOLOGIE

In der Biologie bezeichnet E. den Wandel in der stammesgeschichtl. Entwicklung der Organismen; sie beginnt mit der einfachsten Lebenserscheinung und setzt sich mit den daraus entstandenen, abgewandelten Organismen in ihrem Artenreichtum fort. Die E. betrifft sowohl alle von den Biowissenschaften erfassbaren, geringen Abweichungen innerhalb einer Art (**Mikro-E., intraspezifische E.**) als auch diejenigen, durch welche sich Arten und übergeordnete Einheiten (Gattungen, Familien, Ordnungen usw.) unterscheiden (**Makro-E., transspezifische E.**). – Geschichte des Evolutionsgedankens →Evolutionsbiologie.

Verlauf der Evolution Im Laufe seiner Stammesgeschichte hat ein Organismus eine Entwicklung von einfach organisierten zu komplex organisierten Strukturen erfahren, was als »Höherentwicklung« in der E. (Anagenese) bezeichnet wird. Dies betrifft nicht nur morphol. Strukturen, sondern auch physiol. einschließlich der Leistungsmöglichkeiten des Zentralnervensystems, die sich u. a. im Verhalten äußern, welches entweder in geschlossenen Programmen abläuft (angeborenes Verhalten) oder in offenen Programmen mit Lernprozessen und Denkfähigkeiten zum Ausdruck kommt. Dies erweckt den Eindruck, die E. sei gerichtet, und zwar auf eine zu erreichende Verbesserung von Strukturen (teleolog. E.). Doch wird diese Betrachtungsweise von vielen Wissenschaftlern abgelehnt, da ein künftiger Zweck mit naturwiss. Methoden nicht erfassbar ist. Ebenso ist ein übergeordnetes Prinzip (»Entelechie«) nicht nachweisbar, das zweckmäßig und zielgerichtet den Prozess lenken könnte. Die teleonom. Betrachtungsweise hingegen beruht auf der reproduzierbaren Beobachtung tatsächlich ablaufender Prozesse und kann so kausale Faktoren für den E.-Prozess aufzeigen.

Auch der Mensch ist ein (zufälliges) Ergebnis der E. Es vereinbart sich jedoch meist nicht mit seinem Selbstgefühl, »dass er mit allen seinen Belangen dem kosm. Geschehen so absolut gleichgültig ist« (K. LORENZ, 1983). Daher ist es verständlich, wenn in Abwehr gegen die nicht auf die Besonderheiten des Menschen gerichtete Erkenntnis von der E. andersartige Vorstellungen vertreten werden. So lehrt der v. a. aus den christl. Sekten in den USA stammende Kreationismus die Schöpfung der Arten, weil sie durch die Schöpfungsgeschichte in der Bibel verkündet wird. Die naturwiss. Axiome werden für die Vergangenheit geleugnet, da in dieser ihre Gültigkeit nicht überprüft werden könne. So bleibt allein die göttl. Offenbarung der Bibel als Antwort auf die Frage nach dem Ursprung. E. und (christl. oder bibl.) Glaube von heute gültigen Lehren der versch. Religionen sind aber keine Gegensätze. Die Frage nach dem Ursprung ist letztlich eine Glaubensentscheidung. Entweder stehen am Anfang des ird. und/oder kosm. Seins allein die Gesetze, nach denen sich Energie und Materie verhalten, oder ein Schöpfer (ein Gott) hat sie erschaffen und wacht über die Einhaltung der ihnen verliehenen Gesetzmäßigkeiten. Mit letzterer Auffassung kann die E. der Schöpfung gleichgesetzt werden (M.-J. P. TEILHARD DE CHARDIN), und jeder Evolutionsschritt ist ein vom Schöpfer bestimmter Akt.

Die E. der Tiere und des Menschen betrifft nicht allein deren morphol. Erscheinung. Ebenso haben sich mit den Nervenstrukturen deren Leistungen dahingehend verändert, dass bes. der Mensch in zunehmendem Maß beobachtbare Fakten in log. Zusammenhang zu setzen in der Lage ist (Lern- und Denkvermögen); das Anwenden dieser Fähigkeit hat dem Menschen vielfach zum Verbessern seiner Lebenssituation im Laufe der Menschheitsgeschichte verholfen. Folglich kann die gesamte geistige Welt inklusive aller Kulturen auch als ein E.-Produkt verstanden werden. Wie sich aus der geistigen Welt heraus jeder E.-Schritt als ein Wertzuwachs im Sinne einer Erkenntnis auffassen lässt, ist auch eine kausalanalyt. Erkenntnis, die zu einer Änderung des Weltbildes führt, wie z. B. die Gesetze von J. KEPLER und G. GALILEI oder die Anerkennung der E. als histor. Vorgang aufgrund der Fakten und E.-Theorien, ein E.-Schritt in der Geisteswelt. Erfassbare morpholog. Merkmale und die Komplexität der Verhaltensmuster, auch die Verschiedenartigkeit der geistigen Denkstrukturen erlauben trotz gelegentlich angedeuteter Tendenzen keine Vorhersage über einen künftigen Wandel, sei es in rein organ. Bereichen, sei es in der geistig-kulturellen Welt. Dieser hängt von den zufälligen Veränderungen an diesen Strukturen ab und ob diese sich dann in der bestehenden oder in einer sich verändernden Umwelt behaupten können.

PHILOSOPHIE

In der Philosophie wurden im Wesentlichen zwei Modelle der stetigen Entwicklung betrachtet: die Vorstellung der linearen, irreversiblen Entwicklung, die meist eng mit der Fortschrittsidee verbunden ist, und die Vorstellung eines unendl. Kreislaufs, die schon die griechisch-antike Auffassung von Natur und Geschichte bestimmte und für die F. NIETZSCHE die Wendung »ewige Wiederkehr des Gleichen« geprägt hat. Die Untersuchungen von T. S. KUHN in den 1970er-Jahren zum Paradigmenwechsel, aufgefasst als unstetige Aufeinanderfolge grundlegend geltender Erklärungsmodelle der Welt, bringen erstmals in der Wiss.-Gesch. unstetige E. (»Revolution«) ins Spiel.

Grundlegend für die Wiss.-Gesch. wurde der von C. DARWIN in die Biologie eingeführte E.-Gedanke. Die materialist. Theorien von CÉCILE VOGT, J. MOLESCHOTT, L. BÜCHNER, v. a. jedoch der religiöse Monismus E. HAECKELS verhalfen dem Darwinismus zur Verbreitung und waren wegbereitend für seine allmähl. Einführung als Erklärungsmodell in nahezu allen Wiss.en (z. B. Nationalökonomie, Politik, Soziologie, Geschichtswiss., Ethik). HAECKELS Anliegen, den Kosmos aus einer einzigen Substanz zu erklären, reduzierte alle Phänomene, so auch Geist, Bewusstsein und moral. Verhalten, auf Naturerscheinungen und erklärte menschl. Handeln als determiniert.

Mit dem Anspruch, die gesamte Wirklichkeit, auch menschl. Handeln, auf individueller, gesellschaftl., polit. und histor. Ebene naturgesetzlich zu verstehen, gewann der E.-Gedanke als Weltbild (»evolutionäres Weltbild«) v. a. seit den 1930er-Jahren zunehmend an Einfluss. Dabei werden drei bisher abgelaufene und weiterhin gleichzeitig, jedoch in unterschiedl. Zeiträumen ablaufende E.-Prozesse unterschieden: eine E. des Kosmos, eine E. des Lebens und eine E. des Menschen, die auch die E. des Geistigen (wie Sprache und Bewusstsein) und des Sittlichen (wie Kultur) umfasst. Ausgangspunkt der evolutionären Theoriebildungen ist die Frage nach den Entstehungsbedingungen und -möglichkeiten des jeweils grundlegend Neuen (der Entstehung der Materie und auch der Naturgesetze durch den Urknall, des Lebens aus Nicht-Lebendigem, des Bewusstseins aus Nicht-Bewusstsein, des Sittlichen aus Nicht-Sittlichem). So versucht die Biologie

(M. Eigen) unter Einbeziehung von Informatik und Kybernetik Leben, das u. a. durch Selbstreplikation gekennzeichnet wird, aus der Selbstorganisation von Makromolekülen herzuleiten.

Der Frage nach der Möglichkeit von Erkenntnis geht die →evolutionäre Erkenntnistheorie nach. Sprache wird hier u. a. als Konsequenz des Bewusstseins, Bewusstsein als ein »hochkomplexes Zerlegungsmuster« im Gehirn aufgefasst, welches auch die Existenz des eigenen Organismus anzeige. Moral. Verhalten ist als Teilgebiet tier. Sozialverhaltens Gegenstand der Soziobiologie, wobei einzelne Verhaltensweisen (z. B. Altruismus) allein aus ihrer Selektionsfunktion für den Einzelnen oder die Gruppe als zweckmäßig erkannt werden. Unter dem Anspruch einer einheitl. und vollständigen Naturerklärung gilt vielfach der christl. Schöpfungsbegriff als überwunden; teleolog. (d. h. auf die Zielgerichtetheit von Entwicklung deutende) Erklärungsmodelle werden durch teleonom. (kausale Zweckmäßigkeit aufweisende) ersetzt. – Das »evolutionäre Weltbild« wird vielfältig kritisiert. Die Kritik richtet sich gegen die Verallgemeinerung des Darwinismus, den Anthropomorphismus in der Definition seiner Begriffe (z. B. »Materie«, »Naturgesetz«, Begriffe des Sozialverhaltens) und die Zirkularität seiner Argumentation (R. Spaemann und R. Löw). Der als Ergebnis der menschl. Stammesentwicklung erklärte Kausalitätsbegriff müsse, ebenso wie andere Erkenntniskategorien, als Erklärungsgrundlage ihrer E. jeweils schon vorausgesetzt werden. Weiterhin liege dem Kausalitätsbegriff stets schon ein (teleolog.) Begriff menschl. Handelns zugrunde: Ohne die prinzipielle Möglichkeit der gezielten Variation einer Bedingung, um nachzuweisen, dass zwei Ereignisse kausal miteinander verknüpft sind, lässt sich nur ein fließendes Aufeinanderfolgen von Dingen festhalten. Hingewiesen wird kritisch auf den Bedingungscharakter des Ergebnisses von der jeweiligen Definition der zugrunde gelegten Begriffe Leben, Bewusstsein und Sittlichkeit. Leben lässt sich letztlich nur aus dem teleolog. Selbstvollzug menschl. Lebens verstehen und erschöpft sich nicht in materiellen Prozessen (z. B. Selbstregulation), deren es sich als einer Bedingung immer auch bedient. Wird Bewusstsein allein genetisch erklärt, ergibt sich die relative Geltung aller kontrovers vertretenen Theorien (»Programme«); der Wahrheitsanspruch des E.-Gedankens wäre damit aufgehoben. Mit der Auffassung des Bewusstseins als innerer Spiegel der Außenwelt (K. Lorenz) lässt sich (bewusste) Erkenntnis nicht erklären, weil das Erkenntnissubjekt, auf das jegl. Information als solche bezogen ist (Identität des Bewusstseins), ausgegrenzt wird. Sittl. Verhalten kann nicht erschöpfend als genetisch bedingter Selektionsvorteil im Sinne der Arterhaltung verstanden werden. Die Begriffe evolutionärer Erklärungsmodelle verweisen nach Spaemann auf eine teleolog. Grundlage, die nicht aus Materie und Naturgesetzen erklärt werden kann (z. B. das »Neue«, die »Freiheit«).

Enzyklopädische Vernetzung: ■ Abstammungslehre ■ anthropisches Prinzip ■ Darwinismus ■ evolutionäre Erkenntnistheorie ■ Freiheit ■ Geologie ■ Katastrophentheorie ■ Kausalität ■ Lamarckismus ■ Teleologie

 Ordnung aus dem Chaos. Prinzipien der Selbstorganisation u. E. des Lebens, hg. v. B.-O. Küppers (³1991); R. Spaemann u. R. Löw: Die Frage Wozu? Gesch. u. Wiederentdeckung des teleolog. Denkens (³1991); E. Jantsch: Die Selbstorganisation des Universums. Vom Urknall zum menschl. Geist (Neuausg. 1992); F. M. Wuketits: E. Die Entwicklung des Lebens (2000); P. Weingartner: E. als Schöpfung? Ein Streitgespräch zw. Philosophen, Theologen u. Naturwissenschaftlern (2001); E. Mayr: Die Entwicklung der biolog. Gedankenwelt. Vielfalt, E. u. Vererbung (a. d. Engl., 2002); R. Riedl: Riedls Kulturgesch. der Evolutionstheorie (2003); Darwin u. Gott. Das Verhältnis von E. u. Religion, hg. v. U. Lüke (2004); C. Niemietz: Das Geheimnis des aufrechten Gangs. Unsere E. verlief anders (2004).

evolutionäre Erkenntnistheorie, eine auf den Einsichten der synthet. Evolutionstheorie beruhende Richtung innerhalb der neueren Erkenntnistheorie, die davon ausgeht, dass das menschl. Erkenntnisvermögen (ähnlich wie die Organe) als Produkt der biolog. Evolution zu betrachten sei.

Die e. E. stützt sich insbes. auf die Annahme, dass die Evolution aufgrund des Selektionsdruckes zu immer besserer Anpassung an die Wirklichkeit führe. Die Erkennbarkeit der Realität mittels des Denkens – die »Passung« von Verstandeskategorien und Realien – findet in diesem Prinzip seine Erklärung: Nur diejenigen Gattungen überleben, deren Erkenntniswerkzeuge der Wirklichkeit optimal angepasst sind. Die e. E. vertritt damit einen hypothet. Realismus: Die Annahme einer vom erkennenden Subjekt unabhängigen, strukturierten und erkennbaren Außenwelt ist nicht zwingend, aber nützlich. Bestimmte Kennzeichen des menschl. Erkenntnisvermögens (z. B. die Dreidimensionalität des Raumes) sind phylogenetisch erworben, aber ontogenetisch angeboren. Die e. E. hat auch andere klass. Probleme der Philosophie wie etwa das Induktionsproblem zu lösen versucht.

Die e. E. ist umstritten. Neben Angriffen, die sich auf die naturwiss. Basis der e. E. beziehen, tritt im philosoph. Kontext der Vorwurf der Zirkularität auf: Die e. E. versuche, das menschl. Erkenntnisvermögen mit Aussagen zu begründen, die ihrerseits schon auf diesem Erkenntnisvermögen beruhten. Vielfach wird auch behauptet, die e. E. sei nicht wissenschaftlich, da nicht falsifizierbar.

Der Gedanke der phylogenet. Entwicklung der Erkenntnis wurde von K. Lorenz im Zusammenhang mit seinen Untersuchungen zu Kants Kategoriensystem ausgesprochen (1941, 1943). Andere wichtige Wegbereiter waren L. von Bertalanffy und J. Piaget. In Dtl. sind G. Vollmer, Hans Mohr (*1930), Rupert Riedl (*1925) und Franz M. Wuketits (*1955) die bekanntesten Vertreter der e. E. (→Soziobiologie)

 E.-M. Engels: Erkenntnis als Anpassung? Eine Studie zur e. E. (1989); R. Riedl: Evolution u. Erkenntnis (⁴1990); Heinz Meyer: Traditionelle u. e. E. (2000); B. Irrgang: Lb. der e. E. (²2001); G. Vollmer: E. E. (⁸2002); F. M. Wuketits: Was ist Soziobiologie? (2002).

Evolutionismus der, -,

1) *Philosophie:* eine die zweite Hälfte des 19. Jh. beherrschende philosoph. Strömung, die in H. Spencer ihren wichtigsten Vertreter fand. Der E. betrachtet die Philosophie als die vereinheitlichte, wissenschaftlich begründete Erkenntnis höchster Stufe. Ihr kommt universelle Geltung zu. Das dem Universum zugrunde liegende Gesetz – das die Philosophie formuliert – ist die Evolution, die unspezifisch als Ausgleich zw. antagonist. Kräften begriffen wird.

2) *Völkerkunde:* In der Völkerkunde übertrug die evolutionist. Richtung die von den biolog. Evolutionstheorien gewonnenen Erkenntnisse auf die Kulturgeschichtsforschung. Nach dieser Auffassung hat sich die menschl. Kultur stufenförmig von einer primitiven Urkultur bis zur hoch spezialisierten Industriegesellschaft des 19. Jh. entwickelt. Anhand ethnograf. Materials stellte L. H. Morgan eine von ihm als allg. verbindlich erachtete Entwicklungsreihe mit den drei Hauptstufen Wildheit, Barbarei und Zivilisation auf, in denen sich techn., wirtschaftl., sozialer und geistiger Fortschritt der Menschheit vollzogen haben sollen. So wurden z. B. für den religiösen Bereich die Entwicklungsreihe Präanimismus – Animismus – Polytheismus – Monotheismus, für die Sozialordnung allg. Promiskuität – zunächst mutterrechtl., dann vaterrechtl. Polygamie – Monogamie aufgestellt. Auch E. B. Tylor glaubte an einen einlinigen Evolutionsablauf, wobei sich »barbar.« und »zivilisierte« Gesellschaften in versch. Stadien ihres natürl. Wachstums befinden.

Diese Theorie des »klass. E.«, die jede Möglichkeit äußerer Beeinflussung sowie einer rezessiven Kulturentwicklung verneint und die Vielzahl der abhängigen Variablen, die zur Beschreibung einer Gesellschaft notwendig sind, vernachlässigt, wurde bald als unhaltbar betrachtet. Einen neuen krit. Ansatz machte J. H. Steward mit seiner multilinearen Evolutionstheorie. Neoevolutionist. Theorien werden v. a. von dem amerikan. Ethnologen L. A. White und von den auf Morgan zurückgehenden sowjet. Ethnologen vertreten.

W. E. Mühlmann: Gesch. der Anthropologie (⁴1986); M. Harris: The rise of anthropological theory (Neuausg. Walnut Creek, Calif., 2001); M. Tomasello: Die kulturelle Entwicklung des menschl. Denkens (a. d. Engl., 2003).

Evolutionsbiologie siehe Seite 614

Evolutionsökonomik, evolutorische Ökonomik, *Wirtschaftstheorie:* neuerer Zweig der Volkswirtschaftslehre, in dessen Mittelpunkt die Analyse des wirtschaftl. Wandels und seiner Triebkräfte steht. Ähnlich wie die Neue →Institutionenökonomik strebt die E. unter Distanzierung von den stark abstrahierenden neoklass. Annahmen (wie vollkommen rationalem Verhalten der Wirtschaftssubjekte, vollkommener Information, Nichtexistenz von Transaktionskosten) eine Erhöhung der empir. Relevanz der Wirtschaftstheorie an. Sie stellt die wirtschaftl. und gesellschaftl. Strukturen und Entwicklungen, die zu Innovation und zur Selektion der geeignetsten Handlungsalternativen führen, in den Mittelpunkt ihrer Betrachtung. Von fundamentaler Bedeutung ist dabei das Problem unvollkommener Information. Im Vordergrund stehen deshalb die Erzeugung bzw. Entstehung und die Verbreitung von Wissen, insbes. von Informationen bezüglich der Präferenzen der Wirtschaftssubjekte und der versch., sich ständig ändernden Alternativen der Befriedigung von Konsumwünschen, d. h. der Bedingungen der Güterproduktion und -verteilung. Im Ggs. zur neoklass. Theorie wird nicht angenommen, dass Märkte unter bestimmten Bedingungen ein Gleichgewicht erreichen, sondern die wirtschaftl. Entwicklung wird als fortlaufender, vielfach zykl. Prozess unter sich kontinuierlich verändernden Bedingungen (z. B. wiss.-technisch-organisator. Fortschritt, gesellschaftl. Entwicklungen) aufgefasst.

Die E. baut auf versch. wirtschaftstheoret. Vorleistungen auf, verknüpft z. B. Gedanken J. A. Schumpeters (Theorie der wirtschaftl. Entwicklung, Rolle des dynam. Unternehmers) und F. A. von Hayeks (Wettbewerb als Entdeckungsverfahren, Bedeutung des Wissens in der Gesellschaft) mit organisationstheo-

Évora 1): römische Tempelruine (2. oder 3. Jh. n. Chr.)

ret. Ansätzen, der neuen Institutionenökonomik und der (evolutionären) →Spieltheorie.

R. B. Nelson u. S. G. Winter: An evolutionary theory of economic change (Cambridge, Mass., 1990); U. Witt: Explaining process and change. Approaches to evolutionary economics (Ann Arbor, Mich., 1992); C. Herrmann-Pillath: Grundriss der E. (2002).

evolutorische Ökonomik, *Wirtschaftstheorie:* die →Evolutionsökonomik.

Evolvente [zu lat. evolvere »hervorrollen«, »abwickeln«] *die, -/-n,* ebene Kurve, die man erhält, wenn man in sämtl. Punkten einer gegebenen Kurve die Tangenten konstruiert und auf ihnen die Länge des Bogens vom Berührungspunkt bis zu einem bestimmten festen Punkt der Kurve (Ausgangspunkt der E.) abträgt. – Eine spezielle E. ist die **Kreis-** oder **Filar-E.,** die jeder Punkt einer Geraden beschreibt, wenn diese ohne zu gleiten auf einem Kreis abrollt. Sie wird bei der Evolventenverzahnung verwendet.

Evolventenfunktion, Evolens, Funktionszeichen **ev,** Differenz zw. Tangens und Bogenmaß eines Winkels α, d. h. $\mathrm{ev}\,\alpha = \tan\alpha - \mathrm{arc}\,\alpha$. Die E. wird für Berechnungen bei der Evolventenverzahnung benutzt.

Evolventenverzahnung, →Zahnrad.

Évora [ˈɛvurə],

1) Distrikthauptstadt in Portugal, im Alentejo, 44 800 Ew.; Hauptort des Alto Alentejo; kath. Erzbischofssitz; Univ. (seit 1979; schon 16.–18. Jh., 1973 als Hochschule neu gegründet); Handelszentrum für Agrarprodukte (Vieh, Getreide, Öl, Kork) und Landmaschinen; Elektroindustrie. – É. ist umgeben von einem Mauerring aus röm., westgot. und maur. Zeit; röm. Tempelruine (irrtümlich seit dem 17. Jh. als »Dianatempel« bezeichnet; 2. oder 3. Jh. n. Chr.); reizvolles altes Stadtbild. Die dreischiffige Kathedrale (Sé) mit Kreuzgang ist ein frühgot. Bau (1186 bis Ende des 13. Jh., Chor 1718 umgebaut), im Kirchenschatz u. a. Elfenbein- und Emailarbeiten des 13. Jh. Zahlr. Kirchen, u. a. São Francisco im Emanuelstil (Ende 15. Jh.; im Chor Königsloge im Mudéjarstil, 16. Jh.); Ermida de São Brás (1485) im Mudéjarstil; Igreja da Graça im Stil der ital. Renaissance (1530–50). Ehem. Lóios-Kloster (Klosterkirche 1485 gestiftet; Kreuzgang und Kapitelsaal im Emanuelstil); Alte Univ. (1551; zweigeschossiger Innenhof mit Arkaden, Schmuckgiebelfassade; Universitätskirche, 1574 geweiht). Im ehem. Bischofspalast (16./17. Jh.) das Museu de Évora. Das histor. Zentrum der Stadt ist UNESCO-Weltkulturerbe. – É.,

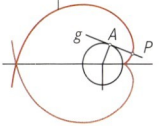

Evolvente: Der Punkt P beschreibt eine Kreisevolvente, wenn die Gerade g auf dem Kreis abrollt; A Berührungspunkt.

Schlüsselbegriff Evolutionsbiologie

EVOLUTIONSBIOLOGIE

- Geschichte der Evolutionsbiologie
- Entwicklung der Evolutionstheorie nach Darwin
- Evolutionäre Erkenntnistheorie
- Die Meme als Vererbungseinheiten
- Ablauf der Evolution der Organismen
- Ursachen der Evolution
- Mutationen und biologische Fitness
- Sexuelle Reproduktion und Meiose

Evolutionsbiologie, naturwiss. Forschungsdisziplin, die alle Aspekte der stammesgeschichtl. Entwicklung (Evolution) der Organismen erfasst. Sie geht davon aus, dass 1) die Lebewesen aufgrund chem. und physikal. Prozesse vor gut 3,5 Mrd. Jahren schrittweise aus vorhandenen chem. Elementen entstanden sind und dass sich 2) nach Entstehung allererster organ. Makromoleküle und einfacher Lebensformen eine unüberschaubare Fülle höherer Lebensformen divergierend entwickelt und alle Lebensräume der Erde besiedelt hat. Motor für diese Entwicklung ist die Anpassungsfähigkeit der Lebewesen an die sich ständig ändernden Lebensbedingungen. Die Lebewesen sind in Hinblick auf ihre Strukturen und funktionellen Leistungen nicht konstant, sondern ändern sich im Laufe der Generationen. Dabei können zufällig vorteilhafte Änderungen entstehen, die ausgelesen werden und sich durchsetzen. Nach dem Prinzip »Versuch und Irrtum« entwickeln sich ständig neue, besser angepasste Lebensformen, und es gehen ständig und unwiederbringlich Lebensformen zugrunde. Dieses Entstehen und Zugrundegehen betrifft nicht nur Individuen, Populationen und Arten, sondern auch höhere Systemeinheiten wie Familien und Ordnungen.

Die E. hat zwei Hauptziele. Einerseits will sie den histor. Ablauf der Evolution der Lebewesen in ihrer Vielfalt (Biodiversität) erfassen und ordnen, andererseits will sie die Ursachen und Gesetzmäßigkeiten der Evolutionsprozesse ergründen. An der Erforschung dieser Ziele beteiligen sich viele unterschiedliche naturwiss. Disziplinen, z. B. die vergleichende Anatomie, vergleichende Physiologie, vergleichende Biochemie, Embryologie, Homologieforschung, Paläontologie, Erforschung der Plattentektonik, Infektionsbiologie, Psychologie, Soziobiologie und Molekularbiologie.

Ein Aspekt der evolutionsbiolog. Forschungsarbeit ist die Errichtung eines natürl. Systems, in dem alle Organismen nach dem Grad ihrer Verwandtschaft angeordnet sind (→ Systematik). Die Zunahme fossilen Fundmaterials, die Verfeinerung der morpholog. Methoden und die rasch voranschreitende Analyse der Genome werden in Zukunft vermutlich zur Bildung eines allseits akzeptierten Systems führen. Die elementare natürl. Einheit der E. ist die Art. Arten verändern sich, Arten sterben aus, an Arten setzt die Evolution an. Die biolog. Definition lautet: Eine Art ist eine Gemeinschaft von zumeist sehr ähnl. Individuen (oft gibt es konstante Geschlechtsunterschiede), die sich unter natürl. Bedingungen frei miteinander paaren und fruchtbare Nachkommen erzeugen. Darüber hinaus gibt es weitere Artdefinitionen, die v. a. auf strukturelle oder chronolog. Übereinstimmungen abzielen und z. B. in der Paläontologie angewendet werden.

In der E. versteht man unter Entwicklung und Entfaltung der Tiergruppen die stammesgeschichtl. Entwicklung (→ Phylogenese). Die Entwicklung des Individuums (→ Ontogenese), die v. a. die Embryonal- bzw. Larvalentwicklung und die Jugendentwicklung umfasst, erforscht die Entwicklungsbiologie bzw. die Embryologie.

Geschichte der Evolutionsbiologie

Mythen, Märchen und Religionen belegen, dass sich Menschen schon seit Jahrtausenden Gedanken über die Entstehung der Erde und des Lebens machen. Eine naturwiss. Basis für solcherlei Vorstellungen entstand für die westl. Welt vor etwa 2 500 bis 3 000 Jahren im alten Ägypten, in Mesopotamien und im antiken Griechenland. Hier liegen die Wurzeln unserer Naturerkenntnis. Die Wiege der Naturgeschichte und Biologie ist die ion. Naturphilosophie, die man mit Namen wie ANAXIMANDER, PYTHAGORAS, THALES, HERAKLIT oder DEMOKRIT assoziiert. Zu damaliger Zeit wurden bereits radikal materialist. Konzepte bis hin zu einer Atomtheorie entworfen (DEMOKRIT). Von herausragender Bedeutung für das gesamte abendländ. Denken sind PLATON und ARISTOTELES, wobei ARISTOTELES für die Entwicklung der Zoologie besonders hervorzuheben ist. Er nahm eine Stufenfolge von niederen zu höheren Organismen an und untersuchte die Anatomie der Tiere, ihre Embryologie und ihr Verhalten. Sein Schüler THEOPHRAST begründete die Botanik. Die Renaissance knüpfte mit neuen krit. Denkansätzen an antike Ideen an, entwickelte sie weiter und schuf method. Grundlagen. F. BACON betonte z. B. die Wichtigkeit von Experiment und unvoreingenommener Beobachtung. Deutlich ausgesprochen wurden Gedanken zur Evolution der Organismen erst im 18. Jh., so z. B. von G. BUFFON, aber auch von dem Systematiker C. VON LINNÉ in der letzten Auflage seines Werkes »Sys-

Evolutionsbiologie: Stromatolithen, säulen- oder knollenförmige Kalkablagerungen, werden auch heute noch von bestimmten Cyanobakterien gebildet. Fossile Stromatolithen zählen zu den ältesten Lebensspuren auf der Erde.

Evolutionsbiologie: Charles Darwins Mikroskop in seinem Studierzimmer (London, Royal Society of Surgeons)

tema naturae« (1766). Derartige Gedanken waren nicht ungefährlich, da sie im Gegensatz zu starren Vorstellungen der Kirche und der von ihr beeinflussten Allgemeinheit standen, die von einer Schöpfung der Lebewesen durch Gott und der Unveränderlichkeit von Tier- und Pflanzenarten ausgingen. Besonders wichtig für die Entwicklung des Evolutionsgedankens war der Zoologe J.-B. DE LAMARCK, der ab 1800 die Theorie einer Evolution der Tiere vertrat. LAMARCK erkannte, dass zw. Tiergruppen verwandtschaftl. Beziehungen existieren und dass es eine Höherentwicklung der Organe gab, die mit zunehmender Komplexität korreliert. Der einflussreiche Gegenpol LAMARCKS war damals G. Baron DE CUVIER. Er sah durchaus Ähnlichkeiten der Baupläne bei versch. Tierarten ebenso wie Anpassungen der Tiere an ihre Lebensweise. Fragen der Evolution erschienen ihm aber als zu spekulativ. Er hielt an der Konstanz der Arten fest und führte das Aussterben von Tiergruppen auf geolog. Katastrophen zurück (→ Katastrophentheorie). J. W. VON GOETHE war Anhänger des Entwicklungsgedankens, der sich auch in den Lehrgedichten »Die Metamorphose der Pflanzen« (1799) und »Metamorphose der Tiere« (1820) manifestierte.

Den entscheidenden Durchbruch stellt das Werk von C. R. DARWIN dar. DARWIN verfolgte zwar einige Zeit den Ausbildungsweg zum Arzt und dann zum Landpfarrer, war aber primär an Biologie und Geologie interessiert. Als Student wurde er persönlich von naturwiss. Gedanken beeinflusst, und zwar u. a. von den eigenständigen und neuen Ideen seines Großvaters E. DARWIN, des Botanikers JOHN HENSLOW, des Geologen A. SEDGWICK, des Geologen C. LYELL und des Soziologen T. R. MALTHUS sowie von den Evolutionsvorstellungen LAMARCKS. Besonders prägend war die Lektüre von MALTHUS Schrift »An Essay on the Principle of Population« (1817), die ihn völlig unverhofft die universelle Bedeutung des Prinzips der natürl. Auslese in der Natur erkennen ließ. Er las diesen Artikel nach Rückkehr von seiner großen fünfjährigen Weltumseglung mit der Brigg »Beagle«, die ihn v. a. nach Südamerika führte. Diese Reise verschaffte ihm einen einmaligen biolog. Erfahrungsschatz. DARWIN konnte nun nachweisen, dass das Konzept der Unveränderlichkeit der Tier- und Pflanzenarten falsch war. Er bewies, dass sich Arten wandeln können, dass es Varianten und Rassen gibt und dass neue Arten aus schon vorhandenen entstehen können. An der Variabilität der Individuen setzt die natürl. Auslese an, also die sich ständig wandelnden Bedingungen von Natur und Umwelt, und lenkt die Entwicklung in eine bestimmte Richtung. Die jeweils bestangepassten Formen überleben und führen den unabsehbaren Strom sich entwickelnder Tier- und Pflanzengruppen weiter (»survival of the fittest«). Die Veröffentlichung seiner Theorie in dem Buch »The Origin of Species« (1859) hatte ein gewaltiges Echo, das bis heute anhält. Auch geistesgeschichtlich und philosophisch ist es eines der wichtigsten Werke der Moderne, da es für die Entstehung des Lebens und die Entwicklung der Lebewesen einschließlich des Menschen ohne metaphys. und religiöse Vorstellung auskommt, eines Schöpfergottes also nicht bedarf. Er zögerte mit der Veröffentlichung über Jahre, wohl weil er sich der weltanschaul. Bedeutung seiner Theorie im Klaren war. Der einzige Verfechter dieser Theorie war er dennoch nicht. Zeitgleich, aber unabhängig von DARWIN hatte der Naturforscher A. R. WALLACE ähnl. Vorstellungen zur Evolution und ihrer Ursachen entwickelt.

Den Menschen bezog DARWIN konsequenterweise in seiner Lehre mit ein. In dem Werk »The Descent of Man, and Selection in Relation to Sex« (1871) fol-

Evolutionsbiologie: Charles Darwin, »The Descent of Man, and Selection in Relation to Sex« (1871), eigenhändiger Entwurf der Einleitung (Blatt 7)

gerte er ebenso zurückhaltend wie sicher begründet die Abstammung des Menschen und der Menschenaffen von gemeinsamen Vorfahren. Die Publikation löste eine Welle der Empörung aus, die aber für die Verbreitung von Darwins Lehre kein Hindernis war. In besonderer Weise verfochten in England T. H. Huxley und der Botaniker Joseph Hooker, in Dtl. E. Haeckel und in Amerika der Botaniker A. Gray die prinzipiellen Feststellungen von Darwin: dass Evolution auf gemeinsamer Abstammung beruht, dass Organismen sich ständig weiter entwickeln, dass aus einem Stammart neue Arten entstehen können, dass der evolutionäre Wandel i. Allg. stetig und langsam erfolgt, dass der Mechanismus der Evolution auf natürl. Selektion beruht, die an der Variabilität der Individuen ansetzt.

Entwicklung der Evolutionstheorie nach Darwin

Die Wiederentdeckung der mendelschen Vererbungsregeln um 1900 durch C. E. Correns, H. de Vries und E. Tschermak lieferte die Erklärung für die von Darwin postulierte und durch Fakten belegte, aber noch nicht kausalanalytisch nachgewiesene Variabilität der Arten. Durch Ergebnisse vieler biolog. Wissenschaftsdisziplinen hat sich die ursprüngl. Theorie Darwins zu einer »Synthetischen Theorie der Evolution« weiterentwickelt, die sich zw. 1930 und 1950 herausbildete (u. a. propagiert durch T. Dobzhansky, J. Huxley, E. Mayr, B. Rensch, Robert Stebbins und G. G. Simpson). Sie berücksichtigt [insbes. Fortschritte der Genetik bzw. Populationsgenetik, formuliert das moderne biolog. Artkonzept, bewertet die Rolle des Zufalls im Rahmen der Variabilität und erkennt, dass jede Anpassung an neue Umweltbedingungen ihren Vorteil verliert, wenn ein erneuter Wandel eintritt. Die Anpassung an einen neuen Lebensraum oder eine ökolog. Nische bringt auch immer eine Spezialisierung mit sich. Das kann so weit gehen, dass bei erneutem Wandel der Umwelt eine spezialisierte Art ihren Vorteil verliert und ausstirbt. Spezialisierung ist also oft eine Falle evolutionären Opportunismus.

Es bestätigte sich insgesamt, dass die Evolution das zentrale Prinzip aller Lebensäußerungen ist. In den 1950er- und 1960er-Jahren wurden Konzepte für die Bewertung von strukturellen und funktionellen Merkmalen präzisiert, die Homologiekriterien wurden formuliert (Adolf Remane), Willi Henning gab wichtige Impulse für die Errichtung von formallog. Kladogrammen und Stammbäumen, die heute mithilfe von Computerprogrammen berechnet werden.

Wichtige neuere Beiträge zur Evolutionstheorie kommen aus der Soziobiologie und der Ökologie. Gründungsvater der Soziobiologie ist E. O. Wilson (»Sociobiology, the New Synthesis«, 1975). Die Soziobiologie sieht das Sozialverhalten aus dem Blickwinkel der Evolution. Sexualverhalten, elterl. Fürsorge, Fortpflanzungsstrategien von Männchen und Weibchen, Bevorzugung von Verwandten im Sozialverhalten, elterl. Manipulation, Altruismus und reziproker Altruismus sind Beispiele für Verhaltensweisen, die sich unter den Gesetzmäßigkeiten der Evolution entwickelt haben und entsprechend zu interpretieren sind. Dies bedeutet, dass die genet. Ausstattung nicht nur Struktur und Funktion, sondern auch das Verhalten bestimmt.

Für die Evolution zählt nicht das Einzelschicksal, sondern das Überleben und Weitertragen der Gene. Individuen sind Vehikel mit Verhaltensprogrammen für die Gene (R. Dawkins, 1976). Eltern investieren in ihre Nachkommen, weil diese ihre Gene weitergeben. Haben Eltern keine eigenen Nachkommen, dann werden sie Träger ähnl. Gene fördern, also Verwandte. Dieses Phänomen abgestufter Verwandtenunterstützung wurde Verwandtenselektion (»kin-selection«) genannt (William Donald Hamilton und J. Maynard Smith). Doch die Soziobiologie begnügt sich nicht mit der Interpretation des Sozialverhaltens, sondern sieht auch Sittlichkeit, Moral, Politik, Kultur, metaphys. Denken und Religion des Menschen letztlich als Produkte der Evolution. Sie hat insbes. bei Verhaltensanalysen von Primaten u. a. Säugetieren die Augen geöffnet für die evolutionären Wurzeln zahlloser menschl. Verhaltensweisen.

Evolutionäre Erkenntnistheorie

Aus der Annahme, dass die Evolution ein universelles Prinzip ist, entstand in den letzten Jahrzehnten die evolutionäre Erkenntnistheorie, die sich mit den naturwiss. Grundlagen des menschl. Erkenntnisapparates auseinander setzt. Die Grundposition der evolutionären Erkenntnistheorie ist nicht ganz neu und wird auch von der Soziobiologie geteilt. Sie hat Vorläufer u. a. im Werk von Darwin, Haeckel und K. Lorenz. Zwangsläufig muss sich eine Erkenntnistheorie mit dem Gehirn des Menschen und seiner noch unabsehbaren funktionellen Komplexität auseinander setzen. Ursprünglich ist das Gehirn das Organ, welches das tägl. Überleben ermöglicht und alle Strategien dafür steuert. Der Gedanke ist unabweisbar, dass auch Bewusstsein und Erkenntnis, moral. und religiöse Normen, Wissenschaft und Kunst Leistungen des Gehirns und damit Ergebnis der Evolution sind. Trotzdem ist es bisher nicht überzeugend gelungen, eine spezielle Korrelation zw. den Funktionen des Nervensystems und komplexen geistigen Äußerungen herzustellen. Dies bleibt das Ziel der Identitätstheorie, welche die Identität von phys. und geistig-psych. Vorgängen im Gehirn fordert. Nach der evolutionären Erkenntnistheorie bestehen enge Bezüge zw. Erkenntnisfähigkeit, die den Gesetzen der Evolution unterworfen ist, und der Umwelt. Schlagwortartig wird vom Passungscharakter der Wahrnehmungsstrukturen gesprochen. Unser Erkenntnisapparat ist real und erkennt eine reale Umwelt; er erkennt Natur, weil er Teil der Natur ist. Irreale Vorstellungen haben in der evolutiv entstandenen Welt keine Überlebenschancen.

Die Meme als Vererbungseinheiten

R. Dawkins prägte 1976 den Begriff Mem, mit dem Ideen, Verhaltensweisen und Fertigkeiten bezeichnet werden, die durch Imitation rasch von Mensch zu Mensch übertragen werden und sich so sehr schnell rund um die Erde verbreiten können. Im Einzelnen zählen dazu auch Modeerscheinungen, Kunststile, Vorlieben, Erfindungen, Melodien, Techniken der Werkzeugherstellung, Sprach- und Sprechweisen,

Schlagwörter, Zeremonien und religiöse Vorstellungen.

Der Begriff Mem wird bewusst dem Begriff Gen zur Seite gestellt. DAWKINS zufolge lässt sich Evolution am besten als Wettstreit zw. Genen verstehen (»Das egoistische Gen«, 1976). Von Genen können Kopien gemacht werden, sie sind Replikatoren; die Organismen fungieren als Vehikel dieser Gene. Daneben existieren laut DAWKINS aber noch andere Replikatoren: die Meme als Imitationseinheiten in der Kultur des Menschen. Sie sind die Einheiten einer kulturellen Vererbung. Der Geist des Menschen ist nur aufgrund der Vorstellung eines memet. Selektion zu verstehen. Mit Erwerb der Fähigkeit zur Imitation kommt es zu dieser zweiten Form der Selektion, der Auslese unter wettstreitenden Ideen und Verhaltensweisen. Meme, die einen hohen Anpassungswert besitzen, überleben und sorgen letztlich sogar dafür, dass die Gene der Menschen, in denen sie sich festgesetzt haben, ebenfalls überleben.

Ablauf der Evolution der Organismen

Die Erde ist wahrscheinlich rd. 4,6 Mrd. Jahre alt und verändert sich seither fortwährend. Sie bildete schon in den ersten 500 Mio. Jahren eine aus eng aneinander grenzenden Platten bestehende feste Kruste, die Lithosphäre, über der eine gasförmige Atmosphäre entstanden war. Mit Abkühlung der äußeren Erdschichten entstanden Urmeere. In diesen entwickelte sich vor knapp 4 bis vor 3,5 Mrd. Jahren das Leben. Die Bildung von organ. Molekülen, z. B. Zuckern, organ. Basen und Aminosäuren, führte zur Entstehung von zumeist polymeren Makromolekülen wie Peptiden und Oligonukleotiden; vermutlich gab es bald auch sich selbst vervielfältigende Ribonukleinsäuren. Unter diesen Molekülen herrschten wahrscheinlich schon alle Kriterien der Evolution: Vermehrung, Variation, Mutation, Konkurrenz und Selektion. Es kam zu Verbesserungen der Replikation mithilfe von Proteinen und zu so genannten Hyperzyklen (zykl. Reaktionsfolgen zw. Ribonukleinsäuren und Proteinen), zu Translation, zu definierten Genen und über RNA-Genome schließlich zu DNA-Genomen. Es entstanden Zellen, die von einer Zellmembran umgeben waren, innerhalb derer sich die wesentl. Lebensprozesse abspielen konnten. Zellen sind noch heute die Grundbaueinheiten aller Organismen. Wann sie zum ersten Mal auftraten, ist nicht bekannt, da die Fossildokumentation frühe Stadien nicht erfasst. Bisher gefundene, vermutlich zelluläre Mikrofossilien von Euzyten sind nur etwa 1,5 Mrd. Jahre alt.

Evolutionsbiologisch bedeutsam ist die Unterscheidung zweier Grundtypen der Zelle: die kleinen **Prozyten** und die viel größeren **Euzyten**. Vermutlich sind die Prozyten älter - sie enthalten noch keine Organellen und keinen Zellkern. Im Stadium der Prozyten verharren noch heute die Bakterien und Archaebakterien, die auch **Prokaryoten** genannt werden. Die Euzyten hingegen sind durch Organellen und einen Zellkern gekennzeichnet. Alle Tiere, Pflanzen und Pilze sowie die Archäozoa (z. B. Trichomonaden, Diplomonaden und Mikrosporidien) bestehen aus Euzyten und werden daher auch **Eukaryoten** genannt. Ein Teil der Organellen der Euzyten entstand durch Aufnahme von bestimmten Prokaryoten ins Zytoplasma (→ Endosymbiontenhypothese), so die Mitochondrien und die Chloroplasten und möglicherweise auch der Zellkern. Die Evolution auf zellulärem Niveau erfolgte in zahllosen kleinen Schritten, die zu stetig neuen Anpassungen und Verbesserungen führten. Vermutlich kam es im Laufe der Evolution zu einzelnen besonders tief greifenden Veränderungen (Großübergänge), die relativ rasch zu einem neuen Evolutionsniveau führten und häufig dadurch gekennzeichnet sind, dass sich zunächst selbstständige Einheiten zu größeren komplexen Einheiten zusammenschlossen. Die Entstehung der Vielzeller aus Einzellern ist ein Beispiel für einen Großübergang. Zu den ältesten fossilen Lebensspuren auf der Erde zählen die Stromatolithen, die schon vor 3,5 Mrd. Jahren entstanden und noch heute in einigen flachen Meeresgebieten gefunden werden, so z. B. in Westaustralien. Die fossilen Stromatolithen rühren nicht von Vielzellern her; es handelt sich vielmehr um die Überreste blaualgenartiger prokaryotischer Lebewesen (Cyanobakterien), die Kalkkrusten bildeten.

Erste Vielzeller (Metazoen) tauchten vermutlich erst im Präkambrium auf, einem Zeitraum vor 900 bis 600 Mio. Jahren. In dieser Zeit existierte eine marine Böden bewohnende vielzellige Fauna, die nach den Ediacara Hills in Südaustralien →Ediacara-Fauna genannt wird. Elemente dieser Fauna sind auch aus Südafrika, China, Russland und Großbritannien bekannt. Es handelt sich meist um uns fremdartig erscheinende, abgeflachte Tiere, die z. T. wohl in die Verwandtschaft der Nesseltiere gestellt werden können und vermutlich am Boden flacher Meere lebten. Die Ediacara-Fauna erlosch im Kambrium vor etwa 550 Mio. Jahren. Seit dem Kambrium (vor 570 bis 510 Mio. Jahre) kam es explosionsartig zu einer reichen und raschen Entwicklung der Vielzeller (»kambrische Explosion«). Es tauchten im Meer praktisch alle auch noch heute existierenden Tierstämme auf. Die gesamte, vom Kambrium bis in die Gegenwart andauernde Zeit wird auch Phanerozoikum genannt. Sie wird in drei große Erdzeitalter gegliedert: Paläozoikum (Erdaltertum), Mesozoikum (Erdmittelalter) und Känozoikum (Erdneuzeit).

Das wechselvolle Paläozoikum dauerte von vor etwa 570 bis vor 300 Mio. Jahren. Es umfasste die Perioden Kambrium, Ordovizium, Silur, Devon, Karbon und Perm. Anfangs gab es nur Meeresorganismen, z. B. Trilobiten, Armfüßer, Weichtiere und Stachelhäuter. Ab dem Ordovizium wuchsen am Rand der

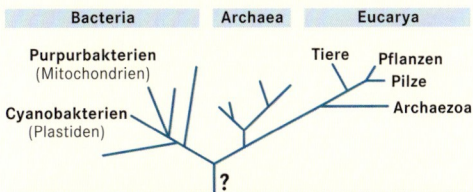

Evolutionsbiologie: Stammbaum des Organismenreiches; aus den ersten Lebewesen (Protobionten) entwickelten sich Archaebakterien (Archaea) und echte Bakterien (Bacteria). Im Unterschied zu diesen Prokaryoten besitzen die Eukaryoten (Eucarya) einen Zellkern und andere Zellorganellen. Der Endosymbiontenhypothese zufolge haben sich im Laufe der Evolution aus den Purpurbakterien Mitochondrien, aus Cyanobakterien Plastiden entwickelt.

Meere erste Gefäßpflanzen, die sich im Silur auf dem Festland ausbreiteten. Ausgedehnte pflanzenbewachsene Gebiete kennzeichneten das Devon, im Karbon kamen große Sumpfwälder hinzu, die Grundlage vieler heutiger Steinkohlevorkommen. Erste landlebende Tiere, Skorpione und Tausendfüßler, entstanden im Silur. Im oberen Devon gingen die ersten Wirbeltiere an Land, die ältesten Amphibien.

Im Kambrium existierten bereits die ersten Chordatiere und wahrscheinlich auch Wirbeltiere. Hierzu zählen die Conodonten und frühkambr. Formen wie Haikouichthys und Haikouella. Sie repräsentieren das Entwicklungsniveau früher Chordatiere. Kieferlose (Agnathen), unumstritten sehr alte, seit dem Ordovizium (vor 510 bis 438 Mio. Jahren) nachgewiesene Wirbeltiere, waren meist mit einem Knochenpanzer versehene, kieferlose Fische. Aus ihnen entwickelten sich alle kiefertragenden Wirbeltiere von den Haien bis zu den Säugetieren. Von den Kieferlosen überlebten bis heute nur zwei Gruppen, die Schleimaale und die Neunaugen. Am Ende des Perms kam es zu einem dramat. Absinken des Meeresspiegels und extremen Klimaschwankungen. Dies bewirkte ein Massenaussterben, dem 90 % aller Meerestiere, aber auch terrestr. Tier- und Pflanzenarten zum Opfer fielen.

Das Mesozoikum erstreckte sich von vor 250 bis vor 65 Mio. Jahren und umfasste die Perioden Trias, Jura und Kreide. Im Meer kam es nach dem großen Aussterben im Perm zu manchen neuen Entfaltungen, z. B. der Weichtiere (v. a. Schnecken, Muscheln und Ammoniten), der Stachelhäuter und der Knochenfische. Auf dem Lande machten die Reptilien eine einzigartige Entwicklung durch und erreichten mit Dino-, Flug- und Fischsauriern wohl den Höhepunkt ihrer Entwicklung. In der Jurazeit entstanden die Vögel, bereits in der Trias die Säugetiere, die allerdings im Mesozoikum nur eine untergeordnete Rolle spielten. Am Ende der Trias kam es erneut ebenso wie in der Kreidezeit zu massenhaftem Aussterben. Die Saurier überlebten diese Periode nicht. Am Aussterben an der Grenze von Kreide zu Känozoikum vor etwa 65 Mio. Jahren waren wahrscheinlich große Meteoriteneinschläge beteiligt, die zu Verdunkelung und Abkühlung der Erdatmosphäre führten.

Das Känozoikum begann vor 65 Mio. Jahren und wird in Tertiär (vor 65 bis vor 2 Mio. Jahren) und Quartär (von vor 2 Mio. Jahren bis heute) gegliedert. Es ist v. a. durch Entfaltung der Samenpflanzen, Vögel, Säuger und Insekten gekennzeichnet. Die heutigen Säugetierordnungen entstanden rasch im frühen Tertiär, aber viele, teils recht große Säuger starben schon bald wieder aus. Besonders interessant ist die Entstehung der Wale im Eozän (frühes Tertiär) aus frühen terrestr. Paarhufern. Das Quartär ist in Pleistozän und Holozän gegliedert und durch abwechselnde Kälte- und Wärmeperioden gekennzeichnet. In einigen der Kälteperioden kam es speziell in Europa und Nordamerika zu umfangreichen Vereisungen (Eiszeiten). Die gut 10 000 Jahre seit der letzten Eiszeit bis heute werden als Holozän bezeichnet. Die letzten zwei bis drei Jahrtausende des Holozäns sind durch zunehmend verheerende Auswirkungen menschl. Aktivitäten auf die Umwelt gekennzeichnet (Rodungen, Trockenlegungen, rapider Anstieg der Bevölkerungszahl, Ausrotten von Tier- und Pflanzenarten, Belastung der Umwelt durch Gifte, Klimaerwärmung usw.). Diese durch den Menschen geprägte Periode wird auch Anthropozän genannt. Fossilfunde des Menschen datieren zurück in eine Zeit vor etwa 4,5 Mio. Jahren. Die frühen Menschen gehörten mehrheitlich der Gattung Australopithecus an. Es waren in Savannen lebende Formen mit Hirngrößen von 450 bis 530 cm^3. Die Gattung Homo existiert seit etwa 2 Mio. Jahren. Sie entstand ebenso wie die Gattung Australopithecus in Afrika und breitete sich dann über die alte und vermutlich seit etwa 20 000 Jahren auch über die neue Welt aus. Heute existiert nur eine Art: Homo sapiens mit einer Hirngröße von etwa 1250 bis 1400 cm^3.

Ursachen der Evolution

Die Ursachen der Evolution liegen in Variabilität des genet. Materials und in der natürl. Auslese. Der Selektion wird i. Allg. eine ausschließliche Rolle bei Richtung und Geschwindigkeit der Evolution zugeschrieben. Seit man aber den erstaunl. molekularen Polymorphismus z. B. von Enzymen in versch. Populationen von Tierarten kennt, muss auch in Betracht gezogen werden, dass nicht alle molekularen Mutationen der Selektion unterliegen. Dies ist nach der neutralen Theorie der molekularen Evolution dann der Fall, wenn mutierte Gene Enzyme liefern, die die biolog. Fitness des Organismus nicht verändern (Motoo Kimura, 1969).

Die DNA ist der Informations- und Erbträger aller Lebewesen. Sie ist einerseits ein großes stabiles Molekül, das fehlerfreie Replikation und Transkription erlaubt; andererseits lässt sie Veränderungen und Mutationen zu, welche die notwendige Variabilität für die natürl. Selektion schaffen. Somit ist die DNA das Material, an dem die Evolution ansetzen kann. Es existieren zwei Mechanismen, die solche Änderungen der DNA hervorbringen: die **Mutationen** sowie die **Meiose**.

Mutationen und biologische Fitness

Molekulare Mutationen, und zwar solche, die sich an der DNA abspielen, sind die Grundvoraussetzung für evolutionären Wandel. Sie treten meist in somat. Körperzellen auf (somat. Mutationen) und verschwinden mit dem Tod des Individuums. Mutationen in den Keimzellen (generative Mutationen) hingegen werden an die nachfolgende Generation weitergegeben, falls sie sich nicht so negativ auswirken, dass die Embryonen absterben. Wenn viele Individuen in einer Population eine solche Mutation in ihrem Genom besitzen, wenn sie also in einer Population fixiert ist, dann kann an ihr die natürl. Selektion ansetzen. Außerdem kann sie sich, wenn sie keinen erkennbaren Vor- oder Nachteil mit sich bringt, zufällig in der Population ausbreiten (→Gendrift).

Natürlicherweise treten Mutationen, die zum Ausfall eines Gens führen, in einer Häufigkeit von 10^{-5} bis 10^{-6} Mutationen pro Genort und Generation auf. Dies wurde für Bakterien berechnet und trifft größenordnungsmäßig wohl auch für Eukaryoten zu. Mutationen, welche die Funktionen eines Proteins beeinträchtigen, bewirken geringere Leistungskraft

(Fitness) ihres Trägers und werden daher u. a. auch dessen Fortpflanzungsrate herabsetzen, sodass dieses Protein bzw. sein Gen wieder verschwindet. Neutrale oder positive Mutationen werden weitergegeben und können sich ausbreiten. Die große Mehrzahl aller Mutationen ist neutral oder negativ. Positive Mutationen, die zu einem Selektionsvorteil führen, sind selten. Bei Analyse eines Genoms finden sich i. Allg. nur neutrale oder positive Mutationen. Träger negativer Mutationen haben bzw. hatten normalerweise keine Überlebenschance.

DNA-Mutationen treten mit gewisser Regelmäßigkeit auf, weshalb man auch von molekularen Uhren spricht. Sie können, bei krit. Handhabung, für die Rekonstruktion der Verwandtschaft versch. Tiergruppen herangezogen werden. Für manche Proteine konnte gezeigt werden, dass der Takt der molekularen Uhren recht regelmäßig geht. Je länger zwei Tiergruppen getrennt sind, desto größer ist die Zahl der Nukleotidunterschiede und Aminosäureaustausche. Zwischen den molekularen Unterschieden und der Zeit der Trennung (Divergenzzeit) gibt es also eine Korrelation. Mithilfe mathemat. Berechnungen lassen sich dann die tatsächl. Zeiten bestimmen, die seit der Trennung vergangen sind, wobei Datierungen aus der Fossildokumentation zur Kontrolle herangezogen werden. Für den Aminosäureaustausch liegen bei vielen Proteinen solche Berechnungen der Evolutionsgeschwindigkeit vor. Es zeigt sich, dass die Evolutionsgeschwindigkeit nicht konstant ist und zudem von Protein zu Protein schwankt. Fundamental wichtige Proteine (wie z. B. Histone) und ihre DNA-Sequenz verändern sich kaum. Sie sind hochkonserviert, während andere Proteine schneller mutieren, z. B. Fibrinopeptide. In einem Protein ändern sich funktionell wichtige Zentren viel langsamer als funktionell weniger wichtige Bereiche. Mutationsraten können von der Körper- und Umgebungstemperatur abhängen, da spontane Mutationen bei höheren Temperaturen leichter erfolgen. Die molekularen Uhren gehen daher bei wechselwarmen Tieren, z. B. Reptilien, langsamer als bei Tieren mit konstanter Körpertemperatur wie den Vögeln. Auch die Populationsgröße spielt eine Rolle. In kleinen isolierten Populationen, die z. B. auf Inseln verdriftet wurden, kann sich die DNA schneller verändern als in großen, stabilen Populationen.

Sexuelle Reproduktion und Meiose

Bei der sexuellen Fortpflanzung mischen sich die Genome zweier Individuen, um Nachkommen zu zeugen, die sich untereinander und von den Eltern unterscheiden. Diese Art der Fortpflanzung hat offenbar entscheidende Vorteile. Die große Mehrzahl der Pflanzen und Tiere reproduziert sich auf sexuellem Wege, wobei Nachkommen mit neuen genet. Kombinationen entstehen. Selbst bei einigen Tieren und Pflanzen, die sich normalerweise ungeschlechtlich vermehren, gibt es Phasen mit geschlechtl. Fortpflanzung. Vermutlich liegt der Sinn der Sexualität in der Schaffung einer genetisch mannigfaltigen Nachkommenschaft. Im Zuge der Reduktionsteilung (→ Meiose) kommt es bei der sexuellen Reproduktion zu einer rekombinationsbedingten Variabilität. Die riesige Zahl neuer Kombinationen minimiert die Wahrscheinlichkeit, dass ein Individuum genetisch ident. Geschlechtszellen bildet. Die sexuelle Reproduktion liefert damit den Organismen, die in einer sich ständig und unberechenbar wandelnden Umwelt leben, den Vorteil der Anpassungsfähigkeit. Sie ist also ein gewichtiger Selektionsvorteil im Rahmen der Evolution.

Enzyklopädische Vernetzung

Evolution ▪ Abstammungslehre ▪ Crossing-over ▪ Darwinismus ▪ Euzyte ▪ evolutionäre Erkenntnistheorie ▪ Fortpflanzung ▪ Hyperzyklus ▪ Lamarckismus ▪ Leben ▪ Mem ▪ Mutation ▪ Neodarwinismus ▪ Ontogenese ▪ Paläontologie ▪ Phylogenese ▪ Polymorphismus ▪ Protozyte ▪ Rekombination ▪ Selektion ▪ Soziobiologie ▪ Zelle

W. Henke u. H. Rothe: Stammesgesch. des Menschen (1999); D. Johanson u. B. Edgar: Lucy u. ihre Kinder (a. d. Engl. 2000); C. Vogel: Anthropolog. Spuren. Zur Natur des Menschen (2000); V. Storch u. a.: E. (2001); R. Riedl: Riedls Kulturgesch. der Evolutionstheorie (2003).

Fortsetzung von Seite 613

im Altertum **Ebora**, **Elbora**, später **Liberalitas Julia** gen., war in röm. Zeit ein bedeutender Waffenplatz. Unter den Westgoten stark befestigt, zw. 714 und 716 von den Mauren eingenommen. Nach der endgültigen Reconquista 1165/66 wurde É. Sitz einer Bruderschaft von Rittern, des späteren Avisordens. Im Spät-MA. diente es häufig als Residenz der Könige und Tagungsort der Cortes. – Weiteres Bild Seite 620

2) Distrikt in S-Portugal, 7 392 km², 173 700 Ew.; Hauptstadt ist Évora.

Evorsion [zu lat. evertere, evorsus »umwerfen«, »aufwühlen«] *die, -/-en,* aushöhlende Wirkung von im Wasser wirbelnden Steinen und Sandkörnern; durch E. entstehen im Flussbett, auch im Festgestein, bes. unterhalb von Wasserfällen, Strudellöcher (→ Kolk), unter dem Gletscher (durch subglaziale Schmelzwässer) → Gletschermühlen.

evozieren [lat. evocare »herausrufen«, »vorladen«],
1) *bildungssprachlich:* durch Evokation hervorrufen, bewirken.
2) *Recht:* ein Verfahren, das bei einer untergeordneten Instanz anhängig ist, an sich ziehen.

EVP, Abk. für → Europäische Volkspartei.

Evpatorija [jɪ-], Stadt in der Ukraine, → Jewpatorija.

Evren, Kenan, türk. General, * Alaşehir (Prov. Manisa) 1. 1. 1918; wurde 1977 Oberbefehlshaber des Heeres, 1978 Generalstabschef der türk. Streitkräfte. Am 12. 9. 1980 stürzte er durch einen Militärputsch die Reg. von S. Demirel. An der Spitze des Nationalen Sicherheitsrates übernahm er das Amt des Staatspräs., das er bis 1989 behielt (1982 durch ein Referendum bei der Annahme einer neuen Verf. bestätigt). Mit weitgehenden Vollmachten ausgestattet setzte er seine am Kemalismus orientierten gesellschafts- und staatspolit. Vorstellungen durch, sah sich dabei jedoch mit starker internat. Kritik (v. a. mit dem Vorwurf der Anwendung von Folter bei polit. Gegnern) konfrontiert. Mit einer schrittweisen, begrenzten Liberalisierung seines Herrschaftsstils suchte er der Kritik (u. a. vonseiten der EG und der NATO) zu begegnen.

Kenan Evren

Evre Évreux

Évora 1): Teilansicht der frühgotischen Kathedrale (1186 bis Ende des 13. Jh.)

Évreux [e'vrø], Stadt in der Normandie, Frankreich, Verw.-Sitz des Dép. Eure, am Iton, einem Nebenfluss der Eure, 54 100 Ew.; kath. Bischofssitz; Herstellung von Elektrogeräten und Autozubehör u. a. Industrie. – Die Kathedrale Notre-Dame (Langhaus mit roman. Arkaden, 12. Jh., bis ins 17. Jh. Umbauten) besitzt den bedeutendsten frz. Glasmalereizyklus des 14. Jh. Zw. der Kathedrale und der Tour de l'Horloge, einem Wachtturm (44 m) des 15. Jh., verläuft die Promenade des Remparts am Iton entlang. In der Kirche Saint-Taurin (11.–15. Jh.) ein Reliquienschrein des 13. Jh.; ehem. Bischofspalast (1481). – É., in galloröm. Zeit als **Mediolanum Aulercorum** Hauptstadt des eburovicischen Zweigs der gall. Aulerker (Aulerci Eburovices), war in der röm. Kaiserzeit eine der glänzendsten Städte Galliens; seit dem 4./5. Jh. Bistum. 911 kam É. zum Herzogtum Normandie. Die danach neu geschaffene Grafschaft É. fiel im 12. Jh. und endgültig 1404 an die frz. Krone.

Évripos, neugriech. für →Euripos.

Évros, griech. Name des Flusses →Maritza.

Evrotas, Fluss in Griechenland, →Eurotas.

Évry [e'vri:], Stadt in Frankreich, Verw.-Sitz des Dép. Essonne, links der Seine, südlich von Paris, 50 000 Ew. É. gehört zu den fünf »Villes Nouvelles« (Neue Städte) in der Region Paris; kath. Bischofssitz (Bistum É.-Corbeil-Essonne), Univ., Institute für Telekommunikation und Bergbau, Konsortium für Genomforschung; Luftfahrt- und elektrotechn. Ind. – Die Kathedrale wurde von M. BOTTA errichtet (1994).

Evtušenko [jɪftu'ʃɛnkɔ], Evgenij Aleksandrovič, russ. Lyriker, →Jewtuschenko, Jewgeni Alexandrowitsch.

EVU,

1) *Eisenbahn:* Abk. für →Eisenbahnverkehrsunternehmen.

2) *Energiewirtschaft:* Abk. für **E**lektrizitätsversorgungs**u**nternehmen, alle Unternehmen, die die Versorgung und Belieferung mit elektr. Energie übernehmen. Im Sinne des Energiewirtschafts-Ges. sind dabei Rechtsformen und Eigentumsverhältnisse dieser Unternehmen ohne Bedeutung. Daher gelten als EVU auch solche Unternehmen, die nur teilweise oder im Nebenbetrieb öffentl. Elektrizitätsversorgung betreiben.

evviva!, er, sie, es lebe hoch! (ital. Hochruf).

Evzonen [altgriech. »Wohlgegürtete«, im Sinne von »Leichtbewaffnete«], *Sg.* **Evzone** *der, -n,* ehem. königlich-griech. Leibgarde in Nationaltracht mit Fes und Fustanella; nach Abschaffung der Monarchie mit Wach- und Repräsentationsaufgaben betraut.

EW, Nationalitätszeichen für Estland.

Ew. [von mhd. »iuwer«], alte Abk. aus frühneuhochdt. »ewer« (das in dieser Schreibweise bis in die Barockzeit gebräuchlich war) für »Euer« in Titeln, z. B. Ew. Gnaden, Ew. Majestät.

Ewald, Name zweier angelsächs. Priestermönche, nach ihrer Haarfarbe »der Schwarze E.« und »der Weiße E.« gen.; erlitten als Missionare bei den Sachsen (wohl im Gebiet zw. Rhein, Ruhr und Lippe) um 695 den Märtyrertod. – Heilige (Tag: 3. 10.).

Ewald,

1) Carl *Anton* Emil, Internist, * Berlin 30. 10. 1845, † ebd. 20. 9. 1915, Bruder von 2); wurde 1883 Prof. in Berlin. E. beschäftigte sich v. a. mit der Physiologie und Pathologie der Verdauungsorgane sowie mit Diagnostik und Therapie ihrer Erkrankungen. Bekannt wurde das von E. und dem Berliner Arzt ISMAR BOAS (* 1858, † 1938) eingeführte »Boas-Ewald-Probefrühstück« zur Magenfunktionsprüfung.

2) Ernst Julius *Richard,* Physiologe, * Berlin 14. 2. 1855, † Konstanz 22. 7. 1921, Bruder von 1); ab 1900 Prof. in Straßburg. E. arbeitete über Atmung, Kreislauf und den Vestibularapparat des Innenohrs.

3) Georg *Heinrich* August von (seit 1841), ev. Theologe, Orientalist und Politiker, * Göttingen 16. 11. 1803, † ebd. 4. 5. 1875; einer der bedeutendsten Orientalisten des 19. Jh.; ab 1827 Prof. in Göttingen; gehörte 1837 zu den →Göttinger Sieben; 1838–48 Prof. in Tübingen, dann wieder in Göttingen, wo er wegen der Verweigerung des Huldigungseids auf den König von Preußen 1867 sein Amt verlor; 1863 Mitbegründer des →Deutschen Protestantenvereins. E. gilt v. a. durch seine Arbeiten zur hebr. Grammatik als eigentl. Begründer der semit. Sprachwissenschaft; verfasste zahlr. Epoche machende Werke zur Exegese des A. T. und bot die erste krit. Gesamtdarstellung der Geschichte des jüd. Volkes.

Werke: Krit. Gramm. der hebr. Sprache (1827); Die poet. Bücher des Alten Bundes, 4 Bde. (1835–39); Die Propheten des Alten Bundes, 3 Bde. (1840–41); Gesch. des Volkes Israel bis Christus, 6 Bde. (1843–58).

4) Johannes, dän. Dichter, * Kopenhagen 18. 11. 1743, † ebd. 17. 3. 1781; schrieb nach der klassizist. Tragödie »Adam og Eva« (1769; dt. »Der Fall des ersten Menschen«), von F. G. KLOPSTOCK beeinflusst, die Dramen »Rolf Krage« (1770; dt.) und »Balders Død« (1773; dt. »Balders Tod«) sowie das Singspiel »Fiskerne« (1779; dt. »Die Fischer«), in dem Fischer in der Rolle der alten Tragödienhelden auf der Bühne stehen. Ferner schrieb er Lustspiele und Gedichte; als offizielle Königshymne gilt »Kong Christian Stod ved Højen Mast« (dt. »König Christian stand am hohen

Mast«). E.s Autobiografie »Levnet og Meeninger« (dt. »Leben und Ansichten«) erschien 1804.
Ausgabe: Samlede skrifter, hg. v. der Dän. Sprach-u. Lit.-Gesellschaft, 6 Bde. (²1969).
  E. FRANDSEN: J. E. (Kopenhagen 1968).

5) Peter Paul, Physiker, * Berlin 23. 1. 1888, † Ithaca (N. Y.) 22. 8. 1985; Prof. in Stuttgart (1921–37), Belfast (1939–49) und am Polytechnical Institute of Brooklyn in New York; arbeitete auf dem Gebiet der Kristalloptik, der Röntgenstrahlbeugung an Kristallen und der Röntgenstrukturanalyse. E. formulierte 1917 unabhängig von C. G. DARWIN eine dynam. Theorie der Röntgenstrahlinterferenzen.
Werke: Kristalle u. Röntgenstrahlen (1923); Fifty years of X-ray diffraction (1962).

Ewald-Konstruktion [nach P. P. EWALD], in der Kristallstrukturanalyse mit Röntgen- oder Elektronenstrahlen eine auf der geometr. Deutung der →Bragg-Gleichung beruhende graf. Konstruktion, mit der sich die Richtungen und Wellenvektoren der an den Netzebenen eines Kristalls reflektierten Strahlen ermitteln lassen.

Ewe, Volk in der Regenwaldzone Westafrikas, in SO-Ghana, S-Togo und S-Benin, über 3 Mio. Angehörige. Sie betreiben Ackerbau (Jams, Mais), Fischerei, Handel und ein ausgeprägtes Kunsthandwerk (Weberei, Töpferei und Holzschnitzerei). Heute arbeiten viele E. in Wirtschaft und Verwaltung. Ihre traditionelle Religion kennt einen Schöpfergott, weitere Götter sowie mächtige Ahnengeister; zudem ist das Christentum unter den E. stark verbreitet. – Die E. waren nie in einem Reich vereint. Die von vielen E. beklagte Aufteilung ihres Volkes auf die Staaten Togo und Ghana begann 1956, als das brit. Mandatsgebiet der ehem. dt. Kolonie Togo zu dem kurz vor der Unabhängigkeit stehenden Staat Goldküste/Ghana kam.

Die Sprache der E., das **Ewe**, ist eine Kwa-Sprache. Die wichtigsten Dialekte von W nach O sind das Anlo, die Inlanddialekte von Ho, Kpalimé u. a. Orten, das Gen (auch Mina oder Aného) in Togo sowie das Fon und Gun in Benin. Das Gen-Ewe gilt in Togo, das Fon-Ewe in Benin als Nationalsprache. Durch dt. Missionare wurde die Sprache der E. schon Ende des 19. Jh. zur Schriftsprache entwickelt.

Ewenen, früher **Lamuten,** Volk mit →tungusischer Sprache in N-Sibirien, u. a. im NO von Jakutien und auf der Halbinsel Kamtschatka; 15 000 Angehörige, überwiegend nomadisierende Rentierzüchter und Pelztierjäger in exogamen Klanen organisiert.

Ewenken, Tungusen, Volk mit →tungusischer Sprache in Sibirien und im Fernen Osten zw. Jenissei und Ochotsk. Meer **(nördliche E.),** bes. im Autonomen Kreis der E., sowie im südl. Transbaikalien (Russland), in den nordöstl. Ebenen Chinas und in der Mongolei **(südliche E.),** insgesamt etwa 58 000, davon in Russland 30 000 und in China 26 000. Die E. lebten meist in kon. Zelten oder in Filzjurten. Den exogamen Klanen stand ein Ältestenrat (Männer und Frauen) vor. Bärenkult und Schamanismus spielten in den religiösen Vorstellungen eine Rolle. Die nördl. E. waren urspr. Rentierzüchter und Jäger, die südl. E. Rinder- und Pferdehirten. Nach dem Zerfall der Sowjetunion versucht eine nat. Organisation der E., die »Arun« (»Wiedergeburt«), die traditionellen Lebens- und Wirtschaftsformen neu zu beleben.

Ewenken, Autonomer Kreis der E., russ. **Ewenkiski awtonomny okrug,** Autonomer Kreis in der Region Krasnojarsk, Russland, in Ostsibirien, 767 600 km², 17 700 Ew., davon waren nach der Volkszählung von 2002 61,9% Russen, 21,4% Ewenken, 5,6% Jakuten, 3,1% Ukrainer und 1,2% Keten. Verw.-Sitz ist Tura. Der Autonome Kreis liegt im Mittelsibir. Bergland, das hier im Putoranagebirge mit 1 701 m ü. M. seine größte Höhe erreicht, und wird im N von Tundra, im S von Taiga bedeckt. Weite Gebiete sind durch Landschaftsformen des Permafrosts geprägt. Das Klima ist extrem kontinental. Große Nebenflüsse des Jenissei durchströmen das Gebiet (Untere und Steinige Tunguska). Die wichtigsten Wirtschaftsbranchen sind Erdölförderung (rd. 79% der regionalen Ind.-Produktion) und Energieerzeugung, Lebensgrundlage der einheim. Bev. sind weiterhin Rentierzucht, Pelztierjagd und -zucht (u. a. Zobel, Silberfuchs), außerdem Fischfang, Holzeinschlag und Holz verarbeitende Ind. – Gebildet am 10. 12. 1930.

Ewer [mnd., eigtl. »Einfahrer«] *der, -s/-,* ein Fischerei- und Frachtsegelschiff der Nordseeküste und des Unterlaufes der nordwestdt. Flüsse, mit flachem Boden und Seitenschwertern, später meist mit Hilfsmotor, i. d. R. als Anderthalbmaster getakelt. Der E. wurde vom Kutter abgelöst.

Ewers, Hanns Heinz, Schriftsteller, * Düsseldorf 3. 11. 1871, † Berlin 12. 6. 1943; schrieb fantast. Erzählungen und Romane, in denen er erot., sadist. und okkultist. Motive verwendete, sowie Reisebücher und das Libretto zu E. D'ALBERTS »Die toten Augen« (1913). Den Nationalsozialisten wollte er sich mit den Propagandaromanen »Horst Wessel« (1932) und »Reiter in dt. Nacht« (1932) andienen, seine Bücher wurden jedoch 1934 als dekadent verboten.
Weitere Werke: *Erzählungen:* Das Grauen (1908); Die Besessenen (1909). – *Romane:* Der Zauberlehrling oder die Teufelsjäger (1909); Alraune (1911); Vampir (1921). – Grotesken (1910).

EWG, Abk. für →Europäische Wirtschaftsgemeinschaft.

EWG-Zeichen, das Zeichen e, das auf Fertigpackungen zusätzlich vor der Angabe der Nennfüllmenge in Gewicht oder Volumen gemäß §21 Fertigpackungs-VO stehen kann. (→Kennzeichnung)

EWI, Abk. für →Europäisches Währungsinstitut.

Évreux: Glasmalerei mit der Darstellung eines musizierenden Engels in der Kathedrale Notre-Dame (14. Jh.)

ewige Anbetung, *kath. Kirche:* die ununterbrochene (Tag und Nacht) Verehrung des für die Gläubigen ausgestellten →Allerheiligsten (der konsekrierten Hostie). Sie entstand in der heutigen Form im 16. Jh. und wird v. a. von Klostergenossenschaften (Eucharistiner, Picpus-Genossenschaft u. a.) gepflegt. Als Volksandacht wurde die e. A. (auch **ewiges Gebet**) in vielen Diözesen bis in die Zeit des 2. Vatikan. Konzils jeden Tag in einer anderen Kirche durchgeführt.

ewige Anleihe, Anleihe ohne fixierte Laufzeit, deren Tilgung nicht im Voraus festgelegt oder nicht vorgesehen ist; der Schuldner behält sich jedoch häufig das Tilgungsrecht vor. In Dtl. sind e. A. ungebräuchlich; in Großbritannien und Frankreich finden sie in begrenztem Rahmen Anwendung, neuerdings auch am Eurokapitalmarkt (Perpetuals).

Ewiger Bund, literar., aber nicht korrekte Bez. des ältesten erhaltenen Bundesbriefes (August 1291) der Eidgenossenschaft der drei Waldstätte (→Schweiz, Geschichte).

ewiger Friede,

1) die Idee eines allgemeinen und dauerhaften Friedenszustandes; sie war als spätantikes Erbe schon im MA. in eschatolog. und chiliast. Endzeiterwartungen vorhanden. Durch die neuzeitl. Ablösung vom theolog. Geschichtsbild und die seit dem 16. Jh. verstärkt einsetzende Diskussion über Krieg und Frieden erhielten die zahlreich entstehenden, schließlich literar. Mode werdenden Projekte e. F. den Charakter von Utopien. Bedeutende Entwürfe im Sinne der Aufklärung legten im 18. Jh. Abbé DE SAINT-PIERRE (»Projet pour rendre la paix perpétuelle en Europe«, 1713) und I. KANT (»Zum Ewigen Frieden«, 1795) vor (→Frieden). Nach der Frz. Revolution wurden Projekte eines e. F. von Plänen zur Friedenssicherung abgelöst oder in Systeme geschichtsphilosoph. Prognose verwiesen.
 Literatur →Frieden.

2) Bez. für den nach der Niederlage bei Marignano (heute Melegnano; 13./14. 9. 1515) am 29. 11. 1516 zw. der Schweizer. Eidgenossenschaft und Frankreich in Freiburg (Schweiz) geschlossenen Friedensvertrag (→Schweiz, Geschichte).

Ewige Richtung, 1474 in Konstanz geschlossener Vertrag zw. dem österr. Herzog SIGISMUND von Tirol und der Schweizer. Eidgenossenschaft (Acht Alte Orte); beendete durch den Verzicht auf die ehem. österr. Gebiete den eidgenöss. Kampf gegen das Haus Habsburg.

Ewiger Jude, Legendengestalt des christl. MA.; ein Mann aus Jerusalem, der JESUS auf seinem Weg nach Golgatha nicht ausruhen lässt und daraufhin von diesem zu ewiger Wanderschaft verurteilt wird. Die an die alttestamentl. Kainsgeschichte erinnernde Struktur der Legende, Blasphemie und Verdammung, hat ihren geograf. und histor. Ursprung vermutlich in der Nähe von Jerusalem wenige Jh. n. Chr. Ihre konstitutiven Elemente, erniedrigende Behandlung JESU und das Warten auf unbestimmte Zeit, deuten auf zwei Quellen hin: die auf der Grundlage des NT entstandene Legende von Malchus (Joh. 18, 4–10), dem Diener des Hohenpriesters Hannas, der CHRISTUS bei dessen Verhör ins Gesicht geschlagen haben solle, sowie die Legende vom Jünger JOHANNES, dem von CHRISTUS ewiges Leben verheißen wird (Joh. 21, 22). Diese Erzählungen wachsen in der weiteren Überlieferung zusammen und bilden die Folie für versch. Legendenvarianten (Sammlung »Leimonarion« des J. MOSCHOS, 6. Jh.; »Flores Historiarum« des ROGER OF WENDOVER, 1228; »Chronica Maiora« des MATTHÄUS PARISIENSIS, 1240). Eine fixierte Gestalt als jüd. Schuster mit Namen **Ahasverus** erhält die Figur in dem anonym erschienenen Volksbuch »Kurtze Beschreibung und Erzehlung von einem Juden mit Namen Ahasverus« (1602), das den jüd. Schuster als Zeugen christl. Heilsgeschehens popularisiert. Der Schrift folgt eine lange Reihe versch., in zahlr. Sprachen übersetzter Volksbücher mit zunehmend antijüd. Tendenz. Erst Ende des 17. Jh. wird Ahasver der für seine Bedeutungsgeschichte im dt. Sprachraum signifikante Ausdruck »der Ewige Jude« angehängt (Entsprechungen auch in anderen europ. Sprachen). Gegen Ende des 18. Jh. wurde Ahasvers Schicksal ein fruchtbares Motiv in Lyrik und Epik. Die Gestaltungen GOETHES (»Der ewige Jude«, 1774) und C. D. SCHUBARTS (»Der ewige Jude«, Rhapsodie, 1783) blieben Fragment. Bei den Romantikern erscheint das Motiv in der Lyrik (W. WORDSWORTH, P. B. SHELLEY, WILHELM MÜLLER, A. VON CHAMISSO, N. LENAU). Der E. J. wird hier in der Ambivalenz von Segen und Fluch der Wanderschaft poetisiert; v. a. in der »schwarzen« Romantik überlagern sich in der Figur die Schicksale auch anderer zur Unsterblichkeit Verdammter. C. R. MATURIN verband in dem Roman »Melmoth the wanderer« (1820; dt. »Melmoth der Wanderer«) das Motiv mit dem Faust-Stoff. In der Begegnung mit anderen histor. Gestalten erscheint der E. J. bald darauf als lebendes Zeugnis der Weltgeschichte (E. SUE: »Le juif errant«, 1844–45, dt. »Der ewige Jude«; R. HAMERLING: »Ahasverus in Rom«, 1866, Epos). Auch wird sein Schicksal zur jüd. Akkulteration in Beziehung gesetzt (F. MAUTHNER: »Der neue Ahasver«, 1882), seine Erlösbarkeit aus christl. Sicht diskutiert (A. WILBRANDT: »Der Meister von Palmyra«, 1889, Drama) und seine Gestalt zunehmend von jüd. Seite als antisemit. Erfindung gebrandmarkt (L. FEUCHTWANGER: »Gespräche mit dem Ewigen Juden«, 1920; GERTRUD KOLMAR: »Ewiger Jude«).

Die nat.-soz. Propaganda macht die Gestalt zum Stereotyp: In dem Film »Der Ewige Jude« (1940) von FRITZ HIPPLER (* 1909, † 2002) bildet er ebenso wie in der gleichnamigen Münchner Ausstellung von 1937 die Kontrastfigur zum »werteschaffenden Arier«, um als Projektionsfläche alle Gegenbilder des Nationalsozialismus einzufangen.

In der zweiten Hälfte des 20. Jh. schließlich wird die Figur in ein atheist. Konzept eingebracht (so in P. LAGERKVISTS Roman »Ahasverus Död«, 1960); S. HEYM verwendete sie für satir. Angriffe auf den Dogmatismus des realen Sozialismus (»Ahasver«, Roman, 1981). J. D'ORMESSON (»Histoire du Juif errant«, 1990) ernennt den E. J. zum Universalhistoriker, der Geschichte als Fiktion entlarvt.

 Ahasvers Spur. Dichtungen u. Dokumente vom »Ewigen Juden«, hg. v. M. KÖRTE u. R. STOCKHAMMER (1995); M. KÖRTE: Die Uneinholbarkeit des Verfolgten. Der E. J. in der literar. Phantastik (2000).

ewiger Kalender, andere Bez. für einen →immer währenden Kalender; eine Tabelle, der man die Wochentage für jeden einzelnen Tag innerhalb eines sehr großen Zeitraums entnehmen kann. (→Kalender)

Ewiger Landfriede, Kernstück der auf dem Wormser Reichstag von 1495 erlassenen Gesetze. Im Ggs. zu bereits früher erlassenen Landfrieden war der E. L. keiner zeitl. Begrenzung unterworfen und blieb tatsächlich als Reichsgrundgesetz bis zum Ende des Hl. Röm. Reiches (1806) in Kraft. Die wichtigste Bestimmung des E. L. war das generelle Verbot des Fehderechts, womit unter Androhung der Reichsacht v. a. der bewaffneten Selbsthilfe des weltl. und geistl. Adels der Boden entzogen werden sollte. Mit dem E. L. wurde zugleich die Zuständigkeit der Gerichte geregelt. Die Wahrung des E. L. wurde dem neu geschaffenen Reichskammergericht als oberster Rechtsinstanz übertragen.

Ewiger Pfennig, →Münzverrufung.

Ewiges Edikt,
1) die 1577 zw. den Generalstaaten und dem span. Statthalter der Niederlande DON JUAN DE AUSTRIA ausgehandelten Vereinbarungen (u. a. Abzug der span. sowie anderer fremder Truppen aus den Niederlanden, Gewährleistung der Privilegien und Ergebenheitsbekundung seitens der Generalstände, Wiedereinführung oder Gewährung des kath. Gottesdienstes), die das Inkrafttreten der →Genter Pazifikation ermöglichten.
2) der Beschluss der holländ. Stände vom 5. 8. 1667, der das Amt des Statthalters abschaffte und für immer (ewig) als Bestandteil der Konstitution ausschloss. Zugleich legte das E. E. fest, dass das Amt des Generalkapitäns (u. a. militär. Oberbefehl) unvereinbar mit dem Statthalteramt in den übrigen Prov. der Niederländ. Rep. sei. Somit sollte die bisherige Zusammenfassung der polit. und militär. Macht in der Hand der Oranier aufgespalten werden. Mit der Ernennung WILHELMS III. VON ORANIEN zum Generalkapitän (1672 unter dem Druck der drohenden Niederlage gegen Frankreich) und mit seiner Ausrufung zum Erbstatthalter von Holland, Seeland, Utrecht, Geldern und Overijssel 1674 war das E. E. praktisch aufgehoben.

ewiges Leben, →Unsterblichkeit.

ewiges Licht, ewige Lampe, in *kath. Kirchen* ein mit Öl oder Wachs gespeistes (nur im Ausnahmefall elektrisches) Licht vor jedem Tabernakel, in dem das Allerheiligste aufbewahrt wird, als Zeichen der Gegenwart CHRISTI in der Eucharistie (seit dem 17. Jh.).

Ewige Stadt, häufige Bez. für die Stadt →Rom.

Ewigkeit, 1) im *allg. Verständnis* Begriff für einen »Zustand« zeitl. Unendlichkeit (endloser Fluss der Zeit) bzw. der Zeit entbehrender (»zeitloser«) Unvergänglichkeit. – 2) In der *Religionsgeschichte:* eine Kategorie, die sehr oft, jedoch nicht unbedingt, primär der Existenz der Götter zugeordnet ist. Für die Menschen verbindet sich mit dem Begriff E. der Glaube an Auferstehung und jenseitiges Leben. Religiöse Werte und Manifestationen besitzen, wenn ihnen E. zugesprochen wird, absolute, »ewige« Gültigkeit. Dies betrifft religiöse Wahrheiten und ihre Offenbarung, den Mythos, hl. Texte, eth. Normen, oft auch Formen des Kults (Riten). – In der *christl. Glaubenslehre* kommt E. im eigentl. Sinn als Sein über der Zeit ohne Anfang und Ende (lat. aeternitas) nur Gott zu. E. im Sinn von Dauer ohne Ende nach einem Anfang (lat. sempiternitas) kommt den menschl. →Seelen zu (ewiges Leben, →Unsterblichkeit). Die übrige Schöpfung ist endlich und damit Wandel und Auflösung unterworfen.

Ewigkeit der Welt. Die Frage, ob die Welt einen Anfang in der Zeit habe oder anfangs- und endlos sei, gehört zu den grundlegenden Fragen menschl. Nachdenkens. Sie bildet den Inhalt versch. mythisch-religiöser Kosmogonien, Schöpfungsmythen sowie früher philosoph. Systeme. Während in der griech. Philosophie die E. d. W. zunächst auf den Urstoff bezogen wurde (aus dem sich Entstehen und Vergehen alles Seienden als immer währender Prozess vollzog), erklärte zuerst ARISTOTELES die Welt als ohne Anfang und unvergänglich. Demgegenüber bildet die zeitl. Schöpfung der Welt (→Creatio ex nihilo) eine zentrale Lehre christl. Glaubens. Der Neuplatonismus (PLOTIN, PROKLOS) sah die Welt als eine immer währende Emanation der Gottheit an. – Im MA. wurde die grundlegende Kontroverse zw. Philosophie und Theologie u. a. an der Frage nach der E. d. W. ausgetragen, wobei die neuen arab. (z. B. AL-FARABI, AVICENNA) und jüd. Philosophen (v. a. MAIMONIDES) Berücksichtigung fanden. I. KANT zählte die Frage zu den Antinomien, d. h. daß die Auffassungen eines Weltanfangs sowie die der E. d. W. gleichermaßen begründbar seien. – In den modernen Naturwiss.en wird unter E. d. W. die Endlichkeit oder Unendlichkeit des Weltalls diskutiert (→Kosmologie).

Ewigkeitssonntag, in den dt. ev. Kirchen der dem Gedächtnis der Verstorbenen gewidmete und die Hoffnung auf ihre eschatolog. Vollendung ausdrückende letzte Sonntag des Kirchenjahrs. Als **Totensonntag** seit 1814 in Sachsen-Altenburg üblich, wurde er 1816 von König FRIEDRICH WILHELM III. zur Erinnerung an die Befreiungskriege als allgemeiner »Feiertag zum Gedächtnis der Entschlafenen« in Preußen eingeführt und in der Folge von den meisten Landeskirchen übernommen. Die »Agende für die ev.-luther. Kirchen und Gemeinden« (1955) führte aus theolog. Gründen anstelle des Begriffs Totensonntag die Bez. »Letzter Sonntag des Kirchenjahrs« (E.) ein, die sich seither im kirchl. Sprachgebrauch durchgesetzt hat. Hinsichtlich des Brauchs, an diesem Sonntag die Friedhöfe zu besuchen und die Gräber zu schmücken, kann der E. als ev. Entsprechung des kath. Gedächtnistages →Allerseelen betrachtet werden.

Ewing [ˈjuːɪŋ], William Maurice, amerikan. Geophysiker, *Lockney (Tex.) 12. 5. 1906, †Galveston (Tex.) 4. 5. 1974; war seit 1947 Prof. für Geologie an der Columbia University in New York und 1949–72 Direktor des angeschlossenen Lamont-Doherty Geological Observatory; arbeitete an der seism. Erforschung der Erdkruste und des oberen Erdmantels unter den Ozeanen. E. entdeckte, dass die Erdkruste unter den Ozeanen nur bis zu 10 km mächtig ist, und erkannte, dass Erdbeben mit den Zentralspalten in den großen mittelozean. Rücken verknüpft sind. Weitere Forschungen betrafen die marinen Sedimente, die Unterwasserakustik, die Ozeanografie, die Meeresbodenfotografie (1939 erste Tiefseefotografien), geotherm. und magnet. Messungen sowie die Seismik des Mondes.

Ewing-Sarkom, Ewing-Knochensarkom [ˈjuːɪŋ-; nach dem amerikan. Pathologen JAMES EWING, *1866, †1943], bösartiger, vom Knochen oder Weichteilgewebe ausgehender Tumor, bes. an den langen Röhrenknochen. Das E.-S. geht von primitiven neuroektodermalen Zellen aus. Es ist nach dem Osteosarkom der zweithäufigste bösartige Skelettumor bei Kindern und jungen Erwachsenen. Kennzeichen sind schnelles Wachstum und frühe Metastasierung in andere Knochen oder in die Lunge. Die Behandlung umfasst Bestrahlung, Chemotherapie und eventuell Operation. Ohne Nachweis von Metastasen bestehen gute Heilungsaussichten.

EWIV, Abk. für →Europäische Wirtschaftliche Interessenvereinigung.

Ewon Ewondo

Ewondo, Jaunde, Yaoundé [jaun'de, frz.], Volksgruppe in Zentralkamerun, um Yaoundé und südwestlich anschließend, etwa 500 000 Angehörige; sie betreiben Feldbau (Maniok, Mais). Ihre Sprache gehört zu den Niger-Kongo-Sprachen.

Eworth ['ju:əθ], **Ewoutsz.** ['e:wɔuts], Hans, engl. Maler fläm. Herkunft, * Antwerpen Anfang des 16. Jh., † London (?) nach 1574; war ab etwa 1545 in London tätig; schuf, von H. HOLBEIN D. J. und A. MOR beeinflusst, höf. Porträts und allegor. Darstellungen.

EWR, Abk. für → Europäischer Wirtschaftsraum.

EWS, Abk. für → Europäisches Währungssystem.

EWU, Abk. für → Europäische Währungsunion.

EWWU, Abk. für → Europäische Wirtschafts- und Währungsunion.

ex, *Börse:* Bez. für »ausschließlich« oder »ohne« auf dem → Kurszettel, z. B. ex Dividende, ex Bezugsrecht.

ex...,
 1) [lat. »aus«, »heraus«, »weg«], vor einigen Konsonanten verkürzt zu e..., vor f meist angeglichen zu ef..., Präfix vor lateinischstämmigen Wörtern mit den Bedeutungen: 1) aus, heraus, hinaus, z. B. Exemtion, Expedition; 2) Bewegung nach oben, z. B. Erektion, Evolution; 3) Bewegung auseinander, z. B. Expansion; 4) Entfernung, Abtrennung, Ausscheidung, z. B. Exartikulation, Elimination; 5) Steigerung, z. B. Effemination; 6) Verlust, Negation (des im Grundwort Ausgesagten), z. B. Evertebrat; 7) gewesen, ehemals, z. B. Exminister.
 2) Präfix vor griechischstämmigen Fremdwörtern, →ek...

Exa..., Zeichen **E,** Vorsatz vor Einheiten im Messwesen; bezeichnet das 10^{18}-Fache der betreffenden Einheit, z. B. 1 EJ (Exajoule) = 10^{18} J (Joule).

exakt [lat. exigere, exactus »genau zugewogen«], genau, präzise.

exakte Wissenschaften, diejenigen Wiss.en, die entweder messende und andere zu nachprüfbaren quantitativen Ergebnissen führende Methoden verwenden (bes. Physik, Astronomie und Chemie) oder deren Ergebnisse auf exakt definierten (in Abhebung v. a. zu den »unexakten« Begriffen der Alltagssprache) log. und/oder mathemat. Begriffen, Schlüssen und Beweisen beruhen. Sie bedienen sich meist einer Formel- oder Zeichensprache und unterscheiden sich dadurch v. a. von den → Erfahrungswissenschaften. Die Unterscheidung zw. exakten und anderen Wiss.en deckt sich nicht mehr mit der älteren Gegenüberstellung von Natur- und Geisteswissenschaften. Anstelle der klass. (determinist.) Formulierungen dringen inzwischen verstärkt auch statistisch gewonnene Wahrscheinlichkeitsaussagen in den e. W. vor.

Exaltados [span. »die Erregten«], seit der Revolution von 1820 in Spanien die extremen Liberalen, im Ggs. zu den gemäßigten Liberalen, den → Moderados; ihre Nachfolger wurden 1836/37 die → Progressisten.

exaltiert [frz., zu (s')exalter »(sich) erregen«], aufgeregt, hysterisch erregt, künstlich übersteigert; überspannt, übertrieben im Ausdrucksverhalten. – **Exaltation** *die, -/-en,* Überspanntheit; krankhaft gehobene Allgemeinstimmung mit Selbstüberschätzung und hochgradiger Erregbarkeit.

Examen [lat. »Verhör«, »Untersuchung«] *das, -s/-* und *...mina,* meist schriftl. und mündl. Prüfung zum Nachweis eines bestimmten Kenntnis- und Wissensstandes. Voraussetzung zum Ablegen eines E. ist i. d. R. die Absolvierung eines mehr oder weniger fest vorgeschriebenen Ausbildungsganges. – **Examinand** *der, -en/-en,* **Examinandin** *die, -/-nen,* Prüfling. – **Examinator** *der, -s/...'toren,* Prüfer, **Examinatorin** *die, -/-nen,* Prüferin.

Examiner, The [ði ɪɡ'zæmɪnə], Name zweier ehemaliger engl. Zeitschriften: 1) ein Toryblatt (1710–16), das 1710/11 von J. SWIFT geleitet wurde; 2) ein radikal reformer. Wochenblatt (1808–81), dessen Mitbegründer L. HUNT v. a. die Romantiker P. B. SHELLEY, J. KEATS, C. LAMB und W. HAZLITT förderte.

ex ante [lat. »aus vorher«], bes. im *Recht* Bez. für die Beurteilung eines Sachverhalts aus früherer Sicht (»Ex-a.-Betrachtung«); spätere Geschehnisse, die bei der Beurteilung e. a. noch nicht bekannt waren, bleiben außer Betracht; im Ggs. hierzu steht die Beurteilung **ex post** (lat. »aus danach«) als diejenige aus späterer (nachträgl.) Sicht.

Exanthem [griech. »das Aufgeblühte«] *das, -s/-e,* ein → Ausschlag der äußeren Haut. – **Exanthema subitum,** das → Dreitagefieber.

Exaration [zu lat. aratio »das Auspflügen«] *die, -/-en, Geomorphologie:* ein Prozess der → Glazialerosion. (→ Gletscher)

Exarch [griech. eigtl. »Vorgesetzter«] *der, -en/-en,*
 1) *Byzantin. Reich:* seit dem Ende des 6. Jh. Titel der kaiserl. Vertreter in den afrikan. und ital. Besitzungen des Byzantin. Reiches, die in ihrem Verw.-Bereich, dem **Exarchat,** die oberste militär. und zivile Gewalt ausübten. Der Titel E. bezeichnete urspr. einen Offizier des röm. Heeres. Das Amt in seiner neuen Form schuf Kaiser MAURIKIOS (582–602), der dadurch die Sicherung gefährdeter Außenbezirke und zugleich die Straffung des Reiches anstrebte. Mit der Zusammenfassung der militär. und zivilen Gewalt in einer Hand griff er der späteren Themenverfassung (→ Thema) vor. Das Exarchat Afrika (Karthago) ging bei der arab. Eroberung Nordafrikas (697) unter, das Exarchat Italien (Ravenna) fiel nach ständiger Machtminderung 751 in die Hand der Langobarden.
 2) *christl. Kirchen:* bis zum 5. Jh. in den christl. Kirchen ein dem Patriarchen vergleichbarer unabhängiger Oberbischof über mehrere Bistümer. – In den *kath.* Ostkirchen ein dem Prälaten der lat. Kirche entsprechender Geistlicher. – In der *orth.* Kirche und den *oriental.* Nationalkirchen ein übergeordneter Leiter von Kirchengemeinden, die außerhalb des Territoriums ihres Patriarchats bzw. nationalkirchl. Territoriums liegen; so gehören z. B. die griechisch-orth. Gemeinden in Dtl. als »Griechisch-Orth. Metropolie von Dtl.« (Sitz des Metropoliten: Bonn) zum Exarchat Zentraleuropa des Patriarchats von Konstantinopel. – Das ehem. Exarchat der Ukraine des Moskauer Patriarchats erhielt 1990 die kirchl. Autonomie verliehen und ist seitdem als in ihrer inneren Verw. selbstständige »Ukrainische Orth. Kirche« (UOK) in besonderer kanon. Gemeinschaft mit dem Moskauer Patriarchat verbunden. Das Oberhaupt der seit 1991 autonomen »Weißrussischen Orth. Kirche« führt seit 1989 (Errichtung eines weißruss. Exarchats) zus. mit seinem Amtstitel »Metropolit von Minsk und Sluzk« den Titel »E. des Moskauer Patriarchen von ganz Weißrussland«.

Exartikulation [zu lat. articulus »kleines Gelenk«] *die, -/-en,* Absetzen eines Körperteils im Gelenk (→ Amputation).

Exaudi [lat. »erhöre«], der siebente Sonntag der Osterzeit, benannt nach seinem in der lat. Liturgie mit Ps. 27/26, 7 beginnenden Introitus; in den ev. Kirchen

Name des sechsten Sonntags nach Ostern (Sonntag E.).

Exazerbation [zu lat. acerbus »scharf«, »heftig«] *die, -/-en,* Verschlimmerung oder Wiederaufleben einer Krankheit.

exc., excud., Abk. für **excudit** [lat. »hat (es) geprägt«], Vermerk auf Kupferstichen hinter dem Namen des Verlegers (→ Adresse); ist dieser mit dem Stecher identisch, steht oft »sculpsit et e.« (→ sculpsit).

ex cathedra [lat. »vom (Lehr)stuhl herab«], *kath. Dogmatik:* seit der → Definition des 1. Vatikan. Konzils (1870) Bez. für die höchste Form der Lehrverkündigung, bei welcher der Papst in Ausübung seiner Autorität als oberster Lehrer der Kirche in Fragen des Glaubens und der Sitten eine Lehre als allg. verbindlich vorlegt. Einer »vom Lehrstuhl (Petri) aus« getroffenen Entscheidung wird die Unfehlbarkeit zugeschrieben, die der Gesamtkirche zukommt. Sie ist aus sich unanfechtbar, unabhängig von der Zustimmung der Kirche. – Der allg. (nichttheolog.) Sprachgebrauch wendet die Formel auf Äußerungen an, die unbedingte Anerkennung verlangen: im Sinne von »(die Diskussion) abschließend«; »von maßgebender Seite beschlossen«.

Excel [ˈɛkxəl], Programm zur → Tabellenkalkulation; Bestandteil des → Office-Pakets der Firma Microsoft Corp. Neben umfangreichen Berechnungen und der Visualisierung von Daten durch versch. Diagrammtypen erlaubt E. die Programmierung mithilfe der integrierten Makrosprache VBA (Visual Basic for Applications).

Exceptio [lat. eigtl. »Ausnahme«] *die, -/...ti'ones,* die aus dem röm. Prozessrecht (der Beklagte war zu verurteilen, ausgenommen, es lagen bestimmte Umstände vor, die dies ausschlossen) entwickelte Einrede (durch Vorbringen eines Rechts, das dem Recht einer anderen Person entgegensteht): z. B. **E. Doli,** Arglisteinrede.

Excess Burden [ɪkˈsɛs ˈbəːdn; engl. »Zusatzlast«] *die, --, Finanzwissenschaft:* die Wohlfahrtsverluste, die als Folge der Besteuerung über den Kaufkraftentzug (Steuerzahllast) hinaus entstehen, wenn durch die Besteuerung die marktmäßigen Preis- und Kostenrelationen verändert (»verzerrt«) und damit die Wirtschaftssubjekte zu Änderungen ihrer Konsum- und Produktionsentscheidungen veranlasst werden. Die Wirkungen der Verausgabung der Steuereinnahmen bleiben dabei unberücksichtigt. Die E. B. einer Steuer oder eines Steuersystems liegt somit vor, wenn die Steuerbelastung für das Wirtschaftssubjekt oder vielmehr die Gesamtheit der Wirtschaftssubjekte größer ist als der Steuerbetrag, den der Fiskus einnimmt. Im Extremfall einer E. B. ist die Steuerzahllast null; Beispiel: Wegen der Einführung oder Erhöhung einer Steuer auf ein bestimmtes Gut (z. B. der Tabaksteuer auf Zigaretten) stellt der Konsument den Kauf dieses Gutes ein. Keine E. B. entstünde bei einer → Kopfsteuer. Die Suche nach einem gerechten System von Steuern, bei dem die E. B. möglichst gering ist, ist Gegenstand der Theorie der optimalen → Besteuerung.

Exchange [ɪksˈtʃeɪndʒ; engl., zu frz. échanger »umtauschen«] *die, -/-n,* 1) Tausch, Geldwechsel; 2) Wechselstube; 3) Börsen (**Stock E.**), Umtauschrecht, v. a. bei Investmentanteilen (**E. privilege**), Wechselkurs (**E.-rate**), Devisenhandel (**Foreign E.**).

Exchange Traded Fund [ɪksˈtʃeɪndʒ ˈtreɪdɪd fʌnd, engl.], Abk. **ETF,** Indexfonds, dessen Zusammensetzung sich an der Gewichtung des zugrunde liegenden Aktienindex (z. B. DAX®, Dow Jones Euro STOXX 50^{SM}) orientiert und der ohne Ausgabenaufschlag fortlaufend an der Börse gehandelt werden kann. Bei An- und Verkauf wird lediglich ein Spread berechnet.

Exchequer [ɪksˈtʃɛkə; von mlat. scaccarium »Schachbrett« (nach dem schachbrettartig gemusterten Brett, auf dem die Rechenpfennige ausgelegt wurden)] *das, -/-s,* Schatzamt, in England seit etwa 1100 die oberste zentrale Finanzbehörde, seit dem 13. Jh. mit einem eigenen, weit in den Bereich bürgerl. Rechts übergreifenden Gerichtshof (Court of E.). Für Schottland und Irland bestanden bis 1832/33 besondere E. An der Spitze des brit. Schatzamts steht bis heute der **Chancellor of the E.** (→ Chancellor). – In Kanada war früher der **E. Court** ein Bundesgericht mit Zuständigkeiten u. a. für Urheber- und Patentstreitigkeiten, für Seeangelegenheiten und Amtshaftungsklagen; er wurde durch den 1971 eingerichteten Federal Court (→ Kanada, Recht) ersetzt. (→ Échiquier)

Excimer [ɪkˈsaɪmə; zu engl. **exc**ited d**imer** »angeregtes Dimer«], Bez. für kurzlebige Molekülkomplexe, die durch Anlagerung eines elektronisch angeregten Moleküls an ein nicht angeregtes Molekül (im elektron. Grundzustand) entstehen. Sie existieren nur im Anregungszustand und spielen als Zwischenstufen z. B. bei fotochem. Reaktionen und Energieübertragungsprozessen eine Rolle. Ihre Existenz wird v. a. durch das Auftreten von Lichtemission (→ Fluoreszenz) nachgewiesen. Das Fluoreszenzlicht von E. unterscheidet sich bezüglich Spektrum und Lebensdauer von der Lichtemission isoliert angeregter Moleküle. Sind die zum angeregten Komplex zusammentretenden Moleküle verschiedenartig, spricht man statt von E. von **Exciplexen** (engl. **exc**ited com**plexes**). – Die E.- bzw. Exciplexbildung aus Edelgasatomen und Halogenmolekülen wird beim **E.-Laser** ausgenutzt, einem äußerst leistungsstarken Impulslaser im ultravioletten und vakuumultravioletten Spektralbereich (→ Laser, → Gaslaser). Die E. werden in einer gepulsten Gasentladung gebildet und reichern eine Besetzung im angeregten Niveau an. Die praktisch bedeutsamsten E.-Laser mit Argonfluorid, Kryptonfluorid oder Xenonchlorid als aktivem Medium sind genau genommen Exciplexlaser.

Exciplex [ɪkˈsaɪplɛks; zu engl. **exc**ited com**plex** »angeregter Komplex«], → Excimer.

Exciton, *Festkörperphysik:* das → Exziton.

executio in effigie [lat.], sinnbildl. Hinrichtung eines in Abwesenheit Verurteilten (bes. bei Hoch- und Landesverrat), meist durch öffentl. Verkündung des Urteils und dessen Anschlag auf dem Richtplatz durch den Scharfrichter, auch in Nachahmung der Hinrichtung mithilfe von bekleideten Puppen vollzogen. Die Ausbildung dieses Verfahrens als förml. Rechtsinstitut des peinl. Strafvollzugs begann im 16. Jh. in Frankreich und war bis ins 19. Jh. üblich (verankert z. B. in der Constitutio Criminalis Theresiana, 1769).

Exedra [griech., eigtl. »draußen gelegener Sitz«] *die, -/...ˈedren,* in der Antike ein halbrunder oder rechteckiger Sitzplatz im Freien; auch ein nischenartiger Raum (meist mit Sitzbänken) als Erweiterung eines Saals oder einer Halle (Thermen, Gymnasion, Basilika) oder ein überdeckter Raum, der sich frei oder mit einer Säulenstellung auf einen Hof oder Platz öffnet. In der frühchristl. Basilika wurde die E. übernommen (später als Apsis bezeichnet).

Exegese [griech. »Erklärung«, »Auslegung«] *die, -/-en,* Auslegung von Texten, bes. von Gesetzestexten und der bibl. Schriften. Die bibl. E. zielt darauf, Bedeutung und Sinn des in den Texten Gemeinten zu verdeutlichen. Hauptprobleme dieser Bemühung sind zum einen der überlieferte normative Charakter der bibl. Schriften als Hl. Schrift (die Texte gelten als Offenbarung und sprechen damit für sich selbst, bedürfen also keiner Auslegung), zum anderen die hermeneut. Problematik, dass die Texte Zeugnis für eine bestimmte geschichtl. Situation sind, gleichwohl für allgemein gültig gehalten werden, d. h. auch für alle Zeiten in gleicher Weise verbindlich (→ Hermeneutik). Obwohl schon im A. T. Aufnahme und Neuinterpretation älterer Traditionen nachweisbar sind, bildete erst das nachbibl. Judentum eine Schriftauslegung aus. Dabei kam es zur Verfestigung bestimmter Regeln, die die als göttl. Offenbarung verstandenen hl. Schriften einerseits vor Willkür schützten, sie andererseits in den sich wandelnden Verhältnissen verstehbar machen sollten. Grundsätzlich kannte die jüd. E. v. a. die wörtl. und allegor. Schriftdeutung (→ Schriftsinn). In den Methoden der E. schloss sich das Urchristentum an das Judentum an, sah aber im A. T. Weissagungen Jesu Christi sowie Vorabbildungen endzeitl., in der christl. Gemeinde eingetroffener Ereignisse (→ Typologie). – Nach der Kanonisierung zählte in der alten Kirche auch das N. T. zu den hl. Schriften und unterlag ebenso wie das A. T. der Spannung zw. wörtl. und allegor. Exegese. Der Ertrag altkirchl. E. wurde in der Glossa ordinaria Grundlage auch für das MA. Der Humanismus führte die in der Hochscholastik begonnene philolog. Arbeit fort, indem ein besserer Urtext und bessere Hilfsmittel, z. B. hebr. Grammatiken, geschaffen wurden. So gewann die wörtlich-grammat. E. gegenüber der allegor. an Bedeutung. M. Luther knüpfte daran an und identifizierte den geistl. Sinn der Schrift mit dem wörtlichen. Das so gewonnene sachkrit. Prinzip ging in der luther. Orthodoxie durch die Lehre von der → Verbalinspiration verloren, insofern als das Wort Gottes wieder mit den bibl. Schriften total identifiziert wurde. In der Neuzeit wurde die histor. E. entwickelt. Auf der Grundlage textkrit. und einleitungswiss. Arbeiten stellte J. S. Semler das histor. gegen das dogmat. Bibelverständnis. Diese Unterscheidung »befreite« die Bibelwiss. von der Dogmatik. Das in der Aufklärung entwickelte histor. Wahrheitsbewusstsein führte in der E. zur Kritik der Bibel und ihrer Quellen (z. B. in der Leben-Jesu-Forschung). Erst F. D. E. Schleiermacher führte die hermeneut. Frage wieder in die Bibelkritik ein. – Die moderne E. setzte ein – auch in Bezug auf manche ihrer späteren einseitigen Urteile und Verabsolutierungen – mit der konsequenten histor. Erforschung des N. T. durch F. C. Baur, der infolge seines an G. W. F. Hegel orientierten Geschichtsschematismus die literaturgeschichtl. Verhältnisse allerdings nicht erkannte. Das Scheitern der Leben-Jesu-Forschung und die Erkenntnis der → religionsgeschichtlichen Schule von der Bedingtheit des A. T. durch die altorientat. Religionsgeschichte, des N. T. durch die spätantike Religionsgeschichte bereiteten den Boden für die → Formgeschichte. Sie zeigte, dass die literaturkritisch erschlossenen Quellenstücke aus der Theologie der sie tradierenden Gruppen, ihrer jeweils gegenwärtigen Problemlage und ihren eigentüml. Institutionen (»Sitz im Leben«) zu verstehen sind. Die literar. Endgestalt, die ihrerseits Zeugnis einer bestimmten histor. Lage war, wurde jedoch weithin vernachlässigt. Erst die → Redaktionsgeschichte wandte sich programmatisch der Überlieferung und Auslegung der Quellenstücke in den Gesamtwerken zu. Die gegenwärtige historisch-krit. E. basiert in ihrem Methodenpluralismus auf der Geschichte der neuzeitl. E. Ihre Einzelmethoden sind auch unter den Konfessionen unumstritten. Unterschiedl. – z. T. auch direkt kontroverse – Positionen in und zw. den Konfessionen bestehen allerdings in Bezug auf die hermeneut. Grundlagen der E. und die theolog. Wichtung ihrer Aussagen. Im Zentrum der theolog. Diskussion stehen dabei zum einen das grundsätzl. Verhältnis von Schrift und Offenbarung und ihre in der → Tradition erfolgende geschichtl. Vermittlung; zum anderen die Beziehung zw. der wissenschaftlich-exegetisch ausgesagten und der im persönl. Glauben erfahrenen Glaubenswahrheit. In Bezug auf die historisch-krit. E. kritisieren hier v. a. evangelikale Theologen den von ihnen in ihr gesehenen Anspruch method. und theolog. »Objektivität«; dieser führe dazu, dass die in den bibl. Texten immer – in evangelikaler Sicht immer zuerst – gegebene, den Glauben weckende und stärkende spirituelle Textdimension de facto (in bestimmten Ansätzen [z. B. G. Lüdemann] auch gewollt) durch eine ihnen theologisch nicht angemessene – d. h. sachfremde Kriterien (z. B. als »Textfilter« wirkende soziolog., psycholog., religionswiss. Theoreme) an sie herantragende – »Historisierung« und/oder »Verwissenschaftlichung« in den Hintergrund gedrängt oder ganz »erstickt« werde. Auf kath. Seite ist das in jüngster Zeit in der biblisch-exeget. Wiss. verstärkt festzustellende Bestreben nach einer die historisch-krit. Textinterpretation einbindende, jedoch über sie hinausgreifende biblisch-spirituelle Textinterpretation bes. mit K. Berger verbunden. Kirchenamtlich hat die kath. Kirche auch nach der »Öffnung« der kath. E. für historisch-krit. Forschungsansätze (Enzyklika → Divino afflante Spiritu, 1943) exegetisch-theologisch an der Lehre vom vierfachen Schriftsinn festgehalten, bewusst die mit exeget. »Methodenmonopolen« potenziell gegebene Gefährdung der E. durch inhaltlich einseitige und theologisch verkürzende Bibelauslegung im Blick habend. Die im »Katechismus der kath. Kirche« (1993) in Artikel 3 formulierten Grundsätze des Verständnisses und der Interpretation der Hl. Schrift erfuhren durch J. Ratzinger folgende »programmat.« Zusammenfassung: »Der Glaube bezieht sich nicht einfach auf ein Buch, das als solches die einzige und letzte Instanz für den Glaubenden wäre. In der Mitte des christl. Glaubens steht nicht ein Buch, sondern eine Person – Jesus Christus –, der selbst das lebendige Wort ist und sich sozusagen in den Wörtern der Schrift auslegt, die aber immer nur im Leben mit ihm, in der lebendigen Beziehung recht verstanden werden können ... Außerhalb dieses Lebenszusammenhanges ist die Bibel bloß eine mehr oder weniger heterogene Literatursammlung, nicht gegenwärtige Wegweisung für unser Leben.«

R. Schlieben: Christl. Theologie u. Philologie in der Spätantike (1974); H. Feld: Die Anfänge der modernen bibl. Hermeneutik in der spätmittelalterl. Theologie (1977); H. Brinkmann: Mittelalterl. Hermeneutik (1980); Gerhard Maier: Das Ende der historisch-krit. Methode (^{5}1984); H. J. Kraus: Gesch. der historisch-krit. Erforschung des A. T. (^{4}1988); H. Barth u. O. H. Steck: E. des A. T. (^{12}1989); H. v. Reventlow: Epochen der Bibelauslegung, 4 Bde. (1990–2001); K. Berger: E. des N. T. (^{3}1991); G. Fohrer u. a.: E. des A. T. Einf. in die

Methodik (⁶1993); J. MAGONET: Wie ein Rabbiner seine Bibel liest (a. d. Engl., 1994); K. BERGER: Hermeneutik des N.T. (1999); W. EGGER: Methodenlehre zum N.T. Einf. in linguist. u. historisch-krit. Methoden (⁵1999); G. ADAM u. a.: Einf. in die exeget. Methoden (Neuausg. 2000); J. ADAM: Verstehen suchen. Ein Kompendium zur Einf. in die neutestamentl. E. (²2004); N. SCHOLL: Die Bibel verstehen (2004).

Exekias, griech. Exekías, att. Töpfer und herausragender Vasenmaler der schwarzfigurigen Technik, tätig um 550–530 v. Chr. Mehrere Gefäße tragen seine Signatur. Zu seinen Werken gehören die Schale mit der Meerfahrt des Dionysos (München, Staatl. Antikensammlung), die Amphora mit den brettspielenden Helden Achill und Aias (Vatikan. Sammlungen) und Pinakes von einem Grabbau (Berlin, Antikensammlung). E. konzentrierte seine szen. Darstellungen auf wenige Figuren im offenen Raum.

exekutieren, jemanden hinrichten oder (einem Urteil entsprechend) bestrafen.

Exekution [lat. »Ausführung«, »Vollstreckung«] *die, -/-en,*
 1) *bildungssprachlich:* Durchführung (einer besonderen Aktion).
 2) *rechtlich:* i. w. S. (bes. in Österreich gebräuchlich) das Erzwingen einer geschuldeten Leistung (z. B. durch Pfändung) durch zuständige Staatsorgane auf rechtlich geordnetem Weg (→ Zwangsvollstreckung); i. e. S. bedeutet E. Hinrichtung.

Exekutionsordnung, Abk. **EO,** Kurz-Bez. für das österr. »Ges. vom 27. 5. 1896 über das Exekutions- und Sicherungsverfahren«, das, vergleichbar dem 8. Buch der dt. ZPO, das Verfahren der → Zwangsvollstreckung regelt.

exekutiv, vollziehend, durchführend, ausübend.

Exekutive *die, -/-n,* nach der Lehre von der → Gewaltenteilung die »vollziehende Gewalt«, d. h. die Reg. und die staatl. Verw. und damit letztlich die gesamte Staatstätigkeit mit Ausnahme von Gesetzgebung und Rechtsprechung. Träger der E. ist in einer parlamentar. Demokratie die vom Vertrauen des Parlaments abhängige Reg. (und die ihr unterstellte Verw.), in einer Präsidialdemokratie hingegen der Präs. In Dtl. ist, wie in den Verf. des Dt. Reichs von 1871 und 1919, die Exekutivgewalt zw. Bund und Ländern geteilt. Das Schwergewicht der innen- und außenpolit. Regierungstätigkeit liegt beim Bund, während für den Vollzug auch der Bundesgesetze überwiegend die Länder zuständig sind, sodass hier das Schwergewicht der Verw. liegt. Die Landes-E. ist keine vom Bund abgeleitete (delegierte) Vollzugsgewalt, sondern steht den Ländern kraft eigenen Rechts (originär) zu. – In der DDR wurde E. wegen der Ablehnung des Grundsatzes der Gewaltenteilung nicht im Sinne einer selbstständigen Staatsgewalt verstanden. Man sprach von »vollziehend-verfügenden« Organen der einheitl. Staatsmacht. An der Spitze des Staatsapparates stand der Ministerrat. In Österreich und in der Schweiz gelten ähnl. Grundsätze wie in Deutschland.

exekutive Kontrolle, *Psychologie:* die Fähigkeit des Individuums, seine mentalen Fähigkeiten (der Wahrnehmung, des Erinnerns, der Bewegungssteuerung u. a.) so zu koordinieren, dass sie einem intendierten Ziel dienen. Hierunter fällt die Suche nach und Erinnerung von zielrelevanten Informationen sowie die Fähigkeit zur Unterdrückung spontaner, unangemessener Reaktionstendenzen. Bei Störungen der exekutiven Kontrollfunktionen, v. a. nach Schädigungen des

Exekias: schwarzfigurige Amphora (signiert von Exekias), »Achilles tötet die Amazonenkönigin Penthesilea« (um 540 v. Chr.; London, British Museum)

Stirnhirns, dominieren unkoordinierte, reizgetriebene und impulsive Verhaltensschemata.

Exekutivorgane, → Polizei (Österreich).

Exempel [lat., eigtl. »das (aus versch. gleichartigen Dingen als Muster) Herausgegriffene«] *das, -s/-,*
 1) *allg.:* (Lehr-)Beispiel, Muster; Lehre; **ein E. statuieren,** eine beispielhafte, warnende Strafe vollziehen.
 2) *Literatur:* **Exemplum,** auf die antike Rhetorik zurückgehender Begriff: 1) ein kurzer Bericht von bestimmten Taten oder Leistungen, eingeschoben u. a. in eine Rede als positiver oder negativer Beleg (Paradigma) für eine besondere Eigenschaft; 2) die Berufung auf eine Gestalt aus Mythos, Sage, Geschichte, für die eine spezif. Eigenschaft oder Verhaltensweise typisch ist (Beispielfigur). – E.-Sammlungen gab es schon in der Antike. Bes. beliebt war das E. im MA. in didakt., auch epischen Werken und v. a. in Predigten (Predigtmärlein). Als E. wurden zur moral. oder religiösen Belehrung und Veranschaulichung kurze Erzählformen herangezogen wie Anekdote, Fabel, Parabel, Legende, oft mit einer prakt. Nutzanwendung am Schluss. Die Stoffe für die E. stammten aus allen Wissens- und Erfahrungsgebieten, aus der Bibel (Gleichnisse), der antiken Literatur, aus theolog., hagiograf. Schriften, aus der histor. und volkstüml. Überlieferung und der Naturkunde. Die Bedeutung des E. für die mittelalterl. Literatur zeigen zahlr., z. T. recht umfangreiche E.-Sammlungen (PETRUS ALFONSI: »Disciplina clericalis«, um 1100; CAESARIUS VON HEISTERBACH: »Dialogus miraculorum«, 1219–23; »Proprietates rerum moralitate«, Ende des 13. Jh.; »Liber exemplorum de Durham«, um 1275; STEPHAN VON BOURBON: »Tractatus de diversis materiis praedicabilibus«, Mitte des 13. Jh.). Zu Fundgruben wurden auch reich mit E. ausgestattete Predigtsammlungen (z. B. die »Sermones de tempore« und »Sermones vulgares«, erste Hälfte des 13. Jh., des JAKOB VON VITRY)

Exem Exemplar

sowie Chroniken und Geschichtenbücher wie die »Gesta Romanorum« (13./14. Jh.), in der viele Typen des E. ihre endgültige Form fanden. Im 14. Jh. wurden allegorisierende moral. E. beliebt. Die mittelalterl. E. blieben bis zum Barock lebendig. Es entstanden sogar neue Sammlungen (»Schauplätze«), so u. a. durch P. LAUREMBERG, G. P. HARSDÖRFFER, H. A. VON ZIEGLER UND KLIPHAUSEN. Zur literar. Gattung wurde das E. ausgebildet im mittelhochdt. Bispel (→Beispiel).

E. u. E.-Sammlungen, hg. v. W. HAUG u. B. WACHINGER (1991).

Exemplar [lat. »Abbild«, »Muster«] *das, -s/-e*, Einzelstück (z. B. Schriftwerk), einzelnes Stück aus Individuum (Ding, Pflanze, Tier) aus einer Menge gleichartiger Stücke oder Individuen. – **exemplarisch**, ein (aufschlussreiches) Beispiel liefernd, beispielhaft.

exemplarisches Lernen, Unterrichtsweise, bei der anstelle vollständiger Stoffdarbietung themat. Schwerpunkte gesetzt werden, die dem Schüler an ausgewählten Beispielen das Verständnis einer ganzen Sachstruktur ermöglichen sollen. Die beispielhafte Auswahl des Stoffes orientiert sich am »Elementaren«, d. h. den grundlegenden Lern- und Unterrichtsgegenständen eines Faches, den Grundbegriffen, auf denen es aufbaut, und am »Fundamentalen«, den Grunderfahrungen menschl. Lernens (z. B. das Mathematische, das Sprachliche). Gleichwohl bleibt die Herstellung eines Gesamtzusammenhangs beim e. L. ein Problem, und die bruchstückhafte Vereinzelung der Kenntnisse der Schüler ist keine seltene Erscheinung. Als ergänzender Unterricht wird deshalb orientierendes Lehren notwendig. Das e. L. wurde von M. WAGENSCHEIN für den mathemat. und naturwiss. Unterricht entwickelt und auch für versch. andere Fächer ausgearbeitet (Geschichte, Erdkunde, Biologie, Religion). Als didaktisch entscheidend wird der Einstieg in einen exemplar. Inhalt eingeschätzt, der das entdeckende Interesse des Schülers wecken soll, der so zur für das e. L. wesentl. Selbsttätigkeit motiviert wird. – Die Begriffe des Fundamentalen und Elementaren werden heute als bildungstheoret. Begriffe eingestuft und als didakt. Mittel infrage gestellt. Zur Ökonomisierung des Lehrstoffes wird jedoch das »Exemplarische« oder »Repräsentative« neben einem Denken in Modellen herangezogen.

M. WAGENSCHEIN: Verstehen lehren. (1991); DERS.: Naturphänomene sehen u. verstehen. Genet. Lehrgänge (³1995).

exempli causa [lat.], Abk. **e. c.**, *bildungssprachlich* für: beispielshalber.

exemplifizieren [zu Exempel und lat. facere, in Zusammensetzungen -ficere »machen«, »tun«], *bildungssprachlich* für: durch Beispiele erläutern.

exemt, 1) von einer gesetzl. Pflicht, Verbindlichkeit befreit; 2) aus dem normalen kirchl. Verband ausgegliedert (z. B. Klöster).

Exemtion [lat. »das Herausnehmen«] *die, -/-en*,
 1) *allg.:* Ausgliederung.
 2) *kath. Kirchenrecht:* die Herausnahme von natürl. und jurist. Personen aus der Jurisdiktion der zunächst zuständigen kirchl. Amtsträger und die Unterstellung unter die der nächsthöheren. So unterstehen Priesterseminare nicht dem Ortspfarrer, sondern unmittelbar dem Ortsbischof, exemte Bischöfe nicht einem Metropoliten, sondern direkt dem Papst. Die E. der Ordensangehörigen von der Jurisdiktion des Ortspfarrers und -bischofs ist verschieden geregelt; vollständig, jedoch beschränkt auf das innere Klosterleben, ist sie nur bei den eigentl. Orden durchgeführt.
 3) *Recht:* Im *altdt. Recht* bedeutete E. die Ausgliederung einzelner Reichsteile bes. aus der Reichsgerichtsbarkeit, ferner die Befreiung bestimmter öffentl. Amtsträger von der Tätigkeit in der Lokalverwaltung und die persönl. Entbindung von Abgaben. – Im *Prozessrecht* wird unter E. die mit Rücksicht auf die völkerrechtl. →Immunität festgelegte Befreiung geschützter Personen (z. B. Diplomaten) von der ordentl. Gerichtsbarkeit nach Maßgabe des Gerichtsverfassungs-Ges. und völkerrechtl. Regeln und Verträge verstanden.

Exenatid, neuartiger Wirkstoff zur Behandlung von Patienten mit →Diabetes mellitus (Typ-2-Diabetiker). Die synthetisch gewonnene Substanz wirkt wie das körpereigene GLP-1 (glucagon like peptide 1), jedoch nicht wie dieses nur sehr kurz, sondern wesentlich länger. GLP-1 gehört zur Gruppe der so genannten Inkretine (Hormon freisetzende Substanzen). Nach Nahrungsaufnahme und dadurch bedingtem Anstieg des Blutzuckerspiegels wird es im Dünndarm freigesetzt und stimuliert in den B-Zellen der Langerhans-Inseln der Bauchspeicheldrüse die Ausschüttung von Insulin. Dadurch sinkt der Blutzuckerspiegel, ohne dass eine Unterzuckerung auftritt. Außerdem wird die Neubildung von Glucose (Gluconeogenese) in der Leber gehemmt und der Appetit verringert. Der Vorteil von E. im Vergleich mit anderen Insulin freisetzenden Stoffen besteht darin, dass es die Insulinabgabe dem Anstieg des Blutzuckerspiegels entsprechend steuert und daher auch keine Blutzuckerspiegelbestimmung zur Anwendung der Substanz erforderlich ist. Außerdem fördert E. durch Verlängerung des Sättigungsgefühls die bei übergewichtigen Diabetikern so wichtige Gewichtsabnahme. Nachteilig ist, dass es wie Insulin gespritzt werden muss, d. h. nicht oral angewandt werden kann.

Exequatur [lat. »(die Verkündung) mag erfolgen«] *das, -s/...'turen*,
 1) *Recht:* Im *Völkerrecht* bezeichnet E. die einem →Konsul vom Empfangsstaat auf Ersuchen des Entsendestaates gewährte Erlaubnis zur Ausübung seiner (auf den Konsularbezirk beschränkten) Befugnisse. Ähnlich wie das →Agrément kann das E. ohne Angabe von Gründen verweigert werden. – Bei der *Zwangsvollstreckung* ist E. ein Urteil, das die Vollstreckung einer Entscheidung eines ausländ. Gerichts im Inland zulässt (§§ 722 f. ZPO). →Vollstreckungstitel.
 2) *Staatskirchenrecht:* die staatl. Verkündigungserlaubnis für kirchl. Akte, das →Plazet.

Exequi|en *Pl.,* **Exequialmesse,** →Exsequien.

Exergie [zu griech. ex... und érgon »Werk«, Analogiebildung zu Energie] *die, -/...'gi|en*, **Nutzenergie**, Formelzeichen W_E, *techn. Thermodynamik:* derjenige Anteil der Energie, der sich unbeschränkt (d. h. bei reversiblen Vorgängen vollständig) in jede andere Energieform umwandeln lässt, bes. auch Nutzarbeit verrichten kann. Hierzu zählen die versch. Formen der technisch nutzbaren mechan. und elektr. Energie. Dagegen wird Energie, die sich nicht in E. umwandeln lässt und damit nicht arbeitsfähig ist, als **Anergie** bezeichnet. Hierzu zählen die bei Nutzung in Wärme umgewandelten E.-Mengen sowie die bes. bei Wärmekraftprozessen auftretenden E.-Verluste und die an die Umgebung abgegebene →Abwärme. – Der 1. Hauptsatz der Thermodynamik besagt, dass bei allen Prozessen die Summe aus E. und Anergie konstant bleibt; aus dem 2. Hauptsatz folgt, dass sich bei allen irreversiblen Prozessen E. in Anergie verwandelt.

exergonische Reaktionen, chem. Reaktionen, in deren Verlauf Energie freigesetzt wird (Ggs.: endergon. Reaktionen). Wenn diese Energie in Form von Wärme entweicht, spricht man von **exothermen Reaktionen.**

exerzieren [zu lat. exercere »(aus)üben«], 1) militär. Übungen (im Rahmen der Ausbildung) machen; 2) *umgangssprachlich* für: wiederholt üben.

Exerzierknochen, Verhärtung und Verknöcherung von Muskelgewebe (v. a. Brust- und Schultermuskeln) durch mechan. Druckbeanspruchung oder wiederholte Verletzungen; infolge entzündl. Vorgänge (→Myositis) kommt es zur Verkalkung von Hämatomen; ähnlich beim **Reitknochen** im Bereich der Oberschenkelmuskulatur von Reitern.

Exerzitien [lat.] *Pl.,* **Exercitia spiritualia,** *kath. Kirche:* Zeiträume der Besinnung und geistl. Übungen, die in Zurückgezogenheit unter Besinnung auf die Grundlagen des christl. Lebens und unter Anleitung des E.-Priesters verbracht werden. Ihre klass. Form erhielten sie durch IGNATIUS VON LOYOLA, der sie in das alte asketisch-myst. Schema – Reinigung, Erleuchtung, Einigung – fasste.

Exeter [ˈɛksɪtə], engl. Adelstitel, zu versch. Zeiten von den Familien Holland, Beaufort, Courtenay und Cecil getragen. 1. Duke of E. war seit 1397 JOHN HOLLAND († 1400); der Titel des 1. Marquess of E. wurde 1525 an HENRY COURTENAY (* um 1498, † 1539) verliehen, der des Earl of E. 1605 an THOMAS CECIL, 2. Baron BURGHLEY (* 1542, † 1623).

Exeter [ˈɛksɪtə], Hauptstadt der Cty. Devon, SW-England, am Mündungstrichter des Exe, 100 600 Ew.; anglikan. Bischofssitz; Univ.; Royal Albert Memorial Museum and Art Gallery; Metall-, Papier-, Textil-, Druckindustrie. – Die Kathedrale Saint Peter wurde um 1275–1365 errichtet; die Doppeltürme über dem Querhaus stammen von dem 1133 geweihten roman. Vorgängerbau; der turmlosen W-Fassade wurde im späten 14. Jh. eine spätgot. Vorhalle vorgesetzt. Guildhall (urspr. 1160, 1330 und 1466/84 umgebaut) mit Portikus von 1592; Tucker's Hall (1471). Von Rougemont Castle, einer alten normann. Burg, nur Reste (u. a. Athelstans Turm, Torturm) erhalten. – E., in röm. Zeit als **Isca Dumnoniorum** befestigter Hauptort der kelt. (brit.) Dumnonii, kam im 7. Jh. zu Wessex. Um 675/685 wurde in E. ein angelsächs. Kloster errichtet, in der der hl. BONIFATIUS seine erste Ausbildung erhielt; seit 1050 Bischofssitz (seit 1560 anglikanisch). E. wird bereits im »Domesday Book« (spätes 11. Jh.) als Stadt erwähnt; im 13. Jh. stieg es zum wichtigsten städt. Zentrum des engl. SW auf (Ausfuhr von Zinn, ferner Tuchexport, bes. im 15. Jh.). 1537 wurde E. selbstständige Grafschaft.

ex falso quodlibet [lat. »aus Falschem (folgt) Beliebiges«], Grundsatz der scholast. Logik, wonach aus einer falschen Aussage jede beliebige Aussage gefolgert werden kann.

Exfoliation [zu lat. folium »Blatt«, also eigtl. »Entblättern«] *die, -/-en,* unmerkl. Abschilferung abgestorbener Deckzellen von Haut und Schleimhaut, krankhaft gesteigert bei entzündl. Vorgängen und Tumoren.

Exfoliativzytologie, Entnahme und Untersuchung (abgestoßener oder abgelöster) Zellen, z. B. nach Abstrich am Gebärmutterhals, im Harn oder auch im Sputum.

Exeter: Die um 1275–1365 errichtete Kathedrale Saint Peter gehört zu den Hauptwerken der englischen Gotik.

Exhalation [lat. »Ausatmung«] *die, -/-en, Geologie:* Ausströmen von Gasen aus Vulkanen, Lavaströmen und Erdspalten.

Exhalationslagerstätten, Abscheidungen nutzbarer Minerale (z. B. Schwefel, Borate, Hämatit) aus Exhalationen (→Erzlagerstätten).

Exhaustion [spätlat. »Ausschöpfung«] *die, -/-en,*
1) *Medizin:* Zustand verminderter Leistungsfähigkeit nach körperl. oder geistiger Überbeanspruchung; Erschöpfung.
2) *Wissenschaftstheorie:* von H. DINGLER in die Physik eingeführter Begriff, der das Hinzufügen von Störhypothesen zu allgemeinen Sätzen bezeichnet; Beispiel: Alle Körper bewegen sich im freien Fall gleich schnell. Störhypothese: Die Tatsache, dass dieser Satz mit unseren Beobachtungen nicht übereinstimmt, ist dem störenden Einfluss des Luftwiderstandes zuzuschreiben. Neuer Satz: Alle Körper bewegen sich im freien Fall im Vakuum gleich schnell.

Exhaustionsmethode, in der Antike (bes. von ARCHIMEDES) ausgebildetes und bis ins 17. Jh. allein verwendetes Verfahren zur Bestimmung des Inhalts nicht geradlinig begrenzter Flächen und Körper. Z. B. werden dem Kreis nacheinander regelmäßige Vier-, Acht-, Sechzehnecke usw. einbeschrieben, bis die Kreis- und Vieleckflächen »übereinstimmen«. Mithilfe der E. kann somit auch eine näherungsweise Bestimmung der Zahl π erfolgen. – Die E. wurde wahrscheinlich von EUDOXOS VON KNIDOS ersonnen und ist ein Vorläufer der Integralrechnung.

Exhaustor *der, -s/...'toren,*
1) *Klimatechnik:* Bez. für →Ventilator.
2) *Lebensmitteltechnik:* heizbarer Wasserkasten, durch den gefüllte Konservendosen oder -gläser hindurchgeführt werden, aus deren Füllgut oder Kopfraum Luft u. a. Gase durch Erwärmen entfernt werden sollen. Das **Exhaustieren** geschieht bei 80–90 °C vor dem Sterilisieren.

Exhibition [lat. »das Vorzeigen«] *die, -/-en,*
1) *bildungssprachlich* für: Ausstellung, Zurschaustellung.
2) *Psychologie:* exhibitionist. Entblößung der Geschlechtsteile (→Exhibitionismus).

Exhibitionismus *der, -,* abweichendes Sexualverhalten, bei dem Erregung und Befriedigung durch das

Zur-Schau-Stellen der entblößten Geschlechtsorgane gegenüber Fremden erreicht werden. Exhibitionist. Handlungen setzen einen Blickkontakt voraus, während Körperkontakte i. d. R. nicht vorgesehen sind. Sie können mit Masturbation verbunden sein; die Anwendung phys. Gewalt ist selten; mehr als 99 % werden von Männern vollzogen. Als Ursachen für die Entstehung des Verhaltens werden ein Wunsch nach Aufmerksamkeit, gehemmte Kontaktfähigkeit, Reaktion auf akute Krisensituationen oder in psychoanalyt. Sicht ein Rückfall in das Stadium kindl. Zeigelust diskutiert. Eine Behandlung kann psychotherapeutisch (eventuell Partnermitbehandlung) erfolgen und ist in bis zu 70 % der Fälle erfolgreich; häufig wird sie durch eine fehlende Behandlungsbereitschaft erschwert. – Vom E. abzugrenzen ist die Präsentation von Geschlechtsorganen im Rahmen ritueller Kulthandlungen, z. B. beim Magna-Mater-Kult im antiken Rom, bei frühen Mutterkulturen der Alten Welt, denen die Funktion eines Abwehrzaubers zur Vertreibung böser Geister zukam, oder bei Nacktläufern (engl. streaker), die unbekleidet in der Öffentlichkeit auftreten, um Aufmerksamkeit auf polit. oder gesellschaftl. Anliegen zu lenken.

Recht Eine Person, die eine andere Person durch eine exhibitionist. Handlung belästigt (also bei ihr Abscheu o. Ä. hervorruft, bloße Verwunderung reicht nicht aus), kann mit Freiheitsentzug von bis zu einem Jahr oder mit Geldstrafe bestraft werden (§ 183 StGB). Die Tat wird nur auf Antrag verfolgt, es sei denn, dass die Strafverfolgungsbehörde (Staatsanwaltschaft) im Einzelfall wegen eines besonderen öffentl. Interesses an der Strafverfolgung von Amts wegen einschreitet. Das Gericht kann die Vollstreckung einer Freiheitsstrafe auch dann zur Bewährung aussetzen, wenn zu erwarten ist, dass der Täter erst nach einer längeren Heilbehandlung keine exhibitionist. Handlungen mehr vornehmen wird. Einen eigenen Straftatbestand bildet die Erregung öffentl. →Ärgernisses.

In Österreich (§ 218 StGB) wird der E. als öffentl. unzüchtige Handlung bestraft. In der Schweiz ist E. ein Antragsdelikt; Strafdrohung: Gefängnis bis zu sechs Monaten oder Buße (Art. 194 StGB, revidierter Art. 194 [in Kraft voraussichtlich ab 1. 1. 2006] Geldstrafe von bis zu 180 Tagessätzen). Unterzieht sich der Täter einer ärztl. Behandlung, kann das Strafverfahren eingestellt werden.

Exhortativsatz [zu lat. exhortatio »Ermunterung«], Satz, der eine Aufforderung zum Ausdruck bringt, z. B. »Machen wir doch eine Pause!«.

Exhumierung [zu lat. exhumare »ausgraben«] *die, -/-en*, im Strafverfahren das auf Anordnung des Gerichts oder der Staatsanwaltschaft vorgenommene Ausgraben von Leichen oder Leichenteilen zum Zwecke der Leichenschau oder -öffnung (Obduktion), um beim Verdacht einer strafbaren Handlung Beweis zu erheben (§§ 87 StPO). Ähnliches gilt für Österreich (§§ 127 ff. StPO) und die Schweiz (Art. 270 Vorentwurf zu einer schweizer. StPO sowie kantonale Regelungen).

Exil [lat., zu exul, exsul »in der Fremde weilend«, »verbannt«] *das, -s/-e*, Bez. für den meist aus polit. Gründen bedingten Aufenthalt im Ausland nach Verfolgung, Verbannung, Ausbürgerung, Flucht, →Emigration. Das E. wurde im 19./20. Jh. in Zeiten politischsozialer Umbrüche und militär. Auseinandersetzungen zu einer internat. Erscheinung von wachsender Bedeutung.

Exilliteratur, Emigrantenliteratur, Gesamtheit der literar. Werke von Autoren, die ihr Land aus polit., rass. oder religiösen Gründen verlassen mussten. I. w. S. werden auch Werke nicht exilierter Autoren, die nicht im eigenen Land, sondern nur im Ausland publizieren können, als Teil der E. betrachtet.

Staatl. Unterdrückung, Zensur, Schreibverbot oder Verbannung zwangen Schriftsteller, Künstler, Wissenschaftler u. a. seit frühesten Zeiten zur Emigration. In der Antike waren z. B. HIPPONAX und OVID Exilautoren, im MA. u. a. DANTE. Während der Religionskriege des 16. Jh. entstand die erste große Welle von E., v. a. als Literatur der exilierten Protestanten aus streng kath. Ländern. Im 17. und 18. Jh. überwog weiterhin die Literatur des Exils aus religiösen, ab Ende des 18. Jh. insbesondere aus polit. Gründen. Die Werke der frz. Aufklärung erschienen in Amsterdam oder London, meist zunächst anonym, ihre Autoren hielten sich oft in grenznahen Regionen auf (so VOLTAIRE). Auch im 19. Jh. waren u. a. frz. Autoren zum Exil gezwungen: unter NAPOLEON I. mussten MADAME DE STAËL und H. B. CONSTANT in der Schweiz leben, berühmtester Exilautor des Zweiten Kaiserreichs war V. HUGO.

Die autoritären Regime des 20. Jh. trieben weltweit Tausende von Schriftstellern ins Exil, nicht nur wegen der eingeschränkten Publikationsmöglichkeiten, sondern v. a. wegen der existenziellen Bedrohungen. Die Flucht der meisten Autoren in der Geschichte der E. vollzog sich dabei im Umfeld von Faschismus und Nationalsozialismus; v. a. Schriftsteller aus Dtl. und Österreich, aber auch aus Spanien (u. a. S. DE MADARIAGA Y ROJO, R. J. SENDER und R. ALBERTI) mussten ihre Heimat verlassen.

DEUTSCHSPRACHIGE EXILLITERATUR
19. Jahrhundert

Im Dtl. der Restaurationszeit mit seinen vielfältigen Repressionen wurde das Exil zum verbreiteten Schicksal der im Zeichen des Vormärz progressiv engagierten Schriftsteller und Publizisten. Betroffen waren v. a. jene Autoren, die dem →Jungen Deutschland und seinen polit. Idealen nahe standen (so L. BÖRNE, F. FREILIGRATH, G. WEERTH, G. HERWEGH), auch G. BÜCHNER musste wegen seines radikaldemokrat. »Hessischen Landboten« emigrieren. Allerdings ermöglichte es die dt. Kleinstaaterei, innerhalb des dt. Sprachraums den Wohnsitz zu wechseln, so zogen sich die Brüder GRIMM nach ihrer Ausweisung aus Göttingen (zu Kurhannover) ins hess. Kassel zurück. Bevorzugter Aufenthaltsort im Ausland war Paris. Am tiefsten und schmerzlichsten vom Exil geprägt ist das Werk H. HEINES, der seit 1831 in Paris lebte (eindrucksvoll gespiegelt in dem Versepos »Deutschland. Ein Wintermärchen«, 1844). Auch die Werke von K. MARX und F. ENGELS entstanden fast ausschließlich im Exil.

1933 bis 1945

Eine beispiellose Flucht dt. Intellektueller ins Ausland setzte mit der Machtergreifung der Nationalsozialisten ein. Stationen des Exils waren nach der Errichtung der nat.-soz. Diktatur die europ. Nachbarstaaten des Dt. Reichs. Eine erste Emigrationswelle (v. a. nach Paris, Amsterdam, Prag, Wien, Moskau) setzte nach der Okkupation Österreichs 1938 und der Tschechoslowakei 1939 ein. Ab 1940, nach der Besetzung Dänemarks, der Beneluxstaaten und Frankreichs, flohen Autoren v. a. nach Moskau, die USA, Mexiko, die Schweiz, Schweden, Großbritannien und

Palästina. In den Zentren entstanden neue Verlage; führend waren der Malik-Verlag (Prag, London), Querido (Amsterdam), Aurora (New York). Auch zahlr. Emigrantenzeitungen und -zeitschriften wurden gegründet (→ Exilpublizistik). – Die in Zeitschriften und in Einzelausgaben veröffentlichte E. war in ihren Zielen uneinheitlich; gemeinsames Kennzeichen war die Öffnung der themat. Konzeption für Zeitgeschichte und Politik, im Besonderen die grundsätzl. Opposition gegen den Nationalsozialismus. Der Grad der Revision des bis dahin vorherrschenden apolit. Kunstverständnisses hing z. T. davon ab, ob die Autoren vor polit. Verfolgung, vor der Rassendiskriminierung oder aus moral. Verachtung der nat.-soz. »Kulturbarbarei« geflüchtet waren. Versuche der polit. Einigung durch überparteil. Zeitschriften, den Schutzverband Dt. Schriftsteller oder das dt. Volksfront-Komitee (ab 1935) wurden nur begrenzt wirksam.

Der literarisch bedeutende Teil der dt.-sprachigen Literatur dieser Zeit ist fast ausschließlich E. Sie umfasste polit. Literatur zu den Vorgängen in Dtl. (etwa T. Manns Aufsätze zur Zeit »Achtung, Europa!«, 1938, »Dt. Hörer. 25 Radiosendungen nach Dtl.«, 1942; A. Scharrers, W. Bredels, E. Weinerts u. a. Ansprachen über Radio Moskau), wiss. und essayist. Werke (z. B. A. Kerr: »Walther Rathenau«, 1935; E. Bloch: »Erbschaft dieser Zeit«, 1935; B. Walter: »Gustav Mahler«, 1936), Autobiografien (z. B. E. Toller: »Eine Jugend in Deutschland«, 1933; K. Mann: »The turning point«, 1942, dt. »Der Wendepunkt«; S. Zweig: »Die Welt von gestern«, hg. 1942), später die polit. Publizistik (z. B. H. Mann: »Ein Zeitalter wird besichtigt«, 1946; W. Mehring: »Lost library«, 1951, dt. »Die verlorene Bibliothek«) und belletrist. Werke, in denen, bes. nach Kriegsausbruch, vielfältig die Zeiterfahrungen gestaltet wurden: Lyrik von B. Brecht, P. Zech, E. Arendt, Else Lasker-Schüler, Nelly Sachs, F. Werfel, Romane über K. Mann (»Mephisto«, 1936), B. Frank (»Der Reisepaß«, 1937), L. Feuchtwanger (»Exil«, 1940), Anna Seghers (»Transit«, 1944), ferner A. Döblin, B. Uhse, H. Kesten, Irmgard Keun, A. Zweig u. a. Dramen zur Zeitgeschichte schrieben F. Wolf (»Professor Mamlock«, entstanden 1934), B. Brecht (»Furcht und Elend des Dritten Reiches«, 1938, u. a.), E. Toller (»Pastor Hall«, 1939), F. Werfel (»Jacobowsky und der Oberst«, 1944).

Daneben stehen bedeutsame Werke ohne unmittelbaren Bezug zur Zeitsituation (T. Mann: »Joseph und seine Brüder«, Bd. 1–4, 1934–43, »Lotte in Weimar«, 1939; F. Werfel: »Der veruntreute Himmel«, 1939, »Das Lied von Bernadette«, 1941; R. Musil: »Der Mann ohne Eigenschaften«, Bd. 3, 1943; H. Broch: »Der Tod des Vergil«, 1945). Eine typ. Erscheinung war die Zuwendung zur Vergangenheit in Geschichtsromanen (B. Frank, L. Feuchtwanger, S. Zweig, R. Neumann, H. Mann, H. Kesten).

Im Exil lebten ferner u. a. W. Bredel, M. Brod, E. Canetti, E. Claudius, L. Frank, S. Friedlaender, S. Heym, Paula Ludwig, L. Perutz, T. Plievier, A. Polgar, E. M. Remarque, L. Renn, R. Schickele, F. von Unruh, E. Weinert, F. C. Weiskopf, E. Weiss, C. Zuckmayer. Die verzweifelte Lage trieb K. Tucholsky, W. Hasenclever, E. Toller, S. Zweig und W. Benjamin in den Selbstmord. Viele Exilschriftsteller blieben auch nach 1945 in den Gastländern.

Die wichtigsten Werke der dt.-sprachigen E. wurden nach 1945 in der BRD und in der DDR neu oder erstmalig herausgegeben. – Es gibt mehrere Institutionen, die sich mit der Erforschung der E. beschäftigen: Neben der »Wiener Library« in London ist die Sondersammlung »Dt. E.« innerhalb der Deutschen Bibliothek in Frankfurt am Main die umfangreichste Dokumentation der E. in Europa.

Von 1961 bis 1989

Eine neue Emigrationsbewegung entstand innerhalb Dtl.s, als sich nach dem Bau der Berliner Mauer, verstärkt nach der Niederschlagung des »Prager Frühlings« 1968, viele Schriftsteller vom Staat DDR distanzierten und deshalb in ihren Publikationsmöglichkeiten beschränkt wurden. Diese Autoren siedelten – oft nach erhebl. Repressionen – in die BRD über (u. a. P. Huchel, G. Kunert). Nach der Ausbürgerung W. Biermanns 1976 verstärkte sich diese Bewegung (u. a. verließen die DDR R. Kunze, B. Jentzsch, Jurek Becker, Sarah Kirsch, K.-H. Jakobs). Die Lebens- und Arbeitsbedingungen dieser Autoren sind mit der histor. Situation der vor den Nationalsozialisten Geflohenen nicht vergleichbar; gleichwohl sind auch ihre Werke durch die literar. Verarbeitung polit. Unrechtserfahrungen geprägt, u. a. in Form seel. Demütigung und erzwungener Trennungen (deutlich v. a. bei Huchel, Monika Maron, W. Hilbig).

OSTEUROPA
Polnische Exilliteratur

Die poln. E. konzentrierte sich nach den Aufständen von 1830/31 in Paris, wo die wichtigsten Werke der poln. Romantik erschienen (A. Mickiewicz, J. Słowacki, Z. Krasiński, später C. K. Norwid u. a.). Die

Exilliteratur: Grabstätte des im Exil verstorbenen Heinrich Heine auf dem Friedhof Montmartre in Paris

poln. E. des 20. Jh. begann 1939. Mittelpunkt war Paris, wo 1947–2000 im Verlag »Instytut Literacki« (Literar. Institut) die einflussreiche Monatsschrift »Kultura« erschien. Ein weiteres Zentrum des kulturell-literar. Lebens der poln. Emigration war 1952–1994 München mit dem Sender »Radio Free Europe«. Die Reihen der Exilautoren (W. GOMBROWICZ, C. MIŁOSZ, JÓZEF CZAPSKI, *1896, †1993) wurden ständig durch Autoren verstärkt, die Polen ebenfalls verließen, bes. im Zuge antisemit. Kampagnen 1967 (H. GRYNBERG) sowie nach der Verhängung des Kriegszustandes 1981 (STANISLAS BARAŃCZAK, *1946; K. BRANDYS). Besondere Aufwertung erfuhr die poln. E. durch die Verleihung des Nobelpreises (1980) an C. MIŁOSZ (USA).

Rumänische Exilliteratur

Zeugnisse rumän. E. hinterließen die »Achtundvierziger«, die im Verlauf der Revolution von 1848 über Siebenbürgen ins Pariser Exil gingen (N. BĂLCESCU, D. BOLINTINEANU). Nach 1945 emigrierten in drei Wellen zahlreiche Schriftsteller als Reaktion auf die polit. und künstler. Gleichschaltung sowie staatl. Repressionen, v. a. nach Frankreich, Großbritannien, Dtl. und die USA. Die Vertreter der dortigen E. organisierten sich u. a. auch durch die Gründung von Zeitschriften und Verlagen. Zu ihnen zählten der Religionsphilosoph und Erzähler M. ELIADE sowie P. GOMA und P. DUMITRIU und N. MANEA, deren Werke nach 1989 umfangreich in Rumänien publiziert wurden. Nur wenige Exilanten kehrten zurück; die Mehrzahl entschied sich angesichts der Verhältnisse in der Heimat für eine Fortsetzung des Exils. Jüngere Emigranten der dt. Minderheit sind in der dt. Gegenwartsliteratur präsent (HERTA MÜLLER, RICHARD WAGNER).

Russische Exilliteratur

Die russ. E. nahm in der zweiten Hälfte des 19. Jh. größere Ausmaße an. Wichtig, auch für das polit. und literar. Leben in Russland, war die Tätigkeit von A. I. HERZEN und N. P. OGARJOW, die in London den Almanach »Poljarnaja zvezda« (Polarstern, 1855–62 und 1869) und die Zeitschrift »Kolokol« (Die Glocke, 1857–67) herausgaben.

Im 20. Jh. hat die russ. Literatur die längste Exilgeschichte. Bis zur Februarrevolution 1917 stammten die Werke der russ. E. (z. B. M. GORKIS Roman »Die Mutter«, engl. 1906, russ. Berlin 1908) meist von Schriftstellern, die gegen das zarist. Russland opponierten. Nach der Oktoberrevolution 1917 begann die gegen das sowjet. Regime gerichtete E. Zw. den Weltkriegen konzentrierte sich die Tätigkeit der Exilverlage in Berlin, Paris, Prag, Harbin und den USA. Bis Anfang der 1930er-Jahre gab es zw. der E. und der Literatur in der UdSSR Parallelen in der Wahl der Themen (Krieg, Revolution, Bürgerkrieg, Konflikte der Bauern und der Intelligenz mit der Sowjetmacht) und auch in den ästhet. Strömungen (Symbolismus, Realismus u. a.). – Ein Teil der emigrierten Intelligenz kehrte in ihr Land zurück, z. B. W. B. SCHKLOWSKI, A. BELY, A. N. TOLSTOI. Ihre im Exil veröffentlichten Werke wurden in der UdSSR z. T. neu herausgegeben und gehören damit sowohl zur E. als auch zur Sowjetliteratur. Die wichtigsten Exilzeitschriften waren »Sovremennye zapiski« (Zeitgenöss. Aufzeichnungen, Paris 1929–40) und »Volja Rossii« (Freiheit Russlands, Prag/Paris 1922–32). Mehrere Exilautoren genossen internat. Ruf, der u. a. durch die Verleihung des Nobelpreises (1933) an den in Paris lebenden I. A. BUNIN und die weltweite Anerkennung der Werke von V. NABOKOV zum Ausdruck kam. Anfang der 1930er-Jahre endeten die Kontakte zw. dem literar. Exil und der UdSSR wie auch die Parallelen zw. der E. und der Sowjetliteratur.

Nach 1945 entwickelte sich in kleinerem Umfang eine russ. E. durch Autoren, die im Laufe der Kriegsereignisse nach Westeuropa gegangen waren und für die eine Rückkehr nach Russland ausgeschlossen war. Fast alle begannen erst im Exil zu veröffentlichen. Für die im Krieg eingestellten Zeitschriften entstanden als Ersatz »Novyj žurnal« (Neue Zeitschrift, New York 1942) und »Grani« (Grenzlinien, Frankfurt am Main 1946). Neben dem Pariser YMCA-Verlag, der schon vor 1939 existierte, übernahmen Verlage in den USA (v. a. Tschechow-Verlag, New York, 1951) sowie 1946 in Frankfurt am Main der Posev-Verlag eine führende Rolle. Erst nach dem Tod STALINS wurden in der UdSSR einige Werke der E. aus der Zeit zw. den Weltkriegen herausgegeben. In der Ära von L. I. BRESCHNEW entstand das Nebeneinander von →Samisdat (Verbreitung von hand- und maschinengeschriebener Literatur im Lande) und →Tamisdat (Druck durch Verlage im Ausland).

Vom Ende der 1960er-Jahre bis Mitte der 1980er-Jahre ging eine beträchtl. Zahl der in der UdSSR lebenden Schriftsteller in die Emigration, andere wurden offen zur Emigration gezwungen, wie z. B. die Nobelpreisträger I. A. BRODSKI (1972) und A. I. SOLSCHENIZYN (1974). In den 1970er-Jahren entstanden neue Zeitschriften (»Kontinent«, Paris 1974, Bonn 1986; »Vremja i my« [Die Zeit und wir], New York 1975; »Sintaksis« [Syntax], Paris 1978) und mehrere neue Verlage, v. a. in den USA. Die Exilzeitschriften und z. T. auch die literar. Werke des Exils widmeten sich neben der Kritik an der Verletzung der Menschenrechte in der UdSSR der Analyse der versch. Strömungen, Gruppierungen und Persönlichkeiten des russ. Exils. Probleme der Politik, Moral, Religion und Philosophie, aber auch der Ästhetik wurden in den Zeitschriften »Tret'ja volna« (Die dritte Welle), »Echo«, »Kovčeg« (Die Arche), »Russkoe vozroždenie« (Die russ. Wiedergeburt), »Gnosis« u. a. behandelt.

Während der Perestroika begann die Wiedereingliederung der E. in die russ. Literatur – ein Prozess, der nach dem Ende der Sowjetunion seinen Abschluss

Exilliteratur: Alexander Solschenizyn (links) kurz nach seiner Ausbürgerung 1974 bei seinem Gastgeber Heinrich Böll

fand, auch wenn manche Autoren ihren Wohnsitz im Ausland beibehielten, obwohl sie sich nicht länger als Emigranten betrachteten.

Tschechische und slowakische Exilliteratur

Während des Ersten Weltkriegs entstand in Russland die so genannte Legionärsliteratur, zu der die Autoren der tschech. Legion gehörten (J. Hašek; František Langer, *1888, †1965; Rudolf Medek, *1890, †1940). Zur Zeit der dt. Okkupation und des Zweiten Weltkrieges wurde die tschech. E. in London, den USA und Moskau herausgegeben (Langer, E. Hostovský). 1945 entschieden sich nach dem Niedergang des profaschistischen slowak. Staates u. a. die Slowaken J. C. Hronský und R. Dilong für das Exil. Die meisten tschech. Exilautoren kehrten hingegen 1945 in die Tschechoslowakei zurück. Nach dem kommunist. Umsturz 1948 ging das so genannte Februarexil (u. a. die Autoren Hostovský, I. Blatný, J. Čep und Milada Součkova [*1899, †1983]) in das westl. Ausland. Publiziert wurde in Exilverlagen und -zeitschriften (z. B. »Svědectví« [Zeugnis], Paris). Nach der militär. Intervention der UdSSR gegen den Prager Frühling (1968) gingen erneut zahlr. tschech. und slowak. Autoren ins Exil; im Umfeld des so genannten Augustexils erfolgte u. a. die Verlagsgründung »Sixty-Eight Publishers« (Toronto). Unter den tschech. Autoren waren J. Škvorecký, I. Klíma und P. Kohout. Viele schrieben in der Sprache ihres Exillandes, so M. Kundera in frz., O. Filip und J. Gruša in dt. Sprache. Zu den slowak. Exilanten gehörten L. Mňačko und Dušan Šimko (*1945). In den Exilverlagen und -zeitschriften erschienen auch Werke von Autoren, die in der ČSSR lebten. – Nach der polit. Wende Ende der 1980er-Jahre demokratisierte sich auch das literar. Leben; viele Autoren kehrten zurück, andere Autoren verblieben freiwillig in den Ländern ihres ehemaligen Exils.

Ungarische Exilliteratur

Die ungar. E. des 20. Jh. wurde nach dem Scheitern der Räterepublik 1919 v. a. von bürgerlich-demokrat. und kommunist. Autoren getragen, darunter G. Lukács und G. Háy, die beide nach 1945 zurückkehrten. Unter den Exilanten von 1944/45 waren insbes. konservative Schriftsteller wie József Nyirö (*1889, †1953) und Albert Wass (*1908, †1998). Nach der kommunist. Machtergreifung 1948 emigrierten nichtkommunist. Autoren wie S. Márai und L. Zilahy. Auslöser einer neuen Exilwelle war die Niederschlagung des Volksaufstands 1956, in deren Folge über 200 000 Ungarn das Land verließen, manche erst in den späten 1960er-Jahren. Unter ihnen waren György Ferdinandy (*1935), der im Exil debütierte, und György Faludy (*1910).

JÜDISCHE LITERATUR

Eine besondere Stellung nimmt die E. jüd. (über jüd. Themen und aus jüd. Tradition schreibender) Autoren ein. In allen angeführten E. (durch die Jahrhunderte hindurch) spielte und spielt sie eine herausragende Rolle. Als Autoren der jüd. E. sind diejenigen Schriftsteller zu betrachten, die in jidd. Sprache außerhalb der jüd. Siedlungsgebiete Osteuropas veröffentlichen. Nach 1918 bildeten sich starke Zentren v. a. in den USA (New York; z. B. I. B. Singer und I. J. Singer). Während des Zweiten Weltkriegs wurde Jiddisch in Europa praktisch ausgerottet. In der UdSSR erschienen nach 1948 nur sporadisch Werke in dieser Sprache. (→jüdische Literatur, →jiddische Literatur)

LATEINAMERIKA

In der nachkolonialen Zeit kam es in zahlr. Ländern Lateinamerikas v. a. aufgrund extremer polit. Umstürze oder Verhältnisse immer wieder zu Exilphasen. So mussten z. B. in Argentinien im 19. Jh. während der Diktatur J. M. de Rosas zahlr. Schriftsteller (D. F. Sarmiento) emigrieren. Ein ähnl. Schicksal traf Autoren der Andenstaaten und vieler mittelamerikan. Länder, aber auch Kolumbiens und Venezuelas während zahlr. Phasen von Diktaturen rechter (im 20. Jh. bisweilen auch linker) Prägung. Den geringsten Exilanteil weist Mexiko auf; dort ist das Exil nur während der Revolutionswirren 1910–20 von Bedeutung, während das Land sonst eher als Exilort für lateinamerikan. und europ. Autoren in Erscheinung trat.

Besonders ausgeprägt war die E. während der 1970/80er-Jahre nach dem Militärputsch Pinochets 1973 in *Chile*, der Militärdiktatur 1976–83 in *Argentinien* (als es gleichzeitig auch in Uruguay ein Militärregime gab). Aber auch schon J. Perons national-populist. Regime hatte einige Autoren ins Exil getrieben, wie J. Cortázar, dessen Werk fast ausschließlich in Paris entstanden ist. Einige Länder, wie *Paraguay*, bezogen ihre wichtigsten literar. Beiträge von im Exil lebenden Autoren. Bedeutsam war das Exil auch für die Literatur *Brasiliens*, wo sich während der Militärdiktatur zw. 1964 und 1985 durch das Exil eine Art »Lateinamerikabewusstsein« überhaupt erst ausbildete. Eine prägende Rolle haben und hatten auch die Exilschriftsteller *Kubas:* Während der Batista-Diktatur 1940–59 gingen viele von ihnen (A. Carpentier, N. Guillén) ins Exil, nach der Revolution F. Castros 1959 wiederum Autoren wie G. Cabrera Infante und R. Arenas, in den 1990er-Jahren Zoé Valdés, Emilio de Armas und María Elena Cruz Varela.

AFRIKA

Seit dem Übergang zur Unabhängigkeit mussten afrikan. Autoren immer wieder die Heimat aus polit. Gründen, wegen Verfolgung, Unruhen oder Bürgerkriegen verlassen. Religiöse Exilgründe sind in Afrika die Ausnahme. Die größte Gruppe exilierter Schriftsteller bilden südafrikan. Autoren, die von der Apartheid zeitweise oder auf Dauer außer Landes getrieben wurden (u. a. E. Mphahlele, B. Breytenbach, Bessie Head, D. Brutus). Auch in anderen afrikan. Ländern führte polit. Druck zu Exil, so u. a. im Fall von C. Achebe und W. Soyinka (Nigeria) im Umfeld des Biafrakrieges 1967–70; N. Farah konnte seit Anfang der 1970er-Jahre wegen der Militärherrschaft nicht nach Somalia zurückkehren; Ngugi wa Thiong'o musste Anfang der 1980er-Jahre Kenia verlassen; C. Hove floh Ende der 1990er-Jahre aus Simbabwe.

Eine zweite Autorengruppe wählte das Exil, weil die gesellschaftl. Infrastruktur ihrer Heimat das bloße Überleben als Schriftsteller nicht ermöglichte. Diese Autoren leben heute v. a. in europ. Metropolen, selten auch in den USA und Kanada: B. Okri, Buchi Emecheta, B. Bandele aus Nigeria, A. Gurnah aus Tansania, T. Monénembo aus Guinea.

ASIEN

In China entwickelte sich im Zuge der blutigen Niederschlagung der regimekrit. Massendemonstrationen in Peking am 3./4. Juni 1989 eine E., die zugleich auch Teil der chin. Avantgardeliteratur (Bei Dao [Pei Tao]) ist.

Zu einer einmaligen Form der Emigration mit geheimen, ständig wechselnden Orten führte der 1989 gegen den brit. Schriftsteller S. Rushdie gerichtete

Exil Exilpublizistik

Mordaufruf des R. M. H. KHOMEINI. Ein Todesurteil ließ auch die Schriftstellerin TASLIMA NASRIN (Bangladesh) ins Exil gehen.

🔊 **Exilliteratur:** T. Mann: Zum Ende des Krieges (Rundfunkansprache, 11.5. 1945) 1369; A. Kantorowicz: Über Bücherverbrennung, Exil und innere Emigration (1947) 1416; A. Döblin: Über seine Emigration (1948) 1417.

✍ **Allgemein:** W. BERTHOLD: E. u. Exilforschung (1996); G. STERN: Literar. Kultur im Exil. Gesammelte Beitrr. zur Exilforschung 1989–1997 (1997).
Deutschsprachige E.: H. A. WALTER: Dt. E. 1933–50, auf mehrere Bde. ber. (1972 ff.); Dt.-sprachige E. seit 1933, hg. v. J. M. SPALEK u. a., auf mehrere Bde. ber. (Bern 1976 ff.); K. JARMATZ u. a.: Kunst u. Lit. im antifaschist. Exil. 1933–1945, 7 Bde. (¹⁻²1979–89); Dt. Exildramatik. 1933 bis 1950, hg. v. N. MENNEMEIER u. a. (1980); E. 1933–1945, hg. v. W. KOEPKE u. M. WINKLER (1989); Lex. sozialist. dt. Lit. Ihre Gesch. in Dtl. bis 1945, hg. v. S. BARCK u. a. (1994); S. BOLBECHER u. K. KAISER: Lex. der österr. E. (Wien u. a. 2000); C. THURNER: Der andere Ort des Erzählens. Exil u. Utopie in der Lit. dt. Emigrantinnen u. Emigranten 1933–1945 (2003).
Poln. E.: Z. R. WILKIEWICZ: Poln. E. 1945–1980 (1991); Die poln. Emigration u. Europa 1945–1990. Eine Bilanz des polit. Denkens u. der Lit. Polens im Exil, hg. v. L. GALECKI u. B. KERSKI (2000); A. STACH: Das poln. Berlin (³2002).
Russ. E.: Russen in Berlin. Lit., Malerei, Theater, Film 1918–1933, hg. v. F. MIERAU (1991); W. KASACK: Die russ. Schriftsteller. Emigration im 20. Jh. (1996); V. AGENOSOV: Literatura russkogo zarubež'ja. 1918–1996 (Moskau 1998); Chronik russ. Lebens in Dtl. 1918–1945, hg. v. K. SCHLÖGEL (1999); A. BURCHARD: Klubs der russ. Dichter in Berlin. 1920–1941 (2001); Frauen, Identität, Exil. Russ. Autorinnen in Frankreich, hg. v. G. SPENDEL u. F. GÖPFERT (2003).
Andere osteuropäische E.: Im Dissens zur Macht. Samizdat und E. der Länder Ostmittel- u. Südosteuropas, hg. v. L. RICHTER u. H. OLSCHOWSKY (1995); E. BEHRING: Rumän. Schriftsteller im Exil. 1945–1989 (2002); P. CABADAJ: Slovenský literárny exil. 1939–1990 (Martin 2002); Grundbegriffe u. Autoren ostmitteleurop. Exilliteraturen. 1945–1989, hg. v. E. BEHRING u. a. (2004).
Jüd. E.: C. A. MADISON: Yiddish literature. Its scope and major writers (New York 1971); Deutsch-jüd. Exil- u. Emigrationslit., hg. v. I. SHEDLETZKY u. H. O. HORCH (1993); A. WITTBRODT: Mehrsprachige jüd. E., Autoren des dt. Sprachraums (2001).
Lateinamerikan. E.: K. KOHOUT: Die span. u. lateinamerikan. Lit. im frz. Exil (1984); P. SCHUMM: Exilerfahrung u. Lit. Lateinamerikan. Autoren in Spanien (1990); L. IZQUIERDO PEDROSO: Zwei Seiten Kubas. Identität u. Exil (2002).

Exilpublizistik, die Publizistik der Emigranten. – Die frz. Emigranten des 17. und 18. Jh. ließen bes. in Holland eine bedeutende Presse entstehen. Alle nat. Freiheitsbewegungen der neuesten Zeit, die revolutionären Bewegungen in Russland und in den südosteurop. Ländern, die faschist. Herrschaftssysteme in Italien, Dtl. und auf der Pyrenäenhalbinsel haben nicht nur eine Untergrundpublizistik in den Ländern selbst, sondern auch publizist. Aktivität der Emigranten in den Nachbarländern hervorgerufen.

Mit der ersten dt. Emigration (1830–50) erschienen v. a. demokrat. Blätter in Straßburg, in Paris (»Balance«, 1836, von L. BÖRNE; »Pariser Zeitung«, 1838–39, von A. BORNSTEDT; »Deutsch-Frz. Jahrbücher«, 1844 [nur im Band erschienen], von A. RUGE und K. MARX; »Vorwärts«, 1844, von H. BÖRNSTEIN und L. F. C. BERNAYS), in der Schweiz (z. B. im Exilverlag »Literar. Comptoir« in Winterthur, gegr. 1841 von J. FRÖBEL und L. SNELL) und in London (»Neue Rhein. Zeitung«, 1850, von K. MARX, und »Das Volk«, 1859, von MARX und F. ENGELS). – Die zweite dt. Emigration (wegen der Sozialistengesetze; 1878) ließ in Zürich als Exilorgan »Sozialdemokrat« (gegr. 1879, geleitet von G. VON VOLLMAR, später von E. BERNSTEIN) entstehen.

Die dt. Emigration nach 1933 schuf sich in den Zentren des Exils eine mannigfaltige E., v. a. Zeitschriften, seltener Zeitungen, Filme und Rundfunkprogramme. Es erschienen in Prag »Die Dt. Revolution/Schwarze Front« (1933–38) von O. STRASSER; in Oldenzaal, Niederlande, »Dt. Weg« (1934–40) von F. MUCKERMANN; in Santiago de Chile »Dt. Blätter« (1943–46) von U. RUKSER und A. THEILE. In Amsterdam gab K. MANN »Die Sammlung« (1933–35) und in Zürich T. MANN mit K. FALKE »Maß und Wert« (1937–40) heraus. F. STAMPFER, später C. GEYER führten das SPD-Organ als »Neuer Vorwärts« (Karlsbad/Paris 1933–40) fort. Als Exilfortsetzungen linker kulturpolit. Zeitschriften erschienen »Die Neue Weltbühne« (Prag/Zürich/Paris 1933–39) von W. SCHLAMM, später von H. BUDZISLAWSKI; »Das Neue Tage-Buch« (Amsterdam/Paris 1933–40) von L. SCHWARZSCHILD sowie »Pariser Tageblatt/Pariser Tageszeitung« (1933–40) von G. BERNHARD. Polit. u. literar. Bedeutung unter den kommunist. Exilzeitschriften erlangten »Internat. Lit.« (1931–45) in Moskau, seit 1937 geleitet von J. R. BECHER; »Neue Dt. Blätter« (1933–35) in Prag, hg. von O. M. GRAF, W. HERZFELDE, A. SEGHERS und J. PETERSEN; »Unsere Zeit« (1933–35) in Paris von W. MÜNZENBERG und v. a. »Das Wort« (1936–39) in Moskau, hg. v. B. BRECHT, L. FEUCHTWANGER und W. BREDEL. Für Emigranten hatte der German Jewish Club 1934 in New York die Zeitschrift »Aufbau – Reconstruction« gegründet, geleitet von M. GEORGE.

Emigrierte Publizisten und Schauspieler wirkten als Redakteure, Übersetzer und Sprecher bei dt.-sprachigen Sendungen des frz., brit. und amerikan. Rundfunks mit. Zudem arbeiteten sie bei Rundfunkeinrichtungen der alliierten Streitkräfte, z. B. bei den Deutschlanddiensten der BBC ab 1938, Radio Moskau ab 1933, Stimme Amerikas ab 1942 und bei selbstständigen offenen oder verdeckten (Tarnsender, Geheimsender, »Schwarzsender«) Rundfunkprogrammen wie »Dt. Freiheitssender 29,8« (Spanien 1937–39), »Sender der Europäischen Revolution« (Großbritannien 1940–42), »Dt. Volkssender« (UdSSR 1941–45) und »Gustav Siegfried Eins«/»Dt. Kurzwellensender Atlantik« (Großbritannien 1941–45). Weiter engagierten sie sich im Militärrundfunk, der sich an die dt. Truppen wandte, z. B. für den »Sender des Nationalkomitees »Freies Deutschland«« (UdSSR 1943–45) und den »Soldatensender Calais« (Großbritannien 1943–45, zuletzt als »Soldatensender West«). → Exilliteratur

✍ L. MAAS: Hb. der dt. Exilpresse. 1933–1945, 4 Bde. (1976–90); Presse im Exil, hg. v. H. HARDT u. a. (1979); C. PÜTTER: Rundfunk gegen das »Dritte Reich« (1986); Dt. Publizistik im Exil. 1933 bis 1945, hg. v. M. BEHMER (2000).

Exilregierung, *Völkerrecht:* ein im Ausland tätig werdendes Organ, das für sich in Anspruch nimmt, die höchsten exekutiven Funktionen im eigenen, aber von ihm verlassenen Staat auszuüben. Begibt sich die legitime Reg. eines Landes, insbesondere als Folge krieger. Besetzung von außen oder gewaltsamer Akte im Innern, ins Ausland und setzt sie den Kampf militärisch oder politisch fort, bedarf sie zwar der Billigung des Gastlandes für ihre Tätigkeit, jedoch keiner Anerkennung. Sie ist und bleibt die legale Reg. ihres Staates, verliert diesen Status aber nach dem Grundsatz der →Effektivität, wenn sich die im Lande selbst etablierte neue Reg. wirksam und auf Dauer mit Anerkennung der Staatengemeinschaft durchgesetzt hat. Im Gastland erhält die E. meist besondere Rechte, z. B. Exterritorialität, passives Gesandtschaftsrecht, Personalhoheit über die Angehörigen ihres Staates.

Bes. nach dem Zweiten Weltkrieg hat die Problematik der Stellung von E. für künftige Staaten Bedeutung erlangt, z. B. im Falle der Palästinens. Befreiungsbewegung (PLO), deren Vertretung u. a. von den Vereinten Nationen zugelassen wurde.

Eine E. eigener Art ist der mit Völkerrechtssubjektivität ausgestattete →Malteserorden, der seit 1834 seinen Sitz in Rom hat.

  A. KOBERG: Die E. im Völkerrecht. Eine Unters. ihrer rechtl. Klassifikation (2005).

Eximbank ['eksɪmbæŋk, engl.], Kw. für →Export-Import Bank of the United States.

Exine [lat. exin »von da(her)«] *die, -/-n,* äußere Wandschicht des →Pollenkorns der Samenpflanzen; Ggs.: Intine.

Exinit *der, -s/-e,* Gefügebestandteil der Steinkohle, →Mazerale.

existential..., Schreibvariante für existenzial...

Existenz [spätlat., zu lat. ex(s)istere »hervortreten«, »vorhanden sein«] *die, -,*

1) *allg.:* 1) das Vorhandensein, Bestehen; 2) *mit Pl. -en,* berufl. Stellung (als materielle Lebensgrundlage).

2) *Logik* und *Mathematik:* Die Frage, in welchem Sinne es mathemat. Gegenstände (z. B. Zahlen oder geometr. Figuren) gibt, beschäftigte schon die Antike. Die heute den Axiomen einverleibten E.-Postulate des EUKLID, z. B. das Postulat »zu zwei versch. Punkten gibt es eine Verbindungsgerade«, werden nach einem (allerdings nicht allg. akzeptierten) Vorschlag H. ZEUTHENS als Konstruierbarkeitsforderungen interpretiert. E. wäre damit gleichbedeutend mit Konstruierbarkeit. Bis ins 19. Jh. hinein blieb die Verfügbarkeit eines anschau. Modells das Kriterium für mathemat. Existenzen. Erst die von D. HILBERT vorgenommene Interpretation der axiomat. Methode (»Grundlagen der Geometrie«, 1899) setzte an die Stelle der Verfügbarkeit die Widerspruchsfreiheit. Nach einer Folgerung aus dem Vollständigkeitssatz von K. GÖDEL (1930) besitzt in der Tat jedes konsistente Axiomensystem ein Modell in der Mengenlehre.

3) *Philosophie:* E. (lat. existentia) dient in der traditionellen Ontologie seit MARIUS VICTORINUS (4. Jh. n. Chr. 360) als Bez. für die Tatsache, *dass* etwas ist, im Unterschied zu seinem Wesen, seiner Essenz (lat. essentia), die sagt, *was* etwas ist. Eine spezif. Bedeutung erhält der Begriff E. in der →Existenzphilosophie. S. KIERKEGAARD ist es, der E. auf das Sein des Menschen bezieht und als Existieren bestimmt. Auch hier steht E. als Aufgabe und Vollzug im Gegensatz zum zeitlosen und stat. Wesen des Menschen. KIERKEGAARD und K. JASPERS bestimmen E. als eine Weise, in der sich der einzelne Mensch zu sich selbst und darin zugleich zur Transzendenz verhält. M. HEIDEGGER charakterisiert E. als spezif. Seinsart des »Daseins«, d. h. des Menschen, die dadurch bestimmt ist, dass der Mensch sich immer schon zu seinem Sein (es auf bestimmte Weise verstehend) verhält. Im Rahmen einer ontolog. Daseinsanalyse werden zur Darlegung des E.-Begriffs existenziale Strukturen (→Existenzialien) herausgearbeitet. Im seinsgeschichtl. Denken seines Spätwerks bestimmt HEIDEGGER Existenz als »Ek-sistenz«, d. h. als »Hin-aus-stehen« in die Wahrheit bzw. Offenbarkeit des Seins, um menschl. Existieren als ein Bezogensein auf das Sein zu kennzeichnen. Der Existenzialismus →J.-P. SARTRES geht im Anschluss an HEIDEGGER vom Vorrang der E. vor der Essenz aus, fasst jedoch E., anders als dieser, als Subjektivität auf.

Existenzanalyse, von V. E. FRANKL begründete psychoanalyt. Methode, bei der die Geschichte eines Individuums unter dem Gesichtspunkt von Sinn- und Wertbezügen durchforscht wird. Dabei liegt der Gedanke zugrunde, dass neben einem Willen zur Lust (S. FREUD) und einem Willen zur Macht (A. ADLER) ein Wille zum Sinn das Verhalten des Einzelnen weitgehend beeinflusst. Wenn dieses Sinngebungsbedürfnis unerfüllt bleibt (existenzielle Frustration), entstehen nach dieser Theorie Neurosen. Deshalb soll die Sinntherapie dem Patienten bei der Suche nach jenem Sinn behilflich sein, der seiner individuellen Wertgeschichte entspricht.

Existenzaussage, partikuläre Aussage, *Logik, Mathematik:* eine auch als **Existenzialurteil** bezeichnete Aussage, in der behauptet wird, dass es in einem bestimmten Bereich (der Grundmenge) mindestens einen Gegenstand gibt, auf den ein bestimmter Prädikator zutrifft, z. B.: »Es gibt einen Baum, der über 1000 Jahre alt ist« und »Es gibt eine gerade Primzahl«. Zur formalen Schreibweise von E. verwendet man den **Existenzquantor** ∨ oder (seltener) ∃ (→Quantor). Beispiel:

$$\bigvee_{n \in \mathbb{N}} n \cdot 2 = 8$$

(gelesen: »Es gibt [existiert] eine natürl. Zahl *n,* die mit 2 multipliziert 8 ergibt.«).

Verneint man eine E., so erhält man eine →Allaussage. So führt die Verneinung von »Es gibt eine gerade Primzahl« zu »Alle Primzahlen sind ungerade«.

Während in der klass. Logik als Beweis der Richtigkeit einer E. (**Existenzbeweis**) die Widerlegung der gegenteiligen (d. h. der Nichtexistenz-)Annahme gestattet ist, verlangt die konstruktive Logik den wirkl. Nachweis eines die E. erfüllenden Gegenstandes. Ist eine E. bewiesen worden, so wird sie als **Existenzsatz** bezeichnet.

Existenzgründer, *Recht:* eine natürl. Person, die sich ein →Darlehen (Verbraucherdarlehen), einen Zahlungsaufschub oder eine sonstige Finanzierungshilfe für die Aufnahme einer gewerbl. oder selbstständigen berufl. Tätigkeit gewähren lässt oder zu diesem Zweck einen Ratenlieferungsvertrag abschließt und sich, obwohl sie kein →Verbraucher im Sinne von § 13 BGB ist, auf die verbraucherschützenden Vorschriften der §§ 491–506 BGB berufen kann (§ 507 BGB). Das gilt nicht, wenn der Nettodarlehensbetrag oder Barzahlungspreis 50 000 € übersteigt.

Existenzgründungspolitik, Gesamtheit aller wirtschaftspolit. Maßnahmen, die darauf abzielen, aus wettbewerbs-, arbeitsmarkt- und wachstumspolit. Gründen Unternehmensgründungen zu fördern. Träger der E. sind der Bund (v. a. die Ministerien für Wirtschaft und Arbeit sowie für Bildung, Wiss., Forschung und Technologie), öffentlich-rechtl. Sonderkörperschaften (Industrie- und Handelskammern; Kreditanstalt für Wiederaufbau, KfW, u. a.) und die Länder-Reg. mit Sonderprogrammen. Gefördert werden v. a. Nachwuchskräfte in der gewerbl. Wirtschaft und den freien Berufen. Im Mittelpunkt stehen Finanzhilfen (Darlehen, Zinsvergünstigungen, Bürgschaften). Eigenkapitalhilfeprogramme (→Eigenkapital) zielen auf die Stärkung der Eigenkapitalbasis bei Gründung oder Übernahme eines Unternehmens, bei tätiger Beteiligung an einem Unternehmen sowie bei Investitionen. Die Fördermittel können für Baumaßnahmen und Grundstückskosten, für die Betriebs- und Warenausstattung, für den Kauf von Firmen sowie u. U. auch für die Markterschließung eingesetzt werden.

In Dtl. werden Eigenkapitalhilfen vornehmlich als Darlehen zu günstigen Zins- und Tilgungsbedingungen der KfW vergeben. Weitere Instrumente der E. sind die Übernahme von Bürgschaften sowie die Gewährung von Zuschüssen bei der Inanspruchnahme eines Beraters (Beratungsförderung). Für die neuen Bundesländer gelten besondere, v. a. durch höhere Förderung und günstigere Konditionen gekennzeichnete Regelungen. Versch. Sonderprogramme der Bundesländer ergänzen die E. des Bundes, u. a. durch Gewährung von Zinszuschüssen, Investitionshilfen, Existenzgründungsprämien sowie durch Beratungsförderung und Bürgschaften. Hinzu kommen Sonderprogramme mit regionalpolit. Schwerpunkt. Bei der E. arbeiten Regierungsstellen, Handwerks-, Industrie- und Handelskammern, Banken, kommunale Ämter für Wirtschaftsförderung sowie Wirtschaftsförderungsgesellschaften von Bundesländern zusammen.

Auch im Rahmen der EU wird E. betrieben, die sich neben der direkten finanziellen Förderung v. a. auf die Schaffung günstiger Rahmenbedingungen (Beratung, grenzüberschreitende Zusammenarbeit) richtet. Weitere Unterstützung bieten europ. Netzwerke, z. B. die Europ. Vereinigung für Wagniskapital (EVCA).

Zur E. können auch die Förderung technologieorientierter Unternehmensgründungen durch die Bereitstellung von →Risikokapital sowie die Schaffung von →Technologieparks gezählt werden. Hier hat häufig die anwendungsorientierte, praxisnahe Universitätsforschung Unternehmensneugründungen inspiriert.

Enzyklopädische Vernetzung: ▪ Forschungs- und Technologiepolitik ▪ Industriepolitik ▪ Strukturpolitik ▪ Wirtschaftsförderung

F. v. Collrepp: Hb. Existenzgründung (⁴2004); J. v. Plüskow: Existenzgründung (2005).

Existenzgründungszuschuss, monatl. Leistung der Arbeitsverwaltung an Arbeitslose, die durch Aufnahme einer selbstständigen Tätigkeit ihre Arbeitslosigkeit beenden (§ 421l SGB III). Anspruch haben Existenzgründer (für höchstens drei Jahre), die vor der selbstständigen Tätigkeit Entgeltersatzleistungen (z. B. Arbeitslosengeld) bezogen haben oder in ABM beschäftigt waren und im ersten Jahr der selbstständigen Tätigkeit Arbeitseinkommen von voraussichtlich nicht mehr als 25 000 € jährlich beziehen werden (so genannte Ich-AG). Die Förderung durch einen E. ist auch möglich, wenn Arbeitnehmer in der Ich-AG beschäftigt werden. Der E. beträgt im ersten Jahr nach Beendigung der Arbeitslosigkeit 600 € monatlich, im zweiten Jahr 360 €, im dritten Jahr 240 €. Der Gründer einer Ich-AG ist in den Schutz der gesetzl. Renten-, Kranken-, Pflege- und Unfallversicherung einbezogen; die Beitragssätze sind gegenüber der sonstigen Aufnahme einer selbstständigen Tätigkeit stark ermäßigt. Durch den E. werden in den ersten drei Jahren fast die gesamten Kosten für die Sozialversicherung des Existenzgründers gedeckt. Der E. ist ausgeschlossen, wenn Überbrückungsgeld gewährt wird. Während des Bezuges des E. gilt der Existenzgründer sozialversicherungsrechtlich (nicht arbeits- und steuerrechtlich) als Selbstständiger. Zuständig für die Bewilligung des E. ist die Agentur für Arbeit.

existenzial, die Existenz, das (menschl.) Dasein hinsichtlich seines Seinscharakters betreffend.

Existenzialien Pl., in der Fundamentalontologie →M. Heideggers die »Seinscharaktere« desjenigen Seienden, das existiert, d. h. des (menschl.) Daseins. Im Rahmen der Strukturanalyse des »Daseins« wird der Terminus verwendet, um ihn von dem der Kategorien abzugrenzen, womit die Seinsbestimmungen des nicht-menschl. Seienden gefasst werden.

Existenzialismus der, -, die v. a. frz. Richtung der →Existenzphilosophie.

Existenzminimum, materielle Güter, die ein Mensch zur Bestreitung seines existenznotwendigen Bedarfs benötigt (**physisches E.**), bzw. die Gütermenge, die zur Realisierung des Lebensunterhalts und zum Beibehalt der Integration in das soziale Umfeld (d. h. Teilnahme am gesellschaftl. und kulturellen Leben) erforderlich ist (**soziales** oder **kulturelles E.**). – Nach der Rechtsprechung des Bundesverfassungsgerichts ist im Rahmen der Einkommensbesteuerung sicherzustellen, dass dem Steuerpflichtigen nach Erfüllung seiner Steuerpflicht mindestens ein dem Geldwert des E. entsprechendes Einkommen verbleibt. Dieser Forderung wird im dt. Einkommensteuerrecht (§ 32 a EStG) dadurch entsprochen, dass der Tarif mit einem Bereich beginnt, innerhalb dessen ein Steuersatz von 0% angewendet wird (Nullzone, Grundfreibetrag; →Einkommensteuer). Steigende Lebenshaltungskosten erfordern eine Erhöhung des **steuerlichen E.** Das Bundesverfassungsgericht hat in seinem Beschluss vom 25. 9. 1992 dem Gesetzgeber aufgegeben, einen Einkommensbetrag von mindestens der Höhe des sozialhilferechtl. E. von der Einkommensteuer freizustellen. Der derzeitige (2004/2005) Grundfreibetrag beträgt 7 664 € bei Ledigen (Ehepaare: 15 328 €). In der Sozialhilfe soll die Hilfe zum Lebensunterhalt, die an Bedürftige außerhalb von Heimen, Anstalten und gleichartigen Einrichtungen nach Regelsätzen ohne Rücksicht auf die Ursache der Bedürftigkeit gewährt wird, das E. garantieren.

Existenzphilosophie, von F. Heinemann (in »Neue Wege der Philosophie«, 1929) in die Philosophiegeschichtsschreibung eingeführter Terminus zur Kennzeichnung der damals neu aufkommenden philosoph. Richtung, die von der konkreten Existenz des Einzelnen ausgeht. Damit wollte man die Einseitigkeiten rationalist. und irrationalist. Philosophien vermeiden. Obwohl sich »E.« seither als Oberbegriff für eine Reihe unterschiedlich strukturierter, seit Mitte der 1920er-Jahre in Dtl. entstandener, seit Anfang der 1940er-Jahre in Frankreich aufgegriffener Philosophien etabliert hat, bleibt dieser Terminus insofern problematisch, als wichtige Vertreter der E. sich ausdrücklich von dieser Bez. distanziert haben. Kennzeichen aller E. ist die Deutung menschl. Existenz als letztes, unhintergehbares Sein, bestimmt durch seine Faktizität, seine wesentl. Endlichkeit (Sein zum Tode) und Geschichtlichkeit (Zeitlichkeit), seine Freiheit und Möglichkeit, die es nicht nur *hat*, sondern als die es als existierendes Wesen *ist*, aufgrund deren es sich verlieren oder aber sich selbst finden kann. Dies wird allerdings bei den einzelnen Vertretern z. T. sehr unterschiedlich ausgelegt. Primär erschlossen wird die mit rationalen Mitteln nicht auslotbare Existenz durch Stimmungen wie Angst, Ekel oder Langeweile oder bei K. Jaspers im Durchgang durch Grenzsituationen des Scheiterns. Gemeinsam ist aller E. ferner die Auffassung der Existenz als dynam. Seinsvollzug, in dem der Mensch sich entwerfend zu dem macht, was er zu sein hat oder sein will, in der Absetzung von der traditionellen Seinsphilosophie, die dem menschl. Lebensvollzug ein unveränderl., stat. normatives Wesen verordnete. Hinsichtlich des Verhältnisses von Existenz und Gott bzw. Transzendenz differieren die einzelnen Positionen erheblich: Während für Jaspers, G. Marcel und P. Wust im Anschluss an S. Kierkegaard das Verhältnis zur Transzendenz konstitutiv für das Innewerden der Existenz ist, vertreten die Existenzialisten J.-P. Sartre und A. Camus einen entschiedenen Atheismus. M. Heidegger dagegen klammert die Gottesfrage zunächst aus, da zuerst die umfassendere Seinsfrage zu klären sei; in seinem späteren, seinsgeschichtl. Denken wird sie jedoch Thema. Heute lassen sich im Wesentlichen drei Richtungen der E. unterscheiden, deren Hauptvertreter Jaspers (**Philosophie der möglichen Existenz**), Heidegger (**Existenzialontologie**), Sartre und Camus (**Existenzialismus**) sind.

Als Stammvater aller E. gilt der dän. Philosoph Kierkegaard, der dem Begriff Existenz seinen spezifisch neuzeitl. Sinn verliehen hat und dessen gesamtes Werk von einem religiösen, »existenziellen Denken« (d. h. einem auf das Selbstverhältnis und die Selbsterfahrung des Menschen in seiner konkreten Existenz gegründeten Denken) getragen ist. Er fordert den »subjektiven Denker«, der an seinem Gegenstand »unendlich interessiert« ist und entsprechend verantwortlich handelnd für ihn eintritt, in Opposition zu G. W. F. Hegels – in seinen Augen – abstraktem, objektivem, wiss. Denken, das seinem Gegenstand unbeteiligt gegenüberstehe. Im Unterschied zu den objektiven Wahrheiten sind existenzielle Wahrheiten nicht lehrbar. Kierkegaard schreibt als »religiöser Schriftsteller«, der seine Leser existenziell betreffen und zum Christwerden führen will. Da er in seiner Funktion als Schriftsteller nicht unmittelbarer, originär berufener Glaubenszeuge ist, wählt er die Form indirekter Mitteilung und verbirgt sich als religiös engagierter Mensch hinter zahlr. Pseudonymen. Existenz fasst er als Verhältnis zu sich selbst und darin zu Gott und kennzeichnet sie mittels seiner existenzdialekt. Methode (die sich von Hegels spekulativer Geistdialektik abhebt) durch die Aufgabe, Gegensätze im Existenzvollzug synthetisch vermitteln zu müssen: Unendlichkeit und Endlichkeit (Vermittlung durch Konkretheit), Möglichkeit und Notwendigkeit (Freiheit), Ewigkeit und Zeitlichkeit (Augenblick), Idealität und Realität (Bewusstsein) sowie Allgemeinheit und Einzelheit (Selbst). Die Verzweiflung, z. B. in der Gestalt des Nicht-selbst-sein-Wollens, die eine »Krankheit zum Tode« ist, kann durch den das Selbst von der Verzweiflung befreienden »Sprung« in den christl. Glauben überwunden werden.

Jaspers gebrauchte zwar in Vorlesungen der 1920er-Jahre bis Mitte der 1930er-Jahre nach eigener Auskunft mehrfach den Terminus E. zur Kennzeichnung seines sowie des kierkegaardschen Philosophierens, ließ ihn jedoch, als er sich zum Titel einer ganzen Strömung ausgeweitet hatte, fallen, um sich von Heideggers ontolog. Denken sowie vom frz. Existenzialismus abzugrenzen. Jaspers' Anliegen lässt sich als »Philosophie der mögl. Existenz« charakterisieren, in deren Zentrum die Freiheit steht. Menschsein geht Jaspers zufolge weder im objektiven Wissen noch im objektivierten Glauben auf, vielmehr entspringt Existenz aus der Freiheit und dem Innewerden der Mög-

Søren Kierkegaards existenzphilosophische Bestimmung der Verzweiflung im Selbst

Aus der Schrift »Die Krankheit zum Tode« (1849)

Erster Abschnitt »Die Krankheit zum Tode ist Verzweiflung«

Verzweiflung ist eine Krankheit im Geist, im Selbst, und kann somit ein Dreifaches sein: verzweifelt sich nicht bewußt sein[,] ein Selbst zu haben (uneigentliche Verzweiflung); verzweifelt nicht man selbst sein wollen; verzweifelt man selbst sein wollen. […]

Gleich wie der Arzt wohl sagen muß, es lebe vielleicht kein einziger Mensch[,] der ganz gesund sei, ebenso müßte man, wo man den Menschen recht kennte, sagen, es lebe da kein einziger Mensch, ohne daß er denn doch ein bißchen verzweifelt sei, ohne daß da doch tief im Innersten eine Unruhe wohne, ein Unfriede, eine Disharmonie, eine Angst vor einem unbekannten Etwas, oder vor einem Etwas, mit dem er es nicht einmal sich getraut Bekanntschaft zu stiften, eine Angst vor einer Daseinsmöglichkeit oder eine Angst vor sich selber, so daß er doch (wie der Arzt davon spricht[,] daß einer mit einer Krankheit im Leibe herumgehe) mit einer Krankheit herumgeht, dahingeht und an einer Krankheit des Geistes trägt, welche gelegentlich aufzuckend, in und mit einer ihm selbst unerklärlichen Angst, sich bemerklich macht, daß sie da innen sitzt. […]

Der Unendlichkeit ermangeln ist verzweifelte Begrenztheit, Borniertheit. Hierbei ist jedoch natürlich allein im ethischen Sinne die Rede von Borniertheit und Beschränktheit. […] Die verzweifelte Borniertheit besteht im Mangel an Ursprünglichkeit oder darin[,] daß man sich seiner Ursprünglichkeit beraubt hat, daß man, geistig verstanden, sich selber entmannt hat. Ein jeder Mensch ist nämlich mit Ursprünglichkeit angelegt als ein Selbst, dazu bestimmt[,] er selbst zu werden; und freilich ist ein jedes Selbst als solches voller Kanten, doch daraus folgt nur, daß es zugeschliffen, nicht daß es abgeschliffen werden soll, nicht daß es aus Menschenfurcht es ganz aufgeben soll, es selbst zu sein […]. Indes während die eine Art von Verzweiflung irrsteuert in das Unendliche und sich selbst verliert, läßt eine andre Art von Verzweiflung sich ihr Selbst gleichsam ablisten von »den andern«. Indem er die vielen Menschen um sich sieht, indem er emsig zu tun hat mit allerlei weltlichen Angelegenheiten, indem er sich darauf verstehen lernt, wie es in der Welt zugeht, vergißt ein solcher Mensch da sich selbst, […] findet es allzu gewagt[,] er selbst zu sein, und weit leichter und sicherer so zu sein wie die andern, eine Nachäffung zu werden, eine Ziffer zu werden, mit in der Menge. […] Hier gibt es keinen Aufenthalt, keine Schwierigkeit mit seinem Selbst und dessen Verunendlichung, er ist abgeschliffen wie ein rollender Kiesel, kursfähig wie eine gangbare Münze. Es ist so weit davon, daß ihn jemand für verzweifelt ansähe, daß er vielmehr gerade ein Mensch ist[,] wie es sich schickt.

S. Kierkegaard: Die Krankheit zum Tode, in: ders.: Gesammelte Werke, hg. v. E. Hirsch u. H. Gerdes, Abt. 24/25, a. d. Dän. übers. v. E. Hirsch, Nachdr. der Ausg. v. 1954 (Simmerath: Grevenberg Verlag), S. 8, 18, 29 f.

lichkeiten des »Sichausbleibens« und »Sich-geschenkt-Werdens« im Verhältnis zur Transzendenz und kann nur in Freiheit verwirklicht werden. Nach dem Scheitern der rational-wiss. Weltorientierung in der Erfahrung von Grenzsituationen (Tod, Schuld, Leid) bleibt nur der Appell an den Einzelnen in seiner Freiheit, seine mögl. Existenz zu ergreifen. Deren Kennzeichen Kommunikation, Geschichtlichkeit, Freiheit, absolutes Bewusstsein und inneres Handeln vergegenwärtigt Jaspers mit seiner Methode zur Existenzerhellung.

Heidegger, dessen erstes Hauptwerk »Sein und Zeit« (1927) unmittelbar nach seinem Erscheinen als Grundbuch der E. gelesen wurde, verwahrte sich von Anfang an gegen eine Interpretation seines Werkes als einer E., da es ihm primär um das Sein überhaupt geht

Existenzphilosophie: Titelblatt der Erstausgabe von Jean-Paul Sartres Schrift »Der Existentialismus ist ein Humanismus« (1946)

und nicht um das menschl. Sein für sich genommen, auch wenn der Analytik des Daseins oder der Existenz bei der Erschließung des »Sinnes von Sein« eine zentrale Rolle zukommt. HEIDEGGER verankert alles inhaltlich Existentielle fundamentalontologisch in den Strukturen der Seinsverfassung der Menschen (→Existenzialien), zu denen das nur diesen Wesen eigneende Verständnis von Sein (als Selbst- und Weltverständnis) gehört. Ausgehend von der durchschnittl. Alltäglichkeit arbeitet HEIDEGGER mittels seiner Methode einer hermeneut. Phänomenologie die in der Alltäglichkeit verstellten Grundstrukturen des Daseins heraus, deren Seinsausdruck »Sorge« und deren Seinssinn »Zeitlichkeit« ist. Im »Brief über den Humanismus« (1947), in dem er sich scharf von SARTRES Existenzialismus abgrenzt, verdeutlicht HEIDEGGER Existenz mit der Wortneuschöpfung »Ek-sistenz«, d. h. als »Hin-aus-stehen in die Wahrheit oder Offenbarkeit des Seins«; damit soll die Zusammengehörigkeit von Mensch und Sein bezeichnet werden.

Von SARTRE und CAMUS ging, bes. in Paris nach dem Zweiten Weltkrieg, eine Bewegung aus, die v. a. bei der jüngeren Generation Anklang fand, zeitweise auch deren Lebensstil bis hin zur (schwarzen) Kleidung beeinflusste und die sich auch in der →französischen Literatur dieser Zeit niedergeschlagen hat. Diese frz. Spielart der E., die sich selbst Existenzialismus nannte, wurde getragen von der Erfahrung der Absurdität des Daseins sowie dem Grundsatz, dass die Existenz der Essenz vorangeht. Das meint: Der Mensch ist aufgrund seiner Seinsverfassung als Existenz und der dazugehörigen Freiheit dazu verurteilt, sein Wesen zu entwerfen und verantwortlich handelnd zu übernehmen. Der Existenzialismus versteht sich zum einen als Atheismus, dem zufolge es keinen Gott geben darf, damit die radikale Freiheit des Menschen gewahrt bleibt, zum anderen als Humanismus, der keine andere Wirklichkeit als die des Menschen anerkennt. Literatur wurde als Medium verstanden, philosoph., polit. und eth. Einstellungen kommunizierbar zu machen; SARTRE und SIMONE DE BEAUVOIR traten dabei für eine engagierte Auseinandersetzung mit aktuell-polit. Fragen ein (Littérature engagée). In seinem Spätwerk versuchte SARTRE eine Verbindung von Existenzialismus und Marxismus.

Entschieden christl. Deutungen der Existenz vertraten G. MARCEL, der sich ebenfalls von der Klassifizierung seines Denkens als E. distanzierte, und P. WUST, der sein Philosophieren als E. bezeichnete (»Der Mensch u. die Philosophie«, 1946). – Weitere Ausbreitung erfuhr die E. in Italien durch N. ABBAGNANO, in Spanien durch M. DE UNAMUNO Y JUGO und im russ. Sprachraum durch L. SCHESTOW und N. A. BERDJAJEW.

Die Gedanken der E. haben weit über den Bereich der Philosophie hinaus gewirkt. In der Literatur finden sich existenzphilosoph. Themen bereits im 19. Jh. (F. M. DOSTOJEWSKI) und zu Beginn des 20. Jh. (R. M. RILKE, F. KAFKA); nach dem Zweiten Weltkrieg erlangte der frz. Existenzialismus durch die Romane, Erzählungen und Dramen von SARTRE, CAMUS und SIMONE DE BEAUVOIR weltweite Bekanntheit. Für den Bereich der Pädagogik forderte O. F. BOLLNOW eine Ergänzung der traditionellen Stetigkeitspädagogik durch die Einbeziehung von unstetigen Formen der Erziehung wie z. B. Krise, Erweckung, Ermahnung und Begegnung. In der Theologie schließt vornehmlich die Richtung der →dialektischen Theologie (K. BARTH, R. BULTMANN) an die E. an, auf kath. Seite bes. K. RAHNER.

L. GABRIEL: E. (²1968); H. FAHRENBACH: E. u. Ethik (1970); K. JASPERS: E. (⁴1974); W. JANKE: E. (1982); S. KIERKEGAARD: Der Begriff Angst (a. d. Dän., Neuausg. 1984); DERS.: Die Krankheit zum Tode (a. d. Dän., Neuausg. 1984); MAX MÜLLER: E. (⁴1986); K. JASPERS: Vernunft u. Existenz (⁴1987); J.-P. SARTRE: Ist der Existentialismus ein Humanismus? (a. d. Frz., Neuausg. 1989); H. ARENDT: Was ist E. (1990); F. ZIMMERMANN: Einf. in die E. (³1992); M. HEIDEGGER: Sein u. Zeit (¹⁸2001); A. CAMUS: Der Mythos v. Sisyphos (a. d. Frz., Neuausg. ⁵2003); J.-P. SARTRE: Das Sein u. das Nichts. Versuch einer phänomenolog. Ontologie (a. d. Frz., Neuausg. ⁹2003).

Existenzquantor, →Existenzaussage.

Existenzsatz, →Existenzaussage.

existieren [lat. ex(s)istere »hervortreten«, »vorhanden sein«], 1) vorhanden sein, da sein, bestehen; 2) leben, sein Auskommen haben.

Exitus [lat., eigtl. »das Herausgehen«, »Ausgang«] *der, -, Medizin:* Kurzform für **E. letalis,** tödl. Verlauf einer Krankheit oder eines Unfalls.

Exkardination [lat., zu Inkardination gebildet] *die, -/-en, kath. Kirche:* die Entlassung eines Klerikers aus dem zuständigen Diözesanverband, die aber nur unter der Voraussetzung der Aufnahme (Inkardination) in eine andere Diözese oder des Eintritts in eine Ordensgemeinschaft erteilt und wirksam werden kann.

Exkavation [lat. »Aushöhlung«] *die, -/-en, Anatomie:* Ausbuchtung oder Aushöhlung, z. B. die **Excavatio rectouterina** (der →Douglas-Raum) oder die **Excavatio disci,** die Vertiefung der Sehnervpapille im Auge (krankhaft verändert bei Glaukom).

Exklamation [lat.] *die, -/-en,* Ausruf, eine rhetor. Figur, z. B. »Hoch soll er leben, dreimal hoch!«.

Exklamativsatz, Ausrufesatz, in der Form einer Aufforderung, Frage oder Aussage formulierter Satz, in dem die emotionale Beteiligung des Sprechers durch Tonfall oder Wortwahl (z. B. Modalpartikel, Interjektionen, auch Negation) markiert ist, z. B. »Das ist vielleicht schade!«, »Was du nicht sagst!«.

Exklave [zu Enklave gebildet] *die, -/-n,* →Enklave.

Exklusion [lat.] *die, -/-en,*
1) *veraltet* für: Ausschließung.
2) *Logik:* Zwei Aussagen *A* und *B* stehen zueinander in der Beziehung der E., wenn aus der Wahrheit der einen folgt, dass die andere nicht wahr sein kann. In der klass. Logik sprach man in diesem Fall von einem **konträren Gegensatz** (→logisches Quadrat). Die Aussagenlogik formuliert die E. mithilfe des →Sheffer-Strichs: *A* | *B* (gelesen: »*A* und *B* sind nicht beide wahr.«). 1913 entdeckte Henry Maurice Sheffer (*1882, †1964), dass sich mithilfe der E. alle anderen Junktoren der Aussagenlogik darstellen lassen.

exklusiv [zu lat. excludere, exclusum »ausschließen«], *bildungssprachlich* für: 1) sich gesellschaftlich abschließend, abhebend (und daher hoch stehend in der allg. Wert- und Rangeinschätzung); 2) höchsten Ansprüchen genügend, vorzüglich; 3) ausschließlich einem bestimmten Personenkreis oder bestimmten Dingen, Zwecken vorbehalten, nicht allen zugänglich.

exklusive, ohne, ausschließlich, mit Ausschluss (von); Ggs.: inklusive.

Exklusive [lat.] *die, -,* der seit dem 17. Jh. erhobene Anspruch kath. Souveräne, bei der Papstwahl einen Kandidaten als nicht genehm auszuschließen; zum letzten Mal ausgeübt vom Kaiser von Österreich 1903 gegen Kardinal M. Rampolla del Tindaro; von Pius X. 1904 abgeschafft.

Exklusiv-ODER, *Schaltalgebra:* die →EXOR-Verknüpfung.

Exkochleation [zu lat. cochlea »Schnecke«] *die, -/-en,* operativer Eingriff, die Auskratzung von krankhaft verändertem Gewebe mit einem scharfen, löffelartigen Instrument.

Exkommunikation [lat.] *die, -/-en,* im kath. Kirchenrecht die Beugestrafe, der strafweise, aber keineswegs totale Ausschluss eines Kirchenangehörigen aus der Gemeinschaft der Gläubigen (nicht aus der Mitgliedschaft der Kirche) mit kirchenrechtlich im Einzelnen geregelten Wirkungen v. a. geistl. Art (z. B. Ausschluss vom Gottesdienst und von den Sakramenten). Die E. (Anathema) ist immer einstweilig, da der Exkommunizierte nach Aufgabe seiner »verstockten« Haltung einen Rechtsanspruch auf Lossprechung von der E. hat.

Exkoriation [zu lat. excoriare »abhäuten«] *die, -/-en,* eine bis in die Lederhaut reichende →Hautabschürfung.

Exkremente [lat.], *Sg.* Exkrement *das, -(e)s,* vom menschl. und tier. Körper nicht weiter verwertbare, ausgeschiedene Stoffe; i. e. S. der →Kot.

Exkretion [lat., zu excernere, excretum »aussondern«, »ausscheiden«] *die, -/-en,* **Ausscheidung, Absonderung,** i. w. S. bei Pflanzen, Mensch und Tieren die Ausscheidung aller nicht nutzbaren oder auch schädl. Stoffe **(Exkrete)** aus dem Organismus; dies sind z. B. neben dem bei der Atmung abgegebenen Kohlendioxid Endprodukte des Proteinstoffwechsels, Fremdsubstanzen (z. B. Pharmaka) sowie überschüssige Stoffe (u. a. Nährstoffe, Minerale). E. findet im einfachsten Fall durch Ausscheidung über die Körperoberfläche (z. B. Haut) statt, bei wasserlebenden Tieren auch über die Kiemen, oder aber mittels spezieller E.-Organe oder -gewebe. E. muss nicht in jedem Fall Ausscheidung bedeuten, Exkrete können auch innerhalb des Organismus gespeichert werden.

Exkrete bei Pflanzen sind aus dem Protoplasma ausgeschiedene feste, flüssige oder gasförmige Stoffe, die innerhalb des Pflanzenkörpers oder auf seiner Oberfläche abgelagert, ausgeschieden oder entlassen werden (→ Ausscheidungsgewebe). Exkrete, die von →Sekreten und →Rekreten unterschieden werden, sind nicht mehr verwertbare Stoffwechselendprodukte, z. B. Gärungsprodukte wie Alkohol, Essig- und Milchsäure, Harze, äther. Öle, Alkaloide, Gerbstoffe, Schleime oder auch Entgiftungsprodukte wie Oxalate, die als Kristalle in Zellen abgelagert werden.

Bei Mensch und Tieren versteht man unter E. die Ausscheidung v. a. stickstoffhaltiger Endprodukte des Stoffwechsels. Sie ist eng verknüpft mit dem Wasser- und Mineralhaushalt sowie der →Osmoregulation, da viele der durch E. ausgeschiedenen Substanzen die osmot. Verhältnisse im extra- und intrazellulären Raum beeinflussen. Mechanismen, über die die E. abläuft, sind →Diffusion, →aktiver Transport (Sekretion und Resorption bestimmter Ionen oder Moleküle) sowie →Filtration (meist Primärharnbildung). Nach den drei Hauptausscheidungsformen für stickstoffhaltige Verbindungen wird unterschieden zw. ammonotel. (Ammoniakausscheider, z. B. viele Weichtiere, Krebse, Knochenfische, Amphibienlarven), uretol. (Harnstoffausscheider, z. B. alle Säugetiere und der Mensch) sowie uricotel. Lebewesen (Harnsäureausscheider, z. B. Eidechsen, Vögel, einige Schildkröten). Die Form der Stickstoffausscheidung hängt, ebenso wie die produzierte Harnmenge und die Konzentration der Ausscheidungsprodukte, eng mit der Lebensweise zusammen.

Als Urformen der E.-Organe können die z. B. bei Schlauchwürmern, Gnathifera-Stämmen (u. a. Rädertiere), vielen Larvenformen, aber auch dem Lanzettfischchen vorkommenden Protonephridien bezeichnet werden: sich verzweigende Kanäle, die nach außen führen und nach innen durch eine Terminalzelle abgeschlossen sind. Die Metanephridien z. B. bei Ringelwürmern, Gliederfüßern und Weichtieren bilden ebenfalls einen ausführenden Kanal, jedoch mit einer (oft mit Wimpertrichter ausgestatteten) Öffnung nach innen in die Zölomräume. Umgewandelte Metanephridien sind die **Antennen-** oder **Maxillendrüsen** der Krebse.

Auch die →Niere der Wirbeltiere ist auf das Bauprinzip des Metanephridiums zurückzuführen, nicht dagegen sind es die →Malpighi-Gefäße der Insekten, die als spezialisierte Mitteldarmausstülpungen aufzufassen sind. Neben anderen E.-Organen gibt es auch spezialisierte Zellen, die dem Transport der Exkrete zu E.-Organen oder Speichergeweben oder über Phagozytose direkt der E. dienen, sowie spezialisierte Organellen, z. B. die kontraktilen (»pulsierenden«) Vakuolen der im Süßwasser lebenden Einzeller.

exkretorisch, die Exkretion betreffend, ausscheidend, absondernd.

Exkulpation [mlat. »Schuldbefreiung«] *die, -/-en, bildungssprachlich* für: (Selbst-)Entlastung vom Vorwurf des Verschuldens; Rechtfertigung.

Exkurs [lat.] *der, -es/-e,* Erörterung in Form einer bewussten Abschweifung vom eigentl. Thema; auch: in sich geschlossene Behandlung eines Nebenthemas in wiss. oder epischen Werken (als Anhang oder Einschub in den Text).

Exkursion [frz., von lat. excursio »Streifzug«, eigtl. »das Herauslaufen«] *die, -/-en,* Gruppenausflug zu wiss. oder Bildungszwecken.

Exl-Bühne, 1902 von FERDINAND (*1875, †1942) und ANNA EXL (*1882, †1955) in Tirol gegründetes, durch hervorragende Spiel- und Ensemblekunst international bekannt gewordenes Theater, das Volks- und Bauernstücke aufführte (L. ANZENGRUBER, K. SCHÖNHERR, F. KRANEWITTER).

Exlibris [lat. »aus den Büchern«] *das, -/-,* grafisch gestalteter Besitzervermerk in Zettelform, der auf die Innenseite von Bucheinbänden geklebt wird und oft das Monogramm und Wappen des Besitzers zeigt. Die dazugehörigen Worte »ex libris« wurden zur Bez. für das Bucheignerzeichen selbst. Der künstler. Schmuck spiegelt den Zeitgeschmack wider und zeigt häufig Motive aus dem Lebensbereich des Besitzers. – Das **Supralibros** (Super-E.) ist ein Bucheignerzeichen, das auf den äußeren Bucheinband geprägt ist; das **Donatoren-E.** bezeichnet nicht den Eigner, sondern den Stifter des Buches (Geschenk an eine Bibliothek oder ein Kloster).

Exlibris:
Alfred Kubin, Exlibris Kurt Otte (1923)

Die frühesten im Druckverfahren hergestellten E. stammen aus dem letzten Jahrzehnt des 15. Jh. A. DÜRER entwarf E. für Nürnberger Patrizier. Im Barock wurde der Holzschnitt durch den Kupferstich verdrängt. Im 18. Jh. schufen bes. frz. und dt. Stecher hochwertige Arbeiten. In England entstanden neben Wappenstichen zahlr. lineare Zeichnungen (u. a. von W. CRANE). Hervorragende E. wurden auch von dt. Malern und Grafikern des 19. und 20. Jh. entworfen (L. RICHTER, H. THOMA, M. KLINGER, O. HUPP, O. ECKMANN, O. GREINER, E. ORLIK, H. VOGELER, E. M. ENGERT) und sind heute begehrte Sammelobjekte.

Bedeutende öffentl. E.-Sammlungen besitzen u. a. die British Library in London, die Österr. Nationalbibliothek in Wien, die Staatsbibliothek zu Berlin – Preuß. Kulturbesitz, das Buch- und Schriftmuseum der Dt. Bücherei in Leipzig und das Gutenberg-Museum in Mainz.

 E. 1000 Beispiele aus 5 Jh., bearb. v. S. WOLF (²1993); Lex. der E.-Künstler, hg. v. M. NEUREITER (1998); G. BLUM u. a.: Das E. des 20. Jh. in Europa, 2 Bde. (2000–01).

Exmatrikulation [zu lat. ex... und Matrikel] *die, -/-en,* Ausscheiden eines Studenten aus der Hochschule, in der er sich eingeschrieben (immatrikuliert) hatte; wird durch die **Exmatrikel** bestätigt.

Exmission [lat., zu e(x)mittere, e(x)missum »fortschicken«, »hinauswerfen«] *die, -/-en, bildungssprachlich* für: Zwangsräumung, (gerichtl.) Ausweisung aus einem Haus oder Grundstück.

Exmoor, Exmoor Forest [ˈeksmʊə ˈfɔrɪst], Hochplateau (bis 520 m ü. M.) in SW-England, aufgebaut aus devon. Sandsteinen, fällt mit hohen Kliffs zum Bristolkanal ab, ausgedehnte Heidemoore; seit 1954 Nationalpark (686 km²).

Exmoorpony [ˈeksmʊə-], Pferderasse aus S-England (Stockmaß etwa 120 cm); dunkelbraun mit hellen Bauch- und Beininnenseiten und Mehlmaul, schwarze Mähnen- und Schweifbehaarung.

Exmouth [ˈeksmaʊθ], Seebad in der Cty. Devon, SW-England, am Ärmelkanal, an der O-Seite des Exeästuars, 29 600 Ew.; Fremdenverkehr; Jachthafen.

Exner, Franz, österr. Physiker, *Wien 24. 3. 1849, †ebd. 15. 11. 1926; ab 1879 Prof. in Wien; begründete die wiss. Erforschung der Luftelektrizität und befasste sich bes. mit Spektralanalyse, Kolorimetrie und Farbenlehre (u. a. mit der Theorie des Farbensehens) sowie mit Elektrochemie (u. a. mit Elektrodenprozessen).

Werk: Die Spektren der Elemente bei normalem Druck, 3 Bde. (1911/12; mit E. HASCHEK).

Exner-Ewarten, Felix Maria von, österr. Meteorologe und Physiker, *Wien 23. 8. 1876, †ebd. 7. 2. 1930; war 1910–17 Prof. in Innsbruck, danach Prof. in Wien und Direktor der dortigen Zentralanstalt für Meteorologie und Geodynamik; begründete die dynam. Meteorologie und wendete als einer der Ersten die Korrelationsrechnung in der Meteorologie an.

Exner-Spirale [nach dem österr. Physiologen SIGMUND EXNER-EWARTEN, *1846, †1926], auf einer weißen Scheibe schwarz aufgezeichnete (archimed.) Spirale, die bei Rotation je nach Drehrichtung den Eindruck des Auseinander- oder Zusammenlaufens erzeugt (Bewegungstäuschung). Bei Stillstand der Scheibe (nach einer Rotation) wird ein gegenläufiges Nachbild wahrgenommen (Bewegungsnachbild). Die E.-S. ermöglicht die Demonstration des negativen Nachbildes, das nach längerer Beanspruchung der Netzhaut durch eine Reizkonfiguration auftritt und vermutlich durch notwendige Regenerationsprozesse in den Netzhautzellen hervorgerufen wird.

ex nihilo nihil (fit) [lat. »aus nichts (entsteht) nichts«], von MELISSOS, LUKREZ u. a. formulierte philosoph. These, die die Ewigkeit aller Dinge behauptet und im Ggs. zu der Lehre von der Schöpfung (→ Creatio ex nihilo) steht.

ex nunc [lat. »aus dem Jetzt«], *Recht:* Bez. dafür, dass die Wirkung einer rechtlich relevanten Handlung, eines Rechtsaktes oder eines Urteils sich von der Vornahme bzw. dem Wirksamwerden an (nur) auf die Zukunft erstreckt, z. B. bei der Kündigung, die die Wirksamkeit des Vertrages in der Vergangenheit unberührt lässt. Im Ggs. dazu bedeutet **ex tunc** (lat. »aus dem Damals«), dass die Wirkungen nicht nur für die Zukunft, sondern rückwirkend eintreten, sodass z. B. bei der Anfechtung die angefochtene Willenserklärung bzw. der darauf beruhende Vertrag von Anfang an unwirksam ist und nicht erst vom Zugang der Anfechtungserklärung an.

exo... [griech. éxō »außen«, »draußen«], Präfix mit den Bedeutungen: 1) außen, außerhalb, z. B. Exokarp;

Exmoor: Exmoor Nationalpark bei Lynton (Devon)

2) nach außen gerichtet, z. B. exokrin; 3) von außen kommend, z. B. exogen.

Exobiologie, →Kosmobiologie.

Exocet [frz. ɛgzɔˈsɛ, engl. ˈeksəʊset] *die, -/-s,* in Frankreich entwickelter Seezielflugkörper mit Feststoffantrieb (Reichweite je nach Angriffshöhe des Flugzeuges von 50 bis 70 km), der als Luft-Schiff-Version AM 39 im Falklandkrieg 1982 bekannt wurde, als argentin. Kampfflugzeuge im Mai 1982 den brit. Zerstörer Sheffield versenkten. Die u. a. bei der Dt. Marine eingeführte Schiff-Schiff-Version MM 38 (Länge 5,20 m, Durchmesser 35 cm, Gewicht 735 kg, Gefechtskopf 165 kg, Geschwindigkeit etwa 0,9 Mach) hat eine Reichweite von rd. 37 km.

Die sehr zielgenaue E. (Treffsicherheit 95 %) steuert ihr Ziel zunächst mithilfe der vom Bediener in den Flugkörpercomputer eingegebenen Zieldaten (Richtung und Entfernung des Ziels) an, ab einer gewissen Entfernung dann selbsttätig mithilfe eines Radarzielsuchkopfes. Durch die extrem niedrige Flughöhe von wenigen Metern über dem Meeresspiegel entzieht sich die E. der gegner. Radarortung und damit einer frühzeitigen Bekämpfung durch weit reichende Abwehrwaffen. Erst in der Endanflugphase, d. h. auf Sicht, ist eine Bekämpfung möglich, was jedoch reaktionsschnelle Abwehrsysteme erfordert.

Exocoetidae, die →Fliegenden Fische.

Exocytose, Form der →Cytose; dient dem Transport fester oder flüssiger Stoffe aus dem Zellinneren nach außen. Frei im Zytoplasma liegende Partikel werden von der Zellmembran umschlossen und nach außen abgegeben (z. B. bei der Sekretion von Hormonen). Bei bereits in der Zelle in Vesikeln verpackten Partikeln (z. B. unverdaul. Nahrungsreste in den Nahrungsvakuolen der Einzeller) verschmilzt die Vesikelmembran bei Abgabe des Partikels nach außen mit der Zellmembran.

Exodermis [zu exo... und griech. *dérma* »Haut«] *die, -/...men,* die unter der →Rhizodermis der Wurzelspitze gelegene Zellschicht, die beim Absterben der Wurzelhaare durch Verkorkung zum sekundären Abschlussgewebe der Wurzel wird. Einige Zellen bleiben un- oder kaum verkorkt (die **Durchlasszellen**) und ermöglichen somit eine Aufnahme von Wasser und Nährsalzen auch oberhalb der Wurzelhaarzone.

Exodos [griech. »Ausgang«, »Auszug«] *der, -/...doi,* das Auszugslied des Chors in der griech. Tragödie, auch der Schlussteil der Tragödie.

Exodus [lat. »Ausgang«, »Auszug«] *der, -/-se,*
 1) *bildungssprachlich* für: Auszug, Abwanderung (einer Gesamtheit).
 2) *Bibel:* in der Vulgata (zurückgehend auf die griech. Bibel [Septuaginta]) Bez. für das zweite Buch des Pentateuch (2. Mos.). Das Buch E. gliedert sich in: Darstellung der Errettung aus Ägypten (2. Mos. 1–15) mit der Schilderung der Not (2. Mos. 1–11; einschließlich Moses' Jugend und Berufung und der →ägyptischen Plagen), der Rettung (2. Mos. 12–14; einschließlich Passah und Auszug) und dem Lob der Befreiung (2. Mos. 15; Mose- und Mirjamlied [→Mirjam]), Teile der Kadesch-Überlieferung (2. Mos. 15, 22 bis 2. Mos. 18 [vgl. auch 4. Mos.]) und Teile der Sinai-Perikope (2. Mos. 19; 24; 32–34) mit vielfältigem gesetzl. Material aus verschiedensten Quellen (2. Mos. 20, 1–17; 20, 22–23, 33; 25–31 und 35–40 [vgl. auch 3. und 4. Mos.]).

Exo|elektronen, Elektronen geringer Energie (etwa 1 eV), die ohne äußere Energiezufuhr aus frisch aufgedampften oder polierten Metalloberflächen austreten. Die für die Elektronenemission erforderl. Energie (Austrittsarbeit) wird von an der Oberfläche unter der Einwirkung von Sauerstoff oder Jod ablaufenden exothermen chem. Prozessen geliefert.

ex officio [lat.], Abk. **e. o.,** von Amts wegen, amtlich, kraft Amtes.

Exogamie [zu exo... und griech. *gameĩn* »heiraten«] *die, -,* eine Heiratsordnung (→Heirat), die im Ggs. zur →Endogamie Heiraten innerhalb derselben Gruppe verbietet und vorschreibt, dass die Ehepartner aus versch. Gruppen kommen müssen. Die Gruppen werden dadurch dauerhaft aneinander gebunden (→Konnubium). E.-Regelungen sind in Gesellschaften der Naturvölker sehr häufig und gelten Völkerkundlern

Exog exogen

seit längerer Zeit als Schlüssel zum Verständnis ihrer Gesellschaftsstrukturen.
◆ R. Fox: Kinship and marriage (Harmondsworth 1967; Nachdr. Cambridge u. a. 2001).

exogen [zu exo... und griech. -genēs »verursachend«],
1) allg.: von außen kommend, außerhalb entstehend. – Ggs.: endogen.
2) Biologie und *Medizin:* 1) Bez. für von außen einwirkende oder zugeführte Faktoren, z. B. Umweltbedingungen; exogene Verbindungen sind solche, die von der Zelle aufgenommen werden und nicht in ihr selbst erzeugt wurden; 2) in äußeren Zellschichten entstanden, z. B. von Seitentrieben gesagt.
3) Geowissenschaften: **außenbürtig,** auf Kräften beruhend, die von außen auf die Erdkruste einwirken (z. B. Wasser, Wind, Gletscher, Organismen); exogen bestimmte Vorgänge sind u. a. Verwitterung, Abtragung, Ablagerung, Bodenbildung.
4) Psychologie: durch äußere Einflüsse (z. B. Umwelteinflüsse, Erziehung) bestimmt, nicht genetisch bedingt.
5) Wirtschaftswissenschaften: **exogene Größen,** Bez. für Sachverhalte, die Auswirkungen auf den Wirtschaftsprozess haben, aber nicht selbst von diesem beeinflusst werden, sondern als Element der wirtschaftl. Rahmenbedingungen vom polit. Sektor oder anderen gesellschaftl. Einheiten außerhalb des wirtschaftl. Bereichs gesetzt werden. Sie stehen im Ggs. zu **endogenen Größen,** die sich aus dem Ablauf des Wirtschaftsprozesses ergeben und diesen auch wieder beeinflussen. Welche Faktoren in ökonom. Modellen als e. betrachtet werden, hängt insbes. vom Untersuchungsgegenstand ab. Mit der Festlegung von Variablen als e. kann die Komplexität eines Modells verringert werden.

Exoplanet:
Das erste Foto eines Exoplaneten (Mai 2005); der Gasriese (unten links) ist fast doppelt so weit von seinem Zentralstern entfernt wie der Neptun von der Sonne. In der Entfernung von 228 Lj entspricht der Winkelabstand von 0,778'' dem linearen Abstand von 55 AE.

Exogyren [zu exo... und griech. gỹros »Kreis«] *Pl.,* **Exogyra,** ausgestorbene Gattung der Austern, vom Jura bis zur Oberkreide; Schalen mit spiralförmigem, nach der Seite gekrümmtem Wirbel, linke Schale gewölbt, rechte Schale deckelförmig flach; die Tiere waren in der Jugend festgewachsen, im erwachsenen Zustand frei beweglich; versch. Arten sind wichtige Leitfossilien (bes. in der Kreide).

Exokannibalismus, →Kannibalismus.

Exokarp [zu exo... und griech. karpós »Frucht«] *das, -s/-e,* die äußerste Gewebeschicht der pflanzl. →Frucht.

exokrin [zu exo... und griech. krínein »scheiden«, »trennen«], *Physiologie:* nach außen absondernd, z. B. **exokrine Drüsen** (Speicheldrüsen u. a.), Drüsen, die ihre Absonderungsprodukte nach außen oder in Körperhohlräume (Darm, Atemtrakt, Geschlechtswege u. a.) abgeben. – Ggs.: endokrin.

Exokutikula, Teil der →Kutikula der Gliederfüßer.

Exomis [griech.] *die, -/-,* griech. Gewand, Sonderform des Chitons, auf einer Schulter durch eine Spange zusammengehalten; als Arbeitsgewand meist aus grobem Stoff. Die E. typisierte Komödienfiguren.

Exon *das, -s/-e,* Abschnitt eines →Mosaikgens, der als Kopie in reifer RNA vorliegt.

Exonym [zu exo... und griech. ónyma »Name«] *das, -s/-e,* von dem amtl. Namen abweichende, aber in anderen Ländern gebrauchte Ortsnamensform (z. B. dt. *Mailand* für ital. *Milano*).

ex opere operato [lat. »durch die vollzogene Handlung«], in der kath. *Dogmatik* Bez. für die »objektive« Wirkungsweise der →Sakramente aufgrund ihres richtigen Vollzugs, unabhängig von der sittl. »Disposition« des spendenden Priesters.

Exophorie [zu exo... und griech. phoreīn »tragen«] *die, -/...'ri̱en,* latentes Auswärtsschielen; tritt v. a. bei unkorrigierter Kurzsichtigkeit auf. (→Schielen)

Exophthalmus [zu ex... und griech. ophthalmós »Auge«] *der, -,* **Protrusio bulbi,** das abnorme Hervortreten des Augapfels, meist beidseitig bei Schilddrüsenerkrankungen (→Hyperthyreose, →Basedow-Krankheit), überwiegend einseitig bei Entzündungen oder Tumoren der Augenhöhle sowie infolge venöser Stauung durch Thrombose im Auge, pulsierend bei Blutungen aus der Augenschlagader durch Verletzungen; führt u. a. zu Doppelsehen infolge verringerter Beweglichkeit des Augapfels und Austrocknung der Hornhaut (Xerophthalmie) infolge mangelnden Lidschlusses. Zu- und Abnahme des E. werden mit dem **Exophthalmometer,** einem Gerät mit zwei unter 45° gekreuzten Spiegeln, gemessen. Ein scheinbarer E. kann u. a. auch durch Schädelfehlbildungen (z. B. Turmschädel), hochgradige Kurzsichtigkeit (abnorme Länge des Augapfels) oder Vergrößerung des Auges durch unbehandeltes Glaukom hervorgerufen werden.

Exoplanet [zu →exo...] *der,* **extrasolarer Planet,** ein Planet, der außerhalb des Sonnensystems einen Stern umkreist. E. werden i. Allg. durch period. Linienverschiebungen (Doppler-Verschiebung) in den Spektren der umlaufenden Sterne nachgewiesen (→Doppler-Effekt). Beim Umlauf eines Planeten um einen Stern bewegt sich auch dieser um den gemeinsamen Schwerpunkt, was für einen entfernten Beobachter als »Hin-und-her-Pendeln« erscheint. Da bei der Beobachtung von Doppler-Verschiebungen nur die Bewegung längs der Sichtlinie erfasst, d. h. die Radialgeschwindigkeit gemessen wird, und man die Neigung der Bahnebene zur Blickrichtung nicht kennt, bleibt die wahre Bahngeschwindigkeit unbekannt. Deshalb sind auf diese Weise nur Mindestmassen bestimmbar und die endgültige Sicherheit, ob es sich tatsächlich um Planeten handelt, fehlt. In wenigen Fällen konnten E. auch durch die period. Änderung der Sternhelligkeit nachgewiesen werden, also dadurch, dass der Planet die Sichtlinie kreuzte. Bislang (Juni 2005) hat man über 150 Planeten bei 136 Sternen entdeckt, darunter sind 14 Systeme mit mindestens zwei Planeten. Dazu kommt noch ein Pulsar, der von drei, und ein weiterer, der von einem Planeten umkreist wird. Die Pulsarplaneten haben Massen zw. 0,02 und 4,3 Erdmassen und umlaufen den Zentralkörper im Abstand von 0,2 bis 0,46 AE auf kreisähnl. Bahnen. Die übrigen bekannten E. haben Mindestmassen zw. 0,5 und 17,5 Jupitermassen (1 Jupitermasse = 318 Erdmassen). Sie umlaufen ihre Muttersterne in Entfernungen zw. 0,05 und 5,5 AE auf meist stark ellipt. Bahnen. Im Unterschied zum Sonnensystem kommen in den extrasolaren Planetensystemen somit überwiegend aus Gas bestehende Riesenplaneten von der Art des Jupiters sehr nahe am Zentralstern vor.

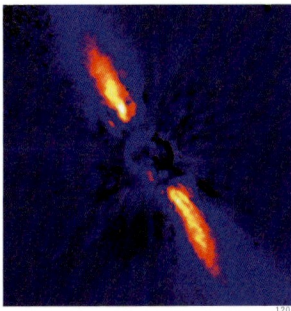

Exoplanet: Die Staubscheibe um den 60 Lj entfernten Stern β Pictoris im Sternbild Malerstaffelei im IR-Bereich; das direkte Sternenlicht wurde blockiert. Der verzerrte innere Bereich ist der indirekte Beweis für die Existenz eines großen Planeten in einer engen Umlaufbahn um den Stern.

Geschichte Die ersten E. überhaupt wurden 1992 von dem Polen ALEKSANDER WOLSZCZAN (*1946) und dem Amerikaner DALE A. FRAIL bei dem Pulsar PSR 1257 + 12 im Sternbild Jungfrau nachgewiesen. 1994 fanden die Schweizer Astronomen MICHEL MAYOR (*1942) und DIDIER QUELOZ (*1966) mit 51 Pegasi b den ersten Planeten bei einem sonnenähnl. Stern.

exorbitant [zu lat. exorbitare »abweichen«, eigtl. »aus dem Gleis springen«], *bildungssprachlich* für: außerordentlich, gewaltig, enorm, ungeheuer.

Exordium [lat. »Anfang«] *das, -s/...dia, Rhetorik:* der durch bestimmte Topoi gekennzeichnete Anfang einer Rede.

ex oriente lux [lat.], aus dem Osten (kommt) das Licht (urspr. auf die Sonne bezogen, dann übertragen auf Christentum und Kultur).

EXOR-Verknüpfung [Abk. für engl. exclusive or »ausschließendes Oder«], **Antivalenzverknüpfung, Exklusiv-ODER,** Grundverknüpfung der →Schaltalgebra. Die elektron. Realisierung einer EXOR-V. mit zwei Eingängen liefert ausgangsseitig nur dann ein aktives Signal, wenn die Eingangssignale versch. →Logikpegel aufweisen.

Exorzismus [von griech. exorkízein »beschwören«] *der, -/...men,* die Beschwörung von Dämonen und Geistern durch Wort und Geste, um sie herbeizuholen, aber auch um sie fern zu halten oder aus von ihnen besessenen Menschen auszutreiben. Der E. will auch dämonisch bedrohte Orte und Gegenstände von Dämonen reinigen. Die mag. Praxis des E. wird meistens ausgeübt von Medizinmännern und Priestern (**Exorzisten**). Alle Volksreligionen, aber auch die Universalreligionen, charismat. und esoter. Gruppen kennen den Exorzismus.

Die kath. Kirche praktiziert den »kleinen« E. bei der Taufe (der traditionell den Charakter der Taufe als Herrschaftswechsel anzeigt) nur noch als Gebet um Befreiung vom Bösen. Der feierl. »Große E.« bei →Besessenheit (nach neutestamentl. Vorbild) darf nur von einem Priester und nur mit Erlaubnis eines Bischofs und nach den von der Kirche aufgestellten Regeln vorgenommen werden. Zuvor sind auch Mediziner (Psychiater) zu konsultieren, denn es muss klar sein, dass es sich wirklich um dämon. Besessenheit und nicht um eine Krankheit handelt (c. 1172 CIC). Grundlage der Durchführung des E. ist das 1614 eingeführte kirchl. E.-Ritual in der 1998 durch Papst JOHANNES PAUL II. approbierten neuen (Erkenntnisse der Psychiatrie und Psychoanalyse berücksichtigenden) Fassung.

In der orthodoxen Kirche wird der E. in der Vollmacht des priesterl. Amtes ausgeübt.

Exosat [Abk. für engl. European Space Agency's X-ray Observatory Satellite], erster europ. Satellit für die astronom. Forschung im Röntgenstrahlbereich mit speziell dafür entwickelten Röntgenteleskopen. Exosat wurde 1983 auf eine stark exzentr. Umlaufbahn gebracht und untersuchte u. a. auch den Weltraum jenseits unseres Milchstraßensystems (Missionsende: April 1986).

Exo|skelett, Ekto|skelett, Außenskelett, im Unterschied zum Endoskelett (z. B. der Wirbeltiere) den Körper umhüllende Skelettbildung mit Stützfunktion, z. B. aus Chitin, Kalk oder Hautknochen; bei vielen Einzellern (Foraminiferen, Flagellaten, Radiolarien, Ciliaten) und mehrzelligen Tieren, hier v. a. bei den Gliederfüßern.

Exosphäre, *Aeronomie:* →Atmosphäre.

Exosporen, Ektosporen, ungeschlechtig von Hyphen (**Konidien**) oder geschlechtig vom Sporangium nach außen abgeschnürte Sporen der Pilze (z. B. Ständerpilzsporen). Bei Bakterien und Cyanobakterien entstehen E. durch Abschnürung aus Zellfäden. – Ggs.: Endosporen.

Exostose [zu ex... und griech. ostéon »Knochen«] *die, -/-n,* gutartiger knöcherner Auswuchs am Knochen, der meist ohne erkennbare Ursache, aber auch nach Verletzungen, mechan. Reizen oder Entzündungen entstehen kann. – Die **Exostosenkrankheit** ist ein autosomal-dominant erbl. Leiden, gekennzeichnet durch zahlreiche E. bes. an den langen Röhrenknochen, die aus knöchernen und knorpeligen Anteilen bestehen (**multiple kartilaginäre E.**). In seltenen Fällen kann es hierbei zu bösartiger Entartung kommen. Die Behandlung erfolgt nur bei Beschwerden oder Funktionsstörungen durch radikale operative Entfernung.

Exot [zu exotisch] *der, -en/-en,* Mensch, Tier oder Pflanze (→exotische Früchte) aus einem fernen (v. a. trop., überseeischen) Land.

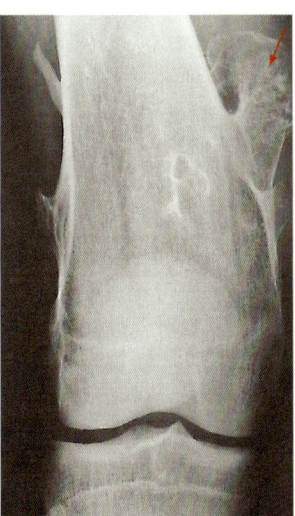

Exostose: Röntgenbild einer pilzförmig wachsenden Exostose (Pfeil) am Oberschenkelknochen

Exot Exotarium

Exotarium [Analogiebildung zu Aquarium] *das,* -s/...*rien,* Anlage (meist in Zoos), in der exot. Tiere in einer ihrem natürl. Lebensraum nachgebildeten Umgebung gehalten und zur Schau gestellt werden.

Exoten, 1) Wertpapiere von Emittenten aus »exot.« Ländern, d. h. kleinen, meist überseeischen Staaten ohne funktionsfähigen Kapitalmarkt; 2) spekulative Werte, die nicht amtlich notiert sind und außerhalb des Freiverkehrs nach Börsenschluss gehandelt werden.

exoterisch [griech. »äußerlich«], *bildungssprachlich:* für Außenstehende, für die Öffentlichkeit bestimmt und verständlich. – Ggs.: esoterisch.

exotherm [zu exo... und griech. thérmē »Wärme«, »Hitze«], *Chemie* und *Physik:* mit dem Freiwerden von Wärme verbunden, unter Wärmefreisetzung ablaufend; häufig im Zusammenhang mit chem. Reaktionen gebraucht. **Exotherme Reaktionen** haben eine negative Reaktionsenthalpie – Ggs.: endotherm.

Exotika [lat.] *Pl.,* aus fernen Ländern stammende Kunstwerke.

exotisch [griech. exōtikós »ausländisch«], aus fernen Ländern stammend, fremdartig; ungewöhnlich.

exotische Atome, instabile Atome, bei denen entweder in der Atomhülle ein Elektron oder im Atomkern ein Proton durch ein anderes Elementarteilchen gleicher Ladung ersetzt wird. Dabei kann in

- *Elektron* durch ein schweres Lepton (negatives Myon μ⁻ oder Tauon τ⁻), durch ein Meson (negatives Pion π⁻ oder Kaon K⁻), durch ein negatives Hadron (Σ⁻, Ω⁻, Ξ⁻, d. h. Sigma-, Omegahyperon, Psiteilchen) oder durch ein Antiproton ersetzt sein und
- als Ersatz eines *Protons* kann ein Positron e⁺, ein positives Myon μ⁺ oder ein positives Pion π⁺ dienen.

Als e. A. i. w. S. bezeichnet man auch jeden atomähnl., aber nur kurzlebigen gebundenen Zustand zweier entgegengesetzt geladener Elementarteilchen, z. B. eines Elektrons e⁻ mit einem Positron e⁺ (→Positronium) oder einem positiven Myon μ⁺ (→Myonium), eines Pions mit einem Myon (→Pionium) oder auch eines Protons mit einem Antiproton (→Protonium).

Die Untersuchung e. A. gibt Auskunft über die Eigenschaften der eingefangenen und gebundenen Teilchen und ihrer Wechselwirkung mit den Atomkernen, der Atomhülle oder miteinander, v. a. aber über Eigenschaften der Atomkerne. – Eine besondere Form der e. A. sind Atome aus Antimaterie, z. B. der 1995 erstmals erzeugte **Antiwasserstoff** ($\overline{H} = \overline{p}^-\overline{e}^+$). Sie sind insbesondere für die Frage von Interesse, ob die Gravitation für Materie und Antimaterie gleich ist, was für die anderen Wechselwirkungen zutrifft.

Myonische Atome Bei myonischen Atomen (Myonatomen) führt die elektromagnet. Wechselwirkung zw. dem in die Atomhülle eingefangenen negativen Myon μ⁻ und dem Atomkern dazu, dass sich das Myon wegen seiner größeren Masse ($m_\mu = 206\, m_e$) im zeitl. Mittel sehr viel näher am Atomkern aufhält als ein Elektron (Masse m_e). Bereits für mittelschwere Atomkerne wird der Radius der ersten bohrschen »Quantenbahn« (→Atommodell) des Myons vergleichbar mit der Ausdehnung des Atomkerns und beeinflusst damit die Bindungsenergie des Myons. Die Untersuchung der Energie und myon. Röntgenstrahlung liefert deshalb genaue Auskunft über den Radius und die Form der Ladungsverteilung der Atomkerne. Weiterhin konnten Feinheiten der durch die Quantenelektrodynamik beschriebenen elektromagnet. Wechselwirkung, wie die →Vakuumpolarisation, nachgewiesen werden. Die mittlere Lebensdauer der myon. Atome (etwa 10^{-6} s) entspricht derjenigen der Myonen.

Eine besondere Struktur hat das **myonische Helium,** bei dem zwei wasserstoffähnl. Atome »ineinander verschachtelt« sind. Dabei wird das »innere« Atom, gebildet von einem Heliumkern (bestehend aus zwei Protonen und zwei Neutronen) und einem diesen umlaufenden negativen Myon, seinerseits als Ganzes von einem Elektron umlaufen. Dieses »innere« Atom ist so klein (nur $1/400$-mal so groß wie ein normales Wasserstoffatom), dass es für das Elektron wie ein normaler Atomkern mit einer positiven Elementarladung wirkt, da die Ladung eines der beiden Protonen vom Myon kompensiert wird. Ähnlich verhält es sich mit **antiprotonischem Helium,** bei dem an Stelle des Myons ein Antiproton tritt.

Hadronische Atome Die **hadronischen Atome** (Hadronatome) sind durch ein in der Atomhülle eingefangenes negativ geladenes Hadron gekennzeichnet. Erzeugt wurden bisher

- **mesonische (mesische) Atome** (Mesonatome) mit einem Pion π⁻ ($m_\pi = 273\, m_e$) oder einem Kaon K⁻ ($m_K = 966\, m_e$) in der Atomhülle und
- **baryonische Atome** (Baryonatome) mit einem Antiproton $\overline{p}$ ($m_{\overline{p}} = 1836\, m_e$) oder einem Sigmateilchen Σ⁻ ($m_{\Sigma^-} = 2343\, m_e$) in der Atomhülle.

Bei den hadron. Atomen kommt neben der langreichweitigen elektromagnet. Wechselwirkung die kurzreichweitige starke Wechselwirkung mit den Protonen und Neutronen des Atomkerns zum Tragen. Aufgrund dessen und weil wegen der gegenüber dem Elektron größeren Masse der Hadronen die bohrschen Radien um das Massenverhältnis zum Elektron kleiner und die Bindungsenergien um dieses Verhältnis größer sind, wird das hadron. Teilchen aus einer der inneren Bahnen der Atomhülle in den Atomkern eingefangen und dann umgewandelt. Aus der Messung der Energie und Linienbreite der dabei entstehenden charakteristischen hadron. Röntgenstrahlung konnte man auf die Stärke der Wechselwirkung und auf die Massenverteilung des Atomkerns schließen. Die Untersuchung der Feinstruktur der Röntgenstrahlung erlaubte z. B. eine Bestimmung der magnet. Moments des Antiprotons und des Sigmateilchens.

Hyperatome Als **Hyperatome** werden e. A. bezeichnet, deren Atomkerne außer den Nukleonen (Protonen und Neutronen) ein Hyperon enthalten, z. B. ein neutrales Lambdahyperon. Ihre Lebensdauer liegt im Bereich von 10^{-10} s entsprechend der von Hyperonen. (→Elementarteilchen)

exotische Früchte, Exoten, i. w. S. Obstarten und -sorten, die in subtrop. und trop. Gebieten wild wachsen oder in Kulturen angebaut werden; i. e. S. nur selten importierte Früchte, wie z. B. die Jackfrucht. (→Südfrüchte)

exotische Hadronen, *Elementarteilchenphysik:* Teilchen, die sich nicht in die übl. Klassifikation des →Quarkmodells der Hadronen einfügen lassen, wonach *Mesonen* als Quark-Antiquark-Paar $q\overline{q}$ und *Baryonen* als Drei-Quark-Systeme qqq aufgefasst werden; e. H. stehen aber nicht im Widerspruch zur →Quantenchromodynamik, die die Wechselwirkung von Quarks und Gluonen beschreibt.

Exot. Mesonen könnten einerseits als gebundene, rein gluonische Zustände (**Glueballs**) oder als Hybride aus einem $q\overline{q}$-Paar und einem angeregten Gluon auftreten. Auch Bindungszustände von je zwei (oder drei) Quarks und Antiquarks, qqq̄q̄- bzw. qqqq̄q̄q̄, gelegentlich als **mesonische Moleküle** bezeichnet, werden diskutiert. Glueballs werden unter den bes. zahlreichen →f-Mesonen mit Spin $s = 0$ bzw. $s = 2$ und positiver Parität vermutet, Hybride erwartet man unter den →Pionen mit Spin $s = 1$ und negativer Parität. Auch einige D_s^*-Mesonen könnten meson. Moleküle sein; bisher gibt es jedoch keine zweifelsfreie Zuordnung.

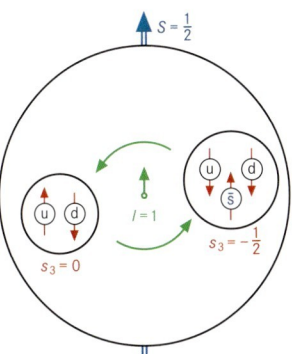

exotische Hadronen: Diquark-Triquark-Konfiguration des Pentaquark Θ^+; Diquark (ud) und Triquark (uds̄) umkreisen sich mit dem Bahndrehimpuls $l = 1$, während die Spins von Di- und Triquark diesbezüglich die dritten Komponenten $s_3 = 0$ bzw. $s_3 = -1/2$ haben. Der gebundene Zustand hat den resultierenden Spin $S = 1/2$.

Exot. Baryonen aus vier Quarks und einem Antiquark (**Pentaquarks**) konnten nach versch. unsicheren experimentellen Hinweisen erstmals 2003 von einer Forschergruppe am jap. Synchrotron SPring-8 in Harima (bei Kōbe) nachgewiesen und mit dem bereits 1997 von einem dt.-russ. Forscherteam vorhergesagten, aus je zwei u- und d-Quarks und einem Anticharmquark c̄ bestehendem Teilchen Θ^+ (»Theta$^+$«) mit Baryonenzahl $B = 1$ und Strangeness $S = 1$ identifiziert werden. Es zerfällt mit einer Halbwertszeit von 10^{-20} s in ein Neutron und ein positiv geladenes K-Meson oder Proton und ein neutrales K-Meson. Es ist inzwischen durch mehrere unabhängige Experimente bestätigt; seine Masse wird mit 1 530,5 MeV/c^2 angegeben. Ein weiteres, aus je zwei s- und d-Quarks und einem Anti-u-Quark bestehendes, zweifach negativ geladenes Teilchen (Masse 1 860 MeV/c^2) mit $B = 1$, $S = 2$ wurde ebenfalls 2003 am CERN in Genf gefunden (es wurde früher mit Ξ^{--} bezeichnet). Nach weiteren Pentaquark-Zuständen, die theoretisch noch unzureichend untersucht sind, wird gesucht, beispielsweise nach uuddd̄ und uudss̄, die mit dem Θ^+-Teilchen in dasselbe Teilchenmultiplett, ein Anti-Dekuplett, gehören würden.

exotische Literatur, Prosa, Dramatik oder Lyrik, in der exot. Kulturen, Landschaften und Sitten dargestellt werden. Die Funktion der exot. Elemente (→Exotismus) reicht von der reizvollen Kulisse v. a. in Abenteuerromanen oder der Unterhaltungsliteratur bis hin zur gezielten Idealisierung des »ursprünglichen, natürl.« Lebens (Motiv des edlen Wilden) in Robinsonaden, der utop. Literatur oder der Indianerliteratur.

E. L. findet sich bereits in der Antike und im Mittelalter. In der Neuzeit wurde sie v. a. durch die Entdeckungsreisen gefördert. Im 18. Jh. wurde mit der exot. Welt eine ideale Menschheitsidylle gestaltet, die in zivilisationskrit. Absicht den zeitgenöss. Gegebenheiten entgegengesetzt wurde. Seit der Romantik wurde v. a. die Welt des Orients erschlossen (J. W. v. GOETHE, F. RÜCKERT, A. v. PLATEN). Die Entwicklung setzte sich fort über Impressionismus, Neuromantik (H. HESSE) und Expressionismus zu weiteren Strömungen und Schriftstellern, die sich oft aus Überdruss an der europ. Zivilisation der oriental. und exot. Welt zuwandten.

exotische Supraleiter, unkonventionelle Supraleiter, Klasse von Supraleitern, die sich nicht ohne Weiteres mit der →BCS-Theorie beschreiben lassen. – Bis etwa Mitte der 1980er-Jahre galt das Phänomen der →Supraleitung als verstanden und deren Beschreibung als abgeschlossen. Die BCS-Theorie erklärte alle krit. Erscheinungen der Supraleitung in zufrieden stellender Weise und sagte höchstmögl. Übergangstemperaturen voraus, die gut mit der Realität übereinstimmten. Danach entdeckte man jedoch in rascher Folge eine Reihe von Materialgruppen, die sich nicht vollständig mit der BCS-Theorie beschreiben lassen und bei denen Supraleitung z. T. bei Temperaturen auftritt, die weit jenseits des BCS-Limits liegen (bis ca. 150 K). Zu den e. S. gehören heute folgende Materialgruppen:

- die **ferromagnet. Supraleiter:** in wenigen Materialien tritt Ferromagnetismus und Supraleitung zugleich auf, was sehr ungewöhnlich ist, da der Magnetismus normalerweise Supraleitung zerstört (→kritische magnetische Feldstärke). Zur Erklärung der exot. supraleitenden und magnet. Eigenschaften z. B. der Rutheniumoxide wurde vorgeschlagen, dass die Spins der gepaarten Elektronen parallel stehen (Triplett-Supraleitung) und nicht antiparallel, wie in BCS-Supraleitern;
- die →**Hochtemperatur-Supraleiter;** zugleich bilden diese auch die vielleicht am wenigsten mit den bisherigen Theorien verstandene Gruppe der exot. Supraleiter;
- die **Kohlenstoff-Supraleiter** C_{60} sowie verwandte Fullerene. Mit geeigneten metall. Gastatomen, die sich

exotische Supraleiter und ihre kritische Übergangstemperatur T_c (in Kelvin)	
exotische Supraleiter	T_c [K]
ferromagnetische Supraleiter	
RuSr$_2$(Gd,Eu,Sm)Cu$_2$O$_8$	ca. 58
ErNi$_2$B$_2$C	10,5
YbPd$_2$Sn	ca. 2,5
Sr$_2$RuO$_4$	1,4
organische Supraleiter	
ϰ-(BEDT-TTF)$_2$Cu[N(CN)$_2$]Cl	13,1
ϰ-(BEDT-TTF)$_2$Cu[N(CN)$_2$]Br	11,8 (bei einem Druck von $3 \cdot 10^3$ Pa)
(TMTSF)$_2$ClO$_4$	1,4
Fullerene/Nanoröhren	
Cs$_3$C$_{60}$	40
K$_3$C$_{60}$	18
Nanoröhre	15
Schwere Fermionen	
CeCoIn$_5$	2,3
UPd$_2$Al$_3$	2,0
URu$_2$Si$_2$	1,2

Exot exotische Teilchen

Exotismus: Saucierenunterschale eines Tafelservices mit »japanischen Figuren«, Porzellanmanufaktur Fürstenberg (um 1775; Klassik Stiftung Weimar)

in den Kohlenstoffkäfigen einnisten, entsteht Supraleitung;
- **organ. Supraleiter:** Niedrigdimensionale organ. Molekülkristalle (Ladungstransfersalze), die aus organ. Donatoren und anorgan. Anionen bestehen, können metall. Verhalten entlang einer oder zweier Kristallrichtungen bis zu sehr tiefen Temperaturen zeigen. In einigen Substanzen wurde sogar Supraleitung beobachtet; diese kann bei Temperaturen bis zu 13 K auftreten;
- die **Schwere-Fermionen-Supraleitung** (→Schwere Fermionen) tritt hier in einigen Verbindungen bei sehr tiefen, für die Anwendung uninteressanten Temperaturen ($T < 4$ K) auf;
- **Spinleiterverbindungen,** d. h. Materialien, die →niedrigdimensionalen Magnetismus aufweisen und bei geeigneten Dotierungen unter Druck supraleitend werden.

Für die Grundlagenforschung sind alle Gruppen der e. S. von großer Bedeutung. Nur wenn deren Natur verstanden und erklärt werden kann, wird es eines Tages gelingen, die Barriere zur Raumtemperatur-Supraleitung zu durchbrechen und Anwendungen in Supercomputern und verlustfreie Überlandkabel zu realisieren.

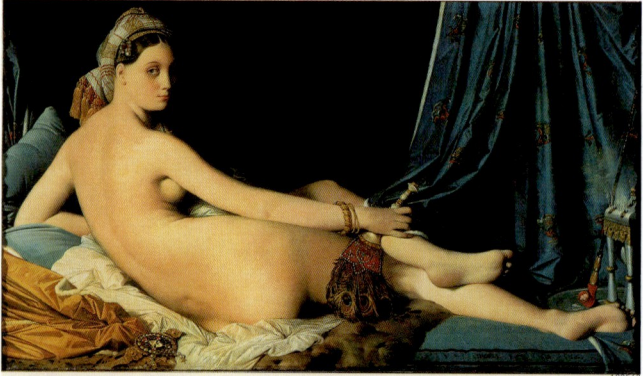

Exotismus: Jean Auguste Dominique Ingres, »Die große Odaliske« (1814; Paris, Louvre)

D. MANSKE: Theory of unconventional superconductors (2004).

exotische Teilchen, *Elementarteilchenphysik:* i. e. S. die →exotischen Hadronen; i. w. S. alle hypothetisch, zur Erklärung bestimmter Eigenschaften der Materie eingeführten Elementarteilchen, die aber bisher nicht experimentell verifiziert werden konnten. Dazu zählen neben den noch nicht nachgewiesenen →Higgs-Teilchen des Glashow-Salam-Weinberg-Modells der elektroschwachen Wechselwirkung, insbesondere die →Axionen, →Präonen, →Tachyonen und alle von der →Supersymmetrie postulierten und als **Steilchen** bezeichneten Superpartner gewöhnl. Elementarteilchen.

Exotismus [zu griech. exōtikós »ausländisch«, »fremd«] *der, -/...men,* Einstellung, Grundhaltung, die sich durch eine im besonderen Maße positive Bewertung (Vorliebe) für das jeweils Fremde (zeitlich oder räumlich Entfernte) auszeichnet und diesem eine besondere Anziehungskraft zuschreibt. Der Begriff wird verschiedentlich auch zur Bez. bestimmter künstler. Darstellungsmittel verwendet.

E. war wesentl. Motivation in der Geschichte der europ. Entdeckungsfahrten und Kolonisationsunternehmen. Auf der theoret. Ebene hat er dazu beigetragen, das Wissen über fremde Länder und Kulturen systematisch zu erweitern, zugleich aber damit auch die Wahrnehmungen in bestimmter Weise festgelegt und emotional aufgeladen. – Ansätze zu einer Idealisierung fremder Völker und ihrer Lebensformen lassen sich schon in der griech. und röm. Antike finden. Als klass. Beispiele gelten die »Germania« des TACITUS und der spätantike Alexanderroman. Auch in die Legenden, epischen Dichtungen und Reisebeschreibungen des MA. sind exot. Motive eingegangen, die z. T. die antike Tradition wieder aufnehmen, z. T. jedoch ihren Ursprung in den Kreuzzügen, den Pilgerfahrten ins Heilige Land und den Handelsreisen (MARCO POLO) hatten. Eine kontinuierl. Beschäftigung mit exot. Sujets zeichnet sich in der europ. Literatur, Kunst und Wissenschaft allerdings erst seit dem Beginn des Entdeckungszeitalters im 15. Jh. ab. Europ. Sehnsüchte und Wunschvorstellungen verschoben sich im Zuge der geograf. Neuentdeckungen und wurden zu einem wichtigen Stimulus der kolonialen Expansion.

Nach den ersten Kontakten mit den Völkern Mittel- und Südamerikas formte sich, trotz Berichten über Kannibalismus und Menschenopfer, das Bild vom »edlen Wilden«, von dem man annahm, dass er sorglos und in harmon. Einklang mit der Natur lebe. Diese Vorstellung hat ihre Spuren noch im zivilisationskrit. Denken des 20. Jh. hinterlassen. Sie fand auch in die Philosophie Eingang (M. DE MONTAIGNE) und wurde während der Aufklärung zum Kristallisationspunkt europ. Zivilisationskritik (J.-J. ROUSSEAU, D. DIDEROT). Menschheitsidyllen, z. T. gekoppelt mit romant. Naturverklärung, finden sich bei J. H. BERNARDIN DE SAINT-PIERRE, F. R. DE CHATEAUBRIAND u. a. (→Robinsonade, →Staatsroman, →utopische Literatur).

Die Intensivierung der Handelsbeziehungen zu den Ländern des Fernen Ostens und die ersten Versuche ihrer Kolonisierung und Missionierung beeinflussten seit dem 17. Jh. die bildende Kunst, v. a. die Gebrauchskunst (Porzellane, Tapisserien, Interieurs, →Chinoiserie), auch in der Philosophie fanden sie ihren Niederschlag. G. W. LEIBNIZ etwa pries die »natürl. Religion« der Chinesen, während andere im chin.

Kaiser das Vorbild des gerechten absolutist. Herrschers sahen. Das Interesse an der islam. Kultur war durch die Türkenkriege geweckt worden; im 18. Jh. orientierten sich z. B. Opernkompositionen an nahöstl. Stilelementen, MONTESQUIEU und VOLTAIRE bedienten sich der exot. Verfremdung, um die Zustände im eigenen Land scharf zu kritisieren. Anthropolog. Erkenntnisinteresse, sozialkrit. Zielsetzungen und die Suche nach neuem poet. Spielmaterial führten auch zu neuen Formen des literar. Schreibens (z. B. Reiseroman und -tagebuch). In die wichtigsten europ. Sprachen übersetzt, regten die Erzählungen aus »Tausendundeiner Nacht« viele Schriftsteller zu Nachahmungen an (J. CAZOTTE in Frankreich, W. BECKFORD in England). In Dtl. setzten sich C. M. WIELAND, die Dichter des Sturm und Drang und schließlich v. a. die Romantiker (W. H. WACKENRODER, W. HAUFF) und GOETHE (»West-östl. Divan«, 1819) mit der Faszinationskraft des Orients auseinander; ihnen folgten im 19. Jh. A. VON PLATEN, F. RÜCKERT, F. FREILIGRATH mit orientalisierender Lyrik. Die Hochphase des Orientalismus wurde durch den Ägyptenfeldzug NAPOLEON BONAPARTES (1798/99) eingeleitet. Ägypt. wie später auch andere vorderorientital. Altertümer gelangten nach Europa, erschlossen dem E. eine histor. Dimension und führten in der Folgezeit zur Herausbildung der Ägyptologie und der vorderasiat. Altertumskunde. In der Malerei etablierte sich der Orientalismus als akadem. Schulrichtung. Auch die Oper, die Architektur und selbst die Gestaltung der bürgerl. Wohninterieurs blieben von dieser Mode nicht unbeeinflusst. In der Literatur äußerte sich der E. seit der zweiten Hälfte des 19. Jh. zum einen in exot. Ästhetizismus (T. GAUTIER, G. FLAUBERT), zum anderen in dem neuen Genre des exotist. Abenteuerromans. Hier wurde die Darstellung ferner Länder zunehmend zur bloßen Staffage einer Handlung, in der sich der europ. Held bewährt (F. GERSTÄCKER, K. MAY, R. KIPLING). Im letzten Drittel des 19. Jh., mit dem Lebensgefühl der Dekadenz, wechselten die Motive: E. diente nun dazu, Kulturpessimismus und Zivilisationsmüdigkeit zu artikulieren (u. a. P. LOTI, E. R. BURROUGHS, R. L. STEVENSON, J. CONRAD, M. DAUTHENDEY, K. EDSCHMID). Die bildende Kunst blieb seit der Wende vom 19. zum 20. Jh. weiterhin durch eine intensive Auseinandersetzung mit den Kunstformen außereurop. Kulturen gekennzeichnet. Schon P. GAUGUIN hatte sich neue Motive und Anregungen in der südpazif. Inselwelt gesucht, worin ihm später M. PECHSTEIN und E. NOLDE folgten. Exotist. Elemente lassen sich ebenso wie im Expressionismus und im Fauvismus auch in der abstrakten Malerei nachweisen.

In der Gegenwart spiegelt die Vielfalt der exotist. Erscheinungsformen die Pluralität der theoret. Interessen und Modelle. Die theoret. Begründung, die auch die histor. Dimension mit erfasst, liefert u. a. N. ELIAS; danach sind die Phänomene des E. Kompensation der Zwänge der modernen Zivilisation, er hat also psychosoziale Funktionen. Exotist. Strömungen sind gegenwärtig in der ökolog. Bewegung (Idealisierung vorindustrieller Kulturen), in denen an östl. Religionen orientierten myst. Heilsbewegungen, in den verschiedenen Formen der Alternativkultur und in den kulturellen Äußerungen des Postmodernismus mit jeweils angepassten Begründungen sichtbar. Auch die Trivialkultur profitiert von der nicht nachlassenden Anziehungskraft des Exotischen.

Exotismus: Paul Gauguin, »Aha oe feii« (Bist du neidisch?); 1892 (Moskau, Puschkin-Museum)

Exotismus: M. Dauthendey: »Das Abendrot zu Seta« (Auszug), aus »Die acht Gesichter am Biwasee« 2494

K.-H. KOHL: Entzauberter Blick. Das Bild vom Guten Wilden u. die Erfahrung der Zivilisation (Neuausg. 1986); Die andere Welt. Studien zum E., hg. v. T. KOEBNER u. G. PICKERODT (1987); U. BITTERLI: Die »Wilden« u. die »Zivilisierten« (^{2}1991); V. SEGALEN: Die Ästhetik des Diversen (a. d. Frz., Neuausg. 1994); N. ELIAS: Über den Prozess der Zivilisation, 2 Bde. (^{22}1998); Der Alteritätsdiskurs des edlen Wilden. E., Anthropologie u. Zivilisationskritik am Beispiel eines europ. Topos, hg. v. M. FLUDERNIK (2002).

Exotoxine, die Ektotoxine (→ Bakteriengifte).

exp, Funktionszeichen für die → Exponentialfunktion.

Expander [ɪksˈpændə; engl., zu to expand »ausdehnen«, »strecken«, von lat. expandere] *der*, -s/-, Sport: Übungsgerät zur Stärkung der Muskulatur: Gummistränge oder Stahlspiralen, die mit zwei Handgriffen auseinander gezogen werden.

expandieren [lat.], *bildungssprachlich:* sich ausdehnen, sich vergrößern, zunehmen.

expandierter Kork, Blähkork, durch Erhitzen auf 400 °C unter Luftabschluss bis um etwa 50 % aufgeblähter Kork, der von den flüchtigen organ. Bestandteilen befreit ist und darum keine Nährstoffe für Schimmelpilze enthält; Wärme- und Schalldämmstoff.

Expansion [frz.-lat.] *die*, -/-en,
 1) *allg.:* Vergrößerung, Ausweitung.
 2) *Geologie:* Bez. für die Ausdehnung der Meeresböden durch Sea-Floor-Spreading bei der → Plattentektonik.
 3) *Kosmologie:* die E. des Weltalls (→ Ausdehnung).
 4) *Physik:* die Volumenvergrößerung (→ Ausdehnung) eines Körpers oder physikal. Systems; speziell die mit Druckverminderung verbundene E. eines Gases. – Ggs.: Kompression.
 5) *Sprachwissenschaft:* Erweiterung einer syntakt. Position, z. B. »der Mann«, »der alte Mann«, »der alte, schwer behinderte Mann«. Die E. ist eine Form der → Substitution.
 6) *Wirtschaft:* Aufschwungphase im Konjunkturverlauf (→ Konjunktur); Ausweitung eines Marktes (E.-Phase, → Marktphasen); Ausweitung der Aktivitä-

ten von Unternehmen v. a. hinsichtlich der Produktion, des Umsatzes o. a. (E.-Strategie).

Expansionsmaschine, Kraftmaschine, in der durch Entspannung von Dampf oder Druckluft mechan. Arbeit gewonnen wird. Die Entspannung erfolgt bei Turbinen in sich erweiternden Schaufelgittern, bei Kolbenmotoren in abgeschlossenen Arbeitsräumen, deren Volumen zw. dem Füllungsende und dem Auslassbeginn zunimmt.

Expansionspfad, *Wirtschaftstheorie:* Verlauf der →Minimalkostenkombinationen bei wachsenden Kostenbudgets bzw. steigenden Produktionsmengen.

Expansionsphase, *Marktforschung* und *Wettbewerbspolitik:* eine der →Marktphasen.

Expansionspolitik, Bez. für die im 19. Jh. entstehende Tendenz fast aller europ. Großstaaten (aber auch der USA), ihr Territorium durch direkte →Annexionen zu erweitern. Die Schaffung von Interessensphären wirtschaftl., strateg. und/oder polit. Art, auch die der privaten oder halbprivaten Aktivität von Kolonialgesellschaften meist folgende staatl. Inbesitznahme überseeischer Gebiete durch europ. Großmächte, Japan und die USA in und seit der 2. Hälfte des 19. Jh. gilt gleichfalls als Expansionspolitik.

Expansionstheorie, geotekton. Hypothese, die als Ursache für die tekton. Formung der Erde eine Volumenvergrößerung der Erdkruste annimmt. Diese soll bedingt sein durch die innere Erwärmung aufgrund einer durch Radioaktivität entstehenden überschüssigen Wärme (heute widerlegt) oder durch Umwandlung der innerird. Materie aus dichten mineral. Hochdruckmodifikationen in weniger dichte, also mehr Raum in Anspruch nehmende Niederdruckmodifikationen (O. C. HILGENBERG), zuletzt von P. A. M. DIRAC und P. JORDAN als eine Abnahme der Gravitationskonstante erklärt. – Ggs.: →Kontraktionstheorie.

expansiv,
1) *bildungssprachlich:* sich ausdehnend, auf Expansion bedacht.
2) *Medizin:* kennzeichnende Wachstumsform gutartiger Tumoren mit Verdrängung von benachbartem Gewebe; im Unterschied zur infiltrativen Ausbreitung bösartiger Tumoren.

Expatriation [zu ex... und lat. patria »Vaterland«] *die, -/-en,* die →Ausbürgerung.

Expedient [zu lat. expediens, expedientis, Partizip Präsens von expedire »fertig machen«, »erledigen«] *der, -en/-en, Wirtschaft:* →Expedition.

Expedit *das, -(e)s/-e, österr.:* Versandabteilung (eines Unternehmens).

Expedition [lat. »Erledigung«, »Abfertigung«; »Feldzug«] *die, -/-en,*
1) *allg.:* Forschungsreise einer Einzelperson oder einer Personengruppe (in unerschlossene Gebiete, z. B. Polar-E.) Erkundungsvorhaben (z. B. Sonnen-E.); *veraltet* auch für: krieger. Unternehmen.
2) *Wirtschaft:* Versandabteilung eines Unternehmens mit **Expedienten** als Sachbearbeitern.

Expektorans [zu lat. pectus, pectoris »Brust«] *das, -/...'ranzien* und *...'rantia,* Arzneimittel, das die Entfernung von Bronchialschleim aus den Bronchien und der Luftröhre erleichtern bzw. beschleunigen soll; wird z. B. bei akuter und chron. Bronchitis eingesetzt. Innerhalb der E. unterscheidet man **Sekretolytika** bzw. **Mukolytika,** die zu einer Verflüssigung des Bronchialsekrets führen (z. B. Ammoniumchlorid, Kaliumjodid, äther. Öle, Acetylcystein, Ambroxol), und **Sekretomotorika,** welche die Sekretbewegung und das Abhusten fördern sollen (z. B. äther. Öle, u. a. →Eukalyptusöl). Eine scharfe Trennung ist jedoch nicht möglich, es bestehen fließende Übergänge. Die Anwendung der E. beruht weitgehend auf Empirie. Trotz sehr häufiger Verwendung ist der therapeut. Wert bei vielen dieser Stoffe zweifelhaft.

Expektoration *die, -/-en,* Abhusten und Entleeren von Auswurf und Fremdkörpern aus den Atmungsorganen (Bronchien, Luftröhre), auch Bez. für den Auswurf selbst.

Experiencing [ɪksˈpɪəriənsɪŋ; engl., zu to experience »erfahren«, »erleben«] *das, -(s),* v. a. in der humanist. Psychologie verwendete Bez. für das Erleben eines Menschen, der sich mit einer für ihn bedeutsamen Sache beschäftigt. Erlebnisorientierte Therapien (z. B. Gestalttherapie, Gesprächspsychotherapie) messen dem E. eine entscheidende Bedeutung in der seel. Entwicklung und bei der Überwindung psych. Schwierigkeiten bei.

Experiment [lat., zu experiri »versuchen«, »erproben«] *das, -(e)s/-e,*
1) *allg.:* (wiss.) Versuch; Wagnis, unsicheres, gewagtes Unternehmen.
2) *Naturwissenschaften:* methodisch-planmäßige Herbeiführung von meist variablen Umständen zum Zwecke wiss. Beobachtung; wichtigstes Hilfsmittel aller Erfahrungswiss.en, bei denen sich Experimentierbedingungen künstlich herbeiführen und reproduzieren lassen.

Das E. nimmt in der Neuzeit eine Schlüsselstellung in allen Erfahrungswiss.en ein. Es unterscheidet die moderne Auffassung von der antiken: Während man in der Antike an den natürl. Abläufen der Welt interessiert war und diese möglichst ungestört beobachten wollte, greift das moderne E. gezielt in die Natur ein. Es ist deshalb als »Frage an die Natur« (I. KANT) oder gar als »Verhör der Natur« (C. F. VON WEIZSÄCKER) bezeichnet worden. Bestimmte, der →Beobachtung zugängl. Größen – die verursachenden Variablen – in einer experimentell erzeugten Situation werden systematisch variiert, um die daraus entstehenden Wirkungen auf die abhängigen Variablen zu studieren. Alle anderen, meist als Parameter bezeichneten Faktoren, die das Ergebnis des E. beeinflussen könnten, sind konstant zu halten. E. sollten prinzipiell wiederholbar sein, was ihre intersubjektive Überprüfbarkeit sichert. Angesichts des ungeheuren apparativen Aufwandes bei vielen wiss. E. (z. B. in der Hochenergiephysik durch →Beschleuniger) gilt diese Forderung heute nur noch mit Einschränkungen.

Neben Beobachtungs- und Entdeckungszwecken dient das E. auch zu Prüfzwecken: Eine Hypothese (i. w. S. eine Theorie) wird experimentell überprüft, indem man untersucht, ob die aus der Hypothese folgenden Prognosen tatsächlich eintreten. Dann spricht man von Bestätigung oder Bewährung der Hypothese. Treffen die Prognosen auch nach einer Zufallsergebnisse (z. B. infolge von Beobachtungsfehlern) ausschließenden Wiederholung des E. nicht zu, so kann entweder die Hypothese verworfen (→Falsifikation) oder aber durch Zusatzhypothesen (→Exhaustion) ergänzt werden. (→Experimentum Crucis, →Gedankenexperiment)

Die klass. Auffassung des E., die auf F. BACON, G. GALILEI und E. TORRICELLI zurückgeht, nimmt einen beliebig genau eliminierbaren Einfluss der Beobachtung auf das beobachtete Objekt an. – Die Quantenmechanik hat gezeigt, dass diese Annahme im

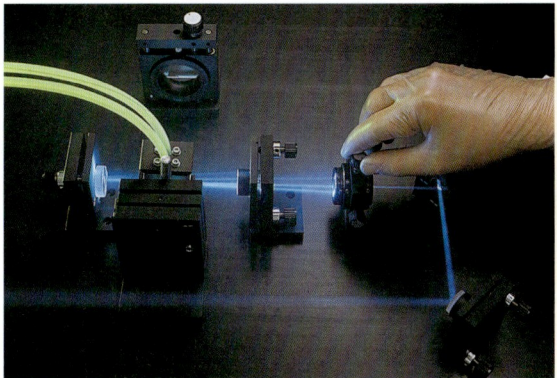 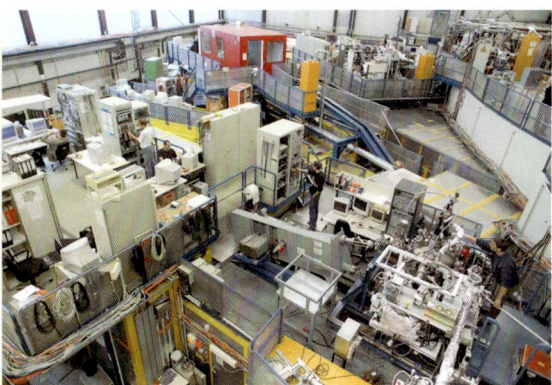

Experiment 2): *links* experimenteller Aufbau zur Rückkopplung der Laserstrahlung im Resonator eines Farbstofflasers; *rechts* Die Hauptexperimentierhalle des Hamburger Synchrotronstrahlungslabors (HASYLAB) am Deutschen Elektronen-Synchrotron (DESY) beherbergt mehr als 40 Messplätze für Experimente mit Synchrotronstrahlung.

(sub-)atomaren Bereich wegen der gültigen →Unschärferelationen nicht zu realisieren ist. Da sich die Beobachtungen in vielen Bereichen nur statistisch durchführen lassen und oft eine Wechselwirkung zw. Beobachtetem und Beobachtendem stattfindet, ist ein grundsätzlich neues Verständnis des E. erforderlich. So stellt z. B. in der Mikrophysik die Beobachtung in Form des E. häufig einen derart schweren Eingriff in das beobachtete System dar, dass ein wichtiges Charakteristikum des klass. E., nämlich die prinzipielle Wiederholbarkeit (am selben Objekt), aufgegeben werden musste. (→Messung, →Dekohärenz, →verschränkter Zustand)

E. mit Menschen betreffen v. a. Medizin, Psychologie und Soziologie. Sie werden auch unter eth. Fragestellungen diskutiert. Die eth. Probleme von Tierversuchen, aber auch umweltethische Fragestellungen, die sich aus E. mit der Natur ergeben (z. B. Gentechnologie), gewinnen seit einigen Jahren zunehmend an Interesse. (→Bioethik)

3) *Psychologie:* →experimentelle Psychologie.

4) *Sozialwissenschaften:* In der empir. Sozialforschung gilt das E. als die sicherste Methode zur Feststellung und Überprüfung von Kausalbeziehungen im soziokulturellen Bereich. – Gemäß der klass. Versuchsanordnung werden zwei möglichst gleichartige Situationen konfrontiert: Während die Vergleichssituation Kontrollzwecken dient, wird nur in die Experimentalsituation die vermutete Ursache als einwirkender Faktor eingeführt. Beim **direkten** oder **projektierten E.** werden solche Situationen bewusst arrangiert. Dies ist ein insbesondere in der sozialpsycholog. und soziolog. Kleingruppenforschung häufig angewandtes Verfahren: Es werden eine Experimental- und eine Vergleichs- oder Kontrollgruppe gebildet, die möglichst gleichartig zusammengesetzt sein sollen. Weil im soziokulturellen Bereich direkte E. schwer durchzuführen sind, werden beim **Ex-post-facto-** oder **retrospektiven E.** bereits vergangene Prozesse als geeignete Experimental- und Vergleichssituation ausgewählt und interpretiert. Das **Feld-E.** findet unter normalen, alltägl. und vertrauten Lebensverhältnissen in »natürl.« Situationen statt. Das **Labor-E. (Laboratoriums-E.)** erleichtert zwar die Herstellung kontrollierter Bedingungen, ist aber nur begrenzt anwendbar und mit dem Nachteil der »Künstlichkeit« behaftet.

Experimentalfilm, Avantgardefilm [avã-], Sammel-Bez. für nichtkommerzielle, künstler. Filme, die zu-

Experiment 2): *links* Laborversuch zur Optimierung der Produktion von Polyurethan-Rohstoffen; *rechts* Zur Untersuchung biologisch-biochemischer Fragestellungen zur Resistenz von Milben und Insekten gegen Wirkstoffe werden Buschbohnen- und Hopfenpflanzen nach Spinnmilbenweibchen abgesucht.

Experimentalfim: Szene aus »Ein andalusischer Hund« (1928) von Luis Buñuel und Salvador Dalí

meist von avantgardist. Kunstrichtungen beeinflusst sind und häufig die Spieldauer von →Kurzfilmen haben. Formal experimentell sind sie, indem sie an der Entdeckung der Möglichkeiten und Ausdrucksweisen des Films arbeiten (Montage u. a.), von method. Neugier geprägt sind (Filmmaterial bekleben oder bekratzen, Computereinsatz u. a.) und mit Sehgewohnheiten brechen. Inhaltlich experimentell sind sie, da sie häufig auf eine Handlung verzichten oder ungewohnte (tabuisierte) Inhalte zu Seherlebnissen machen.

Die Anfänge des Avantgardefilms liegen in den 1920er-Jahren in den impressionistisch beeinflussten Filmen der frz. Regisseure A. GANCE, GERMAINE DULAC (* 1882, † 1942) und L. DELLUC sowie in der Montagetechnik der sowjet. Regisseure D. WERTOW und S. M. EISENSTEIN. Weitere Einflüsse gingen aus vom Dadaismus (Filme von H. RICHTER, V. EGGELING, R. CLAIR), Kubismus (F. LÉGER) und Surrealismus (L. BUÑUEL: »Ein andalusischer Hund«, 1928, mit S. DALÍ). – Die techn. Entwicklung des (Ton-)Films ließ den E. in den 1930/40er-Jahren weitgehend verkümmern. Erst die Entstehung kostengünstiger Realisationsmöglichkeiten (16- und 8-mm-Filme, Videotechnik, Vereinfachungen der Ton- und Bildaufnahme) führte in den USA (S. BRAKHAGE; K. ANGER; J. MEKAS) und später in Europa (W. NEKES, LUTZ MOMMARTZ, * 1934, in Dtl.; P. KUBELKA in Österreich; STEPHEN DWOSKIN, * 1939, in England) zu weniger strukturell-formalen als wahrnehmungskrit. Ansätzen, die stärker dem →Undergroundfilm verpflichtet waren.

Experimentalphilosophie, im 17. Jh. aufgekommene Bez. für das damals neue Verständnis von Erfahrungswissenschaft (in Abgrenzung zur aristotel. Naturphilosophie), dessen Schlüsselbegriff das Experiment war. Wichtiger Wegbereiter der E. war bereits im MA. R. BACON.

experimentelle Archäologie, Forschungszweig, der sich mit Versuchen befasst, die für die kulturgeschichtl. Forschung und für das Verständnis der Vor- und Frühgeschichte wichtig sind. In »Experimentalfarmen« wird versucht, die Lebensumstände der Vergangenheit zu rekonstruieren, z. B. durch Herstellung einfacher Keramik, Ackerbearbeitung mit vorzeitl. Pflügen, Mähen mit Feuersteinsicheln, Gewinnung von Eisen in prähistor. Schmelzöfen, Rekonstruktion versch. Schiffs- und Bootstypen.

experimentelle Dichtung, nicht eindeutige Sammel-Bez. für Literatur, in der sich eine »experimentelle«, mit (bes. formal) neuen Möglichkeiten operierende Haltung des Autors zeigt. Eine Klassifikation von Formen e. D. lässt sich nach den Bereichen vornehmen, in denen scheinbare Selbstverständlichkeiten der Produktion und Rezeption literar. Werke infrage gestellt und experimentell neue Wege gesucht werden. Im Einzelnen lassen sich beobachten: Experimente mit der Sprache (Strukturdurchbrechungen in Grammatik, Syntax und Semantik); Mischung von verschiedenen natürl. Sprachen; experimenteller Umgang mit stilist. Mitteln, Metaphern, Themen, Erzählhaltungen und Wirklichkeitsperspektiven; Verwendung von Techniken der →Collage und →Montage; Gattungsmischungen (mit Übergängen zur Musik, zur Grafik und zur bildenden Kunst); Gattungsüberschreitung in Richtung auf Philosophie und Wissenschaft; Versuche einer Aufhebung der Differenz von Kunst und Leben; Veränderung der traditionellen Handlungsrollen (u. a. Betonung der produktiven Rolle des Rezipienten als Koproduzent des literar. Werks, Veränderung der Autorenrolle durch Computereinsatz, durch Verwendung von aleator. oder stochast. Verfahren, durch automat. Niederschrift u. a.).

Anfänge einer e. D. gab es bereits in der Romantik (das Fragment als literar. Form). Die Entwicklung nahm (bes. in der Lyrik) ihren Fortgang in den vielfältigen Richtungen der Moderne, die, beginnend mit dem Symbolismus, das Konzept einer →absoluten Dichtung verfolgten. In der Prosa betrifft das bis heute folgenreichste und immer noch unabgeschlossene Experiment die Aufhebung des traditionellen Erzählprinzips mit seinem Beharren auf einer konsistenten Wirklichkeit, ident. Personen und der kausalen bzw. psycholog. Erklärbarkeit von Vorgängen und Handlungen. Wichtige Autoren in diesem Zusammenhang sind u. a. C. EINSTEIN, H. BALL, GERTRUDE STEIN und J. JOYCE, nach dem Zweiten Weltkrieg die Vertreter des →Nouveau Roman. E. D. der dt.-sprachigen Literatur der 2. Hälfte des 20. Jh. ist u. a. die →konkrete Poesie (H. HEISSENBÜTTEL, F. MON, die Autoren der →Wiener Gruppe, FRIEDERIKE MAYRÖCKER, E. JANDL, O. PASTIOR). Erscheinungsformen e. D. finden sich auch in der →Écriture automatique, in →Computerdichtung und in der →visuellen Dichtung.

M. BENSE: Theorie der Texte (1962); DERS.: Experimentelle Schreibweisen (1964); H. HARTUNG: Experimentelle Lit. u. konkrete Poesie (1975); S. SCHMID-BORTENSCHLAGER: Konstruktive Lit. (1985); K. SCHENK: Medienpoesie. Moderne Lyrik zw. Stimme u. Schr. (2000).

experimentelle Musik, Bez. für Kompositionspraktiken nach 1950, deren Produkte betont auf einer im naturwiss. Sinn experimentellen Forschung beruhen und diese musikalisch verwirklichen. Dabei ist der Versuchscharakter der Komposition, ihre Teilhabe an einem Findungsprozess, eines ihrer wesentl. Merkmale. Hierher gehören insbesondere die Arten der →elektroakust. Musik, speziell die →konkrete Musik, die elektron. Musik und die →Computermusik. In einem weiteren Sinn wird als e. M. auch jedes Komponieren bezeichnet, das unbekannte Verfahren oder neue kompositor. Problemstellungen aufgreift und zu lösen versucht. Einen anderen Sinn gab J. CAGE dem Begriff, indem er seine kompositor. Zufallsaktionen als experimentell ansah, sodass auch die →Aleatorik diesem Begriff zugehören würde.

experimentelle Ökonomik, Zweig der empir. Wirtschaftstheorie, der sich im Ggs. zur makroökonomisch ausgerichteten empir. Wirtschaftsforschung auf individuelles Verhalten konzentriert und deren

Muster abzubilden und zu systematisieren sucht. Dazu führt die e. Ö. Laborexperimente an Personen in (möglichst) repräsentativer Zusammensetzung durch und ermittelt ihr Verhalten in bestimmten Entscheidungskonstellationen, die modellhaft sind, d. h. Rückschlüsse auf eine größere Zahl realer wirtschaftl. Situationen zulassen. Mit diesen Experimenten und ihrer Auswertung werden die grundlegenden Verhaltensannahmen der ökonom. Theorie im Hinblick auf ihre Realitätsnähe überprüft und ggf. erneuert. Die e. Ö. steht in engem Zusammenhang mit der →Spieltheorie, deren Hypothesen (Ergebnisse) sie vielfach aufgreift und überprüft – v. a. hinsichtlich des anzunehmenden Ausmaßes an Rationalität des Verhaltens. Andererseits liefert sie dieser die grundlegenden verhaltensbezogenen Erkenntnisse, deren Implikationen die Spieltheorie dann analysiert. Mit V. L. SMITH erhielt 2002 einer der führenden Vertreter der e. Ö. den Nobelpreis für Wirtschaftswissenschaften.

Surveys in experimental economics, hg. v. F. BOLLE u. M. LEHMANN-WAFFENSCHMIDT (2002); Experimente in der Ökonomik, hg. v. M. HELD u. a. (2003).

experimentelle Psychologie, Forschungsrichtung in der Psychologie, bei der das Experiment im Vordergrund steht. Die von G. T. FECHNER (1860) begründete e. P. wurde von W. WUNDT, der (ab 1879) das erste psycholog. Laboratorium leitete, weitergeführt. Urspr. war die e. P. stärker auf das Erleben ausgerichtet, wandelte sich aber unter dem Einfluss des Behaviorismus zu einer Wiss. vom Verhalten. Die allgemeine und die kognitive Psychologie betonen heute wieder stärker die Verbindung zur Erlebensebene. Wahrnehmungs-, Denk-, Lern und Motivationspsychologie stellen Eckpfeiler der e. P. dar. Im angewandten Bereich werden Experimente v. a. in der Arbeitspsychologie, der betriebl. Psychologie, der Sozialpsychologie, der Verkehrspsychologie sowie in der Markt- und Werbepsychologie durchgeführt. Der Anwendung des Experiments in der Psychologie sind jedoch ethische Grenzen gesetzt.

V. SARRIS u. a.: Experimentalpsycholog. Praktikum, 4 Bde. (²1995); A. F. HEALEY u. a.: Experimental psychology (Hoboken, N. J., 2003).

Experimentierphase, in der *Marktforschung* und *Wettbewerbspolitik* eine der →Marktphasen.

Experimentum Crucis [lat. »Versuch des Kreuzes«], ein auf F. BACON zurückgehender Ausdruck für ein Experiment, dessen Ausgang eine endgültige Entscheidung für eine von mehreren konkurrierenden Theorien herbeiführt. In wissenschaftstheoret. Analysen wurde im Anschluss an die holist. Ansätze von P. DUHEM und W. V. O. QUINE das E. C. in der Frage diskutiert, ob eine solche Entscheidung für eine Theorie durch Sätze, die die Ergebnisse eines Experimentes wiedergeben, tatsächlich möglich ist (u. a. I. LAKATOS).

Experte [frz., von lat. expertus »erprobt«, »bewährt«] *der, -n/-n,* Sachverständiger, Fachmann, Kenner.

Expertensystem, *Informatik:* Programm aus dem Bereich der →künstlichen Intelligenz, welches das in einem Arbeitsbereich oder einem Unternehmen vorhandene Wissen elektronisch darstellt und Nutzern verfügbar macht. Hierzu dient eine so genannte **Wissensbasis,** d. h. eine Datenbank, in der Wissensinhalte meist als Wenn-dann-Aussagen oder Schlussregeln abgelegt werden. Das Kernstück eines E. ist ein **Inferenzmaschine** genanntes Modul, das anhand der in der Wissensdatenbank gespeicherten Implikationen Schlüsse aus den vom Nutzer dargebotenen Fakten zieht. Beispielsweise kann ein medizin. E. aus geschilderten Symptomen mithilfe von anerkannten Erfahrungsregeln eine Diagnose stellen.

Die Programmierung von E. geschieht meistens in →LISP oder →PROLOG. Das erste E. überhaupt war 1965 das System Dendral zur Identifizierung von organ. Substanzen in massenspektrometr. Daten. Um ein E. zu »schulen«, beginnt man mit einer Wissensbasis, in der noch keine Einträge vorhanden sind. Die Hauptschwierigkeit besteht dann darin, das oft prozedural, unbewusst oder in Form von assoziativen Gedächtnisinhalten im Gehirn gespeicherte Expertenwissen in eine formalisierte Sprache umzusetzen. Da sich hier noch keine befriedigenden Lösungen gefunden haben (KI-Kritiker meinen, dies sei grundsätzlich nicht möglich), sind E. bisher kommerziell nur bei Nischenanwendungen einigermaßen erfolgreich. Die in den 1970er- und 1980er-Jahren in diese Technologie gesetzten großen Hoffnungen sind demgemäß zurückgesteckt worden; heute stehen z. B. →neuronale Netze, die das menschl. Denken nachzubilden versuchen, stärker im Blickpunkt der KI-Forschung.

Expertise [frz.] *die, -/-n,* schriftl. Gutachten eines Experten. Die E. über ein Kunstwerk enthält genaue Angaben über dessen Zustand, Format, Stil, Herkunft, Echtheit und bei unsignierten Werken wenn möglich die Zuweisung an einen bestimmten Künstler.

Expertokratie [lat.-griech. »Herrschaft der Sachverständigen«] *die, -/...tien,* Schlagwort für die beherrschende Rolle, die in vielen modernen Gesellschaften den Spezialisten, bes. durch ihre beratende Tätigkeit gegenüber den eigentlichen polit. Organen, zufällt. (→Bürokratie, →Technokratie)

Explanation [lat.] *die, -/-en,* inhaltl. Erklärung, Erläuterung eines Textes.

Explantation [zu lat. explantare »ein Gewächs aus der Erde herausnehmen«] *die, -/-en,* Entnahme von Zellen, Geweben oder Organen (**Explantat**) aus dem menschl., tier. oder pflanzl. Organismus zur →Transplantation oder zur →Gewebezüchtung in geeigneten Nährmedien.

Expletiv [zu lat. explere »(aus)füllen«] *das, -s/-e,* **Flickwort, Füllwort,** für den Sinn eines Satzes entbehrl. Wort, z. B. *vielleicht* in: *Können Sie mir vielleicht sagen, ob er es sich anders überlegt hat?*

explicit [kurz für lat. explicit liber »das Buch ist zu Ende«, wohl übernommen von lat. volumen explicitum »die (Papyrus-)Rolle ist abgewickelt«], steht gewöhnlich am Ende von Handschriften und Frühdrucken (als Beginn der Schlussformel); Ggs. →incipit.

Explikation [lat., eigtl. »das Auseinanderrollen«] *die, -/-en,*

1) *bildungssprachlich:* Erklärung, Erläuterung, Darlegung.

2) *Logik:* Begriffs-E., im Anschluss an R. CARNAP Bez. für die wiss.-sprachl. (meist formalmathemat.) Fassung eines vorwiss. Begriffes.

explizit [lat. »geordnet«, »klar«],

1) *allg.:* ausdrücklich, deutlich, klar; ausführlich und differenziert; Ggs.: implizit.

2) *Mathematik:* nach einer bestimmten Variablen aufgelöst, z. B. bei Gleichungen mit mehreren Variablen.

Explizität *die, -/-en,* **Explizitheit,** *Sprachwissenschaft:* in der generativen Grammatik formale Eindeutigkeit sowie Vollständigkeit als notwendige Voraussetzung für die Erstellung von Grammatikregeln und die Bedingungen ihrer Anwendung.

explizite Definition, eine Definition, in der das Definiens (das Definierende) nur bekannte Begriffe enthält. Die e. D. ähnelt einer Gleichung mit einer Unbekannten, wobei das Definiendum (das zu Definierende) die Rolle der Unbekannten übernimmt. Während die Mathematik bis weit ins 19. Jh. davon ausging, dass sich die Grundbegriffe der Mathematik explizit definieren lassen (EUKLID: »Ein Punkt ist, was keine Teile hat«), geht man heute im Anschluss an D. HILBERT davon aus, dass am Anfang der Mathematik nur die →implizite Definition stehen kann.

Exploit [ˈɛksplɔɪt, zu engl. to exploit »ausnutzen«] *das, -s/-s,* Computerprogramm, das Schwachstellen in einem anderen Programm ausnutzt. Dies geschieht entweder in böser Absicht oder um Sicherheitslücken in IT-Systemen aufzuzeigen. (→IT-Sicherheit)

Exploitation [-plwa-, frz.] *die, -/-en,* die →Ausbeutung; als missbräuchlich unterstellte Ausnutzung der Arbeitskraft.

Exploration [lat., zu explorare »erforschen«] *die, -/-en,*
1) *Geophysik:* das Aufsuchen und die Erforschung von Erz-, Erdöl- u. a. Lagerstätten mithilfe von geolog. und geophysikal. Erkundungsmethoden (gravimetr., erdmagnet., geoelektr., radiometr., geotherm., seism. u. a. Messungen, auch durch Fernerkundung). →Bohrlochmessungen.
2) *Medizin:* 1) Befragung des Patienten zur Erhebung einer Anamnese; 2) **innere E.:** Austastung von Körperhöhlen (z. B. Mastdarm, Scheide).
3) *Psychotherapie* und *klin. Diagnostik:* intensive Befragung eines Patienten als integrierender Teil der Behandlung. Die E. wird meist im Anschluss an eine Diagnose durchgeführt. Der Psychotherapeut versucht dabei, den Patienten zu spontanen Äußerungen zu bewegen. Die Befragung kann durch Tests sowie durch gestalter. und andere Ausdrucksmittel ergänzt werden.

Explorer [ɪksˈplɔːrə; engl. »Kundschafter«, »Forscher«],
1) *Software:* 1) Programm zur Dateiverwaltung unter den versch. Windows-Betriebssystemen; 2) abkürzende Bez. für den →Browser **Internet E.** der Firma Microsoft Corp., der auf dem Konzept des Dateiverwaltungsprogramms E. aufbaut.
2) *Raumfahrt:* wiss. Satellitenprogramm der NASA mit breitester Zielsetzung. E. 1, der erste amerikan. Satellit, entdeckte 1958 den Van-Allen-Gürtel. Bis Mitte 1977 wurden etwa 60 E.-Satelliten gestartet (Nutzmassen bis 190 kg), darunter Aeronomie-, Astronomie- und Radioastronomiesatelliten und solche zur Beobachtung von Mikrometeoriten, Geodäsiesatelliten (→GEOS) und Strahlungswarnsatelliten (v. a. zum frühzeitigen Erkennen von Sonneneruptionen) sowie Technologiesatelliten. Danach fand die E.-Serie ihre Fortsetzung mit Satelliten unterschiedl. Zweckbestimmung und versch. Bezeichnungen, z. B. 1989–94 mit dem Astronomiesatelliten →Cobe.

Explosion [lat. »das Herausklatschen«] *die, -/-en,*
1) *Chemie:* Bez. für eine schnell ablaufende (Geschwindigkeit 1-1 000 m/s) Umwandlung potenzieller Energie in Ausdehnungs- und/oder Verdichtungsarbeit, wobei Stoßwellen auftreten. Eine E. wird durch schnelle exotherme chem. Reaktionen verursacht. Die bei der Reaktion entstehenden Gase breiten sich rasch aus, wodurch sich das Volumen vergrößert. Die »Reaktionsfront« bewegt sich rasch weiter. Breiten sich die Gase mit Überschallgeschwindigkeit aus, spricht man von einer →Detonation. Die E. ist dann mit einem Knall und mit zerstörender Wirkung verbunden. Liegt die Geschwindigkeit der Gasausdehnung unterhalb der Schallgeschwindigkeit, liegt eine →Deflagration vor.

Explosionsfähige Stoffe sind feste, flüssige oder gasförmige Stoffe, die bei therm. Einwirkung (z. B. Flammen, Funken) oder mechan. Einwirkung (z. B. Schlag, Reibung, Detonationsstoß) exotherm reagieren und zur E. kommen (→Explosivstoffe). Der Begriff »explosionsfähige Atmosphäre« umfasst explosionsfähige Gemische von Gasen, Dämpfen, Nebeln oder Stäuben mit Luft (oder einem anderen, Sauerstoff enthaltenden Gas), z. B. Knallgas. Ein solches Gemisch explodiert allerdings nicht in jeder Zusammensetzung, sondern nur, wenn die explosionsfähige Komponente eine bestimmte Mindestkonzentration erreicht und eine Maximalkonzentration nicht überschreitet. Diese werden als **Explosionsgrenzen** bezeichnet. Geregelte E. werden z. B. in Schusswaffen herbeigeführt. Aufgrund der E. eines festen Stoffes werden Geschosse zu einem Lauf hinausgestoßen.

Das plötzl. Zerreißen eines Behälters, der unter Überdruck steht (z. B. Dampfkessel), wird nicht als E., sondern als **Zerknall** bezeichnet, denn hierbei kommt es nicht zu einer chem. Reaktion. Stattdessen dehnt sich der überhitzte Dampf aus. Auch das »Explodieren« von Spraydosen und das Zerspringen evakuierter Glasgefäße (z. B. Bildschirmröhre) ist keine E. im gen. Sinn. Ursache ist bei ersteren die Wärmeausdehnung des verflüssigten Treibgases, bei letzteren der starke Überdruck der äußeren Luft, die das Glas nach innen drückt (→Implosion).

2) *Phonetik:* Vorgang bei der Artikulation, bei dem ein vollständiger Verschluss im →Ansatzrohr unter Luftüberdruck gelöst oder gesprengt wird; auch das dabei entstehende Geräusch.

Explosionsschutz, Maßnahmen, die beim Umgang mit brennbaren Gasen, Dämpfen, Nebeln oder Stäuben geeignet sind, Explosionen zu verhindern oder zu begrenzen. Nach den E.-Richtlinien der Berufsgenossenschaft der chem. Industrie in Dtl. werden explosionsgefährdete Bereiche in Zonen eingeteilt. Dies erfolgt nach der Wahrscheinlichkeit, mit der eine explosionsfähige Atmosphäre (→Explosion) entsteht. Die Zonen 0, 1 und 2 gelten für brennbare Gase, Dämpfe und Nebel, Zonen 10 und 11 für brennbare Stäube. Die Zone 0 umfasst z. B. Bereiche, in denen eine explosionsfähige Atmosphäre aus Gasen, Dämpfen oder Nebeln ständig oder langzeitig vorhanden ist, die Zone 2 umfasst Bereiche, in denen mit dem kurzzeitigen Auftreten explosionsfähiger Atmosphäre gerechnet werden muss.

Beim E. wird unterschieden zw. Maßnahmen, die eine Bildung gefährl. explosionsfähiger Atmosphäre verhindern (primärer E.), z. B. die Handhabung eines Gasgemisches außerhalb der Explosionsgrenzen und die dafür notwendige messtechn. Überwachung sowie Maßnahmen, die die Entzündung verhindern. Dazu gehört z. B. das Vermeiden von offenen Flammen und von Funkenbildung durch Schlag- oder Schleifvorgänge, das in explosionsgeschützten elektr. Anlagen realisiert wird. Außerdem gibt es konstruktive Maßnahmen, die die Auswirkung einer Explosion auf ein unbedenkl. Maß beschränken (sekundärer E., z. B. explosionsdruckfeste Bauweise).

Explosions|umformung, Metallbearbeitungsverfahren, bei dem durch Detonation eines Sprengstoffes freigesetzte Energie zur Umformung eines Werkstückes ausgenutzt wird, z. B. zum Formstanzen oder Aufstauchen von Blechen. Der bei der Explosion erzeugte Druck breitet sich als Druckwelle (Schockwelle) im umliegenden Übertragungsmedium (z. B. Wasser) aus und wird auf das Werkstück übertragen. Die E. ist ein Verfahren der Hochgeschwindigkeitsumformung, das sich bes. zur Umformung größerer Werkstücke (z. B. in Luftfahrtindustrie, Behälterfertigung) eignet.

Explosionswärme, Wärmemenge, die bei einer Explosion freigesetzt wird. Sie wird als Differenz aus den Bildungsenergien der Reaktionsprodukte und der Ausgangsstoffe (→Explosivstoffe) berechnet und bezieht sich auf die Masseneinheit eines Explosivstoffes. Für Trinitrotoluol liegt sie bei 4,5 MJ/kg, für Hexogen bei 5,7 MJ/kg und für Nitroglycerin bei 6,8 MJ/kg.

Explosionswellen, Knallwellen, durch plötzl. Druckerhöhung eines begrenzten Luftvolumens erzeugte →Druckwellen. Ihre Fortpflanzungsgeschwindigkeit ist bei starken Verdichtungen größer als die normale Schallgeschwindigkeit. Die Druck- und Dichteänderungen der E. lassen sich nur durch besondere Abbildungsverfahren sichtbar machen (wie Schlierenverfahren oder die Interferenz ausnutzenden Verfahren).

Explosivlaut, *Phonetik:* der →Verschlusslaut.

Explosivstoffe, feste, pastenförmige oder flüssige Stoffe, die ohne weitere Reaktionspartner einer schnell ablaufenden, exothermen chem. Reaktion fähig sind und somit zu einer →Explosion führen. Gemeint sind solche Stoffe, die eigens mit dem Zweck hergestellt werden, eine Explosion auszulösen, z. B. Sprengstoffe, Treibstoffe für Geschosse (→Schießpulver), Stoffe zum Zünden anderer E. durch einen Detonationsstoß (Zündstoffe, →Initialsprengstoffe) oder Stoffe, die für pyrotechn. Zwecke (→Pyrotechnik) verwendet werden. Substanzen, die nicht zu diesem Zweck produziert werden, aber trotzdem die genannte Eigenschaft zeigen, werden als **explosionsfähige Stoffe** bezeichnet, z. B. für Düngemittel hergestellter Ammonsalpeter oder Nitrat- und Chloratmischungen, die für Pflanzenschutz- und Schädlingsbekämpfungsmittel produziert werden.

Als Bestandteile von E. haben v. a. Salpetersäureester (→Nitroglycerin, →Nitroglykol, Diglykoldinitrat, →Nitropenta, →Cellulosenitrat), Nitroverbindungen (→Trinitrotoluol, →Hexogen), Ammoniumnitrat, Bleiazid sowie Oxidationsmittel (z. B. Nitrate, Chlorate) und Brennstoffe (z. B. Holzkohle, Aluminium) Bedeutung.

Gewerbliche Sprengstoffe werden im Bergbau, für den Straßen-, Tunnel- und Kanalbau sowie in Steinbrüchen verwendet. Gesteinssprengstoffe sind nur für Sprengarbeiten ohne Schlagwettergefahr zugelassen. Sie können als Pulver (z. B. aus Ammoniumnitrat und Dieselkraftstoff) direkt in das Bohrloch geschüttet werden oder in Patronenform (z. B. →Ammonite), gelatinös (→Ammon-Gelite) oder wasserhaltig (z. B. schlammartige Mischungen von Ammoniumnitrat, Trinitrotoluol und Wasser) angewendet werden. Die →Wettersprengstoffe sind für den Kohlebergbau zugelassen. Ein im Bohrloch angewendeter E. muss ein hohes, v. a. von der Gasausbeute (Schwadenvolumen) und der →Explosionswärme abhängiges Arbeitsvermögen haben; es kann im ballist. →Mörser oder durch die →Bleiblockprobe bestimmt werden. Bei **militärischen Sprengstoffen** (z. B. für Granaten, Minen) wird häufig eine hohe →Brisanz angestrebt, die z. B. mit Hexogen und Nitropenta erreicht wird. Das Trinitrotoluol ist wegen seiner großen Unempfindlichkeit gegenüber Stoß und Schlag bes. geeignet; es wird u. a. in Mischungen mit Ammoniumnitrat, Hexogen, Nitropenta und Aluminium verwendet. Die Schlagempfindlichkeit von E. wird im Fallhammertest bestimmt. Die niedrigsten Schlagenergien, die eine Explosion auslösen, sind für Nitroglycerin 0,2 Joule, für Ammon-Gelite 2,0, für Nitropenta 3,0, für Hexogen 7,4 und für Trinitrotoluol 15 Joule. Die Reibempfindlichkeit von E. wird im Reibapparat und die therm. Empfindlichkeit im Stahlhülsentest geprüft. Diese drei Prüfmethoden sind im Sprengstoffgesetz vorgeschrieben.

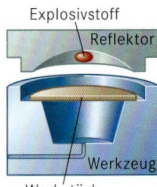

Explosionsumformung

Recht Als spezialgesetzl. Materie zum Waffen- und Kriegswaffenrecht finden sich Regelungen in Bezug auf E. im bundeseinheitlich gefassten Sprengstoff-Ges. in der Fassung der Bekanntmachung vom 10. 9. 2002. Einschließlich seiner Ausführungs-VO erfassen sie Umgang mit sowie Verkehr, Beförderung und Einfuhr von E. Von diesen Regelungen sind die Bundeswehr, die in Dtl. stationierten ausländ. Streitkräfte, der Zollgrenzdienst, die Vollzugspolizei von Bund und Ländern, öffentl. Verkehrsmittel und Seeschiffe sowie der Bergaufsicht unterliegende Betriebe ausgenommen. Das Sprengstoff-Ges. unterwirft den Erwerb, den Umgang mit und die Beförderung von E. sowohl im gewerbl. wie im nichtgewerbl. Bereich der Erlaubnis, die inhaltlich beschränkt, befristet oder mit Auflagen versehen werden kann. Verstöße gegen die Bestimmungen des Ges. werden entweder als Straftaten oder als Ordnungswidrigkeiten verfolgt (§§ 40 ff. Sprengstoff-Ges.). Ferner wird nach dem StGB das Herbeiführen einer Sprengstoffexplosion, mit der Gefahren für Leib oder Leben eines anderen oder fremde Sachen von bedeutendem Wert verbunden sind, mit Freiheitsstrafe nicht unter einem Jahr oder Geldstrafe geahndet (§ 308 StGB). Bereits die Vorbereitung eines Explosions- oder Strahlungsverbrechens ist strafbar (§ 310 StGB). Schließlich wird mit Freiheitsstrafe von sechs Monaten bis zu fünf Jahren belegt, wer zur Vorbereitung einer Flugzeugentführung Sprengstoffe herstellt, verschafft, verwahrt oder einem anderen überlässt (§ 316 c Abs. 4 StGB). – Ähnliche Strafvorschriften gelten in Österreich (§§ 173–175 StGB) und in der Schweiz (Art. 224–226 StGB).

Geschichte Berichte über erste Anwendungen von E. in China stammen aus dem 13. Jh. Schwarzpulverähnl. E. gelangten über Kleinasien nach Europa, wo sie im 14. Jh., angeblich von BERTHOLD DEM SCHWARZEN, verbessert und zum Austreiben von Kugeln aus einem Rohr verwendet wurden. Anfang des 17. Jh. wurden in sächs. Steinbrüchen und Erzbergwerken Sprengungen durchgeführt. Einen großen techn. Fortschritt brachte die Erfindung der Nitrocellulose (C. F. SCHÖNBEIN, 1845) und des Nitroglycerins (A. SOBRERO, 1846). A. NOBEL machte 1867 das gefährl. Nitroglycerin durch Zusatz von Kieselgur handhabungssicher (Gurdynamit) und stellte 1888 durch Gelierung von Nitrocellulose mit Nitroglycerin die erste zweibasige Schießpulver her. Im Ersten Weltkrieg wurde Nitroglycerin weitgehend durch Nitrotoluole und Diglykoldinitrat ersetzt. Dreibasige Schießpulver wurden erstmals im Zweiten Weltkrieg verwendet.

Expo EXPO 2000

🕮 Sprengtechnik, hg. v. H. HEINZE u. a. (²1993); J. KÖHLER u. RUDOLF MEYER: E. (⁹1998); Explosive effects and applications hg. v. J. A. ZUKAS u. W. P. WALTERS (New York 2003).

EXPO 2000, → Weltausstellung.

Exponat [russ., zu lat. exponere »herausstellen«] *das, -(e)s/-e,* Ausstellungs-, Museumsstück.

Exponent [lat. »herausstellend«] *der, -en/-en,*
  1) *bildungssprachlich* für: herausgehobener Vertreter, z. B. einer Partei.
  2) *Mathematik:* **Hochzahl,** die hochgesetzte Zahl bei →Potenzen und →Wurzeln.

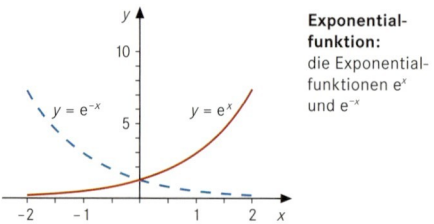

Exponentialfunktion: die Exponentialfunktionen e^x und e^{-x}

Exponentialfunktion, Bez. für jede Funktion $f(x) = a^x$ mit positiver reeller Basis a, wobei die unabhängige Veränderliche als Exponent vorkommt. Besondere Bedeutung hat die E. zur Basis e (**e-Funktion;** Funktionszeichen: **exp**); sie wird definiert durch die Reihe

$$e^x = \exp x = 1 + x + \frac{x^2}{2!} + \frac{x^3}{3!} + \dots,$$

die für jeden reellen und komplexen Wert ihres Arguments x konvergiert. Die Ableitung der e-Funktion ist die e-Funktion selbst: $(e^x)' = e^x$. Mithilfe der e-Funktion können die Winkelfunktionen und die Hyperbelfunktionen beschrieben werden (→ eulersche Formel, → moivrescher Satz). Die Umkehrfunktion der E. ist die →Logarithmusfunktion. – Die E. hat große Bedeutung in Physik und Biologie, da sich viele Naturphänomene entsprechend einer E. verhalten (→ Abklingen, → Halbwertszeit, → Radioaktivität).

Exponentialreaktor, *Kerntechnik:* nichtkrit. Anordnung aus Kernbrennstoff und Moderator, um experimentell die Neutronenflussdichteverteilung für Reaktorbrennelemente zu messen und Gruppenkonstanten sowie die Reaktivität zu bestimmen.

Exponentialtrichter, nach einer Exponentialfunktion sich erweiternder Schalltrichter vor einem Lautsprecher. Da bei ihm die relative Querschnittsänderung konstant bleibt, wird erreicht, dass der akust. Übergangswiderstand zw. Lautsprechermembran und Luft möglichst gering und der Wirkungsgrad des Lautsprechers optimal wird.

Exponentialverteilung, stetige Wahrscheinlichkeitsverteilung mit der Dichtefunktion

$$f(x) = \begin{cases} \lambda e^{-\lambda x} & \text{für } x \geq 0, \\ 0 & \text{für } x < 0 \end{cases}$$

Der Parameter $\lambda > 0$ bestimmt, wie schnell die in der Dichte auftretende Exponentialfunktion abfällt. Eine exponentialverteilte Zufallsgröße hat den Erwartungswert $1/\lambda$ und die Varianz $\frac{1}{\lambda^2}$. Die E. ist das stetige Analogon zur →geometrischen Verteilung. Sie beschreibt z. B. die Lebensdauer von Geräten mit konstanter Ausfallrate und ist u. a. in der Zuverlässigkeitstheorie und der Warteschlangentheorie von Bedeutung.

exponentiell, gemäß einer →Exponentialfunktion verlaufend.

exponentielle Glättung, engl. **exponential smoothing** [ekspəʊˈnenʃl ˈsmuːðɪŋ], statist. Verfahren zur Bestimmung des Trends von Zeitreihen, das sich insbes. für kurzfristige Prognosen eignet. Die e. G. geht von der Annahme aus, dass die Zeitreihenwerte mit wachsender zeitl. Entfernung vom Prognosezeitraum an Bedeutung verlieren. In den Prognoseansatz gehen die Zeitreihenwerte daher mit Gewichten ein, die in Richtung Vergangenheit exponentiell abnehmen.

Export [engl., zu lat. exportare] *der, -(e)s/-e,* die →Ausfuhr. (→Außenhandel, →Außenhandelsstatistik)

Export, Valie, eigtl. **Waltraud Lehner,** österr. Medienkünstlerin, * Linz 17. 5. 1940; ab 1995 Prof. an der Kunsthochschule für Medien in Köln; Protagonistin einer feministisch orientierten Kunst. E. setzt sich in ihrem Œuvre mit den gesellschaftlich bedingten Bestimmtheiten und den kommunikativen Möglichkeiten des menschl. Körpers auseinander. Sie erforscht in Performances, Fotografien, Filmen, Videoinstallationen, Computerarbeiten, Objekten, Skulpturen und Körper-Material-Interaktionen die Wechselwirkungen zw. individueller und sozialer Kontrolle sowie zw. Emotion und Bewusstsein, wobei sie häufig ihren eigenen Körper radikal einsetzt (u. a. 1968 mit der Aktion »Tapp- und Tastkino« in München, bei der sie Passanten ihre hinter einem Gestell mit Vorhang verborgenen nackten Brüste zum »Betasten« anbot).

Exportbasistheorie, regionale Wachstumstheorie, die die Abhängigkeit des Wirtschaftswachstums einer Region von der Entwicklung ihres Exportsektors, d. h. der Nachfragesteigerung außerhalb der Region, betont und die Aussagen der klass. Außenhandelstheorie auf Regionen einer Volkswirtschaft überträgt. Die ökonom. Entwicklung wird nach der E. bestimmt durch die Einkommen aus exportorientierten Aktivitäten. Die Nachfrage, die aus anderen Gebieten nach Gütern und Leistungen aus der betreffenden Region auftritt, ist somit die wichtigste Determinante des regionalen Wirtschaftswachstums.

Exportbier, untergäriges, helles, hoch vergorenes, nur mäßig stark gehopftes Vollbier, Stammwürze 12–13 %, Alkoholgehalt etwa 4 Vol.-%. (→ Bier)

Exportdiversifizierung, eine auf Wachstum und Entwicklung des Exports zielende Entwicklungsstrategie. Durch Verbreiterung des Sortiments und den Aufbau einer Ausfuhrstruktur mit höherem Industriegüteranteil soll die einseitige Ausrichtung der Exportaktivitäten auf einige wenige Produkte reduziert werden. (→ Entwicklungspolitik)

Exporterlösstabilisierung, Bez. für wirtschaftspolit. Maßnahmen zur Stabilisierung der Ausfuhrerlöse der überwiegend Rohstoffe exportierenden Entwicklungsländer. Dabei sollen die Erlöse als Produkt von Menge und Preis verstetigt werden, nicht die Preise, da Preisreduzierungen kurzfristig durch Mengensteigerungen ausgeglichen werden können. Ziel ist die Sicherstellung relativ kontinuierl. Einnahmen für die Volkswirtschaft, um eine stetige wirtschaftl. Entwicklung zu gewährleisten und die Realisierung entwicklungspolit. Vorstellungen, z. B. bei Entwicklungsprojekten, zu erreichen. Da Preisschwankungen auf den Weltrohstoffmärkten oder Importrestriktionen der Einfuhrländer häufig zu schwankenden Ausfuhrerlösen führen, sind die Ordnung und Verstetigung des Welthandels mit Rohstoffen ein besonderes Anliegen der Entwicklungsländer (→ Neue Weltwirtschaftsordnung, → Rohstoffabkommen).

Die erste internat. Form der E. als Hilfe für Entwicklungsländer wurde 1963 vom Internat. Währungsfonds eingerichtet, eine Sonderfazilität zur **kompensator. Finanzierung** von Exporterlösschwankungen. Ziel der kurzfristigen kompensator. Finanzierung ist der Ausgleich von Liquiditätsengpässen (Zahlungsbilanzhilfe) rohstoffexportierender Entwicklungsländer bei temporären Rückgängen ihrer Exporterlöse. Die E. ist auch wichtige Bestimmung der →Lomé-Abkommen (2000 durch das Abkommen von Cotonou ersetzt) zw. den Staaten der EU und den AKP-Staaten (→Stabex).

Exporteur [-'tør] der, -s/-e, Person oder Unternehmen, die bzw. das auf eigene Rechnung Waren im Inland kauft, um sie im Ausland weiterzuveräußern. E. mit entsprechender finanzieller Basis befassen sich auch mit Exportwerbung und Aufgaben der Absatzförderung. Die beim Transport der Waren ins Ausland tätigen Spediteure und Frachtführer sind keine Exporteure.

Exportfinanzierung, Ausfuhrfinanzierung, die Beschaffung von Fremdkapital zur Finanzierung von Ausfuhrgeschäften. Die E. dient der zeitl. Überbrückung von der Auftragserteilung bis zum Zahlungseingang. Die kurzfristige E. übernehmen v. a. Kreditbanken durch Gewährung von Wechselkrediten, v. a. von Exporttratten sowie Auslandsakzepten, außerdem werden zunehmend →Factoring und →Forfaitierung praktiziert. Weitere Instrumente der E. sind Akkreditive, Lieferantenkredite, Eurokredite und Bankengarantien. Die mittelfristige E. erfolgt in Dtl. durch die →AKA Ausfuhrkredit-Gesellschaft mbH; langfristige Kredite mit Laufzeiten von mehr als vier Jahren gewähren neben den Außenhandelsbanken z. B. auch die KfW IPEX-Bank und die DEG – Deutsche Investitions- und Entwicklungsgesellschaft mbH, beides Tochtergesellschaften der KfW-Bankengruppe (→Kreditanstalt für Wiederaufbau). Der Absicherung gegen wirtschaftl. und polit. Risiken dienen Devisentermingeschäfte, Kredite in Fremdwährungen und →Exportkreditversicherungen. (→Bundesbürgschaften, Bundesgarantien und sonstige Gewährleistungen)

Exportförderung, i. w. S. die Gesamtheit aller Maßnahmen zur Steigerung der Ausfuhr eines Landes. Träger der E. können Private (Einzel- oder Gemeinschaftswerbung, Preisdifferenzierung, gemeinschaftl. Ausstellungen, gemeinschaftl. Exportkreditfinanzierung der Exporteure, Kooperation mit ausländ. Unternehmen, Direktinvestitionen) und Körperschaften des öffentl. Rechts sein (Beratung durch Industrie- und Handelskammern sowie Handwerkskammern, Errichtung von Außenhandelskammern). Größere Bedeutung hat die staatl. E. Ziel dieser E. i. e. S. ist es, Handelsbilanzdefizite zu vermeiden oder zu beseitigen, die Devisenbestände zu vergrößern, Vollbeschäftigung herzustellen oder zu sichern, das wirtschaftl. Wachstum durch Nachfrageimpulse aus dem Ausland zu erhöhen u. a. (→Außenwirtschaft). Die E. wendet sich unmittelbar an die Exporteure, deren Wettbewerbsfähigkeit auf Auslandsmärkten hergestellt, erhalten oder verbessert werden soll. Wirtschaftspolit. Mittel sind u. a. Exportsubventionen (z. B. Exportprämien für sonst internat. nicht wettbewerbsfähige Produkte), Befreiung der Ausfuhr von Steuern (z. B. Umsatzsteuer), Gewährung von Sonderabschreibungen für Forderungen aus Exportgeschäften, Sondertarife für Verkehrsmittel, Ausfuhrgarantien und -bürgschaften (→Exportkreditversicherung), zinsgünstige Exportkredite, Investitionshilfen (auch für Auslandsniederlassungen), Wechselkurskorrekturen, Information und Beratung (z. B. durch die Bundesstelle für Außenhandelsinformation). – Die Erfassung der angewendeten Maßnahmen und ihre Koordinierung gehören zu den Aufgaben der →WTO. Maßnahmen zur E. sind z. T. umstritten, da sie die internat. Arbeitsteilung bei Freihandel beeinträchtigen können (z. B. Exportsubventionen).

Enzyklopädische Vernetzung: ▪ Dumping ▪ Freihandel ▪ Handelshemmnisse ▪ Protektionismus

Export-Import Bank of the United States ['ɛkspɔːt 'ɪmpɔːt bæŋk ɔf ði juːˈnaɪtɪd 'steɪts, engl.], Abk. **Eximbank** ['ɛksɪmbæŋk, engl.], 1934 im Zuge des →New Deal gegründetes, zunächst staatlich unabhängiges Kreditinstitut zur Förderung des Außenhandels, 1945 reorganisiert; Sitz: Washington (D. C.). Die Eximbank förderte und finanzierte urspr. Im- und Exporte amerikan. Firmen und gab bis zum Anlaufen des Europ. Wiederaufbauprogramms an westeurop. Länder Wiederaufbaukredite. Seither wurde ihre Geschäftstätigkeit auf die Erschließung ausländ. Produktionsstätten erweitert. Darüber hinaus finanziert die Bank Entwicklungsprojekte der US-Reg., v. a. in Lateinamerika. Neben der Exportfinanzierung gewährt sie Exportgarantien.

Exportkreditversicherung, auch **Ausfuhrkreditversicherung,** Versicherung zur Deckung von wirtschaftl. und polit. Risiken im Außenhandelsgeschäft bei privaten Versicherungsunternehmen oder im Rahmen staatl. Ausfuhrgarantien und -bürgschaften. Mit der E. Dtl.s (**Hermes-Deckung**) können Fabrikations-, Liefer- und Finanzkreditrisiken abgesichert werden bei einer Selbstbeteiligungsquote zw. 5 % und 15 %. Über Anträge von Exporteuren auf Hermes-Deckungen, die 1949 geschaffen wurden, entscheidet ein interministerieller Ausschuss unter Federführung und nach Richtlinien des Bundes-Min. für Wirtschaft. Die Geschäftsführung obliegt der →Hermes Kreditversicherungs-AG und der Treuarbeit AG (→Bundesbürgschaften, Bundesgarantien und sonstige Gewährleis-

Valie Export: »SIT DOWN STAND UP«, Computerarbeit (1989; Privatbesitz)

Expo Exportquote

tungen). – In Österreich handelt die →Österreichische Kontrollbank AG als Bevollmächtigte der Rep. Österreich bei der Verwaltung und Durchführung von staatl. Ausfuhrgarantien und -bürgschaften. – Staatl. Ausfuhrgarantien für Exporteure übernimmt in der Schweiz die Exportrisikogarantie des Bundes (Abk. ERG). Die ERG kann auch für weitere Dienstleistungen im Exportgeschäft beansprucht werden (z. B. techn. Beratung).

Exportquote, 1) Verhältnis zw. dem Wert der Ausfuhr von Waren und Dienstleistungen und dem Bruttoinlandsprodukt. Die E. ist ein Maß für die wirtschaftl. Bedeutung des Exports für eine Volkswirtschaft sowie für die Abhängigkeit von weltwirtschaftl. Entwicklungen; 2) die zum Export freigegebenen Gütermengen für einen bestimmten Zeitraum im Rahmen der →Kontingentierung.

Exportrestriktionen, Exportbeschränkungen, Ausfuhrrestriktionen, Ausfuhrbeschränkungen, alle wirtschaftspolit. Maßnahmen, die die Ausfuhr von Waren und Dienstleistungen beschränken oder unterbinden, wie Exportzölle (→Zoll), Embargo, Exportkontingente (→Kontingentierung), Ausfuhrverbote und Selbstbeschränkungsabkommen.

Exposé [frz., zu lat. exponere, expositum »herausstellen«] *das, -s/-s, bildungssprachlich:* 1) schriftlich erläuternde Darstellung; Denkschrift, Bericht; 2) Zusammenstellung, Übersicht, Plan; 3) Handlungsskizze, v. a. als Vorstufe eines Drehbuchs.

Exposition [lat. »Aussetzung«, »Darlegung«, »Entwicklung«] *die, -/-en,*
1) *Fotografie:* die →Belichtung.
2) *Geografie:* Lage eines Hanges oder einer anderen Reliefeinheit in Bezug auf Sonneneinstrahlung, vorherrschende Windrichtung oder Niederschläge. Die E. beeinflusst die Einstrahlung, bestimmt die Wind- und Regenschattenlagen und somit den lokalen Wärmehaushalt des Standortes; sie ist ein wesentl. Faktor der Hangformung, der Boden- und Reliefbildung und der Vegetation.
3) *Literatur:* erster Teil im →Drama, der die Verhältnisse und Zustände darstellt, aus denen der dramat. Konflikt entwickelt wird, einschließlich der Vorgeschichte (»Vorfabel«).

Die typ. Form der E. in der antiken Tragödie war seit SOPHOKLES der Prolog, eine kurze Szene, die dem Einzugslied des Chors (Parodos), mit dem die eigentl. Tragödie beginnt, vorausging. Das frühe neuzeitl. Drama verwendete noch den von der eigentl. dramat. Handlung abgetrennten Prolog (Humanistendrama, Schuldrama; Meistersingerdrama), später ist die E. i. d. R. in die dramat. Handlung integriert; sie umfasst beim frühaktigen Drama ungefähr den ersten Akt. Ausnahmen: SCHILLERS »Wallenstein« (1800), wo der gesamte erste Teil der Trilogie (»Wallensteins Lager«) die Funktion der E. hat, und GOETHES »Faust I« (1808), wo der »Prolog im Himmel« die »Vorgeschichte« darstellt.

4) *Medizin:* das Ausgesetztsein des Organismus gegenüber ein Häufigkeit und Intensität unterschiedlich ausgeprägten krankheitsfördernden Ursachen, z. B. Krankheitserregern oder ionisierender Strahlung (→Strahlenexposition).

5) *Musik:* das erste Auftreten des oder der Themen eines Musikstücks. In der Fuge ist die E. gleichbedeutend mit der ersten →Durchführung. In der →Sonatensatzform bezeichnet E. den Eröffnungsteil, der die beiden dem Satz zugrunde liegenden, oft gegensätzl. Themen aufstellt, das Hauptthema in der Grundtonart, das zweite Thema (den Seitensatz) oft in der Dominante. Die E. wird meist wiederholt, in der Durchführung kompositorisch verarbeitet und in der →Reprise abgewandelt. Die E., vielfach modifizierbar, kann auch drei oder mehr Themen oder themat. Komplexe enthalten.

ex post [lat.], →ex ante.

Express,
1) **L'Express,** frz. Wochenzeitschrift in Paris, gegr. 1953 von J.-J. SERVAN-SCHREIBER (* 1924) und FRANÇOISE GIROUD (* 1916, † 2003), seit 1964 Nachrichtenmagazin, mit einer internat. Ausgabe. Gesamtauflage 431 000 Exemplare. L'E. gehört zur Mediengruppe Socpresse (seit 2004 82% Mehrheit des Luft- und Raumfahrtkonzerns Dassault Aviation), die auch »Le Figaro« u. a. verlegt.
2) regionale Kaufzeitung, gegr. 1964 in Köln, mit Ausgaben für Bonn und Düsseldorf, Gesamtauflage (2004, 4. Quartal): 232 000; erscheint im Verlag Dumont Schauberg, zu dessen »Zeitungsgruppe Köln« auch die »Kölnische Rundschau« und der »Kölner Stadtanzeiger« gehören.

Expression [zu lat. exprimere, expressum »herausdrücken«] *die, -/-en,*
1) *bildungssprachlich:* (gesteigerter) Ausdruck.
2) *Molekularbiologie:* die Umsetzung eines Gens in ein Protein (→Genexpression).

Expressionismus [zu lat. expressio »Ausdruck«] *der, -,*
1) *bildende Kunst:* i. w. S. Bez. für jede Kunstrichtung, die eine spezifisch subjektive Ausdruckssteigerung mit bildner. Mitteln zu erreichen sucht; i. e. S. Stil-Bez. für eine im 1. Drittel des 20. Jh. v. a. in der dt. Kunst vorherrschende Stilrichtung.

Malerei: Charakteristisch für die expressionist. Kunst des 20. Jh., aber auch für einen expressionist. Stil überhaupt, ist die ausgeprägt subjektive, gegen die Tradition gerichtete Tendenz; Farben und Formen werden nicht nach illusionist. Gesetzen zum Zweck einer getreuen Wirklichkeitswiedergabe, sondern als Ausdrucksträger eingesetzt, um seel. Momente im Werk zu akzentuieren. Zur Steigerung des inhaltl. und formalen Ausdrucks bedienen sich die expressionist. Künstler v. a. der Deformation und der Flächigkeit.

Meister des Expressionismus (Beispiele)

- Ernst Barlach (1870–1938)
- Peter Behrens (1868–1940)
- Erich Heckel (1883–1970)
- Wassily Kandinsky (1866–1944)
- Ernst Ludwig Kirchner (1880–1938)
- Oskar Kokoschka (1886–1980)
- Käthe Kollwitz (1867–1945)
- Wilhelm Lehmbruck (1881–1919)
- August Macke (1887–1914)
- Franz Marc (1880–1916)
- Erich Mendelsohn (1887–1953)
- Paula Modersohn-Becker (1876–1907)
- Otto Mueller (1874–1930)
- Emil Nolde (1867–1956)
- Hans Poelzig (1869–1936)
- Egon Schiele (1890–1918)
- Karl Schmidt-Rottluff (1884–1976)

Expressionismus

Expressionismus 1)
1 Fritz Höger, Chilehaus in Hamburg (1922–23)
2 Otto Mueller, »Badeszene mit vier Figuren, Haus und Boot (nach rechts)«, kolorierte Lithografie (um 1914; Berlin, Staatliche Museen)
3 Max Beckmann, »Der Mann im Dunkeln« (1934; München, Staatsgalerie Moderner Kunst in der Pinakothek der Moderne)
4 Ernst Ludwig Kirchner, »Fränzi vor geschnitztem Stuhl« (1910; Madrid, Sammlung Thyssen-Bornemisza)
5 Ernst Barlach, »Der Rächer«, Stuck, getönt (1922; Güstrow, Atelierhaus am Heidberg)
6 Franz Marc, »Blaues Pferd I« (1911; München, Städtische Galerie im Lenbachhaus)
7 Emil Nolde, »Der Tanz um das goldene Kalb« (1910; München, Staatsgalerie Moderner Kunst in der Pinakothek der Moderne)

Voraussetzung für die expressionist. Kunst des 20. Jh. war die Ablehnung des Naturalismus des 19. Jh. Angeregt durch Vorläufer wie P. GAUGUIN, V. VAN GOGH, F. HODLER, J. ENSOR, E. MUNCH und H. DE TOULOUSE-LAUTREC, malten die Expressionisten Landschaften und Figurenbilder in ungezügelter, wilder Farbigkeit, verkürzten Formen und ausdrucksstarken dunklen Linien. Der Holzschnitt mit seinen scharfen Konturen und der monumentalen Hell-Dunkel-Wirkung wurde zum Wahrzeichen ihrer Kunst.

In Dtl. ist der Beginn des E. 1905 mit der Gründung der Dresdner Malervereinigung →Brücke anzusetzen, der neben den Gründungsmitgliedern E. L. KIRCHNER, E. HECKEL und K. SCHMIDT-ROTTLUFF auch M. PECHSTEIN, OTTO MUELLER und kurzzeitig auch E. NOLDE angehörten. Auch frühe Werke von Künstlern des →Blauen Reiters in München, der im Unterschied zu der verschworenen Künstlergemeinschaft der »Brücke« eher eine locker geknüpfte Ausstellungsgemeinschaft um W. Kandinsky, F. Marc und A. Macke war, zählen zum Expressionismus. Ein weiteres Zentrum wurde Berlin durch die 1910 von H. Walden gegründete Zeitschrift »Sturm« und die gleichnamigen Ausstellungen, aber auch durch den Zuzug der Brücke-Künstler aus Dresden (1910) und durch die Künstlergruppe »Die Pathetiker« (1912) mit L. Meidner. Eine eigene Variante des E. bildeten die rhein. Expressionisten um H. Campendonk. Expressionist. Elemente finden sich auch im Werk von C. Rohlfs, Paula Modersohn-Becker und M. Beckmann, der in den 1920er-Jahren zum eigtl. Fortführer der expressionist. Tradition wurde. Eigenständige Formen des E. entwickelten in Österreich die Maler O. Kokoschka und E. Schiele, ferner R. Gerstl und H. Boeckl, in Belgien die jüngere Gruppe von Sint-Martens-Latem mit C. Permeke, G. de Smet, F. van den Berghe und A. Servaes. In den Niederlanden nahmen Jacoba van Heemskerk (*1876, †1923), Leo Gestel (*1881, †1941), Jan Sluyters (*1881, †1957) und Jan Wiegers (*1893, †1959) Einflüsse des dt. Expressionisten auf. Als frz. Entsprechung zum dt. E. kann der Fauvismus gelten. Expressionistisch malten auch C. Soutine, G. Rouault und M. Chagall. Elemente des histor. E. lebten nach 1945 im →abstrakten Expressionismus, im →Actionpainting, im →Tachismus, in der Malerei der Gruppe »Cobra oder im →Art brut und seit Ende der 70er-Jahre bei den →Neuen Wilden wieder auf.

Bildhauerei: Auf der Suche nach Anregungen für die Ideale von »Ursprünglichkeit« und »Reinheit« fanden die Künstler der Brücke Vorbilder in der »primitiven« Kunst der frühen Kulturen Schwarzafrikas und Ozeaniens (→Primitivismus). Es entstanden bedeutende expressionist. Skulpturen (v.a. von Kirchner). Die Erfahrungen des Ersten Weltkrieges und der ihm nachfolgenden gesellschaftl. Umbrüche bewirkten bei vielen Bildhauern eine anders gerichtete, qualitativ neue Darstellung des Menschen. Das Aufbegehren gegen Entrechtung, Bevormundung und Gewaltherrschaft schlug sich in den Werken W. Lehmbrucks, E. Barlachs, G. Marcks' und Käthe Kollwitz' nieder. Pate für Lehmbrucks Arbeiten standen die Skulpturen von C. Brancusi und A. Archipenko, die der Bildhauer während eines Aufenthalts in Paris kennen gelernt hatte.

Architektur: Die frühesten Zeugnisse expressionist. Architektur finden sich in Dtl. bei P. Behrens' AEG-Bauten in Berlin (1908–13), H. Poelzigs Fabrik in Luban (1911–12; heute stark verändert) und seinem Wasserturm in Posen (1911; teilzerstört) sowie M. Bergs Jahrhunderthalle in Breslau (1911–13). Nach dem Ersten Weltkrieg sammelte sich ein Großteil der expressionist. Kräfte in den beiden kurzlebigen Berliner Vereinigungen »Arbeitsrat für Kunst« und »Novembergruppe«; wichtige programmat. Arbeit leistete in einer Zeit, in der aufgrund der schlechten Auftragslage bes. die jüngeren Architekten bis 1924 zu prakt. Untätigkeit verurteilt waren, auch die »Gläserne Kette«. Wichtige schriftl. Zeugnisse jener Zeit sind die »utop. Briefe«, die u.a. zw. B. und M. Taut und W. Luckhardt, H. Scharoun, Carl Krayl (*1890, †1947), H. Finsterlin, P. Goesch gewechselt wurden, die Publikationen B. Tauts (»Die Stadtkrone«, 1919; »Alpine Architektur«, 1920) sowie die Schriftenreihe »Frühlicht«. Zu den herausragenden baul. Realisierungen und Entwürfen der Zeit nach dem Ersten Weltkrieg gehören in Dtl. H. Poelzigs Großes Schauspielhaus in Berlin (1918/19; nicht erhalten), L. Mies van der Rohes Projekte eines Bürogebäudes an der Berliner Friedrichstraße (1919) und eines Glashochhauses (1920/21), E. Mendelsohns Einsteinturm in Potsdam (1919–24), P. Behrens' Verwaltungsgebäude der Hoechst AG (1920–24), F. Högers Chilehaus in Hamburg (1922/23), H. Härings Gut Garkau bei Lübeck (1924/25) sowie R. Steiners zweites Goetheanum in Dornach (1924–28). Die größte Breitenwirkung außerhalb des dt. Sprachraums erzielte die Architektur des E. in den Niederlanden mit Architekten der »Amsterdamer Schule« wie M. de Klerk, Johan Melchior van der Mey (*1878, †1949) und P. Kramer, die sich bes. um den Wohnungsbau verdient machten.

K. Sotriffer: E. u. Fauvismus (Wien 1971); S. v. Wiese: Graphik des E. (1976); W.-D. Dube: Der E. in Wort u. Bild (1983); Skulptur des E., hg. v. S. Barron, Ausst.-Kat. (a. d. Engl., 1984); E. in Holland. Die Architektur der Amsterdamer Schule, hg. v. W. de Wit (a. d. Engl., 1986); Expressionisten, bearb. v. A. Kühnel, Ausst.-Kat. (Berlin-Ost 1986); P. Werkner: Physis u. Psyche. Der österr. Früh-E. (Wien 1986); E. Lit. u. Kunst 1910–1923, bearb. v. P. Raabe u. H. L. Greve, Ausst.-Kat. (Neuausg. 1990); P. Vogt: E. Dt. Malerei zw. 1905 u. 1920 (²1990); S. Sabarsky: Graphik des dt. E. (1991); Moderne Architektur in Dtl. 1900 bis 1950, E. u. neue Sachlichkeit, hg. v. V. Magnago Lampugnani u. R. Schneider, Ausst.-Kat. (1991); L. Lang: E. u. Buchkunst in Dtl. 1907–1927 (²1993); S. Vietta u. H.-G. Kemper: E. (⁵1994); W. Pehnt: Die Architektur des E. (³1998); Die großen Expressionisten, hg. v. M. M. Moeller (2000); D. Elger: E. Eine dt. Kunstrevolution (2002).

2) *Literatur:* Von der bildenden Kunst wurde der Begriff E. für die Lit. übernommen. Er wird für die vielfältigen Strömungen der dt. Lit. gebraucht, die etwa zw. 1910 und 1920 in radikalem Ggs. zu den vorangegangenen Stilrichtungen (Naturalismus, Neoromantik, Impressionismus) entstanden waren. – Literar. Vorbilder waren A. Strindbergs Traum- und Visionsspiele (»Nach Damaskus«, 1899), die Dichtungen W. Whitmans, thematisch der frz. Symbolismus. Auch Einflüsse des ital. Futurismus sind nachweisbar. Gemeinsam war den meisten Vertretern des E. ein neues Lebensgefühl: der Protest gegen das in alten Autoritätsstrukturen erstarrte wilhelmin. Bürgertum und gegen eine zunehmende Mechanisierung des Lebens, die Angst vor einer Bedrohung des Geistes, die Vorahnung einer apokalypt. Katastrophe. Aus diesem Protest heraus entwarf ein Teil der Expressionisten Bilder eines neuen »geistigen« Zeitalters, einer erneuerten Menschheit in einem ekstat. Bekenntnis zu individuellem Menschsein, teilweise mit stark religiösen (F. Werfel) und myst. Zügen (R. J. Sorge, E. Barlach), und rief zu einer Revolution des Denkens auf, die eine politisch-gesellschaftl. Revolution nach sich ziehen sollte. An die Stelle des Kunstgenusses der impressionist. und symbolist. Ästhetik traten das »neue Pathos« des Aufbegehrens, das »rasende Leben«, Aktivismus, Intensität des Gefühls. Typisch dafür sind die Titel bedeutender, oft nur kurzlebiger Zeitschriften expressionist. Gruppen: »Der Sturm« (1910–32, hg. v. H. Walden), »Die Aktion« (1911–32, hg. v. F. Pfemfert), »Das neue Pathos« (1913–19, hg. v. Hans Ehrenbaum-Degele, *1889, †1915), »Revolution« (1913, hg. v. Hans Leybold, *1892, †1914) und »Die weißen Blätter« (1914–21, hg. v. R. Schickele). Neben diesen Zeitschriften gab es eine Vielzahl kleinerer Publikationsorgane der zahlr. Dichtergruppen, die sich in der Nachfolge des 1909 von K. HILLER in Berlin gegründeten »Neuen Clubs«, des »Neopathet. Cabarets«, bildeten sowie (Lyrik-)Anthologien (»Der Kondor«, 1912, hg. v. K. HILLER; »Menschheitsdämmerung«, 1920, hg. v. K. PINTHUS), in denen sich die expressionist. Revolution manifestierte. In diesem Sinne (»Aufstand gegen die Väter«) wurde der Vater-Sohn-Konflikt zum immer wieder gestalteten Thema der Zeit, in der Erzählung (F. KAFKA, »Das Urteil«, 1913), im Drama (W. HASENCLEVER, »Der Sohn«, 1914), im Gedicht (J. R. BECHER, »Oedipus«, 1916).

Bis in den Ersten Weltkrieg hinein war der E. im Wesentlichen von der Lyrik geprägt; in der Anthologie »Der Kondor« wurde er zum ersten Mal programmatisch vorgestellt. Außer von F. WERFEL erschienen Gedichtbände u. a. von G. HEYM, G. BENN, G. TRAKL, W. HASENCLEVER, A. LICHTENSTEIN, A. EHRENSTEIN, E. STADLER, A. STRAMM; zu den Lyrikern des E. zählen ferner J. R. BECHER, T. DÄUBLER, Y. GOLL, ELSE LASKER-SCHÜLER, R. SCHICKELE, J. VAN HODDIS, E. BLASS, P. ZECH u. a. Während des Ersten Weltkriegs erreichte die erzählende Prosa mit der Publikationsfolge »Der jüngste Tag« ein größeres Publikum. Weitere expressionist. Prosawerke sind A. EHRENSTEINS Erzählung »Tubutsch« (1911), C. EINSTEINS Roman »Bebuquin oder Die Dilettanten des Wunders« (1912), A. DÖBLINS Erzählungen »Die Ermordung einer Butterblume« (1913) und G. HEYMS Novellen »Der Dieb« (hg. 1913). Auch die in dieser Zeit erschienenen Prosabände von F. KAFKA, C. STERNHEIM, G. BENN, K. EDSCHMID, R. SCHICKELE, M. BROD u. a. gehören in das Umfeld des frühen E. Die wesentl. Leistung in der zweiten Phase (etwa seit 1915) war das Drama: Bedeutende Vertreter waren v. a. C. STERNHEIM, G. KAISER, O. KOKOSCHKA, W. HASENCLEVER, F. VON UNRUH, E. BARLACH, E. TOLLER, Y. GOLL und – über den E. hinausweisend – B. BRECHT. Typisch für das Drama des E. ist die Auflösung in lose verknüpfte Bilderfolgen (→ Stationendrama). Ausgedehnte Monologe, lyrisch-hymn. Sequenzen sind ebenso kennzeichnend wie Gebärde, Tanz, Pantomime, das zeitlose Kostüm und das abstrakte Bühnenbild, schließlich eine neue Beleuchtungstechnik. Die Personen erscheinen weitgehend typisiert, überindividuell und zugleich als totale Ichprojektion. – Typisch für die Sprache des E. sind zum einen der ekstatisch gesteigerte Ausdruck und die reiche Metaphorik, zum anderen Sachlichkeit und Zerstörung der traditionellen Bilder, des Weiteren Verknappung, Betonung des Rhythmus und damit eine neue Syntax.

Der Erste Weltkrieg war für den E. ein tiefer Einschnitt. Viele Exponenten kamen um, u. a. A. LICHTENSTEIN, E. STADLER, G. TRAKL, A. STRAMM. An die Stelle der ambivalenten Haltung trat zunehmend eine radikal pazifist. Haltung. Schließlich begann sich für einige Autoren die utop. Vorstellung von der Verbrüderung des neuen Menschen angesichts der russ. Oktoberrevolution 1917 zu konkretisieren (u. a. J. R. BECHER). Nach 1921 verlor der E. seine Bedeutung. Die Gründe lagen in der Enttäuschung der polit. und sozialen Hoffnungen, im Verlust der Jugendimpulse, in einer Ernüchterung des Bewusstseins, die sich literarisch in der Wendung zu einer »Neuen Sachlichkeit« bekundete. (→deutsche Literatur, →Film, →Theater)

Expressionismus

Als maßgeblicher Organisator expressionistischer Publikationen gab Franz Pfemfert zahlreiche Anthologien wie »Das Aktionsbuch« (1917) heraus, um die in seinen Zeitschriften erschienenen Texte einem breiteren Publikum zugänglich zu machen. So wurde auch Jakob van Hoddis' berühmtes Gedicht noch einmal abgedruckt, das programmatisch für den Expressionismus wurde:

WELTENDE

Dem Bürger fliegt vom spitzen Kopf der Hut,
In allen Lüften hallt es wie Geschrei.
Dachdecker stürzen ab und gehn entzwei
Und an den Küsten – liest man – steigt die Flut.

Der Sturm ist da, die wilden Meere hupfen
An Land, um dicke Dämme zu zerdrücken.
Die meisten Menschen haben einen Schnupfen.
Die Eisenbahnen fallen von den Brücken.

In Pfemferts »Schlußbemerkung für Fernstehende« heißt es:

[...] Ich habe das *Aktionsbuch* unter den denkbar ungünstigsten Verhältnissen zusammengestellt und drucken lassen; nicht, damit ihr interessante Lektüre erhalten solltet; mich leitete nur dieser Wunsch: das Buch möge euch lehren, menschlichen Angelegenheiten gegenüber die heilige deutsche Indolenz abzulegen.

Wollte ich meine Hoffnung groß nennen, ich würde zwar eurer Eitelkeit schmeicheln, aber ich würde lügen. Du mein liebes zeitungsfressendes Publikum bist durch drei Jahre Völkermorden nicht zum Denken veranlaßt worden; und da soll ich hoffen, durch dieses Buch mehr zu erreichen? Deine Presse wird es totschweigen, wie sie die Alarmschreie totschwieg, die ich jahrelang, bis zum August 1914, in die Welt sandte. Aber wenn mal das Morden für einige Zeit unterbrochen sein wird, dann werden die verächtlichsten Kriegsverdiener, deine Journalisten, so tun, als sei die Bergpredigt ihr geistiges Eigentum.

... Also: ich erhoffe von der Wirkung dieses Buches wenig Gutes. Ich gebe es dennoch heraus, weil ich mit meinem Freunde Karl Liebknecht sage: »Man tut, was man kann.«

Geschrieben an dem Tage, da die Erklärung des »verschärften U-Boot-Krieges« die deutschen Herzen höher schlagen ließ.

Das Aktionsbuch, hg. v. F. Pfemfert (Berlin-Wilmersdorf: Die Aktion, 1917), S. 231, 342.

P. RAABE: Die Ztschrr. u. Sammlungen des literar. E. (1964); W. ROTHE: Der E. (1977); R. BRINKMANN: E. Internat. Forschung zu einem internat. Phänomen (1980); Theorie des E., hg. v. O. F. BEST (1982; Nachdr. 1994); P. RAABE: Die Autoren u. Bücher des literar. E. (²1992); Expressionist. Prosa, hg. v. W. FÄHNDERS (2001); T. ANZ: Lit. des E. (2002).

3) *Musik:* eine im Anschluss an den E.-Begriff der Malerei und Dichtung um 1918/19 aufgekommene Bez., die sich von vornherein v. a. auf die frühatonale Musik von A. SCHÖNBERG bezog (der diese Etikettierung selbst ablehnte), bes. etwa auf die George-Lieder op. 15 (1908/09), die Klavierstücke op. 11 (1909) und das Melodram »Pierrot lunaire« op. 21 (1912). Daneben wurden auch die Schönberg-Schüler A. WEBERN mit seinen kurzen »Stücken« (ab 1909) und A. BERG (Oper »Wozzeck«, 1914–21), i. w. S. auch Kompositionen von A. SKRJABIN, F. BUSONI, B. BARTÓK, I. STRAWINSKY, P. HINDEMITH, E. KŘENEK, F. SCHREKER u. a. zum musikal. E. gezählt. Die inhaltl. Bestimmungen dieser Benennung betonen begrifflich die Gegenüberstellung zum musikal. Impressionismus (dessen Existenz bezweifelbar ist), sachlich die für die Entstehung der →Neuen Musik entscheidende Hinwendung zur

→atonalen Musik mit all ihren Konsequenzen und kompositionsästhetisch die Berufung auf das Unbewusste, das Triebhafte des Schaffensprozesses, der seine Rechtfertigung in der Wahrheit des Instinkts findet und der durch eine musikal. »Expressionslogik« gekennzeichnet ist, obwohl in Wirklichkeit alle in diesem Sinne expressionist. Werke, v. a. die der Schönberg-Schule, zugleich ein Höchstmaß an kompositor. Strukturiertheit aufweisen.

● E. HILLER: Entrückung, Traum u. Tod. Zum Verhältnis v. Text u. Atonalität im Vokalschaffen v. Arnold Schönberg, Alban Berg u. Anton Webern (Wien 2002).

Exsikkator

expressis verbis [lat. »mit ausdrückl. Worten«], *bildungssprachlich* für: ausdrücklich.

expressiv, *bildungssprachlich* für: mit Ausdruck, ausdrucksvoll.

Expressivität *die, -,*
1) *Genetik:* Grad der Ausbildung eines Merkmals. (→Genwirkung)
2) *Stilistik:* Fülle des Ausdrucks, der sprachl. Gestaltung, die auf einer emotionalen oder sachlich bzw. gedanklich bedingten Hervorhebung bzw. Abweichung von der stilistisch neutralen Ausdrucksweise beruht.

Expresssendung, rasche Art des Postversands durch →DHL. E. erreichen in Dtl. und im EU-Bereich i. d. R. am Tag nach ihrer Einlieferung in Postfilialen die Empfänger.

Expressstraßen, in der Schweiz Bez. für autobahnähnlich ausgebaute Straßen (Richtungsfahrbahnen, kreuzungsfrei), die in Stadtnähe verlaufende Autobahnen mit der Innenstadt verbinden. E. sind Autobahnzubringer.

Exprimat [zu lat. exprimere »herausdrücken«] *das, -(e)s/-e,* manuell oder instrumentell durch Druck auf ein Organ (z. B. Mandeln, Prostata) gewonnenes Sekret zu diagnost. und/oder therapeut. Zwecken.

Expropriation [lat.] *die, -/-en,* die →Enteignung.

Expulsion [lat. »Vertreibung«] *die, -/-en,*
1) *Agrarverfassung:* die →Abmeierung.
2) *Medizin:* Austreibung, Ausstoßung (z. B. des Kindes bei der Geburt, von Blut aus dem Herzen); in der Zahnmedizin Bezeichnung für das Zahnen.

Exquisitläden, ab 1962 in der DDR bestehende Einzelhandelsgeschäfte, die Waren des gehobenen Sortiments (v. a. Kleidung) aus eigener Produktion und aus Importen zu weit überdurchschnittl. Preisen verkauften. Für den Verkauf hochwertiger Nahrungs- und Genussmittel wurden ab 1976 **Delikatläden** eingerichtet. Während E. und Delikatläden allen Kunden zugänglich waren (Verkauf erfolgte gegen Mark der DDR), boten die →Intershops Waren nur gegen westl. Währungen an.

Exsequi|en [zu lat. ex(s)equi »(einer Leiche) folgen«, »das Geleit geben«] *Pl.,* **Exequi|en,** *kath. Kirche:* die Riten des Totengeleits vom Sterbehaus bis zum Grab: Segnung der Leiche im Sterbehaus, Überführung in die Kirche, Totenoffizium, Requiem, Prozession zum Grab und Beerdigung.

ex ship, eigtl. **delivered ex ship,** Abk. **DES,** eine der Incoterms (→Handelsklauseln).

Exsikkanzi|en [lat.], *Sg.* **Exsikkans,** *das, -,* die →austrocknenden Mittel.

Exsikkator *der, -s/...toren,* gläsernes Laboratoriumsgefäß mit aufgeschliffenem Deckel zum Austrocknen oder trockenen Aufbewahren von feuchtigkeitsempfindl. Chemikalien; meist evakuierbar. In seinem unteren Teil ist der E. mit Wasser bindenden Substanzen (z. B. entwässertem Calciumchlorid, konzentrierter Schwefelsäure oder Silicagel) gefüllt, darüber befindet sich ein durchlöcherter Einsatz für Tiegel oder Schalen, in denen sich der zu trocknende Stoff befindet. Die Schliffe von Deckel und oberem Gefäßrand werden zur Abdichtung gefettet. Außerdem kann an einem seitl. Ansatz mit Glashahn eine Vakuumpumpe angebracht werden. Verminderter Druck fördert die Verdunstung und Austrocknung, außerdem wird der entstehende Wasserdampf (oder auch andere Dämpfe, z. B. von Säuren) abgeleitet.

Exsikkose [zu lat. exsiccare »austrocknen«] *die, -/-n,* Gewebeaustrocknung durch Flüssigkeitsverarmung des Körpers; Ursachen sind entweder eine unzureichende Flüssigkeitszufuhr (**Wassermangel-E.**), die zum Verdursten führt, oder eine krankhaft gesteigerte Wasserabgabe (Dehydratation), die mit starkem Mineralverlust (**Salzmangel-E.**) verbunden ist, z. B. durch anhaltend starke Schweißausbrüche, lang dauernde wässrige Durchfälle, unstillbares Erbrechen, Diabetes insipidus oder hohe Blutverluste. Anzeichen einer E. sind schlaffe Haut, trockene Schleimhäute, →Durstfieber und fehlende Harnausscheidung. Durch Störungen des Elektrolythaushalts und Einschränkung der Nierentätigkeit kann es zur Harnvergiftung mit Koma, im Extremfall zum Tod durch Kreislaufversagen kommen. Die Behandlung besteht in der Zufuhr von Flüssigkeit und Elektrolytlösungen, in schweren Fällen auch durch Infusionen.

ex situ [lat. »aus« und »Lage«], *fachsprachlich:* außerhalb der natürl. Lage.

Exspiration [zu lat. exspirare »herausblasen«, »aushauchen«] *die, -/-en,* **Ausatmung,** Phase der →Atmung, in der die eingeatmete Luft passiv ausgetrieben wird, durch Erschlaffung der an der Einatmung (Inspiration) beteiligten Muskeln und der damit verbundenen elast. Verkleinerung des Brustkorbvolumens.

Exstirpation [zu lat. exstirpare »vollständig herausreißen«] *die, -/-en,* vollständige operative Entfernung eines erkrankten (geschädigten) Organs oder eines Erkrankungsherdes, z. B. einer abgegrenzten Geschwulst.

Exsudat [zu lat. exsudare »ausschwitzen«] *das, -(e)s/-e,* durch Entzündung bedingter Austritt von Zellen und Flüssigkeit aus den Blut- und Lymphgefäßen, bes. der Brust- und Bauchorgane. Das E. kann sich in Hohlräumen (Herzbeutel, Brusthöhle, Bauchhöhle) sammeln. Man unterscheidet je nach Zusammensetzung seröse, seröseitrige, fibrinöse oder hämorrhag. Exsudate.

Exsudation *die, -/-en,*
1) *Geowissenschaften:* Verdunstung der Bodenfeuchtigkeit durch die Sonneneinstrahlung in Tro-

ckengebieten; führt zur Ausscheidung von Mineralen, wie Gips und Salzen, z. B. bei der Krustenbildung.

2) *Medizin:* Ausschwitzung eines →Exsudats.

3) *Zoologie:* **Reflexbluten,** der Austritt von Körpersekreten aus Öffnungen des Chitinpanzers bei einigen Insekten (z. B. Marienkäfer, Ölkäfer, Blattläuse), z. B. bei Störung oder Berührung.

exsudative Diathese, von A. Czerny geprägte Bez. für eine Konstitutionsanomalie: die individuelle Disposition vorwiegend des frühen Kindesalters für erhöhte Empfindlichkeit der Haut (Ekzeme, Milchschorf u. a.) und der Schleimhaut (Katarrhe der oberen Luftwege).

Exsultet [lat. »es jauchze«], **Exultet,** Lobgesang auf die brennende Osterkerze (Osterlob) in der kath. Liturgie der Osternachtfeier, benannt nach den Anfangsworten der ersten Strophe: »Exsultet iam angelica turba caelorum / exsultent divina mysteria / et pro tanti regis victoria / tuba insonet salutaris.« (Übersetzung nach dem »Dt. Meßbuch« [1975]: »Frohlocket, ihr Chöre der Engel, frohlocket, ihr himmlischen Scharen, lasset die Posaune erschallen, preiset den Sieger, den erhabenen König«). Das E., zu Beginn der Osternachtfeier vom Diakon gesungen, ist eine feierl. Präfation mit einleitendem Prolog und Dialog; es enthält in poetisch-bildhafter Sprache eine Typologie des Heilsgeschehens, das in der Osternacht kulminiert. – Vom 10. bis 13. Jh. wurde das E. in Süd- und Mittelitalien auf Bilderrollen (E.-Rollen) aufgezeichnet und illustriert.

Exsurge Domine [lat. »erhebe dich, Herr«], nach ihren Anfangsworten benannte Bannandrohungsbulle Papst Leos X. gegen M. Luther vom 15. 6. 1520. Sie bildet den Abschluss des kirchl. Prozesses gegen Luther und stellt die erste amtl. Stellungnahme der Kirche zu Luthers Lehrauffassungen dar. Die Verkündigung der Bulle erzielte nicht die beabsichtigte Wirkung des Widerrufes Luthers. Von ihm stattdessen am 10. 12. 1520 öffentlich (zus. mit den päpstl. Dekretalen) vor dem Elstertor in Wittenberg verbrannt, markiert sie – gleichsam die erste kirchenrechtlich-formelle Zäsur der Reformationsgeschichte bildend – den nunmehr unumkehrbar gewordenen Bruch Luthers mit dem Papsttum.

Extemporale [lat. »unvorbereitete (Schrift)«] *das, -s/...li|en, Bildungswesen:* Kurzform **Ex,** kurzer, nicht angekündigter schriftl. Test, bei dem die Möglichkeit einer gezielten Vorbereitung entfällt. Aufgrund des übergroßen Leistungsdrucks, der von dieser Form der Leistungsbewertung ausgeht und der zu Schulangst führen kann, gilt das E. als umstritten.

ex tempore [lat., eigtl. »aus dem Zeitabschnitt heraus«], *bildungssprachlich* für: aus dem Stegreif, unvorbereitet. – **Extempore** *das, -s/-(s),* improvisierte Einlage; Stegreifspiel.

Extender [engl., zu lat. extendere »ausbreiten«, »ausdehnen«] *der, -s/-,* Streckmittel, das teure Rohstoffe ersetzt und damit den Preis eines Produktes verringert, z. B. in der Kunststoffverarbeitung verwendete Weichmacherverschnittmittel.

Extension [lat.] *die, -/-en,*
1) *Geologie:* nach dem Geologen H. W. Stille durch →Epirogenese verursachte Erweiterung festländ. Sedimentationsräume.

2) *Logik:* Umfang eines Begriffes; Gesamtheit der Gegenstände, die unter diesen Begriff fallen. Handelt es sich um einen Individualbegriff (wie z. B. Karl d. Gr.), so besteht seine E. nur aus einem Gegenstand (nämlich der Person Karls d. Gr.). Logik und Mathematik denken heute extensional: Begriffe sind ihnen gleichbedeutend mit ihren E. Insbesondere gelten zwei Begriffe als gleich, wenn ihre E. übereinstimmen (**Extensionalitätsaxiom**). Diese Auffassung ist ein Spezialfall der **Extensionalitätsthese,** die besagt, dass man sich auf extensionale Sprachen beschränken kann. – Unter der E. eines *Satzes* versteht man seinen Wahrheitswert. – Eine *Sprache* wird extensional genannt, wenn man in ihren Sätzen extensional gleiche Begriffe (oder Ausdrücke) gegeneinander austauschen kann, ohne dass sich die Wahrheitswerte der Sätze ändern. Nach G. W. Leibniz spricht man von der **Austauschbarkeit salva veritate.**

3) *Medizin:* 1) Streckbewegung, z. B. einer Gliedmaße oder der Wirbelsäule, im Unterschied zur Beugung (→Flexion); 2) Einrichtung (Reposition) von Knochenbrüchen oder Gliedmaßenverrenkungen durch mechan. Streckung. (→Drahtextension)

Extensionalitätsaxiom,
1) *Logik:* →Extension.
2) *Mengenlehre:* früher auch als **Bestimmtheitsaxiom** bezeichnetes Axiom, welches besagt, dass eine Menge durch ihre Elemente bestimmt ist. Daraus folgt: Stimmen Mengen in allen ihren Elementen überein, so sind sie gleich.

Extensionalitätsthese, *Logik:* →Extension.

Extensions [ɪkˈstenʃnz; engl., von lat. extendere, extensum »ausdehnen«], Verlängerung des Kopfhaars mit Echt- oder Kunsthaaren; die fremden Haare werden in Strähnchen entweder dauerhaft mittels Ultraschall (früher auch durch Verschweißen bei etwa 90 °C), nur kurzfristig und wieder lösbar mit einem speziellen Kleber oder durch Flechten an den eigenen Haaren befestigt. Zur Verlängerung wird Echthaar aus Indien, China und Europa verwendet, das ggf. gebleicht und gefärbt werden muss, um die gewünschten Haarfarben zu erzielen. Kunsthaar gibt es auch in bunten Farben; es kann insbesondere zur Hervorhebung einzelner Haarsträhnen genutzt werden. E. werden auch bei →Dreadlocks und →Rastas eingesetzt.

Extensionsbehandlung, **Traktionsbehandlung,** krankengymnast. Technik zur Entlastung von Gelenken der Extremitäten und der Wirbelsäule oder zur Druckminderung eingeengter Nervenwurzeln. Der Zug kann bei entspannter Muskulatur manuell erfolgen oder mittels Geräten (Extensionsliege, Schlingentisch) vorsichtig an den jeweiligen Gelenken ausgeübt werden. Die E. wird zur Vorbereitung weiterer krankengymnast. Behandlung sowie bei Schmerzen im Bereich der Wirbelsäule oder der großen Gelenke (Hüftgelenk, Schultergelenk) eingesetzt.

extensiv [spätlat.], *bildungssprachlich* für: ausgedehnt, umfassend, in die Breite gehend.

extensive Größen, physikal. Größen eines homogenen Systems (»Quantitätsgrößen«), die proportional zur Stoffmenge des Systems sind; z. B. Volumen, Masse, Teilchenzahl, Ladung, Magnetisierung, Energie, Entropie; Ggs.: intensive Größen.

Extensometer *das, -s/-,* Messordnung zur Feststellung von Zugspannungen im Gesteinsverband, bes. an erdbebengefährdeten Verwerfungslinien.

Extensoren, *Sg.* **Extensor** *der, -s,* die Streckmuskeln, →Muskeln.

Exterieur [-riˈør, frz.] *das, -s/-s und -e, bildungssprachlich* für: Äußeres, Außenseite; äußere Erscheinung.

extern [lat.],
1) *allg.:* draußen befindlich, außerhalb.

2) *Schulwesen:* 1) von auswärts zugewiesen; 2) nicht im Internat wohnend. (→ Externer)

Externalismus, *Philosophie:* Gegenbegriff zu →Internalismus.

externe Effekte, Externalitäten, *Volkswirtschaftslehre:* Auswirkungen der ökonom. Aktivität eines Wirtschaftssubjekts (als Produzent oder Konsument) auf die Produktions- oder Konsummöglichkeiten anderer Wirtschaftssubjekte, die bei der Preisbildung nicht berücksichtigt werden. Im Fall **positiver e. E. (externer Nutzen)** erhält der Verursacher von Vorteilen (z. B. Klimaverbesserung durch Baumanpflanzung) kein Entgelt von den Begünstigten, im Fall **negativer e. E. (externe Kosten)** zahlt der Urheber von Nachteilen (z. B. Umweltbelastung durch Schadstoffemissionen von Kraftfahrzeugen) den Betroffenen keine Entschädigung. Die marktbezogene Steuerung der wirtschaftl. Produktion über die Preise als Lenkungssignale kann bei e. E. keine optimale Verwendung der Ressourcen (→ Allokation) gewährleisten, weil die gesamtwirtschaftl. (sozialen) Kosten (bzw. der Nutzen) einer Aktivität größer sind als die beim handelnden Wirtschaftssubjekt anfallenden und bei seinen wirtschaftl. Entscheidungen berücksichtigen Kosten (bzw. der Nutzen).

Eine verursachungsgerechte Zuweisung sämtl. Folgen einer wirtschaftl. Aktivität, die den Handelnden zwingt, sämtl. Kosten und Nutzenwirkungen in seinem Entscheidungskalkül zu berücksichtigen, und damit eine Einbeziehung von e. E. in das Preissystem erreicht **(Internalisierung)**, setzt voraus, dass entsprechende →Eigentumsrechte definiert und durchgesetzt werden. Im Fall negativer e. E. wäre ein solches Eigentumsrecht das Recht, unentgeltlich fremde Schäden verursachen zu dürfen, bzw. das Recht, von äußerer Schädigung verschont zu bleiben. Entstehen daraufhin Märkte, auf denen diese Rechte gekauft und verkauft werden können, d. h., sind die →Transaktionskosten eines Handels für die Beteiligten nicht zu hoch, kann es zur Internalisierung durch private Verhandlungen kommen. Ob dabei vom Gesetzgeber (im Fall negativer e. E.) dem Urheber ein Schädigungsrecht zugewiesen wird (das die Betroffenen ihm abkaufen müssten, um nicht geschädigt zu werden) oder ob die potenziell Geschädigten das Eigentumsrecht erhalten, nicht geschädigt zu werden (das ihnen der Verursacher abkaufen müsste, um die Schädigung verursachen zu dürfen), ist zwar nicht für die Verteilungswirkung, wohl aber für das – theoretisch dann effiziente – Allokationsergebnis gleichgültig **(Coase-Theorem)**. Sind Verhandlungen zw. den Beteiligten nicht realisierbar, kann u. U. durch staatl. Intervention eine Internalisierung der e. E. erreicht werden, z. B. durch Steuern (Abgaben) bzw. Subventionen, die die freiwilligen Ausgleichszahlungen im Fall privater Verhandlungen ersetzen, oder durch Verhaltensauflagen. So könnte bei Schadstoffemissionen der Verursacher eine Emissionssteuer in Höhe der externen Kosten auferlegt werden (→ Umweltabgaben). Alternativ können, v. a. bei negativen e. E., auch Auflagen in Form direkter Verhaltensvorschriften (Ge- und Verbote; →Umweltauflagen) eingesetzt werden, die oft leichter administrierbar sind und geringere Informationsanforderungen stellen als eine steuerl., preisbezogene Lösung, die dagegen i. d. R. mit geringeren volkswirtschaftl. Internalisierungskosten verbunden ist. Bei einer Beschränkung des staatl. Eingriffs auf die Festlegung von Eigentumsrechten kann der Marktmechanismus genutzt werden, um einen vorgegebenen (max.) Gesamtschädigungsumfang (etwa eine Emissionshöchstmenge) zu erreichen und die individuellen Schädigungsrechte so auf die Wirtschaftssubjekte zu verteilen, dass die Schädigungsreduktion (Emissionsvermeidung) mit min. volkswirtschaftl. Vermeidungskosten erzielt wird. Praktiziert wird diese Strategie in Form des (börsenartigen) Handels mit Zertifikaten, die Schädigungsrechte (z. B. Emissionsrechte: → Emissionszertifikate, → Emissionshandel) in festgelegtem Umfang verbriefen und vom Staat im Gesamtumfang der angestrebten Schädigungshöchstmenge ausgegeben werden (→Umweltlizenzen).

⬥ E. Sohmen: Allokationstheorie u. Wirtschaftspolitik (1976); R. Cornes u. T. Sandler: The theory of externalities, public goods and club goods (Neuausg. Cambridge 2003); M. Fritsch u. a.: Marktversagen u. Wirtschaftspolitik (⁶2005).

Externer, 1) ein Schüler, der eine Internatsschule besucht, ohne dem Internat anzugehören; 2) Abiturient, der sich der Abiturprüfung an einer Schule unterzieht, die er nicht besucht hat.

externer Speicher, Sekundärspeicher, *Informatik:* Speichereinheit, die nicht direkt vom Prozessor des Computers angesprochen wird. Es handelt sich dabei um Speichermedien, die Daten dauerhaft aufnehmen, also um Permanentspeicher wie Festplatten, Disketten und CDs.

Externsteine, aus kluftreichem Sandstein bestehende, in einzelne Felstürme aufgelöste Schichtrippe im Teutoburger Wald bei Horn-Bad Meinberg, Kr. Detmold, NRW, möglicherweise urspr. ein vorchristl. Kultplatz, neuerdings auch als Stätte eines Observatoriums der Jungstein- und Bronzezeit angesehen. Ausgrabungen in den 1930er-Jahren erbrachten keinen Nachweis eines german. Kultzentrums, sondern nur wenige Funde aus christl. Zeit. 1093 erwarb das Benediktinerkloster Abdinghof in Paderborn den Platz. Wohl um 1000 wurden in den Felsen zwei Kapellen hineingehauen, die die hl. Stätten in Jerusalem nachahmen sollten. Die Außenfront des Felsens schmückt ein Relief mit der Kreuzabnahme Christi (um 1130).

⬥ D. Kestermann: 3000 Jahre E. (Neuausg. 2001); U. Halle: »Die E. sind bis auf weiteres germanisch!«. Prähistor. Archäologie im Dritten Reich (2002).

Extero|rezeptoren, alle Rezeptoren, die auf Reize aus der Umwelt reagieren und die Orientierung im Raum ermöglichen; Ggs.: Propriorezeptoren.

exterritorial, den Gesetzen des Aufenthaltslandes nicht unterworfen.

Exterritorialität [lat. *ex territorio* »ausgenommen vom Staatsgebiet«], die kraft Völkerrecht zugunsten bestimmter Personen und Sachen bestehende Ausnahme von der Gerichtsbarkeit und Zwangsgewalt (nicht von der Rechtsordnung) des Gebietsstaates. Art und Ausmaß der E. ergeben sich jeweils aus völkerrechtl. Vereinbarungen und dem Völkergewohnheitsrecht. Ihren Grund findet die E. teils in den Notwendigkeiten des diplomat. Verkehrs, teils in dem Grundsatz der Gleichheit aller Staaten, der verbietet, dass ein Staat einen anderen seiner Gerichtsbarkeit und Zwangsgewalt unterwirft. Mit dem Begriff der E. eng verknüpft ist der der →Immunität. E. genießen ein fremdes Staatsoberhaupt nebst seinem Gefolge, die →Diplomaten (diplomat. »Immunität«), die Räumlichkeiten, Archive und Korrespondenzen diplomat. und konsular. Vertretungen, Vertreter der

Staaten bei internat. Konferenzen und Organisationen, Gebäude und Beamte internat. und supranat. Organisationen kraft besonderer Vereinbarungen, die Richter des Internat. Gerichtshofes, Kriegsschiffe und Militärflugzeuge bei erlaubtem Aufenthalt in fremdem Hoheitsgebiet sowie Truppen bei erlaubtem Durchzug und vereinbarter Stationierung in einem fremden Staat.

▲ A. A. HEYKING: L'exterritorialité (Neuausg. Paris 1926); L. FREY: The history of diplomatic immunity (Columbus, Oh., 1999).

Extertal, Gem. im Kr. Lippe, NRW, zw. Weserbergland und Teutoburger Wald, 100–390 m ü. M., 12 900 Ew.; Metall-, Kunststoff- und Holzverarbeitung, Fremdenverkehr (Museumsbahn).

Extinktion [lat. »das Auslöschen«] *die, -/-en,*
1) *Physik:* 1) allg. die Schwächung einer Strahlung beim Durchgang durch ein Medium infolge Absorption, Streuung, Beugung und Reflexion; speziell die →atmosphärische Extinktion, die →interstellare Extinktion und die E. des Meerwassers, die von gelösten und schwebenden Stoffen beeinflusst wird, was sich örtlich auf den Wärmehaushalt, die Lichtverteilung im Meer und die Farbe des Meerwassers auswirkt.
2) als physikal. Größe (Formelzeichen E_λ) ist für Licht der Wellenlänge λ die E. als dekad. oder natürl. Logarithmus des reziproken spektralen Reintransmissionsgrads (→Absorption) definiert. Der als **E.-Modul** bezeichnete Quotient $E_\lambda/d = m_\lambda$ (d Schichtdicke des vom Lichtstrom durchsetzten Mediums) ist für isotrope Kristalle, homogene Flüssigkeiten und Gase im Normzustand eine Stoffkonstante. Für Lösungen eines absorbierenden Stoffes ist der **E.-Koeffizient** charakteristisch (→Lambert-Beer-Gesetz).
2) *Psychologie:* im Behaviorismus und in der Verhaltenstherapie der Abbau einer Reiz-Reaktions-Verbindung durch Aufhebung des Zusammenhangs zw. Reaktion und Verstärkung (→bedingter Reflex); eine mit der Reizsituation gekoppelte Reaktion wird unter diesen Umständen »gelöscht« bzw. »verlernt«.

extra... [lat. »außen«, »außerhalb«; »äußerlich«], Präfix mit den Bedeutungen: 1) außen, außerhalb, z. B. extragalaktisch; 2) zusätzlich, außer der Reihe, z. B. Extraordinariat; 3) abnorm, z. B. Extrasystolie; 4) besonders (im Sinne einer Steigerung), z. B. extrafein.

extra brut [- bryt; frz. »sehr roh«], extra herb; nach EU-Weingesetz Geschmacks-Bez. für sehr herben Schaumwein, Zuckergehalt maximal 6 g/l.

extra dry [- draɪ; engl. »sehr trocken«], **extra trocken,** Geschmacks-Bez. für herbe Schaumweine, Zuckergehalt zw. 12 und 20 g/l.

Extraduralraum, Anatomie: der →Epiduralraum.

extra ecclesiam nulla salus [lat. »außerhalb der Kirche« ist »kein Heil«], *kath. Dogmatik:* ein von CYPRIANUS VON KARTHAGO geprägter Glaubenssatz. CYPRIANUS wollte damit die Unwirksamkeit der außerhalb der kath. Kirche, von Häretikern, gespendeten Sakramente, bes. der Taufe, und die Unmöglichkeit begründen, dass jemand ohne formelle Zugehörigkeit zur Kirche sein Heil erwirken könne. Der Satz wurde in dieser schroffen Form von der Kirche nicht anerkannt und bes. CYPRIANUS' Lehre von der Ketzertaufe (→Ketzertaufstreit) schon von AUGUSTINUS überwunden. Die kirchl., ebenfalls schon bei AUGUSTINUS im Ansatz vorhandene weite Auffassung des Satzes besagt, dass eine unverschuldete Nichtzugehörigkeit zur Kirche dem Heil des Einzelnen nicht im Wege steht, wenn er nur gewillt ist, nach dem ihm

Externsteine am Nordosthang bei Horn-Bad Meinberg

durch das Gewissen bekannten Gebot Gottes zu leben. In die kirchl. Glaubenslehre ist diese Auffassung durch PIUS XII. und durch die Kirchenkonstitution des 2. Vatikan. Konzils einbezogen worden.

extrafloral [zu extra... und lat. flos, floris »Blume«, »Blüte«], Botanik: außerhalb der Blüte befindlich.

extragalaktisch [zu extra und griech. Galaxias »Milchstraße«], **außergalaktisch,** Astronomie: außerhalb des Milchstraßensystems (der Galaxis) liegend; Ggs.: galaktisch.

extragalaktische Nebel, histor. Bez. für die extragalakt. →Sternsysteme.

Extrahandel, →Außenhandelsstatistik.

extra|intestinale Verdauung, Verdauung der Nahrung außerhalb des Darms; verdauende Enzyme enthaltender Darmsaft wird erbrochen (z. B. in Beutetiere) und anschließend mit der vorverdauten Nahrung wieder aufgesaugt; z. B. bei Insekten (Gelbrandkäfer u. a.), Spinnen und Seesternen.

extrakorporal [zu extra... und lat. corpus »Körper«], außerhalb des Körpers verlaufend, z. B. die **e. Befruchtung** (→In-vitro-Fertilisation), die **e. Dialyse** mittels künstl. Niere, der **e. Kreislauf** über eine Herz-Lungen-Maschine.

Extrakt [lat. »Herausgezogenes«] *der, -(e)s/-e,*
1) *allg.:* Auszug; konzentrierte Zusammenfassung der wesentl. Aussagen eines Textes.
2) *Lebensmitteltechnologie* und *Pharmazie:* Extractum, der eingedickte Auszug aus tier. (z. B. Fleisch-E.) oder pflanzl. Stoffen (z. B. aus Drogen).

Extraktion [lat., zu extrahere, extractum »herausziehen«] *die, -/-en,*
1) *Chemie:* Trennverfahren, mit dem Substanzen aus einem Stoffgemisch mithilfe von Lösungsmitteln (**Extraktionsmittel**) selektiv herausgelöst werden. Beim Herauslösen aus flüssigen Stoffgemischen spricht man von **Flüssig-flüssig-E.** oder **Solvent-E.**; werden die Stoffe aus festen Stoffgemischen extrahiert, handelt es sich um die **Fest-flüssig-E.**, auch **Auslaugung** genannt.

Für die Flüssig-flüssig-E. ist Voraussetzung, dass sich das Extraktionsmittel nicht mit der Ausgangsflüssigkeit mischt bzw. nur mit dem Stoff, der abgetrennt werden soll. Sie beruht darauf, dass sich der abzutrennende Stoff unterschiedlich zw. den beiden flüssigen Phasen verteilt (→Verteilung). Bei nicht zu hohen Konzentrationen und in dem Fall, dass der Stoff in beiden Flüssigkeiten in derselben Molekülform vor-

Extr Extraktivdestillation

liegt, gilt der nernstsche Verteilungssatz. Danach ist bei konstanter Temperatur das *Konzentrationsverhältnis* des gelösten Stoffes in den beiden flüssigen Phasen konstant, unabhängig von seiner Gesamtmenge. Das Extraktionsmittel muss ein gutes Lösevermögen (d. h. hohe Kapazität) für den abzutrennenden Stoff haben und soll andere Stoffe möglichst nicht lösen. Ist die abzutrennende Substanz ebenfalls eine Flüssigkeit, müssen sich darüber hinaus die Siedepunkte von Extraktionsmittel und abzutrennendem Stoff deutlich unterscheiden, damit nach der E. beide durch Destillation voneinander getrennt werden können. Die vom abzutrennenden Stoff befreite Ausgangsflüssigkeit wird als **Raffinat** bezeichnet.

Die Flüssig-flüssig-E. wird als Trennverfahren gegenüber der →Destillation dann bevorzugt, wenn die zu trennenden Komponenten nahe beieinander liegende Siedepunkte haben oder azeotrope Gemische bilden. Ein technisch wichtiges Beispiel ist die Gewinnung von Aromaten aus Erdölfraktionen mit entweder Glykolen oder N-Methylpyrrolidon als Lösungsmittel. Häufig wird die Flüssig-flüssig-E. ermöglicht, weil das Lösungsmittel mit dem abzutrennenden Stoff Komplexe oder chem. Verbindungen bildet (**Reaktiv-E.**). Beispiele sind die Aufkonzentrierung und Reinigung von Metallen (z. B. Kobalt, Nickel) durch E. aus wenig reichen Erzlaugen mithilfe von sauren Phosphorsäureestern, die Wiedergewinnung von Uran und Plutonium aus ausgedienten Kernbrennstoffen mit Tributylphosphat-Kerosin-Mischungen und die Entschwefelung von Benzin mit Natronlauge (→Süßverfahren).

Eine einfache einstufige Flüssig-flüssig-E. lässt sich durch Schütteln des zu trennenden Gemisches mit dem Extraktionsmittel (→Ausschütteln) in einem Scheidetrichter durchführen. Die techn. Anlagen arbeiten meist mehrstufig. Dazu werden das zu trennende Gemisch und das Extraktionsmittel im Gegenstrom durch mehrere in Serie geschaltete Misch- und Beruhigungsapparate (Mixer-Settler) oder durch →Kolonnen geleitet.

In der Analytik dient die Flüssig-flüssig-E. zur Isolierung des Analyten aus seiner Matrix und zu seiner Anreicherung, z. B. Schwermetallspuren in Gewässern. Sie wird häufig einer Bestimmungsmethode wie etwa der Atomabsorptionsspektroskopie vorgeschaltet oder ist Bestandteil des Analyseverfahrens selbst, wie z. B. der Chromatografie. Häufig gibt man einen Komplexbildner hinzu, der z. B. mit Metallionen in Wasser unlösl. Chelate bildet, und verwendet ein Extraktionsmittel, in dem diese löslich sind.

Bei der **Fest-flüssig-E.** wird der zerkleinerte Feststoff kontinuierlich und im Gegenstrom mit dem Extraktionsmittel behandelt, z. B. in E.-Türmen oder auf Siebbändern. Häufig wird die **Soxhlet-E.** verwendet (→Soxhlet-Apparat), z. B. zur Ölgewinnung aus Hülsenfrüchten oder zur Fettextraktion aus Lebensmitteln. Weitere Beispiele für die Anwendung der Fest-flüssig-E. sind die Gewinnung von Zucker aus Rübenschnitzeln, die Gewinnung von Riechstoffen aus Blüten und die Analyse von Kohlenwasserstoffen im Boden. Verfahren, die mit Gasen als Extraktionsmittel arbeiten, werden als →Destraktion (**Hochdruck-E.**) bezeichnet.

2) *Medizin:* operatives Herauslösen eines Körperteils, z. B. eines Zahnes, der Augenlinse bei Staroperation; auch das geburtshilfl. Herausziehen des Kindes.

Extraktion 1): schematische Darstellung der einstufigen Flüssig-flüssig-Extraktion im Scheidetrichter

Extraktivdestillation, therm. Verfahren zur Trennung von Flüssigkeitsgemischen, die durch →Destillation nicht trennbar sind. Bei der E. wird ein schwer siedender Hilfsstoff (Extraktionsmittel) am Kopf der Kolonne zugegeben, der eine Komponente selektiv aus dem Gemischdampf herauslöst und mit dieser zusammen am Sumpf der Kolonne abgeführt wird. Anschließend wird das Extraktionsmittel in einer zweiten Destillation von der isolierten Komponente abgetrennt und in den Prozess zurückgeführt. Technisch wichtige Beispiele sind die Abtrennung von Benzol aus Pyrolysebenzin und von Butadien aus den Spaltgasen der Steamcracker mithilfe von N-Methylpyrrolidon.

Extraktivstoffe, in Pflanzen oder Tieren vorkommende Stoffe, die durch Wasser oder andere Lösungsmittel extrahiert werden können und dann z. B. als Würz- oder Arzneimittel verwendet werden.

extralinguistisch, extralingual, andere als lautsprachl. Mittel der Kommunikation (z. B. Mimik, Gestik, Körperhaltung); Ggs.: intralinguistisch.

extramural [zu lat. murus »Mauer«], *Medizin:* außerhalb der Wandung eines Hohlraumes gelegen.

Extraordinariat [lat.], früher bestehende außerordentl. Professur an Univ.; **Extraordinarius,** außerordentl. Prof. (a. o. Prof.) an einer Univ., im Ggs. zum ordentl. Prof. (Ordinarius).

Extrapolation *die, -/-en,* urspr. eine mathemat. Methode, bei der im Gegensatz zur →Interpolation eine gegebene Funktion über den Bereich hinaus, in dem Daten zu ihrer Bestimmung vorliegen, fortgeschrieben wird. In der modernen numer. Mathematik versteht man unter E. i. e. S. Methoden zur Beschleunigung der Konvergenz einer gegebenen Folge, um sie für prakt. Berechnungen des Grenzwertes nutzbar zu machen. Voraussetzung für die Anwendbarkeit ist, dass die zu beschleunigende Folge eine so genannte asymptot. Entwicklung besitzt. In diesem Falle ist die E. durch Anwendung einer einfachen Iterationsvorschrift durchführbar.

G. WALZ: Asymptotics and extrapolation (1996).

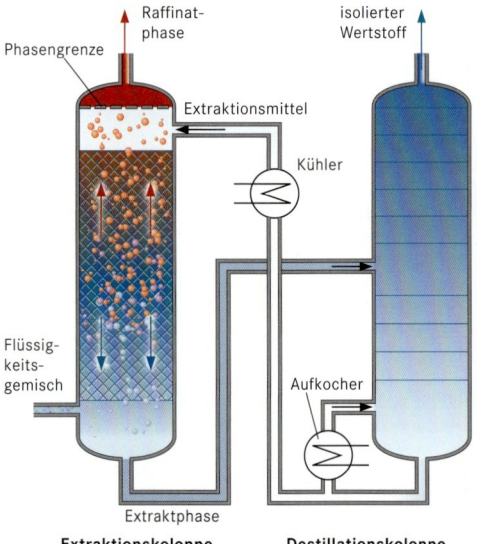

Extraktion 1): Extraktionsanlage

Extrapost, früher Postkutschen, die neben den regelmäßigen Fahrten Reisende und Güter auf Bestellung und gegen eine besondere Gebühr beförderten, bes. für Reisen von Fürstlichkeiten. In Preußen wurden schon 1712 die Fahrten mit Postpferden unter dem Namen »E.« durch ein Edikt als eine Angelegenheit des Postwesens erklärt und später durch das E.-Edikt vom 11. 4. 1766 geregelt.

extrapyramidal, außerhalb der Pyramidenbahn des Nervensystems gelegen. Das **extrapyramidale (extrapyramidalmotorische) System** im Mittel- und Zwischenhirn reguliert den Muskeltonus und ermöglicht geordnete Muskelbewegungen.

extrapyramidales Syndrom, Symptomenkomplex bei krankhaften Veränderungen im extrapyramidalen System, gekennzeichnet durch Störungen des Muskeltonus und der Bewegungsabläufe (Gehstörungen, Störung der Mimik, Muskelzittern u. a.). Unterschieden werden Syndrome mit verminderter Bewegung und erhöhtem Muskeltonus (z. B. bei Parkinson-Krankheit) und überschießender Bewegung bei herabgesetztem Muskeltonus (z. B. bei Athetose, Ballismus oder Veitstanz).

extrasolarer Planet [zu extra... und lat. solaris, zu sol »Sonne«], der →Exoplanet.

Extra|systolie die, -/...'li|en, Form einer Herzrhythmusstörung, vorzeitig einsetzende Erregungsbildung im Herzen, die zu verfrühten Zusammenziehungen des Herzmuskels (**Extrasystolen**) führt, welche einzeln oder gehäuft auftreten können (→Bigeminie). In der Jugend ist E. meist vegetativ-nervös oder durch Herdinfekte, Infektionskrankheiten, auch Schilddrüsenüberfunktion bedingt. I. d. R. harmlos, kann E. v. a. nach dem 40. Lebensjahr bei gehäuftem Auftreten jedoch auch Anzeichen für eine Koronarinsuffizienz sein. Die Beschwerden bestehen in »Herzstolpern«, Beklemmung, auch Ohnmacht und Blutdruckabfall durch Abnahme der Förderleistung des Herzens. Schnell aufeinander folgende Extrasystolen sind mögl. Vorzeichen des lebensbedrohenden Kammerflimmerns.
    Eine eindeutige Diagnose der E. ist meist durch das Elektrokardiogramm möglich. Der Behandlung dienen Arzneimittel, welche die Erregungsbildung im Herzen hemmen und die Durchblutung der Herzkranzgefäße fördern (u. a. Betarezeptorenblocker, Calciumantagonisten), ansonsten die Ausschaltung der Ursache.

extraterrestrisch [zu extra... und lat. terra »Erde«], außerhalb der Erde auftretend, außerird. Vorgänge betreffend.

extraterrestrische Forschung, außerhalb der Erde betriebene Forschung, d. h. der Zweig der Astronomie und Weltraumforschung, der Raketen, künstl. Erdsatelliten und Raumsonden zur Erforschung des Mondes, der Planeten, des interplanetaren Raumes, der Sonne, Sterne und Sternsysteme sowie der aus dem Weltraum kommenden Strahlung verwendet. Die Instrumente werden in einen Bereich befördert, in dem die von der Erdatmosphäre ausgehenden Einflüsse auf die Messungen ausgeschaltet und besondere physikal. Zustände (wie interplanetare Magnetfelder) sowie direkte Untersuchungen kosm. Objekte (z. B. Strahlungsgürtel, Sonnenwinde, Atmosphären oder Oberflächen anderer Planeten) erst möglich werden.

extraterrestrisches Leben, das →außerirdische Leben.

Extra|uteringravidität, Extra|uterinschwangerschaft, Schwangerschaft mit Einnistung (Nidation) des Embryos außerhalb (ektop) der Gebärmutterhöhle. Diese kann im Eileiter (**Eileiterschwangerschaft** oder **Tubenschwangerschaft, Tubargravidität**), im Gebärmutterhalskanal (**zervikale Gravidität**), im Eierstock (**Eierstockschwangerschaft, Ovarialgravidität**), zw. Eileiter und Eierstock (**Tuboovarialgravidität**) und in der freien Bauchhöhle (**Bauchhöhlenschwangerschaft, Abdominalgravidität**) erfolgen. Am häufigsten (etwa 98%) tritt die Eileiterschwangerschaft (1 auf 80 bis 100 Geburten) auf. Das Ausbleiben der Regelblutung und ein positiver Schwangerschaftstest sagen nichts über den Sitz der Schwangerschaft aus. Manche E. gehen wegen ungünstiger Einnistungsbedingungen frühzeitig und klinisch unentdeckt zugrunde. I. d. R. stirbt die Frucht früher oder später ab (Abort) oder der Fruchthalter (Eileiter, Eierstock, intraabdominaler Fruchtsack) reißt ein (Ruptur) und es kommt zu einer schweren Blutung in die Bauchhöhle. Ausgetragene E. gehören zu den geburtshilfl. Ausnahmen. Symptome und klin. Verlauf hängen weitgehend von der Lokalisation der E. ab.
Ursachen für die Eileiterschwangerschaft sind Entzündungsfolgen mit Verklebung der Eileiterfalten, in denen sich die Eizelle bzw. der Embryo »verfängt«, Endometriose sowie Eitransportstörungen infolge geschädigter Eileitermuskulatur oder zu langer Eileiter, sodass der Embryo seine Einnistungsreife vor Erreichen der Gebärmutterhöhle erlangt und sich in der Eileiterwand einnistet. Am häufigsten (90%) erfolgt dies in der Ampulle des Eileiters. Diese Eileiterschwangerschaft endet meist in der 6.–8. Schwangerschaftswoche mit einem Tubarabort. Bei einer Schwangerschaft im Isthmus des Eileiters infiltriert das Ernährungssystem des Embryos die dünne isthm. Eileiterwand vollständig, sodass es dort zum Zerreißen der Wand (Tubarruptur) mit Verletzung von Blutgefäßen und massiver Blutung in die Bauchhöhle kommt. Der *klin. Verlauf* ist bei Eileiterschwangerschaft unterschiedlich. Beim Tubarabort kommt es nach dem Absterben der Frucht zur Blutung in den Eileiter, wodurch dieser stark verdickt wird (Hämatosalpinx). Über die Eileiteröffnung (wenn keine Verklebung besteht) tritt auch Blut in die Beckenhöhle aus

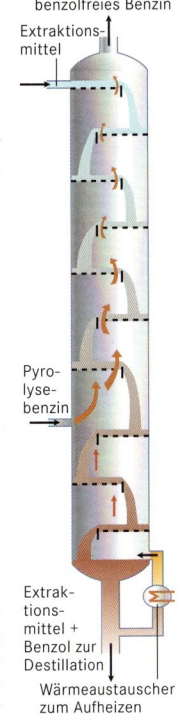

benzolfreies Benzin
Extraktionsmittel
Pyrolysebenzin
Extraktionsmittel + Benzol zur Destillation
Wärmeaustauscher zum Aufheizen

Extraktivdestillation: Schema der Gewinnung von Benzol aus Pyrolysebenzin

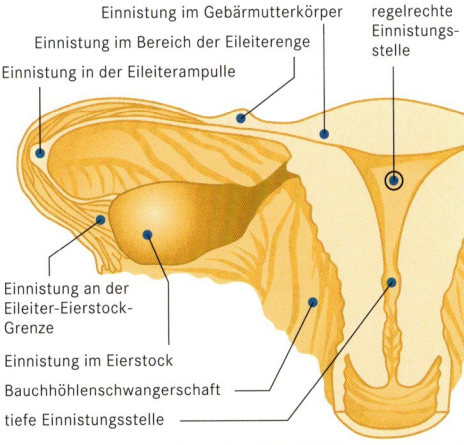

Einnistung im Gebärmutterkörper
Einnistung im Bereich der Eileiterenge
Einnistung in der Eileiterampulle
regelrechte Einnistungsstelle
Einnistung an der Eileiter-Eierstock-Grenze
Einnistung im Eierstock
Bauchhöhlenschwangerschaft
tiefe Einnistungsstelle

Extrauteringravidität: mögliche Einnistungsstellen des befruchteten Eies

und sammelt sich um den Eileiter und im Douglas-Raum (Hämatozele) an. Dieser Vorgang ist durch zunehmende und krampfartige Schmerzen gekennzeichnet. Auch aus der Scheide treten geringe, aber anhaltende Blutungen auf. Die Diagnose wird durch die gynäkolog. Untersuchung unter Berücksichtigung der Ultraschalluntersuchung und Bestimmung von Beta-HCG (Untereinheit des Choriongonadotropins) gestellt.

Die Behandlung erfolgt überwiegend durch laparoskop. Operation (→Laparoskopie), wobei in vielen Fällen die Erhaltung des Eileiters möglich ist, da schon zu einem sehr frühen Schwangerschaftszeitpunkt durch Ultraschalluntersuchung eine Eileiterschwangerschaft in einem noch symptomfreien Stadium erkannt werden kann.

Im Unterschied zum Tubarabort verläuft die **Tubarruptur** dramatisch. Nach einem plötzlich auftretenden Schmerz im Unterbauch kommt es infolge massiver Blutung im Bauchraum zur diffusen Bauchdeckenspannung, zu starken Schmerzen im Oberbauch bei Bauchatmung und zum Blutungsschock (gynäkolog. Notfall). Eine sofortige Operation ist erforderlich, um eine innere Verblutung zu verhindern.

Extravaganten [lat. »die außerhalb Umherschweifenden«], Bestandteil des →Corpus Iuris Canonici.

Extravaganz [auch 'eks-; frz., zu lat. extravagari »ausschweifen«] *die, -/-en*, bewusste, (geschmacklich) ausgefallene oder überspannte Abweichung vom Üblichen.

Extraversion [Analogiebildung zu Introversion] *die, -/-en*, von C. G. Jung eingeführte Bez. zur Charakterisierung der Grundeinstellung von Menschen, die sich stärker als andere an ihrer Umwelt orientieren (Ggs. →Introversion). Der *extravertierte Typ* ist ein aufgeschlossener, kontaktfreudiger und vertrauensvoller, die Realität akzeptierender und sich mit ihr auseinander setzender Mensch.

extrazellulär, *Zytologie:* im Gewebsverband außerhalb der Zelle, in Gewebslücken; Ggs.: intrazellulär.

extrazelluläre Matrix, *Histologie:* komplexes Netzwerk von Kohlenhydraten und Proteinen, das von tier. Zellen gebildet wird und die Zwischenzellräume ausfüllt. Funktion der e. M. ist in erster Linie die Stabilisierung und Formgebung des Gewebes; zudem beeinflusst sie biochem. Leistungen und die Entwicklung der durch sie umhüllten Zellen. Sie enthält Glycosaminoglykane, Proteoglykane und zahlr. andere speziellere Verbindungen, darunter Laminin, Fibronektin, Vitronektin. Faserproteine wie Kollagen und Elastin verleihen dem Gewebe Struktur. An der Bildung der e. M. sind insbes. Fibroblasten u. a. Bindegewebszellen beteiligt.

extrazonale Vegetation, Bez. für Pflanzengesellschaften, die »inselartig« an Standorten außerhalb der eigentlich zugehörigen Klimazone vorkommen; z. B. die Galeriewälder an den Flussläufen der Savannen Afrikas und mediterrane Arten auf südexponierten Hängen Mitteleuropas.

Extremadura, dt. **Estremadura**, histor. Landschaft in W-Spanien, zw. Hauptscheidegebirge und Sierra Morena, heute Region mit den Prov. →Badajoz und →Cáceres, insgesamt 41 634 km², 1,07 Mio. Ew. Die wellige, aus kristallinen Schiefern und Graniten gebildete Rumpffläche (mittlere Höhe 350 m ü. M.) wird durch das O-W-streichende Gebirgssystem der Sierra de Guadalupe (1 601 m ü. M.), der Sierra de Montánchez (994 m ü. M.) und der Sierra de San Pedro (710 m ü. M.) in **Alta E.** (mit dem Becken des mittleren Tajo im N) und **Baja E.** (mit dem Becken des mittleren Guadiana) geteilt. Das Klima ist kontinental mit mediterranen und atlant. Zügen, die Winter sind mild, die Sommer heiß und trocken mit Tagesmaxima um 45 °C; die Jahresniederschläge (Maxima im Herbst und Frühjahr) nehmen von den Becken (200–400 mm) bis zum Gebirge (1 000 mm) zu. Die Böden sind teilweise sehr fruchtbar, v. a. in den Ebenen. Im N-Teil (Stein- und Korkeichenwälder) überwiegen extensive Viehwirtschaft (Winterweidegebiete) sowie Getreide-, Ölbaum- und Weinkulturen, im S-Teil (Steppen- und Buschvegetation) weite Bewässerungsgebiete mit Anbau von Gemüse, Reis, Baumwolle, Flachs, Hanf, Getreide, Wein, Oliven sowie ausgedehnte Viehhaltung. Die E. ist dünn besiedelt und wenig industrialisiert. Wegen der ungünstigen Agrarstruktur (unrentable Kleinbetriebe neben extensiven Großbetrieben) wandern viele Ew. ab.

Geschichte Die Bez. E., urspr. für das jenseits des christl. Machtbereichs liegende Gebiet, später für die von den Mauren zurückeroberten südl. Regionen gebraucht, wurde zum Prov.-Namen, der seit dem 13. Jh. u. a. aus »Extrema Dorii« (»Jenseits des Duero«) erklärt wurde. Im 12. und 13. Jh. hatten sowohl León als auch Kastilien Prov. mit dem Namen E.; seit dem späten MA. bezeichnete der Name einen Teil Kastiliens und später Spaniens, der etwa dem heutigen Gebiet entsprach. 1833 wurde E. in zwei Prov. geteilt.

M. Cardalliaguet Quirant: Historia de E. (Badajoz ²1993); S. Zapata Blanco: La industria de una región no industrializada. E. 1750–1990 (Cáceres 1996); E. protohistórica. Paleoambiente, economía y poblamiento, hg. v. A. R. Díaz (ebd. 1998).

Extremale *die, -/-n, Analysis:* die gesuchte Funktion bei Problemen der →Variationsrechnung.

Extremalprinzipi|en, heuristisch konzipierte, in mathemat. Form gekleidete Sätze über das Verhalten physikal. Systeme, wobei bei den Bewegungen oder Veränderungen der Systemkomponenten (z. B. Massenpunkte oder materielle Kontinua in der Mechanik, physikal. Felder in den Feldtheorien) oder bei Ablauf eines physikal. Prozesses innerhalb des Systems jeweils eine bestimmte physikal. Größe einen Extremwert (meist ein Minimum) annimmt. Zwar folgen in der Mechanik Ort, Zeit, Geschwindigkeit und Beschleunigung jedes einzelnen Massenpunktes aus den Bewegungsgleichungen, doch ist deren Anwendung auf die Gesamtheit wegen der Vielzahl an Systempunkten allzu aufwendig oder überhaupt nicht durchführbar. Die E. sind dagegen überschaubar und leicht anzuwenden.

Die **Differenzialprinzipien** behandeln einen beliebigen Momentanzustand und vergleichen ihn durch ihre Aussagen mit einem zeitlich benachbarten Zustand. Differenzialprinzipien sind das →Prinzip der virtuellen Arbeit (Prinzip der virtuellen Verrückungen), das dieses E. durch Einführung der Trägheitskräfte auf dynam. Systeme erweiternde →d'alembertsche Prinzip und das die Geschwindigkeitskomponenten variierende →jourdainsche Prinzip, das →gaußsche Prinzip des kleinsten Zwanges, das davon abgeleitete →hertzsche Prinzip der geradesten Bahn, in der Thermodynamik das →Le-Chatelier-Braun-Prinzip und das Prinzip der extremalen Entropievermehrung. Durch die **Integralprinzipien** wird der Bewegungsablauf über eine endl. Zeit längs eines Wegstückes verfolgt und mit einem möglichen örtl. Nachbarweg während der gleichen Zeit verglichen. Integralprinzipien sind das →Castigliano-Prinzip, das Euler-Maupertuis-Prinzip (→Prinzip der kleinsten Wirkung), das auch in den Feldtheorien wichtige →Hamilton-Prinzip, das jacobische Prinzip, das Prinzip des kürzesten Weges (das für die Bewegung eines kräftefreien Massenpunktes die Bahn mit der kürzesten Länge fordert und aus dem Prinzip der kleinsten Wirkung hervorgeht) und das →fermatsche Prinzip.

Extremismus [lat. extremus »der Äußerste«] *der, -,* i.w.S. ein negativ besetzter Begriff, der eine bis ins Äußerste gehende Haltung oder Richtung des Denkens und Handelns bezeichnet, die sich in ihren Zielen und Mitteln durch Unbedingtheit und Ausschließlichkeit auszeichnet, z.B. religiös motivierter E. (→Fundamentalismus), der sich jedoch mit polit. Zielen verbinden oder für diese instrumentalisiert werden kann; i.e.S. **politischer E.**, Sammel-Bez. für antidemokrat. Gesinnungen und Bestrebungen. Unter diesen Begriff fällt damit sowohl der →Linksextremismus als auch der →Rechtsextremismus. Der Rechts-E. ist eine Sammel-Bez. für Strömungen, die das Prinzip der menschl. Fundamentalgleichheit verwerfen und ein nationalist. und fremdenfeindl. Weltbild vertreten, der Links-E. eine Sammel-Bez. für jene Richtungen, die das Prinzip der Gleichheit verabsolutieren.

Extremisten aller Richtungen lehnen den gesellschaftl. Pluralismus ab. Zu den strukturellen Gemeinsamkeiten des E. gehört eine dogmat. Weltanschauung, die für möglichst viele Probleme Erklärungen und Lösungen bieten will. Alle Formen des E. zeichnen sich durch Freund-Feind-Stereotypen und Heilslehren aus. Die Menschheit wird in Freunde und Feinde, in Erleuchtete und Irrgläubige eingeteilt. Kennzeichnend für den E. sind weiterhin verschwörungstheoret. Annahmen. Kommen Repräsentanten des polit. E. durch eine Legalitätsstrategie oder durch Gewalt an die Macht, versuchen sie eine autoritäre oder totalitäre →Diktatur zu errichten. Im Ggs. zu →Radikalismus ist der Begriff E. so negativ besetzt, dass ihn keine Gruppierung zur Selbst-Bez. gebraucht. Auch aus diesem Grund hat sich der Terminus E. zur Charakterisierung antidemokrat. Positionen und Parteien in einer demokrat. Gesellschaft weithin durchgesetzt.

Unterschiedl. Formen des E. befehden einander heftig. Die Tatsache, dass linksextremist. Bewegungen schärfste Gegner einer rechten Diktatur sind (und umgekehrt), ist kein Beleg für ihre demokrat. Ausrichtung. Insofern kann der →Kommunismus seinen →Antifaschismus nicht im Sinne eines Einsatzes für den demokrat. Verfassungsstaat geltend machen. Gleiches gilt für den →Nationalsozialismus mit dem von ihm praktizierten →Antikommunismus.

Am E.-Begriff wird kritisiert, dass er die Unterschiede zw. den gegensätzl. Strömungen vernachlässige und das »juste milieu« der »Mitte« idealisiere. Gesellschaftskrit. Positionen könnten leicht ins antidemokrat. Abseits gerückt werden. Es gehe nicht an, die Linke und die Rechte auf diese Weise gleichzusetzen, ohne ausreichend nach den Zielen zu fragen. Wenn der Staat über die Definitionsmacht verfüge, bestehe die Gefahr, dass er beim Kampf gegen tatsächl. oder auch nur vermeintl. E. Illiberalität fördert. Verteidiger des E.-Begriffs leugnen nicht dessen doppelte - polit. und wiss. - Funktion: Einerseits soll er zur Sicherung der Legitimität des demokrat. Verfassungsstaates dienen, andererseits das Erkenntnisinteresse auf Gemeinsamkeiten richten, durch die sich der polit. E. bei aller Unterschiedlichkeit der Richtungen auszeichnet. Der Befund, dass die Grenzen zw. demokratisch und extremistisch fließend sind, kann nicht davon entbinden, diese im Einzelfall zu bestimmen.

In Dtl. wird der Frage, ob eine Partei als extremistisch zu gelten hat, aufgrund der histor. Erfahrungen eine fundamentale Bedeutung beigemessen. Gilt sie als nicht demokratisch, verbietet sich eine Koalition mit ihr. Eine demokrat. Ordnung muss einerseits vorsichtig bei der Zuschreibung des Begriffs »extremistisch« sein, andererseits jedoch das Selbstbewusstsein besitzen, antidemokrat. Strömungen beim Namen zu nennen. Die Beurteilung der rechten und der linken Variante des polit. E. hat nach denselben Kriterien zu erfolgen. In Dtl. stellt sich die Frage, ob Flügelparteien wie die →Republikaner (REP), die →Nationaldemokratische Partei Deutschlands (NPD) oder die →Partei des Demokratischen Sozialismus (PDS) als extremistisch oder als (noch) demokratisch einzustufen sind. In den Verfassungsschutzberichten des Bundes wird die Partei der REP seit 1993 als extremistisch bezeichnet, bei der PDS deren »Kommunist. Plattform« und andere Zusammenschlüsse. Parteien des polit. E. können nach Art. 21 Abs. 2 GG durch das Bundesverfassungsgericht verboten werden – was im Fall der NPD 2003 aus verfahrensrechtl. Gründen scheiterte –, sonstige extremist. Vereinigungen sind kraft Gesetzes verboten (Art. 9 Abs. 2 GG), durchsetzbar durch die Exekutive. Heute bringen die meisten extremist. Gruppierungen ihre Ablehnung des demokrat. Verfassungsstaates nur verdeckt zum Ausdruck.

Die E.-Forschung widmet sich neben Parteien und Organisationen auch den individuellen Einstellungen und Dispositionen, die ein extremist. Potenzial erkennen lassen, sowie einem entsprechenden Wählerverhalten, der Mitgliedschaft in extremist. Parteien und Gruppierungen, extremistisch motivierter Gewaltbereitschaft u.a.

U. BACKES: Polit. E. in demokrat. Verfassungsstaaten (1989); DERS. u. E. JESSE: Polit. E. in der Bundesrep. Dtl. (⁴1996); E., Gewalt, Terrorismus. Hintergründe u. Handlungskonsequenzen, hg.v. U. ZWIENER u. a. (2003); S. KAILITZ: Polit. E. in der Bundesrep. Dtl. (2004). – *Jahrbuch:* Jb. E. & Demokratie (1989 ff.).

Extremistenbeschluss, Beschluss des Bundeskanzlers (W. BRANDT) und der Länderregierungschefs vom 28. 1. 1972 zur einheitl. Behandlung der Frage der Verfassungstreue im öffentl. Dienst; wurde später in Bund und Ländern durch Erlass (»Radikalenerlass«) verbindlich gemacht. Aufgrund der Verpflichtung von Beamten, Angestellten und Arbeitern des öffentl. Dienstes nach dem Beamtenrecht oder entsprechenden Bestimmungen für Angestellte und Arbeiter, jederzeit für die freiheitl. demokrat. Grundordnung einzutreten, entschied der Dienstherr bei Pflichtverstoß über Maßnahmen im Einzelfall; begründete Zweifel an der Verfassungstreue eines Bewerbers für den öffentl. Dienst rechtfertigen i.d.R. seine Ablehnung.

1976 scheiterte der Versuch, die Anforderungen an die Verfassungstreue für Angehörige des öffentl. Dienstes gesetzlich zu konkretisieren. Die heutige Praxis in Bund und Ländern ist uneinheitlich. Die so genannte →Regelanfrage, d.h. die (routinemäßige) Nachfrage bei den Ämtern für Verfassungsschutz, ob Erkenntnisse gegen Bewerber für den öffentl. Dienst vorliegen, wird nicht mehr durchgeführt. Eine Über-

Extr extremistisch

prüfung erfolgt nur bei konkreten Anhaltspunkten für verfassungsfeindl. Aktivitäten.

In den neuen Ländern wird im Hinblick auf eine frühere Mitgliedschaft in der SED großzügig verfahren; freiwillige Mitarbeit für die Staatssicherheit ist allerdings nach dem Einigungsvertrag ein außerordentl. Kündigungsgrund, wenn ein Festhalten am Arbeitsverhältnis deshalb unzumutbar erscheint.

Die verfassungsrechtl. Bedenken gegen den E. beruhen v. a. darauf, dass auch die Mitwirkung in einer nicht verbotenen Partei (→Parteienprivileg) als Verstoß gegen die Treuepflicht gewertet werden kann. Das Bundesverfassungsgericht hat die auf den E. gestützte Praxis jedoch im Wesentlichen in der Entscheidung vom 22. 5. 1975 bestätigt. Auch der Europ. Gerichtshof für Menschenrechte hat in der Entscheidung vom 26. 9. 1995 die Überprüfung der Verfassungstreue der Angehörigen des öffentl. Dienstes gebilligt; allerdings legt er einen strengeren Maßstab an den Nachweis fehlender Verfassungstreue und die Verhältnismäßigkeit einer Sanktion an.

extremistisch, (politisch) extrem, radikal eingestellt.

Extremitäten [zu lat. extremitates (corporis) »die äußersten Enden (des Körpers)«], Sg. **Extremität** die, -, die →Gliedmaßen.

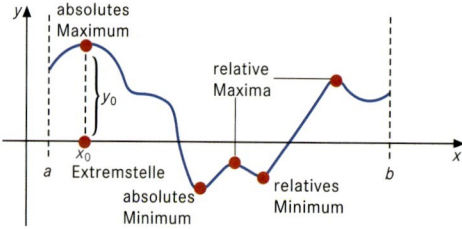

Extremum: die Extremwerte einer Funktion $y = f(x)$ mit dem Definitionsbereich $[a, b]$

Extremitätengürtel, Becken- und Schultergürtel der Wirbeltiere.

extremophil [zu griech. phileĩn »lieben«], *Biologie:* extreme Standortbedingungen bevorzugend. Zu den extremophilen Organismen zählen bestimmte Eubakterien und Archaebakterien, die unter Bedingungen existieren können, die das Leben der meisten anderen Arten unmöglich machen. Neben extremen Temperatur- und Druckverhältnissen fallen hierunter auch hohe Salzkonzentrationen sowie bes. saure oder alkal. pH-Werte.

Hyperthermophile Bakterien beispielsweise wachsen bevorzugt bei sehr hohen Temperaturen, z. T. oberhalb von 100 °C (Vertreter der Gattung Pyrodictium besitzen ihr Wachstumsoptimum bei 105 °C). Möglich ist eine derartige Lebensweise durch hitzestabile Makromoleküle, deren Struktur auch die Einwirkung extremer physikal. Bedingungen übersteht. Diesen Umstand macht man sich unterdessen bei zahlr. industriellen Fragestellungen zunutze. Enzyme extremophiler Organismen, so genannte Extremozyme, werden z. B. als Zusatz von Waschmitteln (u. a.

→Proteasen und →Amylasen) sowie bei der Polymerasekettenreaktion (→DNA-Polymerasen) eingesetzt.

Extremsport, das Ausüben außergewöhnl., z. T. risikoreicher sportl. Disziplinen, bei denen der Betreffende höchsten phys. und psych. Belastungen ausgesetzt ist. Extrem bezieht sich dabei u. a. auf folgende Faktoren: 1) den für die Ausübung notwendigen Mut (z. B. Bungeejumping, Skysurfing); 2) die hohen techn. Anforderungen, bes. wegen des Verzichts auf erleichternde Hilfsmittel (z. B. Freeclimbing); 3) die Konfrontation mit z. T. extremen Natur- und Witterungsbedingungen (z. B. Canyoning, Rafting); 4) das hohe Unfall- und Gesundheitsrisiko (z. B. Extrembergsteigen); 5) die enormen phys. Belastungen beim Zurücklegen von Ultralangstrecken (z. B. 100-km-Lauf, Marathonschwimmen, Ironman-Triathlon). Aufgrund der Unterschiedlichkeit der einzelnen Sportarten gibt es für Extremsportarten keinen Dachverband, einige Disziplinen werden jedoch durch etablierte Fachverbände vertreten (z. B. Ironman-Triathlon durch die Dt. Triathlon-Union, 100-km-Lauf durch den Dt. Leichtathletik-Verband). In versch. Extremsportarten werden bereits nat. und internat. Meisterschaften ausgetragen. – Der Übergang von E. zu →Risikosport ist fließend. Es kann auch Überschneidungen mit Disziplinen des →Trendsports geben.

Extremum *das, -s/...ma,* **Extremwert,** Funktionswert, in dessen Umgebung alle benachbarten Werte nicht kleiner (**Minimum**) oder nicht größer (**Maximum**) sind. Gilt diese Eigenschaft für den ganzen Definitionsbereich, so liegt ein **absolutes E.** (globales E.) vor, ansonsten ein **relatives E.** (lokales E.). Als Extrem(al)stelle bezeichnet man den zu einem E. dazugehörigen x-Wert; der Extrem(al)punkt ist der mit den Koordinaten x_0 und y_0 (x_0 Extremstelle, $y_0 = f(x_0)$ Extremum) angegebene Punkt. Die Bestimmung der Extremalstellen einer Funktion ist Bestandteil der →Kurvendiskussion. Relative E. können mithilfe der →Differenzialrechnung ermittelt werden. Eine differenzierbare Funktion $f(x)$ hat an der Stelle x_0 ein relatives E., wenn $f'(x_0) = 0$ und $f''(x_0) \neq 0$ gilt; für $f''(x_0) > 0$ liegt ein Minimum, für $f''(x_0) < 0$ ein Maximum vor.

Extremwertaufgaben, Extrema mit Nebenbedingungen, Aufgabentyp, bei dem die Lage der mögl. Extremwerte einer abhängigen Variablen f auf ein bestimmtes Intervall beschränkt ist. Kann man diese als differenzierbare Funktion der unabhängigen Variablen x ausdrücken, so lässt sich der Wert von f im Extremwert berechnen. Beispiel: Welches Rechteck mit gegebenem Umfang u hat den größten Flächeninhalt f? Es gilt $u = 2x + 2y$ und $f = x \cdot y$, woraus folgt: $f = \frac{1}{2}ux - x^2$. Die Ableitung von f ist $f' = \frac{1}{2}u - 2x$; ein Extremwert liegt vor für $f' = 0$, also für $2x = \frac{1}{2}u$ oder $x = \frac{1}{4}u$. Daraus folgt als Lösung, dass das Quadrat die geforderten Bedingungen erfüllt. Viele E. lassen sich aber auch elementar, d. h. ohne die Hilfe der Differenzialrechnung lösen, indem man z. B. den Graphen der Funktion betrachtet. Im obigen Beispiel ist es eine nach unten geöffnete Parabel mit den Nullstellen 0 und $\frac{1}{2}u$. Aus Symmetriegründen muss daher ein Maximum bei $x = \frac{1}{4}u$ vorliegen.

Extrinsic Factor [ɛksˈtrɪnsɪk ˈfæktə; engl. »von außen wirkender Faktor«] *der, - -(s)/- -s,* Bez. für das Vitamin B_{12} (→Cobalamin), das dem Körper mit der Nahrung zugeführt werden muss, aber nur mittels eines →Intrinsic Factor im Magensaft resorbiert werden kann.

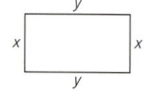

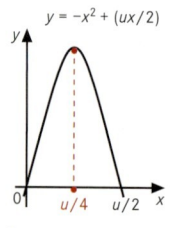

Extremwertaufgaben: a Der Umfang eines Rechtecks mit den Seitenlängen x, y beträgt $2x + 2y$; b Parabel als Lösungskurve für die Suche nach einem Rechteck mit größtem Flächeninhalt bei gegebenem Umfang u.

Extremsport **Extr**

Extremsport
1 Klippenspringen an der süddalmatinischen Küste
2 Besteigen eines gefrorenen Wasserfalls als Extremform des Eiskletterns
3 Freeclimbing
4 Sprung über die Rampe der Halfpipe
5 Rafting in einer Wildwasserschlucht
6 Überwinden einer Brandungswelle beim Wellenreiten

Extr Extruder

Extruder [zu engl. to extrude »ausstoßen«, »herauspressen«, von lat. extrudere] *der, -s/-,* Maschine zum Umformen von Kunststoffformmassen (→ Extrusion). Der E. besteht i. d. R. aus einem (teilweise) beheizten Zylinder mit einer rotierenden Transportschnecke sowie einer profilgebenden Düse (Matrize). An den E. schließen sich meist Kalibrier-, Blas-, Kühl-, Reck-, Abzieh- und Aufwickelanlagen an.

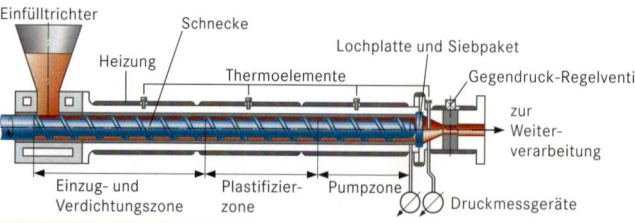

Extruder: schematische Darstellung eines Extruderplastifizierzylinders

Extrusion [zu lat. extrudere, extrusum »herausstoßen«, »heraustreiben«] *die, -/-en,*
1) *Geologie:* Ausfließen zähflüssiger Gesteinsschmelzen, meist unter Bildung von Stau- und Quellkuppen, Domen und Lakkolithen; früher Sammelbez. für vulkan. Tätigkeit.
2) *Technik:* ein Verfahren zum Umformen von Kunststoffformmassen. Das pulver- oder granulatförmige Ausgangsmaterial (meist mit Stabilisatoren, Gleitmitteln, ggf. Füll- und Farbstoffen versetzte thermoplast. Kunststoffe) wird in einem →Extruder homogenisiert, plastifiziert, verdichtet, erwärmt und durch die formgebende Düse des Spritzkopfes gepresst. Je nach Form der Öffnung können durch E. Profile, Drahtummantelungen, Rohre, Folien, Platten u. a. hergestellt werden. – E.-Verfahren werden zunehmend auch in der industriellen Lebensmittelverarbeitung angewendet, u. a. in der Teigwarenindustrie und zur Herstellung von »Snackartikeln« (z. B. Mais- und Erdnussflips).

Extrusivgesteine, Extrusiva, →Vulkanite.

Extrusomen [zu lat. extrudere »herausstoßen« und ...som] *Pl.,* Sammelbez. für besondere Organellen bei Cryptophyta (dort **Ejectosom** gen.) und Wimpertierchen mit kompliziertem Feinbau, die auf einen äußeren Reiz hin mittels spezieller Ausschleuderungsmechanismen innerhalb weniger Millisekunden oder Sekunden ausgestoßen werden.

ex tunc, →ex nunc.

exuberans [zu lat. exuberare »reichlich hervorkommen«], *Medizin:* stark wuchernd.

Exulanten [zu lat. exsul »Verbannter«], Bez. für die im 16. und 17. Jh. aus den Territorien der habsburg. Monarchie (Erblande, Schlesien) und im 18. Jh. aus dem Erzbistum Salzburg ausgewiesenen Protestanten. Während der Gegenreformation fanden rd. 30 000 E. aus den böhm. Ländern in Kursachsen und in den Lausitzen eine neue Heimat (**böhm. E.**). Die überwiegend protestant. Salzknappen von Hallein wanderten wie andere Protestanten des Landes, vom Salzburger Erzbischof FIRMIAN per Edikt verwiesen, nach 1731/32 nach Ostpreußen (**Salzburger E.;** etwa 20 000). Im merkantilist. Zeitalter waren Immigranten vielfach willkommen.

Exulzeration [zu lat. ulcus »Geschwür«] *die, -/-en,* mit Substanzverlust von Zellgewebe und Entzündungsvorgängen verbundener geschwüriger Zerfall eines Tumors, auch die Geschwürbildung (Ulzeration) an einer inneren (Hohlorgan) oder äußeren (Haut) Körperoberfläche.

Exuma Islands [-mə ˈaɪləndz], lang gestreckte, aus Korallenkalken aufgebaute Inselkette im Zentrum der Bahamas, 290 km^2, 3 600 Ew.; größte Insel ist Great Exuma mit dem Hauptort George Town; Fremdenverkehr (Jachthäfen, Tauchen); im N befindet sich der rd. 400 km^2 große **Exuma Cays Land and Sea Park.**

Exungulation [lat.], *Tiermedizin:* das →Ausschuhen.

ex usu [lat.], *bildungssprachlich* für: aus der Erfahrung, durch Übung, nach dem Brauch.

Exuvialraum, bei Gliederfüßern der vor der Häutung durch Abscheidung von enzymhaltiger Flüssigkeit (Exuvialflüssigkeit) zur Auflösung der inneren Schichten der Kutikula gebildete Raum über dem die Kutikula abscheidenden Epithel. (→Häutung)

Exuvie [lat. »Kleidung«; bei Tieren »abgelegte Haut«] *die, -/-n,* die bei der Häutung abgestreifte äußere Körperhülle, z. B. bei Schlangen das aus Horn bestehende Natternhemd, bei Gliederfüßern (Krebsen, Insekten, fossil bei Trilobiten) die Kutikula (Chitin-Protein-Hülle) mit ihren Sonderbildungen (Haare, Borsten, Schuppen u. a.).

ex voto [lat.], aufgrund eines Gelübdes (Inschrift auf Votivgaben).

Exxon Corp. [ˈɛksɔn kɔːpəˈreɪʃn], amerikan. Mineralölkonzern, Sitz: Irving (Texas); hervorgegangen aus einer von J. D. ROCKEFELLER und M. CLARK 1863 gegründeten Erdölraffinerie, die nach mehreren Fusionen 1882 von der neu gegründeten **Standard Oil Co. of New Jersey** übernommen wurde, 1892–1972 Firmierung unter **Standard Oil Co.** (New Jersey); fusionierte 1999 mit der Mobil Corp. zur →Exxon Mobil Corp.

Exxon Mobil Corp. [ˈɛksɔn ˈməʊbɪl kɔːpəˈreɪʃn], weltweit tätiger amerikan. Mineralöl- und Petrochemiekonzern, einer der umsatzstärksten Erdöl- und Industriekonzerne der Erde; Sitz: Irving (Texas), entstanden 1999 durch Fusion von Exxon Corp. und Mobil Corp.; zahlr. Beteiligungen im In- und Ausland. Die Tochtergesellschaften in Österreich, der Schweiz und Dtl., u. a. die →Esso Deutschland GmbH wurden unter dem Dach der neu gegründeten ExxonMobil Central Europe Holding GmbH (Hamburg) zusammengeführt; Konzernumsatz (2004): 270,76 Mrd. US-$; Beschäftigte: 85 900.

Exulanten: protestantische Salzknappen vor einem Salzverdampfungsbecken der Saline von Hallein (Gemälde, 1. Drittel des 18. Jh.; Hallein, Keltenmuseum)

Exzellenz [lat. »Erhabenheit«] *die, -/en*, Ehrentitel, nicht scharf geschieden von Eminenz. E., schon in der römisch-byzantin. Kaiserzeit als ehrendes Prädikat höheren Beamten beigelegt, wurde im MA. zuerst für langobard., später für fränk. Könige, dt. Kaiser sowie für Päpste und Bischöfe verwendet, ging dann auch auf Herzöge und Reichsgrafen über. Ab der Mitte des 17. Jh. wurde der Titel E., zuerst in Frankreich, mit höchsten Zivil- und Militärämtern verbunden, während er gleichzeitig als fürstl. Prädikat verschwand.

In Dtl. gebührte der Titel bis 1918 dem Reichskanzler und den Staatssekretären des Reiches, in Preußen den Ministern und Oberpräsidenten während der Amtsdauer, außerdem den Offizieren vom Generalleutnant an aufwärts. In der heutigen Diplomatie steht die Anrede E. den Botschaftern zu und ist auch für Gesandte üblich. Die kath. Kirche führte 1930 den Titel »Hochwürdigste E.« für alle Bischöfe und einige andere Prälaten ein; er wird jedoch seit dem Zweiten Vatikan. Konzil nicht mehr generell verwendet.

Exzenter [zu exzentrisch] *der, -s/-*, Kurbeltrieb zur Wandlung einer Dreh- in eine Hubbewegung, der durch Lagerung einer Kreisscheibe außerhalb des Kreismittelpunktes entsteht. Der Abstand zwischen Kreismittelpunkt und Mittelpunkt der Lagerung, die Exzentrizität e, entspricht dem wirksamen Kurbelradius.

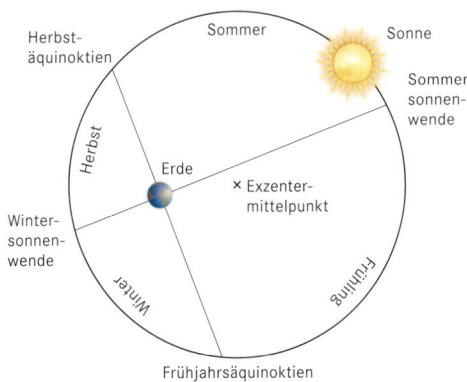

Exzentertheorie: schematische Darstellung der Exzentrizität der jährlichen Sonnenbewegung nach Hipparch zur Erklärung der verschieden langen Jahreszeiten

Exzentermaschine, *Textiltechnik:* Fachbildemaschine (→Webmaschine), bei der die Fachbildung und die Bewegung der Webschäfte über den gesamten Schussrapport jeweils mit einem Exzenter bewirkt wird.

Exzentertheorie, zuerst bei HIPPARCH zu findende Theorie der vorkeplerschen Astronomie, nach der sich ein Planet notwendig gleichförmig und auf Kreisen bewegt. Die geforderte Gleichförmigkeit der vom angenommenen Weltzentrum (Erde) aus ungleichförmig erscheinenden Umlaufgeschwindigkeit ergab sich, indem man den Planeten um einen Punkt außerhalb des Zentrums kreisen ließ, wodurch auch sein Apogäum und Perigäum eine Erklärung fanden. Die E. wurde spätestens von PTOLEMÄUS mit der →Epizykeltheorie kombiniert.

exzentrisch [nlat. Bildung zu spätlat. eccentrus; von griech. ékkentros, zu →ek... und kéntron »Zentrum«],
1) *allg.:* auf überspannte, übertriebene Weise vom Üblichen abweichend, ungewöhnlich.
2) *Geometrie:* außerhalb des Mittelpunktes liegend; Ggs.: konzentrisch.

Exzentrizität, *Geometrie:* bei der →Ellipse ein Maß für die Abweichung von der Kreisform; allg. definiert wird für alle →Kegelschnitte die **lineare E.** als der Abstand e der Brennpunkte eines Mittelpunktkegelschnitts vom Mittelpunkt, die **numerische E.** als das Verhältnis $\varepsilon = e/a$ der linearen E. zur halben Hauptachse. – In der *Astronomie* ist die E. eines der Bahnelemente (→Bahn) der Himmelskörper.

Exzeptionalismus *der, -, Geologie:* die Anschauung, dass früher auf der Erde Kräfte wirkten, die qualitativ und quantitativ von den heute wirksamen verschieden waren; im Ggs. zum →Aktualismus.

exzerpieren [lat. excerpere, eigtl. »herauspflücken«], *bildungssprachlich* für: in Form eines Exzerptes herausschreiben.

Exzerpt [lat. »das Herausgenommene«] *das, -(e)s/-e*, knappe, schriftl. Zusammenstellung der wichtigsten Gedanken eines Textes (mit wörtl. Auszügen).

Exzess [zu lat. excedere, excessum »herausgehen«, »abschweifen«] *der, -es/-e,*
1) *allg.:* Unmäßigkeit, Ausschweifung, Maßlosigkeit.
2) *Mathematik:* 1) in der sphär. Geometrie der Betrag, um den die Winkelsumme in einem sphär. Dreieck 180° übersteigt (**sphär. Exzess**); 2) in der Stochastik ein Maß dafür, wie stark eine gegebene Verteilung in der Umgebung ihres Erwartungswertes von der Normalverteilung mit dem gleichen Erwartungswert und der gleichen Varianz abweicht.
3) *Recht:* Aus- oder Überschreitung bestimmter Handlungsgrenzen; hat bes. im Strafrecht Bedeutung: Der E. eines Beteiligten an einer Straftat ist den anderen Beteiligten nur dann zuzurechnen, wenn ihr eigener Vorsatz auch die E.-Handlung umfasste. Beispiel: A und B unternehmen gemeinsam einen Einbruchdiebstahl; tötet hierbei B abredewidrig das Diebstahlopfer C, wird wegen der E.-Tat nur B zur Verantwortung gezogen. Nur unwesentl. Abweichungen vom gemeinsamen Tatplan stellen keinen E. dar. Eine eigene Konstellation bildet der E. im Rahmen der →Notwehr.

Exzess-3-Code [-ko:t], **Drei-Exzess-Code, Stibitz-Code,** ein Binärcode für Dezimalzahlen. Der Name rührt daher, dass jeder Dezimalziffer diejenige Binärzahl zugeordnet ist, die gegenüber der Binärdarstellung dieser Ziffer um drei (binär 0011) erhöht ist. So hat die Dezimalziffer 7 die Binärdarstellung 0111 und daher den E.-3-C. 1010 = 0111 + 0011. Der E.-3-C. ist wie der Aiken-Code ein →Komplementärcode: Aus den Codes für die Ziffern 0 bis 4 erhält man durch Vertauschen aller Nullen und Einsen die Ziffern 9 bis 5.

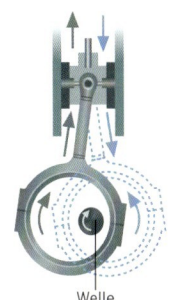

Welle

Exzenter

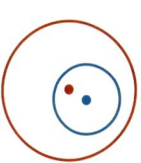

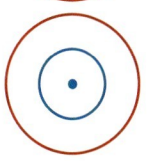

exzentrisch 2): exzentrische (oben) und konzentrische Kreise

Exzess-3-Code			
dezimal	Exzess-3	dezimal	Exzess-3
0	0011	5	1000
1	0100	6	1001
2	0101	7	1010
3	0110	8	1011
4	0111	9	1100

exzessiv, das Maß überschreitend; ausschweifend.

Exzessiv der, -s/-e, Sprachwissenschaft: Steigerungsstufe, z. B. im Baskischen, zum Ausdruck des Übermaßes einer Eigenschaft.

Exzindierungsklage, österr. Recht: → Drittwiderspruchsklage.

Exzision [zu lat. excidere, excisum »herausschneiden«] die, -/-en, das Herausschneiden eines Gewebes oder Organteiles zur Beseitigung eines Krankheitsherdes, auch zur operativen Wundversorgung sowie zur Entnahme einer Gewebeprobe (**Probe-E.**) für eine mikroskop., chem. oder mikrobiolog. Untersuchung.

exzitativ [lat.], anregend, erregend (von Arzneimitteln).

Exziton [lat.] das, -s/-e, **Exciton,** Festkörperphysik: ein → Elektron-Loch-Paar in einem gebundenen Zustand, der durch die gegenseitige Anziehung des negativ geladenen Elektrons und des positiven geladenen Lochs (Defektelektrons) infolge ihrer Coulomb-Wechselwirkung zustande kommt. Die Energiezustände eines solchen v. a. in Dielektrika und Halbleitern auftretenden, nur Anregungsenergie, aber keine Ladung durch den Kristall transportierenden → Quasiteilchens sind denen des Wasserstoffatoms ähnlich, aber durch die Kristallumgebung stark beeinflusst (in die Energiewerte geht der Kehrwert der Dielektrizitätskonstanten ein).

Bei der Beschreibung der Struktur der E. unterscheidet man zwei Grenzfälle. Bei einem **Frenkel-E.** (nach J. I. FRENKEL) ist der angeregte Zustand auf die Nähe eines Ions oder Moleküls lokalisiert, d. h. Elektron und Loch befinden sich in der Nähe des gleichen Gitterpunktes. Infolge des geringen Abstandes zw. Elektron und Loch (kleiner E.-Radius) ist die Bindung des Frenkel-E. relativ stark. Frenkel-E. werden v. a. in Alkalihalogeniden und Molekülkristallen beobachtet. Ist der Radius des E. dagegen groß im Vergleich zur Gitterkonstanten und das E. folglich vergleichsweise schwach gebunden, so spricht man von einem **Wannier-Mott-E.** (nach dem schweizerisch-amerikan. Physiker GREGORY H. WANNIER, * 1911, † 1983 und Sir N. F. MOTT). Hierbei bilden ein Elektron im Leitungsband und ein Loch im Valenzband eines Halbleiters ein gemeinsames Gebilde. Das System hat dann starke Ähnlichkeit mit einem → Positronium, das aus einem Positron und einem Elektron besteht und in ein Dielektrikum eingebettet ist. Wannier-Mott-E. werden hauptsächlich in Element- und Verbindungshalbleitern beobachtet.

Die Existenz von E. zeigt sich in einer Vielzahl von opt. Erscheinungen in Halbleitern und Isolatoren, am überzeugendsten ist das Auftreten von Linien in der opt. Absorption und Emission. Daneben spielen E. auch eine Rolle bei der Fotoemission aus Isolatoren und bei der Fotoleitung.

Ey [e:], Henry, frz. Psychiater und Philosoph, * Banyuls-dels-Aspres 10. 4. 1900, † Banyuls-dels-Aspres 8. 11. 1977; Mitbegründer der World Psychiatric Association; legte weitbeachtete psychiatr. Arbeiten zum Bewusstsein (1963), zu Halluzinationen (1973) und zum Schlaf vor; E. vertrat eine persönlichkeitsorientierte phänomenolog. Psychiatrie. Er unterstützte die Verbindung von Psychiatrie und Psychoanalyse, kritisierte die Antipsychiatrie mit ihren sozialen Ableitungen psych. Erkrankungen und veröffentlichte eine Studie zur Entstehung der Medizin.

Eyach [ˈaɪ-; »Eibenfluss«] die, rechter Zufluss des Neckars, Bad.-Württ., 54 km lang, entspringt nördlich von Albstadt, mündet unterhalb von Horb am Neckar.

Eyadéma [ejadeˈma], Étienne Gnassingbé, togoles. Politiker, * Pya (bei Kara) 26. 12. 1935, † Lomé 5. 2. 2005; 1953–61 Soldat in der frz. Armee, stieg er nach der Unabhängigkeit Togos (1960) in höhere militär. Ränge auf und war 1965–91 Oberbefehlshaber der togoles. Streitkräfte. Maßgeblich beteiligt am Putsch gegen Präs. S. OLYMPIO (1963) und gegen Präs. N. GRUNITZKY (1967), war er seit 1967 Präs. seines Landes, seit 1969 zugleich Vors. der Partei Rassemblement du Peuple Togolais (RPT). Bei den ersten Wahlen nach 16 Jahren wurde E. 1979 als Staatspräs. für sieben Jahre bestätigt und 1986, 1993, 1998 sowie 2003 wieder gewählt. Der teilweise diktatorisch herrschende E. war der am längsten amtierende Staatspräs. Afrikas; Amtsnachfolger wurde sein Sohn FAURE GNASSINGBÉ E. (* 1966).

Eyasisee [eɪˈjɑːsiː-], früher **Njarasasee,** sodahaltiger Salzsee im Gebiet des Ostafrikan. Grabens, N-Tansania, südlich des Serengeti-Nationalparks, 1 030 m ü. M., 72 km lang, 16 km breit.

Eyb [aɪb],

1) Albrecht von, Dichter, * Schloss Sommersdorf (bei Ansbach) 24. 8. 1420, † Eichstätt 24. 7. 1475, Bruder von 2); studierte in Bologna Jura; war päpstl. Kammerherr und Domherr in Bamberg und Eichstätt; trug als Frühhumanist, v. a. durch sein »Ehebüchlein« (1472), zur Formung dt. Kunstprosa nach lat. Muster bei. Er sammelte und übersetzte lat. Literatur (PLAUTUS, »Margarita poetica«, ein Florilegium aus Werken lat. Schriftsteller, 1472).

Ausgaben: Dt. Schrr., hg. v. M. HERRMANN, 2 Bde. (1890); Die Plautus-Übersetzungen des A. v. E. Lat. u. dt., hg. v. P. A. LITWAN (1984); Ob einem manne sey zunemen ein eelichs weyb oder nicht, hg. v. H. WEINACHT (Neuausg. 1993).

2) Ludwig von, Geschichtsschreiber und Staatsmann, * Schloss Sommersdorf (bei Ansbach) 20. 2. 1417, † 29. 1. 1502, Bruder von 1); trat früh in den Dienst des Markgrafen ALBRECHT ACHILLES von Brandenburg. In der Verwaltung des fränk. Territoriums der Hohenzollern wirkte er seit 1462 als Statthalter in Nürnberg. Seine »Denkwürdigkeiten brandenburgisch-hohenzoller. Fürsten« sind eine wichtige Quelle der fränk. Landesgeschichte. Bedeutsam ist ferner seine »Aufzeichnung über das kaiserl. Landgericht des Burggrafthums Nürnberg«.

Ausgabe: Schrr., hg. v. M. THUMSER (2002).

Eybers [ˈaɪbərs], Elisabeth Françoise, südafrikan. Schriftstellerin, * Klerksdorp (Transvaal) 26. 2. 1915; gilt als erste bedeutende afrikaanse Dichterin, siedelte 1961 in die Niederlande über; debütierte mit einem Lyrikband, in dem sie die Entwicklung vom Mädchen zur Frau und die Mutterschaft in den Mittelpunkt stellt. Vom Band »Die helder halfjaar« (1956) an werden Sprache und Ausdruck schlichter, persönl. Emotionen werden durch Ironie relativiert. Anfang der 1960er-Jahre wurde die Existenz in der Fremde ein zentrales Problem ihrer Lyrik, die sie in ihrer Vorlesungsreihe »Voetpad van verkenning« (1978) interpretierte.

Weitere Werke: Lyrik: Belydenis in die skemering (1936); Die stil avontuur (1939); Die vrou en ander verse (1945); Die ander dors (1946); Tussensang (1950); Neerslag (1958); Gedigte 1962–1982 (1985); Dryfsand (1985); Rymdwang (1987); Wintersurplus (1999).

Ausgabe: Versamelde gedigte (1990).

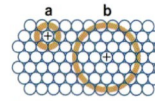

Exziton: a Frenkel-Exziton, b Wannier-Mott-Exziton; markiert ist die durch optische Anregung verbliebene positive Ladung.

Eybl [ˈai̯bəl], Franz, österr. Maler und Lithograf, * Wien 1. 4. 1806, † ebd. 29. 4. 1880; Vertreter des Wiener Biedermeier; schuf nach genauer Naturbeobachtung Genre- und Landschaftsbilder, v. a. Porträts.

Eybler [ˈai̯blər], *Joseph* Leopold, Edler von (seit 1835), österr. Komponist, * Schwechat 8. 2. 1765, † Wien 24. 7. 1846; Schüler von G. ALBRECHTSBERGER, befreundet mit J. HAYDN und W. A. MOZART, zu dessen unvollendetem Requiem er eine erste Ergänzung schrieb. E. war seit 1801 Musiklehrer am Hof in Wien, seit 1804 Vizekapellmeister, 1829–33 Hofkapellmeister. Er komponierte v. a. Kirchenmusik (Requiem, zwei Oratorien, Messen), eine Oper, Kammermusik und Lieder.
  H. HERRMANN: Themat. Verz. der Werke von J. E. (1976).

Eyck [ai̯k, niederländ. ɛi̯k],
1) *Aldo Ernest van*, niederländ. Architekt, * Driebergen-Rijsenburg 16. 3. 1918, † Den Haag 14. 1. 1999; Studium an der TH Zürich; war ab 1966 Lehrer an der TH in Delft; Mitgl. des →Team X; wichtiger Vertreter des →Strukturalismus. Als beispielhaft gilt sein Waisenhaus in Amsterdam (1955–61).
  Weitere Werke: Skulpturenpavillon Sonsbeek in Arnheim (1970); Pastoor-van-Ars-Kerk in Den Haag (1970); Hubertusheim in Amsterdam (1976–81); Restaurant, Bibliothek und Konferenzgebäude für ESTEC in Noordwijk (zus. mit seiner Frau HANNIE VAN E.; 1984–89).

2) *Erich,* Historiker, * Berlin 7. 12. 1878, † London 23. 6. 1964; urspr. Jurist, publizierte während der Weimarer Rep. gegen die antidemokrat. Kräfte, emigrierte 1937 nach Großbritannien. E. widmete sich v. a. der Geschichte Englands und Dtl.s; sein Hauptwerk ist eine krit. Biographie O. VON BISMARCKS (3 Bde., 1941–44).
  Weitere Werke: Gladstone (1938); Das persönl. Regiment Wilhelms II. (1948); Polit. Gesch. Englands (1951); Gesch. der Weimarer Rep., 2 Bde. (1954–56); Auf Dtl.s polit. Forum (1963).

3) *Hubert van,* altniederländ. Maler, † Gent 18. 9. 1426, Bruder (?) von 4). Die große Bedeutung, die E. in der Gesch. der altniederländ. Malerei zuerkannt wird, beruht allein auf der Inschrift des →Genter Altars, die ihn als den größten aller Maler rühmt und ihn als Schöpfer des Altars bezeichnet. Da die Altarinschrift nachweislich erst im 16. Jh. angebracht wurde, stellt die Forschung ihre inhaltl. Richtigkeit infrage.
  Literatur →Eyck .4)

4) *Jan van,* altniederländ. Maler, * wohl Maaseik (bei Maastricht) um 1390, † Brügge vor dem 23. 6. 1441, Bruder (?) von 3); war bis 1424 im Dienst JOHANNS III., Graf von Holland und Herzog von Niederbayern-Straubing, danach für Herzog PHILIPP DEN GUTEN von Burgund tätig, in dessen Auftrag er 1428/29 als Diplomat nach Spanien und Portugal reiste. Ab etwa 1430 lebte er als Hof- und Stadtmaler in Brügge. – Das Werk Jan van E.s war bei der Gestaltung des Menschenbildes, der Erfassung des Innenraumes und der Schilderung der Landschaft für die Entwicklung des Realismus in der spätmittelalterl. Malerei von entscheidender Bedeutung. Gemeinsam mit R. VAN DER WEYDEN schuf er einen Porträtstil, in dem die mittelalterl. Typisierung durch scharfe Beobachtung von Eigentümlichkeiten in Physiognomie und Kostüm überwunden wird. In die frühe Schaffenszeit des Malers gehören die nicht erhaltene Ausmalung der Haager Residenz JOHANNS VON BAYERN (1422–24) und vermutlich die Mitarbeit am »Turin-Mailänder Stundenbuch« (vor 1417–1424; der erhaltene Teil heute in Turin, Museo Civico d'Arte Antica). 1432 vollendete E. den →Genter Altar, der ungeachtet der fragl. künstler. Beteiligung von HUBERT als sein

Jan van Eyck: Giovanni Arnolfini und seine Frau Giovanna Cenami (1434; London, National Gallery)

Hauptwerk gilt. Die »Madonna von Lucca« (um 1436; Frankfurt am Main, Städelsches Kunstinstitut), die »Madonna in der Kirche« (zw. 1420 und 1427; Berlin, Gemäldegalerie), die »Hl. Barbara« (1437; Antwerpen, Koninklijk Museum voor Schone Kunsten) und der »Dresdner Marienaltar« (1437; Staatl. Kunstsammlungen) sind Meisterwerke früher Raumdarstellung. Die »Madonna des Kanonikus Georg van der Paele« (1434–36; Brügge, Groeningemuseum) und die »Madonna des Kanzlers Nicholas Rolin« (um 1437; Paris, Louvre) weisen mit ihren Stifterfiguren ebenso wie die Porträts »Timotheos«, London, National Gallery; »Mann mit rotem Turban«, 1433, ebd.; »Giovanni Arnolfini und seine Frau Giovanna Cenami«, 1434, ebd.; »Goldschmied Jan Leeuw«, 1436, Wien, Kunsthistor. Museum; »Kardinal Niccolò Albergati«, 1438, ebd.; »Margareta van Eyck«, 1439, Brügge, Groeningemuseum) den Maler als einfühlsamen Psychologen aus.
  Das Gesamtwerk der Gebrüder van E., bearb. v. A. CHATELET u. G. T. FAGGIN (Luzern 1968); E. DHANENS: Hubert u. J. van E. (a. d. Niederländ., 1980); H. BELTING u. D. EICHBERGER: J. van E. als Erzähler (1983); N. SCHNEIDER: J. van E. – Der Genter Altar. Vorschläge für eine Reform der Kirche (Neuausg. 1997); T.-H. BORCHERT: J. van E. u. seine Zeit. 1430–1530 (2002); O. PÄCHT: Van E. Die Begründer der altniederländ. Malerei (³2002).

5) *Peter van,* eigtl. **Götz von Eick,** amerikan. Filmschauspieler dt. Herkunft, * Steinwehr (Kr. Greifenhagen) 16. 7. 1913, † Männedorf (Kt. Zürich) 15. 7. 1969; ging 1931 ins Ausland, kam 1942 in den USA zum Film; 1945–48 Leiter der amerikan. Filmabteilung in Berlin (West); später internat. Karriere als Darsteller zwielichtiger Charaktere in mehr als 80 Filmen; bekannt durch »Lohn der Angst« (1953).

Peter van Eyck

6) *Pieter Nicolaas van,* niederländ. Schriftsteller, * Breukelen (bei Utrecht) 1. 10. 1887, † Wassenaar (Prov. Südholland) 10. 4. 1954; war Lyriker, Kritiker

Eydt Eydtkuhnen

Eyjafjallajökull: der rund 60 m hohe Wasserfall Skógafoss

und Literaturhistoriker; war Prof. für niederländ. Literatur in Leiden; vertrat in seinen Gedichten einen stoischen Pessimismus, wandte sich dann dem pantheist. Gottesbegriff zu.
   Werke: De getooide doolhof (1909); Uitzichten (1912); Inkeer (1922); Herwaarts. Gedichten (1939); Herwaarts. Gedichten 1920–45 (1949).
   Ausgabe: Verzameld werk, 7 Bde. (1958–64).

Eydtkuhnen, dt. Name des Ortes →Tschernyschewskoje im Gebiet Kaliningrad, Russland.

Eyelet ['aɪlɪt; engl. »kleines Auge«, »Guckloch«] das, -s, Maschenware mit durch Maschenverhängungen erzielten Durchbrechungen; daher luftdurchlässig, vorwiegend für Unterwäsche.

Eyeliner ['aɪlaɪnə(r); engl., zu eye »Auge« und to line »liniieren«] der, -s/-, farbige Substanz zur Betonung der Augenumrisse; Verwendung in flüssiger Form, als Stift oder Puder (→Augenkosmetika).

Eyjafjallajökull [isländ. 'ɛijafjadlajœ:kydl], Stratovulkan (1666 m ü. M.) und Plateaugletscher (107 km^2) in S-Island, westlich des Myrdalsjökull; letzte Ausbrüche 1821–23; südlich des E., am Steilabfall der ehem. Küstenlinie, der **Skógafoss,** ein rd. 60 m hoher Wasserfall.

Eymard [ɛ'ma:r], Pierre-Julien, frz. Priester, *La Mure-d'Isère (bei Grenoble) 4. 2. 1811, †ebd. 1. 8. 1868; wurde 1839 Marist, trennte sich aber 1856 von dem Orden und gründete 1857 in Paris die →Eucharistiner. – Heiliger (Tag: 1. 8.).

Eynan, arab. **Ain Mallaha,** vorgeschichtl. Fundstätte in N-Israel mit Siedlungsresten (Rundhäuser) aus der Zeit des →Natufien.

Eyra, rote Farbvariante der →Wieselkatze.

Eyre ['eə], Edward John, brit. Australienforscher, *Hornsea (bei Hull) 5. 8. 1815, †Tavistock 30. 11. 1901; E. war der Pionier in der Erkundung des südaustral. Salzseengebiets und der Eyrehalbinsel; er entdeckte 1839 die Flinders Range und den Torrenssee, 1840 den Eyresee.

Eyrehalbinsel ['eə-; nach E. J. EYRE], Halbinsel in Südaustralien, zw. der Großen Austral. Bucht und dem Spencergolf, nördlich von den Gawler Ranges begrenzt, Flach- und Hügelland (bis rd. 450 m ü. M.); im S eines der größten Weizenanbaugebiete Australiens, im N v. a. Viehhaltung (Schafe); im NO hochwertige Eisenerzlagerstätten (→Iron Knob), wichtige Häfen sind Whyalla und Port Lincoln; mehrere Nationalparks.

Eyresee, Lake Eyre [leɪk 'eə; nach E. J. EYRE], meist ausgetrocknete Salzpfanne in Südaustralien, bis 12 m u. M., tiefste Stelle des Kontinents; in Zeiten hoher Niederschläge erreicht der See eine Fläche zw. 8000 und 13000 km^2, Einzugsgebiet 1,2 Mio. km^2, ohne Abfluss zum Meer. Der E. ist zumeist in ein nördl. und südl. Becken geteilt, er füllt sich nur selten vollständig mit Wasser, die ausgetrockneten Becken sind dann von einer Salzkruste bedeckt; Teil des 12880 km^2 großen Lake Eyre Nationalparks. Südlich des E. reiche Vorkommen von Kupfer, Uran und Edelmetallen, großer metallurg. Komplex.

Eyring ['ɛərɪŋ], Henry, amerikan. Chemiker und Metallurge, *Colonia Juárez (Chihuahua, Mexiko) 20. 2. 1901, †Salt Lake City (Utah) 26. 12. 1981; war 1932–46 Prof. in Princeton (N. J.), danach in Salt Lake City. E. wendete als einer der Ersten die Quantenmechanik und die statist. Mechanik in der Chemie an. Er formulierte 1935 eine Theorie der absoluten Reaktionsgeschwindigkeiten für chem. Reaktionen und entwickelte eine Theorie der Flüssigkeiten, die eine quantitative Erfassung ihrer thermodynam. Eigenschaften erlaubt.
   Werke: The theory of rate process (1941, mit S. GLASSTONE u. K. J. LAIDLER); Quantum chemistry (1944, mit J. E. WALTER u. G. E. KIMBALL); Modern chemical kinetics (1963, mit E. M. EYRING).

Eysen ['aɪ-], Louis, Maler, *Manchester 23. 11. 1843, †München 21. 7. 1899; in Paris (1869/70) beeinflusst von der Schule von →Barbizon; gehörte dem Kreis um W. LEIBL an. Seine Porträts, Stillleben und Landschaftsbilder zeichnen sich durch originelle Ausschnitte, exakte Beobachtung der Lichtwerte und sensible Malweise aus.

Hans Jürgen Eysenck

Eysenck ['aɪsɛŋk], Hans Jürgen, brit. Psychologe dt. Herkunft, *Berlin 4. 3. 1916, †London 4. 9. 1997; emigrierte 1934 nach Großbritannien; war 1955–84 Prof. an der psycholog. Abteilung des Instituts für Psychiatrie der Univ. und Leiter des Maudsley-Hospitals in London; durch experimentelle Untersuchungen maßgeblich v. a. an der Entwicklung der Persönlichkeitsforschung und der Verhaltenstherapie beteiligt. Aus den Ergebnissen von Persönlichkeitstests leitete er die drei grundlegenden Persönlichkeitsdimensionen Extraversion/Introversion, Neurotizismus und Psychotizismus ab; die jeweiligen individuellen Ausprägungen sah er als genetisch und biologisch bedingt an.
   Werke: Uses and abuses of psychology (1953; dt. Wege u. Abwege der Psychologie); Know your own I. Q. (1962; dt. Intelligenztest); Inequality of man (1973, mit G. WILSON; dt. Die Ungleichheit der Menschen); Know your own personality (1975; dt. Teste dich selbst); The future of psychiatry (1975; dt. Die Zukunft der Psychologie); Decline and fall of the Freudian empire (1985; dt. Sigmund Freud. Niedergang u. Ende der Psychoanalyse); Personality and individual differences (1985, mit M. W. EYSENCK; dt. Persönlichkeit u. Individualität); Rebel with a cause. The autobiography (1990); Genius. The natural history of creativity (1995); A new look – Intelligence 1998; dt. Die IQ-Bibel).

Gaston Eyskens

Eyskens ['ɛiskəns],
   1) Gaston, belg. Politiker, *Lier 1. 4. 1905, †Löwen 3. 1. 1988, Vater von 2); wurde 1931 Prof. der Wirtschaftswiss. an der Univ. Löwen, schloss sich der Kath. Partei (seit 1945 Christl. Volkspartei, CVP) an. Er war Abg. (1939–65), Senator (1965–73), Finanz-Min. (1945, 1947–49 und 1965–66), Wirtschafts-Min. (1950) und Gouv. der Weltbank (1947–49 und 1965–66). Als Min.-Präs. sah er sich in seiner ersten

Amtszeit (1949–50) mit der »Königsfrage« konfrontiert und setzte eine Volksabstimmung über den Verbleib König LEOPOLDS III. auf dem Thron durch. In seiner zweiten Amtsperiode als Reg.-Chef (1958–61) löste er mit dem »Schulpakt« (1958) den langjährigen Schulstreit mit den Liberalen und Sozialisten über die Stellung der kirchl. Schulen aus und setzte die Entlassung Belgisch-Kongos in die Unabhängigkeit (1960) durch. 1968–72 zum dritten Mal Min.-Präs., suchte er mit der Verf.-Änderung von 1970 einen Fortschritt im belg. Sprachenstreit zu erzielen.

2) Mark, belg. Politiker, * Löwen 29. 4. 1933, Sohn von 1); wurde 1966 Prof. für allg. Wirtschaftsfragen an der Univ. Löwen und 1977 Abg. der Christl. Volkspartei; 1979–81 Min. für wirtschaftl. Zusammenarbeit, 1980/81 sowie 1985–88 Finanz-Min., 1981–85 Wirtschafts-Min. und 1988–92 Außen-Min. Von April bis November 1981 war E. Ministerpräsident.

Eysler [ˈaislər], Edmund, eigtl. E. Eisler, österr. Komponist, * Wien 12. 3. 1874, † ebd. 4. 10. 1949; schrieb über 50 in der Wiener Tradition stehende Operetten, u. a. »Bruder Straubinger« (1903; darin das Lied »Küssen ist keine Sünd«), »Die gold'ne Meisterin« (1927), »Wiener Musik« (1947), und Singspiele, ferner Lieder und Klavierstücke.

Eysoldt [ˈaɪsɔlt], Gertrud, Schauspielerin, * Pirna 30. 11. 1870, † Ohlstadt (Landkreis Garmisch-Partenkirchen) 30. 11. 1950; kam über München und Stuttgart 1897 nach Berlin und wirkte dort seit 1905 am Dt. Theater. E. spielte häufig in Inszenierungen M. REINHARDTS, so die Titelrolle in der Uraufführung von H. V. HOFMANNSTHALS »Elektra« (1903, Kleines Theater) und in insgesamt fünf Inszenierungen bis 1921 den Puck in SHAKESPEARES »Sommernachtstraum«. Während ihrer Leitung des Kleinen Schauspielhauses 1920–22 brachte E. gegen gerichtl. Androhung einer Haftstrafe A. SCHNITZLERS »Der Reigen« zur Uraufführung (1920). Der in frühen Jahren häufig sinnlich-erot. Schauspielstil wandelte sich später in eine sachlich-souveräne Schauspielkunst.

Nach ihr ist der seit 1981 jährlich vergebene **Gertrud-Eysoldt-Ring** benannt, eine Ehrung für hervorragende schauspieler. Leistungen an einer dt. Bühne.

Eytelwein [ˈaɪ-], Johann Albert, Wasserbauingenieur, * Frankfurt am Main 1. 1. 1765, † Berlin 18. 8. 1849; regulierte u. a. Oder, Warthe und Weichsel und legte die Häfen von Memel, Pillau und Swinemünde an; er verfasste zahlr. Handbücher über Mechanik, Wasserbau und angewandte Mathematik.

Eytelwein-Gleichung [ˈaɪ-; nach J. A. EYTELWEIN], Gleichung der techn. Mechanik, die bei Umschlingungsreibung den Zusammenhang zw. den beiden Zugkräften S_1 und S_2 in den Enden eines Seils angibt, das den Umfang eines Zylinders im Bereich eines bestimmten Zentriwinkels α, des Umschlingungswinkels, berührt, wobei der Zylinder in Richtung von S_1 angetrieben wird: $S_2 = S_1 \cdot e^{\mu\alpha}$ (mit μ als Reibungskoeffizient zw. Seil und Zylinder und α im Bogenmaß). Die Differenz $S_2 - S_1$ muss als Umfangskraft bzw. Antriebskraft vom Zylinder aufgebracht werden (Prinzip eines Spills).

Eyth [aɪt], Max von (seit 1896), Techniker und Schriftsteller, * Kirchheim unter Teck 6. 5. 1836, † Ulm 25. 8. 1906, Sohn des Pfarrers und Dichters EDUARD E. (* 1809, † 1884); arbeitete 1861–82 in Leeds bei dem brit. Erfinder J. FOWLER, dessen Dampfpflug er in zahlr. Auslandsreisen auf allen Kontinenten in der Landwirtschaft heimisch machte. Neben techn. Untersuchungen verfasste er autobiograf. Berichte, volkstüml. Romane und lebendige Erzählungen aus der Welt der Technik.

Werke (Auswahl): *Romane:* Der Waldteufel (1878); Der Kampf um die Cheopspyramide, 2 Bde. (1902); Der Schneider von Ulm, 2 Bde. (1906). – *Autobiografien:* Wanderbuch eines Ingenieurs, 6 Bde. (1871–84; 3., neu bearbeitete Aufl. u. d. T. »Im Strom der Zeit«, 3 Bde., 1904–05); Hinter Pflug u. Schraubstock, 2 Bde. (1899).

EZA Dritte Welt GmbH [EZA, Abk. für Entwicklungszusammenarbeit], 1975 gegründete alternative Handelsorganisation, Sitz: Bergheim; Gesellschafter sind der Verein Aktion Dritte Welt (A3W), die Kath. Männerbewegung Oberösterreich (KMBOÖ), die Kath. Männerbewegung Salzburg (KMBS) und HORIZONT 3000. Neben der Förderung der Produktions- und Lebensbedingungen in Entwicklungsländern durch entsprechende Vermarktung von Produkten aus diesen Ländern und Unterstützung von Entwicklungsprojekten leistet die Organisation Informations- und Bildungsarbeit zu Problemen dieser Länder.

Ezana, griech. **Aizanas**, König des Reiches von Aksum (um 330–65[70?]), * 325 (?), † 370 (?); zu Beginn seiner Herrschaft über die Aksumiten und die Habaschat unterwarf E. zahlr. Regionen in NO-Afrika und erweiterte so das Reich erheblich über das ursprüngliche Kerngebiet im nördl. Hochland hinaus; damit trat das Reich von Aksum u. a. die Nachfolge von →Meroe an. 340/41 führte er das Christentum als Staatsreligion ein. Als Folge des florierenden Handels mit Rom und Indien stieg während seiner Regentschaft die Zahl der Münzprägungen erheblich. Nach äthiop. Tradition regierte E. 30 Jahre, in späteren Jahren zusammen mit seinem Bruder SAZANAS.

H. BRAKMANN: To para tois barbarois ergon theion. Die Einwurzelung der Kirche im spätantiken Reich v. Aksum (1994); S. C. MUNRO-HAY: Ethiopia and Alexandria. The metropolitan episcopacy of Ethiopia (Warschau 1997).

EZB, Abk. für →Europäische Zentralbank.

Ezdorf, Johann *Christian* Michael, Maler, * Pößneck 28. 2. 1801, † München 18. 12. 1851; nach ungeklärten künstler. Anfängen mit einem mehrjährigen Aufenthalt in Skandinavien und einer Reise nach England ließ sich E. spätestens 1840 in München nieder. Seine oft in düsteren Stimmungen ausgeführten Landschaften nord. Motive zeigen den Einfluss der bis zum Nordkap reichenden Studienreisen und die Anregung durch niederländ. Meister des 17. Jh.

Ezechias, **Ezekias**, *Septuaginta* und *Vulgata:* judäischer König, →Hiskia.

Ezechiel [hebr. Yĕḥezqēl »Gott möge stärken«], bei LUTHER **Hesekiel**, judäischer Prophet aus priesterl. Geschlecht, 597 v. Chr. mit König JOJACHIN nach Ba-

Edmund Eysler

Gertrud Eysoldt

Johann Eytelwein

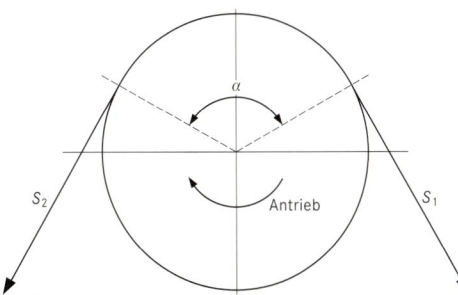

Eytelwein-Gleichung (S_1, S_2 Zugkräfte, α Umschlingungswinkel)

Ezek Ezekiel

bylonien deportiert, dort 593 zum Propheten berufen. Von seinem Wirken handelt das **Buch E.**, das zu den prophet. Büchern des A.T. gehört. Es ist im Wesentlichen nach dem »eschatolog. Schema« aufgebaut und kündigt zuerst den Zusammenbruch des Staates Juda unter ZIDKIJA und die Zerstörung Jerusalems an (Kap. 1–24), enthält Gerichtsdrohungen gegen fremde Völker (Kap. 25–32; 35) und endet mit Heilsweissagungen für Israel (Kap. 36–39); nur in den Kap. 33 und 34 wird wieder Israel/Juda kritisch thematisiert. Den Abschluss des Buches bildet der Verfassungsentwurf für die Neuordnung Israels/Judas, Jerusalems und bes. des Tempelkultes (Kap. 40–48). Neben dem Propheten war sein Schülerkreis am Werden des Buches beteiligt. In seiner Endgestalt wurde es wahrscheinlich im frühen 5. Jh. v. Chr. zusammengestellt.

  K.-F. POHLMANN: E.-Studien. Zur Redaktionsgesch. des Buches u. zur Frage nach den ältesten Texten (1992); U. FEIST: E. Das literar. Problem des Buches forschungsgeschichtlich betrachtet (1995); M. GREENBERG: E., 3 Bde. (2001–04); P. SCHWAGMEIER: Unterss. zu Textgesch. u. Entstehung des E.-Buches in masoret. u. griech. Überlieferung (2004).

Ezekiel [ɪˈziːkjəl], Nissim, ind. Schriftsteller, Literatur- und Kunstkritiker engl. Sprache, * Bombay 16. 12. 1924, † ebd. 9. 1. 2004; E.s Werk umkreist – ironisch analysierend und skeptisch – Gefühle des Verlustes und der Isolation eines oriental. Juden in einer hinduist. Welt, der sich dennoch unter dem Einfluss ved. Hymnen, altind. Liebesgedichte und lokaler Themen als ind. Dichter erweist.

  Werke: Lyrik: Sixty poems (1953); A time to change (1954); The third (1959); The unfinished man (1960); The exact name (1965); Hymns in darkness (1976); Latterday psalms (1982). – Dramen: Three plays (1969).

Ezelsdorf, Teil der Gem. Burgthann, Bayern. – Im Frühjahr 1953 wurde bei E. (auf der Grenze zum Nachbarort Buch) am Südhang des Brentnerberges in 80 cm Tiefe ein mit der Spitze schräg nach unten liegender, von einer Baumwurzel zersprengter Kegel aus papierdünnem Goldblech gefunden. Der restaurierte Goldkegel wiegt 310 kg und ist 88,3 cm hoch, der Umfang seiner Öffnung beträgt 61,2 cm; aufgrund eines Vergleichs der Ornamente wird er in die jüngere Urnenfelderzeit datiert (um 1000/900 v. Chr.), heute im German. Nationalmuseum in Nürnberg). Bei seiner flächendeckenden Verzierung wurden allein 26 unterschiedl. Punzen verwendet. Man nimmt an, dass derartige Goldkegel, zu denen auch der »Goldene Hut« von →Schifferstadt gehört, Ausdruck eines weit verbreiteten bronzezeitl. Kults waren (als Teil einer Zeremonialtracht Kopfbedeckung von Priestern oder Häuptlingen).

  W. MENGHIN u. P. SCHAUER: Der Goldkegel von E. Kultgerät der späten Bronzezeit (1983).

Ezera [ˈez-], Regīna, eigtl. **R. Lasenberga,** später **R. Kindzule** [-z-], lett. Schriftstellerin, * Riga 20. 12. 1930; Journalistikstudium (bis 1985), danach Mitarbeit bei versch. Zeitungen; trat in den 1950er-Jahren zunächst als Kinderbuchautorin hervor und wurde zur Wegbereiterin der während des so genannten »Tauwetters« erfolgenden graduellen Emanzipation der lett. Literatur vom sozialist. Realismus.

  Werke: Romane: Aka (1972; dt. Der Brunnen); »Zem pavasara debesīm« (1961); »Zemdegas« (1977).
  Ausgabe: Der Mann mit der Hundenase (1982; dt. Ausw.).

Ezinge [ˈeziŋə], Wurt bei Groningen, Niederlande, lange Zeit die einzige bekannte voll ausgegrabene german. Siedlung der Eisenzeit. Auf der über einem vorröm. Einzelhof aufgeschütteten Wurt entwickelte sich aus einer Gehöftgruppe ein Dorf, dessen große Bauernhöfe ringförmig um einen Platz angelegt waren. Im 4. und 5. Jh. trat an deren Stelle ein Dorf mit unregelmäßig angeordneten kleinen Hütten, das man den Angelsachsen zuschreibt.

Ezjongeber, Vulgata: Aisongeber, antiker Ort am Golf von Akaba; wird identifiziert mit dem **Tell el-Chulefi** oder mit der Insel **Geziret Fira'un.** Nach 1. Kön. 9, 26 Ausgangspunkt für den Handel SALOMOS im Roten Meer; ging während der Königszeit an die Edomiter verloren (vgl. 1. Kön. 22, 49 f.). Bei den Ausgrabungen 1938–40 wurden zwei Festungen aus der Königszeit und eine edomit. Siedlung aus pers. Zeit freigelegt. Neubewertungen der archäolog. Daten Anfang der 1990er-Jahre stellen infrage, ob die Funde mit dem 10. und 9. Jh. v. Chr. verbunden werden können. Insofern wäre die frühe Königszeit entgegen der bibl. Darstellung nicht belegt.

Ezo [-z-], im MA. in Japan Bez. für die →Ainu und die von ihnen bewohnten Gebiete.

EZU, Abk. für →Europäische Zahlungsunion.

Ezzelino III. da Romano, ital. Ghibellinenführer, * Onara (heute zu Tombolo) 25. 4. 1194, † Soncino (bei Cremona) 1. 10. 1259; herrschte seit 1236 als Stadtherr (»Podestà«) in Verona und Vicenza, später auch in Padua, Belluno, Feltre und Trient. 1238 heiratete er SELVAGGIA, eine außerehel. Tochter Kaiser FRIEDRICHS II., dem er eng verbunden war. Wie dieser vom Papst gebannt, wurde er am 27. 9. 1259 bei Soncino von den Guelfen besiegt und erlag in Gefangenschaft seinen Wunden.

  Literar. Behandlung Berüchtigt durch seine Grausamkeit, lebte E. da R. in der ital. Volkssage als Teufelssohn und Gottesgeißel fort, wurde aber auch als Vorläufer des typ. Renaissancefürsten lange idealisiert; in der modernen Geschichtsschreibung wird er als Wegbereiter der Herrschaftsform der →Signoria gesehen. In der Dichtung erscheint E. da R. als Tyrann mit satan. und dämon. Zügen (in Dramen von A. MUSSATO: »Ecerinis«, um 1300; J. VON EICHENDORFF: »Ezelin von Romano«, 1828; C. MARENCO: »Ezzelino III«, 1832) oder als despot. Renaissancefürst (Novelle von C. F. MEYER: »Die Hochzeit des Mönchs«, 1884).

Ezzolied, von EZZO, einem Bamberger Chorherrn des 11. Jh., im Auftrag des Bamberger Bischofs GUNTHER im Zusammenhang mit der Einführung einer strengeren Klosterregel für die Domgeistlichen um 1060 oder mit der Einweihung von St. Gangolf 1063 verfasstes, in zwei Fassungen erhaltenes ältestes frühmittelhochdt. Gedicht, das die Heilsgeschichte darstellt. EZZO ist auch als Teilnehmer am Pilgerzug des Bischofs GUNTHER nach Jerusalem (1064/65) bezeugt; nach der »Vita Altmanni« (um 1130) soll er auf dieser Fahrt eine »Cantilena de miraculis Christi« gedichtet haben, die vielleicht mit dem E. identisch ist. J. N. DAVID nahm das E. als Textvorlage für ein Oratorium (1957).

  Ausgabe: E. Cantilena..., in: F. MAURER: Die religiösen Dichtungen des 11. u. 12. Jh., Bd. 1 (1964).

Ezelsdorf: der mit etwa 20 000 Einpunzungen verzierte Goldkegel von Ezelsdorf; der bronzezeitliche Goldschmied benötigte zu seiner Herstellung vermutlich ein ganzes Jahr (um 1000/900 v. Chr.; Nürnberg, Germanisches Nationalmuseum).

Satellitenaufnahme von **Frankfurt am Main** (Deutschland), Aufnahmehöhe 705 km

F

Luftaufnahme von **Frankfurt am Main** (Deutschland)

F, f,
1) der sechste Buchstabe des dt. Alphabets und vieler anderer Alphabete; ein Konsonant mit dem Lautwert eines stimmlosen labiodentalen Reibelauts [f]. Der Buchstabe ist aus dem griech. →Digamma entstanden.

2) F, Abk. für das Hinweiswort Fahrenheit bei Temperaturangabe in →Grad Fahrenheit (°F).

3) *Chemie:* F, Symbol für das Element →Fluor.

4) *Einheitenzeichen:* F für die Kapazitätseinheit →Farad und die SI-fremde Ladungseinheit →Faraday; f für die in der Kernphysik verwendete Längeneinheit →Fermi.

5) *Formelzeichen:* F für den →Brennpunkt, die →Faraday-Konstante, den →Flächeninhalt, die Helmholtz-Energie (→freie Energie), die Hyperfeinstrukturquantenzahl (→Hyperfeinstruktur) und die →Rauschzahl; F für die →Kraft; f für die →Abplattung, die Brennweite, die Durchbiegung (→Biegeversuch), die absolute →Feuchtigkeit, die Anzahl der →Freiheitsgrade und die →Frequenz.

6) *Mathematik:* Symbol f für →Funktion; F für Brennpunkt.

7) *Münzwesen:* F, Kennbuchstabe auf Münzen des Dt. Reiches seit 1872 und der Bundesrepublik Dtl. seit 1949 für die Münzstätte Stuttgart, auf preuß. 1752–68 für Magdeburg, auf österr. 1781–1803 für Hall in Tirol, auf frz. 1539–1772 für Angers.

8) *Musik:* 1) die 4. Stufe der Grundtonleiter C-Dur, ital. und frz. fa (→Solmisation). Die Erhöhung um einen Halbton heißt **Fis**, um zwei Halbtöne **Fisis**; die Erniedrigung um einen Halbton heißt **Fes**, um zwei Halbtöne **Feses**. – Der Tonbuchstabe F wird auch als Notenschlüssel (F-Schlüssel, →Schlüssel) verwendet. Seit dem 19. Jh. ist F Zeichen für F-Dur und f für f-Moll. 2) f, Abk. für →forte, ff für fortissimo.

9) *Nationalitätszeichen:* F für Frankreich.

10) *Vorsatzzeichen:* f für →Femto... (vor Einheiten).

fa, die vierte der Solmisationssilben (→Solmisation); in den roman. Sprachen Bezeichnung für den Ton F.

F/A, Abk. für Februar/August, Fälligkeitstermine für die Halbjahreszinsen festverzinsl. Wertpapiere.

FAA, Abk. für Federal Aviation Administration.

Faaker See, 2,2 km² großer See in Kärnten, Österreich, im Westteil des Klagenfurter Beckens, 555 m ü. M., bis 30 m tief; Sommerfremdenverkehr.

Fabaceae [zu lat. faba »Bohne«], wiss. Name der →Hülsenfrüchtler.

Fabbri, Diego, ital. Dramatiker, *Forlì 2. 7. 1911, †Riccione 14. 8. 1980; Jurastudium in Bologna; Journalist; zeitweise Leiter des vatikan. Filmbüros; schrieb, von L. PIRANDELLO und U. BETTI ausgehend, bühnenwirksame Theaterstücke mit christl. Grundhaltung, von denen ihn bes. »Processo a Gesù« (1955; dt. »Prozess Jesu«) um die Frage der Rechtmäßigkeit der Verurteilung JESU bekannt machte; auch Drehbuchautor und Filmproduzent (bevorzugte religiöse Themen).

Weitere Werke: Dramen: Il seduttore (1952; dt. Der Verführer); La bugiarda (1956); Processo di famiglia (1953; dt. Prozess der Familie); Delirio (1958); Il confidente (1964); L'avvenimento (1968). – *Essays:* Ambiguità cristiana (1955).
Ausgabe: Tutto il teatro, 2 Bde. (1984).

Fabel [von lat. fabula »Erzählung«, »Sage«],
1) Stoff- und Handlungsgerüst, das einem epischen oder dramat. Werk zugrunde liegt. (→Handlung, →Plot)

F, f 1): Druckschriftvarianten

2) epische Kurzform, eine in Vers oder Prosa abgefasste, kurze Erzählung mit lehrhafter Tendenz, in der zumeist Tiere menschl. Eigenschaften und Verhaltensweisen verkörpern. In ihrem antithet. Aufbau (gegensätzl. Einstellungen oder Verhaltensweisen zweier oder mehrerer Tiere), der Darstellung einer dramat. Handlungsumkehr und der Ausrichtung auf eine wirkungsvolle Schlusspointe zielt die F. auf die

Fabe Fabelwesen

Versinnbildlichung einer allgemein gültigen Sentenz, auf religiöse, moral. oder prakt. Belehrung oder Kritik.

Geschichte Tierdichtungen gehören von jeher zum volkstüml. Erzählgut aller Völker. Die ältesten F. stammen aus Mesopotamien. Tier-F. finden sich

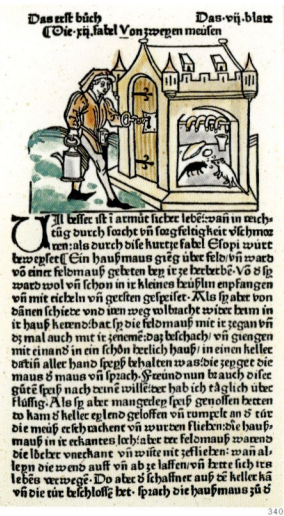

Fabel 2): Illustration zu der äsopischen Fabel »Die Stadtmaus und die Feldmaus« (kolorierter Holzschnitt, um 1490)

schon in sumer. Texten des frühen 2. Jt. v. Chr. Als Vorbild der europ. F. gelten die äsop. F. (→ AISOPOS). Entscheidend für ihre inhaltl. und formale Ausbildung wurden die griech. Umdichtungen des BABRIOS (2. Jh. v. Chr.), die lat. Sammlungen des PHAEDRUS (1. Jh. n. Chr.), des AVIANUS (um 400 n. Chr.) und die Prosasammlung »Romulus« (entstanden zw. 350 und 500). Dieser F.-Bestand wurde als mittelalterl. Schullektüre in ganz Europa verbreitet, immer wieder neu bearbeitet und später durch außereurop. F. (u. a. aus dem ind. »Pancatantra«, vor 500 n. Chr., und aus dem oriental. »Kalila und Dimna«) u. a. Erzählgut (bes. Schwänke) erweitert; wichtigste Sammlung für die volkssprachl. Überlieferung ist der in Distichen abgefasste lat. »Anonymus Neveleti« aus dem 12. Jh. Volkssprachl. F. finden sich seit dem 12. Jh. zunächst vereinzelt (bei den Spruchdichtern) und integriert in größere literar. Werke (bei HUGO VON TRIMBERG u. a.) gemäß einer seit der Antike, z. B. bei HESIOD und HORAZ, übl. Tra-

dition. Bes. in der Predigtliteratur (→ Predigtmärlein, → Exempel) war die volkssprachl. F. bis ins 18. Jh. beliebt. In Frankreich entstand zw. 1170 und 1190 eine eigenständige F.-Sammlung (»Ésope« der MARIE DE FRANCE), in Dtl. gab es seit dem 13. Jh. (U. BONER, STRICKER) vereinzelt Sammlungen, Höhepunkte dieser Entwicklung waren im 15. und 16. Jh. H. STEINHÖWELS »Vita Esopi et fabulae...« (1476, lat. und dt.), B. WALDIS' »Esopus« (1548) sowie weitere Sammlungen u. a. von M. LUTHER, S. BRANT, H. SACHS, J. FISCHART. Im 17. Jh. erreichte die F. in Frankreich durch J. DE LA FONTAINE höchste künstler. Verwirklichung. LA FONTAINE und A. HOUDAR DE LA MOTTE beeinflussten die Entwicklung der engl. (J. GAY: »Fables«, 1727–38; E. MOORE), später der russ. F. (I. A. KRYLOW) und der dt. F. in ihrem letzten Höhepunkt als bevorzugte Gattung der dt. Aufklärung. Typisch für die zahlreichen F. des 18. Jh. (F. VON HAGEDORN, C. F. GELLERT, M. G. LICHTWER, J. W. L. GLEIM, G. K. PFEFFEL) waren die Betonung der bürgerl. Lebensklugheit anstelle der mittelalterl. moral. Belehrung, die Erweiterung und Erfindung von Motiven, Situationen und Figuren. J. J. BODMER, J. J. BREITINGER und J. C. GOTTSCHED befassten sich mit der poetolog. Fixierung. G. E. LESSING schließlich forderte in seiner an der äsop. Tradition anknüpfenden Neudefinition

---

Eine Fabel von Gotthold Ephraim Lessing

Die Eiche und das Schwein (1759)

Ein gefräßiges Schwein mästete sich, unter einer hohen Eiche, mit der herabgefallenen Frucht. Indem es die eine Eichel zerbiss, verschluckte es bereits eine andere mit dem Auge.

»Undankbares Vieh!« rief endlich der Eichbaum herab. »Du nährest dich von meinen Früchten, ohne einen einzigen dankbaren Blick auf mich in die Höhe zu richten.«

Das Schwein hielt einen Augenblick inne, und grunzte zur Antwort: »Meine dankbaren Blicke sollten nicht außenbleiben, wenn ich nur wüsste, dass du deine Eicheln meinetwegen hättest fallen lassen.«

Fabel 2): Titelblatt der Erstausgabe von Gotthold Ephraim Lessings »Fabeln« (1759)

im Unterschied zur ausführlich erzählten Vers-F. LA FONTAINES die epigrammat. Zuspitzung, wie sie auch seine eigenen F. zeigen. LESSING schloss zugleich die Entwicklung der F. des 18. Jh. ab. Die F. des 19. Jh. richteten sich v. a. an Kinder (J. H. PESTALOZZI, 1803; W. HEY, 1834). Moderne Autoren gestalten F. in ihrer urspr. Form eher selten, Elemente finden sich bei F. KAFKA und BRECHT.

🔊 **Fabel:** G. E. Lessing: »Die Ziegen« 2373

📖 K. DODERER: Fabeln (Neuausg. 1977); Die F., hg. v. P. HASUBEK (1982); F.-Forschung, hg. v. DEMS. (1983); G. DICKE u. K. GRUBMÜLLER: Die Fabeln des MA. u. der frühen Neuzeit (1987); R. DITHMAR: Die F. (⁷1988); N. HOLZBERG: Die antike F. (²2001).

Fabelwesen, Fabeltiere, Fantasiegeschöpfe kultureller Überlieferungen wie Drache, Basilisk, Einhorn, Greif, Phönix, Kerberos; sie spielen in Religion, Mythos, Märchen, Dichtung, Kunst und Heraldik eine große Rolle. Urspr. für existent gehalten, verkörperten sie das Wirkliche in seinen unheiml. Gewalten und erschienen als wider- und übernatürlich durch die Mischung der natürl. Formen. Eine besondere Gruppe bilden die Mischwesen aus Mensch und Tier, so die verschiedenen im Wasser vermuteten Wesen (Nixen, Wassermänner), im Alten Orient und bei den Griechen die Kentauren, Sphinxe, Sirenen. Die Seraphim des A. T. gehören ebenfalls zu ihnen, die ind. und die ostasiat. Kulturen kennen zahlr. F. Sie bewachten als Riesenstatuen die Tempel und Städte, waren Symbole der Abwehr und Glücksbringer. Manches davon ist in die Bauplastik des MA. übergegangen. Aus der antiken Naturlehre übernahm die europ. Tradition die Tierbücher, in denen auch F. beschrieben wurden (→ Bestiarium, → Physiologus).

Fabelwesen: Phönix; Mosaikfragment aus Alt-Sankt-Peter (1250; Rom, Palazzo Braschi)

Faber [lat., zu facere »tun«, »anfertigen«] der, -/...bri, 1) röm. Bez. für jede Art von Handwerker; 2) im militär. Bereich der mit einer heutigen Pioniereinheit vergleichbare Verband.

Faber,
1) Jakob, eigtl. **Jacques Lefèvre d'Étaples** [ləˈfɛːvr(ə) deˈtapl], lat. **F. Stapulensis,** frz. Humanist, Philosoph und Theologe, * Étaples (bei Boulogne-sur-Mer) um 1450, † Nérac (bei Agen) 1536; einer der wichtigsten Bildungsreformer und Wegbereiter des frz. Protestantismus. Seine Bibelkommentare beeinflussten den jungen LUTHER. F. versuchte, die Ideen der florentin. Platoniker (M. FICINO) und des NIKOLAUS VON KUES (1514 gab er dessen Werke heraus) für den aristotelisch geprägten Unterricht und die Bibelauslegung fruchtbar zu machen. Als er für die Reformation eintrat, musste er 1525 Paris verlassen; er floh nach Straßburg. 1526 ging er nach Blois und übersetzte dort die Bibel ins Französische.
   Werke: Introductio in metaphysicorum libros Aristotelis (1493); Quincuplex psalterium (1509); Epistolae divi Pauli apostoli (1512). – La Sainte Bible en Françoys (1530).

2) Michel, engl. Schriftsteller niederländ. Herkunft, * Den Haag 13. 4. 1960; siedelte als Kind mit seinen Eltern nach Australien über, lebt seit 1993 in Schottland, wo er nach Gelegenheitsjobs Geschichten und Romane zu schreiben begann. Dem schon erfolgreichen Erstling »Under the skin« (2000; dt. »Die Weltenwanderin«) folgte der Weltbestseller »The crimson petal and the white« (2002; dt. »Das karmesinrote Blütenblatt«), die opulente, durch komplexe Genremischung gebrochene Geschichte einer 19-jährigen viktorian. Prostituierten.

3) Petrus, eigtl. **Favre** [ˈfavrə], auch **Lefèvre** [ləˈfɛvrə], frz. Jesuit, * Villaret (Savoyen) 13. 4. 1506, † Rom 1. 8. 1546; war in Paris der erste Gefährte des IGNATIUS VON LOYOLA (seit 1531), wurde 1534 zum Priester geweiht und lebte seit 1537 in Rom und Parma. 1540 kam F. als Begleiter des päpstl. Legaten nach Dtl., nahm an den Religionsgesprächen in Worms (1540) und Regensburg (1541) teil und gründete 1544 in Köln die erste dt. Ordensniederlassung der Jesuiten. 1544–46 wirkte er im Auftrag des Jesuitenordens für kirchl. Reformen in Spanien und Portugal.

Faber-Castell AG, international (weltweit 15 Fertigungsstätten) tätige Unternehmensgruppe zur Herstellung von Schreib-, Mal-, Zeichen- und Gestaltungsprodukten; gegr. 1761 von KASPAR FABER; Sitz der Dachgesellschaft A. W. Faber-Castell Unternehmensverwaltung GmbH & Co. ist Stein (bei Nürnberg); Gruppenumsatz (2003/04): 272,0 Mio. €, 5 500 Beschäftigte.

Faber du Faur [-dyˈfoːr],
1) Adolph Eduard *Otto* von, Maler, * Ludwigsburg 3. 6. 1828, † München 10. 8. 1901; malte von E. DELACROIX und T. GÉRICAULT beeinflusste Bilder mit Motiven aus dem Orient sowie histor. Schlachtenbilder, u. a. des Krieges 1870/71.
2) Friedrich von, Bergingenieur und Hüttentechniker, * Stuttgart 2. 12. 1786, † ebd. 22. 3. 1855; verbesserte den Hüttenbetrieb und die Gießerei grundlegend. Seit 1831 benutzte er die Gichtgase eines Hochofens zur Erwärmung des Gebläsewindes und zur Frischeisenbereitung; außerdem erzeugte und verwendete er als Erster Generatorgas.

Faber & Faber Ltd. [ˈfeɪbə ənd ˈfeɪbə ˈlɪmɪtɪd, engl.], seit 1929 bestehendes, auf die Firma **Faber & Gwyer** zurückgehendes Verlagshaus in London mit vielseitigem Verlagsprogramm, u. a. Belletristik (Werke von T. S. ELIOT, W. H. AUDEN, S. SPENDER, E. POUND, S. BECKETT, J. GENET, J. OSBORNE, T. STOPPARD, J. JOYCE, W. SAROYAN u. a.), Kunst, Musik, Pädagogik, Kinderbücher, Sachbücher, Technik, Landwirtschaft.

Fabergé [fabɛrˈʒe], Carl, russ. Goldschmied und Juwelier, * Sankt Petersburg 30. 5. 1846, † Lausanne 24. 9. 1920; übernahm 1870 die Leitung der 1842 gegründeten väterl. Firma in Sankt Petersburg, die er mit seinen vier Söhnen durch weitere Häuser u. a. in Moskau, London und Paris erweiterte und konsequent als Spezialbetrieb für kostbare Luxusartikel etablierte. Die Entwürfe wurden durch angestellte Werkmeister ausgeführt. Die Adaption charakterist. Motive der histor. Stile kennzeichnet dabei den F.-Stil ebenso wie

Fabelwesen: Meerwesen; Detail der bemalten Holzdecke der Kirche Sankt Martin in Zillis-Reischen (12. Jh.)

Carl Fabergé: *links* Osterei mit dem Modell des Kreuzers »Pamjat Asowa«; Gold, Silber, Email, Schmucksteine, eine Arbeit des Werkmeisters Michael Perchin für Zar Alexander III. (1891; Moskau, Rüstkammer-Museum); *rechts* Osterei mit dem russischen Georgsorden; das darunter liegende Medaillon trägt das Miniaturporträt des Zaren Nikolaus II.; Gold, Silber und Email (1916; New York, The Forbes Magazine Collection)

höchste Fertigungsqualität. Berühmtheit erlangten neben Miniaturen (Schmuck, Dosen) und Tier- und Pflanzendarstellungen aus Edelsteinen v. a. die zw. 1884 und 1916 zumeist im Auftrag des Zaren angefertigten Ostereier.

F. Juwelier des Zarenhofes, hg. v. A. v. Solodkoff, Ausst.-Kat. (1995); C. F. Goldsmith to the Tsar, hg. v. E. Welander-Berggren, Ausst.-Kat. (Stockholm 1997); W. Lowes u. C. Ludewig: F. eggs. A retrospective encyclopedia (Lanham, Md., 2001); The F. menagerie, hg. v. D. E. Horowitz, Ausst.-Kat. (Baltimore, Md., 2003); C. Forbes: F. Die kaiserl. Prunkeier (Neuausg. 2003).

Faberrebe, früh reifende Weißweinrebe, Neuzüchtung: Kreuzung aus Weißburgunder und Müller-Thurgau, liefert fruchtige, frische Weine mit leichtem Muskatbukett; Rebfläche in Dtl. (2002) 1 134 ha. Die F. wurde von G. Scheu 1929 in Alzey gezüchtet.

Faber von Creuznach, Conrad, Maler und Grafiker, * Bad Kreuznach (?) um 1500, † Frankfurt am Main zw. 10. 9. 1552 und 15. 5. 1553; zeichnete die Belagerung Frankfurts von 1552 (Histor. Museum, ebd.) und schuf die »Holzhausenbildnisse« (Städelsches Kunstinstitut, ebd.).

Fabian,
1) Bernhard, Literatur- und Buchwissenschaftler, * Waldenburg (Schlesw.) 24. 9. 1930; lehrte 1962–96 als Anglist an der Univ. Münster, beschäftigte sich u. a. mit der engl. Lit. des 17. und 18. Jh.; initiierte 1989 die Sammlung Dt. Drucke, in der fünf große dt. Bibliotheken kooperativ eine systemat. retrospektive Bestandsergänzung betreiben, um das Fehlen einer dt. Nationalbibliothek vor der Gründung der Dt. Bücherei in Leipzig (1912) zu kompensieren. Mit Herausgabe des 47 Bde. umfassenden Handbuchs der histor. Buchbestände (1992–2001) schuf F. ein Werk, das dt. Drucke (1450–1900) als Inventar für wiss. und bibliothekar. Arbeit erschließt und relevante Bestandsgruppen in rd. 2000 Bibliotheken dokumentiert.

Werke: Buch, Bibliothek und geisteswiss. Forschung (1983); Selecta Anglicana – Buch-Gesch. Studien zur Aufnahme der engl. Lit. in Dtl. im 18. Jh. (1994); Der Gelehrte als Leser (1998); Ein anglist. Grundkurs – Einf. in die Literaturwiss. (^{9}2004).

2) Walter, Publizist, * Berlin 24. 8. 1902, † Köln 15. 2. 1992; seit 1925 sozialdemokrat. Journalist, emigrierte 1934 nach Prag, 1942 in die Schweiz. 1957–70 Chefredakteur der »Gewerkschaftlichen Monatshefte«, 1959–64 Vors. der Dt. Journalisten-Union, seit 1966 Prof. an der Hochschule für Erziehung in Frankfurt am Main.

Werke: Die Kriegsschuldfrage (1924); Klassenkampf in Sachsen (1931); Leitartikel bewegen die Welt (1964, mit W. Schaber); Plädoyers für eine Europ. Sicherheitskonferenz (1972).

Fabian Society [ˈfeɪbjən səˈsaɪətɪ; engl. »Fabier-Gesellschaft«], 1883/84 entstandene Vereinigung brit. Intellektueller (u. a. S. und Beatrice Webb, G. B. Shaw, H. G. Wells), die in Ablehnung des Manchester-Liberalismus (→ Manchestertum) und in bewusster Abkehr vom Klassenkampfdenken des Marxismus den Sozialismus in verfassungsmäßiger Evolution zu verwirklichen suchten; benannt nach dem röm. Feldherrn Quintus Fabius Maximus Verrucosus Cunctator (→ Fabius), dessen durch Geduld und Abwarten erfolgreiche Taktik sie bei der Vergesellschaftung der Wirtschaft anwenden wollten. Die F. S. war 1906 an der Gründung der → Labour Party beteiligt und damals wie auch später von großem Einfluss auf deren Programm. Mit ihren Traktaten erzielten die Fabians eine große publizist. Wirkung. Als sozialdemokratisch orientierter »Thinktank« ist die F. S. in Großbritannien bis heute an den Debatten über wichtige Gegenwartsfragen beteiligt. Ihre Mitgl. sind Einzelpersonen, z. T. auch Organisationen (z. B. Gewerkschaften); Sitz ist London.

Fabianus, Papst (236–250), Römer, † Rom 20. 1. 250 als Märtyrer der Verfolgung unter Decius. Er verbesserte und festigte die röm. Bistumsorganisation (Einteilung der Stadt in sieben kirchl. Verw.-Bez. mit jeweils einem Diakon an der Spitze). Über die Wahl F.s zum Papst überliefert Eusebius von Caesarea, dass sich die Christen Roms versammelt hatten, um den Nachfolger des verstorbenen Papstes ANTEROS zu wählen. Während der Diskussion soll plötzlich eine Taube über dem Versammlungsplatz herabgeflogen sein und sich auf das Haupt F.s gesetzt haben, der zufällig vorbeigegangen war. Die Versammlung deutete dies als seine Erwählung durch den Hl. Geist und wählte F. zum Papst. – Heiliger (Tag: 20. 1.).

Fabius, Name eines altröm. Patriziergeschlechts **(Fabier,** lat. **Fabii),** das schon zu Beginn des 5. Jh. v. Chr. in Rom eine führende Stellung innehatte. Sein Kampf und der Untergang der älteren Fabier im Kampf gegen Veji (477 v. Chr., →Cremera) wurden von der Legende ausgestaltet. Im 4. und 3. Jh. v. Chr. wirkten Angehörige jüngerer Zweige des Geschlechts entscheidend am Aufstieg Roms mit. Bedeutende Vertreter:

1) Quintus **F. Maximus Gurges** (wohl »der Verschwender«), röm. Konsul (292 und 276 v. Chr.), Sohn von 2); siegte 290 und 276 v. Chr. über die Samniten und war 273 Führer der röm. Gesandtschaft an den Hof PTOLEMAIOS' II. PHILADELPHOS von Ägypten (Aufnahme von freundschaftl. Beziehungen).

2) Quintus **F. Maximus Rullianus,** röm. Konsul (322, 310, 308, 297 und 295 v. Chr.), Diktator (315 und 313 v. Chr.) und Zensor (304 v. Chr.), Vater von 1); kämpfte siegreich gegen Samniten und Etrusker und gewann 295 v. Chr. zus. mit P. DECIUS MUS die Entscheidungsschlacht bei der umbr. Stadt Sentinum (heute Sassoferrato, Marken).

3) Quintus **F. Maximus Verrucosus** (»warzig, warzenbehaftet«), Beiname **Cunctator** (»der Zauderer«), röm. Konsul (233, 228, 215, 214 und 209 v. Chr.) und Zensor (230), * um 280 v. Chr., † 203 v. Chr., Urenkel von 2). Während des 2. Pun. Krieges (218–201 v. Chr.) erreichte er den Höhepunkt seines Wirkens als Feldherr und Staatsmann. Nach der Niederlage der Römer am Trasimen. See (217 v. Chr.) zum Diktator ernannt, vermied er planvoll jede Schlacht gegen die im offenen Kampf überlegenen Karthager, suchte jedoch durch hinhaltenden Widerstand (der ihm den Beinamen einbrachte) die stärksten Kräfte des Gegners zu binden und so die Voraussetzungen für Erfolge auf anderen Kriegsschauplätzen zu schaffen. Diese Taktik wurde jedoch erst in den Jahren nach der nochmals offensiv geführten Schlacht bei Cannae (216 v. Chr.) bestimmend für die röm. Kriegführung in Italien. Wenn er auch, abgesehen von der Wiedereinnahme Tarents 209 v. Chr., keine durchgreifenden militär. Erfolge erzielte, verdankte doch Rom nicht zuletzt seinem persönl. Einfluss in den Jahren nach Cannae die Kraft zum erfolgreichen Widerstand.

4) Quintus **F. Pictor** (»der Maler«), der erste röm. Geschichtsschreiber, lebte in der 2. Hälfte des 3. Jh. v. Chr.; verfasste in griech. Sprache ein Werk über die Geschichte Roms von den Anfängen der Stadt bis zum 2. Pun. Krieg (218–201 v. Chr.), das der hellenist. Welt den polit. Standpunkt des röm. Adels darzulegen suchte. Es wurde von POLYBIOS, LIVIUS, DIONYSIOS VON HALIKARNASSOS und DIODOR VON SIZILIEN als Quelle benutzt und später auch in lat. Sprache bearbeitet.

Ausgabe: Fragmente, in: Historicorum romanorum reliquiae, hg. v. H. PETER, Bd. 1 (Neuausg. 1967).

Fabius [faˈbjys], Laurent, frz. Politiker, * Paris 20. 8. 1946; Jurist, im Parti Socialiste (PS) enger Mitarbeiter F. MITTERRANDS, 1978 Abg. in der Nationalversammlung, nach der Wahl MITTERRANDS zum Staatspräs. Min. für Forschung und Industrie in der Reg. Mauroy (1983/84), nach deren Rücktritt selbst Premier-Min. (1984–86). 1988 bis Januar 1992 Präs. der Nationalversammlung, dann Erster Sekr. des Parti Socialiste, nach parteiinternen Auseinandersetzungen 1993 Rücktritt. Ab Ende 1992 war F. Vorwürfen ausgesetzt, in seiner Zeit als Premier-Min. die Verwendung von HIV-verseuchtem Blut für Transfusionen verantwortet zu haben (Gerichtsverfahren seit 1994, Freispruch 1999). Die polit. Laufbahn F.' setzte sich zunächst mit Ämtern in der Provinz fort; 1995–97 war er Fraktionsvors. des PS in der Nationalversammlung, dann wieder deren Präs., bis ihn im März 2000 Premier-Min. L. JOSPIN zum Min. für Wirtschaft, Industrie und Finanzen ernannte.

Fabliaux [-bliˈo; Pl. zu frz. fable »kleine Fabel«], Sg. **Fabliau** das, -, im mittelalterl. Frankreich schwankhafte Erzählungen oft erotisch-pikanter Abenteuer, die von humorist. Schilderungen bis zu derb-realist. Darstellungen reichen, meist gegen Stände (Adlige, Geistliche, Bürger und Bauern), aber auch gegen Frauen (und deren angebl. Unsittlichkeit) gerichtete Satiren, jedoch ohne sozialkrit. Anliegen. Die Stoffe entstammen teils heim. Überlieferung, teils gehen sie – durch Vermittlung der Kreuzfahrer und span. Araber – auf antikes und oriental. Erzählgut zurück.

Die F. sind in paarweise gereimten, meist achtsilbigen Versen (oft einige 100 bis 1 000) verfasst, wurden von Spielleuten vorgetragen und von etwa der Mitte des 12. Jh. an aufgezeichnet. Ein bekannter Verfasser war RUTEBEUF. Die Stoffe der F. wurden in der späteren Erzähl- und Komödienliteratur häufig wieder verwendet (z. B. von G. BOCCACCIO, F. RABELAIS, MOLIÈRE, J. DE LA FONTAINE). Vom »Conte« – als Gattung ohne satir. Charakter) und der Tierfabel wurden die F. im MA. nicht streng unterschieden.

Ausgabe: Nouveau recueil complet des fabliaux (NRCF), hg. v. W. NOOMEN u. N. VAN DEN BOOGAARD, 10 Bde. (1983–98).

J. BÉDIER: Les f. (Paris 1893; Nachdr. Genf 1982); I. STRASSER: Vornovellist. Erzählen. Mhd. Mären bis zur Mitte des 14. Jh. u. alt-frz. F. (Wien 1989); J.-C. AUBAILLY: F. et contes moraux du Moyen Âge (Neuausg. Paris 1992).

Faboideae [zu lat. faba »Bohne«], wiss. Name der Unterfamilie der →Schmetterlingsblütler in der Familie der Hülsenfrüchtler.

Fåborg [ˈfɔbɔr], Stadt im S der Insel Fünen, Dänemark, 17 300 Ew.; Mittelpunkt eines Landwirtschaftsgebietes, Kleinindustrie, F.-Museum (ein neoklassizist. Bau von C. PETERSON) mit Werken der »Fünenmaler« (P. HANSEN, F. SYBERG, J. LARSEN u. a.), Fremdenverkehr. – Helligåndskirke (Ende 15. Jh.), eine der drei erhaltenen Kirchen des Hospitaliterordens in Dänemark. – Im Ortsteil Horne die einzige Rundkirche Fünens (12. Jh.; Anbau 15.–18. Jh.). – Das seit 1229 bezeugte F. erhielt 1251 Stadtrecht.

Fabre [fabr],

1) Ferdinand, frz. Schriftsteller, * Bédarieux (bei Béziers) 19. 6. 1827, † Paris 12. 2. 1898; urspr. selbst zum Geistlichen bestimmt, schrieb er als Erster Romane, die das Leben von Priestern und ihre seel. und moral. Anfechtungen sowie das Leben der Bauern in den Cevennen behandeln.

Werke: Romane: L'Abbé Tigrane (1873; dt. Abbé Tigrane); Mon oncle Célestin (1881); Lucifer (1884).

2) Jan, belg. Zeichner, Objektkünstler, Choreograf, Dramatiker, Bühnenbildner und Regisseur, * Antwerpen 14. 12. 1958; studierte am Stedelijk Instituut voor Sierkunsten en Ambachten sowie an der Koninklijke Academie voor Schone Kunsten seiner Heimatstadt und entwickelte sein Talent, sich auf M. DUCHAMP,

R. Magritte, M. Foucault und J. Beuys berufend, in versch. Richtungen. Protagonist dessen, was er selbst erst als »BiC-Art«, später als »Blaue Stunde« bezeichnet hat (strukturierte Zeichnungen mit einem blauen Einwegkugelschreiber »BiC«), inszenierte er bereits 1980 sein erstes Theaterstück »Theater geschrieben mit einem 'K' ist ein Kater«. Sieben Jahre später mit den »Extraits dansés« seiner Oper »Das Glas im Kopf wird vom Glas« zur documenta 8 nach Kassel eingeladen, konzentrierte sich der ebenso konsequente wie umstrittene Künstler mehr auf extrem langsame Tanz- und Theaterexerzitien, ohne deswegen von seiner bildner. Arbeit zu lassen, die auch weiterhin großes Interesse findet. Als Performancekünstler und Zeichner kann F. als Vermittler zw. einer körperorientierten und anthropologisch interessierten Kunst der 1970er-Jahre und einer mehr kulturhistorisch ausgerichteten Kunst der 1980er-Jahre angesehen werden.

Weitere Werke: *Choreografien:* The sound of one hand clapping (1990); Da un altra faccia del tempo (1993). Quando la terra si rimette in movimento (1995); Die vier Temperamente (1997). – *Oper:* Silent screams, difficult dreams (1992). – *Theaterstücke:* Prometheus Landschaft (1988); Sweet temptations (1991); Universal Copyrights 1 & 9 (1995; Mysterienspiel); Luminous icons (1996); The end comes a little bit earlier this century. But business as usual (1998); Virgin Warrior/Warrior Virgin (2004; Performance mit Ausstellung).

Fabre d'Églantine [fabrədeglɑ̃'tin], Philippe François Nazaire, eigtl. **Fabre,** frz. Schriftsteller und Politiker, * Limoux 28. 12. 1755, † (hingerichtet) Paris 5. 4. 1794; arbeitete während der Revolution als Journalist, war Mitbegründer des radikalen polit. »Club des Cordeliers«, Sekr. G. Dantons und Mitgl. des »Comité de Salut public«. Seine Theaterstücke wirken v. a. durch ihre Situationskomik (z. B. »Le Philinte de Molière...«, 1790); daneben wurde er als Verfasser der Volksromanze »Il pleut, il pleut, bergère« (1780) bekannt.

Fabri,

1) *Friedrich* Gotthardt Karl Ernst, ev. Theologe, Sozial- und Kolonialpolitiker, * Schweinfurt 12. 6. 1824, † Würzburg 18. 7. 1891; war 1857–84 leitender Inspektor der Rhein. Mission in Barmen; erhielt 1889 eine Honorarprofessur an der Theolog. Fakultät der Univ. Bonn. Im Mittelpunkt seines Denkens und Handelns stand die Suche nach einer konservativen, sozialdefensiven »Lösung der großen sozialen Frage«. Dazu sollten auch die dt. Kolonien dienen, deren wirksamster und einflussreichster Propagandist (»Vater der dt. Kolonialbewegung«) F. war. Schließlich engagierte sich F. in der Diskussion um das Verhältnis von Staat und Kirche, wobei er insgesamt eine stärkere Zurückdrängung des Staates aus der Kirche verlangte.

K.-J. Bade: F. F. u. der Imperialismus in der Bismarckzeit (1975).

2) **Faber,** Johannes, kath. Theologe, * Leutkirch im Allgäu 1478, † Wien 21. 5. 1541; humanistisch gebildet, wurde F. 1517 Generalvikar von Konstanz, 1524 Koadjutor von Wiener Neustadt und 1530 Bischof von Wien, wo er auch als Förderer der Universität hervortrat. Als Gegner der Reformation Luthers und Zwinglis war er zugleich einer der bedeutendsten und engagiertesten kath. Kontroverstheologen neben J. Eck, J. Cochläus und Friedrich Nausea (* um 1490, † 1552) und trat für ein Konzil und eine die Glaubenseinheit wahrende innere Reform der röm. Kirche ein. Als Ratgeber des späteren Königs und Kaisers Ferdinand I. in polit. und kirchl. Angelegenheiten (seit 1523) nahm er an mehreren Reichstagen der 1520er-Jahre teil und war 1530 auf dem Augsburger Reichstag einer der Mitverfasser der →Confutatio. Seine Beziehungen zum Humanismus dokumentiert sein Briefwechsel mit Erasmus von Rotterdam.

Fábri, Zoltán, ungar. Filmregisseur, * Budapest 15. 10. 1917, † ebd. 23. 8. 1994; drehte 1952 seinen ersten Film (»Sturm«), wurde mit »Professor Hannibal« 1956 internat. bekannt. Seine sozialen und zeitkrit. Filme thematisierten häufig in grotesker Zuspitzung Emanzipation und Auseinandersetzung mit Autoritäten im zeitgenöss. Ungarn.

Weitere Filme: Karussell (1956); Zwanzig Stunden (1965); Das fünfte Siegel (1976).

Fabriano, Stadt in der Prov. Ancona, Region Marken, Italien, am Osthang des Apennins, 325 m ü. M., 30 500 Ew.; Bischofssitz; Pinakothek, Papier- und Filigranmuseum; Bahnknotenpunkt. In F. wird seit dem 13. Jh. Papier hergestellt (seit dem 18. Jh. bes. hochwertige und Spezialpapiere). – Im gut erhaltenen mittelalterl. Stadtkern um die Piazza del Comune mit Stadtbrunnen (1351) befindet sich u. a. der got. Palazzo del Podestà (1255); bischöfl. Palast (16. u. 18. Jh.). An der Piazza del Duomo liegen das Ospedale di Santa Maria del Buon Gesù (1456) und der Dom (im 17. Jh. erneuert; Sakristei 13. Jh., Apsis 14. Jh.). – 1065 erstmals urkundlich erwähnt (»locus fabriani«), seit 1165 freie Kommune, fiel F. 1444 an den Kirchenstaat.

Fabricius, röm. plebejische Familie, vom 3. Jh. bis 195 v. Chr. historisch hervorgetreten; bekannt v. a. Gaius F. Luscinus, Konsul (282 und 278 v. Chr.) und Zensor (275 v. Chr.); kämpfte gegen Samniten und Lukaner und verhandelte 280 v. Chr. mit Pyrrhos I. über die Auslösung der röm. Kriegsgefangenen. 278 v. Chr. soll er das Angebot eines Verräters, Pyrrhos zu vergiften, abgelehnt und den Bedrohten gewarnt haben. Galt als Muster altröm. Tugenden.

Fabricius,

1) David, Theologe und Astronom, * Esens 1564, † Osteel (bei Norden) 7. 5. 1617 (erschlagen), Vater von 6); Pastor in Resterhafe (heute zu Dornum) und (1584–1603) in Osteel. F. entdeckte den Lichtwechsel des Sterns Mira Ceti (1596) und machte erstmals langfristige Wetterprognosen aufgrund seiner aufgezeichneten meteorologisch-klimat. Beobachtungen.

2) Ernst, Althistoriker und Archäologe, * Darmstadt 6. 9. 1857, † Freiburg im Breisgau 22. 3. 1942; nahm an den Ausgrabungen in Pergamon und auf Kreta teil; 1888–1926 Prof. in Freiburg im Breisgau. Seit 1902 leitete F. die Reichslimeskommission, für die er das Werk »Der obergermanisch-raetische Limes des Römerreiches« (14 Bde., 1894–1938) herausgab.

3) [faˈbriːtsiys], Johan, niederländ. Schriftsteller, * Bandung 24. 8. 1899, † Glimmen (Prov. Groningen) 21. 6. 1981; im Ersten Weltkrieg Kriegsmaler in Österreich; schrieb später neben Dramen bes. Abenteuerromane sowie Jugendbücher.

Werke: *Romane:* De scheepsjongen van Bontekoe (1924; dt. Kapitän Bontekoes Schiffsjungen); Hans de klokkeluider de duivel in den toren (1925; dt. Hans der Glöckner); Komedianten trokken voorbij (1931; dt. Marietta); Halfbloed (1947; dt. Halbblut); De heilige paarden (1959; dt. Die heiligen Pferde); Weet je nog Yoshi? (1966).

4) Johann, ev. Theologe, * Altdorf b. Nürnberg 11. 2. 1644, † Königslutter am Elm 29. 1. 1729; wurde 1677 Prof. in Altdorf, 1697 in Helmstedt, 1701 auch Abt von Königslutter. Unter dem Einfluss seines Lehrers G. Calixt vertrat F. in seiner »Consideratio variarum controversiarum« (1704) eine iren. Haltung, die einen Ausgleich der Konfessionen anstrebte. Die Bejahung der Konversion der Wolfenbütteler Prinzessin ELISABETH CHRISTINE (* 1691, † 1750, Gemahlin KARLS VI.) zur kath. Kirche durch F. rief auf prot. Seite heftige Proteste hervor und führte 1709 zum Verlust seiner Professur.

5) Johann Christian, dän. Zoologe, * Tondern 7. 1. 1745, † Kiel 3. 3. 1808; seit 1775 Prof. in Kiel, Schüler C. VON LINNÉS und Insektensystematiker, der die Insekten nach ihren Mundwerkzeugen ordnete.

Werk: Entomologia systematica, 5 Bde., Suppl.-Bd. u. 2 Index-Bde. (1792–99).

6) Johannes, Astronom, * Osteel (bei Norden) 8. 1. 1587, † Marienhafe (bei Norden) 1615 (?), Sohn von 1); beobachtete als Medizinstudent 1611 durch ein Fernrohr zum ersten Mal Sonnenflecken und schloss aus deren allmähl. Bewegung über die Sonnenscheibe auf die Rotation der Sonne.

Fabricius Hildanus, Wilhelm, eigtl. **W. Fabry von Hilden,** Chirurg, * Hilden 25. 6. 1560, † Bern 14. 2. 1634; ab 1585 Wanderleben in Dtl. und in der Schweiz. 1602 wurde F. H. Stadtarzt von Payerne und 1615 von Bern. F. H. war der bedeutendste dt. Chirurg der Renaissance. Er verbesserte versch. Operationstechniken und erfand mehrere chirurg. Instrumente.

Werk: Observationum et curationum chirurgicarum centuriae (1606).

Fabrik [frz. fabrique, von lat. fabrica »Werkstätte«], vorherrschende Form des Industriebetriebs, in dem gewerbl. Erzeugnisse (Teil- und Fertigfabrikate) meist in großen Stückzahlen hergestellt werden. Kennzeichen der modernen F. sind eine stark mechanisierte, zunehmend automatisierte Produktion für einen Markt mit großer Nachfragerzahl, die räuml. Zentralisation der Arbeitsplätze und ein hoher Grad der Arbeitsteilung, der den Einsatz un- und angelernter Arbeitskräfte ermöglicht (**F.-System**).

Die eingesetzten Maschinen sind ebenso wie die Arbeitskräfte stark spezialisiert; eine systemat. Arbeitsvorbereitung ist Voraussetzung des Produktionsprozesses mit zum großen Teil teil- oder vollautomat. Arbeitsgängen. Wegen des relativ hohen Kapitaleinsatzes setzt das F.-System eine möglichst hohe Ausnutzung der Maschinenkapazitäten voraus. Es erfordert die Anpassung der Arbeitskräfte an den vielfach von der Fertigungstechnik bestimmten Arbeitsablauf (z. B. Schichtbetrieb).

Mit »**Factory of the Future**« (Fabrik der Zukunft, Abk. FdZ) wird eine Produktions- und Dienstleistungsstätte bezeichnet, die insbes. durch einen vergleichsweise weitreichenden Einsatz von (elektron.) Automationstechnik sowie durch besondere Gestaltungsprinzipien wie Prozess- und Marktorientierung, Integrations- und Systemdenken, Dezentralisierung und Synchronisation von Aktivitäten gekennzeichnet ist. Der F.-Gestaltung liegt ein umfassendes Konzept zugrunde, das Strategieplanung (unter Berücksichtigung der Unternehmensposition, der Nachfrager und Wettbewerber), Maßnahmen zur Komplexitätsreduzierung (bezüglich Produkten, Prozessen und der Fabrik insgesamt) und die möglichst vollständige Nutzung des Produktionspotenzials umfasst. Dabei müssen allgemeine Tendenzen (z. B. eine generelle Entwicklung des Angebots vom einzelnen Produkt zum System sowie die Veränderung, v. a. Internationalisierung der Märkte) berücksichtigt werden.

Die Abgrenzung der F. vom Handwerksbetrieb ist nicht eindeutig. Im Vergleich zur industriellen F. spielen beim Handwerksbetrieb die persönl. Leistung von Geschäftsinhaber und Mitarbeitern eine größere Rolle; der Geschäftsumfang (bemessen z. B. nach Umsatz, Beschäftigtenzahl) ist meist erheblich geringer, und es werden Produkte oder Dienstleistungen oft erst aufgrund von Kundenaufträgen erstellt (Kundenproduktion). Entwicklungsstufen zur F. bzw. Zwischenformen zw. Handwerksbetrieb und Industriebetrieb im heutigen Sinn waren das Verlagswesen des 14. und 15. Jh. (eher handwerklich geprägt) und die Manufaktur (Manufaktursystem; der Fabrik ähnlicher) als die typ. Form der Produktionsorganisation im Merkantilismus des 17. und 18. Jahrhunderts.

Enzyklopädische Vernetzung: ▪ Automatisierung ▪ Fertigung ▪ Produktion ▪ Industrie

Fabrikarbeiterverbände, vor 1933 gewerkschaftl. Organisationen vorwiegend ungelernter Arbeiter, bes. der chem. Industrie; am bedeutendsten waren der freigewerkschaftl. »Verband der Fabrikarbeiter Dtl.s mit keram. Bund«, der »Zentralverband christl. Fabrik- und Transportarbeiter« und der »Gewerkverein der dt. Fabrik- und Handarbeiter« (Hirsch-Duncker). Nach 1945 waren diese F. vorwiegend in der früheren IG Chemie, Papier, Keramik organisiert.

Fabrikat das, -(e)s/-e, 1) (fabrikmäßig hergestelltes) Industrieerzeugnis; 2) bestimmte (firmenspezif.) Ausführung eines Erzeugnisses, Marke.

Fabrikmarke, Fabrikzeichen, →Marke.

Fabrikschiff, Schiff der Hochseefischerei, das den selbst getätigten oder von Trawlern übernommenen Fang verkaufsfertig verarbeitet, verpackt und bis zur Anlandung, z. T. tiefgefroren, einlagert.

Fabrikverkauf, Fabrikladen, Verkaufsstelle eines Produzenten zum direkten Absatz seiner Erzeugnisse unter Umgehung des Groß- und Einzelhandels; Form des Direktvertriebs. Im F., der sich i. d. R. auf dem Fabrikgelände oder in dessen unmittelbarer Nähe befindet, werden Lagerbestände, Ausschusswaren und Auslaufmodelle, aber oft auch reguläre Ware, vielfach Markenartikel, an Endabnehmer verkauft. Das Preisniveau liegt z. T. deutlich unter den Einzelhandelspreisen. Für den F. wird auch die Bez. **Factory-Outlet-Store** verwendet, häufiger steht sie jedoch für ein Geschäft des →Direktvertriebs, das sich in Innenstadtlage, in einem Einkaufszentrum oder einem →Factory-Outlet-Center befindet.

Fabritiis, Oliviero Carlo De, ital. Dirigent, →De Fabritiis, Oliviero Carlo.

Fabritius [faˈbriːtsiys],

1) Barent, niederländ. Maler, getauft Midden-Beemster 16. 11. 1624, begraben Amsterdam 20. 10. 1673, Bruder von 2); wohl um 1645–50 ausgebildet bei REMBRANDT. Er malte anfangs in dessen Art, später auch von der hellen Farbgebung seines Bruders beeinflusst, bibl. und mytholog. Historienbilder, Allegorien und Porträts.

2) Carel, niederländischer Maler, getauft Midden-Beemster 27. 2. 1622, † Delft 12. 10. 1654, Bruder von 1); der bedeutendste Schüler REMBRANDTS (1640–43), der seine Frühwerke, v. a. seine Bildnisse, beeinflusste. Von 1650 an war er in Delft tätig. Mit seiner Art der perspektivisch-illusionist. Raumdarstellung und den klaren, dunklen Formen vor lichten Gründen wirkte er auf P. DE HOOCH und J. VERMEER VAN DELFT. Das nur fragmentarisch erhaltene Werk F. umfasst lediglich 13 gesicherte Zuschreibungen.

Werke: Auferweckung des Lazarus (1642; Warschau, Museum Narodowe); Selbstbildnis (?) (1643; Rotterdam, Museum Boymans-van-Beuningen); Selbstbildnis (?) (um 1650; Mün-

Fabr Fabro

Carel Fabritius: Torwache (1654; Schwerin, Staatliches Museum)

chen, Alte Pinakothek); Ansicht von Delft (1652; London, National Gallery); Selbstbildnis (?) im Brustpanzer (1654; ebd.); Torwache (1654; Schwerin, Staatl. Museum); Distelfink (1654; Den Haag, Mauruitshuis).

Fabro, Luciano, ital. Bildhauer, Konzept- und Objektkünstler, * Turin 20. 11. 1936; Autodidakt; ging mit seinen frühen Arbeiten von der →Arte povera aus, deren Selbstverständnis er später provozierend infrage stellte. In der Serie »Italie« (1968–75) bildete er die kartograf. Form Italiens in Fell, Glas, Metall u. a. Materialien nach. In Environments und Installationen (u. a. die so gen. »Habitats«) thematisierte er Werkform, Zeitdimension und Umraum, Ein- und Ausgrenzung. Daneben setzte er in den 80er-Jahren in Skulpturen die mit »Lo Spirito« (1968–73) begonnene Arbeit mit dem Material Stein fort. In der zweiten Hälfte der 90er-Jahre reduzierte er, orientiert an C. BRANCUSI, Formenvokabular und Materialvielfalt und bevorzugte geschlossene Volumina.

  L. F., hg. v. M. SCHWANDER (Basel 1991); J. DESANNA: L. F. Biografia (Udine 1996); Convivio. L. F., bearb. v. D. SEMIN, Ausst.-Kat. (Paris 2004).

Fabry [fa'bri],

1) Charles, frz. Physiker, * Marseille 11. 6. 1867, † Paris 11. 12. 1945; Prof. in Marseille (1904–21) und an der Sorbonne in Paris. F. wurde durch seine opt. Präzisionsmessungen, v. a. von Lichtwellenlängen, bekannt, wobei er die Interferenz von kohärentem Licht ausnutzte und hierfür 1896 mit A. PÉROT das →Fabry-Pérot-Interferometer konstruierte; er führte 1907 die Definition des Meters auf opt. Wellenlängenmessungen zurück und entdeckte 1913 das Ozon in der Atmosphäre.

2) Honoré, frz. Theologe und Mathematiker, * Virieu-le-Grand (bei Belley) 5. 4. 1607, † Rom 8. 3. 1688; Jesuit; 1640–46 Prof. für Logik und Mathematik am Collegium in Lyon, danach Mitgl. des röm. Inquisitionsgerichts, seit 1660 Pönitenziar von Sankt Peter in Rom; Verfasser zahlreicher theolog., philosoph., histor., mathemat. und naturwiss. Schriften, unter denen jene zur Infinitesimalrechnung, über die Entdeckung des anfänglich von ihm für einen Kometen gehaltenen Andromedanebels (1665) sowie über die (von W. HARVEY unabhängige) Entdeckung des Blutkreislaufs hervorragen.

Fabry-Pérot-Interferometer [fa'bri pe'ro-, nach C. FABRY und A. PÉROT], ein →Interferometer aus zwei gegeneinander verschiebbaren, ebenen, leicht keilförmigen (Keilwinkel 0,5°) Glas- oder Quarzplatten, deren (durch dielektr. Vielfachschichten mit Reflexionsvermögen zw. 90 und 99,5%) verspiegelte Oberflächen exakt parallel zueinander justiert sind. Ein einfallender Lichtstrahl wird durch Vielfachreflexion an den Spiegeln in eine große Zahl von Einzelstrahlen mit konstantem Gangunterschied und abnehmender Intensität aufgespalten. Bei Überlagerung der Teilbündel mithilfe einer Linse entsteht in der Brennebene ein konzentr. Ringsystem von scharfen Intensitätsmaxima und -minima hoher Ordnung. Die Radien dieser →Haidinger-Ringe hängen von der Wellenlänge, dem Spiegelabstand, dem Einfallswinkel sowie der Brechzahl des Mediums zw. den Spiegeln ab.

Anwendungen F.-P.-I. ermöglichen Absolutmessungen von Wellenlängen, die Untersuchung der Fein- und Hyperfeinstruktur von Spektrallinien (v. a. mit **Fabry-Pérot-Etalons**, in denen die Platten einen festen, zw. 1 und 100 mm liegenden Abstand haben) sowie die Bestimmung der Bandbreite von Spektral- und Laserlinien. Das Auflösungsvermögen wird durch die Unebenheiten der Plattenoberflächen und Justierfehler auf etwa 5×10^6 begrenzt. Das sphär. F.-P.-I., das anstelle von Planspiegeln zwei Hohlspiegel verwendet, deren Abstand genau ihrem Krümmungsradius entspricht, stellt geringere Ansprüche an die Oberflächengüte der Spiegelsubstrate und die Justierung. Es liefert bei größeren Spiegelabständen (> 5 cm) eine erheblich höhere Lichtstärke, erreicht Auflösungsvermögen bis zu 10^9 und wird hauptsächlich als Resonator für →Laser und optische parametr. Oszillatoren (→nichtlineare Optik) eingesetzt. Durch Abstandsänderung der Spiegel mittels piezoelektr. Stellelemente lässt sich eine Feinabstimmung der Resonanzfrequenz erreichen. Das F.-P.-I. ist auch für längere elektromagnet. Wellen einsetzbar, sofern Spiegelschichten mit hohem Reflexionsvermögen verfügbar sind.

Fabry-Syndrom [nach dem Dermatologen JOHANNES FABRY, * 1860, † 1930] **Angiokeratoma corporis diffusum,** X-chromosomal vererbte Enzymopathie mit Mutationen im Alpha-Galaktosidase-A-Gen. Das F.-S. tritt meist nach der Pubertät auf. Symptome der Erkrankung sind episod. Gliedmaßenschmerzen, verringerte Schweißbildung, Trübung von Augenhornhaut und Linse, Schäden an Herzkranz- und Hirnge-

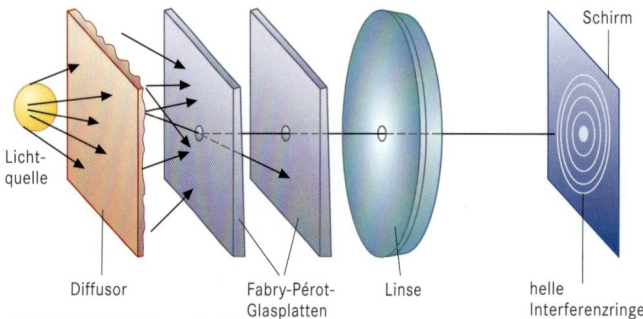

Fabry-Pérot-Interferometer: Funktionsschema

fäßen sowie Ansammlung von nicht abbaubaren Glykolipiden in allen Körperregionen. Die Behandlung umfasst unterschiedl. Maßnahmen. Neben Hämodialyse, Plasmapherese und Enzymsubstitution werden Hydantoine und Carbamazepin angewendet.

Fabula [lat. »Erzählung«] *die, -/...lae,*
1) Erzählung, Sage, Fabel; *fabula docet,* [lat. »die Fabel lehrt«], die Moral von der Geschichte ist ...
2) Drama im antiken Rom, u. a. mit den Gattungen →Palliata (Komödie mit griech. Stoffen), →Togata (Komödie mit röm. Stoffen), →Praetexta (Tragödie).

fabulieren, fantasievoll erzählen, Geschichten erfinden und ausschmücken.

Fabulit *der, -s/-e,* Handelsname für synthetisch hergestelltes, farbloses oder durch Dotierung gezielt gefärbtes (z. B. rot durch Chrom oder Mangan) Strontiumtitanat, $SrTiO_3$, das kubisch kristallisiert und eine fünfmal so große Dispersion wie Diamant besitzt, sodass Schmucksteine aus F. eindrucksvolles Feuer zeigen.

Faburden [ˈfɑːbədn] *der, -s/-s,* in der engl. Musik des 15. Jh. die Unterstimme eines improvisierten dreistimmigen Satzes, die in Terzen (mit Unterbrechungen durch Quinten) zum Cantus firmus der Mittelstimme (Mene) gesungen wurde, während die Oberstimme (Treble) in beständigen Quartparallelen zur Mene verlief. Die F.-Technik findet sich v. a. in Hymnen und Psalmen sowie in Kyrie- und Magnifikat-Sätzen. (→Fauxbourdon)

Fabvier [faˈvje], Charles Nicolas, Baron, frz. General und Philhellene, *Pont-à-Mousson (bei Nancy) 10. 12. 1782, †Paris 14. 9. 1855; Offizier unter NAPOLEONS I.; kämpfte seit 1823 mit frz. Freiwilligen im griech. Aufstand gegen die Türken und leitete 1827 die Verteidigung Athens. 1830–48 war F. Kommandant in Paris, 1845 wurde er Pair von Frankreich.

Faccio [ˈfattʃo], Franco, eigtl. **Francesco F.,** ital. Dirigent, *Verona 8. 3. 1840, †Monza 21. 7. 1891; komponierte Opern, u. a. »Amleto« (1865; Text von A. BOITO); wurde 1871 Dirigent an der Scala. F. leitete die Uraufführung von G. VERDIS »Otello« (1887) sowie viele ital. Erstaufführungen (u. a. R. WAGNERS »Lohengrin«).

Facelift [ˈfeɪslɪft; engl., eigtl. »Gesichtshebung«] *der, -s/-s,* Operationsverfahren der →ästhetischen Chirurgie zur Straffung der Gesichtshaut bei altersbedingter Gewebeerschlaffung. Die Gesichtshaut wird von den Randpartien wie Haaransatz und Ohr her angehoben. Das alleinige Herausschneiden des überschüssigen Hautstreifens führt nur kurzfristig zu dem gewünschten Straffungseffekt. Das zusätzl. Präparieren und Straffen der unter der Haut gelegenen Bindegewebestruktur, die Teile der mim. Gesichtsmuskulatur bedeckt, führt zu länger anhaltenden Resultaten und einem natürlicher erscheinenden Ergebnis. Der Alterungsprozess der Haut und die Einwirkungen der Schwerkraft auf das Gesicht werden durch die Operation jedoch nicht aufgehoben. Langfristig kommt es deshalb zu erneuter Erschlaffung und Faltenbildung. Zu den Risiken der Operation zählen Schäden an Gesichtsnerven mit Gefühlsstörungen und Lähmungen der mim. Muskulatur. Es kann zu Haarverlust, Absterben von Hautbezirken oder zu auffälliger Narbenbildung kommen. Häufig ist ein über mehrere Wochen anhaltendes Spannungsgefühl der Gesichtshaut.

Facelifting [ˈfeɪslɪftɪŋ; engl., eigtl. »Gesichtshebung«] *das, -s/-s, Marketing:* Veränderung einzelner, meist äußerl. Merkmale von Produkten (v. a. Farbe, Form, Oberfläche) ohne Veränderung von Konstruktions- oder Funktionseigenschaften, um den Absatz mit relativ geringem Aufwand insbes. in den letzten Phasen des →Produktlebenszyklus zu erhöhen.

Facetia, Kurzerzählung, →Fazetie.

Facetten [fas-; frz., zu lat. facies »Gestalt«, »Ansicht«], *Sg.* **Facette** *die, -,* angeschliffene Flächen (F.-Schliff), v. a. bei Edelsteinen und Glas.

Facettenauge [fas-], →Auge.

Facettenklassifikation [fas-], *Bibliotheks-* und *Informationswesen:* analytisch-synthet. Methode zur sachl. Erschließung von Lit. durch eine nichthierarch. →Klassifikation, die durch gleichrangige Koordinierung von Merkmalen bestimmt ist. Durch Inhaltsanalyse eines Dokuments werden Begriffe gewonnen, die mittels Klassifikationstafeln verschlüsselt werden. Durch anschließende Kombination der verschlüsselten Begriffe werden komplexe Sachverhalte in einer Notation festgehalten. Das Grundprinzip der F. ist es, einen Sachverhalt unter versch. Aspekten darstellen zu können, um den Problemen einseitiger Klassifikationssysteme (→Dezimalklassifikation) zu begegnen. – Die F. wurde (ab 1925) von S. R. RANGANATHAN entwickelt.

Fach [ahd. *fah* »Mauer«],
1) *Bautechnik:* im niederdt. Hallenhaus der Abstand zw. den Gebinden, nicht zu verwechseln mit →Gefach.
2) *Bildungswesen:* Gliederungseinheit in Wiss. (Forschung, Lehre) und Unterricht. Die Entwicklung des wiss. Fächerkanons widerspiegelt den bes. seit Entstehung der empir. Wiss.en verstärkt in Gang gekommenen Prozess zunehmender Aussonderung einzelner Disziplinen (also die Spezialisierung in Teilbereiche) aus dem seit der Antike als Einheit angesehenen Bemühen um ganzheitl. Welterkenntnis. Die moderne Diskussion um →Unterrichtsmethoden und →Didaktik zielt – um der synerget. menschl. Erfahrungsgrundlage und -ausrichtung willen – auf die teilweise Auflösung eines bloß gefächerten Unterrichts zugunsten fächerübergreifender Lehrangebote.
3) *Textiltechnik:* **Webfach,** der beim Binden (→Bindung) durch das Heben und Senken der Kettfäden entstehende Zwischenraum, durch den der Schussfaden eingetragen wird. Die Bildung des F. bewirkt bei industrieller Fertigung die **Fachbildemaschine:** Sind die Weblitzen, durch deren Öhr der Kettfaden läuft, in Schäften zusammengefasst, so werden für die F.-Bildung Exzenter- oder Schaftmaschinen verwendet. Die für Hochleistungswebmaschinen verwendete Federrückzugschaftmaschine z. B. besitzt elektronisch gesteuerte Magneteinheiten, sodass die Tourenzahl der Webmaschine auf 700 min^{-1} eingestellt werden kann. Bei bindungsmäßig spezieller Steuerung der Kettfäden für die Herstellung von musterreichen Geweben werden die Weblitzen mit Harnischfäden verbunden und mithilfe einer →Jacquardmaschine gesteuert.

Fachakademie, in Bayern 1972 eingeführte Schulform, die von den Fachschulen abgetrennt wurde. Voraussetzungen sind der mittlere Schulabschluss sowie i. d. R. eine einschlägige berufl. Ausbildung oder prakt. Tätigkeit. Die Studiendauer beträgt mindestens zwei Jahre. Nach einer Ergänzungsprüfung ist der Zugang zur Fachhochschule möglich.

Fa-chang [-tʃ-], chin. Maler, →Muxi.

Fachanwalt, →Rechtsanwalt.

Facharbeiter, →Arbeiter.

Fachakademie: Ausbildungsrichtungen

Augenoptik
Brauwesen und Getränketechnik
darstellende Kunst
Fremdsprachenberufe
Gemeindepastoral
Hauswirtschaft
Heilpädagogik
Holzgestaltung
Medizintechnik
Restauratorenausbildung
Sozialpädagogik
Wirtschaft

Fach Facharzt

Fächer: spanischer Faltfächer mit Marktszene (18. Jh.; Madrid, Palacio Real)

Facharzt, Arzt, der nach der Approbation durch eine mehrjährige Weiterbildung in einem in der Weiterbildungsordnung festgelegten Gebiet der Medizin besondere Kenntnisse erworben und mit einer Prüfung vor der Ärztekammer bestätigt hat und nach Anerkennung durch diese als Spezialist in dem betreffenden Fachgebiet tätig ist.

Fachaufsicht, die von der zuständigen Behörde gegenüber anderen Behörden ausgeübte Rechts- und Zweckmäßigkeitskontrolle, verbunden mit der Befugnis, Weisungen zu erteilen. F. steht im Ggs. zur →Rechtsaufsicht; sie ist bes. im Kommunalrecht von herausragender Bedeutung. Dort erstreckt sie sich aber nur auf die Auftragsangelegenheiten, nicht auf die Selbstverwaltungsangelegenheiten oder die Pflichtaufgaben zur Erfüllung nach Weisung. (→Staatsaufsicht)

Fachbereich, auf Vorschlag des Wissenschaftsrates geschaffene, oft an die Stelle der Einteilung in Fakultäten getretene organisator. Grundeinheit für Forschung und Lehre an den wiss. Hochschulen, in der verwandte Disziplinen zusammengefasst werden. Der F. wird vom Fachbereichsrat und dem Fachbereichssprecher (→Dekan) geleitet.

Fachbereichsrat, Fakultätsrat, Entscheidungsorgan des Fachbereichs (Fakultät) einer Hochschule; gebildet aus Vertretern der versch. Hochschulgruppen (Professoren, wiss. Mitarbeiter, sonstige Mitarbeiter, Studenten); die Professoren haben die Mehrheit. Der F. ist zuständig in allen Angelegenheiten des Fachbereichs, die nicht in die Zuständigkeit des Fachbereichssprechers (→Dekan) fallen.

Fachbibliografie, Lit.-Verzeichnis, das sich im Ggs. zur →Allgemeinbibliografie inhaltlich auf ein oder mehrere Fächer, Fachgebiete, einzelne wiss. Teilgebiete oder Themen beschränkt.

Fachbibliothek, Spezialbibliothek, v. a. im Bibliothekswesen der DDR verbreitete Bez. für wiss. Bibliotheken, die im Ggs. zu →Universalbibliotheken nur Lit. eines bestimmten Fachgebietes sammeln und erschließen (→Bibliothek).

Fachbuch, sich an ein Fachpublikum richtendes (informierendes oder erklärendes) Buch, dessen Inhalt sich auf Fachdisziplinen oder ein spezielles Thema beschränkt. Als F. gelten Lehr- und Schulbücher sowie z. T. die wiss. Literatur.

Fachdidaktik, Teilbereich der →Didaktik, der sich mit Regeln, Methodik und Struktur des Unterrichtens sowie Auswahl und Zusammensetzung des Unterrichtsstoffs in einem bestimmten Unterrichtsfach oder Lernbereich beschäftigt.

Fächel, *Botanik:* ein →Blütenstand.

Fachen, *Textiltechnik:* 1) das Zusammenführen von zwei oder mehr Fäden für den Zwirnprozess auf Fachmaschinen; 2) gleichzeitiges, unreguliertes Verarbeiten zweier oder mehrerer Fäden auf Wirk- und Strickmaschinen, ohne dass diesen Fäden eine Drehung verliehen wird.

Fächer [frühnhd. focher, focker »Feuerwedel«, »Blasebalg«, von lat. focarius »Heizer«, »Küchenjunge«], Handgerät zur Erzeugung eines Luftstroms, das über den zweckgerichteten Einsatz hinaus (Anfachen des Feuers, Kühlung) ästhetisch-künstler. und kulturhistor. Bedeutung fand. F. waren schon im Altertum in Ägypten, Babylonien, Persien sowie in Indien und China bekannt. Sie wurden auch zum Zeichen der Herrscherwürde in Gestalt eines Wedels aus Palmblättern, Straußen- oder Pfauenfedern an einem Stiel verwendet. Auch die Griechen und Römer benutzten den Wedel in Blattform. Von den liturg. F., die aus der östl. Kirche von der lat. zum Schutz von Brot und Wein bei der Liturgie (Flabellum) übernommen wurden, sind einige aus dem frühen MA. erhalten.

Man unterscheidet starre und zusammenlegbare F.: Der **Blatt-F.** mit starrem Stiel ist rund oder trapezförmig, mit Seide oder Papier bespannt und polychrom über Blattgold- oder Alaungrundierung bemalt oder in Tusche beschrieben. Er war in China sehr verbreitet und seit der Narazeit auch in Japan gebräuchlich. Beim **Fahnen-F.** ist das F.-Blatt (aus Pergament, Geflecht u. a.) seitlich am Stiel befestigt. Der **Klapp-F.** besteht aus einzelnen keilförmigen Teilen, die unten von einem Stift gehalten werden und beim Öffnen wie Spielkarten auffächern. Beim ähnl. **Falt-F.** ist ein viertel- bis halbrundes Deckblatt (meist aus Papier) an Stäbchen befestigt. Letztere waren in Japan seit der Heianzeit verbreitet und gelangten im 11. Jh. über Korea nach China. Sie erfreuten sich in den Kreisen der chin. Literatenmaler großer Beliebtheit, wurden als Geschenk zw. Freunden ausgetauscht und mit Widmungen versehen, bemalt und mit Gedichtversen beschriftet. Eine Blüte erlebte der bemalte Falt-F. Anfang des 15. Jh. in den Kreisen der »Wuschule« in der Mingzeit.

In China, Korea und Japan ging man früh dazu über, das Papier oder die Seide vom Rippengerüst zu lösen und als Kunstwerke der Malerei oder Kalligrafie in Alben, auf Stellschirme oder Hängerollen zu kleben. Die

Fächer: japanisches Fächerblatt mit der Darstellung der katholischen Kirche »Unserer lieben Frau« in Kyōto, ehemals Miyako (16. Jh.; Kōbe, Stadtmuseum)

Sujets umfassen Landschaften, Blumen, Vögel u. a. Tierdarstellungen sowie figürl. Motive aus dem Bereich der höf. Welt, des buddhist. und daoist. Pantheons und des alltägl. Lebens.

Als mod. Geräte sind F. in Europa seit dem 13. Jh. bekannt. Im 16. Jh. verbreitete sich über Spanien der aus Japan stammende Faltfächer. Unter König LUDWIG XIV. von Frankreich wurde er zu einem Luxusgegenstand. Im Rokoko erreichten Blatt und Gestänge eine hohe künstler. Ausgestaltung durch Juweliere und nach Entwürfen bekannter Maler (J. A. WATTEAU, F. BOUCHER, D. CHODOWIECKI). Die F.-Sprache ordnete bestimmten Haltungen des F. Botschaften der Trägerin an ihren Kavalier zu. Das F.-Blatt wurde auch im 19. Jh. häufig von Malern gestaltet (É. MANET, E. DEGAS, P. BONNARD, M. DENIS, H. DE TOULOUSE-LAUTREC). Zu den Beispielen des 20. Jh. gehören die zw. 1912 und 1914 entstandenen sechs Fächer für ALMA MAHLER-WERFEL von O. KOKOSCHKA. Um 1950 gerieten F. aus der Mode.

S. MAYOR: F. (a. d. Engl., 1981); F. – Kunst u. Mode aus 5 Jh., bearb. v. E. HELLER-WINTER, Ausst.-Kat. (1987); Der F. Kunstobjekt u. Billetdoux. Der europ. Falt-F. Werden u. Wandel, bearb. v. C. KAMMERL, Ausst.-Kat. (1989); M.-L. u. G. BARISCH: F. – Spiegelbilder ihrer Zeit (2003).

Fächerfisch, Name verschiedener Fische: 1) **Alaska-Schwarzfisch** aus der Familie der →Hundsfische; 2) **Eigentliche F.** aus der Familie der →Fächerfische; 3) **Fächerguppy,** Zuchtform des Guppys (Poecilia reticulata) mit langer, aufgefächerter Schwanzflosse; 4) **Fächerkärpflinge** (Cynolebias), Gattung südamerikan. Killifische mit stark entwickelter Rücken-, After- und Schwanzflosse; z. T. Aquarienfische.

Fächerfische, Segelfische, Istiophorinae, Unterfamilie der →Schwertfische mit elf hochseebewohnenden Arten in drei Gattungen. Der Körper ist über 4 m lang, torpedoförmig mit spitzem Fortsatz am Oberkiefer und segelförmiger Rücken- und sichelförmiger Schwanzflosse. Zu den F. gehören u. a. die **Eigentlichen F.,** z. B. der 3,5 m lange **Atlantische Fächerfisch** (Istiophorus albicans), der im Atlantik große Wanderungen unternimmt, und der etwa 3 m lange **Pazifische Fächerfisch** (Istiophorus platyperus), der in den warmen Bereichen des Indopazifiks lebt; er kann bis zu 90 km/h schnell schwimmen und zählt damit zu den schnellsten Fischen. Weiterhin gehören zu den F. die **Speerfische,** z. B. der bis 2,3 m lange **Kurzschnäuzige Speerfisch** (Tetrapturus angustirostris), der im Pazifik lebt, und der bis 2,4 m lange **Langschnäuzige Speerfisch** (Tetrapturus belone), der nur im Mittelmeer vorkommt, und die **Marline** mit dem bis 3,7 m langen **Schwarzen Marlin** (Makaira indica) im Indopazifik und den bis etwa 4,6 m langen **Blauen Marlinen** mit den Arten Makaira albida im Atlantik und Makaira mazara im Indopazifik.

Fächerflügler, Strepsiptera, Ordnung der Insekten mit mehr als 400 Arten (aber nur wenige in Mitteleuropa) von meist 1 bis 9 mm Länge. Männchen mit fächerartigen Hinterflügeln und keulenförmig rückgebildeten Vorderflügeln; ihre Lebenszeit beträgt einige Stunden bis einen Tag. Die ungeflügelten Weibchen leben (bis auf wenige Ausnahmen) wie die Larven parasitierend in anderen Insekten, wobei sie mit dem Vorderende aus dem Wirt herausragen.

Fächerfußgeckos, Ptyodactylus, in nordafrikan. und vorderasiat. Wüsten lebende Gattung 6–10 cm langer Geckos mit fächerförmigen Haftlamellen unter den Zehen.

Fächer: bemaltes Fächerblatt »La Farandole« von Edgar Degas (1879; Privatsammlung)

Fächerkäfer, Rhipiphoridae, Käferfamilie mit etwa 500 Arten (in Mitteleuropa 5), kaum größer als 15 mm; Fühler bes. der Männchen fächerartig gefiedert, Flügeldecken hinten klaffend oder verkürzt, Weibchen mancher Arten larvenähnlich. Die Larven parasitieren in anderen Insekten.

Fächerkanon, Pädagogik: →Kanon.

Fächerlungen, Fächertrache|en, paarige Atmungsorgane an den Hinterleibsegmenten v. a. von Spinnentieren (z. B. bei Skorpionen, Geißelspinnen, Geißelskorpionen, Webspinnen): dünne, dicht aufeinander folgende, in einen Blutsinus (für den Gasaustausch) hineinragende Hauteinfaltungen, die in einer Einsenkung der Körperoberfläche liegen, welche über einen verschließbaren Spalt (Stigma) mit der Außenwelt verbunden ist.

Fächerrosette, Schmuckmotiv in der Fachwerkarchitektur der Renaissance, bes. in Niedersachsen. Die F. hat die Form einer fächerförmig gegliederten Rosette in einer Halbkreisscheibe.

Fächerscheibe, Schraubensicherung in Form einer Stahlblechscheibe mit innen oder außen fächerförmig entgegen der Losdrehrichtung der Mutter aufgebogenen Segmenten.

fächerübergreifender Unterricht, Unterricht umfassender Themen oder Sachgebiete unter (vorübergehender) Aufhebung des Prinzips der Fachgebundenheit. (→Unterrichtsmethoden)

fachgebundene Hochschulreife, →Hochschulreife.

Fachgeschäft, Form des stationären Einzelhandels, bei der ein nach Branche, Bedarf oder in anderer Weise spezialisiertes Sortiment in großer Breite und Tiefe (meist mit Bedienung) angeboten wird. Häufige Merkmale sind weiterhin umfangreiche Beratungs- und andere Serviceleistungen, verbrauchernahe Standorte in Geschäfts-, zunehmend auch in Einkaufszentren, relativ aufwendige Ausstattung und Warenpräsentation sowie ein gehobenes Preisniveau.

Fachgymnasium, →berufliches Gymnasium.

Fachhochschule, Abk. **FH,** eine Hochschulart des dt. Hochschulsystems (neben Univ., pädagog. Hochschulen und Kunsthochschulen) mit eigenständigem Bildungsauftrag. Die F. unterscheidet sich von anderen Hochschulen u. a. durch einen erhöhten Praxisbezug von Studium und Lehre, eine stärker anwendungsorientierte Forschung und Entwicklung, eine straffere und effizientere Studienorganisation sowie eine kürzere Studiendauer (die Regelstudienzeit ein-

Fächerrosette

schließlich Praxisphasen und Prüfungszeiten beträgt acht Semester). Der Schwerpunkt des Studienangebots der F. liegt bei techn. und wirtschaftswiss. Fächern sowie dem Sozialwesen; in den letzten Jahren wurden auch interdisziplinäre Studiengänge (z. B. Biotechnologie, Wirtschafts- und Chemieingenieurwesen) eingerichtet.

Die F. ist die jüngste Hochschulart im Hochschulsystem der Bundesrep. Dtl. Die ersten F. entstanden zw. 1969 und 1971 i. d. R. aus ehem. Ingenieurschulen, Akademien oder höheren Fachschulen. Derzeit (2004) gibt es in Dtl. bundesweit 162 staatliche bzw. staatlich anerkannte sowie 29 verwaltungsinterne F. Der Zugang zum Studium an einer F. ist auf versch. Wegen möglich: Voraussetzung ist entweder die Fachhochschulreife (→ Fachoberschulen), die allgemeine bzw. fachgebundene Hochschulreife oder ein anderer als gleichwertig anerkannter Abschluss. In bestimmten Studiengängen werden zusätzlich eine prakt. Ausbildung, spezif. Praktika oder ein Nachweis der künstler. Eignung gefordert. Die F. verleiht als Abschluss des Studiums den Diplomgrad mit dem Zusatz »FH« oder zunehmend auch einen Bachelor- oder Mastergrad. – In Österreich wurden F. 1993 und in der Schweiz 1995 eingeführt.

Fachhochschulreife, → Hochschulreife.

Fachinformation, Sammelbegriff für Informationen, die v. a. für Wiss. und Wirtschaft publiziert werden; unter F. werden auch jene Teile des Bibliotheks- und Informationswesens verstanden, in denen Informationen zu Wiss. und Wirtschaft erschlossen, gesammelt und zur Verfügung gestellt werden (z. B. in Informations- und Dokumentationseinrichtungen, Archiven, Spezialbibliotheken, auch wiss. Instituten, Presseagenturen), neuerdings ebenso Bereiche der Informationswiss. und der Wirtschaftsinformatik, insofern diese Methoden und Anwendungen zur Gestaltung und Verbreitung von Informationsprodukten entwickeln. Bei Einführung der Bez. »F.« Anfang der 1970er-Jahre bezog diese sich auf Dienstleistungen von Dokumentationsstellen in Forschungsinstituten, Firmen oder Verbänden und es waren damit meist ausschließlich wissenschaftlich-techn. Informationen (z. B. Patentinformationen) gemeint. Heute zählt man zur F. auch Verlagspublikationen (Fachpresse, Adressverzeichnisse, Nachschlagewerke) und wirtschaftl. Informationen (Börsenkurse, Wirtschaftsdaten, Statistiken). Mit dieser Bedeutungserweiterung des Begriffs ging eine zunehmende Kommerzialisierung im Bereich der Produzenten oder Vermittler von F. einher.

Eine traditionelle Dienstleistung der F. ist die Erstellung von → Fachbibliografien. Eine wichtige Form der F. stellen traditionell die Referatedienste dar, die als Sekundärpublikationen die primären, originalen Arbeiten verzeichnen und inhaltlich erschließen. Als »Referat« (engl. abstract, frz. résumée) wird die Zusammenfassung des wesentl. Inhalts einer Arbeit durch ihren Autor oder eine dritte Person bezeichnet. Die Referatezeitschriften, in denen Referate fachbezogen gesammelt und veröffentlicht sind, sind heute noch eine wichtige Basis der F. und inzwischen fast vollständig in das Format von Online-Datenbanken umgestellt worden. Die Fachdatenbanken werden meist von großen Anbietern (Hosts) bereitgestellt und vermarktet. Neben Literaturdatenbanken (Referenzdatenbanken), die nur Sekundärinformationen zu Veröffentlichungen sammeln, unterscheidet man Faktendatenbanken, die direkte Informationen (z. B. statist. Daten oder chem. Formeln) enthalten, und Volltextdatenbanken, die neben der Inhaltserschließung auch vollständige primäre Texte speichern. Die zur Produktion von F. nötige Selektion und Erschließung von Informationen wird meist fachbezogen durch Wissenschaftler und Dokumentare geleistet. Vermittlung und Vermarktung von F. werden im Ggs. dazu nur noch selten von öffentl. Informationseinrichtungen, sondern meist von kommerziell arbeitenden Hosts übernommen. Daneben haben sich freie → Informationsvermittler (Broker) etabliert, die für ihre Kunden gezielt F. recherchieren und sich somit v. a. auf das Auffinden (Retrieval) und die Relevanzbewertung von Informationen spezialisiert haben.

R. Capurro: Hermeneutik der F. (1986); E. Behrends: Technisch-wiss. Dokumentation in Dtl. v. 1900 bis 1945 (1995); R. Kuhlen: Informationsmarkt – Chancen u. Risiken der Kommerzialisierung v. Wissen (1995); S. Kempa: Qualität v. Online-F. (2002); Grundll. der prakt. Information u. Dokumentation, begr. v. K. Laisiepen, hg. v. R. Kuhlen u. a. (Neuausg. 2004).

Fachinformationszentrum, Abk. **FIZ,** Einrichtung der → Fachinformation. Heute gibt es u. a. folgende FIZ: Dt. Institut für medizin. Dokumentation und Information (Köln), Zentralstelle für Agrardokumentation und -information (Bonn), FIZ Chemie (Berlin), FIZ Karlsruhe (Energie, Physik, Mathematik), JURIS (Saarbrücken), Informationszentrum Sozialwissenschaften (Bonn), FIZ Technik (Frankfurt am Main).

Fachkunde, in der Berufsschule Sammel-Bez. für fachbezogene Unterrichtsfächer, die der zukünftige Facharbeiter für seinen Beruf absolvieren muss. Neben den fachtheoret. Inhalten des F.-Unterrichts vermittelt der Unterricht in der Berufsschule auch fachprakt. Anteile, in denen die theoret. Fachkenntnisse durch Demonstrationen, einfache Versuche und Exkursionen vertieft werden – man spricht dann von **prakt. Fachkunde.**

Fachlehrer, Lehrkraft, die die Lehrbefähigung für bestimmte (meist zwei bis drei) Lehrfächer besitzt; das F.-System besteht an Haupt-, Berufs-, Fach-, Realschulen und Gymnasien im Unterschied zum Klassenlehrer der Grundschule (z. T. auch der Haupt- und Sonderschule). → Lehrer.

Fachmarkt, großflächige Betriebsform des stationären Einzelhandels, die ein spezialisiertes Sortiment (zielgruppen- oder bedarfsorientiert) i. d. R. außerhalb des Lebensmittelbereichs in großer Breite und Tiefe überwiegend in Selbstbedienung anbietet. Das Prinzip des Fachgeschäfts wird durch relativ geringe Beratungs- und Serviceleistungen, gut gegliederte und meist großflächige Warenpräsentation sowie ein mittleres bis niedriges Preisniveau und häufige Sonderangebote abgewandelt oder mit dem des → Discounters kombiniert. F. existieren z. B. in Form von Bau- und Heimwerker-, Bekleidungs-, Drogerie-, Sport-, Büro-, Möbel-, Elektro- und Elektronik- sowie Gartenbedarfsmärkten. Als Betreiber von F. fungieren Filialunternehmen und Verbundgruppen des Einzel- und z. T. auch des Großhandels.

F. sind in Zentrums- wie Stadtrandlagen angesiedelt. Zunehmend werden von F.-Unternehmen bzw. speziellen Planungsgesellschaften **F.-Zentren** gebildet, bei denen auf einem Areal F. unterschiedl. Branchen, z. T. auch im Verbund mit Verbrauchermärkten, SB-Warenhäusern und Fachgeschäften, angesiedelt werden.

Fachoberschule, Einrichtung des berufl. Schulwesens, die zur Fachhochschulreife führt. F. bauen auf dem Realschulabschluss oder einem als gleichwertig anerkannten Abschluss auf. Der Schulbesuch dauert – abhängig von der berufl. Vorbildung – bei Vollzeitunterricht mindestens ein Jahr, bei Teilzeitunterricht bis zu drei Jahren.

Fachr ad-Dīn ar-Rasi, islam. Theologe und Koranerklärer, * Rayy 1149, † Herat 1209; Gegner der in Persien und Transoxanien einflussreichen Mutasiliten, folgte der sunnit. Schule der Ascharīten; universal gebildet, dabei astrologie- und magiegläubig, kommentierte die Medizin und Philosophie IBN SĪNĀS; wegen seiner Synthesen von Theologie und Philosophie oft angefeindet, trotzdem wurde sein Grab eine Stätte der Verehrung. Unter seinen zahlr. theolog. Werken ragt der vielbändige Korankommentar »Die Schlüssel zum Verborgenen« hervor, der eigenständige methodolog., philosoph. und theolog. Aussagen von enzyklopäd. Charakter enthält.

    M. ULLMANN: Die Natur- u. Geheimwiss. im Islam (Leiden 1972); R. ARNALDEZ: Fakhr al-Dîn al-Râzî. Commentateur du Coran et philosophe (Paris 2002).

Fachr ad-Dīn II., Emir der Drusen (seit 1591), * um 1572, † Konstantinopel 13. 4. 1635; vereinigte zw. 1598 und 1624 die Stammesgebiete der Drusen und der christl. Maroniten und beherrschte schließlich fast das gesamte Gebiet des modernen Libanon, als dessen Stammvater er heute gilt. Zwischen 1612 und 1618 befand er sich im ital. Exil. Im Aufstand gegen die Osmanen (1633) wurde er gefangen genommen und später hingerichtet.

Fachreferent, v. a. in dt. Bibliotheken verbreitete Bez. für einen wiss. →Bibliothekar, zu dessen Aufgaben die wiss. Betreuung spezieller Fachgebiete gehört. Der F. ist dabei v. a. für die Erwerbung neuer Lit., deren inhaltl. Erschließung und für Informationsvermittlung zuständig.

Fachri, Dichtername **F. Jakub,** Ehrenname **Fachreddin,** türk. Dichter, * Aydın Anfang des 14. Jh.; wurde als Verfasser des Kunstepos »Chusrew und Schirin« (»Chosrau und Schirin«), einer türk. Übersetzung und Bearbeitung der gleichnamigen pers. Dichtung NISAMIS, bekannt.

    Ausgabe: Faḫrīs Ḫusrev u Šīrīn. Eine türk. Dichtung v. 1367, hg. v. B. FLEMMING (1974).

Fachschaft, *Hochschulwesen:* 1) Gesamtheit der Studierenden eines Fachbereichs; 2) gewählte Interessensvertretung der Studenten auf Fachbereichsebene, wird auch als F.-Rat bzw. F.-Vertretung bezeichnet. (→Studentenschaft)

Fachschule, berufsbildende Einrichtung, die i. d. R. nach Abschluss einer Berufsausbildung in einem anerkannten Ausbildungsberuf und nach einschlägiger Berufstätigkeit zu einer vertieften berufl. Fachbildung führt; angeboten werden die Fachrichtungen Technik, Wirtschaft, Gestaltung, Hauswirtschaft, Altenpflege, Heilerziehungspflege und Sozialpädagogik. Bekannte Formen sind Meisterschule und Technikerschule. Es können staatlich anerkannte Abschlüsse (z. B. Meister, Techniker), durch Zusatzleistungen auch die Fachhochschulreife erworben werden. Die Ausbildungszeit dauert je nach Schulart ein bis drei Jahre. Der früher übliche Begriff **höhere F.** wurde 1968 bei Einrichtung der →Fachhochschulen aufgegeben.

In Österreich Bez. für berufsbildende mittlere Schulen; sie dienen zur Heranbildung von Fachkräften in Gewerbe sowie Ind. und haben meist eine drei- bis vierjährige Dauer.

In der Schweiz gibt es den dt. F. entsprechende Einrichtungen.

Fachschulreife, Fachoberschulreife, ein dem Realschulabschluss gleichwertiger Bildungsabschluss (→mittlerer Bildungsabschluss); wird an Berufsaufbauschulen bzw. Berufsfachschulen erworben und berechtigt zum Besuch des Fachgymnasiums, der Fachoberschule oder des Berufskollegs.

Fachsprachen, Sprachen zur Verständigung innerhalb eines bestimmten (v. a. des wissenschaftlichtechn. sowie des juristisch-verwaltungstechn.) Sachbereichs. Sie verfügen über einen Vorrat von →Zeichen, der auf die Bedürfnisse der jeweiligen Fachdisziplin abgestimmt ist und einen Sachverhalt präzis, eindeutig und ökonomisch (d. h. mit dem geringstmögl. Aufwand an sprachl. Mitteln) benennt. Die F. berühren sich aufgrund ihres spezif. Wortschatzes mit den Berufssprachen (→Standessprachen) und mit den →Sondersprachen, jedoch stehen sie auch in enger Wechselbeziehung zur →Standardsprache. So können Termini der F. (oft auch in bildl. Verwendung) in die Gemeinsprache übergehen (z. B. »Senkrechtstarter« und »Brennpunkt«), F. können aber auch Wörter aus der Standardsprache in bestimmter (i. d. R. eingegrenzter) Bedeutung verwenden (z. B. »Kette« in der Linguistik im Sinne von »linear angeordnete Elemente als Teil einer größeren sprachl. Einheit«, »Krone« in der Zahnmedizin als Kurz-Bez. für »Zahnkrone«). Der lexikal. Bestand der wiss. F. stammt zu einem Großteil aus fremdsprachigem Wortschatz, ist oft künstlich gebildet und weist v. a. griech. und lat. Wortbestandteile auf; zunehmend werden (bes. seit dem 20. Jh.) auch Termini aus dem angloamerikan. Sprachbereich übernommen. Gegenüber der Standardsprache ist der Wortschatz der F. ferner durch zahlreiche Abkürzungen (z. B. IT für Informationstechnologie und Akku für Akkumulator) sowie durch Kunstwörter (z. B. Perlon) gekennzeichnet. Der Wortschatz der F. ist zwar auf bestimmte Gebiete beschränkt, innerhalb dieser Bereiche jedoch hoch differenziert. Mit dieser Tendenz zur Explizitheit (Eindeutigkeit) hängt auch das Fehlen von Bedeutungsnuancierungen zusammen, die ein Terminus in der Standardsprache haben kann. Im Unterschied zur Standardsprache sind die F. auch auf eine begriffl. Systematik angelegt (z. B. »Funk«, »Rundfunk«, »Hörfunk«). Die Wortbildung erfolgt in den F. zwar nach den in der Standardsprache üblichen Modellen, auffallend ist jedoch die unterschiedl. Häufigkeit, mit der Standardsprachen und F. davon Gebrauch machen. Ein Merkmal der F. ist ein bes. hoher Anteil an komplexen Kompositionen (Substantiv + Substantiv und mehrgliedrige nominale Zusammensetzungen, z. B. Computersimulation, Centimeter-Gramm-Sekunde-System). Kennzeichnend für die F. sind – neben ihrer lexikal. Eigenart und der Bevorzugung bestimmter morpholog. Mittel in ihrer Terminologie – auch spezielle syntakt. Muster. Hier fällt ein Vorherrschen des Nominalstils auf und zugleich ein hoher Anteil an Passivkonstruktionen (zur Vermeidung eines persönl. Subjekts), die Ablösung des Akkusativobjekts durch präpositionale Fügungen sowie häufige Verwendung von Funktionsverben (z. B. »zur Durchführung gelangen«). Für einige F. (z. B. der Mathematik, mathemat. Logik, Physik, Chemie und Linguistik) ist eine Tendenz zur Formalisierung charak-

Fach Fachunterricht

teristisch; auch können eigene Operationsregeln an die Stelle der Syntax der natürl. Sprachen treten (z. B. $\sqrt{9} = 3$). Im Zusammenhang mit dem Bemühen um eine begriffl. Systematisierung und Formalisierung innerhalb der F. sind auch Bestrebungen zur Normierung und Internationalisierung mit dem Ziel zu sehen, die jeweiligen nat. F. einander anzugleichen, am weitestgehenden verwirklicht in der chem. Nomenklatur und Zeichensprache sowie in den Programmiersprachen. (→ Terminologie, → Sprachnormung)

L. Drozd u. W. Seibicke: Dt. Fach- u. Wiss.-Sprache (1973); K.-H. Bausch u.a.: F. Terminologie, Struktur, Normung (1976); F. u. Gemeinsprache, hg. v. W. Mentrup (1979); F. u. Gemeinsprachen, hg. v. H. Moser (1979); F. u. ihre Anwendung, hg. v. C. Gnutzmann u.a. (1980); F., hg. v. W. v. Hahn (1981); Wissenschaftssprache, hg. v. T. Bungarten (1981); D. Möhn u. R. Pelka: F. Eine Einf. (1984); L. Hoffmann: Kommunikationsmittel Fachsprache (Berlin-Ost ³1987); Standpunkte der F.-Forschung, hg. v. M. Sprissler (1987); E. Oksaar: Fachsprachl. Dimensionen (1988); H.-R. Fluck: F. Einf. u. Bibliographie (⁵1996); F. Ein internat. Hb. zur F.-Forschung u. Terminologie-Wiss., hg. v. L. Hoffmann, 2 Bde. (1998–1999).

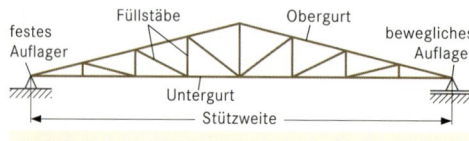

Fachwerk: schematische Darstellung der Fachwerkträger

Fachunterricht, der Unterricht in einem speziellen → Fach nach facheigenen Kriterien und Methoden (Fachdidaktik), die sich aus dem Prinzip der Wissenschaftsorientierung des Unterrichts ergeben. Besonders die → Reformpädagogik setzte sich dafür ein, den F. zugunsten eines → Gesamtunterrichts abzulösen, um damit größere Sinnzusammenhänge erschließen zu können.

Fachwerk [mhd. vach »Flechtwerk«, »Wandbalken«], ebene oder räuml. Baukonstruktion aus geraden, starren, in sich unverschiebbaren Stäben aus versch. Materialien, die in mehreren, als Knotenpunkte (Knoten) bezeichneten reibungsfreien Gelenken zusammenlaufen. Von außen angreifende Kräfte werden im Idealfall an den Knoten aufgenommen und dort in die versch. Stabrichtungen umgeleitet. Beim ebenen F. liegen die Stäbe alle in einer Ebene, während sie sich beim räuml. F. in versch. Ebenen befinden. Ein F. ist statisch bestimmt, wenn alle Stabkräfte aus den Gleichgewichtsbedingungen für die an den Knoten angreifenden Kräfte bestimmt werden können.

Bedeutung haben F. v. a. in der Bautechnik (Dach- und Hallentragwerke, Brücken, Hochhäuser) und im Flugzeugbau (Rumpf, Flügel). Der Vorteil von F.-Systemen gegenüber massiven Tragsystemen (z. B. Balken) liegt neben seinem architekton. Reiz v. a. im geringen Gewicht.

Fachwerkbau, Skelettbauweise, bei der ein tragendes Gerippe aus Holz (meist Eiche, später auch Nadelholz) aufgestellt wird, dessen einzelne Gefache mit nicht tragenden, nur sich selbst tragenden Materialien wie Stroh-Lehm-Gemisch mit Holzgeflecht oder (oft in Nord-Dtl.) mit Ziegelsteinen ausgefüllt werden und die auch die Fenster enthalten. Grundlagen des Gerippes bilden die horizontal verlaufenden Schwellen (Bundschwellen), auf denen die Ständer (Pfosten, Stiele, Säulen) stehen. Den oberen Abschluss eines Stockwerkes bildet der Rahmen (Rähm, Spange, Oberschwelle, Bundbalken), auf dem die Deckenbalken aufliegen. Zw. Schwelle und Rähm, ebenfalls horizontal, wird zur weiteren Wandaufteilung der Riegel, ein waagrechter Verbindungsbalken, angebracht. Zur Windaussteifung dienen die schräg verlaufenden Streben (Fuß- und Kopfbänder). Beim → Stockwerkbau bildet jedes Stockwerk mit Schwellenkranz und Rähmkranz ein in sich geschlossenes Element. Als Holzverbindungen waren zuerst Verblattungen, bei denen die Balken von außen in ein ihnen angepasstes Bett eingelegt wurden, ab dem 15. Jh. Verzapfungen üblich. Vor dem Stockwerkbau wurde der F. in Geschossbauweise (→ Geschossbau) errichtet.

Das hauptsächl. Verbreitungsgebiet des F. liegt in Europa zw. dem 47. und 57. Breitengrad, reicht aber im Osten darüber hinaus. In der minoischen Kultur auf Kreta ist F. durch Abbildungen (Fayenceplatten) belegt. Althistoriker weisen auf hölzernen Skelettbau im 7. Jh. v. Chr. im Mittelmeerraum (neben dem Steinbau) hin. Vitruvs »opus craticium« ist Fachwerktechnik. Im mittleren Europa dürfte der Holzbau mit abständigen Pfosten und der Ausfachung mit Flechtwerk oder Holz vorgeherrscht haben, bis sich vornehmlich in den Städten der mehrgeschossige F. entwickelte. Im »Stundenbuch« des Herzogs von Berry (1416) findet sich eine Miniaturdarstellung von Mont-Saint-Michel, zu Füßen der Abtei eine Stadt mit dreigeschossigen Fachwerkhäusern mit den noch heute in der Normandie anzutreffenden vorstehenden und reich verzierten Schwebegiebeln (vor das Giebelfeld gelegte Verstrebungen).

Der F. weist in den einzelnen Landschaften eine größere Variationsbreite als der Massivbau auf. Als seine

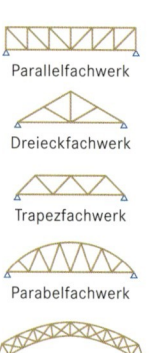

Fachwerk: Typen
(Parallelfachwerk, Dreieckfachwerk, Trapezfachwerk, Parabelfachwerk, Bogenfachwerk, Rahmenfachwerk)

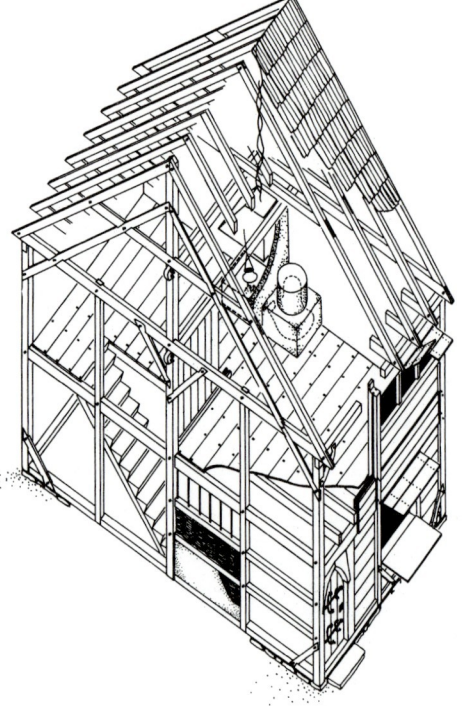

Fachwerkbau: Wohnhaus in Rottweil (Rekonstruktionszeichnung)

Fachwerkbau
1 Gasthof »Zum Schwarzen Adler« in Altenstadt im Wetteraukreis, Hessen (1667)
2 Fachwerkhaus aus dem 15./16. Jh. in der bretonischen Stadt Dinan (Département Côtes-d'Armor, Frankreich)
3 Sommermannsches Haus in Witzenhausen, Hessen (1511)
4 ehemaliges Amtshaus mit Schmuckfachwerk im Obergeschoss (heute Brüder-Grimm-Haus) in Steinau an der Straße, Hessen (1562)
5 Schnitzwerk am so genannten Stiftsherrenhaus in Hameln, Niedersachsen (1558)

durchgängige Eigenheit gilt das Überhängen (Vorkragen) der oberen Stockwerke über die unteren, bes. zur Straße hin. Die überliegenden Balken schaffen größere Verspannungen und Standfestigkeit und mehren in den Obergeschossen zugleich den Raum. Der Überhang wurde im Laufe der Zeit aber immer geringer.

Der engl. F. und auch der F. der Normandie fallen durch ihre eng aneinander gereihten Stiele auf, dabei ist meist auf Riegeleinschuss verzichtet. Daneben gibt es aber in Westengland, bes. in Cheshire und Lancashire, sehr kleinfeldriges Fachwerk mit betonter Zierverstrebung. Eine Unterscheidung von kelt. und angelsächs. Art dürfte jedoch nicht möglich sein. In der Normandie, in der Rouen und Caudebec-lès-Elbeuf als Orte reicher Fachwerkarchitektur gelten, ist eine Häufung von Schnitzerei an den Schwellbalken festzustellen.

Mannigfaltig sind die landschaftl. Spielarten des F. in Dtl. (Blütezeit 15.–17. Jh.), außerdem ist starke Formwanderung zu beobachten. Man unterscheidet v. a.: 1) den **oberdt.** F., in der älteren Literatur alemann. Fachwerkart genannt, mit weit voneinander gestellten Stielen (was aber auch bei Bauten des 16. und 17. Jh. in Nord-Dtl. zu finden ist), dazu eng gereihte, sichtbar, aber unverziert gebliebene Balkenköpfe, langes Beibehalten der Blattung (ein Hauptbeispiel: Altes Rathaus in Esslingen am Neckar, 1430); 2) den **fränk.** F. mit engerer Ständerstellung, Zapfung statt Blattung, gegen Ende des 16. Jh. mit vielen reich verzierten Verstrebungen und Ausbau des »fränk. Fensterkerkers« (z. B. »Deutsches Haus« in Dinkelsbühl). 3) Auch im **niedersächs.** F. rücken die Ständer früh eng aneinander. Die Balkenköpfe der Obergeschosse werden von reich profilierten und figürlich gezierten Konsolen oder Knaggen unterstützt. Zierverstrebungen bleiben unterhalb der Riegel (bedeutend das Knochenhaueramtshaus in Hildesheim, urspr. 1529, 1945 zerstört, 1990 wieder aufgebaut; typ. Beispiele sind die von SIMON STAPPEN im 2. Drittel des 16. Jh. geschaffenen Häuser in Goslar, Braunschweig und Celle). 4) An der **Niederelbe und in Schleswig-Holstein** ist das Fachwerk wieder einfacher, den Zierverbänden in den Backsteinfüllungen der Felder kommt oft mehr Bedeutung zu als den Rahmungen in Holz. 5) Der **mittel- und ostdt.** F. hat unter fränk., niedersächs. und süddt. Einfluss eine reiche Entwicklung genommen. Im Vergleich zu Thüringen sind in Sachsen die Häuser einfacher, nicht so reich verziert. Der Schmuck beschränkt sich im Wesentlichen auf die Wirkung des Gefüges der Ständer, Riegel und Streben, die, sich verkreuzend, von der Schwelle bis zum Rähm reichen. Diese Formen verbreiteten sich nach Nordosten bis in die Mark Brandenburg. Im Grenzgebiet zw. Block- und Fachwerkbau, vom Fichtelgebirge über Südthüringen und Sachsen (bes. Oberlausitz) bis in die östl. Nachbarländer Polen und Tschechien, findet sich auch das →Umgebinde.

Die Freude am Schnitzwerk an Schwellen und Konsolen bestimmt den dän. Fachwerkbau. Da dort aber die Traufenstellung vorherrscht, während in Nord-Dtl. die Giebelstellung dominiert, ist seine städtebaul. Wirkung in Ripen, Næstved und Køge weniger markant.

Der F. fand nicht nur für Bürger- und Bauernhäuser Verwendung (in einigen Städten, z.B. Lübeck, war er wegen der Brandgefahr schon im 13. Jh. verboten), auch Schlösser wurden in F. errichtet, z.B. in Weilburg, Gießen, Coburg und Wolfenbüttel. In Fachwerkbauweise entstanden auch Rathäuser, Apotheken, Kirchen, techn. Bauten (z.B. Mühlen) sowie Manufakturen und Fabriken, z.B. im frühindustrialisierten sächs. Gebiet (Zwönitz, Annaberg-Buchholz). Neben der erhaltenen Fachwerksubstanz in Städten und Dörfern geben zahlr. →Freilichtmuseen mit Einzelbauten und ganzen Ensembles ein Bild von regional typ. Holz- und Fachwerkarchitektur als Denkmal der Volksbaukunst und des histor. Handwerks. (→Bauernhaus, →Bürgerhaus)

F. H. CROSSLEY: Timber building in England, from early times to the end of the seventeenth century (London 1951); Y. GASC u. R. DELPORTE: Les charpentes en bois (Paris 1954); W. RADIG: Frühformen der Hausentwicklung in Dtl. (1958); W. SAGE: Dt. Fachwerkbauten (³1981); G. BINDING: Kleine Kunstgesch. des dt. F.s (⁴1989); M. GERNER: Fachwerk, Entwicklung, Gefüge, Instandsetzung (1998); K. KLÖCKNER: Alte Fachwerkbauten (1999); G. U. GROSSMANN: Der F. Das histor. Fachwerkhaus, seine Entstehung, Farbgebung, Nutzung u. Restaurierung (³2004); W. LENZE: Fachwerkhäuser. Restaurieren – sanieren – modernisieren (³2004).

Fachwirt, anerkannte Fortbildung i.d.R. im Anschluss an eine kaufmänn., landwirtschaftl. oder gewerblich-techn. Berufsausbildung und einschlägige Berufspraxis; z.B. Bank-, Büro-, Immobilien-, Steuer-, Verkehrs-, Verlags- Versicherungs- und Verwaltungsfachwirt.

Facialis, *Medizin:* der →Fazialis.

Facies [lat. »Gesicht«] *die, -/-,* **Fazies,**
1) *Medizin:* der für manche Krankheiten typ. Gesichtsausdruck, z. B. **F. abdominalis,** das ängstl., verfallene, blasse Gesicht bei schwerer Baucherkrankung, **F. gastrica,** eingefallene Wangen und scharfe Nasenlippenfalten bei Magenkrankheiten, **F. leontina,** entstellende Gesichtsveränderungen bei Lepra, **F. hippocratica,** der von HIPPOKRATES beschriebene fahle, eingefallene Ausdruck Sterbender. In der *Anatomie* bezeichnet F. die (normale oder krankhafte) Ausprägung einer Organoberfläche.
2) *Pflanzensoziologie* und *Geologie:* →Fazies.

Facility-Management [fəˈsɪlɪtɪ ˈmænɪdʒmənt; englisch], *Betriebswirtschaftslehre:* Gesamtheit der Dienstleistungen, die sich auf die Gebäude, Produktionsanlagen und sonstigen Einrichtungen («Facilities«, im Ggs. zu »Services«, d.h. Arbeits-, Dienstleistungen) eines Unternehmens richten; Gegenstand des F.-M. sind Zweckmäßigkeit und Wirtschaftlichkeit der Gebäude, Anlagen und Einrichtungen im Sinne von deren Ausrichtung an den Erfordernissen der Betriebsabläufe und der in ihrem Rahmen tätigen Arbeitskräfte; Ziel ist es, das Zusammenwirken sämtl. Ressourcen des Unternehmens dergestalt zu ermöglichen, dass die Unternehmensziele bestmöglich erreicht werden. Das F.-M. wird meist unternehmensintern durchgeführt, kann aber auch von externen, darauf spezialisierten Dienstleistungsunternehmen übernommen werden. Das **Gebäudemanagement** als integrales Element des F.-M. konzentriert sich auf die als Produktions-, Verwaltungs- oder Verkaufsstätten dienenden Gebäude.

Facio [ˈfatʃɔ], Bartolomeo, **Facius,** Bartolomaeus, ital. Humanist, *La Spezia nach 1405, †Neapel 1457; Schüler GUARINOS VON VERONA und Gegner LORENZO VALLAS. Als Geschichtsschreiber am Hof König ALFONS' I. von Aragonien zu Neapel verfasste er histor. Werke (u.a. über den »Chioggiakrieg« zw. Venedig und Genua, 1378–81) sowie über die Taten seines Gönners ALFONS I. Auch philosoph. Traktate von F. sind überliefert.

Fackel, Die, 1899–1936 von K. KRAUS in Wien (922 Nummern) in unregelmäßigen Zeitabständen herausgegebene satirisch-krit. Zeitschrift. In ihr veröffentlichten u.a. P. ALTENBERG, H. MANN, Else LASKER-SCHÜLER, A. STRINDBERG, G. TRAKL und F. WEDEKIND. Von 1912 an enthielt die Zeitschrift nur noch Beiträge von KRAUS selbst.

Fachwerkbau: 1 Schwelle, 2 Ständer, 3 Deckenbalken, 4 Rahmen, 5 Riegel, 6 Fußband, 7 Kopfband

Ausgabe: Die F., 922 Nummern in 37 Jgg., 40 Bde. (1899–1936; Nachdr. 1976).

Fackel [von lat. facula, Diminutiv von fax »Fackel«],

1) *allg.:* zum Leuchten dienender Stab mit frei brennender Flamme, entweder ein harziger Kiefern- oder Fichtenspan oder ein am oberen Ende mit leicht und hell brennenden Stoffen (Teerprodukten, Harz, Wachs) versehener Holzstab (seltener auch getränkte Wolle o. Ä.). In der Antike wurden F. auch im kult. Bereich (bei den Eleusin. Mysterien, beim Kult des Dionysos, der Hekate und der Artemis; auch bei Hochzeits- und Begräbniskulten) verwendet, was auf die symbol., bes. apotropäische Deutung des Feuers hinweist. Die F. galt als Symbol des Lichtes und der Wärme, der Reinigung und Erleuchtung wie auch als Symbol der Hoffnung, der Freiheit, Bildung, Aufklärung und des Fortschritts. Bes. als Freiheitssymbol hat die F. seit der zweiten Hälfte des 19. Jh. von Europa und Amerika aus (Freiheitsstatue in New York) immer stärkere Verbreitung gefunden, seit dem Ende des Zweiten Weltkrieges speziell in den Nationalbewegungen der früheren Kolonialvölker Afrikas und Asiens. – In der *Volkskultur* spielten F. bes. im Winter und im Frühling eine Rolle. Als dominierender Brauch erscheint seit dem MA. das F.-Laufen und F.-Schwingen junger Leute am Sonntag Invokavit. Soweit sich die Zeugnisse auf einen Lauf über Felder beziehen, wurde diesem eine fruchtbarkeitsfördernde Wirkung zugeschrieben.

2) *Astronomie:* die →Sonnenfackel.

Fackellilie: Kniphofia uvaria

Fackellili|e, Tritome, Kniphofia, afrikan. Gattung der Affodillgewächse mit ca. 70 Arten; verschiedene rotgelb blühende Arten werden als Zierpflanzen kultiviert, z. B. die bis 1,20 m hohe **Kniphofia uvaria** mit dichten flaschenbürstenähnl. Blütenständen.

Fackelsystem, in Erdölraffinerien u. ä. Betrieben eine Einrichtung zur gefahrlosen Verbrennung brennbarer Gase, die bei Betriebsstörungen, Undichtigkeiten oder beim normalen An- und Abfahren von Produktionsanlagen anfallen. (→Abfackeln)

Fackeltänze, seit dem Altertum belegte Kulturmuster des Tanzes mit brennenden Fackeln; bildeten im MA. den polonaiseartigen Abschluss von Turnier- und Hochzeitsbällen. Dem an Geschlechterbällen teilnehmenden Kaiser tanzten Fackelträger voraus oder nach. Im höf. Hochzeitstanz wurde das gefeierte Paar von zwölf Würdenträgern (Pagen) mit brennenden Fackeln oder Kerzen nach einem Rundgang durch das Haus in das Brautgemach geleitet. Bis ins 20. Jh. waren F. in dieser Form im Hochzeitszeremoniell des preuß. Königshofes üblich, ebenso am frz. Hof. F. haben G. MEYERBEER, F. Freiherr von FLOTOW und G. SPONTINI komponiert.

Als popularkulturelle Abwandlung des F. gilt das Kerzenanzünden beim Kranzabtanzen der Braut, z. B. im Gugelhupftanz der Steiermark; getanzt wurde bzw. wird zumeist von den Brautjungfern bis zum Niederbrennen der Kerzen in ihren Händen. Restformen des Kulturmusters erhielten sich im Laternentanz bzw. im Laternengehen norddt. Kinder.

Façon [faˈsõ], frz. Form von Fasson.

Fact [fækt, engl.] *der, -s/-s,* Tatsache.

Factoring [ˈfæktərɪŋ; engl., zu factor »Agent«, »Vertreter«] *das, -s,* einmaliger oder fortlaufender Ankauf von Forderungen aus Warenlieferungen und Dienstleistungen durch einen **Factor** (spezielles Finanzierungs- oder Kreditinstitut, F.-Gesellschaft) unter Übernahme bestimmter administrativer Leistungen und häufig auch des Ausfallrisikos. Der Factor erwirbt i. d. R. nicht Einzelforderungen, sondern den gesamten Forderungsbestand und führt das Inkasso im eigenen Namen und (bei Übernahme des Ausfallrisikos) auf eigene Rechnung durch. Der Verkäufer der Forderung (Klient, Leistungslieferant) erhält den Gegenwert vor deren Fälligkeit (Liquiditätsvorteil) unter Abzug eines (meist prozentual festgelegten) Anteils für die Finanzierungsleistung (Sollzinsen), die sonstigen Leistungen (**F.-Gebühr**) sowie ggf. die Risikoübernahme des Factors (Risikoprämie, Delkredereprämie). An administrativen Leistungen kann dem Factor etwa die gesamte Debitorenbuchhaltung, das Inkasso- und das Mahnwesen übertragen werden. Neben den dadurch möglichen Kostenvorteilen (durch Spezialisierung) liegen die Vorteile des Verkäufers in der höheren Liquidität durch die früher zufließenden Mittel und ggf. in der Abgabe des Zahlungsausfallrisikos (v. a. durch Insolvenz von Kunden). Eine besondere Form des Forderungsverkaufs (im Zusammenhang mit Exportgeschäften und meist ohne Dienstleistungsfunktion des Forderungskäufers) ist die →Forfaitierung.

 Hb. des nat. u. internat. F., hg. v. K. F. HAGENMÜLLER (³1997); W. SCHWARZ: F. (⁴2002).

Factory of the Future [ˈfæktərɪ ɔf ðə ˈfjuːtʃə, engl. »Fabrik der Zukunft«], Produktionsstätte, die durch weitreichenden Einsatz von Automationstechnik oder durch eine besondere (v. a. marktorientierte) Organisationsform gekennzeichnet ist (→Fabrik).

Factory-Outlet-Center [ˈfæktərɪ ˈaʊtlet ˈsentə; engl. »Fabrikabsatzzentrum«], Abk. **FOC** [engl. efəʊˈsiː], eine Form des Handels, bei der eine Vielzahl von Herstellern eigene Produkte (meist Markenartikel, v. a. »Designerware«) in einer gemeinsamen Verkaufsstätte oder einer Ansammlung einzelner Factory-Outlet-Stores (→Fabrikverkauf) zu relativ günstigen Preisen anbietet; spezielle Form des Direktvertriebs.

Factory-Outlet-Store [ˈfæktərɪ ˈaʊtlet ˈstɔː; engl.], Verkaufsstelle eines Herstellers für den direkten Absatz an Konsumenten ohne Nutzung von Groß- und Einzelhandel (→Fabrikverkauf).

Facultas Docendi [lat. »Fähigkeit des Lehrens«] *die, - -,* durch Prüfung nachgewiesene Lehrbefähigung, z. B. für Hochschulen.

FAD, Abk. für **Flavin|adenin|dinukleotid,** als Coenzym der →Flavoproteine an zahlr. Reaktionen im tier. und pflanzl. Stoffwechsel beteiligt, bei denen i. d. R.

Fade Fadejew

zwei Reduktionsäquivalente (zwei Wasserstoffatome), seltener ein Reduktionsäquivalent (ein Wasserstoffatom), übertragen werden (z. B. in der →Atmungskette).

Fadejew, Fadeev [-'dejɪf], *Alexander* Alexandrowitsch, russ. Schriftsteller, *Kimry (Gebiet Twer) 24. 12. 1901, † (Selbsttötung) Moskau 13. 5. 1956; war ab 1918 KP-Mitgl., nahm als Partisan im Fernen Osten (wo er Kindheit und Jugend verlebt hatte) am Bürgerkrieg teil und schilderte Ereignisse aus dieser Zeit in den Romanen »Razgrom« (1927; dt. »Die Neunzehn«) und »Poslednij iz udėge« (1929–40, 4 Bde., unvollendet; dt. »Der letzte Udehe«), wobei er auf die Methode der psycholog. Analyse L. N. TOLSTOIS zurückgriff. 1936–44 und 1946–54 war F. Erster Sekretär des Schriftstellerverbandes. Sein Roman »Molodaja gvardija« (1946; dt. »Die junge Garde«) über den Kampf junger Partisanen im Zweiten Weltkrieg gilt als beispielhaft für den sozialist. Realismus. Als Exponent des stalinist. Kurses wurde F. nach STALINS Tod angegriffen und tötete sich deswegen selbst.

Ausgaben: Sobranie sočinenij, 7 Bde. (1969–71). – Romane, Nov.n, Erz.n (²1976).

Fadenfische: Mosaikfadenfisch

Faden [ahd. fadum, urspr. »so viel Garn, wie man mit ausgebreiteten Armen misst«].

1) *Heraldik:* →Balken, Schrägbalken oder Pfahl, wenn dieser unter der Hälfte seiner normalen Dicke dargestellt ist. – **Schräg-F.**, zu den Beizeichen zählender, schräg über das Wappen gezogener, auf die Hälfte seiner normalen Dicke gebrachter Schrägbalken.

2) *Messwesen:* 1) **Klafter**, früher weit verbreitete Längeneinheit, urspr. die Entfernung zw. den Spitzen der Mittelfinger der ausgebreiteten Arme, etwa 1,8 bis 2 m (6 Fuß); 2) **Fathom** ['fæðəm; engl.], Längeneinheit, die noch angewendet wird bei Angaben der Wassertiefe auf engl. Seekarten und für die Länge von Tauwerk; 1 F. = 2 yards = 6 engl. Fuß = 1,8288 m.

3) *Textiltechnik:* filiforme, linienförmige, textile Gebilde. Zusatz-Bez. weisen auf Rohstoff, Funktion und Verwendung hin, z. B. Seiden-, Kett-, Näh-F. Der aus der Spinndüse austretende Einzel-F. heißt →Filament.

Faden|algen, meist den Grün- oder Rotalgen zugehörige Thallophyten, deren Thalli aus einfachen Zellreihen bestehen; häufig im oberen Gezeitengürtel der Meere oder in verschmutztem Wasser.

Fadenauflage, Verfahren zur Hohlglasveredlung, bei dem zu dünnen Fäden ausgezogenes, zähflüssiges Buntglas um das heiße, fertig geblasene Glas gelegt wird. Je nach Anordnung der Fäden entsteht ein Spiral-, Ring-, freies oder Bildmuster. Bei der **Fadeneinlage** wird der Glasfaden nicht nur aufgelegt, sondern durch Hin- und Herrollen auf einer Marmor- oder Eisenplatte in das heiße Glas eingedrückt.

Fadenbakteri|en, die →Chlamydobakterien.

Fadendichte, *Textiltechnik:* Maß für die Geschlossenheit eines Gewebes; gibt an, wie viele Fäden pro Maßeinheit, meist auf 1 cm bezogen, sich in der Kett- und Schussrichtung befinden.

Fadenfische, Name für beliebte Warmwasseraquarienfische aus verschiedenen Gattungen der →Labyrinthfische, die aus Pflanzenteilen und Algen ein Schaumnest bauen und Brutpflege betreiben. Beispiele sind der **Mosaikfadenfisch** (Trichogaster leeri; Länge bis 11 cm), der v. a. in flachen, pflanzenreichen Süßgewässern Thailands, der Malaiischen Halbinsel und der Großen Sundainseln beheimatet ist, der **Blaue Fadenfisch** (Trichogaster trichopterus; Länge bis 15 cm) und der **Zwergfadenfisch** (Colisa lalia; Länge bis 5 cm), eine in Indien beheimatete Art.

Fadenflechten, Haarflechten, fädige Flechtenarten, bei denen die formgebenden Cyanobakterien oder Grünalgen von einem Pilzgeflecht umsponnen sind.

Fadenglas, Kunstglas, hergestellt durch ein Verfahren, bei dem dünne Fäden, meist aus Milchglas, mit farblosen Fäden unter Drehbewegungen zu Stäben verschmolzen werden, wodurch sich netzartige Muster ergeben. Diese gemusterten Stäbe werden nebeneinander an den inneren Rand eines Tongefäßes gestellt; anschließend wird eine Glasblase eingeblasen, mit der sie verschmelzen. Die Blütezeit dieser Technik war im 16. Jh., anfangs in Venedig, später in Dtl. Bei altägypt. F. sind die Fäden eingepresst, bei röm., fränk. und mittelalterl. F. auf das erwärmte Gefäß, das gedreht wurde, aufgelegt (→Fadenauflage).

Fadengranulom, knotenförmiges Granulationsgewebe der Haut, das sich als Reaktion auf chirurg. Nahtmaterial bilden kann.

Fadenkiemer, Filibranchia, in der älteren Systematik eine Ordnung der →Muscheln, die in der neuen Unterklasse **Pteriomorphia** aufgegangen ist; besitzen meist fadenförmige, z. T. nach oben umgebogene Kiemen (**Fadenkiemen**).

Fadenkonstruktion, Erzeugung einer Kurve mithilfe eines Fadens aufgrund ihrer geometr. Ortseigenschaft; z. B. die F. der Ellipse (Gärtnerkonstruktion): Befestigt man einen Faden der Länge $2a$ in zwei Punkten F_1, F_2 und spannt man den Faden mit einem Stab, so beschreibt das Ende des Stabes eine Ellipse mit den Brennpunkten F_1 und F_2 und der Hauptachse

Fadenglas: Vasen mit unterschiedlichen Fadeneinlagen; deutsch (16. Jh.; Klassik Stiftung Weimar)

2a, wenn man den Stab entlang dem straff gespannten Faden führt.

Fadenkraut, das →Filzkraut.

Fadenkreuz,
1) *Optik:* in der Ebene des reellen Zwischenbildes im Okular eines Fernrohrs oder Mikroskops angebrachte Markierung in Form zweier senkrecht zueinander verlaufender Fäden oder in eine Glasplatte eingeätzter dünner Striche als Ziel- oder Einstellvorrichtung; durch ihren Schnittpunkt und den Mittelpunkt des Objektivs verläuft die Visier- oder Kollimationslinie des Instruments. Bei mehreren parallelen Fäden oder Strichen liegt ein **Fadennetz** vor.
2) *Völkerkunde:* weltweit verbreitetes Schutz- und Segenszeichen aus gekreuzten Stäben, um die Fäden aus Wolle, Baumwolle, Haar oder Bast gespannt werden; auch aus Stroh geflochtene F. kommen vor. Bei den F. handelt es sich um stilisierte Spinnennetze, die überwiegend als »Geisterfallen« sowie der Abwehr schädl. Kräfte dienen.

Fadenmolch, Triturus helveticus, bis 9 cm langer Molch in W-Europa. Das Männchen trägt zur Paarungszeit einen fadenförmigen Anhang am Schwanz. Der F. bevorzugt kühle und klare Laichgewässer wie schwachfließende Gräben und Rinnsale.

Fadenmoleküle, →Makromoleküle.

Fadenschnecken, Aeolidiidae, Familie der Hinterkiemer; Meeresschnecken mit fadenförmigen Rückenfortsätzen, z. B. die **Breitwarzige F.** (Aeolidia papillosa), Größe 8–12 cm, mit zahlr. abgeplatteten Rückenanhängen. Sie lebt im N-Atlantik und N-Pazifik in bis zu 800 m Tiefe.

Fadensiegeln, *graf. Technik:* →Heften.

Fadensonde, dünner Drahtbügel mit einem oder (beim **Fadengitter**) mehreren daran befestigten Wollfäden zur Untersuchung von Strömungen. Mit der F. lassen sich Richtung, Turbulenz und Ablösung der Strömung (z. B. die Umströmung eines Fahrzeug- oder Flugzeugmodells) ermitteln, ohne das Strömungsfeld dabei zu sehr zu stören.

Fadenspiel, das →Abnehmespiel.

Fadenstrahl, von einer kleinen Glühkathode ausgehender, in verdünnten Gasen bei Drücken von 10 bis 100 Pa sich ausbildender dünner Elektronenstrahl (Querschnitt etwa 0,25 mm^2), dessen Konzentrierung durch die positive Raumladung der von seinen Elektronen erzeugten Gasionen bewirkt wird; diese **Gasfokussierung** verhindert eine Auffächerung infolge der Coulomb-Wechselwirkung der Elektronen. Seine Sichtbarkeit rührt vom Leuchten der durch die Elektronen angeregten Gasmoleküle her. Ein in einem Magnetfeld zu einem Kreis gekrümmter F. ermöglicht die Bestimmung der spezif. Ladung des Elektrons.

Fadenwächter, *Textiltechnik:* Überwachungseinrichtung an fadenverarbeitenden Maschinen, die den Fadenlauf mechanisch, elektrisch oder nach versch. elektron. Verfahren überwacht und bei Fadenbruch die Maschine oder Arbeitsstelle stillsetzt.

Fadenwürmer, Nematoda, Stamm der Schlauchwürmer mit etwa 25 000 Arten; faden- oder spindelförmige, meist nur 1–3 mm lange Organismen mit dreischichtigem →Hautmuskelschlauch. Zw. den Muskelstreifen verlaufen vier, bei größeren Formen durch die Oberhaut durchschimmernde Linien: Die beiden seitlichen sind die Exkretionskanäle, die beiden anderen entsprechen den Rücken- und Bauchnerven. Ein mit Mund und After versehener Darm durchzieht als gerader Schlauch den Körper. Zw. Hautmuskelschlauch und Darm liegen die Geschlechtsorgane.

V. a. in den Tropen und Subtropen sind einige F. Parasiten bei Menschen und Haustieren, z. B. →Madenwurm, →Peitschenwurm, →Spulwürmer, →Hakenwürmer, →Darmälchen sowie →Filarien, deren Larven durch Blut saugende Insekten übertragen werden und zu →Filariosen führen, wie z. B. die →Loa loa, die die Augenbindehaut besiedelt. Einige Vertreter der →Älchen schädigen Kulturpflanzen.

Fadenzähler, Lupe mit versch. Messbereichen zum Auszählen der Kett- und Schussfäden von Geweben sowie zum Bestimmen der Maschendichte von Wirk- und Strickwaren. Ein auf Lichtinterferenz beruhender F. ist das Lunometer. In der graf. Technik benutzte Speziallupe, z. B. zur Begutachtung des Rasters, wird ebenfalls F. genannt.

Fading [ˈfeɪdɪŋ; engl., zu to fade »verblassen«] *das,* -s,
1) *Funktechnik:* **Schwund,** Bez. für die auf die Wirkung der leitenden Schichten der Ionosphäre zurückzuführende nachteilige Beeinflussung des Funkempfangs (bes. im Kurzwellenbereich), die sich v. a. in Intensitätsschwankungen bemerkbar macht. Ursachen sind: 1) die Überlagerung (→Interferenz) der Bodenwellen mit den an einer Schicht der Ionosphäre reflektierten Raumwellen; 2) die Interferenz zweier an versch. Schichten reflektierter Raumwellen; 3) die Änderung der Absorptionsverhältnisse (d. h. der Dämpfung) in der Ionosphäre. – F. wird in Rundfunkempfängern durch automat. **Schwundregelung** ausgeglichen, bei der die Verstärkung durch die Amplitude der ankommenden Trägerwelle gesteuert wird. Dieser Ausgleich ist jedoch unwirksam gegen den beim Kurzwellenempfang oft auftretenden **selektiven Schwund** (bei einer einzelnen Frequenz, bes. der Trägerfrequenz); daher wird hier der →Mehrfachempfang angewandt.
2) *Kraftfahrzeugtechnik:* unerwünschtes Nachlassen der Bremswirkung bei Radbremsen trotz gleich bleibender Betätigungskraft infolge therm. Überlastung, z. B. bei längeren Bergabfahrten. F. wird wesentlich durch die Bremsbeläge beeinflusst.
3) *Rundfunk:* **Fade-out** [feɪd ˈaʊt, engl.], *das* →Ausblenden.

Fadinger, Stephan, Hofbesitzer und Bauer, * Praz (bei Sankt Agatha im Hausruckviertel) um 1580, † Ebelsberg (bei Linz) 5. 7. 1626. F. wurde 1625 nach dem Frankenburger Würfelspiel (15. 5.) an die Spitze der oberösterr. Bauern gewählt, organisierte die versch. Haufen der Aufständischen und führte sie im

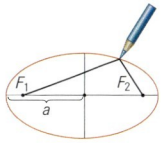

Fadenkonstruktion einer Ellipse

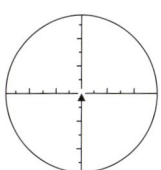

Fadenkreuz 1)

Fadenmolch (Männchen)

Fadl Fadlallah

Faenza: Dom San Pietro (1581 geweiht) und Fontana monumentale (1619–21)

Kampf gegen Rekatholisierung und bayer. Besetzung an. Nach Eroberungen versch. Städte Oberösterreichs (Eferding, Wels, Kremsmünster, Steyr) wurde F. bei der Belagerung von Linz verwundet und starb wenig später.

Fadlallah, Muhammad Husain, schiit.-imamit. Gelehrter in Libanon, * Nedjef (Irak) Nov. 1935; kam nach dem Studium in Irak 1966 nach Libanon. Während des Bürgerkriegs (1975–90/91) wuchs seine Bedeutung innerhalb der schiit. Gemeinschaft des Libanon. Seit der Gründung der Organisation →Hizbollah (1982) gilt F. als deren »geistiger Führer«, ohne dabei jedoch eine Funktion in ihr auszuüben. F. ist ein produktiver arab. Schriftsteller, dessen umfassende und aufgeschlossene religiös-reformer. Gedanken in zahlr. Büchern vorliegen und in der islam. Welt über die schiit. Gemeinschaft hinaus Beachtung gefunden haben. Er engagiert sich auch auf karitativem Gebiet.

Fado [ˈfaðu; port. »Geschick«, »Verhängnis«] *der,* -(s)/-s, **Fadinho** [faˈðiɲu], in Portugal seit dem frühen 19. Jh. nachweisbares, traurig gestimmtes Lied, geradtaktig, in stark synkopiertem Rhythmus, eventuell brasilianisch-afroamerikan. Herkunft. Der F. wird mit Gitarrenbegleitung gesungen, auch getanzt. Während der **Fado Vadio** eher ursprüngl. Volksmusik darstellt, ist der **Fado Professional** Teil von Aufführungen und dann auch stark kommerzialisiert. Der **Fado de Coimbra** entstand angeblich in der Stadt Coimbra und ist Bestandteil des Studentenlebens. Elemente des F. werden auch in der Popmusik nahestehenden portugies. Musik verwendet, etwa bei der Gruppe »Madredeus«.

Fadrus, Viktor, österr. Schulreformer, * Wien 20. 7. 1884, † Villach 23. 6. 1968; war 1919–32 Leiter der Schulreformabteilung im Bundesministerium für Unterricht und 1922–34 Direktor des Pädagog. Inst. Wien, 1945–49 am Wiederaufbau des österr. Schulwesens maßgeblich beteiligt.

   W. WEINHÄUPL: Pädagogik vom Kinde aus. V. F., ein Leben für die Schulreform (Wien 1984).

Faeces [lat., Pl. von faex »Bodensatz«, »Hefe«], **Fäzes,** die Exkremente, der →Kot.

Faenza, Stadt in der Emilia-Romagna, Prov. Ravenna, Italien, am Lamone und an der Verkehrsachse der Via Emilia, 54 300 Ew.; kath. Bischofssitz; Bibliothek, Gemäldegalerie; Handel, Textil-, Schuh-, keram. u. a. Industrie. – Nach F. wurde das in der Renaissance zur Vollendung entwickelte keram. Kunsthandwerk der Stadt →Fayence genannt (Museo Internazionale delle Ceramiche). – An der Piazza del Popolo der Palazzo del Podestà (12. Jh.), der Palazzo del Municipio (13.–15. Jh.) und der 1474 von GIULIANO DA MAIANO begonnene Dom San Pietro (1581 geweiht). Im ehem. Jesuitenkonvent ist die Pinacoteca Comunale untergebracht. – F., das antike **Faventia,** wo 82 v. Chr. SULLA über die Marius-Anhänger siegte, hatte seit dem 11. Jh. eine kommunale Verfassung, wurde im frühen 13. Jh. Signorie der Familie Manfredi, 1501 von CESARE BORGIA erobert und gehörte seit 1509 mit kurzen Unterbrechungen zum Kirchenstaat.

Faes, Urs, schweizer. Schriftsteller, * Aarau 13. 2. 1947; seine Romane, meist auf mehreren Handlungsebenen konstruiert, kreisen um komplizierte zwischenmenschl. Beziehungen (»Alphabet des Abschieds«, 1991; »Ombra«, 1997). Schreibt auch Stücke, Hörspiele und Lyrik.

   Weitere Werke: *Romane:* Webfehler (1983); Bis ans Ende der Erinnerung (1986); Sommerwende (1989); Augenblicke in Paradies (1994); Und Ruth (2001); Als hätte die Stille Türen (2005).

FAES, Abk. für Fett**a**lkohol**e**ther**s**ulfate; die →Alkylethersulfate.

Faesi, Robert, schweizer. Schriftsteller und Literaturhistoriker, * Zürich 10. 4. 1883, † Zollikon 18. 9. 1972; war 1922–53 Prof. für dt. Literatur an der Univ. Zürich; schrieb in der Tradition des schweizer. Realismus Erzählungen und Romane, so die Trilogie »Die Stadt der Väter« (1941), »Die Stadt der Freiheit« (1944), »Die Stadt des Friedens« (1952); ferner Gedichte und literaturgeschichtl. Arbeiten.

   Weitere Werke: *Erzählprosa:* Zürcher Idylle (1908, Neufassung 1950); Alles Korn meinet Weizen (1961); Diodor (1968). – *Lyrik:* Das Antlitz der Erde (1936); Die Gedichte (1955). – *Literaturwissenschaft:* Rainer Maria Rilke (1919); Gestalten u. Wandlungen schweizer. Dichtung (1922); C. F. Meyer (1924); Spittelers Weg u. Werk (1933); G. Keller (1941); Dichtung u. Geschichte (1945). – Briefwechsel mit T. Mann (1962); Erlebnisse, Ergebnisse (1963, Erinnerungen).

Fafnir, Fafner, *altnordische Mythologie:* der Sohn Hreidmars und Bruder des Regin. Er war mit seinem Vater und Bruder im Besitz des großen Goldhortes, den Odin, Hönir und Loki für die Ermordung von F.s Bruder Otr gezahlt hatten. F. erschlug seinen Vater und versagte Regin sein Erbteil. In Drachengestalt hütete er auf der Gnitaheide das Gold. Von Regin angestachelt, durchbohrte ihn Sigurd, als er zum Wasser kroch und über die von Sigurd gegrabene Grube glitt. Sterbend warnte F. den Sigurd vor dem Gold. – R. WAGNER verwendete die Sage und die F.-Gestalt im »Ring des Nibelungen«.

Fagaceae [zu lat. fagus »Buche«], wiss. Name der →Buchengewächse.

Fagan [ˈfeɪgən], Garth, amerikan. Tänzer und Choreograf, * Kingston (Jamaika) 3. 5. 1940; Schüler von IVY BAXTER, deren Jamaican National Dance Company er sich als Jugendlicher angeschlossen hatte, von MARTHA GRAHAM und A. AILEY. 1969 ging er nach New York und betreute im Rahmen eines Educational Opportunity Center in Rochester Jugendliche, die er in seine Gruppe Garth Fagan Dance integrierte. Seit den 1970er-Jahren verbindet F. in seinen Choreografien (u. a. »Footprints pressed in red«, 1978; »Telling a story«, 1989; »Jukebox for Alvin«, 1993) Ballett mit Moderndance und afro-karib. Elementen.

Făgăraș [fəgəˈraʃ], Stadt in Rumänien, →Fogarasch.

Fagaraseide, die wilde, nicht abhaspelbare Seide des Atlasspinners in Indien und China.

Faget [ˈfægɪt], Maxime, amerikan. Raumfahrttechniker, * Stann Creek (Britisch-Honduras) 26. 8. 1921, † Houston (Tex.) 9. 10. 2004; arbeitete bis 1981 an allen bemannten Raumfahrtprojekten der NASA mit, als Chefkonstrukteur der Kapseln des Mercury-Programms und beteiligt an der Entwicklung der Gemini- und Apollo-Kapseln sowie der Spaceshuttles. F. stieg danach in eine der ersten privaten Raumfahrtfirmen der USA, die Space Industries Inc., ein. Dort entwickelte er mit dem Wake Shield Facility einen Apparat, mit dem man in der Schwerelosigkeit ein Hochvakuum herstellen kann.

FAG Kugelfischer AG & Co. oHG, international tätiger Hersteller von Präzisionswälzlagern; Sitz: Schweinfurt, gegr. 1883; »FAG« (Abk. für Fischers Actien-Gesellschaft) wurde 1905 als Warenzeichen angemeldet; Umsatz (2004): 2,2 Mrd. €, 18 000 Beschäftigte; seit 2001 Teilkonzern der →INA-Schaeffler KG.

Fagnano di Fagnani [faˈɲaːno di faˈɲaːni], Giulio Carlo Bernardino Benedetto, Marquis **von Toschi und Sant' Onofrio** (seit 1745) [ˈtoskiˑ-], ital. Mathematiker und Philosoph, * Sinigaglia (heute Senigallia) 6. 12. 1682, † ebd. 26. 9. 1766; arbeitete über die Rektifikation von Kurven (bes. der Ellipse und Hyperbel; 1716), über die Lösung von Gleichungen höheren Grades (1735–38) und über Minimalprobleme im Rahmen der Dreiecksgeometrie.

Fagopyrismus, der →Buchweizenausschlag.

Fagopyrum [zu lat. fagus »Buche« und griech. pyrós »Weizen«], wiss. Name der Pflanzengattung →Buchweizen.

Fagott [ital.] *das, -(e)s/-e,* ital. **Fagotto,** frz. **Basson** [baˈsɔ̃], engl. **Bassoon** [bəˈsuːn], tiefes Holzblas-(Doppelrohrblatt-)Instrument mit sehr langer (etwa 260 cm), daher geknickter Röhre, deren verschieden lange Teile (der kürzere, abwärts führende Flügel und die längere, aufwärts führende Bassröhre oder Bassstange mit sich anschließendem Schall- oder Kopfstück) nebeneinander liegen und durch ein u-förmig gebohrtes Unterstück (Stiefel) verbunden sind. Die Bohrung ist eng und schwach konisch. Der Flügel trägt ein s-förmiges Metallanblasröhrchen, dem das Doppelrohrblatt aufgesteckt wird. Das Instrument ist mit einigen Grifflöchern und einem komplizierten Klappenmechanismus versehen. Man unterscheidet zwei Typen: das dt. F. (System Heckel) mit fünf Grifflöchern und 24 Klappen und das heute seltenere französisch-engl. F. (System Buffet) mit sechs Grifflöchern, 22 Klappen und engerer Bohrung. In den versch. Lagen seines Tonumfangs ($_1$B–es^2) ist der Klangcharakter sehr unterschiedlich: voll und dunkel in der Tiefe, anmutig in der Mittellage, etwas gepresst und näselnd in der Höhe (gern für kom. Effekte ausgenutzt). Notiert wird nicht transponierend im Bass- oder Tenorschlüssel.

Das im 16. Jh. entwickelte F. hatte zunächst nur wenige Klappen und bestand aus einem Stück Holz mit zweifacher Bohrung. Es wurde in versch. Größen gebaut. Seit dem 17. Jh. diente es als Generalbassinstrument und übernahm ab der zweiten Hälfte des 18. Jh. im Orchester die Basslage der Holzbläser. Zeitweise war es ein beliebtes Soloinstrument (Konzerte von A. Vivaldi, J. C. Bach, C. Stamitz, W. A. Mozart, F. Danzi, C. M. von Weber). – Eine Oktave tiefer als das F. steht der →Kontrafagott.

🔊 **Fagott:** Barockfagott: Tonumfang 4985; Fagott: Tonumfang 3225; Einfachzunge 3222; Doppelzunge 3221; Triller in tiefer, mittlerer und hoher Lage 3226; Legato 3224; Läufe 3223; Kontrafagott: Tonumfang 3232; Einfachzunge 3228; Legato 3231

📖 G. JOPPIG: Oboe u. F. (Bern 1981); U. KELLER: Flöte, Oboe, F. in der Kammermusik (2003).

Fagrskinna [ˈfaːɡər-; altnord. »das schöne Pergament«], vermutlich von einem Isländer in Norwegen um 1230 verfasstes Übersichtswerk über die Geschichte der norweg. Könige vom 9. Jh. bis 1177. Als Quellen dienten Skaldengedichte und bereits schriftlich überlieferte Königssagas. Die F. ist von krit. Distanz zur Fülle des tradierten Geschichtsstoffes geprägt.

Ausgabe: F., hg. v. B. EINARSSON (1984).

Fagundes Telles [faˈɡundis ˈtɛlis], Lygia, brasilian. Schriftstellerin, →Telles, Lygia Fagundes.

Fagunwa, Daniel Olorunfemi, nigerian. Schriftsteller, * Okeigbo (Bundesstaat Ondo) um 1910, † Bida 7. 12. 1963; wirkte als Lehrer und schuf seine in Yoruba verfassten Werke (z. B. den Roman »Der kühne Jäger im Wald der vierhundert Geister«, 1950; engl. »The forest of the thousand daemons«) aus einer Verbindung der Traditionen der Yoruba und ihrer Mythen mit persönl. Erfahrungen.

Fagus [lat.], wiss. Name der Pflanzengattung →Buche.

Fahd [faxd], **F. Ibn Abd al-Asis,** König von Saudi-Arabien (seit 1982), * Riad 1923, † ebd. 1. 8. 2005, Sohn des Staatsgründers IBN SAUD; war 1953–62 Bildungs-Min., 1962–75 Innen-Min., 1975–82 während der Regentschaft seines Bruders, König CHALID, Kronprinz sowie Erster stellv. Min.-Präs. und leitete in enger Verbindung mit diesem faktisch die Reg.; wurde am 13. 6. 1982 dessen Nachfolger. Unter Aufrechterhaltung der feudalist. Grundstrukturen verfolgte er innenpolitisch einen pragmatisch-prowestl. Kurs v. a. zur wirtschaftl. Modernisierung. Mit dem »F.-Plan« (Bildung eines unabhängigen Palästinenserstaates mit Alt-Jerusalem als Hauptstadt, 1981) bemühte er sich um eine Lösung des Nahostkonflikts. Infolge des 1. Golfkrieges (1980–88) verstärkte F. die Zusammenarbeit bes. mit den Golfstaaten; in der »Golfkrise« (1990) und im anschließenden 2. Golfkrieg (1991) ermöglichte er die Stationierung amerikan. Truppen in Saudi-Arabien (bis 2003) und beteiligte sich an der antiirak. Allianz. Die angekündigten polit. Reformen wurden nur zögerlich umgesetzt. Wegen seines problemat. Gesundheitszustands führte seit 1996 faktisch Kronprinz ABDALLAH die Regentschaft. – Seit 1987 ließ sich F. »Hüter der beiden edlen Stätten bzw. Moscheen« (Mekka und Medina) nennen.

Fähe [ahd. voha »Füchsin«], **Fehe,** Weibchen des Fuchses und der Marderarten (Ausnahme Dachs: Dächsin).

Fähigkeit. Im Unterschied zur Begabung, bei der die angeborenen Bedingungen (einschließlich einer gewissen Variationsbreite für frühe Anreize der Umwelt) im Vordergrund stehen, schließt die F. gleichwertig auch solche Bedingungen ein, die auf Lernprozesse zurückgehen. F. werden letztlich durch die Tätigkeiten und Tätigkeitsbereiche definiert, denen sie zugeordnet werden (z. B. Sprache, Mathematik, Musik). Die Ergebnisse der empir. Forschung über den F.-

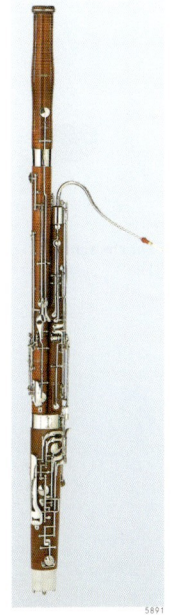

Fagott

Fahd,
König von
Saudi-Arabien

Fahi Fähigkeitsprofil

Begriff zeigen, dass viele F. sich teilweise überlappen, d. h., dass verschiedenen F. gleiche Bedingungen zugrunde liegen können und dass es andererseits mehrere Bedingungen gibt, von denen keine eindeutig nur einer ganz bestimmten F. oder Leistung zugeordnet werden kann.

Eine formale Analyse der grundlegenden Bedingungen, die versch. Tätigkeiten gemeinsam sind, wird durch die Faktorenanalyse versucht. Seinen prakt. Niederschlag hat das F.-Konzept v. a. in der angewandten Psychologie bei Eignungsuntersuchungen gefunden.

Fähigkeitsprofil, *Wirtschaft:* Gesamtheit der für die Ausführung einer bestimmten (berufl.) Tätigkeit wichtigen Qualifikationen einer Person. Bei der Beurteilung von Stellenbewerbern ergibt sich das F. aus der Analyse von Fähigkeitsmerkmalen anhand von Zeugnissen, Tests u. a. Die Gegenüberstellung mit dem →Anforderungsprofil der jeweiligen Stelle gibt Aufschluss über die Eignung des Bewerbers.

Fahlband, Fallband, *Geologie:* durch Kiese (v. a. Schwefel- und Kupferkies) mehr oder weniger stark imprägnierte, bandförmige Zone in metamorphen Gesteinen.

Fahlberg, Constantin, Chemiker russ. Herkunft, *Tambow 22. 12. 1850, †Nassau 15. 8. 1910; Industriechemiker in London, Baltimore und Philadelphia; entdeckte 1879 (mit dem amerikan. Chemiker IRA REMSEN, *1846, †1927) den künstl. Süßstoff Saccharin und leitete 1884 dessen industrielle Herstellung ein.

Fahlcrantz, Carl Johan, schwed. Maler, *Stora Tuna (heute zu Borlänge) 29. 11. 1774, †Stockholm 9. 1. 1861; der bedeutendste Landschaftsmaler der schwed. Romantik. Angeregt von ELIAS MARTIN sowie in der Komposition geschult an u. a. C. LORRAIN und der niederländ. Malerei des 17. Jh., bevorzugte er schwed. Motive; hierdurch erschloss er die heim. Natur für die schwed. Landschaftsmalerei.

Fahlerde, *Bodenkunde:* Bodentyp ähnlich der →Parabraunerde, aber stärker durch →Lessivierung geprägt.

Fahlerze, kubisch kristallisierende, metallisch glänzende, meist dunkel- bis fahlgraue Kupferantimonsulfid- oder Kupferarsensulfidminerale, die außerdem anstelle von Cu in größeren Mengen Ag, Zn, Fe oder Hg, anstelle von Sb oder As auch Bi u. a. enthalten können. Grenzzusammensetzungen sind der **Tetraedrit (Antimon-F.),** $Cu_{12}Sb_4S_{13}$, und der **Tennantit (Arsen-F.),** $Cu_{12}As_4S_{13}$, zw. denen zahlr. Misch-F. der Zusammensetzung $Cu_{12}(As,Sb)_4S_{13}$ liegen; Härte nach MOHS 3,5 bis 4,5; Dichte 4,6 bis 5,2 g/cm³. – Weitere Vertreter der F. sind u. a. der **Freibergit,** ein silberhaltiger Tetraedrit, mit 18–36% Ag, und der **Schwazit (Hermesit),** ein quecksilberhaltiger Tetraedrit mit bis 17% Hg. Die F. sind wichtige Kupfer- und Silbererze, die weit verbreitet v. a. in hydrothermalen Erzlagerstätten, aber auch in Sedimenten und pegmatitisch vorkommen.

Fahlleder, naturfarbiges, pflanzlich gerbtes und stärker gefettetes Rindoberleder, das zu Blättern und Schäften von Arbeitsschuhen, Bergstiefeln u. a. verarbeitet wird.

Fahlström, Öyvind, schwed. Maler, Grafiker, Multimediakünstler, Filmemacher und Kunstkritiker, *São Paulo 28. 12. 1928, †Stockholm 9. 11. 1976; lebte ab 1961 meist in New York, wo er eine gesellschaftskritisch engagierte Form der Pop-Art entwickelte. Seine z. T. sehr detailreichen Werke sind von der indian. Kunst inspiriert und durch inhaltl. Vielschichtigkeit gekennzeichnet (insbes. »Dr. Schweitzer's last mission«, 1964–66; Stockholm, Moderna Museet).

Fähnchengaukler, Chaetodon ephippium, im westl. Indopazifik, an der afrikan. und der Ostküste des trop. Amerika verbreiteter Korallenfisch (→Borstenzähner) mit fahnenartig verlängerten mittleren Strahlen der Rücken- und Afterflosse.

Fahndung [mnd. vanden »besuchen«, »aufsuchen«], Maßnahmen der Staatsanwaltschaft und der Polizei zur Entdeckung flüchtiger oder gesuchter Personen (z. B. Straftäter, Zeugen). Die F. im Strafverfahren wird durch die Staatsanwaltschaft veranlasst; die F.-Maßnahmen müssen in einem angemessenen Verhältnis zur Bedeutung der Sache (Straftat) stehen. Gesetzlich geregelte F.-Mittel sind die Ausschreibung zur Festnahme aufgrund eines Haft- oder eines Unterbringungsbefehls (§ 131 StPO; früher als →Steckbrief bezeichnet) und die Ausschreibung zur Aufenthaltsermittlung bei einem Beschuldigten oder Zeugen, wenn sein Aufenthalt unbekannt ist (§ 131a StPO). Auf der Grundlage von § 131a StPO ist bei Beschuldigten auch die Ausschreibung zur Sicherstellung des Führerscheins, zur erkennungsdienstl. Behandlung, zur Anfertigung einer DNA-Analyse (→genetischer Fingerabdruck) und zur Feststellung seiner Identität möglich. Ferner gibt es die vom Bundeskriminalamt und einigen Landeskriminalämtern herausgegebenen F.-Blätter, die der Festnahme verfolgter Personen dienen sollen. Für die F. in Massenmedien (auch im Internet) bestehen seit 1973 bundeseinheitl. Richtlinien. Polizei-, Zoll- und Einwanderungsbehörden führen besondere F.-Bücher. In neuerer Zeit ist die →Rasterfahndung als eine besondere Art polizeil. F. entwickelt worden, bei der systematisch Datenbestände nach bestimmten Kriterien (Rastern) abgeglichen werden. Hiervon zu unterscheiden ist die in § 163d StPO normierte →Schleppnetzfahndung, die bei Vorliegen bestimmter Straftaten erlaubt, Daten über die Identität von Personen und Umstände, die der Aufklärungszwecken dienen können, in einer Datei zu speichern. Die Ausschreibung zur polizeil. Beobachtung (§ 163e StPO), die nur durch den Richter angeordnet werden darf (bei Gefahr im Verzug auch durch die Staatsanwaltschaft), zielt auf das Sammeln von Erkenntnissen, um ein Bewegungsbild der ausgeschriebenen Person zu ermitteln. Weitere Möglichkeiten bieten u. a. die F. über Interpol, über das Schengener Informationssystem (SIS, →Schengener Abkommen) und die Einrichtung von →Kontrollstellen. F. i. w. S. sind auch die im →Steuerstrafrecht berücksichtigte Steuer- und Zollfahndung.

  HUBERT MEYER u. K. WOLF: Kriminalist. Lb. der Polizei (⁸2003).

Fahne [ahd. fano, eigtl. »Tuch«, gekürzt aus gundfano »Kampftuch«],

1) i. w. S. jedes ein- oder mehrfarbige, leere oder mit herald. Figuren versehene, an einer seiner Kanten dauerhaft oder beweglich befestigte Stoffstück mit symbol. Bedeutung, das den Kriegern vorangetragen wurde; i. e. S. nur dasjenige Stück Stoff, das unter bestimmten Voraussetzungen verliehen wird (i. d. R. einer Gruppe) und nicht ohne Weiteres durch ein gleichartiges Stück ersetzt werden darf, technisch daher meist mit der F.-Stange dauerhaft verbunden. Die F. ist im Unterschied zur →Flagge rechtlich ein zu den nicht vertretbaren Sachen gehörender Gegenstand mit individueller, einmaliger Bedeutung.

Fähnchengaukler

Geschichte Die Fahne als Kampf- oder Siegeszeichen und als Herrschaftssymbol war schon den altoriental. Völkern bekannt. Die erste F. aus Tuch war das röm. Vexillum, ein militär. →Feldzeichen. Dieses wurde unter Kaiser KONSTANTIN I. in der speziellen Form des »Labarum« zur Reichs-F. Hieraus entwickelte die Kirche im 10. Jh. zu liturg. Zwecken eigene Kirchen-F. Auch im weltl. Bereich kam der F. nun eine immer stärkere Bedeutung zu. Die seit Kaiser HEINRICH II. nachweisbare Übertragung von Reichslehen mittels F.-Lanzen führte im 12. Jh. zur Herausbildung der F. als Belehnungssymbol (→Fahnlehen). Mit der Herrschaftssymbolik verwandt ist die F. als Hoheitssymbol, u. a. als Wahrzeichen der Gerichtsbarkeit, v. a. des Blutbanns (→Blutfahne). Die F. als Markt-F. war für die Dauer ihrer Aufstellung das Zeichen für den Marktfrieden und das Marktrecht. (→deutsche Farben)

Im militär. Bereich dienten die F. urspr. im Gefecht als Richtungszeichen und Sammelpunkt für die Kämpfer (→Fähnlein). Aus dieser engen Bindung der Truppe an ihre F. erwuchs deren Bedeutung als Symbol der militär. Ehre und Treue. Auf seine F. leistete der Soldat den →Fahneneid. Gleichzeitig mit der Herausbildung des Wappenwesens in Europa während der Zeit der Kreuzzüge wurden die bes. im oriental. Raum als Feldzeichen verwendeten Tierdarstellungen von den Europäern als Bilder in ihre Kriegs-F. aufgenommen. Anfangs erschienen die Bilder auf diesen zunächst als »Gonfanon« bezeichneten F. aufrecht stehend bei waagerecht gehaltener F.-Lanze. Mit der Ausbildung des herald. Stils drehten sie sich um 90°, erschienen also aufrecht stehend bei senkrecht gehaltener Lanze, die damit zur F.-Stange wurde. Bis ins 16. Jh. war die nun häufig auch als »Banner« oder »Panier« bezeichnete viereckige, i. d. R. quadrat. F. die normale Form für selbstständige Herren (Bannerherren), Körperschaften oder militär. Verbände. Diesen unterstellte Personen oder Einheiten führten meist dreieckige F. Im 16. Jh. wurde das F.-Wesen vielfältiger. Während die F. der Reiterei klein blieben (50×50 cm) und sich zu →Standarten entwickelten, wurden die F. des Fußvolks insgesamt größer und dabei länger als hoch (200×180 cm). Diese Landsknechts-F. waren anfangs noch ohne herald. Zeichnung, erst im Dreißigjährigen Krieg (1618–48) wurden sie zunehmend mit allegor. Darstellungen versehen. In den stehenden Heeren führte seit Ende des 18. Jh. nur noch jedes Bataillon eine F. Seit dieser Zeit wurde es üblich, an F. Orden und »F.-Bänder« anzubringen und Inschriften hineinzusticken. Im Frieden wurde die F. an besonderer Stelle aufbewahrt, im Krieg vertraute man sie ausgesuchten Personen an (Fähnriche, Fahnenjunker, in Preußen ab 1807 bewährte Unteroffiziere). Die Verteidigung der F., auch unter Aufopferung des eigenen Lebens, galt als höchste soldat. Pflicht, sie zu verlieren als Schande für den ganzen Truppenteil. Spätestens zu Beginn des Ersten Weltkriegs (1914–18) verlor die F. ihren Wert als takt. Feldzeichen, ihr symbol. Wert bes. für die Zusammengehörigkeit des Truppenteils blieb jedoch erhalten. Nach 1918 wurden die F. der alten dt. Armee vielfach in Kirchen aufbewahrt, die Reichswehr führte selbst keine F. mehr. 1936 wurden den Truppenteilen der Wehrmacht neue F. verliehen, die 1945 größtenteils verloren gingen. Die Bataillone der Bundeswehr erhielten 1965 neue Fahnen.

F. werden auch von Körperschaften geführt, z. B. von Vereinen, Studentenverbindungen, Zünften. – Ausdrucksmittel mit internat. Bedeutung, z. B. für die militär. Kapitulation (weißes Tuch), die proletar. Weltrevolution (rot), die Genfer Konvention (rotes Kreuz auf weißem Tuch) oder früher für pestverseuchte Ortschaften (gelb) sind genau genommen keine F., sondern Flaggen.

P. E. SCHRAMM: Herrschaftszeichen u. Staatssymbolik, Bd. 2 (1955); Haack-Flaggen-Atlas Erde, hg. v. W. WIRTH (Neuausg. 2001); D. WAGNER: Alle Flaggen der Welt (2002).

2) *Botanik:* ein bestimmtes Blütenblatt der Schmetterlingsblütler (→Hülsenfrüchtler).

3) *graf. Technik:* Korrekturabzug von einem gesetzten Text auf losen Blättern vor dem Umbruch.

4) *Zoologie:* Teil der Vogelfeder (→Federn).

Fahnenbildung, bei der Fernsehwiedergabe auftretender Fehler, der z. B. auf falschem Abgleich des Zwischenfrequenzverstärkers oder falschem Amplitudengang des Videoverstärkers beruht: Im Bild werden senkrechte Kanten in horizontaler Richtung ausgedehnt.

Fahneneid, der militär. Diensteid (Treu- und Gehorsamseid). Durch ihn werden das Dienstverhältnis und die mit ihm verbundenen Pflichten nicht begründet, sondern lediglich bekräftigt. In Dtl. wurde der F. i. d. R. auf die Fahne, bei der berittenen Truppe auf die Standarte, bei der Artillerie auf das Geschütz, von einzelnen Soldaten auf den Degen eines Offiziers geleistet.

Im Söldnerheer wurde der F. gegenüber dem Feldhauptmann zur Bekräftigung des Soldvertrags geleistet. Im stehenden Heer wurde er ein Treu- und Gehorsamseid gegenüber dem Staatsoberhaupt als oberstem Kriegsherrn. Im Frühkonstitutionalismus (erstmals in Bayern 1819) wurde gefordert, in den F. auch eine Vereidigung des Heeres auf die Verfassung aufzunehmen; der **militärische Verfassungseid** bildete

---

Fahneneid

Aus dem Gesetz über die Rechtsstellung der Soldaten (Soldatengesetz)

§ 9 Eid und feierliches Gelöbnis

(1) Berufssoldaten und Soldaten auf Zeit haben folgenden Diensteid zu leisten: »Ich schwöre, der Bundesrepublik Deutschland treu zu dienen und das Recht und die Freiheit des deutschen Volkes tapfer zu verteidigen, so wahr mir Gott helfe.« Der Eid kann auch ohne die Worte »so wahr mir Gott helfe« geleistet werden. Gestattet ein Bundesgesetz den Mitgliedern einer Religionsgesellschaft, an Stelle der Worte »ich schwöre« andere Beteuerungsformeln zu gebrauchen, so kann das Mitglied einer solchen Religionsgesellschaft diese Beteuerungsformel sprechen.

(2) Soldaten, die auf Grund der Wehrpflicht Wehrdienst leisten, bekennen sich zu ihren Pflichten durch das folgende feierliche Gelöbnis: »Ich gelobe, der Bundesrepublik Deutschland treu zu dienen und das Recht und die Freiheit des deutschen Volkes tapfer zu verteidigen.«

Gesetz über die Rechtsstellung der Soldaten v. 19. 3. 1956 (BGBl. I S. 114), i. d. F. der Bekanntmachung v. 14. 2. 2001 (BGBl. I S. 232, 478), zuletzt geändert durch Drittes Gesetz zur Änderung verwaltungsverfahrensrechtl. Vorschriften v. 21. 8. 2002 (BGBl. I S. 3322, 3340).

seitdem ein Grundproblem des Verhältnisses von Heer und Staat. Überwiegend wurde er im 19. Jh. jedoch abgelehnt. Der F. blieb im Dt. Reich nach 1871 ein reiner Eid auf den Kaiser. In der Weimarer Rep. wurde der F. zweigeteilt: Er enthielt die Treuepflicht gegenüber der Reichs-Verf. und die Gehorsamspflicht gegenüber dem Reichs-Präs. und den sonstigen Vorgesetzten. Das Ges. vom 1. 12. 1933 formulierte den Eid neu, der nun nicht mehr eine Verpflichtung auf den Staat, die Verf. und den Reichs-Präs., sondern den Schwur, »Volk und Vaterland allzeit treu (zu) dienen«, enthielt. Durch das Ges. vom 1. 8. 1934 wurde der F. wieder zu einem reinen Gehorsamseid auf die Person des »Obersten Befehlshabers der Wehrmacht«, auf A. HITLER, umgestaltet. Doch wurde damit nur die Pflicht zur Prüfung der Verfassungsmäßigkeit militär. Befehle beseitigt; das Recht zum Widerstand gegenüber einer schlechthin rechtlos handelnden Obrigkeit blieb bestehen.

In Dtl. leisten die Soldaten der Bundeswehr keinen F. im eigentl. Sinn. Anstelle des Treueids gegenüber der Verf. und des Gehorsamseids gegenüber dem Staatsoberhaupt leisten die Berufssoldaten und Soldaten auf Zeit einen Eid (Diensteid), in dem sie schwören, Dtl. treu zu dienen und das Recht und die Freiheit des dt. Volkes tapfer zu verteidigen. Soldaten, die aufgrund der Wehrpflicht Wehrdienst leisten, legen ein feierliches Gelöbnis des gleichen Inhalts ab. Diensteid und Gelöbnis werden seit 1965 auf die Truppenfahne abgelegt.

In Österreich sind die Verhältnisse ähnlich wie in Dtl. – In der Schweiz wird der F. erst im Falle der Mobilmachung geleistet.

🔊 **Fahneneid:** Das erste Gelöbnis bei der Bundeswehr (19. 5. 1957) 1442

Fahnenflucht, Desertion, das eigenmächtige Sichentfernen (Verlassen) oder Fernbleiben eines Soldaten von seiner Truppe oder Dienststelle, um sich der Verpflichtung zum Wehrdienst dauernd oder für die Zeit eines bewaffneten Einsatzes zu entziehen oder die Beendigung des Wehrdienstverhältnisses zu erreichen. Die F. ist mit Freiheitsstrafe bis zu fünf Jahren bedroht (§ 16 Wehrstraf-Ges.). Das Ges. sieht Strafmilderung vor, wenn sich der Täter innerhalb eines Monats stellt und wehrdienstwillig ist. – Ähnl. Regelungen finden sich in Österreich (§§ 8 f. Militärstraf-Ges.) und der Schweiz (Art. 81 ff. Militärstraf-Ges.).

Fahnenhymne, Bez. für Nationalhymnen, in denen auf die Nationalflagge Bezug genommen wird, so in Albanien, Costa Rica, Djibouti, in der Dominikanischen Republik, in Frankreich, Jordanien, den Komoren, Monaco, Nauru, Nicaragua, Rumänien, den USA (»Star-Spangled Banner«) und Samoa.

Fahnenjunker, *Militärwesen:* 1) in Preußen im 17. und 18. Jh. Bez. für jugendl. Edelleute (Junker), die als Offizieranwärter der Infanterie dienten und (in der Tradition der →Fähnriche der Landsknechtszeit) als besondere Auszeichnung das Recht besaßen, die Fahne ihres Truppenteils zu tragen; bei der Kavallerie hießen sie **Standartenjunker,** bei der Artillerie **Stückjunker;** nach den Befreiungskriegen Vorstufe zum Portepeefähnrich, von 1899 bis 1945 unterster Offizieranwärterdienstgrad; 2) heute in der Bundeswehr (Heer, Luftwaffe) der Offizieranwärter im Range eines Unteroffiziers (bei der Marine: Seekadett).

Fahnenkunde, eine histor. Hilfswissenschaft, seit 1957 weltweit als →Vexillologie bezeichnet.

Fahnenschlagen, Fahnenschwingen, Brauch bei Handwerker- und Schützenfesten, bei Umzügen und Prozessionen. Die Fahne wird nach der Musik kunstvoll geschwungen, emporgeworfen und wieder aufgefangen. F. ist heute bes. in der Schweiz, in Österreich, Belgien, Italien, den Niederlanden und in Süd-Dtl. verbreitet. F. ist wahrscheinlich militär. Ursprungs und war seit dem späten MA. ein Privileg der Zünfte.

Fahnenschuh, der Metallbeschlag am unteren Ende der Fahnenstange; auch das lederne Widerlager am Steigbügel, in das der Standartenträger zu Pferde die Standarte stellt (**Standartenschuh**).

Fahnentuch, Flaggentuch, kräftiges leinwandbindiges Gewebe, meist stückgefärbter Cretonne oder Renforcé.

Fahnenwagen, →Carroccio.

Fahnenwuchs, Windwüchsigkeit, durch dauernde Windeinwirkung hervorgerufene einseitige Kronenentwicklung bei Bäumen, wobei sich die Äste v. a. wegen der austrocknenden Wirkung des Windes nur auf der windabgewandten Seite entwickeln. Bäume mit F. werden als **Windflüchter** bezeichnet.

Fahnlehen, im mittelalterl. (Hl.) Röm. Reich Bez. für ein bes. qualifiziertes Lehnsobjekt (Leihezwang, Unteilbarkeit), dessen Investitur u. a. durch die Überreichung einer Fahne vollzogen wurde und als Voraussetzung für die Zugehörigkeit zum Fürstenstand galt. Trotz der in einigen Rechtsbüchern überlieferten besonderen Bedeutung der F. ist die Unterscheidung zw. Normallehen und F. nicht genau zu treffen. Gesicherte Erkenntnis scheint, dass die Fahne urspr. militär. und gerichtsherrl. Befugnisse, später dann allg. vom König abgeleitete Herrschaftsrechte symbolisierte und dass F. in jedem Fall mit besonderer Herrschaftsgewalt verbunden waren.

Fähnlein, *Militärwesen:* kleinster Fahnen führender administrativer Truppenkörper (»Einheit«) in den Söldnerheeren des 16. und 17. Jh. in Dtl. und der Schweiz. Die Durchschnittsstärke eines F. belief sich um 1600 beim Fußvolk auf etwa 300–400, bei der Reiterei auf 100–150 Mann. Mehrere F. bildeten ein Regiment. In der Schlacht gingen die von Hauptleuten geführten F. des Fußvolks im Gevierthaufen auf, nur die F. der Reiterei wurden als takt. Einheiten eingesetzt. Im 17. Jh. entwickelte sich aus dem F. bei der Infanterie die →Kompanie, bei der Kavallerie die →Eskadron.

Fähnrich, *Militärwesen:* 1) urspr. in den Landsknechtsheeren des 16. und 17. Jh. der Fahnenträger des Fähnleins, später (in Preußen bis zur Abschaffung des Dienstgrades F. mit Beförderung aller F. zu Leutnanten 1807) der jeweils jüngste Offizier in einer Einheit, bei der Kavallerie abweichend hiervon »Kornett« genannt. 1763 erhielten die jeweils fünf ältesten und besten Fahnenjunker der preuß. Infanterieregimenter die Bez. **Portepee-F.** Diese Bez. hielt sich nach den Befreiungskriegen für Offizieranwärter in den Rängen Unteroffizier und Feldwebel (je nach Ausbildungsstand) und wurde schließlich 1899 durch »F.« ersetzt; 2) heute in der Bundeswehr (Heer, Luftwaffe) der Offizieranwärter im Range eines Feldwebels (bei der Marine: **F. zur See**).

Fahr, Benediktinerinnenkloster (gegr. 1130) am rechten Limmatufer im nördl. Vorortbereich von Zürich (Enklave der aargauischen Gemeinde Würenlos im Kt. Zürich), Schweiz. Die Klostergebäude wurden 1689–1701 von K. und J. MOOSBRUGGER neu errichtet, die Kirche entstand 1743–46; Ausmalung

(1745/46) und Malereien an der nördl. Kirchenfassade durch die Brüder GIOVANNI ANTONIO und GIUSEPPE ANTONIO TORRICELLI.

Fahrbahn, der für den Kfz-Verkehr bestimmte Teil von Straßen (einschließlich der befahrbaren Randstreifen) und Straßenbrücken. Zur sicheren Verkehrsführung erhält die F. versch. F.-Markierungen, v. a. Leit- und Trennlinien zur Abgrenzung der **Fahrstreifen** (Fahrspuren), aber auch markierte Sperrflächen sowie Pfeile und Schriftzeichen. Im Ausland sind oft gelbe Markierungen gebräuchlich; in Dtl. haben diese vorübergehenden Charakter mit Vorrang vor den übl. weißen F.-Markierungen. Die F.-Breite liegt bei Bundesstraßen i. Allg. zw. 7,5 und 15 m; Autobahnen haben zwei (durch Mittelstreifen getrennte) **Richtungs-F.** mit je zwei, drei oder vier Fahrstreifen von je 3,75 m Breite.

Fahrbahnrost, das stählerne Tragwerk unter der Fahrbahn einer Brücke.

Fahrbibliothek die, -/-en, bewegl. Bibliothek, bei der ein Fahrzeug (heute meist ein Bücherbus) als Bibliotheksraum genutzt wird und Haltepunkte in dünn besiedelten Regionen anfährt, in denen eine ortsfeste öffentl. Bibliothek unwirtschaftlich wäre. Moderne F. werden in Dtl. auch in großstädt. Bibliothekssystemen zur Versorgung von Randzonen eingesetzt; sie fassen bis zu 6 000 Bücher und andere Medien. F. gab es seit dem frühen 20. Jh. in den USA, wo sie (wie auch in Skandinavien) bis heute weit verbreitet sind. In Dtl. wurden 2003 rd. 150 F. unterhalten.

Fahrdiagramm, ein die mögl. Betriebszustände eines bestimmten Kfz hinsichtlich Fahrgeschwindigkeit, Kraftstoffverbrauch, Getriebegang, befahrbarer Steigung und erreichbarer Beschleunigung zusammenfassendes Schaubild. In dem F. wird als Abszisse die Fahrgeschwindigkeit aufgetragen, als Ordinaten sind die bei Volllastbetrieb in den einzelnen Gängen erreichbaren Antriebskräfte sowie der bei verschiedenen Geschwindigkeiten auftretende Fahrwiderstand (Luft-, Roll- und Steigungswiderstand) ablesbar. Übersteigt bei einer bestimmten Fahrgeschwindigkeit die vom Motor an die Antriebsräder abgegebene Vortriebskraft den Fahrwiderstand, so steht die Überschusskraft so lange zum Beschleunigen zur Verfügung, bis die Fahrgeschwindigkeit einen Wert erreicht hat, bei dem Fahrwiderstand und Antriebskraft übereinstimmen. Bei Befahren einer Steigung verlangsamt sich das Fahrzeug so lange, bis der Fahrwiderstand auf die bei der betreffenden Fahrgeschwindigkeit wirksame Antriebskraft abgesunken ist. Das F. ist ein wichtiges Hilfsmittel bei der Auslegung von Kraftfahrzeugen und ihren Antriebssträngen.

Fahrdienstleiter, für die sichere Betriebsführung bei der Eisenbahn verantwortl. Mitarbeiter im Befehlsstellwerk von Bahnhöfen, bei der DB Netz AG zunehmend in →Betriebszentralen verlagert.

Fahrdienstvorschrift, Abk. **FV,** Bez. für das frühere Regelwerk (DV/DS 408) zur sicheren Handhabung des Bahnbetriebs, bei der Dt. Bahn AG seit 1999 »Konzernrichtlinie 408 – Züge fahren und rangieren«.

Fahrdynamik, Teilgebiet der techn. Mechanik (Fahrzeugmechanik), das sich mit den auf ein Fahrzeug wirkenden Kräften und den daraus resultierenden Fahrzeugbewegungen befasst. Bei Kraftfahrzeugen befasst sich die **Längsdynamik** mit dem Zusammenwirken von Antriebs- oder Bremskräften an den Rädern und mit den Fahrwiderständen in Abhängigkeit von den Strecken- und Betriebsverhältnissen. Aus der Längsdynamik ergeben sich wichtige Schlussfolgerungen für den Kraftstoffverbrauch, die Beschleunigungsfähigkeit und die Auslegung von Triebstrang und Bremsanlage. – Die **Querdynamik** betrachtet die Kräfte, die das Fahrzeug von der Fahrtrichtung ablenken, z. B. Seitenwind, Fliehkräfte. Ein Ausgleich dieser Kräfte kann nur durch Seitenführungskräfte der Räder erfolgen, wobei das gummibereifte Rad gegenüber seiner Mittelebene unter einem entsprechenden Schräglaufwinkel rollt. Von Einfluss sind auch die dynam. Radlast, die Antriebs- und Bremskräfte sowie die Reibungseigenschaften der Fahrbahn. Je nach Lage des Schwerpunkts, des Angriffspunkts der Windkräfte, der Konstruktion der Radaufhängung und der Reifenbeschaffenheit ergeben sich Fahreigenschaften, die zus. mit den Lenkreaktionen des Fahrers auf das Fahrverhalten, die Fahrtrichtungshaltung bei Geradeaus- und die Fahrstabilität bei Kurvenfahrt schließen lassen. Die **Vertikaldynamik** untersucht die senkrechten Kräfte und Bewegungen, die durch die Unebenheiten der Straße erzeugt werden und unter Zwischenschaltung von Reifen- und Wagenfederung Hubschwingungen und Nickschwingungen um die Querachse erzeugen, die mithilfe von →Schwingungsdämpfern reduziert werden. Bei Kurvenfahrt ergibt sich ein von der Achsanordnung abhängiges Wanken um die Längsachse, das durch →Stabilisatoren beeinflusst werden kann. Durch den Einsatz elektron. Regelsysteme lassen sich erhebl. Verbesserungen der Längsdynamik (→Antiblockiersystem), der Querdynamik (F.-Regelung mit gezielter Beeinflussung der Giermomente durch Bremseneingriff) sowie der Vertikaldynamik (Verringerung der Wankneigung des Fahrzeugaufbaus und Beeinflussung der Dämpfungseigenschaften durch elektron. Fahrwerkregelung) erzielen. – Bei den **Schienenfahrzeugen** werden in fahrdynam. Untersuchungen zur Längsdynamik die Gesetzmäßigkeiten des Zeit-Weg-Verlaufs und die jeweiligen Geschwindigkeiten und deren Veränderung (Beschleunigung, Verzögerung, Ruck) in Abhängigkeit von der Beschaffenheit der Fahrzeuge, bes. der Triebfahrzeuge und deren Bremseigenschaften, sowie von der Beschaffenheit des Gleises unter Einfluss der Witterungsbedingungen verfolgt, ebenso wie Zugkraft-, Fahrwiderstands- und Leistungswerte, Haftreibung, Wirkungsgrade und Betriebsstoffverbrauch.

Fähre, Wasserfahrzeug mit Spezialeinrichtungen (Rampen u. a.) zum Transport von Personen, Gütern

Fähre: kleine Fähre vor dem Ort Monterosso al Mare (Cinque Terre, Italien)

Fahr Fahreignung

Fähre: Transportfahrzeuge fahren in Cuxhaven von Bord einer Autofähre mit Roll-on-roll-off-Betrieb

und Landfahrzeugen von Ufer zu Ufer über Binnengewässer und (**Fährschiff, See-F.**) über See, hier mitunter auf längeren Strecken (z. B. im Bereich der Ostsee). **Fluss-F.** gibt es als **Ruder-** und **Stak-F.** (durch Menschenkraft), **Ketten-F.** (Antrieb durch Kette unter Wasser), **Seil-F.** (Antrieb durch Seil über Wasser), **Gier-F.** (Antrieb durch stromseitiges Pendelseil und Strömungsdruck), **Schwebe-F.** (unter Brückenkonstruktion hängend) oder F. mit üblichem Motor-/Propellerantrieb. – Fährschiffe werden meist mit durchlaufenden Decks für Kraftfahrzeuge (**Auto-F.**) oder Eisenbahnen (**Eisenbahn-F.** oder **Trajekte**) oder als kombinierte **Eisenbahnkraftwagen-F.** gebaut. Häufige Bauart ist die **Doppelender-F.**, deren Antriebs- und Steuereinrichtung ein Fahren und Anlegen in beiden Richtungen ermöglicht. Hochsee-Eisenbahn-F. müssen mit geeigneten Vorrichtungen zur sicheren Festlegung der Eisenbahnfahrzeuge ausgerüstet sein. Gleise sind an Deck i. d. R. im Boden eingelassen, um auch Straßenfahrzeuge aufnehmen zu können. Schwankende Wasserstände werden durch vertikal bewegl. Fährbrücken in den Fährbahnhöfen ausgeglichen. In Gewässern mit geringen Wasserstandsschwankungen genügen i. Allg. schiffsseitige Klappen als Höhenausgleich. Doppelstock-F. haben entweder einen Aufzug oder werden über doppelstöckige Fährbrücken be- und entladen, was die Ladezeit erheblich verkürzt. Zur Überbrückung von Gewässern waren Eisenbahn-F. früher weit verbreitet, in Dtl. v. a. über den Rhein, den Bodensee und die Ostsee. Heute bestehen in den meisten Verbindungen feste Brücken, auf einigen Linien werden keine Eisenbahnfahrzeuge mehr befördert. Zw. Mukran und Klaipeda besteht seit 1988 eine mit 540 Seemeilen bes. lange Eisenbahnfährverbindung. – Auto-F. verfügen über z. T. mehrere Wagendecks für 1 500 und mehr Pkw, für längere Fahrtstrecken auch über Passagierkabinen. Mehrere schwere Unglücke mit zahlr. Todesopfern (»Herald of Free Enterprise« 1987 vor Zeebrugge, »Jan Heveliusz« 1993 vor Rügen, »Estonia« 1994 zw. Tallinn und Stockholm und »Express Samina« 2000 vor der griech. Insel Paros) führten zu einer Sicherheitsdiskussion über Auto-F., deren durchlaufende Fahrzeugdecks im Roll-on-roll-off-Betrieb be- und entladen werden (d. h. Einfahrt auf den einen, Ausfahrt auf dem anderen Schiffsende). V. a. dem Untergang der »Estonia«, bei der die Bugklappe wegbrach und die dahinter liegende Fahrzeugladerampe niederriss, folgten Forderungen nach besseren Sicherheitsvorkehrungen. Einige Reedereien verschweißten daraufhin die Bugklappen ihrer Nord- und Ostsee-F. oder bauten hinter Bugöffnung und Laderampe ein zusätzl. wasserdichtes Schott ein. Die zuständige Internat. Seeschifffahrts-Organisation (IMO) schlug 1995 neue Standards für Ro-ro-F. vor, um die Kentergefahr durch eindringendes Wasser und verrutschende Ladung zu verringern. Dazu gehören erhöhte konstruktive Anforderungen an die Schiffsstabilität, eine Einbaupflicht für Längs- und Querschotte auf den durchlaufenden Decks sowie Vorschriften für Auslauftore zum Auspumpen von Wasser.

K. ORTEL u. H.-D. FOERSTER: Fährschifffahrt der Welt (1998); G. U. DETLEFSEN: Binnen- u. Hochseeschiffe sowie die Fähren der dt. Eisenbahn (2004).

Fahreignung. Aufgrund §1 der Fahrerlaubnis-VO vom 18. 8. 1998 ist zum Verkehr auf öffentl. Straßen jeder zugelassen, soweit nicht für die Zulassung zu einzelnen Verkehrsarten eine Erlaubnis erforderlich ist. Nicht zugelassen ist derjenige, der sich infolge körperl. oder geistiger (auch charakterl.) Mängel im Verkehr nicht sicher bewegen kann. Die Fahrerlaubnisbehörde hat die →Fahrerlaubnis demjenigen zu entziehen bzw. nicht zu erteilen, der sich als ungeeignet zum Führen von Kraftfahrzeugen erwiesen hat (§3 StVG). Vor der Wiedererteilung der Fahrerlaubnis kann die Fahrerlaubnisbehörde, insbes. nach erfolgter Sanktionierung eines Fehlverhaltens im Straßenverkehr unter Alkohol-, Drogen- oder Medikamenteneinfluss, fachärztl. und/oder medizinisch-psycholog. bzw. toxikolog. Gutachten einholen und auf ihrer Grundlage über die Wiedererteilung entscheiden. Zusätzlich zur F. muss für die Teilnahme am Straßenverkehr die **Fahrtüchtigkeit** gegeben sein, unter der derjenige körperl. und geistig-seel. Zustand zu verstehen ist, der v. a. unter dem Gesichtspunkt der Sicherheit zu jedem Zeitpunkt einen situationsangepassten

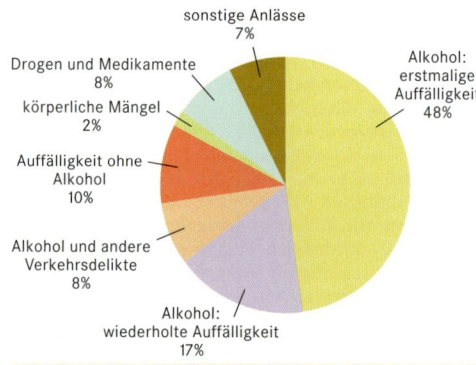

Fahreignung: Untersuchungsanlässe zur medizinisch-psychologischen Überprüfung der Fahreignung (2001)

optimalen Verkehrsablauf gewährleistet (→Fahruntüchtigkeit).

Fahren, Fahrsport, *Pferdesport:* wettkampfmäßige Prüfungen von Pferdegespannen (Ein-, Zwei- oder Vierspänner), die Gebrauchsprüfungen, Dressurprüfungen, Hindernisfahren sowie Gelände- und Streckenfahren umfassen. Bei **Gebrauchsprüfungen** werden das Herausbringen von Pferd und Wagen, die techn. Fähigkeiten, Ausbildung und Gesamteindruck des Pferdes beurteilt. Bei **Dressurprüfungen** in einem rechteckigen Parcours werden Leistungen von Pferd und Fahrer erfasst. Dabei sind versch. Aufgaben vorgeschrieben, die harmonisch vorgeführt werden sollen. Das **Hindernis-F.** auf einem Parcours wird nach der benötigten Zeit bewertet, bei Fehlern werden Zeitzuschläge berechnet. Die Strecke führt durch enge Gassen, Wendungen und flache Gewässer. Nach dem dritten Ungehorsam der Pferde scheidet der Fahrer aus. Beim **Gelände- und Strecken-F.** sind Teilstrecken, wie Trabstrecke, Geländetrabstrecke mit Hindernissen und Schrittstrecke, zu durchfahren. Die Gespanne müssen mit einem Fahrer und einem bzw. zwei Beifahrern besetzt sein. Internat. Organisation der Fahrer ist die Fédération Equestre Internationale (FEI), national die Dt. Reiterl. Vereinigung. Im F. werden nat., Europa- und Weltmeisterschaften sowie internat. Fahrturniere ausgetragen. Prüfungen gibt es für Ein-, Zwei- und Vierspänner. – Bei Schauvorführungen werden auch Sechs- bis Zwölfspänner eingesetzt.

fahrende Leute, fahrendes Volk, im MA. Sammel-Bez. für nicht Sesshafte, die z. T. als Bettler von Hof zu Hof, Stadt zu Stadt, Jahrmarkt zu Jahrmarkt zogen (mhd. varn) oder dort ihre Dienste und Künste u. a. als Gaukler, Bärenführer, Spaßmacher, Hellseher, Musikanten sowie Sänger, aber auch als Dirnen (fahrende Frauen), Heiler und Händler anboten. Das fahrende Volk wurde bis in die Neuzeit größtenteils als »unehrlich« (→Unehrlichkeit) eingestuft. Teile der f. L. entwickelten mit dem Rotwelsch eine eigene Sondersprache und schlossen sich z. B. in Bruderschaften oder auch in Banden zusammen. Die ältesten literar. Zeugnisse für das Auftreten von »varnden« finden sich im 12. Jh. in dem Spielmannsepos »Orendel« und in HEINRICH VON VELDEKES »Eneit«. Den mhd. Bez. entsprechen lat. Bez. wie »ioculatores«, »vagabundi«, auch »vagantes« (→Vaganten).

Als Personengruppe mit großer geogr. Mobilität und mit Kontakten zu Angehörigen versch. Schichten hatten die f. L., zu denen auch Zigeuner (seit dem 15. Jh.), Landstreicher u. a. zählten, Bedeutung für den öffentl. und aktuellen Austausch von Nachrichten und Meinungen sowie die Verbreitung von Astrologie, Quacksalberei u. Ä., aber auch für den Bereich der Unterhaltung (z. B. Spielleute, Zeitungssinger, Bänkelsänger, Verfasser und Händler der Einblattdrucke und Bilderbögen).

T. HAMPE: Die f. L. in der dt. Vergangenheit (³1924); E. SCHUBERT: Fahrendes Volk im MA. (1995); J.-P. LIÉGEOIS: Roma, Sinti, Fahrende (2002); W. HARTUNG: Die Spielleute im MA. (2003).

Fahrenheit, Daniel Gabriel, Physiker und Instrumentenbauer, * Danzig 24. 5. 1686, † Den Haag 16. 9. 1736; begründete die wiss. Thermometrie durch die Herstellung (seit 1714) von Thermometern mit übereinstimmender 3-Punkte-Eichung; er verwendete zunächst Ethanol, ab etwa 1718 auch Quecksilber als Thermometersubstanz. F. führte (1714) eine erste geeichte Thermometerskala (**F.-Skala**) mit der Einheit

Fahren: Vierspänner-Geländefahren

→Grad Fahrenheit ein. Außerdem konstruierte er Barometer, Aräometer, Pyknometer sowie – nachdem er unabhängig von R. BOYLE die Abhängigkeit des Siedepunktes vom Luftdruck beobachtet hatte – ein zur Höhenmessung verwendbares Hypsobarometer.

Fahrenheit 451, Roman des amerikan. Schriftstellers R. BRADBURY; engl. 1953; 1966 von F. TRUFFAUT verfilmt. In der Antiutopie wird erzählt, wie in einer totalitären Welt alle Bücher, die sowohl für Kreativität und menschl. Individualismus als auch für Geschichtsbewusstsein stehen, verboten und vernichtet werden.

Fahrenheit-Skala, Fahrenheit-Temperatur [nach D. G. FAHRENHEIT], →Grad Fahrenheit.

Fahrenkamp, *Emil* Gustav, Architekt, * Aachen 8. 11. 1885, † Breitscheid (heute zu Ratingen) 24. 5. 1966; 1919 Lehrer und 1938 Direktor der Kunstakademie in Düsseldorf. Ausgehend vom Neoklassizismus gestaltete F. neutrale und klar gegliederte Flächen, neben vertikal gestuften auch geschwungene Fassaden.

Werke: Fabrik- und Verwaltungsgebäude der Rheinstahl AG in Düsseldorf, Berlin, Stuttgart, Frankfurt am Main und Hamburg (1921–23); Shell-Haus in Berlin (1930–32); Kaufhaus Karstadt in Köln (1963).

Emil Fahrenkamp: Shell-Haus in Berlin (1930–32)

Fahr Fahren ohne Fahrerlaubnis

Einteilung der Fahrerlaubnisse

Deutschland (ab 1. 1. 1999 EU-Führerschein)

Klasse	Beschreibung
Klasse A:	Krafträder (Zweiräder, auch mit Beiwagen) mit einem Hubraum von mehr als 50 cm³ oder mit einer durch die Bauart bestimmten Höchstgeschwindigkeit von mehr als 45 km/h (Mindestalter bei stufenweisem Zugang 18 Jahre, bei direktem Zugang 25 Jahre)
Klasse A 1:	Krafträder der Klasse A, jedoch mit einem Hubraum von nicht mehr als 125 cm³ und einer Nennleistung von nicht mehr als 11 kW (Leichtkrafträder, 16 Jahre)
Klasse B:	Kfz (außer Krafträder) mit einer Gesamtmasse von nicht mehr als 3 500 kg und mit nicht mehr als 9 Sitzplätzen und Anhänger bis 750 kg (18 Jahre)
Klasse C:	Kfz mit einer Gesamtmasse von mehr als 3 500 kg und nicht mehr als 9 Sitzplätzen und Anhänger bis 750 kg (18 Jahre)
Klasse C 1:	Kfz mit einer Gesamtmasse von mehr als 3 500 kg, aber nicht mehr als 7 500 kg und nicht mehr als 9 Sitzplätzen (18 Jahre)
Klasse D:	Kfz zur Personenbeförderung mit mehr als 9 Sitzplätzen und Anhänger bis 750 kg (21 Jahre)
Klasse D 1:	Kfz zur Personenbeförderung mit mehr als 9 Sitzplätzen, aber nicht mehr als 17, und Anhänger bis 750 kg (21 Jahre)
Klasse BE, CE, C1E, DE, D1E:	Kfz der Klassen B, C, C 1, D oder D 1 mit Anhänger mit einer Gesamtmasse von mehr als 750 kg (z. T. mit bestimmten Einschränkungen; 18 Jahre bzw. für Klassen DE und D 1E 21 Jahre)
Klasse S:	dreirädrige Kleinkrafträder (Trikes), vierrädrige Leichtkraftfahrzeuge (Quads) mit Höchstgeschwindigkeit bis 45 km/h (16 Jahre)
Klasse M:	Kleinkrafträder und Fahrräder mit Hilfsmotor (16 Jahre)
Klasse T:	Zugmaschinen mit einer Höchstgeschwindigkeit von nicht mehr als 60 km/h und selbstfahrende Arbeitsmaschinen mit einer Höchstgeschwindigkeit von nicht mehr als 40 km/h (für land- und forstwirtschaftliche Zwecke; 16 Jahre)
Klasse L:	land- und forstwirtschaftliche Zugmaschinen mit einer Höchstgeschwindigkeit von nicht mehr als 32 km/h und Kombinationen mit Anhängern, wenn sie nicht mehr als 25 km/h fahren (16 Jahre)

Österreich

Gruppe	Beschreibung
Gruppe A:	Motorräder (18 Jahre, mit Einschränkungen; sonst 21 Jahre)
Gruppe B:	Kraftwagen bis 9 Plätze und 3 500 kg Gesamtgewicht (17 Jahre, vorgezogene Klasse B; sonst 18 Jahre)
Gruppe C:	schwere Kraftwagen bis 9 Plätze (18 Jahre, Berufskraftfahrer oder eingeschränkt; sonst 21 Jahre)
Gruppe D:	größere Kraftwagen mit mehr als 9 Plätzen, allenfalls mit leichten Anhängern (21 Jahre)
Gruppe E:	Kraftwagen mit schweren Anhängern (18 oder 21 Jahre);
Gruppe F:	Zugmaschinen bis 50 km/h (18 Jahre)

Schweiz

Kategorie	Beschreibung
Kategorie A:	Motorräder
Kategorie A 1:	Kleinmotorräder und Motorräder mit einem Hubraum bis 125 cm³ und einer Motorleistung von höchstens 11 kW
Kategorie B:	Motorwagen mit einem Gesamtgewicht von nicht mehr als 3 500 kg und mit nicht mehr als 9 Sitzplätzen
Kategorie B 1:	klein- und dreirädrige Motorfahrzeuge mit einem Leergewicht von nicht mehr als 550 kg
Kategorie C:	Motorwagen zur Güterbeförderung mit mehr als 3 500 kg Gesamtgewicht
Kategorie C 1:	Personenwagen, Feuerwehrmotorwagen und Wohnmotorwagen mit mehr als 3 500 kg Gesamtgewicht, aber nicht mehr als 7 500 kg
Kategorie D:	Motorwagen zur Personenbeförderung mit mehr als 3 500 kg Gesamtgewicht und mehr als 9 Sitzplätzen
Kategorie D 1:	Motorwagen zur gewerbsmäßigen Personenbeförderung mit mehr als 9, aber nicht mehr als 17 Sitzplätzen einschließlich des Führersitzes
Kategorie BE, CE, DE:	Anhänger von mehr als 750 kg Gesamtgewicht an Motorwagen der Kategorie B, C bzw. D
Kategorie F:	Motorfahrzeuge mit einer Höchstgeschwindigkeit bis 45 km/h, unter Ausschluss von Motorrädern
Kategorie G:	landwirtschaftliche Motorfahrzeuge mit einer Höchstgeschwindigkeit bis 30 km/h

Fahren ohne Fahrerlaubnis, →Fahrerlaubnis.
Fahren ohne Führerschein, →Führerschein.
Fahrerassistenzsysteme, elektron. Hilfsmittel zur Unterstützung des Fahrers beim Führen von Kraftfahrzeugen, zum einen aus Sicherheitsgründen, zum anderen wegen eines höheren Fahrkomforts. Letztlich beeinflusst ein höherer Fahrkomfort das phys. und psych. Leistungsvermögen des Fahrers und trägt damit ebenfalls zur Erhöhung der Sicherheit bei. F. greifen teilautonom oder autonom in Antrieb, Steuerung (z. B. Gas, Bremse) oder Signaleinrichtungen des Fahrzeuges ein und warnen bzw. informieren durch geeignete Mensch-Maschine-Schnittstellen den Fahrer kurz vor oder während krit. Fahrsituationen. Beispiele für F. sind die →Abbiege- und Spurwechselassistenz, die → Abstandswarngeräte, der Abstandsregeltempomat ACC (Adaptive Cruise Control), das →Antiblockiersystem, die →Antriebsschlupfregelung, der Bremsassistent, das elektron. Stabilitätsprogramm →ESP, die →Einparkhilfen und die Reifendruckkontrolle. Die F. sind mit umfassenden Sensoren oder Sensorsystemen ausgerüstet. Zu den Sensorsystemen gehören Drehzahl-, Lenkradwinkel- und Gierratensensoren beim ESP sowie Ultraschall-, Radar- oder Kamerasysteme beim Abstandsregeltempomat.

Fahrerflucht, die Flucht eines an einem Verkehrsunfall Beteiligten vom Unfallort, →Verkehrsunfallflucht.

Fahr|erlaubnis, behördl. Erlaubnis (Verwaltungsakt), auf öffentl. Straßen ein Kfz zu führen. Ausgenommen von der F.-Pflicht sind Krankenfahrstühle bis 15 km/h, Fahrräder mit Hilfsmotor bis 25 km/h, so genannte Mofas, für die eine Mofa-Prüfbescheinigung benötigt wird, Zugmaschinen für land- oder forstwirtschaftliche Zwecke, selbstfahrende Arbeitsmaschinen, Stapler oder andere Flurförderfahrzeuge bis jeweils 6 km/h sowie einachsige Zug- oder Arbeitsmaschinen, die von Fußgängern an Holmen geführt werden. Die F. ist zu erteilen, wenn der Antragsteller seinen ordentl. Wohnsitz im Inland hat, das erforderl. Mindestalter erreicht hat, nach dem Fahrlehrer-Ges. ausgebildet ist, seine Befähigung durch eine theoret. und eine prakt. Prüfung unter Beweis gestellt hat, die körperl. sowie geistige Eignung zum Führen von Kfz besitzt, in Sofortmaßnahmen am Unfallort unterwiesen worden ist und keine F. der entsprechenden Klasse aus einem EU- oder EWR-Staat besitzt (§§ 2 StVG und 7 ff. F.-VO).

Der Nachweis der F. wird im →Führerschein (seit 1. 1. 1999 EU-Führerschein) dokumentiert. F. und Führerscheine, die bis zum 31. 12. 1998 erteilt worden sind (auch solche nach den Vorschriften der DDR), bleiben im Umfang der dadurch nachgewiesenen Berechtigung gültig. Die F. wird seit 1999 in Klassen erteilt, die mit Buchstaben bezeichnet werden (§ 6 F.-Verordnung). Es gibt insgesamt 16 F.-Klassen, davon 13 europäische und 3 nationale (M, L und T). Für Krafträder gelten die Klassen A, A1 und M, für Pkw die Klassen B und BE, für Lkw die Klassen C1, C1E, C und CE, für Busse die Klassen D1, D1E, D, DE, für Zugmaschinen die Klassen T und L und für Leichtkraftfahrzeuge die Klasse S. Die in der Klassenbezeichnung jeweils mit einer «1» versehenen Klassen (A1, C1, D1) unterscheiden sich von der Hauptklasse (A, C, D) hinsichtlich abweichender Fahrzeugmerkmale (Leistung, Geschwindigkeit, Größe). Klassen mit dem Endbuchstaben «E» (BE, C1E, CE, D1E, DE) sind die so genannten Anhängerklassen: Sie setzen die F. der vor dem

«E» genannten Klasse voraus und berechtigen zum Mitführen jeweils bestimmter Anhänger. Die Klasse S musste in Dtl. aufgrund eines Urteils des EuGH mit Wirkung zum 1. 2. 2005 eingeführt werden. Sie betrifft dreirädrige Kleinkrafträder (→Trikes) sowie vierrädrige Leichtkraftfahrzeuge (→Quads) und Klein-Pkw mit einer Höchstgeschwindigkeit von 45 km/h; zum Erwerb der diesbezügl. F. ist ein Mindestalter von 16 Jahren erforderlich. Die Verwendung der genannten Fahrzeuge erscheint im Hinblick auf die Verkehrssicherheit bedenklich.

Erweist sich jemand als ungeeignet zum Führen von Kfz, ist ihm die F. von der F.-Behörde zu entziehen (§ 3 StVG). Außerdem kann eine →Entziehung der Fahrerlaubnis im Rahmen eines Strafverfahrens erfolgen, wenn sich aus der Straftat ergibt, dass der Täter zum Führen von Kfz ungeeignet ist; davon ist bei bestimmten Verkehrsvergehen (z. B. Trunkenheit im Verkehr, Straßenverkehrsgefährdung, Unfallflucht) i. d. R. auszugehen. Fahren ohne die erforderl. F. ist als Straftatbestand in § 21 StVG mit Freiheitsstrafe bis zu einem Jahr oder Geldstrafe bedroht; unter Umständen kann das Kfz eingezogen werden. Seit 1. 1. 1986 wird Fahranfängern die **F. auf Probe** mit einer Probezeit von zwei Jahren erteilt (§ 2 a StVG). Ausgenommen von der Regelung sind die F.-Klassen L, M und T. Bestimmte Verkehrsverstöße innerhalb der Probezeit führen zu den in §§ 2 a f. StVG geregelten Maßnahmen (z. B. Teilnahme an einem Aufbauseminar, schriftl. Verwarnung, Entziehung der F.), →Stufenführerschein.

Auch in Österreich ist das Lenken eines Kfz auf Straßen mit öffentl. Verkehr nach den §§ 1 ff. Führerschein-Ges. nur aufgrund einer behördl. **Lenkberechtigung** für die betreffende Fahrzeuggruppe erlaubt. Die Voraussetzungen für die Erteilung der F. sind dem dt. Recht entsprechend geregelt. Über die F. ist ein Führerschein auszustellen. Liegen entsprechende Gründe vor, ist die F. einzuschränken oder zu entziehen.

Wer in der Schweiz ein Motorfahrzeug führt, braucht einen **Führerausweis**. Die einschlägigen Bestimmungen hierzu finden sich im Bundes-Ges. über den Straßenverkehr vom 19. 12. 1958. Die Erteilung des Führerausweises hängt von folgenden Voraussetzungen ab: 1) der bestandenen Führerprüfung, 2) einem bestimmten Mindestalter (vollendetes 18. Lebensjahr für das Führen von Personenwagen) sowie 3) dem Fehlen von Eignungsmängeln (d. h. insbesondere keine die Fahrfähigkeit beeinträchtigenden körperl. oder geistigen Gebrechen). Unabhängig von einer Verkehrsregelverletzung muss die F. grundsätzlich sofort entzogen werden, wenn die Voraussetzungen für die Erteilung nicht oder nicht mehr erfüllt sind (**Sicherungsentzug** von unbestimmter Dauer, mindestens aber einen Monat). **Warnungsentzug** erfolgt, wenn der Führer den Verkehr in schwerer Weise gefährdet hat, in angetrunkenem Zustand gefahren ist, nach Verletzung oder Tötung eines Menschen die Flucht ergriffen hat, ein Motorfahrzeug zum Gebrauch entwendet hat, nicht bestrebt oder nicht fähig ist, ohne Gefährdung oder Belästigung anderer zu fahren, ein Motorfahrzeug zur Begehung eines Verbrechens oder mehrmals zu vorsätzl. Vergehen verwendet hat oder sich vorsätzlich einer Blutprobe oder anderen ärztl. Untersuchung entzogen hat.

Fahrgastschiff, Schiff zur Beförderung von Fahrgästen. Nach dem Fahrtbereich unterscheidet man Binnen-, Küsten- und See-F. Kleine und große F. sind heute meist Motorschiffe (selten noch Dampfschiffe mit Dampfmaschinen- oder Dampfturbinenantrieb). Auf größeren Flüssen und Seen sowie auf kürzeren Meeresstrecken kommen Tragflügelschiffe und Luftkissenfahrzeuge zum Einsatz. Dem Tagesausflugsverkehr dienende Binnen- und Küsten-F. weisen Gesellschaftsräume mit gastronom. Einrichtungen auf, F. für Mehrtagereisen auch Passagierkabinen (**Hotel-** oder **Kabinenschiffe**). Bei den zur Fahrgastbeförderung eingesetzten Seeschiffen unterscheidet man die im Liniendienst oder für Kreuzfahrten eingesetzten reinen **Fahrgast-** oder **Passagierschiffe** (die größten und schnellsten wurden früher als **Übersee-** oder **Schnelldampfer** bezeichnet), die eine der Fahrgastzahl (bis zu 3 500 und mehr) entsprechende Anzahl Kabinen, Speise-, Gesellschafts- und Wirtschaftsräume, offene Deckpromenaden, Schwimmbäder u. a. aufweisen. Kombinierte **Fracht-und-Fahrgast-Schiffe** (**Kombischiffe**) mit Einrichtungen für Fahrgäste und zahlr. Laderäumen sowie **Fährschiffe** (→Fähre) sind nur noch selten anzutreffen. – Infolge der Entwicklung des Luftverkehrs werden reine F. heute fast ausschließlich für Kreuzfahrten eingesetzt. (→Schiff)

M. MADDOCKS: Die großen Passagierschiffe (a. d. Engl., Amsterdam 1992); C. B. HANSEN: Die dt. Passagierschiffe v. 1816 bis heute (1999); D. SCHUBERT: Dt. Binnenfahrgastschiffe (2000); A. KLUDAS u. a.: Die großen Passagierschiffe der Welt (2002).

Fahrgemeinschaft, Zusammenschluss mehrerer Personen für Fahrten in einem privaten Pkw, bes. im Berufsverkehr (nicht zu verwechseln mit →Carsha-

Fahrgastschiff: Das 2002/03 gebaute Kreuzfahrtschiff »Carnival Glory« bei seiner Jungfernfahrt in Port Canaveral in Florida; es kann maximal 2 700 Passagiere aufnehmen.

Einteilung der Fahrerlaubnisse (Fortsetzung)

Das Mindestalter beträgt:

14 Jahre für Führer von Motorfahrzeugen der Kategorie G;

16 Jahre für Führer von Motorfahrzeugen der Kategorie F und von Motorfahrzeugen, für die ein Führerausweis nicht erforderlich ist;

18 Jahre für Führer von Motorfahrzeugen der Kategorien A 1, B, B 1, C, C 1, BE, CE sowie unter bestimmten Voraussetzungen hinsichtlich der Fahrpraxis und der Art des Fahrzeugs der Kategorie A;

21 Jahre für Führer von Motorfahrzeugen der Kategorien D und DE.

ring). F. bringen sowohl gesamtwirtschaftl. als auch einzelwirtschaftl. Vorteile (Verminderung des Kraftstoffverbrauchs, der Umweltbelastung, der Verkehrsstaus und der Unfallzahlen). – Steuerrechtlich können Arbeitnehmer, die F. bilden, die Fahrtkosten als Werbungskosten ansetzen. Die Entfernungspauschale von 30 Cent pro Entfernungskilometer (seit 1.1.2004) erhalten auch Mitfahrer in Fahrgemeinschaften bis zu einem Höchstbetrag von 4500 € pro Jahr. Wegeunfälle sind durch die gesetzl. Unfallversicherung gedeckt. – Für die Vermittlung von Mitfahrgelegenheiten im privaten Fernverkehr haben sich in größeren Städten →Mitfahrzentralen gebildet.

Fahrgeräusch, von versch. Teilschallquellen eines Kfz (z.B. Motor, Auspuffanlage, Getriebe, Karosserie, Reifen) während der Fahrt erzeugtes Geräusch. Das Messverfahren für Pkw und Lkw ist in der EG-Richtlinie 70/157/EWG vorgeschrieben. Laut der Richtlinie wird eine Messstrecke von insgesamt 20 m durchfahren. Wenn die vordere Fahrzeugbegrenzung den Beginn der Messstrecke ereicht, erfolgt eine Beschleunigung des Fahrzeugs mit Volllaststellung des Fahrpedals (aus einer gleichförmigen Anfangsgeschwindigkeit). 10 m nach Beginn der Messlinie nehmen im Abstand von 7,5 m links und rechts zur Fahrzeugmittellinie befindl. Mikrofone das F. auf. Der max. auftretende Schallpegel darf dabei bestimmte Grenzwerte, die sich nach der jeweiligen Fahrzeugkategorie richten, nicht überschreiten. In bestimmten Fahrzeugkategorien werden außerdem Abstufungen nach Art und Leistung des Antriebsmotors und der zulässigen Gesamtmasse des Fahrzeugs vorgenommen. Aktuell (2005) gültige F.-Grenzwerte: 74 dB (A) für Pkw, 80 dB (A) für Lkw und 70 dB (A) für Kleinkrafträder bis 25 km/h Höchstgeschwindigkeit. Bei Motorrädern wird nach Hubraum unterschieden, z.B. bei über 500 cm³ Hubraum 86 dB (A).

Die Grenzwerte haben sich seit Verabschiedung der ersten Richtlinie sukzessive verringert. Um das Fahrgeräusch unabhängig von der Fahrzeugkonstruktion weiter zu senken, werden z.T. Fahrbahn-Oberflächenschichten beim Straßenbau eingesetzt, die den hohen Anteil des Reifengeräuschs am F. verringern helfen.

Fahrgestell, das →Fahrwerk.

Fahrlässigkeit,
1) *allg.:* Mangel an gebotener Aufmerksamkeit, Besonnenheit, Vorsicht.
2) *Recht:* 1) Zivilrecht: neben dem Vorsatz eine Form des Verschuldens. Fahrlässig handelt, wer die im Verkehr (im Sinne von Interaktion) erforderl. Sorgfalt außer Acht lässt (§ 276 Abs. 2 BGB). Welche Sorgfalt erforderlich ist, bestimmt sich nach dem allgemeinen Verkehrsbedürfnis (es kommt darauf an, welches Maß von Sorgfalt der normale Verkehr i. Allg. für erforderl. hält), insbes. nach der konkreten Situation und nach den objektiven Fähigkeiten des betreffenden Verkehrskreises, z.B. der jeweiligen Berufs-, Alters- oder Bildungsgruppe des Handelnden (objektivierter F.-Maßstab). Im Einzelfall können aber auch besondere persönl. Fähigkeiten zur Steigerung der erforderl. Sorgfalt führen. Die Verwirklichung des Tatbestandes muss zudem vermeidbar und die Widerrechtlichkeit erkennbar sein. Man unterscheidet drei Grade von F.: **leichte** oder **normale F.** (culpa levi); **grobe F.** (culpa lata; ungewöhnlich grobe Sorgfaltspflichtverletzung, deren Vermeidung jedem hätte einleuchten müssen); **konkrete F.** (Verletzung der in eigenen Angelegenheiten übl. Sorgfalt, lat. »Diligentia quam in suis«). I. Allg. haftet der Schuldner sowohl für leichte als auch für grobe Fahrlässigkeit. Im Ggs. zu Haftung für Vorsatz kann die Haftung für F. durch Freizeichnungsklauseln (häufig in allgemeinen Geschäftsbedingungen verwendet) vertraglich in engen Grenzen (i. Allg. nicht bei der Verletzung von Leben, Körper und Gesundheit; kein formularmäßiger Ausschluss der Haftung für grobe Fahrlässigkeit, § 309 Nr. 7 BGB) ausgeschlossen werden.

2) Strafrecht: Der strafrechtl. F.-Begriff stellt sowohl auf die individuelle, subjektive Person des Täters als auch auf ein objektives Maß ab. Danach handelt fahrlässig, wer die objektiv erforderliche und ihm auch persönl. mögliche und zumutbare Sorgfalt außer Acht lässt und deshalb pflichtwidrig nicht voraussieht, dass er das in einem strafrechtl. →Tatbestand geschützte Rechtsgut verletzen könnte (**unbewusste F.,** »negligentia«) oder, obwohl er dies voraussieht, pflichtwidrig darauf vertraut, dass der tatbestandsmäßige Erfolg nicht eintreten werde (**bewusste F.,** »luxuria«). In zahlr. Fällen stellt das Gesetz auch auf Leichtfertigkeit ab (z.B. §§ 138 Abs. 3, 178, 251, 345 Abs. 2 StGB); darunter ist grobe F. zu verstehen. Die grobe F. ist meist, aber nicht notwendigerweise, bewusste Fahrlässigkeit.

Die fahrlässige Begehungsweise ist nur dann strafrechtlich relevant, wenn das Gesetz fahrlässiges Handeln ausdrücklich mit Strafe bedroht (§ 15 StGB).

Ähnl. Bestimmungen enthalten die StGB Österreichs (§§ 6 ff.) und der Schweiz (Art. 18 Abs. 3, 19 Abs. 2; revidierte Art. 12 Abs. 3 und 13 Abs. 2).

Fahrleitung, Leitung zur Energieversorgung elektr. Triebfahrzeuge, meist über dem Gleis als Oberleitung an Masten aufgehängt. Für Gleichstrom und Einphasenwechselstrom genügt ein gegen die Schienen unter Spannung stehender Fahrdraht, die zweite Phase (Rückleitung) bilden die Schienen, bei Wechselstrombahnen meist zusammen mit der Erde. Der dreiphasige Anschluss von Drehstrombahnen (Jungfraubahn, Gornergratbahn) erfordert zweipolige Oberleitungen, als dritte Phase dienen ebenfalls die Schienen. Oberleitungsomnibusse benötigen dagegen wegen der drahtgebundenen Rückleitung zwei Fahrdrähte. Bei Eisenbahnen hängt der Fahrdraht meist an einem gesonderten Tragseil und verläuft zur gleichmäßigen Abnutzung des Stromabnehmers zickzackförmig. Die S-Bahnen in Berlin und Hamburg sowie U-Bahnen benutzen als F. eine Stromschiene seitlich neben dem Gleis. Bes. in Großbritannien liegt als F. z.T. eine dritte Schiene offen im Gleis.

Fährmann, Willi, Schriftsteller, *Duisburg 18. 12. 1929; Lehrer, später Schulleiter und Schulrat. Sehr erfolgreich mit Kinder- und Jugendbüchern, die aus christl. Haltung realist. Geschichten erzählen. F. gestaltete auch Sagen, Legenden und bibl. Stoffe nach.

Werke (Auswahl): Das Jahr der Wölfe (1962); Es geschah im Nachbarhaus (1968); Kristina, vergiß nicht ... (1974); Der lange Weg des Lukas B. (1980); Zeit zu hassen, Zeit zu lieben (1985); Siegfried von Xanten (1987); Kriemhilds Rache (1988); Jakob und seine Freunde (1993); Unter der Asche die Glut (1997).

Fahrnis, *fahrende Habe, Recht:* Bez. für bewegl. Sachen (→Sache).

Fahrplan, im Voraus meist für bestimmte Zeiträume festgelegte Abfahrt- und Ankunftszeiten öffentl. Verkehrsmittel. Die veröffentlichten F. der Eisenbahnen enthalten nur Angaben über die Verkehrszeiten der Züge auf den Bahnhöfen, innerbetriebl. F. auch die Durchfahrzeiten auf allen anderen Betriebsstellen.

Verkehren die Züge in immer gleichen Intervallen, spricht man von **Takt-F.** (S-Bahn, IC). Der **Bild-F. (grafischer F.)** bietet mit einem Zeit/Weg-Diagramm schnellen Überblick über alle während eines Tages auf einer Strecke verkehrenden Züge. Der **Buch-F.** als Fahranweisung für den Triebfahrzeugführer enthält einzeln für jeden Zug Fahrzeiten, Streckenkilometer, Geschwindigkeiten und sonstige Angaben; heute werden diese Angaben zusammen mit denen über zeitweise eingerichtete Langsamfahrstellen bei der Dt. Bahn vom System **EBuLa** (Abk. für Elektron. **Bu**chfahrplan für **La**ngsamfahrstellen) auf einem Display im Führerstand dargestellt. Als **F.-Trassen** werden die von den Zügen benötigten Zeitbänder bezeichnet; für die Nutzung hat das Eisenbahnverkehrsunternehmen eine Trassengebühr an das Eisenbahninfrastrukturunternehmen (z. B. DB Netz AG) zu zahlen.

F. für die Reisenden sind Kursbücher, Taschen-F. und Städteverbindungen; die F. stehen auch auf elektron. Datenträgern (CD-ROM) für die Offlinenutzung am PC zur Verfügung oder können online im Internet abgefragt werden. Auf den Bahnhöfen ausgehängt sind Abfahrts- und Ankunftspläne.

Grundlage für die F.-Gestaltung war früher der Bild-F. als graf. Darstellung der F.-Zeiten aller geplanten Reise- und Güterzüge für alle Betriebsstellen der Strecke. Zur Konstruktion und Optimierung des F. werden heute leistungsfähige Computer eingesetzt, wobei alle maßgebenden Einflussgrößen berücksichtigt werden müssen, z. B. Streckenwiderstand (Steigungen, Kurven), zulässige Höchstgeschwindigkeit von Strecke und Fahrzeugen, Leistungsdaten des eingesetzten Triebfahrzeugs, Zuggewicht (Masse) und Bremsverhältnisse.

Seit 1872 wurden die F. der europ. Bahnen auf der Europ. Reisezugfahrplan- und Wagenbeistellungskonferenz vereinbart, die unter dem Vorsitz der Schweizer. Bundesbahnen jährlich an wechselnden Orten stattfand. Ab 1997 gingen die Aufgaben, auch für die internat. Güterzug-F., auf das Forum Train Europe (FTE), Sitz Bern, über. Die Forderung der EU nach neutraler Vergabe der F.-Trassen veranlasste die europ. Eisenbahninfrastrukturunternehmen zur Gründung der Vereinigung Rail Net Europe (RNE), Sitz Wien, der zum 1. Januar 2004 die Verantwortung für die Erstellung der internat. Jahres-F. übertragen wurde. Dort werden die Anmeldungen aller Eisenbahnverkehrsunternehmen bearbeitet und nach Möglichkeit berücksichtigt; außerdem steht bei RNE ein elektron. Auskunftssystem für die Trassenpreise zur Verfügung. FTE als Zusammenschluss von Eisenbahnverkehrsunternehmen führt eine vorangehende Abstimmung der F. aus Sicht der Nutzer des Netzes durch.

Die F. gelten meist für ein Jahr, z. T. werden auch für Sommer- und Winterabschnitt getrennte F. erstellt, um saisonal unterschiedl. Bedarf berücksichtigen zu können. Die strateg. Planung bei RNE soll in Zukunft schon zwei bis vier Jahre vorausgreifen.

Fahrpost, Fahrende Post, Ordin**a**ri-Post, Postkutschen, eingesetzt seit Mitte des 17. Jh. von der Reichspost der Familie Thurn und Taxis sowie von der Post der Landesherren auf den bedeutendsten Verkehrslinien zur Beförderung von postal. Sendungen, Personen, Gütern und Geld (neben der bis dahin übl. Reitpost, die nur Briefe überbrachte).

Fahrrad, zweirädriges, einspuriges Fahrzeug, das mit Muskelkraft durch Tretkurbeln angetrieben wird. Das

Fahrrad: Herrenfahrrad mit Gangschaltung

Gleichgewicht beim Fahren wird neben der Verlagerung des Gewichts v. a. durch Lenken des Vorderrads gehalten; die Räder besitzen oberhalb der Schrittgeschwindigkeit eine stabilisierende Kreiselwirkung. Der Rahmen besteht aus Stahl- oder Leichtmetallrohren, zunehmend auch aus Chemiefasermaterial. Historisch hat das **Herren-F.** die Form eines Dreieckfachwerks, beim **Damen-F.** ist das Oberrohr heruntergezogen und zur Erhöhung der Festigkeit durch Stege mit dem Unterrohr verbunden. Im Rahmen sind neben der mit der Lenkstange drehbaren Vorderradgabel das Tretlager und das Hinterrad gelagert. Die Kröpfung der Vorderradgabel bewirkt den für die Stabilisierung und das Lenken wichtigen →Nachlauf. Von der Lenkstange aus lassen sich die Bremsen betätigen. An den Naben der Räder sind die Speichen tangential und schräg zur Radebene befestigt. Die Speichen sind durch Nippel an den Felgen gleichgespannt. Die Felgen tragen Schlauch und Mantel (Decke) der Bereifung. Das Hinterrad wird durch Kettenübersetzung angetrieben. Die Übersetzung beträgt 1 : 2 bis 1 : 4, d. h., bei einer Umdrehung der Tretkurbel dreht sich das Hinterrad zwei- bis viermal. Viele F. haben eine Gangschaltung zur Änderung des Übersetzungsverhältnisses. Die Getriebe bestehen entweder aus mehreren Planetenzahnrädern (Nabenschaltung) oder aus mehreren Ritzel- (hinten) und Kettenblättern (vorn) mit versch. Durchmesser (Kettenschaltung); es gibt auch Kombinationen von Naben- und Kettenschaltung. Der →Freilauf ermöglicht es, das F. ohne Betätigen der Tretkurbel rollen zu lassen; er enthält auch die →Rücktrittbremse.

Nach dem Verwendungszweck kann man die F. in vier Hauptgruppen unterteilen: das für allgemeine Erledigungen im Wohnumfeld geeignete **Stadt-** oder **Cityrad**, das robustere **Trekkingrad**, das **Geländesportrad** und das **Rennrad**. Die gängigsten City- und Trekkingräder sind heute mit 1-, 3-, 5-, 7-, 8- und 14-Gang-Naben sowie 21-, 24-, 27- und 30-Gang-Kettenschaltungen ausgestattet. Die Geländesporträder haben 21, 24 oder 27 Gänge, um extreme Steigungen im Gelände bewältigen zu können. Hierzu gehören das BMX-Rad (→Bicycle-Motocross), das →Mountainbike und dessen für den Straßenverkehr geeignete Abwandlung ATB (Abk. für engl. all-terrain bike). Moderne Rennräder besitzen an der Tretkurbel 2 oder 3 Kettenblätter und an der Hinterradnabe 9- oder 10-fach-Kassettennaben, d. h. 18 bzw. 30 Gänge. F.-Sonderformen sind u. a. das Kunstrad für Artistik und Sport und das Tandem für zwei oder mehr Personen. Das **Klapp-** oder **Faltrad** ist ein F., das (u. a. zum Transport im Kfz) in mehrere Teile zerlegt oder gefaltet werden kann. Wei-

Fahr — Fahrrad

Fahrrad: Hochrad mit Radialspeichen (1882)

tere Unterscheidungskriterien bei F. sind Art und Umfang der Federung. Die Federung dient dem Fahrkomfort und dem Sicherheitsgewinn. Zur Vollfederung gehören eine Federgabel am Vorderrad und eine gefederte Schwinge (am Hauptrahmen) für das Hinterrad. Federgabel und eine gefederte Sattelstütze werden als Komfortfederung bezeichnet. Extrem großvolumige Reifen (Balonreifen) erhöhen ebenfalls die Bequemlichkeit.

Geschichtliches Vierrädrige Muskelkraftfahrzeuge fanden bereits im 18. Jh. Verwendung auf den Wegen herrschaftl. Parkanlagen. Die Erfindung des lenkbaren Zweirades durch K. DRAIS 1817 in Mannheim (»Laufmaschine«, »Velocipede«, »Draisine«) brachte die entscheidende Minimierung des Fahrwiderstandes, aber auch den Zwang zum ständigen Balancieren; daher wurde ein indirekter Fußantrieb lange nicht gewagt. Erst 1853 entwickelte PHILIPP MORITZ FISCHER (* 1812, † 1890) das F. mit Tretkurbeln am lenkbaren Vorderrad. 1861 führte PIERRE MICHAUX (* 1813, † 1883) die Serienfertigung in den F.-Bau ein. Von seinen »Michaulinen« (mit großem Vorder- und kleinem Hinterrad) wurden 1869 bereits täglich 200 Stück produziert. Die Weiterentwicklung zum Hochrad durch Vergrößerung des Vorderrades ermöglichte höhere Geschwindigkeiten. Danach wurde das wieder kleinere Vorderrad über Ketten angetrieben, um die Kurbeldrehung entsprechend zu übersetzen (»Känguru«). Nach früheren Vorläufern bedeutete das Sicherheits-F. »Rover« von JOHN KEMP STARLEY (* 1854, † 1901) 1885 den Durchbruch für das Niederrad mit Kettenantrieb auf das Hinterrad. 1888 folgte die Bereifung mit den Luftreifen von J. B. DUNLOP, 1898 die Freilaufnabe mit Rücktrittbremse (in den USA Patent von A. P. MORROW, ab 1900 von ERNST SACHS [* 1867, † 1932] als »Torpedo«-Nabe gefertigt). – Eine Übersicht über die Entwicklung des F. bieten das Dt. Zweiradmuseum in Neckarsulm sowie das Dt. Fahrradmuseum in Bad Brückenau.

Recht F., die als Straßenfahrzeuge benutzt werden, müssen nach der StVZO (§§ 63 ff.) mit zwei voneinander unabhängigen Bremsen und mindestens einer helltönenden Glocke (keiner Radlaufglocke) ausgerüstet sein. Andere Einrichtungen für Schallzeichen (z. B. Ballon-Hupe) sind nicht zulässig. Vorgeschrieben sind mindestens die folgenden lichttechn. Einrichtungen: Scheinwerfer vorne (weiß), Rückstrahler vorne (weiß), eventuell in Scheinwerfer integriert, Schlussleuchte (rot), Rückstrahler hinten (rot), eventuell in Schlussleuchte integriert, Pedalrückstrahler (gelb), 2 Speichenrückstrahler je Felge, um 180 Grad versetzt, oder Weißwandreifen. Für den Betrieb des Scheinwerfers und der Schlussleuchte (in der Dämmerung, bei Dunkelheit oder wenn die Sichtverhältnisse es sonst erfordern) muss jedes F. mit einer Lichtmaschine mit mindestens 3 W Nennleistung und 6 V Nennspannung ausgerüstet sein (»Fahrbeleuchtung«). Zusätzlich darf eine Batterie mit 6 V Nennspannung verwendet werden (»Batterie-Dauerbeleuchtung«); die beiden Betriebsarten dürfen einander nicht beeinflussen. Radfahrer unterliegen den allgemeinen Verkehrsvorschriften. F. sind Fahrzeuge im Sinne der StVO. Radfahrer haben deshalb auch alle Vorschriften für Fahrzeugführer zu beachten (z. B. beim Abbiegen in ein Grundstück oder beim Ausfahren aus einem Grundstück). Der Radverkehr hat i. d. R. ebenso wie Kraftverkehr die Fahrbahn zu benutzen. Ist jedoch ein vorhandener Radweg für die jeweilige Fahrtrichtung mit Verkehrszeichen 237, 240 oder 241 gekennzeichnet, muss dieser benutzt werden. Das kann im Ausnahmefall auch ein auf der linken Seite angelegter Radweg sein. Nicht derart gekennzeichnete Radwege dürfen befahren werden, aber jeweils nur der rechte. Sind keine Radwege vorhanden, dürfen rechte Seitenstreifen benutzt werden, sofern Fußgänger nicht behindert werden. Radfahrer müssen einzeln hintereinander fahren; sie dürfen – höchstens zu zweit – nebeneinander fahren, wenn dadurch der übrige Verkehr nicht behindert wird. Gleichgültig, ob der Radfahrer auf der Fahrbahn oder auf einem Radweg fährt, gelten an nicht beampelten Kreuzungen und Einmündungen die allgemeinen Vorfahrtregeln. Wer aber als Radfahrer eine Einbahnstraße in falscher Richtung befährt oder vom Gehweg aus mit Vorfahrtstraße aus auf eine Fahrbahn fährt, hat keine Vorfahrt. Kinder bis zum vollendeten 8. Lebensjahr müssen, ältere Kinder bis zum vollendeten 10. Lebensjahr dürfen mit F. Fußwege benutzen, wobei auf Fußgänger bes. Rücksicht zu nehmen ist. Beim Überqueren einer Fahrbahn müssen die Kinder absteigen. Kinder unter 7 Jahren dürfen von Personen, die mindestens 16 Jahre alt sein müssen, auf F. mitgenommen werden, wenn ein Kindersitz vorhanden und durch Vorrichtungen dafür gesorgt ist, dass die Füße der Kinder nicht in die Speichen geraten können. Radfahrer dürfen sich nicht an Fahrzeuge anhängen und nicht freihändig fahren; die Füße dürfen sie nur dann von den Pedalen nehmen, wenn der Straßenzustand es erfordert.

Wirtschaft Die Produktion von F. in Dtl. erreichte (2004) 2,92 Mio. – Wirtschaftl. Interessenverband ist seit 2000 der ZIV-Zweirad-Industrie-Verband in Schwalbach, Ts., der aus dem Zusammenschluss des

Fahrrad: Freizeitsportler auf dem Mountainbike

Fachverbandes Fahrrad- und Kraftradteile e. V. und des Verbandes der Fahrrad- und Motorrad-Industrie e. V. hervorgegangen ist. Als eine Bundesvereinigung aktiver F.-Fahrer betrachtet sich der Allgemeine Dt. Fahrrad-Club e. V. (ADFC; gegr. 1979), Sitz: Bremen.

C. Kuhtz: Das große F.-Buch (1986); M. J. Rauck u. a.: Mit dem Rad durch zwei Jh. (Aarau ⁴1988); H.-E. Lessing: Das F.-Buch (1989); F. Winkler: F.-Technik. Konstruktion, Fertigung, Instandsetzung (¹⁰1999); D. Joyce: Das große Buch vom F. (a. d. Engl., 2000); H.-C. Smolik: Das große F.-Lex. (²2002).

Fahrrad|ergometer, →Ergometrie, →Elektrokardiografie.

Fahrrinne, für die Schifffahrt bestimmter Teil des →Fahrwassers (in einem Fluss und vor der Küste), gekennzeichnet durch →Seezeichen. Die Mindestfahrwassertiefe wird in Seekarten vermerkt.

Fährschiff, die →Fähre.

Fahrsperre, *Eisenbahn:* mechan. Einrichtung zur →Zugbeeinflussung, bringt Züge bei Überfahren eines Haltsignals selbsttätig zum Stehen. Ein schwenkbarer Anschlag neben dem Gleis trifft bei Halt zeigendem Signal einen Hebel am Wagen; durch Umstellung des Hebels wird die Bremse ausgelöst. Die F. wird noch bei der Berliner S-Bahn angewendet; in Hamburg ist sie seit 1967 durch die induktive Zugbeeinflussung ersetzt.

Fahrsteig, ein vorwiegend zur Personenbeförderung (z. B. auf Bahnhöfen, Flughäfen, Ausstellungsgeländen) eingesetzter waagerechter oder nur leicht geneigter Stetigförderer. Der F. entspricht in seinem Aufbau der →Rolltreppe.

Fahrstrahl, *Mathematik, Physik:* Bez. für einen Vektor, der von einem festen Punkt außerhalb einer Kurve zu einem Punkt dieser Kurve führt; z. B. bei einer Zentralbewegung eines Massenpunkts der Vektor vom Kraftzentrum zum jeweiligen Ort dieses Massenpunkts (→keplersche Gesetze).

Fahrstreifen, Teil einer mehrspurigen →Fahrbahn.

Fahrstuhl,
1) Transportmittel für Kranke, →Krankenfahrstuhl.
2) svw. Aufzug.

Fahrt,
1) *Luftfahrt:* die Geschwindigkeit eines Luftfahrzeugs relativ zur umgebenden Luft, die »wahre« Geschwindigkeit. (→Fluggeschwindigkeit)
2) *Schifffahrt:* die Geschwindigkeit eines Schiffs in Knoten (kn), in der Binnenschifffahrt in km/h. Zu unterscheiden ist zw. **F. durchs Wasser,** d. h. Geschwindigkeit relativ zum umgebenden Wasser (beeinflusst durch Strömung und Wind), und **F. über Grund,** d. h. Geschwindigkeit bezogen auf die Erdoberfläche.

Fahrtbereich, *Schifffahrt:* behördlich festgelegtes Seegebiet, in dem ein Schiff aufgrund seiner Konstruktion und Ausrüstung und der Qualifikation der Besatzung fahren darf. Man unterscheidet u. a. Küstenfahrt, kleine Fahrt, große Fahrt.

Fährte, *Jägersprache:* die hintereinander im Boden folgenden Abdrücke der Hufe (Schalen) des Elch-, Rot-, Dam-, Reh-, Muffel- und Schwarzwildes. Man unterscheidet: die frische (warme), soeben entstandene und die alte (kalte), vor längerer Zeit entstandene F., ferner die gesunde und die kranke F. (Wund- oder Schweißfährte). Nach der Gangart des Wildes unterscheidet man die F. im Ziehen (Schritt), die F. im Trollen (Trab) und die F. in der Flucht (Galopp). Der Abdruck, der von einem Lauf hinterlassen wird, heißt Tritt (Trittsiegel). Aus der F. lassen sich Art, Geschlecht, Stärke, Gangart und -richtung sowie Aufenthalt des Wildes ablesen.

Fahrtenbuch, *Kraftfahrzeugverkehr:* Dokument, dessen Führung die Verwaltungsbehörde einem Fahrzeughalter für ein oder mehrere Fahrzeuge auferlegen kann, wenn die Feststellung (Identifizierung) eines Fahrzeugführers nach einer Zuwiderhandlung gegen Verkehrsvorschriften nicht möglich war. Der Fahrzeughalter oder sein Beauftragter hat in dem F. für ein bestimmtes Fahrzeug und für jede einzelne Fahrt vor deren Beginn Name und Anschrift des Fahrzeugführers, amtl. Kennzeichen des Fahrzeugs, Datum und Uhrzeit des Fahrtbeginns einzutragen. Nach Beendigung der Fahrt sind Datum und Uhrzeit mit Unterschrift festzuhalten. Das F. ist noch sechs Monate nach Ablauf der Zeit, für die es geführt werden muss, aufzubewahren; es ist zuständigen Personen auf Verlangen jederzeit zur Prüfung auszuhändigen (§ 31 a Straßenverkehrs-Zulassungs-Ordnung).

Fahrtmessanlage, auf Schiffen befindl. Einrichtung zur Bestimmung der Geschwindigkeit relativ zum umgebenden Wasser, gemessen mit dem →Log.

Fahrtmesser, der →Geschwindigkeitsmesser von Luftfahrzeugen.

Fahrtrichtungsanzeiger, die →Blinkleuchten.

Fahrtschreiber, Fahrtenschreiber, geeichtes Messgerät zur Überwachung der Fahrweise von Kraftfahrzeugen. Hauptaufgabe des F. ist die uhrzeitrichtige Aufzeichnung des Geschwindigkeitsverlaufs, der Fahr- und Haltezeiten und der gefahrenen Wegstrecken auf einer Diagrammscheibe (Umlauf 24 Stunden). Als **Tachografen** bezeichnet man F., die zusätzlich eine Einrichtung zur Registrierung von Arbeits- und Ruhezeiten (Zeitgruppenaufschrieb) haben; je nach Geräteausführung sind auch noch weitere Registrierungen möglich, z. B. Kraftstoffverbrauch, Drehzahl. – In Dtl. sind F. nach § 57 a Straßenverkehrs-Zulassungs-Ordnung für Kfz mit einem zulässigen Gesamtgewicht von 7,5 t und mehr, Zugmaschinen mit einer Motorleistung von 40 kW und mehr (die nicht ausschließlich für landwirtschaftl. Zwecke eingesetzt werden) sowie Kfz zur Personenbeförderung mit mehr als acht Fahrgastplätzen vorgeschrieben. Ausnahmen sind z. B. Fahrzeuge mit einer bauartbestimmten Höchstgeschwindigkeit von nicht mehr als 40 km/h und Fahrzeuge der Bundeswehr. Ein F. ist nicht vorgeschrieben, wenn ein Kfz mit einem Kontrollgerät im Sinne der VO (EWG) vom 20. 12. 1985 ausgestattet ist.

Fahrtüchtigkeit, →Fahreignung.

Fahruntüchtigkeit, die auf dem Genuss alkohol. Getränke oder anderer berauschender Mittel, der Einnahme von Medikamenten oder auf geistigen oder körperl. Mängeln beruhende Unfähigkeit, ein Fahrzeug sicher zu führen. Wer im Verkehr ein Fahrzeug (z. B. Kfz, Fuhrwerk, Fahrrad) führt, obwohl er infolge des Genusses alkohol. Getränke oder anderer berauschender Mittel nicht in der Lage ist, das Fahrzeug sicher zu führen, macht sich nach § 316 StGB wegen →Trunkenheit im Verkehr (siehe dort auch Recht Österreichs und der Schweiz) oder, wenn er in diesem Zustand einen Unfall verursacht oder auch nur Leib oder Leben eines anderen Menschen oder Sachen von bedeutendem Wert gefährdet, wegen Gefährdung des

Fährte: Abdrücke verschiedener Tiere **a** im Ziehen und **b** in der Flucht; **1** Edelhirsch, **2** Reh, **3** Schwarzwild

Straßenverkehrs (§ 315c StGB, →Straßenverkehrsgefährdung) strafbar und riskiert als Kraftfahrer die →Entziehung der Fahrerlaubnis. Das Gesetz geht vom Begriff der alkoholbedingten Fahrunsicherheit aus; plakativer und auch in der Rechtsprechung gebräuchlicher ist F.

F. nach Alkoholgenuss: Hierbei wird zw. absoluter und relativer F. unterschieden. **Absolut fahruntüchtig** ist jeder Mensch, wenn er als Führer eines Kfz eine Blutalkoholkonzentration (BAK) von 1,1‰ oder mehr aufweist (der entsprechende Grenzwert für Radfahrer liegt bei 1,6‰). Hier bedarf es für die gerichtl. Feststellung der F. keiner weiteren Beweise. **Relativ fahruntüchtig** kann der Kraftfahrer schon im Bereich zw. 0,3‰ und 1,09‰ gewesen sein, aber in dem Fall muss ihm das nachgewiesen werden, wozu es der Feststellung bestimmter Beweisanzeichen (Fahrunsicherheitsmerkmale in der Person, in der Fahrweise, im sonstigen Verhalten) bedarf. Bestehen keine solchen Fahrunsicherheitsmerkmale, stellt das Kraftfahren unter Alkohol im BAK-Bereich von 0,5‰ bis 1,09‰ eine Ordnungswidrigkeit (§ 24a Abs. 1 StVG) dar, die mit Bußgeld und einem Fahrverbot geahndet wird.

F. nach Genuss »berauschender Mittel«: Mit berauschenden Mitteln sind Drogen (Betäubungsmittel), Psychopharmaka (z. B. Beruhigungs- und Schlafmittel) sowie sonstige Medikamente gemeint, welche die Fahrtüchtigkeit beeinträchtigen oder aufheben (z. B. bestimmte Herz- und Kreislaufmittel). In Bezug auf die Wirkungen dieser Mittel gibt es, anders als bei den seit Jahrzehnten erforschten Wirkungen des Alkoholgenusses, für eine absolute F. bislang keine Grenzwerte. Drogen und Medikamente wirken bereits im Milligramm- oder Nanogrammbereich; der Abbau erfolgt nicht linear, sondern exponentiell in Halbwertszeiten. Die Forschung muss aus ethischen Gründen auf die im Alkoholbereich üblichen Freiwilligenversuche verzichten. Die Verurteilung eines Fahrers nach §§ 316, 315c StGB setzt deshalb nicht nur den Nachweis z. B. des Drogengenusses, sondern auch die Feststellung von Fahrunsicherheitsmerkmalen voraus (wie bei relativer F. nach Alkoholgenuss). Gelingt der Nachweis der F. nicht, kommt in bestimmten Fällen immerhin die Verurteilung eines Kraftfahrers nach § 24a Abs. 2 StVG in Betracht: Danach begeht eine Ordnungswidrigkeit, die mit Bußgeld und Fahrverbot geahndet wird, wer unter der Wirkung bestimmter Betäubungsmittel (Cannabis, Heroin, Morphin, Kokain, Amphetamine, Designer-Amphetamine) ein Kfz im Straßenverkehr führt. Eine solche Wirkung liegt, so das Gesetz, vor, wenn eine der genannten Substanzen im Blut des Fahrers nachgewiesen ist. Es kommt in aller Regel nicht darauf an, in welcher Menge die Substanzen im Blut des Betroffenen vorhanden waren, denn der Gesetzgeber hat sich hier für eine strikte Null-Lösung entschieden (→Gefahrengrenzwert). Nach einem Beschluss des Bundesverfassungsgerichts vom 21. 12. 2004 kommt allerdings nach dem Genuss von Cannabis (Haschisch, Marihuana) eine Verurteilung nach § 24a Abs. 2 StVG nur infrage, wenn der Wirkstoff dieser Droge mit mindestens 1 ng/ml im Blut des Betroffenen nachgewiesen worden ist.

F. kann auch aufgrund von geistigen oder körperl. Mängeln bestehen (ohne Genuss von Alkohol oder anderen berauschenden Mitteln). In dem Fall kommt eine strafrechtl. Verurteilung nur unter den Voraussetzungen des § 315c StGB (Gefährdung des Straßenverkehrs) in Betracht. Dauernde F. hindert die Erteilung einer Fahrerlaubnis oder begründet deren Entziehung (§ 3 StVG).

Fahrverbot, Nebenstrafe, die neben Freiheits- oder Geldstrafe verhängt werden kann, wenn bei (z. B. im Rahmen einer Trunkenheitsfahrt) oder im Zusammenhang mit dem Führen eines Kfz (das z. B. als Transportmittel für Diebesgut diente) schuldhaft ein Delikt begangen worden ist (§ 44 StGB). Das F. kann für ein bis drei Monate ausgesprochen werden; es versagt dem Betroffenen, im Straßenverkehr ein Kfz zu führen. Auch bei Ordnungswidrigkeiten im Straßenverkehr (z. B. wegen Verstoßes gegen die 0,5-Promillegrenze im Sinne von § 24a Straßenverkehrs-Ges.) kann ein F. verhängt werden. Es hat präventiven Charakter und soll dem Betroffenen zur Warnung und Besinnung dienen. Während der Dauer des F. wird der Führerschein in amtl. Verwahrung genommen. Verstöße gegen das F. werden nach § 21 Straßenverkehrs-Ges. bestraft (Freiheitsstrafe bis zu einem Jahr oder Geldstrafe). – Das F. ist zu unterscheiden von der →Entziehung der Fahrerlaubnis (§§ 69 ff. StGB) als einer Maßregel der Besserung und Sicherung.

📖 P. HENTSCHEL: Trunkenheit, Fahrerlaubnisentziehung, F. im Straf- u. Ordnungswidrigkeitenrecht (⁹2003).

Fahrverkauf, *Wirtschaft:* Betriebsform des ambulanten Handels, die v. a. in mit stationärem Einzelhandel unterversorgten Gebieten (ländl. Regionen, städt. Vorortzonen, Campingplätze) gebräuchlich ist. Die Händler bieten mittels Verkaufsfahrzeugen (Verkaufsmobile) an wechselnden, wohnortnahen Haltestellen zu festgelegten Zeiten ein Voll- oder Spezialsortiment an Lebens- und Genussmitteln an. Im Unterschied zum F. suchen »Heimdienste« bereits gewonnene Kunden zu Hause auf, um per Katalog präsentierte oder bestellte Waren anzubieten bzw. auszuliefern.

Fahrwasser, Bez. für alle zusammenhängenden Bereiche eines Gewässers, die von Wasserfahrzeugen bis zu einem bestimmten maximalen Tiefgang befahren werden können, aber außerhalb der →Fahrrinne i. Allg. nicht bes. ausgebaut und nicht gekennzeichnet sind. Als F.-Tiefe bezeichnet man die Wassertiefe unter einem bestimmten Bezugswasserspiegel.

Fahrwerk,

1) *Kraftfahrzeugtechnik:* **Fahrgestell, Radaufhängung,** Verbindungselement zw. der Karosserie und den Rädern von Kraftfahrzeugen. Das F. hat die Aufgabe, die Räder zu führen und die Radbremsen und die Elemente der →Federung und Dämpfung (→Schwingungsdämpfer) aufzunehmen. An Vorderachsen muss durch das F. zusätzlich die →Lenkung realisiert werden. Zw. dem F. und der Karosserie bzw. dem Radträger werden elast. Elemente (Gummi-, Metall-, Formteile) angebracht, die den Abrollkomfort positiv beeinflussen. Aus Gründen der Fahrdynamik gewährleistet das F. verschiedene, möglichst belastungsunabhängige Radstellungsgrößen (Sturz, Vorspur, Nachlauf, Spreizung). Es existiert eine Vielzahl unterschiedl. Bauformen des F., die den beiden Gruppen Starrachsen und Einzelradaufhängung zugeordnet werden können. Starrachsen (→Achsanordnung) werden am Pkw nahezu nicht mehr verwendet. – Die Abstimmung des F. an den Fahrzeugachsen beeinflusst maßgeblich das Fahrverhalten (→Eigenlenkverhalten) eines Fahrzeugs und den Fahrkomfort (Abrollgeräusch, hochfrequente Karosserieschwingungen). Dabei ist zu berücksichtigen, dass das Schwingungssystem Fahrzeug in vertikaler Richtung für Fahrsicherheit (minimale dynam. Radlasten) und Fahrkomfort (geringe Schwingbeschleunigung des Fahrzeugführers) unterschiedliche Federungs- und bzw. oder Dämpfungseigenschaften erfordert. Ein **aktives F.** kann durch schnelle, elektronisch geregelte Veränderung der Steifigkeit der Aufbaufederung bei pneumat. und hydropneumat. Federungssystemen oder durch Verstellung der Dämpfkräfte der Schwingungsdämpfer in fahrdynamisch besonderen Situationen auf Fahrsicherheit und allgemein auf Komfort umschalten (stufenlos bzw. sequenziell). Aktive F. werden in Fahrzeugen der Oberklasse bereits serienmäßig angeboten.

2) *Luftfahrt:* →Flugzeug (Baugruppen).

3) *Schienenfahrzeuge:* 1) bei Schienenfahrzeugen die Baugruppen für den Rollvorgang, die drei Funktionen erfüllen: Tragen der Last, Führen in der Spur (Gleis) und Fortbewegung (Antreiben und Bremsen). Erhebl. Unterschiede bestehen zw. den F. von Lokomotiven und Wagen, aber auch innerhalb dieser Fahrzeuggruppen, etwa zw. Dampflokomotiven und elektr. Lokomotiven oder zweiachsigen Güterwagen und Wagen mit Drehgestellen. Im Wesentlichen zählen zu F. Rahmen, Radsätze mit Lagern und Führungen sowie die Federn als Auflager für das Untergestell.

Fahrwiderstand, Summe aller Kräfte, die entgegen der Bewegungsrichtung eines Fahrzeugs wirken. Der F. setzt sich aus Roll-, Luft-, Steigungs-, Beschleunigungs-, Getriebe- und ggf. dem Anhängewiderstand zusammen. Der **Rollwiderstand** entsteht durch die Formänderungsarbeit von Reifen und Fahrbahn. Er errechnet sich aus dem Produkt der Fahrzeugmasse und dem Rollwiderstandsbeiwert. Dieser ergibt sich primär aus der Walkarbeit im Reifenaufbau und außerdem von den Gleitbewegungen in der Reifenaufstandsfläche, der Radlagerreibung sowie von den Luftverlusten im Reifeninneren beeinflusst. Die Größe des Rollwiderstandes ist abhängig von der Radlast, der Fahrgeschwindigkeit, der Reifenkonstruktion, der Reifeninnendruck und der Art der Fahrbahn. Der **Luftwiderstand** ist abhängig von der Projektionsfläche des Fahrzeugs in Anströmrichtung, der relativen Strömungsgeschwindigkeit (in 2. Potenz), der Luftdichte und einem Formfaktor, der als →c_w-Wert bezeichnet wird. Der **Steigungswiderstand** bezeichnet die Hangabtriebskraft bei Bergauffahrt und ist von der Fahrzeugmasse und dem Steigungswinkel abhängig. Bei Bergabfahrt wirkt diese Widerstandskomponente antreibend. Der **Beschleunigungswiderstand** wird durch die Massenkräfte (Produkt aus Fahrzeugmasse und translator. Beschleunigung) des Fahrzeugs bedingt. Die Massenträgheitsmomente der Räder und des Triebstranges müssen v. a. bei hohen Gesamtübersetzungen (niedrige Gänge) berücksichtigt werden. Der **Getriebewiderstand** ist Ausdruck der im Antriebsstrang vorhandenen Lager- und Verzahnungsreibung sowie der in den Getrieben auftretenden Planschverluste durch das Schmieröl. Bei Anhängerbetrieb wirken sich alle genannten Widerstände des Anhängers auf das Zugfahrzeug als **Anhängewiderstand** aus.

Fahrzeitrechner, Fahrdiagraf, elektromech. Integrieranlage zum Berechnen der Fahrzeit von Eisenbahnzügen aus der Zugkraft der Lokomotive, der Zuglast und den Strecken- und Bremsverhältnissen. Heute sind F. meist durch Computer ersetzt.

Fahrzeug [Sanskrit yana], *Religionswissenschaft:* dt. Bez. für versch. Richtungen des →Buddhismus.

Fahrzeug, *Verkehrswesen:* Beförderungsmittel für Personen und/oder Lasten mit Eigen- oder Fremdantrieb, eingeteilt in Land-, Wasser-, Luft- und Raum-F. Im Zuge der techn. Entwicklung werden F. ständig verändert, bes. bezüglich Antrieb und Form (u. a. zur Erhöhung der Geschwindigkeit, Ladekapazität, aber auch der Bequemlichkeit); damit verbunden ist die Spezialisierung von F. auf bestimmte Verkehrswege (z. B. Schienenfahrzeuge) und Transportaufgaben.

Fahrzeugbrief, Urkunde, die der Sicherung des Eigentums u. a. Rechte am Kfz dient. Die Zulassungsstelle trägt das amtl. Kennzeichen des Fahrzeugs und die Personalien dessen, für den es zugelassen wird, in den F. ein, der für jedes Kfz bei der erstmaligen Zulassung ausgestellt wird (§§ 20, 25 Straßenverkehrs-Zulassungs-Ordnung). Der Verlust des F. ist der zuständigen Zulassungsstelle mitzuteilen, die dem Kraftfahrt-Bundesamt Meldung erstattet. Mit dem Eigentum am Fahrzeug geht auch das Eigentum am F. über (nicht umgekehrt); als Beweisurkunde kann der F. den guten Glauben begründen, dass der Veräußerer eines Fahrzeugs, der den F. vorlegt, auch Eigentümer desselben ist. Dem F. entspricht bei Anhänger der **Anhängerbrief.** Vom F. zu unterscheiden ist der **Fahrzeugschein** (für Anhänger: **Anhängerschein**), eine öffentl. Urkunde, die gleichfalls von der Zulassungsstelle aufgrund der Betriebserlaubnis oder der EG-Typgenehmigung und nach Zuteilung des Kennzeichens ausgefertigt und ausgehändigt wird. Der Fahrzeugschein ist stets mitzuführen und zuständigen Personen auf Verlangen zur Prüfung vorzulegen. Seine sachl. und personenbezogenen Angaben müssen ständig den tatsächl. Verhältnissen entsprechen.

Fahrzeugmechanik, →Fahrdynamik.

Fahrzeugmotoren, Verbrennungsmotoren für Kfz und Schienenfahrzeuge. Zu den Anforderungen an F. gehören neben niedriger Leistungsmasse und geringem Raumbedarf hohe Hubraumleistung (daher Drehzahlen von 1 500 bis 8 000, bei Rennmotoren bis 20 000 U/min) sowie niedriger Kraftstoffverbrauch, einfache Bedienung und hohe Zuverlässigkeit. – Bei Personenwagen werden mit wenigen Ausnahmen Viertaktmotoren verwendet; dabei überwiegen weltweit Ottomotoren, in Europa haben jedoch Dieselmotoren einen starken Zuwachs zu verzeichnen. F. für Pkws werden mit vier Zylindern (Kleinwagen) bis 12 Zylindern (Oberklasse) ausgeführt. Lastwagen, Omnibusse und Ackerschlepper werden mit vier- bis zwölfzylindrigen Dieselmotoren ausgerüstet; in allen Fahrzeugtypen zur Leistungssteigerung auch zunehmend mit →Auflading. Da F. von Personen- und Lastwagen immer strengere Abgasgesetze erfüllen müssen, sind sie häufig mit Einrichtungen zur Reduktion der Abgasemission ausgerüstet (→Abgasrückführung, →Katalysator). – Für Motorräder werden überwiegend Ottomotoren mit einem bis vier Zylindern verwendet, bei leichten Motorrädern und Mopeds oft Zweitaktmotoren. – Als Bahnmotoren für Lokomotiven kommen Dieselmotoren mit sechs bis sechzehn Zylindern zum Einsatz (meist mit Auflading). Die abgegebenen Leistungen liegen zw. 500 und 5 000 kW.

Fahrzeugnavigation, →Navigationssysteme.

Fahrzeugturbine, auf der Basis der →Gasturbine entwickelte Antriebsmaschine für Kraftfahrzeuge, die nach wie vor noch keinen prakt. Einsatz findet. Eine F.-Anlage setzt sich aus Verdichter, Brennkammer,

Fahs Fa-hsien

Faijum: Ufer des Karunsees

Turbine und Wärmetauscher zusammen. Diese Komponenten sind durch strömungsführende Teile (Diffusoren, Spiralen u. a.) miteinander verbunden. Die versch. F.-Arten unterscheiden sich durch die Anzahl ihrer Wellen und die Bauart des Wärmetauschers; vorherrschend ist aufgrund des günstigeren Drehmomentenverlaufs die Zweiwellenausführung mit Gaserzeuger und mechanisch hiervon getrennter Arbeitsturbine.

Den Vorteilen der F., z. B. geringe Masse, günstige Emissionswerte und Verwendung unterschiedl. Brennstoffe, stehen der im Vergleich zu den entsprechenden Kolbenmotoren höhere Kraftstoffverbrauch und höhere Herstellungskosten gegenüber. Nachteilig ist auch die starke Geräuschentwicklung. Eine Verbesserung des therm. Wirkungsgrades (und damit Senkung des Brennstoffverbrauchs) kann durch Erhöhung der maximal zulässigen Gastemperatur, z. B. durch Verwendung geeigneter keram. Werkstoffe oder wirksamerer Schaufelkühlung, erreicht werden.

Faijum: die Oasensenke Faijum in altägyptischer Zeit

Unverzichtbar ist ein Wärmetauscher mit gutem Wirkungsgrad zur Rückgewinnung der Wärmeenergie aus dem Abgas.

Fa-hsien [-ç-], chin. Schriftsteller, →Faxian.
Faial, Insel der Azoren, 173 km², 15 100 Ew., Hauptort (mit Hafen und Flughafen) ist Horta. Im Innern liegt eine Caldera von 2 km Durchmesser und 500 m Tiefe, deren Rand im Gordo da Caldeira bis 1 043 m ü. M. ansteigt. F. ist erdbebenreich (letztes großes Beben 1926). 1957/58 entstand durch untermeer. Vulkanismus eine Insel, die dann mit F. zusammenwuchs (Capelinhos). – F. war Station beim ersten Transatlantikflug. Horta wird heute v. a. von Hochseeseglern angelaufen.

Faiblage [fɛˈblaʒ; frz., zu Faible] *die, -/-n,* Münzkunde: →Remedium.
Faible [ˈfɛːb(ə)l; frz., eigtl. »Schwachheit«] *das, -s/-s,* Vorliebe, Neigung, Schwäche (für jemanden oder etwas).
Faichtmayr, süddt. Künstlerfamilie, →Feuchtmayer.
Faidherbe [fɛˈdɛrb],

1) *Louis Léon César,* frz. General, * Lille 3. 6. 1818, † Paris 28. 9. 1889; war 1854–61 und 1863–65 Gouv. der Kolonie Senegal; führte Feldzüge, die zur Annexion benachbarter Territorien führten, ließ das Schulwesen ausbauen und setzte sich für die wirtschaftl. Erschließung (Gründung des Hafens von Dakar) und die wissenschaftl. Vermessung des Landes ein. Im Deutsch-Frz. Krieg von 1870/71 erhielt er nach dem Fall von Sedan das Oberkommando der Nordarmee; 1871 wurde F. zum Abg., 1879 zum Senator gewählt.

2) *Lucas,* niederländ. Bildhauer und Baumeister, →Faydherbe, Lucas.

Faido, Hauptort des Bez. Leventina, Kt. Tessin, Schweiz, am Tessin und an der Gotthardbahn, 715 m ü. M., 1 500 Ew.; Fremdenverkehr.

Faijum, [arab., aus kopt. p-jom »das Seeland«], **Fayum, El-F.,** große Oasendepression in Ägypten, südwestlich von Kairo in der Libyschen Wüste, durch einen nur wenige Kilometer breiten Wüstenstreifen (bis 157 m ü. M.) vom Niltal getrennt, etwa 1 800 km² groß, reicht im NW im 233 km² großen, leicht salzigen, fischreichen Karunsee (Birket Karun) bis 45 m u. M. Bewässert wird die fruchtbare Beckenlandschaft durch den Bahr Jusuf (Jusufkanal), einen Seitenarm des Nils, der bei Dairut (etwa 250 km südlich) vom Ibrahimijakanal abzweigt und in zwei kleinen Armen den Karunsee erreicht. Angebaut werden Baumwolle, Zuckerrohr, Getreide, Wein, Orangen und Bananen sowie Heil- und Parfümpflanzen; auch der im Niltal nicht vorkommende Ölbaum wird kultiviert. Die durch das Gefälle zw. Nil und Karunsee bedingte Strömungsgeschwindigkeit in den Kanälen ermöglicht das Betreiben von großen unterschlächtigen Wasserrädern zur Bewässerung. Hauptstadt des Governorats F. (1 827 km², [2004] 2,37 Mio. Ew.), die etwa der Beckenlandschaft entspricht, ist **El-F.** (310 200 Ew.) mit Fakultäten für Landwirtschaft und Handel, mit Baumwoll- und Wollverarbeitung sowie Zigarettenherstellung und Eisenbahnanschluss.

Geschichte Das Sumpfgebiet um den Karunsee (im Altertum Mörissee) wurde im 19. Jh. v. Chr. von Pharaonen der 12. Dynastie in Kulturland verwandelt. Damals errichteten SESOSTRIS II. (in Lahun) und AMENEMHET III. (in Hawara, mit dem durch die Griechen als Labyrinth bekannten Totentempel) ihre Grabpyramiden im F. sowie Tempel, von denen die in Medinet

Maadi und Kasr es-Sagha am besten erhalten sind. Hauptstadt der Provinz wurde Krokodilopolis (seit ptolemäischer Zeit Arsinoe), heute ein Ruinenfeld von 227 ha nördlich von Medinet el-Faijum. Eine zweite Blütezeit begann im 3. Jh. v. Chr., als PTOLEMAIOS II. neue Dämme und Schleusen errichtete und griech. und makedon. Veteranen ansiedelte. Es entstanden neue Städte und Tempel, so in Dimai, Karanis (heute Kom Auschim), Dionysias (heute Kasr Karun) und Tebtynis, die wie in der 12. Dynastie v. a. dem Kult des krokodilgestaltigen Sobek dienten. Aus der röm. Zeit stammen Hunderte von Mumienporträts, die meist in der Technik der Enkaustik ausgeführt sind; der größte Teil dieser beinahe lebensgroßen Brustbilder wurde in Hawara gefunden.

Failaka, kleine Insel vor Kuwait im Pers. Golf. Dän. Archäologen legten hier Reste der Kultur von Dilmun (Tilmun) aus der Zeit um 2000 v. Chr. frei (Tempel des Gottes Inzak, Häuser, Gräber); Funde charakterist. Stempelsiegel im Kerbstil. Ferner Freilegung einer Siedlung mit Tempel aus seleukid. Zeit.

Failed States ['feɪld 'steɪts; engl. »gescheiterte Staaten«], Begriff zur Kennzeichnung von Staaten, die über keine funktionsfähige Staatsgewalt verfügen und deren Nationsbildung als gescheitert gelten kann. Als Kriterien für F. S. werden eine Reihe von Faktoren genannt, die insgesamt dem Vertrauen der Bev. in die Staatsgewalt die Grundlage entziehen und so deren Autorität und Legitimation untergraben: Fehlen einer effektiven Gesetzgebung und Verwaltung, einer unabhängigen Justiz sowie demokrat. Institutionen und Verfahrensweisen, eine unzulängl. Infrastruktur und unzureichende Lebenschancen (Bildung, Arbeit, Gesundheitswesen, Versorgung mit lebensnotwendigen Gütern) für die große Mehrheit der Bev., ferner u. a. mangelhafte innere und äußere Sicherheit (v. a. durch nichtstaatl. Akteure wie Rebellengruppen oder lokale Machthaber, die die Zentralgewalt bekämpfen und ggf. wirtschaftl. Ressourcen ausbeuten), Korruption, negatives wirtschaftl. Wachstum, eine instabile Währung. Im Extremfall besteht die Gefahr des staatl. Zusammenbruchs (**Collapsed States**). Staaten, die die genannten Merkmale in geringerem Maße oder nur zu einem Teil aufweisen, werden als **Weak States** (»schwache Staaten«) bezeichnet. – Diese Typologie und die einzelnen Kriterien, die konkrete Zuordnung der Staaten gemäß diesem Modell sowie die Möglichkeiten der internat. Staatengemeinschaft, vom Zerfall bedrohte Staaten zu stabilisieren, sind umstritten.

Fairbanks: University of Alaska (gegründet 1917)

Douglas **Fairbanks jr.** (links) und **Douglas Fairbanks sen.**

Faille [fa:j, 'faljə; frz.] *die,* -, taftbindiges, querrippiges Naturseiden- oder Chemiefasergewebe; eine leichte Qualität wird als **Failletine** bezeichnet.

Fail-safe-Prinzip ['feɪl 'seɪf-; engl. to fail »misslingen« und safe »sicher«], sicherheitstechn. Konstruktionsprinzip, durch das bei Ausfall (z. B. Bruch, Versagen) eines Bauteils oder Gerätes ein gefahrloser Zustand hervorgerufen wird. Das F.-s.-P. kann durch Aufteilung der Beanspruchung auf versch. Elemente oder Vervielfachung bes. wichtiger Elemente erreicht werden. Besondere Bedeutung hat das F.-s.-P. in der Eisenbahnsignaltechnik, in Flugzeugen und in Kernkraftwerken.

Fainsilberg, *Ilja* Arnoldowitsch, russ. Schriftsteller, → Ilf, Ilja.

fair ['feə, engl.], anständig, gerecht; (im Sport) die Spielregeln beachtend (→Fairness).

Fair ['feə], *A. A.,* Pseud. des amerikan. Schriftstellers Erle Stanley →Gardner.

Fairbanks ['feəbæŋks], Stadt in Zentralalaska, USA, am Chena River vor dessen Mündung in den Tanana River, 31 000 Ew.; kath. und anglikan. Bischofssitz; University of Alaska (gegr. 1917); zivile und militär. Versorgungsbasis für das zentrale und nördl. Alaska; F. ist Endpunkt der Eisenbahnlinie von Seward (756 km) und des →Alaska Highway, internat. Flughafen. – 1902 nach Goldfunden gegr., Höhepunkt des »Goldrausches« 1906 (18 000 Goldschürfer); 1920 nur noch 1 200 Ew.; 1960 wieder 13 300 Einwohner.

Fairbanks ['feəbæŋks],

1) *Douglas, sen.,* eigtl. **D. Elton Thomas Ulman,** amerikan. Filmschauspieler, *Denver (Colo.) 23. 5. 1883, † Santa Monica (Calif.) 12. 12. 1939, Vater von 2); spielte zuerst am Broadway; gründete mit C. CHAPLIN, D. W. GRIFFITH und MARY PICKFORD, mit der er verheiratet war, das Produktions- und Verleihunternehmen »United Artists Corporation Inc.« und wurde bes. bekannt als Darsteller in Abenteuerfilmen und romant. Filmmärchen. Er schrieb »Laugh and live« (1917) und »Making life worth while« (1918).

Filme: Das Zeichen des Zorro (1920); Die drei Musketiere (1921); Robin Hood (1922); Der Dieb von Bagdad (1924); Der schwarze Pirat (1926); Der Gaucho (1927); Der Widerspenstigen Zähmung (1929).

2) *Douglas, jr.,* amerikan. Filmschauspieler, *New York 9. 12. 1909, † ebd. 7. 5. 2000, Sohn von 1); hatte zu-

erst mit dem Tonfilm »Katharina die Große« (1934) größeren Erfolg. Im Zweiten Weltkrieg war F. Offizier in der amerikan. Flotte und anschließend Organisator der CARE-Aktion.

Weitere Filme: Sindbad, der Seefahrer (1947); Der Verbannte (1947); Die Dame im Hermelin (1948); Staatsgeheimnis (1950).

Autobiografisches: The salad days (1988); A hell of a war (1993).

Fair Deal [ˈfeəˈdiːl; engl. »gerechte Verteilung«], Bez. für das innenpolit. Reformprogramm Präs. H. S. Trumans, das dieser nach seinem Wahlsieg (November 1948) am 5. 1. 1949 dem Kongress vorlegte. Dieses Programm, das in Teilen seit 1945 vorlag, forderte den Ausbau der im → New Deal begonnenen Sozialgesetzgebung, z. B. die Erhöhung des Mindestlohns, ein Wohnungsbauprogramm, Verbesserung des Arbeitsschutzes, ein Beschäftigungsprogramm, Hilfe für die Landwirtschaft, Erziehungsbeihilfen und den Abbau der Rassenschranken. Aufgrund der Widerstände im Kongress konnte Truman nur einen kleinen Teil seines Programms verwirklichen, so in der »Housing Act« von 1949 und in der »Social Security Act« von 1950. Nach Ausbruch (1950) des Koreakriegs erlahmte das Interesse am Fair Deal.

Fairfax [ˈfeəfæks],
1) Robert, engl. Komponist, → Fayrfax, Robert.
2) Thomas, 3. Baron (seit 1648) **F. of Cameron** [ˈkæmərən], engl. General, *Denton (bei Bradford) 17. 1. 1612, † Nun Appleton Hall (bei York) 12. 11. 1671; erfocht als Oberbefehlshaber der »New Model Army« (Parlamentstruppen) am 14. 6. 1645 den Sieg bei Naseby über das Heer der Royalisten. 1648/49 weigerte er sich jedoch, am Todesurteil gegen Karl I. mitzuwirken, wandte sich gegen Pläne, die Rep. einzuführen. F. trat 1650 zurück und wirkte ab 1659 für die Restauration des Königtums.

Fairfield [ˈfeəfiːld], Cecily Isabel, engl. Schriftstellerin, → West, Rebecca.

Fairness [ˈfɛːrnɛs, engl. ˈfeənɛs] *die, -,* Anständigkeit, gerechte, ehrl. Haltung; den Spielregeln entsprechendes, anständiges und kameradschaftl. Verhalten beim Sport (**Fairplay**). Im alltägl. Leben ist mit F. das vernünftige, den ungeschriebenen moral. Gesetzen entsprechende Handeln gemeint. Die utilitarist. Ethik (J. Bentham, H. Sidgwick) hat F. als Prinzip eingeführt; danach ist es »unfair«, wenn jemand Vorteile genießt, die ihm nicht zustehen, insbesondere wenn er dabei einen gemeinschaftl. Konsens verletzt. J. Rawls hat F. als die elementare Bedingung seiner »Theorie der Gerechtigkeit« zugrunde gelegt. F. bedeutet hier, dass Menschen in einer theoretisch angenommenen urspr. Ausgangssituation sich sowohl für gleiche Grundrechte und -pflichten als auch für eine angemessene Verteilung von Gütern entscheiden.

Fairplay [ˈfeəˌpleɪ, engl.] *das, -,* → Fairness.

Fair Trade [ˈfeəˈtreɪd; engl. »gerechter Handel«] *der, -(s)* (meist ohne Artikel), Handel mit Produkten der Dritten Welt zu fairen Bedingungen für die Hersteller.

Fair Trial [ˈfeəˈtraɪəl; engl. »faires Verfahren«], aus dem angloamerikan. Prozessrecht stammender, im Rechtsstaatsprinzip und in Art. 6 EMRK verankerter Grundsatz, nach dem insbes. dem Beschuldigten im Strafverfahren die zur wirksamen Wahrung seiner Rechte notwendigen Mittel zur Verfügung gestellt werden müssen.

Fairway [ˈfeəweɪ, engl.] *das, -s/-s, Golf:* die gepflegte, kurz gemähte Spielbahn zw. Abschlag und Grün.

Länge und Breite sind bei den einzelnen Golfbahnen sehr unterschiedlich.

Faisal, Könige von Irak und Saudi-Arabien, → Feisal.

Faisalabad, bis 1979 **Lyallpur** [ˈlaɪəlpʊə], Stadt in der Prov. Punjab, Pakistan, im Zwischenstromland von Chenab und Ravi, (2005) 2,51 Mio. Ew. (1951: 179 000, 1961: 425 000, 1972: 822 000 Ew.); kath. Bischofssitz; Landwirtschafts-Univ.; Düngemittel-, Chemiefaser-, pharmazeut., Nahrungsmittel- und Textilindustrie. – Gegr. 1890.

Faistauer, Anton, österr. Maler, *Sankt Martin bei Lofer (Salzburg) 14. 2. 1887, † Wien 13. 2. 1930; während der 1920er-Jahre einer der Protagonisten moderner österr. Kunst in der Nachfolge P. Cézannes; trat auch als Freskenmaler hervor (Dekorationen im Festspielhaus Salzburg, 1926).

Faistenberger, aus Tirol stammende Künstlerfamilie der Barockzeit; bedeutende Vertreter:
1) Andreas, Bildhauer, getauft in Kitzbühel 29. 11. 1646, begraben München 9. 12. 1735; Hofbildhauer in München; arbeitete u. a. für die Theatiner- und die Bürgersaalkirche Statuen, Reliefs und Dekorationen.
2) *Simon* Benedikt, Maler, getauft in Kitzbühel 27. 10. 1695, † ebd. 22. 4. 1759; schuf Altarbilder, Decken- und Wandmalereien in Tirol, beeinflusst von C. D. Asam, J. M. Rottmayr, auch von P. P. Rubens.

Fait accompli [fɛtakɔ̃ˈpli, frz.] *das, - -/-s -s, bildungssprachlich* für: vollendete Tatsache, nicht mehr rückgängig zu machender Tatbestand.

Faith and Order [ˈfeɪθ ænd ˈɔːdə; engl. »Glaube und Kirchenverfassung«], Bez. für eine urspr. selbstständige, seit der Gründung des → Ökumenischen Rates der Kirchen (1948, Abk. ÖRK) mit dessen Sekretariat in Genf etablierte Einigungsbewegung, deren Ziel es ist, die Trennung der Christenheit dogmatisch und rechtlich zu überwinden. Innerhalb der heutigen Struktur des ÖRK ist F. a. O. als Kommission dem Programmteam »Glauben und Kirchenverfassung« zugeordnet.

Faiz [fɛs], eigtl. **Faid Ahmad Faid,** Urdu- und Panjabi-Dichter, Literaturkritiker und Zeitungsherausgeber, *Sialkot 13. 2. 1911, † Lahore 20. 11. 1984; war seit der Teilung Britisch-Indiens (1947) pakistan. Staatsbürger; wirkte 1936 an der Gründung des Verbandes der »fortschrittl. Schriftsteller« in Indien mit. 1941 veröffentlichte er die teils romant., teils politisch-engagierte Gedichtsammlung »Naqsh-i faryadi« (Klagendes Bild). Seine sozialist. Gesinnung brachte ihn 1951–55 ins Gefängnis. In all seinen folgenden Werken verband F. traditionelle poet. Bilder mit modernen Ideen.

Ausgaben: The true subject. Selected poems of Faiz Ahmad Faiz, übers. v. N. Lazard (1988); The rebel's silhouette, übers. v. A. S. Ali (1991).

Faizabad, Stadt in NO-Afghanistan, 1 200 m ü. M., an der Straße von S-Turkestan nach China, 40 000 Ew.; Marktort mit Maulbeerbaumkulturen und Seidenraupenzucht.

Faja [ˈfaxa; span., von lat. fascia »Band«] *die, -/-s,* breite rote Wollschärpe der span. Nationaltracht, die von Männern zweifach um den Leib geschlungen getragen wird.

Fajans, Kasimir, amerikan. Physikochemiker poln. Herkunft, *Warschau 27. 5. 1887, † Ann Arbor (Mich.) 18. 5. 1975; Prof. in München (1917–35) und Ann Arbor (Mich.). F. stellte 1912 die nach ihm und F. Soddy benannten radioaktiven Verschiebungssätze auf (→ fajans-soddysche-Verschiebungssätze), v. a. aber untersuchte er Probleme der chem. Bindung und das Verhalten von Ionen in Molekülen und Kristallen. Außerdem entwickelte er ein Verfahren der Fällungstitration mit Adsorptionsindikatoren.

fajans-soddysche Verschiebungssätze, von K. FAJANS und F. SODDY 1912 aufgestellte, heute erweiterte kernphysikal. Regeln, die die Änderungen der Ordnungs- und Massenzahlen von radioaktiven Elementen und Radionukliden bei ihrem radioaktiven Zerfall beschreiben: Beim →Alphazerfall entsteht ein Element oder Nuklid mit einer um vier geringeren Massenzahl, das im Periodensystem der Elemente zwei Stellen weiter links steht, da die Ordnungszahl um zwei abnimmt. Beim →Betazerfall entsteht ein Element oder Nuklid gleicher Massenzahl, das im Periodensystem eine Stelle weiter rechts (beim β^--Zerfall) oder links (beim β^+-Zerfall und beim Elektroneneinfang) steht, da die Ordnungszahl um eins zu- bzw. abnimmt.

fäkal [zu lat. faex, faecis »Bodensatz«, »Hefe«], aus Fäkalien bestehend, kotig. – **Fäkali|en** *Pl.,* **Faeces,** die Exkremente, der →Kot.

Fäkal|indikatoren, Indikatorkeime, bestimmte Bakterien in Lebensmitteln und Trinkwasser (→Coliforme, →Enterokokken), die auf fäkale Verunreinigung hindeuten.

Fakir [arab. faqīr »arm«, »Armer«] *der, -s/-e,* in islam. Ländern der Asket, der als »arm« vor Gott gilt, v. a. das Mitgl. einer →Sufi-Bruderschaft; in Indien auch der hinduist. Wanderasket. Unter den ind. F. widmen sich einige dem religiösen Ziel der Erlösung durch selbst auferlegte Entsagung gegenüber den Sinnendingen der Welt und asket. Übungen (Sadhu, Yogi); unter diesen versuchen einige, durch Zauber, Gaukelei und Kunststücke (wie Liegen auf einem Nagelbrett) Bewunderung hervorzurufen. Als Benennung für solche mit »Kunststücken« hervortretenden Asketen wurde die Bez. F. in Europa bekannt.

Fakir: Miniatur aus dem »Buch der Moguln« (17. Jh.; Venedig, Biblioteca Nazionale Marciana)

Fako, Gipfel des →Kamerunberges.

Faksebucht, dän. **Fakse Bugt** [-'bogd], Ostseebucht an der SO-Küste von Seeland, Dänemark; an ihrem etwa 25 km breiten Ausgang liegen im N die Steilküste Stevns Klint, im S auf der Insel Møn das Møns Klint.

Faksimile [lat. »mach ähnlich!«] *das, -s/-s,*
1) die mit einem Original (Zeichnung, Druckgrafik, Schrift u. a.) in Größe und Ausführung genau übereinstimmende Nachbildung oder Reproduktion; früher als **F.-Schnitt** mithilfe graf. Drucktechniken (Holzschnitt, Kupferstich oder Steindruck) erzeugte Nachahmung von Illustrationszeichnungen; heute meist mit fotograf. Verfahren hergestellt; auch als Stempelschnitt zur Nachbildung von Unterschriften.
2) *Telekommunikation:* die durch die Übermittlung von Fernkopien (→Fax) erhaltene Nachbildung einer Originalvorlage.

Fakt *der,* auch *das, -(e)s/-en,* auch *-s,* →Faktum.

Fakten *Pl., Sprachwissenschaft:* aufgrund der Analyse der empir. →Daten ermittelte Regelhaftigkeiten der Sprache, die die Grundlage für die allgemeine Theorie einer Beschreibung sprachl. Strukturen liefern können.

Faktion [lat. factio »Partei«, »Gruppe«] *die, -/-en,*
1) im antiken Rom urspr. die Renngesellschaft, die Pferde, Ausrüstung und Wagen stellte, dann polit. Parteiung.
2) *Politik:* Ende des 18. Jh. abwertende Bez. für eine polit. Kampforganisation, die, interessenegoistisch geleitet, das Gemeinwohl außer Acht lasse. In der modernen Parteienforschung bezeichnet F. Untergruppen (oder auch »Flügel«) von Parteien, die innerparteilich meist im Ggs. zur Parteimehrheit stehen, ein Gruppenbewusstsein entwickeln und sich einen Organisationsrahmen schaffen.

Faktis [Kunstwort] *der, -,* **faktisiertes Öl,** kautschukähnl. Stoff, der z. B. durch Einwirken von Schwefel oder Schwefelchlorid in der Kälte (**Schwefel-F.**) bzw. durch Sauerstoff in der Hitze (**Sauerstoff-F.**) auf trocknende Öle (z. B. Leinöl) gewonnen wird. F. sind wasserbeständig und druckelastisch. Sie dienen als Zusatz zu Kautschukmischungen, z. B. für Dichtstoffe, ferner als Bindemittel für Imprägniermaterialien und Fußbodenbeläge.

faktische Gesellschaft, →fehlerhafte Gesellschaft.

faktischer Vertrag, Rechtsverhältnis, das vertragl. Rechte und Pflichten erzeugt, die jedoch nicht auf zwei übereinstimmenden Willenserklärungen beruhen, sondern durch ein tatsächl. (faktisches) Verhalten (z. B. bloßes Abstellen eines Kfz auf gebührenpflichtigem Parkplatz) begründet werden. (→Arbeitsverhältnis, →Vertrag)

    S. SIMITIS: Die fakt. Vertragsverhältnisse (1957; Nachdr. 1995); P. LAMBRECHT: Die Lehre vom fakt. Vertragsverhältnis (1994).

faktisches Schuldverhältnis, *bürgerl. Recht:* ein Schuldverhältnis, das trotz erfolgter →Anfechtung, entgegen dem Gesetzeswortlaut des §142 Abs. 1 BGB, der bei erfolgter Anfechtung eine rückwirkende Unwirksamkeit vorsieht, für die Vergangenheit als wirksam betrachtet wird. F. S. finden sich v. a. im Arbeits- und Gesellschaftsrecht, da sich die oft langjährigen arbeitsrechtl. oder gesellschaftsrechtl. Beziehungen sehr schwer rückabwickeln lassen. Die Anfechtung wirkt hier wie die Kündigung nur für die Zukunft, wobei die Kündigungsschutzvorschriften allerdings nicht beachtet werden müssen.

Faktitiv, *Sprachwissenschaft:* 1) *der, -s/-e,* **Faktitivus,** Kasus, der ein Objekt oder ein Lebewesen als durch eine Handlung oder ein Geschehen entstanden bezeichnet, z. B. bei Dativ in »zum Präsidenten wählen«. 2) *das, -s/-e,* **Faktitivum,** i. w. S. Verb, das ein Bewirken von Zuständen ausdrückt, z. B. »bleichen« (bleich machen); i. e. S. wird mit F. nur ein von einem Adjektiv abgeleitetes Bewirkungsverb verstanden, im Unterschied zum **Kausativ** (das i. w. S. als Synonym zu F. gilt).

Fakt Faktizität

Faktizität die, -/-en, bildungssprachlich für: Wirklichkeit, Tatsächlichkeit, Gegebenheit.

Faktor [lat. »Macher«, »Verfertiger«] der, -s/...'toren,
1) *allg.:* bestimmendes Element, maßgebl. Umstand, Gesichtspunkt.
2) *Mathematik:* eine Zahl, die mit einer anderen Zahl zu einem Produkt multipliziert wird (→ Multiplikation).
3) *Wirtschaft:* wirtschaftl. Einheit, die im Produktionsprozess zur Herstellung anderer Güter und Leistungen eingesetzt wird (Arbeitseinsatz, Realkapital, auch Vorprodukte, Rohstoffe, Energie u. a.; → Produktionsfaktoren). Die einzelnen F.-Mengen (Inputs) müssen im Produktionsprozess miteinander kombiniert werden, um das angestrebte mengenmäßige Produktionsergebnis (Output) zu erhalten. Produktionsfaktoren werden in einer Marktwirtschaft auf **F.-Märkten** (auch Beschaffungsmärkte, z. B. Arbeitsmarkt, Kapitalmarkt) zu entsprechenden **F.-Preisen** (z. B. Lohnsatz) gehandelt, die sich aus dem Verhältnis von **F.-Angebot** an Gütern und Diensten für den Produktionsprozess und **F.-Nachfrage** der Unternehmen ergeben. Die im Produktionsprozess eingesetzte **F.-Menge** (auch F.-Leistung, z. B. Arbeitsstunden) ergibt mit dem F.-Preis multipliziert die **F.-Kosten** (Geldwert des Inputs im Produktionsprozess, z. B. Arbeits- oder Lohnkosten). **F.-Einkommen** sind im Ggs. zu Transfereinkommen alle den Anbietern von Produktionsfaktoren aus ihrer Beteiligung am Produktionsprozess zufließenden Entgelte (z. B. Löhne, Gehälter, Zinsen, Pachten, Gewinnanteile); sie bestimmen die funktionelle → Einkommensverteilung.

Das Einsatzverhältnis der Produktionsfaktoren bei der Herstellung einer gegebenen Gütermenge wird als **F.-Intensität** (z. B. Arbeits- oder Kapitalintensität) bezeichnet bzw. durch die **F.-Proportionen** beschrieben; die Veränderung der Einsatzmengen der Produktionsfaktoren (im Hinblick auf deren Einfluss auf die Produktionsmenge) wird **F.-Variation** genannt. Der Einfluss dieser Eigenschaften bzw. Veränderungen des Produktionsprozesses auf dessen Ergebnis wird durch → Produktionsfunktionen dargestellt.

Faktorallokation, *Wirtschaft:* Verteilung der volkswirtschaftl. Produktionsfaktoren auf die versch. mögl. Verwendungszwecke (→ Allokation).

Faktorenanalyse, mathematisch-statist. Methode zur Ordnung, Klassifikation und Interpretation beobachteter Merkmale, die aufgrund gemeinsamer Ursachenkomplexe (»Faktoren«) voneinander abhängen. Eingesetzt wird die F. insbesondere in der Psychologie und den Sozialwiss.en. Eines der häufigsten Verfahren ist die in den 1940er-Jahren entwickelte **multiple** F. von L. L. THURSTONE. Hierbei werden zunächst (Phase der »Extraktion«) aus den Korrelationen einer Anzahl möglichst repräsentativer Variablen eines abgegrenzten Bereichs (z. B. Ergebnisse eines psycholog. Tests oder Messwerte) nach Bildung der Korrelationsmatrix die gemeinsamen Faktoren erschlossen. Extraktionsverfahren sind bes. die **Hauptkomponentenmethode** (schrittweise Bestimmung von Faktoren, die einer möglichst großen Gruppe von Variablen gemeinsam sind, durch Hauptachsentransformation der Koeffizientenmatrix) und als Annäherungsverfahren die **Centroidmethode**, die ähnlich der → Clusteranalyse Faktoren mit max. Gewichtung (d. h. häufigstem Vorkommen innerhalb der Gesamtheit der Variablen) bestimmt. Durch geometrisch-vektorielle Darstellung der Variablen und Faktoren wird dann mittels »Rotation« der faktoriellen Bezugsachsen (bes. im Sinn der Gewinnung möglichst vieler Faktoren mit hoher oder ohne Gewichtung) eine optimale Erklärung des Untersuchungsgegenstandes angestrebt.

Wesentl. Beiträge zur Entwicklung der F. leisteten neben THURSTONE v. a. C. E. SPEARMAN, KARL JOHN HOLZINGER (* 1892, † 1954) und H. HOTELLING. Anwendungen wurden von SPEARMAN und THURSTONE bes. im Rahmen der Analyse von Fähigkeiten, z. B. der Intelligenzforschung, und von R. B. CATTELL, JOY PAUL GUILFORD (* 1897, † 1987) und H. J. EYSENCK in der Persönlichkeitsforschung versucht. Die häufigste Verwendung findet die F. in der Bio- und Psychometrie sowie in der Testpsychologie.

Faktorenaustausch, das → Crossing-over.

Faktorenkopplung, die → Genkopplung.

Faktorgruppe. Zerlegt man eine → Gruppe G in → Nebenklassen nach einem → Normalteiler N, dann bilden diese Nebenklassen eine Gruppe, die als G/N geschrieben wird, und man sagt G/N ist »F. von G nach N«. Die F. ist ein homomorphes Bild der Gruppe und ihre Ordnung ist gleich dem Index von G nach N in G, wenn G/N endlich ist.

Faktorielle die, -/-n, **verallgemeinerte Potenz,** Bez. für jedes der beiden Produkte für beliebige komplexe Zahlen z:
1) $z^{(n)} = z(z-1)(z-2)\cdots(z-n+1)$
2) $z^{(-n)} = [z(z+1)(z+2)\cdots(z+n-1)]^{-1}$.

Faktorisierung, 1) das Zerlegen einer natürl. Zahl in ein Produkt von Primzahlen (→ Primfaktorzerlegung); 2) das Zerlegen eines Polynoms in ein Produkt von irreduziblen Polynomen. Zum Beispiel kann das Polynom $9x^2 + 3x - 2$ in der Form $(3x - 1) \cdot (3x + 2)$ geschrieben werden.

Faktorproportionentheorem, Heckscher-Ohlin-Theorem, von E. F. HECKSCHER und B. G. OHLIN 1933 entwickelte Theorie über die internat. Güterströme, in der Außenhandel auf die unterschiedl. Ausstattung der Länder mit Produktionsfaktoren (Kapital, Arbeit) zurückgeführt wird. Ein Land hat einen komparativen Produktions- und Kostenvorteil bei der Produktion von Gütern, die überwiegend den Einsatz des reichlich vorhandenen Produktionsfaktors erfordern. Ein relativ zu den Erwerbspersonen kapitalreiches Land wird somit bei Aufnahme des Außenhandels kapitalintensive Güter exportieren und arbeitsintensive Güter importieren, da dadurch der relativ knappe (und teure) Produktionsfaktor Arbeit sparsam eingesetzt wird. Anhand des hieraus ableitbaren **Faktorpreisausgleichstheorems** wird gezeigt, dass sich die Unterschiede in den Faktorpreisrelationen vermindern oder sich nach P. A. SAMUELSON vollständig ausgleichen, da durch die Spezialisierung auf kapitalintensive Güter der Produktionsfaktor Kapital im kapitalreichen Land zunehmend knapper und teurer wird. Die erste empir. Überprüfung des F. durch W. LEONTIEF (1953) am Beispiel der Außenhandelsstruktur der USA für die Jahre 1947 und 1951 führte zu dem an sich widersprüchl. Ergebnis, dass die USA als kapitalreiches Land arbeitsintensive Güter exportieren und eher kapitalintensive Güter importieren (**Leontief-Paradoxon**). Mit der Erweiterung des F. zum **Neo-F.** wurde die Erklärung für das Leontief-Paradoxon gegeben. Das Neo-F. berücksichtigt neben der Quantität auch die Qualität der Produktionsfaktoren. So sind z. B. die normalerweise als sachkapitalreich und relativ arbeitsarm geltenden Ind.-Länder reichlich mit hochqualifizierten Arbeitskräften (Humankapital) ausgestattet, während in Entwicklungsländern eine hohe Anzahl gering qualifizierter Arbeitskräfte oft mit einem Mangel an gut ausgebildeten Arbeits- und Führungskräften einhergeht. Hoch qualifizierte Arbeitskräfte in Ind.-Ländern sind wegen ihrer Ausbildung zwar absolut teuer, aber relativ billig. In Entwicklungsländern sind sie hingegen relativ teuer, sofern sie überhaupt verfügbar sind. Demzufolge werden Ind.-Länder vorzugsweise humankapitalintensive Güter exportieren und im Austausch andere Güter, zu deren Herstellung vergleichsweise wenig Humankapital benötigt wird, importieren. (→komparative Kosten)

Faktotum [substantiviert aus lat. fac totum »mach alles!«] *das, -s/-s* und *...ten,* jemand, der schon längere Zeit in einem Betrieb oder Haushalt tätig ist und alle Arbeiten und Besorgungen erledigt.

Faktum [lat. »das Getane«, »das Geschehene«] *das, -s/...ten,* veraltend auch *...ta,* **Fakt,** *bildungssprachlich* für: etwas, das tatsächlich, nachweisbar vorhanden ist oder geschehen ist; unumgängl. Tatbestand.

Faktur,
1) [relativisiert aus ital. fattura, dies aus lat. factura »das Machen«, »die Bearbeitung«] *die, -/-en,* österr. **Faktura,** *Kaufmannssprache:* Rechnung für eine gelieferte Ware. – **fakturieren,** eine Leistung berechnen, eine F. ausstellen.
2) [aus frz. facture, eigtl. »Ausarbeitung«, dies aus mlat. factura »Bau(art)«] *die, -/...ren, Musik:* Anlage, Aufbau einer Komposition.

Fakultas [lat.] *die, -,* Lehrbefähigung, →Facultas Docendi.

Fakultät [mlat. facultas »Wissensgebiet«, »Forschungsgebiet«] *die, -/-en,*
1) *Hochschulwesen:* traditionelles Selbstverwaltungsorgan und Gliedkörperschaft einer Univ. mit dem Dekan an der Spitze zur Wahrnehmung der Aufgaben in Forschung, Lehre und akadem. Prüfungswesen. Zu den alten theolog., medizin. und rechtswiss. F. trat Ende des 18. Jh. die philosoph. F., später kamen die mathematisch-naturwiss. u. a. hinzu. Nach den Empfehlungen des Wiss.-Rates wurden die F. seit den 1970er-Jahren in den meisten dt. Bundesländern durch die Gliederung in enger umgrenzte →Fachbereiche abgelöst. Der **F.-Rat** entspricht dem →Fachbereichsrat.
2) *kath. Kirchenrecht:* früher übl. Bez. für die Vollmacht, die ein höherer Oberer einem Untergebenen erteilt, Befugnisse, die kraft Amtes oder Reservation dem höheren allein zustehen, ebenfalls auszuüben.
3) *Mathematik:* das Produkt der ersten n natürl. Zahlen; man schreibt dafür $n!$ und liest »n Fakultät«. So ist z. B. $3! = 1 \cdot 2 \cdot 3 = 6$ und $4! = 3! \cdot 4 = 24$. Die Zahl $0!$ ist als 1 definiert. Für große n kann man zur näherungsweisen Berechnung von $n!$ die →stirlingsche Formel benutzen. Die Zahl $n!$ gibt an, auf wie viele Arten man n Dinge in eine Reihenfolge bringen kann (→Permutation, →Kombinatorik).

Fakultätentag, Zusammenschluss der Univ.-Fakultäten eines jeweiligen disziplinären Feldes (z. B. F. für Informatik, Juristen-F.), der die akademisch-professionellen Interessen der Lehrenden an Hochschulen wahrnimmt und zu bewahren sucht. F. arbeiten in einem disziplinär breiteren Spektrum als akadem. Fachgesellschaften und besitzen daher auch ein höheres polit. Gewicht. Ihre Arbeit vollzieht sich v. a. durch Kongresse, Informations- und Erfahrungsaustausch auf formeller wie informeller Ebene, Stellungnahmen zu hochschul- und wissenschaftspolit. Entwicklungen und Problemlagen, durch Öffentlichkeitsarbeit und Lobbying bei polit. Verantwortungsträgern. Die dt. F. sind seit 2000 im **Allgemeinen Dt. F.** zusammengeschlossen. Freiwillige überregionale Zusammenschlüsse von Fachbereichen gleicher Fachrichtung an FH heißen analog dazu **Fachbereichstag** und erfüllen ähnl. Funktionen.

fakultativ [frz., zu Fakultas], *bildungssprachlich* für: dem eigenen Ermessen, der eigenen Entscheidung überlassen, nach eigener Wahl; nicht unbedingt verbindlich; Ggs.: obligatorisch.

Falafel [arab., zu filfil »Pfeffer«] *die, -/-n,* pikantes arab. Gericht aus gebratenen Kichererbsenbällchen.

Falaises [faˈlɛːz] *Pl.,* frz. Bez. für felsige Steilküsten, bes. für die bis 130 m hohen Kliffs der Normandie und Picardie.

Faland [mhd. vālant »Verführer«] *der, -s,* **Foland, Voland,** der Teufel; GOETHE lässt im »Faust« (Walpurgisnacht) den Mephistopheles sich »Junker Voland« nennen.

Falange [faˈlaŋxe; span., eigtl. »Stoßtrupp«, von lat. phalanx, griech. phálagx, eigtl. »Balken«, »Baumstamm«] *die, -,* Kurzname der span. Staatspartei unter der Diktatur von General F. FRANCO BAHAMONDE, gegr. am 13. 2. 1934 unter Führung von J. A. PRIMO DE RIVERA durch den Zusammenschluss der »Falange Española« (gegr. am 29. 10. 1933) mit den nat. Syndikalisten, den »Juntas de Ofensiva Nacional-Sindicalista« (Abk. J.O.N.S.). Am 19. 4. 1937 verband sich die F. unter dem Druck General FRANCOS mit den Traditionalisten (→Karlisten). Seitdem nannte sich die Partei **Falange Española Tradicionalista y de las J.O.N.S.** (Abk. F.E.T. y de las J.O.N.S.).

1934 gab sich die F. ein 27 Punkte umfassendes Programm. Beeinflusst von Faschismus und Nationalsozialismus, verband sie Gedanken der Wirtschafts- und Bodenreform mit Forderungen nach dem Aufbau eines Korporativsystems und der Errichtung eines totalitären Führerstaates. Die F. war antidemokratisch, antiliberal und urspr. antimonarchistisch; ihre Ziele sollten durch eine national-syndikalist. Revolution verwirklicht werden. Im Zuge der Zwangsvereinigung von 1937 wich die »alte F.« einer »neuen F.«, die konservative und monarchist. Positionen berücksichtigen musste. Außenpolitisch verfolgte die F. imperialist. Ziele, v. a. die Hegemonie Spaniens im spanischsprachigen Raum.

In der Zeit der Republik war der Einfluss der F. gering. Nach dem Sieg der Volksfront (Februar 1936) wurde sie als Partei faschist. Typs verboten, ihre Führer wurden verhaftet. Am Ausbruch des Span. Bürgerkrieges 1936 unmittelbar nicht beteiligt, schloss sie sich jedoch sofort dem Aufstand General FRANCOS an. Nach der Verurteilung und Hinrichtung PRIMO DE RIVERAS (November 1936) durch die Justizorgane der Republik und der innerparteil. Ausschaltung M. HEDILLA LARRAYS übernahm FRANCO 1937 die Führung der Partei und baute sie zu einem »Sammelbecken nationaler Kräfte« um. Im Bürgerkrieg nutzte er sie als polit. Basis seiner sich ständig erweiternden Macht, nach dem Zusammenbruch der Republik (1939) als ein wesentl. Instrument seines diktator. Herrschaftssystems. Zur wichtigsten Einflusssphäre der F. wurden die von FRANCO errichteten Zwangssyndikate. 1958 wurde das Programm der F. zur Staatsdoktrin und die F. selbst zum »Movimiento Nacional« erho-

Fala Falanuk

ben. Im Zuge der Demokratisierung Spaniens nach FRANCOS Tod (1975) wurde die F. 1977 aufgelöst.

S. G. PAYNE: F. A history of Spanish fascism (Stanford, Calif., 1961); K. v. BEYME: Vom Faschismus zur Entwicklungsdiktatur. Machtelite u. Opposition in Spanien (1971); K.-J. RUHL: Spanien im Zweiten Weltkrieg. Franco, die F. u. das Dritte Reich (1975); J. L. RODRÍGUEZ JIMÉNEZ: Historia de f. española de las JONS (Madrid 2000).

Falanuk [madagassisch], Art der →Schleichkatzen.

Falascha [amharisch Fäläša, von Geez Fälasha »Vertriebene«], **Falasha**, so genannte **»Schwarze Juden«**, Selbst-Bez. **Beta Israel** [»Haus Israels«; auch eine der alten Selbst-Bez. der christl. Hochland-Äthiopier], die äthiop. Juden, Nachkommen v. a. kuschit. Volksgruppen Äthiopiens (Agau), die im MA. in Opposition zum christl. Kaiser lebten (daher »Ayhud« [= Juden] genannt). Sie lebten v. a. im Bereich des Tanasees; meist Bauern und Handwerker (Schmiede, Zimmerleute, Töpferinnen); heute praktisch vollständig in Israel. Die jüd. Überlieferung sieht in den F. Nachkommen des Stammes Dan, der nach dem Untergang Judas in das Land Kusch gezogen sei. Die F. wahrten über Jahrhunderte ein eigenständiges Judentum, das sich auf die jüd. Bibel (A. T. mit einigen Weiterungen des Kanons der →äthiopischen Kirche und in der christlich-äthiop. Übersetzung) bezieht; ihre gesamte Literatur ist christl. bzw. lokalen Ursprungs. Die hebr. Bibel, →Mischna und →Talmud waren ihnen bis in die Gegenwart unbekannt. Die F. praktizieren die Reinheitsgebote, heiligen den Sabbat und feiern das Passahfest, nicht jedoch die nachexil. Feste Purim und Chanukka (da nicht im A. T. geboten, der einzigen Quelle ihrer religiösen Praxis). Bis ins 20. Jh. unterhielten sie Klöster und praktizierten die im übrigen Judentum unübl. Opfer. Ihre Kultsprache ist das →Geez (auch die liturg. Sprache der äthiop. Kirche). Sonst sprechen sie je nach Herkunftsgebiet versch. Sprachen: Zentraläthiopier Amharisch, Nordäthiopier Tigrinja; außerdem wurden früher am Tanasee Qwarasa (Variante der Kuschitensprache Qwara) und in Gondar die Agau-Sprache Kaylinnja gesprochen.

Im 9. Jh. wurde Juden in Äthiopien (gemeint aber wohl N-Sudan?) erstmals erwähnt. Die äthiop. Geschichtsüberlieferung berichtet von jüd. Königinnen (»Godit«), die in der Spätantike Aksum angriffen; die Identifizierung als Vorfahren der F. jedoch ist unsicher, da Gegner pauschal als »Juden« bezeichnet wurden. Die mögl. Verbindung der F. zum antiken Judentum (über Ägypten bzw. Jemen) war allenfalls geringfügig; sprachl. und religiöse Spuren eines solchen Kontaktes fehlen. Historisch belegt ist jedoch im MA. die Konversion führender Vertreter des äthiop. Reiches, die sich älteren »Ayhud«-Gruppen anschlossen, und die Übernahme neu redigierter, bisher christl. religiöser Texte durch die F. Bis ins 15./16. Jh. bildeten die F. in nördl./nordwestl. Gebieten des Amharen-Hochlandes (→Semien; Qwara) größere zusammenhängende Siedlungsgebiete mit eigenen polit. Führern. Von den christl. äthiop. Kaisern, gegen die sie revoltierten, wurden sie unterworfen, dezimiert, in Randgebiete verdrängt, zwangsbekehrt und ab dem 15. Jh. zu einer landlosen Minderheit gemacht, die sich insbes. in der Hauptstadt Gondar auf Handwerksberufe spezialisierte. Im Gegensatz dazu stehen die früher mit ihnen zusammenhängenden Kemant, eine Agau-Gruppe, die sich trotz eigener judaisierender Tradition dem christl. Kaiser unterwarf und damit nicht der Exklusion unterlag, die aus den F. eine getrennte soziokulturelle Gruppe machte. Als Juden identifiziert, galten ihnen seit Mitte des 19. Jh. relativ erfolglose Bekehrungsversuche der dt.-engl. prot. Mission (»F.-Mission«); auf diese antwortete bald eine westl. jüd. Mission, deren Ausgangspunkt das Wirken des in Polen geborenen Orientalisten JACQUES FAÏTLOVITCH (*1881, †1955) bildete, der während eines Äthiopienaufenthaltes (1904/1905) die Kultur der F. studiert hatte. Seither erfolgte ein Angleichungsprozess an religiöse Standards des westl. Judentums: Klöster wurden abgeschafft und Herkunftslegenden änderten sich (von der typisch äthiop. Erzählung der Herkunft der F. von König SALOMO und der →Königin von Saba zu der früher nicht belegten Erzählung der Herkunft vom israelit. Stamm Dan). Nach dem Sturz Kaiser HAILE SELASSIES 1974 als Religionsgemeinschaft rechtlich gleichgestellt, unterlag die religiöse Betätigung der F. jedoch auch unter den folgenden marxist. Reg. zeitweilig staatl. Restriktionen. 1972 sind ihre Traditionen vom sephard. Oberrabbinat als jüdisch anerkannt worden. Anlässlich der äthiop. Hungersnot 1984 konnten um die Jahreswende 1984/85 über 10 000 der etwa 25 000 F. über den Sudan nach Israel auswandern (»Operation Moses«). In einer zweiten Auswanderungsaktion ließ die israel. Reg. auf dem Höhepunkt des äthiop. Bürgerkriegs 1991 über eine Luftbrücke weitere 15 000 F. nach Israel ausfliegen (»Operation Salomo«). Heute leben nach israel. Angaben keine F. mehr in Äthiopien; tatsächlich aber leben in versch. Gebieten Äthiopiens verstreut sowohl christl. Nachkommen der F. als auch kleine F.-Gruppen, die einer judaisierenden Religion folgen.

S. KAPLAN: The Beta Israel (Falasha) in Ethiopia. From Earliest Times to the Twentieth Century (New York 1992); J. QUIRIN: The Evolution of the Ethiopian Jews. A History of the Beta Israel (Falasha) (Philadelphia, Pa., 1992); R. C. SCHNEIDER u. E. BAITEL: Der vergessene Stamm. Die äthiop. Juden u. ihre Gesch. (Wien 1995); D. KESSLER: The Falashas (Portland, Oreg., ³1996); M. G. BARD: From tragedy to triumph. The politics behind the rescue of Ethiopian Jewry (Westport, Conn., 2002).

Fałat ['fauat], Julian, poln. Maler, * Tuligłowy (Galizien) 30. 7. 1853, † Bystra Śląska (Kr. Bielsko-Biała) 9. 7. 1929; war 1895–1910 Leiter der Kunstakademie in Krakau, wo er die Freilichtmalerei einführte. F. malte v. a. Jagdszenen und Bilder der poln. Landschaft.

Otto Falckenberg: Szene aus der Uraufführung von Bertolt Brechts »Trommeln in der Nacht« (1922, Münchner Kammerspiele)

Falbe, Pferd mit graugelbem Deckhaar und meist dunklerem Langhaar (Mähne, Schweif).

Falbel [zu frz. falbala, von altfrz. felpe, frepe »Franse«] *die, -/-n,* dicht gefältelter oder gereihter Besatzstreifen aus leichtem Stoff oder Spitze; v. a. in der Mode des Rokokos.

Falbelgewand, im Alten Orient etwa seit Mitte des 3. Jt. v. Chr. (Frühdynast. Zeit II) übl. Hüftrock aus Wolle, unten mit einer breiten Falbel besetzt (wohl aus Schaffellzotten). Seit der Akkadzeit (Beginn etwa 2235 v. Chr.) bestand das Gewand aus einem Gewebe, das durch blattförmige, sich überlappende »Wollzotten« anscheinend ein Schaffell nachahmte (»Kaunakesgewand«).

Falbkatzen, in Steppen und Savannen Afrikas und der Arab. Halbinsel beheimatete Gruppe einander ähnl. Unterarten der → Wildkatze.

Falcão [fal'kãu], Cristóvão, port. Dichter, * Portalegre zw. 1515 und 1518, † 1533; ihm wird eine der berühmtesten Eklogen der port. Lit. (»Trovas de Crisfal«, hg. 1554 in der Ausgabe der Werke von B. RIBEIRO) zugeschrieben, die die unglückl. Liebe des Schäfers Cris(tóvão)fal(cão) und der Hirtin Maria Brandão behandelt.

Ausgabe: Trovas de Crisfal, hg. v. G. G. DE OLIVEIRA SANTOS (Neuausg. 1965).

Falckenberg, Otto, Regisseur, * Koblenz 5. 10. 1873, † München 25. 12. 1947; war Mitbegründer des Münchner Kabaretts »Elf Scharfrichter«. 1914 kam er als Oberspielleiter und Chefdramaturg an die Münchner Kammerspiele, deren künstler. Leiter er 1917–44 war. Der erste große Erfolg gelang F. mit der Uraufführung von A. STRINDBERGS »Gespenstersonate« (1915). Neben Uraufführungen expressionist. Dramen (G. KAISER, E. BARLACH, B. BRECHT, A. BRONNEN) wirkten v. a. seine stimmungshaften, poet. Shakespeare-Inszenierungen (»Wie es euch gefällt«, 1917; »Troilus und Cressida«, 1925; »Cymbeline«, 1926) stilbildend. F. war bedeutend auch als Schauspiellehrer.

F. EULER: Der Regisseur u. Schauspielerpädagoge O. F. (1976).

Falcón, Bundesstaat in N-Venezuela, am Karib. Meer und am Golf von Venezuela, 24 800 km², (2001) 763 000 Ew., Hauptstadt Coro; im N die Península de Paraguaná.

Falconara Marittima, Stadt in der Prov. Ancona, Region Marken, Italien, Erdölhafen und Industriestandort an der Mündung des Esino in die Adria, 28 400 Ew.; Erdölraffinerie, chem., mechan., Möbelindustrie; Eisenbahnknotenpunkt.

Falcon Dam ['fɔːkən 'dæm], Staudamm im Rio Grande an der Grenze zw. den USA und Mexiko, unterhalb von Laredo (Texas) in der Golfküstenebene, Dammhöhe 46 m, Kronenlänge 8 014 m, fertig gestellt 1953; dient dem Hochwasserschutz, der Energiegewinnung und v. a. der Bewässerung (Stausee mit 2,96 Mrd. m³ Fassungsvermögen).

Falcone, Aniello, ital. Maler, * Neapel 15. 11. 1607, † ebd. nach 14. 7. 1656; wichtiger Vertreter des Frühbarocks in Neapel; Schüler von J. RIBERA. Bei seinen Fresken mit religiösen Themen war F. von CARAVAGGIO und DOMENICHINO beeinflusst. Er malte auch Schlachtenbilder und → Bambocciaden.

Falconet [falko'ne], Étienne-Maurice, frz. Bildhauer, * Paris 1. 12. 1716, † ebd. 24. 1. 1791; Schüler von J.-B. LEMOYNE. 1757–66 war F. künstler. Leiter der Porzellanmanufaktur in Sèvres, für die er Kleinplastiken im Rokokostil anfertigte (»La Baigneuse«, 1757). In

Étienne-Maurice Falconet: Reiterstandbild Peters des Großen in Sankt Petersburg (1782 enthüllt)

Sankt Petersburg, wo er sich 1766–78 aufhielt, schuf er unter KATHARINA II. sein Hauptwerk, das Reiterstandbild PETERS D. GR. (1782 enthüllt). Wieder in Paris, vertrat er als Akademiedirektor einen nüchternen, auf den Klassizismus verweisenden Realismus. – F. schrieb u. a. »Réflexions sur la sculpture« (1761). 1781 erschien eine Gesamtausgabe seiner kunstschriftsteller. Werke in sechs Bänden.

Falconetto, Giovanni Maria, ital. Maler und Architekt, * Verona um 1468, † Padua zw. Ende Dez. 1534 und 8. 1. 1535; war zunächst in Verona als Maler tätig, wobei ihn v. a. der Rückgriff auf römisch-antike Ornamentik auszeichnete (Kapelle San Biagio in San Nazaro, 1497–99); ab etwa 1520 im Umkreis ALVISE CORNAROS in Padua als Architekt nachweisbar, wo seine an antiker röm. Baukunst geschulten Entwürfe (Loggia Cornaro, 1524) das Werk A. PALLADIOS vorbereiteten.

Falconidae [lat. falco »Falke«], die → Falken.

Falconieri, florentin. Patrizierfamilie. Als Inhaber eines Bankhauses und mehrerer Tuchspannereien finanzierten die F. im 13. Jh. polit. und militär. Unternehmungen der Päpste und zählten zu den ersten florentin. Häusern, die im Wechselgeschäft, bes. in Flandern und England, aktiv waren.

Faldbakken ['falbakən], Knut, norweg. Schriftsteller, * Oslo 31. 8. 1941; der realistisch-psycholog. Tradition verpflichteter Erzähler; behandelt in seinen Romanen häufig Tabuthemen, u. a. im Zusammenhang von Sex und Gewalt, bisweilen mit satir. Unterton. Sein Roman »Uår« (1974–76, 2 Bde.; dt. »Unjahre«) ist die Vision einer im Müll erstickenden Welt und wurde auch von der Kritik gewürdigt.

Weitere Werke: Romane: Sin mors hus (1969); Maude danser (1971; dt. Jungferntanz); Adams dagbok (1978; dt. Adams Tagebuch); Bryllupsreisen (1982; dt. Der Schneeprinz); Glahn (1985; dt. Pan in Oslo); Bad boy (1988; dt.); Ewig din (1990; dt. Ewig dein); Ormens år (1993; dt. Das Jahr der Schlange); Eksil (1997; dt. Ein unmoral. Angebot).

Knut Faldbakken

Fald Faldistorium

Adalbert Falk

Johannes Daniel Falk, Porträtbüste von Carl Gottlieb Weisser (nach einer Vorlage von Christian Friedrich Tieck, 1807; Klassik Stiftung Weimar)

Peter Falk

Faldistorium [mlat.] *das, -s/...ri|en,* →Faltstuhl.

Fale̱ri|i, Hauptstadt der italischen Falisker, →Civita Castellana.

Falerner [nach dem von den Römern Falernus ager genannten Gebiet im N Kampaniens] *der, -s/-,* in der Antike berühmtester Wein Italiens, von HORAZ besungen. Der Name stand in jüngerer Zeit Pate für eine DOC-Herkunftsbezeichnung für Weine aus dem Nordteil der Region Kampanien, **Falerno del Massico**, unter der Weißweine aus der Rebsorte Falanghina und Rote aus Aglianico, Piedirosso, Primitivo und Barbera geführt werden.

Falguière [fal'gjɛːr], Alexandre, frz. Maler und Bildhauer, * Toulouse 7. 9. 1831, † Paris 19. 4. 1900; gehörte als Bildhauer zu den ersten frz. Realisten des 19. Jh., schuf Büsten und Standbilder (Gambetta, 1884; Cahors) sowie Kleinplastiken; malte religiöse und mythol. Szenen, auch Landschaften.

Fäli̱den [mlat.], veraltete typologisch-rassensystemat. Kategorie für die angebl. geograf. Variante von v. a. in Westfalen und Nordhessen lebenden Menschen; heute nur noch von histor. Bedeutung (→Europiden).

Falie̱ro, Falier, Marino (Marin), Doge von Venedig (seit 1354), * 1274, † (hingerichtet) Venedig 17. 4. 1355; versuchte wenige Monate nach seiner Wahl (11. 9. 1354), in Verbindung mit der Partei der Popolanen, durch einen Staatsstreich die Adels-Rep. in eine erbl. Signoria umzuwandeln. Das Vorhaben wurde verraten und schlug fehl. F., wegen Verschwörung gegen die Rep. verurteilt, wurde auf der großen Treppe des Dogenpalastes enthauptet.

Das Schicksal des Achtzigjährigen und das seiner sehr jungen Frau beeindruckte schon PETRARCA und hat wiederholt Künstler zur Gestaltung angeregt (Novelle »Doge und Dogaressa« von E. T. A. HOFFMANN, erschienen 1818 im »Taschenbuch für das Jahr 1819, der Liebe und Freundschaft gewidmet«); Dramen von Lord BYRON, 1821, C. DELAVIGNE, 1829, A. C. SWINBURNE, 1885; Opern von G. DONIZETTI, 1835, L. ROSELIUS, 1928; Gemälde von E. DELACROIX).

Falisker, lat. **Falisci,** im Altertum ein italischer Volksstamm im südl. Etrurien mit dem Hauptort **Falerii** (Falerii Veteres, heute →Civita Castellana); seit dem 8. Jh. zunehmend unter etrusk. Kultureinfluss. 293 v. Chr. von den Römern unterworfen; nach einem Aufstand 141 v. Chr. wurden die Bewohner von Falerii in das eben gelegene Falerii Novi umgesiedelt.

Faliskisch, ausgestorbene Sprache, im Bereich der Stadt Falerii (heute Civita Castellana) und des »ager Faliscus«, etwa 50 km nördlich von Rom gesprochen, belegt durch etwa 300 alphabet. Inschriften aus dem 7.–2. Jh. v. Chr. Da F. mit der Sprache von Latium eng verwandt ist, wird eine vorgeschichtliche Einheit »Latino-Faliskisch« (innerhalb der indogerman. italischen Sprachen) erschlossen.

Falk,

1) Adalbert, preuß. Politiker, * Metschkau (bei Neumarkt, Niederschlesien) 10. 8. 1827, † Hamm 7. 7. 1900; hatte als Kultus-Min. (1872–79) eine führende Rolle im →Kulturkampf. Auf seine Initiative gingen die Errichtung von Simultanschulen, die Umformung des Lehrplans (»Allgemeine Bestimmungen«, 1872) sowie eine verbesserte Ausbildung und beamtenrechtl. Stellung der Lehrer zurück. Seine Politik stieß bei Kaiser WILHELM I. und der prot. Kirchenleitung wegen ihres »liberalen« Gedankenguts auf Kritik.

2) Johannes Daniel, Schriftsteller und Pädagoge, * Danzig 26. 10. 1768, † Weimar 14. 2. 1826; war seit 1797 häufiger Gast GOETHES; die von ihm aufgezeichneten Erinnerungen und Gespräche erschienen posthum (»Goethe aus näherm persönl. Umgange dargestellt«, 1832). Ihre Zuverlässigkeit wurde lange angezweifelt; heute wird sie höher bewertet. Seine spätere Fürsorge für verwaiste und gefährdete Kinder machte ihn zum Vorläufer der »Inneren Mission«; sein Lied »O du fröhliche« wurde eines der bekanntesten Weihnachtslieder.

Ausgaben: Auserlesene Werke, hg. v. A. WAGNER (1819); Erziehungs-Schrr., hg. v. R. ECKART (1913); J. F.s Dichtungen, ausgew. v. DEMS. (1915).

3) Paul, Eiskunstläufer, * 21. 12. 1921; im Paarlauf mit seiner Frau RIA BARAN-FALK (* 1922, † 1986) u. a. Olympiasieger 1952 sowie Welt- und Europameister 1951 und 1952, im Rollkunstlauf Europameister 1950 und Weltmeister 1951. Sportler des Jahres 1951 (1950–52 war seine Frau Sportlerin des Jahres).

4) [engl. fɔːk], Peter, amerikan. Schauspieler, * New York 16. 9. 1927; begann beim Amateurtheater, war ab 1955 v. a. an Off-Broadway-Theatern, ab 1958 auch beim Film und ab 1965 beim Fernsehen tätig und spielt authentisch wirkende Figuren. Zu einem der populärsten TV-Stars wurde er mit der Rolle des Polizeiinspektors »Columbo« (erstmals 1968, als Serie 1971–78, 1989–98, 2000 ff.).

Weitere Filme: Eine Frau unter Einfluß (1974); Eine Leiche zum Dessert (1979); Der Himmel über Berlin (1987); Cookie (1989); In weiter Ferne, so nah! (1993).

5) Fal'k, Robert Rafailowitsch, russ. Maler, Grafiker und Theaterkünstler, * Moskau 27. 10. 1886, † ebd. 1. 10. 1958; Mitbegründer und aktives Mitgl. der Künstlervereinigung Karo-Bube (1911–17 Teilnahme an allen Ausstellungen), stellte zugleich bei der Künstlervereinigung »Mir Iskusstwa« aus; setzte sich intensiv mit den Werken P. CÉZANNES und dem frz. Kubismus auseinander. F. war 1918–28 Prof. für Malerei in Moskau, arbeitete ab 1925 bühnenbildnerisch, u. a. für das Staatl. Jüdische Theater (GOSET), lebte 1928–38 in Paris. In den 40er-Jahren wurde er mit Ausstellungsverbot belegt. Seine Architekturlandschaften, Porträts und Stillleben zeichnen sich durch hohe Farbkultur aus.

Falkau, Luftkurort im Hochschwarzwald, gehört zur Gem. →Feldberg.

Falkberget [-bærgə], *Johan* Petter, eigtl. **J. P. Lillebakken,** norweg. Schriftsteller, * Rugldalen (bei Røros) 30. 9. 1879, † Tyvoll (bei Røros) 5. 4. 1967; war Bergarbeiter, später Redakteur bei Arbeiterzeitungen und Abgeordneter. F. schrieb in bilderreichem Stil v. a. histor. Romane, anfangs als Romantiker, später als Realist religiös-sozialer Prägung. Sein Hauptwerk ist die Trilogie »Christianus Sextus« (1927–35, 3 Bde.; dt. »Im Zeichen des Hammers«) über die Geschichte einer Erzgrube im frühen 18. Jh. Der Romanzyklus »Nattens brød« (1940–59, 4 Bde.; dt. »Brot der Nacht«) spielt im 17. Jh. und schildert den Übergang vom traditionellen Bauernleben zum vorindustriellen Bergbau.

Weitere Werke: *Romane:* Svarte fjelde (1907); Ved den evige sne (1908); Brændoffer (1918; dt. Brandopfer); Den fjerde nattevakt (1923; dt. Die vierte Nachtwache). – *Novellen:* Fimbulwinter (1911; dt.).

Ausgabe: Verker, 15 Bde. (1969–79).

Falke,

1) *Militärwesen:* ein Geschütz, →Falkone.

2) *Zoologie:* →Falken.

Falke,

1) Gustav, Schriftsteller, * Lübeck 11. 1. 1853, † Groß Borstel (heute zu Hamburg) 8. 2. 1916; war Buchhändler, Klavierlehrer; von D. VON LILIENCRON als Schriftsteller entdeckt. F. schrieb romantisch geprägte heiter-stille, z. T. niederdt. Gedichte, die oft Themen aus dem Alltag oder die Natur seiner norddt. Heimat zum Gegenstand haben (»En Handvull Appeln«, 1906); auch humorvolle Kinderbücher und Texte für Bilderbücher (»Katzenbuch«, 1900; »Vogelbuch«, 1901, illustriert von O. SPECKTER); weniger bedeutend sind seine naturalist. Romane.

Weitere Werke: *Gedichte:* Mynheer der Tod (1892); Tanz u. Andacht (1893); Hohe Sommertage (1902). – *Romane:* Landen u. Stranden, 2 Bde. (1895); Die Kinder aus Ohlsens Gang (1908). – Die Stadt mit den goldenen Türmen (1912, autobiografisch).

2) Konrad, eigtl. **Karl Frey,** schweizer. Schriftsteller und Literaturhistoriker, * Aarau 19. 3. 1880, † Eustis (Fla.) 28. 4. 1942; Herausgeber von »Raschers Jahrbüchern« (1910–17, 4 Bde.) und der Monatsschrift »Maß und Wert« (1937–40; mit T. MANN); übersetzte DANTES »Divina Commedia« (1921). In seinen Dichtungen stand er unter dem Einfluss roman. Formkultur und C. F. MEYERS.

Werke (Auswahl): *Tragödie:* Francesca da Rimini (1904). – *Erzählungen:* Im Banne der Jungfrau (1909); San Salvatore (1916). – *Romane:* Der Kinderkreuzzug, 2 Bde. (1924); Jesus von Nazareth, 2 Bde. (1950). – *Lyrik:* Carmina Romana (1910). – *Studien:* W. Waiblinger (1909); Kainz als Hamlet (1911); Dante (1922); Machtwille u. Menschenwürde (1927).

3) Otto von, Kunsthistoriker, * Wien 29. 4. 1862, † Schwäbisch Hall 15. 8. 1942; ab 1895 Direktor des Kölner, ab 1908 des Berliner Kunstgewerbemuseums; 1920–27 Generaldirektor der Staatl. Museen in Berlin. F. schrieb einflussreiche Werke auf fast allen Gebieten des Kunstgewerbes.

Schriften: Kunstgesch. der Seidenweberei, 2 Bde. (1913); Altberliner Fayencen (1923); Bronzegeräte des MA., Bd. 1 (1935, mit ERICH MEYER).

Falken, Falconidae, weltweit verbreitete Familie der →Greifvögel mit rd. 60 Arten von 14 bis 66 cm Körperlänge. Der Oberschnabel hat meist einen deutl. Hornzahn (»F.-Zahn«), dem eine Kerbe im Unterschnabel entspricht. Die Nasenlöcher sind i. d. R. rundlich und mit zentralem Knochenzapfen, die Brustwirbel teilweise miteinander verwachsen. Der Kot wird fallen gelassen und nicht weggespritzt wie bei den →Habichtartigen. Die meisten Arten bauen kein Nest, sondern benutzen Nester anderer Vögel oder legen die Eier auf die blanke Unterlage; die Eischalen sind braun oder rotbraun gefleckt. Die meisten F. jagen Vögel oder kleine Säuger, daneben auch größere Insekten, einige südamerikan. Arten, die →Geierfalken, sind Aasfresser (z. B. der Carancho und der Chimango). Bes. einige **Edel-F.** (**Echte F.** Gattung Falco; 37 Arten) sind Flugjäger des offenen Luftraumes (z. B. der →Eleonorenfalke) und sind seit jeher als Beizvögel beliebt. In Europa kommen 10 Arten vor, von denen →Wanderfalke, →Baumfalke und →Turmfalke auch in Dtl. brüten; seltener Gast ist der →Gerfalke. Alle F. sind geschützt.

KULTURGESCHICHTE

F. genossen im alten Ägypten göttl. Verehrung; ihre Mumien wurden oftmals in kostbaren Särgen aufbewahrt. Der F.-Gott war wohl urspr. ein Himmelsgott (Sonne und Mond bildeten seine Augen). Schon auf der Siegespalette des Königs NARMER (um 3000 v. Chr.) wird dem mit der Krone Oberägyptens geschmückten König vom F.-Gott das »Papyrusland« des Deltas, also Unterägypten, zugeführt; er ist als →Horus der Gott Unterägyptens und dem Pharao zugeordnet. Auf einem Relief aus dem Grabbezirk von Sakkara wird König DJOSER auf seinem rituellen Kultlauf vom fliegenden Gottes-F. mit dem Lebenszeichen begleitet. Bei einem Sitzbild des Königs CHEPHREN steht der F.-Gott auf der Rückseite seines Thrones und umfasst mit seinen Schwingen den Kopf des Königs. In den frühen Zeiten Ägyptens hatten die Götter Tiergestalt, später wurden sie in Menschengestalt mit einem Rest ihres früheren Aussehens dargestellt. Außer dem falkenköpfigen Horus gab es den falkenköpfigen Gott Harendotes und den falkenköpfigen Re-Harachte. Falkenköpfig sind auch der Totengott Soker, der z. B. im Tempel des Königs SETHOS I. abgebildet ist, und der Kriegsgott Month.

In Südamerika waren F. die Symbole der vier Himmelsrichtungen. In der german. Mythologie trug Freyja ein F.-Gewand, mit dem sie sich in eine andere Gestalt verwandeln konnte. In der christl. Kunst wird der hl. BAVO mit Schwert und F. dargestellt.

Die Jagd mit dem F. (**Falknerei, F.-Beize**) wurde bereits bei den Assyrern, mindestens seit ASSURBANIPAL (669–627 v. Chr.), ausgeübt. Im alten China und Japan soll die F.-Jagd noch früher bekannt gewesen sein. Der Grieche KTESIAS (416–399 v. Chr.), Leibarzt des pers. Königs ARTAXERXES II., berichtete von Indien, dass dort mit abgerichteten F. Berghasen gejagt wurden; auch bei den Persern und Arabern war die F.-Jagd üblich; von ihnen wurde die F.-Haube (→Beize) eingeführt. Die Berührung mit den Arabern zur Zeit der Kreuzzüge gab der Falknerei bedeutenden Auftrieb, die daher im MA. ihre größte Blüte erreichte und in vielen Berichten und Gemälden verherrlicht

Falken: *oben* Falkenkopf, Schnabel mit Falkenzahn; *unten* Zehen

Falken: Falkenjagd, Miniatur aus der Manessischen Handschrift (1. Hälfte des 14. Jh.; Heidelberg, Universitätsbibliothek)

Falk Falkenau an der Eger

wurde. In Europa war die F.-Jagd ein Vorrecht des Adels, auch Könige und Kaiser übten sie aus. Kaiser FRIEDRICH II. war ein leidenschaftl. Falkner, der ein Werk über die Falknerei schrieb. Außer den echten F. richtete man auch den Habicht, den Sperber und sogar den Steinadler ab.

🔊 **Falken:** Flugrufe eines Wanderfalken über seinem Nest 7739; Rufreihe eines Turmfalken 8449; Rufe eines Baumfalkenpaares in Nestnähe 8191; Lautreihen eines Caranchos 8287; Rufe eines Chimangos 8215

Falkenau an der Eger, dt. Name der tschech. Stadt →Sokolov.

Falkenauge, als Schmuckstein verwendete Varietät des Quarzes, bei der feinfaseriger Quarz mit feinen dunkelblauen bis dunkelgrünen Hornblendeasbestfasern verwachsen ist. Die geschliffenen Steine weisen einen seidigen Glanz auf.

Erich von Falkenhayn

Falkenberg, Name von geografischen Objekten:
1) **Falkenberg** [-bærj], Hafenstadt und Badeort am Kattegat, S-Schweden, zw. Helsingborg und Göteborg, Verw.-Bez. Halland, 39 100 Ew.; Werft, Holzverarbeitung, Fahrzeugzulieferindustrie, Brauerei, Leder- und Keramikindustrie. – Das 1256 erstmals erwähnte F. erhielt 1525 Stadtrecht. Bereits während des MA. war F. eine bedeutende Handelsstadt.
2) **Falkenberg/Elster,** Stadt im Landkreis Elbe-Elster, Bbg., in der Niederlausitz, 83 m ü. M., 6 300 Ew.; Eisenbahnmuseum; mittelständ. Industrie (Elektrotechnik, Imprägnierwerk, Holzverarbeitung, Kalksandsteinwerk, Fleischverarbeitung); Eisenbahnknotenpunkt. – Das Straßendorf F., 1251 erstmals urkundlich erwähnt, entwickelte sich nach 1848 durch den Eisenbahnbau zu einem wichtigen Verkehrsknotenpunkt. 1962 wurde F. Stadt.
3) **Falkenberg in Oberschlesien,** dt. Name der poln. Stadt →Niemodlin.

Falkenstein 1): Burg Falkenstein

Falkenberg, Dietrich von, schwed. Oberst und Diplomat, *Herstelle (heute zu Beverungen) um 1580, †Magdeburg 20. 5. 1631; trat 1615 in die Dienste des schwed. Königs GUSTAV II. ADOLF und wurde 1626 dessen Hofmarschall; bereitete u. a. das Eingreifen der Schweden in den Dreißigjährigen Krieg vor. Nach deren Landung in Pommern (Juni 1630) war ihm die Verteidigung von Magdeburg bis zur Ankunft eines schwed. Heeres übertragen. Trotz großer Schwierigkeiten gelang ihm diese bis zur Belagerung durch TILLY (März–Mai 1631); dem von diesem verstärkten Ansturm war er nicht gewachsen. F. fiel im Kampf, während gleichzeitig die gesamte Stadt durch eine Feuersbrunst vernichtet wurde. Von O. VON →GUERICKE stammt die wohl älteste »Geschichte der Belagerung, Eroberung und Zerstörung Magdeburgs«.

Falkenburg in Pommern, dt. Name der poln. Stadt →Złocieniec.

Falkenhayn, Erich von, General, *Burg Belchau (Kr. Graudenz) 11. 9. 1861, †Schloss Lindstedt (bei Potsdam) 8. 4. 1922; von Juli 1913 bis Januar 1915 preuß. Kriegs-Min. Kurz nach Beginn des Ersten Weltkriegs und dem Scheitern des dt. Vormarsches im W (Marneschlacht) löste F. am 14. 9. 1914 (offiziell erst am 3. 11.) Generaloberst HELMUTH VON MOLTKE als Chef des Generalstabes des dt. Feldheeres (»2. Oberste Heeresleitung«) ab. Nach Erstarren der Fronten im Herbst 1914 konnte F. 1915 die militärstrateg. Lage des Dt. Reiches stabilisieren, indem er unter Beschränkung auf reine Defensive an der W-Front mit einer strategisch begrenzten Offensive gegen Russland (Durchbruch bei Gorlice Tarnów im Mai 1915) und dem siegreichen Feldzug gegen Serbien im Herbst 1915 militärische Erfolge erzielte. Einen umfassenden Angriff im O, wie von HINDENBURG und LUDENDORFF vorgeschlagen, lehnte F. unter Hinweis auf die Weite des russ. Raumes ab. Nachdem das Scheitern seiner Taktik, durch die Abnutzungsschlacht um →Verdun 1916 das frz. Heer »verbluten« zu lassen und damit die Entente friedensbereit zu machen, mit Beginn der brit.-frz. Offensive an der Somme deutlich geworden war, wurde F. am 29. 8. 1916 durch HINDENBURG abgelöst. Nachdem er im September 1916 mit der Führung der 9. Armee im Feldzug gegen Rumänien betraut worden war, übernahm F. von Juli 1917 bis Februar 1918 den Befehl über die Heeresgruppe F auf dem vorderasiat. Kriegsschauplatz (Ernennung zum türk. Marschall), danach führte er die 10. Armee in Weißrussland.

📖 H. AFFLERBACH: F. Polit. Denken u. Handeln im Kaiserreich (²1996).

Falkensee, Stadt im Landkreis Havelland, Bbg., westlich von Berlin-Spandau, 39 700 Ew.; ausgedehnte, locker bebaute Gartenstadt; Förderanlagen-, Transformatorenbau, Papierwaren-, Bürowaren- und Schreibwarenfertigung; S-Bahn nach Berlin. – F. entstand in der 2. Hälfte des 19. Jh. zunächst als Wohnsiedlung, erhielt 1923 Gemeindestatus und 1961 Stadtrecht.

Falkenstein, Name von geografischen Objekten:
1) **Falkenstein/Harz,** Stadt im Landkreis Aschersleben-Staßfurt, Sa.-Anh., im Unterharz; 6 500 Ew.; auf einem Felsen 150 m über dem Tal der Selke bzw. 325 m ü. M. die Burg F. mit Museum (histor. Waffensammlung). – Im Kern 12. Jh., wurde die Burg in spätgot. Zeit und um 1600 umfassend umgebaut. Die mittelalterl. Befestigungsanlagen sind gut erhalten. – Auf der Burg F. soll EIKE VON REPGOW um 1224/25 den

»Sachsenspiegel« in mittelniederdt. Sprache verfasst haben. Falkenstein/Harz wurde 2002 durch die Zusammenlegung der Stadt Ermsleben sowie der Gemeinden Endorf, Meisdorf, Neuplatendorf, Pansfelde, Reinstedt und Wieserode gebildet.

2) **Falkenstein/Vogtl.**, Stadt im Vogtlandkreis, Sa., 575 m ü. M., an der Göltzsch, im östl. Vogtland, mit vier Ortsteilen 10 000 Ew.; Gardinen-, Wäsche- und Spitzenherstellung. – Die fränk. Herren von »Valkinstein« errichteten etwa um 1200 eine Burg, in deren Schutz sich das Dorf F. entwickelte. 1389 ging die Lehnshoheit von den Vögten von Plauen an die Markgrafen von Meißen über. 1448 erlangte F. Stadtrechte. Im Zusammenhang mit dem 15. Jh. begonnenen Eisen-, Zinn- und Kupferbergbau erhielt F. um 1469 ein Bergamt, das bis 1855 bestand, und wurde die einzige »Freie Bergstadt« des Vogtlandes. Im 17. Jh. wich der Bergbau der Textilindustrie.

Falkenstein, Adam, Altorientalist, * Planegg (bei München) 17. 9. 1906, † Heidelberg 15. 10. 1966; Prof. in Göttingen und Heidelberg. Seine wichtigsten Arbeiten galten dem Sumerischen mit dem Ziel der Gewinnung einer histor. Grammatik und der Rekonstruktion der Literatur. Sein Forschungsgebiet war der Irak bis zur Gegenwart, weshalb er auch als Semitist und Archäologe (1930–61 bei den Ausgrabungen in Uruk) tätig war.

Werke: Archaische Texte aus Uruk (1936); Topographie von Uruk, Bd. 1 (1941); Grammatik der Sprache Gudeas von Lagaš, 2 Bde. (1949–50); Sumer. u. akkad. Hymnen u. Gebete (1953, mit W. VON SODEN); Die neusumer. Gerichtsurkunden, 3 Bde. (1956–57).

Falkentheorie, von P. HEYSE in der Einleitung zum »Dt. Novellenschatz« (1871) aufgestellte Theorie, nach der jede gute Novelle einen »Falken« (ein Leitmotiv, ein konstruktives Element) haben muss. Er knüpft dabei an die neunte Novelle des fünften Tages in BOCCACCIOS »Decamerone« an, in der ein verarmter Adliger seiner spröden Geliebten seinen wertvollsten Schatz, einen Jagdfalken, zur Speise vorsetzt. Ihre Rührung darüber ist so groß, dass sie ihn erhört.

Falkenzahn, →Falken.

Falkirk [ˈfɔːlkəːk], Verw.-Gebiet (Council Area) in Schottland, 297 km^2, (2002) 146 000 Ew.; Verw.-Sitz ist Falkirk.

Falklandinseln, Malvinen, engl. **Falkland Islands** [ˈfɔːklənd ˈaɪləndz], span. **Islas Malvinas,** Inselgruppe im Südatlantik, rd. 600 km östlich der Küste Argentiniens, brit. Kronkolonie mit beschränkter innerer Selbstverwaltung, 12 173 km^2, (2001) 2 500 Ew. (ohne brit. Truppenkontingent), Hauptort ist Stanley. Die Bev. ist fast ausschließlich brit. Abkunft, zu 67 % auf den F. geboren. Bildungswesen und medizin. Versorgung sind gut ausgebaut. – Die F. bestehen aus den Hauptinseln Ost- und Westfalkland und über 200 kleinen Inseln; mit umgebenden Inseln umfasst Ostfalkland 6760 km^2, Westfalkland 5413 km^2. Die beiden Hauptinseln, die durch den durchschnittlich 20 km breiten Falklandsund getrennt sind, haben das Relief eines Tafellandes; im Mount Adam auf Westfalkland werden 705 m ü. M. erreicht. Geologisch gehören die aus präkambr. und paläozoischen Gesteinen aufgebauten F. enger zu Brasilien und zur Antarktis als zum näheren Patagonien. Das Klima ist ozeanisch mit milden Wintern und kühlen Sommern (Durchschnittstemperatur in Stanley im Juli 1,7 °C, im Januar 9,4 °C) und häufigem Niederschlag (Jahresniederschlagsmenge 681 mm); charakteristisch ist starker West-

Falklandinseln: Hauptort Stanley an der Ostküste der Insel Ostfalkland

wind. Die Vegetation bilden baumlose Grasflächen, Heiden und Moore; die natürl. Vegetation wurde durch die extensive Viehhaltung nahezu vernichtet. Für die Bev. ist die Schafzucht einziger bedeutender Erwerbszweig, Schafwolle ist das wichtigste Exportprodukt. Auf den 90 Farmen (davon 79 Familienbetriebe) wurden (1992) 2772 t Wolle für den Export erzeugt. Außer Fleisch müssen alle Nahrungsmittel sowie Konsum- und Ausrüstungsgüter importiert werden (2002: Import 53 Mio. US-$, Export 82 Mio. US-$). Der größte Teil der Einnahmen stammt aus Fischereilizenzen (seit 1987) innerhalb einer 150-Meilen-Zone, die 1993 auf 200 Meilen ausgedehnt wurde. Zur Nutzung der Offshorevorkommen an Erdöl und Erdgas wurde 1995 ein Abkommen mit Argentinien unterzeichnet. Allwetterstraßen gibt es nur um Stanley sowie von dort nach Port Louis und zum 1986 fertig gestellten Mount Pleasant Airport (54 km von Stanley entfernt, Flugverbindungen nach Großbritannien und Punta Arenas in Chile). Der Flugplatz von Stanley dient dem Inlandflugverkehr. Schiffsverbindungen bestehen vier- bis fünfmal pro Jahr mit Großbritannien, mit der Insel South Georgia (rd. 1300 km südöstlich) und seit 1989 auch mit Chile und Uruguay.

Geschichte Die F., deren Erstentdeckung nicht eindeutig geklärt ist, wurden 1690 von dem engl. Kapitän JOHN STRONG nach dem Politiker LUCIUS CARY, Viscount FALKLAND (* 1609/10, † 1643) benannt, von frz. Seefahrern aus Saint-Malo nach ihrer Heimatstadt als »Les Îles Malouines« bezeichnet, woraus der span. Name entstand. 1764 ließen sich Franzosen unter Führung von L.-A. DE BOUGAINVILLE auf Ostfalkland nieder, 1765 Briten auf Westfalkland. Beide wurden kurz darauf von Spaniern vertrieben. 1826 nahm die La-Plata-Konföderation (Argentinien) die 1811 von den Spaniern aufgegebenen Inseln in Besitz. 1833 besetzte Großbritannien die F. und wies später alle Ansprüche v. a. Argentiniens auf diese Inseln zurück; Argentinien sieht sich in dieser Frage bis heute als Rechtsnachfolger Spaniens. Während des Ersten Weltkriegs siegte ein brit. Schlachtkreuzerverband unter Vizeadmiral F. D. STURDEE in der »Seeschlacht bei den F.« am 8. 12. 1914 über ein von Vizeadmiral Graf SPEE geführtes dt. Kreuzergeschwader, das kurz zuvor bei →Coronel brit. Seestreitkräfte geschlagen hatte. Unter dem Namen **Falkland Islands**

Falklandinseln Wappen

Falk Falklandinseln

Falk

Satellit/Sensor
LANDSAT/TM
Aufnahmehöhe
705 km
Bodenauflösung
30 m

Falk Falklandkrieg

and **Dependencies** werden die F. mit Südgeorgien und den Süd-Sandwich-Inseln (insgesamt 16 260 km²) als brit. Kronkolonie verwaltet. 1965 forderte die Generalversammlung der UN Großbritannien und Argentinien auf, unter Berücksichtigung der Interessen der auf den F. lebenden Bev. die völkerrechtlich strittige staatl. Zugehörigkeit friedlich zu klären. Mit der Besetzung der F. Anfang April 1982 suchte Argentinien eine militär. Lösung der Falklandfrage und löste damit den →Falklandkrieg aus. Obwohl die diplomat. Beziehungen zw. Argentinien und Großbritannien 1989 wieder aufgenommen wurden und 1995 zw. den beiden Staaten ein Abkommen über die Ausbeutung von Erdölvorkommen im südl. Atlantik unterzeichnet wurde, hat Argentinien auf seine Ansprüche noch nicht verzichtet.

 B. Pitt: Coronel and Falkland (London 1960); E. A. A. Shackleton: Falkland Islands economic study 1982 (ebd. 1982); R. Dolzer: Der völkerrechtl. Status der Falkland-Inseln (Malvinas) im Wandel der Zeit (1986); D. Anderson: The Falklands War 1982 (Oxford 2002).

Falklandkrieg, militär. Konflikt zw. Argentinien und Großbritannien von April bis Juni 1982 um die →Falklandinseln und die Insel →Südgeorgien. Unter Berufung auf die histor. Rechte Argentiniens besetzten am 2. 4. 1982 argentin. Truppen die Falklandinseln, am 3. 4. 1982 Südgeorgien. Zur Wiederherstellung der Souveränitätsrechte Großbritanniens entsandte der brit. Reg. einen Flottenverband mit dem Flugzeugträger »Hermes« in den Südatlantik. Um das argentin. Expeditionskorps auf den Falklandinseln von seinen Nachschubwegen abzuschneiden, errichteten die brit. Streitkräfte eine See- und Luftblockade um die Inselgruppe. Internat. Bemühungen um eine friedl. Beilegung des Konflikts scheiterten: u. a. die Vermittlungsbemühungen des US-Außen-Min. A. Haig (April) und des UN-Gen.-Sekr. J. Pérez de Cuéllar (Mai).

Nach der Rückeroberung Südgeorgiens durch brit. Einheiten (25. 4.) setzten Anfang Mai schwere Kämpfe im Bereich der Falklandinseln ein, bei denen der argentin. Kreuzer »General Belgrano« und der brit. Zerstörer »Sheffield« versenkt wurden. Nach Bildung eines brit. Brückenkopfs in der Bucht von San Carlo auf Ostfalkland stießen brit. Truppen auf Port Stanley vor und zwangen am 15. 6. 1982 die argentin. Truppen zur Kapitulation. Nach offiziellen Angaben betrug die Zahl der gefallenen Argentinier 712, die der Briten 265. – Die argentin. Niederlage im F. führte zum Sturz der Militärherrschaft in Argentinien.

Falklandstrom, nach N gerichtete kühle Meeresströmung im Südatlantik zw. Südamerika und den Falklandinseln.

Falkner, Falkenier, Falkonier, Beizjäger, ein Jäger, der mit abgerichteten Greifvögeln (meist Falken) jagt.

Falkner, Gerhard, Schriftsteller, * Schwabach 15. 3. 1951; war Buchhändler; schreibt v. a. Lyrik, die in bewusster Anknüpfung an die Moderne, mit Anspielungen u. a. auf Barock, Surrealismus und konkrete Poesie, Rolle und Zustand der Sprache in der Gesellschaft hinterfragt (»so beginnen am körper die tage«, 1981; »wemut«, 1989). Im Essay »Über den Unwert des Gedichts« (1993) reflektiert er über den Wert der Lyrik in der heutigen Gesellschaft. Schreibt auch Theaterstücke und Hörspiele.

Weitere Werke: *Lyrik:* der atem unter der erde (1984); X-te Person Einzahl (1996); Endogene Gedichte (2000). – *Stücke:* Der Quälmeister (1996); Alte Helden (1998, UA 2001).

Falknerei, die Beizjagd (→Beize) mit abgerichteten →Falken.

Falkone, Falke *die, -/-n,* **Falkonett** *das, -s/-e,* im 15. bis 17. Jh. leichtes Feldgeschütz, auf einer Gabellafette von einem Pferd gezogen; Kugelgewicht meist sechs- und (Falkonett) einpfündig. (→Geschütze)

Falköping [ˈfɑːltɕøːpɪŋ], Stadt in S-Schweden, Verw.-Bez. Västra Götaland, 31 000 Ew.; in der fruchtbaren Ebene **Falbygden,** westlich vom Vättersee, am Fuß des Mösseberg (Diabas) gelegen; Textil- und Zementindustrie; Eisenbahnknotenpunkt. – F., seit frühgeschichtl. Zeit als Handels- und Thingstätte erwähnt, erhielt im 13. Jh. Stadtrecht, nahm aber erst mit dem nach dem Eisenbahnanschluss (1859) einsetzenden Industrialisierung einen merkl. Aufschwung.

Fall,

1) *Physik:* die i. Allg. beschleunigt erfolgende Bewegung eines Körpers in einem Schwerefeld, speziell im Schwerefeld der Erde. Wirkt außer der zum Erdmittelpunkt gerichteten Schwerkraft und der auf der Erdrotation beruhenden Zentrifugalkraft keine zusätzl. Kraft auf den Körper ein, ist also insbesondere kein Luftwiderstand vorhanden, spricht man vom **freien Fall.** Beim freien F. ist die F.-Geschwindigkeit aller Körper nach Durchfallen der gleichen Strecke gleich groß, d. h., alle Körper fallen unabhängig von ihrer Gestalt, Stoffzusammensetzung und Masse gleich schnell. Der freie F. ist eine gleichmäßig beschleunigte Bewegung, die in der Nähe der Erdoberfläche mit konstanter Fallbeschleunigung g erfolgt. Ist h der vom fallenden Körper in der Zeit t zurückgelegte Weg und v die Geschwindigkeit des Körpers, so gelten die Beziehungen (**F.-Gesetze**)

$$h = \tfrac{1}{2} g \cdot t^2, \quad v = g \cdot t \quad \text{und} \quad v = \sqrt{2g \cdot h}.$$

Die durchfallene Strecke wächst also mit dem Quadrat der Zeit: Ein frei fallender Körper legt in der ersten Sekunde rd. 5 m, in der zweiten rd. 15 m, in der dritten rd. 25 m usw. zurück. Die F.-Geschwindigkeit ist der F.-Zeit direkt proportional. Beim freien F. aus großer Höhe muss berücksichtigt werden, dass die F.-Beschleunigung mit wachsender Entfernung von der Erdoberfläche abnimmt. Ist der fallende Körper dem Luftwiderstand ausgesetzt, so strebt seine Geschwindigkeit nach anfänglich beschleunigter Bewegung einem Grenzwert zu.

Infolge der Erdrotation trifft jeder fallende Körper nicht genau senkrecht unter seinem Ausgangspunkt

Fall 1):
Feder und Kugel fallen im Vakuum gleich schnell.

Fall 1):
Fallschnur zur Demonstration des freien Falls; die Kugeln treffen in regelmäßigen Zeitabständen am Boden auf.

Manuel de Falla, Gemälde von Daniel Vázquez Díaz (1935; Madrid, Centro de Arte Reina Sofía)

auf, sondern etwas östlich davon (→Coriolis-Kraft): Beim freien F. aus 100 m Höhe ergibt sich auf 45° n. Br. eine Ostablenkung von rd. 1,5 cm. Sie wurde erstmals 1802–04 von J. F. BENZENBERG gemessen. – Die 1590 von G. GALILEI (»De motu«) bei Experimenten mit der →Fallrinne aufgefundenen F.-Gesetze leiteten die Entwicklung der klass. Mechanik ein.

2) *Sprachwissenschaft:* der →Kasus.

Fall, Leo, österr. Komponist, * Olmütz 2. 2. 1873, † Wien 16. 9. 1925; war Kapellmeister in Berlin, Hamburg, Köln und Wien, wo er ab 1906 freischaffend lebte; zählt neben F. LEHÁR und E. KÁLMÁN zu den Meistern der zweiten Blütezeit der Wiener Operette.

Werke: Der fidele Bauer (1907); Die Dollarprinzessin (1907); Die geschiedene Frau (1908); Brüderlein fein (1909; Singspiel); Der liebe Augustin (1912; darin: Laß dir Zeit; Und der Himmel hängt voller Geigen); Die Rose von Stambul (1916); Madame Pompadour (1922).

Falla [ˈfaʎa], Manuel de, eigtl. **M. María de F. y Matheu** [-i-], span. Komponist, * Cádiz 23. 11. 1876, † Alta Gracia (Prov. Córdoba, Argentinien) 14. 11. 1946; Schüler von F. PEDRELL, der ihm die Kenntnis der altspan. Musik vermittelte. F. lebte 1907–14 als Klavierlehrer in Paris, wo er u. a. mit C. DEBUSSY, M. RAVEL und I. ALBÉNIZ befreundet war. 1914 ließ er sich in Granada nieder. Angesichts des Span. Bürgerkrieges blieb er 1939 nach einer Konzertreise in Argentinien. Er verbindet, wesentlich von ALBÉNIZ beeinflusst, Grundlagen der Harmonik und Melodik der andalus. Folklore mit Elementen des frz. Impressionismus (DEBUSSY).

🔊 **Manuel de Falla:** »Danza ritual del fuego«, aus »El amor brujo« **4187**; »Los Pirineos«, aus »El retablo de maese perdo« **4346**; Serenata Andaluza **3592**

Werke: *Opern:* La vida breve (1905); Fuego fatuo (1919). – *Ballette:* El amor brujo (1915, dt. Der Liebeszauber); El sombrero de tres picos (1919, dt. Der Dreispitz). – *Marionettenspiel:* El retablo de maese Pedro (1919–22; nach »Don Quijote« von CERVANTES). – *Orchesterwerke:* Noches en los jardines de España (1911–15, dt. Nächte in span. Gärten; sinfon. Expressio-nen für Klavier u. Orchester); Homenajes (1920–38); Concerto per clavicembalo piano forte (1928). – *Vokalwerke:* Tus ojillos negros (um 1902; für Singstimme u. Klavier); 3 Lieder auf Texte von T. GAUTIER (1909); 7 canciones populares españolas (1915; für Singstimme u. Klavier); Psyché (1924; für Mezzosopran, Flöte, Violine, Viola, Violoncello u. Harfe); Atlántida (1926–46; szen. Kantate für Soli, Chor u. Orchester, vollendet von E. HALFFTER); Balada de Mallorca (1933; für gemischten Chor, nach der Ballade op. 38 von F. CHOPIN). – *Klavierwerke:* Vals-capricho, Serenata andaluza, Nocturne u. Cancion (alle um 1899/1900); 4 piezas españolas (1902–08).

📖 K. PAHLEN: M. de F. u. die Musik in Spanien (Neuausg. 1994); M. de F. His life and works, hg. v. G. ARMERO u. a. (London 1999); E. WEBER: M. de F. u. die Idee der span. Nationaloper (2000).

Fallaci [-tʃi], Oriana, ital. Publizistin und Schriftstellerin, * Florenz 29. 6. 1930; schrieb seit ihrem 17. Lebensjahr als fest angestellte Journalistin Prozessberichte für »L'Italia Centrale«; während des Krieges u. a. Mitglied antifaschist. Gruppen. Ab 1954 war sie Redakteurin, ab 1958 Sonderkorrespondentin der Illustrierten »Epoca« und »Europeo«, ab 1967 Kriegsberichterstatterin in Vietnam, Pakistan, Nahost für die internat. Presse. Markant ist F.s provokativer Interviewstil; 1979 gelang ihr als erster Frau aus dem Westen ein Interview mit dem iran. Schiitenführer KHOMEINI. F. lebt seit 1963 in New York. Neben Dokumentationen veröffentlicht sie auch erfolgreiche Romane. Ihr unter dem Eindruck des Terroranschlags vom 11. 9. 2001 geschriebenes Buch »La rabbia e l'orgoglio« (2001; dt. »Die Wut und der Stolz«), ein polem. Pamphlet gegen den Islam, löste heftige öffentl. Debatten aus. Demselben Thema gilt »La forza della ragione« (2004; dt. »Die Kraft der Vernunft«).

Weitere Werke (Auswahl): *Berichte:* Il sesso inutile (1961; dt. Das unnütze Geschlecht); Niente è così jeep (1969; dt. Wir Engel u. Bestien); Lettera a un bambino mai nato (1975; dt. Brief an ein nie geborenes Kind). – *Romane:* Penelope alla guerra (1962; dt. Penelope im Krieg); Un uomo (1979; dt. Ein Mann); Insciallah (1990; dt. Inschallah).

Fallada, Hans, eigtl. **Rudolf Ditzen,** Schriftsteller, * Greifswald 21. 7. 1893, † Berlin 5. 2. 1947; seit seiner Jugend suchtkrank, arbeitete in versch. Berufen, u. a. auf Landgütern, als Journalist und Reporter, 1924 und 1926 Gefängnisstrafen, wiederholt in Heilanstalten; während der Zeit des Nationalsozialismus lebte er zurückgezogen auf seinem Landgut in Carwitz bei Feldberg (Meckl.-Vorp.), das er nach dem Welterfolg seines Romans »Kleiner Mann – was nun?« (1932) erworben hatte. Seine bis heute sehr populären Romane (»Wer einmal aus dem Blechnapf frißt«, 1934; »Wolf unter Wölfen«, 2 Bde., 1937) schildern mit den Mitteln der Neuen Sachlichkeit mit genialer Beobachtungsgabe, aber auch warmer Anteilnahme das Milieu und den Alltag der »kleinen Leute« in der Weimarer Rep., die drückende Not der Ausgestoßenen und Gescheiterten. »Jeder stirbt für sich allein« (1947) gestaltet Schicksale in der Widerstandsbewegung. F. schrieb auch sehr poet. Kindergeschichten (u. a. »Geschichten aus der Murkelei«, 1938).

Weitere Werke: *Romane:* Der junge Goedeschal (1920); Bauern, Bonzen u. Bomben (1931); Der eiserne Gustav (1938); Der ungeliebte Mann (1940); Der Trinker (hg. 1950); Zwei zarte Lämmchen weiß wie Schnee (hg. 1953); Ein Mann will hinauf (hg. 1953); Junger Herr – ganz groß (hg. 1965); Dies Herz, das dir gehört (entst. 1939, hg. 1994). – *Kinderbücher:* Hoppelpoppel, wo bist du? (1936); Fridolin, der freche Dachs (hg. 1955). – *Autobiografisches:* Damals bei uns daheim (1941); Heute bei uns zu Haus (1943).

Ausgaben: Ges. Erz.n (Neuausg. 1980); F.s Frühwerk, hg. v. G. CASPAR, 2 Bde. (1993); Strafgefangener Ditzen, Zelle 32. Ta-

Leo Fall

Oriana Fallaci

Hans Fallada

gebuch 22. Juni bis 2. September 1924, hg. v. G. CASPAR (1998); Mein Vater u. sein Sohn. Briefwechsel, hg. v. U. DITZEN (2004).

T. CREPON: Leben u. Tode des H. F. (^{9}1992); J. MANTHEY: H. F. (^{12}2002); J. WILLIAMS: Mehr Leben als eins. H. F. Biographie (a. d. Engl., Neuausg. 2004).

Fallband, Geologie: →Fahlband.

Fallbeil, die →Guillotine.

Fallbeschleunigung, Gravitationsbeschleunigung, Schwerebeschleunigung, Formelzeichen g, SI- Einheit ist m/s^2; die Beschleunigung, die ein frei fallender Körper im Gravitationsfeld eines Himmelskörpers, speziell der Erde (**Erdbeschleunigung**), erfährt. Bei rotierenden Körpern überlagert sich der zur reinen Gravitationswirkung entgegengerichtete Anteil der Zentrifugalkraft, der bei Messungen auf der Erde in den Wert der F. mit eingeht; er beträgt am Äquator etwa $^1/_{300}$ der Gravitationskraft.

Die F. nimmt infolge der Erdabplattung vom Äquator nach den Polen hin zu (→Erde, Geophysik), zeigt jedoch infolge der inhomogenen Massenverteilung Schwankungen (→Schwereanomalie). Als gerundeten Wert verwendet man in mittleren Breiten $g = 9{,}81$ m/s^2. Der 1901 von der 3. Generalkonferenz für Maß und Gewicht festgelegte ortsunabhängige Normwert der F. (bei der geograf. Breite $\varphi = 45°\,32'\,33''$ auf Meereshöhe), die **Norm-F.**, beträgt $g_n = 9{,}80665$ m/s^2.

Fallbö, heftige, abwärts gerichtete Luftströmung in der freien Atmosphäre, häufig auf der Leeseite von isolierten Bergen und Gebirgskämmen, auch in Schauer- und Gewitterwolken (mit radialem Abströmen am Boden); die dabei auftretenden kräftigen Windscherungen gelten als Ursache für versch. bisher ungeklärte schwere Flugunfälle (→Microburst).

Fallbrücke, 1) röm. Belagerungsmaschine, mit der man die gegner. Festungsgräben zu überwinden suchte; 2) Zugbrücke.

Fälldin, Thorbjörn, schwed. Politiker, * Högsjö (Gem. Ramvik, Verw.-Bez. Västernorrland) 24. 4. 1926; Landwirt; 1971–85 Vors. der Zentrumspartei, 1976–78 und 1979–82 Min.-Präs.; unter ihm wurde 1980 die Volksabstimmung über Schwedens langfristigen Ausstieg aus der Atomenergie durchgeführt.

Falle, Gerät aus Holz, Draht oder Eisen zum Fang von Tieren. In Dtl. sind nur F. zugelassen, die den Lebendfang erlauben oder sofort töten.

Fallen, Geologie: →Streichen und Fallen.

Fallersleben, seit 1972 Stadtteil von →Wolfsburg.

Fallet [fa'lɛ], René, frz. Schriftsteller, * Villeneuve-Saint-Georges 4. 12. 1927, † Paris 25. 7. 1983; seine (z. T. verfilmten) Romane knüpfen an die Tradition des Populismus an und stellen Arme und von der Gesellschaft Ausgestoßene in den Mittelpunkt.

Werke: Banlieue sud-est (1947); La fleur et la souris (1948); Pigalle (1949); Paris au mois d'août (1964; dt. Paris im August); La soupe aux choux (1980).

Fallgatter, Fallgitter, in Burg- oder Stadttoren eingebautes Gatter aus sich durchkreuzenden, eisenbeschlagenen Balken zur Sperrung des Tores; die senkrechten Balken waren unten i. d. R. zugespitzt. Eine Sonderform war das »Orgelwerk«, ein F., dessen Stäbe einzeln herabgelassen werden konnten.

Fallgrube, Fanggrube, Wildgrube, abgedeckte Grube zum Fang von Wild; in Dtl. verboten.

Fallhammer, ein →Maschinenhammer.

Fallhand, Zeichen einer →Radialislähmung.

Fallhärte, aus der Rückprallhöhe eines Probekörpers ermittelbare Werkstoffeigenschaft (→Härteprüfung).

Fallhöhe,

1) *Literaturwissenschaft:* dramaturg. Begriff (bes. in Barock und Aufklärung), dem die Vorstellung zugrunde liegt, dass der trag. Fall eines Helden in der →Tragödie desto tiefer empfunden wird, je höher dessen sozialer Rang und dessen Ansehen seien. Damit wird wirkungsästhetisch auch die Forderung nach Einhaltung der →Ständeklausel begründet. Diese von J. C. GOTTSCHED verwendeten Begriffe wurden von J. E. SCHLEGEL und G. E. LESSING im Zusammenhang mit der Rechtfertigung des →bürgerlichen Trauerspiels zurückgewiesen.

2) *Technik:* Ortshöhe, geodätische Höhe, lotrechter Abstand von Flüssigkeitsspiegeln als Maß für die potenzielle Energie von Wasser, die z. B. in einer Wasserturbine in mechan. Leistung zum Antrieb elektr. Generatoren umgewandelt wird. Strömungs- und Reibungsverluste mindern die nutzbare F., die bei Wasserkraftwerken zw. 2 und 2 000 m liegt.

Fallibilismus, Bez. für versch. wiss.-theoret. Positionen, die im Anschluss an C. S. PEIRCE davon ausgehen, dass alle synthet. Erkenntnisse, wie sie für die empir. Wiss.en kennzeichnend sind, hinsichtlich ihres Gültigkeitsbereiches nur wahrscheinlich (hypothetisch, **fallibel**) sind, weil sie nicht endgültig verifiziert, wohl aber definitiv widerlegt werden können (→Falsifikation).

fallieren [ital., von lat. fallere »betrügen«], zahlungsunfähig werden, in Konkurs gehen.

Fallières [fa:l'jɛːr], Clément *Armand*, frz. Politiker, * Mézin (bei Agens) 6. 11. 1841, † ebd. 21. 6. 1931; ab 1876 Abg.; gehörte als Vize-Präs. der Republikan. Linken 1882–92 den meisten Kabinetten an; Januar/Februar 1883 Min.-Präs.; 1890–1906 im Senat, ab 1899 dessen Präs.; 1906–13 Präs. der Republik.

Fälligkeit, *Recht:* Zeitpunkt, zu dem der Gläubiger vom Schuldner die Leistung verlangen kann und der Schuldner sie bewirken muss (→Leistungszeit).

Fallingbostel, Bad F., Kreisstadt des Landkreises Soltau-Fallingbostel, Ndsachs., in der südl. Lüneburger Heide, mit fünf zugehörigen Ortsteilen 11 800 Ew. (ohne die rd. 2 300 Soldaten der brit. Garnison und deren Familienangehörige); Kneippheilbad und Luftkurort; Nahrungsmittelindustrie. – Südöstlich von F., inmitten des Truppenübungsplatzes Bergen, liegen die **Sieben Steinhäuser**, eine Gruppe jungsteinzeitl. Großsteingräber. – Das 993 erstmals erwähnte F. stand im Besitz der Welfen und gehörte stets zum Herzogtum Braunschweig-Lüneburg. Seit Ende des MA. örtl. Verw.-Sitz, erhielt F. 1949 Stadtrecht und wurde 1954 als Kneippkurort, 1975 als Luftkurort, 1976 als Kneippheilbad staatlich anerkannt.

Fallaubgehölze, Gehölze, die ihr Laub jahreszeitlich abwerfen, durch Winterkälte (winterkahl) oder durch Trockenzeit (trockenkahl).

Fallehen, im Lehnsrecht eine v. a. in Südwest- und Süd-Dtl. übl. Form der Landleihe zu lediglich lebenslängl. Nutzungsrecht.

Fallleitung, *Haustechnik:* senkrechte, über ein oder mehrere Stockwerke geführte Rohrleitungen der Hausentwässerung, die über das Dach entlüftet werden und das Schmutz- oder Regenwasser einer Grund- oder Sammelleitung zuführen.

Falllinie,

1) *Kartografie:* auf einer geneigten Fläche die Richtung des größten Gefälles (auch: **Fallrichtung**). Auf der topograf. Karte verläuft die F. senkrecht zu den Hö-

henlinien (Isohypsen), bei der Darstellung durch Schraffen geben diese die F. an.

2) *Sport:* beim Bergsteigen die →Direttissima; im Skisport die bei der Fahrt hangabwärts kürzeste Linie.

Fall-Lini|e, engl. **Fall Line** [ˈfɔːl ˈlaɪn], Geländestufe im O der USA, zw. der Atlant. Küstenebene und dem Piedmontplateau. Durch Gesteinsunterschiede (Küstenebene: weiche Sedimente, Piedmontplateau: felsiger Untergrund) konnten sich die Flüsse stark einschneiden (Bildung von Wasserfällen). An der F.-L. endete die Schifffahrt ins Binnenland, es entstanden Umschlagplätze, die heute z. T. bedeutende Städte sind, wie Philadelphia, Baltimore, Richmond und Columbus.

Fallmaschine, Gerät zur Demonstration der Fallgesetze (→Fall), z. B. die →atwoodsche Fallmaschine.

Fallmerayer, Jakob Philipp, Schriftsteller, Publizist und Historiker, * Tschötsch (heute zu Brixen) 10. 12. 1790, † München 25. oder 26. 4. 1861; 1848 Prof. für Gesch. in München, wegen seiner Zugehörigkeit zur Frankfurter Nationalversammlung 1849 entlassen, danach publizistisch tätig. Der Schwerpunkt seiner wiss. Arbeit lag in der Erforschung der mittelalterl. Gesch. Griechenlands (»Gesch. der Halbinsel Morea während des MA.«, 2 Bde., 1830–36). Bedeutender Reiseschriftsteller (»Fragmente aus dem Orient«, 2 Bde., 1845) und Feuilletonist.

Ausgabe: Ges. Werke, hg. v. G. M. Thomas, 3 Bde. (1861; Nachdr. 1970).

T. Leeb: J. P. F. Publizist u. Politiker zw. Revolution u. Reaktion 1835–1861 (1996).

Falloppia, Gabriele, ital. Anatom, * Modena 1523, † Padua 9. 10. 1562; ab 1548 Prof. in Ferrara, ab 1551 in Padua (hier Nachfolger A. Vesals). Er entdeckte den Eileiter sowie den **F.-Kanal** (Canalis facialis; Durchtrittsstelle des Nervus facialis im Schläfenbein).

Fallot-Kardiopath|ien [faˈlo-; nach dem frz. Arzt Étienne Louis Arthur Fallot, * 1850, † 1911], zusammenfassende Bez. für eine Reihe von angeborenen Herzfehlern, die nach der Zahl ihrer Leitsymptome gegliedert werden. Die **Fallot-Trilogie** (Fallot III) besteht in einer Verengung der Lungenarterie (Pulmonalstenose), einem Defekt (Lückenbildung) der Scheidewand zw. den Vorhöfen und einer durch Überlastung hervorgerufenen Wandverdickung (Hypertrophie) der rechten Herzkammer. Die **Fallot-Tetralogie** (Fallot IV), zu der etwa 25% aller angeborenen Herzfehler gehören, ist durch eine zusätzl. Rechtsverlagerung der Aortenursprungsstelle gekennzeichnet, aufgrund deren die Aorta mit beiden Herzkammern in Verbindung steht (»reitende Aorta«). Anstelle der Lücke in der Vorhofscheidewand besteht ein Defekt im oberen Teil der Kammerscheidewand; bei der **Fallot-Pentalogie** (Fallot V) treten diese beiden Defekte zus. auf, die **Fallot-Hexalogie** (Fallot VI) ist zusätzlich mit einem offen gebliebenen Botalli-Gang verbunden. Symptome der F.-K. sind v. a. eine Sauerstoffminderversorgung des Organismus (Zyanose) durch Übertritt von venösem Blut aus dem rechten in das linke Herz, Trommelschlägelfinger, allgemeine Leistungsminderung und eine Verzögerung der körperl. und geistigen Entwicklung. Die operative Behandlung, ohne die die Lebenserwartung stark eingeschränkt ist, weist bei der Trilogie die geringsten Risiken auf.

Fallou, Friedrich Albert, Geologe und Bodenkundler, * Zörbig 11. 11. 1794, † Diedenhain (heute zu Hartha) 6. 9. 1877; Advokat, Privatgelehrter; Wegbereiter der wiss. Bodenkunde.

Werke: Anfangsgründe der Bodenkunde (1857); Pedologie oder allg. u. besondere Bodenkunde (1862).

Fall-out [ˈfɔːlaʊt; engl. to fall out »herausfallen«] *der,* -s/-s, auch **Fallout,** radioaktiver Niederschlag in Form winziger Staubpartikel (Aerosolpartikel; auch gelöst in Regen und Schnee) oder größerer Teilchen (»heiße Teilchen«), die bei der Explosion von Kernwaffen oder bei schweren Betriebsunfällen in Kernkraftwerken (z. B. Tschernobyl 1986) in die freie Atmosphäre gelangt sind. Der F.-o. stammt von den Explosionsprodukten (v. a. Spaltprodukten) und vom Boden, der vom Feuerball der Explosion berührt wurde, oder von radioaktiven Materialien des Reaktorkerns und seiner Umschließung.

Fallpauschale, Vergütungsform, bei der Leistungen je Fall einer Fallgruppe mit einem Durchschnittspreis vergütet werden. Die Vergütung ist somit – anders als bei der Selbstkostenerstattung oder der Einzelleistungsvergütung – unabhängig von dem im einzelnen Fall tatsächlich entstandenen Aufwand. F. sollen den Anreiz schaffen, pro Fall möglichst wenig Ressourcen einzusetzen. Im dt. Gesundheitswesen werden seit 1996 etwa 20 % der Krankenhausbehandlungsfälle auf der Grundlage von F. vergütet. Seit 2003 wird die Vergütung der Krankenhausbehandlung grundsätzlich auf F. umgestellt; ausgenommen ist die Behandlung in den nichtsomatischen medizin. Gebieten. Das Vergütungssystem wurde in den 1970er-Jahren in den USA entwickelt, 1983 erstmalig in amerikan. Krankenhäusern eingesetzt und seitdem mit Modifikationen in vielen Ländern eingeführt.

Fallrecht, die Gesamtheit der gerichtl. Entscheidungen zu konkreten Sachverhalten in einem bestimmten Rechtsgebiet. Im Ggs. zum F. steht das Gesetzesrecht, bei dem Gesetze eine allgemeine Regelung für eine Vielzahl künftiger Fälle treffen. Im angloamerikan. Recht bildet das F. (**Case-law**), in Abwesenheit von Gesetzesrecht, ein in sich geschlossenes Rechtssystem, das auf verbindlichen Präzedenzfällen und richterl. Fortbildung des Rechts in neuen Fragen beruht.

Fallreep, bei Bedarf ein- und ausbringbare Holz- oder Leichtmetalltreppe längs der Bordwand von Schiffen. **See-F.,** Strickleiter mit eingebundenen hölzernen Stufen.

Fallrinne, um einen bestimmten Winkel gegen die Horizontale geneigte Rinne, in der eine Kugel abrollt; sie dient zur Demonstration der Fallgesetze. Der Bewegungsablauf wird gegenüber dem freien Fall verlangsamt und damit der Beobachtung und Messung besser zugänglich.

Fall River [ˈfɔːl ˈrɪvə], Stadt im südöstl. Massachusetts, USA, an der Mündung des Taunton River in die Mount Hope Bay, 92 800 Ew.; kath. Bischofssitz; Textil- und Bekleidungsindustrie, auch chem. und elektr. Industrie; Hafen.

Fallschirm, schirmförmiges Gebilde aus Naturseide, Baumwolle oder Chemiefasern zur Minderung der Sinkgeschwindigkeit fallender Körper, v. a. zum Absprung oder Abwurf aus Luftfahrzeugen. Man unterscheidet die herkömml. **Rundkappen-F.,** die allein durch Vergrößerung des Luftwiderstands die gewünschte Sinkgeschwindigkeit von etwa 5 m/s erreichen, und **Gleitschirme** oder **Gleit-F.,** deren Schirmkappe sich meist in Form einer rechteckigen gewölbten Fläche entfaltet (**Flügelschirm** oder **Rechteckgleiter**). Bei Gleitschirmen ist die Vortriebsgeschwindigkeit größer als die Sinkgeschwindigkeit, d. h., bei einer der Fallbewegung überlagerten Horizontalbewegung

Fall   Fallschirmjäger

Fallschirm (von links): Rechteckgleiter und Sportfallschirm mit Steuerschlitzen

entsteht noch eine aerodynamisch erzeugte Auftriebskraft. Es gibt auch **Rundkappengleitschirme**, bei denen über Steuerleinen die Kappensymmetrie verändert wird. Bei **Stauluftgleitschirmen** wird die Kappe von zwei übereinander liegenden Gewebeflächen gebildet, die durch Rippen und Spanten sowie an den Hinterkanten verbunden sind. Durch die einströmende Luft aufgeblasen, nimmt der Stauluftgleitschirm die Form eines Tragflügels an. Er erreicht Vortriebsgeschwindigkeiten von 2 bis 8 m/s und lässt sich sehr gut steuern.

Die Schirmkappe ist in geöffnetem Zustand durch Fangleinen und eine trennbare Kupplung mit dem Gurtzeug verbunden, das am fallenden Körper befestigt wird. Bei Sport-F. kann die Form der Kappe über Steuerleinen während des Falles verändert und damit die Fallrichtung beeinflusst werden. Kappe und Fangleinen werden in gefaltetem Zustand in einen Packsack eingelegt; zur Entfaltung des Schirmes wird der Packsack durch manuelle Betätigung (**manueller F.**) geöffnet; das Ausziehen oder Auswerfen der Schirmkappe wird oft durch einen kleinen Hilfsschirm (**Ausziehschirm**) unterstützt. Für den Fall, dass der Sprung-F. sich nicht oder fehlerhaft öffnet, kann ein **Reserve-F.** manuell geöffnet werden. Ein **automatischer F.** wird durch eine mit dem Luftfahrzeug verbundene Leine geöffnet. Nach der Verwendung unterscheidet man **Rettungs-F.** (zur Rettung von Besatzungs-Mitgl. von Luftfahrzeugen aus Luftnot), **Sprung-F.** (für sportl. und militär. Zwecke) und **Lasten-F.**, nach Anordnung des Packsacks am Körper des Trägers **Brust-, Rücken-** und **Sitzfallschirm**.

Geschichte Die Zeichnung eines F. findet man zuerst bei Leonardo da Vinci (1495), später bei Fausto Veranzio (1616). J. Montgolfier führte 1779 einen erfolgreichen Versuch mit einem Hammel an einem F. aus 35 m Höhe aus. Den nachweislich ersten F.-Absprung eines Menschen wagte S. Lenormand 1783. Aus rd. 1000 m Höhe sprang A. J. Garnerin 1797 mit einem F. Der moderne zusammenlegbare F. wurde von Kätchen Paulus (1893 ff.) und H. Lattemann, der Rücken-F. von G. J. Kotelnikow (1911) entwickelt, das Verpackungsproblem von O. Heinicke 1913 gelöst. Der Gleitschirm (seit 1964) geht u. a. auf D. Jalbert zurück.

Fallschirmjäger, Militärwesen: zu Sprungeinsatz und Luftlandung speziell ausgebildeter und ausgerüsteter Soldat. Die **F.-Truppe** der Bundeswehr ist eine zu den ungepanzerten Kampftruppen gehörende Truppengattung, deren Verbände (**F.-Bataillone**) in den beiden Luftlandebrigaden des Heeres zusammengefasst sind. (→ Luftlandetruppen)

Fallschirmseide, leichtes, sehr reißfestes Gewebe, früher aus Naturseide, heute v. a. aus Chemiefaser.

Fallschirmsport, Fallschirmspringen, zum Luftsport zählende Sportart. Jedes Fallschirmsystem besteht aus vier Bauteilen: Gurtzeug, Hauptschirm, Reserveschirm und Öffnungsautomat. Zur Ausrüstung gehören außerdem Höhenmesser, Schutzbrille, Helm oder Lederkappe und eine spezielle Springerkombination.

Beim **Zielspringen** gilt es, bei der ersten Bodenberührung mit der Ferse ins Zentrum einer kleinen Scheibe zu treffen. Innerhalb kürzester Zeit einen festgelegten Ablauf versch. Figuren im Freifall so exakt und fehlerfrei wie möglich zu durchlaufen, ist Aufgabe beim **Figurenspringen**. Beim **Kappenformationsspringen** bilden die Springer mit geöffneten Schirmen Formationen. Dabei greifen sie mit den Füßen die Fangleinen der anderen Schirme. Das **Freifallformationsspringen** ist heute die populärste Disziplin. Im freien Fall bei Geschwindigkeiten von etwa 200 km/h greifen die Springer einander an Armen und Beinen und bilden so Formationen. Auf einem speziellen Brett jagen die Skysurfer (→ Skysurfing) durch die Luft. Als **Freestyle** bezeichnet man ein »Ballett« im freien Fall. **Freefly** ist die jüngste Disziplin, deren besonderes Merkmal die »Head-Down«-Position ist. – **Wettbewerbe, Organisationen:** In allen Disziplinen werden internat. Wettbewerbe organisiert. Die ersten Weltmeisterschaften im Ziel- und Stilspringen wurden 1951 ausgetragen, die im Freifallformationsspringen 1975. Eine weitere, im Winter ausgeübte Disziplin des F. ist das **Fallschirmskispringen** (→ Paraski), das aus Riesenslalom und Zielspringen besteht. – Der Dt. F.-Verband vertritt die Springer im → Deutschen Aero Club e. V., der die nat. Organisationen des Flugsports

Fallschirmsport: Formationsspringen

zusammenfasst (→Luftsport). In der Fédération Aéronautique Internationale (FAI) besteht die Internat. F.-Kommission (Commission Internationale de Parachutisme, CIP).

📖 K. WIELAND u. a.: Angstbewältigung im Risikosport. Eine empir. Studie zum F.-Springen (1993); P. SCHÄFER: Fallschirmspringen (1998); K. HELLER: Fallschirmspringen für Anfänger u. Fortgeschrittene (⁶2002).

Fallschirmtruppen, die →Luftlandetruppen.
Fallstreifen, Niederschlag, der schleier- oder streifenartig herabfallende Schleppen bildet; besteht aus Eiskristallen (Virga), die aus Zirruswolken fallen, oder aus Regenschauern, die schon vor Erreichen des Bodens verdunsten.
Fallstromvergaser, gebräuchlichste Form von Kraftfahrzeugvergaseranlagen (→Vergaser).
Fallstudi|e, Einzelfallstudi|e, Case-Study [ˈkeɪsstʌdɪ, engl.], Bez. für eine vielschichtige method. Vorgehensweise (engl. approach) in der →empirischen Sozialforschung. Mithilfe spezieller Erhebungsmethoden (z. B. Beobachtung, Befragung, Inhaltsanalyse) werden einzelne Untersuchungseinheiten (z. B. Personen, soziale Gruppen, Institutionen oder kulturelle Aggregate), die als typ. Fälle oder als bes. interessante und aussagekräftige Beispiele gelten, möglichst vieldimensional und detailliert untersucht und beschrieben. Dem Vorteil der besonderen Berücksichtigung der Ganzheit und Individualität des einzelnen Falles stehen als Nachteil die stark eingeschränkte Repräsentativität und Generalisierbarkeit (mangelnde Möglichkeit der zuverlässigen Verallgemeinerung) der Untersuchungsergebnisse gegenüber. Die F. dient innerhalb mehrstufiger Untersuchungen der Voruntersuchung und der Gewinnung von Hypothesen, aber auch der beispielhaften, realitätsnahen Illustration von Hypothesen oder Theorien.
Fallstufe, früher **Gefällestufe,** natürl. oder künstl. Stufe in einem Fließgewässer. Die F. trennt das Oberwasser vom Unterwasser, z. B. oberhalb und unterhalb eines Wehres.
Fallsucht, die →Epilepsie.
Fallturm, Anlage zur Durchführung von Kurzzeitexperimenten unter den Bedingungen annähernder Schwerelosigkeit, bei der eine mit Experimenteinrichtungen bestückte Kapsel in einer hinreichend langen, evakuierten Röhre frei fällt. Die Gravitation wird während des freien Falls durch die Massenträgheit kompensiert. Auf den Experimentaufbau wirkt lediglich eine sehr geringe Restbeschleunigung aufgrund des verbliebenen Luftwiderstands und anderer Störeinflüsse wie Divergenz des Gravitationsfelds, Rotation und Vibration der Fallkapsel. Vorteile gegenüber anderen Methoden zur Herstellung von Mikrogravitationsbedingungen (ballist. oder Parabelflüge, Weltraumlabors) sind u. a. weitgehend entfallende Raum- und Gewichtsbeschränkungen, kurze Vorbereitungszeit und schnelle Wiederholbarkeit der Experimente, niedrige Kosten. F.-Experimente werden z. B. in der Fluidmechanik, Rheologie, Thermodynamik, Materialforschung und bei Verbrennungsprozessen durchgeführt.

1990 ging der F. Bremen am Zentrum für angewandte Raumfahrttechnologie und Mikrogravitation (ZARM) in Betrieb. Im Innern des 146 m hohen Turms (Außendurchmesser 8,5 m) befindet sich die frei stehende Fallröhre mit einer Fallhöhe von 112 m, am Turmfuß liegt die 10 m hohe Abbremskammer. An der Unterseite der zylindr. Fallkapsel, die ein Experiment-

Fallturm: der für Experimente in der Schwerelosigkeit genutzte Fallturm in Bremen

gewicht bis zu 250 kg tragen kann, sitzt eine kegelförmige Spitze, damit die Kapsel in den mit 1,5 t Styroporgranulat gefüllten Bremsbehälter eintauchen kann. Vor dem Fall wird die Röhre auf einen Druck unter 10 Pa evakuiert, um den aerodynam. Widerstand zu minimieren; innerhalb der Kapsel herrscht Normaldruck. Die auf die Kapsel wirkende Restbeschleunigung beträgt etwa $10^{-6} g \approx 10^{-5}$ m/s^2 (g Fallbeschleunigung), die Fallzeit 4,74 s, die Geschwindigkeit am Ende der Fallröhre 46 m/s ≈ 167 km/h. Durch den Einsatz eines Katapults kann zukünftig am Bremer F. die Dauer der Schwerelosigkeit in etwa verdoppelt werden, sodass fast 10 s Fallzeit erzeugt werden können.

Falltürspinnen, Deckelspinnen, Ctenizidae, in den Tropen und Suptropen verbreitete Familie bis 3 cm großer Spinnen. F. leben in einer in den Boden gegrabenen Röhre, die sie mit einem um ein Scharnier bewegl. Deckel aus Spinnseide verschließen. Sie lauern nachts unter dem leicht angehobenen Deckel auf vorbeilaufende Beutetiere (Insekten), die sie in die Röhre ziehen.

Fällung, Ausfällung, *Chemie:* Abscheiden eines gelösten Stoffes als unlösl. →Niederschlag durch Zugabe geeigneter fester, flüssiger oder gasförmiger Substanzen (**Fällungsmittel**). Der Niederschlag fällt in Form von Kristallen, Flocken oder Tröpfchen aus. Eine F. kann u. a. ausgelöst werden durch Reaktion des F.-Mittels mit der zu fällenden Substanz (**Fällungsreaktion**). In dem Falle ändert sich die chem. Zusammensetzung des gelösten Stoffes, z. B. beim Fällen von Chloridionen nach der Gleichung:

NaCl (löslich) + AgNO$_3$ → AgCl (unlöslich) + NaNO$_3$.

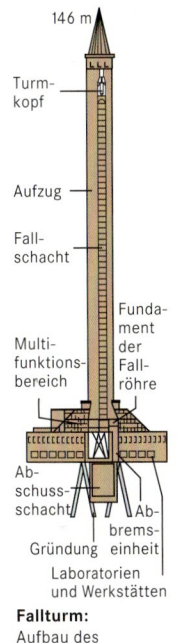

Fallturm: Aufbau des Fallturms Bremen

Fall Fällungstitration

Auch durch Änderung des pH-Wertes oder durch Überschreiten des →Löslichkeitsprodukts kann eine F. ausgelöst werden, z. B. wird beim Zusatz von konzentrierter HCl zu einer gesättigten wässrigen Kochsalzlösung das Kochsalz (NaCl) ausgefällt. In der chem. Analyse werden F. benutzt, um Stoffe (qualitativ) zu identifizieren bzw. sie zu trennen und durch Wiegen des Niederschlags ihre Konzentration zu bestimmen (→Gravimetrie). Auch in der →Maßanalyse (→Fällungstitration) verwendet man F.-Reaktionen. Techn. Anwendungen finden F.-Reaktionen bei der Trinkwasseraufbereitung und Abwasserreinigung.

Fällungstitration, Fällungsanalyse, Methode der →Maßanalyse, bei der die zu bestimmende Substanz durch Reaktion mit der Titrierflüssigkeit quantitativ ausgefällt wird. Der Endpunkt der Titration ist erreicht, wenn nach Zugabe weiterer Maßlösung keine Ausfällung mehr erfolgt. Er wird häufig elektrochemisch bestimmt. Ein wichtiges Verfahren der F. ist die Argentometrie, bei der Halogenid- oder Pseudohalogenidionen mit einer Silbernitratlösung bestimmt werden.

Fallunterscheidung, *Programmierung:* eine →Kontrollstruktur, durch die beim Ablauf eines Programms eine Bedingung geprüft wird und in Abhängigkeit vom Ergebnis eine Verzweigung eingeleitet wird. Außer einfachen Verzweigungen durch Anweisungen des Typs `if... then... else`, die nur eine Bedingung abfragen, können viele moderne Programmiersprachen F. mit beliebig vielen Bedingungen abarbeiten.

Fallversuch, techn. Prüfverfahren von Werkstoffen und Bauteilen, bei dem man die Probe (meist aus Gusseisen) aus einer bestimmten Höhe fallen lässt, um bes. stoß- und bruchempfindl. Teile auszuscheiden. Lässt man umgekehrt ein bes. geformtes Gewicht aus einer vorgegebenen Höhe auf die Probe fallen, spricht man auch von einer **Fallhärteprüfung** (→Härteprüfung). Dabei werden Bruch und/oder Rückprallhöhe als Maß für die Werkstoffeigenschaften betrachtet. Techn. Bedeutung haben auch der Fallgewichtsscherversuch zur Bestimmung der Risseinleitungstemperatur sowie der Fallgewichtsversuch (nach dem amerikan. Werkstoffwissenschaftler WILLIAM S. PELLINI, *1917, †1987) zur Bestimmung der Nullzähigkeitstemperatur (Temperatur, bei der sich ein Riss durch die gesamte Probe ausbreitet) von Stahlblechen und zur Prüfung von Schweißverbindungen erlangt.

Fallwild, verendetes Wild (z. B. an Krankheit, durch Überfahren), das nicht vom Jäger erlegt ist; auch krankgeschossenes Wild, das später verendete, aber nicht vom Jäger aufgefunden wurde.

Fallwind, großräumige, abwärts gerichtete Luftströmung in der Atmosphäre; warme F. sind →Föhn, Chinook, Zonda, ein kalter F. ist die →Bora.

Fallwurf, *Handball:* Wurfart, bei der sich der ballführende Spieler absichtlich in Wurfrichtung fallen lässt, um den Ball beim Wurf länger kontrollieren zu können und um näher ans Tor zu gelangen. Geschieht dies im Torraum, darf er oder dessen Boden erst berühren, wenn er den Ball geworfen hat.

Falmouth ['fælməθ], Stadt und Seebad an der S-Küste Englands, in der Cty. Cornwall, 21 600 Ew.; geschützter Hafen; sehr mildes Klima mit teilweise subtrop. Vegetation; Reparaturdocks, Maschinenbau, Küstenfischerei, Fremdenverkehr, Jachtzentrum.

Falott [frz. »schnurriger Mensch«] *der, -en/-en, österr.* für: Gauner, Betrüger.

Falsa Demonstratio [lat.] *die, - -,* die fehlerhafte (objektiv unrichtige oder mehrdeutige) Ausdrucksweise bei der Willenserklärung. Die in einem Vertrag enthaltene Falsch-Bez. für das wirklich Gewollte ist unerheblich (falsa demonstratio non nocet, »die Falscherklärung schadet nicht«), sofern sich die Vertragschließenden über die Bedeutung ihrer Erklärungen einig waren (z. B.: beide Parteien meinen bei einem Grundstückskauf die Parzelle 17, bezeichnen sie aber fälschlich als Parzelle 117). Eine Anfechtung wegen Irrtums oder Dissenses ist in solchen Fällen ausgeschlossen. Diese Grundsätze gelten auch im Verfahrensrecht (z. B. §300 StPO).

falsch [von gleichbedeutend lat. falsus], dem tatsächl. Sachverhalt nicht entsprechend, ein »Wahrheitswert von Aussagen. Die klass. Logik geht davon aus, dass eine Aussage entweder falsch oder wahr sein muss. Gemäß dieser Auffassung ist falsch äquivalent zu nicht-wahr (**Bivalenzprinzip**).

Falschaussage, uneidliche Falschaussage, falsche uneidliche Aussage, die uneidl. vorsätzlich falsche Aussage eines Zeugen oder Sachverständigen vor Gericht oder einer anderen zur eidl. Vernehmung von Zeugen oder Sachverständigen zuständigen Stelle (z. B. parlamentar. Untersuchungsausschüsse). Die F. wird mit Freiheitsstrafe von drei Monaten bis zu fünf Jahren geahndet (§153 StGB). Dagegen sind lügenhafte Angaben des Beschuldigten im Strafverfahren straflos. Straffrei ist ferner die fahrlässige uneidl. F. Im Falle des Aussagenotstandes (der Täter wollte sich oder einen Angehörigen durch die F. schützen) oder rechtzeitiger Berichtigung kann von Strafe abgesehen oder diese gemindert werden (§§ 157 f.). Die versuchte Anstiftung sowie die Verleitung zur F. sind ebenfalls strafbar, nicht jedoch der Versuch zur F. selbst. Unrichtige Behauptungen der Parteien im Zivilprozess sind nicht als F., möglicherweise aber als Betrug (Prozessbetrug) strafbar.

Ähnl. Regelungen gelten in Österreich (§§ 288 ff. StGB), wobei in Österreich auch unrichtige Aussagen vor Verwaltungsbehörden strafbar sind; strafbar ist auch die Verleitung eines Gutgläubigen zu einer F. (§292). In der Schweiz ist auch die falsche Beweisaussage einer Partei im Zivilverfahren strafbar (Art. 306 ff. StGB), soweit ihr eine richterl. Ermahnung zur Wahrheit und der Hinweis auf die Straffolgen vorangegangen sind; im Übrigen ist die Rechtslage ähnlich wie in Dtl. (Art. 307 ff. StGB).

Falschbe|urkundung, eine inhaltlich unrichtige Beurkundung. Sie ist zu unterscheiden von der →Urkundenfälschung. Die F. (»schriftl. Lüge«) steht als solche nicht allgemein unter Strafe, ist aber oft nach anderen Vorschriften (z. B. als Betrug) strafbar. In einigen Fällen ist sie selbstständig strafbar: Wer vorsätzlich, etwa durch falsche Angaben, bewirkt, dass beweiserhebl. Umstände in öffentl. Urkunden, Büchern, Registern oder Dateien falsch beurkundet werden (**mittelbare F.**), wird nach §271 StGB mit Freiheitsentzug bis zu drei Jahren oder Geldstrafe bestraft. Auch das Gebrauchmachen von einer falschen Beurkundung oder Datenspeicherung zu Täuschungszwecken steht nach §271 Abs. 2 StGB unter Strafe. Außerdem wird ein zur Aufnahme öffentl. Urkunden befugter Beamter, der innerhalb seiner Zuständigkeit vorsätzlich eine rechtlich erhebl. Tatsache falsch beurkundet oder in öffentl. Bücher, Register oder Dateien falsch einträgt oder eingibt (**F. im Amt**), nach §348 Abs. 1 StGB mit

Freiheitsstrafe bis zu fünf Jahren oder mit Geldstrafe belegt.

Ähnl. Vorschriften enthalten die Strafgesetzbücher Österreichs (§§ 228, 311) und der Schweiz (Art. 253, 317). In der Schweiz ist auch die einfache F. nach Art. 251 StGB strafbar, wenn dem Inhalt der Urkunde eine erhöhte Glaubwürdigkeit zukommt, weil allg. gültige objektive Garantien, etwa gesetzl. Vorschriften der Buchführung, die Wahrheit der Erklärung gewährleisten.

Falschdrahtverfahren, Verfahren zur Umformung von strukturlosen Chemie-Endlosgarnen in gekräuselte (texturierte) Garne mit textilem Erscheinungsbild. Kräuselgarne haben hohe Elastizität und viel Volumen. Die Endlosgarne werden durch Drallgeber gedreht und gleichzeitig thermisch behandelt, sodass die Drehungen fixiert werden. Danach wird die Drehung aufgehoben (»falscher Draht«), das Garn behält jedoch seine Kräuselung.

Falsche Akazie, die Scheinakazie, eine Art der Gattung →Robinie.

falsche Anschuldigung, →Verdächtigung.

Falscheid, die tatsächlich falsche eidl. Aussage, die der Schwörende (im Ggs. zum →Meineid) aufgrund von Fahrlässigkeit für wahr hält. Der F. ist mit Freiheitsstrafe bis zu einem Jahr oder Geldstrafe (§ 163 StGB) bedroht. Fahrlässigkeit liegt z. B. vor, wenn der Aussagende sein Gedächtnis nicht hinreichend anspannt, etwa wenn ein Zeuge gewissermaßen aufs Geratewohl aussagt. Ein F. ist auch möglich, wenn ein Zeuge seine bewusst falsche Aussage, z. B. falsche Angaben zu seiner Person, fahrlässig beschwört, weil er glaubt, diese seien nicht von der Eidespflicht umfasst. Die Tat wird straflos, wenn der Täter die falsche Angabe rechtzeitig berichtigt (§§ 163 Abs. 2, 158 Abs. 2 StGB). Wer einen anderen zur Ableistung eines F. verleitet, wird nach § 160 StGB mit Freiheitsstrafe bis zu zwei Jahren oder Geldstrafe bestraft. Die Strafbarkeit des F. ist rechtspolitisch umstritten; sie ist in Österreich und der Schweiz unbekannt. Die Herbeiführung einer gutgläubigen unrichtigen Beweisaussage durch Täuschung des Aussagenden ist allerdings nach § 292 österr. StGB strafbar.

falscher Hase, der →Hackbraten.

Falscher Jasmin, Art der Pflanzengattung →Pfeifenstrauch.

falsche Versicherung an Eides statt, Aussagedelikt, das begeht, wer vor einer zuständigen Behörde eine falsche →eidesstattliche Versicherung abgibt oder unter Berufung auf eine solche Versicherung falsch aussagt. Strafe: Freiheitsstrafe bis zu drei Jahren oder Geldstrafe (§ 156 StGB).

Falschfarbenfilme, infrarotempfindl. Umkehrfarbfilme (Ektachrome Infrared, Aerochrome Infrared), die die Objektfarben auffällig verändert (Grün als Blau, Rot als Grün) wiedergeben und dabei ihren infraroten Strahlenanteil (als Rot) sichtbar machen. Die nicht darstellbare Objektfarbe Blau, für die alle Farbschichten der Filme empfindlich sind, muss durch ein strenges Gelbfilter ausgeschaltet werden. – F. dienen vornehmlich militär. und wiss. Zwecken (Erkennung von Wärmequellen, Unterscheidung von Infrarot reflektierendem lebendem und abgestorbenem Pflanzengrün u. a.), werden jedoch auch in der bildschaffenden Farbfotografie eingesetzt.

Falschgeld, →Geld- und Wertzeichenfälschung.

Falschgelenk, Scheingelenk, Pseudarthrose, gelenkartige, mehr oder weniger bewegl. Verbindung zw. den Bruchenden von Knochen, die durch Störung des Heilungsvorganges (mangelnde Ruhigstellung, zu frühe Belastung, zu starke Streckung der Bruchenden, Weichteileinklemmung, falsche Einstellung des Bruchs, Knochendefekte oder Knochenentzündungen, mangelnde Durchblutung der Knochenenden, Fehlernährung, Osteoporose oder die Einnahme bestimmter Medikamente) nicht knöchern verheilen, sondern durch eine bindegewebige Zwischenschicht verbunden bleiben. Es kann sich ein echtes neues Gelenk (Nearthrose), eine bindegewebige (straffe oder schlaffe Syndesmose) oder eine hyalinknorpelige Knochenverbindung (Synchondrose) ausbilden. Das F. ist i. d. R. durch Schmerzen und Funktionsstörungen gekennzeichnet. In diesen Fällen erfolgt die operative Behandlung durch Entfernen des veränderten Gewebes und eine stabile Vereinigung der Knochenbruchenden mit metall. Implantaten (Osteosynthese) und Spongiosaplastik.

Falschmünzer, Die, frz. »Les faux-monnayeurs«, Roman von A. GIDE; frz. 1925. Das Hauptwerk des Autors ist ein frühes Beispiel der Abkehr von der traditionellen Romanform: Erzählt wird nicht eine lineare Handlung, sondern die Entstehung eines Romans »Die F.«, für den ein Schriftsteller das Material sammelt. Der Titel bezieht sich symbolisch auf die Fragwürdigkeit des allwissenden Erzählers, der scheinbar Herr über das Schicksal seiner Figuren ist.

Falschmünzerei, →Geld- und Wertzeichenfälschung.

Fälschung.
- Fälschungen von Gegenständen aus Vor-, Frühgeschichte und Altertum
- Fälschungen von Texten und Urkunden
- Fälschungen in den Massenmedien
- Fälschungen in der Kunst

Allgemein bezeichnet F. das Herstellen eines unechten Gegenstandes oder das Verändern eines echten Gegenstandes zur Täuschung im Rechtsverkehr; auch der gefälschte Gegenstand (auch Falsifikat genannt) wird F. genannt.

FÄLSCHUNGEN VON GEGENSTÄNDEN AUS VOR-, FRÜHGESCHICHTE UND ALTERTUM

F. von Altertümern sind aus fast allen europ. Ländern, aber auch aus Asien und Amerika bekannt geworden. Sie erstrecken sich auf alle Arten von Gegenständen und alle Materialien. Bei den F. handelt es sich 1) um Nachbildungen von Originalen, die vom Hersteller oder dessen Auftraggeber als echte Funde ausgegeben werden, 2) um willkürl. Erzeugnisse, die sich mehr oder weniger an bestimmte Vorbilder anlehnen, 3) um Verfälschungen von Originalfunden durch bestimmte Ergänzungen (Zeichnungen, Inschriften). Neben F. dieser Art hat es die Wissenschaft häufig mit Fundunterschiebungen zu tun, bei denen echte oder gefälschte Altertümer durch falsche Herkunftsangaben den Wert von gesicherten Funden erhalten sollen (**Provenienz-F.**). Bei histor. Bausubstanz und archäologisch erschlossenen Bauwerken gibt es bei der Restaurierung und Rekonstruktion in der Archäologie und Denkmalpflege eine in dem wiss. Stand der Zeit, in den techn. Verfahren, in der Interessenlage staatl. und privater Organe und Personen u. a. Faktoren gründende Problematik von F. und Verfälschung im Sinne von Entscheidungen, die in ihren Folgen nicht immer absehbar und zudem vielfach nicht mehr wissenschaftlich kontrollierbar und irreparabel sind. Ein frü-

Fals Fälschung

hes Beispiel ist die Teilrekonstruktion des minoischen Palastes von Knossos.

Die Versuche, altsteinzeitl. Kunsterzeugnisse zu fälschen, beschränken sich meist auf Werke der Kleinkunst (Gravierungen, Statuetten). Der Anspruch auf Echtheit wurde dabei fast immer durch Einschmuggeln der Stücke in Ausgrabungen glaubhaft gemacht (Chaffaud, Dép. Vienne; Thayngen; Abri Genière, ebenso die angeblich alt- und jungsteinzeitl. »Funde« von Glozel bei Vichy). Zu den ältesten F. frühgeschichtl. Art gehören die »Prillwitzer Idole«, Fantasiegebilde slaw. Gottheiten, die im 18. Jh. von einem Goldschmied aus Prillwitz in Mecklenburg gefertigt wurden. Eine der sensationellsten F. war die Tiara des SAITAPHERNES, ein vermeintlich griech. Goldhelm, der 1896 vom Louvre angekauft wurde. Je mehr Vergleichsmaterial vorhanden ist und je älter eine F. ist, die meist auch dem Stilgeschmack ihrer Zeit Rechnung trägt, desto leichter sind willkürl. F. anhand stilist. Merkmale zu erkennen; heute würden durch Expertisen die Prillwitzer Idole oder die überarbeiteten oder ganz gefälschten Statuetten eines span. Uhrmachers, die er als echte Funde von Cerros de los Santos (SO-Spanien) ausgab, wohl schnell als F. entlarvt werden. Aber auch im 20. Jh. bleiben F. ein Problem; so wurden z. B. vom Metropolitan Museum of Art um 1960 angeblich etrusk. Tonplastiken (Kriegerfiguren) angekauft.

Während F. früher großenteils bezweckten, die Wissenschaft in die Irre zu führen (→Piltdownmensch), stehen heute kommerzielle Gesichtspunkte obenan, da das Interesse und die Finanzkraft von Sammlern sehr groß sind. Doch lassen naturwiss. Untersuchungsmethoden (→Altersbestimmung, →Archäometrie), v. a. die Thermolumineszenzmethode, häufig zu, F. einwandfrei zu erkennen.

Auch auf dem Gebiet der Runenkunde sind aus unterschiedl. Motiven immer wieder F. vorgenommen worden: 1) Der **Kensington-Stein:** 1898 wurde in Kensington (Minn.) ein Stein mit einer Runeninschrift gefunden, die besagte, dass ein Trupp Schweden und Norweger im Jahre 1362 (also etwa 130 Jahre vor KOLUMBUS) auf einer Erkundungsfahrt von Vinland aus (Bez. der NO-Küste Nordamerikas in der Wikingerzeit) unterwegs war und sich nach verlustreichem Kampf mit Indianern wieder zu seinen Schiffen zurückziehen musste. Wegen runolog. Fehler und der Verwendung neuskandinav. Wörter wurde schon bald eine F. vermutet. Inzwischen ist der Kensington-Stein endgültig als F. erkannt worden (E. WAHLGREN, 1958).

2) Die **Weserrunen:** 1927 fand man in der Unterweser eine Anzahl Tierknochen mit Bildern, Ornamenten und Runeninschriften, die längere Zeit als wichtige Quelle zur Erforschung des Altniederdeutschen galten. Fehlerhafte Runen und Sprachformen sowie das Bild eines zweimastigen Schiffes (ein Anachronismus) erhärteten jedoch den Verdacht auf Fälschung.

FÄLSCHUNGEN VON TEXTEN UND URKUNDEN

F. i. e. S. finden sich im N. T. nicht, denn sie setzen ein eigenes histor. Bewusstsein voraus, das im frühen Christentum erst um die Mitte des 2. Jh. einsetzte. Ein Kanon der Schriften und Autoren war hingegen schon bald allg. kirchlich anerkannt. In diese Übereinkunft suchten sich die fingierten Verfasserangaben der Apokryphen einzufügen. Die bewusste Erfindung von Schriften und ihre Zuschreibung an frühere Autoren entsprechen dann einem späteren apologet. Interesse.

Die F. von Urkunden des MA., v. a. aus dem 10.–13. Jh., waren der wesentl. Anlass für die Entstehung der →Diplomatik. Die F. von Urkunden war sehr häufig und wurde meist von Fürsten oder Klöstern veranlasst, um sich Rechte oder Besitz zu sichern. Neben der reinen F. (Erfindung nicht vorhandener Quellen, z. B. die den Kirchenstaat rechtfertigende →Konstantinische Schenkung, 8./9. Jh., oder die Symmachian. F., 6. Jh.) ist die Verfälschung durch positive oder negative Interpolation (Zufügen oder Auslassen von Teilen einer echten Vorlage) vorgekommen (z. B. die →Pseudoisidorischen Dekretalen, 9. Jh.; Teile des Decretum Gratiani, 12. Jh.). Während die Interpolation als histor. oder inhaltl. F. etwa überholte Rechtsverhältnisse den tatsächl. Rechtszuständen anpassen wollte (wichtigstes Beispiel für die dt. Gesch. ist das um 1360 gefertigte, auf 1156 datierte Privilegium maius für Österreich), konnte eine rein formale F. durch Nachbildung einer Urkunde mit allen Merkmalen (z. B. Besiegelung) lediglich den Ersatz eines verlorenen Originals bezwecken.

Bekannte Fälscher von Geschichtsquellen sind der Abt TRITHEMIUS (* 1462, † 1516), der die Chronisten Meginfried und Hunibald erfand, der bischöfl. Archivar P. A. GRANDIDIER (* 1752, † 1787) in Straßburg, der u. a. die »Annales breves Argentinenses« schuf, der fürstlich Salmsche Archivar SCHOTT († 1823), der genealog. F. als Belege für eine angeblich in die Karolingerzeit reichende Gerichtsbarkeit seiner Dienstherren im Nahegau herstellte, und der mit ihm in Verbindung stehende Mainzer Prof. F. J. BODMANN (* 1754, † 1820), dessen Motive v. a. in histor. Ehrgeiz zu suchen sind (bekannteste Arbeit: »Rheingauische Altertümer«, 1819). – Eine antisemit. Stoßrichtung erlangten die →Protokolle der Weisen von Zion (19./20. Jh.).

Die F. literar. Texte (F. des Verfassernamens und häufig der Angaben über die Entstehungszeit) kam schon in der Antike vor: angebl. Briefe des PHALARIS und Fabeln von PHAEDRUS u. a. Im MA. wurde bes. der Name NEIDHARTS von Nachahmern benutzt. J. MACPHERSON gab seine »Ossian«-Dichtungen (1760–65) als Übersetzung gäl. Rhapsodien aus, T. CHATTERTON seine »Rowley poems« (hg. 1777) als Werke aus dem 15. Jh., V. HANKA seine →Königinhofer Handschrift als Handschrift aus dem 13. Jh., die das Alter einer tschech. Nationalität wesentlich erhöhen wollte. Im 19. Jh.: F. von W. HAUFF (Roman »Der Mann im Mond«, 1836, angeblich von H. CLAUSEN), P. MERIMÉE, der gefälschte Werke als »kroat. Volksdichtungen« herausgab, W. ALEXIS (Romane angeblich nach W. SCOTT). K. E. KRÄMER veröffentlichte 1952 eigene Gedichte als solche eines Fremdenlegionärs »George Forestier«. (→Pseudepigrafen, →Pseudonym)

FÄLSCHUNGEN IN DEN MASSENMEDIEN

Trotz der publizist. Grundsätze der wahrhaftigen Unterrichtung der Öffentlichkeit und der journalist. Sorgfaltspflicht kommt es immer wieder zu Skandalen um gefälschte Medienberichte (»Fakes«), teils als Folge des Publikumsinteresses an Sensationen und Enthüllungen sowie des wachsenden Zeitdrucks, unter dem der Medienbetrieb steht, teils als Folge eines bedenkenlosen »Borderline-Journalismus« (eine Wortschöpfung des selbst durch publizist. F. hervorgetretenen Schweizer Journalisten TOM KUMMER), dem es auf öffentl. Aufmerksamkeit um jeden Preis ankommt. Eine Aufsehen erregende F. der Zeitgeschichte waren die von der Zeitschrift »Stern« im

April 1983 auf Betreiben des Journalisten GERD HEIDEMANN (*1931) publizierten »Hitler-Tagebücher« von KONRAD KUJAU (*1938, †2000). Wurde diese F. sehr schnell enttarnt, so gelang es dem Filmemacher MICHAEL BORN (*1958) 1990-95, gefälschte Reportagen – u. a. über angebl. Aktivitäten des Ku-Klux-Klan in der Eifel – an mehrere dt. Fernsehsender zu verkaufen. BORN wurde wie HEIDEMANN und KUJAU zu einer mehrjährigen Freiheitsstrafe verurteilt. Vom Phänomen des »News-Fabricating« waren – als Kehrseite des investigativen Journalismus – auch renommierte amerikan. Zeitungen wie die »New York Times« oder der »Boston Globe« betroffen. 2003 mussten der Chefredakteur der »New York Times« und sein Stellvertreter wegen des – erst durch Weblogs aufgedeckten – jahrelangen Abdrucks gefälschter Berichte und Interviews des Journalisten JASON BLAIR zurücktreten.

Eine besondere Variante der Medien-F. mit langer Tradition ist die politisch motivierte manipulative Bilddarstellung. F. als Mittel der Desinformation und Irreführung der Öffentlichkeit hat insbes. im Umfeld von Kriegen und anderen gewaltsamen Konflikten Konjunktur, v. a. zur Glorifizierung eigener militär. Leistungen und zur Anprangerung gegner. Gräueltaten. Die Verwendung echter Bilder in verfälschendem Kontext zählt ebenso zu den F.-Techniken wie Bildmontage und Retusche (z. B. in sowjet. Zeit Wegretuschieren von in Ungnade gefallenen Politikern aus Pressefotografien). Die techn. Entwicklung der letzten Jahrzehnte (Film-, Computertechnik, Digitalfotografie) eröffnet eine Fülle neuer Möglichkeiten schwer nachweisbarer Bildmanipulationen und damit der Inszenierung und Konstruktion von Wirklichkeit.

FÄLSCHUNGEN IN DER KUNST

In der bildenden Kunst entsteht eine F. durch Nachbildung oder Veränderung eines Kunstwerks in betrüger. Absicht. Die Bez. F. ist nur dann zutreffend, wenn der oft schwer zu führende Nachweis erbracht werden kann, dass die Herstellung oder Veränderung eines Kunstwerks mit der Absicht der Täuschung vorgenommen wurde. Kopien und Repliken, die durch irrtümliche oder absichtlich falsche Zuschreibung als Original ausgegeben werden, sind keine F., ebenso wie die Bez. unzutreffend ist für Werke, deren Hersteller über die betrüger. Absicht des Auftraggebers und Verkäufers in Unkenntnis gehalten wurde.

Man unterscheidet freie F. und Verfälschungen. Freie F. sind Werke, deren Urheber in Stil und Malweise, eventuell auch in Thematik, Format u. a. die Art eines bestimmten Künstlers oder einer Epoche vorzutäuschen versucht. Dabei werden häufig Teile von Bildern oder Bildwerken übernommen und zu neuen Kompositionen zusammengefügt, ähnlich wie beim Pasticcio, dem jedoch die Täuschungsabsicht fehlt. Nicht selten werden Bildvorlagen in eine andere Technik übersetzt, z. B. Motive aus Holzschnitten A. DÜRERS in ein Ölbild übernommen oder eine Radierung von E. NOLDE ins Aquarell übertragen. Darüber hinaus soll durch künstl. Alterung der Oberfläche, falsches Craquelé, dunklen Firnis, Abreiben von Vergoldungen, künstl. Beschädigungen und Wurmfraß der Erhaltungszustand alter Meisterwerke imitiert werden. Die häufigste Art der F. dürfte die Veränderung vorhandener Kunstwerke sein, durch Maßnahmen, die über eine reguläre Restaurierung hinausgehen. Durch Übermalen, Verdecken und Ergänzen von einzelnen Motiven oder Signaturen werden zweitklassige Werke, Schüler- und Werkstattarbeiten zum Original aufgearbeitet. Dabei begünstigt die Gewohnheit einzelner Künstler, mehrere Fassungen desselben Werkes anzufertigen (C. COROT, H. DAUMIER, V. VAN GOGH), die Arbeit der Kunstfälscher. Den Radierungen REMBRANDTS, von denen oft mehrere Zustände existieren, konnten durch nur geringfügige Änderungen neue Zustände hinzugefügt werden. Eine dritte Variante der F. betrifft die Dokumentation eines Kunstwerks, gefälschte Expertise, falsche Angaben über die Provenienz.

Neben der Stilkritik gibt es heute differenzierte naturwiss. Methoden zur Erkennung und zum Nachweis von Kunst-F. (→Gemäldeuntersuchung).

Eine ausgedehnte Fälscherpraxis ist schon seit dem 15. Jh. belegt. Aus der Sammlung des Herzogs VON BERRY sind Antikenfälschungen bekannt; MICHELANGELOS »Schlafender Cupido« wurde Ende des 15. Jh. als antikes Original verkauft; Holzschnitte von HANS BALDUNG wurden mit neuem Monogramm als Werke DÜRERS verkauft. Niederländ. Kunstfälscher befriedigten im 18. Jh. die Nachfrage nach Werken ihrer Malervorfahren aus dem 17. Jh. Bekannt wurden im 20. Jh. der Skulpturenfälscher ALECO DOSSENA, der Vermeer-Fälscher H. VAN MEEGEREN, LOTHAR MALSKAT mit gefälschten got. Wandmalereien im Dom zu Lübeck, WOLFGANG LÄMMLE, der zw. 1985 und 1987 Gemälde berühmter Künstler (u. a. MAX LIEBERMANN) fälschte, sowie K. KUJAU mit gefälschten Gemälden der modernen Kunst.

Enzyklopädische Vernetzung: ▪ Geld- und Wertzeichenfälschung ▪ Grenzfälschung ▪ Inszenierung ▪ Manipulation ▪ Mediengesellschaft ▪ Produktpiraterie ▪ Urkundenfälschung

📖 A. RIETH: Vorzeit gefälscht (1967); F. ARNAU: Kunst der Fälscher, Fälscher der Kunst (Neuausg. 1969); W. SPEYER: Die literar. Fälschungen im heidn. u. christl. Altertum (1971); H. FUHRMANN: Einfluß u. Verbreitung der pseudoisidor. F., 3 Bde. (1972–74); N. BROX: Falsche Verfasserangaben (1975); Falsos y falsificaciones de documentos diplomaticos en la edad media, hg. v. Real Sociedad Económica Aragonesa de Amigos del País (Saragossa 1991); G. PICKER: Der Fall Kujau (1992); M. REITZ: Große Kunstfälschungen (1993); G. PICKER: Fälscher, Diebe, Betrüger (1994); Gefälscht! Betrug in Politik, Lit., Wiss., Kunst, hg. v. K. CORINO (Neuausg. 1996); F. DI TROCCHIO: Der große Schwindel. Betrug u. F. in der Wiss. (a. d. Ital., Neuausg. 1999); W. FULD: Das Lex. der Fälschungen (2000); K. DÜWEL: Runenkunde (³2001); G. KRETSCHMANN: Faszination F. Kunst-, Geld- u. a. Fälscher u. ihre Schicksale (2001); U. ULFKOTTE: So lügen Journalisten (Neuausg. 2002).

Fälschung technischer Aufzeichnungen.

Mit Freiheitsstrafe bis zu fünf Jahren oder Geldstrafe ist bedroht (§ 268 StGB), wer zur Täuschung im Rechtsverkehr eine unechte techn. Aufzeichnung herstellt oder eine techn. Aufzeichnung verfälscht oder eine unechte oder verfälschte Aufzeichnung (vorsätzlich) gebraucht.

Techn. Aufzeichnung ist eine Darstellung von Daten, Mess- oder Rechenwerten, Zuständen oder Geschehensabläufen, die durch ein techn. Gerät ganz oder zum Teil selbsttätig bewirkt wird, den Gegenstand der Aufzeichnung allg. oder für Eingeweihte erkennen lässt und zum Beweis einer rechtlich erhebl. Tatsache bestimmt ist, gleichviel ob ihr die Bestimmung schon bei der Herstellung oder erst später gegeben wird. Diese Vorschrift ergänzt die Strafbestimmung über die →Urkundenfälschung, die die F. t. A. nicht erfasst.

Fals False Bay

False Bay [ˈfɔːls beɪ; engl. »falsche Bai«], afrikaans **Valsbaai,** große Bucht des Ind. Ozeans südöstlich von Kapstadt, Rep. Südafrika, mit dem Kriegshafen Simonstown, viel besuchten Seebädern (Muizenberg, Strand) und dem Fischereihafen Kalk Bay.

False Trading [ˈfɔːls ˈtreɪdɪŋ; engl. »falscher Handel«] *das, -(s),* Bez. für Transaktionen auf Märkten zu nicht markträumenden Preisen in der →Ungleichgewichtstheorie der neuen Makroökonomik.

Falsett [zu ital. falso »falsch«] *das, -(e)s /-e,* hohes Register der männl. Singstimme, bei dem die Brust- zugunsten der Kopfresonanz zurücktritt und die Stimmlippen nicht in ihrer gesamten Breite, sondern nur am mittleren Rand schwingen, sodass hohe Töne erreicht werden können. **Falsettisten** (Tenöre oder **Tenorini,** und zur Unterscheidung von den →Kastraten, auch **Alti naturali** gen.) sangen im 16./17. Jh. die Alt-, gelegentlich auch die Sopranpartien der Chormusik, da Frauen beim Kirchengesang nicht zugelassen waren. Die gleichen Stimmlagen wurden im 17. und 18. Jh. von Kastraten und Contratenören gesungen. Im Unterschied zur Kopfstimme des F.-Registers ist die **Fistelstimme (Fistel)** die durch Brustresonanz verstärkte hauchige Kopfstimme, wodurch bes. die Tenöre übernormal hohe, zuweilen absichtlich komisch wirkende Töne erreichen können. Mit der Wiederentdeckung der →Alten Musik wurde auch der Klang des F. in Gestalt von →Countertenor und Altus wieder modern. Als F. wird auch der jeweils höchste bzw. tiefste Ton eines Blasinstrumentes bezeichnet.

🔊 **Falsett:** G. F. Händel: »Ombra mai fù«, aus »Serse« (mit A. Scholl, Countertenor) **4173**; J. F. Agricola: »Del terreno, nel centro profondo«, aus »Achille in Sciro« (mit J. Kowalski, Altus) **6148**; Comedian Harmonists: »Gib mir den letzten Abschiedskuss« **1245**; M. Jackson: »Billie Jean« **5869**

Falsifikat *das, -(e)s/-e, bildungssprachlich* für: gefälschter Gegenstand, Fälschung.

Falsifikation [mlat., zu lat. falsus »falsch«] *die, -/-en,* allg. Nachweis der Falschheit einer Aussage. In der Wiss.-Theorie bezeichnet F. speziell die Widerlegung einer allg. Aussage (»Alle ungeraden Zahlen sind Primzahlen«) durch (mindestens) ein Gegenbeispiel (z. B. die 9). Da induktiv gewonnene allg. Aussagen mit unbegrenztem Gültigkeitsbereich (»Alle Raben sind schwarz«) nicht verifiziert werden können, wurde von K. Popper vorgeschlagen, in deren Falsifizierbarkeit das Kriterium für Wissenschaftlichkeit zu sehen: Wiss. Sätze sind nur solche Sätze, die falsifiziert werden können. Ein Satz, der mehreren Widerlegungsversuchen widerstanden hat, heißt **bewährt.** Dieser »Falsifikationismus« führt zur methodolog. Maxime, stets möglichst riskante Sätze aufzustellen. Gegen ihn wird eingewandt: 1) Neben allg. Sätzen sind Existenzaussagen (»Es gibt Neutrinos«) für die Wiss. von größter Bedeutung. Diese lassen sich verifizieren, nicht aber falsifizieren. 2) Es ist keineswegs zutreffend, dass in der wiss. Praxis falsifizierte allg. Aussagen verworfen werden. Üblich ist vielmehr die →Exhaustion.

📖 Kritik u. Erkenntnisfortschritt, hg. v. I. Lakatos u. A. Musgrave (³1974); H. Oetjens: Sprache, Logik, Wirklichkeit. Der Zusammenhang v. Theorie u. Erfahrung in K. R. Poppers »Logik der Forschung« (1975); K. R. Popper: Logik der Forschung (Neuausg. 2002).

falsifizieren [mlat., zu lat. falsus »falsch« und facere, in Zusammensetzungen -ficere, »machen«, »tun«], *bildungssprachlich* für: 1)(ver)fälschen; 2) eine wiss. Aussage oder eine Behauptung durch log. Beweis oder empir. Beobachtung widerlegen. – Ggs.: verifizieren.

Falsobordone [ital.] *der, --/...si...ni,* zunächst gleichbedeutend mit →Fauxbourdon; seit dem 16. Jh. Sammel-Bez. für Kompositionen (vorwiegend über Psalmen), bei denen sich alle Stimmen, syllabisch textiert, gleichrhythmisch in Akkorden fortbewegen. Mit dem Fauxbourdon hat diese Kompositionsart nur noch die akkord. Deklamation gemeinsam.

Falstaff [engl. ˈfɔːlstɑːf], Sir John, kom. Dramenfigur Shakespeares (»Henry IV.«, »The merry wives of Windsor«), ein beleibter alter Ritter, ein Schlemmer, Feigling und Prahlhans mit Geist und Witz. F. ist literarisch ein Nachfolger des »Miles gloriosus« und der Figur des Lasters in den mittelalterl. Moralitäten.

Als Schwerenöter ist F. auch Held der Opern von K. Ditters von Dittersdorf (»Die lustigen Weiber von Windsor«, 1796), O. Nicolai (»Die lustigen Weiber von Windsor«, 1849), G. Verdi (»F.«, 1893) und R. Vaughan Williams (»Sir John in love«, 1929) sowie die Figur eines Romans von Robert Nye (»F.«, 1976).

📖 J. D. Wilson: The fortunes of F. (Cambridge ²1979); F., hg. v. H. Bloom (New York u. a. 1992).

Falster, Ostseeinsel südlich von Seeland, Dänemark, 514 km², bis 44 m ü. M., 43 500 Ew.; F. wird von Lolland durch den Guldborgsund, von Seeland durch Storstrømmen, von Møn durch den Grønsund getrennt; die beiden Erstern werden durch Brücken überquert, die Teilstück der Vogelfluglinie sind. F. hat eine hügelige Moränenlandschaft, die v. a. landwirtschaftlich genutzt wird (Weizen, Zuckerrüben, Obst); Zuckerfabriken. Hauptort ist Nykøbing. Von Gedser, dem südlichsten Punkt Dänemarks (Gedser Odde), Eisenbahnfähre nach Rostock; Fremdenverkehr (Badeorte an der S-Küste).

Falsterbo [-buː], Seebad auf der Halbinsel →Skanör an der SW-Spitze Schwedens, Gemeinde Vellinge, Verw.-Gebiet Skåne; vor der Küste der Orte F. und Skanör lagen im MA. die Fangplätze der hanseat. Heringsfischerei. Hier fand jährlich der mehrwöchige bedeutende Schonenmarkt statt. – Kirche St. Gertrud (14. Jh.) und Ruine des Falsterbohus (14. Jh.).

Falsum [lat.] *das, -s/...sa, veraltet* für: Betrug, Fälschung.

Falsus Procurator [lat. »fälschlicher Stellvertreter«] *der, - -, Recht:* eine Person, die ohne Vertretungsmacht als Vertreter handelt (→Vertretung ohne Vertretungsmacht).

Faltblatt, Biochemie: →Betafaltblatt.

Faltboot, zerlegbares Paddelboot, das aus Gerüst (Spanten) und Haut (Gummi bzw. Kunststoff, Gewebe) besteht und mit Doppelpaddel gefahren wird. F. haben häufig eine Steuerflosse am Heck, die über eine Fußsteuerung bedient wird. Es gibt Einer- und Zweier-F. Wenngleich weitgehend vom robusteren Kunststoffboot verdrängt, wird das F. auch heute noch für Wasserwanderungen auf stehenden oder ruhig fließenden Gewässern verwendet.

Faltbuch, Buch, dessen Blätter einseitig bedruckt oder beschrieben, gefaltet und an den Schnittseiten miteinander verbunden sind. Diese Form haben das chin. und jap. Buch. Andere F. bestehen aus in der Art eines Leporelloalbums gefalteten Streifen, so altmexikan. F. auf Hirschleder oder Bastpapier, F. der Batak auf Sumatra auf geglätteter Baumrinde, Korantexte auf Stoffstreifen bei den Sudanesen.

Faltdipol, Nachrichtentechnik: →Antenne.

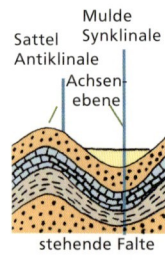
Mulde / Synklinale
Sattel / Antiklinale
Achsenebene

stehende Falte

schiefe Falte

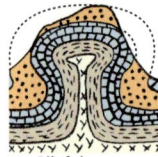
liegende Falte

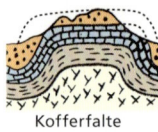
Pilzfalte

Kofferfalte

Sand
Sandstein
Schieferton
Kalkstein
Steinsalz

Falte 1)

Falte,
1) *Geologie:* durch seitl. Druck und Einengung (Faltung) entstandene Verbiegungsform urspr. ebener Gesteinsschichten. Die Einbiegungen einer F. nennt man **Mulde, Synkline** oder **Synklinale,** die Aufwölbungen hingegen **Sattel, Gewölbe, Antikline** oder **Antiklinale.** Eine Sonderform ist der **Dom,** dessen Antiklinalstruktur durch eine runde oder ovale Aufwölbung der Gesteinsschichten gekennzeichnet ist.

Wichtige F.-Elemente sind: die **F.-Achse,** eine längs des **F.-Scheitels** oder Scharniers gedachte Linie; die **F.-Achsenfläche,** die im Idealfall eine **F.-Achsenebene** bildet, in der die F.-Achsen sämtl. Schichten einer F. liegen; die **F.-Schenkel** oder **F.-Flügel** umschließen den **F.-Kern;** der **First** ist die höchste Sattelerhebung, die **Basis** die tiefste Stelle der Mulde; der **F.-Spiegel** stellt eine gedachte Ebene als Verbindung der First- oder Basislinien dar; die **Vergenz** ist die Neigungs- oder Kipprichtung der F.-Achsenfläche. Im F.-Kern liegen beim Sattel die ältesten, bei der Mulde die jüngsten Gesteine.

Bei gleichmäßiger Biegung entstehen einfache, aufrechte oder stehende F. mit nahezu senkrechter F.-Achsfläche und symmetrisch zu den Muldenachsen einfallenden Schenkeln. Je nach ihrer Lage werden folgende F.-Formen unterschieden: **stehende F.** (mit senkrechter F.-Achsenfläche), **schiefe F., überkippte F.** (wenn beide F.-Flanken in die gleiche Richtung einfallen) und **liegende F. (Deck-F.),** wenn sich der Sattel weit über die vorgelagerte Mulde legt. In besonderen Fällen taucht die Achsenebene unter die Horizontale und bildet dadurch eine **abtauchende F.** oder **Tauchfalte. Isoklinal**-F. sind durch starke Einengung entstanden und weisen daher weitgehend parallel verlaufende F.-Schenkel auf. **Koffer**-F. sind durch flachen Scheitel und fast rechtwinklig abgesetzte steile Schenkel gekennzeichnet. Bei parallel gerichteten, aber schräg hintereinander gestaffelten F. spricht man von **Kulissenfalten.** Innerhalb von Groß-F. kann eine **Spezial-, Kleinfaltung** oder **Fältelung** auftreten.

F. treten meist nicht einzeln, sondern zu mehreren geschart oder gebündelt (**F.-Schar, F.-Bündel, F.-System**) auf. Ein größeres Gebiet mit gefalteten Schichten wird **F.-Gürtel** genannt. Durch Abtauchen der Sattelachse oder Auftauchen der Muldenachse entsteht im Schnittbild mit der Horizontalen ein umlaufendes Streichen der Schichten. Der **Luftsattel** ist im geolog. Schnitt die zeichner. Ergänzung abgetragener F.-Teile.

Neben der Faltungsintensität ist die Form der F. auch vom mechan. Verhalten des betroffenen Gesteins abhängig. So stehen sich **kompetente,** meist dickbankige massige Gesteine, die einer Verformung größeren Widerstand entgegensetzen, und **inkompetente,** plastisch, verformbare wie Salze und Tongesteine, in ihrem Verhalten gegensätzlich gegenüber.

Nach dem Faltungsvorgang unterscheidet man drei Grundtypen: 1) **Biege-** oder **Knick-F.** entstehen durch tangentiale Einengungskräfte, wobei die Gesteinsschichten wellenartig verbogen (»geknickt«) werden und sich an den Schichtgrenzen gegeneinander verschieben. 2) **Scher-F.** entstehen, wenn die Scherfestigkeit des unter Spannung stehenden Gesteins überschritten wird. Dabei reißen senkrecht zur Druckrichtung Scherflächen auf, und das Gestein wird in Scherbretter zerlegt. Es bildet sich eine treppenartige Staffelung der Scherflächen. Dieser Vorgang ist mit →Schieferung verbunden. 3) **Fließ-** oder **Gleit-F.** entstehen durch unregelmäßige Faltung unter dem Einfluss der Schwerkraft (subaquat. Rutschungen), zum Ausgleich von Dichteunterschieden (Salze), durch Volumenänderungen (Quellfaltung bei Schlangengips), beim Fließen magmat. Schmelzen und bei hochgradiger Metamorphose.

2) *Kleidung:* Gestaltungselement der Kleidung. Seit dem späten MA. sind drapierte Roll-F. und gratig gepresste F. an Röcken, Kleidern und Mänteln in Gebrauch. Gefältelte Kragen und Besätze schmücken Hemden und Hauben. Im jeweiligen Einsatz von der Zeitmode bestimmt, unterscheidet man ungebügelte Falten wie die **Glocken-** oder **Toll-F.** und das durch einen Keileinsatz gebildete **Godet** von gebügelten Falten. Zu den gebräuchlichsten Arten zählen die nach innen gelegte **Keller-F.** mit geschlossener Silhouette, die unterschiedlich breit gelegte **Quetsch-F.,** die mehrfach aufeinander gelegte **Fächer-F.** und als eigener Typus die **Plissee-F.** (→Plissee). Um die Wende vom 19. zum 20. Jh. löste die Bügel-F. in der Männerkleidung rund gebügelte Hosenbeine ab. Bei den Frauen prägen F.-Röcke in vielfältigen Varianten die Mode bis heute. Als →Kilt gehört der F.-Rock zur schott. Männertracht.

Faltengeckos, *Ptychozoon,* Gattung der →Geckos in den trop. Regenwäldern SO-Asiens. Ein breiter Hautsaum beiderseits der Flanken ermöglicht einen Fallschirmflug.

Faltenhaut, durch Alterung (→Altershaut), Witterungseinflüsse (→Landmannshaut), konstitutionelle Bindegewebeschwäche (→Cutis laxa) oder entzündl., atroph. Krankheitsprozesse hervorgerufene starke Faltenbildung der Haut.

Faltenlilie, Lloydia, Gattung der Liliengewächse mit 18 Arten in der Arktis und den höheren Gebirgen der N-Halbkugel. In Mitteleuropa kommt nur die in Rasengesellschaften und Felsritzen der Alpen wachsende, in ihrem Bestand gefährdete, 5–20 cm hohe **Späte F.** (*Lloydia serotina*) vor, mit weißen, rötlich gestreiften Blütenblättern.

Faltenmagen, der Blättermagen der Wiederkäuer (→Magen).

Faltenmücken, Liriopidae, Familie der Fliegen mit rd. 40 Arten; schnakenähnlich, oft in Wassernähe lebend.

Faltenschnecken, die →Walzenschnecken.

Faltenunterspritzung, das Einspritzen von chem. Substanzen unter Hautfalten, v. a. im Gesicht, zur vorübergehenden Faltenreduzierung bzw. -glättung; verwendet werden kollagen-, hyaluronsäure- oder botulinumtoxinhaltige Flüssigkeiten. Nach etwa 3–6 Monaten kommt es durch den Abbau der Substanzen zu einem erneuten Auftreten der Falten. Bei falscher Anwendung können allerg. Reaktionen, Knoten in der Haut oder Lähmungen der mimischen Muskulatur entstehen.

Faltenwespen, Vespoidea, Überfamilie der Hautflügler mit rd. 4 000 Arten (in Mitteleuropa etwa 100 Arten) von 7 bis 40 mm Größe. Der Körper ist oft schwarzgelb gezeichnet, was als Warnzeichnung gedeutet wird; die Vorderflügel sind in Ruhelage einmal längs gefaltet. Der Stachel ist gut entwickelt und ohne Widerhaken; er bleibt daher nicht in der elast. Haut der Säugetiere hängen. Die Stiche sind für den Menschen oft schmerzhaft. Die F. sind teils einzeln lebend (solitär, z. B. die →Lehmwespen), teils Staaten bildend (sozial, z. B. die →Papierwespen) mit hoch entwickelter Brutpflege.

Faltenlilie: Späte Faltenlilie

Falter, andere Bez. für →Schmetterlinge.

Falter, Jürgen W., Politikwissenschaftler, * Heppenheim (Bergstraße) 22. 1. 1944; war 1973–83 Prof. an der Hochschule der Bundeswehr in München, 1983–93 an der Freien Univ. Berlin, seit 1993 ist er Prof. in Mainz; Arbeiten bes. zur Wahlforschung (u. a. Mitherausgeber des »Handbuchs Wahlforschung«, 2005) und Faschismusforschung.

Werke: Der Positivismusstreit in der amerikan. Politikwiss. Entstehung, Ablauf u. Resultate der sogenannten Behaviorismus-Kontroverse in den Vereinigten Staaten 1945–1975 (1982); Wahlen u. Abstimmungen in der Weimarer Rep. (1986, mit T. LINDENBERGER u. S. SCHUMANN); Hitlers Wähler (1991); Wer wählt rechts? (1994); Der lange Weg der Grünen. Eine Partei zw. Protest u. Regierung (2003, mit M. KLEIN); Sind wir ein Volk? (2005).

Falterblumen, Pflanzen, deren Blüten von Schmetterlingen bestäubt werden. Die Bestäubung erfolgt bei der Nahrungsaufnahme der Falter; der Nektar ist in einer langen Blütenröhre oder einem Sporn verborgen. Die Blüten, die von tagaktiven Schmetterlingen bestäubt werden, haben bunte Farben, z. B. Seidelbast, Kartäusernelke. Die Blüten, die von nachtaktiven Schmetterlingen bestäubt werden, sind hell gefärbt, z. B. Seifenkraut, Heckenkirsche.

Fălticeni [fəltiˈtʃenj], Stadt im Kreis Suceava, NO-Rumänien, in der Moldau, an der Șomuzu Mare, 31 200 Ew.; Holz verarbeitende und Textil-Ind., Flachs- und Hanfspinnerei. – F. wurde 1771 erstmals urkundlich genannt; bis 1826 hieß die Stadt Șoldăneşti.

Faltings, Gerd, Mathematiker, * Gelsenkirchen 28. 7. 1954; lehrte 1982–84 an der Univ. Wuppertal, wurde 1985 an die Princeton University und 1992 an das Institute for Advanced Study in Princeton (N. J.) berufen; seit 1995 Direktor am Max-Planck-Inst. für Mathematik in Bonn. Sein Hauptarbeitsgebiet ist die algebraische Geometrie. F. bewies u. a. 1983 die von L. J. MORDELL 1922 aufgestellte →mordellsche Vermutung und erhielt hierfür 1986 die Fields-Medaille.

Fältlinge, Meruliaceae, Familie Holz zerstörender (→Weißfäule) Ständerpilze unsicherer systemat. Zuordnung; mit ledrigen, gallertigen oder weichfleischigen Fruchtkörpern. Die Fruchtschicht ist in Falten, Gruben oder Poren eingebettet.

Faltrock, Paltrock, auf den Körper zugeschnittener halblanger Männerrock des 16. Jh., der das in Falten gelegte Schoßteil des Waffenrockes in die zivile Kleidung überführte.

Faltstuhl, Klappstuhl, Feldstuhl, zusammenklappbarer Stuhl aus zwei scherenförmigen, durch Querhölzer verbundenen Teilen und einem Sitz meist aus Leder oder Stoff, in N-Europa bereits in der Bronzezeit bekannt, ebenso in Ägypten seit dem Alten Reich, bei den Griechen und Römern. Im MA. war der F. seit dem 9. Jh. weit verbreitet, seit dem 15. Jh. auch mit Seiten- und Rückenlehnen versehen (F. oder Scherenstuhl). Der F. ging mit anderen Thronformen des antiken Kaiserzeremoniells auch in den kirchl. Gebrauch ein (**Faldistorium**).

Faltung,
1) *Biochemie:* die →Proteinfaltung.
2) *Geologie:* →Falte, →Faltungsphasen.
3) *Mathematik:* die aus zwei im Bereich $-\infty < t < +\infty$ integrierbaren Funktionen $F_1(t)$ und $F_2(t)$ gebildete und symbolisch als »Sternprodukt« (*-Produkt) geschriebene Funktion

$$(F_1 * F_2)(t) = \int_{-\infty}^{+\infty} F_1(t-\tau) F_2(\tau) \, d\tau.$$

Faltungshall, Impulsfaltung, computergestützte Methode zur Erzeugung künstl. Nachhalls, bei der die Nachhalleigenschaften authent. Räume verwendet werden. Grundlage des F. ist die Möglichkeit der Digitalisierung von Schallereignissen, die dann als so genannte Samples vorliegen. Um den Nachhall z. B. eines Gebäudes auf ein beliebiges Schallereignis anwenden zu können, muss dieser isoliert werden. Praktisch wird dazu die Hallantwort eines Gebäudes aufgenommen und digitalisiert. Das den Nachhall des Gebäudes auslösende Signal – etwa ein Schuss oder ein Sinus-Glissando – muss den gesamten Hörbereich erfassen. Anschließend werden die Samples des zu verhallenden Signals mit den Samples des Nachhalls unter Einsatz entsprechender Software miteinander verrechnet; dieser Vorgang wird nach dem engl. Begriff Convolution »Faltung« genannt. Das zu hörende Ergebnis weckt die Illusion, dass das urspr. unverhallte Schallereignis in dem für den Nachhall gewählten Raum stattfand. – Prinzipiell ist diese Technik auf jedes Schallereignis anwendbar; sie wird z. B. auch in der Nachbildung von Klangcharakteristika von Gitarrenverstärkern genutzt, indem etwa die Klangcharakteristik eines Röhrenverstärkers als zuschaltbarer Effekt in einen Transistorverstärker eingebaut wird.

🔊 **Faltungshall:** Tonfolge B-A-C-H 5241

Faltungsphasen, *Geologie:* Zeiten stärkerer gebirgsbildender Tätigkeit, die, verhältnismäßig kurzfristig, längere Zeiten tekton. Ruhe unterbrechen. Die angenommene Gleichzeitigkeit und weltweite Verbreitung einzelner Phasen hat sich nicht bestätigt. F. werden bes. durch Winkeldiskordanzen erkannt (→Diskordanz).

Faltversuch, Kaltbiegeversuch, techn. Prüfverfahren bei Stahlblechen zum Nachweis ausreichender Verformbarkeit, auch zur Beurteilung der Bördelfähigkeit. Das zu prüfende Blech wird langsam um einen Dorn gebogen, wobei auch bei einer extremen Biegung von 180° keine Risse an der Außenseite auftreten dürfen. Beim **Doppel-F.** wird die Probe zusätzlich ein zweites Mal, quer zur ersten Faltung, umgebogen.

Faltwerk,
1) *Bautechnik:* räuml. Flächentragwerk, das aus ebenen, dünnen und abgefalteten Scheiben besteht, die an den Längsseiten kraftschlüssig miteinander verbunden sind. Die Faltung bewirkt eine Erhöhung

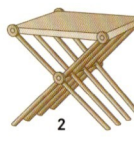

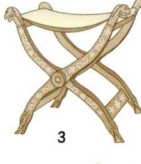

Faltstuhl:
1 ägyptischer Faltstuhl (2. Jt. v. Chr.)
2 griechischer Faltstuhl (4. Jh. v. Chr.)
3 spätromanischer Faltstuhl (um 1300)
4 gotischer Scherenstuhl (15. Jh.)

Faltstuhl aus Weißenburg in Bayern, *links* Original, *rechts* Replik; Eisen, Bronzeknöpfe als Verzierung (Anfang 3. Jh. n. Chr.; München, Archäologische Staatssammlung)

des Biegewiderstandsmoments und eine große Steifigkeit des Bauwerks, die durch angefügte Endscheiben nochmals deutlich erhöht wird. F. werden im Stahl- und Stahlbetonbau, bes. im Bereich Hallen- und Behälterbau, angewendet.

2) *Kunst:* geschnitztes Ornament in Form geradliniger, meist senkrechter Falten an Möbeln, Vertäfelungen und anderen Holzarbeiten der Spätgotik und Renaissance, bes. in den Niederlanden, dem Rheinland, Nord-Dtl. und England.

Falun, Hauptstadt des schwed. Verw.-Bez. und der Landschaft Dalarna, Mittelpunkt der Bergbaulandschaft Bergslagen, 55 000 Ew.; Hochschule Dalarna; Bergbaumuseum; Kupferabbau seit etwa 850 n. Chr.; im 17. Jh. kamen zwei Drittel der weltweiten Kupferproduktion aus F. Ein gewaltiger Bergsturz beendete 1687 die Blütezeit (damals war F. zweitgrößte Stadt Schwedens). Der Bergbau wurde 1993 eingestellt, nachdem schon seit dem Ende des 19. Jh. kein metall. Kupfer mehr produziert worden war. Aus einer Eisenoxidverbindung wurde in F. das Holzschutzmittel »Falu Rödfärg« hergestellt, dessen intensives Rot die Holzhäuser des ländl. Schwedens kennzeichnet. Bedeutender Fremdenverkehr (Wintersport). – Die histor. Industrielandschaft des Großen Kupferbergs in F. wurde 2001 von der UNESCO zum Weltkulturerbe erklärt. – Das erstmals 1288 erwähnte F. (der Name geht zurück auf »Falu Gruva«, Falu-Grube) entstand als geplante Bergmannssiedlung. Seine ältesten Privilegien reichen bis in das Jahr 1347 zurück; 1720 erhielt F. Stadtrecht. – Im Bergwerk von F. wurde 1677 ein junger Bergmann verschüttet, dessen Leiche 1719 unversehrt, durch Vitriolwasser konserviert, aufgefunden wurde; seine inzwischen betagte Braut erkannte ihn wieder. Der Vorfall wurde 1722 in Uppsala wissenschaftlich publiziert und in Dtl. 1808 in G. H. SCHUBERTS »Ansichten von der Nachtseite der Naturwissenschaften« als Stoff für poet. Behandlung vorgestellt; wichtigste Bearbeitungen von J. P. HEBEL (»Unverhofftes Wiedersehen«, 1810), E. T. A. HOFFMANN (»Die Bergwerke zu F.«, 1819), H. VON HOFMANNSTHAL (»Das Bergwerk zu F.«, Drama, entstanden 1899, vertont von R. WAGNER-RÉGENY, 1961).

Faluner Brillanten [-brilj-], **Faluner Diamanten, Zinnbrillanten,** stark glänzender, diamantähnl. Zinnschmuck für Bühnengarderobe.

Falun Gong [- ˈgʊŋ; chin. »Rad des Gesetzes«] *die,* spirituelle Bewegung, die verschiedene chin. Traditionen in sich aufgenommen und verschmolzen hat: Buddhismus, Daoismus und in besonderer Weise der altchin. Meditationstechnik →Qigong. Grundlage sind die Ideen des in China (Prov. Jilin) geborenen, seit 1998 in New York lebenden LI HONGZHI (eigtl. LI LAI, * 1952), der von seinen Anhängern als »Meister Li« verehrt wird. Die unter seinem Namen verbreiteten Schriften definieren das im Buddhismus angestrebte Leben in Übereinkunft mit dem universalen Gesetz als das Ziel und Qigong als den Weg von F. G.: das In-Gang-Halten des durch LI HONGZHI in seinen Anhängern in Gang gesetzten Gesetzesrades (Falun) durch unablässiges Schöpfen der kosm. Energie →Qi auf dieses. Aus der Tradition des Daoismus ist bes. dessen Grundverständnis von Meditation als »Erleuchtung« (Einssein mit dem Absoluten) in die von F. G. vertretene Lehre eingegangen. Die auf die körperlich-seelische Vervollkommnung der Anhänger gerichtete spirituelle Praxis von F. G. verbindet meditative Betrachtungen über zentrale buddhist. Grundsätze (Wahrhaftigkeit, Barmherzigkeit, Nachsicht) mit von LI HONGZHI vorgeschriebenen Körper- und Atemübungen. – Seit Juli 1999 ist die F.-G.-Bewegung, die nach Eigenangaben 70 Mio., nach Angaben chin. Behörden 2 Mio. Anhänger zählt, in China verboten. Sie wird beschuldigt, Aberglauben zu verbreiten und Menschen psychologisch zu manipulieren.

Falz [mhd. valz »Fuge«, »Schwertrinne«],
1) *Fertigungstechnik:* →Falzen.

Wichtige Faltungsphasen			
Faltungsära (Beginn und Ende vor ... Mio. Jahren)	**Faltungsphase**	**Zeitabschnitt**	**System**
alpidische 200–1	pasadenische	Pleistozän	Neogen
	rhodanische (wallachische)	Piacenzium	
	attische	Miozän/Pliozän	
	steirische	Mittleres bis Oberes Miozän	
	savische	Oligozän/Miozän	
	pyrenäische	Eozän/Oligozän	Paläogen
	laramische	Maastrichtium/ Paläozän	Kreide
	Wernigeröder } subherzynische	Santonium	
	Ilseder	Coniacium	
	austrische	Unterkreide/ Oberkreide	
	Hilsphase } jungkimmerische	Valanginium	
	Osterwaldphase	Oberes Tithonium	Jura
	Deisterphase		
	altkimmerische	Norium bis Rhaetium	Trias
variskische 340–220	labinische	Karnium bis Norium	
	pfälzische	Perm/Trias	Perm
	saalische	Cisuralium bis Lopingium	
	esterelische	Cisuralium	
	asturische	Moskovium	Karbon
	erzgebirgische	Serpukhovium bis Moskovium	
	sudetische	Mississippium bis Pennsylvanium	
	bretonische	Devon/ Mississippium	
kaledonische 500–400	jungkaledonische (ardennische, erische)	Silur/Devon	
	takonische	Ordovizium/Silur	
	sardische	Kambrium/Ordovizium	
assyntische 1000–560	assyntische (cadomische)	Proterozoikum/Kambrium	
	eisengebirgische	Neoproterozoikum	
	baikalische	Cryogenium	
	dalslandidische	Mesoproterozoikum/ Neoproterozoikum	
	gotidische	Mesoproterozoikum	
	karelidische (svekofinnische)	Paläoproterozoikum/ Mesoproterozoikum	
	belomoridische	Paläoproterozoikum	
	saamidische (kenorische)	Archaikum/Proterozoikum	

Falz Falzaregopass

2) *graf. Technik:* 1) geradlinige Faltstelle, die im Ergebnis des →Falzens entsteht. Durch den F. im Bundsteg der F.-Bogen entsteht bei versch. Bindeverfahren (→Heften) eine Rücksteigung am gebundenen Block, die durch das Fügematerial (z. B. Heftfäden) verstärkt wird. Der F. wird daher abgepresst, sodass der Blockrücken eine pilzartige Form erhält. Gleichzeitig erhöht sich damit die Formstabilität des Buches. 2) Scharnierstelle (Gelenk) der Buchdecke zw. Buchdeckenrücken und Deckel, die dem leichten Aufschlagen des Buches dient. Der F. muss dazu eine Breite von einigen Millimetern aufweisen. Zur Ausprägung der Scharnierwirkung wird der F. nach der Montage von Buchblock und -decke in die Buchdecke eingebrannt. 3) mitgeheftete Papierstreifen, an denen Tafeln, Karten u. Ä. angeklebt werden und die ermöglichen sollen, dass diese Teile leicht aufgeschlagen werden können.

3) *Holzbearbeitung:* rechtwinklige Vertiefung (Aussparung) an Brettkanten zum Übereinandergreifen; eine Holzverbindung.

Falzaregopass, Pass in den Dolomiten zw. Ampezzotal und Buchenstein, Italien, 2 105 m ü. M.; der F. wird von der Dolomitenstraße überquert.

Falzen,

1) *Buchbinderei:* scharfkantiges Umbiegen flächiger Werkstoffe (z. B. Papier, Karton) an einer Biegestelle unter Druck, sodass das Rückfederungsmoment gering bleibt. Infolge der beim F. auftretenden Änderungen im Fasergefüge kommt es an der Biegestelle zu einem Festigkeitsabfall. F. wird in der buchbinder. Verarbeitung hauptsächlich eingesetzt, um Bahnen oder Planobogen in leicht handhabbare, dem späteren Erzeugnisformat angepasste Falzbogen zu verformen. Falzungen lassen sich u. a. nach ihrer Anzahl, ihrer Lagezuordnung (Parallel-, Kreuz-, kombinierter Falz),

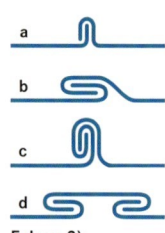

Falzen 2):
a stehender einfacher Falz
b liegender einfacher Falz
c stehender doppelter Falz
d Deckfalz (Falzung mit besonderem Falzstreifen)

nach dem Falzprinzip (z. B. Messer-, Taschen-, Trichterfalz) oder dem Ausgangszustand des Bedruckstoffs (Bahn oder Bogen) klassifizieren. F. wird mit Bogenfalzmaschinen oder Rotationsfalzapparaten in Druckmaschinen, seltener manuell mit Falzbein (messerähnl. Werkzeug) ausgeführt.

2) *Fertigungstechnik:* Fügeverfahren zur formschlüssigen Verbindung dünnwandiger Bleche. Beim F. werden die Blechränder zunächst ein- oder zweimal um 180° umgebogen, ineinander gehakt und anschließend zusammengepresst; es entsteht der **Falz.** Das F. erfolgt mit besonderen Falzwerkzeugen auf Falzmaschinen oder Pressen; es wird v. a. bei der Herstellung von Blechrohren, Konservendosen u. a. angewendet.

3) *Lederherstellung:* Verfahren zur Egalisierung der Lederstärke von der Fleischseite her.

Falzziegel, auf Stempelpressen hergestellte →Dachziegel mit Kopf- und Seitenverfalzungen.

Fama [lat.] *die, -,* Gerede, Gerücht, Sage, Stimme des Volkes, Ruf, Nachrede, von röm. Dichtern personifiziert als die Göttin des Gerüchts. VERGIL schildert sie in der »Aeneis« als geflügeltes Scheusal mit zahlr. Augen, Zungen, Mündern und Ohren, OVID lässt sie in den »Metamorphosen« als Botin des Wahren und des Falschen auftreten.

Famagusta, griech. **Ammochostos** [»Sandküste«, eigtl. »vom Sand überschüttet«], türk. **Mağosa** [ma:ˈoːsa], Hafenstadt an der O-Küste Zyperns, (2003) 35 200 Ew. (1973: 41 400 Ew., davon rd. 30 000 Griechen); Ikonenmuseum, Kunstgalerie; Univ. Eastern Mediterranean University, gegr. 1979, Univ. seit 1986. Der einst bedeutende, von griech. Zyprern getragene Fremdenverkehr kam mit der türk. Besetzung (1974) zum Erliegen; der südlich der Altstadt (von sehr gut erhaltener Stadtmauer umgeben) gelegene, bis 1974 von Griechen bewohnte Stadtteil **Varosha** (mit Hotelsiedlung entlang der Küste) ist vom türk. Militär bis heute nicht zur Besiedlung freigegeben worden; erst in den letzten Jahren entstand nordöstlich ein neuer Stadtteil mit neuen Hotels und einer vorwiegend von festlandtürk. Studenten frequentierten Univ. – Erhalten ist die im Stil der frz. Gotik (Champagne) erbaute ehem. Kathedrale Hagios Nikolaos (1298 entworfen, 1326 geweiht), in der die Könige von Zypern zu (Titular-)Königen von Jerusalem gekrönt wurden (nach der türk. Eroberung von 1571 in die Lala-Mustafa-Pascha-Moschee umgewandelt); ferner Ruinen u. a. der ehem. griechisch-orth. Georgskirche (got. und byzantin. Elemente, Apsisfresken von 1431). Die ehem. nestorian. Kirche (1359, got. Elemente, syr. Wandmalereien und Inschriften; eines der wenigen Baudenkmäler der syr. Nestorianer), die in türk. Zeit als Kamelstall diente und Anfang des 20. Jh. von orth. Christen übernommen worden war, beherbergt heute das »Eastern Mediterranean University Culture Center«. Aus venezian. Zeit (seit 1489) sind die mit Bastionen und Zitadelle errichtete Stadtbefestigung und der Renaissanceportikus des Kapitänspalastes (1552–54) erhalten. – Im 3. Jh. v. Chr. von PTOLEMAIOS II. PHILADELPHOS als **Arsinoe** (nach seiner Gemahlin ARSINOE II.) gegr., stand F. bis ins 7. Jh. n. Chr. im Schatten der benachbarten Stadt Salamis. Als diese 648 von den Arabern zerstört wurde, flüchteten die überlebenden Einwohner in den mittlerweile fast verlassenen Ort. Zur wichtigsten Stadt an der zypr. Ostküste aufgestiegen, war F. während der Kreuzfahrerzeit, im Königreich der Lusignan (→Zypern, Geschichte), Bischofs-

Famagusta: Die ehemalige Kathedrale Hagios Nikolaos wurde durch den Anbau eines Minaretts (links) in die Lala-Mustafa-Pascha-Moschee umgewandelt.

sitz und Haupthafen für den Verkehr mit Syrien und Palästina.

Famatina, Sierra de F., Gebirgskette der Pampinen Sierren, westlich der Stadt La Rioja, Argentinien, bis 6 250 m ü. M.

Famenne [faˈmɛn] *die,* auch *das,* dünn besiedelte Landschaft (160–200 m ü. M.) im Ardennenvorland, SO-Belgien, erstreckt sich etwa zw. Maas und Ourthe; Wirtschaftsgrundlage der Bev. bilden Grünland- und Forstwirtschaft, auch der Fremdenverkehr, für den die beiden Tropfsteinhöhlen von Rochefort ein Hauptanziehungspunkt sind.

Famennium [latinisiert, nach der Landschaft Famenne] *das, -s,* **Famennien** [famənˈjɛ̃, frz.], **Famenne** [faˈmɛn, frz.] *Geologie:* oberste Stufe des Oberen Devon (→Geologie, ÜBERSICHT).

familiäre adenomatöse Polyposis, das →Gardner-Syndrom.

Familiaren, *Sg.* **Familiare** *der* oder *die, -n,* kath. Kirchenrecht: die Bediensteten eines Klosters und die zur päpstl. Familie gehörenden Personen.

Famili|e siehe Seite 744

Famili|e [lat., eigtl. »Gesinde«] *die, -/-n,*

1) *biolog. Systematik:* **Familia,** systemat. Kategorie, in der näher verwandte Gattungen zusammengefasst werden. In der Zoologie gekennzeichnet durch die Endung -idae, in der Botanik durch die Endung -aceae.

2) *Mathematik:* eine Abbildung $m: I \to M$ von einer Indexmenge I in eine beliebige Menge M, deren Bilder man als m_i und die man selbst auch als $(m_i)_{i \in I}$ schreibt.

Familie, Die, engl. **The Family** [ðə ˈfæmɪlɪ], bis 1982 **Children of God** [ˈtʃɪldrən ɔv ˈgɔd; engl. »Kinder Gottes«], 1983–91 **Family of love** [ˈfæmɪlɪ ɔv ˈlʌv; engl. »Familie der Liebe«], religiöse Bewegung, gegr. 1968 in Kalifornien (zunächst unter Anhängern der Hippiebewegung) von dem amerikan. Prediger DAVID BERG (* 1919, † 1994), gen. »MOSE DAVID«, abgekürzt »MO«. Sie stützt sich auf BERGS stark endzeitlich ausgerichtete Interpretationen bibl. Aussagen, von ihm niedergelegt in etwa 3 000 »MO-Briefen«. Diese enthalten nach innen Regeln für das Gemeinschaftsleben, nach außen die missionar. Botschaft BERGS, der als Prophet verehrt wird, an die Welt. Die überwiegend jugendl. Aktivisten der Bewegung (Eigenangabe: rd. 3 000 erwachsene Voll-Mitgl.) bilden von ihrer sozialen Umgebung abgeschlossen lebende Wohngemeinschaften (»Kolonien«). Seit dem Tod BERGS wird die Bewegung von seiner zweiten Frau MARIA BERG geleitet. Unter dem Namen »Children of God« erregte die Bewegung in den späten 1970er- und frühen 1980er-Jahren durch die Propagierung des »Flirty Fishing«, der sexuellen Evangelisation (1987 eingestellt), Aufsehen.

Famili|enbeihilfe, in Österreich Bez. für →Kindergeld.

Famili|enberatung, →Eheberatung.

Famili|enbesteuerung, →Ehegattenbesteuerung, →Kinderlastenausgleich, →Splitting.

Famili|enbildungsstätten, nach Ende des Ersten Weltkrieges als **Mütterschulen** entstandene Einrichtungen der Weiterbildung oder der Jugendhilfe in Trägerschaft v. a. von freien Wohlfahrtsverbänden. Ihre Angebote dienen der Unterstützung von Familien und Familienmitgliedern bei der Bewältigung ihres Alltags. Die Schwerpunkte liegen in der Förderung selbst verantworteter Lebensführung und -planung, der Vermittlung dazu erforderl. Kenntnisse und Kompe-

Famagusta: Blick auf die Stadtbefestigung aus venezianischer Zeit

tenzen sowie der Befähigung zur gesellschaftspolit. Partizipation. Ihre Themen ergeben sich aus dem Lebenszyklus von Familien und den von ihnen zu bewältigenden Aufgaben im Hinblick auf Beziehungs-, Erziehungs-, Pflege- und Hausarbeit (v. a. Haushaltsführung, Freizeitgestaltung, Gesundheitsvorsorge), aus aktuellen gesellschaftl. und familiären Wandlungsprozessen, aus besonderen Situationen und Belastungen sowie aus dem sozialen Umfeld von Familien.

Famili|enbuch,

1) Personenstandsbuch, das nach Eheschließung kraft Gesetzes (§ 12 ff. Personenstands-Ges.) vom Standesbeamten oder unter bestimmten Voraussetzungen auf Antrag (§ 15 a) angelegt wird. Es enthält Angaben zur Person der Ehegatten und deren Eltern und ist vom Standesbeamten im Wohnsitzbezirk der Ehegatten fortzuführen, soweit Änderungen in deren persönl. Verhältnissen (z. B. Tod eines Ehegatten, Scheidung, Namensänderung, Geburt eines gemeinschaftl. Kindes) einzutragen sind. Bestimmte Angaben im F. haben Beweiskraft. Dritte können nur bei rechtl. Interesse Einsicht nehmen. Vom F. zu unterscheiden ist das →Familienstammbuch. – F. entstanden in Dtl. im Zusammenhang mit der Schaffung der Personenstandsregister (1876) und sind seitdem – in Ablösung der Kirchenbücher – bedeutende genealog. Quellen. (→Personenstand)

2) **Famili|enchronik,** ein privates Buch, in dem die für die Familie und die Ahnen wichtigen Ereignisse, wie Geburten, Eheschließungen, Todesfälle, eingetragen sind sowie wichtige Urkunden und Familienfotos mit verbindenden Texten gesammelt werden; Ziel und Ergebnis langjähriger genealog. Forschung.

Famili|endrama, Famili|enschauspiel, Famili|enstück, Form des →Rührstücks; populäre, bürgerl. Dramenform, die durch die Darstellung von Szenen aus dem Familienleben eine moral. oder unterhaltende

Fortsetzung auf Seite 750

FAMILIE

- Zur Begrifflichkeit von Familie
- Familie in Makro- und Mikroperspektive
- Historischer Rückblick
- Trends und Entwicklungen
- Die Familie als Leistungsträger der Gesellschaft
- Zukunft der Familie

Famili|e [lat. familia »Hausgenossenschaft«, »Dienerschaft«, »Gesinde«] *die, -/-n,* bezeichnet jene soziale Gruppe bzw. jene spezif. Lebensgemeinschaft, deren Leistungen und Verhaltensregeln ausgerichtet sind auf die Sicherung der Handlungs- und Überlebensfähigkeit ihrer Mitglieder, insbes. der Kinder und der für sie verantwortl. Erwachsenen, in historisch jeweils unterschiedl. Lebensräumen und Lebenssituationen.

Zur Begrifflichkeit von Familie

Der Begriff F., abgeleitet vom lat. »familia«, verdrängte seit dem 18. Jh. zunehmend den alten umfassenden Begriff des »Hauses«, der auch das ledige Gesinde mit einschloss. Obwohl also das Wort F. vor 1800 in die dt. Sprache eingegangen ist, gibt es bislang keine einheitl. Auffassung darüber, was man letztlich als F. bezeichnen soll. Häufig werden F. und Verwandtschaft synonym gebraucht oder selbst auch die kinderlose Ehe als F. bezeichnet. Überblickt man die in der Wiss. übl. Definitionen von F., so betonen Autoren nicht selten entweder die gesamtgesellschaftl. Bedeutung der F. oder ihren Gruppencharakter, obwohl die F.-Forschung beide Aspekte zu erfassen hat und zu erfassen bemüht ist.

Fragt man nach den Kriterien, die F. von anderen sozialen Systemen unterscheiden, und berücksichtigt man sowohl die gesellschaftl., d. h. die Makroebene, als auch die Mikroebene der sozialen Gruppe und des Individuums, dann sind F. unabhängig von ihrer jeweiligen spezifisch-histor., regionalen bzw. kulturellen Ausprägung durch ein Grundmuster gekennzeichnet, das folgende Merkmale zeigt:

Familie mit erwerbstätiger Mutter und Vollzeithausmann

1. die Übernahme bestimmter gesellschaftl. Funktionen, zumindest der biolog. Reproduktion, psych. Kompensation sowie der Sozialisation;
2. eine Differenzierung nach Generationen (Kinder, Jugendliche, Eltern bzw. Mutter und Vater, Großeltern, eventuell Urgroßeltern);
3. ein spezif., auf Verantwortungsgemeinschaft gründendes Kooperations- und Solidaritätsverhältnis zw. ihren Mitgliedern.

Selbstverständlich gab und gibt es histor. und soziokulturelle Unterschiede in der Ausformung dieser Kriterien, nicht zuletzt in der Form und auch in den Inhalten der Kooperations- und Solidaritätsbeziehungen. Aber immer bezieht sich F. auf ein ganz spezif., von anderen Interaktionsbeziehungen abgehobenes Verhältnis und um eine enge personenbezogene Beziehung. Die Erfahrung, dass Gesellschaften immer nur im Generationenverbund überleben, weist der F. die Position zu, die zweifellos bedeutsamste Gruppenform der Menschheit zu sein. F. ist eine universale Institution menschl. Zusammenlebens. Als Teil der Gesellschaft ist sie nicht nur durch diese geprägt; ihrerseits trägt sie wiederum stets dazu bei, sowohl Gesellschaften zu verändern als auch zu erhalten.

Familie in Makro- und Mikroperspektive

In gesamtgesellschaftl. Perspektive (Makroebene) wird F. als eine soziale Institution bezeichnet, die bestimmte gesellschaftl. Leistungen erbringt bzw. zu erbringen hat. In allen Kulturen wird ihr die Reproduktions- und die Sozialisationsfunktion sowie die Funktion der Fürsorge für ihre Mitglieder oder die Haushaltsfunktion zugeschrieben, wenn auch Grad und Umfang dieser Leistungen kulturell variieren. Heute wird zuweilen ein Funktionsverlust der modernen F. konstatiert, da Staat oder andere gesellschaftl. Gruppierungen bestimmte ihrer Funktionen übernommen hätten. So verlor die F. als erstes ihre Gerichts- und vielfach ihre Kultfunktion (mit Ausnahme der heute weiterhin bestehenden Ahnenverehrung z. B. im Konfuzianismus); später – u. a. durch die Etablierung des Militärs, der Polizei, durch die Einrichtung von Krankenhäusern – reduzierte sich ihre Schutz- und Fürsorgefunktion. Durch die in fast allen Kulturen gegebene Trennung des Erwerbs- vom Familienbereich im Zuge hochgradiger Spezialisierung in der gesellschaftl. Arbeitsteilung und der Konzentration des Agrarsektors auf die Nahrungsmittelproduktion nahm der Umfang von F. mit Produktionsfunktion weltweit stark ab. Ferner übernahmen spezialisierte Institutionen die funktionale Vermittlung von Kulturtechniken an die Kinder und deren Berufsausbildung (→Schule). Dagegen hat die F. – insbes. in Europa, USA, Kanada, Australien – die Pflege und Erziehung während der Säuglings- und Kleinkinderzeit erst im 19./20. Jh. nahezu ausschließlich übernommen (davor wurden Kinder nicht selten in Waisenhäusern oder von Ammen aufgezogen, →Mutter). Andere Funktionen sind in industriellen Gesellschaften den F. allerdings neuerlich zugefallen, insbes. die Funktion der Organisation der verfügbaren Zeit und die »Spannungsausgleichsfunktion«; der F. wird damit die Aufgabe zugeschrieben, zur in dieser hoch spezialisierten Arbeitswelt gesteigerten, viele Menschen stark belastenden Anonymität und Zweckrationalität der Handlungsabläufe einen psych. Ausgleich zu gewährleisten.

Insgesamt gesehen dürfte es deshalb angemessener sein, nicht von einem familialen Funktionsverlust, sondern von einem **familialen Funktionswandel** zu sprechen. Überall in der Welt wird die F. als soziale Institution anerkannt, in die die nachwachsende Generation hineingeboren wird und in der sie aufwächst, die den F.-Mitgliedern die Grundregeln eines geordneten menschl. Zusammenlebens vermittelt: Kenntnisse über Normen und Werte, über Rechte und Pflichten von Frauen, Männern und Kindern in ihrem unmittelbaren familialen Nebeneinander und Füreinander ebenso wie in der Nachbarschaft, der Gemeinde und der Großgesellschaft. Mit der Vermittlung dieses Basiswissens und von Denk- und Verhaltensmustern baut die F. grundlegend das Verständnis und die Fähigkeit aller ihrer Mitglieder für ein gesellschaftlich geordnetes Handeln in komplexen Umwelten auf.

Mikroperspektivisch gilt die F. als »eine Gruppe besonderer Art«, die gekennzeichnet ist durch eine spezif. Binnenstruktur: durch genau festgelegte soziale Rollen und durch eine bestimmte Qualität ihrer Beziehung zw. den Mitgliedern. Die Anzahl der Rollen und die Definition der Rollenerwartungen sind kulturvariabel und in der jeweiligen Gesellschaft von der geltenden F.-Form abhängig (vgl. z. B. die Differenzen zw. monogamen und polygamen F.).

Die meisten Definitionen, die aus dieser Theorievariante stammen, beziehen sich – z. T. implizit – auf die moderne (west-)europ. Kern-F., weil sie als Kennzeichen von F. die Emotionalisierung, Intimisierung und Exklusivität der innerfamilialen Binnenstruktur sowie die Verantwortungs- und Handlungsdifferenzen zw. dem familialen Außen- und Innenbereich von Mutter und Vater herausstellen. Dieser Familientyp entwickelte sich in unserem Kulturkreis jedoch erst ab dem 16./17. Jh.

Lange Zeit galt in der → Familiensoziologie die Ehe als essentielles Kriterium für den Begriff F. Zwar wurden und werden F. zumeist durch eine zeremonielle Eheschließung begründet oder (im Falle von Verwitwung oder Scheidung) ergänzt bzw. (im Hinblick auf die Mehrgenerationen- oder die polygame F.) erweitert. Zu allen Zeiten aber und in allen Kulturen gab es auch F. – zumeist Mutter-Kind-Einheiten –, die nie auf einem Ehesystem beruht haben oder deren Ehesysteme im Laufe der F.-Biographie durch Rollenausfall infolge von Tod, Trennung oder Scheidung aufgelöst wurden. Sie werden heute wegen des damit verbundenen wertenden Aspektes nicht mehr wie früher als »unvollständige F.« bezeichnet, sondern als »Ein-Eltern-F.« oder auch als »Vater-F.« bzw. »Mutter-F.«.

Ferner galt lange Zeit in der Wiss. als essentielles Kriterium von F. der gemeinsame Haushalt, weil die vorindustriellen F. Haushalts-F. waren. Dieser Sachverhalt trifft jedoch keineswegs mehr für alle modernen F. zu, auch nicht für viele heutige patriarchal. Abstammungs-F. (z. B. für türkische, koreanische, japanische).

In der Wiss. werden versch. **F.-Formen** unterschieden, die alle den zuvor aufgelisteten drei essentiellen Kriterien, also dem oben genannten Grundmuster, entsprechen, sich gleichwohl aber zusätzlich durch einen bestimmten Faktor unterscheiden. Die in der Tabelle aufgeführten F.-Formen können selbstverständlich in den verschiedensten Kombinationen auftreten (Tabelle 1).

Historischer Rückblick

Im Hinblick auf Ehe und F. ist es wichtig, zw. F.-Idealen und der sozialen Realität des F.-Lebens zu unterscheiden. Die histor. **F.-Forschung** der Volkskunde und Geschichtswissenschaft v. a. seit den 1960er/70er-Jahren hat gezeigt, dass auch in Antike und MA. die Klein-F. vermutlich die verbreitetste F.-Form war. Ältere, z. T. idealisierte Auffassungen gingen verstärkt vom Vorherrschen komplexerer F.-Strukturen (Stamm, Sippe, Großfamilie, »ganzes Haus«) aus. Viele Prozesse des familialen Wandels verliefen allerdings keineswegs unilinear oder betrafen häufig zunächst nur eine bestimmte Bev.-Gruppe und eine bestimmte soziale Schicht. Manche Prozesse wirkten in versch. Räumen und sozialen Milieus phasenverschoben. Vereinheitlichend, trotz aller sozialen Unterschiede, wirkte die »Christianisierung« von Ehe und F. seit Beginn der Feudalzeit, verstärkt seit dem 11. Jh. (allmähl. Durchsetzung der Sakramentsehe und der sich damit verbessernden Stellung der Frau in Ehe und F.). In dem damit begründeten Ideal der christl. Haushalts-F. (»Hausgenossenschaft«), die ne-

Tabelle 1: Familienformen (Auswahl)

nach dem Familienbildungsprozess
Elternfamilie aufgrund biologischer Elternschaft
Adoptionsfamilie
Stieffamilie bzw. Fortsetzungsfamilie
Patchworkfamilie
Pflegefamilie
Inseminationsfamilie
nach der Zahl der Generationen
Zweigenerationenfamilie (Kernfamilie)
Mehrgenerationenfamilie
erweiterte Familie
Joint Family[1]
nach der Rollenbesetzung in der Kernfamilie
Zweielternfamilie bzw. Elternfamilie
Einelternfamilie bzw. Vater- oder Mutterfamilie
polygame Familie
nach dem Wohnsitz
patrilokale Familie
matrilokale Familie
bilokale Familie
neolokale Familie
nach der Erwerbstätigkeit der Eltern
Familie mit erwerbstätigem Vater und Vollzeithausfrau
Familie mit erwerbstätiger Mutter und Vollzeithausmann
Familie mit erwerbstätigem Vater und erwerbstätiger Mutter
Dual-Career-Family[2]

1) Mehrere seitenverwandte Kernfamilien, u. U. in ungeteilter Erbengemeinschaft lebend. – 2) Beide Ehepartner streben eine Berufskarriere an oder sind bereits in beruflichen mittleren bzw. Spitzenpositionen tätig.

Familie: Im 19. Jh. fand das Familienleben oftmals auf engstem Raum statt. Die Küche war der Wohnungsmittelpunkt; mehrere Personen schliefen in einem Raum.

ben den Blutsverwandten alle zum »Haus« (deshalb auch als Synonym gebraucht) gehörenden Personen (»Hausgenossen«), also auch Gesinde, Gesellen und – je nach Größe und ökonom. Basis des »Hauses« – andere Personengruppen umfasste, liegen wichtige Wurzeln des christlich-abendländ. Kultur- und Zivilisationsprozesses.

Der F.-Typus des »ganzen Hauses« (O. BRUNNER) bzw. die Familie mit Produktionsfunktion galt in unserem Kulturkreis bis ins 17./18. Jh. als F.-Ideal. Eine Trennung zw. F. und familienfremden Personen, sowie eine Ausprägung einer exklusiven familialen Intimsphäre gab es nicht. Die Person des »Hausvaters« nahm eine besondere Rolle ein, die durch die damaligen, v. a. christl. Deutungen von Ehe und F. und durch das Erbrecht bes. gestützt wurde. Das »Haus« war nicht nur Wohnung, sondern bot seinen Insassen und Gästen besondere Rechte und besonderen Schutz, was heute noch in den Begriffen wie »Gastrecht« und »Hausfriedensbruch« zum Ausdruck kommt. So sind im Übrigen auch die ältesten F.-Namen durchweg Hausnamen. Das »ganze Haus« als real existierende Lebensform war quantitativ weniger verbreitet als häufig angenommen. Das galt aus ökonom. Gründen und wegen der damals gegebenen geringen Lebenserwartung sowie einem in West- und Mitteleuropa vorherrschenden relativ hohen Heiratsalter auch für die Dreigenerationen-F.

Mit der sich seit dem 18. Jh. durchsetzenden bürgerl. F. zerbrach die christl. Haushalts-F.; ein gesellschaftl. Ideal verschob sich (trotz des verbleibenden Gesindes) zunehmend hin zur bürgerl. Klein-F. In dieser F.-Form, mit ihrer Sphäre größerer Privatheit, erfolgte allmählich eine Differenzierung von außerhäusl. Erwerbsarbeit (Mann) und Hausarbeit (Frau). Infolge der Pädagogisierung der Kinder- und Jugendphase seit Ende des 18. Jh., die ihrerseits die Rolle der Hausfrau und Mutter mitprägte, kam es zur Ausbildung einer eigenständigen »Kindersphäre« (P. ARIÈS); Kinderbetten und Kinderzimmer wurden z. B. erst nach 1700 üblich.

Der histor. Rückblick zeigt, dass in unserem Kulturkreis die Kern-F. ohne Produktionsfunktion anteilmäßig gegenüber den F. mit Produktionsfunktion, den Dreigenerationen-F. und den »Joint-Families« (F.-Verband) überwogen hat und dass sich diese von den F. in O- und S-Europa sowie von den F. vieler außereurop. Kulturen qualitativ unterschied. In S- und O-Europa herrschte im Gegensatz zu unseren vorindustriellen F. Patrilokalität vor; es galt ein sehr niedriges Heiratsalter und die Dreigenerationen-F. waren verbreiteter. Die Kern-F. waren in patrilineare Herrschaftskontexte eingebunden: Das »F.-Oberhaupt« (der Großvater, nach seinem Tod der Vater oder der älteste Bruder/Sohn), auch wenn dieser nicht dem Haushalt angehörte, »regierte« dennoch in regional entfernte und nur scheinbar autonome Haushalte der patriarchal. Abstammungslinie hinein. Die Ehefrauen besaßen einen niedrigeren Status als die Männer. Das Anciennitätsprinzip galt unter den Frauen ebenso wie unter den Männern. Die Form der patriarchal. Abstammungs-F. herrscht auch heute z. B. in der Türkei, in vielen afrikan. und asiat. Gesellschaften vor und ist insgesamt weltweit quantitativ die dominante F.-Form. Die ehel. Partnerwahl wird hier nicht als eine »reine Privatsache« angesehen, sondern als Angelegenheit des gesamten F.-Verbandes; deshalb herrscht die »arrangierte« Ehepartnerwahl vor.

Auch in unserem Kulturkreis, zumindest in den Adels-F., wo Besitz und Vermögen zu vererben waren, galt das Muster der »arrangierten Ehen«. Die Auswahl des Partners oblag der F., wobei das Verlöbnis (Verlobung) als Feier den Vertragsabschluss zw. den beiden Herkunfts-F. vor Zeugen markierte und damit Besitz- und Erbschaftsverhältnisse sowie die Festlegung der Mitgift bei Eheschließung der Tochter/des Sohnes regelte.

Der Prozess der Trennung des F.- und des Erwerbsbereichs begann im 18. Jh. zunächst nur in der kleinen Gruppe der besitzenden F. Mit dieser Differenzierung veränderten sich die Beziehungen zw. den F.-Mitgliedern qualitativ sehr. Die Individualisierungsmerkmale von Ehe und F. gewannen an Gewicht gegenüber der Bindung an die Herkunfts-F. bzw. dem erweiterten F.-Verband. Dieser Trend setzte sich jedoch erst langsam mit dem Durchbruch des »bürgerl. F.-Ideals« durch. Dessen Kennzeichen war und ist bis heute die Emotionalisierung und Intimisierung der familialen Binnenstruktur, eine dezidierte Arbeitsteilung zw. den Ehegatten und die freie Partnerwahl. Letztere ist dem Anspruch nach ausgerichtet auf ein »romant. Liebesideal«, das als kultureller Code die Einzigartigkeit der Individuen und ihrer Beziehungen in Partnerschaft und Ehe bes. betont.

Gewiss ist, dass alle mit der Entwicklung von Ehe und F.-Formen zusammenhängenden Veränderungen unendlich langsam vor sich gingen. Viele Prozesse des familialen Wandels verliefen keineswegs unilinear oder betrafen häufig zunächst nur eine bestimmte Bev.-Gruppe und eine bestimmte soziale Schicht. Manche Prozesse wirkten in versch. Räumen und sozialen Milieus phasenverschoben. V. a. seit dem 19. Jh. haben im gesamten Dtl. (und Europa) zwei neue F.-Typen, die »bürgerl.« und die »proletar.« F. an Bedeutung gewonnen und die weitere Entwicklung bestimmt (H. ROSENBAUM, 1982). In beiden F.-Formen hatten sich der Wohnbereich und das Erwerbsleben voneinander separiert. In der proletar. F. standen jedoch alle arbeitsfähigen F.-Mitglieder in außerhäusl., abhängiger Beschäftigung (Frauen- und Kinderarbeit). Sowohl die Zahl der proletar. F. wie auch ihrer Vorläuferin, der »Heimarbeiter-F.«, war in jener Zeit – v. a. im 19. Jh. – hoch. Dennoch galt die quantitativ unbedeutendere Bürger-F. als »Idealbild von F.«, als das »F.-Modell«, das allg. Anerkennung genoss. Selbst die Forderung der damaligen Arbeitervereine nach mehr Lohn wurde mit dem Argument versehen, dass damit die Ehefrauen vom Zwang zur Erwerbstätigkeit »befreit« werden könnten. Alle Bev.-Schichten orientierten sich letztlich an diesem Modell der »bürgerl. F.« und beanspruchten es als Lebensform auch für sich. So setzte sich dieses F.-Modell im Laufe der Zeit auch in der Realität immer stärker durch. Seit Beginn des 20. Jh. haben sich die Arbeits-, Wohn- und allgemeinen Lebensbedingungen in den versch. F.-Formen und Sozialschichten stärker angeglichen, als dies je zuvor der Fall war. Das Modell der »bürgerl. F.« fand Mitte des 20. Jh. (1950/1960) in der alten Bundesrep. Dtl. seine stärkste Verbreitung.

Zwischenzeitlich hatte auch der Nationalsozialismus mit seiner Mutter- und Bevölkerungsideologie dieses F.-Modell proklamiert. Er geriet jedoch mit der Favorisierung dieses Ideals während des Zweiten Weltkrieges angesichts fehlender Arbeitskräfte in arge polit., ökonom. und argumentative Bedrängnis. Nach dem Zweiten Weltkrieg wurde in der DDR von Beginn an das »sozialist. F.-Bild«, die F. mit erwerbstätiger Mutter, propagiert und seine Verwirklichung durch Infrastruktureinrichtungen unterstützt. Hier standen in erster Linie nicht etwa frauenpolit., sondern v. a. arbeitsmarkt- und bevölkerungspolit. Überlegungen im Vordergrund.

Ein wichtiger Angleichungsprozess hat auch hinsichtlich der allgemein gestiegenen Lebenserwartung und anderer demograf. Faktoren der F. stattgefunden. Hierzu zählten bis etwa Mitte des 19. Jh. die Auswirkungen einer sehr hohen Geburten- und Sterberate, Letztere bedingt durch eine hohe Säuglings- und Kindersterblichkeit und vielfach durch den frühen Tod der Eltern. Entsprechend groß war auch die Zahl der Wiederverheiratungen, aber auch der Altersunterschied zw. den Ehepartnern. Ehescheidungen waren untypisch und kamen eher selten vor.

In westl. Gesellschaften haben sich seit dem Ende des Zweiten Weltkrieges fundamentale Wandlungen ergeben. Die Technisierung der Haushalte erleichterte die Hausarbeit und führte zusammen mit anderen Entwicklungen zur Reduktion des für die bürgerl. F. typ. Hauspersonals. Die Zahl der Kinder reduziert sich erheblich, was ebenso wie die Änderungen in der Produktionsstruktur, in der Siedlungsweise und den Wohnverhältnissen, die verlängerten Schul- und Ausbildungszeiten der Kinder, der Zuwachs an Tages- und Wochenendfreizeit und die Innovationen der Medien- und Freizeitkultur das F.-Leben beeinflusste.

Seit Mitte der 1960er-, insbes. seit den 1970er-Jahren setzte auf ideolog. Ebene und schließlich auch in der sozialen Realität ein nachhaltiger Wandel in der Diskussion über ein zeitgerechtes »F.-Modell« ein. Die neue Frauenbewegung, der Anstieg des Bildungsniveaus von Frauen und ihr verändertes Selbstbewusstsein waren ebenso daran beteiligt wie Veränderungen in den Lebensbedingungen.

Die gesellschaftl. Existenzbedingungen der Lebensform F. haben sich wesentlich verändert. Auf diese Weise sind auch die jeweiligen Ausprägungen vorherrschender F.-Formen einem steten Wandel unterworfen. Die Erhöhung der Lebenserwartung in den entwickelten Ländern hat die »nachelterl.« Lebensphase erheblich verlängert, wodurch Partnerschaft und Ehe vor neuen Herausforderungen stehen. Immer mehr Menschen erleben ihre Urenkel, die Beziehungen der versch. Generationen untereinander haben sich gegenüber früheren Zeitabschnitten qualitativ deutlich verändert. Obwohl die F. viele Funktionen an außerfamiliäre Institutionen abgetreten hat, haben verwandtschaftl. Bindungen nach wie vor eine große Bedeutung für die gegenseitige Unterstützung. Auch dient die F. noch heute als wichtigste Sozialisationsform, die eine Fülle eth. Normen und sittl. Grundüberzeugungen vermittelt.

Trends und Entwicklungen

Ab Mitte der 1960er- bzw. ab den 1970er-Jahren zeichnete sich in allen Industriestaaten auf statist. Ebene ein tief greifender familialer Wandel ab: Die Eheschließungs- und Geburtenquote hatten kontinuierlich abgenommen, die Ehescheidungszahlen und das Erstheiratsalter sowie die Zahlen der nichtehel. Lebensgemeinschaften waren stetig gestiegen. Diese Trends finden sich seit ca. 30 bis 40 Jahren in Ost-, West-, Nord- und Südeuropa gleichermaßen. Hinsichtlich Beginn, Ausmaß und Tempo bestehen jedoch Divergenzen zw. den einzelnen europ. Ländern. Ein Vergleich der Bundesrep. Dtl. mit anderen Staaten zeigt, dass dort keine bes. hohen oder niedrigen Abweichungen zu verzeichnen sind. (Tabellen 2 und 3)

Tabelle 2: Eheschließungen im internationalen Vergleich (je 1000 Ew.)

Staat	1980	1990	2000
Dänemark	5,2	6,1	7,3
Japan	6,7	5,9	6,4
Portugal	7,4	7,2	6,4
Russland	10,6	8,9	6,2
Australien	7,6[1]	6,6[2]	5,9
Griechenland	6,5	5,8	5,9
Niederlande	6,4	6,4	5,5
Schweiz	5,7	6,9	5,5
USA	9,3	9,3	5,5
Spanien	5,9	5,7	5,3
Frankreich	6,2	5,1	5,2
Deutschland	6,3	6,5	5,1
Finnland	6,1	5,0	5,1
Großbritannien	7,4	6,5	5,1
Irland	6,4	5,1	5,0
Italien	5,7	5,6	4,9
Luxemburg	5,9	6,1	4,9
Österreich	6,2	5,8	4,8
Schweden	4,5	4,7	4,5
Belgien	6,7	6,5	4,4

[1] 1981. – [2] 1991.

Tabelle 3: Ehescheidungen in ausgewählten Staaten (je 1000 Ew.)

Staat	2002	Staat	2002
Russland	6,0	Schweden	2,4
USA	4,0*)	Japan	2,3
Weißrussland	3,8	Kanada	2,3
Ukraine	3,7	Schweiz	2,2
Belgien	3,0	Niederlande	2,1
Australien	2,8*)	Frankreich	1,9*)
Dänemark	2,8	Griechenland	1,1
Großbritannien	2,7	Spanien	0,9*)
Finnland	2,6	Italien	0,7
Portugal	2,6	Türkei	0,7*)
Deutschland	2,5	Bosnien und Herzegowina	0,6
Luxemburg	2,4		
Österreich	2,4	Mexiko	0,6*)

*) 2001

Die Ursachen des demograf. Wandels der letzten 30 bis 40 Jahre in den Industrienationen sind vielfältig. Einige Autoren deuten die familienstatist. Trends als Indikatoren für eine zunehmende Deinstitutionalisierung von Ehe und F. Andere Autoren betonen zwar ebenfalls den gestiegenen Traditionsverlust, stellen aber den damit verbundenen Gewinn an individueller Freiheit heraus, v. a. die damit einhergehende Chance, zw. versch. Formen menschl. Zusammenlebens wählen zu können, und charakterisieren diese Entwicklung als »Individualisierungsprozess«. Dieser Wandel resultiere insbes. aus der ökonom. Wohlstandssteigerung, dem sozialstaatl. Absicherungssystem und dem gestiegenen Bildungsniveau, v. a. auch der Frauen.

Trotz des zeitgeschichtl. Wandels bleiben jedoch Ehe und F. für die Mehrzahl der Menschen die ideale Lebensform. Die individuellen Ansprüche an die Qualität der Partnerbeziehung in der Ehe sind allerdings deutlich gewachsen. Mit dem Begriff der »partnerschaftl. Liebe« bzw. »partnerschaftl. Ehe« soll im Vergleich zu früher gekennzeichnet werden, dass heute zw. den Ehepartnern ein gleichberechtigtes Verhältnis besteht. Allerdings scheint es, so lässt es der Anstieg der Ehescheidungen vermuten, dass damit die Bereitschaft, auch über einen längeren Zeitraum einseitige Opfer zum Zweck etwa der Erhaltung einer Ehe zu erbringen, immer mehr abnimmt, was auch als ein krit. Element modernen F.-Lebens gewertet wird. Ein Wandel in den Lebensverhältnissen und damit einhergehende Veränderungen in den Werthaltungen können je nach den persönl. Rahmenbedingungen sowohl stabilisierende als auch destabilisierende Wirkungen für die eher traditionellen Formen von Ehe und F. haben. Eine auffällige Konsequenz dieser Tatsache ist die Vielfalt der gegenwärtig zu beobachtenden Formen zwischenmenschl. Zusammenlebens.

Die Familie als Leistungsträger der Gesellschaft

Lange Zeit dominierte in der Diskussion über die Entwicklung moderner Gesellschaften die These vom »Funktionsverlust der Familie«: Die schul. und berufl. Ausbildungsfunktion, Teile der Versicherungs- und Versorgungsfunktion, der Schutz der alten, schwachen, kranken und invaliden F.-Mitglieder seien anderen, spezialisierten Institutionen übertragen worden. Der F. sei im Wesentlichen allein die Sozialisation im Kindes- oder beginnenden Jugendalter verblieben; auch hier nähme die Bedeutung von Betreuungsinstitutionen ständig zu.

Zum Ende des 20. Jh. zeigte sich die Fragwürdigkeit dieser These. Zunehmend gewann die Meinung an Gewicht, von einem umfassenden Bedeutungsverlust von Ehe und F. in diesen Lebensbereichen könne selbst in den hoch entwickelten Industriegesellschaften nicht ernsthaft die Rede sein. Eher treffe das Gegenteil zu: Die Ansprüche an die F. als Lebens- und Solidargemeinschaften und die ökonom. Belastungen der Familien seien in diesem Kulturkreis zu keiner Zeit so herausfordernd und verantwortungsbeladen gewesen wie gegenwärtig. Vorgeworfen wird dieser Gesellschaft, es sei ihr nicht gelungen, sich der gesellschaftl. Bedeutung familialer Leistungen zu vergewissern.

Die gesellschaftspolit. Bedeutung familialer Leistungen lässt sich am ehesten danach bestimmen, inwieweit die F. Leistungen nicht für sich allein, sondern zugunsten anderer Personen, anderer Gesellschaftsbereiche oder gar für das gesellschaftl. Gesamtsystem erbringt. Wichtig ist dabei zu erfassen, in welchem Umfang die F. diese Leistungen weitgehend exklusiv bereitstellen und diese Leistungen und deren aggregierte Effekte für Dritte unentbehrlich sind. Die familiensoziolog. Forschung scheint sich bezüglich der Unverzichtbarkeit und Variabilität von Familie zur Bewahrung gesellschaftl. Lebens zunehmend einig zu werden: Die Sozialisation des Menschen könne (von Ausnahmen abgesehen) im Wesentlichen nur in der F. erfolgen. Zusätzlich werden die Sicherung des Nachwuchses in quantitativer und qualitativer Hinsicht sowie die Stabilisierung der Solidarität zw. den Generationen als die gesellschaftl. Funktionen von F. bestimmt – als unverzichtbare Leistungen der F. für den Fortbestand einer Gesellschaft.

Hier deutet sich die Erkenntnis an, dass es familiale Leistungen gibt, die für sich öffentl. Interesse beanspruchen können. Als familiale Leistungen gelten die tatsächl. Handlungen und Wirkungen, die im Rahmen der familialen Beziehungsnetze, d. h. gruppenbezogen und gruppenausgerichtet, stattfinden, insoweit diese öffentl. Interesse beanspruchen können. Solche Leistungen der F., auf deren gesellschaftl. Bereitstellung alle menschl. Lebensgemeinschaften angewiesen sind, werden in der Perspektive der Sachverständigenkommission für den Fünften Familienbericht (1994) in ihrer öffentl. Bedeutung zusammenfassend als Beitrag der F. zur Bildung und Erhaltung von Humanvermögen umschrieben. Mit der Entscheidung für Kinder, mit dem Aufbau des Humanvermögens, d. h. des menschl. Handlungspotenzials der nachwachsenden Generationen, bestimme eine Gesellschaft über die Qualität aller in ihr zukünftig zu erwartenden Aktivitäten, über die Gesamtheit ihrer sozialen, produktiven, kulturellen, wiss. und polit. Leistungen. Betont wird, dass in den F. entscheidende Investitionen für die zukünftige Überlebensfähigkeit von Gesellschaften getätigt werden. Ökonomen bezeichnen solche Investitionen als

Investitionen in Humanvermögen und bemühen sich um deren empir. Ermittlung. Ein Weg ist die Erfassung der »Kinderkosten« sowohl in Gestalt der tatsächlich erfolgten kindbezogenen Ausgaben als auch des zeitl. Aufwands von Eltern an Leistungen für die nachwachsende Generation.

In Anlehnung an Arbeiten von H.-G. KRÜSSELBERG (1977; zusammengefasst 1997) findet sich im Fünften Familienbericht folgende Begriffsbestimmung: »Die Bildung von Humanvermögens umfasst v. a. die Vermittlung von Befähigungen zur Bewältigung des Alltagslebens, d. h. den Aufbau von Handlungsorientierungen und Werthaltungen in der Welt zwischenmenschl. Beziehungen. Die Anforderungen, die die moderne Gesellschaft an das Wissen, an die Verlässlichkeit, an die Effizienz und Kreativität des Handelns ihrer Menschen stellt, sind in erster Linie Ansprüche an die Qualität der Bildung und der Erhaltung des Humanvermögens in den F. Gefordert ist sowohl der Aufbau sozialer Daseinskompetenz (Vitalvermögen) als auch die Vermittlung von Befähigungen zur Lösung qualifizierter gesellschaftl. Aufgaben in einer arbeitsteiligen Wirtschaftsgesellschaft, der Aufbau von Fachkompetenz (Arbeitsvermögen im weiten Sinne).« Der Begriff des Humanvermögens bezeichnet zum einen die Gesamtheit der Kompetenzen aller Mitglieder einer Gesellschaft. Zum anderen soll mit diesem Begriff in einer individualisierenden, personalen Wendung das Handlungspotenzial des Einzelnen umschrieben werden, d. h. all das, was ihn befähigt, sich in unserer komplexen Welt zu bewegen und sie zu akzeptieren.

Der Fünfte Familienbericht enthält zudem – in Anlehnung an Arbeiten von H. LAMPERT (1993; 1996) – eine bisher weltweit einmalige Berechnung dessen, was als Beitrag von F. mit Kindern zur Humanvermögensbildung zu bemessen sei, die auch noch heute in etwa Gültigkeit haben dürfte. Danach beläuft sich, bezogen auf das Jahr 1990, der »monetäre«, d. h. in Geldgrößen ausgedrückte Aufwand für zwei Kinder (in der Addition des statistisch ermittelten durchschnittl. Betreuungsaufwands und dem Wertansatz für die wiederum über F.-Zeitbudgets statistisch erfasste kinderbezogene Haushaltstätigkeit) je nach Lohnsatz für die Haushaltstätigkeit auf einen Schätzwert zw. 790 000 und 890 000 DM. Von dieser Basis her gerechnet würde sich der Beitrag der Familien zur Bildung von Humanvermögen für ein Erwerbstätigenpotenzial im Umfang von 40 Millionen Menschen vom damaligen Zeitpunkt auf ein Niveau von ca. 16 Billionen DM addieren. Im Vergleich dazu belief sich der Wert des reproduzierbaren Sachvermögens im Jahr 1990 zu Wiederbeschaffungspreisen der Wirtschaft auf lediglich 6,9 Billionen DM.

Gesellschaften entdecken die Bedeutung solcher Leistungen oft erst dann, wenn ihr Fehlen gesellschaftlich spürbare Folgen hat. Dann zeigt sich in der soziolog. Analyse, dass das, was bezüglich der Bereitstellung solcher Leistungen für oft sehr lange Zeiten den Charakter von Selbstverständlichkeiten zu haben schien, sehr zentral durch die jeweiligen gesellschaftl., nicht zuletzt die wirtschaftl. Rahmenbedingungen bestimmt wird.

Den Berechnungen der Bev.-Wissenschaftler zufolge erwartet Dtl. in diesem Jh. eine Schrumpfung der Bev. mit dt. Staatsangehörigkeit in einer Größenordnung von ca. 22 Mio. Menschen bis zum Jahr 2050 und von ca. 50 Mio. bis 2100. Um das Jahr 2000 blieb bereits ein Drittel der jüngeren Frauenjahrgänge zeitlebens kinderlos, bei den zwei Dritteln, die Kinder haben, liegt die Geburtenrate bei ca. zwei Kindern pro Familie.

Zukunft der Familie

Die Besonderheit familialer Aktivitäten besteht nach inzwischen vorherrschender Auffassung in persönl. Dienstleistungen, die sich niemals wie die Produktion von marktorientierten Erzeugnissen standardisieren lassen. Ihr Merkmal ist der konkrete individuelle Zuschnitt der Leistungen auf die spezif. Belange, Bedürfnisse und Nöte der F.-Mitglieder. Diese Eigenart familialer Leistungen begründe die spezif. Qualität der produktiven Leistungen im F.-Alltag. Das ist eine Ansicht, die sich allmählich weltweit durchzusetzen scheint.

In den Berichten über die menschl. Entwicklung, deren Vorlage zum Entwicklungsprogramm der Vereinten Nationen gehört, wird (schon 1996 und 1999) unter dem Stichwort »soziale Reproduktion« ausdrücklich auf die Leistungen der F. bei der Hervorbringung einer neuen Generation verwiesen. Hier investierten vornehmlich Frauen Zeit und Energie in Kinder. Um sich entwickeln zu können, bräuchten Menschen »Fürsorge« (Care), deren Wesenskern Aufbau und Pflege menschl. Beziehungen sei. Fürsorge spiele beim Aufbau menschl. Fähigkeiten und bei der menschl. Entwicklung insgesamt eine fundamentale Rolle. Gleichwohl belohne der Markt und auch die Politik die Leistung derer nicht, die solche Arbeit tun. Überall auf der Welt trügen Frauen – meist unbezahlt – die Hauptverantwortung für diese Aufgaben und einen großen Teil der Arbeitslast. Ein Defizit an solchen Dienstleistungen zerstöre nicht nur die menschl. Entwicklung; untergraben werde zudem das Wirtschaftswachstum. Ausdrücklich werden hier die OECD-Länder erwähnt, in denen trotz weitverbreiteter Arbeitslosigkeit ein Mangel an zuverlässigen, qualifizierten Arbeitskräften herrsche und trotz allg. Schulpflicht große Lücken bei den erworbenen Fähigkeiten zu registrieren seien. Die F. von heute sei insofern ein Wohlfahrtsstaat, als sie Kosten übernähme für ein Produkt, von dem andere als sie den größeren Nutzen hätten. Der Aufbau menschl. Fähigkeiten sei immer schwierig und teuer gewesen, in der Vergangenheit sichergestellt durch eine Arbeitsteilung, die auf der Unterordnung von Frauen basierte. Von geschlechtsspezif. Diskriminierung ist hier die Rede. Diejenigen, die Fürsorge leisten, vorrangig Frauen, würden ausgebeutet, wenn nicht Institutionen außerhalb des Marktes sicherstellten, dass die entsprechenden Belastungen von allen getragen, eben »gerecht« geteilt werden. Dafür Sorge zu tragen, sei eine große Herausforderung für die menschl. Entwicklung. Es gelte, ein System von Anreizen und Entgelten zu schaffen, das die Bereitstellung solcher Dienste gewährleiste – durch die F., die Gemeinschaft, den Staat und den Markt. Soweit reicht die Sicht der Berichte über menschl. Entwicklung auf die Probleme von F. in einer globalisierten Welt: Sie berührt nicht allein die Länder der Dritten Welt.

Wie bereits erwähnt wurde, gilt zudem, dass zumindest in hoch entwickelten Länder derzeit in allen sozialen Schichten die Leistungsanforderungen an die Eltern, die Erwartungen an die Pflege-, Förderungs- und Erziehungsleistungen der F. höher und umfassender sind als je zuvor. Zugleich wird es selbst hier schwieriger, solchen Anforderungen zu genügen, wenn der gesellschaftl. Rahmen nicht mehr trägt, wenn vermeintlich histor. Selbstverständlichkeiten wie die Permanenz ökonom. Wohlstandssteigerung, die langfristige Stabilität sozialstaatl. Sicherungssysteme, eine hohe Leistungsfähigkeit der Bildungssysteme brüchig werden.

Eltern erfahren in der Gegenwartsgesellschaft täglich, dass viele der Institutionen, die bislang die auf das Alltagsleben in F. bezogenen Aktivitäten unterstützen und ergänzend begleiten sollten, durch Leistungsdefizite Lasten auf sie zurückverlagern, ohne dass sie nennenswerte Chancen haben, sich dieser Zusatzbelastung zu erwehren. Solche Defizite werden zunehmend im Bereich der Elternbildung, der Erziehungsberatung, im Bildungs- und Gesundheitssektor ebenso wie in der familialen Kranken- und Altersversorgung vermerkt. Die sozialen Lasten defizitärer institutioneller Arrangements fallen auf die F. als soziale Institution der privaten und gesellschaftl. Daseinsfürsorge in immer spürbarer werdendem Maße als zusätzl. Leistungsanforderung zurück.

Einigkeit besteht dahingehend, dass die nachwachsende Generation das wichtigste gesellschaftl. Aktivum sei, solle ein Land in einer zunehmend globalisierten Welt bestehen können. Um für zukünftige Herausforderungen gerüstet zu sein, sollten Kinder und Jugendliche über entsprechende Voraussetzungen wie Leistungsbereitschaft, Kompetenz und Gemeinschaftsfähigkeit verfügen. Gleichzeitig zeigt sich, dass immer mehr Kinder und Jugendliche Persönlichkeits- und Verhaltensstörungen aufweisen. Alarmierende Zahlen, die das Bild eines psychisch gesunden »Humanvermögens« in Gestalt der nachwachsenden Generation deutlich trüben, veranlassen Wissenschaftler, sich für die Stärkung elterl. Erziehungskompetenz einzusetzen. Im Interesse des Kindes und seiner Identitätsentwicklung werde die »advokator. Funktion« der Eltern, d. h. die Wahrnehmung und Vertretung der spezif. Interessen jedes einzelnen Kindes zu einer entscheidenden Gesellschaft gestaltenden Komponente. Die Betonung der bildungspolit. Bedeutung der Familie durch den Wiss. Beirat für Familienfragen (2002) folgt der Einsicht, dass im Alltagsleben einer Gesellschaft Lernfähigkeit und Lernmotivation, die grundlegenden Fähigkeiten und Bereitschaften für schul. Lern- und lebenslange Bildungsprozesse, in den F. erworben werden, in denen die jungen Menschen heranwachsen. Zunehmend hinterfragt werden deshalb zu Recht soziale Normen und Infrastruktureinrichtungen, z. B. das Bildungswesen, die das familiale Leistungspotenzial eher immer stärker zu belasten als zu entlasten scheinen. Mit Blick auf die Zukunft der F. in einer globalisierten Welt ist es notwendiger denn je zu wissen, dass die Leistungsfähigkeit moderner F. entscheidend von den jeweils geltenden Rahmenbedingungen abhängt. Die Stärkung der Fähigkeit von F. zum Aufbau und zur Erhaltung von Humanvermögen ist das Kriterium, an dem sich gesellschaftl. und institutionelles Handeln grundsätzlich messen lassen muss (→ Familienpolitik).

Enzyklopädische Vernetzung

Bevölkerungsentwicklung ■ Bevölkerungspolitik ■ Ehe ■ elterliche Sorge ■ Eltern ■ Frau ■ Freizeit ■ Heirat ■ Kind ■ Mutter ■ Mutterrecht ■ Patriarchat ■ Single ■ Sozialisation ■ Vater ■ Vaterrecht ■ Verwandtschaft

M. MITTERAUER u. R. SIEDER: Vom Patriarchat zur Partnerschaft. Zum Strukturwandel der F. (^{4}1991); C. LÉVI-STRAUSS: Die elementaren Strukturen der Verwandtschaft (a. d. Frz., Neuausg. 1993); F.-X. KAUFMANN: Zukunft der F. im vereinten Dtl. (1995); P. ARIÈS: Gesch. der Kindheit (a. d. Frz., Neuausg. ^{12}1996); R. SIEDER: Sozialgesch. der F. (^{4}1995); H. LAMPERT: Priorität für die F. Plädoyer für eine rationale F.-Politik (1996); Die F., hg. v. I. WEBER-KELLERMANN (Neuausg. 1996); H. ROSENBAUM: Formen der F. (^{7}1996); I. WEBER-KELLERMANN: Die dt. F. Versuch einer Sozialgesch. (Neuausg. 1996); E. BECK-GERNSHEIM: Die Kinderfrage. Frauen zw. Kinderwunsch u. Unabhängigkeit (^{3}1997); Gesch. der F., hg. v. A. BURGUIÈRE u. a., 4 Bde. (a. d. Frz., 1997–98); H.-G. KRÜSSELBERG: Ethik, Vermögen u. F. Quellen des Wohlstands in einer menschenwürdigen Ordnung (1997); R. HETTLAGE: F.-Report. Eine Lebensform im Umbruch (^{2}1998); Kontinuität u. Wandel der F. in der Bundesrep. Dtl., hg. v. R. NAVE-HERZ (2002); Zukunftsperspektive F. u. Wirtschaft. Vom Wert von F. für Wirtschaft, Staat u. Gesellschaft, hg. v. H.-G. KRÜSSELBERG u. H. REICHMANN (2002); W. WAGNER: F.-Kultur (2003); R. NAVE-HERZ: Ehe- u. F.-Soziologie (2004).

Fortsetzung von Seite 743

Wirkung erzielen will. Die Blütezeit lag um die Wende vom 18. zum 19. Jh., das F. war aber bis in die Mitte des 19. Jh. verbreitet. Bekannte Autoren sind u. a. A. W. IFFLAND, A. VON KOTZEBUE, C. BIRCH-PFEIFFER und A. L'ARRONGE. Auch wenn das F. als literar. Gattung heute bedeutungslos ist, finden sich viele seiner Strukturelemente beispielsweise in Fernsehserien wieder.

Fami|li|enforschung,

1) eigtl. Fami|li|engeschichtsforschung, auch **Ahnenforschung,** die von Laien betriebene darstellende → Genealogie.

2) **historische F.,** Teildisziplin der Sozialgesch. bzw. der histor. Sozialwiss.en, erforscht interdisziplinär insbes. seit den 1970er-Jahren die komplexen Prozesse des Wandels der → Familie, ihrer Formen, Funktionen usw. im Zusammenhang mit den Veränderungen der gesellschaftl. Verhältnisse bzw. Mikro- und Makrostrukturen (z. B. Arbeitsorganisation, Herrschaftsordnungen, Industrialisierung, Urbanisierung); anfänglich v. a. auf die Familiensoziologie ausgerichtet, bereicherte die F. mit der Orientierung am Lebenszyklus (Kindheit, Jugend, Ehe, Alter) auch die Erschließung des Alltagslebens (→ Alltagsgeschichte) der Vergangenheit.

Fami|li|engericht, das als besondere Abteilung des Amtsgerichts durch das Erste Ges. zur Reform des Ehe- und Familienrechts vom 14. 6. 1976 zum 1. 7. 1977 geschaffene, ausschließlich für Familiensachen zuständige Gericht. Durch die Einrichtung der F. sollten, anders als früher, die Verfahren über die Ehescheidung und über die Scheidungsfolgesachen zusammenlaufen und von demselben Richter entschieden werden können. Die F. sind mit einem Einzelrichter, dem Familienrichter, besetzt. Örtlich ausschließlich zuständig ist das F. des Wohnsitzes, hilfsweise des gewöhnl. Aufenthalts der Ehegatten oder des Gegners des Antragstellers (§§ 606, 621 ZPO). In bestimmten Familiensachen (Ehesachen, Scheidungsfolgesachen) besteht vor den F. Anwaltszwang. Über Rechtsmittel gegen Entscheidungen (Urteile, Beschlüsse) des Amtsgerichts als F. entscheidet abweichend von der sonstigen Regelung das Oberlandesgericht, gegen dessen Entscheidungen bei besonderer Zulassung Revision zum BGH möglich ist.

Fami̱li|engeschichtsforschung, 1) →Familienforschung; 2) (seltene bzw. unkorrekte) Bez. für die histor. →Familienforschung als Disziplin der Sozialgeschichte.

Fami̱li|engesellschaft, Gesellschaft, die von Gesellschaftern, zw. denen verwandtschaftl. oder ehel. Beziehungen bestehen, geprägt ist. Der Rechtsform nach handelt es sich oft um Personenhandelsgesellschaften (bes. um Kommanditgesellschaften), seltener um Kapitalgesellschaften (dann zumeist in Form einer GmbH). Häufig entsteht die F. durch Aufnahme von Familienmitgliedern in ein einzelkaufmännisch geführtes Unternehmen. Die F. dient als Instrument, um die Repräsentanz der Familie im Unternehmen zu sichern; auch soll eine steuergünstige Substanz- und Ertragsverteilung erreicht werden.

Fami̱li|engüter, das Grundeigentum, dessen Verbleib innerhalb einer bestimmten Familie festgelegt war. Die Art der rechtl. Gebundenheit war verschieden (Lehen, Familienfideikommisse, Stammgüter, standesherrl. oder fürstl. Hausvermögen). Im 19. Jh. wurden F. aus polit. und wirtschaftl. Gründen bekämpft und weithin abgeschafft. Durch Gesetze von 1935 und 1938 wurde die Auflösung der F. vereinheitlicht. Seit dem 1.1.1939 wurden sie freies Eigentum in der Hand der letzten Besitzers, und die Rechte der Anwärter erloschen; doch wurden Übergangsmaßnahmen, v.a. zum Schutz der Waldungen, getroffen. Viele F. leben in der Form der Stiftung des bürgerl. Rechts fort.

Fami̱li|enhilfe, →Familienversicherung.

Fami̱li|enkasse, →Kindergeld.

Fami̱li|enlastenausgleich, →Kinderlastenausgleich.

Fami̱li|enleistungsausgleich, →Kinderlastenausgleich.

Fami̱li|enlohn, ein Arbeitsentgelt, bei dem neben der Arbeitsleistung auch die Familiengröße berücksichtigt wird, z.B. in der Beamtenbesoldung der Familienzuschlag. Der F. ist eine Sonderform des **Sozi̱allohns,** bei dem bei der Entgeltgestaltung z.B. auch das Alter, die Dauer der Betriebszugehörigkeit und der Familienstand berücksichtigt werden.

Fami̱li|enname, →Eherecht, →Namensrecht, →Personennamen.

Fami̱li|enplanung, Gesamtheit der Maßnahmen, die es den Frauen und Familien ermöglichen sollen, die Anzahl und den Zeitpunkt der Geburten in selbst verantworteter Entscheidung unter Berücksichtigung der individuellen und gesellschaftl. Lebensbedingungen zu planen und frei zu bestimmen. Dazu gehören Methoden zur Begrenzung (z.B. durch Verbreitung von empfängnisverhütenden Mitteln) wie auch zur Steigerung der Kinderzahl; Sterilisation und Abtreibung werden nicht zu den Methoden der F. gezählt. Die freie und verantwortungsvolle Elternschaft gehört seit 1968 zu den Menschenrechten. F. ist Teil des auf den Weltbevölkerungskonferenzen von Bukarest (1974) und Mexiko (1984) proklamierten »demograph. Selbstbestimmungsrechts« aller Länder und aller Menschen. Auf der Weltbevölkerungskonferenz von Kairo (1994) wurde F. zum integrativen Teil des Rechts auf »reproduktive Gesundheit« erklärt, ein neuer Begriff, der auch auf der Weltfrauenkonferenz in Peking (1995) im Zentrum der Debatte stand. Der Vatikan und die fundamentalist. Richtungen des Islam lehnen ein Recht auf reproduktive Gesundheit ab, weil sie befürchten, dass die damit verbundene Information und Aufklärung über den sexuellen Bereich zu einem mit den religiösen Geboten nicht übereinstimmenden Sexualverhalten bis hin zur Abtreibung führen könnte. Konsens herrscht darüber, dass die Intimsphäre vor aggressiven staatl. Maßnahmen (→Bevölkerungspolitik) geschützt werden muss. Einrichtungen zur Beratung in Fragen der F. werden mittlerweile in fast allen Ländern angeboten (in Dtl. z. B. durch Pro Familia). In vielen Entwicklungsländern werden im Rahmen von F.-Programmen die Einsicht in die Notwendigkeit, die Kenntnis und Anwendung von Methoden der F. gefördert. F. wird in der Bevölkerungspolitik als eine wirksame Maßnahme zur Verringerung des Bevölkerungswachstums betrachtet; allerdings setzt dies voraus, dass F. in eine allgemeine Entwicklungspolitik eingebunden wird, mit der v.a. eine Verbesserung der Lebensbedingungen der Frauen verbunden sein muss (Ausbildung, Erwerbstätigkeit, rechtliche und gesellschaftliche Gleichstellung).

Fami̱li|enpolitik, die Maßnahmen zum Schutz und zur Förderung der Familien, bes. auch zum Ausgleich ihrer wirtschaftl. Belastungen durch Kinder. Zu den wichtigsten Instrumenten zählen die Zahlung von Kindergeld, Erziehungsgeld, Ausbildungsbeihilfen, Mietbeihilfen, die besondere Ausgestaltung der Steuertarife u. a. Steuererleichterungen (Familienlastenausgleich), Einrichtungen zur Ehe- und Familienberatung sowie zur Kinder- und Jugendhilfe.

Die Leitbilder der F. sind wertbestimmt und unterliegen dem Wandel; so stehen neben Zielen im Sinne der traditionellen Arbeitsteilung in der Familie andererseits Bestrebungen, die Chancengleichheit von Frau und Mann oder auch die Chancengleichheit aller Familienmitglieder zu fördern. Im Vergleich zu anderen Sozialpolitikfeldern spielte die F. in Dtl. lange eine untergeordnete Rolle. Nachdem das Bundesverfassungsgericht den Gesetzgeber wiederholt gemahnt hat, die wirtschaftl. Benachteiligung von Familien mit Kindern schrittweise abzubauen, wurde der Familienlastenausgleich in den 1980er- und 90er-Jahren verbessert, z. B. durch Erhöhung des Kindergeldes und Wiedereinführung bzw. Erhöhung des Kinderfreibetrages (→Kinderlastenausgleich), Einführung und spätere Verlängerung von Erziehungsurlaub und Erziehungsgeld, Anrechnung von Kindererziehungszeiten in der Rentenberechnung und andere Maßnahmen, die für eine bessere Vereinbarkeit von Familie und Erwerbstätigkeit sorgen sollen.

In Dtl. gehört die F. auf Bundesebene zum Aufgabenbereich des Bundesministeriums für Familie, Senioren, Frauen und Jugend, jedoch fallen zahlr. familienpolitisch wichtige Kompetenzen in den Verantwortungsbereich anderer Ressorts (z.B. ist für die Steuerpolitik das Bundesfinanzministerium und für viele sozialpolit. Belange von Familien das Bundesministerium für Gesundheit und Soziale Sicherung verantwortlich).

📖 M. R. TEXTOR: F. Probleme, Maßnahmen, Forderungen (1991); Familien u. F. im geeinten Dtl., hg. v. Bundesministerium für Familie u. Senioren (1994); M. WINGEN: F. Grundll. u. aktuelle Probleme (1997); C. DIENEL: F. Eine praxisorientierte Gesamtdarstellung der Handlungsfelder u. Probleme (2002).

Famili|enporträt [-trɛː], →Gruppenbild.

Famili|enrat, Versammlung von Mitgl. der Familie zur Beratung über gemeinschaftl. Angelegenheiten, die bei Einrichtung und Überwachung einer Vormundschaft Aufgaben des Vormundschaftsgerichts übernahm. Das Institut des F., das in der Praxis kaum noch vorkam, war im BGB verankert, ist jedoch mit Wirkung zum 1. 1. 1980 beseitigt worden. Vor diesem Zeitpunkt amtierende Familienratsmitglieder blieben jedoch im Amt.

Famili|enrecht, Gesamtheit der in Bezug auf Ehe und Verwandtschaft geltenden Rechtsregeln, mit denen sich insbes. das 4. Buch des BGB (in seinen Abschnitten Ehe einschließlich Verlöbnis, Verwandtschaft und Vormundschaft) befasst. Der Rechtsbegriff der Familie findet im BGB keine deutl. Klärung, weil hier Fragen individueller Rechtsbeziehungen einzelner Familienmitglieder zueinander im Vordergrund stehen und der Begriff der Familie nur vereinzelt auftaucht. Die das Privatrecht beherrschende Vertragsfreiheit gilt im F. nur sehr eingeschränkt. Die familienrechtl. Vorschriften sind nicht abschließend im BGB, sondern auch in Nebengesetzen geregelt. Durch das Eheschließungsrechts-Ges. vom 4. 5. 1998 wurde z. B. das Ehe-Ges. vom 20. 2. 1946 aufgehoben und die eherechtl. Bestimmungen wurden zurück ins BGB überführt. In anderen Nebengesetzen sind z. T. gewisse Scheidungsfolgen geregelt, wie die Behandlung des Hausrats (Hausrats-VO vom 21. 10. 1944) und der Ausgleich bestimmter Versorgungsansprüche (Ges. zur Regelung von Härten im Versorgungsausgleich vom 21. 2. 1983). Bezug zum F. hat auch das Personenstands-Ges. i. d. F. v. 8. 8. 1957, das insbes. Vorschriften hinsichtlich der Personenstandsbücher (→Personenstand) enthält. I. w. S. unter das F. lässt sich auch das Sozialgesetzbuch VIII (Kinder- und Jugendhilfe) einordnen, das u. a. Regelungen im Bereich der öffentl. Jugendhilfe trifft, wenn der Anspruch des Kindes auf Erziehung durch die Familie nicht oder nur unzureichend erfüllt werden kann. Den Glauben betreffende Erziehungsfragen werden im Ges. über die religiöse Kindererziehung vom 15. 7. 1921 geregelt. Verfassungsrechtlich steht die Familie gemäß Art. 6 Abs. 1 GG unter dem besonderen Schutz der staatl. Ordnung, wobei das GG unter Familie die Kleinfamilie (Eltern oder Elternteil und deren Kinder, einschließlich Adoptiv- und Pflegekinder) versteht. (→elterliche Sorge, →Familie)

Die Familie betreffende strafrechtl. Bestimmungen finden sich in §§ 169 ff., 247, 263 Abs. 4 StGB. Die →eheähnliche Lebensgemeinschaft wird nach wie vor den Bestimmungen des F. nicht unterstellt. Das F. unterliegt in besonderem Maße weltanschaul., sozialen und konfessionellen Prägungen. Es hat viele Wandlungen, bes. aufgrund grundrechtl. Vorgaben, erfahren. Zu erwähnen sind die Gleichberechtigungs-Ges. vom 18. 6. 1957, das Familienrechtsänderungs-Ges. vom 11. 8. 1961, das Ges. über die rechtl. Stellung der nichtehel. Kinder vom 19. 8. 1969, das 1. Ges. zur Reform des Ehe- und F. vom 14. 6. 1976, das Adoptions-Ges. vom 2. 7. 1976, das Ges. zur Neuregelung der elterl. Sorge vom 18. 7. 1979, das Unterhaltsrechtsänderungs-Ges. vom 20. 2. 1986 (→Eherecht) sowie im Bereich des internat. Rechts das Ges. zur Neuregelung des Internat. Privatrechts vom 25. 7. 1986. Das Betreuungs-Ges. vom 12. 9. 1990 ersetzte das Recht der Vormundschaft und der Pflegschaft für Volljährige unter Abschaffung der Entmündigung durch die →Betreuung, das Familiennamensrechts-Ges. vom 16. 12. 1993 veränderte insbes. die Vorschriften zum Ehenamen und Familiennamen der Kinder (→Eherecht, →Namensrecht), das 2. Gleichberechtigungs-Ges. vom 24. 6. 1994 enthält zusätzl. Regelungen zur Beseitigung der Benachteiligung von Frauen sowie zum Schutz der Beschäftigten vor sexueller Belästigung am Arbeitsplatz (Beschäftigtenschutz-Ges.), das Schwangeren- und Familienhilfe-Ges. vom 27. 7. 1992 und das Schwangeren- und Familienhilfeänderungs-Ges. vom 21. 8. 1995 regeln die Vorschriften zum →Schwangerschaftsabbruch und über versch. Ansprüche auf soziale Leistungen im Zusammenhang mit Schwangerschaft und bei Schwangerschaftsabbruch neu. Das Lebenspartnerschafts-Ges., das am 1. 8. 2001 in Kraft getreten ist, führt als eine besondere Rechtsform für die Lebenspartnerschaft von Personen gleichen Geschlechts die →eingetragene Lebenspartnerschaft ein.

In der DDR war das F. im Familiengesetzbuch vom 20. 12. 1965 geregelt. Es galt als eigenständiges, vom Zivilrecht losgelöstes Rechtsgebiet. Auch in der DDR standen Ehe und Familie unter besonderem staatl. Schutz. Das F. der Bundesrepublik Dtl. gilt seit dem Wirksamwerden des Beitritts (3. 10. 1990) auch in den neuen Ländern. Übergangsrecht zum 4. Buch des BGB für familienrechtl. Verhältnisse, die in den neuen Ländern zum Zeitpunkt des Beitritts bestanden, enthält Art. 234 Einführungs-Ges. zum BGB.

Die wesentl. Bestimmungen des österr. F. finden sich in den §§ 44–284 ABGB. Ähnlich wie in Dtl. fallen unter den Regelungsbereich der familienrechtl. Normen Verlöbnis, Ehe, Verhältnis von Eltern und Kindern, Vormundschaft und Kuratel. Neuerungen brachten u. a. die Gesetze über Änderungen des Ehegattenerbrechts, des Ehegüterrechts und des Ehescheidungsrechts (1978, →Eherecht), das Ges. über Änderungen des Personen-, Ehe- und Kindschaftsrechts (1983) und das Kindschaftsrechtsänderungs-Ges. (1989), das Namenrechtsänderungs-Ges. (1995), das Bundes-Ges. zum Schutz vor Gewalt in der Familie (1996), das Eherechtsänderungs-Ges. (1999), das Kindschaftsrechtsänderungs-Ges. (2001) und das Familien- und Erbrechts-Änderungs-Ges. 2004 (u. a. Neuregelungen zur Abstammung).

In der Schweiz ist das F. im ZGB mit den drei Abteilungen Ehe, Verwandtschaft und Vormundschaft geregelt (Art. 90 ff. ZGB). Auch hier wurde vieles revidiert, so das Adoptionsrecht (1973), das Kindesrecht (1978), das Recht der Ehewirkungen i. Allg. und das Güterrecht (mit Wirkung vom 1. 1. 1988) sowie zuletzt das Eheschließungs- und Scheidungsrecht (in Kraft seit 1. 1. 2000). Anhängig ist noch die Revision des Vormundschaftsrechts; dieses soll ersetzt werden durch eine umfassende Regelung des Erwachsenen- und Kindesschutzrechts.

📖 F. u. dt. Einigung, hg. v. D. SCHWAB (1991); G. WEINREICH u. M. KLEIN: Kompakt-Komm. F. (2002); D. SCHWAB: F. (^{12}2003).

Famili|enroman, Sammel-Bez. für Romane, in denen die Geschicke einer Familie (oft über längere Zeiträume hinweg) gestaltet werden. Der Schwerpunkt kann auf Fragen der Ehe, auf Problemen zw. den Generationen oder versch. sozialen Schichten und auf Fragen der Erziehung liegen. F. sind meist zugleich Zeit- und Gesellschaftsromane. Vielfach werden sie, bes. wenn das Schicksal mehrerer Generationen dargestellt wird, zu Romanzyklen ausgebaut. Als Beispiel des F. können angeführt werden: »Witiko« (1865–67) von A. STIFTER, »Die Rougon-Macquart« (frz. 1871–93) von É. ZOLA, »Die Ahnen« (1873–81) von G. FREYTAG, »Die Brüder Karamasow« (russ. 1879–80) von F. M. DOSTOJEWSKI, »Buddenbrooks« (1901) von T. MANN, »Die Forsyte Saga« (engl. 1906–21) von J. GALSWORTHY, »Nächte und Tage« (poln. 1932–34) von MARIA DĄBROWSKA. Neuere F. stammen von M. BIELER, CHRISTINE BRÜCKNER, W. KEMPOWSKI, G. GARCÍA MÁRQUEZ, ISABEL ALLENDE. – Die überwiegende Zahl der F. findet sich in der Trivial- und Unterhaltungsliteratur, u. a. »Die Barrings« (1937–56) von W. VON SIMPSON.

Famili|ensachen, Angelegenheiten, die in die sachl. Zuständigkeit des Familiengerichts gehören, insbes. Ehesachen (Verfahren auf Ehescheidung, auf Aufhebung der Ehe, Klagen auf Herstellung der ehel. Lebensgemeinschaft und auf Feststellung des Rechts zum Getrenntleben) und Scheidungsfolgesachen (z. B. Versorgungsausgleich, Fragen der elterl. Sorge), Streitigkeiten über die durch Verwandtschaft oder durch Ehe begründete gesetzl. Unterhaltspflicht oder über Ansprüche aus dem ehel. Güterrecht.

Famili|enserie, Fernsehserie, in deren Mittelpunkt das Alltagsleben und die sozialen Beziehungen (z. T. mit dramatisch überhöhten Konfliktsituationen) einer bzw. mehrerer Familien stehen. F. bieten vielfältige Identifizierungsmöglichkeiten und Wiedererkennungseffekte, befriedigen aber aufgrund der häufig humorvollen oder schicksalsträchtigen Handlung auch das Bedürfnis nach fiktionaler Unterhaltung.
Die F. hat ihre Wurzeln in amerikan. Hörfunk (»Radio daytime serial«) als programmbindende Sendereihe mit der Zielgruppe Hörerinnen und entwickelte sich später v. a. im Medium Fernsehen. – Die erste F. im dt. Fernsehen war die »Familie Schölermann«, die 1954–60 in 111 Folgen ausgestrahlt wurde (Regie: R. ESSBERGER). Es folgte die auf einer Hörfunkproduktion basierende »Hesselbach«-Serie (1960–67; Drehbuch: W. SCHMIDT). Große Popularität erreichte später die F. »Diese Drombuschs« (1983–94; Drehbuch R. STROMBERGER). Mit der »Lindenstraße« (1985 ff.; Buch und Regie: H. W. GEISSENDÖRFER) entwickelte sich eine der erfolgreichsten und am längsten laufenden Serien des dt. Fernsehens.

Famili|ensoziologie, spezielle Soziologie, die die →Familie in ihrer Bedeutung für Individuen und Gesellschaft sowohl aus einer Mikro- als auch einer Makroperspektive betrachtet. In der Mikroebene, d. h. aus der Sicht des Individuums bzw. der sozialen Gruppe, greift sie Fragen, wie die nach der familialen Sozialisation, nach den Interaktionsbeziehungen in Familien und den familialen Rollenerwartungen auf. Auf der Makroebene, d. h. in der gesellschaftl. Perspektive, befasst sie sich mit Themen, wie z. B. der Wechselwirkung zw. Prozessen der Familienentwicklung und der Ausbildung bzw. Strukturierung anderer gesellschaftl. Teilsysteme, etwa der Arbeitswelt, des Bildungs- und Gesundheitswesens und des polit. Systems. Zunehmend interessiert sie sich auch für die Beziehungen zw. den Generationen, all das auch immer in kulturvergleichender Sicht.

Familienserie: Helga und Hans Beimer, hier noch in glücklichen Tagen gemeinsam unter dem Weihnachtsbaum, sind prägende Figuren der »Lindenstraße« (1985 ff.) von Hans W. Geißendörfer.

Der F. wird im Rahmen der inzwischen zahlreich gewordenen soziolog. Zweigdisziplinen eine strategisch zentrale Position zugesprochen. Die soziolog. Forschung über Familie, Verwandtschaft und Generationenbeziehungen verknüpft sich nahezu zwangsläufig mit Betrachtungen über histor. Entwicklungen in der Kultur, Wirtschaft und Sozialstruktur einer Gesellschaft. Die Bedeutung der Familie für die Lebensform und die Lebensführung der Menschen, für die Bildung von lokalen Gruppen (Gemeinden) bis hin zur Staatsbildung, für die Bev.-Entwicklung und die Varianten gesellschaftl. Integration und Diversifikation ist immer ein herausragendes Thema philosophischer und sozialwiss. Reflexion gewesen. Von einer F. im systemat. Sinne kann allerdings erst seit etwa der Mitte des 19. Jh. die Rede sein. Ihre Anfänge als empir. Wiss. stehen unübersehbar unter dem Eindruck der sozialen Folgen des beginnenden Industrialisierungsprozesses in England und Dtl. im 19. Jh. Im Zuge des sich allmählich vollziehenden wiss. Spezialisierungs- und Differenzierungsprozesse im 19. Jh. wurden Fragestellungen der F. verstärkt zunächst in den Rechts- und Staatswiss.en aufgegriffen. Gleichzeitig entstand im Rahmen der statist. Wiss. die für die F. bis heute wichtige Disziplin der →Demografie (damals «Moralstatistik» gen.) mit detaillierten Analysen z. B. über Eheschließungen, Ehescheidungen, ehel. Fruchtbarkeit, Heiratsalter, Nichtehelichkeit.

Als Begründer der F. werden zumeist W. H. VON RIEHL und FRÉDÉRIC LE PLAY (* 1806, † 1882) genannt. Doch auch fast alle Klassiker der Soziologie wie K. MARX, M. WEBER, G. SIMMEL und E. DURKHEIM setzten in ihren Analysen bei der Institution Familie an, um Themen des sozialen Wandels, der sozialen Desintegration und Integration, des abweichenden Verhaltens und nicht zuletzt der Entstehung und Kontinuität von Klassenstrukturen zu behandeln. Nach dem Zweiten Weltkrieg erlebte die F. in der BRD einen raschen Aufschwung (R. KÖNIG, H. SCHELSKY, G. WURZBACHER). Untersucht wurde v. a. die Stabilität der Familie im beschleunigten sozialen, kulturellen und polit. Wandel, ebenso ihr Wandel von einer patriarchalen, auf die alltägl. Sicherung der Lebensgrundlage gerichteten zu einer partnerschaftl. Institution, die zunehmend für die persönl. Entfaltung ihrer Mitglieder Sorge trägt.

Die F. als spezielle Soziologie unterscheidet sich von der allg. Soziologie oder von anderen Soziologien durch ihren Gegenstandsbereich, nicht jedoch in methodolog. Hinsicht, v. a. nicht in ihrer Zielsetzung und Funktion. Auch für sie gilt, dass nicht eine Theorievariante alle familialen Phänomene erschöpfend zu erklären vermag. Allerdings ist der Begriff F. inzwischen nur noch bedingt für das Forschungsgebiet zutreffend, das die Wiss. unter diesem Titel abdeckt. Der Prozess der Erkenntnisgewinnung beschränkt sich schon seit Jahrzehnten nicht nur auf die Lebensform Familie, sondern ebenso auf die Analyse der nichtehel. Lebensgemeinschaften, der Ehe, des Partnerwahlprozesses und nicht zuletzt der Beziehungen zw. den Generationen.

G. SCHWÄGLER: Soziologie der Familie. Ursprung u. Entwicklung (²1975); Hb. der Familien- u. Jugendforschung, hg. v. M. MARKEFKA u. R. NAVE-HERZ, 2 Bde. (1989); UWE SCHMIDT: Dt. F. Entwicklung nach dem Zweiten Weltkrieg (2002); R. NAVE-HERZ: Ehe- u. F. (2004).

Famili|ensplitting, → Splitting.

Famili|enstammbuch, Loseblattsammlung in Buchform, die beweiskraftfähige Personenstandsurkunden (z. B. Heirats-, Geburts-, Sterbe-, Abstammungsurkunden, Familienbuchauszüge) und kirchl. Urkunden enthält. Das F. wird meist bei Eheschließung ausgehändigt und ist zu unterscheiden vom → Familienbuch.

Famili|enstand, in der Bevölkerungsstatistik und bei Verwaltungsvorgängen die Angabe, ob eine Person ledig, verheiratet, verwitwet oder geschieden ist. (→ Personenstand)

Famili|en-Stellen, Famili|enaufstellung, von BERT HELLINGER (* 1925) entwickelte Form der Psychotherapie in einer Gruppe, bei der durch (stellvertretendes) Aufstellen von Familienmitgliedern in den Sitzungen oft unbewusste »Verstrickungen« (z. B. Verstoßung eines Familienmitglieds, ungesühnte Schuld) über mehrere Generationen hinweg erfahrbar gemacht werden sollen. Einsicht in die gestörten Familienbeziehungen soll die Lösung der aktuellen Probleme ermöglichen.

Famili|entherapie, Sonderform der → Gruppentherapie, bei der die ganze Familie gemeinsam zur Behandlung kommt. Die F. beruht auf der Erkenntnis, dass die psych. Störung eines Familien-Mitgl. (des »Indexpatienten«) durch eine erstarrte Familienstruktur und untergründige Familienkonflikte bedingt sein kann und dass Änderungen in den Familienbeziehungen auch zu Änderungen im Erleben und Verhalten der Mitgl. führen. Lösungen werden v. a. durch eine verbesserte Einsicht in die Spannungen und Störungen im System der ganzen Familie gesucht, was eine hohe Motivation aller Beteiligten voraussetzt. Die meisten großen Schulen der Psychotherapie haben heute eigene Formen der F. entwickelt.

Famili|enverbände, parteipolitisch ungebundene Fach- und Interessengruppen, die die Förderung der Familie zum Ziel haben. Zu den großen F. in Dtl. zählen heute der Dt. Familienverband (gegr. 1922, Sitz: Berlin), die Ev. Aktionsgemeinschaft für Familienfragen (gegr. 1953, Sitz: Berlin), der Familienbund der Katholiken (gegr. 1953, Sitz: Berlin) und der Verband Alleinerziehender Mütter und Väter (gegr. 1967, Sitz: Berlin). Als Verbindungsstelle für nat. und internat. Familienfragen fungiert die Arbeitsgemeinschaft der Dt. Familienorganisationen (gegr. 1969, Sitz: Berlin). Internat. Familienverband mit Mitgl. aus rd. 40 Ländern ist die Union Internationale des Organismes Familiaux (gegr. 1947 in Paris), die u. a. der UNESCO angehört. Der Bund der Familienorganisationen der Europ. Gemeinschaft wurde 1979 in Brüssel gegründet.

Famili|enversicherung, 1) ab 1. 1. 1989 in der gesetzl. Krankenversicherung die beitragsfreie Versicherung der Ehegatten, eingetragenen Lebenspartner und Kinder von Mitgl. (§ 10 SGB V), wenn diese ihren Wohnsitz oder gewöhnl. Aufenthalt im Inland haben, nicht selbst einen gesetzl. Anspruch auf Leistungen besitzen und ihr Einkommen ein Siebtel der monatl. Bezugsgröße nach § 18 SGB IV nicht überschreitet. Die F., in der die Familienangehörigen von Mitgl. der Krankenversicherung selbst Versicherte mit eigenen Ansprüchen sind, ersetzte die Vorschrift über die Familienhilfe (§ 205 Reichsversicherungsordnung alter Fassung), nach der die Familienangehörigen nur mitversichert waren. 2) in der Privatversicherung die Zusammenfassung aller Versicherungen, die für die finanzielle Absicherung einer Familie als bes. wichtig angesehen werden. I. d. R. wird eine Bündelung von Hausrat-, Haftpflicht-, Lebens- und Unfallversicherung vorgenommen.

In Österreich sind die in der Krankenversicherung unversicherten Angehörigen (Ehepartner, Kinder, Enkel bis höchstens zum 27. Lebensjahr, Lebensgefährten) mitversichert in der Krankenversicherung (z. B. § 123 Allg. Sozialversicherungs-Ges., ASVG). Für Ehepartner und Lebensgefährten ist diese nur während der Kindererziehung (hat diese 4 Jahre gedauert auch unbegrenzt danach) beitragsfrei, sonst muss vom Versicherten ein Zusatzbeitrag von 3,4 % der Beitragsbemessungsgrundlage entrichtet werden (§ 51 d ASVG). – Im Bereich der obligator. Krankenversicherung besteht in der Schweiz kein der F. entsprechendes Institut. Vielmehr ist jede Person drei Monate nach der Geburt oder Wohnsitznahme in der Schweiz für die Krankenpflege versicherungspflichtig. Gemäß Krankenversicherungs-Ges. (KVG) gewähren die Kantone den Versicherten in bescheidenen wirtschaftl. Verhältnissen jedoch eine Prämienverbilligung. Dabei werden auch die aktuellen Familienverhältnisse berücksichtigt. Bei der Hausrat- und Haftpflichtversicherung besteht die Möglichkeit, eine F. abzuschließen. Dadurch sind alle im gleichen Haushalt lebenden Personen mitversichert.

Famili|enwappen, → Heraldik.

Famili|enzeitschriften,

1) zu den Publikumszeitschriften zählende Zielgruppenzeitschriften für Eltern, z. T. mit separaten Beilagen für Kinder, z. B. »Leben und erziehen« (gegr. 1952; Quartal [jeweils 1. Quartal 2004] 145 000), »Eltern« (1966; 380 000), »Spielen + Lernen« (1968; 111 000), »mobile – Zeitschrift für junge Eltern« (1993; 276 000), »Familie & Co.« (1996; 217 000).

2) historisch ein Zeitschriftentyp für ein vorrangig bürgerl. Lesepublikum, der Elemente der Unterhaltung (Illustrationen, Fortsetzungsromane) und Belehrung (Geschichte, Geografie) kombinierte und daher als Lesestoff für die ganze Familie geeignet war; entstanden aus den → moralischen Wochenschriften des 18. Jh., Blütezeit in der zweiten Hälfte des 19. Jh., Vorläufer der heutigen Illustrierten. Prototyp dieser Zeitschriftengattung war »Die Gartenlaube« (1853–1944), ferner u. a. »Unterhaltungen am häusl. Herd« (1852–62), »Daheim« (1865–1943), »Zu Hause« (1866–73).

Famili|enzucht, *Tierzucht:* Form der → Reinzucht.

Famili|enzusammenführung, die Zusammenführung von Familienmitgliedern aus Ländern ohne Ausreisefreiheit mit Verwandten in Dtl. oder in anderen westl. Ländern. Die F. wurde insbes. seitens der Bundesrepublik Dtl. gegenüber Ländern des Ostblocks auf der Grundlage gegenseitiger Bereitschaft zur Lösung humanitärer Fragen betrieben. Im Verhältnis zur DDR bildete Art. 7 des Grundvertrages von 1972 die Basis hierfür.

Famili|enzuschlag, → Ortszuschlag.

Famili|enzyklus, bevölkerungswiss. und familiensoziolog. Konzept zur idealtyp. Beschreibung und Analyse der familiären Ereignisse und Lebensphasen in einer stabilen Erstehe. In seiner sechsphasigen Form beginnt die erste Phase des F. mit der Heirat und endet mit der Geburt des ersten Kindes, woran sich die zweite Phase bis zur Geburt des letzten Kindes anschließt. Auf diese Erweiterungsphasen folgen die Ablösungsphasen, bis das letzte Kind das Elternhaus verlassen hat, und schließlich die Auflösungsphase bis zum Tod eines Ehepartners.

Famille jaune [famij'ʒoːn; frz. »gelbe Familie«], chin. Porzellane mit Emailfarbendekor auf dem gebrannten, aber unglasierten Scherben (Émail sur biscuit), bei denen der Grund in Gelb angelegt ist. Blütezeit war die Periode Kangxi (1662–1722). **Famille noire,** Porzellane der gleichen Periode, bei deren Emaildekoration eine schwarze Emailfarbe den Grund bildet. **Famille rose,** chin. Porzellane, deren rosa bis karminrote Schmelzfarben über der Glasur aufgetragen sind; Blütezeit: 1736–96. **Famille verte,** durch das Vorherrschen von grüner Emailfarbe (sowohl auf dem gebrannten, unglasierten Scherben aufgetragen als auch in Überglasur) gekennzeichnete chin. Porzellangattung (1662–1723).

Famille jaune: Teekanne; Periode Kangxi (1662–1722; Privatsammlung)

Familonen [Kunstwort], Sg. **Familon** das, -s, Elementarteilchenphysik: → Präonen.

Family of love [ˈfæmɪlɪ ɔf ˈlʌv; engl. »Familie der Liebe«], religiöse Bewegung, → Familie, Die.

Famos, Luisa, rätoroman. Lyrikerin, * Ramosch (Kt. Graubünden) 7. 8. 1930, † ebd. 28. 6. 1974; öffnete mit ihrer Lyrik die Grenzen zur modernen europ. Dichtung. Ihre Gedichte sind Ausdruck hoher Sensibilität, mit klaren Bildern in schlichter und musikal. Sprache. Mit ihrem schmalen Gesamtwerk (»Mumaints«, 1960; »Inscunters«, 1974) wurde F. bereits zu Lebzeiten zu einer Ikone der weibl. und rätoroman. Literatur.

Ausgaben: Poesias. Ged.e, hg. v. A. Kurth u. J. Amann (1995); ich bin die schwalbe von einst. eu sun la randolina d'ünsacura. Ged.e aus dem Nachlass, hg. v. M. Puorger (2004).

Famulatur [lat., zu famulari »Diener sein«] die, -/-en, das nach der Approbationsordnung für Ärzte i. d. F. v. 27. 6. 2002 vorgeschriebene Praktikum eines Medizinstudenten, das als Teil des Studiums nach bestandener Vorprüfung und vor dem 2. Abschnitt der ärztl. Prüfung abzuleisten ist; umfasst einen Monat Tätigkeit in einer ärztlich geleiteten Einrichtung der ambulanten Krankenversorgung und zwei Monate Tätigkeit in einem Krankenhaus sowie einen 4. Monat entweder in einer Einrichtung der ambulanten Krankenversorgung oder in einem Krankenhaus. Die F. kann auch im Ausland absolviert werden. – **famulieren,** die F. ableisten.

Famulus [lat. »Diener«, »Gehilfe«] der, -/-se und ...li,
1) im MA. ein zu ehrenvollem persönl. Dienst und/oder Waffendienst seines Herrn (König, Grundherr u. a.) bestellter Unfreier. Trotz seiner Abhängigkeit genoss der F. soziales Ansehen und hob sich seit dem 11. Jh. vom niederen Dienstmann ab.
2) Hochschulwesen: 1) früher Student, der einem Hochschullehrer assistierte; 2) heute Medizinstudent, der eine → Famulatur ableistet.

Fan [fæn; engl., gekürzt aus fanatic »Fanatiker«] der, -s/-s, begeisterter Anhänger von jemandem (v. a. von Stars aus Sport und Film) oder etwas.

Fanagalo, eine Pidginsprache, die v. a. im O der Rep. Südafrika und in Teilen von Simbabwe und Sambia gesprochen wird. Das F. – wohl Mitte des 19. Jh. in Natal entstanden – ist eine von den Ngunisprachen abgeleitete Bantusprache, die keine Nominalklassen (→ Klassensprachen), sondern nur noch Reste von → Verbalableitungen besitzt.

Fanal [frz. »Leuchtfeuer«, »Feuerzeichen«, zu griech. phanós »Leuchte«, »Fackel«] das, -s/-e, Stange, die senkrecht aufgestellt wurde und an ihrem oberen Ende eine mit brennbaren Stoffen angefüllte Tonne trug oder durch Umwickeln mit Werg und Eintauchen in flüssiges Pech und Teer brennbar gemacht worden war. Die mit dem F. erzeugten Rauch- und Flammenzeichen dienten im Altertum und noch im MA. der Nachrichtenübermittlung. – Im gehobenen Sprachgebrauch für: Ereignis oder Tat als (Aufmerksamkeit erregendes) Zeichen, das eine Veränderung, den Beginn von etwas Neuem ankündigt.

Fanaloka [madagassisch], Art der → Schleichkatzen.

Fanarioten, → Phanarioten.

Fanatiker der, -s/-, fanat. Anhänger, Verfechter einer Überzeugung, Eiferer.

fanatisch [zu lat. fanaticus, eigtl. »von der Gottheit ergriffen und in rasende Begeisterung versetzt«], sich mit blindem Eifer, leidenschaftlich und rücksichtslos für etwas einsetzend.

Fanatismus der, -, das unbelehrbare, aggressive Verfolgen eines Zieles, das ohne differenzierten Bezug auf die Gesamtwirklichkeit zum absoluten Wert erhoben wird, entweder als persönl. F. im Kämpfen für das eigene vermeintl. Recht oder als fanat. Eintreten für eine Idee. Der F. schaltet Selbstkritik und äußere Einwände aus und ist fremden Anschauungen gegenüber blind und/oder intolerant. Er kann sich zu Massenbewegungen ausweiten (Hexenprozesse, Inquisition, polit. Massenpsychosen, Rassenwahn). F. darf nicht mit dem Phänomen des (verabsolutierenden) religiösen Glaubens gleichgesetzt werden (→ Toleranz), tritt aber häufig als gesellschaftl. Begleiterscheinung von Glaubensbewegungen auf. Deshalb findet sich seit der Aufklärung eine psycholog. und ideolog. Kritik des F. (P. Bayle, Voltaire). Nach der Frz. Revolution kam die Kritik des terrorist. F. hinzu (I. Kant, G. W. F. Hegel, J. Burckhardt, F. Nietzsche). Nach Simone de Beauvoir wird durch den F. der Mensch ein Mittel zum Zweck. Totalitäre Weltanschauungen halten den F. z. T. für einen positiven Wert. Im → Fundamentalismus verbindet sich F. mit kulturellem oder polit. Antimodernismus.

📖 E. HOFFER: Der Fanatiker u. andere Schrr. (a. d. Engl., Neuausg. 1999); G. HOLE: F. Der Drang zum Extrem u. seine psycholog. Wurzeln (Neuausg. 2004).

Fanck, Arnold, Filmregisseur und -autor, * Frankenthal (Pfalz) 6. 3. 1889, † Freiburg im Breisgau 28. 9. 1974; Begründer der Freiburger Kameraschule, erweiterte den Ski- und Bergsteigerfilm zum eigenen Genre des Bergfilms.

Filme: Der heilige Berg (1926); Die weiße Hölle vom Piz Palü (1929); Stürme über dem Montblanc (1930); Der weiße Rausch (1931); SOS Eisberg (1933); Der ewige Traum (1934); Die Tochter des Samurai (1937).

Fanconi [-'ko:-], Guido, schweizer. Kinderarzt, * Poschiavo 1. 1. 1892, † Zürich 10. 10. 1979; Prof. in Zürich; beschrieb als Erster die Mukoviszidose und die konstitutionelle Anämie (auch F.-Anämie). F. entdeckte als Ursache der Rachitis Vitamin-D-Mangel und führte das Down-Syndrom auf eine Chromosomenanomalie zurück.

Fanconi-Anämie [-'ko:-; nach G. FANCONI], **Panmyelopathie Fanconi,** Kombination aus aplast. Syndrom (Knochenmarkinsuffizienz mit Störung aller drei Zellreihen der Blutbildung) und mehrfachen Fehlbildungen. Die F.-A. folgt einem autosomal-rezessiven Erbgang und nimmt häufig einen ungünstigen Verlauf. Die Spannbreite der Fehlbildungen reicht von einzelnen, wenig folgenschweren, z. B. reduzierter Kopfumfang, bis hin zu komplexen Organfehlbildungen. Im Erkrankungsverlauf treten aufgrund der Rückbildung des Blut produzierenden Knochenmarks vermehrt Infektionen oder Blutungen auf. Mit zunehmendem Lebensalter steigt das Risiko für Krebserkrankungen, bes. für Leukämien. Die Diagnose der F.-A. wird durch Nachweis einer erhöhten Chromosomenbrüchigkeit mithilfe der Chromosomenbruchanalyse gestellt, außerdem wird die Durchflusszytometrie, eine Methode, die zur Zählung und Charakterisierung von Zellen bzw. Zellbestandteilen dient, angewendet. Durch Androgene oder auch Cortison gelingt es häufig, zumindest zeitweise, die Blut bildende Funktion des Knochenmarks aufrechtzuerhalten. Falls das nicht möglich ist, erfolgt die Behandlung durch Bluttransfusion. Bei Verminderung der neutrophilen Granulozyten (weiße Blutzellen, die der Infektabwehr dienen) kann ihre Produktion medikamentös angeregt werden. Stammzelltransplantationen von geeigneten Spendern stellen eine weitere Behandlungsmöglichkeit dar.

Amintore Fanfani

Fancy ['fænsi; engl., eigtl. »Fantasie«],
1) *die, -/-s, Musik:* **Fantasy** ['fæntəsi], die der Gesch. der musikal. Fantasie zugehörige Hauptform der engl. Kammermusik von etwa 1575 bis 1680. Sie entwickelte sich aus dem instrumentalen Vortrag von Motetten und gelangte durch Einführung instrumental geprägter Motivik, Wechsel von imitierenden und homophonen Abschnitten, Aufnahme von Tanz- und Variationsformen zu einer selbstständigen Gattung. Diese war zunächst vornehmlich für Violenensembles oder Tasteninstrumente bestimmt, später gab es aber auch gemischte Besetzungen und die Einbeziehung konzertierender Instrumente. F. schrieben W. BYRD, T. MORLEY, O. GIBBONS, T. TOMKINS und H. PURCELL.

2) *der* oder *das, -(s), Textilwesen:* dichter, beidseitig gerauter Baumwollflanell mit meliertem Vigogngarn (F.-Garn) im Schuss.

Fanfare

Fancy-Drinks ['fænsɪ-; engl. »Fantasiegetränke«], **Fancy-Cocktails** [-kɔkteɪlz], Bez. für Mixgetränke ohne festes Rezept.

Fandango [span.] *der, -s/-s,* ein seit dem 18. Jh. in Spanien bekanntes Tanzlied vermutlich südamerikan. Herkunft, in lokalen Abwandlungen auch Rondeña, Malagueña, Granadina oder Murciana gen.; vorgetragen zur Begleitung von Gitarre und Kastagnetten, in mäßigem bis lebhaftem Dreiertakt und scharf akzentuiertem Rhythmus, mit charakterist., den Tanz unterbrechenden, gesungenen Improvisationsteilen. In der Kunstmusik findet sich der F. u. a. bei C. W. GLUCK (»Don Juan«, 1761), W. A. MOZART (»Le nozze di Figaro«, 1786), N. A. RIMSKI-KORSAKOW (»Capriccio espagnol«, 1887), I. ALBÉNIZ (»Iberia«, 1906–09), M. DE FALLA (»El sombrero de tres picos«, 1919).

🔊 **Fandango:** Carmen Linares: »Ya no va mi niña«, aus »Fandangos de Huelva« **4536**; I. Albéniz: »Malagueña«, aus »España« op. 165 **3589**

Fan-Delta ['fæn-, zu engl. fan »Fächer«], **Fächerdelta,** Bez. für Schwemmkegel, die in ein stehendes Gewässer (See, Meer) münden; werden aus groben Kies- bis Sandschüttungen aufgebaut, die in der Draufsicht fächerförmig ausgebildet sind.

Fanega *die, -/-s,* 1) frühere span. sowie lateinamerikan. Volumeneinheit unterschiedl. Größe; 1 F. entsprach in Mexiko 21,12 l, in Spanien 55,5 l, in Argentinien 137,2 l; 2) frühere span. sowie lateinamerikan. Flächeneinheit; 1 F. entsprach in Haiti 6400 m^2, in Spanien 6425 m^2, in Venezuela bis zu 6987 m^2.

Fanfani, Amintore, ital. Politiker, * Pieve Santo Stefano (Prov. Arezzo) 6. 2. 1908, † Rom 20. 11. 1999; Prof. für Wirtschaftsgesch. seit 1936, zunächst in Mailand, dann in Rom, lebte 1943–45 im Exil (Schweiz). Nach dem Zweiten Weltkrieg schloss er sich der »Democrazia Cristiana« (DC) an, war seit 1946 Abg., 1954–59 und 1973–75 polit. Sekr. der DC. Seit 1947 war F. mehrfach Min., 1968 wurde er Senator (1972 auf Lebenszeit). 1954, 1958/59, 1960–63, 1982/83 und 1987 führte F. als Min.-Präs. die Regierung. 1956–66 fungierte er als Präs. der UN-Generalversammlung, 1971 bewarb er sich vergeblich um das Amt des ital. Staatspräsidenten. 1968–73, 1976–82 und 1985–87 war F. Senats-Präs.. Als einer der maßgebenden Führer des linken Flügels der DC vertrat er einen an der kath. Soziallehre orientierten Solidarismus und setzte sich in den 50er- und 60er-Jahren für die Öffnung der DC nach links ein. Er galt mit A. MORO als Architekt der die Sozialisten einschließenden Mitte-links-Koalition seit 1963, aber anders als dieser wandte er sich in den 70er-Jahren gegen die Einbeziehung der ital. KP in die Regierung.

Werke: Cattolicesimo e protestantesimo nella formazione storica del capitalismo (1934); Storia economica..., 2 Bde. (1961–70); Centro-Sinistra '62 (1963); Strategia della sopravvivenza (1975); Capitalismo, socialità, partecipazione (1976).

Fanfare [frz.] *die, -/-n, Musik:* 1) Signal eines Blechblasinstruments, bes. der Trompete, auch ein kurzes, meist ein wichtiges Ereignis ankündigendes Musikstück für Blechblasinstrumente und Pauken in prägnanten Intervallen und Rhythmen. F. finden sich vielfach in der Opernmusik, auch in der Sinfonik; tonmalerisch gibt es sie schon in der Caccia des 14. und in der Chanson des 16. Jh., als Satz-Bez. auch in der Suite des 17./18. Jh.; 2) lang gestreckte, ventillose Trompete, auch **Fanfaren-** oder **Heroldstrompete** gen., in der Militär- und Volksmusik (Spielmannszüge).

Fanfarenstil, von frz. Buchbindern entwickelter Stil, Bucheinbände zu verzieren (üblich Ende des 16./Anfang des 17. Jh.). Dabei wurden florale Spiralmuster auf die Buchdeckel gestempelt und handvergoldet, wobei die Mitte des Buchdeckels dem Supralibros vorbehalten blieb.

Die Bez. F. wurde erst im 19. Jh. üblich, nachdem das Werk »Les fanfares et courvées abbadesques« in diesem (histor.) Stil gebunden worden war.

Fang, Pangwe, Volk mit Bantusprache im Waldgebiet von Gabun, auch in S-Kamerun, N-Kongo und Äquatorialguinea, etwa 2 Mio. Menschen. Die F. leben, sofern nicht in die Städte abgewandert, als Hackbauern im trop. Regenwald und bauen im Brandrodungsfeldbau Jams, Bananen, Maniok und Süßkartoffeln an. Der Überlieferung nach sind die F. erst Ende des 18./Anfang des 19. Jh. etappenweise in ihr heutiges Wohngebiet eingewandert. Sie öffneten sich früh dem Christentum und der westl. Bildung, sodass sie in der Kolonialzeit gesuchte Arbeiter im Küstengebiet Gabuns in der Holzindustrie sowie in der Verwaltung waren. Dies hatte zur Folge, dass ihre ethn. und sozialen Strukturen früh zerrissen wurden. In christl. Gemeinden wie in neuen religiösen Bewegungen fanden sie wieder ein Zuhause, so z. B. im Bouiti, einer synkretist. Religion, die ihre Anfänge in einem gleichnamigen Geheimbund nahm. Hochgeschätzt ist die Kunst der F., wenngleich sie seit Jahrzehnten in ihrem Leben keine Bedeutung mehr hat. Bekannt sind die Wächterfiguren mit Messingbeschlägen, lange weiße Masken und die »bieri« genannten Rindenbehälter mit Ahnenreliquien; die Wächterfiguren und die zylindr. Reliquiare gehören zusammen. Für die F. waren die Reliquien wichtig; noch nicht Initiierte und Frauen durften sie nicht sehen. Verkauft wurden nur die skulptierten Aufsätze, nicht aber die Reliquien der Ahnen.

L. P‍ERROIS: Les chefs-d'oeuvre d'art gabonais (Libreville 1992).

Fang|arm, *Zoologie:* →Tentakel.

Fangbäume, zur Bekämpfung forstschädl. Insekten (v. a. Borkenkäfer) gefällte Bäume, die Käfer zur Zeit des Käferfluges durch flüchtige Substanzen des Baumharzes (bes. Terpene) anlocken. Die Lockwirkung wird oft durch das Aufbringen von synthet. Sexuallockstoffen (Pheromonen) verstärkt. Später werden die angelockten Käfer (und die inzwischen gelegten Eier und geschlüpften Larven) durch Verbrennen der Rinde oder mittels Insektiziden vernichtet.

Fänge, *Jägersprache:* 1) die gekrümmten Eckzähne der Hunde und Raubtiere; danach **Fang:** das ganze Maul; 2) die mit Krallen bewehrten Zehen der Greifvögel und Eulen.

Fangen, Ronald, norweg. Schriftsteller, * Kragerø (Prov. Telemark) 29. 4. 1895, † (Flugzeugunglück) Fornebu (heute zu Oslo) 22. 5. 1946; war Publizist, seit 1935 führendes Mitgl. der Oxfordgruppenbewegung (Moral. Aufrüstung), 1940–41 von der Gestapo in Haft gehalten. Seine von christlich-moral. und antimarxist. Ideen getragenen Romane enthalten ausgedehnte weltanschaul. Auseinandersetzungen. Seine frühen Dramen sind vom dt. Expressionismus beeinflusst, später kam er zu realist. Darstellungsweise.

Werke: *Romane:* Erik (1931); Mannen som elsket rettferdigheten (1934; dt. Der Mann, der die Gerechtigkeit liebte); En lysets engel (1945); Presten (1946). – *Drama:* Syndefald (1920).

Fänger im Roggen, Der, engl. »The catcher in the rye«, Roman des amerikan. Schriftstellers J. D. S‍ALIN‍GER; engl. 1951. Der Adoleszenzroman, der zum Kultbuch avancierte, erzählt von den Sorgen und Nöten des Heranwachsens und beschreibt die dreitägige Irrfahrt des siebzehnjährigen Holden Caulfield durch New York, die sich als Initiationsreise in die Welt der Erwachsenen darstellt.

Fangfäden, *Zoologie:* 1) fadenförmige, beweg. oder kontraktile Körperanhänge bei niederen Tieren, die dem Beutefang dienen (z. B. die mit Nesselkapseln besetzten F. der Nesseltiere); 2) dem Beutefang dienende, z. T. mit klebrigem Sekret versehene Spinnfäden der Spinnen.

Fanggrube, *Jägersprache:* die →Fallgrube.

Fanghafte, Mantispidae, zu den Echten Netzflüglern gestellte Familie der Insekten mit rd. 350 Arten (in Mitteleuropa nur eine Art); 3–30 mm groß, mit zu vorschnellbaren Fangbeinen umgebildeten Vorderbeinen. Die Larven entwickeln sich parasitär bei anderen Insekten und in Spinnen.

Fangheuschrecken, veraltete Bez. für die →Fangschrecken.

Fangio [ˈfaŋxi̯o], Juan Manuel, argentin. Autorennfahrer, * Balcarce (Prov. Buenos Aires) 24. 6. 1911, † Buenos Aires 17. 7. 1995; kam 1949 nach Europa und schloss sich dem Alfa-Romeo-Team an; Formel-1-Fahrer 1950–57, 24 Grand-Prix-Siege in 51 Rennen; Weltmeister 1951 (Alfa Romeo), 1954 (Maserati/Mercedes), 1955 (Mercedes), 1956 (Ferrari) und 1957 (Maserati). Seine fünf WM-Titel wurden erst 2003 von M. S‍CHUMACHER überboten.

Fanglomerat [fæn-; Analogiebildung zu Konglomerat mit engl. fan »Fächer«] *das, -(e)s/-e,* **Schlammbreccie** [-brɛtʃə], Sedimentgestein, das aus heterogenen Gesteinsfragmenten aller Größenordnungen besteht (oft ein Gemisch aus sehr eckigen und angerundeten Komponenten), abgelagert auf einem alluvialen Fächer und später zu Gestein verfestigt. F. treten in ariden Klimaten auf, wo kurze, heftige Niederschläge zu Schichtfluten führen, die Sediment kurzzeitig mitführen und dann ungeordnet ablagern; fossil u. a. aus dem Rotliegenden Dtl.s bekannt. Im humiden Klimabereich entstehen auf ähnl. Art die →Muren.

Fango [ital.] *der, -s,* Mineralschlamm vulkan. Ursprungs; eine Ablagerung auf dem Boden heißer Quellseen, so in Pistyan, Battaglia Terme (bei Padua) und Abano Terme. F. entsteht auch durch atmosphär. Einwirkung verwitterten Basalttuffs, so in Bad Neuenahr-Ahrweiler. Der fein gemahlene Vulkanschlamm wird mit heißem Wasser zu Brei angerührt, der zu Packungen und Bädern bei rheumat. Erkrankungen, Leber-Gallen-Leiden, Frauenkrankheiten, Wirbelsäulen- und Rückenleiden u. a. benutzt wird.

Fangpflanzen, zur Anlockung und anschließenden Vernichtung von Schädlingen angebaute Pflanzen, oft in Form von Schutzstreifen am Rand der Kulturpflanzenflächen.

Fangschaltung, an vermittlungstechn. Fernmeldeeinrichtungen anzubringende Zusatzschaltung zur Feststellung des Anschlusses eines anonymen Anrufers oder von Störungen, die zu falschen Vermittlungen führen. Der Angerufene bewirkt durch eine vorgeschriebene Aktion, dass an die Sprechadern des Verbindungsweges ein elektr. Potenzial gelegt wird, wodurch die normalerweise vom Anrufer durch Auflegen des Handapparats gelöste Verbindung zurückverfolgt werden kann.

Fangschnur, *Militärwesen:* in der Bundeswehr eine geflochtene Schnur aus Metallgespinst (Generale:

Fang: Ngel-Maske aus Holz; diente dem Aufspüren von Übeltätern

Juan Manuel Fangio

Fang Fangschrecken

Fano: der Corte Malatestiano (14. Jh. ff.) mit Museo Archeologico e Pinacoteca

mattgoldfarben, übrige Offiziere in Heer und Luftwaffe: mattsilberfarben, Marine: goldfarben) für Attachés, Offiziere des Protokolls und Fahnenbegleiter, bei der Marine auch für Begrüßungs- und Verbindungsoffiziere; wird auf der rechten Seite der Uniformjacke bzw. des Mantels getragen. – Urspr. Ausrüstungsstück der Kavallerie: eine an der Kopfbedeckung und an der Achsel befestigte Sicherungsschnur, die das Verlieren der Kopfbedeckung verhindern sollte. Seit dem 17. Jh. wurde die F. auch als Auszeichnung verliehen. Im Dt. Reich gehörte sie bis 1918 zur Paradeuniform der Generale und aller Offiziere bei gesellschaftl. Veranstaltungen. In der Reichswehr wurde die F. zum Parade- und Gesellschaftsanzug der Offiziere getragen, von der Wehrmacht wurde sie als Adjutantenabzeichen übernommen.

Fangschrecken, Mantodea, Ordnung der Insekten mit rd. 2000 Arten bes. in warmen Ländern (in Mitteleuropa nur eine Art, die →Gottesanbeterin). F. sind 1–16 cm lange, räuberisch lebende Lauerjäger mit großen Komplexaugen auf frei bewegl. Kopf und zu wirkungsvollen Fangbeinen umgestalteten Vorderbeinen. Die Körpergestalt kann sehr verschieden sein, z. B. Blüten vortäuschen wie bei der →Teufelsblume.

Fangschreckenkrebse, Maulfüßer, Stomatopoda, Ordnung der Höheren Krebse (250 Arten; 1–3 cm lang) mit lang gestrecktem Körper, kräftigem Hinterleib und klappmesserartigen Fangbeinen. Der bis 20 cm lange **Heuschreckenkrebs** (Squilla mantis) lebt an den Küsten des Mittelmeers und besitzt auch wirtschaftl. Bedeutung als Speisekrebs.

Fangvorrichtung, *Fördertechnik:* automat. Sicherheitseinrichtung in Förderanlagen, die das Fördermittel bei unkontrollierten Fahrzuständen durch Verklemmen oder Verkeilen abbremst. Personenaufzüge sind immer mit F. ausgestattet.

Fangzähne, *Zoologie:* die spitzen, kegelförmigen, häufig nach hinten gerichteten Zähne von Raubfischen, die zum sicheren Ergreifen und Festhalten der Beute dienen; bei Raubtieren die Eckzähne.

Fan-in [fæn-; engl. »Eingangsfächerung«] *das, -(s)/ -s, Mikroelektronik:* →Lastfaktor.

Fan Kuan, Fan K'uan, eigtl. **Fan Zhonzheng,** chin. Landschaftsmaler, * Huayuan (Prov. Shaanxi) um 948, † um 1027/1030; widmete sich daoist. Studien. Die signierte Hängerolle »Reisende zw. Strömen und Ber-

gen« (Palastmuseum Taipeh) ist eines der wenigen original erhaltenen Meisterwerke der monochromen Landschaftsmalerei aus der Zeit der nördl. Songdynastie. Charakteristisch ist die Vertikalkomposition mit hintereinander gestaffelten Raumschichten.

Fanning Island [ˈfænɪŋ ˈaɪlənd, engl.], zu Kiribati gehörendes Atoll im zentralen Pazifik, →Tabuaeran.

Fanny Hill, auch u. d. T. »Entdeckte Heimlichkeiten einer zuletzt glücklich gewordenen Maitresse« und »Die Memoiren der F. H.«, engl. »Memoirs of a woman of pleasure«, Roman des engl. Schriftstellers J. CLELAND, 2 Bde., 1749; 1750 in 1 Bd. u. d. T. »Memoirs of F. H.«. Mit der lebenslustigen Prostituierten Fanny Hill schuf CLELAND eine der populärsten Figuren des erot. Romans.

Fano, Stadt und Seebad in den Marken, Prov. Pesaro e Urbino, Italien, an der Adria, 60 600 Ew.; kath. Bischofssitz; Museum; Fischerei, Textil-, Schuh-, Haushaltswarenindustrie; Fremdenverkehr. – Aus röm. Zeit stammen die Reste der Basilika des VITRUV und der Augustusbogen (2. Jh. n. Chr.). An den Bogen schließen sich die Loggie di San Michele (fünf Arkaden; 1495) und die ehem. kleine Kirche San Michele (mit Renaissanceportal von 1504) an. Mehrere Paläste, u. a. Palazzo della Ragione (1299), Palazzo Montevecchio (18. Jh.) und der Baukomplex des Corte Malatestiano (14. Jh. ff.) mit Museo Archeologico e Pinacoteca im Palazzo Malatestiano. Dom (Neubau 1113–40; Fresken von DOMENICHINO), Santa Maria Nuova (im 16. Jh. erneuert; im Inneren Gemälde von PERUGINO), San Pietro ad Vallum (17. Jh.; barocke Innenausstattung). – F., das antike **Fanum Fortunae,** unter AUGUSTUS die Veteranenkolonie **Colonia Iulia Fanestris,** wurde 538 von den Goten zerstört, 755 und 774 von PIPPIN D. J. und KARL D. GR. der röm. Kirche geschenkt, blieb aber faktisch selbstständig; im 14. Jh. kam es unter die Herrschaft der Malatesta, 1463–1860 gehörte es zum Kirchenstaat.

Fano, Robert Mario, amerikan. Elektroingenieur ital. Herkunft, * Turin 11. 9. 1917; war Prof. am Massachusetts Institute of Technology in Cambridge (Mass.); arbeitete v. a. über elektromagnet. Felder (speziell Mikrowellen), ihre Ausbreitung und ihre Verwendung zur Informationsübertragung, außerdem über Netzwerksynthese; begründete 1961 die →statistische Nachrichtentheorie.

Werke: Electromagnetic fields, energy and forces (1960, mit R. B. ADLER u. L. J. CHU); Transmission of information (1961).

Fanø [ˈfaːnøː], Insel vor der W-Küste Jütlands, bei Esbjerg, Dänemark, 56 km², 17 km lang, 3200 Ew. F. besteht überwiegend aus Dünen und Heideflächen, teilweise aufgeforstet; im Osten Marschen. Mittelpunkt des internat. Badeverkehrs ist **Vesterhavsted,** Verw.-Sitz ist das Fischerdorf **Nordby** (mit Navigationsschule).

Fanon [faˈnɔ̃], Frantz, Schriftsteller und polit. Aktivist aus Martinique, * Fort-de-France 20. 7. 1925, † Bethesda (Md.) 6. 12. 1961; ging 1952 als Arzt nach Algerien und trat dort dem »Front de Libération Nationale« (FLN) bei. Sein einflussreicher Essayband »Peau noire, masques blancs« (1952; dt. »Schwarze Haut, weiße Masken«) ist eine bittere Kritik an weißem Rassismus und schwarzer Selbstentfremdung; in seinem gleichermaßen berühmten Essay »Les damnés de la terre« (1961; dt. »Die Verdammten dieser Erde«) versuchte er, die Notwendigkeit des gewaltsamen Kampfes gegen den Kolonialismus zu begründen.

Fan-out [ˈfænaʊt; engl. »Ausgangsfächerung«] das, -(s)/ -s, *Mikroelektronik:* →Lastfaktor.

Fansago, Cosimo, ital. Baumeister und Bildhauer, →Fanzago, Cosimo.

Fantasia [span.] *die*, -/-s, Reiterspiel in Algerien und Marokko, bei dem auf galoppierenden Pferden akrobat. Kunststücke gezeigt werden.

Fantasie [zu griech. phantázesthai »erscheinen«] *die*, -/...si̱en, **Phantasie,**

1) *Musik:* ital. **Fantasi̱a,** frei gestaltetes Instrumentalstück, das durch Spontaneität des Einfalls, Ungebundenheit der Form und betont affektuosen oder expressiven Gestus gekennzeichnet ist und oft wie eine notenschriftlich fixierte Improvisation erscheint. Der Titel F. begegnet zuerst im frühen 16. Jh. in der Orgelmusik (H. KOTTER, Tabulaturbuch 1513 ff.), dann – u. a. dem →Ricercar benachbart – zunehmend in der Lautenmusik Spaniens (L. MILAN), Italiens (FRANCESCO DA MILANO) und Frankreichs (G. DE MORLAYE). Nach 1550 stand die ital. Musik für Tasteninstrumente im Mittelpunkt der Entwicklung, die, bereichert durch imitator. Stimmbehandlung und kontrastierende Abschnitte, in der F. von G. FRESCOBALDI (1608) einen ersten Höhepunkt fand. Während in England die eigenständige →Fancy gepflegt wurde, ging die dt. Entwicklung von den großen, höchst kunstvollen F.-Formen des Niederländers J. P. SWEELINCK aus. Im prot. Raum bildete die Choral-F. eine Sonderform. Höhepunkt der Gattung im Spätbarock ist J. S. BACHS »Chromat. F.« (BWV 903) mit ihrer kühnen Harmonik und klavierist. Virtuosität. Hier knüpfte C. P. E. BACH mit seinen »Freien F.« (1783 und 1785) an, die zum Inbegriff empfindsamer Expressivität wurden und noch auf W. A. MOZARTS Klavier-F. (d-Moll KV 397 und c-Moll KV 475) ausstrahlten. In Werken wie L. VAN BEETHOVENS Klaviersonaten op. 27 Nr. 1 und 2 (je mit dem Untertitel »Sonata quasi una fantasia«), F. SCHUBERTS »Wanderer-F.« (D 760) und R. SCHUMANNS F. C-Dur op. 17 bestimmt ein poet. Moment die Form. Eine andere Art von F. des 19. Jh. benutzt bekannte Themen (z. B. aus Opern) als Grundlage freier Paraphrasen (F. LISZT). M. REGERS große Orgel-F. bekunden – wie auch etwa F. BUSONIS »Fantasia contrappuntistica« (1910) – eine schöpfer. Auseinandersetzung mit J. S. BACH. Im 20. Jh. ist der Titel F., außer in der Orgelmusik, seltener (A. SCHÖNBERG, F. für Violine und Klavier op. 47).

🔊 **Fantasie:** J. P. Sweelinck: »Fantasia chromatica« **6113**; J. S. Bach: Fantasie g-Moll BWV 542 **3466**; J. Brahms: »Sieben Fantasien« op. 116 Nr. 3, Allegro passionato **3855**; M. Bruch: »Schottische Fantasie« op. 46, Allegro **4823**; A. Rubinstein: »Eroica-Fantasie« op. 110 **5728**; R. Strauss: »Sinfonische Fantasie«, aus »Die Frau ohne Schatten« **4253**; H. Villa-Lobos: »Animé«, aus Fantasie für Sopransaxophon, 3 Hörner und Streicher op. 630 **4846**

📖 P. SCHLEUNING: Die F., 2 Bde. (1971); D. TEEPE: Die Entwicklung der F. für Tasteninstrumente im 16. u. 17. Jh. (1990).

2) *Psychologie* und *Philosophie:* Vorstellung und Vorstellungsvermögen, das reproduktiv aus der Erinnerung, als freie Ausgestaltung der Erinnerungsinhalte oder als Neuproduktion anschaul. Inhalte wirksam ist. Auf diese Weise ist F. ein schöpfer. Vermögen, sich in andere als die gegebenen Situationen hineinzuversetzen und auch erinnerte oder gegebene Inhalte neuartig zu kombinieren. F. wird oft mit Kreativität, Einbildungskraft, Imagination gleichgesetzt, wobei die F.-Produktionen, im Unterschied zu kreativen Ideen, meistens unabhängiger von den konkreten Aufgabenstellungen und Rahmenbedingungen der Lebenspraxis sind. F. dient der alltägl. Problembewältigung, greift als poet. Ausgestaltung über die erlebte Wirklichkeit hinaus und liefert auch die individuellen und kollektiven Bilder und Schemata, nach denen die Wirklichkeit interpretiert wird. F. enthält rationaldenker., bildhafte wie auch emotionale Elemente; kennzeichnend sind der spieler. und (im Unterschied zur Rationalität) der von vorgegebenen Regeln weitgehend freie Vollzug. S. FREUD deutete F. als Wunscherfüllung, »eine Korrektur der unbefriedigten Wirklichkeit« und als Abbilder seel. Strömungen, die die bewusste Einstellung kompensieren. C. G. JUNG hob die schöpfer. Leistung der F. auch als Quelle der Kunst hervor, wobei die künstler. F. sich bes. durch Reichtum, Originalität, Lebendigkeit und die Verbindung von Einfällen zu einer organisch-ästhet. Ganzheit auszeichnet. Anders als in der F. geht nach allgemeiner Auffassung in der **Fantastik** das Bewusstsein der Irrealität der vorgestellten Gebilde häufig verloren.

In der griech. Philosophie bezeichnete F. zunächst »Erscheinung« und »Schein« (PLATON); ARISTOTELES fasste sie dagegen als ein eigenes, zw. Sinneswahrnehmung und Denken gestelltes Seelenvermögen auf, das die sinnl. Elemente zur Veranschaulichung des in reiner Form gedachten Allgemeinen liefert. Als ein zentraler Begriff der stoischen Handlungs- und Erkenntnistheorie bedeutete F. die »Vorstellung« und »produktive Einbildungskraft«. M. DE MONTAIGNE bestimmte sie später in seinen moralphilosoph. Betrachtungen sowohl als Quelle aller menschl. Leidenschaften wie auch als Mittel der Selbsterkenntnis. C. WOLFF fasste die reproduktive wie die produktive Vorstellung als »Phantasma« zusammen, und GOETHE forderte gegen J. N. TETENS und I. KANT, neben den angenommenen drei Grundvermögen der Seele (Denken, Fühlen, Wollen) die F. als viertes gleichrangig anzuerkennen. Die Empiristen bestreiten, dass es im strengen Sinn Neuschöpfungen der F. geben könne, die über eine neuartige Kombination oder Umgruppierung des durch die Sinne Erfahrenen hinausgehen. Jedoch widerspricht dem die Tatsache der denker., log., mathemat. und bes. der künstler. Fantasie.

Die höheren, komplexen Leistungen der F. liegen in einer virtuellen Steigerung und Ausweitung des gesamten Erlebnisraums. F. ist die Bedingung aller schöpfer. Arbeit. Sie hilft die Gewohnheiten der Wahrnehmung, des Denkens und Handelns aufzubrechen und damit neue Sacherfahrungen zu gewinnen. Die Bedeutung der F. für die Kunst wurde insbes. von der Romantik betont, so von JEAN PAUL (»Vorschule der Ästhetik«); schöpfer. F. galt schon KANT als das Merkmal des Genies.

Insofern die reproduktive (z. B. Inhalte der Kunst nachvollziehende) oder die aktiv gestaltende F. dem Individuum auch den Zugang zu Hoffnungen und eigenen Ausdrucksformen eröffnet, die über sein Bestimmtsein durch vorfindl. Gegebenheiten und die Umwelt (geprägte Denk- und Verhaltensmuster, Normen, Rollenerwartungen) hinausgreifen, trägt sie wesentlich zur Bildung einer autonomen und krit. Persönlichkeit bei. Auch in der Erziehung kommt somit der Förderung der F., etwa durch (F.-)Spiel, Zeichnen, Erzählen, Musik, Anregung zur Suche vielfältiger oder von der Norm abweichender Lösungen von Aufgaben eine große Bedeutung zu. – Im Zusammenhang der Bewusstmachung und Veränderung von Einstellungen und Verhaltensweisen hat die F. (etwa als freies

Fant fantasieren

Assoziieren oder, vorgegebene Themen gestaltend, als »aktive Imagination«, auch als Rollenspiel) eine hohe therapeut. Bedeutung in der Psychologie.

📖 D. Kamper: Zur Gesch. der Einbildungskraft (1990); E. Grassi: Die Macht der Phantasie (Neuausg. 1992); Kindl. Phantasie u. ästhet. Erfahrung, hg. v. L. Duncker u. a. (²1993); J.-P. Sartre: Das Imaginäre (a. d. Frz., Neuausg. 1994); Religion u. Phantasie, hg. v. W. H. Ritter (2000); B. J. Brinkmann: Von der positiven F. zum verbindl. Ziel (2001); R. Britton: Glaube, Phantasie u. psych. Realität (a. d. Engl., 2001); S. Freud: Die Traumdeutung (¹¹2003); V. Kast: Imagination als Raum der Freiheit (Neuausg. 2004).

fantasieren [nach mlat. phantasiari »sich einbilden«], **phantasieren,** 1) *allg.:* sich den Vorstellungen der Fantasie, Trugbildern, Wahnvorstellungen hingeben.
2) *Medizin:* wirr reden, z. B. in Fieberträumen und bei psych. Erkrankungen.

Fantasiestein, lebhaft gefärbter Stein; auch Schmuckstein mit außergewöhnl. Schliff oder ein Kunstprodukt zur Imitation von Schmucksteinen.

Fantastik *die, -,* unkontrollierte → Fantasie 2).

fantastisch, phantastisch, 1) auf Fantasie beruhend, nur in der Fantasie bestehend, unwirklich; 2) *umgangssprachlich:* großartig, wunderbar.

fantastische Literatur, phantastische Literatur, 1) i. w. S. ein Sammelbegriff für erzählende Texte (seltener Dramen), die über die Darstellung der empirisch begreifbaren Welt hinausgehen und Welten entwerfen, in denen übernatürl. Elemente Realitätscharakter besitzen. In diesem Sinne bezieht sich der Begriff auf keine einzelne, sondern eine Vielzahl literar. Gattungen: von Mythen, Märchen, Sagen, Legenden und Tierfabeln über Schauerroman, Fantasy und Science Fiction bis zu den Werken des Surrealismus und mag. Realismus.

2) i. e. S. bezeichnet f. L. einen Teilbereich der nichtmimet. Literatur, der sich durch eine ausgeprägte Spannung zw. Natürlichem und Übernatürlichem auszeichnet. Fantast. Erzählungen beschreiben, wie etwas Übernatürliches, Unerklärliches in die normale Alltagswelt einbricht, was für den Leser in Einzelfällen als erheiternd, meist aber als verstörend oder unheimlich empfunden wird. Das unerklärl. Ereignis – etwa eine Geistererscheinung, die Verwandlung eines Menschen in ein Tier oder das Wirksamwerden eines Fluchs – lässt sich dabei auch im Nachhinein nicht rational erklären, etwa als Sinnestäuschung oder als Traum. Diese beabsichtigte Unschlüssigkeit des Lesers, ob das unheiml. Ereignis eine natürl. oder übernatürl. Ursache hat, kann als Kennzeichen der f. L. angesehen werden. Das Übernatürliche darf innerhalb der Geschichte nicht als normal empfunden werden: Gerade darin unterscheidet sich die fantast. Erzählung von Märchen und Fantasy, die eine homogene Welt schildern, in der das Übernatürliche seinen selbstverständl. Platz hat. Auch dort, wo das Unglaubliche lediglich benutzt wird, um das Vertraute in satir. oder didakt. Absicht zu verfremden (z. B. in der Tierfabel) liegt keine f. L. im engeren Sinne vor.

Während sich die → Fantasy als Weiterentwicklung des Märchens auffassen lässt, kann man als Urform der f. L. die Sage ansehen, soweit sie vom Eindringen übernatürl. Mächte in die Alltagswelt des Menschen handelt. Frühe literar. Formen sind die Schauerballade und der in seinem Ursprungsland England als »Gothic Novel« bezeichnete → Schauerroman, der in der Frühromantik mit Werken von H. Walpole (»The Castle of Otranto«, 1765; dt. »Die Burg von Otranto«), M. G. Lewis (»The Monk«, 1796; dt. »Der Mönch«) und Mary Shelley (»Frankenstein«, 1818; dt.) eine erste Blütezeit erlebte und auch im späteren 19. Jh. Klassiker wie den Vampirroman »Dracula« (1897; dt.) von B. Stoker hervorbrachte. Ihre Stoffe sind auch durch zahlr. Verfilmungen zum festen Bestandteil des kulturellen Bewusstseins der Gegenwart geworden.

Spätestens seit dem 19. Jh. gehört die f. L. in der gesamten westl. Welt zum Repertoire der Schriftsteller: Zu den prominenten Vertretern gehören E. T. A. Hoffmann, T. Gautier, G. de Nerval, N. W. Gogol, E. A. Poe, A. Bierce, H. James, G. Meyrink, F. Kafka, A. Kubin, M. A. Bulgakow, I. Calvino, M. Aymé, J. L. Borges und C. Fuentes. Auch der → magische Realismus, mit Autoren wie M. Á. Asturias, G. García Márquez und T. Pynchon, ist zu einer wesentl. Richtung der Postmoderne geworden, lässt sich als Spielart der f. L. auffassen. Eine weitere, eher der Unterhaltungs-, bzw. Trivialliteratur zugeordnete Spielart ist der Horrorroman, eine moderne Weiterführung des Schauerromans, dessen erfolgreichster Vertreter in der Gegenwart S. King ist.

Die anhaltende Faszination des Fantastischen, die sich auch in Verkaufszahlen entsprechender Titel und im Erfolg von Filmen mit fantast. Elementen äußert, lässt vermuten, dass es unter rezeptionspsycholog. Aspekten eine Ventilfunktion hat. Es thematisiert offenbar existenzielle, im Alltag verdrängte Ängste, die durch künstler. Gestaltung quasi gebändigt und damit ästhetisch genießbar gemacht werden. In der Kinderliteratur (z. B. in den Büchern von M. Ende oder P. Maar), wie auch in manchen postmodernen Romanen (so bei S. Rushdie, C. Ransmayr oder U. Widmer), werden fantast. Elemente allerdings häufig auch in spielerisch-iron. Weise eingesetzt; diese Konterkarierung einer mimet. Kunstauffassung wirkt auf die Leser eher erheiternd als angsterzeugend.

fantastische Literatur: Illustration zu E. T. A. Hoffmanns fantastischem Roman »Die Elixiere des Teufels« (Theodor Hosemann, 1844)

🔊 **fantastische Literatur:** E. T. A. Hoffmann: »Der Sandmann« (Auszug) 2395; E. A. Poe: »Grube und Pendel« (Auszug) 2693

📖 F. F. Marzin: Die phantast. Lit. Eine Gattungsstudie (1982); Phantastik in Lit. u. Kunst, hg. v. C. W. Thomsen u. a. (²1985); Die dunkle Seite der Wirklichkeit, hg. v. F. Rottensteiner (1987); M. Wünsch: Die f. L. der frühen Moderne 1890–1930. Definition, denkgeschichtl. Kontext, Strukturen (1991); T. Todorov: Einf. in die f. L. (a. d. Frz., Neuausg. 1992); U. Durst: Theorie der phantast. Lit. (2001).

Fantastischen Vier, Die, Fanta 4, dt. Hip-Hop-Gruppe, 1989 aus der Gruppe »The Terminal Team« hervorgegangen; Mitgl. sind S. M. U. D. O., auch Smudo, eigtl. Michael Bernd Schmidt (*1968), And. Ypsilon, eigtl. Andreas Rieke (*1967), Hausmeister Thomas D., eigtl. Thomas Dürr (*1968) und Dee Jot Hausmarke, eigtl. Michael Beck (*1967). Die Gruppe wurde 1992 mit dem Hip-Hop-Stück »Die da!?!« aus ihrem zweiten Album »Vier gewinnt« (1992) bekannt und etablierte sich als führende dt.-sprachige Hip-Hop-Gruppe. In der Folge verstanden es die Musiker, Wortwitz und musikal. Stilsicherheit auszubauen und eine Alternative zu amerikan. Gruppen zu bieten. Alle Mitgl. der F. V. veröffentlichten auch Soloplatten und engagierten sich u. a. 1994 und 1995 in dem Projekt »Jazzkantine«, in dem Rapper und Jazzmusiker zusammenfanden.

🔊 **Die Fantastischen Vier:** »Die da!?!« 5866

fantastischer Film, phantastischer Film, Genre-Bez. für Spielfilme, in denen übernatürl. Geschehnisse und Gestalten eine tragende Rolle spielen. Die Subgenres des f. F. sind der →Horrorfilm, der →Science-Fiction-Film und der →Fantasyfilm.

Neben dem fantast. Sujet kennzeichnen das Genre – die Ästhetik des Fremdartigen schaffende – fantasievolle Kostüme und Masken, befremdl. (archaische oder futurist.) Kulissenwelten sowie der Einsatz von Filmtricks, welche Faszination und Furcht zugleich hervorrufen. Den Subgenres des f. F. ist gemein, dass sich in ihren Fantasiewelten Wunsch- und Angstprojektionen, die sich durchaus auf die Realität beziehen, manifestieren.

Zu den Prototypen des Genres zählen »Die Reise zum Mond« (1902, von G. Méliès), »Das Cabinet des Dr. Caligari« (1920, von R. Wiene) und »Metropolis« (1927, von F. Lang).

fantastischer Film: Szene aus »Das Cabinet des Dr. Caligari« (1920) von Robert Wiene

📖 G. Seesslen u. C. Weil: Kino des Phantast. (Neuausg. 1980); R. Giesen: Lex. des phantast. Films, 2 Bde. (1984); Enzykl. des phantast. Films, hg. v. N. Stresau, Losebl. (1986 ff.); R. Giesen: Sagenhafte Welten. Der phantast. Film (1990); R. G. Young: The encyclopedia of fantastic film (New York 2000).

fantastischer Realismus, phantastischer Realismus, *Kunst:* Mitte der 1950er-Jahre aufgekommene Bez., die sich zunächst nur auf die Maler der →Wiener Schule des phantastischen Realismus bezog. Der f. R. verfremdet die Realität, sei es durch einen imaginären Kontext, fantast. Gestalten und Phänomene oder durch Überpräzision der Wiedergabe. Ihm stehen z. T. auch Künstler der Neuen Sachlichkeit wie F. Radziwill, sonst dem Surrealismus zugerechnete Künstler wie P. Wunderlich und M. Zimmermann und u. a. auch die Vertreter der Schule der →Neuen Prächtigkeit nahe. – I. w. S. auch Bez. für eine visionäre Malerei, die bis ins 18. Jh. zurückreicht und der Künstler wie J. H. Füssli, W. Blake, C. D. Friedrich, A. Böcklin ganz oder z. T. zuzurechnen sind.

📖 W. Schmied: Zweihundert Jahre phantast. Malerei, 2 Bde. (Neuausg. 1980); Die Phantasten. Brauer, Fuchs, Hausner, Hutter, Lehmden, hg. v. W. Schurian, Ausst.-Kat. (Wien 1990).

Fantasy ['fæntəsi, engl.] *die, -,*
1) *Literatur:* Bez. für längere Erzähltexte märchenhaften Inhalts, aus dem engl. Sprachraum in den 1960er-Jahren ins Deutsche übernommen (auch als F. Fiction oder F.-Literatur), gleichfalls verwendet für entsprechende Filme, Hörspiele oder Computerspiele.

F. hat Ähnlichkeiten mit dem (Kunst-)Märchen und Berührungspunkten mit anderen Gattungen der literar. Fantastik wie Science-Fiction und Schauerroman (→fantastische Literatur). F.-Romane sind länger und komplexer als Märchen, entwerfen aber wie diese eine autonome, in sich geschlossene Welt, die in mancher Hinsicht der erfahrenen Realität gleicht, jedoch auch wunderbare oder übernatürl. Elemente (Elfen, Riesen, Zwerge, Feen, Hexen, Ungeheuer) enthält. In der Autonomie dieser »Anderswelt« liegt der entscheidende Unterschied zum →Schauerroman, der von der Alltagswelt ausgeht, in die das Unheimliche eindringt. Im Gegensatz zur →Science-Fiction bevorzugt die F. archaische oder mittelalterl. Schauplätze und unberührte Natur; nicht höchstentwickelte Technik hilft den Helden weiter, sondern Magie. Ähnlich wie im realist. →Abenteuerroman und in der Science-Fiction ist die Handlung meist episodisch und aktionsbetont; sie konzentriert sich auf die Abenteuer eines Helden, seltener einer Heldin oder einer Gruppe, und bedient sich oft des strukturierenden Motivs der Reise oder

Fantasy 1): J. R. R. Tolkien, »Der Herr der Ringe« (1954–55; deutsche Taschenbuchausgabe von 2001)

Suche. Wie in den meisten Gattungen der →Unterhaltungsliteratur liegt das Hauptinteresse der F. nicht in komplexen Charakteren, sondern in aktionsbetonten Auseinandersetzungen zw. moralisch klar definierten Positionen, was dem Bedürfnis vieler Leser nach Ordnung und Überschaubarkeit der fiktionalen Welt entgegenkommt. Dieser Kampf zw. Gut und Böse kann in trivialen Formen der F. vordergründig als Serie von Kampfhandlungen dargestellt sein. Die damit einhergehende Gewaltverherrlichung ist von manchen Kritikern der gesamten Gattung angelastet worden, doch werden in anspruchsvolleren Texten die Konflikte differenzierter gestaltet, den Figuren werden schwierige Entscheidungen abverlangt, die Reifungsprozesse auslösen.

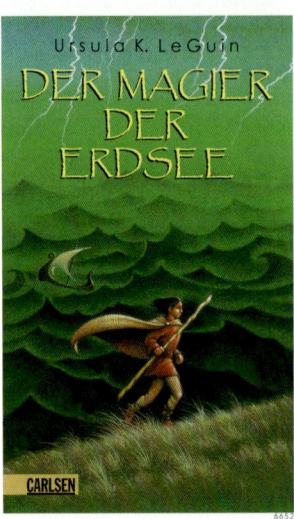

Fantasy 1): Ursula K. Le Guin, »Der Magier der Erdsee« (1968; deutsche Ausgabe von 2002)

Die Bezeichnung F. ist erst seit wenigen Jahrzehnten in Gebrauch; die Vorgeschichte der Gattung reicht jedoch bis zu den Anfängen der Literatur zurück. Fantastisch-abenteuerl. Elemente finden sich schon in den frühen Dichtungen wie dem mesopotam. »Gilgamesch-Epos« oder der »Odyssee«, ebenso in der mittelalterl. Artus-Epik. Kennzeichnend für F. i. e. S. ist allerdings, dass sie sich bewusst dem seit der Aufklärung dominanten rationalist. Weltbild entgegenstellt, indem sie auf die vorrationalist. Erzähltradition der Mythen, Märchen und Sagen zurückgreift. In diesem Sinne hat sie ihre Wurzeln in der Romantik und ist eng verwandt mit dem Kunstmärchen, wie es u. a. in Dtl. von NOVALIS, L. TIECK, C. VON BRENTANO, W. HAUFF, in England von L. CARROLL, W. MORRIS und G. MACDONALD geschaffen wurde. Die roman. F.-Literatur mit ihren eher skurrilen als heroischen Geschichten ist zudem stark vom Surrealismus geprägt (M. AYMÉ, I. CALVINO, J. L. BORGES). Moderne Trivialformen der F. erschienen seit den 1920er-Jahren in amerikan. Magazinen; breite Popularität und allg. Anerkennung errang die Gattung jedoch erst durch den Welterfolg des dreiteiligen Romans »The lord of the rings« (1954–55, dt. »Der Herr der Ringe«) von J. R. R. TOLKIEN, dessen Popularität bis heute anhält und durch die erfolgreiche Verfilmung durch P. JACKSON (2001–03) noch gesteigert wurde. Viele der F.-Romane, die in der Folge auf den Markt kamen, sind eher der Trivialliteratur zuzuordnen, da das von der Tradition vorgegebene Inventar von Märchen- und Sagenfiguren bzw. -motiven zu Imitation und Formelhaftigkeit verführt (bes. beliebt ist keltisch anmutendes Dekor). Doch haben einige Autoren es verstanden, sich des Materials spielerisch-kreativ zu bedienen: so gestalteten T. H. WHITE und MARION ZIMMER BRADLEY den Artus-Stoff neu, M. L. PEAKE (»Gormenghast«-Trilogie, 1946–59, dt.) und S. R. DONALDSON (u. a. »The chronicles of Thomas Covenant«, 1977, fortgesetzt, dt. »Die Chroniken von Thomas Covenant«) bringen statt strahlender Helden in sich gespaltene Antihelden zum Einsatz, die Werke von URSULA K. LE GUIN und C. S. LEWIS haben eine deutlich erkennbare religiöse Sinnebene. Eine herausragende Bedeutung hat F. in der zeitgenöss. Kinder- und Jugendliteratur. Als (unterschiedl.) Beispiele für den Rückgriff auf europ. Sagentraditionen können H. BEMMANN, O. PREUSSLER, W. HOHLBEIN und KAI MEYER (* 1969) gelten, während die Romane für Kinder von P. S. BEAGLE und M. ENDE zugleich Meditationen über Wesen und Funktion der Fantasie sind. Der Erfolg der Bücher von T. PRATCHETT, bes. aber der »Harry Potter«-Romane (1997 ff.; dt.) von JOANNE K. ROWLING, die beide souverän mit den F.-Konventionen spielen, beweist die ungebrochene Faszination, die von der Gattung ausgeht. Dass bereits jugendl. Autoren genretyp. Strukturgesetze erfolgreich umsetzen können, zeigt der Roman »La prophétie des pierres« (2002; dt. »Das Orakel von Oonagh«) der Französin FLAVIA BUJOR (* 1988).

Bei der Adaption in zeichner. Medien hat v. a. die so genannte Heroic F. große Publikumsresonanz. So wird R. E. HOWARDS Barbarenheld »Conan von Cimmeria« weltweit mit Erfolg als Comicfigur und Kinoheld vermarktet. Auch die Poster und Portfolios der Zeichner F. FRAZETTA, B. VALLEJO, R. MORRIEL und der Brüder HILDERBRANDT, die sich mit den Titelbildillustrationen von F.-Taschenbüchern einen Namen gemacht haben, erzielen hohe Auflagen.

H. W. PESCH: F. Theorie u. Gesch. einer Gattung (1982); F. HETMANN: Die Freuden der F. (1984); K. HUME: F. and Mimesis (New York u. a. 1984); The Encyclopedia of F., hg. v. J. CLUTE u. a. (London ²1999); R. MATHEWS: F. The Liberation of Imagination (Neuausg. New York u. a. 2002); M. FEIGE: Das neue Lex. der F. (²2003).

2) *Musik:* →Fancy.

Fantasyfilm ['fæntəsi, engl.], Subgenre des →fantastischen Films, das seine Motive v. a. aus Sagen, Mythen und Märchen schöpft und in dem urtüml., hermet. Fantasiewelten mit Fabelwesen, Heroengestalten und Zaubermächten heraufbeschworen werden, die als mag. Gegenwelten zur Realität fungieren. Wie auch in der Literatur lassen sich eher neoromant., häufig auf ein Kinderpublikum ausgerichtete F. (W. PETERSENS »Die unendl. Geschichte«; 1984, nach M. ENDE) von eher heroischeren (»heroic fantasy«), von Monstern und Dämonen bevölkerten bzw. von (Schwert-)Kämpfen geprägten (»sword and sorcery«) F. (J. MILIUS' »Conan, der Barbar«; 1982, nach R. E. HOWARD) unterscheiden.

Zu den frühen Beispielen des F. zählt V. FLEMINGS »Der Zauberer von Oz« (1939, nach F. L. BAUM). Der Fantasymotivik bedienten sich auch Disney-Zeichentrickfilme wie z. B. »Schneewittchen und die sieben Zwerge« (1937). Spätere F. nutzen zunehmend aufwendige Spezialeffekte, so z. B. G. LUCAS' »Star-Wars-Filme« (1977 ff.), bei denen die Grenzen zw. Fantasy und Science-Fiction fließend sind. – Die 1980er-Jahre bescherten dem F. einen Boom. Es entstanden die Zeichentrickfilme »Der dunkle Kristall« (1982) von J. HENSON und »Das letzte Einhorn« (1982, nach P. S. BEAGLE) von A. RANKIN JR. und J. BASS sowie die Filme »E. T. – Der Außerirdische« (1982; von S. SPIELBERG) und »Der Wüstenplanet« (1984; von D. LYNCH). Zu Beginn des 21. Jh. wurden unter Einsatz von Spezialeffekten und Computeranimation die Fantasyliteraturklassiker »Herr der Ringe« (nach J. R. R. TOLKIEN) von P. JACKSON (2001–03) und »Harry Potter« (nach JOANNE K. ROWLING) von C. COLUMBUS (2001, 2002) sowie A. CUARÓN (2003) verfilmt.

R. M. Hahn u. R. Giesen: Das neue Lex. des Fantasy-Films (2001); Filmgenres – Fantasy- u. Märchenfilm, hg. v. A. Friedrich (2003).

Fante, Fanti, zur Gruppe der →Akan gehörendes Volk an der Küste SO-Ghanas, über 1,7 Mio. Menschen; die F. betreiben Feldbau und Fischerei. Von der Kunst der F. sind am bekanntesten die »Akua-ba« genannten Fruchtbarkeitspuppen (im Ggs. zu denen der Ashanti mit rechteckigem Kopf) und die mit bunten Figuren geschmückten Häuser und Flaggen der Asafo-Kriegergesellschaften, die neben der Verteidigung auch soziale, polit. und religiöse Funktionen wahrnehmen.

Fantin-Latour [fãtɛ̃laˈtuːr], Henri, frz. Maler und Grafiker, *Grenoble 14. 1. 1836, †Buré (Dép. Orne) 25. 8. 1904. F.-L. stand den Impressionisten nahe (befreundet mit J. WHISTLER), blieb aber der tradierten Malkultur verpflichtet. Er wurde bekannt durch allegor. Gruppenporträts (»Hommage à Delacroix«, 1864, Paris, Musée d'Orsay; »Un atelier aux Batignolles«, 1870, ebd.). Er malte auch Blumenstillleben, Genrebilder, Landschaften und Selbstporträts sowie Fantasieszenen zur Musik von R. WAGNER, H. BERLIOZ, J. BRAHMS u. a. und schuf zahlr. Lithografien.

Fanzago, Fansaga, Fansago, Cosimo, ital. Baumeister und Bildhauer, getauft in Clusone (bei Bergamo) 13. 10. 1592, begraben in Neapel 13. 2. 1678; ab 1608 in Neapel tätig, wo er in die Werkstatt seines Onkels, des Marmorbildhauers POMPEO F., eintrat und später zahlr. Kirchen, Paläste und Innendekorationen schuf. Er war richtungweisend auf dem Gebiet der neapolitan. Barockornamentik.

Werke (alle in Neapel): Großer Kreuzgang der Certosa di San Martino, 1623–31; Guglia di San Gennaro (Denkmal), 1637 ff.; Palazzo di Donn' Anna, 1642 ff.; Kapelle des Palazzo Reale, 1640–46; Santa Teresa a Chiaia, 1650–62.

Henri Fantin-Latour: Blumen in einer Tonvase (1883; Sankt Petersburg, Eremitage)

Fantasyfilm: Szene mit der in den Speisesaal von Hogwarts einfliegenden Eule Hedwig in Chris Columbus' Literaturverfilmung »Harry Potter und der Stein der Weisen« (2001)

Fanzine [ˈfænziːn; Kw. aus engl. fan »Fan« und magazine »Zeitschrift«] das, -s/-s, eine Zeitschrift von Fans für Fans, kam im Zusammenhang mit dem Punkrock auf. Ein F. wird zumeist von Jugendlichen hergestellt (oft in Fotokopie) und ist einzelnen Gruppen oder einer Musikrichtung gewidmet. F. erscheinen unregelmäßig und oft nur über einen kurzen Zeitraum; sie sind auf Schallplattenbörsen oder bei Fanclubs erhältlich. Bekannte F. sind z. B. »Dead Relix« für die Fans der Rockgruppe »Grateful Dead« und »Controversy« für die von »Prince«.

Fao, Al-Faw [-ˈfao], irak. Stadt auf der gleichnamigen Halbinsel am inneren Ende des Pers. Golfs, 105 000 Ew.; 1951 zum Erdölhafen ausgebaut; wegen ständiger Versandung vor F. wurden vor der Küste zwei künstl. Inseln mit Tiefwasserhäfen (Khor al-Amaija und Mina al-Bakr) angelegt, heute Endpunkte der südirak. Pipeline.

FAO, Abk. für **Food and Agriculture Organization of the United Nations** [fuːd ænd ˈæɡrɪkʌltʃə ɔːɡənaɪˈzeɪʃn ɒv ðə juːˈnaɪtɪd ˈneɪʃənz, engl.], **Ernährungs- und Landwirtschaftsorganisation der Vereinten Nationen,** autonome Sonderorganisation der Vereinten Nationen für Ernährung, Landwirtschaft, Fischerei und Forsten, gegr. in Quebec am 16. 10. 1945, der (2004) 183 Mitgl., darunter die EG, angehören; Sitz: Rom (bis 1951 Washington).

Organe 1) die alle zwei Jahre tagende »Konferenz« (Vollversammlung der Mitgl.-Staaten; pro Mitgl. eine Stimme), die die Richtlinien der Tätigkeit der FAO bestimmt sowie das Arbeitsprogramm und den Zweijahreshaushalt beschließt; 2) der »Rat«, das Exekutivorgan der Konferenz zw. den Tagungen, dessen 49 Mitgl. im Rotationsverfahren für drei Jahre gewählt werden; 3) der für sechs Jahre von der Konferenz gewählte »Generaldirektor« (seit 1977 Wiederwahl möglich), der unter Aufsicht der Konferenz und des Rates die Arbeit der FAO leitet. Ihm unterstehen Sekretariat, Ausschüsse des Rates sowie Regional- und Verbindungsbüros. Die FAO verfügt derzeit über Regionalbüros für den Nahen Osten (Sitz: Kairo), für Asien/Pazifik (Sitz: Bangkok), Lateinamerika/Karibik (Sitz: Santiago de Chile), Afrika (Sitz: Accra) und Europa (Sitz: Rom), ein Verbindungsbüro für Nordamerika (Sitz: Washington) sowie über Verbindungsbüros bei den Vereinten Nationen (Sitz: New York und Genf). Mit rd. 4000 Beschäftigten ist die FAO eine der größten UN-Sonderorganisationen.

Ziele Hebung des Ernährungs- und Lebensstandards der Völker, Verbesserung der Erzeugung und Verteilung land-, forst- und fischereiwirtschaftl. Produkte, Verbesserung der Lebensbedingungen der Landbevölkerung, Ausweitung der Weltwirtschaft, Befreiung der Menschheit von Hunger.

Aufgaben Die im »Regular Programme« der FAO statuarisch festgelegten Aufgaben umfassen die Sammlung, Analyse, Bewertung und Verbreitung von Informationen, Erstellung von Berichten und Statistiken, Empfehlungen für Maßnahmen in Forschung, Ausbildung und Verw., Programme zur Erhaltung der natürl. Ressourcen, Verbesserung von Produktions-, Vermarktungs- und Verteilungsmethoden, Erarbeitung globaler, regionaler und nat. Strategien zur Steigerung der Nahrungsmittelproduktion v.a. in Entwicklungsländern, Förderung und Empfehlung internat. Richtlinien über Abkommen für landwirtschaftl. Erzeugnisse. Daneben ist zunehmend die Durchführung von Entwicklungsprojekten getreten. Dabei betreut die FAO quasi als Generalunternehmer die so genannten »Feldprogramme«. Die Hauptauftraggeber sind einerseits UN-Organe, v. a. das Entwicklungsprogramm der Vereinten Nationen (→UNDP), aber auch einzelne Länder im Rahmen von bilateralen Projekten. Die FAO ist auch zuständig für die Genehmigung von Nahrungsmittelhilfen im Rahmen des →Welternährungsprogramms.

Finanziert wird die Arbeit der FAO durch Beitragszahlungen der Mitgl.-Staaten, durch finanzielle Zuwendungen des UNDP sowie durch Treuhandfonds für bestimmte Projekte.

Michael Faraday

James C. Maxwell über die Leistung Michael Faradays

Aus dem Werk »A Treatise on Electricity and Magnetism« (1873)

Vielleicht war es für die Wissenschaft von Nutzen, daß Faraday kein Mathematiker von Fach war, wenn er sich auch der fundamentalen Anschauungen von Zeit, Raum und Kraft vollkommen bewußt war. Er geriet dadurch nicht in die Versuchung, die vielen rein mathematischen Probleme zu verfolgen, die seine Entdeckungen aufgeworfen hätten, wenn sie in mathematischer Form dargestellt worden wären, und er fühlte sich auch nicht berufen, seine Ergebnisse dem mathematischen Geschmack der Zeit anzupassen oder sie in einer von Mathematikern angreifbaren Form darzustellen. So war er frei, sein Werk im eigenen Geiste zu vollenden, seine Ideen mit den gefundenen Tatsachen zu verknüpfen und sie in natürlicher statt in einer Fachsprache auszudrücken. [...]

[...] er faßt den ganzen Raum als Kraftfeld auf, in dem die Kraftlinien im allgemeinen gekrümmt sind; von einem Körper ausgehend, breiten sie sich nach allen Richtungen aus, wobei ihre Richtung durch die Gegenwart anderer Körper abgelenkt wird. Er spricht sogar davon, daß die Kraftlinien einem Körper angehören, gewissermaßen also einen Teil von ihm selbst bilden, so daß man auch da, wo eine Wirkung auf entfernte Körper auftritt, nicht sagen kann, daß der Körper da wirke, wo er selbst gar nicht gegenwärtig ist. Aber es ist dies keine vorherrschende Idee bei Faraday. Ich glaube eher, daß er sagen wollte, der Raum sei mit Kraftlinien angefüllt, deren Anordnung von der Anordnung der Körper im Felde abhängt, und daß alle mechanischen und elektrischen Einwirkungen auf die Körper durch die auf sie treffenden Kraftlinien bestimmt würden.

Auszüge aus James Clerk Maxwells Elektrizität und Magnetismus, hg. v. F. Emde, übers. v. H. Barkhausen (Braunschweig: F. Vieweg & Sohn, 1915), S. 78 ff.

Die FAO gibt zahlr. Publikationen heraus, betreibt ein landwirtschaftl. Informationszentrum und veröffentlicht Informationen in versch. Datenbanken.

Faoide ['fidi], irischer Name der →Whiddyinsel.

FAQ [Abk. für engl. frequently asked questions »häufig gestellte Fragen«], *Informatik:* ein Dokument, in dem häufig gestellte Fragen zu einem bestimmten Themengebiet sowie die zugehörigen Antworten zusammengestellt sind. FAQ-Sammlungen finden sich bes. in Diskussionsforen im Internet. Sie sollen Neulingen den Einstieg erleichtern und Experten von der wiederholten Beantwortung immer gleicher Fragen entbinden.

f. a. q., faq [Abk. für engl. fair average quality »gute Durchschnittsqualität«], in internat. Handelsverträgen verwendete Klausel zur Qualitätskennzeichnung einer Ware, gleichbedeutend mit der Bez. »Handelsgut mittlerer Art und Güte«, »Merkantilware« (→Handelsgut).

Fara, Ruinenhügel im mittleren Irak, mit den Ruinen der sumer. Stadt →Schuruppak.

Farabi, Abu Nasr Muhammad al-, latinisiert **Alpharabius,** islam. Philosoph, * Wasidj (Distr. Farab, Kasachstan) um 870, † Damaskus 950; förderte die Verbreitung der griech. Philosophie (insbes. der Logik) im arabisch-islam. Kulturkreis. F. lehrte in Bagdad, Aleppo und Damaskus; er glaubte an eine ursprüngl. Identität von aristotel. und neuplaton. Philosophie, der er den Primat über die Religion zuerkannte, vermochte dabei die göttl. Inspiriertheit der Propheten zu begründen und vertrat in der Nachfolge von ARISTOTELES die Theorie von der →Ewigkeit der Welt. Bedeutung gewannen auch seine Schriften zur Ethik und Politik, zur Mathematik und Musiktheorie.

Ausgabe: On the perfect state, hg. v. R. WALZER (1985).

📖 M. S. MAHDI: Alfarabi and the foundation of Islamic political philosophy (Chicago, Ill., u. a. 2001); M. FAKHRY: Al-Farabi. Founder of Islamic neoplatonism – His life, works and influence (Oxford 2002).

Farad [auch 'fa-; nach M. FARADAY] *das, -(s)/-,* Einheitenzeichen **F,** gesetzl. SI-Einheit der Kapazität. Ein Kondensator hat die Kapazität 1 F, wenn eine Ladung von 1 Coulomb eine Spannung von 1 Volt an ihm erzeugt: $1\,F = 1\,C/V = 1\,A \cdot s/V$. In der Praxis (bes. bei elektron. Bauteilen) treten als kleinere Einheiten (dezimale Teile) auf: **Mikrofarad** ($1\,\mu F = 10^{-6}\,F$), **Nanofarad** ($1\,nF = 10^{-9}\,F$) und **Pikofarad** ($1\,pF = 10^{-12}\,F$).

Faraday ['færədɪ; nach M. FARADAY], Einheitenzeichen **F,** nichtgesetzl., SI-fremde Einheit der Elektrizitätsmenge oder Ladung: $1\,F = 96\,493\,C$ (veralteter Wert der Faraday-Ladung).

Faraday ['færədɪ], Michael, brit. Physiker und Chemiker, * Newington (heute zu London) 22. 9. 1791, † Hampton Court (heute zu London) 25. 8. 1867; war zuerst Buchbinder; wurde 1813 Laborgehilfe von H. DAVY an der Royal Institution in London, 1824 Mitgl. der Royal Society und 1825 als Nachfolger von DAVY Direktor des Laboratoriums der Royal Institution, 1827 auch Prof. der Chemie. Unter dem Einfluss DAVYS beschäftigte sich F. zunächst vorwiegend mit chem. Problemen, wandte sich aber später zunehmend der Elektrizität und v. a. dem Nachweis der gegenseitigen Umwandlung der Naturkräfte zu. 1823 gelang ihm bei Arbeiten über Gasverflüssigung die Darstellung von flüssigem Chlor unter Druck. Bei der Analyse von Ölen entdeckte er 1824 das Benzol.

Zuvor hatte er 1821 gezeigt, dass ein bewegl. Magnet um einen festen, stromdurchflossenen Leiter ro-

Michael **Faraday** in seinem Labor (Holzschnitt aus Bence Jones' »The Life and Letters of Faraday«, 1870)

tiert. 1831 gelang ihm mit dem Nachweis der elektromagnet. →Induktion seine wohl bedeutendste Entdeckung: F. konstruierte den ersten Dynamo. Die Arbeiten zum Nachweis der Gleichartigkeit der auf versch. Weise erzeugten Elektrizität führten ihn zu elektrochem. Problemen und 1833/34 zur Aufstellung der nach ihm benannten Gesetze der Elektrolyse (→faradaysche Gesetze). F. führte dabei die Begriffe Elektrolyse, Elektrolyt, Elektrode, Kathode, Anode, Anion und Kation in die Elektrochemie ein. In seiner Bemühung um den Nachweis eines Zusammenhangs der Naturkräfte kam er 1839 der Formulierung des Energiesatzes sehr nahe. 1845 entdeckte er die Drehung der Polarisationsebene von Licht im magnet. Feld (F.-Effekt, →Magnetooptik) und den →Diamagnetismus.

F. schrieb zahlr. Werke, bes. »Experimental researches in electricity« (1831–52, 29 Tle.; dt. »Experimental-Untersuchungen über Elektricität«). Zur theoret. Interpretation seiner Ergebnisse bediente sich F., da er über keine mathemat. Kenntnisse verfügte, des anschaul. Konzepts der elektr. und magnet. Kraftlinien und der Nahewirkung. Er stand mit diesen Vorstellungen, die J. C. Maxwell später zum Begriff des elektromagnet. Feldes erweiterte und in seiner Theorie ausgestaltete, zwar im Ggs. zur vorherrschenden Auffassung, wonach alle Kraftwirkungen Fernwirkungen sein sollten, wurde so aber zum Begründer des Feldkonzepts (→Feld) und der klass. Feldtheorie. – Nach F. ist die SI-Einheit der elektr. Kapazität, das →Farad (F) benannt.

Weitere Werke: Chemical manipulation (1827; dt. Chem. Manipulation); Lectures on non metallic elements (1853); Lectures on the forces of matter (1868; dt. Die versch. Kräfte der Materie u. ihre Beziehungen zueinander); A course of six lectures on the chemical history of a candle (1861, später u. d. T. The chemical history of a candle; dt. Naturgesch. einer Kerze).
Ausgabe: F.'s diary, hg. v. T. Martin, 8 Bde. (1932–36); The correspondence of M. F., hg. v. F. A. J. L. James, 4 Bde. (1991–99).
S. P. Thompson: M. F.s Leben u. Wirken (a. d. Engl., 1900; Nachdr. 1992); L. P. Williams: M. F. (London 1965; Nachdr. New York 1987); W. Schütz: M. F. (Leipzig ⁴1982); J. Lemmerich: M. F. 1791–1867. Erforscher der Elektrizität (1991); S. Biermann-Höller: Die Idee zur Vereinheitlichung der Kräfte bei F. (1999); J. Hamilton: F. The life (London 2002).

Faraday-Effekt [ˈfærədɪ-; nach M. Faraday], →Magnetooptik.

Faraday-Käfig [ˈfærədɪ-; nach M. Faraday], Umhüllung aus leitfähigem Material (z. B. Drahtgeflecht, Blech) zur →Abschirmung v. a. eines Messinstrumentes oder Messraumes gegen äußere elektr. Felder. Diese induzieren zwar eine Ladung auf den Leiteroberflächen des F.-K., aber sein Inneres bleibt frei von äußeren elektr. Einflüssen. Auch Autos, Flugzeuge und das ein Gebäude umgebende Drahtsystem einer Blitzschutzanlage sind F.-K., die Menschen vor den direkten Folgen eines Blitzeinschlags schützen.

Faraday-Konstante [ˈfærədɪ-; nach M. Faraday], Formelzeichen F, bei der theoret. Beschreibung der Elektrolyse und anderer elektrochem. Prozesse auftretende physikal. Konstante, die gleich dem Produkt aus Avogadro-Konstante N_A und elektr. Elementarladung e ist:

$$F = N_A \cdot e = 96\,485{,}341\,5 \text{ C/mol}.$$

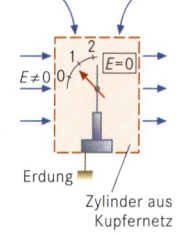

Faraday-Käfig: Das Innere eines Faraday-Käfigs ist feldfrei (gekennzeichnet durch die elektrische Feldstärke E).

Faraday-Käfig: Modell eines Faraday-Käfigs zur Demonstration eines künstlich erzeugten Blitzeinschlags (München, Deutsches Museum)

Die Faraday-Konstante entspricht der Ladungsmenge $F' = 96\,485{,}3415$ C (**Faraday-Ladung**), die erforderlich ist, um 1 Mol eines chemisch einwertigen Stoffes abzuscheiden.

Faraday-Rotator [ˈfærədɪ -; nach M. FARADAY], opt. Bauteil, das auf dem Faraday-Effekt (→ Magnetooptik) beruht und die Polarisationsebene von linear polarisiertem Licht in Abhängigkeit von einem Magnetfeld dreht. Der F.-R. besteht aus einem Kristallmaterial mit möglichst starkem **Faraday-Effekt** und hoher Transparenz kombiniert mit einem starken Dauermagneten.

faradaysche Gesetze [ˈfærədɪ-], die 1833/34 von M. FARADAY aufgestellten Gesetzmäßigkeiten, die bei der Elektrolyse den Zusammenhang zw. dem Stromfluss und den Stoffmengen beschreiben, die an den Elektroden abgeschieden werden. Das **1. f. G.** besagt, dass die Masse m eines aus einem Elektrolyten abgeschiedenen Stoffes proportional ist der Stromstärke und der Zeit, d. h., der Elektrizitätsmenge (Ladung) Q, die während der Abscheidung fließt, $m = c \cdot Q$. Der Proportionalitätsfaktor c wird das **elektrochemische Äquivalent** des abgeschiedenen Stoffes genannt. Nach dem **2. f. G. (faradaysches Äquivalenzprinzip)** scheidet die gleiche Elektrizitätsmenge Q aus verschiedenen Elektrolyten gleiche → Äquivalentmassen der Stoffe ab. Unabhängig von der chem. Natur des abgeschiedenen Stoffes gilt für das elektrochem. Äquivalent $c = M/(zF)$, wobei M die molare Masse, z die Wertigkeit des betreffenden chem. Elements und F die → Faraday-Konstante ist. Die beiden f. G. können zusammengefasst werden zur Aussage, dass für die an einer Elektrode abgeschiedene Masse $m = MQ/(zF)$ gilt. Die durch die gleiche Ladung an den beiden Elektroden abgeschiedenen Massen m_1 und m_2 verhalten sich wie die Äquivalentmassen der abgeschiedenen Stoffe.

faradayscher Dunkelraum [ˈfærədɪ -; nach M. FARADAY], lichtschwache Zone in einer → Glimmentladung.

Farafra, Al-F., Oase in der Libyschen Wüste, Ägypten; Dattelpalmkulturen. (→ Neues Tal)

Farah, Stadt im SW Afghanistans, 44 000 Ew.; Handelsplatz, Flugplatz.

Farah, Nuruddin, somal. Schriftsteller, * Baidoa (Britisch-Somaliland, heute Somalia) 24.11.1945; schreibt in engl. Sprache. Während der Zeit der Militärherrschaft lebte er ab den 1970er-Jahren im Exil in Großbritannien, Italien und versch. afrikan. Ländern, heute in Südafrika. Seine Romane, die oft didakt. Passagen enthalten, weisen musikal. Kompositionsmuster auf und spielen mit den Mitteln des inneren Monologs sowie der mündl. Erzähltradition Afrikas. Thematisch beschäftigt sich das Werk F.s mit den sozialen und polit. Verhältnissen in Afrika (Unterdrückung, bes. der Frauen, Landflucht, Urbanisierung, Folgen der Entwicklungshilfe, Korruption), die mit den persönl. Schicksalen der Romanhelden verknüpft werden. F. schreibt auch Dramen und Hörspiele.

Werke: *Romane:* From a crooked rip (1970; dt. Aus einer gekrümmten Rippe, auch u. d. T. Aus einer Rippe gebaut); A naked needle (1976; dt. Wie eine nackte Nadel); Sweet and sour milk (1979; dt. Bruder Zwilling, auch u. d. T. Staatseigentum); Sardines (1981; dt. Tochter Frau); Close sesame (1983; dt. Vater Mensch); Maps (1986; dt.); Gifts (1992; dt. Duniyas Gaben); Secrets (1998; dt. Geheimnisse). – *Reportage:* Yesterday, tomorrow. Voices from the Somali diaspora (2000; dt. Yesterday, tomorrow. Stimmen aus der somal. Diaspora).

Farah Diba, seit 1959 **Farah Pahlewi** [pax-], frühere Kaiserin von Iran (1967–79), * im iran. Aserbaidschan

Nuruddin Farah

14.10.1938; studierte 1957–59 in Paris Architektur; ⚭ seit dem 21.12.1959 mit Schah MOHAMMED RESA, am 26.10.1967 in Teheran zur Kaiserin gekrönt (Schahbanu); musste nach dem Umsturz am 16.1.1979 mit dem Schah Iran verlassen.

Farandole [frz.], provenzal. **Farandoulo** [-ˈduːlo], ein schon im 14. Jh. genannter und noch heute getanzter provenzal. Kettenreigen in schnellem $^{6}/_{8}$-Takt. Die Paare bewegen sich hinter einem Spieler mit Einhandflöte und Tamburin in Spiralen und Verschlingungen durch die Straßen. Die F. begegnet auch in der Kunstmusik, z. B. in der Suite »L'Arlésienne« Nr. 2 von G. BIZET.

Faras, ehem. Dorf am linken Nilufer in der Rep. Sudan, das vom Nasserstausee überflutet wurde. An seiner Stelle hatte **Pachoras** gelegen, im Mittleren Reich (um 2025–1794/93 v. Chr.) als kleine ägypt. Festung angelegt und noch während der 18. und 19. Dynastie (um 1550–1186/85 v. Chr.) als religiöses Zentrum genutzt (Bau von fünf ägypt. Tempeln), später Hauptstadt des nordnub. Königreiches Nobatia, die ab 625 Bischofssitz und im 10. Jh. Sitz des monophysit. Metropoliten von Nubien war. Ausgrabungen 1960–64 ergaben: Über einer älteren Kirche und einem nobat. Herrscherpalast wurde um 630 die erste Kathedrale errichtet, zerstört 651, 707 neu ausgestattet und ausgemalt; nach einem Brand Wiederaufbau im 10. Jh. mit Gewölben und Kuppel; im 11./12. Jh. Einsturz der Kuppel, seither verschüttet und nur noch in den Seitenschiffen genutzt. Bedeutend sind die mehr als 120 Malereien (Fresken) der nach Farben chronologisch unterschiedenen Phasen (neben bibl. Themen und Madonnenbildern wichtig die Bischofsdarstellungen), ferner eine Bischofsliste, Inschriften, Graffiti und zahlr. Gräber. Erhalten sind auch Reste von Plastik (Kapitelle und Friese des 7. Jh.). Außer der Kathedrale wurden mehrere Kirchen z. T. aufgedeckt. Funde in den Nationalmuseen von Khartoum und Warschau.

F., hg. v. K. MICHALOWSKI, 8 Bde. (Warschau 1961–85); C. HÖLZL u. S. JAKOBIELSKI: F. Kathedrale aus dem Wüstensand (2002).

Farasaninseln, Inselgruppe im südl. Roten Meer, vor der Küste der Tihama bei Djisan, gehört zu Saudi-Arabien; v. a. aus Sand bestehend.

Farasdak, Hammam Ibn Ghalib al-, arab. Dichter, * in Zentralarabien um 640, † Basra 728; tauschte mit seinem Rivalen DJARIR 40 Jahre lang Schmähgedichte. Sein Leben und Werk zeugt vom polit. Wechselspiel der Zeit.

Farbabweichungen, Farbfehler, **chromatische Abbildungsfehler, chromatische Aberrationen,** *Optik:* bei der Abbildung eines Objektes durch ein opt. System auftretende Abbildungsfehler, die auf der Abhängigkeit der Brechzahl des Linsen- und Prismenmaterials von der Lichtwellenlänge beruhen. Die dadurch bewirkte unterschiedlich starke Brechung verschiedenfarbiger Lichtstrahlen führt zu **Farbortsfehlern (Farblängsfehlern),** bei denen die v. a. von achsennahen Objektpunkten ausgehenden Strahlen je nach Wellenlänge in versch. Bildpunkten vereinigt werden und versch. Schnittweiten haben. Auch bei ihrer Korrektion (→ Achromasie) werden i. Allg. noch Flächenelemente des Objekts nicht in der gleichen Größe abgebildet, weil sich der Abbildungsmaßstab mit der Wellenlänge ändert (**Farbvergrößerungsfehler, Farbmaßstabsfehler**); es entstehen dadurch im Bild Farbsäume. Bei der Abbildung außeraxialer Objektpunkte macht sich der **Farbquerfehler** als F. der Hauptstrahlen bemerkbar, der v. a. bei hohen Ansprüchen und größeren Bildwinkeln (z. B. bei Objektiven für die Luftbildfotografie) zu beseitigen ist.

Farbanpassung, Homochromie, farbl. Übereinstimmung oder Ähnlichkeit von Organismen mit ihrer Umgebung. Zur **passiven** F. gehören u. a. die evolutionär entstandene Farbgleichheit vieler Insekten mit ihrer Futterpflanze, die Ähnlichkeit des Farbkleides mancher Organismen mit dem Boden; auch die unterschiedl. Färbung der meisten Fische (dunkler Rücken, heller Bauch) ist eine F. Andere Tiere können der Umgebung entsprechend ihre Farbe ändern: **aktive F.**, z. B. bei Chamäleon, Wasserfrosch, Schneehuhn (→ Farbwechsel).

Farb|art, gemeinsame Eigenschaft aller Farben, die sich nur durch ihre Helligkeit voneinander unterscheiden. Farbartgleiche Farben haben also den gleichen → Farbton und die gleiche → Sättigung und in der → Farbtafel den gleichen Farbort.

Farb|artsignal, Chrominanzsignal, Farbsignal, Abk. **F-Signal,** *Fernsehtechnik:* ein Bildsignal, das die Informationen über die Farbart enthält; es wird im → Farbcoder aus zwei → Farbdifferenzsignalen gebildet; seine für die farbgetreue Wiedergabe des Farbfernsehbildes wesentl. Phasenlage wird durch das → Farbsynchronsignal festgelegt und synchronisiert.

Farbauszug, *grafische Technik:* 1) Vorgang der Zerlegung einer farbigen Vorlage in die zur Reproduktion am gewählten Ausgabegerät benötigten Farbanteile (z. B. Monitor: Rot, Grün und Blau; Druck: Cyan, Magenta, Gelb und Schwarz; →Farbendruck), auch Farbseparation genannt. Früher wurden dem Druck F.-Filter verwendet, heute vornehmlich per Computer auf der Grundlage der digitalen Bildbeschreibung der Vorlage. 2) Das nach 1) erzielte Ergebnis (Teil-F.), welches in analoger (Kopiervorlage, Film) oder digitaler Form vorliegen kann. Der Teil-F. dient zur Herstellung der jeweiligen Druckform. Er stellt den Anteil der Teilfarbe der Vorlage in Graustufen dar.

Farbbeizen, Verfahren der Hohlglasveredelung durch Einfärben von Glasgegenständen von der Oberfläche her. Die Beizmasse, die als färbende Substanzen Silber- oder Kupferionen enthält, wird auf das kalte Glas aufgetragen und durch Erhitzen auf etwa die Transformationstemperatur des Glases eingebrannt.

Farbbildsignal, *Fernsehtechnik:* das mit den Informationen über die Leuchtdichte und die Farbwerte aller Bildelemente versehene Fernsehsignal, das mit dem → Austastsignal und dem → Synchronsignal das **vollständige F. (FBAS-Signal)** bildet; seine Amplitude gibt die Farbsättigung, seine Phasenlage den Farbton an. Beim NTSC- und PAL-System besteht es aus einer Mischung der beiden übertragenen → Farbdifferenzsignale bzw. daraus abgeleiteten Signalen (I- und Q-Signal), die dem Farbhilfsträger aufmoduliert werden, und dem → Farbsynchronsignal.

Farbbücher, Buntbücher, Sammel-Bez. für Bücher, die amtl. Dokumentationen (der einzelnen Staaten) zu bestimmten polit. Komplexen, bes. der auswärtigen Politik, enthalten. Je nach Farbe des Einbandes tragen sie unterschiedl. Namen: **Weißbücher** (Dtl., seit 1876; Portugal), **Rotbücher** (Österreich, Spanien, z. T. USA), **Gelbbücher** (Frankreich, China), **Grünbücher** (Italien, Rumänien, Mexiko), **Graubücher** (Dänemark, Japan), **Orangebücher** (Niederlande; Russland bis 1917), **Blaubücher** (engl. **Bluebooks;** Großbritannien, seit 1624).

Farbanpassung: Wasserfrosch mit aktiver Farbanpassung an seine Umgebung (auf einem Teich schwimmende Wasserlinsen)

Daneben werden auch nichtamtl. Bücher vorwiegend polem. Inhalts als F. herausgegeben. Die Farbe weist hier auf den polit. Hintergrund hin, z. B. das →Braunbuch von W. MÜNZENBERG.

Farbcoder, *Fernsehtechnik:* elektron. Einrichtung, in der mithilfe einer Matrixschaltung die Ausgangsspannungen der Bildaufnahmeröhren (Kameraröhren) einer Farbfernsehkamera im richtigen Verhältnis zueinander addiert oder subtrahiert werden und dadurch das →Leuchtdichtesignal sowie zwei →Farbdifferenzsignale und anschließend aus diesen beiden das Farbartsignal gebildet werden.

Farbcodierung,

1) *Bildverarbeitung:* bei fotografisch oder elektronisch gewonnenen Aufnahmen die Sichtbarmachung von Details oder des Verlaufs von Parametern wie Temperatur, opt. Dichte u. a. physikal. Größen, die mit dem Auge normalerweise nicht erfasst werden können, durch Kennzeichnung mit spezif. Farbtönen. Die F. wird z. B. in der Computertomografie, Mikroskopie und Thermografie sowie in der Luftbild- und Satellitenfotografie eingesetzt.

2) *Elektronik:* Kennzeichnung des Sollwertes und der Toleranz auf Widerständen und Kondensatoren durch eine Kombination von Farbringen oder -punkten.

Farbdifferenzsignale, *Fernsehtechnik:* die zur Übertragung der Farbinformation dienenden Fernsehbildsignale; sie werden im Farbcoder der Farbfernsehkamera durch Subtraktion des Leuchtdichtesignals E_Y von zwei der drei Farbwertsignale E_R, E_G und E_B gewonnen und dann zum Farbartsignal zusammengesetzt, das zur Übertragung dem Farbhilfsträger aufmoduliert wird.

Farbdiffusionsverfahren, →Sofortbildfotografie.
Farbdoppler-Echokardiografie, Form der Ultraschallkardiografie (→ Echokardiografie).
Farbdosimeter, ein einfaches Dosimeter, das die aufgenommene Dosis an radioaktiver Strahlung durch die Verfärbung eines festen Stoffs (z. B. Glas, Kunststoff) nachweist.
Farbdreieck, →Farbtafel.
Farbe,
1) im wiss. Sinn eine von Licht bestimmter spektraler Beschaffenheit ausgelöste und durch das Auge vermittelte Sinnesempfindung (**Farbempfindung**). Sie ist als Sinnesempfindung keine physikal. Eigenschaft der Dinge (d. h. der auslösenden Lichtstrahlung oder des Gegenstandes, von dem eine solche Strahlung

Eichel   Kreuz

Blatt   Pik

Herz   Herz

Schellen Karo

Farbe 3): Kartenzeichen bei den deutschen (links) und den französischen Spielkarten

Farb Farbe

Johann Wolfgang von Goethe über die Farbwahrnehmung

Aus der Schrift »Zur Farbenlehre. Didaktischer Teil« (1808)

Einleitung zum »Entwurf einer Farbenlehre« *(Auszüge)*

Das Auge hat sein Dasein dem Licht zu danken. Aus gleichgültigen tierischen Hülfsorganen ruft sich das Licht ein Organ hervor, das seinesgleichen werde, und so bildet sich das Auge am Lichte fürs Licht, damit das innere Licht dem äußeren entgegentrete.

Hierbei erinnern wir uns der alten ionischen Schule, welche mit so großer Bedeutsamkeit immer wiederholte: nur von Gleichem werde Gleiches erkannt, wie auch der Worte eines alten Mystikers*, die wir in deutschen Reimen folgendermaßen ausdrücken möchten:

Wär nicht das Auge sonnenhaft,
Wie könnten wir das Licht erblicken?
Lebt nicht in uns des Gottes eigne Kraft,
Wie könnt uns Göttliches entzücken?

Jene unmittelbare Verwandtschaft des Lichtes und des Auges wird niemand leugnen; aber sich beide zugleich als eins und dasselbe zu denken, hat mehr Schwierigkeit. Indessen wird es faßlicher, wenn man behauptet, im Auge wohne ein ruhendes Licht, das bei der mindesten Veranlassung von innen oder von außen erregt werde. Wir können in der Finsternis durch Forderungen der Einbildungskraft uns die hellsten Bilder hervorrufen. Im Traume erscheinen uns die Gegenstände wie am vollen Tage. Im wachenden Zustande wird uns die leiseste äußere Lichteinwirkung bemerkbar; ja, wenn das Organ einen mechanischen Anstoß erleidet, so springen Licht und Farben hervor. [...]

[...] die Farbe [ist] ein elementares Naturphänomen für den Sinn des Auges, das sich, wie die übrigen alle, durch Trennung und Gegensatz, durch Mischung und Vereinigung, durch Erhöhung und Neutralisation, durch Mitteilung und Verteilung und so weiter manifestiert und unter diesen allgemeinen Naturformeln am besten angeschaut und begriffen werden kann.

Aus dem Kapitel »Physiologische Farben«, Abschnitt »Farbige Bilder«, in dem Goethe Erläuterungen zum Sukzessivkontrast gibt

Man halte ein kleines Stück lebhaft farbigen Papiers oder seidnen Zeuges vor eine mäßig erleuchtete weiße Tafel, schaue unverwandt auf die kleine farbige Fläche und hebe sie, ohne das Auge zu verrücken, nach einiger Zeit hinweg, so wird das Spektrum einer andern Farbe auf der weißen Tafel zu sehen sein. Man kann auch das farbige Papier an seinem Orte lassen und mit dem Auge auf einen andern Fleck der weißen Tafel hinblicken, so wird jene farbige Erscheinung sich auch dort sehen lassen; denn sie entspringt aus einem Bilde, das nunmehr dem Auge angehört.

Um in der Kürze zu bemerken, welche Farben denn eigentlich durch diesen Gegensatz hervorgerufen werden, bediene man sich des illuminierten Farbenkreises unserer Tafeln, der überhaupt naturgemäß eingerichtet ist und auch hier seine guten Dienste leistet, indem die in demselben diametral einander entgegengesetzten Farben diejenigen sind, welche sich im Auge wechselsweise fordern. So fordert Gelb das Violette, Orange das Blaue, Purpur das Grüne und umgekehrt. So fordern sich alle Abstufungen wechselsweise, die einfachere Farbe fordert die zusammengesetztere und umgekehrt.

* Gemeint ist der griech. Philosph Plotin.

J. W. von Goethe: Zur Farbenlehre, in: Goethes Werke, Hamburger Ausg., hg. v. E. Trunz, Bd. 13: Naturwissenschaftliche Schriften I, textkritisch durchgesehen u. kommentiert v. D. Kuhn u. R. Wankmüller (München: C. H. Beck, 1998), S. 323 ff., 340.

---

big auszusehen, sondern die Sinnesempfindung eines Betrachters. Die physikal. Natur dieses Prozesses betrifft die äußere Ursache der Farbwahrnehmung: die spektrale Verteilung (→Spektrum) der Lichtstrahlung (Farbreiz), die die genannte Farbunterscheidung ermöglicht. Dennoch wird oft sowohl im alltägl. Sprachgebrauch als auch in der Wiss. die wahrgenommene F. mit dem auslösenden Farbreiz (z. B. blaues oder rotes Licht) gleichgesetzt; man spricht von farbigem Licht und von der F. von Gegenständen. Mitunter wird das Wort F. auch als Kurz-Bez. für jedes stoffl. →Farbmittel verwendet. – Die nicht eindeutig mögliche Zuordnung von Farbempfindung und Farbreiz ergibt sich durch die Art der Wahrnehmung im Auge. Es werden die Eindrücke benachbarter Sinneszellen (Zapfen) gemeinsam interpretiert, sodass ein Mischeindruck entsteht. Dagegen ist beim Hören der Zusammenhang zw. der Tonhöhe und dem zugrunde liegenden physikal. Reiz, der Frequenz, nahezu eindeutig. Entsprechend nimmt man zwei gleichzeitig erklingende Töne auch als zwei einzelne Töne wahr.

Farbempfindung Zu einer Farbempfindung kommt es normalerweise, wenn elektromagnet. Wellen aus dem sichtbaren Bereich (Wellenlängen zw. etwa 380 und 750 nm) auf die Netzhaut des Auges fallen und einen Teil der dort eingebetteten lichtempfindl. Sehzellen, die so genannten Zapfen, anregen, einen elektr. Code über die Nervenbahnen ins Gehirn zu senden. Die spektrale Zusammensetzung der erregenden Strahlung, die Farbreizfunktion, bestimmt, in welchem Maß die drei Empfängerarten (→Farbensehen) in der Augennetzhaut erregt werden, d. h., sie bestimmt die →Farbvalenz der Strahlung. Ein Farbreiz führt jedoch nicht linear zu einer bestimmten Farbempfindung, sondern das Sehorgan schaltet Korrekturvorgänge (wie Adaptation, Umstimmung, Simultankontrast) ein, bevor der Code gebildet wird. Die Farbempfindung wird außerdem durch physiolog. (Farbstimmung, Umfeld) und psycholog. Faktoren (Erwartung) stark beeinflusst und kann auch ohne von außen kommenden Reiz entstehen, z. B. bei Halluzinationen oder im Traum.

Eine **Spektral-F.** wird durch nahezu monochromat. Strahlung, also durch einen sehr engen Bereich des Spektrums, hervorgerufen.

Farbmetrik Die →Farbmetrik, die ein Teil der Farbenlehre ist, behandelt auf wiss. Basis die zur physiolog. und psycholog. Optik gehörenden Farbwahrnehmungen. Man unterscheidet **bunte F.** (z. B. Blau, Grün, Gelb, Rot) und **unbunte F.** (Schwarz, Weiß und ihre Mischungen, die F. der Graureihe). Während die unbunten F. durch ihre Helligkeit allein (Leuchtdichte, Remission) eindeutig beschrieben werden können, müssen zur Beschreibung einer bunten F. jeweils drei voneinander unabhängige Merkmale angegeben werden, z. B. Buntart, Buntgrad und Helligkeit. In der Farbmetrik werden entsprechend die Parameter →Farbton (oder Buntton), →Sättigung und →Helligkeit (oder Dunkelstufe) verwendet. Bunte F. sind als dreidimensionale, vektorielle Größen (Farbvektoren) im →Farbenraum beschreibbar. Die Maßbeziehungen zw. den F., genauer zw. den Farbvalenzen, werden in →Farbtafeln grafisch veranschaulicht.

Erscheinungsformen von Farben Man unterscheidet versch. Erscheinungsformen von F., insbes. **Farblichter** (farbiges Licht) – von Lichtquellen direkt ins Auge fallende Strahlung – und die erst durch Beleuchtung eines Körpers sichtbaren deckenden oder trans-

---

ausgeht), sondern das Ergebnis einer von der räuml. Zuordnung losgelösten Strahlungsbewertung durch den Gesichtssinn und daher physikal. Messungen nicht direkt zugänglich. F. ist daher nicht, wie es scheint, die Eigenschaft von Material oder Licht, far-

Farbe 1): *links* Die Farben des Pfaus entstehen durch Interferenz an der regelmäßigen Struktur der Federn. *rechts* Farben durch Interferenz an einer dünnen Ölschicht auf nassem Asphalt

parenten →Körperfarben. Dazwischen gibt es Übergänge, z. B. fluoreszierende oder phosphoreszierende Flächen. Nach den Bedingungen, unter denen ein Farbreiz ausgelöst wird, unterscheidet man z. B. **gebundene F.**, die an den Grenzflächen der Körper lokalisiert erscheinen (**Oberflächen-F.**) oder beim Durchgang von weißem Licht durch transparente farbige Medien zu beobachten sind (**Durchsicht-F.**) oder einen Raum zu erfüllen scheinen (**Raum-F.**), sowie **freie F.**, die strukturlos in unbestimmter Entfernung vom Auge in einer ebenen Fläche senkrecht zur Blickrichtung erscheinen. – Spezielle F. werden z. B. durch ihre physikal. Entstehungsmechanismen, wie Interferenz (**Interferenz-F.**), Streuung, selektive Absorption, Fluoreszenz (opt. Aufheller), oder durch ihre physiolog. oder psycholog. Bedeutung (z. B. Ur-, Grund- und Gegen-F.) gekennzeichnet.

Enzyklopädische Vernetzung: ▪ Farbenharmonie ▪ Farbkreis ▪ Farbmessung ▪ Farbmischung ▪ Farbtemperatur

● E. Heimendahl: Licht u. F. (1961; Nachdr. 1974); H. Frieling: Das Gesetz der F. (³1990); I. Riedel: Farben in Religion, Gesellschaft, Kunst u. Psychotherapie (1999); J. Gage: Kulturgesch. der F. (a. d. Engl., 2001); H. Küppers: Schule der Farben (²2001); M. Brusatin: Gesch. der Farben (a. d. Ital., 2003);

V. Finlay: Das Geheimnis der Farben. Eine Kulturgesch. (a. d. Engl., 2003); J. Itten: Kunst der F. (²⁸2003); N. Welsch u. C. C. Liebmann: Farben. Natur, Technik, Kunst (²2004).

2) *Heraldik:* →heraldische Farben.

3) *Kartenspiel:* Bez. für die Kartenzeichen: Eichel, Grün (Blatt), Herz und Schellen bei den dt. Karten; Kreuz (Treff), Pik (Schippen), Herz und Karo (Eckstein) bei den frz. Karten; Schilten (Wappen), Rosen, Eicheln und Schellen bei den schweizer. Karten; Schwerter, Stäbe oder Keulen, Pokale (Becher) und Münzen oder Rosetten bei den ital. und span. Karten. – Bild Seite 767

4) *Liturgie:* →liturgische Farben.

5) *Mineralogie:* die **Eigen-F.** der Minerale ist als Folge der an ihrem Aufbau beteiligten Gitterbausteine, z. T. auch der Bindungsart anzusehen. **Färbung** kann durch Einschlüsse feinstverteilter Fremdkörper (**Pigmentfärbung**) oder durch diadoche Vertretung nichtfarbiger Gitterbausteine durch farbige verursacht sein. **Bestrahlungsfärbung** tritt bei manchen Mineralen bei künstl. Bestrahlung mit lang- oder kurzwelligen Strahlen auf. Durch Zersetzungserscheinungen an der Mineraloberfläche können **Anlauf-F.** entstehen. (→Strichprobe)

Farbe 1): *links* Seifenlamelle in weißem Licht; *rechts* farbige Reflexe auf einer Seifenblase

Farb Farbechtheit

Farbechtheit, Widerstandsfähigkeit von Färbungen und Drucken gegen Beanspruchungen bei Herstellung, Gebrauch und Pflege, z. B. gegen Licht, Säuren, Laugen, Schweiß, Reiben, Waschen. Die Echtheitsprüfungen sind genormt.

Färbeko|effizi|ent, Hb_E-Wert, der durchschnittl. (absolute) Hämoglobingehalt (Hb) der einzelnen roten Blutkörperchen (E, von Erythrozyt); wichtiger Laborwert des Blutbildes zur Diagnose von Anämien. Normalbefund: 1,68–2,11 fmol (1 fmol = 10^{-15} mol) oder 27–34 pg (1 pg = 10^{-12} g).

Färbemethoden, *Präparationstechnik:* die Durchtränkung mikrobiolog. und histolog. Objekte mit organ. Farbstoffen, um bestimmte Strukturen besser hervorzuheben. Die verschiedenen chem. Gruppen der zu färbenden, meist als Schnitte fixierten Objekte reagieren unterschiedlich mit den Farbstoffen: Bas. Gruppen des Gewebes reagieren mit sauren Farbstoffen (z. B. Eosin, Pikrinsäure, Säurefuchsin), während sauer reagierende Gruppen bas. Farbstoffe binden (z. B. Hämatoxylin, Fuchsin, Methylen- und Toluidinblau). Bestimmte neutrale Farbstoffe (z. B. Sudan III) färben vorzüglich fetthaltige Strukturen an. – Um möglichst viele der versch. Bestandteile eines Präparats darzustellen, wird oft mit mehreren Farbstoffen gefärbt, und zwar gleichzeitig (**Simultan-F.**; z. B. bei der →Giemsa-Färbung) oder nacheinander (**Sukzedan-F.**; z. B. bei der →Gram-Färbung).

Die Anfärbung lebenden unfixierten Gewebes oder lebender Mikroorganismen bezeichnet man als **Vitalfärbung.** Dazu verwendet man (meist) für lebende Gewebe unschädl. Farbstoffe (**Vitalfarbstoffe**), wie Methylenblau, Neutralrot, Fluoreszenzfarbstoffe, in geringer Konzentration. Bei den gebräuchlichsten Mehr-

Farbendruck: Durch Farbfilter (1 a, 2 a, 3 a) werden von der Vorlage Farbauszüge (1 b, 2 b, 3 b) hergestellt, dazu eine Schwarzaufnahme (4); das »Zusammensehen« verschiedenfarbiger Punkte ergibt Mischfarben (1 c); durch Übereinanderdrucken der verschiedenen Farben (2 c, 3 c, 5) entsteht ein Farbbild; ein vergrößerter Ausschnitt (6) zeigt deutlich die Farb- und Mischfarbpunkte.

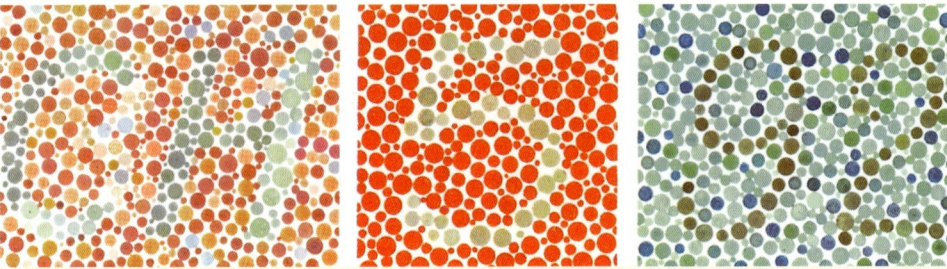

Farbenfehlsichtigkeit (von links): Normalsichtige erkennen in erster Linie die Farbunterschiede und lesen CH, Farbenfehlsichtige lesen nach den Helligkeitsunterschieden 31; die graue 5 wird bei Rotgrünstörung infolge der hierbei erhöhten Kontrastwirkung als grünlich angesehen; bei Blaugelbstörung ist die 92 nicht erkennbar.

fachfärbungen färben sich die einzelnen Gewebebestandteile folgendermaßen: bei **Hämatoxylin-Eosin-Färbung:** Zellkerne blau, Zytoplasma hellrot, Bindegewebefasern blassrosa bis rot; bei **Azan-Färbung:** Zellkerne rot, Zytoplasma rot, Bindegewebefasern blau. Bei **Resorcin-Fuchsin-Färbungen** werden nur die elast. Fasern und Membranen (violett bis schwarz) gefärbt.

Farbempfindlichkeit, Empfindlichkeit fotograf. Schichten für die einzelnen Bereiche des Spektrums. Unsensibilisierte Schichten sind »farbenblind«, d. h. nur für kurzwellige Strahlung (Blau, Ultraviolett) empfindlich. (→Sensibilisierung)

Färben, allg. das Aufbringen eines Farbmittels auf Trägermaterialien; i. e. S. das F. von Textilien mit den Methoden der →Färberei.

Farbenatlas, Farbatlas, *Farbenlehre:* eine systemat. Sammlung von Farbnuancen, die nach versch. Kriterien geordnet sind. Meistens beziehen sich diese auf die ästhet. Unterscheidungsmerkmale Farbton (Buntart), Sättigung (Buntgrad) und Helligkeit oder aber auf die Angabe von Mengen im Mischungsverhältnis jeder Farbnuance. Es gibt Farbatlanten mit fest eingeklebten (z. B. »RAL-Design-System«, →RAL; »Munsell Book of Colors«, →Munsell-System) oder mit herausnehmbaren Einzelchips (z. B. »NCS Colour Album«, »Color Harmony Manual«), was die Prüfung von Farbwirkungen erleichtert. Preiswerter sind gedruckte Farbatlanten, bei denen man oft die digitalen Werte für Computer oder die benötigten Rasterwerte im Druck für jede Farbnuance ablesen kann (z. B. »Küpper's Großer F.«, »DuMont's F.«, »Farbenordnung Hickethier«).

Farbenblindheit, Ausfall des Farbensehens durch teilweises oder völliges Fehlen der Zapfenfunktion (→Farbenfehlsichtigkeit, →Achromatopsie).

Farbendruck, Mehrfarbendruck, Buntdruck, 1) Bez. für die Methode zur Reproduktion von farbigen Bildern, die Halbtöne aufweisen, wobei durch Über- und Nebeneinanderdruck mehrerer bunter lasierender Druckfarben neue Farbnuancen entstehen. 2) Auch das Druckerzeugnis selbst wird als Mehrfarbendruck bezeichnet. Beim **Drei-F.** werden die Grundfarben der subtraktiven Farbmischung – Gelb, Magenta, Cyan – im Rasterdruck neben- und übereinander gedruckt. Durch die Kombination der subtraktiven Farbmischung (**Übereinanderdruck**) und der additiven Farbmischung (**Nebeneinanderdruck**) lassen sich mit diesen Farben fast alle in der Natur vorkommenden Farbtöne wiedergeben. Für jede Farbe wird eine Druckform hergestellt, die den Anteil der Grundfarbe am wiederzugebenden Farbton während des Druckvorgangs auf den Bedruckstoff überträgt. Zur Herstellung der einzelnen Druckformen sind →Farbauszüge erforderlich, die elektronisch hergestellt werden. Beim **Vier-F.** wird für eine kontrastreichere Bildwiedergabe und eine reinere Darstellung der Grautöne zusätzlich Schwarz eingesetzt.

Am häufigsten findet die Vierfarbenskala Anwendung (Offset-, Flexo-, Tiefdruck). Zur möglichst farbgetreuen Wiedergabe von Hausfarben (Logos usw.) werden oftmals Sonderfarben eingesetzt. Des Weiteren wurden Farbsysteme, wie z. B. der Sieben-F. und der Hexachrom-F. (Sechs-F.), entwickelt, um eine größere Anzahl an Farben darstellen zu können und brillantere Farbergebnisse zu erreichen.

    Der Gold- u. F. auf Calico, Leder, Leinwand, Papier, Sammet, Seide u. andere Stoffe, bearb. v. E. Grosse (1889; Nachdr. 1991); Gesch. der Druckverfahren, hg. v. H.-J. Imiela u. C. W. Gerhardt, 4 Bde. (1973–74); M. Nyman: 4 Farben – ein Bild (a. d. Schwed., ⁴2004); U. Schurr: DTP u. PDF in der Druckvorstufe (²2004).

Farben dünner Blättchen, eine beim Einfall weißen Lichtes auf dünne durchsichtige Schichten (z. B. Ölfilm auf Wasser, Seifenblase, Oxidschicht auf Metallen) zu beobachtende, durch →Interferenz verursachte Farberscheinung. Die an der Vorder- und Rückseite der Schicht reflektierten Wellen löschen sich für bestimmte, von der Blickrichtung abhängige Bereiche des Spektrums aus. Der Rest des urspr. weißen Lichtes erscheint farbig in der komplementären Mischfarbe der nicht ausgelöschten Wellenlängen.

Farbenfehlsichtigkeit, Farbsinnstörung, Dys|chromat|opsie, Bez. für Störungen der normalen Farbwahrnehmung. Die versch. Formen der F. sind in Anlehnung an die Young-Helmholtz-Dreikomponententheorie (→Farbensehen) als Ausfall oder Veränderung der auf den Empfang langer, mittlerer oder kurzer Wellen des sichtbaren Spektrums spezialisierten Rezeptorproteine der Lichtsinneszellen in der Netzhaut (Zapfen) zu verstehen. Je nachdem, welches der drei Zapfensysteme, die für eine Farbunterscheidung notwendig sind, betroffen ist, spricht man von einer **Protoform** (Rotstörung), **Deuteroform** (Grünstörung) oder **Tritoform** (Blaustörung). Grundsätzlich zu unterscheiden sind dabei die **Anomalie** (Farbsehschwäche) als Unfähigkeit, bestimmte Farben zu unterscheiden, und die **Anopie** als der totale Ausfall einer der drei Farbkomponenten der Netzhautzapfen, des Weiteren die **Farbenamblyopie** als unterschiedlich stark herabgesetztes Unterscheidungsvermögen, die bei der **Farbenasthenopie** lediglich als vorübergehende Ermüdungserscheinung auftritt. Eine Beeinträchtigung aller drei Farbbereiche wird als **anomale Trichromasie** bezeichnet, selektive Schwächen entsprechend

Farb Farbengang

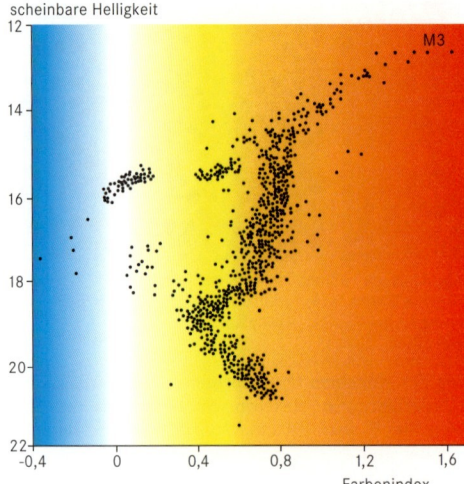

Farben-Helligkeits-Diagramm des Kugelsternhaufens M 3 (Population II); die Mehrzahl der Sterne liegt nicht auf der Hauptreihe. Sie haben diese infolge ihrer langen Entwicklung bereits verlassen.

der betroffenen Farbe als **Protanomalie** (Rotschwäche), **Deuteranomalie** (Grünschwäche) oder **Tritanomalie** (Blauschwäche). Bei der **Dichromasie** liegt eine partielle Farbenblindheit vor, bei der jeweils eine der Komponenten ausfällt: Es besteht eine **Protanopie** oder **Anerythropsie** (Rotblindheit), bei der Gelb, Braun und Grün miteinander verwechselt werden, außerdem Violett mit Blau und Dunkelrot mit Schwarz, eine **Deuteranopie** oder **Achloropsie** (Grünblindheit) mit den gleichen Verwechslungsfarben (außer Dunkelrot und Schwarz) oder als seltene dritte Form eine **Tritanopie** oder **Azyanopsie** (Blaugelbblindheit) mit Verwechslung von Rot mit Orange, Blau mit Grün, Grüngelb mit Grau und Violett, Hellgelb mit Weiß. Die **Rotgrünblindheit**, auch **Daltonismus** genannt, führt bei diesen beiden Farben zu einer Grauwahrnehmung, während Gelb und Blau gesehen werden. Molekulargenet. Untersuchungen zeigten, dass der Mensch ein Gen für Rotrezeptoren und ein bis drei

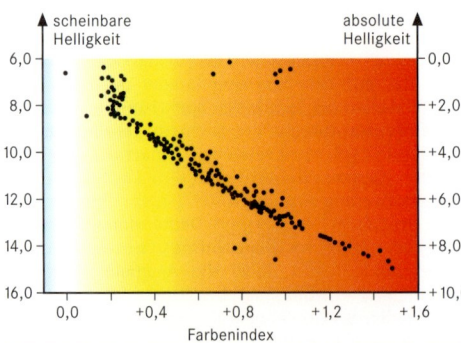

Farben-Helligkeits-Diagramm des offenen Sternhaufens Praespe; die massereichsten Hauptreihensterne sind im Begriff, die Hauptreihe zu verlassen, wodurch ein »Abknicken« der Hauptreihe an ihrem oberen Ende entsteht. Die noch massereicheren Sterne sind bereits zu Roten Riesen geworden (Punkte rechts oben).

Gene für Grünrezeptoren auf dem langen Arm des X-Chromosoms besitzt. Die F. entsteht durch einen fehlerhaften Austausch zw. den sehr ähnl. Genen für das Rot- bzw. Grünsehen mit daraus resultierender Funktionslosigkeit bzw. Fehlen der Genprodukte.

F. ist somit überwiegend x-chromosomal rezessiv vererbt und tritt daher v. a. bei Männern auf (etwa 8 % der männl. gegenüber 0,5 % der weibl. Bev. zeigen eine Schwäche in der Unterscheidung von Rot und Grün, etwa 1 % der Männer sind von Rotgrünblindheit betroffen und etwa 2 % von Grünblindheit). **Erworbene F.** kann durch Augenerkrankungen (z. B. Linsentrübung, Netzhautdystrophie) oder Schädigung der opt. Bahnen wie auch der Hirnrinde sowie (teils vorübergehend) durch Drogen hervorgerufen werden.

Nur schwerere Störungen (**totale Farbenblindheit, Achromatopsie**) lassen sich im tägl. Leben an krassen Farbverwechslungen erkennen. Die häufigere Farbschwäche ist den Betroffenen selbst meist unbekannt, da die von Kindheit an erlernten Farbbezeichnungen nichts über die wirklich empfundene Farbe aussagen. Für Berufe, in denen z. B. Farbsignale immer richtig erkannt werden müssen (Eisenbahner, Kraftfahrer, Flugzeug- und Schiffsführer), aber auch in anderen Berufen (Drucker, Textilfärber, Elektromonteure u. a.), ist vor Beginn einer Berufsausbildung die Prüfung auf F. unerlässlich. F. kann durch →pseudoisochromatische Tafeln und →Anomaloskop festgestellt werden. – Eine Behandlung der angeborenen Farbenfehlsichtigkeit ist nicht möglich.

Farbengang, Lederherstellung: Arbeitsgang der Grubengerbung (→Gerbung).

Farbenharmonie, Bez. für das Verhältnis von Farben, die zueinander in (subjektiv empfundenem) Einklang stehen. Theorien der F. beziehen sich meist ausschließlich auf den Farbton und lassen die Sättigungs- und Helligkeitsbeziehungen außer Betracht. – In der Kunst ist die Grundhaltung in der Art der Farbgebung dem Zeitgeschmack unterworfen; so unterscheiden sich z. B. klassizist. Konzepte der F. wesentlich von denen expressiver Malerei, die die warmen (roten) oder kalten (blauen) Farben betont.
◆ P. RENNER: Ordnung u. Harmonie der Farben (²1964); J. PAWLIK: Theorie der Farbe (⁹1990); A. SCHWARZ: Die Lehren v. der F. (1999).

Farben-Helligkeits-Diagramm, Abk. **FHD,** Astronomie: dem →Hertzsprung-Russell-Diagramm gleichwertiges stellares Zustandsdiagramm, in dem der →Farbenindex und die absolute Helligkeit der Sterne (bei Sternen gleicher Entfernung, z. B. den Mitgl. eines Sternhaufens, auch die scheinbare Helligkeit) als Koordinaten gewählt sind.

Farbenhören, frz. **Audition colorée** [odiˈsjɔkɔlɔˈre], das (scheinbare) Wahrnehmen von Farben beim Hören von Schall, Tönen, Musik. Dabei werden z. B. hohe Töne oft mit hellen Farben verbunden, tiefe mit dunklen; Trompetenklang kann die Empfindung »rot«, Hören eines Musikstückes auch die »Anschauung« eines Gemäldes hervorrufen. Umgekehrt kann ein Farbreiz Klangempfindungen auslösen (Tönesehen). →Farbenmusik, →Synästhesie.

Farbenindex, Farbindex, Differenz der scheinbaren Helligkeiten eines Sterns (oder eines anderen Himmelskörpers) in zwei versch. Spektralbereichen. Der F. kennzeichnet die →Farbtemperatur der Oberfläche des Sterns. Der gebräuchlichste F. ergibt sich aus der Differenz von Blau- und Gelbhelligkeit des →UBV-Systems und dient als Maß für den Spektraltyp oder die Effektivtemperatur.

Farbenindustrie, die →Lack- und Farbenindustrie.

Farbenkarte, unter dem Gesichtspunkt eines Materials oder Zweckes (z. B. Mode-F., Haut-F., Lack-F.) oder vom systemat. Standpunkt aus getroffene Auswahl aus der Gesamtheit aller →Körperfarben und ihre Darstellung durch Farbmuster.

Farbenklavier, Farbenorgel, engl. **Colour organ** [ˈkʌlə ɔːɡən], Instrument zur Kombination opt. Eindrücke mit Musik im Dienste der →Farbenmusik. Um 1725 entwarf der frz. Mathematiker LOUIS-BERTRAND CASTEL (*1688, †1757) ein »clavecin oculaire«, das farbige Platten auf Tastendruck sichtbar werden ließ. Ähnl. Experimente wurden v. a. in der Romantik wieder aufgegriffen. Bekannt wurde das von A. N. SKRJABIN für seine sinfon. Dichtung »Prométhée« vorgeschriebene »clavier à lumière«, mit dem (erstmals 1915) mittels einer Steuertastatur gleichzeitig zur Musik über Projektoren farbiges Licht auf eine Leinwand geworfen wurde. Das »clavilux« des Amerikaners T. WILFRED (1922) erzeugt nach musikal. Gesichtspunkten verlaufende Farbenkompositionen ohne Musik. – Bei der →Lichtorgel werden Musikdarbietungen im Rhythmus der Musik mit Beleuchtungseffekten gekoppelt.

Farbenkupferdruck, **Farbenkupferstich,** ein →Farbstich.

Farbenlehre, Wiss.-Bereich, der Erkenntnisse aus Physik, Biologie, Physiologie und Psychologie zusammenführt und Farbentstehung, Farbempfindung, Farbwahrnehmung, Farbmischung und Farbwirkung erklärt. Es gibt versch. Darstellungen der F., deren Ziel eine Zusammenfassung aller bekannten Gesetzmäßigkeiten ist, die zw. den versch. Farbempfindungen (→Farbe) und den mit ihnen verknüpften →Farbvalenzen sowie den sie verursachenden Farbreizen bestehen. Wichtige Untersuchungsgebiete sind:
- →Farbreiz,
- →Farbensehen,
- →Farbmetrik und
- die Lehre vom Sinneserlebnis Farbe und seinen Wirkungen, wozu auch die Fragen der Farbästhetik, des Farbklimas und der →Farbenharmonie gehören.

Die F. umfasst heute die Darstellung der Wirkungskette zw. Lichtemission, Absorptionsverhalten der Materie, Registrierung des Farbreizes durch das Sehorgan, Bildung eines organeigenen elektr. Codes und der resultierenden Entstehung von Farbempfindung beim Betrachter. Die Gesetzmäßigkeit, nach der das Sehorgan arbeitet, wird als Grundgesetz der modernen F. angesehen. – Zu den Aspekten der **neueren F.** gehören u. a. folgende Zusammenhänge:

Urfarben und Grundfarben Als Urfarben werden die drei Empfindungskräfte des Sehorgans bezeichnet, die den drei für versch. überlappende Spektralbereiche empfindl. Zapfentypen in der Netzhaut des Auges zugeordnet sind und die zu den Farbempfindungen Blau, Grün und Rot führen. Grundfarben werden die acht extremen Empfindungsmöglichkeiten des Sehorgans genannt, die sich als Konsequenz daraus ergeben und die als deckende Farbmittel für die integrierte Farbmischung zur Verfügung stehen müssen. Sie werden mit den Farbnamen Weiß (W), Gelb (Y von engl. yellow), Magentarot (M), Cyanblau (C), Orangerot (O), Grün (G), Violettblau (V) und Schwarz (S) bezeichnet. In vielen Bereichen der Literatur, der Kunst und in der

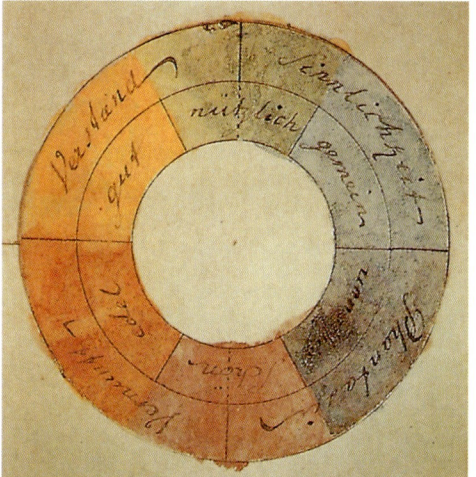

Farbenlehre: Von Johann Wolfgang von Goethe gezeichneter Farbkreis (um 1809); in seiner Farbenlehre lehnte er eine rein physikalische Farbtheorie ab und stellte den Menschen und seine Wahrnehmung in den Mittelpunkt.

Druck-Ind., in denen wesentlich subtraktive Farbmischung von Bedeutung ist, werden die Grundfarben Gelb, Magentarot und Cyanblau allerdings oft als Gelb, Rot und Blau bezeichnet. In den Bereichen Informationstechnik, Fernsehen und Fotografie, in denen wesentlich additive Farbmischung von Bedeutung ist, sind dagegen die Grundfarben Rot, Grün und Blau (RGB). Diese Tatsache ist der Grund für viele Missverständnisse im Bereich der Farbenlehre.

Ordnungssysteme der Farben Eindimensionale Ordnungssysteme sind z. B. die Unbuntarten-Gerade (Gerade der versch. →Unbuntarten) und das Buntarten-Sechseck (die Kanten des Sechsecks der versch. →Buntarten); *zweidimensionale Ordnungssysteme* sind die Buntarten-Dreiecke (Dreiecke der gleichen Buntart) und die Unbuntarten-Sechsecke (Sechsecke der gleichen Unbuntart); *dreidimensionale Ordnungssysteme,* die auch →Farbenraum (oder Farbkörper) genannt werden, sind das CIE-System der Farbmetrik, der Würfel- und der Rhomboeder-Farbenraum; in der histor. Entwicklung hat es die verschiedensten Farbräume gegeben.

Ästhet. Unterscheidungsmerkmale der Farben Zur qualitativen Beurteilung und Einordnung von Anmutungen der Farbnuancen werden die ästhet. Unterscheidungsmerkmale benötigt: 1) die Buntart (Art des Buntseins), 2) die Unbuntart (Art des Unbuntseins), 3) der Buntgrad bzw. der Unbuntgrad (Ausmaß des Buntseins bzw. des Unbuntseins), 4) die Helligkeit. – In der klass. F. gab es nur die drei Merkmale Farbton (Buntton), Sättigung (Buntgrad) und Helligkeit. Farbwirkungen, wie Farbharmonien, kommen durch das Ausmaß an Übereinstimmung und Verschiedenheit dieser ästhet. Unterscheidungsmerkmale zustande und können dadurch definiert werden.

Geschichte Ansätze zu einer F. reichen bis in die Antike zurück. I. NEWTON bewies experimentell, dass weißes Licht aus Strahlung versch. Farbreize besteht, die als buntes Spektrum gesehen werden, wenn ein Lichtbündel durch ein Glasprisma aufgefächert wird. Er leitete die einzelnen Bestandteile des weißen Lichtes durch ein weiteres Prisma und zeigte, dass diese nahezu monochromat. Lichtbündel nicht weiter zerlegt werden können (1672). NEWTON wies auch auf den Zusammenhang mit der Brechzahl hin. In seinem Buch »Opticks« (1704) stellte er die F. von den sieben Grundfarben im Spektrum – Rot, Orange, Gelb, Grün, Blau, Indigo und Violett – auf, die heute überholt ist. NEWTON betrachtete seine Entdeckungen unter rein physikal. Gesichtspunkten, wusste aber bereits, dass Farbe eine mit physikal. Größen verknüpfte Sinnesempfindung ist. Für GOETHE waren dagegen Licht und Farben »homogene« Naturphänomene. Seine F. ist eine unmathemat. Morphologie, eine phänomenolog. Betrachtung über die Farben »als lebendige Gestalten des Lichtes«. Er ordnete z.B. jeder Farbe eine menschl. Eigenschaft zu (rot–schön, gelbrot–edel, gelb–gut, grün–nützlich, blau–gemein, blaurot–unnötig), ebenso den vier Farbsegmenten die Bereiche des Geistes- und Seelenlebens. GOETHE trat in seinem Buch »Zur F.« (1810) den Ansichten NEWTONS vehement entgegen. Beide behandelten das Problem aus unterschiedl. Perspektiven, NEWTON befasste sich mit den Ursachen, GOETHE mit den Wirkungen der Farben. GOETHES F. ist hauptsächlich eine Ansammlung von Fakten und Beobachtungen mit einigen, wie heute bekannt ist, falschen Schlussfolgerungen. Sie ist noch von histor. Wert und interessant für die Farbenpsychologie.

Der Kupferstecher J. C. LE BLON hatte 1730 herausgefunden, dass bereits drei Grundfarben (»Trichromasie«) zur Wiedergabe aller Farben ausreichen. Er erkannte, dass man durch die Mischung der transparenten Druckfarben Gelb, Rot und Blau eine Farbenvielfalt hervorbringen kann (Dreifarbendruck). Allerdings war das bei diesen Mischungen entstehende Schwarz so unbefriedigend, dass er Schwarz als vierte Druckfarbe einsetzte (Erfinder des Vierfarbendruckes). Auf T. YOUNG (1802) geht die Lehre von den drei (bei ihm physiologisch verstandenen) Grundempfindungen zurück, die durch H. VON HELMHOLTZ (»Handbuch der physiolog. Optik«, 1852–67) weiterentwickelt wurde. Im 20. Jh. wurden von E. SCHRÖDINGER (1920), W. OSTWALD (1921) und R. LUTHER (1927) eine Systematik der Farben und Prinzipien zur Farbmessung sowie Ansätze zu einer Farbmetrik entwickelt. Diese Grundlagen führten u. a. zu der von M. RICHTER entwickelten Farbmetrik, zum internat. CIE-System und zur Norm DIN 6164 (1962).

Sir Isaac Newton's Optik oder Abh. über Spiegelungen, Brechungen, Beugungen u. Farben des Lichts, hg. v. W. ABENDROTH, 2 Bde. (1898); W. OSTWALD u. a.: Die F., 4 Bde. ($^{2-3}$1922–51); M. RICHTER: Grundriß der F. der Gegenwart (Neuausg. Ann Arbor, Mich., 1946); WERNER SCHULTZE: F. u. Farbenmessung (^{3}1975); A. KORNERUP u. J. H. WANSCHER: Taschenlex. der Farben (^{3}1981); H. KÜPPERS: Die Logik der Farbe. Theoret. Grundll. der F. (^{2}1981); J. PAWLIK: Theorie der Farbe (^{9}1990); H. KÜPPERS: Das Grund-Ges. der F. (^{10}2002); N. SILVESTRINI u. E. P. FISCHER: Farbsysteme in Kunst u. Wiss. (2002).

Farbenmusik, **Farblichtmusik**, **Farbe-Ton-Kunst**, die (nicht objektivierbare) Zuordnung von Tönen oder Klängen zu bestimmten Farben. Die Idee einer Farbenharmonie tauchte bereits in der Antike auf; in ihren Ursprüngen lässt sie sich in fast alle nichteurop. Hochkulturen zurückverfolgen, z. B. in den fernöstl. Universismus mit seinen zahlr. Wechselbeziehungen zw. Tönen und Erscheinungen des Universums. Über das MA. und die Renaissance (LEONARDO DA VINCI) wirkten diese Vorstellungen weiter. Der dt. Jesuit A. KIRCHER griff in seinen Schriften die Identität von Licht und Schall spekulativ wieder auf, ebenso I. NEWTON mit seiner Lehre von der Farbenharmonie zu Beginn des 18. Jh. Der frz. Mathematiker LOUIS-BERTRAND CASTEL (* 1688, † 1757) suchte um 1725 diese Theorien mit dem Projekt eines →Farbenklaviers zu verwirklichen. Doch erst im 20. Jh. gewannen solche Experimente dank entsprechender apparativer Voraussetzungen eine gewisse prakt. Bedeutung. Versuche synästhet. Ton-Farbe-Verbindungen in jüngerer Zeit sind: J. A. RIEDLS audiovisuelle Elektronik (u. a. »Akust. und opt. Landschaft«, 1960; »Vielleicht«, 1970), D. SCHÖNBACHS Environments (»Canzona«, 1969) und Multimediaopern (»Hysteria«, 1972) sowie P. SEDGLEYS »Light Sound«-Demonstrationen (1972) sowie W. HAUPTS »Linzer Klang Wolke« (1980; mit A. BRUCKNERS 8. Sinfonie). Farbe-Ton-Kombinationen sind fester Bestandteil von Veranstaltungen der Pop- und Rockmusik, Multimediaveranstaltungen und Videoclips.

Farbenraum, **Farbraum**, geometr. Raum, in dem die Vielfalt sämtl. Farben oder eine Auswahl derselben nach einem vorgegebenen Prinzip systematisch angeordnet ist. Insbesondere ist ein F. ein abstrakter Raum zur mathemat. Darstellung der →Farbvalenzen. Da es drei unabhängige →Primärvalenzen gibt, ist der F. dreidimensional. Jeder Punkt im F. – auch **Farbpunkt** oder **Farbort** genannt – entspricht einer Farbvalenz. Eine andere Darstellung bedient sich der **Farbvektoren**, die vom Nullpunkt des F. (Schwarzpunkt) zu den versch. Farbpunkten verlaufen und sich durch drei Farbwerte kennzeichnen lassen (→Farbgleichung). Die reellen Farben liegen innerhalb des kegelförmigen Gebildes (»Farbtüte«), das von den Farbvektoren der Spektral- und Purpurfarben geformt wird (→Farbtafel). Der Teil des Raumes der reellen Farben, der durch die →Körperfarben erfüllt wird, ist der metr. **Farbkörper**. Auf der Oberfläche des Farbkörpers liegen die →Optimalfarben.

Die Farben eines F. werden durch ein **Farbsystem (Farbraumsystem)** quantifiziert. Farbsysteme sind der Versuch, die Vielfalt der Farben durch ein geschlossenes System zu erfassen; aus techn. Sicht sind es Methoden, Farben mithilfe von Standards zu kennzeichnen und zu ordnen. Ein Farbsystem ist z. B. ein Koordinatensystem, in dem die einzelnen Farben durch Basiskoordinaten auf versch. Achsen charakterisiert werden. Häufig werden ein Farbsystem und der entsprechende F., auf dem das System basiert, nicht unterschieden und zusammenfassend als **Farbmodell** bezeichnet. Verschiedene F. bzw. Farbmodelle sind z. B. das CMYK-Farbmodell (→CMYK-Farben), das HSB-Farbmodell (→HSB-Farben) und das RGB-Farbmodell (→RGB-Farben). Für industrielle Anwendungen hat die →Internationale Beleuchtungskommission (Abk. CIE) spezielle F. empfohlen: den **CIE-F.** 1964 zur Farbabstandsbewertung bei additiver Mischung und den CIE-F. 1976 zur Bewertung bei Mischungen

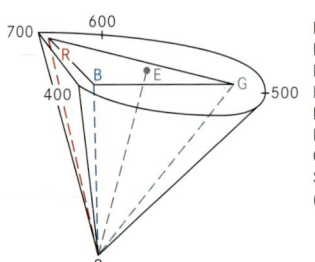

Farbenraum: Bereich der reellen Farben (Farbtüte); E Unbuntpunkt, B Blaupunkt, R Rotpunkt, G Grünpunkt, S Schwarzpunkt (Längenwerte in nm)

von →Farbmitteln. Weitere Farbsysteme sind z. B. durch die Normfarbwerte, die Helmholtz-Maßzahlen und die Ostwald-Maßzahlen gekennzeichnet (→Farbmetrik).

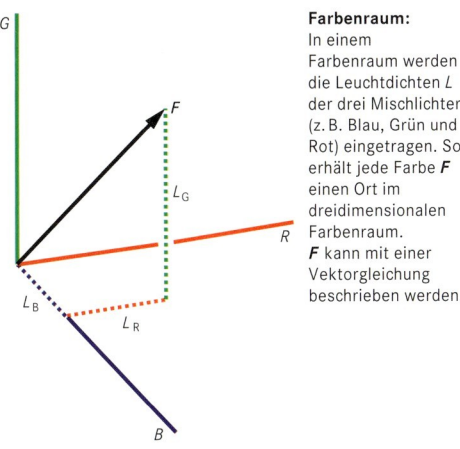

Farbenraum: In einem Farbenraum werden die Leuchtdichten L der drei Mischlichter (z. B. Blau, Grün und Rot) eingetragen. So erhält jede Farbe **F** einen Ort im dreidimensionalen Farbenraum. **F** kann mit einer Vektorgleichung beschrieben werden.

Neben den erwähnten F. sind u. a. auch der Rhomboeder- und der Würfel-F. (HARALD KÜPPERS, *1928) von Bedeutung. Jeder geometr. Punkt repräsentiert dabei eine Farbnuance und kann geometrisch und mathematisch exakt definiert werden. Der **Rhomboeder-F.** repräsentiert die geometr. und mathemat. Darstellung der Gesetzmäßigkeit, nach der das menschl. Sehorgan arbeitet. Jede mögl. Farbempfindung ist als geometr. Punkt in diesem F. vertreten. Die Lage dieses Punktes ergibt sich durch die Potenziale der drei Empfindungskräfte (Urfarben) und wird durch die Gesetze im Kräfteparallelogramm festgelegt. Die drei Urfarben gehen als Vektoren vom Nullpunkt (Schwarz) aus, wobei sie zueinander Raumwinkel von 60° bilden. – Der **Würfel-F.** hat gegenüber dem Rhomboeder-F. den Vorteil, dass Schnittflächen, die parallel zu den Außenflächen durch den Körper gezogen werden, die Form von Quadraten haben. Deshalb lassen sie sich technisch relativ einfach als Farbtabellen darstellen, sodass es möglich ist, die Ordnung der Farben in diesem F. in einem Farbenatlas zu zeigen. Der Würfel-F. ist bes. geeignet, die Mischmöglichkeiten von trichromat. Prozessen (Farbfernsehen, Dreifarbendruck) systematisch darzustellen.

Farbensehen, Farbensinn, *Physiologie:* die beim Menschen, den Wirbeltieren und bei vielen Wirbellosen vorhandene Fähigkeit, mit ihrem Sehapparat Licht versch. Wellenlänge als Farben unabhängig von ihren Helligkeitswerten zu unterscheiden. Beim Menschen entsteht (abgesehen von Ausnahmefällen wie mechan. oder elektr. Reizung des Auges, F. im Traum, Nachbilder) der Farbeindruck bei Erregung der für Farbreize empfindl. Sinneszellen in der Netzhaut, der Zapfen, des Auges durch die einfallende Strahlung aus dem sichtbaren Spektralbereich (etwa zw. 380 und 750 nm); in diesem Bereich kann der Mensch etwa 1 Mio. →Farbvalenzen unterscheiden.

Eine Farbempfindung oder -wahrnehmung kommt nur zustande, wenn als Bedingungen erfüllt sind:
1. Der Reiz muss eine Mindestintensität besitzen; unterhalb dieser Schwelle (**Farbschwelle**) gibt es nur farblose Helligkeitsempfindung (→Dämmerungssehen).
2. Der zur Farbempfindung führende Lichtreiz muss eine Mindestzeit andauern (**Farbenzeitschwelle**).
3. Das auf die Netzhaut fallende Licht muss zur Reizauslösung die mit den Farbsinneszellen besetzte zentrale Fläche der Netzhaut treffen (**Farbenfeldschwelle**).

Die versch. Farbempfindungen können durch Mischung der drei Grundfarben Rot, Grün und Blau hervorgerufen werden. Ist für zwei oder drei Grundfarben ein bestimmtes Mischungsverhältnis gegeben, wird Weiß empfunden.

Theorien der Farbwahrnehmung Für das Zustandekommen der Farbwahrnehmung stellte T. YOUNG 1801 die Hypothese auf, dass das Auge drei versch. Typen von Rezeptoren besitzt, von denen jeder auf eine der drei Grundfarben Blau, Grün und Rot reagiert (**Trichromasie**), und dass die übrigen Farbqualitäten durch additive Mischung der Grundfarben erzeugt werden. Diese Hypothese wurde von H. VON HELMHOLTZ zur **Dreikomponententheorie (Dreifarbentheorie, Young-Helmholtz-Theorie)** ausgebaut. Danach existieren drei versch. Zapfentypen, die als unabhängige Empfängersysteme (Rezeptoren) arbeiten, deren Signale jedoch gemeinsam jeweils in einem neuronalen Helligkeits- und einem neuronalen Farbensystem verarbeitet werden. Für diese Theorie sprechen u. a. die Befunde, dass die klin. beobachteten Farbfehlsichtigkeiten sich mit dem Ausfall einzelner der Farbrezeptoren decken und dass an der unteren Empfindlichkeitsgrenze für F. nur die Farbtöne Rot, Grün und Blau unterschieden werden können. – Die **Gegenfarbentheorie (Vierfarbentheorie)** von K. E. HERING fordert zwei antagonist. physiolog. Systeme, die auf vier Urfarben (Rot, Gelb, Blau, Grün) aufbauen: ein Grün-Rot-System und ein Gelb-Blau-System. Entsprechende neuronale Mechanismen sorgen dafür, dass, wenn z. B. Gelb eine Erregung an den farbspezif. Neuronen auslöst, Blau (als Komplementärfarbe) diese Neuronen hemmen muss. Tatsächlich hat man u. a. entsprechende Hyper- und Depolarisierungen von Rot-Grün- oder Gelb-Blau-Horizontalzellen bei Wirbeltieren experimentell nachgewiesen. Für die unbunten Seheindrücke (die gesamte Skala zw. Schwarz und Weiß) wird ein drittes antagonist. Schwarz-Weiß-System postuliert. Die Ergebnisse vieler neurophysiolog. und sinnespsycholog. Versuche lassen inzwischen beide Theorien als sich ergänzende theoret. Deutun-

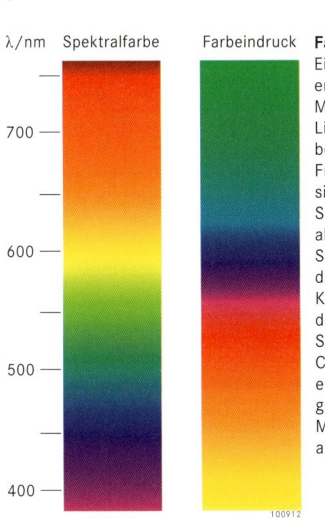

Farbensehen: Ein Farbeindruck entsteht, wenn Moleküle Lichtquanten bestimmter Frequenz aus dem sichtbaren Teil des Spektrums absorbieren; der Stoff erscheint dann in der Komplementärfarbe der absorbierten Spektralfarben. Chlorophyll erscheint z. B. daher grün, weil die Moleküle rotes Licht absorbieren.

gen des F. gelten, wobei die Dreikomponententheorie für die Rezeptoren (Zapfen) in der Netzhaut und die Gegenfarbentheorie für die nachgeschalteten Neuronensysteme der Sehbahn wirksam ist.

F. im Tierreich Bei tagaktiven Säugetieren entspricht der mit dem Auge wahrnehmbare Spektralbereich etwa dem des Menschen. Bei manchen Vögeln ist er zu Rot hin verschoben, für andere (z. B. Kolibri) liegt Ultraviolett, wie auch für manche Fische, im sichtbaren Bereich. Grundlage des F. bei wirbellosen Tieren sind wohl gleiche Sehfarbstoffe. Außer bei versch. Insekten ist F. auch bei Krebsen und Tintenfischen nachgewiesen. Die Facettenaugen (→ Auge) der Bienen enthalten, ähnlich dem Auge des Menschen, drei Zelltypen mit versch. Sehpigmenten (Rhodopsinen) unterschiedl. Farbempfindlichkeit (Maxima bei 340, 430 und 530 nm). Sie sind damit fähig, auch Blüten mit Lichtreflexion im ultravioletten Bereich »farbig« zu sehen und so Blüten nach Farbunterschieden zw. 300 und 600 nm zu unterscheiden. Andere Insekten (z. B. Schmetterlinge) vermögen auch längerwellige Farben (im Rotbereich) zu sehen.

Farbensstereoskopie, die Erscheinung, dass blaue oder grüne Striche, Zeichen u. a. auf rotem Untergrund in einer anderen Ebene zu liegen scheinen (z. B. liegen die blauen Zeichen scheinbar weiter hinten). Die F. ist eine Folge der chromat. Aberration des Auges und der Abweichung der Gesichtslinie von der opt. Achse. Sie wird u. a. von Kunstmalern ausgenutzt.

Farbensymbolik, vornehmlich im Kult und im volkstüml. Brauchtum lebendige Bedeutung der Farben, die heute meist nur noch sinnbildlich verstanden wird. Die Sinngebung der Farben ist uneinheitlich in den versch. Kulturen, z. T. auch innerhalb derselben (den Teufel stellt man sich schwarz oder auch rot vor). – Im MA. führte die Anwendung der F. zu festen Regeln in der kirchl. Liturgie (→liturgische Farben), im Minnesang (Farben zeigen die Stufen der Liebe an; Grün: Liebesanfang, Gelb: Erfüllung), in Heraldik (→Nationalfarben) und Kleiderordnungen (Bunt trug der Adel, Rot der Scharfrichter; Rot dominierte urspr. auch viele Volkstrachten, Gelb wurde Zeichen der Ausgestoßenen, Gelb als →Judenkennzeichen).

Schon in der Antike besaßen die Farben vitale oder moral. Qualitäten. Weiß und Schwarz kamen in der Metaphorik der Natur des Guten bzw. des Bösen zu. Grün bedeutete Hoffnung, Rot Leben und Gefahr, den Griechen aber auch (wie Gelb und Gold) göttl. oder königl. Würde, während Rot in Ägypten zunächst die Wüste als das Böse symbolisierte. – Im heutigen Europa gilt überwiegend Weiß als die Farbe der Unschuld und der Engel, Schwarz als die der Trauer, der Sünde, Rot als die der Liebe, Freude oder Scham, Blau als die der Treue, Beständigkeit oder Mäßigkeit, Gelb als Farbe des Neides, Grün als die der Hoffnung.

In amerikan. und asiat. Kulturen symbolisieren Farben die Himmelsrichtungen: So ist bei den Hopi der Norden gelb, der Westen blaugrün, der Süden rot und der Osten weiß bezeichnet. In China wurden die Farben zusätzlich mit den Jahreszeiten verbunden. Dort war Blau (auch Grün) die Farbe des Ostens und des Frühlings, Rot symbolisierte den Süden und den Sommer, Weiß den Westen und den Herbst, Schwarz den Norden und den Winter; Gelb galt als Farbe der Mitte. – Gelegentlich sind Farben zum Symbol bestimmter Religionen geworden, z. B. charakterisiert Grün den Islam und Gelb den tibet. Buddhismus. – Auf staatl. Gebiet tritt die F. vorrangig in den Flaggen der Nationen (»Nationalfarben«, z. B. dt. Farben), (Bundes-)Länder (»Landesfarben«) oder internat. Organisationen bzw. Vereinigungen zutage, aber auch zur Kennzeichnung polit. Bewegungen: Rot seit dem 19. Jh. für die Arbeiterbewegung (rote Fahne), Schwarz für Anarchismus und den ital. Faschismus (Schwarzhemden), Blau für die span. Falange, Braun für die NS-Organisationen, Grün für Umweltorganisationen. Eigene Bedeutung erlangten im 20. Jh. die Vereinsfarben, bes. im Mannschaftssport.

Enzyklopädische Vernetzung: ▪ Braun ▪ Gelb ▪ Grau ▪ Grün ▪ Rot ▪ Schwarz ▪ Weiß

O. LAUFFER: F. im dt. Volksbrauch (1948); R. E. v. HAERSOLTE: Magie u. Symbol der Farbe (1952); A. BIESINGER u. G. BRAUN: Gott in Farben sehen. Die symbol. u. religiöse Bedeutung der Farben (²1998); I. RIEDEL: Farben in Religion, Gesellschaft, Kunst u. Psychotherapie (Neuausg. 1999).

Farbentauben, Sammel-Bez. für Haustaubenrassen, die im Körperbau Feldtauben sehr ähnlich sind und speziell auf Farbe und Zeichnung hin gezüchtet werden (z. B. die Gimpeltauben).

Farbentests, Gruppe von psycholog. Testverfahren, bei denen Sympathie- und Antipathieurteile gegenüber Farbvorlagen mit dem Ziel ausgewertet werden, persönlichkeitsdiagnost. Aussagen zu machen. Allerdings sind die spezif. Deutungshypothesen empirisch kaum bestätigt, sodass F. als wissenschaftlich problematisch gelten.

Farben tragende Verbindungen, →studentische Verbindungen, →studentisches Brauchtum.

Färberdistel, der →Färbersaflor.

Färberdistelöl, das →Saflöröl.

Färberei, techn. Verfahren, mit dem Textilien in jeder Aufmachung (z. B. Flocke, Garn, Strang, Stück als Web- oder Strickware) eine bestimmte Farbe gegeben wird; auch Bez. für den dazu erforderl. Betrieb. Für die Anfärbung der Fasersubstanz (z. B. Cellulose-, Eiweiß-, Synthesefasern) sind jeweils geeignete Farbstoffsortimente (z. B. Direkt-, Säure-, Metallkomplex-, basische, Schwefel-, Küpen-, Entwicklungs-, Dispersions-, Reaktiv-, Pigmentfarbstoffe) zu verwenden. Während urspr. Naturfarbstoffe eingesetzt wurden, verwendet man heute nahezu ausschließlich synthetisch hergestellte Farbstoffe. I. d. R. wird mit einer wässrigen Lösung gefärbt, die neben Farbstoff die zur Färbung erforderl. Chemikalien wie Säuren, Salze, Tenside oder auch Carrier (Trägersubstanzen) als Färbebeschleuniger enthält. Durch Nachbehandlung lässt sich je nach vorgesehener Verwendung der Textilien die Echtheit der Färbungen verbessern. Der Aufmachung entsprechend werden in der F. unterschiedl. Färbeapparate oder -maschinen verwendet, z. B. Kreuzspulfärbeapparate, Haspelkufe, Jigger, Foulard, Rollenkufe, Jet. Die Färbeverfahren können nach ihrem Ablauf unterteilt werden in kontinuierl., diskontinuierl. und semikontinuierl. Verfahren. Je nach Färbetemperatur unterscheidet man Normal- (bis 100 °C) und Hochtemperaturverfahren (HT-Verfahren, über 100 °C). Durch Temperaturerhöhung wird die Durchfärbung der Fasern verbessert, die Färbezeit verkürzt, die Farbstoffausbeute gesteigert und der Einsatz von Carriern vermindert.

Färber|eiche, Quercus velutina, Quercus tinctoria, nordamerikan. Eichenart mit stumpflappigen, unterseits filzigen Blättern; die Rinde (Quercitronrinde) enthält den gelben Farbstoff Quercetin (z. T. in Form des Glykosids Quercitrin), der früher in der Woll- und Baumwollfärberei verwendet wurde.

Färberginster

Färberröte

Färberginster, Färberkraut, Genista tinctoria, gelb blühender, strauchiger, 30–60 cm hoher dornenloser Schmetterlingsblütler; verbreitet auf Mager- und Moorwiesen und in lichten Wäldern Europas und Westasiens. In Dtl. kommt der F. nur noch als Zierstrauch vor.

Färberkamille, Art der Gattung Hundskamille (→ Kamille).

Färberkraut, andere Bez. für den → Färberginster und die → Schminkwurz.

Färber|resede, der → Färberwau.

Färberröte, Krapp, Rubia tinctorum, aus dem mediterranen Raum stammendes, ausdauerndes 50–90 cm hohes Rötegewächs mit eiförmig-lanzettl. Blättern in vier- bis sechszähligen Quirlen und gelbl. Blüten in Trugdolden oder Dichasien (→ Blütenstand). Der Farbstoff der roten Wurzel (→ Alizarin) war im Altertum bereits Indern, Ägyptern, Griechen und Römern bekannt. Er diente zur Rot- und Gelbfärbung von Stoffen. – Medizinisch wird die Wurzel u. a. bei Nieren-, Blasen- und Darmleiden angewendet.

Färbersaflor, Färberdistel, Falscher Safran, Florsafran, Carthamus tinctorius, in Süd- und (selten) Mitteleuropa aus früheren Kulturen verwilderter oriental. Korbblütler; bis 80 cm hohes Kraut mit herzförmig stängelumfassenden, am Rand gezähnten Blättern und gelben bis orangeroten Röhrenblüten in bis 3 cm breiten Köpfchen. – Die Blüten wurden früher zum Färben von Seide verwendet, das Öl der Früchte wurde als Brennöl genutzt, dient seit der Antike aber auch als hochwertiges Speiseöl (→ Safloröl).

Färberscharte, Serratula tinctoria, einzige einheim. Art der Korbblütlergattung **Scharte** (rd. 70 Arten in Eurasien und N-Afrika) mit scharf gesägten, gelappten bis fiederspaltigen Blättern und purpurroten Blütenköpfchen; in Moorwiesen und lichten Wäldern. Aus den Blättern gewann man einen gelben Farbstoff (Serratulan oder Schüttgelb).

Färbertraube, frz. [tẽty'rjε], rote Rebsorte, die auch im Beerensaft (nicht nur in der Schale) rote Farbstoffe enthält. In Dtl. nur auf 15 ha Rebfläche kultiviert, war sie jedoch ein Kreuzungspartner in zahlr. Rebzüchtungen der letzten Jahrzehnte, wie Deckrot, Dunkelfelder, Kolor u. a. Der Name wird gelegentlich auch für → Deckweine verwendet.

Färberwaid, Isatis tinctoria, einzige einheim. Art der Kreuzblütlergattung **Waid** (rd. 30 Arten, verbreitet von Mitteleuropa bis Zentralasien und im Mittelmeergebiet); 50–140 cm hohes, gelb blühendes, v. a. auf Schutt und in Halbtrockenrasen vorkommendes Kraut mit pfeilförmigen Blättern. Früher wurde der F. häufig angebaut, um aus den Blättern den blauen Farbstoff Indigo zu gewinnen.

Färberwau, Färberresede, Reseda luteola, gelb blühende Art der Resedengewächse; in Europa und im Mittelmeergebiet an Wegrändern und auf Schuttplätzen vorkommend. Der F. wurde früher häufig zur Gewinnung des gelben Farbstoffs Luteolin (aus den oberird. Pflanzenteilen) angebaut.

Farbe-Ton-Kunst, die → Farbenmusik.

Farb|exzess, Maß für die Verfärbung des Sternlichts durch → interstellare Materie; die Differenz zw. dem gemessenen → Farbenindex eines Sterns und dem aus den Spektrallinien bestimmten normalen Farbenindex.

Farbfehler, *Optik:* die → Farbabweichungen.

Farbfeldmalerei, → Color-Field-Painting.

Farbfernsehen, Bereich des → Fernsehens.

Farbfilm,
1) Filmmaterial (→ Film) für die → Farbfotografie.
2) in Farbe gedrehter → Film (seit den 1930er-Jahren, zuerst v. a. Zeichentrickfilme, Musicals und Musikfilme). Ästhetisch dient die Farbe im Film einerseits als natürlich-realist. Element, andererseits aber auch als künstler. Mittel der Symbolisierung, Emotionalisierung und Dramatisierung.

Farbfilter,
1) *Fotografie:* → Filter.
2) *Physik, Technik:* ein Lichtfilter, das infolge selektiver Absorption, Reflexion oder Interferenz nur Strahlung bestimmter Wellenlängenbereiche durchlässt. In der opt. Messtechnik und Spektroskopie werden der F. zur Beeinflussung des spektralen Empfindlichkeitsverlaufs von Fotodetektoren benutzt.

Farbfotografie, Colorfotografie, fotograf. Verfahren zur Herstellung von Abbildungen in (meist) natürlichen Farben. Grundlage aller Verfahren ist bei der Aufnahme die Zerlegung des vom Motiv reflektierten Farbgemisches (→ Farbmischung) in drei Spektralbereiche (Blau, Grün, Rot). Dies kann geschehen durch drei nacheinander folgende Aufnahmen auf Schwarz-Weiß-Material hinter drei entsprechenden Farbfiltern (Farbauszugsfiltern) oder durch Belichtung in einer Strahlenteilungskamera oder durch das Aufnahmematerial mit drei jeweils für eine der Grundfarben empfindl. Schichten. Die heutigen Verfahren bedienen sich fast ausschließlich der letztgenannten Möglichkeit.

Bei der Wiedergabe werden die Farbtöne aus drei einfarbigen Bildern gemäß den Erkenntnissen über das Farbensehen ermischt. Dazu lässt man entweder die Farbtöne der drei Einzelbilder, die Teilauszüge, gemeinsam auf das Auge wirken (additive Farbmischung), oder die drei verschiedenfarbigen Einzelbilder werden von weißem Projektionslicht durchdrungen oder, auf eine weiße Unterlage montiert, in der Aufsicht betrachtet (subtraktives Verfahren).

Verfahren Die **additiven Farbverfahren** liefern nur Projektions- und Durchsichtsbilder. Für die Amateurfotografie bedeutsam wurde bes. das **Kornrasterverfahren** (ein Farbrasterverfahren), bei dem v. a. lichtempfindl. Schicht und Schichtträger eine Farbrasterschicht mit in einer Ebene nebeneinander liegenden, mikroskopisch kleinen, blau, grün und rot angefärbten Körnern aufgebracht war (Autochrome-Platte der Gebrüder LUMIÈRE 1907, Agfa-Farbrasterplatte 1916, Agfacolor-Farbrasterfilm 1932, Dufaycolor-Verfahren mit regelmäßig angeordnetem Druckraster 1935–58). Bei den **Linsenrasterverfahren** trägt das Objektiv ein aus den drei Grundfarben streifenförmig zusammengesetztes Filter; der Film besitzt auf der Rückseite eine dem Objektiv zugewandte Prägung von Zylinderlinsen, die zu den Streifen des Filters parallel laufen. In der panchromat. Emulsionsschicht entstehen drei streifenförmig nebeneinander angeordnete Farbauszüge. Zur Wiedergabe wird der Strahlengang umgekehrt (Linsenrasterfilme für die Amateurkinematografie: Kodak 1928, Agfa 1931; Siemens-Berthon-Verfahren für die Projektion im Kinotheater 1936). Wegen des starken Lichtverlustes beim Projizieren (infolge der die nicht benötigten Farbpigmente abdeckenden Schichtschwärzung) sind die additiven Verfahren heute fast vollständig durch subtraktive Verfahren verdrängt worden. Neuerdings wurden sie in der → Sofortbildfotografie für Schmalfilme und Diapositive wieder aufgegriffen.

Färberscharte

Färberwaid

Farb Farbfrösche

Die **subtraktiven Farbverfahren** machen es erforderlich, dass die Farbauszüge in den Komplementärfarben (Gelb, Purpur, Blaugrün) zu den Filterfarben eingefärbt werden. Man konnte sie als Transparente übereinander legen oder zu Aufsichtsbildern gemeinsam auf einen geeigneten Träger umdrucken. Nach diesem Prinzip arbeiten heute noch der **Kodak-Dye-Transfer-Prozess** zur Erzeugung hochwertiger und lichtbeständiger Farbbilder und das bis in die jüngste Zeit erfolgreiche kinematograf. **Technicolor-Verfahren.** Die heutige F. arbeitet mit Mehrschichtenmaterialien, die chromogen entwickelt werden. Bei dieser **chromogenen Entwicklung** bilden geeignete Farbentwickler (p-Phenylendiaminderivate) mit den Farbkomponenten oder -kupplern der Schichten zusätzlich zur Schwärzung (die ausgebleicht wird) Farbstoffe aus. So wird z. B. in den blauempfindl. Schichten ein Farbstoff erzeugt, der das zu Blau komplementäre Gelb liefert. Die Kuppler müssen in den hydrophilen Gelatineschichten diffusionsfest verankert werden. Dies geschieht z. B. durch Verwendung von hydrophilen Kupplern, die langkettige Alkylreste mit 10–20 Kohlenstoffatomen tragen (**Fettschwanzprinzip, Agfacolor®-Verfahren** 1936). Man kann auch hydrophobe Kuppler einsetzen, die man in hoch siedenden Lösungsmitteln löst. Die Lösung wird dann in Gelatine einemulgiert (**Emulgierprinzip, Kodacolor-Verfahren** 1942, **Ektachrome-Verfahren, Ektacolor-Verfahren** 1937). Dieses Verfahren hat sich heute allg. durchgesetzt. Zur Kompensation von Nebenfarbdichten verwendet man zusätzliche Maskenkuppler (→Maske). Die Kupplertechnologie hat in letzter Zeit erhebl. Fortschritte im Hinblick auf hoch empfindl. und zugleich feinkörnige und scharf zeichnende Farbfilme gemacht. Die DIR-Kuppler (Abk. für engl. **d**evelopment **i**nhibitor **r**elease) nutzen fotograf. Nachbareffekte (v. a. den Interimageeffekt), die die Entwicklung benachbarter Partien hemmen, zur Erhöhung der Farbsättigung und der Konturenschärfe. Die Zahl der Farbschichten wurde vermehrt; statt der drei für die Grundfarben empfindl. Schichten dienen heute Schichtkomplexe abgestufter Empfindlichkeit für jede Farbe der Steigerung des Belichtungseindrucks, wobei die übl. Schichtreihenfolge (blau-, grün-, rotempfindlich) abgeändert und die hoch empfindl. Rot- und Grünschichten zuoberst gelagert sein können (**Prinzip der vertauschten Schichten**). Es besteht auch die Möglichkeit, von kupplerfreien lichtempfindl. Materialien auszugehen. Die Emulsionsschichten werden zuerst mit einem Schwarz-Weiß-Entwickler und dann nach diffuser Nachbelichtung in der entsprechenden Grundfarbe mit getrennten Farbentwicklungsbädern behandelt, die den zugehörigen Kuppler enthalten (**Einentwicklungsprinzip, Kodachrome-Umkehrverfahren**, 1935). Dieses älteste, von den Musikern L. D. MANNES und L. GODOWSKY bei Kodak entwickelte Verfahren hat nach wie vor große Bedeutung. Die Filme erbringen infolge ihres dünneren Schichtaufbaus eine wesentlich bessere Schärfeleistung als vergleichbare Materialien.

Je nach Aufbau des Films und angewendeter Entwicklungsmethode lassen sich nach dem Mehrschichtenverfahren komplementärfarbige Negative (**Negativfilm**), die wie üblich auf einen entsprechenden Kopierfilm oder auf ein entsprechendes Mehrschichtenpapier zu Positiven kopiert werden können, oder aber bei Umkehrentwicklung direkt farbige Positive erhalten (**Umkehrfilm**). Die Filmmaterialien für projizierbare Dias oder Schmalfilmaufnahmen werden meist nach dem Prinzip der Umkehrentwicklung verarbeitet.

Bei den Verfahren mit Farbstoffabbau hat das **Farbausbleichverfahren** (F. P. LIESEGANG, 1889), bei dem Farbstoffe während der Belichtung jeweils selektiv entsprechend ihrer Eigenabsorption ausgebleicht werden, keine Bedeutung erlangt. Beim **Silberfarbbleichverfahren (Azofarbbleichverfahren)**, das heute noch angewendet wird, werden den drei Silberhalogenid-Emulsionsschichten lichtechte Azofarbstoffe einverleibt, die in einem Farbbleichbad an den Stellen, an denen bei der vorangegangenen Schwarz-Weiß-Entwicklung metall. Silber gebildet wurde, selektiv zerstört werden (**Cibachrome**, frühere Materialien: Gaspacolor, Agfa-Pantachrom).

Zur Vervielfältigung von Diapositiven sind Verfahren entwickelt worden, bei denen die Farbzerlegung durch Lichtbeugung in (unfarbigen) Schichten eine Rolle spielt, z. B. die →Trägerfrequenzfotografie und das →ZOD-Dia.

Die fotomechan. Herstellung von Druckplatten und -formen für den →Farbendruck erfolgt ebenfalls über Farbauszugsnegative oder -positive.

📖 E. MUTTER: Farbphotographie (Wien 1967); J. S. FRIEDMAN: History of color photography (London u. a. ²1972); A. FEININGER: Feiningers Farbfotokurs (³1981); G. KOSHOFER: F., 3 Bde. (1981); G. BAURET: Color photography (New York 2001).

Farbfrösche, Pfeilgiftfrösche, Dendrobatidae, in Südamerika und dem südl. Zentralamerika verbrei-

Farbfrösche (von links): Goldbaumsteigerfrosch (Dendrobates auratus), Baumsteigerfrosch (Dendrobates azureus) und Erdbeerfröschchen (Dendrobates pumilio)

tete Familie der Froschlurche (mehr als 150 Arten; Größe zw. 1 und 5 cm) mit zumeist auffällig bunter (Warn-)Färbung. Bei Arten der Gattungen Dendrobates und Phyllobates sondert die Haut (v. a. bei Stress) ein giftiges Drüsensekret ab, das v. a. im westl. Kolumbien zum Vergiften von Blasrohrpfeilen genutzt wird (bes. starkes Gift bei Phyllobates terribilis). F. sind ausschließlich tagaktiv und v. a. Baumbewohner; die Eier werden an feuchten Stellen an Land abgelegt, die geschlüpften Kaulquappen vom Männchen auf dem Rücken zum Wasser transportiert. Zu den F. gehören die Gattungen **Blattsteigerfrösche** (Phyllobates), **Baumsteigerfrösche** (Dendrobates), **Falsche Giftfrösche** (Colostethus) sowie **Atopophrynus** (mit nur einer Art).

Die als Gift wirksamen Bestandteile der F.-Sekrete gehören chemisch überwiegend zu den Piperidin-Alkaloiden. Eine Ausnahme bilden einige (die giftigsten) Arten der Gattung Phyllobates, die v. a. ein Alkaloid mit Steroidstruktur (**Batrachotoxin**) absondern, das zu den stärksten nicht eiweißartigen Giften in der Natur gehört. Es erhöht bei Nerven- und Muskelzellen die Durchlässigkeit der äußeren Zellmembran für Natriumionen, führt damit zu einer dauernden Depolarisation der Zelle mit der Folge, dass die Nervenzelle keine Impulse mehr weiterleitet und die Muskelzelle dauernd kontrahiert bleibt. Dies führt zu Herzrhythmusstörungen, Kammerflimmern und schließlich zum Herzversagen. Auch die übrigen F.-Alkaloide wirken in unterschiedl. Weise auf Nerven- und Muskelzellen, sind jedoch weit weniger giftig.

🔊 **Farbfrösche:** Lautfolgen eines Dreifarbigen Giftfrosches 7811

📖 R. HESELHAUS: Pfeilgiftfrösche (²1988); J. G. WALLS: Pfeilgiftfrösche (1995); U. DOST: Frösche (2004).

Farbgitter, *Fernsehtechnik:* aus vielen parallelen Drähten bestehendes Gitter in speziellen →Bildröhren, das im Strahlweg vor dem Bildschirm angeordnet ist und durch seine Potenzialverhältnisse den Elektronenstrahl jeweils auf die roten, blauen oder grünen Leuchtstoffe des Bildschirms lenkt.

Farbgläser, Gläser, die nur aufgrund ihrer Farbwirkung hergestellt werden, im Unterschied zu ebenfalls meist farbigen Filtergläsern mit fotograf. und strahlungsmesstechn. Zweckbestimmung. Die Glasschmelze ist gegen Farbzuschläge hoch empfindlich und erlaubt eine fast unbegrenzte Auswahl an Färbungen und Abtönungen. Grundglas, Farbzusatz und Schmelzführung bestimmen die Farbe. Es gibt zwei Gruppen von F.: In der einen sind die Farbträger submikroskopisch kleine Kristalle, die im Glas dispergiert sind (→Anlaufglas). In der anderen wird die Färbung durch einfache oder komplexe Ionen verursacht, die im Glas gelöst sind. Zu den färbenden Ionen gehören u. a. die von Kupfer (schwach blau), Chrom (grün, gelb), Mangan (violett), Eisen (gelbbraun, blaugrün), Kobalt (blau), Neodym (rotviolett) und Praseodym (schwach grün).

Farbglasur, durch Metalloxide gefärbte →Glasur keram. Gegenstände. Die F. wird durch die färbenden Stoffe, die Zusammensetzung der Glasur, die Ofenatmosphäre und die Brenntemperatur bestimmt. Eine F. wird üblicherweise dadurch hergestellt, dass einer farblosen Glasur ein färbendes Oxid oder eine färbende Verbindung zugesetzt wird. Das Gemisch wird anschließend gefrittet (→Fritten), sehr fein vermahlen und meist in versch. Verhältnissen mit einer farblosen Grundglasur verwendet.

Farbholzschnitt: Katsushika Hokusai, »Die Brücke in Fukagawa«, Farbholzschnitt aus der Serie »36 Ansichten des Fuji« (1823–31; Dresden, Staatliche Kunstsammlungen)

Farbgleichung, Darstellung des Ergebnisses einer additiven →Farbmischung in Form einer linearen Gleichung zw. den Farbvektoren (→Farbenraum). Versch. Mischungen können durchaus zum selben Ergebnis führen; man spricht dann auch von der F. dieser Mischungen. Da das Mischungsresultat wieder ein Vektor F des Farbenraums ist, hat es die Form $F = RR + GG + BB$, wobei R, G und B die Einheitsvektoren der im Farbenraum vom Schwarzpunkt zum Rot- (Orangerot), Grün- bzw. Blau- (Violettblau)Punkt gehenden Farbvektoren sind, die den als Grundvalenzen (→Primärvalenzen) gewählten Bezugsfarben zugeordnet sind. Die als **Farbwerte** oder →Farbmaßzahlen bezeichneten Skalare R, G und B geben die Mischungsbeiträge derselben an.

Farbhölzer, Handelshölzer, deren in den Kernholzzellen eingelagerte Farbstoffe zum Färben verwendet werden (z. B. das Holz des Färbermaulbeerbaums). F. sind durch die Entwicklung synthet. Farbstoffe heute nahezu bedeutungslos.

Farbholzschnitt, Farbdruck im Hochdruckverfahren. Den Wunsch, →Holzschnitte farbig zu fassen, dokumentieren schon einzelne handkolorierte →Einblattdrucke. Um 1500 wurden in Dtl. und Italien nahezu gleichzeitig erste Versuche unternommen, farbig zu drucken. Mehrere Druckformen, in die jeweils nur ein Teil der Darstellung geschnitten ist, werden mit jeweils einer Farbe eingefärbt. Übereinander gedruckt ergänzen sie sich zu einem mehrfarbigen Bild. Man beschränkte sich zunächst auf Rot, Gelb und Blau, dazu trat eine Schwarzplatte, welche die Umriss- und Binnenzeichnung konturierte und die Möglichkeit bot, durch vollständiges Freilassen einzelner Stellen das Weiß des Papiers mitwirken zu lassen. Eine Sonderform des F. ist der **Clair-obscur-Holzschnitt (Helldunkelschnitt)**, der mit zwei Druckformen, der schwarzen Umrissplatte und einer Tonplatte für die Erzeugung eines einheitl. Grundtons (Blau, Grün, Braun oder Grau) die Wirkung einer weiß gehöhten Federzeichnung auf farbigem Papier erzeugen soll. Beim **Camaieuholzschnitt (Grau-in-grau-Schnitt)** werden vier Platten in Abstufung eines Farbtons gedruckt; die erste trägt Umrisse und Schatten, die zweite und dritte die Mitteltöne, die letzte die Grund-

Farb Farbige

farbe; die Schwarzplatte entfällt. Das Ziel ist die maler. Wirkung einer lavierten Pinselzeichnung.

In China ist das erste mit fünf versch. Holzstöcken gedruckte Werk ein 12-bändiges Musterbuch mit Illustrationen verzierter Tuschesteine (Chengshi moyuan) aus dem Jahr 1605. Bekannter sind die Mallehrbücher →Zehnbambushalle und →Senfkorngarten, die Illustrationen zu dem Liebesdrama »Das Westzimmer« von MIN QIQI aus der Yuan-Zeit (1271–1368) sowie die Glückwunschblätter und volkstüml. Drucke mit bis zu 12 Farben (Ende 17. Jh.). Eine besondere Gruppe innerhalb des F. bildet das verzierte Brief- oder Gedichtpapier, eine Tradition, die bis in die Gegenwart gepflegt wird. Zentren für den Druck von F. waren Nanking und Suzhou (Prov. Jiangsu), Jianan (Prov. Fujian) und Xinan (Prov. Anhui).

In Japan findet man den F. beim Einzelblatt als Zweifarbendruck (Benizurie) seit 1742, als Vielfarbendruck (Nishikie) seit 1765, dessen Entwicklung v. a. auf SUZUKI HARUNOBU zurückzuführen ist. Die Entwicklung des F. verlief stilistisch und thematisch parallel zur Ukiyo-e-Malerei. Die wichtigsten Themen waren bis etwa 1800 das Sittenbild, die Frauen- und Schauspielerdarstellung sowie Erotika. Zu den führenden Meistern der klass. Epoche von 1780 bis 1800 gehörten KIYONAGA, EISHI, UTAMARO, SHARAKU und UTAGAWA TOYOKUNI I. In der ersten Hälfte des 19. Jh. nahm das Naturbild die führende Rolle ein; Meister der Landschaft waren KATSUSHIKA HOKUSAI, ANDŌ HIROSHIGE und KUNIYOSHI. Nach 1850 begann durch Verwendung von Anilinfarben und Formerstarrung der Untergang des alten Ukiyo-e-F., obwohl so versierte Zeichner wie KYOSAI, YOSHITOSHI und BAIREI hierfür zeichneten.

In Europa wurden die großartigen Arbeiten des jap. F. durch die Weltausstellungen in Paris (1855, 1867, 1878) und London (1862) bekannt. Großen Einfluss hatte er auf die →Nabis (v. a. P. BONNARD und F. VALLOTON). Der Flächenstil des jap. F. übte auch auf P. GAUGUIN (Holzschnittillustrationen zu »Noa-Noa«, 1897 veröffentlicht) und nachfolgend die Expressionisten, die diese Technik als geeignetes Mittel für eine blockhaft vereinfachende Formensprache entdeckten, eine große Faszination aus. E. MUNCH zersägte für den Farbdruck die Holzplatten in Teile, um sie dann im Druck wieder zusammenzufügen. Er benutzte auch Holzplatten mit unpolierter Oberfläche und bezog so die Maserung der Platten und den Sägeschnitt in die künstler. Flächengestaltung ein. In der Folgezeit erlangten u. a. die Arbeiten von HAP GRIESHABER herausragende Bedeutung. Er trat mit großformatigen F. hervor (»Totentanz von Basel«, 1966), die sich durch monumentale Formen und deren Variationsbreite auszeichnen.

Über den Farbdruck im Tiefdruckverfahren →Farbstich, im Flachdruckverfahren →Lithografie, im Durchdruckverfahren →Siebdruck.

📖 J. KURTH: Der chin. Farbendruck (1922); J. TSCHICHOLD: Chin. Farbendrucke der Gegenwart (Basel 1945); STEFFI SCHMIDT: Katalog der chin. u. jap. Holzschnitte im Museum für Ostasiat. Kunst Berlin (1971); R. GOEPPER: Meisterwerke des jap. F.s (1973); F. WINZINGER: Meisterwerke des jap. F.s (Graz 1987); F. B. SCHWAN: Hb. japan. Holzschnitt (2003).

Farbige, umgangssprachlich für Menschen nichtweißer Hautfarbe; auch **Colored People** oder **Coloured People**.

farbige Papiere, →Buntpapier.

Farbklima, Bez. für die Beeinflussung des psych. Befindens durch Farben der Umgebung. So wirken »kalte« Farben (Grün, Blau, Violett) beruhigend, »warme« Farben (Rot, Orange, Gelb) dagegen anregend. Stimmungsaufhellend wirken helle Farben (Weiß oder Gelb), stimmungssenkend dagegen Schwarz. Deshalb wählt man bestimmte Farben und Farbkombinationen für Arbeits-, Wohn- und andere Räume sowie zu therapeut. Zwecken.

Farbkörper, ein Teil des →Farbenraumes.

Farbkreis, Farbtonkreis, Anordnung einer in sich zurücklaufenden Auswahl von Farbtönen (Buntarten) in einem Kreis. Diese besitzt keine farbmetr. Bedeutung. Sie kann so geschehen, dass sich kompensative Farbtöne (→Gegenfarben) diametral gegenüberliegen (wie im 24-stufigen »ostwaldschen F.«) oder dass die Farbtöne mit gleichem Abstand im Kreis jeweils als voneinander gleich verschieden empfunden werden (wie im Farbsystem nach DIN 6164). Im F. von J. ITTEN fehlen versch. Buntarten (wie z.B. die Grundfarben Magentarot und Cyanblau), andere Farben darin sind keine reinen Buntarten, sondern bereits Mischungen derselben. – In der neueren Farbenlehre (HARALD KÜPPERS, *1928, u. a.) wird der F. durch das Buntarten-Sechseck ersetzt, an dessen sechs Ecken die sechs bunten Grundfarben ihren Platz haben. Die zw. zwei Eckfarben liegenden →Buntarten kommen durch deren Mischung zustande.

Geschichte ARISTOTELES stellte eine Farbenreihe Weiß – Gelb – Scharlach – Purpur – Grün – Ultramarin – Schwarz auf; zu Beginn des 17. Jh. setzte sich in Frankreich das System der drei Grundfarben Gelb – Rot – Blau (eingefasst von Weiß und Schwarz) durch. Voraussetzung für einen F. ist das Ausscheiden von Schwarz und Weiß. Den ersten Kreis stellte I. NEWTON mit den sieben Spektralfarben auf. GOETHES F. enthielt dagegen Purpur und bestand aus sechs Farben (mit Gegenüberstellung von Purpur und Grün, Gelb und Blau, Gelbrot und Blaurot). Etwa gleichzeitig entwickelte P. O. RUNGE einen F., den er zur Farbkugel erweiterte. Den umfassendsten F. schuf M. E. CHEVREUL 1839 aus den drei Grundfarben, deren primären Mischungen Orange, Grün, Violett so-

Farbholzschnitt: HAP Grieshaber, »Das Milchschaf« (1959; Stuttgart, Sammlung Landesbank Baden-Württemberg)

wie sechs weiteren sekundären Mischungen. Farbenordnungen, F. u. Ä. wurden auch von Künstlern aufgestellt (u. a. ein Farbstern von P. KLEE), um harmon. Farbbeziehungen aufzuspüren und eine Grundlage für eine Farbenharmonie und Farbenästhetik zu gewinnen. Im 20. Jh. entwickelten u. a. W. OSTWALD, A. HOELZEL und H. KÜPPERS (1976) versch. F. und Farbanordnungen sowie J. ITTEN seine Farbkugel und seinen Farbstern.

Farbkreisel, von J. C. MAXWELL erfundene Vorrichtung zur Farbmischung. Versch. (Körper-)Farben werden in so rascher, periodisch wechselnder Folge dargeboten, z. B. auf einer rotierenden **Farbscheibe,** dass die einzelnen Farben nicht mehr erkannt werden, sondern eine additive Farbmischung stattfindet.

Farblacke, Pigmente, die durch Umsetzen von lösl. Farbstoffen (meist Beizenfarbstoffe) mit Metallsalzen, Tannin oder Brechweinstein auf der Faser erzeugt werden; keine Lacke im Sinne der Anstrichtechnik.

Farbladung, *Elementarteilchenphysik:* die →Color.

Farblichtmusik, die →Farbenmusik.

Farbmaßzahlen, Farbwerte, Maßzahlen zur eindeutigen Kennzeichnung einer Farbnuance durch drei Zahlenangaben. Versch. Farbsysteme (→Farbmetrik) verwenden unterschiedl. Einheitsvektoren und benennen F. anders, z. B. im Normvalenzsystem als →Normfarbwerte bzw. trichromat. Maßzahlen oder in normierter Form als Normfarbwertanteile. (→Farbgleichung)

Farbmessung, Bestimmung der drei →Farbmaßzahlen einer →Farbvalenz, die diese bezüglich eines Maßsystems festlegen. Es gibt drei Verfahren der F. (**valenzmetrische Verfahren**):

1. Beim **Gleichheitsverfahren** wird ein visueller Farbabgleich zw. der zu messenden Farbe und einer valenzmetrisch bekannten Farbe hergestellt (z. B. mit Farbenkarten nach DIN oder visuellen Dreifarbenmessgeräten).
2. Beim **Spektralverfahren** wird die Farbreizfunktion spektralfotometrisch gemessen. Die Normfarbwerte (X, Y, Z) werden daraus und aus den →Normspektralwertfunktionen berechnet.
3. Beim **Dreibereichsverfahren** werden die drei Normfarbwerte visuell festgestellt oder durch drei fotoelektr. Empfänger direkt gemessen. Die spektrale Empfindlichkeit dieser Empfänger muss dabei sehr genau den Spektralwertkurven des Normalbeobachters entsprechen (Luther-Bedingung). Praktisch erreicht man dies durch Vorschalten geeigneter Farbfilterkombinationen. Industrielle Farbmessgeräte (z. B. Densitometer) arbeiten v. a. nach dem Dreibereichsverfahren.

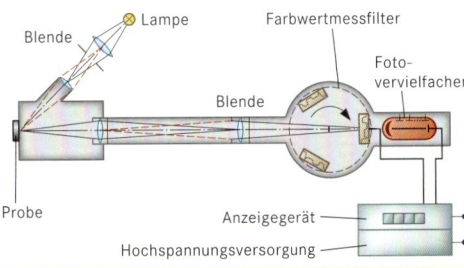

Farbmessung: schematische Darstellung des Dreibereichsverfahrens

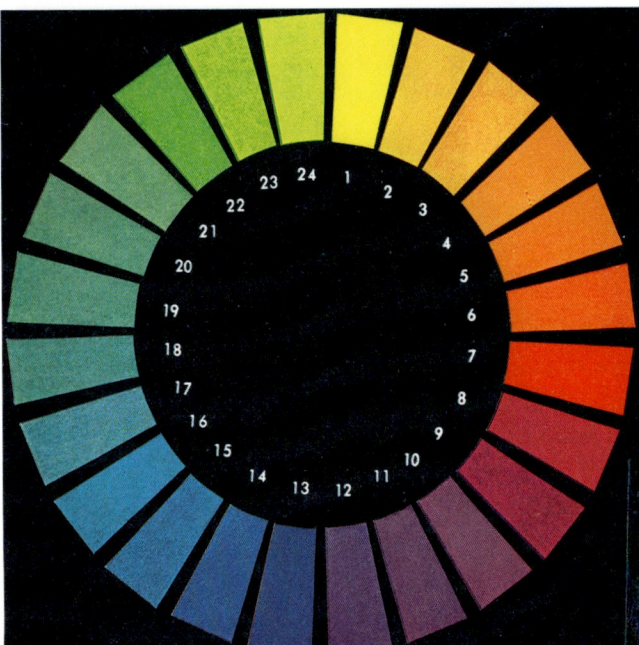

Farbkreis: Der 24-teilige ostwaldsche Farbtonkreis entsteht durch Zusammenbiegen des Spektrums von weißem Licht unter der Einschaltung von Purpur zwischen Violett und Rot.

Bei der F. von Lichtquellen genügt die Angabe der Normfarbwertanteile (→Normvalenzen). Bei Körperfarben wird der →Hellbezugswert zur Kennzeichnung der Helligkeit der Probe angegeben; außerdem sind die bei der Messung der spektralen Remissionswerte angewendete Beleuchtungsgeometrie (z. B. 45/0, d. h. Beleuchtung unter 45°, Messung unter 0° gegen die Probennormale) sowie die beleuchtende Lichtart (z. B. Normlichtart A, d. h. Glühlampenlicht der Farbtemperatur von rd. 2850 K) anzugeben. Bei der F. von Lichtquellen bezieht man sich auf die Normspektralwertfunktionen für das 2° große Gesichtsfeld (Kleinfeldsystem), bei Körperfarben kommt auch das 10°-System (Großfeldsystem) infrage.

WERNER SCHULTZE: Farbenlehre u. Farbenmessung (^{3}1975); A. BERGER-SCHUNN: Prakt. F. (^{2}1994).

Farbmetrik, die Lehre von den Maßbeziehungen zw. den Farben, die die Grundlage der →Farbmessung ist.

In der **Farbvalenzmetrik** (niedere F. nach E. SCHRÖDINGER, **Farbreizmetrik** nach R. LUTHER) beruhen die Maßbeziehungen lediglich auf dem vom Auge gefällten Gleichheitsurteil; die Maßbeziehungen gründen sich auf die Gesetze der additiven →Farbmischung. Die dafür mögl. Maßsysteme (**Farbsysteme**) und ihre **Farbmaßzahlen** (**Farbwerte**) sind sehr vielfältig. In der Praxis haben sich jedoch nur einige wenige durchgesetzt:

1. die **Normfarbwerte** X, Y, Z des Normvalenzsystems nach DIN;
2. die **Helmholtz-Maßzahlen,** d. h. die Kennzeichnung einer Farbvalenz durch die farbtongleiche Wellenlänge (→Farbton), den spektralen Farbanteil (→Sättigung) und den →Hellbezugswert;
3. die Maßzahlen nach einem als Farbenkarte ausgeführten Farbsystem, z. B. dem der DIN-Farbenkarte

Farb Farbmischung

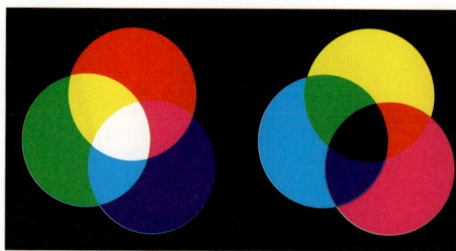

Farbmischung: *links* additive Farbmischung, wie sie durch die Übereinanderprojektion farbiger Lichtkegel (rot, blau, grün) entsteht und *rechts* subtraktive Farbmischung, wie sie durch Übereinanderlegen dreier Farbfilter (magenta, cyan, gelb) entsteht

(Farbsystem DIN 6164 mit Farbton, Sättigungs- und Dunkelstufe als Maßzahlen) oder dem →Munsell-System;

4. die **Ostwald-Maßzahlen** aufgrund der Vorstellung, dass jede Körperfarbe als additive Mischung einer »Vollfarbe« bestimmten Farbtons mit idealem Weiß und idealem Schwarz erzeugt werden könne.

Die **Farbempfindungsmetrik** (höhere F. nach E. SCHRÖDINGER) benutzt Urteile des Auges über spezif. (partielle) Gleichheiten, z. B. über Helligkeitsgleichheit bei versch. Farbarten, über Farbton- oder Sättigungsgleichheit u. a. ohne gleichzeitige Übereinstimmung auch in den anderen beiden Maßgrößen. Sie benutzt ferner Urteile über gleich groß empfundene Farbunterschiede (**empfindungsgemäße Gleichabständigkeit**) u. a. Die Farbempfindungsmetrik beherrscht heute die experimentelle Arbeit auf dem Gebiet der Farbmetrik.

Praktisch wird die F. in der Industrie angewendet (Festlegung von Farbtoleranzen bei Färbeaufträgen, Anstrichen u. a., Berechnung von Rezepturen, Farbbäderzusammensetzungen u. a.). Nur für die Theorie des Farbfernsehens, der Farbfotografie und des Farbendruckes hat sie sich als hilfreich erwiesen.

   M. RICHTER: Einf. in die F. (²1981); H. G. VÖLZ: Industrielle Farbprüfung. Grundll. u. Methoden (²2001).

Farbmischung, die Gewinnung von Farben aus mehreren anderen durch die Überlagerung von Farbreizen bei der Wahrnehmung (additive F.) oder durch die Veränderung der spektralen Zusammensezung des Farbreizes (subtraktive F.).

   Additive Farbmischung Die **additive (optische) F.** ist das Ergebnis des Einwirkens mehrerer Farbreize zu einer neuen Farbempfindung (Farbwahrnehmung), die von deren Komponenten verschieden ist. Die additive F. wird durch eine gleichzeitige oder rasch periodisch wechselnde Erregung derselben Netzhautstelle durch versch. →Farbreize bewirkt. Die gleichzeitige Einwirkung kann dabei verursacht sein durch räuml. Überlagerung der Farbreize (z. B. durch Übereinanderprojektion, wie die Beleuchtung einer Fläche mit mehreren versch. Farblampen) oder durch verschiedenfarbige Flächenelemente, die unter so kleinem Gesichtswinkel erscheinen, dass sie vom Auge nicht mehr getrennt werden können (»Kollektivfarbe« beim Rasterdruck und Farbfernsehen, bei Beobachtung von Gegenständen aus großer Entfernung). Eine weitere Möglichkeit der additiven F. ist die period. Einwirkung aufeinander folgender →Farbvalenzen oberhalb der Verschmelzungsfrequenz des Auges (z. B. beim →Farbkreisel). – Für die additive F. gelten die drei von H. GRASSMANN 1853 aufgestellten Gesetze:

- Für das Ergebnis der additiven F. sind nur die Farbvalenzen maßgebend, nicht die spektrale Beschaffenheit der Farbreize (**1. graßmannsches Gesetz**).
- Durch additive F. lässt sich stets zw. vier Farbvalenzen eine lineare Beziehung herstellen (**2. graßmannsches Gesetz**), d. h., eine Farbvalenz kann gemäß der →Farbgleichung durch drei unabhängige Bestimmungsgrößen (Primärvalenzen) gekennzeichnet werden (**Dreidimensionalität der Farben**).
- Ändert sich in einer additiven F. eine Komponente stetig, so ändert sich auch die F. stetig (**3. graßmannsches Gesetz**).

Diese drei empirisch gefundenen, auf der Natur des menschl. →Farbensehens beruhenden Gesetze (aus denen u. a. das →Abney-Gesetz folgt) bilden die Grundlage der →Farbmetrik und der →Farbmessung.

   Subtraktive Farbmischung Im Unterschied zur additiven F. ist die **subtraktive F.** ein physikalisch-opt. Vorgang. Werden Farbstofflösungen ineinander gegossen oder Farbfilter hintereinander geschaltet, so erfährt das hindurchtretende Licht in seiner spektralen Zusammensetzung Veränderungen, die sich als Zusammenwirken der Einflüsse der einzelnen Lösungen oder Farbfilter auffassen lassen (**substanzielle** oder **materielle F.**). Da schon die Einzellösungen oder Einzelfilter je eine eigene Farbe zeigen und die Kombinationen eine andere, deutet man das Ergebnis der Kombination als »F.« Es findet aber keine F. im eigentl. Sinn statt, sondern eine Kombination der spektralen Absorptionen der Komponenten. Auch ist diese Kombination nicht »subtraktiv«, sondern die spektralen Transmissions- und Remissionsgrade der Komponenten müssen für alle Wellenlängen miteinander multipliziert werden, um die Wirkung der Kombination zu finden (daher mitunter **multiplikative F.** genannt). Für das Ergebnis sind nicht die Farben der Komponenten, sondern nur deren spektrale Transmissions- und Reflexionskurven maßgebend. Beispiele sind das Mischen von Farben auf einer Palette und das Entwickeln von Farbfotos.

In der Tab. sind die Farberscheinungen genannt, die bei den F. von Bedeutung sind.

Farbmittel, nach DIN Sammelname für alle farbgebenden Stoffe, wobei anorgan. und organ. F. unterschieden werden. Organ. F., die im Anwendungsmedium löslich sind, werden als →Farbstoffe bezeichnet. Anorgan. oder organ. F., die im Anwendungsmedium unlöslich sind, heißen →Pigmente. Bestimmte, nach DIN festgelegte F. sind Bestandteil von →Lacken.

Farbmodell, *Farbenlehre:* →Farbenraum.

Farbnuance [-ny'ãs(ə)], *Farbenlehre:* jede beliebige Farbe, die sich von einer anderen visuell unterscheidet. Ein normalsichtiger Beobachter kann bis zu mehrere Millionen F. unterscheiden.

Farb|ortsfehler, *Optik:* →Farbabweichungen.

Farbquerfehler, *Optik:* →Farbabweichungen.

Farbraum, der →Farbenraum.

Farbmischungen und Farberscheinungen		
Farben der subtraktiven Farbmischung	Farben der additiven Farbmischung	Komplementärfarben
Cyan + Magenta = Blau	Grün + Rot = Gelb	Blau + Gelb = Weiß
Cyan + Gelb = Grün	Blau + Grün = Cyan	Rot + Cyan = Weiß
Gelb + Magenta = Rot	Blau + Rot = Magenta	Grün + Magenta = Weiß
Cyan + Magenta + Gelb = Schwarz	Grün + Rot + Blau = Weiß	

Farbreiz, jede elektromagnet. Strahlung des sichtbaren Spektralgebiets (Wellenlänge λ etwa zw. 380 und 750 nm), die beim Auftreffen auf die Netzhaut des Auges eine zu einer Farbempfindung führende Reaktion auslöst. Der F. wird durch die Strahlungsverteilung auf die einzelnen Wellenlängen, die F.-Funktion $\varphi(\lambda)$, bestimmt.

Stammt der F. direkt von einem *Selbstleuchter* (beim direkten Anblick einer Lichtquelle), so ist $\varphi(\lambda)$ mit der →Strahlungsfunktion $S(\lambda)$ dieser Lichtquelle identisch; das Auge nimmt als **Lichtfarben** bezeichnete F. wahr. Wird ein *nicht selbstleuchtender* Gegenstand betrachtet, so wird die Strahlungsfunktion $S(\lambda)$ der beleuchtenden Lichtquelle durch dessen spektrale Lichtremissions- oder Lichttransmissionseigenschaften verändert; das Auge nimmt dann als →**Körperfarben** bezeichnete F. entsprechend der F.-Funktion $\varphi(\lambda) = S(\lambda) \cdot \beta(\lambda)$ wahr. Dabei ist der spektrale **Leuchtdichtefaktor** $\beta(\lambda)$ gleich dem spektralen Remissionsgrad bei Oberflächenfarben oder gleich dem spektralen Transmissionsgrad $\tau(\lambda)$ bei Durchsichtfarben. Für die Kennzeichnung einer Körperfarbe ist die spektrale Remissionskurve ($\beta(\lambda)$ über λ aufgetragen) oder die spektrale Transmissionskurve ($\tau(\lambda)$ über λ) wichtig, die jedoch über die Farbe nur in Verbindung mit der beleuchtenden Lichtart und den spektralen Eigenschaften des Empfängerapparates im Auge Aussagen liefert.

Farbscheibe, →Farbkreisel.

Farbschnitt, *Buchherstellung:* Verzierung (zugleich Staubschutz) des Buchschnittes durch Farbe. Die Seiten des Buchblockes wurden schon im MA. eingefärbt bzw. vergoldet (→Goldschnitt). Zunächst dominierten zarte Farben, dann Rot. Heute wird überwiegend nur noch der Oberschnitt eingefärbt.

Farbsinnstörung, →Farbenfehlsichtigkeit.

Farbskala, *graf. Technik:* 1) genormte Farben für den Mehrfarbendruck, z.B. nach ISO 2846-1 (Stand 2004) **C**yan, **M**agenta, Gelb (engl. **Y**ellow), Schwarz (engl. Blac**k**), Abk. CMYK (→CMYK-Farben); 2) Anordnung unterschiedl. Farben nach vorgegebenen Kriterien, z.B. nach Buntton, Helligkeit und Sättigung; wird meist zu Vergleichszwecken verwendet. Beispiele sind: F. zur Farbberatung, F. für Möbelbezüge, Farbfächer für Lacke und Druckfarben; 3) Andruck: Druck der einzelnen Farben (Teilfarbendruck) und Zusammendrucke für die korrekte Farbführung im Auflagendruck; Bez. auch als **Andruckskala.**

Farbstich,
1) *Fotografie:* die in einer Farbe schwach merkl. Neigung zu einer Nachbarfarbe. In der Farbfotografie bedeutet F. eine fehlerhafte Farbwiedergabe, die durch falsche Belichtung oder Beleuchtung, nicht einwandfreies Fotomaterial oder Verarbeitungsfehler verursacht sein kann. Der F. lässt sich z.T. durch Filter und/oder chem. Nachbehandlung beheben.
2) *Kunst:* die im Tiefdruckverfahren von einer einzigen, in mehreren Farben eingefärbten Druckplatte oder von mehreren, verschieden eingefärbten Druckplatten abgezogene Druckgrafik (Kupferstich, Stahlstich, Radierung u.a.). Selten und wertvoll sind alte **Farbenkupferstiche,** die von einer Kupferplatte gedruckt worden sind, auf der vorher die versch. Farben mit kleinen Tampons, Wischern oder anderem aufgetragen wurden. Sie wurden auch nachgeahmt durch nachträgl. Aquarellieren von Schwarz-Weiß-Drucken. J.C. LE BLON erfand im 18. Jh. den **Vierfarbendruck.** Mit drei Schabkunstplatten und einer Schwarzplatte druckte er Reproduktionen nach Gemälden. Die Farbplatten trugen jeweils Farbanteile der drei Farben, und zwar entweder als reine Farben nur auf einer Platte oder als Mischfarben im Übereinanderdruck auf zwei oder allen drei Platten. Die Farbdichte entstand durch geringes oder stärkeres Glätten der Schabkunstplatte. Durch die **Farbradierung,** den Abdruck von mehreren Aquatintaplatten, wurde der Farbentiefdruck noch verfeinert.

Der F. gelangte im 18. Jh. in Frankreich zu höchster Vervollkommnung. J.-F. JANINET (v.a. Farbradierungen) und P.-L. DEBUCOURT (v.a. Farbenkupferstiche) verwendeten bis zu acht Druckplatten, womit sie zarteste Abstufungen und bis zu 18 versch. Farbtöne erreichten. Das Problem der exakten Deckung der versch. Platten suchte man mit dem Passer zu lösen; man führte die Passnadel in die Passlöcher am Plattenrand und prüfte so die Deckungsgleichheit. Anfang des 19. Jh. wurde der F. von der farbigen Lithografie verdrängt.

Über den Farbdruck im Hochdruckverfahren →Farbholzschnitt, im Flachdruckverfahren →Lithografie, im Durchdruckverfahren →Siebdruck.

Farbstift, →Bleistift.

Farbstoffe, organ. farbgebende Stoffe (→Farbmittel), die selbst oder als reaktionsfähige Vorstufen im Anwendungsmedium (Lösungs- oder Bindemittel) löslich sind, im Ggs. zu den unlöslichen →Pigmenten. Eine farbige Verbindung ist allerdings nur dann ein F., wenn die geforderten anwendungstechn. Voraussetzungen erfüllt sind (z.B. Haftung auf einer Textilfaser). Die Einfärbung eines Substrates kann in der Masse oder an der Oberfläche erfolgen. Je nach Verwendungszweck wird zw. Textil-F., Leder-F., Papier-F., Lebensmittel-F., F. für Mineralöle, →Indikatorfarbstoffen u.a. unterschieden.

Natürliche Farbstoffe sind pflanzl. oder tier. Ursprungs. Die aus Wurzeln (z.B. →Krappfarbstoffe), Blättern (z.B. →Henna), blühenden Pflanzen (z.B. natürl. Indigo), Insekten (z.B. Cochenille), Schnecken (z.B. →Purpur) u.a. gewonnenen Farbdrogen enthalten meist mehrere F.-Komponenten. Natürl. F. findet man in freier Form, mit Zuckern (glykosidisch) oder Proteinen verknüpft oder als farblose Leukoverbin-

Farbstoffe: In der 150 Jahre alten Farbstoffsammlung der Technischen Universität Dresden kann man etwa 8000 synthetische Farbstoffe und 400 natürliche Pigmente anschauen. 30 Schränke sind mit knapp 9000 Fläschchen gefüllt.

Farb Farbstoffe

dungen, die erst bei Isolierung in farbige Verbindungen übergehen. Die Anwendung natürl. F. ist heute auf Spezialfälle beschränkt. In der Baubiologie z. B. werden nur Naturfarben auf der Basis von Erd- und Pflanzenfarben verwendet. Bedeutung haben außerdem →Betanin, →Bixin, →Carotin, →Crocin und →Curcumin als →Lebensmittelfarbstoffe; →Karminsäure wird für Lippenstifte, →Juglon als Hautbräunungsmittel verwendet.

Der Begriff F. wird bei natürl. F. oft weiter gefasst. Er schließt farbige Verbindungen ein, die nicht oder nur sehr beschränkt zum Färben verwendet werden können. In der Natur können solche F. biochem. Funktionen erfüllen (z. B. Chlorophyll bei der Fotosynthese) oder Signalwirkungen haben (z. B. Anthocyane in den Blüten, die den Pollen übertragenden Insekten den Weg zur Blüte weisen). Je nach ihrer Lokalisierung im Organismus werden sie als Blatt-F., Blüten-F., Blut-F., Gallen-F. u. a. bezeichnet.

Synthetische Farbstoffe beherrschen heute mit mehreren Tausend Produkten den Markt. Bei ihnen handelt es sich meist um aromat. oder heterozykl. Verbindungen mit entweder ionischem (alle wasserlösl. F.) oder nichtionischem Charakter (z. B. Dispersions-F.). Anionische F. haben ein negativ geladenes, kationische ein positiv geladenes F.-Ion. F. lassen sich u. a. nach den farbtragenden chem. Gruppen (Chromophore) klassifizieren, z. B. in Acridin-F., →Anthrachinonfarbstoffe, →Azinfarbstoffe, →Azofarbstoffe, Azomethin-F., →Formazanfarbstoffe, indigoide F. (→Indigo), →Nitrofarbstoffe, →Nitrosofarbstoffe und →Triphenylmethanfarbstoffe.

Ob und wie ein F. verwendet wird, hängt davon ab, wie gut, schnell und dauerhaft er sich mit dem zu färbenden Gut verbindet. Eine Einteilung der F. ist daher auch nach färber. Gesichtspunkten möglich. Ein F. kann z. B. aus einem wässrigen Färbebad (Flotte) oder durch Bedrucken mit F.-Pasten auf das zu färbende Substrat aufgetragen werden. Dabei ist nicht jeder F. für jedes Substrat geeignet. Zum Färben von Polyamidfasern (Wolle, Nylon) eignen sich z. B. Säure-F. Sie lagern sich mit ihrer im sauren Färbebad vorliegenden Sulfogruppe an die Aminogruppen von Polyamiden an. Säure-F. werden bevorzugt zum Färben von Oberbekleidung und Teppichen verwendet. Färbungen von hoher Licht- und Nassechtheit werden bei Wolle und synthet. Polyamiden mit Metallkomplex-F. erreicht. Dabei handelt es sich um Chelate, die aus einem Metallatom (z. B. Chrom, Kobalt) und einem Azo-F. bestehen. In die Polymerkette von Polyacrylnitrilfasern werden bei der Polymerisation Monomere mit negativ geladenen Gruppen (z. B. Sulfonatgruppen) eingebaut. Diese Gruppen ermöglichen das Anfärben mit kationischen F. Für Polyesterfasern werden Dispersions-F. verwendet, die sich kaum in Wasser, aber gut in organ. Medien (z. B. synthet. Fasern) lösen. Sie werden, fein gemahlen, unter Zusatz von Dispergatoren im Färbebad aufgeschlämmt. Aus diesem diffundieren sie bei Kochtemperatur in die Faser. Baumwolle wiederum besitzt als Cellulosefaser nur Hydroxylgruppen mit geringen Anziehungskräften. Früher wurde Baumwolle deshalb mit Aluminiumsalzen oder Tannin gebeizt. Die so vorbehandelte Faser konnte dann mit Beizen-F. (z. B. →Alizarin) gefärbt werden. Licht-, wasch- und chlorechte Färbungen von Baumwolle können mit wasserunlösl. Küpen-F. (z. B. Indigo) erreicht werden, die zunächst durch Reduktion (Verküpung) in wasserlösl. Verbindungen überführt werden. Nach dem Aufziehen auf die Faser bildet sich durch Luftoxidation der F. zurück. Entwicklungs-F. werden erst auf der Faser synthetisiert. Beispiele sind die Naphthol-AS-Azo-F., bei denen die Kupplungskomponente (→Kupplungsreaktionen) auf die Faser aufgezogen wird. Durch Reaktion mit der lösl. Diazokomponente entsteht auf der Faser der Farbstoff. Direkt-F. (substantive F.) lassen sich aus neutraler, wässriger Lösung direkt auf Baumwolle aufziehen (→Substantivität). Heute wird Baumwolle meist mit Reaktiv-F. gefärbt oder bedruckt. Bei diesen ist der eigentl. Farbträger mit einer reaktiven Gruppe (z. B. chlorierte Triazine) verbunden, die eine chem. Verbindung mit der Faser eingeht. Dadurch werden sehr klare Färbungen von hoher Waschechtheit erreicht.

Sollen F. als Lebensmittel-F. (→E-Nummern) genutzt werden, unterliegen sie bes. strengen gesetzl. Regelungen, da einige u. a. Allergien auslösen können. Außerdem sind einige Azo- und Benzidin-F. als toxisch und kanzerogen identifiziert worden und werden heute nicht mehr genutzt.

Geschichte Die ursprüngl. F. entstammten ausschließlich der Natur. Indigo war in Ägypten, China und Indien bereits vor mehreren Tausend Jahren bekannt. 1600 v. Chr. wurde auf Kreta die Purpurfärberei betrieben. Indigo und Krapp waren über Jahrhunderte bis in die Neuzeit die beherrschenden F. zum Färben von Textilien. Um 1200 entwickelte sich am Mittelmeer eine Blütezeit der Färbekunst, bes. in Italien. Von dort breitete sie sich über ganz Europa aus. Nach der Entdeckung Amerikas bekam die europ. Färberei durch Farbhölzer neuen Auftrieb. Im 16. Jh. gelangte Cochenille aus Mexiko nach Europa. Um die Mitte des 19. Jh. fand man die ersten künstlichen organ. F., die zu einer völligen Umwälzung der Färbemethoden führten.

Der erste wirtschaftlich bedeutende synthet. F. war das 1856 von W. H. PERKIN aus Anilin hergestellte Mauvein. In den folgenden Jahren kam es zur Entdeckung weiterer »Anilinfarben« (»Teerfarben«, u. a. des Fuchsins durch E. VERGUIN) und bes. in Dtl. zur Gründung von Farbenfabriken. Besondere Impulse erhielt die F.-Chemie, als die Diazotierung als organ. Reaktion entdeckt wurde (P. GRIESS, 1862) und durch Entwicklung der Alizarinsynthese

Farbstoffe: Beispiele zur Fixierung von Farbstoffen auf Textilfasern

(C. Graebe, C. Liebermann, 1868). O. N. Witt hatte 1876 erstmals die Beziehung zw. der Konstitution eines Stoffes und seiner Farbe untersucht (wittsche Farbentheorie). Nach den grundlegenden Arbeiten über Indigo von A. von Baeyer wurde die erste industriell nutzbare Indigosynthese 1890 von K. Heumann entwickelt. Hervorzuheben sind ebenfalls die Synthese des Kongorots (P. Böttiger, 1884) und der Anthrachinon-F. (R. Bohn und R. E. Schmidt, 1888), außerdem die Synthese von Schwefel-F. (H. Vidal, 1893), des Indanthrens (R. Bohn, 1901) und des Naphthols AS (1912) sowie die Entwicklung der Acetatfarben (A. Clavel, 1920). Weitere wichtige Entwicklungen des 20. Jh. waren die Einführung der Dispersions-F. (ab 1923) und der Reaktiv-F. für Baumwolle (1956).

G. Hildenbrand: Chemie der Kunst- u. F. (³1981); W. Kratzert u. R. Peichert: F. (1981); P. Rys u. H. Zollinger: Farbstoffchemie (³1982); B. Bertram: F. in Lebensmitteln u. Arzneimitteln (1989); G. Wittke: Farbstoffchemie (³1992); H. Schweppe: Hb. der Natur-F. (1993); Ute Meyer: F. aus der Natur (1997); P. Heussler u. H. Wolf: Duden Abiturhilfen: Kunststoffe, F., Waschmittel (2002); L. Edwards u. J. Lawless: Naturfarben Hb. (2003); M. Schallies: Kunststoffe – F. – Waschmittel (2004).

Farbstoffflechten, der Farbstoffherstellung dienende →Flechten.

Farbstofflaser, ein →Laser mit einem organ. Farbstoff (meist in einem Lösungsmittel) als aktivem Medium. Die Farbstofflösung wird in einer Küvette umgepumpt oder als feiner Strahl aus einer Düse gespritzt. Die Anregung des Farbstoffs erfolgt mit Blitzlampe oder Laser. F. können – mit unterschiedl. Farbstoffen – als abstimmbare Laser insgesamt den Spektralbereich von rd. 300 bis 1 200 nm überdecken; sie erreichen kontinuierl. Leistungen bis zu 100 mW. Im Pulsbetrieb werden bei Pulsdauern im Nano- bis Femtosekundenbereich Spitzenleistungen im Megawattbereich erzielt. – F. waren bis etwa 1990 die wichtigsten Femtosekundenlaser, werden seitdem jedoch durch leistungsfähigere →Festkörperlaser ersetzt, z. B. Titan-Saphir-Laser.

Farbstoffmangel, bei Lebewesen der →Albinismus.

Farbstofftheorie, eine physikalisch-chem. Theorie, die den Zusammenhang zw. Farbe, Farbstoffcharakter und chem. Konstitution eines Stoffes zu erfassen sucht. So hängt die Fähigkeit zur selektiven Lichtabsorption mit ungesättigten Bindungen der Atome in den organ. Molekülen zusammen und ist u. a. an Doppelbindungen enthaltende chromophore Gruppen (→Chromophore) gebunden. Das Einfügen von anderen Atomgruppen mit freien Elektronenpaaren (→Auxochrome) in das Molekül führt zu einer Verschiebung und Vertiefung der Farbe.

Farbsynchronsignal, Burst [bə:st, engl.], *Fernsehtechnik:* ein Hilfssignal festgelegter Dauer und Form, das beim NTSC- und PAL-System die Decodierung des Farbartsignals im Farbfernsehempfänger ermöglicht. Das in der Horizontalaustastlücke übertragene F. übermittelt eine Bezugsphase für die phasenrichtige Wiedergewinnung der Farbwertsignale im Empfänger.

Farbsystem, →Farbenraum, →Farbmetrik.

Farbtafel, zweidimensionale graf. Darstellung der durch additive Farbmischung herstellbaren Beziehungen zw. den →Farbarten.

Die F. ist eine durch die Endpunkte der Primärvalenzen gebildete Ebene im CIE-Farbenraum (→Farbenraum). Sie ist eine Projektion des Farbenraumes,

Farbstofflaser: Jet-Zeile eines Farbstofflasers mit Flüssigkeitsstrahl vertikal in der Mitte und horizontaler Laseranregung

bei der auf die Darstellung der Helligkeit der Farbvalenzen verzichtet wird. Die Durchstoßpunkte der Farbvektoren bilden die **Farbörter** der Farbtafel. Jedem Punkt in der F. ist eine Farbart umkehrbar eindeutig zugeordnet. Die additiven Mischungen zweier Farben liegen auf der geraden Verbindungslinie zw. den Farbörtern (**Farbpunkten**) der Mischungskomponenten. Die aus drei Komponenten herstellbaren Mischfarben liegen im Innern des durch die drei Farbörter der Komponenten gebildeten Dreiecks (**Farbdreieck**). Die Farbarten der Spektrallichter ordnen sich auf einem nach dem Mittelpunkt (**Weißpunkt, Unbuntpunkt**) hin konkaven, ungeschlossenen Kurvenzug (**Spektralfarbenzug**) nach den Wellenlängen, die in unregelmäßig großen Abständen darauf eingetragen sind. Die Verbindungslinie der Farbörter der beiden Spektrumsenden enthält die Purpurfarben (**Purpurlinie**). Farbarten, die ihren Ort auf einem vom Weißpunkt ausgehenden Strahl haben, besitzen den gleichen Farbton: Auf dem um 180° dagegen verdrehten Strahl liegen die dazu kompensativen Farbarten (→Gegenfarben). Längs eines jeden solchen Farbtonstrahles steigt die Sättigung (der spektrale Farbanteil) von 0 im Weißpunkt bis zu 1 bei der Spektralfarbe oder Purpurfarbe. Innerhalb der vom Spektralfarbenzug und der Purpurlinie umschlossenen Teile liegen alle **reellen** (d. h. durch Farbreize erzeugbaren) **Farbarten,** außerhalb die **virtuellen,** die nur als Zahlenbeziehungen zu den anderen Farbarten dargestellt, aber nicht visuell hergestellt werden können.

Das aus den virtuellen →Normvalenzen X, Y, Z gebildete Dreieck (an sich willkürlich gestaltbar) wird üblicherweise als rechtwinklig-gleichschenkliges Dreieck mit dem rechten Winkel bei Z genommen (**Norm-F.**). Zum Eintragen der Farbpunkte benutzt man die Farbwertanteile als Dreieckskoordinaten.

Farb Farbtemperatur

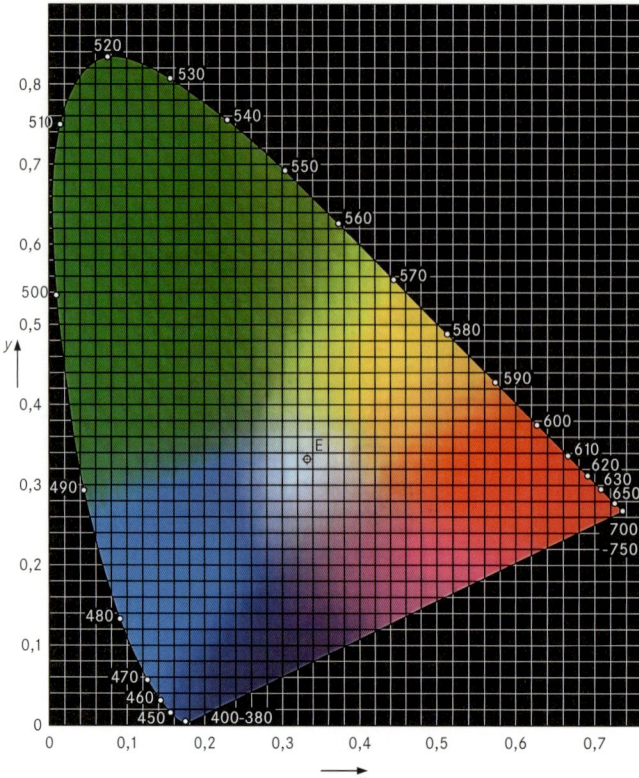

Farbtafel: Normfarbtafel nach DIN 5033 (Farbdreieck), in die die sichtbaren Farben ihrer Farbart nach eindeutig eingeordnet sind. Die Normfarbwertanteile x und y bestimmen den Farbort einer Farbart; beim Farbort E der Mittelpunktsvalenz ($x = 0{,}333$; $y = 0{,}333$) liegt unbunt (weiß, grau bis schwarz je nach Helligkeit). Die durch höchste Farbsättigung ausgezeichnete Randkurve setzt sich aus dem Spektralfarbenzug (mit Lichtwellenlängen in nm) und der Purpurlinie zusammen.

Nach Empfehlung der Internat. Beleuchtungskommission (CIE) wird auch eine solche Verzerrung der Norm-F. benutzt, in der angenähert die geometr. Abstände den Empfindungsunterschieden gleich heller Farben entsprechen.

Farbtemperatur, diejenige einer Lichtquelle zugeordnete Temperatur des →schwarzen Strahlers, bei der dieser ein Licht gleicher Farbe wie die betreffende Lichtquelle aussendet. Da F.-Bestimmungen keine Absolutmessungen darstellen, sondern Messungen der relativen spektralen Energieverteilung in einem bestimmten Spektralbereich (Farbbereich), kann die F. sowohl größer (z. B. bei großem Blauanteil der emittierten Strahlung) als auch kleiner (z. B. bei großem Rotanteil) als die wahre Temperatur der Lichtquelle sein. – Die F. dient insbesondere zur Charakterisierung von Sternen. Für fotograf. Zwecke sind fotoelektr. F.-Messgeräte im Handel.

Farbtiefe, die Anzahl der Farben, die einem digitalen Bild je Pixel zugeordnet werden kann. Sie wird entweder direkt (z. B. 256 Farben) oder in der Einheit **bbp** (engl. **b**its **p**er **p**ixel) angegeben. Echte Schwarz-Weiß-Bilder haben eine F. von 1 bpp, da jedes Pixel entweder schwarz oder weiß ist. Eine F. von 8 bpp bedeutet, dass $2^8 = 256$ Farben bzw. Graustufen verwendet werden. Bei 16 bpp (65 536 Farben) spricht man von **HighColor**, bei 24 bpp von **TrueColor**.

Farbton, Buntton, eine der unmittelbar empfundenen Eigenschaften einer →Farbe (Farbempfindung), durch deren Vorhandensein sich eine bunte Farbe von einer unbunten grundsätzlich unterscheidet. In der neueren Farbenlehre (HARALD KÜPPERS, * 1928) wird dieses Merkmal →Buntart genannt.

Neben Sättigung und Helligkeit dient der F. zur eindeutigen Kennzeichnung einer Farbvalenz. In der Valenzmetrik (→Farbmetrik) ist eine Folge von Farbvalenzen gleichen F. dadurch definiert, dass alle diese Farbvalenzen durch ein und dieselbe Farbvalenz zu unbunt kompensiert werden können (→Gegenfarben). Der F. kann durch die farbtongleiche Wellenlänge, durch Bezug auf einen →Farbkreis oder auch durch eine aus den Farbwerten (→Farbgleichung) abgeleitete Kennzahl beschrieben werden. – Der in der Praxis der Färberei und Anstrichtechnik sowie in der Kunst noch übl. Gebrauch des Wortes F. für Farbe, farbiges Aussehen entspricht nicht dem wiss. Sprachgebrauch.

Farbtonkreis, der →Farbkreis.

Farb- und Stilberatung, *Kosmetik:* Beratung zur farbl. und stilist. Harmonisierung des Erscheinungsbildes durch die Auswahl der dem Typ entsprechenden Farbgebung, von Kleidungsstücken, passender Frisur und Kosmetika, geeignetem Schmuck und Accessoires; die F.- u. S. soll die Ausstrahlung einer Person verbessern und zu einem sicheren Auftreten verhelfen.

Färbung, *Biologie:* natürl. oder künstl. Farbgebung in toten oder belebten Körpern, konstant oder periodisch wechselnd. Bei Mensch und Tieren entsteht die F. 1) durch Körperflüssigkeiten, z. B. Blut, so bei roten Lippen und Wangen, dem roten Kamm der Hühner, der roten Farbe der im Schlamm lebenden Zuckmückenlarven; 2) durch Pigmente (chem. Farben), die als gelöste Substanzen oder an Eiweiß gebunden als Pigmentkörnchen (Pigmentgranula) in die Körperoberfläche eingelagert werden, z. B. bei Wirbeltieren in die Epidermis oder ihre Abkömmlinge (Schuppen, Federn, Haare), bei Krebsen, Spinnentieren und Insekten ebenfalls in die Epidermis oder die von ihr abgeschiedene Kutikula, oder aber in besonderen →Chromatophoren (Farbstoffzellen). Zu den Pigmenten gehören Melanin (gelb, braun, schwarz), Carotinoide (gelb, rot), Luteine (z. B. in gelben Vogelfedern), bei Insekten Pteridine (weiß, gelb, rot, z. B. bei Schmetterlingen und Wespen), Ommochrome (gelb, rot, braun bis schwärzlich), Gallenfarbstoffe (z. B. blau, im Zusammenwirken mit Carotinoiden grün, z. B. bei Heuschrecken); 3) durch Strukturfarben (physikal. Farben, Schillerfarben). Diese entstehen durch Lichtbeugung an übereinander gelagerten dünnen Plättchen (Dicke etwa 1–1,5 nm) der Oberfläche (Horn bei Vögeln, Kutikula bei Insekten). Bei dunklem Hintergrund wird das durch das an kleinen Partikeln stärker gestreute kurzwellige Licht erzeugte Blau bes. gut sichtbar (Tyndall-Effekt, z. B. das Blau des Eisvogels oder mancher Papageien, die dunkelblaue F. der Kutikula mancher Insekten). Die Ergänzung durch Pigmente ergibt eine große Vielfalt von F. (Trachten). Durch die Einlagerung von stark reflektierenden Plättchen (z. B. Guanin bei Amphibien u. a.) entsteht eine weiße F., vorgelagerte Trübkörper erzeugen eine blaue Färbung.

Funktionen Oft ist die F. nur das Ergebnis der Ablagerung von Stoffwechselprodukten. Sie dient weit verbreitet dem Schutz vor UV-Strahlen (z. B. Bräunung der menschl. Haut bei intensiver Sonnenbestrahlung) oder der Wärmeregulierung. Vielfältig ist die Bedeutung spezif. Farbtrachten als Schutz vor Feinden (→Farbanpassung) und als Signal im Sozialverhalten (roter Bauch des Stichlingmännchens, Prachtgefieder vieler Vogelmännchen). Viele Tiere können im Verlauf des Jahres (Schneehuhn), des Tages (Stabheuschrecke), im Verlauf ihrer Entwicklung (z. B. Jugendgefieder von Vögeln) oder auch jederzeit und rasch in Anpassung an ihre Umgebung (Chamäleon, Kopffüßer) die Färbung wechseln (→Farbwechsel).

Vorherrschend bei der F. der Pflanzen ist die durch das in den Chloroplasten befindl. →Chlorophyll hervorgerufene Grün-F., z. B. der Blätter. Die i. d. R. in Chromatophoren gelagerten Carotinoide sind beteiligt an der Gelb-, Orange- oder Braun-F. von Blüten, Früchten oder Sprossteilen sowie an der Gelb-F. der Blätter im Herbst (→Herbstfärbung). Rot- und Blautöne v. a. auf die in Vakuolen befindl. wasserlösl. →Anthocyane zurückzuführen. Zellwandfarbstoffe sind z. B. das Hämatoxylin im Blauholz oder das Santalin im Sandelholz.

Während die Funktion des Chlorophylls in der Lichtabsorption im Rahmen der Fotosynthese besteht (an der z. T. auch die Carotinoide als Hilfspigmente beteiligt sind), dient die F. der Blüten v. a. dem Anlocken von Insekten oder anderen Tieren zur Bestäubung.

Färbungsregel, *Biologie:* die →glogersche Regel.

Farbvalenz, diejenige Eigenschaft eines →Farbreizes, die im Empfängermechanismus des Auges (→Farbensehen) einen Farbeindruck bewirkt, wobei der Farbreiz nach drei voneinander unabhängigen, spektral versch. Wirkungsfunktionen linear und stetig bewertet wird. Diese Einzelwirkungen setzen sich zu einer für die F. charakteristischen, einheitlich empfundenen, unauflösbaren Gesamtempfindung zus. (**farbmetrisches Grundgesetz**). Sie bestimmt das Verhalten der Farben bei additiver →Farbmischung. Jede F. lässt sich durch ein Tripel von →Farbmaßzahlen beschreiben. Die F. wird durch einen vom Schwarzpunkt ausgehenden Farbvektor im dreidimensionalen Farbenraum dargestellt. Eine →Farbmessung bezieht sich stets auf Farbvalenzen.

Farbvektor, →Farbenraum.

Farbvergrößerungsfehler, *Optik:* →Farbabweichungen.

Farbwechsel, Änderung der Körperfärbung bei Tieren. Man unterscheidet zwei Formen: 1) den langsam ablaufenden **morphologischen F.**, bei dem es durch Veränderung der Chromatophorenzahl (oder der Pigmentmenge) oder durch Einlagerung neuer, anderer Pigmente (wie bei der Mauser) zu einem relativ lange andauernden Zustand kommt; 2) den **physiologischen F.**, der auf einer Wanderung schon vorhandener Pigmente in den Chromatophoren beruht; z. B. wechseln Stabheuschrecken ihre Farbe von Braun zu Grün durch eine entsprechende Verlagerung der in den Epidermiszellen enthaltenen braunen, gelben und grünen Pigmente. Dieser F. erfolgt relativ schnell und kann sich wieder umkehren. Er kann durch das Nervensystem und durch Hormone (z. B. →Melanozyten stimulierendes Hormon) gesteuert werden.

Farbwerk, Teil der Druckmaschine, der mithilfe des Farbkastens und der Farbübertragungswalzen das gleichmäßige Einfärben der Druckform besorgt.

Farbwerte, *Farbmetrik:* die →Farbmaßzahlen.

Farbwertsignale, **Farbauszugssignale**, *Fernsehtechnik:* die von den drei Bildaufnahmeröhren einer Farbfernsehkamera mithilfe von Farbfiltern gewonnenen Bildsignale, die jeweils nur die Information über die relative Leuchtdichteverteilung der Bildelemente einer der drei Grundfarben Rot, Grün und Blau enthalten. Die Stärken E_R, E_G und E_B der als **R-**, **G-** und **B-Signale** bezeichneten elektr. F. sind ein Maß für die Farbsättigung der drei Auszüge und für die Anteile der an der additiven Farbmischung beteiligten Grundfarben am Farbbild.

Farbwiedergabe, Beziehung zw. der Originalfarbe eines Objektes und dessen farbiger Wiedergabe. F.-Eigenschaften können sich auf Lichtquellen, farbfotograf. Prozesse, Mehrfarbendruck, Farbfernsehtechnik u. a. beziehen. Die F.-Eigenschaften von techn. Lichtquellen werden durch einen **F.-Index** gekennzeichnet. Nach DIN 6169 zählt der F.-Index von 0 bis 100, wobei der Wert 100 eine originalgetreue F. bedeutet.

Farbzahl, *Petrologie:* der Gesamtgehalt eines magmat. Gesteins an dunklen, bas. Mineralen, angegeben in Volumenprozent. Gesteine mit über 70 % dunklen Mineralen (v. a. Augite, Amphibole, Olivin, Biotit und Granat) heißen **melanokrat**, Gesteine mit unter 30 %, in denen die hellen, sauren Minerale (Quarz, Feldspäte, Muskovit, Nephelin, Lenzit u. a. Feldspatvertreter) überwiegen, **leukokrat**.

Farbzentrum, *Festkörperphysik:* →F-Zentrum.

Farce [ˈfarsə; frz., eigtl. »Einlage«, »Fleischfüllsel«, zu lat. farcire »hineinstopfen«] *die, -/-n,*

1) *allg.:* lächerliche Karikatur auf ein bestimmtes Ereignis, billiger Scherz, Verhöhnung.

2) *Kochkunst:* **Fülle**, aus rohem oder gegartem fein gemahlenem Fleisch, Geflügel, Wild oder Fisch mit Gewürzen, Sahne, Butter, Eiern oder anderen Zutaten angerührte Masse zum Füllen (**Farcieren**) von Fisch, Fleisch, Geflügel u. a.

3) *Literatur:* derb-kom. Bühnenstück meist in Versen; der Begriff ist in Frankreich seit dem Ende des 14. Jh. belegt für volkstüml. Einlagen (→Zwischenspiel, →Intermezzo) in geistl. Mysterien- und Mirakelspielen; im 15. Jh. wurde die F. als selbstständiges kurzes Stück neben →Sottie und →Moralitäten zur wichtigsten Gattung des weltl. Theaters. Stoffe und Figuren der F. sind denen der Fabliaux verwandt. Bekannteste F. ist die anonyme »Farce de Maistre Pierre Pathelin« (um 1465). In Spanien und Portugal kann »farsa« eine Form des →Autos bezeichnen (L. Fernández, G. Vicente) und als Vorläufer der Gattung des →Entremés angesehen werden. – In Dtl. weisen bes. die →Fastnachtsspiele (15./16. Jh.) und andere Knittelversdichtungen (H. Sachs) Gattungselemente der F. auf. Der Begriff F. setzte sich erst im 18. Jh. durch, vielfach für spöttisch-polem. Literatursatiren auf einen Autor oder ein Werk (z. B. Goethes »Götter, Helden und Wieland. Eine Farce«, 1774; ferner F. von J. M. R. Lenz und F. M. Klinger). Die romant. F. ist ebenfalls Literatursatire (L. Tieck, A. W. Schlegel). – In der engl. Literatur bezeichnet F. allg. eine kurze Komödie.

Heute wird F. oft gleichbedeutend mit →Posse verwendet und tendenziell in die Nähe der →Groteske gerückt, wenn es sich um ein Stück aus dem Umkreis des Theaters des Absurden handelt (B. Strauss, »Kalldewey, Farce«, 1981); zur →Satire tendieren z. B. Stücke von M. Frisch (»Die chin. Mauer. Eine Farce«, 1947).

M. G. Faget: La f. littéraire (Genf 1991).

Farding, ehem. engl. (brit.) Münze, →Farthing.

Far East ['fɑ: 'i:st], engl. für →Ferner Osten.

Fareham ['fɛərəm], Stadt in der Cty. Hampshire, S-England, bildet eine administrative Einheit mit Portchester, 56 200 Ew.; Hafen im Innern des Portsmouth Harbour (Bucht des Ärmelkanals); Boots- und Maschinenbau, Baustoff- und Bekleidungsindustrie. – Als **Fernham** bereits im Domesday Book erwähnt.

Farel, Guillaume, Reformator der frz. Schweiz, * Gap (Dauphiné, heute Dép. Hautes-Alpes) 1489, † Neuenburg 13. 9. 1565; Schüler J. FABERS, brach 1521 mit der kath. Kirche; 1523 floh er nach Basel zu J. OEKOLAMPAD, wurde von dort jedoch ausgewiesen. F. wirkte bes. in der Westschweiz. 1535 erreichte er die Einführung der Reformation in Genf. 1536 gelang es ihm, den durchreisenden CALVIN zum Bleiben zu bewegen, 1538 wurde er zus. mit ihm aus Genf ausgewiesen. F. ging nach Neuenburg und organisierte hier die ref. Kirche, die er bis zu seinem Tod leitete. Er schuf die erste französische ref. Liturgie.

Farfa, Benediktinerabtei in den Sabiner Bergen, nordöstlich von Rom, gegr. im 6. Jh., nach Zerstörung 690 wieder aufgebaut, seit KARL D. GR. reichsunmittelbar; 1798 wurde das Kloster unter frz. Herrschaft geplündert, 1861 konfiszierte der ital. Staat die Klostergüter. Die Geschichte F.s ist dadurch geprägt, dass es über Jahrhunderte eines der reichsten Klöster Italiens war und zeitweise über beträchtl. polit. Einfluss verfügte. Seit 1921 gehört F. zur Benediktinerabtei »San Paolo fuori le mura« in Rom. – Die Klosteranlagen reichen bis ins 7. Jh. zurück; in der Abteikirche Santa Maria (Neubau 1496 geweiht) Fresken (16./17. Jh.).

Farghani, Abu l-Abbas Ahmed Ibn Mohammed Ibn Kathir al-, lat. **Alfraganus,** arab. Astronom im 9. Jh. (lebte noch 861), der aus Fergana (Turkestan) stammte und in Bagdad am Hof des Kalifen AL-MAMUN wirkte. Er verbesserte versch. Berechnungen des C. PTOLEMÄUS und bestimmte den Durchmesser der Erde sowie die Entfernung der Planeten. Seine »Elemente der Astronomie« wurden ins Lateinische übersetzt und u. a. von N. KOPERNIKUS benutzt.

Fargo ['fɑ:gəʊ], größte Stadt in North Dakota, USA, am Red River of the North (Grenze gegen Minnesota), 91 500 Ew.; kath. Bischofssitz; Univ.; Handelszentrum eines Weizenanbaugebietes; Nahrungsmittel-, Landmaschinenindustrie.

Fargue [farg], Léon-Paul, frz. Lyriker, * Paris 4. 3. 1878, † ebd. 24. 11. 1947; stand urspr. dem Symbolismus S. MALLARMÉS nahe und verband in seiner späteren Lyrik Lebenskult, magische Irrealität und burleske Spiele der Fantasie.

Werke: *Lyrik:* Pour la musique (1914); D'après Paris (1921); Le piéton de Paris (1939; dt. Der Wanderer durch Paris); Haute solitude (1941). – *Erinnerungen:* Méandres (1946).

Faria e Sousa [- i 'soza], Manuel de, port. Geschichtsschreiber und Dichter, * bei Pompeiro 18. 3. 1590, † Madrid 3. 6. 1649; verbrachte fast sein ganzes Leben in Spanien und schrieb vorwiegend in span. Sprache, neben Gedichten (Sonette, Kanzonen, Eklogen u. a.) umfangreiche Darstellungen der port. (Entdeckungs-)Geschichte (»Epítome de las historias portuguesas«, 1628; posthum aufgeteilt in: »Ásia portuguesa«, 3 Bde., 1666–75; »Europa portuguesa«, 3 Bde., 1678–80; »África portuguesa«, 1681) sowie grundlegende Kommentare zu den Werken von CAMÕES (»Comentários dos Lusíadas«, 2 Bde., 1639; »Comentários das rimas várias de Luís de Camões«, 5 Bde., hg. 1685–89).

Ausgabe: Ásia portuguesa, hg. v. M. LOPES D'ALMEIDA, 6 Bde. (1945–47).

Farid od-Din Mohammad Attar, pers. Dichter, →Attar.

Farin [zu lat. farina »Mehl«] *der, -s,* **Farinzucker,** Kristallzucker, der aus den ersten Abläufen bei der Zuckerraffination gewonnen wird; daher weniger gereinigt, gelblich bis bräunlich und leicht aromatisch. In Bäckereien v. a. zur Herstellung von Honig- und Lebkuchen verwendet.

Farina, Salvatore, ital. Schriftsteller, * Sorso (Sardinien) 10. 1. 1846, † Mailand 15. 12. 1918; schrieb zahlr. Romane und Novellen, meist aus dem kleinbürgerl. Milieu, mit liebenswürdigem, an C. DICKENS erinnerndem Humor.

Werke: *Romane:* Il tesoro di Donnina (1873; dt. Der Schatz Donnina's); Amore bendato (1877); Il signor Io (1882; dt. Der Herr Ich); I due desideri (1889); Più forte dell'amore (1890; dt. Stärker als die Liebe). – *Autobiografien:* Mio figlio, 2 Bde. (1881; dt. Mein Sohn); La mia giornata, 3 Bde. (1910–15).

Ausgabe: Opere complete, 12 Bde. (1906–15).

Farinacci [-'nattʃi], Roberto, ital. Politiker, * Isernia (Prov. Campobasso) 16. 10. 1892, † Vimercate (Prov. Mailand) 28. 4. 1945; zunächst Sozialist, 1914/15 Interventionist, schloss er sich 1919 den Faschisten an. Er trat als einer der Führer ihres radikalen Flügels hervor und schuf sich in Cremona eine regionale Machtbasis (→Rassismo). Als Gen.-Sekr. des »Partito Nazionale Fascista« (1925/26) hatte er nach der Matteotti-Krise wesentl. Anteil am Aufbau der faschist. Diktatur, scheiterte jedoch bei dem Versuch, gegen die polit. Strategie B. MUSSOLINIS eine totale Faschisierung von Staat und Gesellschaft einzuleiten und wurde im Frühjahr 1926 abgelöst. 1934 wurde er Staats-Min. und Mitgl. im faschist. »Großen Rat«. Vom heic biol. Rassismus und der Machtentfaltung des nat.-soz. Dtl. positiv beeindruckt, war er 1938 ein Verfechter der judenfeindl. Wende des faschist. Regimes und trat 1939/40 im »Großen Rat« als Einziger für den sofortigen Kriegseintritt Italiens an der Seite Dtl.s ein. Nach dem Sturz MUSSOLINIS zwischenzeitlich in Dtl., kehrte F. zunächst nach Cremona zurück und wurde schließlich auf der Flucht in die Schweiz von Partisanen erschossen.

Farinati, Paolo, ital. Maler und Radierer, * Verona 1524, † ebd. nach dem 23. 7. 1606; seine zahlr. Werke in Verona und Umgebung sind geprägt von einem durch GIULIO ROMANO in Mantua praktizierten Manierismus mittelital. Provenienz.

Farinelli, eigtl. **Carlo Broschi** ['brɔski], ital. Sänger (Kastrat), * Andria 24. 1. 1705, † Bologna 16. 9. 1782; studierte u. a. bei N. PORPORA und wurde nach seinem ersten öffentl. Auftreten in Neapel (1720) bald bekannt. 1734–37 sang er in London bei den von G. F. HÄNDELS Gegnern gegründeten Opernunternehmen, wurde 1737 Operndirektor am span. Hof und kehrte 1760 nach Italien zurück.

Farinelli, Arturo, ital. Literaturhistoriker, * Intra (heute zu Verbania) 30. 3. 1867, † Turin 21. 4. 1948; war 1896–1904 Prof. für roman. Philologie in Innsbruck, 1904–37 Prof. für dt. Literatur in Turin; leitete 1931–36 das Petrarca-Haus in Köln. F. begründete durch seine Lehrtätigkeit und seine Spezialuntersuchungen die moderne ital. Germanistik.

Werke: Il »Faust« di Goethe (1909); Il romanticismo in Germania (1911); Il romanticismo nel mondo latino, 3 Bde. (1927);

Italia e Spagna, 2 Bde. (1929); Aufsätze, Reden u. Charakteristiken zur Weltliteratur (1925); Neue Reden u. Aufsätze (1937).

Färinger, die Bewohner der →Färöer.

färingische Literatur, die →färöische Literatur.

färingische Sprache, die →färöische Sprache.

Farini, Luigi Carlo, ital. Politiker, * Russi (bei Ravenna) 22. 10. 1812, † Quarto (Quarto dei Mille, heute zu Genua) 1. 8. 1866; urspr. Arzt; nach polit. Exil in der kirchenstaatl. liberalen Bewegung engagiert. F. wurde Abg. im piemontes., dann im ital. Parlament (1849–65) und war enger Mitarbeiter Cavours. Nach zeitweiliger Funktion als Unterrichts-Min. im Kabinett D'Azeglios sorgte F. 1859/60 für den Anschluss der kirchenstaatl. Emilia Romagna, dann der Marken an den neuen ital. Staat. Als Innen-Min. und kurzzeitiger Statthalter Viktor Emanuels II. war er im Herbst 1860 an der Ablösung der Diktatur G. Garibaldis sowie an der folgenden Durchführung des Anschlussplebiszits in Neapel beteiligt. 1862/63 war er Min.-Präs. des Königreichs Italien.

Farkas,

1) [ungar. ˈfɔrkɔʃ], Ferenc, ungar. Komponist, * Nagykanizsa 15. 12. 1905, † Budapest 10. 10. 2000; wurde nach Studien in Budapest und Rom (O. Respighi) 1946 Direktor des Konservatoriums in Székesfehérvár, 1949 Prof. für Komposition an der Musikhochschule Budapest. In der Nachfolge von B. Bartók und Z. Kodály nahm F. in seine Werke Elemente der ungar. Volksmusik auf; sein Stil wurde vom Neoklassizismus, seit den 1950er-Jahren auch von der Zwölftontechnik bestimmt. Zu seinen Schülern gehörte u. a. G. Ligeti.

Werke: *Opern:* Der Wunderschrank (1942); Vidróczki (1964). – *Ballette:* Die drei Landstreicher (1932); Die listigen Studenten (1949); Panegyricus (1972). – *Orchesterwerke:* Musica pentatonica (1945); Musica dodecatonica (1947); Piccola musica di concerto (1961); Festouvertüre (1969). – *Kammermusik:* Sonata-Fantasia (1963, für Violoncello u. Klavier); Quattro pezzi (1965, für Kontrabass u. Klavier, auch für Kontrabass u. Holzbläserquintett); Streichquartett (1970–72). – *Vokalwerke:* Cantata lirica (1946, für gemischten Chor u. Orchester); Naptár (1955, dt. Kalender, 12 Miniaturen für Sopran, Tenor u. 11 Instrumente); Aspirationes principes (1975, Kantate); Proprium Tergestinum (1988, für Chor u. Stimme).

2) [ungar. ˈfɔrkɔʃ], Julius, ungar. Mathematiker, * Sáród 28. 3. 1847, † Pestzentlörine (bei Budapest) 27. 12. 1930; Prof. für mathemat. Physik in Cluj-Napoca (Klausenburg), arbeitete insbes. auf dem Gebiet der linearen Ungleichungen und bewies ein wichtiges Theorem, das eine Schlüsselstellung in der linearen und nichtlinearen Optimierung einnimmt. Darüber hinaus befasste er sich mit algebraischen Gleichungen, ellipt. Funktionen und Integralen sowie physikal. Fragestellungen.

3) [auch ˈfarkaʃ], Karl, österr. Schauspieler, Kabarettist und Kabarettautor, * Wien 28. 10. 1894, † ebd. 16. 5. 1971; entwickelte ab 1922 mit F. Grünbaum im Wiener Kabarett Simpl (ab 1927 dessen künstler. Leiter) die Doppelconférence. F. emigrierte 1938; in den USA trat er in Exilkabaretts auf. Nach 1946 übernahm er erneut die künstler. Leitung des Simpl.

Farlow [ˈfɑːləʊ], Tal, eigtl. **Talmadge Holt,** amerikan. Jazzmusiker (Gitarrist), * Greensboro (N. C.) 7. 6. 1921, † New York (N. Y.) 25. 7. 1998; urspr. beeinflusst von C. Cristian, entwickelte sich F. während der 1950er-Jahre zu einem der bedeutendsten Gitarristen des Modernjazz; spielte u. a. mit Buddy De Franco, R. Norvo und A. Shaw.

Farm [engl.-amerikan., urspr. »gegen festen Preis verpachtetes Landgut«, von altfrz. ferme; zu frz. fermer »schließen«, »bindend vereinbaren«] *die,* -/-en, urspr. Bez. für ein größeres, pachtweise genutztes Landgut, heute in angelsächs. Ländern für landwirtschaftl. Betriebe aller Art. Nach dt. Sprachempfinden wird zuweilen unter F. im Unterschied zum Bauernhof ein nach rationelleren Gesichtspunkten industriell bewirtschafteter Betrieb verstanden; auch Bez. für spezialisierte Betriebe, z. B. Geflügel-F., Pelztier-F. (→Ranch)

Farman [farˈmã], Henri, frz. Flugpionier und Flugzeugkonstrukteur, * Paris 26. 5. 1874, † ebd. 18. 7. 1958; stellte 1908–10 mehrere Flugrekorde auf; baute mit seinem Bruder Maurice (* 1877, † 1964) die ersten Doppeldecker und gründete 1912 die **F.-Flugzeugwerke** in Boulogne-Billancourt, wo u. a. 1919 ein Verkehrsflugzeug für 12 Fluggäste entstand.

Farm der Tiere, engl. »Animal farm«, satir. Allegorie des engl. Schriftstellers G. Orwell; engl. 1945. Die von Skepsis geprägte Dystopie schildert Folgen des Totalitarismus mit besonderer Betonung des Sprachzerfalls und der Zerstörung von Idealen.

Farmer [ˈfɑːmə], Art, eigtl. **Arthur Stewart F.,** amerikan. Jazzmusiker (Trompete), * Council Bluffs (Ia.) 21. 8. 1928, † New York (N. Y.) 4. 10. 1999; spielte ab 1945 in Los Angeles bei H. Henderson, später bei G. Mulligan sowie in versch. Gruppen des Hardbop, v. a. in dem von ihm mit B. Golson gegründeten »Jazztet« (1959–62); lebte 1966–75 in Europa, danach wieder in den USA, wo 1982 eine Neugründung des »Jazztet« erfolgte.

Farmerlunge, Drescherlunge, allerg. Erkrankung des Lungengewebes (→Alveolitis) durch Inhalieren des Staubes von schimmeligem Getreide oder Heu. Bei der akuten Verlaufsform treten Gliederschmerzen, Husten und Fieber 4–12 Stunden nach Allergenkontakt auf, die chron. Form hat einen schleichenden Verlauf mit trockenem Husten, Abgeschlagenheit und Belastungsluftnot. Es kann sich eine Lungenfibrose entwickeln. In Dtl. ist die F. eine meldepflichtige Berufskrankheit.

Farnaby [ˈfɑːnəbɪ], Giles, engl. Komponist, * um 1563, begraben London 25. 11. 1640; wurde 1592 in Oxford Bakkalaureus der Musik; er und sein Sohn Richard (* um 1594) gehören zu den ältesten engl. Klavierkomponisten. F. komponierte »Canzonets« (1598), Psalmen und Virginalstücke (v. a. Liedvariatio-

Luigi Carlo Farini (Ausschnitt aus einem Gemälde)

Henri Farman (hinten) mit Léon Delagrange nach einem 4,5 km weiten Flug mit einem Doppeldecker (1908)

Farn Farnartige Pflanzen

nen; mit 53 Stücken im Fitzwilliam Virginal Book vertreten).

Farnartige Pflanzen, die →Farnpflanzen.

Farnborough [ˈfaːnbərə], Stadt in der Cty. Hampshire, S-England, 56 200 Ew.; brit. Hauptforschungszentrum für Flugzeugbau und Weltraumfahrt; Papierindustrie.

Farne, Filicinophyta, Polypodiophyta, Pteridophyta, Filicophyta, Abteilung der Pflanzen mit rd. 12 000 Arten, die meist feuchtere Standorte bevorzugen. F. sind meist ausdauernde, krautige (in wärmeren Gebieten oft schopfbaumartige) Pflanzen mit großen, meist gestielten und gefiederten Blättern (F.-Wedel).

Der Entwicklungsgang der F. ist durch einen heteromorph-heterophas., d.h. mit einem Gestalt- und Kernphasenwechsel verbundenen Generationswechsel gekennzeichnet, wobei i.d.R. beide Generationen autotroph leben. Aus der Spore entwickelt sich die geschlechtl., haploide Generation (Gametophyt) meist in Form eines kurzlebigen, herzförmigen Vorkeims (**Prothallium**). Auf seiner Unterseite entstehen an der Einbuchtung die krugförmigen weibl. Geschlechtsorgane (Archegonien) mit je einer Eizelle. Die männl. Geschlechtsorgane (Antheridien) bilden sich an anderen Stellen des Vorkeims als kugelige Behälter mit vielen, schraubenförmig gewundenen, begeißelten Spermatozoiden. Für die Befruchtung werden die Spermatozoiden durch chem. Reize zur Eizelle geführt. Dieser Vorgang ist an die Anwesenheit flüssigen Wassers (Tau, Regen) gebunden. Aus der befruchteten Eizelle entwickelt sich die ungeschlechtl., diploide Generation (Sporophyt), die die eigentl. Farnpflanze darstellt. Auf der Unterseite der (in ihrer Jugend meist schneckenartig eingerollten) Blätter befinden sich die Sporenbehälter (Sporangien), die meist in kleinen Gruppen (**Sori**) zusammenstehen, häufig von einem Häutchen oder Schleier (**Indusium**) bedeckt und i.d.R. einen Ring etwas hervortretender Wandzellen (**Anulus**) aufweisen. Bei manchen F. unterscheiden sich die Sporangien tragenden fertilen Blätter (**Sporophylle**) von den steril bleibenden Blättern (**Trophophylle**).

Es existieret bisher noch keine allg. anerkannte systemat. Gliederung. Die phylogenet. Systematik geht von drei Klassen aus: Ophoglossopsida (→Natternzungengewächse) und →Marattiopsida, die beide zur Entwicklungsstufe der →Eusporangiatae gehören, sowie Filicopsida (mit den meisten Arten), die alle leptosporangiate F. (→Leptosporangiatae) sind. Als Entwicklungsstufe im Übergang von den Urfarnen zu den F. gelten die →Primofilices.

Kulturgeschichte Der Wurm-F. war schon den griech. und röm. Ärzten des Altertums bekannt. Im MA. glaubte man an die Wunderkräfte der F. Die Kräuterbücher handeln ausführlich vom Missbrauch zu Hexenwerk. 1612 befasste sich die Synode von Ferrara mit dieser Frage. Nach volkstüml. Glauben blüht der F. in der Johannisnacht und lässt zugleich seine Samen fallen. Darum spielte deren Gewinnung an jenem Termin eine große Rolle: Die Samen sollten ihren Träger unsichtbar machen, mit ihrer Hilfe sollte man Schätze entdecken, Reichtum erhalten, Glück im Spiel haben, sie sollten stich- und kugelfest machen und waren auch begehrt für Liebeszauber.

Farner, Konrad, schweizer. Kunsthistoriker, Philosoph und Theologe, *Luzern 11. 7. 1903, †Thalwil 10. 4. 1974; sein Forschungsgebiet war das Verhältnis von Kunst und Gesellschaft. Er förderte insbesondere auch die wiss. Auseinandersetzung zw. Christentum und Marxismus.

Werke: Der Aufstand der Abstrakt-Konkreten (1960); G. Doré, der industrialisierte Romantiker, 2 Bde. (1963).

Farnese, Palazzo F., →Palazzo Farnese.

Farnese, ital. Adelsfamilie; vermutlich benannt nach ihrem Sitz »Castrum Farneti« im Gebiet zw. Viterbo und Orvieto, wo das Geschlecht seit dem 11. Jh. bezeugt ist. Die frühen Mitgl. zeichneten sich v.a. im Kriegsdienst aus, aber auch als Kirchenfürsten: Unter Bischof GUIDO F. († 1329) wurde 1309 der Dom von Orvieto eingeweiht. Seit dem päpstl. Condottiere RANUCCIO F. D. Ä. († 1460), der 1417 röm. Senator wurde, spielten die F. auch in Rom eine bedeutende Rolle. Gestützt auf gute Beziehungen zur Familie Borgia, begründete die Macht des Hauses ALESSANDRO F. (D. Ä.), der 1534–49 als → PAUL III. Papst war. Er übertrug 1545 seinem Sohn PIER LUIGI (aus dem Konkubinat mit der Römerin SILVIA RUFFINI [* 1470(?), †1561]) u. a. das neu geschaffene Herzogtum →Parma und Piacenza, das die F. bis zu ihrem Aussterben im Mannesstamm 1731 innehatten. Weitere bedeutende Vertreter:

1) Alessandro (d. J.), *Valentano (bei Viterbo) 10. 10. 1520, †Rom 4. 3. 1589, ältester Sohn von 5), Bruder von 4); seit 1534 Kardinal, Bischof mehrerer Bistümer (u. a. Avignon und Monreale), leitete als Nepote seines Großvaters, Papst PAULS III., seit 1538 die Politik der Kurie; führte 1546 das päpstl. Hilfskorps für Kaiser KARL V. in den Schmalkald. Krieg. 1555 entschied er die Wahl Papst PAULS IV.; er förderte die Jesuiten und das Konzil von Trient. Bedeutend als Kunstmäzen, ließ er in Rom die Kirche Il Gesù erbauen und den Palazzo F. vollenden; G. DA VIGNOLA erbaute für ihn das Landschloss in Caprarola.

2) Alessandro, Herzog von Parma und Piacenza (seit 1586), *Rom 27. 8. 1545, † Arras 3. 12. 1592, Sohn von 4) und der MARGARETE VON PARMA; Heerführer und Diplomat im Dienst Spaniens, am Hof seines Onkels, PHILIPPS II. von Spanien, erzogen. Als Nachfolger Don JUAN D'AUSTRIAS (ebenfalls sein Onkel, an dessen Seite er bei →Lepanto gekämpft hatte) Statthalter der Niederlande (seit 1578), vermochte er bereits 1579 den kath. Süden von der Bewegung der Aufständischen zu trennen (→Arras, Union von Arras). Durch eine Reihe von militär. Erfolgen – Höhepunkt war die Eroberung von Antwerpen 1585 – gelang es ihm, den ganzen S. mit Flandern und Brabant, danach auch den Nordosten (Geldern, Groningen) wieder unter span. Herrschaft zu bringen. Der erneute Verlust des nördl. Teils dieser Eroberungen im weiteren Verlauf des Achtzigjährigen Krieges schmälert nicht seine histor. Bedeutung, die in der Sicherung der südl. Niederlande für die spanisch-habsburg. Krone besteht.

3) Elisabeth, span. Königin, →Elisabeth, Herrscherinnen, Spanien.

4) Ottavio, Herzog von Parma und Piacenza (seit 1547), *9. 10. 1524, †Parma 18. 9. 1586, 2. Sohn von 5),

Farne: Entwicklung des Wurmfarns; **1** Schleier mit Sporenkapseln, **2** aufgesprungene Sporenkapsel, **3** Vorkeim von der Unterseite mit weiblichen (a) und männlichen Geschlechtsorganen (b) sowie Wurzelhaaren (c), **4** weibliches Geschlechtsorgan mit befruchteter Eizelle, **5** männliches Geschlechtsorgan mit Spermatozoiden, **6** Vorkeim mit junger Pflanze, **7** Wurzelstock mit jungem und ausgewachsenem Blatt, **8** Blattfieder von der Unterseite mit Schleiern

Bruder von 1), Vater von 2); heiratete 1538 Margarete von Parma (→Margarete, Herrscherinnen, Niederlande). Als er sein Erbe antrat, war Piacenza von
kaiserl. Truppen unter Ferrante Gonzaga besetzt,
während der Papst das Herzogtum in Kirchenbesitz
zurückführen wollte. Durch geschickte Politik im
Bündnis mit Heinrich II. von Frankreich und Papst
Julius III. sicherte er sich zunächst den Besitz Par-
mas (1550; 1552, nach dem »Parmakrieg«, endgültiger
Verzicht des Papstes), söhnte sich dann durch Vermittlung Margaretes mit Philipp II. von Spanien
aus und erhielt im Vertrag von Gent 1556 Piacenza zurück.

5) Pier Luigi, Herzog von Parma und Piacenza (seit
1545), * Rom 19. 11. 1503, † Piacenza 10. 9. 1547, natürl.
Sohn von Alessandro F. (d. Ä.), dem späteren Papst
Paul III., Vater von 1) und 4); wurde 1537 Gonfalo-
niere der röm. Kirche und Herzog von Castro (mit
Ronciglione u. a. Besitzungen); 1538 ernannte ihn
Karl V. für seine Vermittlerdienste zw. Papst und
Kaiser zum Markgrafen von Novara. Obwohl meist in
polit. Gegensatz zu seinem Vater, verlieh ihm dieser
1545 Parma und Piacenza als erbl. Herzogtum (während das Herzogtum Castro auf Pier Luigis Sohn
Orazio, nach dessen Tod 1553 auf Ottavio F. überging); er wurde aber bald von rebell. Adeligen ermordet, Piacenza zwei Tage danach von kaiserl. Truppen
besetzt.

Farnesina, Villa im Stadtteil Trastevere in Rom, von
B. Peruzzi 1508–11 für den Bankier A. Chigi erbaut,
später im Besitz der Farnese. Im Innern Fresken
(1511/12) von Raffael und seinen Schülern, Hauptwerke der Freskomalerei der Renaissance.

Farnesische Sammlungen, Antikensammlung der
Familie Farnese; zunächst in Rom, kam sie 1731 durch
den span. König Karl III., einen Erben der Farnese,
nach Neapel (seit 1826 im Museo Archeologico Nazionale). Der wesentl. Bestand stammt von Grabungen in
den Caracallathermen in Rom (1547), u. a. der »Farnes. Stier«, die röm. Nachbildung eines um 50 v. Chr.

Alessandro Farnese, Herzog von Parma und Piacenza
(Gemälde von Sofonisba Anguissola, um 1561; Dublin,
National Gallery of Arts)

gearbeiteten Werkes der Bildhauer Apollonios von
Tralleis und Tauriskos von Tralleis, und der
»Farnes. Herakles«, der wohl auf eine Statue des Ly-
sipp zurückgeht.

Farnesol [Kunstwort] *der, -s,* dreifach ungesättigter
azykl. Sesquiterpenalkohol (→Terpene), eine farblose,
ölige Substanz mit maiglöckchenartigem Geruch, die
in vielen Blütenölen vorkommt; wertvoller Riechstoff
der Parfümindustrie.

**Farnpflanzen, Farnartige Pflanzen, Moniliformop-
ses,** Gruppe der Landpflanzen, zu den neben den
ausgestorbenen Urfarnen die Abteilungen Schachtelhalme, Farne und Gabelblattgewächse zählen. Die
traditionell zu den F. gerechneten Bärlappe sind
wahrscheinlich zu diesen nicht näher verwandt. Gemeinsames Merkmal der F. ist ein Generationswechsel zw. einem meist recht einfach gestalteten, haploiden Gametophyten (Vorkeim, Prothallium) und
einem diploiden Sporophyten, dessen Vegetations-
körper mit Sprossachse (»Stamm«), Blättern und
Wurzeln (die aus dem Spross hervorgehen) sämtl.
Grundorgane eines Kormus aufweist. Die kugeligen
Antheridien und flaschenförmigen Archegonien sind
ähnlich den Moosen aufgebaut. Meist sind die Sporen gleich gebaut; einige Arten der Schachtelhalme
und Farne haben aber auch ungleiche Mikro- und
Megasporen. Die Sporangien stehen an sehr verschieden gestalteten Blättern, in den Blattachseln oder bei
einigen primitiven Fossilgruppen endständig an Achsen; bei den Schachtelhalmen kommt es zur Blüten-
bildung. Ein sekundäres Dickenwachstum der
Sprossachse lässt sich im Wesentlichen nur bei den
fossilen Gruppen beobachten, eingeschränkt auch
beim Brachsenkraut.

Farnsamer, andere Bez. für →Samenfarne.

Farnesische Sammlungen: Farnesischer Herakles; Marmorkopie, wohl nach einem um 320 v. Chr. geschaffenen Bronzeoriginal des Lysipp (Neapel, Archäologisches Nationalmuseum)

Faro Faro

Faro [ˈfaru],

1) Distrikthauptstadt in S-Portugal, Hafenstadt an der Algarveküste, 32 000 Ew.; kath. Bischofssitz; Univ., archäolog. Museum, Marinemuseum, Hotelfachschule, Jachthafen; Handelszentrum für Fischprodukte, Gemüse, Obst und Kork der Umgebung, Flughafen für den Tourismus der Algarveküste. – Den Eingang zur Altstadt bildet der Arco da Vila. Die Kathedrale, die Sé (urspr. 1251), wurde 1755 wieder aufgebaut; im Innern Azulejosschmuck aus dem 17. Jahrhundert.

2) Distrikt in S-Portugal, 4 995 km², 395 200 Ew.; entspricht der histor. Provinz →Algarve.

Farọcki, Harun, Dokumentarfilmregisseur, * Neutitschein (Nový Jičín) 9. 1. 1944; Filmstudium in Berlin, drehte zunächst Agitationsfilme wie »Nicht löschbares Feuer« (1969) gegen den Vietnamkrieg und wirkte als Filmkritiker. Für Aufsehen sorgten »Etwas wird sichtbar« (1982) und »Bilder der Welt und die Inschrift des Krieges« (1989), bei denen er einen essayist. Stil entwickelte und die Bilder analytisch hinterfragte; seit den 1990er-Jahren auch dokumentar. Videoinstallationen.

Weitere Filme: Leben – BRD (1990); Videogramme einer Revolution (1992); Gefängnisbilder (2000).

Färöer, dän. **Færøerne,** färöisch **Føroyar** [ˈføerjar; »Schafsinseln«], Gruppe von 18 Felseninseln und zahlr. Schären im Nordatlantik, zw. Schottland und Island, zu Dänemark gehörend, 1 399 km², (2004) 48 300 Ew. (Färinger). Die Inseln sind meist nur durch schmale Sunde mit starken Gezeitenströmungen voneinander getrennt, nur 17 von ihnen sind bewohnt; größte Insel ist Streymoy (dän. Strømø) mit der Hauptstadt Tórshavn, höchste Erhebung der Slættaratindur (882 m ü. M.) auf Eysturoy (Østerø). Die F. bestehen aus wechselnden Schichten tertiären Basalt- und Tuffgesteins, das im W größtenteils treppenförmig, hohe Kliffe bildend, zum Meer abfällt. Während der Eiszeit wiesen die F. ein eigenes Vereisungszentrum auf. Glaziale Erosionsformen sind die großen Kare und die in NW-SO-Richtung verlaufenden Fjorde und Sunde, die die Inseln voneinander trennen. Die Moränendecke ist nur dünn. Das Land ist baumlos und durch das milde ozean. Klima mit hoher Luftfeuchtigkeit und hohen Niederschlägen (jährlich 280 Regentage mit 1 200 bis 1 700 mm Niederschlag) mit Wiesen, Mooren, Heiden bedeckt. Nur knapp 6 % des Landes sind kultiviert (Kartoffelanbau); der Rest wird weithin zur Schafzucht genutzt (ca. 70 000 Schafe), doch kann der Bedarf an Schaffleisch nur zur Hälfte gedeckt werden. Insgesamt ist die Landwirtschaft jedoch unbedeutend (unter 1 % des BNP), seit etwa 1900 ist die Fischerei der wichtigste Wirtschaftszweig der F. Mit 525 000 t (2001) beliefen sich die Fänge der F. zwar nur auf etwa ein Viertel derjenigen Islands, umgerechnet auf die Menge, die pro Kopf der Bevölkerung gefangen wurde, stehen die F. aber in Nordeuropa eindeutig vor Island (10,9 t gegenüber 6,8 t). 96 % des Exports der Inselgruppe bestehen aus Fisch und Fischprodukten. Stark angewachsen ist die Aquakultur, für die die F. mit ihren geschützten Fjorden und Buchten gute Voraussetzungen bieten (2003: 61 000 t, Verdopplung in drei Jahren). Sie kann allerdings die starke Abwanderung der Bevölkerung von den peripheren Inseln ins Zentrum Tórshavn (2004: 18 700 Ew.) nicht aufhalten. Große Hoffnungen setzen die Färinger auf mögliche Öl- und Gasfunde auf ihrem Schelf. Die F. haben ein gut ausgebautes Straßennetz (viele Tunnel). Wichtige, meist eisfreie Fischereihäfen besitzen die Orte Klakksvík, Skáli und Tórshavn. Ein Flugplatz befindet sich auf Vágar. 2003 kamen 67 % der Importe der F. aus der EU und 79 % des Exports gingen in diese Staaten. – Auf den F. gibt es starke Bestrebungen, sich völlig von Dänemark zu lösen.

Die Färinger haben eine eigene Sprache (→ färöische Sprache), jedoch wird Dänisch in allen Schulen unterrichtet.

Verfassung Nach dem Selbstverwaltungs-Ges. vom 23. 3. 1948 erhielten die F. Autonomie in allen inneren Angelegenheiten. Das gesetzgebende Organ ist das Lagting mit maximal 32 für 4 Jahre gewählten Abg. (Verhältniswahlrecht). Die Exekutive liegt bei der Reg. (Landsstyri) unter Vorsitz des Min.-Präs. Die dän. Königin als Staatsoberhaupt wird durch den Rigs-Ombudsman (Hochkommissar) vertreten. Das dän. Parlament, in das die F. zwei Abg. entsenden, ist hingegen zuständig für Verteidigung, Außenpolitik, Rechts- und Verfassungsfragen sowie Geldpolitik. Den EU-Beitritt Dänemarks vollzogen die F. nicht mit. Obwohl kein Mitgl. der Europ. Gemeinschaften, genießen sie jedoch günstige Handelskonditionen mit den Staaten dieser Gemeinschaft.

Geschichte Die seit etwa 650 bekannten F. besiedelten in der Folgezeit kelt. Mönche als Einsiedler. Um 800 setzte eine planmäßige Besiedlung von Norwegen aus ein. Die bis 1035 unabhängige Inselgruppe kam dann an Norwegen und fiel 1380 mit diesem an Dänemark. Bei der Lösung Norwegens von Dänemark (1814) blieben die seit 1709 direkt der dän. Verwaltung unterstehenden Inseln dänisch und erhielten 1856 beschränkte Autonomie. Im Zweiten Weltkrieg waren die F. von brit. Truppen besetzt. 1948 erhielten die F. ein eigenes Parlament sowie eine eigene Flagge. 1968–72 gehörten die F. der EFTA als selbstständiges Mitgl. an.

Informationen zur **färöischen Kultur:** ■ färöische Literatur

📖 J. F. West: Faroe (London 1972); U. Kreuzenbeck: F. (²1983); S. Gorsemann u. C. Kaiser: F. (1999); H.-J. Debes: Faeringernes land. Historien om den færøeske nutids oprindelse (Kopenhagen 2001); L. J. Debes: Natürl. u. polit. Historie der Inseln F. (a. d. Dän., Neuausg. 2005).

färöische Literatur, die Literatur der Färöer; bis ins 19. Jh. Trennung von schriftlicher dän. Dichtung (geistl. Dichtung, didakt. Literatur) und mündlicher f. L. Zu dieser zählen Balladen, satir. Lieder, Sagen und Märchen. Noch heute lebendig sind die zum Rundtanz gesungenen Balladen, deren Motive z. T. in europ. Tradition stehen (so die rd. 600 Strophen des »Sjúrðarkvæði« [Siegfriedlied]).

1822 wurde mit H. C. Lyngbyes (* 1782, † 1837) Balladensammlung »Færøiske Qvæder« das erste Buch in färöischer Sprache gedruckt. 1823 folgte eine färöische Bibelübersetzung durch J. H. Schroeter (* 1771, † 1851). Die neue einheitl. Schriftnorm durch V. U. Hammershaimb (1846) und die nat. Bewegung ab ca. 1876 bildeten die entscheidenden Schritte auf dem Weg zu einer eigenständigen f. L. »Bábelstorniδ« (1909) von Regin í Líð (* 1871, † 1962) ist der erste Roman der sich bildenden Nationalliteratur. Er beschreibt im Umfeld polit. und wirtschaftl. Aufbruchs die Geschichte einer Familie in der zweiten Hälfte des 19. Jh.. Erster Lyrikband der entstehenden Nationalliteratur ist »Yrkingar« (1914) von Jens Henrik Oliver (Janus) Djurhuus (* 1881, † 1948), in dem individuel-

Färöer
Flagge

Färöer
Wappen

ler Gestaltungswillen und Aufruhr gegen Herrschaft und Normen thematisiert werden. Insgesamt blieb die f. L. bis weit ins 20. Jh. romant., nat. und sozialrealist. Tendenzen stark verpflichtet. Bis heute dominieren (quantitativ) lyr. Werke, die allerdings häufig episch-erzählenden Charakter haben.

Erstmals umfassend auch in Europa rezipiert wurden Werke färöischer Autoren, die auf Dänisch schrieben. Ins Deutsche übersetzt wurden von WILLIAM HEINESEN (* 1900, † 1991) u. a. die Romane »Noatun« (1938; dt.), »Den sorte gryde« (1949; dt. »Der schwarze Kessel«) und »De fortabte spillemænd« (1950; dt. »Die verdammten Musikanten«). International erfolgreich war zudem der posthum erschienene Roman »Barbara« (1939; mehrfach verfilmt) von JØRGEN-FRANTZ JACOBSEN (* 1900, † 1938).

Zu den auf den Färöern populärsten Autoren gehören die Erzähler HEÐIN BRÚ (* 1901, † 1987) und JENS PAULI HEINESEN (* 1932). Als erste modernist. Lyrikerin wurde GUÐRIÐ HELMSDAL NIELSEN (* 1941) bekannt, als postmodernist. Lyriker machen RÓI PATURSSON (* 1947) und TÓRODDUR POULSEN (* 1958) auf sich aufmerksam. Wichtigste heutige Erzähler sind HANUS KAMBAN (* 1942), GUNNAR HOYDAL (* 1941), ODDVØR JOHANSEN (* 1941), JÓANES NIELSEN (* 1953) und LYDIA DIDRIKSEN (* 1957). Zudem verschaffte sich der Essayist CARL JÓHAN JENSEN (* 1957) breite Beachtung, u. a. durch sein forciertes Eintreten für postmoderne Literaturformen. In der jüngsten Schriftstellergeneration erfahren Aufmerksamkeit die Arbeiten von MARJUN KJELNÆS (* 1974), die psychologisch realist. Schilderungen mit märchenhaften Zugriffen ergänzt, und die bildstarken Erzählungen von ELIAS ASKHAM (* 1977), die religiöse Fragestellungen aufgreifen.

Die Dramatik bleibt in der f. L. insgesamt randständig. Früheste Stücke wurden mit SÚSANNA HELENA PATURSSONS (* 1864, † 1916) »Veðurføst« (1889) und RASMUS EFFERSØES (* 1857, † 1916) »Gunnar Havreki« Ende des 19. Jh. aufgeführt (im Druck erschienen 1917/18).

J. ISAKSEN: Færøsk litteratur. Introduktion og punktnedslag (Kopenhagen 1993); M. MARNERSDÓTTIR: Analyser af faerøsk litteratur (Århus 2001).

färöische Sprache, färingische Sprache, eine der →germanischen Sprachen. Die kleinste der westnord. Sprachen (gesprochen von rd. 50 000 Menschen) ist eng verwandt mit dem Isländischen und den westnorweg. Dialekten. Wie diese ist die f. S. aus dem Altnordischen hervorgegangen, von dem sich die Sprache der ältesten färöischen Urkunde (Seyðabrævi, 1298) nur wenig abhebt. In den folgenden Jahrhunderten, in denen Dänisch Schrift- und Amtssprache war, existierte die f. S. nur als gesprochene Sprache; es bildeten sich starke Dialekte aus. Nach phonetisch getreuen Aufzeichnungen (J. C. SVABO, seit 1773; H. C. LYNGBYE, 1822) schuf 1846 V. U. HAMMERSHAIMB aufgrund etymolog. Prinzipien und ohne Rücksicht auf die Aussprache die färöische Schriftsprache neu. Dies war eine wichtige Voraussetzung für eine eigenständige färöische Literatur.

Farquhar [ˈfaːkwə], George, irischer Dramatiker engl. Sprache, * Londonderry (heute Derry) 1677 oder 1678, † London 29. 4. 1707; war urspr. Schauspieler in Dublin; schrieb acht geistreiche, witzige, teils zynisch-frivole, teils derb-kom. Komödien mit anschaul. Zeitbildern und lebendigen Dialogen. Seine Werke gehören noch in die Tradition der »Comedy of Man-

Färöer: Tórshavn auf der Insel Streymoy

ners«, enthalten aber bereits Elemente der »Sentimental Comedy«.

Werke: The constant couple (1700; dt. Das beständige Ehepaar); The recruiting officer (1706; dt. Der Werbeoffizier, u. d. T. »Mit Pauken u. Trompeten« 1955 v. B. BRECHT bearbeitet); The beaux' stratagem (1707; dt. Die Stutzerlist).

Ausgaben: The complete works, hg. v. C. STONEHILL, 2 Bde. (1930; Nachdr. 1967); The works, hg. v. S. S. KENNY, 2 Bde. (1988).

Farquhar-Inseln [ˈfaːkwə-], vier kleine Koralleninseln im Indischen Ozean nordöstlich von Madagaskar, gehören zur Rep. Seychellen.

Farragut [ˈfærəgət], *David* Glasgow, amerikan. Admiral, * Cty. Campbell (bei Knoxville, Tenn.) 5. 7. 1801, † Portsmouth (N. H.) 14. 8. 1870; führte im Sezessionskrieg die Flotte der Union und wurde als Nationalheld gefeiert, nachdem er 1862 New Orleans erobert und 1864 die entscheidende Einfahrt nach Mobile erzwungen hatte.

Farrar [fæˈraː], Geraldine, amerikan. Sängerin (Sopran), *Melrose (Mass.) 28. 2. 1882, † Ridgefield (Conn.) 11. 3. 1967; studierte u. a. bei LILLI LEHMANN und debütierte 1901 an der Hofoper Berlin, der sie bis 1906 angehörte. Sie war dann Mitgl. der Metropolitan Opera in New York, wo sie häufig mit E. CARUSO auftrat. G. F. wurde bes. als Puccini-Sängerin bekannt und übernahm auch Rollen in Stummfilmen. – Bild Seite 794

Farrar, Straus & Giroux, Inc. [ˈfærə straʊs ænd ʒiˈruː inˈkɔːpəreɪtɪd], 1946 von R. W. STRAUS JR. gegründeter Verlag mit Sitz in New York. Das Programm umfasst Belletristik, Lyrik und Sachbuchtitel. Es versammelt neben amerikan. Autoren (u. a. T. WOLF, SUSAN SONTAG, J. FRANZEN) Werke internat. herausragender Schriftsteller wie H. HESSE, NADINE GORDIMER, S. HEANEY, W. SOYINKA und L. A. MURRAY. 1994 wurde der Verlag an die Holtzbrinck-Gruppe verkauft, gleichwohl von STRAUS als verlegerisch selbstständi-

Farr Farrell

Geraldine Farrar als Madame Butterfly

ges Unternehmen weitergeführt. Straus zählte zu den herausragenden Verlegerpersönlichkeiten in der zweiten Hälfte des 20. Jh.

Farrell [ˈfærəl],

1) James T. (Thomas), amerikan. Schriftsteller, * Chicago (Ill.) 27. 2. 1904, † New York 22. 8. 1979; stammte aus dem Arbeitermilieu Chicagos, das seine Werke nachhaltig prägte. Seine zahlr. Romane und Erzählungen stehen in der naturalist. Tradition T. Dreisers. Mit fotograf. Detailtreue und genau geschildertem innerem Monolog stellte er das Leben der Armen und Ausgestoßenen dar. Bekannt wurde er bereits mit seiner ersten Romantrilogie »Studs Lonigan« (1932–35), die als sein Hauptwerk gilt. Es folgten u. a. die Pentalogie »Danny O'Neill« (1936–53; daraus »A world I never made«, dt. 1. Tl.: »Die fremde Erde«, 2. u. 3. Tl.: »Margaret« und »No star is lost«, dt. »Kein Stern geht verloren«), die Trilogie »Bernard Clare« (1946–52) sowie der 11 Bde. umfassende Zyklus »A universe of time« (1963–78) über den Schriftsteller in der modernen Welt. F. schrieb auch Gedichte, Kurzgeschichten und unorthodox-marxist. Literaturkritik (»A note on literary criticism«, 1936).

Weitere Werke: *Romane:* Gas-house McGinty (1933); Sam Holman (hg. 1983). – *Essays:* Literature and morality (1947). – *Lyrik:* Collected poems (1965). – *Shortstorys:* Eight short stories and sketches (hg. 1981). – *Vorlesungen:* Hearing out J. T. F. Selected lectures (hg. 1985).

Mia Farrow

2) Suzanne, amerikan. Tänzerin, * Cincinnati (Oh.) 16. 8. 1945; war 1961–69 Mitgl. (seit 1965 erste Solistin) des New York City Ballet, zu dem sie 1975 zurückkehrte. 1970–75 tanzte sie als Primaballerina beim Ballet du XXe Siècle in Brüssel. Zw. 1963 und 1969 schuf G. Balanchine seine Hauptrollen ausschließlich für sie.

Farrère [faˈrɛr], Claude, eigtl. **Frédéric-Charles Bargone** [barˈgon], frz. Schriftsteller, * Lyon 27. 4. 1876, † Paris 21. 6. 1957; schuf mit seinen häufig europ. und oriental. Kulturen einander gegenüberstellenden und differenzierte Menschen- und Milieuschilderung verbindenden Romanen eine neue Form exot. Literatur. Seine späteren Werke haben den Charakter von Abenteuerromanen, die auch Elemente des modernen utop. Romans enthalten.

Werke (Auswahl): *Romane:* Fumée d'opium (1902; dt. Opium); L'homme qui assassina (1907; dt. Der Mann, der den Mord beging); La bataille (1909; dt. Die Schlacht); Les condamnés à mort (1920; dt. Die Todgeweihten); Le dernier dieu (1926; dt. Der letzte Gott); Job, siècle XX (1949); Le juge assassin (1954). – *Essays:* Croquis d'Extrême-Orient, 1898 (1921); Pierre Loti quand je l'ai connu (1927); L'éducation sentimentale (1952); Souvenirs littéraires (1953); Jean-Baptiste Colbert (1954); Lyautey, créateur (1955).

Farrochsad, Forugh, pers. Lyrikerin, * 1937, † Teheran 1967; verließ die metr. Tradition der klassischen pers. Literatur, verwendete zunehmend freie Verse und besang als Frau die Gefühle der Liebenden. Indirekt vom frz. Symbolismus beeinflusst, enthält ihre Lyrik neben überschwängl. oriental. Bildern auch gesellschaftskrit. Töne (»Wiedergeburt«, 1964).

Ausgabe: Jene Tage. Ged.e, übers. v. K. Scharf (^{2}1994).

Farrow [ˈfærəʊ], Mia, eigtl. **Maria de Lourdes Villiers F.** [- lurd vilˈje -], amerikan. Filmschauspielerin, * Los Angeles (Calif.) 9. 2. 1945; Tochter des Filmregisseurs John F. (* 1904, † 1963) und der Schauspielerin Maureen O'Sullivan (* 1911, † 1998); begann 1963 bei Off-Broadway-Theatern und 1964 bei Film und Fernsehen, unterbrach aber ihre Karriere mehrfach; war mit F. Sinatra und A. Previn verheiratet; wurde bekannt mit R. Polanskis Film »Rosemaries Baby« 1968 und feierte Erfolge mit ihren Rollen in »Der große Gatsby« (1974) und »Tod auf dem Nil« (1978). Ab 1982 war sie v. a. in Filmen ihres langjährigen Lebensgefährten (bis 1992) W. Allen zu sehen.

Weitere Filme: Zelig (1983); The Purple Rose of Cairo (1985); Hannah und ihre Schwestern (1985); Alice (1991); Ehemänner und Ehefrauen (1992); Die Witwen von Widows Peak (1994).

Autobiografie: What falls away (1997; dt. Dauer hat, was vergeht).

Farrukhabad [fəˈrʊkɑːbɑːd], auch **Farrukhabad-Cum-Fatehgarh,** Stadt im Bundesstaat Uttar Pradesh, N-Indien, in der Gangesebene, 194 600 Ew.; Baumwollverarbeitung, Metallindustrie.

Fars, histor. Gebiet und Prov. in Iran, 122 416 km^2, (2004) 4,32 Mio. Ew.; Hauptstadt ist Schiras. Die heutige Prov. F. umfasst die Bergketten des südöstl. Zagrosgebirges, die dazwischen liegenden fruchtbaren Hochbecken und einen Küstenstrich am Pers. Golf mit dem Hafen Buschehr. – F., altpers. **Parsa,** griech. **Persis,** war im Altertum die Kernlandschaft des pers. Reiches (→ Iran, Geschichte).

Fars-Dialekte, → iranische Sprachen.

Färse, Kalbin, weibl. Rind bis zum ersten Kalben.

Farsi, in Iran Bez. für die Amtssprache (→ persische Sprache).

Farthing [ˈfɑːðɪŋ; engl., eigtl. »Viertel«, »vierter Teil« (von etwas)] *der, -(s)/-,* **Farding,** ehemalige (bis 1. 1. 1961) kleinste engl. bzw. brit. Münze, $\frac{1}{4}$ Penny, geprägt seit Eduard I., anfangs aus Silber, seit dem 17. Jh. aus Kupfer, seit 1860 aus Bronze; letztes Prägejahr 1956.

Faruk I., König von Ägypten (1936–52), * Kairo 11. 2. 1920, † Rom 18. 3. 1965; folgte am 28. 4. 1936 seinem Vater Fuad auf den Thron (bis 1937 unter einem Regentschaftsrat). 1951 nahm er den Titel »König Ägyptens und des Sudans« an. Korruption, autokrat. Regierungsmethoden sowie seine probrit. Haltung schufen seit 1945 eine starke Opposition gegen ihn. 1952 wurde er vom »Komitee der freien Offiziere« zur Abdankung und zum Verlassen des Landes gezwungen; er ging ins Exil und nahm 1959 die monegass. Staatsbürgerschaft an.

Farvel, Kap F., grönländ. **Uummanarsuaq,** die S-Spitze Grönlands, 59° 45' n. Br., 43° 52' w. L., auf der der Hauptinsel vorgelagerten Eggerinsel.

Farwell ['fɑ:wel], *Arthur* George, amerikan. Komponist, * Saint Paul (Minn.) 23. 4. 1872, † New York 20. 1. 1952; studierte in Boston, Berlin (E. HUMPERDINCK, H. PFITZNER) und Paris (A. GUILMANT); entwickelte unter Verwendung von Elementen der indian. Folklore eine national-amerikan. Musik in spätromant. Stil.

   E. D. CULBERTSON: He heard America singing. A. F., composer and crusading music educator (Metuchen, N. J., u. a. 1992).

FAS, Abk. für engl. **free alongside ship** [fri: ə'lɔŋseɪd 'ʃɪp], eine der Incoterms (→Handelsklauseln, ÜBERSICHT).

Fasanen [mhd., von (alt)frz. faisan, zu griech. (órnis) Phasiános, eigtl. »in der Gegend des Flusses Phasis (am Schwarzen Meer) heimischer Vogel«], *Sg.* **Fasan** *der, -(e)s,* **Phasianinae,** Unterfamilie der →Fasanenvögel mit 51 Arten, von denen nur der erst 1936 entdeckte Kongopfau (Afropavo congensis) nicht aus Asien stammt. Neben den zu versch. Gattungen gehörenden Arten →Jagdfasan, →Silberfasan, →Goldfasan und →Diamantfasan zählen zu der Unterfamilie auch die →Pfauen, →Pfaufasanen, →Ohrfasanen, →Glanzfasanen, →Satyrhühner (Tragopans) und die →Kammhühner mit dem Bankivahuhn als Stammform aller Haushühner. Die Hähne der F. gehören zu den prächtigsten Vögeln und spielten als Ziergeflügel und Vorbilder für Kunstwerke eine große Rolle. Sie zeichnen sich häufig durch unbefiederte, lebhaft gefärbte Hautbereiche am Kopf aus, die durch Schwellkörper vergrößert werden können (bes. eindrucksvoll bei den Satyrhühnern), sowie durch üppig entwickelte Schmuckfedern am Schwanz und am Hals. Die Weibchen sind dagegen unscheinbar, ein Beispiel für Sexualdimorphismus. Viele Arten sind heute in ihrem Bestand bedroht und deshalb geschützt.

Kulturgeschichtliches Eine Terrakotte aus Mohenjo Daro vom Unterlauf des Indus aus dem 3. Jt. v. Chr. stellt vermutlich einen F. dar und dürfte damit die älteste Darstellung dieses Vogels sein. Im alten China genoss der F. hohe Verehrung. Er galt als Symbol des Donners und wurde im Tanz verehrt. Nach Berichten MARTIALS sollen die Argonauten von ihrer Fahrt zur Erringung des Goldenen Vlieses aus Kolchis vom Flusse Phasis F. mitgebracht haben. Tatsächlich wird der F. erst gegen 500 v. Chr. durch den regen Schwarzmeerhandel nach Griechenland gekommen sein. In Rom, hier seit dem 1. Jh. n. Chr. verbreitet, wurde er in Gehegen gehalten und gemästet und galt als besonderer Leckerbissen. Mit den Römern gelangte der F. in alle Teile ihres Reiches. In der Völkerwanderungszeit wurde der F. bei den german. Stämmen bekannt, in der Folgezeit übernahmen ihn Fürsten und Klöster als Luxusvogel.

🔊 **Fasanen:** Rufe eines Goldfasan-Männchens 7593; Rufe eines Silberfasan-Männchens 8418; Laute eines Männchens des Cabot-Tragopans 7378

Fasanenvögel, Phasianidae [nlat., nach dem ins Schwarze Meer mündenden Fluss Phasis in der Kolchis, wo der Gemeine Fasan häufig vorkommt], Familie der →Hühnervögel, zu der die →Truthühner, →Raufußhühner, →Feldhühner und →Fasanen zählen. Die F. sind sehr unterschiedlich groß (12 cm bis 2 m), haben stets unbefiederte Läufe, häufig mit Sporen, und leben meist am Boden. Einige Arten wurden domestiziert, um ihre Eier und ihr Fleisch zu nutzen.

Fasanerie *die, -/...'ri\|en,* **Fasanengarten,** Einrichtung zum Heranziehen eines Fasanenbestandes. Der Name F. wurde mancherorts auch für Tierparks mit einheim. Wildtieren verwendet. – Im Barock gelangte die seit dem MA. in Klöstern und Pfalzen beliebte F. zu größerer Bedeutung; die Bez. F. wurde als Name für Lustschlösser oder Anbauten von Residenzen übernommen, z. B. die ehemalige Sommerresidenz der Fürstäbte von Fulda: Das Alte Schloss, der »Adolphshof«, wurde vermutlich um 1710 von J. DIENTZENHOFER begonnen, der Neubau als Lustschloss unter Einbeziehung des Alten Schlosses erfolgte 1739–50 durch A. GALLASINI. Das Innere wurde 1825–27 teilweise klassizistisch umgestaltet; wertvolle Einrichtung und Kunstsammlung. Nach der Säkularisation 1815 Umbenennung in »Schloss Adolphseck«; seit 1950 wieder »Fasanerie«.

Fasano, Stadt in Apulien, Prov. Brindisi, Italien, 118 m ü. M., in der apul. Küstenebene, 38 800 Ew.; Weinbau und Ölbaumkulturen. Auf einer Hochfläche liegt **Selva di F.,** Villenort und Sommerfrische, an der Küste die Ruinen von **Egnatia** (Gnathia), einer antiken griech. Siedlung. – F. war Feudalbesitz des Johanniterordens.

Fasano, *Renato,* ital. Dirigent und Komponist, * Neapel 21. 8. 1902, † Rom 3. 8. 1979; gründete 1947 das »Collegium Musicum Italicum« in Rom, aus dem u. a. das Kammerensemble »I Virtuosi di Roma« hervor-

Faruk I., König von Ägypten

Fasces: Darstellung auf einem römischen Relief von einem Grabbau der Kaiserzeit (heute Rom, Kreuzgang von San Paolo fuori le mura)

ging. 1960–72 war er Direktor des Konservatoriums in Rom, 1972–76 Präs. der dortigen Accademia di Santa Cecilia. Er komponierte Orchesterwerke, Kammermusik und Lieder.

Fasces [lat., Pl. von fascis »Bündel«, »Paket«], eingedeutscht **Faszes**, bei den Römern die von →Liktoren den obersten Beamten vorangetragenen Rutenbündel mit Beil, das wohl den Etruskern entlehnte Zeichen für die Amtsgewalt der röm. Magistrate und für das mit ihr verbundene Recht, zu züchtigen und die Todesstrafe zu verhängen. Vor Konsuln wurden zwölf, vor Prätoren sechs F. getragen. In der Frz. Revolution wurden die F. zus. mit der Jakobinermütze als Sinnbild des Republikanismus wieder aufgenommen. Auch der Faschismus in Italien griff auf das antike Symbol zurück; ab 1926 war es offizielles Staatssymbol des faschist. Italien. – Bild Seite 795

Fasch,

1) **Carl Friedrich Christian,** Komponist, *Zerbst 18.11.1736, †Berlin 3.8.1800, Sohn von 2); studierte bei seinem Vater und wurde 1756 neben C. P. E. BACH zweiter Cembalist am Hof FRIEDRICHS II. in Berlin. 1791 begründete er die →Sing-Akademie zu Berlin. Von F.s Kompositionen sind nur wenige erhalten. Er schrieb u. a. Klaviersonaten, ein Oratorium sowie Kirchenkantaten.

2) **Johann Friedrich,** Komponist, *Buttelstedt 15.4. 1688, †Zerbst 5.12.1758, Vater von 1); wirkte u. a. als Hofkapellmeister in Zerbst; er schrieb Kirchenkantaten (7 Jahrgänge), Messen, Ouvertüren, Konzerte für Violine, Flöte, Oboe und Fagott sowie zahlr. Sinfonien, Quartette und Triosonaten. Sein kompositor. Schaffen weist unter Beibehaltung der barocken Formenwelt auf die Wiener Frühklassik voraus.

Fasche [ital. fascia »Binde«, »Band«] *die, -/-n, Baukunst:* die der Wandfläche vor- oder eingelegte rahmenartige Einfassung von Türen oder Fenstern, meist aus Holz, Stein oder Putz, die (bes. in der Renaissance und im Barock) auch zur ornamentalen Gliederung und Bereicherung der Fassade diente.

Faschine [ital. fascina »Reisigbündel«] *die, -/-n,* **Faschinenwalze,** 3–6 m langes, etwa 0,3 m dickes, durch Bindedraht zusammengehaltenes Bündel aus frischem, nicht sperrigem, totem oder verwurzelungsfähigem Reisig. F. werden zur Ufer- und Sohlenbefestigung bei der Flussregelung verwendet. – Eine Sonderform der F. ist die **F.-Senkwalze** oder **Senk-F.,** ein lang gestreckter, zylindrisch gebundener Körper von 0,8 bis 1,2 m Durchmesser; Umhüllung aus Reisig, Füllung aus Grobkies, Schotter oder Bruchsteinen.

Fasching [mhd. vaschanc, eigtl. »Ausschenken des Fastentrunks«, umgedeutet aus vastganc »Faschingsprozession«], (seit 1283 belegte) bayerisch-österr. sowie mitteldt. Bez. für die →Fastnacht.

Faschinger, Lilian, österr. Schriftstellerin, *Tschöran (Kärnten) 29.4.1950; studierte Anglistik und Geschichte in Graz, lehrte dort 1975–91 Anglistik; in ihrer mit Motiven aus der klass. und Triviallit. angereicherten Prosa tritt F. für die sinnl. und geistige Gleichberechtigung der Frau ein (»Die neue Scheherazade«, Roman, 1986; »Lustspiel«, Roman, 1989). Auch mit der allgemein menschl. Sehnsucht nach wahrer Liebe und der Unfähigkeit, diese dann zu ertragen, setzt sie sich auseinander (»Frau mit drei Flugzeugen«, Erzählungen, 1993; »Wiener Passion«, Roman, 1999). F.s Erzählstil reicht von distanzierter Haltung bis zu unbändiger Fabulierfreude und hintergründigem, provozierendem Humor.

Weitere Werke: *Roman:* Magdalena Sünderin (1995). – *Prosa:* Selbstauslöser. Lyrik und Prosa (1983); Paarweise. Acht Pariser Episoden (2002).

Faschir, Stadt in der Rep. Sudan, →El-Fascher.

Faschismus [ital., zu fascio »(Ruten)bündel«; danach »Bündlertum«] *der, -.*
• Der Faschismus als geschichtliches Phänomen
• Ideologische Komponenten
• Faschismustheorien

Zunächst war F. die Eigen-Bez. einer polit. Bewegung, die unter Führung von B. MUSSOLINI 1922–45 in Italien die beherrschende polit. Macht war und ein diktator. Reg.-System trug. Danach wurden extrem nationalist., nach dem Führerprinzip organisierte antiliberale und antimarxist. Bewegungen, Ideologien oder Herrschaftssysteme, die nach dem Ersten Weltkrieg die überwiegend neuen parlamentar. Demokratien abzulösen suchten, als »faschistisch« bezeichnet.

Die Verallgemeinerung des F.-Begriffs von einer zeitlich und national begrenzten Eigen-Bez. zur Gattungs-Bez. einer bestimmten Herrschaftsart erfolgte durch einige Anhänger des F. und anderer rechtsextremist. Bewegungen, v. a. aber durch seine sozialist. und kommunist. Gegner; Letztere versuchten im Zeichen des →Antifaschismus die F. nicht nur in seinen allgemeinen geschichtl. Ursprüngen und Zielen zu analysieren, sondern gleichzeitig Wege zu seiner Bekämpfung oder Verhinderung aufzuzeigen, auch durch Zerstörung der von »Faschisten« angegriffenen liberalen Demokratien.

Die Versuche, zu einem allgemeinen F.-Begriff zu gelangen, sind wissenschaftlich höchst umstritten. Während die einen die gemeinsamen Merkmale nationalistisch ausgerichteter Diktatursysteme hervorheben, betonen die anderen deren Unterschiedlichkeit in grundsätzl. Fragen der Ideologie, der Organisationsstruktur und der konkreten Politik. Bes. die begriffl. Unterordnung des →Nationalsozialismus unter einen Oberbegriff »F.« wird von vielen Historikern als sachlich vereinfachend und wirkungsgeschichtlich gefährlich bewertet. Vielfach gelten F. und Nationalsozialismus – neben dem →Kommunismus – als eine Form des →Totalitarismus, wobei der Nationalsozialismus in etlichen Beziehungen dem stalinist. Kommunismus näher gestanden zu haben scheint als dem ital. F. Die schon in der kommunist. F.-Doktrin seit Mitte der 1920er-Jahre grundgelegte, in den 1960er-/1970er-Jahren im Zuge der APO und der Studentenbewegung erneut verbreitete Ausweitung des F.-Begriffs (F. als eine Form der bürgerl. Gesellschaft) bedeutet einerseits eine Verharmlosung totalitärer Strömungen wie des Nationalsozialismus, andererseits eine extremist. Diskreditierung des demokrat. Verfassungsstaates.

Versuche, nach 1945 faschist. Zielsetzungen der Zeit zw. den Weltkriegen wieder aufzugreifen, werden als →Neofaschismus bezeichnet. Mit der Bez. **faschistoid** wird der Versuch unternommen, polit. Haltungen zu umschreiben, in denen faschist. Gedankengut verdeckt enthalten ist oder in denen es vermutet wird.

DER FASCHISMUS ALS GESCHICHTLICHES PHÄNOMEN

Der Faschismus in Italien Seit den 70er-Jahren des 19. Jh. gab es in Italien »Fasci« (Bünde), v. a. innerhalb der Arbeiterbewegung. Um 1890 nannten sich agrarrevolutionäre, antiparlamentarisch eingestellte Vereinigungen der sizilian. Landarbeiter »Fasci Rivoluzionari« (auch »Fasci Siciliani«). Ende 1914 nahm u. a. Mussolini noch als Sozialist den Begriff »fascio« für die Gruppe der linken Interventionisten auf, die den Kriegseintritt Italiens an der Seite der Entente in den Ersten Weltkrieg forderten (»Fasci di Azione Rivoluzionario«). 1917 schlossen sich die interventionist. Abg. von der Rechten bis zur Linken zum »Fascio Parlamentare di Difesa Nazionale« zusammen. 1919 gründete Mussolini in Mailand mit Gesinnungsgenossen – in der Mehrheit wie 1914/15 revolutionäre Syndikalisten und Sozialisten – den ersten **Fascio di Combattimento**. Mit ihrer scharfen polit. Wendung zu einem nat. und ihrer Frontstellung gegen den internat. revolutionären Sozialismus bes. in der neuen Form des von der Komintern gelenkten bolschewist. Kommunismus gewann die Bewegung starken Auftrieb. Sie wurde später unterstützt von Teilen des Bürgertums, das sich seit der Besetzung von Fabriken durch streikende Arbeiter 1920/21 in seinen Interessen oder gar in seiner Existenz bedroht fühlte.

Zu einer Massenbewegung entwickelte sich der F. in Italien durch seine Ausbreitung auf ländl. Gebiete, wo sich die Landbesitzer seiner als Instrument gegen die sozialistisch gesinnten Landarbeiter bedienten. In den »Squadre d'azione« (Sturmabteilungen), die ihre Gegner mittels organisierten Terrors, u. a. durch »Spedizioni punitive« (Strafexpeditionen), bekämpften, fand der F. erstmals seinen besonderen Ausdruck. Einzelne faschist. Anführer (I. Balbo, R. Farinacci, D. Grandi) schufen sich als »Ras« lokale, diktatorisch organisierte Herrschaftsbereiche, von denen aus sie lange auch Entscheidungen Mussolinis ändern bzw. missachten konnten. Mit der Gründung des »Partito Nazionale Fascista« (PNF), der auch in Teilen der Bürokratie, der Armee und der kath. Kirche Rückhalt gewann, vollzog sich seit 1921 allmählich der Übergang von der Bewegung zur Partei.

Nachdem Mussolini 1922 mit dem →Marsch auf Rom gewaltsam die Macht in Italien gewonnen und seine Ernennung zum Min.-Präs. erreicht hatte, baute er als »Duce del fascismo« unter Ausschaltung der Opposition, Unterdrückung der Menschen- und Bürgerrechte sowie Außerkraftsetzung rechtsstaatl. Normen ab Anfang 1925 ein diktator. Reg.-System auf, das gesellschaftspolitisch durch ein an ständestaatl. Vorstellungen orientiertes Korporativsystem ergänzt und außenpolitisch mit expansionist. Zielen verbunden wurde (→Italien, Geschichte). Absolute Macht aber konnte der »Duce« nicht erringen; Staatsoberhaupt blieb König Viktor Emanuel III.

Der faschist. Staat in Italien entwickelte sich zur persönl. Diktatur Mussolinis, dessen polit. Ideologie (1932 zusammengefasst in der allerdings nur partiell von ihm geschriebenen »Dottrina del fascismo«) über Italien hinaus von großer Wirkung war. Mussolini engte den Klassenkampfgedanken auf das Nationale ein, betonte den »Willen zur Macht« und die Notwendigkeit hierarchisch-autoritärer Führung sowie der »direkten Aktion« in der polit. Auseinandersetzung. Vom ital. Nationalismus übernahm er die Idee eines in Italien zentrierten mittelmeer. Imperiums sowie die Vorstellung vom Staat als alles entscheidendem Faktor geschichtl. Entwicklung auch im Verhältnis zum Staatsvolk. Er entwickelte daher den Gedanken eines totalen Staates; mit einer aus dem syndikalist. Denken stammenden korporativen Wirtschafts- und Sozialordnung suchte er den Klassenkampf zu überwinden. Vor diesem ideolog. Hintergrund entstand die 1927 in Kraft getretene »Carta del lavoro« (Arbeitsverfassung), die auf diktator. Basis soziale Fortschritte zu erzielen suchte.

Im Zweiten Weltkrieg geriet das Herrschaftssystem Mussolinis immer stärker in Abhängigkeit vom nat.-soz. Dtl. Unter dem Schutz dt. Truppen suchte Mussolini nach seiner Absetzung durch den König (Juli 1943) mit der Errichtung der »Repubblica Sociale Italiana« (September 1943) in Oberitalien seine Ziele – nunmehr wieder unter stärkerer Betonung sozialrevolutionärer Ansätze aus der Anfangszeit – zu verwirklichen, scheiterte jedoch zwangsläufig im Zuge der dt. Niederlage (1945).

Faschist. Bewegungen zw. den Weltkriegen Nach dem Ersten Weltkrieg wirkte der ital. F. als Vorbild auf zahlr. ähnlich orientierte Bewegungen bes. in Europa (autoritäres Staatsdenken, Führerkult, Militarz, direkte Aktion, Korporativismus), sah sich jedoch teilweise in seiner Ausstrahlung v. a. seit dem Ende der 1930er-Jahre vom dt. Nationalsozialismus und dessen noch schärferer Aggressivität überlagert. Während des Zweiten Weltkriegs (1939–45) arbeiteten zahlreiche »faschist.« Bewegungen mit der dt. Besatzungsmacht zusammen.

In Dtl. war der Nationalsozialismus in seinen Anfängen in einigen mehr äußerl. Aspekten vom ital. Modell wesentlich mitbestimmt, wenngleich er von Anfang an versuchte, die wesentlichen ideolog. Unterschiedlichkeiten zu betonen, v. a. hinsichtl. seiner biologistisch-rassist. Einstellung. Nach Errich-

---

Faschismus

Aus der Schrift »Dottrina del Fascismo« (1932), in der Benito Mussolini die ideologischen Grundlagen des Faschismus zusammenfasst[1]

Wer Liberalismus sagt, sagt Individuum, wer Faschismus sagt, sagt Staat. Aber der faschistische Staat ist einzig und eine einzigartige Schöpfung. Er ist nicht reaktionär, sondern revolutionär, da er die Lösungen bestimmter allgemeiner Grundfragen vorwegnimmt, die anderswo auch gestellt sind, wie in der Politik durch die Zersplitterung der Parteien, das Vorherrschen des Parlamentarismus, die Verantwortungslosigkeit der Versammlungen, und in der Wirtschaft durch die immer zahlreicher und mächtiger werdenden syndikalen Bewegungen der Arbeitnehmer und Arbeitgeber mit ihren Konflikten und Vereinbarungen; in moralischer Hinsicht durch die Notwendigkeit von Ordnung, Disziplin und Gehorsam gegenüber den moralischen Vorschriften des Vaterlandes. Der Faschismus will einen starken Staat, der organisch gewachsen und zugleich auf eine breite Grundlage des Volkes gestützt ist. [...]

Der faschistische Staat ist Wille zur Macht und Herrschaft. Die römische Überlieferung ist ihm eine Idee des Antriebes. In der Doktrin des Faschismus ist »impero«[2] nicht nur ein territorialer, militärischer oder merkantiler, sondern ein geistiger oder moralischer Begriff. Man kann sich sehr wohl ein »impero« vorstellen als eine Nation, die unmittelbar oder mittelbar andere Nationen leitet, ohne daß es notwendig wäre, einen einzigen Quadratkilometer Landes zu erobern. Für den Faschismus ist das Streben zum Impero, das heißt zur Expansion der Nation, ein Ausdruck der Vitalität. Sein Gegensatz, das Zuhausebleibenwollen, ist ein Zeichen des Verfalls. Völker, die steigen oder wiederaufsteigen, sind imperialistisch, nur niedergehende Völker können verzichten.

1 Mussolini gilt offiziell als Verfasser der Schrift; beteiligt war u. a. Giovanni Gentile.
2 Dt. »Herrschaft«, auch »Reich«.

B. Mussolini: Die Lehre des Faschismus, in: Theorien über den Faschismus, hg. v. E. Nolte (Königstein/Ts.: Verlagsgruppe Athenäum, Hain, Scriptor, Hanstein, [5]1979), S. 218 ff.

tung der nat.-soz. Diktatur in Dtl. (1933) und der deutsch-ital. Zusammenarbeit in der Außenpolitik (Achse Berlin–Rom, 1936) wurden in stärkerem Maße zuvor im ital. F. völlig bedeutungslose antisemit. Vorstellungen in radikalen faschist. Kreisen aufgenommen und von Mussolini 1938 in judenfeindl. Gesetzgebung umgesetzt.

In Frankreich vertrat die bereits 1898 gegründete →Action française Ziele und Anschauungen, die dem späteren F. verwandt waren. Seit der Mitte der 1920er-Jahre entstand eine Vielzahl faschist. Gruppen, z.B. die Frontkämpferorganisation →Croix-de-Feu und der »Parti Populaire Français« (J. Doriot).

In den Niederlanden bestand die »Nationaal-Socialistische Beweging« (A. A. Mussert), in Belgien der »Mouvement Rexiste« (→Rexbewegung; L. Degrelle). Darüber hinaus vertrat v. a. der radikale Flügel des »Vlaams Nationaal Verbond« (→Flämische Bewegung) faschist. Ideen.

In Spanien war der »Falangismus« (→Falange) der Hauptträger antiliberaler, antidemokrat. Bestrebungen. Nach dem Sieg General F. Francos im Span. Bürgerkrieg (1936–39) wurde die Falange eines der Fundamente der Diktatur, später des autoritären Systems Francos. Mit der Errichtung des »Estado Novo« schuf A. de Oliveira Salazar in Portugal eine Diktatur, in deren Struktur sich faschist. mit christl. Vorstellungen mischten.

In Österreich entwickelten sich die →Heimwehren unter E. R. Fürst von Starhemberg seit 1927/28 teils nach dem Vorbild des ital. F. zum Kern eines so genannten →Austrofaschismus. Sie gewannen bis zum Anschluss Österreichs an das Dt. Reich (März 1938) innerhalb der →Vaterländischen Front eine starke innenpolit. Stellung. Im scharfen Gegensatz zu diesen polit. Kräften forderten die österr. Nationalsozialisten den »Anschluss« Österreichs an das Dt. Reich.

In Ungarn und Südosteuropa waren das Versagen der parlamentar. Reg.-Form, starker Nationalismus in den neu geschaffenen Nationalitätenstaaten, Revisionswille bei den im Ersten Weltkrieg besiegten Völkern, wirtschaftl. und soziale Probleme, aber auch traditionale, nun modern zur Massenpolitisierung mobilisierte Judenfeindschaft ein besonderer Nährboden für faschist. Bewegungen. Als solche galten die →Eiserne Garde in Rumänien (C. Codreanu; ab 1930, zuvor die Legion Erzengel Michael), →Zbor in Jugoslawien (gegr. 1934), die →Ustascha als herrschende polit. Kraft in Kroatien nach der Zerschlagung Jugoslawiens im April 1941 (A. Pavelić), die »Ethnike Organosis Hellados« in Griechenland, die »Rodna Saschtita« in Bulgarien sowie v. a. die →Pfeilkreuzler (F. Szálasi) zw. 1935 und 1945 in Ungarn. Eigentümlich war den südosteurop. faschist. Organisationen die Einbeziehung christl. Gedankenguts.

Der Faschismus nach dem Zweiten Weltkrieg In Italien suchte der »Movimento Sociale Italiano« (MSI) an die faschist. Vorstellungen anzuknüpfen; seine Führungskräfte entstammten z. T. der Zeit vor 1945, v. a. auch der kurzlebigen »Repubblica Sociale«. Er löste sich – im Zuge der Umbrüche im ital. Parteiensystem in den 1990er-Jahren – 1995 auf. Die Nachfolgepartei »Alleanza Nazionale« (AN) hat sich von den faschist. Leitbildern losgesagt. In Portugal und Spanien bestanden über 1945 hinaus die in der Linie des F. stehenden autoritären Systeme fort; sie wurden Mitte der 1970er-Jahre durch demokrat. Systeme abgelöst. Der →Peronismus in Argentinien entwickelte sich in Verbindung mit faschist. Denkmustern.

Im Allgemeinen erfuhr der F.-Begriff eine Ausweitung und verlor damit an begriffl. Eindeutigkeit. Es werden nun bes. Militärdiktaturen wie die in Griechenland (1967–74) und Chile (1973–89) einbezogen.

IDEOLOGISCHE KOMPONENTEN

Aufgrund der in der nat. Geschichte des jeweiligen Landes wurzelnden Verschiedenheit der einzelnen faschist. Systeme und Bewegungen verfügt der F. über keine geschlossene Ideologie. In Verbindung mit den histor. Gegebenheiten des jeweiligen Landes vertritt er einen extremen Nationalismus und Militarismus und führt die polit. Auseinandersetzung unter Einschluss von Mitteln der Gewalt. Er verficht einen ausgeprägten Antiparlamentarismus, d. h., er bekämpft die Demokratie und die ihr zugrunde liegenden Ideen (u. a. Rechtsstaat, Menschen- und Bürgerrechte, Pluralismus, Opposition, Toleranz) und die sie tragenden Institutionen und Organisationen (Parlament, Parteien und Verbände). Der F. mythisiert die Volksgemeinschaft, in ihr die Jugend als Verheißung einer erneuerten Nation, und tritt bes. antiindividualistisch und minderheitenfeindlich auf. Ein in versch. Form sichtbar werdender Antikapitalismus sucht in einigen Fällen die industrielle Gesellschaft durch ein in vorindustrieller Zeit angesiedeltes ständ. System zu ersetzen (→Korporativismus). Im Einklang mit dem gesteigerten Nationalismus bekämpft der F. aggressiv jede polit. Bewegung, die über den nationalstaatl. Rahmen hinaus gesellschaftl. Veränderungen erstrebt (z. B. Liberalismus, Sozialismus, Kommunismus). Er entwickelt ein diktator. Herrschaftsmodell nach dem Gefolgschaftsprinzip (→Führerprinzip), stützt sich auf eine allein herrschende Staatspartei und sucht mit gewalttätigen Mitteln die Einheit einer konfliktlosen Nation herbeizuführen. Mit der aggressiven Innenpolitik verbindet der F. oft eine expansionist. Außenpolitik.

Eine solche auf Verallgemeinerungen beruhende Phänomenologie *des* F. muss allerdings von eklatant versch. Konkretionen der einzelnen Aspekte von einem zum nächsten Fall absehen. Ein Beispiel ist das viel geringere Maß repressiver Gewaltanwendung im faschist. Italien im Vergleich mit dem nat.-soz. Dtl. V. a. aber müssen wesentl. Andersartigkeiten ausgeblendet werden, so die Bedeutung des biologist. universellen Rassismus im Nationalsozialismus mit seinen massenmörder. Konsequenzen, die im ital. F. nicht begegnete und ihm auch durch judenfeindl. Gesetze nicht aufgepfropft werden konnte.

FASCHISMUSTHEORIEN

Seit den Anfängen des ital. F. entstanden Theorien über Wesen und Wurzeln *des* F. Marxist. Theoretiker deuteten den F. als Instrument des Kapitalismus, als Mittel der Bourgeoisie, ihre Herrschaft in Krisensituationen zu sichern (»Agenturtheorie«); sogar die Sozialdemokratie wurde vom Kommunismus zeitweise als faschistisch, weil den Klassencharakter des kapitalistischen bürgerl. Staates verschleiernd, bezeichnet (→Sozialfaschismus). Im Sinne der marxist. Theorie formulierte G. Dimitrow 1933 die im sowjetkommunist. Bereich bis in die 1980er-Jahre gültige Auffassung, dass der F. »die offene terrorist. Diktatur der am meisten reaktionären, chauvinist. und imperialist. Elemente des Finanzkapitals« als letzte Karte gegen die bevorstehende proletar. Revolution sei. Der (zeitweilige) Erfolg des F. wurde auch auf ein Versagen des

Proletariats und dessen Massenorganisationen sowie auf Spaltungen der Arbeiterbewegung zurückgeführt. Marxist. Theoretiker außerhalb des sowjetkommunist. Bereichs (z. B. O. BAUER, A. GRAMSCI, A. THALHEIMER, P. NENNI) sowie auch L. D. TROTZKI gingen in Anlehnung an die von K. MARX und F. ENGELS entwickelte Theorie des →Bonapartismus davon aus, dass die Bourgeoisie auf die Ausübung ihrer polit. Herrschaft durch das Parlament verzichte, um sich die Verfügung über die Produktionsmittel zu erhalten.

Politikwissenschaftler wie R. LÖWENTHAL und E. FRAENKEL vertraten die These, dass es im F. zu einer sich radikalisierenden Symbiose von Wirtschaft, Bürokratie und Armee gekommen sei. M. HORKHEIMER und E. BLOCH wiesen auf die vor- und außerkapitalist. Wurzeln des F. hin, denen Teile des Mittelstandes und der Arbeiterschaft verhaftet gewesen seien. E. NOLTE schlug einen Vergleich der unterschiedl. Strukturen faschist. Bewegungen vor (früh-, normal- und radikalfaschist. Erscheinungsformen); später suchte er das Phänomen in den Perspektiven eines »europ. Bürgerkrieges« seit der bolschewist. Revolution 1917 zu fassen. K. D. BRACHER, R. DE FELICE u. a. aber sehen im undifferenzierten Gebrauch des Wortes »faschistisch« die Gefahr einer Verharmlosung v. a. des dt. Nationalsozialismus. Neuere vergleichende Forschung untersuchte neben ideolog. Voraussetzungen und Führungsstrukturen v. a. – auch unter sozialpsycholog. Sicht – die Basis in Mitglieder-, Anhänger- und Wählerschaft sowie Motivationsebenen des europ. F., dazu den Gewalteinsatz im Inneren und Äußeren. Der modernisierungstheoret. Ansatz vermochte den unterschiedl. Ausprägungsgrad faschist. Bewegungen sowohl innerhalb hoch industrialisierter Länder als auch in den (eher rückständigen) Agrarländern nicht hinreichend zu erklären.

In einigen Perspektiven und für einige Bereiche ist mittlerweile der Mitte der 1970er-Jahre erhobenen Forderung des ital. Historikers DE FELICE wenigstens ansatzweise entsprochen worden, von dem F. so lange nur höchst zurückhaltend zu sprechen, bis stichhaltige vergleichende Untersuchungen die Brauchbarkeit eines allgemeinen Begriffs »F.« nachgewiesen hätten. Die Befunde ermöglichen aber noch kein sicher begründetes Urteil, weil sie ebenso Ähnlichkeiten wie Verschiedenheiten feststellen und multilaterale Vergleichungen nur selten gewagt worden sind.

🔊 **Faschismus:** B. Mussolini: Rede zur 2. Fünfjahresversammlung des PNF in Rom (Auszug, 18. 3. 1934) **1739**

📖 R. DE FELICE: Der F. (a. d. Ital., 1977); DERS.: Die Deutungen des F. (a. d. Ital., 1980); F. als soziale Bewegung, hg. v. W. SCHIEDER (²1983); K. D. BRACHER: Zeitgeschichtl. Kontroversen um F., Totalitarismus, Demokratie (⁵1984); E. NOLTE: Die faschist. Bewegungen (⁹1984); M. BACH: Die charismat. Führerdiktaturen. Drittes Reich u. ital. F. im Vergleich ihrer Herrschaftsstrukturen (1990); F. u. Nat.-Sozialismus, hg. v. K. D. BRACHER u. L. VALIANI (1991); W. WIPPERMANN: Europ. F. im Vergleich (⁴1997); DERS.: F.-Theorien (⁷1997); International fascism. Theories, causes and the new consensus, hg. v. R. GRIFFIN (London u. a. 1998); J. W. BOREJSZA: Schulen des Hasses. Faschist. Systeme in Europa (a. d. Poln., 1999); H. WOLLER: Rom, 28. Oktober 1922. Die faschist. Herausforderung (1999); M. KNOX: Common destiny. Dictatorship, foreign policy, and war in fascist Italy and Nazi Germany (Cambridge u. a. 2000); W. LAQUEUR: F. Gestern – heute – morgen (a. d. Engl., Neuausg. 2000); S. J. LEE: European dictatorships 1918–1945 (London u. a. ²2000); E. NOLTE: Der F. in seiner Epoche (Neuausg. 2000); S. G. PAYNE: Gesch. des F. (a. d. Amerikan., 2001); D. SCHMIECHEN-ACKERMANN: Diktaturen im Vergleich (2002); J. J. LINZ: Totalitäre u. autoritäre Regime (²2003); A. J. DE GRAND: Fascist Italy and Nazi Germany. The »Fascist« style of rule (New York u. a. ²2004). – Weitere Literatur →Italien (Geschichte)

Faschodakrise, britisch-frz. Kolonialkonflikt um die Herrschaft über den Sudan 1898/99. Die F. entstand, als brit. Kolonialtruppen unter General H. H. KITCHENER den Oberlauf des Nils unter brit. Herrschaft zu bringen suchten und dabei im September 1898 in dem am Weißen Nil gelegenen Ort Faschoda (seit 1905 Kodok) auf frz. Truppen unter Major J.-B. MARCHAND stießen, die sich hier seit Juli festgesetzt hatten. Die dadurch heraufbeschworene Kriegsgefahr ließ Frankreich im Sudanvertrag vom 21. 3. 1899 auf das obere Nilgebiet verzichten, wofür Großbritannien das Gebiet westlich von Darfur bis zum Tschadsee einschließlich als frz. Interessengebiet anerkannte. Diese Beilegung der F. leitete über zu der späteren Politik der Entente cordiale (→Entente).

📖 G. N. SANDERSON: England, Europe and the upper Nile, 1882–1899. A study in the partition of Africa (Edinburgh 1965); M.-A. LANDEROIN: Mission Congo-Nil (Paris 1996); P. WEBSTER: Fachoda, la bataille pour le nil (Paris 2001).

Fascia [lat. »Binde«, »Band«] *die, -/...ciae,* Anatomie: die →Faszie.

Fasciculus [lat. »kleines Bündel«] *der, -/...li,* Anatomie: der →Faszikel.

Fasci dei lavoratori [ˈfaʃʃi-], **Fasci siciliani** [-sitʃiˈljani], erster Versuch einer gewerkschaftlich organisierten Landarbeiterbewegung auf Sizilien 1891–94, von der Regierung Crispi im Januar 1894 gewaltsam unterdrückt.

Fascinum [lat. »männl. Glied«, eigtl. »Behexung«] *das, -s/...na,* Amulett in der Form eines männl. Gliedes; galt im röm. Altertum bes. als Abwehrmittel gegen den bösen Blick.

Fascio di combattimento [ˈfaʃʃi-], →Faschismus.

Fasciola [lat. »kleine Binde«], Gattung der Saugwürmer, →Leberegel.

Fasciolosis [lat.] *die, -/...ˈloses,* **Fasziolose,** die Leberegelkrankheit, →Leberegel.

Fase [zu frz. face »Gesicht«, »(Ober-)Fläche«], *Fertigungstechnik:* die Fläche einer eben abgeschrägten Kante. F. dienen zur Vermeidung von Unfällen, zur Gewährleistung der Funktionseigenschaften von Werkstücken und spanabhebenden Werkzeugen sowie zur Verschönerung.

Fasel, männl. Zuchtrind oder -schwein zum Besamen.

Faser [zu mhd. vase »loser Faden«, »Franse«], dünnes, fadenähnl. Gebilde, →Fasern.

Faseraggregate, *Mineralogie:* →Faserstoffe.

Faserbeton, mit Mineralfasern, Glasfasern, Stahlfasern oder Kunststofffasern bewehrter Beton; zeichnet sich gegenüber unbewehrtem Beton durch erhöhte Festigkeit aus, die nahezu der von Stahlbeton entspricht.

Faser-Bragg-Gitter [- ˈbræg -; nach dem brit. Physiker W. L. BRAGG], *Optik:* das →Fasergitter.

Faserdämmstoffe, Baustoffe zur Wärme- und Schallisolierung, meist in Form von Matten oder Platten. Man unterscheidet mineral. F. (aus Glas-, Stein-, Schlackenfasern) und pflanzl. F. (aus Seegras, Kokos-, Holz-, Torffasern). F.-Matten sind oft ein- oder beidseitig zum Schutz vor Feuchtigkeit mit Aluminiumfolie beschichtet.

Faserdichte, der Quotient aus Masse und Volumen einer Faser, angegeben in g/cm^3, z. B. Wolle 1,32; Seide 1,37; Flachs 1,49; Baumwolle 1,54; synthet. Fasern 0,9–1,6; Glasfasern 2,5.

Fase Fasergeschwulst

Fasergeschwulst, das → Fibrom.
Fasergitter, Faser-Bragg-Gitter [- ˈbræg -; nach dem brit. Physiker W. L. BRAGG], Abk. **FBG, Faser-Bragg-Reflektor** [- ˈbræg -, opt. Gitter, das durch die period. Modulation der Brechzahl im Kern einer (Monomode-)Lichtleitfaser entsteht. Licht mit einer durch die Gitterparameter festgelegten Wellenlänge wird innerhalb der Faser reflektiert. – F. bilden die Basis für wellenlängenselektive Filter und schmalbandige Spiegel, sie werden zur Frequenzstabilisierung von Laserdioden sowie als →Fasersensoren (z. B. als opt. Dehnungs- oder Temperatursensoren) verwendet. In Faserlasern wird die Fähigkeit der Gitter ausgenutzt, fast 99% des Lichts in einem schmalbandigen Wellenlängenbereich zu reflektieren. F. können erzeugt werden, indem fotoempfindl. Fasern mit period. UV-Intensitätsmustern seitlich belichtet werden (interferometrisch oder mittels mikrostrukturierter Phasenmasken).

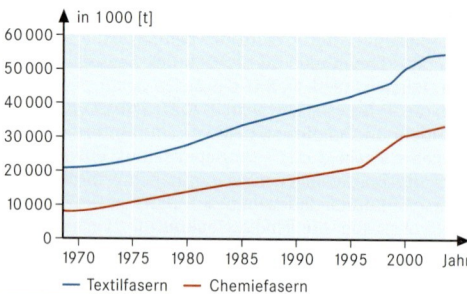

Fasern 2): die Entwicklung der Weltproduktion von Textil- und Chemiefasern

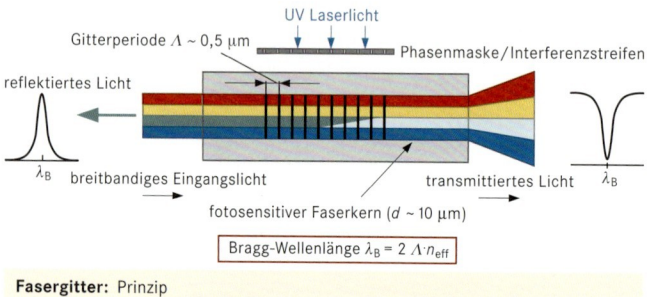

Fasergitter: Prinzip

Faserhanf, Kulturform des →Hanfs.
Faserhaut, *Anatomie:* Haut aus derbem, faserigem Bindegewebe, meist auch mit elast. Fasern.
Faserknorpel, Fibrocartilago, →Knorpel.
Faserkohle, aus Fusit (→Mikrolithotypen) bestehende Steinkohlenart mit erhaltener Holzzellenstruktur.
Faserköpfe, die →Risspilze.
Faserkrebs, der →Scirrhus.
Faserkristall, der →Haarkristall.
Faserlänge, Faserstapel, →Stapel.
Faserlaser [-leɪzə], ein →Festkörperlaser, bei dem das aktive Material (mit Seltenerdionen dotiertes Glas) den Kern einer Lichtleitfaser (→Lichtleiter) bildet. F. werden meist mit →Laserdioden optisch ge-

pumpt. Für hohe Ausgangsleistungen bis in den Kilowattbereich werden Doppelkernfasern benutzt, in denen der dotierte Faserkern von einem undotierten Kern umgeben ist, in dem die Pumpstrahlung geführt wird. F. ermöglichen auch die Umwandlung infraroter Pumpstrahlung in sichtbares Licht (so genannte »Up-Conversion«). Sie können mit externen Resonatorspiegeln oder mit internen →Fasergittern als Spiegel (→Bragg-Reflektor) oder bei größerer Länge der Lichtleitfaser auch spiegellos betrieben werden; die typ. Faserresonatorlängen betragen einige Meter bis etwa 50 m.

F. zeichnen sich durch hohe Strahlqualität und Stabilität sowie geringe Temperaturabhängigkeit aus. Neben Anwendungen in der Druck- und Projektionstechnik werden sie in der Lichtleiter-Nachrichtenübertragung und zunehmend in der industriellen Materialbearbeitung eingesetzt. Optisch gepumpte, mit Erbium dotierte Lichtleitfasern dienen als →Faserverstärker in opt. Kommunikationsnetzen.
Faserlein, eine Kulturform des →Flachses.
Fasern,
1) *Biologie:* mehr oder weniger lang gestreckte Strukturen im pflanzl. und tier. Organismus, bestehend aus einzelnen Zellen, Zellsträngen, Zellstrangbündeln, auch Teilen von Zellen (z. B. Nerven-F.) oder Fibrillenbündeln. Bei Pflanzen vorkommende F. haben überwiegend Funktionen als Festigungs- und Leitgewebe (Sklerenchym-F., Xylem-F.). Sie bestehen v. a. aus Cellulose und Lignin. Je nach Vorkommen unterscheidet man Bast-, Stängel-, Blatt- und Frucht-F. Viele pflanzl. F. haben große wirtschaftl. Bedeutung. Bei Tieren (und dem Menschen) sind F. vorwiegend als sezernierte Proteinstrukturen (Elastin-F., Kollagen-F., die Byssusfäden der Muscheln, Seide), als Zellausläufer (Nerven- und Glia-F.), als abgestorbene Zellen (Haare) oder als Synzytien (Muskelfasern) ausgeprägt.
2) *Textiltechnik:* Sammel-Bez. für die zur Herstellung von Garnen verwendeten textilen Rohstoffe mit dem gemeinsamen Kennzeichen einer im Vergleich zu ihrem Querschnitt großen Länge sowie ausreichender Festigkeit und Biegsamkeit. Textil-F. sind entweder von natürl. Länge (z. B. Baumwolle 10–50 mm, Wolle 10–400 mm) oder praktisch unbegrenzt lang wie die Chemie-F. (Filamente). Man unterscheidet nach Herkunft Natur-F. (pflanzl., tier. und mineral. F.) und →Chemiefasern. Darüber hinaus gibt es industriell hergestellte F. (z. B. →Gesteinsfasern, →Glasfasern, →Kohlenstofffasern). Pflanzl. F. bestehen überwiegend aus Cellulose. Sie werden in Samen-F. (→Baumwolle), Bast- oder Stängel-F. und Hart-F. unterteilt.

Fasern (Auswahl)	
Naturfasern	**tierische Fasern**
pflanzliche Fasern	Kamelhaar
Samenfasern:	Kaschmir
Baumwolle	Mohär
Kapok	Rosshaar
Bast- oder Stängelfasern:	Wolle
Flachs	**mineralische Fasern**
Hanf	Asbest
Jute	**industriell hergestellte Fasern**
Ramie	Chemiefasern
Hartfasern:	Glasfasern
Kokos	Gesteinsfasern
Manila	Kohlenstofffasern
Sisal	Metallfasern

Unter den tier. F. haben die aus Keratin bestehenden →Wolle und →Seide die größte Bedeutung. Pflanzl. F. und Wolle zeichnen sich durch hohes Wasseraufnahmevermögen aus. Chemie-F. werden aus natürl. oder synthet. Polymeren hergestellt. Aus natürl. Polymeren bestehen die Cellulose-F., die in Celluloseregenerat-F. (Viskose, Cupro) und Celluloseester-F. (Acetat) unterteilt werden. Wenig Bedeutung haben Alginat- und Kasein-F. Bei den F. aus synthet. Polymeren (Synthese-F.), die nach Art der Polyreaktion in Polymerisat-, Polykondensat- und Polyadditions-F. unterteilt werden, stehen →Polyesterfasern, →Polyamidfasern und →Polyacrylnitrilfasern an erster Stelle.

Fasernessel, Zuchtform der →Brennnessel.

Faseroptik,

1) Teilgebiet der Optik, das sich mit der Übertragung und Beeinflussung von Licht in Lichtleitfasern aus Glas oder Kunststoff befasst (→Lichtleiter). Wichtige Anwendungsfelder der F. sind →optische Kommunikationsnetze, →Fasersensoren und →Faserlaser sowie flexible Beleuchtungs- und Inspektionssysteme (z.B. Verkehrsleittechnik, Endoskope) sowie die Strahlführung von Lasern (z.B. Laserskalpell).

2) **Glasfaseroptik, Fiberoptik,** opt. Bauelement aus einem Bündel von dünnen flexiblen →Glasfasern zur Übertragung von Lichtenergie und Bildinformationen, insbesondere auf gekrümmten Wegen. Die bis zu 100 000 Einzelfasern bestehen aus einem ca. 5–80 µm dicken Glaskern, der von 1–2 µm dünnen Mantelglas mit einem niedrigeren Brechungsindex umgeben ist. So wird eine Lichtleitung durch →Totalreflexion an den Kern-Mantel-Grenzflächen gewährleistet und sich berührende benachbarte Fasern sind voneinander »optisch isoliert«. Das **Faserbündel** ist an den Enden gefasst, verklebt und stirnflächenpoliert. Sind die einzelnen Fasern an beiden Bündelenden identisch zueinander angeordnet (d.h. sie sind jeweils von den gleichen Nachbarfasern umgeben), spricht man von einer **geordneten** oder **kohärenten Faseroptik.** Derartige geordnete Glasfaserbündel mit Durchmessern bis zu 10 mm und Längen bis zu einigen Metern eignen sich als flexible →Bildleiter zur opt. Übertragung von Bildinformationen mit einer Auflösung von bis zu mehr als 10 000 Bildpunkten (Einzelfasern) pro mm^2. Sie werden insbesondere für die visuelle Inspektion schwer zugängl. Stellen in Technik und Medizin eingesetzt, z.B. in Endoskopen (Faserendoskop, Fibroskop).

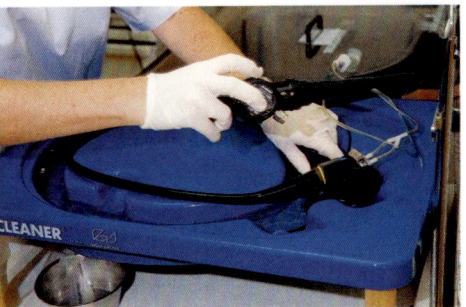

Faseroptik 2): Flexible Bildleiter zur optischen Übertragung von Bildinformationen werden z.B. in der Endoskopie (hier für gastroskopische Untersuchungen) eingesetzt.

Ungeordnete F. sind nur zur Übertragung von Lichtenergie geeignet. Sie finden in vielfältiger Form in der Beleuchtungstechnik Anwendung (z.B. für Wechselzeichen-Signalanlagen in der Verkehrstechnik) und ersetzen in zunehmendem Maße aufwendige, störanfällige und wenig flexible Anordnungen zur Lichtleitung auf der Basis von Linsen, Spiegeln und Prismen. Als **Querschnittswandler** (z.B. ein Ende des Faserbündels mit kreisförmigem Querschnitt gefasst, das andere spaltförmig) dienen sie der Anpassung an Lichtquellen und Detektoren. Durch Querschnittsteilung erhält man mehrarmige F. (z.B. zweiarmige Y-Lichtleitkabel für Reflexionslichtschranken).

Faserstäbe sind starre F., bei denen einige Tausend parallel liegende Fasern über die gesamte Länge miteinander verschmolzen sind. Sie lassen sich nachträglich durch Erhitzen biegen. Durch Ausziehen eines Stabes auf einen kleineren Durchmesser an der Erweichungsstelle erhält man so genannte **Faserkegel,** die sich für opt. Maßstabsänderungen auf sehr kurzen Strecken nutzen lassen.

F.-Platten bestehen aus einige Millimeter bis Zentimeter dicken, optisch polierten Scheiben mit 20–50 mm Durchmesser, die aus einem Bündel von Millionen vakuumdicht verschmolzener dünner Glasfasern geschnitten werden (etwa 20 000 Fasern/mm^2). Als Träger von Leuchtschirm bzw. Fotokatode ermöglichen sie in Katodenstrahloszillografen-, Bildverstärker- und Fernsehaufnahmeröhren eine effektive Ein- und Auskopplung opt. Strahlung mit hoher Bildpunktzahl. – Weiteres Bild Seite 802

📖 M. YOUNG: Optics and lasers. Including fibers and optical waveguides (Berlin u. a. ^{5}2000).

Faserplatten, unter Druck, mit oder ohne Zugabe von Bindemitteln zu Platten gepresstes Fasermaterial, z.B. Holzfasern, Mineralfasern. Beim Trocknen des Faservlieses entstehen poröse Isolier- oder Dämmplatten. Wird zusätzlich unter hohem Druck verdichtet, erhält man Hart-F. (→Holzfaserplatten).

Faserprote|ine, die Skleroproteine (→Proteine).

Faserschreiber, in den 1960er-Jahren in Japan entwickeltes Schreibgerät, das einen Speicher mit Schreibflüssigkeit (Tinte) und eine Spitze aus Chemiefasern besitzt.

Fasersensoren, faseroptische Sensoren, miniaturisierte Sensoren, die dämpfungsarme Lichtwellenleiter (→Lichtleiter) in Verbindung mit optoelektron. Bauelementen (Laser- oder Lumineszenzdioden, Fotodioden) und andere mikrotechn. Komponenten zur

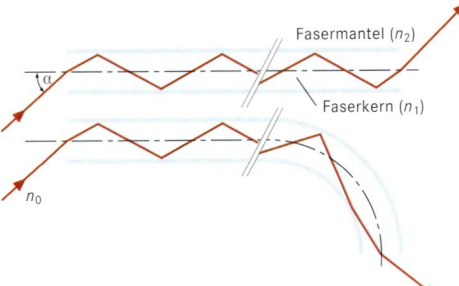

Faseroptik 2): Strahlengang in einer geraden und einer gebogenen Lichtleitfaser; α Einfallswinkel, n_0 Brechzahl der Umgebung, n_1 Brechzahl des Faserkerns, n_2 Brechzahl des Fasermantels

Fase Faserserpentin

Faseroptik 2): Faseroptische Komponenten der Schott AG sind in Flugzeugen, Schiffen und hochwertigen Automobilen im Einsatz. Im »5er BMW« sorgen Lichtleiter für das unverwechselbare Erscheinungsbild des Autos: Über vier flexible Glaslichtleiter wird das Licht einer 10-Watt-Lampe zu den Lichtringen in den Frontscheinwerfern geführt.

Messung unterschiedl. Größen (wie Temperatur, Dehnung, Vibration, chem. und biochem. Parameter) nutzen.

Eigenschaften F. weisen gegenüber konventionellen elektron. Sensoren zahlreiche anwendungsspezif. Vorteile auf. Sie sind u.a. einsetzbar in Hochspannungs- und Kernstrahlungsbereichen, explosiven oder chemisch aggressiven Medien sowie bei hohen Temperaturen; außerdem sind sie unempfindlich gegenüber elektromagnet. Störfeldern. F. eignen sich aufgrund ihrer Flexibilität, Miniaturisierbarkeit und elektr. Potenzialfreiheit auch für Anwendungen in der medizin. In-vivo-Diagnostik. Multiplextechniken und eine dämpfungsarme faseropt. Signalübertragung ermöglichen die Realisierung von *räumlich verteilten Sensornetzwerken* bis in den Kilometerbereich mit bis zu mehreren Hundert Messstellen für die Zustandsüberwachung größerer techn. Anlagen und Bauwerke (»techn. Nervensysteme aus Glasfasern«), die auch direkt in Beton und andere Verbundwerkstoffe eingebettet werden können, z.B. um Mikrorisse in Staudämmen oder mechan. Spannungen in Flugzeugbauteilen festzustellen.

Anwendungen Anwendungsbeispiele der faseropt. Sensorik reichen von technisch einfacheren intensitätsmodulierten Positions-, Abstands- und Näherungssensoren in der industriellen Prozess- und Automatisierungstechnik über medizin. Blutgas- und Hirndrucksensoren oder Umwelt- und Biosensoren bis zu hochempfindlichen interferometr. **Fasergyroskopen** (auch **Faserkreisel** genannt) als Drehrate- oder Winkelsensoren für Navigations- bzw. Lagestabilisierungssysteme in der Luft- und Raumfahrt. *Ortsauflösende Sensorsysteme* auf der Basis nichtlinearer opt. Streuprozesse (Raman- oder Brillouin-Streuung) in dotierten Quarzglasfasern der Telekommunikation messen mittels Laserimpuls-Laufzeitverfahren wie der zeitaufgelösten opt. Rückstreumesstechnik **OTDR** (engl. Abk. für **o**ptical **t**ime **d**omain **r**eflectometry) Temperaturverteilungen entlang des Lichtwellenleiters über mehr als zehn Kilometer mit einer Ortsauflösung unter einem Meter. Einsatzfelder sind u. a. Brandmeldesysteme in Tunneln und die Leckageüberwachung von Pipelines und unterird. Gasspeichern. Zunehmend techn. Bedeutung erlangen **Faser-Bragg-Gitter-Sensorsysteme** (→Fasergitter) zur Messung von Dehnungen (Verformungen), Vibrationen, Temperaturen und anderen Größen. Als opt. Alternative zu den heute weit verbreiteten elektr. Dehnungsmessstreifen (DMS) bieten sie aufgrund ihrer Multiplexfähigkeit in Verbindung mit den bereits genannten Eigenschaften faseropt. Sensoren ein großes Anwendungspotenzial, z. B. bei der strukturintegrierten Zustandsüberwachung (engl. structural health monitoring) in Luft- und Raumfahrt, Energie- und Verkehrstechnik oder in der Geo- und Bauwerktechnik.

Faserserpentin, Mineral, der →Chrysotil.

Faserspritzverfahren, *Kunststofftechnik:* Methode zum Verarbeiten faserverstärkter Kunststoffe (z. B. glasfaserverstärkte Kunststoffe) zu Formteilen oder zur Herstellung von Auskleidungen oder (großflächigen) Beschichtungen. Dabei werden die endlosen Fasern, z. B. Glasfasern, zunächst in einer Schneideinheit gebrochen, in einem Luftstrom dem Kunstharz zugeführt und auf einem Formwerkzeug aufgesprüht.

Faserstäube, Stäube, die Mineralfasern (außer →Asbest) mit einer Länge größer 5 μm und einem Durchmesser kleiner 3 μm enthalten. Sie können aufgrund ihrer geringen Größe bis in die Lungen eingeatmet werden. Grundsätzlich werden natürliche anorgan. Fasern (faserförmige Minerale, z. B. Asbest), tier. und pflanzl. Fasern (z. B. Wolle, Hanf) sowie künstlich hergestellte anorgan. (z. B. Glasfasern, Steinwolle) und organ. Fasern (z. B. Polyester, Viscose) unterschieden. F. entstehen z. B. bei der Herstellung oder Verwendung von Endlosfasern, Hochtemperaturglasfasern, keram. und Superfeinfasern.

In Tierversuchen wurde für nahezu alle anorgan. F. eine Krebs erzeugende Wirkung nachgewiesen. Die ab etwa 1996 hergestellten Mineralfaserprodukte mit RAL-Gütezeichen sind biolöslich und somit als nicht krebsverdächtig einzustufen.

Faserstoffe, Stoffe mit ausgeprägter Faserstruktur; sie zeichnen sich durch eine weitgehend parallele Anordnung aller an ihrem Aufbau beteiligten lang gestreckten Moleküle oder kleinen Kristallbereiche (Kristallite) aus. Die untereinander parallel orientierten Moleküle oder Kristallite können mithilfe der Beugung von Röntgenstrahlen (Röntgenstrukturanalyse) oder Elektronenstrahlen nachgewiesen werden. Die sich dabei ergebenden Interferenzbilder werden als **Faserdiagramme** bezeichnet. Neben natürlich auftretenden F., wie speziellen Mineralen (**Faseraggregate**), kann eine Faserstruktur

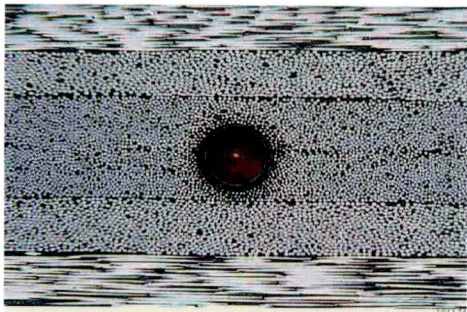

Fasersensoren: Querschnitt einer Quarzglas-Lichtleitfaser (Durchmesser 125 μm, in der Mitte der lichtführende, ca. 10 μm dicke Kern), eingebettet in eine laminierte Kohlefaser-Kunststoff (CFK)-Verbundstruktur mit integrierten Fasergitter-Dehnungssensoren für die künftige Anwendung im Flugzeug- und Fahrzeugbau.

bei kristallinen Stoffen auch durch äußere mechan. Einwirkungen in Form einer Textur (**Fasertextur**) auftreten.

Faserverstärker, optisch gepumpter Leistungsverstärker für die in Glasfaser-Lichtwellenleitern (→Lichtleiter) geführten Lichtsignale. F. beruhen auf dem Prinzip der stimulierten Emission; als Verstärkungsmedium werden v. a. mit Seltenerdionen dotierte Glasfasern von etwa 10–50 m Länge und als Pumplichtquellen Leistungslaserdioden eingesetzt. Technisch genutzt werden bisher insbesondere **Erbium dotierte F.** (**EDFA,** Abk. für engl. erbium doped fibre amplifier) in opt. Kommunikationsnetzen (photonischen Netzen) zur Kompensation von Leistungsverlusten auf der Glasfaserübertragungsstrecke (z. B. in Transatlantik-Lichtleiterkabeln), da ihr Verstärkungswellenlängenbereich von 1525–1565 nm im so genannten »3. opt. Fenster« der Telekommunikation um 1550 nm liegt. In diesem Bereich geringster Dämpfung von Quarzglasfasern (ca. 0,2 dB/km) können mit einem EDFA bei einer typ. Leistungsverstärkung von 20 dB (Pumpleistung einige 10 mW bei Wellenlängen von 980 bzw. 1480 nm) die Dämpfungsverluste an Lichtleistung in der Faser nach 100 km Übertragungsstrecke praktisch wieder ausgeglichen werden.

Zunehmende Bedeutung in der Kommunikationstechnik erlangt auch der **Raman-F.,** bei dem die stimulierte Raman-Streuung, ein nichtlinearer opt. Streuprozess (→Raman-Effekt) unmittelbar in den Einmoden-Quarzglasfasern zur opt. Signalverstärkung genutzt wird. Im Unterschied zu EDFA muss man über große Faserlängen pumpen, ohne jedoch eine dotierte Spezialfaser zu benötigen. Die erzielbare Verstärkung ist zwar relativ gering (max. etwa 8 dB), allerdings kann durch flexible Wahl bzw. gleichzeitige Anwendung mehrerer Pumpwellenlängen das Verstärkungsspektrum verschoben, erweitert oder geglättet werden. Letzteres ist v. a. für neuere **DWDM-Übertragungssysteme** (DWDM, Abk. für engl. **d**ense **w**avelength **d**ivision **m**ultiplexing) mit vielen Wellenlängenkanälen von Vorteil. (→optische Kommunikationsnetze)

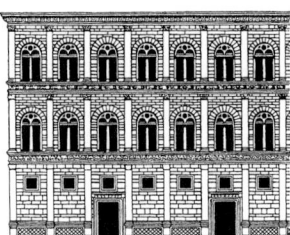

Fassade: Renaissancefassade mit antikisierender Blendgliederung des Palazzo Rucellai in Florenz nach Entwürfen Leon Battista Albertis (1446 ff.)

Faservlies, textiles Flächengebilde aus Fasern, das nur durch Faserhaftung zusammenhält. Mechanisch gebildete F. bestehen aus längs oder quer übereinander gelegten Faserfloren. Man unterscheidet weiterhin zw. aerodynamisch und hydrodynamisch (d. h. durch Luft- bzw. Wassertransport) gebildeten Vliesen sowie aus Filamenten aufgebauten Spinnvliesen. F. sind Ausgangsprodukte u. a. für Nadelfilz, Vliesstoffe, Walkfilz und Watte.

Faserzement, mit Kunststoff- und Cellulosefasern armierter asbestfreier Zementbaustoff, der überwiegend für Dacheindeckungen, Fassadenverkleidungen, Leitungsrohre u. Ä. verwendet wird.

Fashion [fæʃn; engl., von frz. façon, →Fasson] die, -, Mode; guter Ton, Lebensart. – **fashionable,** modisch-elegant; in Mode.

Fashionable Novel [ˈfæʃnəbl ˈnɔvəl; engl. »Moderoman«] die, engl. Roman der Übergangszeit zw. Romantik und Realismus im 19. Jh., der feine Lebensart und Etikette in gehobenen Kreisen, insbes. in der Welt des Dandyismus behandelt, wie in den Romanen von SUSAN FERRIER (*1782, †1854), oder diese kritisch bloßstellt, wie z. B. in E. G. BULWER-LYTTONS »Pelham« (1828; dt.) und W. M. THACKERAYS »Vanity fair« (1848; dt. »Jahrmarkt der Eitelkeit«).

Fasolt, Fasold, in der dt. Heldensage ein Riese, Bruder des Ecke, wird wie dieser von Dietrich von Bern besiegt. Die Geschichte wird im mittelhochdt. →Eckenlied erzählt.

Fass [ahd. vaz, urspr. »geflochtenes, umwundenes Behältnis«],

1) aus Holzdauben gefertigter, bauchiger Behälter, der an zwei Seiten durch je einen Boden geschlossen ist; dient noch heute zur Lagerung und zum Transport von Wein, Branntwein, Bier u. a., wird aber immer mehr durch säurefeste Metall- und Kunststofffässer, auch Stahl- und Glasbehälter ersetzt.

2) frühere Volumeneinheit unterschiedl. Größe (zw. rd. 10 und 1600 Liter), bes. in Dtl., Österreich, der Schweiz und Ungarn. Daneben war F. 1866–84 in Dtl. die Bez. für Hektoliter.

Fassade [frz. façade, zu ital. faccia »Vorderseite«, »Gesicht«, »Aussehen«, von lat. facies, →Fazies] die, -/-n, i. e. S. die Schauseite eines Bauwerks mit dem Haupteingang (**Haupt-F.**); i. w. S. jede Ansichtsseite eines Gebäudes, die je nach Lage als **Neben-, Seiten-, Hof-** oder **Garten-F.** bezeichnet wird. V. a. die Haupt-F. wird durch architekton. Gliederung hervorgehoben und durch bauplast. Schmuck sowie farbl. Akzente (Inkrustation, Mosaiken, F.-Malereien u. a.) in ihrer Wirkung gesteigert.

Die antike Baukunst war urspr. von der Allseitigkeit der Ansicht gekennzeichnet; so lag der Tempel frei und von allen Seiten zugänglich, häufig von einer Ringhalle mit Säulen umgeben. Nach Einzelerscheinungen im 5. Jh. v. Chr. (Hephaisteion in Athen) zeigten antike Bauten Frontalität ab der 1. Hälfte des 4. Jh. v. Chr. (Asklepiostempel in Epidauros und Gortys, Tempel des Zeus Soter in Megalopolis, Heroon von Stymphalos). Diese wurde in der röm. Architektur aufgegriffen (Pantheon in Rom). Auch im Grabbau trat seit dem 4. Jh. v. Chr. F. auf (z. B. die Giebel-F. des Felsgrabs des SETHEAS in Alipleira, Arkadien); auch die makedon. Königsgräber von Aigai (→Vergina) hatten gestaltete F. In der hellenist. Stadtbaukunst waren die Tempel, Verwaltungsgebäude, Gerichtshöfe, Markt- u. a. Hallen, Tore und Ehrenbögen zum Platz hin ausgerichtet. F. verband i. d. R. Elemente des Tempelbaus (Säule, Gebälk, Giebel) mit solchen der Wand (Nische, Tor, Exedra). Bes. reich gestaltete F. entstanden an der zum Innenraum gerichteten Bühnenwand (»scenae frons«) des röm. Theaters. F.-Formen fanden sich in der röm. Architektur an vielen Bautypen, v. a. an Stadttoren, Triumphbögen, Nymphäen und Grabbauten; sie bildeten vielfach Hintergrund und Rahmen für die Statuen und Reliefs, die ihnen eingefügt waren.

In der ägypt. Baukunst wird bei bestimmten Felsgräbern von einer Vorstufe der F. gesprochen (vorgelegte Pfeilerhallen, z. B. in Beni Hasan). Im Palastbau

Fass Fassadenschrank

Fassatal: in der Nähe von Canazei mit Blick auf die bizarre Felslandschaft der Dolomiten

N-Syriens existierte die F., nach Vorstufen in der Mitte des 2. Jt. v. Chr., seit dem 8. Jh. v. Chr. in Form eines als F. (z. T. mit flankierenden Türmen) gestalteten Eingangsraums (Tell Halaf, Alalach, Zincirli). Diese Bauweise übernahmen die Assyrer (»Bit Hilani«).

Bei frühchristl. und mittelalterl. Kirchen lag die Haupt-F. meist im W. Ihr Aussehen wurde von der Gliederung des dahinter liegenden Raumgefüges bestimmt. Bei Repräsentationsbauten der Renaissance und des Barock wie Schlössern, Rathäusern und Palais griff man bei der F.-Gestaltung oft auf antike Vorbilder zurück. Ein wesentl. Gliederungselement bildete die stockwerkübergreifende → Kolossalordnung. Man kam im Aufbau der F. zu gestalter. Lösungen, die in ihren Proportionen weder in ihrer Höhe noch in ihrer Gliederung dem dazugehörigen Bau entsprachen. Andererseits nahmen F. (z. B. süddt. Barockkirchen) die geschwungene Linienführung der Innenräume auf. Das relative Gleichgewicht von Nutzungsanspruch und Aufwand bei der F.-Gestaltung blieb bis zum Ende des 18. Jh. erhalten. Im Historismus wurden ganze Straßenzüge von aufwendig dekorierten F. geprägt. Häufig entsprach der Standard der dahinter verborgenen Wohnungen nicht dem durch die F. erweckten Anschein. Im Jugendstil kam es zu einer Blüte der F.-Gestaltung. Im 20. Jh. wurden v. a. für Verwaltungs- und Industriebauten **Vorhang-F.** (→ Curtainwall) aus vorgefertigten Einzelelementen entwickelt. Auch die postmoderne Architektur wandte ihre Aufmerksamkeit wieder der F. zu.

Brigitte Fassbaender

H. Weihsmann: Farbige Fassaden (Wien 1982); A. Krauss: Tempel u. Kirche. Zur Ausbildung von F. u. »portail« in der frz. Sakralarchitektur des 17. u. 18. Jh. (2003); Fassaden – Gebäudehüllen für das 21. Jh., hg. v. D. U. Hindrichs u. W. Heusler (Basel u. a. 2004).

Fassadenschrank, Schrank mit architektonisch gegliederter Fassade; v. a. im 16. und zu Beginn des 18. Jh. in Süd-Dtl. verbreitet.

Fassait [nach dem Fassatal] der, -s/-e, Mineral, grüner Augit (→ Pyroxene) mit mehr Al_2O_3 als Fe_2O_3, kontaktmetamorph in oder an Kalkstein und Marmor entstanden.

Fassatal, ital. **Val di Fassa,** das Tal des oberen Avisio (Etschzufluss) in den Dolomiten, zw. Rosengarten und Marmolada, Italien; Hauptorte sind Vigo di Fassa, Campitello di Fassa, Canazei. Die ladin. Sprache wird im Tal zunehmend vom Italienischen beeinflusst. Seit 1977 besteht der ladin. Bezirk Fassa-Moena (als gewisse Anerkennung der Eigenständigkeit). Die Fortsetzung des F. am mittleren Avisio bildet das großenteils italienischsprachige **Fleimstal (Val di Fiemme)**; Hauptorte: Predazzo und Cavalese. In einem Seitental wurde 1985 der Ort Stava nach Bruch eines Erddammes überflutet. Das Fleimstal geht am unteren Avisio in das schluchtartig verengte **Zimmertal (Val di Cembra)** mit rein ital. Bev. über; Hauptort ist Cembra.

Fassbaender, Brigitte, Sängerin (Mezzosopran), * Berlin 3. 7. 1939; Tochter von W. Domgraf-Fassbaender; debütierte 1961 an der Bayer. Staatsoper in München, der sie seitdem angehörte; 1974 trat sie erstmals an der Metropolitan Opera in New York auf. Sie wurde bes. bekannt als Octavian in R. Strauss' »Der Rosenkavalier« sowie als Mozart-Interpretin; auch Konzert- und Liedsängerin. Seit 1988 arbeitete F. auch als Opernregisseurin. 1995 beendete sie ihre Gesangslaufbahn; bis 1998 Operndirektorin am Staatstheater Braunschweig, seit der Spielzeit 1999/2000 Intendantin des Tiroler Landestheaters in Innsbruck.

Brigitte Fassbaender: H. Pfitzner: »Schönste, ungnäd'ge Dame«, aus »Palestrina« 3836

Faßbender, Joseph, Maler und Grafiker, * Köln 14. 4. 1903, † ebd. 5. 1. 1974; seine Malerei steht am Übergang zw. zeichenhafter Abstraktion und reinen Farb-Form-Werten. Er schuf auch Wandbilder, u. a. für die Beethovenhalle in Bonn (1958).

Faßbinder [bes. rhein. u. niederdt.], der → Böttcher.

Fassbinder, Rainer Werner, Bühnen- und Filmregisseur sowie Schriftsteller, * Bad Wörishofen 31. 5. 1945, † München 10. 6. 1982; war 1968 Initiator und Leiter des »antiteaters« in München, das sich 1971 wieder auflöste. In dieser Zeit schrieb F. seine meisten Dramen und Dramenbearbeitungen (u. a. Goethes »Iphigenie auf Tauris«, C. Goldonis »Das Kaffeehaus«), die er zumeist selbst inszenierte und in denen er häufig mitspielte. u. a. »Katzelmacher« (Uraufführung 1968, gedruckt 1970; Film 1969), »Der amerikan. Soldat« (Uraufführung 1969; Film 1970), »Preparadise sorry now« (Uraufführung 1969, gedruckt 1970), »Die bitteren Tränen der Petra von Kant« (Uraufführung 1971, gedruckt 1982; Film 1972), »Bremer Freiheit« (Uraufführung 1971, gedruckt 1972; Film 1972). Seine Dramen (und Filme) zeichnen, mit sozialkrit. Absicht und in desillusionierender Weise, Außenseiter und Randgruppen der Gesellschaft. Wie in seinen Inszenierungen verbinden sich dabei Elemente der Popkunst und des Volkstheaters in bewusster Stilisierung. – Dem nach einem Roman von G. Zwerenz entstandenen Drama »Der Müll, die Stadt und der Tod« (1976; verfilmt von D. Schmid, 1976) wurde Antisemitismus vorgeworfen, eine am 31. 10. 1985 in Frankfurt am Main geplante Uraufführung wurde durch Demonstrationen verhindert. Nach Misserfolgen als Direktor des »Theaters am Turm« in Frankfurt am Main (1974–75) beendete F. sein dramat. Schaffen für die Bühne und wandte sich ausschließlich dem Film zu.

F. gilt als der bedeutendste Filmemacher des → Neuen deutschen Films, sein Gesamtwerk kann als eine krit. Auseinandersetzung mit Dtl. gesehen werden. Er drehte u. a. »Angst essen Seele auf« (1973), schuf mehrere Literaturverfilmungen, so u. a. »Fontane Effi Briest« (1974), und arbeitete häufig mit dem Kameramann MICHAEL BALLHAUS (*1935) zusammen (»Die Ehe der Maria Braun«, 1979); als F.s Hauptwerk gilt der 14-teilige Fernsehfilm »Berlin Alexanderplatz« (1980, nach A. DÖBLIN), es folgten u. a. die Melodramen »Lili Marleen« (1981) und »Lola« (1981). – Als Schauspieler agierte F. zuletzt in »Kamikaze 1989« (1982, Regie: W. GREMM). R. GABREA drehte über F. den Film »Ein Mann wie Eva« (1984, mit EVA MATTES als F.).

Weitere Filme: Warum läuft Herr R. Amok? (1969); Liebe ist kälter als der Tod (1969); Warnung vor einer heiligen Nutte (1970); Händler der vier Jahreszeiten (1971); Wildwechsel (1972, nach F. X. KROETZ); Acht Stunden sind kein Tag (Fernsehfilm, 5 Tle., 1972–73); Martha (1973); Satansbraten (1976); Despair (1977); Bolwieser (Fernsehfilm, 2 Tle., nach O. M. GRAF, 1977); In einem Jahr mit 13 Monden (1978); Die Sehnsucht der Veronika Voss (1982); Querelle (nach J. GENET, 1982).

Weitere Werke: Dramen: Anarchie in Bayern (UA 1971, gedr. 1983); Blut am Hals der Katze (UA 1971, gedr. 1983); Nur eine Scheibe Brot (UA 1995, gedr. 1992).

Ausgabe: F.s Filme, hg. v. M. TÖTEBERG, 5 Bde. (1987–91; Bd. 1 u. d. T.: Die Kinofilme); Sämtl. Stücke (1991).

B. ECKHARDT: R. W. F. (1982); R. W. F., hg. v. P. W. JANSEN u. W. SCHÜTTE (⁵1992); C. BRAAD THOMSEN: R. W. F. Leben u. Werk eines maßlosen Genies (a. d. Dän., 1993); Das ganz normale Chaos. Gespräche über R. W. F., hg. v. J. LORENZ (1995); T. ELSAESSER: R. W. F. (a. d. Engl., 2001); M. TÖTEBERG: R. W. F. (2002).

Fassmaler, →Fassung.

Faßmann, David, Historiograf und Publizist, *Oberwiesenthal 20. 9. 1683 (nach anderen Angaben September 1685), †Lichtenstadt (heute Hroznětín, bei Karlsbad) 14. 6. 1744; wurde nach einem Studium der Theologie und Philosophie in Leipzig 1725 an den preuß. Hof, 1726 zum »Zeitungsreferenten des Königs« und 1731 zum Präs. der »Königl. Societät der Wissenschaften« berufen; 1732 kehrte er als freier Schriftsteller nach Leipzig zurück. Wegen des kulturhistor. Quellenwerts und der von F. beigesteuerten eigenen Information gilt »Leben und Thaten des Königs von Preußen Friderici Wilhelmi« (2 Tle., 1735–40) als sein Hauptwerk. Hohe Auflagen erzielten bes. die satir. und biograf. Arbeiten, darunter die an ältere Vorbilder anschließenden »Gespräche in dem Reiche derer Todten« (240 Tle., 1718–39).

Fasson [fa'sõ, auch -'so:n; frz., von lat. fatio »das Machen«, »Verfahren«] *die, -/-s,* bei dt. Aussprache *-en,* **Façon** [-'sõ], übliche Form, Machart, Schnitt (v. a. bei Kleidungsstücken, Frisuren usw.).

Fassonierung, eingekerbter Randdekor bei Geschirr aus Keramik und Metall.

Fassregel, *Mathematik:* die →keplersche Fassregel.

Fassschnecken, die →Tonnenschnecken.

Fassung,

1) *Elektrotechnik:* Halte- und Kontaktvorrichtung bei elektr. Leuchten zum einfachen und sicheren Einsetzen von Lampensockeln, die außerdem ein rasches Auswechseln von Lampen ermöglicht. Aus Sicherheitsgründen darf der Kontakt mit dem Versorgungsstromkreis erst eintreten, wenn der Sockel nicht mehr berührt werden kann. Übl. Lampen-F. sind **Schraub-F.** (Edison-F., mit dem Kurzzeichen E vor der Durchmesserangabe in mm, z. B. E 27, E 14) und **Bajonett-F.** (→Bajonettverschluss), die aufgrund ihres erschütterungssicheren Sitzes v. a. im Fahrzeugbau verwendet werden, sowie **Steck-F.,** z. B. bei Leuchtstofflampen.

2) *Goldschmiedekunst:* die dauerhafte Befestigung von Edelsteinen und Perlen in Metall.

3) *Kunst:* die farbige Bemalung von Holzbildwerken, i. w. S. auch die Bemalung von Skulptur und Plastik aus Stein, Ton, Bronze und Stuck sowie auch die Bemalung von Architektur (→Polychromie). Die Holzfigur erhielt meist mehrere Anstriche mit Kreide oder Gips (bei Fugen über einer Leinwandgrundierung). Auf diese wurden dann die Temperafarben oder die Vergoldung sowie →Applikationen aufgetragen. Seit dem 15. Jh. wurden Holzbildwerke auch mit Ölfarben gefasst. Diese Arbeit führte der **Fassmaler** aus. Während die farbige F. der mittelalterl. sowie der Renaissance- und Barockbildwerke i. Allg. gut erhalten ist, ist sie für die Kulturen des Altertums nur noch selten in Spuren nachweisbar. Eine Ausnahme bildet der gute Erhaltungszustand bemalter und vergoldeter ägypt. Holzskulpturen.

U. SCHIESSL: Rokoko-F. u. Materialillusion (1979); J. TAUBERT: Farbige Skulpturen. Bedeutung, F., Restaurierung (³1983); U. SCHIESSL: Techniken der Faßmalerei in Barock u. Rokoko (²1998); Bunte Götter. Die Farbigkeit antiker Skulptur, hg. v. V. BRINKMANN u. R. WÜNSCHE, Ausst.-Kat. (2003); Histor. Polychromie, hg. v. M. KÜHLENTHAL u. S. MIURA (2004).

4) *Literatur:* die einem literar. Text vom Autor bei der Niederschrift gegebene Form bzw. deren Umarbeitungen, durch welche Doppel-F. und Mehrfach-F. des gleichen Werkes entstehen. (Deren angemessene Wiedergabe ist Gegenstand der Editionstechnik.) Bei älterer Literatur sind F. die versch. Aufbereitungen des Stoffes oder Werkes in den versch. Handschriften bzw. Überlieferungen.

5) *Wasserbau:* **Wasser-F.,** Wasserentnahmebauwerk; bei Entnahme aus Seen i. d. R. bestehend aus einem Einlaufbauwerk, bei Entnahme aus Fließgewässern zusätzlich aus einem Staubauwerk, bei der Grundwasserentnahme aus Brunnen und Pumpanlage.

Fast, *Howard* Melvin, Pseudonyme **E. V. Cunningham** [ˈkʌnɪŋəm], **Walter Ericson** [ˈerɪksn], amerikan. Schriftsteller, *New York 11. 11. 1914, †Old Green-

Rainer Werner Fassbinder

Rainer Werner Fassbinder: Szene aus dem mehrteiligen Fernsehfilm »Berlin Alexanderplatz« (1980) mit Elisabeth Trissenaar und Günter Lamprecht

wich (Conn.) 12. 3. 2003; war 1943–56 Mitglied der Kommunist. Partei; schrieb zahlr. histor. Romane über den amerikan. Unabhängigkeitskrieg und den Sezessionskrieg sowie die Geschichte der Afroamerikaner und der Indianer. Sein Bestseller »Spartacus« (1952; dt.), der wie einige andere Romane auch verfilmt wurde (Regie: S. KUBRICK, 1959–60), macht den Aufstand röm. Sklaven zur Parabel für den Kampf aller Unterdrückten. F. schrieb auch Biografien, Erzählungen, Dramen, Kinderbücher sowie unter dem Pseudonym E. V. Cunningham Detektivromane und Kriminalgeschichten.

Weitere Werke: Romane: The last frontier (1941; dt. Die letzte Grenze); The Hessian (1972; dt. u. a. als Der Trommelknabe); Tetralogie: The immigrants (1977; dt. Die Einwanderer), The second generation (1978; dt. Die Nachkommen), The establishment (1979; dt. Die Arrivierten), The legacy (1981; dt. Die Erben); Max (1982; dt.); The immigrant's daughter (1985; dt. Die Tochter des Einwanderers); The dinner party (1987); The pledge (1988); The confession of Joe Cullen (1989; dt. Das Geständnis des Joe Cullen); The trial of Abigail Goodman (1993); Seven days in June (1994). – *Autobiografie:* Being red (1990).

fast alle, in der Mathematik übliche Bez. für »alle mit Ausnahme von endlich vielen«, z. B. sind f. a. Primzahlen ungerade (Ausnahme: die Zahl 2).

Fast|ebene, die →Rumpffläche.

Fasten,
1) *Medizin:* →Fastenkuren.
2) *Religionsgeschichte:* ein alter, vorzugsweise religiöser Brauch, eine Form der Askese, wobei zw. dem eigentl. F. als einer zeitweiligen, völlig oder teilweise durchgeführten Enthaltung von Nahrung und dem vorübergehenden oder ständigen Verzicht auf bestimmte Speisen, v. a. Fleisch, Fisch, Wein, aufgrund von →Speiseverboten unterschieden werden muss. Motive für das F. können sein: Schutz vor der Aufnahme schädl. Kraftausstrahlungen mit der Nahrung (d. h. vor Tabukräften, →Mana); Reinigung des Körpers; Sammlung von Willenskräften (durch F. in krit. Zeiten, z. B. bei Krieg oder Jagd, um Glück und Beute zu gewinnen); auch Reinigung vor (oder nach) bestimmten Handlungen, z. B. bei Wallfahrten (im Hinduismus und Jainismus) sowie bei Initiationsriten, anderen religiösen Zeremonien und Festen (so fasteten die Knaben bei einigen Indianerstämmen vor ihrer Aufnahme in die Stammesordnung); persönl. Opfer oder eine Sühne (z. B. Reue für falsches Handeln), die den Göttern dargebracht wird (Altägypten, Babylonien). F. ist Mittel, um Zustände der Ekstase, Visionen und besondere Träume herbeizuführen, die einen direkten Kontakt mit dem Göttlichen herstellen und zu außergewöhnl. Leistungen befähigen sollen. So sucht etwa der Medizinmann durch F. besondere Kraft zu erwerben, ebenso der Schamane. F. findet sich in der Yogapraxis in Verbindung mit anderen Formen der Askese mit dem Ziel der Reinigung, der Weltentsagung und der Befreiung vom Karma. Auch gibt es seit ältesten Zeiten ein F. zur Selbstverleugnung (Indien, Altägypten), als Kennzeichen der Trauer oder zur Schulung geistiger Aktivität (Pythagoreer, jüd. asket. Gemeinschaft der Therapeuten). Gefastet wurde auch, um Naturkatastrophen abzuwehren (Sonnenfinsternisse, Dürreperioden u. a.).

Bei den großen Weltreligionen ist das F. meist an bestimmte Tage oder Perioden gebunden: Der Islam schreibt das F. im 9. Monat →Ramadan jeweils von Sonnenaufgang bis Sonnenuntergang vor. Daneben gibt es weitere F.-Tage, z. B. der 10. Tag des ersten Monats des islam. Jahres (→Muharram). F. ist für jeden volljährigen Muslim eine der religiösen Grundpflichten (→Fünf Säulen des Islam), verstanden als Enthaltung von Nahrungsaufnahme und Geschlechtsverkehr; im übertragenen Sinn auch als Enthaltung von nichtreligiösen (»säkularen«) Handlungen und Gedanken. An Festtagen darf nicht gefastet werden. Im Buddhismus lehrte BUDDHA selbst weitgehend Mäßigung im F., doch entwickelte sich dort die F.-Askese bes. streng. Die meisten buddhist. Mönche und Nonnen nehmen nur eine tägl. Mahlzeit am späten Vormittag ein; daneben gibt es monatlich F.-Tage (früher: F. bei Vollmond und Neumond). Andere buddhist. Gemeinschaften verbinden Erleuchtung jedoch weniger mit leibl. F. als mit der Enthaltung von falschem Denken und Handeln.

Im Alten Testament galt das F. als Akt der Demut und Buße, nicht um durch Askese Vollkommenheit zu erlangen, sondern um den zornigen Gott zum Mitleid zu stimmen (1. Kön. 21, 27) und die Folgen seines Zornes abzuwenden. Man fastete deshalb bes. bei schweren Heimsuchungen. In nachexil. Zeit gab es Pflicht-F. am großen Versöhnungstag und an vier F.-Tagen zur Erinnerung an nat. Katastrophen. Die Veräußerlichung der F.-Praxis, schon von den Propheten getadelt (Jer. 14, 12), erreichte ihren Höhepunkt bei den von JESUS scharf angegriffenen Pharisäern (Mt. 6, 16–18).

Christl. Kirchen Das junge Christentum behielt das F. bei, musste es aber immer wieder gegen dualistisch begründete Askese abgrenzen. F. gewann Bedeutung für die Vorbereitung auf die Taufe und im Bußwesen. Früh kam im Anschluss an die jüd. Sitte das Wochen-F. auf (Stations-F., →Station, später beschränkt auf die →Quatembertage), das die Christen auf den Mittwoch und den Freitag (Todestag JESU) legten; dazu kam in Rom der Samstag, der später den Mittwoch ersetzte.

Das F.- und Abstinenzgebot in der kath. Kirche wurde 1966 neu geregelt und stellt jetzt in cc. 1249–1253 CIC nur noch eine Rahmenordnung dar. Bußzeit ist die **F.-Zeit** vor Ostern (Quadragesimalzeit), dauert von Aschermittwoch bis zur Osternacht), Bußtage für die ganze Kirche sind der Aschermittwoch und alle Freitage des Jahres, die keine Feiertage sind. An den gebotenen Bußtagen darf der Katholik kein Fleisch warmblütiger Tiere essen (Abstinenzgebot). Am Aschermittwoch und Karfreitag darf er nur *eine* Hauptmahlzeit zu sich nehmen (morgens und abends ist eine kleine Stärkung erlaubt). Das Abstinenzgebot verpflichtet vom 14. Lebensjahr an, das F.-Gebot vom vollendeten 18. bis zum Beginn des 60. Lebensjahres. – Die jeweiligen Bischofskonferenzen haben für Dtl., Österreich und die Schweiz das Abstinenzgebot in ein allgemeines »Freitagsopfer« umgewandelt, das nach Wahl des Einzelnen oder der Gemeinschaft in einem Werk der Nächstenliebe, einer Tat der Frömmigkeit (z. B. Mitfeier eines Gottesdienstes, Lesung der Hl. Schrift) oder einem spürbaren Verzicht, z. B. auf Alkohol, Tabak oder Fleischspeisen, besteht.

Die F.-Gebote in den Ostkirchen sind streng. Das F. besteht in der Abstinenz von Fleisch, Eiern, Milchprodukten, Fisch, Öl und Wein. Eine Beschränkung in der Qualität der erlaubten Speisen gibt es nicht. Aber auch in den orth. Kirchen wird das Halten des F.

je nach ihrer Lebenswelt nicht mehr so rigoros gehandhabt wie früher.

3) *Volkskunde:* Der Aschermittwoch setzte sich als F.-Beginn nur sehr langsam, endgültig erst Ende des 16. Jh. durch. Der Streit zw. Fastnacht und F., wie ihn ein Gemälde von P. BRUEGEL D. Ä. (1559) zeigt, wurde auch in Spielen dargestellt (u. a. Personifizierung von Bratwurst und Hering). Texte des 15. Jh. sind aus Italien, Spanien, Frankreich und dem oberdt. Raum (»Von der vasnacht und vasten Recht«) bekannt, Spielberichte aus Tours (1485) und Zittau (1505). Der erste F.-Sonntag Invokavit war ebenso noch bis ins 16. Jh. die »Allermannsfastnacht«, und die an diesem Tag bes. im südwestdt. Raum üblichen F.-Feuer waren zugleich Fastnachtsfeuer. Danach war der Sonntag Lätare (Mitt-F.) ein wichtiger Brauchtag. Das typ. F.-Gebäck war die Brezel. Kinder sammelten sie und sangen dabei Heischelieder.

In den Kirchen sind während der F.-Zeit die Altarbilder mit dem F.- oder Hungertuch bedeckt. Im Barock entwickelten sich die F.-Krippe mit Passionsdarstellungen sowie kirchl. Dialogspiele vom Leiden CHRISTI. Vielfältiges volksfrommes Brauchtum brachte die letzte F.-Woche (→ Palmsonntag, → Gründonnerstag, → Karfreitag).

Fastenkuren, Heilfasten, therapeutisches Fasten, Verzicht oder starke Einschränkung der Nahrungszufuhr zur Gewichtsabnahme, zur Schonung der Verdauungs- und Ausscheidungsorgane (v. a. der Nieren) und zur Entlastung und Umstimmung des Stoffwechsels. Man unterscheidet **Vollfasten** (→ Nulldiät), **modifiziertes Fasten** (mit Verzicht von Kohlenhydraten und Fetten) und **Saftfasten** (mit Obst- und Gemüsesäften) für einen Zeitraum von einigen Tagen bis zu mehreren Wochen. Daneben gibt es eine Reihe anderer Fastenformen (z. B. Molke-, Schleim-, Tee- oder Wasserfasten). F. sollten unter ärztl. Aufsicht durchgeführt werden; auf eine ausreichende Flüssigkeitszufuhr muss geachtet werden.

Das Komplikationsrisiko, die unbefriedigenden Langzeitergebnisse und die hohen Kosten einer als erforderlich erachteten stationären Durchführung sprechen gegen totales Fasten als Mittel der Gewichtsreduktion. Dagegen kommt in zahlr. Fällen einer schweren oder bes. risikoreichen Fettsucht die kontrollierte Behandlung mit einer → Reduktionsdiät infrage, wobei zur Erzielung von Langzeiterfolgen meist flankierende psychotherapeut. Maßnahmen notwendig sind.

Fastentücher, die → Hungertücher.

Fastenzeit, *kath. Kirche:* → Fasten.

Fastfood ['faːstfuːd; engl. eigtl. »schnelles Essen«] *das, -(s),* **Fast Food,** Bez. für in kurzer Zeit zu verzehrende meist kleinere und einfache Schnellgerichte, die an mobilen oder stationären Verkaufsständen (Imbissbuden, Imbissständen) und in Schnellrestaurants angeboten werden. Im weiteren Sinn zählen alle Speisen dazu, die sich für den raschen Verzehr eignen. Unter der Bez. **Convenience-Food** kommen industriell vorgefertigte Lebensmittel in den Handel, die eine rasche oder vereinfachte Zubereitung ermöglichen (→ Fertiggerichte).

F. entspricht meist nicht ernährungsphysiologischen Bedürfnissen (zu kalorienhaltig, zu süß oder zu salzig und v. a. zu fett; Fehlen wichtiger Vitamine, Mineral- und Ballaststoffe) und besteht zum großen Teil aus minderwertigen Zutaten (Weißmehlerzeugnissen, Zucker, Fertigsaucen und Fleischprodukten mit zahlr. Lebensmittelzusatzstoffen).

Geschichte Straßenverkauf gab es bereits in mittelalterl. Städten. Mobile Verkaufsbuden sind bis ins 20. Jh. durchgängig belegt. Verzehr von Lebensmitteln auf der Straße und im Gehen war bis Mitte des 20. Jh.s in Dtl. schlecht angesehen. Kauf und Verzehr dort gekaufter Ware im öffentl. Raum gelangten erst in Folge des Zweiten Weltkrieges durch amerikan. Soldaten nach Europa. Nach 1945 verkauften mobile Buden (in Köln z. B. so genannte Trümmerbuden) zunächst Reibekuchen und Hackfleischbällchen, seit den 1950er-Jahren Gulasch und Brühwurst, seit den 1960er-Jahren zunehmend gebratene bzw. frittierte Speisen (Bratwurst, Pommes frites).

Seit den 1970er-Jahren greifen US-amerikan. F.-Ketten (z. B. die 1955 gegründete → McDonald's Corp.; erste dt. Filialgründung 1971 in München) nach Dtl. aus und ergänzen die **Imbisskultur** durch standardisierte vorgefertigte (Tiefkühl-)Produkte (bes. Hamburger).

Größere Vielfalt und Individualität sowie gesündere Alternativen bieten vor allem seit den 1980er-Jahren griech., türk., arab. und asiat. Schnellimbisse (**Ethnofood**).

Kennzeichen all dieser Formen sind überwiegendes Essen aus der Hand oder mit einfachen Hilfsmitteln (Kunststoffbesteck), Wegwerfgeschirr, Unverbindlichkeit der Nahrungsaufnahme und Fehlen fest vorgesehener Essenszeiten. F. ist derzeit v. a. bei Jugendlichen sowie Mitgl. unterer sozialer Schichten beliebt und auf dem Vormarsch. Die überproportionale Verwendung von Fett und Zucker sowie fehlende soziale Kontrolle leisten Fehlernährung (Adipositas) erhebl. Vorschub. In vielen Städten gibt es inzwischen aber vegetar. und Vollwert-Imbisslokale bzw. -Büfetts (z. B. in manchen Naturkostläden). Als Gegenbewegung entstand in den 1980er-Jahren in Italien die → Slow-Food-Bewegung.

A. BRÜNING u. B. SESTERHENN-GEBAUER: Fast Food. Bunt, fantasievoll u. weltweit heiß geliebt (1999).

Fast-Food-Unternehmen [-fuːd-, engl.], Betreiber von Schnellrestaurants oder -kiosken mit Selbstbedienung. Schnellrestaurants, die z. T. als Franchisebetriebe geführt werden, entstanden in den 1950er-Jahren in den USA; in den 1970er-Jahren auch in Dtl. eingeführt.

Fasti [lat., von (dies) fastus, eigtl. »(Tag) an dem gesprochen werden darf«, zu fari »(Recht) sprechen«] *Pl.,* eingedeutscht **Fasten,** in der altröm. Jahresordnung die von den Pontifices (→ Pontifex) zur Verhandlung staatl. und gerichtl. Angelegenheiten sowie zur Abwicklung bürgerl. Geschäfte zugelassenen (Werk-)Tage, im Unterschied zu den Feiertagen (**Nefasti Dies**). Das Verzeichnis dieser F., angeblich erstmals 304 v. Chr. veröffentlicht, wurde allmählich zu dem alle Gedenk- und Feiertage (OVIDS F.) umfassenden röm. Kalender erweitert. Von den in diesem Kalender genannten Namen der höchsten Jahresbeamten wurde der Name F. auf die Listen der maßgebenden Beamten und Priester ausgedehnt. Die **Konsularfasten (F. consulares)** enthielten die Namen sämtl. Konsuln seit dem Beginn der Republik (für die Frühzeit nachträglich ergänzt). Sie wurden in einer abschließenden Redaktion unter AUGUSTUS inschriftlich festgehalten und im 16. Jh. im Konservatorenpalast auf dem Kapitol ausgestellt (daher **F. Capitolini** gen.).

Fastnacht [zu ahd. fasta »Fasten(zeit)« und naht »Nacht«, in der alten Bedeutung »Vorabend«].
• Wort und Bedeutung
• Brauchhandlungen und -charakter
• Vielfalt und Geschichte der Fastnachtsbräuche
• Rheinischer Karneval
• Schwäbisch-alemannische Fasnet
• Fastnacht und Karneval außerhalb Deutschlands

Bez. für das durch kulturelle Norm (Brauch) geregelte ausgelassene Treiben, Kostüm- und Maskenfeste sowie Umherziehen kostümierter Gestalten auf Straßen.

Die F. beginnt in Dtl. seit dem frühen 19. Jh. wegen der symbol. Bedeutung der Elf als Narrenzahl vielerorts am 11. 11., 11 Uhr 11. Die eigentl. Saison startet am Dreikönigstag, am 6. Januar, früher Bohnenkönigsfest, mit öffentl. Veranstaltungen und »Sitzungskarneval« (einschließlich Büttenreden, Musikdarbietungen und Bühnenshows). F. gilt den ausgelassenen »Jecken«, in Dtl. v. a. im Rheinland, in der Dauer bis Aschermittwoch als »fünfte Jahreszeit«. I. e. S. auch Bez. nur für die letzten sechs »tollen Tage« vor der mit Aschermittwoch beginnenden vorösterl. Fastenzeit (Donnerstag bis F.-Dienstag; auch Bez. für diesen).

WORT UND BEDEUTUNG
In der dt. Sprache sind für die durch den Brauch strukturierte Zeit im Winter, während der früher in der Landwirtschaft wegen der Vegetationspause fast alle Arbeit ruhte, mehrere Bez. üblich geworden: v. a. F., Fasching und Karneval.

Erstmals um 1200 belegt, wurde mit dem Begriff **F.** urspr. nur der Abend vor Beginn der vorösterl. Fastenzeit bezeichnet. Erst seit dem 13. Jh. bezog man auch einige davor liegende Tage mit ein. Zw. 1450 und 1582 wurde die F. dann auf die drei (»tollen«) Tage vor Aschermittwoch zusammengedrängt. Seit dem 19. Jh. ist die Wortbedeutung, die immer auch den Inhalt des Festes spiegelt, klarer. Nun meint man damit zumeist die vom Dreikönigstag bis Aschermittwoch dauernde Zeit des Frohsinns. Für etymolog. Ableitungen von »fasen« (für »zeugen, gedeihen«) oder »faseln« (für »Unsinn reden«) sind allerdings keine Belege überliefert.

Das Wort **Fasching**, mhd. »vaschanc«, bedeutet eigtl. »Ausschenken des Fastentrunks«. Man nimmt an, dass es umgedeutet aus »vastganc« für »Faschingsprozession« entstand. Seit 1283 belegt, ist der Begriff im bayerisch-österr., aber auch im mitteldt. Sprachraum noch verbreiteter als die Bez. F.; auch hier verweist die Wortbedeutung auf den Ursprung des Festes, die folgende Fastenzeit.

Der Begriff **Karneval**, die jüngste der drei Bez., kommt vom ital. carnevale – einem Wort, das auf einen weiteren Aspekt verweist: die sich in den Großstädten im frühen 18. Jh. zu großer Form entwickelnden Redouten und Bälle. Sie erhielten die im späten 17. Jh. von Italien, v. a. Venedig, und Frankreich übernommene Bez. →Karneval. Das Wort ist seit dem 17. Jh. belegt. Es wird synonym zu »F.« bzw. »Fasching« verwendet und stammt vom italien. »carnevale«. Dessen genaue Herkunft wiederum ist unklar. Möglich ist die Ableitung von mlat. »carnelevale«, das »Fleischwegnahme« bedeutet und sich auf den Verzicht des Fleisches in der Fastenzeit bezieht. Möglich ist aber auch eine Herleitung des Wortes »carnevale« vom lat. »carrus navalis«, jenem Schiffskarren, der bei den feierl. Umzügen mitgeführt wurde, die bei Frühlingsanfang veranstaltet wurden. Immer wieder präsentieren die Medien und zum Teil auch die Forschung eine Herleitung von »carne vale«, also »Fleisch, lebe wohl«, aber diese Ableitung ist grammatikalisch unkorrekt und unbewiesen. Gewiss ist jedoch: Wie bei der F. bezog sich der Begriff Karneval urspr. nur auf den Tag vor der vorösterl. Fleischenthaltung und wurde erst später auf eine längere Zeit gesteigerten Lebensgenusses vor dem Fasten erweitert. Denn kirchenlat. »dominica ante carnes tollendas« meint den »Sonntag vor der Fleischenthaltung«, also den Sonntag vor Aschermittwoch.

Wie alle drei Wortentwicklungen bezeugen, entstanden die komplexen F.-Bräuche wohl im 12. Jh. im Zusammenhang mit der Fastenzeit vor Ostern und bildeten quasi deren Gegenstück; im Ursprung stand also das von der Kirche unterstützte »Gelage« am Abend vor Aschermittwoch, der Fastentrunk. Andere Erklärungen verkennen Ursprung und Sinnbezug der F. als »kath. Fest« im MA.: Das vom Grund her kirchlich-theologisch geprägte Brauchtum nahm nur allerlei nichtkirchl. Einflüsse auf.

In fast allen dt. Ländern entwickelten sich im Verlauf der Jahrhunderte so vielgestaltige Brauchkomplexe, dass eine große Fülle von landschaftl. Bez. heute noch üblich ist: So begeht das Rheinland den **Karneval**, Mainz und Umgebung **F.** (ober- und mitteldt. auch **Fas[s]nacht, Fasenacht** und **Fasinacht**), das Elsass, Baden, die deutschsprachige Schweiz und Vorarlberg die **Fasnet**, Franken die **Fosnat**, Bayern und Österreich die **Faschang** bzw. **Fasching**.

Landschaftlich versch. Namen erhielten die Woche von Estomihi (F.-Sonntag; »Pfaffen-F.« oder »Herren-F.«) bis Invokavit (»Alte F.«, »Große F.«, »Allermanns-F.«) sowie die Woche vom Donnerstag vor Estomihi (niederdt. »Lütter Fastelabend«, schwäbisch-alemann. »Gumpiger« oder »Schmotziger [zu Schmotz«, »Schmalz«] Donnerstag«) bis Dienstag danach (»Rechte F.«, »Veilchendienstag«). Dazwischen waren der »Geile Montag« – seit etwa 1823 von Köln her »Rosenmontag« – und der »Schmalzige Samstag« Höhepunkte der F. bzw. des Karnevals. »Geil« hatte im 15. Jh., als die Bez. aufkam, die Bedeutung von »fröhlich« oder »übermütig« und der »schmalzige« Samstag steht wie der »schmotzige« Donnerstag (heute auch abgewandelt zum »schmutzigen Donnerstag«) in Bezug zu den in heißem Fett gebackenen Speisen, wie dem F.-Krapfen (auch »Pfannkuchen« oder »Berliner« gen.), – denn v. a. Eier und Milchprodukte sind in der Fastenzeit verboten. In Bayern erhielt sich – v. a. für Kinder – der »Rußige Freitag« (»Ruaßiga Freida«, nach dem »schmotzigen« Donnerstag), an dem früher umherziehende Narren Ruß in die Gesichter von Anwesenden schmierten.

BRAUCHHANDLUNGEN UND -CHARAKTER
Für die auch heute noch häufig medial verbreitete Zurückführung von Brauchelementen der F. auf heidn., german. oder kelt. Fruchtbarkeitskulte oder die röm. Saturnalien existieren keinerlei Quellen – auch wenn derartige Kontinuitäten immer wieder scheinbar plausibel erklärt werden. Ältere Brauchhandlungen unter Einschluss von Winter- und Frühlingsbrauch wurden nur vielfach durch F.-Bräuche überdeckt (»Winteraustreiben« und »Frühlingserwachen«: Freiwerden der Geister und Dämonen [Perchtenlauf], Fruchtbarkeitszauber, mag. Reinigung, Feuer usw.); erhalten blieben häufig nur die Heischegänge. Im

strengen Sinn sind viele überlieferte Handlungen nur vermeintl. F.-Bräuche.

Grundlegendes Motiv der im Hoch-MA. entstehenden F.-Feier dürften allein die bevorstehenden Fasten- und Bußwochen sein, die einen wichtigen Einschnitt im Wirtschafts- und Verwaltungswesen der Vorfrühlingszeit darstellten. Der Volkskundler W. MEZGER hat plausibel dargelegt, dass prakt. Aspekte an der Ausformung des Brauchtums wesentlich mitbeteiligt sind: In Zeiten, da es wenige Kühlmöglichkeiten gab, war es wichtig, vor dem Beginn der enthaltsamen Fastenzeit die verderbl. Vorräte in großen Festmählern »wegzukonsumieren« – und wo üppig gegessen wird, gesellen sich gern Tanz sowie andere vergnügl. Darbietungen und lustiges Treiben hinzu. Der Narr trat spätestens im 15. Jh. hinzu – als Symbol der Gottesverleugnung, nicht des Frohsinns, galt doch im MA. und bis in die frühe Neuzeit hinein die F.-Zeit durch ihr derbes, zuweilen obszönes Gepräge als Herrschaft des Bösen, für das dann in der Fastenzeit Buße zu tun war. Vom Spät-MA. bis zur Barockzeit polemisierte die Kirche zwar häufig, aber oft ohne Erfolg, gegen zu ausgelassene F.-Feiern.

VIELFALT UND GESCHICHTE DER FASTNACHTSBRÄUCHE

Die für die überlieferte F.-Feier typ. Formen entwickelten sich in den Städten. Die F.-Bräuche des MA. sind hier wesentlich von Erscheinungsformen des öffentl. Festwesens (Gelage und Tanz) geprägt. Dazu wurden im 14. Jh. Renn- und Stechspiele der Patrizier zu Pferd, zuletzt in parodist. Umformungen, üblich. Im 15. Jh. kamen vielfach grobe und exzessive, durch patriz. wie zünft. Verbände organisierte Umläufe mit Tier-, Teufels- und Hexenmasken auf. Am bekanntesten wurde der Nürnberger →Schembartlauf (wegen Obszönitäten 1539 verboten). Heischebräuche, im dt. Süden um F.-Küchlein oder F.-Krapfen, im dt. Norden um Würste, gingen von scherzhafter zu gewaltsamer Nötigung über.

Die Reformatoren des 16. Jh. bekämpften »der Christen Bacchanalia« aufs Heftigste. Der weltl. Obrigkeit in den prot. dt. Ländern gelang es jedoch nicht, die F.-Feier auf Dauer einzuschränken oder zu verbieten. Durch den Wegfall des Fastens verlor sie dort aber ihr Grundmotiv. Eine seit dem 16. Jh. fast ununterbrochene Tradition der F. erhielt sich z. B. aber im thüring. Wasungen.

Allg. wurden im 16. Jh. gezügeltere Formen der F.-Feier üblich. Bes. Schau- und Vorführbräuche von Handwerkern der Zünfte waren beliebt. Schwert-, Reif- und Moriskentänze, Fahnenschlagen lassen kaum Bezug zu unserer heutigen Feier der F. erkennen. Von Schulen gingen Schauspiele auf städt. Plätzen aus und begründeten das →Fastnachtsspiel. Ab Mitte des 15. Jh. verband sich die F. zudem immer stärker mit der Zentralfigur des →Narren und der Tradition der →Narrenfeste.

An den Fürstenhöfen des 16. und 17. Jh. waren »Mummereien« (Maskeraden) und Schauzüge mit allegor. Figuren (u. a. →Wilde Männer) sehr beliebt und weit verbreitet. Sie erlebten eine neue Blüte in der höf. Kostümfesten des Spätbarock und Rokoko und beeinflussten bis ins 19. Jh. auch die bürgerl. F. der Städte. Ihre Einflüsse sind noch heute spürbar im tirol. Fasching sowie in der schwäbisch-alemann. Fasnet.

Ab der Barockzeit, im 17. Jh., gewann auch die ländl. F. an Bedeutung. V. a. im Alpenraum entwickelte sie eigene Formen: Scherzhafte Rügespiele, Verlesung von F.- oder Narrenbriefen, womit dorfkrit. Predigten gemeint sind, und anderes kamen auf. In Holstein und Mecklenburg war der bäuerl. »Fastelabend« am F.-Dienstag schon im 16. Jh. üblich geworden.

In München empfing der Fasching starke Impulse von der Künstlerschaft. In den Skigebieten entstand um 1930 die Tradition des *Skifaschings*. In der Sächs. Schweiz ist seit etwa Anfang des 20. Jh. die *Schiffer-F.* der Elbschiffer populär geworden.

Eigenen Traditionen folgt seit dem 17. Jh. der *sorb. Fasching*, »*Zapust*« gen., wie er – in der Form mit Wurzeln als Frühlingsfest – in den Dörfern der Niederlausitz in den Tagen vor Aschermittwoch gefeiert wird: mit dem Heischegang des »Zamperns« (in ganz Brandenburg in Kostümen verbreitet) und Umzügen in Tracht.

Anfang des 19. Jh. war die überkommene F. in ihrer zumeist ordinären Ausprägung durch den Zeitgeist der Aufklärung (Ablehnung von Mummenschanz und Aberglaube) und obrigkeitl. Verbote in ihrer Existenz bedroht. Im Sinn von Romantik und Bildungsbürgertum kam es jedoch ab 1823, von Köln ausgehend, zur Neubelebung von F. und Karneval (Köln: »Fastelovend«), der nun v. a. eine Angelegenheit der gehobeneren Gesellschaftsschichten wurde. Seither ist die F. als Zeit charakterisiert, in der gewohnte Ordnung und gesellschaftl. Regeln außer Kraft gesetzt sind: Etablierung einer »Gegenregierung« (Elferrat und Prinzenpaar, in Köln seit 1925 das »Dreigestirn« [Prinz, Bauer und Jungfrau]), Übergabe der Rathausschlüssels an die Narren u. a.; manche Forscher vermuten in der »Kussfreiheit« ein Relikt früherer umfängl. Freiheiten.

Der Höhepunkt der F. liegt heute zw. F.-Donnerstag (»Weiberfastnacht«) und Rosenmontag. Den »Kehraus« bilden »F.-Beerdigungen« am F.-Dienstag (Bayern, Rhl.-Pf.).

Über die Entwicklungen und Formen fastnachtl. Brauchtums im dt.-sprachigen Raum informiert seit 1966 das »Deutsche Fastnachtmuseum« in Kitzingen am Main (gegr. 1963, erweitert 1980).

RHEINISCHER KARNEVAL

Ende 1822, noch für die »Kampagne« bzw. »Session« 1823, begründete die Kölner Bürgerschaft, ihr »Festordnendes Comité«, die neue Tradition des Karnevals, um ihm nunmehr eine festere Ordnung und klare Regeln zu geben: Rosenmontagsfestumzug (»Einzug des Helden ›Karneval‹«), Einsetzung eines Karnevalsprinzen und Kappensitzungen mit Maskenball; Büttenreden, wie sie ab 1827 belegt sind, sowie Funkengarde (mit bis zur NS-Zeit männl. »Funkenmariechen«) kamen bald hinzu. In Aachen wurde erstmals 1829 ein Festkomitee mit elf Mitgl. aufgestellt; auf diese Zahl beschränkte dann Köln seinen vordem mit 13–20 Herren besetzten Festrat (Elferrat) und verlegte den Termin für die vorbereitende erste (General-)Sitzung für die kommende Session (Saison) auf den 11. 11. jeden Jahres; bis dato am Montag nach →Lätare, dem »Rosensonntag«, üblich, kam nun mit Bezug zu Narrenzahl (angeblich Symbol für Maßlosigkeit und Normüberschreitung) und Martinstag der frühe Termin weit vor Weihnachten in Betracht; so entstand der »Rosenmontag«. Er wurde, anfangs noch in Konkurrenz zum F.-Dienstag, mit »Weiber-F.« zur »Klammer« des tollen Treibens.

Fast Fastnacht

Fastnacht
1 »Nürnberger Schembartläufer«, Farblithografie (Leipzig, 1887) 2 »Kölner Karneval: Sammelplatz des Festzuges auf dem Neumarkt«, Holzstich (Leipzig, 1870) 3 Titelblatt des Notendrucks »In dulci jubilo! Kölner Carnevals-Marsch von G. Petrowsky, op. 27«, Lithografie (Köln, 1887) 4 sorbischer »Zapust«, Fastnachtsumzug in traditioneller Tracht

5 Im 15. Jh. im Karneval von Venedig zur Entfaltung gekommen; typisch die als Maske getragene Gesichtsverhüllung (hier vor der Markuskirche) 6 Schifferfastnacht im Elbeort Prossen (Sachsen)

7 Feier im Park mit Verbrennung einer »Winter«-Puppe (Fastnacht als Frühlingsfest; Minsk, Weißrussland)
8 Rosenmontagszug in Köln (Motivwagen »Arche Noah«)
9 Kölner Jecke mit Pappnase und ein Bützchen gleich zweier »Möhnen« zu »Weiberfastnacht«
10 »Guggemusik« zum »Morgenstraich« der Basler Fastnacht
11 Sambagruppen im Karneval von Rio de Janeiro

12 die Narrenfigur »Federahannes« beim »Rottweiler Narrensprung«
13 Jokili, Narrenfiguren und Fastnachtsmasken

Weiberfastnacht

Weiber-F. hat v.a. im Rheinland große Bedeutung, hier insbesondere in Bonn. Vergleichbare Phänomene begegnen mit dem »Zimbertstag« in Westfalen oder dem »tollen Donnerstag« in Westböhmen sowie dem »Deckendonnerschdiesch« im Hunsrück. Von den vielen Varianten zeugen etwa der italien. »Giovedi grasso« oder PIETER BRUEGELS D. Ä. Bild »Kampf des Karnevals gegen die Fasten« aus dem 16. Jh.

Weiber-F. gilt als Tag des »Weiberregiments«, wobei dies eine Anspielung auf den närr. Charakter der F. ist. Die in der vormodernen Entstehungsphase unterprivilegierte Frau »herrschte« einzig an diesem Tag, und so ist das Weiberregiment im Grunde als Verballhornung der Unterdrückung der Frau zu interpretieren. Im MA. war die Weiberherrschaft sinnbildhafter Ausdruck der verkehrten Welt, der »civitas diaboli«, dem Gegenpol zur »civitas dei« (Zwei-Reiche-Lehre des AUGUSTINUS). Auf dieser Grundlage gab es bis zur Liturgiereform 1970 in Dtl. für den Karnevalssonntag eine gleich bleibende Perikopenordnung, nach der das »Hohelied der Liebe« (1. Kor. 13,1–13) eine närr. Konnotation hatte. Närrisch war hier das Fehlen der Gottes- und der Nächstenliebe. Der Weiber-Feiertag heutigen Zuschnitts ist neu; er bildet den Auftakt zum sechstägigen Feiern, während er in der Vormoderne den Abschluss darstellte. Weiber-F. lag vielerorts auf dem Aschermittwoch, und es gibt viele Schilderungen, dass Stiftsdamen, Bürgerfrauen oder Nonnen genau zu Beginn der Fastenzeit Dinge taten, die sonst verboten waren, etwa Glücksspiel oder Völlerei.

Die moderne rhein. Weiber-F. hat ihren Ursprung der Legende nach in Bonn-Beuel (1824), wo viele Frauen ihr Geld als Wäscherinnen verdienten. Die Männer zogen nach Köln, sammelten dort Wäsche, die Frauen wuschen in Beuel, und die Männer brachten die saubere Wäsche wieder nach Köln. Nachdem der Karneval in Köln 1823 seine neue Gestalt erhalten hatte, feierten die Beueler Männer 1824 in Köln kräftig mit. Als Reaktion sollen die Beueler Frauen ihr eigenes Damenkomitee gegründet und eigene Veranstaltungen organisiert haben. – Heute beginnt der rhein. Straßenkarneval mit exzessivem Alkoholkonsum und ausschweifenden Formen sexueller Freizügigkeit um 11 Uhr 11 am Morgen des Tages von Weiber-F.; verbreitet nehmen verkleidete Frauen, die »Möhnen«, den Männern Mütze bzw. Hut weg oder schneiden den Schlips ab, um sie des Zeichens ihrer Männlichkeit zu berauben. In einigen Regionen des Rheinlandes heischen sie um Gaben. In Köln erscheinen die Frauen am »Wiwerfastelovend« in Männerkleidung, trinken und verspotten mit derbsexuellen Reden die Männer. Jeder Mann, der ihnen gefällt, muss sich von ihnen »bützen« (küssen) lassen. In München tanzen, seit um 1987 organisiert, die (Markt-)Frauen am Faschingsdienstag auf dem Viktualienmarkt; zum Tanz aufgeforderte Männer dürfen sich diesem nicht entziehen (vermutlich ein Relikt der früher in ganz Süd-Dtl. verbreiteten Weiber-F.).

Rosenmontag

Der »Höhepunkt im Höhepunkt« des Karnevals ist heute eindeutig der Rosenmontag. Erste Belege finden sich in Köln kurz nach 1830. Dabei soll er noch bis weit ins 20. Jh. vielerorten – im Unterschied zum F.-Dienstag – kaum ein bes. herausgehobener Tag innerhalb des F.-Brauchtums gewesen sein.

Urspr. war er nur eine rhein. Bez. für den Montag vor F.-Dienstag. Vermutet wird ein Bezug zu westmitteldt. »rosen« als »toben«, »rasen« (»wilder, toller Montag«); denkbar ist auch eine Analogiebildung zu »Rosensonntag« (Lätare).

Das seit 1823 existierende Organisationskomitee der Kölner Karnevalsumzüge begründete die Tradition des Rosenmontagszugs, der inzwischen landesweit bekannt ist – nicht zuletzt durch die ganztägigen Fernsehübertragungen. Bislang musste er erst einmal ausfallen: 1991 während des 2. Golfkrieges.

SCHWÄBISCH-ALEMANNISCHE FASNET

Eigene Brauchmuster bildete die schwäbisch-alemann. *Fasnet* aus. Etwa um 1900 kam es zu einer Rückbesinnung auf ältere Formen – in bewusster Abgrenzung zum rhein. (»reformierten«) Karneval. Mit Beginn zu Dreikönig findet sie seither wieder als »Mummenschanz« vorwiegend auf Straßen statt. Mit so genannten »Häs«, Kostümen und zumeist Holzmasken zu traditionellen Figuren, werden farbenfrohe Umzüge, Spektakel und Späße veranstaltet. In zahlr. Orten des schwäbisch-alemann. Fasnet waren schon in der Barockzeit miteinander konkurrierende Narrenzünfte entstanden, die heute streng auf die Einhaltung der Tradition achten. Überregionale Bekanntheit gewann v.a. der »Rottweiler Narrensprung«, der nach festgelegtem Regularium von so genannten Kleidleträgern vollführt wird.

Alemannisches Kuriosum: Die Basler Fasnacht – am Montag nach Aschermittwoch

Ihre eigene Art erlangte die F. im prot. Basel, die →Basler Fasnacht, heute eine kuriose Besonderheit: Sie beginnt am Montag nach Aschermittwoch (»Hirs-« oder »F.-Montag«) um vier Uhr früh mit dem »Morgenstraich« und findet also erst statt, wenn anderswo »alles vorbei ist«. Hier erhielt sich älteres Brauchtum, das inzwischen fast überall gänzlich verloren gegangen ist. Denn bis Ende des 11. Jh. war es allg. üblich, erst eine Woche später, am Montag nach Sonntag Invokavit, der noch heute im allgäuischen Brauchtum der »Funkensonntag« ist, mit der F.-Feier zu beginnen (»Alte F.«). Erst als die Dauer der Fastenzeit 1091 per Konzil neu geregelt wurde und somit der Termin ihres Anfangs um sechs Tage vorrückte (»Herren-F.«), erhielt der heutige Aschermittwoch seine Bedeutung als endgültiger »Kehraus« des närr. Treibens. Dieser »alte« Termin des F.-Festes, am Montag nach dem heutigen ersten Fastensonntag, überlebte, nachdem er im 18. Jh. fast überall verdrängt wurde, nur in Basel – wie auch als Bauern-F. in Teilen Badens und des Markgräflerlandes.

FASTNACHT UND KARNEVAL AUSSERHALB DEUTSCHLANDS

Die Übereinstimmung zahlr. Brauchformen in weiten Teilen Europas geht vermutlich auf den ursprünglich theolog. Hintergrund von F. und Karneval zurück.

Ital. Karnevalsbräuche kennzeichnen sich durch Tänze, Verkleidungen und Scheinkämpfe. Für sie werden Einflüsse aus spätantik-röm. und aus byzantin. Winter- und Frühlingsfesten wie Saturnalien, Lupercalien und Brumalien über die Feier der Januarkalenden angenommen. Erstmals sind 1142 unter der lat. Bez. bestimmte Brauchformen wie Gelage, Reiterspiele und Tiertötungen genannt. Zu festl. Entfaltung gelangte der seit dem Hoch-MA. belegte Karneval im 15. Jh. in Venedig und durch den Hof der Medici in Florenz.

Von NAPOLÉON BONAPARTE 1797 verboten und erst um 1980 wieder belebt, besticht der **Carnevale di Venezia,** der bis zum »Martedi grasso«, dem F.-Dienstag, dauert, durch seine kunstvollen Verkleidungen und klass. Masken bzw. Larven, wie sie sich im 17. Jh., auch in Wechselwirkung mit der Commedia dell'Arte, herausgebildet haben (»Brighella«, »Capitano«, »Dottore«, »Arlecchino«).

Vom späten 19. Jh. an gelangten höchst aufwendige Karnevalsfeiern in Viareggio und Nizza zu internat. Berühmtheit; der Reiz des **Carnaval Brasil** in Rio de Janeiro wird von der zweitägigen freizügigen Parade der 14 Sambaschulen (mit je bis zu 4 000 Tänzern und Trommlern in prächtigen Kostümen sowie versch. Allegoriewagen) im »Sambadromo« sowie vom ausgelassenen Straßenkarneval bestimmt. In New Orleans gilt der berühmte »Mardi Gras«, mit Umzügen von Dixielandbands durch die Straßen der Stadt, als größter Karneval Nordamerikas. Der Oruro-Karneval (Bolivien) sowie der Karneval in Binche (Belgien) wurden ins Weltkulturerbe der UNESCO aufgenommen.

A. Dörrer: Tiroler Fasnacht innerhalb der alpenländ. Winter- u. Frühlingsbräuche (Wien 1949); C. Gaignebet u. M.-C. Florentin: Le carnaval (Paris 1974); W. Kutter: Schwäbisch-alemann. Fasnacht (1976); Rhein. Karneval, bearb. v. M. Matter (1978); Narrenfreiheit. Beitrr. zur F.-Forschung, hg. v. der Tübinger Vereinigung für Volkskunde (1980); B. Stahl: Formen u. Funktionen des F.-Feierns in Gesch. u. Gegenwart (1980); W. Pfaundler: Fasnacht in Tirol. Telfer Schleicherlaufen (Wörgl 1981); Fas(t)nacht in Gesch., Kunst u. Lit., hg. v. H. Sund (1984); Kölner Karneval, bearb. v. P. Fuchs u. a., 2 Bde. (²1984); W. Mezger: Narretei u. Tradition. Die Rottweiler Fasnet (1984); A. Orloff: Karneval. Mythos u. Kult (²1984); D.-R. Moser: F., Fasching, Karneval (Graz 1986); H. Friess-Reimann: Der Siegeszug des Prinzen Karneval (1988); W. Mezger: Narrenidee u. F.-Brauch. Studien zum Fortleben des MA. in der europ. Festkultur (1991); Holzmasken. F.- u. Maskenbrauchtum in der Schweiz, in S-Dtl. u. Österreich, bearb. v. A. Bärtsch (Aarau 1993); F. – Karneval im europ. Vergleich, hg. v. M. Matheu (1999); W. Mezger: Das große Buch der schwäbisch-alemann. Fasnet. Entwicklungen u. Erscheinungsformen organisierter Narretei in SW-Dtl. (1999); H. Brog: »Was auch passiert: D'r Zoch kütt!« Die Gesch. des rhein. Karnevals (2000); C. Frohn: »Der organisierte Narr«. Karneval in Aachen, Düsseldorf u. Köln v. 1823 bis 1914 (2000).

Fastnachtsgarde, →Funkengarde.

Fastnachtsspiel, beliebtester und im dt. Sprachraum weit verbreiteter Typ des weltl. Spiels im 15./16. Jh.. Vorläufer waren die Neidhartspiele und Jahreszeitenspiele des Spät-MA. Die F. waren Teil einer karnevalesken Festkultur der spätmittelalterl. Stadt, die nach Weihnachten (Neujahr, Dreikönigstag) begann, ihren Höhepunkt vor und nach dem Sonntag Estomihi (Fastnachtssonntag) fand und mit dem Aschermittwoch endete. In der frühesten Form des F., dem **Reihenspiel,** ist der Gebrauchszusammenhang mit der karnevalesken Festkultur auch formal erkennbar: Es folgte in Aufbau und Inszenierungsform der Karnevalsprozession, d. h., die Darsteller bewegten sich in einem Umzug, dem häufig von einem »Herold« der Weg frei gemacht wurde und in dem Schauwagen mit →lebenden Bildern mitgeführt wurden. Einen späteren Spieltyp stellt das **Handlungsspiel** dar, in dem die Teilnehmer verstärkt interagierten, sodass szenisch differenziertere Darstellungsformen und das Verknüpfen versch. Handlungsstränge möglich wurden. Im 15. Jh. kannte auch das als Handlungsspiel vorgetragene F. noch keine feste Bühne. Die Spielorte wurden von der Spieltruppe jeweils neu in Gasthäusern u. Ä. geschaffen. Die Schauspieler agierten dabei inmitten des Publikums, ihre Kostümierungen waren schlicht und beschränkten sich häufig auf die Rollenverdeutlichung durch wenige Requisiten. Erst im 16. Jh. wurde in Nürnberg eine feste Bühne geschaffen, die zu einer Trennung von Spielgeschehen und Publikum führte. Die Schauspieler, auch der weibl. Rollen, waren ausschließlich männlich. Ihre soziale Herkunft war uneinheitlich: in Lübeck waren Söhne patriz. Familien Träger der Spielkultur, in Nürnberg v. a. Handwerksgesellen. Zentren der F. waren u. a. Nürnberg, Lübeck und Sterzing (Südtirol). Die Aufführungen unterlagen i. d. R. der Kontrolle des Rats. Spielthemen, häufig derb bis vulgär ausgestaltet, waren vielfältige Bereiche des Alltags, des Verhältnisses der Geschlechter, aber auch Politik und Konfession; auffällig sind judenfeindl. Spiele des H. Folz, Fragen der städt. Ordnung und ihres »gemeinen Nutz« (H. Sachs) und im Schweizer F. des 16. Jh. eine deutl. Parteinahme für die Reformation (N. Manuel, P. Gengenbach). Die Mehrzahl der rd. 150 überlieferten F. (aus dem 15. Jh. zumeist in Manuskript-, für das 16. Jh. durchweg in Buchform) stammt aus Nürnberg. Aus Lübeck sind 73 Titel von Spielen bekannt, aber nur eines ist überliefert. Die bekanntesten F.-Dichter des 15. Jh. waren die Nürnberger H. Folz und H. Rosenblüt. Im 16. Jh. akzentuierte H. Sachs in seinen mehr als 80 Spielen Probleme der familiären Ordnung, der Sicherung städt. Friedens und einer sozialen Reglementierung des Alltags. Das Nürnberger F. öffnet sich mit dem Nürnberger J. Ayrer bereits den Einflüssen der engl. Komödie.

Ausgabe: Fastnachtsspiele aus dem 15. Jh., hg. v. A. v. Keller, 4 Bde. (1853–58; Nachdr. 1965–66).

E. Catholy: Fastnachtspiel (1966); W. Lenk: Das Nürnberger F. des 15. Jh. (1966); W. Spiewok: Das dt. Fastnachtspiel (²1997); Fastnachtspiele des 15. u. 16. Jh., hg. v. D. Wuttke (⁶1998); Frühe Nürnberger Fastnachtspiele, hg. v. K. Ridder u. H.-J. Steinhoff (1998).

Fastnet Race ['fɑːstnet 'reɪs], *Segeln:* ein Rennen des →Admiral's Cup.

fastperiodische Funktion, eine im gesamten Intervall $-\infty < x < +\infty$ stetige komplexwertige Funktion $f(x)$ mit der folgenden Eigenschaft: Zu jedem $\varepsilon > 0$ gibt es eine Zahl $l(\varepsilon)$, sodass in jedem Intervall der Länge l mindestens eine Zahl τ liegt, für die $|f(x + \tau) - f(x)| < \varepsilon$ ist. Speziell sind die Funktionen $f(x) = \sin nx$ und $g(x) = \cos nx$ f. F., jedoch sind nicht alle period. Funktionen fastperiodisch. F. F. treten v. a. bei Zusammensetzungen von Schwingungen mit inkommensurablen Frequenzen auf.

Fastnachtsspiel: Titelholzschnitt eines Fastnachtsspiels von Hans Folz (um 1480)

Hinweise für die Benutzung

Ausführliche Hinweise für den Benutzer stehen am Ende des ersten Bandes.

Reihenfolge der Stichwörter

Als Stichwörter gelten die fett gedruckten Begriffe, die am Anfang der Artikel stehen. Ihre Einordnung erfolgt nach dem Alphabet. Alphabetisiert werden alle fett gedruckten Buchstaben, auch wenn das Stichwort aus mehreren Wörtern besteht. Dabei werden Umlaute (ä, ö, ü) wie einfache Vokale eingeordnet, z. B. folgen aufeinander **Bruck**, **Brück**, **Bruck an der Leitha**, **Brücke**; ß steht vor ss, also **Reuß**, **Reuss**. Buchstaben mit diakritischem Zeichen (z. B. mit einem Akzent) werden behandelt wie Buchstaben ohne dieses Zeichen (**Acinetobacter**, **Ačinsk**, **Acinus**). Unterscheiden sich mehrere Stichwörter nur durch ein diakritisches Zeichen oder durch einen Umlaut, so wird das Stichwort mit Zusatzzeichen nachgestellt, z. B. **Abbe**, **Abbé**. Unterscheiden sich mehrere Stichwörter nur durch Groß- und Kleinschreibung, so steht das kleingeschriebene Stichwort zuerst, z. B. **boreal**, **Boreal**. Enthalten Stichwörter Ziffern oder Zeichen (wie z. B. &), so werden diese bei der Alphabetisierung im Allgemeinen nicht berücksichtigt.

Gleich lautende Stichwörter werden in dieser Reihenfolge angeordnet: Sachstichwörter, geografische Namen, Personennamen.

Gleich lautende geografische Namen mit und ohne Namenszusatz werden zu einem Artikel »Name von geografischen Objekten« zusammengefasst.

Gleich lautende Personennamen erscheinen in dieser Reihenfolge: biblische Personen, Herrscher, Päpste, Familiennamen. Bei Personen mit mehreren Vornamen ist der Rufname in der Regel kursiv gesetzt.

Herrschernamen werden alphabetisch nach Territorien angeordnet, das Heilige Römische Reich und das Deutsche Reich werden vorangestellt. Innerhalb der Territorien erscheinen die Herrscherbiografien in chronologischer Reihenfolge.

Angaben zur Betonung und Aussprache

Fremdwörter und fremdsprachliche Stichwörter erhalten als Betonungshilfe einen Punkt (Kürze) oder einen Strich (Länge) unter dem betonten Laut. Weiterhin wird bei Personennamen, geografischen und Eigennamen die Betonung angegeben.

Die getrennte Aussprache von üblicherweise zusammen gesprochenen Lauten wird durch einen senkrechten Strich angezeigt, z. B. **Ais|chylos**, **Lili|e**.

Weicht die Aussprache eines Stichwortes von der deutschen ab, so wird in der dem Stichwort folgenden eckigen Klammer die korrekte Aussprache in phonetischer Umschrift angegeben. Diese folgt dem Internationalen Lautschriftsystem der International Phonetic Association (IPA).

Verwendete Zeichen:

a	helles a, dt. B**a**tt
ɑ	dunkles a, dt. w**a**r, engl. r**a**ther
ã	nasales a, frz. gr**an**d
æ	breites ä, dt. **Ä**ther
ʌ	dumpfes a, engl. b**u**t
β	halb offener Reibelaut, b, span. Ha**b**anera
ç	Ichlaut, dt. mi**ch**
ɕ	sj-Laut (stimmlos), poln. **Si**enkiewicz
ð	stimmhaftes engl. th, engl. **th**e
ɛ	offenes e, dt. f**e**tt
e	geschlossenes e, engl. **e**gg, dt. B**ee**t
ə	dumpfes e, dt. all**e**
ɛ̃	nasales e, frz. f**in**
ɣ	geriebenes g, span. Se**g**ovia, dän. Ska**g**en
i	geschlossenes i, dt. W**ie**se
ɪ	offenes i, dt. b**i**tte
ĩ	nasales i, port. Inf**an**te
ʎ	lj, span. Sevi**ll**a
ŋ	ng-Laut, dt. Ha**ng**
ɲ	nj-Laut, frz. Champa**gn**e
ɔ	offenes o, dt. K**o**pf
o	geschlossenes o, dt. T**o**r
õ	nasales o, frz. b**on**
ø	geschlossenes ö, dt. H**ö**hle
œ	offenes ö, dt. H**ö**lle
œ̃	nasales ö, frz. parf**um**
s	stimmloses s, dt. wa**s**
z	stimmhaftes s, dt. **s**ingen
ź	zj-Laut (stimmhaft), poln. Ni**dzi**ca
ʃ	stimmloses sch, dt. **Sch**uh
ʒ	stimmhaftes sch, Gara**g**e
θ	stimmloses th, engl. **th**ing
u	geschlossenes u, dt. K**u**h
ʊ	offenes u, dt. b**u**nt
ũ	nasales u, port. F**un**chal
u̯	unsilbisches u, poln. Z**ł**oty
v	stimmhaftes w, dt. **W**ald
w	halbvokalisches w, engl. **w**ell
x	Achlaut, dt. Kra**ch**
y	geschlossenes ü, dt. M**ü**tze
y̯	konsonantisches y, frz. S**ui**sse
:	bezeichnet Länge des vorhergehenden Vokals
ˈ	bezeichnet Betonung und steht vor der betonten Silbe, z. B. ˈætlɪ = Attlee

Die Buchstaben b d f g h j k l m n p r t geben in vielen Sprachen etwa den Lautwert wieder, den sie im Deutschen haben.

Verzeichnis der Abkürzungen

Außer den im Abkürzungsverzeichnis aufgeführten Abkürzungen werden die Adjektivendungen ...lich und ...isch bei deklinierten Formen abgekürzt sowie allgemein gebräuchliche Einheiten mit bekannten Einheitenzeichen (wie km für Kilometer, s für Sekunde). Darüber hinaus werden allgemein bekannte Abkürzungen, die auch Stichwort, in den Texten verwendet, z.B. UNO, OECD.

Das Stichwort wird im Text des jeweiligen Artikels mit seinem Anfangsbuchstaben wiedergegeben. Bei Stichwörtern, die aus mehreren Wörtern bestehen, wird jedes Wort mit dem jeweils ersten Buchstaben abgekürzt. Dies gilt auch für Stichwörter, die mit Bindestrich gekoppelt sind.

Alle Abkürzungen und Anfangsbuchstaben der Stichwörter gelten auch für die flektierten Formen (z. B. auch für Pluralformen) des abgekürzten Wortes. Bei abgekürzten Stichwörtern, die aus Personennamen oder geografischen Namen bestehen, wird die Genitivendung nach dem Abkürzungspunkt wiedergegeben.

Benennung und Abkürzung der biblischen Bücher können der Übersicht »Bücher der Bibel« beim Stichwort »Bibel« entnommen werden.

Abg.	Abgeordnete(r)	Del.	Delaware	ges.	gesammelte
ABGB	Allgemeines Bürgerliches Gesetzbuch	Dep.	Departamento	Ges.	Gesetz
		Dép.	Département	...gesch.	...geschichte
Abh(h).	Abhandlung(en)	ders.	derselbe	Gesch.	Geschichte
Abk.	Abkürzung	dgl.	dergleichen, desgleichen	Gew.-%	Gewichtsprozent
Abs.	Absatz	d.Gr.	der (die) Große	GG	Grundgesetz
Abt(t).	Abteilung(en)	d.h.	das heißt	ggf.	gegebenenfalls
a.d.	aus dem	d.i.	das ist	Ggs.	Gegensatz
ahd.	althochdeutsch	dies.	dieselbe	gleichbed.	gleichbedeutend
Akad.	Akademie	Diss.	Dissertation	Gouv.	Gouverneur(in); Gouvernement
Ala.	Alabama	Distr.	Distrikt		
Alas.	Alaska	d.J.	der (die) Jüngere	Gramm.	Grammatik
allg.	allgemein	dt.	deutsch	Grundl(l).	Grundlage(n)
AO	Abgabenordnung	Dtl.	Deutschland	Grundr.	Grundriss
Ariz.	Arizona				
Ark.	Arkansas	EA	Erstausgabe	Ha.	Hawaii
Art.	Artikel	ebd.	ebenda	Hb.	Handbuch
A.T.	Altes Testament	EG	Europäische Gemeinschaft	hebr.	hebräisch
Aufl(l).	Auflage(n)			Hg.	Herausgeber(in)
ausgew.	ausgewählt	ehem.	ehemalig	HGB	Handelsgesetzbuch
Ausg(g).	Ausgabe(n)	eigtl.	eigentlich	hg. (v.)	herausgegeben (von)
Ausst.-Kat.	Ausstellungskatalog	Einf.	Einführung	hl., Hl.	heilig, Heilige(r)
Ausw.	Auswahl	Einl.	Einleitung	Hwb.	Handwörterbuch
		entst.	entstanden		
...b.	...buch	Enzykl.	Enzyklopädie	Ia.	Iowa
Bad.-Württ.	Baden-Württemberg	Erg(g).	Ergänzung(en)	i. Allg.	im Allgemeinen
		ersch.	erschienen	Id.	Idaho
Bbg.	Brandenburg	erw.	erweitert	i.d.F.v.	in der Fassung vom (von)
Bd., Bde.(n)	Band, Bände(n)	Erz.(n)	Erzählung(en)	i.d.R.	in der Regel
bearb. (v.)	bearbeitet (von)	EStG	Einkommensteuergesetz	i.e.S.	im engeren Sinn
begr.	begründet			Ill.	Illinois
Beitr(r).	Beitrag (Beiträge)	EU	Europäische Union	Ind.	Indiana; Industrie
ber.	berechnet	europ.	europäisch	insbes.	insbesondere
bes.	besonders	ev.	evangelisch	Inst.	Institut
Bev.	Bevölkerung	e.V.	eingetragener Verein	internat.	international
Bez.	Bezeichnung; Bezirk	Ew.	Einwohner	ital.	italienisch
BGB	Bürgerliches Gesetzbuch			i.w.S.	im weiteren Sinn
Bibliogr(r).	Bibliografie(n)	f., ff.	folgende(r/s), folgende		
Biogr.	Biografie	FH	Fachhochschule	jap.	japanisch
BRD	Bundesrepublik Deutschland	Fla.	Florida	Jb.	Jahrbuch
		fortgef.	fortgeführt	Jg(g).	Jahrgang, Jahrgänge
bzw.	beziehungsweise	frz.	französisch	Jh.	Jahrhundert
				jr., Jr.	junior, Junior
Calif.	Kalifornien	Ga.	Georgia	Jt.	Jahrtausend
chin.	chinesisch	geb.	geborene(r)		
Colo.	Colorado	Ged.(e)	Gedicht(e)	Kans.	Kansas
Conn.	Connecticut	gedr.	gedruckt	Kap.	Kapitel
Cty.	County	gegr.	gegründet	kath.	katholisch
		Gem.	Gemeinde	KG	Kommanditgesellschaft
d.Ä.	der (die) Ältere	gen.	genannt	Komm.	Kommentar
D.C.	District of Columbia	Gen.-Gouv.	Generalgouverneur(in); Generalgouvernement	Kr.	Kreis
DDR	Deutsche Demokratische Republik			Kt.	Kanton
		Gen.-Sekr.	Generalsekretär(in)	KV	Köchelverzeichnis

Verzeichnis der Abkürzungen

Kw.	Kurzwort	O	Ost(en)	Tsd.	Tausend
Ky.	Kentucky	o. a.	oder andere(s)	TU	technische Universität
		o. ä.	oder ähnliche(s)		
La.	Louisiana	o. Ä.	oder Ähnliche(s)	u.	und
lat.	lateinisch	Oh.	Ohio	UA	Uraufführung
Lb.	Lehrbuch	OHG	offene Handelsgesell-	u. a.	und andere(s);
Lex.	Lexikon		schaft		unter anderem
Lfg(g).	Lieferung(en)	Okla.	Oklahoma	u. ä.	und ähnliche(s)
LG	Landgericht	ö. L.	östlicher Länge	u. Ä.	und Ähnliche(s)
Lit.	Literatur	OLG	Oberlandesgericht	u. a. T.	unter anderem Titel
Losebl.	Loseblattsammlung	OÖ	Oberösterreich	übers. (v.)	übersetzt (von)
		op.	Opus	Übers.	Übersetzer(in)
MA.	Mittelalter	OR	Obligationenrecht	Übers(s).	Übersetzung(en)
Mass.	Massachusetts		(Schweiz)	u. d. T.	unter dem Titel
max.	maximal	Ordn.	Ordnung	u. M.	unter dem Meeres-
Md.	Maryland	Oreg.	Oregon		spiegel
MdB	Mitglied des	orth.	orthodox	ü. M.	über dem Meeres-
	Bundestags	österr.	österreichisch		spiegel
MdEP	Mitglied des Europäi-			Univ.	Universität
	schen Parlaments	Pa.	Pennsylvania	Unters(s).	Untersuchung(en)
MdL	Mitglied des Landtags	PH	pädagogische	urspr.	ursprünglich
MdR	Mitglied des Reichstags		Hochschule	usw.	und so weiter
Me.	Maine	Pl.	Plural	Ut.	Utah
Meckl.-	Mecklenburg-	port.	portugiesisch	u. U.	unter Umständen
Vorp.	Vorpommern	Präs.	Präsident(in)	u. v. a.	und viele(s) andere
Metrop.	Metropolitan Area	Prof.	Professor(in)		
Area		prot.	protestantisch	v.	von
Metrop.	Metropolitan County	Prov.	Provinz	Va.	Virginia
Cty.		Pseud.	Pseudonym	v. a.	vor allem
mhd.	mittelhochdeutsch			v. Chr.	vor Christus
Mich.	Michigan	R.	Roman	Verf.	Verfassung
min.	minimal	rd.	rund	verh.	verheiratete(r)
Min.	Minister(in)	ref.	reformiert	versch.	verschieden
Minn.	Minnesota	Reg.	Regierung	Verw.	Verwaltung
Min.-Präs.	Ministerpräsident(in)	Reg.-Bez.	Regierungsbezirk	Verw.-Bez.	Verwaltungsbezirk
Mio.	Million(en)	Reg.-Präs.	Regierungspräsident(in)	Verz.	Verzeichnis
Miss.	Mississippi	Rep.	Republik	vgl.	vergleiche
Mitgl.	Mitglied	Rheinl.-Pf.	Rheinland-Pfalz	VO	Verordnung
Mithg.	Mitherausgeber(in)	R. I.	Rhode Island	Vol.-%	Volumenprozent
mlat.	mittellateinisch			Vors.	Vorsitzende(r)
mnd.	mittelniederdeutsch	S	Süd(en)	VR	Volksrepublik
Mo.	Missouri	S.	Seite	Vt.	Vermont
Mont.	Montana	Sa.	Sachsen		
Mrd.	Milliarde(n)	Sa.-Anh.	Sachsen-Anhalt	W	West(en)
		s. Br.	südlicher Breite	Wash.	Washington
N	Nord(en)	S. C.	South Carolina	Wb.	Wörterbuch
Nachdr.	Nachdruck	Schlesw.-	Schleswig-Holstein	Wis.	Wisconsin
nat.	national	Holst.		wiss.	wissenschaftlich
nat.-soz.	nationalsozialistisch	Schr(r).	Schrift(en)	...wiss.(en)	...wissenschaft(en)
n. Br.	nördlicher Breite	S. D.	South Dakota	Wiss.(en)	Wissenschaft(en)
N. C.	North Carolina	Sekr.	Sekretär(in)	w. L.	westlicher Länge
n. Chr.	nach Christus	sen.	senior	W. Va.	West Virginia
N. D.	North Dakota	Sg.	Singular	Wwschaft	Woiwodschaft
Ndsachs.	Niedersachsen	Slg(g).	Sammlung(en)	Wyo.	Wyoming
Nebr.	Nebraska	SO	Südost(en)		
Neuaufl.	Neuauflage	St.	Sankt	zahlr.	zahlreich
Neuausg.	Neuausgabe	Staatspräs.	Staatspräsident(in)	z. B.	zum Beispiel
Nev.	Nevada	stellv.	stellvertretende(r)	ZGB	Zivilgesetzbuch
N. F.	Neue Folge	Stellv.	Stellvertreter(in)	ZK	Zentralkomitee
N. H.	New Hampshire	StGB	Strafgesetzbuch	ZPO	Zivilprozessordnung
nhd.	neuhochdeutsch	StPO	Strafprozessordnung	z. T.	zum Teil
N. J.	New Jersey	Suppl.	Supplement	Ztschr(r).	Zeitschrift(en)
nlat.	neulateinisch	svw.	so viel wie	zus.	zusammen
N. Mex.	New Mexico	SW	Südwest(en)	zw.	zwischen
NO	Nordost(en)			z. Z.	zur Zeit
NÖ	Niederösterreich	Tab.	Tabelle		
Nov.(n)	Novelle(n)	Tb(b).	Taschenbuch	*	geboren
Nr.	Nummer		(Taschenbücher)	†	gestorben
NRW	Nordrhein-Westfalen	Tenn.	Tennessee	∞	verheiratet
NS	Nationalsozialismus	Tex.	Texas	→	siehe
N. T.	Neues Testament	TH	technische Hochschule	®	Marke (vergleiche auch
NW	Nordwest(en)	Thür.	Thüringen		Impressum)
N. Y.	New York	Tl., Tle.(n)	Teil, Teile(n)	📖	kennzeichnet Sekundär-
		tlw.	teilweise		literatur